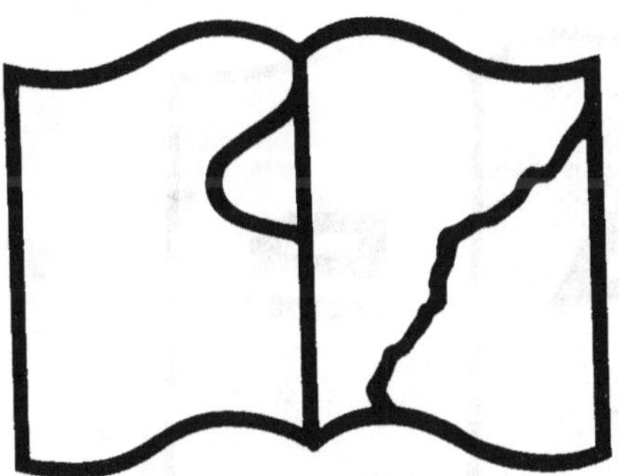

A
B

101me Série. Prix : 50 cent.

# DICTIONNAIRE ENCYCLOPÉDIQUE

TOME SIXIÈME

IMPRIMERIE GÉNÉRALE LAHURE, 9, RUE DE FLEURUS, PARIS.

CAMILLE FLAMMARION

# DICTIONNAIRE
# ENCYCLOPÉDIQUE
## UNIVERSEL

CONTENANT TOUS LES MOTS DE LA LANGUE FRANÇAISE, ET RÉSUMANT L'ENSEMBLE DES CONNAISSANCES HUMAINES A LA FIN DU XIXe SIÈCLE

**Illustré de 20.000 figures.**

## L-N

PARIS
ERNEST FLAMMARION, ÉDITEUR
26, RUE RACINE, PRÈS L'ODÉON

# PRINCIPAUX COLLABORATEURS

La partie *scientifique*, étant celle dont le progrès est le plus sensible, a été rédigée avec la collaboration des principaux savants de notre époque. Déjà notre *Revue mensuelle d'Astronomie* (1882-1894) et le *Bulletin de la Société astronomique de France*, fondé en 1887, nous ont mis entre les mains toutes les données des derniers progrès des sciences mathématiques et physiques, exposées par les auteurs eux-mêmes, parmi lesquels nous aimons à citer les noms célèbres de MM. Faye, président du Bureau des Longitudes; Tisserand, Directeur de l'Observatoire de Paris; Laussedat, Directeur du Conservatoire des Arts et Métiers; Janssen, Callandreau, Bouquet de la Grye, général Parmentier, A. Carnot, Naudin, A. Cornu, Albert Gaudry, Milne-Edwards, Hirn, Crookes, Schiaparelli, A. Herschel, William Huggins, Edison, etc., etc. Nous avons fait appel, lorsque cela a été nécessaire, à la plupart de ces auteurs pour la rédaction nouvelle des articles, et nous n'hésitons pas à déclarer que toute la partie scientifique de ce Dictionnaire a été traitée de main de maître.

Les mêmes soins ont été appliqués à la rédaction de tous les sujets, quels qu'ils soient, avec la collaboration dévouée et désintéressée de plusieurs savants et écrivains célèbres, en dehors des auteurs que nous venons de nommer. Nous devons signaler principalement, à des titres divers :

MM. Maurice Fouché, agrégé des sciences mathématiques, ancien élève de l'École polytechnique, professeur au collège Sainte-Barbe, qui a rédigé de nombreux articles de science et de philosophie, et qui, de plus, a bien voulu se charger de centraliser et coordonner les travaux de nos collaborateurs;
Victor Duruy, ancien ministre de l'Instruction publique, de l'Académie française, de l'Académie des Sciences morales et politiques, de l'Académie des Inscriptions, etc.;
C.-A. Daubrée, de l'Institut, ancien directeur de l'École des Mines;
Victorien Sardou, de l'Académie française;
Anatole France, de l'Académie française;
Charles Garnier, de l'Institut, architecte;
Camille Saint-Saens, de l'Institut;
Jules Oppert, de l'Institut, professeur au Collège de France;
R. Poincaré, docteur en droit, député de la Meuse, ancien ministre de l'Instruction publique;
Charles Brongniart, docteur ès sciences naturelles, attaché au Muséum d'histoire naturelle de Paris;
Loisel, docteur en médecine et docteur ès sciences naturelles;
Félix Grélot, ancien préfet, Secrétaire général de la Préfecture de la Seine;
Colonel de Rochas, administrateur de l'École polytechnique;
Louis Vignon, maître des requêtes au Conseil d'État, ancien chef du cabinet du ministre des Finances;
Hérail, agrégé de l'École de pharmacie, professeur de botanique à l'École de médecine d'Alger;
Ch. Detaille, agrégé des sciences physiques, professeur au lycée de Saint-Brieuc;
Ernest Monin, docteur en médecine de la Faculté de Paris;
Azoulay, docteur en médecine de la Faculté de Paris;
Chatinière, docteur en médecine de la Faculté de Paris;
Martineau, ancien député de Paris, géographe;
Alphonse Daudet, homme de lettres;
Bartholdi, sculpteur;
Antoine Bernard, contrôleur général de l'exploitation des chemins de fer de l'Algérie;
Jean Kozlowski, ingénieur des arts et manufactures, chef du bureau des études au chemin de fer du Nord;
Louis Godron, docteur en droit, rédacteur au ministère de l'Instruction publique;
Jules Cohen, actuaire à la Compagnie d'assurances la *Confiance;*
Dietsch, professeur de chimie;
Émile Rivière, docteur en médecine, lauréat de l'Institut;
Henri Moris, ancien élève de l'École des Chartes, archiviste des Alpes-Maritimes;
E. Pagès, agrégé de philosophie, professeur au lycée de La Roche-sur-Yon;
Commandant Bornecque, attaché à l'administration de l'École polytechnique;
G. Armelin, rédacteur principal au Ministère de la Guerre;
Émile Bernard, rédacteur au Ministère de la Guerre;
O. de Rawton, chimiste.
Verneuil, chimiste, lauréat de l'Institut;

C. F.

# L



**L.** La douzième lettre de notre alphabet et la septième de nos consonnes. Quand on la nomme *Elle*, suivant la prononciation usuelle et traditionnelle, le nom de cette lettre est féminin. *Une* L. Lorsqu'on l'appelle *Le*, suivant une méthode qu'on a cherché sans succès à substituer à l'ancienne méthode, on le fait masculin.

**Obs. gram.** — La lettre L se prononce *le*, au commencement, au milieu et à la fin des mots, comme dans *laurier*, *lever*, *lion*, *appeler*, *folâtrer*, *seul*, *subtil*. Néanmoins elle est muette, c.-à-d. ne se prononce pas, dans *baril*, *chenil*, *coutil*, *fournil*, *fusil*, *nombril*, *outil*, *persil*, *soûl* et *sourcil*. La prononciation des mots pluriels en *ils* varie conformément à celle du singulier. Ainsi, on dit : *subtil-zarguments*, et des *fusi-zexcellents*. — Dans les mots où il y a deux *l* successifs, on n'en fait ordinairement sentir qu'une, comme dans *collège*, *collation* (repas), et l'on ne prononce les deux que dans une trentaine de mots de la langue usuelle et leurs dérivés, tels que : *alléger*, *allégorie*, *collation* (droit de conférer un bénéfice, etc.), *gallicisme*, *velléité*, etc. Enfin l'*l* redoublée, comme les autres consonnes, se prononce double dans les mots de la langue scientifique. Nous avons soin d'indiquer la prononciation dans tous les cas où elle pourrait prêter à difficulté. — Enfin, quand la consonne *l* est placée après un *i*, pourvu toutefois que le mot ne commence pas par *il*, elle prend le plus souvent un son particulier, appelé *son mouillé*, et reçoit elle-même le nom de L *mouillée*. Tels sont, outre le précédent, les mots : *maille*, *paille*, *bâiller*, *travailler*, *oreille*, *veiller*, *feuille*, *recueillir*, *grenouille*, *fouiller*, *fille*, *anguille*, *cotillon*, *travail*, *réveil*, *cercueil*, *œil*, *fenouil*, etc. Le son de notre *l* mouillée ne peut s'apprendre qu'en l'entendant prononcer; on ne peut pas le représenter au moyen d'autres lettres. C'est mal rendre le son mouillé que de prononcer *mélieur* comme s'il y avait un *i* après *l*, et c'est lui donner une prononciation vicieuse que de le représenter par un *y*, d'écrire *méyeur*, par exemple. Il est très vrai qu'à Paris, beaucoup de personnes prononcent l'*l* mouillée comme si elle avait le son double de l'*y*; mais c'est un vice de prononciation, car c'est supprimer le son mouillé, qui existe dans notre langue, comme en italien où il est représenté par *gl*, *degli*, *svegliar*; en espagnol, où il est représenté par deux *ll*, *llave*; et en portugais, où il est représenté par *lh*, *cascalho*.

Notre lettre *l* est identique avec le *lambda* des Grecs et le *lam* ou *lameth* des langues sémitiques. — Comme abréviation, L signifie, dans les inscriptions latines, *Lucius* ou *Lucia*, *libertus*, ou *liberta*, *liber*, *locus*, *legio*, *lex*, *lictor*, *lares*. Le sigle LLS (*libra*, *libra*, *semis*), veut dire *sestertium*. Dans la numération romaine, L signifie 50, et, avec un trait horizontal au-dessus, 50,000. Dans les diplômes du moyen âge, L.S. veut dire *locus sigilli* (place du sceau). Dans beaucoup de livres modernes, *l.c.* est l'abréviation de *loco citato* (passage cité).

**LA.** Article fém. ou Pron. Voy. Le.

**LÀ.** adv. démonstr. (lat. *illac*, par là). Se dit d'un lieu qu'on désigne d'une manière expresse. *Je sens du mal là*, en montrant la partie du corps qui est affectée. *Mettez là ce livre. Venez là. Demeurez là. Il a été pris là. Halte là.* || A la suite de certains verbes, *Là* signifie A ce point, à ce parti, à cette chose. *Tenez-vous-en là. En demeurer là. En venir là.* || S'emploie souvent avec l'adverbe *Ici*, et par opposition à ce dernier, pour indiquer la différence des lieux, du temps, des circonstances, etc. Voy. Ici. || *Çà et là.* Voy. Çà. || Se joint à quelques adverbes de lieu, mais les précède toujours. *Là-haut. Là-bas. Là-dessus. Là-dessous. Là dedans. Là dehors. Là contre. Que pensez-vous là-dessus? Qu'avez-vous à voir là dedans?* || Se met aussi à la suite des pronoms démonstratifs et des noms pour leur donner une désignation plus précise. *Celui-ci, celui-là. Celle-ci, celle-là. Cet homme-là. En ce temps-là. Dans cet endroit-là. Quel langage est-ce-là? Quelles gens sont-ce là?* || *Là* s'emploie fréquemment pour donner plus de force au discours. *C'est là une belle action. Que faites-vous là? Qu'avez-vous dit là? Est-ce là le résultat de vos promesses?* = *De là*, De ce lieu-là, de ce point-là. *De là au mur il y a dix pieds. A quelques pas de là. De là, il y a un mètre. Retirez-vous de là. Au sortir de là.* || De ce temps-là, de ce moment-là. *A quelques années, à quelques jours, à quelques heures de là.* || De cette cause-là, de ce sujet-là, de cette chose-là. *De là vient mon malheur. Que voulez-vous inférer de là?* || *De là*, prép. Voy. Delà. = *Dès-là*, Dès lors, dès ce temps-là. *Il leur échut une succession, et dès-là ils se brouillèrent.* Vx. Cela étant. *C'est votre père, et dès-là vous lui devez du respect.* Vx. = *Jusque-là*, Jusqu'à ce lieu. *Allez, avancez jusque-là.* || Jusqu'à ce temps. *Venez à telle heure, je vous attendrai jusque-là.* || Fig., au sens moral. *Quoi! vous avez poussé jusque-là la patience!* = *Par là*, Voy. Par.

**LÀ et LÀ LÀ.** Façons de parler familières qu'on emploie tantôt pour apaiser, pour consoler; tantôt pour réprimander, pour menacer. *Là là, rassurez-vous, il n'y a rien à craindre. Là, calmez-vous. Là là, nous nous retrouverons. Là, en voilà assez.* || Là là. adv. Médiocrement. *Est-il fort savant? Là là. Avez-vous bien dormi? Là là.*

**LA.** s. m. (Première syllabe du mot *labium*). T. Mus. La sixième note de la gamme. *Le ton de la. La dièze.* Voy. Gamme. — *Donner le la*, Faire sonner le *la* sur son instrument, afin qu'un autre musicien puisse mettre le sien à l'unisson. On dit de même, *Prendre le la.* || Fig., Donner le ton, servir de modèle, prendre le ton. — Cette note est commune à tous les instruments.

**LAALAND**, île du Danemark, dans la mer Baltique; 67,600 hab. Ch.-l. *Maribo*.

**LABADIE**, sectaire calviniste fr. (1610-1674).

**LA BALUE**. Voy. BALUE.

**LABAN**, beau-père de Jacob.

**LA BARRE** (JEAN-FRANÇOIS **LE FÈVRE**, chevalier DE), né à Abbeville en 1747; torturé, broyé et décapité à Abbeville, à l'âge de 19 ans (1er juillet 1766), pour prétendues insultes à la religion. C'est l'un des exemples les plus épouvantables de la sottise et de la méchanceté des hommes.

**LABARRE** (E.), architecte fr. (1764-1833).

**LABARUM**. s. m. [Pr. *laba-rome*] (Mot lat. dérivé de *labare*, vaciller, flotter).

**Hist**. — Le l. était une sorte de bannière que l'on portait à la guerre devant les empereurs romains. Après sa victoire sur Maxence, Constantin remplaça par la croix l'aigle qui surmontait cette bannière, et y fit broder le monogramme du Christ avec les mots : *In hoc signo vinces* (Tu seras victorieux par ce signe). La légende rapporte qu'au moment où il allait marcher contre Maxence, une croix lumineuse parut dans le ciel, entourée de l'inscription précédente. Ce pouvait bien être un halo, car on en a observé plusieurs en forme de croix. L'observation suivante, adressée de Bourges par M. l'abbé Moreux à M. Flammarion, est remarquable à cet égard :

Dans la nuit du mardi 26 mai 1896, différents observateurs ont signalé à Bourges un curieux halo lunaire en forme de croix. Voici les différentes phases du phénomène. Vers 10 heures du soir, la Lune se montra entourée d'un petit halo circulaire; le temps était à peine couvert. A 11h50, huit minutes avant le passage de la Lune au méridien, le halo disparut rapidement pour faire place à une croix dont les deux bras, ayant la Lune à leur intersection, s'étendaient suivant la direction de deux diamètres du halo primitif. Chacun des bras avait une longueur égale à deux fois le diamètre lunaire environ. La croix devenait de moins en moins lumineuse à mesure qu'on s'éloignait du centre. A minuit 20m, le météore disparaissait et le halo circulaire entourait de nouveau l'astre des nuits.

Ce phénomène répond entièrement aux descriptions qui en ont déjà été faites dans les différents traités de Météorologie; rien n'y a manqué, pas même la coïncidence avec un fait politique remarquable, puisque c'était le jour même du couronnement du Czar. L'imagination populaire n'a donc pu se dispenser d'ajouter de nombreux commentaires.

L'épreuve photographique ci-dessous montre jusqu'à quel point on peut reproduire artificiellement des halos de ce genre.

Cette reproduction repose sur une expérience très familière : Si on regarde un point lumineux à travers une vitre humide dont on a essayé d'enlever la buée avec la main, ce point occupe le centre d'une colonne de lumière normale à la direction dans laquelle on a frotté la vitre.

Pour réaliser cette expérience d'une manière plus complète, il suffit de prendre un verre à teinte neutre et, avec un doigt humecté d'un liquide gras ou sirupeux très transparent, de tracer des stries parallèles sur les deux faces de la plaque de verre, en ayant soin d'orienter le second faisceau perpendiculairement au premier.

Si on regarde un point lumineux (ou un disque) à travers

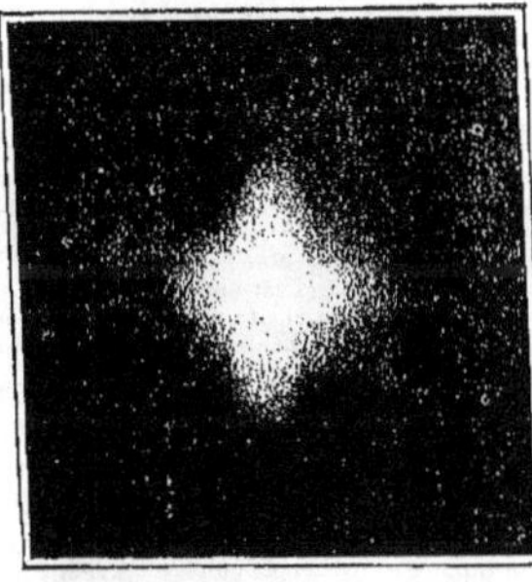

cet écran transparent, on obtient la reproduction exacte du phénomène atmosphérique.

La photographie prise derrière cet écran donnera une idée plus nette encore du résultat obtenu. Comme pour le halo lunaire, le disque est entouré d'une faible auréole lumineuse. Dans cette expérience, ce disque est produit par une lentille au foyer de laquelle une lampe a été placée. Dans ce cas, on comprend pourquoi le maximum d'éclat se trouve réparti, comme pour la croix lunaire, suivant deux lignes perpendiculaires passant par le centre de l'astre. De l'expérience précédente à la théorie du halo lunaire en forme de croix, il n'y a qu'un pas.

La glace cristallise souvent en prismes hexagonaux séparés. Si nous supposons les aiguilles prismatiques de ce nuage orientées dans le même sens, nous aurons deux séries de plans parallèles : la première, formée par les faces latérales, la seconde par les bases mêmes des prismes. Chaque série formera des plans perpendiculaires entre eux. En général, l'une est verticale, l'autre horizontale. La chute de ces cristaux, dans les régions plus basses d'une atmosphère calme, peut suffire à donner une même orientation à tous ces cristaux de glace. On aura, dans ce cas, deux colonnes lumineuses qui se croiseront perpendiculairement, et dont la Lune occupera le point d'intersection.

**LABASTIDE-CLAIRENCE**, ch.-l. de c. (Basses-Pyrénées), arr. de Bayonne; 1,309 hab.

**LABASTIDE-MURAT**, ch.-l. de c. (Lot), arr. de Gourdon; 1,500 hab.

**LABAT** (Le Père), missionnaire fr. (1663-1738).

**LABBE**. s. m. T. Ornith. Espèce de *Palmipède*. Voy. GOÉLAND.

**LABBÉ** (Le Père), jésuite fr., savant distingué (1607-1667).

**LABDACISME**. s. m. (R. λαβδακισμὸς m. s., de λάμβδα, nom de la lettre L chez les Grecs). Vice de prononciation par lequel on remplace la lettre R par la lettre L. Voy. GRASSEYEMENT. || T. Rhét. Abus des mots commençant par la lettre L. — On dit aussi *lambdacisme*, et *lallation*.

**LABÉ** (LOUISE **CHARLY**, dite), femme poète fr., surnommée la *Belle Cordière*, née à Lyon (1526-1566).

**LA BEAUMELLE** (LAURENT **ANGLIVIEL** DE), littérateur fr., connu par ses querelles avec Voltaire (1726-1773).

**LA BÉDOLLIÈRE** (ÉMILE **GIGAULT** DE), littérateur fr. (1812-1883).

**LABÉDOYÈRE** (CHARLES-ANGÉLIQUE-FRANÇOIS **HUCHET**, comte DE), général fr., né à Paris en 1786; fusillé en 1815.

**LABELLE**. s. m. [Pr. *labè-le*] (lat. *labellum*, petite lèvre). T. Bot. Nom donné, dans la famille des Orchidées et des Scitaminées, à un pétale très différent des autres par sa forme et ses dimensions. || Bord renversé de certaines coquilles.

**LABELLÉ, ÉE**. adj. [Pr. *label-lé*]. Qui présente un labelle.

**LABEUR**. s. m. (lat. *labor*, m. s.). Travail long, pénible et suivi. *Un grand l. Un l. ingrat. Vivre de son l. Être récompensé de son l. Dieu a béni son l.*

Quel fruit de ce labeur pouvez-vous recueillir?
LA FONTAINE.

Hors ces sortes de phrases, ce mot n'est guère usité qu'en poésie et dans le style soutenu. || T. Agric. *Bêtes de l.*, Qui servent au travail. — *Terre en l.*, Qu'on ne laisse pas en jachère. || T. Typogr. On appelle *Ouvrages de l.*, ou *Labeurs*, Les ouvrages considérables et tirés à grand nombre, par opposition aux ouvrages de peu d'étendue qu'on tire ordinairement à petit nombre et qu'on nomme *Ouvrages de ville*.

Syn. — *Travail*. — Le *travail* est la peine que l'on prend à faire une chose. Le *labeur* est un travail qui demande beaucoup de peine. L'homme est né pour le *travail*; le malheureux est condamné à un incessant *labeur*. *Travail* est en outre beaucoup plus usité que *labeur*. *Travail* est le mot vulgaire et commun, tandis que *labeur* ne se dit ordinairement qu'en poésie, dans le style soutenu, ou lorsqu'on parle d'un travail de l'esprit.

**LABIAL, ALE**. adj. (lat. *labia*, lèvres). Qui a rapport aux lèvres. *Muscle l. Artère labiale. Articulation labiale.* || T. Gramm. *Lettre labiale*, ou substant., *Labiale*. Voy. CONSONNE. || T. Jurisp. *Offres labiales*, Offres de payer faites de bouche ou par écrit, sans qu'il y ait exhibition réelle des deniers.

**LABIATIFLORE**. adj. 2 g. (lat. *labiatus*, muni de lèvres; *flos*, fleur). T. Bot. Se dit d'un capitule dont les fleurs sont bilabiées. = LABIATIFLORES. s. f. pl. T. Bot. Tribu de végétaux de la famille des *Composées*. Voy. ce mot.

**LABIATIFORME**. adj. 2 g. (lat. *labiatus*, muni de lèvres; *forma*, forme). T. Bot. *Corolle l.*, Corolle gamopétale qui par sa forme se rapproche de celles dont le limbe est partagé en deux lèvres.

**LABICHE** (EUGÈNE), auteur dramatique fr., né à Paris (1815-1888).

**LABIDOPHORE**. adj. 2 g. (gr. λαβίς pince; φορὸς, qui porte). T. Zool. *Insectes labidophores*, Dont l'abdomen est terminé par deux pièces disposées en forme de tenailles.

**LABIDOURE**. adj. 2 g. (gr. λαβίς, pince; οὐρά, queue). T. Zool. *Insectes labidoures*, Dont le corps est terminé par des espèces de tenailles.

**LABIÉ, ÉE**. adj. (lat. *labium*, lèvre). T. Bot. Se dit d'un organe qui présente la forme de deux lèvres, et d'une plante dont la fleur a la corolle labiée. Voy. FLEUR.

**LABIÉES**. s. f. pl. T. Bot. Famille de végétaux Dicotylédones de l'ordre des Gamopétales supérovariées.

*Caract. bot.* : Plantes herbacées ou suffrutescentes. Tige souvent quadrangulaire, à ramification opposée. Feuilles opposées, entières ou divisées, dépourvues de stipules, et portant un grand nombre de poils sécréteurs produisant une huile essentielle. Fleurs en cymes axillaires, presque sessiles, opposées, et ressemblant à des verticilles; parfois solitaires ou comme en épis. Calice gamosépale, persistant, tantôt régulier à 5 ou 10 dents, tantôt zygomorphe et bilabié ou avec 3 à 10 dents, la dent impaire située du côté de l'axe. Corolle gamopétale, zygomorphe, bilabiée; la lèvre supérieure indivise ou bifide, recouvrant l'inférieure qui est plus large et trilobée. Étamines 4, didynames, insérées sur la corolle, alternant avec les lobes de la lèvre inférieure, les deux supérieures avortant quelquefois; anthères biloculaires, mais parfois paraissant uniloculaires en raison de la confluence des loges au sommet; quelquefois l'une des loges avorte complètement, ou

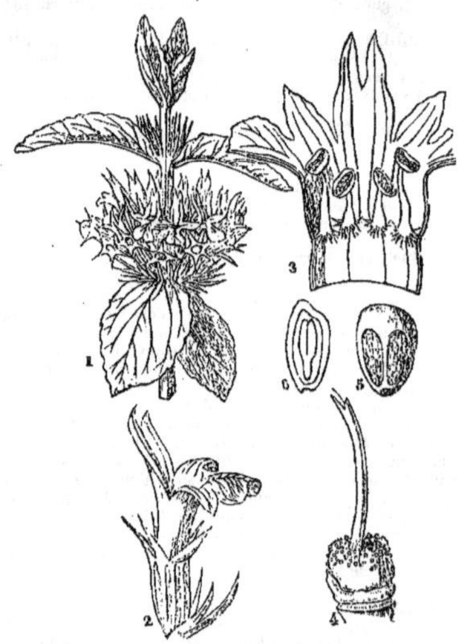


se transforme en une écaille séparée de la moitié fertile par un connectif en forme de fléau de balance (Sauge). Pistil formé de 2 carpelles concrescents en un ovaire d'abord biloculaire avec 2 ovules dans chaque loge; de bonne heure il se fait dans chaque loge entre les ovules une fausse cloison divisant l'ovaire en 4 logettes uniovulées; style 1, gynobasique; stigmate bifide. Le fruit est un tétrakène renfermé dans le calice persistant. Graines dressées, avec peu ou point d'albumen; embryon dressé; cotylédons plats. (Fig. 1. *Marrubium vulgare;* 2. Fleur entière vue de profil; 3. Corolle ouverte; 4. Pistil; 5. Akène; 6. Coupe verticale de ce dernier, pour montrer l'embryon.)

La famille comprend 136 genres (*Ocymum, Plectranthus, Coleus, Lavandula, Pogostemon, Mentha, Lycopus, Origanum, Thymus, Satureia, Micromeria, Calamintha, Melissa, Hyssopus, Salvia, Rosmarinus, Nepeta, Scutellaria, Marrubium, Betonica, Stachys, Galeopsis, Leonurus, Lamium, Ballota, Leucas, Phlomis, Teucrium, Ajuga*, etc.), et environ 2,600 espèces, qui sont dispersées par toute la Terre, mais abondant surtout dans la région méditerranéenne. — Parmi les Labiées, il n'en est aucune qui ait des sécrétions délétères; la plupart, au contraire, ont une odeur agréable et aromatique. Tantôt on extrait leur huile essentielle pour l'employer comme parfum; tantôt on en prépare les eaux spiritueuses dont nous faisons le plus fréquent usage, ou l'on en aromatise divers cosmétiques. Les feuilles de plusieurs espèces, celles du *Basilic* (*Ocymum basilicum*), de la *Marjolaine* (*Origanum majorana*), du *Thym* (*Thymus vulgaris*), du *Serpolet* (*Th. serpyllum*), de la *Sarriette* (*Satureia hortensis*), etc., sont introduites dans nos mets comme condiment. Celles d'un assez grand nombre sont employées sous forme d'infusions, comme toniques, stimulantes et vulnéraires. Quelques autres, par ex., le *Lierre terrestre*, appelé aussi *Couronne de terre* (*Glechoma hederacea*), la *Mélisse de Moldavie* (*Dracocephalum moldavicum*) et la *Monarde didyme* (*Monarda didyma*), par exemple, se prennent en guise de thé. Dans beaucoup de Labiées, à l'huile essentielle excitante qu'elles contiennent, s'associe un principe légèrement amer et astringent, qui ajoute à leurs propriétés. Aussi un grand nombre s'administrent comme toniques, et même, quand ce principe amer est abondant, elles peuvent devenir fébrifuges. Dans diverses espèces, on trouve une substance analogue au camphre. Enfin, les racines de quelques-unes ont des renflements tuberculeux qui sont plus ou moins riches en fécule et peuvent servir d'aliment : telles sont chez nous les racines de l'*Épiaire des marais*, vulg. *Ortie morte* (*Stachys palustris*), et, à Madagascar, celles de plusieurs espèces de *Basilic* (*Ocymum*) qui sont mangées par les indigènes. Depuis quelque temps on cultive le *Stachys affinis*, dont les tubercules connus sous le nom de *Crosnes du Japon*, sont alimentaires. — Au premier rang des Labiées simplement aromatiques, vient se placer la plante si connue dans le commerce sous le nom de *Patchouly* (*Pogostemon Patchouly*). Elle habite les Indes orientales, et s'emploie, soit comme parfum, soit pour préserver des teignes les étoffes et les fourrures. Après elle vient la *Lavande vraie* (*Lavandula vera*), dont les fleurs contiennent une grande quantité d'huile essentielle, ainsi qu'un principe amer. C'est avec cette huile que se préparent l'*Essence de Lavande*, *l'Esprit de Lavande*, l'*Eau de Lavande*, le *Vinaigre de Lavande*, qui sont d'un grand usage dans la parfumerie. La *Lav. vraie* entre encore dans la composition de l'eau de Cologne, du vinaigre des quatre-voleurs, du baume nerval, etc. En médecine, on l'emploie comme stimulante, tonique et carminative. La *Lav. spic* (*Lav. spica*), vulg. appelée *Spic* et *Aspic*, a une odeur plus forte et moins douce que la précédente. C'est d'elle qu'on extrait l'*Huile* ou *Essence d'Aspic*, qui s'emploie dans l'art vétérinaire, dans la préparation de certains vernis et pour la peinture sur porcelaine. Parmi les diverses espèces de Menthes, la plus intéressante est la *M. poivrée* (*Mentha piperita*), dont l'odeur est forte et pénétrante, et qui a une saveur poivrée, comme camphrée, laissant après elle une impression de fraîcheur dans la bouche. C'est surtout dans l'industrie du confiseur et du liquoriste que la M. poivrée est employée; néanmoins, en médecine, elle est usitée comme stimulante, résolutive, diaphorétique, et surtout comme antispasmodique. Elle est abondamment cultivée en Angleterre, où elle sert à la préparation de l'*Essence de menthe anglaise*. La *M. verte* ou *des jardins* (*M. viridis*), la *M. à feuilles rondes* (*M. rotundifolia*), la *M. sauvage* (*M. sylvestris*), la *M. aquatique* (*M. aquatica*), communément appelée *M. rouge*, la *M. Pouliot* (*M. Pulegium*), la *M. des champs* ou *Pouliot-thym* (*M. arvensis*), etc., jouissent de propriétés analogues, mais moins prononcées. La *M. à odeur de citron* (*M. citrata*) donne une huile essentielle qui a l'odeur de l'essence de bergamote. L'*Hormin* (*Salvia horminum*), la *Sclarée* (*Salvia sclarea*), connue aussi sous les noms vulg. d'*Orvale* et de *Toute-bonne*, la *Germandrée officinale* (*Teucrium chamædrys*), vulg. *Petit-Chêne*, la *Germ. femelle* (*Teucrium botrys*), la *Germ. polium* (*Teucr. polium*), vulg. *Pouliot des montagnes*, et beaucoup d'autres, sont usitées comme toniques et stomachiques. L'*Hedeoma pulegioides* jouit aux États-Unis d'une grande réputation comme emménagogue. Le *Cunila mariana* y est également usité comme diaphorétique dans les fièvres légères et dans les refroidissements. Le *Leonotis nepetifolia*, le *Leucas martinicensis*, et le *Marsypianthus hyptoides* servent, au Brésil, à préparer des bains médicinaux dans les cas de douleurs rhumatismales. Quelques espèces s'administrent principalement comme diurétiques o[u] diaphorétiques. Tels sont, au Brésil, l'*Æollanthus suavis*, l[e] *Glechon spathulatus*, le *Peltodon radicans*, l'*Ocymum incanescens*, et diverses espèces d'*Hyptis*; et, chez nous, la *Germandrée sauvage* ou *Sauge des bois* (*Teucrium scorodonia*), la *Germ. aquatique* (*Teucr. scordium*), la *Mélisse des bois* (*Mellitis melissophyllum*), etc. Comme carminatives et antispasmodiques, on emploie surtout plusieurs espèces des genres *Menthe* (*Mentha*), *Basilic* (*Ocymum*), *Sarriette* (*Satureia*), ainsi que l'*Origan commun* (*Origanum vulgare*), la *Marjolaine* (*Or. majorana*), le *Stœchas* (*Lavandula Stœchas*), la *Sauge officinale* et la *S. à grandes fleurs* (*Salvia officinalis* et *S. grandiflora*), l'*Hysope* (*Hyssopus officinalis*), la *Cataire* ou *Chataire* (*Nepeta cataria*), le *Marum* ou *Germandrée maritime* (*Teucrium marum*), appelé aussi *Herbe aux chats*, la *Bugle* ou *Ivette musquée* (*Ajuga iva*), la *Ballote fétide* (*Ballota fœtida*), vulg. *Marrube noir*, le *Merlandra bengalensis* ou *Sauge du Bengale*, etc. Le *Marrube vulgaire* (*Marrubium vulgare*), appelé aussi *Marr. blanc*, *Faux-Dictame* est dans quelques pays un remède populaire contre la toux, et s'emploie comme tonique et stimulant. Au Brésil, la *Cunile microcéphale* (*Cunila microcephala*) sert aux mêmes usages. Plusieurs espèces sont d'un emploi quotidien comme pectorales : nous citerons le *Glechome* (*Glechoma hederacea*) vulg. appelé *Lierre terrestre*, le *Galeopsis velouté* (*Galeopsis ochroleuca*), l'*Agripaume* ou *Cardiaque* (*Leonurus cardiaca*), la *Mélisse officinale* ou *Citronnelle* (*Melissa officinalis*), le *Calament* ou *Menthe des montagnes* (*Calamintha officinalis*), etc., etc. Ainsi que nous l'avons dit, plusieurs espèces de Labiées jouissent de propriétés astringentes et même fébrifuges. On emploie comme telles la *Scutellaire* ou *Toque casside* (*Scutellaria galericulata*), le *Lamier blanc* (*Lamium album*), vulg. *Ortie blanche*, la *Bugle rampante* (*Ajuga reptans*), la *Brunelle commune* (*Brunella vulgaris*), le *Pied-de-loup* ou *Marrube aquatique* (*Lycopus europæus*), qui donne en outre une matière tinctoriale noire, le *Dictame de Crète* (*Origanum dictamnus*), le *Basilic fébrifuge* (*Ocymum febrifugum*), de Sierra-Leone, la *Monarde fistuleuse* (*Monarda fistulosa*) de l'Amérique du Nord, etc., et surtout le *Marrube* (*Marrubium vulgare*), dont les propriétés fébrifuges sont bien réelles. La *Bugle petit-pin* ou *Ivette* (*Teucrium chamæpitys*), le *Lamium galeobdolon*, vulg. *Ortie jaune*, etc., sont d'un usage populaire comme vulnéraires. La *Crapaudine* (*Stachys sideritis*) a été employée contre le carreau des enfants. La *Bétoine officinale* est amère; ses feuilles sont usitées comme sternutatoires. Leur action est purement mécanique et dépend des petits poils roides qui couvrent leur surface. On a avancé que la racine de cette plante était purgative et émétique, mais le fait mérite confirmation. Au nombre des Labiées qui contiennent un stéaroptène analogue au camphre, nous nommerons la *Sauge*, la *Lavande*, la *Sarriette*, l'*Hysope*, la *Monarde ponctuée*, et surtout le *Romarin officinal* (*Rosmarinus officinalis*). Ce dernier renferme en abondance une huile volatile, l'*Essence de Romarin*, qui donne un dixième de son poids de camphre. Cette essence formait la base d'une eau de toilette jadis fort estimée, l'*Eau de la reine de Hongrie*. Aujourd'hui elle entre dans la composition de l'eau de Cologne, du vinaigre des quatre-voleurs, du baume Opodeldoch, etc. Le *Romarin* s'emploie en infusion comme tonique, stimulant et céphalique On s'en sert à l'extérieur en fomentations : on en prépare aussi des bains fortifiants. On prétend qu'il arrête la chute des cheveux, et entre dans la composition de la plupart des pommades employées pour la chevelure. Sous le nom de semences de *Chia* on désigne, en Amérique, les graines de plusieurs espèces de *Salvia*, telles que les *S. columbaria*, *S. hispanica*, *S. urticæfolia*, etc., employées surtout, à cause du mucilage qu'elles contiennent, pour préparer des boissons rafraîchissantes, des gargarismes et des collyres. Elles sont alimentaires.

**LABIENUS**, un des plus habiles lieutenants de César (98-45 av. J.-C.).

**LABILE**. adj. 2 g. (lat. *labilis*, caduc). T. Did. Sujet à tomber. *Pétales labiles.* || Sujet à faillir. *Mémoire l.* Peu usité.

**LABIMÈTRE**. s. m. (gr. λαβίς, pince; μέτρον, mesure). Instrument consistant en une sorte de compas de proportion adapté aux manches du forceps et indiquant les dimensions de la tête de l'enfant contenu dans l'utérus.

**LABIO-NASALE**. adj. (lat. *labium*, lèvre; fr. *nasal*). T. Gram. *Lettre l.*, La lettre M parce qu'elle se prononce des lèvres et du nez.

**LABIUM**. s. m. [Pr. *labi-ome*] (lat. *labium*, lèvre). Pièce de la bouche des insectes.

**LABLACHE**, célèbre chanteur napolitain d'origine fr. (1794-1858).

**LA BOÉTIE**. Voy. Boétie.

**LABORATOIRE**. s. m. (lat. *laborare*, travailler). Local où un chimiste, un physicien, etc., exécute ses opérations. *Un l. bien monté.* || Par extens., se dit des ateliers garnis de fourneaux où les pharmaciens, les distillateurs, les confiseurs, les limonadiers, font leurs préparations. || T. Métall. Partie du four où se trouve la matière à élaborer.

**Admin.** — Le laboratoire municipal de Paris, institué le 29 décembre 1880, se livre à deux sortes d'expertises, celle des échantillons commerciaux soumis par des négociants et celle des marchandises achetées par les consommateurs; l'analyse portant sur la qualité des denrées est gratuite; ses résultats sont inscrits sur une note portant uniquement un des trois mots suivants : *bon*, *mauvais*, *falsifié*. Quant aux analyses de quantités, elles sont faites moyennant un prix variable suivant la nature du produit, mais déterminé par un tarif réglementaire.

**LABORDE** (Alexandre-Louis-Joseph, comte de), homme politique et savant fr., né à Paris (1773-1842).

**LABORDE** (Léon, marquis de), archéologue fr. né à Paris (1807-1869).

**LABORIEUSEMENT**. adv. [Pr. *laborieu-ze-man*]. Avec beaucoup de peine et de travail. *Il passe l. sa vie à faire des riens.*

**LABORIEUX, EUSE**. adj. [Pr. *labori-eu, euze*] (lat. *laboriosus*, m. s.). Qui travaille beaucoup, qui aime le travail. *Un homme très l.* || En parl. des choses, Pénible, qui coûte beaucoup de travail, de fatigues, d'efforts. *Entreprise laborieuse. Journée laborieuse. Vie laborieuse. De laborieuses recherches. Digestion laborieuse. Accouchement l.*

**LABORIOSITÉ**. s. f. [Pr. ...*zité*]. Qualité de celui qui est laborieux.

**LABOR OMNIA VINCIT IMPROBUS**, proverbe latin tiré des *Géorgiques* de Virgile : « Le travail constant vient à bout de tout. »

**LABOUAN**. Île sur la côte N.-O. de Bornéo; aux Anglais; 5,000 hab. Voy. Inde.

**LABOULAYE** (Édouard-René **LEFEBVRE** de), publiciste et jurisconsulte fr., né à Paris (1811-1883).

**LABOUR**. s. m. (lat. *labor*, travail). Façon qu'on donne aux terres en les labourant. *Donner un l., deux labours, à une terre. Des chevaux de l. Cette terre est en l.*, Elle est préparée pour recevoir la semence. Voy. Charrue.

**Agric.** — Le l. est l'une des opérations à l'aide desquelles on pratique l'ameublissement du sol. Son effet n'est pas seulement de déplacer latéralement la terre, de manière à en désunir les particules et à lui permettre d'absorber l'air et les gaz fertilisants; c'est encore de la remuer de telle façon que les parties qui étaient placées au fond de l'humus soient ramenées à la surface, et réciproquement. La couche superficielle toujours plus fertile, à raison de son exposition à l'air, et de la décomposition plus rapide des matières organiques qu'elle renferme, se trouve ainsi mise en contact avec les racines des plantes, et la couche inférieure, privée depuis quelque temps du contact de l'air, vient réparer les pertes qu'elle a éprouvées. — Les labours se pratiquent à l'aide de la charrue, de la bêche, de la fourche et de la houe. — Le l. à la charrue, moins parfait que le l. à la bêche ou à la fourche, est employé à peu près exclusivement dans la grande culture. Les principales conditions qui influent sur la qualité des labours à la charrue sont : la profondeur de la tranche de terre renversée par la charrue; la largeur de cette tranche; son inclinaison; la conformation de la surface labourée. — En général, les labours profonds augmentent la quantité des récoltes : car les plantes serrées les unes contre les autres, dans la grande culture, tendent à s'étendre en profondeur. Si elles rencontrent un sol meuble et fertile, elles prennent beaucoup d'accroissement, et le développement de la tige suit la même progression. Mais si la couche de terre est dure et stérile, leur développement vertical s'arrête, et comme elles ne peuvent pas s'étendre latéralement, à cause des plantes voisines, la végétation reste languissante. — Du reste, les labours ne doivent pas toujours avoir la même profondeur. Plus la plante que l'on doit cultiver aura de tendance à enfoncer profondément ses racines, plus le l. devra être profond. Ainsi, pour la carotte, il serait utile de remuer la terre jusqu'à la profondeur de 60 centimètres; pour la betterave, on pourrait se contenter d'un défoncement à 40 centimètres; tandis que le froment n'exigerait qu'un labour à 25 centimètres. — La nature du sol influe aussi sur le degré de profondeur des labours. Si un sol, par ex., n'offre qu'une couche de terre de 20 centimètres d'épaisseur, propre à la culture, et qu'il existe au-dessous de cette couche un sous-sol impropre à la végétation, les labours les plus profonds ne devront pas dépasser cette limite de 20 centimètres. Alors, on restreindra la culture à des plantes dont les racines ont peu de tendance à s'enfoncer en terre, et l'on améliorera le sous-sol progressivement. Il existe d'ailleurs des instruments aratoires destinés à ameublir seulement la partie profonde du sous-sol sans le ramener à la surface.

Suivant les circonstances, mais le plus souvent sans autre motif que les habitudes locales, on laboure en billons ou sillons, ou en planches, ou à plat. Labourer en billons, c'est diviser le terrain en planches étroites, bombées et divisées par des rigoles d'écoulement profondes. Les avantages de cette sorte de l. sont d'augmenter artificiellement l'épaisseur en terre végétale des sols peu profonds, ce qui permet d'y introduire la culture des plantes sarclées. En outre, l'humidité n'y est jamais trop grande: en temps de pluie, ces terres sont promptement égouttées. Mais on reproche à ce mode de l. les inconvénients suivants : 1° la meilleure terre, inutilement amassée dans le milieu, se trouve hors de la portée des racines, surtout des céréales; 2° le sommet des billons manque souvent d'humidité; 3° quand ces billons sont dirigés de l'est à l'ouest, les récoltes sont moins belles et souvent très chétives du côté du nord; 4° les semences sont généralement répandues inégalement, parce qu'elles tendent à se réunir sur les bas côtés; 5° le hersage y est difficilement pratiqué, et l'on ne peut faire usage du scarificateur et de l'extirpateur; 6° enfin, la multiplication des rigoles occasionne une perte de terrain qui peut équivaloir au quart environ de la superficie. — Les labours en planches ou à plat n'offrent aucun de ces inconvénients; aussi les a-t-on adoptés partout où la culture est raisonnée.

Dans les vergers, les labours se pratiquent à la bêche, ou mieux à la fourche; on les fait peu profonds, pour ne pas endommager les racines des arbres, surtout de ceux qui sont greffés sur prunier, coignassier ou sur paradis, et qui se développent plus superficiellement que les autres.

**LABOUR** (Terre de), prov. de l'Italie méridionale, appelée aussi prov. de Caserte; 753,500 hab. Ch.-l. Caserte.

**LABOURABLE**. adj. 2 g. Propre à être labouré; se dit de toute terre qui peut se cultiver en céréales.

**LABOURAGE**. s. m. L'art de labourer la terre. *Il entend bien le l. Les instruments, les travaux du l.* || L'ouvrage, le travail du laboureur. *Le l. des terres légères est plus aisé que celui des terres grasses. Il donne tant pour le l. de sa terre.* || T. Techn. Travail par lequel on fait passer les bateaux sous certains ponts. — Travail par lequel on tire d'un bateau les tonneaux pleins qu'il a amenés. Voy. LABOUR.

**Techn.** — *Labourage à la vapeur.* — On a imaginé plusieurs systèmes pour faire mouvoir la charrue par la vapeur : les seuls qui se sont montrés pratiques sont ceux qui consistent à tirer, au moyen d'un câble actionné par le moteur, une charrue à plusieurs socs du genre dit tête-à-tête. L'appareil Lotz, qui est un de ceux qui donnent le meilleur résultat, comporte deux locomotives routières entre lesquelles est tendu le câble où est attachée la charrue; chacune des deux locomotives tire alternativement sur ce câble; quand la charrue est arrivée à l'une des extrémités, les deux locomotives avancent d'une quantité égale à la largeur du sillon; la charrue est renversée, et le mouvement reprend en sens inverse; le changement de marche et le déplacement des locomotives se font automatiquement. — La qualité du labour dépend de la forme des pièces travaillantes, coutre, soc et versoir, et non du moteur. Cependant, le labourage à la vapeur présente l'avantage d'éviter le piétinement des chevaux ou des bœufs, qui est très fâcheux dans les terres fortes, argileuses; mais il est, en général, plus coûteux que le labourage ordinaire. Aussi ne peut-il convenir qu'aux grandes exploitations qui ont à labourer de grandes superficies; encore faut-il que le terrain ne soit pas trop accidenté. — On a proposé aussi de remplacer la vapeur par d'autres moteurs. Vers 1855, un Français, Grosley, imagina de faire tirer la charrue par deux moulins à vent montés sur roues et placés en regard l'un de l'autre sur le bord du champ. Un système automatique assurait le renversement de la charrue, le changement de sens de la traction et le déplacement des deux moulins dès que la charrue arrivait à l'extrémité de sa course. Ce système, essayé à l'école de Grignon, ne réussit pas bien. De plus, le vent est trop capricieux pour qu'on puisse compter sur lui le jour où il faudra labourer. — L'emploi de l'électricité paraît avoir plus d'avenir. Les locomotives du système Lotz sont remplacées par deux dynamos qui reçoivent le courant d'une dynamo-motrice placée n'importe où. Sans doute, on perd 40 à 50 p. 100 de travail moteur par la transmission; mais il est bien des cas où la force motrice, fournie par une chute d'eau, ne coûte rien.

**LABOURD** (Terre de), petit pays dépendant de l'ancienne Gascogne et qui avait pour ch.-l. *Bayonne*.

**LA BOURDONNAIE** (Comte DE), homme politique fr. (1767-1839), royaliste ardent dans les Chambres de la Restauration.

**LA BOURDONNAIS (MAHÉ**, comte DE), gouverneur des îles de France et de Bourbon, prit Madras (1746); mais, désapprouvé par Dupleix, il retourna en France, où il fut enfermé à la Bastille. Bien que déclaré innocent, il mourut de chagrin (1699-1753).

**LABOURER**. v. a. (lat. *laborare*, travailler). Remuer, retourner la terre avec la charrue, la bêche ou la houe, etc. *L. un champ, une vigne. L. le pied d'un arbre. L. les allées d'un jardin pour les nettoyer.* Absol., sign. Labourer avec la charrue. *Il est moins pénible de l. que de bêcher. L. avec des bœufs, avec des chevaux.* — Fig. et fam., *Il aura bien à l. avant de parvenir à son but*, Il aura bien de la peine à prendre, bien des souffrances à endurer, avant de... *L. sa vie*, Avoir beaucoup de peines, d'embarras, de traverses. || Par anal., se dit de certains animaux et des choses qui font sur la superficie de la terre à peu près le même effet que la charrue, la bêche, etc. *Les taupes ont labouré ce pré. Le canon a labouré ce champ.* || Fig. Marquer de sillons. *Un visage labouré de cicatrices* || T. Man. *Ce cheval laboure le terrain*, se dit d'un cheval qui bute. | T. Mar. Se dit d'une ancre qui ne tient pas sur le fond où on l'a jetée, ou d'un navire qui, en passant dans un endroit où il y a peu d'eau, touche le fond sans être arrêté. *Cette ancre laboure le fond*, ou simplement, *laboure. Notre vaisseau labourait.* || T. Techn. Tirer d'un bateau les tonneaux pleins qu'il a amenés. — Remuer avec une pelle le sable humide qui entoure le moule du fondeur. = LABOURÉ, ÉE. part. || T. Techn. *Papier labouré*, Marqué de traces par le feutre sur lequel a glissé la forme.

**LABOUREUR**. s. m. Celui qui laboure la terre, et, plus généralement, Celui dont l'état est de cultiver la terre. *Un bon l. Les enfants nombreux et robustes font partie de la richesse des laboureurs.* || T. Techn. Marinier transportant des marchandises. — Sorte de pelle avec laquelle le fondeur remue le sable humide qui entoure le moule.

**LABOUREUSE**. s. f. [Pr. ...ze]. Charrue mue par la vapeur. Voy. LABOURAGE.

**LABRADOR**, presqu'île de l'Amérique du Nord (Nouvelle-Bretagne), entre l'Atlantique, le détroit d'Hudson, les mers de Davis et d'Hudson; 11,000 hab. Pelleteries.

**LABRADORITE**. s. f. T. Minér. Voy. FELDSPATH.

**LABRAX**. s. m. [Pr. *labra-ks*] (gr. λάβραξ, loup marin). T. Icht. Genre de *Poissons osseux*. Voy. PERCOÏDES.

**LABRE**. s. m. (lat. *labrum*, lèvre). T. Entom. Lèvre supérieure des Insectes. Voy. INSECTE. || T. Icht. Voy. LABRIDÉS.

**LABRE** (BENOIT-JOSEPH, saint), mendiant et vagabond, né à Amettes (Pas-de-Calais) en 1748, mort à Rome en 1783.

**LABRÈDE**, ch.-l. de c. de la Gironde, arr. de Bordeaux; 1,700 hab. Château de Montesquieu.

**LABRET** ou **LABRIT**, anc. **ALBRET**, ch.-l. de c. des Landes, arr. de Mont-de-Marsan; 1,100 hab. Anc. ch.-l. du comté, puis duché d'Albret.

**LABREUX, EUSE**. adj. (R. *labre*). T. Zool. *Coquille labreuse*, Coquille univalve dont le bord externe est épais ou renversé.

**LABRIDÉS** ou **LABROÏDES**. s. m. pl. (lat. *labrum*, lèvre). T. Icht. — Les *Labroïdes* sont des Poissons osseux qui se reconnaissent aisément à leur aspect extérieur. Leur corps est oblong et écailleux; ils n'ont qu'une seule dorsale soutenue en avant par des épines dont chacune est ordinairement garnie d'un lambeau membraneux; leurs mâchoires sont couvertes par des lèvres charnues, d'où leur nom; enfin, leurs pharyngiens, au nombre de trois, sont tous armés de dents, tantôt en pavés, tantôt en pointes ou en lames, mais généralement très fortes. Cette famille se compose d'un assez grand nombre de genres; mais, à notre ordinaire, nous ne mentionnerons que les plus intéressants. — Les *Labres* (*Labrus*), vulgairement appelés

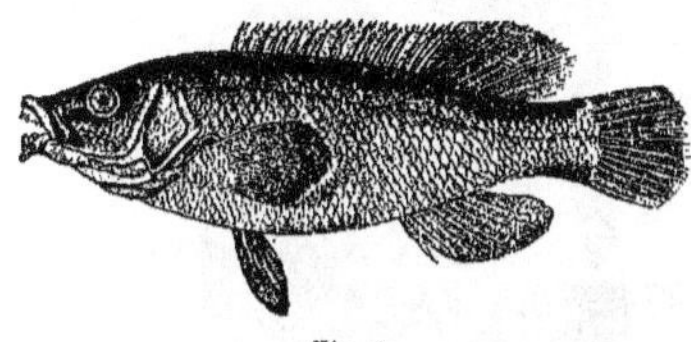

Fig. 1.

*Vieilles de mer*, sont caractérisés par leurs doubles lèvres charnues, dont l'une tient immédiatement aux mâchoires et l'autre aux sous-orbitaires; par leurs ouïes serrées à cinq rayons, par l'absence d'épines et de dentelures aux opercules; par leurs dents maxillaires coniques, et par leurs dents pharyngiennes cylindriques, moussues et disposées en forme de pavé, les supérieures sur deux grandes plaques, les inférieures sur une seule qui correspond aux deux autres. Nos mers possèdent plusieurs espèces de ces poissons : nous citerons comme type le *L. noir* (*L. merula*) [Fig. 1] qui habite la Méditerranée, et qui doit son nom à sa couleur d'un noir bleuâtre. — Les *Lachnolèmes* se distinguent des précédents, extérieurement, par leurs premières épines dorsales qui s'élèvent en longs filets flexibles, et à l'intérieur, par leurs dents en pavé qui n'existent qu'à la partie postérieure des pharyngiens. Aux Antilles, le *Lachn. aigrette* est fort estimé pour la délicatesse de sa chair. — Les *Girelles* (*Julis*) ont la tête lisse et sans écailles. Ce sont de petits poissons remarquables par l'éclat de leurs couleurs. Nous en avons au moins trois espèces dans nos mers. — Les *Crénilabres* ressemblent tout à fait aux

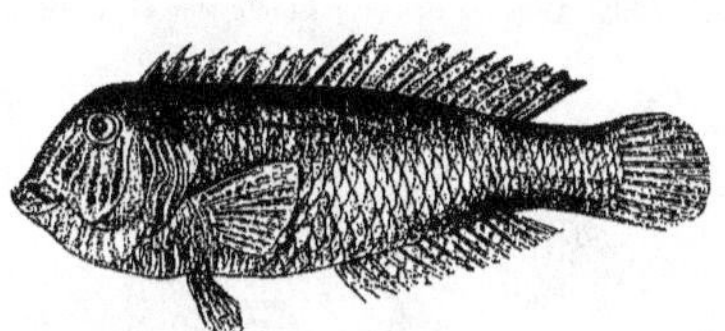

Fig. 2.

Labres, si ce n'est qu'ils ont une dentelure au bord de leur préopercule. La Méditerranée en particulier renferme une trentaine d'espèces de ce genre, qui toutes se distinguent par leurs jolies couleurs. — Le genre *Filou* (*Épibulus*) se compose d'une seule espèce, qui est propre à la mer des Indes. Ce poisson est surtout curieux par la faculté qu'il possède de donner à sa bouche une extrême extension et d'en faire subitement une espèce de tube (l'œsophage) pour saisir sa proie au passage. — Les *Sublets* (*Lorieus*) joignent aux caractères des Crénilabres celui d'une bouche presque aussi protractile que celle du Filou. Ce sont de petits poissons de la Méditerranée. — Le *Cleptique*, qui est propre aux Antilles, a un petit museau cylindrique qui sort subitement comme celui du Filou, mais n'est pas aussi long que la tête. — Les *Rasons* (*Xirichthys*) ressemblent aux Labres par leurs formes; mais ils sont très comprimés, et ce qui les distingue surtout, c'est le profil de leur tête, leur front descendant subitement vers leur bouche par une ligne tranchante et presque verticale. Le type du genre est le *Rason commun* ou *Rasoir* de la Méditerranée (*Xir. novacula*) [Fig. 2]. Ce poisson est estimé pour sa chair. Il est rouge et diversement rayé de bleu. — Les *Chromis* diffèrent surtout des Labres par leur système dentaire. En effet, leurs dents sont en carde aux mâchoires et au pharynx; seulement, il y a en avant une rangée de dents coniques. Nous en avons dans la Méditerranée une petite espèce que l'on pêche par milliers : les pêcheurs la désignent sous le nom de *Petit Castagneau*. — Les *Scares* (*Scarus*) sont essentiellement caractérisés par leurs mâchoires convexes, arrondies et garnies, sur leur bord et sur leur surface antérieure, de dents disposées comme des écailles. L'Archipel en possède une espèce de couleur rouge ou bleue, selon la saison. Ce poisson était si estimé par les gourmands de Rome, que l'empereur Claude chargea Élipertius Optatus, commandant d'une flotte impériale, d'aller le chercher dans l'Archipel pour le répandre dans la partie de la Méditerranée qui baigne la côte ouest de l'Italie. Aujourd'hui encore, dans la Grèce, on mange ce poisson, comme faisaient les anciens, en l'assaisonnant de ses intestins.

**LA BROSSE** (Pierre de), ministre de Philippe le Hardi; pendu en 1278.

**LA BROSSE** (Gui de), médecin de Louis XIII, né à Rouen; botaniste, il conseilla la création du Jardin des Plantes; m. en 1641.

**LABROUSTE** (Théodore), architecte fr. (1799-1885). = Son frère (Henri), architecte fr. (1801-1875).

**LA BRUGUIÈRE**, ch.-l. de c. (Tarn), arr. de Castres; 3,450 hab. Draps.

**LA BRUYÈRE** (Jean de), célèbre moraliste fr., auteur des *Caractères* (1645-1691).

**LABRY**. s. m. Chien de berger spécial à la Provence et au Dauphiné.

**LABURNINE**. s. f. (R. *laburnum*). T. Chim. Alcaloïde vénéneux, cristallisable en prismes rhomboïdaux, très soluble dans l'eau, contenu dans les gousses et les graines du *Cytisus laburnum*.

**LABURNUM**. s. m. [Pr. *labur-nome*]. Nom scientifique du genre Aubour. T. Bot. Voy. Légumineuses.

**LABYRINTHE**. s. m. (lat. *labyrinthus*; gr. λαβύρινθος, m. s., d'origine égyptienne). T. Antiq. Édifice composé d'un grand nombre de chambres et de galeries dont la disposition était telle que ceux qui s'y engageaient parvenaient difficilement à en trouver l'issue. — Fig., *Le l. de la chicane.* || Par ext., Petit bois coupé d'allées tellement entrelacées, qu'on s'y peut égarer facilement. *Le l. de Versailles. On a fait dans ce jardin un beau l.* || Fig., Grand embarras, complication d'affaires embrouillées. *Il se trouvait engagé dans un l. de difficultés inextricables. Il s'est jeté dans un l. de procès dont il aura bien de la peine à se tirer.* || T. Anat. Ensemble des cavités sinueuses qui composent l'oreille interne. Voy. Oreille. || T. Techn. Entrecroisement des galeries d'une carrière depuis longtemps exploitée.

**Hist.** — L'histoire ancienne fait mention de quatre labyrinthes célèbres : celui de Crète, celui d'Égypte, celui de Lemnos et celui d'Italie. Le premier fut construit par Dédale, à la demande de Minos, pour y renfermer le Minotaure. Le second fut, dit-on, construit par Psamméticus, roi d'Égypte. Le troisième se trouvait dans l'île de Lemnos, et était soutenu par des colonnes d'une grande beauté. Enfin, le quatrième avait été édifié par Porsenna, roi d'Étrurie, pour servir de tombeau à lui et à ses successeurs. De tous ces labyrinthes, celui d'Égypte était de beaucoup le plus remarquable par son étendue et par sa magnificence. Il était situé près du lac Mœris, et consistait en un vaste édifice composé de 12 palais et de 3,000 pièces, tous enfermés dans l'enceinte d'une muraille et communiquant entre eux. Il n'avait qu'une seule entrée; mais les innombrables circuits et détours que présentaient les terrasses et les salles dont il se composait empêchaient ceux qui y pénétraient de retrouver la sortie sans l'assistance d'un guide. Ce l. était destiné à servir de sépulture aux rois d'Égypte, ou bien encore à conserver les crocodiles sacrés, objets du culte égyptien. Il fut en partie détruit entre le règne d'Auguste et celui de Titus; mais à l'époque où Pline l'ancien le visita, ses ruines étaient encore magnifiques. Quant au l. de Crète, longtemps regardé comme une création de l'imagination grecque, on ne saurait plus douter de son existence réelle, depuis les voyages de Tournefort et de Cockerell. D'après ces voyageurs, l'île de Crète abonde en cavernes fort étendues. Une d'elles, située près de l'ancienne Gortyne, se compose d'une foule de passages longs, étroits et sinueux, que l'on ne peut parcourir avec sécurité sans l'aide d'un fil conducteur. Elle présente d'ailleurs dans ses particularités essentielles une ressemblance remarquable avec le l. attribué à Dédale.

**LABYRINTHIFORMES.** s. m. pl. (R. *labyrinthe*, et lat. *forma*, forme). T. Icht. Famille de *Poissons osseux* que l'on nomme encore *Pharyngiens*. Voy. Pharyngiens.

**LABYRINTHIQUE.** adj. 2 g. Qui a rapport au labyrinthe. || T. Anat. *Nerf l.*, Un des nerfs auditifs. Voy. Oreille. || T. Hist. nat. Qui a des sillons tortueux.

**LABYRINTHODONTES.** s. m. pl. (gr. λαβυρινθώδης, qui ressemble à un labyrinthe; ὀδούς, dent). T. Paléont. Les l.

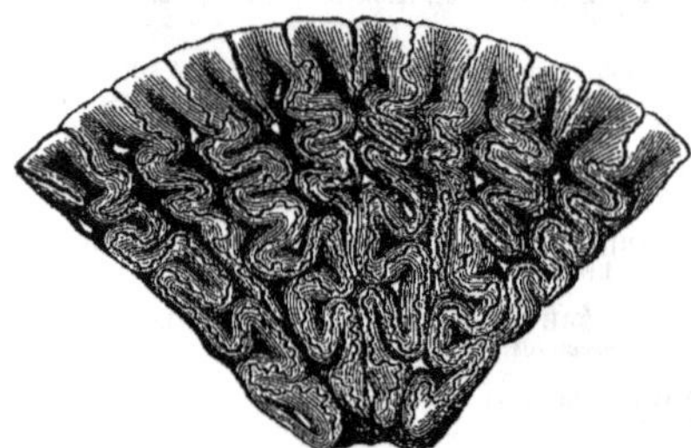

Fig. 1.

forment un groupe d'*Amphibiens* très intéressant en ce sens qu'ils apparaissent à une époque où il n'existait encore aucune espèce de Batraciens ni de Reptiles et que leurs caractères anatomiques tiennent à la fois de ces deux types. On les considère donc avec raison comme la souche originelle des Batraciens et des Reptiles actuels. Ils sont dérivés eux-mêmes des *Poissons Ganoïdes* et ont apparu à l'époque carbonifère, pour disparaître complètement après le Trias; aujourd'hui on trouve leurs restes en Europe, en Asie et en Amérique.

Les L. doivent leur nom à la structure de leurs dents qui étaient implantées directement dans l'os ou étaient contenues dans des alvéoles comme chez le crocodile; elles se trouvaient sur la plupart des os de la cavité buccale comme chez les Reptiles. Ces dents étaient pointues et présentaient des sillons longitudinaux correspondant à des plissements de l'ivoire; sur les dents coupées transversalement ces plissements formaient quelquefois de véritables labyrinthes (Fig. 1. Portion de dent coupée en travers et grossie). Le crâne des L. était entièrement fermé en haut et présentait un trou pariétal énorme, ce qui fait penser que ces animaux possédaient un œil véritable sur le sommet de la tête; celle-ci était en général très allongée et de forme triangulaire, comme celle des crocodiles; les cavités orbitaires renferment quelquefois un anneau de pièces osseuses répondant à la place occupée par la sclérotique, ce qui est un nouveau rapprochement avec les Reptiles. A côté de ces caractères de Batraciens supérieurs, la colonne vertébrale présentait un caractère de grande infériorité: elle n'était pas entièrement ossifiée et, à la place de chaque corps vertébral, on trouve plusieurs petites pièces osseuses; l'ossification de cette partie du squelette tend à se manifester de plus en plus, cependant, au fur et à mesure que l'on considère des types plus élevés. Enfin, alors que les Batraciens actuels ont une peau nue, celle des L. était souvent couverte de plaques osseuses, d'écailles ou d'épines, comme chez les *Poissons cuirassés*, animaux qui les avaient précédés à l'époque antérieure. Voy. Ganoïdes.

Les formes des L. étaient très différentes; les uns ressemblaient à nos Salamandres, d'autres aux Crocodiles. Ils présentaient de véritables métamorphoses comme les Batraciens,

Fig. 2.

respirant par les branchies à l'état larvaire, par des poumons à l'état adulte. La plupart passaient toute leur existence dans

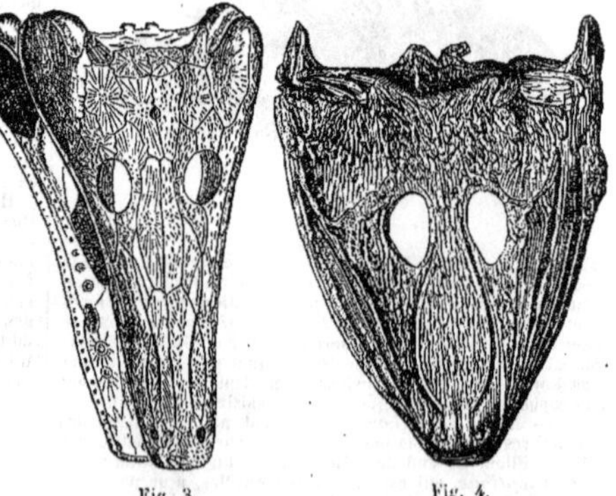

Fig. 3. Fig. 4.

l'eau, mais quelques espèces menaient une vie aérienne ou du moins devaient pouvoir sortir de leur élément, comme le montrent les empreintes de leurs pattes que l'on a retrouvées sur certaines roches (Fig. 2. Empreintes d'un L. problématique, appelé *Chirotherium*). Les espèces de l. que l'on a pu reconstituer jusqu'ici sont déjà très nombreuses; nous dirons quelques mots, seulement, des plus connues.

Les *Archégosaures* étaient des l. aquatiques qui atteignaient une longueur de 1m50; leur crâne ressemble tout à fait à celui des Crocodiles par sa forme allongée et ses os sculptés (Fig. 3). Les plis des dents étaient simples et le corps de leurs vertèbres était formé de trois pièces.

Les *Actinodons* avaient la tête plus large et présentaient des écailles ventrales comme les précédents, mais ces écailles étaient plus grandes. Les coprolithes de ces animaux indiquent que leur intestin présentait une valvule spirale comme celui des Poissons Ganoïdes.

Les *Mastodonsaurus* étaient les géants du groupe, leur crâne atteignant une longueur d'un mètre à lui tout seul (Fig. 4). Les plissements de leur dentine présentent le maximum de complication que nous avons signalé plus haut. Nous représentons ici deux formes de Mastodonsaurus tels qu'ils se présentaient probablement dans les paysages de l'époque Carbonifère (Fig. 5).

On donne encore le nom de *Ganocéphales* aux Labyrinthodontes qui présentent, sur le crâne, des plaques émaillées, brillantes, comme chez les poissons Ganoïdes.

**LAC.** s. m. (lat. *lacus*). T. Géograph.

L. — Les cavités produites à la surface du globe par les soulèvements ou les affaissements du sol, par les tremblements de terre, les courants de laves, les cratères des volcans éteints, la dislocation des couches qui constituent l'écorce terrestre, et les accidents qui ont accompagné la formation des différents terrains, sont généralement remplies d'eau, et forment des systèmes de lacs dont l'importance est extrêmement variable. Quelques-uns de ces lacs sont salés, tandis que les autres ne contiennent que de l'eau douce. La plupart des premiers paraissent être les restes d'une ancienne mer dont les eaux se sont accumulées dans les dépressions de son bassin, quand les continents ont surgi du fond de celui-ci. Quelques lacs semblent ne recevoir aucun cours d'eau, et il n'en sort également aucun; il est probable qu'ils sont alimentés par des sources invisibles, et qu'ils ont des issues de même nature. Les lacs de cette sorte se rencontrent surtout dans les cratères des volcans éteints. Il y en a d'autres qui ne reçoivent non plus aucun tributaire, et qui cependant donnent naissance à des rivières parfois très considérables; ils sont surtout fréquents dans les hautes montagnes et sur les plateaux. On en trouve encore, et ce sont les plus nombreux, qui absorbent plusieurs rivières et n'en laissent sortir qu'une seule. Enfin, il en existe quelques-uns qui, tout en ayant plusieurs cours d'eau pour tributaires, ne possèdent pas d'écoulement visible.

Fig. 5.

Quant aux lacs souterrains que l'on voit dans différents pays, leur formation n'a rien de particulier; toutefois ils se rencontrent surtout dans les terrains calcaires. — La quantité d'eau que renferment les lacs varie partout suivant les saisons, mais plus particulièrement à l'époque de la fonte des neiges, dans les pays de montagnes et sous les hautes latitudes, et à l'époque des pluies périodiques, dans les contrées situées entre les tropiques. On trouve très fréquemment de petits lacs sur les cols des chaînes de montagnes, où ils sont entretenus par les eaux qui descendent des hauteurs environnantes. Ces lacs se font surtout remarquer par la couleur azurée et la limpidité de leur eau, limpidité qui est quelquefois telle que l'on aperçoit distinctement, quoique à une profondeur considérable, les menus objets déposés sur le fond. De plus, il existe des lacs considérables sur les plateaux et dans les vallées des contrées montagneuses; néanmoins c'est dans les plaines que se trouvent les plus vastes. Enfin, les lacs sont beaucoup plus nombreux sous les hautes latitudes que sous les basses, parce que, sous celles-ci, l'évaporation est infiniment plus considérable que sous celles-là : sous ce rapport, les plaines septentrionales de l'ancien et du nouveau continent présentent la plus grande analogie.

II. — L'Europe renferme un fort grand nombre de lacs, que nous avons nommés à l'article *Europe*, mais aucun n'est comparable par son étendue aux grands lacs des autres parties du monde. Le plus grand de tous, le lac *Ladoga*, situé dans la Russie septentrionale, entre le golfe de Bothnie et la mer Blanche, a une surface d'environ 2,500 kil carrés. Nous citerons encore le lac de *Genève* ou le *Léman*, qui offre une surface d'environ 620 kil. carrés, et dont la profondeur, en quelques points, près de Meillerie par ex., dépasse 300 mètres. Plusieurs des lacs de l'Europe sont remarquables par leur grande élévation au-dessus du niveau de la mer. Ainsi le lac du *mont Perdu*, dans les Pyrénées, est à une hauteur de 2,560 mètres; le lac du *Lousanier*, dans les Alpes, à 2,630; et celui du *Mauren*, également dans les Alpes, à 2,875. Enfin, les lacs souterrains de la Carniole, et surtout le lac périodique de *Zirknitz*, dans l'Illyrie, méritent d'être signalés. En hiver et au printemps, le bassin de ce dernier, qui a 10,000 mètres de long sur 3,000 de large, est entièrement rempli d'eau. Lorsque l'été approche, ses eaux commencent à diminuer, et, au bout de peu de semaines, le fond du lac est à sec et les habitants se hâtent de l'ensemencer. On aperçoit alors les crevasses par lesquelles les eaux sont rentrées dans le sein de la terre. Mais vers la fin de l'automne, celles-ci commencent à ressortir par ces mêmes crevasses, remontent et reprennent bientôt leur ancien domaine.

L'Asie nous offre des lacs intéressants à divers titres. Nous remarquons d'abord en Syrie le lac de *Tibériade* et celui de la *Mer morte*, qui sont situés dans l'une des plus profondes dépressions de la surface terrestre. Le niveau du premier est à 100 mètres, et celui du second à 399 mètres au-dessous du niveau de la Méditerranée. En outre, les eaux de ce dernier sont tellement chargées de matières salines, que celles-ci forment 26,4 p. 100 du poids de l'eau. L'Asie occidentale possède encore un grand nombre d'autres lacs salés, tels que ceux d'*Ourmiah*, de *Van*, de *Touzla*, etc. Le lac *Eltonsk*, dans la steppe du Volga, renferme 29,13 p. 100 de substances salines, et fournit les deux tiers de tout le sel consommé en Russie. Le lac immense connu sous le nom de *mer Caspienne* a une superficie de 360,000 kil. carrés, et atteint en quelques endroits 900 mètres de profondeur. Il reçoit plusieurs fleuves considérables, dont les plus importants sont l'Oural et surtout le Volga. Son niveau est de 25 mètres inférieur à celui de l'Océan. Le niveau du lac *Aral* est situé à 35 mètres environ plus haut que celui de la mer Caspienne, et, par conséquent, supérieur de 10 à 12 mètres seulement à celui de l'Océan. Sa superficie est évaluée à 60,000 kil. carrés. Le lac Aral reçoit l'Oxus, lequel prend naissance dans le petit lac *Sir-i-Kol*, situé dans le plateau de Pamir, à 4,760 mètres au-dessus du niveau de l'Océan. De même que la Caspienne, l'Aral n'a point d'écoulement. Cependant l'étendue de ces deux lacs diminue continuellement, l'évaporation leur enlevant une plus grande quantité d'eau que celle que leur apportent leurs tributaires : en même temps et par la même cause, leurs eaux deviennent de plus en plus salées. Aujourd'hui, les géologues s'accordent en général à regarder le lac *Aral*, la *mer Caspienne* et les steppes qui les entourent comme ayant jadis formé une seule mer avec la mer Noire. Le lac *Baïkal*, dans l'Altaï, est le plus grand de tous les lacs de montagnes, car il a environ 38,000 kil. carrés. Il est entouré de toutes parts de montagnes granitiques, et l'on suppose qu'il doit son origine à un affaissement du sol produit par un tremblement de terre. Ses eaux sont salées. Il reçoit plusieurs cours d'eau, et donne naissance à l'Angara, qui va se déverser dans l'Iénisséï. Le lac *Wuler*, dans la vallée de Cachemire, est le reste de celui qui a rempli autrefois la vallée tout entière. Parmi les nombreux lacs du Thibet, dont plusieurs sont remarquables en ce que leurs eaux contiennent du borax, nous citerons seulement le lac *Palté*, à cause de sa forme annulaire.

L'Afrique renferme dans son intérieur des lacs remarquables par leur étendue. Nous citerons, entre autres, le *Bahr Assal*, lac salé, situé vers le golfe d'Aden, à environ 45 kil. à l'ouest de Tadjura dans la région arrosée par l'Habash. Suivant le lieutenant Christopher, ce lac est à 173 mètres au-dessous du niveau de l'Océan. Mais c'est dans les régions du haut Nil qu'ont été découverts les plus magnifiques : les lacs Stéphanie (Basso Naëbor) et Rodolphe (Basso Narok) au sud de l'Abyssinie, entre le 2e et le 5e degré nord; un peu plus à l'ouest, l'Albert Nyanza, d'où sort le Bahr-El-Djebel, tributaire du Nil Blanc; puis, en descendant vers le sud, le Victoria Nyanza, de l'Équateur, au 2e degré austral, c'est-à-dire d'environ 200 kil. de long sur autant de large; le Tanganyika, du 3e au 9e degré, et le Nyassa, d'où sort le Chiré, affluent du Zambèze, du 9e au 15e, ce qui donne à ces deux derniers une longueur d'environ 600 kil. Le lac *Dembéa*, dans le haut plateau de l'Abyssinie, a 700 kil. de tour; il est traversé par le Nil Bleu ou Bahr-el-Azrek. Plus au sud, on trouve sur la rive droite du haut Zambèze plusieurs lacs salés, dont le *lac Ngami* qui a environ 120 kil. de long, et d'où sort une grande rivière appelée Tzouga, affluent de ce fleuve. L'élévation du lac, telle qu'elle a été déterminée par les intrépides voyageurs Livingstone, Oswell et Murray, qui l'ont découvert, est de 251 mètres au-dessus du niveau de la mer. Le lac *Tchad*, presque au centre de l'Afrique, constitue encore une vaste mer intérieure. Il reçoit plusieurs cours d'eau et n'a point d'écoulement. Enfin, en Algérie et Tunisie se rencontrent des lacs salés nommés chotts et sebkhas, dont les plus orientaux paraissent être les restes d'une ancienne rade de la Méditerranée.

La partie septentrionale de l'Amérique du Nord abonde en lacs de toutes les grandeurs. On estime à près de 240,000 kil. carrés la superficie réunie des cinq grands lacs, savoir : le *lac Supérieur*, le *Huron*, le *Michigan*, l'*Érié* et l'*Ontario*; celle du lac Supérieur seul est d'environ 92,000 kil. carrés. Ces cinq lacs forment une chaîne continue, se déversent les uns dans les autres, et l'excédent de leurs eaux forme le fleuve du Saint-Laurent. L'Amérique méridionale présente une série de lacs le long de la base orientale des Andes; mais la plupart sont en réalité de simples marais, qui inondent une immense étendue de pays à l'époque des pluies tropicales. Tel est le fameux lac *Xarayes*, situé dans la région où le Brésil, la Bolivie et le Paraguay confinent ensemble. Parmi les lacs qu'on trouve sur le dos même des Andes, le plus remarquable est le lac *Titicaca*, dans le district péruvien de Puno, et dans le district bolivien de La Paz. Il est situé à 3,015 mètres au-dessus de l'océan Pacifique; sa superficie est d'environ 7,630 kil. carrés, et en certains endroits sa profondeur atteint 220 mètres. Enfin, l'Amérique centrale nous offre deux lacs qui, dans un avenir prochain, joueront assurément un rôle magnifique. Ce sont les lacs de *Léon* et le lac de *Nicaragua*. Celui-ci a une superficie d'environ 15,000 kil. carrés, et verse ses eaux dans l'Atlantique par le fleuve San-Juan, dont la longueur n'excède pas 150 kil. Celui-là est situé au nord-est du second, avec lequel il communique, et n'est séparé du Pacifique que par un espace d'environ 40 kil. Il est bien moins grand que le Nicaragua; mais tous les deux ont assez de profondeur pour être navigables par les plus forts navires. En outre la ligne de partage des eaux ne s'élève pas sur ce point de l'Amérique à plus de 187 mètres au-dessus du niveau de l'Océan. C'est donc le lac de Nicaragua qui sera vraisemblablement un jour le port intérieur du canal interocéanique.

**LAÇAGE**. s. m. T. Techn. Action de lacer. || T. Tiss. Opération qui consiste à assembler les cartons Jacquart sur une table ou long cadre muni de pedonnes, après les avoir rangés dans un ordre convenu et à les coudre les uns aux autres.

**LACAILLE** (Nicolas-Louis, abbé de), astronome fr., né à Rumigny, près Rosoy, en 1713, mort à Paris en 1762; dressa en 1751, au cap de Bonne-Espérance, un catalogue des étoiles australes.

**LA CALPRENÈDE** (Gaultier de **COSTE**, seigneur de), écrivain fr., né en 1610, m. en 1663, écrivit des romans en 20 ou 25 volumes.

**LACAPELLE-MARIVAL**, ch.-l. de c. (Lot), arr. de Figeac; 1,500 hab.

**LACAUNE**, ch.-l. de c. (Tarn), arr. de Castres; 3,500 hab.

**LACAUSSADE** (AUGUSTE), poète fr. (1817-1897).

**LACÉDÉMONE.** Voy. SPARTE.

**LACÉDÉMONIEN, IENNE.** adj. [Pr. *lasédémoni-in, i-ène*]. Qui appartient à Lacédémone

**LACEMENT.** s. m. [Pr. *lase-man*]. Action de lacer.

**LACENAIRE** (PIERRE-FRANÇOIS), criminel (1800-1836). On a publié ses *Mémoires* (1836).

**LACÉPÈDE** (BERNARD-GERMAIN-ÉTIENNE DE **LA VILLE**, comte de), naturaliste fr., continuateur de Buffon (1756-1825).

**LACER.** v. a. (R. *lacs*). Serrer avec un lacet. *L. un corset, une bottine.* — Par ext., on dit : *L. une femme;* et avec le pron. pers. : *Elle se lace elle-même.* || T. Mar. *L. la voile*, Attacher à la vergue une partie de la voile pour diminuer la surface de celle-ci. — Réunir deux voiles par un filin. *L. une cornette.* || T. Vén. Se dit d'un chien qui couvre une chienne. *Je crains qu'un mâtin n'ait lacé cette chienne.* || T. Techn. Mailler. *L. un filet.* = LACÉ, ÉE. part. subst. *Du lacé*, Entrelacement de grains de verre dont on orne un lustre. = Conj. Voy. AVANCER.

**LACÉRABLE.** adj. 2 g. Que l'on peut lacérer. Qui doit être lacéré.

**LACÉRATION.** s. f. [Pr. ...*sion*] (lat. *laceratio*, m. s.). T. Jurispr. Action de lacérer un écrit, un livre. *Le jugement ordonna la l. de ce libelle.*

**LA CERDA**, famille royale de Castille, dont plusieurs membres servirent en France. Elle s'éteignit au XV^e siècle.

**LACÉRER.** v. a. (lat. *lacerare*, m. s., de *lacer*, déchirer). Déchirer; ne se dit guère qu'en parlant de papiers et en T. de Jurispr. *L. un billet. L. un mémoire calomnieux. Ce livre a été lacéré et brûlé par arrêt du Parlement.* = LACÉRÉ, ÉE. part. T. Bot. Se dit, adjectiv. des parties des plantes qui offrent des divisions irrégulières et semblables à des déchirures. = Conj. Voy. CÉDER.

**LACERET.** s. m. (R. *losseret*, dérivé de *losse*). T. Techn. Tarière pour faire les petites mortaises. — Sorte de piton à vis. — Pièce qui fixe l'espagnolette sur le battant d'une croisée.

**LACERIE.** s. f. (R. *lacer*). T. Techn. Tissu fin d'osier, de paille.

**LACERNE.** s. f. (lat. *lacerna*, m. s.). La *L.* était un manteau d'étoffe de laine épaisse et de couleur généralement foncée, qui se portait par-dessus la toge, et qui s'attachait sur l'épaule droite au moyen d'une agrafe. Elle différait de la *Pénule* (*pænula*), en ce qu'elle était un vêtement ouvert, tandis que celle-ci était un vêtement fermé, sans manches, et muni simplement d'une ouverture pour passer la tête. Au reste, ces deux sortes de vêtements servaient surtout pour se garantir du froid et de la pluie. La l. ne fut d'abord portée qu'à la campagne ou à l'armée; mais au temps de Cicéron, elle était déjà fort usitée à Rome même.

**LACERON.** s. m. (R. *lacer*). T. Bot. Voy. LAITERON.

**LACERTIENS** ou **LACERTIDÉS.** s. m. pl. [Pr. *laserti-ins*] (lat. *lacerta*, lézard). T. Erpét. Les *Lacertiens* sont des reptiles sauriens à corps arrondi, excessivement allongé, surtout dans la région de la queue, qui, dans quelques espèces, atteint jusqu'à quatre fois la longueur du reste du tronc. Ils ont quatre pattes fortes à 5 ou 4 doigts très distincts et armés d'ongles crochus. Leur tête est en pyramide quadrangulaire, aplatie et rétrécie en avant; leurs yeux sont ordinairement munis de trois paupières mobiles. Leur bouche, très fendue, est armée de dents aiguës, et leur langue, mince et extensible, se divise en deux filets, comme celle des Couleuvres et des Vipères. Leurs écailles sont disposées, sous le ventre et autour de la queue, par bandes transversales et parallèles. On divise les L. en deux sections : les *Pléodontes*, qui ont les dents pleines et habitent le nouveau continent; les *Cœlodontes*, qui ont les dents creuses et habitent l'ancien continent.

I. — Les *Pléodontes* ont des dents aux deux mâchoires,

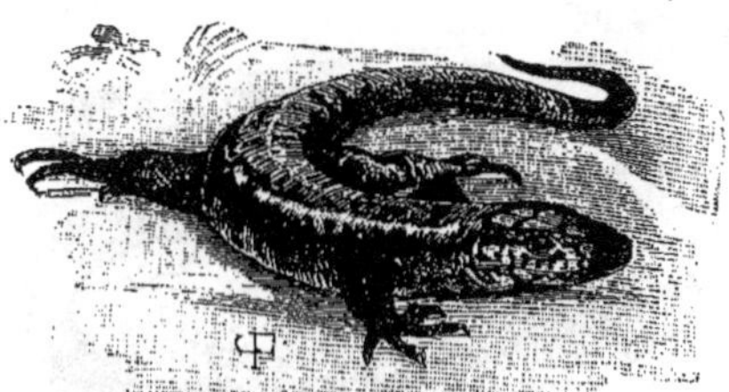

Fig 1.

mais n'en ont pas au palais, leur queue est en général comprimée latéralement. — Les *Sauvegardes* (*Salvator*) (Fig. 1. *Le S. de Mérian*) sont propres au nouveau continent, et sont également remarquables par leur taille. *Le grand Sauvegarde* (*Salv. teguixin*), par ex., dépasse 1 mètre ; au Brésil et à la Guyane, on mange sa chair et ses œufs. Dans les anciens auteurs, les Sauvegardes sont appelés *Tupinambis*, par l'effet d'une erreur singulière : en effet, c'était donner à ces Sauriens le nom d'une tribu américaine de l'Amérique méridionale. — La *Dragonne* (*Thoricles dracæna*), qui est propre à la Guyane, est caractérisée par les écailles relevées d'arêtes qui forment une crête sur sa queue. Elle atteint de 130 à 180 centimètres. On mange sa chair. — Les *Améivas* diffèrent surtout des genres précédents par leur queue arrondie, au lieu d'être comprimée. Ils représentent en Amérique les lézards de l'ancien continent.

Fig. 2.

II. — Les *Cœlodontes* ont deux rangées de dents palatines et tous ont la queue cylindrique. La plupart ont sous le cou un collier formé par une rangée transversale de larges écailles. — Le genre *Lézard* (*Lacerta*) est très nombreux en espèces, et nous en avons plusieurs dans notre pays. Nous nommerons seulement le *Léz. gris* ou *Léz. des murailles* (*Lac. muralis*) (Fig. 2), qui se trouve partout; le *Léz. vert* (*Lac. viridis*) (Fig. 3), qui est beaucoup moins répandu; et le *Léz. vert ocellé* (*Lac. ocellata*), qui ne se trouve, en France, que dans les départements du Midi : c'est la plus belle espèce du genre. La taille du premier ne dépasse pas 20 centimètres, et celle des deux autres atteint 40 centimètres. — Les *Algyres* (*Algyra*) et les *Tachydromes* (*Tachydromus*) diffèrent des

Lézards en ce qu'ils ont les écailles du dos et de la queue carénées, et en ce qu'ils manquent de collier. — Tous les Lézards sont remarquables par l'élégance de leurs formes et par leur agilité. Ce sont en outre des animaux doux, inoffensifs et faciles à apprivoiser. Les anciens, à cause de sa vie presque commune avec nous, avaient nommé le Lézard l'ami de l'homme. La demeure de ces reptiles consiste dans un terrier qu'ils se creusent dans la terre ou dans le sable. C'est un cul-de-sac qui a quelquefois 30 centimètres de profondeur. Dans beaucoup de cas, ces animaux ne se construisent même pas de demeure; ils se réfugient dans des trous de rocher, dans des crevasses de vieux murs, etc., qu'ils ont toujours soin de choisir exposés au soleil. Leur nourriture se compose de proie vivante. Ils font une chasse active aux insectes, aux

Fig. 3.

lombrics, à quelques mollusques, et à d'autres animaux, selon leur taille. Du reste, ils sont très sobres, mangent rarement, et paraissent même digérer difficilement. Perdant peu par la transpiration, ils peuvent supporter de très longs jeûnes, comme l'indique leur engourdissement hyémal. Ils boivent en lappant, à la manière des chiens, avec leur petite langue. Quant à leur voix, elle est faible et réduite à un simple grognement. Les femelles pondent de 7 à 9 œufs. Chacune les dépose dans un trou séparé, mais quelquefois elles les placent en commun dans le même nid. Ces œufs, revêtus d'une coque poreuse, éclosent par la seule action de la chaleur atmosphérique. Quelques lézards sont vivipares, c.-à-d. produisent des petits vivants, ainsi que le prouvent les observations de Cocteau, Guérin-Méneville et Bibron. La durée de la vie des Lézards est assez considérable. Bonnaterre dit qu'ils peuvent vivre plus de 20 ans. L'accroissement total de leur corps se fait lentement. Au contraire, celui de leur queue, lorsqu'elle a été rompue, s'opère avec une grande rapidité.

**LACET**. s. m. [Pr. *la-sè*] (R. *lacs*). Cordon plat ou rond, de fil, de soie, de laine ou de coton, ferré par un bout ou par les deux bouts, qu'on passe dans des œillets pour serrer une partie de vêtement quelconque, et principalement les corsets, les bottines, les guêtres. *Passer un l. Serrer un l. Ferrer un l. Il faut couper son l.* || Sorte de coutil. || Cordon avec lequel les Turcs font étrangler un condamné. || Fig. Suite de zigzags imitant la disposition du lacet d'un corset. *Des chemins en l.* || T. Chem. fer. *Mouvement de l.*, Oscillation transversale d'un train. || T. Chasse. Lacs avec lequel on prend les perdrix, les alouettes, les lièvres, etc. *Tendre un l. Prendre un lièvre au l.* Ce genre de chasse est interdit. Voy. Chasse. || Fig., se dit, au plur., pour Pièges, embûches. *Il s'est laissé prendre aux lacets de cet intrigant.* || T. Mar. *L. de bonnette*, Petit cordage qui sert à attacher une bonnette à la voile. || T. Techn. Broche qui réunit les deux parties d'une charnière, Ferrure à deux branches qui tient un anneau. || T. Hist. nat. *L. de Neptune. L. de mer*, varech filiforme.

**LACEUR**. s. m. (R. *lacer*). Ouvrier qui fait des filets pour la pêche ou la chasse.

**LÂCHAGE**. s. m. (R. *lâcher*). Action de faire descendre un bateau. || Action de lâcher quelqu'un, de l'abandonner. Fam.

**LA CHAISE** ou **LA CHAIZE** (Le Père), jésuite français, confesseur de Louis XIV (1624-1709), né au château d'Aix (Forez). Le mariage secret de Louis XIV avec la veuve de Scarron et la funeste révocation de l'édit de Nantes restent attachés à sa mémoire. Son nom a été donné à un grand cimetière de Paris, créé sur l'emplacement de magnifiques jardins qu'il possédait.

**LA CHALOTAIS** (René de **CARADEUC** de), magistrat fr., célèbre par son opposition aux jésuites (1701-1785).

**LACHAMBEAUDIE** (Pierre), fabuliste français, né à Sarlat (1807-1872).

**LACHAMBRE**, médecin de Louis XIV, né au Mans (1594-1675).

**LA CHAPELLE** (Jean de), littérateur et auteur dramatique français (1655-1723).

**LA CHATEIGNERAIE**. Voy. Chataigneraie.

**LACHAUD** (Charles-Alexandre), célèbre avocat français (1818-1882).

**LA CHAUSSÉE** (Pierre-Claude **NIVELLE** de), auteur dramatique français, inventeur du drame larmoyant (1692-1754).

**LA CHAUX-DE-FONDS** (Suisse), Voy. Chaux-de-Fonds.

**LÂCHE**. adj. 2 g. (lat. *laxus*, m. s.) Qui n'est pas tendu, qui n'est pas serré comme il pourrait ou devrait l'être. *Ce nœud, cette ceinture est trop l. Danser sur la corde l.* — *Toile, drap, étoffe l.*, Toile, drap, étoffe dont la trame n'est pas assez battue ou la chaîne assez serrée. || *Avoir le ventre l.*, Avoir le ventre trop libre. *Le raisin rend le ventre l.* || *Le temps est l. Il fait un temps l.*, Il fait un temps mou. || Fig., *Style l.*, Style qui manque d'énergie, qui est languissant. = *Lâche*, en parlant des êtres animés, signifie Qui manque de vigueur, d'activité. *Cet ouvrier est l. au travail. Les grands chevaux sont ordinairement plus lâches que les petits.* Fig., *Mener une vie l. et efféminée.* — Subst. On dit d'un homme très mou, très paresseux. *C'est un grand l.* Fam. || En parl. des hommes, sign. souvent Poltron, qui manque de courage. *Ce soldat a été l. Le désespoir donne du courage à l'homme le plus l.* — Subst., *C'est un l. Il n'y a pas un l. dans tout le régiment.* || Par ext., Qui n'a que des sentiments vils, méprisables. *C'est être bien l. que d'abandonner son ami. Cela est d'une âme l.* || Se dit encore des actions basses, honteuses. *La trahison est la plus l. de toutes les actions. Ce procédé est bien l.*

**Syn.** — *Poltron, Pusillanime.* — Le *lâche* est celui qui manque d'activité, d'énergie, et que le péril effraie tellement qu'il ne conçoit pas même l'idée de la résistance. Le *poltron* est celui qui craint le danger et se laisse aller à la peur, souvent sans motif. Le *lâche*, incapable de se défendre, n'ose ni reculer, ni avancer, s'abandonne et se laisse frapper. Le *poltron* fuit d'abord, mais, s'il y est forcé, il résiste et se bat. La *lâcheté* suppose l'abandon absolu du devoir et l'incapacité de le remplir. La *pusillanimité* est un défaut du caractère. Le *pusillanime* n'ose pas agir, rien entreprendre, soit parce qu'il se défie de lui-même, soit parce qu'il voit en toute chose des inconvénients qu'il s'exagère.

**LÂCHEMENT**. adv. Mollement, avec nonchalance, avec peu de vigueur. *Il travaille l. Il y va si l.* || *Écrire l.*, Avoir un style lâche. || Honteusement, avec bassesse. *S'enfuir l. Trahir l. son ami. Il s'est comporté bien l.*

**LÂCHER**. v. a. (lat. *laxare*, m. s.) Détendre, desserrer quelque chose. *L. une corde trop tendue. Lâchez un peu votre ceinture.* || T. Man. *L. un peu la bride, la main à un cheval; L. la bride à quelqu'un; L. la bride à ses passions.* Voy. Bride. || T. Jeu. *L. la main*, La laisser aller à un autre, quoiqu'on ait de quoi la lever; Fig., et fam., Céder quelque chose de ses prétentions, diminuer du prix qu'on voulait avoir. — *L. le pied*, ou *L. pied*, Reculer, s'enfuir. Fig., Céder, montrer de la faiblesse. *Il ne faut pas que l'affection paternelle vous fasse l. pied; tenez ferme et votre fils se soumettra.* — T. Escrime. *L. la mesure*, Reculer devant son adversaire. || *L. le ventre*, Rendre le ventre libre. *Les pruneaux lâchent le ventre.* = Laisser aller, laisser échapper; se dit des personnes et des choses. *L. un prisonnier. L. un oiseau. L. un âne dans un pré. L. sa proie. Lâchez maintenant la corde.* || *L. quelqu'un*, L'abandonner. Fam. || *L. prise*, Laisser aller ce qu'on tient avec force, et Fig., Rendre malgré soi ce qu'on a pris, ou cesser un combat, une poursuite, une dispute. || *L. les chiens*, Les laisser courre après la bête. *L. l'autour, l'épervier*, Le laisser voler après le gibier. — Fig. et fam., *L. une personne après une autre*, La mettre à sa poursuite. *L. les huissiers après un débiteur*, Leur donner charge de faire contre lui les actes de leur ministère. || *L. la bonde d'un étang, l. une écluse*, Lever la bonde d'un étang, la vanne d'une écluse. *L. le robinet d'une fontaine*, Le tourner de manière que l'eau s'échappe. On dit de même, *L. les eaux*. — Fam., *L. de l'eau*, Uriner. *L. un vent*, Laisser échapper un vent par en bas. *Ce malade lâche tout sous lui*, Il ne peut retenir ses excréments. || Fig., *L. une brochure, un pamphlet dans le public*, Le publier, le mettre dans la circulation. — *L. une parole, l. un mot*, Dire inconsidérément quelque chose. *Il voudrait bien ne pas avoir lâché cette parole. J'en suis fâché, mais le mot est lâché*. Se dit aussi quelquefois d'une parole lancée à dessein. *Le ministre a lâché un mot qui a produit une grande impression*. — Fam., *L. la parole, l. le mot*, Dire, quand on débat un marché, le dernier prix qu'on veut avoir, ou donner son consentement dans une négociation, après avoir fait quelques difficultés. || Popul., *L. un coup*, Donner un coup. *Il lui lâcha un soufflet*. — *L. une flèche, un coup de fusil, de pistolet, de canon*, Lancer une flèche, tirer un coup de fusil, etc. *Il lui lâcha un coup de fusil en pleine poitrine. Le vaisseau lâcha toute sa bordée*. Fig., *L. une épigramme contre quelqu'un*. || T. Jeu de paume. *L. la balle*, Ne la point toucher, la laisser passer = Lâcher, v. n., se Lâcher, v. pron. S'échapper, se détendre, se débander. *Prenez garde que la corde ne lâche. Les cordes de cette guitare se sont lâchées. Un ressort qui se lâche. Si votre fusil vient à l. ou à se l., vous blesserez quelqu'un*. || Fig., *Se lâcher*, se dit pour Tenir des propos offensants, indiscrets, indécents. *Il se repentit de s'être tant lâché devant eux. Se l. en propos imprudents*. = Lâché, ée, part.

**LÂCHER**. s. m. Action de lâcher, de laisser aller. *Un l. de pigeons*.

**LACHÉSIS**. [Pr. *la-ké-ziss*], une des trois Parques (avec Atropos et Clotho). Voy. Parques. (Myth.).

**LÂCHETÉ**. s. f. (R. *lâche*). Poltronnerie, défaut de courage *Ce soldat a montré bien de la l.* || Caractère bas, vil, sans honneur. *La l. de cet homme dépasse tout ce qu'on peut imaginer*. || Action basse, indigne. *Ne point défendre ses amis absents est une l. Il a commis cent lâchetés*.

**LÂCHEUR, EUSE**. s. (R. *lâcher*). Celui qui livre au fil de l'eau et conduit un train de bois flottant. || Fig., Celui, celle qui abandonne ceux qu'il avait soutenus jusqu'alors. Fam.

**LACHNANTHE**. s. m. [Pr. *lak-nante*] (gr. λάχνη, duvet; ἄνθος, fleur). T. Bot. Genre de plantes Monocotylédones (*Lachnanthes*), de la famille des *Hémodoracées*. Voy. ce mot.

**LACHNOLÈME**. s. m. [Pr. *lakno-lème*] (gr. λάχνη, duvet; λαιμός, gorge). T. Icht. Espèce de *Poissons osseux*. Voy. Labroïdes.

**LÂCHURE**. s. f. Quantité que l'on lâche en une fois. || T. Techn. Éclusée lâchée pour faciliter la navigation.

**LACIER**. s. m. et **LACIÈRE**. s. f. (R. *lacs*). T. Techn. Sorte de filet de pêche.

**LACINIATION**. s. f. [Pr. *lasi-nia-sion*]. Etat de ce qui est lacinié.

**LACINIÉ, ÉE**. adj. (lat. *laciniatus*, déchiré en lanières, de *lacinia*, frange). T. Bot. Se dit d'une feuille ou d'un pétale irrégulièrement déchiré en lanières étroites.

**LACINIFOLIÉ, ÉE**. adj (R. *lacinié*, et lat. *folium*, feuille). T. Bot. Dont les feuilles sont laciniées.

**LACINIURE**. s. f. (R *lacinié*). T. Bot. Découpure longue, étroite et irrégulière.

**LACIS**. s. m. [Pr. *la-si*] (R. *lacs*). Espèce de réseau de fil ou de soie. *Faire du l.* || T. Anat. Sorte de réseau formé par un entrelacement de vaisseaux ou de nerfs. || T. Bot. Genre de plantes de la famille des *Podostémées* Voy. ce mot.

**LACISTÈME**. s. m. (gr. λακίς, déchirure; στέμμα, couronne). T. Bot. Genre de plantes Dicotylédones (*Lacistema*), de la famille des *Lacistémées*. Voy. ce mot.

**LACISTÉMÉES**. s. f. pl. (R. *Lacistème*) T. Bot. Famille de végétaux Dicotylédones, de l'ordre des Apétales supérovariées.

*Caract. bot.* : Arbustes ou arbrisseaux. Feuilles simples, alternes et sans stipules. Fleurs disposées en chatons axillaires, hermaphrodites. Calice formé de 4, 5 ou 6 sépales, parfois nul. Corolle nulle. Étamine 1, hypogyne, située sur un côté de l'ovaire, avec un épais connectif bilobé et une anthère uniloculaire au sommet de chacun de ces lobes. Pistil formé de

3 carpelles concrescents en un ovaire uniloculaire, avec plusieurs ovules anatropes attachés à 2 ou 3 placentas pariétaux; stigmates 2 ou 3, sessiles ou portés sur un style. Fruit capsulaire, à une seule loge, s'ouvrant en 2 ou 3 valves, portant chacune un placenta au milieu. Graines, ordinairement une seule à chaque valve par avortement, suspendues et munies d'un arille charnu; testa crustacé; albumen charnu; embryon renversé, à cotylédons plats et à radicule cylindrique et supère. (Fig. 1. *Lacistema serrulatum*; 2. Chaton en fleur; 3. Pistil et étamine; 4. Pistil et calice; 5. Fruit au moment de la déhiscence.) Cette famille ne se compose que de 2 genres et de 6 espèces, toutes propres à l'Amérique tropicale. On ne leur connaît aucune propriété utile.

**LACK** ou **LAK**. s. m. (pràcrit, *lakka*, cent mille). Se dit, dans l'Inde, en parlant de roupies. *Un l. de roupies est une somme de* 100,000 *roupies*.

**LACLOS** (**CHODERLOS** de), officier distingué et littérateur fr., né à Amiens (1741-1803).

**LACOMBE**, écrivain fr. (1724-1811).

**LA CONDAMINE** (de), voyageur et astronome fr. (1701-1774), explora l'Amérique méridionale, mesura avec Bouguer un arc de méridien au Pérou.

**LACONIE**, anc. contrée de la Grèce, dans le Péloponnèse; cap. *Sparte*; 121,200 hab.

**LACONIEN, IENNE**. s. m. [Pr. *lakoni-in, iène*]. Habitant de la Laconie.

**LACONIQUE**. adj. 2 g. (lat. *laconicus*; gr. λακωνικός, m. s.). Concis à la manière des habitants de la Laconie, des Lacédémoniens. *Style l. Réponse l. Écrivain l.* Voy. Laconisme. = Syn. Voy. Concis. || s. m. *Le l.*, Le style laconique. Le peu de paroles.

**LACONIQUEMENT.** adv. En peu de mots, d'une manière laconique. *Il parle l. Il lui répondit l.*

**LACONISME.** s. m. (gr λακωνισμὸς. m. s., de Λακών, Laconien). On appelle ainsi une manière de parler remarquable par la brièveté et l'énergie, et qui a pour objet de renfermer un sens complet dans le plus petit nombre de mots possible. Nul peuple n'ayant poussé plus loin que les Spartiates, habitants de la Laconie, cette brièveté du langage, on l'a désignée sous le nom de *Laconisme*. Parmi les exemples les plus célèbres de l., nous citerons la réponse de Léonidas à Xerxès qui le sommait de rendre les armes : *Viens les prendre!* Philippe de Macédoine ayant écrit aux Lacédémoniens que, s'il entrait sur leur territoire, il mettrait tout à feu et à sang. *Si*, répondirent-ils. Le *Frappe, mais écoute*, de Thémistocle; le *Veni, vidi, vici*, de César; le *Sinon, non*, des Aragonais, sont des modèles dans ce genre. — Le l., dont l'écueil est l'obscurité, est particulièrement propre aux devises, aux proverbes, aux inscriptions monumentales, etc.

**LACORDAIRE** (JEAN-BAPTISTE-HENRI), célèbre prédicateur fr., fondateur d'un nouvel ordre de Dominicains (1802-1861).

**LACRETELLE** (PIERRE-LOUIS DE), jurisconsulte et publiciste fr. (1751-1824). = Son frère, JEAN-CHARLES-DOMINIQUE, dit LACRETELLE le Jeune (1766-1855), membre de l'Académie française, a écrit *l'Histoire de la France pendant le XVIIIe s.*, *l'Histoire de la Révolution française*, etc.

**LACROIX** (J.-P. DE), homme politique fr., né à Pont-Audemer (1754-1794).

**LACROIX** (SILVESTRE-FRANÇOIS), mathématicien fr., né à Paris (1765-1843).

**LACROIX** (PAUL, dit *le bibliophile Jacob*), polygraphe, né à Paris (1806-1884).

**LA CROIX DU MAINE**, savant bibliographe fr., né au Mans (1552-1592).

**LACRYMA-CHRISTI.** s. m. (Mots lat. sign. *Larme du Christ*). Vin muscat célèbre, que l'on récolte sur les flancs du Vésuve.

**LACRYMAIRE.** s. f. (lat. *lacryma*, larme). T. Zool. Genre d'Infusoires de la famille des *Paraméciées*.

**LACRYMAL, ALE.** adj. (lat. *lacryma*, larme). T. Anat. Relatif aux larmes.

**Méd.** — I. *Anatomie.* — La glande et les voies lacrymales sont les surfaces accidentées que parcourent les larmes pour se transporter de leur organe sécréteur, situé à l'extrémité antérieure de l'angle supéro-externe de l'orbite, jusqu'à l'orifice inférieur du canal nasal, qui s'ouvre dans le méat inférieur des fosses nasales. Versées par les conduits excréteurs de la glande l. à l'extrémité externe du cul-de-sac oculo-palpébral supérieur, les larmes, étalées par le mouvement des paupières et obéissant d'ailleurs à l'action de la pesanteur, suivent l'inclinaison de la conjonctive, et se portent ainsi de dehors en dedans, et de haut en bas, jusqu'à l'angle interne ou grand angle de l'œil. Là elles s'accumulent dans le lac l., d'où elles sont reprises par les points lacrymaux qui, par l'intermédiaire des conduits lacrymaux, les transportent dans le sac lacrymal, et puis dans dans le canal nasal qui les déverse lui-même dans le méat inférieur des fosses nasales. — On donne le nom de glandes l. à deux corps glanduleux situés à la partie supérieure et externe de l'orbite : l'un, glande l. proprement dite, innominée de Galien ou portion orbitaire, est située dans la fossette l. de l'os frontal ; l'autre, glande accessoire de Rosenmüller, ou portion palpébrale, s'avance jusque dans la paupière supérieure et s'étale sous la conjonctive. La glande l. est une glande en grappe dont les conduits primitifs se réunissent en plusieurs conduits excréteurs qui s'ouvrent à la partie externe du cul-de-sac oculo-palpébral supérieur, à 4 ou 5 millimètres au-dessus du cartilage tarse. La glande l. est nourrie par l'artère l., branche de l'ophtalmique, et ses nerfs proviennent de la cinquième paire (trijumeau) et du sympathique, ainsi que d'un filet du pathétique. — Les points lacrymaux sont situés à quelques millimètres en dehors de la commissure interne des paupières, au sommet d'une saillie pyramidale située sur leur bord libre, et qu'on nomme tubercule lacrymal : les points sont deux ouvertures toujours béantes, dirigées toutes les deux en arrière, du côté du lac l. — Les conduits lacrymaux vont des points au sac l. situé à la partie interne et inférieure de l'orbite ; il y en a un pour chaque paupière ; ils se réunissent l'un à l'autre à quelques millimètres en dedans de la commissure ; deux muscles les enveloppent de leurs fibres, l'orbiculaire et le muscle de Horner, qui, de par leurs dispositions anatomiques, dilatent les conduits et attirent les points en arrière vers le lac. — Le sac l. est une cavité cylindrique terminée en cæcum à son extrémité supérieure et située dans la gouttière l. à la partie antérieure et interne de l'orbite ; son extrémité inférieure se continue directement avec le canal nasal ; sa muqueuse contient des glandes mucipares et reçoit des artérioles de l'artère palpébrale inférieure et de l'artère nasale, et des nerfs du rameau nasal de l'ophtalmique de Willis. — Le canal nasal, dernier segment, s'ouvre dans le méat inférieur des fosses nasales, situé dans son trajet dans la paroi externe de celles-ci, ayant pour squelette la branche montante du maxi laire, l'os unguis et la petite apophyse du cornet inférieur. De forme cylindrique, il s'élargit pour s'ouvrir à la réunion du quart antérieur et des trois quarts postérieurs du méat inférieur.

II. *Physiologie.* — Les larmes sécrétées par la glande l. sont étalées sur les surfaces qu'elles doivent lubrifier par le clignement des paupières (orbiculaire); celui-ci assure ainsi la transparence de la cornée, car il y étale un liquide qui en prévient le dessèchement, tout en restant en couche assez mince et assez égale pour ne pas troubler la vision. L'un des premiers effets de la paralysie des paupières est l'inflammation de la cornée qui, par défaut de circulation et d'étalement des larmes, se trouve soumise aux injures de l'air et des poussières ambiantes. — La sécrétion des larmes est continue : elle est augmentée parfois par des causes morales ou des réflexes dont le point de départ est le plus souvent sur la cornée, mais parfois aussi sur la muqueuse nasale ou sur la rétine. Le nerf centrifuge de ce réflexe est le nerf l. (ophtalmique, trijumeau). — Les larmes s'évaporent en grande partie, mais il y en a toujours un excès qui reste et qui, ne pouvant s'écouler normalement sur les joues par le bord libre des paupières, vu la présence sur ces bords de la sécrétion grasse des glandes de Meibomius, s'accumule dans l'angle interne de l'œil et parvient par les voies lacrymales dans les fosses nasales. Pour se rendre compte de cette progression, on a invoqué bien des raisons : on a parlé de capillarité, de siphon ; il est évident que c'est l'aspiration produite sur le canal par la raréfaction de l'air des fosses nasales dans les mouvements d'inspiration, qui établit le cours des larmes à l'état normal. Aussi, lorsque les larmes sont plus abondantes, faisons-nous de brusques inspirations (sanglots). Les larmes servent ainsi à lubrifier les voies respiratoires et à s'opposer à l'action desséchante du courant d'air de la respiration.

III. *Pathologie.* — Les maladies de la glande l., quoique rares, sont multiples et de nature très diverse. Ce sont des lésions traumatiques, peu fréquentes en raison de sa situation dans l'intérieur de l'orbite et dont la complication la plus intéressante est la création d'une fistule, c.-à-d. d'un trajet anormal, allant de la glande à la surface cutanée de la paupière supérieure ou à la conjonctive ; d'ailleurs cet accident peut être consécutif à d'autres affections, telles qu'un abcès au voisinage, ou à une opération telle que l'ablation d'un kyste de la région. Le pronostic de ces fistules est bénin, quoiqu'un phlegmon de la paupière puisse en résulter, mais cette terminaison est facile à prévenir avec nos méthodes antiseptiques. — L'inflammation de la glande ou *dacryo-adénite* est généralement le résultat de l'extension de processus inflammatoires voisins de la conjonctive, de la paupière, des voies l.; on observe une tuméfaction de l'angle externe de la paupière, de la rougeur et de la douleur, du chémosis, et les symptômes s'aggravant, aboutissent le plus souvent à la suppuration, accompagnée de son cortège de symptômes généraux, susceptible de se compliquer d'ostéo-périostite. Le seul traitement qui convienne à ce genre d'affection est l'incision que l'on pratique de préférence par la conjonctive lorsque cela est possible. — La glande l. peut présenter des troubles fonctionnels de deux sortes, diminution de sa sécrétion ou augmentation. Le *xérome* ou *xérophtalmie* l., sécheresse de l'œil, est un symptôme qui peut relever de causes multiples, telles que l'altération de la glande, l'insuffisance de l'action nerveuse qui préside à la fonction sécrétoire, ou une lésion des conduits eux-mêmes : l'œil reste humide néanmoins de par la sécrétion conjonctivale, mais le malade éprouve la sensation de sécheresse et se plaint d'un nuage qui lui dérobe la lumière, résultat de la présence anormale des sécrétions conjonctivales.

— L'*epiphora* consiste en un excès de sécrétion, au point que les conduits sont insuffisants pour transformer les larmes; l'épiphora ne doit pas être confondu avec le larmoiement où les larmes, sécrétées normalement, se déversent sur la joue en raison d'obstruction des voies l.; il est presque toujours le résultat d'un phénomène réflexe ayant pour point de départ la conjonctive, la cornée, les fosses nasales, et même les voies digestives. — Signalons, en passant, l'existence extrêmement rare de corps étrangers de la glande l. ou *dacryolithes*, qu'ils soient venus de l'extérieur ou qu'ils se soient formés sur place. — Nous en arrivons à la dernière variété d'affections qui peuvent atteindre cette glande : ce sont les tumeurs, tumeurs liquides ou kystes, et tumeurs solides (adénomes, chondromes, cancers, etc.); à cet égard, le chirurgien a deux questions à résoudre : d'abord, le siège exact de la tumeur, en second lieu, sa nature; mais quelle que soit la solution, l'intervention est de rigueur, car ces tumeurs peuvent s'ulcérer et entraîner des désordres plus ou moins ennuyeux. L'extirpation de la glande l. ne présente aucun inconvénient, étant donné qu'une portion de celle-ci reste toujours intacte et suffit à la sécrétion.

Les voies l. présentent, au point de vue pathologique, une solidarité toute particulière : aussi est-il difficile et presque inutile, surtout pour ceux qui ne font point de cette étude une spécialité, d'étudier séparément les maladies des points lacrymaux, du sac l. et du canal nasal. La pathologie des voies l. tourne d'ailleurs sans cesse autour des mêmes questions; tantôt c'est l'inflammation, l'infection de ces voies, consécutive à des infections de voisinage, oculaires, conjonctivales, nasales, qui provoquent une oblitération ou tout au moins un rétrécissement de tout ou partie du conduit; tantôt, au contraire, il s'agit d'une oblitération ou d'un rétrécissement congénitaux qui entretiennent ou favorisent l'inflammation du tout ou partie desdites voies. Ce sont là affections très fréquentes, et nombre de malades arrivent avec une dacryocystite aiguë (inflammation aiguë du sac l.) qui, depuis longtemps, présentaient un larmoiement gênant accompagné de conjonctivite légère, ou d'un ozène, sans s'en inquiéter autrement; ils se présentent avec une tumeur grosse comme un noyau de cerise, siégeant à la naissance du nez, latéralement, tumeur fluctuante, rouge, et qui leur fait éprouver de violentes douleurs. Tel est généralement le moment où l'on est appelé à soigner les affections des voies l. Il est donc bon d'être prévenu de leur existence et de savoir qu'on peut remédier aux inflammations de ces voies ou à leur défaut de calibre pour prévenir les complications que nous venons de signaler. Contre le rétrécissement des points lacrymaux, on pratique leur dilatation avec de petits stylets coniques ou, si cela ne suffit pas, on les incise avec une sorte de petit bistouri boutonné. Même lorsque cela ne paraît pas nécessaire, il vaut mieux ne pas se contenter de ces demi-mesures et pratiquer immédiatement le cathétérisme du conduit l. dans toute son étendue, ce qui se fait avec les sondes dites de Bowmann, que l'on a perfectionnées pour permettre le lavage antiseptique des voies lorsqu'elles sont enflammées. Si le malade n'a pas eu la sagesse de se prémunir contre la dacryocystite, il faut s'attaquer énergiquement à elle, et la traiter avec rigueur, car elle récidive avec entêtement. Il faut inciser largement le sac l. purulent, en exprimer énergiquement le contenu et ne pas abandonner son malade sans avoir pratiqué impitoyablement le cathétérisme et la dilatation progressive des voies l., ainsi que des lavages répétés avec les solutions antiseptiques en usage : puis il faut mettre son malade en garde contre les imprudences déjà commises et lui recommander surtout une antisepsie minutieuse des fosses nasales.

**LACRYMATOIRE**. adj. 2 g. et s. m. [Pr. *lakrima-toare*] (lat. *lacrymare*, pleurer). T. Antiq. Les premiers antiquaires ont ainsi nommé les petits vases de terre ou les fioles de verre que l'on trouve fréquemment dans les tombeaux des anciens, parce qu'ils supposaient que ces vases avaient servi à recueillir les larmes des parents ou des pleureuses gagées qui assistaient aux funérailles. Mais il est constant aujourd'hui que ces prétendus lacrymatoires étaient simplement destinés à contenir les baumes et les parfums dont on arrosait les bûchers et la cendre des morts.

**LACRYMIFORME**. adj. 2 g. (lat. *lacryma*, larme; *forma*, forme). T. Minér. Se dit d'une coulée de lave qui s'épanche par une ouverture de cratère et va ensuite s'élargissant.

**LACRYMULE**. s. f. (lat. *lacrymula*, m. s.). Petite larme.

**LACS**. s. m. [Pr. *là*] (lat. *laqueus*, m. s.). Cordon, tantôt délié et arrondi, tantôt plat et plus ou moins large, suivant l'usage auquel on le destine. *On l'étrangla avec un lacs de soie. On emploie des lacs pour faire l'extension des membres dans les fractures.* || Nœud coulant qui sert à prendre des oiseaux, des lièvres et autre gibier. *Un lacs de crin. Tendre des lacs.* — Fig., Piège, embarras dont on a de la peine à se tirer. *On lui a tendu des lacs. Il est tombé dans le lacs. Elle le tient dans ses lacs.*

La coquette tendit ses lacs tous les matins.

BOILEAU.

|| *Lacs d'amour*, Cordons repliés sur eux-mêmes de manière à former un 8 renversé. *Un chiffre fait en lacs d'amour.* || T. Techn. Lien de corde qui sert à accoupler les chevaux que l'on mène au marché. — Corde qui, dans les métiers à étoffes façonnées, supporte des fils forts remplaçant les lices des autres métiers.

**LACTAIRE**. s. m. (lat. *lactaris*, de lait). T. Bot. Genre de Champignons (*Lactarius*), de la famille des *Hyménomycètes*. Voy. ce mot.

**LACTAIRE**. adj. 2 g. (lat. *lactaris*, m. s., de *lac*, *lactis*, lait). Relatif à l'allaitement. *Conduits lactaires.* || T. Hist. *Colonne l.*, Colonne au pied de laquelle on exposait, à Rome, les nouveau-nés.

**LACTALBUMINE**. s. f. (lat. *lac*, *lactis*, lait, et fr. *albumine*). T. Chim. Variété d'albumine contenue dans le lait. Lorsqu'on a précipité toute la caséine du lait par la présure ou par le sulfate de magnésie, la l. reste en solution dans le petit-lait; on peut la séparer en la précipitant par une solution faible d'acide acétique ou en ajoutant à la liqueur un excès de sulfate d'ammoniaque. La l. est riche en soufre, lévogyre, coagulable par la chaleur; celle du lait de vache se coagule à 77°.

**LACTAME**. s. m. (lat. *lac*, *lactis*, lait, et *amide*). T. Chim. Nom donné aux composés qui dérivent des acides amidés $CO^2H.R.AzH^2$ par élimination d'une molécule d'eau entre les deux groupes $CO^2H$ et $AzH^2$. Les lactames ont pour formule générale $R\left\langle\begin{array}{l}AzH\\ \,|\\ CO.\end{array}\right.$ On peut les regarder comme les amides des lactones.

**LACTAMÉTHANE**. s. f. (R. *lactique*, et *méthane*). T. Chim. Amide et éther éthylique de l'acide lactique. La l. répond à la formule $CH^3.CH^2(OC^2H^5).COAzH^2$. Elle se produit par l'action de l'ammoniaque sur l'éther diéthyllactique dont il est question au mot LACTIQUE.

**LACTAMIDE**. s. f. (lat. *lac*, *lactis*, lait, et fr. *amide*). T. Chim. Amide de l'acide lactique. Voy. LACTIQUE.

**LACTAMIDIQUE**. adj. (R. *lactamide*). T. Chim. *Acide l.* Syn. d'amidopropionique. Voy. PROPIONIQUE.

**LACTANCE**, orateur et apologiste chrétien, né en Afrique, mort à Trèves en 325.

**LACTARIQUE**. adj. 2 g. (R. *lactaire*). T. Chim. *L'acide l.* $C^{15}H^{30}O^2$ a été extrait du suc d'un champignon, le *Lactarius piperatus*. Il cristallise en feuillets blancs, insolubles dans l'eau, solubles dans l'alcool, l'éther, le benzène, le sulfure de carbone. Il forme des sels cristallisables.

**LACTATE**. s. m. T. Chim. Nom générique des sels et de certains éthers de l'acide lactique. Voy. LACTIQUE.

**LACTATION**. s. f. [Pr. ...*sion*] (lat. *lactatio*, m. s.). T. Physiol. Sécrétion du lait. — Action d'allaiter. Voy. ALLAITEMENT.

**LACTÉ, ÉE**. adj. (lat. *lacteus*, m. s.). Qui a rapport au lait ou qui est de la couleur du lait. || T. Méd. *Diète lactée*, Régime alimentaire composé de lait exclusivement. || T. Anat. *Vaisseaux lactés*. Voy. LYMPHATIQUES. || T. Astron. *Voie lactée* ou *Galaxie*. Voy. ÉTOILE. || T. Bot. *Plantes lactées*, À suc laiteux.

**LACTÉIPENNE**. adj. 2 g. (lat. *lacteus*, de lait; *penna*, plume). T. Zool. *Insectes l.*, Ayant les ailes d'un blanc laiteux.

**LACTESCENCE.** s. f. [Pr. *laktes-san-se*]. Qualité d'un liquide qui ressemble au lait.

**LACTESCENT, ENTE.** adj [Pr. *lak-tes-san*] (lat. *lactescens*, part. prés. de *lactescere*, devenir laiteux). Qui a l'aspect et la couleur du lait. *Un liquide, un suc l.* || Se dit aussi des plantes qui contiennent un suc lactescent. *L'euphorbe est une plante lactescente.*

**LACTIDE.** s. m. (R. *lactique*). T. Chim. Anhydride que fournit l'acide lactique lorsqu'on le chauffe entre 130° et 150°.

Le l. répond à la formule $CH^3.CH\langle{}^{CO.O}_{O.\,CO}\rangle CH.CH^3$. Il cristallise en lames rhomboïdales fusibles à 124°, bouillant à 250°, solubles dans l'alcool. Il est très peu soluble dans l'eau, où il se convertit lentement en acide lactique. Cette transformation se produit rapidement en présence des bases et donne alors naissance à des lactates. Avec l'ammoniaque le l. donne de l'amide lactique.

**LACTIFÈRE.** adj. 2 g. (lat. *lac, lactis*, lait ; *ferre*, porter). T. Anat. Qui amène le lait. Voy. MAMELLE.

**LACTIFIQUE.** adj. 2 g. (lat. *lac, lactis*, lait ; *facere*, faire). Qui produit le lait, qui fait venir le lait en abondance.

**LACTIFUGE.** adj. 2 g. (lat. *lac, lactis*, lait ; *fugare*, chasser). Qui chasse le lait.

**LACTIGÈNE.** Syn. de *Lactifique*. Voy. ce mot.

**LACTIMIDE.** s. f. (R. *lactique* et *imide*). T. Chim. Imide correspondant à l'acide lactique. La l. se produit quand on chauffe à 200° l'acide amido-propionique dans un courant d'acide chlorhydrique. Elle forme des cristaux incolores, fusibles à 275°, très solubles dans l'eau et dans l'alcool. Elle a pour formule $CH^3-CH-CO$ (CH et CO reliés à AzH).

**LACTINE.** s. f. (lat. *lac, lactis*, lait). T. Chim. Sucre de lait. Voy. LACTOSE.

**LACTIQUE.** adj. 2 g. (lat. *lac, lactis*, lait). T. Chim. L'*Acide lactique* a été ainsi nommé parce que c'est dans le lait aigri qu'il a été découvert par Scheele, en 1789. C'est un acide-alcool qui répond à la formule $CH^3.CHOH.CO^2H$. Il peut exister sous trois modifications optiques : l'une est dextrogyre (acide sarcolactique), une autre est lévogyre, la troisième est une modification racémique et constitue l'acide l. ordinaire, qui est sans action sur la lumière polarisée.

L'acide ordinaire est souvent désigné sous le nom d'*acide l. de fermentation*, parce qu'il se produit par une fermentation spéciale, dite *lactique*, que subissent le sucre, la glucose, la lactose, la glycérine, etc., sous l'action de certains ferments organisés. Pour le préparer on ajoute de la craie, du fromage pourri et du lait aigri à de la glucose ou à du sucre interverti ; au bout de quelques jours de fermentation, le liquide se prend en une bouillie épaisse ; on exprime le lactate de chaux qui s'est formé, on le purifie par cristallisation et on lui enlève la chaux à l'aide de l'acide sulfurique. Quand on veut obtenir de l'acide l. bien pur, on le transforme en sel de zinc, qui cristallise bien et qu'on décompose par l'hydrogène sulfuré. — On peut réaliser la synthèse de l'acide l. en oxydant le propylène-glycol ou encore en combinant l'acide cyanhydrique avec l'aldéhyde ordinaire et hydratant le nitrile l. ainsi formé. — L'acide l. est un liquide sirupeux qui n'est pas encore solidifié à — 24°. Il est soluble en toutes proportions dans l'eau et dans l'alcool. Quand on cherche à l'obtenir anhydre en évaporant sa solution aqueuse, il se combine avec lui-même en perdant une et deux molécules d'eau et donnant naissance à l'acide *Dilactique* et au *Lactide*. Voy. ces mots. Chauffé avec de l'acide sulfurique il se dédouble en aldéhyde et en acide formique. Les agents d'oxydation le transforment d'abord en acide pyruvique, qui se scinde ultérieurement en acide acétique et anhydride carbonique. Le perchlorure de phosphore donne du *chlorure de lactyle* $CH^3.CHCl.COCl$, à la fois chlorure d'acide et éther chlorhydrique ; c'est un liquide incolore que l'eau décompose en acides chlorhydrique et chloro-propionique.

Les *lactates* que l'acide l. forme en s'unissant aux bases métalliques sont tous plus ou moins solubles dans l'eau ; en général ils cristallisent mal. Les lactates alcalins sont gommeux. Le lactate d'ammoniaque s'obtient en prismes qui tombent en déliquescence et perdent de l'ammoniaque à l'air. Le lactate de chaux $(C^3H^5O^3)^2Ca, 5H^2O$ forme des grains mamelonnés, très solubles dans l'eau et dans l'alcool. Le lactate de zinc $(C^3H^5O^3)^2Zn, 3H^2O$ cristallise en aiguilles peu solubles.

On appelle aussi *lactates* les éthers que l'acide l. forme avec les alcools en vertu de sa fonction acide. Le *lactate d'éthyle* ou *éther l.* $CH^3.CHOH.CO^2C^2H^5$ est un liquide incolore, bouillant à 154°, décomposable par l'eau. On l'obtient en chauffant à 170° une solution alcoolique d'acide l. Il exerce sur l'organisme une faible action hypnotique. — On peut aussi éthérifier la fonction alcoolique de l'acide l. et obtenir des acides-éthers tels que l'*acide éthyllactique* (Voy. ce mot), qui a pour formule $CH^3.CH(OC^2H^5)CO^2H$. — Enfin, l'*éther diéthyllactique* $CH^3.CHOC^2H^5.CO^2C^2H^5$, qui est l'éther de ce dernier acide, représente de l'acide l. dont les deux fonctions ont été éthérifiées. C'est un liquide incolore, bouillant à 156°, que l'on prépare en faisant agir successivement le sodium et l'iodure d'éthyle sur le lactate d'éthyle.

L'*amide l.* ou *lactamide* $CH^3.CHOH.COAzH^2$ se forme par l'action de l'ammoniaque sur le lactide et cristallise en petits prismes fusibles à 74°, très solubles dans l'eau et dans l'alcool.

Le *nitrile l.* $CH^3.CHOH.CAz$ résulte de la combinaison de l'acide cyanhydrique et de l'aldéhyde. C'est un liquide qui bout à 183°, soluble en toutes proportions dans l'eau. La soude le dédouble en ses générateurs. L'acide chlorhydrique le transforme en acide l.

Les deux isomères optiques de l'acide l. possèdent les mêmes propriétés chimiques que lui. L'acide l. *dextrogyre* ou *droit* est connu sous le nom d'acide *sarcolactique* ou *paralactique*. On le rencontre dans les muscles, dans le sang et dans l'urine, surtout après de grandes fatigues. On peut l'extraire de la viande en le transformant en sel de plomb qu'on décompose par l'hydrogène sulfuré ; on le purifie ensuite en le transformant en sel de zinc qu'on décompose de même. — L'acide l. *lévogyre* ou *gauche* se produit par la fermentation du sucre ou de la glycérine aqueuse sous l'action d'un ferment particulier. — On peut, d'ailleurs, dédoubler l'acide l. ordinaire en ses deux isomères : il suffit de le transformer en lactate de strychnine que l'on fait cristalliser ; c'est le sel de l'acide lévogyre qui se dépose le premier.

L'acide l. est quelquefois appelé *éthylidéno-l.* pour le distinguer de son isomère de position, l'acide *éthyléno-l.* ou *hydracrylique* $CH^2OH.CH^2.CO^2H$. Voy. HYDRACRYLIQUE.

L'acide l. est employé en médecine sous forme de limonade ou de tablettes, dans les cas d'atonie de l'estomac, lorsqu'on suppose que la sécrétion gastrique ne se fait pas d'une manière normale. Les pilules de *lactate de fer* sont, comme toutes les préparations ferrugineuses, recommandées dans l'anémie et la chlorose. Le *lactate de zinc* a été préconisé dans le traitement de l'épilepsie, le *lactate de bismuth* comme altérant et antispasmodique, celui de *quinine* comme fébrifuge. Le *lacto-phosphate de chaux*, obtenu en saturant l'acide l. par du phosphate de chaux gélatineux, sert à combattre le rachitisme et les affections osseuses accompagnées d'un mauvais état des voies digestives.

**LACTOBIONIQUE.** adj. T. Chim. L'*acide l.* $C^{12}H^{22}O^{12}$ s'obtient en oxydant la lactose par le brome en présence de l'eau. C'est un sirop incolore, très acide, très soluble dans l'eau. Il ne réduit pas les solutions alcalines de cuivre. Chauffé avec les acides minéraux étendus, il se dédouble en galactose et en acide gluconique.

**LACTOBUTYROMÈTRE.** s. m. (lat. *lac, lactis*, lait ; *butyrum*, beurre ; gr. μέτρον, mesure). Instrument servant à déterminer la quantité de matière grasse contenue dans un lait.

**LACTOMÈTRE.** s. m. (lat. *lac, lactis*, lait ; gr. μέτρον, mesure). Voy. PÈSE-LAIT.

**LACTONE.** s. f. (R. lat. *lac, lactis*, lait). T. Chim. On a donné le nom générique de l. à des anhydrides d'une nature particulière qui dérivent des oxy-acides, c.-à-d. des corps possédant à la fois une fonction acide et une fonction alcool. Les lactones se forment par élimination d'une molécule d'eau entre les groupes $CO^2H$ et OH, qui représentent ces deux fonctions. Ce sont donc des éthers-sels internes, formés aux dépens d'un générateur unique, tandis que les éthers-sels ordinaires proviennent de deux générateurs, un acide et un alcool distincts. Les oxyacides γ, c.-à-d. ceux où les groupes $CO^2H$ et OH sont séparés par trois atomes de carbone, se transforment très facilement en lactones sous l'action de la chaleur. C'est ainsi que l'acide γ-oxyvalérique

$$CH^3.CHOH.CH^2.CH^2.CO^2H$$

se convertit en valérolactone $CH^3-CH-CH^2-CH^2$. On peut

$$\begin{array}{l} \quad | \qquad\qquad | \\ \quad O\text{———}CO \end{array}$$

aussi obtenir des lactones en hydrogénant les acides cétoniques.

Les lactones sont généralement liquides, distillables sans décomposition, neutres au tournesol. Elles ne s'hydratent pas par simple ébullition avec l'eau. Elles reproduisent l'oxy-acide générateur quand on les fait bouillir avec les solutions aqueuses des alcalis ou des terres alcalines. L'ammoniaque aqueuse produit le même effet; mais si l'on opère en l'absence de l'eau, on obtient l'amide de l'oxy-acide.

**LACTONIQUE**. adj. 2 g. (R. *lactone*). T. Chim. On appelle *acides lactoniques* les composés qui sont à la fois acides et lactones. — On emploie aussi quelquefois le mot *l.* comme synonyme de *galactonique*.

**LACTOPROTÉINE**. s. f. (R. *lactique*, et *protéique*). T Chim. Matière protéique, non coagulable par la chaleur et par les acides, et qui, suivant quelques auteurs, serait contenue dans le lait. Son existence, comme principe immédiat, paraît très douteuse.

**LACTOSCOPE**. s. m (lat. *lac*, *lactis*, lait; gr. σκοπέω, j'examine). Appareil pour juger de la pureté du lait. Voy. LAIT.

**LACTOSE**. s. f. [Pr. *lakto-ze*] (R. *lac*, *lactis*, lait, et la term. *ose* qui indique les sucres). T. Chim. La *l.*, qu'on ne doit pas, comme certains auteurs, confondre avec la galactose, est une matière sucrée contenue dans le lait des mammifères, et désignée ordinairement sous le nom de *Sucre de lait*. Elle a été découverte en 1619, par Fabrizio Bartholetti. On en prépare de grandes quantités, principalement en Suisse, à l'aide du petit-lait provenant de la fabrication des fromages. On évapore le petit-lait jusqu'à ce que la l. cristallise; celle-ci est redissoute dans l'eau et purifiée par le noir animal; on abandonne ensuite la solution dans des vases où sont disposées des baguettes de bois autour desquelles se groupent les cristaux de l. Ces cristaux sont des prismes orthorhombiques répondant à la formule $C^{12}H^{22}O^{11}, H^2O$. Ils se ramollissent vers 87° et perdent leur eau de cristallisation entre 110° et 130°. La l. anhydre $C^{12}H^{22}O^{11}$ brunit à partir de 160° et se décompose à 175° en *lacto-caramel* très soluble dans l'eau, insoluble dans l'alcool et dans l'éther. Les solutions aqueuses sont dextrogyres; récemment préparées, elles possèdent un pouvoir rotatoire presque double de celui qu'elles conserveront dans la suite. La l. possède des propriétés réductrices: elle réduit le nitrate d'argent ammoniacal et la liqueur de Fehling; elle est oxydée par l'eau de brome en donnant de l'acide lactobionique. Les acides minéraux étendus l'hydratent et la dédoublent en glucose et en galactose; l'acide nitrique, après l'avoir dédoublée, l'oxyde et la transforme en acides saccharique et mucique. Avec l'anhydride acétique, la l. fournit un dérivé 8 fois acétylé; avec un mélange d'acides nitrique et sulfurique concentrés, elle donne des éthers nitriques, entre autres un *pentanitrate de l.* $C^{12}H^{17}(AzO^2)^5O^{11}$ insoluble dans l'eau, fusible à 139°, explosif. La l. forme des combinaisons définies (*lactosates*) avec les alcalis, les oxydes alcalino-terreux et l'aniline, mais non avec le chlorure de sodium. Elle s'unit à la phénylhydrazine pour former une osazone cristallisée en aiguilles jaunes, fusibles à 200°, que l'acide chlorhydrique convertit en l'osone correspondante. — La l. ne fermente pas sous l'action de la levure bien pure, et peut ainsi être distinguée de la glucose. Elle subit facilement la fermentation lactique, surtout quand elle est encore contenue dans le lait. Certains ferments spéciaux lui font éprouver une fermentation à la fois alcoolique et lactique; c'est ce qui a lieu dans la préparation du koumiss et du kéfir.

Le sucre de lait est fort employé en pharmacie comme excipient, en particulier pour la préparation des médicaments homéopathiques. On l'utilise quelquefois comme rafraîchissant. Enfin, on a conseillé de l'ajouter en proportion convenable au lait de vache destiné à l'allaitement artificiel des enfants, parce que ce lait est moins riche en l. que le lait de femme.

**LACTOSINE**. s. f. [Pr. *lakto-zine*] (R. *lactose*). T. Chim. Matière sucrée que l'on rencontre dans les racines des Caryophyllées. On l'obtient sous la forme d'une poudre blanche, cristalline, formant avec l'eau une solution gommeuse, dextrogyre. Par ébullition avec l'acide sulfurique étendu elle se dédouble en lactose et en une nouvelle matière sucrée.

**LACTUCARIUM**. s. m. [Pr. *laktuka-riome*] (lat. *lactuca*, laitue). T. Chim. et Pharm. Substance narcotique, amère, brunâtre, qu'on extrait de certaines laitues, en particulier de la grande laitue vireuse, *Lactuca altissima*. Pour l'obtenir, on pratique des incisions aux feuilles et aux rameaux de la plante; le latex blanc qui s'en écoule s'épaissit rapidement à l'air en brunissant. Doué de propriétés narcotiques et calmantes, le l. est utilisé en thérapeutique comme un succédané faible de l'opium, auquel il ressemble encore par sa couleur et son odeur; aussi, désigne-t-on quelquefois le l. sous le nom d'*opium de la laitue*.

Le principe actif du l. paraît être la *lactucine*, qu'on en extrait à l'aide de l'eau et de l'alcool, et qui cristallise en écailles nacrées, jaunes, amères, fusibles.

La *lactucérine* ou *lactucone*, qu'on retire du l. à l'aide de l'alcool bouillant, cristallise en aiguilles microscopiques blanches, insipides, insolubles dans l'eau, sans action physiologique. Traitée par la potasse alcoolique, puis par l'eau, elle fournit le *lactucérol*, $C^{36}H^{60}O^2$ en aiguilles soyeuses, dextrogyres, solubles dans l'éther et le chloroforme.

Le l. contient en outre de l'*acide lactucique*, masse jaune, amorphe, devenant cristalline à la longue, et de la *lactucopicrine*, substance amorphe, très amère, légèrement acide, soluble dans l'eau et dans l'alcool.

**LACTUCÉRINE**. s. f., **LACTUCÉROL**. s. m., **LACTUCINE**. s. f., **LACTUCIQUE**. adj. 2 g., **LACTUCONE**. s. f. T Chim. Voy. LACTUCARIUM.

**LACTYLE**. s. m. (R. *lactique*, et le suff. *yle*, du gr. ὕλη, matière). T. Chim. *Chlorure de l.* Voy. LACTIQUE.

**LACUÉE** (JEAN-GÉRARD), comte de *Cessac*, général et homme d'État français (1752-1841).

**LACUNAIRE**. adj. 2 g. [Pr. *laku-nère*]. T. Hist. nat. Pourvu de lacunes. || T. Minér. Se dit de cristaux agglomérés laissant entre eux des intervalles.

**LACUNE**. s. f. (lat. *lacuna*, fosse pleine d'eau, et par ext. lacune, de *lacus*, lac). Espace vide dans la continuité d'un corps. || Interruption, vide dans le corps d'un ouvrage, dans le texte d'un auteur. *Il y a de grandes lacunes dans cette histoire. La chronologie des anciens empires présente des lacunes considérables.* || T. Anat. Se dit quelquefois de l'orifice excrétoire des follicules des membranes muqueuses. *Les lacunes du rectum.* || T. Bot. On désigne sous ce nom les espaces aérifères volumineux qui se rencontrent dans les tissus des organes et principalement dans le parenchyme du limbe de la feuille.

**LACUNETTE**. s. f. [Pr. *laku-nète*] (Dimin. de *lacune*). Petit fossé au milieu du grand qu'on tient rempli d'eau avec des haies vives en buisson tout au long, pour se garantir des surprises.

**LACUNEUX, EUSE**. adj. [Pr. *laku-neu, euze*] (lat. *lacunosus*, m. s., de *lacuna*, lacune). T. Hist. nat. Qui offre, qui contient des lacunes. || Se dit aussi en parlant d'un texte, d'un écrit, d'un livre.

**LACUNOSITÉ**. s. f. [Pr. *lakuno-zité*]. État lacuneux.

**LAÇURE**. s. f. Action de lacer.

**LA CURNE DE SAINTE-PALAYE**, érudit fr. (1697-1780).

**LACUSTRE** adj 2 g. (lat. *lacustris*, m. s., de *lacus*, lac). Se dit des animaux et des plantes qui vivent dans les lacs, les grands étangs, ou sur les bords. || T. Géol. *Terrain l.*, Terrain qui semble formé par dépôt au fond des eaux douces. ||

T. Archéol. *Cité l.*, Cité bâtie sur pilotis au bord d'un lac, à l'époque préhistorique. Par ext., *Armes lacustres. Stations lacustres*, et subst., *Les lacustres*, Les habitants d'une cité lacustre.

**LADANIFÈRE.** adj. 2 g. (R. *ladanum*, et lat. *fero*, je porte). T. Bot. Qui produit le ladanum.

**LADANUM.** s. m. [Pr. *lada-nome*] (lat. *ladanum*; gr. λάδανον, m. s.). T. Pharm. Nom donné à la résine fournie par le *Cistus creticus*. Voy. CISTÉES.

**LADISLAS**, roi de Naples de 1386 à 1414, m. empoisonné. = Nom de sept rois de Hongrie. Le sixième (1439-1457), attaqué par les Turcs, fut sauvé par Jean Hunyade. = Nom de plusieurs rois de Pologne.

**LADOGA**, lac de Russie, s'écoule dans le golfe de Finlande par la Néva.

**LADRE.** adj. 2 g (corrupt. du mot *Lazare*). Qui est atteint de ladrerie. *Un homme, une femme l.* ‖ Se dit des porcs atteints de la maladie appelée *ladrerie*. *Un pourceau l.* Voy. LADRERIE. ‖ Fig. et fam., se dit pour insensible, soit au phys., soit au moral. *Il est l., il ne sent pas les coups. Il faudrait être l. pour ne pas ressentir cette injure.* — Se dit plus souvent d'une personne fort avare. *C'est un homme très ladre.* Fam. = LADRE, LADRESSE. s. Lépreux. *C'est un l., une ladresse.* ‖ Fig. et fam., Avare. *C'est l'action d'un l. C'est un l. C'est une ladresse.* — *Un l. vert*, Un homme d'une avarice sordide. ‖ T. Art vétér. *Ce cheval a du l.*, se dit d'un cheval qui a le tour des yeux, le bout des naseaux ou le tour des lèvres dénués de poil.

**LADRERIE.** s. f. (R. *ladre*). Lèpre. — Par ext., Hôpital consacré aux lépreux. Voy. LÈPRE. ‖ Maladie du porc ladre. Voy. ci-après. ‖ Fig. et fam., Avarice sordide. *Il est d'une l. sans égale.* — Acte d'avarice sordide. *Voilà bien de ses ladreries.*

**Vétér.** — Aujourd'hui le mot *Ladrerie* n'est plus usité qu'en termes de médecine vétérinaire, pour désigner une maladie particulière aux porcs. Elle est caractérisée par le développement de corps d'apparence tuberculeuse dans le tissu cellulaire. Il est aujourd'hui démontré que ces prétendus tubercules ne sont autre chose que des entozoaires appartenant à l'espèce appelée *Cysticerque du tissu cellulaire* (*Cysticercus cellulosæ*). Cette maladie résiste à tout traitement, parce qu'il n'est pas possible d'atteindre ces parasites dans les lieux où ils se développent. Elle déprécie considérablement la valeur de l'animal affecté, bien qu'elle ne rende pas sa chair complètement impropre à la consommation. Néanmoins, il importe, lorsqu'on emploie la chair d'un cochon ladre, de bien faire périr par la cuisson les Cysticerques dont nous avons parlé. En effet, les expériences de Van Beneden, Küchenmeister, de Siebold, Leuckart et Humbert (de Genève) ont démontré que ces entozoaires, introduits dans le canal intestinal de l'homme et de divers animaux, s'y métamorphosent en Ténias. — Il arrive même quelquefois que les cysticerques se développent en différentes parties du corps humain.

**LADURE.** s. f. Petite plate-forme au bord des œillets, sur laquelle on tire le sel.

**LADVOCAT**, savant fr., né à Vaucouleurs (1700-1765).

**LADY.** s. f. [Pr. *lé-di*]. — C'est le titre donné, en Angleterre, aux femmes de la haute noblesse. Il dérive de deux mots saxons qui signifient « celle qui donne ou qui distribue le pain », c.-à-d. la maîtresse de la maison. De droit, ce titre n'appartient qu'aux femmes de lords et aux filles non mariées de tout pair au-dessus du rang de vicomte; mais, par courtoisie, on l'étend aux femmes de chevaliers de tout rang. Une femme de la bourgeoisie n'est point *lady* une telle, mais simplement *mistress* une telle. = Plur. *Des ladies* ou *Des ladys*. La première forme est l'orthographe anglaise.

**LAEKEN**, com. de Belgique, près de Bruxelles; 26,000 hab. Palais d'été du roi.

**LÆLIUS**, Romain qui fut l'ami de Scipion l'Africain (235-165 av. J.-C.).

**LÆMODIPODES.** s. m. pl. [Pr. *lémo* ..] (gr. λαιμὸς, gorge; δὶς, deux; ποῦς, πόδος, pied). T. Zool. — Les *Crustacés* ainsi nommés diffèrent des Amphipodes et des Isopodes par l'état rudimentaire de toute la portion abdominale, qui est représentée seulement par un tubercule à peine visible. Toutefois, ils se rapprochent des premiers par la conformation de leurs organes respiratoires, et c'est parmi eux qu'on les classe généralement. Les animaux qui composent cet ordre ont, les uns, le corps fort allongé et des pattes grêles, tandis que les autres ont le corps ovalaire et ramassé. Les premiers (*Caprellidés*) mènent une vie errante : telle est la *Chevrotte linéaire* (*Caprella linearis*) [Fig. 1, grossie]. Les seconds (*Cyamidés*) vivent en parasites sur le corps de la Baleine. Ce sont les *Cyames* (*Cyamus*), vulgairement appelés *Poux de Baleine* (Fig. 2. *Cyame ovale*, grossi).

Fig. 1.

Fig. 2.

**LAENNEC**, médecin fr. (1781-1826), célèbre par la découverte de l'auscultation.

**LAENSBERG** (MATHIEU), astrologue, né, suivant la légende, à Liège, à la fin du XVIe siècle. On publie depuis 1635, sous son nom, un *Almanach populaire*.

**LAËRTE**, roi d'Ithaque, père d'Ulysse.

**LÆTARE.** s. m. [Pr. *lé-ta-ré*]. Quatrième dimanche du carême, ainsi nommé des mots *Lætare, Jerusalem*, par lesquelles débute l'introït de la messe de ce jour.

**LÆTIA.** s. m. [Pr. *lé-sia*]. T. Bot. Genre de plantes Dicotylédones de la famille des *Bixacées*. Voy. ce mot.

**LA FARE** (Marquis DE), poète fr. (1644-1712).

**LAFARGE** (MARIE **CAPPELLE**, dame), empoisonneuse célèbre (1816-1852).

**LA FARINA** (GIUSEPPE), écrivain et homme politique ital. (1815-1863).

**LA FAYE** (JEAN-FRANÇOIS **LÉRIGET** DE), poète fr., léger et gracieux, né à Vienne (1674-1731).

**LA FAYETTE** (GILBERT **MOTIER** DE), maréchal de France (1380-1462), servit avec éclat le roi Charles VII contre les Anglais.

**LA FAYETTE** (LOUISE **MOTIER** DE), née vers 1615, fille d'honneur de la reine Anne d'Autriche; fut aimée de Louis XIII et mourut au couvent en 1665.

**LA FAYETTE** (MARIE-MADELEINE **PIOCHE DE LA VERGNE**, comtesse DE), femme célèbre par son esprit et par ses relations avec la société lettrée du XVIIe siècle, et auteur de plusieurs romans (1634-1692).

**LA FAYETTE** (MARIE-JEAN-PAUL-GILBERT **MOTIER**, marquis DE), seigneur français, alla soutenir la cause des Américains révoltés contre les Anglais, et fut commandant de la garde nationale de Paris en 1789, puis en 1830 (1757-1834).

**LA FERRANDIÈRE** (Marquise DE), femme auteur, née à Tours (1736-1817).

**LAFERRIÈRE** (JULIEN), jurisconsulte fr. (1798-1861).

**LA FERTÉ-SAINT-NECTAIRE**, maréchal de France (1600-1681).

**LA FERTÉ-SOUS-JOUARRE**, ch.-l. de c. (Seine-et-Marne), arr. de Meaux ; 4,700 hab.

**LAFFÉMAS** (Isaac de), lieutenant civil sous le ministère de Richelieu (1587-1657).

**LAFFITTE** (Jacques), financier fr. et homme politique (1767-1844), joua un rôle important dans la Révolution de 1830, et fut ministre des finances et président du conseil sous Louis-Philippe, du 3 novembre 1830 au 13 mars 1831. Homme bon, généreux et désintéressé.

**LAFFON DE LADÉBAT**, homme politique fr. (1746-1829).

**LAFITAU** (Joseph-François), missionnaire fr., a exploré et décrit le Canada (1670-1740).

**LAFITAU** (Pierre-François), évêque de Sisteron (1685-1764).

**LAFON** (Pierre) célèbre tragédien fr. (1775-1846).

**LA FONTAINE** (Jean de), illustre fabuliste, né à Château-Thierry (1621-1695). Ses *contes*, peut-être trop licencieux, sont pleins de finesse élégante et de verve spirituelle. Ses *fables* sont de véritables chefs-d'œuvre, d'un caractère absolument original; il a puisé ses sujets chez les fabulistes anciens, mais en a fait de véritables créations par la grâce, le naturel, la naïveté qu'il a su y introduire. Il n'y a rien de pareil dans aucune littérature.

**LAFORCE**, ch.-l. de c. (Dordogne), arr. de Bergerac ; 1,200 hab.

**LA FORCE** (Caumont de), famille originaire de Guyenne, à laquelle appartenait le duc de La Force, maréchal de France (1558-1652), qui fut l'un des serviteurs les plus dévoués de Henri IV.

**LA FORGE** (Anatole de), homme politique fr. (1820-1892).

**LAFOSSE** (Charles de), peintre fr. (1636-1716).

**LA FOSSE** (Antoine de), poète dramatique fr. (1653-1708), auteur de *Manlius Capitolinus*.

**LAFRANÇAISE**, ch.-l. de c. (Tarn-et-Garonne), arr. de Montauban ; 3,200 hab.

**LAFUENTE** (Modesto), écrivain et homme politique esp. (1806-1866).

**LA GALISSONNIÈRE**, amiral fr., battit les Anglais à Minorque (1756).

**LAGENARIA**. s. m. T. Bot. Voy. Calebasse.

**LAGÈNE**. s. m., **LAGENIDES**. s. m. pl. (lat. *lagena*, bouteille). T. Zool. Genre et famille des *Foraminifères*. Voy. ce mot.

**LAGÉNIFORME**. adj. 2 g. (lat. *lagena*, bouteille; *forma*, forme). Qui a la forme d'une bouteille, d'une gourde.

**LAGERSTRŒMIA**. s. m. [Pr. *lagerstré-mia*] (R. *Lagerstrœm*, natur. suédois). T. Bot. Genre de plantes Dicotylédones de la famille des *Lythracées*. Voy. ce mot.

**LAGETTE**. s. m. [Pr. *la-jè-te*]. T. Bot. Nom vulgaire du *Daphne lagetta*, arbuste de la famille des *Thyméléacées*. Voy. ce mot.

**LAGHOUAT**, comm. de la subdivision militaire de Médéa, à 456 kil. S. d'Alger ; 4,400 hab.

**LAGIDES** ou descendants de Lagus, dynastie de rois grecs, fondée par Ptolémée Soter, fils de Lagus ; elle régna sur l'Égypte de 323 à 30 av. J.-C.

**LAGNIEU**, ch.-l. de c. (Ain), arr. de Belley ; 2,638 hab.

**LAGNY**, ch.-l. de c. (Seine-et-Marne), arr. de Meaux, sur la Marne ; 5,000 hab.

**LAGOMYS** s. m. (gr. λαγὼς, lièvre; μῦς, rat). T. Mamm. Genre de *Rongeur*. Voy. Lièvre.

**LAGON**. s. m. (ital. *lagone*, de *lago*, lac). Espace de mer enfermé par des récifs. || Petit lac ou étang voisin de la mer et dans lequel celle-ci pénètre dans les grandes marées ou par l'effet des grands vents.

**LAGONITE**. s. f. (ital *lagoni*, petites mares). T. Minér. Borate de fer hydraté, en masses terreuses jaune d'ocre, formant des incrustations dans les *lagoni* de la Toscane.

**LAGOPÈDE**. s. m. (gr. λαγὼς, lièvre; lat. *pes*, *pedis*, pied). T. Ornith. Genre de *Gallinacés*. Voy. Tétras.

**LAGOPHTHALMIE**. s. f. (gr. λαγὼς, lièvre; ὀφθαλμός, œil). T. Méd. Disposition vicieuse de la paupière supérieure qui l'empêche de recouvrir le globe de l'œil.

**LAGOR**, ch.-l. de c. (Basses-Pyrénées), arr. d'Orthez; 1,053 hab.

**LAGOS**, v. du sud du Portugal (Algarve); 11,000 hab.

**LAGOS**, v. et territoire anglais de la Côte des Esclaves (Guinée septentrionale). La ville a 40,000 hab ; le territoire en a 85,000.

**LAGOSTOME**. s. m. (gr. λαγὼς, lièvre: στόμα, bouche). T. Zool. Genre de *Crustacés*. Voy. Brachyoures.

**LAGOSTOMIDES**. s. m. pl. (gr. λαγὼς, lièvre; στόμα, bouche). T. Zool. Famille de Rongeurs. Voy. Chinchilla

**LAGOTIS**. s. m. (gr. λαγὼς, lièvre; οὖς; ὠτὸς, oreille). T Mamm. Genre de *Rongeurs* habitant le Pérou. Voy. Chinchilla.

**LAGOTRICHE**. s. m. (gr. λαγὼς, lièvre; θρίξ, poil). T. Mamm. Genre de *Singes* américains. Voy. Hélopithèques.

**LA GRANGE** (Charles **VARLET**, sieur de), comédien fr. (1639-1692).

**LAGRANGE** (Joseph-Louis), illustre géomètre et mathématicien fr., né à Turin (1736-1813). Auteur de la *Mécanique analytique*, de la *Théorie des fonctions analytiques*, etc.

**LAGRANGE-CHANCEL** (François-Joseph **CHANCEL**, dit), poète dramatique fr. (1677-1758).

**LAGRASSE**, ch.-l. de c. (Aude), arr. de Carcassonne; 1,100 hab.

**LAGRE**. s. f. (allem. *lager*, lit, litière, de *liegen*, être couché). T. Techn. Feuille de verre sur laquelle on étend les autres.

**LAGRENÉE**, peintre fr. (1724-1805).

**LAGUE**. s. f. [Pr. *la-ghe*] (vx fr. *la ague* ou *aigue*, l'eau). T. Mar. Sillage d'un navire.

**LA GUÉRONNIÈRE** (Alfred **DUBREUIL-HÉLION**, comte de), publiciste fr., né à Villemartin (1810-1884). = Son frère Louis, également publiciste (1816-1875).

**LAGUERRE** (Edmond-Nicolas), mathématicien fr. (1834-1886).

**LA GUICHE**, maréchal de France dévoué à Henri IV, m. en 1607.

**LAGUIOLE**, ch.-l. de c. (Aveyron), arr. d'Espalion ; 1,950 hab.

**LAGUIS**. s. m. [Pr. *la-ghi*, *g* dur] (lat. *laqueus*, lacs). T. Mar. Cordage muni d'un nœud employé pour serrer un corps qu'il entoure par le seul effet du poids du corps.

**LAGUNE**. s. f. (ital. *laguna*, m. s., du lat. *lacuna*, fosse, mare). Se dit des canaux ou des bras de mer peu profonds qui sont séparés par des îlots presque à fleur d'eau ou par des bancs de sable. *Les lagunes se forment surtout à l'embouchure des fleuves qui charrient du limon. Les lagunes de Venise.*

**LA HARPE** (J. Fr. de), célèbre critique fr. (1739-1803), auteur d'un cours de littérature intitulé *le Lycée*.

**LAHARPE** (Colonel), homme politique suisse, précepteur de l'empereur de Russie Alexandre Ier (1754-1838).

**LA HAYE**. Voy. Haye.

**LA HAYE-DESCARTES**, ch.-l. de c. (Indre-et-Loire), arr. de Loches; 1,800 hab. Patrie de Descartes.

**LA HAYE-DU-PUITS**, ch.-l. de c. (Manche); arr. de Coutances; 1,400 hab.

**LA HAYE-PESNER**, ch.-l. de c. (Manche), arr. d'Avranches; 1,300 hab.

**LA HIRE** (Étienne de **VIGNOLLES**, dit), illustre capitaine fr., du règne de Charles VII, né en 1390; m. en 1443.

**LAHIRE** (Laurent de), peintre et graveur fr. (1606-1656).

**LAHIRE** (Philippe de), astronome fr., né à Paris (1640-1718).

**LA HOGUE**. Voy. Hogue.

**LAHORE**, v. de l'Hindoustan anglais, donna son nom à un royaume qui a eu Runjeet-Singh pour roi; 176,000 hab. — La prov. de Lahore a 2,000,000 d'hab.

**LAI**. s. m. (celtique, *llais*, *laoidh*, chant, vers). Dans la langue gaélique actuelle, les mots *llais*, *laoidh*, ont encore, comme le mot allemand *lied*, le sens de vers, chant ou récit. La transcription latine du mot celtique se rencontre dans ce passage du poète gallo-romain Fortunatus (VIe siècle), dans une épître à Lupus, duc de Champagne :

Hos tibi versiculos, dent carmina barbara *leudos*,
Sic variante tropo, laus sonet una viro.

Cette signification générale du mot *lai* se conserva longtemps: en effet, dans les romans de la Table ronde, tout morceau poétique est qualifié de *lai*, et c'est aussi le nom que Marie de France, au XIIIe siècle, donne aux fabliaux et aux contes en vers. Toutefois, dans ce même siècle, on commença à restreindre la signification de ce terme, et à l'appliquer à certains poèmes d'une coupe et d'une forme déterminées : c'est à ces poèmes qu'on donna le nom de *lais français*. Leur forme cependant n'était pas invariable. Ainsi, tandis que les uns voulaient que le l. eût 12 couplets, les autres en exigeaient 24 ; les uns défendaient certaines répétitions que les autres recommandaient. Néanmoins, on peut dire qu'en général, au XIVe siècle, il fallait pour satisfaire aux conditions de ce poème, réunir 24 couplets de 4, 6, 8 ou 12 vers chacun : et ces couplets devaient être tous doublés, c.-à-d. ne pas changer plus de 12 fois de mesure et de *lisières* ou rimes. A la fin du XVe siècle, cette sorte de poème tomba en désuétude. Les poètes qui se sont le plus distingués dans ce genre sont : Christine de Pisan, Marie de France, Guillaume de Machaut, Froissart et Eustache Deschamps. — Consult. sur ce sujet l'ouvrage de F. Wolf, *Ueber die Lais* (Heidelberg, 1841).

**LAI, AIE**. adj. (lat. *laicus*; du gr. λαικός, m. s., de λαός, peuple). Laïque. *Un conseiller l. Traduire un ecclésiastique en cour laie.* || *Frère l., moine l.*, Frère servant qui n'est point destiné aux ordres sacrés. Voy. Invalide.— *Sœur laie*, Sœur converse. Voy. Convers. = Lai. s. m. Se dit par opposit. à Clerc. *Les clercs et les lais.*

**LAÏC**. s. m. Voy. Laïque.

**LAICHE**, s. f. T. Bot. Genre de plantes Monocotylédones (*Carex*) de la famille des *Cypéracées*. Voy. ce mot.

**LAÏCISATION**. s. f. [Pr. *laï-si-za-sion*]. Action de laïciser.

**LAÏCISER**. v. a. [Pr. *laï-si-zer*] (lat. *laicus*, laïque). Rendre laïque. *L. un hôpital, une école*, Remplacer le personnel religieux par des laïques.

**LAÏCISME**. s. m. État de ce qui est laïque. || L'ensemble, le caractère des laïques.

**LAÏCITÉ**. s. f. (lat. *laicus*, laïque). Caractère laïque.

**LAID, LAIDE**. adj. (h.-allem. *laid*, devenu *leid*, désagréable). Qui a quelque défaut remarquable dans les formes, dans les proportions, ou dans les couleurs qui constituent la beauté physique de l'homme. *C'est un homme fort l. Il a une femme horriblement laide, laide à faire peur, laide comme le péché. Cet enfant est bien l. Il n'y a rien de si l. Avoir la figure, la main, la gorge laide.* — Se dit aussi des animaux dont la conformation ou la couleur est désagréable. *Ce chien est bien l. Fi! quelle laide bête!* || Qui est désagréable à voir. *Cette maison, cette tapisserie, cette étoffe est fort laide. Le temps est bien l.* || Fam., et au sens moral, Contraire à la bienséance, à l'honnêteté. *Ce que vous dites là est bien l. Il est bien l. à vous d'avoir manqué à votre promesse.* || *Laid*, se dit encore subst., au sens physiq. et au sens moral. *Cette laide-là doit avoir un talisman pour se faire aimer. Fi! le laid!* Au masc. sing., se dit encore de ce qui est laid. *Le culte du laid dans les arts.*

**LAIDEMENT**. adv. D'une manière laide.

**LAIDERON**. s. f. (R. *laid*). Jeune fille ou jeune femme laide. *Cette petite l. est assez piquante.* Fam. — Ce mot s'emploie aussi au masc. *C'est un l.* Voltaire et Béranger ont écrit *laidron*.

D'un laidron je deviens l'époux.
(Béranger).

**LAIDEUR**. s. f. Défaut remarquable dans les formes, dans les proportions et dans les couleurs qui constituent la beauté physique. *Elle est d'une l. repoussante. Il y a des laideurs qui ne déplaisent pas.* || Fig., au sens moral, se dit des vices et des actions vicieuses ou malhonnêtes. *La l. du vice. La l. de cette action.*

**LAIDIR**. v. n. Enlaidir.

**LAIE**. s. f. [Pr. *lè*] (flam. *laeye*: allem. *lade*, caisse). T. Techn. Espèce de boîte qui renferme les soupapes des tuyaux d'orgue. — Auge sur laquelle on met le marc qu'on veut presser.

**LAIE**. s. f. [Pr. *lè*]. T. Techn. Marteau de tailleur de pierres, à tranchant dentelé. — Rayure produite sur la pierre par ce marteau.

**LAIE**. s. f. [Pr. *lè*] (bas lat. *leha*, m. s.). La femelle du sanglier.

**LAIE**. s. f. [Pr. *lè*] (bas lat. *leia*, *lada*, m. s., sans doute du scand. *leid*, passage, voie). T. Eaux et forêts. Route étroite percée dans une forêt, dans une futaie, ou autour d'un canton de bois destiné à être vendu.

**LAIGLE**, ch.-l. de c. (Orne), arr. de Mortagne, 5,100 hab.

**LAIGNES**, ch.-l. de c. (Côte-d'Or), arr. de Châtillon-sur-Seine, 1,350 hab.

**LAINAGE**. s. m. Toison des moutons. *Ce mouton a un beau l.* || Se dit des choses de laine en général. *Il fait le commerce des lainages.* Voy. Drap. || T. Techn. Opération par laquelle on laine les tissus, le papier de tenture.

**LAINE**. s. f. (lat. *lana*, m. s.). Poil doux, épais et frisé qui qui croît sur le peau des moutons et de quelques autres animaux. *L. de mérinos. L. de Saxe. Filer de la l. Ouvrier en l. Étoffe de l. Le commerce des laines. Bêtes à l.*, Les béliers, moutons, brebis et agneaux. *Laver la l. sur pied*, sur l'animal avant de le tondre. — Fig. et fam., *Se laisser manger la l. sur le dos*, Souffrir tout, ne pas savoir se défendre. — Prov., *Tirer la l.*, Voler de nuit des manteaux dans les rues. *Tireurs de l.*, Ceux qui commettaient ce genre de vol. Vieux. *Avoir des jambes de l.*, chancelantes. || Par anal., se dit quelquefois des cheveux crépus des nègres. || T. Comm. *L. de Moscovie*, Duvet que l'on tire de la peau des castors sans offenser le grand poil. || T. Bot. Duvet touffu qu'on trouve sur certaines plantes. || T. Techn. Sulfate de chaux en masse de cristaux allongés qu'on trouve dans les carrières à plâtre. — *L. de bois*, Copeaux de bois très déliés servant pour les emballages. Voy. Bois. — *L. de pin* ou *L. de bois*, Fibres textiles produites par les feuilles du pin sylvestre, dont on fait des vêtements recommandés pour les usages hygiéniques. — *L. de scorie*, Filaments très déliés analogues à du verre filé et qu'on obtient au moyen des laitiers de haut-fourneau. Voy. LAITIER. On l'emploie comme enveloppe des tuyaux de vapeur et des appareils qu'on veut garantir du refroidissement. ‖ T. anc. Chim. *L. de fer*, Oxyde de zinc sublimé en flocons.

**Techn.** — I. On distingue dans le brin de l. la substance propre, qui est formée par une matière dure, homogène et creuse à l'intérieur, présentant à sa surface une succession d'écailles qui se recouvrent les unes les autres et sont assez fortement inclinées et recourbées en dehors ; les écailles ou dents font ressembler chaque brin de l. à une minuscule couleuvre. Enfin, dans chaque brin, la partie creuse formant canal central renferme un liquide spécial huileux et diversement coloré. La substance propre, qui a une certaine analogie avec la corne, n'est soluble ni dans l'eau froide ni dans l'eau chaude. Mais la l. est toujours imprégnée d'une matière huileuse qui est surtout abondante dans la partie épidermoïde, où elle constitue ce qu'on appelle le *Suint* et la *Surge*. Le suint est cette portion du principe huileux qui cède à un lavage à froid ; la surge est celle qui ne se sépare qu'au moyen de l'eau chaude mélangée de dissolutions alcalines. Il est bon de faire remarquer qu'en dehors du suint, qui entre dans une proportion de près de 33 p. 100, la matière textile représente 30 p. 100 et que cette matière se trouve souillée de plus de 30 p. 100 de substances terreuses qui ne disparaissent qu'après de nombreux lavages. Quant à la portion huileuse qui existe dans l'intérieur du brin, grâce à l'enveloppe solide qui la protège, elle résiste aux agents qui font disparaître le suint et la surge. En outre, après la séparation de ces deux derniers, elle transsude à travers le brin. C'est à cette circonstance que sont dus la douceur et le moelleux de la l. ; car, lorsqu'on la dessèche entièrement, elle perd toute sa souplesse. — Un examen microscopique permet de reconnaître que les écailles ou dents diffèrent en saillie et en grosseur suivant l'espèce de l. ; mais c'est toujours à elles, ainsi que Monge l'a remarqué le premier, que cette substance doit de se prêter si facilement à l'opération du feutrage. L'action exercée par le suint sur le plus ou moins de résistance du brin est également certaine ; la pratique le démontre amplement.

II. — Les qualités de la l. sont très variables, et leur étude est importante au point de vue de l'emploi qu'on en veut faire : de là une foule de distinctions établies dans le commerce et l'industrie. La l. est dite *frisée* ou *ondulée*, quand le brin offre des sinuosités et ondulations plus ou moins régulières ; *vrillée*, quand ces sinuosités se développent en spirale ; *crépue*, quand, sans être ondulé, le brin décrit une courbe unique ou un très petit nombre de courbes irrégulières ; et *plate* ou *lisse*, lorsqu'elle n'est ni frisée ni ondulée, mais droite et lisse. — On distingue encore dans la l. : la *finesse ;* la *longueur*, qui est *apparente* ou *réelle*, suivant que l'on considère le brin dans sa forme naturelle ou bien étendu, de façon à faire disparaître les ondulations et sinuosités ; la *force* et la *nervosité ;* la *souplesse* ou *flexibilité*, c.-à-d. la propriété en vertu de laquelle la forme naturelle du brin peut être changée sans qu'il y ait rupture ; l'*élasticité*, que l'on divise en *él. du frisé*, *él. de redressement*, *él. de retirement* et *él. de crispation*, suivant le genre d'action que l'on exerce sur le brin ; la *douceur*, qui résulte de la réunion de la flexibilité et de l'absence d'aspérités ; et la *couleur* qui a une influence marquée sur les manipulations industrielles auxquelles la l. doit être soumise et qui intéresse d'une manière notable la valeur marchande de la l. en même temps que la qualité du tissu qu'on fabriquera avec elle. Plusieurs de ces propriétés ont entre elles certains rapports. « Il existe, dit Alcan, une corrélation assez régulière entre la longueur, la grosseur, les ondulations, la douceur, la flexibilité. On a remarqué, par ex., que la finesse est en raison inverse de la longueur, et directement proportionnelle au nombre des frisures, et par conséquent à l'élasticité ; que le nombre des courbes qui constitue le frisé ou l'ondulé varie avec l'unité de longueur ; qu'il est d'autant plus régulier que la l. est plus fine. » — La qualité de la l. varie également suivant la race dont elle provient, suivant les contrées où s'élève cette race et les climats qu'on y rencontre ; le genre de nourriture influe considérablement aussi, l'animal pouvant devenir ou trop gras ou trop maigre et, dans ce dernier cas, jouir d'un tempérament maladif. On doit en outre tenir compte en ce qui concerne la qualité de cette l., de la partie du corps du mouton qui la fournit. La l. de premier choix provient des épaules, des flancs et de chaque côté de la colonne vertébrale ; celle du cou et celle de la partie interne des cuisses sont de moins bonne qualité que la précédente. Les laines se divisent en trois grandes classes. Les laines *communes* fournies par les races ordinaires : ce sont les plus courtes, et elles ont en général un aspect lisse et crépu ; ce sont aussi les plus grosses, leur diamètre atteignant en moyenne 0$^{mm}$,05. Les laines *mérinos* proviennent des races de ce nom : ce sont les plus belles et les plus fines, leur diamètre varie entre 0$^{mm}$,02 et 0$^{mm}$,0016 ; elles constituent les *laines fines ;* elles offrent d'ailleurs plusieurs variétés. Les *laines métisses* résultent des croisements entre les mérinos et les races communes. Naturellement elles présentent un nombre presque infini de variétés, d'après le degré du croisement. Le diamètre moyen de ces laines métisses oscille entre 0$^{mm}$,025 et 0$^{m}$,02 : ce sont les *laines intermédiaires*. — Enfin, on distingue encore les *laines en toison* qui sont récoltées sur le mouton vivant, et les *laines mortes* qui proviennent d'animaux tués à la boucherie ou morts par suite de maladie. Ces dernières laines sont à juste raison considérées comme tout à fait inférieures. Les laines en toison sont dites *en suint* ou *surges*, quand elles sont telles qu'on les trouve sur le corps de l'animal, et *lavées à dos*, quand elles ont subi un lavage avant la tonte. On appelle *laines blanches*, les laines surges qui ont été soumises à un lavage. Les *laines agneaux* sont plus tendres que celles qui proviennent des moutons faits, lesquelles sont désignées sous le nom de *mères-laines*. Les laines mortes forment elles-mêmes plusieurs classes.

III. — La récolte de la l. ou la *tonte* a lieu ordinairement au mois de juin. L'opération s'exécute encore avec des ciseaux à ressort, appelés *forces* dans les exploitations de peu d'importance. Mais, dans les contrées comme l'Australie, par ex., où l'on compte par centaine de mille les sujets d'espèce ovine appartenant au même propriétaire, on conçoit que cette tonte deviendrait impossible et exigerait un nombre incalculable d'ouvriers. C'est pourquoi, dans ces pays éloignés, on a installé des appareils mécaniques mus par la vapeur ou l'électricité et à l'aide desquels on opère cette tonte. Voy. TONTE. En général, les toisons sont vendues brutes par les agriculteurs, après toutefois avoir été lavées à dos. Arrivées chez le fabricant, on les soumet d'abord au *triage*, opération consistant à séparer les différentes sortes dont leurs parties se composent, sous le triple rapport de la finesse, de l'égalité et de la douceur du brin. Cela fait, on procède au battage de la laine pour la débarrasser des corps étrangers qu'elle peut contenir. Le *battage* terminé, viennent les lavages, le *dessuintage* et le *dégraissage ;* on termine souvent par le *soufrage*. En premier lieu, on fait tremper la l. pendant dix-huit à vingt heures dans un bain d'eau ordinaire à 45 degrés. Une partie du suint se dissout dans cette eau qui devient le principal agent des lavages suivants. On remplit les chaudières, dont on porte la température à 70° ou 75°, et alors on y plonge la l. par petites portions, en ayant soin de la remuer légèrement et d'une manière continue. Après quelques minutes de cette immersion, on retire la l., on la fait égoutter, puis on la lave à l'eau pure, et autant que possible dans une eau courante. La l. est ainsi *désuintée ;* mais il y reste encore diverses substances grasses et colorées, dont on la débarrasse par le *dégraissage*, c.-à-d. en l'immergeant pendant une demi-heure, dans une dissolution d'urine et de cristaux de soude qu'on chauffe à 50° ou 55°. Quand la l. doit rester en blanc ou servir à l'impression, on l'amène au plus haut degré de blancheur possible en l'exposant à l'action de l'acide sulfureux. Enfin, après le *soufrage*, on lave ordinairement la l. à l'eau de savon, pour lui donner plus de moelleux et faire disparaître l'excédent d'acide ; l'on termine en l'azurant légèrement. Elle est alors en état d'être cardée ou peignée, puis filée.

Suivant que l'on veut obtenir des draps et des tissus plus ou moins feutrés, on fait usage de laines *courtes*, c.-à-d. plus ou moins ondulées ou frisées, et dont la longueur du brin ne dépasse pas 12 centim. Ces tissus exigeant un fil disposé de telle sorte qu'après le tissage une partie des filaments puisse se dégager du fil et couvrir l'étoffe sans altérer sensiblement la constitution de celle-ci, on soumet les laines qu'on y destine à l'opération du *cardage*. L'opération du cardage s'est faite pendant de longues années à la main. La carde primitive se composait de deux planchettes munies de poignées et armées d'aiguilles, instrument analogue à celui dont font encore usage les cardeurs de matelas. Puis les cardes mécaniques firent leur apparition, d'abord incomplètes, car elles exigeaient toute une série de manutentions comprenant la distribution de la l. dans les cardes et son enlèvement. Aujourd'hui, ces machines se composent essentiellement de cylindres munis de dents entre lesquels on fait passer la matière première. Les cardes sont ordinairement au nombre de trois, qui ne diffèrent que par la finesse des dents, par leur rapprochement, lequel augmente à mesure que l'opération avance, et encore par la manière dont les brins de l. entrent ou sortent. On commence par la carde *briseuse*, on continue par la *repasseuse*, et l'on termine par la *finisseuse*; l'ensemble des trois appareils forme ce qu'on appelle l'*assortiment*. — Les tissus ras et non feutrés se font avec les laines dites *longues*, c.-à-d. dont la longueur est comprise entre 12 et 30 centim. Ils ont besoin de fils dont les fibres soient parfaitement droites et parallèles entre elles, et comme c'est avec les peignes qu'on obtient ce résultat, on applique la qualification de *peignage* à l'opération qui a pour but d'obtenir ce résultat. Tout comme le cardage, le *peignage* s'est d'abord exclusivement fait à la main jusqu'en 1832. Ce travail a pour but de peigner, c.-à-d. de nettoyer les brins de l. tout en les redressant et les plaçant parallèlement les uns aux autres, les accolant en quelque sorte suivant leurs dimensions. C'est vers cette époque qu'un certain nombre de fabricants de Reims essayèrent de l'exécuter mécaniquement; mais les appareils d'abord en usage fonctionnèrent très imparfaitement. Le problème n'a été définitivement résolu qu'en 1845, par l'invention de la *peigneuse* de notre compatriote Josué Heilmann. Cette machine a été très perfectionnée en Angleterre et en France par Holden, Noble, Lister, Schlumberger et autres; mais le principe n'en a pas été changé. Voy. PEIGNAGE. — La l., une fois cardée ou peignée, est transformée en fils au moyen de machines analogues, sauf quelques détails, à celles qui servent à filer le coton. Ces fils se divisent, suivant les préparations qui ont précédé le filage, en *fils de laine cardée*, qui sont destinés à la fabrication des tissus feutrés, tels que draps, couvertures, tapis, etc.; et *fils de laine peignée*, qui produisent toutes les variétés d'étoffes rases: châles, mérinos, flanelles, mousseline de l., etc. Il existe dans l'univers entier des conventions internationales permettant de régler, aussi bien pour les *fils de laine cardée* que pour ceux de *laine peignée*, des classifications déterminant les longueurs et les poids de chacune de ces sortes bien distinctes. — L'unité de longueur, pour les fils de l. cardée, est la *livre de longueur* qui vaut 3,600 mèt., et l'unité de poids, le demi-kilogr. La livre se divise en quatre *quarts* et le quart en dix *sons*. D'après cela, une l. filée cardée à quatre quarts, a 3,600 mèt. de longueur par demi-kilogr.; celle à six quarts, 5,400 mèt.; celle à six quarts cinq sons, 5,800 mèt.; et celle à vingt et un quarts, 18,900 mèt. Pour la l. filée peignée, le numéro indique combien il y a par kilogr., de longueurs de 710 mèt., qui est la longueur de l'écheveau. Ainsi, par ex., on appelle fil nº 100 celui qui contient 100 fois 710 mèt. ou 71,000 mèt. par kilogramme. Enfin, nous ajouterons en terminant que les principales contrées qui alimentent le marché européen de laines de qualités diverses sont, outre la France et l'Algérie, les pays suivants: l'Angleterre, la Turquie, l'Allemagne, La Plata, l'Espagne, les États-Unis d'Amérique, l'Australie, la Russie et une grande partie des États de l'Amérique du Sud.

**LAINÉ** (Vicomte), homme politique fr., l'un des plus remarquables de la Restauration (1767-1835).

**LAINER**. v. a. T. Techn. *L. du drap*, Lui faire subir l'opération du lainage. Voy. DRAP. — Velouter du papier de tenture en le saupoudrant de laine hachée menu, avant que les couleurs soient séchées. = LAINÉ, ÉE. part. = Subst. *Le lainé* d'une étoffe, l'aspect laineux de sa surface.

**LAINERIE**. s. f. collect. Fabrication des tissus de laine. — Toute sorte de tissus de laine. *La l. s'est bien vendue à Beaucaire.* || Lieu où se fait la tonte des moutons. || Atelier où l'on laine les draps, les tissus de laine. || Machine à lainer le drap.

**LAINETTE**. s. f. [Pr. *lè-nète*] (R. *laine*). T. Bot. Variété de mousse.

**LAINEUR, EUSE**. s. T. Tech. Ouvrier, ouvrière qui laine les draps, les tissus de laine. || Celui, celle qui prépare la laine propre à la fabrication des châles et étoffes.

**LAINEUSE**. s. f. [Pr. *lè-neu-ze*]. Machine à lainer ces tissus.

**LAINEUX, EUSE**. adj. [Pr. *lè-neu, euze*]. Qui a beaucoup de laine, qui est extrêmement fourni de laine; se dit des moutons et des étoffes de laine. *Il y a des pays où les moutons sont plus l. qu'ailleurs. Une étoffe laineuse. Un drap bien l.* || Qui a l'aspect et la mollesse de la laine. *Des cheveux laineux* || T. Bot. Se dit des plantes ou des parties de plantes recouvertes d'un duvet analogue à la laine. Voy. POIL.

**LAING** (ALEX.-GORDON), voyageur en Afrique, né à Édimbourg (1793-1826).

**LAINIER, IÈRE**. s. Ouvrier, ouvrière en laine. || Marchand, marchande qui vend des laines. = Spécialement, celui, celle qui vend en écheveaux les laines pour tapisserie. = LAINIER, IÈRE, adj. Relatif au commerce de la laine. *L'industrie lainière.*

**LAÏQUE**. adj. 2 g. [Plusieurs écrivent *Laïc* au masculin.] (lat. *laïcus*, du gr. λαϊκὸς, m. s., de λάος, peuple). Qui n'est ni ecclésiastique ni religieux. *Une personne l. Un officier, un juge l.* || Qui est propre aux personnes laïques. *Condition l. Habit l. Puissance l. Tribunal l.* = *Laïque*, se dit subst., au masc., par opposit. à Ecclésiastique. *Les ecclésiastiques et les laïques.*

**LAIRD**. s. m. (R. angl. *lord*). Propriétaire d'une seigneurie ou d'un manoir en Écosse.

**LAIS**. s. m. [Pr. *lè*] (R. *laisser*). T. Jurispr. Ne s'emploie guère que dans cette loc., *Lais et relais*, Les portions de terre que les eaux, en se retirant, abandonnent sur leurs rives. Voy. ALLUVION. || Eaux et forêts. Jeune baliveau de l'âge du bois qu'on laisse quand on coupe le taillis, afin qu'il vienne en haute futaie.

**LAÏS**. s. f. Deux courtisanes grecques ont été célèbres sous ce nom, toutes deux de Corinthe: la première, contemporaine d'Aspasie et de Périclès au Vᵉ siècle avant notre ère; la seconde, contemporaine d'Apelle et d'Aristippe au IVᵉ siècle. || Fig. *Une L.*, Une femme galante dont la réputation fait grand bruit.

**LAISSAC**, ch.-l. de c. de l'Aveyron, arr. de Millau; 1,300 hab.

**LAISSE**. s. f. [Pr. *lè-se*] (R. *laisser*). T. Hist. littér. Couplet d'une chanson de geste. || T. Techn. Sol que la marée basse met à découvert. — Mélange de vase et de sable que la vase laisse en sillons sur la plage. — Débris de plantes marines laissées par la mer. — Tour que l'horloger donne au ressort d'une montre ou d'une pendule pour l'empêcher de se détendre entièrement. = LAISSES. s. f. plur. T. Chasse. Fiente des bêtes noires. || T. Techn. Métal qui s'est répandu sur les bords d'une table de plomb que l'on coule.

**LAISSE**. s. f. [Pr. *lè-se*]. Corde dont on se sert pour conduire un chien, ou pour mener plusieurs chiens attachés. *Une l. de crin. Mener un chien en l., le tenir en l. Des chiens de chasse qui vont en l.* — Par ext., *Une l. de lévriers*, Un couple de lévriers, qu'ils soient ou ne soient pas attachés. — Fig. et fam., *Mener quelqu'un en l.*, Le gouverner, lui faire faire tout ce qu'on veut. || Espèce de cordon de chapeau, fait de crin, de fil, de soie, etc.

**LAISSÉES**. s. f. pl. T. Vénerie. La fiente du loup et des autres bêtes noires. On dit aussi *Laisses.*

**LAISSER**. v. a. (latin, *laxare*, lâcher). Quitter; se séparer d'une personne ou d'une chose qui reste dans l'endroit d'où l'on s'éloigne. *Il a laissé son fils à Paris.*

Auprès de votre époux, ma fille, je vous laisse.

RACINE.

*Je l'ai laissé seul chez lui. J'ai laissé votre père en bonne santé. Il a laissé sa famille dans le désespoir. L. une place de guerre en bon état.* — Au prop. et au fig., *L. quelqu'un loin de soi, loin derrière soi*, sign., Le devancer beaucoup. || Ne pas emmener, ne pas emporter avec soi. *Il a laissé ses enfants avec leur mère. Laissez-nous votre fils jusqu'à ce soir. Laissez ici votre sac d'argent.* — Oublier de prendre avec soi. *Il a laissé son portefeuille sur son bureau. J'ai laissé mon parapluie chez vous, dans ma chambre.* || Confier, mettre en dépôt. *Je vous laisse mes bijoux en garde. Il a laissé cent mille francs entre les mains de son notaire. L. une chose en dépôt.* — *L. une chose au soin, à la discrétion, à la prudence, etc., de quelqu'un*, La confier à ses soins, à sa discrétion, la remettre à sa prudence. On dit dans le même sens, *Je vous en laisse le soin, la conduite.* — *L. quelqu'un maître d'une chose,* Lui donner le pouvoir de la diriger, de l'administrer, d'en disposer à son gré. || Donner une chose à quelqu'un pour qu'il la remette à un autre. *J'ai laissé votre lettre à son domestique. Il a laissé sa carte de visite chez le portier.* || Ne pas ôter, ne pas retirer d'un endroit ou de chez quelqu'un une personne ou une chose que l'on peut en retirer. *Il laisse son enfant en nourrice. Il a laissé sa charrue dans les champs. Il a laissé sa bibliothèque à Paris.* || Ne pas ôter une personne ou une chose de la position où elle se trouve, Ne pas changer son état. *Laissez-moi auprès du feu. Laissez cela, n'y touchez point. Laissez ce livre dans la bibliothèque.* — Fig., *Laissez-moi dans mon heureuse pauvreté. L. quelqu'un en paix, en repos. Laissez-la tranquille.* — Absol., *Laissez-moi. Laissez-moi donc. Laissez.* — *L. quelqu'un en son particulier,* Le laisser seul. *L. un champ en friche,* Ne pas le cultiver. *L. une chose à l'abandon,* N'en prendre aucun soin. *L. un ouvrage imparfait,* Ne pas l'achever. *L. une chose intacte,* Ne point l'endommager ou n'en rien prendre. *L. un ouvrier sans ouvrage,* Ne pas lui fournir d'ouvrage. — Fig., *L. quelqu'un dans l'embarras, dans le péril, dans la misère,* Ne pas lui donner les conseils, les secours qu'on pourrait ou qu'on devrait lui donner. Famil., *L. quelqu'un dans la nasse,* L'abandonner dans une méchante affaire où on l'a engagé, et dont on se retire soi-même. *Laissez le monde comme il est,* Ne prétendez pas le réformer, accommodez-vous-en tel qu'il est. || Ne pas prendre, ne pas enlever, ne pas détruire ce qu'on pourrait prendre, enlever, etc. *Les voleurs ne lui ont rien laissé que sa chemise. Les ennemis ont brûlé le village et n'ont laissé que l'église. Les brigands, après l'avoir longtemps menacé, lui laissèrent cependant la vie. Cet emploi ne me laisse pas un moment de loisir.* — *Ne l. que les quatre murailles,* Tout emporter, tout enlever d'une maison ou d'un appartement. || Ne pas employer, négliger. *Il y a dans cet auteur plus à laisser qu'à prendre. Je laisse une infinité d'autres preuves, d'autres détails. Laissez de la marge. Laissez ce chemin et prenez l'autre* — *Laissons cela,* Ne parlons plus de cela. — *L. un chemin, une maison,* etc., *à droite, sur la droite,* Prendre par la gauche, en sorte que le chemin, la maison soit sur la droite. On dit de même, dans un sens opposé, *L. un chemin à gauche, sur la gauche.* || Abandonner, renoncer à. *Cette rivière a laissé son ancien lit. Depuis l'invention de la poudre, on a laissé l'usage de certaines armes défensives. Il a laissé là son projet. Laissez là ces vains scrupules, ces vaines terreurs. On me laissa pour mort* (avec la conviction que j'étais mort), *mais je n'étais qu'évanoui.* Fam., *Laisser quelqu'un pour ce qu'il est,* Considérer avec la plus complète indifférence sa personne, ses actions, ses paroles ; n'en prendre nul souci. — *L. là quelqu'un, quelque chose,* Rompre avec quelqu'un, discontinuer quelque chose. *Laissez là cette femme, elle vous perdra. Laissez là votre ouvrage, vous le reprendrez plus tard.* — T. Man. *L. la bride sur le cou à un cheval,* Lui rendre la main, le laisser aller de lui-même. Fam., *L. la bride sur le cou à quelqu'un,* Le livrer à lui-même, à ses caprices, à ses volontés. — *Cette marchandise est à prendre ou à l.*, Il faut en donner le prix demandé, ou on ne l'aura pas. Fig. et fam., *C'est à prendre ou à l.*, Il s'agit d'accepter, de consentir, ou bien de refuser ; il n'y a pas de moyen terme. — *Il y a à prendre et à l. dans ces marchandises,* Il s'y trouve du bon et du mauvais, et il faut savoir choisir. Fig., on dit, dans le même sens, *Il y a à prendre et à l. dans cette affaire, dans cette entreprise, dans ce que vous proposez.* — Famil., *Avoir le prendre et le l.*, Avoir le choix. Dans cette phrase, *Laisser* est pris subst. || Céder. *Je lui en laisse l'honneur, la gloire, le profit. Les ennemis furent contraints de nous l. le champ de bataille.* — *L. une chose à un certain prix, à bon compte,* Consentir à la vendre à un certain prix, etc. *Je vous laisse ce cheval pour mille francs. Il m'a laissé ce drap à douze francs le mètre.* — *L. le champ libre à quelqu'un.* Voy. Champ || Transmettre à ses héritiers ou à des légataires, soit en vertu de la loi, soit par disposition testamentaire. *Il a laissé toute sa fortune à sa femme, à son ami. Il a laissé des legs à tous ses amis.*

Gardez-vous, leur dit-il, de vendre l'héritage
Que nous ont laissé nos parents.

La Fontaine.

*Il laisse sa bibliothèque à sa ville natale.* — Figur., *Il laissa à ses enfants l'exemple de toutes les vertus.* || Se dit d'une personne décédée, relativement aux personnes et aux choses qui, par l'effet de sa mort, cessent de lui appartenir ou d'avoir quelque autre rapport intime avec elle. *Il laisse une une femme et trois enfants. Il laisse un grand nombre d'amis qui le regrettent. Il a laissé de grands biens. Il laisse plusieurs ouvrages manuscrits.* || Se dit, dans un sens anal., du souvenir, de l'opinion, etc., qui reste de quelqu'un quand il est mort, ou seulement lorsqu'il a quitté le lieu où il était. *Il a laissé une bonne, une mauvaise réputation. Il a laissé la réputation d'un grand politique. Il laisse un nom honoré. Il a laissé de grands regrets partout où il a passé.* || *L.* se dit encore soit au physique, soit au moral, d'un effet qui reste sensible, qui persiste, après que la cause a cessé d'agir. *Les traces que ses pas avaient laissées. L. des vestiges. Cette liqueur laisse un bon, un mauvais goût à la bouche. Ce voyage m'a laissé d'agréables souvenirs. Sa conduite avait laissé quelques soupçons dans mon esprit. Sa maladie lui a laissé une incommodité fâcheuse.* || *L.* a quelquefois le sens de perdre. *L. des poils, des plumes en quelque endroit,* se dit d'un animal, d'un oiseau, dont il est resté des poils, etc., dans l'endroit par où il a passé. — Fig. et fam., *L. des plumes,* Faire quelque perte, et particulièrement une perte d'argent. *Il a laissé de ses plumes au jeu. Il a laisssé quelques plumes dans ce procès* — Fig., *L. la vie,* et pop., *L. ses os, ses bottes dans quelque occasion,* Perdre la vie, mourir. = *L.* suivi d'un infinitif, signif. Permettre, souffrir, ne pas empêcher. *Je l'ai laissé sortir. Je l'ai laissée reposer. Laissez jouer ces enfants. On a laissé aller ce prisonnier. J'ai laissé échapper les chiens. Se l. faire du tort. Se l. dire des injures.* || *L. faire, l. dire,* Ne se pas soucier, ne se pas mettre en peine de ce que fait ou dit quelqu'un. *Laissez-les dire. On n'a qu'à le l. faire.* — Fam., *Je me suis laissé dire telle chose,* J'ai ouï dire telle chose, mais sans y ajouter grande foi. || *L. voir,* Montrer, découvrir. *Cette percée laisse voir une vaste plaine.* — Fig., *L. voir sa pensée,* Parler, agir de manière à faire deviner sa pensée. || *L. tomber,* Lâcher, ne pas retenir. *L. tomber ce que l'on a dans la main.* || Fam. *L. tout traîner,* Ne mettre rien à sa place. || Fam., *L. tout aller sous soi,* se dit d'un enfant ou d'une personne infirme qui n'a pas la force de retenir ses excréments. — Fig. et fam., *L. tout aller,* Négliger entièrement ses affaires. || Subst., *Avoir du l. aller,* Avoir dans sa personne, dans son langage, dans ses manières, une sorte de négligence. *Vous avez trop de bienveillance dans le caractère, trop de l. aller avec vos inférieurs. Cette femme a de la simplicité sans négligence, un l. aller qui ne va pas jusqu'à l'abandon.* — Fig., se dit des œuvres de l'esprit. *Il y a dans cet ouvrage un l. aller qui ne déplait pas.* || T. Chasse. *L. courre,* V. Courre. = *Laisser à,* suivi d'un v. à l'inf., est usité dans quelques phrases où sa signification dépend du verbe qu'il régit. *Je vous laisse à penser ce qui m'arrivera ;*

Je laisse à penser la vie
Que firent les deux amis.

La Fontaine.

*Je vous laisse à penser s'il profita de l'occasion,* etc., C'est à vous à penser, c'est à vous à juger, etc. — *L. beaucoup à penser,* se dit d'une personne qui s'exprime d'un air de mystère ou de finesse. On dit à peu près dans le même sens, *Cela laisse beaucoup à penser,* Cela donne matière à bien des réflexions. || *L. quelque chose à dire, à faire,* ou *L. beaucoup à dire, à faire,* Ne pas épuiser une matière On dit dans le sens contraire, *Ne rien l. à dire, à faire.* || *L. à désirer,* N'être pas entièrement satisfaisant. *Cet ouvrage a du mérite, cependant il laisse beaucoup à désirer.* || *Ne pas l. de. Ne pas l. que de,* Ne pas cesser, ne pas s'abstenir, ne pas discontinuer de. *Il ne faut pas l. d'aller votre chemin. Malgré les remontrances de son père, il ne laissa pas que de fréquenter de mauvaises compagnies.* Dans des sens analogues, on dit : *Il est pauvre, mais il ne laisse pas d'être honnête homme. Il ne laisse pas que de gagner beaucoup à ce marché. Cette proposition ne laisse pas d'être vraie, que d'être vraie. Cela ne laisse pas d'être embarrassant, que d'être embarrassant,* etc. || Fam. on dit aussi : *Laissez que,* pour Permettez, souffrez que. *Laissez que je vous réponde.* = se Laisser, v. pron. Suivi d'un verbe à l'infinitif, il implique toujours une signification de non-résistance. Mais, grammaticalement, il faut distinguer si le verbe qui suit est neutre ou actif, le pronom personnel étant régi, dans le premier cas, par le verbe *l.*, et, dans le second, par le verbe actif. 1° Avec un verbe neutre. *Se l. choir. Ces enfants se sont laissés tomber. Elle s'est laissée mourir il y a trois mois. Se l. mourir de faim.* — *Se l.*

*aller à la joie, à la douleur, au désespoir*, S'abandonner à la joie, etc. Absol., *Tenez bon, ne vous laissez pas aller*, Soyez ferme, ne cédez pas. Fam., *Cette jeune fille s'est laissée aller*, Elle a cédé à la séduction. 2° Avec un verbe actif. *Se l. tromper. Elle s'est laissé séduire. Ils se sont laissé injurier sans répondre un mot. Se l. battre. Se l. vaincre. Se l. corrompre. Se l. faire*, Subir sans résistance quelque influence. — En d'autres termes, on doit accorder le participe si le pronom *se* est le sujet du verbe suivant, parce qu'alors on peut le considérer aussi comme régime du verbe *l. Elle s'est laissée choir*, c.-à-d., Elle a laissé *elle* choir. Au contraire, le participe demeure invariable si le pronom *se* est le régime du verbe suivant : *Elle s'est laissé séduire*, c.-à-d., *Elle a laissé séduire* elle. — Fam., *Se l. mener par le nez.* — Fam., *Se l. battre*, signifie quelquefois simplement, Être battu. — Fig. et fam., *Ce livre se laisse lire*, On le lit sans ennui. *Cela se laisse manger*, Cela se mange sans dégoût. = LAISSÉ, ÉE. part. || Subst. T. Techn. *Le laissé*, Fil sur lequel passe la duite insérée par la navette dans l'angle d'ouverture de la chaîne. — Angle que détermine la levée d'une partie des lames de remisse et le rabat simultané de l'autre partie de ces lames.

**LAISSER-COURRE.** s. m. Voy. COURRE.

**LAISSEZ FAIRE, LAISSEZ PASSER.** Maxime des économistes du XVIIIe siècle qui réclamaient la liberté complète en matière d'industrie et de transactions Voy. ÉCONOMIE *politique*.

**LAISSEZ-PASSER.** s. m. [Pr. *lè-sé-pa-sé*]. Autorisation en vertu de laquelle on doit laisser une personne entrer, sortir. || Autorisation de laisser entrer, sortir certaines marchandises.

**LAIT.** s. m. (lat. *lac, lactis*, m. s.). Liquide blanc, opaque, et d'une saveur douce qui se forme dans les mamelles de la femme pour la nourriture de son enfant, et dans celle des mammifères femelles pour la nourriture de leurs petits. *Ma mère voulut me nourrir de son l. Nous avons été nourris d'un même l. Cette nourrice a perdu son l. Se mettre au l. Il ne vit que de l. Le lait monte*, Commence à venir chez une nouvelle accouchée. — *Jeune l.*, Lait d'une femme accouchée depuis peu. *L. d'un an*, Lait d'une femme accouchée depuis un an. *Vieux l.*, Lait d'une femme accouchée depuis longtemps. — *L. répandu, monté*, Prétendue déviation du lait à laquelle on attribue certaines affections de femme en couches, *Fièvre de l.*, Voy. PUERPÉRALE. *Frères de l.*, Voy. FRÈRE. — *Vache à l.*, Vache dont le lait est employé pour les besoins de l'homme. || Fig. Personne qu'on exploite. || *Veau de l., cochon de l.*, Veau, cochon qui tette encore ou qu'on ne nourrit que de lait. — *Dents de l.*, Voy DENTITION. || Fig. *Avoir une dent de l. contre quelqu'un*, Un ressentiment d'ancienne date. — *Sucer avec le l. une opinion*, La recevoir dès l'âge le plus tendre.

Cette haine des rois que depuis cinq cents ans
Avec le premier lait sucent tous ses enfants.

CORNEILLE.

— Première nourriture de l'esprit

Nourri du lait sacré des anciennes doctrines.

A. CHÉNIER

— Prov. *Si on lui serrait le nez, il en sortirait du l.*, se dit d'un enfant qui veut faire le grand garçon. || Liquide enlevé à la femelle de certains animaux pour servir de boisson. — *L. de vache, de chèvre, d'ânesse, de brebis.*

Perrette sur sa tête ayant un pot au lait.

LA FONTAINE.

*Une soupe au l.* || Fig. *Monter comme une soupe au l.*, S'emporter. *Avaler quelque chose doux comme du l. Boire du l.*, Prendre quelque chose avec une douce satisfaction, notamment des éloges. || *Mettre un malade au l.*, Le nourrir principalement de l. || *L. concentré*, Lait dont on a diminué le volume par évaporation et qu'on reconstitue en y ajoutant de l'eau. || *Battre le l.*, L'agiter dans la baratte pour en faire du beurre. — *L. battu, l. de beurre*, Lait qui reste dans la baratte quand le beurre est pris. — *Petit-l.* Partie séreuse qui se sépare du lait quand il se caille. — *Sucre de l.* Matière sucrée cristalline qu'on extrait du lait. Voy. LACTOSE. || Nom donné à certains liquides qui ont de l'analogie avec le lait. Voy. plus bas, IV. || T. Minér. *L. de roche*, Chaux carbonatée spongieuse. — *L. de montagne*, Variété terreuse de carbonate de chaux. || T. Bot. *L. battu*, Fumeterre. — *L. d'âne*, Laiteron. *L. de couleuvre*, variété d'Euphorbe. || T. Astr. *Voie de l.*, la Voie lactée. Voy. ÉTOILE.

**Chim.** — I. Le *Lait* est un liquide d'un blanc opalin, plus ou moins opaque, d'une saveur douce, sucrée et fort agréable. Le l. de femme est toujours alcalin, celui des herbivores l'est ordinairement, et celui des carnivores est acide. Sa densité varie chez les divers animaux, et aussi chez le même animal, suivant les conditions de l'alimentation, l'état de santé, etc. : elle est comprise entre les nombres 1,028 et 1,040. Vu au microscope, le l. se présente sous la forme d'un liquide presque transparent dans lequel sont suspendues d'innombrables gouttelettes graisseuses ou butyreuses, dont la grosseur varie ordinairement entre un centième et un millième de millimètre. C'est une opinion assez généralement acceptée que les globules graisseux sont enveloppés d'une membrane particulière, laquelle serait de nature caséeuse. Néanmoins plusieurs savants, entre autres Soxhlet et Duclaux, leur refusent toute membrane enveloppante. Quoi qu'il en soit, c'est à la présence de ces globules en suspension que le l. doit son opacité. Indépendamment de cette matière butyreuse, le l. renferme divers matériaux qui en font l'aliment le plus complet que l'on connaisse; et cela était nécessaire : car le l. étant la seule nourriture des jeunes mammifères, il faut qu'ils y trouvent tous les éléments nécessaires à l'entretien et au développement de l'organisme. Ainsi, le l. renferme encore des matières azotées, principalement de la *Caséine* (Voy. ce mot) et, en moindre quantité, une albumine spéciale. Voy. LACTALBUMINE. L'eau, qui constitue environ 88 p. 100 de la masse totale du l., tient encore en dissolution une matière sucrée que l'on nomme *Lactose, Lactine* ou *Sucre de lait* (Voy. LACTOSE), et plusieurs sels, savoir : des phosphates à base de chaux, de soude, de magnésie et de fer, des chlorures de potassium et de sodium, et du carbonate de soude. Le tableau suivant donne les moyennes d'un grand nombre d'analyses :

| | FEMME | VACHE | CHÈVRE | ÂNESSE | JUMENT |
|---|---|---|---|---|---|
| Eau | 87,4 | 87,2 | 85,7 | 89,7 | 90,8 |
| Beurre | 3,8 | 3,7 | 4,8 | 1,6 | 1,2 |
| Caséine et albumine | 2,3 | 3,5 | 4,3 | 2,2 | 2,0 |
| Lactose | 6,2 | 4,9 | 4,5 | 6,0 | 5,7 |
| Sels | 0,3 | 0,7 | 0,7 | 0,5 | 0,3 |

Abandonné à lui-même dans un lieu frais, le l. se sépare peu à peu en deux couches distinctes : la première, qu'on nomme *Crème*, surnage. La crème est essentiellement formée par les globules butyreux; sa séparation est due à la différence de densité qui existe entre la matière grasse et le liquide qui lui sert de véhicule. C'est cette même substance grasse qui, séparée du lait par le battage, constitue le *Beurre*. Le l. débarrassé de sa crème est appelé dans les campagnes *Lait de beurre*. Conservé plus longtemps, le lait ne tarde pas à devenir fortement acide et à donner un coagulum plus ou moins abondant, qu'on nomme vulgairement *Caillé*, et qui sert à faire le fromage : c'est la *Caséine* ou *Caséum*. Lorsque cette précipitation a lieu, on dit que le l. est *tourné*. La partie liquide qui reste alors constitue le *Sérum du l.* ou *Petit-lait*. La séparation de la caséine est due à la production d'une certaine quantité d'*acide lactique*, qui réagit sur la caséine et la précipite; cet acide se forme par l'oxydation de la lactose sous l'influence d'un microbe spécial, le *Bacillus acidi lactici*. On peut retarder la coagulation en ajoutant au l. une petite quantité de carbonate de soude, qui neutralise l'acide lactique, ou d'un antiseptique qui entrave l'action des bacilles. On peut, au contraire, déterminer très promptement la formation du caillé en versant dans le l. quelques gouttes d'un acide quelconque; mais aucun corps n'agit sur ce liquide d'une manière aussi remarquable que la présure, substance qu'on trouve dans l'estomac du veau. Voy. PRÉSURE. — En effet, une seule partie de cette substance, pesée à l'état sec, peut coaguler jusqu'à 200,000 parties de lait. On attribue cette action de la présure à une diastase particulière appelée *Chymosine*, qui présente son maximum d'activité à 41° et qui perd ses propriétés au-dessus de 60°. — Outre cette fermentation lactique, le lait peut encore, dans certaines circonstances, subir une fermentation alcoolique qui fournit une boisson légèrement enivrante. Voy. KÉFIR et KOUMISS. — Le l. frais ne se coagule pas par l'ébullition, mais sa surface se couvre de pellicules blanches d'une matière albuminoïde qui renferme des globules graisseux emprisonnés. Au moment où le l. arrive à l'ébullition, ces pellicules s'opposent au dégagement de la vapeur d'eau.

Celle-ci les boursoufle, les fait monter au-dessus du vase, et, si l'on ne se hâte de retirer le l. du feu, elle le fait déborder.

On donne le nom de *Colostrum* au lait que produisent les femelles des mammifères pendant les premiers jours qui suivent la parturition. C'est un liquide jaune ou brunâtre, assez consistant, d'une odeur et d'un goût particuliers. Il est riche en beurre, en sucre et surtout en matières azotées; il contient très peu de caséine, mais une forte proportion d'albumine, qui se coagule à l'ébullition. Au microscope, il est caractérisé par des corpuscules blancs, irréguliers, dont le diamètre varie de 1 à 5 centièmes de millimètre; ces corpuscules sont constitués par des globules graisseux emprisonnés dans une matière protoplasmique. A mesure qu'on s'éloigne de l'époque de la parturition, le liquide sécrété par les mamelles acquiert graduellement les propriétés du lait normal.

II. — Les proportions des principes constituants du l. varient, ainsi que nous l'avons vu, pour chaque espèce de mammifère : il en est de même de ses qualités physiques. On observe aussi, chez une même espèce, de grandes différences dans le l., selon l'état de l'organisme et selon les circonstances extérieures. — Le *L. de Femme* a une saveur douce et sucrée, car il est riche en sucre de lait; sa caséine est peu abondante et se coagule difficilement. Les divers aliments influent sensiblement sur ses propriétés. Ainsi, par ex., les plantes alliacées et les crucifères lui communiquent leur odeur et leur saveur. Cependant la nature des aliments influe encore davantage sur l'abondance de la sécrétion lactée. En général, on admet qu'une nourrice bien portante donne dans les 24 heures, par les deux mamelles, 1,300 grammes de l., c.-à-d. 22 grammes par kilog. du poids de son corps. Voy. Allaitement. — Le bon *lait de Vache* doit contenir 12 à 14 p. 100 de matières solides; sa composition est assez variable, surtout en ce qui concerne la proportion de la crème; le tableau donné plus haut indique la composition moyenne. La densité moyenne est 1,033; mais il ne faut pas oublier qu'elle augmente lorsque le l. a été écrémé. La saveur doit être douce, agréable, onctueuse; l'addition d'eau rend le l. fade; le bicarbonate de soude, qu'on ajoute souvent au l. pour l'empêcher de tourner, lui communique un goût alcalin rappelant celui de la lessive; une saveur aigrelette indique un commencement de décomposition. La couleur est d'un blanc mat; elle peut devenir légèrement jaunâtre en été, quand les vaches vont au pâturage. Toutefois, il faut se méfier de la teinte jaune, qui est ordinairement un indice d'adultération. Une teinte bleuâtre dénote une addition d'eau assez considérable, ou quelquefois une altération morbide particulière. Une vache fournit en moyenne 6 kilog. de l. dans l'espace de 24 heures : c'est donc seulement 10 gr. et demi par kilog. de son propre poids. — Le *L. de Brebis* est gras au toucher et possède une tout autre saveur. Le beurre qu'on en retire est abondant, mais n'a jamais une consistance bien solide. En outre, il rancit en peu de temps, si l'on n'a pas pris la précaution de le laver à plusieurs reprises. Ce l. donne aussi un caséum gras et visqueux, et non ferme et gélatineux comme celui de vache. — Le *L. de Chèvre* est plus dense que le l. de vache, mais moins gras que celui de brebis. Sa saveur est fort agréable; il produit une crème d'un blanc mat, et un beurre ferme, d'une saveur douce et qui se conserve longtemps. Le caillé est aussi d'une bonne consistance et très abondant. — Le *L. d'Anesse* a beaucoup d'analogie avec le l. de femme, il est très sucré, surtout lorsque l'animal est nourri d'herbes succulentes; mais il renferme très peu de caséum et de beurre, et ces principes ne s'en séparent pas facilement. Le premier forme un coagulum sans consistance, et le second est mou, fade et blanc. Ce l. est de très facile digestion; aussi est-il recommandé dans plusieurs circonstances. — Le *L. de Jument* n'est guère employé comme aliment que chez les peuplades errantes qui habitent l'Asie centrale. Chaud, il se prend comme médicament. Il est pauvre en beurre et en caséine, mais il contient beaucoup de sucre. Les Tartares le soumettent à la fermentation et en préparent une boisson enivrante qu'ils nomment *Koumiss*. Voy. ce mot. — Le *L. de Renne* et celui de *Chamelle* servent aussi d'aliment pour l'homme, le premier en Laponie et dans l'Asie septentrionale, le second dans l'Arabie et dans les déserts de l'Afrique septentrionale.

III. — Nous avons parlé ailleurs des moyens de conserver et de stériliser le l. Voy. Conserve. Nous terminerons en disant quelques mots sur ses falsifications. Les plus fréquentes sont l'*écrémage* ou soustraction d'une partie de la crème, et le *mouillage*, qui consiste en une addition d'eau. Quelquefois, pour rendre au l. ainsi étendu l'opacité et l'aspect du l. normal, on y ajoute de la farine ou de l'amidon; mais cette fraude, facile à déceler, est beaucoup plus rare qu'on ne le croit généralement. Enfin, pour assurer pendant quelque temps la conservation du l., on y ajoute souvent du carbonate de soude, du borax ou de l'acide borique. On a imaginé, pour constater le mouillage et l'écrémage, plusieurs instruments. Le *Crémomètre* de Dinocourt et Quévenne consiste tout simplement en une éprouvette cylindrique, graduée en 100 parties, dans laquelle on verse le l. à essayer. Après 24 heures de repos, l'épaisseur de la couche de crème montée à la surface indique la richesse du l. Le bon l. ne doit pas marquer moins de 10 degrés. Le *Galactomètre* de Chevalier, Dinocourt et O. Henry, est un aréomètre ayant sur sa tige deux échelles, l'une pour le l. écrémé, l'autre pour le l. non écrémé : en général, le l. pur non écrémé marque de 105° à 115° à cet instrument. Le *Lactodensimètre* de Quévenne est encore un aréomètre; mais il indique simplement la différence entre la densité du l. et celle de l'eau. Le l. pur doit marquer, au lactodensimètre, 30° lorsqu'il n'est pas écrémé, et 33° lorsqu'il est écrémé. Ces derniers instruments, ne donnant que la densité du l., ne fournissent pas une indication suffisante : car, après avoir diminué la densité de ce liquide en l'additionnant d'eau, on peut lui rendre sa densité normale en y ajoutant du sucre, de la gomme ou de l'amidon. Il faut donc, en général, avoir recours successivement à l'un de ces deux aréomètres, puis au crémomètre. Les *Lactoscopes* de Donné, de Vogel, de Hager, sont des appareils fondés sur ce fait, que le l. présente une opacité proportionnelle à l'abondance des globules butyreux qu'il tient en suspension. — Lorsqu'on veut se renseigner plus complètement sur la composition du lait, on détermine le poids des matières solides après dessiccation à l'étuve, puis le poids des sels après incinération de l'extrait sec ainsi obtenu; le sucre de lait se dose à l'aide du saccharimètre ou de la liqueur cupro-potassique; pour le dosage du beurre on dissout la matière grasse dans un mélange d'alcool et d'éther; ce dosage s'effectue assez rapidement à l'aide du *Lacto-butyromètre* de Marchand. On obtient le poids de la caséine et des autres albuminoïdes en calculant la différence entre le poids de l'extrait sec et celui des sels, du sucre et du beurre; on peut aussi coaguler le lait et peser le coagulum desséché après l'avoir lavé successivement à l'eau, à l'alcool et à l'éther. En examinant une goutte de l. au microscope on pourra reconnaître si le l. a été falsifié par de l'amidon ou de la fécule, et s'il contient des globules de pus, de sang ou de colostrum.

IV. — Par analogie, on a étendu le nom de *lait* à divers liquides naturels et à certaines préparations qui offrent quelque ressemblance avec le l. véritable. *L. de l'œuf*, Liquide blanchâtre qui vient à la partie supérieure d'un œuf frais à la coque. — *L. de coco*, Liqueur blanche sucrée que contient la noix de coco. — *L. de palmes*, Liqueur extraite des feuilles du dattier. — *L. d'amandes*. Voy. Émulsion. — *Lait de chaux*. Voy. Chaux. — *L. de poule*. Voy. Émulsion. — *L. de soufre*. Liqueur laiteuse, contenant du soufre très divisé, obtenue en ajoutant un acide à la solution aqueuse d'un polysulfure. — *L. végétal*. On appelle ainsi la liqueur blanche ou jaune et émulsive que contiennent un grand nombre de plantes, telles que les Papavéracées, les Campanulacées, les Chicoracées, la plupart des Euphorbes, etc. Quelques-uns de ces sucs, par ex., celui du *Tabernæmontana utilis* (Apocynées) et du *Brosimum galactodendron* (Artocarpées), peuvent servir d'aliment. — *L. virginal*. C'est un cosmétique qui se prépare en versant goutte à goutte de la teinture alcoolique de benjoin dans de l'eau commune, jusqu'à ce que l'eau soit parfaitement blanche. Cette préparation a l'inconvénient de dessécher la peau et d'y laisser un enduit résineux.

**Méd.** — La diète lactée est souvent usitée en médecine; elle est *exclusive* si le l. est le seul aliment permis, *mitigée* ou *mixte*, si d'autres aliments sont permis. La diète lactée exclusive est indiquée dans certaines maladies de l'estomac où tous les aliments, hormis le l., sont rejetés; elle s'est montrée très efficace dans l'ulcère simple de l'estomac, dans certaines diarrhées rebelles et dans la dysenterie. — Dans l'*albuminurie*, le régime lacté exclusif diminue la proportion d'albumine contenue dans les urines, fait disparaître les hydropisies et prévient l'éclampsie chez les femmes enceintes albuminuriques. Ce régime est du reste la première indication de l'albuminurie. — Enfin, le régime lacté a été préconisé dans l'*hypertrophie active du cœur* et dans certaines maladies de la peau telles que l'*eczéma* et le *lichen*. Dans tous les cas, le l. se prend généralement additionné d'un tiers d'eau pure ou d'une eau minérale appropriée à la maladie. Il faut au moins deux litres de l. par jour, plus souvent trois et même davantage pour assurer l'alimentation.

**LAITAGE.** s. m. coll. Se dit du lait et des choses qui se font avec le lait, comme crème, beurre, fromage.

**LAITANCE** ou **LAIT.** s. f. [Pr. *lè-tanse*] (R. *lait*). Substance blanchâtre, opaque, qui ressemble à du lait caillé, et qui n'est autre chose que l'organe de la reproduction dans les poissons mâles. *La l., la laite d'un hareng. Manger des laitances d'alose.*

**LAITÉ, ÉE.** adj. Se dit des poissons mâles lorsque la laitance est développée. *Hareng l. Carpe laitée.* || Fig. et prov. On dit d'un homme faible et sans vigueur : *C'est une poule laitée.*

**LAITERIE.** s. f. Lieu où l'on serre le lait des vaches, des chèvres, des brebis; où l'on fait la crème, le beurre, les fromages, etc. || Boutique où l'on vend du lait, des œufs, de la crème, etc.

**LAITEROL.** s. m. (R. *laitier*). T. Techn. Côté du creuset par où s'écoule le laitier.

**LAITERON.** s. m. (R. *lait*). T. Bot. Genre de plantes Dicotylédones (*Sonchus*), appelé aussi *Laceron* et *Lait d'âne*, de la famille des *Composées*. Voy. Composées, Tribu II, *Liguliflores*.

**LAITEUX, EUSE.** adj. [Pr. *lè-teu, euze*] (R. *lait*). Qui a l'aspect ou la couleur du lait. *Liquide l. Suc l. Verre l.* — *Opale laiteuse,* Dont la couleur blanche est troublé. *Plantes laiteuses,* Qui produisent un suc ayant l'aspect du lait. || T. Méd. anc. On donnait autrefois et le vulgaire donne encore aujourd'hui le nom de *Maladies laiteuses* aux affections qui surviennent à la suite des couches, parce qu'on les supposait produites par la métastase du lait. *Abcès l.* Voy. Abcès. *Croûtes laiteuses,* Croûtes qui viennent chez les enfants à la mamelle.

**LAITEUX, EUSE.** adj. [Pr. *lè-teu, euze*] (R. *laite*). Qui a été fécondé par la laite. *Huîtres laiteuses.*

**LAITIER.** s. m. T. Techn. Masse vitreuse qui se produit dans la fusion du minerai de fer. Voy. Fer, VIII, 2°. || Lave vitreuse des volcans.

**LAITIER, IÈRE.** s. f. (R. *lait*). Celui, celle qui fait le métier de vendre du lait. = Laitière. adj. fém. *Vache l.*, Vache à lait. || Substantiv., *C'est une bonne l.*, se dit d'une nourrice, d'une vache qui donne beaucoup de lait. = Laitier. s. m. Champignon qui, lorsqu'on le casse, laisse échapper un suc laiteux.

**LAITON.** s. m. Alliage de cuivre, de zinc, d'étain et de plomb. Voy. Cuivre.

**LAITONNER.** v. a. [Pr. *lè-to-ner*]. T. Techn. Garnir de fil de laiton. = Laitonné, ée. part.

**LAITUE.** s. f. (lat. *lactuca*, m. s.). T. Bot. Genre de plantes Dicotylédones (*Lactuca*), de la famille des *Composées*. Voy. ce mot.

**Hort.** — Les variétés de Laitues cultivées dans nos jardins comme plantes potagères dépassent 150, qui toutes sont rapportées à 4 races principales : 1° La *L. laciniée* (*Lactuca laciniata*), qui doit son nom à ses feuilles inférieures pinnatifides, presque laciniées, tandis que les supérieures sont roncinées, est appelée communément *L. épinard*. Elle repousse quand on l'a coupée, et constitue le type des variétés appelées par les jardiniers *Laitues à couper*. 2° La *L. crépue* (*L. crispa*), aux feuilles sinuées, crénelées, ondulées et crépues, est également connue sous le nom de *L. frisée*. 3° La *L. pommée* (*L. capitata*), à feuilles radicales, concaves, bullées, presque arrondies, présente un grand nombre de variétés qu'on distingue en Laitues de printemps et Laitues d'été. 4° La *L. cultivée* (*L. sativa*), aux feuilles dressées, oblongues, peu ou pas concaves, fournit à nos jardins la nombreuse catégorie des *Laitues romaines* ou des *Chicons*.

Abandonnées à elles-mêmes, les Laitues sont dures et ont une saveur amère et désagréable. Mais grâce à la rapidité de développement que détermine en elles une culture intelligente, grâce à l'étiolement plus ou moins complet de leurs feuilles, qu'on obtient en les liant, on adoucit leur saveur, on attendrit leur tissu et l'on augmente considérablement leur volume. Ces plantes constituent alors un aliment sain, de digestion facile, rafraîchissant et quelquefois légèrement laxatif. Quand leur tige monte pour la floraison, elles cessent d'être comestibles; mais alors elles présentent un nouvel intérêt comme plantes médicinales. En effet, elles contiennent une quantité considérable d'un suc blanc laiteux, qui coule abondamment par les moindres blessures. C'est à ce suc épaissi que l'on donne les noms de *Lactucarium* et de *Thridace*. On l'appelle *lactucarium* quand il est recueilli par incision de la plante, et *thridace* quand on l'obtient par expression. On prépare encore une *Eau distillée de l.*, qui entre dans la composition de diverses potions calmantes. Enfin, des graines de la l. on retire, par expression, une huile très bonne à manger. Après avoir parlé des espèces alimentaires, nous mentionnerons encore la *L. vivace* (*L. perennis*) et la *L. vireuse* (*L. virosa*). La première se mange dans quelques parties de la France, où elle croît spontanément. La seconde est surtout remarquable par son odeur vireuse et par les propriétés narcotiques que son suc possède à un certain degré.

**Méd.** — Les deux variétés principales de l. cultivées, l. pommée et l. chicon ou romaine, sont originaires d'Asie. Une autre espèce, l. vireuse (*lactuca virosa* L.) est indigène. Elle habite les lieux incultes, les décombres, le long des haies, sur les bords des champs, des chemins, des fossés. — Les l. d'Asie cultivées sont réputées calmantes et sédatives. — La l. indigène exhale une odeur vireuse très prononcée; sa saveur est âcre et amère; elle contient dans toutes ses parties un suc lactescent, très abondant, qui renferme un principe actif, la *lactucine*, d'où la plante paraît tirer ses propriétés médicales. Ce principe est aussi contenu dans la l. cultivée, mais en bien plus petite quantité. La l. vireuse est vénéneuse. Cependant il est nécessaire d'administrer 5 à 8 grammes de son extrait pour obtenir un effet stupéfiant analogue à celui que produiraient 5 centigrammes d'opium, d'après Orfila.

**LAÏUS.** s. m. Un discours, dans l'argot de certaines écoles. *Piquer un l.*, Prononcer un discours.

**LAÏUS**, roi de Thèbes, fils de Labdacus et père d'Œdipe, fut tué par son fils (Mythol.).

**LAIZE.** s. f. (bas-lat. *latia*, m. s., de *latus*, large). T. Manufacture. La largeur d'une étoffe entre les deux lisières. || La différence ordinairement légère, en plus ou en moins, de la largeur réelle d'une étoffe à sa largeur légale ou convenue. *La grande l.* est la différence en plus; *La petite l.* est celle en moins. || T. Mar. Bande, et, en particulier, chacune des bandes de toile dont se compose une voile.

**LAJARD** (J.-B.-Félix), archéologue fr. (1783-1858).

**LA JONQUIÈRE** (Marquis de), vaillant marin fr. (1680-1753).

**LAKANAL** (Joseph), membre de la Convention, prit une part active à la création de tous les établissements littéraires et scientifiques de la Révolution (1762-1845).

**LAKISTES.** s. m. pl. (angl. *lake*, lac). Poètes anglais de la fin du XVIIIe siècle et du commencement du XIXe, qui habitaient dans la région des lacs et qui en ont décrit les beautés. Les plus célèbres sont Wordsworth, Coleridge, Southey.

**LAKNÔ** ou **LUKNOW**, v. de l'Hindoustan angl., ancienne capitale du royaume d'Oude; 274,300 hab.

**LALANDE** (Joseph-Jérôme **LE FRANÇAIS** de), astronome fr., auteur d'un important catalogue d'étoiles et d'un *Traité d'Astronomie*, né à Bourg-en-Bresse en 1732; mort à Paris en 1807.

**LA LANDELLE** (G. de), romancier fr. né à Montpellier (1812-1886).

**LALANNE** (Léon **CHRÉTIEN**-), ingénieur et homme politique fr. (1811-1892).

**LALANNE** (Maxime), dessinateur et graveur fr. (1827-1886).

**LALBENQUE**, ch.-l. de c. (Lot), arr. de Cahors ; 1,700 h.

**LALINDE**, ch.-l. de c (Dordogne), arr. de Bergerac ; 2,211 hab.

**LALLATION**. s. f. [Pr. *lal-la-sion*]. Vice de prononciation. Voy. LABDACISME.

**LALLY-TOLLENDAL** (Comte), commandant des établissements français dans l'Inde (1757), fit une guerre acharnée aux Anglais. Vaincu et fait prisonnier, il obtint la permission de venir se justifier devant le parlement de Paris; il fut condamné et exécuté (1702-1766). Sa mémoire fut réhabilitée en 1778. || Son fils, le marquis DE LALLY-TOLLENDAL (1751-1830), fut un des défenseurs de la monarchie constitutionnelle dans l'Assemblée constituante, et plus tard membre du Conseil privé de Louis XVIII.

**LALO** (ÉDOUARD), compositeur fr. (1823-1892).

**LA LUZERNE** (CÉSAR-GUILLAUME), cardinal fr., écrivain philos. (1738-1821).

**LAMA**. s. m. (esp. *llama*, m. s., d'un mot péruv. qui s'appliquait à tous les animaux recouverts d'une toison). T. Mamm. — Les *Lamas* sont les Chameaux du Nouveau-Monde, mais ils sont plus sveltes, plus petits, moins forts que ces derniers, et s'en distinguent surtout par l'absence de bosse sur le dos, et par la séparation complète des doigts, disposition qui leur permet de gravir les rochers avec la même facilité que les Chèvres. Bien que le nombre des espèces que renferme le g. *Lama* ne soit pas encore fixé d'une manière certaine, on en reconnait communément trois espèces : le *Huanaco*, l'*Alpaca* et la *Vigogne*. — Le *Huanaco* ou *Lama* proprement dit (*Camelus llacma*) [Fig. 1] est de la taille du Cerf. Son pelage est châtain et de nature laineuse, sa tête petite et bien placée, et il porte des callosités aux genoux, au sternum et au carpe. C'était la seule bête de somme employée par les habitants du Pérou, lors de la découverte de l'Amérique, où il n'existait déjà surtout caractérisé par l'abondance et la longueur des poils laineux qui couvrent son corps, et qui, pour la finesse et l'élasticité, ne le cèdent guère qu'à la plus belle laine des Chèvres du Thibet. D'après les mesures du professeur Doyère, la laine de l'Alpaca n'a que 24 à 28 millièmes de millimètre de diamètre. — La *Vigogne* (*Cam. vicugna*) a simplement la taille d'une Brebis, mais elle ressemble au

Fig. 1.

Lama, bien que ses formes soient plus sveltes et plus élégantes. La plus grande partie du corps est d'un brun vineux, le reste de couleur isabelle. Sa riche toison, qui

Fig. 2.

plus à l'état sauvage. Le Lama rend service par sa chair, par son lait, qui offre la plus grande ressemblance avec celui de la vache, et par sa laine, qui atteint 20 et même 30 centimètres de longueur. Enfin, les habitants de l'Amérique du Sud l'emploient encore comme bête de somme, particulièrement dans les sentiers escarpés des Cordillères, où la sûreté de son pied le rend très propre à cet usage. Toutefois, la charge qu'il peut porter ne dépasse pas 75 kilogrammes. — L'*Alpaca* (*Cam. paca*) [Fig. 2. Alpaca et Lama] n'a que 1 mètre de hauteur sur 1m,16 de longueur. Il manque de callosités; mais il est sous la poitrine a jusqu'à 8 centimètres de longueur, surpasse en finesse et en moelleux toutes les laines connues. Elle habite par troupes les régions des neiges perpétuelles de la chaîne des Andes, au Pérou et au Chili, où on lui fait une chasse active. Sa laine fait l'objet d'un commerce assez considérable, et sert à la fabrication d'étoffes précieuses. Le Lama et l'Alpaca produisent très bien ensemble, et, phénomène singulier, ces métis sont féconds. Il en est de même des métis qui résultent du croisement de l'Alpaca avec la Vigogne. — La naturalisation de ces trois animaux en France serait une précieuse conquête. Elle a été réclamée depuis longtemps par la science et par l'industrie. Il est incontestable que le Lama et l'Alpaca peuvent s'accommoder de notre climat, puisqu'ils vivent et se reproduisent au Jardin des Plantes de Paris, ainsi qu'en Angleterre et en Hollande. Il ne paraît pas douteux non plus que la Vigogne puisse vivre dans les parties élevées des Alpes et des Pyrénées.

**LAMA.** s. m. Nom des prêtres de Bouddha au Thibet et chez les Mongols.

**LAMA.** s. m. **LAMAÏSME.** s. m. Variété du culte bouddhique qui s'est développée au Thibet. Voy. BOUDDHISME.

**LA MADELÈNE** (J.-H. DE **COLLET**, baron de), littérateur fr. (1825-1887).

**LAMAÏQUE.** adj. 2 g. Conforme à la doctrine des lamaïtes. ‖ Qui appartient aux lamaïtes.

**LAMAÏSTE** ou **LAMAÏTE.** s. m. Sectateur du lamaïsme.

**LA MALOU**, village du département de l'Hérault, arr. de Béziers, remarquable par ses eaux thermales, bicarbonatées-sodiques, ferrugineuses, calcaires, alculines, sédatives, efficaces dans le traitement des rhumatismes.

**LAMANAGE.** s. m. T. Marine. La profession ou le travail du lamaneur. *Il entend bien le l. Frais de l.*

**LAMANEUR.** s. et adj. m. (anc. fr. *laman*, m. s., du flam. *lotman*, homme à la sonde de plomb). *Pilote l.*, ou simpl., *Lamaneur*, Pilote commissionné et attaché à un port, qui se charge de conduire les bâtiments étrangers à leur entrée et à leur sortie.

**LAMANTIN** ou **LAMENTIN.** s. m. T. Mamm. Genre de *Cétacés*. Voy. ce mot.

**LAMARCHE**, ch.-l. de c. (Vosges), arr. de Neufchâteau; 1,700 hab.

**LA MARCHE** (OLIVIER DE), poète et chroniqueur fr. (1426-1502).

**LAMARCK** (GUILLAUME DE), surnommé le Sanglier des Ardennes, partisan, instrument de la politique de Louis XI lors de la révolte des Liégeois (1446-1485).

**LAMARCK** (ROBERT DE), petit-neveu du précédent, maréchal de France sous François I^er^, auteur de mémoires (1460-1537).

**LAMARCK** (JEAN-BAPTISTE-PIERRE DE **MONET**, DE), naturaliste français, posa le premier le problème de la variabilité des espèces (1744-1829). Voy. LAMARCKISME.

**LAMARCKISME.** s. m. (R. *Lamarck*). T. Biol. On appelle ainsi l'ensemble des idées que Lamarck a professées sur l'origine de la vie et sur la diversité de ses formes.

C'est à l'étude des animaux inférieurs, en particulier à celle des mollusques fossiles, qu'il faut bien probablement rapporter la précision scientifique et la profondeur des vues qui font de Lamarck le véritable créateur du *transformisme*. Disciple de Buffon, il adopta la deuxième manière de voir du grand naturaliste sur la variabilité de l'espèce, et, en étudiant les nombreuses races de nos animaux domestiques ainsi que les variations des espèces de mollusques, Lamarck apporta à cette théorie les bases qui lui manquaient. Partant de ce point, il essaya de remonter à l'origine même de la vie, et de rechercher les causes qui avaient pu amener une telle diversité de formes et une organisation aussi complète dans tous les êtres vivants qui peuplent la terre.

Pour Lamarck, Dieu n'a pas créé les animaux sous les formes que nous leur connaissons actuellement; il a créé seulement la matière à l'état inerte et l'a soumise en même temps à des forces qui en ont fait, à un certain moment, la matière vivante. La vie a donc apparu par génération spontanée et, les mêmes forces étant toujours en jeu, la matière vivante n'a cessé de se former depuis cette époque.

Cette génération spontanée forma et forme encore actuellement de petits corps gélatineux capables de croître aux dépens des substances ambiantes, et ces corps peuplèrent seuls la terre au début de la vie. Ces masses de protoplasma, comme nous dirions aujourd'hui, furent donc le point de départ de tous les êtres vivants, animaux et végétaux, qui se formèrent par la suite des temps en se perfectionnant de plus en plus. Ce perfectionnement se produisit sous l'influence de causes que Lamarck ramène à quatre grandes lois principales :

1^re^ loi. — *La vie, par ses propres forces, tend continuellement à accroître le volume de tout corps qui la possède, et à étendre les dimensions de ses parties, jusqu'à un terme qu'elle amène elle-même.*

2^e^ loi. — *La production d'un nouvel organe dans un corps animal résulte d'un nouveau besoin survenu qui continue de se faire sentir, et d'un nouveau mouvement que ce besoin fait naître et entretient.*

3^e^ loi. — *Le développement des organes et leur force d'action sont constamment en raison de l'emploi de ces organes.*

4^e^ loi. — *Tout ce qui a été acquis, tracé ou changé, dans l'organisation des individus, pendant le cours de leur vie, est conservé par la génération et transmis aux nouveaux individus qui proviennent de ceux qui ont éprouvé ces changements.*

D'après la première loi, tout être vivant tendrait donc à croître continuellement si une cause ne venait pas arrêter sa croissance à un certain moment, et mettre un terme à la vie elle-même. Cette cause n'est autre chose que les altérations produites dans les parties par l'activité vitale elle-même.

Mais, avant de mourir, cet être a pu transmettre à un descendant (4^e^ loi), d'abord cette faculté de croître qui a été un premier progrès, puis les quelques changements qu'il a pu subir pendant le cours de son existence. Cette puissance de l'hérédité n'avait jamais été comprise de cette façon, et à Lamarck revient tout le mérite d'en avoir dégagé une loi qui est mise journellement en pratique par nos éleveurs (sélection artificielle).

Les deux autres lois de Lamarck tendent à faire connaître les causes qui ont amené les changements que l'hérédité a eu à transmettre et qui, en s'accumulant dans le courant des âges, ont pu former de nouveaux organes, créer de nouvelles espèces. Dans les premiers organismes, Lamarck explique cette formation par une cause mécanique, « comme celle d'un nouveau mouvement produit dans une partie des fluides de l'animal ». Mais chez les animaux *sensibles* (2^e^ loi), Lamarck fait intervenir les *besoins* nouveaux déterminés par les circonstances nouvelles dans lesquelles peuvent se trouver les animaux (changement de climat, de sol, de nourriture, de température, de lumière, etc.). « Chaque besoin ressenti, dit-il, émouvant leur sentiment intérieur, fait aussitôt diriger les fluides et les forces vers le point du corps où une action peut satisfaire au besoin éprouvé. Or, s'il existe en ce point un organe propre à cette action, il est bientôt excité à agir; et si l'organe n'existe pas, et que le besoin ressenti soit pressant et soutenu, peu à peu l'organe se produit et se développe à raison de la continuité et de l'énergie de son emploi. »

C'est là la partie faible de l'œuvre de Lamarck et celle qui fit rejeter en bloc toute la théorie. Cette loi paraît en effet un peu trop spéculative, et les exemples que Lamarck donna à son appui étaient si mal choisis qu'ils ne furent pas compris ou prêtèrent facilement au ridicule. Elle explique pourtant, avec la loi suivante, un grand nombre de faits : diversité des faunes suivant les climats, corps pisciforme des cétacés, aile des chauve-souris, etc.

La 3^e^ loi de Lamarck est l'exposé de faits connus et qu'il est donné de constater par l'observation ; aussi a-t-elle été adoptée par tous les savants. « Sur ce point encore, dit M. de Quatrefages, Darwin n'a fait que répéter ou paraphraser le naturaliste français. » Lamarck en avait du reste prévu toute la puissance. Aussi s'en montre-t-il très fier : « En considérant l'importance de cette loi, dit-il, et les lumières qu'elle répand sur les causes qui ont amené l'étonnante diversité des animaux, je tiens plus à l'avoir reconnue et déterminée le premier, qu'à la satisfaction d'avoir formé des classes, des ordres..... art qui fait presque l'unique objet des études des autres zoologistes. »

Ce sont donc les changements du milieu où vivent les êtres vivants qui, en amenant d'autres besoins et par là même d'autres habitudes, ont été une des causes les plus puissantes de la variation des espèces. Mais il faut remarquer que ces causes ont été toujours indirectes, dans le règne animal du moins, et se sont bornées à provoquer des besoins. Une autre cause de variation est la nécessité, pour les animaux, d'acquérir de nouvelles actions et par conséquent de nouveaux organes en vue d'échapper à de nouveaux dangers; n'est-ce point là la première idée de la *sélection naturelle* dont le développement fera la plus grande gloire de Darwin? Voy. DARWINISME.

La doctrine de Lamarck peut se résumer ainsi : De nouveaux milieux (modifications du globe, migrations) font naître, chez les animaux, de nouveaux besoins, d'où résultent des différences très petites dans les parties où ces besoins prennent l'*habitude* de s'exercer. Ces différences sont transmises de génération en génération par l'hérédité et, en s'accumulant, elles finissent par créer, à la longue, de nouveaux organes. Ceux-ci, une fois formés, continuent à se développer par un usage soutenu et fréquent (*métamorphose progressive*), ou bien s'atrophient par la désuétude (*métamorphose régressive*). Les espèces se sont donc constituées par des transformations infiniment lentes, et, si on trouve encore, dans la nature, des types d'organisation très inférieure, comme les infusoires, c'est que les formes qui ont agi au début sur la matière inerte, s'exercent encore et créent journellement de nouvelle matière vivante.

On voit que l'œuvre de Lamarck renferme dans son entier toute la doctrine du transformisme et, en ce sens, elle paraît beaucoup plus considérable que celle de Darwin. Si elle est restée pendant si longtemps dans le discrédit, c'est que Lamarck n'avait pas su appuyer ses idées de preuves véritablement scientifiques. Ces preuves abondent maintenant dans les faits que nous ont révélées la paléontologie et l'embryogénie.

C'est à les faire valoir que tendent actuellement les naturalistes américains qui, sous le nom de *Néo-Lamarckisme*, essayent de faire revivre toute la doctrine de Lamarck.

Il nous reste maintenant à comparer le L. au Darwinisme, ce que nous ferons en peu de mots. Lamarck et Darwin prennent comme point de départ de leurs théories la variabilité des espèces, dont ils trouvent les preuves, l'un et l'autre, chez nos animaux domestiques. Ils admettent que les espèces descendent les unes des autres (Voy. DESCENDANCE) et remontent ainsi à un ou plusieurs types primordiaux. Mais alors que le naturaliste anglais ne cherche pas à expliquer la formation de ces types, qu'il considère comme perdus pour toujours, Lamarck invoque une génération spontanée continue, se produisant encore actuellement de nos jours.

La différence capitale entre les deux théories se trouve dans la connaissance des causes qui amènent la transformation des espèces. Lamarck invoque des besoins nouveaux résultant de circonstances nouvelles. Darwin admet une sélection continue résultant de la lutte pour l'existence, et ces idées lui permettent d'expliquer ce que Lamarck avait laissé dans l'ombre : évolution des espèces végétales, extinction des anciennes espèces, etc.

Pour l'un comme pour l'autre, du reste, les effets sont les mêmes : transmission par l'hérédité de petites différences qui, en s'accumulant avec le temps, arrivent à donner naissance à des caractères nouveaux. Les idées de Lamarck sur la génération spontanée mériteraient une discussion approfondie. Cependant, il faut bien reconnaître que la science actuelle et les observations les plus récentes ne paraissent pas favorables à cette hypothèse, ce qui, d'ailleurs, n'enlève rien au mérite de l'auteur, ni à la profondeur de ses vues. Voy. DARWINISME, DESCENDANCE, TRANSFORMISME.

**LA MARMORA** (ALFONSO **FERRERO**, marquis DE), général piémontais, fut ministre de la guerre du roi d'Italie Victor-Emmanuel II (1804-1878).

**LAMARQUE** (Comte), général français (1770-1832), se distingua dans les guerres de la République et de l'Empire et fut, sous Charles X et Louis-Philippe Ier, l'un des chefs de l'opposition libérale.

**LAMARTINE** (ALPHONSE **PRAT** DE), illustre poète français (1790-1869), auteur des *Méditations poétiques* (1820), des *Harmonies poétiques et religieuses* (1829), du poème de *Jocelyn* (1835), des *Recueillements poétiques* (1839), de l'*Histoire des Girondins* (1847), etc., membre du Gouvernement provisoire de 1848.

**LA MARTINIÈRE** (DE), géographe et historien français (1683-1749).

**LAMASERIE.** s. f. [Pr. *lama-ze-rie*]. Confrérie de lamas.

**LAMASTRE,** ch.-l. de c. (Ardèche), arr. de Tournon; 3.700 hab.

**LAMBALLE,** ch.-l. de c. (Côtes-du-Nord), arr. de Saint-Brieuc; 4.500 hab.

**LAMBALLE** (MARIE-THÉRÈSE-LOUISE DE **SAVOIE-CARIGNAN**, princesse DE), amie fidèle de la reine Marie-Antoinette, périt dans les massacres de Septembre (1748-1792).

**LAMBDA.** s. m. [Pr. *lan-bda*]. La lettre grecque λ, Λ, équivalente à notre L. || La fontanelle postérieure ou petite fontanelle dans le crâne du fœtus. Voy. FOETUS.

**LAMBDACISME.** s. m. [Pr. *lan*...]. Voy. LABDACISME.

**LAMBDOÏDE.** adj. 2 g. [Pr. *lan*...] (gr. λάμβδα, l, et εἶδος, ressemblance). Qui a la forme de la lettre grecque appelée lambda (Λ). *Suture l.* Voy. CRÂNE.

**LAMBEAU.** s. m. [Pr. *lan-bo*] (lat. *lamberare*, déchirer, ou lat. *labellum*, petite lèvre, ou all. *lappen*, lambeau). Morceau, pièce d'une étoffe déchirée. *Son habit est tout en lambeaux, s'en va en lambeaux, par lambeaux. Mettre en lambeaux.* — Par extens., *Sa chair tombait en lambeaux, par lambeaux.*

Des lambeaux pleins de sang et des membres affreux.
RACINE.

|| Figur., Partie détachée, fragment, débris. *Il a arraché un l. de cette succession. Je n'ai pu retenir que quelques lambeaux de son discours.* || T. Vén. Peau velue du bois d'un cerf, que l'animal dépouille à certaine époque de l'année.

**LAMBEL.** s. m. [Pr. *lan*...] (Autre forme de lambeau). T. Blas. Pièce d'armoiries se composant d'une traverse à laquelle sont attachés des espèces de clochetons appelés *pendants*. Voy. BRISURE.

**LAMBERT** (ANNE-THÉRÈSE DE **MARGUENAL DE COURCELLES**, marquise DE), auteur d'ouvrages sur l'éducation (1647-1733).

**LAMBERT** (JEAN-HENRI), savant philosophe et mathématicien fr. (1728-1777).

**LAMBESC,** ch.-l. de c. (Bouches-du-Rhône), arr. d'Aix, 2,400 hab.

**LAMBESC** (Prince DE), un des plus ardents contre-révolutionnaires et l'un des chefs de l'émigration (1751-1825).

**LAMBESSA,** comm. d'Algérie (Constantine), 1,600 hab. Colonie pénitentiaire française en Algérie.

**LAMBIC** ou **LAMBICK.** s. m. [Pr. *lan-bik*]. Bière fabriquée à Bruxelles et obtenue sans addition de levure. Voy. BIÈRE.

**LAMBIN, INE.** s. et adj. [Pr. *lan*...] (*Lambin*, nom prop.). Celui, celle qui agit habituellement avec lenteur. *C'est un l., une lambine. Je ne connais pas d'ouvrier plus l.* = Fam. LAMBIN. s. m. T. Entom. Variété de hanneton.

**LAMBIN** (DENIS), savant philologue français (1516-1572).

**LAMBINER.** v. n. [Pr. *lan*...] (R. *lambin*). Agir, faire quelque chose lentement. *Il ne fait que l.* Fam.

**LAMBOURDE.** s. f. [Pr. *lan*...]. T. Techn. Pièce de bois qui sert à soutenir les ais d'un plancher. Voy. CHARPENTERIE. || T. Maçonnerie. Sorte de pierre calcaire tendre. *L. d'Arcueil.* || T. Hortic. Voy. plus bas.

**Hortic.** — La l. est un rameau gros et court, portant des feuilles très rapprochées, lesquelles semblent sortir de plis; à sa troisième année d'existence, la l. est ordinairement terminée par un œil très gros et obtus qui développera un bouquet floral. Les lambourdes naissent souvent sur les rameaux des arbres à fruits, des poiriers surtout, soumis au cassement partiel; c'est même un moyen de provoquer leur formation. Quand elles sont suffisamment développées, on retranche l'extrémité des rameaux brisés; car, les boutons à fleurs étant formés, on n'a plus à craindre que l'action de la sève, restreinte dans des limites trop étroites, ne les fasse s'allonger en bourgeons vigoureux. Voy. Taille des arbres fruitiers.

**LAMBRE.** s. m. [Pr *lan...*]. T Zool. Genre de *Crustacés*. Voy. Brachyoures.

**LAMBREQUIN.** s. m. [Pr. *lan...*] (flam. *lampers*, voile ténu, à comparer à l'all. *lappen*, lambeau). T. Archit. Découpures soit d'étoffe, soit de bois ou de tôle, imitant le coutil, qui couronnent un pavillon, une tente, un store, etc. || Bande d'étoffe pendant au bas de la cuirasse, dans les imitations du costume antique.

**Blas.** — Les *Lambrequins* constituent un des ornements extérieurs de l'écu. Ils ont généralement la forme de bandes d'étoffe découpées de mille manières qui entourent le casque et descendent de chaque côté de l'écu. Les uns font dériver ce terme d'une sorte de vêtement dont les chevaliers recouvraient leur heaume pour le mettre à l'abri de la poussière et de la pluie. Les autres, au contraire, y voient les rubans dont les dames ornaient le heaume des vainqueurs dans les tournois. Quoi qu'il en soit, les lambrequins ont toujours affecté des formes très variées, dont quelques-unes ont reçu des noms particuliers. On les appelle *Volets* ou *Achements*, quand ils ressemblent à de légères lanières qui flottent au vent; *Capelines*, quand ils sont faits comme de petites capes; *Mantelets* ou *Camails*, quand ils sont larges, courts et ressemblent à de petits manteaux; *Feuillages*, *Acanthes*, *Panaches* ou *Pennaches*, quand ils simulent des branches d'arbre chargées de feuillages ou des bouquets de longues plumes. La Fig. ci-dessus représente l'écu de Christophe Colomb, et les lambrequins qui l'accompagnent.) Suivant les règles de l'art héraldique, le fond des lambrequins doit être du champ de l'écu, et leur bordure des autres émaux; mais ces prescriptions sont fréquemment violées.

**LAMBRIS.** s. m. [Pr. *lan-bri*] (lat. *ambrices*, latte). Revêtement de menuiserie, de marbre, de stuc, etc., sur les murailles d'une salle, d'une chambre, etc. *L. de stuc, de marbre. Ce l. est peint en blanc, avec des moulures dorées. Les panneaux d'un l.* — *L. d'appui*, Lambris haut de 65 centim. à 1 mètre qui règne autour d'une pièce. — *L. de revêtement*, Celui qui revêt toute la muraille d'un appartement. — *L. peint*, Imitation d'un l. par le moyen de la peinture. || Revêtement de menuiserie appliqué aux solives d'une salle, d'une chambre, etc., et où l'on forme quelquefois des caissons. On dit dans le même sens, *L. de plafond*. — Poétiq., se dit pour désigner une habitation riche, magnifique.

Je ne dormirai point sous de riches lambris.
La Fontaine.

*Le bonheur se trouve rarement sous des lambris dorés. Le céleste* ou *les célestes lambris*, Le ciel. || Enduit de plâtre fait au dedans d'un grenier, d'un galetas, sur des lattes jointives clouées aux chevrons. — Les lambris constituent un puissant moyen de décoration à l'intérieur des appartements.

**LAMBRISSAGE.** s. m. [Pr. *lanbri-saje*]. Ouvrage du menuisier ou du peintre en bâtiments qui a lambrissé.

**LAMBRISSER.** v. a. [Pr. *lanbri-ser*]. Revêtir de lambris. *L. de bois les murs d'un cabinet. Faire l. un plafond.* = Lambrissé, ée. p. || *Chambre lambrissée*, Chambre sous le toit, dont l'intérieur est revêtu d'un enduit de plâtre.

**LAMBRISSURE.** s. f. [Pr. *lanbri-sure*]. Travail de lambris.

**LAMBRUCHE** ou **LAMBRUSQUE.** s. f. [Pr. *lan-bruche* et *lan-bruske*] (lat. *labrusca*, vigne sauvage). Nom vulgaire de ceps de vigne croissant spontanément et sauvages. || Fruit de la lambrusque. || Espèce de vigne de l'Amérique du Nord.

**LAME.** s. f. (lat. *lamina*, m. s.) Morceau de métal plat, de peu d'épaisseur, et ordinairement plus long que large. *L. de fer, de cuivre, d'argent, d'or.* — Au plur., se dit de l'or ou de l'argent battu ou laminé, qu'on fait entrer dans la fabrication de quelques étoffes, de quelques broderies, etc., pour les rendre plus riches et plus brillantes. *Mousseline brodée de lames d'or. Une robe couverte de lames d'argent.* || Le fer d'une épée, d'un sabre, ainsi que de différentes armes et de beaucoup d'outils propres à couper, tailler, percer, etc. *L. damasquinée. L. à deux tranchants. L. de Tolède, de Damas. L. de poignard, de baïonnette. L. de couteau, de canif, de serpette, de lancette.* || Par analog., *Couteau à l. d'or, d'argent.* — Fig. et fam., *C'est une bonne l.*, se dit d'un homme qui manie bien l'épée. *C'est une fine l.*, C'est une femme fine et rusée. Prov., *La lame use le fourreau*, se dit des personnes en qui une grande activité d'âme ou d'esprit nuit à la santé. — *Figure en l. de couteau*, Figure mince et allongée. || T. Hist. nat. Se dit des parties minces et plates, des espèces de feuillets qui garnissent ou qui composent certaines productions naturelles. *Cette pierre peut aisément se diviser en lames. La face du chapeau des agarics offre des lames rayonnantes.* || T. Mar. Vague plus ou moins élevée que le vent produit, augmente et entretient sur une mer dont il agite la surface. *Il vint une l. qui couvrit le vaisseau.* — *Lames courtes*, Celles qui se succèdent vivement, sont clapoteuses, et se brisent souvent les unes sur les autres. *Lames longues*, Celles qui viennent de loin et se succèdent à des distances égales sans se briser. *La l. vient du devant, de l'arrière*, Le vent pousse la vague contre l'avant, contre l'arrière du vaisseau. || Par extens. Nappe d'eau dans l'intérieur d'une mine. || T. Hydraul. Jet aplati dans une fontaine, un château d'eau. || T. Techn. *Lame de persienne, de jalousie*, Planchettes minces dont elles sont formées. — *L. de ressort*, Chacun des tours du ressort d'une montre quand il est enroulé dans le barillet. — *L. de fiche*, Partie mince de la fiche d'une penture qui entre dans le bois de la porte, de la fenêtre. || T. Bot. Partie évasée des pétales d'une fleur. — Feuillet du chapeau de certains champignons. || T. Anat. *L. criblée*, Partie de l'os ethmoïde par laquelle les filets du nerf olfactif passent dans les fosses nasales. || T. Tiss. Organe du métier à tisser, au moyen duquel on produit le mouvement des fils de la chaîne.

**Phys.** — *Couleurs des lames minces.* Voy. Anneau et Interférence.

**Mus.** — *Vibration des lames.* — Au mot *Acoustique*, nous avons exposé les lois principales qui président aux vibrations des plaques ou lames. Nous nous bornerons ici à dire quelques mots de divers instruments de musique qui sont essentiellement constitués par des lames vibrantes. — Vers 1760, le célèbre Franklin imagina un instrument composé d'une série de cloches de verre de différentes dimensions, dans lesquelles il versait une certaine quantité d'eau suivant les notes qu'il voulait leur faire rendre. Puis en effleurant les bords des cloches avec le bout des doigts, il en tirait des sons filés qui tenaient de la nature des sons harmoniques: en conséquence, il donna le nom d'*Harmonica* à cet ingénieux appareil. Plusieurs personnes essayèrent d'améliorer et en même temps de simplifier l'instrument de Franklin. Un nommé Lenormand, entre autres, eut l'idée de remplacer les cloches de verre par de simples lames de verre de longueurs variables, et disposées de manière à former une échelle chromatique. Le nouvel instrument a été appelé *Harmonica-tympanon*, parce que, pour faire vibrer les lames, on se sert d'une petite baguette flexible terminée par un morceau de liège. C'est la seule espèce d'harmonica qui soit encore usitée; mais ce n'est qu'un instrument-joujou. D'ailleurs, les sons du verre, malgré leur douceur, ont un timbre pénétrant qui fatigue promptement, et, de plus, les notes graves manquent complètement. — Il n'est possible de construire des instruments à lames vibrantes qu'en employant des lames métalliques. Le premier qui soit entré dans cette voie est un nommé Grenié, de Bordeaux, vers 1810. Il imagina une sorte d'orgue à anches libres qui vibraient au moyen d'une soufflerie à pression variable, de manière à pouvoir à volonté augmenter ou diminuer l'intensité des sons, et que pour cette raison il appela *Orgue expressif*. Cette invention ne tarda pas à être perfectionnée par divers facteurs, qui lui imposèrent en même temps divers noms, comme *Harmonium*, *Melodium*, etc. Nous citerons l'Allemand Eschenbach, qui, peu après Grenié, construisit en Bavière un orgue expressif de six octaves; Voit, qui appliqua à ce genre d'instrument la soufflerie à vent continu; Reich et Just Sylvestre, qui l'enrichirent de nouveaux jeux, imitant les divers instruments de l'orchestre; Christian Dietz, qui réussit à augmenter l'intensité des sons en plaçant les lames de l'instrument dans des cases voûtées; et Martin de Provins, qui eut l'heureuse idée d'attaquer l'anche au moyen d'un marteau, ce qui détache mieux la note, que l'air de la soufflerie prolonge ensuite aussi longtemps qu'on le veut. L'*orgue expressif à percussion* de ce dernier devint le point de départ de nouveaux perfectionnements qui, pour la plupart, sont dus à Debain et à Alexandre. En outre, Debain a créé, sous le nom d'*Harmonicorde*, une espèce d'harmonium où à chaque note se trouve ajoutée une corde qui vibre comme dans le piano. Les sons de ces cordes s'harmonisent très bien avec ceux des lames vibrantes correspondantes. Le même clavier sert à mettre en vibration les cordes et les lames : c'est la touche qui fait pénétrer l'air jusqu'à la lame et fait en même temps partir le marteau destiné à frapper chaque corde. Voy. ORGUE. — L'*Accordéon* est encore un instrument qui dérive de l'orgue expressif de Grenié. C'est un petit instrument portatif formé de languettes métalliques et muni d'un clavier que l'on touche, avec la main droite, et d'un soufflet que l'on pousse ou que l'on tire avec la main gauche. En pressant la touche, on ouvre l'orifice qui correspond à la languette, et celle-ci vibre sous l'impulsion de l'air. On obtient deux sons bien distincts, selon qu'on pousse ou qu'on tire le soufflet, et, en ouvrant deux clefs placées sur le devant de l'instrument, on entend deux accords qui servent d'accompagnement. Cet instrument, qui nous est venu de l'Allemagne, n'est guère qu'un instrument-joujou. Son plus grave défaut est une extrême monotonie.

**LAMÉ** (GABRIEL), géomètre et ingénieur fr. (1795-1870).

**LAMÉ, ÉE.** adj. Se dit des étoffes enrichies de lames d'or ou d'argent. *Étoffe lamée d'or, d'argent. Elle portait une robe lamée.*

**LAMECH**, patriarche, père de Noé.

**LA MEILLERAIE** (Duc de), maréchal de France (1602-1664).

**LAMELLAIRE.** adj. 2 g. Syn. de *Lamelleux.*

**LAMELLATION.** s. f. [Pr. *lamel-la-sion*]. Partage en lamelles.

**LAMELLE.** s. f. [Pr. *lamè-le*] (lat. *lamella*, m. s.). Dimin. Petite lame ; se dit dans la première et dans la troisième acception du mot *Lame.*

**LAMELLÉ, ÉE** et plus souv. **LAMELLEUX, EUSE.** adj. [On fait sentir les deux *l*]. T. Hist. nat. Qui est garni de lames ou feuillets, ou qui se laisse diviser en lames, en feuilles. *L'ardoise est une pierre lamelleuse. Le chapeau de ce champignon est l. en dessous. Le hanneton a les antennes lamellées.*

**LAMELLIBRANCHES.** s. m. pl. [Pr. *lamelli-branche*] (R. *lamelle* et *branchies*). T. Zool. Les *Mollusques* appelés ainsi par de Blainville, à cause de l'aspect de leurs branchies, ont reçu encore les noms de *Bivalves* par Linné, d'*Acéphales* par Cuvier et de *Pélécypodes* par Goldfus, ce dernier nom venant de la forme en hache de leur organe locomoteur ou pied.

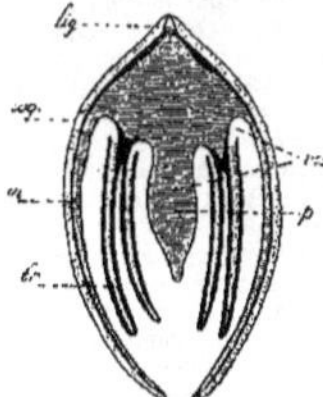
Fig. 1.

Les L. constituent une classe de mollusques caractérisée par la symétrie bilatérale de leur corps, par l'absence de tête et par la présence d'une coquille bivalve. Deux replis de la peau, partant du dos, tapissent la face interne de la coquille, formant *manteau* au corps proprement dit; en dedans de ces replis et de chaque côté de la masse viscérale sont situées les *lamelles branchiales;* les viscères font saillie sur la ligne médiane entre les branchies et constituent ce qu'on appelle la *bosse de polichinelle;* au-dessus d'eux se trouve le *pied.* Enfin la bouche et l'anus sont situés aux deux extrémités du corps, et les orifices génito-urinaires, de chaque côté de la bosse de polichinelle. [Fig. 1. Coupe transversale schématique d'un L. : *coq.*, coquille ; *lig.*, ligament réunissant les deux valves ; *m.*, manteau ; *br.*, branchies ; *vis.*, masse viscérale ; *p.* pied].

La *coquille* des L. est formée de deux valves égales extérieurement, au moins pendant l'état embryonnaire; ces deux valves sont réunies sur le dos de façon qu'on peut les diviser en valve droite et en valve gauche, contrairement à ce qui existe chez d'autres bivalves, les Brachiopodes. Les valves

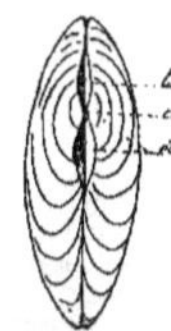
Fig. 2.

Fig. 3.

sont unies entre elles par le moyen d'un *ligament* élastique, qui est disposé de manière à laisser toujours la coquille ouverte lorsque l'animal ne contracte pas ses muscles. En plus de ce ligament, les deux valves présentent quelquefois, au niveau de la charnière, des dents qui s'engrènent avec des cavités correspondantes de la valve opposée. Vue du côté dorsal (Fig. 2), cette articulation présente généralement à considérer une partie saillante et médiane, les *crochets* (*cr*), une dépression antérieure, la *lunule* (*lu*) et une dépression postérieure, l'*écusson* (*éc*). Sur la face interne de chaque valve s'attachent des muscles dont la contraction a pour effet de fermer la coquille; ce sont donc des antagonistes du ligament. En général il existe deux muscles adducteurs (*L. dimyaires*) qui peuvent être également ou inégalement développées (*L. homomyaires* ou *hétéromyaires*) ; quelquefois on ne trouve plus qu'un muscle adducteur en arrière (*L. monomyaires*). La coquille des L., qui apparait de bonne heure chez l'embryon, s'accroît par des couches concentriques que sécrète le manteau. Elle est formée par un mélange de calcaire et d'une matière organique, la conchyoline ; on distingue, dans son épaisseur, trois couches qui sont de dedans en dehors : une couche de nacre composée de fines lamelles réfractant différemment la lumière, une couche fibreuse composée de petits prismes accolés les uns contre les autres et une couche épidermique appelée encore cuticule ou drap marin, qui est quelquefois couverte de poils. La face interne des valves présente les impressions des muscles qui s'y attachent; ce sont d'abord le ou les muscles adducteurs, puis une ligne parallèle au bord de la coquille, appelée ligne ou impression palléale et produite par les fibres musculaires qui retiennent le bord du manteau (Fig. 3, une des valves de la coquille du *Cardium*). Cette ligne présente quelquefois une profonde sinuosité produite par la présence d'un organe que nous allons bientôt étudier, le *siphon* (Fig. 4. une des valves de la coquille des *Cythérées*). En général les bords des valves s'accolent hermétiquement l'une contre l'autre quand l'animal ferme sa coquille ; on appelle *coquilles bâillantes* celles qui sont constituées de manière à laisser ainsi une ou plusieurs ouvertures par où peuvent sortir certains organes du corps. Enfin chez les L. qui vivent fixés par leur coquille, comme les Huîtres, les deux valves sont très inégales.

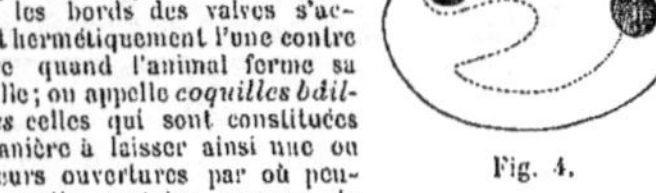
Fig. 4.

Le *manteau* est formé par deux replis dorsaux qui tapissent la face interne des valves et se terminent quelquefois avec elles par deux bords libres (*Pecten*) ; mais, en général, ces bords tendent à s'accoler entre eux et à se souder de manière à envelopper plus ou moins complètement les branchies. La soudure peut ne se faire qu'en un seul point (*Moule*), situé très en arrière, de manière à laisser une grande fente antérieure pour le passage du pied (fente pédieuse) et une petite fente postérieure pour les courants d'eau qui servent à la respiration (fente respiratoire). Chez d'autres L. (*Cardium*, par ex.), il existe en arrière deux points de soudure assez rapprochés l'un de l'autre; on trouve alors d'avant en arrière : la grande fente pédieuse, la fente branchiale par où entre l'eau de la respiration et la fente anale par où ressort l'eau qui entraîne avec elle les excréments. Enfin chez tout un groupe de L., la région du manteau qui avoisine ces deux dernières fentes s'allonge énormément, de manière à former deux longs tubes creux terminés par les ouvertures branchiale et anale; ce sont les organes appelés *siphons*. Généralement soudés l'un contre l'autre, les siphons peuvent être rétractiles ou non; dans ce dernier cas, ils sont enveloppés d'une cuticule membraneuse (Pholades) ou encroûtés de sels calcaires (Tarets, Arrosoirs). [Fig. 5. Dessins schématiques représentant les différentes dispositions du manteau. A, type du Pecten; B, type de la Moule; C, type du Cardium; D, type siphoné; *F. p.*, fente pédieuse; *f. r.*, fente respiratoire; *f. a.*, orifice anal; *f br.*, orifice branchial; *s.*, siphons].

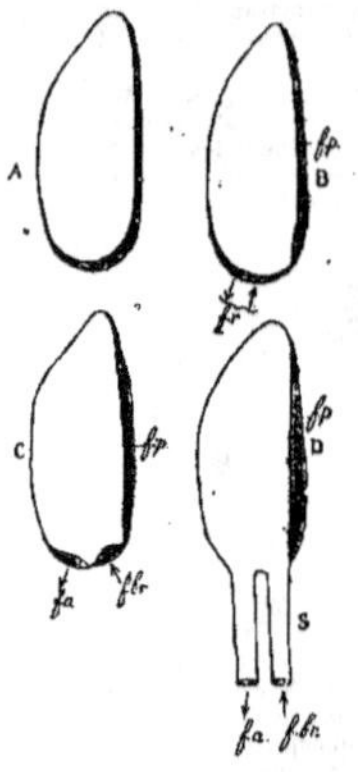

Fig. 5.

Le *Pied* (Fig. 6, P) est l'appareil locomoteur des L. C'est un organe musculeux présentant la forme d'une hache ou d'un soc de charrue. Très peu développé ou même complètement atrophié chez les L. fixés (Huîtres), il peut généralement faire saillie en dehors de la coquille et servir à l'animal pour se creuser un chemin dans le sable (Mye, Solen). D'autres fois l'animal peut

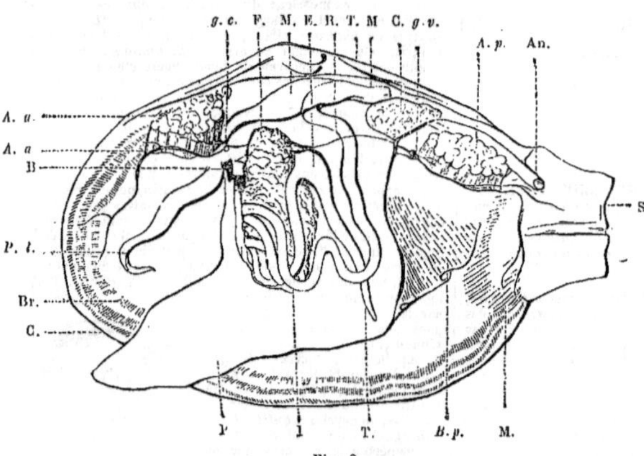


Fig. 6.

prendre sur lui un point d'appui de manière à s'élancer au loin (Cardium). Chez la Nucule, enfin, il est aplati et prend la forme d'un organe de reptation comme chez les Gastéropodes. Certains L. progressent sur le sable (Pecten) ou nagent dans la mer (Lima) en ouvrant ou en fermant alternativement leur coquille.

L'appareil digestif des L. se compose d'une bouche (B. Fig. 6) inerme entourée de quatre replis appelés *palpes labiaux* (*P. l.*); à la suite vient un court œsophage qui conduit dans un estomac globuleux (E); l'intestin (I) présente plusieurs circonvolutions avant de se terminer par un rectum (R) qui traverse le cœur; l'anus (An.) est situé en arrière et au-dessus du muscle adducteur postérieur (*A. p.*). On ne trouve pas chez les L. de glandes salivaires, mais il existe un foie de couleur brune (F.) qui déverse sa sécrétion dans l'intérieur de l'estomac. Enfin chez certaines espèces, l'estomac présente un diverticule (T.) dans lequel se trouve un organe hyalin, de fonction inconnue, la *tige cristalline*.

Les branchies se présentent sous la forme de lamelles qui s'attachent de chaque côté de la masse viscérale; il y a ainsi deux lamelles droites et deux lamelles gauches, chacune d'elles étant formée par deux feuillets que réunissent un grand nombre de filaments transversaux (Fig. 1, *br.*) Le sang hématosé revient à deux oreillettes latérales, situées de chaque côté du dos, un peu en avant de l'anus. Ces oreillettes communiquent avec un ventricule unique, que nous avons vu être traversé par le rectum et d'où partent deux aortes. Le sang tombe bientôt des artères dans les lacunes inter-organiques où il abandonne son oxygène; avant de revenir aux branchies, il traverse deux reins que l'on appelle plus communément ici, *organes de Bojanus*. [Fig. 6. Organisation d'un L. *A. a.*, muscle adducteur antérieur; *g. c.*, ganglion cérébroïde; M., manteau; C. ventricule; *g. v.*, ganglion viscéral; Br., branchies; *B. p.*, bosse de polichinelle; S., siphons].

Chez les L. inférieurs, comme la Nucule, le système nerveux rappelle celui des Gastéropodes, ce qui indique une souche commune pour ces deux classes de mollusques. Il se compose (Fig. 7, schématique) d'une paire de ganglions cérébroïdes (*g. c.*) situés près de la bouche, sur l'œsophage, d'une paire de ganglions palléaux (*g. pa*) situés un peu en dehors, de ganglions pédieux (*g. pé*) situés à la base du pied et réunis aux deux premiers; enfin de ganglions viscéraux (*g. v.*) placés tout à fait en arrière et unis aux ganglions palléaux par deux longs connectifs. Chez tous les autres L. (Fig 8, schématique), les ganglions palléaux sont confondus avec les ganglions cérébroïdes. Comme organes des sens il faut citer des prolongements tactiles que présentent quelquefois les bords du manteau, des cellules visuelles (*Ommatidies*) isolées ou groupées en forme d'œil (Pecten, Arche) sur les bords du manteau. Enfin on a trouvé chez quelques espèces (Anadontes, Nucule) des otocystes placés près des ganglions pédieux.

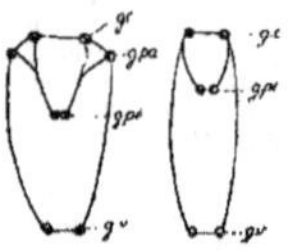

Fig. 7. Fig. 8.

Les L. sont unisexués (Moule, Nucule) ou hermaphrodites (Huître, Pecten, Cardium), mais dans les deux cas les glandes sexuelles ne diffèrent à la vue que par la couleur; elles sont situées dans la bosse de polichinelle et envahissent quelquefois le manteau au moment de la reproduction. En général le testicule a une couleur blanche, l'ovaire une couleur jaune ou rouge; cette différence de coloration se voit très bien chez le Pecten. Chez l'Huître qui est hermaphrodite, c'est la même glande qui fonctionne d'abord comme testicule, ensuite comme ovaire. Les œufs sont fécondés dans la cavité palléale; c'est également là que les petits vivent pendant quelque temps.

Les L. vivent en général enfouis dans le sable de la mer ou des rivières; quelques-uns creusent des galeries dans les rochers ou dans les bois submergés. D'autres sont pélagiques, ou, au contraire, restent toujours fixés au même endroit; la fixation se fait par une des valves de la coquille (Huître) ou par le moyen de filaments cornés (*byssus*) que sécrète une glande byssogène située à la base du pied (Moule). Pour la classification des L., on peut conserver les termes créés par Cuvier, mais en leur donnant la signification de groupes et non de familles, comme le faisait l'illustre naturaliste. Ce sont les Ostracés et les Mytilacés qui renferment tous les L. dépourvus de siphon; les

Chamacés, les Cardiacés et les Enfermés, renfermant tous les L. siphonés. Voy. ces mots.

**LAMELLICORNES.** s. m. pl. [Pr. *lamel-li-korne*] (R. *lamelle* et *corne*). T. Entom. — La famille d'insectes désignés sous ce nom par Latreille appartient à l'ordre des *Coléoptères pentamères*. Les Coléoptères qui la composent sont caractérisés par leurs antennes insérées dans une fossette profonde sous les bords latéraux de la tête, toujours courtes, ordinairement composées de 9 ou 10 articles, et constamment terminées par une massue formée des 3 derniers articles, qui sont lamelleux, et tantôt disposés en éventail ou comme les feuilles d'un livre, tantôt contournés et s'emboîtant concentriquement, le premier ou l'inférieur de cette massue ayant alors la forme d'un demi-entonnoir et recevant les autres, tantôt rangés perpendiculairement à l'axe et représentant une sorte de peigne. Le corps des L. est généralement ovoïde et épais; le côté extérieur des jambes antérieures est denté, et les articles des tarses, à l'exception de quelques mâles, sont entiers et sans brosses ni pelotes en dessous. L'extrémité antérieure de la tête s'avance ou se dilate le plus souvent en manière de chaperon. Les mandibules de plusieurs sont membraneuses, caractère qu'on n'observe dans aucun autre Coléoptère. Tous ont des ailes et la démarche lourde. Souvent les mâles diffèrent des femelles, soit par des élévations en forme de cornes ou de tubercules du corselet ou de la tête, soit par la grandeur de leurs mandibules. Les larves ont le corps long, presque demi-cylindrique, mou, souvent ridé, blanchâtre, divisé en 12 anneaux, avec la tête écailleuse, armée de fortes mandibules, et 6 pieds écailleux. — La famille des L. est considérable; elle se compose, en effet, d'environ 400 genres et près de 5,000 espèces. Ces insectes sont en outre remarquables sous le rapport de leur taille, de la variété des formes du corselet et de la tête, et souvent aussi par l'éclat de leurs couleurs métalliques. Dans les classifications actuelles le groupe des Lamellicornes est démembré en deux familles : celle des *Lucanidés* et celle des *Scarabéidés*. Voy. ces mots.

**LAMELLIFÈRE.** adj. 2 g. [Pr. *lamel-lifère*] (R. *lamelle*, et lat. *fero*, je porte). T. Zool. Qui porte des lamelles.

**LAMELLIFORME.** adj. 2 g. [Pr. *lamel-liforme*] (R. *lamelle* et *forme*). Qui a la forme d'une lamelle.

**LAMELLIPÈDE.** adj. 2 g. [Pr. *lamel-lipède*] (R. *lamelle*, et lat. *pes, pedis*, pied). T. Zool. Qui a le pied aplati en forme de lamelle.

**LAMELLIROSTRE.** adj. 2 g. [Pr. *lamel-lirostre*] (R. *lamelle*, et lat. *rostrum*, bec). T. Zool. Dont le bec est garni de lamelles sur les bords. = Lamellirostres. s. m. pl. T. Ornith. Famille de *Palmipèdes*. Voy. ce mot.

**LAMELLOSODENTÉ, ÉE.** adj. [Pr. *lamel-lo-zo-danté*] (lat. *lamellosus*, lamelleux, et fr. *denté*). T. Zool. Dont le bec est garni sur le bord de petites dents en forme de lamelles.

**LAMENNAIS** (Félicité-Robert de), prêtre indépendant et écrivain français, né à Saint-Malo (1782-1854). Ses principaux ouvrages sont : *Essai sur l'indifférence en matière de religion* (1817) et *Paroles d'un croyant* (1832).

**LAMENTABLE.** adj. 2 g. [Pr. *la-man...*] (lat. *lamentabilis*, m. s., de *lamentare*, déplorer). Déplorable, qui mérite d'être pleuré. *Une mort l. Un accident l. Un sort l.* || Qui excite la pitié. *Un discours l. Un ton de voix l. Une histoire l. Des cris lamentables.*

**Syn.** — *Pitoyable*. — Ce qui est *lamentable* émeut jusqu'à arracher des plaintes et des cris; ce qui est *pitoyable* est simplement digne de pitié. Une chose *lamentable* fait toujours sur l'esprit une forte et douloureuse impression. Une chose *pitoyable* inspire un sentiment pénible, où parfois même il entre une certaine nuance de dégoût et de mépris. C'est ainsi qu'on dit d'un homme accablé d'infirmités corporelles de tout genre : il est dans un *pitoyable état*.

**LAMENTABLEMENT.** adv. [Pr. *laman-table-man*]. D'une façon lamentable.

**LAMENTATION.** s. f. [Pr. *lamanta-sion*] (lat. *lamentatio*, m. s.). Plainte accompagnée de gémissements et de cris, ou de l'expression d'une grande douleur, d'un vif regret. *On n'entendit que lamentations. Après une longue l. Il fait d'éternelles lamentations sur la perte de son procès.* || *Les lamentations de Jérémie*, Sorte de poèmes que ce prophète a faits sur la ruine de Jérusalem.

**Syn.** — *Plainte*. — La *lamentation* est une plainte forte, continue, une grande démonstration de douleur. La *plainte* s'exprime par le discours; les gémissements accompagnent la *lamentation*. On se *lamente* dans la douleur; on se *plaint* du malheur. L'homme qui se *plaint* demande justice; celui qui se *lamente* implore la pitié.

**LAMENTER.** v. a. [Pr. *la-man...*] (lat. *lamentare*, m. s.). Déplorer, regretter avec plaintes et gémissements. *L. la mort de ses parents, la ruine de sa patrie.*

> Le chantre désolé lamentait son malheur.
>
> Boileau.

Dans le sens actif, il n'est guère usité qu'en poésie. = Lamenter. v. n. *Vous avez beau pleurer et l.* Peu us. = se Lamenter. v. pron. Se plaindre avec bruit. *Les femmes pleuraient et se lamentaient. Vous vous lamentez en vain. Il se lamente sans cesse sur la perte de son emploi.* = Lamenté, ée. part.

**LAMENTIN.** s. m. Voy. Lamantin.

**LAMETH** (Charles, comte de) (1757-1832), et son frère, Alexandre (1760-1829), membres de l'Assemblée constituante, furent les adversaires de Mirabeau et les défenseurs de la royauté constitutionnelle.

**LAMETTE.** s. f. [Pr. *lamè-te*]. Petite lame de bois, de fer.

**LA METTRIE** (Julien **OFFROY** de), médecin fr. et philosophe matérialiste, né à Saint-Malo (1709-1751).

**LAMIA**, v. anc. de Thessalie. || *Guerre Lamiaque*, lutte que les Athéniens et leurs alliés soutinrent contre Antipater, gouverneur de Macédoine, après la mort d'Alexandre le Grand; elle avait commencé par le siège de Lamia.

**LAMIE.** s. f. (lat. *lamia*, m. s.). T. Myth. Être fabuleux, représenté avec un buste de femme sur le corps d'un serpent, et qu'on pensait dévorer les enfants. || T. Zool. Sorte de squale. — Genre d'insectes Coléoptères.

**LAMIER.** s. m. T. Techn. Ouvrier qui confectionne des lames d'or, d'argent pour étoffes. || T. Bot. Genre de plantes Dicotylédones (*Lamium*), de la famille des *Labiées*. Voy. ce mot.

**Méd.** — Le l. blanc (*lamium album* L.) ou ortie blanche, plante vivace, croît abondamment le long des haies, des chemins, dans les bois, les décombres, où elle se fait remarquer par la blancheur de ses fleurs et par la vigueur de sa végétation. Les brebis seules broutent cette plante; les abeilles en recherchent les fleurs. — Son odeur est forte et désagréable; sa saveur amère; elle est tonique est astringente. — Très employée contre les diarrhées, les hémorrhagies passives, les affections catarrhales et surtout contre la leucorrhée atonique. Elle est d'un usage vulgaire dans cette dernière maladie; infusion de 8 à 16 grammes pour 750 grammes d'eau bouillante; trois fois par jour, à la dose de deux tasses chaque fois. (Ray. Marjolin.)

**LAMINAGE.** s. m. Action de laminer.

**LAMINAIRE.** adj. 2 g. (lat. *lamina*, lame). T. Minér. Qui est composé de lames parallèles. *Cassure l.*, Qui offre des lamelles. = Laminaire. s. f. T. Bot. Genre d'Algues (*Laminaria*) de la famille des *Phéosporées*. Voy. ce mot.

**LAMINARIÉES.** s. f. pl. (R. *laminaria*, laminaire). T. Bot. Tribu d'Algues de la famille des *Phéosporées*. Voy. ce mot.

**LAMINARITE.** s. m. (R. *laminaria*, laminaire). T. Bot. Genre d'Algues fossiles (*Laminarites*) du groupe des *Phéosporées*, que l'on trouve dans l'infra-lias.

**LAMINE.** s. f. (lat. *lamina*, lame). Petite lame. Peu us. Voy. Lamelle.

**LAMINER.** v. a. (lat. *lamina*, lame). Réduire un métal en feuilles ou en barres au moyen du laminoir. || Réduire par une forte pression l'épaisseur d'un volume à relier. = Laminé, ée. part.

**LAMINERIE.** s. f. Atelier de laminage.

**LAMINEUR.** s. m. Ouvrier employé au laminage. || Machine de préparation des lingots destinés au monnayage ou aux ouvrages d'or et d'argent.

**LAMINEUX, EUSE.** adj. (lat. *laminosus*, m. s.). Qui semble formé de lames. *Le tissu l.*

**LAMINOIR.** s. m. (R. *laminer*). T. Techn. Machine à laminer. Voy. ci-après. || Fig. *Faire passer quelqu'un au l.*, Le façonner en lui imposant une contrainte sévère.

**Techn.** — Le *Laminoir* se compose essentiellement de deux cylindres horizontaux d'acier ou de fer, placés parallèlement au-dessus l'un de l'autre, et dans lesquels on fait passer les pièces de métal à laminer, c.-à-d. que l'on veut transformer en barres ou en lames. Ces cylindres sont portés par un bâti de fer forgé, et reçoivent des mouvements égaux, mais en sens contraire. Le cylindre inférieur reçoit directement le mouvement du moteur, tandis que le supérieur est mis en mouvement par l'inférieur, à l'aide d'un engrenage. En outre, le cylindre inférieur est fixe; le supérieur, au contraire, est mobile et peut s'éloigner ou se rapprocher à volonté du premier, selon l'épaisseur que l'on veut donner aux métaux. Enfin, leur surface est unie ou cannelée suivant la forme que les pièces doivent recevoir. C'est ainsi qu'on obtient les *fers plats*, les *fers carrés*, les *fers à T*, etc. On donne le nom d'*équipage* ou de *jeu* à une paire de cylindres superposés, et celui de *train de laminoir* à une paire d'équipages et aux appareils nécessaires pour les mettre en mouvement. Le laminage se fait à chaud ou à froid suivant les métaux. Il réclame, en outre, des précautions particulières qui varient non seulement suivant la nature du métal, mais encore suivant les résultats que l'on veut obtenir. Ainsi, par ex., le fer et l'acier se laminent à chaud, et ce n'est qu'après plusieurs passages successifs entre les cylindres qu'ils prennent la forme et les dimensions voulues. Le cuivre a également besoin de plusieurs passages, mais il se travaille à froid. C'est aussi à froid que l'on traite le plomb et l'étain. On attribue l'invention de cette machine à Ant. Bruckner, qui, en 1553, l'appliqua à la monnaie de Paris. Le premier l. établi en Angleterre date seulement de 1663. Avant son invention, le laminage se faisait lentement et péniblement à l'aide du marteau.

**LAMIQUE.** adj. 2 g. Qui appartient aux lamas. Peu us. Voy. LAMAÏQUE.

**LAMISTE.** s. m. Sectateur de la religion des lamas. Peu us. Voy. LAMAÏSTE.

**LAMNUNGIA.** s. m. pl. T. Mamm. Voy. HYRACIENS.

**LAMOIGNON** (GUILLAUME DE), magistrat fr. (1617-1677), premier président du parlement de Paris. || L'un de ses petits-fils, GUILLAUME II, premier président de la Cour des aides, puis chancelier (1683-1772), fut le père de Malesherbes.

**LA MONNOYE** (BERNARD DE), poète et érudit fr. (1641-1728), auteur des *Noëls bourguignons.*

**LAMORICIÈRE** (CHRISTOPHE-LÉON-LOUIS **JUCHAULT** DE), général français (1806-1865), se distingua en Algérie, fut ministre de la guerre en 1848. Il accepta le commandement des troupes pontificales en 1860 et fut vaincu par les Piémontais à Castelfidardo.

**LA MORLIÈRE** (JACQUES **ROCHETTE** DE), littérateur fr. (1719-1785).

**LA MOTHE-HOUDANCOURT** (PHILIPPE, comte DE), maréchal de France (1605-1657), fut vice-roi de Catalogne.

**LA MOTHE LE VAYER** (FRANÇOIS DE), écrivain et philosophe français (1588-1672).

**LAMOTTE** (JEANNE DE **VALOIS SAINT-REMY**, comtesse DE), intrigante célèbre (1756-1791).

**LAMOTTE-BEUVRON**, ch.-l. de c. (Loir-et-Cher), arr. de Romorantin; 2,200 hab.

**LAMOTTE-HOUDARD**, littérateur et fabuliste fr. (1672-1731).

**LAMOTTE-PIQUET** (Comte de), amiral fr. (1720-1791), se distingua dans la guerre de l'Indépendance américaine.

**LAMOURETTE** (ANTOINE-ADRIEN), évêque constitutionnel de Lyon, député à la Législative, fit, le 7 juillet 1792, une motion pour réunir dans un même esprit les membres de l'Assemblée : ce qu'on appela le *Baiser Lamourette.* Né en 1742, il fut condamné à mort en 1794.

**LAMP.** s. m. [Pr. *lanp*]. T. Icht. Nom d'un Poisson osseux, nommé vulgairement *Gras-Mollet*, le *Cyclopterus lampus*. Voy. DISCOBOLES.

**LAMPADAIRE.** s. m. [Pr. *lan-padè-re*] (lat. *lampadarius*, m. s., de *lampas*, *lampadis*, lampe). T. Hist. Au Bas-Empire, titre d'un officier qui portait des flambeaux devant l'empereur, l'impératrice et devant quelques autres personnes considérables. || Espèce de pied ou support destiné à porter une lampe. La Fig. ci-contre représente un l. en bronze de Barbedienne. || T. Archéol. Voy. LAMPE.

**LAMPADISTE** (gr. λαμπαδιστής, m. s., de λαμπὰς, flambeau). T. Antiq. Celui qui prenait part à la course des flambeaux.

**LAMPADITE.** s. f. T. Minér. Oxyde de manganèse hydraté impur, renfermant une assez forte proportion d'oxyde de cuivre.

**LAMPADOPHORE.** s. m. [Pr. *lan-pa...*] (gr. λαμπὰς, άδος, flambeau; φορὸς, qui porte). Chez les Grecs, on appelait *Lampadophorie*, c.-à-d. course du flambeau, une sorte de jeu qui était en usage dans plusieurs cités, telles que Corinthe, Pergame, Athènes, etc. Dans cette dernière, la course du flambeau avait lieu dans cinq solennités différentes : la première aux fêtes de Prométhée, la seconde aux Panathénées, la troisième aux fêtes de Vulcain, la quatrième en l'honneur de Pan, enfin la cinquième en l'honneur de Diane de Thrace. Ce jeu se célébrait le plus souvent dans le Céramique. La carrière avait 6 à 7 stades de longueur, et s'étendait depuis l'autel des trois dieux (Prométhée, Minerve et Vulcain) jusqu'à l'Acropole. Quant à la façon dont se faisait la course au flambeau, on en a donné des explications diverses et contradictoires. La plus vraisemblable est celle-ci : dans l'intérieur de la carrière, on plaçait à des distances égales les jeunes gens qui voulaient prendre part à la course, et qu'on nommait *Lampadophores*. Au signal donné, le premier allumait un flambeau sur l'autel de Prométhée, et le portait, en courant, au second qui le transmettait de la même façon au troisième, et ainsi de suite. Ceux qui le laissaient s'éteindre étaient hors de combat. Pour être vainqueur, il fallait avoir parcouru successivement les différentes stations. La Figure ci-contre représente une médaille d'Amphipolis, où l'on voit le flambeau qui servait à ces courses. Ce jeu paraissait à Hérodote une image de la vie, qui se transmet par les générations successives, et il a inspiré à Lucrèce vers célèbre :

*Et quasi cursores vitai lampada tradunt.*

**LAMPADOPHORIES.** s. f. pl. [Pr. *lan-pa...*] (R. *lampadophore*). Fêtes célébrées chez les Grecs en l'honneur des dieux du feu. Voy. LAMPADOPHORE.

**LAMPANT, ANTE.** adj. [Pr. *lan-pan...*] (Provenç. *lampa*, briller). Clair. *Huile lampante*, Huile qui donne une lumière claire. || Se dit aussi du vin dans le sens de bon à boire, à lamper.

**LAMPAS.** s. m. [Pr. *lan-pa*]. Etoffe de soie qu'on tirait originairement de la Chine, et qui est en général à grands dessins d'une couleur vive et différente de celle du fond. *Le l. sert surtout à l'ameublement.*

**LAMPAS.** s. m. [Pr. *lan-pa*] (R. *lamper*). Gosier.

Vous humectez volontiers le lampas.

Vx. || T. Art. vét. Engorgement qui survient au palais du cheval, derrière les pinces de la mâchoire supérieure. *Le l. met obstacle à la mastication, et se traite ordinairement par la cautérisation.*

**LAMPASCOPE.** s. m. [Pr. *lan-pa-scope*] (gr. λαμπὰς, lampe; σκοπέω, j'examine). Appareil destiné à produire la fantasmagorie. Voy. LANTERNE MAGIQUE.

**LAMPASSÉ, ÉE.** adj. [Pr. *lan-pa-sé*] (R. *lampas*, gorge). T. Blas. Se dit des lions et autres quadrupèdes dont la langue est d'un autre émail que le corps. Lorsqu'il s'agit d'autres animaux, on dit *Langué*.

**LAMPE.** s. f. [Pr. *lan-pe*] (lat. *lampas ;* gr. λαμπάς, m. s., de λάμπω, je brille). Ustensile formé d'un réservoir contenant un liquide combustible où trempe une mèche qu'on allume pour produire de la lumière || *Allumer une l.*, Allumer la mèche d'une lampe. || *Cul-de-l.* Voy. CUL. || *L. à esprit-de-vin*, Destinée à faire chauffer quelque chose très rapide ent. — *L. d'émailleur*, Permettant de diriger au moyen d'un chalumeau une flamme intense sur un point donné pour émailler, pour fondre, façonner le verre, etc. || Fig. *Il n'y a plus d'huile dans la l.*, Il n'y a plus de vie chez une personne. || T. Bouch. Région qui s'étend de la partie postérieure et latérale du ventre vers l'extrémité inférieure et antérieure de la cuisse.

**Techn.** — Dans l'antiquité gréco-romaine, on se servit d'abord de torches ou de chandelles. Mais plus tard l'usage des lampes à huile se répandit chez les gens riches, et les anciens moyens d'éclairage furent relégués dans les classes inférieures. Les lampes (λύχνος, *lucerna*) étaient le plus souvent rondes ou ovales, mais aplaties et ornées de dessins ou de figures en relief Quant à la matière, c'était tantôt la terre cuite, tantôt le bronze que l'on choisissait. La disposition de ces appareils était des plus simples. Ils consistaient en un réservoir ayant d'un côté une anse pour les saisir; du côté opposé, un bec (μύξα, *myxa*) pour recevoir la mèche (ἐλλύχνιον, *ellychnium*), faite habituellement de moelle de sureau, de fils de lin, ou de filaments de papyrus; et au milieu une ouverture destinée à l'introduction de l'huile. Les Figures 1 et 2 représentent deux antiques lampes de bronze. Les plus communes n'avaient qu'un bec, et par conséquent qu'une mèche, tandis que d'autres en offraient un plus grand nombre. Enfin, pour s'en servir, on les plaçait, tantôt sur un meuble ou sur une tablette fixée dans la muraille, tantôt sur le plateau d'un candélabre, ou bien on les suspendait au plafond à l'aide de chaînes. On se servait encore d'un pied (*lychnuchus*) qui était disposé de manière à porter en même temps plusieurs lampes suspendues. La Figure 3, qui est la reproduction d'un bronze du musée Bourbon à Naples, est une variété du lychnuchus. Enfin, les Romains désignaient sous le nom de *lychnuchus pensilis* ce que nous appelons

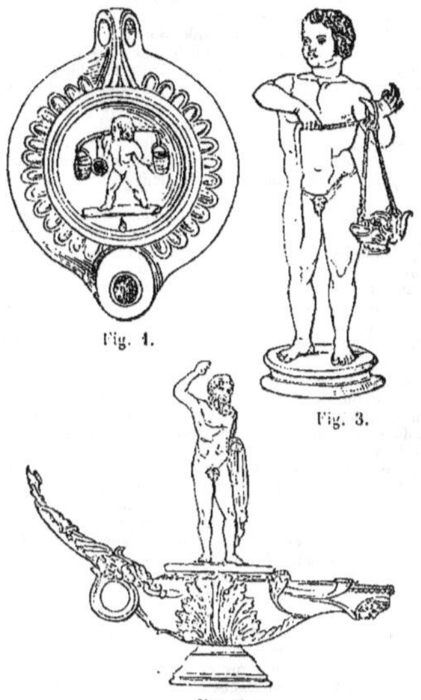

Fig. 1.

Fig. 3.

Fig. 2.

un *Lampadaire*, c.-à-d. un plateau de formes et de dimensions variables, que l'on garnissait de lampes et que l'on suspendait au plafond, où il remplissait le même rôle que nos lustres.

Pendant de longs siècles, les lampes ont peu progressé. Une mèche était plongée dans le réservoir, le liquide montait jusqu'à la partie supérieure de celle-ci en vertu de la

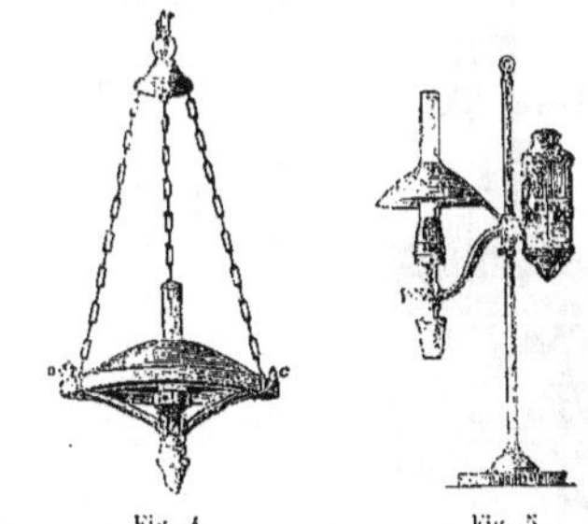

Fig. 4.

Fig. 5.

capillarité. Ce n'est qu'en 1782 qu'Argand imagina de faire circuler l'air à l'intérieur et à l'extérieur de la mèche. A cet effet, il donna à cette dernière la forme d'un cylindre creux, la plaça dans un double étui métallique, où elle s'alimentait d'huile, et la surmonta d'une cheminée de verre qui produisait un tirage analogue à celui des cheminées ordinaires. Grâce à cette disposition, la combustion devint plus complète, et la flamme acquit une intensité et une pureté infiniment supérieures. Peu de temps après, Lange améliora l'invention en rétrécissant la cheminée immédiatement au-dessus de la mèche, ce qui activa encore la combustion en rejetant l'air sur la flamme. Toutes les lampes construites depuis cette époque ont le bec disposé suivant les principes qui précèdent, en permettant à l'aide d'une clef spéciale de faire monter ou descendre la mèche. Les inventeurs se sont astreints à réunir trois qualités indispensables pour le bon fonctionnement d'une l. à huile. Ces conditions sont : 1° que l'huile soit constamment maintenue au niveau de l'extrémité supérieure du bec; 2° que le liquide ne puisse, en débordant autour du bec, tomber sur les objets environnants; 3° que l'appareil entier soit disposé de telle sorte que la lumière puisse se répandre parfaitement dans toutes les directions.

Dans le système de lampes à réservoir au niveau du bec, l'un des plus anciens, le niveau supérieur de l'huile est toujours un peu inférieur à celui de la mèche. Telles étaient les lampes dites *astrales* ou *en couronne*, dans lesquelles le réservoir se composait d'un anneau creux communiquant à la partie inférieure du bec, lequel était disposé de manière à occuper le centre du cercle (Fig. 4).

Dans le système désigné sous le nom de *L. à tringle* ou *L. de bureau* (Fig. 5), le réservoir de l'huile est à double boîte : l'huile y est soutenue au-dessus du niveau de la mèche par la pression de l'air, et, à mesure qu'on y laisse pénétrer une certaine quantité d'air, le niveau du liquide combustible s'abaisse dans le réservoir et il s'écoule une quantité correspondante d'huile pour alimenter la mèche.

*Lampes à réservoir inférieur au bec.* — Dans ces appareils, l'huile est amenée au bec à l'aide d'un mécanisme particulier. On peut les diviser en deux catégories. Dans la première, l'huile une fois arrivée au bec, est entièrement consumée ou dégagée, et n'y revient plus; dans les secondes, que l'on pourrait appeler *Lampes à circulation*, le liquide dégorgé revient dans le réservoir, puis remonte, et ainsi de suite, jusqu'à ce qu'il soit entièrement brûlé. Ces dernières sont les seules employées aujourd'hui. Vinrent d'abord des lampes à circulation inventées par l'horloger Carcel, qui leur a donné son nom. Dans cette l., un mécanisme d'horlogerie, placé à côté du réservoir et dont l'on tend le ressort avec une clef, met en mouvement une petite pompe foulante, et le piston de celle-ci pousse constamment l'huile dans un tube qui l'élève jusqu'à la mèche. On a depuis singulièrement perfectionné ce système de l. La carcel perfectionnée ou *L. à modérateur* de Franchot a pour réservoir (Fig. 6) une enveloppe cylindrique qui fait fonction de corps de pompe. Un piston de cuir recouvert d'une enveloppe métallique est disposé dans ce réservoir de manière à jouer à frottement contre ses parois. Enfin un ressort en spirale est fixé, d'un côté à la tête du piston, et de l'autre à la partie supérieure du réservoir. Quand, à l'aide de la clef et de la crémaillère, on a tendu ou monté ce ressort, ce dernier, se détendant peu à peu par l'effet de son élasticité, fait descendre lentement le piston dans l'intérieur du corps de pompe, exerçant ainsi sur l'huile une pression qui la force à monter dans le tube d'ascension, jusqu'au point où sa combustion doit s'effectuer. Comme la tension du ressort diminue à mesure que le piston descend, l'huile arriverait en quantité trop abondante au début et insuffisante à la fin. Le *modérateur* remédie à cet inconvénient : il consiste en une tringle placée dans le conduit d'ascension de l'huile; cette tringle monte et descend avec le piston, laissant au liquide un espace libre de plus en plus grand au fur et à mesure que la tension du ressort diminue. Comme dans les carcels, toute l'huile qui arrive au bec n'est pas consumée; celle qui est en excès déborde et retombe dans le réservoir où fonctionne le moteur, et l'action de celui-ci la fait ensuite remonter.

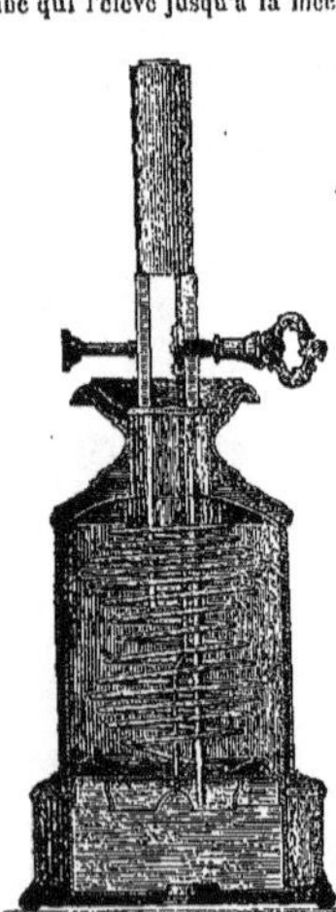

Fig. 6.

*Lampes à pétrole, à essence*, etc. — Pendant de longues années, la l. à modérateur a joui d'un grand renom. Aujourd'hui encore son emploi est très répandu. Cependant pour un grand nombre de causes, parmi lesquelles entre en premier lieu le prix toujours élevé de l'huile d'éclairage, elle s'est trouvée distancée et en grande partie supplantée par une nouvelle venue : la *l. à pétrole* et celle qui est presque aussi employée, la *l. à essence minérale*, que chacun connaît et utilise. Dans ces lampes, le régulateur a disparu, il devient aussi inutile de faire usage d'un piston pressé par un ressort pour que le liquide vienne humecter la mèche. Essentiellement volatils, pétrole et essence montent par capillarité jusqu'à l'extrémité supérieure de la mèche où se produit la combustion. La forme des becs et des mèches où le liquide vient se brûler est très variable. On en peut cependant signaler trois types principaux : le premier se compose d'une fente plus ou moins large dans laquelle est placée une mèche plate; dans le second, la mèche est cylindrique comme dans la lampe Carcel, de sorte que l'air arrrive à la fois à l'intérieur et à l'extérieur; dans le troisième, la mèche est encore cylindrique, mais elle est surmontée d'une plaque de cuivre circulaire et horizontale sur laquelle la flamme vient s'étaler, ce qui en augmente la surface. Pour que les lampes à pétrole fonctionnent bien, il importe que le niveau du liquide ne descende pas trop bas au-dessous du bec, ce qui justifie les formes évasées et à large diamètre qu'on donne souvent au réservoir. De plus, il est utile que la mèche soit très longue, de manière qu'une grande quantité du tissu spongieux qui la compose, soit immergée dans le liquide. Ajoutons que, grâce aux nouvelles découvertes sur l'incandescence de certains corps en ce qui concerne l'éclairage, on est arrivé à garnir les lampes à pétrole et à essence de manchons de terres rares qui, sous l'influence de la chaleur dégagée par la combustion, deviennent incandescents et augmentent dans des proportions considérables le pouvoir éclairant de la flamme. Voy. Bec *à gaz, bec Auer.*

Les lampes à essence minérale sont généralement de petite dimension. Leur emploi, pouvant présenter quelques dangers, exige certaines précautions que nous avons signalées au mot Éclairage.

On a aussi construit des lampes destinées à brûler l'acétylène; mais cette industrie est encore aujourd'hui (1898) trop nouvelle, et le type de la l. à acétylène vraiment pratique et sans danger est encore à trouver, quoiqu'on puisse espérer qu'il ne se fera pas trop attendre. Voy. Éclairage.

Les *Lampes à esprit-de-vin* ou à *alcool* sont de simples fioles remplies d'alcool où plonge une longue mèche. On les emploie pour chauffer, sans odeur ni fumée. Il n'existe pas à proprement parler de *Lampes à gaz*, car une l. à gaz consiste en un simple bec par où le fluide s'échappe en vertu de sa force élastique.

*Appareils divers.* — Les appareils connus sous les noms de *L. d'émailleur* et de *L. de sûreté* ne sont que des lampes ordinaires à réservoir de niveau. On a aussi donné le nom de *Lampes de sûreté* aux lampes qu'emploient les mineurs dans les mines de houille et qui sont disposées de manière à ne pouvoir enflammer le *grisou* qui se dégage si souvent dans ces mines. Voy. Flamme.

Quant aux *Lampes électriques*, on les divise en *Lampes à arc* et *Lampes à incandescence*; nous les décrirons, avec détails, au mot Lumière *électrique*.

**LAMPÉE.** s. f. [Pr. *lan-pé*] (R. *lamper*, v. a.). Grand verre de vin. *Il avala de suite cinq ou six lampées.* Pop.

**LAMPER.** v. a. [Pr. *lan-per*] (R. *laper*, ou bien même orig., d'ailleurs inconnue, que *lampas*, gorge). Boire avidement de grands verres de vin. *Quand il eut lampé cinq ou six verres de vin. Il aime à l.* Pop. = Lampé, ée. part.

**LAMPER.** v. n. [Pr. *lan-per*] (R. *lampe*). T. Mar. Se dit de la mer devenue phosphorescente. *La mer a lampé cette nuit.*

**LAMPERIE.** s. f. [Pr. *lan-pe...*] (R. *lampe*). Voy. Lampisterie.

**LAMPERON.** s. m. [Pr. *lan...*] (R. *lampe*). Petit tuyau ou languette qui tient la mèche dans une lampe. || Vase de verre contenant l'huile et la mèche d'une lampe d'église.

**LAMPIER.** s. m. [Pr. *lan-pié*] (R. *lampe*). Sorte de lustre portant de petits godets où l'on brûle de l'huile. || T. Archit. Lanterne de cimetière, monument où l'on entretenait une lampe allumée. Voy. CIMETIÈRE.

**LAMPION.** s. m. [Pr. *lan...*] (R. *lampe*). Petit vase de terre, de fer-blanc ou de verre, dans lequel on met du suif ou de l'huile avec une mèche pour faire des illuminations. Voy. LAMPE.

**LAMPISTE.** s. [Pr. *lan...*] (R. *lampe*). Celui, celle qui fait ou vend des lampes. || Celui, celle qui a soin des lampes, de l'éclairage, dans un théâtre, un collège, un chemin de fer, etc. — Autrefois on disait *lampier*, ce qui valait bien mieux.

**LAMPISTERIE.** s. f. [Pr. *lan...*] (R. *lampiste*). Industrie relative à la fabrication des lampes. || Lieu où l'on garde, où l'on remplit, où l'on répare les lampes dans une administration, un établissement, une gare de chemin de fer, etc. — Le mot correct serait *lamperie*.

**LAMPON.** s. m. [Pr. *lan...*] (R. *lamper*). Couplet satirique. Vx.

**LAMPOTTE.** s. f. [Pr. *lan-pote*] (Dim. de *lampe*, ainsi dit à cause de sa forme en godet de lampe). Nom de plusieurs patelles dont la chair est employée comme appât par les pêcheurs des côtes. — Par ext., Tout appât fait avec un mollusque.

**LAMPOURDE.** s. f. [Pr. *lan...*] T. Bot. Genre de plantes Dicotylédones nommé vulg. *Glouteron* (*Xanthium*) de la famille des *Composées*. Voy. ce mot.

**LAMPRIDE,** historien latin, un des auteurs de l'*Histoire auguste* (IVe siècle ap. J.-C.).

**LAMPRILLON.** s. m. [Pr. *lanpri-llon*, *ll* mouillées] ou **LAMPROYON.** s. m. [Pr. *lan-pro-yon*] (Dimin. de *lamproie*). Petit poisson vermiforme. Voy. CYCLOSTOME.

**LAMPROIE.** s. f. [Pr. *lan-proué*] (lat. *lampetra*, murène, de *lambere petram*, lécher les pierres). T. Icht. Genre de *Poissons cartilagineux*. Voy. CYCLOSTOMES.

**LAMPROMÈTRE.** s. m. [Pr. *lan-pro...*] (gr. λαμπρὸς, lumineux; μέτρον, mesure). Instrument propre à mesurer l'intensité de la lumière.

**LAMPSANE.** s. f. [Pr. *lan-psane*]. T. Bot. Genre de plantes Dicotylédones (*Lampsana*), de la famille des *Composées*. Voy. ce mot.

**LAMPSAQUE,** anc. v. d'Asie Mineure (Mysie).

**LAMPYRE.** s. m. [Pr. *lan...*]. T. Ent. Nom scientifique du *Coléoptère* appelé vulgairement *Ver luisant*. Voy. MALACODERMES.

**LAMURE,** ch.-l. de c. (Rhône), arr. de Villefranche; 1,100 hab.

**LAN** ou **LANC** ou **LANS.** s. m. [Pr. *lan*] (R. *lancer*). T. Mar. Mouvement spontané de rotation que fait un navire, à droite ou à gauche, soit qu'il obéisse au gouvernail tenu par une main faible ou inhabile, soit qu'il subisse l'effort des rames.

**LANARK,** v. de l'Écosse méridionale, ch.-l. du comté de Lanark; 6,900 hab. Le comté a 904,400 hab.

**LANARKITE.** s. f. (R. *Lanark*, nom de lieu en Écosse). T. Minér. Substance composée de carbonate et de sulfate de plomb, en cristaux clinorhombiques verdâtres.

**LANA TERZI,** jésuite italien, physicien distingué (1631-1687).

**LANC.** s. m. Voy. LAN.

**LANÇAGE.** s. m. T. Mar. Action de lancer un navire. || Fig. *Le l. d'un journal, d'une roman, d'une femme légère*, etc.

**LANCASHIRE.** Voy. LANCASTER.

**LANCASTER** ou **LANCASTRE,** v. d'Angleterre, ch.-l. du comté de ce nom ou Lancashire; 20,700 hab. Fonderies, manufactures. Le comté de Lancastre a 3,454,000 hab.

**LANCASTER** (JOSEPH), instituteur anglais, propagea la méthode de l'*enseignement mutuel* inventée par Bell (1778-1838).

**LANCASTÉRIEN, IENNE.** adj. [Pr. *lankastéri-in, iène*]. Se dit d'un système d'enseignement mutuel propagé par Lancaster, pédagogue anglais. *Enseignement l. Écoles lancastériennes.*

**LANCASTÉRITE.** s. f. (R. *Lancastre*, nom de lieu). T. Minér. Syn. d'*Hydromagnésite*.

**LANCASTRE** (Détroit de), au nord de l'Amérique, entre la mer de Baffin et la baie de Melville.

**LANCASTRE** (Maison de), *la Rose rouge*, maison issue du troisième fils d'Édouard III, rivale de la maison d'York (*Rose blanche*), dans la célèbre guerre des Deux Roses dont elle sortit victorieuse. Elle a donné à l'Angleterre HENRI IV, HENRI V et HENRI VI (1399-1471).

**LANCASTRIEN, IENNE.** s. [Pr. *lankastri-in, iène*]. T. Hist. Partisan de la maison de Lancastre, ou du parti de la Rose rouge.

**LANCE.** s. f. (lat. *lancea*, m. s., du grec λόγχη, m. s.). Arme d'hast ou à long bois, qui est terminée par un fer pointu. — Figur., *Rompre une l., rompre des lances pour quelqu'un*, Le défendre contre ceux qui l'attaquent. *Rompre une l. avec quelqu'un, contre quelqu'un*, Disputer avec lui. *Baisser la l. devant quelqu'un*, Lui céder, reconnaître sa supériorité. Absol., *Baisser la l.*, signif. Fléchir, se relâcher. *Il a tenu bon plus d'un an, mais enfin il a baissé la l.* || *L. fournie.* Voy. GENDARMERIE. || T. Man. *La main de la l.*, La main droite du cavalier. *Le pied de la l.*, Le pied droit du cheval. — Figur., *Coup de l.*, Marque naturelle que quelques chevaux ont entre le poitrail et l'épaule. || *L. de drapeau., l. d'étendard*, Bâton surmonté d'un fer de lance, et auquel est attaché le drapeau, l'étendard. || Long bâton garni d'un tampon pour jouter sur l'eau. || T. Pyrotechn. Sorte de fusée emmanchée qui sert à mettre le feu à une pièce d'artillerie ou d'artifice. || Par ext., le nom de *Lance* a été appliqué, dans les arts et dans l'industrie, à différents instruments et outils à cause de leur forme plus ou moins semblable à celle d'une lance, entre autres, à un ornement en forme de fer de lance, parfois doré, dont on garnit le haut des barreaux d'une grille; — à un instrument à fer acéré en spatule, dont on se sert pour harponner la baleine; — au piquant des chevaux de frise; — à une spatule à modeler le plâtre, la glaise, la cire; — à une barre de fer avec laquelle le chaufournier écarte les pierres dont le four est chargé pour donner passage à la flamme. — *L. à eau*, Tuyau servant à diriger un jet d'eau pour arroser, pour éteindre un incendie. — *L. de sonde*, Fiche qu'on attache au bout d'une ligne et qui sert à indiquer la nature du fond par les débris qui s'y attachent. || T. Chir. Instrument pour perforer le crâne du fœtus mort. || T. Forest. Arbre assez grand pour pouvoir être exploité.

**Art milit.** — Sous le nom d'*Armes d'hast*, on désigne les diverses armes portatives de main qui se composent d'un fer piquant ou tranchant monté à l'extrémité d'un long manche de bois, appelé *Hampe*. Ces armes ont varié de mille manières suivant les temps et les lieux. Néanmoins on peut les partager en trois catégories principales : les *piques*, les *lances* et les *javelots*, qui diffèrent principalement entre elles par la forme et les dimensions de leur fer, par la longueur de leur hampe, et par l'usage particulier auquel elles sont destinées. La *Pique* ordinaire avait le fer plat et tranchant, en forme de losange ou de cœur, et terminé par une pointe aiguë; sa hampe était longue de 3 à 4 mètres. C'était une arme propre à l'infanterie. La *Lance* se distinguait surtout par son fer, qui était plus allongé que celui de la pique et cylindrique ou triangulaire, ou même en losange. Elle était propre aux troupes à cheval. Enfin, le *Javelot* avait la hampe courte, le fer très large avec une pointe acérée : c'était une arme mixte, destinée à être lancée avec la main ou à frapper sans quitter la main. Il convenait à tous les corps, soit à pied, soit à cheval, mais plus particulièrement aux troupes légères. Chacune de ces catégories se composait d'une très grande variété d'armes particulières dans la description desquelles nous ne pouvons entrer ; il nous suffira de parler de celles qui ont été en usage chez les peuples policés de l'antiquité et dans les armées françaises du moyen âge.

I. — Dans le principe, les *Grecs* avaient des armes d'hast dont les dimensions variaient à l'infini ; mais, à mesure qu'ils firent des progrès dans l'art militaire, ils en déterminèrent la longueur suivant la manière de combattre de chaque corps. La pique de l'infanterie, ἔγχος, était primitivement assez courte ; mais elle fut allongée quand on adopta le système des masses profondes. Ainsi, le général athénien Iphicrate fit augmenter d'un tiers la longueur des piques en usage avant lui. Parmi les armes de ce genre en usage dans les armées grecques, la *Sarisse*, σάρισσα, était la plus longue et la plus lourde ; elle n'avait pas moins de 5 à 6 mètres. Cette arme appartint d'abord exclusivement à la phalange macédonienne ; mais après Alexandre elle fut adoptée par tous les peuples grecs, qui la donnèrent aux hoplites. Les peltastes avaient une pique beaucoup plus courte, γρόσφος, qu'ils pouvaient lancer au besoin. Quant aux psilites, ils portaient un javelot. ὑσσὸς, qui n'était pas sans analogie avec le *pilum* romain, Les Grecs se servaient également de plusieurs autres espèces de javelots plus légers, appelés σαύνιον, ἀγκύλη, ἀκόντιον, mais ces mots désignaient aussi diverses variétés de flèches. Les troupes à cheval avaient également plusieurs sortes de lances. La plus longue, κοντὸς, ressemblait à la sarisse, mais était un plus courte ; elle était destinée à la grosse cavalerie, tandis que la cavalerie légère en avait une de dimension moyenne, appelée δόρυ, et une autre qui était encore plus petite, qu'on nommait λόγχη. La hampe de ces armes était ordinairement munie d'une bride de cuir ou d'un appui de bois pour aider à monter à cheval. Enfin, les cavaliers portaient un javelot, ξυστὸν, d'une forme particulière.

II. — Les *Romains* imitèrent la plupart des armes grecques, particulièrement la pique et la l., qu'ils appelèrent *contus* et *lancea*, mots dérivés des noms grecs. Ils désignèrent aussi les plus longues sous le nom générique de *hasta*, et les plus petites sous celui de *hastula*. La *hasta* proprement dite était une pique assez légère, que l'on donnait aux soldats du premier rang, qui, de là, furent nommés *hastaires*, *hastati*. Son fer (Fig. 1) avait la forme spécialement désignée sous le nom de fer de lance. On fixait souvent sur sa hampe, vers le centre de gravité, une poignée de cuir, *ansa*, ou une courroie, *amentum*, pour aider à porter des coups ou à la lancer, suivant qu'on l'employait comme arme d'hast ou de jet. Les *princes* et les *triaires* avaient des piques beaucoup plus fortes. Les Romains désignaient tous les javelots sous le nom générique de *jaculum*, et, quand ils voulaient parler de ceux qui étaient spécialement à l'usage de l'infanterie légère, ils employaient les mots *veru*, *verutum* et *veruculum*. L'arme appelée *veru* ou *verutum* (Fig. 2) avait un fer rond et très aigu, tandis que celui du *veruculum* était large et de forme triangulaire. La longueur totale de l'un et de l'autre était d'environ $1^{m},20$, et celle du fer de 14 centimètres. Plus tard, on donna aux vélites un javelot appelé *hasta velitaris* (Fig. 3) de dimensions à peu près semblables, mais dont le fer était si mince et si aigu, qu'il se faussait au premier coup et ne pouvait être renvoyé par l'ennemi. Quant au *pilum*, que Végèce appelle aussi *spiculum*, c'était un javelot plus solide et plus lourd que les précédents ; sa longueur totale était d'environ $1^{m},90$, et celle du fer de 23 centimètres. On le donnait aux soldats du premier rang. Ce javelot se lançait de très près ; il perçait parfois les boucliers et faisait de larges blessures. La partie aiguë de la lame était trempée avec soin, mais le reste était de métal mou, afin de pouvoir se plier au moment du choc. Enfin, pour embarrasser davantage l'ennemi et empêcher qu'il ne pût se servir de l'arme qui l'avait blessé, la hampe était disposée de manière à tomber par le choc et à rester suspendue par la pointe. Outre les armes qui précèdent, les fantassins romains avaient plusieurs autres espèces de javelots, nommés *matera* ou *materis*, *gæsum*, etc., dont les différences caractéristiques sont peu connues. On sait seulement qu'ils avaient emprunté le dernier aux populations de la Gaule.

III. — Chez les peuples modernes, les armes d'hast n'ont pas été moins nombreuses que dans l'antiquité. En France, sous les rois des deux premières races, les fantassins avaient une sorte de demi-pique, appelée *Framée*, qui était à la fois une arme de main et de jet, et les cavaliers une longue l. à fer étroit, qu'ils portaient au côté droit de la selle et à laquelle on a donné le nom de *Lancegaye* ou *Archegaye*. Les Francs se servaient aussi d'une espèce de javelot dont la hampe se détachait de la lame par l'effet du choc. Une variété de cette arme, dite *Javeline*, *Matarc* ou *Mazare*, avait le fer plus large que le javelot ordinaire. On ne l'employait que pour frapper ; mais, pour qu'elle ne pût s'enfoncer trop profondément et échapper de la main, elle était munie, au point de jonction de la lame et de la hampe, d'une branche transversale. Cette arme était ordinairement ornée d'une banderole et à l'usage des fantassins comme des cavaliers. Enfin, on a donné le nom d'*Angon*, de *Rancon* et de *Corsecque*, à une arme d'hast de médiocre longueur, dont le fer était accompagné de deux crochets recourbés, et qui servait à frapper, à percer et à accrocher.

Sous le régime féodal, les masses confuses qui constituaient l'infanterie eurent d'abord l'*Esloc* et l'*Épieu*, qui étaient de simples bâtons ferrés. Plus tard, on leur donna la *Pique*,

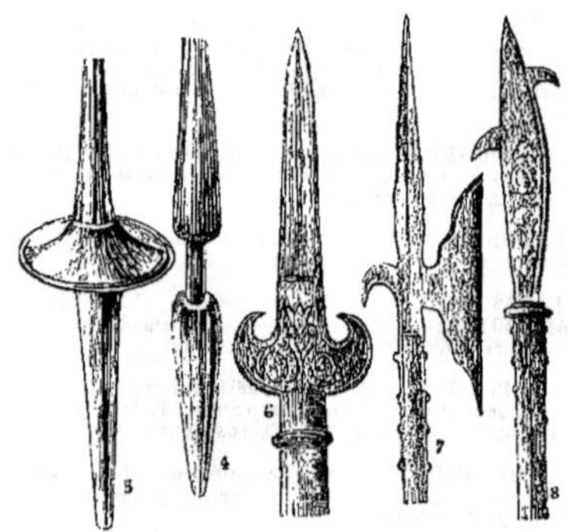

dont il y eut plusieurs variétés. La pique ordinaire était longue d'environ $4^{m},60$ et armée d'un fer pointu, tantôt ovale, tantôt en forme de cœur aplati. L'extrémité opposée avait une douille conique, afin qu'on pût la planter en terre. Pour combattre, le soldat la tenait des deux mains, la pointe inclinée vers la poitrine de l'ennemi. Enfin, les officiers qui commandaient les piquiers portaient une pique plus courte ou une sorte de demi-pique, appelée *Esponton*. — La cavalerie, qui ne se composa, pendant plusieurs siècles, que de gentilshommes, avait pour arme d'hast une longue l. à hampe de frêne, et à fer tantôt étroit et plat, tantôt triangulaire ou quadrangulaire et à faces évidées, tantôt rond et uni ou cannelé. La hampe fut primitivement unie ; plus tard (Fig. 4), on y distingua quatre parties distinctes : 1° la *poignée*, par laquelle on saisissait l'arme, et qui était resserrée entre deux renflements destinés à assujettir et à préserver la main ; 2° le *pied*, qui se trouvait au-dessus de la poignée ; 3° les *ailes*, qui étaient le renflement en avant de la poignée et avaient pour objet de garantir la main des coups de la lance opposée ; 4° la *flèche*, qui était la partie comprise entre les ailes et le fer. Dans les combats simulés, comme ceux qui avaient lieu dans les tournois, on modifiait souvent la forme de la hampe ainsi que le représente la Fig. 5. En outre, on émoussait le fer, ou bien on le garnissait d'une sorte d'anneau, appelé *Frette* ou *Morne*, ou bien encore on en enfonçait la pointe dans une petite boule ; les lances qui présentaient cette disposition étaient qualifiées de *courtoises*, *mousses*, *frettées* ou *mornées*, tandis que les autres étaient dites *lances à fer émoulu* ou *à outrance*. Souvent même on supprimait le fer et l'on construisait la hampe de telle manière qu'elle se rompit par le choc : c'est ce qu'on appelait une *l. brisée*. Il existait encore une autre espèce de l. nommée *gracieuse* et *glaive*, qui différait de la l. ordinaire par son fer, qui était long, droit, uni et terminé en pointe; par sa poignée, qui était garnie de velours et de franges ; et par son pied et ses ailes, qui étaient ciselés et ornés avec beaucoup de luxe. Le XIV$^e$ siècle vit paraître une nouvelle l., dite *Grande lance*, *Bourdon* et *Bourdonnasse*, dont la hampe avait 4$^m$,60 ou 5 mètres de long, et dont le fer était lourd, plat et de forme ovale allongée; c'était l'arme de la gendarmerie. Sous Charles VIII, les Estradiots introduisirent momentanément dans les armées françaises l'*Arzegaye* ou *Azagaye* (corruption de *Archegaye*, vu plus haut, et dont l'éthymologie est vraisemblablement *hasta-gæsum* : *hasta*, lance, *gæsum*, javelot gaulois), sorte de l. légère, longue de près de 4 mètres, et ayant un fer à chaque extrémité de la hampe. Vers la même époque, parurent deux armes d'hast à l'usage de l'infanterie ; nous voulons parler de la *Pertuisane* et de la *Hallebarde*, dont l'invention est attribuée aux Suisses. A l'origine, la *pertuisane* se composait d'une lame longue et pointue, tranchante des deux côtés, très large à la base, et montée sur une hampe garnie d'une douille de métal à son extrémité inférieure. Par la suite, on modifia le fer de mille manières, tantôt en lui donnant la forme d'une flamme, tantôt en le terminant inférieurement par deux pointes crochues (Fig. 6), d'autres fois en fixant au-dessous deux lames accessoires, appelées *ailes* ou *ailerons*, qui ressemblaient à des haches, à des croissants, à des tridents, etc. La *Hallebarde* différait de la pertuisane en ce que sa lame était moins large et moins longue. En outre, cette lame était toujours accompagnée de deux fers latéraux ou *ailes*, dont la configuration variait à l'infini. Dans les plus simples, un de ces fers avait la forme d'un hache ou d'un croissant, et l'autre celle d'une pointe droite ou crochue (Fig. 7). Suivant le plus ou moins de courbure de cette dernière, on donnait quelquefois à l'arme les noms de *Saquebute*, *Corbeau*, *Corbin* et *Faucon*. Enfin, il y avait des hallebardes dont la lame était remplacée par une longue pointe : on les appelait *Thaulaches*.

Les armes qui précèdent étaient les plus usitées, mais il en existait une multitude d'autres dont la forme n'avait souvent rien de bien déterminé, et variait suivant le caprice de celui qui les fabriquait ou qui devait les porter. La *Guisarme* avait deux fers qui étaient tranchants des deux côtés et disposés en forme de fourche. La *Vouge*, *Voulge* ou *Vougle*, lui ressemblait beaucoup, mais elle n'avait qu'une seule lame large, pointue, et souvent munie latéralement d'un ou de deux crochets (Fig. 8). Le *Fauchard* ou *Fauchon* consistait en une lame en forme de serpe fixée au bout d'un long manche, et parfois accompagnée de pointes ou de crochets. Une variété de cette arme, que l'on nommait *Besague* ou *Besaiguë*, avait, au lieu de pointes ou de crochets, des lames droites ou recourbées dont les deux côtés étaient tranchants. Le *Couteau de brèche* était une sorte de coutelas monté sur une hampe solide ; on s'en servait, dans les armées de terre, pour défendre la brèche, et, dans les armées de mer, pour repousser l'abordage. Enfin, sous les noms de *Harpin*, de *Havet*, de *Croc*, de *Main de fer*, etc., on désignait des instruments de guerre dont le manche était terminé par des pointes droites ou crochues qui étaient destinées à piquer ou à accrocher.

L'invention de la poudre à canon diminua beaucoup l'efficacité des armes d'hast. Toutefois on ne les mit entièrement de côté qu'après que de nombreux perfectionnements eurent appris à reconnaître la supériorité des nouvelles armes. C'est sous le règne de Henri IV que notre cavalerie abandonna la l. pour le sabre et le pistolet. Quant aux troupes à pied, elles continuèrent à se composer en grande partie de piquiers jusqu'à l'adoption du fusil à baïonnette, sous le règne de Louis XIV.

Nous verrons à l'article *Lancier* que la l., après avoir été rétablie dans certaines armées européennes, fut adoptée dans la cavalerie française en 1801, supprimée totalement après la guerre de 1870, puis remise en usage dans quelques régiments de dragons depuis 1890. C'est, aujourd'hui, une arme en bambou de 2$^m$,90 de long, armée à ses extrémités d'un sabot et d'une pointe en acier. Dans la parade, elle est ornée d'une flamme mi-partie rouge et blanche. La l. est une arme terrible dans la charge de cavalerie, au moment du premier choc, où elle a l'avantage d'atteindre l'adversaire plus loin que le sabre, soit en avant à droite et à gauche, soit en arrière à gauche, soit à terre. Mais, dans le corps à corps, l'homme qui en est armé se trouve à la merci de l'ennemi, et se voit obligé de la rejeter pour avoir recours au sabre ou aux armes à feu. De plus, elle rompt souvent dans le choc et ne rend qu'un service momentané.

**LANCÉE**. s. f. (R. *lancer*). T. Méd. Synon. d'élancement. || Sorte de jeu d'écoliers analogue au saut de mouton.

**LANCEGAYE**. s. f. (lat. *lancea*, lance; *gæsum*, sorte de javelot gaulois). Ancienne arme de hast. Voy. LANCE.

**LANCELOT**, écrivain fr., un des solitaires de Port-Royal (1615-1695), auteur de *Grammaires* et du *Jardin des racines grecques*. Voy. JANSÉNISME.

**LANCEMENT**. s. m. [Pr. *lanse-man*]. T. Mar. Opération qui consiste à mettre un bâtiment à l'eau.

**LANCÉOLAIRE**. adj. 2 g. Voy. LANCÉOLÉ.

**LANCÉOLE**. s. f. (lat. *lanceola*, petite lance). Petite lance de feu d'artifice.

**LANCÉOLÉ, ÉE**. adj. (lat. *lanceolatus*, m. s., de *lancea*, lance). T. Bot. Se dit d'une feuille dont la base et le sommet se prolongent en pointe.

**LANCEPESSADE**. s. m. Voy. ANSPESSADE.

**LANCER**. v. a. (R. *lance*). Darder, jeter en avant avec force, avec roideur, pour atteindre au loin. *L. un trait*, *un javelot*, *une flèche*. *L. une pierre*, *une grêle de pierres*. *L. une balle contre un mur*. *Cette machine lançait des pierres énormes sur les vaisseaux ennemis*. — Poétiq. et dans le style soutenu, *Dieu lance le tonnerre*, *lance la foudre*. *Le soleil lance ses rayons sur la terre*. || Fig. *L. un regard de colère*. *L. des œillades*. *L. une épigramme*. *L. des traits piquants*. *L. une bulle*, *un interdit*, *un anathème*. *L. une brochure*, *une satire*, *un pamphlet contre quelqu'un*. || T. Man. *L. un cheval*, Le faire partir très vite, au galop. || T. Vén. *L. la bête*, *le cerf*, *le sanglier*, *le loup*, *le lièvre*, etc., Les faire sortir de l'endroit où ils sont, pour leur donner les chiens || T. Mar. *L. un vaisseau à la mer*, *dans un fleuve*, etc., Le faire descendre du chantier à la mer, le mettre à l'eau. — Neutral., on dit, *Ce vaisseau lance tribord*, *lance bâbord*, en parlant d'un vaisseau qui se détourne accidentellement de sa route en se jetant à droite ou à gauche. On dit encore qu'*Un vaisseau lance sur ses câbles*, Lorsque, étant à l'ancre, il est poussé par un fort courant. || Fig., *L. une personne*, La pousser vivement dans le monde, dans les affaires, dans les emplois. *L. une affaire*, La mettre en bonne voie. = SE LANCER, v. pron. Se jeter avec impétuosité, avec effort. *Il se lança au travers des ennemis*.

Dans la profonde mer Œnone s'est lancée (RACINE).

*Ils se lancèrent l'un sur l'autre*. || Fig et fam.. *Se l. dans le monde*, *dans les affaires*, *dans la littérature*, Y entrer, s'y produire, s'y jeter avec peu de réflexion. || Fam. *Se l.*, *Être lancé*, Se mettre, être trop en train, trop en gaieté. = LANCÉ, ÉE. part. = Subst., *Le lancé*, L'action de lancer le gibier, le lieu où le gibier a été lancé. || T. Techn. *Le lancé*, Nom donné à un procédé de *tissage*. Voy. ce mot. = Conj. Voy. AVANCER.

**LANCERON**. s. m. Jeune brochet dont le corps est effilé comme une lance.

**LANCETTE**. s. f. [Pr. *lansè-te*] (Dim. de *lance*). T. Chir. La l. est un instrument de forme lancéolaire, spécialement destiné à la pratique de la saignée et qu'on utilise aussi pour faire à la peau ou sur les muqueuses des mouchetures ou des inoculations virulentes. La l. se compose d'une lame et d'une châsse ; la lame est plate, longue de 3 centimètres environ ; vers le milieu de sa longueur ses deux bords deviennent tranchants et se rapprochent en s'inclinant vers l'axe de la lame pour former la pointe; la partie opposée porte le nom de talon et est dépolie à la lime afin de ne pas glisser entre les doigts qui la tiennent. La châsse est formée de deux petites plaques de corne, d'écaille ou de nacre, réunies au talon par un rivet ; elle dépasse dans tous les sens, surtout vers la pointe, la lame qu'elle doit protéger lorsque la l. est fermée. La l. la plus effilée porte le nom de *l. à langue de serpent*; la moins effilée est dite *l. à grain d'orge*; la *l. à grain d'avoine* est intermédiaire aux deux précédentes. Voy. SAIGNÉE.

**LANCETTIER.** s. m. [Pr. *lan-sè-tié*]. Étui à lancettes.

**LANCEUR.** s. m. Celui qui lance, jette quelque objet. *Un l. de lasso.* || Appareil qui lance un liquide ou un fluide. || T. Néol. Celui qui lance, qui met en train une affaire. || Celui qui met à la mode une femme galante.

**LANCHE.** s. f. T. Mar. Embarcation usitée dans l'Amérique du Sud, qui va à la voile et à l'aviron. *La l. porte deux mâts ayant chacun une voile carrée. Le grand mât des lanches est très incliné sur l'arrière.*

**LANCIER.** s. m. T. Hist. militaire. Nous avons dit, à l'article *Lance*, que l'arme ainsi nommée fut abandonnée par la cavalerie française sous le règne de Henri IV, et remplacée par le sabre. Mais ce changement, qui pouvait être raisonnable quand les batailles se réduisaient à une multitude de combats singuliers, ne convint plus à une époque où, la tactique ayant changé, l'action des masses effaçait de plus en plus l'action individuelle. En effet, si le sabre est préférable à la lance dans les combats d'homme à homme, il n'en est plus de même dans le choc de deux masses de cavaliers, chargeant au galop. Dans ce cas, toutes choses égales d'ailleurs, les soldats armés de lances doivent l'emporter sur ceux qui sont armés de sabres. Malgré l'abandon où était tombée la lance dans les armées de l'Europe occidentale, l'usage s'en était conservé chez les Russes et chez les Polonais. Frédéric le Grand, appréciant tout l'avantage que ces derniers retiraient de la lance, forma le premier un régiment de *Lanciers*. Les Autrichiens suivirent son exemple, et bientôt ils eurent 3 régiments de hulans dans leur cavalerie. En 1742, Louis XV autorisa le maréchal de Saxe à former un régiment de hulans de 1000 chevaux; mais, après la mort du maréchal, ce régiment perdit son arme spéciale. Les lanciers ne reparurent chez nous qu'en 1801, ou le 3e régiment de hussards arma de lances un de ses escadrons. En 1807, Napoléon incorpora dans sa garde, sous le nom de *chevau-légers lanciers*, un régiment de hulans polonais. En 1808, il décréta la formation de 4 régiments de lanciers, et en 1812 notre cavalerie en comptait 9, forts d'environ 10,000 hommes. Tous furent supprimés en 1815, à l'exception des lanciers de la garde royale. Bientôt, cependant, on réorganisa cette arme, et sous le second empire la cavalerie de ligne comptait 8 régiments de lanciers, auxquels s'ajoutait celui des lanciers de la garde impériale. Après la guerre de 1870, les régiments de lanciers furent supprimés, et leurs éléments constituèrent des régiments de dragons. Mais les autres nations européennes ayant conservé l'usage de la lance, les partisans de cette arme la firent rétablir en 1890 dans un certain nombre de nos régiments de dragons. Toutefois, pour utiliser les avantages de cette arme et en éviter autant que possible les inconvénients, elle ne fut attribuée qu'aux hommes du premier rang de l'escadron en bataille, ceux qui, dans la charge, fournissent le premier choc, les hommes du second rang, armés du sabre, devant protéger les premiers en cas de corps à corps. Mais le nom de lanciers n'a pas été rétabli.

**LANCIÈRE.** s. f. (R. *lancer*). T. Techn. Ouverture qui donne issue à l'eau de l'écluse d'un moulin. — *Vanne lancière*, Vanne qui amène l'eau sur la roue du moulin.

**LANCINANT, ANTE.** adj. (lat. *lancinare*, mettre en pièces, qu'on tire de *lanx*, plat, la douleur étant comparée à quelque chose qui déchire). T. Méd. Qui produit des élancements aigus. *Douleur lancinante.*

**LANCIS.** s. m. [Pr. *lan-si*] (R. *lancer*). T. Archit. Opération qui consiste à réparer un mur dégradé en enfonçant des moellons ou des pierres dans les parties dépouillées. || Se dit des pierres mêmes employées à cette opération.

**LANÇOIR.** s. m. [Pr. *lan-souar*] (R. *lancer*). Pièce de bois qu'on lève pour donner passage à l'eau, quand on veut mettre un moulin en mouvement. || Sentier en pente escarpée sur lequel on lance les arbres qu'on abat dans les montagnes.

**LANÇON.** s. m. (R. *lance*). T. Icht. Petit *Poisson osseux*. Voy. Équille.

**LANÇONNIER.** s. m. [Pr. *lan-so-nié*]. Chevron à mortaise sur lequel on fixe le moule destiné à la construction d'un mur de pisé.

**LANCRET**, peintre fr. (1690-1743).

**LANDAIS** (Napoléon), grammairien fr., né à Paris (1803-1852).

**LANDAISE.** s. f. [Pr. *lan-dè-ze*] (R. *lande*). T. Constr. Espèce de poudingues qu'on emploie dans les constructions.

**LANDAMMAN.** s. m. [Pr. *landam-mane*] (all. *land*, terre; *amtmann*, bailli). Titre du premier magistrat dans quelques cantons de la Suisse.

**LANDAMMANAT.** s. m. [Pr. *landam-mana*]. Charge, fonctions du landamman. || Temps que dure cette charge.

**LANDAU.** s. m. (R. *Landau*, ville). Voiture à quatre roues, dont le dessus est formé de deux soufflets qui se replient à volonté. *Découvrir un l. Des landaus.*

**LANDAU**, v. du Palatinat (Bavière); 8,750 hab.

**LANDE.** s. f. (all. *land*, terre). Terrains incultes couverts de bruyères, de genêts, etc.

**Syn.** — *Friches.* — Les *landes* sont des terres qui naturellement sont improductives ou ne donnent que de misérables produits. Les *friches* sont des terres qui ont été et qui peuvent encore être cultivées, et qui ne demandent que du travail pour devenir fécondes. *Landes* annonce une étendue considérable, désignation que n'implique pas le mot *friche*. Les *landes* occupent de grands espaces, tandis qu'un seul morceau de terre peut être mis en *friche*. *Landes* ne s'emploie pas au figuré; il en est autrement de *friche*. On dit fort bien d'une personne qui a de l'esprit naturel, mais qui n'a pas d'instruction pour le faire valoir, que c'est un esprit en *friche*.

**Topogr.** — On appelle *Landes* de vastes étendues de terres arides et stériles, recouvertes quelquefois d'une mince couche végétale, où croissent misérablement des bruyères, des ajoncs et quelques touffes d'herbes maigres et sans utilité. Le climat de ces tristes régions, presque des solitudes, appesantit d'ailleurs son influence débilitante sur tous les êtres qui les habitent. Si les animaux sont malingres et de races dégénérées, les travaux longs et pénibles, la nourriture insuffisante que fournit le sol, l'eau de mauvaise qualité qui est la seule boisson des habitants, amènent chez l'homme un dépérissement précoce. La stagnation des eaux, par suite de l'imperméabilité du sol, rend certaines localités insalubres, même pour le voyageur qui ne fait que les traverser.

La plus grande élévation des landes au-dessus du niveau de la mer ne dépasse pas 80 mètres. Elles ont partout l'aspect d'un dépôt de transport ou d'alluvion marine, et l'on y trouve des couches de coquillages n'ayant aucun rapport avec ceux qui vivent dans nos mers. Les landes les plus célèbres de la France sont celles qui s'étendent entre l'Adour et la Gironde, et qui donnent leur nom à l'un de nos départements du sud-ouest. On évalue leur superficie totale à environ 3,000 kilom. carrés. Voy. Dessèchement. — La Sologne, l'Anjou et la Bretagne renferment également des landes considérables. L'aspect des landes varie suivant la nature du sol; là où le sous-sol est imperméable, elles représentent une plaine stérile pendant l'été, et un vaste marais dans la saison des pluies.

**Agron.** — *Mise en culture des landes.* — Les connaissances chimiques et agronomiques du sol acquises dans la seconde moitié de ce siècle, les facilités des communications, le bas prix relatif du transport des matières fertilisantes ont permis d'attaquer, avec un succès rémunérateur, la mise en exploitation de 15 ou 16 millions d'hectares de terres incultes que l'on comptait encore en France, il y a quelques années. Sans doute, ces grandes étendues ne sont pas constituées, en général, par des sols de première qualité. Mais il ne faudrait pas croire qu'il serait impossible d'en convertir une partie en terres de grand rendement et de cultiver le reste avec avantage.

Que des agronomes dont les noms ont fait autorité au commencement de ce siècle, aient émis des doutes sur l'opportunité de la mise en valeur et le défrichement des terres encore incultes, cela se conçoit; l'outillage était à trouver. On croyait alors qu'il y avait profit à diriger les efforts culturaux vers l'amélioration des terrains déjà exploités, et à négliger les autres. Mais, de nos jours, on pense, avec raison, que l'amélioration de ce qui existe n'exclut pas la création de nouvelles sources de richesses. D'ailleurs la statistique, avec ses chiffres, prouve que nous sommes obligés, chaque année, de demander à l'étranger des quantités considérables de céréales, de viandes, de bois que nous pourrions produire chez nous. — Mais une considération de haute valeur morale domine encore la question du défrichement des landes. Les populations de ces vastes espaces improductifs sont restées en arrière du progrès général; quelques-unes ont à peine subi les frottements de la civilisation. Leur émancipation ne peut venir que par la charrue. Le défrichement des terres incultes intéresse donc la nation tout entière, puisqu'il s'agit d'un surcroît de production nécessaire, du bien-être matériel et du relèvement moral de milliers de nos concitoyens.

Le choix des procédés, pour la mise en valeur des landes, doit naturellement varier suivant la nature des terrains. Nous allons étudier séparément les opérations nécessitées pour le défrichement des marécages et des sols secs.

*Terrains marécageux.* — L'eau, si indispensable à la végétation, devient ici un obstacle à la culture; avant de songer au défrichement, il faut donc s'occuper à dessécher; on emploie, à cet effet, l'un des procédés décrits à l'article sur le *Drainage*. Voy. ce mot et DESSÈCHEMENT. — Les sols marécageux offrent l'une ou l'autre des dispositions suivantes : ou ils ont pour base une couche argileuse recouverte seulement par un gazon très dense, très serré, épais de 0m,20 environ, et formé par la réunion des racines vivantes de plantes aquatiques qui couvrent le sol en grande quantité: ou bien cette couche inférieure est recouverte par un banc tourbeux de plusieurs mètres d'épaisseur, résultant de la décomposition séculaire des plantes aquatiques. — Dans les deux cas, un labour préalable serait inefficace; car cette sorte de gazon, après son enfouissement par la charrue, resterait longtemps impropre à la culture, à cause de sa non-décomposition et des plantes nuisibles dont plusieurs reparaîtraient bientôt à la surface. Il convient donc de trouver un procédé à l'aide duquel on puisse à la fois ameublir ces terrains, détruire les végétations nuisibles et les insectes qui pullulent, enfin, hâter la décomposition des gazons pour les mélanger ensuite avec une partie de la couche inférieure. On obtient ces divers résultats à l'aide de l'*Écobuage*. Voy. ce mot. Aux cendres qui résultent de cette opération, et que l'on répand uniformément sur le sol, il est nécessaire d'ajouter au moins 100 hectolitres de chaux grasse par hectare. L'ensemble stimule la végétation des récoltes, achève de détruire les mauvaises herbes, neutralise les acides de la couche humique et introduit dans la terre arable des éléments utiles qui manquent dans ces sortes de terrains. On recouvre les cendres ainsi additionnées, au moyen d'un labour superficiel. Un mois après, et jusqu'à l'hiver, on pratique encore deux ou trois labours croisés, profonds de 0m,25 environ, et suivis de hersages énergiques. Au printemps suivant, on peut demander une première récolte à ce défrichement. Les plantes à racines fourragères, et surtout les crucifères, s'accommodent très bien de ces terrains qui n'exigent pour engrais, pendant quelques années, que l'apport de matières azotées et de phosphates. Le plus souvent, l'exploitation en prairies paraît la solution la plus rémunératrice. Elle est de rigueur lorsque le sous-sol est formé par l'argile plastique.

*Terrains secs.* — La couche de terre meuble destinée à fournir l'alimentation aux diverses sortes de récoltes, doit présenter une profondeur d'environ 0m,40. Il faut donc d'abord s'appliquer à remplir cette condition au moyen d'un labour de défoncement. C'est en vain que l'on essayerait, par raison d'économie, de se soustraire à cette obligation. Si les gazons n'ont pas été suffisamment enterrés, le temps employé pour les détruire et les empêcher de repousser équivaut aux frais du défoncement, et ne dispense pas d'avoir recours, plus tard, à cette opération, si l'on veut tirer tout le parti possible de la fertilité du sol, parce que la culture des céréales n'est avantageuse qu'à la condition d'être accompagnée des récoltes alternantes de plantes industrielles et fourragères. — Si le terrain à défricher est couvert de broussailles, on doit d'abord les brûler. Les cendres sont ensuite répandues sur la surface et enterrées par le labour du défoncement. Ce travail doit toujours être pratiqué avant l'hiver, afin que la couche inférieure du sol, ramenée à la surface, reçoive les influences de l'air, des pluies, de la gelée, si nécessaires pour la rendre propre à la végétation. Un labour en travers est donné au printemps suivant, pour enfouir les engrais; puis on charge la surface d'une récolte de pommes de terre, d'avoine ou de lin qui s'accommode très bien d'un sol nouvellement défriché.

Voilà pour les préliminaires de l'opération. Maintenant quelles sortes de cultures convient-il d'appliquer à ces terres? Faut-il en faire des prairies, des champs arables, ou des bois?

Si les surfaces, jadis marécageuses, ont conservé une fraîcheur suffisante après l'opération du drainage, il est plus profitable de les soumettre, pendant quelques années, au régime des labours, afin de leur faire absorber les amendements dont elles ont besoin, puis de les convertir en prairies ou pâturages; parce que la production de la viande est aujourd'hui plus lucrative que celle du froment.

Un terrain ne peut devenir apte à développer une grande richesse agricole qu'autant qu'il renferme dans une juste mesure les éléments suivants : silice pulvérulente, argile et calcaire. Or, les landes sèches sont restées à l'état stérile précisément parce qu'elles sont dépourvues de l'une quelconque et quelquefois de deux de ces bases fondamentales de la fertilité. Il est donc essentiel que nous apprenions d'abord à reconnaître ces bases. — Les *sols siliceux* sont sans consistance, pulvérulents, rudes au toucher, n'adhérant pas à la langue, très perméables, et par conséquent toujours secs. Ils peuvent retenir, selon leur état de division, de 20 à 30 p. 100 de leur poids d'eau, qu'ils abandonnent avec une grande facilité. Une terre sableuse, délayée dans l'eau, laisse déposer, en moins d'une minute, une très forte proportion de sable plus ou moins divisé; elle fait peu ou pas d'effervescence avec les acides. Elle se dessèche par la chaleur, mais ne durcit pas. La culture y est facile, peu coûteuse, n'exigeant pas de labours fréquents, parce que les racines des plantes et l'air la pénètrent facilement. C'est le milieu privilégié des racines bulbeuses et tuberculeuses, surtout de la pomme de terre; elle est très propre aussi à la culture du trèfle, du seigle, de l'orge, de l'avoine, mais inférieure aux terres argileuses pour la production du froment. On reproche aux sols siliceux de manquer de consistance. S'ils ont une position inclinée, les eaux les entraînent et lavent les engrais qu'ils contiennent. Si la couche de sable est épaisse, eaux et engrais descendent dans les profondeurs du sol, hors de l'atteinte des racines. On a dit d'eux qu'ils coûtent cher à nourrir; on peut ajouter qu'ils ont toujours soif. On les améliore et on augmente leur fertilité par des apports incessants d'argiles, de marnes et de chaux. — Les espèces propres à former des taillis dans les sols sablonneux sont : le bouleau, le hêtre, le charme, même le châtaignier et le chêne si les sables sont fins et profonds. — On reconnaît les *argiles* à leur toucher gras et onctueux. Sèches, elles happent à la langue; cette propriété vient de ce qu'elles adhèrent fortement à l'épiderme en s'emparant rapidement de son humidité. Les argiles peuvent absorber et retenir jusqu'à 70 p. 100 de leur poids d'eau. Elles produisent avec ce liquide une pâte tenace susceptible de recevoir toutes les formes. Chauffée au rouge, cette pâte prend la dureté de la pierre et perd la propriété de faire corps avec l'eau; particularité sur laquelle est basé l'art du potier et mise à profit par l'agriculture au moyen de l'*écobuage*. Les amas ou les couches d'argile pure, imperméables à l'eau, ne sont susceptibles d'aucune culture. Les plantes trouvent dans les sols argileux d'excellents supports, où les racines prennent un appui solide; des réservoirs d'eau pour les grandes sécheresses; des magasins de potasse et de matières azotées pour leur nourriture. Mauvaises conductrices de la chaleur, les argiles conservent aux racines une température plus égale et modératrice des transitions. Quand elles dominent, elles absorbent trop d'eau en temps de pluie, et forment une bouillie tenace qui ne permet ni écoulement, ni évaporation, rendant alors la culture fort difficile, à cause de l'adhérence aux instruments aratoires. En temps de sécheresse, elles se fendent, se durcissent, opposent une grande résistance au travail de culture et à la pénétration des racines, qu'elles abandonnent au contact trop immédiat de l'air et de la chaleur. Elles exigent toujours un travail fréquent, des labours profonds, la herse et le rouleau. On ne les purge du chiendent qu'avec une extrême difficulté. Elles possèdent encore un défaut capital, celui d'absorber et de retenir, en pure perte pour les plantes, les engrais potassiques et azotés qui se sont trouvés en contact avec elles. Humides et froides, pendant la plus grande partie de l'année, elles donnent des fruits tardifs et de qualité médiocre. Les pommes de terre manquent de fécule. Les sols argileux n'ont que des herbes grossières et peu succulentes. Ils ne conviennent pas aux prairies artificielles, aux sainfoins, aux luzernes, aux productions des céréales du printemps. En revanche, ils sont très propres à la culture des fèves, des choux, du trèfle et surtout du blé d'automne. En résumé, méfions-nous des défrichements trop argileux, si nous n'avons les amendements sous la main, c.-à-d. le silice et la chaux. N'essayons pas de la culture des céréales si le sous-sol est d'argile compacte, il nous ruinerait. Mieux vaut planter en bois si le terrain est sec, ou faire de la prairie si l'humidité le permet. D'ailleurs les bois poussent vigoureusement dans les terres glaiseuses; mais ils sont moins durs et très impressionnables aux fâcheux effets des gelées. Les espèces qui s'accommodent le mieux de ces sortes de terrains sont : l'acacia, le bouleau, le chêne rouvre et pédonculé, le noyer noir, les ormes, le peuplier-tremble, le saule marsault, le sapin commun, l'épicéa, le pommier; en outre, pour le climat du midi, le pin d'Alep. — C'est sous la forme si répandue de carbonate connue sous le nom de *calcaire*, que la *chaux* est le plus souvent utilisée pour l'amendement des défrichements siliceux ou argileux. Au point de vue mécanique, le carbonate de chaux, de même que la silice, agit plus ou moins énergiquement sur les terrains, selon qu'il est à l'état grenu, sableux ou en poudre impalpable. Grenu, il peut remplacer, comme diviseur, le sable siliceux; pulvérulent, il retient jusqu'à 80 p. 100 d'eau qu'il abandonne plus rapidement que l'argile; en poudre, il se laisse plus facilement dissoudre par les eaux aiguisées des acides du sol. Le carbonate de chaux rend l'argile plus friable et plus meuble. Le mélange intime se réduit facilement en poudre fine, lorsqu'il est exposé à l'air humide. Si le carbonate de chaux facilite le dessèchement des sols glaiseux, il donne, au contraire, plus de consistance au sable. La chaux favorise la nitrification des terres; elle hâte la décomposition des engrais, particulièrement dans les sols argileux où ces matières se trouvent empâtées; elle neutralise les acides qui se produisent avec tant de facilité dans les milieux humifères, et dont la présence est si funeste à la vie des plantes. Son intervention semble nécessaire à la formation de ces autres acides qui prennent naissance dans les organes végétaux, tels que les acides tartrique, malique, citrique, oxalique, etc. La présence du carbonate de chaux assimilable, dans la proportion d'au moins 4 p. 100, et à l'état impalpable comme dans les marnes, paraît indispensable pour la fertilité de la terre. On sait que ce corps se dissout avec facilité dans l'acide chlorhydrique. Les arbres ne croissent jamais avec vigueur dans les terrains qui sont privés de silice. L'aridité des pays crayeux, dont l'aspect est si monotone et si triste, le prouve suffisamment. Les arbres verts et résineux ne renferment que peu de cendre, et c'est ce qui explique comment ils peuvent réussir sur les sols calcaires où d'autres essences périraient certainement. Aux arbres verts on peut joindre le frêne commun, le vernis du Japon, le faux ébénier, le noisetier, l'if et l'arbre de Sainte-Lucie. Quelques plantes de la famille des légumineuses fournissent de bons fourrages; ce sont le sainfoin ou bourgogne, le trèfle flexueux, la coronille variée, l'astragale.

En résumé, les landes drainées, s'il est besoin écobuées, puis défrichées au moyen de labours profonds, seront destinées à telle ou telle culture selon le climat l'état d'humidité, la composition et la profondeur de la couche arable. On plantera en taillis ou en pins les terrains par trop pierreux, manquant de couche végétale ou à sous-sol d'argile compacte, parce qu'ils se prêtent difficilement aux amendements. Les espaces humides seront réservés aux prairies. Les autres parties seront améliorées successivement par les éléments terreux qui leur manquent et livrées à la charrue pour la production des céréales, des plantes fourragères et industrielles. Déjà la Champagne pouilleuse a couvert une partie de sa nudité avec de vastes forêts de pins. Les plaines jadis stériles de la Sarthe, plus avancées dans l'exploitation des conifères, ont reçu la culture des céréales sur une partie de leur étendue améliorée de longue main par les détritus de la végétation arborescente, par des apports d'amendement et de matières fertilisantes. Les landes de la Gascogne drainées, assainies, sont livrées provisoirement à la culture des pins; quelques parties plus privilégiées sont déjà plantées en vignes. Mais une rénovation remarquable s'est surtout effectuée en Bretagne. Le sol, composé de débris granitiques, était abondamment pourvu de silice, d'argile, de sable et de potasse. On lui a procuré la chaux et l'acide phosphorique qui manquaient, et le miracle de la fertilité s'est opéré presque subitement. Voy. TERRE ARABLE.

**LANDEN**, petite v. de Belgique (prov. de Liège). Domaine de Pépin de Landen; 1,800 hab.

**LANDER** (JOHN et RICHARD), voyageurs angl. explorateurs du Niger 1804-1834 et 1807-1839.

**LANDERNEAU**, ch.-l. de c. du Finistère, arr. de Brest, sur la rade de Brest; 9,000 hab.

**LANDES**, région sablonneuse du S.-O. de la France entre l'Atlantique, la Garonne, les collines d'Armagnac et l'Adour.

**LANDES** (Dép. des), formé d'une partie de la Gascogne; ch.-l. *Mont-de-Marsan;* 2 autres arr. : *Dax*, *Saint-Sever*; 301,100 hab.

**LANDGRAVE**. s. m. (all. *landgraf*, m. s., de *land*, pays; *graf*, comte). — On nommait ainsi, en Allemagne, les comtes qui avaient leurs bénéfices dans l'intérieur du pays, par opposition aux *Margraves*, dont les bénéfices étaient situés dans les *marches*, c.-à-d. dans les provinces frontières. Après avoir obtenu l'hérédité de leurs charges, les *Landgraves* ne tardèrent pas à se rendre indépendants. Au XIIe siècle, Louis III, maître de la Thuringe, prit le premier le titre de l., comme synonyme de souverain, et son exemple fut suivi par les comtes de haute Alsace, de basse Alsace, de Hesse, etc. Les margraves firent comme les landgraves, et d'héréditaires devinrent indépendants. Depuis les événements de 1866, il n'y a plus en Allemagne ni landgraviats ni margraviats.

**LANDGRAVIAT**. s. m. Dignité de landgrave. || État, territoire soumis à un landgrave. *Le l. de Thuringe. L. l. de Hesse.*

**LANDIER**. s. m. (anc. fr. *andier*). Gros chenet de fer qui sert à la cuisine.

**LANDIT**. s. m. Voy. LENDIT.

**LANDIVISIAU**, ch.-l. de c. (Finistère), arr. de Morlaix; 4,100 hab.

**LANDIVY**, ch.-l. de c. (Mayenne), arr. de Mayenne; 2,000 hab.

**LANDOLE**. s. m. T Icht. Nom vulg. du *Dactyloptère de la Méditerranée*. Voy JOUES-*cuirassées*.

**LANDRECIES**, ch.-l. de c. du Nord, arr. d'Avesnes; 3,900 hab.

**LANDRI** ou **LANDRY**, maire du palais de Neustrie, fut accusé d'avoir assassiné Chilpéric Ier (584).

**LANDRI** (SAINT), évêque de Paris vers 650, fonda, dit-on l'Hôtel-Dieu. Fête le 10 juin.

**LANDSEER** (Sir EDWIN), l'un des plus célèbres peintres de l'école anglaise (1803-1860).

**LAND'S-END**, cap à l'extrémité S.-O. de l'Angleterre (Cornwall).

**LANDSHUT**, v. forte de la basse Bavière; 17,600 hab., sur l'Isar.

**LANDSTURM**. s. m. **LANDWEHR**. s. f. (all. *land*, territoire; *sturm*, alarme; *wehr*, garde). En Allemagne, on donne le nom de *Landwehr* et de *Landsturm* aux troupes de deuxième ligne. D'après les lois actuellement en vigueur, tout Allemand, en état de porter les armes, est astreint à 18 ans de service, savoir : 3 ans dans l'armée active, 4 ans dans la réserve, 5 ans dans le 1er ban de la landwehr et 6 ans dans le 2e ban. Les hommes de la landwehr du 1er ban sont convoqués, en temps de paix, pour 2 périodes d'instruction d'une durée de 8 à 14 jours. A la mobilisation, les plus jeunes classes sont versées dans l'armée active; les classes plus anciennes, organisées en régiments, forment des divisions de réserve. Les hommes qui ont servi 4 ans dans la cavalerie ne restent que 3 ans dans le 1er ban; ils sont exempts de périodes d'instruction. Le 2e ban est composé : 1° d'hommes provenant du 1er ban; 2° de certaines catégories d'hommes de la réserve de l'armée active. Ce dernier ban n'est pas convoqué en temps de paix.

Le *Landsturm* (levée en masse) comprend tous les hommes valides de 17 à 45 ans; il est divisé en deux parties : la première, composée d'hommes non exercés de 17 à 39 ans; la deuxième, d'hommes de 39 à 45 ans, tous anciens soldats. Les hommes du landsturm ne sont convoqués qu'à la mobilisation : ils forment alors des bataillons. Les officiers de la landwehr sont choisis avec le plus grand soin parmi les officiers de l'armée active démissionnaires et les anciens volontaires d'un an qui ont passé avec succès l'examen d'officier. Ils ne sont nommés par l'Empereur qu'après avoir été présentés et agréés par le corps d'officiers du district où ils sont domiciliés.

L'Autriche possède également des troupes de landwehr, organisées, à la mobilisation, en régiments, brigades et divisions. L'organisation de la landwehr autrichienne offre de grandes analogies avec celle de la lanwehr allemande. La landwehr hongroise prend le nom de *Honved.*

**LANDWEHR.** s. m. Voy. LANDSTURM.

**LANFRANC**, prélat et théologien italien (1005-1089), fonda une école célèbre à l'abbaye du Bec près de Rouen, et fut nommé archevêque de Cantorbéry par Guillaume le Conquérant.

**LANFREY** (PIERRE), publiciste et homme politique fr. (1828-1877).

**LANGAGE.** s. m. (lat. *lingua*, langue, avec le suffixe *age* qui représente le suff. lat. *aticus*). Expression des pensées et des sentiments au moyen des sons et des articulations de la voix. — Par ext., se dit aussi de certains animaux. *Le l. des oiseaux.* || Par anal., se dit de tout ce qui sert à exprimer des idées ou des sensations. *L. du geste, des yeux. Le l. symbolique des fleurs. L. d'action. Le l. des sourds-muets.* || Se dit quelquefois de l'idiome propre à une nation. *Le l. des Turcs. Personne n'entend ce l. Un l. barbare, inconnu.* — Poétiq., *Le l. des dieux*, La poésie. || Discours, style, manière de s'exprimer.

Il avait votre port, vos yeux, votre langage.
RACINE.

*L. naïf, pur, simple, clair, sans ornement. L. figuré, mystique, poétique, orné, affecté, fleuri, pompeux. L. obscur, entortillé, incorrect, ampoulé. Ce livre est écrit en vieux l. La pureté, la correction du l. Les beautés, les délicatesses, les grâces du l. Les incorrections, les anomalies, les vices du l. Dénaturer, corrompre, défigurer le l. Faire des fautes de l.* || Manière particulière dont s'expriment les gens d'une certaine condition, d'une certaine profession. *Le l. des honnêtes gens.*

Je vis de bonne soupe et non de beau langage.
MOLIÈRE.

*Le l. des fripons. Le l. des médecins, des avocats. Le l. des scolastiques. Le l. des coulisses. Le l. des halles.* || Manière dont on parle de quelque chose, eu égard au sens plutôt qu'aux mots ou à la diction. *Vous me tenez là un étrange l. Ce l.-là ne me plaît point. Je n'entends point ce l. Je te ferai bien changer de l. Il tient à cette heure un tout autre l. Ce n'est pas là le l. d'un homme de bien. Voilà bien le l. de la passion, de la folie, de la peur, etc. Emprunter le l. de la vertu. Quittez ce l. feint qui ne s'accorde point avec votre franchise habituelle.*

**Syn.** — *Langue.* — Le mot *langage* s'applique à toute manière d'exprimer les pensées, tandis que *langue* se dit seulement du système de signes articulés ou parlés dont une nation fait usage à cet effet. Quelquefois cependant le mot *langage*, perdant ce sens général, est considéré comme une certaine façon de se servir d'une *langue*. C'est en ce sens qu'on dit : le *langage* d'un ouvrier, le *langage* des honnêtes gens, le *langage* de la passion. Deux hommes, deux écrivains qui parlent la même *langue* tiennent différents *langages* quand ils sentent ou pensent d'une façon différente.

**Philos.** — I. — Conformément à son étymologie, le mot *Langage* ne devrait s'appliquer qu'à l'expression de la pensée par la parole; mais, par une extension assurément fort légitime, on l'applique à tout mode, à tout procédé au moyen duquel l'homme peut communiquer aux autres ses impressions, ses idées, ses volontés. En conséquence, on distingue, d'après la nature des signes employés, le *L. d'action* ou *l. mimique*, qui s'exprime par le rire, les pleurs, les gestes, les attitudes et les mouvements de la physionomie; le *L. oral* ou *l. parlé*, qui consiste en sons et en articulations produits par le larynx et le concours des organes de la cavité gutturo-buccale; et le *L. écrit*, qui traduit la pensée au moyen de figures naturelles ou conventionnelles. Dans chacun de ces langages, on peut encore distinguer certains éléments *naturels* ou *instinctifs*, et d'autres qui sont *artificiels*. Ainsi, par ex., dans le l. d'action, rien de plus naturel que le rire, les pleurs et une foule de gestes, tandis que le l. des sourds-muets admet une foule de gestes ou de signes de convention. Dans le l. oral, les cris, avec leur accent variable constituent des éléments évidemment naturels, et dont la signification est la même par toute la terre; quant aux mots qui forment le fond des langues, ils sont évidemment *artificiels*, mais ils ne méritent pas le nom de *conventionnels*, parce que le l. s'est développé spontanément dans l'espèce humaine, et n'est pas apparu tout formé, à la suite d'une *convention*. Enfin, dans le *L. écrit*, la représentation figurative des objets est un mode d'expression qui mérite parfaitement l'épithète de naturelle, car, à la différence des écritures symbolique et phonétique, ce l. se comprend sans qu'il y ait pour cela besoin d'aucune convention.

II. — L'origine du *L. oral* est une question qui a été fort controversée. Les philosophes des XVII$^{e}$ et XVIII$^{e}$ siècles, tels que Locke, Condillac, de Tracy, etc., ont affirmé que le l. était d'invention humaine. Condillac a même essayé de découvrir les procédés successifs à l'aide desquels l'homme est parvenu à constituer ce merveilleux instrument. — Une doctrine diamétralement opposée est celle qui considère le l. comme étant d'institution divine. Cette doctrine a été appuyée sur deux ordres d'arguments, les uns théologiques, les autres exclusivement métaphysiques. Les premiers ont été fondés sur les textes de l'Écriture, d'après lesquels Dieu aurait parlé à Adam qui, dès l'origine, aurait été en possession d'une langue complète. Les seconds ont été établis sur cette considération que, la parole étant nécessaire pour penser, l'homme n'aurait pu, sans la parole même, parvenir à l'invention du l. « Pour inventer le l., si l'invention en eût été possible, dit de Bonald, il aurait fallu toute la force, toute l'étendue, toute la sagacité de réflexion et d'observation dont l'esprit de l'homme peut être capable, et les plus profondes combinaisons de la pensée. Aussi les partisans de l'invention du l. ne manquent pas de dire que les hommes s'observèrent, réfléchirent, comparèrent, jugèrent, etc.; car il fallait tout cela pour inventer l'art de parler. Mais, je le demande, de quelle nature, je dirais presque de quelle couleur étaient les observations, les réflexions, les comparaisons, les jugements de ces esprits, qui n'avaient encore, en cherchant le l., aucune expression qui pût leur donner la conscience de leurs propres pensées? »

Un grand nombre de philosophes et de linguistes éminents de notre époque ont émis une troisième théorie. Reconnaissant que le système de Condillac et de ses partisans est absolument insoutenable, soit au point de vue philosophique, soit au point de vue purement philologique, ils ont supposé dans l'homme primitif un instinct spécial, une puissance mystérieuse, en vertu de laquelle le l. était spontanément et d'un seul coup sorti de l'intelligence humaine. Voici en quels termes s'exprime sur ce sujet l'illustre Guill. de Humboldt : « Je suis pénétré de la conviction qu'il ne faut pas méconnaître cette force vraiment divine que recèlent les facultés humaines, ce génie créateur des nations, surtout dans l'état primitif, où toutes les idées et même les facultés de l'âme empruntent une force plus vive de la nouveauté des impressions, où l'homme peut pressentir des combinaisons auxquelles il ne serait jamais arrivé par la marche lente et progressive de l'expérience. Ce génie créateur peut franchir les limites qui semblent prescrites au reste des mortels; et s'il est impossible de retracer sa marche, sa présence vivifiante n'en est pas moins manifeste. Plutôt que de renoncer, dans l'explication de l'origine des langues, à l'influence de cette cause puissante et première, et de leur assigner à toutes une marche uniforme et mécanique, qui les traînerait pas à pas depuis le commencement le plus grossier jusqu'à leur perfectionnement, j'embrasserais l'opinion de ceux qui rapportent l'origine des langues à une révélation immédiate de la Divinité. Ils reconnaissent au moins l'étincelle divine qui luit à travers tous les idiomes, même les plus imparfaits et les moins cultivés. »

III. — La science contemporaine semble envisager la question de l'origine du langage sous un aspect différent. Ernest Renan a écrit sur ce sujet un livre où abondent les idées profondes et les inductions les plus pénétrantes, mais où, aussi, on rencontre à chaque instant les mots vagues et détournés de leur sens habituel, la phraséologie imprécise qui cherche à concilier les contraires, et les hypothèses nuageuses qui sont dans les habitudes de l'auteur, le tout exprimé dans ce style plein de charmes qui lui a valu tant d'admirateurs. Pour Renan, le l. n'est pas dû à la révélation divine, mais à une sorte de révélation intérieure, et en cela il est bien divin. On sait que dans la langue de Renan, le mot divin s'applique à tout ce que produit la Nature. Cependant le livre de Renan est peut-être ce qui a été écrit de moins mauvais sur cette importante et difficile question. Renan affirme que le l. est le fruit de la spontanéité humaine et de la conscience collective. Cela n'est pas très clair; mais on y reconnaît une doctrine qui se rapproche de celle de Humboldt. Nous allons essayer de la préciser. Disons d'abord quelques mots des opinions anciennes : il paraît certain que les anciens auteurs se sont, dans les deux camps, placés à un point de vue absolument inexact. Ils semblent admettre que de tous temps l'humanité s'est présentée dans des conditions à peu près pareilles à celles où nous la trouvons aujourd'hui, avec le même bagage de notions de toutes sortes, avec la même abondance d'idées abstraites et générales. Évidemment, s'il en était ainsi, la formation du l. resterait tout à fait inexplicable et les arguments de de Bonald auraient toute leur valeur. Mais il est certain que les choses ne sont pas passées ainsi; bien au contraire, il y a tout lieu de supposer que le patrimoine intellectuel de l'humanité, c.-à-d. l'ensemble des connaissances et surtout des idées abstraites et générales s'est développé et agrandi peu à peu, et que ce développement a été parallèle à celui du l. On peut même affirmer que sans le l. ce développement n'aurait pas pu se produire, car le l. est nécessaire, d'abord pour fixer dans le souvenir individuel les idées acquises, et ensuite pour transmettre ces idées aux générations futures et leur éviter le travail de création de leurs ancêtres. Il est vrai qu'à défaut du l. oral, le même effet aurait pu être obtenu par tout autre système de signes : l. des gestes, des yeux, de la physionomie, etc.; mais le l. oral paraît être, de tous les systèmes de signes, le plus rapide, le plus net, le plus simple, le plus propre à exprimer avec précision toutes les nuances de la pensée.

Il faut insister sur l'union intime de la pensée et du l. Sans doute, il serait téméraire d'affirmer qu'on ne puisse penser sans le l. oral. Les sourds-muets sont la preuve vivante du contraire; mais on ne peut penser sans représenter les idées par des *signes*, c.-à-d. sans un l. quelconque, et en ce sens il est absolument correct de dire que le l. est nécessaire à la pensée. Il convient d'ajouter que la forme même du l. influe considérablement sur le développement de la pensée : la précision des signes, la netteté des symboles employés contribue à donner à la pensée plus de fixité, au raisonnement plus de sûreté; le l. coloré, métaphorique poussera à la prédominance de l'imagination, etc. La supériorité du l. articulé sur les autres systèmes de signes est assurément l'un des facteurs qui ont le plus contribué aux progrès de l'intelligence humaine. Cependant, il serait absurde de dire que c'est le l. qui a créé la pensée; certains philosophes ont prétendu que l'homme parle parce qu'il a un gosier qui lui permet le l. articulé, et que c'est en parlant qu'il a appris à penser. Cette thèse est manifestement contraire à l'ordre des causes. Ceux qui l'ont soutenue ont oublié que l'homme n'est pas le seul des animaux qui ait la faculté d'émettre des sons articulés. Les perroquets sont, à cet égard, aussi bien doués que lui; mais ils n'ont pas su se servir de cette faculté pour en faire un l. C'est qu'en effet le l. procède de la pensée. Pour parler, il faut avoir quelque chose à dire, et pour employer un l., il faut savoir établir une relation entre le signe et la chose signifiée, ce qui suppose la faculté de généraliser et d'abstraire, et c'est précisément cette faculté qui paraît manquer aux animaux, et dont l'absence les empêche de se créer un véritable l. Ainsi le l. est le fruit de la pensée; mais c'est en même temps un outil sans lequel la pensée ne pourrait ni s'étendre ni se développer, et qui se perfectionne à mesure qu'on en sait tirer un usage plus complexe et plus délicat. Le l. et la pensée se prêtent un mutuel appui et se sont développés parallèlement; mais c'est la pensée qui a créé le l.

On peut à présent concevoir la possibilité de la création et du développement du l. On a dit que le l. n'était pas aussi particulier à l'homme qu'on le croit généralement et que beaucoup d'animaux ont aussi un l. plus ou moins rudimentaire. Il s'agit de s'entendre. Il est bien certain que les animaux savent s'appeler et se reconnaître : la reproduction des animaux supérieurs serait autrement impossible. Il est non moins certain que ceux qui vivent en société savent s'avertir de leurs besoins, des dangers qui menacent la communauté, etc. Mais cette sorte de l., si on peut lui donner ce nom, est absolument et strictement bornée aux besoins matériels pour lesquels il est nécessaire. De plus, et c'est là le point important, il est *instinctif*. Ce n'est pas un l. *appris*. Des animaux de même espèce, venus de régions très différentes, se comprennent immédiatement par leurs cris et leurs attitudes pour tout ce qu'ils ont à se communiquer. Il y a peut-être là un phénomène difficile à expliquer, mais ni plus ni moins mystérieux que tous ceux qui ont rapport à l'instinct. Tout autre est le l. de l'homme : ce qui le différencie nettement, c'est qu'il est *arbitraire* et qu'il faut l'*apprendre* avant de pouvoir le comprendre et l'employer. Là est la distinction capitale; là est le point qui avait avec raison frappé les philosophes des siècles précédents; mais où ils se sont trompés, c'est en qualifiant le l. de *conventionnel*. Si l'on excepte les nomenclatures scientifiques et les tentatives avortées de langue universelle, il n'y a pas, il n'y a jamais eu de l. conventionnel, pas plus qu'il n'y a eu de contrat ou de convention sociale. Le l., comme la société, se sont formés par l'effet de l'instinct de sociabilité de l'homme, et se sont développés suivant les besoins du moment. Il est très clair que si une convention avait été nécessaire à l'origine du l., jamais cette convention n'aurait pu être formulée ni acceptée et qu'il faudrait se contenter de la théorie de la révélation divine. Il en est tout autrement si l'on admet, avec la plupart des naturalistes contemporains, que l'homme est apparu sur cette planète dans un état mental très voisin de celui des animaux supérieurs. Son l., s'il en avait un à cet état, présentait nécessairement les caractères de celui des animaux : il était purement instinctif et borné à ses stricts besoins. C'est l'apparition de la faculté d'observation et de généralisation qui a modifié cet état de choses. Dès que l'homme a pu *penser*, c.-à-d. dégager d'une sensation unique des idées distinctes, et reconnaître en plusieurs sensations ce qu'elles avaient de commun, il a dû de lui-même inventer des signes pour fixer dans sa mémoire ces idées abstraites et générales.

Comment a-t-il pu transmettre ces signes à ses semblables et les amener à employer les mêmes signes pour les mêmes idées? Tel est le problème que les théologiens ont déclaré insoluble, et qui le serait en effet s'il s'agissait d'une humanité dont l'intelligence serait aussi riche que la nôtre. Mais tel n'est assurément pas le cas : les idées des premiers hommes étaient vraisemblablement simples et peu nombreuses. L'instinct et l'esprit d'imitation semblent suffire pour expliquer le problème. Ce n'est pas avec le parti pris de créer une langue que les premiers hommes ont proféré certains sons en présence de certains objets : ils l'ont fait instinctivement, joignant le geste à la parole; les autres ont imité ce qu'ils ont vu faire, et peu à peu, dans une même tribu, certains sons se sont trouvés associés à certaines choses concrètes. Sans doute, à l'origine, la diversité devait être fort grande; mais certains sons ont eu plus de succès que les autres et ont fini par être connus de toute la tribu avec un sens bien déterminé. N'est-ce pas là ce qui se passe aujourd'hui même dans l'argot de nos collèges, dans celui de certaines réunions plus ou moins restreintes? Quelqu'un invente un mot pour désigner quelque chose. Le mot paraît drôle ou commode; on le répète, il voltige de bouche en bouche, d'abord avec un sens vague, parce que personne n'entend au juste ce qu'il veut dire : souvent même c'est ce vague qui fait son succès, parce qu'il dispense celui qui l'emploie de l'effort qu'il faudrait pour trouver le mot propre. Peu à peu, cependant, sa signification se précise, et quelquefois il finit par acquérir droit de cité dans la langue correcte. Il est probable qu'au début de l'humanité, il s'est passé quelque chose d'analogue. Pour la désignation des choses, l'onomatopée a dû jouer un grand rôle : les bruits naturels, celui du vent, de la mer, du torrent, de la pluie, le murmure des ruisseaux, les cris des animaux, les chants des oiseaux ont dû inspirer les premiers noms attribués aux choses concrètes. Il semble plus difficile d'expliquer les mots abstraits; mais tous les philologues sont d'accord pour affirmer que les mots abstraits sont tous d'origine métaphorique. On a cherché à expliquer l'abstrait par le concret. Ces métaphores étaient simples, faciles à comprendre, et elles ont été comprises en effet, d'abord d'une manière vague et indéfinie, jusqu'à ce que l'esprit humain, se perfectionnant dans l'abstraction et l'analyse, arrivât à mieux distinguer ses propres idées et à préciser par cela même le sens des mots qui les désignaient. Ainsi peuvent se dissiper les obscurités qu'on a accumulées sur la question de l'origine du l. Tout mystère disparaît si l'on admet que la mentalité de l'homme s'est développée peu à peu, qu'au début il lui a suffi d'un l. rudimentaire, et que celui-ci s'est développé lui-même à mesure que les progrès de l'intelligence multipliaient le nombre des idées à exprimer; chaque idée nouvelle était d'abord exprimée au moyen des mots qui servaient à exprimer les idées anciennes, par des périphrases ou des métaphores qui, se modifiant peu à peu, devenaient des mots nouveaux. Si l'on veut bien jeter un coup d'œil sur un dictionnaire de radicaux, on sera frappé du petit nombre de racines véritablement primitives qui se trouvent dans les langues les plus riches et qui représentent ainsi le fonds même de la langue à une époque très reculée sans doute, mais de beaucoup postérieure à celle où il faudrait reporter l'origine même du l.

On a dit aussi que si les considérations précédentes pouvaient expliquer l'origine des radicaux, elles étaient impuissantes à expliquer le développement de la grammaire. C'est encore là une illusion. Il ne peut y avoir de grammaire que dans une langue déjà ancienne et fort éloignée de son origine première. On répète assez fréquemment que les langues primitives étaient monosyllabiques. Tel n'est pas l'avis de Renan, qui voit au contraire dans le caractère monosyllabique des langues de la Chine un signe d'antiquité et le résidu de simplifications successives. Pour lui, les langues primitives étaient *agglutinantes*, et cette opinion nous paraît la plus vraisemblable. Quand l'homme a commencé à assembler des idées pour les exprimer par la parole, il a dû assembler les signes vocaux comme les idées mêmes, sans les séparer par l'analyse, et de manière à exprimer dans un ensemble tout ce qu'il avait à dire. L'ordre et la nature de ces assemblages dépendaient du genre de vie, de la manière de penser, choses communes à tous les habitants d'une même tribu, ce qui explique comment ces assemblages étaient facilement compris et répétés par chacun. Renan fait remarquer à ce sujet combien la civilisation a accentué les différences individuelles qui sont aujourd'hui encore si peu perceptibles chez les peuples restés à l'état sauvage, et qui devaient être presque nulles chez les hommes primitifs; ceux-ci, dans une même tribu, pensaient tous de même, et les mêmes sensations éveillaient chez eux les mêmes idées. De là la grande facilité à se comprendre et à adopter instinctivement les mêmes formes de l., les mêmes assemblages de radicaux, et c'est cette loi des assemblages qui est devenue la trame de la grammaire, lorsque la langue s'est ensuite étendue et développée.

Il faudrait aussi parler de la diversité des langues, qui s'explique par la différence des foyers où elles ont pris naissance, de la prépondérance que certaines ont acquise au détriment de certaines autres, ce qui s'explique par les migrations, les guerres, les états divers de civilisation, etc., et enfin de l'évolution des langues, des lois qui président à leur modification, à leur partage en dialectes, etc.; mais ici nous sortirions des généralités pour entrer dans le domaine de la linguistique. Voy. LANGUE, DIALECTE, LINGUISTIQUE, PHILOLOGIE.

**LANGE.** s. m. Morceau d'étoffe de laine ou de toile dont on enveloppe les enfants au berceau. *De beaux langes. Un l. de futaine, de molleton. Autrefois, à la naissance du dauphin, le pape envoyait au roi des langes bénits.* || Fig. *La poésie était alors dans les langes,* Dans son enfance. || T. Techn. Morceau de drap sur lequel on renverse les feuilles de carton au sortir de la forme. — Morceau de drap ou de linge dont se servent les imprimeurs en taille-douce.

**LANGEAC,** ch.-l. de c. (Haute-Loire), arr. de Brioude, 4,300 hab.

**LANGEAIS,** ch.-l. de c. (Indre-et-Loire), arr. de Chinon, 3,400 hab.

**LANGELOTTE.** s. m. [Pr. *lanjelo-te*]. T. Pharm. anc. Machine pour triturer l'or qui entrait dans certaines préparations.

**LANGER.** v. a. [Pr. *lan-jer*]. Couvrir de langes. = LANGÉ, ÉE. part. *Un enfant bien langé.*

**LANGIERVICZ** (MARIAN), patriote polonais, né en Posnanie (1827-1887).

**LANGITE.** s. f. T. Minér. Sous-sulfate de cuivre hydraté en cristaux d'un bleu verdâtre.

**LANG-KEP,** v. du Tonkin, prov. de Bac-Ninh. Victoire des Français sur les Chinois en 1884.

**LANGLES,** orientaliste (Somme) 1763-1824).

**LANGLOIS,** savant orientaliste fr (1788-1854).

**LANGOGNE,** ch.-l. de c. (Lozère), arr. de Mende, 3,700 hab.

**LANGON,** ch.-l. de c. (Gironde), arr. de Bazas, 4,700 hab.

**LANGOUREUSEMENT.** adv. [Pr. *langoureu-ze-man*]. D'une manière langoureuse. *Regarder langoureusement.*

**LANGOUREUX, EUSE.** adj. (R. *langueur*). Qui ne fait que languir, qui est dans cette sorte d'abattement que produit parfois une passion violente; ne se dit guère qu'avec une certaine nuance d'ironie. *Un amant l. Une jeune fille romanesque et langoureuse.* || Qui marque cette sorte de langueur. *Un air l. Un regard l. Il parle d'un ton l. Il fait des vers l.* || Substant. et par déris., *Faire le l. auprès d'une femme,* Lui faire la cour d'une manière doucereuse et fade.

> Pour quelque Iris en l'air faire le langoureux.
>
> BOILEAU.

**LANGOUSTE.** s. f. (lat. *locusta*, sauterelle). T. Zool. Genre de Crustacés Décapodes. Voy. MACROURES.

**LANGOUSTIER.** s. m. et **LANGOUSTIÈRE.** s. f. Filet pour prendre les langoustes.

**LANGRAYEN.** s. m. [Pr. *lanrgrè-i-in*]. T. Ornith. Petits *Passereaux* qui habitent la zone tropicale. Voy. PIE-GRIÈCHE.

**LANGRES,** ch.-l. d'arr. (Haute-Marne), 11,200 hab. Évêché. Place de guerre de 1re classe. Fabrique de coutellerie. Patrie de Diderot. — Du haut des remparts de cette antique capitale des *Lingons*, la vue est l'une des plus étendues du monde : le Mont-Blanc y est visible à 240 kilomètres de distance. = Nom des hab. : LANGROIS, OISE.

**LANGRES** (Plateau de), dans la Haute-Marne, 500 mètres d'altitude.

**LANG-SON,** v. du Tonkin septentrional, ch.-l. de la prov. de ce nom, à 135 kilom. N.-E. de Hanoï et à 20 kilom. S. de la frontière chinoise. Citadelle et forts. Prise par les Français le 13 février 1885.

**LANGUARD, ARDE.** adj. [Pr. *lan-ghar*, *g* dur]. Qui a la langue bien pendue. Vx.

> Notre voisine est languarde et méchante.
>
> LA FONTAINE.

**LANGUE.** s. f. [Pr. *langhe*, *g* dur] (lat. *lingua*, m. s.). Cette partie charnue et mobile qui est dans la bouche et qui est le principal organe du goût et de la parole. *L. épaisse, mince, déliée, pointue. La pointe, le bout, le dessus, le dessous de la l. Avoir la l. sèche, rude, pâteuse, enflée. Les serpents dardent leur l. Des langues de veau, de porc. Langues fumées, fourrées, farcies. Un ragoût de langues.* || T. Chasse et Manège. *Donner de la l.*, Appeler, exciter les chiens ou le cheval par un bruit qui se fait en appuyant fortement la langue contre le palais et en la retirant vivement. Dans un sens anal., on dit *Aides, appel de la l.* || Fam., *Avoir soif à avaler sa l.*, Avoir une grande soif. *Ennuyeux à avaler sa l.*, se dit de ce qu'on ne peut voir, entendre ou lire, sans éprouver un excessif ennui. || Fam., *Avoir la l. grasse*, Éprouver quelque embarras dans la prononciation, prononcer mal certaines consonnes, principalement les *r*. *Avoir la l. bien pendue*, Avoir une grande facilité de parler. *Avoir une grande volubilité de la l.*, Parler avec une grande rapidité. *La l. lui va toujours*, Cette personne babille continuellement. *Il a bien de la l., il a la l. bien longue, il ne saurait tenir sa l.*, Il parle beaucoup, il dit tout ce qu'il sait, il ne saurait garder un secret. *Être maître, n'être pas maître de sa l.*, Savoir, ne pas savoir se taire et garder un secret. *Ne pas savoir conduire sa l., mal gouverner sa l.*, Dire des choses qu'il faudrait taire, commettre des indiscrétions. — *Avoir un mot sur la l., sur le bout de la l.*, Croire qu'on est près de trouver, de dire un mot qu'on cherche dans sa mémoire. — *Faire la l. à quelqu'un*, Lui suggérer ce qu'il doit dire. — *Prendre la l. de quelqu'un*, Parler comme lui. || Par exclamation, *Quelle l.!* Quel bavard! Quelle bavarde! || Fig et fam., *N'avoir point de l.*, se dit d'une personne qui parle très peu, ou qui garde le silence, quand elle devrait parler. — *Délier, dénouer la l. à quelqu'un*, Faire rompre le silence à quelqu'un qui voulait le garder.

> Ma langue n'attend pas que l'argent la dénoue.
>
> BOILEAU.

*Il a la l. dorée, c'est une l. dorée*, se dit de quelqu'un qui tient des discours faciles, élégants, propres à séduire. *C'est une mauvaise l., une méchante l., une l. dangereuse, une l. de serpent, une l. de vipère, une l. empoisonnée*, se dit d'une personne qui aime à médire, à déchirer la réputation d'autrui. — *Une bonne l.*, Une personne bavarde. *Coup de l.*, Médisance ou mauvais rapport que l'on fait. *Donner un coup de l.*, *le coup de l.* Prov., *Un coup de l. est pire qu'un coup de lance.* — *Se mordre la l.*, S'arrêter au moment de dire ce qu'on ne doit pas ou ce qu'on ne veut pas exprimer. — *Se mordre la l. d'avoir parlé*, S'en repentir. — *Jeter sa l. aux chiens, aux chats*, Renoncer à deviner quelque chose. *Je ne puis deviner, je jette ma l. aux chiens. Jetez-vous votre l. aux chiens? je vous dirai le mot.* — *La l. lui a fourché*, Il a dit un mot pour un autre. — *Avoir quelque chose sur le bout de la langue*, Être sur le point de le dire. — Prov. *Il faut tourner sept fois sa langue dans la bouche avant de parler*, Il faut réfléchir mûrement avant de parler. || *Prendre l.*, S'informer de ce qui se passe, de l'état d'une affaire, du caractère, des dispositions de ceux avec qui l'on doit traiter. *On envoya quelques gens en avant pour prendre l. Avant de s'engager dans cette affaire, il faut prendre l.* = Idiome d'une nation. *La l. grecque. La l. latine. La l. française. La l. anglaise. Langues anciennes, langues modernes. Les langues orientales. Les langues sémitiques. La l. nationale, naturelle* ou *maternelle. Les langues étrangères. Une l. abondante, riche, féconde, douce, harmonieuse, sonore. Une l. stérile, pauvre, rude, dure, barbare. L. énergique, pompeuse. L. corrompue, dégénérée. Le génie, le caractère, la beauté, la politesse d'une l. Les dialectes d'une l. La grammaire, la syntaxe, l'orthographe, la prosodie d'une l. La pureté de la l. Enrichir, polir, perfectionner, fixer, altérer, appauvrir une l. Étudier, apprendre, oublier une l. Il sait bien cette l. Cette l. est fort répandue, a cours dans tout l'Orient. Il écrit bien sa l. Il parle plusieurs langues. Avoir le don des langues*, Avoir une facilité naturelle pour les apprendre. *Enseigner les langues. Professeur en l. grecque, hébraïque. Écrit en l. arabe. L. sacrée*, Toute langue dans laquelle sont écrits des livres qu'on suppose inspirés par la Divinité. *Le sanscrit est la l. sacrée de l'Inde.* — *Maître de l.*, Celui qui enseigne une langue vivante. — Prov., *L'usage est le tyran des langues*, L'usage prévaut sur les règles de la grammaire. *On ne s'entend pas, c'est la confusion des langues*, se dit d'une conversation où tout le monde parle à la fois sans pouvoir se mettre d'accord. || Langage, manière de parler, abstraction faite de l'idiome dont se sert. *La poésie est la l. des dieux. La l. du sentiment. La l. de l'amour.* || Se disait autrefois des différentes nations ou divisions de l'ordre de Malte. *La l. de Provence, d'Auvergne, de France, d'Aragon*, etc. = Par anal., *Langue* se dit de certaines choses qui ont la forme d'une langue. *Le Saint-Esprit est descendu sur les apôtres en langues de feu.* — *Des langues de feu*, Jets de flammes allongés. || T. Géograph. *L. de terre*, Espace de terre beaucoup plus long que large, qui ne tient que par un bout aux autres terres, et qui est environné d'eau de tous les autres côtés. Par ext., Pièce de terre longue et étroite qui est enclavée dans une autre terre. || T. Mar. *Langue de voile*, Pièce de toile étroite et longue qu'on ajoute à une voile sur le côté. — Coin de bois qui empêche que les cercles de fer d'un mât ne déchirent les étambrais. || T. Techn. Défectuosité que présente quelquefois le verre au sortir du four. — Bout de tuyau aplati qui jette l'eau dans la cuvette d'une garde-robe. — Style perpendiculaire au fléau d'une balance. — *L. de bœuf*. Outil de maçon taillé en forme de cœur. — *L. de vache*, Sorte d'enclume. — *L. d'aspic*, Disposition du taillant de certains outils. || T. Chir. *L.-de-carpe*, Instrument dont les dentistes se servent pour extraire les racines des dents. *L.-de-serpent*, Petit instrument dont on se sert pour enlever le tartre des dents de la mâchoire inférieure. Voy. aussi Lancette. || T. Bot. *L.-d'agneau*, Le Plantain moyen. Voy. Plantaginées. *L.-de-bœuf*, La Buglosse officinale (*Borraginées*). *L.-de-cerf*, La Scolopendre officinale. Voy. Polypodiacées. *L.-de-chien*, La Cynoglosse officinale. Voy. Borraginées. *L.-de-serpent*, L'Ophioglosse commun. Voy. Ophioglossées. || T. Zool. Nom de diverses coquilles. *L.-d'or, l.-de-chat, l.-de-tigre*, etc. = Syn. Voy. Langage.

**Hist. nat.** — 1. *Anatomie.* — La l. est un organe impair, médian et symétrique, situé dans la bouche et concourant à une série d'actes physiologiques : déglutition, phonation, gustation, etc., qui font de cet appareil un organe des plus importants. — Située dans la cavité buccale, à l'entrée des voies digestives, elle forme avec la face supérieure de la région sus-hyoïdienne le plancher de la bouche. D'une forme ovale, à grosse extrémité postérieure, elle est attachée par sa base au maxillaire inférieur et à l'os hyoïde au moyen de lamelles fibreuses et de fibres musculaires ; son extrémité antérieure, ou pointe, aplatie et libre, est extrêmement mobile. La langue remplit à peu près la cavité buccale, longue de 9 à 12 centimètres, large de 5 à 6. Sa face supérieure ou dorsale, convexe, présente une partie horizontale appliquée contre la voûte palatine et le voile du palais, et une portion verticale qui répond à la luette et plus bas à l'épiglotte qui lui est unie par les replis glosso-épiglottiques. Cette face présente un sillon médian qui se termine à l'union des deux tiers antérieurs avec le tiers postérieur par une dépression connue sous le nom de *foramen cæcum*, ou trou borgne ; de chaque côté, et se dirigeant obliquement en dehors, de façon à former un V ouvert en avant dont le foramen occupe le sommet, se voit une série linéaire de papilles; la partie qui se trouve en avant du *V lingual* est légèrement tomenteuse, la partie postérieure est inégale, creusée de sillons, et peuplée de saillies présentant un orifice au sommet. — La face inférieure de la l., beaucoup moins étendue, n'est libre que dans son tiers antérieur : car, par les deux tiers postérieurs arrivent les muscles qui fixent l'organe au maxillaire et à l'os hyoïde ; elle repose sur la muqueuse du plancher de la bouche, qui la sépare des glandes sublinguales et sous-maxillaires, et forme ainsi une gouttière parabolique, à concavité postérieure, dont la paroi supérieure est unie à la paroi inférieure par un repli muqueux, vertical, le *frein* ou *filet de la langue*, parfois assez développé pour gêner le fonctionnement de la l., ce qui en nécessite la section. De chaque côté du frein se voit une ligne bleuâtre formée par les veines ranines sur lesquelles les anciens pratiquaient la saignée, et plus près de la ligne médiane un tubercule perforé par lequel on peut voir la salive sortir par jet (canal de Wharton). — Les bords de la langue, libres et arrondis, se continuent avec les piliers antérieurs et la muqueuse du pharynx ; ils s'appliquent aux gencives et aux arcades dentaires, dont ils prennent parfois l'empreinte. La pointe de la langue est en rapport avec les incisives supérieures, et l'on y voit le sillon de la face supérieure se continuer avec celui de la face inférieure ; elle est parfois bifide, comme chez les ophidiens.

La l. est un organe essentiellement musculaire, recouvert d'un étui muqueux ; l'étude de sa structure comprend celle de la muqueuse, du squelette, des muscles, des vaisseaux et des nerfs. — La muqueuse, continue avec le reste de la muqueuse buccale, en diffère peu, sauf dans la partie antérieure, où elle est très adhérente et très dense. Elle se compose essentiellement d'un épithélium pavimenteux stratifié constamment en voie de destruction et de régénération, et d'un derme ou chorion variable d'épaisseur, formé de faisceaux entrecroisés de tissu conjonctif très riche en fibres élastiques. Si l'on examine attentivement la surface de la muqueuse, on voit qu'elle est hérissée de petites saillies ou papilles situées surtout sur la face dorsale ; elles appartiennent à trois variétés : filiformes ou coniques, fongiformes ou mûriformes, et caliciformes ; les filiformes sont surtout développées vers la partie moyenne de la face dorsale de la langue ; les fongiformes, à la pointe et sur la face dorsale, supportant souvent elles-mêmes des papilles filiformes ; quant aux caliciformes, très volumineuses, ce sont elles qui forment le V lingual. Chacune de ces papilles est formée par des élevures de tissu conjonctif où se termine un ramuscule nerveux, et où s'étale une anse capillaire. Les glandes de la muqueuse sont de diverses sortes : glandes en grappes, situées dans la portion non papillaire, sous muqueuses, intermusculaires (glandes de Weber et de Blandin-Nühn) ; follicules lymphatiques, tantôt isolés, tantôt réunis par groupes ; follicules vasculaires, rappelant les follicules de Peyer. — Le squelette de la langue est osseux et fibreux ; il est formé par l'*os hyoïde* et par deux membranes fibreuses qui prennent naissance sur cet os : la *membrane hyo-glossienne*, née de la lèvre postérieure du corps de l'hyoïde, se perdant dans la base de la l., et le *septum median*, lamelle blanc jaunâtre, verticale, placée de champ entre les muscles, commençant à l'os hyoïde et se perdant vers le tiers antérieur de la l. — La masse charnue de la l., considérée par les anciens anatomistes comme composée de fibres entrecroisées inséparables, a été étudiée d'une façon très exacte par Gerdy et Blandin ; ces muscles sont au nombre de 15, 7 pairs et 1 impair. Trois proviennent des os voisins : le *stylo-glosse*, l'*hyo-glosse* et le *génio-glosse ;* trois naissent des organes voisins : le *pharyngo-glosse*, le *palato-glosse* et l'*amygdalo-glosse ;* le septième tire son origine à la fois de ses os et de ses organes, c'est le *lingual inférieur ;* le muscle commun aux deux groupes émane de la petite corne de l'os hyoïde et du prolongement médian de l'épiglotte : on le nomme *lingual supérieur*. Le stylo-glosse, innervé par le rameau lingual du facial, élève le bord de la langue et tire la totalité de l'organe de son côté; l'hyo-glosse, agissant avec son congénère, rapproche la l. de l'os hyoïde et la comprime transversalement, il est innervé par l'hypo-glosse; le génio-glosse, commandé par le même nerf, tire en avant l'os hyoïde par ses fibres hyoïdiennes et par ses fibres antérieures, porte la l. en arrière et la fait rentrer dans sa cavité buccale; l'amygdalo-glosse, obéissant au nerf hypo-glosse, soulève la base de la l. et rétrécit la partie correspondante du pharynx; le palato-glosse, innervé par le rameau lingual du facial, et le pharyngo-glosse, innervé par le plexus pharyngien uni au lingual inférieur, rétractent la pointe de la l. et la portent en haut. — La l. reçoit de nombreux vaisseaux artériels qui lui viennent de l'artère linguale, branche de la carotide externe, de la palatine inférieure et de la pharyngienne inférieure; l'artère linguale fournit trois collatérales : un rameau sus-hyoïdien, l'artère dorsale de la l. et l'artère sub-linguale, qui fournit l'artère du frein anastomosée à sa symétrique; l'artère de la l. se termine sous le nom de *ranine*. Les veines forment deux plans, un plan muqueux et un plan musculaire, et ces veines ranines se jettent dans la linguale ou dans l'artère dorsale de la l., rarement dans la jugulaire interne. Les vaisseaux lymphatiques, très nombreux et superficiels, aboutissent à trois groupes ganglionnaires : les uns cervicaux, au-devant de la jugulaire interne, d'autres au voisinage de la glande sous-musculaire, enfin, les derniers, sur les parties latérales du corps thyroïde. Les nerfs de la l. sont représentés par sept branches nerveuses symétriques : 1° le grand hypoglosse; 2° le lingual du nerf maxillaire inférieur; 3° la portion linguale du glosso-pharyngien, qui se divise en deux branches; 4° la corde du tympan, qui fait partie du lingual au delà du ganglion sous-maxillaire; 5° le rameau lingual du facial; 6° le laryngé supérieur; 7° des filets nerveux du sympathique émanant du plexus intercarotidien.

II. *Embryologie*. — La l. naît par un bourgeon qui se montre sur la ligne médiane du plancher buccal, au-dessous du maxillaire inférieur, et qui s'allonge peu à peu. Elle s'aperçoit dès la septième semaine de la vie embryonnaire, et les papilles s'y distinguent dès le quatrième mois.

III. *Physiologie*. — La l. prend part à l'accomplissement d'un grand nombre d'actes physiologiques; c'est ainsi qu'elle sert dans la succion, la mastication, la gustation, la déglutition, l'expuition et la phonation. Ce sont surtout les muscles dont elle est composée qui font de la l. un organe masticateur : car, se portant dans toutes les directions, elle pousse les aliments contre les arcades dentaires. Les changements de forme qu'elle subit pendant l'acte de la déglutition sont dus principalement aux contractions des muscles longitudinaux et transverses. Dans la succion, l'action de téter, de boire, la l. se place entre les deux mâchoires, empêche l'accès de l'air dans la cavité palatine et nasale, et joue le rôle d'un piston mobile destiné à faire le vide. Dans le langage parlé, la l. sert à la prononciation de certaines consonnes, et surtout des *d*, *t*, *l*, *n*, *r*, *c*, *s*, *x*, *z*, des sons *g*, *j*, *gue*, *ch*, *ng*, *k*, *q*, et de la voyelle *i*. Bien que la l. soit ainsi très utile, son intégrité absolue n'est pas indispensable. D'autre part, la l. constitue l'organe essentiel du goût, mais elle n'en est pas l'organe exclusif; les différentes parties ne sont pas toutes douées de la même sensibilité : la base de la langue perçoit surtout les saveurs amères, les bords et la pointe perçoivent les saveurs salées et acides; ces différentes sensibilités sont surtout mises en jeu lorsque les substances sapides sont finement divisées et dissoutes. Il ne faut pas oublier d'ailleurs que la l. possède en outre une sensibilité tactile très développée sur les bords et la pointe. Il importe de savoir que le nerf laryngé supérieur est un nerf de sensibilité générale, que le grand hypoglosse est un nerf moteur; la sensibilité spéciale est-elle due exclusivement au lingual, au glosso-pharyngien ou à ces deux nerfs, et quel est le rôle de la corde du tympan? Des dissections répétées ont amené des opinions contradictoires qui se sont effacées pour faire place à la théorie physiologique suivante : la corde du tympan est le nerf de sensibilité spéciale, et le lingual n'agit, dans cet ordre d'idées, que par les filets qu'il emprunte à la corde du tympan.

IV. *Anatomie comparée*. — Chez les animaux, la l. varie singulièrement dans sa forme et dans ses dimensions. Chez certains Mammifères, tels que les Fourmiliers, elle acquiert une extensibilité et une flexibilité qui en font un véritable organe de préhension. Chez les Oiseaux, cet organe est ordinairement rudimentaire et peu épais, quoique soutenu par un ou deux os qui en forment l'axe. Néanmoins, dans quelques espèces, le Perroquet, par ex., il acquiert un développement exceptionnel. Chez les Toucans, il est long, effilé, et garni des deux côtés de longues soies qui lui donnent l'apparence d'une plume. Chez les Pics, ces soies deviennent de véritables épines. Parmi les Reptiles, on observe une grande diversité à ce sujet. Chez la plupart des Ophidiens et les Sauriens, la l. est bifurquée et douée d'une extrême agilité; chez le Caméléon, elle est d'une extensibilité extraordinaire; chez les Batraciens et chez les Crocodiliens, au contraire, elle est plus ou moins adhérente à la mâchoire, et peu ou point mobile. Enfin, chez les Poissons, elle ne consiste plus qu'en une simple saillie à la partie inférieure de la bouche, et même manque complètement dans un grand nombre.

V. *Pathologie*. — Les maladies de la l. sont aussi nombreuses que variées.

1° *Vices de conformation*. — Les vices de conformation, congénitaux ou accidentels, sont : l'*absence*, qui n'est jamais totale, la *bifidité*, le *prolapsus chronique*, l'*ankyloglosse* ou adhérence plus ou moins étendue à une des parois buccales. L'ankyloglosse comprend plusieurs variétés : s'il est médian, inférieur et congénital, c'est le filet ou soubrelangue; s'il est latéral, c'est l'ankyloglosse gingival; enfin, il peut être supérieur chez certains nouveau-nés.

2° *Inflammation*. — L'inflammation de la l. ou *glossite* a des causes multiples : on l'observe au cours des pyrexies, à la suite de blessures de l'organe, de brûlures, de piqûres d'insectes, d'introduction de substances irritantes dans la bouche; enfin, c'est un symptôme bien connu de l'intoxication mercurielle. La glossite peut revêtir diverses formes : aiguë, superficielle (papillaire, folliculaire, disséquante), ou profonde, parenchymateuse; ou bien chronique, également superficielle ou profonde. Les conséquences de cette inflammation ont parfois été assez graves pour entraîner la suffocation du malade et obliger à une intervention chirurgicale grave, telle que la trachéotomie.

3° *Abcès*. — C'est un accident rare, la l. étant peu riche en tissu cellulaire; il est d'ordinaire consécutif à une glossite parenchymateuse.

4° *Gangrène*. — La gangrène est rarement primitive et paraît être, tantôt la conséquence de l'intumescence énorme de l'organe, tantôt la suite d'une glossite profonde ulcéreuse. Une odeur caractéristique s'échappe de cette masse mortifiée, qui tombe parfois d'une seule pièce dans un effort d'expuition.

5° *Plaies*. — Protégée de toutes parts par des parois osseuses, la l. est rarement atteinte par des instruments piquants, coupants, etc.; mais les plaies par arme à feu se voient assez souvent en temps de guerre ou à la suite de tentative de suicide.

6° *Brûlures*. — Les brûlures sont rarement isolées et coïncident presque toujours avec des lésions des lèvres, des joues et de la gorge; c'est un accident fréquent en Angleterre où l'usage des théières contenant sans cesse de la boisson bouillante est à la portée de tous. La gravité de ces accidents est en rapport avec les complications concomitantes, et la mort s'ensuit souvent.

7° *Pustules malignes*. — La localisation, assez souvent signalée, de la pustule charbonneuse au niveau de la l. par inoculation directe chez les bouchers, qui placent leur couteau entre les dents, mérite d'être signalée, à cause de la rapidité de l'évolution.

8° *Ulcères*. — Les ulcérations de la l. sont très fréquentes et sont très intéressantes, qu'elles soient tuberculeuses ou syphilitiques; elles sont souvent rebelles et le diagnostic est généralement malaisé, sauf dans les cas où le microscope permet d'apercevoir, dans le raclage de l'ulcération, des bacilles tuberculeux; dans le cas contraire, avant de recourir à des opérations toujours graves, le médecin doit toujours instituer, pendant un certain temps, le traitement antisyphilitique.

9° *Tumeurs*. — Signalons rapidement les tumeurs vasculaires (tumeurs érectiles, anévrismes diffus et circonscrits), les kystes (pileux, séreux, muqueux, hydatiques), les lipomes, les fibromes, pour ne nous arrêter qu'au cancer. Celui-ci, par sa fréquence et par sa gravité, tient la première place dans la pathologie linguale : il n'apparaît guère que sous sa forme épithéliale, que ce soit l'épithélioma papillaire ou interstitiel. Il est tantôt superficiel, tantôt profond, se trahissant tantôt par des végétations en forme de crêtes de coq ou de verrues qui s'ulcèrent et saignent, tantôt sous la forme de tumeurs mal limitées qui ne s'ulcèrent qu'à la longue, devenant fongueuses et bourgeonnantes. L'évolution du mal s'accompagne d'hémorrhagies, de douleurs atroces dans l'oreille, d'une intoxication par l'ingurgitation d'une salive putride, et surtout d'adénite très caractéristique pour le diagnostic. La marche de la maladie est lente, et la mort n'arrive guère qu'au bout d'une quinzaine de mois. Cette durée peut être singulièrement abrégée si on attaque le mal sans parvenir à l'enlever en totalité. Le cancer de la l., aussi fréquent que celui des lèvres, n'a guère d'étiologie spéciale, et l'on ne peut guère noter que la disposition intéressante que présente le psoriasis lingual à dégénérer en cancer. Une thérapeutique efficace ne peut être basée que sur un diagnostic exact ; la confusion n'a guère lieu qu'avec les affections syphilitiques, tuberculeuses, et le psoriasis. Le chirurgien doit être prévenu, lorsqu'il hésite, que les essais de traitement mercuriel sont ici très nocifs, hâtant l'évolution du cancer. Le traitement est palliatif ou radical : palliatif, il consiste à soustraire le malade à ses souffrances inouïes et à le préserver de l'inanition ; radical, il n'a pour but que d'amputer le mal, si l'affection est encore au début. Après l'opération, la durée moyenne de la vie a été de deux ans ; donc, les malades opérés dans de bonnes conditions ont des chances pour gagner dix mois de vie. — Nous ne pouvons abandonner ce sujet sans dire un mot des opérations employées pour pratiquer l'ablation de la l. On peut faire l'ablation par l'instrument tranchant (bistouri, thermocautère), l'ablation par ligature lente et progressive, l'ablation par ligature extemporanée, par écrasement, enfin l'ablation par les caustiques. Il est bon, d'autre part, de connaître les opérations préliminaires destinées à faciliter l'ablation de l'organe : incision d'une ou des deux joues, section du maxillaire inférieur, incision du cou, résection temporaire du maxillaire inférieur, ligature de la linguale.

**Linguist.** — I. — Ce qui frappe d'abord quand on jette un coup d'œil général sur les langues parlées à la surface du globe, c'est leur nombre prodigieux. Au commencement du XIXe siècle, Balbi n'en comptait pas moins de 860, divisées en 5,000 dialectes. De ces 860 langues, 53 appartiennent à l'Europe, 153 à l'Asie, 115 à l'Afrique, 117 à l'Océanie et 422 à l'Amérique. Ces nombres se sont accrus encore par les progrès de la science. La diversité des langues a paru un problème inexplicable aux philosophes qui admettent l'unité d'origine de la race humaine. Dès l'antiquité la plus reculée on y voyait une sorte d'énigme, puisque la Bible a cherché à l'expliquer par l'événement miraculeux de la confusion des langues, qui aurait eu lieu lors de la construction de la tour de Babel. Cette explication est en dehors de la critique et de la science ; nous ne nous y arrêterons pas. Cependant le phénomène de la diversité des langues est beaucoup plus simple qu'on ne l'avait cru, et n'a aucun rapport avec la question de l'unité ou de la diversité des races humaines. Comme nous l'avons expliqué au mot *langage*, l'erreur générale de presque tous les philosophes qui ont écrit sur les langues est d'avoir cru l'humanité primitive semblable à celle d'aujourd'hui, et d'avoir méconnu l'évolution qui, à travers un nombre incalculable de siècles, a conduit l'humanité d'un état voisin de l'animalité au degré de civilisation où nous la trouvons aujourd'hui, même chez les peuplades les plus sauvages. Si l'on admet cette évolution, la question de la diversité des langues se sépare de celle de l'origine de l'humanité et même de celle de l'origine du langage. On peut croire si l'on veut que la race humaine tout entière provient d'un seul couple et émettre toutes les hypothèses imaginables sur l'origine du langage. Il faudra toujours admettre qu'un temps est venu où les hommes, déjà passablement nombreux, se sont groupés sur la Terre par tribus plus ou moins isolées les unes des autres, et cela à une époque où leur évolution était encore très peu avancée et où, par suite du petit nombre de leurs besoins et de l'état encore imparfait de leur intelligence, leur langage était dans un état tout à fait rudimentaire, et probablement aussi dans un état de variation perpétuelle : car il faut de la suite dans les idées et un état mental déjà supérieur pour s'astreindre à l'emploi des mêmes mots dans les mêmes circonstances, pour enseigner le langage aux enfants et pour respecter les traditions des parents. Dans ces conditions, chaque tribu est devenue un foyer de formation d'une langue plus riche et plus perfectionnée, et l'évolution du langage s'est faite dans chacun de ces foyers d'une manière indépendante pour aboutir à des résultats très différents. En admettant même que les premiers hommes aient été en possession d'une langue déjà quelque peu avancée, cette langue primitive aurait subi dans les divers foyers en lesquels l'humanité s'est répartie des modifications successives qui l'auraient bien vite rendue méconnaissable, et, pour qu'il restât quelque chose de commun dans les divers idiomes ainsi formés, il faudrait supposer que la langue primitive eût eu une richesse de racines et une fixité de formes grammaticales qui sont tout à fait en désaccord avec l'idée qu'on peut se faire de l'humanité à ces époques primitives. Il n'y a qu'à voir comment les noms de nombres se sont déformés dans la famille des langues aryennes pour comprendre que, si on ne pouvait suivre toutes les formes intermédiaires, il paraîtrait monstrueux de vouloir les rattacher à une source commune. Ce qui est arrivé pour les noms des nombres après la dissémination de la race aryenne déjà prodigieusement avancée par rapport à l'état primitif, s'est nécessairement produit avec plus d'intensité pour tous les radicaux et pour toutes les formes grammaticales, à une époque bien antérieure.

II. — Nous avons expliqué au mot LANGAGE les opinions qui ont été émises au sujet de l'origine du langage. Nous n'y reviendrons pas. — Relativement à la méthode à employer pour la recherche des affinités des langues, les linguistes les plus éminents se sont longtemps partagés en deux écoles qui procédaient de principes diamétralement opposés. Toute l. se composant de deux éléments essentiels, les mots ou les radicaux proprement dits et les formes grammaticales, la première de ces écoles considère les langues au point de vue *lexique*, c.-à-d. recherche leurs affinités par la comparaison de leurs radicaux, tandis que la seconde a recours à la comparaison *grammaticale*, c.-à-d. recherche les affinités dans les formes et dans les procédés grammaticaux. La première école, à laquelle appartiennent Adelung, Klaproth, Abel Rémusat, Mérian, etc., part de ce principe, que les mots sont l'étoffe ou la matière du langage, et que la grammaire leur donne seulement la forme ou la façon. La seconde, à la tête de laquelle se placent les grands noms de W. A. Schlegel et de W. de Humboldt, affirme que la grammaire est un élément inséparable de la l. ; qu'une nouvelle grammaire ne peut pas être isolément imposée à un peuple, mais que, s'il accepte les formes, il doit aussi accepter la matière du langage. Il est admis généralement aujourd'hui que les racines et les formes grammaticales ont une importance à peu près égale, que les deux ordres d'éléments appartiennent d'une manière indivise à la langue, qu'il faut les considérer simultanément et qu'il serait téméraire de tirer des conclusions qui ne reposeraient que sur l'étude d'un des deux éléments du langage. — La question de savoir si toutes les langues sont susceptibles d'être ramenées à un type unique, n'a pas moins divisé les linguistes. Les uns ont affirmé et les autres ont nié cette possibilité. L'opinion dominante est aujourd'hui celle de l'irréductibilité, et nous avons expliqué au début de cet article comment s'explique cette irréductibilité et comment elle ne permet aucune conclusion légitime relativement à l'unité ou à la pluralité de la race humaine.

III. — Le principe de la diversité typique des langues admis, il s'agit de reconnaître et de déterminer ces types, puis d'y rapporter les différentes langues qui sont ou qui ont été jadis en usage à la surface du globe. On reconnaît trois types essentiels, qui donnent lieu à autant de classes de langues. Ce sont les langues *monosyllabiques*, les langues *incorporantes* ou *agglutinantes* et les langues à *flexion*. — Les *Langues monosyllabiques* ne se composent que de mots d'une seule syllabe avec une signification fixe, c.-à-d. de racines pures n'exprimant aucune relation. Ici les catégories de mots ne sont pas distinguées par des sons particuliers, et le même mot, le même son peut représenter un substantif, un adjectif, un verbe, une particule, un nominatif, un génitif, un temps présent, un temps passé, un indicatif, un subjonctif, un actif, un passif, etc. Les distinctions se font principalement à l'aide de la place qu'on donne à ce mot dans la phrase ; cela seul lui imprime le cachet spécial de telle ou telle relation. Dans la conversation, l'accentuation, l'intonation et le geste concourent aussi à établir, soit la signification, soit la relation des mots. — Dans les *Langues agglutinantes*, la relation s'exprime par une classe de mots particulière ; cependant, le plus souvent, ces mots relatifs n'ont pas, à proprement parler, une existence indépendante. En général, les mots qui représentent la relation se collent, pour ainsi dire, à la fin du mot de signification resté immuable. Au reste, cette classe comprend un grand nombre de langues et donne lieu à plusieurs subdivisions, selon la manière plus ou moins intime dont les mots de relation s'attachent soit à la racine, c.-à-d. au mot de signification, soit entre eux. Dans certaines langues de cette classe, la phrase entière s'agglomère en un seul mot en se construisant autour du verbe : ce sont les langues spécialement appelées *Langues incorporantes* par W. de Humboldt. Toutefois, les langues agglutinantes ne repoussent pas les flexions proprement dites, plusieurs même ont des désinences très variées pour exprimer les relations des verbes et des substantifs. Il y a là un passage entre la seconde classe de langues et la troisième. Dans plusieurs, et particulièrement dans la langue turque, le verbe est rendu susceptible d'exprimer une multitude de relations différentes par l'insertion, entre son radical et sa terminaison, d'une ou de plusieurs syllabes intercalaires. Ainsi, par ex. : *sevmek* signifie aimer; *sev-me-mek*, ne pas aimer; *sev-ho-me-mek*, ne pas pouvoir aimer; *sev-dir-mek*, forcer à aimer; *sev-il-mek*, être aimé; *sev-in-mek*, s'aimer soi-même; *sev-isch-mek*, s'aimer réciproquement; *sev-isch-he-me-mek*, ne pas pouvoir s'aimer réciproquement, etc. — Ce qui caractérise essentiellement les idiomes spécialement appelés *Langues à flexion*, c'est qu'il y a fusion complète de la signification et de la relation. Tandis que, dans les langues agglutinantes, les mots sont formés par des membres dont chacun conserve encore une sorte d'individualité, dans les langues à flexion ces membres se confondent en un seul organisme, de façon à n'avoir plus d'existence distincte. La classe des langues agglutinantes est celle qui renferme le plus grand nombre d'idiomes; mais la classe des langues à flexion est la plus élevée de toutes, et comprend les langues des peuples qui, de tout temps, ont marché à la tête de la civilisation. Les langues à flexion sont réparties en deux grands groupes, que l'on désigne sous les noms de *Famille sémitique* et de *Famille indo-européenne* ou *indo-germanique*. Voy. Indo-Européen (1), Sémitique.

IV. — Plusieurs auteurs ont prétendu partager les langues en cinq grandes classes correspondant aux principales divisions géographiques du globe. En conséquence, il les distinguent en *Langues asiatiques*, *L. européennes*, *L. africaines*, *L. américaines* et *L. océaniennes*. Mais une pareille division est évidemment la négation de toute conception scientifique, et nous ne la mentionnons que parce qu'on la trouve dans quelques ouvrages élémentaires. — On a encore établi, parmi les langues, diverses distinctions qui sont en général purement relatives, mais dont nous devons donner la signification. Ainsi, on divise souvent les langues en *Langues primitives* et en *Langues dérivées*. La première de ces expressions se prend dans deux sens différents. Quand on lui donne un sens absolu, elle désigne, suivant l'opinion que l'on admet sur l'unité ou la multiplicité des races humaines, la l. ou les langues que parlèrent les premiers hommes. Mais, nous avons vu que la recherche des langues primitives ainsi conçues était absolument chimérique. Aussi, le plus ordinairement, on prend le terme de l. primitive dans un sens relatif, et alors telle l. qui est dite *dérivée*, par rapport à une autre, peut être dite *primitive* par rapport à une troisième. Ainsi, le latin est une l. primitive par rapport aux langues romanes, et une l. dérivée dans la grande famille indo-européenne. Les expressions de *Langues mères* et de *Langues filles* se prennent à peu près dans le même sens relatif : c'est ainsi que l'on dit que le latin est une l. mère par rapport à l'italien, à l'espagnol, au français, etc., et ces dernières, qui, par rapport au latin sont des langues filles, peuvent être encore appelées *Langues sœurs*, quand on les compare entre elles et au latin. Une autre distinction, qui se réduit à la constatation d'un fait, est celle des *Langues mortes* et des *Langues vivantes*. Le sanscrit, le zend, l'hébreu, le latin, le slavon, le gothique, qu'on ne parle plus, sont des langues mortes; l'hindoustani, le persan, l'arabe, le français, l'italien, le russe, l'allemand, qu'on parle de nos jours, sont des langues vivantes. On nomme encore *Langues littéraires* ou *littérales*, par opposition aux *Langues vulgaires*, certaines langues qui, n'étant parlées par les modernes que sous une forme altérée ou simplifiée, subsistent cependant sous leur forme savante et complète dans la littérature. C'est ainsi que les écrivains arabes contemporains parlent l'arabe vulgaire, et se servent de l'arabe littéraire quand ils composent quelque ouvrage. Un phénomène analogue se passe actuellement en Grèce. — Les langues, envisagées dans la nature de leurs formes, sont quelquefois qualifiées de *synthétiques* et d'*analytiques*; mais ces termes n'expriment pas une idée nette et précise. « On appelle *Langues synthétiques*, dit Léon Vaisse, celles qui groupent ordinairement sous un seul mot l'expression de plusieurs idées, et l'on nomme *Analytiques* celles qui indiquent par un mot distinct chaque idée accessoire, chaque rapport grammatical. On comprend, du reste, que c'est à des degrés divers que les langues font ainsi de la synthèse et de l'analyse, et qu'aucune n'est ni exclusivement synthétique ni exclusivement analytique. » — Considérées dans leur syntaxe, les langues sont encore distinguées en *directes* et en *inversives* ou *transpositives*. Dans les premières, que l'on appelle souvent aussi *Langues analytiques*, les parties de la phrase sont astreintes à une construction à peu près invariable, dont le principe est ordinairement que le sujet précède le verbe, et que le complément suive le mot par lequel il est régi. Dans les secondes, celui qui parle ou qui écrit peut faire subir à l'ordre dans lequel il range les mots de la phrase toutes sortes de transpositions. Mais, dans ce cas, il est nécessaire que les rapports syntaxiques des mots entre eux soient suffisamment indiqués par des désinences ou autres flexions grammaticales. Voy. Inversion.

La comparaison des langues *directes* et des langues *inversives* a donné lieu à une controverse fréquemment renouvelée et que nous ne pouvons passer sous silence : c'est celle de savoir à laquelle des deux classes appartient la supériorité. La question est mal posée et peut prêter à des discussions interminables et sans intérêt. Ce qui est vrai, c'est que chacun des deux systèmes de langues est supérieur à l'autre, selon le point de vue où l'on se place. Si l'on considère les langues au point de vue de la puissance et de l'énergie poétiques, il est évident que celles qui permettent de transposer les éléments de la phrase, au gré de l'orateur ou de l'écrivain, sont plus propres à peindre sous forme d'images les choses extérieures, à interpréter les mouvements de l'âme, à traduire l'énergie des passions, etc. Elles sont susceptibles de plus de vivacité, de chaleur, d'harmonie. Les langues à transposition sont donc, sous ce rapport, supérieures aux langues analytiques. Ces dernières, au contraire, sont supérieures aux langues à inversion, dès qu'on les envisage sous le rapport de la clarté et de la précision. La construction des phrases ne pouvant s'écarter d'un ordre précis et bien connu, le récit sera plus clair, le raisonnement sera plus facile à suivre : en un mot, ces langues seront particulièrement propres à l'étude et à la propagation de la science. Voy. Inversion. Maintenant s'il est reconnu, et nous croyons le fait incontestable, que le progrès des sociétés modernes a lieu en marchant de la poésie à la science, de l'image à l'idée, et va sans cesse en substituant le rôle de la réflexion à celui de l'imagination, il faudra en conclure que les langues directes sont plus en harmonie avec le développement de la civilisation actuelle. Un signe manifeste de cette tendance des nations modernes et du besoin d'un langage analytique plus approprié à la nouvelle direction de l'esprit humain que ne le sont les langues transpositives, c'est la transformation de celles-ci en celles-là par la suppression des flexions et par l'emploi des particules et des auxiliaires, qui se substituent aux cas de la déclinaison et à certaines formes de la conjugaison. L'histoire moderne nous offre des exemples remarquables de cette métamorphose : nous nous contenterons de citer le latin donnant naissance à l'italien, à l'espagnol, au portugais, au français, etc.; l'ancien saxon donnant naissance à l'anglais, l'ancien persan au persan moderne, le grec ancien au grec moderne, etc. Partout nous trouvons la même loi de transformation, qui donne aux langues une forme de plus en plus analytique. Un grand nombre de linguistes considèrent cette simplification des langues comme une décadence. Il nous semble qu'il faut y voir, au contraire, la manifestation d'une évolution parallèle à celle de la pensée humaine. Discuter sur le plus ou moins de valeur de cette transformation, c'est discuter sur la question même du progrès dans l'intelligence humaine.

V. — Quelques philosophes ont conçu l'idée de créer une *Langue philosophique*, dans laquelle chaque idée aurait son signe propre et invariable, où la composition des mots serait dans un rapport exact avec celle des pensées, où il n'y aurait, par conséquent, ni anomalies, ni figures, ni distinction de sens propre et figuré, etc. Cette l. naturellement devrait devenir *universelle*, au moins en ce sens qu'elle devrait servir d'intermédiaire commun à tous les hommes qui se livrent à l'étude des sciences. C'est là une conception purement chimérique, bien qu'elle ait obtenu le patronage d'un philosophe aussi éminent que Leibniz. La création d'une l. philosophique universelle supposerait, avant tout, que les bases de toute science ont été fixées d'une manière inébranlable, et que tous les peuples, ou du moins tous les penseurs sont d'accord sur la nature des choses, ainsi que sur l'adoption des mêmes signes. On a déjà créé des langues factices, mais qui sont loin de constituer des langues philosophiques, et qui, du reste, n'ont jamais été acceptées. Telle est la *L. balaïbalan*, imaginée vers le XIe siècle de l'hégire, par le cheik Mohyi-ed-Din, et la l. inventée par J. Wilkins, évêque de Chester, qui en a publié la grammaire et le dictionnaire en 1668. Bien d'autres auteurs ont essayé de créer une l. universelle. La tentative de ce genre qui a été poussée le plus loin est celle de Schleyer qui, en 1879, publia un dictionnaire et une grammaire d'une l. créée de toutes pièces avec des radicaux empruntés aux diverses langues de l'Europe, et

(1) *Erratum.* — Dans l'article Indo-Européen, une erreur typographique a fait mettre *Américains* au lieu de *Arménicus*.

des formes grammaticales conventionnelles, mais simples et précises. Cette l., qui a reçu de son auteur le nom de *volapük*, nom signifiant, dans le nouvel idiome, l. universelle, s'est d'abord assez rapidement répandue dans un public spécial. Il s'est formé une académie de volapük, on a tenu des congrès où l'on parlait en volapük, on a publié des journaux en volapük ; puis l'oubli s'est fait peu à peu, et la tentative paraît aujourd'hui (1898) définitivement abandonnée.

Une l. universelle serait fort utile. Les hommes de science ne seraient plus forcés, pour se tenir au courant de toutes les découvertes, de connaître à la fois le français, l'anglais, l'allemand, l'italien, l'espagnol, le portugais, le russe, le grec, le suédois, etc., etc. Il eût été si simple de continuer le latin et d'y adapter tous les mots nouveaux nécessaires.

VI. *Langue française.* — Notre l. appartient au groupe des idiomes *néo-latins*, c.-à-d. des idiomes qui se sont formés, après la destruction de l'empire romain, par la décomposition graduelle du latin sous l'action lente, mais incessante, des divers idiomes nationaux qui étaient en usage dans les pays conquis par Rome, et des nouveaux idiomes qui y furent introduits par les invasions barbares. En laissant de côté les divers dialectes locaux, les principaux de ces idiomes sont au nombre de 4 : *La langue d'oil* ou dialecte de l'Ile de France, devenue plus tard le *Français*; la *langue d'oc*, devenue le *Provençal* ; l'*Espagnol*, auquel il convient de rattacher le *Portugais*, et, enfin, l'*Italien*.

Un savant dont le système a fait beaucoup de bruit, Raynouard, a prétendu que, dans tous les pays où se parlait la l. latine, cette l. s'altéra par son mélange avec les langues germaniques, et cela juste au même degré et de la même manière. En un mot, suivant lui, les résultats de cette altération furent partout rigoureusement identiques, et en conséquence il naquit de ce mélange un idiome nouveau qui fut partout le même, tant pour le vocabulaire que pour les formes grammaticales. C'est à cet idiome que Raynouard donna le nom de *L. romane primitive;* puis, c'est de l'altération de cette l. que, par des modifications subséquentes et variables suivant les lieux, il fit dériver les innombrables dialectes et sous-dialectes romans, dont les principaux furent le provençal, le français, l'espagnol, le portugais et l'italien. Ce système est une hypothèse absolument gratuite, qui a été complètement ruinée par Fauriel et que personne n'admet plus aujourd'hui. A cette heure, tout le monde reconnaît que les langues romanes ou néo-latines ont bien cela de commun qu'elles se sont produites aux dépens du latin qui constitue en effet le fond essentiel de toutes ces langues, mais que le latin lui-même a été altéré directement d'une manière spéciale pour produire les idiomes nouveaux.

Il convient cependant de remarquer un fait qui est fort intéressant dans l'évolution des langues néo-latines : c'est que, au milieu des divergences qui se sont produites dans cette altération du latin, il y a cependant un ensemble de caractères communs auxquels ont obéi ces transformations, aussi bien dans le Nord que dans Sud de la Gaule, aussi bien en Italie qu'en Espagne. Ces caractères peuvent se ramener à trois : 1° La disparition de la déclinaison des substantifs bien plus vite achevée en Italie et en Espagne que dans les Gaules, comme nous le verrons plus loin ; 2° l'emploi des verbes auxiliaires dans la conjugaison active et de l'auxiliaire *être* dans la conjugaison passive ; 3° l'apparition de l'article. L'invention de l'article est le fait le plus intéressant. On peut s'expliquer la disparition de l'article dans une langue qui en contient un ; il est plus malaisé de comprendre comment le latin, qui n'avait pas d'article, a pu donner naissance à des langues qui en ont toutes. A la vérité, en ce qui concerne les Gaules, l'article existait dans l'idiome celtique, et l'on peut croire que les Gaulois, tout en acceptant les mots latins, n'aient pas pu renoncer à l'usage de l'article. Mais, en Italie, cette difficulté a donné naissance à une nouvelle hypothèse qui, toute gratuite qu'elle paraît, mérite cependant d'être mentionnée. Il est certain que les langues romanes ne dérivent pas du latin classique, mais bien de la langue populaire : ce sont les soldats romains qui ont appris le latin aux peuples conquis, et l'on peut croire que ces soldats ne parlaient pas le langage savant de Cicéron. Les auteurs latins eux-mêmes parlent d'une sorte de patois parlé par le bas peuple, qu'ils appelaient *lingua rustica*. Il n'y a pas, croyons-nous, de documents suffisants pour reconstituer ce patois latin, et l'on est, en ce qui le concerne, livré aux conjectures. Dès lors, il est permis d'admettre que ce patois avait une structure grammaticale plus simple et plus analytique que le latin classique, que la déclinaison y était moins compliquée, que la conjugaison y faisait un usage fréquent de verbes auxiliaires, et, enfin, que l'article y existait.

*Cette langue rustique*, qui est l'idiome mère des langues romanes, aurait ainsi présenté dès le commencement de l'Empire romain presque tous les caractères communs aux langues romanes. Cette hypothèse ingénieuse s'appuie surtout sur l'apparition de l'article dans toutes les langues dérivées du latin : car, en ce qui concerne les auxiliaires et les déclinaisons, on sait assez, par les textes de la fin de l'empire, où les solécismes abondent, que les cas des substantifs étaient souvent confondus et que l'emploi des auxiliaires *avoir* et *être* était devenu fréquent. Voy. Conjugaison. Le fait à vérifier serait donc celui-ci : la *lingua rustica* avait-elle un article ? Si la critique arrivait à démontrer le contraire, il faudrait admettre que l'usage de l'article dans les langues romanes est venu des langues celtiques ou germaniques, et s'est introduit par cette voie jusqu'en Italie.

Quoi qu'il en soit, il est intéressant de suivre sur le latin littéraire même les transformations qui devaient plus tard donner au langage une forme tout à fait analytique. A l'article *Conjugaison*, nous avons déjà indiqué l'emploi de l'auxiliaire *habeo* pour le passé et le futur, et de l'auxiliaire *sum* pour le passif. Le latin d'Église montre, dès les premiers siècles, la disparition de la proposition infinitive et la tournure par *quod* ou *quia*, équivalent du *que* français. *Memento homo quia pulvis es*, au lieu de *Memento te pulverem esse* qu'aurait dit un auteur correct. Le génie de la langue latine se modifiait ainsi visiblement ; cette modification est bien sensible dans la prose de saint Augustin. Cet évêque vécut à Carthage et à Milan, loin des Gaules par conséquent. Cependant, son style est rempli de tournures qu'un professeur de nos jours appellerait des gallicismes, et qui étaient nécessairement d'un usage courant dans le pays où il écrivait. Certains passages semblent la traduction d'un texte français faite par un écolier médiocre, et, peut-être, un Espagnol ou un Italien trouverait-il aussi que ce latin ressemble à sa l. En résumé, le français, comme les autres langues romanes, s'est formé du *latin populaire*, qu'on parlait à la fin de l'empire, le latin des soldats et des esclaves transportés dans toutes les provinces de l'empire : c'est là la souche commune qu'il faut substituer à la prétendue langue romane primitive de Raynouard.

Les idiomes nationaux qui étaient parlés dans la Gaule à l'époque de la conquête romaine ne tardèrent pas à exercer une influence altérante particulière sur la l. latine importée par les vainqueurs et adoptée par tous ceux des vaincus que séduisirent les mœurs et la civilisation romaines. Chez les auteurs latins des Gaules, on rencontre des gallicismes dès le IVe siècle ; ces tournures y sont très multipliées au VIe, ainsi qu'on peut le voir par Grégoire de Tours, et elles deviennent de plus en plus fréquentes dans les diplômes et autres manuscrits latins écrits aux siècles suivants. L'altération de la l. latine continuant toujours, il vint un moment, qu'il est impossible de déterminer d'une manière précise, où les anciens idiomes, nous voulons dire le latin et les langues indigènes, cessèrent d'être compris par les masses. C'est ainsi qu'à partir de l'an 813, nous voyons plusieurs conciles enjoindre au clergé de prêcher le peuple en l. vulgaire, et les écrivains de l'époque ne manquent pas de faire l'éloge des prédicateurs qui, réservant leurs instructions en latin aux auditoires lettrés, se servaient de l'idiome nouveau pour s'adresser aux classes ignorantes. Cette séparation de deux idiomes devint encore plus manifeste au Xe siècle, où l'Église fut obligée d'autoriser l'introduction dans les offices des chants en l. vulgaire, mais seulement à l'usage spécial des fidèles. Vers le milieu du Xe siècle, la séparation avait fait tant de progrès, qu'en 948, Aymon, évêque de Verdun, crut devoir employer l'idiome vulgaire du nord de la France (*linguam gallicam*) pour le discours d'ouverture du concile de Mouzon, parce que, indépendamment des prélats, l'assemblée renfermait un très grand nombre de laïques qui ne comprenaient pas le latin.

Le plus ancien monument connu de cette l. vulgaire, qui se formait aux dépens du latin, est le serment que Louis le Germanique prêta en 842, à Strasbourg, à son frère Charles le Chauve, en présence des chefs militaires des différentes parties de la Gaule. En voici le texte : « Pro Deo amor et pro « christian poblo et nostro commun salvament, dist di en « avant, in quant Deus savir et podir me dunat, si salvarai io « cist meon fradre Karlo, et in adjuda et in caduna cosa, si « cum om per dreit son fradre salvar dist, in o quid il mi « altrezi fazet, et ab Ludher nul plaid numquam prindrai, « qui, meon vol, cist meon fradre Karlo, in damno sit. » Traduction : « Pour l'amour de Dieu et pour le peuple chrétien, et notre commun salut, de ce jour en avant, en tant que Dieu me donnera de savoir et de pouvoir, je soutiendrai mon frère Karl ici présent, par aide et en toute chose, comme il est juste qu'on soutienne son frère, tant qu'il fera de même pour moi. Et jamais avec Lother je ne ferai aucun accord qui de ma volonté soit au détriment de mon frère. » On a fait observer que ce texte ne contient aucun article; mais il ne faudrait pas en conclure que la l. de ce temps n'avait pas d'article, car le sens n'en comporte pas. La traduction française n'en a que deux : *Pour l'amour de Dieu, et pour le peuple chrétien* qu'on pourrait aussi traduire : *Par amour pour Dieu et pour un peuple chrétien*, et alors le texte français n'aurait pas non plus d'article Nous devons faire remarquer que le prince franc, ayant surtout à se faire comprendre des guerriers accourus des provinces méridionales, avait choisi celui des idiomes vulgaires qui était plus particulièrement parlé dans le Midi, tandis qu'au concile de Mouzon une raison contraire avait fait adopter à l'évêque Aymon l'idiome particulier aux contrées du Nord. Ces deux idiomes furent plus tard appelés, celui-ci *L. d'oil* ou d'*oui* (*lingua oyttana*), celui-là *L. d'oc* (*lingua occitana*), de la manière dont ils prononçaient notre particule affirmative *oui;* mais chacun d'eux se composait d'un certain nombre de dialectes.

La *L. d'oc*, dite aussi *lémosine* ou *limousine*. *L. des troubadours* et *roman provençal*, était parlée dans tous les pays compris entre les Alpes et l'Océan. Au sud, elle s'étendait jusqu'en Aragon et en Catalogne, d'où elle poussait même des ramifications dans le royaume de Valence et aux îles Baléares, tandis qu'au nord sa limite était tracée par une ligne qui suivait la frontière septentrionale de l'Auvergne, du Limousin, du Périgord et de la Guienne. Ses dialectes paraissent avoir été nombreux; mais on ne connaît pas d'une manière précise en quoi consistaient leurs caractères distinctifs. Celui de Toulouse passait pour le plus harmonieux. De tous les idiomes néo-latins, le roman provençal est celui qui paraît s'être formé et développé avec le plus de rapidité, et qui a éprouvé le moins de vicissitudes. Fauriel explique cette particularité par l'influence du clergé. Il faut d'abord se rappeler que le christianisme pénétra dans les Gaules par les contrées du sud. Le clergé de ces provinces dut donc être le premier qui s'organisa régulièrement et qui obtint une grande influence. Tant que cette influence ne s'exerça que sur les classes lettrées, le latin lui suffit; mais lorsqu'il voulut, comme c'était son devoir, étendre son action sur les masses populaires, il fut obligé de se servir de l'idiome vulgaire et de l'introduire dans ses relations. D'ailleurs, à mesure qu'on abandonnait les croyances et les mœurs de la Rome païenne, les traditions de la l. et de l'éducation latines s'affaiblissaient et se perdaient de plus en plus. De cette manière, le clergé méridional en vint peu à peu à n'employer que l'idiome roman. Néanmoins, si bornée que fût sa connaissance de la langue latine, il en possédait pourtant quelques éléments, et cette instruction superficielle se fit sentir dans la manière dont il mania et travailla l'idiome populaire. La l. d'oc était déjà si bien fixée au X^e siècle, que les poésies des troubadours de cette époque ne diffèrent pas, quant à la pureté et à la correction, de celles des écrivains postérieurs. Elle n'éprouva aucune variation importante jusqu'au règne de Philippe le Hardi, c.-à-d. jusqu'après la croisade contre les Albigeois. On cessa alors de la cultiver, et, par suite de ce délaissement, elle perdit rapidement tout ce qu'elle avait de plus délicat et de plus harmonieux. La décadence fut même si prompte, que, vers la fin du XIV^e siècle, les œuvres poétiques des temps antérieurs commençaient à n'être plus comprises. La l. d'oc dégénérée, c.-à-d. réduite à ses parties les plus grossières, à ses formes et à ses tournures les moins savantes, s'est maintenue jusqu'à nos jours, mais divisée en une multitude de patois locaux qui n'ont guère de commun que l'origine avec l'ancien idiome des troubadours. D'ailleurs, ces patois perdent chaque jour du terrain, et leur disparition complète aura probablement lieu à une époque assez prochaine, grâce au développement que l'instruction primaire, le mode de recrutement de l'armée et la facilité des communications ne cessent de donner à l'usage de la l. française. Cependant, on a vu, de nos jours, certains poètes provençaux essayer de ressusciter l'ancien idiome de leur pays ; il est douteux que cette tentative, intéressante en elle-même, ait un succès durable. On classe habituellement ces dialectes en sept groupes principaux, savoir; le *languedocien*, le *provençal*, le *gascon*, le *limousin*, l'*auvergnat*, le *dauphinois* et le *savoisien*.

La *L. d'oil* était celle des provinces situées au nord de la Loire, c.-à-d. des pays où les hordes germaniques s'étaient établies en plus grand nombre. Son apparition dut précéder l'établissement du régime féodal, mais le nouvel idiome paraît n'avoir commencé à prendre un caractère déterminé qu'après l'organisation de ce système politique. Quoi qu'il en soit, la l. d'oil constitua, dès l'origine, plusieurs dialectes, suivant le génie propre à chacune des parties du territoire où elle était en usage. Néanmoins il est à remarquer que ces dialectes étaient tous soumis aux mêmes règles grammaticales, et ne différaient guère entre eux que par la prononciation et par la présence de mots et de tournures empruntés aux idiomes des diverses races qui avaient successivement ou simultanément habité chaque province. On a aussi voulu considérer les formes orthographiques comme constituant une de leurs distinctions caractéristiques; mais ceux qui ont émis cette opinion avaient oublié que l'orthographe de notre l. n'a été fixée que fort tard, et que, pendant plusieurs siècles, la représentation des mots par l'écriture a été partout livrée au caprice des écrivains et des copistes. Quant au nombre des dialectes de la langue d'oil, on en admet ordinairement six : le *normand*, le *picard*, le *bourguignon*, le *poitevin*, le *lorrain* et le *français* proprement dit. Ce dernier se parlait dans l'Ile-de-France, dans une grande partie de la Champagne et de l'Orléanais et dans quelques cantons de la Touraine : c'est lui qui, après un travail de plusieurs siècles, est devenu la l. française. Le plus ancien texte en l. d'oil que l'on connaisse remonte à l'an 1118; c'est une charte de Renault, comte de Bar et de Mouzon. En voici un fragment : « Ce Renauldz quenz de Bar « et de Mouccons facz conoesant a toz ceaux ki orronz et ver- « ronz ceez presens laistrez kue cum suxz leschoite kue ma- « ducnoie de per ma ante madame Mahaut monsigneor Wal- « ranz Redons un mari reclamoje à forz et volsit il a plains « tenre se terre à tanz per il voloir et ordonement..., etc. ». Traduction : « Je Renaud, comte de Bar et de Mousson, fais connaître à tous ceux qui ouïront et verront ces présentes lettres, que comme sur l'eschoite (succession) qui m'advenait de par ma tante, madame Mahaut, monseigneur Walranz Redon, son mari, réclamait par force et voulait tenir entièrement ses terres, etc.» Après l'acte qui précède, vient une charte de l'an 1133, citée par les Bénédictins et relative à l'abbaye de Honnecourt. Vers cette dernière époque, il existait déjà des œuvres littéraires en l. d'oil, et ce même idiome avait pénétré à l'étranger. Ainsi, par ex., les Normands en avaient introduit l'usage en Angleterre, où il constitua longtemps le langage officiel. Le même peuple l'avait importé en Sicile et dans l'Italie méridionale. Enfin, il s'était introduit en Syrie à la suite des croisés.

L'histoire régulière de la l. française ne date réellement que de la fin du XI^e siècle. Elle se divise, à partir de cette époque en trois grandes périodes distinctes. — La première embrasse un intervalle de plus de deux cents ans, dont la partie la plus brillante se compose des règnes de Philippe-Auguste, de Louis VIII et de Louis IX, c.-à-d. de la période où l'art du moyen âge atteignit, en France, son apogée. Sous ces princes, la poésie fut cultivée avec succès, et la l., dont les formes venaient de se polir et de se régulariser, s'arrêta comme si elle eût été fixée. Cette première période de fixité est marquée par les romans de chevalerie, par les chansons et les fabliaux de Rutebeuf et de Marie de France, et par les chroniques de Villehardouin et de Joinville. La l. française exerçait alors une grande influence en Italie, où les prosateurs s'en servaient fréquemment, parce que, comme disait le Florentin Brunetto Latini, ils en trouvaient « la parleure plus délitable et plus commune à toutes gens ». Il est à remarquer que, quoique le territoire où se parlait cette langue fût le plus éloigné de Rome, cependant le français de cette époque était resté plus synthétique que l'italien et l'espagnol qui, dès le début, prirent un caractère analytique nettement tranché. Ainsi, le français du XII^e siècle était, comme le provençal, une langue à deux cas : les substantifs avaient un nominatif, et un autre cas, englobant tous les autres, nommé régime. Par exemple, le mot cheval se déclinait ainsi : singulier, nom. : *li chevals*, rég. *le cheval ;* plur. nom. : *li cheval*, plur. rég. : *les chevals*. — Vers la fin du XIII^e siècle, cette syntaxe se perdit et les substantifs furent employés sous une seule forme, presque toujours la forme *régime*. De là vient l'*s* qui caractérise aujourd'hui le pluriel et qui, dans l'origine, désignait les cas obliques du pluriel, étant dérivé des formes latines *os*, *as*, *es*, *is*. Alors la langue subit une nouvelle transformation. L'époque de la Renaissance vint ensuite apporter un nouvel élément de changement : l'érudition, la manie de l'antiquité introduisirent des mots nouveaux et des tournures nouvelles, compliquées, savantes. De plus, les guerres d'Italie furent l'origine d'un autre fléau, l'*italianisme*, qui contribua encore à surcharger notre langue d'expressions et de tournures étrangères. Nous arrivons ainsi à la deuxième période, qui est celle de François Ier. « Autant, dit Guessard, le langage du XIIIe siècle était clair, simple et facile, autant celui du XVIe est malaisé, capricieux, pédantesque, amphibologique et tourmenté. Ce qui caractérise ce moment, c'est l'excessive inconstance du langage, qui, durant ces années-là, n'a pas fait halte un seul instant. Chaque poète avait son jargon particulier, tout boursouflé des barbarismes d'une érudition indigeste. C'est alors qu'on s'est le plus éloigné du génie naturel de notre idiome, et, ce qui le prouve, c'est qu'un enfant ou une femme entendront sans trop de peine, à quelques mots près, un fabliau de Rutebeuf ou un lai de Marie de France, tandis qu'ils saisiront à peine le sens d'une strophe de Ronsard, même avec un glossaire, tant la phraséologie de cette époque est devenue nébuleuse. Peu de gens entendent Rabelais avec facilité. Le langage du XVIe siècle manque d'harmonie, de netteté, parce qu'au lieu d'être le produit naturel de l'esprit national, il est l'œuvre des pédants. Montaigne fait exception au goût déplorable de ces règnes; lui seul, avec Amyot et quelquefois Brantôme, a su mettre cet idiome en œuvre. Amyot et Montaigne lui ont donné des grâces nonpareilles, et ils ont montré toute la vivacité, toute la richesse de couleur et d'expression que possédait encore la l. française, malgré la multitude de latinismes dont on l'avait chargée, malgré les élisions, les inversions et les constructions bizarres dans lesquelles on s'efforçait de perdre le sens et la clarté des périodes. » C'est de cette époque aussi que date la manie de surcharger l'orthographe de lettres inutiles pour rappeler l'étymologie. Il a fallu des siècles pour simplifier un peu ce galimatias orthographique. — Le travail de la troisième époque remplit tout le XVIIe siècle et une grande partie du XVIIIe. Il consista surtout à rendre la langue plus simple, plus mesurée, plus homogène. Néanmoins on n'eut pas toujours égard au génie propre de ses premiers ans; on ne chercha pas assez à lui conserver quelque chose de la liberté de ses antiques allures. Sous prétexte de la simplifier, on l'appauvrit même jusqu'à un certain point, en élaguant une multitude d'expressions ou de tournures vives et pittoresques, qui furent rejetées comme surannées et manquant de noblesse. Les écrivains du grand siècle de Louis XIV s'imposèrent trop l'obligation de parler exclusivement comme parlaient les gentilshommes de la cour de Versailles. Malgré cela, la l. française devint, entre les mains des grands poètes et des admirables prosateurs du XVIIe siècle, un des plus parfaits instruments de la pensée humaine. Les créateurs de cette nouvelle langue furent *Descartes*, dont la phrase est encore bien lourde et bien chargée, *Malherbe* et, surtout, *Pascal*, qui, le premier, nous apporte le style clair, net, vif et léger dont, au siècle suivant, Voltaire représente l'incarnation définitive. Voltaire a résumé, avec une extrême sagacité, les qualités et les défauts de notre l., telle qu'elle a été façonnée par ces grands écrivains. « Le génie de notre l. est la clarté et l'ordre. Le français n'ayant point de déclinaison et étant toujours asservi aux articles, ne peut adopter les inversions grecques et latines; il oblige les mots à s'arranger dans l'ordre naturel des idées. On ne peut dire que d'une seule manière, *Plancus a pris soin des affaires de César;* voilà le seul arrangement que l'on puisse donner à ces paroles. Exprimez cette phrase en latin, *Res Cæsaris Plancus diligenter curavit;* on peut arranger ces mots de 120 manières différentes, sans faire tort au sens et sans gêner la l. Les verbes auxiliaires, qui allongent et énervent les phrases dans les langues modernes, rendent encore la l. française peu propre pour le style lapidaire. Ses verbes auxiliaires, ses pronoms, ses articles, son manque de participes déclinables, et enfin sa marche uniforme, nuisent au grand enthousiasme de la poésie: elle a moins de ressources en ce genre que l'italien et l'anglais; mais cette gêne et cet esclavage même la rendent plus propre à la tragédie et à la comédie qu'aucune l. de l'Europe. L'ordre naturel dans lequel on est obligé d'exprimer ses pensées et de construire ses phrases, répand dans cette l. une facilité et une douceur qui plaisent à tous les peuples; et le génie se mêlant au génie de la l., a produit plus de livres agréablement écrits qu'on n'en voit chez aucun autre peuple. Plusieurs personnes ont cru que la l. française s'était appauvrie depuis le temps d'Amyot et de Montaigne. En effet, on trouve dans ces auteurs plusieurs expressions qui ne sont plus recevables, mais ce sont, pour la plupart, des termes familiers qui ont reçu des équivalents. Elle s'est enrichie de quantité de termes nobles et énergiques; et, sans parler ici de l'éloquence des choses, elle a acquis l'éloquence des paroles. C'est dans le siècle de Louis XIV, comme on l'a dit, que cette éloquence a eu son plus grand éclat, et que la l. a été fixée. Quelques changements que le temps et le caprice lui préparent, les bons auteurs du XVIIe et du XVIIIe siècle serviront toujours de modèles. » Peut-être y aurait-il des réserves à faire sur ce que Voltaire appelle *l'ordre naturel*. Voy. INVERSION. Ce qui est certain, c'est que l'obligation de présenter les idées dans un ordre, toujours le même, auquel on s'habitue si vite, au point de le qualifier de *naturel*, est un puissant élément de clarté et de précision. Aussi ce que dit Voltaire de la clarté et de l'ordre inhérents, pour ainsi dire, à la l. française, était si bien reconnu, dès l'époque même de Louis XIV, qu'en 1678, au congrès de Nimègue, le français devint, ce qu'il a toujours été depuis, la l. de la diplomatie. C'est pour cela aussi que les hommes les plus éminents de tous les pays l'ont souvent choisi, de préférence même à leur idiome naturel, pour être l'interprète de leurs idées. Nous citerons entre autres Leibniz, le roi de Prusse Frédéric le Grand, Ancillon et Al. de Humboldt. Enfin, Gœthe lui-même a plusieurs fois regretté, sur la fin de ses jours, de ne l'avoir pas adopté. — Le XIXe siècle peut être considéré comme une nouvelle période dans l'histoire de notre l. Nous n'essaierons pas de la juger, car il y aurait peut-être de la témérité à le faire. On entend encore parfaitement la langue du XVIIe siècle; mais on sent bien que ce n'est plus ainsi que nous parlons. Au Canada, colonisé par les Français sous Louis XIV, la langue s'est maintenue presque sans changement, et les voyageurs qui abordent en ce pays sont frappés de la manière de parler des habitants. Il est difficile de juger des modifications que le français a subies depuis deux siècles. Est-ce un progrès, est-ce une décadence ? Il est impossible aux contemporains de le dire. Au reste, ces modifications sont bien légères et résident peut-être plus dans les idées que dans la manière de les exprimer. Le style c'est l'homme, a dit Buffon. Si le style de nos écrivains est plus lourd, plus pénible que celui de Voltaire, c'est que leur pensée est plus complexe et souvent moins précise. La langue poétique ne paraît nullement en décadence, il semble même qu'elle se soit enrichie, et le souffle lyrique paraît plus large et plus profond chez les poètes du XIXe siècle que chez ceux mêmes du siècle de Louis XIV. La prose présente, suivant les écrivains, des variétés infinies de style. Ce que peuvent regretter les amateurs de beau langage, et il est difficile de ne pas partager ce regret, c'est qu'aujourd'hui on écrive trop vite, souvent sans avoir grand'chose à dire. Les journaux, certaines revues, offrent ainsi trop souvent à leurs lecteurs une lamentable pâture. Les ouvrages didactiques, livres d'enseignement, mémoires d'ingénieurs et de savants, etc., ne sont pas non plus toujours assez châtiés au point de vue du style. On les fait trop vite : l'auteur est toujours pressé. Parmi les écrivains vraiment littéraires, certains ont des partis pris, des systèmes de langage qui sentent l'effort et l'artifice : on peut citer à cet égard l'abus du style indirect, l'emploi des mots abstraits au lieu des mots concrets, l'usage de mots techniques empruntés à la philosophie, aux sciences et plus ou moins détournés de leur sens précis, la recherche exagérée de l'expression neuve, le désir d'étonner en suggérant des idées vagues et nuageuses plutôt que le souci de se faire nettement comprendre ; mais ce sont là des défauts de goût plutôt qu'un symptôme de décadence d'une langue. Le public y a sa grande part de responsabilité. Au reste, il est des écrivains qui savent échapper à tous ces dangers ; malheureusement, ce ne sont pas toujours les mieux doués sous d'autres rapports. Quoi qu'il en soit, il n'est pas douteux que s'il vient à surgir un écrivain qui soit véritablement un grand génie, il aura encore à sa disposition un instrument bien propre à rendre toutes les nuances de sa pensée, et qu'il saura les exprimer dans un style qui n'aura rien à envier à celui de la littérature classique.

**Bibliogr.** — RENAN, *De l'Origine du Langage;* — Z. GEIGER, *De l'Origine du Langage et de la Raison;* — MAX MULLER, *Nouvelles Leçons sur la Science du Langage;* — SCHLEICHER, *Les Langues de l'Europe moderne;* — LITTRÉ, *Histoire de la Langue française*, et la préface du *Dictionnaire de la Langue française*.

**LANGUÉ, ÉE.** adj. [Pr. *lan-ghé*, *g* dur]. T. Blas. Dont la langue est d'un autre émail que le corps.

**LANGUEDOC**, prov. de l'anc. France, ch.-l. *Toulouse*, a formé les dép. de l'Ardèche, du Gard, de l'Hérault, de l'Aude, de la Lozère, du Tarn et une partie des départ. de la Haute-Garonne, de l'Ariège et des Pyrénées-Orientales. Hab. *Languedociens, iennes*.

**LANGUEDOC** (Canal du) ou du *Midi*, canal qui va de Toulouse à Cette et relie l'Atlantique à la Méditerranée par la Garonne.

**LANGUET**, diplomate et publiciste français, né à Vitteaux (1518-1581).

**LANGUETER.** v. a. [Pr. *lan-ghe-ter*, *g* dur]. T. Techn. Découper en languette.

**LANGUETTE.** s. f. [Pr. *lan-ghè-te*, *g* dur] (Dimin. de *langue*). Se dit de diverses choses qui ont la forme d'une petite langue. *Tailler un morceau d'étoffe en languettes. La l. d'un demi-fleuron. La l. d'une anche, d'une clarinette*, etc. Voy. Anche. *La l. d'une balance:* on dit mieux *Aiguille*. || T. Techn. Petite pièce de peau qui protège l'orifice d'un ballon. — Petite lame mobile et vibrante placée dans un tuyau de certains instruments à anche. — Partie taillée en biseau du tuyau d'orgue. — Petite pièce de bois taillée en biseau adaptée au sautereau des instruments à clavier ou à cordes. — Saillie à l'extrémité du couvercle à charnière d'un vase, sur laquelle on pèse pour relever le couvercle. — Petite pièce de fer attachée au châssis de la frisquette. || T. Entom. Partie attachée intérieurement à la lèvre inférieure de quelques insectes. || T. Maçonn. Séparation de quelques pouces d'épaisseur, faite de pierres, de briques ou de plâtre, qu'on établit dans l'intérieur des souches de cheminée, dans un puits mitoyen, etc. || T. Menuis. Espèce de tenon continu formé par le rabot sur l'épaisseur d'une planche, et destiné à entrer dans une rainure correspondante. *Assemblage à languettes et rainures.* || T. Fond. Petit morceau de métal laissé en saillie après la fonte pour faire l'essai d'une pièce avant le poinçonnage. = T. Orfèvr. Petit morceau d'argent ou d'or que les orfèvres laissent en saillie à chaque pièce qu'ils fondent, et qui sert à faire l'essai avant de marquer la pièce du poinçon légal.

**LANGUEUR.** s. f. [Pr. *lan-gheur*, *g* dur] (lat. *languor*, m. s.). Abattement, état d'un malade dont les forces vont en s'épuisant lentement. *Tomber en l. Il est dans un état de l. qui nous inquiète. Maladie de l.* — *L. d'estomac*, État d'atonie de l'estomac, dans lequel ce viscère ne peut plus exécuter ses fonctions. || *Langueur* se dit surtout d'une sorte d'affaissement moral et physique qui résulte d'une cause qui agit sur le système nerveux, comme les fatigues de l'esprit et les peines de l'âme. *La mort de ses enfants l'a jetée dans une l. dont rien ne peut la tirer. Une secrète l. s'était emparée de moi, de mon âme. Des yeux pleins de l., d'une amoureuse l. Une l. voluptueuse.* — Figur., *Il y a de la l. dans cet ouvrage*, Souvent cet ouvrage manque de chaleur, de force, d'intérêt, de mouvement. || Au plur., État d'affaiblissement, d'abattement. *Il ne sent point les langueurs de l'âge. Les langueurs d'une vie sans occupation, sans attachement.* = Syn. Voy. Abattement.

**LANGUEYER.** v. a. [Pr. *lan-ghè-ier*, *g* dur]. Visiter la langue d'un porc pour voir s'il est sain ou ladre. *L. un porc.* || Garnir de languettes. *L. des tuyaux d'orgue.* = Langueyé, ée. part.

**LANGUEYEUR.** s. m. [Pr. *lan-ghè-ieur*, *g* dur]. Celui qui autrefois était commis pour langueyer les porcs.

**LANGUIDE.** adj. 2 g. [Pr. *lan-ghide*, *g* dur] (lat. *languidus*, m. s.). Qui est dans la langueur.

**LANGUIDO.** adv. [Pr. *lan-ghoui-do*, *g* dur] (ital. *languido*, m. s., du lat. *languidus*, languide). T. Mus. Mot indiquant que le mouvement d'un morceau doit être un peu lent et l'exécution dépourvue d'ornements.

**LANGUIER.** s. m. [Pr. *lan-ghier*, *g* dur]. La langue et la gorge d'un porc, quand elles sont fumées. *Les languiers du Mans.*

**LANGUIR.** v. n. [Pr. *lan-ghir*, *g* dur] (lat. *languere*, m. s.). Être dans un état d'abattement et de faiblesse causé par quelque maladie qui ôte peu à peu les forces. *Il est phthisique, il y a trois ans qu'il languit. Il a langui longtemps avant de mourir. Il ne fait que l.* || Souffrir de la continuité, de la durée d'un supplice, d'un besoin, etc. *On le fit l. dans les plus cruels tourments. L. de faim, de soif, de misère. L. dans les fers, dans un cachot, dans l'exil.* — Fig., au sens mor., *L. d'ennui, L. d'amour.*

Oui prince, je languis, je brûle pour Thésée (Racine).

*L. dans l'attente d'un bien. Ne le faites pas l. après ce que vous lui avez promis.* || En parl. des plantes, se dit de celles dont l'accroissement est lent, dont la végétation est peu active, qui viennent mal, qui donnent peu de fruits. *Cet arbre languit. Ces fleurs languissent faute d'eau.* — *La nature languit, toutes choses languissent pendant l'hiver*, La nature est alors comme engourdie. || En parl. des ouvrages d'esprit, *Languir* se dit figur. de ceux qui manquent de force, de chaleur, de vivacité. *Ces vers languissent. Cette pièce languit à partir du second acte.* On dit, dans des sens analogues: *La conversation languit*, Personne ne la soutient, on la laisse tomber. *Les nouvelles, les plaisirs languissent*, Il n'y a pas de nouvelles importantes, il y a peu de divertissements. *Les affaires languissent*, On fait peu d'affaires, de transactions. *L'affaire languit*, Elle traîne en longueur; on ne l'expédie point, etc.

**LANGUISSAMMENT.** adj. [Pr. *lan-ghi-sa-man*, *g* dur]. D'une manière languissante, avec langueur. *Il laissait tomber l. ses paroles.*

Sa tête sur un bras languissamment penchée.
Corneille.

**LANGUISSANT, ANTE.** adv. [Pr. *lan-ghi-san*, *g* dur]. Qui est dans un état de langueur. *Il est l. dans son lit. L. dans une prison. L. d'ennui, d'amour. Cet oiseau, cet arbre est tout l.* || Fig., se dit des choses, soit au sens physique, soit au sens moral. *État l. Santé languissante. Vieillesse languissante. Il traîne une vie languissante. Il parle d'une voix languissante. Le commerce est l. Ces vers sont froids et languissants. Un style l. Cet ouvrage est l. et sans intérêt.* — *Regards languissants*, Regards qui marquent un grand abattement ou beaucoup d'amour.

**LANGUISSEMENT.** s. m. [Pr. *lan-ghi-se-man*, *g* dur]. État de celui qui languit, surtout qui languit d'amour.

**LANGURIDES.** s. m. (lat. *langurium*, ambre jaune). T. Entom. Famille de *Coléoptères tétramères*, dont tous les représentants vivent dans les contrées chaudes de l'Asie, de l'Afrique et de l'Amérique.

**LANIAIRE.** adj. f. T. Anat. *Dents laniaires*, appelées plus souvent *canines*. Voy. Dent.

**LANICE.** adj. f. (R. *laine*). Qui vient de la laine. *Bourre l.* Celle qui tombe des draps lorsqu'on les tond.

**LANIER.** s. m. T. Ornith. Espèce de *Rapace diurne*. Voy. Faucon.

**LANIÈRE.** s. f. (lat. *laniare*, déchirer). Courroie longue et étroite. *La l. d'un fouet.*

**LANIFÈRE.** adj. 2 g. (lat. *lana*, laine; *fero*, je porte). T. Zool. et Bot. Qui porte de la laine; se dit des animaux et des plantes qui sont revêtus d'une matière laineuse ou cotonneuse.

**LANIGÈRE.** adj. 2 g. (lat. *laniger*, m. s., de *lana*, laine, et *gero*, je porte). Qui porte un duvet semblable à la laine. *Puceron l.*

**LANILLE.** s. f. [Pr. *lani-lle*, *ll* mouillées.] (Dimin. de *lana*, laine). Étoffe de laine fabriquée en Flandre.

**LANISTE.** s. m. (lat. *lanista*, m. s.). T. Antiq. Celui qui dressait les gladiateurs. Voy. Gladiateur.

**LANJUINAIS** (Comte), homme politique fr., membre de la Convention, puis sénateur et enfin pair de France (1753-1827).

**LANLAIRE.** interj. [Pr. *lan-lère*]. Mot de fantaisie, sorte d'interjection devenue un nom et qui n'est guère usitée que dans cette locution familière: *Envoyer faire l.*, Envoyer promener, se débarrasser d'un importun.

**LANMEUR,** ch.-l. de c. (Finistère), arr. de Morlaix; 2,500 hab.

**LANNEAU** (De), fonda en 1798 à Paris, dans les bâtiments

de l'ancien collège Sainte-Barbe, l'institution *Sainte-Barbe* 1758-1830).

**LANNEMEZAN**, ch.-l. de c. (Hautes-Pyrénées), arr. de Bagnères-de-Bigorre; 1,900 hab.

**LANNES**, duc de *Montebello*, maréchal de France; fut blessé mortellement à Essling (1769-1809).

**LANNILIS**, ch.-l. de c. (Finistère), arr. de Brest; 3,300 hab.

**LANNION**, ch.-l. d'arr. (Côtes-du-Nord), à 75 kilomèt. de Saint-Brieuc; 6,000 hab.

**LANNOY**, ch.-l. de c. (Nord), arr. de Lille; 1,900 hab.

**LANNOY** (Charles de), vice-roi de Naples (1470-1527).

**LANOLINE**. s. f. (lat. *lana*, laine; *oleum*, huile). T. Chim. Matière onctueuse qu'on extrait des eaux de dessuintage de la laine. La l. anhydre est jaune, inodore, insipide, et possède la consistance de la vaseline. Elle est soluble dans l'éther, le benzène, l'acétone, la ligroïne. Elle ne se dissout pas dans l'eau, mais elle peut absorber plus de 100 p. 100 de ce liquide, tout en conservant sa consistance d'onguent; la l. ordinaire du commerce, presque blanche, contient environ 30 p. 100 d'eau. Elle émulsionne facilement les substances médicamenteuses en solution dans l'eau ou dans l'alcool aqueux. Aussi, est-elle fort employée pour la préparation d'onguents et de pommades pharmaceutiques. A ce point de vue, elle présente une grande supériorité sur l'axonge et sur les graisses ordinaires; car elle pénètre à travers la peau avec une remarquable facilité, sans exercer d'action irritante, et elle rend très rapide l'absorption des médicaments par voie cutanée; de plus, elle est antiseptique et n'est pas sujette à rancir. On l'emploie aussi comme base de préparations cosmétiques pour la peau et les cheveux. Dans l'industrie, elle sert à assouplir et lubrifier les cuirs.

La l. est une graisse de cholestérine, c.-à-d. une combinaison d'acides gras avec de la cholestérine, tandis que les matières grasses ordinaires sont des glycérides formés par l'union de ces mêmes acides avec la glycérine. Les graisses de cholestérine ne peuvent pas être saponifiées, comme les glycérides, par la vapeur d'eau ou par les alcalis aqueux; pour les dédoubler, il faut les fondre avec la potasse caustique ou les chauffer avec une solution alcoolique de potasse. Ces graisses, encore peu étudiées, paraissent être assez répandues dans le règne animal et le règne végétal; on les trouve en petite quantité dans tous les tissus cornés, dont elles entretiennent la souplesse et l'élasticité; elles sont surtout abondantes dans le suint de mouton. Pour obtenir la l., on purifie par des agents oxydants la graisse de laine provenant des eaux de dessuintage; puis on la chauffe avec une solution alcaline, afin de saponifier les acides gras libres. On obtient ainsi une émulsion que l'on sépare, à l'aide d'un appareil centrifuge, en deux portions: une eau savonneuse, plus dense, et une sorte de crème contenant les graisses de cholestérine. En traitant cette crème par un lait de chaux ou par du chlorure de calcium, on en retire la l. brute, que l'on purifie par fusion, lavage à l'eau et dissolution dans l'acétone.

**LANOUAILLE**, ch.-l. de c. (Dordogne), arr. de Nontron; 1,800 hab.

**LA NOUE** (François de), dit *Bras-de-fer*, capitaine fr. (1531-1591), se distingua par ses vertus dans les guerres de religion.

**LANS**. s. m. Voy. Lan.

**LANSBERGHE** (Philippe van), astronome, né à Gand (1561-1632).

**LANSING**, v. des États-Unis, cap. de l'État de Michigan; 9,000 hab.

**LANSIUM**. s. m. [Pr. *lansi-ome*]. T. Bot. Genre de plantes Dicotylédones de la famille des *Méliacées*. Voy. ce mot.

**LANSQUENET**. s. m. (allem. *land*, terre; *knecht*, valet, garçon). Soldat de l'ancienne infanterie allemande. || Sorte de jeu de cartes.

**Hist.** — A la fin du XVe siècle, l'empereur Maximilien Ier conçut le projet de créer une infanterie allemande capable de remplacer, dans ses armées, les fantassins suisses, dont le territoire avait cessé de faire partie de l'Empire, et qui, d'ailleurs, comme troupes mercenaires, étaient l'objet de nombreuses défiances. Les *Lansquenets* furent la première infanterie allemande régulière. Ils avaient pour armes défensives la salade et la cuirasse, et pour armes offensives l'épée et la pique ou la hallebarde. Toutefois, dans chaque corps de lansquenets, il y avait quelques compagnies armées de mousquets. Cette infanterie se recrutait par des enrôlements volontaires, et se rendit bientôt célèbre par sa bravoure. Malheureusement, les lansquenets se firent aussi trop bien connaître par le dérèglement de leurs mœurs. A l'imitation des Suisses, ils se mirent maintes fois à la solde des gouvernements étrangers, même lorsque ceux-ci étaient en guerre avec l'Empire. Charles VIII et Louis XII en ont eu presque constamment dans leurs armées. Au XVIIe siècle, la dénomination de l. finit par tomber en désuétude.

**Jeu.** — C'est de cette milice fameuse qu'a tiré son nom le jeu de hasard appelé *Lansquenet*, qui se joue avec des cartes. Celui qui ponte retourne une carte pour lui, une pour l'adversaire, puis tire des cartes jusqu'à ce qu'il en vienne une semblable à la sienne et alors il gagne, ou semblable à celle de son adversaire et alors il perd.

**LANSQUENETTE**. s. f. [Pr. *lans-ke-nète*]. Épée des lansquenets, courte, large, assez aiguë, à deux tranchants.

**LANTA**, ch.-l. de c. (Haute-Garonne), arr. de Villefranche; 1,300 hab.

**LANTANA**. s. m. T. Bot. Genre de plantes Dicotylédones de la famille des *Verbénacées*. Voy. ce mot.

**LANTARA**, célèbre peintre fr. (1729-1778).

**LAN-TCHEOU**, v. de la Chine occidentale, ch.-l. de la prov. de Kan-Sou, sur le Hoang-Ho; 500,000 hab.

**LANTER**. v. a. T. Techn. Orner une pièce de chaudronnerie d'enjolivements repoussés au marteau.

**LANTERNE**. s. f. (lat. *laterna*). Ustensile de verre, de corne, de toile, ou de quelque autre matière transparente, dans lequel on enferme une lumière. *L. ronde, carrée. L. de corne, de verre, de papier. L. de cabriolet. L. sourde*, Lanterne faite de manière que celui qui la porte voit sans être vu, et peut à volonté cacher entièrement la lumière. — *L. vénitienne*, Lanterne de papier de couleur pour illuminations. — Fig. et prov., *Il veut faire croire que des vessies sont des lanternes*, Il veut faire croire des choses qui n'ont pas le sens commun. — *Oublier d'allumer la l.*, par allusion à la fable de Florian « le Singe qui montre la lanterne magique », omettre le point essentiel pour être compris. || Fig. et famil., se dit quelquefois, au pluriel, dans le sens de Fadaises, contes absurdes, ridicules. *Conter des lanternes*. || T. Archit. Petit dôme sur colonnes, à entrecolonnements vides, qu'on place au sommet d'un édifice, et particulièrement d'un grand dôme, pour donner du jour à l'intérieur, ou même simplement pour former amortissement. *La l. du dôme des Invalides*. — Sorte de cage circulaire ou carrée, garnie de fenêtres et de vitraux, qu'on place au-dessus d'un édifice pour en éclairer l'intérieur par en haut. *La l. de la salle de la Bourse*. — Espèce de loge que l'on place quelquefois dans une salle destinée à des assemblées publiques, et d'où, sans être vu, on peut voir et écouter. *Lorsque le roi tenait un lit de justice, au parlement, les dames se plaçaient dans les lanternes de la grand'chambre*. || T. Techn. Boîte vitrée où l'on enferme les balances de précision. || Partie de la crosse d'un évêque, du manche d'un éventail, du bâton d'un chantre, qui est à jour et représente une cage. — Cage du moulin à ourdir la chaîne de l'étoffe. — Pièce carrée en fer qui, dans certains métiers à tisser, sert à faire exécuter au cylindre un quart de tour. — Cône à jour qu'on fait avec la tourbe mise en briquettes pour la conserver. — Partie creuse sur l'avant de la mèche du gouvernail, laissant le passage libre à la ferrure de l'étambot. — Roue formée de fuseaux dans lesquels engrènent les dents d'une autre roue. — Roue qui se trouve à la partie supérieure du madrier des plombiers. — Plaque de fer ronde qui fait partie du mécanisme d'une horloge et est percée d'autant de trous qu'il y a d'ailes aux pignons. || T. Bot. Champignon d'Amérique en forme de cul-de-lampe, supporté par trois colonnes. || T. Zool. *L. d'Aristote*, Appareil de pièces calcaires qu'on trouve dans l'estomac des crustacés. || T. Méc. *Engrenage à l.* Voy. Engrenage. || T. Artill. *L. à gargousse*, Étui de bois ou de cuir dans lequel on porte des gargousses. *L. à mitraille*, Boîte cylindrique de fer-blanc à demi soudée, du calibre du boulet des pièces auxquelles elle doit servir.

**Archéol.** — *Lanterne des morts.* — Il était d'usage au moyen âge d'allumer, dans les cimetières, un fanal au haut d'une colonne. La lueur rouge, aperçue de loin, excitait l'imagination des voyageurs ; la colonne funèbre devint comme le centre d'un véritable culte : des autels se dressèrent au pied du monument, et des cérémonies religieuses s'y accomplirent à certaines époques de l'année. Aujourd'hui encore, des processions se rendent, à certains jours, auprès de ceux de ces fanaux que le temps a respectés. On cite parmi ceux qui sont encore debout : les fanaux d'Estrées et de Saint-Georges-de-Ciron (Indre), de Felletin (Creuse), de Montaigu (Puy-de-Dôme), de Mauriac et de Falgoux (Cantal), d'Etivarelle (Allier), de Fénioux (Charente-Inférieure), d'Artigny (Vienne), de Parigné-l'Évêque (Sarthe).

**Phys.** — I. — La *Lanterne magique* se compose d'une l. ordinaire, munie d'une lampe dont la lumière est réfléchie par

Fig. 1.

un miroir concave dans la direction d'un tube qui renferme deux lentilles convergentes (Fig. 1). Entre ces deux lentilles on fait mouvoir une lame de verre sur laquelle sont représentées diverses figures peintes avec des couleurs translucides. La première lentille a pour objet unique de concentrer les rayons lumineux sur la lame peinte, afin de l'éclairer vivement. La seconde, qui est à court foyer, projette les images que porte le verre sur un écran blanc placé à une certaine distance. Les images projetées sur cet écran sont considérablement amplifiées, mais elles sont renversées. Pour les redresser, il n'y a qu'à placer le verre peint de manière que les figures soient renversées, car alors elles se trouveront redressées sur l'écran. Le grossissement obtenu est le rapport des distances de la lentille extérieure à l'écran et au verre peint. Par conséquent, si l'écran est 100 fois, 200 fois plus éloigné de la lentille que la figure peinte, le grossissement sera 100 ou 200. Il est superflu de dire que, pour donner tout son éclat à cette expérience, il faut opérer dans une chambre complètement obscure. Cet ingénieux appareil, qui depuis longtemps fait les délices de l'enfance, a été inventé au XVII^e siècle par le P. Kircher.

II. — L'appareil au moyen duquel on produit les illusions de la fantasmagorie porte le nom de *Fantascope* (Fig. 2). Il ne diffère que fort peu de la l. magique. Le système grossissant consiste en deux lentilles convergentes, dont l'une est fixe et l'autre mobile. Les peintures translucides se détachent sur un fond opaque, afin que l'écran ne reçoive aucune lumière en dehors de l'image. Le fantascope est porté sur des roues qui permettent de l'approcher ou de l'éloigner à volonté du tableau qui reçoit l'image. Mais, dans ces différents mouvements, la lentille mobile s'éloigne ou s'approche de la lentille fixe, afin que l'image focale se fasse toujours exactement sur l'écran ; de cette manière, on peut à volonté diminuer ou agrandir rapidement les images. Les spectateurs sont placés dans une chambre séparée de celle qu'occupe l'opérateur par un écran translucide, lequel est ordinairement de percale. Comme ils sont plongés dans une obscurité complète, ils n'ont aucun moyen d'estimer la distance qui les sépare des images. En conséquence, lorsque celles-ci grandissent rapidement, ils s'imaginent qu'elles se précipitent sur eux, et ils croient, au contraire, les voir s'éloigner, quand leurs dimensions diminuent. Lorsque l'image diminue, pour rendre l'illusion plus complète, on intercepte, au moyen d'un diaphragme, une partie des rayons lumineux, de sorte que son éclat varie comme sa grandeur. C'est au physicien Robertson que l'on doit l'invention de la fantasmagorie. On a prétendu que les prêtres de l'antiquité se servaient d'artifices analogues pour épouvanter ceux qu'ils initiaient aux mystères d'Isis et de Cérès. Ces artifices étaient peut-être fort ingénieux, mais ils devaient être bien grossiers, comme moyens d'exécution, car il est difficile d'admettre que les anciens aient connu les

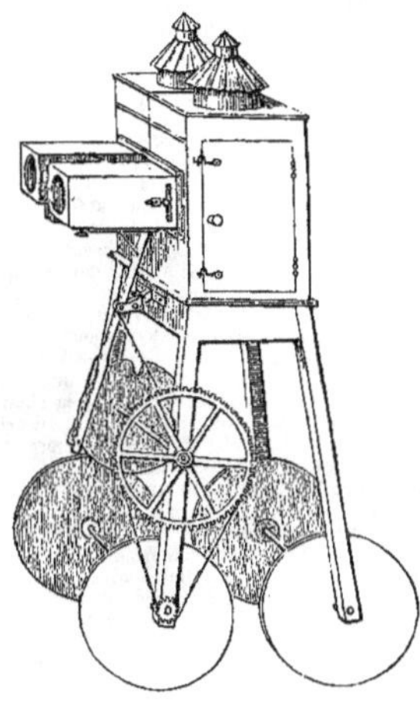

Fig. 2.

propriétés des lentilles et qu'ils aient même su en fabriquer. Tout au plus pourrait-on admettre qu'ils avaient recours à des combinaisons plus ou moins ingénieuses de miroirs plans.

III. — Les deux appareils précédents sont le type des *appareils à projections*, si usités aujourd'hui pour illustrer les cours et les conférences. Nous dirons quelques mots des perfectionnements qui y ont été apportés au mot Projection.

IV. — Le *Mégascope* est un instrument destiné à donner des copies amplifiées de différents objets, tels que tableaux, gravures, statuettes, etc., pourvu que ceux-ci n'aient pas une trop grande étendue. Il consiste essentiellement en une grande chambre noire où le dessinateur se tient derrière un écran translucide, sur lequel se projette une image dont on peut suivre les contours à l'aide d'un crayon. L'objet à reproduire est placé en dehors de la chambre obscure, devant une lentille ajustée dans le volet. En outre, il est éclairé aussi vivement que possible par les rayons solaires, lesquels sont renvoyés par un miroir plan dont on peut faire varier l'inclinaison, et il est porté par un petit chariot mobile sur un système de rails qui partent du volet, de telle sorte que l'on peut l'approcher ou l'éloigner à volonté de la lentille, selon qu'on veut avoir une image plus ou moins amplifiée. Pour que celle-ci soit droite, il faut renverser l'objet. Le mégascope a été perfectionné par le physicien Charles, en 1780 ; c'est pourquoi on lui en attribue communément l'invention.

**LANTERNEAU.** s. m. [Pr. *lanter-no*] (R. *lanterne*). T. Tech. Petite tourelle à colonnettes au-dessus d'un dôme, d'un édifice. — Petite cage vitrée au sommet d'un escalier, pour l'éclairer par en haut.

**LANTERNER.** v. n. (R. *lanterne*). Être irrésolu en affaires, perdre le temps à des riens. *Il ne fait que l. et n'avance à rien.* = Lanterner. v. a. Remettre quelqu'un de jour en jour, l'amuser par de vaines paroles. *Vous me lanternez depuis longtemps.* || Tenir des discours frivoles, ridicules. *Je ne sais ce qu'il me vient l. tous les jours.* = Lanterné, ée. part. = Ce v. est fam. dans toutes ses acceptions.

**LANTERNERIE**, s. f. (R. *lanterner*). Irrésolution, indécision de celui qui s'arrête aux vétilles les plus insignifiantes, *Il est d'une l. qui ne finit point. Il a manqué son affaire par sa l.* Fam. || Propos, écrit frivole et ridicule. *Il ne nous a dit, il ne lit que des lanterneries.* Fam.

**LANTERNIER**, s. m. Celui qui fabrique des lanternes; Celui qui est chargé d'allumer les lanternes publiques. Peu us. || Fig. et fam., se dit d'un homme irrésolu, qui ne sait prendre une détermination en rien. *Vous n'en finirez jamais avec ce l.* — Diseur de fadaises. *Qui est le l. qui vous a raconté cela?*

**LANTERNON**, s. m. T. Archit. Petite lanterne.

**LANTHANE**, s. m. (gr. λανθάνω, je suis caché). T. Chim. Métal rare découvert dans la cérite par Mosander, en 1839. On le rencontre à l'état de silicate dans la *Cérite*, l'*Orthite* et la *Gadolinite;* à l'état de carbonate dans la *Lanthanite*, de niobate dans la *Samarskite*, de phosphate dans la *Monazite*. Le l. est blanc, malléable, ductile, un peu plus dur que le cérium, plus fusible que l'argent. Il a pour densité 6,1. Il se ternit rapidement à l'air ; sa poudre projetée dans une flamme y brûle avec éclat. Il décompose l'eau, lentement à froid, rapidement à chaud, et se dissout aisément dans les acides. Son symbole est La et son poids atomique 138.

L'*Oxyde de l.* a pour formule $La^2O^3$ ; c'est une poudre blanche qui, au contact de l'eau, s'éteint comme la chaux et fournit un *Hydrate* $La^2(OH)^6$ à réaction alcaline, absorbant l'acide carbonique de l'air. Les sels de l. sont généralement incolores; ceux qui sont solubles possèdent une saveur astringente. Le *Chlorure* $La^2Cl^6$ est une masse cristalline déliquescente. L'*Azotate* $(Az\,O^3)^6\,La^2$ forme de grands cristaux anorthiques, très solubles, contenant $12\,H^2O$. Le *Sulfate* $(SO^4)^3\,La^2$ est beaucoup plus soluble à froid qu'à chaud ; il forme des sels doubles avec les sulfates alcalins, mais ne fournit pas d'aluns. Le *Carbonate* $(CO^3)^3\,La^2$ se produit, à l'état de précipité blanc hydraté, quand on traite la solution d'un sel de l. par un carbonate alcalin.

Les sels de l. communiquent un grand éclat à la flamme des brûleurs à gaz et sont très propres à la confection des manchons à incandescence.

**LANTHANITE**, s. f. (R. *lanthane*). T. Minér. Carbonate de lanthane et de didyme.

**LANTHOPINE**, s. f. (gr. λανθάνω, je suis caché; fr. *opium*). T. Chim. Alcaloïde oxygéné, contenu en petite quantité dans l'opium. La l. a pour formule $C^{23}H^{25}Az\,O^4$. C'est une poudre blanche cristalline, insipide, fusible vers 200°, insoluble dans l'eau, presque insoluble dans l'alcool, assez soluble dans le chloroforme. Elle s'unit aux acides pour former des sels cristallisables. Elle ne se colore pas par le perchlorure de fer et se distingue ainsi de la morphine.

**LANTIER**, littérateur fr., né à Marseille (1734-1826).

**LANTIPONNAGE**, s. m. [Pr. *lantipo-naje*]. Action de lantiponner; discours frivole et importun. *Point de l.*

**LANTIPONNER**, v. a. et n. [Pr. *lantipo-ner*]. Tenir des discours frivoles et importuns. *Que me venez-vous l.? Arrivez au fait, au lieu de tant l.* = LANTIPONNÉ, ÉE. p. — Ces termes sont du langage populaire.

**LANTURE**, s. f. (R. *lanter*). T. Techn. Enjolivement repoussé que le chaudronnier fait avec le marteau.

**LANTURLU** ou **LANTURELU**. Façon de parler famil., qui est tirée d'un refrain de chanson, et qui n'a aucun sens propre. Elle s'emploie pour marquer un refus accompagné de mépris ou pour indiquer une réponse évasive. *Il lui a répondu lanturlu.* || Nom donné au jeu de la bête et au valet de trèfle, qui est la plus forte carte. || Appareil qu'on ajoute aux bluteaux pour achever de dépouiller les gruaux des pellicules de son qui y restent attachées.

**LANUGINEUX, EUSE**, adj. (lat. *lanuginosus*, m. s., de *lanugo*, duvet). T. Bot. Se dit parfois de toutes les parties des plantes, telles que feuilles, fruits, tiges, etc., qui sont couvertes d'une espèce de duvet semblable à la laine ou au coton. *Les feuilles de la guimauve sont l.*

**LANUGINIQUE**, adj. 2 g. (lat. *lanugo*, duvet, de *lana*, laine). T. Chim. L'*acide l.* est un acide azoté et sulfuré, qui se forme, à l'état de sel soluble, lorsqu'on traite la laine par de l'eau de baryte bouillante.

**LANUSIUM**, anc. v. du Latium.

**LANVOLLON**, ch.-l. de c. (Côtes-du-Nord), arr. de Saint-Brieuc ; 1,500 hab.

**LANZAROTE**, une des îles *Canaries*. Voy. ce mot.

**LANZI** (L'abbé), savant archéologue et philologue italien (1732-1810).

**LAOCOON**, prêtre d'Apollon qui fut étouffé avec ses deux fils par deux serpents monstrueux, lors du siège de Troie (Myth.).

**LAODICÉE**, anc. v. d'Asie Mineure (Phrygie). || Anc. v. de la côte de Syrie; auj. *Latakieh*.

**LAO-KAÏ**. v. du Tonkin sur le fleuve Rouge.

**LAOMÉDON**, roi de Troie et père de Priam (Myth.).

**LAON** [Pr. *lan*]. ch.-l. du dép. de l'Aisne, 14,100 hab., à 140 kil. de Paris.

**LAONNAIS**, anc. pays de France, cap. *Laon*.

**LAOS**, région de l'Indo-Chine, à l'O. du Tonkin. Cap. *Luang-Prabang*. Voy. INDE. = Nom des hab. : LAOTIEN, ENNE.

**LAO-TSEU**, philosophe du VI$^e$ siècle av. J.-C., auteur d'un des livres sacrés des Chinois, le *Tao-te-King*, « la Voie de la Vertu ».

**LAPACHIQUE**, adj. 2 g. [Pr. *lapa-kike*] (R. *lapacho*, bois du Brésil). T. Chim. L'*acide l.* ou *taiguique* $C^{15}H^{14}O^3$ est une matière colorante jaune contenue dans le *lapacho*, bois tinctorial fourni par une Bignoniacée de l'Amérique du Sud. Cet acide cristallise en longs prismes jaunes, fusibles à 138°, très solubles dans l'alcool, le benzène et l'éther. Il se dissout en rouge dans les alcalis.

**LAPACHOÏQUE**, adj. 2 g. [Pr. *lapa-ko-i-ke*]. T. Chim. Syn. de *Lapachique*.

**LAPAGERIE**, s. f. (R. *La Pagerie*, n. propre). T. Bot. Genre de plantes Monocotylédones (*Lapageria*) de la famille des *Liliacées*. Voy. ce mot.

**LA PALICE** (JACQUES DE CHABANNES), ou LA PALISSE, célèbre cap. fr., tué à la bataille de Pavie, 1525. — Ses soldats composèrent en son honneur une chanson où se trouvaient ces vers :

> Un quart d'heure avant sa mort
> Il faisait encore envie.

qui ont été modifiés et ridiculisés plus tard, et sont devenus l'origine de la burlesque complainte que tout le monde connaît.

**LAPALISSE**, ch.-l. d'arr. (Allier), 2,900 hab.

**LAPAROCÈLE**, s. f. (gr. λαπάρα, flanc, κήλη, *hernie*). T. Chir. Sous le nom de *Laparocèle* ou *Hernie ventrale*, on étudie les hernies qui s'échappent par un point des parois latérales de l'abdomen autre que les anneaux inguinal et crural. Les unes se font à la faveur d'une cicatrice ou d'une rupture complète ou incomplète de la paroi abdominale; les autres sont d'origine spontanée chez les femmes âgées, obèses, chez les multipares, etc. Les hernies cicatricielles se font à travers la paroi fibreuse et n'ont souvent pas de sac. Les laparocèles spontanées se produisent généralement au niveau de la ligne semi-lunaire de Spigel, bord externe du muscle droit de l'abdomen; elles ont un sac généralement très mince, et renferment une grande quantité d'épiploon en même temps que le cæcum, le côlon, ou de l'intestin grêle. Leur diagnostic est facile, et le chirurgien doit être prévenu qu'elles s'étranglent assez souvent et que leur étranglement est grave, susceptible de simuler un étranglement interne. Chez les gens âgés, affaiblis ou malades, on est autorisé à se contenter d'appareils orthopédiques appropriés, mais si le sujet est jeune et sain, la cure radicale s'impose.

**LAPAROTOMIE.** s. f. (gr. λαπάρα, flanc; τομή, section). T. Chir. On entend par *laparotomie* l'incision et l'ouverture de la cavité abdominale dans un but thérapeutique. Cette opération, jadis considérée comme grave à cause de la sensibilité inexplicable du péritoine qui entraînait fatalement la mort des malades par péritonite et infection générale, est aujourd'hui de pratique si courante que, non seulement le médecin n'hésite pas à la pratiquer pour une cure bien déterminée, mais qu'il a le droit précis de faire la *L. exploratrice* pour assurer un diagnostic douteux. C'est dire combien cette intervention est aujourd'hui bénigne; on a reconnu, en effet, que la plus grande partie de la gravité des interventions abdominales dépendait du défaut d'asepsie; il faut cependant ajouter à cette cause le shock inévitable lorsqu'on touche au péritoine, et qui impose à l'opérateur un minimum de temps pour son intervention. Ainsi comprise, la l. se pratique à la suite de contusions de l'abdomen avec lésions viscérales probables, de plaies pénétrantes de l'abdomen, au cours de l'occlusion intestinale, dans les péritonites, même tuberculeuses; enfin, dans les cas de typhlite, d'appendicite, de salpingo-ovarite, etc.

**LAPEMENT.** s. m. [Pr. *lape-man*]. Action de laper.

**LAPER.** v. n. et a. (mot germ.: anglais, *to lap;* flamand, *lappen*, m. s.). Boire en tirant avec la langue; se dit de quelques quadrupèdes et particulièrement du chien. *Ce chien fait bien du bruit en lapant. Il a lapé en un instant la jatte de lait qu'on lui avait donnée.* = LAPÉ, ÉE. part.

**LAPEREAU.** s. m. [Pr. *lape-ro*] (R. *lap*, rad. de *lapin*). Jeune lapin de trois à quatre mois.

**LA PÉROUSE**, marin français (1741-1788 ?), périt en Océanie, massacré par les sauvages dans un voyage de découverte. Les débris de ses navires furent retrouvés en 1828 par Dumont d'Urville, rapportés en France et déposés au Musée de la Marine, au Louvre.

**LAPICIDE.** s. m. (lat. *lapicida*, m. s., de *lapis*, pierre, et *cædere*, tailler,). T. Antiq. Graveur d'inscriptions sur pierre.

**LAPIDAIRE.** s. m. (lat. *lapis, idis*, pierre). Ouvrier qui taille les pierres précieuses. || Instrument qui sert à polir l'acier des pièces d'horlogerie, les verres de montre, etc. = LAPIDAIRE. adj. 2 g. Qui a rapport aux pierres. *Style l.*, Le style des inscriptions, parce qu'elles sont ordinairement gravées sur la pierre, le marbre, etc. *Musée l.*, Musée spécialement destiné à recevoir des pierres qui portent des inscriptions.

**LAPIDAIRERIE.** s. f. Travail, industrie du lapidaire.

**LAPIDATEUR.** s. m. Celui qui lapide.

**LAPIDATION.** s. f. [Pr. ... *sion*] (lat. *lapidatio*, m. s.) Action de lapider, de tuer quelqu'un à coups de pierres; et supplice de ceux qu'on faisait mourir ainsi. *La l. était en usage chez les Hébreux. Dans la l., c'était aux témoins à lancer les premières pierres. La l. de saint Étienne.*

**LAPIDER.** v. a. (lat. *lapidare*, m. s., de *lapis, lapidis*, pierre). Tuer à coups de pierres. *Les Juifs lapidaient les adultères, les blasphémateurs*, etc. *Les Juifs lapidèrent saint Étienne hors des murs de Jérusalem.* || Attaquer, poursuivre à coups de pierres. *Comme il sortait du village, les enfants se mirent à le l.* || Fig. et fam., se dit hyperboliquement du déchaînement de plusieurs personnes contre quelqu'un. *Quand je leur ai reproché leur conduite, elles ont pensé me l. Vous vous ferez l., si vous parlez ainsi.* = LAPIDÉ, ÉE, part.

**LAPIDESCENCE.** s. f. [Pr. *lapidès-san-se*]. (R. *lapidescent*). Tendance de certains corps à se lapidifier.

**LAPIDESCENT, ENTE.** adj. [Pr. *lapidès-san*] (lat. *lapidescens*, se pétrifiant, de *lapis*, pierre). Qui se change en pierre.

**LAPIDEUR**, s. m. Celui qui lapide.

**LAPIDEUX, EUSE.** adj. (lat. *lapidosus*, m. s., de *lapis*, pierre). Qui est de la nature de la pierre. Inus.

**LAPIDICOLE.** adj. 2 g. (lat. *lapis*, pierre; *colere*, habiter). T. Zool. Se dit de quelques animaux qui se construisent un nid sous les pierres.

**LAPIDIFICATION.** s. f. [Pr. ...*sion*] (bas-lat. *lapidificare*, lapidifier). Formation des pierres. Modification d'une couche, d'une masse minérale, qui lui donne la consistance pierreuse.

**LAPIDIFIER.** v. a. (lat. *lapis*, pierre; *fieri*, devenir). Donner à une substance la dureté de la pierre. *Il y a des solutions salines qui lapidifient les substances dans lesquelles elles pénètrent.* = SE LAPIDIFIER. v. pr. Acquérir la dureté de la pierre. *Ce bois s'est lapidifié.* = LAPIDIFIÉ, ÉE. p. || Conj. Voy. PRIER.

**LAPIDIFIQUE.** adj. 2 g. (lat. *lapis, idis*, pierre, et le suff. *ficus*, dérivé de *facere*, faire). Se dit des liquides propres à donner aux substances organiques, en les pénétrant, la dureté de la pierre.

**LAPIE** (PIERRE), savant ingénieur géographe fr. (1779-1850).

**LAPILLEUX, EUSE.** adj. [Pr. *lapil-leu*] (lat. *lapillus*, petite pierre). Dur comme la pierre. || T. Bot. *Fruit l.*, Dont la chair est pierreuse.

**LAPILLI.** s. m. pl. (plur. du mot lat. *lapillus*, petite pierre). Petits fragments de rocher volcaniques, provenant de la dissociation des laves, plus ou moins scoriacées, qui se sont refroidies dans le cratère et qui ont été morcelées et projetées par les gaz sur les bords du volcan.

**LAPIN, INE.** s. (d'un rad. *lap*, dont l'origine est douteuse; il est peu probable que ce soit le même que le rad. *lep*, du latin *lepus*, lièvre). Genre de *Rongeur*. Voy. LIÈVRE.

**LAPINER.** v. n. Se dit de la lapine qui met bas sa portée.

**LAPINIÈRE.** s. f. Lieu peuplé de lapins.

**LAPIS.** s. m. [Pr. *l's*]. T. Minér. Le *Lapis-lazuli*, appelé aussi *Lazulite* et vulgairement *Pierre d'azur*, est un silicate d'alumine et de soude, mêlé d'un peu de soufre et d'oxyde de fer; il raie le verre et a une densité moyenne de 2,85. Il est très rare de le rencontrer cristallisé; ordinairement il est en masse compacte. Ce minéral, qui est remarquable par sa belle couleur bleue, appartient aux terrains granitiques. On le trouve en Sibérie, près du lac Baïkal, dans la Boukharie, dans le Thibet et dans plusieurs provinces de la Chine. Le lapis est fort recherché et toujours d'un prix fort élevé, lorsqu'il est en masses d'un certain volume. On l'emploie alors en placage pour les ornements intérieurs de chapelles, de salons, etc. Les morceaux moins volumineux servent à orner des bracelets, des bijoux, divers petits meubles, etc. Les moindres fragments sont employés pour préparer la couleur bleue désignée par les peintres sous le nom d'*Outremer*. Il y a des variétés de lapis qui sont mélangées de parties blanches, et ont quelquefois des pyrites inaltérables qui, se dessinant en jaune d'or sur le fond bleu, produisent un assez bel effet. Aujourd'hui, on fabrique pour la peinture des quantités considérables d'*outremer artificiel*, appelé aussi *bleu Guimet*; il ne le cède en rien au naturel. Seulement, pour le même prix qui servait jadis à payer quelques grammes de cette magnifique couleur, on en a maintenant 1 kilogramme.

**LAPITHES**, peuple mythologique de la Thessalie, célèbre par le combat qu'ils livrèrent aux Centaures.

**LAPLACE** (PIERRE-SIMON, nommé *comte* par Napoléon et *marquis* par Louis XVIII), célèbre géomètre et astronome fr., un des plus puissants génies de toutes les époques, né à Beaumont-en-Auge (Calvados) en 1749, mort à Paris en 1827. fils d'un cultivateur. Auteur de la *Mécanique céleste*, de la *Théorie analytique des Probabilités*, et de l'*Exposition du système du Monde*, où se trouve exposée la célèbre hypothèse sur l'origine nébulaire du système solaire. Voy. PLANÈTE.

**LA PLATA.** Voy. PLATA.

**LAPLEAU,** ch.-l. de c. (Corrèze), arr. de Tulle; 1,000 hab.

**LAPLUME,** ch.-l. de c. (Lot-et-Garonne), arr. d'Agen; 1,400 hab.

**LAPON, ONNE.** adj. Qui habite la Laponie. — Les Lapons sont de race finnoise; il en est qui sont sédentaires dans des villages bâtis dans les bois; d'autres sont nomades et se déplacent avec leurs troupeaux de rennes.

**LAPONIE,** région au N. de la Norvège, de la Suède et de la Russie, 25,500 hab. Voy. la carte de *Norvège*. = Nom des hab. : LAPON, ONNE.

**LA POPELINIÈRE,** fermier général, protecteur des Lettres et des Arts (1692-1762).

**LAPRADE** (VICTOR-RICHARD DE), poète et académicien fr., né à Montbrison (Loire) (1812-1883).

**LAPS.** s. m. [Pr. *lapse*] (lat. *lapsus*, écoulé). Ne se dit qu'au singul. dans cette loc., *L. de temps*, Espace de temps. *Après un grand l. de temps. La prescription s'acquiert par un certain l. de temps.*

**LAPS, APSE.** adj. [Pr. *lapse*] (lat. *lapsus*, tombé). T. Droit can. Ne se dit que de celui qui a quitté la religion catholique après l'avoir embrassée volontairement, et ne s'emploie qu'avec le réduplicatif. *Relaps. Il est l. et relaps.*

**LAPSUS.** s. m. (lat. *lapsus*, chute). Faute, erreur, défaut. *L. de mémoire. L. linguæ*, Manquement de langue, *L. calami*, Manquement de plume.

**LAPTOT.** s. m. [Pr. *lap-to*]. Nom donné dans une colonie d'Afrique aux indigènes employés comme matelots ou comme porteurs.

**LAQUAIS.** s. m. [Pr. *la-kè*] (esp. *lacayo*, m. s., sans doute d'orig. arabe). Valet de livrée, destiné principalement à suivre son maître ou sa maîtresse. *Il a toujours deux l. derrière sa voiture.* — Fam., *Mentir comme un l.*, Mentir avec impudence, mentir habituellement.

**LAQUE.** s. f. et m. (ar. *lak*, suc végétal, mot d'origine indienne).

**Hist. nat.** — La *Laque*, ou la *Gomme laque*, est une substance résineuse, fragile, transparente, d'un rouge jaunâtre, inodore, d'une saveur faiblement amère et astringente, qui exsude de plusieurs arbres des Indes orientales, et particulièrement du *Ficus religiosa*, à la suite de piqûres qu'y fait un insecte hémiptère, le *Carteria lacca*. On distingue dans le commerce trois espèces de laques. La *l. en bâtons* est la l. dans son état naturel, adhérant encore aux jeunes branches et les enveloppant quelquefois complètement. La *l. en grains* est celle qui a été détachée des rameaux. La *l. en écailles*, *en feuilles* ou *en plaques* est tout simplement de la l. fondue et coulée. Elle a un aspect vitreux et sa couleur varie d'intensité; aussi la distingue-t-on en l. blonde, l. brune et l. rouge. La *Lac-laque* et la *Lac-dye* sont des préparations peu connues, que l'on fait aux Indes. Enfin, l'espèce qu'on appelle *Résine l. blanche* n'est autre chose que de la l. ordinaire qui a été décolorée au moyen de l'hypochlorite de chaux, ou saponifiée et ensuite débarrassée de l'alcali par un acide. La l. était autrefois employée en médecine comme astringent, mais aujourd'hui elle n'est plus usitée que dans la confection de certains dentifrices. Toutefois, son soluté alcoolique peut jusqu'à un certain point remplacer le collodion pour le pansement des blessures. Dans les arts, on l'emploie principalement pour préparer des mastics, des vernis et des cires à cacheter. Elle est également utilisée dans la chapellerie et dans la teinture. — On donne aussi le nom de *laques* à des combinaisons de matières colorantes végétales et d'oxydes ou de sous-sels métalliques et d'alumine, qui sont usitées pour la teinture et la peinture Voy. COULEUR. Dans les deux sens qui précèdent, *laque* est féminin.

**Techn.** — Sous le nom de *meubles de l.* ou simplement de *Laques* (dans ce cas, ce mot est masculin), on désigne des articles de tabletterie recouverts d'un vernis particulier qui leur donne un brillant magnifique et presque inaltérable. Ces objets sont originaires de la Chine et du Japon, où leur fabrication constitue depuis longtemps une industrie importante. Le vernis employé est un suc résineux qui découle des incisions faites dans le tronc de certains arbres du genre sumac, principalement le *Rhus vernicifera*, appelé *Whrushi* par les Japonais. Cet arbre est cultivé; il se reproduit par bouture et par semence et ne donne de l. qu'après 8 à 10 ans. Dès le XVIIe siècle on a cherché à les imiter en Europe; cependant, c'est seulement depuis 1832 qu'on est parvenu à obtenir des pièces de quelque mérite. Encore même les produits européens sont-ils très inférieurs à ceux de l'Asie orientale. Les *vrais laques*, c.-à-d. les laques chinois et japonais, sont sur bois, sur cuivre, sur carton ou sur papier mâché. Ils sont ordinairement noirs, mais on en fait aussi de rouges, de verts, de couleur aventurine, et on les rehausse souvent de figures ou d'arabesques peintes en or ou en argent. Les laques d'Europe se fabriquent sur bois ou sur papier mâché; ils sont presque toujours noirs. Ce qui les distingue surtout des produits orientaux, c'est que leur éclat est dû au vernissage, tandis que les vrais laques doivent le leur au polissage. L'infériorité des laques d'Europe provient surtout de la nécessité où l'on se trouve de produire à bon marché. Paris, Amsterdam, Vienne et Bruxelles sont les centres principaux de l'industrie des laques européens sur bois. Ceux qui se font sur papier mâché viennent presque tous de l'Angleterre.

**LAQUEDIVES,** archipel de la mer des Indes, à l'ouest de la côte de Malabar; 14,000 hab.

**LAQUER.** v. a. [Pr. *la-ker*]. T. Techn. Recouvrir de laque. = LAQUÉ, ÉE. part. *Une table laquée.*

**LAQUETON.** s. m. [Pr. *lake-ton*]. Diminutif de laquais. Vx et fam.

**LAQUEUR.** s. m. [Pr. *la-keur*]. Celui qui enduit de laque.

**LAQUEUX, EUSE.** adj. [Pr. *la-keu, euze*]. Qui est de la nature, de la couleur de la laque. *Gomme laqueuse. Il y a trop de tons l. dans ce tableau.*

**LA QUINTINIE** (JEAN DE), agronome fr. (1626-1688), auteur de l'*Instruction pour les jardins fruitiers et potagers.*

**LAQUIS.** s. m. [Pr. *la-ki*] (R. *lacs*). T. Mar. Cordage muni d'un nœud, employé pour serrer un corps qu'il entoure par le seul effet du poids de ce corps.

**LAR,** v. de Perse, cap. du *Laristan*, 15,000 hab.

**LARA,** maison célèbre de Castille. Un de ses membres, *Gonzalo Bostos*, comte de *Lara*, eut ses sept enfants attirés dans une embuscade et massacrés par leur oncle Rodrigue (993). Ils sont connus dans l'histoire sous le nom des *sept enfants de Lara.*

**LARAGNE,** ch.-l. de c. (Hautes-Alpes), arr. de Gap; 1,100 hab.

**LARAIRE.** s. m. (lat. *lararium*, m. s.). T. Ant. Lieu intérieur où étaient placés les lares. Voy. LARES.

**LARBIN.** s. m. Laquais. Pop.

**LARCHER,** helléniste fr. (1726-1812).

**LARCIN.** s. m. (lat. *latrocinium*, vol). Action de celui qui dérobe furtivement et sans violence. *Commettre un l.* || La chose dérobée. *Il alla cacher son l. en tel endroit.* || *Un doux l.*, Baiser dérobé à une femme. || Passage ou pensée qu'un auteur prend d'un autre pour se l'approprier. *Les plus beaux endroits de son livre sont autant de larcins.*

**LARD.** s. m. [Pr. *lar*] (lat. *laridum*, m. s.). Couche de graisse qui se trouve entre la peau et la chair du porc. *L. frais. L. rance. Une tranche de l. Ce cochon a quatre doigts de l. Bardé de l. Omelette au l. Gros l.*, Qui ne contient pas de chair. *Petit l.*, *L. maigre*, Entremêlé de chair. — *L. en planches*, L. coupé en longues bandes. — Prov. et pop., *Être gras à l.*, Être fort gras. *Faire du l.*, Conserver ou augmenter son embonpoint, en dormant la grasse matinée. *Avoir mangé le l.*, Être en faute, comme le chien ou le chat du logis qui a dérobé le l. || Par ext., La partie grasse qui est entre la peau et la chair de la baleine, du marsouin et d'autres cétacés. *Du l. de baleine.* || T. Techn. Aubier, partie de l'arbre qui est sous l'écorce. *Pierre de l.*, Variété de talc blanc.

**LARDACÉ, ÉE.** adj. (R. *lard*). T. Méd. Se dit des tissus qui, par l'effet d'une dégénérescence, ont pris l'aspect et la consistance du lard. *Tissu l. Consistance lardacée.*

**LARDER.** v. a. (R. *lard*). *L. de la viande*, Y mettre des lardons. — Absol., *Ce cuisinier larde proprement.* || Fig. et fam. *L. quelqu'un de coups d'épée*, Le percer de plusieurs coups d'épée. — *L. quelqu'un d'épigrammes, de brocards*, etc., Lui lancer coup sur coup plusieurs épigrammes, etc. — *L. ses livres, ses discours de citations, de mots grecs ou latins*, Faire en parlant, en écrivant, un usage trop fréquent de citations, etc. || T. Techn. *L. une pièce de bois*, Y planter des clous de distance en distance pour faire tenir le plâtre qu'on y applique. — *L. une ralingue*, La coudre au bord de la voile en passant l'aiguille entre les corons. — *L. une voile*, Passer sur les deux faces du fil de caret dont on détord les bouts pour les maintenir. — *L. un tissu*, Engager à faux la navette dans les fils de la chaîne. — *L. une carte*, L'introduire frauduleusement dans un jeu. = Lardé, ée. part. *Pain lardé*, Pain mal cuit dont la pâte présente des grumeaux durs.

**LARDERASSE.** s. f. [Pr. *lardera-se*]. T. Mar. Grosse corde fabriquée avec des étoupes ou des restes de chanvre.

**LARDERELLITE.** s. f. [Pr. *larderel-lite*]. T. Minér. Borate d'ammoniaque hydraté naturel, en écailles microscopiques, dans les lagons de Toscane.

**LARDIER** (Cap), formant l'extrémité méridionale de la presqu'île de Saint-Tropez (Var).

**LARDIFORME.** adj. 2 g. (R. *lard* et *forme*). Qui ressemble au lard.

**LARDITE.** s. f. T. Minér. Quartz ayant quelque ressemblance d'aspect avec le lard.

**LARDIVORE.** adj. 2 g. (R. *lard*; lat. *vorare*, dévorer). T. Zool. Qui mange du lard.

**LARDIZABALÉES.** s. f. pl. (R. *Lardizabal*, n. d'un naturaliste esp.). T. Bot. Tribu de végétaux de la famille des *Berbéridées*. Voy. ce mot. — Aucune des plantes de cette tribu ne possède de propriétés malfaisantes. Dans les montagnes de l'Inde on mange les fruits de l'*Holbœllia*. Les habitants du Japon mangent également celui du *Stauntonia hexaphylla*, qui est aqueux et douceâtre : son suc est même employé dans les cas d'ophtalmie. Les Japonais font encore usage du fruit de l'*Akebia quinata* comme médicament émollient. Les rameaux des *Lardizabala* sont très flexibles. Les habitants du Chili s'en servent en guise de cordes, après les avoir passés au feu, puis laissés quelque temps dans l'eau. Suivant Dupetit-Thouars, le fruit du *Burasaia madagascariensis* contient un mucilage abondant.

**LARDNER**, mathématicien et physicien irlandais (1795-1859).

**LARDOIRE.** s. f. [Pr. *lardo-are*]. Sorte de brochette creuse et fendue par un bout en plusieurs branches, pour contenir des lardons, et aiguë par l'autre bout, pour piquer la viande et y laisser le lardon. || T. Techn. Fer en forme de sabot dont on arme l'extrémité des pieux. — Éclat de bois long et pointu qui reste parfois sur la souche d'un arbre abattu.

**LARDON.** s. m. Petit morceau de lard coupé en long, qu'on introduit dans la viande avec une lardoire. || Petit morceau de lard maigre qu'on fait revenir dans la casserole pour accommoder certains légumes, certaines viandes. || Fig. et fam., Brocard, mot piquant contre quelqu'un. *Chacun lui donna son l. Il n'y eut personne qui n'eût son l. Aussitôt les lardons tombèrent sur moi.* || T. Techn. Morceau de fer, d'acier, qu'on introduit dans une fissure pour la boucher. — Pièce longue et étroite qui fait partie de la potence d'une montre à roue de rencontre. || T. Jeux. Carte introduite frauduleusement dans un jeu.

**LARDONNEMENT.** s. m. [Pr. *lardo-ne-man*]. Action de lardonner. Vx.

**LARDONNER.** v. a. [Pr. *lardo-ner*]. Couper, tailler en lardons. || Fig., Lancer des lardons à quelqu'un. Vx.

**LARE.** s. et adj. m. (lat. *lar, laris*, m. s.). T. Mythol. Les Romains croyaient que les âmes des morts revenaient sur la terre pour protéger leurs parents et leurs descendants, soit dans leur personne, soit dans leurs biens. Ils désignaient ces génies protecteurs sous le nom de *Lares*, et leur appliquaient habituellement les épithètes de *familiares, domestici, privati*, etc. Dans chaque maison on leur consacrait un autel ou même une petite chapelle appelée *Laraire* (*Lararium*). Plus tard, ce mot de *Lares* devint un terme générique qu'on étendit à tous les génies protecteurs dont la superstition romaine avait multiplié le nombre à l'infini. Il y eut alors les *Lares des chemins* (*L. viales*), les *Lares des carrefours* (*L. compitales*), les *Lares des champs* (*L. rurales*), etc. — Les Lares n'étaient que de simples esprits; les *Pénates*, au contraire, étaient de véritables divinités dont les unes veillaient sur la famille (*Penates privati, familiares, minores*), et les autres sur l'État (*P. publici, majores*). Ainsi, les grands dieux de l'Olympe (*magni dii*), tels que Neptune, Apollon, Jupiter, Minerve, Mercure, Junon, etc., étaient invoqués comme dieux pénates. Mais ensuite l'identité des fonctions des Lares et des Pénates amena entre eux une confusion complète, et, dans le langage poétique, on employa également l'un et l'autre de ces noms pour désigner la demeure, l'habitation, le foyer domestique. Cet usage s'est même perpétué jusqu'à nous, dans les locutions : *abandonner ses lares, revoir ses pénates*, et autres semblables. — Sur les monuments, les Lares sont ordinairement représentés sous la forme de jeunes gens couronnés d'une guirlande de laurier, vêtus d'une courte tunique et élevant en l'air une de ces cornes qui tenaient lieu de coupes. Quant aux Pénates, on les figure de différentes manières, souvent comme des vieillards, la tête entourée d'un voile.

**LA RENAUDIE** (De), gentilhomme français du parti protestant, chargé d'enlever le roi François II dans la conjuration d'Amboise; il fut tué d'un coup de feu (1560).

**LA RÉVELLIÈRE-LÉPEAUX** (de), membre du Directoire et créateur de la secte des Théophilanthropes (1753-1824).

**LA REYNIE** (De), le premier lieutenant général de police à Paris, en 1667 (1625-1709).

**LARGE.** adj. 2 g. (lat. *largus*, m. s.). Se dit, par opposition à *Long* ou à *Étroit*, d'un corps considéré dans l'extension qu'il a d'un de ses côtés à l'autre. *Ce jardin est plus long que l. La rivière est très l. en cet endroit. Une rue fort l. Une étoffe, un ruban l. Cet habit est trop l. Il a le visage l. Cet homme est l. des épaules. Ce cheval est l. du devant.* — *Une l. blessure*, Une grande blessure.

Il lui fait dans le flanc une large blessure.
Racine.

*Une l. base*, Une base étendue. Fam., *Avoir la conscience l.*, Voy. Conscience. || Fig., Étendu. *Je vous fais une l. concession. Ce prince a donné à son agent les pouvoirs les plus larges.* || Fig., au sens moral, se dit pour Libéral. *Il est très l. dans sa dépense.* || Dans les Arts du dessin, signifie qui est fait par masses et à grands traits, qui n'a rien de mesquin, de timide. *Une touche, une manière l. Un pinceau l. Des contours, des draperies, des lumières larges.* — Ellipt., on dit, *Peindre l.*, pour Peindre d'une manière l. || Fig., Qui n'est pas strict. *Monnaie l. de loi*, Au-dessus du titre légal. = Large. s. m. Largeur. *Ce pays a trois cents lieues de long et deux cents de l. Cette étoffe a tant de l.* || T. Mar. *Le l.*, La haute mer, la partie de la mer qui est éloignée des côtes. *Prendre, gagner le l. Courir au l. La mer vient du l.* — Fig. et fam., *Prendre le l., gagner le l.*, S'enfuir. = Large. adv. *Ce cheval va l., va trop l.*, Il s'étend sur un trop grand terrain, il se porte de côté. = Au large. loc. adv. Spacieusement. *Il est logé bien au l. Vous êtes trop pressé, mettez-vous un peu plus au l.* Fig. et fam., *Être au l.*, Être dans l'opulence. *Mettre au l.* Mettre dans un état plus aisé, plus opulent. *Il lui est venu une succession qui l'a mis plus au l. qu'il n'était*

*Au l. !* Cri d'une sentinelle pour avertir qu'on ne doit pas approcher. = AU LONG ET AU LARGE. loc. adv. En tout sens, et avec autant de développement qu'il est possible. *S'étendre au long et au l.*, Prendre, acquérir beaucoup de terrain, d'espace autour de soi. = EN LONG ET EN LARGE. loc. adv. En longueur et en largeur alternativement; ne se dit guère que dans cette phrase, *Se promener en long et en l.* On dit aussi dans le même sens, *De long en l.* = DU LONG ET DU LARGE. loc. adv. Ne se dit guère que dans cette phrase pop., *Il en a eu, on lui en a donné du long et du l.*, Il a été bien battu, ou bien moqué.

**LARGEMENT.** adv. Abondamment, autant et plus qu'il ne faut. *Boire, se nourrir, vivre l. Payer l. Récompenser l. quelqu'un. User l. de son pouvoir.* || *Peindre, dessiner, composer l.*, D'une manière large.

**LARGENTIÈRE**, ch.-l. d'arr. (Ardèche); 2,800 hab.

**LARGESSE.** s. f. [Pr. *lar-jè-se*] (R. *large*). Libéralité avec quelque profusion. *Il le combla de largesses. Ce n'est pas un homme qui fasse de grandes largesses.* || *Faire l.*, Jeter de l'argent au peuple. *Pièces de l.*, Pièces d'or et d'argent que les hérauts jetaient parmi le peuple, au sacre des rois et aux grandes cérémonies.

**Syn.** — *Libéralité.* — La *libéralité* consiste dans un don fait gratuitement, librement, généreusement. La *largesse* est ample *libéralité*. Ce qu'on donne *libéralement* n'est pas dû, ce qu'on donne *largement* n'est pas compté ou mesuré. S'il y a dans les *libéralités* de l'abondance, dans les *largesses* il y a de la profusion. L'économie peut suffire pour des *libéralités;* pour des *largesses*, il faut de l'opulence.

**LARGET.** s. m. [Pr. *lar-jè*]. T. Métall. Plaque de fer ou d'acier destinée à être ultérieurement transformée en tôle mince.

**LARGEUR.** s. f. [Pr. *lar-jeur*]. Étendue d'une chose considérée d'un de ses côtés à l'autre, par opposition à *Longueur*. *La l. d'un fossé, d'une rue, d'une rivière. Ce drap a un mètre de l.* Caractère de ce qui ne serre pas, *Un habit qui n'a pas assez de l.* || Fig., Ce qui n'est pas restreint. *La l. des idées.*

**LARGHETTO.** adv. [Pr. *lar-ghet-to*, *g* dur] (mot ital. dimin. de *largo*). T. Mus. Indique qu'un morceau doit être exécuté plus lentement que l'*adagio* et moins lentement que *largo*.

**LARGILLIÈRE** (NICOLAS DE), peintre fr., célèbre par ses portraits (1656-1746).

**LARGO.** adv. (mot ital. sign. *large*). T. Mus. Qui, placé en tête d'un morceau, indique qu'on doit le jouer très lentement. Voy. MUSIQUE.

**LARGUE.** adj. m. [Pr. *lar-ghe*, *g* dur] (lat. *largus*, large). T. Mar. Le mot *Largue* s'emploie surtout pour exprimer une des allures d'un bâtiment, ou mieux le rapport de la direction du vent avec celle de la quille d'un navire. On a *vent l.*, on *court l.*, lorsque la direction du vent fait avec celle de la quille un angle de plus de 67 degrés. On est *grand l.*, lorsque la direction du vent est un peu en arrière de la perpendiculaire à la quille. Le largue est la meilleure allure, parce que toutes les voiles reçoivent le vent sans s'abriter les unes les autres. *Largue* se dit encore adjectivement en parlant d'un cordage, d'une manœuvre qui sont détendus, qui ne fonctionnent pas.

**LARGUER.** v. a. [Pr. *lar-gher*, *g* dur]. T. Mar. Lâcher une manœuvre, lâcher ou filer un cordage qui retient une voile par le bas. = LARGUÉ, ÉE. part.

**LARIBOISIÈRE** (Comte), général fr. (1759-1812). — Son fils CHARLES, sénateur en 1852. = ÉLISA ROY, femme du précédent, fonda à Paris l'hôpital qui porte son nom.

**LARICIQUE.** adj. 2 g. (R. *larix*). T. Chim. *L'acide l.* ou *larixinique* $C^{10}H^{16}O^{3}$ s'extrait de l'écorce du mélèze (*Larix europæa*) à l'aide de l'eau chaude. Il forme de longs cristaux monocliniques, ressemblant à l'acide benzoïque. Il fond à 153° et se sublime déjà à 93°. Il est soluble dans l'eau bouillante et dans l'alcool, insoluble dans l'éther. C'est un acide faible, dont les sels sont très instables.

**LARIGOT.** s. m. [Pr. *lari-go*, *g* dur]. Espèce de petit flageolet qui n'est plus en usage, mais qui a donné son nom à l'un des jeux de l'orgue. || Prov. et pop., *Boire à tire-l.*, Boire excessivement.

**LARINOÏDE.** adj. 2 g. (gr. λαρινὸς, gras). Qui ressemble au lard.

**LARISSE**, autrefois *Larissa*, v. de Grèce (Thessalie), ch-l. de la prov. de Larisse; 15,800 hab.

**LARISTAN**, prov. maritime de la Perse; 90,000 hab. Cap. *Lar*.

**LARIVE** (AUG. DE), physicien suisse, né à Genève (1801-1873).

**LARIVEY**, auteur et comédien fr. (1550-1612).

**LARIX.** s. m. [Pr. *larik-se*]. T. Bot. Nom scientifique du genre Mélèze. Voy. CONIFÈRES.

**LARIXINIQUE.** adj. [Pr. *larik-sinik*]. T. Chim. Voy. LARICIQUE.

**LARME.** s. f. (lat. *lacryma*, m. s.). Humeur liquide qui sort de l'œil par l'effet d'une impression vive, soit physique, soit morale. *Larmes de douleur, de joie, de pitié, de regret, de repentir, de rage. Des larmes douces, délicieuses, feintes, amères. Il a souffert l'opération sans verser une l. Il l'en conjura les larmes aux yeux. Pleurer à chaudes larmes. De grosses larmes roulaient dans ses yeux. Il avait le visage baigné, mouillé de larmes. Les yeux noyés de larmes. Elle ne put retenir ses larmes. Être touché, attendri jusqu'aux larmes. Fondre en larmes. Il tira les larmes des yeux de tous les assistants. Verser un ruisseau, un torrent de larmes. Cette faute lui a coûté bien des larmes, des larmes bien amères. Rire aux larmes. Avoir recours aux larmes*, Pleurer pour attendrir celui qu'on supplie. *Avoir le don des larmes*, Pleurer à volonté. Fam. et ironiq., *Avoir toujours la l. à l'œil*, Avoir ou affecter une grande sensibilité. — Fig., *S'abreuver de larmes, vivre dans les larmes, vivre de larmes*, Pleurer sans cesse, vivre dans la douleur, dans l'affliction. *Verser des larmes de sang*, Des larmes causées par une cruelle douleur. *Mêler ses larmes aux larmes de quelqu'un*, S'affliger avec lui. *Essuyer les larmes de quelqu'un.* Voy. ESSUYER. — *Avoir des larmes dans la voix*, Avoir une voix émue, tremblante, ou dont l'accent émeut vivement. *Avoir le don des larmes*, Pleurer facilement, à volonté. *Larmes de crocodile*, Larmes hypocrites. || Poétiq., *Les larmes de l'aurore*, La rosée. || Ornement, figurant à peu près une l., qu'on fait entrer, comme un symptôme de tristesse dans les décorations funèbres. *Un drap mortuaire semé de larmes.* || Fam. et par analogie, Une goutte, une petite quantité de vin ou de quelque autre liqueur. *Donnez-moi une l. de vin. Je n'en veux qu'une l.* || Au plur., se dit du suc qui découle de certains végétaux, et même des petites masses que forment ces sucs en se concrétant. *Les larmes de la vigne. Larmes du sapin. Manne en larmes. L. batavique* (Voy. ci-après). || T. Bot. *L.-de-Job*, Fruit du *Coix lacryma*, Voy. GRAMINÉES. — *L.-du-Christ*, Le Grémil. || T. Arch. Petit cône tronqué placé sous le triglyphe dorique. || T. Blas. Meuble d'armoiries dont la partie inférieure est arrondie et la partie supérieure en pointe et ondoyante.

**Syn.** — *Pleurs.* — *Larme* désigne l'humeur liquide qui s'échappe des yeux. *Pleur*, de *pleurer*, signifie plutôt l'action, le fait de verser des larmes. On essuie ses *larmes*, et l'on cesse ses *pleurs*. Le rire, la joie, une surprise extraordinaire, de même que la douleur et l'affliction, font couler des *larmes*. Les *pleurs* sont toujours déterminés par quelque cause triste, douloureuse; ils s'accompagnent souvent de sanglots. Rien n'est plus doux que de douces *larmes;* tout est amer dans les *pleurs*. Les *larmes* soulagent, les *pleurs* semblent aigrir la douleur.

**Méd.** — Les larmes, liquide destiné à lubrifier la cornée et la sclérotique, sont sécrétées par la glande lacrymale. Voy. LACRYMAL. Elles se composent d'eau, où se trouve dissous en quantité minime du chlorure de sodium, du phosphate de soude et de chaux, du mucus et de la graisse. Leur réaction est neutre ou légèrement alcaline, leur saveur salée.

**Phys.** — On appelle *Larmes bataviques*, de petites masses de verre en forme de l., qui se réduisent complètement en poussière dès qu'on brise leur pointe. Ces larmes s'obtiennent en faisant tomber dans de l'eau froide une goutte de verre en fusion. Par suite de la mauvaise conductibilité du verre pour la chaleur, cette petite masse se refroidit inégalement, et ses molécules se groupent dans une sorte d'équilibre instable. En conséquence, il suffit de déranger l'équilibre de quelques-unes d'entre elles pour que toutes les autres se désagrègent simultanément. C'est en généralisant le principe de la fabrication des larmes bataviques que l'on est arrivé à fabriquer du verre trempé dit *Verre incassable*. Voy. VERRE.

**LARMEUX, EUSE**. adj. T. Didact. Qui est en larmes *Benjoin l.*

**LARMIER**. s. m. (R. *larme*). T. Archit. et Zool.
**Archit.** — On appelle ainsi le membre le plus saillant de la corniche. La face du *Larmier* est droite, mais il est creusé en dessous d'une sorte de canal qui règne sur toute sa longueur. C'est ce canal qui a fait donner à la moulure entière le nom sous lequel on la désigne, attendu qu'il empêche les eaux de pluie amenées par le toit de couler le long du mur de l'édifice. En effet, arrivées au bas du l., ces eaux ne pouvant remonter dans la cavité du canal, sont forcées de tomber en gouttes à une distance convenable du pied de la construction. — Par analogie, on donne encore le nom de *Larmier* : 1° à toute saillie qui est hors de l'aplomb d'une muraille, et qui a pour objet d'empêcher que l'eau ne découle le long du mur; 2° à la pièce de bois qu'on met en saillie au bas d'un châssis de croisée ou de porte, pour empêcher l'eau de pénétrer dans l'intérieur.
**Zool.** — Ce mot de *Larmier* est encore usité en termes de Zoologie, pour désigner un petit appareil sécrétoire propre aux genres Cerf et Antilope. C'est un sac membraneux, à parois glanduleuses, qui est situé dans une fosse sous-orbitaire de l'os maxillaire, qui s'ouvre au dehors par une fente longitudinale de la peau. L'humeur épaisse, onctueuse et jaunâtre qu'il sécrète, est appelée par les chasseurs *Larmes de cerf*. — Par extension, on appelle également *Larmiers*, de petits enfoncements qui se remarquent dans l'angle interne des yeux du Cheval.

**LARMILLE**. s. f. [Pr. les *ll* mouillées] (Dimin. de *larme*). T. Bot. Genre de plantes Monocotylédones (*Coix*) de la famille des *Graminées*. Voy. ce mot.

**LARMOIEMENT**. s. m. [Pr. *lar-mouè-man*]. Action de larmoyer. || T. Méd. Syn. d'*Épiphora*.

**LARMOYANT, ANTE**. adj. [Pr. *lar-mo-ian*]. Qui fond en larmes. *On la trouva toute larmoyante.* || Qui est propre à faire verser des larmes, qui excite la pitié, l'attendrissement; ne se dit que d'un genre de comédies où il se trouve des situations attendrissantes. *Le comique l. La comédie larmoyante.* — Dans ce dernier sens, il se dit substant. au masc.. *Le mélange du comique et du l. constitue un genre bâtard que réprouve le bon goût.*

**LARMOYER**. v. a. [Pr. *lar-mo-ier*]. Pleurer, verser des larmes. *Il ne fait que l.* Fam. == Conj. Voy. EMPLOYER.

**LARMOYEUR, EUSE**. s. [Pr. *lar-mo-ieur*]. Celui, celle qui larmoie.

**LA ROCHE**, ch.-l. de c. (Haute-Savoie), arr. de Bonneville; 3,350 hab.

**LA ROCHE-BERNARD**, ch.-l. de c. (Morbihan), arr. de Vannes; 1,200 hab. Sur la Vilaine.

**LA ROCHE-DERRIEN**, ch.-l. de c. (Côtes-du-Nord), arr. de Lannion; 1,400 hab.

**LA ROCHEFOUCAULD**, ch.-l. de c. (Charente), arr. d'Angoulême; 2,800 hab.

**LA ROCHEFOUCAULD** (Duc DE), joua un rôle important dans les guerres de la Fronde contre Mazarin; il est l'auteur de *Mémoires* et de *Maximes* (1613-1680).

**LA ROCHEFOUCAULD-DOUDEAUVILLE** (Duc DE), philanthrope fr., ministre sous Charles X (1765-1841).

**LA ROCHEFOUCAULD-LIANCOURT** (Duc DE), célèbre par ses bonnes œuvres et ses fondations pieuses (1747-1827).

**LA ROCHEJAQUELEIN** (Comte DE), chef vendéen, vainqueur à Laval, fut tué dans sa retraite sur la Loire (1772-1794).

**LA ROCHELLE**, anc. cap. de l'Aunis, ch.-l. du dép. de la *Charente-Inférieure*, sur l'Océan, à 477 kil. S.-O. de Paris : 26,800 hab. Évêché. — Bois, sardines, eaux-de-vie. — Patrie de Réaumur. — Vers 1554, La Rochelle devint un centre important pour le protestantisme. Les Calvinistes y constituèrent une sorte de république indépendante. En 1573, le duc d'Anjou, qui fut plus tard Henri III, essaya vainement de s'emparer de la ville, qui ne retomba sous le pouvoir royal qu'après le siège mémorable fait par Richelieu. La révocation de l'édit de Nantes chassa de la ville environ 300 familles.

**LA ROCHE-SUR-YON**, ch.-l. du dép. de la *Vendée*, à 470 kil. S.-O. de Paris; 12,200 hab. — Draps, quincaillerie. — Ville créé par Napoléon Ier, s'appela d'abord *Napoléon-Vendée*, puis *Bourbon-Vendée*, puis encore *Napoléon-Vendée*, et enfin *La Roche-sur-Yon* depuis 1871.

**LA ROMANA** (Marquis DE), général espagnol né à Palma (1761-1811).

**LAROMIGUIÈRE**, philosophe fr. (1756-1837).

**LA RONCIÈRE LE NOURY**, amiral fr. né à Turin (1813-1881).

**LAROQUEBROU**, ch.-l. de c. (Cantal), arr. d'Aurillac; 1,700 hab.

**LAROQUE-TIMBAUT**, ch.-l. de c. (Lot-et-Garonne), arr. d'Agen; 1,200 hab.

**LAROUSSE** (PIERRE), célèbre grammairien, lexicographe et littérateur fr., né à Toucy (Yonne); il entreprit la rédaction du grand dictionnaire qui porte son nom; immense encyclopédie qui fait honneur à son auteur (1817-1875).

**LARRA**, pamphlétaire et auteur dramatique espagnol (1809-1837).

**LARRATES**. s. m. pl. [Pr. *lar-rate*]. T. Entom. Groupe d'*Insectes hyménoptères*, comprenant le genre *Larre*. Voy. FOUISSEURS.

**LARREY** (Baron), chirurgien en chef des armées du premier empire (1766-1842).

**LARRON, ONNESSE**. s. [Pr. *la-ron, laro-nè-se*] (lat. *latro*, voleur). Celui, celle qui dérobe, qui prend furtivement quelque chose. *On a pris le l. sur le fait.* — Proverb., *Ils s'entendent comme larrons en foire*, Ils sont d'intelligence pour faire quelque friponnerie. — Fig. et prov., *L'occasion fait le l.*, Souvent l'occasion fait faire des choses répréhensibles auxquelles on n'aurait point songé. *Les grands larrons pendent les petits*, Ce ne sont pas les plus coupables qui sont punis. || Quoique *Larron* ne désigne point un voleur de grand chemin, on donne ce nom aux deux voleurs qui furent mis en croix avec Jésus-Christ. *Notre-Seigneur fut crucifié entre deux larrons. Le bon l. Le mauvais l.* || T. Typogr. Pli qui se trouve dans un morceau de papier mis sous presse et qui cause une défectuosité dans l'impression; ou petit morceau de papier qui, se trouvant sur la feuille à imprimer, reçoit l'impression, et laisse un blanc. || T. Librair. Pli d'un feuillet qui n'a pas été rogné, quand on a relié le livre. || T. Techn. Pellicule des plumes d'oie qui boit l'encre. Bout de mèche parasite qui fait couler la chandelle, la bougie. — *L. d'eau*, Déversoir pour l'écoulement des eaux ou trou par lequel s'échappe l'eau d'un étang.
**Syn.** — *Voleur*. — Le *larron* prend en cachette, furtivement : il dérobe. Le *voleur* prend de toutes façons, par force ou par ruse, ouvertement ou en secret.

**LARRONNEAU**. s. m. [Pr. *laro-no*]. Petit larron, qui ne dérobe que des choses de peu de valeur. Fam.

**LARRONNER**. v. n. [Pr. *la-ro-ner*]. Être larron, se livrer au vol.

**LARRONNERIE.** s. f. [Pr. *la-ro-nerie*]. Métier de larron, vol.

**LARRONNIÈRE.** s. f. [Pr. *la-ro-nière*]. Repaire de larrons.

**LARRONS** (ILES DES). Voy. MARIANNES.

**LA RUE** (CH. DE), bénédictin érudit et prédicateur français (1684-1739).

**LARUNS,** ch.-l. de c. (Basses-Pyrénées), arr. d'Oloron ; 2,200 hab.

**LARVAIRE.** adj. 2 g. Qui appartient aux larves. *État larvaire.*

**LARVE.** s. f. (lat. *larva*, masque). La première forme que la plupart des animaux présentent au sortir de l'œuf.

**Biol.** — Chez la plupart des Vertébrés, le jeune être vient au monde sous la forme qu'il gardera pendant toute sa vie; il n'a plus qu'à développer les organes qu'il possède déjà, au moins à l'état rudimentaire, pour parvenir à l'état adulte, c.-à-d. à l'âge où il pourra reproduire des êtres semblables à lui. Chez les Batraciens et chez un grand nombre d'Invertébrés, au contraire, les jeunes sortent de l'œuf sous une forme différente de celle de l'adulte, et leur genre d'existence est quelquefois tout autre que celui qu'ils auront par la suite. On donne le nom de *Larves* ou de *Formes larvaires* à ces états transitoires pendant lesquels les animaux peuvent rester un temps plus ou moins long avant de revêtir les caractères définitifs de leur espèce.

En réalité, tous les animaux, l'Homme et les Vertébrés compris, passent toujours, dans le cours de leur développement, par une série d'états qui ne sont que les étapes successives de la formation définitive de leur corps. Voy. EMBRYOLOGIE. Seulement, chez les uns, tous ces états intermédiaires restent cachés à l'intérieur d'une cavité (œuf, utérus, etc.), où le jeune être trouve une nourriture suffisante pour se développer. Chez les autres, au contraire, l'animal naît à un état de formation incomplète; il lui reste à parcourir un nombre de phases plus ou moins grand et pour cela il est obligé de chercher lui-même les substances nutritives qui lui sont nécessaires. Voyons quelles sont les causes de cette différence dans le mode de développement des animaux, autrement dit, quelles sont les conditions qui déterminent l'âge où le jeune être doit sortir de l'œuf?

Il faut remarquer tout d'abord que les différentes phases par lesquelles passe l'individu pour se former, sont des périodes dangereuses pour lui; c'est à ce moment, en effet, qu'il est le moins bien armé pour la concurrence vitale. C'est également une période critique pour l'espèce, car les organes reproducteurs sont ceux qui se constituent en dernier lieu. La nature se défend contre ces états d'infériorité en essayant de les supprimer; elle y arrive, dans une certaine mesure, en abrégeant la durée et le nombre des phases de développement ou bien en les condensant les uns dans les autres (*accélération embryologique*, *développement condensé*). Cette faculté que possèdent les Mammifères, et en général tous les animaux qui ne présentent pas de formes larvaires, est sous la dépendance de causes éthologiques et physiologiques que nous développerons au mot PÆCILOGONIE.

Disons seulement ici que le développement d'un être se fera d'après le type condensé, c.-à-d. sans phases larvaires, quand le milieu où devraient vivre ces larves est défavorable. Dans ce cas, des réserves nutritives seront accumulées dans l'œuf, et l'individu aura ainsi le moyen de se constituer entièrement et de sortir de l'œuf le mieux armé possible pour la concurrence vitale. L'eau douce et la terre étant des milieux où la nourriture est relativement peu abondante, c'est là que la condensation du développement se présente le plus souvent. *Dans un groupe déterminé*, dit Giard, *la condensation embryogénique va en croissant des types marins aux types d'eau douce ou terrestres.*

Nous avons dit plus haut que l'espèce a d'autant plus de chance de vivre que les individus naissent le plus près possible de la maturité sexuelle. C'est pourquoi la condensation embryogénique peut aller jusqu'à la *progénèse*. C'est le nom donné par Giard à la faculté que possèdent certains animaux de devenir féconds avant d'avoir acquis les caractères définitifs de l'adulte. Dans ce cas, ces animaux cessent de croître et restent à un état qui rappelle une forme larvaire quand on les compare aux espèces voisines ou à l'autre sexe dans le cas de progénèse unisexuelle. Voy. PROGÉNÈSE.

Le milieu est donc le facteur principal qui intervient dans la vie intra-ovulaire d'un être. Plus il sera défavorable, plus cette vie sera longue, et, pour cela, une certaine quantité de nourriture sera placée dans l'œuf ou à portée de l'embryon. Plus ce milieu sera propice, au contraire, plus tôt les individus sortiront de l'œuf, car ils seront assurés de trouver leur nourriture autour d'eux; d'où cette double conséquence: ils naîtront à un état imparfait de développement et ils seront obligés d'acquérir des organes en rapport avec le genre de vie libre qu'ils auront à mener. Telles sont les causes principales des nombreuses formes larvaires, mais elles ne sont pas les seules. Il faut tenir compte encore d'autres causes plus profondes dues aux phénomènes de l'hérédité et que nous ne pouvons qu'indiquer.

Nous ne parlerons ici que des formes larvaires fondamentales que l'on rencontre dans le règne animal; ces formes, que l'on peut considérer comme des *gastrula* (Voy. EMBRYOLOGIE et GASTRULA), modifiées et adaptées à des conditions de vie différentes, sont le *Pilidium*, la *Trochosphère*, la *Tornaria* et les *larves des Échinodermes*. Pour ce qui concerne les métamorphoses que subissent certains êtres dans le cours de leur développement libre, nous renvoyons aux mots : BATRACIENS, CRUSTACÉS, INSECTES, MÉTAMORPHOSE, aux différents groupes de VERS, etc.

1° *Larves Pilidium.* — Les Némertes sont des vers marins dont le corps, en forme de ruban, est couvert entièrement de

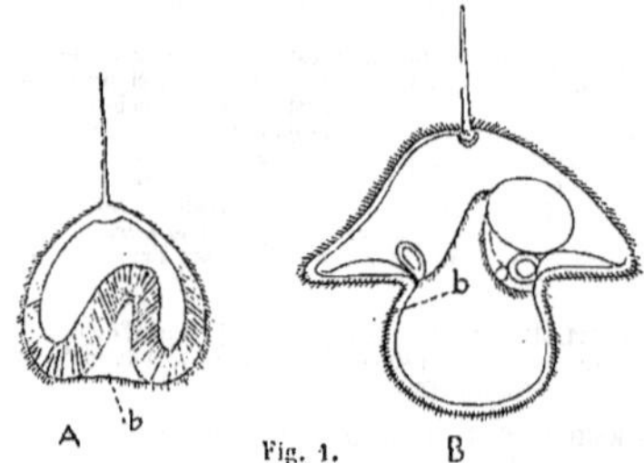

Fig. 1.

cils vibratiles. Ces vers pondent des œufs sous les pierres, et de ces œufs sort, au bout de très peu de temps, une petite larve couverte de cils vibratiles, qui mène une vie pélagique: la forme de son corps rappelle un peu celle d'un casque, d'où le nom de pilidium qu'on lui a donné. Ce n'est autre chose qu'une gastrula avec deux grands lobes ou oreilles de chaque côté de la bouche; du côté opposé, sur le sommet du casque, est un long flagellum ou une touffe de cils plus longs que les autres. [Fig. 1. — A et B. Larve Pilidium à deux stades de développement.] La bouche (*b*) conduit dans une cavité sans issue qui sert de cavité digestive; les parois de cette cavité,

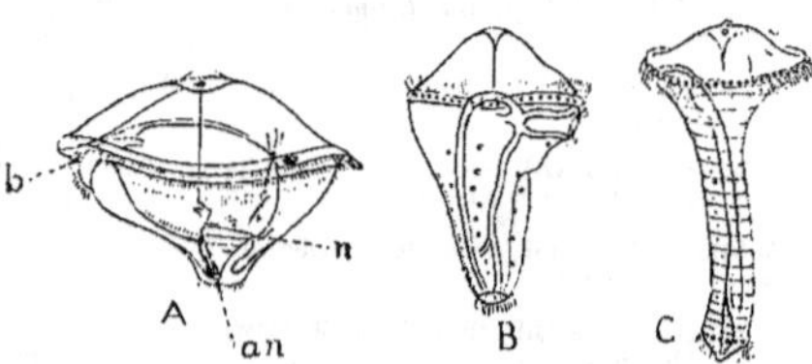

Fig. 2.

formant en même temps les parois du corps, se composent de trois couches de cellules; la couche interne qui tapisse l'intestin persistera seule chez la Némerte adulte et formera l'ectoderme; les deux autres couches constituent une sorte d'enveloppe que l'on a comparée à la membrane amniotique des Vertébrés supérieurs; en effet, la jeune Némerte constituée seulement aux dépens de la couche interne, abandonnera bientôt cette enveloppe quand elle sera parvenue à l'état adulte. Chez quelques espèces de Némertes, le développement est plus condensé et ne présente pas de forme pilidium.

2° *Larves Trochosphère.* [Fig. 2. — Larve d'un *Polygordius* à trois états de développement. *b*, bouche ; *an*, anus ; *n*, néphridie.] Cette forme larvaire est commune à un grand nombre d'animaux que l'on réunit quelquefois, à cause de cela, sous le nom de *Trochozoaires* ; ce sont les Mollusques,

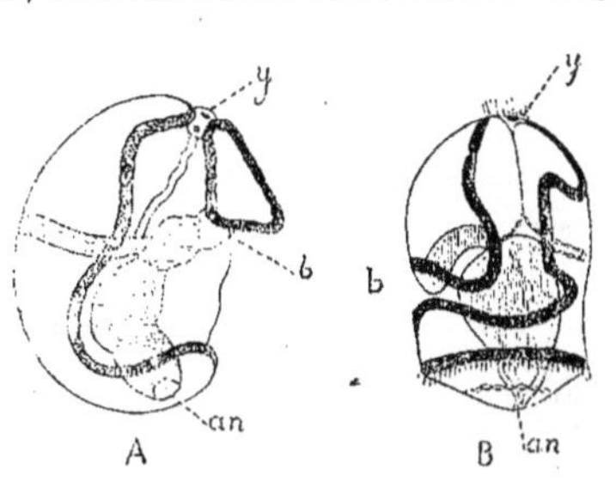


Fig. 3.

les Brachiopodes, les Chétopodes, les Gyphyriens, les Rotifères et les Bryozoaires. La Trochosphère est une Gastrula un peu plus compliquée que le Pilidium ; son corps a la forme globuleuse et porte encore des cils vibratiles, mais ces cils sont réunis en plusieurs zones circulaires et non plus disséminés également sur toute la surface de l'ectoderme ; la partie du corps qui surmonte la bouche (*lobe préoral*) est très développée et présente en haut une plaque neurale. Le tube digestif

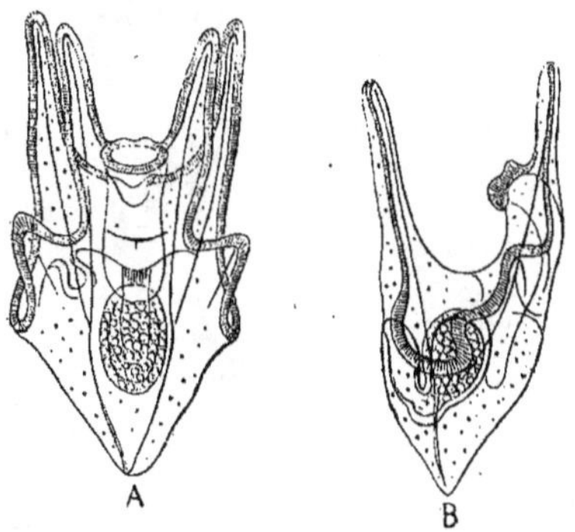


Fig. 4.

est complet, c.-à-d. qu'il présente une bouche et un anus : de chaque côté de celui-ci débouche un canal excréteur. La trochosphère ne formera que la tête de l'adulte ; les autres parties du corps proviendront d'un bourgeonnement localisé à la région péri-anale (B et C).

3° *Larves Tornaria.* — C'est la forme larvaire d'un animal à corps vermiforme, le Balanoglosse (Voy. Protochordés), que l'on trouve sur les plages sableuses de la Méditerranée. J. Muller, qui l'a découverte, la considérait comme une larve d'Echinoderme. Son corps globuleux présente d'abord deux zones de cils vibratiles : l'une, petite, qui va de la bouche à l'extrémité antérieure du corps ; l'autre, très grande, qui court d'une extrémité à l'autre. [Fig. 3. A B C. Tornaria à trois états de développement. *b*, bouche ; *an*, anus ; *y*, taches oculaires. Les lignes noires sont les bandes ciliées.] En grandissant ces bandes deviennent sinueuses, puis une troisième bande se forme autour de l'anus en même temps qu'une touffe de poils apparaît à l'extrémité antérieure du corps. On trouve encore ici un tube digestif complet ; la bouche est sur une des faces du corps et l'anus à l'extrémité postérieure ; en avant se voient deux taches noires qui sont probablement des yeux. La Tornaria reste ainsi pendant un temps assez long, puis brusquement elle se couvre entièrement de cils vibratiles, mais pour très peu de temps, car elle se convertit presque aussitôt en Balanoglosse adulte.

4° *Larves des Echinodermes.* — Ces larves présentent une grande ressemblance avec la Tornaria, du moins dans le début de leur existence. La segmentation de l'œuf aboutit à une gastrula qui se couvre entièrement de cils vibratiles et nage continuellement. Au bout de peu de temps ces cils tombent, sauf en certains endroits de l'ectoderme, où les cellules sont quelquefois un peu plus hautes que les autres ; il en résulte ainsi la formation de bandes ciliées plus ou moins sinueuses qui paraissent portées par des bourrelets plus ou moins saillants. Bientôt la forme du corps se modifie ; de globuleuse qu'elle était, elle s'allonge généralement en forme de pyramide : enfin on voit apparaître à la base de cette pyramide un certain nombre d'appendices ciliés contenant le plus souvent une tige calcaire à leur intérieur. Ces appendices, qui ressemblent à de longues baguettes cylindriques, n'ont qu'une existence temporaire, disparaissant peu à peu, ainsi qu'une grande partie de la larve, à mesure que l'adulte se constitue. Ces larves d'Echinodermes, qui sont transparentes comme du verre, portent différents noms, suivant les animaux auxquels elles appartiennent ; les larves d'Oursins et des Ophiures s'appellent *Pluteus*. [Fig. 4. Pluteus vu de face (A) et de profil (B)] ; celles des Étoiles de mer, *Bipinnaria*, puis *Brachiolaria* ; celles des Holothurides, *Auricularia*. Elles renferment toutes un tube digestif complet et présentent une symétrie bilatérale alors que la symétrie du corps de l'adulte sera rayonnée.

**LARVÉ, ÉE.** adj. f. (lat. *larvatus*, m. s., de *larva*, masque). T. Méd. Voy. Fièvre.

**LARVES.** s. f. pl. (lat. *larva*, masque). T. Antiq. — Le mot *Lémures* était un terme générique par lequel les Romains désignaient les âmes des morts. Tandis que celles des bons devenaient, sous le nom de *Lares*, des génies bienfaisants et protecteurs des familles, celles des méchants revenaient aussi sur la terre, mais sous forme de spectres hideux pour épouvanter les vivants. En conséquence, on leur donnait le nom de *Larves*. Les Romains croyaient aussi que tous ceux qui périssaient de mort violente, ou qui n'avaient pas reçu les honneurs de la sépulture, vagabondaient sous forme de larves. Malgré la distinction qui précède, divers passages des auteurs anciens prouvent que, dans le langage populaire, les mots *Larvæ* et *Lemures* s'employaient indifféremment l'un pour l'autre. On apaisait ces spectres malfaisants au moyen de libations et de sacrifices expiatoires. A Rome, on célébrait en leur honneur une fête, appelée *Lemuria* ou *Lemuralia*, qui durait trois jours, pendant lesquels tous les temples étaient fermés et les mariages suspendus. On prétend que cette fête portait à l'origine le nom de *Remuria*, et qu'elle avait été instituée par Romulus, pour apaiser les mânes de son frère Remus, assassiné par lui ou par son ordre.

**LARVICOLE.** adj. 2 g. (R. *larve*, et lat. *colere*, habiter). Qui vit dans le corps des larves d'insectes. *Parasite l.*

**LARVIPARE.** adj. 2 g. (R. *larve*, et lat. *parere*, engendrer). T. Zool. Qui pond des larves.

**LARYNGALGIE.** s. f. (gr. λάρυγξ, larynx ; ἄλγος, douleur). Douleur au larynx ; névralgie laryngienne.

**LARYNGÉ, ÉE.** adj. T. Anat. Qui appartient au larynx. Voy. Larynx.

**LARYNGECTOMIE.** s. f. (gr. λάρυγξ, λάρυγγος, larynx ;

ἐκτομή, amputation). T. Chir. Ablation du larynx ou d'une partie du larynx. Ne se pratique qu'en cas de cancer.

**LARYNGIEN, IENNE.** adj. [Pr. *larin-ji-in, iène*]. T. Anat. Qui dépend du larynx, ou qui a rapport au larynx. *Tube l.*, Instrument pour insuffler de l'air dans les poumons des asphyxiés.

**LARYNGISME.** s. m. (R. *larynx*). T. Méd. Spasme de la glotte. Voy. LARYNX III.

**LARYNGITE.** s. f. Inflammation du larynx. Voy. LARYNX.

**LARYNGOGRAPHIE.** s. f. (gr. λάρυγξ, larynx ; γράφω, je décris). Description du larynx.

**LARYNGOLOGIE.** s. f. (gr. λάρυγξ, larynx ; λόγος, traité). Traité sur le larynx. Théorie du larynx.

**LARYNGOSCOPE.** s. m. (gr. λάρυγξ, λάρυγγος, larynx ; σκοπέω, j'examine). Instrument pour la laryngoscopie ou examen du larynx. Voy. LARYNGOSCOPIE.

**LARYNGOSCOPIE.** s. f. (R. *lapyngoscope*). La *laryngoscopie*, ou examen direct de la cavité du larynx, est le seul procédé vraiment précis d'exploration de cet organe; son invention a permis de réaliser en peu d'années des progrès considérables. C'est en 1858 que Turk et Czermak ont imaginé et décrit des moyens vraiment pratiques pour arriver à voir l'intérieur du larynx sur le vivant. Pour atteindre ce résultat, il faut un miroir facile à introduire dans le pharynx et une source lumineuse suffisante. Le miroir est un petit miroir rond serti dans une capsule métallique et soudé suivant un angle d'environ 110° à 120° sur une tige de laiton fixée elle-même à un manche facile à tenir entre les doigts; les dimensions varient de 1 à 2 centimètres de diamètre. Le choix de la source lumineuse a donné lieu à bien des divergences; on peut employer soit la lumière directe (laryngoscope de Fauvel, appareil à lumière oxhydrique de Molteni), soit la lumière réfléchie par un miroir porté par l'observateur (miroir dental de Czermak, bandeau frontal de Kramer, lunettes...). La lumière réfléchie est le meilleur procédé, et le miroir avec bandeau frontal de Kramer est le plus pratique : il peut être plan si on emploie la lumière du soleil, il doit être concave si l'on se sert d'une source lumineuse artificielle; son diamètre doit être de 10 à 14 centimètres et la distance focale de 15 à 20. Pour examiner un larynx on se place dans un endroit peu éclairé; le malade et l'opérateur étant assis en face l'un de l'autre, très rapprochés; la source lumineuse est placée un peu en arrière du malade et du côté droit, presque à toucher son oreille. On accommode alors son éclairage de façon à trouver son maximum d'intensité en inspectant par avance la cavité buccale. Avant d'introduire le miroir, on le chauffe légèrement, de façon à ce qu'il ne soit pas terni par l'haleine du malade; on fait tirer hors de la bouche la langue du patient et on la saisit entre le pouce et l'index de la main gauche, en ayant soin de la garantir par un linge contre les arcades dentaires et d'éviter qu'elle ne glisse au premier mouvement réflexe. On recommande au malade de respirer lentement et régulièrement, puis on introduit le miroir, la face réfléchissante étant tenue parallèle à la langue, de façon à venir sur le voile du palais un peu au-dessus de la luette, faisant un angle de 45° avec le plan horizontal du corps. Lorsque la luette et le voile du palais sont très sensibles et qu'on redoute un réflexe exagéré, on peut pulvériser au préalable une solution de cocaïne à 1 p. 100; on voit alors la base de la langue et la luette, on incline légèrement le miroir en avant, et l'œil pénètre dans le larynx. Comme point de repère, on cherche les cordes vocales, et, pour les mieux voir, on dit au malade d'émettre sans effort le son *é*; on voit alors deux cordons blancs se détacher des parois du larynx pour s'accoler sur le milieu de l'image; entre eux un espace triangulaire, la glotte; un peu au-dessus et de chaque côté une bande rouge intéro-postérieure, la corde vocale supérieure; enfin, une ligne sombre entre les cordes vocales supérieures et inférieures, qui est l'orifice des ventricules. Le point important dans cet examen est que le malade respire régulièrement, et c'est à cette condition que l'on peut triompher de certains obstacles : épaisseur de la langue, longueur du voile et de la luette.

**LARYNGOSTOME.** adj. 2 g. (gr. λάρυγξ, λάρυγγος, larynx; στόμα, bouche). T. Zool. Se dit d'un animal articulé qui n'a pour bouche qu'une trompe rétractile formée par l'œsophage.

**LARYNGOTOMIE.** (gr. λάρυγξ, λάρυγγος, larynx; τομή, section). T. Chir. Section du larynx. Voy. TRACHÉOTOMIE.

**LARYNGO-TRACHÉOTOMIE.** s. f. T. Chim. Voy. TRACHÉOTOMIE.

**LARYNGOTYPHUS.** s. m. [Pr. l'*s* final] (R. *larynx* et *typhus*). Accident secondaire du typhus qui produit une ulcération de la muqueuse du larynx.

**LARYNX.** s. m. [Pr. *larin-ks*] (gr. λάρυγξ, m. s.). I. *Anatomie.* — Le l., organe essentiel de la phonation, est une boîte cartilagineuse située immédiatement au-devant de la colonne vertébrale, au niveau des corps des quatrième et cinquième vertèbres cervicales; il sert, de plus, au passage de l'air de la respiration. Comparable de tous points à un instrument à anche par l'apparition dans son intérieur et à sa partie moyenne de deux lames élastiques, les cordes vocales, susceptibles de vibrer sous l'action de la colonne d'air expirée; il fait défaut chez tous les Invertébrés et, parmi les Vertébrés, chez les poissons. Il existe chez quelques reptiles, chez les oiseaux, chez les mammifères, et acquiert chez l'homme un développement qui transforme le son, la voix, en paroles, voix articulée, qui a son origine dans une action nerveuse spéciale, d'ordre psychique, dont le centre est situé à la partie supérieure de la troisième circonvolution frontale. — Le l., organe impair, médian et symétrique, occupe la partie moyenne et antérieure du cou; il jouit d'une mobilité variée et étendue, se déplaçant verticalement dans la déglutition et dans le chant; d'avant en arrière, ou inversement, suivant qu'il s'abaisse ou s'élève, enfin latéralement sous des influences extrinsèques.

Considéré dans son ensemble, le l. a la forme d'une pyramide triangulaire dont la base, dirigée en haut, répond à la partie postérieure de la langue, et dont le sommet, fortement tronqué, se continue avec la trachée (Fig. 1 et 2). La face

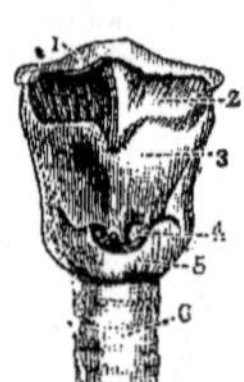

Fig. 1.

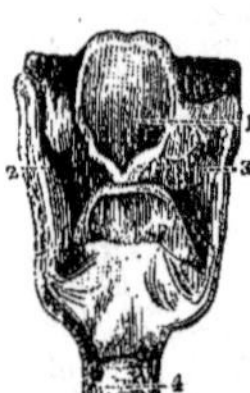

Fig. 2.

(Fig. 1. Lar. vu par sa face antérieure : 1. Os hyoïde; 2. Membrane thyro-hyoïdienne; 3. Cartilage thyroïde; 4. Membrane crico-thyroïdienne; 5. Cart. cricoïde; 6. Trachée-artère. — Fig. 2. Lar. vu par sa face postérieure : 1. Son ouverture supérieure; 2 et 3. Gouttières latérales; 4. Membrane fibreuse de la trachée.)

postérieure du l. constitue la paroi antérieure du pharynx ; elle présente, sur la ligne médiane, une saillie verticale formée en bas par le cartilage *cricoïde*, en haut par les deux *aryténoïdes* réunies par le muscle *aryténoïdien*, saillie échancrée à sa partie supérieure, *échancrure interaryténoïdienne* ou *glotte intercartilagineuse;* de chaque côté de la saillie se trouve une gouttière longitudinale (*gouttières pharyngo-laryngées*), destinée au passage dans la déglutition des aliments liquides qui se dirigent vers l'œsophage. Les faces latérales sont formées par le cartilage thyroïde en haut et le cricoïde en bas, recouverts par les muscles sous-hyoïdiens. Le l. a donc trois bords : un antérieur, formé en bas par le cartilage cricoïde, en haut par l'angle saillant du cartilage thyroïde recouvert partiellement par le corps thyroïde; et deux postérieurs répondant aux bords postérieurs du cartilage thyroïde et regardant la colonne vertébrale. Le sommet du l. répond à la naissance de la trachée-artère, et la base de la pyramide laryngée, située au-dessous et en arrière de la base de la langue, nous présente, en allant d'avant en arrière, le bord supérieur du cartilage thyroïde, l'épiglotte avec ses replis glosso-épiglottiques, les replis pharyngo-épiglottiques, et aryténo-épiglottiques; enfin, l'ouverture supérieure du l. communiquant avec le pharynx, ovale, à grosse extrémité antérieure.

Vu intérieurement le l., large à sa partie supérieure et à sa partie inférieure (Fig. 3), présente à sa partie moyenne une portion rétrécie, un détroit appelé *glotte*. — La zone glottique, portion essentielle du l., présente sur la ligne médiane une fente antéro-postérieure, la glotte, délimitée latéralement par des bandelettes membraneuses appelées *cordes vocales*; il y a quatre cordes vocales, deux supérieures, et deux inférieures, entre lesquelles se trouve de chaque côté un diverticule appelé *ventricule du l.* Les cordes vocales supérieures et inférieures diffèrent par leur volume, les inférieures étant beaucoup plus épaisses; par leur direction, les inférieures se rapprochant beaucoup plus de la ligne médiane que les supérieures (en sorte que, lorsqu'on regarde un l. intérieurement, on aperçoit à la fois les quatre cordes vocales); enfin, par leurs fonctions, les inférieures seules servant à la phonation. La glotte peut être définie l'espace allongé, limité sur les côtés par le bord libre des cordes vocales inférieures, et par la face interne des cartilages aryténoïdes, en sorte que cet espace comprend une portion postérieure, *espace interaryténoïdien* ou *glotte intercartilagineuse*, et une portion antérieure, *glotte interligamenteuse* ou glotte proprement dite; cette dernière étant parfois dénommée glotte vocale et la première glotte respiratoire.

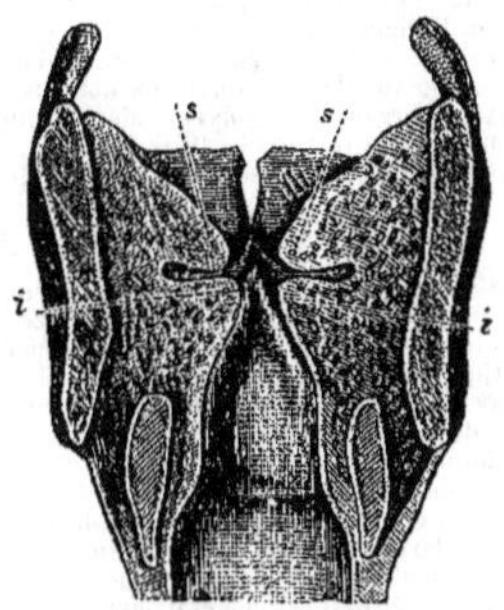


Fig. 3.

(Coupe verticale d'un lar. : *i*, Cordes vocales ; *s*, Ligaments supérieurs.)

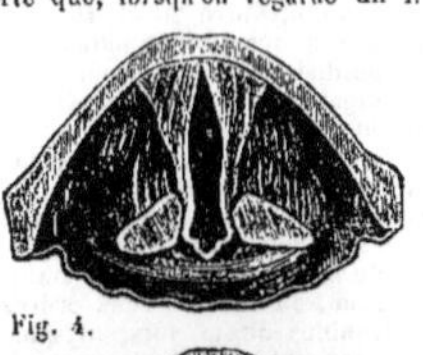

Fig. 4.

Fig. 5.

La zone sus-glottique, ou vestibule du l., est une cavité ovale formée en avant par l'épiglotte, en arrière par les cartilages aryténoïdes, réunis par le muscle aryténoïdien, latéralement par les replis aryténo-épiglottiques que continue en bas la face interne des cordes vocales supérieures. — La zone sous-glottique est tout entière constituée par l'anneau cricoïdien; sa partie supérieure revêtant l'aspect d'une voûte traversée par une fente antéro-postérieure qui est la glotte (Fig. 4 et 5).

Au point de vue de sa constitution anatomique, le l. présente à étudier une série de pièces cartilagineuses formant le squelette, les articulations et les ligaments qui unissent ces cartilages, les muscles qui les meuvent, et la muqueuse qui les recouvre. — Les pièces cartilagineuses, ou fibro-cartilagineuses, sont au nombre de neuf, savoir : trois pièces impaires et médianes qui sont, en allant de bas en haut, le *cricoïde*, le *thyroïde* et l'*épiglotte;* six pièces paires et latérales, les *aryténoïdes*, les *cartilages de Santorini* ou *corniculés*, et les cartilages de Wrisberg. Le cartilage cricoïde a la forme d'un anneau (κρίκος, anneau, εἶδος, forme) et occupe la partie inférieure du l., plus haut à sa partie postérieure qu'à sa partie antérieure. — Le cartilage thyroïde (θυρεός, bouclier, εἶδος, forme) occupe la partie antero-supérieure du l., formé de deux lames quadrilatères unies sur la ligne médiane, interceptant un angle dièdre; la face antérieure superficielle du cartilage présente sur la ligne médiane une saillie anguleuse, la *pomme d'Adam;* la face postérieure donne attache à l'épiglotte et aux cordes vocales sur la ligne médiane; le bord inférieur répond au cricoïde, les bords postérieurs donnent attache à des fibres musculaires et se prolongent en haut et en bas par des apophyses dites *cornes du thyroïde*. — Les aryténoïdes ont la forme d'une pyramide triangulaire à grand axe vertical situé sur la partie postérieure et supérieure du cricoïde. — Quant aux cartilages de Wrisberg, ils sont inconstants; cylindriques, ils sont situés dans le repli aryténo-épiglottique. — L'épiglotte (ἐπὶ, sur, γλωσσίς, glotte) est un opercule situé au-devant de l'orifice supérieur du l., sur lequel il s'abat quand cet organe, au moment de la déglutition, s'applique contre la base de la langue; l'extrémité inférieure est fixée par une languette fibreuse dans l'angle rentrant du thyroïde; la face antérieure regarde la base de la langue, et est recouverte par la muqueuse qui forme à ce niveau trois replis, un repli *glosso-épiglottique médian*, et deux replis glosso-épiglottiques latéraux; la face postérieure est criblée latéralement de petits pertuis glandulaires; les bords de l'épiglotte donnent naissance aux *prolongements pharyngo-épiglottiques* et *aryténo-épiglottiques.* — Tous les cartilages n'ont pas même structure, les uns sont de cartilage hyalin (cricoïde, aryténoïde, thyroïde en partie), les autres, de fibro-cartilage. — Les diverses pièces que nous venons d'énumérer sont unies entre elles et aux organes voisins par des ligaments et des articulations qu'il est nécessaire d'énumérer rapidement. Le cartilage thyroïde et l'os hyoïde sont unis par le ligament *thyro-hyoïdien moyen* et les deux ligaments *thyro-hyoïdiens latéraux*. Le cricoïde est uni au premier anneau de la trachée par une membrane fibro-élastique. Le cricoïde et le thyroïde sont unis l'un à l'autre : sur les côtés par une véritable articulation, sur la ligne médiane par le *ligament crico-thyroïdien moyen*. L'articulation du cricoïde avec l'aryténoïde, de même que celle des cartilages corniculés avec les aryténoïdes, est suffisamment définie par le terme d'arthrodie. L'union de l'épiglotte avec le thyroïde se fait par le ligament *thyro-épiglottique*, et celle de l'épiglotte avec les aryténoïdes, par les ligaments aryténo-épiglottiques situés dans les replis aryténo-épiglottiques. Le cartilage thyroïde et les aryténoïdes, étant séparés par un certain intervalle, ne peuvent s'articuler; ils sont simplement unis par quatre ligaments thyro-aryténoïdiens, deux supérieurs et deux inférieurs. Les muscles qui font mouvoir ces pièces cartilagineuses les unes sur les autres, peuvent se diviser en deux groupes : les uns extrinsèques s'insèrent par une seule de leurs extrémités sur le l., et par l'autre sur les parties voisines, imprimant à l'organe des mouvements d'ensemble; ce sont : le *sterno-thyroïdien*, le *thyro-hyoïdien*, le *constricteur inférieur du pharynx*, et le *stylo-pharyngien*. Au contraire, les muscles intrinsèques fixés au l. par leurs deux extrémités commandent des mouvements partiels; ils sont au nombre de **11**, dont 1 impair, l'*ary-arythénoïdien*, et 5 pairs, le *crico-thyroïdien*, le *crico-aryténoïdien postérieur*, le *crico-aryténoïdien latéral*, le *thyro-aryténoïdien*, et l'*aryténo-épiglottique*. Les crico-thyroïdiens sont tenseurs des cordes vocales; les crico-aryténoïdiens postérieurs sont dilatateurs de la glotte; les crico-aryténoïdiens latéraux en sont constricteurs, de même que les thyro-aryténoïdiens qui sont de plus tenseurs des cordes vocales; les aryténoépiglottiques abaissent l'épiglotte; enfin, l'ary-aryténoïdien est encore constricteur de la glotte.

La muqueuse laryngée est formée d'un épithélium cylindrique à cils vibratiles, sauf au niveau de l'épiglotte, sur la partie supérieure des replis aryténo-épiglottiques et sur le bord libre des cordes vocales, où il est pavimenteux stratifié. Le chorion est constitué par des éléments de tissu conjonctif entremêlés de fibres élastiques. Les glandes de la muqueuse sont de deux ordres, des glandes folliculeuses, surtout abondantes dans les ventricules, et des glandes muqueuses en grappe, formant des groupes au niveau de l'épiglotte, en avant des aryténoïdes et dans les cordes vocales inférieures. Les vaisseaux qui nourrissent le l. sont représentés par six artères, trois de chaque côté : la laryngée supérieure et la laryngée inférieure, branche de la thyroïdienne supérieure, et la laryngée postérieure, originaire de la thyroïdienne inférieure. Les veines, accolées aux artères correspondantes, aboutissent à la jugulaire interne. Les lymphatiques, situés dans le chorion, se rendent, les supérieurs aux ganglions voisins de la bifurcation de la carotide primitive, les inférieurs aux ganglions prélaryngés. Les nerfs sont de deux ordres : des rameaux moteurs, fournis par le nerf laryngé inférieur ou récurrent, à l'exception du rameau du crico-thyroïdien qui provient du laryngé supérieur; les rameaux sensitifs émanent tous du nerf laryngé supérieur.

II. *Physiologie.* — Le l. est notre principal moyen de communication, d'expression. Toutes les modifications de forme de la glotte, qui est la partie essentielle de l'organe de la phonation, sont dues à deux sortes de mouvements, bascule et translation en totalité des cartilages aryténoïdes. Quand le son de la voix se produit, l'expérimentation a montré que la glotte se rétrécit : aussi, a-t-on cru tout d'abord que l'appareil vocal était comparable comme mécanisme à un sifflet; il est démontré aujourd'hui que ce n'est pas l'air qui vibre, mais bien les bords de la glotte, en sorte que le l. doit être comparé à un tuyau à anche : il fonctionne comme les lèvres qui vibrent elles-mêmes quand on joue du cor; les bords de la glotte paraissent donc devoir être tendus pour vibrer. Or, il ne paraît pas possible que ce soit le ligament contenu dans la corde vocale qui puisse fournir une tension suffisante : il paraît vraisemblable, au contraire, que la vraie corde vocale est le muscle thyro-aryténoïdien; cette corde n'est donc pas tendue artificiellement; elle se tend d'elle-même, elle se contracte; d'ailleurs, les différents degrés de rétrécissement de la glotte influent sur la production des sons et modifient leur hauteur. D'autre part, pendant l'émission des sons aigus, le l. s'élève et la tête est renversée; c'est le contraire, pendant l'émission des sons graves : c'est que les parois de la trachée agissent comme appareil de résonance et que, pour renforcer tel ou tel son, il leur faut un état de tension particulier. Il faut rattacher à ces appareils de consonance tout l'appareil nasal avec ses sinus, la trachée les bronches, le poumon, le thorax. — Au niveau de la glotte, ne peut se produire qu'un son inarticulé avec de simples différences d'intensité, de hauteur et de timbre; c'est le renforcement de certains éléments au niveau des cavités buccale et nasale, et le mélange avec des bruits produits à ce niveau qui constitue la voix, la parole. L'intensité du son dépend de la force avec laquelle le courant d'air expiratoire frappe la glotte; elle dépend donc de la force et du développement de l'appareil expiratoire. Les lèvres vocales produisent un son d'autant plus élevé qu'elles sont plus tendues et plus courtes, plus contractées : aussi, la voix humaine forme-t-elle des gammes, en allant des sons graves aux sons aigus; elle forme même deux séries de gammes, l'une plus basse (registre de poitrine), l'une plus élevée (registre de tête), expressions qui n'ont d'ailleurs aucune valeur physiologique. La voix humaine peut varier en général dans une étendue de deux octaves, et selon que cette étendue est comprise dans des régions plus ou moins hautes de l'échelle des sons musicaux, on désigne les voix humaines sous le nom de basse, de baryton, de ténor, de contralto, de mezzo-soprano, et de soprano, ces trois dernières voix étant des voix de femme. Ces différences individuelles sont dues principalement à des différences de longueur des lèvres de la glotte. La voix de l'enfant est très aiguë; à la puberté (mue) la voix s'abaisse d'une octave chez les garçons, de deux tons chez les filles; dans la vieillesse, l'ossification des cartilages abaisse encore le diapason normal.

III. *Pathologie.* — A. — *Laryngites.* — Les inflammations du *l.* doivent être divisées en deux groupes : laryngites aiguës et laryngites chroniques. Mais il est plus important peut-être de créer des groupes de laryngites au point de vue clinique et étiologique; à côté des laryngites simples, qu'elles soient aiguës ou chroniques, nous décrirons donc la *laryngite diphtérique* ou *croup*, et la *laryngite striduleuse* ou *faux-croup*; la *syphilis laryngée* et la *phtisie laryngée*, comme ayant des caractères spécifiques absolument nets.

Les *laryngites simples* proviennent de causes variées, mais non spécifiques : telles le froid, la propagation d'un coryza, l'abus du tabac, la respiration de vapeurs irritantes, etc.; dans d'autres cas, et elles revêtent alors la forme aiguë, il s'agit d'une localisation secondaire au cours d'une affection exanthématique (rougeole, variole), ou d'une maladie générale infectieuse (grippe, etc.). — Les symptômes fonctionnels ne s'écartent guère du cadre suivant : toux, plus ou moins quinteuse, expectorations peu abondantes, gêne de la respiration nasale, chatouillements persistants qui déterminent la toux, altération de la voix, enrouée, rauque, mal timbrée (voix de fausset). C'est à l'examen laryngoscopique qu'on peut se rendre compte des altérations déterminées par le processus morbide. Le diagnostic est des plus faciles, mais il doit toujours être précisé au laryngoscope, et doit toujours s'accompagner d'un examen complet du nez et du pharynx. — La laryngite simple est une affection bénigne en elle-même, mais elle récidive volontiers et, négligée ou mal soignée, persiste à l'état chronique. — Au point de vue thérapeutique, on doit prescrire un repos rigoureux de l'organe, des boissons diaphorétiques, des inhalations calmantes, la révulsion. Pour la laryngite chronique, en dehors du repos de l'organe, et d'un traitement énergique de la diathèse que subit le malade, on devra recourir aux attouchements laryngés, qui sont de première utilité.

La *laryngite striduleuse* n'est autre chose qu'une laryngite aiguë survenant au cours de la seconde enfance, de deux à sept ans, revêtant une physionomie spéciale de par l'étroitesse de la glotte intercartilagineuse à cet âge; elle est donc caractérisée par des accès de suffocation débutant brusquement au milieu de la nuit, pouvant se répéter à des intervalles plus ou moins rapprochés, et se terminant, dans l'immense majorité des cas, par la guérison. Les symptômes d'oppression, d'anxiété, le timbre rauque de la toux et de la voix, le sifflement laryngien, sont assez impressionnants pour effrayer non seulement l'entourage, mais quelquefois même le médecin. Si cette affection est généralement bénigne, on a néanmoins cité des cas de mort par suffocation, et la broncho-pneumonie est une complication à redouter. Le traitement est simple et rapidement efficace : il consiste à appliquer pendant 10 à 15 minutes, au-devant du cou de l'enfant, une éponge trempée dans de l'eau aussi chaude que le dos de la main peut le supporter, et à entretenir ensuite une atmosphère humide dans la pièce où séjourne le malade.

Pour la *laryngite diphtéritique*, nous ne pouvons que renvoyer aux articles *Diphtérie* et *Croup*.

La *phtisie laryngée* consiste simplement dans la localisation laryngée du processus tuberculeux, avec ses caractères ordinaires : granulations miliaires, follicules à centre caséeux, bacilles de Koch, puis ulcérations destructives. Cette maladie est des plus fréquentes : aiguë ou chronique elle apparaît généralement à l'âge adulte, entre 20 et 40 ans, et peut être primitive ou succéder à des lésions pulmonaires. — Au point de vue clinique, on distingue deux formes : 1° la phtisie laryngée chronique vulgaire avec ses trois périodes : période de début, catarrhale ou épithéliale, qui correspond à l'invasion de l'organe par le bacille; période d'état pendant laquelle évolue le tubercule (infiltrations, ulcérations, végétations); période de terminaison, avec phénomènes d'aggravation (carie, nécrose, cachexie généralisée et mort), ou au contraire, avec phénomènes de régression et guérison possible. Au cours de cette évolution, on observe deux ordres de symptômes : fonctionnels (troubles de la voix, dysphagie, toux, dyspnée, expectorations souvent sanguinolentes, salivation exagérée...), et objectifs, faciles à déduire de l'évolution que nous avons décrite et que l'on reconnaît par l'examen laryngoscopique. 2° La phtisie miliaire aiguë pharyngo-laryngée, beaucoup plus rare, se caractérisant par des granulations grises et jaunâtres s'énucléant et laissant de petites ulcérations arrondies isolées ou confluentes. — La marche de la phtisie laryngée peut être lente, surtout si elle est primitive, mais quand la dysphagie apparaît, quand les poumons se prennent, la consomption est rapide; aussi la constatation d'une localisation laryngée est-elle toujours d'un pronostic grave au cours de la tuberculose pulmonaire.

Le diagnostic positif, facile quand les lésions coexistent avec la tuberculose pulmonaire, devient très délicat si les résultats de l'auscultation sont incertains ou négatifs. — Le traitement général domine évidemment les indications, mais le traitement local demande aussi une attention particulière; il est tantôt médical (pulvérisations, pansements intra-laryngiens, injections sous-muqueuses ou intra-trachéales); tantôt chirurgical (ablation des masses hypertrophiées ou végétantes, curetage des ulcérations, etc.).

La *syphilis laryngée* s'observe au cours de l'infection générale dans 90 p. 100 des cas; ordinairement précoce, elle apparaît de 2 à 6 mois après l'inoculation, favorisée par l'abus du tabac, de l'alcool, de la parole. Les symptômes sont d'ordre secondaire ou tertiaire; l'accident primitif n'a jamais été observé en dehors de la face linguale de l'épiglotte. A la période secondaire, on observe le catarrhe ou érythème, se manifestant par des troubles importants de la phonation, mais n'offrant d'autres caractères syphilitiques que d'apparaître et de disparaître avec les autres symptômes syphilitiques, et les plaques muqueuses qui coïncident d'ordinaire avec les buccales, et peuvent s'accompagner d'un œdème considérable amenant la suffocation et nécessitant la trachéotomie; exceptionnellement on rencontre des éruptions papulo-tuberculeuses, des condylomes. La période tertiaire se caractérise par l'évolution de gommes se présentant tantôt sous l'aspect d'infiltration diffuse, tantôt, et c'est le cas le plus fréquent, comme de grosses nodosités nettement circonscrites. Les gommes s'ulcèrent rapidement, et l'ulcération est une des formes fréquentes sous lesquelles s'observe la syphilis laryngée. Souvent un abcès peut se collecter. Lorsque la réparation se fait, ce sont des cicatrices blanchâtres, scléreuses, quelquefois exubérantes, mais surtout susceptibles d'entraver d'une manière permanente les fonctions de l'organe par un vice de développement. La syphilis héréditaire est elle-même, dans certains cas, responsable des lésions. Au point de vue fonctionnel, il n'y a rien de caractéristique : altérations du timbre de la voix (voix de *rogomme*), assez marquées, toux, douleurs, dysphagie, troubles respiratoires peu accusés.

Lorsque la syphilis laryngée s'accompagne d'autres lésions de même nature, le diagnostic est facile. Il n'en est pas de même si elle existe seule. — Il convient, lorsque le diagnostic est assuré, d'instituer à la fois un traitement général et un traitement local; le traitement général est mercuriel et ioduré, l'emploi de l'iodure nécessitant, dans certains cas, la trachéotomie préventive de la congestion médicamenteuse de la muqueuse; le traitement local consiste en pansements intra-laryngiens (chlorure de zinc, nitrate d'argent, etc.) à la période secondaire, et en inhalations antiseptiques (sublimé) à la période des ulcérations.

B. — *L'œdème de la glotte* est une affection grave caractérisée par l'infiltration du tissu cellulaire sous-muqueux du l.; ce n'est pas, à vrai dire, une entité morbide bien définie. C'est un syndrome commun à un grand nombre d'affections du l., et de maladies générales. En dehors de cas exceptionnels, on peut distinguer deux grands ordres d'œdèmes : 1° l'œdème est consécutif à une laryngite ou à une lésion voisine du l.; 2° l'œdème survient sans qu'il y ait de laryngite primitive ni d'affection de voisinage (affections cardio-pulmonaires, maladies des reins, cirrhose, etc.). — La lésion caractéristique de l'œdème de la glotte consiste en une infiltration du tissu cellulaire sous-muqueux par un liquide séreux, séro-purulent ou même hémorrhagique. Son siège est ordinairement sus-glottique. — Ces lésions se traduisent surtout par des phénomènes respiratoires : constriction pharyngée, sensation pénible de corps étrangers, dyspnée continue avec de violents accès paroxystiques, tirage inspiratoire avec cornage. Le laryngoscope permet de reconnaître facilement le mal et sa cause par l'aspect du l. Les œdèmes aigus inflammatoires évoluent rapidement en quelques jours; les œdèmes chroniques peuvent durer de 4 à 5 semaines avec rémissions et rechutes. — Si le malade étouffe, il est impossible de recourir à la laryngoscopie, et le diagnostic serait difficile s'il ne se faisait par exclusion. Cette affection est grave, et son pronostic dépend de l'affection causale, plus sérieux dans le cas d'ulcérations que dans le cas d'inflammations aiguës. — Au point de vue thérapeutique, dans les cas bénins, on fait des injections sous-cutanées de pilocarpine, des scarifications au bistouri et des applications de glace sur le cou; dans les cas graves, on a recours à la trachéotomie ou au tubage.

C. — Les *troubles de la sensibilité de la muqueuse du l.* (anesthésie, paresthésie, hyperesthésie) s'observent très rarement.

D. — Les *troubles de la motilité* comprennent des spasmes et des paralysies. — Sous le nom de *Spasme* on désigne un trouble fonctionnel apparaissant sous la forme d'accès, et résultant de la contraction spasmodique des muscles constricteurs et tenseurs des cordes vocales, contraction tonique qui dure de quelques secondes à plusieurs minutes et peut produire la suffocation, l'asphyxie, parfois des convulsions, et enfin entraîner la mort. — La thérapeutique pendant les accès se borne à rappeler les mouvements respiratoires, par des frictions thoraciques, des aspersions froides, le cathétérisme du l. et la respiration artificielle; dans l'intervalle des crises, l'hygiène et les médicaments nervins sont généralement indiqués. — La *paralysie* peut atteindre ensemble ou isolément les muscles tenseurs des cordes vocales, les constricteurs de la glotte, ses dilateurs, ou les muscles innervés par le récurrent. — Les altérations anatomiques de l'appareil d'innervation du l. qui peuvent être le point de départ d'une paralysie de ses muscles, peuvent être réparties en trois groupes suivant leur siège périphérique (nerfs laryngés, vague spinal), bulbaire ou cortical. — Le traitement curatif est subordonné à la cause même de la paralysie.

E. — Les *fractures du l.* se produisent généralement chez les individus âgés chez lesquels l'ossification de l'organe est plus complète; elles sont dues tantôt à une violence directe bi-latérale (pression avec les doigts) ou exercée d'avant en arrière, tantôt à la pendaison accompagnée de traction violente. Ces fractures peuvent être simples ou multiples, complètes ou incomplètes; elles siègent le plus souvent sur le cartilage cricoïde; elles se traduisent généralement par des signes physiques très nets (gonflement, ecchymose, déformation, etc.), et des symptômes fonctionnels très intenses (crachats sanguins, dyspnée, raucité de la voix, gêne de la déglutition, etc.). La mort peut survenir par asphyxie; la nécrose des fragments, des abcès peuvent survenir; en tous tous cas, le pronostic est toujours grave. La thérapeutique doit être précocement active et la trachéotomie préventive est généralement conseillée,

F. — Les *brûlures* surviennent dans trois conditions : inhalation de flammes ou de vapeurs brûlantes, ingestion de liquide bouillant, ingestion de liquide caustique. Elles s'accompagnent généralement de brûlures des régions voisines et sont rapidement suivies d'une inflammation aiguë et d'une tuméfaction considérable, qui peut s'étendre jusqu'au poumon. Le pronostic est le plus souvent grave : la mort survenant en 24 ou 48 heures, et la guérison ne pouvant se faire sans rétrécissement. Dans le cas de suffocation, on pratique la trachéotomie.

G. — Les *corps étrangers* peuvent être de deux sortes, liquides ou solides. — Les liquides sont parfois « avalés de travers ». D'ordinaire la glotte réagit et une toux convulsive expulse le liquide. La gravité ne devient réelle que dans les cas où la sensibilité laryngienne a disparu, comme pendant le sommeil, chez les nouveau-nés en asphyxie, chez les vieillards affaiblis, chez les ivrognes et les malades comateux. La mort survient soit immédiatement, soit secondairement par le fait d'une inflammation pulmonaire consécutive. De même les vomissements chez les malades atteints de constriction des mâchoires, l'introduction de liquides médicamenteux en excès, l'évacuation de sang ou de pus provenant de collections voisines, peuvent amener des accidents graves. — Les corps étrangers solides viennent généralement de l'extérieur, soit par l'orifice supérieur du l., soit par une perforation du conduit aérien; exceptionnellement il s'agit de corps étrangers formés dans les voies aériennes, fragments de cartilage, concrétions crétacées, etc. Lorsque le corps étranger s'arrête dans le l., c'est que sa forme s'oppose à ce qu'il aille plus loin; il détermine des lésions anatomiques locales (rougeur et inflammation de la muqueuse) et éloignées (emphysème, gangrène et abcès du poumon, inflammation pleurale, etc.). Les symptômes immédiats consistent en suffocation et accès de toux convulsive, vomissements, etc., qui peuvent s'amender malgré le séjour persistant du corps étranger. Alors apparaissent des modifications du timbre de la voix, une oppression continue, une douleur bien localisée, etc. Le corps étranger peut déterminer la mort dès le premier accès; d'autres fois il est expulsé soit immédiatement, soit plus tardivement; enfin, il peut déterminer des accidents pulmonaires graves. Le pronostic est surtout grave chez l'enfant pour les corps solubles caustiques ou les corps étrangers susceptibles de se gonfler. Au point de vue diagnostic, déterminer l'existence d'un corps étranger est souvent difficile; plus malaisée encore est la détermination du siège du corps du délit, surtout lorsque l'examen laryngoscopique est impossible. La thérapeutique n'est pas douteuse, et l'opération, sans s'arrêter aux moyens anodins, améliore notablement le pronostic. Lorsque le corps étranger est fixé dans l'espace sus-glottique ou dans la cavité même du l., on peut recourir à l'extraction par les voies naturelles; lorsqu'il est enclavé et fixé dans les ventricules ou entre les cordes vocales, on fait la thyrotomie après trachéotomie préalable ou, lorsqu'il s'agit d'un objet peu volumineux, la laryngotomie intercrico-thyroïdienne.

H. — Les *tumeurs du l.* sont de deux sortes, bénignes ou polypes, malignes ou cancers; leur distinction n'est pas toujours tranchée, et il est des formes difficiles à classer. Les tumeurs bénignes présentent des variétés anatomiques multiples : papillomes, fibromes, mixomes, adénomes, angiomes, lipomes, kystes, enchondroses. Ces tumeurs se développent surtout de 30 à 50 ans et chez l'homme; leur développement paraît favorisé par les irritations chroniques. Les symptômes dépendent de la situation, des dimensions et de la forme de la tumeur : comme symptômes fonctionnels on observe de la dyspnée, de la toux, de la dysphagie, d'intensité variable, etc. : les signes physiques sont fournis par la laryngoscopie, l'exploration directe étant toujours dangereuse. La marche de ces tumeurs est généralement lente, se chiffre par année. — Il n'en est plus de même des tumeurs malignes : celles-ci sont primitives, nées dans l'organe, ou secondaires, originaires des parties voisines (pharynx, œsophage, langue). Au point de vue histologique, on distingue deux variétés : les sarcomes, le plus souvent fasciculés, et les épithéliomas. L'envahissement ganglionnaire est généralement tardif; la généralisation est rare, mais existe. Le cancer se rencontre surtout à la fin de l'âge adulte : la voix est voilée, la toux est rauque, la gêne respiratoire lentement progressive, la déglutition gênée jusqu'à rendre l'alimentation impossible : les douleurs violentes avec irradiations dans l'oreille et la tête; la salivation et l'haleine fétides. Le laryngoscope donne les seuls renseignements précis. Pendant longtemps, 2 à 3 ans, les symptômes sont ceux d'une laryngite catharrale chronique; puis dans une deuxième période, les troubles respiratoires surviennent; enfin, la cachexie s'installe, et la mort arrive par épuisement lent si la trachéotomie a été faite, à moins de brusque interruption par un accès de suffocation, une inflammation pleurale ou pulmonaire, une syncope ou une hémorrhagie. Le diagnostic est entouré de difficultés énormes; néanmoins le laryngoscope, l'ancienneté de l'aphonie, la gêne respiratoire, le sifflement laryngé plaident en faveur d'une tumeur, et lorsqu'à ces signes se joignent de l'adénopathie et des douleurs irradiées, la tumeur peut être considérée comme maligne. Mais il faut savoir que bien souvent le diagnostic ne se pose qu'après une trachéotomie palliative au cours de laquelle on a vu la tumeur, ou après le rejet de parcelles permettant un examen microscopique. La thérapeutique, en dehors de la trachéotomie palliative, a fait des progrès notables dans ces dernières années. Les méthodes peuvent être classées sous trois chefs principaux : la cure endolaryngée, la laryngotomie totale ou partielle pour faciliter l'accès de la tumeur; la laryngectomie totale ou partielle.

**LAS.** s. m. [Pr. *lâ*]. Endroit de la grange où l'on resserre les grains.

**LAS, ASSE.** adj. [Pr. *lâ, lâ-se*] (lat. *lassus*, m. s.). Fatigué, qui éprouve le sentiment de la lassitude. *Être las de travailler, de marcher. Je suis las, bien las, fort las. Je suis si las, que je n'en puis plus. J'ai la main lasse d'avoir écrit.* — Prov., *On va bien loin quand on est las*, Quand on croit ne pouvoir plus aller, on va encore loin. || Dégoûté, ennuyé à l'excès d'une chose. *Je suis las d'entendre des sottises. Je suis las de ses impertinences. Elle n'est jamais lasse de le voir. Il est las de ne rien faire. Il est las de la vie. Il est las de lui-même.* — Fig., *Faire quelque chose de guerre lasse.* Voy. GUERRE. || Subst., *Un las d'aller*, Un homme mou, paresseux et lâche. Pop.

**LAS.** interj. plaintive (même mot que le précédent). *Las! que j'ai souffert!* Il est du style naïf et fam.

**LASALE** ou **LASALLE** (CAVELIER, sieur DE), voyageur fr. explora le Mississipi et donna au pays qu'il découvrit le nom de *Louisiane* (1640-1687).

**LASALLE**, ch.-l. de c. (Gard), arr. du Vigan ; 2,400 hab.

**LA SALLE** (ANTOINE DE), poète et romancier fr. (1398-1461).

**LA SALLE** (J.-B. DE), chanoine de Reims, institua, en 1679, les *Frères des écoles chrétiennes* (1651-1719).

**LASALLE** (Comte DE), général de cavalerie, né à Metz (1775-1809).

**LASCAR.** s. m. (Pers. *lechker*, troupe, armée) T. Relat. Nom donné, dans la mer des Indes, aux matelots d'origine hindoue (parias). *L'équipage se composait de huit matelots anglais et d'une vingtaine de lascars.*

**LASCARIS** (THÉODORE), proclamé empereur au moment où les Croisés entraient dans Constantinople (1204), se réfugia en Asie et y fonda l'empire de Nicée. = JEAN LASCARIS régna à Nicée de 1259 à 1261, et fut détrôné par Michel Paléologue.

**LASCARIS** (CONSTANTIN), grammairien grec, quitta Constantinople en 1454, et vint se fixer en Italie.

**LASCARIS** (JEAN), Grec de Byzance, trouva un asile à Florence et à Paris, où il enseigna le grec (1445-1535).

**LAS CASAS**, prélat espagnol, se voua à la défense des Indiens, victimes de l'avidité cruelle des Espagnols (1474-1566).

**LAS-CASES** (Comte DE), historien fr., accompagna Napoléon à Sainte-Hélène, et publia le *Mémorial de Sainte-Hélène* (1766-1842).

**LASCIF, IVE.** adj. [Pr. *las-sif*] (lat. *lascivus*, m. s.). Fort enclin, fort porté à la luxure. *Un homme l. Une femme lascive.* || Qui excite à la luxure. *Une danse lascive. Un tableau l. Des regards, des gestes, des vers lascifs.*

**LASCIVEMENT.** adv. [Pr. *las-sive-man*]. D'une manière lascive.

**LASCIVETÉ.** s. f. [Pr. *las-siveté*] (lat. *lascivitas*, m. s., du sanscr. *las*, jouer, jouir). Forte inclination à la luxure. *Sa l. l'a entraîné dans beaucoup d'excès.* || Ce qui excite à la luxure. *Il y a de la l. dans ce tableau, dans ces vers.*

**Syn.** — *Lubricité, Impudicité*, qui comportent une idée plus grossière. On peut dire que Cléopâtre était lascive et Messaline lubrique.

**LASER.** s. m. [Pr. *la-zer*] (lat. *laser*, m. s.). T. Bot. Genre de plantes Dicotylédones (*Laserpitium*), de la famille des *Ombellifères*. Voy. ce mot.

**LASERINE.** s. f. [Pr. *la-zerine*] (R. *laser*). T. Chim. Voy. LASERPITINE.

**LASEROL.** s. m. [Pr. *laze-rol*]. Voy. LASERPITINE.

**LASERPITIÉES.** s. f. pl. [Pr. *la-zerpi-siées*] (R. *laserpitium*, n. scientif. du genre Laser) T. Bot. Tribu de végétaux de la famille des *Ombellifères*. Voy. ce mot.

**LASERPITINE.** s. f. [Pr. *la-zerpitine*] (R. *Laserpitium*, n. scientifique du genre *Laser*). T. Chim. Principe cristallisable contenu dans la racine du *Laserpitium latifolium*, d'où on l'extrait à l'aide de l'alcool. La l. se présente en prismes incolores, fusibles à 114°, sublimables, insolubles dans l'eau, solubles dans le chloroforme, l'éther, l'alcool et le benzène. Ni les acides, ni les alcalis ne l'attaquent lorsqu'ils sont étendus. Dans l'acide sulfurique concentré, elle se dissout en rouge foncé. Chauffée avec de la potasse alcoolique concentrée, elle se dédouble en acide angélique et en *laserine* ou *laserol*, substance résineuse cristalline, soluble dans les alcalis.

**LA SERRE**, auteur dramatique fr., né à Toulouse, bafoué par Boileau (1600-1665).

**LASIANDRA.** s. m. [Pr. *lazi-andra*] (gr. λάσιος velu ; ἀνήρ, ἀνδρὸς, mâle). T. Bot. Genre de plantes Dicotylédones de la famille des *Mélastomacées*. Voy. ce mot.

**LASIOCAMPE.** s. m. [Pr. *lazio-kan-pe*] (gr. λάσιος, velu ; κάμπη, chenille). T. Entom. Genre de Lépidoptères. Voy. BOMBYCITES.

**LASIONITE.** s. f. [Pr. *la-zi-onite*] (gr. λάσιος, velu). T. Minér. Minéral qui affecte la forme de cristaux capillaires.

**LASQUE.** s. m. [Pr. *las-ke*]. T. Techn. Diamant qui a la forme d'un parallélogramme plat, peu épais.

**LASQUETTE.** s. f. [Pr. *las-kè-te*]. Peau qui provient d'une jeune hermine.

**LASSA** ou **LHASSA**, v. d'Asie, cap. du Thibet; 40,000 hab.

**LASSALLE**, écrivain socialiste allem., né à Breslau (1825-1864).

**LASSANT, ANTE.** adj. [Pr. *la-san*]. Qui lasse, qui fatigue.

**LASSAY**, ch.-l. de cant. (Mayenne), arr. de Mayenne; 2,600 hab.

**LASSEN** (Christian), célèbre orientaliste allem., né à Bergen (Norvège) (1800-1876).

**LASSER**. v. a. [Pr. *la-ser*] (R. *lasso*). Prendre, saisir avec le lasso. = Lassé, ée. part.

**LASSER**. v. a [Pr. *la-ser*] (lat. *lassare*, m.s.). Fatiguer, causer de la lassitude. *Ce travail me lasse extrêmement. Il m'a lassé le bras en s'appuyant sur moi. Une trop grande contention lasse l'esprit. Il a lassé ma patience.* — Absolum., *Cette sorte de danse lasse beaucoup.*

Je ne sais quelle grâce
Qui me charme toujours et jamais ne me lasse.
Racine.

|| Ennuyer, importuner. *Il lasse tout le monde par ses sollicitations. Il nous lasse avec ses vieilles histoires.* = se Lasser. v. pron. Se dit dans toutes les acceptions du v. actif. *On se lasse plus à demeurer debout qu'à marcher. Il ne se lasse point, il est infatigable. L'esprit se lasse par une trop grande application. Ma patience commence à se l. On se lasse de tout.*

Qui, de l'âne ou du maître est fait pour se lasser?
La Fontaine.

= Lassé, ée. part. = Syn. Voy. Fatiguer.

**LASSERET**. s. m. [Pr. *lase-rè*] T. Techn. Espèce de tarière qui sert à percer le bois pour y introduire des chevilles || Pièce qui reçoit l'espagnolette et la fixe sur le battant de la croisée. || Piton à vis.

**LASSERIE**. s. f. [Pr. *lase-ri*]. T. Techn. Ouvrage de vannerie particulièrement soigné.

**LASSEUBE**, ch.-l. de c. (Basses-Pyrénées); 2,100 hab.

**LASSITUDE**. s. f. [Pr. *lasi-tude*] (lat. *lassitudo*, m. s., de *lassus*, las). Abattement où l'on se trouve après un travail excessif de corps ou d'esprit. *Grande l. Tomber de l. N'en pouvoir plus de l.* — Se dit aussi d'un état d'abattement semblable, qui survient spontanément. *Je ne sais d'où me vient cette l. Il sent de grandes lassitudes dans tous les membres, dans tout le corps.* || Ennui, dégoût. *Il a renoncé à cette correspondance par pure l. d'avoir toujours les mêmes choses à dire.*

**LASSO**. s. m. [Pr. *la-so*] (esp. *lazo*, lacs, lacet). — Le *Lasso* est une forte lanière de cuir, longue de 15 à 20 mètres, et garnie d'un anneau de fer à l'une de ses extrémités, dont les *Gauchos*, ainsi que les indigènes de l'Amérique méridionale, se servent pour abattre les animaux sauvages et même les ennemis dont ils veulent se rendre maîtres. Les individus qui emploient le l. sont toujours à cheval. Après avoir passé l'extrémité libre de la lanière dans l'anneau, de manière à former une anse très large, ils attachent cette extrémité à la sangle de la selle. Cela fait, quand le chasseur est parvenu à une certaine distance de l'animal dont il veut s'emparer, il saisit le l., et le lance de manière à prendre l'animal dans l'anse que forme cette espèce d'arme. Aussitôt il met son cheval au galop, de sorte que l'anse se resserre, et la victime se trouve ainsi promptement abattue et souvent même étranglée.

**LASSUS**, architecte et archéologue fr., né à Paris (1807-1857).

**LAST** ou **LASTE**. s. m. (holl. *last*, charge). T. Métrol. — Ce terme désigne une unité de compte en usage dans toutes les contrées de l'Allemagne et du Nord de l'Europe, particulièrement pour l'estimation du chargement des navires. La valeur du *last* varie non seulement suivant les localités, mais encore suivant la nature des marchandises; néanmoins, on peut dire que généralement elle représente 2 tonneaux ou 2,000 kilog.

**LASTEYRIE** (Comte de), agronome et philanthrope fr., né à Brive-la-Gaillarde (1759-1849).

**LASTING**. s. m. [Pr. *las-tin*] (angl. *lasting*, qui dure). Étoffe de laine rase et à tissu satiné, qui est tantôt unie et tantôt à rayures.

**LA SUZE** (Comtesse de), femme poète, célèbre par sa beauté (1618-1673).

**LAT**. s. m. T. Techn. Duite de couleur, lancée dans l'angle d'ouverture d'une chaîne et ne devant concourir que partiellement à l'effet de coloris d'une duite générale.

**LATAKIEH**, n. moderne de la ville de Laodicée, sur la côte de Syrie.

**LATAKIEH**. s. m. [Pr. *lata-kié*] (R. *Latakieh*, ville de Syrie). Sorte de tabac à fumer.

**LATANIER**. s. m. [Pr. *lata-nié*]. T. Bot. Genre de plantes Monocotylédones (*Latania*), de la famille des *Palmiers*. Voy. ce mot.

**LATEMMENT**. adv. [Pr. *lata-man*]. D'une manière latente.

**LATENT, ENTE**. adj. [Pr. *la-tan*] (lat. *latens*, part. prés. de *latere*, être caché). Caché, qui ne s'est point encore manifesté par les phénomènes qui lui sont propres. *Une passion latente. Une maladie latente. Ce cheval avait un vice l. quand on me l'a vendu.* || T. Physiq. *Chaleur latente.* Voy. Fusion et Vaporisation. || T. Hortic. *Œil l.*, Œil resté, dans un arbre, à l'état rudimentaire et peu apparent.

**LATÉRAL, ALE**. adj. (lat. *lateralis*, m. s., de *latus, eris*, côté). Qui appartient au côté de quelque chose. *Les faces latérales d'un édifice. Une porte, une chapelle latérale. Les sinus latéraux du cerveau. Étamines latérales.* — *Canal l.*, Qui longe un des côtés d'un cours d'eau.

**LATÉRALEMENT**. adv. De côté, sur le côté.

**LATÉRALISÉE**. adj. f. [Pr. *latérali-zée*] (R. *latéral*). T. Chirurg. *Méthode l.*, Cystotomie périnéale, dans laquelle l'incision, partant de la ligne médiane, se porte sur le côté de cette ligne.

**LATÉRALISÈTE**. adj. 2 g. (lat. *lateralis*, latéral: *seta*, soie). T. Entom. *Insectes latéralisètes*, Insectes dont chaque antenne porte un poil isolé sur le côté.

**LATERE (A)**. [Pr. *a laté-ré*]. Expression latine, signifie de côté. *Légat a l.* Voy. Légat.

**LATÉRICOMPOSÉ, ÉE**. adj. [Pr. *latéri-kon-pozé*] (lat. *latus, lateris*, côté; fr. *composé*). T. Bot. Latéralement composé.

**LATÉRIFLEXION**. s. f. [Pr. *latériflè-ksion*] (lat. *latus, lateris*, côté, et fr. *flexion*). T. Chir. Flexion latérale de l'utérus.

**LATÉRIGRADE**. s. f. (lat. *latus, lateris*, côté; *gradior*, je marche). T. Zool. Qui marche sur le côté. = Latérigrades. s. f. pl. Groupe d'*Arachnides fileuses*. Voy. Araignée.

**LATÉRINERVÉ, ÉE**. adj. (lat. *latus, lateris*, côté; fr. *nervure*). Dont les nervures, partant d'une côte centrale, se dirigent vers la circonférence.

**LATÉRITE**. s. f. (lat. *later*, brique). T. Géol. Roche jaspée d'un rouge de brique.

**LATÉRIVERSION**. s. f. (lat. *latus, lateris*, côté; fr. *version*). T. Chir. Renversement de l'utérus sur le côté.

**LATEX**. s. m. [Pr. *la-teks*] (lat. *latex*, liqueur). T. Bot. Nom donné à des produits de sécrétion constitués par des émulsions laiteuses de substances insolubles, telles que: huiles essentielles, résines, caoutchouc, gutta-percha, etc. Ces produits présentent généralement la couleur blanche du lait; cependant ils sont parfois colorés en jaune (Chélidoine) ou en rouge (Sanguinaire).

**LA THORILLIÈRE**, comédien de la troupe de Molière, mort en 1679.

**LATHRÆA**. s. m. [Pr. *latréa*] (gr. λαθραῖος, caché). T. Bot. Genre de plantes Dicotylédones de la famille des *Scrofulariacées*. Voy. ce mot.

**LATHYRUS.** s. m. [Pr. *la-ti-russ*] (gr. λάθυρος, pois chiche). T. Bot. Nom scientifique du genre *Gesse*. Voy. ce mot.

**LATIALITHE** s. f. (R. *Latium*, et gr. λίθος, pierre). Synonyme de *Haüyne*.

**LATICIFÈRES.** adj. et s. f. pl. (lat. *latex*, *laticis*, liqueur ; *fero*, je porte). T. Bot. Nom fréquemment donné par de nombreux botanistes aux tissus sécréteurs qui renferment du *latex*. Voy. ce mot.

**LATICLAVE.** s. m. (lat. *laticlavus*, m. s.). T. Antiq. rom. Dans l'ancienne Rome, le mot *clavus*, entre autres

Fig. 1.

significations, servait à désigner une bande de couleur pourpre qui s'appliquait sur le devant de la tunique, dans une direction verticale. Le vêtement orné de cette bande se nommait *latus clavus*, *tunica laticlavia* ou *laticlavium*, quand elle était large et unique ; et *angustus clavus* ou *tunica angusticlavia*, lorsqu'elle était étroite et double ; dans ce dernier cas, la tunique avait une bande de chaque côté de la poitrine. Le droit de porter ces bandes de pourpre était le privilège de certaines classes de citoyens. Le *Laticlave* (Fig. 1, d'après une peinture antique représentant Rome personnifiée) était un des insignes de la dignité sénatoriale. Il appartenait en outre aux consuls, aux préteurs, aux édiles et aux généraux qui triomphaient. Sous Auguste, quelques chevaliers obtinrent l'autorisation de le porter. Enfin, après la mort de ce prince, la même faveur fut étendue à divers magistrats, aux gouverneurs de provinces, aux pontifes, et généralement à tous ceux dont les souverains voulurent récompenser le zèle ou s'assurer la fidélité. Par suite de ces prodigalités, le l. perdit peu à peu de son prestige ; enfin, sous les derniers empereurs, il cessa d'être une distinction honorifique. Quand à l'*Angusticlave* (Fig. 2, d'après une peinture représentant la déesse Moneta), il fut d'abord l'attribut distinctif de l'ordre équestre ; mais, sous l'empire, sa destination primitive fut tellement oubliée que, dans les monuments de la dernière époque de la domination romaine, on voit l'angusticlave porté par des échansons et par des esclaves qui servaient à table.

Fig. 2.

**LATICLAVIEN, IENNE.** adj. [Pr. *latiklavi-in*, *iène*]. *Dignités laticlaviennes*, Qui donnaient le droit de porter le laticlave.

**LATICOSTÉ, ÉE.** adj. (lat. *latus*, large ; *costa*, côte). T. Zool. Dont la surface est relevée par de larges côtes, en parlant des coquilles.

**LATILABRE.** adj. 2 g. (lat. *latus*, large ; fr. *labre*). T. Zool. Qui a un labre fort large.

**LATIMER,** évêque de Worcester, brûlé vif comme hérétique en 1555.

**LATIN, INE.** adj. (lat. *latinus*, m. s.). Qui vient du peuple latin. *La langue latine*, La langue des anciens Romains. *Un discours l.*, Un discours écrit en langue latine. *Mot latin*, Mot de la langue latine. *Dictionnaire l. et français*, Dictionnaire où le sens des mots latins est expliqué en français, etc. — Fig., *Le pays L.*, Le quartier de Paris où sont la plupart des collèges, et dont la Sorbonne forme le centre. Fam., *Cela sent le pays L.*, se dit de tout ce qui retient un certain air de collège. || *L'Église latine*, Toute l'Église d'Occident, par oppos. à l'Église grecque ou d'Orient. *Les Pères de l'Église latine.* On dit de même, *Le rit l.*, Le rit de l'Église romaine. || *Les nations latines :* Italiens, Roumains, Français, Espagnols, Portugais. || T. Mar. *Voile latine*, Voy. ANTENNE. = LATIN. s. m. La langue latine. *Apprendre le l. Savoir bien le l. Composer, écrire en l. Un discours en mauvais l. Le l. de Cicéron. Le l. de la décadence.* Prov. et pop., *Du l. de cuisine*, De fort mauvais l. On dit que cette expression vient du latin qu'affectaient de parler les marmitons des collèges. — Fig. et fam. *Il est au bout de son l.*, se dit d'un homme qui ne sait plus où il en est, qui ne sait plus que dire ou que faire. *Il y a perdu son l.*, se dit d'un homme qui a travaillé inutilement à quelque chose, qui y a perdu son temps et sa peine. || Qui appartient à l'Église latine. *Les Grecs et les Latins diffèrent de croyance en plusieurs points.*

**Ethnogr.** et **Ling.** — On désigne sous le nom de *Latins* les peuples qui habitaient le *Latium*, contrée de l'Italie centrale située au sud du Tibre, qui la séparait de l'Étrurie. Ces populations occupaient le pays depuis une haute antiquité ; il est bien difficile de dire quelle était leur origine. Ils étaient sûrement Aryens, et avaient probablement une certaine affinité avec les Pélasges, dont ils semblent cependant plus éloignés que les Étrusques. Certains auteurs ont prétendu qu'ils avaient une parenté assez proche avec les Gaulois ; mais c'est là une conjecture très hasardée que ne justifient pas suffisamment quelques rapprochements qu'on a pu faire entre la langue latine et les idiomes celtiques. A l'époque de la fondation de Rome, les principaux de ces peuples étaient les *Eques*, les *Herniques* et les *Volsques*, que Rome eut si souvent à combattre dans les premiers siècles de son existence. La conquête du Latium ne fut achevée que 414 ans après la fondation de Rome.

Les origines de la langue latine sont aussi difficiles à établir avec sûreté que celles des peuples latins. Malgré les rapports qu'elle présente avec le grec, il est très certain qu'elle ne dérive pas du grec. Elle appartient au groupe pélasgique des langues aryennes ; mais on ne sait rien des idiomes plus anciens qui lui ont donné naissance. Tout ce qu'on peut dire, c'est qu'elle résulte de l'évolution d'un des dialectes du Latium ; à l'origine, c'était la langue des patriciens de Rome. Cependant, avant d'arriver à la perfection de l'époque classique, elle a subi de nombreux changements, à tel point qu'à l'époque d'Auguste il n'y avait personne à Rome capable de comprendre les textes antérieurs à la loi des douze tables. Le l., tel que nous le connaissons, s'est fixé vers l'an 240 avant J.-C. quand Livius Andronicus composa ses comédies. Plus tard, il se polit et devint plus harmonieux sous l'influence de l'hellénisme, apporté à Rome à la suite des conquêtes des peuples grecs. Le pur latin classique est celui de Cicéron et de César pour la prose, de Virgile pour la poésie. Ce que les grammairiens appellent la décadence commence déjà au siècle d'Auguste. Il y a évidemment dans cette appréciation quelque chose de conventionnel ; mais cette convention est justifiée par la nécessité d'offrir aux étudiants et à ceux qui veulent écrire en latin un type de langage dont ils doivent se rapprocher le plus possible, afin d'éviter que chacun se laisse aller à écrire le latin à sa fantaisie, suivant les habitudes de sa langue maternelle. La sévérité du type grammatical était surtout nécessaire à l'époque, encore si peu éloignée de nous, on pourrait dire presque contemporaine, où le latin était la langue universelle de la science, de l'histoire et de la philosophie. D'un autre côté, il est évident que l'affluence des étrangers dans la Rome de l'empire contribua à corrompre très vite la langue des maîtres du monde et à l'encombrer d'une multitude de mots et de tournures barbares. La corruption fut si rapide que, dans le siècle des Antonins, certains auteurs habitant les Gaules ou l'Espagne écrivaient un latin plus pur que ceux qui habitaient Rome.

Cependant, le l. s'était répandu, au moins comme langue officielle et littéraire, dans toutes les régions de l'empire, c.-à-d. dans tout le monde civilisé d'alors, étouffant les idiomes locaux, à tel point qu'après la chute de l'empire, tous ces peuples, loin de revenir à leurs langues primitives, se constituèrent des langues nouvelles, qu'on a appelées *langues romanes*, et qui n'étaient, au début, que des patois latins plus ou moins altérés par l'influence du langage indigène. Voy. LANGUES. Cette prédominance du latin pendant la première partie du moyen âge est due à deux causes : d'abord c'était la langue de l'Église, et, par conséquent, celle qu'on enseignait dans les écoles. La seconde cause est la puissance politique et administrative des Romains, leur étonnante aptitude à s'assimiler les peuples vaincus et à les plier à leurs usages et à leurs institutions, par la civilisation, la sécurité relative, les relations commerciales qu'ils leur apportaient. Après la constitution des langues romanes, le latin cessa d'être une langue parlée ; mais il conserva une grande vitalité comme langue écrite. Il resta la langue de l'Église ; encore aujourd'hui, c'est la langue de la chancellerie romaine. Il resta la langue des tribunaux, en France, jusqu'à François I^er^. Il est vrai que les greffiers écrivaient un étrange latin dont la phrase suivante servira d'échantillon : *Dicta curia debotavit et debotat dictum auctorem*. Il paraît que le plaignant (*dictum auctorem*) qui était venu au tribunal à cheval et n'avait pas pris le temps de changer de costume, avait compris qu'on voulait le *débotter*. On dit même que c'est cette phrase ridicule qui décida François I^er^ à ordonner qu'à l'avenir les sentences des tribunaux seraient rendues en français. Ce qui est plus sérieux, c'est que jusqu'au commencement du XIX^e^ siècle, la langue latine est restée la langue universelle de la pensée. Les livres de sciences, d'érudition, de haute critique, etc., étaient invariablement écrits en latin dans toute l'Europe. Au XIX^e^ siècle même, Gauss et Cauchy écrivaient des livres de mathématiques en latin. On ne saurait trop regretter la disparition de cet usage. On a beaucoup parlé à diverses reprises de créer une langue universelle. On en avait une, et on l'a abandonnée !

Ce qui caractérise le latin, c'est sa forme synthétique, plus synthétique que le grec. L'absence d'article, la richesse des désinences dans la déclinaison et la conjugaison, la liberté absolue de la construction grammaticale en sont les caractères principaux. Par là, cette langue se prête admirablement à la poésie et au développement des périodes oratoires : elle est énergique, nerveuse, concise ; on a dit que c'est bien la langue du commandement. Pourtant, la recherche de la concision, l'embarras des longues périodes amènent de l'obscurité et quelquefois même de l'amphibologie. Il est cependant plus facile qu'on ne croit d'être clair en latin ; mais il faut le vouloir. Tandis que le français se prête mal à exprimer une pensée confuse et invite par cela même à préciser ce qui reste nuageux, le latin s'accommode au contraire facilement des idées vagues et mal définies dont l'obscurité reste noyée dans les longues périodes de la phrase. De tout temps, même à Rome, à l'époque classique, le latin fut une langue difficile. Cicéron dit qu'il ne connaissait que cinq ou six dames romaines qui le parlaient correctement. Aussi, à côté du latin classique parlait-on, à Rome, une langue plus simple, le *latin vulgaire* (*lingua vulgaris* ou *rustica*). Il est certain que le latin vulgaire avait des tournures beaucoup plus simples, des phrases plus courtes, et présentait un caractère plus analytique. Le latin d'Église peut en donner une idée, quoiqu'il soit probable que ce latin était un compromis entre celui du peuple et celui des gens instruits. Ce qu'il y aurait intérêt à connaître, c'est la langue du bas peuple, celle des paysans, des soldats et des esclaves, car c'est celle-là qui a donné naissance aux langues romanes. Voy. LANGUE.

Il conviendrait d'ajouter quelques mots sur la prononciation du latin ; mais, comme nous aurions à ce sujet à faire des remarques communes à la prononciation du latin et à celle du grec, nous renverrons la question au mot PRONONCIATION.

**Hist.** — *Empire latin de Constantinople*. Empire fondé par les Croisés de la 4^e^ croisade, qui s'emparèrent de Constantinople en 1204, renversèrent l'empereur grec *Alexis V*, et nommèrent empereur *Baudoin I*^er^, comte de Flandre. Cet empire dura 57 ans, jusqu'en 1261, époque où *Michel Paléologue* reprit Constantinople, chassa l'empereur latin Baudoin II, et reconstitua l'empire grec. Voy. CONSTANTINOPLE.

**LATINI** (BRUNETTO), savant italien, maître de Dante, écrivit en français le *Livre du Trésor*, sorte d'encyclopédie (1230-1294).

**LATINISANT, ANTE.** adj. [Pr. *latini-zan*]. Se dit des personnes qui, vivant dans un pays schismatique, pratiquent le culte de l'Église latine. *Grecs latinisants*.

**LATINISATION.** s. f. [Pr. *latini-za-sion*]. Action de latiniser.

**LATINISER.** v. a. [Pr. *latini-zer*] (lat. *latinizare*, m. s.). Donner une terminaison, une inflexion latine à un mot d'une autre langue. *Tite-Live a latinisé tous les noms étrangers qui se trouvent dans son histoire*. = LATINISÉ, ÉE. part. ‖ *Grec latinisé*, Un Grec qui a adopté les sentiments de l'Église latine.

**LATINISEUR.** s. m. [Pr. *latini-zeur*]. Celui qui affecte de parler latin, de citer du latin.

**LATINISME.** s. m. Construction, tour de phrase propre à la langue latine. *Son français est plein de latinismes*.

**LATINISTE.** s. m. Celui qui entend la langue latine, qui écrit dans cette langue. *Un bon, un mauvais l.*

**LATINITÉ.** s. f. (lat. *latinitas*, m. s.) Langue latine. *Belle, bonne l. Mauvaise l.* ‖ *Basse l.*, Latin corrompu qu'écrivaient les auteurs des derniers temps, où cette langue allait s'altérant de plus en plus.

**LATINUS**, roi du Latium, père de Lavinie (Myth.).

**LATITANT, ANTE.** adj. (lat. *latitans*, qui se cache, de *latitare*, fréquent; de *latere*, se cacher). Qui se cache. Peu us.

**LATITUDE.** s. f. (lat. *latitudo*, largeur). T. Astron. et Géogr. Voy. ci-après. ‖ Se dit figur., dans le sens d'extension, de liberté d'agir. *Ce principe peut avoir une grande l. Ce programme ne laisse pas assez de l. aux professeurs. Vos instructions vous donnent beaucoup de l.*

**Astr. et Géog.** — Les mots *longitude* et *latitude* sont employés en Astronomie et en Géographie dans deux sens différents. Dans les deux cas, ils désignent des *coordonnées sphériques* qui servent à définir la position d'un lieu terrestre ou d'un lieu céleste; mais la longitude et la l. *géographiques* sont rapportées à l'équateur et à l'axe polaire, tandis que la longitude et la l. céleste sont rapportées à l'écliptique. Nous avons expliqué au mot COORDONNÉES le sens qu'il fallait attacher aux mots *longitude* et *latitude*; nous parlerons surtout ici de la détermination des latitudes. Un article analogue sera consacré au mot LONGITUDE.

I. *Latitude géographique*. — Ce sont les Romains qui nous ont légué ces bizarres dénominations de longitude et de l. Comme ils ne connaissaient qu'une petite partie de la Terre, et que cette partie connue d'eux était plus étendue dans le sens des parallèles, c.-à-d. dans la direction est-ouest que dans le sens des méridiens, c.-à-d. dans la direction nord-sud, ils imaginèrent d'employer le mot de *longitudo* (longueur) pour la mesure des distances comptées dans le sens de la plus grande dimension de la Terre alors connue, et celui de *latitudo* (largeur) pour toute distance qui se comptait dans le sens de sa plus petite dimension.

La l. et la longitude étant les coordonnées au moyen desquelles on définit la position respective des lieux à la surface du globe, leur détermination est de la plus haute importance pour le géographe et pour le navigateur. Elle est surtout indispensable à ce dernier, car c'est uniquement à l'aide de cette détermination qu'il peut se guider à travers l'immensité des mers.

1° *Définition précise*. — Si la Terre était parfaitement sphérique, la longitude et la l. d'un lieu seraient les coordonnées sphériques de ce lieu telles qu'elles ont été définies au mot *Coordonnées*. Comme la Terre n'est pas sphérique, il importe de donner de ces importants éléments des définitions qui puissent s'appliquer quelle que soit la forme de la Terre. Nous ne parlerons ici que de la l. Il existe, en chaque lieu de la Terre, deux directions parfaitement définies, l'une qui est la même pour tous les points de la Terre, c'est la direction de l'axe suivant lequel le ciel tout entier semble tourner autour de l'observateur: elle est *parallèle à l'axe de rotation de la Terre*; l'autre est propre au lieu considéré : c'est *la direc-*

*tion suivant laquelle agit la pesanteur.* On l'appelle la *verticale.* Tout plan perpendiculaire à la verticale est dit *horizontal.* On appelle souvent *horizon*, celui de ces plans qui passe par l'œil de l'observateur. Voy. HORIZON. — Cela posé : *On appelle l. d'un lieu l'angle que fait l'horizon de ce lieu avec l'axe du monde* ou encore : *la l. d'un lieu est la hauteur angulaire du pôle au-dessus de l'horizon de ce lieu.* Ainsi définie, la l. peut être mesurée par un arc de la sphère céleste : c'est *l'arc compris dans le plan méridien entre l'horizon et le pôle céleste.* Elle est dite *boréale*, si c'est le pôle boréal qui est visible au-dessus de l'horizon, *australe*, si c'est le pôle austral qui est au-dessus de l'horizon. La l. est boréale pour une moitié de la Terre, australe pour l'autre. Souvent, dans les formules, on affecte le signe + aux latitudes boréales, qui sont dites positives, et le signe — aux latitudes australes, qui sont dites négatives. Comme l'équateur céleste est perpendiculaire à l'axe du monde, et la verticale à l'horizon, on voit que *la l. est encore égale à l'angle que fait la verticale avec le plan de l'équateur céleste.* — La verticale perce la sphère céleste en deux points : le *Zénith*, au-dessus, et le *Nadir*, au-dessous. Il en résulte que l'angle compris entre la verticale dirigée vers le zénith, et l'axe du monde dirigé vers le pôle, est le complément de la l. : on l'appelle quelquefois la *colatitude.*

*L'équateur terrestre est le lieu des points de la Terre dont la l. est nulle*, c.-à-d. le lieu des points où l'on voit l'axe du monde couché sur l'horizon. C'est une ligne plus ou moins régulière qui sépare, à la surface de la Terre, les points dont la l. est boréale, et ceux dont la l. est australe. *Un parallèle est le lieu des points qui ont une même l.* Chaque parallèle est défini par la l. commune de tous ses points. *Les pôles terrestres sont les points où la l. est égale à un angle droit*, c.-à-d. où l'observateur voit l'axe du monde perpendiculaire à l'horizon ou parallèle à la verticale. Il y en a deux ; le pôle boréal, et le pôle austral.

Si l'on suppose la Terre sphérique, la verticale se confond en chaque lieu avec le rayon de la sphère, l'axe du monde ou axe de la Terre est un diamètre de la sphère, et *l'équateur terrestre* est le lieu des points où le rayon est perpendiculaire à ce diamètre, c.-à-d. un grand cercle dont le plan est perpendiculaire à l'axe du monde. Le plan de l'équateur terrestre se confond ainsi avec le plan de l'équateur céleste, et l'on retombe pour la définition de la *l.* sur les coordonnées sphériques ; c.-à-d. que *dans l'hypothèse d'une terre sphérique, la l. d'un lieu est l'angle du rayon de la Terre en ce lieu avec le plan de l'équateur.* Cet angle peut alors se mesurer sur un grand cercle perpendiculaire à l'équateur, grand cercle qui passe par les deux pôles et qui a reçu le nom de méridien. On peut alors dire que la l. d'un lieu est l'arc de méridien compris entre ce lieu et l'équateur. Enfin, *toujours dans l'hypothèse d'une terre sphérique*, les parallèles sont des petits cercles parallèles à l'équateur. Il est à peine utile de répéter que ces définitions simplifiées ne constituent qu'une approximation grossière et doivent être abandonnées dès qu'on ne suppose plus la Terre sphérique. La seule définition correcte et générale de la l. est celle que nous avons donnée au début.

2° *Détermination des latitudes géographiques.* — Si le pôle et le zénith étaient visibles dans le ciel, il suffirait d'installer dans le plan méridien qui contient, comme on sait, ces deux points, une lunette mobile autour d'un axe horizontal perpendiculaire au plan méridien et munie d'un cercle gradué, et de viser successivement ces deux points ; l'arc parcouru par un point quelconque relié à la lunette, arc mesuré par la différence des deux lectures, serait égal au complément de la l. Comme ni le pôle ni le zénith ne sont visibles, on y supplée par des observations plus compliquées.

La verticale peut être déterminée de deux manières : 1° Par la méthode du retournement ; 2° par l'observation du nadir. La méthode du retournement consiste à faire usage d'une lunette mobile autour d'un axe parfaitement vertical, qu'on règle par une opération bien connue. Voy. CATHÉTOMÈTRE. On vise alors un point quelconque B et on lit la division $n$ qui se trouve derrière le 0 du vernier. On fait alors tourner l'instrument de 180° autour de la verticale ; puis on ramène la lunette vers le point A qu'on vise de nouveau, ce qui donne une nouvelle lecture $n'$. Il est clair que dans ce mouvement, l'axe optique de la lunette a parcouru un angle double de celui qui sépare du zénith la direction du point A. Donc la demi-différence $\frac{n'-n}{2}$ donnera la *distance zénithale* du point A, et la demi-somme $\frac{n+n'}{2}$ donnera le nombre qu'on lirait si la lunette était pointée vers le zénith. Ce nombre qu'on appelle la *collimation au zénith* permettra ensuite de trouver par une seule visée et une seule lecture la distance zénithale de tout autre point B. Si l'on veut la hauteur de ce point, il suffit de prendre le complément de sa distance zénithale. — L'observation du *Nadir* est employée dans les observatoires et partout où l'on peut s'installer à demeure. On dispose au-dessous de la lunette une cuvette où l'on a versé du mercure dont la surface constitue un miroir parfaitement horizontal. On place la lunette verticalement, l'oculaire en haut, et l'on amène le réticule en coïncidence avec son image réfléchie par la surface du bain de mercure. A ce moment l'axe optique de la lunette est parfaitement vertical, et la lecture du cercle, augmentée de 180°, donnera la collimation zénithale.

Pour déterminer la direction du pôle, on observe une étoile circumpolaire, c.-à-dire une étoile qui ne descend jamais au-dessous de l'horizon, à ses deux passages au méridien, au-dessus et au-dessous du pôle. Il est clair que la bissectrice de ces deux directions est la direction du pôle. Il faut cependant corriger la lecture de la réfraction qui est plus forte au passage inférieur qu'au passage supérieur.

De là résulte un moyen facile de déterminer la l. Il suffit de mesurer la hauteur de l'étoile circumpolaire à ses deux passages, et de prendre la moyenne des deux observations. Ce procédé, qui exige des observations à douze heures d'intervalle, est assez peu précis ; mais il est le seul qu'on puisse employer quand on ne connaît rien qui puisse faciliter la mesure de la l. En fait, dans les observatoires, la l. a pu être déterminée avec une grande précision par une longue suite d'opérations qui constituent une série d'approximations successives, la connaissance approchée de la l. servant à faire de nouvelles observations qui permettent de corriger la valeur approchée déjà connue.

Dans la pratique, on obtient une valeur approchée de la l. en observant la hauteur de l'étoile polaire ; mais comme elle est à une distance du pôle d'environ 1°20′, l'approximation ne serait pas suffisante. On profite alors de ce que les lieux des principales étoiles sont donnés dans les catalogues. Ainsi, soient (Fig. 1) S une étoile au méridien, SP sa distance polaire prise dans le catalogue, par exemple, dans la *Connaissance des Temps*, et H′S sa hauteur observée ; alors H′S étant connue, SZ, sa distance au zénith est également connue ; or, nous connaissons aussi SP ; nous aurons donc SP — SZ = ZP, le complément de la l. Par un procédé semblable, on peut trouver la l. d'un lieu en observant la hauteur méridienne du soleil, de la lune ou d'une planète, quand on connaît les déclinaisons de ces corps à un instant quelconque. Mais quoique toutes ces méthodes soient également bonnes en théorie, elles ne sont pas toutes également praticables et les résultats qu'elles donnent ne sont pas tous également certains. Les méthodes les plus usitées pour déterminer la l. sont les suivantes.

Fig. 1.

1° La plus simple en pratique est celle qui consiste à observer la hauteur d'une étoile quand elle passe au méridien ou, ce qui revient au même, sa distance zénithale. En effet, on n'a besoin que d'une seule observation, et il n'y a pas d'autre correction à faire que celle de la réfraction. Mais lorsque c'est la hauteur du soleil ou d'une planète que l'on prend, il faut encore introduire des corrections pour le demi-diamètre du corps et pour la parallaxe. Pour connaître l'instant où un corps céleste est sur le méridien, il est nécessaire d'avoir une connaissance assez exacte du temps. Toutefois, comme la hauteur d'un astre, quand il est près du méridien, varie très lentement, une légère erreur relativement au temps n'affecte pas considérablement le résultat. En mer, comme il est difficile d'observer une étoile ou une planète, à cause du mouvement du bâtiment, les navigateurs choisissent le soleil et la lune. Supposons, par ex., que l'on choisisse le soleil. Comme il existe des tables qui donnent, pour chaque jour, à midi, la distance de cet astre au pôle ou à l'équateur, il suffit d'une simple addition pour parvenir à déterminer la hauteur du pôle, ou la l. du lieu où l'on se trouve. Comme il est impossible de déterminer la verticale à bord d'un navire par les méthodes ordinaires, on observe, à l'aide d'un instrument appelé *sextant*, le bord même de l'horizon visible, ce qui nécessite une correction nouvelle due à la dépression de l'horizon de la mer. Voy. HORIZON.

2° On peut encore trouver la l. en observant les plus grandes et les plus petites hauteurs du soleil dans le cours d'une année. La somme des hauteurs du soleil aux solstices d'été et d'hiver est égale à deux fois la hauteur de l'équateur, ou à deux fois le complément de la l. Mais cette méthode, exigeant des observations faites à un intervalle de six mois, est peu précise.

3° On peut déterminer la l. en observant la hauteur d'un astre hors du méridien, et cette méthode donne même des résultats plus certains qu'une seule observation méridienne, attendu qu'on peut faire plusieurs observations successivement. Soient, par exemple (Fig. 2), P le pôle, S le lieu de l'étoile ou de la planète, et SZ sa distance zénithale observée. Dans le triangle PSZ, la distance polaire de l'étoile PS est connue; SZ est donné par l'observation; l'angle ZPS est aussi donné, parce que le temps de l'observation est supposé exactement connu. Par conséquent, PZ, la *colatitude*, peut s'obtenir par la résolution d'un triangle sphérique.

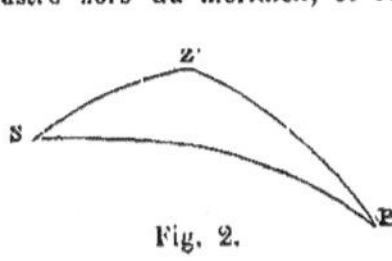

Fig. 2.

4° Nous terminerons en mentionnant le procédé qui a été proposé par Bessel, et qui consiste à observer les passages oriental et occidental d'une étoile par le premier vertical, c.-à-d. par le plan vertical qui fait des angles droits avec le méridien. Lorsqu'on ajuste un instrument des passages de telle sorte qu'il se meuve dans ce plan, et, par conséquent, ait son axe horizontal dans la direction du méridien, toutes les étoiles qui traversent le méridien entre le zénith et l'équateur entreront deux fois dans le champ du télescope. Or, soient $t$, le temps du passage oriental, $t'$ celui du passage occidental, $\delta$ la déclinaison de l'étoile, $\varphi$ la l., et P l'arc diurne correspondant au temps $\frac{1}{2}(t-t')$, la formule qui servira à déterminer la l., sera $\tang\varphi = \frac{\tang\delta}{\cos P}$. Cette méthode a plusieurs avantages. D'abord, les observations peuvent se faire avec un instrument portatif, qu'il est facile d'orienter au moyen des étoiles circumpolaires. En outre, une petite erreur dans l'ajustement de l'instrument ne produit pas d'erreur sensible dans le résultat, si les étoiles observées passent près du zénith. Enfin, quand on détermine des différences de l., les erreurs de déclinaison s'éliminent en observant les mêmes étoiles à toutes les stations. La méthode de Bessel est donc excellente pour les opérations géodésiques.

L'*Annuaire du Bureau des Longitudes* et *la Connaissance des Temps* publient les positions géographiques (latitudes et longitudes) d'un grand nombre de points de la surface terrestre.

3° *Variation des latitudes.* — Les latitudes d'un même lieu déterminées à des époques plus ou moins éloignées ne présentent pas un accord absolu. Les astronomes discutent encore sur la question de savoir si les petites différences observées sont exclusivement imputables aux erreurs inévitables d'observation, ou si les latitudes sont réellement variables. Dans ce dernier cas, c'est l'axe de la Terre qui se déplacerait peu à peu par rapport à la masse du globe. Il y aurait lieu alors de distinguer deux espèces de variations: 1° des variations périodiques tenant à ce que le pôle terrestre décrirait une petite courbe fermée autour d'une position moyenne; 2° des variations séculaires, c.-à-d. se poursuivant dans le même sens pendant une longue période de temps. Cet important problème est loin d'être résolu. En ce qui concerne les variations séculaires, elles sont fort improbables théoriquement, et, du reste, on ne possède pas d'observations depuis assez longtemps pour les mettre en évidence, car il est bien évident qu'il s'agit de variations très faibles. Quant aux variations périodiques, leur existence est presque certaine, et l'on peut admettre que le pôle de la Terre décrit autour d'une position moyenne une courbe à peu près circulaire de quelques mètres de rayon dans une période d'environ 400 jours.

II. *Latitudes célestes.* — La l. d'un astre est l'angle que fait le rayon vecteur de cet astre avec le plan de l'*écliptique*. Elle est boréale ou australe suivant que l'astre est au nord ou au sud de l'équateur. Les latitudes boréales étaient autrefois appelés *ascendantes*, et les latitudes australes *descendantes*. On distingue la l. *géocentrique* et la *l. héliocentrique*. Dans la première on considère le rayon vecteur qui joint *la Terre* à l'astre considéré, et dans l'autre le rayon qui joint le Soleil à l'*astre*. Par conséquent, la l. géocentrique se rapporte au lieu apparent de l'astre, et la l. héliocentrique au lieu où cet astre serait vu par un observateur situé au centre du Soleil. Les latitudes et les longitudes servent surtout dans la théorie des planètes. — On remarquera que la l. géocentrique du Soleil, et la l. héliocentrique de la Terre sont égales et de signes contraires, l'une étant australe, si l'autre est boréale et inversement. Si le mouvement de la Terre autour du Soleil se faisait rigoureusement suivant les lois de Képler, ces deux latitudes seraient rigoureusement nulles, puisque le centre de la Terre ne pourrait quitter le plan de l'écliptique: mais à cause des perturbations produites par l'attraction des autres planètes, il n'en est pas tout à fait ainsi, et la l. du Soleil ou celle de la Terre ont généralement une valeur différente de zéro, qui est du reste toujours très faible.

**LATITUDINAIRE.** s. m. (R. *latitude*). T. Théol. Celui qui se donne trop de liberté dans les principes de religion, ou qui en parle trop librement. *Les latitudinaires*, Membres d'une secte qui croyait que tous les hommes seront sauvés. = LATITUDINAIRE, adj. 2 g. *Principes latitudinaires*. — On dit aussi *latitudinarien* et *latitudinariste*.

**LATITUDINARIEN.** s. m. [Pr. ...*nari-in*]. Voy. LATITUDINAIRE.

**LATITUDINARISME.** s. m. Opinion des Latitudinaires.

**LATITUDINARISTE.** s. m. Voy. LATITUDINAIRE.

**LATIUM.** anc. pays de l'Italie, au sud du Tibre et au nord de la Campanie. Voy. LATIN.

**LATOFAO.** Voy. LEUCOFAO.

**LATOMIE.** s. f. (lat. *latomiæ*; gr. λατομιά, m. s.). T. Antiq. Les Grecs et les Romains appelaient ainsi (λατομίαι, *lautumiæ*, *latomiæ*) les carrières à pierre; mais, comme ces excavations servaient ordinairement à renfermer les esclaves indociles et les prisonniers de guerre, on donnait, par analogie, le même nom à toutes les prisons qui étaient creusées dans le roc vif, au-dessous du sol. Les latomies les plus fameuses étaient celles de Syracuse. Elles avaient été ouvertes pour fournir les matériaux nécessaires à la construction de la ville, et se trouvaient dans une chaîne de collines appelées

les *Epipoles*, et situées en dehors de Syracuse, mais qui plus tard furent comprises dans son enceinte. Par suite de cette extension de la cité, les anciennes carrières cessèrent d'être exploitées. Denys l'Ancien y exécuta des travaux considérables qui en firent, suivant Cicéron, « une œuvre immense, prodigieuse », et le modèle des prisons d'Etat. Les latomies syracusaines existent encore aujourd'hui. (La Fig. ci-dessus représente l'une de leurs entrées.) La partie la plus célèbre de cette antique prison est connue sous les noms vulgaires de *grotte parlante* (grotte qui parle), et d'*Orecchio di Dionisio* (oreille de Denys). C'est une caverne haute de 19 mètres, large de 6 et longue de 58, dont la forme générale rappelle celle de l'oreille humaine. Les murs, qui sont taillés avec soin, se rapprochent en s'élevant et finissent par se joindre au sommet. Un morceau de papier qu'on déchire sous la voûte produit un bruit très considérable, et un coup de pistolet fait l'effet d'un coup de canon. Enfin, on remarque dans ses parois deux petites ouvertures où, suivant la tradition, Denys l'Ancien allait écouter les plaintes des prisonniers. — Il y avait à Rome une *Latomie*, ou prison taillée dans le roc; elle datait du règne de Servius Tullius, qui l'avait fait creuser sous le mont Capitolin. Elle forma plus tard l'étage souterrain (*carcer inferior*) de la prison publique. Elle existe encore aujourd'hui.

**LATONE**, mère d'Apollon et de Diane (Myth.).

**LATOUCHE** (De), romancier et poète fr. (1785-1851).

**LA TOUCHE-TRÉVILLE**, amiral fr. (1745-1804).

**LA TOUR**, peintre fr., célèbre par ses portraits au pastel (1704-1788).

**LATOUR-D'AUVERGNE**, ch.-l. de c. (Puy-de-Dôme), arr. d'Issoire; 2,100 hab.

**LA TOUR-D'AUVERGNE** (Henri de), duc de Bouillon, servit d'abord Henri IV, puis conspira contre lui (1555-1623); il fut le père du maréchal de Turenne.

**LA TOUR-D'AUVERGNE** (Th. **CORRET** de), surnommé le *premier grenadier de la République*, illustre par son courage militaire et ses vertus civiques, né en 1743; fut tué d'un coup de lance à Oberhausen (1800).

**LATOUR-DE-FRANCE**, ch.-l. de c. (Pyrénées-Orientales). arr. de Perpignan; 1,400 hab.

**LA TOUR-DU-PIN**, ch.-l. d'arr. (Isère), à 64 kilom. de Grenoble, sur la Bourbre, affluent du Rhône; 3,500 hab. Soieries. = Nom des hab. : Turripinois, oise.

**LA TOUR DU PIN** (Jean-Frédéric de), gentilhomme fr., né à Grenoble; membre de la Constituante (1727-1794).

**LA TOUR-MAUBOURG** (Comte de), général fr., servit avec éclat sous le 1er Empire et fut ministre de la guerre sous Louis XVIII (1766-1850).

**LATRAN** (Palais et église de Saint-Jean de), résidence des papes à Rome jusqu'en 1308, où se tinrent plusieurs conciles

**LATREILLE**, naturaliste fr., un des fondateurs de l'entomologie (1762-1833).

**LA TRÉMOILLE** ou **LA TRÉMOUILLE** (**GUI** de), conseiller de Charles VI; mort en 1398. = Son fils, Georges, favori et mauvais conseiller de Charles VII, fut l'ennemi de Jeanne d'Arc (1385-1446). = Louis de la Trémoille, petit-fils du précédent, se distingua dans les guerres d'Italie, fut vainqueur à Fornoue et tué à Pavie (1460-1525).

**LATREUTIQUE**. adj. 2 g. (gr. λατρεύω, j'adore). T. Théol. Se dit du sacrifice offert à Dieu pour reconnaître son souverain domaine sur toutes les créatures.

**LATRIE**. s. f. (lat. *latria*; gr. λατρία, m. s., de λατρεύω, j'adore). T. Théol. *Culte de l.*, Culte d'adoration qu'on rend à Dieu seul, par opposition au *culte de dulie*, qu'on rend aux saints et aux anges.

**LATRINES**. s. f. pl. (lat. *latrina*, m. s., de *lavatrina*, bain, de *lavare*, laver). Lieu où l'on satisfait les besoins naturels. *Allez aux latrines. Il y avait à Rome des latrines publiques.*

**LATTAGE**. s. m. [Pr. *la-ta-je*]. Action de placer des lattes.

**L'ATTAIGNANT** (L'Abbé de), poète fr., du genre léger, (1697-1779).

**LATTE**. s. f. [Pr. *la-te*] (all. *latte*, m. s.). Morceau de bois long et mince, fendu selon son fil, que l'on attache avec des clous sur les chevrons, pour porter la tuile, ou dans l'intérieur, sur les pans de charpente, pour recevoir l'enduit de plâtre des plafonds et des cloisons, ou que l'on ajuste ensemble pour faire des treillages. *L. de chêne. Un cent de lattes.* — *L. volige*, Celle qui sert à porter l'ardoise. *Lattes jointives*, Celles qu'on met aux pans de charpente pour recevoir et tenir un enduit de plâtre. *L. de sciage*, Celle qui est taillée à la scie. ‖ Par anal., Bande de fer plate, telle qu'elle arrive de la forge. — Palette avec laquelle le faïencier enlève la terre détrempée. — Grand sabre de cavalerie à lame droite. — Échelon soutenant la toile des ailes d'un moulin à vent.

**LATTER**. v. a. [Pr. *la-ter*]. Garnir de lattes. *Il ne reste plus qu'à l. le comble de la maison.* — Absol., *L. à lattes jointives. L. à claire-voie.* ‖ T. Mar. *L. des planches*, Les empiler en laissant du vide entre elles. = Latté, ée. part.

**LATTIS**. s. m. [Pr. *la-ti*]. Ouvrage de lattes. *Faire un lattis.*

**LATUDE** (Masers de), gentilhomme fr., né au château de Craisich (Hérault), mis à la Bastille en 1749, s'échappa, fut repris et n'obtint sa liberté qu'en 1784. A laissé d'intéressants mémoires.

**LAUBARDEMONT**, conseiller d'État sous Louis XIII, se fit l'instrument des vengeances de Richelieu, m. en 1653.

**LAUD**, archevêque de Cantorbéry, favori et premier ministre de Charles Ier, fut exécuté comme coupable de haute trahison (1753-1645).

**LAUDANINE**. s. f. (R. *laudanum*). T. Chim. Alcaloïde contenu dans l'extrait aqueux d'opium et répondant à la formule $C^{20}H^{25}AzO^{4}$. La l. cristallise en petits prismes groupés, insipides, fusibles à 166°, très solubles dans le benzène et le chloroforme. Avec les acides, elle forme des sels amers, cristallisables. L'action physiologique de son chlorhydrate est analogue à celle de la strychnine.

**LAUDANOSINE**. s. f. [Pr. *lodano-zine*] (R. *laudanum*). T. Chim. Alcaloïde cristallisable retiré de l'extrait aqueux d'opium. La l., qui a pour formule $C^{21}H^{27}AzO^{4}$, fond à 89°. Insoluble dans l'eau et dans les alcalis, elle se dissout en grande quantité dans l'alcool en donnant une solution dextrogyre, fortement alcaline. Elle se dissout aussi dans le chloroforme, le benzène, la ligroïne. Les sels qu'elle forme en s'unissant aux acides sont extrêmement amers.

**LAUDANUM**. s. m. [Pr. *lo-da-nome*] (anc. forme de *ladanum*, ou plutôt forme barbare du lat. *laudandum*, qui doit être loué). T. Pharm. Nom donné à des vins d'opium composés. Voy. Opium.

**LAUDATIF, IVE**. adj. (lat. *laudare*, louer). Qui loue; ne se dit que des écrits et des discours. *Discours l. Phrase laudative.*

**LAUDES**. s. f. pl. T. Liturg. Voy. Bréviaire.

**LAUDON**, feld-maréchal autrichien, plusieurs fois vainqueur de Frédéric II (1716-1790).

**LAUENBOURG**, ancien duché attribué au Danemark en 1815, et usurpé par la Prusse en 1864; 49,500 hab. Ville principale *Lauenbourg*, sur l'Elbe; 4,800 hab.

**LAUJON**, chansonnier et académicien fr. (1727-1811).

**LAUMONITE**. s. f. T. Minér. Voy. Zéolithe.

**LAUNAY** (Marquis de), dernier gouverneur de la Bastille, fut massacré par le peuple, le 14 juillet 1789.

**LAUNAY** (Mlle de). Voy. Staal (Mme de).

**LAURAC**, village de France, près de Castelnaudary (Aude), ancienne capitale du Lauraguais; 600 hab.

**LAURACÉES**. s. f. pl. (R. *Laurier*). T. Bot. Famille de plantes Dicotylédones de l'ordre des Dialypétales supérovariées polystémones.

*Caract. bot. :* Arbres souvent de grande taille, quelquefois arbrisseaux, souvent aromatiques, rarement des herbes, volubiles à droite, sans chlorophylle (*Cassytha*). Feuilles alternes, parfois opposées, entières ou très rarement lobées, et dépourvues de stipules, parfois rudimentaires (*Cassytha*). Inflorescence en capitule ou en ombelle. Fleurs hermaphrodites ou unisexuées par avortement avec monœcie (*Hernandia*) ou diœcie (*Litsea*). Calice et corolle formés chacun de 3 pièces, pétaloïdes ou sépaloïdes, mais semblables entre eux et concrescents en tube. Étamines 12 sur 4 verticilles de 3 dont l'interne se réduit à des staminodes et dont le troisième porte à la base deux renflements nectarifères; les *Hernandia* n'ont que 3 étamines. Anthères adnées, à 2 ou 4 loges, s'ouvrant de bas en haut par une valve persistante ; les anthères extérieures introrses, les intérieures extrorses, ou toutes introrses. Le pistil est formé d'un seul carpelle clos renfermant un seul ovule anatrope; style unique; stigmate obtus, 2- ou 3 lobé. Fruit bacciforme ou drupacé, nu ou enveloppé par la base accrescente du périanthe, souvent placé sur ou dans le sommet élargi des pédoncules floraux. Graine dépourvue d'albumen; embryon inverse; cotylédons larges, plano-convexes, peltés près de leur base; radicule très courte, supère; gemmule apparente.

Cette famille se compose de 24 genres et d'environ 900 espèces qui sont fort répandues dans les régions tropicales des deux hémisphères, où elles habitent surtout les contrées montagneuses et boisées. Quelques-unes s'avancent plus au nord: tel est le Laurier d'Apollon, qui se trouve à l'état sauvage dans l'Europe méridionale. On en connaît 150 espèces fossiles dans le crétacé et surtout dans le tertiaire, appartenant soit aux genres vivants, *Laurus*, *Persea*, *Cinnamomum*, etc., soit aux 2 genres éteints *Daphnogène* et *Daphnophyllum*.

Fig. 1.

Les genres de cette famille peuvent être groupés en trois tribus :

Tribu I. — *Laurées*. — Ovaire supère; plantes vertes (*Laurus*, *Litsea*, *Cryptocarya*, *Cinnamomum*, *Persea*, *Octea*, *Nectandra*) [Fig. 1. — 1. *Litsea Baueri*; 2. Fleur mâle; 3. Fl. femelle; 4. Étamine avec un renflement nectarifère à la base; 5. Anthère avec les valves recourbées; 6. Groupe de fruits; 7. Cotylédon avec la gemmule adhérente à sa face interne].

Toutes les plantes de cette tribu sont plus ou moins aromatiques et odorantes. Quelques-unes sont estimées pour leur bois, d'autres portent des fruits qui participent des qualités de la muscade; plusieurs donnent une huile fixe, aussi bien qu'une huile volatile, et produisent une quantité considérable de camphre. Les espèces les plus intéressantes sont celles du genre *Cannellier* (*Cinnamomum*), qui produisent l'écorce aromatique si connue sous le nom de *Cannelle*, particulièrement le *Cinn. zeylanicum*, qui donne la *Cannelle de Ceylan*, la *Cannelle de Java* et la *Cannelle de Cayenne*, et le *Cinn. cassia*, appelé aussi *Faux Cannellier*, qui fournit la *Cannelle de Chine* et la *Cannelle de Malabar*. Le *Cannellier culilawan* (*Cinn. culilawan*) produit l'*Écorce de culilawan*, qui a le goût des clous de girofle. Plusieurs autres espèces du genre *Cinnamomum* donnent des produits qui jouissent de propriétés également aromatiques et stimulantes: nous citerons le *Cinn. Malabathrum*, dont les feuilles desséchées jouissaient jadis d'une grande réputation sous le nom de *feuilles de Malabathrum*. Plusieurs Lauracées, autres que celles du genre Cannellier, donnent aussi une écorce qui s'emploie comme la véritable cannelle et qui se vend également sous ce nom. Ainsi, par ex., la *Cannelle de Santa-Fé* provient du *Nectandra cinnamomoides*, et la *Cannelle de l'île de France*, de l'*Oreodaphne cupularis*. La *Cannelle giroflée* est l'écorce du *Dicypellium caryophyllatum*. A ces végétaux il faut ajouter le *Sassafras du Brésil* (*Nectandra cymbarum*), le *Bois de rose* (*Licaria guianensis*), et le *Casca preciosa* des Portugais (*Mespilodaphne preciosa*). Parmi les fruits aromatiques fournis par certaines espèces, nous citerons les *Fèves pichurim* du commerce, appelées aussi *Muscades de Para*, qui ne sont autre chose que les cotylédons du *Nectandra pichury*, et ont le goût des muscades de qualité inférieure; le *Camara*, ou *Muscade d'Ackawai*, qui est produit par l'*Acrodiclidium camara*, et qui est regardé à la Guyane comme un remède des plus efficaces dans les coliques, la diarrhée et la dysenterie; les *Fèves de cujumary*, qui sont fournies par l'*Aydendron cujumary*; et les drupes, vulgairement appelées baies, du *Laurier franc* ou *Laurier d'Apollon* (*Laurus nobilis*). Les *Noix de Ravensara* sont l'amande des fruits de l'*Agathophyllum aromaticum*, et les *Muscades du Brésil* proviennent du *Cryptocarya moschata*. Les fruits du *Litsea Cubeba* sont souvent mélangés aux fruits du Cubèbe. Plusieurs espèces de Lauracées sont estimées comme fébrifuges : au premier rang se trouve le *Bibeeru* de la Guyane (*Nectandra Rodiæi*). L'écorce du *Carpodaphne densiflora* est brunâtre, tonique, et contient en abondance une matière extractive amère et un peu balsamique. Ses feuilles sont agréablement aromatiques et s'administrent en infusion théiforme dans les cas de spasmes intestinaux et d'éclampsie. Le *Sassafras officinal* (*Sassafras officinale*), bel arbre qui est fort commun aux États-Unis, est utile sous divers rapports. Son écorce, son bois et sa racine sont fort usités comme sudorifiques, dans les maladies syphilitiques, ainsi que dans les affections cutanées, goutteuses et rhumatismales. A la Louisiane, ses feuilles sont employées comme condiment; l'huile essentielle que contient son bois est recherchée par les parfumeurs; son écorce donne une teinture jaune solide; enfin, son bois sert encore à faire des meubles et divers ouvrages de tour. A Sumatra, on fait aussi usage, en médecine, de l'écorce et du bois d'une autre espèce du même genre, le *Sassafras parthenoxylon*, appelé vulgairement *Sass. oriental*. Le *Benjoin odorant* (*Lindera Benzoin*) jouit de propriétés analogues. Son écorce est très aromatique, tonique et stimulante, et s'administre dans les cas de fièvre intermittente. L'infusion des jeunes branches de cet arbrisseau passe pour anthelmintique. Ses baies, qui sont aromatiques, sont quelquefois employées en guise d'épices, et l'huile qu'elles contiennent s'administre comme stimulant. Cette espèce a été ainsi nommée, parce que jadis on croyait qu'elle fournissait le benjoin du commerce; mais on sait que cette substance provient d'un végétal de la famille des Styracées. Toutes les parties du *L. franc*, *L. d'Apollon*, ou *L. commun* (*Laurus nobilis*), renferment une huile essentielle abondante, surtout dans ses feuilles qu'elle rend aromatiques, et auxquelles elle donne des propriétés toniques et excitantes; aussi les emploie-t-on en bains, en injections, en lotions, pour fortifier les organes, en applications sur les tumeurs indolentes, etc. On les prend aussi à l'intérieur comme digestives et stomachiques. On en fait un emploi fréquent, comme condiment, dans l'assaisonnement des mets, d'où le nom de *L. sauce* qu'on donne vulgairement à cette espèce. Par distillation, ses feuilles donnent une huile essentielle âcre et chaude, dont on fait quelquefois usage en médecine, surtout à l'extérieur. Le péricarpe des baies du L. franc contient une huile volatile très odorante; leur graine renferme de son côté une huile grasse, et, par expression, on obtient des fruits tout entiers une huile formée en majeure partie de la dernière, qui est en consistance de beurre, d'une couleur verdâtre, d'une odeur forte, d'une saveur amère, appelée *Huile* ou *Beurre de Laurier*, que l'on emploie soit à l'extérieur comme résolutive, soit à l'intérieur en l'introduisant dans la composition de divers médicaments. Le fruit du *Tetranthera Roxburghii* donne aussi une matière grasse assez abondante. Le fruit du *Persea gratissima* (*Laurus Persea*), vulgairement appelé *Avocatier* aux Indes orientales, est désigné, à cause de sa forme, sous le nom de *Poire d'avocat*. Sous une sorte d'écorce mince, mais résistante, verte ou violette, il présente une pulpe abondante, d'une saveur particulière et à peu près butyreuse. Ce fruit est extrêmement estimé en Amérique; mais les Européens qui en mangent pour la première fois le trouvent fade, et sont obligés d'y ajouter du sucre ou de l'assaisonner avec du citron, etc. Le *Camphre* est une sécrétion commune à plusieurs espèces de Lauracées; il abonde surtout dans quelques espèces du genre *Cinnamomum*. Mais le *Camphre de la Chine* est le produit du *Camphrier* (*Camphora officinarum*, Nees; *Laurus camphora*, L.). D'autres Lauracées encore renferment une grande quantité d'huile volatile. Les baies de l'*Ajouvé* (*Ajovea*) de la Guyane contiennent une amande huileuse aromatique. En faisant une incision à l'écorce de l'*Oreodaphne opifera*, qui abonde dans les vastes forêts entre l'Orénoque et le Parima, il s'écoule aussitôt une quantité très considérable d'une huile essentielle limpide, qui a une couleur de vin tirant sur le jaune, une saveur aromatico-âcre, et l'odeur d'un mélange d'essence d'écorce d'orange et de romarin. Au Brésil, elle est fort usitée dans les rhumatismes articulaires chroniques et autres affections analogues. Au nombre des espèces dont on recherche le bois pour les constructions, nous citerons d'abord le *Bibeeru*, qui est remarquable par sa dureté et qui est fourni par le *Nectandra Rodiæi*. Le *Siraballi* de la même colonie est un bois odorant et

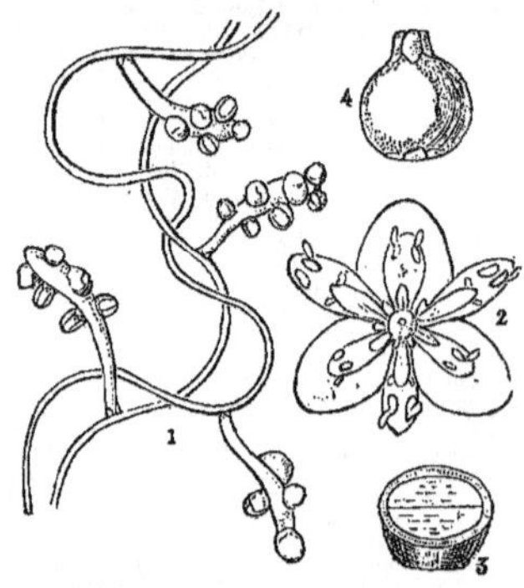


Fig. 2.

estimé, qui provient d'une espèce voisine du genre *Oreodaphne*. A Madère, le *Peyra indica* donne une espèce d'acajou grossier. Le *Bois doux* de la Jamaïque, qui est recherché pour sa dureté, sa durée et sa couleur jaune, appartient à l'*Oreodaphne exaltata*. Le *Licari bois de rose* (*Licaria guianensis*) est surtout estimé à cause de l'odeur de rose que répand son bois, et qui lui a valu son nom vulgaire. Le *Bois d'Anis* est fourni par le *Nectandra Cymbarum*. Le *Til* des Canaries, bien connu par son odeur atroce, provient d'une autre espèce, l'*Oreodaphne fœtens*.

TRIBU II. — *Cassythées*. — Ovaire supère; plantes sans chlorophylle, parasites (*Cassytha*). [Fig. 2. — 1. *Cassytha filiformis*; 2. Fleur; 3. Fruit; 4. Le même coupé transversalement]. Le *Cassytha filiformis* est employé en Cochinchine comme dépuratif et antisiphylitique.

TRIBU III. — *Hernandiées*. — Ovaire infère (*Hernandia*). Sans usage.

**LAURAGUAIS**, petit pays du Languedoc sur la limite des départements de l'Aude et du Tarn; eut pour capitale *Laurac*, près Castelnaudary.

**LAURAGUAIS** (Comte DE), écrivain grand seigneur, né à Versailles, renommé pour son esprit (1733-1824).

**LAURATE**. s. m. T. Chim. Nom générique des sels et des éthers de l'acide laurique.

**LAURE**. s. f. (gr. λαύρα, ruelle). Ensemble de cellules habitées par des anachorètes. *Les laures de la Thébaïde, du mont Athos. En Russie, on donne le nom de* sainte Laure *à quatre couvents très vénérés par les habitants.*

**LAURE DE NOVES**, femme célèbre par les vers de Pétrarque, naquit à Noves, près d'Avignon, épousa Hugues de Sade et mourut de la peste noire (1307-1348).

**LAURÉAT** adj. m. [Pr. *loré-a*] (lat. *laureatus*, couronné de laurier). Se dit des poètes qui ont été couronnés publiquement. *Pétrarque est un poète l.* — Dans quelques cours, *Poète l.*, est le titre attribué à un poète pensionné pour célébrer les événements remarquables. *Southey a été poète l. en Angleterre.* || Par ext., Celui qui a remporté un prix dans un concours académique. *Il a été l.* — Subst., *Un jeune l. Un l. de l'Institut.*

**LAURÉ, ÉE**. adj. T. Numism. Garni, orné de lauriers. *Tête laurée.*

**LAURÉES**. s. f. pl. (R. *laurier*). T. Bot. Tribu de plantes de la famille des *Lauracées*. Voy. ce mot.

**LAURELLE**. s. f. T. Bot. Nom vulgaire du *Nerium Oleander*, appelé aussi *Laurier-rose*. Voy. APOCYNÉES.

**LAURÈNE**. s. m. (R. *laurier*, et la term. *ène* qui désigne les carbures d'hydrogène). T. Chim. Hydrocarbure liquide, bouillant à 188°, qui prend naissance par l'action du chlorure de zinc sur le camphre. Oxydé par l'acide azotique étendu, il se convertit en acide lauroxylique. Selon Fittig, le l. aurait pour formule $C^{11}H^{16}$; mais, d'après les travaux les plus récents, il serait constitué par un mélange d'éthylxylènes.

**LAURÉOLE**. s. f. T. Bot. Nom vulgaire du *Daphne Laureola*. Voy. THYMÉLÉACÉES.

**LAURENT** (SAINT), martyr qui périt en 258, brûlé vif sur un gril. Fête le 10 août.

**LAURENT** (FR.), publiciste et jurisconsulte belge, né à Luxembourg (1810-1887).

**LAURENT-PICHAT** (LÉON), écrivain et homme politique fr., né à Paris (1823-1886).

**LAURIER**. s. m. (lat. *laurus*, m. s.). Genre de plantes Dicotylédones *Laurus*) de la famille des *Lauracées*. Voy. ce mot. *L'espèce type du genre est le* l. franc *ou* l. d'Apollon, *qui a pour fruit une petite drupe improprement appelée baie. On donnait des couronnes de l. aux vainqueurs, aux poètes.* || Fig., *Cueillir, moissonner des lauriers*, Remporter des victoires. *Être chargé de lauriers*, Avoir acquis beaucoup de gloire. *Flétrir ses lauriers*, Souiller sa gloire. *S'endormir sur ses lauriers*, Ne point poursuivre une carrière glorieusement commencée. *Se reposer sur ses lauriers*, Jouir d'un repos mérité par des succès éclatants. || Dans le langage vulgaire, on applique encore le nom de *Laurier* à divers arbres ou arbustes qui, par leurs feuilles, offrent quelque analogie avec lui. Tels sont les suivants: *L. alexandrin des Alpes*, le Streptope amplexicaule, LILIACÉES; *L.-amandier*, *L. aux crèmes*, le L.-cerise, ROSACÉES; *L. épineux*, nom vulgaire du Houx commun, ILICACÉES; *L. épurge*, le Daphné lauréole, THYMÉLÉACÉES; *L. d'Espagne*, le L.-cerise; *L. à jambon*, Nom vulgaire du L. franc; *L.-rose*. le Nerium Oleander, APOCYNÉES; *L.-rose des Alpes*, le Rhododendron ferrugineux, ÉRICACÉES; *L. de Saint-Antoine*, l'Épilobe à épis, ŒNOTHÉRACÉES; *L.-sauce*, Nom vulgaire du L. franc; *L.-tin*, le Viorne tin, CAPRIFOLIACÉES; *L.-tulipier*, le Magnolia à grandes fleurs, MAGNOLIACÉES.

**Hortic. et Chim.** Nous ne dirons rien du laurier ordinaire, dont il a été parlé à l'article LAURACÉES. — Le l.-cerise *Prunus laurocerasus*), fam. des Rosacées. Cet arbre, originaire de l'Asie Mineure, est cultivé dans les jardins pour des usages culinaires et médicaux. Il a été importé en Europe par Clusius, en 1576. Les feuilles, les fleurs et les amandes de cet arbuste ont une odeur d'acide cyanhydrique et une saveur amère semblable à celle des amandes amères. Toutes ces parties de la plante fournissent à la distillation une huile volatile vénéneuse, qui contient de l'acide cyanhydrique, dont les propriétés sont presque les mêmes que l'huile essentielle d'amandes amères et qu'on emploie aux mêmes usages. C'est la base des kirschs à bas prix. L'huile essentielle de l.-cerise détermine promptement la mort, même à faible dose.

Le l.-rose (*Nerium oleander* L.), fam. des Apocynées. Ce bel arbuste croît spontanément dans la partie méridionale de l'Europe. On le cultive plus au nord, en caisses, dans les jardins, pour la forme élégante de ses fleurs. C'est une plante très délétère, dont le principe toxique n'a pas été analysé; on sait seulement qu'il est soluble dans l'alcool et dans l'eau. Dans les environs de Nice, la poudre de l'écorce et du bois vert sert de mort-aux-rats. Les expériences d'Orfila ont prouvé que cette plante, même sous le climat parisien, est un poison très violent et dont l'action, analogue à celle des stupéfiants, se portait spécialement sur le cerveau.

**LAURIER** (Clément), avocat et homme politique fr. (1832-1878).

**LAURIÈRE**. s. f. Plant de lauriers.

**LAURIÈRE**, ch.-l. de c. (Haute-Vienne), arr. de Limoges; 1,400 hab.

**LAURIÈRE**, jurisconsulte, auteur de savants écrits sur les coutumes (1659-1728).

**LAURIFOLIÉ, ÉE**. adj. (lat. *laurus*, laurier; *folium*, feuille). T. Bot. Dont les feuilles ressemblent à celles du laurier.

**LAURINE**. s. f. (R. *laurier*). T. Chim. La *laurine* ou *trilaurine* est un éther glycérique de l'acide laurique; on la rencontre dans un assez grand nombre de matières grasses végétales, principalement dans celle des baies de laurier. Voy. Graisse. || On donne encore le nom de *Laurine* à une autre substance extraite des baies de laurier; celle-ci est cristallisable, neutre, insipide et inodore, insoluble dans l'eau et les alcalis, soluble dans l'alcool et dans l'éther.

**LAURIOT**. s. m. [Pr. *lô-rio*]. Petit baquet dans lequel les boulangers lavent l'écouvillon, après en avoir nettoyé le four.

**LAURIQUE**. adj. 2 g. (R. *laurier*). T. Chim. *L'acide laurique* ou *laurostéarique* est un acide gras monobasique dont la formule est $C^{12}H^{24}O^2$. Il existe à l'état de glycéride dans les baies de laurier, dans les fèves pécharines, dans le beurre de coco, etc., et en petite quantité dans le blanc de baleine. Pour le préparer, on saponifie la matière grasse des baies de laurier à l'aide de la potasse concentrée et bouillante, on décompose par l'acide chlorhydrique le savon obtenu, on recueille les acides gras et on les distille sous basse pression. L'acide l. se trouve dans les premières portions qui passent à la distillation. Il est insoluble dans l'eau, soluble dans l'alcool et dans l'éther. Cristallisé dans l'alcool, il se présente en petites aiguilles soyeuses, fusibles à 43°,5, bouillant à 220°, sous la pression de 100 millimètres. Les *laurates* qu'il forme en s'unissant aux bases sont peu solubles dans l'eau, plus solubles dans l'alcool. Parmi les éthers de l'acide l., le plus important est le glycéride appelé *laurine* ou *laurostéarine*, constitué par le trilaurate de glycéryle. Voy. Graisse.
Pour l'*aldéhyde l.* et l'*alcool l.*, Voy. Dodécylique.

**LAURISTON** (Marquis de), petit-fils de Law, né à Pondichéry (1768-1828), servit Napoléon Ier, et devint maréchal de France en 1823.

**LAURITE**. s. f. T. Minér. Sulfure de ruthénium et d'osmium en petits cristaux noirs octaédriques.

**LAURIUM**, auj. cap *Colonne*, promontoire de l'Attique. Territoire au voisinage de ce cap; mines d'argent et de zinc.
Dans cette région du Laurium, on a retrouvé à *Thorikos* une ville entière ensevelie, on ne sait à quelle époque, sous un éboulement dont l'histoire n'a pas gardé le souvenir.

**LAUROCÉRASINE**. s. f. [Pr. *loro-séra-zine*] (lat. *laurus*, laurier; *cerasus*, cerisier). T. Chim. Nom donné à l'amygdaline extraite des feuilles du laurier-cerise.

**LAURONE**. s. f. (R. *laurier*, et la termin. *one* des cétones). T. Chim. Cétone qui a pour formule $(C^{11}H^{23})^2CO$ et qu'on obtient en distillant le laurate de baryum avec de la chaux. La l. cristallise en paillettes brillantes, fusibles à 69°, solubles dans l'alcool.

**LAUROSTÉARIQUE**. adj. 2 g. (R. *laurier*, et *stéarique*). T. Chim. Syn. de *Laurique*.

**LAUROSTÉARONE**. s. f. (R. *laurier*, et *stéarone*). T. Chim. Syn. de *Laurone*.

**LAUROXYLIQUE**. adj. 2 g. [Pr. *loro-ksilike*] (R. *laurier*, et *oxygène*). T. Chim. *L'acide l.*, qu'on obtient en oxydant le laurène par l'acide azotique étendu, est un acide diméthylbenzoïque répondant à la formule $C^6H^3(CH^3)^2CO^2H$. Presque insoluble dans l'eau, il se dissout facilement dans l'alcool. Par évaporation de la solution, il se dépose en mamelons durs, fusibles à 155°.

**LAURYLE**. s. m. (R. *laurier*, et le suff. *yle*, du gr. ὕλη, matière). T. Chim. Radical univalent ayant pour formule $C^{12}H^{25}$, renfermé dans le dodécane et dans ses dérivés mono-substitués.

**LAURYLÈNE**. s. m. (R. *lauryle*, et la termin. *ène* des carbures d'hydrogène). T. Chim. Nom donné à un dodécylène liquide, bouillant à 213°, trouvé dans l'huile minérale de Rangoon et dans les produits de distillation d'un savon préparé avec l'huile de poisson.

**LAUSANNE**, cap. du c. de Vaud (Suisse), à 500 mètres du lac de Genève, dans un site admirable; 33,300 hab. A ses pieds, sur les bords du lac, est le port Saint-Ouchy. = Nom des hab.: Lausannois, oise.

**LAUTER (LA)**, riv. de la Bavière rhénane, affl. du Rhin; 70 kil.

**LAUTERBOURG**, anc. ch.-l. de c. (Bas-Rhin), arrond. de Wissembourg, cédé à l'Allemagne en 1871; 1,700 hab.

**LAUTREC**, ch.-l. de c. (Tarn), arr. de Castres; 2,750 hab.

**LAUTREC** (Vicomte de), seigneur fr., se distingua dans les guerres d'Italie sous Louis XII et François Ier, fut vaincu à la Bicoque, mourut en assiégeant Naples (1528).

**LAUVINE**. s. f. Sorte d'*avalanche*. Voy. ce mot.

**LAUZERTE**, ch.-l. de c. (Tarn-et-Garonne), arr. de Moissac; 2,400 hab.

**LAUZUN**, ch.-l. de c. (Lot-et-Garonne), arr. de Marmande; 1,200 hab.

**LAUZUN** (Duc de), seigneur de la cour de Louis XIV (1632-1722), fut disgracié et passa dix ans en prison, puis épousa secrètement Mlle de Montpensier.

**LAVABLE**. adj. 2 g. Qui peut être lavé.

**LAVABO**. s. m. (lat. *lavabo*, je laverai). T. Liturg. La prière que le prêtre dit en lavant ses doigts pendant la messe et commençant par ces mots : *Lavabo inter innocentes manus meas. Dire le l. La messe en est au l.* — Par ext., Canon placé à la droite de l'autel qui contient cette prière. Le linge dont le prêtre qui dit la messe se sert pour essuyer ses doigts. || Dans le langage ordinaire, Meuble de toilette, qui est garni de tous les ustensiles nécessaires pour se laver.

**LAVAGE**. s. m. Action de laver. *Le l. des vitres. Le l. des laines*, Pour les débarrasser des matières grasses. — — Fig. et fam., se dit de l'action de boire une grande quantité d'eau ou de quelque breuvage aqueux. *Vous vous trouverez mal de tout ce l.* || Se dit plus ordinairement des aliments et des breuvages où l'on a mêlé plus d'eau qu'il ne fallait. *Cette soupe n'est qu'un mauvais l. Vous avez mis trop d'eau dans ce vin, ce n'est que du l.* || T. Méd. *Émétique en l.*, Voy. Purgatif. *L. de l'estomac*. Voy. plus bas. || T. Métall. Opération qui consiste à traiter un minerai avec de l'eau pour séparer les parties propres à être fondues d'avec les parties terreuses et pierreuses.
**Méd.** — *L. de l'estomac.* — Cette opération consiste à introduire dans cet organe et à en faire sortir peu de temps après une assez grande quantité d'eau pure ou chargée de substances actives, émollientes, antiseptiques, etc. Pour pratiquer l'opération, on fait avaler au patient un long tube de caoutchouc dont l'une des extrémités pénètre dans l'estomac, tandis que l'autre, maintenue au-dessus de la bouche, est terminée par un entonnoir par lequel on verse le liquide. Pour vider l'estomac, il suffit d'abaisser l'extrémité libre du tube au-dessous de l'organe; le liquide s'écoule par le siphon ainsi formé.

**LAVAGNON**. s. m. T. Zool. Nom vulgaire d'une espèce de *Mollusque Lamellibranche*. Voy. Enfermés. — On dit aussi *Lavignon*.

**LAVAL**, ch.-l. du dép. de la Mayenne, à 301 kil. de Paris, sur la Mayenne; 30,400 hab. Évêché. Patrie d'Ambroise Paré. = Nom des hab. : Lavallais, aise.

**LA VALETTE** (Parisot de), grand maître de Malte, repoussa vigoureusement une attaque des Turcs (1494-1568).

**LA VALETTE** (Cardinal DE), archevêque de Toulouse, très dévoué à Richelieu (1593-1639).

**LA VALETTE** (Comte DE), directeur général des postes, fut condamné à mort pour son rôle pendant les Cent-Jours; mais il s'évada de prison, grâce au dévouement de sa femme (1769-1830).

**LAVALLÉE** (THÉOPHILE), géographe et historien fr., né à Paris; auteur d'une *Histoire des Français* (1804-1867).

**LAVALLIÈRE.** s. f. [Pr. *lavali-ère*]. Couleur de certaines reliures; c'est un brun clair, à peu près feuille-morte. || T. Comm. Cravate d'homme ou de femme.

**LA VALLIÈRE** (LOUISE, duchesse DE), demoiselle d'honneur de Madame Henriette, duchesse d'Orléans, belle-sœur de Louis XIV, devint la maîtresse du roi à l'âge de dix-sept ans, et renonça plus tard au monde pour s'enfermer dans le couvent des Carmélites (1644-1710).

**LAVANCHE** ou **LAVANGE.** s. f. Syn. d'*Avalanche*. Voy. ce mot. || Éboulement de terre plus ou moins considérable dans les montagnes.

**LAVANDE.** s. f. (ital. *lavanda*, action de laver, du lat. *lavare*, laver). T. Bot. Genre de plantes Dicotylédones (*Lavandula*) de la famille des *Labiées*. Voy. ce mot.

**Hortic.** — La Lavande en épis (*Lavandula spica* L.) croît spontanément dans les lieux secs et pierreux du midi de la France. En Angleterre et principalement à Micham, comté de Sussex, la culture de cette plante est d'une très grande importance. Son odeur est forte, pénétrante et agréable; sa saveur chaude et un peu amère. On en retire une huile volatile connue dans le commerce sous le nom d'*huile* ou *essence d'aspic* ou de *spic*, employée fréquemment en médecine vétérinaire. Cette huile est jaunâtre, âcre, aromatique et contient beaucoup de camphre. — La L. officinale (*L. vera* de Candole, et la *L. stœchas* L.) renferment les mêmes principes stimulants, toniques et résolutifs.

**LAVANDIER.** s. m. (lat. *lavandaria*, buanderie, de *lavare*, laver). Officier du roi qui veille au blanchissage du linge.

**LAVANDIÈRE.** s. f. (lat. *lavandaria*, buanderie, de *lavare*, laver). Femme qui lave le linge. Peu us.

> Et je lui dis : ô lavandière,
> Blanchisseuse étant familier.
> V. HUGO.

|| Appareil pour le blanchissage du linge. || T. Ornith. Genre de *Passereaux*. Voy. HOCHE-QUEUE.

**LAVANDOL.** s. m. (R. *Lavande*). T. Chim. Syn. de GÉRANIOL.

**LAVANDULANE.** s. f. (R. *Lavande*). T. Minér. Arséniate hydraté de cuivre, de cobalt et de nickel, d'un gris de lavande.

**LAVARDAC**, ch.-l. de c. (Lot-et-Garonne), arr. de Nérac, 2,500 hab.

**LAVARDIN**, maréchal de France (1551-1614).

**LAVARDIN** (Marquis DE), ambassadeur fr. à Rome, lors de la querelle de Louis XIV avec Innocent XI (1643-1701).

**LAVARET.** s. m. [Pr. *lava-rè*] T. Icht. Nom vulgaire d'une espèce de *Poisson osseux*. Voy. SALMONIDES

**LAVASSE.** s. f. [Pr. *lava-se*]. (R. *laver*, avec le suff. péjor. *asse*). Pluie qui tombe tout à coup avec impétuosité et qui coule à grands ruisseaux. Fam. et peu us. || Fam., on dit d'une soupe qui est insipide, d'un vin où il y a trop d'eau, *Ce n'est que de la lavasse.*

**LAVATER**, homme de lettres suisse (1741-1801), inventa la *Physiognomonie* ou l'art de présumer le caractère des hommes d'après la conformation de leur tête.

**LAVATÉRIEN, IENNE.** adj. [Pr. *lavatéri-in, iène*]. Qui est relatif au système de Lavater.

**LAVATOIRE.** s. m. (lat. *lavatorium*, m. s., de *lavare*, laver). T. Liturg. Pierre sur laquelle on lavait le corps des ecclésiastiques et des religieux après leur mort.

**LA VAUGUYON** (Duc DE), lieutenant-général fr., né à Tonneins (1705-1772). = Son fils fut diplomate et pair de France sous la Restauration (1747-1828).

**LAVAUR**, ch.-l. d'arr. (Tarn), à 50 kil. au S.-O. d'Albi; 7,000 hab.

**LAVE.** s. f. (ital. *lava*, m. s., qui, dans le dialecte de Naples, sign. *averse*, du lat. *lavare*, laver, l'averse d'eau ayant été transposée à l'averse de feu). La matière en fusion qui s'échappe des volcans pendant leur éruption, et qui forme comme des ruisseaux enflammés. *Le volcan vomissait des torrents de l.* || Cette même substance, lorsqu'elle s'est refroidie et solidifiée. *Dans les pays de volcans, on utilise les laves pour les constructions. Dallage en l. de Volvic. Bracelet en l. du Vésuve.* Voy. VOLCAN. || Fig., *Cet enfant a de la l. dans les veines.*

**LAVEAUX**, lexicographe fr. (1749-1827).

**LAVÉE.** s. f. T. Techn. Tas de laine que l'on vient de nettoyer à la rivière.

**LAVELANET**, ch.-l. de c. (Ariège), arr. de Foix; 3,000 hab.

**LAVE-MAIN.** s. m. Bassin où on se lave les mains. || Réservoir d'eau placé à l'entrée d'une sacristie ou d'un réfectoire. = Plur. *Des lave-mains*.

**LAVEMENT.** s. m. [Pr. *lave-man*] (lat. *lavare*, laver) Action de laver. Ce mot ne s'emploie qu'en termes de Liturgie et de Médecine.

**Liturg.** — Dans le premier sens, il s'emploie dans les locutions : *L. des mains, l. des pieds, l. des autels.* Le *l. des pieds* était, chez les peuples de l'Orient, et notamment chez les Juifs, l'un des premiers devoirs de l'hospitalité : dès qu'un étranger, arrivait, on s'empressait de lui laver les pieds pour les débarrasser de la poussière qui les souillait. Conformément à cet usage, J.-C. voulut, le jour de la Cène, laver les pieds à ses apôtres. Le l. des pieds qui a lieu à l'église le jeudi saint, est en commémoration de cet acte de la sainte Cène. C'est également pour imiter l'humilité du Sauveur que le jeudi saint, sous l'ancienne monarchie, le roi lavait les pieds à 12 jeunes garçons ou à 12 pauvres.

**Thérap** — Le l. consiste dans l'introduction, par la voie recto-colique, d'un liquide susceptible de remplir un but hygiénique ou thérapeutique. Son emploi remonte aux premiers temps de l'ère médicale, et l'abus qu'on en a fait aux XVIIe et XVIIIe siècles est resté célèbre. Les l. sont très variés : les uns, ayant l'eau pour véhicule, sont dits simples; d'autres, préparés avec divers agents thérapeutiques, sont dits médicamenteux; enfin, ceux qui contiennent des substances alimentaires sont dits nutritifs. — Quand un l. est introduit dans l'intestin, il détermine deux actes successifs, un effet local et un effet d'absorption. Localement, le liquide en rapport avec la muqueuse intestinale agit par contact, par sa température et par son pouvoir diluant; il excite les contractions de la musculeuse, et serait immédiatement rendu si la volonté n'agissait pas pour les modérer. D'autre part, l'absorption se produit, car le gros intestin possède un pouvoir absorbant quelquefois très énergique; ce pouvoir est, il est vrai, variable avec l'état de santé et avec l'âge, enfin avec la nature du médicament; tandis que le curare, introduit par la voie buccale, ne donne lieu à aucun accident, administré par le rectum il amène rapidement des phénomènes d'intoxication.—Au point de vue thérapeutique, l'action des lavements varie suivant leur composition. Les lavements simples ont pour but de favoriser l'expulsion des matières fécales accumulées; le plus souvent employés à titre purement hygiénique, ils constituent parfois de véritables agents thérapeutiques; leur influence est due alors à la quantité et à la température de l'eau. Les grands lavements ont été employés dans bien des maladies, mais il n'en est pas où ils aient été préconisés à plus juste titre que dans l'occlusion intestinale, et à cet égard il importe de savoir à quel niveau pénètrent les liquides dans l'intestin. De nombreuses expériences et discussions, il résulte que le reflux des liquides du gros intestin dans l'intestin grêle au delà de la valvule iléo-cæcale n'est pas un fait constant, mais sa possibilité, même sa fréquence est un fait acquis. — Les lavements médicamenteux sont dits simples quand ils sont préparés avec une seule substance, et composés lorsqu'il en entre plusieurs dans leur constitution. Quand l'état morbide des voies supérieures, la répugnance des malades ou leur âge contre-indiquent l'administration des médicaments, ou lorsque leur action doit s'exercer plus spécialement sur l'intestin, l'emploi des lavements est une ressource importante. Presque tous les médicaments solubles de la matière médicale peuvent être ainsi injectés, et les modalités thérapeutiques qu'ils déterminent servent de base à la classification des lavements : lavements émollients, irritants, purgatifs, astringents, sédatifs, toniques, anthelminthiques, etc. — Les lavements nutritifs employés dès les premiers temps de la médecine, puis oubliés, sont aujourd'hui d'un emploi courant, toutes les fois qu'une maladie met obstacle à l'introduction des aliments par la voie normale : maladies du pharynx, de l'œsophage, de l'estomac, vomissements incoercibles, aliénés qui refusent toute nourriture. On les prépare avec du bouillon, du lait, du vin, des décoctions de pain, des émulsions de jaune d'œuf, etc. Ces lavements doivent être administrés à la température du corps, pour assurer leur conservation et leur absorption ; avant d'y avoir recours, il est nécessaire de pratiquer une injection aqueuse évacuatrice.

Les lavements ayant presque toujours l'eau pour véhicule sont toujours préparés de diverses manières suivant le degré de solubilité des substances qui en font la base : tantôt ce sont des mélanges, tantôt des infusions, des décoctions, des émulsions, etc. — Un grand nombre d'instruments ont été employés pour pratiquer les injections intestinales : tubes adaptés à une vessie, *seringues*, *clysoirs*, *clysopompes*, *injecteurs*, surtout l'*irrigateur* Eguisier. Voy ces mots. Les lavements sont divisés en entier, demi, tiers et quart ; les entiers contiennent 500 gr., les fractions sont surtout employées pour la conservation totale. Quand l'introduction de la canule est gênée par un obstacle quelconque à l'orifice on fait pénétrer une sonde flexible en gomme à laquelle on adapte la canule. — On emploie aussi, pour faciliter l'évacuation intestinale, des lavements d'eau gazeuse. Un siphon d'eau de seltz et un tube de caoutchouc muni d'une canule suffisent à l'opération.

**LAVENTIE**, ch.-l. de c. (Pas-de-Calais), arr. de Béthune ; 4,000 hab.

**LAVER**. v. a. (lat. *lavare*, m. s.). Nettoyer avec de l'eau ou tout autre liquide. *L. du linge. L. la lessive. L. la vaisselle. L. les vitres. L. une plaie. Se laver le visage, les mains*, etc. *La pluie a lavé les rues.* — Absol., *Donner à l. à quelqu'un*, Lui présenter ce qui est nécessaire pour se l. les mains. *Pierre à l.*, Syn. d'*Évier*. || Fig. et fam., *L. la tête à quelqu'un*, Lui faire une sévère réprimande. — *A l. la tête d'un âne, on perd sa lessive*. Voy. Ane. — *Je m'en lave les mains*, Je n'ai pris ou je ne veux prendre aucune part dans cette affaire ; je n'en suis donc pas responsable. || Fig., au sens moral, *L. quelqu'un d'une tache*, Justifier quelqu'un d'une imputation qui flétrissait son honneur, qui ternissait sa réputation. *C'est une tache dont il ne se lavera jamais.* On dit aussi, *L. une tache.* — *L. ses péchés avec ses larmes*, Pleurer ses péchés. *L. son injure dans le sang.* Voy. Sang. || On dit quelquefois qu'*Un fleuve lave les murs d'une ville*, Pour faire entendre qu'il passe au pied de ses murs, qu'il les baigne. || T. Techn. *Laver un livre*, Tremper dans une eau chargée d'acide chlorhydrique les feuilles tachées, pour en ôter les taches. — *L. du papier*, Le tremper dans une eau chargée d'alun, pour lui donner plus de consistance et l'empêcher de boire. — *L. les laines*, Les débarrasser des matières grasses. — *L. le minerai*, En séparer les parties terreuses. — *L. les cendres*, Pour en séparer les parcelles d'or et d'argent qui y sont tombées dans les fonderies de ces métaux. — *L. une pièce de bois de sciage*, En rendre les arêtes nettes, en faisant disparaître les traits de scie. || T. Dessinateur. *L. un dessin, un plan*, Colorier un dessin, etc., en étendant sur ses différentes parties une ou plusieurs teintes d'encre de Chine, de bistre ou d'autre couleur délayée dans de l'eau de gomme. = se Laver. v. pron. Se nettoyer avec de l'eau. *Il vient de se l.* || Fig., *Se l. d'un crime*, S'en justifier. = Lavé, ée, part. || Adjectiv., *Couleur lavée*, Couleur faible et peu chargée. — *Cheval bai lavé*, Cheval de poil bai clair.

**LAVERGNE** (Léonce de), économiste fr., (1809-1880).

**LAVERIE**. s. f. T. Techn. Lieu où l'on lave le minerai, etc.

**LAVETON**. s. m. (Pour *leveton*, dérivé de *lever*). T. Techn. Grosse bourre qui sort des draps au foulage.

**LAVETTE**. s. f. [Pr. *lavè-te*]. (R. *laver*). Morceau de linge dont on se sert pour laver la vaisselle.

**LAVEUR, EUSE**. s. Celui, celle qui lave. *Une laveuse de lessive. Une lav. de cendres*, Ouvrier qui lave les terres pour recueillir les parcelles de métal. = Laveuse. s. f. Machine à laver et à dégraisser la laine ; machine affectée à la préparation des matières minérales ; appareil destiné au blanchiment des chiffons, etc.

**LA VIEUVILLE** (Marquis de), surintendant des finances sous Louis XIII, ministre pendant la régence d'Anne d'Autriche (1582-1653).

**LAVIGERIE**, cardinal fr., primat d'Afrique (1825-1892).

**LAVIGNON**. s. m. T. Zool. Voy. Lavagnon.

**LAVINIE**, fille de Latinus, épousa Énée (Myth.).

**LAVINIUM**, v. de l'Italie anc., dont Énée était regardé comme le fondateur.

**LAVIQUE**. adj. 2 g. [Pr. *lavi-ke*]. Qui appartient à la lave. *Roches laviques.*

**LAVIS**. s. m. [Pr. *la-vi*] (R. *laver*) Dessin. Manière de colorier un dessin avec de l'encre de Chine, du bistre, ou quelque autre substance colorante délayée dans de l'eau de gomme. *L. à la sépia. Dessin au l.* ou *fait au l.* || Par ext., Dessin ainsi obtenu. *Un l.*

**LAVIT-DE-LOMAGNE**, ch.-l. de c. (Tarn-et-Garonne), arr. de Castel-Sarrasin ; 1,500 hab.

**LAVOIR**. s. m. Lieu destiné à laver, et plus particulièrement, Réservoir d'eau où on lave le linge. *Construire un l. Il y a un beau l. public dans ce quartier.* || Dans les communautés et dans les sacristies, Lieu où on se lave les mains. || Piscine pour les ablutions chez les Mahométans, les Juifs, etc. || Dans les manufactures, se dit de certains appareils destinés à laver des substances qu'on y emploie. || Dans les mines, Canal d'eau courante où on lave le minerai. || Baguette garnie de linge pour nettoyer le canon d'un fusil.

**LAVOISIER**, chimiste fr., né en 1743, guillotiné en 1794, durant la Terreur. Il fut le créateur de la chimie moderne ; il proclama le principe de la conservation du poids dans les réactions chimiques, découvrit l'oxygène et la véritable nature de la combustion et ruina l'ancienne théorie du phlogistique, en montrant que les corps appelés *terres* sont des combinaisons de l'oxygène avec un métal. Pour subvenir aux frais de ses expériences, il avait sollicité et obtenu une charge de fermier général, et fut exécuté avec les autres fermiers généraux, qui étaient devenus odieux au peuple à cause des exactions dont plusieurs s'étaient rendus coupables Voy. Chimie.

**LAVOULTE**, ch.-l. de c. (Ardèche), arr. de Privas ; 3,100 hab.

**LAVROFFITE**. s. f. (R. *Lavroff*, n. d'homme). T. Minér. Variété de pyroxène colorée en vert par le vanadium.

**LAVURE**. s. f. Eau qui a servi à laver. *L. de vaisselle*, Eau qui a servi à laver la vaisselle. — Fam. et par exag., on dit d'un bouillon, d'un potage insipide, où il y a trop d'eau, *C'est de la l. de vaisselle.* || T. Relieur. Action de laver un livre avant de le relier. || T Orfèvr. Opération par laquelle on retire l'or ou l'argent des cendres, des terres auxquelles ils sont mêlés, ou des creusets dans lesquels on les fonds. — Par ext., se dit, au plur icl, des parcelles d'or ou d'argent qui proviennent de cette opération.

**LAW** [Pr. *Lâ*, *Lô* ou *Lass* ; cette dernière prononciation, que rien ne justifie, est cependant la plus usuelle]. Fameux financier écossais, établit à Paris, en 1716, une *Banque* qui aboutit, après de beaux résultats, à une banqueroute complète en 1720 ; mort en 1729.

**LAWN-TENNIS**. s. m. [Pr. *la-ounn-té-niss*] (mot angl., de *lawn*, pelouse, et *tennis*, paume). Sorte de jeu de paume qui se joue avec une balle lancée par des raquettes. Les joueurs sont répartis en deux camps, séparés par un filet vertical.

**LAWRENCE** (Thomas), célèbre peintre anglais, né à Bristol (1769-1830).

**LAWRENCE** (W.-B.), publiciste américain, né à New-York (1800-1881).

**LAWRENCE** (Henry-Montgomery), célèbre général anglais (1806-1857).

**LAWSONIA.** s. m. [Pr. *lô-sonia*] (R. *Lawson*, nom d'un botaniste angl.). T. Bot. Genre de plantes Dicotylédones de la famille des *Lythracées*. Voy. ce mot.

**LAXATIF, IVE.** adj. [Pr. *la-ksatif*] (lat. *laxativus*, m. s. de *laxare*, relâcher). T. Méd. Qui a la propriété de lâcher le ventre. *Remède l. Tisane laxative*. Voy. Purgatif.

**LAXIFLORE.** adj. 2 g. [Pr. *lak-si-flore*] (lat. *laxus*, lâche et *flos, floris*, fleurs). T. Bot. Dont les fleurs sont très écartées les unes des autres.

**LAXITÉ.** s. f. [Pr. *lak-sité*] (lat. *laxitas*, m. s., de *laxus*, lâche). État de ce qui est lâche ou relâché.

**LAY**, fleuve côtier de la Vendée qui se jette dans le pertuis breton, après un parcours de 105 kil.

**LAYA** (J.-Louis), auteur dramatique fr. (1761-1833).

**LAYBACH**, v. des États Autrichiens, cap. de la Carniole, sur le *Laybach*, affl. de droite de la Save; 26,300 hab.

**LAYER.** v. a. [Pr. *lè-ier*] (R. *laie*, chemin). T. Eaux et Forêts. *L. un bois, une forêt*, Y tracer une route. || Marquer les bois qui doivent être épargnés dans une coupe. || Dresser avec un marteau dentelé le parement d'une pierre. = Layé, ée, part. = Conj. Voy. Payer.

**LAYETIER.** s. m. [Pr. *lè-ie-tié*]. Celui qui fait et vend des layettes, des caisses de bois blanc, des coffres, etc.

**LAYETTE.** s. f. [Pr. *lè-iè-te*]. (Dimin. de *laie*, caisse). Petit coffret de bois mince et léger où l'on serre du linge, etc. Peu us. *Les layettes du Trésor des Chartes*, Coffres où étaient conservées certaines pièces d'archives. || Le linge, les langes, le maillot et tout ce qui est destiné à un enfant nouveau-né. *Préparer une layette.* || Touche mobile qui ferme les trous du bourdon d'une musette.

**LAYETTERIE.** s. f. [Pr. *lè-iè-terie*]. Fabrique, commerce du layetier.

**LAYEUR.** s. m. [Pr. *lè-ieur*] (R. *layer*). T. Eaux et Forêts. Celui qui trace des laies dans une forêt, ou qui marque le bois qu'on veut layer.

**LAYON.** s. m. [Pr. *lè-ion*] (R. *laie*). Petit chemin tracé dans une chasse gardée.

**LAYON.** s. m. [Pr. *lè-ion*] (R. l'*hayon*). T. Techn. Fermeture à charnières placée à l'arrière d'une voiture de déménagement, afin d'augmenter à volonté la capacité de la voiture.

**LAZAGNE.** s. f. Synon. de *Kagne*.

**LAZARE** (Saint), frère de Marthe et de Marie, ressuscité par Jésus, d'après les Évangiles.

**LAZARET.** s. m. [Pr. *lazo-rè*] (R. *Lazare*, nom propre). On appelle ainsi les lieux destinés, dans certains ports de mer, à séquestrer, pendant un temps plus ou moins long, les personnes qu'on suppose susceptibles de pouvoir communiquer une maladie contagieuse. Ces établissements sont nés au moyen âge, probablement à Venise, mais le premier qu'ait eu la France date de la fin du XVe siècle. Toutefois, comme la peste est la seule affection contre laquelle on croyait alors devoir se prémunir, le gouvernement français se contenta, pendant longtemps, d'en entretenir deux dans la Méditerranée pour les navires qui venaient du Levant. Aujourd'hui, nous en avons 6, dont 3 sur la Méditerranée, ceux de Toulon, Marseille et Ajaccio, et 3 sur l'Océan, ceux de Trompeloup dans la Gironde, de Mindin, à l'entrée de la Loire, et celui de Brest. Le règlement du 22 février 1876, modifié par celui du 11 mai 1885, détermine les conditions que doivent remplir les lazarets : il en règle le fonctionnement. Outre les lazarets permanents, l'autorité sanitaire a le droit d'en établir de temporaires sur les divers points du territoire, lorsque les circonstances l'exigent. Un médecin est attaché à chaque établissement pour donner des soins aux personnes qui y sont reçues. Les indigents sont nourris gratuitement au lazaret. Tout malade en traitement dans un de ces établissements a le droit de se faire soigner par un médecin de son choix. Une convention internationale, conclue à Venise le 30 janvier 1892, a réglé le régime quarantenaire applicable à l'Égypte.

La séquestration ainsi imposée par les règlements sanitaires se nomme *quarantaine*, parce qu'elle était anciennement de 40 jours au moins; mais aujourd'hui sa durée varie suivant les circonstances. La quarantaine est dite *d'observation*, quand on se borne à tenir, pendant un temps déterminé, le bâtiment à l'écart. Elle est dite *de rigueur*, lorsqu'on lui prescrit certaines mesures de purification et de désinfection. Elle entraîne, en outre, dans le cas de maladie contagieuse, le débarquement de certaines catégories de marchandises. Nous avons vu que la durée de la séquestration n'est pas toujours la même; elle varie, en effet, suivant la nature de la cargaison et l'état sanitaire du pays d'où elle vient. Ces deux circonstances sont constatées par un acte, appelé *patente de santé*, que le capitaine du bâtiment reçoit, au point de départ, du consul de sa nation, et qu'il est tenu de présenter aux autorités sanitaires du port d'arrivée, avant toute communication avec la terre. Cet acte est appelé *patente nette*, lorsqu'il atteste que le pays d'où vient le bâtiment n'est point affecté d'une maladie contagieuse; et *patente brute*, quand le navire vient d'un pays infecté, etc. Autrefois on distinguait encore une *patente suspecte*, qui était délivrée quand le bâtiment arrivait d'un pays où régnait une maladie soupçonnée d'être contagieuse. Au reste, la patente de santé n'est pas exigée indistinctement de toute espèce de navires; il existe à ce sujet des dispositions très diverses qu'on ne peut trouver que dans les règlements spéciaux. Enfin, on appelle *reconnaissance*, l'acte par lequel, quand un bâtiment arrive dans un port, on constate sa provenance et les conditions générales dans lesquelles il se présente. Si le pays d'où il vient est soumis à l'obligation de la patente de santé, on exige la production de cette patente, et l'on procède à une vérification complète de l'état sanitaire du navire, vérification qui se nomme *arraisonnement*. Enfin, on dit qu'un bâtiment est *en pratique* ou *en libre pratique* quand, après avoir accompli toutes les formalités sanitaires, il lui est permis de débarquer.

**LAZARISTES.** s. m. pl. T. Hist. rel. Voy. Mission.

**LAZARONE** ou **LAZZARONE.** s. m. [Pr. *ladzaro-né*]. (R. *Saint Lazare*, patron des lazaroni). Nom que l'on donne, à Naples, aux hommes de la dernière classe du peuple, dont la paresse, l'insouciance et la misère sont proverbiales. = Plur. *Des lazaroni.*

**LAZULI** et **LAZULITE.** s. m. (ar. *lazwerd*, ou *lazouverd*, m. s., qui a donné aussi *azur*). T. Minér. Voy. Lapis et Klaprothine.

**LAZURITE.** s. f. (R. *azur*). T. Minér. Hydrocarbonate de cuivre, en cristaux brillants ou en masses compactes ou terreuses d'un beau bleu.

**LAZZI.** s. m. [Pr. *la-zi*] (it. *lazzo*, m. s.). Action, mouvement, geste bouffon, dans la représentation des comédies. *Les comédies italiennes sont pleines de lazzi.* || Par extens., Mauvaises plaisanteries, bouffonneries faites ailleurs qu'au théâtre. *Il s'en est tiré par des lazzi.* Quelques-uns écrivent *Lazzis*, au pluriel.

**LAZZO.** s. m. Voy. Lasso.

**LE, LA, LES** (lat. *ille, illa, illi, illos*, etc., il, elle, eux, etc.). *Articles.* Voy. Article.

**LE, LA, LES** (lat. *ille, illa, illi, illos*, etc., il, elle, eux, etc.). pronom.

**Obs. gram.** — *Le, La, Les*, font la fonction de pronoms quand ils accompagnent un verbe : ils remplacent alors un substantif déjà exprimé, et se disent soit des personnes, soit des choses. C'est ainsi qu'on dit : *Voilà un bon livre, je vous engage à le lire. Dès que ma sœur sera arrivée, j'irai la voir. J'ai reçu mille francs hier, je les ai dé-*

*pensés. Le livre que vous cherchez, le voici.* Ces pronoms sont toujours régime direct et se placent ordinairement avant le verbe qui les régit. Lorsqu'il se trouve être régi à la fois par plusieurs verbes, on doit répéter le pronom devant chaque verbe : *L'idée de ses malheurs le poursuit, le tourmente et l'accable.* Cependant la répétition n'a pas lieu lorsque le verbe exprime la répétition de la même action : *Je vous le dis et redis. Il le fait, défait et refait sans cesse;* à moins qu'il n'y ait changement de temps dans les verbes répétés : *Je le crois et le croirai jusqu'à ce qu'on m'ait prouvé le contraire.* — Lorsque plusieurs pronoms accompagnent un verbe, *me, te, se, nous, vous,* doivent être placés les premiers; *le, la, les,* se placent ensuite; *lui, leur, en, y,* sont toujours les derniers : *Nous l'en avons prié; informe-l-en; donne-le-lui; remets-le-moi; Quand vous aurez des nouvelles, faites-les-moi savoir.* — *Le* tient quelquefois la place soit d'un adjectif, soit d'un verbe, ou plutôt d'une proposition ; alors il signifie *cela*, et il est invariable. *Cette femme est belle et elle le sera longtemps. Nous devons défendre l'intérêt de nos parents quand nous le pouvons sans injustice.* Si *Le* tient la place d'un substantif, il doit en prendre le genre et le nombre; mais s'il tient la place d'un adjectif ou d'un substantif pris adjectivement, il ne doit prendre ni genre ni nombre, parce que les adjectifs n'en ont pas eux-mêmes. *Êtes-vous la mère de cet enfant? Oui, je la suis. Êtes-vous les marchands dont on m'a parlé? Oui, nous les sommes. Êtes-vous mère? Oui, je le suis. Êtes-vous chasseurs? Oui nous le sommes. Je vous étais indifférente, je vois bien que je vous le suis encore.* — *Le* sert à former le superlatif avec *plus, moins,* etc. Dans ce cas, l'accord prête à des difficultés. *Le* devant *plus, moins, mieux,* ne prend ni genre, ni nombre, quand, avec un adverbe, il forme un superlatif adverbe : *C'est la chose que j'aime le plus; ce sont les biens que je désire le moins.* *Le* ne change point, même quand ces adverbes de quantité sont suivis d'un adjectif, si, à proprement parler, ils n'indiquent pas de comparaison. *Nous ne pleurons pas toujours lorsque nous sommes le plus affligés.* Mais on dira : *La femme qui pleure moins que les autres, n'est pas la moins affligée,* parce que cette phrase indique clairement une comparaison. On dira : *Les arbres les plus hauts sont les plus exposés à la tempête,* et : *On a abattu les arbres le plus exposés à la tempête,* parce que la comparaison est manifeste dans le premier cas, et reste indéterminée dans le second. — Toutes les fois que *Le, la,* sont devant un verbe qui commence par une voyelle, ils s'élident dans l'écriture et dans la prononciation. *Je la vis, je l'aimai; je l'appelai.* Mais lorsque *Le* est après le verbe, il ne s'élide point devant une voyelle en s'écrivant, il ne s'élide que dans la prononciation. Ainsi, *Voyez-le à son retour,* se prononce. *Voyez l'à son retour.* Dans le même cas, *La* ne souffre pas d'élision. *Ramenez-la auprès de nous.*

**LÉ.** s. m. (lat. *latus*, côté). Largeur d'une étoffe entre les deux lisières. *Un lé de velours, de toile,* etc. *Cette robe a cinq lés de tour. Demi-lé.* La moitié de la largeur d'un lé. *C'est assez d'un demi-lé pour cela.* || Largeur d'un chemin de halage.

**LEADER.** s. m. [Pr. *li-deur*]. Mot angl. (*to lead*, diriger, conduire) qui signifie le chef et le principal orateur d'un parti politique à la Chambre des Communes.

**LÉADHILLITE.** s. f. (R. *Leadhills*, Écosse). T. Minér. Sulfocarbonate de plomb en cristaux blancs orthorhombiques.

**LÉANDRE,** jeune homme qui se noya dans l'Hellespont en voulant rejoindre Héro (Mythol.).

**LEBAILLY,** fabuliste fr. (1756-1832).

**LEBAS,** célèbre graveur, né à Paris (1707-1783).

**LE BAS** (JOSEPH), conventionnel, né à Frévent (Pas-de-Calais), ami de Robespierre; se tua d'un coup de pistolet (1765-1794). = PHILIPPE, fils du précédent, érudit fr., né à Paris (1794-1860).

**LE BAS** (HIPPOLYTE), architecte fr., né à Paris (1782-1867).

**LE BEAU,** historien fr., auteur d'une *Histoire du Bas-Empire* (1701-1778).

**LEBEL** (NICOLAS), officier fr., inventeur du fusil qui porte son nom (1838-1891).

**LEBER** (J.-M.-CONSTANT), historien fr. (1780-1859).

**LEBERKISE.** s. f. (all. *leber*, foie; *kies*, pyrite). T. Minér. Sulfure de fer, en cristaux orthorhombiques d'un brun de bronze.

**LE BEUF** (L'ABBÉ), érudit fr., auteur d'une *Histoire du diocèse de Paris* et de plusieurs autres travaux (1687-1760).

**LEBIAS.** s. m. (gr. λέβης, chaudron). T. Icht. Petit poisson qui habite la Sardaigne. Voy. CYPRINIDÉS.

**LÉBIE.** s. f. T. Entom. Genre d'*Insectes coléoptères*. Voy. CARABIQUES.

**LE BLANC,** v. de France. Voy. BLANC.

**LEBLANC** (NICOLAS), chimiste fr., né à Ivry-le-Près (Cher), inventeur de la soude artificielle (1753-1806).

**LE BLANC DE GUILLET,** écrivain fr. (1730-1799), auteur de la tragédie *Manco-Capac*, dans laquelle se trouve ce vers cacophonique remarquable :

Crois-tu de ce forfait Manco-Capac capable?

**LEBŒUF** (EDMOND), maréchal de France (1809-1888).

**LE BON** (JOSEPH), conventionnel, né à Arras en 1765, connu par ses cruautés, exécuté en 1795.

**LEBON** (PHILIPPE), ingénieur fr., inventeur de l'éclairage au gaz, né à Brachay (Haute-Marne) en 1767, mort à Paris en 1804.

**LE BRIGANT,** philologue fr., qui prétendait faire dériver toutes les langues du celtique (1720-1804).

**LEBRUN** (CHARLES), célèbre peintre fr., auteur des *Batailles d'Alexandre* qui sont au Louvre (1619-1690).

**LEBRUN** (ÉCOUCHARD), poète fr., auteur d'*Odes* et d'*Épigrammes* (1729-1807).

**LEBRUN** (CHARLES-FRANÇOIS), duc de Plaisance, fut désigné comme 3ᵉ consul par Bonaparte (1799), puis devint architrésorier de l'Empire (1739-1824).

**LEBRUN** (ÉLISABETH VIGÉE, Mᵐᵉ), peintre célèbre de portraits (1755-1842).

**LE CAMUS** (ÉTIENNE), évêque de Grenoble et cardinal (1632-1707).

**LECANIUM.** s. m. [Pr. ...*iome*...] (gr. λεκάνιον, cuvette). T. Entom. Nom donné à la Cochenille du chêne vert. Voy. COCHENILLE.

**LÉCANOMANCIE.** s. f. (g. λεκάνη, bassin; μαντεία, divination). Divination par le moyen d'un bassin plein d'eau. Voy. DIVINATION.

**LECANORA.** s. m. (gr. λεκάνη, bassin). T. Bot. Genre de Champignons de la famille des *Lichens*.

**LÉCANORIQUE.** adj. (R. *Lecanora*). T. Chim. *L'acide l.* ou *diorsellique* est un anhydride de l'acide orsellique et répond à la formule $C^{16}H^{14}O^7$. On le rencontre dans un grand nombre de lichens. Pour l'extraire on dessèche et l'on pulvérise ces plantes, on les épuise à l'éther, on évapore la solution, on reprend le résidu par un lait de chaux et on précipite par l'acide chlorhydrique. Purifié par cristallisation dans de l'alcool, l'acide l. se présente en aiguilles groupées, incolores, fusibles à 153°, peu solubles dans l'eau, solubles dans l'éther et dans l'alcool bouillant. L'acide l. est bibasique ; il se dissout dans l'eau de chaux et dans l'eau de baryte en formant des *lécanorates* de calcium et de baryum. Ces solutions se décomposent à l'ébullition en donnant de l'acide orsellique, qui se décompose ensuite en orcine et acide carbonique. La solution ammoniacale d'acide l. rougit rapidement à l'air par suite de sa transformation en orcéine.

**LE CARON** (Charondas), jurisconsulte fr. (1536-1617).

**LECCE**, v. de l'Italie méridionale (Terre d'Otrante); 26,000 h.

**LECCO**, v. d'Italie sur le Lecco, bras oriental du lac de Côme; 6,300 hab.

**LECH**, affluent du Danube, en Bavière; 285 kil.

**LÈCHE**. s. f. (haut-all., *lisca*, bruyère, roseau, qui a passé dans les langues romanes avec le sens de fétu, chose de rien). Tranche fort mince de quelque chose qui se mange. *Une l. de pain, de jambon. On ne lui en a donné qu'une l.*

**LÈCHEFRITE**. s. f. (R. *lèchefrite*, petite chose frite). Ustensile de cuisine, ordinairement de fer, qu'on met sous la broche pour recevoir la graisse et le jus de la viande que l'on fait rôtir. || T. Mar. Voile ou bonnette lacée entre le hunier et la vergue de fortune.

**LÉCHER**. v. a. (allem. *lecken*, m. s.). Passer la langue sur quelque ch se. *Il lèche la confiture sur son pain. L. un plat. Les chiens guérissent leurs plaies en les léchant. Suivant une croyance populaire, les ours lèchent leurs petits pour achever de les former. Quand un chat a mangé quelque chose, il s'en lèche les barbes.* — Popul., on dit d'un homme qui n'aura point une chose qu'il voudrait bien avoir : *Il n'a qu'à s'en l. les barbes.* || Fig. et fam., Finir un ouvrage avec un soin excessif, minutieux. *Ce peintre a le tort de trop l. ses ouvrages. Il lèche ses écrits au point de leur enlever tout nerf. Cet ouvrage est trop léché.* || Par exten. se dit des flammes qui ressemblent à des lampes de feu. *Les flammes léchaient les murs.* = se Lécher. v. pronom. *Ce chien est toujours à se l. Se l. les doigts*, Passer la langue sur ce qui est resté aux doigts lorsqu'ils ont touché une friandise. — Fig. *Il s'en est léché les doigts*, Il a trouvé cela friand. = À lèche-doigts. locution adverbiale et fam. Se dit en parlant des choses qui se mangent, et qui sont données en trop petite quantité. *Il nous a fait servir d'assez bonnes choses, mais il n'y en avait qu'à lèche-doigts.* = Léché, ée. part. || Fig. et fam., on dit d'un homme mal fait, difforme, ou d'un homme mal élevé, grossier. *C'est un ours mal léché.*

**LECIDEA**. s. m. (gr. λεκὶς, λεκίδος, écuelle). T. Bot. Genre de Champignons de la famille des *Lichens*. Voy. ce mot.

**LÉCITHINE**. s. f. (gr. λέκιθος, jaune d'œuf). T. Chim. Matière organique qui, sous l'action des alcalis aqueux, s'hydrate et se dédouble en choline ou névrine, en acide phosphoglycérique et en acides gras. Il existe plusieurs variétés de l. qui diffèrent par la nature de l'acide gras (oléique, stéarique, palmitique, etc.) qu'elles contiennent. Ce sont des substances blanches, d'aspect cireux, hygroscopiques, très solubles dans l'alcool à la température de 40° à 45°, moins solubles dans l'éther, le benzène et le chloroforme. Dans l'eau elles se gonflent et forment une sorte d'empois. Avec le chlorure de platine et avec le chlorure de cadmium elles forment des combinaisons insolubles ou peu solubles dans l'alcool.

On rencontre des l. dans la substance cérébrale, le jaune d'œuf, la laitance et les œufs de poissons, le suc de betterave et les graines d'un certain nombre de plantes. On extrait la l. du jaune d'œuf à l'aide de l'éther et de l'alcool, on précipite la solution alcoolique par le chlorure de platine ou le chlorure de cadmium, et l'on décompose le précipité par l'acide sulfhydrique.

**LECK**, bras du Rhin, se sépare du fleuve à Durstède, et se confond avec la Meuse au-dessus de Rotterdam; 65 kil.

**LECLERC** (Périnet), livra les clefs de Paris aux soldats de Jean-sans-Peur, 1481.

**LECLERC**, avocat et méchant poète (1622-1691).

**LECLERC** (Sébastien), graveur célèbre (1637-1714).

**LECLERC** (Jean), savant critique genevois, d'origine fr. (1657-1736).

**LECLERC** (Victor-Emmanuel), général fr. (1772-1802), épousa Pauline Bonaparte, fut chargé de l'expédition contre Saint-Domingue, et mourut de la fièvre jaune. Sa veuve épousa le prince Borghèse.

**LE CLERC** (Victor), érudit, doyen de la Faculté des lettres de Paris (1789-1866).

**LECLERCQ** (Théodore), auteur dramatique fr., connu par ses *Proverbes dramatiques* (1777-1851).

**LECLUSE** (Ch. de), savant botaniste fr. (1526-1609).

**LÉCOAT**, amiral fr., né en Bretagne (1765-1826).

**LECOINTRE** (de Versailles), révolutionnaire enthousiaste et conventionnel, né à Saint-Maixent en 1750, m. en exil en 1805.

**LEÇON**. s. f. [Pr. *le-son*] (lat. *lectio*, action de lire, de *lectum*, sup. de *legere*, lire). Instruction, enseignement que donne un maître à un auditoire. *L. de philosophie, de littérature, de droit, de médecine, de géométrie, de botanique, de chimie. L. d'arabe, de grec, de latin. Il a fait une savante l. Suivre les leçons publiques d'un professeur.* — Par ext., se dit en part de l'enseignement théorique et pratique d'une science, d'un art, d'un exercice. *Des leçons d'anatomie, de dessin, de danse, d'escrime, d'équitation. Donner des leçons d'écriture. Il prend des leçons de chant d'un excellent maître.* — Dans un sens particulier, se dit encore de ce que le professeur donne à l'élève pour l'apprendre par cœur. *Récitez votre l. Cet élève ne sait jamais ses leçons.* || Par analogie se dit des instructions, des conseils que l'on donne à une personne, soit pour sa propre conduite, soit pour traiter de quelque affaire. *Son ami lui avait donné de bonnes leçons, dont il a mal profité. Il met vos leçons en pratique. Je me passerai bien de vos leçons. Avant de le charger de traiter de cette affaire, je lui ai fait la l. Il a bien retenu sa l.*

> Cette leçon vaut bien un fromage, sans doute.
>
> La Fontaine.

— *Faire à quelqu'un sa l.*, Lui faire une réprimande. *Il m'a répondu, mais je lui ai bien fait sa l.* On dit dans le même sens, *Donner une l., une bonne l. à quelqu'un.* || Fig., se dit aussi en parl. des choses. *Les leçons de l'expérience sont perdues pour la plupart des hommes. Cet événement a été pour moi une bonne l. Mettre à profit les leçons du malheur, les leçons de l'histoire. Le silence du peuple est la l. des rois.* || T. Critique littér. Se dit des manières différentes dont le texte d'un auteur est écrit. *Il y a deux diverses leçons de ce texte. Voici la bonne l. Confronter les différentes leçons d'un passage.* — Fig. et fam., se dit des manières différentes dont un même fait est raconté. *Vous racontez ainsi l'aventure, mais il y a une autre l., une l. différente.* || T. Liturg. On appelle *Leçons* certains petits chapitres de l'Écriture ou des Pères qui font partie du bréviaire, et que l'on récite ou que l'on chante à matines. *Il y a trois leçons à chaque nocturne.*

**LECONTE DE LISLE**, poète fr., né à l'Isle-Bourbon, auteur des *Poèmes barbares*, des *Poèmes antiques*, des *Poèmes tragiques*; traducteur fidèle de Sophocle, d'Homère, de Théocrite (1820-1894).

**LECOQ** (Robert), évêque de Laon; m. vers 1360.

**LECOURBE**, général fr. (1760-1815).

**LECOUVREUR** (Adrienne), célèbre tragédienne fr. (1692-1730).

**LECTEUR, TRICE**. s. (lat. *lector, trix*, m. s). Celui, celle qui lit à haute voix et devant d'autres personnes. *C'est un mauvais l., sa voix est monotone.*

> De leurs vers fatigants lecteurs infatigables.
>
> Molière.

|| Celui, celle dont la fonction est de lire. *L. du roi. Lectrice de l'impératrice. Dans les maisons d'éducation importantes, il y a ordinairement un l. ou une lectrice de semaine pour lire au réfectoire.* || Celui qui lit seul et des yeux quelque ouvrage. *C'est un l. infatigable. Cet ouvrage*

*a beaucoup de lecteurs. Je suis un des lecteurs les plus assidus de votre journal.* || *Avis au l.*, Espèce de petite préface qui commençait ordinairement par ces mots : *Ami l.* — Fig. et prov., se dit d'un conseil ou d'un reproche, exprimé en termes généraux, mais de telle manière qu'un autre s'en fasse l'application. *Vous entendez bien ce qu'il vient de dire, c'est un avis au l.* Se dit aussi d'un malheur arrivé à quelqu'un, et qui peut avertir une autre personne de prendre garde à elle. *Il s'est ruiné en jouant à la Bourse, c'est un avis au l.* || Celui, celle qui sait déchiffrer la musique. *Elle est bonne lectrice.* || Celui qui, dans un théâtre, lit les pièces remises par les auteurs et en donne son avis au directeur. || Celui qui remplit la même fonction dans une grande librairie pour les ouvrages présentés par les auteurs. || Autrefois, chez quelques religieux, les régents, les docteurs qui enseignaient la philosophie, la théologie, étaient qualifiés de *Lecteurs. Un tel, l. en théologie, l. en philosophie.* — On appelait aussi *Lecteurs royaux*, Les professeurs du Collège royal de France. *Il était l. royal en philosophie, en mathématiques, en hébreu*, etc. || T. Liturg. Celui qui a reçu le deuxième des quatre ordres mineurs. Voy. Ordre.

**LECTIONNAIRE.** s. m. [Pr. *lek-sio-nère*] (lat. *lectio, lectionis*, leçon). T. Liturg. Livre qui contient les leçons qui se lisent à l'office.

**LECTISTERNE.** s. m. (lat. *lectus*, lit; *sternere*, étendre). T. Antiq. rom. Dans l'ancienne Rome. on appelait *Lectisternium*, une fête religieuse qui ne se célébrait que dans certaines circonstances extraordinaires. La cérémonie principale consistait en un banquet somptueux que l'on offrait aux dieux.

En conséquence, on enlevait les statues de ces derniers de leurs niches ou de leurs piédestaux, et on les plaçait sur des lits, devant une table chargée de mets. La figure ci-dessus représente un de ces lits qui est conservé à la Glyptothèque de Munich ; il est de marbre blanc, et a environ 66 centimètres de hauteur. Cette bizarre cérémonie fut, dit-on, instituée à Rome, l'an 396 avant J.-C., à l'occasion d'un été pestilentiel, mais Casaubon a établi qu'il existait antérieurement une cérémonie analogue chez les populations de la Grèce.

**LECTOURE,** ch.-l. d'arr. (Gers). 5,500 hab.

**LECTURE.** s. f. (lat. *lectura*, m. s.). Action d'une personne qui lit à haute voix. *On fit la l. du contrat de mariage en présence de tous les parents. J'ai assisté à l. de cette tragédie.* || Par anal. Action de lire, de distinguer dans de la musique notée les différents tons figurés par les notes. *La l. d'une partition. Jouer à première l.* || *L. d'une carte.* Action de distinguer dans une carte topographique les indications qu'elle donne des lieux. || Action de comprendre un texte dans une langue étrangère. *La l. de Kant dans le texte est difficile.* || T. Tiss. Analyse que l'on fait de la carte afin de procéder au perçage des cartons. || Action, habitude de lire seul et des yeux, pour son instruction ou pour son plaisir. *La l. de cet ouvrage est très attachante. La l. forme l'esprit. Il est fort adonné à la l.* || Se dit quelquefois des ouvrages qu'on lit. *C'est une l. fort édifiante. Il ne digère pas ses lectures. Il est nourri de la l. des anciens. Il a bien profité de ses lectures.* || Instruction qui résulte de la lecture. *C'est un homme qui n'a point de l., qui n'a aucune l., qui est d'une prodigieuse l.* || Art de lire. *Il enseigne la l. aux enfants.* || En parlant de pièces de théâtre, se dit par oppos. à Représentation. *Cette pièce fait plaisir à la l., mais il n'y a pas assez de mouvement pour qu'elle réussisse à la scène.* — *Comité de l., jury de l.*, Assemblée devant laquelle on lit les ouvrages destinés à un théâtre, et qui juge s'ils méritent d'être représentés. || *Cabinet de l.*, Lieu où, moyennant une rétribution, on lit des journaux et des livres.

**Pédag.** — La *l.* est la première chose que l'on apprend aux enfants, parce qu'elle est la condition indispensable de toutes les connaissances qui ne peuvent pas se transmettre par la simple parole. Malheureusement, son enseignement est hérissé de grandes difficultés, d'abord à cause de la distance qui existe entre les choses et les mots qui les représentent ; ensuite, parce que les irrégularités de l'orthographe ne permettent pas de figurer invariablement les mêmes sons par les mêmes caractères ; enfin, parce que le peu de développement de l'intelligence de ceux à qui l'on s'adresse rend les explications impossibles : car toute explication dans les sciences repose sur un principe plus général, ou sur de nombreuses observations résumées, c.-à-d. sur ce qui manque précisément aux enfants. Ces difficultés tiennent aux conditions intimes de l'esprit humain, et sont absolument indépendantes des méthodes et des procédés que l'on peut employer. Toutefois il ne faudrait pas croire que les moyens matériels d'enseignement soient tout à fait indifférents. Ce qui peut contribuer à fixer l'attention de l'élève, à graver dans sa mémoire ce qu'il apprend, a certainement une grande importance, et l'on ne saurait douter qu'un certain ordre dans l'étude des lettres et des syllabes ne soit préférable à tel autre, qu'il ne faille, par ex., étudier les petits mots avant les grands, et les syllabes simples avant les composées. Mais quand on a vaincu ces obstacles extérieurs, il reste toujours à triompher de ceux que nous avons indiqués plus haut, et sur lesquels on n'a presque aucune prise. Ces observations expliquent pourquoi telle ou telle méthode réussit mieux avec certains enfants qu'avec d'autres, et comment, malgré le nombre infini de procédés que l'on a proposés pour faciliter l'enseignement de la l. et dont chacun a été successivement préconisé comme supérieur à tous les autres, on n'a pas sensiblement abrégé le temps que prend en moyenne cet enseignement. — Toutes les méthodes de l. peuvent être divisées en deux classes : les *méthodes synthétiques*, dans lesquelles on va des éléments aux composés, en commençant par les lettres et en passant successivement aux syllabes et aux mots, et les *méthodes analytiques*, dans lesquelles, procédant d'une manière inverse, on commence par les mots et l'on descend de ceux-ci aux syllabes et des syllabes aux lettres.

La *méthode synthétique* est presque exclusivement employée, parce qu'elle est seule applicable à tous les cas possibles. Elle procède ou par *épellation* ou par *syllabation*. La méthode par *épellation* consiste à nommer séparément toutes les lettres qui entrent dans une syllabe, après quoi on les assemble pour énoncer une syllabe tout entière. Elle se présente sous deux formes, dites *épellation vulgaire* et *épellation nouvelle* ou de *Port-Royal*, qui ne diffèrent que par la manière dont on nomme les consonnes. Dans la première, qui est la plus ancienne et la plus usitée, on applique aux consonnes les dénominations parfois bizarres que l'usage leur a données : on dit, par ex., *emme-a-i-enne*, main ; *effe-elle-a-i-erre*, flair. Dans la seconde, au contraire, on les nomme par l'articulation qu'elles représentent suivie d'un *e* muet, et l'on dit, par ex., *me-a-i-ne*, main ; *fe-le-a-i-re*, flair. Le procédé de Port-Royal offre bien quelque avantage sur le précédent, mais sa supériorité a été fort exagérée, et il est en somme peu usité. La *l. syllabique* ou par *syllabation* considère la syllabe comme l'élément primitif des mots. En conséquence, elle fait dire immédiatement, *ba, bi, blo, cra*, etc., sans énoncer séparément chacune des lettres qui composent ces syllabes. Cette méthode est aujourd'hui (1898) la plus en faveur ; elle semble un peu moins fastidieuse que la précédente. — Dans la *méthode analytique*, on fait lire, dès le début, des mots entiers à l'enfant, en commençant par les plus simples, par ceux qu'il connaît le mieux, tels que *papa, maman, cheval, joujou*, etc. Après quoi, on l'habitue à les retrouver dans d'autres mots plus compliqués, et on le conduit ainsi graduellement à reconnaître lui-même les syllabes et les lettres. Cette méthode paraît avoir été exposée, pour la première fois, en 1790, mais elle a reçu depuis cette époque de très nombreuses modifications. Elle nous paraît surtout avantageuse en ce qu'elle ne dégoûte et ne rebute point les enfants comme les méthodes synthétiques. Malheureusement, malgré les efforts de ceux qui ont cherché à l'améliorer, elle est fort difficilement applicable à l'enseignement public : on ne peut guère l'employer avec succès que dans l'éducation de la famille. — Outre les méthodes générales qui précèdent, on a imaginé une multitude de procédés particuliers dans le but de rendre l'étude de la l. attrayante, c.-à-d. d'enseigner cet art

difficile en manière de jeu. Ce sont le plus souvent des cartes, des fiches ou des dés sur lesquels on a représenté des lettres, des syllabes ou des mots, et que l'on combine de mille façons différentes, ou des recueils d'images dont les figures rappellent les lettres ou les mots qu'elles représentent, etc. Ces jeux sont excellents, en ce sens qu'ils peuvent épargner bien des larmes aux enfants ; mais, comme méthode, tous ont à peu près la même valeur.
*Lecture à haute voix.* — Voy. Diction.

**LÉCYTHIDE.** s. m. (gr. λήκυθος, sorte de vase de terre de forme cylindroïde, de ληκέω, je fais du bruit). T. Bot. Genre de plantes Dicotylédones (*Lecythis*) de la famille des *Myrtacées*. Voy. ce mot.

**LÉCYTHIDÉES.** s. f. pl. (R. *Lécythide*). T. Bot. Tribu de végétaux de la famille des *Myrtacées*. Voy. ce mot.

**LÉDA**, femme de Tyndare, aimée de Jupiter, qui la séduisit sous la forme d'un cygne, mère de Castor, Pollux, Hélène et Clytemnestre (Mythol.).

**LE DAIN** ou **LE DAIM** (Olivier), barbier et favori de Louis XI, fut pendu après la mort de son protecteur (1484).

**LEDEBOURIA.** s. m. (R. *Ledebour*, n. d'un botaniste all.). T. Bot. Genre de plantes Monocotylédones de la famille des *Liliacées*. Voy. ce mot.

**LÉDÈNE.** s. m. (R. *Lédon*, et la terminaison *ène*, des carbures d'hydrogène). T. Chim. Hydrocarbure terpénique de la formule $C^{15}H^{24}$, liquide bouillant vers 255°, contenu en petite quantité dans l'essence de lédon. Cette essence, qu'on obtient en distillant avec de la vapeur les sommités fleuries du *Ledum palustre*, est formée en majeure partie d'un camphre qu'on peut considérer comme l'hydrate de lédène. Le camphre de lédon a pour formule $C^{15}H^{26}O$ ; il fond à 105° et se sublime facilement ; c'est un poison violent du système nerveux central ; déshydraté par l'acide acétique ou l'acide sulfurique, il se convertit en lédène.

**LEDIEU** (Abbé), m. en 1713. A écrit des *Mémoires* sur Bossuet, dont il était secrétaire.

**LÉDIGNAN**, ch.-l. de c. (Gard), arr. d'Alais, 650 hab.

**LÉDITANNIQUE.** adj. 2 g. (R. *Lédon* et *tanin*). T. Chim. *L'acide l.* est un tanin extrait des feuilles du lédon (*Ledum palustre*). On l'obtient sous la forme d'une poudre jaunâtre, très soluble dans l'eau et dans l'alcool. Il se colore en vert foncé par les sels ferriques. L'acide sulfurique étendu le transforme à l'ébullition en *lédixanthine*, poudre jaune rougeâtre très soluble dans les alcalis.

**LÉDON.** s. m. (gr. λῆδον, m. s.). T. Bot. Genre de plantes Dicotylédones (*Ledum*) de la famille des *Éricacées*. Voy. ce mot.

**LÈDRE.** s. f. (gr. λαιδρός, effronté). T. Entom. Genre d'*Insectes Hémiptères*. Voy. Cicadaires.

**LEDRU** (Phil.), physicien fr. (1731-1807).

**LEDRU-ROLLIN**, homme politique fr. (1807-1874), fut ministre de l'intérieur dans le Gouvernement provisoire de 1848.

**LE DUCHAT**, philologue et critique fr. (1658-1735).

**LÉE**, r. d'Irlande, se jette dans la baie de Cork.

**LÉE** (Frédéric-Richard), peintre angl. (1798-1879).

**LÉE** (Robert-Edmond), général améric., commandant en chef des armées du Sud, pendant la guerre de Sécession (1808-1870).

**LEEDS**, v. industrielle du comté d'York, en Angleterre ; 375,500 hab.

**LEEUWARDEN**, cap. de la Frise (Pays-Bas) ; 30,950 hab.

**LE FAURE** (Am.), publiciste fr. (1838-1881).

**LEFEBVRE** (Tanegui), érudit fr. (1615-1672).

**LEFEBVRE** (François-Joseph), duc de Dantzig, maréchal de France (1755-1820).

**LEFEBVRE** (Théophile), voyageur fr. (1811-1858).

**LEFEBVRE-DESNOUETTES** (Comte), général fr., fut condamné à mort par contumace pour avoir soulevé ses soldats en faveur de Napoléon au retour de l'île d'Elbe (1773-1822).

**LEFÈVRE** (*d'Étaples*), théologien calviniste (1455-1537).

**LEFINI**, affl. du Congo, riv. dr. 250 kil.

**LE FLÔ**, général fr., ambassadeur à Saint-Pétersbourg (1804-1887).

**LEFORT**, général et amiral au service de la Russie ; né à Genève, favori de Pierre le Grand (1656-1699).

**LEFRANC DE POMPIGNAN**, poète lyrique fr. (1709-1784).

**LÉGAL, ALE.** adj. (lat. *legalis*, m. s., de *lex*, *legis*, loi). Qui est établi par la loi, qui est selon la loi, qui résulte de la loi. *Intérêt l. Voie légale. Formes légales. Moyens légaux. Incapacité légale.* || Partic., Qui concerne la loi de Dieu donnée par Moïse. *Les cérémonies, les observations légales. Impureté légale.* || *Médecine légale*, V. Médecine. || *Le pays légal*, L'ensemble de ceux qui jouissent des droits électoraux, dans les pays à suffrage restreint.

Syn. — *Légitime.* — *Légal* se dit de ce qui est conforme à la loi positive ; *légitime*, de ce qui est conforme au droit, à la justice. C'est le droit qui rend la chose *légitime*, c'est la forme qui la rend *légale*. Une puissance est *illégitime*, si elle exerce la force sans droit ou contre le droit ; une élection est *illégale*, si l'on n'y observe pas toutes les conditions requises par la loi. La disposition de vos biens, quoique *légitime* et conforme au droit de propriété, n'est pourtant valide que si elle est faite d'une manière *légale*. Un innocent peut être frappé par une condamnation *légale*, alors que cette condamnation ne saurait être *légitime*.

**LÉGALEMENT.** adv. D'une manière légale.

**LÉGALISATION.** s. f. [Pr. *léga-li-za-sion*]. Déclaration par laquelle un fonctionnaire public compétent atteste la vérité des signatures apposées à un acte, ainsi que les qualités de ceux qui l'ont fait et reçu. || Action de légaliser.

**LÉGALISER.** v. a. [Pr. *lé-gali-zer*]. Attester, certifier la vérité des signatures, l'authenticité d'un acte public, afin qu'il puisse faire foi. *Faire l. une procuration, un acte de naissance, de décès, un passeport.* = Légalisé, ée. p.

**LÉGALITÉ.** s. f. (lat. *legalitas*, m. s.). Caractère, qualité de ce qui est légal. *La l. d'un acte. La l. d'une mesure. Se renfermer dans la l.*

**LÉGAT.** s. m. [Pr. *lé-ga*] (lat. *legatus*, envoyé). Les Romains donnaient le titre de *legati* aux ambassadeurs qu'ils envoyaient auprès des gouvernements étrangers, et aux personnages qui accompagnaient les généraux en campagne ou les proconsuls et les préteurs dans les provinces. Sous l'empire, on désigna particulièrement sous ce nom les officiers que l'empereur envoyait dans les provinces pour y exercer une juridiction en son nom. Quand ces délégués faisaient partie de la cour impériale, on les nommait *legati* ou *missi de latere*, parce qu'ils étaient choisis parmi les personnages qui vivaient à côté (*a latere*) du souverain. Aujourd'hui le titre de *Légat* n'est usité qu'à la cour de Rome, et s'est donné aux personnages qui sont chargés de représenter le souverain pontife, soit dans le gouvernement de certaines provinces appelées pour ce motif *Légations*, soit dans une mission ayant un objet spirituel ou temporel. On fait généralement remonter l'origine de ces délégués du saint-siège à l'année 325, où saint Sylvestre chargea Osius, évêque de Cordoue, de le représenter au concile de Nicée. Lorsque ces délégués sont cardinaux, ils reçoivent le titre de *Légats à latere ;* quand ils n'appartiennent pas au sacré collège, ils sont simplement qualifiés de *Légats;* enfin, lorsqu'ils sont chargés de fonctions purement diplomatiques, ils sont appelés *Nonces* ou *Internonces.* Tous ces délégués sont à la nomination exclusive du pape; néanmoins, quand il s'agit de nommer un *l. à latere,* le consistoire est habituellement consulté. Dans les États de l'Église, les cardinaux chargés de l'administration des *Légations* ont pris le titre de *légats à latere.* C'était aussi par un l. que le pape faisait gouverner autrefois Avignon et le comtat Venaissin; mais, dans les derniers temps, ce prélat ne remplissait pas lui-même ses fonctions : il résidait à Rome et se faisait remplacer à Avignon par un subdélégué, appelé *Vice-légat* ou *Prolégat.* — Quelques archevêques, celui de Reims par ex., sont encore qualifiés de *légats-nés* du saint-siège, en vertu d'un privilège attaché autrefois à leur siège; mais c'est là un titre purement honorifique.

**LÉGATAIRE.** s. 2 g. (lat. *legatarius,* m. s.) T. Jurisp. Celui ou celle à qui l'on fait un legs. Voy. SUCCESSION.

**LÉGATION.** s. f. [Pr. *légha-sion, g* dur] (lat. *legatio,* m. s.). Charge, office du légat. *Le pape a donné la l. de cette province à tel cardinal. Les légats à latere ne pouvaient exercer leur l. en France sans permission du roi et sans avoir fait vérifier au parlement leurs lettres de l.* || Le temps que duraient les fonctions d'un légat. *Pendant la l. de tel cardinal.* || Le territoire soumis au gouvernement d'un légat dans l'État ecclésiastique. *La l. de Bologne, de Ferrare. Le peuple se souleva dans les deux légations.* || T. Diplomatie. Commission que quelques puissances donnent à une ou plusieurs personnes pour aller négocier auprès d'une puissance étrangère. *Il est secrétaire de l.* — Mission permanente qu'un gouvernement entretient auprès d'un gouvernement étranger au lieu d'ambassadeur. *Le chef, les conseillers, les secrétaires d'une l. — La l. du Pérou, du Japon.* — Par ext., L'hôtel occupé par le personnel de la légation.

**LEGATO.** s. m. (ital. *legato,* lié). T. Mus. Ce mot indique qu'on doit soutenir le son de chaque note jusqu'à ce qu'on ait attaqué la suivante. C'est le contraire du *staccato.*

**LÉGATOIRE.** adj. 2 g. (lat. *legatorius,* m. s.). T. Hist. ancienne. *Province l.,* Province gouvernée par un lieutenant, sous les empereurs romains.

**LÈGE.** adj. 2 g. (holl. *leeg,* vide). T. Mar. Se dit d'un bâtiment qui n'est pas chargé ou n'a pas sa charge complète, et dont la carène n'entre pas assez dans l'eau. *Ce vaisseau est l. et n'a pas de stabilité.*

**LÉGÉ,** ch.-l. de c. (Loire-Inférieure), arr. de Nantes 4.500 hab.

**LÉGENDAIRE.** s. m. [Pr. *lé-jandère*]. Auteur, compilateur de légendes. *On reproche à la plupart des anciens légendaires une crédulité excessive.* || Recueil de légendes. || Adjectivement, Qui appartient à la légende. *Napoléon est devenu pour une partie du peuple un personnage légendaire.*

**LÉGENDE.** s. f. [Pr. *léjan-de*] (lat. *legenda,* chose qui doit être lue). Ouvrage contenant le récit de la vie des saints, parce que, dans les monastères, on lisait ces vies au réfectoire pendant les repas. *Une vieille l. Les anciennes légendes sont remplies de fables. Ce saint-là n'est pas dans la l.* — *L. dorée,* Compilation de vies des saints, composée vers la fin du treizième siècle, par Jacq. de Voragine, archevêque de Gênes. V. BOLLANDISTES. || Par ext., Récit fabuleux ou mythique qui a pour objet quelque personnage le plus souvent historique. *Les légendes relatives à Salomon, à Charlemagne. La l. des quatre fils Aymon.* || Fig. et par dénigr. se dit d'une longue énumération de choses fastidieuses. *Il nous a apporté une grande l. des actions de ses ancêtres.* || T. Numismatique. Inscription gravée circulairement près des bords, et quelquefois sur la tranche d'une pièce de monnaie, d'une médaille, etc. || Titre d'un plan, d'une carte, d'une figure, etc., liste explicative des signes qui y sont tracés.

**Littér.** — Le mot l. a d'abord été appliqué aux vies des saints et des martyrs, parce que ces vies devaient être lues (*legendæ*) dans les couvents, à époques fixes. Mais Fleury nous apprend naïvement que « lorsqu'on n'avait pas les actes d'un saint pour les lire le jour de sa fête, on en composait les plus vraisemblables et les plus merveilleux qu'on pouvait ». On voit par là jusqu'à quel point ces récits manquaient d'authenticité, et l'on s'explique comment le mot l. a fini par désigner toutes sortes de récits fabuleux. En 1474, Jacques de Voragine rassembla les traditions relatives aux saints qui circulaient à son époque, et en composa cette compilation célèbre que l'enthousiasme de ses contemporains décora du nom de *L. dorée.* Cette œuvre, faite sans critique aucune, et même sans grand souci de la morale, ne mérite nullement un nom aussi flatteur. On y trouve des aventures de toutes sortes, toujours invraisemblables, souvent ridicules, quelquefois immorales. Des écrivains ecclésiastiques l'ont déclarée indigne des saints, et de tout homme chrétien, pleine de mensonges, etc. Aujourd'hui, elle n'a d'intérêt que pour les savants qui cherchent l'origine des vieilles légendes chrétiennes.

L'étude des légendes des différents peuples présente, en effet, un grand intérêt et cela pour plusieurs raisons. Nous n'insisterons pas sur les caractères artistiques de certaines de ces traditions qui ont inspiré, à diverses époques, les poètes et les auteurs dramatiques. Les vieux récits légendaires intéressent l'archéologie, car ils fournissent des renseignements précieux sur les mœurs, les coutumes, les idées de l'époque où ils ont été créés. Ils sont aussi d'une grande ressource pour l'ethnologie, toutes les fois qu'on peut retrouver leur origine lointaine et les modifications qu'ils ont subies en passant d'une époque à une autre et d'un peuple à un autre. Voy. MYTHOLOGIE. C'est ainsi que nombre de légendes relatives à la vie des saints sont d'anciennes légendes païennes plus ou moins bien adaptées à la religion chrétienne. Les légendes sont de tous les temps; il s'en forme à toutes les époques, et elles vivent fort longtemps. Les plus anciennes qui nous soient connues sont celles de l'Inde, qui ont donné naissance à toutes les mythologies des peuples aryens. Le moyen âge en a vu éclore de nombreuses; les unes, comme l'histoire des Chevaliers de la Table Ronde, de l'enchanteur Merlin, etc., paraissent être d'anciennes traditions celtiques; d'autres sont empruntées à l'histoire consciencieusement défigurée : Charlemagne et ses pairs, Roland à Roncevaux, etc. C'est qu'en effet, les événements historiques mal rapportés sont l'une des origines les plus communes de ces histoires merveilleuses. De nos jours mêmes, ne s'est-il pas formé, au sujet de Napoléon, une sorte de légende qui ne ressemble pas complètement à l'histoire véritable.

**LEGENDRE,** mathématicien fr., auteur d'*Éléments de géométrie* (1752-1833).

**LEGENDRE,** fameux démagogue et conventionnel (1755-1797).

**LEGENTIL DE LA GALAISIÈRE,** astronome fr. (1725-1792).

**LÉGER** (SAINT), évêque d'Autun, ministre de Childéric II, fut mis à mort par Ébroïn, maire du palais de Neustrie (616-678). Fête le 2 octobre.

**LÉGER, ÈRE.** adj. (lat. *levis,* m. s.). Qui ne pèse guère. *Un corps l. Un fardeau l. Un habit l. L'air est plus l. que l'eau. L. comme une plume, comme l'air. Cette armure est fort légère. Cette voiture est légère.*

Et son ombre sera légère
A la terre où je dormirai.

MUSSET.

|| *Pièce de monnaie légère,* Pièce qui n'a pas le poids qu'elle devrait avoir. || *Terre légère,* Terre meuble qu'on remue aisément. || Prov., *Être léger d'un grain,* Avoir la cervelle un peu vide. *Être l. d'argent,* N'en avoir guère. || *Avoir la main légère,* V. MAIN. — Fig., *Avoir le sommeil l.,* Se réveiller au moindre bruit. = Dispos, agile, alerte. *Je me sens aujourd'hui plus l. qu'à l'ordinaire. Marcher d'un pied l., d'un pas l. Être l. à la course* || *Troupes légères,* Troupes équipées et armées de manière à pouvoir se mouvoir avec rapidité. *Cavalerie, infanterie, artillerie légères,* Voy. CAVALERIE, etc. — On dit, dans un sens anal., *Escadre légère. Bâtiments légers. Embarcation légère.* || *Avoir la voix légère,* Chanter aisément les passages difficiles. = En parl. des aliments, sign. Facile à digérer. *Cette viande est très légère à l'estomac.* — *Prendre un l. repas, un repas l.,* Prendre un repas frugal où l'on mange peu. || Se dit de certaines boissons qui ont peu de force. *Un vin l. Du thé fort l. Une infusion légère.* = Dans les arts du dessin, se dit par oppos. à lourd,

massif, et signifie, qui porte un caractère de délicatesse et de facilité. *Draperie légère. Contours légers. Tableau l. de touche. Pinceau l. Cette broderie est légère, d'un dessin l.* || T. Constr. *Légers ouvrages*, Tous les ouvrages exécutés en plâtre. = Sign. quelquefois diaphane, transparent, et se dit par oppos. à opaque, épais. *Une vapeur légère.* — T. Peint. *Couleur légère*, Couleur transparente, vaporeuse. = Fig., Peu important, peu considérable. *Raisons légères. Légère dispute. Injure légère. Faute, peine, pénitence légère. Une blessure légère. Une douleur légère.* — Au sens moral, signifie encore superficiel. *Il n'a qu'une légère teinture de cette science. Pour vous en donner une légère idée.* = Fig., Inconstant dans ses sentiments ou dans ses opinions. *Un peuple l.*

Je suis chose légère, et vole à tout sujet.
LA FONTAINE.

*C'est un homme, un esprit l. Un cœur l.* — *Cet homme a la tête légère, l'esprit l., c'est une tête légère*, Il est peu sage, peu sensé. || Fig., Inconsidéré. *Cette femme est bien légère dans sa conduite. Propos. l.* || En parl. Du style. Agréable et facile. *Cet auteur a le style l.* — *Poésie légère*, Genre de poésie qui choisit des sujets peu importants, et dont le principal caractère est la facilité, l'abandon. *Il a réussi dans la poésie légère.* Au plur., se dit des petits poèmes qui appartiennent à ce genre de poésie. *On a réuni en un volume toutes ses poésies légères.* = À LA LÉGÈRE, loc. adv. Au propre, se dit des armes et des habits qui pèsent peu. *Être armé, être vêtu à la légère.* || Fig., Inconsidérément, sans beaucoup de réflexion. *Entreprendre quelque chose à la légère. Vous y allez bien à la légère.* || D'une manière peu substantielle.

Ses repas ne sont point repas à la légère.
LA FONTAINE.

**LÉGÈREMENT**, adv. D'une manière légère, par oppos. à posante. *Être l. vêtu*, Moins qu'à l'ordinaire, moins qu'il ne convenait. *Être armé l. Marcher, courir l.* || *Souper l. On l'a puni bien l. pour une faute si grave. Il a traité ce point trop l.* — *Il a été blessé l.*, Peu gravement. || Avec facilité et délicatesse. *Cela est peint très l. Ce pianiste joue bien l.* || Inconsidérément, sans réflexion. *Il se conduit, il parle fort l. Il ne faut pas croire si l. Vous avez pris cette résolution un peu trop l.*

**LÉGÈRETÉ**. s. f. Qualité de ce qui est léger, peu pesant. *La l. des vapeurs.* || Agilité, vitesse. *Marcher, courir avec l. La l. des oiseaux. La l. de sa marche, de sa course*, etc. || *Il a une grande l. de main*, se dit d'un homme qui écrit avec aisance et célérité, et d'un instrumentiste dont le jeu est facile et brillant. *Il a une grande l. de pinceau*, se dit d'un peintre dont la touche est légère. — *Il a beaucoup de l. dans la voix*, se dit d'un chanteur qui exécute aisément les passages les plus difficiles. || Fig., Inconstance, instabilité. *Je crains la l. de son esprit, de son caractère. La l. du peuple athénien.* || Irréflexion, imprudence. *La l. de sa conduite, de ses discours, lui a causé beaucoup de désagréments.* — Par ext., Faute commise par légèreté, tort peu grave. *Cette l. ne méritait pas une si grande punition. Ce sont des légèretés qui tiennent à son âge.* || En parl. du style et des discours, sign. Agrément, facilité. *Il a de la l. dans la conversation, dans le style.*

**LÉGIFÉRER**. v. n. (lat. *legifer*, qui établit les lois). Faire des lois.

**LÉGILE**. s. m. (lat. *legilis*, qui sert à lire). Pièce d'étoffe dont on couvre le pupitre sur lequel on chante l'épître et l'évangile aux messes solennelles.

**LÉGION**. s. f. (lat. *legio*, m. s.). T. Antiq. rom. Corps de gens de guerre composé d'infanterie et de cavalerie. Voy. ci-après. || Par anal., se dit, en France, de certains corps d'infanterie, et se dit encore en parlant de la gendarmerie, etc. *La quatrième l. de la garde nationale. Il est colonel d'une l. de gendarmerie. La l. étrangère.* || Fig. et famil., Un grand nombre de personnes. *Une l. de parents, de neveux. Ils étaient une l.* — Dans l'Écriture : *Des légions d'anges, des légions de démons.* || Fig., *S'appeler l.*, Parler, agir au nom d'un grand nombre de personnes qu'on représente.

**Hist. milit.** — Dans le système militaire des Romains, la *Légion* était un corps de troupes organisé de manière qu'il pût se suffire à lui-même, et constituât, pour ainsi dire à lui seul, une petite armée. Son nom venait de *legere*, choisir, parce que les hommes qui la composaient étaient, en effet, choisis parmi tous ceux que la loi appelait au service. A en croire Varron, la l. fut créée par Romulus, mais elle reçut, à diverses époques, des modifications plus ou moins considérables, soit sous le rapport de son effectif, soit sous le rapport de son organisation.

I. — A l'origine, la l. se composait de 3000 hommes, ou de 1000 hommes par tribu. Servius Tullius, dit-on, porta ce chiffre à 4000. Cependant, lorsque Camille leva une armée pour combattre les Gaulois, Tite-Live nous apprend que chaque l. se composait de 4200 fantassins et de 300 cavaliers. D'autre part, Polybe rapporte que, pendant la seconde guerre punique, le sénat fixa à 5000 le chiffre des fantassins légionnaires. Enfin, dans la seconde guerre de Macédoine, les deux légions que le consul Paul-Émile avait sous ses ordres comptaient chacune 6000 fantassins. Aux différentes époques qui précèdent, l'effectif de la cavalerie paraît avoir été toujours le même, c'est-à-d. fixé à 300 hommes, comme au temps de Camille. — Dans les premiers siècles de la république, chaque consul commandait 2 légions uniquement composées de citoyens romains, et 2 autres qui étaient fournies par les peuples alliés (ces deux dernières avaient chacune 600 cavaliers au lieu de 300, nombre fixé pour la l. romaine). Ces quatre corps ensemble constituaient une *armée consulaire*. Mais le nombre des légions augmenta naturellement en raison des progrès de la domination romaine. Durant la seconde guerre punique, immédiatement après la bataille de Cannes et malgré les pertes éprouvées à cette bataille, on leva, dans Rome même, 4 légions entières d'infanterie et un millier de cavaliers, sans compter 8000 esclaves auxquels on donna des armes. Les villes du Latium mirent sur pied un contingent de même force. La seconde année, après le désastre de Cannes, l'armée romaine, suivant Tite-Live, comptait 18 légions, et quatre ans après elle en comptait 23. Vers la fin de la république, lors de la formation du triumvirat entre Octave, Antoine et Lépide (42 ans av. J.-C.), il fut convenu que les deux premiers, à la tête de 20 légions chacun, poursuivraient la guerre contre Brutus et Cassius, et que le troisième resterait à Rome avec 3 légions pour la garder. Suivant Appien, après la mort de Lépide, Octave se trouva maître de toutes les provinces occidentales de l'empire, et à la tête de 45 légions, de 25.000 cavaliers et de 37.000 hommes de troupes légères; et, dans ce chiffre, n'étaient point comprises les légions qui obéissaient aux ordres d'Antoine, dans les provinces orientales. Enfin, sous Tibère, l'armée impériale se composait de 25 légions en temps de paix, non compris les garnisons d'Italie et les contingents des alliés. — Les légions étaient désignées par des numéros d'ordre : *legio prima* ou *l. I*, *legio vicesima* ou *l. XX*, etc.; mais, en outre, chacune d'elles avait un nom particulier, tel que la *victorieuse* (*victrix*), la *martiale* (*martia*), la *secourable* (*adjutrix*), la *ravissante* (*rapax*), la *foudroyante* (*fulminatrix*), etc. Souvent encore on les désignait par le nom du pays dans lequel elles avaient été recrutées ou dans lequel elles avaient servi, comme l'*Italique*, la *Britannique*, la *Parthique*, etc. Mentionnons encore la fameuse légion de l'*Alouette* (*Alauda*), qui avait été créée par J.-César et qui était entièrement composée de Gaulois. On l'avait ainsi nommée parce que ses soldats portaient un casque orné d'un bouquet de plumes.

II. — L'infanterie, qui constituait la force principale de la l., était divisée en 10 *Cohortes*, la cohorte en 3 *Manipules*, et le manipule en 2 *Centuries*. Ainsi elle avait 10 cohortes, 30 manipules et 60 centuries. La centurie comprenait 10 *Décuries*. Quant à la cavalerie, que l'on désignait sous le nom d'*ala*, parce que sa place dans l'ordre de bataille était sur les ailes, elle formait 10 *Turmes* (*turmæ*) composées de 30 hommes chacune, et la turme se subdivisait elle-même en 3 *décuries*. A la tête de chaque l. se trouvaient six *Tribuns* (*tribuni militares*) qui recevaient directement les ordres des consuls, mais dont deux seulement commandaient à la fois, ordinairement pendant deux mois. Ils avaient pour insignes un casque doré, un bouclier plus petit que celui des soldats, et une épée qu'ils portaient à gauche, suspendue à un ceinturon, tandis que ces derniers la portaient à droite et suspendue au moyen d'un baudrier. Chaque centurie était commandée par un *Centurion*, assisté d'un *sous-centurion* appelé *optio*, *uragus*, ou *subcenturio*. Les centurions paraissent avoir formé plusieurs classes, suivant la position de leur centurie dans l'ordre de bataille. Le premier centurion des triaires (Voy. plus loin) recevait le nom de *primipilus*; il était généralement chargé de porter l'*aigle* (*aquila*) de la l. Celui de la première centurie de la première cohorte avait le commandement de toute la cohorte. Les centurions avaient un casque argenté, dont le cimier portait des lettres destinées à les faire reconnaître de leurs soldats; ils avaient, en outre, pour insigne, un bâton fait d'un cep de vigne (*vitis*). Chaque centurie avait en outre un porte-étendard (*signifer* ou *vexillarius*), et dix *décurions* pour chacune des décuries qui la composaient. Dans la cavalerie, le commandant en chef se nommait *præfectus alæ*, et celui de chaque décurie, *décurion*. Quant aux turmes, chacune d'elles était commandée par le décurion de sa première décurie.

III. — L'infanterie de la l. se composait de trois espèces de soldats, savoir; les *hastaires*, les *princes* et les *triaires*. — Les *Hastaires* (*hastati*) étaient ainsi appelés de la longue pique (*hasta*) dont ils étaient primitivement armés, et qu'ils abandonnèrent plus tard pour une arme analogue, mais moins embarrassante. C'étaient des jeunes gens à la fleur de l'âge; ils formaient la première ligne les jours de bataille. Les *Princes* (*principes*) étaient des hommes dans la vigueur de l'âge. Ils occupaient la seconde ligne, mais il paraît qu'à l'origine ils combattaient au premier rang, et c'est de là qu'ils avaient pris leur nom. Les *Triaires* (*triarii*) occupaient le troisième rang, d'où le nom sous lequel on les désignait. C'étaient de vieux soldats d'une valeur éprouvée. Les triaires étaient aussi appelés *pilani* à cause du fort javelot, ou *pilum*, dont ils étaient munis. Par opposition, les hastaires et les princes qui les précédaient étaient quelquefois appelés *antepilani*. — Indépendamment de l'infanterie légionnaire, qui constituait la base solide des armées romaines, il y avait des troupes armées à la légère qui étaient destinées à commencer le combat et à harceler l'ennemi. Ces troupes, qui ne faisaient point partie de la l. proprement dite, étaient, dans le principe, désignées sous les noms de *rorarii*, de *ferentarii* et d'*accensi*. Mais, pendant la seconde guerre punique, cette infanterie légère reçut une nouvelle organisation, et l'on donna aux soldats qui la composaient le nom de *Vélites*, de leur vitesse et de leur agilité (*a volando* ou *velocitate*), ou de la manière dont ils étaient armés (*milites levis armaturæ*). — Nous ferons remarquer, en passant, que les soldats, principalement sous l'empire, étaient désignés par le nombre ordinal de la l. dans laquelle ils servaient. Ainsi, on appelait *primani*, ceux de la première; *secundani*, ceux de la deuxième; *tertiani*, ceux de la troisième, etc.

IV. — Nous venons d'exposer l'organisation de la l. telle qu'elle subsista pendant les plus beaux temps de la république. C'est à cette excellente organisation militaire, non moins qu'à sa politique persévérante, que Rome dut de sortir constamment victorieuse de toutes ses entreprises. Le génie grec lui-même n'avait rien conçu d'aussi parfait, car la célèbre *phalange* macédonienne était bien inférieure à la l. C'est ce qu'explique très clairement Polybe. Lorsque la phalange pouvait conserver son ordre de bataille et son mode d'action, dit le judicieux historien, rien n'était capable de l'entamer ou de résister à la violence de son attaque; mais elle avait besoin de combattre sur un terrain parfaitement uni, et même dans ce cas l'ennemi pouvait toujours l'éviter, et en outre il était toujours facile, en opérant sur ses derrières ou sur ses flancs, de la couper de ses dépôts. Avec une armée organisée comme celle des Romains, le général était toujours libre de n'engager qu'une partie de ses troupes et de faire du reste une réserve. Alors, soit que la la phalange fût enfoncée par la l., soit qu'au contraire elle l'enfonçât, elle perdait ses avantages. En effet, dans l'un et l'autre cas, il se produisait toujours dans son ordre des vides où l'ennemi pouvait pénétrer. Dès ce moment les longues piques macédoniennes ne pouvaient rien contre les javelots et les épées courtes des Romains. C'est en attirant la phalange sur un terrain disposé pour produire ce résultat, que Paul-Émile défit Persée à Pydna, et que Flaminius battit Philippe à la bataille de Cynoscéphales.

V. — Vers la fin de la république, plusieurs modifications importantes furent introduites dans l'ordonnance de la l. On les attribue généralement à Marius, mais on ne peut rien affirmer à ce sujet. Tout ce que nous savons, c'est qu'elles étaient en pleine vigueur au temps de César. Ces modifications consistèrent surtout à ne plus distinguer les soldats en hastaires, princes et triaires, suivant leur âge et leur force, mais à en faire un corps unique, dont tous les hommes furent uniformément armés d'un casque, d'une cuirasse, d'un bouclier, d'un fort javelot ou *pilum* et d'une épée courte à deux tranchants. De cette manière, l'infanterie légionnaire cessa d'être composée de petits corps distincts ayant des aptitudes et des attributions différentes; elle présenta une homogénéité qu'elle n'avait pas précédemment, et c'est alors seulement qu'on put la comparer à une muraille (*murus pedestris*). Enfin, elle continua, comme auparavant, à être secondée par des troupes légères. Quant à la cavalerie, le seul changement important qu'elle éprouva, consista dans son mode de recrutement. En effet, au lieu de se composer de citoyens romains, elle fut de très bonne heure entièrement fournie par les nations alliées.

**Adm. milit.** — *Légion étrangère*. Sous l'ancienne monarchie, la France avait à sa solde de nombreuses troupes composées de mercenaires étrangers. Sous les premiers Valois, les archers génois, puis les arbalétriers lombards, en formèrent le principal contingent. Sous Charles VII et Louis XI, ce furent les Écossais ; sous François Ier, les Suisses ; sous Henri III, les Espagnols ; au XVIIIe siècle, les Allemands et les Suisses. Les Gondi, les Concini, les Broglie, les Lowendahl entrèrent ainsi dans la famille française.

En 1791, la Révolution supprima les régiments de Nassau, de Royal-Allemand, de Garde-Suisse ; et, par une loi du 1er août 1792, leurs éléments formèrent une *légion étrangère*, composée d'infanterie, de cavalerie et d'artillerie. De plus, la Convention, ayant fait appel aux peuples contre leurs rois, créa successivement une légion de Germains (où servait Augereau), une légion belge. Le Directoire constitua une légion italique, une polonaise, une des Francs du Nord, une maltaise pour l'expédition d'Égypte. Napoléon organisa des demi-brigades helvétiques, puis des régiments suisses, deux légions hanovriennes, quatre légions du Nord, une de la Vistule, une portugaise, des régiments espagnols, etc...

Au retour des Bourbons, en 1814, 3 régiments étrangers furent maintenus, portés à 8 en 1815, et licenciés à la seconde Restauration, pour faire place à une seule et unique *Légion étrangère* ou de Hohenlohe ; puis, plus tard s'y ajoutèrent 6 régiments suisses, dont 4 de la ligne et 2 de la garde, qui, tous, furent supprimés en 1830 par le roi Louis-Philippe.

Par une loi du 9 mars 1831, la légion étrangère fut rétablie pour servir hors du territoire et fut envoyée en Afrique; mais par un traité conclu à Paris, le 28 janvier 1835, entre la France, l'Angleterre, l'Espagne et le Portugal, cette troupe, alors forte de 4,200 hommes, fut cédée tout entière à l'Espagne pour soutenir Isabelle II sur le trône ; et les protestations de ces volontaires, engagés pour servir la France, furent réprimées avec énergie. Leur drapeau est aujourd'hui conservé à la Direction de l'Artillerie, à Paris. A leur licenciement en 1839, ils n'étaient plus que 500.

Une nouvelle légion étrangère avait été formée en 1836, d'abord à un bataillon, puis à deux et à trois Elle fut, en 1841, décomposée en deux régiments qui prirent part aux guerres d'Algérie et du Maroc et, en 1855, furent employés à l'expédition de Crimée, puis licenciés. Une 2e brigade étrangère ou légion étrangère à 2 régiments fut créée, en 1856, à Dijon et à Besançon, en prévision de complications sur le Rhin; puis, après la paix avec la Russie, dirigée successement sur l'Algérie et l'Italie. Le 1er régiment ayant été licencié, en 1862, le second, restant seul régiment étranger, fit l'expédition du Mexique, combattit sur la Loire contre l'invasion allemande, reprit, en 1875, le nom de Légion étrangère et fut envoyé au Tonkin et à Formose, de 1883 à 1885.

Vers cette époque, son effectif s'était accru dans des proportions exceptionnelles, par la raison que jusque-là les jeunes Alsaciens-Lorrains, nés avant 1871, et dont les pères avaient opté pour la nationalité française, avaient pu servir dans les troupes nationales de la France, tandis qu'à partir de cette époque les jeunes gens de nos anciennes provinces qui arrivaient à l'âge de la conscription, étant nés après 1871 et n'ayant pu opter pour la France, ne pouvaient la servir qu'au titre étranger en désertant le drapeau allemand Le 1er janvier 1885, il fallut créer un second régiment étranger, à 3,000, puis à 4,000 hommes. Mais c'est par milliers que les Alsaciens-Lorrains désertent chaque année et s'enrolent dans notre légion étrangère, belle réponse à ceux qui prétendent que la question de l'Alsace-Lorraine est définitivement réglée.

Les deux régiments étrangers comptent aujourd'hui, à eux deux, un effectif de 13,000 hommes environ auxquels s'adjoignent environ 300 hommes de troupe français C'est donc la force de 4 régiments, et il est question d'en former au moins un troisième. Ils sont tous deux en garnison dans la division d'Oran, avec leur portion principale : le 1er à Sidi-Bel-Abbès, le 2e à Saïda. Le 1er a détaché un bataillon de 600 hommes à Madagascar. Ils sont commandés par 170 officiers français et une vingtaine d'officiers étrangers.

Ces officiers étrangers sont accueillis avec le grade qu'ils occupaient dans l'armée étrangère qu'ils ont quittée, quand ils justifient de bons antécédents. Les officiers suisses et danois sont les plus nombreux. Ils n'ont pas les avantages des officiers français, sont en tout temps révocables, n'ont pas leurs décorations payées, mais après un certain nombre d'années de loyaux services ils peuvent, en se faisant naturaliser, acquérir la qualité d'officier français avec les prérogatives qu'elle comporte. Les officiers français de la légion sortent des écoles de Saint-Cyr et de Saint-Maixent, comme ceux des autres troupes d'infanterie.

Les hommes de troupes sont admis sans conditions, sans justifier de quoi que ce soit, même de leur nationalité. Aussi arrive-t-il que des Français, trop âgés pour s'enrôler dans les corps français, s'engagent dans la légion au titre étranger.

**Législ.** — *Légion d'honneur.* — La *L. d'honneur* a été instituée, sous le Consulat, par une loi du 19 mai 1802 (29 floréal an X), pour récompenser les services de toute nature rendus à l'État. Aux termes de cette loi, le premier Consul était de droit chef de la L. Celle-ci se composait d'un *Grand conseil d'administration*, siégeant à Paris, et de seize ***cohortes***, correspondant à autant de circonscriptions territoriales. Le grand conseil, composé de sept membres, nommait un *Grand Chancelier*, qui était dépositaire du sceau, et un trésorier général. Chaque cohorte avait un chef-lieu, un chef, des revenus, un hospice et un conseil d'administration qui lui étaient propres : elle comprenait 7 *Grands-Officiers*, **20** *Commandants*, 30 *Officiers* et 350 simples *légionnaires*, ce qui portait à 6,412 le nombre total des membres de la L.; mais ce nombre fut augmenté par la suite. En outre, on remplaça le nom de légionnaire par celui de *Chevalier*, et l'on créa un cinquième grade, celui de *Grand Cordon*, supérieur aux quatre qui existaient déjà. Enfin, un décret du 29 mars 1809 établit à Écouen et à Saint-Denis deux grands établissements d'éducation, avec plusieurs succursales, destinés à recevoir les filles des membres de la L. La décoration consistait en une étoile à cinq rayons doubles, surmontée de la couronne impériale. Le centre de l'étoile était entouré d'une couronne de laurier, et portait, d'un côté, l'effigie impériale et la légende : *Napoléon, empereur des Français;* de l'autre, une aigle tenant la foudre, et entourée des mots : *Honneur et patrie.* La Restauration conserva la L. d'honneur, mais elle en modifia l'administration, et substitua, sur la croix, l'effigie d'Henri IV à celle de Napoléon, et les fleurs de lis à l'aigle. Les *commandants* reçurent, en outre, le nom de *Commandeurs*, et les *grands cordons* celui de *Grands-Croix*. En 1830, on remplaça les fleurs de lis par deux drapeaux tricolores. Un décret du 22 janvier 1852 a rétabli la croix dans sa forme primitive. En 1870, on remplaça l'effigie de Napoléon par celle de la République et on supprima la couronne. Cette croix, attachée à un ruban moiré rouge, est d'argent pour les chevaliers, et d'or pour les autres grades. Les chevaliers et les officiers la portent à la boutonnière, mais ces derniers ornent le ruban d'une rosette. Les commandeurs la suspendent au cou avec un ruban un peu plus large que celui des officiers. Les grands-officiers ont pour insigne une plaque d'argent de 7 centimètres placée sur le côté droit de leur habit. Quant aux grands-croix, leur décoration consiste en un large ruban moiré rouge qui passe de l'épaule droite au côté gauche et supporte la croix, et en une plaque d'argent, large de 10 centimètres et portant quatre drapeaux à ses angles, qui s'attache sur le côté gauche de l'habit.

L'administration de la L. d'honneur est actuellement confiée à un *Grand Chancelier*, choisi parmi les grands-croix et les grands-officiers. Ce haut fonctionnaire qui relève directement du chef de l'État, lui soumet les décrets de présentation aux divers grades de la L. d'honneur. Un *secrétaire général* remplace le Grand Chancelier en cas d'absence ou de maladie : il est spécialement chargé de la direction des bureaux de la Grande Chancellerie. Un *Conseil de l'Ordre*, dont les membres sont nommés par le chef de l'État et qui se réunit tous les mois, arrête la répartitition des nominations et promotions dans l'ordre de la L. d'honneur, veille à l'observation des lois et règlements afférents à cet ordre, propose les mesures de discipline à prendre à l'égard des membres de la L. d'honneur. Les décisions de ce conseil doivent être sanctionnées par le chef de l'État, qui est le Grand Maître de l'Ordre.

Les décorations de la L. d'honneur sont conférées par le chef de l'État, sur la proposition des divers ministres pour les fonctionnaires de leur département, sur la proposition du Grand Chancelier pour les fonctionnaires civils, les militaires ou marins en retraite. Pour être admis dans l'ordre de la L. d'honneur, les fonctionnaires doivent compter au moins vingt ans de services. Cette condition n'est pas exigée pour les personnes ayant accompli des actions d'éclat ou reçu des blessures graves en temps de guerre. De plus, les grades de la L. d'honneur peuvent être conférés, sans aucune condition, pour services exceptionnels : dans ce dernier cas, la nomination ne peut être faite qu'après avis du Conseil de l'Ordre. Les promotions ne sont accordées qu'après un stage minimum de 4 ans pour les chevaliers, de 2 ans pour les officiers, de 3 ans pour les commandeurs, de 5 ans pour les grands-officiers. Des droits de chancellerie, variant de 25 à 200 francs, sont perçus pour frais de brevets ; une rétribution variant de 15 à 240 francs est en outre exigée pour frais d'insignes.

La médaille militaire instituée par le décret du 22 janvier 1852 est comprise dans les attributions de l'Ordre de la Légion d'honneur. Elle est conférée aux sous-officiers, caporaux ou brigadiers, aux soldats ou marins, et exceptionnellement aux maréchaux et amiraux, ainsi qu'aux officiers généraux ayant exercé un commandement en chef ou les fonctions de ministre.

Les militaires ou marins décorés en activité de service reçoivent une pension dont le taux varie suivant le grade (100 francs pour la médaille militaire, 250 francs pour les chevaliers, 500 francs pour les officiers, 1,000 francs pour les commandeurs, 2,000 francs pour les grands-officiers, 3,000 francs pour les grands-croix). C'est sur l'avis du Conseil de l'Ordre de la Légion d'honneur qu'est conférée la médaille coloniale instituée par la loi du 26 juillet 1893. Cette distinction a pour but de récompenser les services militaires rendus dans les colonies ou pays de protectorat. Enfin, l'administration de la Grande Chancellerie a le contrôle et la surveillance des décorations étrangères. Nul n'est admis à porter les insignes d'un ordre étranger s'il n'en a préalablement obtenu l'autorisation par décret, et s'il n'a versé les droits de chancellerie dont le tarif est fixé par les règlements.

**LÉGIONNAIRE.** s. m. [Pr. *léjio-nère*] (lat. *legionarius*, m. s.). Soldat dans une légion romaine. *Les légionnaires enfoncèrent la cavalerie ennemie.* || Membre de la Légion d'honneur. *Il n'est que simple l.* || Adjectiv., *Soldat l.*, Qui appartenait à une légion romaine. || *Épées légionnaires*, Épées qui étaient à l'usage des légions. Voy. ÉPÉE.

**LÉGISLATEUR, TRICE.** s. (lat. *legislator, trix*, m. s., de *lex, legis*, loi; *latum*, de *ferre*, porter). Celui, celle qui donne des lois à un peuple. *Le l. des Hébreux. Le l. de Sparte. Catherine II voulut être la législatrice de son peuple* — Dans un sens plus partic., se dit de l'auteur d'une loi religieuse. *Notre divin l. Mahomet est l. des Arabes.* || Absol., se dit du pouvoir qui fait les lois. *C'est au l. qu'il appartient d'expliquer la loi. L'intention du l. était que...* || Fig., Celui qui établit les principes d'un art, d'une science. *Boileau est le l. de la poésie française, du Parnase français.* || Adj., *Ce prince, guerrier et l., poliça les nations qu'il avait soumises. Une reine législatrice.* || Membre d'une Assemblée législative.

**LÉGISLATIF, IVE.** (lat. *legislativus*, m. s.). Qui fait les lois. *Pouvoir l. Autorité législative. Assemblée législative.* || Qui a rapport, qui appartient à la loi. *Acte l. Dispositions législatives.*

**Hist.** — Dans l'histoire parlementaire de la France, le titre d'*Assemblée législative* s'applique particulièrement aux deux assemblées qui ont succédé à nos deux Constituantes, la première en 1791, et la seconde en 1849. La première Assemblée législative ouvrit ses séances le 1er octobre 1791 et se sépara le 21 septembre 1792. Elle dura donc un peu moins d'un an ; mais c'est dans ce court intervalle que s'accomplirent les événements qui amenèrent la chute de la monarchie. Parmi les décrets qu'elle rendit et qui pour la plupart eurent pour objet des mesures de circonstance, nous citerons les suivants : D. qui prononce la peine de mort contre les émigrés qui forment des rassemblements sur les frontières (9 nov. 1791); D. qui impose aux membres du clergé la prestation du serment civique (29 nov.); D. qui met sous le séquestre les biens des émigrés (9 fév. 1792); D. de déclaration de guerre à l'empereur François II (20 avril); D. qui ordonne la déportation des prêtres insermentés (26 mai); D. qui déclare la patrie en danger (11 juillet); D. qui suspend le roi de ses fonctions et convoque une Convention nationale (10 août); D. qui prescrit la vente des biens des émigrés (14 août); D. pour l'établissement du divorce (30 août). — La seconde Assemblée législative a existé depuis le 28 mai 1849 jusqu'au 2 décembre 1851, où elle fut dissipée par la force armée. On lui doit des lois sur la presse périodique, sur l'instruction primaire, sur l'élection des députés, etc. Elle a étudié et discuté des projets importants sur le régime hypothécaire, le crédit foncier, l'exécution des travaux publics, etc.; mais elle n'eut pas le temps d'achever ses travaux.

**LÉGISLATION.** s. f. [Pr. ...*sion*] (lat. *legislatio*, m. s.). Droit de faire les lois. *Dans un gouvernement absolu, la l. n'appartient qu'au monarque.* || Le corps même des lois. *Réformer la l. Une l. barbare. La l. romaine.* || Science, connaissance des lois. *Cours de l. Il est très fort en l.*

**LÉGISLATIVEMENT.** adv. Par acte législatif.

**LÉGISLATURE.** s. f. Se dit du corps qui est chargé de faire ou de voter les lois, pendant qu'il est en activité. *La l. vient de décider une grande question.* || Par ext., La période de temps pendant lequel une assemblée législative est réunie. *Pendant cette l.* || Se dit quelquefois pour assemblée législative. *L. l. n'est pas complète.*

**LÉGISTE.** s. m. (lat. *legista*, m. s.). Celui qui connaît ou qui étudie les lois. *Tous les légistes sont du même avis sur ce point.* = Syn. Voy. JURISTE.

**LÉGITIMAIRE.** adj. 2 g. (R. *légitime*). T. Jurispr. Qui est relatif à la réserve légale. *Droits légitimaires. Portion l.* — *Héritier l.*, Voy. DONATION.

**LÉGITIMATION**, s. f. [Pr. ...*sion*]. Action de légitimer. T. Droit. Voy. FILIATION. || Reconnaissance authentique des pouvoirs d'un envoyé, etc. On dit ordinairement *Vérification.*

**LÉGITIME.** adj. 2 g. (lat. *legitimus*, m. s.). Qui a les conditions, les qualités requises par la loi. *Pouvoir l. Autorité l. Mariage l.* — *Enfant l.* Voy. FILIATION. || Juste, équitable, fondé sur la raison, ou conforme à des règles établies. *Il a un sujet fort l. de plainte. Sa douleur est l. Son droit est l. Rien n'est plus l. La conséquence est l.* = Syn. Voy. LÉGAL.

**LÉGITIME.** s. f. T. Jurisp. anc. Se disait autrefois pour *Réserve légale.* Voy. DONATION et SUCCESSION.

**LÉGITIMEMENT.** adv. Conformément à la loi, à l'équité, à la raison, aux règles établies. *Un bien l. acquis. Cette somme lui est l. due.*

**LÉGITIMER.** v. a. *L. un enfant*, Donner à un enfant naturel les droits des enfants nés en légitime mariage. || *Faire l. son titre, ses pouvoirs*, Les faire reconnaître pour authentiques. *Il a fait l. ses pouvoirs.* On dit ordinairement. *Vérifier.* || Justifier, rendre excusable. *La dureté des parents ne légitime point l'ingratitude des enfants. L'ivresse ne légitime aucune mauvaise action.* = LÉGITIMÉ, ÉE. part.

**LÉGITIMISME.** s. m. Opinion des légitimistes.

**LÉGITIMISTE.** adj. et s. 2 g. T. Politiq. Qui reconnaît le principe de la légitimité, qui en est partisan. *Le parti l. C'est une famille l. C'est un l. fidèle.*

**LÉGITIMITÉ.** s. f. (R. *légitime*). Qualité de ce qui est conforme à la loi, à la justice, à la raison, ou aux règles établies. *On attaque la l. de son mariage. La l. d'un droit, d'une prétention, d'une demande.* || Particul., L'état, la qualité d'un enfant légitime *On lui dispute sa l.* || T. Politiq. Se dit du droit d'hérédité par ordre de primogéniture dans la monarchie, et particulièrement dans la monarchie française.

**LEGNAGO**, v. forte de la Vénétie, sur l'Adige; 14,500 hab.

**LEGNANO**, v. d'Italie (prov. de Milan), sur l'Olona; 8,000 hab.

**LE GONIDEC DE TRAISSAN**, celtisant fr., né au Conquet (Finistère) (1775-1838).

**LEGOUVÉ** (J.-B.), poète dramatique fr. (1764-1812), auteur du poème le *Mérite des Femmes.*

**LEGRAND D'AUSSY**, savant jésuite fr., né à Amiens; a donné un choix de Fabliaux (1737-1800).

**LEGRAND DU SAULE**, médecin aliéniste fr., né à Dijon (1830-1886).

**LE GRAS** (LOUISE DE MARCILLAC), fondatrice de la congrégation des *Sœurs de la Charité* (1591-1660).

**LEGS.** s. m. [Pr. *lè*] (lat. *legatum*, légué). Don fait par testament. *L. particulier. L. universel. Faire accepter, recevoir un l. Acquitter, payer les legs.* Voy. SUCCESSION. || Fig., Ce qu'une génération transmet à une autre.

**LÉGUER.** v. a. [Pr. *lé-gher*, *g* dur] (lat. *legare*, m. s.). Donner par acte de dernière volonté. *Il lui a légué tous ses biens.* || Fig., Transmettre. *Il a légué son talent, ses vertus à son fils. Notre siècle léguera de belles découvertes aux siècles futurs.* = LÉGUÉ, ÉE. part. = Conj. Voy. CÉDER.

**LÉGUMAGE.** s. m. L'ensemble des légumes.

**LÉGUME.** s. m. (lat. *legumen*, m. s., de *legere*, cueillir), T. Bot. Synon. de *Gousse.* Voy. ce mot et FRUIT. || Par ext., se dit des graines qui viennent dans des gousses, comme les pois, les fèves, etc. *Légumes verts. Légumes secs.* || Par une extens. plus grande, se dit de toute plante potagère employée comme aliment. *Les navets, les épinards, les artichauts, les asperges sont d'excellents légumes. Je ne connais pas de meilleur l. que la pomme de terre. Vivre de légumes.*

**LÉGUMIER, IÈRE.** adj. Qui a rapport aux légumes. *Jardin légumier.* = LÉGUMIER. s. m. Plat où l'on met les légumes sur la table.

**LÉGUMINE.** s. f. (R. *légume*). T. Chim. Caséine végétale contenue dans les pois, les fèves, les haricots, les lentilles, etc. Voy. CASÉINE.

**LÉGUMINEUX, EUSE.** adj. (lat. *leguminosus*, de *legumen*, légume). T. Bot. Qui a une gousse pour fruit. = LÉGUMINEUX. s. m. pl. Aliments composés de légumes.

**LÉGUMINEUSES.** s. f. pl. T. Bot. Famille de végétaux Dicotylédones de l'ordre des Dialypétales supérovariées diplostémones.

*Caract. bot.* : Plantes herbacées, arbrisseaux ou grands arbres, de port extrêmement variable, parfois grimpant à l'aide de vrilles foliaires ou volubiles (Glycine, Haricot). Feuilles alternes, rarement simples, le plus souvent composées, quelquefois réduites au pétiole transformé en phyllode. Stipules, 2 à la base du pétiole et 2 à la base de chaque foliole. Fleurs hermaphrodites, rarement polygames, tantôt régulières (*Mimosa*), tantôt zygomorphes (Haricot), le plus souvent disposées en grappes, rarement en cymes. Calice à 5 divisions denté ou divisé, avec le segment impair antérieur; les segments souvent inégaux et diversement combinés. Pétales 5, ou par avortement 4, 3, 2, 1, ou nuls, insérés à la base du calice, formant une corolle, tantôt régulière, tantôt zygomorphe ou *papilionacée.* Voy. FLEUR. Égaux ou inégaux, les pétales sont souvent libres, mais parfois aussi concrescents en une corolle régulière ou zygomorphe; le pétale impair, quand il existe, postérieur. Étamines, ordinairement 10, tantôt distinctes, tantôt monadelphes ou diadelphes, parfois étamines nombreuses; anthères versatiles. Pistil formé d'un seul carpelle, sessile ou porté par un pédoncule assez long, chaque bord de la suture ovarienne portant un rang d'ovules, rarement un seul ovule; style simple; stigmate simple, souvent arqué ou enroulé. Le pistil comprend rarement 2 (*Swartzia dicarpa*) ou 5 (*Affonsea*) carpelles. Le fruit est une gousse ou *légume*, quelquefois enroulée en spirale (Luzerne); parfois le fruit est divisé en 2 loges par une fausse cloison longitudinale (Astragales) ou bien en autant de loges qu'il y a de graines par une série de cloisons transversales. Dans ce cas, le fruit est indéhiscent (Casse) ou bien se sépare en autant d'articles ou akènes (Sainfoin). Ailleurs, le fruit se réduit à un seul akène (Arachide), parfois ailé (Ptérocarpe); ailleurs encore, c'est une drupe (*Coumarouna, Detarium*, etc.). Graines attachées à la suture supérieure, solitaires ou multiples, parfois pourvues d'un arille; embryon, avec ou sans albumen, tantôt droit, tantôt à radicule se recourbant sur les cotylédons; cotylédons, tantôt restant sous la terre pendant la germination, tantôt s'élevant hors du sol en expansion foliacée, toujours très larges relativement à la radicule et très souvent amygdaloïdes.

La famille des L. se compose de 400 genres, avec environ 6.500 espèces, répandues par tout le globe, depuis les régions équinoxiales jusqu'aux terres arctiques et aux montagnes élevées, avec augmentation progressive des pôles à l'équateur. On en connaît environ 250 espèces fossiles, toutes tertiaires, appartenant presque toutes aux genres actuellement vivants.

Les genres sont groupés en trois grandes tribus de la façon suivante :

TRIBU I. — *Papilionacées.* — Corolle zygomorphe à préfloraison vexillaire; embryon courbe (*Podalyria*, *Crotalaria*, *Lupinus*, *Genista*, *Ulex*, *Cytisus*, *Ononis*, *Trigonella*, *Medicago*, *Trifolium*, *Lotus*, *Psoralea*, *Indigofera*, *Galega*,

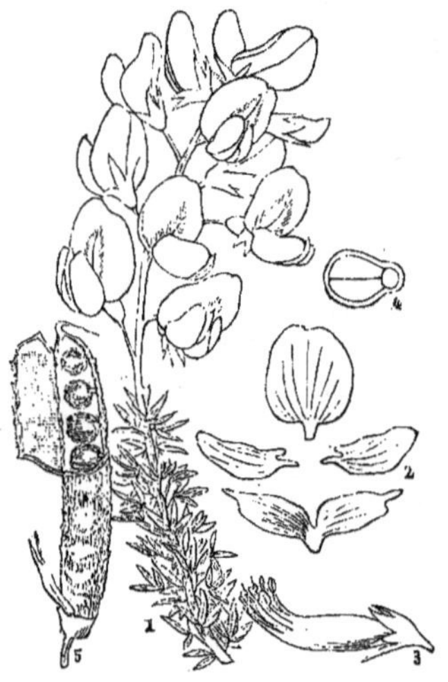


Fig. 1.

*Tephrosia*, *Astragalus*, *Coronilla*, *Hedysarum*, *Onobrychis*, *Desmodium*, *Vicia*, *Lathyrus*, *Phaseolus*, *Dolichos*, *Dalbergia*, *Sophora*, etc). [Fig. 1. — 1. *Adenocarpus frankenioides*; 2. Étendard, ailes et carène de la fleur; 3. Étamines; 4. Coupe transversale d'une graine; 5. Gousse, avec une partie de l'une des valves enlevée].

Cette tribu est celle qui renferme la plupart des espèces de L. qui jouissent de propriétés utiles et particulièrement alimentaires. Ainsi, la *Luzerne* (*Medicago sativa*), le *Trèfle rampant*, le *Trèfle des prés* et le *Trèfle incarnat*, vulgairement appelé *Farouch* (*Trifolium repens*, *pratense*, *incarnatum*), le *Sainfoin cultivé* ou *Esparcette* (*Onobrychis sativa*), sont bien connus, dans toute la France, comme plantes fourragères. Il en est de même, dans diverses contrées, de la *Vesce cultivée* (*Vicia sativa*), de l'*Ers* (*Ervum Ervilia*), de l'*Ornithope*, *Pied-d'Oiseau* ou *Seradelle* (*Ornithopus sativus*), du *Sainfoin étalé* (*Desmodium diffusum*), du *Sainfoin oscillant* (*Desm. gyrans*), de la *Crotalaire jonciforme* (*Crotalaria juncea*), de plusieurs espèces d'*Astragales*, de l'*Indigotier à neuf feuilles* (*Indigofera enneaphylla*), etc. Les graines de plusieurs espèces servent communément à la nourriture de l'homme. L'une des plus remarquables est l'*Arachide hypogée* (*Arachis hypogea*) ou *Pistache de terre* ou *Cacahouet*, dont les gousses s'enfoncent dans la terre après la floraison. Sa graine, huileuse et féculente, est cultivée en grand par les nègres d'Afrique, qui s'en nourrissent et l'appellent *Munduli*. L'industrie en fait aussi une consommation considérable pour en extraire l'huile qu'elle contient. La *Voandzée* (*Voandzea subterranea*), dont le fruit mûrit également sous terre, fournit aux habitants de Madagascar un aliment précieux. Les L. les plus usitées chez nous comme aliment appartiennent aux genres *Haricot* (*Phaseolus*), *Fève* (*Faba*), *Pois* (*Pisum*), *Lentille* (*Lens*). Nous mentionnerons aussi comme alimentaires le *Pois chiche* ou *Cicérole* (*Cicer arietinum*), qui est cultivé dans le midi de la France, et dont les graines torréfiées s'emploient quelquefois en guise de Café; la *Gesse cultivée* (*Lathyrus sativus*), connue sous les noms de *Pois de brebis* et de *Lentille d'Espagne*, et la *G. chiche* (*Lath. cicera*), vulg. *Pois cornu*, *Pois breton* et *Jarosse*, qui sont cultivées comme fourrages, et dont les graines se mangent dans diverses contrées du Midi, bien qu'il y ait lieu de croire que, dans certains cas, elles puissent devenir vénéneuses; la *G. tubéreuse* (*Lath. tuberosus*), qui produit des tubercules féculents, appelés *Glands de terre*, d'un goût analogue à celui de la Châtaigne, et qu'on mange cuits sous la cendre; le *Soja hispida*, dont les graines sont très riches en matières grasses et dont on a conseillé l'usage aux diabétiques; le *Dolic lablab* (*Dolichos lablab*), qui est fort cultivé en Egypte; le *D. à œil noir* (*D. melanophthalmus*), que l'on cultive en Italie et dans le midi de la France, sous les noms vulgaires de *Habine*, de *Mongette* et de *Bannette*; le *D. tubéreux* et *bulbeux* (*D. tuberosus* et *bulbosus*), dont on mange les tubercules féculents; le *Pueraria tuberosa*, des Indes Orientales; l'*Apios tubéreux* (*Apios tuberosus*), naguère nommé *Glycine tubéreuse*; et la *Piquotiane* (*Psoralea esculenta*). Ces deux dernières espèces appartiennent à l'Amérique boréale, et sont précieuses par la fécule abondante que renferment leurs tubercules. Différentes espèces contiennent une matière sucrée, dont on tire un utile parti. Tout le monde connaît les racines de la *Réglisse* (*Glycyrrhiza glabra*) et leur suc doux et mucilagineux, si fréquemment employé comme pectoral. On attribue les mêmes propriétés aux racines de la *Régl. hispide glandulifère* ou *Régl. de Russie* (*Glyc. echinata* et *glandulifera*), du *Trèfle des Alpes* (*Trifolium alpinum*) et de l'*Abrus precatorius*. A Java, la racine de cette dernière est usitée comme adoucissante et émolliente. L'*Alhagi Maurorum*, qui croît dans les déserts de l'Égypte et de l'Orient, produit une substance gommeuse et sucrée qui suinte de l'écorce sous forme de petits grains jaunâtres. Les Arabes l'appellent *Tareng jabim* et la recueillent en secouant simplement les branches de ce sous-arbrisseau. Quelques écrivains ont supposé que c'était là la manne dont se nourrirent les Hébreux dans le désert. On trouve également un suc doux et sucré dans l'*Astragale réglisse* (*Astragalus glycyphyllos*) et dans d'autres espèces du même genre, ainsi que dans le *Sainfoin cultivé* (*Onobrychis sativa*) et dans les feuilles, les racines et l'écorce intérieure du *Robinier faux Acacia* (*Robinia pseudacacia*).

Plusieurs Papilionacées jouissent de propriétés purgatives très marquées, tels sont : le *Baguenaudier* (*Colutea arborescens*), vulg. nommé *Faux séné*, la *Coronille Émère* (*Coronilla Emerus*), appelée encore *Séné scorpioïde*, *Séné bâtard*, et la *Coronille bigarrée* (*C. varia*); cette dernière est même vénéneuse. Ces mêmes propriétés se retrouvent dans diverses espèces appartenant au genre *Genêt*, par ex., le *G. des teinturiers* (*Genista tinctoria*) et le *G. purgatif* (*G. purgans*); aux genres *Cytise* (*Cytisus*), *Robinier* (*Robinia*), *Clitorie* (*Clitoria*), *Anagyris*, comme l'*A. fœtida*, etc. La décoction des sommités du *Genêt à balais* (*Genista scoparia*) est diurétique et purgative; ses graines, dit-on, sont émétiques. Cette plante renferme un principe spécial, la *spartéine*, qui est un médicament cardiaque fréquemment employé. Les habitants de Popayan, dans les Andes, emploient le *Tephrosia senna* comme purgatif. D'autres espèces, au contraire, sont toniques et astringentes. L'écorce de l'*Agati à grandes fleurs* (*Ag. grandiflora*) constitue un amer et un tonique excellent. Dans l'Inde, la racine de l'*Ormocarpum sennoides* est usitée comme tonique et stimulante. La racine et les graines du *Sophora tomenteux* (*Sophora tomentosa*) sont regardées comme jouissant de propriétés presque spécifiques dans les affections dites bilieuses. Le *Kino d'Afrique* ou de *Gambie* provient du *Pterocarpus erinaceus*, tandis que le *Kino de Malabar* ou *Kino d'Amboine* provient du *Pterocarpus marsupium*. Le *Pterocarpus draco* produit une sorte de sang-dragon désigné dans le commerce sous le nom de *Sang-dragon des Antilles*; le *Pter. santalinus* donne le *Bois de santal rouge*; l'*Érythrine monosperme* (*Erythrina monosperma*), une sorte de laque; le *Dalbergia monetaria*, une résine qui ressemble beaucoup au sang-dragon. Le *Butea frondosa* fournit le *Kino du Bengale*, qui est employé par les indigènes du nord-ouest de l'Inde pour précipiter l'indigo et pour le tannage. Néanmoins, les tanneurs anglais n'en font pas usage à cause de la couleur que cette substance donne au cuir. Les Javanais regardent les graines de l'*Euchresta Horsfieldia* comme un spécifique contre le poison des animaux venimeux et même contre celui qui est absorbé dans l'estomac. La graine du *Psoralea corylifolia* passe, aux yeux des médecins indigènes de l'Inde, pour stomachique et désobstruante Ces mêmes médecins administrent, dans le choléra, une forte infusion de la racine du *Mucuna pruriens*, édulcorée avec du miel. Ils prescrivent également la décoction de la racine amère du *Tephrosia purpurea* dans les cas de dyspepsie, de diarrhée et de tympanite. Dans l'hépatite, ils font usage des feuilles de l'*Indigotier anil* (*Indigofera anil*). Ils recommandent aussi les feuilles du *Sem* ou *Simbi* (*Phaseolus trilobus*), comme rafraîchissantes, sédatives, antibilieuses et toniques. On attribue aux racines et au feuillage du *Baptisia tinctoria* des propriétés antiseptiques et légèrement astringentes; on les dit aussi purgatives et émétiques. Cette propriété vomitive se remarque encore dans d'autres plantes, par ex., dans la racine du *Clitoria ternata*. Quelques Papilionacées passent pour diurétiques : telles sont les racines et les fleurs des *Fèves*, les racines des *Genêts*, particulièrement des *Genista tinctoria* et *scoparia*, de la *Bugrane des champs* ou *Arrête-bœuf* (*Ononis spinosa*), de l'*Anthyllis Hermanniæ*, etc. Le *Galéga officinal* (*Gal. officinalis*) passe pour sudorifique et galactagogue.

Un petit nombre produisent de la gomme. Ainsi la *Gomme adragante*, provient de l'*Astragalus verus*, qui croît dans la Perse occidentale, et d'autres espèces du même genre, comme l'*Astr. creticus* et l'*Astr. aristatus* en Grèce, l'*Astr. gummifer* du Liban et du Kurdistan, et l'*Astr. strobiliferus*, qui est propre à ce dernier pays. L'*indigotier* (*Indigofera*) est le genre de la famille le plus précieux comme plante tinctoriale. La couleur si connue sous le nom d'*Indigo* est produite par différentes espèces de ce genre. Voy. INDIGO. En Nubie, le *Tephrosia apollinea*, et, dans les contrées qu'arrose le Niger, le *Tephr. toxicaria*, ainsi que quelques espèces voisines, produisent aussi une sorte d'indigo. Les fleurs du *Butea frondosa* et du *B. superba* donnent une belle couleur jaune ou orange. La pulpe âpre que contiennent les gousses du *Styphnolobium* ou *Sophora du Japon*, donne une couleur semblable. Le *Baptisia tinctoria* produit un indigo de qualité médiocre. Le *Genêt des teinturiers* (*Genista tinctoria*), nommé encore *Génestrole*, *Fleur des teinturiers* et *Herbe à jaunir*, produit également une belle couleur jaune, et avec le pastel un beau vert. On prétend que le lait des vaches qui ont mangé du Genêt devient amer, et que cette saveur se communique au beurre et au fromage. Parmi les Papilionacées qu'on estime particulièrement pour leur bois, nous nommerons d'abord le *Robinier faux Acacia* (*Robinia pseudo-Acacia*), que l'on désigne vulgairement sous le nom impropre d'*Acacia*. Son bois est léger, d'un jaune clair, dur, de long usage, mais cassant. Le *Cytise aubour* (*Cytisus laburnum*), appelé communément *Aubour*, *Cytise à grappes* et *Faux Ébénier*, donne un bois d'un vert olive clair, d'un très beau grain, et propre aux ouvrages d'ébénisterie. Le *Robinia panacoco* donne le bois connu dans le commerce sous le nom de *Bois de perdrix*. Le *Machærium Schomburgkii* fournit un bois employé en ébénisterie sous le nom de *Bois de lettre marbré*. Dans l'Inde, on estime beaucoup le bois du *Pterocarpus dalbergioides*, et de plusieurs espèces appartenant au genre *Dalbergia*, notamment le *Dalb. Sissoa* et le *Dalb. melanoxylon*, dont le bois porte le nom d'*Ébène du Sénégal*. C'est à plusieurs espèces de ce genre, *Dalb. latifolia*, *Dalb. nigra*, que l'on rapporte le *bois de palissandre*; une partie serait aussi fournie par le *Machærium Allemani*.

Quelques-unes fournissent des substances balsamiques, notamment le *Baume de tolu*, que produit le *Toluifera Balsamum*, grand arbre de la Nouvelle-Grenade, et le *Baume du Pérou*, que l'on retire du *Myroxylon Pereiræ*, grand arbre de l'État de San Salvador.

Un très grand nombre d'espèces jouissent de propriétés toxiques plus ou moins prononcées. Les graines de la *Gesse aphaca* (*Lathyrus aphaca*), vulgairement appelées *Pois de serpent*, sont délétères et agissent comme narcotiques quand elles sont mûres; cependant, lorsqu'elles sont vertes, on peut les manger sans inconvénient. On attribue les mêmes propriétés à celles de l'*Anagyris fetida*. Les graines du *Jéquirity* du Brésil (*Abrus precatorius*) renferment une toxine appelée *abrine*, d'une extrême activité, puisqu'il suffit d'un milligramme pour tuer un lapin en 24 heures. L'instillation d'abrine sur la conjonctive détermine une congestion intense et la production de pus; aussi le macéré des graines de Jéquérity a-t-il été préconisé pour produire une conjonctivite substitutive dans le traitement de la conjonctivite granuleuse. Les graines du *Physostigma venenosum* ou *Fèves de Calabar* renferment un principe très actif, l'*ésérine*, fréquemment employé dans la thérapeutique oculaire à cause de la propriété qu'il possède de contracter la pupille. Les feuilles de l'*Arthrolobium scorpioides* peuvent s'employer comme vésicantes. Le suc de la *Coronille bigarrée* (*Coronilla varia*) est vénéneux. Les racines du *Haricot à rayons* et du *H. d'Espagne* ou à *bouquets* (*Phaseolus radiatus* et *multiflorus*) sont également regardées comme narcotiques. Deux espèces du genre *Cytise*, le *Cyt. à grappes* (*Cytisus Laburnum*) et le *Cytise des Alpes*, vulgairement appelé *Arbois* (*Cyt. alpinus*) ont causé des accidents graves chez des enfants qui avaient avalé les graines que renferment leurs gousses. On dit aussi que le *Cytise de Welden* (*Cyt. Weldeni*), qui est commun en Dalmatie, communique des propriétés delétères au lait des chèvres qui broutent son feuillage. La matière colorante fournie par les diverses espèces du genre *Indigotier* (*Indigofera*) est un poison végétal assez actif. Schomburgk affirme que les fleurs violettes du *Sabinea florida* sont dangereuses. Les graines de l'*Ervum ervilia*, vulgairement *Vesce amère*, mêlées avec la farine dont on fait le pain, produisent des accidents analogues à ceux de l'ergotisme, et rendent les chevaux presque paralytiques. L'écorce de l'*Andira inermis*, de l'*And. retusa*, ainsi que de quelques espèces du genre *Geoffræa*, particulièrement le *G. vermifuga* et le *G. spinulosa*, possède une odeur désagréable et un goût douceâtre et mucilagineux. Prise à l'intérieur, elle agit comme anthelmintique; mais à haute dose elle produit des vomissements violents avec superpurgation. Les semences d'*Angelin*, fournies par les *Andira vermifuga*, *anthelmintica*, *rosea*, etc., sont vermifuges. Les espèces du genre *Burtonie* (*Burtonia*) semblent être également vénéneuses. Néanmoins, les L. les plus remarquables par leurs propriétés toxiques sont celles dont on se sert pour empoisonner les poissons. L'écorce de la racine du *Piscidia erythrina*, arbre commun à la Jamaïque, est fort usitée dans cette île pour empoisonner le poisson; elle donne en outre une teinture douée de propriétés narcotiques et diaphorétiques bien prononcées. On emploie au même usage plusieurs espèces du genre *Tephrosia*, et spécialement le *T. toxicaria*. Il suffit d'en jeter quelques branches munies de leurs feuilles dans un étang, et bientôt on voit les poissons remonter à la surface de l'eau, où ils flottent, le ventre en l'air, de sorte qu'on peut facilement les saisir avec la main. On a remarqué que ce procédé ne fait qu'enivrer les gros poissons, tandis qu'il fait périr le jeune frai.

Pour achever de donner une idée de tous les usages de ces plantes, il faudrait ajouter une longue liste d'espèces qui servent aux emplois les plus divers : nous n'en citerons que quelques-unes. La *Crotalaire junciforme* (*Crotalaria juncea*), appelée dans l'Inde *Soun*, donne une fibre grossière nommée *Chanvre du Bengale*, avec laquelle on fabrique des sacs et des toiles à voiles. L'*Æschinomene cannabina* fournit encore une fibre excellente, nommée *Durachee-fibre* par les indigènes du Bengale. Dans le Moorshidabad, on fabrique aussi des cordages avec la fibre du *Butea frondosa* : les habitants la nomment *Pulas*. Le *Spartier* (*Spartium junceum*), appelé vulgairement *Genêt d'Espagne*, donne une filasse grossière. Les tubercules de l'*Orobe tubéreux* (*Orobus tuberosus*) sont comestibles, et, en Écosse, on s'en sert pour préparer une boisson rafraîchissante. Le *Lotier comestible* (*Lotus edulis*) donne des légumes tendres, d'une saveur douce et semblable à celle des petits pois : on les mange en Égypte et dans le midi de l'Europe. La *fève Tonka*, dont on se sert pour parfumer le tabac, n'est autre chose que la graine du *Coumarouna* (*Dipteryx odorata*). Elle renferme un principe particulier appelé *Coumarine*, qui se trouve à l'état cristallisé entre le tégument et l'amande. Ce même principe existe en abondance dans les fleurs du *Mélilot officinal* ou *Couronne royale* (*Melilotus officinalis*) et et du *Mél. bleu* (*Mel. cærulea*), qu'on appelle vulgairement *Trèfle musqué* et *Lotier odorant*. Ces végétaux possèdent en effet une odeur aromatique prononcée et jouissent, dit-on, de propriétés légèrement styptiques : aussi l'infusion des fleurs de Mél. officinal est-elle un remède populaire contre les ophthalmies légères. La décoction de la racine de l'*Indigotier* (*Indigofera tinctoria*) s'emploie sous forme de lotion pour détruire la vermine. Le suc des jeunes branches mêlé avec du miel a été vanté contre la stomatite aphteuse des enfants. Enfin, l'indigo en poudre modifie, dit-on, heureusement les ulcères de mauvaise nature; il a été aussi préconisé dans le traitement de l'épilepsie. Les poils des gousses du *Mucuna pruriens*, etc., sont employés comme anthelmintiques; mais, à vrai dire, ils n'agissent alors que d'une façon toute mécanique, ils constituent le *poil à gratter*. En Allemagne, les graines de l'*Astragale bétique* (*Astragalus bæticus*) sont quelquefois usitées en guise de café. Un bon nombre d'espèces sont émollientes. Les feuilles du *Lesbania picta* sont fort estimées par les Hindous, qui s'en servent pour hâter la suppuration des abcès, et l'appliquent sous forme de cataplasmes. Les habitants des montagnes où croît le *Pueraria tuberosa* prétendent que la racine de cette plante, broyée et employée comme topique dans les affections des articulations, diminue rapidement la tuméfaction des parties enflammées. La décoction des graines de la *Trigonelle* (*Trigonella fenum græcum*), plus communément appelée *Fenugrec*, passe pour émolliente. On fait également des cataplasmes avec la farine de ces mêmes graines; mais ces deux remèdes ne sont guère usités que dans la médecine vétérinaire. Les graines du Fenugrec sont aussi utilisées pour engraisser les lapins et parfumer leur chair, à laquelle elles communiquent l'odeur dite *de foin coupé* qui est celle de la coumarine. Les femmes égyptiennes faisaient usage de rameaux de fenugrec bouillis dans du lait pour rehausser la fraîcheur de leur teint. L'*Anthyllide vulnéraire* (*Anthyllis vulneraria*) doit son nom spécifique aux propriétés qu'on

Fig. 2.

lui attribue. Elle s'emploie en cataplasmes sur les plaies récentes. Le *Scorpiure chenille* (*Scorpiurus vermiculatus*), nommé aussi *Chenillette* et *Scorpioïde*, était jadis réputé comme alexipharmaque. Autrefois les graines du *Lupin blanc* (*Lupinus albus*) servaient d'aliment aux populations pauvres; on employait aussi leur farine pour faire des cataplasmes résolutifs, mais aujourd'hui on ne le cultive que comme fourrage ou pour l'employer comme engrais vert. Enfin, nous terminerons en mentionnant l'*Ajonc d'Europe* (*Ulex europæus*), connu encore sous les noms vulgaires de *Landier* de *Vigneau*, de *Jonc marin* et de *Genêt épineux*. On le cultive comme plante fourragère dans les terrains où il ne pourrait venir aucune autre espèce de fourrage. L'*Andira Araroba* donne la *Poudre de Goa*, qui doit ses propriétés à l'acide chrysophanique qu'elle renferme et que l'on utilise dans certaines affections de la peau.

Parmi les plantes ornementales de cette tribu, nous citerons plusieurs espèces de *Lupin* (*Lupinus hirsutus*, *L. varius*, *L. nanus*, *L. polyphyllus*), etc.; plusieurs espèces de *Templetonia*, *Bossiæa* et *Liparia*; le *Pois de senteur* (*Lathyrus odoratus*; la *Glycine frutescente* et la *Gl. de la Chine* (*Wisteria frutescens* et *sinensis*); l'*Acacia vulgaire* (*Robinia pseudo-Acacia*), le *Caragana de Sibérie* (*Car. frutescens*), l'*Agati à grandes fleurs* et l'*Ag. écarlate* (*Agati grandiflora* et *coccinea*), l'*Amorpha fruticosa*, etc. Tout le monde connaît les jolies petites graines rouges marquées d'un point noir de l'*Abrus precatorius*, dont on se sert pour faire des chapelets, etc.

Tribu II. — *Césalpiniées.* — Corolle zygomorphe à préfloraison carénale; embryon droit (*Cæsalpinia*, *Cassia*, *Bauhinia*, *Copaifera*, *Swartzia*, etc.). [Fig. 2. — 6. *Cassia lenitiva*. 7. Fleur un peu grossie].

Les propriétés purgatives sont le grand caractère de la tribu des *Césalpiniées*. On remarque d'abord les espèces du genre *Casse* (*Cassia*), qui fournissent les feuilles si usitées en médecine sous le nom de *Séné*. Ces espèces sont le *Cassia obovata*, le *C. lenitiva* et le *C. angustifolia*, fournissant les sortes commerciales connues sous les noms de *Séné de la Palte* et de *Séné de l'Inde* ou de *Tinnevelly*. La pulpe du fruit du *Cassier* ou *Cancficier* (*Cassia fistula*), du *Caroubier* (*Ceratonia siliqua*) et du *Tamarin* (*Tamarindus indica*), possède aussi des propriétés laxatives plus ou moins prononcées. La pulpe de ce dernier est sucrée et un peu acide : la *conserve de tamarin* se prépare en la faisant cuire avec une fois et demie son poids de sucre. Aux Antilles, les feuilles de la *Poinciane*, *Poincillade brillante* ou *Fleur de paradis* (*Poinciana pulcherrima*) sont usitées comme purgatives. Les fruits de plusieurs espèces de Césalpiniées sont comestibles. La gousse du *Dialium indicum*, qui est vulg. connue dans l'Inde sous le nom de *Prune de Tamarin*, contient une pulpe agréable et délicate, beaucoup moins acide que celle du Tamarin. A Sierra-Leone, on donne les noms de *Tamarin brun* et *Tamarin velouté* à deux espèces du genre *Codarium*. Les gousses du *Ceratonia siliqua*, vulg. appelé *Caroubier* ou *Carouge*, qui ont jusqu'à 30 centimètres de long, servent, en Espagne, à nourrir les bestiaux, qui les mangent avec avidité et s'engraissent rapidement à ce régime. Dans les temps de pénurie, les pauvres mangent sa pulpe, qui est rougeâtre, d'un goût sucré et assez agréable lorsqu'elle est mûre. On en tire aussi une eau-de-vie d'assez bon goût. Cette pulpe constituait, suivant la légende, la nourriture de saint Jean dans le désert, d'où le nom vulg. de *pain de saint Jean* qu'on lui donne quelquefois. Le *Févier à trois épines* (*Gleditschia triacanthos*), appelé vulg. *Carouge à miel*, dans l'Amérique du Nord, donne un fruit semblable à celui du Caroubier. Les gousses de l'*Hymenæa courbaril*, des Indes occidentales, contiennent une substance féculente dans laquelle les graines sont logées, et qui est douce et agréable au goût. Quand elle est fraîche, elle est laxative; mais en vieillissant elle perd cette propriété. La décoction de cette pulpe, soumise à la fermentation, donne un breuvage enivrant semblable à la bière. Les nègres paraissent aimer beaucoup les drupes succulentes du *Detarium microcarpum*. Certaines espèces sont très amères et jouissent de propriétés toniques fort énergiques. L'écorce et les graines de la *Guilandine bonduc* (*Guilandina bonduc*), vulgairement *Chicot*, appartiennent à cette catégorie. Ses graines, finement pulvérisées et mêlées avec de l'huile de ricin, s'emploient, dit-on, avec succès, comme topique dans les cas d'hydrocèle commençante. Elles passent pour fébrifuges. On en extrait aussi une huile inodore qui ne rancit jamais. Les racines de la *Poincillade brillante* (*Poinciana pulcherrima*), le bois du *Cæsalpinia echinata* réduit en poudre, offrent d'autres exemples de qualités toniques parmi ces plantes. Les gousses de *Dividivi* ou *Libidibi*, qui proviennent du *Cæsalpinia coriaria*, fournissent un des plus puissants astringents que nous connaissions et fréquemment employé au tannage des peaux. Les médecins hindous prescrivent les bourgeons desséchés et les jeunes fleurs du *Bauhinia tomentosa* dans certaines affections dysentériques. L'écorce du *Bauhinia variegata* et celle du *Cassia auriculata* sont employées par les indigènes, selon Roxburgh, pour tanner et teindre le cuir, aussi bien que comme médicament. Les feuilles du *Caulotretus microstachys* et de différentes espèces de *Bauhinia* sont usitées, au Brésil, comme émollientes et mucilagineuses. L'écorce du *Swartzia tomentosa*, appelée aussi *écorce de Panococco*, est un sudorifique très actif. Le bois de cet arbre est très dur et d'une extrême amertume. Les racines du *Cæsalpinia nuga* et du *Cæs. moringa* sont diurétiques. Le *Gainier* (*Cercis siliquastrum*) est fréquemment cultivé dans les jardins; son bois est utilisé dans l'ébénisterie.

Parmi les espèces tinctoriales, on doit placer au premier rang le *bois de Campêche*, qui provient de l'*Hæmatoxylon campechianum*; la couleur rouge produite par plusieurs espèces du genre *Cæsalpinia*, et principalement par le *C. echinata*, qui donne le bois de teinture appelé dans le commerce *Bois de Fernambouc*. Le *Brésillet* ou *Bois de sappan* de l'Inde, est fourni par le *C. sappan*, le *Bois de Brésil* par le *C. crispa* et le *Bois de la Jamaïque* par le *C. brasiliensis*; le *Bois de cam*, par le *Baphia nitida* : ce dernier donne une brillante couleur rouge, mais qui manque de solidité. L'écorce et le bois du *Melanoxylon Braunii*, grand arbre du Brésil, contiennent une matière colorante rouge sombre d'excellente qualité. Plusieurs végétaux de cette tribu sont recherchés comme bois de construction. Tel est, par ex., le *Courbaril* (*Hymenæa courbaril*) des Indes occidentales, dont le bois dur et d'un grain serré s'emploie dans la fabrication des meubles. On le recherche en Angleterre pour cheviller les planches des navires, et pour faire les pièces de bois des machines à vapeur. L'*Eperua falcata*, appelé *Walaba* dans la Guyane, a un bois d'un rouge sombre, souvent varié de bandes blanchâtres, dur, pesant, brillant, et imprégné d'une résine huileuse qui lui donne une grande durée. Son écorce est amère, et les indigènes l'emploient comme émétique. La Guyane fournit encore un bois de construction très précieux, appelé vulgairement *Cœur rouge*, qui est très résistant, et dont on fait des affûts pour les pièces d'artillerie : il provient de deux espèces de *Copaïer*, le *Copaifera pubiflora* et le *C. bracteata*. Diverses espèces de l'Inde fournissent aussi d'excellents bois de construction. D'autres, telles que le *Bauhinia racemosa* et le *B. parviflora*, ont une écorce fibreuse qu'on emploie pour faire des cordages. Les fibres de la tige du *Parkinsonia aculeata* sont très propres à la fabrication du papier. L'*Aloexylon agallochum* produit l'une des deux sortes de bois désignées dans le commerce sous les noms de *Calambac*, de *Bois d'aigle* et de *Bois d'aloès*. Les graines de différentes espèces donnent une huile abondante : telles sont celles du *Cæsalpinia oleosperma*. D'autres exsudent, comme les Mimosées, une substance gommeuse douce. Le *Bauhinia retusa* et le *B. emarginata* produisent, selon Roxburg, une gomme de couleur brune. Le *Pithecolobium gummiferum*, qui habite la province de Minas-Geraes, au Brésil, donne une gomme qui ressemble à celle du Sénégal. L'*Hymenæa courbaril* produit le *Copal* ou *Animé du Brésil* et de *Cayenne*. Les *Copals de Madagascar*, du *Mozambique*, de *Zanzibar*, de *Bombay*, etc., sont fournis par le *Trachylobium verrucosum* et ceux de la côte occidentale d'Afrique, *Copals* de *Sierra-Leone*, d'*Acra*, du *Congo*, etc., par le *Guibourtia copallifera*. C'est une substance odorante qui résulte de la concrétion de particules huileuses formée dans le centre du tronc. Cette formation résineuse paraît due à une maladie du végétal, car au bout d'un certain temps ce dernier périt. C'est de tous les parfums celui qu'estiment le plus les peuples orientaux; ils le regardent comme stimulant, fortifiant, céphalique et cordial. On le fait respirer dans les cas de vertiges et dans les affections paralytiques. Le *Baume de copahu*, oléo-résine analogue à la térébenthine, dont on fait un si grand usage en médecine dans les cas d'écoulements muqueux, découle de différentes espèces du genre Copaïer (*Copaifera*), dont les principales sont : *C. officinalis*, *C. Martii*, *C. Langsdorfii*, *C. guianensis*. *C. coriacea*. Dans le commerce on distingue 2 variétés de *Copahu*, le *C. du Brésil* et le *C. de Colombie*. Les graines du *Cassia absus* sont de la grosseur d'une petite lentille. On les considère comme le meilleur remède contre l'ophtalmie d'Égypte. A cet effet, on les réduit en poudre et on les mêle avec une quantité égale de sucre pulvérisé, puis on introduit une petite quantité de cette poudre entre les paupières. Ces graines sont extrêmement amères, légèrement aromatiques et mucilagineuses. On les envoie au Caire de l'intérieur de l'Afrique. Les graines du *Cassia occidentalis* acquièrent par la torréfaction un goût assez agréable, qui les fait utiliser au Sénégal et aux Antilles comme succédané du café. On trouve, dans cette tribu des Légumineuses, peu d'espèces proprement toxiques. Cependant on dit que les graines du *Detarium senegalense* sont vénéneuses. Celles de la *Guilandina bonduc* sont émétiques. L'écorce intérieure de l'*Hymenæa courbaril* est anthelminthique. Enfin, les graines du *Swartzia triphylla* sont extrêmement âcres, et purgent violemment, ce qui indique qu'elles possèdent un principe qui, à l'état de concentration, deviendrait vénéneux. L'*Écorce de Mançone*, produite par l'*Erythrophlæum guineense*, est employée par les nègres du Sénégal comme poison d'épreuve et pour empoisonner les flèches. C'est un poison du cœur très énergique.

TRIBU III. — *Mimosées.* — Corolle régulière; embryon droit (*Parkia*, *Entada*, *Prosopis*, *Mimosa*, *Acacia*, *Calliandra*, *Inga*, etc.). [Fig. 3. — 8. *Acacia verek* : 9. Fleur grossie; 10, Pistil; 11. Coupe du même; 12. Coupe d'une graine]. Une écorce douée de propriétés astringentes, et une exsudation de matières gommeuses, tels sont les principaux attributs qui caractérisent la tribu des *Mimosées*. La *gomme du Sénégal* est produite par l'*Acacia vereck*. La *Gomme arabique du Soudan* provient aussi de l'*A. vereck*; celle qui est connue dans le commerce sous le nom de *Gomme de Souakim* provient de l'*A. seyal* et de l'*A. stenocarpa*. Dans l'Inde, l'*A. arabica* donne un produit à peu près semblable, connu sous le nom de *Gomme de l'Inde*. Il en est de même de l'*A. decurrens*, de l'*A. mollissima* et de l'*A. affinis* de la Nouvelle-Hollande, qui fournissent la *Gomme d'Australie*. Enfin la *Gomme du Cap* provient de l'*Acacia horrida*. Quelques espèces de Mimosées doivent être mises au nombre des plantes alimentaires. Nous citerons comme ex. le *Parkia biglobosa*. On fait griller ses graines, désignées sous le nom de *Café du Soudan*, comme nous grillons le café, puis on les écrase et on les fait fermenter dans l'eau. Après cela on les lave, on les pile, et avec la poudre on fait des gâteaux qui ressemblent jusqu'à un certain point à notre chocolat, et qui constituent un excellent assaisonnement pour toutes sortes de mets. La matière farineuse qui entoure les graines sert en outre à préparer une boisson agréable; on en fait aussi une espèce de conserve. Les

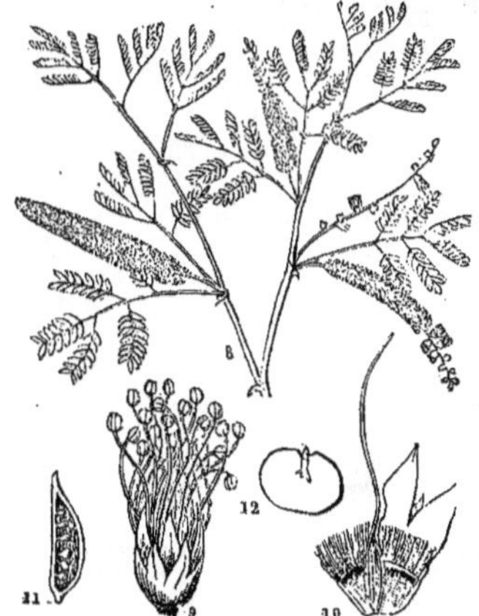


Fig. 3.

indigènes de la Tasmanie font rôtir les gousses de l'*A. sophora* quand elles sont mûres, et mangent les graines qu'elles renferment. La pulpe des fruits de l'*Inga tetraphylla* et d'autres espèces du même genre est douce et mucilagineuse. Un grand nombre de Mimosées se distinguent par leurs propriétés toniques et astringentes. Dans l'Inde, on regarde l'écorce de l'*A. arabica* comme un tonique excellent; on l'emploie aussi beaucoup pour le tannage des cuirs. L'écorce de diverses espèces d'Acacias de la Nouvelle-Hollande s'importe en quantité assez considérable en Angleterre pour l'industrie du tannage. Quelques espèces du genre *Prosopis*, de la partie occidentale de l'Amérique du Sud, portent des fruits dont le péricarpe renferme une quantité considérable de tanin. En Nubie, on emploie au même usage, sous le nom de *Bablab*, les gousses de l'*A. nilotica*. Le *Cachou*, vulg. appelé *Terre du Japon*, est formé par l'*A. catechu*. Pour obtenir cette substance fort usitée dans l'industrie à cause de ses qualités astringentes, on fait bouillir dans l'eau le bois de ce végétal, puis on fait évaporer jusqu'à ce que le suc, en s'épaississant, ait acquis une consistance convenable; alors on l'exprime, et le cachou se coagule bientôt en une masse d'un brun rougeâtre. L'*Écorce de Barbatimao* qui provient de l'*Inga avaremontemo* est employée au Brésil comme astringent et pour tonifier la peau. L'*Écorce de mussena* fournie par l'*Albizzia anthelmintica* est communément employée en *Abyssinie* comme ténifuge. Quelques espèces sont émétiques ou purgatives. Ainsi, l'*Entada pursætha*, de Java, est émétique, suivant Horsfield. La pulpe intérieure du fruit de l'*Inga vera* et celle de l'I. *feculifera*, ou *Pois doux* de Saint-Domingue, sont communément employées comme laxatifs par les indigènes. Un petit nombre paraissent exercer une action plus ou moins délétère. On cite au Brésil une espèce de *Mimosa* qui passe pour vénéneuse. Les feuilles et les branches du *Prosopis juliflora* sont, dit-on, un poison pour les bestiaux. Dans l'Inde, l'écorce de l'*Acacia ferruginea*, de l'*A. leucophæa* et autres espèces, sert à préparer une liqueur enivrante. Dans l'Amérique du Sud, on fait une énorme consommation d'un breuvage également enivrant qui se nomme *Chica*, et qui s'obtient en faisant fermenter dans l'eau les gousses sucrées du *Prosopis algarobia*. Plusieurs espèces sont employées comme bois de construction. Le bois de l'*Acacia arabica* et du *Vachellia farnesiana* sert, dans l'Inde, à faire des roues et les chevilles pour les tentes. L'*Acacia Kalkera* et l'*A. speciosa* fournissent des pièces de bois de grandes dimensions. Ce dernier est d'une couleur sombre et d'un grain assez serré pour qu'on l'emploie dans l'ébénisterie. On estime encore le bois de plusieurs autres sortes d'Acacias, tels que l'*A. elata* l'*A. xylocarpa*, l'*A. sundra*, l'*A. odoratissima*, l'*A. stipulacea* et l'*A. cinerea*. Suivant Schomburgk, le bois du *Mora excelsa*, l'arbre le plus majestueux de la Guyane, est égal au Chêne de la meilleure qualité. Le bois de l'*Adenanthera pavonina* ou *Crête de-paon* est employé dans l'ébénisterie à cause de son joli dessin. Certaines espèces possèdent des propriétés savonneuses. Les gousses de l'*Acacia concina* (*Mimosa saponaria* de Roxb.) forment un article considérable de commerce dans l'Inde, où on les emploie pour laver le linge. Les indigènes se servent aussi, pour se nettoyer les cheveux, des larges fèves brunes de l'*Entada pursætha*. Les Mimosées renferment aussi quelques espèces tinctoriales. C'est ainsi que la tige de l'*Adenanthera pavonina* donne une couleur rouge fort estimée. Enfin, au nombre des Mimosées cultivées comme plantes ornementales, nous citerons l'*Inga élégant* (*Inga pulcherrima*), l'*Acacia de Farnèse* (*Ac. Farnesiana*), connu aussi sous le nom vulgaire de *Casse du Levant*, dont les fleurs donnent à la distillation un parfum délicieux, et l'*A. julibrissim*, vulg. nommé *Ac. de Constantinople* et *Arbre de soie*. La *Sensitive* ou *Mimeuse pudique* (*Mimosa pudica*) n'est cultivée qu'à cause des phénomènes d'irritabilité dont elle est le siège, et qui se manifestent dans cette plante avec plus d'énergie que dans toute autre. Voy. IRRITABILITÉ.

**LÉGUMISTE**. s. m. Jardinier qui cultive les légumes. || Personne qui ne mange que des légumes. Voy. VÉGÉTARIEN.

**LEHM**. s. m. (all. *lehm*, limon). Dépôt quaternaire constitué par un mélange d'argile, de particules de quartz ou de silice très fines et d'hydroxyde de fer.

**LEHMANN**, peintre fr., d'origine all., né à Kiel (1814-1882).

**LEIBNIZ** ou **LEIBNITZ**, célèbre mathématicien et philosophe all., né à Leipzig, l'un des inventeurs du calcul infinitésimal, auteur de la *Monadologie* et des théories de l'harmonie préétablie et de la raison suffisante (1646-1716). Voy. PHILOSOPHIE.

**LEIBNIZIANISME**. s. m. Doctrine philosophique de Leibnitz.

**LEIBNIZIEN, IENNE**. adj. [Pr. *leibnizi-in, iène*] Qui appartient au leibnizianisme.

**LEICESTER**, v. d'Angleterre, cap. du comté de *Leicester*; 174,000 hab. Manufactures. — Le comté a 321,300 hab.

**LEICHE**. s. m. [Pr. *lè-che*] T. Icht. Genre de *Poissons cartilagineux*. Voy. SQUALES.

**LEINSTER**, pays d'Irlande, comprenant 12 comtés; 1,279,000 hab.

**LEIOCOME**, ou mieux **LEIOCOMME** s. m. (gr. λεῖος, lisse; κόμμι, gomme). Sorte de dextrine, obtenue en torréfiant légèrement l'amidon, et dont on se sert dans l'industrie comme apprêt.

**LEIPZIG** ou **LEIPSICK**, v. d'Allemagne (Saxe); 357,000 hab. Université célèbre. Grande bataille indécise, livrée aux Français par les alliés en 1813.

**LEISSEGUES** (BERTRAND DE), amiral fr. (1758-1832).

**LÉISTES**. s. m. pl. Genre d'Insectes Coléoptères. Voy. CARABIQUES.

**LEITH**, v. d'Écosse; 61,200 hab.; sert de port à Édimbourg.

**LEITHA**, riv. d'Autriche, affluent du Danube, formant la frontière entre l'Autriche et la Hongrie.

**LEIT-MOTIV**. s. m. (all. *motiv*, motif; *leit*, conducteur). T. Mus. Thème mélodique ou rythmique, destiné à caractériser un personnage, une situation ou même une idée abstraite. Le premier, Wagner, a mis en œuvre au théâtre le leitmotiv.

**LEITRIM**, comté d'Irlande, prov. de Connaught; 90,400 hab.; ch.-l. *Carrik-sur-Shannon*.

**LEJAY** (le Père), jésuite, né à Paris, professeur de rhétorique de Voltaire au collège *Louis-le-Grand* (1657-1734).

**LEJEAN** (GUILLAUME), voyageur fr., explorateur de l'Abyssinie (1828-1871).

**LEJEUNE**, oratorien et prédicateur distingué (1592-1672).

**LEKAIN** (HENRI-LOUIS **CAIN**, dit), tragédien fr. (1728-1778).

**LÉKÈNE**. s. m. T. Chim. Nom donné à un hydrocarbure solide, fusible à 79°, qui forme la majeure partie de l'ozokérite ou cire fossile. On l'obtient en cristaux blancs brillants solubles dans le benzène et dans le chloroforme. Il est très stable vis-à-vis des agents d'oxydation.

**LE LABOUREUR**, religieux et historien fr., né à Montmorency (1623-1675).

**LELÈGES**, anc. tribu de la Grèce.

**LELEWEL** (JOACHIM), célèbre historien et érudit polonais (1786-1861).

**LELIÈVRE**, capitaine fr. qui, à la tête de 123 soldats, défendit victorieusement Mazagran assiégé par 15,000 Arabes, du 1er au 5 février 1840 (1810-1851).

**LELOIR** (J.-B.-AUG.), peintre fr. (1809-1812).

**LELONG** (JACQUES), érudit français, auteur de la *Bibliothèque historique de la France* (1665-1709).

**LÉMA**. s. m. (gr. λαίμος, vorace). T. Entom. Genre d'*Insectes Coléoptères* voisins des *Criocères*.

**LEMAIRE** (DÉTROIT DE), au S. de l'Amérique, entre la Terre des États et la Terre de Feu, découvert par le Hollandais Lemaire (1616).

**LEMAIRE**, sculpteur fr. (1798-1880).

**LEMAIRE DE BELGES** (JEAN), historien et poète belge (1473-1525).

**LEMAISTRE** (ANTOINE), petit-fils d'Antoine Arnauld, avocat et traducteur fr., se retira à Port-Royal (1608-1658).

**LEMAISTRE DE SACY**, écrivain fr., frère du précédent, né à Paris, traducteur de l'Ancien Testament (1613-1684).

**LEMAÎTRE** (FRÉDÉRICK), célèbre acteur fr., né au Havre (1798-1875).

**LÉMAN** (LAC). Voy. GENÈVE.

**LÉMAN** (Dép. du), formé en 1801, avec Genève pour chef-lieu, disparut à la suite des traités de 1815.

**LÉMANIQUE**. adj. 2 g. Qui a rapport au lac Léman.

**LEMBERG** ou **LÉOPOLD**, cap. de la Galicie (empire austro-hongrois); 109,800 hab.

**LEMBEYE**, ch.-l. de c. (Basses-Pyrénées), arr. de Pau; 1,200 hab.

**LEMERCIER** (JACQUES), architecte fr., né à Pontoise en 1590; construisit la Sorbonne; m. vers 1654.

**LEMERCIER** (NÉPOMUCÈNE), poète dramatique et lyrique fr., (1771-1840).

**LEMERY**, chimiste fr., né à Rouen (1645-1715). *Volcan de L.* Voy. FER III, 1°.

**LEMIERRE** (ANTOINE-MARIN), poète tragique fr. (1723-1793).

**LEMMATIQUE**. adj. 2 g. Qui a rapport au lemme.

**LEMME**. s. m. (gr. λέμμα, de λαμβάνειν, admettre). T. Math. Proposition préliminaire qu'on établit pour faciliter ou rendre plus évidente la démonstration d'un théorème ou la construction d'un problème.

**LEMMING**. s. m. [Pr. *lèm-minghe*]. T. Mamm. Genre de *Rongeurs*. Voy. CAMPAGNOL.

**LEMNACÉES**. s. f. pl. (R. *Lemna*, l'un des genres de la famille). T. Bot. Famille de plantes Monocotylédones de l'ordre des Gramininées.

*Caract. bot.*: Plantes aquatiques nageantes à appareil végétatif offrant une dégradation profonde. Tige réduite à une petite lame verte, arrondie ou ovale, à face inférieure renflée en lentille, tantôt entièrement dépourvue de racines et de feuilles (*Wolfia*), tantôt munie seulement d'une racine sur sa face inférieure (*Lemna*), tantôt pourvue à la fois de plusieurs racines et d'une feuille engainante (*Spirodela*). Fleurs unisexuées, dépourvues de périanthe, groupées par deux ou trois en petits épillets monoïques, diversement disposés. Fleurs mâles comprenant une étamine. Fleur femelle constituée par un carpelle; ovaire renfermant, tantôt un ovule orthotrope ou semi-anatrope (*Lemna*), tantôt deux ovules anatropes (*Spirodela*), tantôt deux à sept ovules anatropes (*Telmatophyce*). Le fruit est un akène à péricarpe membraneux, quelquefois polysperme. Graine à tégument épais et charnu, renfermant un albumen amylacé plus ou moins épais; embryon tournant son cotylédon vers le raphé, avec gemmule dilatée en lame.

Cette famille comprend quatre genres avec vingt et une espèces, dont plusieurs sont très répandues dans les eaux douces et stagnantes de toutes les régions du globe; cinq sont confinées dans la zone tropicale, six dans les contrées tempérées. Les genres peuvent se grouper en deux tribus.

TRIBU I. — *Lemnées*. — Épillets latéraux, diandres (*Lemna, Spirodela, Telmatophace*). Les *Lemna* ou *Lentilles d'eau* étaient autrefois employées comme émollientes.

TRIBU II. — *Wolfiées*. — Épillets dorsaux, monandres (*Wolfia*).

**LEMNE**. s. f. (gr. λέμνα, lentille d'eau). Genre de plantes Monocotylédones (*Lemna*) de la famille des *Lemnacées*. Voy. ce mot.

**LEMNÉES**. s. f. pl. (R. *Lemna*). T. Bot. Tribu de plantes de la famille des *Lemnacées*. Voy. ce mot.

**LEMNIEN, IENNE**. adj. [Pr. *lemni-in, iène*]. Qui est de l'île de Lemnos.

**LEMNISCATE** s. f. (gr. λημνίσκος, ruban). Géom. On nomme ainsi une courbe du 4° degré qui a la forme du chiffre 8, et dont l'équation est $x^2+y^2=a\sqrt{x^2-y^2}$. Il existe plusieurs autres courbes qui ont une figure semblable, mais leurs équations sont différentes. La l. est susceptible d'une quadrature algébrique et sa surface totale est égale au carré de son demi-axe. Une propriété remarquable de cette courbe, c'est qu'elle est susceptible d'être divisée algébriquement en parties égales, quoique dissemblables.

**LEMNISQUE**. s. m. (lat. *lemniscus*, gr. λημνίσκος, m. s.). T. Antiq. Bandelette liant la couronne, les palmes des vainqueurs, les rameaux des suppliants. || T. Paléogr. Lien de soie, de corde, de cuir, attachant les sceaux aux chartes, diplômes, etc. — Trait horizontal, ponctué en dessus et en dessous ÷, indiquant dans les manuscrits les passages imités de l'Écriture Sainte. — Trait horizontal surmonté de deux points ∸, indiquant une transposition. || T. Zool. Couleuvre annelée de blanc et de noir.

**LEMNOS**. s. f. Ile de la mer Égée, 22,000 hab.; à la Turquie.

**LEMOINE** (JEAN), cardinal fr., né à Crécy (1250-1313).

**LEMOINE** (FRANÇOIS), peintre d'histoire, né à Paris (1688-1737).

**LÉMONAL**. s. m. T. Chim. Synonyme de *Géranial*.

**LÉMONIQUE**. s. m. T. Chim. *Acide l.* Synonyme de *Géranique*.

**LEMONNIER** (PIERRE-CHARLES), astronome fr., né à Paris (1715-1799).

**LÉMONOL**. s. m. T. Chim. Synonyme de *Géraniol*.

**LÉMONTEY** (PIERRE-ÉDOUARD), historien français (1762-1826).

**LEMOT**, sculpteur fr., né à Lyon, auteur de la statue de Henri IV placée sur le Pont-Neuf (1773-1827).

**LEMOVICES**, peuple gaulois qui habitait le pays nommé aujourd'hui Limousin.

**LEMOYNE** (le Père), poète médiocre, né à Chaumont; auteur du poème de *Saint Louis* (1602-1672).

**LEMUET** (PIERRE), architecte fr., né à Dijon (1591-1669).

**LÉMURES**. s. f. pl. (lat. *lemures*, m. s.). T. Antiq. Nom que les Romains donnaient aux âmes errantes des morts. Voy. LARVE.

Fig. 1.

**LÉMURIENS**. s. m. pl. [Pr. *lémuri-in*] (lat. *lemures*, fantômes). T. Mamm. En 1871, A. Milne-Edwards sépara des Quadrumanes de Cuvier, pour en faire un ordre spécial, un certain nombre de genres qui possédaient un placenta diffus comme les Ongulés, un utérus bicorne et un cerveau à peu près lisse. Ce sont les L. appelés encore *Prosimiens*. Les animaux qui le composent sont vulgairement appelés *Faux Singes*, à cause de leurs nombreux rapports avec les Singes proprement dits, et *Singes à museau de Renard*, à cause de leur museau pointu; mais ils en diffèrent par des caractères importants, comme nous venons de le voir. De plus, leurs narines sont terminales et sinueuses; leur pouce est bien développé et opposable aux quatre doigts, mais l'indicateur de leurs mains postérieures est terminé par une phalangette filiforme, armée d'une griffe étroite et relevée. Leurs dents incisives sont variables dans les deux mâchoires pour le nombre et la situation, et les inférieures sont ordinairement proclives ; leurs dents molaires, à tubercules aigus, s'engrènent les unes dans les autres. Enfin, les membres postérieurs sont plus longs que les antérieurs, et la queue, quand elle existe, n'est pas prenante. Isid. Geoffroy Saint-Hilaire

Fig. 2.

avait réparti ces animaux dans trois divisions qu'il appelle tribus : ce sont les *Indrisiens*, les *Lémuriens* proprement dits et les *Galagiens*. Les *Indrisiens* ont deux incisives inférieures, tandis que les *Lémuriens* et les *Galagiens* en ont quatre ; mais ces derniers ont les tarses allongés, tandis que les seconds ont des tarses ordinaires. — Les *Indrisiens* renferment trois genres, appelés *Avahi*, *Propithèque* et *Indri*, qui sont tous propres à l'île de Madagascar. Nous citerons comme exemple l'*Indri à courte queue* (Fig. 1) qui a environ 1 mètre de haut, le pelage noir, la face grise et le derrière blanc. Les indigènes de Madagascar l'apprivoisent et le dressent, dit-on, comme un Chien, pour la chasse. — Les *Lémuriens*, propre-

Fig. 3.

ment dits, comprennent les genres *Loris*, *Maki*, *Chéirogale*, *Nycticèbe* et *Pérodictique*. Le premier ne se compose que d'une seule espèce, le *Loris grêle* (Fig. 2), qui habite l'île de Ceylan. C'est un petit animal nocturne qui n'a que 20 centimètres de longueur, et dont le pelage est généralement roussâtre. On l'appelle quelquefois *Singe paresseux*, à cause de la lenteur de sa démarche. Il se nourrit d'insectes et de fruits. Le g. *Maki* (*Lemur*) est assez nombreux en espèces. Ce sont des animaux agiles qui vivent par troupes dans les forêts, où ils se nourrissent de fruits et d'insectes. Leur taille varie de 30 à 55 centimètres, non compris la queue. Ils s'apprivoisent aisément, et se comportent à peu près comme les Singes (Fig. 3, *Maki à front blanc*). On ne les trouve qu'à Madagascar et dans quelques petites îles voisines. Les *Chéirogales* sont remarquables par la forme de leur tête, qui est ronde, avec le nez et le museau courts, leurs lèvres garnies de moustaches et leurs yeux grands et rapprochés ; de là le nom qu'on leur a donné et qui signifie *Chat quadrumane*. Ces animaux sont absolument nocturnes et propres à Madagascar. Les *Nycticèbes* ou *Singes de nuit* sont nocturnes, comme les précédents ; mais, au lieu de présenter leur agilité,

Fig. 4.

ils sont d'une lenteur et d'une indolence extraordinaires. Ils habitent Ceylan, Sumatra et Java. Le *Nyct. de Java*, vulg. appelé *Poucan* (Fig. 4), a environ 32 centim. de longueur. Son pelage, généralement gris fauve, devient blanchâtre dans les parties inférieures. Le *Pérodictique* (*Lemur Potto*), de Gmelin) est propre à l'Afrique. C'est un animal nocturne, dont la

Fig. 5.

lenteur est comparable à celle des Loris et des Nycticèbes. — Les *Galagiens* comprennent les genres *Galago* et *Microcèbe*. Les *Galagos* habitent l'Afrique, surtout le Sénégal, où ils vivent dans les forêts de gommiers ; on en connaît pourtant une espèce de Madagascar. Ce sont des animaux de petite taille, au pelage doux et généralement roussâtre, avec une queue longue et touffue à l'extrémité (Fig. 5. *Gal. de Madagascar*). Ils sont d'un naturel doux et agiles comme les Écureuils. Leur régime est frugivore et insectivore. Le nom de *Microcèbe*, qui veut dire *petit Singe*, s'applique à un petit quadrumane nocturne que Buffon a décrit sous le nom de *Rat de Madagascar*. Il vit sur les palmiers, dont il mange les fruits.

**LÉNA** (La), fleuve de Sibérie, passe à Iakoutsk et se jette dans l'Océan Glacial Arctique, 4,520 kil.

**LENAIN**, nom de trois frères peintres fr., nés à Laon (XVII^e siècle).

**LENCLOÎTRE**, ch.-l. de c. (Vienne), arr. de Châtellerault; 2,000 hab.

**LENCLOS** (Anne, dite Ninon de), courtisane célèbre par son esprit et sa beauté, née à Paris (1620-1705).

**LENDEMAIN**. s. m. (anc. franç., *le* [jour] *en demain*). Le jour qui a suivi ou qui suivra celui dont on parle. *Ils partirent le l. Le l. de son arrivée. Il ne faut jamais remettre une bonne action au l. Personne n'est assuré du lendemain. Il n'y a pas de bonne fête sans l.* Prov.

**LENDIT**. s. m. [Pr. *lan-di*] (pour l'*endit*, du lat. *indictum*, fixé). Ancienne foire qui se tenait près de Paris en juin. || Congé que l'on donnait à cette occasion aux écoliers de l'Université. || Honoraires des maîtres, qui étaient payés à cette époque. || *L. scolaire*, Concours d'exercices physiques entre les élèves des lycées de Paris.

**LENDORE**. s. 2 g. [Pr. *lan-dor*] (orig. celt.; bas-breton *lendar*, paresseux). Personne lente et paresseuse qui semble toujours assoupie. *C'est un l., une grande l.* Pop.

**LENET** (Pierre), homme politique fr. (1600-1671).

**LENGLET-DU-FRESNOY**, érudit fr., né à Beauvais (1674-1755).

**LÉNIFIER**. v. a. (lat. *lenificare*, m. s., de *lenis*, doux; *fieri*, de *facere*, faire). T. Méd. Adoucir au moyen d'un lénitif. = Lénifié, ée. part. = Conj. Voy. Prier.

**LÉNITÉ**. s. f. (lat. *lenitas*, m. s., de *lenire*, adoucir). Douceur, indulgence. Inus.

**LÉNITIF, IVE**. adj. (lat. *lenitivus*, m. s., de *lenis*, doux.). T. Méd. S'emploie comme syn. d'*Adoucissant*, et quelquefois, mais à tort, comme syn. de *Laxatif*. — Subst., *Le miel est un bon l.* || Fig., Adoucissement, soulagement. *Cette heureuse nouvelle fut un grand l. à sa douleur.*

**LENNÉE**. s. f. [Pr. *lenn-né*]. T. Bot. Genre de plantes Dicotylédones (*Lennoa*) de la famille des *Lennoées*. Voy. ce mot.

**LENNGREN** (Anna-Maria), femme poète suédoise (1754-1817).

**LENNOÉES**. s. f. pl. [Pr. *lenn-no-é*] (R. *Lennoa*, lennée). T. Bot. Famille de végétaux Dicotylédones de l'ordre des Gamopétales supérovariées.

*Caract. bot.*: Herbes parasites sans chlorophylle, à feuilles réduites à des écailles. Fleurs régulières, hermaphrodites, en épi, en corymbe ou en capitule. Sépales 5, 6 ou 8. Pétales en même nombre. Étamines autant que de sépales; anthères à 4 sacs polliniques, à déhiscence longitudinale. Pistil comprenant 8 à 14 carpelles biovulés, mais divisés par autant de fausses cloisons en 16 ou 28 logettes uniovulés; ovules anatropes. Le fruit est une drupe à autant de noyaux que de logettes. Graine avec albumen amylacé; embryon petit, homogène et globuleux.

Cette petite famille ne renferme que trois genres (*Pholisma*, *Lennoa*, *Ammobroma*) avec quatre ou cinq espèces vivant au Mexique et en Californie. On ne leur connaît point d'usage.

**LENOIR** (Pierre), lieutenant général de la police à Paris en 1776, institua le Mont-de-Piété, assainit, éclaira Paris, etc. (1732-1807).

**LENOIR** (Alexandre), archéologue fr. (1761-1839).

**LENOIR**, négociant fr., né à Alençon; fonda avec Richard l'industrie cotonnière en France, mort en 1806. Son nom fut conservé par son associé, dit *Richard-Lenoir*.

**LENORMAND** (M^lle), devineresse célèbre (1772-1843).

**LENORMANT** (Charles), savant égyptologue, né à Paris (1802-1859). — Son fils François, archéologue fr., né à Paris (1837-1883).

**LE NÔTRE** ou **LE NOSTRE**, dessinateur de jardins (1613-1700), créa les parcs de Versailles, de Trianon, le jardin des Tuileries.

**LENS**, ch.-l. de c. du Pas-de-Calais, arr. de Béthune; 13,900 hab. Houillères. — Victoire de Condé sur les Espagnols qui amena le traité de Westphalie (1648).

**LENT, ENTE**. adj. [Pr. *lan*] (lat. *lentus*, m. s.). Tardif, qui n'est pas vite dans ses mouvements, dans ses actions, qui n'agit pas avec promptitude. *L'âne est un animal l. et pesant. Cet homme est l. dans tout ce qu'il fait, à tout ce qu'il fait. Il est l. dans tous ses mouvements. L. à parler, l. à écrire.* — Se dit de certaines facultés et de certaines choses, dont l'action ou l'effet manque de promptitude. *Avoir l'esprit l., une imagination lente. Avoir le pouls l. Le mouvement de cette planète est fort l. Une eau lente. Un poison l. Des remèdes lents. Un feu l. Une lente convalescence. L'action lente du temps détruit les corps les plus solides. Fièvre lente*, Fièvre continue, mais peu intense.

**LENTE**. s. f. [Pr. *lan-te*] (lat. *lens, lendis*, m. s.). Œuf de pou.

**LENTEMENT**. adv. [Pr. *lan-te-man*]. Avec lenteur.

**LENTEUR**. s. f. [Pr. *lan-teur*] (lat. *lentor*, mollesse, de *lentus*, mou, lent). Manque d'activité, de célérité dans le mouvement et dans l'action. *Il est d'une l. insupportable. Il met beaucoup de l. à tout ce qu'il fait, dans tout ce qu'il dit. Agir, parler avec l. La l. de la tortue.* || Se dit de la marche de certaines choses, d'un procès, d'une pièce de théâtre, d'un roman. *Les lenteurs de la procédure. Il y a trop de l. dans l'action de ce drame, de ce roman.* || Fig., se dit de l'esprit, des facultés intellectuelles. *Avoir une grande l. d'esprit, d'imagination*, Concevoir, imaginer difficilement et avec peine.

**LENTIBULARIÉES**. s. f. pl. [Pr. *lan-ti...*] T. Bot. (lat. *lentibulum*, petite lentille). Nom sous lequel plusieurs botanistes désignent la famille des *Utriculariées*. Voy. ce mot.

**LENTICELLE**. s. f. [Pr. *lanti-sèle*]. (Dimin. de *Lentille*). T. Bot. On nomme ainsi des taches proéminentes, rousses et ovales qui sont disséminées sur l'écorce des branches des arbres. Ces proéminences proviennent de ce fait que, par suite de l'accroissement en épaisseur de la tige, l'épiderme se fendille et éclate à l'endroit des stomates où la couche sous-jacente fait saillie comme à travers autant de boutonnières.

**LENTICELLÉ, ÉE**. adj. [Pr. *lantilsel-lé.*] T. Bot. Qui offre des lenticelles.

**LENTICULAIRE**. adj. 2 g. [Pr. *lanti-ku-lère*] (lat. *lenticularis*, m. s.). Qui a la forme d'une lentille, c.-à-d. d'un disque à bords tranchants. *Verre l. Corps l., de forme l.* — *Os l.*, L'un des osselets de l'oreille interne.

**LENTICULÉ, ÉE**. adj. [P. *lanti-ku-lé*] (lat. *lenticulatus*, m. s.). Qui a pris la forme d'une lentille. *Fossiles lenticulés.*

**LENTICULINE**. s. f. [Pr. *lanti...*] (lat. *lenticula*, lentille). Groupe de coquilles fossiles ressemblant à des lentilles.

**LENTIFORME**. adj. 2 g. [Pr. *lan-tiforme*] (lat. *lens, lentis*, lentille; *forma*, forme). Qui affecte la forme d'une lentille.

**LENTIGINEUX, EUSE**. adj. [Pr. *linti-ji-neu*] (lat. *lentiginosus*, m. s., de *lentigo*, tache de rousseur). T. Méd. Dont la peau présente des taches de rousseur.

**LENTIGO**. s. m. [Pr. *lin-tigo*] (lat. *lentigo*, tache de rousseur, de *lens, lentis*, lentille). T. Zool. Genre de coquille qui renferme le strombe. || T. Méd.

**Méd.** — On donne le nom de *l.* ou *taches de rousseur* à des taches pigmentaires de coloration grise ou brune, de forme arrondie, non saillantes, de dimensions égales ou inférieures à celles d'une lentille, persistant pendant plusieurs années ou pendant toute la vie; elles sont quelquefois assez abondantes pour se réunir par places en larges plaques. Elles sont surtout nombreuses sur les parties découvertes de la peau ; le soleil d'été, le grand air rendent plus apparentes ces taches, qui pâlissent au contraire pendant l'hiver. Au point de vue anatomique, le l. consiste en une accumulation de pigment dans la zone réticulée de Malpighi, sans infiltration concomitante de cellules lymphatiques dans le chorion. Il faut le distinguer soigneusement du *sclérodermu pigmentosum* (taches brunes qui s'accompagnent de fines dilatations vasculaires et de petites tumeurs épithéliomateuses, précédant la cachexie cancéreuse), des *éphélides* (taches développées par la grande lumière solaire et disparaissant l'hiver) et du *chloasma* (taches se remarquant chez les femmes enceintes ou atteintes de troubles menstruels). Le l. ne nécessite ordinairement pas de traitement. Les préparations soufrées, celles de sublimé, atténuent parfois sa coloration.

**LENTILLE**. s. f. [Pr. *lanti-lle, ll* mouillées] (lat. *lenticula*, dimin. de *lens, lentis*, m. s.) T. Bot. Genre de plantes Dicotylédones (*Lens*) de la famille des *Légumineuses*. S'emploie le plus souvent pour désigner la L. commune (*Lens esculenta*). Voy. Légumineuses. || *L. d'eau*, le Lemma minor. Voy. Lemnacées. — *L. d'Espagne*, le Lathyrus sativus. Voy. Légumineuses.

**Agric.** — La lentille (*Ervum Lens esculenta*) fournit des semences très nourrissantes pour l'homme et un excellent fourrage pour les bestiaux. Ces semences se conservent assez facilement ; mais si elles résistent aux intempéries, elles sont souvent attaquées par la larve de la *bruche des pois*, qui les dévore ou qui s'y loge. On les en débarrasse par une exposition au four ou à l'étuve; après quoi, on les crible. — En Angleterre, on opère la décortication des semences en les faisant passer entre deux meules convenablement espacées ; puis on les crible et on les réduit en farine; celle-ci fournit une purée très légère et très agréable ; on la fait entrer quelquefois dans la composition du pain de ménage, qu'elle rend bis, mais très savoureux. Cette farine a joui d'une grande vogue sous le nom de *revalescière*. — Les fanes, fauchées lorsque les gousses sont déjà formées, procurent un fourrage peu abondant, mais tellement riche en principes nutritifs qu'on ne doit les donner aux bestiaux, même à l'état sec, qu'avec modération. — La l. s'accommode bien de tous les climats de France. Elle redoute les sols compacts et argileux, et souffre moins de la chaleur et de la sécheresse que de l'humidité; aussi préfère-t-elle les terrains légers, sableux, calcaires, granitiques ou volcaniques. Elle occupe, dans la rotation de culture, la même place que les pois et la vesce. — Dans le Nord, on sème la l. au printemps, et dans le Midi, pendant l'hiver. — Aussitôt que les gousses de la l. commencent à brunir, on procède à la récolte, même quand les tiges sont encore vertes ; car, si on les laisse trop mûrir, les gousses s'ouvrent et les graines s'échappent. L'hectare de l. peut donner, en moyenne, 16 hectolitres, du poids de 85 kilog. chacun. On obtient, en outre, 1.800 kil. de très bon fourrage. — Une variété de l. à une fleur (*Ervum monanthos L.*) offre le très grand avantage de pouvoir mettre en valeur les plus mauvais terrains siliceux réputés incapables de produire aucun fourrage ; c'est un premier moyen d'arriver progressivement à une immense amélioration.

Le *lentillon* (*Ervum Lens minor*) est une variété de l'espèce précédente, dont le fourrage est fort estimé, et que l'on cultive beaucoup dans quelques départements voisins de Paris. Le lentillon aime les terres sèches : on le sème à la volée, au printemps, avec un peu d'avoine, destinée à le soutenir. Il y a une variété d'hiver que l'on sème en septembre, et à laquelle on mêle un peu de seigle ou d'avoine. Un hectare emploie 12 décalitres de semence.

**LENTILLE**. s. f. (Même mot que le précédent, ainsi dit à cause de la forme). T. Physiq. Verre taillé en forme de lentille. || T. Techn. Disque de métal qui, fixé à la base du balancier d'une pendule ou d'une horloge, en abaisse le centre de gravité. || T. Méd. Tache brune, congénitale, de forme lenticulaire, faisant saillie sous l'épiderme. Voy. Tache.

**Phys.** — I. — En Optique, on appelle *Lentille* un corps transparent terminé par deux surfaces sphériques ou par une surface plane et une surface sphérique. La plupart des lentilles sont de verre ou de cristal; on en fait aussi de quartz, et même, pour les microscopes, de grenat, de saphir ou de diamant. On nomme *lentilles fluides* celles qui sont formées par un liquide compris entre deux glaces courbées comme des verres de montre : on peut leur donner des dimensions considérables, et par conséquent obtenir une puissance extraordinaire ; elles constituent alors les *verres ardents*. Quant à leur forme, les lentilles sont dites *convergentes* ou *divergentes*, selon qu'elles ont la propriété de rapprocher les uns des autres ou de faire diverger les rayons lumineux qui les traversent. On distingue trois sortes de lentilles convergentes, savoir : la *L. biconvexe* (Fig. 1) ; la *L. plan-convexe* (Fig. 2) ; le *Ménisque convergent* (Fig. 3), dont une des faces est concave, mais possède un rayon de courbure plus grand que celui de la face convexe. Il y a également trois espèces de lentilles divergentes : la *L. biconcave* (Fig. 4) ; la *L. plan-concave* (Fig. 5), et le *Ménisque divergent* (Fig. 6), dans lequel le rayon de la surface concave est moindre que celui de la surface convexe. Dans les lentilles dont les deux surfaces sont sphériques, les centres de ces surfaces sont appelés *centres de courbure*, et

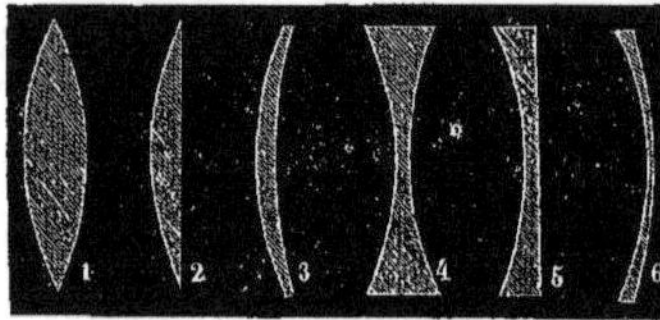


l'*axe principal* est la droite indéfinie menée par ces deux centres. On appelle *rayons de courbure* les rayons des deux sphères dont font partie les faces de la lentille. Lorsqu'une des faces est plane, l'axe est la perpendiculaire abaissée du centre de la face courbe. On nomme *ouverture* d'une l., l'angle sous-tendu par la surface dont le rayon de courbure est le plus petit, et qui a son sommet au centre de courbure de cette surface ; et l'on dit qu'une l. est bien *centrée*, quand son axe principal passe exactement par les centres de ses faces.

II. — Il est facile de comprendre pourquoi les lentilles plus épaisses au milieu que sur les bords rendent convergents les rayons lumineux, et pourquoi les lentilles plus épaisses sur leurs bords qu'à la partie centrale les font diverger. Considérons une l. biconvexe (Fig. 7) sur laquelle on reçoit un faisceau de rayons parallèles ; prenons un de ces rayons LS au-dessus de l'axe, la réfraction du verre déviera son trajet de la ligne droite, de telle sorte que, entré en S, il sortira

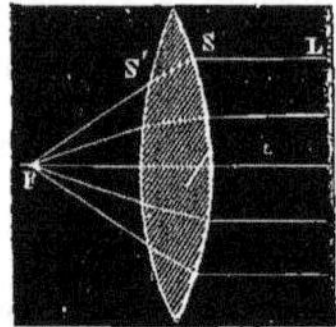


Fig. 7.

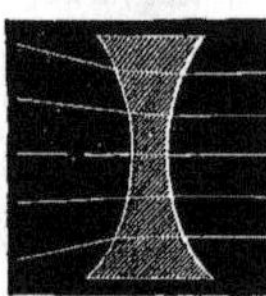

Fig. 8.

en S'. Les éléments de sphère S et S' peuvent être regardés comme plans, et il est clair que si on les prolongeait, ils donneraient un prisme ayant son sommet vers le haut de la figure. Par conséquent, le rayon LS étant dans les mêmes conditions que s'il avait traversé un prisme, doit être abaissé vers la base de ce prisme, c.-à-d. vers l'axe de la l. Il en serait de même de tous les autres rayons au-dessus de l'axe. Quant aux rayons inférieurs à l'axe, chacun d'eux peut être regardé comme traversant un prisme qui aurait son sommet vers le bas de la figure et par conséquent la réfraction relèvera tous ces rayons vers l'axe : le faisceau des rayons parallèles sera donc transformé en faisceau convergent. Si la l. est biconcave (Fig. 8), les rayons supérieurs à l'axe pourront être regardés comme traversant des prismes ayant leur sommet en bas, et par conséquent ils seront relevés. Au contraire, les rayons inférieurs à l'axe traversant des prismes ayant leur sommet en haut, seront abaissés; d'où l'on voit que le faisceau de rayons parallèles deviendra divergent.

Dans toute l. il existe un point, appelé *centre optique*, qui possède cette propriété remarquable qu'un rayon passant par ce point n'éprouve pas de déviation angulaire, c.-à-d. où le rayon émergent est parallèle au rayon incident. Menons aux deux surfaces d'une l. biconvexe (Fig. 9) un rayon CA et un rayon C'A' parallèles l'un à l'autre. Les deux éléments plans en

A et en A′ qui appartiennent à la surface de la l. sont également parallèles entre eux, puisqu'ils sont perpendiculaires aux deux extrémités de deux droites parallèles. Donc le rayon incident réfracté KAA′K se comportera comme s'il traversait une lame à faces parallèles, c.-à-d. émergera sous un angle égal à son angle d'incidence. Il est facile de voir que le point O est fixe; en effet, les triangles OAC, OA′C′ étant semblables, on a : $\frac{OC}{OC'}=\frac{AC}{A'C}$. Ce dernier rapport étant fixe, le point O qui divise la longueur déterminée CC′ dans ce rapport fixe, est lui-même fixe : c'est ce point qui est le *centre optique*. Dans le cas d'une l. équiconvexe ou d'une l. équiconcave, qui sont les lentilles le plus fréquemment employées, ce point est au milieu de l'épaisseur. Pour celles qui ont une face plane, il est à l'intersection de l'axe principal avec la face courbe. Enfin, dans les lentilles biconcaves ou biconvexes à courbure inégale, la distance du centre optique aux deux faces est dans le même rapport que les rayons de courbure. Il en est de même pour les ménisques, mais alors le centre optique est placé hors du verre. — On appelle *axe oblique* ou *axe secondaire*, toute droite indéfinie qui passe par le centre optique sans se confondre avec l'axe principal. Comme les lentilles sont en général fort minces, on peut admettre sans erreur sensible qu'un rayon qui passe par le centre optique reste en ligne droite.

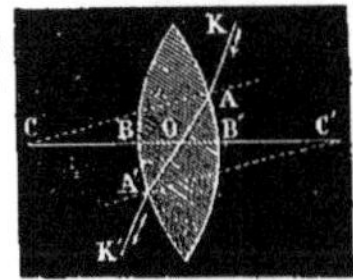

Fig. 9.

III. — Lorsqu'on expose directement une l. convergente au soleil (Fig. 7), les rayons viennent après leur réfraction passer par un même point F, qu'on appelle *foyer principal*. Ce phénomène devient très apparent, quand on se place dans une chambre obscure et qu'on répand un peu de poussière sur le trajet des rayons. *Le foyer principal est le point où convergent les rayons lumineux qui tombent sur la l. parallèlement à l'axe principal*, ou, en d'autres termes, qui émanent d'un point situé à l'infini. On nomme *distance focale principale*, la distance du foyer au centre de la l. En la désignant par $f$ on a : $\frac{1}{f}=(n-1)\left(\frac{1}{R}+\frac{1}{R'}\right)$. Dans cette formule, R et R′ sont les deux rayons de courbure de la lentille, $n$ l'indice de réfraction de la substance dont est faite la lentille. Dans les lentilles ordinaires équiconvexes, qui sont de crown, dont l'indice est 1,5, le foyer principal coïncide très sensiblement avec le centre de courbure. Avec les lentilles divergentes (Fig. 12), les rayons se dispersent au lieu de se rassembler; mais ils se dispersent comme s'ils provenaient d'un certain point F situé sur l'axe, du côté du point

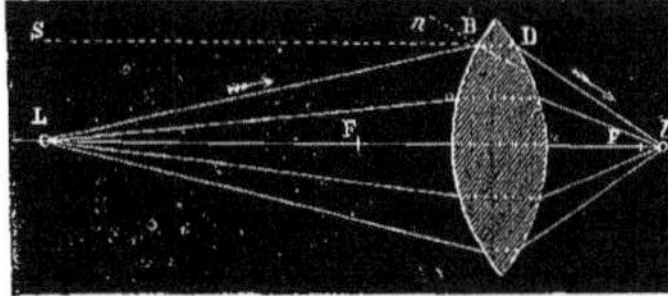

Fig. 10.

lumineux : ce point est appelé *foyer virtuel* pour le distinguer du *foyer réel* donné par les lentilles convergentes. On obtient la position de ce point en prolongeant jusqu'à la rencontre de l'axe les rayons lumineux qui ont été réfractés par la l. — Supposons (Fig. 10) que le point lumineux soit situé sur l'axe principal, en L, à une distance finie et au delà du foyer principal. La l. étant convergente, comparons la marche du rayon LB à celle du rayon SB parallèle à l'axe. Nous reconnaîtrons que le premier fait avec la normale un angle $n$BL plus grand que l'angle $n$BS; il doit donc aussi faire un angle de réfraction plus grand. Par conséquent, après avoir traversé la l., il rencontrera l'axe en un point $l$ plus éloigné que le foyer principal. Tous les rayons partis du point L viennent sensiblement concourir au même point $l$, et ces deux points portent le nom de *foyers conjugués*, parce que chacun d'eux est le foyer des rayons lumineux partis de l'autre. Le point $l$ sera d'autant plus éloigné de la l. que le point lumineux en sera lui-même plus rapproché. Si la l. est divergente, le faisceau émergent sera, non seulement plus divergent que le faisceau incident, mais plus divergent encore que si le faisceau incident avait été formé de rayons parallèles. Il résulte de là que le foyer virtuel, situé entre le foyer principal et la l., est d'autant plus rapproché de celle-ci que le point lumineux sera lui-même plus près d'elle. Lorsque le point lumineux est au foyer principal d'une l. convergente, il est évident

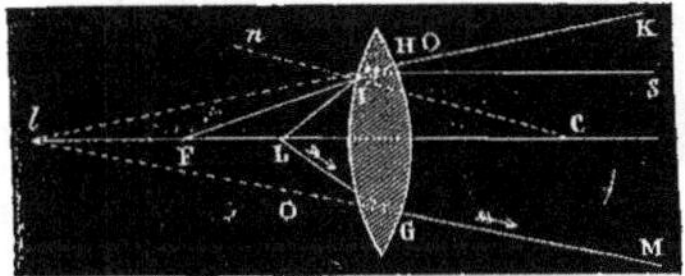

Fig. 11.

que le faisceau émergent est formé de rayons parallèles à l'axe; mais s'il est situé entre la l. et le foyer principal, le foyer sera virtuel, comme le montre la Fig. 11. Dans ce cas, les rayons incidents LI faisant avec la normale des angles plus grands que les angles formés par les rayons émanés du foyer principal, il en résulte qu'après l'émergence les premiers rayons s'éloignent de l'axe plus que les derniers : ils forment donc un faisceau divergent, et ne peuvent constituer par leur rencontre un foyer réel; mais leurs prolongements concourent en un même point $l$ situé sur l'axe, et c'est ce point qui est le *foyer virtuel* du point L.

En appliquant les lois de la *réfraction*, on démontre qu'en appelant $p$ et $p'$ les distances des deux foyers conjugués à la lentille, on a : $\frac{1}{p}+\frac{1}{p'}=\frac{1}{f}$, $f$ étant la distance focale principale. $p$ et $p'$ doivent être pris négativement lorsqu'ils correspondent à un foyer virtuel; $f$ doit être pris négativement quand le foyer principal est virtuel, c.-à-d. dans le cas d'une lentille divergente.

Pour déterminer expérimentalement le foyer principal d'une l. convergente, il suffit de l'exposer aux rayons solaires, en ayant soin que son axe principal leur soit parallèle, et de cher-

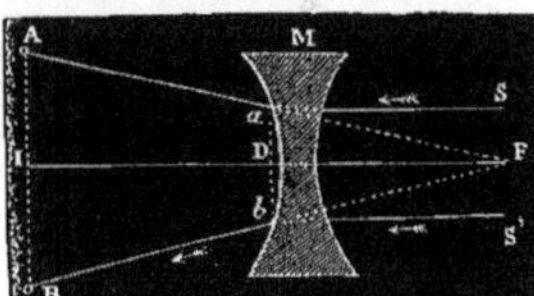

Fig. 12.

cher avec un petit écran le point où le faisceau émergent donne l'image la plus brillante et la moins étendue : là est le foyer principal. Pour trouver la distance focale principale d'une lentille biconcave M (Fig. 12), on recouvre une de ses faces d'un corps opaque, en réservant, dans un plan méridien et à égale distance de l'axe, deux très petites ouvertures $a$ et $b$, qui laissent passer la lumière. On fait tomber ensuite sur l'autre face, parallèlement à l'axe, un faisceau de lumière solaire, et l'on reçoit les deux petites images brillantes A et B sur un écran que l'on éloigne jusqu'à ce que la distance AB soit double de $ab$. Il est évident, à cause de la similitude des triangles F$ab$ et FAB, que, dans le cas précédent, FI sera double de FD, et par conséquent que DI, c.-à-d. la distance de l'écran à la l., sera égal à FD, qui est la distance focale principale.

Jusqu'à présent nous avons supposé le point lumineux sur l'axe principal de la l.; s'il n'y est pas, il est sur un certain axe secondaire PP′, par ex. au point P (Fig. 13). Tant que les axes secondaires ne font avec l'axe principal qu'un petit angle, on peut leur appliquer ce qui a été dit jusqu'ici de l'axe principal, c.-à-d. que les rayons émis d'un point P viennent, à très peu près, concourir en un même point P' de cet axe, et, selon que la distance du point P à la l. est plus grande ou plus petite que la distance focale principale, le foyer conjugué formé est réel ou virtuel.

IV. — Sachant maintenant comment se forme l'image d'un point quelconque, nous pouvons concevoir aisément la formation de l'image d'un objet entier : car la construction d'une

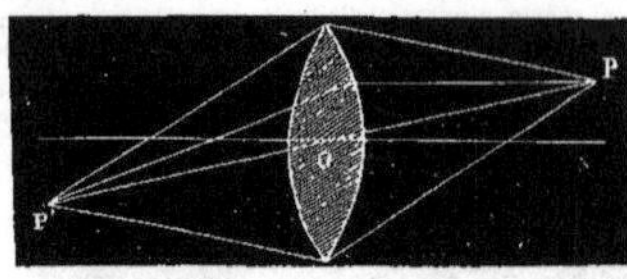


Fig. 13.

pareille image se ramène à la recherche d'une suite de points ; d'où il résulte que les images fournies par les lentilles sont réelles ou virtuelles dans les mêmes cas que les foyers. Ainsi, l'image d'un objet situé au delà du foyer principal devant une l. biconvexe sera réelle, renversée, et d'autant plus grande que l'objet sera plus rapproché du foyer principal. Ces phénomènes se constatent facilement par l'expérience, en recevant sur un écran, dans l'obscurité (Fig. 14) l'image de la flamme d'une bougie placée successivement à des distances

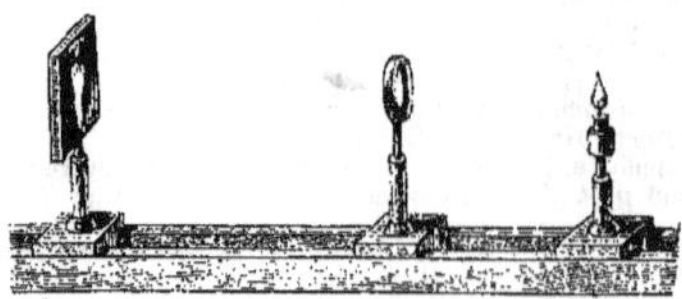

Fig. 14.

variables de la l. Si, par ex., l'objet est placé entre la l. et son foyer principal, l'image sera redressée, virtuelle et plus grande que l'objet; mais nous étudierons ailleurs cette question. Voy. MICROSCOPE. Les lentilles biconcaves ne donnent que des images virtuelles, quelle que soit la distance de l'objet à la l., et ces images sont toujours redressées et plus petites que l'objet. — On appelle *champ* d'une l., l'espace angulaire dans lequel sont contenus tous les axes secondaires sur lesquels il se forme des images nettes.

V. — *Construction géométrique des images.* — Soit à

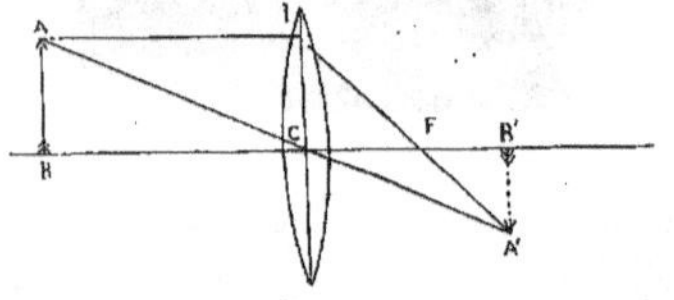


Fig. 15.

construire l'image d'un objet AB (Fig. 15). On sait d'abord que l'image du point A sera quelque part sur l'axe secondaire AC (le rayon AC passant par le centre optique de la lentille n'est pas dévié). Menons maintenant un rayon auxiliaire AI, parallèle à l'axe principal. Après réfraction, il passe par le foyer principal F. En prolongeant IF jusqu'à sa rencontre avec l'axe secondaire en A', on a l'image du point A. Lorsque l'objet est une droite AB' perpendiculaire à l'axe principal, son image A'B' est aussi perpendiculaire à cet axe. Les droites AB et A'B' sont dites *conjuguées;* en faisant tourner la figure autour de BB', ces deux droites engendrent deux *plans conjugués*, dont l'un est l'image de l'autre.

Quand AB est plus loin de la lentille convergente que son foyer principal, comme dans la Fig. 15, l'image est réelle et renversée, on peut la recevoir sur un écran. Lorsque, au contraire, l'objet AB est placé plus près de la lentille convergente que son foyer principal, la construction se trouve modifiée, les rayons IF et AC divergent, mais leurs prolongements se rencontrent en A' (Fig. 16) et pour un œil placé de l'autre côté de la lentille que AB, il paraît y avoir en A' une image de A. La droite AB donne lieu à une image A'B'. On donne le nom d'images *virtuelles* aux images ainsi formées par la prolon-

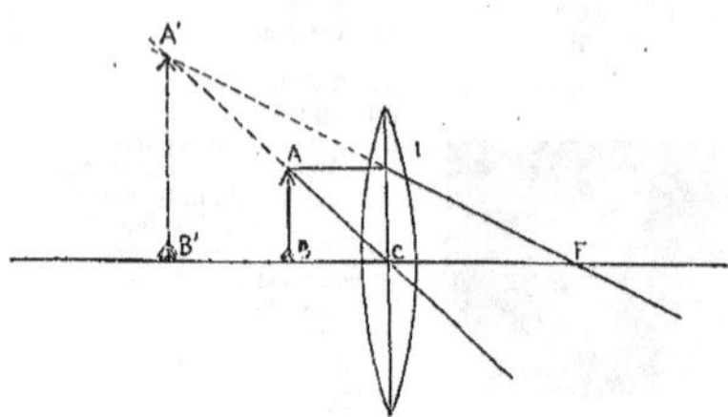


Fig. 16.

gation géométrique des rayons en sens contraire de la marche de la lumière.

La Fig. 17 montre comment la construction se modifie quand il s'agit d'une lentille divergente. Le rayon AI, parallèle à l'axe principal, diverge suivant IR, mais son prolongement passe par le foyer principal virtuel F et coupe l'axe secondaire AC en A', qui est l'image de A. On voit que, dans ces construc-

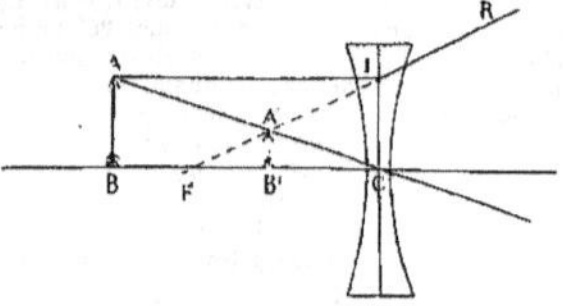


Fig. 17.

tions, nous avons négligé l'épaisseur de la lentille en la supposant représentée par un plan.

*Rapport de la grandeur de l'image à la grandeur de l'objet.* — Dans les trois figures précédentes, les triangles ABC et A'B'C sont semblables et donnent : $\frac{A'B'}{AB}=\frac{B'C}{BC}$. Ou, en appelant $i$ une dimension de l'image, $o$ la dimension correspondante de l'objet, $p'$ et $p$ les distances respectives de l'image et de l'objet à la l., cette formule peut s'écrire : $\frac{i}{o}=\frac{p'}{p}$.

Rappelons que $p$ et $p'$ sont liés par la relation $\frac{1}{p}+\frac{1}{p'}=\frac{1}{f}$.

*Remarque.* — Lorsque $p=p'=2f$; on a $i=o$. L'image est alors réelle, renversée et égale à l'objet placé devant une lentille convergente.

*Objet virtuel.* — Considérons une première lentille qui donnerait une image réelle d'un objet. Ne laissons pas former cette image, mais recevons les rayons sur une seconde lentille qui change leur direction et modifie l'image finale. On dit alors que la première image (celle qui ne s'est pas formée) agit comme *objet virtuel* par rapport à la seconde lentille. Les considérations précédentes, légèrement modifiées, s'appliquent à ce cas. On en a un exemple dans la *lunette de Galilée*. Voy. LUNETTE.

VI. — Dans ce qui précède, nous avons admis que les rayons émanés d'un même point allaient, après s'être réfractés, concourir en un même point. Il en est effectivement ainsi quand l'ouverture de la l. ne dépasse pas 10 à 12 degrés; mais lorsque l'ouverture est plus grande, les rayons qui traversent la l. près de ses bords ont leur point de concours plus près que ceux qui se réfractent près de l'axe, ainsi que le représente la Fig. 18. Ce défaut de concours au même point, des rayons émergents, est ce qu'on appelle l'*Aberration de sphéricité*. On distingue l'*ab. en largeur*, qui consiste dans la lumière jetée autour de l'image du point lumineux par les rayons qui se croisent en des points plus rapprochés de la l.; et l'*ab. en longueur*, qui consiste en ce que les rayons qui émergent par des circonférences perpendiculaires à l'axe ayant des diamètres différents, font leur foyer à différents points de l'axe. Les surfaces brillantes qui se forment dans l'espace par

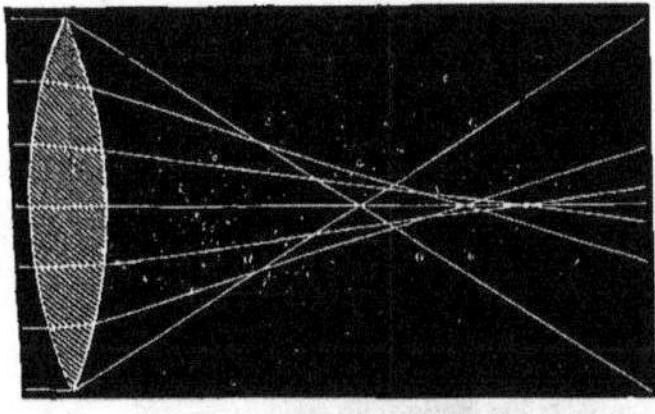

Fig. 18.

l'intersection des rayons réfractés se nomment *caustiques par réfraction*. Les lentilles complètement dépourvues d'aberration de sphéricité sont dites *aplanétiques*. Voy. Caustique, Oculaire.

VII. — Indépendamment de l'aberration de sphéricité, les lentilles ont l'inconvénient, lorsqu'elles sont à une certaine distance de l'œil, de donner des images dont les contours sont

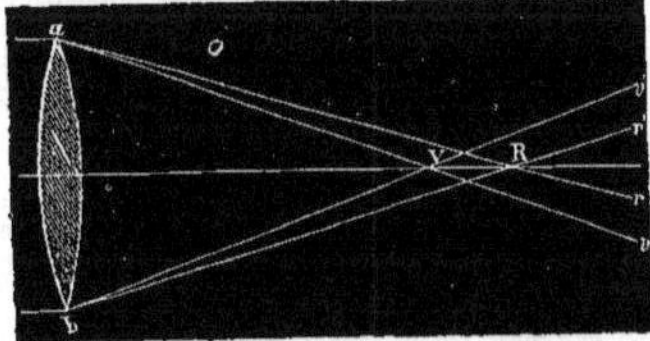


Fig. 19.

irisés. Ce phénomène tient à la décomposition de la lumière par la l., qui agit ici comme le ferait un prisme. Il en résulte que les rayons des différentes couleurs ne sauraient concourir au même point : c'est l'*aberration de réfrangibilité*. A la rigueur, il y a un foyer pour chaque couleur, celui des rayons violets étant le plus rapproché de la l., et celui des rayons rouges le plus éloigné (Fig. 19). La distance VR des foyers extrêmes sert de mesure à l'aberration. On nomme lentilles *achromatiques* celles qui réfractent la lumière sans la disperser. D'après ce qui a été dit des prismes achromatiques (Voy. Achromatisme), il est aisé de concevoir comment on peut obtenir des lentilles qui donnent des images nettes et sans iris. Il suffit de combiner (Fig. 20) une l. convergente de crown AA avec une l. divergente de flint BB. Chaque prisme élémentaire étant alors achromatique, la l. doit l'être également. Avec les lentilles comme avec les prismes, il faudrait sept verres ou même une infinité pour obtenir l'achromatisme parfait; mais deux suffisent dans tous les instruments d'optique, et on leur donne la courbure nécessaire pour achromatiser les rayons rouges et les jaunes.

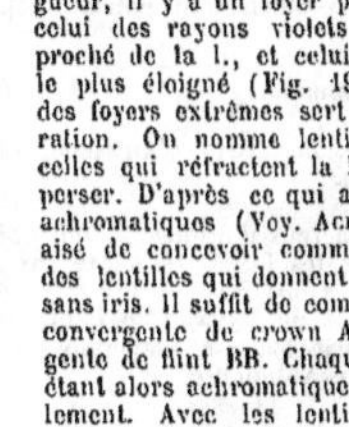


Fig. 20.

**LENTILLEUX, EUSE**. adj. [Pr. *lanti-lleu, euze, ll* mouillées]. Semé de lentilles ou de taches.

**LENTILLON**. s. m. [Pr. *lanti-llon, ll* mouillées]. T. Agric. Lentille à graine fine qu'on appelle encore *Lentille à la Reine*, parce que Marie-Antoinette la mit à la mode. Voy. Lentille.

**LENTIPRISME**. s. m. [Pr. *lan-ti...*] (R. *lentille*, et *prisme*). T. Phys. Verre limité d'un côté par une surface courbe et de l'autre par une surface plane oblique, de manière à produire le même effet que la réunion d'un prisme et d'une lentille.

**LENTISQUE**. s. m. (lat. *lentiscus*, m. s.). T. Bot. Nom vulgaire du *Pistacia lentiscus*. Voy. Anacardiacées.

**LENTO**. s. m. [Pr. *lin-to*]. T. Mus. Ce mot italien indique un mouvement lent.

**LENTULUS**, famille romaine à laquelle appartiennent : *Publius Lentulus Sura*, consul en 81 av. J.-C. Conspira avec Catilina et fut étranglé en 63; *P. Lentulus Spinther*, consul en 57, demanda le rappel de Cicéron et se déclara pour Pompée, en 49; *P. Lentulus Crus*, consul en 49, adversaire de César.

**LENZINITE**. s. f. [Pr. *lin...*] (R. *Lenz*, nom de lieu). T. Minér. Variété d'halloysite.

**LEOBEN**, v. de Styrie, 5,500 hab., où furent signés les préliminaires de Campo-Formio (18 avril 1797).

**LÉODICE**. s. f. T. Zool. Genre de *Vers* marins. Voy. Dorsibranches.

**LÉON**, v. d'Espagne, ch.-l. de la prov. de Léon; 11,300 hab. || Royaume de Léon, fondé en 913 par Ordono, fut réuni à la Castille par Ferdinand III en 1230. || Anc. prov. comprise entre les Asturies, la Galice et la Vieille-Castille. || Ile de Léon, petite île qui renferme Cadix.

**LÉON**, v. du Nicaragua (Amérique centrale); 30,000 hab.

**LÉON**, nom de 13 papes, entre autres saint Léon le Grand qui décida Attila à la retraite (452); Léon III, qui sacra Charlemagne empereur; Léon X (Jean de Médicis), pape de 1513 à 1521, qui condamna Luther, et fut le protecteur des lettres et des arts; et Léon XIII (Pecci), né en 1810, élu pape le 20 février 1878.

**LÉON**, nom de 6 empereurs d'Orient. — Léon Ier, *le Grand*, empereur de 457 à 474. || Léon II, empereur en 474. || Léon III, *l'Isaurien*, empereur de 717 à 741, sous lequel l'exarchat de Ravenne et Rome se séparèrent de l'Empire, et qui déclara la guerre aux images. || Léon IV, *le Khazar*, empereur de 775 à 780. || Léon V, *l'Arménien*, empereur de 813 à 820. || Léon VI, *le Philosophe*, empereur de 886 à 912, qui déposa le patriarche Photius.

**LÉON** *l'Africain*, géographe arabe (1483-1552).

**LÉONARD** (Saint), l'un des compagnons de Clovis, converti après la bataille de Tolbiac, mort en 559. Fête le 6 novembre.

**LÉONARD**, dit *le Limousin*, peintre émailleur célèbre, né à Limoges (1505-1580).

**LÉONARD DE VINCI**. Voy. Vinci.

**LEONI** (Leone), sculpteur italien (1509-1550).

**LÉONIDAS**, roi de Sparte, mourut aux Thermopyles avec 300 Spartiates (480 av. J.-C.) pour la défense de la Grèce contre les Perses, commandés par Xerxès. = Léonidas II, roi de Sparte avec Agis III, de 257 à 236 av. J.-C.

**LÉONIDES**. s. f. pl. (lat. *leo*, *leonis*, lion). T. Astr. Essaim d'étoiles filantes dont le point radiant est dans la constellation du Lion, et qui apparaissent le 14 novembre. Voy. Étoiles *filantes*.

**LÉONIN, INE**. adj. (lat. *leoninus*, m. s., de *leo*, *leonis*, lion). Qui appartient au lion. || Figur., *Société léonine*, Société où tous les avantages sont pour un ou pour quelques-uns des associés, au détriment des autres. On dit, dans le même sens, *Contrat, partage l. Une politique léonine*.

**LÉONIN, INE**. adj. (R. *Léon*, chanoine de Saint-Victor). T. Versif. ancienne.

On appelle vers *léonins*, du nom de Léon, chanoine de Saint-Victor de Paris, qui les mit en vogue au XIIe siècle, les vers latins dont la fin rime avec la césure du troisième pied. On trouve de véritables léonins aux plus beaux temps de la poésie latine :

Grandiaque *effossis* mirabitur ossa *sepulcris*. (Virg.)
Agricola *incurvo* terram molitus *aratro*. (Id.)

C'est surtout dans la poésie élégiaque qu'on rencontre ces exemples de consonance. En outre, elle a lieu principalement dans le vers pentamètre :

Mugitum *rauco* furta dedere *sono*. (Ov.)
Posset *servitium* mite tenere *tuum*. (Prop.)
Nec semper *longæ* deditus esse *viæ*. (Tib.)

Cette consonance paraît n'avoir été ni évitée ni recherchée par les poètes, lorsqu'elle avait lieu entre le substantif et son épithète. Dans tout autre cas, ils se l'interdisaient en général : cependant, on rencontre parfois des exemples de vers léonins où la consonance blesse à la fois l'oreille et le goût :

Si Trojæ *fatis* aliquid restare *putatis*. (Ov.)

Au moyen âge, les vers léonins furent généralement adoptés pour les hymnes d'église. C'était un acheminement à la rime moderne.

En prosodie moderne, on appelle *vers léonins*, ceux dont une ou deux syllabes reproduisent la consonance de la rime et *rime léonine*, celle où deux ou trois syllabes sont semblables.

**LEONOTIS.** s. m. (gr. λέων, lion; οὖς, ὠτὸς, oreille). T. Bot. Genre de plantes Dicotylédones de la famille des *Labiées*. Voy. ce mot.

**LÉONTIASIS.** s. m. (gr. λεοντίασις, de λέων, λέοντος, lion). T. Méd. Nom donné à l'éléphantiasis tuberculeux de la face.

**LÉONTICE.** s. m. (gr. λέων, λέοντος, lion, par allusion à la forme des feuilles). T. Bot. Genre de plantes Dicotylédones de la famille des *Berbéridées*. Voy. ce mot.

**LÉONTINE.** s. f. (R. nom de femme). Chaîne de montre double réunie par des anneaux.

**LEONTIUM,** célèbre courtisane athénienne, affiliée à la secte d'Épicure.

**LÉONURE.** s. m. (gr. λέων, lion; οὐρά, queue). T. Bot. Genre de plantes Dicotylédones (*Leonurus*) de la famille des *Labiées*. Voy. ce mot.

**LÉOPARD.** s. m. (lat. *leo*, lion; *pardus*, panthère). T. Zool. et Blas.

**Mamm.** — La *Panthère* et le *Léopard* sont deux espèces qui appartiennent à la famille des Félidés et qui sont fort

Fig. 1.

voisines l'une de l'autre. Le *Léopard* (*Felis leopardus*) habite l'Afrique et l'Asie, la *Panthère* (*F. pardus*) ne se rencontre que dans l'Inde et dans les îles de la Sonde. Le premier (Fig. 1) est plus grand que la seconde et atteint parfois 1[m],30 de longueur, non compris la queue. Le pelage du Léopard est d'un fauve clair avec 6 à 10 rangées de taches noires, en forme de rose, c.-à-d. formées de trois ou quatre petites taches simples, sur chaque flanc. Celui de la Panthère est fauve jaunâtre foncé, avec de nombreuses taches également en rose, mais plus rapprochées. Ces deux animaux habitent les forêts, et montent, dit-on, sur les arbres avec une extrême agilité en poursuivant les Singes, auxquels ils font une chasse active. Leurs mœurs sont d'ailleurs semblables à celles des autres Félidés de grande taille. — Il existe dans l'île de Java une autre grande espèce de la même famille, qu'on appelle *Mélas* et *Arimaou* (*F. melas*), mais plus communément *Panthère*

Fig. 2.

*noire* (Fig. 2). En effet, le Mélas a la taille et la forme générale de la Panthère, et son pelage d'un noir vif laisse encore distinguer des taches en rose d'un noir plus profond. Plusieurs auteurs regardent cet animal comme une espèce distincte, d'autres le considèrent simplement comme une variété mélanienne de la Panthère. Quoi qu'il en soit, il est impossible de voir un animal plus farouche et d'un aspect plus féroce. Le jour, il reste blotti et dort dans ses halliers; mais la nuit il devient un sujet d'effroi pour tous les êtres vivants.

**Blas.** — Le *Léopard* a rang parmi les figures héraldiques. Il a toujours la tête de front, et le plus souvent on le représente *passant*, c.-à-d. marchant. Lorsqu'on le représente dressé sur les pattes de derrière, on dit qu'il est *rampant* ou *lionné*. De même, on dit que le lion est *léopardé*, quand on le représente marchant, c.-à-d. dans la position qu'on donne ordinairement au léopard.

**LÉOPARDÉ, ÉE.** adj. Moucheté comme le léopard. Vx. || T. Blas. Se dit pour *passant*. *Lion l.*

**LÉOPARDI** (Giacomo, comte), poète italien (1798-1837).

**LEOPARDI** (Pietro-Silvestro), patriote napolitain (1798-1870).

**LÉOPOLD.** Voy. Lemberg.

**LÉOPOLD** (Saint), margrave d'Autriche, refusa le trône par piété (1096-1136).

**LÉOPOLD Ier**, empereur d'Allemagne de 1658 à 1705, menacé dans Vienne par les Turcs, fut sauvé par Jean Sobieski (1683), lutta contre Louis XIV et fut forcé d'accepter les traités de Nimègue et de Ryswick. || Léopold II, 2e fils de François Ier et de Marie-Thérèse, empereur de 1790 à 1792, était le frère de Marie-Antoinette.

**LÉOPOLD Ier**, fils du duc de Saxe-Cobourg (1790-1865), fut le premier roi des Belges en 1831.

**LÉOPOLDITE.** s. f. (R. *Léopold*, nom d'homme). T. Minér. Synonyme de *Sylvine*.

**LÉOPOLDVILLE,** v. de l'État du Congo, sur le Congo.

**LÉOTYCHIDE,** roi de Sparte de 491 à 469 av. J.-C.; vainqueur des Perses à la bataille navale de Mycale (479 av. J.-C.).

**LÉOUZON-LE-DUC** (L.-Antoine), littérateur fr. (1815-1889).

**LÉPADOGASTRE.** s. m. (gr. λέπας, λέπαδος, bassin;

γαστήρ, ventre). T. Ichl. Genre de *Poissons osseux*. Voy. Discoboles.

**LÉPANTE**, anc. Naupacte, v. d'Acarnanie (Grèce), sur le golfe de *Lépante*, autrefois golfe de Corinthe, où don Juan d'Autriche détruisit la flotte turque (1571).

**LÉPARGYLIQUE**. adj 2 g. (gr. λεπὰς, patelle; ἀργυρεῖος, d'argent). T. Chim. *Acide l.* Syn. d'*Azélaïque*.

**LÉPAS**. s. m. (gr. λεπὰς, m. s.). T. Zool. Genre de *Crustacés*. Voy. Cirripèdes.

**LEPAUTE**, famille de mécaniciens français (XVIIIe et XIXe s.), qui perfectionna la construction des horloges.

**LEPAUTRE** (Antoine), architecte français (1621-1691), auteur des ailes du château de Saint-Cloud et de la cascade. = Son neveu, Pierre, fut sculpteur (1660-1744).

**L'ÉPÉE** (Abbé de). Voy. Épée.

**LE PELLETIER DE SAINT-FARGEAU**, membre de la Convention, fut assassiné au Palais-Royal par le garde du corps Pâris (1760-1793).

**LEPÈRE** (J.-B.), architecte français (1761-1844), éleva la colonne de la place Vendôme à Paris en 1806.

**LÉPICIÉ** (Bernard) (1698-1755), et son fils, Nicolas-Bernard (1735-1784), peintres et graveurs français.

**LÉPIDE**. Voy. Lépidus.

**LÉPIDÈNE**. s. m. (gr. λεπὶς, λεπίδος, écaille). T. Chim. Dérivé tétraphényle du furfurane. Le l. s'obtient en chauffant la benzoïne à 130° avec de l'acide chlorhydrique concentré. Il cristallise en lames fusibles à 175°, insolubles dans l'eau, solubles dans le benzène et dans l'éther. Il a pour formule $C^4(C^6H^5)^4O$. Oxydé par le chlore, par l'acide azotique ou l'acide chromique, il donne naissance au *dibenzoyl-stilbène* $C^{28}H^{20}O^2$, composé à chaîne ouverte, auquel on a donné improprement le nom d'*oxylépidène* et qui cristallise en aiguilles jaunes, fusibles à 220°, très solubles dans le benzène. Quand on chauffe à 340° ce produit d'oxydation, on obtient deux *oxylépidènes* à chaîne fermée dérivant du l. lui-même : l'un cristallise en tables fusibles à 136°, solubles dans l'alcool; l'autre en octaèdres microscopiques jaunâtres qui fondent à 232°, et qui sont à peu près insolubles dans l'alcool. — Soumis à la distillation sèche, les oxylépidènes perdent de l'oxyde de carbone et fournissent tous trois un même composé cristallisé en tables jaunes fondant à 150°; ce corps, appelé improprement *isolépidène*, n'est pas un isomère du lépidène, mais répond à la formule $C^{27}H^{20}O$. — L'hydrogénation des oxylépidènes donne naissance au *bidésyle* ou *hydroxylépidène* $C^{28}H^{22}O^2$, cristallisable en longues aiguilles, fusible à 255°, soluble dans le benzène, insoluble dans l'alcool, l'éther, les acides et les alcalis.

**LÉPIDIÉES**. s. f. pl. (R. *Lepidium*). T. Bot. Tribu de plantes de la famille des *Crucifères*. Voy. ce mot.

**LÉPIDINE**. s. f. (gr. λεπὶς, λεπίδος, écaille). T. Chim. Nom donné aux bases quinoléiques de la formule $C^{10}H^9Az$. Ce sont des méthyl-quinoléines provenant de la substitution du radical méthyle $CH^3$ à l'un des atomes d'hydrogène de la quinoléine. Les lépidines résultant d'une substitution dans le noyau pyridique se distinguent par les lettres grecques α, β et γ; celles où la substitution a lieu dans le noyau benzénique sont ordinairement appelées *toluquinoléines*. A chaque lépidine correspond un acide quinoléine-carbonique résultant du remplacement du groupe méthyle $CH^3$ par le groupe acide $CO^2H$.

La l. la plus importante est la méthylquinoléine α connue sous le nom de *quinaldine*. Elle existe dans le goudron de houille. On peut la préparer en chauffant l'aniline avec l'aldéhyde en présence d'acide sulfurique ou d'un agent oxydant, tel que le nitrobenzène. La quinaldine est liquide, incolore; elle bout à 247°. Oxydée par l'acide chromique, elle se transforme en acide quinaldique. Avec l'anhydride phtalique, elle fournit une phtaléine cristallisée en fines aiguilles, fusibles à 235°; c'est la *quinophtalone*, qui sert à préparer la matière colorante appelée *jaune de quinaldine*.

La *méthylquinoléine* β fond vers 15° et bout à 250°.

La *méthylquinoléine* γ, qui bout à 257°, se rencontre dans le goudron de houille et dans les produits que fournit la cinchonine distillée en présence d'un alcali.

Les *toluquinoléines* s'obtiennent en chauffant les toluidines avec de la glycérine en présence d'acide sulfurique et de nitrotoluène. Elles sont liquides; leurs points d'ébullition sont 248°, 250° et 259°. Elles se dissolvent dans les acides en formant des sels cristallisables.

**LÉPIDIUM**. s. m. [Pr. *lépi-di-ome*] (gr. λεπίδιον, m. s., de λεπὶς, écaille). T. Bot. Genre de plantes Dicotylédones de la famille des *Crucifères*. Voy. ce mot.

**LÉPIDOCARE**. s. m. (gr. λεπὶς, λεπίδος, écaille; κάρυον, noix). T. Bot. Genre de plantes Monocotylédones (*Lepidocaryum*) de la famille des *Palmiers*. Voy. ce mot.

**LÉPIDOCARPE**. adj. 2 g. (gr. λεπὶς, écaille; καρπός, fruit). Dont le fruit est écailleux.

**LÉPIDOCARYÉES**. s. f. pl. (R. *Lepidocaryum*). T. Bot. Tribu de végétaux de la famille des *Palmiers*. Voy. ce mot.

**LÉPIDOCÈRE**. adj. 2 g. (gr. λεπὶς, écaille; κέρας, antenne). T. Zool. Qui a les antennes chargées de petites écailles.

**LÉPIDODENDRACÉES**. s. f. pl. (R. *Lépidodendre*). T. Bot. Famille de végétaux fossiles de l'ordre des Lycopodinées hétérosporées.

*Caract. bot.:* L'appareil végétatif est variable suivant les groupes. Dans les Lépidodendres, il se compose d'un rhizome rameux sur lequel se dresse une tige aérienne arborescente, pouvant atteindre plus d'un mètre de diamètre, ramifiée latéralement dans un seul plan, toute couverte de petites feuilles entières uninerves, isolées et serrées les unes contre les autres, laissant après leur chute une cicatrice en losange. Les autres genres appartenant à ce groupe (*Psilophyton*, *Ulodendron*, *Halonia*, etc.), ne diffèrent des Lépidodendres que par leur mode de ramification et la forme de leurs cicatrices foliacées. Dans tous ces genres, la structure de la tige est essentiellement la même. Le cylindre central contient un plus ou moins grand nombre de faisceaux libéro-ligneux à bois centripète, disposés de façon différente en cercle à la périphérie.

Les Sphénophylles ont une tige rameuse articulée, renflée aux nœuds, marquée de côtes longitudinales. Les feuilles, au nombre de 3 à 18, sont cunéiformes, lobées, à nervures dichotomes plus ou moins nombreuses; elles sont disposées en verticilles à chaque nœud. La tige renferme un cercle de faisceaux libéro-ligneux à bois centripète comme dans les Lépidodendres; mais ici il se produit une complication très remarquable. Entre le bois centripète et le liber, il se forme, aux dépens d'une assise génératrice, interposée entre le liber et le bois primaire, une couche libéro-ligneuse secondaire, dans laquelle le bois secondaire présente un développement centrifuge.

Les Sigillaires sont des arbres mesurant jusqu'à 8 mètres de haut avec un diamètre de 1[m],70. La tige aérienne part d'un rhizome rameux très développé; elle est ordinairement simple, rarement ramifiée en dichotomie et elle porte de petites feuilles uninerves isolées. Le cylindre central présente les formations secondaires à bois centrifuge dont il vient d'être question à propos des Sphénophylles.

La disposition des sporanges présente aussi des différences suivant les groupes. Les sporanges des Lépidodendres sont portés sur des feuilles plus petites que les feuilles végétatives, serrées en grand nombre, de façon à constituer un épi cylindrique ou ovale placé à l'extrémité des rameaux. Dans les Sigillaires, les épis sporifères sont disposés sur la tige en spirales ou en verticilles. D'une façon générale, les feuilles inférieures portent un macrosporange avec de nombreuses microspores. Dans les Sigillaires, on n'a encore trouvé que des macrosporanges.

La famille des Lépidodendracées commence à apparaître dans le silurien supérieur; mais ce n'est que dans le dévonien supérieur que l'on rencontre des Lépidodendres. Elle augmente en nombre et en espèces pendant le dépôt du calcaire carbonifère du culm, elle devient prépondérante dans la grauwacke supérieure, où apparaissent des genres voisins (*Knorria*, *Lepidophloios*, *Ulodendron*, *Halonia*, etc.), et aussi des genres plus éloignés (*Sigillaria*, *Sphenophyllum*, *Diploxylon*, etc.). Elle se termine vers le milieu de l'époque permienne avec le *Lepidodendron posthumum* et la *Sigillaria denudata*.

On a réparti les genres de cette famille en deux groupes : *Monoxylées*, avec un seul bois dans la tige, et *Diploxylées*, avec deux bois dans la tige; ces deux groupes sont à leur tour divisés en trois tribus :

Tribu I. — *Lépidodendrées*. — Un seul bois centripète; feuilles isolées; épis terminaux (*Lepidodendron*, *Psilophyton*, *Lepidophloios*, *Ulodendron*, *Halonia*, *Knorria*, etc.).

Tribu II. — *Sigillariées*. — Un bois primaire centripète et un bois secondaire centrifuge; feuilles isolées; épis latéraux (*Sigillaria*, *Sigillariopsis*, *Poroxylon*, etc.).

Tribu III. — *Sphénophyllées*. — Un bois primaire centripète et un bois secondaire centrifuge; feuilles verticillées (*Sphenophyllum*, etc.).

**LÉPIDODENDRE.** s. m. (gr. λεπὶς, λεπίδος, écaille; δένδρον, arbre). T. Bot. Genre de plantes fossiles de la famille des *Lépidodendracées*. Voy. ce mot.

**LÉPIDODENDRÉES.** s. f. pl. (R. *Lépidodendre*). T. Bot. Tribu de végétaux fossiles de la famille des *Lépidodendracées*. Voy. ce mot.

**LÉPIDOLITHE.** s. f. (gr. λεπὶς, écaille; λίθος, pierre). T. Minér. Espèce de mica contenant de la lithine avec des quantités notables de fluor, en petites masses, de couleur violette ou lilas.

**LÉPIDOMÉLANE.** s. m. (gr. λεπὶς, λεπίδος, écaille; μέλας, μέλανος, noir). T. Minér. Variété noire de mica.

**LÉPIDOPE.** s. m. (gr. λεπὶς, λεπίδος, écaille; ποῦς, ποδὸς, pied). T. Icht. Voy. Tænioïdes.

**LÉPIDOPTÈRES.** s. m. pl. (gr. λεπὶς, λεπίδος, écaille; πτέρον, aile). T. Entom. — Les *Lépidoptères*, communément appelés *Papillons*, forment un ordre de la classe des Insectes. Leurs ailes, au nombre de 4, sont recouvertes, sur leurs deux surfaces, de petites écailles colorées, semblables à une poussière farineuse, qui s'enlève au contact des doigts. La partie la plus importante de leur bouche est une *Trompe*, vulgairement *langue*, qui est roulée en spirale entre deux palpes hérissées d'écailles ou de poils : c'est l'instrument avec lequel ces insectes absorbent le miel des fleurs, qui est leur seule nourriture. Cette trompe se compose de deux filets tubulaires représentant les mâchoires, et portant chacun, près de leur base externe, un très petit palpe *supérieur* en forme de tubercule. Les palpes apparents ou *inférieurs* tiennent lieu des palpes labiaux des insectes broyeurs, et forment à la trompe une sorte de gaine; ils sont cylindriques ou coniques, ordinairement relevés et composés de trois articles, et insérés sur une lèvre fixe qui complète cette partie de la cavité buccale inférieure à la trompe. Deux petites pièces à peine distinctes, cornées et plus ou moins ciliées, situées, une de chaque côté, au bord antérieur et supérieur du devant de la tête, près des yeux, semblent être des vestiges de mandibules. Enfin on retrouve, dans des proportions pareillement très exiguës, le labre ou la lèvre supérieure. Les antennes sont variables et toujours composées d'un grand nombre d'articles. On découvre, dans plusieurs espèces, deux ocelles ou yeux lisses, mais cachés entre les écailles. Les trois segments dont le thorax des insectes hexapodes est formé se réunissent en un seul corps : le premier est très court, les deux autres se confondent l'un avec l'autre. L'écusson est triangulaire, mais sa pointe regarde la tête. Les ailes sont simplement veinées, de figure, de couleur et de position variables; dans plusieurs, les inférieures ont vers leur bord interne quelques plis longitudinaux. A la base de chacune des ailes supérieures est une pièce en forme d'épaulette, qui se prolonge en arrière, et que Latreille appelle *Ptérygode*. L'abdomen, composé de 6 ou 7 anneaux, est attaché au thorax par une très petite portion de son diamètre, et n'offre ni aiguillon ni tarière. Néanmoins, dans plusieurs familles, dans les Cossus, par ex., les derniers anneaux se rétrécissent et se prolongent pour former un oviducte qui a l'aspect d'une queue pointue et rétractile. Dans presque tous les Lépidoptères, les 6 pattes sont d'égale longueur; mais, dans quelques autres, les Nymphalides par ex., les antérieures sont très petites. Les tarses ont constamment 5 articles. Il n'y a jamais que deux sortes d'individus, des mâles et des femelles. Celles-ci déposent leurs œufs, qui sont souvent très nombreux, sur les substances, le plus ordinairement végétales, dont leurs larves doivent se nourrir, puis elles périssent bientôt après (Fig. 1. *Uranie Riphée.*)

Les larves des L. sont connues sous le nom de *Chenilles*. Elles ont 6 pieds écailleux ou à crochets (*vraies pattes*) qui répondent à ceux de l'insecte parfait, et, en outre, 4 à 10 pieds membraneux (*fausses pattes*), dont les deux derniers sont situés à l'extrémité postérieure du corps. Les chenilles qui n'ont en tout que 10 ou 12 pieds ont été appelées, d'après leur mode de progression, *géomètres* ou *arpenteuses*. Plusieurs

Fig. 1.

de ces chenilles géomètres, et dites *en bâton*, restent, dans l'état de repos, fixées aux branches des végétaux par les seuls pieds de derrière; elles ressemblent alors, par la direction, la forme et la couleur de leur corps, à un rameau, et se tiennent fort longtemps dans cette situation sans donner le moindre signe de vie. Une attitude pareille suppose une force musculaire prodigieuse; et, en effet, Lyonnet a compté 4,041 muscles dans la Chenille du saule (*Cossus ligniperda*). Le corps de ces larves est, en général, allongé, presque cylindrique, mou, diversement coloré, tantôt nu et tantôt hérissé de poils, de tubercules et parfois d'épines. Il est composé, la tête non comprise, de 12 anneaux, avec 9 stigmates de chaque côté. La

Fig. 2.

tête est revêtue d'un derme corné ou écailleux, et offre de chaque côté 6 petits grains luisants qui paraissent être des ocelles. Elle a, de plus, 2 antennes très courtes et coniques, une bouche composée de fortes mandibules, de 2 mâchoires, d'une lèvre et de 4 petits palpes (Fig. 2. *Chenille du Papillon Machaon*). La matière soyeuse dont les chenilles font usage s'élabore dans deux vaisseaux intérieurs, longs et tortueux, dont les extrémités supérieures viennent, en s'amincissant, aboutir à la lèvre ; un mamelon tubulaire et conique, situé au bout de cette lèvre, est la filière qui donne issue aux fils de la soie. La plupart des chenilles se nourrissent de feuilles de végétaux ; d'autres en rongent les fleurs, les racines, les boutons, les graines ; quelques-unes attaquent la partie ligneuse ou la plus dure des arbres, après l'avoir ramollie au moyen d'une liqueur qu'elles y dégorgent ; enfin certaines espèces rongent les étoffes de laine, les pelleteries, et n'épargnent pas même le cuir, le lard, la cire, etc. La plupart vivement exclusivement d'une seule matière; mais il en est de moins délicates et qui attaquent toutes sortes de substances organiques. Quelques-unes se réunissent en société, et souvent sous une tente de soie qu'elles filent en commun et qui leur devient même un abri pour l'hiver. Plusieurs se fabriquent des fourreaux soit fixes, soit portatifs; d'autres se logent dans le parenchyme des feuilles, où elles se creusent des galeries. Le plus grand nombre se plaît à la lumière du jour; quelques-unes ne sortent de leur retraite que la nuit. Les rigueurs de l'hiver, si fatales à la plupart des insectes, n'affectent pas certaines Phalènes, qui n'apparaissent que dans cette saison.

Les chenilles changent ordinairement quatre fois de peau avant de passer à l'état de *Nymphe* ou de *Chrysalide* (Fig. 3 et 4. Papillon Machaon et sa chrysalide.) La plupart filent alors une coque où elles se renferment. Une liqueur souvent rougeâtre que les L. jettent par l'anus, au moment de leur métamorphose, attendrit un des bouts de la coque et facilite leur sortie. En outre, une des extrémités du cocon est plus mince que l'autre, et présente, par la disposition des fils, une issue propice. D'autres chenilles se contentent de lier, avec de la soie,

3

Fig. 4.

des feuilles, des molécules de terre, ou des parcelles des substances où elles ont vécu, et se forment ainsi une coque grossière. Les chrysalides des L. diurnes sont ornées de taches dorées, qui ont donné lieu à cette dénomination générale de chrysalides. Elles sont nues et fixées par l'extrémité postérieure du corps. Les nymphes de tous les L. offrent un caractère: elles sont *emmaillotées* ou ressemblent à des *momies*: de là les noms de *Pupes* et de *Maillots* sous lesquels on les désigne quelquefois. Celles d'un grand nombre, et particulièrement des Diurnes, éclosent en peu de jours; souvent même ces insectes donnent deux générations par année. Mais, à l'égard des autres, leurs chenilles ou leurs chrysalides passent l'hiver, et l'insecte ne subit sa métamorphose qu'au printemps ou dans l'été de l'année suivante. En général, les œufs pondus dans l'arrière-saison n'éclosent qu'au printemps prochain. Les L. sortent de leur chrysalide à la manière ordinaire, ou par une fente qui se fait sur le dos du corselet.

Cet ordre comprend un très grand nombre d'espèces répandues dans toutes les régions du globe. Près de 4,000 sont européennes, et la France seule en possède environ 2,000. C'est surtout dans les pays chauds et humides qu'on en trouve le plus; c'est aussi dans ces régions qu'habitent les plus belles espèces. Nous partagerons les L. en cinq sous-ordres: les *Diurnes* ou Rhopalocères, les *Crépusculaires* ou Sphingites, les *Nocturnes* ou Noctuélides, les *Bombycides*, les *Tinéides* ou Microlépidoptères. Voy. les mots en italique.

*Lepidoptères fossiles*. — Ces Insectes se rencontrent très rarement à l'état fossile, car ce sont des animaux qui vivent en général loin des eaux. Les premiers Lépidoptères apparaissent à l'époque jurassique, mais ils ne deviennent abondants qu'au tertiaire. Ce sont surtout des *Micro-Lépidoptères* que l'on trouve enchâssés dans l'ambre: les Papillons Diurnes sont beaucoup plus rares et appartiennent à des genres qui ont disparu depuis.

**LÉPIDOPTÉRISTE**. s. m. Naturaliste qui étudie spécialement les Lépidoptères.

**LEPIDOSIREN**. s. m. (gr. λεπίς, λεπίδος, écaille; σειρήν, sirène). T. Zool. Genre de *Poissons*. Voy. DIPNOÏQUES.

**LEPIDOSTÉE**. s. m. (gr. λεπίς, écaille; ὀστέον, os). T. Icht. Genre de *Poissons* de l'Amérique du Nord. Voy. GANOÏDES.

**LEPIDUS** (MARCUS-ÆMILIUS), triumvir avec Octave et Antoine (43 av. J.-C.).

**LÉPISME**. s. m. (gr. λέπισμα, pelure). Entom. Genre d'*Insectes*. Voy. THYSANOURES.

**LE PLAY** (PIERRE-GUILLAUME-FRÉDÉRIC), économiste fr. né au Havre (1806-1882).

**LÉPORIDÉS**. s. m. pl. (lat. *lepus*, *leporis*, lièvre). Famille de *Mammifères rongeurs*. Voy. LIÈVRE.

**LÉPORIDES**. s. m. pl. (lat. *lepus*, *leporis*, lièvre). Nom que l'on donne aux hybrides que l'on obtient artificiellement par le croisement du lièvre et de la lapine. Contrairement à la règle générale, ces hybrides sont féconds.

**LEPRA**. s. f. n. grec de la lèpre, appliqué à quelques autres maladies squammeuses. Voy. LÈPRE.

**LEPRARIÁ** s. m. (R. *lèpre*). T. Bot. Genre de Champignons de la famille des *Lichens*.

**LÈPRE**. s. f. (gr. λέπρα, m. s., de λεπίς, écaille). Maladie qui couvre la peau de pustules et d'écailles. *Il est tout couvert de l.* ‖ Fig., *La l. du péché. La l. des mauvaises mœurs, La l. héréditaire des préjugés.*

**Méd.** — La l. est une maladie chronique caractérisée par le développement de néoplasies occupant surtout les téguments et les nerfs, et renfermant un microorganisme spécial, le bacille de A. Hansen. Très fréquemment observée autrefois dans toutes les régions du globe, elle se rencontre aujourd'hui dans tous les pays, et les recherches récentes ont démontré que certaines affections qui ne paraissaient avoir aucune relation avec elle, en dérivent néanmoins par une lointaine évolution. Les progrès de l'hygiène moderne rendent un compte suffisant de la réduction progressive du nombre des lépreux.

1° *Étiologie*. — Le bacille est la cause essentielle *sine qua non* de la l.; découvert par Hansen en 1869, il a été décrit plus exactement par Neisser; c'est un bâtonnet grêle, rectiligne, mobile, aminci à ses extrémités, moniliforme par suite de la présence de spores. On rencontre les bacilles dans les grosses cellules lépreuses, et les cellules géantes que nous décrirons plus loin. On les rencontre aussi dans certains liquides organiques, surtout la lymphe. Ce bacille a pu être cultivé sur sérum gélatinisé, agar-agar, et sérum glycériné. Il est inoculable à l'homme, comme tend à le démontrer l'expérience légale faite par Arning sur le condamné à mort Kéanu, et peut-être aux animaux; mais les conditions expérimentales sont rendues très difficiles par l'ignorance où nous sommes des signes distinctifs précis permettant de distinguer les bacilles vivants des bacilles morts. La spécificité de ce bacille, mise un moment en doute, est aujourd'hui reconnue de tous. — Ce microorganisme se propage par contagion, comme le démontrent les histoires d'épidémies, de nombreuses observations cliniques rigoureusement établies, enfin l'influence particulièrement efficace des mesures d'isolement prises contre les lépreux. Mais certaines conditions sont nécessaires à la contagiosité; outre une virulence du germe qui le rende fécond, il lui faut un véhicule supprimé lorsque la contagion est directe d'homme à homme, celui-ci est des plus variables (vêtements, objets souillés, boissons et substances alimentaires, insectes, etc.). Les portes d'entrée du germe ne sont pas moins multiples; les surfaces cutanées et muqueuses offrent un accès facile, soit par des éraillures, soit par les orifices normaux à leur surface. Et l'on comprend combien certaines circonstances peuvent favoriser l'introduction du bacille; le *modus vivendi* est de toutes la plus importante: la promiscuité, le défaut d'hygiène, la misère, la malpropreté, l'installation défectueuse des cimetières, etc., sont incontestables dans les pays à l. En un mot, la l. vient du lépreux comme la syphilis du syphilitique (Besnier). — Certains auteurs ont même prétendu que la l. était héréditaire; on a dressé des tableaux généalogiques, on a cité des observations; d'autres auteurs ont cherché à substituer à cette théorie celle de l'hérédo-contagion, analogue à ce qui se passe pour la syphilis. En réalité, il n'y a pas de l. congénitale et les cas qui se présentent chez des enfants déjà âgés lorsqu'ils n'ont pas été soustraits au milieu infecté, semblent corroborer l'opinion que la l. n'est pas héréditaire; tout au plus peut-on admettre que les enfants de lépreux présentent un terrain plus propice à l'implantation de la maladie. — Les bacilles introduits dans l'organisme, soit sous forme adulte, soit comme spores, restent un temps variable en incubation, sans doute dans les glandes lymphatiques, et c'est par les voies correspondant à ces glandes qu'ils se répandent dans l'économie.

2° *Symptomatologie.* — La l. peut se présenter sous plusieurs formes : *l. tégumentaire ou tuberculeuse*, *l. nerveuse*, *l. mixte*, *l. viscérale*, etc. — La l. systématisée tégumentaire ou tuberculeuse débute par des taches ou macules pigmentaires entraînant l'alopécie et généralement anesthésique; à ces taches succèdent les lépromes, tubercules dermiques rouges, bruns ou cuivrés, d'aspect huileux parfaitement anesthésiques. Leurs sièges de prédilection sont les membres et la face, c.-à-d. les régions découvertes; ces lésions se développent tantôt lentement, tantôt par poussées aiguës accompagnées de fièvre et de phénomènes généraux plus ou moins graves. Des tubercules, les uns régressent ou deviennent fibreux, d'autres s'ulcèrent, gagnent en profondeur, et produisent des déformations et des mutilations horribles. La tendance spontanée de la l. tuberculeuse est l'extension des lésions, la tendance des éléments en particulier est l'ulcération, l'aboutissant est la cachexie hâtée par l'envahissement des viscères. — La l. anesthésique, systématisée nerveuse, ou trophoneurotique, se traduit par des troubles de la sensibilité et des troubles trophiques, spécialement des muscles et des téguments. Elle débute par des taches, d'abord hyperesthésiques, plus tard anesthésiques; puis apparaissent des troubles plus manifestement nerveux; hyperesthésie de zones plus ou moins étendues, douleurs paroxystiques sur le trajet de certains nerfs, apparitions d'épaississement sensible du calibre de ces mêmes nerfs, atrophies musculaires amenant des déformations analogues à celles de l'atrophie musculaire progressive, ou de la syringomyélie; en même temps se développe de la parésie, puis de la paralysie, et d'autre part des troubles trophiques cutanés (raccornissement de la peau et des ongles, formation de phlyctènes, l. mutilante, etc.). La durée totale de la maladie est plus longue que pour la l. tuberculeuse, elle est en moyenne de 18 ans. Le plus souvent, on rencontre des lèpres mixtes, transformation de la l. tuberculeuse en l. nerveuse ou inversement.

3° *Anatomie pathologique.* — Sans nous arrêter à décrire les lésions spéciales aux divers tissus ou viscères, il importe de décrire le léprome. Ce tubercule est toujours constitué par une accumulation de cellules embryonnaires ayant tendance à se grouper en manchon autour des vaisseaux qui sont variqueux, et dont les parois sont épaissies. On y trouve des cellules lymphatiques volumineuses (cellules géantes) et de volumineux éléments ovoïdes possédant des noyaux de même forme (cellules lépreuses de Virchow, amas zoogléique bacillaire de Unna et Leloir). Ces tubercules occupent surtout les couches moyennes et inférieures du derme, et détruisent par compression les glandes dermiques et les follicules pileux.

4° *Diagnostic.* — Le diagnostic est souvent embarrassant, et la l. est fréquemment méconnue, peut-être parce qu'on ne songe pas en général à son existence. Chacune de ses manifestations peut être confondue : les tubercules avec le lupus, certaines syphilides, la lymphadénie cutanée, etc.; les macules avec l'érythème, la roséole, le pityriasis versicolore, le vitiligo, la sclérodermie; les troubles trophiques avec la maladie de Raynaud, la sclérodactylie, le mal perforant, les atrophies musculaires, la syringomyélie, etc. On comprend qu'il peut être malaisé de porter une affirmation précise dans certains cas; cependant, la recherche du bacille et les troubles de sensibilité permettent le plus fréquemment de prendre une décision Rappelons, en terminant, que les recherches contemporaines de Zambaco-Pacha tendent à faire de certains troubles trophiques, tels que la maladie de Morvan, des formes de l. dégénérées.

5° *Thérapeutique.* — Le pronostic de la l. est presque constamment fatal : mort par cachexie, à moins que le dénouement ne soit hâté par une maladie intercurrente, tuberculose, albuminurie, etc. Aussi, l'imagination des dermatologistes a-t-elle été toujours surexcitée, et cependant nous ne connaissons pas de traitement spécifique. Dieu sait que les remèdes ne manquent pas : médicaments empiriques, remèdes toniques, topiques cutanés, etc., etc. D'autres médications plus rationnelles ont été instituées : on a préconisé, avec l'intention de modifier les centres nerveux, tour à tour le bromure de potassium, la strychnine, l'électricité, etc. On a voulu combattre l'infection par un bacille, gendarme en quelque sorte, lymphe de Koch, produits d'érysipèle. On a essayé des antiparasitaires, créosote, pétrole, acide phénique, ichtyol, etc. De bons résultats ont été obtenus, semble-t-il, avec des méthodes tout à fait contradictoires. Parmi les antiparasitaires, l'ichtyol et le pétrole, parmi les remèdes empiriques l'huile de chaulmoogra et l'acide gynocardique ont donné les meilleurs résultats. Puisque aucun traitement évidemment efficace ne peut être institué, le mieux est encore de retarder la cachexie par l'hygiène et les toniques, et d'autre part d'obéir aux indications fournies par les lésions locales, néoplasie, lésions nerveuses, etc. Mais il ne suffit pas de s'occuper des lépreux, il faut songer à la protection de ceux qui ne le sont pas, et c'est à ce résultat que vise la prophylaxie, dont un autre succès sera à la longue la disparition de la maladie. Dans les pays où la l. n'est pas endémique, hospitaliser les lépreux; dans les pays où elle l'est, empêcher les migrations des lépreux, créer des léproseries, à distance des habitations et loin des foyers, répandre les habitudes d'hygiène que nous donne la civilisation dans les pays où elles sont inconnues, etc.: telles sont les règles qu'il conviendrait de mettre en vigueur, et l'on peut déjà apprécier le succès qu'on obtiendrait d'après les résultats que des mesures analogues ont donnés en Norvège.

**Hist.** — Dans l'Antiquité, la l. sévissait surtout en Orient, en Asie et en Égypte. Elle était rare en Grèce, où cependant Hippocrate l'a très bien décrite. Les Romains ne l'ont connue qu'au temps de César. On suppose que c'est Pompée qui l'a introduite à Rome en y apportant les dépouilles de l'Asie.

La l. était un objet d'horreur pour les Hébreux; aussi Moïse crut-il devoir prescrire les mesures les plus rigoureuses pour empêcher sa propagation. Tout lépreux fut déclaré impur, de telle sorte que celui qui le touchait devenait lui-même impur, ce qui le privait de toute participation aux cérémonies du culte et l'excluait même de la société de ses semblables, jusqu'à ce qu'il se fût purifié. L'individu que l'on soupçonnait d'être atteint de la l. était conduit devant les prêtres, qui le soumettaient à un examen minutieux. S'il ne présentait aucun des signes réputés caractéristiques de la maladie, il était renvoyé chez lui. S'il y avait doute, on le tenait renfermé pendant sept jours, au bout desquels, si les symptômes avaient disparu, on le rendait à la société, après lui avoir toutefois fait laver ses vêtements. Mais si les symptômes persistaient, on le déclarait impur. Dès lors il ne pouvait plus rester dans la ville ni dans le camp, et il était tenu de vivre dans un quartier particulier. En outre, quand il lui arrivait de parcourir la cité, il ne pouvait se montrer qu'avec des habits déchirés, la tête nue, le menton caché et la bouche couverte. Enfin, lorsqu'il apercevait quelqu'un venant à sa rencontre, il devait crier qu'il était impur et qu'on eût à s'éloigner.

Chez les populations chrétiennes du moyen âge, les lépreux ne furent pas moins des objets de répulsion que chez les Hébreux. Seulement, au lieu de leur assigner pour demeure un quartier particulier dans les villes, on les enfermait dans des établissements spéciaux appelés *Léproseries*, ou bien, là où il n'existait pas d'établissements de ce genre, on les séquestrait dans de petites maisonnettes situées loin des lieux habités. Ces malheureux reconnaissaient pour patron saint Lazare, ressuscité par Jésus, parce que, suivant la tradition, il était mort de la l. Le nom de ce saint avait été transformé par le peuple en celui de ***saint Ladre***, d'où les lépreux furent eux-mêmes appelés ***ladres***, et leurs maisons de refuge *Ladreries* ou ***Maladreries***. Aussitôt qu'un cas de l. était constaté par un médecin, celui-ci devait le signaler à l'autorité, qui condamnait le malade au séquestre. Immédiatement le lépreux était livré au clergé, qui l'emmenait à l'église en chantant. Arrivé devant l'autel, le malheureux était dépouillé de ses habits et revêtu d'une robe noire, puis on le plaçait entre deux tréteaux pour figurer un cercueil, on chantait sur lui l'office des morts, et enfin on le conduisait dans une léproserie ou dans une maisonnette isolée. Le lépreux qui était condamné à cette vie solitaire était astreint à des prescriptions minutieuses. Ainsi, il ne pouvait entrer dans une église, dans un moulin ou dans un lieu où l'on cuisait le pain. Il lui était interdit de se laver dans les ruisseaux et les fontaines. Il ne devait toucher aux aliments ou aux autres objets qui lui étaient nécessaires qu'en se servant d'une baguette. Enfin, il était forcé de porter toujours sa robe noire, et quand il se trouvait, soit sur une route, soit à proximité d'un endroit habité, il était obligé d'agiter une crécelle pour avertir les passants de son approche. Cette législation, aussi empreinte de barbarie que d'ignorance, était encore en vigueur au XVIe siècle, et n'a véritablement disparu qu'au siècle suivant.

**LÉPREUX, EUSE.** adj. et s. (lat. *leprosus*, m. s.). Qui a la lèpre.

**LE PRINCE DE BEAUMONT** (Marie), femme de lettres, auteur d'ouvrages pour la jeunesse (1711-1780).

**LÉPROME.** s. m. (R. *lèpre*). Tumeur caractérisant la lèpre tuberculeuse à une certaine période. Voy. Lèpre.

**LÉPROSERIE.** s. f. [Pr. *lepro-zerie*] (lat. *leprosus*, lépreux). Hôpital pour les lépreux. Voy. Lèpre.

**LEPSIUS** (Karl-Richard), célèbre orientaliste allemand (1818-1884), a publié de grands travaux sur l'Égypte ancienne.

**LEPTE.** s. m. (gr. λεπτὸς, mince, grêle). T. Ent. Genre d'*Arachnides*. Voy. Holètres.

**LEPTIS**, colonie de Phéniciens, au nord de l'Afrique.

**LEPTOLOGIE.** s. f. (gr. λεπτὸς, ténu; λόγος, discours). Style fin; discours subtil, minutieux.

**LEPTOMERIA.** s. m. (gr. λεπτὸς, mince; μέρος, tige). T. Bot. Genre de plantes Dicotylédones de la famille des *Santalacées*. Voy. ce mot.

**LEPTOMORPHIQUE.** adj. 2 g. (gr. λεπτὸς, mince; μορφή, forme). T. Minér. Se dit d'un cristal très rétréci.

**LEPTORHINIEN, ENNE.** adj. [Pr. *lepto-ri-ni-in*] (gr. λεπτὸς, mince; ῥίς, nez). T. Anthrop. et Zool. Qui a les narines étroites.

**LEPTOSOMES.** s. m. pl. (gr. λεπτὸς, mince; σῶμα, corps). T. Zool. Une des divisions de la classe des *Bryozoaires*. Voy. ce mot.

**LEPTOSPERME.** s. m. (gr. λεπτὸς, mince; σπέρμα, graine). T. Bot. Genre de plantes Dicotylédones (*Leptospermum*) de la famille des *Myrtacées*. Voy. ce mot.

**LEPTOSPERMÉES.** s. f. pl. (R. *Leptosperme*). T. Bot. Tribu de végétaux de la famille des *Myrtacées*. Voy. ce mot.

**LEPTOSTRACÉS.** s. m. pl. (gr. λεπτὸς, mince; ὄστρακον, coquille). T. Zool. Groupe de *Crustacés* dont il existe de nombreux fossiles. Voy. Crustacés et Cératiocaris.

**LEPTOSTROBUS.** s. m. [Pr. l's finale] (gr. λεπτὸς, mince; στρόβιλος, pomme de pin). T. Bot. Genre de Conifères dont trois espèces fossiles, *L. laxiflora*, *L. crassipes*, et *L. microlepis*, se rencontrent dans les couches jurassiques.

**LEPTOTHRIX.** s. m. (gr. λεπτὸς, mince; θρίξ, cheveu). T. Bot. Genre d'Algues de la famille des *Bactériacées* dont l'espèce type, le *Leptothrix buccalis*, vit dans le tartre dentaire et la cavité des dents cariées.

**LEPTURE.** s. f. (gr. λεπτὸς, mince; οὐρά, queue). T. Ent. Genre d'Insectes *Coléoptères*. Voy. Longicornes.

**LEPTYNITE.** s. m. (gr. λεπτύνω, j'amincis). T. Minér. et Géol. Le *L.* est une roche presque entièrement feldspathique et finement grenue, qui provient des granites, des syénites et des gneiss, et qui prend ce nom lorsque ceux-ci perdent leur quartz, leur mica ou leur amphibole. Le l. est tantôt compact, tantôt schisteux, quelquefois granitoïde. Alors il renferme des lamelles de mica disséminées; mais il est rare qu'il contienne du quartz.

**LEPTYNTIQUE.** adj. 2 g. (gr. λεπτυντικὸς, m. s., de λεπτύνειν, atténuer). Atténuant. Vx.

**LEQUEL, LAQUELLE.** adj. relat. et conj. composé de l'article *Le*, *la*, et de l'adj. *Quel*, *quelle*.

**Obs. gram.** — *Lequel*, *Laquelle*, se disent, tant au singulier qu'au pluriel, des personnes et des choses. Ils s'emploient fort rarement comme sujet ou comme régime direct. Ainsi on ne dira pas: *Newton, lequel a découvert l'attraction; Les vertus, lesquelles ennoblissent l'âme humaine;* mais: *Newton, qui a découvert l'attraction; Les vertus qui ennoblissent l'âme humaine*. Cependant on peut en faire usage lorsque l'emploi de *qui* peut produire une équivoque, ou quand on veut éviter deux *qui* de suite ayant des rapports différents. *Un homme s'est levé au milieu de l'assemblée, lequel a parlé d'une manière extravagante. Il y a une édition de ce livre, laquelle se vend fort bien.* En outre, ils sont encore fort usités en style de pratique et d'administration: *On a entendu deux témoins, lesquels ont dit.* — *Lequel*, *laquelle*, sont d'un usage un peu plus étendu comme régime indirect. Lorsque ces pronoms relatifs sont régis par la proposition *de*, il faut distinguer s'ils sont avant ou après le substantif dont ils dépendent. Dans le premier cas, l'usage n'admet pas l'emploi de *duquel, de laquelle*. Ainsi on ne dira pas: *La religion de laquelle on n'observe pas les maximes; Le livre duquel vous m'avez fait présent;* et l'on se servira du pronom *dont*. Dans le second cas, au contraire, *duquel*, *de laquelle*, sont les seuls relatifs dont on puisse faire usage, du moins en parlant des choses ou des animaux: *La Seine dans le lit de laquelle vient se jeter la Marne; Les moutons, à la dépouille desquels les hommes doivent leurs vêtements.* Lorsqu'il s'agit des personnes, on peut employer les relatifs *de qui* ou bien *duquel, de laquelle;* ici, c'est surtout l'oreille qu'il faut consulter pour faire un choix. Ainsi, on peut dire: *Le prince à la protection de qui* ou *duquel... C'est une femme sur le compte de qui* ou *de laquelle...* — Lorsque le relatif est régi par la préposition *à*, il y a encore une distinction à établir. S'il s'agit de choses, il faut dire, *auquel*, *à laquelle*: *Le repos, voilà tout le bonheur auquel j'aspire; Les richesses auxquelles nous attachons tant de prix sont périssables.* Mais si l'on parle de personnes, on doit préférer *à qui*, bien que, ici encore, ce soit à l'oreille de décider: *Il faut bien choisir les personnes à qui l'on veut donner sa confiance.* — Les règles qui précèdent concernant l'emploi de *lequel*, régi par la préposition *de* ou *à*, sont applicables aux cas où il est régi par toute autre préposition, comme *dans*, *sur*, *contre*, etc.

*Lequel*, *laquelle*, signifient quelquefois, *Quel est celui, Quelle est celle*, etc. En ce sens, ils sont toujours interrogatifs: *Lequel aimez-vous le mieux de vos deux cousins? Auquel avez-vous parlé? Duquel de vos deux tableaux voulez-vous vous défaire? Par lequel des deux chemins irons-nous?* — Enfin, ces pronoms signifient aussi, *Celui, celle qui*, etc.: *Parmi ces étoffes, voyez laquelle vous plairait le plus. Choisissez parmi vos amis lequel vous voulez pour compagnon de voyage.*

**LÉRÉ**, ch. de c. (Cher), arr. de Sancerre; 1,600 hab.

**LEREBOURS** (Noël-Jean), opticien fr. (1762-1840).

**LÉRIDA**, v. d'Espagne, ch.-l. de la prov. de Lérida, en Catalogne; 19,000 hab. — La province a 291,600 hab. — Victoire de César sur les lieutenants de Pompée, Afranius et Pétréius (49 av. J.-C.). — Cette ville fut assiégée en vain par le grand Condé en 1647.

**LÉRINS**, îles françaises de la Méditerranée, sur la côte S. des Alpes-Maritimes; ce sont Saint-Honorat et Sainte-Marguerite. On s'y rend de Cannes.

**LERME** (Duc de), ministre espagnol, favori de Philippe III, m. disgracié en 1623.

**LERMINIER** (Jean-Louis-Eugène), publiciste fr. (1803-1857).

**LERMONTOV** (Michel), illustre poète russe (1814-1841).

**LERNE**, marais de l'Argolide où se trouvait l'hydre tuée par Hercule. Voy. Hydre.

**LERNÉIDES.** s. m. pl. (R. l'hydre de *Lerne*, animal fabuleux). T. Zool. Genre de *Crustacés* appartenant à l'ordre des *Copépodes*. Voy. Entomostracés.

**LÉROT.** s. m. (Dimin. de *loir*). T. Mamm. Nom vulgaire d'une espèce de *Rongeur*. Voy. Loir.

**LEROUX** (Pierre), philos. et économiste fr. saint-simonien, (1797-1871).

**LE ROUX DE LINCY,** bibliographe et érudit fr., né à Paris (1806-1869).

**LEROY** (Pierre), chanoine, auteur de la 1re partie de la *Satire Ménippée* (XVIe siècle).

**LEROY D'ÉTIOLLES** (Jean-Jacques-Joseph), chirurgien fr., né à Paris; un des inventeurs de la lithotripsie (1798-1860).

**LERS** (Le), riv. de France, se jette dans la Garonne, rive droite; 108 kilom.

**LES.** art. et pron. plur. Voy. Le.

**LE SAGE** (Alain-René), célèbre écrivain fr., né à Sarzeau (Morbihan), auteur du roman de *Gil-Blas* et de la comédie de *Turcaret* (1668-1747).

**LESBIAQUE.** adj. 2 g. (lat. *lesbiacus*, m. s.). Qui appartient à l'île de Lesbos. *Mètre l.*, Le vers saphique. *Livres lesbiaques*, Écrits de Dicéarque contre l'immortalité de l'âme.

**LESBOS,** île de la mer Égée, aujourd'hui *Mitylène*; à la Turquie; 90,000 hab. = Nom des hab. Lesbien, enne. = Cette île, aujourd'hui presque déserte, était autrefois célèbre par son luxe et ses plaisirs; et à l'époque de Sapho on y avait créé de véritables écoles de courtisanes.

**LESCAR,** ch.-l. de c. (Basses-Pyrénées), arr. de Pau; 1,600 hab.

**LESCOT** (Pierre), architecte fr., éleva la façade du vieux Louvre et la fontaine des Innocents (1510-1578).

**LESCUN** (Thomas de **FOIX**, seigneur de), maréchal de France, frère de Lautrec; m. d'une blessure reçue à la bataille de Pavie (1493-1525).

**LESCURE** (Louis-Marie, marquis de), un des principaux chefs vendéens (1766-1793).

**LESCURE** (F.-A.-Mathurin de), littér. fr. (1833-1892).

**LESDIGUIÈRES** (François de **BONNE**, duc de), connétable de France sous Henri IV et sous Louis XIII (1543-1626).

**LÈSE.** adj. [Pr. *lè-ze*] (lat. *læsus*, blessé, violé). Se dit surtout avec le mot *Majesté*. *Crime de l.-majesté humaine*, Attentat contre la personne ou l'autorité du souverain. *Crime de l.-majesté au premier chef*, Attentat contre la personne du souverain. *Crime de l.-majesté au second chef*, Attentat contre l'autorité du souverain ou contre l'intérêt de l'État. — Ces locutions ne sont usitées que sous un régime monarchique. — *Crime de l.-majesté divine*, Sacrilège. *Autrefois les criminels de l.-majesté étaient tenaillés vifs et écartelés.* || Par anal., *Crime de l.-humanité, de l.-nation.* — Fam., *En désobéissant à l'ordonnance du médecin, vous commettez un crime de l.-faculté.*

**LÉSER.** v. a. [Pr. *lé-zer*] (lat. *lædere*). T. Chir. Blesser. *La pointe de l'épée a lésé le poumon. Le cerveau a été lésé.* || Fig., Faire tort, causer quelque préjudice *Je craindrais de vous l. Il n'y a que moi de lésé dans cette affaire.* = Lésé, ée. part. = Conj. Voy. Céder.

**LESFRANC,** chir. fr. (1790-1847).

**LÉSINE.** s. f. [Pr. *lé-zine*] (ital. *lesina*, alène). Épargne sordide et raffinée jusque dans les moindres choses. *Il est d'une l. qui dépasse toute croyance. Il vit de l. Il n'y a que lui qui soit capable d'une l. si honteuse. Sa l. s'exerce sur les moindres choses.*

**LÉSINER.** v. n. [Pr. *lé-ziner*]. User de lésine. *Il lésine sur tout.*

**LÉSINERIE.** s. f. [Pr. *lé-zinerie*]. Acte de lésine. *Il a fait une grande l. Ses lésineries le rendent ridicule.* || Vice de caractère qui porte à lésiner. *Cet homme est d'une l. incroyable.*

**LÉSINEUR.** s. m. [Pr. *lèzi-neur*]. Celui qui lésine.

**LÉSINEUX, EUSE.** adj. [Pr. *lézi-neu*]. Qui lésine. Fam.

**LÉSION.** s. f. [Pr. *lé-zion*] (lat. *læsio*, m. s.). T. Chir. Blessure. *La balle a produit une l dans l'abdomen, aux intestins.* — *Lésion organique du cœur, du poumon*, etc., Altération du cœur, etc., produite par une cause interne. || Figur., Dommage, préjudice qu'on souffre dans quelque transaction. *Montrez-moi en quoi il y a l., où est la l.* — Le vendeur peut revenir sur la vente quand il a été lésé de plus de sept douzièmes dans le prix de l'immeuble. Voy. Contrat.

**LÉSIONNAIRE.** adj. 2 g. [Pr. *lézio-nère*]. Qui a un caractère de lésion.

**LESLEY** (John), évêque catholique d'Écosse, dévoué à Marie-Stuart (1527-1596).

**LESLIE** (John), mathématicien et physicien angl. (1766-1832).

**LESLIE** (Charles-Robert), célèbre peintre angl., né à Londres (1794-1859).

**LESNEVEN,** ch.-l. de c. (Finistère), arr. de Brest; 3,200 hab.

**LESPARRE,** ch.-l. d'arr. à 60 kil. N.-O. de Bordeaux (Gironde); 4,000 hab.

**LESPINASSE** (Jeanne-Julie-Éléonore de), femme célèbre par son esprit, née à Lyon (1732-1776).

**LESSAY,** ch.-l. de c. (Manche), arr. de Coutances; 1,300 hab.

**LESSE.** s. f. Voy. Laisse.

**LESSE** (La), riv. de Belgique, se jette dans la Meuse; 84 kilom.

**LESSEPS** (Ferdinand, comte de), diplomate fr., né à Versailles en 1805, a attaché son nom au percement de l'isthme de Suez, terminé en 1869, et commença celui de Panama; mort en 1894. Son père était le comte Mathieu de Lesseps, consul à Tunis, et son grand-père, Jean de Lesseps, que Napoléon avait nommé gouverneur de Moscou en 1812.

**LESSING** (Gotthold-Ephraïm), poète et critique allemand (1729-1781), auteur de *Fables*, de *Laocoon*, etc.

**LESSIVAGE.** s. m. [Pr. *lé-sivaje*]. Action de lessiver; résultat de cette action.

**LESSIVE.** s. f. [Pr. *lè-sive*] (lat. *lixivium*, m. s.). Eau chaude chargée de sels alcalins qui sert à blanchir le linge. *Mettre du linge à la l.* — *Couler la l.*, Verser la l. sur le linge. *Faire la l.*, Nettoyer du linge au moyen de la lessive. Voy. Blanchissage. || Par extens., se dit du linge qui doit être mis à la lessive. || Figur. et famil on dit de quelqu'un qui a fait au jeu une perte considérable, *Il a fait une l., une furieuse l.* || T. Technol. Se dit de diverses solutions alcalines employées dans les arts et dans l'industrie. *Faire une l. pour dégraisser les cheveux. L. des savonniers. On passe les olives à la l. pour en ôter l'amertume.* || T. Chim. Opération par laquelle on fait passer, à plusieurs reprises, de l'eau sur une substance dont on veut extraire les parties solides.

**LESSIVER.** v. a. [Pr. *lè-siver*]. Blanchir le linge au moyen de la lessive. *Il faudra l. ce linge.* || T. Chim. Verser à plusieurs reprises de l'eau sur des matières terreuses ou autres, pour en extraire les parties solubles qu'elles contiennent. *On a lessivé ces terres, afin d'en tirer du salpêtre.* || Nettoyer les boiseries, les murailles peintes avec une eau alcaline ou acide. = Lessivé, ée. part.

**LESSIVEUR, EUSE.** s. [Pr. *lèsi-veur*]. Celui, celle qui lessive. || Appareils servant au lessivage ou au blanchissage.

**Techn.** — L'appareil portant le nom de *Lessiveuse* a été imaginé et créé afin de remplacer le lessivage à la main, qui, tout en étant très fatigant, ne donne que des résultats de tous points défectueux. L'imagination des inventeurs et des praticiens s'est donné libre cours sur ce sujet intéressant; chacun d'eux a construit un ou plusieurs appareils devant offrir tous les avantages désirables; bien peu ont réussi. Quoi qu'il en soit, nous passerons rapidement en revue les types principaux de lessiveuses mécaniques dont l'usage a démontré le bon fonctionnement et qui, actuellement, jouissent d'une certaine renommée.

Les lessiveuses mécaniques se divisent en un certain nombre de catégories, suivant le mode employé pour leur fonctionnement. La plus ancienne de ces lessiveuses est due à Curandeau. Abandonnée aujourd'hui par suite des perfectionnements apportés, elle n'en marquait pas moins un réel progrès sur l'antique lessivage par aspersion à la main. Dans ce système, le récipient dans lequel on empilait le linge sale possédait un double-fond en bois. Le tout était placé sur un fourneau; à l'aide d'une petite pompe à main communiquant avec le double-fond, on refoulait le liquide constamment réchauffé par l'action directe du foyer, sur la surface supérieure du linge. L'opération se renouvelait de temps en temps; elle nécessitait cependant une surveillance de chaque instant.

Cet appareil quelque peu primitif a été supplanté par l'apparition de la lessiveuse de Bouillon et Muller, désignée par

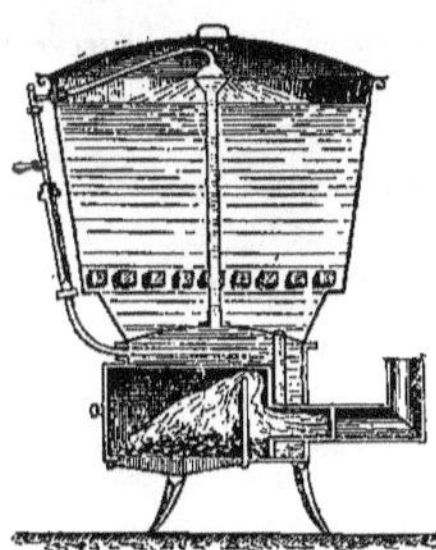

ses inventeurs sous le nom de *Lessiveuse par affusions intermittentes*. Elle se compose d'une chaudière en tôle galvanisée munie d'un double-fond et d'un fourneau sur lequel est placée la chaudière. C'est dans le double-fond que l'on verse tout d'abord le liquide alcalin destiné à saponifier les matières grasses qui maculent le linge. Au-dessus du double-fond, le linge à lessiver est empilé régulièrement. Lorsque la lessive entre en ébullition, la vapeur se dégage peu à peu, traverse de proche en proche la masse du linge et finit par atteindre la partie supérieure du cuvier. Cette vapeur, au contact des parties froides qu'elle rencontre, se condense tout en abandonnant ses calories à la masse. Peu à peu cette dernière s'échauffe et bientôt il s'établit un courant ascensionnel de vapeur, tandis que redescend dans le double-fond le liquide de plus en plus voisin du point d'ébullition. Dans ces conditions, il faut environ quatre heures pour que l'opération soit terminée. Widmer de Jouy avait eu, simultanément avec Curandeau, l'idée de construire une l. basée sur le même principe, avec cette différence que la pompe était remplacée par un tube mettant en communication le liquide du double-fond avec la partie supérieure de la chaudière. Un robinet placé sur le tube de communication permettait à l'ouvrier préposé à la marche de l'appareil d'interrompre à volonté l'ascension de la lessive..

Decoudun, puis Duvoir perfectionnèrent encore ces systèmes de lessiveuses en séparant complètement cuvier à linge et fourneau. Dans ce système, un seul fourneau sur lequel est montée la chaudière qui contient la lessive, suffit pour le lessivage du linge enfermé dans deux cuviers métalliques. Un dispositif particulier et très ingénieux offre la facilité d'amener le liquide, à volonté, à l'intérieur de l'un ou de l'autre des cuviers. L'expérience a cependant démontré que ce procédé présente quelques inconvénients, dont le plus grave est le suivant : Arrivant sur le linge à une température qui à peu de chose près est celle de l'ébullition, la lessive *cuit* en quelque sorte les taches qui maculent ce linge, les rendant ainsi indélébiles. C'est pourquoi nombre de spécialistes, parmi lesquels Duvoir, Baudet, Laurie, Decroisilles, Guxon, etc., etc., ont cherché à remédier à cet état de choses. Sans entrer dans le détail d'installation de leurs appareils, on peut dire que le but qu'ils ont, les uns et les autres, cherché à atteindre, était d'empêcher le liquide bouillant de venir se déverser immédiatement sur la masse froide du linge, ce qui rendait extrêmement difficile, comme nous l'avons fait observer plus haut, l'enlèvement et la disparition des taches de certaine nature. Ils ont pensé avec juste raison qu'il importait tout d'abord de réchauffer progressivement le linge, tout en l'humectant, et de ne faire agir la lessive que lorsque cette condition se trouvait atteinte.

En principe, les appareils imaginés par ces divers inventeurs et que nous venons d'énumérer se composent d'une cuve à double-fond placée sur un foyer. Un tube vertical en cuivre ou en tôle galvanisée communique avec la lessive contenue dans le double-fond et traverse la masse de linge, l'échauffant peu à peu. Lorsque le point d'ébullition est atteint, la pression de la vapeur augmente et force le liquide à monter dans le conduit central et à se déverser en pluie fine sur le linge déjà chaud (Fig.). De ce fait, l'inconvénient signalé a disparu. Nous devons ajouter que toutes ces lessiveuses, quel qu'en puisse être le système, sont munies de couvercles offrant une grande étanchéité et empêchant ainsi les émissions malsaines de vapeur dans les usines où s'opère le lessivage. Des installations spéciales permettent, lorsque besoin est, de soulever mécaniquement ces couvercles dont les dimensions et les poids sont fréquemment considérables.

Les lessiveuses que nous venons de passer en revue n'accomplissent qu'une partie du travail du blanchissage et nécessitent des manipulations ultérieures, entre autres celles du savonnage et du rinçage. D'autres types de lessiveuses mécaniques interviennent alors, dans lesquelles se font ces opérations. Ce sont les Anglais qui, très experts en matière de blanchissage, ont cherché et trouvé des appareils spéciaux appelés *roues à linge*, et qui répondent au désidératum demandé. Ils en ont imaginé se manœuvrant à la main ; mais les roues mécaniques, d'une importance beaucoup plus considérable, n'ont pas tardé à faire leur apparition et à s'implanter en France. Les roues à main sont généralement de bois, quelquefois elles sont de tôle galvanisée ; dans ces lessiveuses, le linge est battu avec la lessive. Ces roues mécaniques, dites *roues américaines*, diffèrent des premières en ce sens que le liquide lexivial baigne ou abandonne alternativement le linge soumis à l'opération. Ces roues sont toujours à double enveloppe, afin de maintenir le plus possible dans la masse une température constante. L'étude de ces appareils compliqués nous conduirait trop loin, c'est pourquoi en ce qui les concerne nous renvoyons le lecteur aux ouvrages traitant ce sujet, comme le *Dictionnaire de l'Industrie et des Arts industriels*, par Lami, ou encore la *Grande Encyclopédie*.

**LESSON**, naturaliste fr. (1794-1849).

**LESSONIA**. s. m. (R. *Lesson*, n. d'un naturaliste fr.). T. Bot. Genre d'Algues de la famille des *Phéosporées*. Voy. ce mot.

**LEST**. s. m. [Pron. le *t*.] (all. *last*, charge). T. Mar. Voy. ci-après. || Par anal. Poids dont on charge certains filets de pêche. || Sable en sacs que les aéronautes emportent et qu'ils jettent pour alléger le ballon quand ils veulent s'élever. || Fig. Ce qui sert à pondérer.

**Mar.** — On appelle ainsi l'amas de matières pesantes dont on charge le fond de cale d'un bâtiment de guerre ou de commerce, pour lui faire prendre la quantité d'eau convenable et lui donner la stabilité nécessaire. En général, le lest varie du septième au quart de l'exposant de charge d'un bâtiment. Il prend le nom de *l. dormant*, quand il reste à demeure à fond de cale, et celui de *l. volant* quand on le transfère selon les besoins. La matière la plus pesante sous le moindre volume donne le meilleur l. Dans les bâtiments de guerre, le l. consiste en saumons de fonte. Dans les vaisseaux marchands, il se compose de pierres, de briques, de sable, de houille, etc., ainsi que des parties les plus lourdes du chargement même. On dit qu'un navire marchand *est sur son l.*, quand il n'a pas de cargaison ; qu'*il est parti sur son l.*, quand il est parti sans prendre de chargement.

**Aérost.** — Le l. dont se servent les aéronautes se compose de sable enfermé dans des sacs. On vide ces sacs par-dessus la nacelle quand on veut s'élever, quand, par suite du refroidissement, la force ascensionnelle diminue et que l'aérostat tend à descendre, et, enfin, quand il y a perte de gaz au travers du tissu du ballon, ce qui arrive toujours, plus ou moins. La durée d'un voyage aérien est limitée par la provision de l. qu'on emporte, et celle-ci dépend de la force ascensionnelle dont on dispose. Voy. AÉROSTAT.

**LESTAGE.** s. m. Action de lester un bâtiment. || Manière dont un navire est lesté.

**LESTE.** adj. 2 g. (ital. *lesto*, prompt). Qui a de la légèreté dans ses mouvements. *Ce jeune homme est très l. Il marche d'un pas l. et dégagé.* — *Avoir la main l.*, Être prompt à donner un coup. || Qui est vêtu ou équipé de manière à exécuter avec facilité tous ses mouvements. *Les troupes sont très lestes avec ce nouvel équipement.* — Par ext., se dit des vêtements qui laissent aux mouvements toute leur liberté. *Ce vêtement est fort l. Cet uniforme est plus l. que l'ancien.* — *Un équipage l.*, Une voiture attelée de chevaux vifs et légers. || Fig., Adroit, prompt à trouver des expédients et à les mettre en usage. *C'est un homme l. en affaires* || En mauvaise part, signif. léger, peu scrupuleux sur les principes et les convenances. *C'est un homme l. en procédés. fort l. dans ses actions et dans ses paroles.* — En parlant des choses, Léger, inconsidéré, inconvenant. *Réponse l. Conduite l. Des propos un peu lestes.*

**LESTEMENT.** adv. D'une manière leste. *Il marche fort l. Il était l. vêtu.* || Fig., Avec dextérité. *Il s'est l. tiré de ce mauvais pas.* — Avec une légèreté répréhensible, *Cette femme se conduit bien l. Il m'a répondu fort l.*

**LESTER.** v. a. (R. *lest*). T. Mar. *L. un navire*, Y charger la quantité de lest convenable. || *L. un aérostat*, Le garnir de sacs de lest. || Fig. et fam., *Se l. l'estomac*, ou absol., *Se l.*, Prendre de la nourriture. *Je me suis bien lesté l'estomac, je me suis bien lesté avant de me mettre en route.* = LESTÉ, ÉE. part. *Wagon lesté*, Auquel on ajoute du lest pour rendre suffisamment efficace l'action des freins.

**LESTEUR.** adj. et s. m. (R. *lest*). T. Mar. *Bateau l.*, ou simpl., *Lesteur*, Bateau qui sert à transporter le lest. || Homme employé à porter le lest à bord, à l'arranger dans la cale.

**LESTÈVE.** s. f. T. Entom. Genre d'Insectes *Coléoptères*. Voy. BRACHÉLYTRES.

**LESTOCQ**, chirurgien fr., servit Pierre le Grand, Catherine, Élisabeth et Pierre III (1692-1767).

**LESTRYGONS**, peuple anthropophage de la Sicile, voisin des Cyclopes (Mythol).

**LE SUEUR** (EUSTACHE), peintre fr., peignit la vie de saint Bruno, au Louvre (1617-1655).

**LE SUEUR** (JEAN-FRANÇOIS), compositeur de musique fr., arrière-petit neveu du précédent (1760-1837).

**LESURQUES** (JOSEPH), né à Douai en 1763, malheureuse victime d'une erreur judiciaire, fut guillotiné en 1796 comme coupable d'assassinat et de vol sur la personne d'un courrier de Lyon. Son innocence fut plus tard reconnue.

**LÈTE.** s. f. Nom donné, sur le rivage de l'Océan, entre la Gironde et les Pyrénées, aux vallées formées entre les dunes. Voy. DUNE.

**LE TELLIER** (MICHEL), secrétaire d'État au département de la guerre de 1643 à 1666, chancelier de France en 1677, père de Louvois (1603-1685).

**LETELLIER** (MICHEL), jésuite, devint confesseur de Louis XIV à la mort du père La Chaise, en 1709 (1643-1719).

**LÉTHALITÉ.** s. f. (lat. *lethalis*, mortel). Condition qui rend une blessure ou une lésion nécessairement mortelle.

**LÉTHARGIE.** s. f. (gr. ληθαργία, m. s. de λήθη, oubli ; ἀργία, inertie). Dans le lang. ordinaire, État de mort apparente. Voy. MORT. || T. Méd. Sommeil profond rebelle à tous les excitanst. On a observé des cas de l. durant des jours, des semaines et même des mois. Voy. COMA. || Fig., Grande insensibilité, extrême nonchalance. *Il est plongé dans une l. honteuse. Tirer quelqu'un de sa l.*

**LÉTHARGIQUE.** adj. 2 g. (lat. *lethargicus*, gr. ληθαργικός, m. s.). Qui tient de la léthargie. *Sommeil l. État l.* || Fig., Nonchalant, insensible. *Ame l. Indolence l.* || Subst. *Un, une léthargique*, Celui, celle qui est en léthargie.

**LÉTHÉ.** s. m. (gr. λήθη, oubli). T. Mythol. Dans la mythologie gréco-romaine, le *Léthé* était un des cinq fleuves des enfers et séparait de ses eaux dormantes le Tartare des Champs Élysées. Quand le Destin appelait les âmes à une nouvelle existence terrestre, celles-ci buvaient de l'eau de ce fleuve et perdaient aussitôt tout souvenir du passé. — Dans la géographie ancienne, il existait plusieurs cours d'eau qui portaient ce nom : l'un dans la Crète, l'autre dans la Thessalie, et le troisième dans la Bétique. Le dernier a conservé jusqu'à ce jour son nom antique : c'est le *Guadalete*, c.-à-d. l'eau du Léthé (*aqua Lethe*).

**LETHIÈRE**, peintre fr., né à Sainte-Anne, Guadeloupe (1760-1832).

**LÉTHIFÈRE.** adj. 2 g. (lat. *lethifer*, m. s. de *lethum*, mort ; *ferre*, porter). Qui cause la mort. Peu usité.

**LÉTIQUE.** adj. 2 g. Qui a rapport aux lètes.

**LETOURNEUR** (PIERRE), littérateur français (1736-1788).

**LETOURNEUR** (CHARLES), homme politique fr., membre de la Convention, membre du Directoire (1751-1817).

**LETRONNE** (JEAN-ANTOINE), géographe, archéologue et érudit fr. (1787-1848).

**LE TROSNE** (GUILLAUME-FRANÇOIS), économiste physiocrate fr., né à Orléans (1718-1780).

**LETTON.** s. m. L'un des deux rameaux des barques slaves.

**LETTONS** ou **LETTES**, peuple du N.-O. de la Russie ; sur la Baltique.

**LETTRE.** s. f. [Pr. *lè-tre*] (lat. *littera*, m. s.). Chaque caractère de l'alphabet. *Cet enfant commence à connaître ses lettres. L. grecque. L. arabe. L. hébraïque.* — *Écrire un mot en toutes lettres*, L'écrire sans abréviation. *Écrire un nombre en toutes lettres*, L'écrire, non en chiffres, mais avec des mots. Fig. et fam., *Dire, écrire une chose en toutes lettres*, La dire, l'écrire sans rien taire, sans rien dissimuler. — Fig., *Ses actions sont écrites en lettres de sang dans l'histoire*, se dit d'un personnage cruel et sanguinaire. *Une chose écrite en lettres de feu*, Marquée par des traits saisissants. || *Lettres numérales*, Voy. NUMÉRATION. *L. dominicale*, Voy. COMPUT. || *Estampe, gravure avant la l., après la l., avec la l. grise*, Voy. ÉPREUVE. || Chaque caractère de l'alphabet sous le rapport de sa forme dans les diverses écritures. *Une grande, une petite l. L. gothique. L. bâtarde. L. anglaise. L. menue, maigre, bien nourrie. Le plein, le délié, les jambages, le corps, la queue d'une l. Bien former, mal former ses lettres.* Voy. CALLIGRAPHIE. = T. Typogr. Caractère de fonte représentant en relief une des lettres de l'alphabet. *L. majuscule, minuscule, capitale, italique*, etc. Voy. CARACTÈRE. — *Lever la l.* Prendre dans les casselins les lettres dont se composent les mots et les ranger dans le composteur. — *L. grise* ou *historiée*, Grande l. capitale ornée de certaines figures et ordinairement gravée sur bois ou sur cuivre. = Le son ou l'articulation même que représente chaque caractère de l'alphabet. *On divise les lettres en voyelles et en consonnes.* Voy. CONSONNE et VOYELLE. = En parl. d'un texte, se dit du sens littéral, par opposition au sens figuré. *La l. tue, mais l'esprit vivifie. Juger suivant la l. de la loi. Il ne faut pas prendre cette phrase à la l. Cela doit s'entendre à la l. Il traduit trop à la l. Rendre un texte à la l.* — *Aider, ajouter à la l.* Voy. AIDER, etc. || Fig., *A la l.*, Exactement, ponctuellement. *Cela est vrai à la l. J'ai exécuté vos intentions, vos ordres à la l. Au pied de la l.*, Dans toute son étendue. *Cette prescription est devenue une lettre morte*, Une formule sans valeur. = Épître, missive, dépêche. *Longue l. Grande l. L'enveloppe, la suscription d'une l. L. d'affaires, d'amour, de compliment, de condo-*

*léance. Ecrire une l., un bout, un mot de l. Dater, cacheter, fermer, décacheter une l. Intercepter une l. Violer le secret des lettres.* || *L. de cachet.* Voy. CACHET. || *L. de change.* Voy. CHANGE. || *L. chargée.* Voy. CHARGER. || *L. en chiffres,* L. écrite en caractères de convention, dont la valeur n'est connue que des correspondants. Voy. CRYPTOGRAPHIE. || *L. circulaire.* Voy. CIRCULAIRE. || *L. close,* Lettre du roi, contre-signée par un secrétaire d'État et revêtue du sceau de Sa Majesté. *Il a reçu un l. close pour se rendre tel jour à l'assemblée.* — Fig. et fam., *Lettres closes,* se dit d'un secret qu'on ne peut ou qu'on ne doit pas pénétrer. *Je n'y comprends rien, c'est pour moi lettres closes. Je respecte ses secrets, ce sont lettres closes pour moi.* || *L. de crédit.* Voy. CRÉDIT. || *L. de créance.* Voy. CRÉANCE. || *L. de gage.* Voy. FONCIER. || *L. de marque.* Voy. CORSAIRE. || *L. de mer.* syn. de *Congé.* Voy. ce mot. || *L. de passe.* Voy. PASSE. || *L. de recommandation,* Par laquelle on recommande quelqu'un à une personne, afin qu'il lui soit fait bon accueil. || *L. de récréance.* Voy. RECRÉANCE. || *L. de service,* Lettre par laquelle le ministre de la guerre annonce à un officier qu'il est appelé à exercer les fonctions de son grade. On dit quelquefois, *Lettres de service,* au pl. || *L. de voiture,* Voy. TRANSPORT. || En T. Chancellerie, on donne le nom de *Lettres,* au pl., à certains actes expédiés au nom du prince, et dont plusieurs sont abolis par nos lois nouvelles. *Lettres patentes.* Voy. DIPLOMATIQUE. *Lettres de grâce, d'abolition, de rémission, de grande naturalisation, de légitimation, de committimus, de noblesse, de répit, de représailles,* etc. *Lettres du grand sceau, du petit sceau. Sceller, expédier, donner des lettres.* Ces lettres de chancellerie s'appelaient généralement *Lettres royaux,* l'usage ayant autorisé cette façon de parler, quoique ces deux mots soient de genre différent. — Se dit également de certains actes qui s'expédient sous le sceau de quelque autorité ou de quelque corps. *Lettres de tonsure, de prêtrise,* etc. *Lettres de maître ès arts. Lettres de bourgeoisie,* etc. — *Lettres apostoliques,* Lettres des papes, nommées plus ordinairement, depuis plusieurs siècles, *Rescrits, brefs,* etc. = Connaissances que procure l'étude en général, et, en particulier, celle de la littérature proprement dite. *Les lettres nourrissent l'âme, la rectifient, la consolent. Les lettres adoucissent les mœurs et font la gloire des peuples. Ce prince aime, protège, fait fleurir les lettres. Un homme de lettres, les gens de lettres. La république des lettres. Faculté des lettres. Cet homme a de l'esprit, mais il n'a point de lettres, il est sans lettres.* Voy. LITTÉRATURE. || *Les belles-lettres,* La grammaire, l'éloquence et la poésie. On dit aussi, dans le même sens, *Les lettres humaines.* — *Les saintes lettres,* L'Écriture sainte. = Syn. Voy. ÉPITRE.

**LETTRÉ, ÉE.** adj. [Pr. *lè-tré*]. Qui a des lettres, du savoir, *Un homme l. Une femme lettrée. Des gens ignares et non lettrés.* || Se dit quelquefois subst. *En Chine, les lettrés seuls peuvent parvenir aux emplois publics. La classe des lettrés.*

**LETTRINE.** s. f. [Pr. *lè-trine*] (Dimin. de *lettre*). T. Typogr. Petite lettre qui se met à côté d'un mot pour renvoyer à une note placée à la marge ou au bas de la page. || Dans un dictionnaire, se dit des lettres majuscules qui se mettent au haut d'une colonne ou d'une page pour indiquer les initiales des mots qu'elle contient, et de celles qui se trouvent dans la page ou dans la colonne même, lorsque la syllabe initiale change.

**LETTSOMITE.** s. f. (R. *Lettsom,* n. d'un médecin angl.). T. Minér. Synonyme de *Cyanotrichite.*

**LEUCA,** cap. à l'extrémité S.-E. de l'Italie.

**LEUCADE,** île de la mer Ionienne appelée aujourd'hui *Sainte-Maure* (à la Grèce). C'est du haut d'un rocher de cette île que Sapho s'est, dit-on, jetée dans la mer.

**LEUCADE** s. m. (gr. λευκὸς, blanc). T. Bot. Genre de plantes Dicotylédones (*Leucas*) de la famille des *Labiées.* Voy. ce mot

**LEUCÆTHIOPIE.** s. f. (gr. λευκὸς, blanc ; αἰθίοψς, αἰθίοπος, éthiopien, nègre). Syn. d'*Albinisme.* Voy. ALBINOS.

**LEUCANILINE.** s. f. (gr. λευκὸς, blanc ; fr. *aniline*). T. Chim. La l. est le leucodérivé de la rosaniline ordinaire, et s'obtient en désoxydant ce corps à l'aide du zinc et de l'acide chlorhydrique. C'est une base énergique, insoluble dans l'eau, très soluble dans l'alcool. Elle fond vers 139° en un liquide rouge. Elle régénère facilement la rosaniline sous l'action des oxydants. — La *para-leucaniline,* leucodérivée de la pararosaniline, fond à 197°.

**LEUCANTHÈME.** s. m. (gr. λευκὸς, blanc ; ἄνθος, fleur). T. Bot. Genre de Composées aujourd'hui fondu dans le genre *Chrysanthème.*

**LEUCATE** (Étang de), sur le littoral de la Méditerranée, dép. de l'Aude et des Pyrénées-Orientales.

**LEUCATROPIQUE.** adj. 2 g. (gr. λευκὸς, blanc ; fr. *atropine*). T. Chim. *L'acide l.* a été retiré de la belladone. Il cristallise en petites aiguilles soyeuses, fusibles à 74°, solubles dans l'eau bouillante. Sa formule est $C^{17} H^{32} O^{5}$.

**LEUCAURINE.** s. f. (gr. λευκὸς, blanc ; fr. *aurine*). T. Chim. Leucodérivé de l'aurine. Voy. CORALLINE.

**LEUCÉINE.** s. f. (gr. λευκὸς, blanc). T. Chim. Nom donné par Schutzenberger à des acides amidés non saturés, qui ont pour formule générale $C^{n} H^{2n-1} Az O^{2}$ et qui se forment par le dédoublement des glucoprotéines lorsqu'on chauffe les matières protéiques avec de la baryte. La plupart des l. sont amorphes. Chauffées vers 330° avec de la poudre de zinc, elles donnent naissance à des bases volatiles, non oxygénées, qui dérivent du pyrrol.

**LEUCÉMIE.** s. f. (gr. λευκὸς, blanc ; αἷμα, sang). T. Méd. Accumulation des globules blancs dans le sang. Voy. LEUCOCYTE.

**LEUCHTENBERGITE.** s. f. [Pr. *leuch-tin-ber-djite*] (R. *Leuchtenberg,* n. d'homme). T. Minér. Variété jaune de Pennine.

**LEUCINDIGOTINE.** s. f. (gr. λευκὸς, blanc ; fr. *indigo*). T. Chim. Leucodérivé de l'indigotine. Voy. INDIGOTINE et LEUCODÉRIVÉ.

**LEUCINE.** s. f. (gr. λευκὸς, blanc). T. Chim. La *l.* qu'on appelle aussi *acide amido-caproïque,* est un acide amidé, répondant à la formule $CH^{3}. CH^{2}. CH^{2}. CH^{2}. CH\ Az H^{2}. CO^{2} H$. Elle se produit dans la putréfaction des matières protéiques et de la gélatine, ainsi que dans leur hydratation sous l'influence des acides étendus ou de l'eau de baryte. On la rencontre dans le fromage vieux, où Proust la découvrit en 1818, dans le pancréas, le cerveau, la glande thyroïde, la lymphe ; elle existe aussi dans les mélasses de betterave, dans l'ansérine blanche (*Chenopodium album*) et dans certains champignons, tels que la fausse oronge. On peut obtenir de la l. par synthèse, soit en faisant agir l'ammoniaque sur le dérivé bromé de l'acide caproïque normal, soit en traitant l'aldéhyde valérique normale par l'acide cyanhydrique en présence d'acide chlorhydrique aqueux. On prépare ordinairement la l. en faisant bouillir des rognures de corne avec de l'acide sulfurique étendu ; on neutralise par la chaux, on filtre et l'on précipite la chaux par l'acide oxalique ; on filtre de nouveau et l'on concentre la liqueur. Il se dépose d'abord de la tyrosine, qu'on enlève, puis de la leucine, qu'on purifie par cristallisation dans l'alcool aqueux. La l. se présente sous forme de lamelles blanches, assez solubles dans l'eau chaude, peu solubles dans l'alcool, insolubles dans l'éther. Elle se sublime lentement à 170°. Chauffée brusquement, elle se décompose en anhydride carbonique et en amylamine ; elle éprouve le même dédoublement quand on la chauffe avec de la baryte. Traitée par l'acide nitreux, elle se transforme en acide leucique. Par fusion avec un alcali, elle donne de l'ammoniaque et de l'acide valérique. La l. est neutre au tournesol ; mais, grâce à ses deux fonctions, acide et amine, elle peut former des sels définis et cristallisables en s'unissant, soit aux acides, soit aux bases.

La l. produite par le dédoublement des matières protéiques est lévogyre ; celle qu'on obtient par synthèse est sans action sur la lumière polarisée.

*Leucines.* On donne quelquefois le nom générique de l. aux acides amidés de la formule $C^{n} H^{2n+1} Az O^{2}$. Tels sont les acides amido-valérique, amido-butyrique, etc. Ces homologues de l. ordinaire se forment quand on chauffe les matières protéiques vers 200° avec de l'eau de baryte ; elles résultent alors de l'hydratation des glucoprotéines qui se produisent tout d'abord. Les l. sont cristallisables ; chauffées avec de la baryte, elles se dédoublent en anhydride carbonique et en amines.

**LEUCINIMIDE.** s. f. (R. *leucine,* et *imide*). T. Chim. La l., qui répond à la formule $C^6H^{11}AzO$, se forme en petite quantité, en même temps que la leucine et la tyrosine, quand on fait bouillir les matières protéiques avec de l'acide sulfurique étendu. Elle cristallise en petites aiguilles blanches, insolubles dans l'eau, solubles dans l'alcool.

**LEUCIPPE**, philosophe grec du V<sup></sup>e siècle av. J.-C., inventeur du système des atomes.

**LEUCIQUE**. adj. 2 g. (R. *leucine*). T. Chim. *L'acide l.*, qu'on obtient en traitant la leucine par l'acide nitreux, est un acide-alcool répondant à la formule :

$$CH^3.CH^2.CH^2.CH^2.CH\,OH.CO^2H.$$

Il cristallise en aiguilles qui fondent à 73° et se subliment à 100°. Il est très soluble dans l'eau, l'alcool et l'éther.

**LEUCITE**. s. m. (gr. λευκὸς, blanc). T. Bot. Petit corps blanc formé de portions déterminées et différenciées du protoplasma. Les leucites qui se forment dans la cellule lorsque celle-ci est à l'état de vie latente, constituent les grains d'aleurone. D'autres produisent les grains d'amidon. Ceux qui sont colorés par divers pigments portent le nom de *chromoleucites;* enfin ceux qui contiennent de la chlorophylle sont les grains de chlorophylle ou *chloroleucites.*

**LEUCITE**. s. f. (gr. λευκὸς, blanc). T. Minér. Synonyme d'Amphigène.

**LEUCOBASE**. s. f. [Pr. *leuko-baze*] (gr. λευκὸς, blanc; fr. *base*). T. Chim. Syn. de Leucodérivé.

**LEUCOCYTE**. s. m. (gr. λευκὸς, blanc, κύτος, cavité). T. Méd. Globules blancs du sang.

**Méd.** — Robin a désigné sous ce nom les globules blancs du sang, mieux nommés globules incolores. Un peu plus gros que les rouges (8 à 9 millièmes de millimètre de diamètre), mais bien moins nombreux (1 globule blanc pour 300 rouges en général), ils sont sphériques et identiques sous tous les rapports aux globules de la lymphe que l'on trouve dans les vaisseaux lymphatiques : ils proviennent, en effet, de ces vaisseaux, sont entraînés par la lymphe jusque dans le canal thoracique, et, de là, se déversent avec ce liquide dans le sang. Ce sont des globules ronds, à noyaux, avec une surface un peu granuleuse. Examinés au milieu du liquide sanguin, avec un grossissement de 200 à 300 diamètres, ils présentent un aspect granuleux et un contour irrégulier, une couleur d'un blanc d'argent caractéristique. Ils changent incessamment de forme, poussent des prolongements, s'étalant en surface, et le corps cellulaire rejoignant peu à peu le renflement primitif, ils progressent ainsi; ce qui leur a fait donner le nom de cellules migratrices; leurs mouvements sont dits « amiboïdes ». Il est impossible, dans ces conditions, de distinguer aucun détail de leur structure ; mais la simple adjonction d'eau gonfle ces éléments, rend leur contour lisse et y fait apparaître un noyau, de forme irrégulière, parfois double ou multiple; l'adjonction d'acide acétique rend ces caractères encore plus visibles.

Les recherches de Sappey l'ont conduit à affirmer que des transformations des globules blancs résultent les globules rouges. Cette opinion a été contestée. Cependant, la constatation de ce transformisme a été faite, par certains physiologistes, dans du sang conservé en dehors de l'organisme à la température du corps vivant, au contact d'air maintenu humide. L'étude du sang dans la série animale montre la transition entre les deux espèces de globules. Enfin, des réactions microchimiques ont révélé des parentés d'organisation intimes et la possibilité de passages d'une espèce à l'autre. D'ailleurs, les glandes lymphatiques et la rate versent continuellement dans la circulation des globules blancs ; or, le nombre de ces éléments n'augmente pas normalement dans le sang, et comme on ne connaît aucune forme qui nous les représente en voie de destruction, on est forcé d'admettre qu'ils disparaissent en se transformant en globules rouges.

Dans certaines circonstances et spécialement dans les maladies de la rate et des ganglions lymphatiques, les globules blancs s'accumulent jusqu'à former le tiers ou la moitié de la masse globulaire du sang, qui paraît lie de vin. Ce phénomène semble provenir d'un obstacle à leur transformation en globules rouges, ou d'une plus grande abondance de la production en l. par la rate (*leucémie splénique*) ou par les ganglions lymphatiques (*leucémie lymphatique, leucocytose*). Mais, même à l'état physiologique, on trouve des variations importantes dans la proportion numérique des globules : ainsi, le nombre des globules blancs diminue sous l'influence de l'abstinence et chez les sujets âgés ; il est, au contraire, plus considérable après les repas, à la suite d'hémorrhagies, chez les enfants, chez les femmes enceintes. C'est ce que l'on a nommé la *leucocytose* physiologique.

**LEUCOCYTHÉMIE**. Voy. Lymphadénie.

**LEUCOCYTHÉMIQUE**. adj. 2 g. Qui a rapport à la leucocythémie.

**LEUCOCYTHIQUE**. adj. 2 g. Qui a rapport aux leucocytes.

**LEUCOCYTOSE**. s. f. [Pr. *leuko-sito-ze*] (R. *leucocyte*). T. Méd. Augmentation de la proportion de globules blancs dans le sang. Voy. Leucocyte.

**LEUCODÉRIVÉ**. s. m. (gr. λευκὸς, blanc; fr. *dérivé*). T. Chim. Nom donné aux dérivés incolores que fournissent certaines matières colorantes lorsqu'on les traite par des agents réducteurs. C'est ainsi que l'aurine, la rosaniline, l'acide rosolique, se transforment en leucaurine, leucaniline, acide leuco-rosolique; l'indigo se convertit de même en indigo soluble qu'on appelle quelquefois leucindigo ou leucindigotine. Sous l'action des oxydants, souvent même par simple exposition à l'air, ces l. régénèrent facilement la matière colorante primitive. Voy. Colorantes (*Matières*).

**LEUCOFAO** ou **LATOFAO**, lieu entre Soissons et Laon, célèbre par une victoire de Frédégonde sur les Austrasiens, et d'Ébroïn sur Pepin d'Héristal.

**LEUCOGRAPHIE**. s. f. (gr. λευκὸς, blanc; γράφειν, décrire). Traité sur l'albinisme.

**LEUCOIUM**. s. m. [Pr. *leuko-iome*] (gr. λευκὸς, blanc). T. Bot. Nom scientifique du genre *Nivéole*. Voy. Amaryllidacées.

**LEUCOL**. s. m. **LEUCOLINE**. s. f. (gr. λευκὸς, blanc ; lat. *oleum*, huile). T. Chim. Noms que l'on donnait autrefois à la quinoléine extraite du goudron de houille.

**LEUCOLYTE**. s. f. (gr. λευκὸς, blanc; λίθος, pierre), T. Méd. Synonyme d'*Amphigène*.

**LEUCOMAÏNE**. s. f. (gr. λεύκωμα, blanc d'œuf, matière blanche). T. Chim. Armand Gautier a donné le nom générique de l. à des composés basiques que l'on rencontre dans les tissus des animaux vivants et qu'il considère comme des alcaloïdes complexes provenant du dédoublement des matières albuminoïdes soumises au fonctionnement vital. Il les partage en deux classes d'après leur parenté avec la créatine et avec la xanthine. Les *leucomaïnes créatiniques* comprennent la créatine, l'amphicréatine, la créatinine, la chrusocréatinine, la xanthocréatinine. Elles s'unissent au chlorure de zinc et au chlorure de cadmium pour former des sels doubles peu solubles. Les *leucomaïnes xanthiques* précipitent par l'acétate de cuivre à chaud en liqueur acide et par l'azotate d'argent ammoniacal ; ce sont la xanthine, l'hypoxanthine ou sarcine, la pseudoxanthine, la paraxanthine, l'hétéroxanthine, l'adénine, la carnine et la guanine

**LEUCOME**. s. m. (gr. λεύκωμα, matière blanche). T. Méd. Tache blanche sur la cornée causée par une cicatrice à la suite d'une solution de continuité dont cette membrane a été le siège.

**LEUCONE**. s. f. (gr. λευκὸς, blanc). T. Chim. Nom donné par Woehler à l'anhydride siliciformique.

**LEUCONIQUE**. adj. 2 g. (gr. λευκὸς, blanc). T. Chim. *L'acide l.* ou *oxycroconique* s'obtient sous la forme d'une masse cristalline incolore quand on ajoute de l'acide croconique en poudre fine à de l'acide azotique refroidi. L'acide l. a pour formule $(CO)^5 + 5H^2O$. Il possède cinq fonctions cétone et fournit une pentoxime avec l'hydroxylamine. Il est très soluble dans l'eau, insoluble dans l'éther. Par réduction, il régénère facilement l'acide croconique.

**LEUCONOSTOC**. s. m. (gr. λευκὸς, blanc ; fr. *Nostoc*). T. Bot. Genre d'Algues de la famille des *Bactériacées*, dont l'espèce type, le *L. mesenteroides* ou *Gomme de sucrerie*, se développe dans les cuves renfermant les jus sucrés de Betterave et, en quelques heures, les remplit de son thalle gélatineux compact; celui-ci intervertissant le sucre et se nourrissant du glucose produit, cause ainsi de grands dommages dans les sucreries.

**LEUCOPATHIE** s. f. (gr. λευκὸς, blanc; πάθος, maladie). État d'un animal qui a blanches des parties qui devraient être plus ou moins colorées. || T. Méd. Syn. d'*albinisme*. Voy. ALBINOS.

**LEUCOPÉTRA**, lieu de la Grèce ancienne (près de Corinthe), où le consul Mummius vainquit la ligue Achéenne (146 av. J.-C.).

**LEUCOPHANE**. s. f. (gr. λευκὸς, blanc; φαίνω, je parais). T. Minér. Fluosilicate de calcium, de glucinium et de sodium. Masses lamelleuses d'un brun jaunâtre ou verdâtre, donnant une lueur violette phosphorescente quand on les chauffe ou quand on les brise avec un marteau.

**LEUCOPHLEGMASIE**. s. f. (gr. λευκὸς, blanc; φλέγμα, flegme). Syn. d'anasarque ou infiltration générale du tissu cellulaire.

**LEUCOPHLEGMASIQUE**. adj. 2 g. Qui appartient à la leucophlegmasie.

**LEUCOPODE**. adj. 2 g. (gr. λευκὸς, blanc; ποῦς, ποδὸς, pied). T. Bot. Se dit d'un champignon qui a le pied blanc.

**LEUCOPOGON**. s. m. (gr. λευκὸς, blanc; πώγων, barbe). T. Bot. Genre de plantes Dicotylédones de la famille des *Épacridées*. Voy. ce mot.

**LEUCOPYRITE**. s. f. (g. λευκὸς, blanc; fr. *pyrite*). T. Minér. Arséniure de fer en cristaux orthorhombiques, d'un blanc d'argent, ressemblant au mispickel.

**LEUCOROSOLIQUE**. adj. 2 g. [Pr... *rozo-lik*] (gr. λευκὸς, blanc; fr. *rosolique*). T. Chim. *Acide l.*, Leucodérivé de l'acide rosolique. Voy. CORALLINE.

**LEUCORRHÉE**. s. f. [Pr... *leu-kor-ré*] (gr. λευκὸς, blanc; ῥέω, je coule). Le mot l. est généralement appliqué à l'écoulement muqueux et muco-purulent des parties génitales de la femme. C'est un excès de sécrétion du mucus sécrété par la membrane muqueuse du canal génital; étant trop abondant il devient plus fluide et s'écoule au dehors. Cet écoulement (vulgairement appelé *flueurs blanches* ou *pertes blanches*) est morbide, non par la qualité anormale de la sécrétion, mais par sa quantité exagérée. On rencontre la l. chez l'enfant nouveau-né, chez les jeunes filles impubères, chez la femme faite menstruée plus ou moins exactement, chez les femmes enceintes, à la suite des couches et, enfin, vers le déclin de la vie féminine.

On admet généralement qu'une constitution délicate et un tempérament lymphatique prédisposent à la l. On attribue souvent les flueurs blanches aux occupations sédentaires, à l'abus des plaisirs vénériens, à l'usage des chaufferettes, qui dirigent une chaleur élevée prolongée sur les organes génitaux, à l'ingestion du café au lait, du lait lui-même, etc.; ce sont là des on-dit populaires dénués de bases scientifiques. Certaines affections cutanées peuvent se propager jusqu'aux voies génitales et leur irritation déterminer la l.

Généralement, la marche de la l. est lente au début et s'établit insensiblement sans que la cause qui l'entretient soit bien appréciable; elle prend une allure chronique et coïncide avec un affaiblissement de la constitution, de l'inappétence, des gastralgies, des palpitations de cœur. Suivant les cas, la l. peut être considérée comme une cause d'anémie ou comme un effet de cet état de chlorose.

On a divisé la l. en constitutionnelle et en accidentelle, en succédanée et en critique. La l. constitutionnelle est causée par la constitution du corps, l'accidentelle par une action directe, une cause extérieure agissant sur les organes sécréteurs; on lui donne le nom de succédanée quand elle semble s'établir après la suppression d'un autre écoulement, la menstruation, le flux hémorrhoïdal, et de critique lorsqu'elle survient au milieu d'une maladie aiguë et qu'elle donne lieu à une décroissance notable des symptômes de cette affection, ou à une solution heureuse. Ces appellations correspondent à des interprétations anciennes douteuses.

On a longuement discuté sur le véritable siège et sur la nature de la l. Elle peut provenir du vagin, du col ou du corps de l'utérus, et résulte d'une irritation de la muqueuse donnant lieu à une suractivité sécrétoire; cet état peut conduire à la longue à la transformation des éléments organiques et occasionner l'hypertrophie glandulaire et une dégénérescence du tissu, s'il existe une disposition latente à cet effet dans l'économie; la surface muqueuse, lisse d'ordinaire, devient inégale, parsemée de fongosités; dès lors, il peut survenir, par suite de végétations actives, des altérations graves capables de se transmettre au tissu propre de la matrice.

Pour le diagnostic, la constatation d'un écoulement blanchâtre par les parties génitales de la femme est facile; la difficulté consiste à reconnaître le point de départ de cet écoulement et sa véritable signification. S'il est mélangé de sang, en dehors de l'époque menstruelle, s'il est accompagné de douleurs à la région sacro-coccygienne et derrière le pubis, ou s'il est d'une couleur pâle et d'une odeur fétide, on peut conclure à une lésion organique grave. Il ne faut pas confondre la l., écoulement non contagieux, avec l'écoulement blennorrhagique contagieux et virulent; celui-ci se reconnaît facilement à la coloration généralement verdâtre de la sécrétion, à la douleur ressentie en urinant, et enfin à la présence du gonocoque de Neisser à l'examen microscopique, tandis que dans la l. simple les formes microbiennes qu'on rencontre sont des parasites végétaux quelconques non spécifiques.

Le traitement de la l. se divise en traitement général et local. Celui-ci est le plus important. Il consiste en injections, soit antiseptiques, arrêtant le développement des microorganismes susceptibles d'amener ou d'entretenir la l. (sublimé, permanganate de potasse, acide borique), soit supposées capables de fortifier la muqueuse (injections d'eau salée). Le traitement général doit toujours venir appuyer le traitement local et être approprié à l'état général (chloro-anémie, arthritisme, etc.), c.-à-d. qu'il consistera en fortifiants, dépuratifs, etc., tous médicaments susceptibles de modifier les tendances morbides de l'économie.

**LEUCORRHÉIQUE**. adj. 2 g. [Pr. *leu-kor-ré-ike*]. Qui a le caractère de la leucorrhée. || Affecté de leucorrhée.

**LEUCOTINE**. s. f. (gr. λευκὸς, blanc et *coto*). T. Chim. Substance contenue dans l'écorce de paracoto et répondant à la formule $C^{34}H^{32}O^{10}$. Elle cristallise en prismes déliés fusibles à 97°, très solubles dans l'alcool, l'éther et le benzène. Lorsqu'on la fond avec la potasse caustique, elle fournit de l'acide benzoïque et de l'aldéhyde protocatéchique; on obtient en même temps de la *cotogénine* $C^{14}H^{14}O^{5}$, substance neutre, fusible à 210°, cristallisable dans l'alcool, et de l'*hydrocoton* $C^{18}H^{24}O^{6}$ en prismes incolores, fondant à 49°, bouillant à 243°, solubles dans l'alcool et dans l'éther.

**LEUCOTURIQUE**. adj. 2 g. (gr. λευκὸς, blanc; τυρὸς, fromage). T. Chim. L'*acide l.* se produit par la réduction de l'acide parabanique et s'obtient sous la forme d'une poudre blanche cristalline, insoluble dans l'eau froide, soluble dans l'eau chaude. Chauffé avec la potasse il se décompose en donnant de l'ammoniaque et de l'acide oxalique.

**LEUCTRES**, v. de l'anc. Grèce (Béotie), célèbre par une victoire d'Épaminondas sur les Spartiates (371 av. J.-C.).

**LEUDE**. s. m. (all. *leute*, homme). Compagnon d'armes d'un roi, d'un chef, etc., au commencement du moyen âge. Voy. FÉODALITÉ.

**LEUR**. pron. pers. pl. 2 g., qui sign. A eux, à elles, et se place immédiatement devant le verbe. *Il aime ses enfants, il ne l. refuse rien. Les femmes s'ennuient seules, il l. faut de la compagnie. Ces chevaux sont rendus, faites-l. donner un peu d'avoine. Ces orangers vont périr si on ne l. donne de l'eau. Ces murs sont mal faits, on ne l. a pas donné assez de talus.* = LEUR, adj. poss. 2 g. Au pl., il fait *Leurs*, et sign. Qui appartient à eux, à elles. *Les enfants doivent du respect à l. père, à l. mère, à leurs parents. Les hommes sensés préfèrent l. devoir à leurs plaisirs. Nos chiens ont pris l. cerf. Les arbres ont perdu leurs feuilles. L'hiver ôte à nos campagnes tout l. agrément.* = LEUR, précédé de l'art. *Le, la, les*, s'emploie pronominalement. *Les gens sages conservent leurs amis, et les fous perdent les leurs. Mes chiens ont manqué l. cerf, les vôtres ont pris le l. Mes orangers ont perdu la moitié de leurs feuilles, les vôtres ont encore toutes les leurs.* || S'emploie encore subst., et signifie : Ce qui est à eux, à elles. *Qu'ils gardent ce qu'ils ont, je ne veux rien du l.* — Au plur., *Les leurs* se dit quelquefois en parlant des parents d'autres personnes, de leurs amis, de ceux qui leur sont attachés. *Ils travaillent pour eux et pour les leurs. Je m'intéresse à eux et aux leurs.*

**LEURRE.** s. m. [Pr. *leu-re*] (lat. *lorum*, courroie, avec agglutination de l'article). T. Chasse. Morceau de cuir rouge orné de plumes et figurant grossièrement un oiseau qui servait à exercer le faucon. Voy. FAUCONNERIE. || Fig., se dit de toute chose dont on se sert artificieusement pour attirer quelqu'un et le tromper. *On vous promet cet emploi, mais c'est un l. Je ne me laisserai pas prendre à ce l. Cela sert de l. pour les attirer.* = Syn. Voy. APPAT.

**LEURRER.** v. a. [Pr. *leu-rer*]. T. Faucon. Dresser un oiseau au leurre. *Ces oiseaux-là ne sont pas aisés à l., ne se leurrent pas facilement.* || Fig., en parlant des personnes, Les attirer par quelque espérance pour les tromper. *On l'a leurré de cet espoir. Il a été leurré par de belles promesses. Il s'est laissé l.* = SE LEURRER, v. pron. *Il se leurre encore de cette espérance.* = LEURRÉ, ÉE. part. = Syn. Voy. DUPER.

**LEUTRITE.** s. f. (R. *Leutra*, n. de lieu, en Saxe). T. Minér. Sorte de masse calcaire et sablonneuse qu'on emploie pour amender les terres.

**LEVAGE.** s. m. Action de lever quelque chose. || Action de dresser les pièces d'une charpente. || Action de dresser les vigres en assujettissant les pampres. || Action de détacher le morceau de dentelle-réseau attaché au parchemin. || Action de se lever dans la fermentation, *Le l. de la pâte;* dans l'ébullition, *Le l. de la lessive.* || Fig. Action de lever un impôt. *Le l. des dîmes.* || *Le l. du poisson*, Action de retirer le poisson de l'eau pour le livrer aux acheteurs.

**LEVAILLANT** (FRANÇOIS), voyageur fr., né dans la Guyane Hollandaise, fit deux voyages dans la Cafrerie (1753-1824).

**LEVAIN.** s. m. [Pr. *le-vin*] (R. *lever*). Syn. de *Ferment.* — Se dit plus particulièrement d'un morceau de pâte aigrie qui, mêlée avec la pâte dont on veut faire le pain, sert à la faire lever, à la faire fermenter. *Faire du l. Ce l. est trop vieux. L'Église latine ne consacre qu'avec du pain sans l. L. doux*, levure de bière séchée. Voy. FERMENTATION. || Par anal., se disait, à l'époque où régnaient les doctrines humorales, des humeurs du corps humain, quand on les supposait viciées et capables de déterminer ou de reproduire une maladie. *Ce mal né se guérit jamais si bien qu'il n'en reste quelque l.* || Fig., se dit des mauvaises impressions que le péché laisse dans l'âme. *Se défaire du vieux l. du péché.* — Se dit aussi des restes, et, quelquefois, des germes de certaines passions violentes. *Un l. de haine, d'inimitié, de discorde. Leur haine n'est pas si bien apaisée qu'il n'en reste quelque l. Il y a chez ce peuple un l. de révolte, de sédition.*

**LEVALLOIS-PERRET**, comm. du dép. de la Seine, contiguë à Paris, au nord, mais faisant partie de l'arr. de Saint-Denis. Elle a été commencée vers 1830 par un petit propriétaire nommé Levallois et réunie au village du Perret; 40,000 hab.

**LEVANT.** adj. m. Qui se lève; ne se dit que dans l'expression. *Soleil l. Je serai là à soleil l., au soleil l. Le soleil l. regarde cette maison.* || T. Féod. *Homme l. et couchant*, Ayant un domicile dans un lieu. || Fig. et prov., *Adorer le soleil l.*, Faire sa cour à la puissance nouvelle, à la faveur naissante. = LEVANT, s. m. Le lieu de l'horizon où le soleil se lève. *Sa maison est exposée au l.*, ou *regarde le l. Entre le midi et le l. Le l. d'été. Le l. d'hiver.* || Par ext., La région de la terre qui, par rapport à celui qui parle ou au pays dont on parle, est située du côté où le soleil se lève. *Cette région est située vers le l. La France a l'Allemagne au l.* || Partic., Les pays que baigne la Méditerranée du côté de l'Orient : la Turquie, l'Asie Mineure, la Syrie, et l'Égypte. *Les peuples du L. Il voyage dans le L. Commerce du L. Maroquin du L. Échelles du Levant.* || T. Mar. Vent d'est.

**LEVANTIN, INE.** adj. Natif des pays du Levant. *Les nations levantines.* || Subst., *Les Levantins.*

**LEVANTINE.** s. f. Étoffe de soie tout unie fabriquée originairement dans le Levant.

**LEVAU** (LOUIS), architecte français (1612-1670), construisit le château de Vaux, le pavillon Marsan aux Tuileries, etc.

**LÈVE.** s. f. (R. *lever*). T. Techn. Palette de bois à long manche qui sert à lever les boules au jeu de mail. — Lame soulevant le maillet du moulin à papier. — Pièce de bois soulevant le pilon du moulin à poudre.

**LEVÉ.** s. m. Action de se lever du lit. || Réception dans la chambre d'un prince ou d'un haut personnage au moment où il se lève

> Je viens du Louvre, où Cléonte, au levé,
> Madame, a bien paru ridicule achevé.
>
> MOLIÈRE.

T. Musiq. Temps de la mesure où on lève le pied ou la main. || T. Arpent. *Levé des plans*, Art de représenter sur un dessin toutes les particularités du terrain. Voy ARPENTAGE et PLAN.

**LEVÉE.** s. f. Action de lever. En parlant des fruits et principalement des graines, signifie Récolte. *La l. des fruits lui appartient.* Absolum., *Toute la l. lui appartient.* || En parlant des deniers, des impôts, signifie Perception, recette. *La l. des deniers, des droits de l'État, des impôts.* || En parlant des soldats, signifie Enrôlement, recrutement. *Une l. de troupes, de soldats.* Absolum., *On va ordonner de nouvelles levées.* — *L. en masse*, Levée de tous les citoyens en état de porter les armes. = *La l. d'un siège*, La retraite des troupes qui tenaient une ville assiégée. || *La l. du scellé*, Action par laquelle l'officier de justice lève un scellé. || *Faire la l. d'un corps, d'un cadavre*, Enlever, par autorité publique, un corps mort, et le faire porter au lieu où il doit être inhumé ou exposé pour être reconnu. || *Faire la l. d'un appareil*, Oter l'appareil mis sur une blessure. || *L. de boucliers.* Voy. BOUCLIER. || T. Mar. Action de dresser ce qui est couché. *La l. des couples*, Action de les dresser sur la quille du navire. — Petite planche à l'arrière d'un bateau. || T. Taill. Contrière, etc. Ce qu'on prend sur une pièce d'étoffe pour faire un habit, des chemises, etc. || T. Jeu de bague. Action de celui qui lève la lance pour enfiler la bague. *Il a fait une belle l.* || T. Jeu de cartes. Un coup qu'on a gagné. *Il n'a pas fait une l. J'ai fait six levées.* || T. Théât. *La l. de la toile*, Le lever du rideau. || T. Constr. Massif de terre ou de maçonnerie élevé au-dessus du sol, pour retenir les eaux d'un canal, d'une rivière, pour servir de chemin à travers un marais, etc. *La l. de la Loire. Faire une l. à travers un marais.* || L'heure à laquelle une compagnie, une assemblée se lève pour finir la séance. *Trouvez-vous à la l. du conseil, à la l. de la séance.* || T. Bourse. *L. de titres*, Action de prendre livraison de valeurs achetées à terme. || Opération des agents de la poste, lorsqu'ils viennent retirer de la boîte les lettres qui y ont été jetées. *La première l. La seconde l.* — L'ensemble des lettres qu'on retire de la boîte à chaque levée. *La l. de deux heures n'a pas été considérable.* || T. Techn. *La l. des bandes*, Opération par laquelle le vitrier coupe avec le diamant et retire d'une vitre qu'il doit poser ce qui dépasse la mesure. — Glace posée et scellée sur une surface plane pour être polie.

**LÈVE-GAZON.** s. m. T. Techn. Outil pour détacher du sol des bandes de gazon.

**LÈVEMENT.** s. m. [Pr. *lève-man*]. Action de lever.

**LÈVE-NEZ.** s. m. T. Mar. Petit cordage qui sert à élever les cargues de la brigantine au haut de la corne. — Petit cordage qui sert à élever le bas de la cornette et à la replier sur son boute-hors. || T. Popul. Se dit d'une jeune fille effrontée.

**LEVENS**, ch.-l. de c. (Alpes-Maritimes), arr. de Nice; 1,600 hab.

**LÉVÊQUE** (PIERRE), hydrogr. et mathém. fr. (1746-1814).

**LEVER.** v. a. (lat. *levare*, m. s.). Hausser, faire qu'une chose soit plus haute qu'elle n'était. *Levez cela plus haut. Levez cela en l'air. Cette pierre est si pesante que je ne puis la l. de terre. Levez la crémaillère d'un cran, de deux crans. On va l. la toile, le rideau. L. son voile. Levez votre manteau qui traîne. L. la tête. L. les mains au ciel. Levez la main et dites la vérité. L. les épaules.* — *J'en lève-*

*rais la main*, Fam., J'en ferais serment. *L. la main, l. le bâton, l. le sabre sur quelqu'un*, Se mettre en posture de le frapper. *L. le pied*, Famil., S'enfuir subitement et secrètement pour cause de mauvaises affaires. *L. les épaules.* Voy. ÉPAULE. *L. les yeux*, Tourner les yeux vers le ciel. *L. les yeux sur quelqu'un*, Le regarder. *Ne pas l. les yeux de dessus quelqu'un* ou *quelque chose*, Ne pas regarder ailleurs. Fig., *Il n'ose pas l. les yeux*, se dit d'un individu qui, par timidité, n'ose pas regarder les gens, ou bien qui, par honte, craint d'être vu. Fig. et fam., *L. la tête*, Se montrer, paraître avec plus de hardiesse. *L. la crête.* Voy. CRÊTE. *L. le coude*, Boire. — Fig., *L. l'étendard.* Voy. ÉTENDARD. *L. la paille.* Voy. PAILLE. = Redresser une personne ou une chose qui était couchée ou penchée. *L. un enfant sur ses pieds, un malade sur son séant. L. un tonneau quand le vin est au bas. L. le pont-levis d'un château.* || *L. quelqu'un*, L'aider à sortir du lit et à s'habiller. *Son valet de chambre est allé le l.* || *Faire l. un lièvre, faire l. des perdrix*, Faire partir un lièvre, des perdrix. — Fig. et fam., *L. le lièvre*, Faire le premier une proposition que personne n'osait faire, ou Trouver un expédient dont les autres ne s'étaient point avisés. = Enlever, ôter, retirer, *Le chirurgien vient de l. le premier appareil. L. les scellés. L. la nappe. L. le couvercle d'une marmite. Il arriva pour dîner lorsqu'on levait le premier service. Il faut l. plus d'un mètre de terre avant de trouver le tuf.* || *L. les lettres*, Les retirer de la boîte postale où elles ont été déposées, pour les distribuer. || *L. le masque à quelqu'un dans un bal*, Soulever son masque pour chercher à le reconnaître. — Fig. et en mauvaise part, *L. le masque*, Agir ouvertement et sans se contraindre, après avoir tenu quelque temps une autre conduite. || *L. un arbre, une plante en motte*, Arracher un arbre, etc., avec la terre qui protège ses racines, afin de le transplanter. || *L. un corps*, Faire emporter un corps mort; ne se dit que lorsque l'opération est faite par autorité de justice. *L. un corps saint*, Le tirer du tombeau avec cérémonie pour l'exposer à la vénération des fidèles. — *L. un enfant*, se disait d'un enfant nouveau-né exposé que l'autorité fait enlever et transporter à l'hôpital. || *L. la séance*, Déclarer que la séance est terminée, que les membres de l'assemblée peuvent se retirer. || Figur., *L. une difficulté, un empêchement, un obstacle, des doutes, un scrupule*, Faire cesser une difficulté, un empêchement, écarter un obstacle, dissiper des doutes, etc. — *L. les défenses, l'interdit, l'excommunication. L. une opposition. L. la consigne*, etc., Révoquer des défenses, etc. || T. Guerre. *L. le siège d'une place*, Retirer les troupes qui la tenaient assiégée. — *L'armée a levé le camp*, Elle a décampé. *Ces troupes ont levé le piquet*, Elles se sont retirées avec quelque précipitation. — *L. la garde, la sentinelle*, Retirer des soldats qui sont de garde, retirer un soldat qui est en faction. || T. Jeu. Aux cartes, *L. les cartes* ou *L. la main*, sign. Enlever les cartes jouées, celle que l'on avait étant supérieure. — Au trictrac, se dit quand le joueur, après avoir passé toutes ses dames dans le jan de retour, les lève ensuite sur la bande, qui est alors regardée comme case. || T. Mar. *L. l'ancre.* Voy. ANCRE. || T. Impr. *L. la lettre.* Voy. LETTRE. = Couper et prendre une partie dans un tout. *Levez-moi deux mètres de drap sur cette pièce. L. une aile de chapon. L. un gigot de mouton.* || T. Techn. *L. des bandes*, Se dit du vitrier qui retire d'une vitre qu'il pare ce qui dépasse la mesure. = Percevoir, recueillir, ramasser, emporter. *L. les impôts. L. un droit sur une denrée. L. la dîme.* || *L. des soldats, une compagnie, un régiment, une armée*, Enrôler des soldats, mettre des troupes sur pied. = *L. un arrêt, une sentence. L. un acte chez un notaire*, S'en faire délivrer une expédition. || *L. le plan d'une place, d'un domaine*, Prendre les mesures nécessaires pour tracer le plan sur le papier, ou faire ce tracé lui-même. || *L. boutique. L. ménage*, Commencer à lever boutique, ménage, etc. || T. Man. *L. un cheval à cabrioles, à pesades, à courbettes*, Manier un cheval à cabrioles, etc. = LEVER. v. n. En parlant des plantes, des graines, signifie Commencer à pousser, à sortir de terre. *On a semé là du gland; voilà les chênes qui commencent à l. L'orge lève plus vite que le froment.* || En parl. de la pâte en fermentation, sign. Se gonfler. *Le levain fait l. la pâte. La pâte commence à l.* = SE LEVER. v. pron. Se dresser, se mettre debout sur ses pieds. *Se l. de son siège. On se leva pour lui faire honneur. Levez-vous de là, ce n'est pas votre place.* — *Se l. de table*, Quitter la table, après ou pendant le repas.

> Le prélat radouci veut se lever de table.
>
> BOILEAU.

|| Dans une assemblée délibérante, *Se l. pour* ou *contre une proposition*, Se lever pour son admission ou pour son rejet. || Absol., *Se l.*, sign. Sortir du lit. *Il se lève de bon matin. Il se lève très tard. Il va mieux, mais il ne se lève pas encore.* — Fig. et fam., *Il faut se lever bien matin pour l'attraper*, Il est très fin, très difficile à tromper. || En part. du soleil et des astres, commencer à paraître sur l'horizon. *Le soleil se lève. Le soleil est levé. La lune se lèvera bientôt. Voilà Sirius qui se lève.* On dit dans ce sens, *Le jour se lève de bonne heure dans ce mois-ci.* — *Le vent se lève*, Il commence à souffler. = LEVÉ, ÉE. part. *Être levé*, Être sorti du lit. *Il n'est pas encore levé.* || *Aller partout tête levée, la tête levée, le front levé*, Aller partout sans craindre d'éprouver aucun reproche, aucun affront.

> Cette femme superbe entre le front levé.
>
> RACINE.

— Fig. et fam., *Prendre quelqu'un au pied levé.* Voy. PIED. || *Voter par assis et levé*, Manifester son vote, dans une assemblée délibérante, en se levant ou en restant assis. = Conj. Voy. GELER. = Syn. Voy. ÉLEVER.

**LEVER.** s. m. [Pr. *le-vé*]. L'heure, le temps auquel on se lève. *Il faut aller chez lui à l'heure de son l., à son l., pour le trouver. Il était au l. du roi.* — Dans un sens particulier, Le moment où le souverain reçoit dans sa chambre, après qu'il est levé. *Le grand l.*, Qui avait lieu après que le roi était rasé et peigné: *Le petit l.*, Qui avait lieu dès que le roi était éveillé et avait fait sa prière. *Il assiste à tous les levers.* || *Le l. du soleil, le l. des étoiles*, L'instant où le soleil et les étoiles commencent à paraître sur l'horizon. On dit dans un sens analogue, *Le l. de l'aurore.* Voy. ACRONIQUE et HÉLIAQUE. — *L. de Soleil, de Lune*, Tableau représentant le l. du Soleil ou de la Lune. || *Le l. de la toile, le l. du rideau*, L'instant où on lève la toile, le rideau qui cache la scène aux spectateurs. *Au l. du rideau, la pièce commence.* — *L. de rideau*, Petite pièce, le plus souvent sans importance, qui sert d'escorte à un ouvrage à succès et qui commence le spectacle. || *Levé* ou *Lever des plans*, Art de représenter par un dessin toutes les particularités du terrain. Voy. ARPENTAGE et PLAN. || T. Man. Action du cheval qui lève les jambes.

**LEVER-DIEU.** s. m. invariable. Le moment de la messe où le prêtre élève l'hostie. *Il n'est arrivé qu'au Lever-Dieu.* Vieux.

**LE VERRIER** (URBAIN-JEAN-JOSEPH), astronome français, né à Saint-Lô (Manche), en 1811, mort à Paris en 1877, découvrit, en 1846, la planète Neptune par le calcul, en partant des perturbations éprouvées par la planète URANUS. Voy. PLANÈTE.

**LEVET**, ch.-l. de c. (Cher), arr. de Bourges; 1,000 hab.

**LEVEUR, EUSE.** s. Celui, celle qui lève. || T. Techn. Ouvrier qui retire les feuilles de papier, de carton séchées. — Ouvrier qui reçoit et range la feuille imprimée qui sort de la presse. — Ouvrière qui, dans la fabrication de la dentelle (réseau) retire le morceau attaché au parchemin.

**LÉVI** ou **LÉVY**, patriarche, 3e fils de Jacob et de Lia, dont la race, sous le nom de Lévites, fut consacrée au service de Dieu.

**LÉVIATHAN.** s. m. T. Biblique. L'auteur du livre de *Job* (Ch. XLI) décrit sous ce nom un animal marin monstrueux qui a été l'objet d'un grand nombre de discussions parmi les commentateurs de l'Écriture sainte. Les uns y ont vu un crocodile, les autres une baleine. Il semble bien chimérique de chercher un animal qui réunisse tous les caractères assignés par l'auteur de *Job* à son monstre marin. Une description poétique dans le goût oriental n'est pas une définition scientifique.

**LEVIE**, ch.-l. de c. (Corse), arr. de Sartène; 2,600 hab.

**LEVIER**, ch.-l. de c. (Doubs), arr. de Pontarlier; 1,300 hab.

**LEVIER.** s. m. [Pr. *le-vié*] (R. *lever*). T. Méc. Barre de bois ou de métal dont on se sert pour soulever des fardeaux. || *Le l. d'Archimède*, Le l. avec lequel Archimède prétendait soulever le monde, pourvu qu'on lui fournit un point d'appui. || T. Chir. Se dit de divers instruments destinés à extraire les incisives, à redresser la tête du fœtus, etc. || T. Techn. *Bras de l.*, La longueur comprise entre le point d'appui et l'extrémité du l. — *L. d'une pompe*, Bras au moyen duquel on donne le mouvement de va-et-vient au piston. — *L. hydraulique*, L. servant à élever l'eau d'un cours d'eau en utilisant la force du courant. — *L. pneumatique*, Appareil appliqué au clavier de l'orgue, pour rendre l'abaissement des touches aussi facile qu'au piano. || T. Artill. *L. de manœuvre, de pointage*, L servant à faire mouvoir une bouche à feu; l. servant à pointer une pièce de campagne. || T. Mar. *Clef à l.*, Servant à retenir un mât guindé. || Fig., *L'éloquence est un puissant l. pour remuer la multitude*

**Mécan.** — I. — Dans les Arts, on donne le nom de *Levier* à une barre, de matière et de forme quelconques, dont on se sert pour soulever un poids en employant une force moindre que celle qui serait nécessaire si l'on agissait directement sur ce poids, ou encore pour modifier la vitesse d'un corps, ou même pour faire équilibre à une résistance donnée. En mécanique, on considère le l. comme une barre absolument rigide et inextensible, droite, coudée ou brisée, qui s'appuie sur un point fixe, autour duquel elle est sollicitée à tourner en sens contraire par deux forces parallèles ou concourantes. Le l. est la première des machines simples. La force qui agit sur lui pour le mouvoir est la *Puissance;* l'autre est la *Résistance;* le point fixe autour duquel le l. est sollicité à se mouvoir constitue le *Point d'appui.* Suivant la position de ce dernier, on distingue trois genres de leviers. Le *L. du premier genre* (Fig. 1) est celui dans lequel le point d'appui est placé entre la puissance et la résistance; dans le *L. du second genre* (Fig. 2), la résistance est entre le point d'appui et la puissance; dans le *L. du troisième genre* (Fig. 3), au contraire, c'est la puissance qui est entre le point d'appui et la résistance.

II. — Pour trouver les conditions d'équilibre du l., considérons deux forces parallèles, ou deux poids, P et R (fig. 4), appliquées perpendiculairement en B et et en A à un l., dont nous négligeons le poids, et qui peut tourner dans le plan de la figure autour du point d'appui F. D'après le principe de la composition des forces parallèles, les deux forces P et R se feront équilibre, si leurs intensités sont en raison inverse des *bras de l.*, FB, FA, c.-à-d. des perpendiculaires abaissées du point d'appui sur les lignes de direction des forces; car alors la résultante des forces P et R passera par le point F, et ne pourra tendre à faire tourner le l., à cause de la fixité de ce point. Le point d'appui éprouvera alors une pression ou une *charge* égale à la somme des pressions qu'exerceraient isolément la puissance et la résistance. — Ce qui précède suffit pour démontrer l'avantage qu'offre le l. considéré comme engin mécanique. Ainsi, par ex., le bras FB (Fig. 4) étant plus long que le bras FA, la puissance P sera moindre que la résistance R. Supposons que le bras de l. BF ait 1 mètre de longueur et que AF ait 25 centim.: alors une puissance P de 1 kilogr. agissant au point B du l. fera équilibre à une résistance R de 4 kilogr. agissant au point A. — Maintenant, supposons que le l., avec les poids P et R, tourne autour du point d'appui, les points B et A, auxquels sont attachés les poids P et R, décriront des arcs de cercle proportionnels aux rayons FB et FA. Par conséquent, la puissance P est à la résistance R comme la vitesse du point d'application de la résistance est à celle du point d'application de la puissance. Donc, dans le l. (comme dans toute machine), lorsqu'une petite force élève un poids considérable, la vitesse de la puissance est beaucoup plus grande que celle du poids; d'où il résulte que ce *que l'on gagne en force, on le perd en vitesse, ou en chemin parcouru.* — Lorsque la puissance et la résistance n'agissent pas sur le l. dans des directions perpendiculaires à sa longueur, ou lorsque les bras du l. ne sont pas dirigés suivant la même ligne droite, c.-à-d. sont coudés, la puissance et la résistance sont entre elles comme les lignes droites tirées du point d'appui perpendiculairement aux directions respectives dans lesquelles agissent la résistance et la puissance. Ce sont ces perpendiculaires qui doivent recevoir le nom de *bras de levier.*

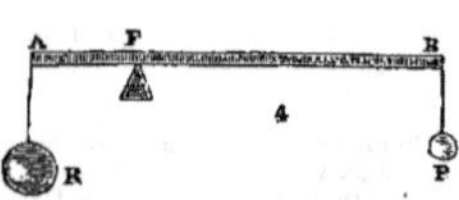


Cette théorie s'applique encore aux leviers des deux autres genres; seulement, alors, les deux forces sont de sens contraires.

III. — Le levier du premier genre, plus ou moins modifié dans sa forme, est un instrument d'un usage journalier. Le l. avec lequel les manœuvres soulèvent des pierres ou d'autres fardeaux très lourds, en est l'exemple le plus simple. Une petite pierre placée près de celle qu'on veut soulever, fait fonction de point d'appui; et les bras des manœuvres, appliqués à l'autre extrémité de la barre, sont la puissance motrice. Les ciseaux, les pinces, les tenailles, sont des leviers du même genre assemblés par paires. L'effort de la main est la puissance; la charnière est un point fixe commun aux deux leviers; l'objet que l'on coupe ou que l'on serre devient la résistance. Le fléau de balance est encore un exemple de levier du premier genre. — Le couteau de boulanger est un levier du second genre. Le point d'appui est à la charnière, la puissance à l'extrémité du manche, et la résistance sous la lame. Le casse-noisette consiste en deux leviers du second genre accouplés. La brouette se rapporte aussi à cette espèce de l. Les pincettes à feu sont formées de deux leviers du troisième genre. Le point d'appui se trouve à la courbure, la puissance est la main placée entre la résistance et le point d'appui. La pédale du tourneur en est un autre exemple. — Le système locomoteur des animaux nous offre de nombreux exemples de leviers du troisième genre. Tel est, par ex., l'avant-bras. Le point d'appui est dans l'articulation du coude, les muscles fléchisseurs qui viennent s'attacher aux os de l'avant-bras, près de l'articulation, sont la puissance, et la résistance est le poids de l'avant-bras ou le poids qu'on soulève avec la main. Comme dans le levier du troisième genre, la puissance doit être de beaucoup plus grande que la résistance; on peut juger par là de la force considérable qui réside dans la contraction des muscles.

IV. — Jusqu'ici nous avons fait abstraction du poids du l. lui-même. Lorsque le centre de gravité du l. se trouve précisément dans la verticale qui passe par le point d'appui, le poids de l'instrument ne fait qu'augmenter d'autant la pression supportée par ce dernier. Si le centre de gravité est entre le point d'appui et la résistance, une portion de la puissance doit être employée à supporter le poids du l. Mais si, au contraire, le centre de gravité tombe du côté de la puissance, le poids du l. conspire avec la puissance pour vaincre la résistance.

V. — Lorsqu'on a besoin de disposer d'une grande puissance mécanique, et qu'il y a des inconvénients à employer un l. trop long, on peut y suppléer par une combinaison de leviers. Dans ce cas, la manière dont l'action de la puissance est transmise à la résistance, se détermine par l'analyse des effets de chacun des leviers.

Il est toujours permis, au moins par la pensée, de faire varier à volonté le rapport entre les distances du point d'appui d'un l. aux points d'application de la puissance et de la résistance. En d'autres termes, on peut toujours concevoir un l. ayant un pouvoir égal à celui d'une résistance donnée. Archimède exprimait donc une vérité mathématiquement exacte, lorsqu'il disait : « Donnez-moi un l. assez long et un point d'appui, et je soulèverai la Terre. » Toutefois, on a calculé qu'il faudrait 40 millions de siècles à un seul homme pour déplacer le globe terrestre de l'épaisseur d'un cheveu; cela résulte du principe que ce qu'on perd en temps ce que l'on gagne en force. — La théorie du l. droit est due à Archimède, qui florissait au milieu du IIIe siècle avant notre ère. Mais c'est J.-B. de Benedictis qui, au XVe siècle, a étendu le principe au l. courbe, en introduisant les perpendiculaires aux forces pour bras de levier.

VI. — Dans tout ce qui précède, nous avons supposé que les forces qui agissent sur le l. étaient parallèles. Lors que cette condition n'est pas réalisée, on obtient les conditions d'équilibre en écrivant que la résultante de toutes les forces qui agissent sur le l. passe par le point d'appui. Il faut évidemment supposer que toutes ces forces sont dans un même plan, et les principes les plus simples de la composition des forces apprennent que pour qu'il y ait équilibre, il faut et il suffit que la *somme algébrique des moments de toutes les forces par rapport au point d'appui soit nulle*. Voy. FORCE, MOMENT, STATIQUE.

Le cas que nous avons étudié est donc un cas particulier de l'équilibre d'un plan mobile autour d'un de ses points.

**LEVIÈRE.** s. f. T. Pêche. Grosse corde qui sert à relever un filet tendu aux arches d'un pont.

**LEVIEUX** (RENAUD), peintre d'histoire, né à Nîmes (XVIIe siècle).

**LÉVIGATEUR.** s. m. Instrument qui opère la lévigation.

**LÉVIGATION.** s. f. [Pr. *lévigua-sion*] (lat. *levigatio*, m. s., de *levigare*, pulvériser). En termes de Pharmacie, on appelle *Lévigation* une opération qui a pour but d'obtenir diverses substances sous forme de poudre impalpable. Quelques auteurs regardent ce mot comme synonyme de *porphyrisation*, tandis que la plupart désignent par là une espèce de *tamisation* opérée par l'intermédiaire de l'eau. Cette dernière opération consiste à agiter dans un vase rempli d'eau des substances pulvérisées, à laisser reposer le liquide, puis à verser dans un autre vase la partie du liquide qui tient en suspension les particules les plus divisées, et enfin à laisser déposer ces molécules pour les séparer par décantation.

**LÉVIGER.** v. a. [Pr. *lévi-jer*] (lat. *lævigare*, m. s.). T. Pharm. Réduire en poudre impalpable, soit en broyant, soit en diluant.

**LÉVIRAT.** s. m. [Pr. *lévi-ra*] (lat. *levir*, beau-frère). On appelle *Lévirat*, une ancienne coutume patriarcale que Moïse convertit en loi chez les Hébreux, et qui imposait au frère d'un homme mort sans enfants l'obligation d'épouser sa veuve. (*Deutéronome*, XV, 5-10). Le premier enfant né de ce mariage portait le nom du premier mari. Cette loi avait pour objet de perpétuer le nom du défunt et de conserver ses biens dans une famille qui le continuerait.

**LÉVIRATION.** s. f. [Pr.... *sion*]. Synonyme de LÉVIRAT.

**LÉVIROSTRE.** adj. 2 g. (lat. *levis*, léger; *rostrum*, bec). T. Ornith. Qui a le bec léger.

**LEVIS** (Duc DE), maréchal de France (1720-1788), s'illustra par la défense du Canada. || Son fils (1755-1830) fut blessé à Quiberon. || Son petit-fils (1794-1863) fut le conseiller intime du comte de Chambord.

**LEVIS.** adj. m. [Pr. *le-vi*]. Ne se dit que dans cette expression, *Pont-Levis*, Pont qui se baisse et se lève pour ouvrir ou fermer le passage d'un fossé. Voy. CHATEAU et PONT.

**LÉVITATION.** s. f. [Pr. ...*sion*] (lat. *levitas*, allègement). Expression employée dans les études psychiques pour indiquer le soulèvement d'une table, d'un objet, sous l'influence d'un médium. On l'emploie aussi dans le cas des saints en extase que certains tableaux représentent détachés de la terre.

**LÉVITE.** s. m. (R. *Lévi*, troisième fils de Jacob). T. Hist. Les *Lévites* étaient les descendants de Lévi, le troisième fils de Jacob, et ils formaient la tribu dite de Lévi. La Bible raconte que pour les récompenser du zèle qu'ils avaient montré dans la punition des adorateurs du veau d'or, Dieu, par l'organe de Moïse, leur attribua toutes les fonctions relatives à son culte, fonctions qui jusqu'alors avaient été exercées par les premiers-nés d'Israël. En conséquence, les noms de lévite et de ministre des autels étaient synonymes chez les Hébreux. Toutefois les sacrificateurs et le grand prêtre devaient être exclusivement choisis dans la famille d'Aaron qui d'ailleurs était lui-même arrière-petit-fils de Lévi. Les autres membres de la tribu de Lévi étaient inférieurs aux prêtres, et n'étaient pour ainsi dire que des diacres qui assistaient les prêtres dans leurs fonctions. Pour éviter à son peuple les abus du pouvoir théocratique, Moïse rendit les prêtres et les lévites dépendants de toutes les tribus, en les disséminant dans 48 villes sur toute l'étendue du territoire et en les excluant du partage des terres. Les lévites vivaient principalement de la dîme, que devaient leur payer les autres tribus, et des oblations volontaires. Leur subsistance était donc précaire; elle était même très compromise lorsque le peuple juif oubliait la loi de Jéovah et se livrait à l'idolâtrie. Les familles lévitiques et sacerdotales, distribuées par classes, se succédaient dans le service des autels, et, après avoir rempli leur ministère, elles rentraient dans leurs villes respectives. Ces villes s'appelaient *villes lévitiques;* les plus importantes étaient Cadès, Sichem, Gabaa, Hébron et Ramoth: six d'entre elles servaient de lieux de refuge. Indépendamment des fonctions qu'ils remplissaient dans le temple, les lévites étaient dépositaires des archives des lois de la nation, des titres du partage des terres entre les tribus, des généalogies, des livres de Moïse, etc.; le calendrier et le temps des fêtes étaient réglés par eux; en cas de doute et de contestation, ils expliquaient le sens des lois; enfin, ils veillaient aux abstinences et aux purifications, vérifiaient l'état des lépreux, etc. N'oublions pas de dire que les lévites portaient les armes comme les autres Israélites; ce fut même une famille de lévites, celle des Macchabées, qui affranchit la Judée de la domination des rois de Syrie.

**LÉVITE.** s. f. Sorte de vêtement en forme de redingote, ainsi dit parce qu'il a quelque ressemblance avec l'habillement des prêtres ou lévites.

**LÉVITIQUE.** s. m. (R. *lévite*). L'un des livres de Moïse. Voy. BIBLE. || Adj. Qui a rapport aux lévites. Voy. LÉVITE.

**LÉVOGYRE.** adj. 2 g. (lat. *lævus*, gauche; *gyrare*, tourner). T. Phys. Qui dévie à gauche le plan de polarisation. Voy. POLARISATION ROTATOIRE.

**LEVRAUDER.** v. a. (R. *levraut*). Fig. et fam. Harceler, poursuivre quelqu'un comme un lièvre. *Il est continuellement levraudé par les gardes du commerce.*= LEVRAUDÉ, ÉE. participe.

**LEVRAUT.** s. m. [Pr. *le-vro*]. Jeune lièvre.

**LÈVRE.** s. f. (lat. *labrum*, m. s.). Les parties charnues et vermeilles qui forment le contour de la bouche. *L. supérieure, inférieure. La commissure des lèvres. Elle a des lèvres de corail. Il a la l. pendante.* || *N'honorer Dieu que des lèvres, que du bout des lèvres*, se dit des hypocrites qui ne prient Dieu que de bouche. — *Rire du bout des lèvres*, Rire sans en avoir envie, à contre-cœur. Dans le même sens, *Son rire ne passe pas les lèvres*. — *Je l'avais sur le bord des lèvres*, Voy. BORD. — *Se mordre les lèvres*, pour s'empêcher de parler, de rire, ou par dépit. — *Ne pas desserrer les lèvres*, Ne rien dire. — *Être suspendu aux lèvres de quelqu'un*, L'écouter avidement. — *Dire quelque chose des lèvres*, Sans le penser. || Fig.,

> Au banquet de la vie à peine commencé
> Un instant seulement mes lèvres ont pressé
> La coupe en mes mains encore pleine.
>
> ANDRÉ CHÉNIER.

*Avoir le cœur sur les lèvres, la mort sur les lèvres*, Voy. CŒUR et MORT. *Il y a loin de la coupe aux lèvres*, on est souvent encore loin du but quand on croit le toucher. || Se dit des parties analogues chez les animaux. — T. Man. *Ce cheval s'arme de la l., il se défend des lèvres*, Il a les lèvres si épaisses, qu'elles lui ôtent le sentiment des barres, en sorte que l'appui du mors en devient sourd et trop ferme. || T. Anat. Replis membraneux qui font partie de l'appareil génital externe de la femme. *Les grandes lèvres. Les petites lèvres* ou *Les nymphes*. || T. Chir. Les deux bords d'une plaie. *Il faut d'abord rapprocher les lèvres de la plaie.* || T. Bot. Se dit des deux lobes principaux de la corolle de certaines fleurs, particulièrement des Labiées. || T. Zool. Pièce de la mâchoire des Insectes. Voy. INSECTE. — Chacun des deux bords de l'écusson d'une coquille bivalve. Voy. CONCHYLIOLOGIE. || T. Mar. *Lèvres des baux*, Rebord extérieur d'un navire sur lequel portent les baux. || T. Archit. Rebord de la campane qui forme le chapiteau corinthien composite. || T. Mus. *Lèvres d'une bouche d'orgue*, Parties aplaties du pied et du corps du tuyau qui se rapprochent du biseau, en ne laissant entre elles et lui qu'une fente étroite.

**Anat.** — I. — Les lèvres sont des replis musculo-membraneux situés à la partie antérieure de la bouche. Au nombre de deux, elles se distinguent en supérieure et inférieure, délimitant entre elles l'orifice buccal; appliquées sur les arcades dentaires, elles présentent une face antérieure sur laquelle on observe à la l. supérieure le sillon sous-nasal médian bordé de chaque côté par des surfaces pileuses, et à la l. inférieure une fossette où s'implante la mouche chez l'homme. La face postérieure ou muqueuse est lisse. Le bord libre, arrondi, est rouge ou rosé, et tandis que la l. supérieure possède une saillie médiane limitée par deux dépressions latérales, la l. inférieure offre une configuration inverse. Le bord adhérent des lèvres répond successivement aux cloisons nasales, au sillon génio-labial pour la l. supérieure, et au sillon mento-labial pour la l. inférieure; du côté de la bouche, la muqueuse forme à ce niveau le sillon gingivo-labial, interrompu sur la ligne médiane par le *frein* de la l. Les deux lèvres s'unissent à leurs extrémités pour former les commissures labiales. — Au point de vue de leur constitution anatomique, les lèvres se composent de quatre couches: la peau, très riche en follicules pileux et glandes sébacées; la couche musculeuse constituée en majeure partie par le muscle orbiculaire des lèvres, auquel se joignent accessoirement les élévateurs de la l. supérieure, les canins, les zygomatiques, les carrés du menton, buccinateurs, etc. ; la couche glanduleuse constituée par une multitude de petites glandes en grappe, enfin la muqueuse, tapissée par un épithélium pavimenteux stratifié qui subit, de la partie antérieure à la partie postérieure, une transformation progressive de peau en muqueuse; la nutrition se fait par le cercle artériel des coronaires, les veines allant se jeter dans la faciale; les lymphatiques forment un réseau très riche qui aboutit aux ganglions sous-maxillaires ; les nerfs moteurs émanent du facial, les sensitifs proviennent du sous-orbitaire et du mentonnier, branches du trijumeau.

II. — Les grandes et les petites lèvres désignent en anatomie des parties de l'orifice vulvaire qui seront étudiées à l'article *vulve*.

**Path.** — Les vices de conformation et les difformités sont une des lésions fréquentes de la l. Signalons l'hypertrophie surtout fréquente à la l. supérieure (nègres, scrofuleux); le renversement; l'atrésie, congénitale (imperforation et phimosis labial) ou accidentelle avec ou sans perte de substance, avec ou sans adhérences aux mâchoires ; le bec-de-lièvre génien ou *macrostoma*. — Les lésions traumatiques, contusions, plaies, brûlures et froidure, ne présentent rien de spécial à étudier. — Les furoncles et anthrax des lèvres offrent un intérêt tout particulier à cause de l'extrême gravité due à la richesse du réseau veineux, et à la possibilité d'une propagation rapide de la phlébite par la communication de la veine faciale avec les sinus intra-crâniens, considérations qui commandent d'inciser précocement, largement et profondément tout anthrax ou furoncle de la région. — On observe à ce niveau des ulcères simples, tuberculeux et syphilitiques qui ne présentent d'important à signaler que l'intérêt de leur diagnostic avec le cancroïde des lèvres. L'épithélioma pavimenteux lobulé constitue la grande majorité des lésions organiques des lèvres; fréquent dans le sexe masculin, entre 40 et 60 ans, à la l. inférieure, considéré comme en relation avec l'usage du brûle-gueule, il peut être papillaire, verruqueux, fissural ou corné; il s'ulcère, devient rongeant ou végétant, entraîne l'infection ganglionnaire et la cachexie, mais a ce caractère particulier que, diagnostiqué facilement de bonne heure, il peut être excisé largement et guérir ou tout au moins ne récidiver que tardivement. — Comme autres tumeurs au niveau des lèvres, on observe des adénomes, des kystes, des tumeurs érectiles, sans physionomie spéciale.

**LÈVRETEAU**. s. m. [Pr. *lèvre-to*]. Petit levreau.

**LEVRETER**. v. n. Mettre bas, en parlant de la femelle du lièvre.

**LEVRETTE** s. f. [Pr. *levrè-te*]. Femelle du lévrier. || Sorte de lévrier de très petite taille. Voy. CHIEN.

**LEVRETTÉ, ÉE**. adj. [Pr. *levrè-té*]. Qui a la taille mince comme un lévrier. *Epagneul levretté. Jument levrettée.*

**LEVRETTER**. v. a. [Pr. *levrè-ter*]. Chasser à courre avec des lévriers.

**LÉVRETTEUR**. s. m. [Pr. *lèvre-teur*]. Celui qui élève des lévriers.

**LÉVRIER.** s. m. (R. *lièvre*). T. Mamm. Race de chiens à jambes longues et à corps mince. Voy. CHIEN. || Fig. et fam., se dit des gens qu'on met à la poursuite de quelqu'un. *La justice a mis ses lévriers aux trousses du fripon.*

**LÉVRON, ONNE**. s. diminut. Lévrier, levrette au-dessous de six mois ou environ. || Sorte de lévrier, de levrette, de fort petite taille.

**LEVROUX**, ch.-l. de c. (Indre), arr. de Châteauroux, 4,200 hab.

**LÉVULANE**. s. m. (lat. *lævus*, gauche). T. Chim. Hydrate de carbone retiré des mélasses de betteraves et dont la formule est un multiple de $C^6 H^{10} O^5$. C'est une poudre blanche, fusible à 250°, que l'acide azotique transforme en acide mucique et que l'acide sulfurique étendu et bouillant convertit en lévulose. Traité par l'eau bouillante, le l. donne une solution fortement lévogyre qui se prend en gelée par refroidissement.

**LÉVULINE**. s. f. (lat. *lævus*, gauche). T. Chim. Hydrate de carbone analogue à la dextrine, contenu dans les tubercules du topinambour et dans l'écorce de chêne. On l'obtient sous la forme d'une masse déliquescente, insipide, très soluble dans l'eau et dans l'alcool aqueux. La l. a pour formule $C^{12} H^{20} O^{10}$. Elle est sans action sur la lumière polarisée, mais elle devient lévogyre quand on la fait bouillir avec l'acide chlorhydrique, qui la dédouble en lévulose et en glucose. Elle ne réduit la liqueur de Fehling qu'après une longue ébullition. Sous l'action de la levure elle s'hydrate, se dédouble et subit ensuite la fermentation alcoolique.

**LÉVULIQUE**. adj. 2 g. (lat. *lævus*, gauche). T. Chim. *L'acide l.* ou *acétyl-propionique* est un acide cétonique répondant à la formule $CH^3 . CO . CH^2 . CH^2 . CO^2 H$. Il se forme par l'action prolongée des acides minéraux étendus et bouillants sur la lévulose, la glucose, le sucre de canne, la gomme arabique lévogyre, ainsi que sur divers hydrates de carbone, tels que l'amidon, le papier, le bois de sapin, la mousse de Carragheen. L'acide l. cristallise en lamelles fusibles à 33°, solubles dans l'eau, dans l'alcool et dans l'éther. Il bout à 245° en perdant de l'eau et en donnant naissance à deux lactones isomériques qui ont pour formule

$$\begin{array}{ccccccc} CH^3 & - & C & = & CH & - & CH^2 \\ & & | & & & & | \\ & & O & - & - & - & CO. \end{array}$$

Il se comporte comme une cétone vis à-vis de l'hydroxylamine et de la phénylhydrazine. Traité par l'acide iodhydrique, il se convertit en acide valérique normal.

**LÉVULOSE**. s. f. [Pr... *lo-ze*] (lat. *lævus*, gauche). T. Chim. La *L.*, qu'on appelle aussi *sucre de fruits* et *Fructose gauche* ou *lévogyre*, est une matière sucrée, isomérique avec la glucose, qu'elle accompagne presque toujours. On la rencontre surtout dans le miel et dans les fruits sucrés. Elle se forme dans l'oxydation de la mannite, dans l'hydrolyse de l'inuline, dans le dédoublement du sucre de canne. On peut obtenir la l. en chauffant l'inuline avec de l'acide sulfurique très étendu. Ordinairement, on la prépare en abandonnant pendant 24 heures à 60° une solution à 10 p. 100 de sucre ordinaire avec 2 millièmes d'acide chlorhydrique ; on obtient ainsi du sucre interverti, c.-à-d. un mélange de l. et de glucose ; on refroidit la liqueur, on ajoute 6 grammes de chaux éteinte par 10 grammes de sucre employé ; la l. forme alors avec la chaux une combinaison insoluble à froid, qu'on exprime, qu'on lave à l'eau glacée et qu'on décompose par l'acide oxalique.

La l. cristallise en aiguilles soyeuses, incolores, fusibles à 95°, très solubles dans l'eau, fort peu solubles dans l'alcool absolu. Elle reste facilement en surfusion ; longtemps, on ne l'a connue qu'à l'état liquide ; de là le nom de *sucre incristallisable* qu'on lui donnait autrefois. La l. est fortement lévogyre ; son pouvoir rotatoire est — 106° à la température de 15°. Elle s'altère facilement sous l'action de la chaleur et des acides ou des alcalis. Elle peut s'unir à la potasse, à la chaux, à la baryte et à divers oxydes métalliques en formant des *Lévulosates*. Traitée par l'amalgame de sodium, elle se transforme en mannite et en sorbite. Elle réduit la liqueur de Fehling. Avec la phénylhydrazine elle forme une osazone identique à celle que fournit la glucose. Avec l'hydroxylamine elle donne une oxime lévogyre, fusible à 118°. Sous l'action de la levure elle subit la fermentation alcoolique. La l. possède cinq fonctions alcool et une fonction cétone ; sa constitution chimique est représentée par la formule

$$CH^2 OH . (CH OH)^3 . CO . CH^2 OH.$$

Dans ces dernières années on a reconnu l'existence de deux isomères optiques possédant la constitution et les propriétés chimiques de la lévulose; l'un est dextrogyre; l'autre, sans action sur la lumière polarisée, est une modification racémique. Comme le nom de l. ne s'accorde pas avec les propriétés optiques de ces deux corps, on a réuni les trois variétés sous le nom de *Fructoses*. La *Fructose lévogyre* est la l. ordinaire que nous venons de décrire. La *Fructose racémique*, optiquement inactive, peut être considérée comme un mélange à proportions égales des deux variétés actives. Sa synthèse a été réalisée par plusieurs méthodes : l'action de la chaux ou de divers oxydes métalliques sur l'aldéhyde méthylique, l'action de l'eau de baryte sur le dibromure d'acroléine, l'action des alcalis sur la glycérose donnent naissance à des mélanges complexes contenant une matière sucrée qu'on peut isoler, à l'état d'ozazone, à l'aide de la phénylhydrazine. En hydrogénant cette osazone par la poudre de zinc et l'acide acétique on obtient la fructose racémique en flocons déliquescents à saveur sucrée. Quant à la *Fructose dextrogyre*, on la prépare en faisant agir la levure de bière sur la variété racémique; celle-ci se dédouble en l. ordinaire, qui est rapidement détruite par la fermentation, et en fructose dextrogyre que la levure n'attaque pas tout d'abord et que l'on peut ainsi isoler.

**LEVURE.** s. f. (R. *lever*). Ferment qui détermine la transformation des liqueurs sucrées en liqueurs alcooliques. || Substance que le raisin pressé et plusieurs autres fruits déposent après leur fermentation. || Ferment de la bière qui est constitué par divers champignons du genre *Saccharomyces*, de la familles des DISCOMYCÈTES. Voy. FERMENTATION et DISCOMYCÈTE. || Ce qu'on lève de dessus et dessous le lard à larder. *Des levures de lard.* || T. Blas. Quartier de l'écu dit aussi franc quartier. || T. Techn. Demi-maille par laquelle on commence un filet.

**LEVURO-DYNAMOMÈTRE.** s. m. (R. *levure* et *dynamomètre*). Instrument destiné à mesurer la puissance ou l'activité de la levure.

**LEVUROMÈTRE.** s. m. (R. *levure*, et gr. μέτρον, mesure). Instrument destiné à mesurer la puissance de la levure.

**LÉVY.** Voy. LÉVI.

**LÉVYNE.** s. f. T. Minér. Espèce de zéolithe en cristaux rhomboédriques qu'on trouve aux îles Féroë et en Bohême.

**LEWENHAUPT** (Comte DE), général suédois; l'un des plus vaillants capitaines de Charles XII (1659-1719).

**LEWIS**, riv. des États-Unis, affl. de la Columbia, 430 kil.

**LEWIS**, île de l'Archipel des Hébrides, 29,000 hab.

**LEWIS**, romancier anglais, auteur du *Moine* (1773-1818).

**LEWIS** (JOHN-CORNWAL), homme politique et historien angl. (1806-1863).

**LEWISIA.** s. m. [Pr. *lévi-zia*] (R. *Lewis*, n. d'un navig. angl.) T. Bot. Genre de plantes Dicotylédones de la famille des *Aizoacées*. Voy. ce mot. Quelques botanistes placent ce genre dans la famille des *Portulacées*.

**LEXIARQUE.** s. m. [Pr. *leksi-arke*] (gr. ληξίαρχος, m. s. de λῆξις, loi, et ἄρχειν, commander). Nom, à Athènes, de six fonctionnaires qui présidaient, dans chaque dème, à l'inscription des jeunes gens arrivés à l'âge de porter les armes.

**LEXICOGRAPHE.** s. m. [Pr. *lek-siko-grafe*] (gr. λεξικογράφος, m. s.). Auteur d'un lexique, d'un dictionnaire. || Celui qui s'occupe d'études, de travaux lexicographiques.

**LEXICOGRAPHIE.** s. f. [Pr. *lek-siko-grafi*] (gr. λεξικὸν, vocabulaire; γράφω, j'écris). La science, l'étude du lexicographe. *La l. exige une grande rectitude d'esprit et beaucoup de connaissances.*

**LEXICOGRAPHIQUE.** adj. 2 g. [Pr. *lek-siko-grafike*]. Qui appartient à la lexicographie. *Science l. Travaux lexicographiques.*

**LEXICOGRAPHIQUEMENT.** adv. [Pr. *lek-sikogra-fikeman*]. En lexicographe; suivant la lexicographie.

**LEXICOLOGIE.** s. f. [Pr. *lek-siko-loji*] (gr. λεξικὸν, lexique; λόγος, science). Science de la signification des mots, considérés principalement dans leurs radicaux.

**LEXICOLOGIQUE.** adj. 2 g. [Pr. *lek-siko-lojike*]. Qui a rapport à la lexicologie.

**LEXICOLOGUE.** s. m. [Pr. *lek-siko-log*, *g* dur] (R. *lexicologie*). Celui qui est versé dans la science de l'origine et de la valeur des mots d'une langue.

**LEXIGRAPHIE.** s. f. [Pr. *lek-sigra-fie*] (gr. λέξις, mot; γράφω, j'écris). Voy. LEXICOGRAPHIE.

**LEXILOGIE.** s. f. [Pr. *lek-silogie*] (gr. λέξις, mot; λόγος, discours). Voy. LEXICOGRAPHIE.

**LEXINGTON**, v. des États-Unis (Kentucky); 16.700 hab.

**LEXIQUE.** s. m. [Pr. *lex-sike*] (gr. λεξικὸν, m. s., de λέξις, mot qui vient lui-même de λέγω, je choisis, et par ext., je parle, qui est le même que le lat. *legere*, lire). Voy. DICTIONNAIRE. || Adjectiv., *Manuel l.*, Petit dictionnaire dont l'usage est facile et fréquent. — *École l.*, Voy. LANGUE.

**LEXOVIENS**, en lat. *Lexovii*, peuple de la Gaule ancienne, dont Lisieux était la capitale.

**LEYDE**, en lat. *Lugdunum Batavorum*, v. de Hollande, sur le Rhin, 45,000 hab. Université célèbre. Observatoire. || Bouteille de Leyde, bouteille arrangée par Musschenbroeck, en 1746, pour emmagasiner l'électricité. Voy. ÉLECTRICITÉ, XV.

**LEYRE** (LA), riv. des Landes, se jette dans le bassin d'Arcachon, 81 kil.

**LEZ.** adv. [Pr. *lé*] (lat. *latus*, côté). A côté de, proche de, tout contre. Ne se dit plus que dans quelques noms de lieux, comme *Le Plessis-lez-Tours*, *Saint-Denis-lez-Paris*, et autres semblables.

**LÉZARD.** s. m. (lat. *lacerta*, m. s.). T. Erpét. Genre de *Reptiles*. Voy. LACERTIENS.

**LÉZARDE.** s. f. (lat. *lacerta*, lézard). Fente, crevasse qui se fait dans un ouvrage en maçonnerie. || Petit galon festonné dont la chaîne se contourne comme la queue du lézard et qui sert à cacher les coutures des étoffes ou leur ligne de jonction avec le bois des meubles || Raie blanche qui se présente parfois dans la composition d'une page imprimée.

**LÉZARDÉ, ÉE.** adj. Qui a une ou plusieurs lézardes. *Ce mur est tout lézardé.*

**LÉZARDER.** v. a. (R. *lézarde*). Faire fendre, faire crevasser un ouvrage de maçonnerie. *Le tassement du sol avait lézardé toutes les murailles.* == SE LÉZARDER. v. pron. Se crevasser. — LÉZARDÉ, ÉE. part.

**LÉZARDRIEUX**, ch.-l. de c. (Côtes-du-Nord), arr. de Lannion; 2,100 hab.

**LEZAY**, ch.-l. de c. (Deux-Sèvres), arr. de Melle; 2,700 h.

**LÉZIGNAN**, ch.-l. de c. (Aude), arr. de Narbonne; 4.800 hab.

**LEZOUX**, ch.-l. de c. (Puy-de-Dôme), arr. de Thiers; 3,700 hab.

**LHASSA**, cap. du Thibet, 33,000 hab.

**LHERBACHITE.** s. f. (R. *Lherbach*, nom d'homme). T. Minér. Séléniure de plomb et de mercure.

**LHERMITTE**, vaillant amiral français, né à Coutances (1766-1826).

**LHERZOLITHE.** s. f. (R. *Lherz*, nom de lieu, et gr. λίθος, pierre). T. Géol. Roche éruptive, qu'on trouve surtout près du lac de Lherz (Ariège), composée d'un agrégat d'olivine, de diopside, d'enstatite et de fer chromé, en grains arrondis.

**LHOMOND**, grammairien français (1727-1794

**L'HOSPITAL** (Michel de), illustre magistrat fr., célèbre par ses vertus, son esprit libéral et les efforts qu'il fit pour calmer les haines religieuses; il mourut de chagrin l'année qui suivit la Saint-Barthélemy (1505-1573).

**LHÔTE** (Nestor), égyptologue fr., né à Cologne (1804-1842).

**LHUIS**, ch.-l. de c. (Ain), arr. de Belley, 1,150 hab.

**LI.** s. m. Mesure itinéraire des Chinois, valant 576 mètres.

**LIA**, fille de Laban et femme de Jacob (Bible).

**LIAGE** s. m. Action de lier. || T. Techn. Opération consistant à lier les fils qui forment le dessin d'une étoffe façonnée à ceux qui forment le corps du tissu. || Fig. Action de mélanger entièrement. || T. Techn. Action de mélanger le salpêtre, le charbon et le soufre, pour la fabrication de la poudre.

**LIAIS.** s. m. [Pr. *li-è*]. Pierre calcaire dure, d'un grain très fin, qui est propre à faire des moulures et des sculptures. *Pierre de l. La chapelle de Versailles est construite en l. Le l. d'Arcueil, de Saint-Cloud.* || T. Techn. Tringle de bois qui soutient les lisses du métier à tisser.

**LIAISON.** s. f. [Pr. *liè-zon*] (R. *lier*). Union, jonction de plusieurs corps ensemble. *Ces pierres sont si bien jointes qu'on ne voit pas la l. La l. de ces pièces de bois est parfaite. C'est un mastic qui fait la l. des pierres et des émaux dont la mosaïque est composée.* || T. Techn. Alliage de l'étain avec le plomb pour former la soudure. || T. Fauc. Action de l'oiseau qui atteint et saisit sa proie. || T. Calligr. Traits déliés qui joignent les uns aux autres les lettres ou les parties d'une même lettre. || T. Mus. Voy. Notation. || T. Cuisine. Se dit des jaunes d'œufs délayés et d'autres matières propres à épaissir une sauce. || T. Maçon. Le mortier, le plâtre qui sert à jointoyer les pierres. *Maçonnerie en l.*, Celle qui est faite de manière que le milieu d'une pierre est posé sur le joint de deux autres. || T. Marine. Assemblage de toutes les pièces qui servent à lier, à unir, à arc-bouter entre elles les diverses parties d'un bâtiment. || T. Gramm. Se dit de certains mots qui servent à lier les périodes et qu'on nomme autrement *Conjonctions. Les liaisons rendent la pensée plus claire et le style plus coulant.* || Fig., Ce qui lie les parties d'un discours les unes aux autres. *L. dans les idées. L. des idées. L. dans les phrases, dans les parties d'un discours. Cette période n'a point de l. avec la précédente. Il y a une l. intime entre ces deux idées. — La l. des scènes est bien observée dans cette comédie*, etc.,Les scènes y sont bien amenées les unes par les autres. || Figur., Connexion, rapport que des choses ont les unes avec les autres. *Cette affaire a de la l. avec celle dont vous vous occupez. Il n'y a aucune l. entre ces deux phénomènes.* || Figur., Union qui existe entre les personnes. *L. de parenté, d'amitié, d'intérêt, de commerce, d'affaires, de plaisir. Il existe une grande, une étroite l. entre ces deux familles. Il a peu de l. entre eux. Avoir une l. intime avec quelqu'un. Former, rompre une l. — L. dangereuse*, Liaison avec des personnes qu'il est dangereux de fréquenter. — Au plur., se dit pour Sociétés, accointances. *Son fils a des liaisons qui me sont suspectes.*

**LIAISONNER.** v. a. [Pr. *liè-zo-ner*] (R. *liaison*). T. Maçonn. Remplir les joints de mortier. || Arranger les pierres, les briques, etc., de façon que le milieu des unes porte sur les joints des autres. || Clouer les lattes d'un comble de manière qu'elles n'aboutissent pas sur même chevron. || T. Techn. *L. le drap*, Le rendre consistant par le foulage. = Liaisonné, ée. part.

**LIAKHOV**, groupe d'îles de l'Océan Glacial, près des côtes de la Sibérie Orientale.

**LIANCOURT.** ch.-l. de canton (Oise), arr. de Clermont, 4,000 hab.

**LIANE.** s. f. (corrupt. de *lien*). T. Bot. On désigne indistinctement sous ce nom un grand nombre de végétaux grimpants, sarmenteux ou volubiles, pouvant être d'ailleurs herbacés ou ligneux. Les lianes appartiennent à des genres de différentes familles; nous nous contenterons de citer quelques-unes de celles qui ont rang parmi les végétaux utiles. — *L. à batates*, le Convolvulus batatas, Convolvulacées. *L. bon Dieu. L. à réglisse*, l'Abrus precatorius, Légumineuses. *L. Brûlante*, le Monstera pertusa, Aroïdées, et le *Tragia volubilis*, Euphorbiacées. *L. brûlée*, le Gouania domingensis, Rhamnées. *L. à caleçon*, les Bauhinias, Légumineuses, et le Murucuja, Passiflorées. *L. carrée*, le Paullinia pinnata, Sapindacées. *L. en cœur*, le Cissampelos pareira, Ménispermacées. *L. contre-poison*, le Fevillea cordifolia, Cucurbitacées. *L. à eau*, les divers Cissus, Ampélidées. *L. franche*, le Monstera pertusa, Aroïdées. *L. jaune*, l'Ipomæa tuberosa, Convolvulacées. *L. à patates* ou *à raves*, l'Igname, Dioscoréacées. *L. percée*, le Monstera pertusa, Aroïdées. *L. à persil*, le Serjania triternata, Sapindacées. *L. à raisins*, le Coccoloba uvifera, Polygonacées. *L. à râpe*, le Bignonia echinata, Bignoniacées. *L. rouge*, le Tetracera tigarea, Dilléniacées. *L. à savon*, le Momordica operculata, Cucurbitacées, et le Gouania domingensis, Rhamnées. *L. à sirop*, le Columnea scandens, Gesnéracées. *L. à tonnelles*, l'Ipomæa tuberosa, Convolvulacées. *L. aux voyageurs*, les Cissus, Ampélidées.

**LIANT. ANTE.** adj. (Part. de *lier*). Souple, élastique, qui se plie aisément. *Cette voiture a des ressorts bien liants. Le tissu de l'osier est l.* || Fig., Doux, complaisant, affable, propre à former des liaisons. *Caractère, esprit l. Homme l.* = Liant. s. m. Douceur, affabilité, complaisance, esprit de conciliation. *Il a beaucoup de l. dans l'esprit, dans le caractère. Il faut mettre du l. dans le commerce de la vie.*

**LIAO-TOUNG**, prov. du N.-E. de la Chine, 9,000,000 d'h., ch.-l. Moukden, 180,000 hab.

**LIARD.** s. m. [Pr. *liar*] (R. nom d'homme). Petite monnaie de cuivre valant trois deniers. *On ne fabrique plus de liards.* || Fam., *N'avoir pas un l., un rouge l.*, Être fort pauvre, ou Être sans argent pour le moment. — *Je n'en donnerais pas un l.*, se dit d'une chose dont on ne fait aucun cas || Par exag., *Il se ferait fesser pour un l.*, Il est excessivement avare. Dans le même sens, *Il couperait un l. en quatre.*

**Métrol.** — Dans notre ancien système monétaire, le *Liard* était une monnaie d'abord de billon, puis de cuivre, qui valait ordinairement trois deniers ou le quart d'un sou. Ce fut en 1430 que Guigne Liard, de Crémieu en Viennois, frappa les premières pièces de monnaie qui furent ainsi appelés de son nom. Les liards n'eurent d'abord cours qu'en Dauphiné; mais Louis XI parvenu à la couronne, les rendit communs par tout le royaume. L'effigie des liards, ainsi que leur valeur et leurs dimensions, subit de nombreuses variations. Jusqu'en 1649, les liards étaient de billon, c.-à-d. composés d'un alliage d'argent et de cuivre; mais, à partir de cette époque, on les fit de cuivre pur et de 66 au marc, avec la légende: *Liard de France*, au revers. Il y avait encore des *doubles liards* et des *pièces de six liards*, qu'on nommait aussi *sous marqués.* Ce fut en 1792 qu'on fabriqua les derniers liards. Cette monnaie a disparu avec l'adoption du système métrique, et elle a été remplacée par le centime, qui est au l. comme 4 est à 5.

**LIARDER.** v. n. (R. *liard*). Boursiller, donner chacun une petite somme. *Nous avons été obligés de l. pour faire un écu entre nous tous.* || Lésiner, payer liard à liard. — Fam. dans les deux sens.

**LIARDEUR, EUSE.** Celui, celle qui liarde.

**LIAS.** s. m. [Pr. *li-a*]. T. Géol. Nom donné aux couches inférieures du système jurassique. Voy. Secondaire et Géologie.

**LIASIEN, ENNE.** adj. [Pr. *lia-zi-in, iène*]. T. Géol. Qui a rapport au lias.

**LIASIQUE.** adj. 2 g. [Pr. *lia-zi-ke*]. T. Géol. Qui appartient au lias, qui est formé de lias.

**LIASSE.** s. f. [Pr. *lia-se*] (R. *lier*). Amas de papiers liés ensemble et ordinairement relatifs à un même objet. *L. de lettres. Mettre des papiers en l. Une grosse liasse.* || T. Techn. Chacun des paquets dont se compose une botte de filasse.

**LIASSIQUE.** adj. 2 g. Voy. Liasique.

**LIBA**, nom que porte le Zambèze dans son cours supérieur.

**LIBAGE.** s. m. (anc. fr. *libe*, bloc de pierre). Quartier de pierre ou gros moellon qui a été équarri grossièrement, et qu'on emploie pour faire des fondations d'un édifice.

**LIBAN**, chaîne de montagne de la Syrie, célèbre par ses cèdres magnifiques; 103 kil. de long; pics de plus de 3,000 mètres.

**LIBANIUS**, rhéteur grec d'Antioche, fut le maître de Julien, de saint Basile, de saint Jean Chrysostome (314-400).

**LIBANOMANCIE**. s. f. (gr. λίβανον, encens; μάντεια, divination). Divination au moyen de la fumée de l'encens.

**LIBATION**. [Pr.... *sion*] (lat. *libatio*, m. s., de *libare*, verser). Les anciens appelaient ainsi un acte religieux qui consistait à remplir une coupe de vin, de lait ou d'eau pure, et, après y avoir posé ses lèvres, à la répandre en l'honneur de la divinité. Cette cérémonie pieuse s'accomplissait partout, au foyer domestique, dans les festins, sur le corps des morts, et surtout dans les temples, devant les images des dieux. Le mode des libations a varié suivant les temps, les pays et les religions. Les Juifs en faisaient usage. Dans l'*Odyssée* (XI, 25), Ulysse honore les puissances infernales par trois libations successives de miel, de vin et d'eau pure. Ce nombre trois semble avoir été consacré aux libations funéraires. A Rome, le sacrificateur versait du vin mêlé avec de l'encens dans une coupe entourée de fleurs, le donnait à goûter aux assistants, puis le versait entre les cornes de la victime. L'usage des libations disparut avec le paganisme. Aujourd'hui, par plaisanterie on dit familièrement : *Il a fait d'amples libations*, Il a bu largement.

**LIBATOIRE**. s. m. Vase qui servait à faire les libations chez les Romains.

**LIBELLATIQUES**. s. m. pl. [Pr. *libè-latike*] (lat. *libellatici*, m. s., de *libellus*, livret). T. Hist. Nom donné aux chrétiens qui, durant les persécutions, échappèrent au supplice en achetant des certificats témoignant qu'ils avaient sacrifié aux idoles.

**LIBELLE**. s. m. [Pr. *libè-le*] (lat. *libellus*, petit livre). Écrit, ordinairement de peu d'étendue, injurieux, diffamatoire. *Un l. calomnieux. Un l. séditieux. Un faiseur de libelles.* || T. Jurispr. anc. *L. de divorce*, Acte par lequel un mari notifiait à sa femme qu'il entendait la répudier. || T. Hist. relig. *Libelles des martyrs*, Sorte de lettres de recommandation que les martyrs donnaient à ceux qui étaient sujets à la pénitence publique, pour les dispenser de la totalité ou d'une partie de leur peine.

**LIBELLER**. v. a. [Pr. *libèl-ler*] (R. *libelle*). T. Prat. Rédiger, en le motivant brièvement, une demande judiciaire. *L. une demande, un exploit.* || T. Financ., *L. un mandement, une ordonnance*, Spécifier la destination de la somme qui y est portée. = LIBELLÉ, ÉE. part. || Subst., *Le libellé d'un exploit, d'une requête*, Le contenu d'un exploit, la forme de sa rédaction.

**LIBELLISTE**. s. m. [Pr. *li-bel-liste*]. Auteur d'un libelle, faiseur de libelles.

**LIBELLULE**. s. f. [Pr. *libel-lule*]. **LIBELLULIDÉS**. s. m. pl. [Pr. *libel-lulidés*. T. Entom. Les *Libellulidés* sont des insectes qui constituent la famille principale de l'ordre des *Névroptères*. Dans la méthode de Latreille, ils forment, avec celle des Éphémères, la famille des *Subulicornes*, ainsi nommés de leurs antennes en alène.

Les *Libellulidés* se distinguent entre tous les insectes par leurs formes sveltes et élancées, par leurs couleurs agréables et variées, par leurs ailes grandes, réticulées, toujours écartées et semblables à une gaze éclatante, et par la rapidité de leur vol quand ils poursuivent les insectes qui font leur nourriture. C'est à l'élégance de leur taille qu'ils doivent le nom de *Demoiselles* sous lequel ils sont généralement connus. Ils ont la tête grosse avec 2 grands yeux latéraux, 3 yeux lisses situés sur le vertex, 2 antennes composées de 3 à 7 articles, dont le dernier en forme de soie. Leur corselet est gros et arrondi, tandis que l'abdomen est très allongé, tantôt en forme d'épée, tantôt en forme de baguette, et se termine, dans les mâles, par deux appendices lamellaires dont la figure varie selon les espèces. Enfin leurs pieds sont courts et courbés en avant (Fig. 1. *Libellule déprimée*). Les L. affectionnent le voisinage des eaux. Les femelles déposent leurs œufs sur les plantes aquatiques; les larves et les nymphes qui en naissent vivent dans l'eau. Ces larves ressemblent assez à l'insecte parfait, et sont carnassières, comme lui; néanmoins, elles manquent d'ailes et d'yeux lisses. Elles sont, en outre, remarquables par la forme de leur lèvre inférieure et par leur appareil respiratoire. Cette lèvre, qui est articulée sous le menton, a un développement considérable, se rabat sous le prothorax, et se termine par une paire de palpes triangulaires dentés en scie. A la volonté de l'animal, cette lèvre s'étend brusquement, de sorte que sa longueur égale presque celle du corps. Avec ses palpes, il saisit sa proie, et, en repliant sa lèvre, il la porte naturellement à sa bouche. Ces animaux n'ayant point de pattes ni d'autres appendices pour nager et venir à la surface de l'eau, la nature a pourvu à ce défaut par un appareil

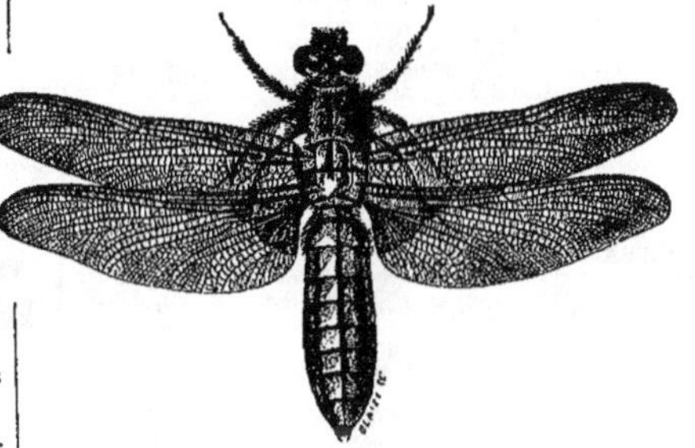

Fig. 1.

particulier. L'extrémité de l'abdomen présente deux ouvertures situées entre les appendices terminaux. Quand l'animal les écarte, une certaine quantité d'eau pénètre par ces ouvertures; bientôt après, l'eau est rejetée au dehors, mais l'air qu'elle contenait a été absorbé au moyen d'organes qui communiquent avec les trachées. De plus, l'eau ainsi éjaculée sert à mouvoir la larve. En effet, cette eau, en choquant les couches immobiles du liquide dans lequel l'animal est plongé, imprime à son corps un mouvement de translation en sens opposé, absolument de la même manière que l'eau qui sort d'un appareil à réaction. Les nymphes ne se distinguent des larves que par la présence de rudiments d'ailes et par l'allongement de leur corps (Fig. 2. Nymphe de *L. déprimée*). A

Fig. 2.

Fig. 3.

l'époque où ces dernières doivent se transformer, elles sortent de l'eau, grimpent sur les plantes voisines, et s'y fixent à l'aide des crochets de leurs pattes. Sous l'influence du soleil leur peau se durcit et se dessèche ; puis elle se fend longitudinalement sur le dos pour livrer passage à l'insecte parfait. — On divise les Libellulidés en 3 genres. — Les *Libellules* proprement dites (*Libellula*) ont les ailes étendues horizontalement dans le repos, et une tête globuleuse, surmontée d'une élévation vésiculeuse, ayant de chaque côté un œil lisse. L'espèce type est la *L. déprimée* (Fig. 1) d'un brun un peu roussâtre, avec la base des ailes noirâtre, deux lignes jaunes au corselet, et l'abdomen en forme de lame d'épée, tantôt brun, tantôt couleur d'ardoise, avec les côtes jaunâtres. — Les *Æshnes* se distinguent des précédentes par la position des yeux lisses postérieurs sur une simple élévation transversale en forme de carène. L'*Æshne grande*, espèce commune chez nous, est brun fauve, avec deux lignes jaunes de chaque côté du corselet. L'abdomen est tacheté de vert ou de jaunâtre, et les ailes sont irisées. — Les *Agrions* ont les ailes verticales dans le repos et la tête transversale. L'*Agrion vierge* (Fig. 3) est d'un vert doré ou d'un bleu vert, avec les ailes supérieures tantôt bleues et tantôt d'un brun jaunâtre.

**LIBER.** s. m. [Pr. *li-bère*] (mot latin d'où est dérivé le mot livre, parce que le liber de certains arbres servait de papier aux anciens). Partie intérieure de l'écorce, composée de couches minces et superposées. Voy. Racine et Tige.

**LIBERA.** s. m. [Pr. *libéra*] (lat. *libera*, délivre). T. Litur. Prière que l'Église fait pour les morts, et qui commence par ce mot. || Fig. *Chanter un l.*, Se proclamer délivré, débarrassé.

**LIBÉRABLE.** adj. 2 g. Qui peut être libéré.

**LIBÉRAL, ALE.** adj. (lat. *liberalis*, m. s., dérivé de *liber*, libre, et se dit de tout ce qui convient à l'homme libre). Qui aime, qui se plaît à donner. *Un homme généreux et l. Il s'est montré très l. envers elle. Il n'est l. que de louanges. Avoir l'âme, l'humeur libérale. Il y a une grande différence entre un homme prodigue et un homme l. La nature lui a été libérale de ses dons.* On dit aussi, *Main libérale.* || *Éducation libérale*, Éducation qui a surtout pour objet de développer les facultés intellectuelles et morales. — *Arts libéraux*, Voy. Art. || T. Polit. Qui est favorable à la liberté civile et politique. *Opinion libérale. Les idées libérales. Les principes libéraux.* || Se dit aussi des personnes qui professent les idées libérales. *Avant d'être ministre, il passait pour être l. Le parti l.* — On dit subst., *C'est un l. Les libéraux.*

**LIBÉRALEMENT.** adv. D'une manière libérale. *Donner l. Il en usa fort l. envers eux.* || D'une manière favorable à la liberté civile et politique. *Il pense, il écrit, il parle fort libéralement.*

**LIBÉRALES.** s. f. pl. [Pr. *libéra-lès*] (lat. *liberalia*, m. s., de *liberalis*, qui appartient à Bacchus). Fête célébrée en l'honneur de Bacchus, le 17 mars.

**LIBÉRALISER.** v. a. [Pr. *libérali-zer*]. Rendre libéral, plus libéral.

**LIBÉRALISME.** s. m. T. Polit. Attachement aux idées libérales. Ensemble des opinions libérales. — Nom du parti politique qui sous la Restauration défendait les libertés contre les tentatives réactionnaires du gouvernement, qui voulait le retour à l'ancien régime.

**LIBÉRALITÉ.** s. f. (lat. *liberalitas*, m. s.) Penchant, disposition à donner, mais avec discernement. *La l. tient le milieu entre la prodigalité et l'avarice. La l. consiste moins à donner beaucoup qu'à donner à propos. Exercer sa l. envers quelqu'un. Il tient cela de votre l.* || Don même que fait une personne libérale. *Voilà une grande l. Faire des libéralités. Il était le dispensateur de ses libéralités. Il n'est riche que de vos libéralités.* = Syn. Voy. Largesse.

**LIBÉRATEUR, TRICE.** s. (lat. *liberator*, qui délivre). Celui, celle qui délivre ou qui a délivré une personne, une ville, un peuple de captivité, de servitude ou de quelque grand péril. *Voilà mon l. Le l. de la patrie.* || Adj., *Une armée libératrice.*

**LIBÉRATION.** s. f. [Pr.... *sion*] (lat. *liberatio*, délivrance). T. Jurispr. Décharge d'une dette, d'une servitude. *Les lois sont toujours favorables à la l. du débiteur. J'ai obtenu, moyennant telle somme, la l. d'une servitude fort gênante qui était établie sur ce fonds.* || *La l. de l'État*, L'acquittement de la dette publique. || *La l. du service militaire*, L'affranchissement du service militaire. || *La l. d'un condamné*, Par l'expiration de sa peine.

**LIBÉRATOIRE.** adj. 2 g. Qui libère d'une dette, d'un engagement.

**LIBÈRE,** pape de 352 à 366.

**LIBÉRER.** v. a. (lat. *liberare*, délivrer). T. Jurispr. Délivrer de quelque chose qui incommode, qui est à charge. *Il veut l. sa maison de cette servitude. Il vient d'être libéré du service militaire.* = se Libérer. v. pron. *J'ai transigé avec lui pour me l. des poursuites qu'il faisait contre moi.* || Particul., S'acquitter d'une dette. *Il est toujours permis à un débiteur de se l.* = Libéré, ée. part. *Forçat libéré*, Voy. Forçat. *Action libérée*, Action dont le souscripteur a versé le montant intégral. || Subst., Condamné qui a subi sa peine. *Colonie pour les jeunes libérés.*

**LIBERI**, peintre et dessinateur italien, né à Padoue (1605-1687).

**LIBÉRIA**, république nègre dans la Guinée, fondée en 1822 en faveur des esclaves affranchis; pop. : nègres civilisés, 18,000 ; nègres indigènes, 1,050,000.

**LIBÉRIEN, IENNE.** adj. [Pr. *libéri-in, iène*]. T. Bot. *Tissu libérien*, Tissu qui forme chaque couche corticale.

**LIBERTÉ.** s. f. (lat. *libertas*, de *liber*, libre). Faculté, pouvoir d'exercer sa volonté en agissant ou n'agissant pas. *L. entière, absolue, illimitée. L. d'approuver et de contredire.* || Le libre arbitre, la faculté donnée à l'âme de choisir diverses choses, de se déterminer pour l'une ou pour l'autre. *La question de la l. a été débattue par la plupart des écoles de philosophie. Sans la l., les actions des hommes ne seraient ni morales ni immorales.* || Se dit par opposition à Servitude, et signifie État d'une personne de condition libre. *Dans l'antiquité, les prisonniers de guerre perdaient leur l. et devenaient esclaves. Vendre, racheter, engager, recouvrer sa l. Donner la l. à un esclave.* — En parl. d'un peuple, d'un État, se dit par oppos. à Asservissement, et sign. Autonomie, indépendance. *En perdant sa l., la Grèce perdit son génie. Les Pays-Bas secouèrent le joug de l'Espagne et recouvrèrent leur l.*

La triste Italie encor toute fumante
Des feux qu'a rallumés sa liberté mourante.

Racine.

Se dit par opposition à Captivité, *Après trois mois d'emprisonnement on le mit en l. Il était prisonnier de guerre, mais on le laissa en l. sur parole.* || Se dit par opposition à Contrainte. *Parler, agir en l. Je vous laisse en l. On jouit d'une grande l. dans cette maison. Les règles de l'étiquette misent à la l. de la conversation.* || Indépendance de caractère, d'état, de conduite. *Il a refusé toutes les places qu'on lui a offertes, il aime trop sa l. Je ne veux point enchaîner ma l. Je veux vivre en l. Ma l. est mon seul bien.* || État d'un cœur libre, exempt de passion. *Son cœur est pris, il a perdu sa l.* — *L. d'esprit*, État d'un homme qui a l'esprit dégagé de toute préoccupation. *Je n'ai pas la l. d'esprit nécessaire pour me livrer à ce travail.* — *L. de langage*, ou simplement, *Liberté*, Franchise, hardiesse. *Il a la l. de langage d'un homme de bien. Ses services lui avaient acquis le droit de parler au prince avec l.* || Manière d'agir libre, familière, hardie. Dans cette acception, se dit en bien et en mal, et le plus souvent au pluriel. *Agir avec une honnête l. Je n'aime pas cette l. Il se donne des libertés, beaucoup de libertés. Prendre des libertés avec une femme.* — Dans la conversation et dans le style épistolaire, on dit: *J'ai pris la l. de vous écrire. Je prends la l. de vous rappeler votre promesse. Je prends la l. de n'être pas de votre avis. Je vous demande la l. de me promener dans votre jardin.* = Facilité, aisance dans les mouvements du corps, dans les opérations de la main, etc. *J'admirais l'aisance et la l. de ses mouvements, de ses gestes. Il a une grande l. de langue, de parole. Il fait tout avec beaucoup de l. et de grâce. Il y a une grande l. de pinceau dans ce tableau, de trait dans ce dessin, de burin dans cette gravure. Ses rhumatismes lui ôtent la l. de ses membres, de ses mouvements.* — Se dit aussi en parlant des choses inanimées. *Ce ressort n'a pas assez de l. Cette roue a beaucoup de l. Dans la vieillesse, la circulation des fluides se fait avec moins de l.* — *L. de ventre*, La facilité avec laquelle le ventre fait ses fonctions. ‖ T. Man. *L. de langue*, Espèce d'arcade pratiquée dans le canon du mors, à l'effet de loger la langue du cheval. = *Libertés*, au plur., se dit quelquefois pour Franchises, immunités. *Les libertés d'une province. Les libertés des communes. Les libertés de l'Église gallicane.* = En liberté, loc. adv. Librement. *Parler, agir en l., en toute l., en pleine l.* ‖ T. Man. *Sauteur en l.*, Cheval dressé à faire des sauts pour accoutumer le cavalier à se tenir ferme en selle.

**Syn.** — *Franchise.* — Le mot de *liberté* exprime une idée positive, celui de *franchise* une idée négative. La *liberté* est le pouvoir de faire; la franchise, la dispense de faire. Ainsi, par ex., les *libertés* d'une ville consistent dans le pouvoir qu'elle a de se gouverner, de s'administrer comme l'entendent les habitants, de s'imposer elle-même. Ses *franchises* consistent dans les exemptions d'impôts, de charges, de servitudes qui pèsent sur les autres villes. Le commerce est *libre*, lorsque aucune sorte d'échange n'est prohibée; il est *franc*, lorsque les échanges ne sont frappés d'aucun droit fiscal. Un port *libre* est celui où tous les navires marchands peuvent entrer; un port *franc* est celui où les navires qui y entrent n'ont aucune taxe à payer.

**Philos.** — I. — La question de la l. est l'une des plus difficiles et des plus controversées de la métaphysique. La définition même du mot *l.* est presque impossible à formuler. Certains philosophes ont dit que la l. est le pouvoir d'agir selon sa volonté. Cette définition est tout à fait insuffisante : car elle ne vise que le pouvoir d'agir, et non celui de *vouloir*, de se *déterminer*. Il importe, en effet, de distinguer dès le début deux espèces de l. qui devraient être désignées par des mots différents. Il est parfaitement évident que nous ne *pouvons* pas toujours exécuter un acte que nous *voulons*. Notre pouvoir d'agir est limité par une multitude de conditions qui ne dépendent pas de notre être intérieur. L'état de nos organes, la maladie, la faiblesse, la paralysie, etc., sont les premières entraves: puis viennent les circonstances extérieures, les obstacles dus à la nature des choses qui nous entourent; enfin l'action de nos semblables, les lois civiles au milieu desquelles nous vivons, restreignent encore notre champ d'action, soit par une contrainte directe, soit indirectement, en faisant suivre certains actes de conséquences graves qui nous empêchent de les accomplir. Le pouvoir d'agir ainsi limité peut être appelé la *l. extérieure*. Ce genre de l. ne peut donner lieu à aucune controverse métaphysique. Son extension plus ou moins grande dépend de l'histoire naturelle et de la politique.

La question métaphysique consiste à savoir *comment la volonté se détermine*. C'est celle de la *l. intérieure* qu'on désigne aussi sous le nom de *libre arbitre*. De tous temps les philosophes se sont trouvés sur ce sujet dans le plus complet désaccord, les uns, comme les stoïciens, exaltant la l. en termes souvent sublimes, les autres, nommés autrefois fatalistes, aujourd'hui déterministes, prétendant que toutes nos actions nous sont imposées soit par une puissance supérieure, soit par les conditions mêmes de notre existence. Les partisans du libre arbitre affirment que notre liberté nous est attestée par la conscience, par le sens intime. « Que chacun de nous s'écoute et se consulte soi-même, dit Bossuet; il sentira qu'il est libre, comme il sentira qu'il est raisonnable », et il ajoute : « Un homme qui n'a pas l'esprit gâté n'a pas besoin qu'on lui prouve son franc arbitre, car il le sent, et ne sent pas plus clairement qu'il voit et qu'il raisonne. » A cette donnée première de l'expérience psychologique on ajoute un grand nombre de preuves indirectes que l'on tire surtout de certains faits psychologiques qui se présentent dans la vie humaine, et qui impliquent nécessairement la l. de l'agent : tels sont la conscience d'un devoir à remplir, l'hésitation, la délibération, les engagements, la satisfaction morale, le remords, etc. L'être qui se sent obligé, qui hésite, délibère, promet et s'engage avant d'agir, qui, après l'action, se félicite ou se blâme lui-même, cet être-là ne sent-il pas que sa résolution dépend de lui, qu'il peut choisir, qu'il est libre? Enfin, les preuves morales viennent s'ajouter comme derniers auxiliaires à la démonstration psychologique de la l. dans l'homme. Le sens commun de l'humanité, par son plein accord avec le sens intime individuel, prouve que le sentiment invincible de la l. est un fait général. Opinions, mœurs, institutions, législations et langues sont unanimes sur ce point. Les langues particulièrement ont toutes des façons de parler très claires et très précises pour exprimer l'idée de liberté.

A ces arguments, les adversaires du libre arbitre répondent que les prétendues révélations de la conscience ne peuvent pas être considérées comme des preuves. Il est certain qu'en logique pure la fidélité du sens intime ne nous est pas plus garantie que celle des sens extérieurs. Aucun raisonnement, aucune démonstration ne peut nous assurer qu'en cette matière, comme en beaucoup d'autres, nous ne sommes pas le jouet d'une pure illusion, et nous serons bien obligés d'en convenir si l'on nous démontre l'impossibilité du libre arbitre. Or, on n'a pas manqué de raisons par lesquelles on a cru pouvoir établir cette impossibilité; on peut les classer en arguments d'ordre théologique, d'ordre métaphysique et d'ordre empirique. Nous allons les discuter successivement :

1° *Objections théologiques.* — Il y a des religions qui sont nettement fatalistes. Tel est le mahométisme; telle est encore la doctrine de Calvin. Voy. Mahométisme, Protestantisme. Dans le catholicisme même, certaines opinions concernant la grâce conduisent à la négation du libre arbitre. Voy. Grace, Jansénisme. Cette manière de voir provient certainement de l'idée très haute que l'on s'est faite de la toute-puissance de Dieu, ne laissant aucune place à la liberté de la créature. On a dit que la l. de la créature était inconciliable : 1° avec la toute-puissance de Dieu; 2° avec la prescience divine; 3° avec l'action providentielle. Bossuet s'est efforcé de réfuter cette opinion. Son argumentation est quelque peu obscure et ne résout pas complètement la difficulté, qui est cependant moins grave qu'elle ne paraît. Sur le premier point, nous sommes libres parce que Dieu l'a voulu, et comme il sait d'avance l'usage que nous ferons de notre liberté, il connaît aussi toutes nos actions futures, de sorte qu'aucune de ces actions n'arrive sans qu'il l'ait prévue, permise et même voulue. Sur le second point, la contradiction n'existe pas davantage; elle n'est qu'apparente et tient à la notion très fausse que nous avons généralement du temps. Il est très certain que pour nous les événements se déroulent successivement; mais on ne peut admettre l'existence de Dieu et croire que lui aussi voie, comme nous, les événements se succéder les uns aux autres, de sorte que la connaissance qu'il aurait des événements futurs serait d'un autre ordre que celle qu'il a des événements passés. L'existence de Dieu implique que pour l'être suprême il n'y a ni passé ni futur. Dieu voit toute l'éternité de la même manière, comme un présent qui est infini. Se représenter autrement la prescience divine, c'est faire de l'anthropomorphisme. Mais alors, le temps tel que nous le concevons n'ayant pas d'existence pour Dieu qui est la source de toute existence, ne saurait exister non plus. Le temps n'est donc qu'une notion essentiellement subjective due aux conditions de notre existence. L'idée que nous en avons est aussi fausse que celle que pourrait se faire un voyageur qui, n'ayant pas conscience de son mouvement, et ne voyant qu'un très petit espace au bord de la route, s'imaginerait qu'en cet endroit un arbre naît et disparaît alternativement. Dès lors, nos actions futures existent au même titre que nos actions passées, et le fait que notre détermination future est connue n'entame pas plus notre liberté que le fait de connaître une action passée n'empêche que cette action ait été librement accomplie. Enfin la troisième contradiction n'est pas moins apparente que les autres et provient uniquement d'une idée fausse de la Providence. On se représente celle-ci comme une action passagère intervenant à un moment donné pour modifier la marche naturelle des choses, à peu près comme pourrait le faire un général d'armée qui, voyant ses plans déjoués, prend rapidement une détermination nouvelle; cette conception est manifestement contraire à l'idée même de Dieu. Par le mot Providence, on ne peut entendre que l'apparence successive que prend pour nous une suite d'événements conçus et voulus simultanément par Dieu dans cette éternité qui est pour lui un présent universel, de sorte que cette troisième contradiction, identique avec la première, n'a pas plus de réalité. Toutes les difficultés disparaissent dès qu'on veut bien sortir des conceptions anthropomorphiques, ne pas juger du savoir divin par le savoir humain, et distinguer le temps de l'éternité et le fini de l'infini.

2° *Objections métaphysiques.* — On peut les ramener à deux principales. La plus sérieuse a été développée avec beaucoup de talent par Spinoza. Selon lui, l'homme n'est libre qu'autant qu'il n'est sollicité d'aucun côté, qu'autant qu'il est dans un état de repos absolu. La l. humaine, telle qu'il la conçoit, n'est point une force, une faculté, c'est un état quiescent de l'activité humaine. Bien plus, cette activité n'a rien de spontané: car, lorsqu'elle se manifeste, c'est qu'elle est sollicitée par une force supérieure, de même qu'un corps en repos ne se meut que par une communication de mouvement. C'est, en d'autres termes, l'argument des *mobiles* présenté par Leibnitz et par Bayle. La volonté, dit-on, ne peut se déterminer sans *mobile* ou *motif*, et lorsqu'elle sera sollicitée par plusieurs mobiles, elle se déterminera toujours sous l'action du mobile le plus puissant, tout comme le fléau d'une balance qui penche du côté du poids le plus lourd. Clarke a fort bien démêlé l'inexactitude de cette assimilation. En effet, les poids ont une valeur absolue indépendante de la nature de la balance, si bien que, même avant l'expérience, si le rapport des poids est connu, on peut prédire à coup sûr lequel l'emportera. Au contraire, les motifs qui agissent sur nous n'ont leur valeur définitive que par suite de notre détermination, en sorte qu'avant la résolution prise, il est impossible de prédire à coup sûr quel motif prévaudra, la détermination de la volonté libre étant bien souvent en contradiction avec les inspirations les plus hautes et les plus claires de la conscience. En d'autres termes, il n'y a pas *à priori* des motifs plus forts les uns que les autres, et c'est justement le choix que nous faisons entre eux qui détermine le plus fort.

L'autre objection consiste à dire qu'une volonté qui se déterminerait elle-même serait un non-sens et, de plus, une contradiction au principe de causalité. Il y a là une simple querelle de mots. Personne n'a dit que la volonté, faculté abstraite de vouloir, se déterminait elle-même, ce qui serait, en effet, absurde. On a dit que le *moi*, l'*être pensant*, jugeant les motifs qu'il pourrait avoir d'agir de telle ou telle manière, choisissait librement entre eux, et cela ne paraît pas dénué de sens. Quant au principe de causalité, il n'est nullement en question, puisqu'au contraire nous nous concevons nous-mêmes comme *cause* de nos actions. Dire que le libre arbitre est contraire au principe de causalité, c'est dire que le moi ne saurait être cause de quoi que ce soit : c'est dire qu'il n'est pas libre. C'est donc une simple pétition de principe. On commence par nier le libre arbitre et on s'appuie sur cette négation pour prouver qu'il n'existe pas. Bien au contraire, ainsi que nous l'avons fait remarquer au mot *Déterminisme*, c'est la négation du libre arbitre qui entame le principe de causalité, puisque ce principe a son origine dans le sentiment intime que nous avons d'être une cause. Au reste, l'objection émane de philosophes matérialistes qui voient dans le *moi*, dans l'*âme*, non pas un être défini, mais une sorte de résultante de tous les phénomènes vitaux. Pour eux, le moi n'est plus qu'une chose abstraite qu'on ne saurait, en effet, qualifier de libre sans contradiction; mais ceux qui croient à leur personnalité propre, ceux qui se sentent un être distinct et non une résultante de phénomènes, n'éprouveront aucune difficulté à se considérer comme une cause, et même comme une cause libre.

3° *Objections d'ordre empirique.* — C'est sur l'expérience que repose la science, et c'est au nom de la science qu'on a formulé la théorie du *Déterminisme*, d'après laquelle toutes nos actions sont déterminées par le jeu de nos organes et l'activité de notre système nerveux. Cette doctrine n'est qu'une conséquence du matérialisme, dont elle emprunte nécessairement tous les arguments. Elle ne nie pas seulement le libre arbitre, elle nie la personnalité même, et cette négation, plus générale, entraîne nécessairement la première. Quant aux raisonnements par lesquels elle attaque principalement le libre arbitre, les principaux sont empruntés à la médecine. Que devient le libre arbitre dans la maladie, la fièvre, l'ivresse, la folie, etc.? On insiste sur les actions réflexes qui s'accomplissent en dehors de la volonté, sur les actes habituels devenus ainsi automatiques, etc. C'est ainsi qu'on complique la question en y mêlant des éléments étrangers. Les actions réflexes sont en effet hors de cause, aussi bien que les battements du cœur et les mouvements péristaltiques de l'intestin dont nous n'avons pas même conscience. Les actes d'habitude ont souvent exigé de longs efforts et une forte contention de la volonté avant de devenir automatiques; ils ne sauraient constituer une objection. Reste la prétention d'étudier la psychologie de l'homme sain par la physiologie de l'homme malade. Sans doute, cette comparaison peut apporter quelques lumières nouvelles; mais qui sait ce qui se passe dans la conscience d'un homme ivre ou fou? Le premier n'a même pas la mémoire de ce qu'il a fait pendant l'état anormal et le second vit dans un monde si différent. Il est facile d'affirmer que leur libre arbitre a sombré. Qui sait cependant jusqu'à quel point? Pour que la liberté se manifeste, il faut que l'être libre sente, juge, compare, délibère. Or, le premier effet qui se produit dans les cas cités, c'est la perversion des sensations; le second, la perversion du jugement. Il n'est pas nécessaire que le libre arbitre soit aboli : le domaine où il peut s'exercer est modifié ou supprimé, et il ne peut plus se manifester à l'extérieur.

Un autre argument d'ordre empirique a été tiré du fait que, dans la pratique de la vie, on prévoit les actes de ses semblables d'après leur caractère, leurs habitudes, etc., et cette prévision, qui se réalise le plus souvent, paraît incompatible avec leur liberté. C'est encore une illusion. D'abord, la prévision ne se réalise pas toujours; ensuite, le fait qu'un homme est libre n'implique nullement qu'il doit se conduire d'une manière extravagante. Dire qu'un honnête homme n'est pas libre parce que vous savez qu'il ne vous volera pas, est une singulière manière de raisonner. Au reste, l'argument peut être retourné. S'il est vrai que nous nous conduisons dans la vie comme si nos semblables n'étaient pas libres, il est non moins vrai que nous nous conduisons nous-mêmes d'après la croyance que nous avons de notre propre liberté.

II. — En définitive, la question du libre arbitre, comme toutes celles qui tiennent aux données fondamentales de la connaissance, échappe à la fois au raisonnement et à l'expérience. Le fait est que nous avons le sentiment de notre liberté. Aucun raisonnement *à priori* ne peut nous apprendre si ce sentiment répond à quelque réalité ou n'est qu'une pure illusion. Le seul procédé qui puisse nous éclairer sera dans la méthode *à posteriori* que nous avons expliquée au mot Certitude, et qui consiste à étudier les conséquences des doctrines fatalistes et déterministes. En premier lieu la négation du libre arbitre entraîne nécessairement celle de toutes les idées qui se rattachent à la morale. Un être qui n'est pas libre n'a aucune responsabilité; ses actions n'ont aucune valeur morale; il n'est que le jouet d'une force extérieure. Dès lors le bien et le mal, le vice et la vertu ne sont que des mots vains. Les idées d'estime et de mépris, de blâme et d'approbation, de peine et de récompense ne sont pas moins fallacieuses. Le fatalisme ou le déterminisme entraîne donc la destruction de toute la morale et de toutes les idées qui ont passé jusqu'ici pour les plus hautes que l'humanité puisse concevoir. Il y a plus encore. Ces doctrines destructives amènent nécessairement le dégoût de l'effort, qui lui-même n'est plus qu'un vain mot. Après nous avoir montré que nous ne saurions agir ni bien ni mal, elles nous montrent que nous ne pouvons même pas agir, puisque c'est une autre cause qui agit en nous. Pourquoi donc nous consumer en efforts superflus, et nous imposer une fatigue inutile? Le mieux, si ce mot pouvait encore avoir un sens, ne serait-il pas de nous abandonner mollement à cette fatalité qui nous étreint de toutes parts? Enfin, nous avons déjà dit que le principe de causalité ayant son origine dans le sentiment que nous avons d'être une cause, la négation du libre arbitre met en doute ce principe même, qui est la base de toute connaissance scientifique; de plus cette négation, en récusant le témoignage de la conscience, nous conduit à douter également des autres principes de la connaissance qui résident aussi dans la conscience, et nous amène ainsi au scepticisme le plus absolu. Nous avions déjà appris la vanité de l'action; nous savons maintenant celle du savoir. Tout l'homme moral et intellectuel est anéanti. La croyance au libre arbitre est donc nécessaire non seulement à la vie morale de l'homme, mais aussi à sa vie intellectuelle et même à sa vie matérielle. Si l'on veut être logique, il n'y a que deux partis à prendre : croire au libre arbitre avec toutes les conséquences qu'il entraîne relativement à l'obligation morale (Voy. Morale), ou abandonner tout espoir de connaissance et de dignité dans la vie, se laisser aller peu à peu au découragement, et laisser couler sans effort une existence sans but et sans intérêt. Les peuples mahométans, qui croient au fatalisme et y conforment quelque peu leur conduite, nous ont montré, après une courte période de splendeur, à quel degré d'affaissement pouvait conduire une pareille doctrine. Si les protestants ont échappé à ce danger, c'est que, chez eux, le dogme de la prédestination est resté dans les écoles de théologie, et n'a pas pénétré dans les masses, qui n'ont jamais abandonné l'idée de la responsabilité morale, entretenue et exaltée, au contraire, dans tout leur enseignement religieux.

III. — Si nous avons la l. de nos actions, il ne s'ensuit pas que nous usions toujours de cette l. Bien au contraire, la plupart de nos actions s'effectuent sans que la volonté libre et délibérée y ait presqu'aucune part. Il faut convenir que la vie deviendrait impossible s'il nous fallait peser et discuter chacun de nos actes. La nature nous a épargné cette peine par deux admirables facultés : l'*instinct* et l'*habitude*. L'*instinct* (Voy. ce mot) est assez restreint chez l'homme, précisément parce que l'homme est libre et que l'instinct est une force aveugle. Le plus souvent même la volonté libre intervient pour empêcher l'acte qu'aurait commandé l'instinct. C'est par elle que nous évitons de satisfaire tous les désirs qui naissent en nous, parce que nous savons que cette satisfaction serait suivie d'un plus grand mal physique ou moral. C'est ainsi que nous apprenons à nous dompter nous-mêmes et que par l'exercice même de la l. nous devenons plus libres en nous affranchissant de l'esclavage des instincts et des passions. Mais si nous réprimons ainsi certaines formes de l'instinct, nous nous créons pour ainsi dire, par l'*habitude*, de nouveaux instincts auxquels nous nous abandonnons sans crainte, parce que c'est nous qui les avons fait naître en pleine connaissance de cause. C'est une chose bien remarquable qu'un acte accompli plusieurs fois s'accomplit de plus en plus facilement et finit par devenir pour ainsi dire automatique. Tel est le fondement de l'habitude qui est le but de toute l'éducation, aussi bien de l'éducation morale que de l'éducation professionnelle. Les habitudes sont contractées dès les premières années de la vie. Aussi la période qui s'étend à partir du moment où l'enfant commence à avoir le sentiment de sa liberté et de sa responsabilité est la plus importante pour son avenir moral. C'est la période des efforts nécessaires pour vaincre les passions naissantes et acquérir des habitudes de conduite digne et vertueuse; c'est peut-être la période où la volonté a le plus d'occasions de s'exercer. Plus tard le caractère est formé, les habitudes sont faites, les mauvaises tendances domptées, et les actions ordinaires de la vie s'exécutent pour ainsi dire machinalement, sans qu'il en coûte beaucoup d'efforts. Cependant, si cette première période de la vie a été mal employée, si les habitudes prises sont mauvaises, que d'efforts il faudra pour s'en défaire! Dans la vie ordinaire, à part les circonstances exceptionnelles, il semble que la volonté libre et réfléchie ait de moins en moins l'occasion de s'exercer à mesure que l'homme avance en âge; au moins en est-il ainsi pour la majorité des hommes. Vouloir est déjà un effort, et l'on arrange sa vie petit à petit, de manière à ne faire cet effort que le moins souvent possible. Cependant la l. n'est pas compromise. Au contraire, les habitudes qui permettent d'effectuer sans peine les actes ordinaires laissent une plus grande latitude au libre arbitre pour s'exercer dans des circonstances plus compliquées. Dans tous les cas, l'ensemble de nos habitudes, le *caractère* est en grande partie notre œuvre. Sans doute, dans sa formation, il faut tenir compte des dispositions originelles, des tendances héréditaires, de l'éducation première; mais la volonté libre y a eu une grande part, et nous en sommes responsables, comme nous le sommes de nos habitudes. Cette responsabilité a tellement frappé Schopenhauer qu'il a fondé sur elle une théorie très originale de la l. Pour ce philosophe nos actions ne sont pas libres : elles nous sont imposées par notre caractère, et c'est dans celui-ci qu'il faut chercher la l.; seulement il n'explique pas comment un caractère peut se former *librement* quand les actes qui engendrent les habitudes ne sont pas libres.

IV. — Une discussion assez oiseuse et qui a occupé plusieurs philosophes est celle de savoir si la volonté pouvait se déterminer sans motifs. Les philosophes qui ont soutenu l'affirmative ont donné le nom de *l. d'indifférence* à cette faculté que nous aurions de nous déterminer dans un sens ou dans l'autre sans aucun motif, lorsque les raisons d'agir dans un sens ou dans l'autre sont sans intérêt pour nous. On voit par là que la détermination sans motif n'est admise que dans des cas qui, par définition même, ne présentent aucun intérêt. Voici un exemple classique. J'ai 20 francs à payer. C'est par suite d'un acte de volonté motivé que j'ouvre ma bourse pour y prendre une pièce d'or; mais c'est par la l. d'indifférence que je prends telle pièce plutôt que telle autre. Cet exemple semblerait démontrer au contraire que la l. d'indifférence n'existe pas, car je ne choisis pas la pièce : je prends celle qui se présente sous mes doigts, et pour cela j'ai un motif, qui est celui du moindre effort.

V. La *l. externe*, ainsi que nous l'avons dit, rencontre de tous côtés des limites et des obstacles qui, du reste, varient suivant la sphère d'action dans laquelle s'exerce l'activité humaine. L'exercice de notre l. extérieure, en effet, est subordonnée à l'état social et à la forme de société au sein de laquelle chaque homme est appelé à vivre, c.-à-d. qu'il est subordonné à l'idée générale de droit et particulièrement aux lois positives qui gouvernent chaque pays. Mais, comme les questions que soulèvent l'étendue et les limites de la l. extérieure appartiennent au domaine de la politique, domaine dans lequel nous ne voulons point nous aventurer, nous nous contenterons de définir les diverses espèces de *libertés* que distinguent communément les auteurs. — 1° La *l. naturelle* est généralement définie : le pouvoir que l'homme a naturellement, et indépendamment de tout état social, d'employer ses facultés quelconques à faire ce qui lui plaît. Mais, comme il est impossible de concevoir l'homme vivant autrement qu'en société, il est évident que cette définition ne saurait s'appliquer à aucune réalité. La l. naturelle est donc une pure abstraction; il n'existe pour l'homme qu'une l. sociale. Néanmoins, si l'on s'entend sur la signification rationnelle qu'il est permis d'attribuer à ce mot de *naturelle*, on peut dire que la l., ou mieux, que les *libertés naturelles* sont celles dont l'homme, dans quelque condition qu'il se trouve, a besoin pour ses fins morales, et dont il ne saurait être dépouillé sans perdre sa dignité. C'est en ce sens que certaines libertés, telles que la l. personnelle, sont qualifiées d'*inaliénables* — 2° La *l. civile* est le pouvoir de faire, dans la sphère des rapports que les citoyens d'un État ont entre eux, tout ce qui n'est pas défendu par les lois. — 3° Le terme de *l. politique* se prend dans deux significations différentes. Dans la première, il s'emploie en parlant des rapports d'un État avec les autres États, et il se dit pour désigner son autonomie et son indépendance à l'égard de ces derniers. Dans la seconde, il s'applique aux citoyens de chaque État, et se dit de la participation plus ou moins grande que chaque citoyen, suivant la constitution de son pays, prend aux affaires publiques. Le mot *l.*, employé absolument, se prend le plus souvent dans ce dernier sens. — 4° La *l. de penser* est la faculté de manifester sa pensée avec une entière indépendance et sur toutes sortes de sujets. — 5° La *l. de conscience* est la faculté d'adopter les opinions religieuses qu'on croit conformes à la vérité, sans pouvoir être inquiété à cet égard par l'autorité publique — 6° La *l. d'écrire*, ou la *l. de la presse*, est le droit de manifester sa pensée par écrit ou par la voie de l'impression. — 7° La *l. des cultes* est le droit que les sectateurs des diverses religions ont d'exercer leur culte et d'enseigner leur doctrine. — 8° Le terme de *l. personnelle* ou *individuelle* se prend dans deux sens. Dans notre système de législation, il signifie purement et simplement le droit qu'a chaque citoyen de n'être arrêté, détenu ou incarcéré que dans les cas prévus et selon les formes déterminées par la loi. Mais, dans une acception plus générale, l. personnelle se dit du droit qu'a tout homme à la possession exclusive de sa personne. La privation de cette l. constitue l'*esclavage*, si elle est absolue, et le *servage*, si elle est partielle. Quand elle est volontaire, on peut l'appeler *servitude*. — 9° Quelques écrivains distinguent sous le nom de *l. physique*, le pouvoir d'aller, de venir, de circuler; mais ce pouvoir n'est évidemment qu'un cas particulier de la l. personnelle. — 10° La *l. du travail* est le droit qu'a chaque citoyen de choisir le genre de travail qui lui convient le mieux, et d'exercer son industrie sans aucune espèce d'entrave. Ce droit est évidemment incompatible avec le système des *castes*, ainsi qu'avec le régime des *corporations*. — 11° La *l. des échanges*, appelée autrement *l. du commerce*, est la faculté qu'ont les commerçants d'acheter et de vendre, tant à l'intérieur qu'à l'extérieur, sans être soumis à des règlements prohibitifs ou restrictifs. Voy. COMMERCE. — 12° Enfin, en termes de droit international, on appelle *l. des mers*, le droit qu'ont toutes les nations de naviguer librement sur les mers.

VI. — Les Grecs et les Romains avaient personnifié la L. et l'avaient mise au rang des divinités. Hygin la fait fille de Jupiter et de Junon. Tibérius Gracchus lui bâtit un temple à Rome, sur le mont Aventin. La déesse y était représentée en matrone romaine, vêtue de blanc, tenant d'une main un sceptre et de l'autre une pique surmontée du bonnet appelé *pileus*, qu'on donnait aux esclaves dans la cérémonie de l'affranchissement. Elle avait à ses pieds un chat, parce que cet animal est ennemi de toute contrainte. On trouve la L. ainsi représentée sur quelques médailles.

**LIBERTICIDE.** adj. 2 g. (lat. *libertas*, liberté; *cædere*, tuer). Qui détruit la liberté. *Un projet, une loi, une mesure liberticide.*

**LIBERTIN, INE.** adj. (lat. *libertinus*, fils d'affranchi). Déréglé dans ses mœurs, dans sa conduite. *Ce jeune homme est devenu très l. Une femme libertine.* Subst., *C'est un l., un grand, franc l. C'est une libertine.* — Par extension, se dit aussi des choses. *Cet homme mène une vie libertine. Des contes libertins*, Des contes licencieux. || Qui repousse toute sujétion, qui n'obéit à aucune règle. *Il est d'une humeur bien libertine. Il a une imagination libertine et vagabonde.* || Se dit d'un écolier négligent et dissipé. *Il est fort l.* = Subst., *C'est un petit l.* || S'est dit aussi, un peu dans un sens spécial, par une insinuation mauvaise, des hommes affranchis de la discipline de la foi, des libres penseurs : *Les libertins et les incrédules.*

**LIBERTINAGE.** s. m. (R. *libertin*). Dérèglement dans les mœurs, dans la conduite. *Vivre dans le l. Ce jeune homme est tombé dans un l. affreux.* || *L. d'esprit, d'imagination.* Légèreté d'esprit, inconstance dans les idées, qui fait que l'on ne s'assujettit à aucune règle et que l'on passe sans cesse d'un objet à un autre. || Habitude de manifester de l'irrévérence pour les choses de la religion. *Il donne dans le l.*

> Mon frère, ce discours sent le libertinage.
>
> MOLIÈRE.

Vieux.

**LIBERTINER.** v. n. Faire le libertin, se livrer au libertinage. *Depuis qu'il ne voit plus mauvaise compagnie, il a cessé de l.* — S'empl. aussi pronominalement, *Il commence à se l.* || Se dit des écoliers dissipés. *Cet enfant ne fait que l.* — Ce verbe est fam.

**LIBERUM-VETO.** s. m. [Pr. *libérom-véto*] (lat. *liberum*, libre ; *veto*, je défends). Droit qu'avait tout membre de la Diète polonaise de rendre nulle, d'arrêter une résolution.

**LIBÉTHÉNITE.** s. f. (R. *Libethen*, Hongrie). T. Minér. Phosphate de cuivre orthorhombique, en petits cristaux d'un vert sombre.

**LIBIDIBI.** s. m. T. Bot. Nom par lequel on désigne les gousses du *Cæsalpinia coriaria*, de la famille des *Légumineuses*. Voy. ce mot.

**LIBIDINEUX, EUSE.** adj. (lat. *libidinosus*, m. s., de *libido*, désir). Dissolu, lascif. *Appétit l.* Peu usité. = Subst. *Un vieux l.*

**LIBIDINOSITÉ.** s. f. [Pr. *libidino-zité*]. Vice de celui qui est libidineux.

**LIBITINAIRE.** s. m. T. Antiq. Espèce d'entrepreneur de funérailles, chez les Romains. Voy. FUNÉRAILLES.

**LIBITUM** (AD). Voy. AD LIBITUM.

**LIBOCÈDRE.** s. m. T. Bot. Genre de plantes Gymnospermes (*Libocedrus*), de la famille des *Conifères* dont on a trouvé plusieurs espèces fossiles (*L. gracilis, L. sabinianus, L. cretaceus*, etc.) dans les couches tertiaires.

**LIBOURET.** s. m. [Pr. *libou-rè*]. T. Pêche. Ligne composée de plusieurs cordes auxquelles on attache autant d'hameçons et qui sert à pêcher le maquereau.

**LIBOURNE,** ch.-l. d'arr. (Gironde), au confluent de l'Isle et de la Dordogne, à 27 kil. N. E. de Bordeaux ; 17,900 hab. Vignobles.

**LIBRAIRE.** s. m. (lat. *librarius*, m. s., de *liber*, livre). Celui qui fait le commerce des livres. *La boutique d'un l. Commis l. Imprimeur-l.*, Celui qui imprime lui-même les livres qu'il édite. *L. commissionnaire*, Celui qui, moyennant certaines remises, place et expédie des livres. *L.-éditeur*, Voy. ÉDITEUR. || On dit d'une femme qui fait le commerce des livres. *Marchande libraire.*

**Législ.** — Le *mot Libraire* vient du latin *librarius*, qui signifiait simplement copiste de manuscrits, mais qui, plus tard, s'employa concurremment avec celui de *bibliopola*, pour désigner celui qui faisait le commerce des livres. Ce commerce, qui paraît avoir été florissant à Rome dans les premiers siècles de l'empire, devint absolument nul au moyen âge, les moines suffisant à la multiplication du petit nombre de livres dont eux seuls avaient besoin. Cependant, à partir du XIIIe siècle, c.-à-d. à l'époque de la fondation ou du développement des universités, la reproduction des livres commença à devenir une industrie. L'université de Paris s'adjoignit alors des *clercs-libraires jurés*, qui furent divisés en deux classes : celle des *librarii*, qui ne prenaient qu'en commission, et celle des *stationarii*, qui vendaient, achetaient ou faisaient copier pour leur compte. Au reste, elle soumit les uns et les autres à des règlements sévères. Ainsi, par ex., les copies ne pouvaient être mises en vente que lorsqu'elles avaient été revues et approuvées par les membres de l'université. De plus, quatre *taxateurs* fixaient le prix des livres, et les contrats de vente des manuscrits originaux et des copies s'opéraient avec les formalités requises pour les ventes immobilières. En compensation de ces charges et des entraves qu'ils éprouvaient dans leur commerce, les libraires faisaient partie de l'université, et jouissaient des privilèges et immunités de ce corps. L'invention de l'imprimerie donna un grand essor à la librairie, mais il est à remarquer que les deux industries furent d'abord presque toujours exercées par les mêmes personnes. Ce n'est guère que dans les premières années du XVIIe siècle qu'elles constituèrent deux branches distinctes. D'un autre côté, la législation qui régissait le commerce des livres reçut des modifications importantes, qui varièrent suivant les époques, mais qui furent constamment très rigoureuses. En outre, l'application des pénalités fut toujours arbitraire. A la Révolution, toutes les lois et ordonnances qui régissaient l'imprimerie et le commerce des livres furent mises à néant par la Constituante, en 1791. Mais sous l'empire, on en revint au système de la réglementation, et le décret impérial du 5 février 1810 constitua la base du régime spécial auquel cette industrie fut longtemps soumise. Plusieurs lois sur la presse, telles que celles du 21 oct. 1814, du 9 sept. 1835, et le décret du 24 mars 1852, contiennent aussi des dispositions relatives à la librairie.

Jusqu'au 10 septembre 1870, nul ne pouvait exercer la profession de l., s'il n'était muni d'un brevet délivré par le ministre de l'intérieur. Un décret du gouvernement de la Défense nationale rendit la profession de *libraire* libre à cette date. La loi de juillet 1881 sur la presse renferme les dispositions relatives à la mise en vente de livres diffamants ou contraires aux bonnes mœurs.

La librairie, considérée au point de vue purement économique, occupe dans l'industrie des peuples modernes un rang d'autant plus élevé que le goût des choses intellectuelles est plus répandu dans le pays. L'Allemagne, l'Angleterre, la France et les États-Unis sont les pays où cette industrie est le plus florissante. En France, le nombre d'ouvrages de tout genre qui ont été publiés, depuis le 1er nov. 1811 jusqu'au 31 déc. 1855 inclusivement, c.-à-d. dans l'espace de quarante-quatre ans et deux mois, a été de 271,994. Voici maintenant les chiffres, par année, depuis dix ans :

| | LIVRES | COMPOSITIONS MUSICALES |
|---|---|---|
| | — | — |
| 1888. . . . . . . . | 12,973 | 5,604 |
| 1889. . . . . . . . | 14,849 | 5,574 |
| 1890. . . . . . . . | 13,643 | 5,471 |
| 1891. . . . . . . . | 14,192 | 4,910 |
| 1892. . . . . . . . | 13,123 | 5,093 |
| 1893. . . . . . . . | 13,595 | 5,952 |
| 1894. . . . . . . . | 13,550 | 7,108 |
| 1895. . . . . . . . | 12,927 | 6,446 |
| 1896. . . . . . . . | 12,738 | 6,290 |
| 1897. . . . . . . . | 13,799 | 6,085 |

Nous n'avons compris dans ces chiffres ni les gravures ni les ouvrages sortis de l'imprimerie nationale. Mais, d'autre part, nous ferons remarquer que dans ces chiffres rentrent de simples feuilles volantes et des brochures sans aucune valeur, qui font nombre comme des ouvrages mêmes.

**LIBRAIRIE.** s. f. (lat. *libraria*, m. s.). La profession de libraire, le commerce des livres. *Un fonds, un magasin de l. Il s'est enrichi dans la l. Il entend bien la l.* || Magasin, boutique de libraire. *Vous trouverez ce livre à la l. d'un tel. Il y a plusieurs librairies dans cette ville.* || Autrefois, Bibliothèque. *La l. du roi.*

**LIBRATION.** s. f. [Pr. *libra-sion*] (lat. *libratio*, balancement). T. Astron. Balancement apparent d'un astre autour de son axe. Se dit surtout de la Lune. Voy. LUNE.

**LIBRE.** adj. 2 g. (lat. *liber*, m. s.). Qui a la faculté d'agir ou de ne pas agir. *L'homme est né l. La volonté est l., est une faculté l.* — *L'homme a son l. arbitre*, Il est maître de choisir entre le bien et le mal. — Prov., *Les volontés sont libres*, se dit pour exprimer qu'on laisse à quelqu'un la liberté de faire ou de ne pas faire une chose. || Se dit par opposition à esclave, servile. *Un homme de condition l. Être né l. Une profession l. Il est l. de sa personne.* || En parlant d'un pays, se dit par oppos. à Asservi, et sign. Qui se gouverne par ses propres lois et par ses propres magistrats, qui jouit de l'indépendance politique. *Athènes secoua le joug* *de Sparte et redevint l. Les villes libres de l'Allemagne.* || Se dit aussi des États, des pays où les citoyens prennent une part plus ou moins grande au gouvernement, et particulièrement à la puissance législative. *Les Belges sont le peuple le plus l. de l'Europe. Un État l. Gouverner des hommes libres.* Se dit par oppos. à Captif, prisonnier. *Il était prisonnier, mais maintenant il est l.* || Indépendant, qui ne dépend de personne. *Il ne veut prendre aucun emploi pour demeurer l.* — Particul., Qui n'est pas marié. *Le commerce entre personnes libres est moins coupable que l'adultère. Femme l.*, Femme qui prétend avoir la même indépendance que les hommes. || Qui n'éprouve aucune contrainte, qui n'est soumis à aucune gêne. *On est fort l. dans cette maison. Je n'aime pas la société des personnes avec lesquelles je ne suis pas l.* — *Les suffrages ne sont pas libres dans cette assemblée*, On n'ose y dire son avis, on il n'est pas permis de le dire. — *Le commerce est l. dans ce pays*, Il n'est pas entravé par la législation. Dans un sens anal., *La presse est l. dans ce pays.* || *Papier l.*, Papier qui n'est pas timbré. Voy. Timbre. || *Les mers sont libres*, On peut y naviguer sans aucune crainte des corsaires ou des ennemis. — *Les passages, les chemins sont libres*, On y peut circuler en sûreté, sans rencontrer aucun embarras, aucun empêchement, aucun danger. Fam., on dit aussi, *Les chemins sont libres*, Pour témoigner à une personne qui veut s'en aller qu'on ne fera aucun effort pour la retenir. — *La campagne est l.*, Elle n'est pas occupée par l'ennemi. — *Avoir ses entrées libres chez quelqu'un*, Avoir la facilité d'entrer à toute heure chez lui. On dit à peu près dans le même sens, *Avoir l. accès, un l. accès auprès de quelqu'un*, — *Espace l.*, Espace qui n'est point occupé par un corps. On dit aussi, *Cette place est l.*, Personne ne l'occupe, on peut la prendre. — *Avoir son temps l.*, N'avoir point d'occupation obligée. On dit, dans le même sens, *Être l. Je suis l. à cette heure, j'ai fini mon travail.* — Fig., *Avoir le champ libre, laisser à quelqu'un le champ l.*, Voy. Champ. || *Traduction l.*, Traduction qui n'est pas littérale, où l'on ne s'est pas asservi à suivre exactement le texte. — *Vers libres*, Voy. Versification. || *N'avoir pas l'esprit l.*, Avoir l'esprit préoccupé d'une chose, de telle sorte qu'on ne peut s'appliquer à un autre objet. — *Avoir le cœur l.*, N'être pas amoureux. || Qui n'est point gêné dans ses mouvements, qui a de l'aisance, de la facilité. *Elle a la taille l. et aisée. Avoir une contenance l., un air l. et dégagé, des mouvements libres. Il est l. dans sa taille, dans ses mouvements. Ce ressort est l. dans ses mouvements. Le mouvement de ce pendule n'est pas l.* — *Avoir la voix l., la parole l.*, N'avoir point d'empêchement dans la voix, dans la parole. *Il a été longtemps un peu bègue, maintenant il a la parole tout à fait l.* — *Avoir le ventre l.*, Aller facilement à la garde-robe. — *Avoir la main l.*, Écrire légèrement, dessiner avec hardiesse. || Licencieux, indiscret, téméraire. *Il est beaucoup trop l. avec les femmes Il a des manières, un ton, un langage extrêmement libres. Il est trop l. dans ses paroles. Des propos libres. Des contes, des chansons, des vers beaucoup trop libres. Il a des sentiments un peu trop libres sur la religion.* || *Libre de*, devant un subst., signifie Exempt, dégagé, affranchi de. *L. de soins, de crainte, de passion, d'inquiétude. L. de toute espèce d'engagement. L. de tout préjugé.* = *Libre de*, devant un verbe, signifie Qui a la liberté de. *Vous êtes l. d'accepter ou de refuser. L. à vous d'accepter ou de refuser.* = T. Hist. nat. Se dit des organes qui sont isolés, distincts, et sans adhérence avec les organes voisins. *Doigts libres*, Ceux qui sont entièrement séparés jusqu'à leur articulation avec le tarse. *Ovaire l.*, Celui qui n'est point soudé au calice. *Étamines libres*, Celles qui n'ont entre elles aucun point d'adhérence. *Amande l.*, Qui n'adhère pas à son enveloppe. || T. Phys. *Calorique l.*, Qui rayonne hors d'un corps et agit sur le thermomètre. || T. Minér. *Cristaux libres*, Dont les aiguilles sont distinctes les unes des autres.

**LIBRE-ÉCHANGE.** s. m. Voy. Échange, Commerce, Douane.

**LIBRE-ÉCHANGISTE.** s. m. Partisan du libre-échange.

**LIBREMENT.** adv. Avec liberté, sans gêne, sans contrainte. *Agir, vivre, penser, parler, écrire l. J'en use l. Un député l. élu.* || Avec licence, *Parler trop l.*

**LIBRE-PRATIQUE.** s. f. Voy. Lazaret.

**LIBRETTISTE.** s. m. [Pr. *librel-liste*] (R. *libretto*). Celui qui compose un libretto.

**LIBRETTO.** s. m. [Pr. *librel-to*]. Mot ital. qui sign. *Petit livre*, et se dit du poème sur lequel le musicien compose la musique d'un opéra, d'un oratorio. *Il n'a écrit que quelques libretti.* || Par extens., Scenario d'un ballet.

**LIBREVILLE**, ch.-l. des établissements fr. du Gabon, sur le Gabon.

**LIBRI** (Comte Guillaume), mathématicien fr., né à Florence en 1803, mort à Londres en 1869, membre de l'Institut, condamné à la réclusion, en 1850, pour avoir volé des livres et des manuscrits précieux dans les principales bibliothèques de France.

**LIBRICIDE.** adj. 2 g. (lat. *liber*, livre; *cædere*, tuer). Par plaisanterie, Qui tue les livres.

**LIBURNIE**, région de l'anc. Illyrie; auj. Croatie maritime.

**LIBYE**, nom de l'Afrique chez les anciens, et plus particulièrement de la partie comprise entre l'Égypte et Carthage. = Nom des hab. Libyen, enne. = Désert de Libye, au N. E. de l'Afrique, prolongement du Sahara.

**LIBYQUE.** adj. 2 g. [Pr. *libi-ke*]. Qui appartient à la Libye.

**LIBYTHÉE.** s. f. **LIBYTHÉIDES**, s. f. pl. T. Entom. Genre et Famille d'*Insectes Lépidoptères*. Voy. Diurnes.

**LICARÉAL.** s. m. (R. *Licari*). T. Chim. Aldéhyde qu'on a obtenu par l'oxydation du licaréol ou linalol, et qui est identique avec le géranial.

**LICARÈNE.** s. m. (R. *Licari*). T. Chim. Synonyme de *Linaloène*.

**LICARÉOL.** s. m. (R. *Licari*). T. Chim. Synonyme de *Linalol*.

**LICARHODOL.** s. m. (R. *Licari*). T. Chim. Alcool terpénique de la formule $C^{10}H^{18}O$. On l'obtient en saponifiant son acétate, qui se forme par ébullition du linalol ou du coriandol (linalol dextrogyre) avec de l'acide acétique anhydre. Le linalol fournit un l. dextrogyre, le coriandrol un l. lévogyre. Ces deux l., qui ne diffèrent que par le pouvoir rotatoire, sont des liquides incolores, bouillant à 115° sous la pression de 10 millimètres. Par oxydation en liqueur acide ils se transforment en géraniol.

**LICARI.** s. m. T. Bot. Genre de plantes Dicotylédones (*Licaria*) de la famille des *Lauracées*. Voy. ce mot.

**LICE.** s. f. (bas-lat. *liciæ*, clôtures, de *licium*, trame). Lieu préparé pour les courses de tête ou de bague, pour les tournois, les combats à la barrière et autres exercices de ce genre. *Entrer dans la l., en lice. La l. est ouverte. Fermer la l.* || Fig., se dit des discussions publiques, soit de vive voix, soit par écrit, ainsi que des lieux où se passent ces discussions et de certains caveaux chantants. *Plusieurs poètes entrèrent en l. Il n'a pas osé entrer en l. avec un orateur si éloquent. Il est sorti vainqueur de la l. Le barreau est une l. ouverte au talent oratoire.* || T. Techn. Pièce de bois posée horizontalement sur les poteaux d'une barrière, d'un garde-fou. || T. Mar. Ceinture de bois qui, dans un navire en construction, maintient les couples qui doivent former la carcasse. — *L. de carène*, Courbe donnée par le plan du navire à construire avec sa direction de l'avant à l'arrière.

**LICE.** s. f. T. Manuf. Voy. Lisse.

**LICE.** s. f. (lat. *lycisca*, nom d'une chienne dans Virgile, dimin. du gr. λύκος, loup). Chienne de chasse qui porte et nourrit des petits.

**LICENCE.** s. f. [Pr. *li-san-se*] (lat. *licentia*, m. s., de *licere*, être permis). Permission. *Ce religieux est sorti sans en avoir demandé la l. à son supérieur.* Vx. || Autorisation spéciale accordée par l'administration, soit d'importer ou d'exporter certaines marchandises prohibées, soit d'exercer certaines industries ou de vendre certains objets. — On donne encore le nom de *Droit de l.*, à une taxe particulière que payent certains industriels et commerçants, bien qu'ils n'aient pas besoin d'une autorisation spéciale pour exercer leur industrie ou leur commerce. Voy. CONTRIBUTION et VIN. || En matière de brevets d'invention, la l. est l'autorisation qu'un breveté donne à un tiers d'exploiter son invention en totalité ou en partie. || Dans les Facultés, Grade qui se place entre celui du baccalauréat et celui du doctorat. *L. en droit, L. ès lettres, L. ès sciences mathématiques*, etc. *La l. était ainsi appelée dans l'ancienne université parce que ce grade donnait à celui qui en était pourvu le droit d'enseigner publiquement.* — Se disait, autrefois, du temps que l'on passait sur les bancs avant de pouvoir obtenir le grade de licencié. *Commencer, faire, achever sa l. Entrer en l. Sortir de l.* || Liberté trop grande et contraire aux bienséances, à la retenue, à la modestie. *C'est un homme qui se donne de grandes licences. Il prend bien des licences avec elle.* || Liberté excessive, sans bornes ni règles. *Une l. effrénée. La l. n'a plus de frein, n'a plus de bornes. La l. détruit la liberté. Réprimer la l. de la jeunesse, des soldats*, etc. || En Poésie, toute liberté que le poète se donne, dans ses vers, contre la règle et contre l'usage ordinaire. *L. poétique. Une heureuse l. La poésie autorise des licences que la prose ne supporterait pas.* — Dans un sens anal., se dit en parlant des œuvres d'art. *Il y a des licences heureuses dans ce tableau. Les colonnes accouplées sont une l. en architecture. Il y a une l. remarquable dans cette symphonie.*

**LICENCIEMENT.** s. m. [Pr. *lisan-siman*]. Action de licencier. *La paix fut suivie du l. d'une partie de l'armée.*

**LICENCIER.** v. a. [Pr. *li-san-sier*] (R. *licence*). Congédier ; ne se dit que des troupes, des élèves d'une école. *L. des troupes. Après la paix, on licencia la moitié de l'armée.* = SE LICENCIER. v. pron. S'émanciper, sortir des bornes du devoir, de la modestie. *C'est un homme qui se licencie en paroles. Il s'est licencié jusqu'à leur manquer de respect.* Vieux. = LICENCIÉ, ÉE. part. || Adjectiv., Celui qui a pris ses degrés de licence. *Il est licencié ès lettres, Licencié en droit.* || Substant., dans le même sens, *Un licencié.* — Se dit aussi de celui auquel un breveté a cédé une licence pour l'exploitation de son privilège.

**LICENCIEUSEMENT.** adv. [Pr. *lisan-sieu-ze-man*]. D'une manière licencieuse. *Vivre, parler, écrire licencieusement.* || En prenant trop de licence.

**LICENCIEUX, EUSE.** adj. [Pr. *lisan-sieu, euze*] (lat. *licentiosus*, m. s.). Déréglé, désordonné, contraire à la pudeur. *Mener une vie licencieuse. Il est fort l. en paroles. Propos, discours, écrits l. Faire des vers l.*

**LICER.** v. a. T. Mar. Ceindre de lices un navire en construction.

**LICERON.** s. m. (R. *lice*). T. Techn. Petit morceau de bois plat soutenant les fils qui servent à la fabrication du ruban.

**LICET.** s. m. [Pr. *li-sète*]. Mot latin qui signifie *Il est permis*, et qui se dit quelquefois pour permission. *Obtenir un licet.* Vx.

**LICETTE.** s. f. [Pr. *li-sète*]. T. Techn. Petite lice du métier à tisser.

**LICEUSE.** s. f. [Pr. *li-seu-ze*]. Ouvrière en soie qui fabrique les lices.

**LICHAVEN.** s. m. [Pr. *li-cha-vène*] (celt. *lech*, table ; *van*, pierre). T. Antiq. celt. Dolmen formé de trois pierres, dont deux verticales supportant la troisième horizontale. Voy. DOLMEN et ARCHITECTURE.

**LICHE.** s. m. T. Icht. Genre de *Poissons osseux*. Voy. SCOMBÉROÏDES.

**LICHE.** s. f. T. Techn. Petite surface douce au toucher, coupant en tout sens le plan de fissilité et empêchant de faire des ardoises de dimension suffisante.

**LICHEN.** s. m. [Pr. *likène*.] (gr. λειχήν, dartre). T. Bot. et Méd.

**Bot.** — Les *Lichens*, que l'on a pendant longtemps considérés comme un groupe autonome ne sont autre chose que des Champignons du groupe des Ascomycètes, très rarement de celui des Basidiomycètes, vivant en symbiose avec des Algues appartenant à différentes familles ; aussi, aujourd'hui, la plupart des botanistes considèrent les L. comme formant une famille de l'ordre des Ascomycètes.

*Caract. bot.* : Les *Lichens* sont des plantes vivaces, ordinairement étalées à la surface de la terre, des roches ou

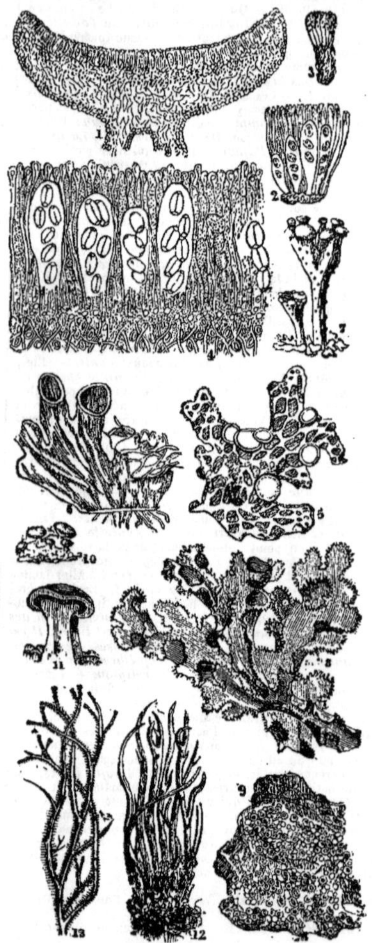


des arbres, et consistant essentiellement en un thalle de forme variable. Ce thalle est constitué par des filaments rameux enchevêtrés en un massif pseudo-parenchymateux, emprisonnant dans ses mailles les cellules de l'Algue que les Lichénologues désignent sous le nom de *Gonidies*. Lorsque l'Algue prédomine, le Lichen a fort peu de consistance ; c'est un *Lichen gélatineux* (*Collema*). Lorsque le Champignon prédomine, et c'est là le cas le plus fréquent, la forme du Lichen varie suivant les genres et peut se rattacher à trois types principaux. Tantôt, en effet, il s'étale en forme de croûte étroitement appliquée sur les pierres et sur les écorces crevassées; le Lichen est dit *crustacé*. Tantôt il forme une lame membraneuse, souvent ondulée et plissée, étalée à la surface de la terre, des roches, de la mousse, etc., mais s'en détachant facilement; c'est un Lichen *foliacé* (Fig. 5 et 8). Ailleurs, le thalle n'est fixé au support qu'en un seul endroit et par une base étroite sur laquelle il se dresse dans l'air en se ramifiant en forme de buisson; le Lichen est *fruticuleux* (Fig. 12 et 13).

Quand l'Algue prédomine sur le Champignon ou quand les deux plantes sont mélangées partout à peu près en proportion égale, la structure est dite *homéomère* (*Collema*). Quand c'est, au contraire, le Champignon qui prédomine, les cellules de l'Algue s'y localisent et l'on distingue, en coupe transversale, plusieurs couches. Sur chaque face est une couche dite corticale, formée uniquement d'un pseudo-parenchyme compact; au milieu une couche, dite *médullaire*, composée exclusivement de filaments rameux et lâchement enchevêtrés. Entre la couche corticale et la couche médullaire se trouve la couche verte à gonidies. Cette structure, que présentent notamment tous les Lichens foliacés et fruticuleux, est dite *hétéromère* (*Endocarpon*). Les Lichens foliacés n'ont de gonidies que sur la face supérieure éclairée; les Lichens fruticuleux en ont sur tout le pourtour.

L'appareil reproducteur ou périthèce des Lichens a reçu le nom d'*Apothécie*; ordinairement sessile, il est quelquefois plus ou moins longuement pédicellé (fig. 7, 10 et 11). A la maturité, tantôt il est largement ouvert, formant une coupe ou un disque dont le fond est tapissé par l'hyménium (Fig. 1, 5 et 6); le Lichen est dit *gymnocarpe*. Tantôt il a la forme d'une bouteille et ne s'ouvre que par un pore terminal; le Lichen est dit *Angiocarpe*. L'hyménium est constitué par une couche d'asques entremêlés de paraphyses (Fig. 4); chacun de ces asques renferme le plus souvent 8 spores, quelquefois 4 ou 6 seulement; ailleurs, leur nombre s'élève à cent et plus. Ces spores sont simples ou cloisonnées (Fig. 4); leur membrane externe est ordinairement lisse et souvent colorée de diverses nuances. A la maturité, elles sont lancées avec force, en même temps que le liquide où elles nagent, à travers une déchirure de la paroi de l'asque.

Comme la plupart des Ascomycètes, les Lichens se montrent abondamment pourvus de conidies. Ces conidies ou *Spermaties* des Lichénologues sont rarement libres. Elles naissent le plus souvent à l'intérieur de conceptacles en forme de bouteilles (*Spermogonies*), enfoncées dans le thalle et s'ouvrant au dehors par un pore terminal.

Les Lichens ont encore un autre mode de reproduction. Outre les ascospores et les conidies, la plupart d'entre eux, en effet, se multiplient abondamment par des corpuscules particuliers nommés *Sorédies*, où les 2 thalles se trouvent représentés à la fois. Une sorédie se compose d'une ou de plusieurs cellules vertes enveloppées de toutes parts par une couche de filaments du Champignon; le tout se détache du thalle et, en s'accroissant, produit immédiatement un thalle nouveau; c'est une bouture. Le plus souvent, les sorédies se présentent à la surface du thalle comme une fine poussière, condensée quelquefois en masses arrondies ou en bourrelets épais. [Fig. 1. Coupe d'une apothécie de *Parmelia tiliacea* (les gonidies vertes sont les points noirs au-dessous du tégument). 2. Fragment de la même, plus grossie, pour montrer les asques et les paraphyses. 3. Fragment d'apothécie du *Cladonia coccifera*. 4. Coupe d'une apothécie de *Parmelia parietina*. 5. Thalle de *Sticta pulmonacea* portant des apothécies. 6. Partie du thalle du *Peltigera canina*. 7. Fragment de *Cenomyces coccinea*, pour montrer les apothécies pédicellées. 8. Thalle de *Cetraria islandica*. 9. Thalle de *Dirinaea ratoniæ*. 10. Apothécies du *Bæmyces rufus*. 11. Coupe de l'une d'elles. 12. Thalle fruticuleux de *Cladonia cornuta*. 13. Thalle de *Stereocaulon ramulosum*].

Cette vaste famille comprend 90 genres et plus de 1,400 espèces répandus partout depuis l'Équateur jusqu'aux régions polaires, où ils forment le seul tapis végétal.

Les usages des Lichens ont rapport soit à l'économie domestique, soit à la médecine, soit aux arts industriels. Un certain nombre d'espèces possèdent des propriétés nutritives qu'elles doivent à la présence d'une substance amylacée appelée *Lichénine*. Dans la *Cétraire d'Islande* (*Cetraria islandica*), communément appelée *Lichen d'Islande*, elle entre dans la proportion de 70 p. 100; aussi, les peuplades du Nord préparent-elles, dans les temps de disette, une sorte de pain fait avec le thalle de ce lichen pulvérisé. On le donne aussi aux bestiaux comme fourrage. Le *L. d'Islande* est amer et en même temps mucilagineux : aussi l'emploie-t-on fréquemment, et comme tonique et comme pectoral, sous forme de décoction, de gelée, de pâte, de pastilles, etc. La *Pulmonaire du chêne* (*Sticta pulmonacea*) s'emploie en Sibérie comme analeptique et remplace le houblon dans la fabrication de la bière. La *Cétraire des neiges* (*Cetraria nivalis*) et l'*Alectorie usnéoïde* (*Alectoria usneoides*) jouissent de propriétés semblables. Les chasseurs canadiens, en cas de disette, mangent diverses espèces de Lichens qu'ils nomment *Tripe de roche* : ces espèces appartiennent au genre *Gyrophora*. Certaines espèces alimentaires du genre *Lecanora* abondent dans les déserts de l'Asie, et sont une ressource précieuse pour les tribus nomades de ces régions. Tout le monde sait que, dans le nord des deux continents, les Rennes se nourrissent pendant l'hiver d'une espèce de Lichen (*Cenomyces rangiferina*), qu'ils savent très bien découvrir sous la neige, et qui est vulgairement appelée *Mousse de Renne*. — L'*Usnea barbata* ou *Barbe de capucin* était employé, par les anciens, à une foule d'usages médicaux. L'*U. plicata* sert aux Lapons à arrêter les hémorrhagies et à panser les plaies. Quelques espèces, telles que le *Parmelia parietina*, le *Borrera furfuracea*, l'*Evernia prunastri*, les *Cenomyces pyxidata* et *coccifera* sont réputés astringents et fébrifuges; le *Peltidea aphthosa* est vermifuge; l'*Alectoria Arabum* passe pour sédatif et narcotique; le *Peltigera canina* était jadis regardé comme un spécifique contre l'hydrophobie. Enfin, l'*Evernia vulpina* est appelé *Mousse à loups* par les Suédois, parce qu'ils prétendent que ce Lichen empoisonne ces animaux. Beaucoup de Lichens sont employés dans la teinture. Parmi les espèces crustacées, les principales sont : le *Lecanora parella*, appelé communément *Parelle d'Auvergne* et *Orseille de terre*, le *Lecanora tartarea*, le *Variolaria lactea*, l'*Urceolaria scruposa* et *cinerea*, les *Lecidea hæmatonina* et *atra*, l'*Isidium Westringii*, le *Lepraria chlorina*. Dans les Lichens foliacés, nous citerons plusieurs espèces de *Parmelia*, comme les *P. saxatilis*, *omphalodes*, *encausta*, *conspersa* et *parietina*; le *Sticta pulmonacea*, le *Solorina crocea*, le *Gyrophora deusta* et *pustulosa*; mais les plus importants sont la *Roccelle tinctoriale* et la *R. fusiforme* (*Roccella tinctoria* et *fusiformis*), qu'on désigne dans le commerce sous le nom d'*Orseille des Canaries*, parce qu'on l'importe principalement de ces îles et qui servent à préparer l'orseille du commerce. D'autres Lichens peuvent encore être employés dans la teinture : tels sont l'*Usnea plicata*, l'*Evernia prunastri*, l'*Alectoria jubata*, le *Ramalina scopulorum*, et plusieurs espèces du genre *Cenomyces*. La chimie a découvert dans les Lichens divers principes particuliers. Nous nommerons la *Cétrarine*, la *Picrolichénine*, la *Stictine* et la *Varioline*, qui possèdent une amertume prononcée. D'autres sont des principes tinctoriaux, comme l'*Orcine*, l'*Erythrine*, la *Lécanorine*, la *Pariétine*, et enfin l'*Usnéine* ou *acide usnique*.

**Méd.** — On appelle l. plan, ou mieux, l. de Wilson, une affection caractérisée par le développement de papules cutanées persistantes, de petites dimensions, de forme spéciale, isolées ou réunies en placards, se produisant par poussées successives, et accompagnées d'un prurit souvent intense et de lésions analogues des muqueuses; elles ont une coloration rouge au début, légèrement brunâtre ensuite, et offrent un aspect brillant tout particulier. La durée de l'affection est toujours longue, les rechutes fréquentes. — La lésion anatomique initiale du l. est une infiltration des parties superficielles du derme par des cellules embryonnaires à laquelle s'ajoute une hyperplasie de l'épiderme. — Les altérations du système nerveux paraissent en relation avec l'apparition du l. — Au point de vue morphologique, c'est une affection très variable et pour ainsi dire jamais identique à elle-même : elle simule tour à tour les *syphilides papuleuses*, *l'eczéma corné*, etc. — Lorsque le diagnostic est bien affirmé, le seul agent thérapeutique efficace est l'arsenic, que l'on donne à hautes doses.

**LICHÉNEUX, EUSE.** adj. [Pr. *liké-neu, euze*]. T. Bot. Qui a le caractère du lichen.

**LICHÉNICOLE.** adj. 2 g. [Pr. *liké-nikole*] (R. *lichen*, et lat. *colere*, habiter). Qui vit sur les lichens.

**LICHÉNINE.** s. f. [Pr. *liké-nine*] (R. *lichen*). T. Chim. Hydrate de carbone répondant à la formule $C^6H^{10}O^5$, contenu dans plusieurs espèces de mousses et de lichens. On retire la l. du lichen d'Islande en le chauffant avec une solution à 2 p. 100 de carbonate de soude et précipitant la solution par l'alcool. On obtient ainsi un précipité gélatineux qui, en se dessêchant, forme une masse dure, cassante, incolore et insipide. Très peu soluble dans l'eau froide, la l. se dissout aisément dans l'eau bouillante et se prend en gelée par refroidissement. Elle n'est pas colorée par l'iode. Bouillie avec les acides étendus, elle se transforme lentement en un sucre dextrogyre.

**LICHÉNIQUE**. adj. 2 g. [Pr. *liké-nike*]. T. Bot. Qui appartient aux lichens. || T. Chim. Voy. FUMARIQUE.

**LICHÉNOGRAPHE**. s. m. [Pr. *likéno-grafe*]. Botaniste qui s'occupe des lichens.

**LICHÉNOGRAPHIE**. s. f. [Pr. *likénogra-fie*] (gr. λειχὴν, lichen; γράφειν, écrire). Description des lichens.

**LICHÉNOÏDE**. adj. 2 g. [Pr. *liké-noïde*] (gr. λειχὴν, lichen; εἶδος, apparence). T. Bot. Qui ressemble au lichen. || M. Pathol. Qui a le caractère du lichen. *Emploi l.*

**LICHÉNOLOGUE**. s. m. [Pr. *liké-nolog, g dur*] (gr. λειχὴν, lichen; λογος, discours). Botaniste qui a fait un traité sur les lichens.

**LICHÉNOSTÉARIQUE**. adj. 2 g. [Pr. *likén...*] (R. *lichen*, et *stéarique*). T. Chim. *L'acide l.* est un acide gras, de la formule $C^{14}H^{24}O^3$, contenu dans le lichen d'Islande. On l'obtient sous la forme d'une masse cristalline, inodore, à saveur rance, fusible vers 120°, insoluble dans l'eau, soluble dans l'alcool et dans l'éther.

**LICHER**. v. a. Lécher. Pop. || Manger, boire sensuellement. *Il aime à l.* Pop.

**LICHEUR, EUSE**. s. Celui, celle qui aime à licher.

**LICHTENSTEIN** (PRINCIPAUTÉ DE), petit État de l'Allemagne du S., entre la Suisse et le Tyrol autrichien; 9,400 hab. Cap. *Vaduz*.

**LICHTENSTEINIA**. s. m. [Pr. *lich-ten-sté-nia*] (R. *Lichtenstein*, n. d'homme). T. Bot. Genre de plantes Dicotylédones de la famille des *Ombellifères*. Voy. ce mot.

**LICHTWEHR**, fabuliste all. (1719-1783).

**LICINE**. s. f. (lat. *licinus*, tourné en haut). T. Entom. Genre d'*Insectes Coléoptères*. Voy. CARABIQUES.

**LICINIUS**, empereur romain, qui, après s'être associé à Constantin contre Maximin, entra en lutte avec lui, fut vaincu, pris et mis à mort (324 ap. J.-C.).

**LICINIUS STOLON**, tribun du peuple à Rome, obtint que l'un des deux consuls serait toujours plébéien (366 av. J.-C.).

**LICITATION**. s. f. [Pr. *li-sita-sion*] (lat. *licitatio*, m. s.). T. Jurisp. Vente aux enchères d'une chose indivise entre plusieurs copropriétaires. Voy. VENTE.

**LICITATOIRE**. adj. 2 g. Relatif à la licitation.

**LICITE**. adj. 2 g. (lat. *licitus*, m. s., part. de *licere*, être permis). Qui est permis par la loi. *Ce n'est pas une chose l. C'est un gain fort l. On demande s'il est l. de faire telle convention.*

**LICITEMENT**. adv. [Pr. *li-site-man*]. D'une manière licite, sans aller contre la loi. *Peut-on faire l. cette action?*

**LICITER**. v. a. (lat. *licitari*, enchérir, de *licere*, mettre à prix). T. Jurisp. Mettre à l'enchère une maison, un héritage, etc., qui appartient à plusieurs cohéritiers ou copropriétaires. *Faire l. une maison, un domaine. Autrefois on licitait des charges.* = LICITÉ, ÉE. part.

**LICOL**. s. m. Voy. LICOU.

**LICORNE**. s. f. (ital. *alicorno*, corrupt. du lat. *unicornus*, m. s., de *unus*, un seul, et *cornu*, corne). T. Zool. Suivant Pline, la *Licorne* est un animal qui a la tête du cerf, les pieds de l'éléphant, la queue du sanglier, la forme du cheval, et qui porte au milieu du front une corne noire, longue de deux coudées. Cet animal, selon le même auteur et les autres écrivains de l'antiquité, habitait l'Afrique centrale. Depuis Pline, qui, nous n'avons pas besoin de le dire, n'avait pas vu de L., on n'a cessé de discuter sur l'existence ou la non-existence de cet animal. Aujourd'hui même, bien qu'une grande partie de l'Afrique centrale ait été visitée par d'intrépides explorateurs, aucun n'a vu de L. Ceux qui admettent son existence l'admettent sur la foi des récits de Nègres et de Hottentots, qui ont fort bien pu prendre pour une L. quelque Antilope vue dans le lointain et aperçue seulement de profil. D'ailleurs on remarque, sur des monuments égyptiens, des figures d'Oryx dessinées de profil, de telle sorte qu'une seule corne est apparente. N'est-il pas possible encore que ce soit la vue d'une semblable figure qui ait donné l'idée de la L.? Ce qui confirmerait cette conjecture, c'est que les proportions et le pelage qu'on lui attribue sont à peu près ceux de l'Oryx, et que sa prétendue corne unique est parfaitement semblable à celles de cette espèce d'Antilope qui, en outre, se trouve précisément dans les régions que l'on dit habitées par la L. — *Licorne de mer* ou *Narval*. Voy. DAUPHIN.

**LICOU** ou **LICOL**. s. m. (lat. *ligare*, lier; *collum*, cou). Lien de cuir ou de corde qu'on met autour de la tête des chevaux, des mulets, etc., pour les attacher ou les conduire. — *Licol* n'est plus usité qu'en poésie devant une voyelle. En prose, on dit et l'on écrit toujours *Licou*.

**LICTEUR**. s. m. (lat. *lictor*, m. s.). T. Hist. romaine. Dans l'ancienne Rome, on nommait ainsi des officiers publics qui étaient attachés à la personne de certains magistrats, et particulièrement des *Consuls*, du *Dictateur*, des *Décemvirs*, etc. Les licteurs portaient sur l'épaule un paquet de verges liées ensemble autour d'une hache, et que, pour ce motif, on appelait *faisceaux* (*fasces*). Suivant Tite-Live, l'institution de ces officiers avait été empruntée aux Étrusques par Romulus. Ils marchaient devant le magistrat auquel ils étaient attachés, l'un à la suite de l'autre et sur une seule ligne. Le principal d'entre eux (*primus lictor*) précédait immédiatement le magistrat, afin de recevoir les ordres qu'il plairait à celui-ci de lui donner. Les licteurs étaient spécialement chargés d'exécuter les sentences capitales, quand les condamnés étaient citoyens romains (les étrangers et les esclaves étaient mis à mort par le bourreau, *carnifex*). Suivant Aulu-Gelle, le nom sous lequel on les désignait venait de *ligare*, lier, parce qu'ils garrottaient les condamnés au moment du supplice. Les licteurs avaient en outre pour fonctions d'avertir les citoyens de rendre au magistrat les honneurs qui lui étaient dus. Le consul avait douze licteurs; le dictateur en avait vingt-quatre. Dans le principe, ces officiers se recrutaient dans les classes inférieures de la population; mais plus tard, on les choisit également dans la classe des affranchis. — Bien que, sous la république, les principaux magistrats eussent seuls le droit d'être escortés par des licteurs, par la suite on accorda ce privilège à certaines personnes, soit comme marque d'honneur, soit pour leur servir de protection. Ainsi, par ex., une loi des triumvirs ordonna que les vestales ne pourraient sortir sans être accompagnées par un l., et, sous l'empire, un ou deux licteurs furent également accordés aux princesses de la famille impériale. Voy. FAISCEAU, CONSUL, etc.

**LIDNER**, poète suédois (1737-1793).

**LIDO**, groupe d'îles, en face de Venise. La plus proche est une promenade favorite des baigneurs.

**LIE**. s. f. (Orig. inconnue. On a indiqué le bas-breton *li*, lie, de *léit*, vase, boue; le gothique *ligan*; angl. *to lie*, être gisant; et le lat. *lix*, cendre. Quoi qu'il en soit, le mot est fort ancien, car on le trouve dans un manuscrit du Xe siècle). Dépôt épais qu'une liqueur laisse précipiter au fond du vase qui la contient. *Lie de vin, de cidre, d'huile. Tirer le vin jusqu'à la lie.* — Absol., *Lie* se dit de la lie de vin. — Fig., *Boire le calice jusqu'à la lie.* Voy. CALICE. || Fig., *La lie du peuple*, La plus vile et la plus basse populace. On dit aussi, *La lie du genre humain*, en parlant d'hommes très corrompus, très vils et très méchants. *C'est un homme de la lie du peuple. C'est la lie du genre humain.*

**LIE**. adj. (lat. *lætus*, m. s.). Gai, joyeux; ne se dit plus que dans cette phrase familière, *Faire chère lie*, Faire bonne chère avec gaieté. *Là, vivant à discrétion, la galande fit chère lie.*

**LIEBIG** (Justus, baron de), célèbre chimiste allemand, auteur de grands travaux sur la chimie organique (1803-1873). Son nom est devenu populaire surtout par son *Extrait de viande* et ses *Tablettes de bouillon*.

**LIEBIGITE**. s. f. (R. *Liebig*, nom d'un chimiste all.). T. Minér. Carbonate d'urane et de calcium, de couleur vert pomme. Après avoir été chauffée au rouge elle prend une coloration jaune orange; à une température plus élevée, elle noircit.

**LIED**. [Pr. *lid*, mot all.]. Romance, chanson, sorte de ballade.

**LIÈGE**. s. m. (lat. *levis*, léger). Matière spongieuse et très légère qu'on trouve dans l'écorce du *Chêne-Liège*. Voy. Chêne.

**LIÈGE**, v. de Belgique, ch.-l. de la province du même nom, sur la Meuse; 160,000 hab. Fabriques d'armes. Université. = Nom des hab. : Liégeois.

**LIÉGEOIS**. s. m. Se dit des almanachs de Liège, inaugurés vers 1636 par Mathieu Laensberg. *Le grand l.; le petit l.*

**LIÉGER**. v. a. T. Techn. Garnir de liège.

**LIEGNITZ**, v. de Prusse (Silésie); 46,800 hab.

**LIEMENT**. s. m. [Pr. *li-man*]. T. Techn. Action de lier. || T. Escr. *Un l. d'épée*.

**LIEN**. s. m. [Pr. *li-in*] (lat. *ligamen*, m. s., de *ligare*, lier). Ce qui sert à lier. *Un l. de paille, d'osier, de fer. Le l. d'une gerbe, d'un fagot. Faire des liens. Briser un l.* || T. Techn. Bande qui entoure le gouvernail. — Pièce de bois qui sert à consolider un assemblage. — Petit morceau de plomb qui retient la verge de fer d'un vitrage le long d'un panneau, etc. — Tige de fer méplat, courbée, servant à assembler et à consolider deux pièces dont l'une est supportée par l'autre. || Fig., Tout ce qui attache et unit les personnes ensemble. *Le l. conjugal. Un l. sacré, indissoluble. L. d'amitié, d'intérêt. Le l. de la reconnaissance. Les liens du sang.*

Ce lien du sang qui nous joignait tous deux.
Racine.

*Je suis attaché par les liens les plus forts. Les lois sont le l. de la société civile. Le commerce est fait pour être le l. des nations.* — T. Jurisp. anc. *Double l.*, Parenté entre frères et sœurs germains. *L. simple*, Parenté entre frères et sœurs consanguins ou utérins. || T. Droit can. *L. religieux*, Engagement contracté par celui qui est entré dans les ordres sacrés, ou qui a prononcé des vœux monastiques. || La chaîne ou la corde avec laquelle on attache quelquefois les prisonniers. En ce sens, *Lien* n'est guère usité qu'au plur. *Il était dans les liens. Rompre ses liens. La fête de saint Pierre aux liens.* || Fig., Esclavage, dépendance; se dit surtout en parlant des amants. *Il est dans des liens honteux. Il a rompu ses liens.* — *Traîner son l.*, N'être pas tout à fait échappé d'un danger, affranchi d'une passion, délivré d'une mauvaise affaire. || T. Jurisp. anc. *Être dans les liens d'un décret, d'un mandat d'arrêt.*.

**LIENNE**. s. f. [Pr. *li-ène*] (R. *lien*). T. Techn. Fil de la chaîne du métier à tisser qui n'a pas été pris par la trame.

**LIENTERIE**. s. f. [Pr. *lian-terie*] (gr. λεῖος, glissant; ἔντερον, intestin). T. Méd. On donne le nom de l. à la forme de diarrhée alimentaire caractérisée par le passage des aliments mal digérés dans les garde-robes. Voy, Diarrhée.

**LIENTÉRIQUE**. adj. 2 g. [Pr. *li-antéri-ke*]. T. Méd. Qui tient de la lienterie.

**LIEOU-KIEOU**, archipel japonais composé de 37 îles, entre le Japon et Formose.

**LIER**. v. a. (lat. *ligare*, m. s.). Attacher, serrer avec un lien quelconque. *L. le bras. L. un fagot, une gerbe de blé. L. un paquet. Il faut le l. plus lâche, plus serré. L. des fleurs ensemble. L. un cerceau avec de l'osier. On lui lia les mains derrière le dos avec un mouchoir. L. ses cheveux avec un ruban. L. un homme à un arbre, à un poteau. L. un furieux, un fou.* Fam. et par exag., *C'est un fou à l.*, C'est un extravagant. — *L. les mains à quelqu'un*, Le réduire à l'inaction dans une affaire. *Je ne veux pas avoir les mains liées ou qu'on me lie les mains.* On dit, dans un sens analogue, *La crainte de vous déplaire m'a lié la langue*, M'a empêché de parler. — T. Théol. *L. et délier*, Voy. Délier. || Faire un nœud. *L. les cordons de ses souliers. L. les deux bouts d'une corde.* || Joindre, unir différentes parties. *La chaux et le ciment lient les pierres. On a lié ces pierres avec des tenons de fer.* || Par analogie, *L. les idées, les propositions, les pensées, les parties d'un discours*, etc., Les unir entre elles, les enchaîner les unes aux autres. *Il ne lie pas bien ses idées, ses pensées.* — Fig., *Il a bien lié, il a mal lié sa partie*, Il a bien concerté, il a mal combiné son affaire, etc. || T. Gram. *L. les mots*, En faisant sonner une consonne finale sur la voyelle du mot qui la suit. — *L. les lettres*, Les joindre, en écrivant, par des traits légers. || Fig., en parlant des personnes, Attacher, unir ensemble. *C'est le sang et l'amitié qui les lient. Ces jeunes gens sont liés d'une étroite amitié. Ils sont liés d'intérêt. Ma fortune est liée à la vôtre.* — *L. amitié avec quelqu'un*, Contracter amitié avec quelqu'un. *L. conversation, commerce, société avec quelqu'un*, Entrer en conversation, en commerce, faire société avec lui. || Engager, obliger. *Les paroles, les contrats lient les hommes. Qu'est-ce qui vous lie? Je suis lié par mon serment.* — Fig., *L. une partie de promenade, de divertissement*, etc., Concerter avec d'autres personnes une partie de promenade, etc. || T. Cuis. et Pharm. *L. une sauce, une préparation*, Leur donner plus de consistance. || T. Fauc. On dit qu'*Un faucon lie le gibier*, Quand il le saisit avec ses serres. En parlant de l'autour, on dit qu'il *empiète*. || T. Mus. *L. des notes*, Exécuter deux ou plusieurs notes d'un seul coup de gosier en chantant, d'un même coup d'archet, etc. || T. Escr. *L. l'épée*, Exercer une forte pression sur l'épée de l'adversaire pour la ramener de la ligne haute dans la ligne basse et changer de côté. = se Lier. v. pron. Fig., *Ces idées se lient mal entre elles*, Elles ne s'enchaînent pas bien les unes aux autres. *Les scènes de cette pièce se lient bien entre elles*, Elles sont bien amenées les unes par les autres. *Ce phénomène se lie à tel autre*, Il y a entre eux un rapport de causalité ou de dépendance, etc. || En parlant des personnes, Former une liaison. *Je me suis lié avec lui. Ils se sont liés dès qu'ils se sont connus. Nous nous sommes liés d'amitié, d'intérêt.* — *Se l. par un serment, par un vœu.* S'astreindre à une obligation, à certains devoirs par un serment, etc. || Être lié. *Ces lettres doivent se l. ensemble. Ces notes doivent se l. Ces substances ne peuvent pas se l. ensemble.* = Lié, ée. part. *On l'a amené pieds et poings liés. Lié et garrotté. Un discours bien lié. Ces pensées ne sont pas liées. Des lettres mal liées. Notes liées. Cette sauce n'est pas assez liée.* || *Jouer en parties liées*, Jouer un certain nombre de parties avec la condition que l'enjeu appartiendra à celui qui en aura gagné le plus. = Syn. Voy. Attacher.

**LIERNAIS**, ch.-l. de c. (Côte-d'Or), arr. de Beaune; 1,300 hab.

**LIERNE**. s. f. (Peut-être pour *lienne*, de *lien* ou *lier*). T. Techn. Pièce de charpente horizontale servant à relier les arbalétriers d'un comble. — Pièce de bois horizontale qui relie les poteaux d'un pan de bois. — Planche qu'on noie dans un mur de pisé pour le soutenir. — Planche qui garnit le fond d'un bateau. — Nervure des portes ogivales qui aboutit à la clef. || T. Bot. Nom vulgaire du *Clematis vitalba*. Voy. Renonculacées.

**LIERNER**. v. a. T. Techn. Garnir de liernes. = Lierné, ée. part.

**LIERRE**. s. m. [Pr. *liè-re*]. T. Bot. Genre de plantes Dicotylédones (*Hedera*) de la famille des *Araliées*. Voy. ce mot.

Le l. grimpant (*Hedera helix L.*) laisse découler de son tronc, quand il est vieux, une gomme-résine, l'*hédérine*, qui paraît réunir toutes les propriétés de la plante. Les feuilles et les baies ont une saveur amère et nauséeuse; prises à l'intérieur, elles sont émético-cathartiques. Leur décoction dans l'eau ou le vin a été vantée comme résolutive et détersive pour le pansement des ulcères atoniques et de l'érysipèle.

Le *lierre terrestre* (*Glechoma hederacea L.*) de la famille des Labiées, très commun par toute la France, est excitant comme toutes les plantes de la famille ; mais il paraît exercer une action spéciale sur les organes de la respiration. Très employé en infusion théiforme dans l'atonie des bronchites et les catarrhes pulmonaires.

**LIESSE** (Notre-Dame de), bourg du dép. de l'Aisne, (arr. de Laon), **1,400** hab.

**LIESSE**. s. f. [Pr. *li-èse*] (lat. *lætitia*, m. s.). Joie, réjouissance; ne se dit que dans cette phrase fam. *Vivre en joie et en l.*, et dans cette expression, *Notre-Dame de Liesse*.

**LIEU**. s. m. (lat. *locus*). L'espace qu'un corps occupe. *Tout corps occupe un l. Un corps ne peut naturellement être en même temps dans plusieurs lieux.* || Se dit plus souvent d'un espace pris absolument, abstraction faite du corps qui peut l'occuper, mais en le considérant seulement sous le rapport de ses dimensions, de sa situation, de sa destination, ou de quelque autre circonstance qui le distingue. *Un l. vaste, élevé, bas, étroit, enfoncé, resserré. L. sec, humide, marécageux, malsain. L. charmant, agréable, tranquille. L. désert, affreux, solitaire, inhabité. L. public. L. d'assemblée. Je me trouvai seul au l. du rendez-vous. Le l. où l'on rend la justice. Mettre quelque chose en l. sûr. Mettre chaque chose en son l. C'est le plus beau l. du monde. C'est un l. de délices. C'est son l. natal, le l. où il est né. Il ne fait qu'aller d'un l. à un autre. Il ne sait s'accommoder ni aux temps ni aux lieux.* || *Le l. saint, le saint l.*, L'église, le temple. *Les saints lieux*, Voy. Saint. — *L. d'asile, de plaisance, de sûreté*, Voy. Asile, etc. — *Mauvais l.*, Maison de débauche. — *Lieux d'aisances*, ou simplement *Lieux*, Les latrines. *Aller aux lieux d'aisances. Aller aux lieux* || Se prend encore pour un endroit désigné, indiqué. *Je ne me trouvais pas sur le l. Transportons-nous sur les lieux. La justice fit une descente sur les lieux. Il n'est pas du l., de ce l.-ci.* || Se dit souvent, surtout au plur., en parl. Des appartements et des différentes pièces d'une maison, d'une ferme, etc. *Allez visiter les lieux, et voyez s'ils sont en bon état. Réparer les lieux. Dresser un état de lieux.* — Prov., *N'avoir ni feu ni l.*, Voy. Feu. = *Lieu*, sign. encore ordre, rang, place. *Chaque créancier viendra en son l.* — *En premier l., en second l., en dernier l.*, Premièrement, secondement, enfin. — *Être au l. et place de quelqu'un*, Avoir la cession de ses droits et actions. — *Tenir l. de*, Remplacer, suppléer. *Il m'a tenu l. de père. Ses livres lui tiennent l. de tout.* || Se dit quelquefois pour maison ou famille. *Cette personne vient de bon l., est de bon l.*, Elle est de bonne famille. *Il s'est allié en bon l.*, Il s'est bien allié. *C'est un homme de bas l., qui est sorti de bas l.*, C'est un homme de basse extraction. *Il sent le l. d'où il vient*, Il a les habitudes, les manières, les goûts des gens de la classe où il est né. || *J'ai appris cela de bon l., je tiens cela de bon l., cette nouvelle vient de bon l.*, De bonne part, de personnes bien instruites et dignes de foi. — Familièrement, *On a parlé de vous en bon l.*, On a parlé de vous en bonne compagnie. = *Lieu* signifie aussi l'endroit, le temps convenable pour dire ou pour faire quelque chose. *Ce n'est pas ici le l. de disputer. Nous parlerons de votre affaire en temps et l. J'ai parlé de cet événement en son l. Ce n'est ni le temps ni le l. de quereller.* — *Avoir l.*, se dit en parlant de l'époque d'un événement. *Cet événement eut l. telle année. La première représentation de son drame aura l. samedi.* || Fig., Moyen, sujet, occasion. *Nous verrons s'il y a l. de vous servir. Il n'y a pas l. de craindre que. Je n'ai pas l. de me plaindre de lui. J'ai tout l. d'être surpris de votre conduite.* — *Donner l. de*, Fournir l'occasion de. *Cette circonstance me donna l. de revenir sur ce sujet.* — *Donner l. à*, Donner un prétexte à... *Je ne crois pas avoir donné l. à de pareils soupçons.* || L'endroit, le passage d'un livre. *En quel l. Platon dit-il cela? Aristote l'a dit dans plus d'un l.* || T. Math. *L. géométrique*, se dit d'une ligne droite ou courbe ou bien d'une surface dont tous les points satisfont aux conditions d'un énoncé. || T. Rhét. *Lieux communs, lieux oratoires*, ou simplem., *Lieux*, Sources générales d'où un orateur peut tirer ses arguments et ses moyens. — Se dit aussi de certaines réflexions générales qu'on fait entrer dans un sujet particulier. *Il a commencé l'éloge de ce magistrat par un l. commun sur la justice. Ses sermons ne sont que des lieux communs.* — Se dit encore des idées vulgaires, rebattues. *Il ne dit que des lieux communs.* || Au lieu de, locut. prép. A la place de, en place de. *Au l. de la personne que j'attendais, il est venu un homme de sa part. Cet officier servira au l. de tel autre,* || *Au l. de*, marque aussi Opposition, différence. *Au l. d'épée, il se servit d'un bâton. Au l. de travailler, il passe son temps à se divertir.* = Au lieu que, locut. conj. qui se dit pour Tandis que, mais marque toujours opposition. *Il ne songe qu'à ses plaisirs, au l. qu'il devrait veiller à ses affaires.* = Syn. Voy. Endroit.

**Rhétor**. — Les anciens rhéteurs avaient imaginé des espèces de répertoires où se trouvaient toutes les preuves possibles, sous la forme d'idées générales applicables à la plupart des sujets. En conséquence, ils les appelaient *Lieux des arguments (sedes argumentorum)*, et plus souvent *Lieux communs (loci communes)*. Les lieux communs sont dits *intrinsèques* ou *extrinsèques*, selon qu'ils se rapportent aux aspects intérieurs ou aux aspects extérieurs du sujet.

A. Les principaux lieux communs *intrinsèques*, c.-à-d. pris dans le sujet même, sont au nombre de neuf : la *Définition*, l'*Énumération des parties*, le *Genre* et l'*Espèce*, la *Cause* et l'*Effet*, les *Antécédents* et les *Conséquents*, la *Comparaison*, les *Contraires*, les *Choses qui répugnent entre elles* et les *Circonstances*. — 1° La *Définition* fait connaître la nature de la chose dont on s'occupe. Il s'ensuit qu'une bonne définition ne doit omettre aucun trait caractéristique. Mais il y a une grande différence entre la définition oratoire et la définition philosophique. La philosophie définit d'une façon, si l'on peut dire, géométrique. L'orateur embrasse toutes les circonstances de son sujet, afin de faire ressortir celles qui peuvent être utiles à sa cause. — 2° L'*Énumération des parties* consiste à parcourir et à expliquer les différentes parties d'un tout pour en donner une idée plus complète. Daguesseau veut prouver que la science étend et enrichit l'esprit; pour cela, il rapproche par un dénombrement vif et animé les différentes ressources qu'elle lui fournit. « Par elle, dit-il, l'homme ose franchir les bornes étroites dans lesquelles il semble que la nature l'ait renfermé. Citoyen de toutes les républiques, habitant de tous les empires, le monde entier est sa patrie. La science, comme un guide aussi fidèle que rapide, le conduit de pays en pays, de royaume en royaume; elle lui en découvre les lois, les mœurs, la religion, le gouvernement, etc. » — 3° Le *Genre* et l'*Espèce* sont deux idées corrélatives qui se prêtent un mutuel secours. Ce qui est vrai du genre l'est toujours de l'espèce qui s'y trouve contenue. Ainsi, on peut prouver qu'il faut détester l'avarice parce qu'il faut haïr le vice. L'avarice est une espèce par rapport au vice, qui est le genre. Mais s'il est évident que ce qui est vrai du genre l'est également de l'espèce, il ne faut pas croire que l'inverse soit toujours fondé en raison; car ce qui est vrai de l'espèce ne l'est pas toujours du genre. — 4° La *Cause* et l'*Effet* sont des moyens de développement au service de l'orateur. Veut-il prouver qu'un crime a été commis, cette preuve sera bien près d'être fournie quand il aura démontré que l'accusé avait un motif de commettre l'action coupable qui lui est imputée. Ce sera alors l'argument des causes finales. Pour louer dignement le dévouement du chevalier d'Assas, il suffira d'en assigner la cause, qui se trouvait dans le plus pur désintéressement, et d'en montrer le résultat, qui fut le salut du régiment d'Auvergne tout entier. — 5° Les *Antécédents* et les *Conséquents* sont les choses qui précèdent ou qui suivent un fait, et qui aident à le reconnaître, à le qualifier. Vous aviez eu des démêlés avec Clodius; vous l'aviez menacé : voilà des antécédents. Il est tué, vous disparaissez; vous vous défiez de ses amis : voilà des conséquents. — 6° La *Comparaison*, qu'il ne faut pas confondre avec la figure de rhétorique qui porte le même nom, établit des rapprochements au moyen desquels on conclut du plus au moins, du moins au plus, d'égal à égal.— 7° Les *Contraires* consistent à dire d'abord ce qu'une chose n'est point, et ensuite à dire ce qu'elle est : l'opposition qui en résulte sert à graver davantage la pensée dans l'esprit. Aristote donne, au sujet des contraires, un conseil qui n'est que trop généralement suivi dans les discussions de quelque genre qu'elles soient : « Si l'on vous allègue les lois, dit-il, appelez-en à la nature ; et si l'on fait parler la nature, rangez-vous du côté des lois. » — 8° Les *Choses qui répugnent entre elles* servent à prouver l'impossibilité d'un fait, car elles ne peuvent subsister ensemble. Cette manière d'argumenter est d'un fréquent usage et d'une grande ressource. Ainsi, par ex., Pierre est accusé d'avoir assassiné Paul. Mais il était son ami ; il n'avait nul intérêt à sa mort; il était loin de lui : il répugne donc qu'il soit l'auteur du meurtre. — 9° Les *Circonstances* sont tous les faits qui précèdent, qui suivent ou qui accompagnent le fait principal. Les anciens rhéteurs ont renfermé les circonstances de personne, de nature, de lieu, de facilités, de motifs, de manière et de temps, dans ce vers technique :

Quis, quid, ubi, quibus auxiliis, cur, quomodo, quando?

Par ex., un meurtre a été commis; on peut démontrer la culpabilité de l'accusé par les témoignages de haine et les menaces de vengeance qui ont précédé le crime, par le caractère de l'accusé, par les facilités qu'il a eues pour l'exécution, par les motifs qui l'y ont porté, par les circonstances de temps et de lieu qui lui ont été favorables, etc.

B. On peut réduire le nombre des lieux communs *extrinsèques* aux cinq chefs suivants : la *Loi*, les *Titres*, la *Renommée*, le *Serment* et les *Témoignages* ou l'*Autorité*. — Un point de droit s'établit par la citation d'un texte de *Loi*; mais cet argument est plutôt du domaine de la jurisprudence que du domaine oratoire. Les questions de fait peuvent se décider par la production des *Titres*. Une créance est-elle contestée, produisez la quittance : la question sera résolue. La *Renommée* ou le bruit public peut aussi fournir des arguments. Le *Serment* et les *Déclarations des témoins* sont des preuves en justice; néanmoins il est facile de comprendre que les arguments tirés de ces lieux sont tous susceptibles d'être contestés. A un texte de loi on en oppose un autre; on s'inscrit en faux contre des titres; la renommée devient, selon les besoins de la cause, le cri de la vérité ou du mensonge, un vain bruit ou la voix de Dieu même; le serment n'est quelquefois qu'un parjure; les témoins peuvent manquer de lumière ou de bonne foi, etc.

Il faut se garder d'attacher aux lieux communs plus d'importance qu'ils n'en méritent, et ce serait une grande erreur de croire qu'en les consultant tour à tour, on pourrait suppléer à toutes les ressources de l'invention. Les comparaisons, les définitions, les développements par les contraires, par la cause et l'effet, etc., naissent du sujet même. C'est dans l'étude directe de la matière qu'ils ont à traiter, que les orateurs doivent chercher leurs preuves et leurs arguments. Les lieux communs ne peuvent fournir que de vagues amplifications; ils ne sont véritablement utiles qu'en ce qu'ils servent à réduire sous certains chefs les parties d'un discours. Sous le nom de *Topiques*, Aristote et Cicéron nous ont laissé deux traités sur cette partie de l'art oratoire.

**LIEU.** s. m. (bas-breton *louanek*, *leouek*, m. s.). T. Icht. Poisson appelé aussi *Merlan jaune*. Voy. GADOÏDES.

**LIEUE.** s. f. (lat. *leuca*, m. s., que les auteurs disent être un mot gaulois). Mesure itinéraire dont l'étendue varie selon les provinces, selon les pays. Voy. ITINÉRAIRE. — En France, on la comptait de 4,000 mètres environ, intermédiaire entre la l. de poste et la l. de 25 au degré. ‖ Fig. et prov. *Être à cent lieues, à mille lieues d'une chose*, En être fort éloigné. *Vous êtes à cent lieues de la question. Je ne veux point vous offenser; j'en suis à mille lieues, cela est à mille lieues de ma pensée.*

Sentant son renard d'une lieue.
LA FONTAINE.

Fam., on dit aussi d'un homme distrait ou préoccupé, qui n'écoute pas ce qu'on lui dit et pense à autre chose, *Il est à mille lieues d'ici*

**LIEUR, EUSE**, s. Celui, celle qui lie des bottes de foin, des gerbes de blé, etc. ‖ T. Zool. *Chenille lieuse* ou *Lieuse*, Chenille qui réunit plusieurs feuilles pour y filer son cocon. = LIEUSE, s. f. Machine à lier les gerbes.

**LIEUTAUD** (JACQUES), astronome fr., né à Arles vers 1660; mort à Paris en 1733.

**LIEUTAUD** (JOSEPH), médecin fr. (1703-1780).

**LIEUTENANCE.** s. f. Charge, office, emploi, grade de lieutenant.

**LIEUTENANT**, s. m. (R. *lieu* et *tenant*). Qui tient le lieu, la place d'un autre. *Labiénus, l'un des lieutenants de César, se porta au-devant de l'ennemi. Ce prince fit par ses lieutenants de grandes conquêtes.* Famil., *Je l'ai chargé d'être mon l. dans cette affaire.*

**Art milit.** — On appelle ainsi un officier ou un fonctionnaire qui est immédiatement au-dessous d'un chef, qu'il est chargé de suppléer en certains cas.

I. — Dans l'Armée de terre, on distingue le *Lieutenant*, le *Sous-lieutenant* et le *L.-colonel*. Le *Lieut.* vient immédiatement après le capitaine; il aide celui-ci dans ses fonctions et le remplace en cas d'absence. Il y a des lieutenants en *premier* et des lieutenants en *second*. Ces officiers ont pour marque distinctive deux galons d'or ou d'argent suivant l'arme, à chacun des bras et autour du képi, plus, dans les corps qui portent épaulette, l'épaulette d'or ou d'argent à gauche et la contre-épaulette à droite. Le *Sous-l.* occupe le dernier degré de l'échelle des officiers. Il supplée le lieutenant en ce qui concerne les détails du service et de l'administration de la compagnie. Il porte les mêmes épaulettes que le l.; seulement il a l'épaulette à droite et la contre-épaulette à gauche. Il n'a qu'un galon aux manches et au képi. Quant au *L.-colonel*, comme il en a été parlé au mot *Colonel*, nous n'y reviendrons pas ici. Sous la monarchie, jusqu'en 1848, on donnait le titre de lieutenant-général aux généraux de division.— — A diverses époques, on a donné le titre de *Lieutenants du roi* aux officiers que l'on a appelés par la suite *Commandants de place*. Cet emploi est aujourd'hui supprimé.

II. — Dans la Marine militaire, le *L. de vaisseau* occupe le rang intermédiaire entre l'enseigne de vaisseau et le capitaine de frégate. Ce grade correspond à celui de capitaine dans l'armée de terre. Il y a des lieutenants de vaisseau de deux classes. Le l. commande le quart à bord des vaisseaux, préside aux manœuvres, etc. — Les insignes de son grade sont deux épaulettes d'or mat, à petites torsades, avec une ancre d'or brodée sur le corps de l'épaulette et trois galons d'or à la casquette de petite tenue et aux manches.

III. — Avant 1790, on donnait le titre de *L.* à divers fonctionnaires de l'ordre administratif et judiciaire, tels que le *L. civil*, le *L. criminel*, le *L. général de police*, etc. — Le *L. civil* était le second magistrat de la juridiction du Châtelet (le prévôt de Paris était le premier). Il présidait les assemblées de ce tribunal, recueillait les opinions et prononçait les jugements. En outre, il connaissait seul de certaines affaires, telles que contestations sur héritages, interdictions, levées de scellés, etc. Le *L. criminel* prononçait sur tous les crimes et délits, de quelque nature qu'ils fussent. Il jugeait seul, assisté simplement d'un avocat du roi, les affaires du *petit criminel*, c.-à-d. celles que l'on appelle aujourd'hui de simple police. Chaque juridiction royale avait un l. criminel. Celui du Châtelet de Paris exerçait sa juridiction sur la ville et les faubourgs, prévôté et vicomté de Paris. — Nous parlerons du *L. général de police* au mot POLICE.

IV. — Le titre de *L. général du royaume* n'a jamais désigné qu'une fonction temporaire dont les rois, dans certaines circonstances importantes, investissaient un personnage éminent, lequel était le plus souvent un prince de leur famille, pour exercer en leur nom tout ou partie de l'autorité royale. En 1558, après le désastre de Saint-Quentin, Henri II appela à cette dignité le duc de Guise, qui en fut investi de nouveau en 1560, après la conjuration d'Amboise. En 1567, Charles IX institua le duc d'Anjou, depuis Henri III, l. général du royaume. En 1589, première année du règne de Henri IV, Mayenne reçut ce titre du conseil de l'Union, qui dirigeait les affaires de la Ligue. Louis XIII, en 1629, nomma le cardinal de Richelieu son l. général, représentant sa personne et commandant ses armées en France et à l'étranger. En 1814, le comte d'Artois prit le titre de l. général du royaume jusqu'à l'arrivée de Louis XVIII. Enfin Louis-Philippe, après la révolution de juillet 1830, fut investi de cette fonction qu'il remplit jusqu'au 9 août suivant.

**LIEUTENANTE.** s. f. Se disait de la femme de certains magistrats qui portaient le titre de lieutenants. *Madame la l. criminelle.*

**LIEUVIN.** anc. pays de France compris aujourd'hui dans les dép. de l'Eure et du Calvados; cap. *Lisieux*.

**LIÈVE.** s. f. (R. *lever*). T. Féod. Extrait d'un papier terrier contenant la désignation de chaque héritage, le nom du tenancier, etc.

**LIÉVIN.** v. du dép. du Pas-de-Calais, arr. de Béthune ; 12,400 hab. Mines.

**LIÈVRE.** s. m. (lat. *lepus*, *leporis*, m. s.). T. Mamm. Genre de *Rongeurs*. ‖ T. Icht. *L. de mer*. Espèce de poisson appelé aussi *Gras-Mollet*. Voy. DISCOBOLES.

**Mamm.** — Le *Lièvre* est le type d'une petite famille de *Rongeurs* qui a reçu le nom de *Léporidés*. Elle comprend seulement 3 genres : *Lièvre* proprement dit, *Lapin* et *Lagomys*. Les animaux qui composent cette famille se distinguent essentiellement de tous les autres Rongeurs, en ce qu'ils ont 4 incisives, au lieu de 2, à la mâchoire supérieure. Ces 4 dents sont placées sur deux files, de sorte que derrière chaque incisive ordinaire il s'en trouve une autre plus petite. Quant aux caractères secondaires qu'ils présentent, nous citerons l'existence de poils durs et raides à la face inférieure des pieds, la fissure qui divise la lèvre supérieure sur la ligne médiane (d'où le nom de *Bec-de-lièvre* donné à la scissure congénitale de cette partie chez l'homme), et l'ampleur de leur cæcum, qui est cinq à six fois aussi grand que l'estomac, et dont l'intérieur est divisé par un repli valvulaire disposé en spirale.

I. — Les *Lièvres* proprement dits ont les pieds de derrière beaucoup plus longs que ceux de devant, les oreilles plus longues que la tête, et une queue courte de la même longueur que la cuisse. Les espèces dont se compose ce genre sont si semblables, qu'il est difficile de les caractériser. Notre *L. commun* (*Lepus timidus*) (Fig. 1) a le pelage gris jaunâtre et la queue blanche avec une ligne noire au-dessus. Cet

Fig. 1.

animal se trouve dans presque toutes les parties de l'Europe. Il est timide et doux, d'une grande agilité et d'une fécondité extrême. Sa marche consiste en une suite de sauts. Il vit isolé, ne terre point, et ne se nourrit que de végétaux. On n'a pu le réduire à l'état de véritable domesticité. Sa chair, qui est noirâtre, est fort estimée ; cependant la loi de Moïse l'interdisait aux Juifs, et Mahomet a reproduit cette interdiction. La femelle du L. a reçu le nom de *Hase*, et le mâle qui a pris tout son accroissement, celui de *Bouquin* : avant cette époque on l'appelle *Trois-quarts*. Les jeunes sont appelés *Levrauts*. — Parmi les espèces que comprend ce genre, nous nous contenterons de citer le *L. variable* (*L. variabilis*), ainsi nommé des changements de couleur qu'éprouve son pelage suivant les saisons, et qui habite le nord de l'ancien continent ; le *Tolaï de Sibérie* (*L. dauricus*) ; le *L. d'Égypte* (*L. ægyptius*) et le *Moussel* (*L. nigricollis*), de Java et de l'Inde.

II. — Les *Lapins* (*Cuniculus*) diffèrent des Lièvres par leur taille plus petite, par leurs oreilles plus courtes que la tête, et par leur queue moins longue que la cuisse. Mais ce qui les distingue surtout des précédents, c'est qu'ils habitent dans des terriers. Le *Lapin commun* (*C. vulgaris*) a le pelage ordinairement gris jaunâtre en dessus et blanc en dessous, à l'état sauvage ; mais la couleur de sa robe varie beaucoup à l'état de domesticité. Cette espèce est répandue en abondance dans toute l'Europe. Sa fécondité est prodigieuse et s'accroît encore à l'état de domesticité. La femelle, qu'on appelle *Hase* comme celle du Lièvre, porte 30 jours et peut produire par an de 60 à 100 *Lapereaux*. La chair du *Lapin sauvage*, ainsi que celle du *Lapin de garenne*, est blanche et agréable ; mais elle est loin d'avoir le parfum de celle du Lièvre. La chair du *Lapin domestique*, au contraire, est fade et n'a plus de fumet. Le poil du Lièvre et celui du Lapin sont recherchés par les chapeliers pour la fabrication des chapeaux de feutre ; et leur peau sert à faire de la colle forte. Les espèces étrangères diffèrent peu de notre Lapin commun. Nous citerons le *Tapeti* (*Cun. brasiliensis*), qui habite le Brésil ; le *Lapin d'Amérique* (*Cun. americanus*), qui est répandu dans l'Amérique septentrionale, et le *Lapin des sables* (*Cun. arenarius*), qui est propre à l'Afrique australe. (Fig. 2, Lièvre et Lapin.)

III. — Les *Lagomys* ont les oreilles médiocres, les jambes peu différentes entre elles, et des clavicules moins imparfaites que les genres précédents ; en outre, ils manquent de queue. Ce genre est propre à la Sibérie. Les espèces principales sont le *Pika* (*Lag. alpinus*), l'*Ogoton* (*Lag. ogotona*), qui sont à peu près de la taille du Cochon d'Inde, et le *Lag. nain* (*Lag. pusillus*), qui est grand comme un Rat d'eau. Toutes sont

Fig. 2.

remarquables par l'habitude qu'elles ont d'amasser des provisions pour l'hiver. Les tas d'herbes que fait le Pika ont quelquefois plus de 2 mèt. de haut et deviennent, lorsque les chasseurs de Zibelines les découvrent, une ressource précieuse pour la nourriture de leurs chevaux.

**LIÈVRITE.** s. f. (R. *Lelièvre*, nom d'un minér. fr.). T. Minér. Silicate de fer et de calcium en prismes orthorhombiques noirs, striés.

**LIFFRÉ.** ch.-l. de c. (Ille-et-Vilaine), arr. de Rennes ; 2.900 hab.

**LIGAMENT.** s. m. [Pr. *li-ga-man*, *g.* dur] (lat. *ligamen*, lien). T. Anat. Les anatomistes nomment ainsi des faisceaux fibreux d'un tissu blanc argenté, très serré, peu extensible et fort difficile à rompre. Les ligaments adhèrent, au moins par leurs extrémités, à des os ou à des cartilages, et servent ainsi de moyen d'union aux articulations ou à quelques parties osseuses. On les divise, suivant leurs fonctions, en *articulaires* ou en *non articulaires*. Les ligaments intervertébraux du rachis sont souvent appelés *ligaments jaunes*, à cause de la couleur de leur tissu. Voy. ARTICULATION et VERTÈBRE. Par analogie, on désigne encore sous le nom de *Ligaments*, des expansions fibreuses ou aponévrotiques qui ont plus ou moins l'apparence ligamenteuse, comme les *ligaments antérieurs de la vessie*, le *lig. de Poupart*, etc.; et certains replis membraneux qui sont destinés à maintenir en place divers organes : tels sont les replis du péritoine qui soutiennent certains viscères abdominaux, et qui forment les *ligaments du foie*, les *lig. larges de l'utérus*, les deux *lig. postérieurs de la vessie*, etc. — En termes de Conchyliologie, on appelle aussi *Ligament*, la partie cornée et élastique qui réunit les deux valves d'une coquille bivalve.

**LIGAMENTEUX, EUSE.** adj. [Pr. *liga-man-teu, euze*]. Qui est de la nature des ligaments, qui a rapport aux ligaments.

**LIGARIUS**, Romain qui combattit contre César, et fut ensuite sauvé par l'éloquence de Cicéron; mort en 43 av. J.-C.

**LIGATURE.** s. f. (lat. *ligatura*, m. s., de *ligare*, lier). T. Chirurg. Lien, ordinairement de fil, avec lequel on étreint les tumeurs dont on veut provoquer lentement la chute ou les vaisseaux divisés qui peuvent donner lieu à une hémorrhagie dangereuse. *Appliquer une l.* || L'opération qui consiste à lier un vaisseau, une tumeur, etc. *La l. d'un polype. Cette l. a été faite avec beaucoup de dextérité.* || Bande plus ou moins large dont on fait usage pour pratiquer une saignée, et avec laquelle on serre le bras, le pied, etc., au-dessus du lieu où l'on veut ouvrir la veine. || T. Arbor. Opération qui consiste à serrer un lien sur une branche d'arbre pour y assujettir une greffe ou pour modifier la circulation de la sève. || T. Écrit. et Typogr. Se dit de plusieurs lettres liées ensemble, comme on l'observe fréquemment dans l'écriture grecque et dans l'écriture arabe. || T. Mar. Morceau de filin. || T. Techn. Ceinture de grosse étoffe, pour les paysans, les rouliers.

**Chir.** — La l. est l'acte qui consiste à entourer une partie d'un lien serré. Ce terme est également appliqué quelquefois au lien lui-même. — Ce procédé s'applique, en chirurgie, aux vaisseaux dont la section est susceptible d'amener une hémorrhagie; son invention remonte à la plus haute antiquité : Celse, Galien, Ambroise Paré, etc., la recommandent tour à tour, mais ce n'est que Jean-Louis Petit, Louis, Scarpa, qui ont perfectionné les procédés de l. Malheureusement, l'ignorance complète où l'on se trouvait de la chirurgie aseptique faisait de la l. une opération de résultat douteux, et l'on devait toujours compter avec les hémorrhagies secondaires foudroyantes et mortelles. Des phénomènes physiologiques intéressants se produisent à la suite de la l.; à son niveau, les tuniques internes et moyennes sont généralement sectionnées par la pression du fil, et elles se rétractent à l'intérieur du vaisseau; d'autre part, le sang se coagule jusqu'au niveau de la première collatérale par suite de sa stagnation. En sorte que le travail de cicatrisation se produit en grande partie aux dépens du caillot qui s'organise. Lorsque le vaisseau ligaturé est oblitéré, la circulation de la région commandée se rétablit par suite de la pression intra-vasculaire augmentée, qui dilate peu à peu les collatérales à une certaine distance au-dessus de la l. Aussi faut-il être prévenu de l'entrave apportée à ce rétablissement de la circulation par les altérations des tuniques vasculaires, telles que la sclérose et l'athérome. — Pour réaliser l'idéal de la l., c.-à-d. la l. aseptique, bien tolérée par les tissus, et solide, les chirurgiens se sont préoccupés à maintes reprises de la nature du lien constricteur : on a employé et on emploie surtout des fils de soie, du catgut (boyau de chat), du crin de Florence (intestin des vers à soie), etc. Malgré la résorption plus aisée du catgut, le lien de choix est la soie, qui est rendue aseptique par le simple bouillissage. — Pour exécuter l'opération, les instruments sont : une pince à dissection et un bistouri; c'est à peine si le ténaculum est parfois nécessaire. Lorsque le vaisseau à lier se trouve dans une plaie, l'issue du sang suffit à indiquer l'orifice vasculaire; cependant on est parfois obligé d'englober dans le nœud une portion des tissus environnants lorsque la dénudation est malaisée. On se sert généralement d'une pince hémostatique sur laquelle on pratique la l., en ayant soin de ne pas exercer sur le vaisseau une traction qui puisse le rompre, de serrer le nœud assez pour couper les tuniques internes et moyennes, et de ne pas nouer le fil sur les mors de la pince. Lorsque le vaisseau à lier doit être recherché dans une région non entamée, il faut avoir soin de se baser sur les points de repère anatomiques et de bien dénuder le vaisseau dans sa gaine, afin d'éviter le danger possible d'associer au vaisseau un élément quelconque, tel qu'un nerf.

**LIGATURER.** v. a. T. Chirurg. et Jardin. Serrer par une ligature. || Ligaturé, ée. part.

**LIGE.** adj. 2 g. (lat. *ligatus*, lié). T. Féod. Qui a promis à son seigneur toute fidélité contre qui que ce soit, sans restriction. Se disait aussi des fiefs dont le bénéficiaire avait tenu le serment précédent. Voy. Fief.

**LIGEMENT.** adv. [Pr. *lije-man*]. Avec condition d'hommage lige.

**LIGÉRIEN, ENNE.** adj. [Pr. *lijé-ri-in*] (lat. *Ligeris*, la Loire). Qui appartient au bassin de la Loire.

**LIGNAGE.** s. m. [Pr. *li-gna-je, gn* mouil.] (Pour *legnage*, du Vx fr. *legne*, bois, tiré du lat. *ligna*, pl. de *lignum*, bois). T. Féod. Droit d'usage dans une forêt. || T. Pêch. Appareil de pièces de bois destiné à supporter les lignes.

**LIGNAGE.** s. m. [Pr. *li-gna-je, gn* mouil.]. Action de ligner une pièce de bois, une pierre de taille, etc.

**LIGNAGE.** s. m. [P. *li-gna-je, gn* mouil.] (R. *ligne*). Race, famille. *C'est un homme de haut l. Ils sont de même l.* Vieux.

**LIGNAGER.** s. m. [Pr. *li-gna-jé, gn* mouil.]. T. Jurispr. Celui qui est du même lignage qu'un autre. *Les lignagers, dans la coutume de Paris, avaient les quatre quints des propres.* || Adj. *Retrait l.* Voy. Retrait.

**LIGNE.** s. f. [Pr. *gn* mouil.] (lat. *linea*, m. s., propr. fil de lin). Trait simple, considéré seulement sous le rapport de sa longueur. *L. droite, courbe, brisée. L. perpendiculaire, verticale, horizontale, oblique. Deux lignes qui se coupent. Tracer deux lignes parallèles. Tirer une l. d'un point à un autre.* || T. Géom. Étendue à une seule dimension qui limite une portion de surface et qu'on peut considérer comme engendrée par le déplacement d'un point. Voy. Géométrie, Courbe. — *L. géodésique*, La plus courte des lignes qu'on puisse mener d'un point à un autre sur une surface donnée. — *L. de courbure, L. asymptotique.* Voy. Surface. || Figur., *C'est un homme qui a toujours marché sur la même l.*, Qui s'est fait des règles de conduite qu'il a constamment suivies. *Il a toujours suivi la l. droite*, ou *Il a toujours suivi la l. du devoir, de l'honneur*, Il a toujours tenu une conduite conforme au devoir, à l'honneur. — *Garder la l.*, Rester dans une juste mesure. — *Être, marcher sur la même l.*, Avoir le même rang. *Ces deux poètes, ces deux peintres sont sur la même l.*, Ils sont égaux en mérite, en réputation. *Être en première l., mettre en première l.*, Être au premier rang, placer au premier rang. *Il est en première l. parmi les écrivains du siècle. Dans l'ordre de nos devoirs, il faut mettre la justice en première l.* — *Être hors de l.*, Être d'un ordre supérieur, d'un ordre à part. *C'est un homme d'un talent hors de l. Cet ouvrage est tout à fait hors de l.* || T. Admin. *L. de douanes*, La suite des bureaux de douane échelonnés le long d'une frontière. — *L. télégraphique*, Suite de télégraphes qui correspondent entre eux; et le parcours d'un fil de télégraphe électrique. || T. Anat. *L. blanche*, V. Abdomen. || T. Astron. *L. des apsides*, Voy. Apside. *L. des nœuds*, Intersection du plan de l'orbite d'une planète avec le plan de l'écliptique. Voy. Planète. *L. des syzygies*, Celle qui passe par les centres du soleil, de la terre et de la lune, lorsque celle-ci est en conjonction ou en opposition. || T. Balistiq. *L. de mire* et *l. de tir.* Voy. Tir. || T. Beaux-Arts. Dans la peinture, la sculpture et l'architecture, *Ligne* se dit de l'effet général produit par la disposition et la combinaison des principales parties d'une composition. *Ce groupe, ce palais, ce paysage offre de belles lignes, des lignes simples, grandes*, etc. || T. Corderie. Petit cordage à trois torons d'environ 3 millimètres de diamètre, qui sert à un grand nombre d'usages dans la marine. *L. d'amarrage. L. de sonde. L. de loch.* || T. Techn. Ficelle frottée de blanc ou de rouge avec laquelle le charpentier trace sur une pièce de bois la direction des traits de scie. — Cordeau tendu pour indiquer un alignement. || T. Pêche. Fil garni au bout d'un hameçon pour pêcher. *Pêcher à la l.* Voy. plus loin. || T. Écriture et Typogr. L'ensemble des caractères rangés sur une ligne droite dans une page. *Il y a tant de lignes à chaque page et tant de lettres à chaque l. Il écrit assez bien, mais il ne fait pas ses lignes droites. Ce livre n'est pas* *à deux colonnes, il est imprimé à longues lignes.* — Ce qui est écrit dans une l. *Il n'y a pas dans cet ouvrage une l. qui soit correcte.* Famil., *Je vous écrirai deux lignes pour vous avertir,* Je vous écrirai simplement quelques mots pour, etc. — *Mettre un mot, un passage à la l.,* Commencer par ce mot, par ce passage, un nouvel alinéa. — *Tirer à la l.,* Allonger un article payé à la ligne. *Ecrire hors l., mettre hors l., tirer une somme hors l.,* L'écrire à la marge. — *Mettre en l. de compte, tirer en l. de compte,* Employer, comprendre dans un compte; et Figur., Faire mention d'une chose, la rappeler, en tirer avantage. *Je ne mets pas en l. de compte ce que j'ai fait pour vous.* || Fig. *Lire entre les lignes,* Deviner ce que l'auteur laisse entendre sans l'exprimer. || T. Escrime. *L. du dedans, du dehors, du haut,* etc., Voy. Escrime. || T. Fortific. Signifie Retranchement, et plus particulièrement une suite d'ouvrages permanents ou passagers, destinés à couvrir une armée ou un corps d'armée dans son camp, à fermer un débouché, à empêcher les approches d'une place, etc. Se dit d'ordinaire au pluriel *Travailler aux lignes. Attaquer, forcer les lignes.* — *Lignes d'approche,* Tranchées qu'on ouvre pour approcher d'une place qu'on assiége. *Lignes de contre-approche,* Celles que les assiégés ouvrent pour enfiler les travaux des assiégeants. *Lignes de communication,* Celles qu'on ouvre d'une parallèle à l'autre, pour faciliter les communications. — *Lignes continues, Lignes à intervalles; Lignes à ouvrages détachés, à redans, à crémaillères, à tenailles, à bastions; Lignes de circonvallation; Lignes parallèles,* ou simpl. *Parallèles; L. couvrante; L. de feu; L. de défilement.* Voy. Fortification. — *L. de défense* ou *L. de frontière,* Ligne que, dans le système défensif d'un État, occupent ou doivent occuper les places fortes, les camps retranchés et les lignes. || T. Guerre. La direction générale de la position des troupes, soit pour combattre, soit pour s'exercer aux grandes manœuvres. *La l. appuyait sa droite au village, et sa gauche au pied de la montagne.* — *Se porter sur la l.,* Se diriger vers la position qu'on doit occuper dans la l. *Rentrer en l., se mettre en l., être en l.,* Se placer, se replacer ou être placé dans la direction générale de la ligne. *Rompre la l.,* C'est se porter trop en avant ou se tenir trop en arrière. Dans le premier cas, on dit aussi *Forcer la l.,* et dans le second cas, *Refuser la l.* — *L. de direction,* Ligne qu'un corps doit suivre pour se porter d'un lieu à un autre. *L. d'opération,* Celle qu'une armée ou plusieurs corps destinés à la même opération doivent, par leurs manœuvres, chercher à rallier sans cesse, quand ils ont été forcés de s'en éloigner. *Le général en chef porta sur le Rhin sa l. d'opération.* — *L.* signifie aussi Le rang d'une armée en ordre de bataille ou de campement, une suite de bataillons ou d'escadrons placés les uns près des autres sur la même ligne et faisant face du même côté. *L'armée marchait sur trois lignes. Il mit ses troupes en bataille sur deux lignes. La première l. de l'ennemi fut entièrement défaite.* Dans cette acception, on appelle *L. pleine,* Celle où la droite d'un corps s'appuie à la gauche d'un autre corps, par opposition à *L. à intervalles,* Celle dans laquelle on laisse vide un assez grand espace entre la gauche d'un corps et la droite d'un autre. *Marcher en l.,* se dit par opposition à *Marcher en échelons,* et sign. Conserver en marchant l'alignement général et partiel. Le commandement *Par peloton* ou *par section en l.,* veut dire qu'on ordonne à une troupe qui est en marche par le flanc, de se diviser et de s'échelonner en pelotons ou en sections. — *Troupe de l.,* Troupe destinée à combattre en ligne, par opposition à *Troupe légère* ou *irrégulière. Infanterie de l. Régiment de l.* — Absolument et collectivement, on dit *La l.,* pour désigner les corps qui composent la troupe de ligne. *Il sert dans la l.* || T. Généal. La suite des descendants d'une famille. *L. directe, collatérale, masculine, féminine.* || T. Géogr. *L. équinoxiale,* ou simpl., *Ligne,* syn. d'Équateur. *Passer, couper la l.,* Traverser l'équateur et passer de l'hémisphère nord dans l'hémisphère sud, ou réciproquement. *Baptême de la l.,* Voy. Baptême. — *L. méridienne,* Voy. Méridienne. — *Lignes horaires,* Celles qui marquent les heures sur un cadran solaire. Voy. Gnomonique. — *L. de partage des eaux,* Relief du sol qui forme la séparation de deux bassins. — *L. de faîte,* Crête d'une chaîne de hauteurs qui marque la séparation de deux versants. || T. Tactiq. navale. Réunion de bâtiments de guerre qui sont rangés, qui gouvernent sur un même rumb de vent. *L. de combat. L.* ou *ordre d'échiquier. L. de marche, de convoi. Former, serrer, ouvrir, couper, doubler, rompre, enfoncer la l.* On la nomme *L. du plus près,* Lorsqu'elle forme avec le vent un angle de soixante-sept degrés trente minutes; et on l'appelle *L. du plus près tribord* ou *L. du plus près bâbord,* selon que les bâtiments qui la forment reçoivent le vent par la droite ou par la gauche. — *Vaisseau de l.,* Grand bâtiment de guerre qui avait au moins 50 canons, et qui était destiné à combattre en ligne de bataille. Dans un sens anal., on dit, *Équipage de l.* || T. Man. L'espace droit ou circulaire que parcourt le cheval, soit au cercle, soit au pilier, soit sur le carré du manège. *L. de la volte. Lignes du carré.* || T. Mar. *Lignes d'eau,* Coupes horizontales de la partie submergée de la carène d'un bâtiment, parallèlement à la *L. de flottaison,* qui est elle-même la plus haute des lignes d'eau. *L. de respect,* Ligne indiquant à une distance déterminée des côtes la limite des eaux d'un État. || T. Chir. *Les lignes de la main.* Voy. Chiromancie et Divination. || T. Mathémat. *L. de foi,* se dit, dans les instruments circulaires de mathématiques et d'astronomie, de la ligne qui passe par le centre de l'instrument et par le point extrême de l'alidade. *La l. de foi représente le rayon mobile et mathématique de l'instrument.* || T. Métrol. La douzième partie d'un pouce. *La l. vaut 2 millimètres 256 millièmes de millimètre.* — *L. d'eau,* La 144e partie d'un pouce d'eau. Voy. Pouce. || T. Méc. *L. de force,* L. dirigée en chaque point suivant la force qui agit en ce point. *Les lignes de force sont normales aux lignes de niveau.* Voy. Potentiel. || T. Arpent. *L. de niveau,* Ligne d'un terrain dont tous les points ont la même cote. || T. Musiq. *Lignes accidentelles,* Voy. Notation.

**Pêche.** — En termes de Pêche, on nomme *Ligne,* une cordelette mince faite le plus souvent avec des crins de cheval, à l'extrémité de laquelle est attaché un hameçon que l'on garnit d'un appât. Cette l. est généralement suspendue à une *canne* ou *gaule* longue de 4 à 6 mètres, qui se compose de trois parties, savoir: le *pied,* que le pêcheur tient à la main; la *branlette,* qui vient après, et le *scion,* qui la termine. On fixe un peu au-dessus de l'extrémité de la l. une *flotte,* c'est-à-dire un tuyau de plume bouché des deux côtés et passé dans une boule de liége, dont les mouvements indiquent quand le poisson a mordu, en même temps qu'on suspend entre ce liége et l'hameçon un petit *plomb* qui maintient ce dernier dans l'eau. La l. dont nous venons de parler est la l. ordinaire : *l. flottante* ou *l. à la volée.* La *l. à lancer* ou *à fouetter* est disposée de manière que l'hameçon avec son appât ne s'enfonce pas. Elle est destinée à prendre les espèces de poissons qui poursuivent les insectes tombés ou courant à la surface de l'eau. Ces deux sortes de lignes sont appelées *lignes volantes* par opposition aux *lignes dormantes,* c.-à-d. aux lignes dont l'hameçon et même le plomb touchent au fond de l'eau. Souvent la l. est munie d'un moulinet sur lequel est enroulé une grande longueur de fil. Quand un poisson un peu fort a mordu, il se débat et casserait la ligne. Alors on dévide le moulinet, ce qui permet au poisson de fuir assez loin; mais quand il est fatigué, on le ramène en enroulant doucement le moulinet et on arrive ainsi, avec quelques précautions, à le capturer. Ce sont ces manœuvres qui ont pour but de fatiguer le poisson, que les pêcheurs désignent par l'expression *noyer le poisson.* Quant aux lignes dites *de fond,* elles consistent simplement en une corde de crin ou de chanvre qui porte plusieurs hameçons, et que l'on amarre d'un côté sur le rivage, et de l'autre dans le lit du cours d'eau. Il y en a du reste plusieurs variétés, dites *à soutenir, à grelot,* etc., suivant la manière de les manœuvrer ou les accessoires dont on les munit.

**LIGNE** (Charles-Joseph, prince de), se distingua dans la guerre de Sept Ans au service de l'Autriche, et acquit surtout la réputation d'homme spirituel (1735-1814).

**LIGNÉ,** ch.-l. de c. (Loire-Inférieure), arr. d'Ancenis; 2,700 hab. Houilles.

**LIGNÉE.** s. f. [Pr. *li-gné, gn* mouil.] (R. *ligne*). Race, descendance. *Avoir une nombreuse l. Il est mort sans laisser de l.* Vieux.

**LIGNER.** v. a. [Pr. *gn* mouil.] (R. *ligne*). T. Techn. Marquer d'une raie, à l'aide d'une ligne, une pièce de bois avant de la scier, etc. || Marquer de lignes parallèles, *L. une feuille de papier pour écrire.* || T. Mar. *L. une toile,* La disposer, pli par pli, contre un de ses côtés, pour la mieux serrer. || T. Chasse, Couvrir la semelle, en parlant du loup.

**LIGNEROLLE.** s. f. [Pr. *lignero-le, gn* mouil.] (R. *ligne*). T. Mar. Ficelle faite de vieux fil de caret.

**LIGNETTE**. s. f. [Pr. *li-gnè-te, gn* mouil.]. Ficelle de médiocre grosseur qu'on emploie pour faire des filets. || Petite ligne de pêche.

**LIGNEUL**. s. m. [Pr. *li-gneul, gn* mouil.] (lat. *linum*, lin). Fil enduit de poix dont se servent les cordonniers.

**LIGNEUR**. s. m. [Pr. *li-gneur, gn* mouil.]. Pêcheur de morue à la ligne. = Vaisseau pêchant des morues à la ligne.

**LIGNEUX, EUSE**. adj. [Pr. *li-gneu, euze, gn* mouil.] (lat. *lignum*, bois). T. Bot. Qui est de la nature du bois et qui en a la consistance solide. *Fibres ligneuses. La coque de la noix est ligneuse. Plantes ligneuses. — Corps l., couches ligneuses*, Voy. TIGE. || Subst., *Le ligneux*, La substance dure, cassante et amorphe qui est déposée en couches plus ou moins épaisses dans les cellules allongées des tissus ligneux. — Voy. CELLULOSE.

**LIGNICOLE**. adj. 2 g. [Pr. *gn* mouil.] (lat. *lignum*, bois; *colere*, habiter). T. Zool. Qui habite dans le bois.

**LIGNIÈRES**, ch.-l. de c. (Cher), arr. de Saint-Amand-Mont-Rond, 3,000 hab.

**LIGNIFIANT, ANTE**. adj. (lat. *lignum*, bois; *ficare*, de *facere*, faire) [Pr. *gn* mouil.]. T. Bot. Qui produit le bois.

**LIGNIFICATION**. s. f. [Pr. *ligni-fi-ka-sion, gn* mouil.]. T. Bot. Conversion en bois de bourgeons d'un arbre.

**LIGNIFIER (SE)**. v. pron. [Pr. *gn* mouil.] (lat. *lignum*, bois, et suff. *ficare*, faire). Se convertir en bois.

**LIGNIFORME**. adj. 2 g. [Pr. *gn* mouil.] (lat. *lignum*, bois; *forma*, forme). Qui ressemble à du bois.

**LIGNINE**. s. f. [Pr. *lig-nine, g* dur] (lat. *lignum*, bois). T. Chim. On a donné les noms de *lignine*, de *lignose* et de *lignone* à la substance incrustante qui accompagne la cellulose dans le tissu ligneux et qui produit le durcissement des cellules du bois. C'est elle qui constitue la partie non digestible du fourrage. Elle prend une coloration jaune sous l'action du sulfate d'aniline, une coloration rouge avec la phloroglucine et l'acide chlorhydrique; on peut ainsi la déceler facilement, par ex. dans le papier de bois.

**LIGNIPERDES**. s. m. pl. [Pr. *gn* mouil.] (lat. *lignum*, bois; *perdere*, gâter). Nom de quelques insectes qui rongent et perdent le bois.

**LIGNITE**. s. m. [Pr. *lig-nite, g* dur] (lat. *lignum*, bois). T. Min. Charbon fossile plus dur et plus brillant que la houille ordinaire. Voy. HOUILLE.

**LIGNIVORE**. adj. 2 g. [Pr. *gn* mouil.] (lat. *lignum*, bois; *vorare*, dévorer). Qui ronge et dévore le bois.

**LIGNOCELLULOSE**. s. f. [Pr. *lig-no-sel-lulo-ze, g* dur] (lat. *lignum*, bois; fr. *cellulose*). T. Chim. La l. est le principal constituant du tissu ligneux. Les alcalis caustiques, les bisulfites alcalino-terreux, l'acide sulfureux la décomposent en lignine et en cellulose.

**LIGNOCÉRIQUE**. adj. 2 g. [Pr. *lig-no-sérike, g* dur] (lat. *lignum*, bois; *cera*, cire). T. Chim. *L'acide l.* est un acide gras que l'on rencontre dans la paraffine brute du goudron de hêtre et dans les produits de la saponification de l'huile d'arachide. Il cristallise en aiguilles ou en lamelles incolores, fusibles à 81°, solubles dans l'alcool et dans la ligroïne.

**LIGNON**. riv. de France, affluent de la Loire.

**LIGNONE**. s. f. [Pr. *lig-none, g* dur]. T. Chim. Voy. LIGNINE.

**LIGNOSE**. s. f. [Pr. *lig-noze, g* dur]. T. Chim. Voy. LIGNINE.

**LIGNOSITÉ**. s. f. [Pr. *ligno-zité, gn* mouil.]. État, qualité de ce qui est ligneux.

**LIGNOTIER**. s. m. [Pr. *li-gno-tié, gn* mouil.]. Pêcheur de morue à la ligne.

**LIGNY**, village de Belgique où Napoléon battit les Prussiens deux jours avant Waterloo (1815).

**LIGNY-EN-BARROIS**, ch.-l. de c. (Meuse), arr. de Bar-le-Duc, 5,100 hab.

**LIGNY-LE CHÂTEL**, ch.-l. de c. (Yonne), arr. d'Auxerre, 1,300 hab.

**LIGORISTE**. Voy. LIGUORISTE.

**LIGOTE**. s. f. (lat. *ligare*, lier). Corde, ficelle pour lier. Fam.

**LIGOTER**. v. a. Lier avec une ligote. Fam.

**LIGROÏNE**. s. *f.* T. Chim. La *l.* qu'on appelle aussi *essence de pétrole* et *essence minérale*, est la portion du pétrole qui passe à la distillation entre 80° et 120°. C'est un mélange d'hydrocarbures liquides, homologues du méthane. La l. est utilisée comme dissolvant des matières grasses, des résines, des alcaloïdes, etc. Elle sert aussi à l'éclairage; dans ce cas, elle nécessite l'emploi de lampes spéciales, dites lampes à éponge ou à essence. Voy. ÉCLAIRAGE II, B.

**LIGUE**. s. f. (lat. *ligare*, lier). Union, coalition de plusieurs États ou de plusieurs villes, dans le but d'arriver à un résultat commun. *La l. achéenne. La l. de Cambrai. La l. hanséatique.* || Absol., on donne le nom de *Ligue*, à l'union politique qui se forma en France, vers la fin du XVI° siècle, pour défendre la suprématie du catholicisme et arrêter la propagation des doctrines protestantes et qui plongea la France dans toutes les horreurs de la guerre civile. *Du temps de la L. La procession de la L.* Prov.

> Le sage dit, selon les gens : Vive le roi ! vive la ligue !
>
> LA FONTAINE.

Se dit de ceux qui changent de parti suivant leur intérêt.= *Ligue* s'emploie aussi pour désigner certaines associations formées par les simples citoyens dans un but quelconque. *L. de l'Enseignement. L. des Patriotes. L. de la Paix. L. des Femmes pour le désarmement international.* || Se dit, en mauvaise part, d'un complot, d'une cabale que font plusieurs personnes pour réussir dans quelque projet. *Il s'est fait une l. à l'Académie pour empêcher l'élection d'un tel. Ce grand ministre ne put se défendre contre la l. de ses ennemis.* || *Ligues grises*, Les trois petites républiques qui composaient le corps des Grisons. = Syn. Voy. ALLIANCE.

**LIGUEIL**, ch.-l. de c. (Indre-et-Loire), arr. de Loches, 2,200 hab.

**LIGUER**. v. a. Unir dans une même ligue. *L'Angleterre parvint à l. toute l'Europe, tous les rois de l'Europe contre la France.* = SE LIGUER. v. pron. Faire une ligue avec quelqu'un, se réunir dans un but commun. *Se l. avec quelqu'un. Ces deux peuples se liguèrent contre leur puissant ennemi. L'Europe entière se ligua pour renverser Napoléon. Ces enfants se sont ligués contre leur père.* || Fig.

> En vain contre le Cid un ministre se ligue.
>
> BOILEAU.

= LIGUÉ, ÉE. part.

**LIGUEUR, EUSE**. s. Se dit des personnes qui faisaient partie de la Ligue, du temps de Henri III et de Henri IV. *C'était un l. des plus fougueux. Cette femme était une ligueuse ardente.*

**LIGULAIRE**. adj. 2 g. (R. *ligule*). T. Bot. Se dit d'une partie qui est longue, grêle et plate.

**LIGULE**. s. f. (lat. *ligula*, cuiller, languette). T. Métrol. Mesure de capacité chez les Romains. Voy. CAPACITÉ. || T. Zool. Lèvre inférieure des insectes. — Genre de *Vers* parasites. Voy. PLATHELMYNTHES. || T. Bot. Nom donné à une lame relevée en manchette que le limbe de la feuille des graminées forme perpendiculairement à sa direction. Voy. GRAMINÉES.

**LIGULÉ, ÉE**. adj. T. Bot. Qui a la forme d'une languette. *Fleur ligulée*. Voy. FLEUR.

**LIGULIFLORES.** s. f. pl. (lat. *ligula*, languette; *flos, floris*, fleur). T. Bot. Tribu de végétaux de la famille des *Composées*. Voy. ce mot.

**LIGULINE.** s. f. (R. *ligustrum*). T. Chim. Matière colorante d'un rouge cramoisi, contenue dans les baies du troène (*Ligustrum vulgare*). Elle est soluble dans l'eau et dans l'alcool, insoluble dans l'éther. Sous l'action des alcalis elle prend une coloration verte, que les acides ramènent au rouge. Elle peut servir à déceler dans l'eau la présence du bicarbonate de calcium.

**LIGUORI** (SAINT ALPHONSE DE), Napolitain, fondateur de l'ordre du *Saint-Rédempteur* pour l'instruction des pauvres (1696-1787).

**LIGUORISTE.** s. m. Membre d'une société fondée pour la propagation de la foi, par Alph. de Liguori.

**LIGURES**, l'un des peuples qui habitaient le Sud-Est de la Gaule et la Lombardie. Ils étaient primitivement installés dans les montagnes de la Bétique, dont ils furent chassés par une invasion de Celtes venue par le Sud-Ouest de la Gaule. Alors ils remontèrent vers le Nord, longèrent les Pyrénées et la mer, et vinrent s'établir dans la contrée qui a reçu d'eux le nom de Ligurie. Il y en avait aussi en Sardaigne. On est pas fixé sur leur origine ethnographique. Il est probable qu'ils étaient Aryens; mais ils différaient notablement des Celtes. Les auteurs rapportent la rudesse de leurs mœurs et l'énergie sauvage de leur caractère indomptable.

**LIGURIE**, contrée de l'Italie anc. entre la Gaule et l'Étrurie, comprenant tout le pays situé au nord de golfe de Gênes. — Aujourd'hui province septentrionale de l'Italie; 920,000 hab. = Nom des hab. : LIGURIEN, ENNE. = *Golfe de Ligurie*. Voy. GÊNES (*Golfe de*).

**LIGURIENNE** (RÉPUBLIQUE), fondée par Bonaparte en 1797, cap. *Gênes*. Elle fut réunie à la France en 1805 et aux États Sardes en 1815.

**LIGUSTRINE.** s. f. T. Chim. Substance jaune, amère, hygroscopique, extraite des feuilles du troène (*Ligustrum vulgare*). Elle est très soluble dans l'eau, insoluble dans l'éther et dans l'alcool pur. Avec l'acide sulfurique elle donne une solution bleue.

**LIIMFJORD**, golfe et détroit de la partie nord du Jutland.

**LILALITE.** s. f. T. Minér. Syn. de *Lépidolithe*.

**LILAS.** s. m. Genre de plantes Dicotylédones (*Syringa*) de la famille des *Oléacées*. Voy. ce mot. — *L. des Indes*, *L. de Chine*, noms vulg. du *Melia azedarach*. Voy. MÉLIACÉES. ‖ S'emploie adject., pour désigner la couleur bleue mêlée de rouge qui est le plus ordinairement celle du lilas. *La couleur l. Une robe l.*

**LILBURNE** (JOHN), agitateur politique anglais (1614-1657).

**LILIACÉES.** s. f. pl. (lat. *lilium*, lis). T. Bot. Famille de végétaux Monocotylédones de l'ordre des Liliinées, ayant pour type le genre *Lis*.

*Caract. bot.:* Plantes herbacées, frutescentes ou arborescentes, tantôt pourvues soit de bulbes, soit de tubercules, tantôt offrant un rhizome horizontal redressant chaque année son extrémité pour la développer dans l'air en une tige feuillée. Feuilles étroites, à nervures parallèles; dans quelques espèces cependant elles s'élargissent en lame avec des nervures divergentes. Fleurs grandes et éclatantes, ou petites et vertes (on y trouve aussi tous les degrés intermédiaires); presque toujours hermaphrodites, peut-être jamais véritablement unisexuées. Calice et corolle ternaires, rarement dimères ou tétramères, confondus, également colorés, réguliers ou presque réguliers, parfois soudés en tube. Étamines 6, rarement 4 ou 8, hypogynes, insérées au fond du périanthe; anthères introrses. Pistil formé de 3 (rarement 2 ou 4) carpelles concrescents en un ovaire à autant de loges que de carpelles, renfermant plusieurs ovules anatropes, rarement un seul ovule. Fruit souvent capsulaire à déhiscence longitudinale loculicide ou septicide, parfois une baie. Graines formant 1 ou 2 séries longitudinales; embryon droit, rarement arqué, situé dans l'axe d'un volumineux albumen charnu ou corné.

La famille des L. se compose d'environ 190 genres et 2,110 espèces répandues dans toutes les contrées tempérées et chaudes du globe, mais particulièrement abondantes dans la région méditerranéenne, en Australie et au Cap. Le genre *Smilax* comprend à lui seul 187 espèces et le genre *Allium* environ 250. On en connaît à l'état fossile 8 genres, renfermant plus de 60 espèces; la plupart appartiennent aux terrains tertiaires où le seul genre *Smilax* est représenté par 45 espèces. Le *Yuccites* a été trouvé dans le grès bigarré, et l'*Eolirion* dans le crétacé. On divise cette famille en 3 tribus:

TRIBU 1. — *Liliées.* — Capsule loculicide; anthères le plus souvent introrses; styles concrescents (*Tulipa*, *Gagea*, *Erythronium*, *Lilium*, *Fritillaria*, *Allium*, *Scilla*, *Urginea*, *Ornithogalum*, *Gilliesia*, *Asphodelus*, *Aphyllanthes*, *Yucca*, *Dasylirion*, *Endymyon*, *Hyacynthus*, *Muscari*, *Funkia*, *Agapanthus*, *Hemerocallis*, *Phormium*, *Aloe*, *Lomatophyllum*, etc. [Fig. 1. — 1. *Fritillaria imperialis;* 2. Pistil et étamines; 3. Fruit; 4. Fruits de l'*Hemerocallis cærulea;* 5. Pistil de *Tulipa sylvestris;* 6. Fruit coupé transversalement; 7. Coupe du fruit de l'*Asparagus officinalis;* 8. Coupe d'une graine de *Tulipa hortensis;* 9. Coupe d'une graine d'*Asphodelus ramosus*. — Fig. 2. — 1. *Miersia chilensis;* 2. Fleur; 3. Bractées pétaloïdes; 4. Coupe verticale du périanthe; 5. *Gilliesia graminea:* Sa graine; 6. Coupe de la même]. — Le *Phormium tenax*, vulgair. nommé *Lin de la Nouvelle-Zélande*, rivalise par sa solidité avec le Chanvre; et les *Sansevières*, plantes vivaces à feuilles raides, qui habitent les régions tropicales de l'Afrique et de l'Inde, donnent des fibres encore plus solides, qu'on désigne sous le nom de *Chanvre d'Afrique*. La *Sansev. de Ceylan* (*Sanseviera zeylanica*) se distingue sous ce rapport. Les *Yuccas* fournissent également une fibre tenace; mais l'importance de ce produit est beaucoup moindre. Plusieurs espèces ont été employées de tout temps comme plantes alimentaires La plupart appartiennent au genre *Ail* (*Allium*). Il suffit de rappeler l'*Ail cultivé* (*A. sativum*), le *Poireau* (*A. porrum*), le *faux Poireau* ou le *Poireau du Levant* (*A. ampeloprasum*), la *Rocambole* (*A. scorodoprasum*), l'*Oignon* (*A. cepa*), l'*Échalote* ou *Ciboule* (*A. ascalonicum*), la *Cive*, *Civette* ou *Ciboulette* (*A. schœnoprasum*), l'*A. fistuleux* (*A. fistulosum*), vulg. nommé *Oignon d'hiver* et *Oig. d'Espagne*, dont tout le monde connaît les usages. Toutes ces espèces sont cultivées dans l'Inde. En outre, les habitants des montagnes mangent les bulbes de l'*Allium leptophyllum*, et ils en font sécher les feuilles qu'ils emploient comme condiment. Les Indiens de l'Amérique du Nord mangent également les bulbes de la *Camassie comestible* (*Camassia esculenta*), qu'ils appellent *Quamash*. Les Kamtchadales font cuire sous la cendre et mangent ceux du *Lis de Pompone* ou *Lis turban* (*Lilium pomponium*), dont la culture est aussi répandue que celle de la Pomme de terre chez nous. L'*Érythrone dent de chien* (*Erythronium dens canis*) fournit, dit-on, aux Tartares une partie de leur nourriture. En Europe, les jeunes tiges de certains *Ornithogales* (*Ornithogalum pyrenaicum* et *umbellatum*) se mangent dans quelques pays en guise d'*Asperge*. Les racines de l'*Asphodèle rameux* (*Asphodelus ramosus*), vulg. *Bâton-blanc*, soumises à la fermentation, donnent une assez grande quantité d'alcool pour qu'il y ait, dans certains pays, profit à l'extraire.

L'*Aloès* et la *Scille* indiquent la valeur de quelques plantes de cette tribu au point de vue médical. Le principe âcre et amer auquel ces plantes doivent leurs propriétés se retrouve également dans un grand nombre d'autres genres. Les bulbes de la *Scille maritime* (*Scilla maritima*), vulgairement appelée *Squille*, sont âcres et nauséeux, et agissent, selon la dose et le mode d'administration, comme émétique, purgatif, diurétique, incisif et expectorant. Ces propriétés sont dues à la présence d'un principe particulier nommé *Scillitine*. Le *Scilla nutans* de nos contrées, et les *S. hyacynthina* et *S. indica* de l'Inde jouissent des mêmes propriétés que la Scille maritime. Les tisserands se servent aussi de ses bulbes pour apprêter leurs fils. Aux Indes orientales, on remplace la Scille par les bulbes du *Ledebouria hyacinthoides:* ces bulbes s'emploient aussi en médecine vétérinaire. Les feuilles et les racines de l'*Érythrone d'Amérique* (*Erythronium americanum*) sont émétiques. Il en est de même des bulbes du *Muscari musqué* (*Muscari moschatum*), et de diverses espèces appartenant aux genres *Gagée* (*Gagea*), *Hyacinthe* (*Hyacinthus*) et *Ornithogale* (*Ornithogalum*). Le genre *Aloès* (*Aloe*) produit un suc purgatif qu'on appelle aussi *Aloès*, et dont l'usage est très répandu. On en connaît plusieurs sortes commerciales, telles que: l'*Aloès socotrin* fourni par l'*Aloe Socotrina;* l'*Aloès des Barbades*, produit par l'*Aloe vulgaris;*

l'*Aloès du Cap*, que produisent les *Aloe spicata*, *A. ferox*, *A. mitræformis*, *A. linguæformis*, etc.; l'*Aloès de Natal*, etc. Les sécrétions particulières qui produisent des effets purgatifs ou émétiques peuvent, par une légère modification, devenir diurétiques. Aussi avons-nous une longue liste d'espèces auxquelles on attribue cette dernière propriété. Au premier rang se placent celles du genre *Allium*, dont les bulbes contiennent beaucoup d'acide phosphorique; puis viennent les racines de l'*Asphodèle rameux*, de l'*Asphodéline jaune* (*Asphodelina lutea*), vulg. *Bâton de Jacob*, de l'*Anthéric rameux* (*Anthericum ramosum*), communément appelé *Herbe à l'araignée*, etc. Les bulbes du *Bulbocode printanier* (*Bulbocodium vernum*) communiquent un goût d'ail au lait des vaches qui en mangent; d'où le nom vulgaire d'*Aiaut* donné à cette plante. Suivant Dieffenbach, la racine du *Phormium tenax* remplace parfaitement la *Salsepareille*; elle agit comme purgatif, diurétique, sudorifique et expectorant. Mais quand le principe âcre, propre à beaucoup de L., vient à se concentrer, on a des plantes qui possèdent des propriétés toxiques: c'est ce qu'on observe dans le *Gloriosa superba*, et dans le bulbe fétide de la *Fritillaire* ou *Couronne impériale* (*Fritillaria imperialis*). Le miel récolté sur les fleurs de ces deux espèces est, dit-on, violemment émétique. Les racines des *Sanseviera* sont utiles, dit-on, dans certains écoulements muqueux, dans les catarrhes bronchiques et dans les douleurs des articulations. Les bulbes de l'*Erythronium dens canis* étaient autrefois réputés aphrodisiaques et vermifuges. On prépare l'*huile de Lis* en faisant infuser dans de l'huile les fleurs du *Lis blanc* (*Lilium candidum*), et ses bulbes écrasés s'emploient comme maturatif dans la médecine populaire.

Nous devons encore mentionner quelques-unes des plantes d'ornement que renferme cette tribu. Les variétés de Tulipes que la culture a obtenues sont presque innombrables, et proviennent de la *Tulipe des fleuristes* (*Tulipa gesneriana*). Parmi les Lis, on remarque d'abord le *Lis commun* ou *Lis blanc* (*Lilium candidum*), puis les espèces diversement colorées, appelées *L. martagon* (*L. martagon*), *L. superbe* (*L. superbum*), *L. tigré* (*L. tigrinum*), *L. de Calcédoine* (*L. chalcedonicum*), *L. du Japon* (*L. japonicum*). Au nombre des espèces d'ornement les plus répandues, nous devons citer encore la *Tubéreuse des jardins* (*Polianthes tuberosa*), l'*Agapanthe en ombelle* (*Agapanthus umbellatus*), communément appelée *Tubéreuse bleue*, l'*Hémérocalle bleue* (*Funkia ovata*) et l'*Hémér. du Japon* (*Funkia subcordata*); l'*Hémér. jaune* (*Hemerocallis lutea*), non moins connue sous les noms de *Lis jaune* et

Fig. 1.

Fig. 2.

le *Lis asphodèle;* la *Jacinthe d'Orient* (*Hyacinthus orientalis*); la *Scille d'Italie* et *du Pérou* (*Scilla italica* et *peruviana*), vulg. nommées, la première, *Jacinthe des jardiniers*, et la seconde, *Jacinthe du Pérou; l'Ornithogale en ombelle* (*Ornithogalum umbellatum*), vulg. *Dame de onze heures*, et l'*Ornith. pyramidal* (*Ornith. pyramidale*), appelé aussi *Épi de lait* et *Épi de la Vierge*, etc.

TRIBU II. — *Colchicées.* — Capsule septicide; anthères le plus souvent introrses; styles ordinairement libres (*Colchicum, Bulbocodium, Narthecium, Veratrum, Melanthium,*

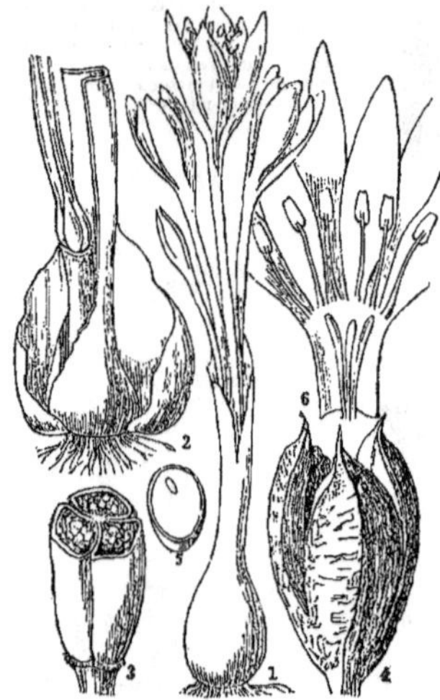

Fig. 3.

*Schœnocaulon, Uvularia, Gloriosa*, etc. [Fig. 3. — 1. *Colchicum autumnale;* 2. Le même, dépouillé de ses tuniques extérieures et dont les enveloppes florales sont coupées pour montrer les carpelles; 3. Coupe transversale de l'ovaire; 4. Capsule mûre; 5. Coupe d'une graine; 6. Coupe de la fleur pour montrer les étamines et le style triparti].

La plupart des plantes de cette tribu possèdent des propriétés vénéneuses. Ces propriétés sont surtout manifestes dans le *Colchique* (*Colchicum*) et le *Vératre* (*Veratrum*). Le bulbe et les graines du premier sont âcres, cathartiques, narcotiques et diurétiques; la racine du second est également âcre; c'est aussi un émétique et un purgatif drastique dangereux. Ces deux genres de plantes doivent leurs propriétés délétères à deux alcaloïdes nommés *Colchicine* et *Vératrine*. Celui-ci est une poudre blanche, non cristalline, très âcre et très vénéneuse. La moindre quantité provoque l'éternuement. La vératrine agit comme tous les poisons narcotico-âcres : on l'a essayée avec succès dans quelques affections fébriles aiguës, notamment dans la pneumonie et le rhumatisme articulaire. Elle détermine des effets sédatifs prononcés. La colchicine cristallise en aiguilles déliées et incolores. Elle a une saveur âpre et amère, mais n'a pas l'âcreté de la vératrine, et n'irrite pas avec autant de violence la muqueuse pituitaire. Le *Vératre vert* (*Ver. viride*), de l'Amérique du Nord, est un stimulant âcre et énergique, qui agit comme émétique, et qui est également suivi d'effets sédatifs. L'emploi imprudent du *Col. d'automne* (*Col. autumnale*), ou *Safran des prés*, produit assez fréquemment des accidents graves et même mortels. La teinture de Colchique entre dans la composition de la plupart des remèdes préconisés contre la goutte. Le *Vératre blanc* (*Ver. album*), appelé vulgairement *Hellébore blanc* et *Lis vert*, paraît être l'*Hippomane* des anciens. Les jardiniers l'emploient pour détruire la chenille du Groseillier et d'autres insectes nuisibles. L'*Asagrée officinale* (*Asagræa officinalis, Schœnocaulon officinale*), plante originaire du Mexique, produit les graines connues dans le commerce sous le nom de *Cévadille, Cébadille* ou *Sabadille*. On les employait autrefois comme vermifuges, ainsi que pour détruire les poux. On les a aussi administrées dans les cas de rhumatisme chronique, de paralysie et de névralgie; mais aujourd'hui on ne s'en sert guère que pour en extraire la *vératrine*. L'*Helonias frigida*, du Mexique, est un poison bien connu qui stupéfie les chevaux qui le mangent. La racine de l'*Hel. dioica* s'emploie comme anthelmintique sous forme d'infusion; mais sa teinture est amère et tonique. Quand on la mâche, elle excite la salivation et provoque des vomissements. Dans l'Amérique du Nord, on l'appelle *Étoile flamboyante* et *Morsure du diable*. L'*Hélonias à fleurs roses* (*Hel. bullata*) s'administre en décoction dans les obstructions intestinales. L'*Amianthium muscætoricum* empoisonne, dit-on, les bestiaux qui mangent ses feuilles pendant l'automne : on s'en sert aux États-Unis pour tuer les mouches. Les *Uvulaires* paraissent jouir simplement de propriétés astringentes. Aux États-Unis, les feuilles pilées de l'*Uv. à grandes fleurs* (*Uvularia grandiflora*) sont un remède populaire contre la morsure des serpents à sonnettes. Les *Hermodactes* des Arabes, jadis si célèbres pour apaiser les douleurs articulaires, ne sont autre chose que les bulbes du *Colchique panaché* (*C. variegatum*), espèce propre à la région méditerranéenne.

TRIBU III. — *Asparagées.* — Fruit baccien (*Asparagus, Paris, Maianthemum, Smilacina, Trillium, Roxburghia, Smilax, Lapageria, Philesia, Dianella, Cordyline, Polygonatum, Convallaria, Ruscus, Dracæna*, etc. [Fig. 4. — 1. *Smilax glycyphylla;* 2. Fleur mâle vue par sa face supérieure; 3. Fleur femelle; 4. Coupe transversale d'un ovaire; 5. Groupe de fruits; 6. Graine; 7. La même, coupée, pour montrer l'embryon; 8. Coupe verticale d'un ovaire de *Sm. brasiliensis.* — Fig. 5. — 1. *Paris quadrifolia;* 2. Coupe horizontale d'un ovaire; 3. Coupe verticale du fruit mûr; 4. Coupe longitudinale d'une graine; 5. Anthère. — Fig. 6. — 1. *Philesia buxifolia;* 2. Stigmate de *Lapageria rosea;* 3. Coupe de l'ovaire; 4. Ovule. — Fig. 7. — 1. *Roxburghia gloriosoides :* fleur; 2. graine; 3. La même, coupée verticalement]

La racine si connue sous le nom de *Salsepareille* et encore usitée pour ses propriétés diurétiques et sudorifiques, provient de plusieurs espèces du genre *Smilace* ou *Smilax*, telles que : le *Sm. médicinal* (*Sm. medica*), qui donne la Salsepareille de la Vera-Cruz; le *Sm. syphilitique* (*Sm. syphilitica*), qui fournit la Salsepareille dite de Portugal ou du Brésil, et le

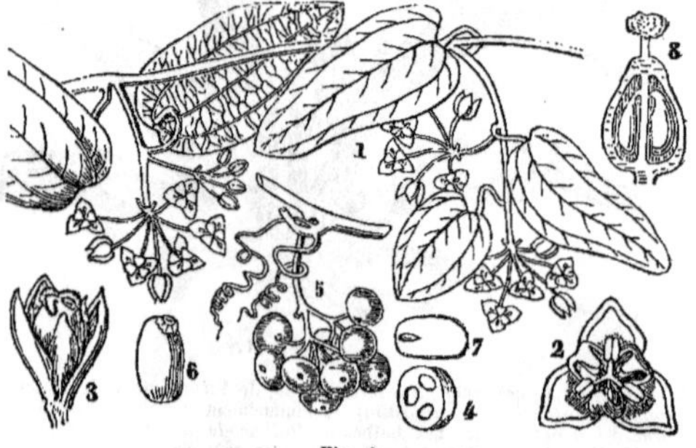

Fig. 4.

*Sm. officinal* (*Sm. officinalis*), qui donne la Salsepareille de Honduras, très estimée en pharmacie. La Salsepareille était autrefois un remède des plus usités dans le traitement des affections syphilitiques; mais elle convient surtout à toutes les maladies dans lesquelles il importe d'activer l'action du système cutané. On l'administre sous forme de décoction, et celle-ci se prépare avec 50 à 60 grammes de Salsepareille coupée menu, que l'on fait bouillir dans 1,500 grammes d'eau jusqu'à ce que le véhicule soit réduit au tiers. On a trouvé dans cette racine une substance particulière qui réside principalement dans l'écorce et paraît être le principe actif : c'est la *Salseparine*, ou *Smilacine*. Dans le midi de l'Europe, on remplace parfois la Salsepareille américaine par le *Sm. excelsa* et le *Sm. aspera*. Ces deux plantes sont extrêmement communes sur les collines et dans les bois des deux côtés du Bosphore, et on les introduit dans le commerce sous le nom de Salsepareille d'Italie ; mais elles ressemblent peu à la véritable Salsepareille. Le *Sm. de Chine* (*Sm. china*), plus communément appelé *Squine*, produit une grande racine charnue, dont la décoction a des propriétés semblables à celles de la Salsepareille. On prétend que les Chinois, en raison de la fécule qu'elle contient, la mangent souvent en guise de riz, et elle contribue à leur donner leur embonpoint. Suivant Roxburgh, les Hindous font un grand usage des gros rhizomes tubéreux du *Sm. lancifolia*, lequel ne se distingue guère du Sm. de Chine. Leur suc frais s'administre à l'intérieur dans les affections rhumatismales, et l'on applique extérieurement sur les parties douloureuses la pulpe qui reste après l'extraction du suc.

Fig. 5.

Les fleurs de la *Cordyline réfléchie* (*Cord. reflexa*) passent pour être emménagogues. A Java, la décoction de la racine de la *Dianelle odorante* est d'un usage vulgaire dans les rétentions d'urine, les leucorrhées, etc. Nos *Fragons* d'Europe, particulièrement le *Fr. piquant* (*Ruscus aculeatus*), appelé aussi *Houx frelon*, *Houx fragon* et *Petit-Houx*, étaient autrefois célèbres comme apéritifs et

Fig. 6.

diurétiques, à cause de leurs racines amères, un peu âcres et mucilagineuses. Le *Fragon piquant* (*Ruscus aculeatus*), appelé aussi *Houx frelon* et *Petit-Houx*, sous-arbrisseau toujours vert, haut de 30 à 50 centimètres, offre des baies mûres en septembre-octobre, d'un beau rouge, qui renferment des graines cornées que l'on a employées pour remplacer le Café, après les avoir fait griller comme ce dernier. Le rhizome constitue l'une des cinq racines apéritives des anciens. Les feuilles sont diurétiques, apéritives. Le *Fragon hypophylle* avait jadis une grande réputation comme stimulant de l'utérus. Chacun sait quelle énorme consommation on fait des pousses ou *Turions* de l'Asperge cultivée (*Asparagus officinalis*); on mange aussi les turions d'un certain nombre d'espèces d'*Asparagus* vivant à l'état sauvage ; ils sont diurétiques et exercent une action sédative sur le cœur, grâce, sans doute, au principe qu'ils contiennent, l'Asparagine. La racine d'Asperges est aussi employée comme diurétique.

Dans le nord de l'Inde, on fait usage en médecine des racines de l'*Asperge à grappe* et de l'*Asp. montante* (*Asparagus racemosus* et *ascendens*). Les racines de cette dernière, qui sont semi-transparentes et de forme conique, passent pour remplacer convenablement le Salep.

Certaines espèces contiennent en abondance une matière résineuse qui jouit de propriétés astringentes et toniques. La plus renommée de ces résines est le *Sang-dragon*, qu'on emploie quelquefois dans la diarrhée et dans les hémorragies passives. Cette substance provient en partie de la surface des feuilles et des fissures du tronc du *Dracæna draco*. Toutefois, dans le commerce, ce qu'on vend généralement sous le nom de Sang-dragon, est une résine également astringente qui est fournie par un *Palmier*, le *Calamus draco*. Il est probable que la *Dianelle odorante* (*Dianella odorata*) produit une sécrétion du même genre : car, selon Blume, ses racines pulvérisées servent à faire des pastilles odorantes. Les racines

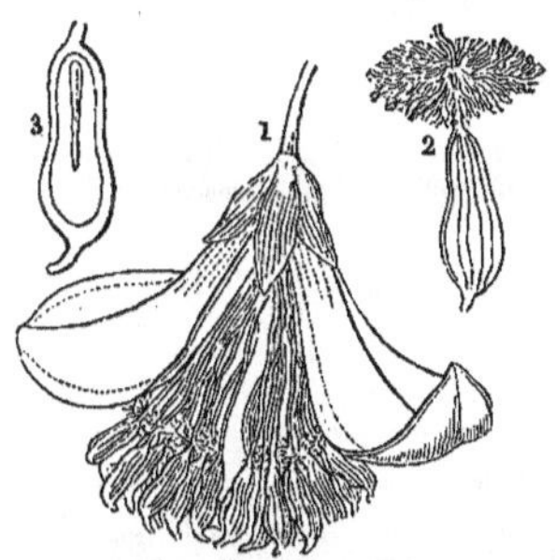

Fig. 7.

du *Dracæna terminalis* et du *Dr. ferrea* passent pour être des astringents efficaces. Il en est de même du *Streptope à feuilles embrassantes* (*Streptopus amplexifolius*), appelé vulg. *Laurier alexandrin des Alpes*, et du *Fragon hypophylle* (*Ruscus hypophyllum*), vulg. *Fragon lauréat*, qui l'un et l'autre s'emploient pour les gargarismes.

Le *Dragonnier pourpre* (*Dracæna terminalis*) joue un rôle important dans l'alimentation des naturels des îles Sandwich. Ses grandes racines ligneuses sont désignées sous le nom de *racines de Ti*. Cuites, elles deviennent nutritives et acquièrent une saveur douce. Broyées, mêlées avec de l'eau et livrées à la fermentation, elles donnent un breuvage qui enivre. Par la distillation, on en obtient une sorte d'alcool; et si on les fait bouillir avant la fermentation, elles donnent un sirop qui peut remplacer le sucre. Les bœufs, les moutons et les chèvres se nourrissent des feuilles de cette plante, qui en outre sont employées en guise de chaume pour couvrir les maisons, et dont on fait une sorte de toile. Le *Muguet de mai* (*Convallaria maialis*) possède des fleurs très odorantes renfermant un principe, la *Convallamarine*, qui place cette plante à côté de la Digitale comme médicament cardiaque. Le rhizome du *Sceau-de-Salomon* (*Polygonatum vulgare*) est légèrement astringent et vomitif. La *Parisette à quatre feuilles* (*Paris quadrifolia*), vulg. appelée *Herbe à Pàris* et *Raisin de renard*, est un poison narcotique, âcre, qui pourrait recevoir certaines applications en thérapeutique. La racine de la *Médéole de la Virginie* (*Medeola virginica*) est émétique et diurétique. Les rhizomes du *Trillium cernuum* et du *Tr. sessile* jouissent aussi de propriétés émétiques fort énergiques, et leur fruit est suspect. Le suc de leurs baies, traité par l'alun, donne une matière colorante bleue. Le *Lapageria rosea* est un très bel arbrisseau grimpant, dont les baies douces sont, dit-on, bonnes à manger, et dont la racine passe pour posséder les mêmes propriétés que la Salsepareille. Les racines du *Roxburghia gloriosoides*, préalablement traitées par l'eau de chaux, se confisent au sucre et se mangent avec le thé; mais elles sont insipides. Les fibres de cette plante pourraient, dit-on, être utilisées dans l'industrie.

**LILIÉES**, s. f. pl. (lat. *lilium*, lis). T. Bot. Tribu de végétaux de la famille des *Liliacées*. Voy. ce mot.

**LILIINÉES**, s. f. pl (lat. *lilium*, lis). T. Bot. Ordre de plantes Monocotylédones caractérisé par une corolle pétaloïde et un ovaire supère. Cet ordre comprend 5 familles : *Liliacées*, *Alismacées*, *Commelinacées*, *Xyridacées* et *Pontédériacées*. Voy. ces mots.

**LILITH**, nom d'une seconde femme d'Adam, d'après une antique légende talmudique.

**LILLE**, ch.-l. du dép. du Nord, sur la Deule; 201,200 hab., à 250 kilom. de Paris. Ville manufacturière, place de guerre de première classe. — Lille fut défendue par Boufflers en 1708 contre le prince Eugène, et par ses habitants contre les Autrichiens en 1792. = Nom des hab. : Lillois, oise.

**LILLEBONNE**. ch.-l. de c. (Seine-Inférieure), arr. du Havre, 6,800 hab.

**LILLERS**. ch.-l. de c. (Pas-de-Calais), arr. de Béthune, 7,000 hab.

**LILLIPUT**. s. m. Pays imaginaire décrit par Swift dans *Gulliver* qui le dit habité par des homuncules, hauts de six pouces.

**LILLIPUTIEN, ENNE**. adj. [Pr. *li-li-pusi-in*] (R. *Lilliput*). Qui est de très petite taille.

**LILYBÉE**. ancien nom de Marsala (Sicile).

**LIMA**, cap. du Pérou; 104,500 hab. Fondée par Pizarre en 1535. = Nom des hab. : Liménien, ienne.

**LIMACE**. s. f. (lat. *limax*, du gr. λείμαξ, m. s., de λειμών, lieu humide). T. Zool. Genre de *Gastéropode*. Voy. Pulmonés. || Prov. *Marcher comme une l.*, Marcher lentement. || T. Art vétérin. Inflammation de la peau de l'intervalle interdigité du bœuf. || T. Méc. Nom vulgaire donné à la vis d'Archimède.

**LIMACIEN, IENNE**. adj. [Pr. *limasi-in, iène*]. Relatif à la limace, au limaçon. || T. Anat. *Nerf limacien*, Nerf du limaçon de l'oreille.

**LIMACIFORME**. adj. 2 g. (lat. *limax, limacis*, limace; *forma*, forme). Qui a la forme d'une limace.

**LIMAÇON**. s. m. (R. *limace*). T. Zool. Nom vulgaire de l'escargot. Voy. Pulmonés. || T. Anat. Partie du labyrinthe de l'oreille interne qui a la forme d'une coquille. Voy. Oreille. || T. Archit. Escalier en hélice tournant autour d'un cylindre de pierre ou d'une colonne de fer. Voy. Escalier. || T. Horlog. Roue d'horlogerie à dents inégales qui détermine le nombre de coups que doit sonner une montre à répétition, une pendule.

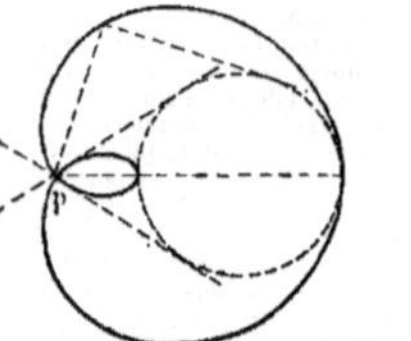


Fig. 1.

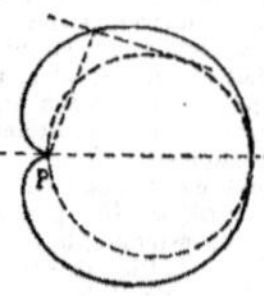


Fig. 2.

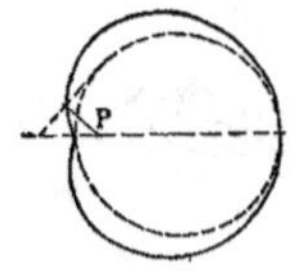


Fig. 3.

**Géom.** — On appelle *Limaçon de Pascal* une courbe que l'on peut définir soit comme conchoïde du cercle, Voy. Conchoïde, soit comme *podaire du cercle*, c.-à-d. que cette courbe est le lieu des pieds des perpendiculaires abaissées d'un point fixe sur les tangentes au cercle. Suivant que ce point fixe est situé à l'extérieur de la circonférence, sur la circonférence même, ou à l'intérieur, la courbe présente un point double avec une boucle, un point de rebaussement, ou affecte une forme plus simple (Fig. 1, 2, 3. — P désigne le point fixe). La courbe, dans le second cas (Fig. 2), a reçu le nom de *Cardioïde*, du grec καρδία, cœur.

**LIMAÇONNE**. s. f. [Pr. *lima-so-ne*]. T. Hist. nat. Chenille d'une variété de bombyx.

**LIMAÇONNER (Se)**. v. pron. [Pr. *se limaso-ner*]. Se ramasser en forme de limaçon.

**LIMAÇONNIÈRE**. s. f. [Pr. *lima-so-nière*]. Petit parc où l'on conserve vivants des limaçons comestibles.

**LIMAGE**. s. m. T. Techn. Action de limer.

**LIMAGNE**, anc. pays de France (dép. du Puy-de-Dôme), grande et fertile plaine arrosée par l'Allier.

**LIMAILLE**. s. f. [Pr. *li-ma-lle, ll* mouillées] (R. *lime*). Les petites parties de métal que la lime fait tomber. *L. d'acier, de fer, d'argent, d'or.*

**LIMAILLEUX, EUSE**. adj. [Pr. *lima-lleu, euze, ll* mouil.]. T. Techn. Qui a le caractère de la limaille. — *Fonte limailleuse*. Fonte noire, chargée de graphite et fondant difficilement

**LIMAN**. s. m. T. Géogr. Nom donné soit à l'estuaire de quelques fleuves, soit au golfe qu'ils forment.

**LIMANDE**. s. f. (R. *lima*, lime, à cause de la rugosité de la peau). T. Icht. Espèce de *Poisson osseux*. Voy. Pleuronectes. || T. Mar. Bande de toile goudronnée qu'on tourne autour d'un cordage et qui sert, avec la garniture dont elle est recouverte, à le garantir des effets du frottement. || T. Techn. Pièce de bois plate et étroite. — Règle de menuisier, large et plate.

**LIMANDER**. v. a. T. Techn. Garnir d'une limande.

**LIMAS**. s. m. (lat. *limax*, m. s.). T. Zool. Nom d'un *Mollusque Gastéropode*. Syn. de *Limace*. Voy. Pulmonés.

**LIMAY**, ch.-l. de c. (Seine-et-Oise), arr. de Mantes, 1,500 hab., sur la Seine.

**LIMBAIRE**. adj. 2 g. T. Bot. Relatif au limbe.

**LIMBE**. s. m. (lat. *limbus*, m. s.). T. Mathém. et Astron. Bord. *Le l. d'un instrument de mathématiques. Le l. supérieur, le l. inférieur du soleil, de la lune.* || T. Bot. Nom donné, dans la feuille, à la lame verte qui en est la partie essentielle. Voy. Feuille. — Partie large d'un pétale de fleur. Voy. Fleur.

**Théol.** — *Les Limbes*. — Bien que ce mot *Limbes* ne se trouve, ni dans l'Écriture sainte, ni dans les anciens Pères, il est depuis fort longtemps consacré par les théologiens pour désigner le lieu, appelé par saint Paul *inferi*, ou les lieux bas, qu'habitaient les âmes des justes morts avant la venue de J.-C., et où N.-S. descendit, après sa mort et avant sa résurrection, afin de les délivrer et de les faire jouir de la béatitude. Ce terme de *limbes* a été sans doute adopté parce qu'il semble indiquer un lieu situé sur les confins de l'enfer proprement dit. Plusieurs

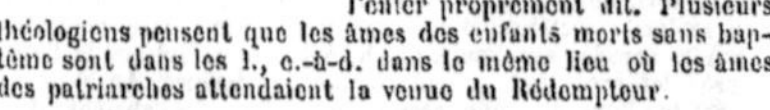
théologiens pensent que les âmes des enfants morts sans baptême sont dans les l., c.-à-d. dans le même lieu où les âmes des patriarches attendaient la venue du Rédempteur.

**LIMBIFÈRE**. adj. 2 g. (R. *limbe* et lat. *ferre*, porter). T. Bot. Qui porte un limbe ou un rebord coloré.

**LIMBOURG**, ancien duché, aujourd'hui partagé entre la Belgique et la Hollande. || Prov. de Belgique, sur la rive gauche de la Meuse, 220,000 hab.; cap. *Hasselt*. || Prov. des Pays-Bas, sur la rive droite de la Meuse, 252.000 hab.; ch.-l. *Maestricht*.

**LIMBURGITE**. s. f. (R. *Limburg*, Grand-Duché de Bade). T. Minér. Roche analogue aux basaltes, mais dépourvue d'éléments blancs.

**LIME**. s. f. (lat. *lima*, m. s., de *limus*, oblique, à cause de l'inclinaison des dents). Outil d'acier trempé, dont la surface est hérissée de dents, et dont on se sert pour dresser, ajuster et polir à froid la surface des métaux, et quelquefois des pièces de bois. *L. douce*, A dents très fines. — *L. sourde*, Qui lime sans bruit, et Fig. Une personne sournoise. — *L. à ongles*. || Fig., en parlant d'une œuvre littéraire, Travailler à la corriger, à la perfectionner. *Il faudrait repasser la l. sur votre poème. Donnez encore quelques coups de l. à votre comédie*. || T. Zool. Genre de *Mollusques Lamellibranches*. Voy. OSTRACÉS.

**Techn**. — Les *Limes* sont des outils d'acier dont la surface est couverte de dents ou d'aspérités régulières, et qui servent à couper ou à user les matières dures. On les appelle proprement *L.*, quand leurs entailles ont été faites avec un instrument rectiligne; et *Râpes*, quand elles ont été taillées avec un instrument ayant la forme d'une pyramide triangulaire. Les limes proprement dites forment à leur tour deux catégories distinctes : les *Écouanes*, ou *Limes à bois*, qui n'ont qu'un rang d'entailles faisant des angles droits avec l'axe de l'outil, ou bien dirigées obliquement par rapport à ce même axe; et les *Limes vraies*, ou *Limes à métaux*, qui ont deux rangs d'entailles croisées et inclinées de différentes manières. Les limes sont généralement munies d'une *Queue* ou *Soie* qui sert à les fixer dans un manche, et l'on appelle *Verge* la partie qui est entaillée.

Les limes vraies se divisent en *grosses*, *moyennes* et *petites*, suivant leurs dimensions et la finesse plus ou moins grande de leurs dents. — Les *grosses limes* sont presque toujours taillées très rudes, c.-à-d. ont les entailles profondes et écartées. Elles servent à dégrossir, et leur poids est assez grand pour qu'il puisse venir en aide à l'impulsion de l'ouvrier. Elles sont dites *plates*, *demi-rondes*, *carrées*, selon leur forme. On les appelle souvent *Limes en paquet* ou *Limes en paille*, parce qu'elles se vendent habituellement en paquets de 8 à 900 gram. enveloppés de paille. Les *limes moyennes* sont taillées plus finement, et leur longueur varie de 15 à 30 centimètres. Il en existe un très grand nombre de variétés. La *Bâtarde* est une l. plate taillée seulement sur trois côtés. Le *Tiers-point* ou *Trois-quarts* est une l. triangulaire, que l'on emploie principalement pour affûter les scies. La *Queue-de-rat* est ronde, pointue par le bout, et renflée dans le milieu de sa longueur : elle sert pour agrandir les trous. La *Sciotte* ou *fendante* n'est taillée que sur son épaisseur : c'est avec elle que l'on fend les têtes de vis, que l'on fait les dégagements aux pannetons des clefs, etc. La *Coutelle* a une session en fer de pique, ovale, allongée, etc.; on en fait surtout usage pour fendre les roues dentées et les pignons. Les *Rifloirs* sont des limes qui ne s'emmanchent pas, et dont les extrémités seules sont taillées : on les saisit par le milieu de leur longueur, qui est uni. — Les *petites limes* affectent toutes les formes des limes moyennes. Leurs dents sont ordinairement d'une grande délicatesse, parce qu'elles servent presque toujours à finir le travail. Les limes dites de *fourniture*, qui sont employées dans l'horlogerie, appartiennent à cette classe.

Nous avons dit que les limes se font d'acier. On n'emploie même pour les meilleures, particulièrement pour les plus petites, que l'acier fondu provenant de l'acier cémenté obtenu avec le fer de Dannemora en Suède. Ces outils se forgent à la main sur l'enclume; mais, tandis qu'on façonne entièrement au marteau les limes plates ou carrées, on donne à celles qui sont triangulaires ou demi-rondes la forme convenable au moyen d'étampes fixées dans l'enclume. Au sortir de la forge, les limes sont dressées et polies; après quoi on procède à la taille. Cette opération se fait à la main, sur un tas, avec un ciseau ou burin sur lequel on frappe avec un marteau. On a plusieurs fois essayé de l'exécuter mécaniquement, mais les machines qu'on a proposées jusqu'à ce jour n'ont pas donné de résultat satisfaisant. La taille est dite *rude*, *bâtarde*, *demi-douce*, *douce* et *très douce*, suivant le plus ou moins d'écartement et de profondeur des sillons, et l'on applique les mêmes dénominations aux limes qui présentent ces différentes dispositions. Les limes une fois taillées, on les trempe, mais le procédé usité varie suivant leur forme et l'usage particulier qu'on veut en faire. — Les Anglais ont eu longtemps le monopole de la fabrication des bonnes limes; aujourd'hui cependant on en fabrique de bonnes dans tous les pays où l'industrie est florissante. Toutefois c'est à Paris que se font les meilleures limes pour l'horlogerie.

**LIMENITIS**. s. m. [Pr. *limé-ni-tiss*]. T. Entom. Genre d'*Insectes Lépidoptères*. Voy. DIURNES.

**LIMER**. v. a. (lat. *limare*, m. s.). Dégrossir, polir, couper, amenuiser avec la lime. *L. une clef, une grille de fer*. || Fig., en parl. d'une œuvre littéraire, La corriger avec soin, la polir, la perfectionner. *Il a été six mois à l. ce poème*. = LIMÉ, ÉE. part.

**Syn**. — *Polir*. — *Limer*, c'est enlever avec la lime les aspérités, les parties superflues, ce qu'un corps a de rude et de raboteux. *Polir*, c'est rendre par le frottement un corps uni et luisant; c'est lui donner la netteté, la clarté, le lustre qu'exige la perfection. Au figuré, *limer* désigne la critique qui retranche, réforme, corrige, efface ce qu'il y a d'inégal, d'inexact, de dur, de rude dans un ouvrage d'esprit; *polir* désigne la dernière façon, la dernière main, la perfection, l'agrément et le brillant qu'il s'agit d'y mettre. L'exactitude, la correction, la précision, l'égalité, font un style *limé*; l'élégance, une grande pureté, une douce harmonie, quelque chose de brillant ou de lumineux, font un style *poli*. Bossuet et Corneille ne s'occupent point à *limer* leur style; Fénelon et Racine *polissent* le leur avec beaucoup de soin.

**LIMERICK**, v. d'Irlande, cap. du comté de *Limerick*, 40,000 hab. Dans une île du Shannon. — Le comté a 180,600 hab.

**LIMESTRE**. s. f. Ancienne serge croisée et drapée qu'on fabriquait à Rouen.

**LIMETTE**. s. f. [Pr. *li-mète*] (Dimin. de *lime* qui s'est dit pour petit limon). Fruit du limettier. *Essence de l*. Voy. LIMETTINE, LIMETTIQUE et LIMONÈNE.

**LIMETTIER**. s. m. [Pr. *limè-tié*] (R. *limette*). T. Bot. Nom vulgaire du *Citrus limetta*. Voy. RUTACÉES.

**LIMETTINE**. s. f. [Pr. *limèt-tine*] (R. *limette*). T. Chim. Substance neutre, fusible à 122°, qui se dépose en cristaux d'un jaune pâle dans l'essence de limette. Sa formule est $C^{16}H^{14}O^{6}$. Un isomère de la l. se dépose dans l'essence de citron et fond à 116°; un composé analogue, fusible à 270°, est fourni par l'essence de bergamote.

**LIMETTIQUE**. adj. 2 g. [Pr. *limèt-tike*] (R. *limette*). T. Chim. *L'acide l.* se forme quand on oxyde l'essence de limette ou l'essence de romarin par le bichromate de potassium et l'acide sulfurique étendu. C'est une substance cristalline blanche, insipide, inodore, insoluble dans l'eau, soluble dans l'alcool. Sa formule est $C^{11}H^{8}O^{6}$.

**LIMEUR**. s. m. Ouvrier qui lime.

**LIMEUSE**. s. f. [Pr. *limeu-ze*]. Machine-outil servant à limer.

**LIMIER**. s. m. (Pour *liemier*, dérivé de *liem*, forme ancienne de *lien*). Gros chien de chasse avec lequel le veneur quête et détourne la bête pour la lancer quand on veut la courir. Voy. CHIEN. || Fig. et fam., *L. de police*, Agent chargé de surveiller et d'arrêter les malfaiteurs. *Les limiers de la police sont à ses trousses*.

**LIMINAIRE**. adj. 2 g. (lat. *liminaris*, m. s., de *limen*, seuil). Placé à l'entrée d'un livre. *Épître l.* On dit aujourd'hui *Préliminaire*.

**LIMITATIF, IVE**. adj. (lat. *limitare*, limiter). Qui limite, renferme dans des bornes certaines. *Disposition limitative*.

**LIMITATIVEMENT**. adv. Avec des limites, d'une manière limitative.

**LIMITATION**. s. f. [Pr.... *sion*] (lat. *limitatio*, m. s.). Action de limiter. || Fixation, restriction. *Il a obtenu un congé sans aucune l. de temps*.

**LIMITE.** s. f. (lat. *limes*, *limitis*, borne). Borne, ce qui sert à séparer un territoire, un terrain, d'un territoire, d'un terrain contigu ou voisin. *Les Pyrénées sont la l. qui sépare l'Espagne de la France. Ce ruisseau sert de l. à ma propriété. Étendre, reculer les limites d'un pays. Sortir de ses limites. Rester, rentrer dans ses limites. Fixer, régler les limites d'un État.* || Par anal., *Avoir atteint la l. d'âge*, Être arrivé à l'âge au delà duquel on ne peut plus exercer une fonction. || Au sens moral. *Les limites de l'autorité, du pouvoir. Son ambition est sans limites, ne connaît pas de limites. Il a excédé la l., les limites de son pouvoir. La philosophie a ses limites qu'elle ne peut franchir sans s'égarer.*

**Math.** — La notion de l. est si importante dans les raisonnements relatifs aux mathématiques, et généralement si mal comprise qu'il est utile d'en donner l'explication nette et précise. Considérons d'abord une suite indéfinie de termes $a_0$, $a_1$, $a_2$, $a_3$,... $a_n$.. etc., qui se déduisent les uns des autres suivant une loi déterminée. Ces termes peuvent être des nombres ou des grandeurs concrètes, longueurs, surfaces, etc.; chacun d'eux est défini par son numéro d'ordre $n$ qui est nécessairement un nombre entier. On dit que *les termes de la suite indéfinie tendent vers une limite* A *si l'on peut trouver un nombre entier* p *tel que tous les termes dont le rang est supérieur à* p *diffèrent de* A *d'une quantité moindre qu'un nombre quelconque* ε *donné à l'avance, et cela quel que soit* ε. En d'autres termes, on dira que les termes de la suite tendent vers une l. A si, étant donné un nombre ε aussi petit qu'on voudra, on peut toujours trouver un nombre $p$ tel que, toutes les fois que $n$ sera plus grand que $p$, on aura :

$$A - \varepsilon < a_n < A + \varepsilon.$$

D'une manière abrégée, mais moins précise, on dira que *les termes de la suite tendent vers une limite* A, *si, à partir d'un certain rang, la différence entre le terme variable* a *et le terme fixe* A *devient et reste aussi petite que l'on veut.* Comme exemples simples, les termes de la suite :

$$\frac{1}{2}, \left(\frac{1}{2}\right)^2, \left(\frac{1}{2}\right)^3, \ldots \left(\frac{1}{2}\right)^n \ldots$$

tendent vers o, puisque, si petit qu'on suppose ε, on peut toujours trouver un nombre entier $n$ tel que $\left(\frac{1}{2}\right)^n$ et à fortiori toutes les puissances suivantes soient plus petites que ε. Il est aisé de conclure de là que les termes de la suite :

$$1 - \frac{1}{2},\ 1 - \left(\frac{1}{2}\right)^2,\ 1 - \left(\frac{1}{2}\right)^3 \ldots\ 1 - \left(\frac{1}{2}\right)^n \ldots$$

tendent vers 1, puisque la différence entre le terme général et l'unité est justement $\left(\frac{1}{2}\right)^n$ qui peut être rendu aussi petit qu'on voudra.

Au lieu de considérer une suite de termes, on peut considérer une fonction d'un paramètre $x$ :

$$a = f(x),$$

c.-à-d. une quantité qui peut être déterminée quand on connaît $x$, mais dans laquelle $x$ peut recevoir toutes les valeurs possibles, tandis que dans le cas précédent le paramètre $n$ était forcément entier. Alors on dit que *la fonction* a *tend vers une limite* A *quand* x *augmente indéfiniment, si, pour toutes les valeurs de* x *supérieures à une valeur fixe* N, *la différence* a — A, *prise en valeur absolue est inférieure à une quantité donnée à l'avance, si petite qu'elle soit.* Il faut donc que ε étant donné, on puisse trouver un nombre N tel que, toutes les fois qu'on aura :

$$x > N,$$

on ait aussi

$$A - \varepsilon < a < A + \varepsilon.$$

On peut aussi considérer la limite de $a$ quand $x$ augmente indéfiniment par des valeurs négatives. Alors l'inégalité $x > N$ est remplacée par $x < -N$. Par exemple la fraction :

$$\frac{x-1}{x+1}$$

tend vers 1 quand $x$ augmente indéfiniment, parce que la différence

$$1 - \frac{x-1}{x+1} = \frac{2}{x+1}$$

devient plus petite qu'un nombre ε quelconque, dès que $x+1$ devient plus grand $\frac{2}{\varepsilon}$ ou $x$ plus grand que $\frac{2}{\varepsilon} - 1$. La même fraction tend aussi vers 1 quand $x$ augmente indéfiniment par des valeurs négatives, parce que la différence précédente devient aussi inférieure à un nombre quelconque ε dès que la valeur absolue de $x + 1$ est supérieure à $\frac{2}{\varepsilon}$.

Enfin, il y a lieu de considérer encore le cas où le paramètre tend lui-même vers une limite. On dit alors que *la fonction* a *tend vers une limite* A *quand la variable* x *tend vers la limite* X *si,* ε *étant un nombre donné à l'avance, on peut toujours trouver un nombre positif* h *tel que toutes les fois que* x *sera compris entre* X — h *et* X + h, *la valeur absolue de la différence* A — a *soit plus petite que* ε. Il faut donc qu'on puisse trouver un nombre positif $h$, tel que la double inégalité

$$X - h < x < X + h$$

entraîne la double inégalité

$$A - \varepsilon < a < A + \varepsilon.$$

D'une manière plus rapide, mais moins précise, on dira que $a$ tend vers une l. A quand $x$ tend vers X, si l'on peut trouver de part et d'autre de X un intervalle de variation tel que, $x$ ne sortant pas de cet intervalle, la valeur absolue de la différence A — $a$ soit aussi petite qu'on voudra.

Il peut se faire que si l'on fait $x = X$, la fonction puisse encore se calculer. Si alors la l. A de $f(x)$ est égale à $f(X)$, la fonction sera dite continue pour la valeur X. Voy. CONTINUITÉ. Soit par exemple la fraction :

$$\frac{x-1}{x^2-1}.$$

Si l'on fait $x = 2$, la fraction devient $\frac{1}{3}$; or quand $x$ tend vers 2, la fraction tend précisément vers $\frac{1}{3}$, parce que la différence :

$$\frac{1}{3} - \frac{x-1}{x^2-1} = \frac{(x-2)(x-1)}{x^2-1} = \frac{x-2}{x+1}$$

peut être rendue aussi petite qu'on voudra, pourvu qu'on prenne assez petite la différence $x - 2$, c.-à-d. qu'on ne fasse varier $x$ que dans un intervalle suffisamment réduit de $2 - h$ à $2 + h$. La fraction est donc continue par $x = 2$.

Souvent, il arrive que pour $x = X$, le calcul de la fonction ne peut plus se faire. Voy. ILLUSOIRE. C'est ce qui arrive dans l'exemple précédent pour $x = 1$. Alors la limite, quand elle existe, est appelée la *valeur limite* de la fonction. La fonction précédente tend vers $\frac{1}{2}$ quand $x$ tend vers 1, parce que la différence

$$\frac{1}{2} - \frac{x-1}{x^2-1} = \frac{(x-1)^2}{x^2-1} = \frac{x-1}{x+1}$$

peut être rendue aussi petite qu'on voudra, pourvu qu'on prenne $x$ assez voisine de l'unité.

Une quantité qui tend vers zéro s'appelle *un infiniment petit*. La considération des limites est donc la base du calcul infinitésimal. Voy. INFINITÉSIMAL, DÉRIVÉE.

On a démontré sur les limites un certain nombre de théorèmes dont nous nous bornerons à donner les énoncés. On trouvera les démonstrations dans tous les bons traités d'algèbre.

*Si plusieurs quantités en nombre constant, dépendant d'un même paramètre, tendent chacune vers une l. déterminée, leur somme tend, dans les mêmes circonstances, vers une limite qui est la somme des limites des différents termes.* — Ainsi si $a_1$, $a_2$,... $a_n$ tendent respectivement vers $A_1$, $A_2$,... $A_n$, la somme $a_1 + a_2 + \ldots + a_n$ tendra vers une limite égale à $A_1 + A_2 + \ldots + A_n$.

Théorème analogue pour la différence de deux quantités, et pour le produit de plusieurs quantités qui tendent toutes vers des limites.

*Si deux quantités dépendant d'un même paramètre tendent respectivement vers deux limites, leur quotient tend, dans les mêmes circonstances, vers une limite égale au quotient des limites des deux termes, pourvu que la limite du diviseur ne soit pas nulle.* — Si $a$ et $b$ tendent vers A et B, $\frac{a}{b}$ tendra vers $\frac{A}{B}$, pourvu que B ne soit pas nul, parce qu'alors le quotient $\frac{A}{B}$ n'existerait plus.

*Si a tend vers* A, $\sqrt[m]{a}$ *tend vers* $\sqrt[m]{A}$ *dans les mêmes circonstances.*

La considération des limites s'applique aussi bien en géométrie qu'en algèbre. C'est par elle que l'on définit et qu'on calcule d'ordinaire la longueur d'une ligne courbe, la surface limitée par une courbe, le volume compris à l'intérieur d'une surface courbe, etc. Voy. LONGUEUR, SURFACE, etc. De plus, en géométrie, on considère souvent aussi la *limite d'une figure*. Par exemple, on dit que la tangente à une courbe est la position limite d'une sécante dont l'un des points d'intersection avec la courbe est fixe, tandis que l'autre se rapproche indéfiniment du premier. Voy. TANGENTE. Voici ce que cela signifie : Soit A un point de la courbe; marquons, de part et d'autre de ce point, sur la courbe, deux points B et B′ et considérons toutes les sécantes qui, partant du point A, viennent couper la courbe en un second point situé entre B et B′. La tangente est une droite AX telle que, si les points B et B′ sont suffisamment rapprochés, chacune de ces sécantes fera avec AX un angle plus petit qu'un angle $\varepsilon$ donné à l'avance

D'une manière générale, quand on dit qu'une figure ($f$) tend vers une figure limite (F), on entend par là d'abord que la forme et la position de la figure ($f$) dépendent d'un paramètre qu'on peut supposer tendre vers o, et ensuite qu'on peut trouver un nombre positif $h$ tel que, toutes les fois que le paramètre sera plus petit que $h$, tout point de la figure $f$ sera, à une distance du point correspondant de la figure F, moindre qu'une longueur donnée à l'avance.

**LIMITER** v. a. (lat. *limitare*, m. s., de *limes, limitis*, limite). Borner. *La mer limite ce royaume au midi et au couchant.* || Fig., se dit du prix et de la quantité des choses, du nombre des personnes, de la durée du temps. *Dans certaines villes on limite le prix du pain. On a limité le nombre des notaires. Les avantages qu'un mari et une femme peuvent se faire réciproquement sont limités par la loi. On lui a limité la durée de son voyage.* Au sens moral. *Ce prince, en limitant son autorité, la rendit plus solide et plus durable.* = LIMITÉ, ÉE. part.

**LIMITROPHE.** adj. 2 g. (lat. *limes, itis*, frontière; gr. τρέφειν, nourrir). Qui est sur les limites. *Ces pays sont limitrophes. Ce département est l. de l'Espagne.*

**LIMNADIE.** s. f. (gr. λίμνη, marais). T. Zool. Genre de *Crustacés*. Voy. BRANCHIOPODES.

**LIMNANTHE.** s. m. (gr. λίμνη, étang; ἄνθος, fleur). T. Bot. Genre de plantes Dicotylédones (*Limnanthes*) de la famille des *Géraniacées*. Voy. ce mot.

**LIMNANTHÉES.** s. f. pl. (R. *Limnanthe*). T. Bot. Tribu de végétaux de la famille des *Géraniacées*. Voy. ce mot.

**LIMNÉE.** s. f. (gr. λίμνη, marais). T. Zool. Genre de *Mollusques Gastéropodes*. Voy. PULMONÉS.

**LIMNITE.** s. f. (gr. λίμνη, marais). T. Minér. Variété de limonite contenant une forte proportion d'eau.

**LIMNOMÈTRE.** s. m. (gr. λίμνη, lac; μέτρον, mesure.) Instrument qui sert à mesurer le niveau des lacs.

**LIMNOMÉTRIQUE.** adj. 2 g. Qui a rapport au limnomètre.

**LIMNOPHILE.** adj. 2 g. (gr. λίμνη, étang; φίλος, qui aime). T. Zool. Qui aime à se tenir dans les eaux stagnantes.

**LIMNORIE.** s. f. (gr. λιμνη, marais). T. Zool. Genre de *Crustacés*. Voy. ISOPODES.

**LIMOCTONIE.** s. f. (gr. λιμοκτονία, m. s., de λιμὸς, faim et κτόνος, meurtre). Mort par défaut de nourriture. Inus.

**LIMOGES**, ch.-l. du dép. de la Haute-Vienne, 72,700 hab. Fabriques de porcelaine et de faïence. Patrie de Vergniaud, de d'Aguesseau. = Nom des hab. : LIMOUGEAUD, AUDE.

**LIMOGNE**, ch.-l. de c. (Lot), arr. de Cahors; 1,300 hab.

**LIMON.** s. m. (lat. *limus*, m. s.; gr. λειμὼν, lieu humide). Boue, dépôt terreux, argileux, sableux ou calcaire, mêlé de débris de végétaux ou de matières animales. *Dieu forma Adam du l. de la terre. Ce fleuve traîne beaucoup de l.* || Fig., au sens moral, Origine, nature. *Tous les hommes sont formés du même l.* || Poét. *Les filles du l.*, Les grenouilles. = Syn. Voy. BOUE.

**Géol.** — Boues argileuses formées dans les vallées et sur les plateaux à l'époque quaternaire. Elles se divisent en limons proprement dits de couleur foncée appelées *lehm* et en limons argilo-calcaires, de teinte claire appelés *loess*. Voy. LEHM et LOESS.

**LIMON.** s. m. (lat. *limus*, oblique). T. Archit. Charpente, ou mur suspendu dans lequel s'engagent, du côté de la rampe, les marches d'un escalier Voy. ESCALIER. || T Mar. Se dit des bouts de cordages qui servent de bras d'échelle pour monter des gaillards dans les haubans.

**LIMON.** s. m. (esp. *limon*, m. s., dérivé de *leme*, timon). T. Carross. Chacune des branches de la limonière d'une voiture. Voy. LIMONIÈRE.

**LIMON.** s. m. (prov. *limo*; esp. *limo*; persan *laimum*; du sanscr. *nimbuka*, citron). T. Bot. Fruit du limonier. On le désigne plus habituellement sous le nom de *citron*. Voy. ce mot.

**LIMONADE.** (R. *limon*, fruit). Boisson rafraîchissante faite avec le suc de limon ou de citron étendu d'eau et édulcoré. — La *L. ordinaire*, que nous venons de définir, se prépare en exprimant dans un litre d'eau un citron coupé en deux. Pour obtenir la *L. cuite*, on fait infuser, pendant une heure, un ou deux citrons coupés par tranches dans un litre d'eau bouillante, et l'on ajoute 35 à 60 grammes de sucre. Cette l. est moins acide, mais aussi moins agréable que la l. faite à froid. La *L. gazeuse* n'est autre chose que la *L. ordinaire*, saturée d'acide carbonique. On appelle *L. sèche* un mélange d'acide citrique et de sucre en poudre, aromatisé avec quelques gouttes d'essence de citron; on en dissout une cuillerée dans un verre d'eau. On transforme ce mélange en l. gazeuse en y ajoutant du bicarbonate de soude, qui, au moment de la dissolution dans l'eau, est décomposé par l'acide citrique, avec dégagement de gaz acide carbonique. — Par ext., on donne le nom de *Limonades végétales* à des boissons analogues qu'on prépare avec la groseille, la cerise aigre, l'épine-vinette, etc. On emploie aussi quelquefois les acides végétaux, tels que l'acide acétique (*L. acétique*), l'acide tartrique (*L. tartrique*), etc. — On appelle encore *L. minérale*, celle qui est faite avec un mélange d'eau et d'un acide minéral comme l'acide sulfurique, azotique ou chlorhydrique. La dose de l'acide doit varier suivant sa nature et son degré de concentration. Les limonades préparées avec des acides minéraux et végétaux ne s'emploient que d'après l'ordonnance du médecin; on les distingue d'après le nom de l'acide : *L. sulfurique, chlorhydrique*, etc. — Enfin, on a donné le nom de *L. purgative* à une préparation dans laquelle le sulfate de magnésie est remplacé par le citrate de magnésie. En outre, on l'édulcore avec du sirop de sucre, et on l'aromatise avec la teinture de zeste de citron. On a quelquefois appelé *Acides alcoolisés*, des limonades additionnées d'alcool.

**LIMONADIER, IÈRE.** s. Celui, celle qui fait et qui vend de la limonade, de l'orgeat, des liqueurs, du café, du chocolat, des glaces, etc.

**LIMONAGE.** s. m. Action de couvrir de limon.

**LIMONÈNE.** s. m. (R. *limon*, fruit, et la termin. *ène* des carbures d'hydrogène). T. Chim. Hydrocarbure terpénique de la formule $C^{10}H^{16}$, contenu dans un grand nombre d'huiles essentielles, surtout dans celles que fournissent les plantes de la tribu des Citrées. On connaît trois variétés optiques de l.: deux d'entre elles possèdent des pouvoirs rotatoires égaux et de sens contraires; la troisième, sans action sur la lumière polarisée, est une variété racémique, c.-à-d. un mélange en proportions égales des deux précédentes. Le *L. droit* ou *dextrogyre*, identique avec l'hespéridène et le citrène, forme la majeure partie des essences d'orange et de citron; on le trouve aussi en assez grande quantité dans les essences de limette et de bergamote. Le *L. gauche* ou *lévogyre* existe dans l'essence de carvi. Le *L. racémique*, plus connu sous le nom de *Dipentène*, est identique avec le cinène; on le rencontre dans l'essence d'élémi, dans l'huile de camphre, dans les essences de térébenthine russe et suédoise; il se forme, en même temps que d'autres produits, quand on soumet le caoutchouc à la distillation sèche et quand on fait agir l'acide sulfurique sur les pinènes ou sur la terpine.

Les limonènes sont des liquides d'une odeur agréable rappelant le citron; leur point d'ébullition est 175°. Ils s'unissent directement au brome pour former des *tétrabromures* solides dont la formule est $C^{10}H^{16}Br^4$. Avec l'acide chlorhydrique sec ils donnent un *chlorhydrate* liquide $C^{10}H^{16}HCl$ et un *dichlorhydrate* $C^{10}H^{16}(HCl)^2$ solide, fusible à 50°. A l'air, les limonènes s'oxydent lentement et se résinifient. Au contact de quelques gouttes d'acide sulfurique ils se polymérisent avec dégagement de chaleur et production de cymène. Traités par le chlorure de nitrosyle, ou bien par l'azotite d'éthyle et l'acide chlorhydrique, ils donnent naissance à des *nitrosochlorures* cristallisables, répondant à la formule $C^{10}H^{16}AzOCl$. Ceux-ci, sous l'action de la potasse alcoolique, perdent de l'acide chlorhydrique et se convertissent en oximes. En réagissant sur les amines, les nitrosochlorures donnent naissance à des *nitrolamines*; c'est ainsi qu'avec la benzylamine $AzH^2C^7H^7$ on obtient des nitrolamines dont la formule est :

$$C^{10}H^{16}\left\langle\begin{array}{l}AzO\\ AzH\,C^7H^7.\end{array}\right.$$

Les trois limonènes ont pour formule de constitution :

$$\begin{array}{ccccccc} & & CH & CH^2 & & & CH^2\\ CH^3 - C & \!\!\!\diagup\!\!\!\!\diagup \;\;\; & & & \diagdown CH - C & \!\!\diagup\!\!\!\!\diagup & \\ & \diagdown & CH^2 & CH^2 & \diagup & \diagdown & CH^3\end{array}$$

et présentent les mêmes réactions chimiques; mais les dérivés du dipentène diffèrent de ceux des limonènes actifs par leurs constantes physiques. A une température élevée ou sous l'action des acides minéraux, les deux limonènes actifs se transforment peu à peu en dipentène.

**LIMONER.** v. n. (R. *limon*). T. Forest. Devenir assez gros pour fournir des limons de voiture. *Ces taillis limonent.* = LIMONER. v. a. Passer un poisson dans l'eau bouillante pour enlever le limon dont il est imprégné.

**LIMONEUX, EUSE.** adj. Bourbeux, plein de limon. *Eau limoneuse. Terrain l.* || T. Minér. *Fer l.* Voy. FER.

**LIMONIE.** s. f. (gr. λειμώνιος, de prairie; de λειμὼν, prairie). T. Bot. Genre de plantes Dicotylédones (*Limonia*) de la famille des *Rutacées*. Voy. ce mot.

**LIMONIER.** s. m. (R. *limon*, fruit). T. Bot. Nom du *Citrus Limonium*, auquel le vulgaire préfère celui de *Citronnier*. Voy. ce mot et RUTACÉES.

**LIMONIER.** s. m. Cheval de voiture qui est attelé entre deux limons, ou celui qu'on a coutume d'y atteler.

**LIMONIÈRE.** s. f. (R. *limonier*). T. Carross. Espèce de brancard formé par deux branches appelées *Limons*, qui sont adaptées au devant d'une voiture. || Par ext., Voiture à quatre roues, ayant, au lieu d'un timon, un brancard formé par deux limons.

**LIMONITE.** s. f. (R. *limon*, boue). T. Minér. Peroxyde de fer hydraté, qui constitue l'un des minerais de fer les plus répandus. Voy. FER, VII, B.

**LIMONITEUX, EUSE.** adj. T. Géol. Qui appartient à la limonite.

**LIMOURS,** ch.-l. de c. (Seine-et-Oise), arr. de Rambouillet; 1,200 hab.

**LIMOUSIN,** anc. prov. de France (Haute-Vienne et Corrèze), cap. Limoges.

**LIMOUSINAGE.** s. m. [Pr. *limou-zi-naje*] (R. *Limousin*, parce que la plupart des maçons de Paris viennent du Limousin). Maçonnerie faite avec de petits moellons, ou avec des cailloux à bain de mortier. *Maçonnerie de l.*

**LIMOUSINE.** s. f. [Pr. *...zine*]. Manteau d'étoffe grossière de laine que portent les charretiers, etc.

**LIMOUSINER.** v. n. [Pr. *...ziner*]. T. Techn. Faire le travail de maçonnerie dit *limousinage*.

**LIMOUX,** ch.-l. d'arr. (Aude), sur l'Aude; 6,400 hab. A 21 kil. S.-O. de Carcassonne. Vins blancs connus sous le nom de *Blanquette de Limoux*.

**LIMPIDE.** adj. 2 g. [Pr. *lin-pide*] (lat. *limpidus*, m. s.). Clair, net, transparent. *Eau l. Source l. Cette liqueur est bien l.* || Fig., *Il a un style clair et l.*

**LIMPIDITÉ.** adj. 2 g. [Pr. *lin-pidité*] (lat. *limpiditas*, m. s.). Qualité de ce qui est limpide. *Cette eau est d'une l. admirable. — La clarté et la l. de son style.*

**LIMULE.** s. m. T. Zool. Genre de *Crustacés*. Voy. XIPHOSURES.

**LIMURE.** s. f. Action de limer; Etat d'une chose limée. *La l. de cette pièce sera longue. La l. de ces pistolets est parfaite.* || Abusiv., se dit quelquefois pour Limaille.

**LIN.** s. m. (lat. *linum*, gr. λίνον, m. s.). Genre de plantes Dicotylédones (*Linum*) de la famille des *Linacées* (Voy. ce mot), dont la tige fournit un fil très fin. *La culture du lin.* || Les fibres que fournit la tige de cette plante. *Ce lin est très beau. Voilà du lin de première qualité.* || Toile faite avec ces fibres. *De longs habits de lin. Être vêtu de lin. Graine de l.* Semence du lin dont la farine sert à faire des cataplasmes. — *Huile de l.* Huile extraite de la graine de lin. Voy. LINACÉES. || *Gris de lin*, Couleur qui ressemble à celle de la fleur du lin. *Le gris de lin est une couleur fort douce.* — Adjectiv., *Couleur gris de l. Ruban gris de l.* || *Lin de la Nouvelle-Zélande*, Le Phormium tenax. Voy. LILIACÉES. — *L. incombustible*, nom donné aux tissus d'amiante. Voy. AMIANTE. — *L. fossile*, nom donné à l'*Abseste*. Voy. ce mot.

**Agric.** — Le *Lin cultivé* (*Linum usitatissimum*) est une petite plante à tige grêle qui ne dépasse guère 60 centimètres en Europe, mais qui atteint jusqu'à 2 mètres sur les bords du Nil. Malgré cela, c'est surtout dans le Nord que cette plante acquiert toutes les propriétés qui la mettent au premier rang parmi les végétaux économiques. L'excès d'humidité et la grande chaleur lui sont également nuisibles. En outre, elle veut pour réussir un terrain bien préparé et chargé d'engrais. Les cultivateurs distinguent trois variétés principales du Lin : le *L. froid* ou *Grand lin*, le *L. chaud* ou *L. têtard*, et le *L. moyen*. Le premier est surtout cultivé dans les Flandres et en Belgique; le dernier est la variété la plus répandue. La matière textile que fournit le Lin, et que l'on désigne sous le même nom que la plante, est composée de longs filaments cellulosiques agglutinés entre eux par une substance pectique. Ces fibres sont employées depuis un temps immémorial à la fabrication des tissus. Mais, pour être en état de recevoir cette application, elles ont besoin d'être soumises à un certain nombre d'opérations préalables, que l'on peut diviser en deux catégories, celle des *préparations agricoles*, et celle des *opérations manufacturières*. Comme ces manipulations sont également nécessaires, sauf quelques modifications de détail, pour rendre le Chanvre propre au tissage, ce que nous allons dire du Lin s'appliquera aussi à ce dernier produit.

**Techn.** — Les préparations agricoles comprennent le *Rouissage*, le *Teillage* et le *Raclage*. — Le *Rouissage* s'effectue immédiatement après la récolte. Il a pour objet de dissoudre la matière pectique qui unit les fibres textiles entre elles ainsi qu'à la tige de la plante. Le procédé le plus usité, procédé qui est employé de toute antiquité, consiste à immerger entièrement la plante dans une eau courante ou stagnante, dont l'emplacement, entouré de claies qui s'opposent à l'entraînement des bottes de lin, se nomme *Routoir*. L'action de l'eau et de l'air se trouvant dissous, produit la fermentation, puis la disparition de la substance gommeuse, de sorte que les fibres peuvent s'isoler avec facilité. L'immersion dure plus ou moins longtemps, suivant l'élévation de la température et suivant la grosseur, le degré de maturité et de dessiccation des brins; cette immersion se prolonge en général pendant une quinzaine de jours. Au bout de ce temps, les brins rompent net et sans plier, et les fibres textiles se détachent facilement sur toute la longueur de la tige ou *chènevotte*. Dès que le rouissage se trouve terminé, on procède à l'épandage des bottes déliées sur une prairie avoisinante; cette dernière opération dure encore quinze jours. Quelquefois, au lieu d'immerger les brins, on se contente de les exposer, sur un pré fauché, à l'action de la pluie et de la rosée. Le rouissage à l'eau présente de graves inconvénients. En effet, les routoirs laissent toujours exhaler des émanations pernicieuses qui corrompent suffisamment les eaux pour détruire le poisson et altérer la santé des bestiaux. En outre, il se produit très souvent une fermentation putride très nuisible à la qualité du lin. De plus, l'opération ne peut se faire avec toute la régularité désirable, parce que les masses ne sont pas également soumises à l'action de l'eau et de l'air. Il résulte de là que les portions les plus exposées à l'air sont trop rouies, ce qui les énerve, tandis que les autres ne le sont pas assez. Dans le rouissage à sec ou par exposition sur le pré, ces inconvénients n'existent pas. Il est, en effet, toujours facile de retourner le lin étendu sur le sol. L'opération est, il est vrai, plus longue, mais, par contre, le rendement est plus considérable et atteint fréquemment 10 p. 100 en plus que dans le rouissage par immersion. On a imaginé un grand nombre de procédés afin d'obvier à l'ennui d'opérations longues et nécessitant une surveillance soutenue. La méthode la plus simple et la plus économique est celle qui est due à Rouchon, s'appliquant indifféremment au lin et au chanvre et qui consiste à tremper les bottes, une fois par jour, jusqu'à ce que le rouissage soit reconnu parfait dans une eau acidulée par de l'acide sulfurique du commerce (1 ou 2 kil. d'acide pour 400 litres d'eau), selon qu'on opère sur du Lin ou sur du Chanvre. Le rouissage terminé, on fait sécher les bottes de Lin ou de Chanvre, soit en les étalant au soleil, soit en les introduisant dans un four après la cuisson du pain, soit encore en les exposant sur un grillage établi au-dessus d'une fosse, appelée *Haloir*, au fond de laquelle on entretient du feu. Le procédé Schenck ou *procédé américain* consiste à immerger les bottes de lin dans une dissolution de *sous-chlorate de magnésie*. L'opération s'exécute dans de grandes cuves carrées en bois, munies d'un double fond percé d'un nombre considérable de trous. La dissolution chaude, pénétrant par la partie inférieure des cuves, traverse le double fond et vient humecter les bottes de lin, placées au préalable côte à côte et debout, en les superposant jusqu'à une certaine hauteur. On renouvelle de temps en temps la dissolution, afin d'éviter une fermentation putride qui ne manquerait pas de se produire. Ce mode de rouissage exige de trois à quatre jours au maximum. Comme dans le procédé Rouchon, on peut sécher le lin en faisant usage des mêmes méthodes.

Quel que soit le procédé de rouissage employé, le lin est alors prêt pour subir l'opération du *Teillage*, c.-à-d. la séparation des fibres textiles d'avec la partie ligneuse de la tige. Dans certaines localités, on teille à la main; dans d'autres, en Belgique notamment, on brise la chènevotte avec un maillet de bois portant des cannelures; dans le plus grand nombre, on se sert d'une machine, appelée *Macque* ou *Broie*, qui se compose de deux mâchoires de bois dur assujetties sur un châssis. La mâchoire inférieure est fixe et creuse, tandis que la supérieure est mobile, façonnée inférieurement en forme de tranchant; elle tourne autour d'un axe de rotation placé à une de ses extrémités, de telle sorte qu'en la saisissant par le manche, et en l'abaissant sur la mâchoire inférieure où on a placé les chènevottes de lin, elle brise celles-ci sans toutefois rompre les fibres. Dans les grandes exploitations, on emploie des appareils permettant de procéder au teillage mécanique. Telle est la *machine à broyer* qui se compose de 2 cylindres cannelés superposés, et représente une sorte de laminoir. — Quel que soit le mode mis en œuvre pour teiller le Lin, les fibres textiles restent toujours souillées par de très menus fragments de chènevotte. On les débarrasse de ces impuretés par le *Raclage* ou l'*Espadage*. Dans le premier cas, on les ratisse avec une racloire, espèce de couteau de fer à tranchant obtus; dans le second, on les place dans une échancrure pratiquée dans une planche debout, et on les frappe avec une sorte de sabre de bois appelé *Espade*. Cette opération se pratique principalement en Allemagne.

On donne le nom de *Filasse* ou de *lin brut*, au lin qui a subi les manipulations dont nous venons de parler. C'est le plus souvent dans cet état que les cultivateurs le livrent à l'industrie qui, de son côté, va procéder à un certain nombre de préparations successives ayant toutes pour but de convertir la filasse en fil avant la dernière et importante opération, celle du *Tissage*. Les plus importantes sont le *Peignage* et le *Filage*. — Le *Peignage* sert à diviser les brins, autant que faire se peut, sans briser les filaments; à les assouplir sans les fatiguer; à les détacher parfaitement les uns des autres, afin de faciliter leur glissement au contact; à les ranger aussi parallèlement que possible; et enfin à séparer ceux qui sont moins longs, moins unis, moins égaux et moins résistants que les autres. Cette opération donne donc deux produits : des filaments longs, qui constituent les *longs brins*, et des filaments plus courts, qui constituent les *Étoupes*. Ce sont les premiers qui fournissent le meilleur fil, celui qui doit servir à la confection des beaux tissus. Quant aux seconds, ils ne peuvent être filés qu'après un cardage préalable. Pendant longtemps, les étoupes n'ont servi qu'à produire des toiles grossières. Il n'en est plus de même aujourd'hui, grâce aux perfectionnements introduits par les Anglais. Le traitement des étoupes par le *procédé anglais* consiste à les plonger, après les avoir débarrassées de la majeure partie de leurs impuretés, fragments de paille et autres, dans une dissolution de soude caustique. C'est en somme une sorte de rouissage qu'on leur fait subir. L'opération dure peu de temps. Les étoupes, après lavage et séchage, sont de nouveau peignées et donnent un produit très utilisable. On reprend les déchets, que l'on rouit à plusieurs reprises et successivement dans des bains concentrés de carbonate de soude, puis d'eau acidulée, et enfin dans une solution chaude de chlorure de magnésium. On obtient ainsi une étoupe de qualité inférieure, il est vrai, mais qui, après avoir été mélangée avec d'autres substances, trouve son emploi dans la fabrication des feutres. Les débris de chènevotte qui restent ne sont pas perdus; on les utilise pour fabriquer du papier. Le peignage s'exécute, soit à la main, à l'aide d'espèces de peignes formés d'aiguilles métalliques fixées sur une pièce de bois triangulaire, soit avec des machines appelées *Peigneuses*. Le premier système entraîne avec lui des pertes de temps considérables, en même temps qu'il occasionne une *freinte* très sensible, c.-à-d. un déchet notable. Avec le *peignage mécanique*, rien de semblable ne se produit. Au sortir du peigne, le lin est livré à d'autres machines, dites *machines à étaler* et *machines à étirer*, qui, à l'aide de cylindres, le transforment en rubans de plus en plus longs et de plus en plus étroits. Quand ces rubans sont devenus trop minces pour qu'on puisse continuer leur étirage sans s'exposer à les rompre, on les soumet à l'action d'un appareil particulier, nommé *banc à broches* (Voy. COTON), qui, tout en poussant leur allongement le plus possible, augmente en même temps leur résistance en leur imprimant un léger degré de torsion. Ce n'est qu'après cette dernière opération que l'on procède au *Filage* proprement dit en soumettant les rubans sortant du banc à broches à l'action de métiers spéciaux ou *métiers à filer*. Ces derniers sont de deux espèces, suivant que le filage s'opère *au sec* ou *au mouillé*, c.-à-d. qu'il s'agit de filer le lin commun ou le lin fin. Dans le second cas, le lin, avant de passer au métier, traverse des récipients remplis d'eau chaude. — Quand on veut simplement obtenir de gros fils, le filage peut se faire avec des machines presque semblables à celles qui sont employées dans l'industrie du coton; mais ces appareils sont inapplicables, dès qu'il est nécessaire d'atteindre un certain degré de finesse. Disons, avant de terminer par l'historique de la découverte des machines couramment employées à ce jour, que, dans le commerce des lins bruts, on distingue les lins en *blancs*, *gris* et *roux*, suivant leur couleur; et en *fins*, *moyens* et *gros*, suivant leur grosseur. Le *lin blanc* est le plus recherché; on l'estime d'autant plus qu'il se rapproche davantage du blanc argenté. Le lin blanc des Flandres provient des Lins dits *ramés*, à cause de la précaution que prennent les cultivateurs d'entourer et de couvrir les champs de lin de palissades à claire-voie pour soutenir le lin et de fascines à travers lesquelles poussent les tiges. Le *lin gris*, qui vient ensuite, comprend toutes les nuances de gris. Enfin les *lins roux*, qui sont les moins estimés de tous, sont durs, cassants, se filent mal et ne peuvent servir que pour faire les toiles les plus communes. Le *lin de fin*, qu'on appelle aussi *lin froid*, n'est autre chose qu'un choix des plus beaux lins ramés; c'est, par conséquent, le premier de tous. Il est exclusivement réservé à la fabrication des batistes et des dentelles. Le *lin moyen* est blanc ou gris : dans le premier cas, il est formé avec des lins ramés de deuxième choix, et, dans le second, avec des lins gris de première qualité. On l'emploie surtout pour les services de table. Enfin, le *lin de gros*, appelé encore *lin têtard* ou *lin chaud*, comprend les gros filaments de toutes couleurs. C'est avec lui que se fabrique le gros linge de ménage, draps, serviettes, nappes, etc.

C'est le 7 mai 1810 que Napoléon ouvrit un concours ayant pour but de rechercher les moyens mécaniques permettant le travail du lin. Le vainqueur devait recevoir un prix d'un million. Le concours n'eut pas lieu, par suite des événements désastreux de 1812 et de 1813; malgré cela, l'intention de l'empereur fut remplie, car la machine à filer le lin fut inventée par un Français, Philippe de Girard. Malheureusement, cet homme de génie ne trouvant pas, auprès de nos manufacturiers les encouragements qui pouvaient seuls développer sa création, il se vit obligé de la porter à l'étranger. C'est d'Angleterre, où elle avait été adoptée dès 1815, que nous avons été obligés de la tirer, en 1831, quand nos industriels en eurent compris toute la valeur. Actuellement, la filature mécanique du lin est répandue et s'est développée avec rapidité dans tous les pays où l'industrie manufacturière est florissante. Aujourd'hui, les machines à filer le lin ont subi de tels perfectionnements qu'on a renoncé complètement au filage à la main, qui, pendant de très nombreuses années, alimentait la fabrication des dentelles et des batistes les plus fines. Ce filage s'opérait à la quenouille ou au rouet. Les machines ont partout remplacé le travail manuel. — Dans le commerce, les fils de lin sont distingués par des numéros qui expriment leur finesse, et par conséquent leur valeur. On emploie en France deux systèmes de numérotage. Dans le système métrique, on donne 1000 mètres à chaque écheveau, et l'on note combien il faut d'écheveaux pour faire un poids de 500 grammes. Ainsi, par ex., s'il ne faut qu'un écheveau, le fil est dit n° 1; s'il en faut deux, il est dit n° 2, et ainsi de suite. Dans le système anglais, également usité chez nous, on compte par échevettes de 300 yards ou 274 mètres, et le nombre d'échevettes nécessaires pour former une livre anglaise, ou 453 gr., constitue le numéro du fil. D'après cela, le n° 50 anglais signifie qu'il faut 50 échevettes de 300 yards pour faire une livre anglaise. La concordance des deux systèmes ne présente aucune difficulté. Néanmoins, quand on n'a pas besoin d'une exactitude rigoureuse, il suffit de savoir qu'ils sont à peu près dans le rapport de 3 à 10, et que le n° 1 français représente le n° 3 anglais.

**LIN** (Saint), pape de 68 à 70.

**LINACÉES.** s. f. pl. (R. *lin*). T. Bot. Famille de végétaux Dicotylédones de l'ordre des Dialypétales supérovariées diplostémones.

*Caract. bot.* : Plantes herbacées, sous-frutescentes ou arborescentes. Feuilles alternes, rarement opposées, simples, entières, tantôt sans stipules, tantôt munies de stipules latérales. Fleurs très fugaces, blanches, jaunes, rouges ou bleues, régulières, hermaphrodites. Sépales 4-5, imbriqués dans la préfloraison, continus avec le pédoncule, persistants. Pétales en même nombre que les sépales, avec onglets, à préfloraison imbriquée. Étamines en même nombre que les pétales et alternant avec eux, avec 5 staminodes; parfois 10, 15 ou 20 étamines, anthères introrses. Pistil formé de 4-5 carpelles concrescents en un ovaire à 4-5 loges, renfermant 2 ovules anatropes pendants; styles égaux en nombre aux loges; stigmates capités. Le fruit est une capsule septicide (Lin), une drupe à plusieurs noyaux (Hugonie) ou à un seul noyau (Erythroxyle), parfois un akène (Anisadénie). Graines : une seule dans chaque loge, comprimée, renversée; albumen charnu; embryon droit, avec la radicule dirigée vers le hile; cotylédons aplatis. Cette famille se compose de 14 genres, avec 135 espèces, habitant, les unes les régions tempérées de l'hémisphère boréal, les autres les régions intertropicales.

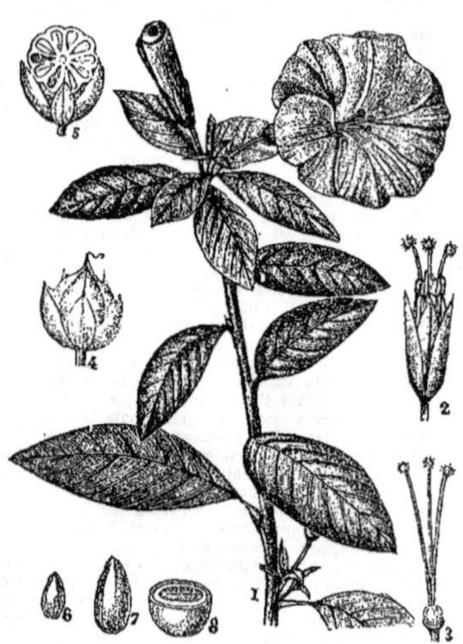

Fig. 1.

On divise cette famille en 2 tribus :

Tribu I. — *Linées.* — Cinq étamines fertiles (*Radiola*, *Linum*, *Anisadenia*, etc.). [Fig. 1. — 1. *Linum trigynum*; 2. Calice, pistil et étamines; 3. Pistil; 4. Fruit; 5. Id., coupe transversale; 6. Graine; 7. Id. grossie; 8. Id., coupe horizontale.]

Les plantes de cette tribu sont surtout caractérisées par la ténacité de leurs fibres et le mucilage abondant que contiennent leurs graines. En outre, ces plantes sont remarquables par la beauté et l'élégance de leurs fleurs. Dans l'article qui précède nous avons parlé de l'emploi industriel des fibres que fournit le *Lin cultivé* (*Linum usitatissimum*); mais ses graines sont également précieuses sous divers rapports. Elles contiennent un mucilage abondant qui fait environ le 6e de leur poids, et qui constitue un excellent adoucissant. On l'emploie sous forme de décoction plus ou moins chargée, en gargarismes, en injections et même en boisson, dans les inflammations du canal intestinal, des voies urinaires, etc. C'est encore un diurétique fort usité. L'huile qu'on extrait de ces graines s'emploie pour la peinture à l'huile; elle est naturellement siccative, mais on la rend beaucoup plus siccative en la faisant bouillir avec de la litharge. Elle sert à la fabrication de l'encre d'imprimerie. Lorsqu'on en imprègne un tissu, elle forme, en séchant, à sa surface une couche qui le rend imperméable à l'eau : telles sont les toiles cirées. C'est aussi au moyen de couches successives de cette huile que l'on fait sécher sur un moule quelconque, lequel s'enlève ensuite, que l'on confectionne divers objets que l'on qualifie abusivement d'instruments de caoutchouc, comme les sondes, les bougies, etc. Administrée à l'intérieur, l'huile de Lin agit comme relâchante. Enfin, elle est employée pour l'éclairage, et même, dans certaines localités, pour la préparation des aliments. Quant à la farine de graine de Lin, tout le monde connaît l'emploi journalier qu'on en fait comme émollient, sous la forme de cataplasmes. Les feuilles du *Lin cathartique* (*L. catharticum*) jouissent de propriétés purgatives et sont usitées dans quelques pays.

Fig. 2.

Tribu II. — *Erythroxylées.* — Dix étamines fertiles (*Hugo-*

*nia*, *Ixonanthes*, *Erythroxylon*, etc.) [Fig. 2. — 1. *Erythroxylon Coca;* 2. Fleur; 3. L'un des pétales; 4. Pistil; 5. Fruit; 6. Embryon.]

L'espèce la plus intéressante de cette tribu est l'*Erythoxylon Coca*, qui habite le Pérou et qui a fait l'objet d'un article spécial. Voy. COCA. Le bois de quelques espèces est remarquable par sa belle couleur rouge. C'est l'*Er. hypericifolium*, qui fournit le *Bois d'huile* de l'île de France. On retire de l'écorce de l'*Er. suberosum* une matière colorante d'un brun rougeâtre qui donne une teinture solide. L'*Er. areolatum*, arbrisseau qui croît aux environs de Carthagène, passe pour avoir quelques propriétés médicinales. Son écorce est employée comme tonique; avec le suc de ses feuilles, on prépare une pommade usitée contre la teigne; enfin, le suc acidulé de son fruit charnu est purgatif et diurétique. L'écorce de la racine de l'*Er. anguifugum* est regardée au Brésil comme alexipharmaque; celle de l'*Er. campestre* s'administre comme purgatif dans le même pays.

**LINAIGRETTE.** s. f. [Pr. *linè-grè-te*]. (R. *lin*, et *aigrette*). T. Bot. Nom vulgaire du genre *Eriophorum*. Voy. CYPÉRACÉES.

**LINAIRE.** s. f. (R. *lin*, à cause des feuilles qui ressemblent à celles du lin). T. Bot. Genre de plantes Dicotylédones (*Linaria*) de la famille des *Scrofulariacées*. Voy. ce mot.

**LINALOL.** s. m. T. Chim. Alcool terpénique de la formule $C^{10}H^{18}O$, qui forme la majeure partie de l'essence de linaloë ou de likari kanali. On le rencontre aussi, soit à l'état libre, soit à l'état d'éthers, dans les essences de lavande, d'aspic, de bergamote, de petit-grain, etc. Le l. est un liquide incolore qui bout à 198° et dont l'odeur est analogue à celle de la rose. Il est lévogyre. L'essence de coriandre renferme un l. dextrogyre, appelé *coriandrol*, qui ne diffère du précédent que par le sens de son pouvoir rotatoire. Traité à froid par l'acide acétique cristallisable, avec quelques gouttes d'acide sulfurique, le l. se transforme en un éther acétique; cet *acétate de l.* est le principal constituant du parfum de l'essence de bergamote. Mais si l'on fait bouillir le l. ou le coriandrol avec l'acide acétique anhydre, on obtient l'acétate d'un alcool isomère, le licarhodol; il se forme en même temps une certaine quantité de linalonène. Le l., ainsi que le licarhodol, se transforment aisément en un autre isomère, le géraniol; par une oxydation ménagée, en liqueur acide, ils donnent naissance au géranial, c.-à-d. à l'aldéhyde du géraniol.

**LINALONÈNE.** s. m. T. Chim. Hydrocarbure terpénique de la formule $C^{10}H^{16}$, obtenu en distillant le linalol ou l'essence de linaloë sur de la poudre de zinc. C'est un liquide incolore, bouillant à 168°, susceptible de s'unir à deux molécules d'acide chlorhydrique.

**LINAMARINE.** s. f. T. Chim. Glucoside fusible à 134°, contenu dans les graines de lin soumises à la germination.

**LINANT DE BELLEFOND**, explorateur de la région du Haut-Nil, né à Lorient (1800-1883).

**LINARITE.** s. f. (R. *Linares*, n. de lieu, Espagne). T. Minér. Sulfate de plomb et de cuivre hydraté naturel en cristaux clinorhombiques, d'un bleu d'azur.

**LINCEUL.** s. m. (lat. *linteolum*, morceau de toile, dimin. de *linteum*, de *linum*, lin). Drap, ordinairement de toile, dont on se sert pour ensevelir un mort. || Fig.

Et le rapide oubli, second linceul des morts.
LAMARTINE.

**LINÇOIR.** s. m. [Pr. *lin-souar*]. T. Charp. Pièce de bois posée parallèlement au mur, sous la partie du plancher voisine d'une porte, d'une fenêtre, d'une cheminée, etc., pour supporter les solives. — Pièce de bois qui relie un chevêtre au mur. — Pièce de bois qui supporte le pied des chevrons au droit d'une lucarne, d'un coffre de cheminée.

**LINCOLN**, v. d'Angleterre, cap. du comté de Lincoln, 37,600 hab. Le comté a 470,000 hab.

**LINCOLN**, territoire des États-Unis, créé en 1886.

**LINCOLN** (ABRAHAM), né en 1809, président des États-Unis en 1861, soutint la guerre des États du Nord contre ceux du Sud pour l'abolition de l'esclavage. Réélu en 1865, il venait de terminer heureusement la lutte, quand il fut assassiné (1865).

**LINCOLNITE.** s. f. (R. *Lincoln*, n. pr.). T. Minér. Synonyme d'*Heulandite*.

**LIND** (JENNY), cantatrice suédoise (1820-1887).

**LINDAU**, petite ville de Bavière dans trois îles du lac de Constance; 5,500 hab.

**LINDERA.** s. m. T. Bot. Genre de plantes Dicotylédones de la famille des *Lauracées*. Voy. ce mot.

**LINDESNESS** (Cap), formé par la côte sud de la Norvège à l'entrée du Skager-Rack.

**LINDET** (ROBERT), conventionnel, ministre des finances sous le Directoire (1743-1825).

**LINDOR.** s. m. Jeu de cartes identique au nain jaune.

**LINDOR**, personnage de comédie, type de l'amoureux espagnol.

**LINDSAY** (DAVID), poète écossais (1490-1557).

**LINE.** s. f. T. Entom. Genre d'*Insectes Coléoptères*. Voy. CHRYSOMÉLIDE.

**LINÉAIRE.** adj. 2 g. (lat. *linearis*, m. s., de *linea*, ligne). Qui a rapport aux lignes, qui se fait par des lignes. *Problème l. Dessin l.*, Voy. DESSIN. *Perspective l.*, Voy. PERSPECTIVE. || T. Hist. natur. Qui est étroit et à bords parallèles. *Feuilles linéaires*, *Antennes linéaires*.

**Alg.** — En algèbre, le mot *l.* est synonyme de l'expression *de premier degré*. C'est ainsi qu'on dit *fonction l.*, *forme l.*, *équation l.* Au mot FORME, nous avons donné les principes de la théorie des formes linéaires et en même temps celle des équations linéaires. Au mot INFINITÉSIMAL, on trouvera quelques indications relatives aux équations différentielles linéaires. Nous ne parlerons ici que de la résolution pratique des équations linéaires à une ou plusieurs inconnues.

I. *Equation linéaire à une inconnue.* — La résolution de cette équation repose uniquement sur les deux principes suivants, que nous nous contenterons d'énoncer, les démonstrations étant très simples et presque évidentes.

1° *On ne change pas les solutions d'une équation à une ou plusieurs inconnues si on ajoute une même quantité aux deux membres;*

2° *On ne change pas les solutions d'une équation à une ou plusieurs inconnues si on en multiplie tous les termes par une même quantité ne dépendant pas des inconnues.*

Il est clair qu'on peut aussi diviser tous les termes par un même nombre, puisque diviser par $a$ équivaut à multiplier par $\frac{1}{a}$.

Comme nous l'avons indiqué au mot EQUATION, le premier principe permet de faire passer un terme d'un membre dans un autre, à condition qu'on change le signe de ce terme. — Le second principe permet de chasser les dénominateurs, quand ces dénominateurs ne contiennent pas d'inconnues. Il suffit en effet de multiplier tous les termes par un multiple commun des dénominateurs pour que ceux-ci disparaissent. Dès lors, pour résoudre une équation linéaire à une seule inconnue, on commence par chasser les dénominateurs, puis on fait passer tous les termes contenant l'inconnue $x$ dans le premier membre, et tous les termes connus dans le second membre. Alors en mettant $x$ en facteur, en désignant par $a$ la somme des coefficients de $x$ et par $b$ la somme des termes connus, on aura l'équation sous la forme :

$$ax = b.$$

Si $a$ n'est pas nul, il suffit de diviser par $a$ pour avoir la racine de l'équation :

$$x = \frac{b}{a}.$$

Si $a$ est nul, deux cas peuvent se présenter : Ou bien $b$ n'est pas nul, et alors l'équation est *impossible*, parce qu'il n'y a pas de nombre dont le produit par zéro soit un nombre différent de zéro. Si au contraire $b$ est nul, l'équation est vérifiée quelle que soit la valeur qu'on donne à $x$; alors on dit que l'équation est *indéterminée*, ou encore que l'équation est une identité.

*Exemples*. 1° Soit l'équation :

$$\frac{x-1}{6}-1=2-\frac{3x+4}{5}.$$

En multipliant tous les termes par $6 \times 5$, on a :

$$5x-5-30=60-18x-24.$$

Si on fait passer tous les termes contenant $x$ dans le premier membre et tous les termes connus dans le second, on aura :

$$23x=71$$

d'où $$x=\frac{71}{23}.$$

Si on transporte cette valeur dans l'équation donnée, on reconnaît facilement que les deux membres deviennent égaux à $-\frac{15}{23}$, et l'équation devient une identité.

2° Soit l'équation :

$$\frac{3x-1}{5}+\frac{x}{3}=1+\frac{14x-23}{15}$$

En multipliant tous les termes par 15, on a :

$$9x-3+5x=15+14x-23$$

ou $$0=-5.$$

L'équation est *impossible*.

3° Soit l'équation :

$$\frac{3x-3}{5}+\frac{x}{3}=1+\frac{14x-24}{15}$$

Traitée comme précédemment, elle devient :

$$0=0.$$

C'est une *identité*.

Certaines équations contenant l'inconnue en dénominateur peuvent se résoudre de la même manière; mais il faut s'assurer que la racine trouvée n'annule pas le dénominateur. Ex. :

$$\frac{x-1}{x+1}+\frac{x+1}{x-1}=1+\frac{x^2+3x-1}{x^2-1}$$

Si on multiplie tous les termes par $x^2-1$ qui est égal à $(x+1)(x-1)$, on trouve :

$$(x-1)^2+(x+1)^2=x^2-1+x^2+3x-1,$$

et, toutes réductions faites :

$$3x=4$$

d'où $$x=\frac{4}{3}.$$

Cette valeur n'annulant pas le dénominateur est bien la racine de l'équation donnée. Si en effet on avait fait passer tous les termes dans le premier membre et qu'on les ait réduits au même dénominateur, on aurait trouvé :

$$\frac{3x-4}{x^2-1}=0.$$

Pour que cette fraction soit nulle, il faut d'abord que le nominateur soit nul, c.-à-d. $x=\frac{4}{3}$, et comme cette valeur n'annule pas le dénominateur, la fraction est bien nulle, et l'équation est vérifiée par

$$x=\frac{4}{3}.$$

Si, au contraire, on avait eu l'équation :

$$\frac{x-1}{x+1}+\frac{x+1}{x-1}=1+\frac{x^2+4x-1}{x^2-1}$$

qui aurait donné $$4x=4$$

ou $$x=1,$$

cette valeur annulant le dénominateur ne serait pas une racine. L'équation réduite est en effet :

$$\frac{4x-4}{x^2-1}=0,$$

ou, en simplifiant la fraction :

$$\frac{4}{x+1}=0,$$

quantité qui ne peut jamais s'annuler. L'équation est donc impossible.

II. *Équations linéaires à deux inconnues*. — Après qu'on a chassé les dénominateurs et fait passer les termes inconnus dans le premier membre, le système des deux équations prend la forme :

$$ax+by=c$$
$$a'x+b'y=c'.$$

Les principes exposés au mot FORME montrent qu'on en a immédiatement la solution par les formules de Cramer. Voy. FORME. Mais au lieu d'appliquer la théorie générale, on peut se proposer de résoudre directement ce système. On indique à cet effet deux méthodes principales :

1° *Méthode d'élimination par substitution*. On résout l'une des équations par rapport à l'une des inconnues, comme si l'autre était connue, et l'on porte cette valeur dans l'autre, qui n'a plus ainsi qu'une inconnue :

$$x=\frac{c-by}{a}$$

$$a'\left(\frac{c-by}{a}\right)+b'y=c'.$$

La seconde équation fera connaître $y$, et la valeur de $y$ transportée dans la première donnera $x$. On trouve ainsi les formules

$$x=\frac{cb'-ba'}{ab'-ba'} \qquad y=\frac{ac'-ca'}{ab'-ba'}$$

identiques aux formules de Cramer.

2° *Méthode d'élimination par réduction au même coefficient*. — Pour éliminer $y$, on multiplie la première équation par $b'$, la seconde par $b$; $y$ a alors le même coefficient dans les deux équations, et en les retranchant membre à membre on aura une équation ne contenant que $x$. On pourra résoudre cette équation, et porter la valeur trouvée dans l'une des deux équations données ou bien calculer directement $y$ par la même méthode.

*Exemple*. Soit à résoudre le système :

$$5x+3y=11$$
$$9x-4y=1.$$

La méthode de substitution donnera les calculs suivants :

$$y=\frac{11-5x}{3}$$

$$9x-4\frac{11-5x}{3}=1$$

$$27x-44+20x=3$$

$$47x=47 \qquad x=1$$

$$y=\frac{11-5}{3}=2.$$

La méthode de réduction au même coefficient donnera plus vite, en évitant d'écrire les équations intermédiaires et en écrivant seulement sur la gauche les multiplicateurs :

$$\begin{array}{l|l} 9+4 & 5x+3y=11 \\ -5+3 & 9x-4y=1 \end{array}$$

$$(20+27)x=44+3$$

$$47x=47 \qquad x=1$$

$$(27+20)y=99-5=94 \qquad y=2.$$

Rappelons que d'après la théorie générale le système est déterminé quand le déterminant $ab'-ba'$ est différent de zéro. Lorsque $ab'-ba'=0$, le système est impossible ou indéterminé. Pour distinguer les deux cas supposons $a$ différent de zéro. Alors le système est impossible ou indéterminé, suivant que $ac'-ca'$ sera différent de zéro ou nul. En effet $a$ est le déterminant principal, et $ac'-ca'$ le déterminant caractéristique. Voy. FORME. Dans le cas de l'indétermination, $a$ étant différent de zéro, on pourra se donner arbitrairement $y$, et $x$ sera déterminé. Si $b$ et $b'$ ne sont pas nuls tous deux, on pourrait aussi se donner $x$, et $y$ serait déterminé. Mais si $b$ et $b'$ sont nuls, on peut se donner $y$, mais non $x$. En effet, dans ce cas $y$ ne figure pas dans les équations, qui se réduisent à

$$ax = c \qquad a'x = c'$$

$x$ est donc complètement déterminé

$$x = \frac{c}{a} = \frac{c'}{a'},$$

ces deux valeurs étant égales d'après l'hypothèse $ac' - ca' = 0$.

Il convient d'ajouter que dans le cas de l'indétermination, les trois binômes sont nuls, et les coefficients des deux équations ainsi que les termes constants sont proportionnels, d'où il suit que les deux équations sont identiques. Il n'y en a en réalité qu'une.

III. *Équation linéaire à plusieurs inconnues.* — Pour résoudre un système de $x$ équations linéaires à $x$ inconnues, on peut employer soit les formules de Cramer, soit la méthode d'élimination par substitution, soit la méthode de réduction au même coefficient. Si on veut employer la méthode de substitution, on tirera l'une des inconnues et on en portera la valeur dans toutes les autres équations; on aura ainsi un système de $n-1$ équations à $n-1$ inconnues. En recommençant plusieurs fois la même opération, on finira par tomber sur une seule équation à une seule inconnue, à moins que deux ou plusieurs inconnues ne disparaissent en même temps, ce qui arrive dans les cas d'impossibilité et d'indétermination. Si l'on veut employer la méthode de réduction au même coefficient, on formera $n-1$ groupes de 2 équations, et l'on éliminera une même inconnue dans chacun de ces groupes. On aura ainsi un système de $n-1$ équations à $n-1$ inconnues, sur lequel on pourra opérer de même. Il faut seulement faire attention d'utiliser toutes les équations données.

Exemple :

$$x + 3y + 4z = 19$$
$$3x - y + 5z = 16$$
$$5x + 2y - 3z = 0.$$

La méthode de substitution donnera :

$$x = 19 - 3y - 4z$$
$$3(19 - 3y - 4z) - y + 5z = 16$$
$$5(19 - 3y - 4z) + 2y - 3z = 0$$
$$10y + 7z = 41$$
$$13y + 23z = 95,$$

d'où l'on tirera, par une des deux méthodes :

$$y = 2 \qquad z = 3.$$

Alors $\quad x = 19 - 3 \times 2 - 4 \times 3 = 1.$

Pour la réduction au même coefficient, je multiplierai la deuxième équation par 3 et par 2, et je l'ajouterai successivement à la première et à la deuxième, ce qui me donnera :

$$10x + 19z = 67$$
$$11x + 7z = 32,$$

d'où l'on tirera facilement :

$$x = 1 \qquad z = 3.$$

La deuxième équation deviendra donc :

$$3 - y + 15 = 16,$$

d'où : $\quad y = 18 - 16 = 2.$

Souvent, des combinaisons convenables permettent d'abréger le calcul. Soit par exemple le système à 4 inconnues :

$$y + z + t = 3a$$
$$z + t + x = 3b$$
$$t + x + y = 3c$$
$$x + y + z = 3d.$$

Si on ajoute les 4 équations on a :

$$3(x + y + z + t) = 3(a + b + c + d),$$

ou $\quad x + y + z + t = a + b + c + d.$

En retranchant de celle-ci successivement les 4 équations données, on a la solution :

$$x = b + c + d - 2a$$
$$y = c + d + a - 2b$$
$$z = d + a + b - 2c$$
$$t = a + b + c - 2d.$$

III. *Équations linéaires homogènes.* — Ce sont celles où les seconds membres sont nuls. Nous avons vu au mot FORME qu'un système de $n$ équations linéaires *homogènes* à $n$ inconnues n'admet que les solutions obtenues en donnant la valeur zéro à toutes les inconnues quand le déterminant des coefficients n'est pas nul, car les premiers membres sont des formes linéaires indépendantes qui ne peuvent s'annuler toutes que pour des valeurs nulles des variables. Quand le déterminant est nul, le système est indéterminé, et l'on peut supprimer une des équations. Il y a donc lieu d'étudier le cas de $n-1$ équations homogènes à $n$ inconnues. Soit, par exemple, un système de 3 équations à 4 inconnues :

$$ax + by + cz + dt = 0$$
$$a'x + b'y + c'z + d't = 0$$
$$a''x + b''y + c''z + d''t = 0.$$

Supposons que l'un des déterminants du troisième ordre formé en prenant 3 colonnes de coefficients soit différent de zéro, par exemple celui des trois premières colonnes. Alors on pourra diviser toutes les équations par $t$, et l'on aura un système de 3 équations à 3 inconnues $\frac{x}{t}, \frac{y}{t}, \frac{z}{t}$ qu'on pourra résoudre par les formules de Cramer. Ainsi les équations déterminent les *rapports mutuels* des inconnues, ou, ce qui revient au même, des nombres *proportionnels* aux inconnues. On trouve immédiatement ces nombres, qui sont les déterminants dont nous venons de parler, affectés alternativement des signes + ou —; en d'autres termes ce sont les coefficients de $\alpha\ \beta\ \gamma\ \delta$ dans le déterminant du quatrième ordre :

$$\begin{vmatrix} \alpha & \beta & \gamma & \delta \\ a & b & c & d \\ a' & b' & c' & d' \\ a'' & b'' & c'' & d'' \end{vmatrix}$$

Si on désigne ces coefficients par A, B, C, D on pourra poser :

$$x = \lambda A, \quad y = \lambda B, \quad z = \lambda C, \quad t = \lambda D,$$

$\lambda$ étant un nombre arbitraire. Si l'on porte ces valeurs dans chacune des équations données, on reconnaît que le premier membre devient un déterminant à deux lignes égales; donc il est nul, et le système est vérifié.

Si tous les déterminants du troisième ordre étaient nuls, l'indétermination serait plus étendue, et l'on pourrait se donner arbitrairement deux des inconnues.

Le cas qu'on rencontre le plus fréquemment est celui de deux équations à trois inconnues :

$$ax + by + cz = 0$$
$$a'x + b'y + c'z = 0.$$

Les inconnues sont proportionnelles aux déterminants du second ordre :

$$x = \lambda(bc' - cb')$$
$$y = \lambda(ca' - ac')$$
$$z = \lambda(ab' - ba').$$

Exemple :

$$x + 2y - z = 0$$
$$2x + 3y + z = 0$$
$$x = 5\lambda \quad y = -3\lambda \quad z = -\lambda.$$

Si les trois déterminants du second ordre étaient nuls, c'est que les coefficients seraient proportionnels, et alors les deux équations se réduiraient à une seule.

**LINÉAL, ALE.** adj. (lat. *linealis*, m. s.). T. Jurispr. Qui est dans l'ordre d'une ligne. *Succession linéale.* || T. Beaux-Arts, Relatif aux lignes d'un dessin.

**LINÉALEMENT.** adv. Par rapport aux lignes, d'une manière linéale.

**LINÉAMENT.** s. m. [Pr. *linea-man*] (lat. *lineamentum*, m. s., de *linea*, ligne). Trait, ligne, contour. *Les physionomistes prétendent juger du caractère par les linéaments du visage.* || Première trace, premier rudiment d'un être vivant. *On aperçoit dans l'œuf les premiers linéaments du poulet.* — Fig., au sens moral. *Il n'a encore tracé que les premiers linéaments de son ouvrage.*

**LINÉATIFOLIÉ, ÉE.** adj. (lat. *lineatus*, marqué de lignes; *folium*, feuille). T. Bot. Se dit d'une feuille dont les nervures ont la forme de lignes parallèles.

**LINÉES.** s. f. pl. (R. *lin*). T. Bot. Tribu de plantes de la famille des *Linacées*. Voy. ce mot.

**LINETTE.** s. f. [Pr. *li-nètc*]. Graine de lin.

**LINEUX, EUSE.** adj. Qui a rapport au lin, qui a le caractère du lin.

**LINGA,** une des îles de la Sonde. Voy. Indes *Néerlandaises.*

**LINGAM.** s. m. (mot sanscrit). Symbole de la fécondité, de la création et de la puissance du dieu Siva, adoré dans l'Inde sous la forme des parties sexuelles de l'homme et de la femme.

**LINGARD.** s. m. T. Techn. Fil de chaîne empesé, pour raccommoder les fils qui se coupent pendant le tissage. || T. Pêche. Morue longue, salée, venant d'Amérique.

**LINGARD** (John), historien anglais, auteur d'une *Histoire d'Angleterre* (1771-1851).

**LINGE.** s. m. (lat. *lineum*, m. s.). Toute toile de lin, de chanvre ou de coton, mise en œuvre. *Beau l. Gros l. L. fin. L. neuf. Vieux l. Du l. blanc. Du l. sale. L. uni, ouvré, damassé. L. de fil. L. de coton. Changer de l. Mettre des chemises, des serviettes au l. sale.* || Prov. *Laver son l. sale en famille*, Régler entre soi les choses qui pourraient faire scandale. || *Blanchir, savonner, sécher, empeser, repasser du l. Ouvrière en l. Coudre, marquer du l.* — *L. de cuisine*, Torchons, tabliers, etc. — *L. de maison*, Draps, serviettes, nappes. — *L. de corps*, Chemises, mouchoirs, etc., *L. de table*, Nappes, serviettes, etc. — *L. de lit*, Draps, taies d'oreiller, etc. || Se dit aussi d'un morceau de linge. *Essuyer avec un l. Frictionnez-vous avec des linges chauds.* || T. Litur. *Linges sacrés*, Le corporal, le purificatoire et le morceau de toile qui recouvre la pale. || Fig. *Blanc comme un l.*, Très pâle. — *Être comme un l. mouillé*, N'avoir pas la force de se soutenir.

**LINGENDES** (Jean de), évêque de Mâcon, orateur distingué (1595-1665)

**LINGER, ÈRE.** s. Celui, celle qui vend de la toile et du linge, et plus souvent, Qui travaille en linge. || *Lingère*, Femme chargée de la surveillance et de la distribution du linge dans une maison particulière, une maison d'éducation, une communauté religieuse, un hôtel, un hôpital, etc. || T. Zool. Insecte aptère qu'on trouve souvent dans les armoires.

**LINGERIE.** s. f. L'industrie et le commerce qui consistent à confectionner et à vendre du linge. *Elle a fait sa fortune dans la l.* || Dans les hôpitaux, dans les collèges, dans les grandes maisons, etc., Le lieu où l'on dépose et où l'on range le linge.

**LINGONS.** s. m. pl. Peuple de l'anc. Gaule (pays de Langres).

**LINGOT.** s. m. (angl. *ingot*, m. s., avec agglutination de l'article, d'après Génin; mais les dictionnaires anglais disent qui *ingot* vient du français. Peut-être du lat. *lingua*, langue, à cause de la forme). Barre ou morceau de métal fondu qui n'est ni monnayé ni ouvragé. *L. de fer, de plomb, de cuivre, d'or, d'argent. De l'or, de l'argent en l.* || T. Chasse. Morceau cylindrique de fer ou de plomb dont on charge le fusil au lieu de balles. *Les chasseurs se servent de lingots pour tirer sur les animaux à peau dure et épaisse.* || T. Typogr. Morceau de fonte dont on se sert pour remplir les blancs d'une page, principalement afin de maintenir le haut et le bas d'une page divisée en colonnes.

**LINGOTIÈRE.** s. f. (R. *lingot*). Morceau de fer creux et long dans lequel on verse la matière métallique en fusion pour en former des lingots.

**LINGOTIFORME.** adj. 2 g. (R. *lingot* et *forme*). Qui a la forme d'un lingot. || T. Géol. *Coulée l.*, Coulée qui s'épanche en se moulant sur le fond d'une cavité, d'un vallon.

**LINGUAL, ALE.** adj. [Pr. *lingou-al*] (lat. *lingualis*, m. s., de *lingua*, langue) T. Anat. Qui appartient à la langue. *Muscle l. Nerf l. Artère linguale.* || T. Gramm. *Consonnes linguales*, Voy. Consonnes. — Substant., *Une linguale. Les linguales.*

**LINGUATULE.** s. f. [Pr. *lin-goua-tule*] (lat. *lingua*, langue). T. Zool. Genre d'*Arachnides* parasites. Voy. Pentastomides.

**LINGUE.** s. f. (lat. *lingua*, langue). T. Icht. Genre de *Poissons osseux*, voisin du genre Morue. Voy. Gadoïdes.

**LINGUET.** s. m. [Pr. *lin-ghè, g* dur] (ainsi dit parce que cette pièce avait primitivement la forme d'une languette). T. Mar. Pièce de bois chevillée sur le pont d'un navire, qu'on engage dans les dents du cabestan pour l'empêcher de se dévisser.

**LINGUET,** avocat et publiciste fr., né à Reims (1736-1794).

**LINGUETER.** v. a. [Pr. *lin-ghe-ter, g* dur]. Pratiquer sur la tranchée d'une planche, d'un côté une rainure, de l'autre une saillie qui puisse s'encastrer dans la rainure d'une planche voisine. = Lingueté, ée. part. *Les planches qu'on veut assembler en plancher sont linguetées.*

**LINGUIFORME.** adj. 2 g. [Pr. *lin-gui-forme, g* dur]. (lat. *lingua*, langue; *forma*, forme). T. Zool. Qui a la forme d'une langue ou d'une languette.

**LINGUISTE.** s. m. [Pr. *lin-guiste, g* dur]. Celui qui est savant en linguistique ou qui se livre à cette étude.

**LINGUISTIQUE.** s. f. [Pr. *lin-guistique, g* dur] (lat. *lingua*, langue) La *Linguistique* peut être définie l'étude ou la science comparative des langues. Elle diffère de la *Philologie* en ce que celle-ci est l'étude d'une langue particulière, considérée sous les divers rapports de la grammaire, de l'étymologie, de la lexicologie, de la filiation, de l'interprétation et de la critique. En d'autres termes, la l. est la philologie comparative. Ce qu'on a appelé la *Grammaire comparée* se rapproche beaucoup de la l.; toutefois, tandis que *L.* se dit de toute étude comparative de plusieurs idiomes quelconques ou même de toutes les langues connues, la grammaire comparée est la l. limitée à des langues appartenant à la même famille et généralement composées des mêmes radicaux. La comparaison grammaticale étudie principalement les formes des mots ; la comparaison lexique, au contraire, est plus spécialement l'objet de la l. Voy. Langage, Langue, Philologie.
La l. est une science qui présente un haut intérêt. Elle se rattache à l'anthropologie, puisqu'elle a pour objet l'étude de la parole humaine. Elle n'est pas sans rapport avec la psychologie, parce que l'étude de la formation des langues peut donner des indications sur la manière dont certaines idées abstraites ou générales se sont développées dans l'esprit humain ; mais c'est surtout dans ses rapports avec l'*ethnographie*, c.-à-d. l'étude des races humaines, qu'elle offre le plus d'intérêt. Quoiqu'il soit arrivé qu'un peuple, à la suite d'événements politiques, ait adopté une langue importée par des étrangers envahisseurs, néanmoins, la comparaison des langues est encore le guide le plus sûr dans la recherche de la parenté et de la filiation des races.

**LINGUISTIQUEMENT.** adv. [Pr. *lin-guis-tike-man, g* dur]. Par rapport à la langue, à la linguistique.

**LINGULE.** s. f. (lat. *lingula*, dimin. de *lingua*, langue). T. Zool. Genre de *Brachiopodes.* = Lingulacés, ou Lingulidés, et Lingulés, groupes de *Brachiopodes.* Voy. ce mot.

**LINIER, ÈRE.** adj. Relatif au lin. *L'Industrie linière.*

**LINIÈRE.** s. f. (R. *lin*). T. Agric. Terre semée en lin.

**LINIÈRE,** poète satirique fr. (1628-1704).

**LINIMENT.** s. m. [Pr. *lini-man*] (lat. *linire*, oindre). T. Méd. On donne le nom de l. aux médicaments externes dont on se sert pour enduire et frictionner la peau. On les applique soit à l'aide de la main, soit avec un morceau d'étoffe de laine. Les plus employés sont : le *l. ammoniacal*, comme révulsif; le *l. oléocalcaire* (400 gr. d'huile d'amandes douces pour 900 gr d'eau de chaux) pour les brûlures; le l. au chloroforme et le baume Opodeldoch sont indiqués comme calmants; le *l. de Rosen*, comme fortifiant.

**LINLITHGOW,** comté d'Écosse, 43,500 hab. Cap. *Linlithgow*, 5,000 hab.

**LINNÉ** (Charles de), illustre botaniste suédois (1707-1778), auteur d'une méthode de classification des plantes. Voy. Botanique.

**LINNÉE.** s. f. [Pr. *linn-née*] (R. *Linné*, bot. suéd.). T. Bot. Genre de plantes Dicotylédones (*Linnæa*) de la famille des *Caprifoliacées*. Voy. ce mot.

**LINNÉEN, ÉENNE.** adj. [Pr. *linn-né-in*]. Qui appartient à Linné.

**LINNÉITE.** s. f. [Pr. *linn-néite*] (R. *Linné*, le célèbre bot. suéd.). T. Minér. Sulfure de cobalt et de nickel, en octaèdres réguliers, d'un gris d'acier.

**LINOGRAPHIE.** s. f. (gr. λίνον, toile; γράφω, je dessine). Impression photographique sur toile ou calicot. On obtient par les procédés ordinaires de la photographie une image monochrome; puis on rend la toile transparente au moyen d'un vernis et on colorie l'image par derrière. Les œuvres ainsi obtenues ont assez peu de valeur artistique.

**LINOIS** (Comte de), intrépide marin fr., né à Brest (1761-1848].

**LINOLEUM.** s. m. [Pr. *linolé-ome*] (lat. *linum*, lin; *oleum*, huile). T. Techn. Sorte d'étoffe ayant l'aspect de la toile cirée, fabriquée avec de l'huile de lin et des déchets de liège. Le mélange est comprimé, passé au rouleau et fixé sur une toile grossière. Le l. sert à fabriquer des tapis : il peut être balayé et lavé sans inconvénient. On peut aussi l'employer en guise de papier de tenture; on le revêt alors d'une couche d'huile de lin qui forme vernis à la surface.

**LINOLÉINE.** s. f. (lat. *linum*, lin; *oleum*, huile). T. Chim. Matière grasse analogue à l'oléine. Elle est constituée par le glycéride de l'acide linoléique et se rencontre dans les huiles siccatives telles que l'huile de lin.

**LINOLÉIQUE.** adj. 2 g. (lat. *linum*, lin; *oleum*, huile). *L'acide l.* est un acide gras qui a pour formule $C^{18}H^{32}O^{2}$ et qu'on rencontre, à l'état de glycéride, dans la plupart des huiles fixes végétales, mais surtout dans les huiles siccatives. On l'obtient sous la forme d'un liquide limpide, légèrement jaunâtre, très soluble dans l'éther. Il n'est pas saturé; il s'unit directement à quatre atomes de brome. La plupart des oxydants le transforment en acide azélaïque. Avec le permanganate de potassium en solution alcaline il donne de l'acide sativique.

L'acide l. brut obtenu par la saponification de l'huile de lin contient de l'*acide linolénique* $C^{18}H^{30}O^{2}$. Celui-ci est susceptible de fixer six atomes de brome. Exposé à l'air, il s'oxyde et s'épaissit rapidement; ses sels et son glycéride se comportent de même. Une huile est d'autant plus siccative qu'elle contient une plus forte proportion d'acide linolénique. Sous l'action du permanganate de potassium en solution alcaline, cet acide se convertit en *acide linusique* $C^{18}H^{36}O^{8}$, qui cristallise en petites aiguilles fusibles à 203°.

**LINON.** s. m. (R. *lin*). Sorte de toile de lin, très claire et très déliée. *De la toile de l.*, ou simpl. *Du linon.*

**LINOS**, poète légendaire, que la mythologie fait vivre au temps d'Orphée.

**LINOT.** s. m., ou **LINOTTE.** s. f. (R. *lin*, parce que cet oiseau aime les linières, la graine de lin). Petit oiseau à plumage gris, dont le chant est très agréable. On dit ordinairement *Linotte*, même en parlant du mâle. || Fig. et fam., *Il a une tête de l., c'est une tête de l.*, Il a peu de jugement, il a l'esprit fort léger. — Pop. *Siffler la l.*, Boire plus que de raison ou Être en prison, ou encore Dresser quelqu'un à jouer un rôle.

**Ornith.** — Les genres *Linotte* (*Linaria*), *Chardonneret* (*Carduelis*) et *Serin* (*Serinus*) forment dans la famille des *Passereaux conirostres* de Cuvier un petit groupe caractérisé par la forme exactement conique du bec, lequel n'est courbé en aucun point. Tous les oiseaux qui composent ces trois genres sont granivores et en général doués d'un instinct remarquable de sociabilité; mais il est fort difficile d'établir entre eux des différences spécifiques de quelque importance Chez les *Chardonnerets* (Voy. ce mot) le bec est un peu plus long et plus aigu que chez les *Linottes* et chez les *Serins*, et ces derniers ne diffèrent guère entre eux que par la teinte générale du plumage, qui est brun et parfois rougeâtre chez les Linottes, tandis qu'il est verdâtre chez les Serins. — Le type du genre *Linotte* est la *L. commune*, ou *L. des vignes* (*Linaria cannabina*), qui se trouve répandue dans presque toute l'Europe, où elle habite les vignobles, les plaines et la lisière des bois. Elle a le bec noirâtre, le front et la poitrine rouges au printemps, la gorge blanchâtre grivelée, les rémiges primaires largement bordées de blanc, et les tectrices alaires unicolores. Cet oiseau a un ramage fort agréable (la femelle est dépourvue de voix) et se laisse aisément tenir en cage. Les graines qu'il préfère sont celles de lin et de chanvre, d'où le nom qu'on lui a donné. La *L. de montagne* (*L. flavirostris*), le *Cabaret* (*L. rufescens*) et le *Sizerin* (*L. canescens*), appelé aussi *Lin. boréale*, sont des espèces du Nord qui ne sont chez nous que de passage. — Le *Tarin commun* (*Serinus spinus*) fait le passage du genre Chardonneret, dont il a le bec, au genre Serin, dont il a le plumage. Il a le dessus du corps olivâtre, la gorge et le ventre jaunes, et la tête noire avec deux bandes jaunes sur l'aile. Il s'apprivoise aisément, mais son chant n'est pas très agréable. Cet oiseau habite la Russie l'été, et se trouve de passage chez nous en automne. Le *Venturon* (*Ser.*

*citrinella*), très commun dans l'Europe méridionale, n'est aussi que de passage en France. Il a le plumage olivâtre dessus, jaunâtre dessous, avec le derrière de la tête et du cou cendré. Le *Cini* (*Ser. meridionalis*) appartient aussi au midi de l'Europe. Il se trouve également dans nos départements méridionaux, particulièrement en Provence. Son plumage est olivâtre dessus, jaunâtre dessous, tacheté de brun avec une tache jaune sur l'aile. Le *Serin des Canaries* (*Ser. canadria*) (Fig. ci-dessus), vulgairement appelé *Canari*, a été importé en Europe vers le XVe siècle. Il ne vit chez nous qu'à l'état de domesticité; mais, grâce à l'agrément de sa voix et à la docilité de son caractère, l'espèce a été multipliée d'une façon prodigieuse. On a même, au moyen de croisements variés, tellement modifié la race qu'on a changé son plumage et même ses formes. En Europe, il est généralement d'un jaune plus ou moins vif, plus ou moins nuancé de verdâtre; mais, dans son pays natal, il est d'un gris verdâtre avec des taches oblongues brunes. Buffon comptait déjà 29 variétés du Serin domestique. Parmi les plus estimées, nous mentionnerons le *Serin plein*, entièrement d'un jaune jonquille; le *Serin huppé*, le *Serin hollandais à longues pattes*, le *Serin jonquille panaché de noir*. Comme chanteurs, on recherche surtout les métis mâles provenant d'un Chardonneret et d'une Serine. De même que dans les espèces précédentes, la femelle ne chante pas.

**LINTEAU.** s. m. [Pr. *lin-to*] (lat. *limitale*, m. s., de *limes, limitis*, limite). T. Archit. Pièce de bois, de pierre ou de fer qui se met en travers au-dessus de l'ouverture d'une porte ou d'une fenêtre, pour en former la partie supérieure et soutenir la maçonnerie. || Traverse qui relie les pieux d'une palissade. || En Serrurerie, Bout de fer placé au haut d'une porte ou d'une grille pour recevoir les tourillons.

**LINUS**, fils d'Apollon et de Calliope, music. et poète (Mythol.).

**LINYPHIE**. s. f. (gr. λινύφιος, tisserand). T. Zool. Genre d'*Arachnide*. Voy. Araignée.

**LINZ**, v. d'Autriche, cap. de la Haute-Autriche ; 44,600 hab.

**LIOCARPE**. adj. 2 g. (gr. λεῖος, lisse ; καρπὸς, fruit). T. Bot. Dont les fruits sont lisses.

**LIOCOME**. adj. 2 g. (gr. λεῖος, lisse ; κόμη, chevelure). Syn. de *Liotrique*.

**LIODERME**. adj. 2 g. (gr. λεῖος, lisse ; δέρμα, peau). T. Zool. Dont les téguments extérieurs sont nus.

**LION, ONNE**. s. (lat. *leo* ; gr. λέων, m. s.). Grand quadrupède carnivore, d'un poil tirant sur le roux, très fort et très courageux. || Fig., *C'est un l., il est hardi comme un l.*, Il est très brave. *Se défendre comme un l.*, Se défendre avec un très grand courage. *C'est une lionne, une vraie lionne, elle est comme une lionne*, se dit d'une femme en fureur. Famil., on dit d'un faux brave, *C'est l'âne couvert de la peau du l.* — Prov., *Partage du l.*, Partage où le plus fort s'empare de tout. || *Fosse aux lions*, Fosse où l'on garde les lions dans un jardin zoologique.—T. Mar. *Fosse aux lions*, Lieu ménagé en avant de la cale où le maître d'équipage loge des objets de consommation journalière pour l'entretien du navire, huile, goudron, menus cordages, etc. || Fig. *Le l. du jour*, Le personnage à la mode. *Un lion, une lionne*, se disait, de 1830 à 1850, d'une personne appartenant au monde de la mode, du bon ton, de l'élégance. || T. Blas. Figure de l. *Le l. de Saint-Marc*, L. ailé, symbole de l'ancienne république de Venise. || T. Techn. Pièce de bois servant à relier la tête des épontilles à la cale, avec le pont. || *L. d'Amérique, du Pérou*, le Couguar, Voy. Jaguar. — *L. de mer*, Voy. Phoque. — *Chien-lion*, produit par le croisement de l'épagneul et du petit danois, qu'on tond en lui laissant une sorte de crinière. || *L. de pucerons*, Larve d'une sorte de Névroptères. || T. Bot. *Gueule de l.*, Sorte de Muflier. — *Dent de l.*, Pissenlit. || T. Astron. Constellation et signe du zodiaque. Voy. Constellation.

**Mamm.** — Le *Lion* (*Felis leo*) appartient au genre Chat, à la tête duquel il se place comme étant le plus fort et le plus courageux des Félins, et en outre le plus grand, si l'on en excepte le Tigre. Lorsqu'il est adulte, il atteint parfois jusqu'à 2m,60, et 2m,92 de longueur, depuis le bout du museau jusqu'à la naissance de la queue. La *Lionne* est généralement d'un quart plus petite que le mâle. Le pelage de ces animaux est ordinairement d'un fauve assez uniforme ; le dessus du cou et de la tête du mâle adulte porte une épaisse crinière, qui manque à la femelle ; enfin, sa queue est terminée par un gros flocon de poils (Fig. ci-dessous, *Lion* et *lionne* d'Afrique). Le L. porte la tête haute, et se distingue parmi tous les Félins par la majesté de son regard et la noblesse de sa démarche, qui est légère, bien que lente et oblique. Son rugissement, qui fait trembler tous les animaux, est un cri prolongé d'un ton grave mêlé d'un frémissement plus aigu. Par ses mœurs, le L. ressemble à tous ses congénères, et les écrivains ont beaucoup exagéré son audace et son courage. On a surtout vanté sa noblesse de caractère et sa générosité, vertus dont on l'a gratifié tout à fait arbitrairement. A moins qu'il ne soit poussé par la faim, il n'attaque jamais sa proie à force ouverte, mais par ruse et par surprise. Il ne grimpe jamais sur les arbres pour y poursuivre les Singes ; mais il se met en embuscade sur les bords des ruisseaux, et attend que les Antilopes, etc., viennent boire, pour s'élancer comme la foudre sur la victime qu'il a choisie ou que lui offre le hasard. D'un bond,

il peut franchir environ 10 mètres et continuer ainsi pendant quelques instants. Si, dans ce petit nombre de sauts, il ne parvient pas à saisir sa proie, il renonce à la poursuivre. En général, il se contente d'une seule victime à assez longs intervalles, mais il la lui faut vivante. Sa force prodigieuse égale son agilité. Il traîne sans effort à une grande distance des chevaux et des bœufs entiers, et des chasseurs ont assuré avoir poursuivi à cheval, pendant dix lieues, la trace d'un l. qui emportait une génisse de deux ans, et qui ne paraissait avoir laissé toucher à terre le corps de sa victime qu'à deux ou trois endroits. Il est rare que le l. attaque l'homme, à moins qu'il ne soit attaqué ou qu'il ne remarque dans sa contenance des signes de frayeur. La chasse d'un animal aussi redoutable est dangereuse; le plus souvent on lui tend des pièges, et on le fait tomber dans des fosses couvertes de gazon, où on le tue. Cependant on a vu de hardis chasseurs le chasser à l'affût; mais on court de grands risques lorsqu'on ne l'abat pas du premier coup. Le lieutenant Jules Gérard s'est rendu célèbre en Algérie par l'intrépidité et le sang-froid qu'il a déployés dans ce genre de chasse. La durée de la vie du Lion est de 30 à 35 ans. La femelle porte 108 jours, et fait de 2 à 5 petits qui naissent les yeux ouverts. Les *Lionceaux* sont remarquables par leur pelage laineux, orné de raies brunes transversales sur les flancs et à l'origine de la queue; les dernières traces de cette livrée ne disparaissent que lorsque l'animal est complètement adulte. La lionne cache ses petits dans les lieux les plus écartés : elle chasse pour eux, leur apprend à déchirer le gibier, et ne les abandonne que lorsqu'ils peuvent se défendre et saisir leur proie. Les mâles et les femelles se ressemblent beaucoup jusqu'à la troisième année, époque à laquelle la crinière commence à pousser chez les premiers. Pris jeune, le l. s'apprivoise assez aisément : il devient alors doux, caressant, non seulement avec son maître, mais avec les animaux domestiques qu'on élève avec lui. L'art d'apprivoiser les lions était connu des anciens. Le Carthaginois Hannon fut exilé par ses concitoyens sous le prétexte que celui qui, comme lui, avait eu la puissance de dompter des Lions, pouvait bien concevoir le projet d'asservir ses concitoyens. L'an 45 av. J.-C., Marc-Antoine se montra aux Romains sur un char traîné par des Lions. Les Lions, au dire d'Hérodote, d'Aristote et de Pausanias, étaient communs de leur temps en Thrace, en Macédoine et en Thessalie; il n'y en a plus aujourd'hui dans ces contrées. Autrefois, ces animaux étaient également fort répandus en Syrie et dans l'Asie Mineure; mais, actuellement, on n'en trouve plus qu'en Afrique, dans quelques rares cantons de l'Arabie, et dans certaines régions de l'Inde et de la Perse. L'espèce a donc énormément diminué, et l'on peut dire qu'elle est menacée d'une destruction complète. En Afrique même, ils sont beaucoup moins nombreux qu'à l'époque des Romains. La consommation de lions faite par ces derniers dans les jeux du cirque était tellement prodigieuse que, si la mode de ces combats d'animaux eût continué quelques siècles de plus, l'espèce serait sans doute aujourd'hui anéantie. Voy. CIRQUE.

**Blas.** — Le *Lion*, en raison de sa force extraordinaire et de la générosité plus que problématique dont les anciens le gratifiaient, a reçu de tout temps le titre pompeux de roi des animaux, et sa figure a été adoptée comme l'emblème de la force et de la souveraine puissance. De là le rang honorable que la représentation de cet animal occupe parmi les figures héraldiques. Dans le blason, le l. est toujours vu de profil. Sa posture ordinaire est d'être *rampant;* en conséquence, quand il est dans une autre situation, on doit l'exprimer, et indiquer également les diverses modifications qu'il est susceptible de subir. Ainsi, il est dit *accolé*, lorsqu'il a un collier d'un autre émail que le corps; *armé*, quand les ongles sont d'un autre émail que le corps; *contourné*, quand il a la tête tournée du côté sénestre de l'écu, au lieu du côté dextre; *couard*, quand il a la queue entre les jambes; *dragonné* ou *mariné*, quand son corps se termine en queue de dragon ou de poisson; *morné*, quand il n'a ni dents, ni langue, ni griffes. Lorsqu'il est *passant*, on l'appelle *léopardé*. Enfin, il peut être encore *accroupi*, *adossé*, *affronté*, *couronné*, *diffamé*, *issant*, *naissant*, etc. V. ces mots.

**LION** (Golfe du), golfe de France (Méditerranée), entre Perpignan et Marseille. Ce nom paraît provenir des lagunes (*lauves* en patois languedocien) de ce littoral.

**LIONCEAU.** s. m. [Pr. *lion-so*]. Diminutif. Le petit d'un lion.

**LION-D'ANGERS** (Le), ch.-l. de c. (Maine-et-Loire), arr. de Segré; 2,500 hab.

**LIONNE** (HUGUES DE), diplomate fr. (1611-1671).

**LIONNÉ, ÉE.** adj. [Pr. *lio-né*]. T. Blas. *Léopard l.*, Léopard rampant comme un lion.

**LIONNESSE.** s. f. [Pr. *lio-nè-se*]. Femelle du lion. Inus.

**LIOPHYLLE.** adj. 2 g. [Pr. *lio-file*] (gr. λεῖος, lisse; φύλλον, feuille). T. Bot. Qui a les feuilles lisses.

**LIOSPERME.** adj. 2 g. (gr. λεῖος, lisse; σπέρμα, graine). T. Bot. Dont les graines sont lisses.

**LIOTRIQUE.** adj. 2 g. (gr. λεῖος, lisse; θρίξ, cheveu). T. Physiol. Qui a les cheveux plats et lisses. Voy. HOMME.

**LIOUBE.** s. f. T. Mar. Mortaise angulaire. Voy. MORTAISE.

**LIOUBER.** v. a. T. Mar. Faire des lioubes.

**LIOU-KIOU**, archipel du Grand Océan, entre le Japon et la Chine (au Japon).

**LIOUVILLE** (JOSEPH), géomètre fr. (1809-1882).

**LIPARI.** s. f. (gr. λιπαρός, gras). T. Icht. Genre de *Poissons osseux*. Voy. DISCOBOLES.

**LIPARI** (Iles), archipel italien au N. de la Sicile, autrefois *Iles Éoliennes*; la principale a 7,700 hab. Ch.-l. *Lipari*, 4,000 hab.

**LIPARITE.** s. f. (R. *Lipari*, nom de lieu). Variété de talc en masses feuilletées, d'un gris verdâtre.

**LIPAROCÈLE.** s. f. (gr. λιπαρός, gras; κήλη, tumeur). Tumeur graisseuse.

**LIPAROLÉ.** s. m. (gr. λιπαρός, gras). T. Pharm. Nom générique des préparations pharmaceutiques d'une consistance molle et peu tenace, qui résulte de l'union d'une graisse avec une substance médicamenteuse.

**LIPOGRAMME.** s. m. [Pr. *lipo-gram*] (gr. λείπω, j'abandonne; γράμμα, lettre). Écrit dans lequel on s'abstient d'employer telle ou telle lettre de l'alphabet; sorte de jeu d'esprit.

**LIPOGRAMMATIQUE.** adj. 2 g. [Pr. *lipo-gram-matike*]. Qui a rapport au lipogramme. *Un écrivain du III^e siècle, nommé Nestor, a écrit une Iliade l., dont le premier livre est sans α, le second sans β, et ainsi de suite.*

**LIPOGRAMMATISTE.** s. m. [Pr. *lipo-gram-matiste*]. Celui qui compose des ouvrages lipogrammatiques.

**LIPOÏDE.** adj. 2 (gr. λίπος, graisse; εἶδος, forme). Qui ressemble à la graisse.

**LIPOMATEUX, EUSE.** adj. Qui est de la nature des lipomes.

**LIPOME.** s. m. (gr. λίπος, graisse). T. Méd. Voy. LOUPE.

**LIPOPSYCHIE.** s. f. (gr. λείπειν, laisser; ψυχή, âme . Syn. de Lipothymie.

**LIPOTHYMIE.** s. f. (gr. λείπειν, manquer; θυμός, âme). T. Méd. Perte subite et instantanée du mouvement, la respiration et la circulation continuant encore, ce qui distingue la lipothymie de la syncope.

**LIPPE.** s. f. [Pr. *li-pe*] (all. *lippe*, lèvre). La lèvre d'en bas, lorsqu'elle est trop grosse ou trop avancée. *Une vilaine l.* || *Faire sa l., faire une grosse l.*, Faire la moue, bouder. — Ce mot est fam. || T. Techn. Partie saillante renversée, dans certains ornements.

**LIPPE**, riv. d'Allemagne, se jette dans le Rhin, près de Wesel; 255 kil.

**LIPPE-DETMOLD**, principauté de l'Empire d'Allemagne; 120,200 hab.; cap. *Detmold* = LIPPE-SCHAUMBOURG, principauté d'Allemagne; 35,400 hab., cap. *Buckebourg*.

**LIPPÉE.** s. f. [Pr. *li-pée*]. Bouchée. *Deux ou trois bonnes lippées.* Fam. et vieux. || Fam., *Franche l.*, Un bon repas qui ne coûte rien. *C'est un chercheur de franches lippées*, C'est un parasite de profession.

**LIPPI** (Fra Filippo), peintre ital. (1406-1469). = Son fils, Filippino (1458-1505), également peintre.

**LIPPIE.** s. f. [Pr. *lip-pi*] (R. *Lippi*, n. propre). T. Bot. Genre de plantes Dicotylédones (*Lippia*) de la famille des *Verbénacées*. Voy. ce mot.

**LIPPITUDE.** s. f. [Pr. *lip-pitude*] (lat. *lippitudo*, m. s., de *lippire*, avoir mal aux yeux). État chassieux des paupières.

**LIPPU, UE.** adj. et s. [P. *li-pu*] (R. *lippe*.). Qui a une grosse lèvre. *Une femme courte et lippue. C'est un gros l.* Fam.

**LIPSE** (Juste), philologue flamand (1547-1606).

**LIQUATER.** v. a. [Pr. *li-kou-ater*]. Soumettre à la liquation.

**LIQUATION.** s. f. [Pr. *li-koua-s*'*on*] (lat. *liquatio*, fusion, de *liquare*, rendre liquide). T. Métallur. Opération qui consiste à faire fondre des composés ou des alliages métalliques, afin que les éléments qui les constituent, entrant en fusion à des degrés divers de température, se séparent ainsi les uns des autres.

**LIQUÉFACTION.** s. f. [Pr. *likéfak-sion*] (lat. *liquefactio*, m. s., de *liquefacere*, liquéfier) Changement d'état d'une substance qui passe de l'état solide à l'état liquide, et plus souvent, qui passe de l'état gazeux à l'état liquide. || Fig. État du cœur qui s'amollit sous l'action de la grâce.

**Phys.** — Le passage de l'état solide à l'état liquide est désigné aujourd'hui par les physiciens sous le nom de *fusion*. Voy. ce mot. Le mot l. est réservé au passage de l'état gazeux à l'état liquide.

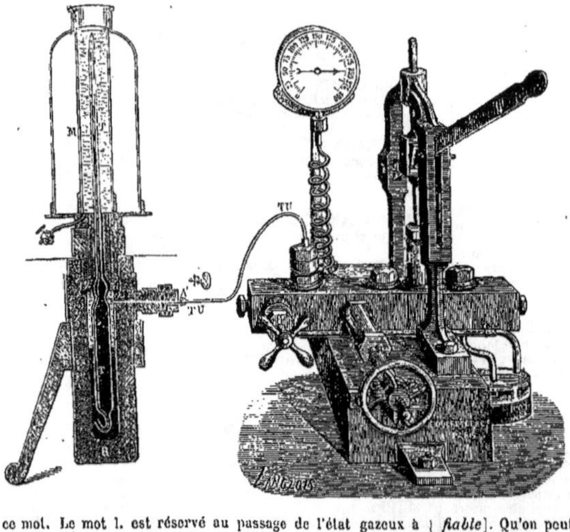

*Liquéfaction des gaz.* — Tous les gaz ont été réduits à l'état liquide en employant le froid et la compression. Un des gaz le plus faciles à liquéfier est l'anhydride sulfureux $SO^2$. Il suffit de le recevoir dans un ballon entouré d'un mélange de sel et de glace pour le voir prendre l'état liquide à —8° sous la pression atmosphérique.

Faraday a imaginé un appareil très simple au moyen duquel il put liquéfier le gaz. C'est un tube en verre résistant ayant la forme d'un V renversé. On introduit en A une substance capable de dégager le gaz quand on le chauffe; le tube est ensuite scellé en C, et cette branche sera refroidie pendant l'expérience (Voy. la fig. au mot *Chlore*). C'est ainsi qu'on a liquéfié le *chlore*, le *gaz ammoniac*, l'*acide sulfhydrique*, le *cyanogène*. Voy. ces mots. Le l. du gaz carbonique $CO^2$ a été décrite au mot *Carbone*.

C'est en 1878 seulement que l'hydrogène, l'oxygène, l'azote, l'oxyde azotique, l'oxyde de carbone et le méthane (gaz des marais) ont été liquéfiés par M. Cailletet. Vers la même époque, M. Pictet liquéfiait l'oxygène et l'hydrogène d'une manière différente. L'appareil de M. Cailletet (Fig. ci-contre) se compose d'un réservoir en verre TT ayant la forme d'un cylindre surmonté d'un tube fin; ce cylindre est rempli du gaz que l'on veut liquéfier, puis mastiqué dans un cylindre très résistant en acier rempli de mercure B. Au moyen d'une pompe P on refoule de l'eau par le tube TU dans le cylindre B. Le mercure est à son tour refoulé dans le réservoir à gaz qui se trouve alors soumis à une pression considérable pouvant dépasser 300 atmosphères. Autour du tube T, on adapte un manchon M destiné à recevoir de l'eau ou un mélange réfrigérant pour faciliter la l.

*Point critique.* — Il existe pour chaque gaz une température au-dessus de laquelle il est impossible de le liquéfier, si forte que soit la pression employée. Ainsi, on ne peut pas liquéfier le gaz carbonique $CO^2$ au-dessus de + 31° C. C'est sa température critique ou son point critique (Andrews). Pour l'acide sulfhydrique ce point est + 100°; pour l'acide chlorhydrique + 51°,5; pour le chlore + 140°; pour l'oxyde azoteux + 36°; pour l'oxygène — 118°; pour l'azote — 146°; pour l'oxyde de carbone — 140°; pour l'hydrogène vers — 220°.

*Pression critique.* — C'est la pression exercée par le gaz à la température critique. Elle est de 77 atmosphères pour $CO^2$; 92 atm. pour l'acide sulfhydrique; 90 atm. pour l'acide chlorhydrique; 84 atm. pour le chlore; 74 atm. pour l'oxyde azoteux; 50 atm. pour l'oxygène; 34 atm. pour l'azote; 35 atm. pour l'oxyde de carbone.

*Détente.* — La détente brusque d'un gaz produit un froid excessivement considérable. L'abaissement de température est quelquefois assez grand pour liquéfier une partie du gaz à l'état de brouillard.

*Froid produit par les gaz liquéfiés.* — L'évaporation rapide d'un gaz liquéfié produit un froid considérable. En faisant évaporer dans le vide de l'éthylène liquide, MM. Wroblewski et Olzewski ont obtenu une température de — 140°. En se servant du méthane (ou formène) liquide, M. Cailletet a vu la température s'abaisser jusqu'à — 160° en laissant bouillir le liquide à l'air. L'oxygène liquéfié bout à l'air vers — 184° et l'azote liquide vers — 213°.

En employant le froid produit par un gaz déjà liquéfié, on peut refroidir un second gaz en le comprimant en même temps et l'amener aussi à l'état liquide, bien qu'il soit plus difficile à liquéfier que le premier. C'est en opérant ainsi de proche en proche que divers expérimentateurs sont arrivés à obtenir des quantités considérables d'oxygène, d'azote, d'air liquides. M. Raoul Pictet a obtenu l'*air liquide* à la température de — 200° et une pression de 60 atmosphères.

MM. Moissan et Dewar ont pu liquéfier le fluor vers — 185° en se servant du froid produit par l'ébullition de l'oxygène liquide activée par le vide.

**LIQUÉFIABLE.** adj. 2 g. [Pr. *likéfiable*]. Qu'on peut réduire à l'état liquide. *Cette substance est facilement liquéfiable.*

**LIQUÉFIER.** v. a. [Pr. *like-fier*] (lat. *liquefacere*, m. s., du rad. *liq*, liquide, et *facere*, faire). Fondre, faire passer à l'état liquide. || Fig. Amollir par l'action de la grâce.

Au feu d'un saint amour
Le cœur liquéfié.

Corneille.

= se Liquéfier. v. pron. Devenir liquide. *La cire se liquéfie par la chaleur.* = Liquéfié, ée. part. = Conj. Voy. Prier.

**LIQUEUR.** s. f. [Pr. *li-keur*] (lat. *liquor*, m. s.). Substance fluide et liquide. *Les corps solides descendent dans les liqueurs en raison de leur poids.* Peu usité; on dit *Liquide. Vin de l.*, Vin sucré, riche en alcool. || Mixture employée en pharmacie, en industrie.

Techn. — On désigne sous le nom de l. toutes les boissons alcooliques obtenues soit directement par fermentation, soit en mélangeant avec l'alcool diverses substances aromatiques, auxquelles on associe fréquemment une certaine quantité de sucre. Les dénominations particulières que les fabricants appliquent aux différentes liqueurs sont en général tout à fait arbitraires; néanmoins on appelle plus particulièrement *Ratafias*, les liqueurs qui sont tirées des noyaux de certains fruits, ou des fruits mêmes, comme les cerises, les abricots, etc.; *Huiles* et *Crèmes*, celles qui sont remarquables par leur viscosité, laquelle est due à une plus forte proportion de sucre: les crèmes néanmoins renferment habituellement moins d'alcool que les huiles. Le plus souvent, il n'entre dans la fabrication de ces liqueurs aucune parcelle des fruits ou aromes végétaux dont elles devraient tirer leur origine. Les liqueurs à bon marché sont, en effet, fabriquées avec des alcools d'industrie et du sucre et parfumées au moyen de substances chimiques d'une odeur particulière qui leur donne le *bouquet* désiré. Voy. Essence. — Par analogie, on appelle *vins de l.*, certains vins ordinairement très alcooliques et plus ou moins sucrés, qu'on boit en petite quantité, comme les liqueurs, à l'entremets et au dessert. On dit aussi qu'un *vin a trop de l.*, lorsqu'il a trop de douceur. On donnait autrefois le nom de *Liqueurs fraîches* à diverses boissons rafraîchissantes, telles que la limonade, l'eau de groseille, l'orgeat, etc. Enfin, en termes de Pharmacie, le mot *Liqueur* s'applique encore à diverses préparations liquides dont l'excipient est tantôt aqueux, tantôt alcoolique: telles sont la *L. arsenicale de Fowler*, la *L. minérale anodyne d'Hoffmann*, la *L. de Van-Swieten*, la *L. de Labarraque*, etc. Voy. Arsenic, Éther, Mercure, Chlore, etc.

**LIQUIDABLE.** adj. 2 g. [Pr. *li-kidable*]. T. Fin. Qui peut ou doit être liquidé.

**LIQUIDAMBAR.** s m. [Pr. *li-kidan-bar*] (R. *liquide* et *ambre*). T. Bot. Genre de plantes Dicotylédones de la famille des *Saxifragacées*. Voy. ce mot.

**LIQUIDAMBARÉES.** s. f pl. [Pr. *li-kidan-baré*] (R. *liquidambar*). T. Bot. Tribu de végétaux de la famille des *Saxifragacées*. Voy. ce mot.

**LIQUIDATEUR.** adj. et s. m [Pr. *liki-dateur*]. Celui qui est chargé de travailler, de présider à une liquidation de comptes ou de créances. *Commissaire l. Le l. de l'affaire a prévenu les intéressés de... — Liquidateur judiciaire*, Celui qui est chargé par un tribunal de gérer une affaire au mieux des intérêts des créanciers, en attendant une reconstitution ou une liquidation définitive.

**LIQUIDATIF, IVE.** adj. [Pr. *liki-datif*]. T. Jurispr. Qui a la qualité de liquider une succession, société, etc.

**LIQUIDATION.** s. f. [Pr. *liki-da-sion*]. T. Jurispr., Finances et Comm. Action par laquelle on règle, on fixe ce qui était indéterminé en toute espèce de comptes. *L. d'intérêts, de dépens, de comptes. L. de fruits. L. et partage d'une succession. Il a été chargé de la l. de leur société commerciale. L. de marchandises*, Vente à bas prix, en vue d'un écoulement rapide. — *L. de quinzaine, de fin de mois*, Règlement des négociations en bourse, par livraison des titres achetés ou payement des différences. Voy. Bourse. || *L. judiciaire*. Voy. Faillite. || T. Techn. Opération qui consiste à épurer le savon au moyen de la liaison d'un délayage dans les lessives.

**LIQUIDE.** adj. 2 g. [Pr. *liki-de*] (lat. *liquidus*, m. s.). Qui coule ou tend à couler. *Les corps liquides. Ce breuvage n'est pas assez l.* — Poétiq., *L'élément l.*, L'eau. *Le l. empire, La plaine l.*, La mer. — *Métal l.*, Métal à l'état de fusion. || *Confitures liquides*, Marmelades, gelées, confitures qui sont dans du sirop. || Fig., en T. Finances, *Liquide* sign. Net, clair, qui n'est pas sujet à contestation, qui n'est point chargé de dettes. *Il a dix mille francs de revenu clair et l. Il lui reste cinquante mille francs d'argent sec et l., de bien clair et l. Sa créance n'est pas l. En matière de dettes, la compensation ne doit se faire que de l. à l.*, c.-à-d. D'une somme l. à une autre qui le soit aussi. || T. Gramm. *Consonne l.* Voy. Consonne. = Liquide. s. m. Un corps liquide quelconque. *Les liquides et les solides. Les liquides de l'économie animale sont le sang, la lymphe, la bile, l'urine*, etc. *Le l. arachnoïdien. Il faut couper votre lait avec quelque autre l. Ce malade ne peut encore prendre que des liquides*, Que des aliments liquides. — Phys. Voy. Congélation, Ébullition, Évaporation, etc. || Dans un sens particul., se dit des boissons spiritueuses. *Droits sur les liquides. Il a entrepris la fourniture des liquides nécessaires à l'armée.*

**LIQUIDEMENT.** adv. [Pr. *liki-deman*]. D'une manière claire et liquide.

**LIQUIDER.** v. a. [Pr. *liki-der*] (R. *liquide*). T. Jurispr., Fin. et Comm. Régler, fixer ce qui était indéterminé. *On a liquidé les dépens. L. des intérêts. L. ses dettes. L. une succession.* — *L. son bien*, Payer ses dettes en vendant une partie de son bien, de manière que le restant soit libre de créances. — *L une société de commerce*, Procéder, lorsqu'une société cesse, au règlement de l'actif et du passif, pour payer ce dernier et répartir l'excédent, s'il y en a, entre les associés. — *L. des marchandises*, Les écouler au rabais dans le public. = se Liquider. v. pron. S'acquitter, éteindre ses dettes. *Je ne lui dois plus rien, je me suis liquidé avec lui.* || Liquidé, ée. part.

**LIQUIDITÉ.** s. f. [Pr. *liki-dité*] (lat. *liquiditas*, m. s.). État de ce qui est liquide.

**LIQUOMÈTRE.** s. m. [Pr. *liko-mètre*] (R. *liqueur*, et gr. μέτρον, mesure). Instrument destiné à faire connaître la richesse alcoolique des vins et reposant sur ce principe que dans un tube capillaire l'eau s'élève bien moins haut que l'alcool, de sorte que la hauteur de la colonne soulevée peut donner des indications sur les proportions du mélange. Cet appareil manque de précision et est soumis à de nombreuses causes d'erreurs.

**LIQUOREUX, EUSE.** adj. [Pr. *liko-reu*] (lat. *liquor*, liqueur). Qui est comme de la liqueur; ne se dit guère que de certains vins qui ont une douceur particulière. *Des vins l. Une boisson trop liquoreuse.*

**LIQUORISTE.** s. 2 g. [Pr. *li-koriste*] (lat. *liquor*, liqueur). Celui, celle qui fait et qui vend des liqueurs. *Un fonds de l. Marchande liquoriste.*

**LIRE.** v. a. (lat. *legere*, m. s.). Parcourir des yeux ce qui est écrit ou imprimé, et le parcourir avec la connaissance soit de la valeur intrinsèque des lettres, soit de la signification des mots qu'elles forment. *Apprendre à l. L. tout bas. L. à haute voix. L. couramment. Ce compositeur ne sait pas l. le grec. L. toutes sortes d'écritures. L. à rebours. Ne savoir ni l. ni écrire. Elle ne lit que des romans. J'ai lu votre lettre avec plaisir. C'est un homme qui a beaucoup lu.* — Fig., *C'est un ouvrage qu'on ne peut lire*, se dit d'un ouvrage ennuyeux, ou mal écrit, ou licencieux. Fam., *Ce livre, cet ouvrage se laisse l.*, On le lit sans fatigue, sans ennui. || Par ext., *L. la musique*, Parcourir des yeux une musique notée avec la connaissance des sons que les notes figurent et des diverses modifications que ces sons doivent recevoir. *Il ne sait pas l. la musique. Il lit facilement toute espèce de musique.* || *L. une carte*, Y distinguer les indications topographiques qui font connaître la configuration du pays. || *L. un dessin pour tissu*, L'analyser afin de le reproduire par l'enlacement des fils de la chaîne et de la trame. || *L. des épreuves d'imprimerie*, Pour les corriger. || *L. la messe*, Suivre les différents actes de l'officiant dans un livre contenant l'office du jour. || *L. une pièce*, En donner lecture devant un comité chargé de décider de son admission. || Par anal., Prendre connaissance, par un autre organe que les yeux, de ce qui est exprimé par un système de signes. *On a imprimé des livres avec des caractères en relief que les aveugles peuvent l. avec les doigts.* || Dans un sens particul., Prononcer à haute voix ce qui est écrit ou imprimé. *Il lit très mal. Elle lit très distinctement. Il nous a lu un long discours. Milton aveugle se faisait l. la Bible et Homère par ses deux filles.* || Se dit aussi des livres qu'un professeur explique à ses auditeurs, et qu'il prend pour sujet de ses leçons. *Ce professeur nous lisait Homère. Quel auteur lit-on dans votre classe?* || Comprendre ce qui est écrit ou imprimé dans une langue étrangère. *Il ne parle pas l'anglais, mais il le lit avec facilité.* || Fig., Pénétrer quelque chose d'obscur ou de caché. *L. dans la pensée, dans le cœur, dans les yeux de quelqu'un. Je lis sur votre visage que vous avez du chagrin. L. dans les astres, dans l'avenir.*

Au livre du destin les mortels peuvent lire.
LA FONTAINE

= LU, UE. part.

**Conjug.** — *Je lis, tu lis, il lit; nous lisons, vous lisez, ils lisent. Je lisais; nous lisions. Je lus; nous lûmes. Je lirai; nous lirons, — Je lirais; nous lirions, — Lis; lisons. — Que je lise; que nous lisions. — Que je lusse; que nous lussions. — Lire; lisant; lu.*

**LIRE.** s. f. (ital. *lira*, du latin *libra*, livre). T. Métrol. Monnaie d'Italie dont la valeur variait suivant les localités, et qui se divisait en 20 sous. — Aujourd'hui la *lire* vaut un franc. Voy. MONNAIE.

**LIRIODENDRINE.** s. f. T. Chim. Substance amère et balsamique, mal connue, qu'on retire des souches de diverses espèces de Liriodendron.

**LIRIODENDRON.** s. m. (gr. λείριον, lis; δένδρον, arbre). T. Bot. Genre de plantes Dicotylédones de la famille des *Magnoliacées*. Voy. ce mot.

**LIRIS**, auj. Garigliano, riv. d'Italie, se jette dans la mer Tyrrhénienne près de l'anc. Minturnes, aujourd'hui Trajetto.

**LIROCONITE.** s. m. T. Minér. Arséniate hydraté de cuivre et d'aluminium, en octaèdres aplatis, d'un bleu clair ou bleu verdâtre.

**LIRON.** s. m. (lat. *gliro*, fréquent. de *glis*, loir). Synon. de *Lérot*. || Marmotte des Alpes.

**LIS.** s. m. [On fait sentir l's, quand on parle de la plante ou de la fleur de ce nom; mais on ne la fait pas sentir dans l'expression héraldique *fleur de lis*: on prou. alors *fleur de li*] (lat. *lilium*, m. s). T. Bot. Genre de plantes de la famille des *Liliacées*. — Se dit le plus souvent de l'espèce à fleurs blanches, ou simpl. de la fleur de cette espèce. *La blancheur des lis. Blanc comme un lis. Le lis est le symbole de l'innocence et de la pureté.* || Fig., *Un teint de lis, un teint de lis et de rose*, Un teint extrêmement blanc, ou blanc et vermeil. Poétiq., *Les lis de son teint, de son visage.* = T. Blason. *Fleur de l.*, Figure imitant à peu près trois fleurs de lis unies ensemble, celle du milieu droite, et les deux autres ayant leurs sommités courbées en dehors. *Fleur de lis d'or, d'argent, de gueules*, etc. — Poétiq., *L'empire des Lis, le trône des Lis*, La France, le trône de France. *Les lis ne filent point*, Les femmes ne peuvent régner en France. Cette phrase est empruntée à l'Évangile où elle a un tout autre sens. C'est pour inspirer à ses disciples une confiance entière dans la Providence que Jésus leur dit : « Voyez les lis, qui ne filent ni ne travaillent et sont cependant mieux vêtus que Salomon dans toute sa gloire ». Cette parole célèbre a été mise en vers par Théophile Gautier :

Le lis ne file pas et ne travaille pas.

|| *Siéger, être assis sur les fleurs de lis*, se disait autrefois des membres d'une cour supérieure, par allusion aux tapis semés de fleurs de lis dont les sièges étaient couverts. || *Fleur de lis*, Marque représentant une fleur de lis, qu'on imprimait anciennement, avec un fer chaud, sur l'épaule des malfaiteurs condamnés à une peine afflictive et infamante. || *Ordre du lis*, créé par Louis XVIII en 1814, disparut quelques années plus tard. || T. Zool. *L. de mer*, Nom vulgaire d'un *Crinoïde* fossile. Voy. ÉCHINODERMES.

**Bot.** — Genre de plantes Monocotylédones (*Lilium*) de la famille des *Liliacées*. Voy. ce mot. || Fréquemment on donne vulg. le nom de *Lis* à différentes plantes qui n'appartiennent point au genre Lis, et même qui ne font point partie de la famille des Liliacées. *L. asphodèle* ou *L. jaune*, l'Hémérocalle jaune. Voy. LILIACÉES. *L. turban* et *L. des vallées*, le Lilium pomponium. Voy. LILIACÉES. *L. d'étang*, le Nymphæa alba. Voy. NYMPHÉACÉES. *L. de Guernesey, L. des Incas, L. de Matthiole, L. de Saint-Jacques*, le Pancratium maritimum. Voy. AMARYLLIDACÉES. *L. des marais*. Les Iris. Voy. IRIDACÉES.

**Hortic.** — Le l. blanc (*Lilium candidum* L.), cultivé dans les jardins, est originaire d'Orient. Il fut, depuis les temps les plus anciens, le symbole de la pureté. — L'oignon de l. est mucilagineux, émollient, maturatif. Cuit dans l'eau ou dans le lait, on en forme des cataplasmes vulgairement employés sur les tumeurs inflammatoires, le phlegmon, le furoncle, l'anthrax, le panaris, les engelures.

**Blas.** — De toutes les figures usitées dans le Blason, la *Fleur de lis* est celle qui a soulevé le plus de discussions. Les uns y ont vu le fer de l'angon ou javelot des anciens Francs. Les autres, se fondant sur la découverte d'abeilles d'or dans le tombeau de Childéric, à Tournai, l'ont prise pour une image défigurée de cet insecte. Quelques auteurs ont cru qu'elle représentait un iris ou un crapaud. Plusieurs ont pensé que le mot *lilium*, par lequel elle est désignée dans les textes du moyen âge, désignait tout ornement imitant une fleur, c.-à-d. ce que nous appelons un *fleuron*. Il est peu probable que cette figure dérive de la fleur de même nom, avec laquelle elle n'a du reste aucune ressemblance. Ainsi que le prouve un tombeau découvert à l'abbaye de Saint-Germain des Prés, à Paris, la fleur de lis a été employée, dès la première race, comme ornement du sceptre. On l'a même retrouvée sur des ornements appartenant à des princesses de la fin de l'empire romain. Peut-être est-ce un très ancien symbole ayant caractérisé la royauté, adopté plus tard par les rois de France. Quoi qu'il en soit, les fleurs de lis n'ont paru sur le sceau royal qu'à la fin du XIIe siècle, sous le règne de Louis VII. Elles devinrent en même temps les armoiries héréditaires des rois de France. Dans le principe, les fleurs de lis de l'écu royal étaient *sans nombre*. Elles furent réduites, pour la première fois, au nombre de trois, sur le sceau que Philippe III laissa aux régents du royaume quand il partit pour la Catalogne; mais cette modification ne fut définitivement adoptée que sous le règne de Charles V. De cette manière, les armes des rois de France, qui précédemment étaient: *D'azur semé de fleur de lis d'or*, devinrent: *D'azur, à*

Fig. 1.

Fig. 2.

*trois fleurs de lis d'or*. Dans l'art héraldique, on indique souvent la première disposition par les mots, *De France ancien*, et la seconde en disant simplement, *De France* (Fig. 1). La fig. 2 représente les armes de la maison de Chateaubriand, qui étaient: De gueules, semé de fleur de lis d'or. La fleur de lis est dite *au pied nourri*, quand elle est privée de sa partie inférieure. Elle est dite *au naturel*, quand elle est la représentation réelle du *Lis des jardins*.

**LISAGE.** s. m. [Pr. *li-zaje*]. T. Techn. Action de lire, d'analyser un dessin pour tissu. — Opération qui consiste à poser sur les bords de la barque de teinture les bâtons de lise. — Opération qui consiste à donner aux sables employés aux digues la capacité nécessaire.

**LISAGE.** s. m. [Pr. *li-zaje*]. T. Techn. Action de liser.

**LISBONNE** (en portugais *Lisboa*), cap. du Portugal, à l'embouchure du Tage; 243,000 hab. Vaste port, arsenal et chantier maritime. Palais et églises remarquables. Patrie de Camoëns. Lisbonne fut désolée par un tremblement de terre en 1755. = Nom des hab. : LISBONNIN, INNE.

**LISBONINE.** ou **LISBONNIM.** s. f. T. Métrol. Monnaie d'or qui se fabriquait autrefois en Portugal et valait 4,800 reis ou 35 fr. 20.

**LISE.** s. f. [Pr. *li-ze*] (anc. fr. *glise*, glaise). Sable mouvant. — *Bâtons de lise*, Bâtons destinés à soutenir les manteaux de soie dans les bains de teinture.

**LISER.** v. a. [Pr. *li-zer*] (R. *lisière*). T. Techn. Tirer un drap par les lisières pour en faire disparaître les faux plis. — Procéder à l'opération du lisage de la soie.

**LISÉRAGE.** s. m. [Pr. *li-zeraje*] (R. *liserer*). T. Techn. Travail de broderie où le tour des fleurs, des ornements, est ourdi d'un fil d'or, d'argent, de soie. Liséré formé d'un seul fil continu de métal.

**LISÉRÉ.** s. m. [Pr. *lize-ré*]. Ruban fort étroit, dont on borde un habit, un gilet, etc. *L. d'or. L. de soie.* ‖ Raie plus ou moins étroite qui borde un ruban, un mouchoir, et qui est d'une couleur différente de celle du fond. *Un ruban blanc avec un l. rose.*

**LISÉRER.** v. a. [Pr. *lize-rer*]. Garnir d'un liséré. *Il faudra l. ce gilet.* = LISÉRÉ, ÉE, part. ‖ T. Bot. *Fleur lisérée*, Dont le bord est d'une autre couleur que le fond.

**LISERON.** s. m. [Pr. *lize-ron*] (Dimin. de *lis*). T. Bot. Genre de plantes Dicotylédones (*Convolvulus*) de la famille des *Convolvulacées*. Voy. ce mot.

**LISETTE.** s. f. [Pr. *li-zè-te*]. T. Entom. Nom vulgaire donné a la larve de l'*Eumolpe*. Voy. EUMOLPIDES. — Nom vulgaire du *Rhynchite*. Voy. CURCULIONIDES.

**LISETTE**, personnage créé par les chansonniers du XVIII<sup></sup>e siècle, perpétué dans les chansons de Béranger. — *La Lisette de Béranger*, charmante chanson; paroles et musique de Frédéric Bérat.

**LISEUR, EUSE.** s. [Pr. *li-zeur*]. Celui, celle qui a l'habitude de lire beaucoup. *C'est un grand l. de romans*. Fam. ‖ T. Techn. Celui, celle qui lit, qui analyse un dessin pour tissu. = LISEUSE. s. f. Couteau à papier dont le manche est muni d'un crochet qui sert à marquer la page du livre à laquelle on est resté.

**LISIANTHE.** s. m. T. Bot. Genre de plantes Dicotylédones (*Lisianthus*) de la famille des *Gentianées*. Voy. ce mot.

**LISIBILITÉ.** s. f. [Pr. *lizi-bilité*]. Caractère de ce qui est lisible.

**LISIBLE.** adj. 2 g. [Pr. *li-zi-ble*]. Qui est aisé à lire, ou qui peut se lire. *Écriture l. Ces caractères ne sont pas lisibles, ils sont à demi effacés.* ‖ Figur., on dit d'un ouvrage très mal écrit, ou très ennuyeux, qu'*Il n'est pas lisible*.

**LISIBLEMENT.** adv. [Pr. *li-zible-man*]. D'une manière lisible.

**LISIER.** s. m. [Pr. *li-zié*]. T. Agric. Liquide provenant des urines et des excréments des animaux de ferme, qu'on conserve dans des fosses pour servir d'engrais.

**LISIÈRE.** s. f. [Pr. *lizi-ère*] (R. *liste*, qui a signifié bordure). Le bord qui termine une étoffe des deux côtés de sa largeur, et qui est ordinairement d'une autre couleur et même d'un autre tissu que le fond. ‖ Par extens., se dit des bandes d'étoffe, des cordons qu'on attache par derrière aux robes des petits enfants, et qui servent à les soutenir quand ils marchent. *Mener un enfant à la l. Cet enfant commence à marcher sans lisières.* — Fig. et prov., *Il sera toujours à la l.; c'est un homme qu'on mène à la l., par la l.*, se dit d'un homme qui se laisse gouverner. ‖ Fig., se dit aussi des extrémités d'une province, d'un pays considéré comme limitrophe d'un autre. *Les villages qui sont sur la l. de cette province.* On dit aussi : *La l., les lisières d'un bois, d'une forêt.*

**LISIEUX.** ch.-l. d'arr. (Calvados), à 42 kil. S.-E. de Caen; 16,300 hab. Tissus de laine et de coton. = Nom des hab. : LEXOVIEN, IENNE.

**LISLE** ou **L'ISLE D'ALBI**, ch.-l. de c. (Tarn), arr. de Gaillac; 4,200 hab.

**LISOIR.** s. m. [Pr. *li-zouar*]. T. Techn. Pièce de bois transversale qui est au-dessus de l'essieu et porte les ressorts d'une voiture suspendue. — Charpente de l'étendoir à apprêter les étoffes. — Partie d'un affût fixe qui reçoit la cheville ouvrière.

**LISSA**, île de l'archipel illyrien; 7,900 hab. Ch.-l. *Lissa*. Victoire navale des Autrichiens sur les Italiens (1866).

**LISSAGE.** s. m. [Pr. *li-saje*] (R. *lisser*). Action d'unir et de polir la surface d'une étoffe, d'un papier, etc., pour lui donner du lustre, du brillant. ‖ Poli donné aux grains de la poudre à canon pour les rendre plus homogènes. ‖ Dernier apprêt que l'on donne à certains objets. ‖ Opération dernière que subissent les dragées. ‖ T. Mar. Travail qui consiste à établir les lisses d'un navire en construction.

**LISSE.** adj. 2 g. [Pr. *li-se*] (anc. haut-all. *lise*, doux; gr. λισσός, lissé, usé). Uni et poli. *Surface l. Étoffe l. Papier l. Écorce l. Colonne l. Tous les corps lisses sont froids au toucher.*

**LISSE.** s. f. [Pr. *li-se*] (lat. *licium*, trame de tisserand). T. Manuf. Se dit des fils verticaux à mailles d'un métier à tisser, dans chacun desquels sont passés un ou plusieurs des fils horizontaux de la chaîne. *Fil à lisses. Lisses de soie, de coton*, etc. ‖ *Tapisserie de haute l., de basse l.*, Voy. TAPISSERIE. ‖ T. Mar. Sorte de préceinte, ou de renfort. Voy. PRÉCEINTE.

**LISSÉ.** s. m. (R. *lisser*). Qualité de ce qui est lisse. *Le l. des feuilles.* — Degré de cuisson du sucre où on peut le tirer avec les doigts en formant un fil uni.

**LISSER.** v. a. [Pr. *li-ser*]. Rendre lisse. *L. du papier, du linge. L. de la bougie. L. ses cheveux.* ‖ *L. de la poudre à canon*, Donner le poli aux grains. — *L. de la laine*, Faire prendre également la teinture à toutes les parties. = LISSÉ, ÉE. part. *Maroquin lissé*, Dont on a usé la surface. — *Amande lissée*, Amande pelée et recouverte d'une mince couche de sucre.

**LISSERON.** [Pr. *li-seron*]. Autre forme de liceron.

**LISSETTE.** s. f. [Pr. *li-sè-te*]. Instrument en os pour lisser, polir, à l'usage des paumiers. = Au pl. Ficelles qui font lever les fils de la chaîne du métier à tisser.

**LISSEUR, EUSE.** s. [Pr. *li-seur*]. Celui, celle dont le travail consiste à lisser de la toile, du papier, etc. = s. f. LISSEUSE. Machine à lisser.

**LISSIER.** s. m. [Pr. *li-sié*]. Celui qui fait les lisses d'un métier.

**LISSOIR** s. m. ou **LISSOIRE.** s. f. [P. *li-souar*] T. Techn. Instrument de verre, de marbre ou d'autre matière dure, avec lequel on lisse le linge, le papier, etc. ‖ Instrument qui sert à défaire les plis du vieux papier, les coutures du vieux linge, etc., dans la fabrication du papier. ‖ Sorte de démêloir fin, pour lisser les cheveux. ‖ Atelier où s'exécute le lissage.

**LISSOTRIQUE.** adj. 2 g. (gr. λισσός, lisse; θρίξ, τριχός, cheveu). T. Anthrop. Se dit des races humaines à cheveux lisses. Voy. HOMME.

**LISSURE.** s. f. [Pr. *li-sure*]. Action de lisser avec un lissoir.

**LIST** (FRÉDÉRIC), économiste allemand (1789-1846), a contribué à l'établissement de l'union douanière d'Allemagne (*Zollverein*).

**LISTE.** s. f. (all. *leiste*, bande). Série de noms, soit de personnes, soit de choses, mis à la suite les uns des autres. *La l. des membres du barreau, de l'Académie*, etc. *Faire une l. d'invités. Dresser la l. des morts et des blessés. Ce nom-là n'est pas sur ma l. Une l. de promotions. La l. de la loterie, des numéros gagnants.* ‖ Dans les gouvernements constitutionnels, *L. civile*, Somme votée par le Corps législatif pour les dépenses du chef de l'État. *La l. civile de l'Empereur Napoléon III avait été fixée à vingt-cinq millions par sénatus-consulte du 11 décembre 1852.* = Syn. Voy. CATALOGUE.

**LISTEAU.** s. m. [Pr. *lis-to*] (R. *liste*, au sens de *bande*). Petit filet d'une base de piédestal qui couronne la baguette.

**LISTEL.** s. m. (R. *liste*, au sens de bande). T. Archit. Petite moulure unie et carrée qui en accompagne une autre. Voy. MOULURE. = Pl. *Des Listeaux*.

**LISTON.** s. m. (R. *liste*, au sens de *bande*). T. Blason. Petite bande qui porte la devise.

**LISY-SUR-OURCQ**, ch.-l. de c. (Seine-et-Marne), arr. de Meaux; 1,700 hab.

**LISZT** (Franz), célèbre pianiste et compositeur hongrois (1811-1886).

**LIT.** s. m. [Pr. *li*] (lat. *lectus*, m. s.). Meuble sur lequel on se couche pour dormir ou pour se reposer. On comprend ordinairement sous ce nom tout ce qui compose ce meuble, savoir : le bois de lit, le tour et le ciel de lit, le sommier et les matelas, le traversin, les draps, la couverture, etc. *Un grand, un petit lit. Dresser un lit. Tendre un lit. Le devant, la tête, les pieds, le chevet, le dos, la ruelle du lit. Se mettre, se tenir au lit. Se lever, sortir, sauter du lit. Se jeter sur son lit, à bas du lit. Je l'ai trouvé encore au lit. Je l'ai pris au sortir, au saut du lit. Il est mort dans son lit. Fonder un lit dans un hôpital. — Garder le lit, ne pas quitter le lit*, Demeurer au lit à cause de quelque incommodité. *Ne faire qu'un lit*, Coucher ensemble, en parlant des époux. *Faire lit à part*, se dit d'un mari et d'une femme qui ne couchent pas ensemble. *Au saut du lit*, Au moment où l'on se lève. || *Lit de sangle*, Lit fait de sangles, et plus souvent d'un morceau de coutil attaché à deux longues pièces de bois, soutenues par deux jambages qui se croisent. — *Lit de camp*, Petit lit dont le bois se démonte de manière qu'on peut le transporter facilement ; ou couchette formée de planches inclinées, qui sert de lit dans un corps de garde. — *L. à la duchesse*, Ancien grand lit à quatre colonnes supportant un baldaquin et des rideaux. — *Lit de repos*, Petit lit bas, sans rideaux et sans pavillon, où l'on se repose pendant le jour. — *Lit de veille*, Lit qu'on dresse dans la chambre d'un malade pour le veiller. — *Lit nuptial*, Lit où les nouveaux mariés couchent la première nuit de leurs noces. || Fig., l'Hymen.

Celle qu'un lien honnête
Fait entrer au lit d'autrui.

Molière.

|| Fig., *Lit* se dit quelquefois pour Mariage. *Les enfants du premier, du second lit. Il a des enfants de deux lits* || *Lit de parade*, se dit d'un lit tendu dans une chambre plutôt pour l'ornement que pour l'usage ; ou du lit sur lequel on expose, durant quelques jours, les princes ou grands seigneurs après leur mort, avant de les inhumer. — *Lits jumeaux*, Deux lits de même forme et de même taille, qu'on peut séparer et rapprocher. || Fig., *Lit de misère*, Lit où l'on place une femme pour l'accoucher. — *Lit de douleur*, Lit dans lequel est couchée une personne souffrante, gravement malade. — *L. mécanique*, Lit qui permet de soulever les blessés, les malades sans secousses. — *Lit orthopédique*, Lit auquel est adapté un mécanisme propre à redresser les personnes contrefaites. || *Lit d'hôpital. Fonder un lit*, Donner la somme nécessaire pour entretenir perpétuellement un lit de malade dans un hôpital. || *Lit de table*, Lit sur lequel les anciens se tenaient à demi couchés pour prendre le repas. || Fig., *Ne pas être sur un lit de roses*, Être dans une situation pénible. || *Être au lit de la mort, au lit de mort, sur son lit de mort*, Être à l'extrémité. *A son lit de mort*, Avant de mourir, en mourant. || *Lit* se dit quelquefois pour : 1° Le bois du lit, le meuble proprement dit. *Un lit d'acajou, de noyer, de fer*. — 2° Le tour de lit. *Un lit d'été, d'hiver. Un lit de damas, d'indienne*. — 3° Les matelas sur lesquels on se couche. *Un bon lit. Un lit bien mollet. Un lit très dur. Lit de plume*, Sorte de matelas non piqué, qui est rempli de plumes. || *Faire le lit, faire un lit*, Le mettre en tel état que l'on puisse y coucher commodément. On dit aussi : *Accommoder, défaire, découvrir, bassiner un lit*, etc. — Fig. et prov., *Comme on fait son lit on se couche*, On subit toujours les conséquences, bonnes ou mauvaises, de ses actions. || Par ext., Tout lieu où l'on peut se coucher. *Un lit de gazon, de verdure, de fougères. Il couche sur la terre, c'est là son lit*. || T. Chasse. Gîte du lièvre || *L. de justice*, Large siège à dais, richement orné, où le roi se plaçait pour tenir une séance solennelle du Parlement. Par extens. Cette séance elle-même. *Le roi a tenu un lit de justice*. Voy. ci-après. = Par anal., Le canal dans lequel coule une rivière, un ruisseau, un torrent, etc. *Le lit de cette rivière est profond. La Loire est sortie de son lit. Ce torrent change souvent de lit*. On dit aussi, *Le lit de la mer, de l'Océan*. || T. Marine. *Le lit d'un courant*, La direction que suit un courant. *Le lit du vent*, La ligne suivant laquelle il souffle à partir de l'horizon. — *Lit de marée*, courant provoqué dans une certaine direction par la marée. = Fig., *Lit* se dit encore d'une couche de choses quelconques qui est étendue sur une autre. *Dans ce terrain, vous trouverez un lit de terre, puis un lit d'argile, puis un lit de sable. Un lit de pierre, de moellon. Un lit de mortier. Un lit de fumier. Pour faire ce sirop, on met dans un vase alternativement un lit de tranches de pommes et un lit de sucre*. — Les tailleurs de pierres désignent aussi sous le nom de *Lit*, la situation d'un banc de pierre dans la carrière, et ils appellent *Lit de dessus*, sa surface supérieure, et *Lit de dessous*, sa surface inférieure. Ces termes s'appliquent encore aux assises dans une construction de pierre.

**Hist.** — Sous l'ancienne monarchie, on appelait *Lit de justice*, un siège élevé et surmonté d'un dais, où les rois de France, assistés de leurs pairs et barons, s'asseyaient pour rendre la justice. On étendit plus tard cette expression aux séances elles-mêmes, qui devinrent de plus en plus rares et qui n'eurent plus lieu que dans les circonstances solennelles, telles que la déclaration de majorité des rois, le jugement des grands vassaux, etc. Plus tard encore, lorsque le parlement se fut attribué une grande importance politique, les lits de justice eurent surtout pour objet de faire fléchir sa résistance et de le forcer à enregistrer les édits royaux. Ce fut, dit-on, le chancelier de L'Hôpital qui le premier imagina, dans le lit de justice du 17 mai 1563, de considérer comme vérifiés et approuvés par les membres du parlement les édits dont on se bornait à lire, en présence du roi, les articles ou seulement le titre. Le premier lit de justice dont l'histoire fasse mention, est celui que Philippe le Long tint en 1318 ; et le dernier, celui que Louis XVI tint à Versailles le 6 août 1787.

**LITAGE.** s. m. [Pr. *lita-je*]. T. Techn. Action de liter le drap.

**LITANIE.** s. f. (gr. λιτανεία, supplication) (Prière, Voy. ci-après). || Fig., Énumération monotone. *C'est toujours la même l.*, La même chose répétée.

**Liturg.** — Sous ce nom, qui signifie simplement prière, on a désigné certaines prières publiques accompagnées de jeûne, d'abstinence et de processions, que l'on faisait pour apaiser la colère de Dieu, lui demander quelque bienfait ou le remercier de ceux que l'on avait reçus. Saint Mamert, évêque de Vienne, institua, vers 470, à l'occasion de fléaux qui affligeaient son diocèse, les processions des Rogations qui se font trois jours avant l'Ascension, et qui prirent le nom de *Grandes litanies*. Aujourd'hui, on n'applique plus ce nom qu'à certaines prières que l'on fait en l'honneur de Dieu, de la Vierge ou des saints, et qui se disent ordinairement à deux ou à plusieurs chœurs qui se répondent. Les formules de ces prières, qui se terminent par ces mots : *Ayez pitié de nous* ou *Priez pour nous*, selon qu'elles s'adressent à Dieu ou à la Vierge et aux saints, ont été faites très courtes, afin que le clergé et le peuple pussent prier plus commodément sans interrompre la marche des processions. A l'ex. de ces *litanies des saints*, on a composé d'autres litanies particulières, comme les *litanies du saint nom de Jésus*, les *litanies du Saint-Sacrement*, les *litanies de la Vierge*, etc., mais elles sont moins anciennes.

**LITCHI.** s. m. (nom chinois). T. Bot. Nom vernaculaire du *Nephelium Litchi*, de la famille des *Sapindacées*. Voy. ce mot.

**LITEAU.** s. m. [Pr. *li-to*] (R. *listel*). Se dit des raies colorées qui sont à quelque distance des extrémités de certaines nappes et serviettes, et qui traversent le tissu d'une lisière à l'autre. *Des serviettes à liteaux*. || Tringle de bois qui soutient le fond d'un soufflet de forge, qui soutient une tablette fixée au mur, etc.

**LITEAU.** s. m. [Pr. *li-to*] (R. *lit*). T. Chasse. Lieu où le loup se repose pendant le jour.

**LITÉE.** s. f. (R. *lit*). T. Chasse. Réunion de plusieurs animaux dans le même gîte, dans le même repaire.

**LITER.** v. a. Garnir d'une tringle, d'un liteau. || *L. le drap*, Fixer des liteaux sur les parties de drap qu'on veut soustraire à l'action de la teinture.

**LITER.** v. a. (R. *lit*). Disposer par lits, par couches horizontales étendues les unes sur les autres *L. les morues, les harengs*. = se Liter. v. pron. Être rangé par lits, en parlant de poissons.

**LITERIE.** s. f. (R. *lit*). Ensemble des objets dont se compose un lit.

**LITHAGOGUE**. adj. 2 g. (gr. λίθος, pierre; ἀγωγός, qui chasse). T. Méd. Se dit des substances qu'on prétend avoir, la propriété d'expulser les graviers de la vessie.

**LITHARGE**. s. f. (gr. λίθος, pierre; ἄργυρος, argent). T. Chim. Protoxyde de plomb cristallisé. Voy. Plomb.

**LITHARGÉ, ÉE**. adj. Altéré avec de la litharge. *Le vin l. est nuisible à la santé.*

**LITHARGYRÉ, ÉE**. adj. (lat. *lithargus*, litharge). Altéré avec de la litharge.

**LITHIASIE** ou **LITHIASE**. s. f. [Pr. *li-tia-zie*, *li-tia-ze*] (gr. λιθίασις, m. s., de λίθος, pierre). T. Méd. Formation de calculs dans les voies urinaires, ou dans toute autre partie du corps : vésicule biliaire, rein, cavités des articulations, etc. || Affection qui consiste dans la formation de petites concrétions pierreuses sous la peau ou dans le tissu des paupières. Voy. Calcul.

**LITHINE**. s. f. T. Chim. Hydrate de lithium. Voy. Lithium.

**LITHIONITE**. s. f. (R. *lithium*) T. Minér. Synonyme de *Lépidolithe*.

**LITHIUM**. s. m. [Pr. *li-ti-ome*] (gr. λίθος, pierre). T. Chim. Corps simple appartenant à la famille des métaux alcalins. Son hydrate, la lithine, fut extrait de la pétalite par Arfwedson; le métal, isolé un peu plus tard par Davy, ne fut préparé à l'état de pureté et en quantité un peu considérable que par Bunsen et Matthiessen en 1855. Le l. se rencontre dans la lépidolithe, la triphylline, la pétalite et dans un grand nombre de felspaths et de micas. Certaines eaux minérales, en particulier celles de Bourbonne-les-Bains, contiennent de petites quantités de l. Enfin, on trouve des traces de ce corps dans l'eau de mer, dans les terres arables et dans un grand nombre de végétaux, principalement dans le tabac. Pour extraire le l. de la lépidolithe on fait fondre ce minéral avec du carbonate de baryum, du sulfate de baryum et du sulfate de potassium; la masse fondue est ensuite épuisée à l'eau bouillante, qui dissout le sulfate de l. et le sulfate de potassium. En ajoutant du carbonate de potassium à la solution concentrée on obtient un précipité de carbonate de l. qui peut servir à préparer les autres sels de l. On peut aussi, à l'aide du chlorure de baryum, transformer les sulfates en chlorures, évaporer la solution et reprendre le résidu par l'alcool, qui ne dissout que le chlorure de l. Pour isoler le métal on soumet à l'électrolyse ce chlorure desséché et maintenu en fusion. Le l. est blanc, malléable, ductile, peu tenace. Ce métal est le plus léger de tous les corps solides, sa densité n'étant que 0,59. Il fond à 180° et peut être volatilisé dans un courant d'hydrogène. Dans l'air et dans l'oxygène secs on peut le porter jusqu'à sa température de fusion sans qu'il soit attaqué; mais au delà de 200° il brûle avec une flamme blanche. Il se ternit à l'air humide, décompose l'eau à froid et se dissout dans la plupart des acides. Il s'allie à un grand nombre de métaux : potassium, sodium, fer, argent, or, platine, etc. Il s'unit facilement au chlore, au brome, à l'iode, au soufre et au phosphore. Un peu au-dessous du rouge il absorbe l'azote, et peut ainsi servir à isoler l'argon contenu dans l'air atmosphérique. Le l., ainsi que ses composés volatils, colore en pourpre la flamme de l'alcool; son spectre est caractérisé par une raie rouge très brillante et une raie orangée plus faible. Le symbole du l. est Li; son poids atomique est 7.

Le l. est univalent, comme le potassium et le sodium. Son *oxyde* $Li^2O$ est une masse blanche qu'on obtient par la combustion du métal à l'air ou par la calcination de son azotate. L'eau transforme cet oxyde en *Hydrate de l.* connu sous le nom de *Lithine*, et répondant à la formule LiOH. La lithine est cristallisable, déliquescente, fusible au rouge; sa solution, qui est très alcaline, peut se préparer en traitant le carbonate de l. par la chaux, ou le sulfate de l. par la baryte. Le *Chlorure* LiCl cristallise en cubes ou en octaèdres réguliers, déliquescents, fusibles au rouge, très solubles dans l'eau et dans l'alcool. Le *Bromure* et l'*Iodure* sont aussi déliquescents; le *Fluorure*, au contraire, est peu soluble. — Le *Carbonate* $CO^3Li^2$ se précipite, sous forme de poudre cristalline, toutes les fois qu'on traite un sel de l., en solution concentrée, par un carbonate alcalin. Peu soluble dans l'eau pure, il se dissout mieux dans l'eau chargée d'acide carbonique. Traité par différents acides, il fournit les autres sels de l. : l'*Azotate* $AzO^3Li$ isomorphe avec l'azotate de sodium; le *Sulfate* $SO^4Li^2$ plus soluble à froid qu'à chaud; le *Phosphate* $PhO^4Li^3$ insoluble dans l'eau, mais soluble dans les acides et dans les sels ammoniacaux.

Les sels de l. sont en général incolores, très solubles dans l'eau, et possèdent une saveur salée ou brûlante. Ils colorent en rouge la flamme de l'alcool. Ils se distinguent des sels de potasse et de soude en ce qu'ils donnent des précipités avec les carbonates solubles et avec le phosphate de soude.

Le l. peut être considéré comme un terme de transition entre les métaux alcalins et les métaux alcalino-terreux. Il se rapproche en effet de ce dernier groupe par un certain nombre de propriétés: le peu de solubilité de son phosphate et de son carbonate, la dissociation de ce carbonate par la chaleur, la déliquescence du chlorure et de l'azotate, la non-existence de peroxydes, d'aluns et de bisulfate de lithium.

La lithine et les sels de l. dissolvent aisément les calculs et les dépôts d'acide urique. En thérapeutique on utilise principalement le carbonate, ainsi que les eaux minérales renfermant du l., pour combattre la goutte, la gravelle, les rhumatismes et toutes les formes de la lithiase urique.

**LITHOBIE**. s. f. (gr. λίθος, pierre; βίος, vie). T. Entom. Un des animaux appelés vulgairement *Mille-pattes*.

**LITHOBILIQUE**. adj. 2 g. (gr. λίθος, pierre; lat. *bilis*, bile). T. Chim. Voy. Lithofellique.

**LITHOCARPE**. s. m. (gr. λίθος, pierre; καρπός, fruit). T. Bot. Genre de plantes Dicotylédones (*Lithocarpus*) de la famille des *Styracées*. Voy. ce mot.

**LITHOCÉRAME**. s. f. (gr. λίθος, pierre; κέραμος, poterie). Faïence fine, dure, dite aussi *Porcelaine opaque*.

**LITHOCHROMIE**. s. f. (gr. λίθος, pierre; χρῶμα, couleur). On désigne abusivement sous ce nom, qui ne convient proprement qu'à la chromolithographie, un procédé de coloriage à la main par lequel on donne à des lithographies ou à d'autres estampes l'apparence d'une peinture à l'huile. Pour obtenir cet effet, on commence par imprégner d'un vernis gras l'estampe choisie, ce qui la rend transparente, puis on étend sur sa face postérieure des couleurs à l'huile par couches épaisses et égales. Cela fait, on la colle, au moyen d'une forte couche de céruse, sur une toile à peindre, et l'on termine en vernissant l'estampe sur sa face antérieure. Les couleurs à l'huile étalées derrière le papier font ainsi, du moins jusqu'à un certain point, l'effet d'une peinture appliquée sur une toile, bien que la face qu'on a sous les yeux soit parfaitement unie.

**LITHOCHROMIQUE**. adj. 2 g. [Pr. *lito-kro-mike*]. Qui appartient à la lithochromie.

**LITHOCHROMISTE**. s. m. [Pr. *lito-kro-mist*]. Artiste ou imprimeur en lithochromie.

**LITHOCHROMOGRAPHIE**. s. f. Voy. Chromolithographie.

**LITHOCLASE**. s. f. [Pr. *lito-kla-ze*] (gr. λίθος, pierre; κλάω, je brise). T. Géol. Cassures des roches en général. Les lithoclases se divisent en diaclases et paraclases.

**LITHOCLASTE**. s. m. (gr. λίθος, pierre; κλάω, je brise). T. Chir. Instrument employé pour la lithotritie.

**LITHOCLASTIE**. s. f. (R. *lithoclaste*). T. Chir. Voy. Lithotritie.

**LITHOCOLLE**. s. f. [Pr. *li-to-kole*] (gr. λιθόκολλα, colle de pierre). Ciment de résine et de vieille brique dont les lapidaires se servent pour attacher et assujettir les pierres précieuses qu'ils veulent tailler sur la meule.

**LITHODENDRE**. s. m. (gr. λίθος, pierre; δένδρον, arbre). Nom donné à plusieurs polypiers fossiles.

**LITHODYALISE**. s. f. [Pr. *lito-dia-lize*] (gr. λίθος, pierre; διάλυσις, dissolution). T. Méd. Traitement ayant pour but de dissoudre les calculs vésicaux. || T. Chir. Réduction d'un calcul vésical en fragments assez petits pour pouvoir franchir le canal de l'urèthre. C'est l'opération de la *Lithotritie*. Voy. ce mot.

**LITHOFELLIQUE**. adj. 2 g. (gr. λίθος, pierre; lat. *fel*, fiel). T. Chim. *L'acide l.* est le principal constituant de certains bézoards orientaux, d'où on l'extrait à l'aide de l'alcool bouillant. La solution, concentrée et refroidie, dépose de l'acide l. mélangé d'acide lithobilique. Pour séparer les deux corps on les convertit en sels de baryum; le lithobilate est insoluble, le lithofellate reste en solution. En décomposant ces sels par l'acide chlorhydrique on obtient l'acide *lithofellique* $C^{20}H^{36}O^{4}$ en petits cristaux hexagonaux, fusibles à 205°, et l'acide *lithobilique* $C^{30}H^{58}O^{6}$ en longues aiguilles jaune pâle, fusibles à 199°. Ces deux acides sont insolubles dans l'eau; ils se dissolvent aisément dans l'alcool en donnant des solutions dextrogyres.

**LITHOFRACTEUR.** s. m. (gr. λίθος, pierre; lat. *fractum*, sup. de *frangere*, briser). Mélange explosif analogue à la *Dynamite*. Voy. ce mot.

**LITHOGÉNÉSIE.** s. f. [Pr. *lito-jéné-zie*] (gr. λίθος, pierre; γένεσις, génération). Recherche des lois qui président à la formation des pierres.

**LITHOGLYPHE.** s. m. (gr. λίθος, pierre; γλύφειν, graver). Graveur sur pierre.

**LITHOGLYPHIE.** s. f. (R. *lithoglyphe*). Art de graver sur pierre.

**LITHOGLYPHIQUE.** adj. 2 g. (R. *lithoglyphe*). Qui appartient à la gravure sur pierre.

**LITHOGRAPHE.** s. m. (gr. λίθος, pierre; γράφειν, écrire). Celui qui imprime par les procédés de la lithographie. On dit aussi *Imprimeur l.*

**LITHOGRAPHIE.** s. f. (gr. λίθος, pierre; γράφω, je dessine).

**Techn.** — A proprement parler, la *Lithographie* est l'art de graver, de dessiner ou d'écrire sur une pierre quelconque. Mais on emploie surtout ce mot pour désigner un procédé d'impression au moyen duquel on reproduit les écritures et les dessins exécutés avec un corps gras sur une pierre calcaire d'un grès particulier.

I. *Historique.* — La l. a été inventée à la fin du dernier siècle par un jeune Bohême, nommé Aloïs Senefelder, qui demeurait alors à Munich. N'ayant pu trouver d'éditeur pour quelques essais dramatiques de sa façon, il forma le projet de les publier lui-même par une voie autre et plus économique que la typographie. Après diverses tentatives infructueuses, il imagina de graver ses écrits sur une variété de pierre calcaire que l'on tirait du village de Solenhofen pour le carrelage des appartements. Mais il fallait trouver le moyen de donner à la pierre le poli convenable pour que l'encre pût en être facilement enlevée, et de composer cette dernière de telle sorte qu'elle se prêtât à cette opération. Senefelder vint à bout de la première difficulté en mouillant la pierre bien débrutie avec un mélange de 4 à 5 parties d'eau et d'une partie d'acide sulfurique, et de la seconde en incorporant ensemble de la cire, du savon et du noir de fumée. Il en était là de ses recherches, lorsque, en 1796, le hasard lui fit découvrir qu'au lieu de graver les pierres en creux, comme il avait fait jusqu'alors, il obtiendrait de meilleurs résultats en les gravant en relief. En conséquence, il traça l'écriture sur la pierre avec l'encre grasse qu'il avait imaginée; après quoi il versa de l'acide nitrique affaibli sur cette dernière. Au bout de quelques minutes, les parties non écrites se trouvèrent rongées, tandis que les caractères graphiques avaient une saillie suffisante pour qu'il fût possible de s'en servir pour exécuter des tirages. Senefelder résolut aussitôt d'exploiter cette invention. A cet effet, il fonda, avec un musicien nommé Gleissner, un établissement qui fut d'abord spécialement destiné à l'impression de la musique, mais qui ne tarda pas à y joindre celle des cartes de visites, des écritures de commerce et des images de piété. Toutefois, la difficulté de l'écriture à rebours restait tout entière. Senefelder dut donc se livrer à de nouvelles recherches pour en triompher, et c'est en les exécutant qu'il découvrit les procédés de l'autographie, des transports sur pierre, et enfin ceux de la l. proprement dite. Ces différentes découvertes eurent lieu en 1797 et 1798. En 1799, leur auteur obtint du roi de Bavière un privilège de quinze années, et en même temps il s'occupa de répandre son invention à l'étranger. Le retentissement de cette invention fit que son secret ne demeura pas longtemps ignoré. Ce fut un nommé André Offenbach, qui introduisit la l. en France en 1806, en même temps que d'autres contrefacteurs la répandaient en Angleterre. Cette année même, une imprimerie lithographique fut établie à Paris. Cependant ce n'est qu'après 1814, grâce surtout aux efforts du comte de Lasteyrie et de G. Engelmann, de Mulhouse, que la l. commença à se populariser. D'autres encore, parmi lesquels Vilain, Baucourt et Lemercier, aidèrent à sa propagation rapide. Aujourd'hui, il n'est pas une ville de quelque importance où elle ne soit plus ou moins florissante; néanmoins, ce n'est guère qu'à Paris qu'elle produit des ouvrages d'une certaine valeur artistique: partout ailleurs, elle est presque exclusivement alimentée par des travaux à l'usage des administrations ou du commerce.

II. *Procédés.* — On choisit une espèce de pierre calcaire à pâte fine et uniforme, que l'on appelle ***pierre lithographique*** à cause de la destination particulière qu'on lui a donnée depuis l'invention de Senefelder. Cette pierre se trouve en abondance près de Solenhofen. Il en existe bien des bancs ailleurs, notamment en France, aux environs de Châteauroux (Indre) et de Périgueux (Dordogne); mais ces bancs ne fournissent que des produits de qualité médiocre. Cette pierre est constituée par du carbonate de chaux à peu près pur avec quelques traces de silice, de fer oxydé, d'alumine, etc. Sa propriété principale est de se laisser pénétrer par les corps gras, de sorte que les traces laissées par l'encre ou le crayon employé deviennent inattaquables aux acides. On dresse avec soin les deux faces opposées de la pierre, afin qu'elles soient parfaitement planes; après quoi, tandis qu'on laisse la face inférieure à l'état brut, on ponce la supérieure, c.-à-d. on la frotte avec un morceau de pierre ponce qui a été préalablement uni à la lime, et que l'on mouille de temps en temps. Cela fait, on écrit sur la surface unie en se servant d'une plume d'acier trempé et d'une encre grasse particulière (Voy. ENCRE), dont la composition d'ailleurs varie selon les ateliers. Si, au lieu d'écriture, la pierre doit recevoir des dessins, les dessins peuvent être exécutés à l'encre avec la plume ou le tire-ligne, ou bien au *crayon*. Dans ce second cas il faut, après le *ponçage*, *grener* la surface de la pierre. Pour cela on la saupoudre de sable fin, et l'on promène une autre pierre par-dessus. Le *grenage* terminé, on exécute le dessin avec des *crayons gras* faits avec un mélange de cire jaune, de suif épuré, de savon blanc, de sel de nitre et de noir de fumée. Avant de procéder à l'impression, la pierre a besoin de subir une préparation particulière, appelée *Acidulation*, qui consiste à verser sur toute la surface écrite ou dessinée de l'acide nitrique ou chlorhydrique très étendu d'eau, qu'on y laisse séjourner plus ou moins longtemps suivant la vigueur ou le fini du dessin, et cela dans le but de faire disparaître l'excédent du trait laissé par l'encre ou le crayon, et surtout de modifier la surface de la pierre non recouverte d'encre ou de crayon; après quoi, on recouvre la pierre d'une dissolution de gomme arabique. D'autres fois, les deux parties de l'opération se font en même temps : on se contente alors d'appliquer sur la pierre avec un pinceau plat un mélange de gomme et d'acide dans les proportions voulues. Dans tous les cas, il se produit une action chimique et la pierre attaquée par l'acide est devenue insensible aux corps huileux que renferme le noir d'impression. Aussitôt qu'elle a été acidulée, on trempe la pierre dans l'eau pour enlever l'excédent de gomme qui ne s'est pas combiné avec elle, ainsi que certains sels solubles produits par l'acidulation, et on la porte sous la presse. — La presse lithographique se compose toujours de deux parties essentielles : une partie mobile ou *chariot* sur laquelle on place la pierre, et une partie fixe consistant, tantôt en un cylindre, tantôt en un *râteau*, qui donne la pression et sous laquelle un mécanisme particulier conduit la première. Quand la pierre est posée sur le chariot, on verse un peu d'essence de térébenthine sur l'écriture ou sur le dessin, on frotte légèrement avec un linge, puis on y passe une éponge mouillée. Enfin, on procède à l'*encrage*, qui se fait en promenant sur la pierre un rouleau chargé d'encre lithographique, laquelle se dépose seulement sur les parties écrites ou dessinées, et laisse intactes les autres parties qui ont été modifiées par les traitements précédents. Alors il ne reste plus qu'à étendre une feuille de papier sur la pierre, et à faire passer celle-ci sous le râteau. Le tirage lithographique exige des précautions très minutieuses; en outre, ses résultats sont entièrement subordonnés à l'habileté de l'ouvrier. Le tirage s'est fait à bras pendant très longtemps : c'est même ainsi qu'il s'exécute encore dans les petites imprimeries; mais, dans les ateliers très importants, on l'opère généralement, pour les tirages à très grand nombre et les ouvrages ordinaires, au moyen de presses mécaniques à vapeur dans lesquelles des systèmes de cylindres opèrent simultanément l'encrage et l'impression proprement dite. La première de ces machines

*Ordre du jour :* « Le bataillon de Loire-Inférieure s'étant bien comporté devant l'ennemi, il sera accordé à chaque homme une paire de sabots. »

REPRODUCTION D'UNE LITHOGRAPHIE DE RAFFET.

qui ait fonctionné régulièrement en France, a été inventée en 1850 par Paul Dupont, à Paris, qui créa par la suite la lithotypographie, véritablement remarquable par les résultats obtenus. La Fig. donnée de la page précédente tirée de la *Révolution* de Dayot donne une idée de ce qu'on peut obtenir par ce procédé. Pour les ouvrages communs et de grande dimensions, on ne pourrait trouver de pierres assez grandes, et en tous cas, celles-ci seraient encombrantes et peu maniables. On peut alors remplacer la pierre par une plaque de zinc sur laquelle les acides agissent à peu près de la même manière. Les procédés d'impression sur *zinc* ou *zincographie* sont presque les mêmes que ceux de la l.; mais les résultats sont très inférieurs.

III. *Applications diverses* — Elles sont très nombreuses, et presque toutes ont été tentées ou indiquées par l'ingénieux Senefelder. Ainsi, outre le dessin à la plume ou au crayon, auquel s'applique spécialement ce qui précède, la l. imite le dessin à l'estampe, le lavis, l'aqua-tinta, la manière noire, le camaïeu, le dessin aux deux crayons, etc. Ces imitations produisent quelquefois un effet très remarquable. Nous dirons quelques mots de la *Gravure sur pierre*, de la *Chromolithographie* et des *Transports lithographiques* ou *Lithotypographie*. — Ainsi qu'on l'a vu plus haut, c'est par la *gravure sur pierre* que Senefelder est arrivé à l'invention de la l. Ce moyen de reproduction constitue aujourd'hui trois genres distincts, qui correspondent à la gravure au burin, à la gravure à l'eau-forte et à la gravure sur bois. Dans le premier genre, la pierre étant préalablement décapée et acidulée, on la recouvre d'une mince couche de noir de fumée broyé avec de l'eau gommée, puis on décalque le dessin sur cette couche et l'on en trace légèrement les traits avec un burin ou une pointe sèche. La gravure achevée, on encre la pierre. L'encre n'attaque pas les parties gommées, mais elle pénètre dans celles que l'outil a mises à nu, et s'y fixe en formant avec la matière calcaire un savon insoluble. Il ne reste plus alors qu'à faire disparaître la couche de gomme et à procéder au tirage par la presse lithographique. Le second genre de la gravure sur pierre se fait absolument de la même manière que sur le cuivre; seulement on acidule et l'on gomme la pierre avant d'y poser le vernis. Quant au troisième genre, il consiste à couvrir la pierre d'un vernis, à y décalquer le dessin, et à creuser avec une pointe d'acier ou à faire ronger par l'acide nitrique étendu d'eau les parties qui doivent rester blanches. Les pierres ainsi gravées peuvent servir à faire des clichés propres à être intercalés dans le texte et imprimés à la presse typographique. — La *Chromolithographie*, comme son nom l'indique, sert à reproduire des dessins coloriés. Elle s'exécute à la plume ou au pinceau. On fait d'abord le trait sur pierre, puis on tire autant d'épreuves qu'il y a de nuances dans le modèle. On transporte ces épreuves sur autant de pierres; sur chacune de ces pierres l'artiste dessine au crayon ou à l'encre les parties qui doivent recevoir la nuance voulue. L'encre et le crayon employés sont noirs, car la teinte n'en sert qu'à permettre à l'artiste de suivre la marche de son travail, et disparaît dans le lavage de la pierre qui précède l'impression. Les nuances intermédiaires sont obtenues en dessinant la même surface sur plusieurs pierres; par exemple, un dessin tracé à la fois sur la pierre tirée en bleu et sur la pierre tirée en jaune deviendra vert à l'impression. Enfin, après les préparations convenables, chaque pierre est recouverte d'une encre grasse de la couleur correspondante, et soumise à la presse d'imprimerie. Le tirage des couleurs est successif, c.-à-d. qu'on imprime chaque couleur isolément sur la même épreuve. Mais, pour que chacune d'elles vienne se placer aux endroits précis où elle doit se trouver, on emploie des moyens de repérage d'une exactitude mathématique, et l'on fait usage d'un papier sec et laminé qui a l'avantage de ne pas s'allonger à l'impression. La chromolithographie, exécutée avec soin, donne des résultats remarquables. Avec un nombre restreint de couleurs, mais convenablement combinées, on obtient des effets très puissants qui, suivant le procédé employé, imitent l'aquarelle ou la peinture à l'huile. — On fait aussi de la chromolithographie sur plaques de zinc; mais les résultats sont médiocres et ne peuvent servir qu'à la confection des planches d'enseignement : cartes géographiques, planches d'histoire naturelle, etc. — L'une des applications les plus usitées de la l. est celle qui a pour objet d'en multiplier les produits à l'aide de *Reports* ou *Contre-épreuves*. On tire une épreuve sur papier autographique avec une encre grasse particulière; puis, la posant du côté imprimé sur une pierre neuve, on mouille légèrement la face opposée et on la soumet à l'action de la presse. L'écriture ou le dessin abandonne alors le papier et se trouve transporté sur la pierre. Ce procédé offre des avantages immenses sous le rapport de l'économie et du temps. En effet, il suffit d'exécuter sur pierre un seul dessin, de le reporter ensuite sur une grande pierre, autant de fois que la dimension de celle-ci le permet, pour pouvoir tirer d'un seul coup un grand nombre d'épreuves. En outre, quand cette pierre est usée, on en prépare une seconde avec de nouvelles contre-épreuves de la pierre-matrice que l'on conserve à cet effet. Les mêmes procédés servent encore à transporter sur pierre des épreuves typographiques tout récemment tirées; il faut seulement les exécuter avec le même papier et la même encre que ci-dessus. Enfin, on est parvenu, grâce à la lithotypographie, à opérer le transport sur pierre des vieux livres et des vieilles estampes. C'est de cette manière que deux de nos plus ingénieux typographes, Paul Dupont et son frère, ont reproduit un in-folio de 966 pages dont la plupart des exemplaires avaient été détruits. — Pour plus de détails, voy. les *Traités de l.*, de Chevalier et Langlumé, de Thénot, d'Engelmann, de Desportes, etc.

**LITHOGRAPHIER**. v. a. Imprimer par les procédés de la lithographie. = LITHOGRAPHIÉ, ÉE. part.

**LITHOGRAPHIQUE**. adj. 2 g. Qui a rapport à la lithographie; qui s'emploie dans la lithographie.

**LITHOÏDE**. adj 2 g. (gr. λίθος, pierre; εἶδος, forme). Qui a l'apparence, le caractère de la pierre.

**LITHOLABE**. s. m. (gr. λίθος, pierre, calcul; λαμβάνω, je saisis). Instrument destiné à saisir un calcul dans la vessie, à le maintenir en place, puis à le perforer et à le broyer. Le l. se compose, en principe, d'une canule droite dans laquelle glisse une autre canule trifurquée à son extrémité : une tige d'acier passe au centre de ces trois branches et sert de foret (Fig. ci-contre).

**LITHOLOGIE**. s. f. (gr. λίθος, pierre; λόγος, discours). Partie de l'histoire naturelle qui a pour objet l'étude des pierres. Inus.

**LITHOLOGIQUE**. adj. 2 g. Qui concerne la lithologie.

**LITHOLOGUE**. s. m. Celui qui s'occupe de lithologie.

**LITHOLYSIE**. s. f. [Pr. *litoli-zie*] (gr. λίθος, pierre; λύσις, dissolution). Dissolution des calculs dans la vessie.

**LITHOMANCIE**. s. f. (gr. λίθος, pierre; μαντεία, divination). T. Ant. Divination par les pierres. Voy. DIVINATION.

**LITHOMARGE**. s. f. T. Minér. Argile compacte, en veines ou en amas dans les basaltes et les porphyres.

**LITHOMORPHITE**. s. f. (gr. λίθος, pierre; μορφή, forme). T. Minér. Pierre figurée.

**LITHONTRIPTIQUE**. adj. 2 g. (gr. λίθος, pierre; τρίβειν, broyer). Propre à dissoudre les calculs dans la vessie. *Remède l.* (Sels de soude, de potasse, de lithine, eaux minérales alcalines, contre les calculs d'acide urique et d'urate; et au contraire injections intra-vésicales de solutions acides contre les pierres phosphatiques.)

**LITHOPHAGE**. adj. 2 g. et s. m. (gr. λίθος, pierre; φάγειν, manger). T. Zool. Se dit de certains coquillages qui creusent la pierre pour s'y loger.

**LITHOPHANIE**. s. f. (gr. λίθος, pierre; φανός, transparent). Dessin en creux sur une plaque de porcelaine translucide, où les ombres et les clairs sont figurés par les épaisseurs graduées de la pâte. || Plaque de porcelaine sur laquelle on a figuré un dessin par ce procédé.

**LITHOPHILE**. adj. 2 g. (gr. λίθος, pierre; φίλος, ami). T. Bot. Se dit d'une plante qui croît sur les rochers. || T. Zool. Se dit d'un insecte qui vit dans les pierrailles.

**LITHOPHOTOGRAPHIE**. s. f. (gr. λίθος, pierre; fr. *photographie*). Procédé de lithographie pour la reproduction des épreuves photographiques. Voy. PHOTOGRAVURE.

**LITHOPHYLLE**. s. f. (gr. λίθος, pierre; φύλλον, feuille). Feuille fossile.

**LITHOPHYTE**. s. m. (gr. λίθος, pierre; φυτὸν, plante). T. Zoolog. Se dit des polypes qui sécrètent, soit intérieurement, soit extérieurement, une substance pierreuse dont la forme offre plus ou moins d'analogie avec celle des végétaux. Voy. ALCYONIENS, BRYOZOAIRES, etc.

**LITHOSPERME**. s. m. (gr. λίθος, pierre; σπέρμα, graine). T. Bot. Genre de plantes Dicotylédones (*Lithospermum*) de la famille des *Borraginées*. Voy. ce mot.

**LITHOSPERME**. adj. 2 g. (gr. λίθος, pierre; σπέρμα, graine). T. Bot. Qui a les graines dures et pierreuses. Inus.

**LITHOTHLIBIE**. s. f. (gr. λίθος, pierre; θλίβειν, écraser). T. Chir. Écrasement d'un calcul friable.

**LITHOTOME**. s. m. (gr. λίθος, pierre; τομή, section). Instrument destiné à pratiquer l'opération de la taille, composé d'une lame coupante cachée dans une gaine fenêtrée. — On distingue un l. simple et un l. double. Ces instruments sont aussi appelés cystotomes.

**LITHOTRÉSIE**. s. f. [Pr. *litotré-zie*] (gr. λίθος, pierre; τρῦσις, perforation). T. Chir. Action de perforer les calculs à l'aide d'un foret mis en mouvement par un archet.

**LITHOTRIPSIE**. s. f. (gr. λίθος, pierre; τρίψις, action de broyer). T. Chir. Syn. de LITHOTRITIE.

**LITHOTRITEUR**. s. m. (R. *lithotritie*). T. Chir. Instrument que l'on introduit dans la vessie pour y briser les pierres peu consistantes, les fragments de calculs. Voy. LITHOTRITIE.

**LITHOTRITIE**. s. f. (gr. λίθος, pierre; lat. *tritum*, sup. de *terere*, broyer). La l. est une opération qui a pour but de broyer un calcul dans la vessie pour en permettre l'expulsion par les voies naturelles, c'est-à-dire par le canal de l'urèthre. Au lieu de l. (de λίθος, pierre, et *terere*, *tritum*, broyer), on a dit quelquefois *lithotripsie* (de λίθος, et τρίψις, broiement), et *lithoclastie* (de λίθος, et κλάω, j'écrase). — La l. pratique date de notre époque, et c'est Leroy d'Étiolles qui, en 1823, inventa le premier instrument applicable sur le vivant, le *litholabe* (de λίθος, et λαμβάνω, je saisis); c'est à Civiale que revient l'honneur d'avoir fait la première opération avec succès. Nous ne nous attarderons pas à décrire les divers instruments qui ont été successivement perfectionnés pour en arriver à l'arsenal actuel. — Le brise-pierre actuel (Fig. ci-contre), chef-d'œuvre de l'art mécanique, se compose de trois parties essentielles, qui sont : le bec ou mors, formé par deux cuillers mâle et femelle; la tige composée de deux branches, l'une creuse ou branche femelle, et l'autre pleine, branche mâle, glissant à frottement doux dans la première; enfin la poignée ou armature, comprenant un mécanisme particulier, qui permet tout à la fois au chirurgien de tenir solidement l'instrument d'une seule main, de rechercher la pierre, de la mesurer, de la saisir, de la fixer, et finalement de la broyer. Tel est le principe de l'instrument, qui a été d'autre part l'objet de modifications importantes. — Au point de vue du manuel opératoire, une fois le diagnostic bien assuré, une fois la vessie bien propre, on pratique l'intervention. La chloroformisation n'est pas absolument nécessaire, et lorsque le malade adulte est peu craintif, il est préférable de ne pas y avoir recours. Le malade doit être placé dans le décubitus horizontal, le siège plus élevé que les épaules; la vessie est vidée avec une sonde, soigneusement lavée, et doit conserver une assez grande quantité de liquide pour être déplissée sans être distendue. Le chirurgien se place à la droite du patient, et introduit le lithotriteur sans brutalité, l'instrument devant en quelque sorte pénétrer de lui-même. Le calcul est cherché, saisi et broyé, et c'est là que se décèle l'habileté de l'opérateur. La séance ne doit pas être trop longue, et il vaut mieux, comme le recommande Guyon, passer une revision que s'exposer à fatiguer son malade. Une fois le calcul brisé, il importe d'extraire les débris, et c'est ce que permet de réaliser aisément un appareil ingénieux qui s'adapte à une sonde métallique et consiste en une poire de caoutchouc aspiratrice permettant de faire appel des débris calculeux et du liquide vésical, le liquide retournant dans la vessie et les particules solides retombant par leur propre poids dans un réservoir en verre situé à la partie inférieure de l'appareil. — Le malade est ultérieurement l'objet de soins minutieux et d'une surveillance spéciale; s'il faut pratiquer une nouvelle intervention, quelques jours, une semaine sont nécessaires avant d'y avoir recours. — Nous devons, sans nous y arrêter, ajouter quelques mots sur les indications de cette opération. L'âge, l'état général, l'intégrité des organes génito-urinaires sont des conditions qui doivent être prises en considération, et d'autre part le nombre, le volume, le degré de consistance et la composition chimique des calculs ont une importance toute particulière. Ajoutons enfin qu'exceptionnellement la l. doit être pratiquée par des voies accidentelles ou artificielles, périnéales, etc.

**LITHOTYPOGRAPHIE**. s. f. (gr. λίθος, pierre, et *typographie*). ‖ T. Techn. Procédé d'impression qui consiste à reporter sur une pierre lithographique une épreuve obtenue par la typographie et à tirer ensuite de nouvelles épreuves sur cette pierre, par les méthodes de la lithographie.

**LITHOXYLE**. s. m. [Pr. *lito-ksile*] (gr. λίθος, pierre; ξύλον, bois). Végétal dont la substance a disparu et a été remplacée par du silex, de l'agate ou une autre pierre, sans que la forme en ait été altérée. Voy. PALÉONTOLOGIE.

**LITHUANIE**, partie de l'anc. Pologne, au S. de la Baltique, partagée entre la Russie et l'Allemagne; v. pr. *Vilna*, *Grodno*. = Nom des hab. : LITHUANIEN, IENNE.

**LITHURIQUE**. adj. 2 g. (gr. λίθος, pierre; οὖρον, urine). T. Chim. *L'acide l.* cristallise en fines aiguilles, fusibles à 205°, solubles dans l'eau et dans l'alcool bouillants. Son sel de magnésium se rencontre dans certains calculs urinaires du bœuf.

**LITIÈRE**. s. f. (R. *lit*). Paille ou autre espèce de fourrage, qu'on répand dans les écuries, dans les étables, sous les chevaux, les bœufs, les moutons, etc., afin qu'ils se couchent dessus. *L. fraîche. Faire la l. aux chevaux*, etc., *L. des vers à soie*, Débris des feuilles non mangées, mêlés aux excréments des vers. — Fig. et prov., *Faire l. d'une chose*, La prodiguer sans mesure et sans discernement, comme si elle était de nulle valeur. *Faire l. de son honneur.* ‖ *Ce cheval est sur la l.*, Il est malade ou estropié au point de ne pouvoir sortir de l'écurie. — Fig. on dit d'un homme qui est malade au lit, et de celui que l'âge ou de grandes fatigues ont mis hors d'état d'agir, qu'*Il est sur la l. Le voilà maintenant sur la l. Tous ses gens sont sur la l.* ‖ Sorte de voiture ou de chaise, ordinairement couverte, qui est suspendue à deux brancards, et qui est portée par deux hommes ou par deux chevaux, etc., l'un en avant, l'autre en arrière. *L. découverte. L. fermée. L. à portières. Les palanquins usités en Orient ne sont autre chose que des litières.*

**LITIGANT, ANTE**. adj. [Pr. *g* dur] (lat. *litigans*, de *litigare*, plaider). T. Jurispr. Qui plaide. *Les parties litigantes.* Vx.

**LITIGE**. s. m. (lat. *litigium*, m. s.). T. Jurispr. Contestation en justice. *Ce bien est en l. Un ancien l.* ‖ Dans le langage ordinaire, se dit de toute sorte de contestations. *Cela pourrait occasionner un litige.* ‖ T. Hist. *Droit de l.*, Droit qu'avait le roi de nommer à un bénéfice dont le patronage était contesté.

**LITIGIEUX, EUSE**. adj. (lat. *litigiosus*, m. s.). Qui est ou qui peut être en litige. *Droit l. Ce point est l. Affaire litigieuse.* ‖ Qui se plaît dans les contestations, dans les litiges. *Esprit l. Humeur litigieuse.* Peu usité.

**LITISCONTESTATION**. s. f. [Pr. ...*sion*] (lat. *litem*

*contestari*, discuter le débat). T. Droit rom. Signifie le moment où le procès s'engageait.

**LITISDÉCISOIRE.** adj. 2 g. [Pr. *litisdé-si-zoare*] (lat. *lis, litis*, procès; fr. *décisoire*). T. Droit. Qui décide le procès.

**LITISPENDANCE.** s. f. [Pr. *litispan-danse*] (lat. *litispendentia*, m. s., de *lis, litis*, procès; *pendere*, être en suspens). T. Jurispr. Le temps pendant lequel un procès est pendant en justice. *Vous ne devez pas rester en possession durant la l.* Vx. || Existence simultanée de deux actions pour le même objet devant deux tribunaux différents. *Exception de l.*, Exception par laquelle la partie assignée devant un second tribunal demande le renvoi au tribunal déjà saisi.

**LITORNE.** s. f. (gr. λιτὸς, petit; ὄρνις, oiseaux). T. Ornith. Genre de *Passereaux*. Voy. MERLE.

**LITOTE.** s. f. (lat. *litotes*; gr. λιτότης, petitesse). T. Rhét. La *Litote* ou *Diminution* est une figure de pensée par laquelle on dit moins pour faire entendre plus. Elle semble nier, diminuer, affaiblir ce qu'elle affirme au fond. Dans le *Cid*, lorsque Chimène dit à Rodrigue : *Va, je ne te hais point*, elle lui fait entendre un sentiment tout à fait différent; et, dans Virgile quand le berger Corydon dit : *Nec sum adeo informis*, il montre sous une apparente modestie ce qu'il pense de sa beauté. Dans le langage ordinaire, nous employons assez fréquemment cette figure, comme lorsque nous disons de deux personnes qui se détestent, qu'*elles ne s'aiment pas*. — Quand la l. veut réellement dire moins, elle prend le nom d'*Exténuation*. Ainsi, par ex., lorsqu'on appelle simplement *sévère* celui qui est *cruel*, *économe* celui qui est *avare*, etc., on fait une exténuation. Cette figure est donc l'opposé de l'hyperbole. — On distingue encore sous le nom de *Signification* ou *d'Emphase*, une figure qui laisse deviner plus que n'expriment les mots pris dans leur sens naturel. « Garde-toi, Saturninus, d'avoir trop de confiance dans cette multitude qui t'environne. Les Gracques sont morts, et ne sont pas vengés. »

**LITRE.** s. f. (all. *leiste*, bande ?). Bande noire portant les armoiries, les initiales du défunt, qu'on tend autour de l'église dans les funérailles. Voy. FIEF.

**LITRE.** s. m. (gr. λίτρα, livre). T. Métrol. Mesure de capacité valant un décimètre cube. Voy. CAPACITÉ et MÉTRIQUE. || Par anal. Bouteille de la capacité d'un l. — *Boire un l.*, Boire le contenu d'un litre de vin.

**LITRON.** s. m. T. Métrol. Anc. mesure de capacité qui valait environ 0l,8. Voy. CAPACITÉ.

**LITSEA.** s. f. T. Bot. Genre de plantes Dicotylédones de la famille des *Lauracées*. Voy. ce mot.

**LITTÉRAIRE.** adj. 2 g. [Pr. *li-térère*] (lat. *litterarius*, m. s.). Qui appartient aux lettres, aux belles-lettres. *Société l. Journal l. Mémoires littéraires. Dispute l. Travaux littéraires.* || *Le monde l.*, Ceux qui cultivent les lettres. *Cet ouvrage a fait une grande sensation dans le monde l.* — *Propriété l.*, Droit de propriété d'un auteur sur ses ouvrages.

**LITTÉRAIREMENT.** adv. [Pr. *li-térère-man*]. Sous le rapport littéraire. *Cet ouvrage ne contient pas une idée neuve; néanmoins, l. parlant, il n'est pas sans mérite.*

**LITTÉRAL, ALE.** adj. [Pr. *li-téral*] (lat. *litteralis*, m. s.). Qui est conforme à la lettre. *Il faut prendre ce passage de l'Écriture dans son sens l. Explication littérale. Ne prenez pas ce vers dans son sens l., mais dans son sens figuré. Des commentaires littéraux.* || *Traduction, version littérale*, Celle qui est faite mot à mot. — Fam., *C'est un homme trop l.*, Il prend trop les choses au pied de la lettre. || T. Philol. *Langue littérale*, Langue ancienne et écrite par opposition à la langue moderne parlée. Ne se dit guère que du grec et de l'arabe. *Grec l., Arabe l.* || T. Math. *Grandeurs littérales*, Celles qui sont exprimées par des lettres.

**LITTÉRALEMENT.** adv. [Pr. *li-térale-man*]. A la lettre. *Prendre un passage l. Traduire littéralement.*

**LITTÉRALISME.** s. m. [Pr. *li-téralisme*]. Synon. de *Littéralité*.

**LITTÉRALISTE.** adj. 2 g. [Pr. *li-téraliste*]. Qui a le caractère du littéralisme.

**LITTÉRALITÉ.** s. f. [Pr. *li-téralité*] Attachement scrupuleux à la lettre, dans une traduction. *Il n'est pas facile de concilier la l. avec l'élégance.*

**LITTÉRATEUR.** s. m. [Pr. *li-térateur*]. Celui qui est versé dans la littérature, ou Celui qui en fait profession.

**LITTÉRATURE.** s. f. [Pr. *li-térature*] (lat. *litteræ*, lettres). Se dit des œuvres de l'esprit, en tant qu'elles se produisent par la parole ou par l'écriture, et qu'on les considère au point de vue de la forme ou de l'expression. Ce mot s'emploie en parlant soit de la simple connaissance, soit de la production même de ces œuvres. *La l. a beaucoup d'attrait pour les jeunes gens. La poésie est la partie brillante de la l. Cet homme a une vaste et profonde l. N'avoir point de l. Avoir une l. variée, une l. légère, superficielle. Étudier la l. Se livrer à la l. Faire un cours de l. La l. facile.* || L'ensemble des productions littéraires d'une nation, d'un pays, d'une époque. *La l. moderne est, sous certains rapports, inférieure à la l. ancienne. La l. anglaise est riche en ouvrages de morale. Il est très versé dans les littératures étrangères.* — Le terme de *Littérature* est un mot dont la signification varie suivant l'époque que l'on considère. Au XVIIe siècle, il n'avait d'autre sens que celui de *belles-lettres*, le même que celui de *litteræ* chez les Romains, et se disait uniquement des productions de l'esprit envisagées comme œuvres d'art. Les sciences, la philosophie, l'érudition elle-même, restaient donc en dehors de la l., qui, par conséquent, n'avait aucun rapport à la conduite et aux intérêts ordinaires de la vie. Au XVIIIe siècle, la tendance du mouvement intellectuel étant à populariser les vérités acquises par les sciences, et surtout les doctrines philosophiques alors régnantes, le sens du mot l. commença de s'élargir, et la fameuse encyclopédie de d'Alembert et Diderot fut communément rangée parmi les œuvres littéraires de l'époque. Enfin, lorsque la Révolution eut aboli les titres de noblesse et effacé toutes les distinctions sociales admises jusqu'alors, toute expression de la pensée humaine par la parole ou l'écriture, quel que fût son objet, prit place dans la l., car aucune d'elles ne parut tellement infime et insignifiante qu'on crût devoir la négliger. On considéra avec raison que toute manifestation de la pensée est, à un titre quelconque, l'expression de l'état social d'un peuple, sous l'un de ses aspects si multiples; et de là cette formule célèbre émise par un des philosophes les plus éminents de ce siècle, de Bonald : « La l. est l'expression de la société. » — Mais si, conformément à cette formule, on comprend sous le titre de l. toutes les formes et tous les modes de manifestation de la pensée par la parole, quel qu'en soit l'objet, il est indispensable de diviser la l., selon l'objet même dont s'occupe la pensée, et selon la forme que revêt la parole. En l'absence d'une division généralement adoptée, nous dirons que la l. comprend : 1° la *Poésie*, 2° l'*Éloquence*, 3° l'*Histoire*, 4° le *Drame* et le *Roman*, 5° la *Grammaire* et les études qui ont les langues pour objet (ces cinq premières classes constituaient seules la l. dans la signification ancienne du mot); 6° la *Philosophie*, dans laquelle nous comprenons la Théologie; 7° les *Sciences*, soit pures, soit appliquées; 8° les *Beaux-Arts*. — Maintenant, en considérant la l. dans son ensemble, les principes fondamentaux ou les règles générales qui doivent y présider sont en fort petit nombre : ce sont tout simplement la vérité et la proportion. Mais chacune de ces subdivisions est soumise à des règles spéciales, dont la collection, pour plusieurs, a reçu depuis longtemps un nom particulier. Telles sont : la *Poétique*, la *Rhétorique*, la *Critique historique* et la *Critique littéraire*. La l. scientifique comprend les *œuvres originales* où les savants exposent le résultat de leurs recherches, les *ouvrages didactiques* destinés à l'enseignement, les *ouvrages de vulgarisation* où l'on cherche à faire connaître les principaux résultats acquis à ceux que des études préalables n'ont pas mis à même de suivre la science dans tous ses développements, enfin des œuvres *critiques* relatives à la discussion et à la comparaison des méthodes soit de recherche, soit d'enseignement. A cette catégorie se rattachent les ouvrages de pédagogie et ceux qui traitent des questions philosophiques que peut soulever le développement des sciences. Quant à la partie de la l. qui concerne les Beaux-Arts, elle est elle-même purement critique, attendu que chacun de ces derniers a un mode d'expression qui lui est propre.

Malgré cette acception étendue et parfaitement légitime, le mot de l. est encore souvent employé, dans son ancien sens, pour désigner les œuvres littéraires qui se recommandent de l'art seul, particulièrement la poésie, le drame et le roman. Ainsi conçue dans ce sens spécial, la l. est la plus haute forme de l'art, parce qu'elle communique directement les idées de l'auteur au lecteur, sans faire intervenir les illusions et les mirages des sens, comme le font la peinture et la musique. Seul de tous les artistes, le littérateur peut exprimer sa pensée tout entière, soit avec précision, soit, s'il le juge préférable, en suggérant simplement au lecteur l'émotion qu'il veut faire entrer dans son âme : il n'est pas limité par l'imperfection de son instrument qui s'adresse directement à l'intelligence du lecteur et lui permet de rendre toutes les nuances, toutes les subtilités qu'il croit utiles ; s'il y réussit mal, il ne peut s'en prendre qu'à sa propre incapacité : car il peut, avec sa plume soit raconter, décrire, analyser avec toute la précision d'un géomètre, soit évoquer des tableaux aussi colorés que ceux du peintre, soit enfin faire naître des émotions aussi vagues, aussi indéfinissables que celles que peut donner l'audition musicale. Pour la même raison, nous considérons le livre comme une forme de l'art plus haute que le drame, parce que dans ce dernier, outre que l'instrument, soumis à certaines exigences, est moins docile, l'illusion de la scène apporte un élément d'émotions étranger à la l. proprement dite. C'est pourquoi tant de pièces qu'on écoute agréablement sont insupportables à la lecture.

En résumé, la littérature est aussi vaste que la pensée humaine ; c'est la manifestation intellectuelle de l'humanité. Voy. ESTHÉTIQUE, DRAME, POÉSIE, etc.

**LITTÉRÉ, ÉE.** adj. [Pr. *lit-téré*] (lat. *littera*, lettre). T. Zool. Marqué de signes ressemblant à des lettres.

**LITTLE-ROCK**, v. des États-Unis, cap. de l'État d'Arkansas, 13,200 hab.

**LITTORAL, ALE.** adj. [Pr. *lit-toral*] (lat. *littoralis*, m. s., de *littus*, rivage). Qui appartient aux bords de la mer, aux côtes. *La partie littorale de ce département est très pittoresque.* — *Oiseaux littoraux*, Ceux qui fréquentent particulièrement les côtes. *Plantes littorales*, Celles qui croissent sur les bords de la mer. = LITTORAL. s. m. La partie d'un pays qui est baignée par la mer, ou La suite de côtes qui bordent une mer. *Le l. de la France. Les habitants du l. de la Méditerranée.*

**LITTORINE.** s. f. [Pr. *lit-torine*] (lat. *littus, littoris*, rivage). T. Zool. Genre de *Mollusques Gastéropodes*. Voy. TROCHOÏDES.

**LITTORINIDES.** s. f. pl. [Pr. *lit-torinide*] (R. *littorine*). T. Zool. Famille de Mollusques Gastéropodes, de l'ordre des *Cténobranches*, à coquille ovoïde ou presque globuleuse. Les espèces fossiles sont nombreuses dans les terrains tertiaires.

**LITTRÉ** (ÉMILE), philosophe et philologue fr. (1801-1881), traducteur d'Hippocrate, auteur d'un très remarquable *Dictionnaire de la langue française*, etc.

**LITTROW** (JOSEPH-JEAN DE), astronome bohémien, fut directeur de l'observatoire de Vienne (1781-1840). = Son fils, KARL-LOUIS, lui succéda à l'observatoire de Vienne (1811-1877).

**LITURGIE.** s. f. (gr. λειτουργία, m. s.). T. Antiq. et Relig.

**Hist.** — Dans l'ancienne Grèce, spécialement chez les Athéniens, on donnait le nom de *Liturgie* (λειτουργία, de λεῖτον, public, et ἔργον, œuvre) à certains services publics auxquels étaient soumis les citoyens qui se trouvaient dans des conditions de fortune déterminées par la loi. Ces liturgies étaient de deux sortes : les *liturgies ordinaires* et les *liturgies extraordinaires*. Les premières étaient aussi appelées *liturgies encycliques*, parce qu'elles revenaient régulièrement chaque année à la même époque. — Celles-ci comprenaient la *Choragie*, ou l'office du *chorège* (Voy. CHOEUR) ; la *Gymnasiarchie*, ou l'office de *gymnasiarque*, qui consistait à diriger et à surveiller les gymnases ; la *Lampadarchie*, ou l'office de celui qui faisait les frais des jeux appelés *Lampadophories* (Voy. ce mot) ; l'*Archithéorie* (Voy. THÉORIE), et l'*Hestiasis* (ἑστίασις). Cette dernière l. consistait, à faire les frais d'un banquet, à la fois religieux et politique, qui chaque année réunissait tous les citoyens de la même tribu. — Les *liturgies extraordinaires* étaient la *Triérarchie* et l'*Avance de l'impôt foncier*. La *Triérarchie* (τριηραρχία) consistait dans l'équipement et l'entretien des navires de guerre. L'État fournissait la coque, les mâts, les grosses manœuvres, la solde de l'équipage et les provisions de bouche ; tout le reste, y compris les réparations, était à la charge du *Triérarque*. Dans le principe, chaque galère devait être équipée et entretenue par un seul citoyen ; plus tard la loi permit le partage de cette charge entre deux et même entre plusieurs citoyens. L'*Avance de l'impôt* (προεισφορά) avait pour objet de faire payer l'impôt par anticipation : on n'avait, il est vrai, recours à cette l. que dans les temps de crise. Les trente plus riches citoyens de chaque tribu étaient alors chargés d'acquitter la totalité de la contribution foncière, sauf à se faire rembourser par les autres contribuables. — L'institution des liturgies paraît être antérieure à Solon ; ce sage législateur ne fit que la confirmer. Les liturgies obligeaient ceux qui y étaient soumis à des dépenses considérables ; mais, en compensation, elles leur conféraient des distinctions honorifiques qui entretenaient l'émulation parmi les citoyens. De plus, afin qu'elles ne pussent devenir une charge trop onéreuse, la loi ne les imposait que tous les deux ans aux mêmes personnes, et l'on ne pouvait en remplir plus d'une dans la même année. Enfin, les liturgies étaient obligatoires pour tous les citoyens qui possédaient une fortune d'au moins trois talents. Cependant il y avait quelques exemptions. Ainsi, par exemple, les archontes, pendant la durée de leurs fonctions, les enfants orphelins, et les héritières uniques qui n'étaient point mariées, en étaient exempts. Parfois même on accordait l'exemption des liturgies comme récompense de services signalés rendus à l'État.

**Relig.** — Dans l'Église catholique, on donne le nom de *Liturgie* à l'ensemble des rites et des cérémonies du culte qui ont été approuvés par l'autorité compétente pour la célébration de la messe et des divers offices. Les livres où ce cérémonial est décrit se nomment *Livres liturgiques*. Dans les premiers temps, quand les mystères ne pouvaient se célébrer que dans les profondeurs des catacombes ou dans l'enceinte des maisons particulières, il y avait nécessairement peu de cérémonies. Le cérémonial était simplement traditionnel, et constituait un dépôt qui se transmettait de génération en génération. Dans leurs offices, les églises suivaient, autant que possible, les prescriptions de leurs fondateurs ; mais quelques évêques, fidèles à la pensée de leurs prédécesseurs, ajoutaient de temps à autre de nouvelles prières pour compléter l'œuvre de ces derniers. Au IVe siècle, lorsque l'Église eut conquis la liberté, chaque église recueillit ses anciennes traditions, et de là sortirent les diverses liturgies écrites qui dès lors servirent de règle pour la célébration du culte. Ces liturgies étaient identiques quant aux choses essentielles ; elles ne différaient que dans leur cérémonial extérieur. Beaucoup d'entre elles furent suivies pendant plus ou moins longtemps ; après quoi on les abandonna, tandis que les autres n'ont jamais cessé d'être en usage. — Parmi les *Liturgies orientales*, la plus ancienne est celle qui porte le nom de *l. de saint Jacques*, premier évêque de Jérusalem : aussi l'appelle-t-on encore *l. de Jérusalem*. Les deux liturgies qui sont aujourd'hui généralement suivies par les églises grecques sont l'œuvre de saint Jean Chrysostome, patriarche de Constantinople, et de saint Basile, évêque de Césarée. Celle du premier sert toute l'année, et celle du second pour certaines fêtes. La *l. égyptienne*, qui est suivie par les Cophtes, doit, dit-on, son origine à saint Marc, premier évêque d'Alexandrie. En conséquence, on la nomme encore *l. de saint Marc*, *l. d'Alexandrie*, et aussi *l. de saint Cyrille*, parce qu'elle fut complétée et mise par écrit par ce saint. On fait remonter à saint Athanase la *l. éthiopienne* ou des *Abyssins* : c'est celle de la plupart des églises d'Abyssinie. Outre ces diverses liturgies, chacune des sectes qui existent en Orient a sa l. particulière, qu'elle fait en général dater des apôtres : nous nous contenterons de nommer les liturgies *syrienne*, *maronite* et *arménienne*. — Les principales *Liturgies occidentales* sont la l. *romaine*, la l. *ambrosienne*, la l. *gallicane* et la l. *mozarabe*. La plus importante de toutes, la *l. romaine*, est réputée venir par tradition de saint Pierre. Les papes saint Célestin et saint Léon le Grand travaillèrent à la régulariser ; mais c'est surtout le pape saint Gélase qui, à la fin du Ve siècle, lui donna sa forme définitive. Au siècle suivant, saint Grégoire le Grand la perfectionna et y introduisit le chant qui, de son nom, a été appelé Grégorien. C'est aussi à ce pape qu'on attribue l'institution des *Enfants de chœur*. Cependant, il paraît certain que des enfants chantaient auparavant dans certaines églises, notamment à Carthage, dès les premiers siècles du christianisme. La *l. de Milan* est plus connue sous le nom de *l. ambrosienne* : cependant saint Ambroise ne fit que réformer et perfectionner la l. de son église. Elle est encore usitée dans quelques parties de l'Italie septentrionale. La *l. espagnole* dérivait originairement de celle de Rome. Elle fut rédigée au VIIe siècle par saint Léandre et saint Isidore, évêque de Séville. On l'appelait aussi *gothique* parce que les Goths étaient alors maîtres de l'Espagne. Enfin, à partir du siècle suivant, elle reçu le nom de *mozarabe*, parce qu'on appelait *mozarabes* les chrétiens qui consentirent à vivre sous la domination musulmane. Elle est encore suivie dans quelques chapelles de Tolède. La *l. gallicane* remonte à une haute antiquité. Elle offrait une singulière conformité avec les liturgies orientales, ce qui s'explique par ce fait que les premiers évêques des Gaules étaient orientaux. On regarde comme ses principaux auteurs le prêtre Musæus de Marseille, Claudien Mamert de Vienne, saint Hilaire de Poitiers, saint Sidoine Apollinaire, saint Grégoire de Tours et saint Fortunat. Cette l. fut profondément modifiée par ordre de Charlemagne, à l'aide d'emprunts faits à celle de Rome. Elle reçut plus tard encore de nombreux changements dans le même sens. Enfin, elle a presque entièrement disparu de nos jours, où le rite romain a été généralement substitué au rite gallican.

**LITURGIQUE.** adj. 2 g. (gr. λειτουργικός, m. s.). Qui a rapport à la liturgie.

**LITURGISTE.** s. m. Celui qui a fait une étude spéciale de la liturgie.

**LITUUS.** s. m. [Pr. *li-tu-us*] (mot lat.). T. Ant. Voy. Augure et Trompette.

**LIURE.** s. f. (lat. *ligatura*, m. s.). Ce qui sert à lier. || Câble d'une charrette qui sert à lier, à maintenir les fardeaux dont on la charge. || T. Mar. Se dit de plusieurs tours de gros cordages, qui, réunis, lient deux objets ensemble. *Le beaupré est fixé à la guibre par deux liures.* || T. Techn. Sertissure des plaques d'émail fixées sur une pièce d'orfèvrerie.

**LIVADIA**, v. de Grèce, anc. *Libadée* (Béotie); 5,000 hab.

**LIVARDE.** s. f. T. Corderie et Mar. Bout de corde d'étoupe servant à divers usages. Voy. Cordage.

**LIVAROT**, ch.-l. de c. (Calvados), arr. de Lisieux, 1,850 h.

**LIVAROT.** s. m. Sorte de fromage fabriqué à Livarot (Calvados).

**LIVÈCHE.** s. f. (lat. *levisticum*, altér. de *ligusticum*, m. s., propr. *ligurien*, de Ligurie). T. Bot. Genre de plantes Dicotylédones (*Levisticum*) de la famille des *Ombellifères*. Voy. ce mot.

**LIVERPOOL**, v. et port d'Angleterre, dans le comté de Lancastre, sur la mer d'Irlande, à l'embouchure de la Mersey; 579,700 hab. — Principal entrepôt du commerce britannique. Docks et magasins immenses; fonderies, forges, raffineries, etc.

**LIVIDE.** adj. 2 g. (lat. *lividus*, m. s.) Qui est d'une couleur plombée, bleuâtre et tirant sur le noir. *Teint l. Lèvres livides. Il est encore tout l. des coups qu'il a reçus. Avoir des taches livides sur la peau.*

**LIVIDITÉ.** s. f. État de ce qui est livide. *L. du teint de la peau.*

**LIVIE**, épousa d'abord Tiberius Néron, dont elle eut Tibère et Drusus, puis devint la femme d'Auguste, et lui fit adopter son fils Tibère (56 av. J.-C.-29 ap. J.-C.).

**LIVINGSTONE** (David), voyageur anglais, s'est illustré par ses découvertes dans l'Afrique australe et centrale (1813-1873). = Son frère Charles, explorateur (1821-1873).

**LIVONIE**, une des trois provinces allemandes de la Russie sur la Baltique; 1,150,000 hab.; cap. Riga. = Nom des hab. : Livonien, enne. = Golfe de Livonie, golfe formé par la Baltique, au S.-O. du golfe de Finlande.

**LIVOURNE.** v. et port commerçant d'Italie, sur la mer Tyrrhénienne; 104,000 hab.

**LIVRABLE.** adj. 2 g. Qui peut, qui doit être livré à l'acheteur par le marchand.

**LIVRAISON.** s. f. [Pr. *livrè-zon*] (R. *livrer*). T. Comm. La remise, la tradition que l'on fait d'une marchandise que l'on a vendue. *Il n'a pu effectuer la l. des marchandises qu'il avait vendues. La l. faite et acceptée, le débiteur n'est plus reçu dans ses réclamations.* || T. Libr. Chaque partie d'un ouvrage qu'on publie par cahiers ou par volumes, à des époques plus ou moins rapprochées. *Publier un ouvrage par livraisons. Il me manque une l. de cet ouvrage.*

**LIVRE.** s. m. (lat. *liber*, m. s., propr. pellicule entre le bois et l'écorce, parce que primitivement on écrivait dessus). Assemblage de plusieurs feuilles de papier, de vélin, de parchemin, ou d'autres choses semblables, imprimées ou écrites à la main, cousues ensemble et formant un volume. *L. manuscrit. L. imprimé. L. stéréotypé. L. broché, cartonné, relié en maroquin. La marge, les marges d'un l. Les feuilles, les feuillets, les pages, la couverture, la tranche, le dos d'un l. Un catalogue de livres. Un ballot de livres.* — *L. in-folio, in-quarto, in-octavo*, etc. Voy. Format. *L. en feuilles*, Les feuilles imprimées d'un livre qui n'est encore ni broché ni relié. || *L. dépareillé*, Volume séparé des autres volumes d'un même ouvrage, par la perte ou par la destruction de ceux-ci. = Registre sur lequel on inscrit ce qu'on reçoit et ce qu'on dépense, ce qu'on achète et ce qu'on vend, etc. *L. de compte, de recette, de dépense*, etc. *Portez cela sur votre l. Livres de commerce. La tenue des livres. L. blanc*, Registre sur lequel on n'a encore rien écrit. *Le grand-l. de la dette publique* ou le *grand-livre*, La liste générale des créanciers de l'État. — *Être porté* ou simpl. *Être sur le l. d'un marchand*, C'est y être inscrit pour quelque marchandise achetée. — Fig. et prov., *Être inscrit, être sur le l. rouge*, Être noté pour quelques fautes qu'on a commises. = Ouvrage d'esprit, soit en prose, soit en vers, d'assez grande étendue pour faire au moins un volume. *Un l. bien écrit, mal écrit. Un excellent l. Un l. plein d'érudition. L. approuvé. L. défendu, censuré, mis à l'index. Un mauvais l. Un l. dangereux, immoral. L. anonyme. pseudonyme. L. de théologie, de droit, de médecine, d'histoire naturelle*, etc. *Le titre, l'index, la table d'un l. Faire composer, publier un l. Lire, feuilleter, parcourir un l. Commencer, achever un l.*, En commencer, en achever la lecture. *Les mauvais livres*, Les livres dangereux, immoraux. — *Livres de bibliothèque*, Ouvrages d'une grande étendue, qu'on ne lit pas de suite ordinairement, mais que l'on consulte au besoin. — *Livres d'église, livres de prières*, Livres qui servent au clergé pour célébrer l'office divin, et aux fidèles pour suivre les prières qui se récitent ou se chantent à l'église. — *Les livres saints, livres canoniques*, Ceux que l'Église considère comme authentiques; *livres apocryphes*, Ceux que l'Église n'a pas reconnus. — *Le l. saint*, L'Écriture. *L. de paix*, L'évangile qu'on donne à baiser à la messe. — *Livres classiques*, Livres employés dans les écoles ou, dans un autre sens, les chefs-d'œuvre consacrés des grands écrivains. || T. Libr. *Livres de fonds*, Livres qu'édite un libraire. *Livres d'assortiment*, Livres qu'un libraire se procure chez un confrère pour les revendre. *L. de cuisine*, L. contenant la recette des principaux mets. || T. Comm. *Livres de commerce. Tenue des livres.* Voy. Comptabilité. — Fam., *Sécher, pâlir sur les livres*, Lire avec une assiduité excessive. *Parler comme un l.*, sign. Parler avec facilité, mais en termes recherchés ou trop arrangés pour la conversation; ou, en bonne part, S'exprimer heureusement sur toutes sortes de sujets. || Fig., *Le l., le grand l. de la nature*, La nature observée, étudiée dans ses phénomènes, dans leur ordre et dans leurs causes, et considérée comme une source d'instruction. — *Le l. du monde*, La fréquentation, le commerce, la pratique du monde, par lesquels on apprend à vivre dans la société. Vx. — *Cela était écrit dans le l. du destin*, se dit d'un événement où l'on croit voir quelque chose de fatal. — Dans le langage théolog., *Être inscrit dans le l. de vie*, Être prédestiné au bonheur éternel. = Se dit des principales parties qui forment la division de certains ouvrages. *Cet auteur a distribué, a divisé son ouvrage en douze livres. Le premier, le second l. des Rois. Les vingt-quatre livres de l'Iliade.* = *L. rouge*, Registre secret des dépenses de Louis XV et de Louis XVI. *Le l. rouge contenant les dépenses de Louis XVI fut publié par l'Assemblée constituante.* || *L. d'or*, Le registre où étaient inscrits les noms des nobles dans quelques républiques, particulièrement à Venise et à Gênes. || *L. jaune, bleu, vert*, L. désigné par la couleur de sa couverture, contenant les pièces diplomatiques que le gouvernement communique aux membres des Assemblées législatives. || T. Mar. *L. de bord*, Livre sur lequel on inscrit les passagers et les marchandises qui sont à bord du navire. *L. de loch*, Registre sur lequel on inscrit les incidents de la navigation. = *A l. ouvert*, loc. adv. Voy. OUVRIR.

**LIVRE**. s. f. (lat. *libra*, m. s.). T. Métrol. Unité de poids variable suivant les époques et les pays. L'ancienne l. française pesait un peu moins d'un demi-kilogramme. Voy. POIDS. = Ancienne monnaie de compte qui valait primitivement le prix d'une livre d'argent et qui se divisait en vingt sous; elle a été remplacée par le franc. *La l. tournois était de vingt sous, la l. parisis de vingt-cinq sous, Compter par livres, sous et deniers.* — En calculant, bien que l'on pût employer ce mot dans tous les cas et dire : *Une l., deux livres, trois livres, cent livres, cinq cents livres;* dans le langage ordinaire, on disait plutôt : *Vingt sous, quarante sous, un écu, quatre francs, cent sous, dix francs, cent francs, cinq cents francs.* Cependant lorsque la somme ne faisait pas un compte rond, on préférait le mot *livre*. Ainsi, par ex., on disait : *Trois livres cinq sous; Quatre livres dix sous; Cinq cent trente livres; Mille vingt-cinq livres.* Mais en parlant d'un revenu annuel, on disait toujours et l'on dit encore : *Avoir dix mille livres de rente, vingt mille livres de rente.* — *L. sterling*, Monnaie de compte anglaise qui vaut un peu plus de vingt-cinq francs. Voy. MONNAIE.

**LIVRÉE**. s. f. (lat. *liberata*, qui a été donné). Se dit des habits d'une couleur convenue et ordinairement galonnés, que portent les domestiques dans certaines maisons: *Une belle, une riche l. La grande, la petite l. Habit de l. Prendre, porter, quitter la l. Gens de l.*, Les domestiques portant livrée. — Collect., Tous les gens portant une même livrée. *Toute la l. du prince accourut au bruit.* || *La l. de la noce, la l. de la mariée*, Les rubans de couleur qu'aux noces de village on donne à un certain nombre de jeunes gens et de jeunes filles. || Fig., *La l., les livrées de la misère, de la servitude*, Les marques extérieures auxquelles on peut reconnaître la misère, etc. || T. Hist. nat. Pelage à bandes, à moucheture que portent les petits de certains quadrupèdes et qui change à la mue. — Plumage que la mue transforme chez l'oiseau. || T. Zool. Nom vulgaire donné à l'*Helix arvensis* et *nemoralis*. Voy. PULMONÉS. || T. Comm. *L. d'une pièce d'étoffe*, Fil de soie d'une certaine couleur adopté par un négociant pour être attaché à la lisière de chaque pièce avec une petite carte portant le numéro de la pièce.

**Hist.** — Dans les premiers temps de la monarchie, les rois de France, particulièrement aux fêtes de Noël et de Pâques, distribuaient aux prélats et aux seigneurs qui les entouraient, des vêtements d'honneur qu'on appela *livrées*, parce qu'ils étaient un pur don, une libéralité du monarque. Des traces de cet usage, qui semble remonter à Pépin le Bref, se sont conservées jusqu'en 1789; seulement, au lieu d'habits, les grands officiers de la couronne étaient gratifiés de sommes d'argent. Les magistrats de la ville de Paris et de la chambre des comptes recevaient également du roi certaines sommes à titre de *robes*. — Ce mot *livrée* se prenait encore dans un autre sens. Ainsi, dans les tournois et dans les carrousels, les chevaliers se paraient de la *l.* de leurs dames, qui consistait le plus souvent en une écharpe de la couleur qu'elles affectionnaient. Bientôt, dit-on, ils firent porter les couleurs préférées à leurs écuyers et à leurs varlets, et de là, ajoute-t-on, est venu l'usage des livrées que portaient seuls, sous l'ancienne monarchie, les domestiques des maisons titrées. Aujourd'hui, le plus simple bourgeois peut faire porter à ses gens, et même à son unique domestique, la l. qu'il lui plaît.

**Zool.** — Le terme de *L.* est encore usité dans le langage de la zoologie. Lorsqu'il s'agit de Mammifères, il se dit du pelage des jeunes animaux, lorsque ce pelage est différent de celui qui est propre à l'animal adulte. Ainsi, par ex., la l. des Lionceaux est fauve avec des bandes brunes transversales, tandis que le pelage du Lion adulte est d'un fauve uniforme. Lorsqu'on parle d'oiseaux, l. se dit de leur plumage, lorsque celui-ci varie suivant l'âge ou suivant la saison. Ainsi, chez un grand nombre d'espèces, la l. d'hiver n'est pas la même que celle d'été.

**LIVRER**. v. a. (lat. *liberare*, donner). Mettre une chose au pouvoir, en la possession de quelqu'un, suivant les conventions faites avec lui. *L. de la marchandise. L. un ouvrage pour un certain prix. Il doit me l. une certaine quantité d'exemplaires.* || En parlant des personnes, Mettre au pouvoir. *L. un coupable à la justice, aux mains, entre les mains de la justice. Les hérétiques furent livrés au bras séculier.* — Fig. et fam., *Je vous livre cet homme-là pieds et poings liés*, Je vous réponds qu'il fera ce que vous voudrez, que vous en disposerez comme il vous plaira. *Je vous le livre chez vous à telle heure*, Je vous réponds que je le mènerai chez vous, ou qu'il se trouvera chez vous à telle heure. *Si vous avez besoin de lui dans cette affaire, je vous le livre*, Je vous réponds qu'il vous servira bien. *Je vous livre cet homme-là marié avant qu'il soit peu, je vous le livre ruiné dans un an*, Je vous assure qu'il sera marié dans peu, qu'il sera ruiné dans un an. || En parl. d'une ville, d'une place forte, etc., se dit surtout pour livrer par trahison. *Il avait des intelligences avec l'ennemi pour lui l. la place. Il avait promis de lui l. une porte.* || *L. une bataille, un combat, un assaut*, Donner une bataille, etc. On dit aussi, *L. bataille.* — Fig., *L. bataille, l. combat pour quelqu'un*, Soutenir fortement les intérêts de quelqu'un. || T. Jeu de dés. *L. Chance.* Voy. CHANCE. || Sign. encore, L. en proie, abandonner à, et alors il est toujours suivi de la prépos. *à*. *L. une ville au pillage. La l. à la fureur du soldat. L. les voiles au vent. L. le cerf aux chiens*, Mettre ses chiens après lui. — Fig., *L. ses secrets à un imprudent. L. son âme à la douleur, à l'espérance. L. son cœur aux passions.* || *L. un manuscrit à l'impression*, Le faire imprimer. *L. un ouvrage au public*, Le mettre en vente. = SE LIVRER. v. pronominal. S'abandonner à, s'adonner à. *Se l. à la joie, à la douleur, au désespoir, aux plaisirs, à l'amour, à l'ivrognerie. Se l. à l'étude, à la contemplation. Se l. tout entier à la pratique d'un art.* || *Se l. à quelqu'un*, Se confier, s'abandonner à lui. *Il s'est entièrement livré à des gens qui le trahissent. Vous vous êtes trop livré à lui.* — Absol., *C'est un homme qui ne se livre pas*, C'est un homme très circonspect, très réservé. || En parlant d'une femme, *Se l. à quelqu'un*, Lui accorder les dernières faveurs. || T. Jeux. Donner imprudemment quelque avantage à son adversaire. *Je me suis livré. Je me livre toujours.* = LIVRÉ, ÉE. p.

Faibles agneaux livrés à des loups furieux.

RACINE.

= Syn. Voy. DÉLIVRER.

**LIVRET**. s. m. [Pr. *li-vrè*] (Dimin.). Petit livre; se dit ordinairement d'un petit registre rempli de feuillets blancs sur lequel on écrit des notes, des comptes, etc. *Un l. de la caisse d'épargne. Le l. de la blanchisseuse.* || Se dit pour Libretto. *Le l. de cet opéra ne valait rien.* || Catalogue explicatif des tableaux, des statues, des pièces d'une collection ou d'une exposition. *Le l. du salon.* || T. Arithm. La table de multiplication. || T. Jeu. Au pharaon et à la bassette, Les treize cartes qu'on donne à chacun des pontes. || T. Milit. *L. d'armement. L. d'ordinaire. L. de soldat.* || T. Techn. Cahier de papier rouge entre les pages duquel les batteurs d'or mettent l'or en feuilles. || T. Anat. Pli du feuillet, estomac des ruminants.

**Législ.** — L'institution du *L. des ouvriers* remonte à 1749. Supprimée en 1791, elle fut rétablie par la loi du 22 germinal an XI (12 avril 1803). Aux termes de la loi du 22 juin 1854, qui avait remplacé celle du 8 mai 1851, les ouvriers de l'un et de l'autre sexe, attachés aux manufactures, fabriques, usines, mines, minières, carrières, chantiers et tous autres établissements industriels, soit privés, soit appartenant à l'État, ou travaillant chez eux, c.-à-d. en chambre, pour un ou plusieurs patrons, étaient tenus de se munir d'un l. Il n'y avait d'exception qu'en faveur de ceux qui faisaient partie d'une société de secours mutuels et qui possédaient un diplôme délivré par le bureau de cette société. La délivrance du l. était généralement confiée aux maires. Néanmoins, elle appartenait, à Paris, au préfet de police, et aux préfets des départements dans les chefs-lieux dont la population dépassait 40,000 âmes. Le l. avait spécialement pour objet de constater les obligations contractées par l'ouvrier envers son patron, de lui faciliter le moyen de se procurer de l'ouvrage, et de mettre l'autorité publique à même de connaître exactement le nombre et les mouvements des ouvriers dans les centres industriels. Le l. contenait les nom et prénoms de l'ouvrier, son âge, le lieu de sa naissance, son signalement, la désignation de sa profession et le nom du maître chez lequel il travaillait. Un chef d'établissement ne pouvait employer d'ouvrier qui ne fût porteur d'un l. en règle. Il devait, le jour même où il le recevait, y inscrire la date de l'admission de l'ouvrier, puis il le rendait à ce dernier. Lorsque l'ouvrier venait à quitter l'atelier, il représentait son l. au patron, qui y inscrivait la date de sa sortie, l'acquit des engagements, et, s'il y avait lieu, le montant des avances qu'il avait faites à l'ouvrier et dont celui-ci était redevable dans les limites déterminées par la loi ; néanmoins, le patron n'y pouvait faire aucune annotation favorable ou défavorable à l'ouvrier. Le l. tenait à l'ouvrier lieu de passeport à l'intérieur ; il suffisait pour cela qu'il fût visé par le maire ou le préfet, suivant le cas ; mais le visa indiquait toujours une destination spéciale et n'avait de valeur que pour cette destination. Les contraventions en cette matière étaient généralement du ressort du tribunal de simple police, et la pénalité consistait le plus souvent en une amende de 1 à 15 fr. Dans certains cas cependant, la peine de l'emprisonnement pouvait être prononcée ; mais sa durée n'excédait pas cinq jours.

La loi du 2 juillet 1890 a supprimé le l. obligatoire des ouvriers, ne laissant subsister que certains livrets spéciaux en usage dans l'industrie lyonnaise. Cette loi n'empêche pas d'ailleurs les particuliers eux-mêmes, patrons ou ouvriers, d'adopter un livret dans la forme qui leur convient, s'ils y voient des avantages.

Nous avons parlé ailleurs du *L. des militaires* et *des marins* qui leur est remis à leur entrée au service. Chaque l. contient les nom, prénoms, âge, profession antérieure, domicile, lieu de naissance et signalement de l'individu auquel il est remis. On y indique aussi le corps auquel il appartient, les effets d'équipement et d'habillement qui lui sont livrés, etc. En tête de chaque l., se trouvent inscrites les principales dispositions du Code spécial auquel est soumis le porteur.

**LIVREUR, EUSE.** s. Celui, celle qui livre la marchandise vendue.

**LIVRIER.** s. m. Mauvais faiseur de livres.

**LIXIVIATEUSE.** s. f. [Pr. *lik-siviateu-ze*] (R. *lixivier*). Machine à lessiver.

**LIXIVIATION.** s. f. [Pr. *lik-sivia-sion*] (lat. *lixivium*, lessive). T. Chim. Opération qui consiste à laver les cendres ou autres matières pour en tirer les sels alcalins ou les parties solubles qu'elles peuvent contenir. — Opération par laquelle on enlève à une substance les principes solubles en y faisant passer un liquide (alcool, éther, etc.) capable de les dissoudre.

**LIXIVIEL, ELLE.** adj. [Pr. *lik-sivi-el*] (lat. *lixivium*, lessive). Obtenu par lixiviation.

**LIXIVIER.** v. a. [Pr. *lik-sivier*] (lat. *lixivium*, lessive). Soumettre à la lixiviation.

**LIZARD** (Cap) sur la Manche, point le plus méridional de l'Angleterre.

**LIZE.** s. f. Voy. Lise.

**LLAMA.** s. m. [Pr. *ll* mouillées]. Nom espagnol de l'animal que nous appelons ordinairement *Lama*. Voy. ce mot.

**LLANO.** s. m. [Pr. les *ll* mouillées]. Mot espagnol qui signifie *Plaine*, et qui désigne de vastes plaines de l'Amérique du Sud. Voy. Désert.

**LLORENTE** (Antonio), secrétaire général de l'inquisition en Espagne et son historien (1756-1823).

**LLOYD.** s. m. [Pr. *lo-id*] (*Lloyd*, nom propre). A Londres, on nomme ainsi une espèce de club qui est composé des principaux armateurs, assureurs et courtiers d'assurances de Londres. Ce club tire son nom de l'individu qui l'a fondé (1716) ; il est établi dans le bâtiment même de la Bourse, et forme, pour ainsi dire, une succursale de cette dernière. On y tient les listes exactes du mouvement de tous les ports de la Grande-Bretagne, et l'on y recueille tous les renseignements qui peuvent intéresser les armateurs et les assureurs. Les plus intéressants de ces renseignements sont portés chaque jour à la connaissance du public par un journal spécial intitulé *Shipping and mercantile Gazette and Lloyd's List*. — A l'imitation du Lloyd de Londres, il a été fondé, en 1868, à Rostock, le *Germanische Lloyd*, transféré depuis à Berlin. L'établissement connu à Paris sous le nom de *Lloyd français* n'est autre chose qu'une compagnie particulière d'assurances maritimes. Il existe, en outre, un Lloyd russe à Saint-Pétersbourg, un Lloyd autrichien à Trieste, un Lloyd américain, rhénan et westphalien à München-Gladbach.

**LOAM.** s. m. [Pr. *lôm*] (angl. *loam*, terre argileuse). T. Agric. Terre arable contenant les principaux éléments des sols fertiles.

**LOANDA.** Voy. Saint-Paul-de-Loanda.

**LOANGO,** petit État de la Guinée méridionale sur l'Atlantique, du cap Lopez au Zaïre ; pop. 600,000 hab. ; capitale Loango ; 15,000 hab.

**LOASE.** s. f. T. Bot. Genre de plantes Dicotylédones (*Loasa*) de la famille des *Loasées*. Voy. ce mot.

**LOASÉES.** s. f. pl. (R. *loase*). T. Bot. Famille de végétaux Dicotylédones de l'ordre des Dialypétales inférovariées. *Caract. bot. :* Plantes herbacées dressées ou volubiles, parfois hérissées de poils urticants. Feuilles opposées ou alternes, simples ou composées, à limbe entier ou lobé, sans stipules. Fleurs régulières, hermaphrodites, solitaires ou groupées. Calice adhérent, 4-5 partit, persistant et à estivation imbriquée ou tordue. Pétales 5, souvent concaves, à préfloraison valvaire ou tordue. Étamines en plusieurs rangées 10 ou 5, ou le plus souvent nombreuses, tantôt distinctes ou soudées en faisceaux devant chaque pétale ; filets subulés,

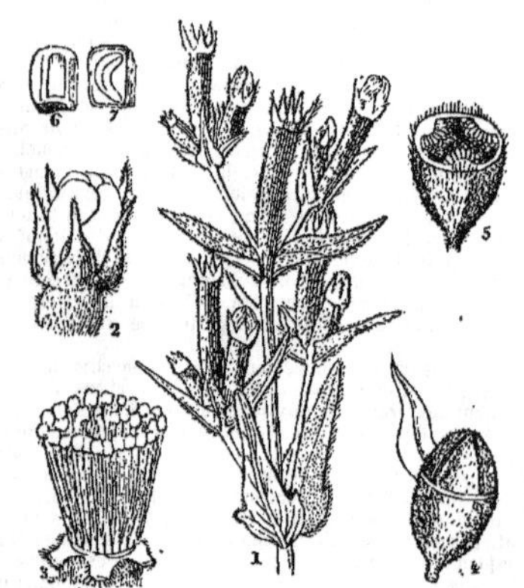

inégaux, les extérieurs souvent dépourvus d'anthères. Pistil formé de 5, le plus souvent de 3 carpelles, concrescents en un ovaire uniloculaire, avec plusieurs placentas pariétaux, ou un seul placenta central ; style simple, avec un stigmate indivis ou 3-4 fide. Ovules pendants, anatropes, rarement uniques. Fruit capsulaire, rarement un akène. Graines sans arille ; embryon dans l'axe d'un albumen charnu ou corné, avec la radicule tournée vers le hile et de petits cotylédons aplatis. [Fig 1. *Bartonia albicaulis* ; 2. Fleur ; 3. Anneau d'étamines. — 4. Fruit de *Loasa grandiflora*, dont on a enlevé quatre sépales ; 5. Le même, coupé horizontalement. — 6. Graine de *Bartonia aurea* ; 7. La même, coupée verticalement]. — Cette famille se compose de 10 genres (*Mentzelia*, *Loasa*, *Cajophora*, *Gronovia*, etc.) et d'environ 100 espèces, toutes américaines, à l'exception du genre *Kirsenia*, qui est africain. Ces plantes sont sans usages. Cependant on dit que la racine de la *Mentzélie hispide* (*Mentzelia hispida*) du Mexique jouit de propriétés purgatives.

**LOBAIRE.** adj. 2 g. T. Hist. nat. Qui est divisé en lobes ; qui appartient aux lobes.

**LOBARIQUE.** adj. 2 g. T. Chim. *L'acide l.* est contenu dans un lichen, le *Lobaria adusta*, d'où on l'extrait à l'aide de l'éther. C'est un corps amorphe répondant à la formule

$C^{17}H^{16}O^{6}$. Insoluble dans l'eau il donne, avec l'ammoniaque et avec l'alcool, des solutions incolores qui rougissent à l'air.

**LOBAU**, île du Danube, à 10 kil. de Vienne, où passa l'armée française, lors des batailles d'Essling et de Wagram (1809). Le général Mouton reçut le titre de comte de Lobau.

**LOBAU** (MOUTON, comte DE), maréchal de France, né à Phalsbourg (1770-1838).

**LOBE**. s. m. (lat *lobus*; gr. λοβός, m. s.). T. Anat. Portion arrondie et saillante d'un organe quelconque. *Les lobes du cerveau, du foie, du poumon.* — *Lobe* ou *Lobule de l'oreille*, Voy. OREILLE. || T. Bot. Division plus ou moins profonde et généralement arrondie que présentent souvent les divers organes floraux, les feuilles, etc. — Se dit aussi des cotylédons d'une graine, de chacune des moitiés d'une anthère, etc. || Fig., Partie circulaire formant une découpure de feuille dans les rosaces ogivales, trèfles, etc.

**LOBÉ, ÉE**. adj. T. Bot. et Zool. Qui est partagé en lobes. = LOBÉS. s. m. pl. T. Zool. Ordre de *Cténophores*. Voy. ce mot.

**LOBÉLIE**. s. f. T. Bot. Genre de plantes Dicotylédones (*Lobelia*) de la famille des *Campanulacées*. Voy. ce mot.

**LOBÉLIÉES**. s. f. pl. T. Bot. Tribu de végétaux de la famille des *Campanulacées*. Voy. ce mot.

**LOBÉLINE**. s. f. T. Chim. Alcaloïde contenu dans les feuilles du *Lobelia inflata* (Campanulacées). On l'obtient sous la forme d'un liquide épais, huileux, facilement décomposable par la chaleur, soluble dans l'eau, l'alcool et l'éther. C'est un fort narcotique.

**LOBINEAU** (Dom), savant bénédictin de Saint-Maur, né à Rennes; auteur d'une Histoire de Bretagne (1666-1727).

**LOB-NOIR**, lac de l'Asie centrale dans le Turkestan chinois.

**LOBOÏTE**. s. f. T. Minér. Idocrase magnésifère.

**LOBULAIRE**. adj. 2 g. T. Hist. nat. Qui appartient à un lobule; qui a la forme d'un lobule ou qui est divisé en lobules.

**LOBULE**. s. m. (Dimin.). Petit lobe.

**LOBULÉ, ÉE**. adj. T. Hist. nat. Qui est divisé en lobules.

**LOBULEUX, EUSE**. adj. Qui a beaucoup de lobes.

**LOBULIN**. s. m. Syn. de *Lobule*.

**LOBULISATION**. s. f. [Pr. *lobuli-za-sion*]. T. Physiol. Passage d'un tissu à l'état lobulé.

**LOCAL, ALE**. adj. (lat. *localis*, m. s., de *locus*, lieu). Qui appartient, qui a rapport à un lieu. *Mouvement l. Circonstance locale. Usages locaux. Les autorités locales* — *Mémoire locale*, Voy. MÉMOIRE. || T. Peint. et Littér. *Couleur locale*, Voy. COULEUR. || Qui est borné à un lieu. *Maladie locale. Douleur locale.* = LOCAL. s. m. Lieu considéré par rapport à sa position et à son état. *Un vaste l. Il faut voir le l.*

**LOCALEMENT**. adv. [Pr. *loka-leman*]. Dans un lieu déterminé. Vx. || D'une manière particulière à un lieu, à un pays.

**LOCALISATEUR, TRICE**. adj. [Pr. *lokali-zateur*]. T. Physiol. Qui localise; qui affecte cette fonction à tel organe.

**LOCALISATION**. s f. [Pr. *locali-za-sion*]. Action de localiser. || T. Méd. Se dit de la production, en un lieu déterminé de l'économie, d'une lésion consécutive à un état morbide général. *Dans la cachexie scrofuleuse, la l. s'opère principalement sur le système glandulaire et sur les ganglions lymphatiques.*

**LOCALISER**. v. a. [Pr. *locali-zer*] (lat. *localis*, local, de *locus*, lieu). Fixer en un lieu déterminé, limiter à un lieu donné. *La phrénologie prétend l. chacune de nos facultés dans une partie de la surface encéphalique.* || T. Méd. *L. le mal*, L'attirer et le circonscrire sur un point. = SE LOCALISER. v. pron. Se dit du phénomène de la localisation. *La maladie s'est localisée sur le poumon.* = LOCALISÉ, ÉE. part.

**LOCALITÉ**. s. f. (R. *local*). Particularité ou circonstance locale; se dit surtout au plur. *Certaines lois doivent être modifiées en raison des localités.* || Se dit des lieux mêmes, relativement à ce qu'ils offrent de particulier. *Connaître les localités. Dans telle l., on trouve un autre usage.* || T. Philos. Propriété qu'ont les êtres finis d'occuper un lieu, une portion de l'espace.

**LOCARNO**, ville de Suisse, canton du Tessin, sur le lac Majeur; 2,800 hab.

**LOCATAIRE**. s. 2 g. (lat. *locare*, louer). Celui, celle qui tient une maison ou une partie de maison à loyer. — *Principal l.*, Celui qui loue une maison pour la sous-louer en totalité ou par parties.

**LOCATAIRIE**. s. f. (R. *locataire*). T. Dr. anc. Concession à titre onéreux de la jouissance d'une chose pour un temps très long ou à perpétuité.

**LOCATEUR**. s. m. (lat. *locator*, m. s., de *locare*, louer). Celui qui donne en louage une chose. Peu us.

**LOCATIF, IVE**. adj. (lat. *locare*, louer). Ne se dit guère que dans ces locutions, *Réparations locatives*, Celles qui sont à la charge du locataire. *Valeur locative*, Le revenu qu'un immeuble peut rapporter quand on le donne à loyer; et *Risques locatifs*, Ceux dont le locataire est responsable à l'égard du propriétaire.

**LOCATIF, IVE**. adj. (lat. *locus*, lieu). T. Gramm. Relatif au lieu. = LOCATIF. s. m. Cas qui, dans certaines langues, exprime le lieu, la destination.

**LOCATION**. s. f. [Pr. *loka-sion*] (lat. *locatio*, m. s., de *locatum*, sup. de *locare*, louer). Se dit de l'action de donner ou de prendre une chose à loyer. En T. Jurisp. Il s'emploie seulement dans le premier sens, et l'on appelle alors *Conduction*, l'action du preneur. Voy BAIL. || Dans les théâtres, *L. de loges*, L'action de louer des loges pour assister au spectacle. *Il est préposé à la l. des loges.* — Le bureau où on loue les loges. *Il n'y avait plus de billets à la l.*

**LOCATIS**. s. m. [On fait sentir l's] (lat. *locaticius*, donné à loyer). Voiture, Cheval de louage. Fam., et ne se dit que d'un mauvais cheval. || Maison dont on n'est que locataire. Vx.

**LOCELLE**. s. f. [Pr. *lo-sè-le*] (lat. *locellus*, petite loge; de *locus*, lieu). Petite loge. || T. Bot. Cavité particulière de chacune des loges de l'anthère dans les Orchidées.

**LOCH**. s. m. [Pr. *lok*] (saxon *loc* ou *log*, bloc de bois). T. Mar. Le *Loch* est un instrument qui sert à mesurer la distance qu'un navire en marche parcourt dans un temps donné, afin d'en déduire son *sillage*, c.-à-d. sa vitesse absolue. Il se compose de trois parties : le *bateau*, la *ligne* et le *dévidoir*. Le *bateau de l.* est un morceau de bois épais de 12 millimètres environ, haut de 20 à 22 centimètres, et de la forme d'un triangle isoscèle. Il est disposé de manière à enfoncer dans l'eau des deux tiers de sa hauteur et à s'y tenir verticalement, résultat que l'on obtient en fixant une lame de plomb à sa base. La *ligne* est un menu cordage qui est enroulé autour du *dévidoir*, et dont l'extrémité s'attache, par trois petites branches, aux trois angles du bateau de l. Quand on veut mesurer la vitesse du navire on jette à la mer le bateau de l., qui reste à peu près immobile, et la longueur de corde déroulée dans un temps donné indique le chemin fait par le bâtiment. Pour apprécier la longueur de corde déroulée, on partage celle-ci en un certain nombre de divisions marquées par des *Nœuds* (on appelle ainsi des morceaux d'étoffe bleue ou rouge fixés à la corde), et, pour évaluer le temps, on fait usage d'un sablier. Mais dans le but d'éviter toute espèce de calcul, on laisse, entre deux nœuds consécutifs, un intervalle de $15^m,43$, c.-à-d. la $120^e$ partie d'un mille marin de 60 au degré, et l'on se sert d'un sablier qui marche 30 secondes, c.-à-d. la $120^e$ partie d'une heure. En conséquence, si l'on suppose que, dans l'espace de 30 secondes, la corde se soit déroulée d'une longueur de 8 nœuds, on dira que le bâtiment *file* 8 *nœuds*, ce qui équivaut à dire qu'il parcourt 8 milles marins ou 14,816 mètres à l'heure. — Le l. a été inventé en Angleterre dans la première moitié du XVIIe siècle. Quoique fort supérieur aux moyens précédemment usités, il présente plusieurs causes d'erreur, dont la principale réside dans la supposition que son bateau reste absolument immobile, ce qui n'a point lieu. Aussi est-on obligé de corriger souvent ses indications par des observations astronomiques. On a essayé plusieurs fois de le remplacer par des instruments plus parfaits, mais le problème n'est pas encore résolu.

Il existe plusieurs systèmes de *lochs permanents*, suspendus à demeure à l'arrière des navires et indiquant continuellement, par la rotation d'une hélice ou d'un moulinet, la vitesse du navire, comme les anémomètres indiquent la vitesse du vent. Leurs indications peuvent être transmises électriquement à l'intérieur du navire. Tels sont les lochs de Fleuriais et de Le Goarant de Tromelin.

**LOCHAGE.** s. m. T. Techn. Action de locher.

**LOCHE.** s. f. (esp. *loja;* angl. *loach*, m. s.). T. Icht. Genre de Poissons d'eau douce. Voy. CYPRINIDÉS. — *Loche de mer.* Voy. APHYE et MUGILOÏDES.

**LOCHER.** v. n. (all. *lücker*, branlant). Branler, être près de tomber; ne se dit que d'un fer de cheval. *Regardez au pied de ce cheval, j'entends un fer qui loche.* ‖ Fig. et prov., on dit d'une affaire qui ne va pas bien par suite de quelque vice, de quelque obstacle. *Il y a quelque fer qui loche;* et d'une personne qui a souvent de petites incommodités, *Elle a toujours quelque fer qui loche.*

Une fille toujours a quelque fer qui loche.
REGNARD.

= LOCHER. v. a. T. Techn. Secouer. *L. une forme*, La secouer pour en faire sortir le pain de sucre.

**LOCHES**, ch.-l. d'arr. (Indre-et-Loire) à 37 kil. S.-E. de Tours, sur l'Indre; 5,100 hab. Château célèbre. = Nom des hab. LOCHOIS, OISE. = *Paix de Loches* ou *de Beaulieu*, par laquelle Henri III accorda quelques avantages aux calvinistes (1576).

**LOCHIES.** s. f. pl. (gr. λοχὸς, femme en couches). T. Méd. Évacuation sanguinolente qui a lieu après l'accouchement. On la nomme encore *Écoulement lochial*, et, dans le langage vulgaire, *Vidanges.*

**LOCHIORRHAGIE.** s. f. [Pr. *loki-or-raji*] (R. *lochies;* gr. ῥαγεῖν, faire irruption). T. Méd. Écoulement immodéré des lochies.

**LOCHROMÈTRE.** s. m. [Pr. *lokro-mètre*] (R. *loch;* gr. μέτρόν, mesure). Instrument donnant la mesure exacte du chemin parcouru en mer.

**LOCKE** (JOHN), philosophe anglais, fondateur de l'école sensualiste (1632-1704). Voy. IDÉE, PHILOSOPHIE.

**LOCKISTE.** s. m. Partisan de Locke et de sa philosophie.

**LOCK-OUT.** s. m. [Pr. *lo-ka-out*]. Mots anglais indiquant l'action d'un patron, d'un chef d'usine qui met ses ouvriers dehors.

**LOCLE (LE)**, v. de Suisse (Neufchâtel); 11,200 hab.

**LOCMAN.** s. m. (holl. *lotman*, m. s.). Syn. de *Lamaneur.*

**LOCMARIAQUER**, bourg du Morbihan, cant. d'Auray; 2,000 hab. A l'entrée du golfe du Morbihan. Monuments mégalithiques.

**LOCMINÉ.** ch.-l. de c. (Morbihan), arr. de Pontivy; 2,050 hab.

**LOCO.** s. m. (ital. *loco*, lieu, du lat. *locus*). T. Mus. Mot indiquant après un passage marqué pour être exécuté à l'octave basse, que l'on doit exécuter ce qui suit à l'octave même où les notes sont écrites.

**LOCOBATTEUSE.** s. f. [Pr. *loko-ba-teu-ze*] (lat. *loco*, dans le lieu; fr. *batteuse*). Appareil à vapeur pour battre les grains.

**LOCO CITATO.** Mots latins qu'on emploie pour dire : à l'endroit précédemment cité.

**LOCOMOBILE.** adj. et s. f. (lat. *locus*, lieu; fr. *mobile*). On appelle *Machine locomobile* ou simplement *Locomobile*, une machine à vapeur que l'on peut transporter d'un endroit à un autre afin d'y mettre en mouvement sur place différents engins mécaniques. La construction des locomobiles est en général d'une grande simplicité, mais la chaudière est toujours du système tubulaire. Le plus souvent on monte la machine sur un train à quatre roues auquel on attelle un cheval pour la transporter partout où elle doit être employée. Voy. MOTEUR.

**LOCOMOBILITÉ.** s. f. Faculté d'être locomobile.

**LOCOMOTEUR, TRICE.** adj. (lat. *locus*, lieu; fr. *moteur*). Qui sert à la locomotion. *Les muscles locomoteurs. Fonction locomotrice.*

**LOCOMOTIF, IVE.** adj. (lat. *locus*, lieu; fr. *moteu*) Qui a rapport à la locomotion. *Faculté locomotive.*

**LOCOMOTION.** s. f. [Pr. *lokomo-sion*]. (lat. *locus*, lieu; fr. *moteur*). T. Physiol. Mouvement par lequel on se transporte d'un lieu dans un autre. ‖ *L. à vapeur*, Par chemins de fer, bateaux à vapeur. *L. aérienne*, Par ballons.

**Physiol.** — La *Locomotion* est la fonction par laquelle un être animé se transporte d'un lieu à un autre. Elle s'exécute au moyen d'un ensemble d'organes qui constitue l'*appareil locomoteur.* Ces organes sont distingués en organes *passifs* et en organes *actifs :* les premiers sont les os et leurs dépendances, les seconds les muscles et leurs accessoires. La l. peut s'effectuer suivant plusieurs modes qui constituent la *marche*, le *saut*, la *course*, la *natation*, le *vol* et la *reptation.*

Chez l'homme, la *Marche* s'exécute par une série de *pas*, et le pas lui-même est produit par l'écartement des deux membres inférieurs, auxquels on ajoute la longueur du pied ; aussi plus le pied et le membre inférieur sont longs, plus le pas est grand. En outre de la grandeur du pas, la marche est dite lente ou rapide suivant la promptitude avec laquelle les pas se succèdent. Dans la *marche lente*, le corps est soutenu entre chaque pas simple par l'appui des pieds; dans la *marche précipitée*, il n'est plus soutenu que par un seul pied à la fois, celui qui supportait le corps se détachant du sol au moment où l'autre s'y pose. Lorsque la marche a lieu sur un plan horizontal, le centre de gravité du tronc se trouve transporté presque en ligne droite, car on n'évalue qu'à 32 millimètres l'étendue des oscillations par lesquelles il se rapproche et s'éloigne alternativement du sol. Un homme vigoureux peut soutenir longtemps sans fatigue une vitesse de 6 kilomètres à l'heure. On arrive à 7 avec de l'entraînement. Il est difficile de dépasser 8 kilomètres à l'heure, quelle que soit la précipitation de la marche, sans prendre l'allure de la course. — Le *Saut* est un mouvement brusque par lequel le corps se détache du sol, au moyen de l'extension brusque des membres inférieurs, et accessoirement de diverses autres parties du corps, préalablement fléchis. — La *Course* est un mode de progression qui consiste à se porter en avant par une suite de sauts plus ou moins rapides. Ainsi donc, à certains moments, le corps se sépare complètement du sol. Pendant la course, le centre de gravité est ordinairement très abaissé par la flexion des membres inférieurs, et le corps est fortement incliné en avant. Il résulte de là que l'impulsion oblique de bas en haut et d'arrière en avant, communiquée au corps par le membre qui se détend, a plus de tendance à s'exercer dans le sens horizontal que dans le sens vertical, et la longueur de l'espace compris entre les deux pieds qui touchent successivement le sol en est augmentée. La vitesse de la course, c.-à-d. la grandeur du déplacement (suivant l'horizontale) du centre de gravité du corps, dépend de la longueur et de la durée des sauts. La vitesse maximum du déplacement horizontal en une seconde peut être portée, suivant Weber, à 7 mètres, 6 centimètres. Si une pareille vitesse pouvait être soutenue pendant une heure, l'homme parcourrait 27 kilom. 360 m. Mais une course aussi précipitée n'est possible que pendant quelques secondes ou quelques minutes. Lorsque l'homme veut courir longtemps, il règle la vitesse de déplacement de manière à parcourir, dans l'intervalle d'une heure, environ 12 kilom. La course réglée est celle des coureurs de profession, celle des pompiers qui vont à l'incendie, etc.: on la désigne souvent sous le nom de *course gymnastique*: Dans cette course, comme dans la course vive, le corps quitte complètement le sol et exécute une série de sauts successifs; mais l'impulsion communiquée par le membre qui se détache du sol agit dans une direction moins oblique, et le corps s'élève davantage à chaque saut dans la verticale. — La *Natation* n'est pour l'homme qu'un mode de locomotion accidentel : il en sera parlé ailleurs.

La loc. des animaux a été l'objet d'observations multipliées qui ont été singulièrement facilitées par la méthode chronophotographique imaginée par le Dr Marey. Voy. CHRONOPHOTOGRAPHIE. — La marche des quadrupèdes varie suivant les espèces, la disposition et la longueur relative des membres Elle se prête d'ailleurs à des allures bien différentes, comme cela est connu de tout le monde en ce qui concerne le cheval, par ex. Voy. AMBLE, GALOP, PAS, TROT. — Quant au *Vol* et à la *Reptation*, qui appartiennent, celle-ci aux Reptiles, qui tirent leur nom de ce mode de progression, et celle-là aux Oiseaux, à une foule d'Insectes et à quelques Mammifères, il en sera parlé aux mots REPTILE et OISEAU.

**LOCOMOTIVE.** adj. et s. f. (lat. *locus*, lieu; fr. *moteur*). T. Mécan. On appelle *Machines locomotives*, et par abréviation, *Locomotives*, les machines à vapeur, à eau surchauffée, à air comprimé, ou électriques, montées sur des roues qui circulent sur les chemins de fer avec le convoi qu'elles remorquent.

Une loc. à vapeur se compose des trois parties suivantes : une *chaudière* accompagnée de son foyer et de sa cheminée; un *mécanisme moteur* composé de cylindres, pistons, bielles

Fig. 1.

et manivelles; un *chariot* ou *train* consistant en un grand châssis rectangulaire porté sur des essieux et des roues.

A. La chaudière (Fig. 1) comprend trois parties principales : la *boîte à feu*, qui renferme le foyer; le *corps cylindrique*, grand cylindre de tôle qui contient l'eau à vaporiser; et la *boîte à fumée*, qui est destinée à recevoir les produits de la combustion. — Le *Foyer* (Fig. 1, A) est une caisse rectangulaire faite de cuivre rouge, dont la partie inférieure est munie d'une grille sur laquelle brûle le combustible, et dont la paroi postérieure présente une petite porte par laquelle on introduit ce dernier. Enfin, au-dessous de la grille est un *cendrier* qui reçoit les cendres à mesure qu'elles tombent, et qui livre passage à l'air nécessaire à la combustion. Les parois du foyer et de l'enveloppe sont séparées par un espace vide de 7 à 10 centimètres de largeur, dans lequel vient se loger une partie de l'eau fournie par les pompes alimentaires. — Le *Corps cylindrique*, B, offre deux parties principales : les *tubes calorifères* et leur *enveloppe*. Les tubes sont de petits cylindres de cuivre de 30 à 50 millimètres de diamètre intérieur et de 2m,40 à 4 mètres de longueur. Il y en a 200, et même 300 et au delà. Ils sont horizontaux, et fixés d'un côté dans la paroi antérieure du foyer formée par une plaque verticale portant le nom de plaque tubulaire, et de l'autre dans la paroi postérieure de la boîte à fumée, paroi qui reçoit une appellation semblable à la précédente. Ils sont renfermés dans le corps cylindrique proprement dit, c.-à-d. dans un gros cylindre de tôle, qui communique librement avec l'espace qui sépare le foyer de son enveloppe. Les tubes reçoivent les gaz produits par la combustion, et c'est dans l'intervalle qui les sépare que se trouve la plus grande partie du liquide à vaporiser. Au-dessus des tubes existe un espace non rempli par l'eau. — La *Boîte à fumée*, C, peut recevoir les formes les plus diverses; mais elle est toujours surmontée d'une *cheminée* de tôle par laquelle la fumée s'échappe dans l'atmosphère. Comme on ne peut donner aux cheminées des locomotives à vapeur une grande hauteur, on y remédie en faisant passer dans la cheminée la vapeur qui a servi à faire mouvoir les pistons : cette vapeur, s'échappant avec rapidité dans l'appareil, par un tuyau spécial dit d'*échappement de vapeur*, produit un énergique appel d'air.

La chaudière est encore accompagnée de plusieurs appareils particuliers destinés, les uns à prévenir les accidents, les autres à régulariser la marche de la machine. Parmi les premiers figurent le *sifflet d'alarme*, deux *soupapes de sûreté*, deux *indicateurs* de niveau d'eau en verre, deux *robinets* dits *d'épreuve*, qui ont la même destination, et un *manomètre* anéroïde. La chaudière porte en outre des *robinets de vidange*, qui sont situés à la partie inférieure de la boîte à feu, et dont le nom indique suffisamment la destination, des *robinets de purge*, pour vider le trop-plein de l'eau, et des *robinets réchauffeurs*, qui servent, pendant les temps d'arrêt, à utiliser l'excès de vapeur produite pour échauffer l'eau alimentaire contenue dans le *tender*, accroché à l'arrière de la machine.

La *chaudière tubulaire* et le *tirage par un jet de vapeur* sont les deux traits caractéristiques des locomotives à vapeur actuelles. Dans les premières locomotives, le corps cylindrique ne renfermait qu'un tube unique de grand diamètre, la surface de chauffe ne dépassait guère 4 mètres, et la vaporisation n'était pas suffisante pour produire la force mécanique nécessaire à la marche à grande vitesse de convois lourdement chargés.

Nous venons de dire que la partie supérieure du corps cylindrique reste vide. C'est dans cet espace vide, EE, où l'eau ne pénètre pas, que la vapeur vient se rendre à mesure qu'elle se forme. Pour augmenter la capacité de ce *réservoir de vapeur*, on donne de grandes dimensions au dôme du foyer, et aussi à un dôme additionnel qu'on appelle *dôme de prise de vapeur* placé au-dessus du corps cylindique de la chaudière. Ce réservoir à vapeur communique avec les *cylindres à vapeur*, *y*, dans lesquels se meuvent les pistons, au moyen d'un tube spécial de grand diamètre que l'on nomme *tube de prise de vapeur* et représenté dans la *figure* par les lettres *xxx*; il aboutit aux cylindres en se divisant en deux branches de capacités particulières, qu'on appelle *boîtes à vapeur*, *z*, et qui sont fixées au-dessus des *cylindres à vapeur*, *y*. Enfin, vers son origine, le tube de prise de vapeur est muni d'un *régulateur*, c.-à-d. d'un mécanisme qui sert à régler le passage de la vapeur, en l'ouvrant ou en le fermant à volonté au moyen d'une manivelle placée sous la main du mécanicien.

Dans chacun des cylindres à vapeur se meut un piston plein, dont la tige s'articule avec une *bielle*, c.-à-d. avec un grand levier de fer forgé, qui saisit un bouton fixé à l'une des roues motrices, lequel, étant situé extérieurement et à une certaine distance de la roue, fait fonction de *manivelle*. D'autres fois, au lieu d'être droit, l'essieu fait un coude, et c'est à ce coude lui-même que la bielle est attachée; mais cette disposition particulière exige que les cylindres soient placés entre les roues. La boîte à vapeur fait ordinairement corps avec le cylindre. Elle communique avec ce dernier par deux canaux rectangulaires, appelés *lumières d'introduction* (Fig. 2), entre lesquels s'en trouve un troisième plus large, qu'on appelle *lumière d'échappement*, et qui conduit dans le *tuyau d'échappement* de la cheminée. Enfin, on donne le nom de *table du cylindre* à la surface plane sur laquelle les trois canaux débouchent dans la boîte. Une sorte de caisse renversée, nommée *Tiroir* (Voy. ce mot), repose sur cette table, et sa disposition est telle qu'en exécutant un glissement, elle peut fermer à la fois les deux lumières ou alternativement chacune d'elles (Fig. 3). On parvient, à l'aide d'un mécanisme spécial, appelé *levier de changement de marche*, à portée du mécanicien, à modifier la marche de la locomotive et à la faire mouvoir en avant ou en arrière, selon les nécessités de la manœuvre, par l'intermédiaire de la *coulisse de Stephenson*. — La coulisse inventée par Stephenson a été appliquée par lui, pour la première fois, vers 1840; on peut la considérer comme l'un des organes essentiels de la distribution de vapeur dans une locomotive. Grâce à elle, il devient possible de modifier à volonté l'admission de vapeur de telle sorte que l'on obtienne un travail variable suivant des circonstances voulues et déterminées. Suspendue par ses extrémités aux barres d'excentriques (Fig. 4, BB'), la coulisse de Stephenson simplifie très sensiblement la manœuvre du changement de marche, qu'il s'agisse de la marche en avant ou de la marche en arrière.

2

3

Cet organe est constitué essentiellement par deux barres métalliques assemblées et portant sur leur face intérieure une rainure dans laquelle se meut le *coulisseau*, *m* qui commande la tige du tiroir. Cette rainure sert uniquement de guide au coulisseau. C'est en faisant varier la position de ce dernier que l'on modifie le sens de l'admission, ainsi que son intensité. Si, par ex., le coulisseau se trouve à l'extrémité, quelle qu'elle soit, de la rainure, celle qui correspond à la marche avant, ou celle qui commande la marche arrière, un seul excentrique agit sur ce coulisseau, et dans ce cas l'admission atteint son maximum. Lorsqu'au contraire le coulisseau occupe la partie centrale de la rainure, l'admission devient nulle après après avoir progressivement décru au fur et à mesure que le coulisseau s'éloigne d'une des extrémités de la rainure pour gagner son centre. Ce mouvement du coulisseau s'obtient aisément par la manœuvre du levier de changement de marche L, qu'un second levier Z relie à la coulisse.

Le *train* ou *chariot* de la l. qui porte l'appareil moteur se compose essentiellement du *châssis* avec ses accessoires, tels que chasse-pierres, attelages et plate-forme; des *roues*, des *boîtes à graisse* et des *ressorts*.

On donne le nom d'*attelage* à l'appareil qui sert à réunir le tender à la l. La *plate-forme* est cette surface plane où se tient le mécanicien. — Les *roues* des locomotives sont invariablement fixées à l'essieu, de sorte qu'elles ne tournent qu'avec lui. Elles sont généralement à rais de fer forgé. On appelle *roues motrices*, celles dont l'essieu porte la manivelle que le piston met en mouvement par l'intermédiaire de la bielle.

Le *Tender*, c.-à-d. le fourgon d'approvisionnement qui porte l'eau et le coke nécessaires à l'alimentation de la l. en marche, peut être considéré comme un accessoire de celle-ci : dans certaines machines même, il fait corps avec la l. Le tender se compose essentiellement d'un châssis de fer, et d'une caisse de tôle. Cette dernière contient l'eau, et c'est sur sa partie supérieure que se charge le combustible. Tels sont à proprement parler les organes essentiels dont l'ensemble constitue la l. à vapeur.

Les locomotives diffèrent les unes des autres : par la forme de la boîte à feu; par la disposition de la prise de vapeur; par la position des cylindres à vapeur; par la disposition des tiroirs; par la forme de l'essieu moteur qui est droit et terminé en dehors des roues par des manivelles (Fig. 1), ou coudé, et alors son coude, qui est placé en dedans des roues, tient lieu de manivelle : par le nombre des roues, qui varie de

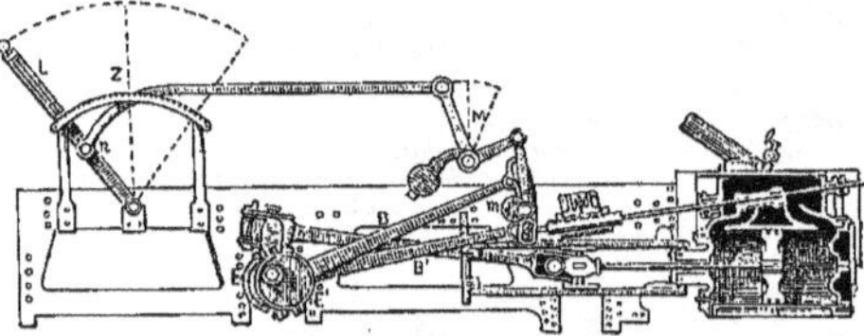

Fig. 4.

quatre à douze; par le diamètre de ces mêmes roues et la position de leurs essieux; par la position du châssis, qui est intérieur ou extérieur aux roues; par la disposition du mécanisme, qui peut être aussi intérieur ou extérieur à celles-ci; enfin, par le mode d'alimentation de la machine, suivant que le tender est séparé de la chaudière ou fait corps avec elle.— Toutes les locomotives actuellement employées se classent dans une des catégories suivantes : *L. à voyageurs*, *L. à petite vitesse* ou *à marchandises*, *L. mixtes*, destinées aux trains composés de voyageurs et de marchandises; *Locomotives de fortes rampes* et *locomotives-tenders*. — Ces différentes espèces de machines ont été nécessitées par les besoins du trafic des voies ferrées, et leur construction est réglée par les exigences de leur destination spéciale. Les premières, les locomotives à voyageurs, ont eu pendant longtemps comme type la *L. Crampton*, du nom de son inventeur. La machine *Crampton* (Fig. 5) date de 1851. Elle était à 6 roues, avec les

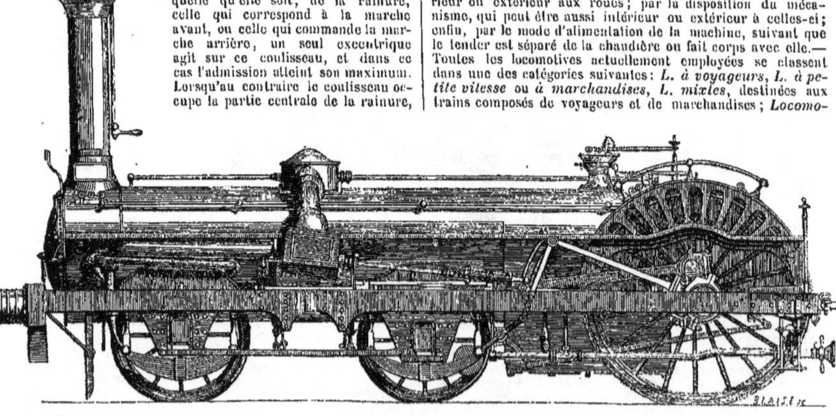

Fig. 5.

essieux extrêmes très écartés, le centre de gravité très peu élevé, un foyer de grande dimension, les cylindres et le mécanisme à l'extérieur des roues; mais ce qui la distinguait plus particulièrement, c'est que les roues motrices étaient placées à l'arrière et qu'elles avaient un diamètre allant jusqu'à 2m,40 et 2m,80 afin d'obtenir une plus grande vitesse. C'est avec des locomotives de ce système que l'on a pu, dès 1852, sur nos chemins de fer du Nord et de l'Est, marcher à des vitesses normales de 75 à 80 kilomètres à l'heure. L'expérience a cependant démontré qu'elles ont une adhérence très faible, c.-à-d. que le frottement de la roue contre le rail n'est pas assez fort, de sorte que si on veut leur faire remorquer de lourdes charges, les roues motrices tournent sur place en glissant sur le rail et sans avancer. La l. connue sous le nom de son inventeur Engerth marche à petite vitesse. Elle a paru, pour la première fois, en 1853, sur le chemin de Sœmmering, entre Trieste et Vienne. Elle est disposée pour remonter des rampes très prononcées avec de pesants convois, et pour voyager dans des courbes de très petits rayons. C'est, en somme, une l.-tender, ce dernier étant uni avec la chaudière, afin d'augmenter l'adhérence de l'appareil moteur. Dans cette machine, la chaudière repose en partie sur le tender, et le tout est porté sur cinq paires de roues, dont trois pour la chaudière et deux pour le tender. Les trois premières sont *couplées*, c.-à-d. liées entre elles par des bielles et des manivelles, de sorte qu'elles ne peuvent tourner l'une sans l'autre, ce qui augmente l'adhérence. La l. Engerth, considérée pendant longtemps comme type des locomotives à marchandises, permettait de développer une force de traction suffisante pour franchir des pentes d'une très forte inclinaison; mais son poids considérable, en dépit de l'ingéniosité de sa construction, fatiguait considérablement la voie.

Les *locomotives mixtes* ont pour objet de remorquer des trains composés de voitures de voyageurs et de wagons à marchandises; elles ont, en général, quatre paires de roues accouplées et d'un diamètre égal; les roues motrices se trouvent situées au milieu des six paires de roues sur lesquelles est portée la machine. Les *locomotives-tenders*, destinées à des trajets assez courts et attelées à des trains d'un poids relativement faible, ont quelquefois six paires de roues indépendantes les unes des autres, mais quelquefois aussi accouplées toutes ensemble. Leur service se borne aux trains dits de banlieue ou encore aux manœuvres de wagons isolés à l'intérieur des gares et stations. Les *locomotives dites de fortes rampes* ont une puissance très grande, une adhérence dépassant celle de toutes les autres; elles ont huit paires de roues que des bielles accouplent toutes ensemble. Comme nous le verrons plus loin, presque toutes possèdent quatre cylindres au lieu de deux; tout comme les locomotives Engerth, elles fatiguent beaucoup les voies et les détériorent promptement. Quels que soient le système et la destination de la l., pour que cette dernière soit capable de traîner la charge qu'on lui destine, il existe certaines considérations desquelles on ne doit jamais s'écarter. Celle qui résume toutes les autres, et qui guide constamment les constructeurs dans leurs calculs et leurs prévisions, est la suivante: l'équilibre dynamique le plus absolu doit toujours exister entre l'adhérence à la périphérie des roues motrices et l'effort que transmettent les pistons aux manivelles, cet effort étant pris tangentiellement. S'il en était autrement, sans pouvoir remorquer le train, les roues chargées de donner le mouvement se borneraient à tourner sur place, à *patiner*, suivant l'expression consacrée. Cette règle a permis de déterminer par avance les vitesses que peuvent atteindre les locomotives suivant qu'elles appartiennent à l'une ou l'autre des 5 classes ci-dessus, et de calculer les poids qu'elles sont susceptibles de remorquer. C'est ainsi qu'on est arrivé à prévoir, pour une vitesse de 40 à 60 kilomètres à l'heure, qu'une l. à voyageurs pouvait remorquer de dix à quinze voitures. Les locomotives à marchandises traînent, à une vitesse de 30 à 40 kilomètres, de 30 à 40 wagons pesant chacun en moyenne dix tonnes. Les locomotives mixtes, à une allure un peu supérieure à la précédente, tirent de 20 à 25 voitures contenant des voyageurs et des marchandises. Nous ne parlerons que pour mémoire des machines-tenders, dont le rôle se trouve forcément limité. Les locomotives à fortes rampes ne dépassent jamais comme vitesse celle des locomotives à marchandises, mais la charge remorquée par elles est sensiblement supérieure. Le poids des locomotives varie tout naturellement avec leur destination. Cette fluctuation est assez grande; car, si elle ne dépasse pas de 20,000 à 30,000 kilogrammes pour les machines-tenders ou les machines à voyageurs, elle peut s'élever jusqu'à 80 ou 90 tonnes pour les locomotives de type récent.

Depuis quelques années, les différentes compagnies de chemins de fer ont créé de nouveaux modèles qui sont appropriés aux besoins de l'exploitation actuelle des voies ferrées. Sur les réseaux du Nord et de l'Est, notamment, où existent des trains internationaux, on se trouve dans l'obligation de marcher sur certaines sections à des vitesses atteignant 110 kilomètres à l'heure. La Compagnie de Paris-Lyon-Méditerranée se trouve dans le même cas. Il y a dans ces cas particuliers une augmentation de vitesse nécessitant nécessairement une augmentation de puissance en même temps qu'une amélioration sensible du rendement de la l. On a pu obtenir ces résultats obligatoires, en cherchant à accroître la pression de la vapeur dans la chaudière, de façon à la porter à 15 kilog. au lieu de 8 qu'elle avait dans les anciens systèmes. La distribution de vapeur a été également perfectionnée, et alors on est arrivé aux *locomotives à vapeur compound* ou à *double expansion*. Ce système comporte l'emploi de deux, trois ou quatre cylindres dans lesquels la vapeur se détend successivement en passant de l'un à l'autre. Voy. Moteur. — Les locomotives de ce dernier type sont les plus nombreuses. Ce dispositif repose sur le principe des surfaces différentielles de pistons montés sur une tige unique. Telles sont les locomotives construites par la société américaine: *The Rhode Island Locomotiv Works*, pour les chemins de fer de la Jamaïque, qui présentent de très fortes rampes et des courbes de très faibles rayons. Les locomotives compound à *trois cylindres* se rencontrent principalement en Angleterre; elles ont été essayées sur les lignes de la *London and North Western Company*. Dans ces machines, le cylindre de détente placé dans l'axe de la chaudière, commande l'essieu d'avant, tandis que les deux autres cylindres à haute pression actionnent l'essieu d'arrière; ce système ne possède pas de bielles d'accouplement, les essieux demeurent donc indépendants. On a classé les machines compound à quatre cylindres en trois catégories, suivant que ces cylindres sont séparés, qu'ils sont superposés deux à deux ou disposés deux à deux en tandem. C'est la première solution qui a été adoptée par la Compagnie de Paris-Lyon-Méditerranée. La Compagnie du Nord est la seule qui, en France, emploie les locomotives compound à quatre cylindres en tandem. Les Américains préfèrent la machine du type Vauclau, comportant quatre cylindres superposés deux à deux. Ils ont même construit récemment une l. à huit cylindres pour faire le service, dans l'État de Pensylvanie, d'une ligne des plus accidentées et des plus sinueuses; cette machine, avec ses approvisionnements d'eau et de combustible, pèse près de 70 tonnes. Son ensemble est porté par deux trucks à trois essieux couplés. Les essieux de chacun de ses trucks sont commandés par deux couples de cylindres compound superposés.

Enfin, on a cherché à obtenir des locomotives à vapeur à simple expansion possédant une puissance de traction considérable. Les premiers essais, datant de 1889, ont été tentés par une compagnie américaine, celle de: *New-York Central and Hudson River Raiload.* Grâce à l'augmentation donnée aux dimensions des organes moteurs et aussi à celles de sa chaudière, cette l. a pu atteindre une vitesse de 98 kilom. à l'heure. Elle remorquait trois voitures pesant ensemble *cent dix-sept tonnes.* Le poids de la l., y compris celui du tender avec 16,000 litres d'eau et 6,000 kilogrammes de charbon, atteignait près de 91 tonnes. Notre Compagnie de l'Est a fait aussi des essais avec un nouveau type de l. à simple expansion du système Flaman. Au-dessus du corps principal de chaudière, est disposé un deuxième corps d'un diamètre plus petit. Trois cuissards à grande section les réunissent. Les parties arrière de ces deux chaudières superposées forment l'une et l'autre le prolongement de la paroi avant de l'enveloppe du foyer, de telle sorte que la surface de chauffe se trouve considérablement augmentée. Dans le générateur la pression de la vapeur est de 12 kilogrammes par centimètre carré. Cette l. peut remorquer des trains de 600 tonnes sur des rampes de 8 millièmes, à la vitesse de 20 kilomètres à l'heure; elle peut tirer des trains de 220 tonnes à raison de 76 kilomètres ou des trains de 140 tonnes avec une vitesse de 90 kilomètres sur des rampes variant de 3 à 6 millièmes. C'est un merveilleux résultat.

*Les locomotives électriques* ont été tout d'abord mises en circulation, en Amérique, sur la ligne souterraine de Baltimore, qui a une longueur totale de 10 kilomètres avec un tunnel de 2,450 mètres environ. La machine pesait 90 tonnes. Elle se compose de deux trucks reliés par une articulation; sa longueur totale atteint 13 mètres. Elle possède quatre moteurs électriques et leur puissance totale est de 1,440 chevaux-vapeur. Le courant électrique est pris sur les conducteurs aériens à l'aide d'un *trolley* (Voy. ce mot). Le courant est engendré dans une usine centrale située à l'une des extrémités de la ligne. Près de Boston, la *Hantasket raiload Company* a également expérimenté, en juin 1895, une l. électrique prenant le courant à l'aide d'un trolley, mais dont les moteurs diffèrent essentiellement des précédents. La forme de cette machine rappelle celle d'un fourgon à bagages; elle pèse 30,000 kil. En avant et sur le plafond de cette sorte de voiture se trouve installé un sifflet d'alarme à air comprimé d'une puissance considérable. Elle est munie, en outre, de freins à air, freins automatiques très énergiques et qui permettent au mécanicien d'arrêter le train dans un très faible parcours. La vitesse de ce train dans le fonctionnement continu est de 64 kilomètres à l'heure en moyenne; elle peut atteindre 100 kilomètres et les dépasser même. En France, nos inventeurs ne sont pas non plus restés en retard. C'est ainsi que, dans le courant de 1897, un de nos distingués ingénieurs, M. Heilmann, a pu se livrer, entre Paris et Mantes, à des essais concluants avec une l. électrique imaginée par lui et qui est peut-être appelée, lorsqu'elle aura subi quelques légères modifications, à rendre d'éminents services. Ce qu'il y a d'original dans cette l. (Fig. 6), c'est que, comme les locomotives ordinaires, elle porte une chaudière et une machine à vapeur; mais cette machine au lieu d'agir directement sur les roues motrices, met en mouvement une dynamo

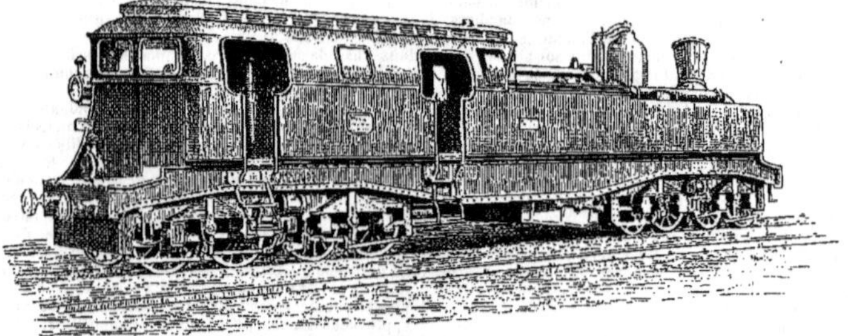

Fig. 6.

génératrice de courant électrique. Ce courant actionne à son tour une autre dynamo qui fait tourner les roues motrices. Il paraît que la perte d'énergie occasionnée par cette double transformation serait plus que compensée par l'avantage qui résulte au point de vue de la régularité de la marche, de la suppression du mouvement alternatif des lourdes bielles et manivelles. Cependant, la supériorité de ce genre de machine est encore controversée. — Enfin, en vue de l'exploitation du futur Métropolitain de Paris, deux autres ingénieurs, MM Leblanc et Desprez, comptent utiliser une l. électrique de leur invention, à laquelle un câble fixe transmettrait l'énergie électrique nécessaire pour le fonctionnement des trains. Jusqu'ici, à l'exception de la l. Heilmann, aucune l. électrique n'a été employée sur les chemins de fer français. Par contre, beaucoup de villes de France possèdent des lignes de tramways sur lesquelles circulent de petits trains mus par l'électricité. Nous parlerons de ces petites exploitations et des divers systèmes employés au mot TRAMWAY.

*Les locomotives sans foyer* ont été imaginées vers 1874 par un Américain, le Docteur Lamm, qui exploita son invention pendant quelque temps sur une section de voie ferrée reliant la petite ville de Carrolton à la Nouvelle-Orléans. Peu d'années après ces locomotives ont été introduites en France, où elles fonctionnent depuis cette époque sur les petites lignes. Le châssis de cette machine, outre les organes destinés à la mise en mouvement de l'ensemble, organes qui ne diffèrent pas de ceux des locomotives ordinaires, porte un réservoir cylindrique d'assez grandes dimensions, dans lequel s'emmagasinent 2 à 3 mètres cubes d'eau surchauffée à 220 ou 225 degrés centigrades. Le réservoir se remplit, avant sa mise en marche, dans une usine centrale qui possède un certain nombre de générateurs à vapeur à haute pression, 17 kilogrammes par centimètre carré, que l'on met en communication avec l'intérieur de ce réservoir. Cette eau fournit, en cours de marche, la quantité de vapeur nécessaire à l'alimentation des cylindres. Mais, peu à peu, la température et la pression baissent et obligent à des chargements assez fréquents de la l. en eau et en vapeur surchauffées. C'est un inconvénient qui ne permet pas à ce système de l. de franchir de longs parcours, à moins d'avoir d'endroits en endroits des usines intermédiaires permettant le remplacement de la machine épuisée par une nouvelle, fraîchement chargée. On emploie principalement ces locomotives sur les lignes de tramways.

*Les locomotives à air comprimé*, imaginées par un ingénieur du nom de Mekarski, possèdent comme les précédentes les organes moteurs communs à toutes les locomotives. Le réservoir à eau surchauffée est remplacé dans ce système par un récipient dans lequel on comprime sous une pression considérable de l'air atmosphérique. Cette opération a lieu dans des usines spéciales possédant de puissants compresseurs d'air, que l'on met en communication avec le récipient de la locomotive. L'air en se détendant peu à peu dans les cylindres leur fournit l'énergie nécessaire pour la mise en marche. Mais par suite du refroidissement qui s'opère toujours lorsque l'air comprimé se détend brusquement, on est obligé, avant de l'envoyer aux cylindres, de le faire passer à travers un petit réchauffeur constitué par une minuscule chaudière à vapeur, située sur la plate-forme d'avant, à côté de l'emplacement réservé au mécanicien. Les locomotives à air comprimé, tout comme les précédentes, nécessitent des installations coûteuses et assez nombreuses, surtout si le parcours à franchir a une importance assez considérable. Il faut pouvoir renouveler la provision d'air comprimé au bout d'un certain nombre de kilomètres. Ces locomotives, dont la marche est, du reste, très sûre et très régulière, trouvent leur emploi sur les lignes de tramways qui traversent les villes ou vont dans leurs banlieues.

**Hist.** — L'invention de la l. à vapeur a précédé celle des chemins de fer. Les Anglais attribuent la première idée théorique de cette application au docteur Robison (1759), mais ce savant ne chercha pas à la faire passer dans la pratique. En 1769, un ingénieur français, Jos. Cugnot, présenta au gouvernement un chariot ou *fardier à vapeur* qu'il destinait au transport rapide de l'artillerie; mais il lui fut impossible d'en tirer parti. En 1789, l'Américain Oliver Evans aborda le même problème, et réussit à faire marcher une voiture à vapeur dans les rues de Philadelphie (1804). Vers le même temps, deux constructeurs anglais, Trewicthick et Vivian, après avoir étudié de leur côté cette question, durent renoncer à la résoudre. Cependant, pour ne pas perdre entièrement le fruit de leurs travaux, ils imaginèrent d'essayer leur machine sur les chemins à rails de fer qui depuis longtemps déjà servaient, dans les houillères, au transport de la houille. L'expérience fut faite en 1804 sur le chemin de Merthyr-Tydwill, dans le pays de Galles; mais la machine nouvelle ne put faire que 8 kilomètres à l'heure, quoiqu'elle remorquât seulement 10 tonnes de poids utile : aussi cet essai fit peu de sensation. A cette époque, d'ailleurs, on croyait que les roues ne pourraient jamais adhérer assez fortement sur les rails pour que l'emploi des nouveaux véhicules à vapeur pût devenir d'une grande utilité. En conséquence, les ingénieurs songèrent à trouver quelque mécanisme propre à augmenter l'adhérence des roues sur les rails. On imagina de pratiquer des rainures transversales sur les jantes des roues; de placer au milieu de la machine une roue dentée qui engrenait avec un rail en crémaillère ; un peu plus tard encore on eut l'idée d'adapter à l'arrière des espèces de jambes mobiles, que les pistons des cylindres faisaient appliquer contre le sol, etc. En 1813, Blackett démontra expérimentalement que l'adhérence des roues sur les rails était suffisante pour faire marcher les machines sur des chemins sensiblement de niveau ou d'une faible inclinaison. Cette découverte fut un grand progrès ; néanmoins les locomotives continuèrent longtemps encore à fonctionner très imparfaitement. Leur chaudière étant disposée comme celle des machines fixes, la surface de chauffe obtenue était tout à fait insuffisante. Enfin, en 1828, Marc Séguin, directeur du chemin de fer de Saint-Étienne à Lyon, conçut l'heureuse idée de la chaudière tubulaire, que nous avons décrite. Mais comme il était à craindre qu'avec des cheminées peu élevées, on ne pût obtenir un tirage convenable à travers ces petits tubes, il eut l'idée de provoquer un tirage artificiel en disposant dans le foyer un ventilateur à force centrifuge que la machine elle-même mettait en mouvement. Toutefois cette deuxième invention n'eut pas tout le succès qu'en espérait son auteur. La solution définitive du problème était réservée à l'Anglais Georges Stephenson, secondé par son fils Robert. Le célèbre ingénieur adopta la chaudière tubulaire de Séguin, et imagina d'activer le tirage en introduisant dans la cheminée la vapeur qui avait servi à mettre les pistons en mouvement, et qu'on laissait perdre dans l'atmosphère. La première l. établie d'après ce système se nommait la *Fusée* (*the Rocket*) ; elle fut construite par Robert Stephenson, sous la direction de son père, et marcha, pour la première fois, le 15 sept. 1830, sur le chemin de fer de Liverpool à Manchester. La supériorité des machines de ce genre comme moyen de traction fut irrévocablement constatée, et c'est grâce à leur adoption que les railways acquirent si rapidement une grande prospérité. Depuis, les perfectionnements se sont succédé d'une manière continue, comme on a pu le voir par la courte étude qui précède ; la vitesse et la puissance de ces machines a toujours été en augmentant. Il se peut que la l. à vapeur soit appelée à recevoir de nouveaux perfectionnements, ou que, au contraire, elle soit supplantée par un système électrique encore à trouver. Dans tous les cas, la traction mécanique des véhicules paraît appelée à subir encore de nouveaux progrès. Déjà (1898) on sait construire des voitures munies d'un moteur qui permet de les faire circuler sur les routes ordinaires, et l'on est ainsi revenu aux idées des premiers inventeurs ; nous en parlerons au mot VOITURE *automobile*.

**LOCOMOTIVITÉ.** s. f. (R. *locomotif*). Faculté de se mouvoir.

**LOCRES,** v. de l'Italie anc. (Brutium).

**LOCRIDE.** contrée de la Grèce anc. = Nom des hab. : LOCRIEN, ENNE.

**LOCRIEN, IENNE.** adj. [Pr. *lokri-in, iène*]. T. Mus. Un des modes des anciens.

**LOCULAIRE.** adj. 2 g. (lat. *loculus*, loge). T. Bot. Qui est relatif aux petites cavités appelées loges ; ne se dit que dans es composés *Uniloculaire*, *Biloculaire*, etc.

**LOCULAR.** s. m. T. Bot. Nom du Petit Épeautre. Voy. FROMENT.

**LOCULE.** s. m. (lat. *loculus*, dimin. de *locus*, lieu). Petite loge.

**LOCULICIDE.** adj. f. (R. *locule*, et lat. *cædere*, fendre). T. Bot. Se dit de la déhiscence d'une capsule lorsqu'elle a lieu par la rupture longitudinale de la nervure dorsale des carpelles. Voy. FRUIT.

**LOCUSTE.** s. f. (lat. *locusta*, sauterelle). Genre d'Insectes Orthoptères appelé aussi *Sauterelle*. Voy. ce mot.

**LOCUSTE,** célèbre empoisonneuse de Rome, fit périr Claude, Britannicus, et fut mise à mort sous Galba.

**LOCUSTIDÉS** ou **LOCUSTIENS** (lat. *locusta*, sauterelle). s. m. pl. T. Ent. Grande famille d'*Orthoptères sauteurs* que l'on appelle vulgairement *Sauterelles*. Voy. ce mot.

**LOCUTION.** s. f. [Pr. *loku-sion*] (lat. *locutio*, m. s.) Expression, façon de parler spéciale ou particulière. *L. nouvelle, élégante. Une l. mauvaise, basse, impropre. L. familière, proverbiale. L. elliptique. Il affecte des locutions surannées. L. adverbiale, conjonctive, prépositive.* Voy. ADVERBE, etc.

**Gramm.** — On appelle l. vicieuse toute manière de parler qu'il ne faut pas employer, soit parce qu'elle est contraire aux règles et à l'usage, soit parce que les mots y sont pris avec une signification qui n'est pas la leur, soit parce qu'elle choque le bon sens : telle est la phrase suivante, que nous avons relevée dans un journal quotidien : *La chaloupe*, Laisse-moi tranquille, *est entrée au port avec deux hommes enlevés par un paquet de mer dans le travers des sables.* Outre la faute évidente, cette inadvertance a encore l'effet fâcheux de présenter d'une manière risible un événement douloureux.

**LODÈVE,** ch.-l. d'arr. (Hérault), à 47 kil. N.-O. d Montpellier, 9,100 hab.

**LODI,** v. d'Italie, sur l'Adda, prov. de Milan ; 25,900 hab. Victoire de Bonaparte sur les Autrichiens (1796).

**LODICULE.** s. f. (lat. *lodicula*, de *lodix*, couverture). T. Bot. Enveloppe intérieure de la fleur des graminées.

**LODOÏCÉE.** s. f. T. Bot. Genre de plantes Monocotylédones (*Lodoicea*) de la famille des *Palmiers*. Voy. ce mot.

**LODS.** s. m. pl. [Pr. *lo*] (lat. *laudes*, honneurs). T. Droit féodal. Voy. FIEF.

**LODZ,** v. de la Russie occidentale, Pologne ; 150,000 hab.

**LOELINGITE.** s. f. (R. *Lolling*, Carinthie). T. Minér. Arséniure de fer naturel, en cristaux orthorhombiques, d'un blanc naturel et que l'on trouve dans des roches serpentineuses.

**LŒMOGRAPHIE.** s. f. [Pr. *lé-mografie*] (gr. λοιμός, peste ; γράφειν, décrire). Récit, description de la peste.

**LŒMOLOGIE.** s. f. [Pr. *lé-mologie*] (gr. λοιμὸς, peste ; λόγος, traité). Traité sur la peste.

**LOESS.** s. m. [Pr. *leuss*] (mot all.). T. Géol. Terrain argilo-calcaire datant de l'époque quaternaire, constituant la couche inférieure du lehm.

**Géol.** — On a donné le nom de lehm à des couches argileuses non stratifiées qui se rencontrent en masses souvent très considérables dans certaines vallées et sur les plateaux avoisinant ces vallées. Ce sont des formations quaternaires analogues à nos boues actuelles, qui prirent, en certains points, un développement considérable à cause des précipitations atmosphériques et des phénomènes de ruissellement qui en furent la conséquence. Voy. GLACIAIRE. C'est en Chine que le lehm présente la plus grande puissance ; dans le bassin du fleuve Jaune, par exemple, il a une épaisseur de 500 à 600 mètres. En Europe, il est encore très abondant dans les vallées du Rhin et du Danube ; en France, on le trouve dans le bassin de la Seine, aux environs même de Paris, sur le versant est de Villejuif, par exemple.

Le lehm est une terre de couleur foncée, à cause de l'oxyde de fer qu'elle renferme ; il constitue un sous-sol très fertile d'où le nom de *terre à betteraves* qu'on lui donne dans le nord de la France ; c'est également avec cette argile que se font la plupart des briques (*terre à briques*).

On distingue généralement sous le nom de *loess* les couches inférieures du *lehm*, qui sont moins fortement colorées que les couches supérieures ; elles sont plutôt gris jaunâtre et ont un aspect plus franchement terreux ; de plus, ces couches renferment toujours du carbonate de chaux, qui manque dans les couches supérieures.

**LOÈVE-VEIMARS** (ADOLPHE), littérateur fr. (1801-1854).

**LOEWIGITE.** s. f. T. Minér. Sulfate hydraté d'alumine et de potasse.

**LOF.** s. m. (orig. scandinave). T. Mar. Le côté que le navire présente au vent. *Aller au l., venir au l.*, Aller au plus près du vent. *Virer lof pour lof*, Virer vent arrière, pour mettre au vent l'un des côtés du bâtiment au lieu de l'autre.

**LOFER.** v. n. Venir au lof.

**LOFODEN** (ILES), archipel sur les côtes O. de la Norvège. C'est dans cette région que se trouve le fameux gouffre de Maëstrom.

**LOGAÉDIQUE.** adj. 2 g. (gr. λόγος, parole ; ἀοιδή, chant). T. Versif. anc. Se dit de vers lyriques qui ressemblent à de la prose rythmée plutôt qu'à de véritables vers.

**LOGANIE.** s. f. T. Bot. Genre de plantes Dicotylédones (*Logania*) de la famille des *Loganiées*. Voy. ce mot.

**LOGANIÉES.** s. f. pl. T. Bot. Famille de végétaux Dicotylédones de l'ordre des Gamopétales supérovariées.

*Caract. bot. :* Végétaux arborescents ou frutescents, rarement herbacés. Feuilles opposées, entières, ordinairement munies de stipules, qui adhèrent au pétiole des feuilles, ou qui sont soudées en forme de gaines interpétiolaires. Fleurs régulières, rarement zygomorphes, hermaphrodites ou dioïques par avortement, en grappes, en corymbes, ou solitaires. Calice 4-5 parti, valvé ou imbriqué dans l'estivation. Corolle régulière ou irrégulière, 4-5 fide, à préfloraison valvaire ou convolutive. Étamines 4-5, naissant de la corolle, toutes rangées sur la même ligne. Pistil formé de 2 carpelles concrescents en un ovaire supère, à 2 deux loges quelquefois subdivisées chacune en deux autres par la réflexion de leurs parois ; style unique ; stigmate simple ; ovules nombreux ou solitaires, semi-anatropes ou anatropes, ascendants. Fruit tantôt capsulaire, biloculaire, à déhiscence septicide ; tantôt drupacé ; tantôt bacciforme avec les graines plongées dans la pulpe. Graines parfois ailées, ordinairement pelliées ; albumen charnu ou corné ; embryon petit avec la radicule tournée vers le hile ou parallèle à ce dernier. (Fig. 1. *Logania floribunda* ; 2. Corolle ouverte ; 3. Pistil ; 4. Fruit du *Strychnos nux vomica* coupé transversalement ; 5. Sa graine ; 6. Coupe de la même). Les L. comprennent 30 genres et 350 espèces, qui, presque toutes, habitent les régions tropicales ou les contrées voisines.

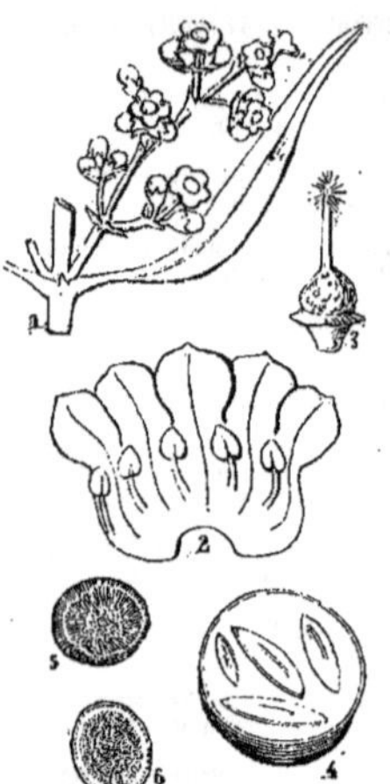


Il serait difficile de nommer une famille plus délétère que celle qui nous occupe. La *Noix vomique* n'est autre chose que la graine du *Vomiquier* (*Strych. nux vomica*), espèce arborescente de l'Inde, qui porte de petites fleurs blanc verdâtre, et un beau fruit arrondi de couleur orange et de la grosseur d'une petite pomme, avec une écorce cassante et une pulpe gélatineuse. Son écorce, connue sous le nom d'*Écorce de fausse angusture*, est extrêmement amère : on l'emploie dans les fièvres intermittentes et contre la morsure des serpents venimeux. Les graines sont vénéneuses au plus haut degré ; à haute dose, elles causent la mort en produisant des phénomènes tétaniques. A doses très faibles et répétées, la Noix vomique stimule les fonctions digestives, augmente la sécrétion urinaire, et quelquefois agit légèrement sur le tube intestinal. On l'emploie avec plus ou moins de succès dans les paralysies qui sont sous la dépendance du système nerveux, dans la dyspepsie, la dysenterie, etc. Le Curare (Voy. ce mot) est un extrait préparé avec plusieurs espèces de *Strychnos* auxquelles on ajoute un certain nombre d'autres plantes. Dans le commerce, on connaît 4 variétés de curare : 1° Le *Curare du Haut-Amazone*, dont le *Str. Castelnæana* est la base ; 2° le *C. de l'Orénoque* préparé avec les *Str. Gubleri* et *Str. toxifera* ; 3° le *C. de la Guyane française*, dans la composition duquel entre surtout le *Str. Crevauxii* ; 4° le *C. de la Guyane anglaise*, fourni par le *Str. cogens*. C'est encore avec l'écorce du *Str. tieute* que les Javanais préparent le poison avec lequel ils empoisonnent leurs flèches et que son effrayante énergie a rendue célèbre. Ce poison, que l'on nomme *Upas tieuté*, agit de la même manière que la Noix vomique, mais avec plus d'énergie encore. Nonobstant les propriétés toxiques de la plupart des Strychnos, quelques-uns nous fournissent des médicaments utiles. Le véritable *Lignum colubrinum*, appelé *Bois de serpent* et *Bois de couleuvre*, parce que les Indiens le regardent comme très efficace contre la morsure des serpents venimeux, provient du *Str. colubrina*. Autrefois on en faisait beaucoup d'usage dans la paralysie des extrémités inférieures. On dit encore qu'il constitue un excellent stomachique dans les fièvres atoniques. Les graines de l'*Ignatier amer* (*Ignatia amara*, *Strychnos Ignatii*), si connues sous le nom de *Fèves de Saint-Ignace*, sont regardées et employées aux Philippines, où l'Ignatier croît naturellement, comme un médicament précieux dans un grand nombre de cas. Dans l'Inde, on administre cette graine, sous le nom de *Papita*, dans les cas de choléra ; mais, à haute dose, elle agit comme la Noix vomique. Les graines de l'Ignatier, ainsi que celles de la plupart des Strychnos, doivent leurs propriétés toxiques à la présence d'un alcaloïde particulier, la *Strychnine* (Voy. ce mot), qui a été découvert en 1818 par Pelletier et Caventou. Quelques espèces contiennent en outre un alcaloïde également vénéneux, qui a reçu le nom de *Brucine*. Voy. ce mot. — Les graines du *Strychnos des buveurs* (*St. potatorum*) ou Semences de *Titan-Cotte*, qui ne renferment ni strychnine, ni brucine, possèdent la propriété de purifier et de clarifier l'eau impure, de manière à la rendre non seulement potable, mais encore agréable à boire. Il suffit de frotter avec une graine de ce Strychnos, pendant une ou deux minutes, l'intérieur du vase qui est destiné à recevoir l'eau, et qui est en général un vase de terre non vernissé. On y verse ensuite le liquide à purifier, et l'on voit bientôt les impuretés que celui-ci renfermait se déposer au fond du vase. L'usage de ces graines est si répandu qu'on les vend dans les marchés après les avoir fait sécher. Les Hindous mangent en outre la pulpe du fruit lorsqu'il est mûr. L'écorce de *Hoang-Nan*, provenant du *Strychnos Gauthierana*, a été pendant longtemps préconisée par les missionnaires du Tonkin contre la rage. Les *Spigélies* participent des propriétés délétères des Strychnos. L'écorce et la racine du *Spigelia marylandica* et du *Sp. anthelmintica*, appelés vulgairement, le premier *Œillet de la Caroline*, et le second *Anthelmic* et *Brinvillière*, sont des anthelminthiques fort actifs ; néanmoins, leur activité diminue beaucoup avec le temps. A haute dose, ils produisent aussi des effets narcotiques, comme trouble de la vue, vertiges, dilatation de la pupille, et déterminent même des convulsions. On dit qu'ils font périr les bestiaux qui les broutent. La *Sp. glabre* (*Sp. glabrata*) est rangée aussi par Martius au nombre des plantes vénéneuses. L'infusion des feuilles de la *Potalie résinifère* (*Potalia resinifera*) est légèrement mucilagineuse et astringente ; au Brésil, on l'emploie dans les ophtalmies sous forme de lotions. La *Pot. amère* (*P. amara*) de la Guyane a l'amertume de la Gentiane ; elle est vomitive à forte dose. Ses jeunes tiges distillent une résine jaune qui, au feu, répand une odeur analogue à celle du Benjoin.

**LOGARITHME.** s. m. (gr. λόγος, proportion ; ἀριθμός, nombre). T. Mathém. Le L. d'un nombre est l'exposant de la puissance à laquelle il faudrait élever un nombre invariable donné, appelé *base* du système de l. pour retrouver le premier nombre. Ainsi, dans le système des logarithmes ordinaires où la base est 10, le l. de 1000 est 3, parce que 10 élevé à la 3ᵉ puissance donne 1000. En général, si nous écrivons l'équation $a^x = y$, dans laquelle $a$ représente un nombre invariable donné, $x$ sera le l. de $y$, dans le système dont la base est $a$. Quel que soit le nombre choisi pour servir de base, le l. de la base est 1, et le l. de 1 est 0. En effet, si, dans l'équation $a^x = y$, nous faisons $x = 1$, nous aurons $a^1 = a$, d'où, conformément à la définition, $1a = 1$ ; et si nous faisons $x = 0$, nous aurons $a^0 = 1$, d'où $1.1 = 0$.

Les propriétés des logarithmes sont des conséquences immédiates du calcul des exposants. Voy. EXPOSANT. Supposons que nous ayons une série de nombres $y, y', y'', y'''$, etc., à multiplier ensemble. Soit $a$ la base du système de logarithmes, et soit $x, x', x'', x'''$, etc., les logarithmes de $y, y' y'', y'''$, etc., respectivement. Nous aurons, d'après la définition, la série d'équations

$$y = a^x,\ y' = a^{x'},\ y'' = a^{x''},\ y''' = a^{x'''},\ \text{etc.}$$

Multipliant membre à membre ces équations, nous aurons :

$$y\,y'\,y''\,y''',\ \text{etc.} = a^{x+x'+x''+x'''+\text{etc.}};$$

d'où $1\,y\,y'\,y''\,y'''$, etc. $= x + x' + x'' + x''' +$ etc. $= 1\,y + 1\,y' + 1\,y'' + 1\,y''' +$ etc. Nous obtenons ainsi la propriété fondamentale des logarithmes, à savoir, que *le l. d'un produit est égal à la somme des logarithmes de ses facteurs.* — Maintenant, soient les deux nombres $y$ et $y'$ à diviser l'un par l'autre, et soient $x$ et $x'$ leurs logarithmes, nous aurons, comme ci-dessus, les équations $y = a^x$, et $y' = a^{x'}$; d'où $\frac{y'}{y} = a^{x'-x}$, et par conséquent $1\frac{y'}{y} = x' - x = 1\,y' - 1\,y$; c.-à-d. que *le l. du quotient d'une division est égal au l. du dividende moins le l. du diviseur.*

Soit $y$ un nombre qu'on veut élever à la puissance $m$ ($m$ étant un nombre quelconque, entier ou fractionnaire, positif ou négatif). Comme tout à l'heure, nous avons $y = a^x$, et, en élevant à la puissance $m$ les deux membres de l'équation, $y^m = a^{mx}$; d'où, d'après la définition, $1\,y^m = mx = m\,1\,y$, c.-à-d. *le l. de la puissance d'un nombre est égal au produit du l. du nombre par l'exposant de la puissance.*

Si, dans l'équation, $1\,y^m = m\,1\,y$, nous faisons $m = \frac{1}{n}$ nous aurons $1\,y^{\frac{1}{n}} = 1\sqrt[n]{y} = \frac{1}{n}\,1\,y$; c.-à-d. *le l. d'une racine quelconque d'un nombre est égal au l. de ce nombre divisé par l'indice de la racine.*

Ces propriétés des logarithmes sont d'une très haute importance, en ce qu'elles facilitent singulièrement les opérations arithmétiques. En effet, quand on veut effectuer une multiplication, il suffit de prendre dans des tables logarithmiques les logarithmes des facteurs et de les additionner, ce qui donne le l. du produit demandé. On cherche alors dans les tables le nombre qui correspond à ce nouveau l., et l'on obtient le produit demandé lui-même. La division est aussi remplacée par une simple soustraction. De même on peut, par une simple multiplication, élever les nombres à une puissance quelconque, et, par une simple division, extraire leurs racines. En d'autres termes l'emploi des logarithmes remplace la multiplication par une addition, la division par une soustraction, l'élévation aux puissances par une multiplication, l'extraction des racines par une simple division.

Les propriétés que nous venons d'exposer sont vraies de tout système de logarithmes; mais leur application aux calculs numériques suppose la construction d'une table qui présente d'un côté les nombres naturels, et de l'autre les logarithmes de ces nombres calculés pour une base donnée. Dans les tables généralement en usage, la base adoptée est 10, et la construction de ces tables équivaut à la solution de l'équation algébrique $10^x = y$. Par conséquent, faisant $y$ successivement égal aux nombres 1, 2, 3, 4, etc., nous avons à résoudre les équations $10^x = 1, 10^x = 2, 10^x = 3, 10^x = 4$, etc. — Le travail nécessaire pour calculer ces tables est singulièrement abrégé par cette circonstance qu'il suffit de calculer les logarithmes des nombres premiers. En effet, comme on obtient tous les autres nombres en multipliant les nombres premiers les uns par les autres, on peut, d'après ce qui a été déjà démontré, par la simple addition ou soustraction des logarithmes des nombres premiers, trouver les logarithmes de tous les autres nombres. Ainsi donc, une table contenant simplement les logarithmes des nombres premiers suffit, à la rigueur, pour effectuer tous les calculs numériques à l'aide des logarithmes.

Lorsqu'une table de logarithmes a été calculée pour une base donnée, il est facile de trouver au moyen de cette table tout autre système de logarithmes correspondant à une base différente, sans avoir recours à la solution d'équations exponentielles. Supposons qu'on ait calculé une table de logarithmes dont la base soit $a$, ou, ce qui est la même chose, que l'on ait trouvé les valeurs de $x$ pour toutes les valeurs de $y$ dans l'équation $a^x = y$, puis que maintenant on veuille construire une autre table en prenant $b$ pour base, ou, en d'autres termes, que l'on veuille trouver les valeurs de $v$ correspondant aux différentes valeurs de $y$ dans l'équation $b^v = y$; nous pouvons procéder comme il suit : Prenant les logarithmes des deux membres de cette dernière équation dans la table déjà calculée dont la base est $a$, et nous souvenant que $1\,b^v = v\,1\,b$, nous avons $v\,1\,b = 1\,y$, d'où $v = \frac{1y}{1b}$. Mais $v$ est le l. de $y$ dans le système dont la base est $b$ ; par conséquent, en indiquant dans ce nouveau système les logarithmes par le signe L, nous aurons $Ly = \frac{1y}{1b}$. D'où il résulte que, pour trouver le l. d'un nombre donné quelconque $y$ dans le nouveau système, il suffit de multiplier son l. dans le système déjà calculé par le nombre constant $\frac{1}{1b}$. Ce nombre constant, au moyen duquel on passe d'une table d'un système à celle d'un nouveau système, est ce qu'on appelle le *module* de la nouvelle table, relativement à l'ancienne.

Dans le système des *logarithmes vulgaires*, c.-à-d. dans le système de logarithmes dont la base est 10, il n'y a que les nombres qui sont des puissances de 10 (c.-à-d. 100, 1000, etc.), qui puissent avoir des logarithmes commensurables. Les logarithmes de tous les autres nombres sont incommensurables et ne peuvent s'obtenir qu'à un certain degré d'approximation. En général, l'approximation est suffisante lorsqu'on la pousse jusqu'à la 7e décimale : aussi, dans les tables ordinaires de logarithmes, n'est-elle pas poussée plus loin. Mais lorsqu'on a besoin d'une approximation plus grande encore, comme dans certains calculs astronomiques, il peut être nécessaire d'avoir des tables qui donnent jusqu'à la 10e décimale.

Dans le système vulgaire, défini par l'équation $10^x = y$, où $y$ représente le nombre naturel et $y$ son l., si nous faisons successivement

$$x = 0, 1, 2, 3, 4 \ldots n,$$

nous aurons, pour les valeurs correspondantes de $y$,

$$y = 1, 10, 100, 1000, 10000, \ldots 10^n;$$

et si nous faisons $x = 0, -1, -2, -3, -4, \ldots -n$,

nous aurons $y = 1, \frac{1}{10}, \frac{1}{100}, \frac{1}{1000}, \frac{1}{10000}, \frac{1}{10n}$.

En considérant ces suites on voit que les logarithmes de tous les nombres plus grands que l'unité sont positifs, et que les logarithmes de tous les nombres plus petits que l'unité sont négatifs. Il est également évident que le l. de tout nombre compris entre 0 et 10 est une *fraction* plus petite que 1 ; que celui de tout nombre compris entre 10 et 100 est compris entre 1 et 2, ou égal à 1 plus une fraction inférieure à 1, que celui de tout nombre compris entre 100 et 1000, est compris entre 2 et 3, ou égal à 2 plus une fraction inférieure à 1, et ainsi de suite. Mais le nombre des chiffres dans tout nombre entier compris entre 10 et 100 est 2 ; entre 100 et 1000, est 3, et ainsi de suite : par conséquent, le l. ordinaire d'un nombre quelconque est exprimé par le nombre de ses chiffres diminué de l'unité, plus une certaine fraction inférieure à 1. Ainsi, par ex., le nombre 73594, qui est compris entre 10000 et 100000, ou entre $10^4$ et $10^5$, a pour l. le chiffre 4, plus une fraction. Cette partie entière du l. qui est commune à tous les nombres compris entre deux puissances successives de 10, a reçu le nom de *Caractéristique* du l., parce qu'elle fait voir immédiatement de combien de chiffres se compose le nombre naturel correspondant auquel elle est jointe. Si nous connaissons le l. d'un nombre quelconque, il nous suffira d'ajouter 1, 2, 3, etc., à sa caractéristique pour avoir le l. du produit de ce nombre par 10, 100, 1000, puisque 1, 2, 3 sont précisément les logarithmes de 10, 100, 1000, etc. De même on obtient le l. du nombre divisé par 10, 100, 1000, etc., en retranchant de ses caractéristiques 1, 2, 3, etc. Ex. :

log. 73594 $= 4{,}8668424$
log... 7359,4 $= 3{,}8668424$
log.... 73,594 $= 1{,}8668424$
log........ 7,3594 $= 0{,}8668424$
log........ 0,73594 $= \overline{1}{,}8868424$

Dans ce dernier exemple le signe négatif est placé au-dessus de la caractéristique, *celle-ci seulement étant négative*, c.-à-d. que le l. de 0,73574 est égal à $-1 + 0{,}8868424$. On voit par là que si l'on déplace la virgule d'un nombre, ou si on écrit des zéros à sa droite, la partie décimale du l. reste inaltérée et la caractéristique est seule modifiée. Aussi dans les tables modernes, on imprime seulement la partie décimale du l. qu'on appelle la *mantisse*, et l'on omet avec raison la caractéristique qui est déterminée par la double règle suivante : 1° *Si le nombre est supérieur à 1, la caractéristique de son l. est égale au nombre des chiffres de la partie entière moins un.* — 2° *Si le nombre est inférieur à 1, la caractéristique est négative et a pour valeur absolue le nombre de zéros écrits à gauche du premier chiffre significatif.*

Les méthodes employées par les premiers calculateurs de tables logarithmiques étaient fondées sur l'extraction successive des racines, et exigeaient des calculs très laborieux; mais depuis, les analystes ont découvert des séries qui rendent ce calcul beaucoup plus rapide et plus facile. La découverte des logarithmes est due à lord Napier, baron de Merchiston, en Écosse, qui la publia en **1614**. En France nous l'appelons plus souvent *Néper*. Mais les logarithmes calculés par l'inventeur ne sont point ceux dont nous faisons aujourd'hui usage, et que l'on désigne sous le nom de *logarithmes vulgaires*. Napier était parti d'une idée bien différente de celle que nous venons d'exposer. A son époque on n'avait pas encore songé à généraliser la notion d'exposant, et à considérer des exposants négatifs, fractionnaires, etc., comme nous le faisons aujourd'hui. Napier avait simplement fait la remarque suivante : On considère deux progressions l'une géométrique, l'autre arithmétique, se poursuivant indéfiniment dans les deux sens,

$$\begin{matrix} \cdots\cdots \frac{1}{(1+\alpha)^2} & \frac{1}{1+\alpha} & 1 & 1+\alpha & (1+\alpha)^2 & (1+\alpha)^3\cdots \\ -2\beta & -\beta & 0 & \beta & 2\beta & 3\beta \end{matrix}$$

et dans ces deux progressions on fait correspondre les termes de même rang de manière que 0 correspond à 1. Alors si l'on multiplie deux termes de la progression géométrique, on trouvera un nouveau terme auquel correspond dans la progression arithmétique la somme des termes correspondant aux deux facteurs correspondants. Par ex. : $(1+\alpha)^2 \times (1+\alpha)^3$ donnera $(1+\alpha)^5$, auquel correspond $5\beta$ qui est bien la somme de $2\beta$ et $3\beta$ correspondant respectivement aux deux facteurs. Les termes de la progression géométrique s'appellent les nombres, ceux de la progression arithmétique les logarithmes. Quant aux nombres qui ne figurent pas dans la progression géométrique, on obtient leurs logarithmes par approximation en insérant entre deux termes consécutifs un nombre suffisant de moyens. Napier trouvait plus simple de faire $\alpha = \beta$ dans ses progressions, appelant logarithmes naturels ceux qui dérivaient de cette hypothèse; mais de plus, pour intercaler tous les nombres dans sa progression, il imaginait que $\alpha$ était aussi petit qu'on voulait. Plus tard, on a appelé *base* du système le nombre dont le l. est 1. Comme d'une manière générale dans le système de Napier le l. de $(1+\alpha)^n$ est $n\alpha$, le nombre qui a pour l. l'unité est celui que nous obtiendrons, avec les notations actuelles, en faisant $n = \frac{1}{\alpha}$; c'est donc $(1+\alpha)^{\frac{1}{\alpha}}$. Il faut maintenant diminuer $\alpha$ autant qu'on veut, et finalement la base des logarithmes de Napier est la limite de l'expresion $(1+\alpha)^{\frac{1}{\alpha}}$ quand $\alpha$ tend vers 0. Cette limite qu'on désigne par $e$, est un nombre incommensurable qui est la somme de la série :

$$e = 1 + \frac{1}{1} + \frac{1}{1.2} + \frac{1}{1.2.3} + \ldots + \frac{1}{1.2.3..n} + \ldots$$

Sa valeur numérique est 2,7182818285.

Le nombre $e$ joue un rôle considérable dans l'analyse mathématique, et les logarithmes à base $e$ qu'on appelle logarithmes *népériens*, du nom de leur inventeur, ou encore *hyperboliques*, parce qu'ils mesurent l'aire du segment d'hyperbole équilatère compris entre la courbe, l'une de ses asymptotes, et deux ordonnées (Voy. HYPERBOLE), sont les plus commodes dans les recherches analytiques. Cette commodité résulte de ce que la dérivée de la fonction $y = \log x$ est $\frac{1}{x}\log e$, de sorte que si les logarithmes sont népériens, $\log e = 1$, et l'on a simplement $y' = \frac{1}{x}$. Inversement on peut définir le l. népérien par cette formule en disant que $\log x$ est la fonction primitive de $\frac{1}{x}$, ou mieux que log népérien de $x$ est défini par l'intégrale définie :

$$\mathrm{L}x = \int_1^x \frac{dx}{x}.$$

On retrouve aisément toutes les propriétés des logarithmes en partant de cette définition.

Les premières tables de logarithmes vulgaires, c.-à-d. ayant pour base le nombre 10 furent calculées, avec l'encouragement de Napier lui-même, par H. Briggs, professeur de géométrie au collége de Gresham, à Londres. Ce laborieux mathématicien publia en 1624 les logarithmes de tous les nombres entre 1 et 20,000, et entre 90,000 et 100,000. Ces tables étaient calculées à 14 décimales. Le Hollandais Adrien Vlacq compléta le travail de Briggs en calculant, mais à 10 décimales seulement, les logarithmes des nombres compris entre 20,000 et 90,000. Son livre parut en 1628. Nous ne ferons que mentionner les tables de Véga, de Borda, de Callet, de Lalande, de Houel, etc, qui sont connues de tous les mathématiciens.

Dans les calculs logarithmiques on évite les soustractions et on les remplace par des additions au moyen de l'artifice suivant : soit à calculer la formule $x = \frac{ab}{c}$; il faudrait ajouter les logarithmes de $a$ et $b$ et retrancher celui de $c$. Au lieu de cela, nous changerons le signe de celui de $c$ et nous ajouterons les 3 logarithmes. Le l. de $c$ changé de signe est ce qu'on appelle le complément du l. de $c$ ou encore le l. complémentaire. Pour le calculer, on ajoute $+1$ à la caractéristique et on en change le signe; puis allant de gauche à droite, on retranche tous les chiffres de 9 excepté le dernier chiffre significatif qu'on retranche de 10. Par ex. si $\mathrm{l}x = 4{,}3854378$, on aura $-\mathrm{l}x = \bar{5}{,}6145622$; il est facile de s'assurer que la somme de ces deux nombres est bien zéro.

**LOGARITHMIQUE**. adj. 2 g. T. Math. Qui a rapport aux logarithmes. *Règle l.*, appelée aussi *Règle à calcul.* Règle portant des divisions proportionnelles aux logarithmes des nombres successifs et qui sert à faire rapidement des multiplications et des divisions. Voy. RÈGLE.

En Géométrie, on appelle *Courbe logarithmique*, ou *Courbe logistique*, ou simpl. *Logarithmique*, une courbe qui présente cette propriété, que ses abscisses sont proportionnelles aux logarithmes des ordonnées correspondantes. L'équation de la l. est $x = a \log y$. Comme cette équation peut aussi s'écrire $y = \frac{1}{a} e^x$, elle représente également la fonction exponentielle. Cette courbe fut proposée par le savant jésuite Grégoire de Saint-Vincent, bientôt après la découverte des logarithmes, et ses principales propriétés furent l'objet des recherches de Huyghens et d'autres mathématiciens célèbres.

*Spirale logarithmique.* — C'est la courbe qui a pour équation, en coordonnées polaires, $\rho = ae^{\omega}$. Cette équation exprime que si l'angle $\omega$ croît en progression arithmétique, le rayon vecteur $\rho$ croît en progression géométrique. Cette courbe jouit de propriétés curieuses. On voit d'abord que si $\omega$ augmente indéfiniment par des valeurs négatives, $\rho$ tend vers 0, ce qui exprime que la courbe s'enroule indéfiniment autour du pôle sans jamais l'atteindre. Le pôle est ainsi un point asymptote. Au contraire, quand $\omega$ croît par des valeurs positives, le rayon vecteur augmente très rapidement Tout arc de la courbe est semblable à tout autre vu du pôle sous le même angle, d'où il résulte que l'angle que fait la tangente avec le rayon vecteur est invariable. L'arc et l'aire de la courbe s'expriment simplement par une exponentielle. La développée de cette courbe est une spirale égale, mais placée autrement.

**LOGARITHMOTECHNIE**. s. f. [Pr. *logaritmo-tek-nie*] (R. *logarithme* et gr. τέχνη, art). Art de calculer les logarithmes et de les employer au calcul.

**LOGE**. s. f. (ital. *loggia*, dérivé de *locus*, lieu). Petite hutte. *Cet ermite s'est fait une petite l. au milieu de la forêt.* || Dans les maisons particulières, *La l. du portier*, Le petit logement qui lui est destiné. || Dans les foires, se dit des petites boutiques temporaires qu'occupent les marchands. || Dans les concours pour les prix de Beaux-Arts, se dit des cabinets où l'on enferme les concurrents. *Les concurrents sont entrés en l.* || Dans les maisons d'aliénés, se dit des cellules où l'on enferme les fous furieux. || Dans les ménageries, se dit des petits réduits où l'on enferme les animaux. *Le gardien ne craint pas d'entrer dans la l. de ce lion. Les yaks sont rentrés dans leur loge.* — Dans un sens analogue, on dit, *La l. d'un chien.* || T. Archit. Galerie, portique en avant-corps, pratiqué à l'un des étages d'un édifice, pour jouir de la vue du dehors et de la fraîcheur de l'air; ne se dit guère qu'en parlant des édifices d'Italie. *Les loges du Vatican. — La l. pontificale*, celle d'où le pape donne la bénédiction au peuple. *Les loges de Raphael*, Loges du Vatican décorées de fresques de Raphaël. || T. Théâtre. Se dit des petits cabinets rangés par étages au pourtour d'une salle de spectacle, séparés les uns des autres par des cloisons, et ayant vue sur la scène. *Cette salle a trois rangs de loges. Il a loué une l. d'avant-scène, une première l. Il est aux se-*

*condes loges. Loges grillées. Loges découvertes. Il a l. à l'Opéra.* — Fig. et prov., *Être aux premières loges pour voir quelque chose*, Se trouver dans la position la plus favorable pour en être témoin. — Au plur., se dit quelquefois des spectateurs qui sont dans les loges. *Les loges ont applaudi pendant que le parterre sifflait.* — Se dit aussi des cabinets où les acteurs s'habillent. *J'allai la voir dans sa l.* || Le lieu où se tient une réunion de francs-maçons. — L'ensemble des membres qui font partie d'une association maçonnique particulière. *La l. de la Fidélité.* || Se disait de certains établissements de commerce formés par des Européens en Asie, en Afrique, etc. *La l. d'Yanaor.* On dit aujourd'hui *Comptoir* ou *Factorerie.* || T. Techn. Le lieu d'un buffet d'orgue où sont les soufflets. || T. Bot. Se dit des petites cavités simples ou multiples qui existent dans l'ovaire, le fruit, les anthères, etc.

**LOGEABLE.** adj. 2 g. [Pr. *lo-jable*]. Où l'on peut loger commodément. *Cette maison n'est pas logeable.*

**LOGEMENT.** s. m. [Pr. *loje-man*]. Le lieu où on loge; et, plus particul., Le domicile habituel. *Où est son l.? Il a son l. au rez-de-chaussée, au premier,* etc. *Son l. est dans ce pavillon. Mon l. se compose de trois ou quatre pièces. Le l. d'un concierge, d'un jardinier.* — *Il y a beaucoup de logement dans cette maison*, Il y a place pour loger beaucoup de monde. || Chambre de bord sur un navire. *Le l. des passagers, des officiers.* || Se disait autrefois, dans les voyages de la cour, des logements désignés pour le roi et pour les personnes de sa suite. *Faire les logements de la cour. Autrefois les maréchaux des logis marquaient à la craie les logements.* — *Faire les logements*, signifiait aussi quelquefois, Dresser la liste des personnes de la cour que les maréchaux des logis devaient faire loger. || Se dit encore en parlant des troupes qui sont en marche à l'intérieur ou dans un pays ami, et qu'on loge chez les particuliers. *Faire le l. Billet de l. Exemption de l. Cette ville est fort sujette au l. des gens de guerre.* || T. Art mil. Sorte de retranchement de campagne que l'on fait dans un lieu dont on vient de chasser l'ennemi, pour se mettre à couvert et se maintenir dans la position prise. *Les assiégeants ont fait un l. sur la contrescarpe, sur la demi-lune*, etc. || T. Techn. Emballage, récipient de certaines marchandises. || T. Artill. Dégradation des bouches à feu en bronze. = Syn. Voy. APPARTEMENT.

**Législ.** — *Logements insalubres.* — La salubrité des habitations, surtout dans les grandes villes où s'agglomère une nombreuse population, intéresse au plus haut point l'hygiène publique. Cependant il existe dans la plupart de nos villes une multitude de logements qui se trouvent dans des conditions de nature à porter atteinte à la vie ou à la santé de leurs habitants. Comme ces logements sont, soit à cause de leur état, soit à cause de leur bas prix, exclusivement destinés à la classe ouvrière, l'intervention du législateur était indispensable pour mettre fin à un abus que la concurrence elle-même était impuissante à réprimer : tel est l'objet de la loi du 12 avril 1850. En vertu de cette loi, tout conseil municipal qui le juge nécessaire peut nommer une commission de 5 à 9 membres, chargée de visiter les lieux insalubres, de déterminer l'état d'insalubrité, d'en indiquer les causes, ainsi que les moyens d'y remédier, si la chose est possible. Sur le rapport qui lui en est fait, le conseil détermine les travaux d'assainissement à exécuter et fixe les délais de leur achèvement, ou bien il déclare que les lieux ne sont pas susceptibles d'assainissement, et, en conséquence, interdit de les louer. Les parties intéressées peuvent recourir de ces décisions devant le conseil de préfecture. Le propriétaire qui continue à louer le logement reconnu insalubre est passible d'une amende de 16 à 100 francs et, en cas de récidive dans l'année, à une amende égale au double de la valeur locative du logement interdit. L'art. 463 du C. pénal est d'ailleurs applicable à ces contraventions. — En dehors des commissions locales, il existe au chef-lieu de chaque département et dans chaque arrondissement un conseil d'hygiène dont la principale mission consiste à éclairer l'autorité sur toutes les questions intéressant l'hygiène publique et, en particulier, la salubrité des habitations. (Arrêté des 18 décembre 1848 et 15 février 1849; décrets des 7 juillet 1880 et 7 mars 1881.)

**LOGER.** v. n. (lat. *locare*, placer). Habiter, demeurer dans une maison. *Connaissez-vous la maison où il loge? Où irez-vous l.? Je loge chez un ami. Je loge en hôtel garni, en garni. Nous logeons ensemble, sous le même toit. Je n'ai pu trouver où l.* || Fig., *L. à la belle étoile*, Voy. ÉTOILE. — Au sens moral, *Rarement une âme forte loge dans un corps efféminé. L'amour et la débauche ne sauraient l. ensemble.*

> Le désir peut loger chez une précieuse.
>
> LA FONTAINE.

= LOGER. v. a. Donner la retraite, le couvert à quelqu'un dans un logis. *Je vous logerai chez moi. Il y a dans cette maison de quoi l. vingt personnes. Où logerez-vous tout ce monde-là?* || Fig., *L. le diable dans sa bourse*, Voy. BOURSE. Au sens moral, *Toutes les folies qu'un cerveau peut l. sont rassemblées dans sa tête.* = SE LOGER. v. pron. Prendre un logement. *Se l. dans un hôtel garni. Il s'est logé bien à l'étroit.* || Disposer, arranger, décorer un logement pour l'occuper. *Se l. avec goût, magnifiquement.* || Se bâtir une maison, *Il s'est logé très agréablement à la campagne.* || T. Art milit. *Se l. sur la contrescarpe, sur la demi-lune*, etc., S'y établir s'y retrancher; ne se dit que des assiégeants || T. Chirurg. *La balle s'est logée dans la cuisse*, La balle qui l'a frappé lui est restée dans la cuisse. = LOGÉ, ÉE. part. || *Être logé*, Avoir un logement. *Il est logé trop à l'étroit. Il est logé au-rez-de-chaussée, au premier étage*, etc. || Qui est en fût, en caisse, en parlant d'une marchandise. || Fig. et famil., on dit d'un homme qui s'obstine dans une idée fausse, par prévention, par crédulité, par défaut de lumières, par opiniâtreté, ou encore d'un homme que le changement de fortune a réduit à un état fâcheux, *Il en est logé là.* — On dit aussi, en parlant d'une affaire qui a échoué ou dont la conclusion se trouve arrêtée par une difficulté imprévue, *Nous en sommes logés là*, et iron iq., *Nous voilà bien logés. Nous sommes logés à la même enseigne*, Nous voilà dans la même situation. = Conj. Voy. MANGER. = Syn. Voy. DEMEURER.

**LOGETTE.** s. f. [*lojè-te*]. (Dimin.). Petite loge || T. Bot. Chacune des petites cavités qui contiennent le pollen dans une anthère multiloculaire.

**LOGEUR, EUSE.** s. (R. *loger*). Celui, celle qui tient des chambres garnies pour les ouvriers et les gens de la classe indigente.

**LOGICIEN, ENNE.** s. [Pr. *loji-si-in, iène*] (lat. *logicus*, logique). Celui, celle qui possède bien la logique, qui raisonne avec justesse et avec méthode. *C'est un bon l.* — Dans le cas contraire, on dit : *Il n'est pas l. C'est un mauvais l.* || Dans les collèges, se dit quelquefois d'un écolier qui étudie en logique.

**LOGIQUE.** s. f. [Pr. *lo-jike*] (lat. *logica*, m. s., du gr. λόγος, discours). Science qui enseigne à penser et à raisonner avec justesse. *Les règles de la l.* — Traité sur cette science. *La L. de Port-Royal.* || Dans les collèges, La classe où l'on enseigne la logique. *Il est en l.* || Disposition naturelle à raisonner juste. *Il a une logique naturelle fort droite. Il a beaucoup de l. Il manque de l.* || Méthode, suite dans les idées. *Il n'y a point de l. dans cet ouvrage. Il y a ici un défaut de l.* || Fig. *La l. du cœur, des passions*, La manière particulière de raisonner, quand on est sous l'influence de l'amour, d'une passion. || Fig. Enchaînement rationnel des choses. = LOGIQUE. adj. 2 g. Conforme aux règles de la logique. *Argument l. Ce raisonnement n'est pas très l.* || *Accent l.*, Voy. ACCENT. || Par extens. Qui raisonne d'une manière rigoureuse. *Il n'est pas l.*

**Philos.** — 1. — La *Logique*, considérée d'une manière générale, est la science des lois formelles de la pensée, c.-à-d. de ce qu'il y a de permanent dans les formes si diverses sous lesquelles l'intelligence humaine se développe et se produit. Mais comme les facultés de notre esprit ont une appropriation naturelle à différents buts, et comme leur application est en partie déterminée par notre volonté libre, la connaissance des lois qui régissent l'esprit humain sert à déterminer les règles que nous devons suivre dans toute recherche qui a pour objet la possession de la vérité. C'est pour séparer ces deux points de vue que les philosophes ont généralement distingué la log. en *L. pure*, science des formes de la pensée humaine, et en *L. appliquée*, art de penser ou de diriger l'esprit dans la recherche du vrai. Les questions généralement proposées à l'étude du logicien peuvent se ramener à ces quatre grands problèmes : 1° Analyse de l'intelligence humaine considérée dans ses fonctions, mais d'une manière abstraite, c.-à-d. étude des lois formelles de la pensée, et, en particulier, théorie du raisonnement, qui est l'opération la plus complexe de l'esprit humain. 2° Analyse du langage, ou recherche des lois générales qui président à la manifestation de la pensée. 3° Examen des caractères propres de la certitude, et recherche des causes de nos erreurs. 4° Règles générales à suivre pour découvrir, démontrer et transmettre la vérité, ou, en d'autres termes, détermination de la méthode. Suivant que les philosophes se sont attachés plus particulièrement à l'un ou à l'autre de ces quatre problèmes, la log. a pris alternativement un caractère spéculatif ou pratique, psychologique ou grammatical, scientifique ou littéraire et même moral. C'est ce que va nous montrer un coup d'œil rapide jeté sur l'histoire de la log. depuis l'antiquité jusqu'à nos jours. De plus, cet exposé historique nous mettra à même de déterminer avec plus d'exactitude la nature et l'objet propre de la log., ses rapports avec les autres sciences, et enfin son importance et son rôle à venir.

II. — L'histoire de la logique commence pour nous chez les Grecs. En effet, bien que l'étude des monuments philosophiques de l'Inde soit d'un haut intérêt pour l'histoire du développement général de l'esprit humain, ces monuments sont restés jusqu'à nos jours absolument inconnus à l'Occident, et par conséquent n'ont exercé aucune influence sur la marche de la civilisation et de la philosophie chez les peuples modernes. C'est à Zénon d'Élée, qui florissait vers 450 ans avant J.-C., que Platon et Diogène Laerce rapportent le premier essai de règles pour la direction de l'esprit dans la *dialectique*, c.-à-d. dans l'art de poser les questions et de conduire le dialogue ou la discussion. Après lui, les sophistes semblent avoir fait une étude plus profonde des procédés de la pensée et de la parole, bien qu'il y ait généralement lieu de blâmer les applications qu'ils faisaient de leur art. Dans tous les cas, ils provoquèrent par leurs écarts l'attention et la critique de Socrate et de Platon sur plusieurs points importants de la log. Ces deux philosophes, dont l'histoire est presque toujours obligée d'associer les noms, ont particulièrement étudié les problèmes de la méthode, de la certitude et des erreurs. Leur dialectique, au lieu d'être un arsenal de subtilités et d'arguments captieux, est une méthode pour arriver à la connaissance du vrai, méthode qui est presque toujours entièrement fondée sur les procédés de la division et de l'élimination. Mais ces travaux n'étaient encore que les germes imparfaits d'une science qu'Aristote a eu la gloire de constituer. Avant Aristote, on faisait usage naturellement des divers procédés logiques; avant lui, quelques philosophes avaient étudié quelques-uns de ces procédés; mais lui seul en donna la théorie générale. Les écrits d'Aristote sur la log. sont au nombre de 6, et leur ensemble a reçu de ses premiers commentateurs le titre significatif d'*Organon*. Sous le titre de *Catégories*, Aristote étudie les formes essentielles que peuvent revêtir nos idées; dans l'*Hermeneia*, ou *Interprétation*, il détermine les classes auxquelles peuvent être ramenés nos jugements et les propositions qui les représentent; dans les *Premiers analytiques*, il expose les lois générales du raisonnement, et, dans les *Derniers analytiques*, les principes fondamentaux de la démonstration, qui est pour lui le couronnement de l'œuvre et la fin de la science. Ces quatre ouvrages sont relatifs à la log. pure; deux autres, les *Topiques* et les *Réfutations sophistiques*, sont consacrés à la log. appliquée. Ces derniers se rapportent à l'énumération, à la classification et à la critique de tous les arguments dont peut user un adversaire, soit de bonne, soit de mauvaise foi. Ainsi donc, la log. péripatéticienne est bien la science pure des formes de la pensée. Néanmoins, si Aristote a déterminé les lois formelles de l'intelligence dans ses opérations principales, il a laissé subsister certaines lacunes. De plus, il a omis la question de la méthode et n'a étudié qu'incomplètement la question de la certitude. En résumé, sa log. borne les fonctions de l'esprit à concevoir des idées, à former des jugements et à faire des démonstrations. Les disciples directs d'Aristote, Théophraste et Eudème, se bornèrent en général à commenter la science nouvelle, et n'y firent aucune addition importante.

Les nombreux écrits des stoïciens sur la log. ayant tous péri, nous ne connaissons que fort imparfaitement la doctrine de cette secte célèbre. Nous savons seulement, par les témoignages de Diogène Laerce, etc., que les stoïciens firent entrer dans la log. toute une théorie psychologique, qu'ils essayèrent de réduire la liste des catégories d'Aristote et de réparer l'omission de ce dernier au sujet de la méthode, et enfin qu'ils poussèrent l'art du syllogisme jusqu'aux dernières subtilités. L'école d'Épicure prétendit imposer à la log. un caractère exclusivement pratique, et en conséquence elle lui donna le nom de *Canonique*; il n'est pas besoin de dire qu'elle échoua complètement. Lorsque Sylla eut apporté d'Athènes à Rome les ouvrages d'Aristote, ils prirent aussitôt rang parmi les objets des études classiques. Cependant les écrivains latins firent preuve de plus de bon vouloir que de sagacité dans leur interprétation de l'*Organon*. Aussi la log. ne leur est-elle redevable d'aucun progrès. A Alexandrie, au contraire, la log. aristotélique fut étudiée avec passion et avec intelligence. Alexandre d'Aphrodise, qui enseignait à Alexandrie dans le second siècle de l'ère chrétienne, mérita par excellence le titre de *Commentateur*. A la même époque, les travaux de Galien sur le même sujet lui valurent l'honneur d'être considéré comme le continuateur du maître. Parmi les mystiques d'Alexandrie, Plotin essaya de réduire le nombre des catégories établies par Aristote, et Porphyre y ajouta la théorie des universaux, et écrivit pour les catégories une introduction célèbre qui, depuis lors, a toujours été jointe à l'ouvrage du philosophe de Stagire. La rivale d'Alexandrie pour les études philosophiques, Athènes, n'était point demeurée en arrière, et Simplicius écrivait ses commentaires sur l'*Organon* au moment même où Justinien (529) ordonnait de fermer toutes les écoles de philosophie.

III. — Dans les écoles de l'Occident, malgré les invasions qui, du V^e au IX^e siècle, désolèrent l'empire, l'étude de la l. ne cessa pas d'être un des objets principaux de l'enseignement, c.-à-d. qu'on ne cessa pas d'analyser et d'expliquer l'*Organon* d'Aristote. Boèce, au commencement du VI^e siècle, avait traduit et commenté ce grand ouvrage. Au VIII^e siècle, Alcuin expliquait dans l'école Palatine la l. péripatéticienne. Ainsi que tout le monde le sait, la l. a été la seule partie de la philosophie qui ait été cultivée dans le moyen âge. Cependant, malgré la passion avec laquelle une foule d'hommes éminents, et même des hommes d'un génie tout à fait supérieur, comme saint Thomas d'Aquin, se consacrèrent à cette étude, aucun ne songea à combler la grande lacune que présentait la l. aristotélique; tous se renfermèrent strictement dans la théorie péripatéticienne de la démonstration, c.-à-d. de la déduction. Au reste, ainsi que nous l'avons déjà remarqué ailleurs (Voy. INDUCTION), il est facile de s'expliquer pourquoi, dans tout le cours de l'antiquité et du moyen âge, la l. déductive a été la seule qui se soit développée régulièrement, la seule qui ait été en honneur. La l. inductive est une méthode d'investigation et de découverte qui s'applique spécialement aux vérités de l'ordre physique, tandis que la l. déductive est une méthode d'évolution et de démonstration qui part de vérités incontestables ou de principes regardés comme tels, ou une méthode de critique qui sert à étudier la valeur d'une hypothèse en en développant toutes les conséquences, lesquelles sont, en général, plus faciles à vérifier que le principe même. Dans l'antiquité, la recherche, au moyen de l'induction, des lois de la nature devait peu attirer l'attention des hommes, puisque tout phénomène était personnifié, puisque chacun d'eux était l'acte d'une divinité particulière. C'était un dieu qui conduisait le char du soleil; c'était un dieu qui lançait la foudre; c'était un dieu qui produisait les tremblements de terre, un autre qui déchaînait les tempêtes, etc. Rechercher les lois des phénomènes eût donc été une impiété et sans doute une cause de proscription, car c'eût été s'attaquer aux dieux. Lorsque, enfin, le scepticisme eut ruiné les croyances païennes, le moment eût été plus favorable pour instituer des recherches scientifiques à l'aide d'un nouvel instrument logique. Mais cette époque coïncida avec le développement du christianisme naissant, et les préoccupations religieuses l'emportèrent sur les recherches purement scientifiques. Bientôt vint l'invasion des Barbares avec tous les désordres qu'elle entraîna. Au milieu de la ruine de la société antique une seule institution resta puissante et conserva l'autorité morale : celle du *clergé*. En lui se réfugièrent tous ceux qui avaient conservé le culte de l'intelligence. Aussi le moyen âge fut-il l'époque de la théologie, qui posant ses principes à priori employait exclusivement la méthode déductive, et s'attacha aveuglément à la l. d'Aristote qu'on appelle le *Maître*. Toutefois, au XII^e siècle, Abailard fit, pour élargir le cadre de la l. de l'école, une tentative qui eut pour lui des suites fâcheuses. Il avait appris dans l'étude de Platon à reconnaître l'insuffisance de la l. péripatéticienne. En conséquence, il tenta d'établir, sous le nom de *Dialectique* et à l'imitation de Platon, une méthode générale pour la découverte et la démonstration de la vérité. Sa l. n'était qu'un premier essai d'indépendance, et l'audace avec laquelle il appliqua sa dialectique à la théologie fut la cause des persécutions qu'il eut à souffrir. En définitive, les attaques d'Abailard tournèrent au profit de la l. aristotélique, et ne firent que consolider sa domination sur les esprits. Au reste, l'Église, gardienne jalouse du principe d'autorité dans les choses religieuses, appuyait de toutes ses forces l'enseignement de l'*Organon*, en même temps qu'elle proscrivait l'étude de la *Métaphysique* d'Aristote, impossible à concilier avec les enseignements des dogmes.

IV. — La domination d'Aristote demeura incontestée dans les écoles jusqu'aux premières années du XVI° siècle. Mais à cette époque l'esprit d'indépendance qui commençait à agiter le monde chrétien s'efforça d'ébranler à la fois toutes les autorités reconnues jusqu'alors. Associé à tout l'enseignement religieux du moyen âge, Aristote fut naturellement associé aux attaques portées contre l'Église. Dès 1499, Laurentius Valla publia une critique de l'*Organon*. Il fut suivi dans cette voie par plusieurs des réformateurs du XVI° siècle, comme Luther, qui voulait chasser Aristote des écoles, tandis que d'autres, comme Mélanchthon et Calvin, ménageaient la l. du maître et lui empruntaient leurs armes pour la lutte religieuse. Au reste, une scission semblable se manifesta dans les écoles catholiques. Les uns, comme Gerson, prétendaient substituer l'inspiration mystique à la déduction péripatéticienne comme loi, règle et fondement de la science humaine ; les autres, comme Vivès et Ramus, avant son abjuration du catholicisme, essayèrent de corriger ou de renverser l'*Organon*, mais sans avoir aucune théorie l. à mettre à sa place.

Bacon fit le premier effort utile pour la constitution d'une l. nouvelle. Il proposa, comme moyen de restauration de toutes les sciences, un *Novum Organum*, c.-à-d. un instrument nouveau de recherche et de découverte de la vérité ; cet instrument était l'*Induction*. Voy. ce mot. La physique des scolastiques avait été tout entière fondée sur l'hypothèse et le procédé déductif. Bacon eut le mérite de faire appel à l'observation et à l'expérience, et d'indiquer avec précision les règles auxquelles le procédé d'induction doit être soumis pour arriver à la découverte des lois du monde physique. Néanmoins le chancelier de Verulam n'avait accompli qu'une partie de l'œuvre nouvelle. En préconisant le procédé de l'induction, il affranchit l'esprit humain dans le cercle étroit des recherches physiques et naturelles ; mais il restait à l'affranchir dans le cercle entier des sciences philosophiques. — L'achèvement de la réforme philosophique est dû à Descartes, qui fonda, pour ainsi dire, le règne de la raison, en proclamant ce grand principe : Que l'esprit ne peut et ne doit admettre comme vrai que ce qui lui apparaît comme évident. L'esprit peut alors, en se conformant à ce principe général, poser comme points de départ de la science, soit des faits observés dont l'induction détermine les lois, soit des principes nécessaires dont la déduction tire les conséquences légitimes. Ainsi donc, le principe de la méthode cartésienne vient compléter les règles d'Aristote pour fonder la vraie méthode démonstrative des sciences exactes, et les règles établies par Bacon pour fonder la méthode expérimentale des sciences physiques et naturelles. En outre, comme ces deux méthodes peuvent être transportées du monde matériel au monde moral, elles suffisent aux exigences de toutes les sciences et à toutes les recherches auxquelles s'applique l'esprit humain, sauf à faire la critique minutieuse des principes généraux posés *à priori* comme évidents ou dégagés de l'observation de la nature et des faits psychologiques, critique que du reste n'entreprit pas Descartes, et qui était réservée à Kant. Voy. CARTÉSIANISME.

La philosophie du XVIII° siècle a traité la l. avec un souverain mépris : l'étude des œuvres de Locke et de Condillac suffit à démontrer en quel oubli cette partie si essentielle de la philosophie était tombée, et cela est vrai de la l. baconienne aussi bien que de la l. aristotélique, malgré les éloges convenus qu'il était alors de mode de prodiguer à l'auteur du *Novum Organum*. L'école écossaise elle-même ne montra pas moins de dédain pour la l. péripatéticienne, et si nous voyons Reid analyser l'*Organon* d'Aristote, c'est pour démontrer combien il est inutile. Pendant que la l. demeurait négligée par tous les philosophes du siècle dernier, un homme d'un génie supérieur, Kant, reprenait, dans le domaine de la spéculation, l'œuvre abandonnée de Descartes. Loin de contester l'importance de la l., il reconnaît que c'est une science faite, acquise à l'esprit humain, et complètement immuable. En conséquence, il n'essaie point de refaire l'*Organon* d'Aristote ; le but qu'il se propose est autre, bien qu'il se lie étroitement à la l. proprement dite. En effet, Kant voulut remonter aux principes mêmes de la connaissance humaine, afin d'en déterminer l'origine, la valeur et la portée, espérant par là arriver à concilier l'empirisme et le rationalisme, et à faire la part du scepticisme et du dogmatisme. Voy. CRITICISME, PHILOSOPHIE.

V. — Après Kant, qui, sans presque prononcer le nom de l., a surtout étudié les principes constitutifs de l'esprit humain sur lesquels se base cette science, Hegel, abusant du droit que les écrivains allemands s'arrogent trop fréquemment, de donner aux mots un sens tout différent de celui qu'ils ont dans l'usage habituel, et de se faire un langage qui leur est propre ; Hegel, disons-nous, s'est emparé du nom de l. pour l'appliquer à la philosophie nouvelle qu'il prétendait créer. Ainsi, c'est sous le titre de l. qu'il étudie les divers problèmes que l'on rapporte communément à l'ontologie, à la métaphysique et à la philosophie de la nature. Tout en rendant justice au génie d'Aristote et à celui de Kant, auxquels, dit-il, la philosophie doit beaucoup, Hegel leur reproche de s'être bornés à décrire et à raconter les opérations de l'entendement. Ils n'ont pas abordé l'œuvre véritable de la philosophie, qui doit être, suivant lui, de ramener toutes les formes de la pensée à une même forme et à une commune origine. De même que Kant a réduit les catégories péripatéticiennes à quatre, Hegel ramène les catégories kantiennes aux catégories de l'*être* et de la *substance*, confondues dans l'unité suprême de l'*idée*. La l., dont le but est la science de l'idée pure, part des faits de conscience, c.-à-d. des notions communes spontanément admises par le vulgaire, pour s'élever jusqu'à la doctrine absolue que la raison du philosophe peut seule concevoir. Dans la *l. objective*, Hegel analyse d'abord la catégorie de l'être, telle que l'a reconnue Aristote, et en examine les développements ; puis il passe à la catégorie de la substance posée par Spinosa, et en recherche les transformations ou les modes. Enfin, dans la *l. subjective*, il s'élève jusqu'à l'*idée*, terme suprême de la science, dont le philosophe peut étudier la manifestation dans le monde extérieur, c'est la *philosophie de la nature*, ou analyser le retour sur soi-même par la réflexion, c'est la *philosophie de l'esprit*. Parvenu à ce dernier terme de l'abstraction scientifique, Hegel se croit en possession du principe générateur de toutes choses, et de cette source idéale il fait sortir le monde entier. L'*idée* est l'être et la substance, la réalité véritable et absolue, toujours en action et en mouvement ; elle est la vie, la connaissance et la volonté ; en un mot, elle est Dieu. L'*idée* n'ayant en soi ni forme ni objet, est tout en général et n'est rien en particulier, c.-à-d. elle est et elle n'est pas. Voilà la première thèse et la première antithèse établies par la force dialectique. Mais de cette opposition est tirée par la même forme une synthèse, c.-à-d. une combinaison qui donne l'idée modifiée. Cette idée ainsi affirmée devient une thèse nouvelle, subit l'opposition d'une antithèse nouvelle, et produit une nouvelle synthèse sous l'empire de cette même force dialectique, et ainsi de suite à l'infini. C'est là ce que Hegel appelle l'évolution, le progrès, le *processus* de l'idée, qui lui semble suffire à expliquer le monde et la vie, dont la loi commune, ainsi que celle de la science, est un éternel *devenir*, seule réalité, seule vérité. Ainsi Hegel dit avec Héraclite : Rien n'est, tout devient. Mais qu'est-ce que l'idée sans forme et sans objet d'où s'engendrent toutes choses, sinon une pure abstraction, vide de toute réalité, et d'où, par conséquent, nulle réalité ne saurait sortir ? A cette matière première, qui n'est véritablement que le néant, Hegel applique la *force dialectique*, qui détermine ses évolutions et ses transformations incessantes. Mais cette force n'a pas plus de réalité que la matière sur laquelle elle est supposée agir. C'est encore une abstraction vide, dénuée de toute virtualité, dépourvue de toute puissance créatrice. Il convient aussi de remarquer que, malgré son titre, l'ouvrage d'Hegel, que nous venons d'essayer d'analyser, est plutôt un traité de métaphysique qu'un traité de logique. L'auteur y cherche en effet la nature des réalités objectives bien plus qu'il n'étudie les formes du raisonnement. Voy. HÉGÉLIANISME.

VI. — Après Hegel, *Stuart Mill*, et plus tard *Bain*, ont publié sur la l. de très remarquables travaux. Leur doctrine est identique, c'est l'*empirisme*. L'originalité de Stuart Mill consiste en ce qu'il nie toute valeur instructive au raisonnement déductif et ne reconnaît qu'à l'induction la possibilité d'accroître nos connaissances. Le raisonnement déductif, dit-il, n'est qu'une suite de syllogismes, et le syllogisme ne ne fait qu'appliquer à un sujet particulier une qualité qu'on sait appartenir à toute la classe dont le sujet particulier fait partie. Le type du syllogisme est celui qui sert d'exemple dans les écoles : *Tous les hommes sont mortels ; Pierre est homme ; donc Pierre est mortel*. Il est clair que ce raisonnement n'apprend rien qui ne soit contenu déjà dans la majeure et que, en affirmant la mortalité de tous les hommes, j'ai par cela même affirmé la mortalité de Pierre. Il n'y a rien à répliquer à cette argumentation, si ce n'est que les philosophes n'ont pas attendu Stuart Mill pour dire qu'un raisonnement déductif, si long et si compliqué qu'il soit, n'apprend rien qui ne soit implicitement contenu dans les prémisses. Mais Stuart Mill tire de cette remarque évidente une conclusion plus intéressante. Le syllogisme, dit-il, suppose une proposition générale. Or, toute proposition générale dérive de l'expérience et de l'induction, ou plutôt il n'y a pas de proposition générale, à proprement parler. Ce que nous appelons ainsi n'est qu'une formule rapide destinée à grouper un ensemble d'observations. On ne conclut ni du général au particulier, ni du particulier au général, mais seulement du particulier au particulier. Le syllogisme cité comme exemple équivaut au raisonnement empirique suivant : je crois que Pierre mourra parce que je sais que tous ses ancêtres et tous les hommes qui les ont précédés sont morts. La base de toute connaissance est donc l'expérience, et c'est l'induction qui nous permet de conclure d'un fait particulier à un autre fait particulier. Quant à l'induction, elle repose sur le principe de causalité qui dérive lui aussi de l'expérience et se confond avec celui de succession. Nous avons fait la critique de cette théorie aux mots CAUSE et INDUCTION. Nous n'y reviendrons pas ici; nous nous contenterons de quelques observations. D'abord il ne semble pas que les propositions générales ne soient que des formules creuses destinées à grouper les résultats de plusieurs observations. La majeure partie des hommes y voit quelque chose de plus : une loi de la nature, une condition essentielle imposée à tous les phénomènes de même espèce, par le fait que ces phénomènes ne sont que des cas particuliers d'un phénomène plus général, l'expression d'une vérité générale et universelle, se rattachant elle-même à une cause plus générale et plus mystérieuse. Ce n'est pas seulement parce que nous avons vu les hommes d'autrefois mourir que nous croyons tous les hommes mortels; c'est parce que nous croyons qu'il est dans l'ordre de la nature que tous les hommes meurent, ou, pour être plus précis, parce que nous croyons que la vie et la mort dérivent d'une même cause d'après laquelle la seconde est la conséquence de la première. De l'observation du fait nous avons inféré la croyance d'une cause plus ou moins mystérieuse qui empêche la vie de se prolonger indéfiniment. De même, ce n'est pas seulement parce que nous avons vu le soleil se lever tous les jours que nous concluons qu'il se lèvera demain; c'est surtout parce que la répétition du phénomène nous a induits à penser que le mouvement apparent du soleil dépendait d'une cause plus ou moins bien connue qui produira demain les effets qu'elle a produits les jours passés. Nous touchons ainsi à la véritable nature du principe de l'induction, qui est la croyance à l'ordre et à l'harmonie de la Nature. — En second lieu, admettre que toutes les propositions générales viennent de l'expérience, c'est dire en d'autres termes que toutes nos idées viennent des sens, et c'est là précisément ce qu'il faudrait démontrer; mais ce n'est pas ici le lieu de discuter les théories sensualistes. Voy. IDÉE. — Enfin, adopterait-on cette manière de voir que le raisonnement déductif n'en conserverait pas moins toute sa valeur. S'il est vrai qu'il n'apprend rien qui ne soit contenu implicitement dans les prémisses, il apprend au moins à voir tout ce que ces prémisses contiennent, et cela n'est ni indifférent, ni facile. Une pareille étude est précieuse en science et en philosophie: car elle permet de juger de la valeur d'une hypothèse ou d'une doctrine par la valeur de ses conséquences : c'est l'essence même de la critique. Voy. CERTITUDE. Elle n'est pas toujours aisée, car les prémisses sont souvent riches de conséquences lointaines. La Géométrie et l'Analyse algébrique en sont des exemples remarquables. Ces deux sciences reposent sur un fort petit nombre de principes : un seul pour l'analyse algébrique, savoir la formation successive des nombres entiers; une dizaine pour la géométrie. Elles ne valent ni plus ni moins que ces principes, et cependant on en a pu tirer un nombre incalculable de propositions utiles ou intéressantes; on en découvre de nouvelles tous les jours, et elles offrent à l'intelligence humaine un champ d'activité qui paraît véritablement illimité.

VII. — Pendant la seconde moitié du XIXe siècle, il s'est formé en Angleterre une école de logiciens très différente de la précédente. Ceux-ci, Hamilton, Bentham, Stanley Jevons, etc., laissent systématiquement de côté toute discussion métaphysique relative à la valeur objective des propositions et ne s'inquiètent que de la logique *formelle*, c.-à-d. qu'ils cherchent la forme la mieux appropriée à l'expression des rapports logiques et à l'enchaînement des conséquences. L'origine de ces spéculations est ce qu'on a appelé la *quantification du prédicat*. Ce nouveau principe consiste en ce qu'une proposition n'est complète que si on indique *jusqu'à quel point* l'attribut ou *prédicat* appartient au sujet, ce qui introduit dans toute proposition une question de *quantité* au lieu de la simple affirmation d'un rapport. Dès lors toute proposition complète équivaut à une équation algébrique, et le seul véritable syllogisme se réduit à la simple suite d'équations: $A = B$, $B = C$, donc $C = A$. Mais il peut aussi exister des rapports logiques analogues aux inégalités algébriques, et d'autres qui n'ont pas leur équivalent en algèbre. Cependant il doit être possible de les exprimer tous par un système de notation analogue à celui de l'algèbre. Boole a tenté de le faire, et Stanley Jevons a perfectionné et simplifié sa méthode en y ajoutant cette remarque judicieuse que l'algèbre n'est qu'un cas particulier de la logique générale et doit lui être subordonnée, de sorte que la langue de la logique doit être plus générale que celle de l'Algèbre, et comprendre celle-ci comme cas particulier. Jusqu'ici les recherches de cette nature paraissent plus curieuses qu'utiles; mais il est possible qu'elles soient fécondes et qu'elles permettent d'établir une sorte de calcul plus général que le calcul algébrique, applicable à certaines sciences qui ne peuvent se réduire au calcul ordinaire, telles que l'économie politique, la sociologie, etc.

VIII. — Une question qui a été agitée dans toutes les écoles, depuis les premiers successeurs d'Aristote jusqu'à nos jours, est celle de savoir si la L. est une science ou un art. La solution de cette question est tout entière dans la signification que l'on attribue au terme même de L. Si l'on y comprend, comme le faisaient les anciens, l'étude des facultés de l'âme et la détermination des lois naturelles et primitives de la pensée, et si on y ajoute des règles et préceptes pour éviter l'erreur, il est évident que la réponse devra être : La L. est à la fois une science et un art. Mais si l'on veut mettre de la précision dans les diverses branches des études philosophiques, il faudra distinguer : 1° la *psychologie* qui est l'étude des facultés de l'âme; 2° la *logique*, qui est l'analyse du raisonnement, et par suite une *science*; et 3° la *méthode* qui est l'*art* de rechercher la vérité et de se mettre à l'abri de l'erreur, en utilisant les enseignements de la psychologie et de la logique. Nous terminerons par quelques remarques sur la méthode.

Tout travail méthodique de l'esprit est subordonné à l'application du principe cartésien : N'admettre comme vrai que ce qui paraîtra évidemment être tel. Cette première règle posée, on admettra la division générale de la méthode en deux parties principales traitant, l'une de la méthode de recherche ou d'investigation, et l'autre de la méthode d'enseignement ou d'exposition.

La *méthode de recherche*, qui est de beaucoup la plus importante des deux, ne peut être déterminée que par l'analyse de tous nos moyens de connaître. Elle comporte une grande subdivision, suivant que les sciences prennent leur point de départ dans les faits concrets ou dans les faits abstraits, d'où leur viennent les noms inexacts, mais généralement admis, de sciences de faits et sciences de raisonnement. Les sciences de faits, appelées autrement sciences d'observation, sciences empiriques, etc., emploient dans leurs recherches la méthode d'observation, nommée encore méthode expérimentale ou inductive. C'est la méthode qui a été appliquée par le génie de Galilée, dont Bacon a formulé les règles, et qui a été si bien justifiée par les belles découvertes de la science moderne, à partir de Newton. Qu'il étudie des faits physiques ou des faits moraux, qu'il emploie les sens externes ou le sens intime, le savant débute par l'*observation* et par l'*expérimentation*, lesquelles procèdent par *analyse* et par *synthèse*. Il complète ses informations par l'appel au *témoignage des hommes*, dont il apprécie la valeur par la *critique*. Ainsi se forme un premier ensemble de faits, dont les uns sont objets de certitude physique ou psychologique, les autres de certitude morale. Ces faits sont soumis au travail de la *généralisation*, puis de la *classification*. Ce travail est aidé par le *raisonnement par analogie*, par le *calcul des probabilités* et par l'*hypothèse*, qui servent également à préparer le travail supérieur et dernier de la méthode expérimentale, travail qui consiste dans l'induction proprement dite, c.-à-d. dans la détermination des lois. Il reste ensuite à vérifier les lois générales ainsi découvertes en en tirant toutes les conséquences par la méthode déductive, et en examinant si ces conséquences sont bien conformes à l'expérience. Voy. GÉNÉRALISATION, HYPOTHÈSE. — Les sciences de raisonnement, nommées aussi sciences abstraites ou exactes, ont un tout autre point de départ. Elles s'appuient, soit sur des intuitions rationnelles, soit sur des conceptions abstraites. Leur méthode de recherche est proprement la méthode déductive ou analytique. Elle consiste à poser, sous le nom d'*axiomes* ou de *définitions*, les principes nécessaires qui leur servent de points de départ pour en tirer, par voie d'analyse ou de déduction, toutes leurs conséquences légitimes, qui acquiérent alors exactement la même valeur que les principes. La vérité ou la fausseté de ces principes, les questions qui se rattachent à leur origine ne sont pas du domaine de la science; elles ressortissent à la métaphysique.

La *méthode d'exposition* est beaucoup plus difficile encore à déterminer, parce que la préférence à donner à tel ou tel procédé est subordonnée à un grand nombre de considérations secondaires de temps, de lieu, de personnes, de circonstances, etc., dont le logicien ne peut pas tenir compte. Il devra seulement exposer et juger les procédés de la *méthode analytique et de la méthode synthétique*. La méthode analytique fait passer le disciple par la série des faits, des observations ou des raisonnements principaux qui ont conduit le savant lui-même jusqu'à ses plus hautes découvertes. C'est la méthode qu'employait Socrate. L'emploi de ces procédés donne à l'exposition plus d'intérêt et une sorte de mouvement dramatique; il autorise et réclame même quelques ornements littéraires. — La méthode synthétique inaugurée par Aristote est plus sévère et plus rapide : c'est celle des anciens géomètres grecs. Elle consiste à poser, sous forme de théorème, le résultat général obtenu par le savant pour le justifier, soit par des faits à l'appui, observations, expérimentations, etc., soit par des raisonnements. A cette question se rattache l'étude de la démonstration indirecte ou réduction à l'absurde. Voy. DÉMONSTRATION. Il appartiendra au logicien d'examiner ces divers moyens, de les apprécier et de donner les règles relatives à l'emploi qu'on en peut faire.

Ainsi entendue, la l. confine à toutes les sciences qui s'occupent de l'esprit humain ou de ses principales manifestations : à la Psychologie, dont elle complète les études sur l'intelligence; à l'Esthétique, car la raison et la méthode dans les compositions artistiques sont une condition essentielle du beau; à la Grammaire, par l'importance du rôle que joue le langage dans l'exposition de la science; à la Rhétorique et à la Poétique, parce que, au fond de toute œuvre de poésie ou d'éloquence, il y a quelque chose à découvrir ou à exposer, etc.

**LOGIQUEMENT.** adv. [Pr. *loji-keman*]. D'une manière conforme à la logique. *Raisonner, discuter logiquement.*

**LOGIS.** s. m. [Pr. *lo-ji*]. Maison, habitation. *Un l. spacieux. Garder le l. Demeurer au l. Changer de l. Le maître du l. On m'attend au l.*

Il lui fallut à jeun retourner au logis.
LA FONTAINE.

— Fig. et fam., on dit d'un homme qui est devenu imbécile, hébété, ou qui, étant à l'agonie, a perdu connaissance, *Il n'y a plus personne au l.* — *La folle du l.*, L'imagination. || Hôtellerie. *Le Cheval blanc est un bon l.* || *Maréchal des l.* Voy. MARÉCHAL. || *Corps de l.*, Bâtiment principal ou bâtiment isolé sans division extérieure. || T. Hist. *Logis du Roi*, Hôtel qui était le siège du gouvernement. — Le logement du roi et de sa suite en voyage. || T. Fortif. Abri fortifié. || T. Techn. Cavité du four de verrerie, communiquant par un trou percé à la hauteur de chaque creuset avec le foyer et où l'ouvrier le place pour cueillir le verre en fusion. = Syn. Voy. APPARTEMENT.

**LOGISTE.** s. m. Élève en peinture ou en sculpture qui travaille en loge.

**LOGISTIQUE.** adj. 2 g. [Pr. *lojis-tike*] (gr. λογιστικός, m. s.). Relatif au calcul. *Logarithmes logistiques.* Voy. LOGARITHME.

**LOGOGRAPHE.** s. m. **LOGOGRAPHIE.** s. f. (gr. λόγος, discours; γράφω, j'écris). Voy. STÉNOGRAPHIE.

**LOGOGRAPHIQUE.** adj. 2 g. Qui a rapport aux glossaires, aux mots.

**LOGOGRIPHE.** s. m. (gr. λόγος, discours; γρῖφος, énigme). — Le *logogriphe* est une sorte d'énigme qui consiste en un mot dont les lettres, diversement combinées, forment d'autres mots qu'il faut deviner. On donne le nom de *corps* au mot entier, celui de *pied* à chaque lettre, celui de *tête* à la première, celui de *queue* à la dernière, et celui de *cœur* à celle du milieu. Nous citerons comme ex. le l. suivant :

Vous pouvez sans fatigue extrême,
Chers lecteurs, me décomposer
Car je n'ai que six pieds. Sans y rien transporter,
Otez-moi le dernier, je suis toujours le même;
Otez-m'en deux encore, et sachez bien
Qu'à ma nature ainsi vous n'aurez changé rien.

Le mot est *rocher*, dans lequel on trouve *roche*, et *roc*. — Cette sorte de jeu d'esprit était fort goûtée et fort en honneur au dernier siècle; mais aujourd'hui le l. est complètement tombé en désuétude. La poétique du genre a été rédigée par l'académicien la Condamine : elle se trouve dans le *Mercure* de 1758.

**LOGOGRIPHER.** v. n. Exprimer en logogriphes, en langage obscur.

**LOGOGRIPHIQUE.** adj. 2 g. Qui tient du logogriphe, obscur.

**LOGOMACHIE.** s. f. (gr. λόγος, discours; μάχη, combat). Dispute de mots, résultant de ce que les deux adversaires prennent le même mot dans un sens différent ou envisagent le même objet sous des faces différentes. *Cette question est de pure logomachie.*

**LOGOMACHIQUE.** adj. 2 g. Qui appartient à la logomachie.

**LOGOPHANIE.** s. f. (gr. λόγος, verbe; φαίνεσθαι, apparaître). T. Théol. La manifestation du Verbe, son incarnation.

**LOGORRHÉE** s. f. (gr. λόγος, parole; ῥεῖν, couler). T. Néol. Flux de paroles inutiles.

**LOGOS.** s. m. (gr. λόγος, raison). T. Philos. Dieu considéré comme la raison et le Verbe du monde.

**LOGOTACHYGRAPHE,** s. m. [Pr. *logota-ki-grafe*] (gr. λόγος, discours; ταχύς, rapide, et γράφειν, écrire). Syn. inus. de sténographe.

**LOGOTHÈTE.** s. m. (gr. λόγος, compte; τίθημι, je règle). Officier de l'empire d'Orient qui remplissait les fonctions de garde des sceaux. *Il y avait deux logothètes, l'un pour le palais, l'autre pour l'église.*

**LOGRONO.** v. d'Espagne, ch.-l. de la prov. de Logrono, 15,000 hab. sur l'Èbre. La prov. a 178,300 hab.

**LOGUER.** v. a. T. Techn. Humecter les formes des pains de sucre.

**LOGUETTE.** s. f. [Pr. *lo-ghè-te*]. T. Mar. Cordage que l'on ajoute au bout d'un câble pour le tirage des bateaux.

**LOHENGRIN,** héros allemand du cycle du Saint-Graal; fils de Parsifal, époux d'Elsa, fille du duc de Brabant, a fourni à Wagner le sujet d'un beau drame lyrique.

**LOI.** s. f. [Pr. *lo-a*] (lat. *lex*, m. s., de *legere*, lire). Signifie, dans son sens le plus général, l'expression des rapports nécessaires qui dérivent de la nature des choses. *Les lois de l'attraction, de la pesanteur, du mouvement. Les lois de la réflexion, de la réfraction de la lumière. Les lois d'après lesquelles s'effectuent les combinaisons des corps. C'est une l. physiologique que... Les lois de l'esprit humain. Les lois de Képler. La l. de Mariotte.* = *Les lois de la nature*, Les lois constantes qui règlent l'ordre du monde physique. = Dans le sens moral, Règle émanée de l'autorité souveraine, qui ordonne, permet ou défend. || *Les lois de la nature*, et plus ordin., *La l. naturelle*, Les sentiments et les principes de justice et de charité sans lesquels les sociétés humaines ne pourraient subsister. *La l. naturelle nous défend de faire à autrui ce que nous ne voudrions pas qu'on nous fit. Aimer ses père et mère, être reconnaissant envers ses bienfaiteurs, sont des lois de la nature.* On dit aussi, *La l. de nature.*

Il se faut entr'aider, c'est la loi de nature.
LA FONTAINE.

|| *La l. divine*, Les préceptes positifs que, suivant la religion, Dieu a donnés aux hommes par la révélation. — *La l. ancienne*, La l. que, d'après Moïse, Dieu a donnée aux Hébreux. Dans le langage de l'Écriture, *L.* s'empl. souvent absolument dans ce dernier sens. *Les livres de la L. Les docteurs de*

*la L. Voilà la L. et les prophètes.* — *La l. nouvelle* ou *La l. de grâce*, La l. de Jésus-Christ, la l. des chrétiens. || *L. draconienne*, *l.* d'une sévérité excessive, comme celles de Dracon. || *Les lois humaines*, Les lois établies par les hommes pour le maintien et l'ordre des sociétés. *Cette action viole toutes les lois divines et humaines.* — Fig. et fam., *N'avoir ni foi ni l.* Voy. Foi. || *La l. des nations*, *Les lois internationales*, Les lois qui règlent les rapports des peuples entre eux. — *Les lois de la guerre*, Les règles que les nations sont convenues d'observer entre elles dans l'état de guerre. || Dans un État considéré individuellement, on appelle *l.*, Toute règle émanée de l'autorité souveraine qui ordonne ou défend quelque chose. *Proposer, discuter, voter, sanctionner, promulguer, publier une l. Porter une l. Modifier, abroger, rapporter une l. Obéir aux lois. Observer, exécuter la l. Enfreindre, transgresser, violer, éluder la l. Faire respecter la l. Invoquer la l. Le préambule, les articles, les dispositions, le texte d'une l. Cette l. est tombée en désuétude. Cette coutume est passée en l. Elle a force de l. Les lois françaises, les lois romaines. Solon donna des lois aux Athéniens. Étudier les lois.* — *La l. fondamentale d'un État*, ou *La l. constitutionnelle*, Celle qui règle la nature, l'étendue et l'exercice des pouvoirs du gouvernement. — *Lois politiques*, Celles qui ont pour objet la conservation de l'État, abstraction faite des sociétés et des individus qu'il renferme. — *Lois organiques*, Celles qui ont pour objet de régler le mode et l'action des institutions ou établissements dont le principe a été consacré par la l. constitutionnelle. — *L. d'exception*, Celle qui déroge momentanément à la l. constitutionnelle de l'État ou à quelque autre loi générale. — *Lois civiles*, Celles qui règlent les rapports des citoyens entre eux. — *Lois criminelles*, Celles qui définissent les infractions à la l., et déterminent la manière de les poursuivre et les peines qui y sont applicables. — *L. pénale*, Celle qui prononce quelque peine. || Le mot *L.*, dans sa signification de l. positive d'un État, est souvent accompagné d'un qualificatif qui fait connaître l'objet particulier de cette l. *L. municipale, L. fiscale, L. bursale, L. somptuaire, L. agraire, L. annonaire, L. martiale*, etc. — *L. Grammont*, Pour la protection des animaux domestiques. — *L. Bérenger*, Permettant au tribunal de suspendre l'effet de la peine prononcée en matière correctionnelle. || *L. écrite*, se disait autrefois en France en parlant du droit romain, par oppos. aux coutumes, qui ne furent rédigées par écrit qu'assez tard. || *Mettre quelqu'un hors la l.*, Le soustraire à la protection des lois, et se déclarer prêt à l'envoyer au supplice sans jugement. C'est une mesure odieuse qui ne peut se produire que sous un gouvernement tyrannique. || *Homme de l.*, Celui qui fait profession d'interpréter les lois, jurisconsulte. *Consulter un homme de l.*, *les gens de l.* — Se dit quelquefois, surtout au pluriel, des gens de justice, des officiers ministériels près des tribunaux. || Fig., *Faire l.*, Tenir lieu d'une l., avoir l'autorité, la force d'une l. *Dans les langues vivantes, l'usage fait l. L'autorité d'Aristote a longtemps fait l. dans les écoles.* — *Faire, donner, dicter, imposer la l.*, Commander, ordonner avec autorité. *Cet homme veut faire la l. partout où il est. Il prétend nous imposer la l.* — *Se faire une l. de quelque chose*, S'en imposer à soi-même l'obligation. *Il s'est fait une l. de la discrétion. Il s'est fait une l. de ne boire jamais de vin.* = Puissance, autorité. *Alexandre rangea toute l'Asie sous ses lois. Subir la l. du vainqueur. La l. du plus fort*, La puissance que le plus fort exerce sur le plus faible. || *Être sous les lois d'une femme*, Être esclave de ses volontés, de ses caprices. || *Subir, recevoir la l. de quelqu'un*, Se soumettre à sa volonté. || Prov. *Nécessité n'a point de l.*, Tout est licite en cas de nécessité. = Se dit encore, mais ordinairement au plur., de certaines règles, de certaines obligations de la vie civile. *Les lois de l'honneur, du devoir. Les lois de l'amitié, de la politesse, de la mode*, etc. || *Les lois de la grammaire, de la syntaxe*, Les règles établies, en matière de langage, par la grammaire, par la syntaxe. *Cette construction est contraire aux lois de la syntaxe.*

**Philos.** — I. Le mot *Loi* ne signifiait dans l'origine, et ne signifie encore, dans le langage ordinaire, qu'un commandement et une défense qui s'adresse au nom d'une autorité quelconque à la volonté d'un être libre. Mais de l'ordre moral, social et religieux où il a été renfermé d'abord, il a été transporté par la science dans la sphère générale de l'existence et de la pensée. Montesquieu, le premier, a cherché à donner de la loi une définition générale, dans cette formule célèbre par laquelle débute l'*Esprit des lois* : « Les lois, dans la signification la plus étendue, sont les rapports nécessaires qui dérivent de la nature des choses. » Cette définition a été vivement critiquée et non sans motif. Son plus grave défaut paraît être le caractère de nécessité qu'elle impose à la loi et qui ne saurait convenir qu'aux lois du monde physique, puisque, d'une part, l'homme reste libre de désobéir à la loi civile ou morale, sauf à supporter les conséquences de cette désobéissance, et que, d'autre part, les lois civiles édictées par un législateur sont, par leur nature même, variables et contingentes. Au reste, les idées exprimées par le mot *Loi* semblent bien différentes suivant qu'on l'applique au monde physique, à la métaphysique, à la morale ou à l'ordre des sociétés humaines. Il est peut-être vain et puéril de chercher à comprendre dans une même formule des notions qui par leur nature sont essentiellement distinctes et n'ont été exprimées par le même mot que par suite d'analogies plus apparentes que réelles.

II. *De la loi dans le monde physique.* — « Lorsqu'un fait que nous avons suffisamment observé, dit Franck, se reproduit invariablement dans les mêmes circonstances, lorsqu'il accompagne d'une manière inévitable certains autres faits, nous le comparons sur-le-champ à un acte qui aurait été prescrit d'avance, et pour toujours, à un ordre qui aurait été signifié à la nature des choses par une puissance supérieure; nous lui donnons le nom de loi. C'est ainsi que nous regardons comme une loi de la matière que les corps s'attirent en raison directe de leurs masses et en raison inverse des carrés de leurs distances. » Cette phrase exprime admirablement l'espèce d'analogie qui a fait donner le nom de loi à la notion qui nous occupe actuellement; mais que vaut au juste cette analogie et qu'est-ce qu'une critique minutieuse nous fera trouver au fond de cette notion de loi physique? C'est ce que nous allons essayer d'examiner. Remarquons d'abord que l'assimilation des lois de la nature à une sorte de commandement tel qu'est la loi civile, implique l'existence du législateur qui aurait fait ce commandement, et que ce législateur ne peut être que Dieu. Ce n'est que par un singulier abus de l'abstraction qu'on a cru pouvoir séparer la notion de loi ainsi comprise de celle de législateur, et si l'on arrive à dire, comme l'affirme l'école positiviste, que le monde est gouverné par des lois immuables et éternelles, on formule un aphorisme vide de sens, en posant comme cause première de tout ce qui est une entité inintelligible. Comment concevoir que les choses concrètes soient réglées par une obligation abstraite? Il faudrait se représenter la loi comme une *condition nécessaire* de tous les phénomènes, tenant à la nature même des choses; mais alors ce n'est pas la loi qui est la cause première, c'est cette essence même des choses dont la loi n'est qu'une conséquence forcée. En d'autres termes, la loi physique n'a pas en elle-même le caractère de nécessité, car l'esprit peut parfaitement concevoir qu'elle soit autrement qu'elle n'est, et sa curiosité ne se sentira pas satisfaite tant qu'il n'aura pas découvert la cause pourquoi elle est telle qu'on l'observe. La loi physique ne peut donc, en aucune façon, être placée à l'origine des causes, et ne peut donner la solution du problème philosophique du monde : elle ne constitue, au contraire, qu'un échelon dans l'échelle des causes. En admettant même que la physique puisse expliquer tous les phénomènes qu'elle observe comme conséquences d'une loi unique, ce qui est en effet la tendance de la science actuelle, mais ce qui est fort loin d'être réalisé, le philosophe ne se déclarerait pas encore satisfait. Il voudrait connaître la cause de cette loi unique, savoir pourquoi elle est telle plutôt qu'autre, et continuerait à méditer sur la nature de la cause première.

En réalité, l'analyse de l'idée de loi physique nous y fera trouver tout autre chose qu'une condition abstraite et nécessaire imposée aux phénomènes. C'est, en effet, par l'*induction* que l'esprit humain s'élève à la connaissance de ce qu'on a appelé les *Lois du monde physique*. Il faudra donc commencer notre critique par celle de l'*induction*. Nous avons donné à ce sujet, aux mots Induction et Logique, des développements qui nous permettront d'être ici assez bref. Lorsque nous avons constaté par l'expérience qu'un phénomène A a été, dans des conditions déterminées, suivi d'un phénomène B, nous en concluons par induction que, toutes les fois que les conditions se retrouveront les mêmes, le phénomène A sera suivi du phénomène B, et nous formulons cette proposition sous une forme aussi concise, aussi claire et aussi précise que nous pouvons : c'est cette formule que nous appelons une *Loi*. Ainsi conçue, *la Loi physique n'est autre chose que le résultat d'une induction*. En d'autres termes, ce n'est qu'un résultat d'observations étendu des cas observés à ceux qui ne le sont pas encore; mais pourquoi cette extension est-elle légitime, et pourquoi considérons-nous la loi une fois formulée comme l'expression d'une vérité générale? Cette question n'est autre que celle de la légitimité de l'induction. Elle se résout par l'application du principe de causalité et de la notion d'ordre dans l'univers. Cependant, la loi ainsi formulée devient une règle dont on peut déduire des conséquences et qui peut aider à découvrir de nouveaux phénomènes. De plus, ce procédé permettra de trouver un nombre considérable de lois particulières s'appliquant à divers ordres de phénomènes. Mais la science ne s'arrête pas là. La loi particulière rédigée en formule peut être considérée comme une cause vis-à-vis des phénomènes qui en dépendent; mais elle-même reconnait une cause, et l'esprit scientifique s'attache à la découvrir. Toutes les facultés de l'entendement vont concourir à cette recherche : l'induction, la déduction et l'imagination y jouent le principal rôle. Le raisonnement déductif permet souvent d'établir que deux lois établies par l'expérience et différant dans leur énoncé sont en réalité des conséquences l'une de l'autre. C'est ainsi que Galilée a établi par l'expérience les deux lois de la chute des corps, à savoir que l'espace parcouru est proportionnel au carré du temps et que la vitesse est proportionnelle au temps, et qu'il a ensuite reconnu par le calcul que ces deux lois étaient des conséquences l'une de l'autre, de sorte qu'il n'y a en réalité qu'une seule loi, qu'on exprime en disant que le mouvement du corps grave est un mouvement uniformément varié. D'autres fois, l'analyse déductive fait découvrir qu'une loi particulière est une conséquence d'une loi particulière aussi, mais plus générale. C'est ainsi que la loi de l'isochronisme des petites oscillations du pendule a pu être découverte expérimentalement par Galilée, alors qu'elle n'est qu'une conséquence de la loi plus générale de l'action de la pesanteur. Des lois particulières s'appliquant à des phénomènes présentant quelque analogie, peuvent aussi par induction suggérer une loi plus générale qui les comprend toutes. C'est ainsi que Képler ayant découvert par une étude minutieuse du mouvement de Mars que cette planète décrit une ellipse dont le Soleil occupe un des foyers et que son mouvement s'effectue de manière que l'aire décrite par le rayon vecteur soit proportionnelle au temps, étendit cette loi particulière de la planète Mars à toutes les planètes du système solaire, et même à la Lune dans son mouvement autour de la Terre.

Cependant, dans ce travail de synthèse, la part la plus large est celle de l'imagination, et c'est par l'application de cette faculté que la science fait les plus grands progrès. Le savant de génie devine ou tout au moins présume que tout un ensemble de lois particulières ne sont que des conséquences nécessaires d'une loi plus générale dont il établit la formule *à priori*. C'est la *Loi hypothétique* qui se vérifiera par ses conséquences. Non seulement il faut que les conséquences de cette loi soient bien conformes aux lois particulières déjà connues, mais encore il faut que toutes les autres conséquences en soient aussi vérifiées par l'expérience. Quand la vérification a réussi dans des cas suffisamment nombreux et variés, la loi cesse d'être hypothétique et elle acquiert exactement la même valeur que les lois empiriques déduites directement de l'expérience par induction. Le plus bel exemple d'une loi ainsi découverte est celui de la loi de la gravitation universelle par Newton, qui, dans son énoncé si simple, contient la formule des mouvements de tous les astres. Voy. GRAVITATION.

L'avantage de la découverte d'une loi plus générale que les lois actuellement connues ne saurait échapper à personne. Outre la facilité et la simplicité qu'elle apporte dans l'explication des phénomènes connus, elle permet de plus de découvrir une multitude de faits nouveaux qui se présentent comme conséquences de la loi générale.

Cependant, si générales que paraissent ces grandes lois de la physique, elles ne sont cependant que des lois particulières, car chacune d'elles n'embrasse qu'un ordre particulier de phénomènes. Les progrès de la physique consistent précisément à diminuer le nombre des lois particulières pour les faire rentrer comme conséquences dans un petit nombre de lois plus générales. La physique serait achevée si l'on pouvait tout expliquer par une loi unique. Alors, on ne pourrait plus que discuter sur la nature et la cause de cette loi unique, ce qui serait du ressort de la métaphysique, à moins que cette loi unique n'apparaisse elle-même comme la conséquence de phénomènes variés, inconnus jusqu'alors, qu'elle aurait précisément contribué à faire découvrir, et qui deviendraient la matière d'une nouvelle physique dont l'ancienne ne serait qu'un chapitre.

Dans tous les cas, toute loi physique repose en dernière analyse sur l'induction : qu'elle ait été trouvée directement par l'expérience ou prévue *à priori* et vérifiée ensuite, c'est toujours l'expérience qui en garantit l'exactitude. Quant à son caractère, il est toujours le même et réside dans l'affirmation que tel phénomène est la conséquence de tel autre, ou, pour être plus précis, la loi consiste dans l'énonciation des circonstances qui caractérisent un phénomène assez général pour que les phénomènes qui sont des cas particuliers de celui-ci puissent être déterminés par voie de déduction. Une loi physique n'est donc pas une condition imposée *à priori* aux phénomènes : c'est un *fait*, mais un fait qui contient comme conséquences nécessaires une multitude d'autres faits. Quoi qu'on en ait dit, la recherche de ces lois physiques est identique à la recherche des causes, car toute loi peut être considérée à la fois comme une cause et un effet; seulement, la physique se borne à la recherche des *causes physiques*, c.-à-d. que pour le physicien tout phénomène est la conséquence d'un ou plusieurs autres phénomènes plus généraux; il ne s'agit donc jamais que de *causes prochaines;* mais de causes prochaines en causes prochaines la science s'élève à des phénomènes de plus en plus généraux et découvre peu à peu l'ordre et l'harmonie du monde qui nous entoure. Mais, qu'on ne s'y trompe pas, il n'y a rien, dans toute cette majestueuse enquête, qui sorte de l'expérience et de l'observation, rien qui touche aux questions qu'agitent les métaphysiciens, rien qui puisse favoriser tel système de philosophie plutôt que tel autre. La physique ne fait que constater des phénomènes : les questions qui concernent la nature intime des choses et la cause première des phénomènes ne sont pas de son domaine.

III. — En métaphysique, il n'y a rien de pareil à ce que nous venons d'étudier : ce qu'on a quelquefois appelé la *Loi métaphysique* n'est autre chose que les principes mêmes de la connaissance sur la valeur et l'origine desquels on peut discuter, mais qui s'imposent *à priori* à l'esprit : tels sont, par exemple, le principe de causalité, le principe de l'obligation morale, etc. — On a aussi parlé de *Lois logiques* qu'on a aussi appelés *Lois de la pensée*, *Lois du raisonement*. Ces lois ne sont au fond que la règle que suit instinctivement tout esprit qui raisonne : ce sont les règles de la déduction et de l'induction (Voy. LOGIQUE); mais si l'on veut remonter des règles aux principes sur lesquels elles reposent, on retrouvera nécessairement les principes de la métaphysique. La logique ne saurait avoir de principes qui lui soient propres indépendamment de toute conception métaphysique. Franck a parfaitement remarqué que les conditions de la pensée ne peuvent pas se séparer de celle de l'existence. Par exemple, le principe logique que tout prédicat suppose un sujet est identique au principe métaphysique que tout attribut suppose une substance ou, pour parler un langage plus précis, toute qualité suppose un être à qui elle appartient. En définitive, pour la métaphysique et la logique, la notion de loi se confond avec celle de principe premier ou d'axiome. On pourrait même la supprimer et dire : la métaphysique ne reconnait pas de loi, elle ne connait que des *axiomes*. Voy. ce mot. — En mathématiques, il n'y a pas davantage de lois proprement dites. Ce qu'on appelle de ce nom n'est qu'une règle qui permet de calculer une suite indéfinie de termes en déduisant chacun d'eux du précédent par un calcul uniforme. C'est ainsi que la loi de la progression géométrique est que chaque terme est égal au précédent multiplié par un nombre constant appelé *raison*. La loi mathématique n'est donc que la définition d'une opération indéfiniment répétée. Cela n'a aucune portée philosophique.

IV. — La *loi civile* est l'ensemble des prescriptions de l'autorité avec la sanction pénale pour les délinquants. Voy. DROIT.

V. — Les *lois morales* s'adressent à la conscience. Leur caractère propre est celui de l'*impératif catégorique*, suivant l'expression de Kant. Elles se présentent à notre esprit comme des prescriptions impérieuses, auxquelles cependant il nous est possible de désobéir. Les questions qui concernent leur origine, leur nature, et la manière de parvenir à les connaître constituent cette partie de la philosophie appelée *Morale*. La manière de comprendre l'obligation morale dépendra évidemment des idées qu'on se fera sur la cause première de toutes choses et sur la liberté humaine. Nous traiterons ces questions complexes au mot MORALE. Mais ce que nous voulons retenir de la discussion précédente, c'est que les prescriptions de la morale méritent seules le nom de *Lois philosophiques*. Les lois civiles, édictées par le législateur, sont des inventions humaines qui n'ont de valeur qu'autant qu'elles concordent plus ou moins bien avec la loi morale. La loi métaphysique se confond avec l'axiome, et la loi physique avec le phénomène. Seule, la loi morale présente un caractère véritablement su périeur qui la distingue nettement des principes généraux de la connaissance et des formules dans lesquelles le physicien décrit les phénomènes les plus généraux de la science. Cela en fait une notion très spéciale et irréductible à aucune autre. On peut nier la loi morale comme font les sceptiques et les déterministes; on ne peut la faire dériver d'aucune conception antérieure intuitive ou empirique. Voy. DROIT, SOCIÉTÉ, MORALE.

**LOI.** s. f. (Altér. de *aloi*). T. Monn. Aloi, titre auquel les monnaies doivent être alliées et fabriquées.

**LOIN.** adv. de lieu (latin, *longe*, m. s.). A une grande distance. *Aller l. Demeurer l. Sa vue porte très l. Il y a si l. d'ici chez vous, que... Pousser l. ses conquêtes* || Fig., *Aristote a été très l. dans la connaissance des choses naturelles. Cette discussion nous entraînerait trop l. Pourquoi renvoyer si l. ma proposition? Porter, pousser l. sa haine, sa vengeance, ses prétentions*, etc. *Cette affaire ira plus l. qu'on ne pense. Ce jeune homme a de l'esprit et beaucoup de souplesse; il ira l., il peut aller l.*, Il fera fortune, il fera son chemin dans le monde. *Ce malade n'ira pas l.*, Il mourra bientôt. *Avec la dépense qu'il fait, cet homme n'ira pas l.*, Il sera bientôt ruiné. *Ne pas voir plus l. que son nez*, Avoir la vue très courte, et, au fig., avoir l'esprit borné. || *Loin*, s'emploie aussi comme adv. de temps. *Vous remettez à me payer dans deux ans; c'est bien l., c'est trop l.* = AU LOIN. loc. adv. de lieu. A une grande distance. *Voyager au l. Il s'en est allé au l. chercher des aventures.*

La rive au loin gémit, blanchissante d'écume.
RACINE.

|| Au superlatif, *Au plus l.*, A la plus grande distance possible. *Au plus loin que ma vue puisse s'étendre, je n'aperçois rien.* = DE LOIN. loc. adv. de lieu. D'une grande distance. *Venir de l. Parler de l. Regarder de l. Il a été tué de l.* || Fig., *Voir de l.*, et *Voir venir quelqu'un de l.*, Voy. VOIR. *Revenir de l.* Voy. REVENIR. Prov. *A beau mentir qui vient de l.*, Celui qui vient de pays éloignés peut raconter ce qu'il veut sans crainte d'être démenti. — *Nous sommes parents, mais de l.*, Nous sommes parents à un degré éloigné. || *De loin*, se dit aussi en parlant du temps. *Vous me parlez de notre enfance, c'est parler de l., c'est se souvenir de l.* || Au superlatif, on dit, *Du plus l., D'aussi l. que*, De la plus grande distance possible. *Du plus l. que je l'aperçus. D'aussi l. qu'il me vit, il accourut vers moi.* — En parlant du temps, on dit de même : *Du plus l., D'aussi l. que je m'en souvienne, il en était ainsi.* Fam., *C'est du plus loin qu'il me souvienne*, se dit d'une chose dont le souvenir est presque effacé. = LOIN À LOIN, DE LOIN À LOIN, DE LOIN EN LOIN. loc. adv. de lieu. A de longs intervalles d'espace ou de temps. *Dans ce pays, les maisons, les hameaux sont semés l. à l., de l. à l., de l. en l. Il ne vient me voir que de l. à l., que de l. en l.* = LOIN DE. loc. prép. de lieu et de temps. Se dit dans le même sens que *Loin*, adv. *Il n'est pas l. d'ici, l. de la maison. Non l. de là. Ils habitent l. l'un de l'autre. Nous sommes encore l. de Pâques.* || Fig., *L. de moi la pensée de vous blesser. Il est encore bien l. de la perfection. L. de nous ces pensées funestes.* — Prov., *L. des yeux, l. du cœur*, On oublie les absents, on se refroidit à leur égard. — *Être l. de compte, l. de son compte*, Voy. COMPTE. || *Être l., bien l. de faire une chose*, Être dans des dispositions toutes contraires à celles qui pourraient porter à faire une chose. *Je suis l. de penser ainsi. Je suis l., bien loin de m'enorgueillir d'un si faible succès.* || *Bien l.*, ou simpl. *Loin*, au commencement d'une phrase, se construit souvent avec la prép. *de*, suivie d'un verbe à l'infinitif, ou avec la conj. *que*, suivie d'un v. au subj., et sign. alors, Au lieu de, tant s'en faut que. *L., bien loin de me remercier, il m'a dit des injures. L., bien l. qu'il soit disposé à vous servir, il vous contrariera en tout.*

**LOING.** riv. de France, affluent de gauche de la Seine, arrose Montargis, Nemours; 160 kil. || *Canal du Loing*, Canal qui joint la Seine à la Loire par les canaux d'Orléans et de Briare.

**LOINTAIN, AINE.** adj. (Pr. *loin-tin*) (lat. pop. *longitanus*, m. s., de *longe*, loin). Qui est fort loin du lieu où l'on est ou dont on parle; ne se dit que des pays, des climats, des régions et des peuples. *Un pays l. Des terres, des régions lointaines. Des climats, des peuples lointains. Une expédition lointaine.* = LOINTAIN. s. m. Éloignement. *Apercevoir dans le l.*

On voyait en lointain une ville naissante.
LA FONTAINE.

|| T. Peint. *Le l. d'un tableau*, Ce qui paraît le plus reculé à la vue dans le fond d'un tableau. *Cette figure fait bien dans ce l. Ces lointains sont vaporeux.*

**LOINTAINETÉ.** s. f. Situation de ce qui est lointain.

**LOIR.** s. m. (lat. *glis, gliris*, m. s.). T. Mamm. Le genre *Loir* (*Glis*) appartient à l'ordre des *Rongeurs*, où il forme le passage entre les Rats et les Écureuils. Il est caractérisé par la disproportion entre les membres postérieurs et antérieurs, qui est plus grande que chez les Rats, par ses ongles très courts, très recourbés et acérés, enfin par ses mâchelières qui sont au nombre de quatre, et dont la couronne est divisée par des lignes rentrantes d'émail. C'est, en outre, le seul genre de Rongeurs qui manque de cæcum. Toutes les espèces qui composent ce genre sont de jolis animaux à poil doux et épais, à queue velue, au museau fin, au regard vif. Comme les Écureuils, dont cependant ils n'ont pas l'agilité, ils grimpent sur les arbres et se nourrissent de leurs fruits; ils mangent également les œufs et les jeunes oiseaux qu'ils rencontrent dans leur nid. Enfin, ils sont nocturnes et passent l'hiver dans un sommeil léthargique, enfouis dans un lit de

mousse au fond de leur retraite. Voy. HIBERNATION. Parmi les espèces qui composent ce genre, lequel a été érigé en famille, par plusieurs naturalistes, sous le nom de *Gliridés* ou *Myoxidés*, trois habitent nos pays : ce sont le *L. commun*, le *Lérot* et le *Muscardin*. — Le *L. commun* (*Myoxus glis*) est grand comme un Rat, gris brun cendré en dessus et blanchâtre en dessous, avec du brun plus foncé autour de l'œil; sa queue est bien fournie, un peu fourchue au bout, et assez semblable à celle d'un écureuil. Il habite l'Europe méridionale, où il niche dans les creux des arbres et dans les fentes des rochers. Le loir était un gibier si estimé chez les Romains qu'ils l'engraissaient pour leur table; aujourd'hui encore on le mange en Italie. — Le *Lérot* (*Myoxus Nitela* [Fig. ci-dessus] est un peu moins grand que le loir. Il n'a la queue touffue que vers le bout, qui est noir avec l'extrémité blanche; son pelage est gris blanc dessus et blanc dessous. Il est très commun dans nos jardins, se niche dans les trous des murs, et commet de grands dégâts dans nos espaliers, au moment où les fruits commencent à mûrir. — Le *Muscardin* (*Myoxus avellanarius*) est de la taille d'une Souris, avec le pelage roux cannelle dessus et blanc dessous. Il habite dans les forêts de toute l'Europe, fait son nid avec de l'herbe sur les branches basses, et y élève ses petits. Il passe l'hiver, engourdi, dans le trou d'un arbre.

**LOIR,** riv. de France, affluent de la Sarthe, arrose Châteaudun, Vendôme, La Flèche; 310 kil.

**LOIR-ET-CHER** (Dép. du), formé de parties de l'Orléanais, de la Sologne, du Blaisois, du Vendômois et du Berry,

280,400 hab. Ch.-l. *Blois;* 2 autres arr. : *Romorantin, Vendôme.*

**LOIRE**, fleuve de France, prend sa source dans les Cévennes, au mont *Gerbier des Jones*, à 1,400 mètres d'altitude, traverse la moitié de la France et se jette dans l'océan Atlantique. Son parcours est de 1,000 kil. Elle arrose Roanne, Nevers, Cosne, Gien, Orléans, Blois, Amboise, Tours, Saumur, Ancenis, Nantes, et se jette dans l'Océan entre Saint-Nazaire et Paimbœuf. Ses principaux affluents sont : sur la rive droite : la *Nièvre*, la *Maine* et l'*Erdre;* sur la rive gauche : l'*Allier*, le *Cher*, l'*Indre*, la *Vienne* et la *Sèvre Nantaise*. La Loire est sujette à des crues subites qui produisent parfois des inondations terribles.

**LOIRE** (Dép. de la), formé d'une partie du Lyonnais, du Beaujolais et du Forez, 616,200 hab. Ch.-l. *Saint-Étienne;* 2 autres arr. : *Roanne, Saint-Étienne.*

**LOIRE** (Dép. de la **HAUTE-**), formé du Velay, d'une partie du Vivarais, du Forez et du Gévaudan, 316,700 hab. Ch.-l. *Le Puy;* 2 autres arr. : *Brioude, Yssengeaux.*

**LOIRE-INFÉRIEURE** (Dép. de la), formé d'une partie de la Bretagne, 645,300 hab. Ch.-l. *Nantes;* 4 autres arr. : *Ancenis, Châteaubriant, Paimbœuf, Saint-Nazaire.*

**LOIRET**, riv. de France (Loiret), affluent de la Loire; cette rivière, belle et large, n'a qu'un cours de 12 kil. à peine.

**LOIRET** (Dép. du), formé de l'Orléanais, d'une partie du Gâtinais, du Blaisois et du Berry, 377,700 hab. Ch.-l. *Orléans;* 3 autres arr. : *Gien, Montargis, Pithiviers.*

**LOIRON**, ch.-l. de c. (Mayenne), arr. de Laval, 1,050 hab.

**LOISEL** (Antoine), jurisconsulte fr. né à Beauvais (1536-1617).

**LOISELEUR-DESLONGCHAMPS** (Jean-Louis-Augustin), botaniste fr. (1775-1849). = Son fils Auguste-Louis-Armand, orientaliste fr. (1805-1840).

**LOISELEURIA**. s. m. [Pr. *loua-ze...*] (R. *Loiseleur-Deslongchamps*, natur. fr.). T. Bot. Genre de plantes Dicotylédones de la famille des *Éricacées*. Voy. ce mot.

**LOISIBLE**. adj. 2 g [Pr. *loua-zible*] (anc. verbe *loisir*). Qui est permis. *Il vous est l. de penser ainsi. Cela n'est pas l.* Vieux.

**LOISIBLEMENT**. adv. [Pr. *loua-zi-bleman*]. D'une manière loisible.

**LOISIR**. s. m. [Pr. *loua-zir*] (anc. verbe *loisir*, du lat. *licere*, être permis). Temps dont on peut disposer sans manquer à ses devoirs. *Avoir du l. Jouir d'un doux l. Vous ferez cela aux heures de votre l., à vos heures de l.. à votre l. Je n'ai pas un moment de l. Amuser. charmer son l., ses loisirs.* — Fam., *Il est bien de l., il faut qu'il ait bien du l. de reste*, se dit d'un homme qui s'amuse à des bagatelles ou qui se mêle d'affaires qui ne le regardent pas. *Un homme de l.* || Espace de temps suffisant pour faire quelque chose commodément. *Vous ne me donnez pas le l. de vous répondre. Je n'ai pas eu le l. de m'en occuper. Donnez-moi le l. de respirer.* = À loisir. locut. adv. A son aise, à sa commodité, sans se presser. *Vous ferez cela à l. Examinez cela à l., plus à l.*

Travaillez à loisir, quelque ordre qui vous presse.
Boileau.

On dit dans le même sens, *A mon l., à votre l., à son l.* || *Il s'en repentira à l.*, ou *Il aura tout le l. de s'en repentir*, se dit d'un homme qui fait quelque chose dont on croit qu'il sentira longtemps les suites.

**Syn.** — *Oisiveté*. — L'*Oisiveté* est un repos absolu; elle implique l'inaction; le *loisir* est un repos relatif à l'occupation qui nous est ordinaire. L'*oisiveté* n'engendre rien : le *loisir* peut être fécond. On dit une lâche *oisiveté*, et cette épithète ne peut aller avec *loisir*. On dit, au contraire, un *loisir* studieux, laborieux, et ces qualificatifs sont incompatibles avec *oisiveté*. Les sciences sont nées du *loisir*, mais elles préservent de l'*oisiveté*.

**LOK**. s. m. T. Pharm. Voy. Looch.

**LOKAÏNE**. s. f. **LOKAÉTINE**. s. f. T. Chim. Voy. Lokao.

**LOKAO**. s. m. T. Chim. Le *l.* ou *vert de Chine* est une matière colorante qu'on extrait. à l'aide de la chaux, de diverses espèces de nerpruns. Il servait autrefois à teindre la soie et la laine en un beau vert lumière, mais son prix élevé l'a fait abandonner. — Le principe colorant contenu dans le lokao à l'état de sel de chaux, a reçu le nom de *lokaïne* ou d'*acide lokaonique;* on l'obtient sous la forme d'une masse bleu foncé, soluble en bleu dans les alcalis. L'acide sulfurique bouillant le dédouble en *lokaose*, matière sucrée cristallisable, isomérique avec la glucose, et en *lokaétine* ou *acide lokanique*, poudre cristalline d'un noir violet, soluble en violet dans les alcalis. La lokaïne et la lokaétine se gonflent dans l'eau sans s'y dissoudre; leurs solutions alcalines deviennent rouges sous l'action du sulfure d'ammonium.

**LOKAOSE**. s. f. [Pr. *lokao-ze*]. T. Chim. Voy. Lokao.

**LOKMAN**, écrivain arabe auteur de fables. On ne sait quand il vécut.

**LOLA MONTEZ** (Rosanna **GILBERT**, dite), célèbre aventurière, fut la maîtresse du roi Louis de Bavière (1818-1861).

**LOLIUM**. s. m. [Pr. *loli-ome*]. T. Bot. Genre de plantes Monocotylédones de la famille des *Graminées*. Voy. Ivraie.

**LOLLARD**. s. m. Hérétique du XIVe siècle. = Lollards. s. m. pl. Nom donné à ses sectaires. Voy. Hérésie.

**LOMAGNE**. anc. pays de Gascogne; ch.-l. *Lectoure.*

**LOMATIE**. s. f. (gr. λωμάτιον, petite frange). T. Bot. Genre de plantes Dicotylédones (*Lomatia*) de la famille des *Protéacées*. Voy. ce mot.

**LOMBAIRE**. adj. 2 g. [Pr. *lon-bère*]. T. Anat. Qui appartient aux lombes. *Région l. Vertèbres, nerfs, artères lombaires.*

**LOMBARD**. s. m. [Pr. *lon-bar*]. Établissement de prêts sur gages, autorisé dans certaines villes. Voy. Mont-de-Piété. || Au moyen âge, on appelait Lombards les usuriers et prêteurs sur gages, parce que, parmi les individus qui faisaient ce commerce, beaucoup étaient venus de la Lombardie.

**LOMBARD** (Pierre), docteur et professeur de théologie, évêque de Paris, m. vers 1160.

**LOMBARDIE**. partie sept. de l'Italie, occupée jadis par les Lombards, auj. prov. du royaume d'Italie, pop. 3,893,000 hab.; v. pr. *Milan.*

**LOMBARDO-VÉNITIEN** (Royaume), Nom que portaient les provinces milanaises et vénitiennes sous la domination autrichienne, réunies au royaume d'Italie en 1859 et 1866.

**LOMBARDS**, peuple germanique établi entre l'Elbe et l'Oder, qui envahit l'Italie au VIe s. et y fonda un État puissant. Charlemagne s'en rendit vainqueur en 774, et détrôna leur dernier roi *Didier.*

**LOMBART**, graveur fr. né à Paris (1612-1682)

**LOMBES**. s. m. pl. [Pr. *lon-be*] (lat. *lumbi*, m. s.). T. Anat. Les *lombes* ou *régions lombaires* correspondent sur le squelette aux cinq vertèbres lombaires. Intermédiaires aux régions dorsales sacrées et fessières, les l. sont délimitées : en haut, par la douzième côte; en bas, par la moitié postérieure de la crête iliaque; en dehors, par le muscle grand oblique de l'abdomen. La région lombaire est ainsi médiane, impaire et symétrique, avec cette réserve que le rein droit descend plus bas que le gauche. Elle est quadrilatère, convexe de dehors en dedans et concave de haut en bas surtout chez la femme. Les professions peuvent accentuer cette courbure et elle peut être pathologique : elle prend alors le nom de *cambrure* ou *ensellure lombaire*, et constitue un des meilleurs signes de la coxalgie. Sur la ligne médiane, la région lombaire présente une gouttière étroite, au fond de laquelle on sent le sommet des apophyses épineuses des vertèbres. La région présente, à la dissection, les couches suivantes : la peau, la couche cellulo-graisseuse sous-cutanée, l'aponévrose lombaire, la masse sacro-lombaire, les apophyses transverses, les muscles inter-transversaires, et le feuillet moyen de l'aponévrose du transverse; le muscle carré des l. et le ligament ilio-lombaire, le feuillet intérieur de l'aponévrose du transverse; une couche viscérale, composée du rein avec son atmosphère cellulo-graisseuse et du côlon; enfin, le péritoine. — Les l. sont intéressantes au point de vue pathologique à plusieurs points de vue; la proximité des viscères qui rend les traumatismes particulièrement graves, la production de la hernie lombaire, l'existence de la lombalgie ou lumbago et du phlegmon péri-néphrétique. Enfin, le chirurgien y porte son couteau pour pratiquer la néphrotomie, la néphrectomie et la côlotomie.

**LOMBEZ,** ch.-l. d'arr. (Gers), sur la Saye, à 50 kilom. S.-E. d'Auch; 1,600 hab.

**LOMBO-ABDOMINAL, ALE.** adj. [Pr. *lon...*]. T. Anat. *Muscle l.*, Muscle transverse du bas-ventre.

**LOMBO-COSTAL, ALE.** adj. [Pr. *lon...*]. Qui appartient aux lombes et aux côtes.

**LOMBO-HUMÉRAL, ALE.** adj. [Pr. *lon...*]. T. Anat. Qui appartient aux lombes et à l'humérus.

**LOMBOK,** île de la Malaisie, dans l'archipel de la Sonde, 250,000 hab. (aux Hollandais).

**LOMBO-SACRÉ, ÉE.** adj. [Pr. *lon...*] (R. *lombes*, et *sacrum*). T. Anat. Branche terminale du plexus lombaire.

**LOMBOYER.** v. a. [Pr. *lon-bo-ié*]. T. Techn. Faire épaissir l'eau-mère dans les salines.

**LOMBRIC.** s. m. [Pr. *lon-brik*] (lat. *lumbricus*, m. s., mot qui se rattache vraisemblablement au lat. *lubricus*, glissant). T. Zool. Genre de *Vers* appartenant à l'ordre des Oligochètes. Voy. ce mot.

**LOMBRICAL, ALE.** adj. [Pr. *lon-bri-kal*]. Qui ressemble au lombric. || T. Anat. *Muscles lombricaux*, Muscles internes de la main et du pied, abducteurs des doigts vers le pouce.

**LOMBRICITE.** s. f. [Pr. *lon...*]. Pétrification imitant les lombrics.

**LOMBRICOÏDE.** adj. 2 g. [Pr. *lon...*] (R. *lombric* et gr. εἶδος, forme). Qui ressemble à un lombric.

**LOMBRINIÈRE.** s. m. [Pr. *lon...*]. T. Zool. Genre de Vers appartenant à l'ordre des *Polychètes* et au sous-ordre des Dorsibranches. Voy. ce mot.

**LOMÉCHEUSE.** s. f. (gr. λῶμα, frange; χύσις, effusion). T. Zool. Genre d'*Insectes Coléoptères*. Voy. Brachélytres.

**LOMÉNIE,** comte de Brienne, secrétaire d'État aux affaires étrangères sous Richelieu, Mazarin et Louis XIV (1595-1666). = Loménie de Brienne (1727-1794), cardinal, ministre principal de Louis XVI (1787-1788), suscita par ses édits l'opposition du parlement de Paris, et annonça la réunion des états généraux pour 1789.

**LOMENTACÉ, ÉE.** adj. [Pr. *lo-man-ta-sé*] (lat. *lomentum*, gousse). T. Bot. Se dit de certains fruits, gousses ou siliques, qui sont divisés par de fausses cloisons transversales en autant de loges qu'il y a de graines, comme dans le Sainfoin, le Radis, etc.

**LOMOND,** le plus grand lac de l'Écosse.

**LOMONOSOV** (Michel Vassilievitch), poète et littérateur russe (1711-1765).

**LONATO,** v. de la prov. de Brescia (Italie), 6,500 hab. Victoires des Français sur les Autrichiens en 1706 et 1796.

**LONDINIÈRES,** ch.-l. de c. (Seine-Inférieure), arr. de Neufchâtel; 1,100 hab.

**LONDONDERRY,** v. et port d'Irlande, ch.-l. du comté de même nom; 29,000 hab. — Le comté a 165,000 hab.

**LONDONIEN, IENNE.** adj. [Pr. *londoni-in*]. Qui appartient à Londres.

**LONDRE.** s. m. (ital. *londra*, m. s.). Ancien navire italien à rames et à voiles et non ponté.

**LONDRES** (en angl. *London*), cap. du Royaume-Uni de Grande-Bretagne et d'Irlande, sur la Tamise, à 88 kil. de la mer, 420 kil. de Paris; 5,633,332 hab. C'est la ville la plus grande, la plus peuplée et la plus riche de l'Europe, la plus commerçante du monde entier. = Nom des hab. : Londonien, enne.

**LONDRÈS.** s. m. (R. *Londres*). Sorte de cigare havanais fabriqué d'abord pour les Anglais.

**LONDRIN.** s. m. (R. *Londres*). Drap léger fait à l'imitation de certains draps qui se sont d'abord fabriqués à Londres. Vx.

**LONG, ONGUE.** adj. [Pr. *lon*] (lat. *longus*, m. s.). Se dit des corps considérés dans leur étendue, d'une extrémité à l'autre, et par oppos. à Court. *Une poutre longue de sept mètres. La harpe a des cordes plus longues les unes que les autres. Un l. cou. Des bras longs. Il a les jambes trop longues pour sa taille. Ces souliers sont trop longs d'un point. Ce chemin est bien l. Une longue allée. Une longue distance. Le cours de ce fleuve est très l.*

Un jour sur ses longs pieds allait je ne sais où
Le héron au long bec emmanché d'un long cou.
La Fontaine.

|| *Avoir la longue vue*, Voir distinctement et à une grande distance. — *Lunette de longue vue*, ou simpl. *Longue-vue*. Voy. Lunette. || Fig. et fam., *Avoir les bras longs, les mains longues*, Posséder un pouvoir qui s'étend bien loin. — *Avoir les dents longues*, Voy. Dent. || Elliptiq., *Prendre le plus l., son plus l.*, Aller en quelque lieu par le chemin le plus long; et Fig., Se servir des moyens les moins propres à faire réussir promptement ce qu'on a entrepris. = *Long* se dit aussi par oppos. à Large, d'une surface considérée dans sa plus grande dimension. *Une table longue. Un champ l. et étroit. Ce salon est plus l. que large.* = *Long* sign. encore, Qui dure plus ou moins longtemps. *En été les jours sont longs. Un l. règne Le temps est l. à qui attend. Son absence a été longue. Un l. voyage. De longues souffrances. Une vie longue et heureuse. Une longue et profonde paix. Une longue suite d'observations. Une longue discussion. Cela serait trop l. à raconter.* — *Bail à longues années, bail à l. terme*, Dont la durée s'étend au delà de celle des baux ordinaires. — *Un effet à longue échéance. Voyage de l. cours*, Voyage par mer dont le but et le terme sont fort éloignés. *Navigation au l. cours*, Voy. Cabotage. *Ouvrage, affaire de longue haleine*, Voy. Haleine. || Fam. et ellipt., *Il ne la fera pas longue*, Il ne vivra pas longtemps. || T. Cuis. *Sauce longue*, Pas assez épaisse. || T. Gramm. et Versific. *Syllabe longue, voyelle longue*, Celle dont la prononciation doit avoir plus de durée que celle d'une brève. *A est l. dans* pâte et *bref dans* rate. — *Longue* se dit substant. pour Syllabe longue. *Le dactyle est composé d'une longue et de deux brèves*, Voy. Bref. || En parlant des ouvrages d'esprit, *Long* se dit soit relativement à leur étendue, soit relativement au temps qu'il faut pour les lire ou les entendre. *Un l. discours. Un l. poème. Cet ouvrage est bien l.*

J'évite d'être long et je deviens obscur.
Boileau.

= *Long* se dit quelquefois pour Lent, tardif. *Dépêchez; que vous êtes l.! Il est l. à tout ce qu'il fait. Ces arbres sont longs à pousser.* = Long. s. m. Se dit de la longueur, par oppos. à Largeur. *Ces rideaux ont trois mètres de l.* || *S'étendre de son l.*, Tomber à terre ou se coucher, le corps étant dans toute sa longueur. = Long s'emploie aussi adverb. dans certaines phrases familières. *Il nous en a dit l., bien l.*, Il nous a dit beaucoup de choses sur ce sujet. *Il en sait l., bien l.*, Il est fin, rusé et difficile à surprendre. = De long, En long. loc. adv. En longueur, dans le sens de la longueur. *Il faut mettre ce bois de l., de l. en l. Fendre en l. Scieur de l.* || Fam., *Tirer de l.*, Voy. Tirer. || *Se promener en l. et en large*, ou *de l. en large*, En longueur et en largeur, alternativement. = AU LONG, TOUT AU LONG, loc. adv. Amplement. *Il a traité ce sujet fort au l. Il l'a expliqué tout au l. Je vous en écrirai plus au l.* = LE LONG, TOUT LE LONG, TOUT DU LONG, AU LONG DE. loc. prép. En côtoyant. *Aller tout le l., tout du long de la rivière, de la prairie. Marcher au l. du bois. De l. en large.* — Fig. et prov., *Il en a eu tout du l. de l'aune*, se dit d'un homme qui a été fort malmené, fort maltraité, de quelque manière que ce soit. On dit, dans le même sens : *On lui en a donné tout du l.; Il en a eu du l. et du large.* || *Tout le l., tout du l. de*, sign. encore Pendant toute la durée de. *Il a jeûné tout le l. du carême. Nous avons causé tout le l. du chemin. Il s'est diverti tout du l. de l'année.* = A LA LONGUE. loc. adv. Avec le temps. *Tout s'use à la longue. A la longue nous en viendrons à bout.* = DE LONGUE MAIN. loc. adv. Depuis longtemps. *Je le connais de longue main.* — *Préparer quelque chose de longue main*, En y travaillant longtemps à l'avance.

**LONGAILLE.** s. f. [Pr. *lon-ga-lle*, *g* dur, *ll* mouill.]. T. Techn. Chacune des pièces qui font la longueur d'un tonneau.

**LONGANIMITÉ** s. f. (lat. *longus*, long; *animus*, âme). Patience avec laquelle un être puissant et bon endure les fautes qu'il pourrait punir. *La l. d'un prince.* || Courage, patience dans le malheur. *Il a supporté ses maux avec une l. exemplaire.*

**LONGCHAMP**, anc. abbaye, aujourd'hui détruite, près de Paris, dans le bois de Boulogne. La plaine de Longchamp sert aujourd'hui de champ de courses. Les élégants et les élégantes de Paris y faisaient autrefois une promenade célèbre, pendant la semaine sainte.

**LONG-COURRIER.** adj. m. T. Mar. *Navire l.*, Navire qui navigue au long cours.

**LONGE.** s. f. (bas lat. *lumbea*, m. s., de *lumbus*, lombe). T. Cuis. La moitié de l'échine d'un veau ou d'un chevreuil, depuis le bas des épaules jusqu'à la queue. *Une l. de veau, de chevreuil.* — Absol., sign. Longe de veau. *Voilà une belle l.*

**LONGE.** s. f. (bas-lat. *longea*, m. s., de *longus*, long). T. Man. Corde de chanvre, de crin, ou bien Courroie qui sert à attacher un cheval ou à le conduire quand on ne le monte pas. *Ce cheval a rompu sa l. Mener un cheval par la l.* — Fig. et fam., *Marcher sur sa l., dans sa l.*, S'embarrasser dans les mesures qu'on prend, dans les discours qu'on tient. || Lanière de cuir trouée dans une partie de sa longueur, à laquelle est attachée la mèche d'un fouet. || Corde d'une certaine étendue, placée à l'anneau du caveçon, et qui sert à tenir un cheval que l'on trotte sur des cercles. *Trotter un cheval à la l., à la plate-longe.* || T. Chass. Lanière qu'on attache à la patte d'un faucon, pour qu'il reste sur la perche. Voy. FAUCONNERIE. || T. Mar. Embarcation à bord d'un navire.

**LONGÉ, ÉE.** adj. (R. *longe*). T. Blas. Qui a une longe d'un autre émail que le corps. *Faucon d'or longé d'azur.*

**LONGEPIERRE**, poète dramatique fr., (1659-1721).

**LONGER.** v. a. (R. *long*). Aller le long de. *L'armée longea la rivière. Le cerf a longé le bois.* || En parl. des choses, S'étendre le long de. *Le bois longe la route pendant deux lieues.* = LONGÉ, ÉE. part. = Conj. Voy. MANGER.

**LONGER.** v. n. (lat. *longe*, loin). T. Chass. Aller loin. On dit que *le cerf longe*, Lorsqu'il entraîne la chasse fort loin.

**LONGERON.** s. m. (R. *long*). Poutrelle en fer établie entre les entre-toises d'un tablier métallique pour voies ferrées. — Pièces longitudinales formant l'ossature métallique principale d'une locomotive. — Maîtresses pièces d'un pont posées d'une culée à l'autre et supportant le tablier.

**LONGET**, savant physiologiste fr. (1811-1871).

**LONGÉVIF, IVE.** adj. Qui a de la longévité.

**LONGÉVITÉ.** s. f. (lat. *longævitas*, m. s., de *longus*, long; *ævum*, âge). Tout être vivant est, par le fait même de son organisation, soumis à certaines conditions de durée auxquelles il ne saurait se soustraire; à une époque déterminée, les fonctions de l'organisme s'affaiblissent progressivement et finissent par s'éteindre, lors même qu'aucune cause accidentelle n'est intervenue pour arrêter ou suspendre les fonctions vitales : c'est là ce que Burdach appelle la *mort nécessaire*. Tout être qui dépasse la limite normale assignée à son espèce constitue un cas de *longévité*.

Dans l'usage ordinaire, on détermine la durée moyenne de la vie, pour chaque espèce, par l'âge moyen des individus au moment de leur décès. Mais c'est là une détermination empirique qui ne saurait donner la durée normale de la vie, attendu que le plus grand nombre des décès ont lieu par des causes accidentelles aussi nombreuses que variables. Buffon, le premier, a pensé qu'il devait y avoir un rapport certain entre la durée naturelle totale des organismes vivants et celle de leur accroissement. D'après des calculs approximatifs qu'il fit sur un certain nombre de Mammifères, l'illustre naturaliste établit la proportion de 6 à 1, c.-à-d. que, suivant lui, un animal qui met 20 années pour parvenir au terme de sa croissance, doit vivre 120 ans. Malheureusement, le terme de la croissance n'est pas déterminé par Buffon d'une manière rigoureuse, et la proportion qu'il établit ne saurait être regardée que comme une simple approximation. Flourens a repris le problème de Buffon, en cherchant à le résoudre avec la précision qu'exige la science. Pour lui, la réunion des os à leurs épiphyses est le signe certain qui marque le terme de l'accroissement. En effet, cette soudure opérée, l'accroissement en longueur cesse forcément. Ce premier terme de la proportion obtenu, qu'est-ce qui donnera la limite naturelle du second ?, Selon Flourens, c'est l'observation de la durée de la vie, dans le cas de mort nécessaire; et, comme les cas de mort nécessaire s'observent plus souvent chez les animaux que chez l'homme, c'est par analogie qu'il conclura des animaux à ce dernier. L'ingénieux académicien observe alors que le terme de la croissance (marqué par la soudure des épiphyses) a lieu à 8 ans chez le Chameau, à 5 chez le Cheval, à 4 chez le Bœuf et le Lion, à 2 chez le Chien, à 18 mois chez le Chat, etc., et que ces animaux vivent respectivement 40, 25, 20, 10 à 12 et 9 à 10 ans, ce qui donne pour la durée totale de la vie 5 fois la durée de la croissance. Puis appliquant la même proportion à notre espèce, il établit que l'Homme mettant 20 ans pour parvenir au terme de sa croissance, il doit normalement vivre au moins un siècle. « Peu d'hommes, il est vrai, ajoute l'auteur, arrivent à ce grand terme; mais aussi combien d'hommes font-ils ce qu'il faudrait faire pour y arriver? Avec nos mœurs, nos passions, nos misères, l'homme ne meurt pas, il se tue. » — Plusieurs écrivains se sont plu à recueillir les exemples de longévité que fournissent les annales des divers peuples. On cite, entre autres, le voyageur Lahaye, qui se maria à l'âge de 70 ans, eut encore cinq enfants, et poussa sa carrière jusqu'à 120 ans; Brisio de Bra qui, à 122 ans, remplissait encore ses fonctions de domestique, et qui mourut après 6 mois de faiblesse; Jean Essingham, soldat d'abord, puis journalier, qui parvint à l'âge de 144 ans, et fit encore un voyage de six lieues huit jours avant sa mort; le Danois Drakenberg, qui servit comme matelot jusqu'à 91 ans, se maria à 111 et vécut jusqu'à 146 ans; Thomas Barr, pauvre paysan qui mourut à 152 ans. Les auteurs mentionnent aussi un Polonais des environs de Polozk, qui, à 93 ans, se remaria en troisièmes noces, et eut encore des enfants; en 1796, âgé de 163 ans, il était bien portant et dispos : son petit-fils le plus âgé avait 95 ans, et son plus jeune fils 62. Le Norvégien Jean Surrington mourut, dit-on, à 160 ans, ayant un fils âgé de 103 ans et un autre de 9 seulement. Le pêcheur H. Jenkins, mort le 8 déc. 1670, avait atteint l'âge de 169 ans. Enfin, l'Écossais Kintingern et le Hongrois Czartan arrivèrent à près de 180 ans. En donnant ces chiffres, nous ne prétendons pas certifier leur exactitude, d'autant plus que les observateurs qui ont rapporté ces cas de l. extraordinaire ont été quelquefois victimes de mystifications. C'est ainsi qu'on a cité le fameux invalide de Greenwich qui avait, paraît-il, 140 ans, et qui reçut la visite de la reine d'Angleterre. A sa mort, on découvrit qu'il avait utilisé les papiers de son grand-père. — Parmi les Mammifères, on cite surtout la l. de l'Éléphant, qui atteindrait 400 ans. Les Oiseaux, les Reptiles et les Poissons présentent aussi des exemples de l. extraordinaire. On cite un Aigle qui mourut à Vienne à l'âge de 104 ans, des Perroquets également plus que centenaires, une Tortue qui vécut 180 ans, des Carpes vieilles de 150 ans, etc. Chez les Insectes, au contraire, la vie est en général fort courte, si l'on ne considère que la durée de leur existence à l'état parfait; mais il faut tenir compte du temps qu'ils passent à l'état de larve et de nymphe.

**LONGFELLOW** (Henry Wadsworth), poète améric. (1807-1882).

**LONGFORD**, comté d'Irlande, prov. de Leinster; 61,000 hab. — Ch.-l. *Longford*; 4,400 hab.

**LONGICAUDE**. adj. 2 g. (lat. *longus*, long; *cauda*, queue). T. Zool. Qui a la queue longue.

**LONGICAULE**. adj. 2 g. (lat. *longus*, long; *caulis*, tige). T. Bot. Qui a une tige longue.

**LONGICOMPOSÉ, ÉE**. adj. [Pr. *lonji-kon-posé*]. T. Bot. Se dit des feuilles longues et composées, comme celles des Rosacées.

**LONGICORNES**. s. m. pl. (lat. *longus*, long; *cornu*, corne). Les Insectes qui composent la famille ainsi nommée appartiennent à l'ordre des *Coléoptères* et à la section des *Cryptopentamères*; on les désigne encore sous le nom de *Cérambycides* et plus vulgairement sous celui de *Capricornes*. Ils ont des antennes d'une longueur singulière, qui les fait connaître au premier abord; mais, en outre, ils se distinguent par la conformation de leurs tarses, dont les 3 premiers articles sont garnis en dessous de brosses, dont le deuxième et le troisième sont cordiformes, et dont le quatrième est profondément bilobé. Les antennes sont filiformes ou sétacées, le plus souvent de la longueur du corps au moins, tantôt simples dans les deux sexes, tantôt en scie, pectinées ou en éventail dans les mâles. Les yeux d'un grand nombre sont en forme de rein et entourent les antennes à leur base. On rencontre, parmi les L., un grand nombre d'espèces remarquables, soit par leur grande taille, soit par leurs formes élégantes, soit par leurs couleurs éclatantes et variées. Toutes d'ailleurs se ressemblent au plus haut degré dans leurs habitudes et dans leurs mœurs. Dans leurs premiers états, ces insectes vivent dans le tronc ou dans les branches des arbres. Les larves représentent toujours de gros vers allongés, blanchâtres ou jaunâtres, ayant une tête un peu cornée et des mandibules très robustes. Elles font beaucoup de tort aux arbres, surtout les grandes, en les perçant profondément ou en les criblant de trous. Quelques-unes rongent les racines des plantes. A l'état d'insecte parfait, les L. fréquentent les fleurs, les arbres pourris, etc. Ils produisent un petit son aigu par le frottement du pédicule de la base de l'abdomen contre la paroi intérieure du corselet. Cette famille comprend un très grand nombre de genres, plus de 200, que Latreille a répartis en plusieurs tribus: les *Prioniens*, les *Cérambycins*, les *Lamiaires* et les *Lepturètes*. Nous nous contenterons de donner les caractères de ces tribus, et de citer comme exemples quelques espèces dans chacune d'elles, en les choisissant parmi les espèces indigènes.

I. — Les *Prioniens* et les *Cérambycins* ont les yeux, soit fortement échancrés ou en croissant, soit allongés et étroits, et leur tête s'enfonce jusqu'à ces organes dans le corselet, sans se distinguer de ce dernier par un rétrécissement brusque formant une espèce de cou. Dans plusieurs espèces elle est verticale. Maintenant les *Prioniens* diffèrent des *Cérambycins* par leur labre peu ou point distinct, par leurs mandibules beaucoup plus fortes, et par leurs yeux qui n'entourent pas la base des antennes. — Le type du g. *Prione* (*Prionus*), qui donne son nom à la première tribu, est le *Pr. corroyeur* (Fig. 1). Cet insecte a 4 centimètres de longueur; il est entièrement brun, avec les antennes en scie, les élytres fortement chagrinés et 3 dents à chaque bord latéral du corselet. Sa larve vit dans les troncs pourris de nos chênes et de nos bouleaux. Le g. *Spondyle* (*Spondylis*) nous offre le *Sp. buprestoïde*, qui est long de 18 millimètres, tout noir, très ponctué, avec deux lignes élevées sur chaque élytre: sa larve vit dans l'intérieur des pins et des sapins. Parmi les espèces étrangères, nous mentionnerons le *Macrodontie cervicorne* (*Macrodontia cervicornis*) de la Guyane, qui dépasse 14 centimètres de longueur, y compris ses énormes mandibules: on mange sa larve, qui vit dans le bois du fromager.

II. — Les *Cérambycins* renferment plusieurs genres représentés chez nous par des espèces assez nombreuses. Le type du genre *Capricorne* (*Cerambyx*) est le *Capr. héros*, communément appelé *grand Capricorne*, qui est fort commun chez nous. C'est un insecte long d'environ 5 centimètres, brun foncé, avec les élytres fortement chagrinés et prolongés en une petite dent à la suture. Sa larve fait des trous profonds dans le bois des chênes. Dans le g. *Acanthoptère* (*Acanthoptera*), nous citerons l'*Ac. Rosalie* (Fig. 2), vulgairement appelé *Capricorne des Alpes*, qui est d'un bleu cendré, avec 6 taches noires disposées longitudinalement sur chaque élytre. Le devant du corselet offre une tache de la même couleur. Cet insecte est, en outre, remarquable par l'odeur de musc qu'il exhale. On le trouve communément dans les montagnes alpines. Les *Callichromes* (*Callichroma*) ont pour type le

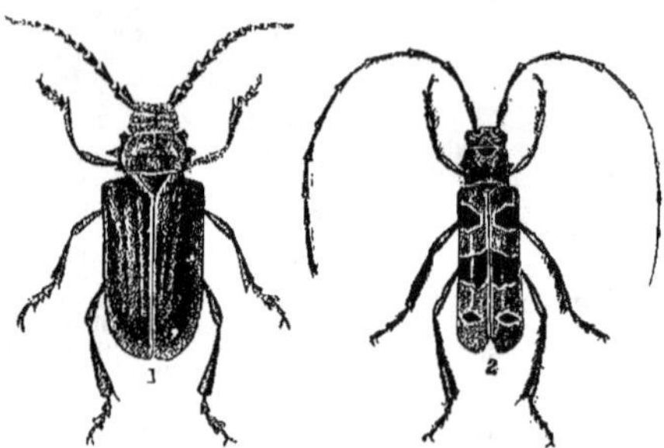


*Call. musqué*, qui est long d'environ 30 millimètres, entièrement vert ou d'un bleu foncé, et un peu doré dans quelques individus: sa larve vit dans les saules. Une espèce du g. *Callidie* (*Callidium*) est très répandue chez nous; c'est le *Call. sanguin*, petit insecte noir, avec le corselet et les étuis veloutés d'un beau rouge sanguin. Le *Clyte du bélier* (*Clytus arietis*) [Fig. 3, grossie] n'est pas moins commun: c'est un joli insecte noir velouté, avec trois lignes et points jaunes sur

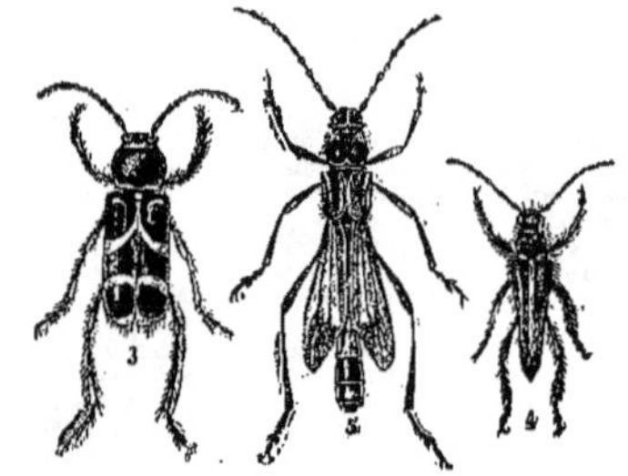


chaque élytre. Le *Sténoptère roux* (*Stenopterus rufus*) [Fig. 4, grossie], remarquable par ses étuis en forme d'alène, est fort commun aux environs de Paris, dans la belle saison. Le g. *Nécydale* (*Necydalis*) se distingue par la brièveté de ses élytres en forme d'écailles: il a pour type la *grande Nécydale* (Fig. 5) qui se trouve aux mois de juin et de juillet sur les vieux saules.

III. — Les *Lamiaires* sont surtout caractérisés par leur tête verticale; leurs palpes filiformes et terminés par un article ovoïde, et leurs antennes ordinairement sétacées et simples. Quelques espèces sont aptères, caractère que n'offre aucune autre division de cette famille. Le g. *Acanthocine* (*Acanthocinus*) renferme 3 espèces européennes, dont la plus belle, appelée vulgairement *Lamie charpentier* (*Ac. ædilus*) [Fig. 6], est brune avec un duvet grisâtre, quatre points jaunes sur le corselet et deux bandes noirâtres sur les élytres. Les antennes du mâle sont d'une longueur quadruple de celles du corps. Le type du g. *Lamie* (*Lamia*) est la *L. tisserand* (*L. textor*), qui est longue de 27 millimètres, d'un noir sombre, avec les antennes courtes et les étuis chagrinés. Le g. *Mésose* (*Mesosa*) nous offre le *M. Charançon*, joli insecte long de 14 mill. seulement, mais dont les élytres sont marqués de taches rondes, veloutées et entourées d'un cercle ferrugineux. Les genres *Dorcadion* et *Parmène* (*Parmena*) sont dépourvus d'ailes proprement dites. Le *Dorc. cendré* est très commun en Europe, mais presque exclusivement dans les terrains calcaires. Cet insecte est long de 14 millimètres, noir, avec les étuis tantôt cendrés, tantôt d'un brun noirâtre, mais offrant chacun trois lignes blanches. Les *Saperdes* ont le corselet cylindrique et dépourvu latéralement d'épines ou de

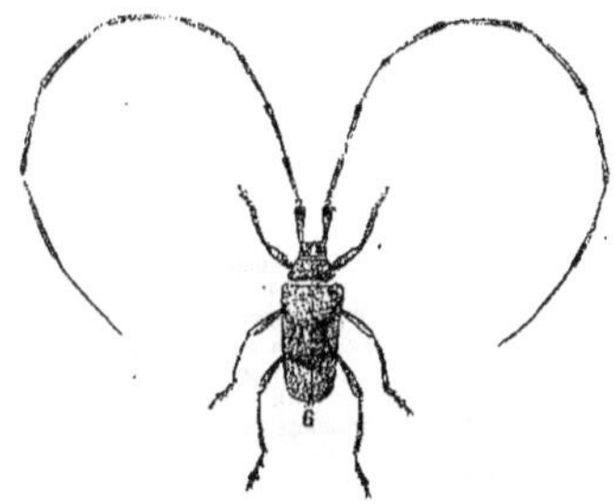


tubercules. L'espèce type du genre est la *Sap. chagrinée* (*Saperda carcharias*), qui est longue de 27 millimètres, couverte d'un duvet cendré jaunâtre et ponctuée de noir, avec les antennes entrecoupées de noir et de gris. Sa larve vit dans les troncs des peupliers et en détruit quelquefois les jeunes plantations.

IV. — Les *Lepturètes* se distinguent par leurs yeux arrondis ou à peine échancrés, par leur tête penchée et souvent rétrécie postérieurement en manière de cou, par la forme conique ou trapézoïde du corselet, qui se rétrécit en devant, et par leurs élytres, qui vont en se rétrécissant graduellement.

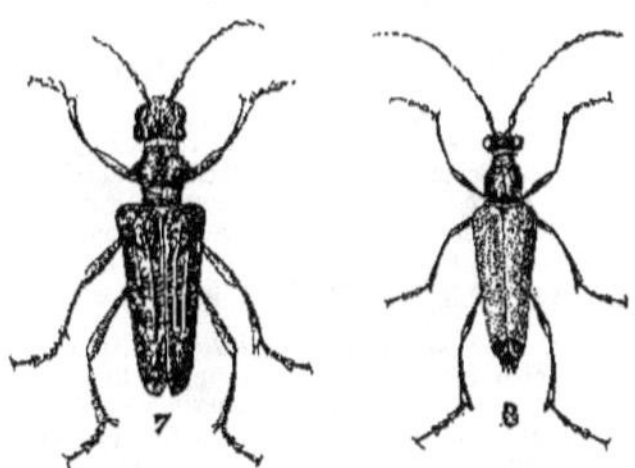


ment. Les genres *Vesperus*, *Rhagie* (*Rhagium*), *Toxote* (*Toxotus*) et *Lepture* (*Leptura*), sont européens. Parmi les espèces les plus répandues qu'ils renferment, nous citerons le *Rhagie mordant* (*Rh. mordax*) (Fig. 7), qui est gris foncé, tacheté de jaune velouté, avec quelques bandes transversales sur les élytres; et la *Lepture tomenteuse* (*L. tomentosa*) (Fig. 8), qui est noire, avec un duvet jaunâtre sur le corselet, et les élytres également jaunâtres, mais noires et tronquées à l'extrémité. Le Rhagie se trouve principalement dans les bois, sur les souches de chêne, et la Lepture sur les ronces et les aubépines.

**LONGIFOLIÉ, ÉE.** adj. (lat. *longus*, long; *folium*, feuille). T. Bot. Qui a de longues feuilles.

**LONGILOBÉ, ÉE.** adj. (lat. *longus*, long; fr. *lobe*). T. Hist. nat. Qui est partagé en lobes allongés.

**LONGIMANE.** adj. 2 g. (lat. *longus*, long; *manus*, main). T. Zool. Qui a de longues mains.

**LONGIMÈTRE.** (lat. *longus*, long; gr. μέτρον, mesure). Instrument de tailleur pour prendre des mesures.

**LONGIMÉTRIE.** s. f. (lat. *longus*, long; gr. μέτρον, mesure). T. Géométr. L'art de mesurer les longueurs. Inusité.

**LONGIMÉTRIQUE.** adj. 2. g. Qui a rapport à la longimétrie.

**LONGIN**, rhéteur grec du III$^e$ siècle ap. J.-C., à qui on attribue un *Traité du sublime*. Il fut ministre de Zénobie, reine de Palmyre, et livré à Aurélien, qui le fit périr.

**LONGIPALPES.** s. m. pl. (lat. *longus*, long; fr. *palpe*). T. Ent. Tribu d'*Insectes Coléoptères*. Voy. BRACHÉLYTRES.

**LONGIPÈDE.** adj. 2 g. (lat. *longus*, long; *pes*, *pedis*, pied). T. Zool. Qui a de longs pieds.

**LONGIPENNE.** adj. 2 g. [Pr. *lonjipè-ne*] (lat. *longus*, long; *penna*, plume). Qui a de longues ailes.

**LONGIPENNES.** s. m. pl. (lat. *longus*, long; *penna*, aile). T. Ornith. Famille de Palmipèdes dont les principaux genres sont : ALBATROS, PÉTREL, GOELAND, STERNE, BEC EN CISEAUX. Voy. ces mots.

**LONGIROSTRES.** s. m. pl. (lat. *longus*, long; *rostrum*, bec). T. Ornith. Famille d'*Échassiers* dont les principaux genres sont : IBIS, BÉCASSE, CHEVALIER, AVOCETTE. Voy. ces mots.

**LONGIS.** s. m. [Pr. *lon-ji*] (R. *longer*). T. Mar. Pièce de bois qui s'étend d'un gaillard à l'autre et soutient le plancher des passavants. — Barre de bois qui forme le rebord des écoutilles.

**LONG-ISLAND**, île de l'Atlantique dépendant de l'État de New-York (États-Unis), 664.000 hab.

**LONGISTYLE.** adj. 2 g. (lat. *longus*, long; fr. *style*). T. Hist. nat. Qui a les styles longs; se dit des plantes et des insectes.

**LONGITARSE** adj. 2 g. (lat. *longus*, long; fr. *tarse*). T. Zool. Qui a les tarses longs.

**LONGITUDE.** s. f. (lat. *longitudo*, longueur). T. Astron. et Géom.

**Astrol.** et **Géogr.** — I. *Longitudes terrestres.* — La *longitude* d'un lieu est l'angle que fait le plan méridien de ce lieu avec le méridien d'un certain lieu pris pour origine. Dans le cours d'un jour sidéral, la rotation de la Terre amène successivement tous les méridiens sous la même étoile. Or, comme cette rotation est parfaitement uniforme, il en résulte que chacun des points du globe terrestre parcourt un cercle de 360° dans l'espace de 24 heures, ou un arc de 15° par heure, de 15′ par minute, de 15″ par seconde, etc. Par conséquent la différence de l. de deux points est égale au temps qui s'écoule entre les passages des deux méridiens par la même étoile multiplié par 15. On peut aussi exprimer la l. *en temps*, ce qui équivaut à prendre pour unité d'angle un angle de 15° qu'on appelle *une heure*. Si nous remarquons maintenant que l'horloge sidérale doit marquer la même heure quand la même étoile se présente dans le plan méridien, on voit que la différence de l. des deux lieux est égale au temps qui s'écoule entre les deux époques où les horloges des deux stations marquent la même heure, c.-à-d. à la différence des heures des deux stations au même instant. Ce résultat est indépendant de la manière de compter le temps, et l'on peut dire d'une manière générale que la *l. d'un lieu est la différence entre l'heure de ce lieu et celle du lieu choisi pour origine, au même instant.* Il convient aussi de remarquer que, au même instant, l'heure est plus avancée au lieu qui est à l'est de l'autre, puisque les étoiles semblent tourner de l'est à l'ouest. Si, par ex., à un instant donné, il est 7 h. 35 min. du matin dans un lieu A, et 9 h. 36 min. également du matin dans un autre lieu B, le lieu B est à 2 h. 1 min. ou à 30° 15′ de l. Est du lieu A. Par conséquent, la détermination des longitudes se ramène à une simple mesure de temps.

Il suffit en effet de déterminer *au même instant* les heures des deux stations et leur différence sera la *l.* Malheureusement, il s'en faut de beaucoup que ce problème soit facile à résoudre en pratique. Si en effet l'astronomie permet de déterminer avec une grande précision l'heure de la station où l'on observe (Voy. HEURE, TEMPS), on conçoit qu'il soit beaucoup plus difficile de déterminer l'heure d'une station *où l'on n'est pas*. Aussi, le problème de la détermination des longitudes a-t-il été longtemps considéré comme l'un des plus difficiles de l'astronomie pratique. Aujourd'hui cette détermination est devenue plus aisée et beaucoup plus précise, grâce aux progrès de l'horlogerie et de la télégraphie électrique. Les méthodes employées ont toutes pour objet la détermination de l'heure du lieu où l'on n'est pas. On peut les classer en trois catégories : 1° *Méthode du transport des chronomètres;* 2° *Méthode des signaux terrestres;* 3° *Méthode des phénomènes célestes.*

1° *Méthode du transport des chronomètres.* — Pour déterminer la l. du point B, on transporte en B un chronomètre qui a été réglé en une station A dont la l. est connue. Arrivé en B, on y détermine l'heure, et la différence entre cette heure locale et l'heure que marque le chronomètre fait connaître la l. Pour déterminer l'heure de B, il suffit d'observer l'instant où une étoile dont l'ascension droite est connue arrive dans le plan méridien. L'heure sidérale est égale à cette ascension droite Æ. Si H est l'heure indiquée à cet instant par le chronomètre, la différence H-Æ donne la l. exprimée en temps. Les chronomètres sont construits aujourd'hui avec une perfection qui, moyennant quelques corrections, permet d'obtenir une très grande précision. Les principales de ces corrections sont la *correction de l'origine* et la *marche.* La *correction de l'origine* est simplement l'avance ou le retard constaté au moment où l'on a réglé le chronomètre, avance ou retard qu'on pourrait faire disparaître en modifiant la position des aiguilles; mais on préfère toucher le moins possible aux aiguilles, et l'on se contente de noter la correction. — La *marche* tient à ce qu'il est à peu près impossible de régler si bien la durée des oscillations du balancier que le chronomètre marche exactement de 24 heures en 24 heures sidérales. Quelles que soient les précautions prises, il reste toujours une petite différence qu'on détermine aisément avant le départ. De là résulte une correction proportionnelle au temps qu'on calcule sans peine en multipliant la *marche diurne* par le nombre de jours et la fraction de jour écoulés depuis le réglage. Enfin, il y a d'autres corrections tenant à la température et à la pression barométrique. — En mer, où il est impossible d'installer des instruments méridiens, on détermine non l'heure sidérale, mais l'heure solaire, en observant la hauteur du soleil au moyen du sextant. Connaissant la déclinaison du soleil et la latitude du lieu de l'observation, on n'a qu'un triangle sphérique à résoudre pour déduire l'heure solaire de la hauteur du soleil. On transforme ensuite cette heure en heure moyenne, puis en heure sidérale. — Pour augmenter encore la précision et la sécurité du résultat, on emporte plusieurs chronomètres dont les indications se contrôlent mutuellement.

Cette méthode est la plus simple de toutes celles que peuvent employer les navigateurs. C'est en même temps la plus précise depuis que l'horlogerie a réalisé ses derniers progrès, que la navigation à vapeur a permis d'abréger considérablement les voyages, et que les longitudes d'un très grand nombre de points ont été mesurées avec une grande exactitude. On comprend, en effet, que les erreurs dues à ce qui peut rester d'irrégulier dans la marche des chronomètres ont d'autant moins d'importance que le temps pendant lequel on ne peut régler le chronomètre est plus court. Or, quand on fait escale dans un lieu dont la l. est connue, il est facile de régler le chronomètre, de sorte que les vérifications sont fréquentes.

2° *Méthode des signaux terrestres.* — Imaginons que la station A puisse faire un signal qui soit perçu instantanément à la station B. L'observateur placé en B réglera d'abord, par des observations astronomiques, une bonne horloge sidérale, puis il notera l'heure à laquelle il reçoit le signal. D'autre part, l'observateur placé en A note l'heure à laquelle il envoie le signal, et lorsque les deux observateurs se rejoindront, la différence des heures fera connaître la différence des longitudes. On multiplie les signaux, et on les envoie alternativement dans les deux sens, afin de corriger l'influence des erreurs accidentelles par l'effet des moyennes. On s'est autrefois servi de cette méthode en employant des signaux optiques; mais la portée de ces signaux étant nécessairement restreinte, on ne pouvait procéder que par courtes étapes successives. Depuis l'invention de la télégraphie électrique, on emploie exclusivement les signaux électriques, qui peuvent se transmettre à toute distance, et qui fournissent la méthode la plus sûre et la plus précise pour la détermination des longitudes. C'est par cette méthode qu'on a calculé les longitudes d'un si grand nombre de points disséminés sur toute la terre. Cependant, la méthode n'est pas aussi parfaite qu'on pourrait le croire à première vue, et laisse encore place à quelques petites difficultés. C'est que le signal électrique n'est pas transmis *instantanément.* Ce n'est pas qu'il y ait lieu de tenir compte de la propagation du courant électrique à travers le conducteur, laquelle est plus rapide que celle de la lumière et ne peut introduire aucune erreur appréciable; mais il y a un autre phénomène beaucoup plus complexe, qui consiste en ce que le signal ne se transmet que lorsque le conducteur est *chargé.* Ce n'est pas la propagation du courant qui cause le retard, c'est le temps nécessaire à la *charge* du conducteur. Sans entrer dans la discussion détaillée du phénomène, nous allons tâcher de le faire comprendre à l'aide d'une comparaison. On peut comparer le conducteur électrique à une conduite d'eau. Si la conduite est pleine, une poussée exercée à l'une des extrémités se transmettra à l'autre extrémité presque instantanément, ou du moins l'intervalle de temps entre la production et la réception du signal sera réglé par la vitesse de propagation des ondes; mais si la conduite est vide, il faudra ajouter à cette durée le temps nécessaire à emplir la conduite. Or, le conducteur électrique retombe au potentiel zéro entre deux signaux; il se *vide* donc à chaque signal, et il faut pour ainsi dire le remplir à chaque fois. De là le retard qui dépend de ce que les électriciens appellent la *capacité* du conducteur. De là aussi la nécessité d'employer des courants de faible intensité, afin de diminuer la durée de la *charge.* L'inconvénient est minime sur les lignes terrestres où les conducteurs ont une très faible capacité; mais il en est autrement des lignes sous-marines, pour lesquelles les conducteurs immergés constituent de véritables *condensateurs* dont l'armature intérieure est le fil servant à transmettre le courant, et l'armature extérieure, le revêtement métallique qui protège le câble et l'eau de mer qui l'entoure. Voy. Condensateur. — Aussi, les câbles sous-marins ont-ils une capacité notable qui constitue, pour la transmission des dépêches, une véritable difficulté qu'on n'a pu résoudre que par de très ingénieux dispositifs, et qui entraîne dans la réception des signaux un retard pouvant s'élever presque à une seconde. Voy. Télégraphie. — En ce qui concerne la détermination des longitudes, on diminue l'erreur en faisant les signaux alternativement dans les deux sens. Il est clair, en effet, que si le signal est envoyé de l'Est à l'Ouest, l'observateur de l'Ouest recevant le signal en retard, inscrira une heure trop tardive, qui *diminuera* la différence de longitude, puisque l'heure de la station occidentale est *moins avancée* que celle de la station orientale. Au contraire, pour une raison analogue, le retard du signal envoyé de l'Ouest à l'Est aura pour effet d'*augmenter* la différence de longitude. L'erreur disparaîtrait donc de la moyenne si les retards étaient rigoureusement égaux dans les deux sens; malheureusement, il ne peut pas en être tout à fait ainsi, parce que ce retard dépend d'un grand nombre de causes essentiellement variables. Quoi qu'il en soit, l'emploi des signaux électriques est le procédé le plus précis qu'on connaisse pour la détermination des longitudes.

3° *Méthode des phénomènes célestes.* — Si un phénomène céleste peut être aperçu en deux stations à la fois, il pourra jouer le même rôle qu'un signal et servir à la détermination des longitudes. Il y a plus : la plupart des phénomènes célestes, dépendant de lois parfaitement connues, peuvent être prévus à l'avance et l'on peut calculer d'avance l'heure exacte de leur apparition. Dès lors, si l'on dispose d'une éphéméride donnant l'époque du phénomène en temps moyen de Paris, par exemple, il suffira d'observer le phénomène au lieu B, et de noter l'heure locale où il se produit. La différence entre cette heure et celle qui est inscrite sur l'éphéméride donne immédiatement la longitude de B. La méthode varie suivant la nature du phénomène observé.

A. Ptolémée a proposé et employé la méthode par les *éclipses de lune.* Elle consiste à observer l'instant où le disque de la lune entre dans l'ombre vraie de la terre, ou bien celui où il en sort. Malheureusement, la pénombre rend impossible de déterminer cet instant d'une façon précise. L'incertitude de l'observation s'élève à une minute de temps, ce qui correspond à un quart de degré de l. En conséquence, cette méthode est actuellement abandonnée.

B. Les phénomènes des *éclipses, occultations et passages des satellites de Jupiter* ont longtemps servi et servent encore fréquemment à la détermination des longitudes. Malheureusement, ils ne sont pas susceptibles d'être observés avec l'exactitude nécessaire, par la même cause qui rend incertaines les éclipses de lune, à savoir, la pénombre de la planète. Certains astronomes ont affirmé qu'on augmentait la précision, au moins dans le cas des éclipses, en observant non l'instant où le satellite perd sa lumière, mais celui où son éclat est réduit de moitié.

C. La méthode qui consiste à observer les *occultations des étoiles* par la lune, est une des plus faciles et des plus utiles quand on observe à terre; mais en mer on la pratique rarement. Pour cela, on note exactement l'instant où l'étoile choisie disparaît derrière le disque de la lune, ou réapparaît après son occultation. Mais, à cause de la parallaxe de la lune, l'immersion ou l'émersion de l'étoile n'a pas lieu au même instant pour des observateurs placés en différents lieux. Seulement, il est possible, au moyen des tables astronomiques, de calculer l'époque exacte de la disparition ou de la réapparition de l'étoile dans le lieu où l'on se trouve, cette époque étant exprimée en temps moyen de Paris. Il suffit alors de faire la différence entre l'époque ainsi calculée et l'heure locale de l'observation.

Malgré son exactitude, cette méthode est peu employée à cause de la longueur des calculs qu'elle exige.

D. On peut obtenir la l. d'un lieu par l'observation des *éclipses solaires* de la même manière et par les mêmes calculs que nous venons d'indiquer pour l'occultation des étoiles fixes, car une éclipse de soleil n'est en réalité qu'une occultation de cet astre. Mais les éclipses solaires sont des phénomènes trop rares pour que l'on puisse avoir communément recours à cette méthode. En outre, les irrégularités du bord du disque lunaire jettent, comme pour les occultations d'étoiles, quelque incertitude sur l'instant précis du commencement ou de la fin d'une éclipse solaire. Cependant on peut corriger ou plutôt éviter cette incertitude, en mesurant avec un micromètre la distance entre les deux pointes de l'astre qui, peu après le commencement de l'éclipse, paraissent comme des points brillants, nets et bien définis. Connaissant la distance des pointes ou la longueur de la corde, il est facile de calculer la distance de leurs centres à l'instant même où l'on a mesuré la distance entre les pointes.

E. La méthode appelée méthode des *passages de la lune* est fondée sur la rapidité du mouvement avec lequel cet astre se déplace parmi les étoiles. Imaginons qu'un observateur placé à la station A détermine le temps sidéral du passage du centre de la lune sur son méridien, et qu'un second observateur, placé en un lieu B à l'ouest de A, note également le temps sidéral du même passage. Si, dans l'intervalle de temps qui s'est écoulé entre les deux observations, l'ascension droite de la lune n'avait éprouvé aucun changement, les temps sidéraux marqués par les deux observateurs auraient été les mêmes. Mais, comme l'ascension droite a augmenté, pendant que la lune a passé du méridien A à celui de B, le temps sidéral du passage à la station B sera nécessairement augmenté, et, en supposant que le changement de l'ascension droite a été uniforme, nous trouverons que la différence des temps des deux passages sera proportionnelle à la différence des deux méridiens. Cette méthode, à cause de l'exactitude rigoureuse qu'elle exige dans l'ajustement de l'instrument des passages et de la marche de l'horloge, ne peut guère s'employer que dans les observatoires fixes.

F. On choisit une étoile qui passe au méridien à peu près au même instant que la lune et qui ait autant que possible la même déclinaison, de telle sorte qu'on puisse la voir dans le champ visuel sans altérer la position de l'instrument des passages. Le passage de l'étoile, ainsi que le passage du bord de la lune, est observé à deux stations (ou au moins observé à une station, et calculé pour une autre station dont le méridien est connu), et la différence de temps sidéral entre les deux passages marquée dans les deux lieux. Cette différence, par suite du mouvement de la lune en ascension droite, n'est pas la même aux deux sations, et sa variation donne la différence de ces stations en l. Cette méthode, qu'on appelle *méthode par la culmination des étoiles*, a été imaginée pour éviter les erreurs résultant des instruments, car ici toute erreur dans l'ajustement de l'instrument des passages affecte à la fois et également l'étoile et la lune.

G. C'est pour l'usage particulier de la navigation qu'a été imaginée la méthode dite des *distances lunaires*. On mesure, à l'aide du sextant la distance entre le bord de la lune et une planète ou une étoile fixe à un moment donné, puis on cherche le temps de l'Observatoire de Paris, auquel, suivant les tables, correspond cette distance. Voici en résumé comment on procède. L'observateur armé d'un sextant mesure 6 à 8 fois de suite, et aussi rapidement que possible, la distance angulaire qui existe entre une étoile donnée et le bord le plus rapproché de la lune, et note le temps qui correspond à chaque observation. Il prend ensuite la moyenne des distances observées, et la moyenne des temps de ses observations, de façon à avoir une distance unique rapportée à un instant également unique. Le temps local est donné par un chronomètre. En même temps que l'on observe les distances lunaires, deux assistants prennent les hauteurs de la lune et de l'étoile, afin de faire les corrections convenables pour la réfraction. Le reste de l'opération consiste à exécuter les calculs nécessaires. D'abord, on ajoute le demi-diamètre de la lune à la distance observée, et l'on a ainsi la distance apparente vraie. Ensuite, on fait les corrections pour la réfraction et la parallaxe, et l'on réduit la distance apparente au centre de la terre. Enfin, le calculateur consulte la *Connaissance des temps*, où il trouve indiquées les distances angulaires qui doivent exister entre le centre de la lune et les étoiles principales qui l'avoisinent, de 3 heures en 3 heures pour tous les jours de l'année, ce qui permet, par une interpolation facile, de trouver l'heure de Paris qui correspond à l'observation faite.

4° *Origine des longitudes. — Méridien initial.* — Le choix du méridien à partir duquel on compte les longitudes est entièrement arbitraire, et ne peut être fixé que par une convention entre les astronomes, les géographes et les marins.

Ptolémée et les géographes de l'antiquité, ainsi que leurs successeurs, les géographes arabes, mesuraient les longitudes à partir des îles Fortunées, aujourd'hui les Canaries. On avait choisi ce méridien situé à l'Est de tout le monde alors connu, afin que toutes les longitudes fussent de même sens. C'est en vain que la science a cherché à faire adopter par tous les peuples un premier méridien commun, celui, par ex., qui passe par l'île de Fer, la plus occidentale des Canaries : l'amour-propre national l'a emporté, et chaque peuple fait partir les longitudes du point où l'équateur terrestre est coupé par le méridien d'une de ses localités les plus importantes. En France, les longitudes se comptent du méridien de l'Observatoire de Paris. En Angleterre, on les compte du méridien de l'observatoire de Greenwich.

Cependant, cette question du premier méridien n'a pas cessé de préoccuper les savants. Comme elle se rattache à la détermination de l'heure légale, nous en avons déjà parlé au mot HEURE. Nous y reviendrons au mot MÉRIDIEN. Disons seulement qu'aujourd'hui (1898), sauf la France, l'Espagne, le Portugal, la Grèce et la Russie, toute l'Europe adopte le méridien de Greenwich. Malgré les résistances très légitimes de certains pays, et particulièrement de la France, il est possible que ce choix finisse par prévaloir, et que dans un avenir plus ou moins éloigné, le méridien de Greenwich devienne le méridien initial universel. Voy. HEURE, TEMPS, MÉRIDIEN.

II. *Longitudes célestes.* — La l. d'un astre est l'angle que fait le plan qui passe par cet astre et la perpendiculaire au plan de l'écliptique avec le plan qui passe par la même perpendiculaire et le point vernal. On peut encore dire que c'est l'arc d'écliptique compris entre les deux plans précédents. La l. est surtout usitée dans l'étude du mouvement des planètes. Dans ce cas, on distingue la *L. géocentrique* et la *L. héliocentrique*. La l. géocentrique est déterminée par le plan qui passe par le centre de la *Terre*, le centre de la planète, et qui est perpendiculaire au plan de l'écliptique; tandis que la l. héliocentrique est déterminée par le plan qui passe par le centre du *Soleil*, le centre de la planète, et qui est également perpendiculaire au plan de l'écliptique. Voy. COORDONNÉES.

III. — Le *Bureau des longitudes* est un établissement scientifique qui a été créé par un décret de la Convention nationale en date du 7 messidor an III (25 juin 1795). Les membres qui le composent sont au nombre de 11, savoir: 2 géomètres, 4 astronomes, 2 anciens navigateurs, 1 membre appartenant au département de la guerre, 1 géographe et 1 artiste constructeur d'instruments de précision. Le Bureau comprend en outre plusieurs adjoints et auxiliaires. Quant à ses fonctions, il est chargé du perfectionnement des tables astronomiques et des méthodes de détermination des longitudes, d'où le nom qu'il a reçu. Il est tenu de publier, plusieurs années à l'avance, le répertoire si connu sous le nom de *Connaissance des temps:* c'est un recueil d'observations et de calculs qui indique les positions des corps célestes pour chaque jour de l'année. Outre ces éphémérides si précieuses pour les astronomes et pour les navigateurs, le *Bureau des longitudes* publie, chaque année, sous le titre d'*Annuaire*, un extrait de la *Connaissance des temps* augmenté de tables et de notices intéressantes sur divers sujets de physique, de géographie et de statistique.

**LONGITUDINAL, ALE.** adj. (lat. *longitudo*, longueur). Qui est étendu en long. *Les membranes qui composent les vaisseaux sont formées de deux plans de fibres, les unes circulaires, les autres longitudinales.* || *Mesures longitudinales*, Mesure de longueur. Voy. LONGUEUR. || *Plan l.*, divisant un navire en deux parties symétriques dans le sens de la longueur.

**LONGITUDINALEMENT.** adv. En longueur.

**LONGIUSCULE.** adj. 2 g. (lat. *longiusculus*, m. s. dimin. de *longus*, long). Qui est un peu allongé. Inus.

**LONG-JOINTÉ, ÉE.** adj. (R. *long* et *jointé*). T. Manège. *Cheval long-jointé.* Qui a le paturon trop long. *Cette jument est trop long-jointée.*

**LONGJUMEAU,** ch.-l. de c. (Seine-et-Oise), arr. de Corbeil, 2,600 hab. — Paix de Longjumeau, en 1568, entre les catholiques et les protestants.

**LONGNY,** ch.-l. de c. (Orne), arr. de Mortagne; 2,000 hab.

**LONGOMONTANUS** (Christian), astronome suédois (1562-1647).

**LONGOTTE.** s. f. [Pr. *lon-go-te*, *g* dur]. Tissu de coton plus gros et plus lourd que le calicot ordinaire.

**LONGPÉRIER** (Adrien de), archéologue et numismate fr. (1816-1882).

**LONG-PAN.** s. m. T. Charp. Face la plus longue d'un comble. Voy. Comble. = Plur. *Des Longs-pans.*

**LONGRINE.** s. f. (R. *longueur*). T. Mar. Pièce de bois placée dans la longueur d'un ouvrage de charpente pour supporter les traverses, entretoises, etc. — Pièce de bois supportant les traversins dans une cale de construction. || T. Ch. de fer. Traverse sur laquelle on fait reposer les rails dans les changements et croisements de voies.

**LONGTEMPS.** adv. [Pr. *lon-tan*] (R. *long*, et *temps*). Pendant un long espace de temps. *Il a été l. malheureux. Cela dure trop l. Il ne saurait vivre l. Il y a l. que je ne l'ai vu. Je le connais depuis longtemps.* = Longtemps. s. m. Un long espace de temps.

**Syn.** — *Longuement.* — *Longtemps* désigne durée de temps, d'existence, d'action; *longuement* exprime à la lettre une action faite d'une manière plus ou moins longue, lente, paresseuse, languissante, etc. Tant qu'on intéresse ou qu'on amuse, on ne parle pas *longuement*, lors même qu'on parle *longtemps*. Avec une abondance d'idées, on parle *longtemps;* avec une abondance de paroles, on parle *longuement.*

**LONGUÉ,** ch.-l. de c. (Maine-et-Loire), arr. de Baugé; 4,300 hab.

**LONGUEMENT.** adv. [Pr. *longhe-man*]. Durant un long temps. *Vivre l. Parler l.* = Syn. Voy. Longtemps.

**LONGUE-PAUME.** Sorte de jeu. Voy. Paume.

**LONGUERIE.** s. f. (ital. *lungheria*, m. s.). Action de traîner en longueur. Vx.

**LONGUERINE.** Voy. Longrine.

**LONGUET, ETTE.** adj. (Dimin. de *long*). Qui est un peu long. *Cela est l. Son discours a été un peu l.* Fam. = Longuet. s. m. Marteau long et mince employé par le facteur de pianos.

**LONGUEUR.** s. f. [Pr. *lon-gheur*, *g* dur]. Dans le sens où *Long* est opposé à *Court*, L'étendue d'un objet considéré de l'une de ses extrémités à l'autre. *La l. d'une lance, d'une route. Cette perche est d'une bonne l.* — *Épée de l.*, Épée de défense plus longue que les épées qu'on portait ordinairement à la cour et à la ville. || Par oppos. à Largeur, L'étendue d'une surface considérée dans sa plus grande dimension. *Sa maison a tant de mètres de l. Cette cour a 18 mètres de l. sur 10 de largeur.* — *Mesurez ce tapis en l.*, Dans le sens de sa longueur. *Fendre, scier du bois en l.* || Se dit de la durée du temps. *La l. des jours et des nuits. La l. du temps. La l. d'une maladie. Ses visites sont d'une insupportable l. Le siège traîna en l.* || En parlant des ouvrages d'esprit, se dit relativement à leur étendue, ou relativement au temps qu'il faut pour les lire ou les entendre. *La l. d'un poème, d'un discours, d'un sermon. La l. de ce roman m'a rebuté.* — Se dit aussi des parties d'un ouvrage qui sont diffuses, trop développées, superflues. *Il y a des longueurs dans ce discours, dans cette tragédie.* || Lenteur dans les actions, dans les affaires. *Il n'en finit jamais; quelle l.! Je suis ennuyé de ses longueurs. Les longueurs de la chicane.* — *Cette affaire traîne en l. Il a l'art de tirer les choses en l.* || *Mesures* ou *Unités de l.* Voy. plus bas. || T. Sport. *Le cheval a gagné d'une l.*, Avec une avance égale à sa longueur.

**Géom.** — *Mesure des longueurs.* — La question de la mesure des longueurs est plus délicate qu'elle ne semble à première vue. Il convient de distinguer la mesure des *longueurs rectilignes*, et celle de la l. d'un arc de courbe.

1. *Longueur d'un segment de droite.* — Le point de départ est l'addition des segments de droite. Pour ajouter deux segments, on les place bout à bout sur la même droite, de manière que l'origine du second coïncide avec l'extrémité du premier (Fig. 1). Ainsi, le segment AC est la somme des deux segments AB et BC. On en déduit immédiatement l'addition de plusieurs segments par la répétition de l'opération précédente autant de fois que c'est nécessaire. De la définition de

A B C

Fig. 1.

l'addition résulte celle de la soustraction. Retrancher AB de AC, c'est chercher quel segment il faut ajouter à AB pour trouver AC. Il suffit de porter les deux segments sur une même droite, dans le même sens, à partir d'un même point. Le segment BC (Fig. 1) est la différence cherchée. On dit que le segment AC est plus grand que le segment AB quand il le déborde dans la superposition, c.-à-d. quand la soustraction AC—AB est possible. Si dans cette opération les deux points B et C venaient à coïncider, la différence serait nulle et les deux segments seraient égaux. Donc : *deux segments sont égaux quand ils peuvent coïncider.* C'est un cas particulier de la définition générale des figures égales. Voy. Géométrie. Il est alors facile d'établir que *deux segments égaux à un troisième sont égaux entre eux*, puisqu'on peut les faire coïncider tous les trois et que la somme de plusieurs segments est indépendante de l'ordre dans lequel on les ajoute. La notion d'addition conduit à celle de *multiplication. Multiplier un segment par un nombre entier* n, *c'est ajouter* n *segments égaux au multiplicande.* De là on passe à la *division* par un nombre entier : *Diviser un segment* A *par un nombre entier* n, *c'est en chercher un autre* B, *tel que* B *multiplié par* n *reproduit* A. La géométrie enseigne un procédé facile pour effectuer cette division. Voy. Partage. *Multiplier un segment par une fraction* $\frac{p}{q}$, *c'est le diviser par le dénominateur entier* q *et multiplier le résultat par le numérateur entier* p. La division d'un segment par une fraction est l'opération inverse de la multiplication : il s'agit de trouver un segment B qui, multiplié par le diviseur $\frac{p}{q}$ reproduise le segment dividende A. On établit facilement que cette division équivaut à la multiplication du dividende A par l'inverse $\frac{q}{p}$ de la fraction diviseur. La multiplication et la division par un nombre incommensurable $x$ se définissent par des considérations de limites assez simples. Un nombre incommensurable $x$ est défini par ses valeurs approchées par défaut $a$, et par excès $b$, lesquelles sont des fractions aussi voisines qu'on voudra l'une de l'autre, la différence $b$-$a$ indiquant précisément le degré d'approximation. Voy. Incommensurable. Or, si l'on multiplie le segment A par $a$, on aura un segment plus petit que celui qu'on cherche, et si on le multiplie par $b$, on aura un segment trop grand. Le produit A$x$ est donc compris entre A$a$ et A$b$. Mais la différence de ces deux résultats A$b$—A$a$ est égale à A($b$—$a$) et est par suite aussi petite qu'on voudra, puisqu'on peut prendre $b$—$a$ aussi petit qu'on veut. On peut donc déterminer, avec autant d'approximation qu'on veut, des segments qui sont des valeurs approchées du produit cherché soit par défaut, soit par excès. Quelles que soient les valeurs approchées $a$ et $b$, A$b$ sera toujours plus grand que A$a$. Il existe donc un certain segment D qui est toujours compris entre A$a$ et A$b$, et il ne peut y en avoir qu'un seul, car s'il y en avait deux, D et D', la différence A$b$—A$a$ ne saurait descendre au-dessous de D′—D. C'est ce segment D qui est le produit de A par le nombre incommensurable $x$, et l'on dit que le produit d'un segment A par un nombre incommensurable $x$ est *la limite commune du produit de* A *par les valeurs approchées de* $x$. — Enfin, on appelle *rapport* de deux segments A et B, le nombre entier, fractionnaire ou incommensurable par lequel il faut multiplier B pour trouver A. Voy. RAPPORT.

Ces principes admis, la mesure des longueurs rectilignes devient très facile : *mesurer une longueur, c'est chercher son rapport avec une longueur bien définie qui reçoit le nom d'unité;* en d'autres termes, c'est chercher par quel nombre il faut multiplier l'unité pour retrouver la longueur donnée. Si la longueur donnée est notablement plus grande que l'unité, il suffira de porter plusieurs fois de suite l'unité sur cette longueur, et l'on obtiendra la mesure à *une unité près*. Si l'on veut une approximation plus grande, on divisera l'unité en $n$ parties, et l'on cherchera combien de fois cette partie de l'unité est contenue dans la longueur. On aura ainsi la *mesure* à $\frac{1}{n}$ près. En général, les parties de l'unité, si petites qu'on les suppose, ne seront jamais contenues un nombre exact de fois dans la longueur donnée. Celle-ci ne pourra donc être mesurée que *par approximation;* mais cette approximation sera d'autant plus grande qu'on aura fait plus de parties dans l'unité. On dit alors que la mesure est un nombre incommensurable qui est la limite commune des mesures approchées par défaut ou par excès. On peut ainsi, une fois le choix de l'unité bien établi, faire correspondre à toute longueur un nombre entier, fractionnaire ou incommensurable qui est sa *mesure*, et cette correspondance permet de remplacer les raisonnements relatifs aux longueurs par des raisonnements sur les nombres, lesquels dépendent de l'arithmétique. Voy. INCOMMENSURABLE, MESURE.

II. *Longueur d'un arc de courbe.* — Il est en général impossible de comparer directement par superposition deux arcs de courbe, puisqu'il est impossible de les superposer exactement. Il n'y a que trois lignes qui jouissent de cette propriété d'être égales à elles-mêmes dans toutes leurs parties, c.-à-d. de pouvoir glisser sur elles-mêmes sans cesser de coïncider avec leur position primitive : ce sont la *droite*, la *circonférence* et l'*hélice*. C'est cette propriété importante qui nous a permis d'expliquer si facilement la mesure des segments de droite. On pourrait bien, de la même manière, établir une théorie de la longueur des arcs de cercle ou des arcs d'hélice en prenant pour unité un certain arc de la même circonférence ou de la même hélice; mais il devient impossible de comparer directement des arcs pris dans deux cercles de rayons différents, à plus forte raison, des arcs de cercle avec des arcs d'hélice ou avec des segments de droite. La plupart des anciens géomètres pensaient que la l. d'un arc de courbe était une chose dont on avait l'intuition et qu'il était inutile de préciser davantage. Cette opinion est aujourd'hui abandonnée, et l'on reconnaît la nécessité de définir d'une manière précise l'égalité et l'addition des arcs de courbe pris sur des courbes différentes. On y arrive en définissant un segment de droite égal à l'arc de courbe, ce qui ramène immédiatement la comparaison des longueurs curvilignes à celle des longueurs rectilignes; mais on a d'abord cherché à établir cette définition sur des données intuitives, et l'on a essayé pour cela de deux procédés. Le premier consiste à assimiler une courbe à un *fil inextensible*, et à la rectifier par la pensée, comme on tend un fil. Le second repose sur la considération de deux mobiles qui parcourraient l'un l'arc de courbe, l'autre le segment de droite : les deux longueurs seraient égales si les temps employés par les deux mobiles à parcourir les deux lignes sont égaux, à condition toutefois que les vitesses soient égales. Il est facile de reconnaître que ces deux manières de concevoir la l. d'un arc de courbe constituent des cercles vicieux. Dans la seconde, il faut admettre la notion des *vitesses égales*, c.-à-d. de mobiles qui parcourent des *longueurs égales* pendant des temps égaux. Il faut donc être déjà en possession de la notion des longueurs égales, sans compter que la notion de temps est étrangère à la géométrie et que son introduction complique la question au lieu de l'éclaircir. Dans le premier procédé, le cercle vicieux réside dans l'adjectif *inextensible* qui indique précisément que la l. du fil ne change pas pendant l'opération. Si l'on analyse avec soin cette idée de la rectification du fil, on verra qu'il faut d'abord supposer le fil polygonal, c.-à-d. composé de segments de droite qu'on place à la suite les uns des autres; ce n'est que par une généralisation et une abstraction nouvelle qu'on arrive à la notion de la rectification d'un arc de courbe; mais alors on retombe précisément sur les idées que nous allons expliquer et qui constituent la seule manière correcte de définir la l. d'un arc de courbe.

On peut d'abord partager la courbe donnée en *arcs convexes*, c.-à-d. tels que la tangente en un point quelconque de

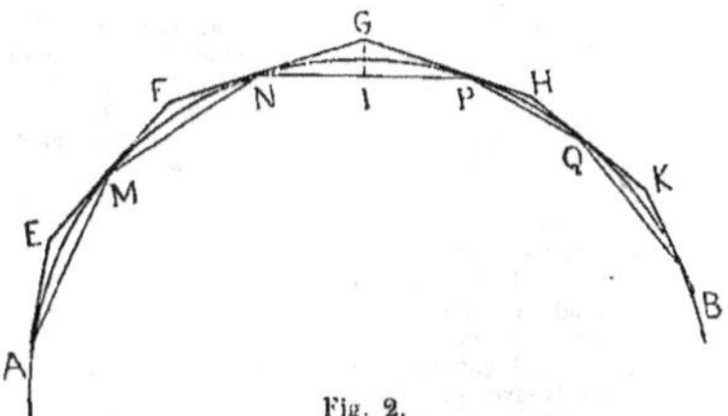


Fig. 2.

l'un d'eux laisse tout l'arc d'un même côté. Il suffit de considérer l'un de ces arcs AB (Fig. 2). Prenons sur cet arc un certain nombre de points MNPQ; joignons-les et menons les tangentes de chacun d'eux. Nous formerons ainsi une ligne brisée inscrite AMNPQB, et une ligne brisée circonscrite AEFGHKB, convexes l'une et l'autre. La ligne brisée circonscrite, enveloppant l'autre, est plus longue qu'elle et, quelle que soit la définition qu'on veuille adopter pour la l. de l'arc AB, il faudra que cette l. soit comprise entre les longueurs des deux lignes brisées. La ligne brisée inscrite est donc une valeur approchée par défaut, et la ligne brisée circonscrite une valeur approchée par excès de la l. cherchée. Comme toute ligne circonscrite sera plus longue que toute ligne brisée inscrite, les valeurs approchées trouvées par ce procédé ne seront jamais contradictoires. Il reste à savoir si l'on peut obtenir une approximation aussi étendue qu'on voudra. Or, il en est bien ainsi, et, pour le montrer, il suffit de montrer que l'excès de la ligne circonscrite sur la ligne inscrite peut être réduit autant qu'on veut. Abaissons de chaque sommet de la ligne polygonale circonscrite des perpendiculaires telles que GI sur le côté correspondant de la ligne inscrite. La différence entre les deux lignes pourra être représentée par :

$$\Sigma\,(\text{NG} - \text{NI})$$

le signe $\Sigma$ indiquant qu'il faut faire la somme de toutes les différences analogues. Or, dans le triangle NGI, on a :

$$\text{NG} - \text{NI} < \text{GI},$$

et il est évident que

$$\text{GI} = \text{NI} \times \frac{\text{GI}}{\text{NI}}.$$

Mais le rapport $\frac{\text{GI}}{\text{NI}}$ diminuera avec l'angle GNI, et l'on peut prendre les points MNQ, etc... assez rapprochés pour que tous les angles tels que GNI soient plus petits qu'un angle donné, et pour que, par suite, tous les rapports tels que $\frac{\text{GI}}{\text{NI}}$ soient plus petits qu'un nombre donné $\alpha$, aussi petit qu'on voudra. On aura donc :

$$\text{NG} - \text{NI} < \text{NI} \times \alpha$$

et

$$\Sigma(\text{NG} - \text{NI}) < \alpha\Sigma\text{NI}.$$

Mais $\Sigma$NI est la ligne inscrite qui est plus petite qu'une ligne brisée L, enveloppant toute la figure qu'on peut tracer dès le début, une fois pour toutes. On aura ainsi, à plus forte raison,

$$\Sigma(\text{NG} - \text{NI}) < \alpha\text{L},$$

quantité qu'on peut réduire autant qu'on veut, puisqu'on dispose de $\alpha$.

Il est donc établi qu'en remplaçant la ligne courbe par une ligne brisée inscrite, ou une ligne brisée circonscrite, on pourra déterminer des valeurs approchées de ses longueurs avec autant d'approximation qu'on voudra. Si l'on considère l'ensemble de toutes les lignes inscrites et celui de toutes les lignes circonscrites, on peut trouver une l. rectiligne $l$ qui soit plus grande que toutes les premières et plus petite que les secondes, et cette l. est unique, car s'il y en avait deux $l$ et $l'$, la différence des deux lignes brisées ne saurait descendre au-dessous de $l' - l$. C'est ce segment de droite $l$ qui est dit avoir la même l. que l'arc de courbe AB, et l'on peut dire que la l. d'un arc de courbe est la limite commune des longueurs des lignes brisées inscrite et circonscrite à cet arc lorsque les éléments de ces lignes brisées tendent vers zéro.

On remarquera que cette définition de la l. d'un arc de courbe n'est nullement arbitraire. Elle est imposée par le fait que la ligne enveloppée convexe doit être considérée comme plus courte que la ligne enveloppante.

**Métrol.** — *Unités de longueur.* — En France, avant l'établissement du système métrique, le plus grand arbitraire régnait parmi les mesures de longueur; elles variaient d'un lieu à l'autre; et le même nom représentait souvent une multitude de mesures différentes. Toutefois les mesures dites *royales* étaient les plus usités. Ces mesures étaient : le ***Pied de roi***, ou simplement *Pied*, qui se partageait en 12 *Pouces*, subdivisés eux-mêmes en 12 ***Lignes;*** la *Toise*, qui valait 6 pieds; l'*Aune*, qui avait été fixée par ordonnance de Henri II (1554) à 3 pieds 7 pouces 8 lignes : et la *Perche royale*, ou *des eaux et forêts*, qui valait 22 pieds. Ces deux dernières mesures étaient exclusivement usitées, l'une dans le commerce et l'autre dans l'arpentage. En évaluant ces mesures en mètres, centimètres et millimètres, on trouve que le *pied* était égal à $32^{cm},484$, le *pouce* à $2^{cm},707$, la *ligne* à $2^{mm},256$, la *toise* à $1^{m},94904$, l'*aune* à $1^{m},18205$, et la *perche royale* à $7^{m},14647$. La *Perche de Paris*, qui ne valait que 18 pieds ou $5^{m},84711$, était également fort usitée. Aujourd'hui, en France et dans les pays qui ont adopté le système métrique, l'unité de l. est le *mètre*, qui est en même temps la base de toutes les autres unités, comme nous l'expliquerons au mot MÉTRIQUE.

Nous avons déjà donné, au mot ITINÉRAIRE, la liste des principales unités adoptées à l'étranger pour mesurer les distances itinéraires. Nous donnons ci-après la liste des principales unités de l. usitées à l'étranger. Beaucoup de ces unités doivent être considérées comme d'*anciennes* mesures, parce que les pays qui les employaient ont adopté le système métrique. Nous les indiquons néanmoins : car on les rencontre dans des ouvrages ou des documents peu anciens. Les nombres qui suivent le nom de chaque unité sont des nombres de *centimètres*.

EUROPE. ANGLETERRE. Voy. GRANDE-BRETAGNE.

AUTRICHE-HONGRIE. *Autriche* proprement dite : Pied, 31,602; Aune, 77,92. *Haute Autriche*, Aune, 79,97. *Bohême*, Aune, 59,40; Pied, 30,02. *Moravie*, Aune, 79,07. *Hongrie*, Aune, 55,81.

BADE. Pied, 30,00; Aune, 60,00.

BAVIÈRE. Pied, 29,30; Aune, 83,30.

BELGIQUE. Mètre, 100,00; Pied d'Anvers, 28,55; Pied de Bruxelles, 27,575; Aune de laine, 68,44; Aune de soie, 69,43; Aune de Brabant, 70,00.

BOHÊME. Voy. AUTRICHE-HONGRIE.

DANEMARK. Pied, 31,385; Aune, 62,77; Perche, 313,85.

ÉCOSSE. Voy. GRANDE-BRETAGNE.

ESPAGNE. Pied (1/3 de vara), 27,85; Vara, 83,56.

GRANDE-BRETAGNE. Yard, 91,438; Pied (1/3 de yard), 30,479; Pouce (1/12 du pied), 2,240; Aune (5/4 de yard), 114,298; Brasse (Fathom), 182,9; Perche (Pole), 502,8; Furlong, 20116,4. *Écosse*. Aune, 94,45.

GRÈCE. Piki royal, 100,000; Palme, 10,00; Centimetron, 1,00; Millimetron, 0,1.

HAMBOURG. Pied, 28,65; Aune, 57,30.

HANOVRE. Pied, 29,21; Aune, 58,42.

HOLLANDE. *Amsterdam*. Pied, 28,31; Aune, 68,78. *Harlem*. Pied, 28,58; Aune ordinaire, 68,35; Aune de linge, 74,26. *La Haye*, Aune, 69,424.

HONGRIE. Voy. AUTRICHE-HONGRIE.

IRLANDE. Voy. GRANDE-BRETAGNE.

ITALIE (Mesures très variables suivant les régions; nous donnons les anciennes mesures de Rome et celles de Toscane et du Piémont; l'Italie a aujourd'hui le système métrique); *Rome*. Pied, 29,78; Palme des architectes, 22,34; Palme pour les marbres de Carrare, 24,93; Brasse des marchands, 84,82; Canne des marchands, 199,27. *Toscane*. Brasse, 58,363; Pied de construction, 54,81; Canne, 291,83. *Piémont*. Raso, 59,94; Toise, 171,25.

PORTUGAL. Palme (Palmo craveiro), 21,85; Pied d'architecte, 33,86; Vara, 109,60; Covado, 67,81.

RUSSIE. Sagène, 213,356; Archine (1/3 de sagène), 71,119; Verchoc (1/16 d'archine), 4,445; Pied de Moscou, 33,43; Pied de Varsovie, 28,00; Aune de Varsovie, 57,60.

SAXE. Pied, 28,33; Aune, 56,53.

SUÈDE. Pied, 29,69; Aune, 59,38.

SUISSE. Pied, 30,00; Toise, 180,00; Pouce (1/10 de pied), 3,00; Ligne (1/10 de pouce), 0,30; Trait (1/10 de ligne), 0,03; Aune, 120,00; Brache, 60,00; Pied de Bâle, 30,45; Pied de Berne, 29,32.

TURQUIE. Grand pic, 66,91; Petit pic, 64,79; Pic pour le drap, 68,32; Endazeh pour la soie, 63,77.

WURTEMBERG. Pied, 28,64; Aune, 61,43.

AFRIQUE. ABYSSINIE. Pic, 68,57.

CANARIES. Pied castillan, 28,26, Vara, 85,09.

ÉGYPTE. Pic masri, 56,42; Pic Stamboull, 17,70; Pic endazeh, 63,61.

GUINÉE. Jacktan, mesure de toile, 365,90.

MAROC. Pic mauresque, 66,10; Covado, 50,42; Cadée, 51,66; Canna, 171,51.

TRIPOLI, Pic, 55,25.

TUNIS. Pic de toile, 47,27; Pic de soie, 62,98; Pic de laine, 67,30.

ASIE. CHINE. Thsun ou doigt (1/10 de pied), 3,2; Tché ou pied, 32,00; Pou ou pas, de 5 pieds, 160,00; Tchang ou perche, de 10 pieds, 320,00; Pied du commerce, 33,83; Covid, 37,13.

INDE. *Bombay*. Ady ou Pied de Malabar, 26,56. Haut ou Covid, 45,71. *Calicut*. Guz, 72,10. *Calcutta*. Brasse ou Covid, 44,72; Ges, 91,43. *Madras*. Ady ou Pied de Malabar, 26,56; Covid, 47,37. *Pondichéry*. Covid, 45,73.

JAPON. Ink ou Tattamy, 190,05; Ikje, 211,82.

PERSE. Guerze royal ou Monkelzer, 71,65; Guerze commun, 63,03; Schah archine, 80,08; Arich archine, 97,23.

SIAM. Soh, 48,04; Kon, 96,09; Vonah, 192,19.

AMÉRIQUE. — Les mesures de longueur usitées dans les États civilisés du nouveau continent sont celles de l'Angleterre, de l'Espagne, du Portugal, etc., suivant que les pays sont occupés par des colons d'origine anglaise, espagnole, etc.

*Mesure de longueur des Anciens.* — Nous terminerons cet article par quelques lignes sur les mesures de longueur usitées chez les peuples anciens : notre but est de faciliter la lecture des auteurs classiques. — Dans l'ancienne Égypte, les mesures à nous connues étaient le *Doigt* ou *Thèb*, le *Palme* ou *Choryos* qui valait 4 doigts, la *Coudée* ou *Derah*, et l'*Empan* ou *Tertô* qui valait une demi-coudée. Mais il y avait deux sortes de coudées, et, par conséquent, deux sortes d'empans. La *Coudée ordinaire* ou *naturelle* valait 6 palmes ou 24 doigts, et la *Coudée royale* 7 palmes ou 28 doigts. Saigey évalue ces mesures comme il suit : *Doigt*, $18^{mm},75$ : *Palme*, 75 mill. : *Coudée naturelle*, 450 mill.; *Coudée royale*, 525 mill.; *Petit empan*, 225 mill.; *Grand empan*, $262^{mm}1/2$. Hérodote, dans sa description de l'Égypte, estime les longueurs non seulement en coudées, mais encore en *Pieds* de 4 palmes ou 16 doigts, en *Orgyies* de 6 pieds et en *Plèthres* de 100 pieds; il n'est pas certain cependant que les Égyptiens aient fait usage de ces mesures, même sous d'autres noms. Quoi qu'il en soit, on voit que le *Pied* dont parle Hérodote valait 30 cent., l'*Orgyie* $1^{m},20$, et le *Plèthre* 30 mètres. Mais, sous la domination des Ptolémées, on adopta un nouveau système de poids et mesures, calé en partie sur le système grec. Ce nouveau système est connu sous le nom de *Système philétérien*, et son invention est attribuée par quelques auteurs à Philétère, fondateur du royaume de Pergame. Voici, d'après Saigey, en quoi il consiste : « La coudée royale égyptienne de 7 pieds fut remplacée par une coudée de 7 palmes olympiques, c.-à-d. de 539 ou 540 mill. Mais, pour plus de commodité, on la divisa en 6 palmes et en 24 doigts; 4 palmes ou 16 doigts formaient le *Pied philétérien*, autrement dit *Pied royal*. Cela posé, on trouve, d'après le témoignage de Héron, les rapports suivants pour les différentes mesures du système : *Doigt*, $0^{m},0225$; *Palme*, 4 doigts ou $0^{m},09$; *Pied*, 16 doigts ou $0^{m},36$; *Coudée*, 24 doigts ou $0^{m},54$; *Brasse* ou *Orgyie*, 6 pieds ou $2^{m},16$; *Perche* ou *Achène*, 10 pieds ou $3^{m},60$; *Amma* ou *Petite chaîne*, 60 pieds ou $21^{m},60$; *Plèthre* ou *Grande chaîne*, $36^{m},00$ ».

Les HÉBREUX, en quittant l'Égypte, conservèrent les mesures du pays d'où ils sortaient : ils appelaient le doigt *Etzba*, le palme *Tophah*, la coudée *Amma*, l'ampan ordinaire *Zereth*, et le grand empan *Gomed*. — Les PHÉNICIENS, les CHALDÉENS et les PERSES faisaient usage des mêmes mesures fondamentales que les Égyptiens; néanmoins le système de ces derniers paraît avoir subi en Asie de légères modifications. La fameuse *Coudée royale* de Babylone est évaluée par divers auteurs à $505^{mm},75$; Saigey la porte à 520 millimètres.

Les GRECS prirent pour unité de l. les deux tiers de la coudée naturelle des Égyptiens, et lui donnèrent le nom de *Pied*. Le pied se subdivisait en 4 *palmes* et 16 *doigts;* la *Coudée* contenait 1 pied 1/2, etc. Bien que la longueur du pied ne fût pas rigoureusement la même chez tous les peuples de la Grèce, les rapports des multiples et des sous-multiples du pied étaient invariables. Le pied le plus usité était le *Pied olympique*, appelé aussi *Pied attique*. On connaît sa l. exacte par sa correspondance avec le pied romain; mais, en outre, on a pu le déterminer directement. Ainsi, d'après les auteurs, le Parthénon, ou temple de Minerve, à Athènes, avait 100 pieds de largeur, d'où le nom d'Hécatompédon qu'on lui donnait. Or la mesure de sa largeur est exactement de 30$^m$,8, dont la 100$^e$ partie est 0$^m$,308. Le tableau ci-joint indique les valeurs des différentes mesures grecques, rapportées au pied olympique comme unité.

| | MÈTRES. |
|---|---|
| *Doigt* ou *Dactyle* = 1/16 pied. . . . . . . . . . | 0,019 |
| *Condyle* = 2 doigts = 1/8 pied . . . . . . . . | 0,038 |
| *Palme* = 4 doigts = 1/4 pied. . . . . . . . . . | 0,077 |
| *Dichas* = 8 doigts = 1/2 pied . . . . . . . . | 0,154 |
| *Lichas* = 10 doigts. . . . . . . . . . . . . . | 0,192 |
| *Orthodoron* = 11 doigts. . . . . . . . . . . . | 0,211 |
| *Empan* ou *Spithame* = 12 doigts = 1/2 coudée. | 0,231 |
| PIED = 16 doigts = 4 palmes. . . . . . . . . . | 0,308 |
| *Pygme* = 18 doigts. . . . . . . . . . . . . . | 0,346 |
| *Pigon* = 20 doigts = 5 palmes = 1/2 pas . . . . | 0,385 |
| *Coudée* = 24 doigts = 6 palmes = 1 pied et 1/2. | 0,462 |
| *Pas* = 2 pieds et 1/2 . . . . . . . . . . . . | 0,770 |
| *Double pas* = 5 pieds. . . . . . . . . . . . . | 1,540 |
| *Brasse* ou *Orgyie* = 6 pieds = 4 coudées. . . . | 1,848 |
| *Perche* ou *Achène* = 10 pieds = 4 pas . . . . . | 3,080 |
| *Amma* ou *petite chaine* 60 pieds = 24 pas . . . | 18,480 |
| *Plèthre* ou *grande chaine* = 100 pieds = 40 pas. | 30,800 |

Chez les ROMAINS, de même que chez les Grecs, l'unité de l. était le *Pied*, mais ce pied était un peu moins long. En outre, non contents de le diviser, comme les Grecs, en 4 *palmes* et en 16 *doigts*, ils le partageaient encore en 12 parties, qu'ils appelaient *Onces*. Les mesures des Romains sont évaluées comme il suit :

| | MÈTRES. |
|---|---|
| *Doigt* = 1/16 pied . . . . . . . . . . . . . . | 0,01841 |
| *Pouce* ou *Once* = 1/12 pied . . . . . . . . . . | 0,02455 |
| *Palme* (*palma*) = 4 doigts = 3 pouces = 1/4 pied. | 0,0735 |
| *Empan* (*palmus*) = 3 palmes = 1/2 coudée. . . | 0,2209 |
| PIED = 16 doigts = 4 palmes = 12 pouces. . . . | 0,2946 |
| *Coudée* = 6 palmes = 1 pied et 1/2 . . . . . . . | 0,4424 |
| *Pas* = 5 pieds. . . . . . . . . . . . . . . . . | 1,473 |
| *Perche* (*decempeda*) = 10 pieds = 2 pas. . . . | 2,946 |
| *Chaine* (*actus*) = 12 perch. = 24 pas = 120 pieds. | 35,352 |

Nous n'entrerons pas dans plus de détails sur ce sujet; les personnes qui voudraient l'approfondir devront consulter les ouvrages de Wurm, Ideler, Letronne, Saigey, Bœckh, etc.

**LONGUEVILLE** (Duchesse de), sœur du grand Condé, prit part aux troubles de la Fronde, puis abrégea sa vie par ses austérités (1619-1679).

**LONGUE-VUE.** Voy. LUNETTE.

**LONGUS**, écrivain grec du IV$^e$ siècle ap. J.-C, auteur de la pastorale de *Daphnis et Chloé*, traduite en français par Amyot et plus tard par P.-L. Courrier.

**LONGUYON**, ch.-l. de c. (Meurthe-et-Moselle), arr. de Briey; 2,600 hab.

**LONGWOOD**, nom de l'habitation de Napoléon à Sainte-Hélène.

**LONGWY**, ch.-l. de c. (Meurthe-et-Moselle), arr. de Briey; 7,000 hab. Mines de fer, Hauts fourneaux.

**LONICERA.** s. m. (R. *Lonicer*, n. d'un bot. all.). T. Bot. Nom scientifique du genre *Chèvrefeuille*. Voy. CHÈVREFEUILLE et CAPRIFOLIACÉES.

**LONICÉRÉES** s. f. pl (R. *Lonicera*). T. Bot. Tribu de plantes de la famille des *Caprifoliacées*. Voy. ce mot.

**LONLAY** (EUGÈNE, marquis de), littérateur fr. (1815-1866).

**LONS-LE-SAUNIER**, ch.-l. du dép. du Jura, à 442 kil. S.-E. de Paris; 12,600 hab. Salines, Vins, Distilleries. Patrie de Lecourbe et de Rouget de Lisle. = Nom des hab. : LÉDONIEN, ENNE.

**LOOCH.** s. m. [Pr. *lok*] (Or. *loog*, m. s., du v. *laaka*, lécher, sucer). T. Pharm. Les *Loochs* sont des médicaments liquides, et de la consistance d'un sirop épais, que l'on administre par cuillerées dans les maladies des poumons, du larynx et de l'arrière-bouche. Les plus usités sont le *L. blanc*, le *L. calmant* et le *L. gommeux*. Le *l. blanc*, appelé aussi *l. blanc pectoral* et *l. amygdalin*, est une émulsion d'amandes édulcorée. Pour le préparer, on pile ensemble 12 amandes douces mondées, 2 amandes amères et 16 grammes de sucre, en y ajoutant, peu à peu, 128 grammes d'eau. On verse ensuite cette émulsion dans un mortier où l'on a trituré 60 centigrammes de gomme adragante en poudre, 16 grammes d'huile d'amandes douces fraîche et 8 grammes de sucre. Enfin, on aromatise avec 8 grammes d'eau de fleur d'oranger. Le *L. calmant* n'est autre chose qu'un l. blanc auquel on ajoute 32 grammes de sirop diacode pour 125 grammes d'émulsion. Enfin, pour faire un *L. gommeux*, on prend 80 à 160 centigrammes de gomme adragante en poudre, 16 grammes d'huile d'amandes douces, 32 grammes de sucre pur, 96 grammes d'eau et 64 grammes d'eau de fleur d'oranger, que l'on mêle en les triturant dans un mortier.

**LOOS**, v. du dép. du Nord (arr. de Lille); 7,900 hab. Colonie pénitentiaire.

**LOPE DE VEGA**, poète espagnol, auteur de nombreux poèmes et drames (1562-1635).

**LOPEZ** (CAP), cap de l'Afrique Occidentale; au S.-O. du Gabon.

**LOPHA.** s. m. (gr. λόφος, crête). T. Entom. Genre de *Coléoptères* appartenant à la tribu des *Carabiques* et à la section des *Subulipalpes*. Voy. CARABIQUES.

**LOPHINE.** s. f. T. Chim. Dérivé triphénylé de la glyoxaline. La l., qui répond à la formule $C^3H(C^6H^5)^3Az^2$ s'obtient par l'action de la chaleur sur l'hydrobenzamide. Elle cristallise en aiguilles incolores, insolubles dans l'eau, fusibles à 275°. Elle s'unit aux acides pour former des sels peu solubles. En présence de la potasse elle s'oxyde lentement à l'air avec une belle phosphorescence blanche et donne naissance à de l'acide benzoïque et à de l'ammoniaque.

**LOPHIODON.** s. m. (gr. λόφος, crête ; ὀδοὺς, ὀδόντος, dent). T. Paléont. Zool. Genre de *Mammifères ongulés* fossiles, qui avaient de nombreuses affinités avec nos Tapirs actuels. Ces animaux vivaient à l'époque éocène en Europe et dans l'Amérique du Nord.

**LOPHOBRANCHES.** s. m. pl. (gr. λόφος, aigrette; βράγχια, branchies). T. Icht. On désigne sous ce nom un ordre de *Poissons osseux* à mâchoires complètes et libres, mais qui se distinguent de tous ceux qui présentent ces caractères par

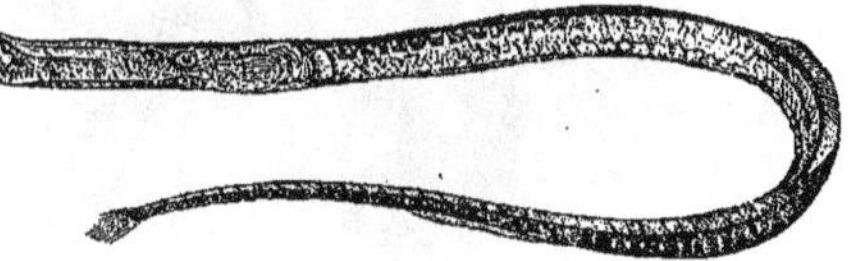

Fig. 1.

la forme de leurs branchies. En effet, ces organes, au lieu d'avoir, comme à l'ordinaire, la forme de dents de peigne, représentent de petites houppes rondes disposées par paires le long des arcs branchiaux. De plus, ces branchies sont enfermées sous un grand opercule attaché de toutes parts par une membrane qui ne laisse qu'un petit trou pour la sortie de l'eau. En outre, ces poissons se reconnaissent à leur corps cuirassé d'une extrémité à l'autre par des écussons qui le rendent presque toujours anguleux. Enfin, leur bouche est petite et située à l'extrémité d'une sorte de museau plus ou moins allongé. Les Lophobranches sont, en général, de petite taille et presque sans chair. Ils se divisent en 4 genres. — Les *Syngnathes* ont un museau tubuleux terminé par une bouche ordinaire, mais fendue presque verticalement sur son extrémité. Le trou de la respiration est vers la nuque et ils manquent de ventrales. Ils ont le corps très allongé et très mince, d'où le nom d'*Aiguilles de mer* qu'on leur donne vul-

Fig. 2.

gairement. Enfin, ils présentent ce phénomène particulier,

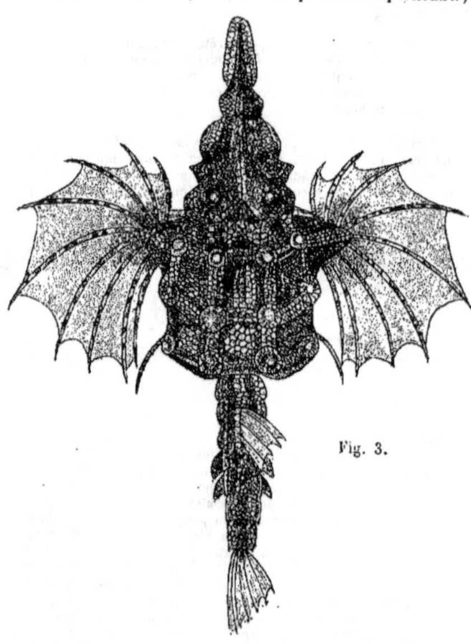

Fig. 3.

que, lors de la ponte, leurs œufs se glissent dans une poche formée par une boursouflure de la peau à la partie inférieure du corps, poche qui se fend ensuite pour laisser sortir les petits. Parmi les espèces qui habitent nos mers, nous citerons le *Syng. aiguille* (*Syngnatus acus*) (Fig. 1), dont la taille atteint parfois 90 centimètres. — Les *Hippocampes*, vulgairement appelés *Chevaux marins* (Fig. 2), ont le tronc comprimé latéralement et notablement plus élevé que la queue. En se courbant après la mort, ce tronc et la tête offrent une ressemblance grossière avec l'encolure d'un cheval en miniature : c'est de cette circonstance que ces poissons tirent leur nom. On en trouve deux espèces dans nos mers. — Le g. *Solénostome* ne comprend qu'une espèce de la mer des Indes. — Les *Pégases* diffèrent des genres précédents par leur bouche ouverte, non à l'extrémité, mais à la base du museau ; par leur tronc large et déprimé ; par la présence de deux ventrales distinctes, et par les grandes dimensions de leurs pectorales. C'est ce dernier caractère qui leur a valu leur nom. Nous citerons comme exemple le *Pég. dragon* (*Pegasus draco*) (Fig. 3). Au reste, toutes les espèces de ce genre sont propres à la mer des Indes.

**LOPHOPHORE.** s. m. (gr. λόφος, aigrette ; φορὸς, qui porte). T. Ornith. Genre de *Gallinacés*. Voy. Paon.

**LOPHYRE.** s. m. (gr. λόφος, aigrette ; οὐρὰ, queue). T. Entom. Genre d'*Insectes Hyménoptères*. Voy. Porte-scie.

**LOPIN.** s. m. (orig. inconnue). Morceau de quelque chose qui se mange. *Un gros, un petit l. On lui a donné un bon l.* Très fam. || Par extens., Portion de quelque chose qui était à partager. *Il a attrapé un bon l. de cette succession. Il a eu son l. comme les autres.* || T. Techn. Masse formée de morceaux de fonte réunis en les chauffant. — *L. cinglé*, Masse de fer affiné, d'acier battue au marteau. Voy. Fer VIII.

**LOQUACE.** adj. 2 g. [Pr. *lo-koua-se*] (lat. *loquax*, de *loqui*, parler). Qui parle beaucoup et sans nécessité. *Cet homme est bien loquace.*

**LOQUACITÉ.** s. f. [Pr. *lo-koua-sité*] (lat. *loquacitas*, m. s.). Habitude de parler beaucoup sans nécessité. *Il est d'une l. insupportable.*

**LOQUE.** s. f. [Pr. *lo-ke*] (all. *locke*, boucle de cheveux). Pièce, morceau d'une étoffe usée et déchirée. *Ce vêtement est en loques, tombe en loques.* Fam. || T. Hortic. *Palisser à la l.*, Attacher les branches d'espalier avec de petits lambeaux d'étoffe, pour ne pas endommager les jeunes plants. || Maladie des ruches qui détruit les abeilles.

**LOQUÉ.** adj. m. [Pr. *lo-ké*]. T. Pêche. *Harengs loqués*, Harengs qui ont reçu un coup de dent de quelque animal marin.

**LOQUÈLE.** s. f. [Pr. *loku-èle*] (lat. *loquela*, action de parler). Facilité à parler des choses communes en termes communs. *Il a de la l.* Fam. et vx.

**LOQUET.** s. m. [Pr. *lo-kè*] (angl. *to loch*, fermer). Sorte de fermeture fort simple que l'on met aux portes qui n'ont point de serrure, et à celles dont le pêne est dormant. *Cette porte ne se ferme qu'au l. Levez le l.* || T. Mar. Barre de fer qui sert à fermer une écoutille. || T. Techn. *Couteau à l.*, Couteau qu'on ne peut fermer qu'en tirant en arrière un ressort qui retient la lame. — Pincée de fibres courbée en forme d'U qu'on introduit dans la monture d'une brosse. — Laine enlevée de dessus les cuisses des bêtes à laine, servant à faire les matelas.

**LOQUETÉ, ÉE.** adj. [Pr. *loke-té*] (R. *loque*). T. Blas. Qui est découpé, déchiqueté.

**LOQUETEAU.** s. m. [Pr. *loke-to*]. Petit loquet qu'on met ordinairement aux volets d'en haut d'une fenêtre, et auquel on attache un cordon afin de pouvoir les ouvrir et les fermer aisément.

**LOQUETER.** v. n. [Pr. *loke-ter*] (R. *loquet*). Remuer le loquet d'une porte.

**LOQUETEUX, EUSE.** adj. et s. [Pr. *loke-teu*] (R. *loque*). Qui a les vêtements en loques. *Les loqueteux.*

**LOQUETTE.** s. f. [Pr. *lo-kète*]. (Dim. de *Loque*). Petite pièce, petit morceau. *Une l. de morue*. Pop. || T. Techn. Petit boudin de laine cardée destinée à être filée. Voy. Drap.

**LOQUEUX, EUSE.** adj. [Pr. *lo-keu*]. *Miel l.*, Miel d'une ruche affectée de la loque.

**LORANTHACÉES.** s. f. pl. (R. *Loranthe*). T. Bot. Famille de végétaux Dicotylédones de l'ordre des Apétales inférovariées.

*Caract. bot.* : Arbrisseaux toujours verts, vivant généralement en parasites sur les branches des arbres, rarement sur les racines. Feuilles opposées, ou parfois alternes, charnues et dépourvues de stipules. Fleurs hermaphrodites, le plus souvent unisexuées, avec monœcie ou diœcie, axillaires ou terminales, en corymbes, en cymes ou en épis. Calice parfois nul, mais naissant le plus souvent du bord d'une expansion charnue et cupuliforme du pédoncule, et ordinairement entouré de bractées à la base; sépales 3, 4, 5 ou 6, parfois pétaloïdes, souvent soudés en tubes, à préfloraison valvaire. Pétales nuls. Étamines égales en nombre aux sépales, et opposées à ces derniers, quand ils existent; anthères introrses, munies de 4 sacs polliniques. Dans les Guis, la fleur mâle n'a pas d'étamines spécialisées; ce sont les 4 sépales qui produisent dans leur parenchyme un grand nombre de sacs polliniques arrondis, s'ouvrant chacun par un pore. Pistil formé de 2 ou 3 carpelles concrescents en un ovaire uniloculaire; style unique; stigmate globuleux. Dans l'ovaire des Loranthes, on trouve 3 ovules rudimentaires réduits à leur nucelle. Dans les

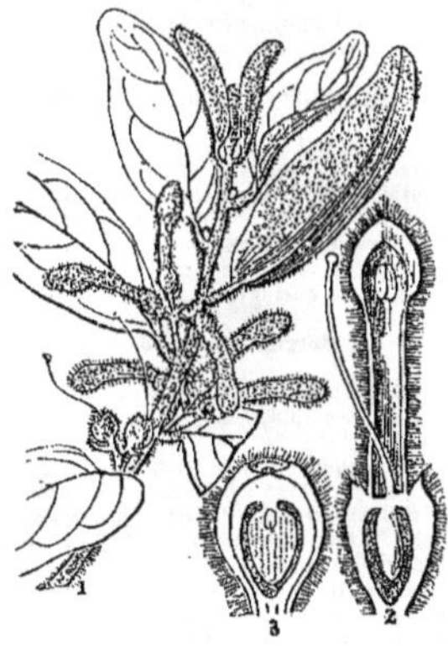

Guis, il n'y a pas d'ovules; ce sont certaines cellules des carpelles qui produisent chacune un sac embryonnaire; on trouve de 1 à 3 sacs embryonnaires complètement développés. Le fruit est une baie, quelquefois une drupe. Graine solitaire; embryon plus long que l'albumen charnu, et souvent saillant au delà, parfois sans cotylédons apparents (chez le Gui, on trouve plusieurs embryons dans la même graine); radicule à l'extrémité de la graine la plus éloignée du hile. (Fig. 1. *Loranthus chrysanthus*; 2. Coupe de la fleur; 3. Coupe du fruit.)

Cette famille se compose de 13 genres, renfermant 500 espèces, qui sont à peu près également dispersées dans les régions tropicales de l'Asie et de l'Amérique. Elles sont beaucoup plus rares en Afrique, et l'on n'en connaît que 2 de la mer du Sud et qu'une seule de la Nouvelle-Hollande. Trois espèces seulement appartiennent à l'Europe.

On a divisé cette famille en deux tribus :

Tribu I. — *Loranthées*. — Fleurs hermaphrodites (*Nuytsia*, *Loranthus*). Le *Loranthe à quatre étamines* (*Loranthus tetrandrus*) s'emploie pour teindre en noir; quelques espèces sont usitées au Brésil pour faire des cataplasmes, et même s'administrent à l'intérieur comme antisyphilitiques. Le *Nuytsia floribunda*, de la Nouvelle-Hollande, est un bel arbrisseau, qui porte de larges thyrses de fleurs d'une couleur orange éclatante, et en telle abondance, que les colons lui ont donné le d'*Arbre de feu*.

Tribu II. — *Viscées*. — Fleurs unisexuées (*Viscum*, *Arceuthobium*, *Phoradendron*, etc.). L'écorce du *Gui* (*Viscum album*) qui croît sur les vieux arbres, principalement sur le Poirier, sur le Pommier, sur le Sorbier, etc., mais très rarement sur le Chêne, est astringente. Ses feuilles étaient jadis préconisées contre l'épilepsie. Toutes les parties de la plante contiennent de la *Viscine*, qui fournit la glu aux oiseleurs.

**LORANTHE.** s. m. (gr. λῶρον, lanière; ἄνθος, fleur). T. Bot. Genre de plantes Dicotylédones (*Loranthus*) de la famille des *Loranthacées*. Voy. ce mot.

**LORANTHÉES.** s. f. pl. (R. *loranthe*.) T. Bot. Tribu de végétaux de la famille des *Loranthacées*. Voy. ce mot.

**LORCA**, v. d'Espagne, prov. de Murcie; 53,000 hab.

**LORCHA.** s. f. Sorte de navire chinois.

**LORD.** s. m. [Pr. *lor*]. Mot anglais qui signifie Seigneur. On fait dériver ce mot du Saxon *hlaford*, qui signifie celui qui donne du pain, ou maître de la maison, *dominus*. Ce titre équivaut donc, en Angleterre, à celui de *Seigneur*, autrefois usité chez nous : aussi, quand on s'adresse à Dieu, on dit : *Our Lord*, comme nous disons : *Notre-Seigneur*. Chez nos voisins, le titre de l. n'appartient proprement qu'aux nobles de naissance ou de création, comme les membres de la première chambre du parlement, appelée pour cela *Chambre des Lords*, ou aux titulaires de certaines charges, comme le *L. trésorier*, le *L. chancelier*, le *L. chambellan*, les *Lords de l'amirauté*, les *Lords-lieutenants*, le *L.-maire* de Londres, de Dublin, etc., le *L. prévôt* d'Édimbourg, etc. Mais, par courtoisie, on accorde ce titre aux fils aînés des comtes, et à tous les fils de ducs et de marquis.

**LORD-LIEUTENANCE.** s. f. Fonction de lord-lieutenant.

**LORD-LIEUTENANT.** s. m. Nom du gouverneur de l'Irlande.

**LORDOSE.** s. f. [Pr. *lordo-ze*] (gr. λόρδωσις, m. s.). T. Méd. Déviation de l'épine dorsale recourbée en avant.

**LORE.** s. m. (lat. *lorum*, courroie). Pièce de la bouche de certains insectes. || T. Bot. Filament de certains lichens et des conferves.

**LORÉ, ÉE** ou **LORRÉ, ÉE**. adj. T. Blas. Qui a les nageoires d'un autre émail que le corps. *Dauphin d'or loré de gueules*.

**LORENZ** (Otto), bibliographe fr. (1831-1895).

**LORET**, gazetier fr.; publia, de 1650 à 1655, la *Muse historique*.

**LORETTE**, (*Loreta*), v. d'Italie, près d'Ancône, célèbre par son église de la Madone, au milieu de laquelle est placée la *Santa Casa* ou maisonnette de la Vierge, qui y aurait été transportée de Nazareth en 1294; 7,800 hab.

**LORETTE.** s.f. nom donné vers 1840 aux femmes galantes, qui habitaient principalement dans le quartier de Notre-Dame-de-Lorette, à Paris.

**LORGES** (Duc de), neveu de Turenne, maréchal de France (1650-1702).

**LORGNADE.** s. f. [Pr. *gn* mouil.] (R. *lorgner*). Regard provocant adressé à une femme. Fam. et vx.

**LORGNEMENT.** s. m. [P. *lorgne-man*, *gn* mouil.] Action de lorgner. Inus.

**LORGNER.** v. a. [Pr. *gn* mouil.] Regarder en tournant les yeux de côté et comme à la dérobée. *L. quelqu'un*. *L. quelque chose*. Fam. || Fig. et fam., *L. une femme*, La regarder de manière à faire croire qu'on a du goût pour elle. — *L. une charge, une place, un héritage*, Avoir des vues sur une charge, etc. || Regarder avec une lorgnette. *Il n'a cessé de l. cette actrice*. = Lorgné, ée. part.

**LORGNERIE.** s. f. [Pr. *gn* mouil.]. Action de lorgner. *Les lorgneries d'un fat*. Fam. et peu usité.

**LORGNETTE.** s. f. [Pr. *lor-gnè-te*, *gn* mouil.] Petite lunette. Voy. LUNETTE.

**LORGNEUR, EUSE.** s. [Pr. *gn* mouil.] Celui, celle qui lorgne. Fam.

**LORGNON.** s. m. [Pr. *gn* mouil.] Petite lunette à un seul verre, qu'on porte ordinairement suspendue à un cordon. — Quand une lunette est simple et se loge sur l'arcade sourcilière, elle est dite *monocle*, quand elle est double et unie devant les yeux par un manche, elle est dite *binocle;* quand elle est double et retenue sur le nez par un ressort, elle est dite *pince-nez*.

**LORGUES,** ch.-l. de c. (Var), arr. de Draguignan ; 3,500 hab.

**LORI.** s. m. (onom. du cri de l'oiseau). T. Ornith. Genre de *Grimpeurs*. Voy. PERROQUET.

**LORICIÈRE.** s. f. (gr. λῶρον, lanière ; κέρας, antenne). T. Entom. Genre *d'Insectes Coléoptères*. Voy. CARABIQUES.

**LORIDÉS** ou **LORIIDÉS.** s. m. pl. (R. *Lori*). T. Ornith. Nom d'une famille de *Grimpeurs* qui comprend un certain nombre de genres de Perroquets habitant l'Australie, la Polynésie et la Papouasie. Ce sont des oiseaux de petite taille dont le caractère commun est de présenter une sorte de brosse à l'extrémité de leur langue; le genre type de la famille est le genre *Lori*. Voy. PERROQUET.

**LORIENT,** ch.-l. d'arr. (Morbihan), à 48 kilom. N.-O. de Vannes; 42,100 hab. Port militaire. = Nom des hab. : LORIENTAIS, AISE.

**LORIOL,** ch.-l. de c. (Drôme), arr. de Valence ; 3,500 hab.

**LORIOT.** s. m. (lat. *aureolus*, de couleur d'or, de *aurum*, or, avec agglutination de l'article). T. Ornith. Le genre *Loriot* appartient à l'ordre des *Passereaux* et à la division des *Dentirostres*. Les oiseaux qui le composent ont le bec semblable à celui des Merles, mais un peu plus fort, les pieds un peu plus courts et les ailes un peu plus longues. Le *L. d'Europe* (*Oriolus galbula*), [Fig. ci-dessous], est le type de ce genre. Il

est un peu plus grand que le Merle, et remarquable par son plumage. Le mâle est d'un beau jaune avec les ailes et la queue noires, d'où le nom de *Merle d'or* ou de *Merle jaune* qu'on lui donne dans plusieurs pays. Chez les jeunes, et chez la femelle, en tout temps, le jaune est remplacé par de l'olivâtre et le noir par du brun. Le Loriot se nourrit d'insectes, de figues, de cerises et d'autres fruits dont il est fort avide. Son nid, artistement fait, n'est point posé, comme le sont en général ceux des autres oiseaux, à l'enfourchure des branches qui ont une direction verticale ; il est au contraire établi à l'extrémité de celles qui divergent horizontalement, et il est construit de façon qu'il n'est soutenu que par ses bords. On ne saurait mieux le comparer qu'à une coupe qui serait fixée, dans une certaine étendue de ses bords, à la bifurcation d'une branche. La femelle y pond 4 ou 5 œufs blancs à taches noires. Cet oiseau ne passe jamais l'année entière dans la même contrée. C'est à peu près vers la fin d'avril qu'il commence à paraître, et c'est en août qu'il nous quitte. — Parmi les espèces exotiques, nous citerons le *L. prince régent* ou *Séricule chrysocéphale*, qui habite les Indes. C'est un magnifique oiseau d'un beau noir soyeux avec des plumes veloutées d'un beau jaune orangé sur la tête et sur le cou, et une grande tache de même couleur à l'aile.

**LORIOT.** s. m. [Pr. *lori-o*]. Baquet de boulanger pour laver l'écouvillon après le nettoyage du four.

**LORIPÈDE.** adj. 2 g. (lat. *lorum*, courroie ; *pes, pedis*, pied). T. Zool. Qui a les pattes antérieures garnies d'une dent ou lanière allongée.

**LORIQUE.** s. f. [Pr. *lo-rik*] (lat. *lorica*, cuirasse). T. Bot. Pellicule extérieure des graines. — Membrane extérieure de l'ovule.

**LORIQUET** (le Père), jésuite (1767-1845), fondateur de la maison de Saint-Acheul, près d'Amiens, auteur de livres d'éducation, et en particulier d'une histoire de France, qui est restée célèbre par la manière ridicule dont sont travestis les événements les plus importants.

**LORIS.** s. m. T. Mamm. Genre de *Mammifères de l'ordre des Lémuriens*. Voy. ce mot.

**LORIS-MÉLIKOV** (Comte), général russe (1826-1888).

**LORMERIE.** s. f. (lat. *lorum*, courroie). Se dit en général des petits ouvrages de fer que fabriquent les éperonniers, selliers et cloutiers. *La l. est ainsi appelée parce que les individus qui la fabriquent ne faisaient autrefois que des ouvrages de cuir, comme brides, rênes, longes,* etc.

**LORMES,** ch.-l. de c. (Nièvre), arr. de Clamecy, 3,000 hab.

**LORMIER.** s. m. Ouvrier qui fait de la lormerie.

**LOROUX-BOTTEREAU (LE),** ch.-l. de c. (Loire-Inférieure), arr. de Nantes ; 3,800 hab.

**LORRAIN** (CLAUDE LE). Voy. GELÉE.

**LORRAINE** (ROYAUME DE), formé, à la mort de Lothaire Ier (855), pour son 2e fils, Lothaire II, fut disputé entre la France et l'Allemagne, divisé en deux duchés (954), dont l'un passa à la Belgique, et l'autre fut occupé par Henri II et Louis XIII. || LORRAINE, anc. province de France, fut réunie à la France en 1766; cap. Nancy. Une partie de cette province a été prise par l'Allemagne en 1870. Ce qui nous en reste forme le dép. de Meurthe-et-Moselle. = Nom des hab. : LORRAIN, AINE.

**LORRAINE** (Maison de), célèbre famille qui posséda la Lorraine dès le moyen âge et à laquelle appartient aujourd'hui la maison régnante d'Autriche. — Les *Guises* étaient de la maison de Lorraine.

**LORRÉ, ÉE.** adj. T. Blas. Voy. LORÉ.

**LORRIS,** ch-l. de c. (Loiret), arr. de Montargis ; 2,200 hab.

**LORS.** adv. de temps. [Pr. *lor*] (lat. *illâ horâ*, à cette heure). Alors, le temps dont on parle; ne se dit que dans les loc., *pour l., dès l.,* et *L. de* || *Pour l.*, En ce temps-là. *J'aurais voulu le secourir, mais pour l. je n'avais pas d'argent.* || *Dès l.*, Dès ce temps-là. *Dès l. il commença à me prendre en haine.* Se dit aussi pour : de là, en conséquence. *Cet accusé s'enfuit; dès l. il devint suspect.* || *Lors de.* loc. prépos. Dans le temps de, au moment de. *L. de son avènement au trône.*

**LORSQUE.** conj. [l'e s'élide ordin. devant les pron. *Il, Elle, On*, et devant *Un, une.*] Quand. *L. je le verrai, je lui parlerai de vous.* || Assez souvent *Lors* est séparé de *que* par un autre mot. *Lors même qu'il vous contredit, il ne vous blesse jamais.*

**Syn.** — *Quand.* — La conjonction *quand* semble plus propre à marquer la circonstance du temps ; *lorsque* paraît mieux convenir pour marquer celle de l'occasion. Ainsi l'on dit : Il faut travailler *quand* on est jeune. Il faut être docile *lorsqu'on* nous reprend à propos. On ne fait jamais tant de folies que *quand* on aime. On se fait aimer *lorsqu'on* aime.

**LORUM**. s m [Pr. *lo-rome*] (mot. lat. qui sign. courroie). T. Ornith. Bande nue ou colorée qui s'étend, chez certains oiseaux, de la base du bec jusqu'à l'œil.

**LOS**. s. m. [pr. *lo*] (lat. *laus*, m. s.) Louange, renommée. Vieux.

**LOSANGE**. s. f. [Pr. *lo-zange*] (orig. inconnue.) On a conjecturé que c'était l'anc. fr. *losange* sign. *louange*, qui aurait pris le sens géométrique par les figures honorables du blason appelées *losanges*). T. Géom. Quadrilatère qui a ses quatre côtés égaux. || T. Blas. Figure de l'écu en forme de losange. Voy. Héraldique. || T. Mus. Dans le plain-chant, note affectant la forme du losange et valant la moitié de la carrée ou brève. || T. Techn. Petite tablette ayant la forme du losange.

**LOSANGER**. v. a [Pr. *lozan-ger*]. Diviser en losanges. = Losangé. ée, part. || T. Blas. *Ecu losangé*, A losange de deux émaux alternés.

**LOSANGIQUE**. ad. 2 g. [Pr. *lozan-jik*]. Qui a la forme de losange.

**LOSSE**. s. f. [Pr. *lo-se*] (all. *locher*, m. s. de *lochen*, percer). T. Techn. Sorte de tarière de tonnelier, pour percer les trous de bonde.

**LOT**. s. m. [Pr. *lo*] (celt. *lod*, partage). Portion d'un tout qui se partage entre plusieurs personnes ; se dit principalement en matière de succession. *Faire des lots. Égaliser des lots. La formation, la composition des lots. Choisissez entre ces lots. Les lots ont été tirés au sort. Tel lot lui est échu.* || Ce qui échoit dans une loterie à chacun des billets gagnants. *Gagner un lot de cent mille francs.* || Fig., au sens moral, Destinée, sort, partage. *Mon lot est d'être persécuté.* || Quantité de marchandises non déterminées exactement. *Un l. de vieux papiers.* || Partie d'un travail à exécuter. *Ce canal a été exécuté en plusieurs lots par les entrepreneurs.*

**LOT**. rivière de France, affluent de la rive droite de la Garonne, arrose Mende, Cahors. Son cours est de 481 kilom.

**LOT** (Dép. du), formé du Quercy; 253,900 hab. Ch.-l. *Cahors*. 2 autres arr. : *Figeac, Gourdon.*

**LOTALITE**. s. f. (R. *Lotala*, Finlande). T. Min. Variété de diallage verte.

**LOTERIE**. s. f. (R. *lot*). Une *L.* est une sorte de jeu de hasard où l'on fait des mises, pour lesquelles on reçoit des billets portant des numéros. Celui ou ceux de ces numéros qui sortent, lorsque le tirage a lieu, donnent droit à un lot, lequel consiste, selon l'espèce de l., en une certaine somme d'argent, ou dans la propriété d'un objet quelconque. Les loteries paraissent être d'origine romaine ; du moins, il est incontestable que les Romains pratiquaient cette sorte de jeu. Il fut même très en vogue sous les empereurs. L'usage s'en perpétua en Italie, et c'est de ce pays que la l. a pénétré en France un peu avant 1520. Nos pères l'appelèrent d'abord *blanque*, du nom de *bianca* que lui donnaient les Italiens, parce que les billets gagnants étaient blancs et désignés à haute voix, lors du tirage, par le mot *bianca* (sous-entendu *carta*). Dans le principe, la l. ne fut employée en France que par des marchands ou des particuliers, pour se défaire plus facilement de certaines marchandises ou de quelques objets de valeur. Plus tard, les guerres malheureuses de François Ier ayant épuisé le Trésor, on proposa à ce prince de créer des loteries sur lesquelles il prélèverait un droit. Le projet fut approuvé, et un édit de 1539 autorisa la fondation de plusieurs établissements de ce genre, sous la condition de verser 2,000 livres dans la caisse de l'État. Plusieurs autres loteries furent projetées par des particuliers à la fin du XVIe siècle, mais les parlements s'opposèrent à leur ouverture parce qu'ils les considéraient comme « la ruine des habitants ». Toutefois les intrigues des spéculateurs finirent par triompher de la résistance de la magistrature. Bien plus, un arrêt du Conseil en date du 11 mai 1700 autorisa la *L. de l'Hôtel de ville de Paris*, fondée au capital de 10 millions de livres, et dont les lots étaient des rentes de 300 à 20,000 liv.

Le principe de ces institutions immorales se trouvant ainsi consacré, on en vit aussitôt surgir une multitude, et il n'y eut pas un établissement de quelque importance qui n'obtînt l'autorisation d'en organiser à son profit. Enfin, le 30 juin 1776, un nouvel arrêt du Conseil supprima toutes les loteries particulières et les remplaça par une l. unique, appelée *L. royale de France*, qui fut exclusivement exploitée par l'État. Au commencement de la Révolution, une foule de spéculateurs profitèrent de l'abolition des anciennes mesures restrictives pour ouvrir des loteries privées, mais une loi du 28 vendémiaire an II (17 oct. 1793) vint interdire cette sorte de jeu. La l. nationale elle-même fut supprimée le 25 brumaire suivant (15 nov. 1793) par un décret de la Convention. Toutefois la l. fut rétablie sous le Directoire, en vertu de la loi du 9 vendém. an VI (30 sept. 1797), et continua de fonctionner sous l'Empire et sous la Restauration. Enfin la loi de finances du 21 avril 1832 l'abolit définitivement à partir du 1er janvier 1836. Depuis son rétablissement en l'an IV, jusqu'à sa suppression, c.-à-d. dans un espace de 38 ans, elle avait reçu près de deux millards, tandis que les lots gagnants n'avaient pas dépassé le chiffre de 1,400 millions. Quant au bénéfice de l'État, il n'avait été que de 385 millions, déduction faite des frais. Avant la Révolution, la l. royale n'avait qu'un seul centre (Paris), où avaient lieu deux tirages par mois. Après son rétablissement, elle en eut cinq (Paris, Lyon, Strasbourg, Bordeaux, Lille), qu'on appelait *roues*, à cause de l'appareil qui servait au tirage des billets ; un tirage avait lieu tous les jours pour chacune d'elles. On plaçait 90 numéros dans cet appareil, et les cinq premiers qui sortaient attribuaient aux billets portant les mêmes numéros des gains qui variaient suivant la manière dont on avait déclaré vouloir opérer en prenant les billets. Un numéro seul s'appelait *Extrait ;* il était *simple*, si l'on n'avait pas désigné d'avance l'ordre qu'il occuperait dans le tirage; et *déterminé*, quand cet ordre avait été indiqué. Dans le premier cas, il produisait 15 fois la mise, et 70 fois dans le second. On nommait *Ambe* la sortie de deux numéros : l'ambe *simple*, c.-à-d. sans indication de l'ordre des numéros, procurait 270 fois, et l'ambe *déterminé* 5,100 fois la mise. Le *Terne* et le *Quaterne* se jouaient toujours simples : le premier donnait droit à 5,500 fois, et le second à 75,000 fois la mise. Au commencement, il existait une autre combinaison, appelée *Quine*, qui consistait en une série de cinq numéros et procurait un million de fois la mise, mais on l'avait supprimée depuis longtemps. — Après l'abolition de la l. royale, des spéculateurs ouvrirent presque aussitôt des loteries particulières, mais elles furent supprimées par la loi du 17 mai 1836, qui fit revivre, en les complétant, les anciennes dispositions sur la matière. Aujourd'hui, la législation française interdit les loteries de toute espèce, et punit les contrevenants, tant entrepreneurs ou agents que distributeurs de billets, etc., de diverses peines, qui varient depuis l'amende jusqu'à l'emprisonnement. Toutefois, la loi réserve au gouvernement la faculté d'autoriser la création temporaire de loteries ayant pour but de soulager des misères publiques ou privées, de fonder des établissements charitables ou d'intérêt public, etc. L'autorisation est accordée par le préfet de police à Paris et dans le département de la Seine, et par les préfets ou sous-préfets, suivant que la mise de la loterie dépasse ou non 2,000 francs, dans les autres départements. En outre, l'autorité publique est toujours armée du droit de surveiller et de contrôler les opérations des loteries, et les préfets doivent dénoncer aux tribunaux les fraudes ou malversations qu'ils peuvent découvrir.

**LOT-ET-GARONNE** (Dép. de), formé de plusieurs parties de la Guyenne et de la Gascogne, 295,400 hab. Ch.-l. *Agen*, 3 autres arr. : *Marmande, Nérac, Villeneuve.*

**LOTH**. s. m. T. Métrol. Poids employé en Russie, valant 12[gr],79. Voy. Poids.

**LOTH**. neveu d'Abraham, père des Ammonites et des Moabites. — Sa femme fut changée en statue de sel (Bible).

**LOTHAIRE Ier**, fils aîné de Louis le Débonnaire, se révolta contre son père, fut vaincu par ses frères Charles et Louis à Fontenoy (841). || Son fils, Lothaire II, fut roi de Lorraine (855-869).

**LOTHAIRE**, roi de France, succéda à son père Louis IV, d'Outre-Mer (954-986), et ne fut roi que de nom sous la domination de Hugues le Grand et de Hugues-Capet.

**LOTHAIRE**, duc de Saxe, empereur d'Allemagne (1125-1137.

**LOTHARINGIE**, nom donné au royaume du roi Lothaire, fils de Louis le Débonnaire, dont plus tard on a fait *Lorraine*. Voy. ce mot.

**LOTIER**. s. m. (grec λωτὸς, lotus). T. Bot. Genre de plantes Dicotylédones (*Lotus*) de la famille des *Légumineuses*. Voy. ce mot.

**Agric.** — On cultive deux espèces de L., le L. corniculé (*Lotus corniculatus*) et le L. velu (*L. villosus*). La première croît communément dans les hauts prés et les pâturages, où elle se fait remarquer par ses touffes vertes, vives et d'une végétation soutenue dans les saisons les plus sèches. Elle est propre à la plupart des usages auxquels on emploie le trèfle blanc et lui serait souvent préférable par son aptitude plus grande à résister à la sécheresse. Ce qui restreint malheureusement son emploi, c'est la difficulté de récolter sa graine. — Le L. velu se plaît dans des terrains plus humides; c'est une espèce plus élevée, plus fourrageuse, qui graisse beaucoup plus que l'autre et dont on peut tirer un grand parti pour l'exploitation ou l'amélioration des terres pauvres et sans profondeur. — Semis en mars et avril, à raison de 8 kilogr. à l'hectare.

**LOTIER**. s. m. (R. *lot*). Pêcheur qui a un lot entier dans la répartition du poisson, parce qu'il fournit sa part de filets.

**LOTION**. s. f. [Pr. *lo-sion*] (lat. *lotio*, m. s., de *lotum* sup. de *lavare*, laver). Action de laver quelque partie du corps, en promenant sur sa surface un linge ou une éponge trempés dans un liquide, pour l'adoucir, l'amollir, la rafraîchir, la déterger, etc. || Le liquide employé à cet usage. *L. tiède. L. alcaline.* || Ablution, bain. *Les lotions fréquentes sont fort utiles dans les pays chauds.* || T. Pharm. Opération par laquelle on débarrasse une substance insoluble des parties hétérogènes interposées, en traitant le mélange par un véhicule qui disssout seulement ces dernières. || T. Chimie. Se disait autrefois du traitement des cendres, des terres, etc., par l'eau, pour en extraire les parties solubles qu'elles contiennent.

**LOTIONNER**. v. a. [Pr. *lo-sio-ner*]. Soumettre à des lotions.

**LOTIR**. v. a. Partager en lots. *L. une succession. Ces marchands ont acheté son mobilier en commun, puis ils l'ont loti entre eux.* || T. Techn. Trier les grains par grosseurs pour les moudre à l'aide de meules plus ou moins rapprochées. Tirer dans le minerai des échantillons pour les soumettre à l'essai. = Loti, ie. part. || Fam., on dit de quelqu'un qui a été bien ou mal partagé par le sort, de quelque manière que ce soit : *Il est bien loti, mal loti!* — Ironiq., on dit aussi de quelqu'un qui a fait un mauvais choix, qui est trompé dans ses espérances ou lésé de quelque manière que ce soit : *Le voilà bien loti. Elle a épousé un mauvais sujet; la voilà bien lotie.*

**LOTISSAGE**. s. m. [Pr. *loti-sa-je*]. Action de lotir, de répartir par lots. || T. Techn. Opération de docimasie qui consiste à former un tas avec le minéral pulvérisé, et à prendre de quoi en faire l'essai.

**LOTISSEMENT**. s. m. [Pr. *loti-se-man*]. Action de faire des lots; se dit principalement des marchandises.

**LOTISSEUR, EUSE**. s. [Pr. *loti-seur, euze*]. Celui, celle qui est chargé de répartir par lots.

**LOTO**. s. m. (R. *lot*). Sorte de jeu de hasard. Voy. ci-après. — *Boules de l.* Boules de buis portant les numéros qu'on tire. || Fig. *Avoir les yeux en boule de l.*, avoir de gros yeux ronds. Famil.

**Jeu.** — Le *loto* est un jeu de hasard qui prit naissance en France lors de la création de la loterie royale, en 1776. Ce jeu se compose de 24 cartons, sur chacun desquels se trouvent 50 compartiments disposés sur 3 rangs. Dans chaque rang, il y a 5 compartiments colorés et 5 qui portent des numéros pris dans la série des nombres 1 à 90. — Chacun des joueurs place devant lui un nombre de cartons déterminé, et une personne munie d'un sac renfermant 90 boules numérotées de 1 à 90 tire ces boules au hasard. A l'appel de chaque numéro, le joueur qui le trouve sur ses cartons, le marque aussitôt, et le premier qui a rempli tous les numéros d'une même ligne horizontale d'un de ses cartons fait *quine* et gagne la partie. — Pour varier la monotonie de ce jeu, on a imaginé de faire payer le premier *ambe*, *terne*, ou *quaterne*, que produisait tel ou tel carton : c'est ce qu'on appelle le *loto-dauphin*. Enfin, une autre variété du loto est la *Tombola*, dans laquelle, pour gagner le prix, il faut remplir les 15 numéros d'un même carton.

**LOTOPHAGES**. s. m. pl. [Pr. *loto-fage*] (gr. λωτοφάγος, m. s. de λωτὸς, lotus et φαγεῖν, manger). Ancien peuple de l'Afrique septentrionale, le long de la petite Syrte, ainsi nommée du *lotos*, ou *lotus*, arbre dont il tirait sa nourriture. On fabriquait avec le fruit du lotos une espèce de vin qui avait, disait-on, la propriété de faire perdre aux étrangers le souvenir de leur patrie.

**LOTOS**. s. m. Voy. Lotus.

**LOTTE**. s. f. T. Ichth. Genre de *Poissons osseux*. Voy. Gadoïdes.

**LOTTI** (Antonio), compositeur de musique, né à Venise (1667-1740).

**LOTURIDINE**. s. f. T. Chim. Voy. Loturine.

**LOTURINE**. s. f. (R. *lotus*) T. Chim. Alcaloïde contenu dans l'écorce de lotus provenant du *Symplocus racemosa*. La l. cristallise en longs prismes efflorescents à l'air, fusibles à 234°, sublimables, insolubles dans l'eau, solubles dans l'alcool, l'éther et l'acétone. L'écorce de lotus contient deux autres bases : la *Colloturine*, qui cristallise en prismes brillants, inaltérables à l'air, sublimables, et la *Loturidine*, qui est amorphe. Ces trois alcaloïdes s'unissent aux acides en formant des sels dont les solutions présentent une belle fluorescence violette.

**LOTUS** ou **LOTOS**. s. m. (gr. λωτὸς, m. s.). T. Bot. Voy. Nymphéacées.

**Hist.** — Les anciens ont confondu sous ce nom divers végétaux. D'après certains auteurs, le l. en arbre qui avait donné son nom aux *lotophages* serait une espèce de jujubier (*Zyzyphus l.*); peut-être est-ce simplement le palmier dattier. Les lotus aquatiques appartenaient à diverses espèces des genres *Nymphea* et *Nelumbo*. Enfin le l. ne serait autre que le Mélilot officinal, ou peut-être que le Lotier comestible. — Quoi qu'il en soit, le l. joue un grand rôle dans les mythologies indoue, égyptienne et grecque. Dans les religions de l'Inde, nombre de divinités naissaient du l. ou étaient personnifiées par lui. La fleur de l. était le symbole de la génération ; elle jouait aussi un rôle dans les cérémonies religieuses de l'ancienne Égypte. Les poètes grecs en ont parlé souvent; mais ils n'avaient sur ce sujet que des notions confuses. C'est dans l'*Odyssée* que se trouve la fable des *Lotophages*. Voy. ce mot.

**LOTZE**. (R. *Hermann*), philos. all. (1817-1881).

**LOUABLE**. adj. 2 g. Qui est digne de louange. *Une action, une conduite l. Cela est bien l. Je le confirmai dans ses louables dispositions.* Ne se dit des personnes qu'avec la prép. *de* suivie d'un infinitif. *Vous êtes l. d'en avoir usé comme vous avez fait.* || T. Méd. Qui présente les qualités requises. *Du sang l. Du pus l. La matière est l.* || Titre d'honneur que se donnent ordinairement les assemblées des cantons suisses. *Les louables cantons de Zurich, de Berne*, etc.

**LOUABLEMENT**. adv. D'une manière louable. *Il s'est conduit très l. dans cette affaire.* Peu usité.

**LOUAGE**. s. m. Action de louer, de donner à loyer. *Contrat de l.*

**Droit.** — La loi reconnaît deux sortes de *Louage*, celui des choses et celui d'ouvrage ou de service ; celui des terres et des maisons reçoit particulièrement le nom de *Bail*, et celui de bestiaux le nom de *Cheptel*, de sorte que le terme de *louage* employé absolument désigne en général le *l. d'ouvrage et d'industrie*, c.-à-d. le contrat par lequel une personne s'engage à faire quelque chose pour une autre moyennant un prix convenu. On distingue trois espèces de l. d'ouvrage : 1° Le l. des gens de travail, c.-à-d. des domestiques et des ouvriers qui s'engagent à travailler pour quelqu'un ou à le servir; 2° Celui des voituriers par terre ou par eau qui, moyennant un certain prix, se chargent du transport des personnes ou des marchandises; 3° Enfin, celui des entrepreneurs qui, par suite de devis ou de marchés, se chargent de l'exécution de certains travaux. Nous avons déjà parlé du l. des gens de service au mot *Domestique*; il sera question de celui des voituriers à l'article *Transport*; nous n'avons donc à nous occuper ici que du l. des gens de travail et des entrepreneurs d'ouvrage.

Dans le l. des gens de travail, ceux-ci ne louent que leur travail, qui doit être payé en raison de sa durée. Il n'en est pas de même du l. des entrepreneurs d'ouvrage par suite de devis et marchés. Voy. Devis. L'entrepreneur s'engage à confectionner l'ouvrage pour en être payé à raison de la valeur. Assez fréquemment, les travaux sont d'abord exécutés, sauf à s'en référer pour le prix à une estimation ultérieure. Lorsqu'on charge quelqu'un de faire un ouvrage, on peut convenir qu'il fournira simplement son travail et son industrie, ou bien qu'il fournira aussi la matière. Si l'ouvrier fournit la matière, il n'y a plus à proprement parler de contrat de l., mais vente d'une chose future, c.-à-d. une vente nécessairement conditionnelle. Dès lors, si la chose vient à périr, de quelque manière que ce soit, avant d'être délivrée, la perte lui incombe tout entière, à moins que le maître n'ait été auparavant mis en demeure de recevoir la chose. Dans le cas où l'ouvrier fournit seulement son travail ou son industrie, si la chose vient à périr avant que l'ouvrage ait été reçu ou avant que le maître ait été mis en demeure de le vérifier, l'ouvrier n'a point de salaire à réclamer, à moins que la chose n'ait péri par le vice de la matière; mais l'ouvrage reçu ou le maître mis en demeure, l'ouvrier, si la chose vient à périr, n'est tenu que de sa faute. Lorsqu'il s'agit d'un ouvrage à plusieurs pièces ou à la mesure, la vérification peut s'en faire par parties, et le paiement d'une partie en fait présumer la vérification. Quant aux édifices dont la solidité ne peut se vérifier que par l'épreuve du temps, la loi étend à dix ans la responsabilité de l'architecte ou entrepreneur. En outre, un architecte ou un entrepreneur qui s'est chargé de la construction à forfait d'un bâtiment d'après un plan arrêté, ne peut, quelque onéreuse que devienne pour lui l'entreprise, demander une augmentation de prix, pas même sous le prétexte de modifications ou d'augmentations faites sur ce plan, à moins que ces modifications n'aient été autorisées par écrit et le prix convenu avec le propriétaire. Enfin la loi décide qu'on ne peut engager ses services qu'à temps et pour une entreprise déterminée et que le louage de service, fait sans détermination de durée, peut toujours cesser par la volonté d'une des parties contractantes, sauf à l'autre partie à réclamer, s'il y a lieu, des dommages et intérêts. (C. civil, art. 1,710 et 1,779 à 1,800.)

**LOUALABA**, affl. du Congo, rive gauche; 2,000 kil.

**LOUANGE**. s. f. (R. *louer*, avec un suff. *ange*, comme dans *vendange*). Discours par lequel on relève le mérite de quelqu'un, de quelque action, de quelque chose. *L. fine, délicate, adroite, ingénieuse, sincère. L. indirecte, détournée, excessive, exagérée, outrée, grossière, déplacée. Donner, mériter, s'attirer des louanges. Prodiguer les louanges. Accabler de louanges. Publier, célébrer les louanges de quelqu'un. Chanter les louanges de Dieu. Être sobre de louanges. Être au-dessus des louanges. Être amoureux, avide de louanges, sensible à la l. S'étendre, ne pas tarir sur les louanges de quelqu'un. Distribuer le blâme et la l. Cela tourne à sa l. On peut dire à sa l. que...* — Fam. *Chanter les louanges de quelqu'un*, Le louer, dire du bien de lui. || Fig. et ironiq., on dit d'un écrit, d'un discours où il y a quelque chose de fâcheux, de désagréable pour quelqu'un : *Ce sont des vers à sa l.*, etc. = Syn. Voy. Éloge.

**LOUANGER**. v. a. Donner des louanges exagérées. *C'est une femme qui aime qu'on la louange.* = Fam. Louangé, ée. part. = Conj. Voy. Manger.

**LOUANGEUR, EUSE**. s. Celui, celle qui a l'habitude de donner des louanges sans discernement. *C'est un fade l. un l. fastidieux.* || Adjectiv. *Il n'est pas l. Un ton, un discours l.* = Syn. Voy. Adulateur.

**LOUANG-PRABANG**, Voy. Luang-Prabang.

**LOUAPOULA**, affluent du Congo, rive droite (2,000 kil.).

**LOUCHE**. adj. 2 g. (latin. *luscus*, borgne). Qui est atteint de strabisme. *Il est l. Cette femme est l.* — Par ext., *Il a les yeux louches, le regard l.* || Fig. Qui n'est pas clair, transparent. *Ces perles ont un œil l. Couleur l.*, Qui n'est pas d'un ton franc. — *Vin l.*, Qui n'est pas d'une couleur franche. *Pierre précieuse l.*, Qui a quelque chose de terne. || Fig., au sens moral. *Cette phrase, cette expression est l.*, Le sens n'en est pas clair. *Cette action est l.*, L'intention en est équivoque. — On dit aussi substant., au masc. *Cela jette du l. dans la phrase. Il y a du l. dans sa conduite.*

**LOUCHE**, s. f. Cuiller à long manche pour servir le potage. On dit aussi *Poche*. || T. Techn. Écuelle à long manche pour répandre sur la terre les engrais liquides. — Outil de tourneur à bords évidés, pour agrandir les trous.

**LOUCHEMENT**. adv. D'une manière louche. = Louchement, s. m. État de celui qui louche. || T. Chim. Passage d'un liquide limpide à l'état louche.

**LOUCHER**. v. n. (R. *louche*). Être atteint de strabisme. *Cette personne a les yeux beaux, mais elle louche un peu. Cet enfant louche par intervalles.* || Par extens. Tourner les yeux de manière qu'ils ne regardent pas dans la même direction. *Un enfant qui s'amuse à loucher.* Voy. Strabisme.

**LOUCHERIE**. s. f. État d'une personne qui louche. Fam.

**LOUCHET**. s. m. [Pr. *lou-chè*] (R. *louche*). T. Techn. Sorte de hoyau légèrement arqué et propre à fouir la terre. || Pelle tranchante qui sert à dépecer la baleine. || Chacun des godets de tôle que porte la chaîne sans fin d'une drague. || Instrument à long manche terminé par une espèce de boîte carrée qui sert à extraire la tourbe des tourbières.

**LOUCHETTE**. s. f [Pr. *louchè-te*]. Appareil pour corriger le défaut de loucher.

**LOUCHIR**. v. n. T. Techn. Devenir louche. Prendre une couleur qui n'est pas franche.

**LOUCHON**. s. m. Celui, celle qui louche. Fam. *Une petite louchon, un vieux louchon.* || T. Techn. Tronc de sapin sans nœuds.

**LOUDÉAC**, ch.-l. d'arr. (Côtes-du-Nord), à 37 kil. S. de Saint-Brieuc; 5,900 hab.

**LOUDES**, ch.-l. de c. (Haute-Loire), arr. du Puy, 1,600 hab.

**LOUDUN**, ch.-l. d'arr. (Vienne), à 52 kil. N.-O. de Poitiers; 4,700 hab. = Nom des hab. : Loudunois, oise.

**LOUE** (La), rivière de France, affluent de la rive gauche du Doubs; 125 kil.

**LOUÉ**, ch.-l. de c. (Sarthe), arr. du Mans; 1,800 hab.

**LOUER**. v. a. (lat. *locare*, m. s.). Donner à louage. *L. une maison à quelqu'un. Chambre à l. Ce tapissier loue des meubles. Louer des voitures, des chevaux.* || Prendre à louage. *Il quitte son appartement, il en a loué un autre. L. des ouvriers à la journée. L. une loge dans un théâtre. J'ai loué ce livre au cabinet de lecture.* = Se louer. v. pron. Se donner à louage, engager ses services, son travail pour un salaire. *Il se loue à la journée.* || Se dit aussi des choses qu'on prend à loyer. *Les appartements se louent fort cher dans ce quartier.* = Loué, ée. part. = Conj. Voy. Jouer. = Syn. Voy. Affermer.

**LOUER**. v. a. (lat. *laudare*, m. s.). Honorer et relever le mérite de quelqu'un, de quelque action, de quelque œuvre, de quelque chose, par des termes qui témoignent l'estime qu'on en fait. *L. hautement, délicatement, grossièrement. L. Dieu. L. les belles actions. L. quelqu'un en face. On le loue d'avoir fait cette démarche. Il en sera loué de* *tous les gens de bien.* Absol., *Il faut savoir l. et blâmer à propos.* = SE LOUER v. pron. Se donner des louanges. *Cet homme se loue à tout propos. Ces deux écrivains se louent l'un l'autre, sans pudeur.* || *Se l. de quelqu'un, de quelque chose,* Témoigner qu'on en est satisfait. *On se loue beaucoup de lui, de sa conduite. Il se loue fort de vos procédés. Je n'ai qu'à me l. de cette acquisition.* = LOUÉ, ÉE part. *Elle s'est louée de moi.* || *Dieu soit loué!* Sorte d'exclamation par laquelle on témoigne son contentement de quelque chose. *Dieu soit loué! me voilà délivré de cet importun.* = Conjug. Voy. JOUER.

Syn. — *Vanter.* — *Louer,* c'est faire l'éloge de quelqu'un, ou bien trouver une chose bonne et le dire. *Vanter,* c'est faire valoir une chose ou une personne, comme un marchand fait de sa marchandise. On *loue* une personne pour témoigner l'estime qu'on fait d'elle; on la *vante* pour lui procurer l'estime des autres. On *loue* la conduite de quelqu'un; on *vante* ses talents, sa capacité. Trop *louer* est d'un flatteur, trop *vanter* est d'un charlatan.

**LOUEUR, EUSE.** Celui, celle qui fait métier de donner quelque chose à louage. *Un l. de voitures. Elle est loueuse de chaises dans une église.*

**LOUEUR, EUSE.** s. Celui, celle qui donne des louanges: ne se dit guère qu'en mauvaise part et en parlant d'un flatteur qui loue à tout propos. *C'est un l. perpétuel.* Vieux et peu usité.

**LOUGRE.** s. m. (angl. *lugger,* m. s.). T. Mar. On appelle ainsi un petit bâtiment à deux mâts qui porte deux grandes voiles trapézoïdales. Il grée aussi un foc et un tape-cul, et porte quelquefois des perroquets volants. Ses mâts sont inclinés sur l'arrière, et il navigue avec un grande différence de tirant d'eau, c.-à-d. qu'il cale plus de l'arrière que de l'avant. Les lougres de l'État sont armés de 6 à 8 caronades; ils servent d'aviso, de garde-côte, de garde-pêche, etc. Ceux du commerce font le cabotage. En temps de guerre, nos marins se servaient beaucoup du l., à cause de sa légèreté, pour faire la course. C'est aussi le navire préféré par les contrebandiers.

**LOUHANS,** ch.-l. d'arr. (Saône-et-Loire) sur la Seille, affluent de la Saône, à 47 kil. N.-E. de Mâcon; 4,500 hab.

**LOUIS,** nom d'un grand nombre de princes, dont voici les principaux :

1° **Rois de France**: LOUIS Ier, le *Débonnaire,* fils et successeur de Charlemagne, empereur d'Occident et roi des Francs (814-840), passa tout son règne à combattre les révoltes de ses fils *Lothaire, Louis* et *Pépin.*

LOUIS II, le *Bègue,* fils et successeur de Charles le Chauve (877-879).

LOUIS III, fils et successeur du précédent (879-882). Il dut abandonner une partie de la Lorraine à son compétiteur, Louis de Germanie.

LOUIS IV, d'*Outre-Mer,* fils de Charles III, le *Simple* (936-954). Il lutta courageusement contre les Normands qui le firent prisonnier et lui rendirent la liberté grâce à l'intervention de l'empereur Othon le Grand.

LOUIS V, le *Fainéant,* fils et successeur de Lothaire II (986-987), fut le dernier des Carlovingiens.

LOUIS VI, le *Gros,* l'*Éveillé* ou le *Batailleur,* fils et successeur de Philippe Ier (1108-1137), favorisa l'émancipation des Communes de France, et se fit ainsi des villes des alliées dans la grande lutte qu'il entreprit contre les seigneurs et les grands vassaux et qui devait aboutir, plusieurs siècles plus tard, au triomphe de la Monarchie et à la centralisation administrative et monarchique. Voy. COMMUNE.

LOUIS VII, le *Jeune,* fils et successeur du précédent (1137-1180), prit part à la 2e croisade. A son retour de la croisade, il répudia sa femme Éléonore d'Aquitaine, événement funeste pour l'avenir de la France, car Éléonore épousa Henri II Plantagenet et lui apporta en dot les riches provinces du sud de la France. Or, Henri II devint roi d'Angleterre, qui se trouva ainsi posséder Bordeaux et l'Aquitaine. Telle est l'origine première des guerres sanglantes entre la France et l'Angleterre, qui ne se terminèrent qu'après les succès de Jeanne d'Arc.

LOUIS VIII, le *Lion,* fils et successeur de Philippe-Auguste (1223-1226), prit part à l'abominable croisade contre les Albigeois.

LOUIS IX, ou *saint Louis,* fils et successeur du précédent (1226-1270), régna d'abord sous la tutelle de Blanche de Castille, sa mère; vainquit les Anglais à Taillebourg et à Saintes (1242), conduisit une armée en Égypte (1249), et fut fait prisonnier par les infidèles. Relâché, il revint en France, et administra sagement son royaume durant 20 ans. En 1270 il entreprit une nouvelle croisade, et mourut de la peste devant Tunis. Ce fut un des princes les plus vertueux et les plus sages que mentionne l'histoire. Il s'attacha surtout à diminuer les guerres privées entre seigneurs, qui étaient le fléau de l'époque. Il fonda la Sorbonne et les Quinze-Vingts.

LOUIS X, le *Hutin,* fils et successeur de Philippe le Bel (1314-1316), fit étrangler sa femme, Marguerite de Bourgogne, célèbre par ses débordements.

LOUIS XI, fils et successeur de Charles VII (1461-1487), vainquit les seigneurs révoltés et fut, par son habileté souvent trop peu scrupuleuse, le véritable fondateur de l'unité française. Tout son règne se résume en une double lutte: l'une, contre le puissant duc de Bourgogne Charles le Téméraire; l'autre, contre les institutions féodales.

LOUIS XII, le *Père du peuple,* fils de Charles d'Orléans, succéda à son cousin Charles VIII, qui n'avait pas d'héritier (1498-1515). Comme petit-fils de Valentine Visconti qui avait épousé le duc d'Orléans, frère de Charles VI, il réclama le duché de Milan, et le conquit; mais plus tard les Français essuyèrent des revers. Il continua ainsi les guerres d'Italie qu'avait commencées Charles VIII, et qui devaient occuper presque tout le règne de François Ier. Ces guerres affaiblirent la France sans aucune compensation. Autant la politique intérieure de Louis XII était sage et prudente, autant sa politique extérieure fut aventureuse et néfaste.

LOUIS XIII, le *Juste,* fils et successeur de Henri IV (1610-1643). Né en 1601, il régna d'abord sous la régence de sa mère, Marie de Médicis. Les débuts de son règne furent malheureux et signalés par une administration déplorable; mais tout changea quand Richelieu devint premier ministre. Richelieu abaissa les nobles, contint les protestants, et fit intervenir la France d'une manière glorieuse dans la guerre de Trente ans. Louis XIII n'eut pas d'autre mérite que de savoir garder ce grand homme d'État malgré sa mère et les intrigues tramées pour le perdre.

LOUIS XIV, le *Grand,* fils du précédent (1643-1715), monta sur le trône à 5 ans: Anne d'Autriche, sa mère, et Mazarin gouvernèrent jusqu'en 1662 et vainquirent la Fronde, en même temps qu'ils terminèrent glorieusement la guerre de Trente ans. Louis XIV fit la guerre aux Espagnols en 1668 et s'empara des Pays-Bas. De 1672 à 1678, il combattit les Hollandais. En 1688 éclata la guerre de la Ligue d'Augsbourg, terminée en 1698. La guerre de succession d'Espagne (1700-1713), mit la France à deux doigts de sa perte, mais Villars sauva notre patrie à Denain. Louis XIV représente le type du roi absolu, avec toute sa grandeur et tous les dangers de ce système de gouvernement. La première moitié du règne est une sorte de triomphe. Succès militaires, amélioration considérable de l'administration grâce à Colbert, prospérité matérielle, éclat des lettres et des sciences; sous tous les rapports, la France est à la tête des nations de l'Europe; malheureusement la scène change rapidement. Aux ministres de génie succèdent des favoris sans valeur; l'ambition du monarque entraîne le pays dans des guerres inutiles et dangereuses, comme celle de la succession d'Espagne. A l'intérieur, l'oppression étouffe toute initiative; le gouvernement devient clérical et bigot, et met le comble aux malheurs de la France en persécutant les protestants et en révoquant l'Édit de Nantes (1685), ce qui rejette à l'étranger la partie la plus active et la plus intelligente de la population. Voy. ÉDIT. La vieillesse de Louis XIV est l'une des époques sinon les plus malheureuses, du moins les plus tristes de la France.

LOUIS XV, arrière-petit-fils et successeur de Louis XIV (1715-1774), fut d'abord sous la conduite du Régent, son cousin. Il eut à soutenir les guerres de la succession d'Autriche et de Sept ans, qui affaiblirent la France et lui firent perdre ses colonies. A l'intérieur, l'administration de Louis XV fut déplorable; elle contribua beaucoup à rendre nécessaire la Révolution de 1789. Ce roi, sans idées, sans grandeur, sans cœur et sans mœurs, est peut-être le plus mauvais de toute notre histoire. A coup sûr, son gouvernement fut détestable, le pire de tous ceux que la France ait subis depuis les guerres de religion.

LOUIS XVI, petit-fils et successeur de Louis XV (1774-1793), choisit pour ministres Turgot et Malesherbes, qu'il eut la faiblesse d'abandonner. En 1789, ne pouvant plus trouver d'argent, il convoqua les États Généraux. Pendant la Révolution, Louis XVI, détrôné par le mouvement populaire du 10 août 1792, fut condamné à mort par la Convention, qui l'accusait, non sans raison, d'avoir appelé les étrangers à son aide (387 voix sur 721 votants); il périt sur l'échafaud le 21 janvier 1793.

Louis XVII, fils du précédent, n'a pas régné; né en 1785, il mourut enfermé au Temple en 1795. Certaines personnes ont prétendu que l'enfant mort au Temple en 1795 n'était pas le fils de Louis XVI, mais un enfant malade que lui aurait substitué son gardien Simon. Louis XVII aurait été transporté en Vendée. Plusieurs aventuriers ont profité de cette légende pour se faire passer pour Louis XVII. Les plus célèbres sont *Henri Hébert* qui se faisait appeler baron de Richemont et duc de Normandie, et le Prussien *Naündorff*, mort en 1845. De nombreux procès eurent lieu à ce sujet pendant la Restauration et jusqu'en 1851; mais la preuve ne put jamais être faite. Il est vrai que le gouvernement de la Restauration avait un intérêt évident à ne pas reconnaître Louis XVII s'il était encore vivant. Les historiens les plus sérieux se sont prononcés contre la légende de la survivance du petit roi. Cependant, il est permis de concevoir des doutes, la question n'ayant jamais été complètement élucidée.

Louis XVIII, frère de Louis XVI, fut mis par les étrangers sur le trône de France en 1814; chassé par Napoléon lors des Cent-Jours, il revint en juillet 1815 et mourut en 1824. Voy. Restauration.

Louis-Philippe Ier, cousin de Louis XVI, fut proclamé roi des Français après la Révolution de 1830; la Révolution de 1848 le renversa, et il mourut en Angleterre (1850).

**2° Empereurs d'Allemagne et rois de Germanie** : Louis Ier, le *Débonnaire* (814-840).

Louis, le *Germanique*, fils de Louis le Débonnaire, fut roi de Germanie (843-876). L'un de ses fils, Louis, roi de Saxe (876-882), lutta contre les Normands.

Louis II, le *Jeune*, fils aîné de Lothaire Ier, roi d'Italie et empereur d'Occident (855-875).

Louis III, l'*Aveugle*, petit-fils du précédent, devint roi d'Arles en 890, mais eut les yeux crevés par l'ordre de Bérenger de Frioul, auquel il disputait l'Italie (904).

Louis IV, l'*Enfant*, roi de Germanie (899-911), fut le dernier Carlovingien qui régna en Allemagne.

Louis V, fils d'un duc de Bavière, fut nommé empereur d'Allemagne (1314-1346), eut à lutter contre un rival, Frédéric d'Autriche, puis contre Jean de Bohême et les papes d'Avignon.

**3° Rois de Bavière** : Louis Ier, roi de 1825 à 1848, abdiqua en faveur de son fils Maximilien II.

Louis II, fils de Maximilien II, né en 1845, monte sur le trône en 1865. Mort en 1886.

**4° Rois de Hongrie** : Louis Ier, *le Grand*, roi de Hongrie et de Pologne de 1342 à 1382, prince guerrier et administrateur habile.

Louis II, roi de Hongrie et de Pologne de 1515 à 1526.

**LOUIS** (de Gonzague) (Saint), célèbre jésuite, né à Castiglione. Mort à Rome (1568-1591).

**LOUIS** (Antoine), chirurgien fr. (1723-1795), auteur d'un *Dictionnaire de chirurgie*.

**LOUIS** (Victor), architecte fr. (1735-1810), construisit les galeries du Palais-Royal, l'ancienne salle du Théâtre-Français, le théâtre de Bordeaux, etc.

**LOUIS** (Baron) (1755-1837), ministre des finances en 1814, en 1815, en 1818 et en 1830.

**LOUIS.** s. m. (R. *Louis* XIII). T. Métrol. Pièce d'or, d'argent à l'effigie des rois de France (de Louis XIII à Louis XVI). Voy. Monnaie. — De nos jours, pièce d'or de vingt francs. *Un demi-l.*, Dix francs.

**LOUIS BONAPARTE**, roi de Hollande. Voy. Bonaparte.

**LOUISBOURG.** Voy. Ludwigsburg.

**LOUISE-BONNE.** s. f. Variété de poire.

**LOUISE DE SAVOIE**, mère de François Ier (1476-1531), fut l'ennemie du connétable de Bourbon.

**LOUISIADE**, archipel de la Mélanésie, aux Anglais.

**LOUISIANE**, l'un des États-Unis d'Amérique (États du Sud); pop. 959,946 hab.; v. pr. la *Nouvelle-Orléans*. Occupée au nom de la France, en 1679, par de La Salle, qui lui donna son nom en l'honneur du roi Louis XIV, elle fut vendue aux États-Unis en 1803 pour la somme de 80 millions de francs.

**LOUISINE.** s. f. [Pr. *loui-zine*]. Taffetas de soie, jadis employé pour modes.

**LOUISVILLE**, v. des États-Unis (Kentucky), 200,000 hab. sur l'Ohio.

**LOUNGO-E-OUNGO**, riv. d'Afrique, affl. de la rive droite du Zambèze, 1,200 kil.

**LOUP.** s. m. [Pr. *lou*] (lat. *lupus*, m. s.). Quadrupède sauvage et carnassier qui ressemble à un grand chien. — Fam., *Il fait un froid de l.*, Il fait un froid très vif. *Être enrhumé comme un l.*, Être fort enrhumé. *Avoir une faim de l. Manger comme un l.* — *Marcher à pas de l.*, Marcher sans bruit. || Fig. et fam., *Être connu comme le l. gris, comme le l. blanc*, Être extrêmement connu. *Il a vu le l.*, Il a vu le monde, il est aguerri et expérimenté. *Elle a vu le l.*, se dit d'une jeune fille qui n'est plus vierge. *Tenir le l. par les oreilles*, Être dans une situation difficile, pressante, et ne savoir comment en sortir. *Donner la brebis à garder au l.*, Donner à garder quelque chose à une personne dont on devrait se défier. *La faim chasse le l. hors du bois*, La nécessité détermine un homme à faire, même contre son inclination, beaucoup de choses pour se procurer de quoi vivre. *Il faut hurler avec les loups*, Il faut s'accommoder aux manières, aux mœurs, aux opinions de ceux avec qui l'on vit ou avec qui l'on se trouve, quoiqu'on ne les approuve pas entièrement. *Quand on parle du l., on en voit la queue*, se dit lorsque quelqu'un survient au moment où l'on parle de lui. — Voy., pour d'autres locut. fig. et fam., les mots Bergerie, Brebis, Chien, Gueule, Manger et Peau. || T. Théât. Défaut qui produit un vide dans l'enchaînement des scènes. — On dit aussi qu'il y a un *l.* quand la scène reste vide dans le cours d'un acte. || Fig. Homme malfaisant.

Faibles agneaux livrés à des loups furieux.
Racine.

|| *L. marin* ou *L. de mer*, Nom vulgaire donné à plusieurs poissons. Voy. Gobioïdes et Percoïdes. Quelquefois encore on désigne le *Phoque* sous ce nom. — Fig. et fam., *L. de mer*, se dit d'un marin qui, sans cesse, à la mer, est devenu étranger à tous les usages de la société. || T. Astron. Petite constellation australe appelée aussi la *Bête*. Voy. Constellation. || Sorte de masque de velours noir que les dames portaient autrefois pour garantir leur visage du hâle. || T. Techn. Vice, défaut capital d'une matière à mettre en œuvre. — Défaut dans une pièce de bois. — Agglomération de matière mal fondue qui se forme dans le minerai en fusion et obstrue le creuset. — Appareil servant à briser la laine avant le cardage. — *Dent de l.*, Voy. Dent. || *Saut de l.*, Voy. Saut. || T. Bot. *Gueule de l.*, Nom vulgaire du Muflier Voy. Scrofulariacées. — *Vesse de l.*, Nom vulgaire des champignons que les botanistes appellent *Lycoperdon*. Voy. ce mot. — *Pied de l.*, Marrube aquatique (*Labiées*).

**Mamm.** — Le *Loup* (*Canis lupus*) appartient, comme l'indique son nom scientifique, au grand genre Chien. En effet, son organisation est en tout semblable à celle du Chien, avec lequel il peut produire des métis féconds. Il ne s'en distingue guère que par sa vie constamment sauvage. — Les auteurs distinguent plusieurs variétés de cette espèce, dont la plus répandue est le *L. commun*. Cet animal, qui a la taille de nos plus grands Chiens et la physionomie d'un Mâtin, a le pelage gris fauve, la queue droite et les jambes fauves avec une raie noire sur celles de devant quand il est adulte, les yeux obliques à iris d'un jaune fauve. Ordinairement solitaire, il se retire le jour dans les bois, et en sort, la nuit, pour fureter, avec circonspection, dans la campagne. Il fait la chasse aux petits mammifères, et se repaît souvent de charogne. Si on le découvre, il s'enfuit. S'il est cerné ou atteint, il combat avec courage et meurt sans jeter un cri. Quand il est pressé par la faim, il oublie sa circonspection habituelle, se réunit souvent à d'autres individus de son espèce, parcourt la campagne, attaque tous les animaux, s'approche des troupeaux, s'élance au milieu d'eux malgré les chiens et les bergers, saisit un mouton et l'enlève avec la plus grande facilité (Fig 1. Loups poursuivant un traineau). Il arrive parfois, pendant la nuit, qu'un L. suit un voyageur à cheval ou accompagné d'un Chien, prêt à s'élancer sur eux s'il trouve une occasion favorable. Cependant il n'attaque jamais l'homme dans les circonstances ordinaires. Cet animal est susceptible de s'apprivoiser et même de s'attacher à son maître autant que le fait le Chien. Il met

Fig. 1.

2 ou 3 ans à croître et vit 15 à 20 ans. La femelle, appelée *Louve*, porte deux mois et quelques jours, et met bas de 6 à 9 petits qui naissent les yeux fermés, et qu'on nomme dans leur jeune âge *Louveteaux*. On trouve le L. commun depuis l'Egypte jusqu'en Laponie. Vers le Nord, son pelage devient blanc en hiver. — *L. noir* (*Canis lycaon*), habite aussi l'Europe et même la France, où toutefois il est rare. Il est d'un noir profond et uniforme, avec un peu de blanc au bout du museau et une petite tache de couleur sous la poitrine. Parmi

Fig. 2.

les espèces étrangères, nous nous contenterons de citer le *L. rouge d'Amérique* (*C. jubatus*) [Fig. 2], qui est de la taille de nos plus grands Loups. Son pelage est d'un beau roux cannelle, et il porte une courte crinière noire tout le long de l'épine Cet animal, qu'on trouve surtout dans les pampas de la Plata, où il habite les endroits marécageux, poursuit à la nage les animaux aquatiques, et n'attaque le gros bétail que lorsqu'il est poussé par une faim extrême. Non seulement il s'apprivoise aisément, mais encore on peut, dit-on, le dresser à la chasse.

**LOUP** (Saint), évêque de Troyes, préserva cette ville de l'invasion d'Attila (427-479).

**LUOP** (Saint), abbé de Ferrières, auteur de lettres et de traités religieux, l'un des conseillers de Charles le Chauve (805-862).

**LOUP-CERVIER.** s m (lat. *lupus cervarius*, loup de cerf, loup qui attaque les cerfs). T. Mamm. Nom vulgaire du Lynx Voy. ce mot.

**LOUPE.** s. f. (lat. *lupa*, louve). T. Méd. Se dit de certaines tumeurs enkystées qui se développent sous la peau. || T. Zool. Tumeur naturelle de nature graisseuse que présentent certains animaux, comme le zèbre, le chameau, et qu'on appelle plus communément *Bosse*. || T. Bot. Excroissance ligneuse qui vient aux troncs et aux branches de quelques arbres. Voy. Excroissance. || T. Optiq. Lentille biconvexe ou plan-convexe dont on se sert pour grossir les objets. Voy. Lentille et Microscope. || T. Joaillier. Se dit de certaines pierres précieuses brutes. *L. de saphir, de rubis.* || T. Métall. Se dit d'une masse métallique qui résulte soit de la fusion du minerai, soit de l'affinage du métal. *Une l. de fer, de cuivre, d'acier.* Voy. Fer. VIII. || T. Techn. Brique, carreau des fourneaux ayant servi à la fonte de l'or, de l'argent, qu'on brise pour en tirer par le lavage les parcelles de métal qui s'y attachent. || T. Filat. Petit pignon qui, dans les cardes, commande les travailleurs et les alimentaires.

**Méd.** — La l. appelée aussi quelquefois *Lipome* et *Athérome* est un kyste sébacé, c.-à-d. une tumeur de consistance et d'aspect très variables, formée par une poche que remplissent des cellules épidermiques et des matières grasses en proportions très différentes suivant les cas; son contenu est souvent fétide. L'irritation par les frottements continus de la bretelle, du chapeau, etc., y prédispose; de même l'érésypèle, l'eczéma. Les loupes s'observent particulièrement sur le cuir chevelu, la face, le scrotum, les épaules; elles ont généralement le volume d'une noisette quand elles sont multiples; isolées, elles peuvent atteindre la grosseur d'une noix de coco. La l. se présente comme une saillie aplatie ou hémisphérique, pourvue d'un point noir central. Le pronostic est bénin, malgré certaines complications pouvant se produire: inflammation de la poche, développement d'une corne sur la paroi du kyste, transformation en cancroïde. La paroi de ces tumeurs peut subir la dégénérescence calcaire. — Il est à peu près impossible actuellement de se prononcer sur la nature exacte des loupes; on a expliqué leur formation par la rétention des produits sécrétés dans les follicules pilo-sébacés, mais divers arguments combattent cette opinion. — Le traitement palliatif, consistant en applications résolutives, en évacuations par les ponctions ou les pressions, ne donne que de mauvais résultats; on a usé longtemps de la destruction par les caustiques, mais cette méthode, longue et douloureuse, donne une cicatrice souvent informe et peut amener l'érésypèle; le vrai traitement est l'ablation au bistouri par dissection de la poche.

**LOUPE** (La), ch.-l. de c. (Eure-et-Loir), arr. de Nogent-le-Rotrou; 1,600 hab.

**LOUPER.** v. n. (R. *loupe*). Ne rien faire, se donner du bon temps, boire. T. Pop.

**LOUPEUR.** s. m. Celui qui loupe. T. Pop.

**LOUPEUX, EUSE.** adj. [Pr. *loupeu, euze*]. Qui a des loupes. *Un arbre l.* Peu usité. — *Bois l.*, qui a des nœuds.

**LOUP-GAROU.** s. m. Voy. Garou

**LOUQSOR** ou **LUXOR**, village d'Égypte, sur les ruines de l'anc. Thèbes. *L'Obélisque de la place de la Concorde, à Paris, vient de Louqsor.*

**LOURD, OURDE.** adj. [Pr. *lour*] (lat. pop. *lurdus*, m. s., du *luridus*, immonde, pourrissant). Pesant, difficile à remuer, à porter, se dit par oppos. à Léger. *Un l. fardeau. Cette arme est lourde à porter. Cette charge est trop lourde pour votre cheval.* — *Faire une lourde chute*, Tomber de haut, tomber de tout son poids. || Fig., on dit d'une chose qui occasionne beaucoup de dépense, *C'est une lourde charge.* On dit dans le même sens, *Avoir une maison bien lourde*, Avoir un ménage très coûteux. On dit encore d'une tâche, d'une besogne difficile et rude à faire, *C'est une lourde tâche, une lourde besogne*, etc. — *Faire une lourde faute, une lourde bévue*, etc. Commettre une faute grossière, etc. || Qui se remue avec peine, avec effort ; et alors, il est opposé à dispos, agile. *Les chevaux de Flandre sont lourds. C'était autrefois un homme fort agile, mais il est devenu bien l.* || Fig., en parlant de l'esprit, du style, etc., Qui manque de facilité, de légèreté, d'élégance, de finesse. *C'est un homme l., un esprit l. Il a l'esprit l. Un style l. Une conversation lourde. Une lourde plaisanterie.* — S'emploie, dans un sens anal., en parlant des œuvres d'art. *Cette statue a des formes lourdes. Une architecture lourde et sans grâce. Ce tableau est l. de dessin, de couleur. Ce peintre a la touche lourde.* || Fam., on dit, *L'air est l., le temps est l.*, en parlant d'un état de l'atmosphère tel que, sous son influence, nous éprouvons de la difficulté à nous mouvoir, à penser, etc.

**Syn.** — *Pesant.* — Dans le sens propre, tout corps est *pesant* parce que la pesanteur est la tendance générale des corps vers le centre ; un corps *lourd* est celui qui a une pesanteur considérable relativement à son volume ou à la force qu'on y oppose. Différents hommes porteront des charges plus ou moins *pesantes* à raison de la différence de leurs forces ; mais un homme faible trouvera trop *lourd* un fardeau qui ne paraît à un homme vigoureux qu'une charge légère. Dans le sens figuré, *lourd* enchérit sur *pesant*. L'esprit *pesant* conçoit avec peine, avance lentement et fait peu de progrès ; l'esprit *lourd* ne conçoit rien, et n'avance point. La médiocrité est l'apanage des esprits *pesants*, mais on peut en tirer quelque parti : la stupidité est le caractère des esprits *lourds*, on n'en peut rien tirer.

**LOURDAUD, AUDE.** s. [Pr. *lour-do, lour-do-de*]. Grossier, maladroit. *C'est un l., un vrai l. Une grosse lourdaude.* Fam.

Jamais un lourdaud, quoi qu'il fassse,
Ne saurait passer pour galant.

LA FONTAINE.

**LOURDEMENT.** adv. (R. *lourd*). Pesamment, rudement. *Marcher l. Tomber l.* || Grossièrement. *Vous vous trompez l. si vous vous imaginez que... Il a erré l.* || Sans légèreté, sans finesse. *Il plaisante l.*

**LOURDERIE.** s. f. (R. *lourd*). Faute grossière contre le bon sens, contre la bienséance, etc. *Vous avez fait là une l.* Fam. et peu usité.

**LOURDES**, ch.-l. de c. (Hautes-Pyrénées), arr. d'Argelès ; 7,000 hab. Pèlerinage célèbre. Fontaine miraculeuse.

**LOURDEUR.** s. f. (R. *lourd*). Pesanteur ; ne se dit guère qu'au figuré. *La l. de ses manières, de son style, de sa conversation. Cet écrivain est d'une l. assommante. Il y a de la l. dans les draperies de cette figure. Cet édifice a bien de la lourdeur.*

**LOURDISE.** s. f. [Pr. *lourdi-ze*] (R. *lourd*). Même signification que *Lourderie.* Vx.

**LOURDOUEIX** (baron DE), publiciste fr. (1787-1860).

**LOURE.** s. f. (Vx scand. *luur*, flûte de berger, ou lat. *lura*, bourse, sac, et par suite musette, ce qui est l'anc. sign. de ce mot.). T. Mus. Air de danse grave, dont l'air, qui porte le même nom, s'écrit à six-quatre et se bat à deux temps. Vx.

**LOURENÇO MARQUÈS** (Baie de), ou baie *Delagoa.* Voy. ce mot. || Ch.-l. du district le plus méridional de la province de Mozambique ; 1,200 hab. Le district de *Lourenço Marquès* a 80,000 hab.

**LOURER.** v. a. (R. *loure*). Lier les notes en appuyant sur la première de chaque temps. *Il faut l. ces notes, cet air.* = LOURÉ, ÉE. part.

**LOURISTAN**, prov. de Perse, cap. *Bouroudjird.*

**LOURMEL**, général fr., mort devant Sébastopol (1811-1854).

**LOUROUX-BÉCONNAIS** (LE), ch.-l. de c. (Maine-et-Loire), arr. d'Angers, 2,900 hab.

**LOUSSEAU, LOUSSEC, LOUSSET, LOSSET.** s. m. [Pr. *lou-so, lou-sek, lou-sè, lo-sè*]. T. Mar. Petit réservoir où se rend l'eau dans les embarcations qui n'ont pas de pompe.

**LOUSTALOT** (ELYSÉE), journaliste révolutionnaire, ami de C. Desmoulins (1762-1790).

**LOUSTIC.** s. m. (all. *lustig*, divertissant). Se dit d'un individu dont le genre d'esprit est grivois, plaisant, facétieux. *Le l. du régiment. Il s'est constitué le l. de cette société.* Fam.

**LOU-TCHÉOU**, chaîne d'îles de l'Asie Orientale, entre le Japon et Formose, au Japon.

**LOUTH**, comté maritime d'Irlande, dans la province de Leinster ; 77,884 hab. Cap. *Dundalk.*

**LOUTRE.** s. f. (lat. *lutra*, m. s.). T. Mamm. La *Loutre* est un Mammifère de l'ordre des *Carnassiers* et de la famille des *Mustélidés* ou *Martres.* Elle se distingue de tous les autres Digitigrades par ses pieds palmés, ses jambes courtes, sa queue horizontalement aplatie, sa tête large et plate, et son corps encore plus allongé que celui des Martres et des Putois. Les diverses espèces qui composent ce genre (on en compte une vingtaine) ont à peu près le même pelage, c.-à-d. d'un brun plus ou moins foncé en dessus, plus clair en-dessous, surtout à la gorge, qui est quelquefois blanche. Ainsi, par ex., la *L. commune* (*Lutra europæa*) (Fig. ci-dessus), est brun foncé en dessus, et gris brunâtre

en dessous, avec la gorge et l'extrémité du museau d'un grisâtre clair. L'eau est le véritable élément de ces carnassiers, qui marchent difficilement sur la terre. Ils vivent sur le bord des rivières et se nourrissent de poissons, d'animaux aquatique et même, dit-on, d'herbes marines. Ils nagent et plongent avec une extrême rapidité, chassent la nuit, et se retirent le jour dans un gîte pratiqué entre les rochers ou dans la cavité d'un arbre. Ils sont naturellement sauvages; cependant il n'est pas impossible de les élever en domesticité. Leur fourrure, dont les poils sont soyeux, longs et luisants, est fort estimée dans la pelleterie. On recherche surtout celle de la *L. de mer* ou *L. du Kamtchatka* (*L. marina*), appelée aussi *Enhydre* et *Latax*. Cette dernière est la plus grande espèce du genre : elle a plus d'un mètre de longueur du bout du museau à l'origine de la queue, tandis que notre l. commune n'a que 70 centimètres, avec une queue longue de 30 à 35.

**LOUTREUR** ou **LOUTRIER**. s. m. Chasseur de loutres.

**LOUVAIN**, v. de Belgique (Brabant) sur la Dyle; 41,000 hab. Université célèbre. Magnifique Hôtel de Ville.

**LOUVARD** ou **LOUVAT**. s. m. [Pr. *louvar*, *louva*]. Jeune loup.

**LOUVE**. s. f. (lat. *lupa*, m. s.). Femelle du loup. || Fig. Prostituée. vx. || T. Techn. Outil de fer qu'on place dans un trou fait exprès à une pierre, et qui sert à l'enlever. — Filet de pêche. Sorte de verveux qui a plusieurs ouvertures à chaque extrémité. — Filet tendu sur des perches, l'ouverture opposée au courant. — Baril défoncé en haut et en bas, qui sert comme d'entonnoir pour jeter la morue dans la cale d'un bateau de pêche.

**LOUVEL** (Louis-Pierre), assassin du duc de Berry, mort sur l'échafaud (1783-1820).

**LOUVELLE**. s. f. [Pr. *louvè-le*]. T. Mar. Disposition des bordages d'un navire, placés carrément les uns à côté des autres, au lieu de se recouvrir.

**LOUVER**. v. a. *L. une pierre*, Y faire un trou pour y mettre la louve. = Louvé, ée. part.

**LOUVERTURE** (Toussaint), chef des nègres rebelles de Saint-Domingue, fut pris et transporté en France, où il mourut (1803).

**LOUVET**. s. m. [Pr. *lou-vè*] (dimin.). Petit loup. || T. Art vétérin. Se dit quelquefois du charbon des bêtes à laine.

**LOUVET, ETTE**. adj. [Pr. *lou-vè, vè-te*] (R. *loup*). Se dit de la robe du cheval, lorsqu'elle présente un mélange de jaune et de noir, de façon à ressembler au pelage du loup. *Cheval l. Robe louvette*.

**LOUVETAGE**. s. m. Action de louveter la laine.

**LOUVET DE COUVRAY** (Jean-Baptiste), littérateur fr. (1760-1797), auteur des *Amours du Chevalier de Faublas*.

**LOUVETEAU**. s. m. [Pr. *louve-to*] (dimin.). Le petit d'un loup. || Techn. Chacun des deux coins de fer qui servent à fixer le levier appelé louve.

**LOUVETER**. v. a. (R. *louve*). Mettre bas; se dit de la louve. || T. Techn. Diviser la laine avec l'appareil appelé loup. = Conj. Voy. Jeter.

**LOUVETERIE**. s. f. [Pr. *lou-vè-teri*] (R. *louvetier*). Équipage pour la chasse du loup. Lieu destiné à loger cet équipage.

**Hist. et Législ.** — La destruction des Loups, jadis fort nombreux chez nous, a de tout temps excité la sollicitude du gouvernement. On trouve déjà plusieurs prescriptions à ce sujet dans la loi des Bourguignons et dans les capitulaires des rois de la première race. Charlemagne enjoignit aux comtes d'entretenir, dans leurs provinces respectives, des *louveteries*, c.-à-d. des équipages pour la chasse du loup, et des *louvetiers* ou des chasseurs habiles à cette chasse. Plus tard, le soin de veiller à la destruction des loups fut d'abord confié aux baillis et aux sénéchaux; mais, au XVe siècle, il appartint au *Grand louvetier de France*. L'officier de la maison du roi qui était revêtu de ce titre avait sous ses ordres un certain nombre d'officiers subalternes, ou *Lieutenants de louveterie*, disséminés dans les provinces. Comme marque de sa dignité, il portait dans ses armes deux têtes de loup au-dessous de l'écu. La charge de Grand louvetier ayant disparu à la Révolution, on se contenta, pendant plusieurs années, de provoquer la destruction des loups et autres animaux au moyen de primes pécuniaires. En 1814, une ordonnance du 20 août réorganisa le service de la louveterie, en le plaçant dans les attributions du Grand veneur; mais, en 1830, une ordonnance du 14 septembre le réunit à l'administration des forêts. Lorsque des battues sont jugées nécessaires, elles sont ordonnées par les préfets et ont lieu sous la surveillance des agents forestiers et la direction des *Lieutenants de louveterie*. Ces derniers sont des propriétaires du pays, nommés par le préfet, sur la proposition ou l'avis des conservateurs de forêts. Ils sont tenus d'entretenir à leurs frais un équipage de chasse dont la composition est déterminée. Ils ne reçoivent aucun traitement; mais ils jouissent de certains droits honorifiques, de celui, par ex., de pouvoir chasser le sanglier à courre, deux fois par mois, dans les forêts de l'État situées dans leur circonscription. En outre, des primes de valeur variable sont accordées à celui qui détruit un loup, soit à l'aide d'engins ou de pièges, soit par tout autre moyen. Ces primes varient de 40 à 200 francs, suivant qu'il s'agit d'un louveteau, d'un loup, d'une louve pleine ou d'un de ces animaux qui s'est jeté sur des êtres humains. (Loi du 3 août 1882.)

**LOUVETIER**. s. m. (R. *louvet*, petit loup). Chasseur de loups. Voy. Louveterie.

**LOUVETTE**. s. f. [Pr. *lou-vète*] (R. *loup*). T. Zool. Espèce d'*Arachnide* qui vit en parasite sur le chien. Voy. Holètres.

**LOUVEUR**. s. m. Maçon qui louve une pierre.

**LOUVIERS**, ch.-l. d'arr. (Eure), sur l'Eure, à 21 kil. N.-E. d'Évreux; 9,800 hab. Fabriques de draps. = Nom des hab. : Lovérien, enne.

**LOUVIERS**. s. m. Sorte de drap fabriqué dans la ville de Louviers.

**LOUVIGNÉ-DU-DÉSERT**, ch.-l. de c. (Ille-et-Vilaine), arr. de Fougères; 4,000 hab.

**LOUVOIS** (François-Michel **LE TELLIER**, Marquis de), fils de Michel Le Tellier (1639-1691), ministre de la guerre sous Louis XIV, rétablit l'ordre et la discipline dans l'armée. Ce fut un administrateur incomparable; mais sa politique fut dure et cruelle : c'est lui qui ordonna l'incendie du Palatinat et qui fit exécuter les brutalités et les cruautés dont les protestants furent victimes.

**LOUVOYAGE**. s. m. [Pr. *lou-vo-iaje*]. T. Mar. Action de louvoyer.

**LOUVOYER**. v. n. [Pr. *lou-vo-ier*] (R. *lof*, côté du vent). T. Mar. Courir successivement sur l'une et l'autre ligne du plus près du vent pour arriver à un lieu auquel le vent régnant ne peut porter directement. *Notre navire fut obligé de l.* || Figur., Prendre des détours pour arriver à un but où l'on ne peut aller directement. *C'est une affaire difficile, on ne pourra réussir qu'en louvoyant.* = Conj. Voy. Employer.

**LOUVRE**. s. m. Monument de Paris.

**Hist. et Archit.** — I. *Palais du Louvre*. — On ne connaît pas l'époque précise de la construction du *Louvre*, ni l'origine véritable de son nom. Au XIIe siècle, c'était une espèce de pavillon de chasse situé en dehors de l'enceinte de Paris. Philippe-Auguste en fit une forteresse entourée de fossés et flanquée de tours. Au centre de la cour principale se trouvait une grosse tour ronde et isolée, d'environ 15 mètres de diamètre et de plus de 30 de hauteur. Cette tour, qu'on désignait sous le nom de *grosse tour du Louvre*, ou simplement sous celui de *Tour du Louvre*, fut considérée, pendant plusieurs siècles, comme le manoir royal, d'où relevaient les grands feudataires de la couronne. Elle servait aussi d'arsenal, de trésor et de prison d'État. Sous Charles V et ses successeurs, le Louvre fut compris dans l'enceinte de Paris et reçut des additions considérables, mais en conservant toujours le caractère de forteresse féodale. Les choses changèrent de face sous François Ier,

Après avoir fait abattre la grosse tour afin de donner du jour aux appartements (1527), et exécuter de dispendieuses réparations à l'occasion du passage de Charles-Quint (1539), ce prince résolut de reconstruire le Louvre en entier. P. Lescot commença les travaux en 1540, et les continua jusqu'en 1548, sous Henri II, avec l'aide de Jean Goujon et de Paul Ponce Trebatti, qui furent spécialement chargés des sculptures. Quand P. Lescot mourut, le corps de bâtiment qui s'étend depuis le pavillon de l'Horloge dans la cour carrée jusqu'à l'entrée sur la rivière, était entièrement terminé. A peu près dans le même temps, le Bolonais Serlio construisait le rez-de-chaussée de l'aile en retour sur le quai, et la galerie du Louvre jusqu'au campanile. Cette dernière fut continuée sous Charles IX, Henri III et Henri IV, qui la conduisit jusqu'au pavillon dit de Lesdiguières. Ce dernier prince fit donner à la cour du Louvre la dimension qu'elle a aujourd'hui, et fit exhausser, par son architecte Androuet Ducerceau, la galerie de Serlio, alors couverte d'une terrasse, et c'est dans ce nouvel étage que fut construite la *galerie d'Apollon*, ainsi nommée plus tard à cause des peintures qui en ornent le plafond. Sous Louis XIII, Lemercier construisit la partie septentrionale de l'aile qui fait face intérieurement à l'est, à partir du pavillon de l'Horloge ; il commença aussi la construction des deux ailes qui regardent le midi et le couchant, mais il n'en put élever que les étages inférieurs. Louis XIV acheva la grande galerie, à partir du pavillon de Lesdiguières, et il voulut aussi terminer le palais en faisant élever la façade du côté de Saint-Germain-l'Auxerrois. Les travaux furent d'abord confiés à Levau ; mais Colbert, devenu surintendant des bâtiments, ne trouvant pas les plans dignes de la grandeur du roi, ordonna de les suspendre et mit le projet au concours. Le plan du médecin Claude Perrault obtint la préférence et l'auteur lui-même fut chargé de l'exécuter : c'est ainsi que fut élevée la façade à peu près telle qu'elle existe aujourd'hui. Commencée en 1666, elle fut terminée en 1670. Cette façade a 170m,55 de longueur et 27m,65 de hauteur. La partie inférieure, qui forme soubassement, présente un mur lisse, percé de 23 ouvertures, tandis que la partie supérieure est ornée de 52 colonnes et pilastres accouplés d'ordonnance corinthienne. Les Figures ci-après représentent l'élévation de la façade du Louvre, et le plan horizontal de la colonnade. Ces plans ne figurent que la moitié de la construction, l'autre étant parfaitement symétrique. La façade de Perrault est empreinte d'un véritable caractère de noblesse et de grandeur ; son aspect est imposant et monumental. Cependant, on lui fait de graves reproches. D'abord, la situation de cet immense portique à la hauteur d'un premier étage n'est peut-être pas suffisamment justifiée. En second lieu, l'interruption du plain-pied de la galerie, occasionnée par la surélévation de la porte principale, est un défaut capital. Enfin, ces formes architecturales étant disproportionnées avec la nature de nos matériaux, on a été obligé de recourir à des moyens de consolidation artificiels et contraires aux vrais principes de l'art de bâtir. Cependant, tout bien considéré, et malgré les critiques qu'on est en droit de lui adresser, l'œuvre de Perrault mérite d'être placée au rang des conceptions les plus remarquables de l'architecture moderne. Pendant longtemps on la regarda même comme le chef-d'œuvre de l'art, et l'influence qu'elle exerça sur l'architecture, dit Viollet-le-Duc, non seulement en France, mais en Europe, fut si grande et si réelle, qu'elle dure encore aujourd'hui. La colonnade terminée, il fallut raccorder cette nouvelle façade avec les constructions antérieures, ce qui offrit de grandes difficultés. On travailla au Louvre jusqu'en 1688 ; mais à partir de cette époque, qui fut aussi celle de la mort de Perrault, ce palais fut abandonné ; non seulement on établit des écuries dans une portion du rez-de-chaussée et l'on distribua les étages supérieurs en logements pour des artistes ou des gens de cour, mais encore on laissa des constructions particulières s'adosser tout autour du palais. Enfin, en 1754, le surintendant des bâtiments, de Marigny, obtint de faire cesser le désordre. Les travaux furent alors repris et continués jusqu'à la Révolution, qui les interrompit. Le nouveau gouvernement se contenta de conserver ce qui existait, et, dans ce but, un décret de la Convention, en date du 27 juillet 1793, le transforma en musée. L'idée de continuer le Louvre et de l'unir aux Tuileries du côté du nord, reparut sous le Consulat, et le soin de l'exécuter fut confié aux architectes Fontaine et Percier ; mais ces projets ne reçurent pas d'exécution. Cependant, si Napoléon, qui se faisait une gloire de terminer cette immense ligne de palais, en fut détourné par d'autres soins, cet honneur était réservé à l'héritier de son nom. Le décret impérial qui a ordonné l'achèvement du Louvre porte la date du 12 mars 1852. Les plans de Visconti ayant été adoptés, les travaux commencèrent le 25 juillet de la même année, sous la direction de cet architecte. Visconti étant mort, Lefuel les continua sur ses plans. Au bout de cinq années, l'œuvre était accomplie. La disparition du palais des Tuileries incendié pendant la Commune de 1871 a quelque peu modifié l'aspect du palais du Louvre, sans en altérer la magnificence. Au contraire, les cours du Louvre et la place du Carrousel continuées sans interruptions par le Jardin des Tuileries ajoutent encore au caractère imposant de cette immense architecture.

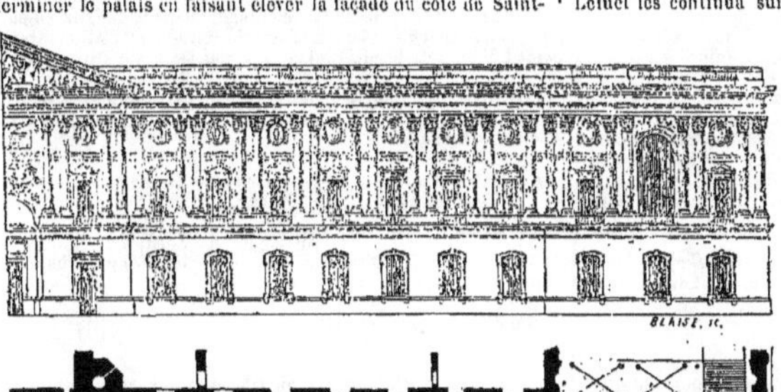

II. *Musée du Louvre.* — L'origine de ce musée remonte à François Ier, qui avait formé un fonds de peintures dont la plupart ornaient les appartements de Fontainebleau. Ses successeurs augmentèrent peu la collection. Colbert, chargé de compléter le cabinet royal, fit des acquisitions importantes et l'installa, en 1681, au Louvre. Ce musée émigra ensuite à Versailles, vint, en 1750, au Palais du Luxembourg, retourna à Versailles, en 1775 et fut définitivement installé au Louvre par un décret de l'Assemblée Nationale du 26 mai 1791. Le catalogue du « Muscum français » ne comprenait que 537 tableaux. En l'an II, on y adjoignit les plus belles peintures restées à Versailles; en 1818, la suite des toiles de Rubens qui formait, au Luxembourg, la galerie Médicis. Dès lors, le Louvre se trouva en possession de la plupart des chefs-d'œuvre qui forment sa principale richesse.

Le musée national du Louvre comprend : I. Le musée de peinture ; II. Le musée des dessins ; III. Le musée de gravure ou chalcographie ; IV. Le musée de sculpture antique ; V. Le musée de sculpture du moyen âge et de la renaissance ; VI. Le musée de sculpture moderne française ; VII. Le musée des antiquités orientales ; VIII. Le musée des antiquités égyptiennes ; IX Le musée des céramiques antiques ; X. Le musée de la marine ; XI. Le musée ethnographique ; XII. Le musée des émaux et bijoux ; XIII, le musée Thiers.

Notre cadre nous interdit une description, même succincte, de ces riches collections. On la trouvera dans les ouvrages spéciaux, notamment : LAFENESTRE et RICHTENBERGER, *Le Musée national du Louvre.*

**LOVELACE.** s. m. (R. *Lovelace*, héros du roman de *Clarisse Harlowe*, de Richardson). Élégant séducteur de femmes. — Débauché de mauvais ton. — Fat.

**LOVER.** v. a. Enrouler. Ramasser un câble en rond. = SE LOVER. v. pron. Se rouler en spirale. *Le serpent se love.* = LOVÉ, ÉE. part.

**LOVEUR.** s. m. Matelot qui love les filets de pêche ou les câbles.

**LOWE** (Sir Hudson), officier anglais (1769-1844), fut chargé de la garde de Napoléon Ier à Sainte-Hélène.

**LOWELL**, v. des États-Unis (Massachusets), 59,500 hab.

**LOWENDAL** (Comte de), maréchal de France (1700-1755), s'est illustré par la prise de Berg-op-Zoom en 1747.

**LOXARTHRE**. s. m. [Pr. *lok-sartre*] (gr. λοξὸς, oblique; ἄρθρον, articulation). T. Méd. Direction vicieuse d'une articulation ou d'un membre.

**LOXIA**. s. m. [Pr. *lok-sia*] (gr. λοξὸς, oblique). T. Ornith. Nom scientifique du *Bec-croisé*, genre de *Passereaux*. Voy. Bec-croisé. || On a aussi donné le même nom au *Gros-bec*, autre genre de *Passereaux*. Voy. Gros-bec.

**LOXOCLASE**. s. f. [Pr. *lok-sokla-ze*] (gr. λοξὸς, oblique; κλάσις, action de briser). T. Minér. Variété de feldspath orthose, contenant plus de soude que de potasse.

**LOXOCOSME**. s. m. [Pr. *lok-sokosme*] (gr. λοξὸς, oblique; κόσμος, monde). Instrument servant à démontrer les phénomènes des mouvements de la terre, les saisons et l'inégalité des jours.

**LOXODROMIE**. s. f. [Pr. *lok-sodromi*] (gr. λοξὸς, oblique; δρόμος, course). T. Mar. et Géom. Ligne courbe décrite par un vaisseau qui navigue sous un même rumb de vent. C'est une courbe tracée sur la surface d'une sphère de manière à couper sous un même angle tous les méridiens. Cette courbe tourne en spirale autour du Pôle sans jamais l'atteindre. La projection stéréographique de la l. sur le plan de l'équateur est une spirale logarithmique, car, la projection stéréographique conservant les angles, il faut que la projection de la l. coupe sous un même angle tous les rayons de la carte qui représentent le méridien, et cette propriété est caractéristique de la spirale d'Archimède.

**LOXODROMIQUE**. adj. 2 g. [Pr. *lok-so-dromike*]. T. Mar. Qui a rapport à la loxodromie. — *Ligne l.*, Loxodromie. — *Tables loxodromiques*, Tables par lesquelles on peut calculer le chemin que fait un bâtiment.

**LOXODROMISME**. s. m. [Pr. *lok-so...*] (gr. λοξὸς, oblique; δρόμος, course). Marche dans une direction oblique. || T. Géol. Parallélisme constant des couches du globe.

**LOXOPTÉRYGINE**. s. f. [Pr. *lok-so...*]. T. Chim. Alcaloïde amorphe, blanc, très amer, fusible à 81°, contenu dans l'écorce de quebracho rouge (*Loxopterygium Lorentzii*).

**LOYAL, ALE**. adj. [Pr. *lo-ial* ou *loué-ial*] (lat. *legalis*, conforme à la loi). T. Procéd. *Loyaux coûts*, *les frais et loyaux coûts*, Les frais légitimement faits. — *Un bon et l. inventaire*, Un inventaire fait fidèlement et régulièrement. || Par ext., Qui est d'une bonne qualité, qui n'est pas falsifié. *Marchandise bonne et loyale. Vin l. et marchand.* Peu usité. || Fig., Droit, franc, fidèle, plein d'honneur et probité. *Un homme l. Un chevalier l. Un procédé franc et l. Sa conduite a été très loyale. Cette dignité est la récompense de ses bons et loyaux services.* || T. Man. *Cheval l.*, Qui ne se défend pas.

**LOYALEMENT**. adv. [Pr. *lo-iale-man*]. Avec fidélité, avec bonne foi. *Agir, se comporter l., Vendre loyalement.*

**LOYALISME**. s. m. [Pr. *lo-ia-lisme*]. T. Hist. En Angleterre, dévouement aux Stuarts; aux États-Unis, opinion du parti américain qui resta attaché au gouvernement britannique.

**LOYALISTE**. s. m. [Pr. *lo-ia-list*]. Celui qui professe le loyalisme.

**LOYALTY**, îles de l'Océanie, dépendances de la Nouvelle-Calédonie (Mélanésie), à la France.

**LOYAUTÉ**. s. f. [Pr. *lo-ioté*]. Fidélité, probité. *Vous pouvez compter sur sa l. Ce procédé est plein de loyauté.*

**LOYER**. s. m. [Pr. *loué-ié*] (lat. *locarium*, prix du gîte). Le prix convenu pour l'usage d'une chose louée. *Prendre une maison à l. Donner à l. Payer son l. Il doit encore tous les loyers de l'année passée.* — On dit aussi, *Donner une ferme à l.*; mais, en parlant du prix qu'on paye ou qu'on reçoit pour le bail d'une ferme, on dit *Fermage*. || Se dit aussi quelquefois du prix convenu pour la rémunération d'un service, d'un travail.

> Toute peine, dit-on, est digne de loyer.
>
> La Fontaine.

On dit mieux, *Gages* et *Salaire*. || Récompense. *Les bonnes actions trouvent leur l. dans l'estime publique.* Vieux, et n'est point d'usage au pluriel.

**LOYOLA** (Ignace de). Voy. Ignace.

**LOYOLISTE**. s. m. [Pr. *lo-io...*]. Disciple de Loyola. Jésuite.

**LOYOLITIQUE**. adj. 2 g. [Pr. *lo-io...*]. Qui appartient à la congrégation de Loyola ou aux Jésuites.

**LOYSEAU** (Charles), jurisconsulte fr. (1566-1627).

**LOZANGE**. s. m. Voy. Losange.

**LOZÈRE** (Mont), massif de montagnes dans le dép. du même nom, d'où sortent le Lot, le Tarn, le Gardon et l'Allier. Son point culminant, le pic Finich, a 1,700 mètres d'altitude.

**LOZÈRE** (Dép. de la), formé d'une partie du Languedoc (l'ancien Gévaudan); 143,600 hab., ch.-l. *Mende*; 2 autres arr. *Florac*, *Marvejols*.

**LUANG-PRABANG**, cap. du royaume du même nom, dans le Laos, sur le Mékong; 10,000 hab.

**LUBECK**, v. libre de l'Allemagne du Nord, à 12 kil. de la mer Baltique; 63,500 hab. Anc. cap. de la Ligue hanséatique.

**LUBERSAC**, ch.-l. de c. (Corrèze), arr. de Brive; 3,900 hab.

**LUBIE**. s. f. (lat. *lubere* ou *libere*, avoir envie, vouloir). Caprice extravagant. *C'est une l. Il lui prend souvent des lubies.* Fam.

**LUBIEUX, EUSE**; adj. [Pr. *lubi-eu, euze*] Qui a des lubies. Vx.

**LUBIN** (Saint), évêque de Chartres, né à Poitiers (VIe siècle). Fête le 14 mars.

**LUBLIN**, v. de Russie, ch.-l. de gouvernement dans l'ancienne Pologne; 53,000 hab.

**LUBOMIRSKI**, famille princière de Pologne du XIe siècle.

**LUBRICITÉ**. s. f. (lat. *lubricitas*, m. s.). Lasciveté excessive.

**LUBRIFICATEUR**. s. m. T. Tech. Appareil qui sert à lubrifier, à ensimer.

**LUBRIFICATION**. s. f. [Pr. ... sion]. T. Méd. Action de lubrifier.

**LUBRIFIER** v. a. (lat. *lubricus*, glissant; *fieri*, devenir). Oindre, rendre glissant. *La mucosité des intestins sert à les l.* || Lubrifié, ée. part. = Conj. Voy. Prier.

**LUBRIQUE**. adj. 2 g. (lat. *lubricus*, m. s.). Impudique; qui exprime, ou qui inspire de la lubricité. *Femme l. Ardeur l. Mouvements, postures, paroles, tableaux, regards lubriques.*

**LUBRIQUEMENT**. adv. [Pr. *lubri-ke-man*]. D'une manière lubrique. *Danser l.* Peu usité.

**LUC** (Le), ch.-l. de c. (Var), arr. de Draguignan; 2,900 hab.

**LUC** (Saint), 3e évangéliste, disciple intime de saint Paul, m. vers 70, auteur d'un *Évangile* et des *Actes des Apôtres*.

**LUCAIN**, poète latin (39-65 ap. J.-C.), auteur de la *Pharsale*, poème sur la guerre civile entre César et Pompée. Il se donna la mort pour échapper au supplice que lui réservait Néron, jaloux de son génie.

**LUCANE**. s. m. (lat. *lucanus*, m. s.). T. Entom. Genre d'*Insectes Coléoptères*. Voy. Lucanidés.

**LUCANIDÉS**. s. m. pl. (R. *Lucane*). T. Entom. Les *Lucanidés* sont des Insectes Coléoptères qui forment la seconde section de la famille des *Lamellicornes*. Ils sont caractérisés

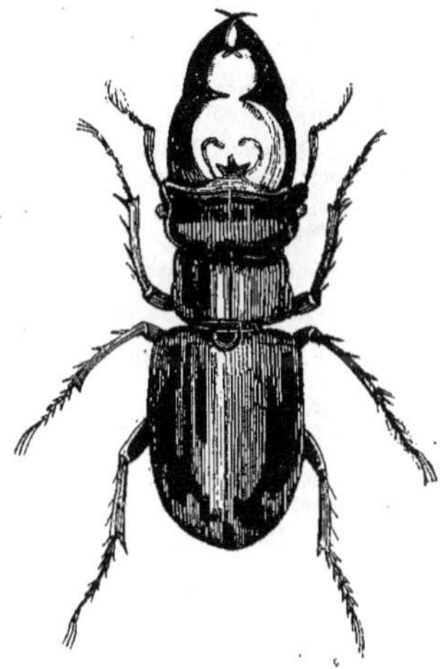

Fig. 1.

par la massue de leurs antennes, laquelle est composée de dents ou de feuillets disposés perpendiculairement à l'axe en manière de peigne, et par leurs mandibules toujours cornées, en général saillantes et très grandes, et même fort différentes chez les mâles. Parmi les genres qui composent cette tribu, un petit nombre seulement sont indigènes. L'espèce type est

Fig. 2. Fig. 3.

assez commune chez nous, dans les forêts, aux mois de mai, juin et juillet : c'est le *Lucane cerf-volant* (*Lucanus cervus*) [Fig. 1]. Cet insecte est long de 4 centimètres, non compris les mandibules qui ont jusqu'à 27 millimètres Ces organes sont bifurqués à l'extrémité, et crénelés sur leur bord interne avec une forte dent au milieu. La couleur générale du corps est brun marron, avec la tête et le corselet noirâtres. Chez la femelle, qu'on désigne communément sous le nom de *Biche* ou *Chevrette*, la tête est plus étroite et les mandibules beaucoup moins développées que chez le mâle. Leurs larves vivent dans l'intérieur des Chênes, et passent plusieurs années sous cette forme. — Le *Sinodendre cylindrique* (*Sinodendron cylindricus*) [Fig. 2] habite le nord de la France. La larve et l'insecte parfait vivent dans le tan des poiriers et des pommiers. Cet insecte est de couleur noirâtre et beaucoup plus petit que le cerf-volant. Le *Platycère caraboïde* (*Platycerus caraboïdes*) [Fig. 3] appartient aussi à notre pays. L'insecte parfait est d'un bleu brillant, quelquefois verdâtre ou violacé, avec les élytres striés longitudinalement. Il paraît dès les commencement du printemps dans les bois, où il ronge les feuilles naissantes et les bourgeons.

**LUCANIE**, contrée de l'Italie anc., dans la Grande-Grèce, au sud de Naples, v. pr. *Pæstum*, *Métaponte*, *Héraclée*.

**LUCARNE**. s. f. (lat. *lux*, *lucis*, lumière, par des intermédiaires inconnus). T. Archit. Ouverture pratiquée au toit d'une maison, pour donner du jour au grenier. Voy. Comble.

**LUCAS** (Paul), voyageur et antiquaire français (1664-1737).

**LUCAYES** (Iles). Voy. Bahama.

**LUCE Ier**, pape, de 252 à 253. || Luce II, pape, de 1144 à 1145. || Luce III, pape de 1181 à 1185.

**LUCE** (Siméon), histor. fr. (1833-1892).

**LUCE DE LANCIVAL**, poète français (1764-1810).

**LUC-EN-DIOIS**, ch.-l. de c. (Drôme), arr. de Die, 1,100 hab.

**LUCERNAIRE**. s. m. (lat. *lucerna*, lanterne). T. Liturg. Office du soir célébré à la lueur des lanternes.

**LUCERNE**, v. de Suisse, ch.-l. du canton du même nom, à l'extrémité N.-O. du lac des Quatre-Cantons; 20,314 hab. — Le canton a 135,000 hab.

**LUCERNE** (Lac de). Voy. Quatre-cantons (lac des).

**LUCET**. s. m. [Pr. *lu-sè*]. Planche mobile qui forme un des côtés de la caisse en bois avec laquelle on enlève les blocs d'ardoise.

**LUCHAGE**. s. m. Action de lucher.

**LUCHE**. s. f. Instrument en verre qui sert à lucher la dentelle.

**LUCHER**. v. a. Frotter la dentelle avec la luche pour lui donner du lustre. = Luché, ée. part.

**LUCIDE**. adj. 2 g. (lat. *lucidus*, m. s., de *lux*, *lucis*, lumière). Clair, lumineux; ne se dit qu'au fig. *Esprit l. Des idées lucides. Des raisonnements lucides.* || *Avoir des intervalles lucides*, se dit d'une personne dont la tête est dérangée, et à qui la raison revient par intervalles. — *Folie lucide*, folie qui ne se manifeste que par intervalles et lorsque le malade attache son esprit à certain sujet, en dehors desquels il jouit de toute sa raison. || *Somnambule l.*, Personne endormie du sommeil magnétique, ayant une clairvoyance spéciale.

**LUCIDEMENT**. adv. D'une manière lucide.

**LUCIDITÉ**. s. f. Qualité, état de ce qui est lucide; ne se dit qu'au fig. *Cet auteur est remarquable par sa l., par la l. de son style.* — *Moments de l.*, Instants pendant lesquels un fou jouit de sa raison.

**LUCIE** (Sainte), vierge chrétienne, martyrisée en 304; fête le 13 décembre. On la nomme aussi sainte Luce, et l'on connaît ce vieux dicton, antérieur à la réforme du calendrier :

A la Sainte-Luce,<br>Le jour augmente du saut d'une puce.

Alors le 13 décembre correspondait au 23.

**LUCIEN DE SAMOSATE**, écrivain grec, plein de verve et d'esprit, vécut de 130 à 200 ap. J.-C., connu par les *Dialogues des morts*, *La manière d'écrire l'histoire*, etc.

**LUCIEN BONAPARTE**. Voy. BONAPARTE.

**LUCIFER**. s. m. (lat. *lux, lucis*, lumière; *fero*, je porte). Nom, chez les Latins, de la planète Vénus quand elle paraît le matin, précédant le Soleil. Dans son apparition du soir elle était nommée *Hesperus*. || Dans la *Bible*, Le chef des démons.

**LUCIFÉRIEN, IENNE**. adj. [Pr. *luciféri-in, ène*]. Qui tient de Lucifer, du démon.

**LUCIFUGE**. adj. 2 g. (lat. *lux, lucis*, lumière; *fugere*, fuir). Qui fuit la lumière. || T. Zool. Se dit des animaux et surtout des insectes qui fuient la lumière. = LUCIFUGE, s. m. T. Icht. Genre de *Poissons* aveugles qui vivent dans les cavernes de Cuba.

**LUCILINE**. s. f. (lat. *lucere*, luire). Pétrole raffiné dont on se sert pour l'éclairage. Voy. PÉTROLE.

**LUCILIUS** (CAÏUS), Poète latin (148-105 av. J.-C.), célèbre par ses *Satires*.

**LUCILLE**. s. f. T. Entom. Nom vulgaire du *Sylvain cénolite*, espèce de papillon. Voy. DIURNE.

**LUCIMÈTRE**. s. m. (lat. *lux, lucis*, lumière; gr. μέτρον, mesure). Appareil de physique qui sert à comparer l'éclat des diverses régions du ciel.

**LUCINE**. s. f. T. Myth. Un des noms de Junon. Voy. JUNON. || T. Zool. Genre de *Mollusques Lamellibranches*. Voy. CARDIACÉS.

**LUCINOTE**. adj. 2 g. (lat. *lux, lucis*, lumière; *nox*, nuit). T. Bot. Se dit de plantes dont les fleurs s'ouvrent le soir et se ferment le matin. Peu us.

**LUCIOLE**. s. f. (ital. *lucciola*, petite lumière). T. Entom. Genre d'*Insectes Coléoptères*. Voy. MALACODERMES.

**LUCIUS DE PATRAS**, Écrivain grec du siècle des Antonins, considéré comme l'auteur du conte de l'*Ane d'or*.

**LUCKNER** (NICOLAS, comte), maréchal de France, né à Campen (Bavière) en 1722. Commandant de l'armée du Nord en 1792. Mort sur l'échafaud en 1794.

**LUCKNOW**. Voy. LAKNÔ.

**LUÇON**, ch.-l. de c. (Vendée), arr. de Fontenay-le-Comte, 6,600 hab. Évêché, dont le cardinal de Richelieu fut titulaire.

**LUÇON ou MANILLE**, la plus grande île de l'archipel des Philippines, à l'Espagne; pop. 2,330,000 hab., cap. *Manille*.

**LUCQUES**, v. d'Italie, anc. cap. d'un duché, auj. ch.-l. de prov., au N.-O. de Florence; 20,421 hab.

**LUCRATIF, IVE**. adj. (lat. *lucrativus*, m. s.). Qui apporte du gain, du bénéfice. *Un commerce, un emploi fort l. Une entreprise, une charge lucrative.*

**LUCRATIVEMENT**. adv. D'une manière lucrative.

**LUCRE**. s. m. (lat. *lucrum*, m. s.). Gain, profit qui se tire de l'industrie, d'un négoce, d'un travail mercenaire, de l'exercice d'une charge, d'un emploi. *Il travaille moins pour le l. que pour l'honneur.* = Syn. Voy. GAIN.

**LUCRÈCE**. s. f. Une femme vertueuse. *Faire la l.*, Faire la femme sage. || Une prude. *Faire la l.*, faire la mijaurée.

**LUCRÈCE**, femme de Tarquin Collatin, fut déshonorée par Sextus Tarquin, et se tua sous les yeux de son mari, en demandant vengeance (510 av. J.-C.). Cet événement tragique amena la chute des Tarquins et l'établissement de la république romaine.

**LUCRÈCE**, grand poète latin, auteur d'un poème *De la nature* (*De natura rerum*), 95-51 av. J.-C.

**LUCRIN**, petit lac de Campanie.

**LUCTUEUX, EUSE**. adj. [Pr. *luk-tu-eu, euze*] (lat. *luctuosus*, m. s., de *luctus*, plainte.). T. Méd. Syn. de Plaintif. *Respiration luctueuse*.

**LUCUBRATION**. s. f. [Pr. ...*sion*]. Voy. ÉLUCUBRATION.

**LUCULE**. s. f. (dimin. de *lux, lucis*, lumière.). T. Astron. Partie plus brillante que le reste sur la surface du soleil. On dit aujourd'hui *facules*. Voy. SOLEIL.

**LUCULLUS**, général romain, combattit Mithridate. Sa magnificence est devenue proverbiale (109-57 av. J.-C.).

**LUCUMA**. s. m. T. Bot. Genre de plantes Dicotylédones de la famille des *Sapotées*. Voy. ce mot.

**LUCUMON**, roi ou chef étrusque.

**LUDE** (LE), ch.-l. de c. (Sarthe), arr. de La Flèche, sur le Loir; 3,800 hab.

**LUDION**. s. m. (lat. *ludio*, danseur). T. Phys. Petit instrument de physique. Voy. HYDROSTATIQUE.

**LUDLOW** (EDMOND), républicain angl., fut l'un des juges de Charles Ier (1620-1693).

**LUDOLF**, orientaliste all. (1624-1704).

**LUDOVIC** LE MORE, duc de Milan, m. en 1518.

**LUDWIGSBURG** ou **LOUISBOURG**, v. de Wurtemberg; 17,000 hab.

**LUDWIGSHAFEN**, v. de Bavière, sur le Rhin, en face de Manheim; 21,000 hab.

**LUETTE**. s. f. [Pr. *luè-te*] (ancienn. *l'uvette*, du lat. *uva*, raisin). T. Anat. Appendice charnu qui pend au milieu du bord libre du voile du palais. Voy. BOUCHE.— *L. vésicale*, tubercule saillant placé à l'extrémité inférieure du col de la vessie.

**LUEUR**. s. f. (lat. *lucere*, luire). Lumière faible ou affaiblie. *L. faible, blafarde. L. passagère. Grande l. La l. de la lune, des étoiles. La l. du feu, des flambeaux, de la lampe.* || Fig., Légère apparence. *Une l. de raison, d'esprit, de vérité. Avoir une l. d'espérance. Il y a de fausses lueurs, des lueurs trompeuses qu'on prend souvent pour de véritables lumières.* = Syn. Voy. CLARTÉ.

**LUFFA**. s. m. (ar. *louff*, m. s.). T. Bot. Genre de plantes Dicotylédones de la famille des *Cucurbitacées*. Voy. ce mot.

**LUGANO**, v. de Suisse, sur le lac de Lugano, l'une des trois capitales du canton du Tessin; 7,000 hab.

**LUGDUNUM**, anc. v. de Gaule, d'abord capitale de la *Celtique*, puis de la *Lyonnaise*, aujourd'hui Lyon. || LUGDUNUM BATAVORUM, v. de Gaule, chez les Bataves; aujourd'hui Leyde.

**LUGNY**, ch.-l. de c. (Saône-et-Loire), arr. de Mâcon; 1,100 hab.

**LUGO**, v. d'Espagne, dans la Galice; 20,000 hab.

**LUGOS**, v. de Hongrie; 13,000 hab.

**LUGUBRE**. adj. 2 g. (lat. *lugubris*, m. s., de *lugere*, s'affliger). Funèbre, qui marque, qui inspire de la tristesse. *Voix, ton, plainte l.*

Qui frappe l'air, bon Dieu, de ces lugubres cris?

BOILEAU.

*Un air, une mine l. Une contenance triste et l. Des habits lugubres. Spectacle l. Idées, pensées lugubres.*

**LUGUBREMENT**. adv. D'une manière lugubre. *Chanter l. Être vêtu l.*

**LUHÉE.** s. m. T. Bot. Genre de plantes Dicotylédones (*Luhea*) de la famille des *Malvacées*. Voy. ce mot.

**LUI.** (lat. pop. *illui*, m. s.). Pron. de la troisième personne au singulier.

**Obs. gramm.** — Le pronom personnel *Lui* est presque toujours du genre masculin. Il ne peut être féminin que lorsque la prép. *à* est sous-entendue, c.-à-d. lorqu'il s'emploie pour *à elle*, ce qui d'ailleurs n'a lieu que dans deux cas seulement : 1° quand il précède le verbe, comme : *J'ai rencontré votre sœur et je lui ai parlé*; 2° quand le verbe est à l'impératif : *Si vous voyez ma mère, remettez-lui ce livre*. Hors de là ce pronom est constamment masculin : *C'est lui qui me l'a donné. Vous pensez ainsi, mais lui pense autrement. C'est de lui que je l'ai appris. Vous ne devez plus penser à lui*, etc. — *Lui* s'emploie quelquefois comme mot explétif quand on veut donner plus de force au discours : *Je le verrai lui-même. Je le choisis, lui, de préférence à tout autre.* — Lorsqu'il est joint à un nom ou à un pronom par l'une des conjonctions *et* ou *ni*, *lui* veut toujours que le verbe ait pour régime un autre pronom personnel antécédent. Par ex., on dit : *Je l'en félicite, lui et ses amis. Je ne l'estime ni lui ni son frère. On ne nous accueillit ni lui, ni moi.* — *Lui* s'emploie rarement en parlant des choses; ordinairement on supplée le pronom *lui* par les pronoms *le*, *la*, *les*, ou par les particules *en* et *y*. Ainsi, au lieu de dire, en parlant d'une maison : *Je lui ajouterai un pavillon*, on dit : *J'y ajouterai un pavillon*. On peut dire d'un poète : *Que pense-t-on de lui?* mais on doit dire de ses ouvrages : *Qu'en pense-t-on?* Cependant, les phrases suivantes sont parfaitement correctes : *Le temps est le rivage de l'esprit, tout passe devant lui, et nous croyons que c'est lui qui passe. La critique est moins nécessaire, et l'esprit philosophique lui a succédé.* — Enfin, on ne saurait se servir indifféremment des deux pronoms *lui* et *soi*. Quand on parle en général, et sans indiquer une personne qui est le sujet de la phrase, on doit se servir de *soi* : *Il faut que chacun prenne garde à soi*; mais on fait usage de *lui* lorsque la phrase désigne une personne en particulier : *Cet homme ne prend pas garde à lui.*

**LUINI** (Bernardino), peintre de l'école milanaise, auteur de belles fresques (1465-1540).

**LUIRE.** v. n. (lat. *lucere*, m. s.). Éclairer, jeter, répandre de la lumière. *Quand le soleil luit. La clarté qui nous luit. Le jour commence à l. J'entrevis quelque chose qui luisait au travers des arbres.* || En parlant des corps polis, Réfléchir la lumière. *Tout luit dans cette maison, tout y est net et poli. On voyait l. de loin les épées, les cuirasses.* || Fig., au sens moral, on dit : *Voilà un rayon d'espérance qui nous luit. Un nouveau jour nous luit*, Notre destin paraît devoir changer. || Prov. *Le soleil luit pour tout le monde*, Il est des biens dont chacun doit avoir sa part.

**Conjug.** — *Je luis, tu luis, il luit; nous luisons, vous luisez, ils luisent. Je luisais; nous luisions. Je luisis; nous luisimes. Je luirai; nous luirons. Je luirais; nous luirions. Que je luise; que nous luisions. Que je luisisse; que nous luisissions. Luire; luisant; Lui.* — Ce v. n'a ni passé défini, ni impératif, ni imparfait du subjonctif. Ses temps composés se forment avec l'auxiliaire *avoir*.

**LUISAMMENT.** adv. [Pr. *lui-za-man*]. D'une manière luisante.

**LUISANCE.** s. f. [Pr. *lui-zanse*]. Qualité de ce qui luit.

**LUISANT, ANTE.** adj. [Pr. *lui-zan*] (part. près de *luire*). Qui luit, qui jette quelque lumière. *Un ver l. Une étoile luisante.* || Qui a quelque éclat, par l'effet de la réflexion de la lumière. *Des couleurs luisantes. Une étoffe luisante. Il a le visage tout l. de sueur.*

Un modeste regard, et pourtant l'œil luisant.

La Fontaine.

Luisant. s. m. *Le l. d'une étoffe.* — *Faux-luisant*, Éclat factice. = Luisante. s. f. T. Astron. Se dit de certaines étoiles qui brillent d'un éclat particulier. *La luisante de la Lyre.*

**LUISARD.** s. m. [Pr. *lui-zar*]. T. Métall. Fer oligiste micacé.

**LUISETTE.** s. f. [Pr. *lui-zè-te*] (R. *luire*). Maladie des vers à soie qui rend leur corps transparent.

**LUITES.** s. f. pl. T. Vén. Les testicules du sanglier.

**LUITPRAND,** roi législateur des Lombards, régna de 712 à 744.

**LUITPRAND,** évêque de Crémone, un des plus savants hommes du X^e^ siècle (920-972).

**LUKNOW** ou **LUCKNOW.** Voy. Laknô.

**LULÉA,** fleuve de la Suède septentrionale, se jette dans le golfe de Bothnie; 350 kil.

**LULLE** ou **LULL** (Raymond), philosophe scolastique et alchimiste espagnol (1235-1315). Son système philosophique n'est qu'un traité de logique bien inférieur à celui d'Aristote.

**LULLI** (J.-B. de), compositeur de musique, né à Florence (1633-1687), jouit de la faveur de Louis XIV, obtint, en 1672, le privilège de l'*Académie royale de musique* et fut le créateur de l'opéra français.

**LULLISME.** s. m. [Pr. *lul-lisme*]. Système de R. Lulle.

**LULLISTE.** s. m. [Pr. *lul-list*]. Partisan de R. Lulle.

**LULU.** s. m. (Onom. du chant de l'oiseau). T. Ornith. Nom vulgaire de l'alouette des bois. Voy. Alouette.

**LUMACHELLE.** s. f. [Pr. *luma-kèle* ou *chè-le*] (it. *lumachella*, petit limaçon). T. Minér. Marbre contenant un grand nombre de coquilles fossiles. Voy. Marbre.

**LUMBAGO.** s. m. [Pr. *lon-bago*] (lat. *lumbago*, m. s., de *lumbi*, les lombes). T. Méd. Ce terme doit être réservé à un état morbide nettement déterminé, essentiellement caractérisé par une affection douloureuse ayant pour siège précis les muscles et peut-être les tissus fibreux de la région lombaire. — La douleur en est le symptôme fondamental dominant, j'allais dire unique; elle apparaît d'ordinaire brusquement, quelquefois sans cause appréciable, ou bien à l'occasion d'une fatigue, d'un faux mouvement, d'un effort; cette douleur est bilatérale, caractère essentiel; elle disparaît habituellement dans le décubitus horizontal; le mouvement de flexion étant moins douloureux que le redressement du tronc, les malades sont généralement pliés en avant. En même temps on signale une sensation de froid général purement subjective. Le l. peut disparaître en 2 ou 3 jours, persister un peu davantage et, même, passer à l'état chronique. — Le l. ne peut guère être confondu qu'avec le tour de rein, ou myoclasie, rupture d'un plus ou moins grand nombre de fibres musculaires de la masse sacro-lombaire, mais, en ce cas, la douleur est plus localisée. Des maux de reins peuvent se produire au moment des règles chez certaines femmes, au cours de lésions de la colonne vertébrale, de la moelle, des reins, au cours du psoïtis, etc., et il importe de les distinguer du l., ce qui est aisé, à l'aide des symptômes concomitants de ces sortes d'affections. — La bénignité du l. est constante, à moins qu'il ne passe à l'état chronique et n'engendre l'atrophie des muscles lombaires.

Le l. paraît sous la dépendance de deux causes, le froid et la diathèse rhumatismale, le rhumatisme ne s'éveillant que sous l'influence du froid. — En raison de cette étiologie, le traitement est simple; en dehors des applications locales, des embrocations ou des frictions avec des liniments narcotiques, les révulsifs sont les agents véritablement indiqués : ventouses scarifiées, sangsues, sinapismes, repassage au fer chaud, etc. Lorsque l'affection a tendance à passer à l'état chronique, on peut donner des bains simples ou sulfureux, des douches de vapeur, enfin, l'électricité peut être mise en œuvre sous ses diverses formes.

**LUMBRES,** ch.-l. de c. (Pas-de-Calais), arr. de Saint-Omer; 1,300 hab.

**LUMIÈRE.** s. f. (lat. *lumen*, m. s.). Ce qui éclaire et rend les objets visibles. *Une grande l. L. éclatante, éblouissante, vive, douce, faible, pâle, blafarde. L. directe, réfléchie. Un rayon de l. L'éclat de la l. La réverbération de la l. Le soleil répand partout sa l. La lune et les planètes* *empruntent leur l. du soleil. Les étoiles fixes ont une l. qui leur est propre. La l. zodiacale. La l. d'un flambeau, d'une bougie, d'une lampe. Il ne peut supporter la l., tant ses yeux sont fatigués.* — Absol., *Lumière* se dit d'une bougie, d'un flambeau, d'une lampe allumée. *Apportez de la l. On nous a laissés sans lumière. La salle était éclairée d'un grand nombre de lumières.* || Poétiq., *Commencer à voir la l. du jour, ouvrir les yeux à la l.*, Naître, *Voir la l. Jouir de la l.*, Vivre, *Perdre la l., être privé de la l.*, Mourir, être mort; ou quelquefois Être aveugle. *Revoir la l.*, Sortir de l'obscurité d'un cachot. || Fig., *Mettre un livre, un ouvrage en l.*, L'imprimer, le publier. *Cet ouvrage n'a pas encore vu la l.*, Il n'a point encore été publié. Ces phrases sont peu usitées. — *Mettre une vérité en l.*, La démontrer et la répandre. || Fig., *Les fripons, les fourbes craignent la l.*, Ils redoutent la publicité, ils craignent d'avoir des témoins de leurs méfaits. *Mettre la l. sous le boisseau*, Cacher la vérité. || Dans l'Écriture sainte, *Anges de l., enfants de l.*, se dit par oppos. à *Anges* et *enfants de ténèbres*. || T. Peinture. Se dit des effets de la lumière imités dans un tableau. *Voilà une belle l. Un bel effet de l. Les lumières sont bien ménagées dans ce tableau.* — *Accident de l.* Voy. Accident. || Fig., au sens moral, se dit de tout ce qui éclaire l'intelligence et guide l'esprit, ainsi que du savoir et des connaissances acquises. *Cet homme a peu de l., est dépourvu de lumières. Je compte sur vos lumières pour me guider dans cette affaire. Le progrès des lumières. L'état des lumières chez un peuple.*

Les peuples à l'envi marchent à la lumière.

Racine.

|| Fig., Éclaircissement, indice sur quelque sujet. *Je n'ai aucune l. sur cette affaire. La connaissance de ce fait a jeté une grande l. dans cette affaire, sur cette affaire. Cet historien a porté la l. dans les ténèbres du moyen âge.* || Fig., se dit encore d'un homme d'un grand savoir, qui a contribué aux progrès des connaissances humaines. *Cet écrivain fut la l. de son siècle. Ce docteur a été une des lumières de l'Église.* = Dans les Arts, *Lumière* se dit fréquemment d'un trou, d'un orifice de petit diamètre en général, qui est destiné à livrer passage aux rayons lumineux, à l'air, au feu dans les armes à feu, etc. *La l. d'une pinnule. La l. d'un tuyau d'orgue. La l. de ce fusil, de ce canon, est bouchée. La l. d'une artère*, Le diamètre d'une artère lorsqu'elle est divisée. — Dans un corps de pompe, ouverture par laquelle l'eau sort pour entrer dans le tuyau de conduite. — Dans une machine à vapeur, orifice par lequel la vapeur passe de la boîte à vapeur dans le cylindre. — Dans un rabot, ouverture du fût où passe la lame. — Dans un tuyau d'orgue, fente formée par intervalle libre entre le biseau et les parties aplaties. = Lumières. s. f. pl. T. Blas. Yeux du sanglier, du porc-épic. = Syn. Voy. Clarté.

**Phys.** — La *Lumière* est l'agent qui nous fait connaître l'existence des corps par l'organe de la vue : en d'autres termes, c'est la cause de la vision. La connaissance des lois qui régissent les phénomènes de la l. constitue la science de l'*Optique*, science qui n'est elle-même qu'une branche de la Physique. Les principaux phénomènes que l'optique étudie étant dans ce Dictionnaire l'objet d'articles particuliers, nous nous contenterons dans celui-ci de résumer rapidement les propriétés générales de la l., d'indiquer la vitesse de son mouvement, et d'exposer sommairement les théories que l'on a proposées pour expliquer les phénomènes lumineux.

I. *Propriétés générales de la lumière.* — 1° La l. émanée d'un corps lumineux *se propage dans toutes les directions*, quand aucun obstacle ne vient l'intercepter : c'est ce que démontrent les faits les plus simples et de chaque jour. Ainsi, par ex., la flamme d'une lampe est visible de toutes les parties de la sphère dont elle occupe le centre, et il en est de même de la l. émanée d'un corps phosphorescent, d'une étincelle électrique, d'un boulet rougi au feu, etc. La l. émanée du soleil va, comme tout le monde le sait, éclairer non seulement la terre, mais encore toutes les planètes et les comètes dispersées dans l'espace.

2° Lorsque la l. se transmet sans obstacle dans un milieu homogène, sa *propagation s'opère toujours en ligne droite*. Si, par ex., on place à quelque distance l'un derrière l'autre trois écrans percés chacun d'un petit trou, de telle manière que les trois trous soient exactement en ligne droite, la l. émanée d'un point lumineux placé sur la même ligne droite les traversera librement; mais si les trous ne sont point en ligne droite, l'œil placé contre le trou le plus éloigné du foyer lumineux ne recevra aucun rayon. Ainsi encore, on ne peut voir à travers un tube contourné que dans le cas où il est possible de mener une ligne droite entre ses deux ouvertures sans toucher les parois intérieures. Enfin, si l'on fait entrer la l. du soleil par une petite ouverture pratiquée dans le volet d'une chambre obscure, on peut reconnaître qu'elle se propage en ligne droite, en observant l'illumination des poussières en suspension dans l'air, et qui sont visibles partout où elles sont éclairées. La forme géométrique des *ombres* est une conséquence de la propriété qu'a la l. de se propager en ligne droite; mais, comme en traitant des Éclipses, nous avons déjà parlé de ce phénomène et de celui de la *pénombre*, nous nous bornerons ici à les mentionner. — En parlant des phénomènes optiques, on nomme *Rayon de l.*, toute direction suivant laquelle la l. se propage, et l'on appelle *Faisceau*, la réunion d'un grand nombre de rayons. Un faisceau très mince reçoit le nom de *Pinceau*.

3° La propagation de la l. ne s'opère point instantanément. Quoique prodigieusement rapide, elle exige un temps appréciable. Nous dirons tout à l'heure comment on est parvenu à mesurer sa *vitesse*.

4° L'*intensité* de la l. varie suivant la distance de la source lumineuse, et selon la position de la surface sur laquelle tombent les rayons lumineux : la mesure de cette intensité est l'objet de la Photométrie. Voy. ce mot.

5° Lorsque la l., dans sa marche, rencontre un obstacle, ou pénètre dans un milieu différent, elle éprouve certaines modifications qui dépendent de la nature du corps sur lequel elle tombe, ou du milieu dans lequel elle pénètre. Quand elle tombe sur une surface lisse et polie, une partie de cette l. est *réfléchie* régulièrement, c.-à-d. est renvoyée par cette surface sous un angle égal à l'angle d'incidence, et continue sa marche en ligne droite comme avant la réflexion. La quantité de l. qui est ainsi réfléchie dépend de la nature et du poli de la surface, ainsi que de l'angle d'incidence. Néanmoins on a calculé que les surfaces les plus brillantes et les plus opaques, comme celle du mercure par ex., ne réfléchissent pas plus des trois quarts de la l. incidente. Voy. Réflexion. Une autre portion de la l. incidente pénètre dans le milieu : si ce milieu est homogène, elle continue de marcher en ligne droite, mais dans une direction différente de celle de son incidence : dans ce cas, on dit que la l. est *réfractée* (Voy. Réfraction). Une troisième partie de la l. qui tombe sur un corps n'est ni réfléchie, ni réfractée régulièrement, elle est dispersée dans toutes les directions; de là le nom de *l. diffuse* qu'on lui donne. C'est cette l. qui rend les corps visibles. En effet, la l. réfléchie régulièrement ne donne pas l'image du corps qui la réfléchit, mais bien celle du corps qui l'émet. Si, par ex., dans une chambre obscure, on reçoit un faisceau de l. solaire sur un miroir bien poli, plus celui-ci réfléchit régulièrement la l., moins il est visible des diverses parties de l'enceinte. L'œil qui reçoit alors le faisceau réfléchi ne voit pas le miroir, mais seulement l'image du soleil. Mais que l'on vienne à affaiblir le pouvoir réflecteur du miroir en projetant dessus une poussière légère, la quantité de l. diffuse augmentera, l'image solaire s'affaiblira, et le miroir deviendra visible de toutes les parties de l'enceinte. Tous les corps sur lesquels tombe un faisceau de l. en absorbent une certaine partie, plus ou moins, en raison de leur opacité. Dans les corps parfaitement opaques, l'absorption est totale, et la l. ne pénètre pas à une profondeur sensible au-dessous de la surface. Dans les autres, elle pénètre plus loin : mais, même dans les plus transparents, elle s'affaiblit et finit par s'éteindre. Ainsi, par ex., il suffit d'une profondeur de 2 mètres d'eau pure pour éteindre la moitié de la l. incidente à sa surface. Un autre phénomène qui montre très bien que les substances les plus transparentes absorbent une quantité très notable de l. quand leur épaisseur est considérable, c'est que nous pouvons regarder impunément le soleil couchant, tandis que la chose est impossible lorsqu'il est élevé sur l'horizon. Dans le dernier cas, les rayons nous arrivent plus ou moins directement. Dans le premier, au contraire, ils nous arrivent très obliquement et après avoir traversé une épaisseur d'air de plus de 200 lieues.

6° La l. solaire, réfractée par un prisme ou par tout autre corps, *se décompose* en une multitude de rayons de différentes couleurs, dont chacun poursuit ensuite sa marche indépendamment des autres. Ces rayons diversement colorés possèdent des propriétés physiques différentes, et différents degrés de réfrangibilité. C'est ce phénomène de la dispersion ou de la décomposition de la l. par la réfraction qui produit les colorations infiniment variées des corps que nous présente la nature. Voy. Dispersion.

7° Lorsque la l. est réfléchie ou réfractée régulièrement, elle éprouve une modification particulière, en vertu de laquelle elle est désormais incapable de se réfléchir ou de se réfracter de nouveau dans certaines directions, mais présente alors des phénomènes particuliers. On dit, dans ce cas, que la l. est *polarisée*. Voy. Polarisation.

8° Enfin, dans certaines circonstances, les rayons lumineux exercent les uns sur les autres une action mutuelle, en vertu de laquelle leurs effets sont accrus, diminués, détruits ou modifiés suivant certaines lois. Ces phénomènes singuliers sont étudiés à l'article Interférence.

II. *Vitesse de la lumière.* — Les anciens croyaient que la propagation de la l. avait lieu d'une manière instantanée; c'était encore l'opinion de Descartes. Galilée soupçonna le contraire, mais les tentatives qu'il fit pour mesurer sa vitesse demeurèrent sans résultat. C'est à Rœmer, astronome danois, que revient l'honneur d'avoir le premier évalué cette vitesse d'une manière précise (1675). On sait que Jupiter est une planète autour de laquelle gravitent cinq satellites, dont quatre seulement étaient connus à l'époque de Rœmer. En examinant les tables des éclipses de ces satellites, calculées par Cassini, Rœmer remarqua que ces éclipses éprouvaient, sur l'instant annoncé, des retards d'autant plus considérables que la terre s'éloignait davantage de Jupiter. Il attribua ce retard au chemin plus grand que la l. réfléchie par ces satellites doit alors parcourir jusqu'à notre globe. Jupiter (J, Fig. 1) accomplit sa révolution autour du soleil en 11 ans et 10 mois environ, et le premier satellite E fait ses immersions, c.-à-d. entre dans l'ombre projetée par Jupiter à des intervalles de temps égaux, qui sont de 42 h. 28 m. 36 sec. Cela posé, supposons la terre en T et le soleil en S, et notons l'heure exacte d'une immersion du satellite E dans le voisinage de l'opposition; puis, quelques mois plus tard, l'heure exacte d'une autre immersion dans le voisinage de la conjonction, la terre étant par ex. parvenue en T'. Dans ce cas-ci, la distance de la Terre à Jupiter est plus grande que lors de la première observation,

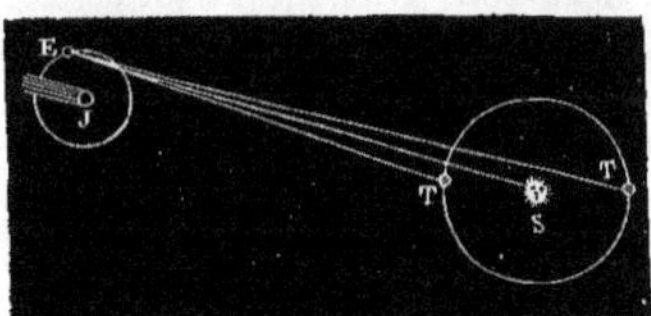


Fig. 1.

de tout le diamètre de l'orbite terrestre. En conséquence, le moment de l'immersion est retardé de tout le temps nécessaire à la l. pour parcourir le diamètre de cet orbite. Or, le retard observé entre l'instant où apparaît le phénomène et celui où, d'après le calcul, il devrait avoir lieu, est de 16 m. 26 sec. La l. emploie donc 16 m. 26 sec. à franchir le diamètre de l'orbite terrestre. La longueur de ce diamètre était inconnue à l'époque de Rœmer. On sait aujourd'hui qu'il est d'environ 297,000,000 de kilomètres. Si on divise ce nombre par 16 m. 26 s., on trouve pour l'espace parcouru en 1 seconde, c.-à-d. pour la vitesse de la l., le nombre 300,000 kilomètres; c'est environ 8 fois le tour de la terre. Le phénomène de l'aberration de la l. des étoiles (Voy. Aberration) peut également servir à calculer la vitesse de la l. et l'évaluation obtenue par ce procédé diffère de moins de 1/100$^{e}$ de celle qui a été trouvée par la méthode de Rœmer.

Enfin, un des physiciens les plus éminents de notre époque, Fizeau, est parvenu à mesurer expérimentalement la vitesse de la l. sur une distance de quelques kilomètres. Cette belle expérience date de 1849; voici quel en est le principe. — Concevons une roue dentée mobile autour d'un axe de rotation, et sur la circonférence de laquelle on fait tomber un rayon de l. qui, après avoir passé dans l'intervalle de deux dents, va se réfléchir à une grande distance sur un miroir placé dans une direction exactement normale, et vient, si la roue reste en repos, repasser par les points qu'il avait parcourus d'abord. Il est évident que si la roue est mise en mouvement, la l. pourra être interceptée totalement, pourvu que la rotation soit assez rapide, car il suffira, pour produire cet effet, que l'intervalle plein de la roue dentée, voisin de l'intervalle vide par où a passé la l., soit venu prendre la place de cet intervalle vide. En représentant par $d$ la distance de la roue au miroir et par $v$ la vitesse de la l., on aura, pour exprimer le temps employé par la l. pour aller de la roue au miroir et revenir à la roue, l'expression $\frac{2d}{v}$. Supposons que, pendant ce temps, la roue ait avancé de l'intervalle d'une dent; si elle porte $n$ dents, et si la durée de sa révolution est $t$, la roue, pour tourner de la largeur d'un intervalle opaque ou vide, mettra un temps égal à $\frac{t}{2n}$, car sa circonférence entière vaut $2n$ fois la largeur d'une dent. Or, le temps employé par la l. pour parcourir deux fois la distance de la roue au miroir étant égal au temps nécessaire à la roue pour avancer d'un intervalle, on peut poser $\frac{2d}{v} = \frac{t}{2n}$. Mais comme, dans cette expression, toutes les quantités autres que $v$ sont connues, il sera donc facile de déterminer celle-ci. — La Fig. 2 représente la disposition de l'appareil de Fizeau: $rr$ est la roue dentée vue de profil et dont un compteur fait connaître la vitesse. Les rayons lumineux émanés de la source M traversent une lentille, sont réfléchis par une glace

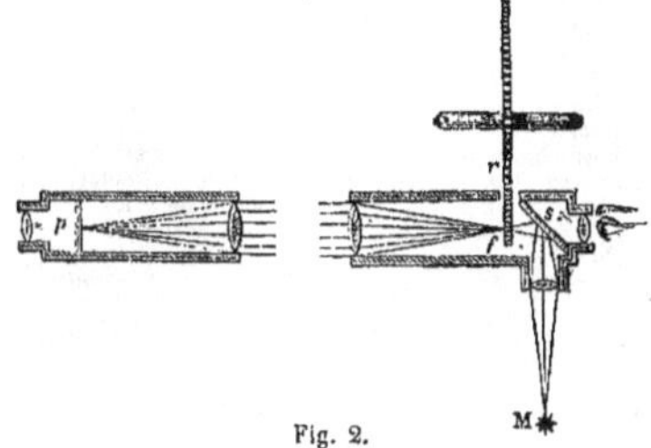


Fig. 2.

transparente S inclinée à 45 degrés, et se concentrent en un foyer $f$ placé précisément au point où passent les dents de la roue. De là les rayons traversent une lentille, qui les rassemble en un faisceau parallèle. Cette partie de l'appareil était établie sur un belvédère, à Suresnes, près de Paris. Le faisceau franchit l'espace qui le sépare d'un miroir plan $p$ installé sur la butte Montmartre, à une distance de 8,633 mètres du premier. Le faisceau est d'abord reçu par une lentille qui rapproche les rayons et les concentre en un foyer à la surface même du miroir. Ce dernier les renvoie en un faisceau réfléchi qui suit en sens inverse la route du faisceau incident, arrive au foyer $f$, et, après avoir été réfléchi par la glace S, vient tomber dans l'œil de l'observateur armé d'une loupe. Quand la roue ne tourne pas, la l. apparaît entre deux de ses dents sous la forme d'un point lumineux. Quand la roue tourne avec une vitesse croissante, on distingue le point lumineux de plus en plus faiblement. Enfin, si la vitesse est convenable, le point lumineux disparaît. Dans ses premiers essais, Fizeau a trouvé 78,841 lieues de 4 kilom. pour la vitesse de la l. par seconde. M. Cornu a repris ces expériences en perfectionnant l'appareil de Fizeau et a trouvé pour vitesse de la l. dans l'air 300,330 kilomètres par seconde.

*Expériences de Foucault.* — On doit à Foucault une série de mesures de la vitesse de la l. basées sur un principe tout diffé-

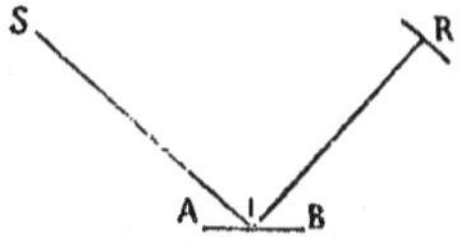


Fig. 3.

rent. Considérons un rayon lumineux de direction fixe SI tombant sur un miroir plan AB. Il se réfléchit suivant IR. Plaçons en R un miroir concave qui ait précisément son centre de courbure en I. (Fig. 3). Alors le rayon sera de nouveau réfléchi et reviendra sur son chemin primitif dans le sens RIS et le rayon de retour reviendra au même point S. Supposons maintenant que le miroir AB soit animé d'un mouvement de rotation très rapide. Dans ce cas, si la lumière se propageait d'une façon absolument instantanée, cela ne changerait rien au phénomène et le rayon de retour viendrait encore se superposer au rayon primitif. Mais comme la l. met un certain temps pour aller de I en R et revenir en I après reflexion, elle ne trouve plus le miroir orienté de la même façon, puisqu'il a eu le temps de tourner d'un petit angle. Alors le rayon de retour ne coïncide plus avec IS, mais est légèrement déplacé. Foucault avait monté un miroir sur l'axe d'une petite turbine à air, et obtint une vitesse d'environ 500 tours à la seconde; la distance IR était d'environ 20 mètres, un petit miroir sans tain à faces bien parallèles était placé à 45° sur SI et permettait d'observer le rayon de retour. Il était facile de calculer la vitesse de la l. connaissant l'angle de déplacement du rayon de retour, les dimensions de l'appareil et la vitesse du miroir. Foucault trouva ainsi 298,187 kilomètres par seconde.

Il alla plus loin et mesura la vitesse de la l. dans l'eau en interposant entre I et R un tube plein de ce liquide. Il trouva que la vitesse dans l'eau était plus faible que la vitesse dans l'air, ce qui est conforme à la théorie des ondulations et contraire à la théorie de l'émission. Cette expérience suffit donc pour décider entre les deux théories. En 1882, M. Michelson a répété ces expériences en augmentant beaucoup le trajet IR et a trouvé 299,853 kilomètres pour la vitesse dans l'air.

III. *Théories sur la nature de la lumière.* — Parmi les hypothèses imaginées pour expliquer les phénomènes qui font l'objet de l'optique, il en est deux surtout qui ont été longtemps rivales, car elles offraient cette singulière particularité, que toutes deux expliquaient également bien tous les faits observés par la science. Ces hypothèses sont désignées sous le nom de *théorie corpusculaire* et de *théorie ondulatoire*, ou bien de *système de l'émission* et de *système des ondulations*.

Dans le *système de l'émission*, qui, soutenu par l'autorité du grand nom de Newton, a régné presque sans partage jusque vers le premier quart du XIXe siècle, on admettait que les corps lumineux lancent dans toutes les directions et avec une excessive rapidité des molécules d'une ténuité extrême, et dont on ne peut constater le poids. Ces molécules sont très écartées les unes des autres, ce qui fait qu'elles peuvent parcourir en tous sens un même espace, sans se rencontrer et sans se gêner mutuellement. C'est leur pénétration dans l'œil et leur action sur la rétine qui déterminent la sensation de la l., et, suivant leur nature, la sensation que nous éprouvons est celle de telle ou telle couleur. Dans cette théorie, la réflexion est due à la répulsion qu'éprouvent les molécules lumineuses près de la surface des corps; la réfraction, au contraire, résulte d'une attraction particulière des corps pour la l. En outre, cette attraction est différente pour les molécules des différentes couleurs, et de là le phénomène de la dispersion. Pour expliquer comment à la rencontre d'un milieu une partie de la l. pénètre, tandis qu'une autre partie se réfléchit, on admet que les molécules lumineuses peuvent se présenter dans des états différents qu'on appelle *accès de facile réflexion* et *accès de facile transmission*. Enfin, en imaginant que ces accès se succèdent périodiquement pour chaque molécule, ce qui équivaut à attribuer à celle-ci un mouvement de rotation, on parvient à expliquer les couleurs des lames minces et la formation des anneaux colorés. On remarquera que Newton avait parfaitement vu que pour expliquer les phénomènes des anneaux colorés, il fallait doter le rayon de lumière d'une propriété *périodique*, ce qui est l'essence même de la théorie des ondulations.

Dans le *système des ondulations*, qui est le seul accepté aujourd'hui, la l. ne reconnaît plus pour cause le transport d'un agent matériel. Il existe dans tout l'espace, et même entre les particules des corps, un fluide, auquel on donne le nom d'*éther*. Les corps lumineux vibrent comme les corps sonores, mais avec une rapidité beaucoup plus grande. Ces vibrations se communiquent à l'éther, se propagent dans ce fluide, et donnent lieu à des ondes qui produisent sur l'œil la sensation de la l. De même que l'acuité et la gravité des sons résultent de la plus ou moins grande rapidité des vibrations sonores communiquées au nerf acoustique, de même la diversité des couleurs dépend de la rapidité des vibrations éthérées qui affectent la rétine. L'intensité des couleurs s'explique également, comme celle des sons, par le plus ou moins d'amplitude de ces mêmes vibrations. Lorsqu'un point de l'éther est le siège des vibrations dont nous parlons, l'ébranlement se propage dans les couches environnantes avec le caractère du mouvement ondulatoire, c.-à-d. que chaque couche transmet tout son mouvement à la couche suivante, de sorte qu'elle rentrerait immédiatement en repos si l'ébranlement originaire ne continuait pas. Les phénomènes de *polarisation* conduisent même à admettre que, pour la propagation des mouvements qui constituent la l., les molécules d'éther se déplacent perpendiculairement au sens de la propagation, précisément comme les molécules de l'eau dans la propagation des ondes circulaires. Les vibrations lumineuses sont donc *transversales*, tandis que celles du son sont *longitudinales*. La couche d'éther ébranlée par une vibration complète du point lumineux forme une *onde lumineuse*; l'épaisseur de l'onde constitue la *longueur d'onde*. En d'autres termes, la longueur d'onde est le trajet sur lequel se propage la lumière pendant la durée d'une oscillation : elle est d'autant plus courte que les vibrations sont plus rapides. Ainsi, ce sont les rayons violets qui ont les plus courtes longueurs d'onde, et les rouges qui ont les plus longues. La *surface de l'onde* est la surface sur tous les points de laquelle l'ébranlement arrive au même instant. On entend par *milieu isotrope* ou *isophane*, celui où la distribution de l'éther est la même dans toutes les directions autour d'un point quelconque. Dans un pareil milieu, la l. se propage de la même manière dans toutes les directions, de sorte que les ondes y sont sphériques : c'est ce qui a lieu dans le vide, dans l'air, dans l'eau, dans le verre, et, en général, dans tous les milieux dont l'élasticité est la même en tous sens. Dans les corps homogènes où l'élasticité varie autour de chaque point, mais de la même manière sur toute leur étendue, les ondes lumineuses cessent d'être sphériques; c.-à-d. qu'une onde plane, s'y propage avec une vitesse variable suivant sa direction. Voy. Ondulation.

IV. *Sources de lumière.* — On appelle *Source de l.*, tout corps qui produit la l., c.-à-d., qui est lumineux par lui-même : chacun des points de sa surface est un centre d'où la l. s'élance dans toutes les directions. Les corps non lumineux par eux-mêmes peuvent cependant être vus, mais à la condition d'être *éclairés*, c.-à-d. de recevoir de la l. venant d'une source lumineuse. Par conséquent, la lune, les planètes et leurs satellites ne sont point des sources de l., car elles ne font que nous renvoyer celle qu'elles reçoivent du soleil, les sources de l. sont les unes *permanentes*, comme le soleil, les étoiles, et les autres *accidentelles*. Celles-ci se distinguent en outre en *artificielles* et en *naturelles*. Les premières sont le plus souvent des corps portés à une température suffisamment élevée. Parmi les autres sources accidentelles de l., nous signalerons les combinaisons chimiques, l'électricité, la phosphorescence et les phénomènes météoriques.

V. *Rapport de la lumière et de la chaleur.* — Il existe entre ces deux agents des rapports si intimes, que plusieurs physiciens ont pensé qu'ils étaient identiques, tandis que d'autres admettent simplement la coexistence des deux principes dans les rayons lumineux. Ce qui est certain, c'est que la chaleur rayonnante se propage par les mêmes rayons que la lumière. Voy. Diathermanes. — La *chaleur* subit aussi le phénomène de la *dispersion*. Voy. ces mots.

VI. *Actions chimiques de la lumière.* — La l. détermine un grand nombre de réactions telles que : la combinaison de l'hydrogène et du chlore; l'action du chlore sur la benzine, l'éthylène; la décomposition des sels d'argent utilisée en photographie; la formation de la chlorophylle (Voy. Décoloration); la germination; le développement des êtres organisés en général, etc.

VII. *Théorie électromagnétique de la lumière.* — Cette théorie a pour but de relier les phénomènes électriques, magnétiques et lumineux en admettant qu'ils sont le résultat des vibrations d'un milieu unique : l'éther, dont nous avons déjà parlé. On sait depuis longtemps qu'il existe des relations entre les deux sortes de phénomènes. Dès 1845, Faraday montra qu'un corps transparent, non doué du pouvoir rotatoire, fait tourner le plan de polarisation de la l. quand on le place entre les pôles d'un électro-aimant puissant. M. Kerr a fait voir qu'un diélectrique monoréfringent devient biréfringent lorsqu'on l'introduit dans un champ électrique. Enfin, si l'on considère le rapport de l'unité électromagnétique absolue de masse électrique à l'unité électrostatique, on trouve que ce rapport est une vitesse. Voy. Unité. — Les mesures donnent pour valeur de cette vitesse 300,000 kilom. à la seconde. Or, c'est là, précisément, la vitesse de la l. Les physiciens ont alors pensé qu'il n'y avait pas là une simple coïncidence, et l'on doit à Maxwell une théorie électromagnétique de la l. dans laquelle il est arrivé à représenter les phénomènes électriques par des équations analogues à celles qui représentent le mouvement lumineux. D'après Maxwell, la lumière résulterait de déplacements électriques alternatifs se produisant dans les diélectriques (ou même le vide interplanétaire) avec une fréquence de quatre trillions à la seconde. La vitesse de propagation d'un tel mouvement serait alors égale au rapport des unités électromagnétiques et électrostatiques, c.-à-d. serait précisément la vitesse de la l. De plus, cette théorie prévoit des perturbations magnétiques se propageant absolument comme la l. et l'indice de réfraction d'un diélectrique doit être égal à la racine carrée de son pouvoir inducteur spécifique. Cette dernière loi est assez difficile à vérifier, car la théorie électromagnétique de la l. ne prévoit pas le phénomène de la dispersion.

Les expériences très remarquables de Hertz sur les Ondulations *électriques* (Voy. ce mot) viennent donner un appui considérable à cette théorie.

**Techn.** — *Lumière électrique*. — On emploie aujourd'hui deux genres de l. électrique : la l. à *arc* et la l. *à incandescence*. La première est surtout propre à donner des foyers lumineux intenses, la seconde se prête admirablement à la division et à la distribution de la l. à l'intérieur des maisons.

*Arc électrique*. — En 1813, Davy fit jaillir le courant d'une pile Volta de 2,000 éléments entre deux baguettes de charbon ; il put les écarter à une certaine distance et obtint alors entre eux un jet lumineux éblouissant que l'on appelle l'arc voltaïque ou électrique. Tel est le phénomène fondamental qu'il s'agissait de pouvoir prolonger sans extinction et avec une intensité constante pendant un long intervalle, avant de pouvoir l'utiliser dans la pratique.

Fig. 4.

On y est arrivé en maintenant l'écart des deux charbons sensiblement constant au moyen d'appareils spéciaux appelés *régulateurs* ou en se servant de *bougies* électriques.

Foucault remplaça les deux crayons de charbon de bois de Davy par du charbon des cornues. Mais, aujourd'hui, afin d'avoir une substance homogène, on fabrique les crayons de l. électrique en agglomérant sous pression du charbon pulvérisé (charbon des cornues, coke, noir de fumée, charbon de brai, etc.). On fait d'abord une pâte de cette poudre de charbon avec du goudron. Cette pâte comprimée, passée à la filière, séchée et cuite au rouge, donne les charbons pour l'arc.

On peut employer des courants continus ou des courants alternatifs. Les courants continus seront donnés par des piles telles que la pile Bunsen ou la pile au bichromate (Voy. Galvanisme) ou une machine dynamo-électrique à courants continus. Voy. Induction. Dans ce cas le charbon positif s'use deux fois plus vite que le charbon négatif ; il s'y forme un creux ou cratère, tandis que ce dernier se taille en pointe. On peut s'en rendre compte en examinant l'arc à travers un verre foncé pour ne pas être ébloui ou, mieux encore, en projetant l'image de l'arc sur un écran au moyen d'une lentille convergente. (Fig. 4.) On obtiendra un bel arc avec une différence de potentiel de 40 à 45 volts et une intensité de 8 ampères environ. Comme, en général, on a intérêt à renvoyer la l. vers le bas, on mettra le charbon positif en dessus à cause de sa forme creuse.

Si l'on veut employer des courants alternatifs, on aura recours, comme sources d'électricité, aux alternateurs ou dynamos à courants alternatifs. Voy. Induction. Dans ce cas, les deux charbons se consument également quand ils sont dirigés horizontalement et tous deux se taillent en pointe. Lorsque les charbons sont verticaux, le charbon supérieur brûle un peu plus vite que le charbon inférieur : dans le rapport de 108 à 100. Comme il ne se forme pas de cratère pour renvoyer la l., on munira ces arcs d'un réflecteur pour éclairer les objets situés en dessous. Ces arcs exigent une différence de potentiel moindre que les arcs à courants continus ; il suffit de 35 volts environ.

*Régulateurs à intensité constante*. — Le premier régulateur de l'arc voltaïque fut inventé par Foucault en 1844 et perfectionné par le constructeur Duboscq. Dans cet appareil, les deux charbons sont poussés l'un vers l'autre au moyen d'un mouvement d'horlogerie. Quand on lance le courant, les deux pointes des crayons étant en contact rougissent, puis l'arc s'allume. Tant que le courant passe, un électro-aimant contenu dans la base de l'appareil attire une armature qui fait avancer un taquet d'arrêt du mouvement d'horlogerie. L'électro-aimant est en série avec l'arc, c.-à-d. que tout le courant passe dans les deux. Supposons maintenant que les charbons continuant à brûler, l'arc s'allonge. Sa résistance augmente, l'intensité du courant diminue, l'électro-aimant relâche son armature, le taquet se dégage de la dernière roue dentée du mouvement d'horlogerie et les charbons se rapprochent, ramenant ainsi l'arc à son éclat primitif. Dès que le courant a repris son intensité normale, l'électro-aimant agit de nouveau pour embrayer le mouvement de l'horlogerie et arrêter le rapprochement des deux crayons. Dans cet appareil le charbon positif se meut deux fois plus vite que le charbon négatif.

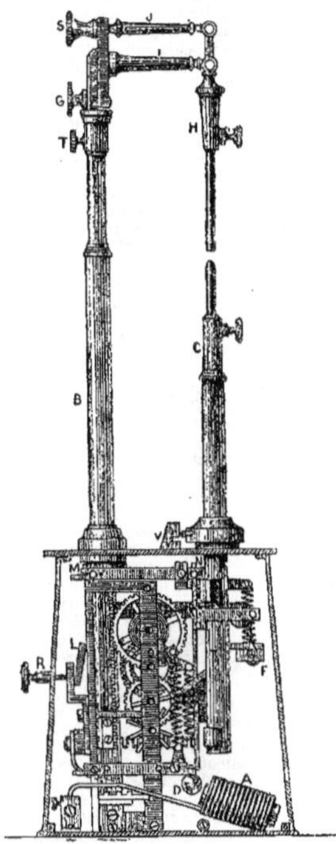

Fig. 5.

On doit à Serrin un régulateur qui présente de grandes analogies avec le précédent. Le mouvement d'horlogerie est supprimé. C'est le poids du porte-charbon supérieur qui sert de force motrice pour rapprocher les deux charbons. On voit (Fig. 5) que le porte-charbon supérieur se termine par une crémaillère qui engrène avec une roue dentée portant sur son axe une poulie sur laquelle s'enroule une chaîne qui sert à relever le porte-charbon inférieur avec une vitesse moitié de celle du charbon positif supérieur. La première roue dentée en fait tourner d'autres, le système se terminant par une roue à ailettes. Un électro-aimant A est en série avec les charbons. Les charbons se rapprochent sous l'influence du poids du porte-charbon supérieur. L'arc s'allume, l'électro-aimant fonctionne, attire l'armature D, ce qui abaisse le taquet E fixé à un parallélogramme articulé MNQP et immobilise les rouages en abaissant en même temps légèrement le charbon inférieur qui est relié au parallélogramme. Cet écart du charbon inférieur détermine l'allumage de l'arc. Lorsque l'arc s'allonge, sa résistance augmente, et il arrive un moment où l'intensité du courant se trouve assez affaiblie pour que l'électro laisse remonter l'armature et le parallélogramme et que, par suite, le taquet E s'éloigne de la roue à ailettes, ce qui permet aux crayons de se rapprocher en laissant le point lumineux fixe, puisque le charbon positif parcourt deux fois le chemin du charbon négatif. Dès que l'intensité a repris sa valeur normale, l'électro-aimant venant de nouveau à attirer l'armature, les roues sont immobilisées par le taquet et les charbons s'arrêtent.

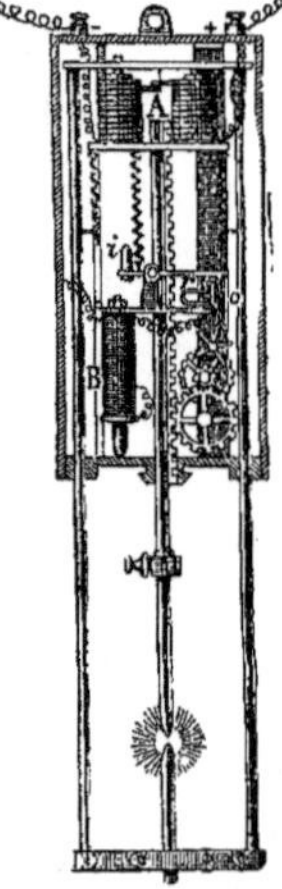
Fig. 6.

Ces deux régulateurs sont dits *monophotes*, parce que l'on ne peut en placer qu'un seul dans un même circuit: car si l'on en plaçait deux, l'un d'eux nuirait au réglage de l'autre. Ces appareils ne sont pas employés dans l'éclairage industriel. On s'en sert néanmoins pour les projections lumineuses et dans les phares.

*Régulateurs à potentiel constant ou à dérivation.* — Dans ces appareils, le réglage de l'arc s'obtient par un électro-aimant ou un solénoïde placé en dérivation sur l'arc.

*Régulateur Gramme* (Fig. 6). — Lorsqu'on lance le courant (les charbons étant en contact), un électro A en série abaisse légèrement le porte-charbon inférieur et l'arc. Le réglage se fait par l'intermédiaire de l'électro-aimant en dérivation B. Quand l'arc s'allonge et devient trop résistant, une plus grande partie du courant passe dans B, le fer doux *i* est attiré, le taquet *o* est éloigné de la roue à ailettes, et les rouages que l'on voit sur la figure qui engrènent avec la crémaillère du porte-charbon supérieur permettent à celui-ci de descendre. Quand l'intensité normale de l'arc est rétablie, l'électro B relâche le noyau de fer doux et le mouvement d'horlogerie se trouve embrayé. Afin d'empêcher le rapprochement trop brusque des charbons, une vis de contact quitte le ressort *r*, dès que l'armature *i* est attirée, et le taquet vient aussitôt embrayer la roue à ailettes qui a pu laisser tourner fort peu le mécanisme et laisser descendre seulement d'une petite longueur le charbon supérieur. Si l'arc est encore trop résistant, cette manœuvre se répète dès que le contact est rétabli en *r*. On a ainsi un réglage sans secousses.

Ces régulateurs à électros ne fonctionnent qu'avec des courants continus.

*Régulateur Brianne.* — Le porte-charbon tend à tomber par son propre poids et à entraîner la roue dentée B (Fig. 7) qui peut engrener avec un petit arc denté C mobile autour du point O. Un levier OH porte un arc de fer doux K qui peut s'engager dans un solénoïde S placé en dérivation. Quand le courant ne passe pas, le levier OH vient buter contre une pièce fine E, et l'arc C vient engrener avec B. Le charbon supérieur est alors immobilisé. Quand on lance le courant, le solénoïde S attire le fer doux, le secteur C quitte complètement la roue B et le charbon tombe par son poids. Le courant passe alors par les charbons, l'intensité diminue dans S qui relâche le fer doux K, l'arc C engrène avec B, relève le charbon supérieur et l'arc s'allume. La régulation se fait de la manière suivante : Quand l'arc s'allonge et devient trop résistant, l'intensité augmente dans S, le noyau K est attiré, le secteur C abandonne la roue B, ce qui laisse tomber le charbon supérieur.

La Fig. 7 est un simple schéma faisant voir les organes de régulation développés dans un même plan ; les ressorts destinés à équilibrer les pièces, ainsi que différents accessoires, n'y sont pas indiqués. Ce régulateur peut fonctionner avec des courants continus ou avec des courants alternatifs.

Fig. 7.

Les régulateurs à dérivation sont *polyphotes*, c'est-à-dire que l'on peut en placer plusieurs dans un même circuit sans empêcher le réglage de ces appareils.

*Régulateurs différentiels.* — Ces appareils comprennent deux solénoïdes, l'un en série avec l'arc, l'autre en dérivation ;

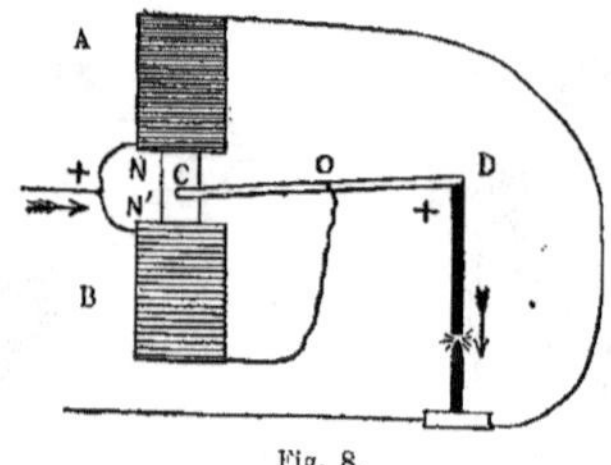

Fig. 8.

avec cette disposition c'est le rapport de la différence de potentiel à l'intensité qui reste constant.

*Régulateur Siemens.* — La Fig. 8 est un schéma indiquant le mécanisme de réglage. La bobine B est en série, A en dérivation; un double noyau de fer doux NN' s'engage dans ces bobines. Un levier COD, mobile autour de O, porte le charbon positif. On voit que si l'arc s'allonge et devient trop résistant, le courant faiblit dans B, et augmente dans A. Le noyau est attiré vers A, ce qui abaisse le charbon positif et raccourcit l'arc.

*Régulateur Pilsen.* — La Fig. 9 représente schématiquement l'appareil de réglage de cette lampe: B solénoïde en série; A solénoïde en dérivation. Les deux noyaux de fer doux M et N sont attachés à une cordelette en soie passant sur une poulie O. Les porte-char-

Fig. 9.

bons sont fixés à ces noyaux. On voit que si l'arc s'allonge et devient trop résistant, le courant faiblit dans B et augmente dans A, alors le charbon positif descend et le charbon négatif remonte jusqu'à ce que l'arc ait son intensité normale. Les deux charbons étant mobiles, on pourra faire en sorte que le point lumineux reste fixe.

*Bougies électriques.* — Les premiers régulateurs étaient compliqués, coûteux et très délicats. Jablochkoff eut l'idée de les supprimer complètement et de les remplacer par ce qu'il nomma les *bougies* électriques (1876). Les deux charbons sont

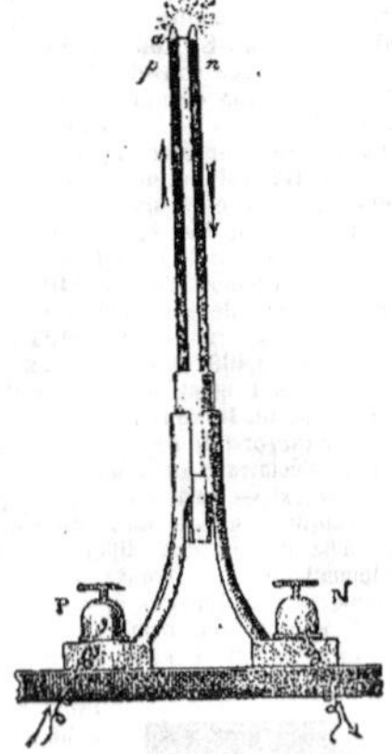


Fig. 10.

fixés l'un contre l'autre en les séparant par une substance isolante, susceptible de se consumer en même temps que lesdits charbons, le kaolin, par exemple (Fig. 10). Peu de temps après, Jablochkoff substitua au kaolin le *colombin*, pâte isolante faite de sulfate de calcium et sulfate de baryum. Les deux charbons

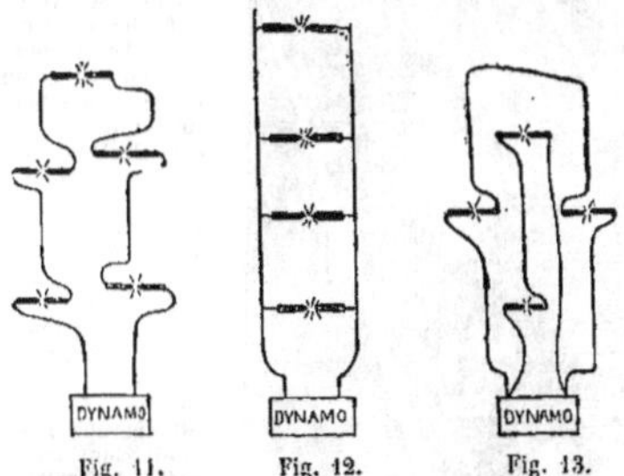


Fig. 11. Fig. 12. Fig. 13.

devant se consumer également pour que l'arc se maintienne, on ne peut se servir que de courants alternatifs. Pour que l'arc puisse s'amorcer, les deux crayons sont réunis à la partie supérieure par un peu d'une pâte de graphite et de gomme. La bougie Jablochkoff donna un essor considérable à la l. électrique. La bougie électrique durant peu de temps, on en plaçait plusieurs dans un même chandelier. Un mécanisme automatique en déterminait l'allumage successif. La bougie Jablochkoff donne des éclats colorés irréguliers dus à la volatilisation du colombin.

*Montage. — Distribution.* — On peut monter plusieurs lampes à arc dans le circuit d'une même dynamo. La Fig. 11 fait voir le montage en *série*. Il n'y a qu'un circuit unique pour tous les arcs. Dans ce cas, la différence de potentiel aux bornes de la dynamo doit être égale à la somme des différences de potentiel exigées par chaque lampe, ce qui amène à des voltages considérables (50 volts par lampe environ). L'isolement des conducteurs devient difficile et les fils deviennent dangereux à toucher, surtout dans le cas des courants alternatifs.

La Fig. 12 montre la distribution de plusieurs lampes en dérivation. L'intensité du courant se répartit dans toutes les lampes. La différence de potentiel à la dynamo est celle qui est exigée par une seule lampe.

Enfin la Fig. 13 montre une distribution mixte combinant les deux systèmes précédents.

*Résistance additionnelle.* — Dans la pratique, on adjoint à chaque arc une résistance additionnelle dans le but d'éviter les variations trop brusques d'intensité dans les circuits.

*Intensité.* — On se sert couramment de régulateurs dont l'intensité lumineuse est de 30, 50, 100 carcels (un carcel vaut 6,5 bougies stéariques, 7,4 candles anglais et 9,62 bougies décimales du congrès de 1889. Voy. *Photométrie*). La vue directe de ces foyers lumineux étant fatigante, on les entoure souvent d'un globe de verre dépoli ou opalin qui absorbe une fraction assez considérable de la lumière. Avec les arcs dont le point lumineux n'est pas fixe, ainsi qu'avec les bougies Jablochkoff, ces globes sont nécessairement volumineux.

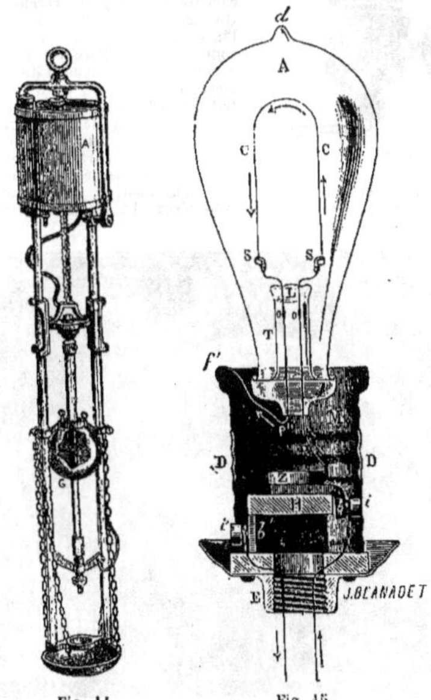


Fig. 14. Fig. 15.

Dans le cas des arcs à point lumineux fixe, on peut se servir de tout petits globes. La fig. 14 montre le régulateur Japy-Helmer, muni de son petit globe. A la partie inférieure, on voit le cendrier destiné à retenir les parcelles du charbon incandescent qui peuvent tomber de l'arc pendant son fonctionnement.

II. *Incandescence.* — Les lampes à incandescence se composent d'une ampoule en verre dans laquelle on a fixé un fil conducteur en charbon. Lorsque l'on fait passer un courant dans ce fil, la chaleur dégagée le porte à l'incandescence. On a fait le vide dans l'ampoule afin que le fil de charbon puisse être porté au blanc sans entrer en combustion. C'est à Édison que l'on doit la première lampe à incandescence pratique. Il se sert d'un filament de bambou carbonisé CC (Fig. 15) Deux fils de cuivre terminés par des pinces SS tiennent le filament. En *oo* on a soudé deux fils de platine qui amènent le courant.

L'extrémité supérieure du tube T a été fermée au chalumeau en L, de manière à maintenir les fils de platine et à empêcher la rentrée de l'air par ce tube. Le tube T, les fils métalliques et le filament sont alors introduits dans l'ampoule, et les bords de ce tube lui sont soudés. L'ampoule est terminée à sa partie supérieure par un tube *d* que l'on relie à une trompe à mercure Sprengel pour faire le vide dans la lampe. Cette opération faite, on n'a plus qu'à donner un trait de chalumeau en *d* et détacher l'ampoule. La lampe est montée sur une garniture à douille DD amenant le courant.

Fig. 16.

On obtient aujourd'hui des filaments compacts et réguliers en leur faisant subir l'opération du *renforcement*. A cet effet, on remplit l'ampoule d'une atmosphère d'un carbure d'hydrogène raréfié. On porte alors le filament à l'incandescence au moyen du courant. Le carbure est décomposé par la température élevée du filament, et il se fait sur celui-ci un dépôt de carbone à l'état de graphite. Les points les plus faibles du filament étant portés à des températures plus élevées que les autres reçoivent un dépôt plus abondant, et l'épaisseur du filament se trouve ainsi uniformisée. Le filament ainsi renforcé est plus solide et possède un pouvoir émissif plus considérable.

Il existe un grand nombre d'autres lampes à incandescence (Swan, Maxim, etc.), mais toutes sont basées sur le même principe. La fig. 16 montre la lampe Swan avec son filament en forme de boucle. Les lampes à incandescence se prêtent admirablement à la division de la lumière. Elles exigent 50 ou 100 volts et se montent, en général, en dérivation. Les lampes ordinaires des appartements ont une intensité de 10, 16, 20 et 25 bougies, mais on peut en fabriquer de bien plus puissantes allant jusqu'à 500 bougies. On peut même dépasser ce chiffre en augmentant le nombre des filaments. La durée des filaments n'est point indéfinie. Une bonne lampe fournit environ 800 heures d'éclairage normal. Si l'on force la lampe par un courant trop intense, on abrège considérablement sa durée et le filament ne tarde pas à se désagréger en produisant un dépôt de charbon sur les parois de l'ampoule.

*Installation de l'Éclairage électrique. — Station des Halles, à Paris.* — Cette installation comporte six dynamos Édison à courants continus et trois alternateurs Ferranti. Il y a six moteurs à vapeur de 140 chevaux chacun alimentés par six chaudières Belleville. La Fig. 17 montre trois des moteurs actionnant les six dynamos Édison (110 volts, 450 ampères), et donne une idée de l'installation. Les dynamos Ferranti fournissent des courants alternatifs dont la différence de potentiel atteint 2,400 volts avec une intensité de 46 ampères. Ces courants exigent une canalisation très soignée pour leur transmission. Ils sont transformés en courants à 100 volts par des *transformateurs* (Voy. ce mot) ; on peut alors s'en servir pour l'éclairage sans danger.

*Installations diverses.* — La l. électrique a pris une telle extension depuis quelques années, qu'il nous est impossible de multiplier les descriptions des différentes installations. Nous dirons seulement que l'on trouve souvent avantage à monter sur un même bâti la dynamo et son moteur, comme dans la Fig. 18 qui montre une machine à vapeur Westinghouse accouplée directement à une dynamo Westinghouse. Ce système est appliqué sur une grande échelle au secteur des Champs-Élysées, à Paris. Les dynamos à courants alternatifs (3,000 volts) se composent d'une grande carcasse cylindrique de $5^{m},80$ de diamètre, à l'intérieur de laquelle se trouvent fixés les électro-induits. Le système inducteur se compose d'une roue portant une couronne de 80 électros-inducteurs tournant au milieu de l'induit. Ce système sert de volant à la machine à vapeur. Chaque alternateur peut donner 400 kilowatts et est accouplé directement à un moteur Corliss de 700 chevaux. Les courants sont transformés à 110 volts.

On peut employer toute autre force motrice que la vapeur pour fournir l'énergie : moteur à gaz, à pétrole, à eau, turbines, roues hydrauliques, etc. On peut, par exemple, utiliser une chute d'eau à une certaine distance d'une ville et y transmettre l'énergie électrique nécessaire à la

Fig. 17.

l. ou à la force motrice. Voy. Transport de l'énergie.
*Avantages et prix de revient de la lumière électrique.* — Les avantages de la l. électrique sont trop connus aujourd'hui pour qu'il soit nécessaire d'insister sur cette question : absence de gaz délétères, absence de gaz détériorant les couleurs et les étoffes, absence de danger d'explosion, chaleur dégagée moindre qu'avec les autres luminaires, commodité d'allumage et d'extinction, diminution du danger d'incendie dans les théâtres (surtout pour l'éclairage des frises), etc.
Il est bien difficile de donner le prix de revient d'une ma-

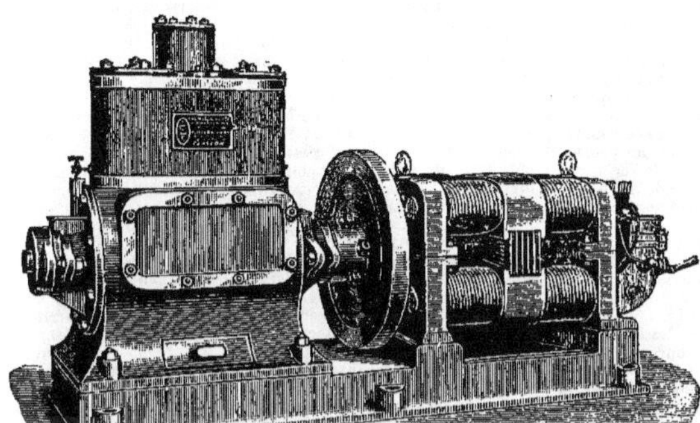

Fig. 18.

nière générale ; mais ne pouvant entrer ici dans de grands développements, nous nous contenterons de donner les chiffres suivants à titre de renseignements. En admettant comme prix de l'énergie électrique 80 centimes le kilowatt-heure, la consommation par bougie-heure est environ de un tiers de centime dans le cas des lampes à incandescence, et seulement un vingtième de centime par heure et par bougie dans le cas des lampes à arc. Le gaz, au prix de 0 fr. 30 le mètre cube, coûte de 0,36 cent. à 0,60 cent. par bougie-heure, suivant les becs employés.
L'énergie électrique se compte au moyen d'appareils spéciaux déposés chez les abonnés. Voy. Compteur.
La guerre et la marine emploient de puissants fanaux électriques que l'on trouvera décrits aux mots : Projecteur et Phare.

**LUMIGNON.** s. m. [Pr. *gn* mouil.] (lat. *lumen*, lumière). Le bout de la mèche d'une bougie, d'une chandelle ou d'une lampe allumée. *En mouchant la bougie, le l. est tombé.* || Par ext., Ce qui reste d'un bout de bougie ou de chandelle qui achève de brûler. *Voilà une bougie qui va finir, il ne reste plus qu'un petit l.*

**LUMINADE.** s. f. (lat. *lumen*, lumière). T. Pèc. *Pêcher à la l.*, Aux flambeaux.

**LUMINAIRE.** s. m. (lat. *luminare*, m. s.). Astre qui éclaire; ne se dit, en ce sens, que dans cette phrase de l'Écriture : *Dieu fit deux grands luminaires, l'un pour présider au jour et l'autre pour présider à la nuit.* || Collectivement, se dit des torches et des cierges dont on se sert à l'église pour le service divin. *Il faut tant pour le l. de l'église. Le l. d'un enterrement.*

**LUMINARISTE.** s. m. (R. *luminaire*). Peintre qui répand la lumière dans ses tableaux.

**LUMINEUSEMENT.** adv. [Pr. *luminen-ze-man*]. D'une manière lumineuse. || T. Peint. En pleine lumière.

**LUMINEUX, EUSE.** adj. (lat. *luminosus*, m. s., de *lumen, luminis*, lumière). Qui jette de la lumière. *Le soleil est l. Les étoiles sont lumineuses. Trace lumineuse. Des rayons l.* || Fig., se dit de l'esprit et des productions de l'esprit. *C'est un esprit l. Vous avez eu là une idée lumineuse. Il y a des traits l. dans ce discours. — Un principe l. et fécond*, Dont on peut tirer beaucoup de conséquences importantes.

**LUMINIFÈRE.** adj. 2 g. (lat. *lumen, luminis*, lumière; *fero*, je porte). Qui porte la lumière.

**LUMINOSITÉ.** s. f. [Pr. ...*zi-té*] (R. *lumineux*). Qualité de ce qui est lumineux.

**LUMP.** s. m. (angl. *lump*, bloc, à cause de la lourdeur de ses formes). T. Icht. Genre de *Poissons osseux*, appelé aussi Gras-mollet. Voy. Discoboles.

**LUNA**, ministre et favori du roi de Castille Jean II; mort sur l'échafaud en 1453.

**LUNAIRE.** adj. 2 g. [Pr. *lu-nère*] (lat. *lunaris*, m. s.). Qui appartient, qui a rapport à la lune. *Le disque l. Influences lunaires. Année l.* Voy. Année; *Mois l.*, Voy. Lune; *Cycle l.*, Voy. Comput; *Méthode des distances lunaires*, Voy. Longitude. || *Cadran l.*, Cadran qui marque les heures par le moyen de la lune. || Que l'on aperçoit sur la lune à l'aide d'instruments. *Montagnes lunaires.* || Qui a la forme de la lune, du croissant de la lune.

**LUNAIRE.** s. f. T. Bot. Genre de plantes Dicotylédones (*Lunaria*) de la famille des *Crucifères*. Voy. ce mot.

**LUNAISON.** s. f. [Pr. *lu-nè-zon*]. Espace de temps compris entre deux nouvelles lunes consécutives.

**LUNAS**, ch.-l. de c. (Hérault), arr. de Lodève ; 1,200 hab.

**LUNATIQUE.** adj. et s. 2 g. (lat. *lunaticus*, m. s.). Qui est soumis aux influences de la lune; se disait autrefois des aliénés et des épileptiques, et se dit encore quelquefois d'un cheval qui est sujet à une fluxion périodique sur les yeux, parce qu'on croyait que ces maladies étaient en rapport avec les phases de la lune. *Le l. de l'Évangile. C'est une l.* || Fig. et famil., Capricieux, fantastique. *Il est l. Elle est un peu lunatique.*

**LUNATISME.** s. m. (R. *lune*, parce qu'on prétend que cette maladie revient suivant les phases de la lune). Ophtalmie périodique du cheval.

**LUNCH.** s. m. [Pr. *lonch*]. Mot emprunté de l'anglais signifiant une sorte de goûter, un repas léger entre le déjeuner et le dîner ou entre le dîner de midi et le souper.

**LUNCHER.** v. n. [Pr. *lon-cher*]. Faire le lunch.

**LUND**, v. de la Suède méridionale ; 15,000 hab.

**LUNDI.** s. m. (lat. *lunæ dies*, le jour de la lune). Le second jour de la semaine. *Nous nous verrons l. prochain. On s'assemble tous les lundis. — L. saint*, Lundi de la semaine sainte. *L. gras.* Voy. Gras. || Popul., *Faire le l. Fêter la Saint-Lundi*, Continuer le lundi l'oisiveté du dimanche.

**LUNDISTE.** s. m. Celui qui, tous les lundis, fait un article dans les journaux quotidiens.

**LUNE.** s. f. (lat. *luna*, m. s.). Corps céleste plus petit que la terre, qui tourne autour de celle-ci et qui l'éclaire souvent la nuit au moyen de la lumière qu'elle réfléchit du soleil. *Le disque de la l. La l. est dans son apogée. Le croissant de la l.*, ou simplement *le croissant. La l. est dans son plein. L'ombre de la l. Il fait clair de l. Un beau clair de l. A quel quantième de la l. sommes-nous? La l. de mars, d'avril*, etc. || Poétiq., se dit pour Mois. *Depuis quatre* *lunes.* — *Lune rousse*, Lunaison qui commence après Pâques, souvent accompagnée de gelées qui roussissent les jeunes plantes. — Fig. et fam. Troubles dans un ménage. — Fam., *La l. de miel*, Le premier mois du mariage. || Fam. *C'est une l., un visage de pleine l.*, se dit d'une personne qui a le visage fort plein et fort large. || Fig. et fam., *Vouloir prendre la l. avec les dents*, Vouloir faire une chose impossible. *Faire un trou à la l.*, S'en aller furtivement et sans payer ce qu'on doit. *Aboyer à la l.* Voy. ABOYER. *Aller rejoindre les vieilles lunes*, Disparaître. *Faire voir, montrer la lune en plein midi*, Abuser de la crédulité de quelqu'un. || Fig. et fam., *Avoir des lunes*, Être sujet à des fantaisies, à des caprices. *Prendre quelqu'un dans sa bonne l., dans sa mauvaise l.*, Avoir affaire à lui quand il est de bonne ou mauvaise humeur. — *Ce cheval est sujet à la l.*, Il a la vue grasse, sa vue s'obscurcit de temps en temps. || Nom que les alchimistes donnaient à l'argent. || T. Techn. Ce qui a la forme circulaire de la lune. — Dans un jeu de paume, trou circulaire placé au haut de la muraille qui est du côté du toit où l'on sert. *Mettre dans la l.* — Disque de fer percé d'un trou. — Défaut du bois. || T. Bot. *L. d'eau*, Le Nénuphar blanc. Voy. NYMPHÉACÉES. || T. Icht. *Poisson l.*, Nom vulgaire de *la Môle*. Voy. PLECTOGNATHES.

**Astr.** — Après le soleil, la *Lune* est, pour les habitants de la terre, non seulement le plus apparent des corps célestes, mais encore le plus intéressant au point de vue astronomique. La variété de ses phases, ses éclipses, et la rapidité avec laquelle elle change de place parmi les étoiles fixes, attirèrent l'attention des premiers observateurs, et, dans les temps modernes, l'application de la théorie de ses mouvements à la navigation et à la détermination des longitudes terrestres a donné à l'étude de notre satellite une haute importance parmi les questions qui sont l'objet de l'astronomie.

I. *Révolution sidérale.* — La l., comme le soleil, se déplace par rapport aux étoiles en sens contraire de la rotation diurne du ciel, mais beaucoup plus rapidement. Il suffit, pour le reconnaître, de consacrer à une observation superficielle quelques heures d'une nuit éclairée par cet astre. En vertu du mouvement continuel de l'ouest à l'est, tantôt plus rapide et tantôt plus lent, mais jamais suspendu ni interverti, la l. fait le tour du ciel dans une période moyenne de 27 jours 7 h. 43 m. 11,5 sec., au bout de laquelle elle reprend à peu près la même position par rapport aux étoiles, et reprendrait exactement la même position sans des causes que nous expliquerons. Ainsi donc, la l., aussi bien que le soleil, semble décrire une orbite autour de la terre, et cette orbite ne peut pas différer beaucoup d'un cercle, puisque l'astre n'est pas sujet à de grandes variations dans son diamètre angulaire apparent. Or, on sait que le soleil semble faire aussi le tour entier de la sphère céleste dans une période de 365 jours 6 h. 9 m. 9,6 sec. Par conséquent, en divisant cette durée par celle qu'emploie la l. pour parcourir le même cercle apparent, nous obtiendrons à peu près le chiffre 13, ce qui veut dire que le mouvement apparent de la l. est environ 13 fois plus rapide que celui du soleil.

II. *Phases.* — Les aspects variés que présente périodiquement la l., et qu'on désigne sous le nom de *Phases*, ont été sans doute le premier phénomène céleste qui ait été expliqué

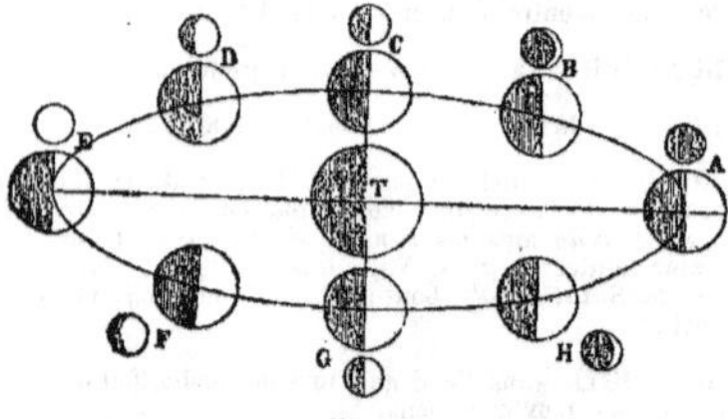


Fig. 1.

d'une manière exacte. Si l'on observe cet astre avec attention pendant le cours d'une seule de ses révolutions, il est facile de voir que ces différents aspects sont produits par la réflexion de la lumière solaire à la surface sphérique de la l. Aussi ce fait a-t-il été reconnu par les plus anciens astronomes. Soit T la terre (Fig. 1), et soient ABCDEFGH les positions successives de la l. dans son orbite ; cette orbite supposée dans un plan perpendiculaire au plan de la figure est vue en raccourci et représentée par une ellipse. Supposons que le soleil se trouve dans la direction de la ligne ETA, vers la droite, mais à une distance telle que les lignes tirées de cet astre aux différentes parties de l'orbite lunaire puissent être regardées comme parallèles. Lorsque la l. se trouvera en A, elle sera en *conjonction* avec le soleil, et passera au méridien en même temps que lui. L'hémisphère tourné du côté du soleil, c.-à-d. à la droite de la figure, sera éclairé complètement ; mais l'hémisphère tourné vers la terre sera tout entier dans l'ombre, de telle sorte que la l. sera totalement invisible pour nous : on a alors la *Nouvelle l.* ou la *Néoménie*. Quelques jours après la conjonction, lorsque la l. est au point B, on aperçoit un croissant lumineux dont la convexité est tournée du côté du soleil. Mais lorsque la l. est arrivée en C, ou à 90° de la conjonction, la terre se trouve dans le plan du grand cercle de l'orbite lumineuse, qui forme la limite entre les hémisphères obscur et éclairé, et par conséquent on voit la moitié de son disque : la l. est dans son *Premier quartier* ; on dit aussi alors qu'elle est *dichotome*. Au point D, la partie éclairée et visible de la l. présente une forme intermédiaire entre un demi-cercle et un cercle complet : elle nous paraît alors gibbeuse. Au point E, elle est en *opposition* avec le soleil, et tourne toute sa face éclairée vers la terre ; elle nous offre alors un disque lumineux circulaire : c'est la *Pleine l.* ; on dit encore alors que la l. est *dans son plein*. En continuant sa révolution autour de la terre, la l. entre dans son *décours*, et son disque commence à diminuer. Arrivée en F, la l. nous paraît gibbeuse. Lorsqu'elle est en G, on dit qu'elle est dans son *Troisième* ou *Dernier quartier*, ou bien qu'elle est à son *déclin*. De ce point jusqu'à ce qu'elle se trouve de nouveau en conjonction, nous ne l'apercevons plus que comme un croissant qui devient d'autant plus étroit que l'astre se rapproche davantage du point A ; mais alors les cornes du croissant sont tournées à notre droite. Les points A et E, correspondant à la nouvelle lune et à la pleine lune, s'appellent les *syzygies* ; les points C et G sont les *quadratures*. La ligne droite AE est la *Ligne des syzygies*, et la droite CG, la *Ligne des quadratures* ; enfin les points B, D, F et H, situés à égale distance de ces lignes, sont désignés sous le nom d'*Octants*. Ainsi, on voit que la grandeur de la portion illuminée du disque lunaire dépend de la position de cet astre relativement au soleil et à la terre, et se détermine facilement au moyen d'une construction géométrique. La période moyenne de temps que met la l. pour parcourir toutes ses phases, ou, en d'autres termes, le temps moyen qui s'écoule entre deux conjonctions successives, constitue le *mois lunaire* ou *révolution synodique* de la l. : sa valeur moyenne est de 29 jours 12 h. 44 m. 29 sec. Elle est plus grande que la durée de la révolution sidérale, parce que la position apparente du soleil sur l'écliptique s'est avancée pendant le mois lunaire, de sorte que la l. doit faire plus d'un tour pour se retrouver en face du soleil. (Voy. plus loin, *Diverses révolutions de la lune*.)

A l'époque de la néoménie, le soleil et la l., comme nous l'avons vu, passent en même temps au méridien ; par conséquent, lors de la pleine l., les deux astres y devront passer à 12 heures de distance. Vers cette époque, en effet, on peut les apercevoir tous les deux en même temps dans le voisinage de l'horizon, mais en des points diamétralement opposés. La l. se lève au moment où le soleil se couche. Avant la pleine l., la l. est visible surtout le soir. Elle est sur l'horizon quand le soleil se couche, et se couche avant le lever de celui-ci. Au contraire, après la pleine l., la lune est visible surtout le matin, parce qu'elle se lève après le coucher du soleil, et d'autant plus tard qu'on approche davantage de la nouvelle l.

Tout le monde a pu remarquer qu'entre la nouvelle l. et son premier quartier, lorsque l'astre ne présente encore qu'un croissant assez étroit, on aperçoit souvent la partie du disque lunaire qui n'est point éclairée par le soleil. Cette faible clarté qui complète le cercle du disque, est appelée *lumière cendrée*. Elle est produite par la lumière solaire réfléchie que l'hémisphère éclairé de la terre envoie sur la l., lumière qui, étant de nouveau réfléchie par cette dernière, revient jusqu'à notre œil. La lumière cendrée va en diminuant d'intensité, à mesure que la l. approche de sa quadrature, époque où la lumière cendrée cesse d'être observable, parce que, pendant cette période, la terre renvoie de moins en moins de lumière sur la l. Il convient en effet de remarquer que, pour un observateur placé sur la l., la terre présenterait des phases complémentaires de celles que nous offre la l. Ainsi, pendant la période qui va de la nouvelle lune au premier quartier, la terre présente à la l. les phases intermédiaires depuis la *pleine terre* jusqu'au dernier quartier.

III. *Distance, dimensions, masse et densité de la lune.* — Les premières tentatives faites dans l'antiquité pour déterminer la distance de la l. comparativement à celle du soleil, sont dues à Aristarque de Samos, qui florissait vers l'an 280 avant J.-C. La méthode dont il fit usage était fondée sur la considération des phases de la l. ; mais elle n'était pas susceptible d'une grande exactitude : aussi trouva-t-il que la l. était simplement 20 fois moins éloignée que le soleil. Depuis Hipparque (vers 128 avant notre ère), la méthode employée par les astronomes pour calculer la distance de la l. à la terre est fondée sur l'observation de la parallaxe horizontale de la l. et la connaissance de la valeur du rayon terrestre. La valeur de cette parallaxe ou, en d'autres termes, de l'angle sous lequel un observateur placé dans la l. verrait le rayon de la terre, se détermine directement soit par des observations faites simultanément à des stations très éloignées l'une de l'autre, soit au moyen des occultations d'étoiles par la l. Les observations démontrent que la valeur de la parallaxe lunaire varie notablement ; ainsi, par ex., à la plus grande et à la plus petite distance de la l., elle est 54′46″ et 60′41″, ce qui donne pour valeur moyenne 57′2″7. On en conclut :

| | Rayons terr. | | Kilom. |
|---|---|---|---|
| Plus grande dist. de la l. à la terre . . . | 63,58 | = | 405 599 |
| Plus petite dist. de la l. à la terre . . . | 56,95 | = | 363 310 |
| Distance moyenne . . . . . . . . . . . . | 60,27 | = | 384 454 |

On voit donc que la *distance* moyenne de la l. à la terre est d'environ 60 fois le rayon terrestre, ou 400 000 kilomètres. Cette distance, qui nous paraît si grande, n'est cependant que la 400ᵉ partie de la distance de la terre au soleil, et n'est guère plus du quart du diamètre de ce dernier, dont la circonférence est, par conséquent, près du double de l'orbite de la l.

La distance du centre de la l. à la station d'un observateur placé à la surface de la terre, comparée avec le diamètre

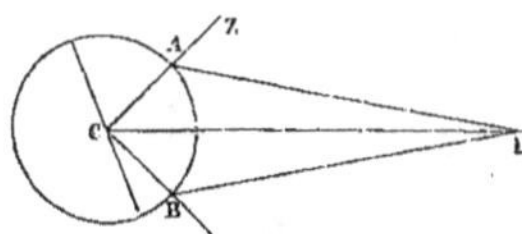


Fig. 2.

apparent vu de cette station, donnera le diamètre réel de la l. La distance dont il s'agit se calcule aisément quand on connaît la distance réelle de l'astre au centre de la terre et sa distance zénithale apparente au lieu et au moment de l'observation. En considérant la Fig. 2, et en supposant que L soit la l., A le lieu de l'observateur, C le centre de la terre, on

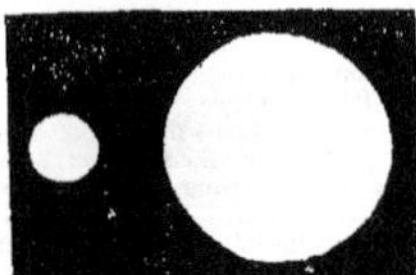

Fig. 3.

connaîtra dans le triangle ACL les deux côtés LC,CA, qui sont respectivement la distance au centre de la terre et le rayon terrestre : on connaîtra aussi l'angle CAL, qui est le supplément de la distance zénithale ZAL ; il sera donc facile de calculer AL, ou la distance de la l. au point A. Il résulte d'observations et de calculs semblables que le *diamètre* réel de la l. est de 3 482 kilomètres, ou environ 0,273 du diamètre terrestre. De plus, en prenant la surface et le volume de la terre pour unités, on trouve que la *surface* de la l. est environ le 13ᵉ de notre globe, et que son *volume* est à peu près un 49ᵉ de celui de ce dernier. La Fig. 3 peut donner une idée des grandeurs relatives de la terre et de la l. En outre, si l'on suppose les centres des cercles éloignés l'un de l'autre de 641 mill., cette distance représentera dans la même proportion la distance moyenne des deux autres. Enfin, en partant de l'effet dû à la gravitation lunaire dans la production du phénomène désigné sous le nom de nutation de l'axe de la terre, on a calculé que la masse de la l. est à très peu près un 80ᵉ de celle de la terre. Or, comme le volume de la l. est seulement le 49ᵉ de celui de la terre, il s'ensuit que la densité de notre satellite, comparée à la densité de notre globe, est 0,615, ou, en d'autres termes, que la densité de la l. est un peu plus de la moitié de celle de la terre. Quant à la lumière que la l. dans son plein envoie à la terre, Bouguer a trouvé qu'elle est environ 300 000 fois plus faible que celle du soleil : aussi, en la rassemblant au foyer des plus fortes lentilles, elle ne produit aucun effet appréciable sur les thermomètres les plus sensibles.

IV. *Inclinaison et Nœuds de l'orbite lunaire.* — Le plan de l'orbite de notre satellite forme, avec celui de l'écliptique, un angle de 5°8′47″9 ; c'est ce qu'on nomme l'*inclinaison de l'orbite lunaire*. En conséquence, l'orbite lunaire coupe l'écliptique en deux points opposés. Ces points ont reçu le nom de *Nœuds*, et l'on appelle *nœud ascendant* ☊, celui où la l. passe pour aller du sud au nord de l'écliptique, et *nœud descendant* ☋, celui qu'elle traverse du nord au sud. Mais la *ligne des nœuds* ne conserve pas une position fixe sur le plan de ce dernier grand cercle. En effet, si l'on observe de mois en mois les points où l'écliptique est coupée par la l., on trouvera que les *nœuds* de son orbite se déplacent constamment dans le sens rétrograde. Supposons (Fig. 4) que O soit la terre ; *Abad*, la série des points où la l. traverse

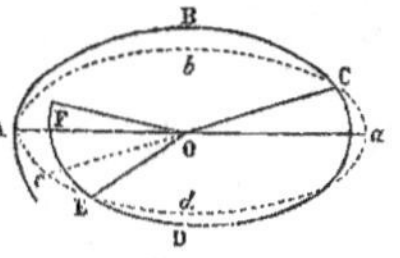


Fig. 4.

le plan de l'écliptique, dans ses passages alternatifs du sud au nord et du nord au sud ; ABCDEF, une portion de l'orbite lunaire, embrassant une révolution sidérale complète ; supposons, de plus, que la l. parte du nœud ascendant A. Si son orbite était entièrement compris dans un plan passant par O, elle couperait de nouveau l'écliptique en un point *a*, opposé à A, qui serait son nœud descendant ; après quoi elle reviendrait passer au nœud ascendant A. Mais, au contraire, sa route réelle est une certaine courbe ABC, qui va couper l'écliptique en un point C, de sorte que l'angle AOC, ou l'arc de longitude compris entre les nœuds ascendant et descendant, est moindre que 180°. Ensuite la l. poursuit sa course au sud de l'écliptique, le long de la courbe CDE, et traverse l'écliptique de nouveau, non en un point *c*, diamétralement opposé à C, mais en un point E, moins avancé en longitude. Au total, l'arc de longitude décrit entre deux passages ascendants consécutifs sera inférieur à 360°, de tout l'arc correspondant à l'angle AOE ; ou, en d'autres termes, cet arc sera celui dont le nœud ascendant aura rétrogradé sur l'écliptique d'un passage à l'autre. Pour compléter une révolution sidérale, il faudra que la l. décrive encore sur son orbite un arc EF, ce qui ne la ramènera pas précisément au point A, mais à un point dont la longitude sera la même et qui aura une latitude boréale. La vitesse de rétrogradation des nœuds de l'orbite lunaire a présentement une valeur moyenne de 3′10″64 par jour ; et, dans une période de 6 793,39 jours solaires moyens (ou d'environ 18 ans 6/10ᵉˢ), le nœud ascendant a parcouru, de l'est à l'ouest, la circonférence entière de l'écliptique. Au milieu de cette période, l'orbite a une position précisément inverse de celle qu'elle occupait en commençant. Dans le cours de la période, la l. doit rencontrer des étoiles et traverser des constellations différentes. Cette espèce de révolution en spirale doit amener successivement son disque sur tous les points d'une zone céleste de 10°18′ de largeur, dont l'écliptique est la ligne médiane et dont les limites sont déterminées par l'inclinaison de l'orbite lunaire. La cause de la rétrogradation des nœuds réside dans la force attractive du soleil, qui tend constamment à attirer la l. dans le plan de l'écliptique, et qui finirait par faire coïncider son orbite avec ce plan, si cette tendance n'était pas contre-balancée par le mouvement angulaire de la l. autour de la terre. Par suite de ce mouvement angulaire, l'inclinaison moyenne de la l. reste la même, mais l'effet produit est la rétrogradation des nœuds. Cependant, comme la distance de la terre au soleil est une quantité variable, l'effet de l'action dû soleil en déplaçant l'orbite de la l. est également variable. En conséquence de cette variabilité, et pour diverses autres causes encore, le mouvement des nœuds et l'inclinaison de l'orbite lunaire sur le plan de l'écliptique sont soumis à certaines variations périodiques, qui toutes doivent être appréciées et calculées très exactement pour la formation des tables lunaires.

V. *Excentricité de l'orbite lunaire et perturbations de la Lune.* — L'orbite générale de la l. représente une ellipse qui a la terre à l'un de ses foyers; mais, par l'effet de la force perturbatrice du soleil et des intensités différentes avec lesquelles agit cette force selon les diverses situations de la l. par rapport à la terre et au soleil, la vitesse de la l. va tantôt en s'accélérant, tantôt en diminuant : cette série d'inégalités a reçu le nom de *Variations.* En outre, l'ellipse de l'astre change continuellement de forme et de position sur le plan de son orbite. Il résulte de là que les valeurs numériques assignées à tous ses éléments ne doivent être considérées que comme des moyennes. Nous avons dit tout à l'heure les distances maximum, minimum et moyenne de la terre. Quant à l'*excentricité* de l'orbite lunaire, c.-à-d. à la distance du foyer de l'ellipse à son centre, elle est d'environ 0,0549, en prenant pour unité la moitié du grand axe de l'ellipse. En comparant les positions du grand axe, que l'on appelle *ligne des apsides*, à des époques différentes, par rapport aux étoiles fixes, on trouve que cette ligne a un mouvement rapide vers l'est, de telle sorte qu'elle décrit une circonférence entière en 3 232,57 jours solaires moyens, ou dans l'espace d'à peu près 9 ans. Toutefois ce mouvement moyen est sujet à des inégalités fort considérables. — L'inégalité du mouvement lunaire, que l'on désigne sous le nom d'*Évection*, dépend de la position du grand axe de l'orbite de la l., c.-à-d. de la ligne des apsides par rapport à celle des syzygies ou de la ligne qui joint le soleil et la terre. Lorsque la ligne des apsides est dans la même direction que cette dernière ligne, la quantité dont la force solaire diminue la gravitation de la l. est à son maximum quand la l. est à son apogée, et à son minimum quand cet astre est à son périgée. Par conséquent, dans cette situation de l'orbite lunaire, la différence entre la gravitation de la l. à son apogée et à son périgée est accrue par l'action solaire; d'où il résulte que l'excentricité de l'orbite de cet astre paraît augmentée. Le contraire a lieu lorsque la ligne des apsides est dans la direction de la ligne des quadratures. La différence entre la gravitation à l'apogée et au périgée est diminuée, et l'excentricité de l'orbite lunaire paraît également diminuée. L'évection est proportionnelle au sinus de deux fois la distance angulaire entre le soleil et la l., et sa plus grande valeur s'élève à 1° 20′ 29″,9. Cette inégalité a été signalée par Hipparque, et Ptolémée a donné une construction qui représente très exactement ses effets généraux.

En comparant des observations de la l. faites à des intervalles fort éloignés, on a trouvé que le temps de sa révolution périodique moyenne est un peu plus court qu'il n'était il y a plusieurs siècles, ou, en d'autres termes, que son mouvement moyen éprouve une accélération constante depuis l'époque des premières observations lunaires. Cette accélération est extrêmement petite, car le moyen mouvement diurne ne s'accélère que de 10 ou 11 secondes de degré par siècle. Par conséquent, elle est insensible pour des espaces de temps peu éloignés : de là le nom d'*Accélération séculaire* sous lequel on la désigne. Elle a été découverte par Halley, par la comparaison d'observations très anciennes avec les observations faites par les Arabes dans le cours du IX° et du X° siècle. Sa cause physique a été en partie reconnue par Laplace, qui a trouvé qu'elle dépend d'une très lente diminution séculaire dans l'excentricité de l'orbite terrestre. Ainsi, dans quelques siècles, l'excentricité de l'orbite terrestre arrivera à son minimum, et alors elle commencera à s'accroître. Par conséquent, quand cette époque arrivera, le mouvement moyen de la l., qui depuis un grand nombre de siècles éprouve la légère accélération dont nous parlons, devrait, suivant Laplace, commencer à éprouver un retard de même valeur. Seulement, une erreur s'est glissée dans le calcul de Laplace, et la cause qu'il assigne au phénomène, quoique parfaitement exacte, ne peut rendre compte que de la moitié de l'accélération observée. Delaunay, et plus tard Georges Darwin ont attribué cette partie de l'accélération à un ralentissement du mouvement de rotation de la Terre sous l'influence des marées. Il est certain que la *marée* (Voy. ce mot) agit comme un frein pour retarder la rotation de la terre sur son axe. Or, la durée de cette rotation étant prise comme unité de temps sous le nom de *jour sidéral*, si cette durée augmente, il en résultera nécessairement que tous les phénomènes célestes paraîtront s'effectuer en moins de temps, c.-à-d. s'accélérer. Cet effet sera particulièrement sensible sur le mouvement de la l. qui est le plus rapide de tous ceux qui sont connus avec une très grande précision. Si cette explication est exacte, la partie de l'accélération du moyen mouvement de la l. dont nous nous occupons n'est qu'apparente, et tient seulement à l'augmentation de la durée qui sert d'unité de temps. Bien au contraire, le mouvement de la l. se ralentirait en réalité, mais moins vite que celui de la Terre, d'où résulterait néanmoins une accélération apparente. Mais, d'après la 3° loi de Kepler, ce ralentissement doit s'accompagner d'un autre phénomène, qui est l'éloignement progressif de la l., de sorte qu'à la suite d'un très grand nombre de siècles, la l. se trouverait beaucoup plus éloignée de nous qu'elle ne l'est aujourd'hui, et ce mouvement ne pourrait cesser que quand la rotation de la terre se serait tellement ralentie qu'elle serait devenue égale à la durée de révolution de la l., et de même qu'aujourd'hui la l. nous montre toujours la même face, de même alors, la terre montrerait toujours la même face à la l. D'après les calculs de M. Darwin, ce résultat ne pourrait être atteint qu'après une période de plus de 50 millions d'années.

VI. *Rotation de la Lune et Libration.* — La surface de la l. offre un grand nombre de taches permanentes qu'on a observées et décrites avec le plus grand soin. Ces taches étant invariables dans leurs formes et dans leurs positions respectives, à quelque époque qu'on les étudie, on reconnaît que l'hémisphère lunaire qui regarde la terre est toujours le même. Ce phénomène avait fait penser aux anciens que la l. n'avait pas de mouvement de rotation. C'était une erreur; ce phénomène dépend en effet tout simplement de ce que le mouvement de rotation de la l. s'exécute dans un temps précisément *égal* à celui de sa révolution autour de la terre. Si l'on se transporte par la pensée dans le soleil, on verra la l. tourner autour de la terre. Lorsqu'elle sera au delà de notre globe, le spectateur placé sur le soleil verra la même face lunaire que nous voyons; et, quand elle sera en deçà de notre globe ou entre le soleil et nous, il verra l'autre hémisphère, c.-à-d. l'hémisphère lunaire que ne voient jamais les habitants de la terre, puisque la face qui regarde notre globe demeure toujours la même. Par conséquent, du soleil on voit tour à tour les divers points de la surface lunaire. C'est ainsi encore qu'un homme qui, le visage constamment dirigé vers un arbre, en ferait le tour entier, aurait aussi fait un tour sur lui-même, puisqu'il aurait vu toute la campagne qui l'environne. La l. tourne donc sur son axe, tandis qu'elle est emportée autour du soleil avec la terre dont elle est le satellite. Il résulte encore de l'égalité que nous venons de signaler entre le temps de la rotation de la l. sur son axe et celui de sa révolution autour de la terre, que les habitants de la l. en supposant cet astre habité, devraient avoir une nuit et un jour pour chaque révolution synodique, c.-à-d. une nuit et un jour chacun de la longueur d'à peu près 14 jours 18 heures. — Maintenant existe-t-il une cause physique particulière qui rende compte du phénomène que nous venons de décrire? Certainement. Cette cause réside dans les marées que la terre a fait naître sur les fluides de la l. à l'époque reculée où celle-ci en possédait encore. Ces marées ont produit des frottements qui ont ralenti le mouvement de rotation de la l. jusqu'à ce que, la durée de cette rotation étant devenue égale à celle de la révolution, la l. nous tourne toujours la même face. Alors la protubérance de la marée s'étant fixée dans une position relative invariable, il n'y a plus eu de frottement.

Quoique, comme nous venons de le voir, la l. nous présente toujours le même hémisphère, cependant l'observation attentive de ses taches a prouvé que celles qui sont vers les bords ont un léger mouvement d'oscillation périodique qui les montre et les cache alternativement. On a donné le nom de *Libration* à cette espèce de balancement de la l. On distingue trois sortes de librations, la *libration en longitude*, la *libration en latitude* et la *libration diurne.* — La *libration en longitude* est déterminée par cette circonstance que le mouvement de rotation de la l. autour de son axe n'est pas toujours précisément égal à son mouvement de révolution autour de la terre, cette égalité n'ayant lieu qu'en moyenne. Le mouvement de rotation de la l. autour de son axe est uniforme tandis que le mouvement orbitaire de cet astre autour de la terre, s'accomplissant dans une ellipse, est nécessairement tantôt plus rapide et tantôt plus lent que sa valeur moyenne. La l. semble donc ainsi osciller un peu à l'est et à l'ouest de sa position moyenne, d'où il résulte que les taches de ses bords oriental et occidental disparaissent et reparaissent alternativement. — La *libration en latitude* dépend de l'inclinaison de l'axe de la l. sur le plan de son orbite, car le dernier fait avec l'écliptique un angle de 5° 8′ 47″,9, tandis que le plan de son équateur ne fait avec celui de l'écliptique qu'un angle de 1° 30′. En conséquence, selon que l'angle formé par l'axe de rotation de la l. et le rayon vecteur est aigu ou obtus, nous découvrons l'un ou l'autre pôle de rotation du globe lunaire, et les taches qui en sont voisines paraissent et disparaissent alternativement. — Enfin, la *libration diurne* est une simple conséquence de la parallaxe lunaire. L'observateur placé à la surface de la terre aperçoit sur le disque de la l., au moment de son lever, des points qui disparaissent à mesure que son élévation augmente, tandis que sur le bord opposé, d'autres points qui étaient d'abord invisibles, deviennent apparents à ses yeux, à mesure que l'astre descend sur l'horizon. Ainsi, trois causes différentes produisent trois librations partielles, dont l'ensemble constitue la libration totale et apparente qu'on observe chaque jour dans le globe lunaire. Par le fait de la libration, on découvre environ $\frac{1}{13}$ de l'hémisphère de la l. opposé à la terre, lequel, sans la libration, serait en entier invisible. La libration en latitude et la libration diurne ont été découvertes par Galilée. Hévélius est le premier qui ait observé et expliqué la libration en longitude: mais le célèbre Dominique Cassini en a donné une explication beaucoup plus complète.

VII. *Différentes sortes de révolutions de la Lune.* — Comme les principaux points de l'orbite lunaire, les syzygies, les nœuds, les apsides, sont soumis à des mouvements variés, il s'ensuit que la période de temps dans laquelle la l. accomplit une révolution relativement à l'un quelconque de ces points ou aux étoiles fixes, sera différente pour chaque cas. Chacune de ces périodes constitue une espèce particulière de *mois lunaire*. Les différences qu'on observe entre elles peuvent s'expliquer de la manière suivante. Soient E le centre de la terre (Fig. 5), *asbt* l'orbite de la l., *ab* le grand axe de son ellipse ou de la ligne des apsides, *st* la ligne des syzygies, *nm* la ligne des nœuds, et ASBN le grand cercle de la sphère dans le plan de l'écliptique; soit encore P un point fixe sur ce cercle, et supposons que la l. soit au point *p*, ou vue dans la direction EP. Le temps qui s'écoule pendant que la l., partie du point *p*, revient au même point de l'écliptique, est la durée de *la révolution sidérale* dont nous avons déjà parlé, et qui est de 27 j. 7 h. 43 m. 11,5 s. — Supposons maintenant que la l. soit au point *s*, sur la ligne des syzygies. Lorsque l'astre, parti de *s*, dans la direction *mbn*, sera revenu au même point de l'écliptique, il ne se trouvera pas en conjonction. En effet, dans l'intervalle, le soleil se sera avancé de S à S′ (près d'un douzième de la circonférence), et par conséquent la l. devra marcher jusqu'à *s′*, et même au delà, pour atteindre le soleil et se trouver de nouveau en conjonction. L'intervalle entre deux conjonctions successives constitue la *révolution synodique*, période qui excède celle de la révolution sidérale de 2 jours et 5 heures environ et qui est, comme on l'a vu plus haut, de 29 j. 12 h. 44 m. 2,9 s. — Maintenant supposons que la l. soit au périgée *a*, c.-à-d. vue dans la direction EA. Pendant que la l., partie de *a*, décrira son orbite, la ligne des apsides EA décrira l'angle AEA′, et, par conséquent, l'astre arrivé à la ligne EA devra encore marcher jusqu'au point *a′* et même un peu au delà pour arriver au périgée. Le temps que met la l. à passer du périgée au périgée est la *révolution anomalistique*. Cette période est aussi plus longue que celle de la révolution sidérale; néanmoins elle est beaucoup plus courte que la période synodique, car la ligne des apsides met à peu près 9 ans pour accomplir sa révolution, tandis qu'il ne faut pour cela qu'une année à la ligne des syzygies. — Enfin, supposons que la l. soit au point *n* sur la ligne des nœuds. Pendant que la l. s'avance dans son orbite, la ligne des nœuds EN rétrograde dans la direction EN′; par conséquent la l. reviendra à son nœud, en *n′*, avant d'avoir complété sa révolution sur l'écliptique. Le temps que met la l. à revenir de l'un de ses nœuds au même nœud est la durée de la *révolution draconitique* : cette période est la plus courte de toutes; elle est très importante à cause des éclipses. Voy. Éclipse. Le tableau suivant indique, en jours solaires moyens, les longueurs moyennes des différentes périodes lunaires :

Fig. 5.

| Révolution | | | | | |
|---|---|---|---|---|---|
| synodique...... | 29,53060. | 29 j. | 12 h. | 44 m. | 2,9 s. |
| sidérale........ | 27,32166. | 27 | 7 | 43 | 11,5 |
| anomalistique. | 27,55460. | 27 | 13 | 18 | 37,4 |
| draconitique... | 27,21222. | 27 | 5 | 5 | 35,6 |

VIII. *Éclipses de Lune et de Soleil.* — Voy. Éclipse.

IX. *Constitution physique de la Lune.* — La constitution physique de la l., nous est mieux connue que celle d'aucun autre corps céleste. On aura une idée exacte de son aspect général, ou de la sélénographie, par la figure suivante, qui représente l'aspect de la pleine lune vue dans une jumelle. A l'aide des télescopes, nous discernons à sa surface des inégalités nombreuses, des montagnes et des vallées : les premières projettent des ombres dont la longueur se rapporte exactement à l'in-

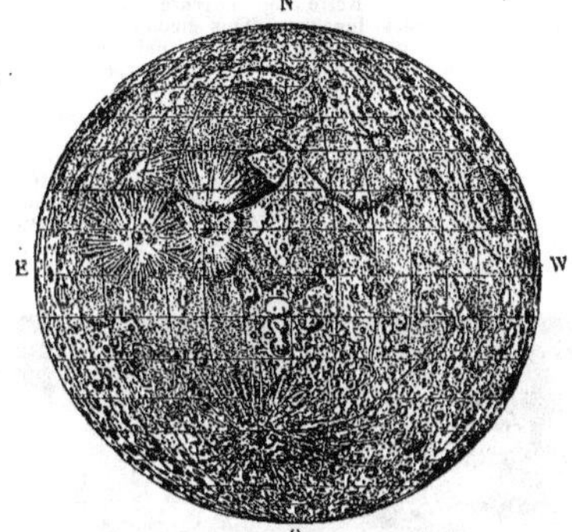

Fig. 6.

clinaison des rayons solaires dans les lieux de la surface de la l. où s'observent ces inégalités. Le bord convexe du bord lunaire tourné du côté du soleil est toujours circulaire et à peu près uni ; mais le bord opposé de la partie éclairée, qui devrait offrir l'apparence d'une ellipse bien tranchée, si la l. était une sphère parfaite, se montre toujours avec des déchirures ou dentelures profondes qui indiquent des cavités et des points proéminents. Les montagnes voisines de ce bord projettent de grandes ombres, comme on concevra clairement que cela doit être, si l'on réfléchit que, pour les points de la l. ainsi placés, le soleil est au moment de se lever ou de se coucher. Lorsque le bord éclairé dépasse ces points, ou, en d'autres termes, lorsque le soleil gagne en hauteur, les ombres se raccourcissent; quand, au contraire, la l. est pleine, la direction des rayons solaires coïncidant avec ceux de notre vue, on n'aperçoit plus d'ombre sur aucun point de sa surface. D'après les mesures micrométriques des longueurs des ombres, prises dans les circonstances les plus favorables, on a pu calculer la hauteur de la plupart de ces montagnes. Ainsi Beer et Mœdler, de Berlin, ont donné la liste des hauteurs de 1095 montagnes lunaires, parmi lesquelles il s'en trouve de toutes les grandeurs jusqu'à plus de 8000 mètres d'élévation. Plusieurs dépassent de beaucoup la hauteur du Mont-Blanc, qui a 4 810 mètres, et du Chimborazo, qui en a 6 530. Les plus hautes sont : *Curtius*, 8830 mètres; *Newton*, 6900 mètres; *Casatus*, 6 470 mètres; *Short*, 6 360 mètres; *Tycho*, 6 120 mètres; *Calippus*, 6 040 mètres; *Kircher*, 5 680 mètres ; *Théophile*, 5 560 mètres ; *Gauemberger*, 5 480 mètres. L'existence de semblables montagnes est encore confirmée par l'apparence de points ou de petites îles lumineuses, placées en dehors du bord éclairé, et qui sont les sommets mêmes des montagnes, éclairés par les rayons du soleil avant les plaines intermédiaires. Peu à peu, à mesure que la l. avance, on voit ces points lumineux se rattacher au bord, et y former des dentelures. La plupart des montagnes lunaires, et leur nombre est étonnant, présentent un aspect singulier et d'une frappante uniformité. Elles sont presque exactement circulaires, ce qui leur a fait donner le nom de *cirques*, et si, sur les bords, elles affectent une forme elliptique, c'est que nous les voyons de côté. De plus, l'intérieur de ce cercle est creux et souvent à un niveau plus bas que celui du sol environnant. Pour les plus larges, le fond de l'excavation représente en général une aire plane du centre de laquelle s'élève une éminence conique à pente raide. D'autres fois, il y a plusieurs pics à l'intérieur de la plaine centrale ; chez quelques-uns le fond du cirque est criblé de petites élévations visibles seulement dans les instruments les plus puissants. En un mot, elles offrent au plus haut degré le vrai caractère volcanique, tel qu'on peut l'observer sur le cratère du Vésuve, ou sur les terrains volcaniques des Champs Phlégréens, aux environs de Naples, et du Puy-de-Dôme, en Auvergne. Plusieurs présentent en outre un trait particulier, c'est que le fond de leurs cratères se trouve enfoncé au-dessous de la surface générale de la l., de telle sorte que leur profondeur intérieure est de deux à trois fois plus grande que leur hauteur extérieure. Notre Fig. 7 représente le type général des montagnes lunaires. Dans quelques-uns des principaux cratères, on reconnaît, à l'aide de puissants télescopes, des marques décisives de stratifications volcaniques, provenant des dépôts successifs de déjections. On observe aussi en certaines régions des *rainures* ou *crevasses* qui s'étendent souvent sur une grande longueur.

Les cirques lunaires ont des dimensions considérables. Celui d'*Archimède*, par ex., a 87 500 mètres de diamètre, et celui de *Tycho* en a 91 200. La géologie terrestre nous présente des formations analogues. Ainsi, le cirque de l'Oisans, dans le Dauphiné, a 20 000 mètres de diamètre, et celui de l'île de Ceylan atteint 70 000 mètres.

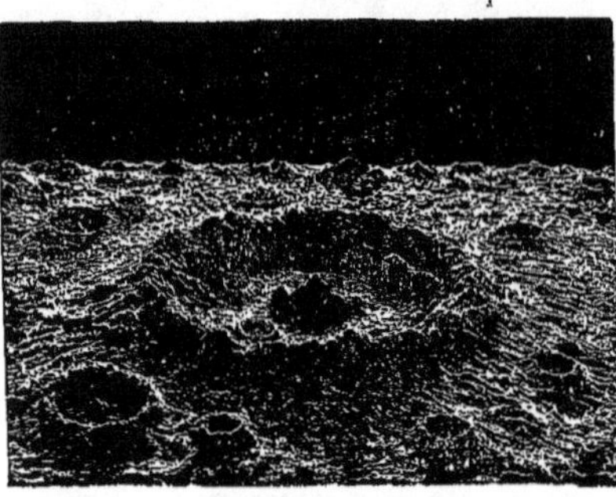

Fig. 7.

Indépendamment des montagnes, on observe sur la l. de vastes espaces plus sombres, auxquels les premiers observateurs avaient donné le nom de mers; mais, quand on les examine avec soin, ces taches présentent des apparences inconciliables avec celles d'une eau profonde; ce sont de vastes espaces parfaitement de niveau sillonnés seulement d'un petit nombre de petits cratères et semblant avoir le caractère d'alluvions.

Une autre particularité remarquable de la constitution de la l., c'est l'existence de longues traînées blanchâtres qui rayonnent autour d'un cirque et se continuent suivant de grands cercles à travers les vallées et les montagnes, sans égard aux changements de niveau. Ces traînées rayonnent surtout autour de *Tycho* et d'*Archimède*. Elles atteignent des longueurs colossales; celles qui viennent de *Tycho* s'étendent jusqu'au bord de la l., c.-à-d. sur plus d'un quart du grand cercle. Ces *bandes* ne se voient qu'à la pleine l. et disparaissent aux autres phases, ce qui montre bien qu'elles sont dues à un plus grand éclat des matériaux qui composent le sol et qu'elles sont en tous points au même niveau que lui.

La Lune n'a pas de nuages, ni rien qui indique la présence d'une atmosphère un peu dense. Cette atmosphère, si elle existait, deviendrait sensible dans les occultations d'étoiles et dans les éclipses de soleil. Ainsi, par ex., entre le diamètre évalué par l'intervalle écoulé entre la disparition et la réapparition d'une étoile dans une occultation, il devrait y avoir une différence égale à deux fois la réfraction horizontale à la surface de la l. Or, comme on n'aperçoit en général aucune différence appréciable, et parfois seulement une très faible, nous sommes en droit d'en conclure que l'atmosphère lunaire, à supposer qu'elle existe, n'a pas une densité suffisante pour produire une réfraction sensible, c'est-à-dire que sa densité est extrêmement faible, ce qui correspond d'ailleurs à la faible densité de l'astre et à l'altitude du bord lunaire au-dessus des plaines basses. Cette rareté de l'atmosphère entraîne forcément l'absence d'eau, car celle-ci, si elle existait, se vaporiserait immédiatement et formerait une atmosphère. Cela étant, il doit régner à la surface de la l. un climat très extraordinaire, et l'on y doit passer brusquement d'une chaleur plus brûlante que celle du midi de nos régions tropicales et soutenue pendant 15 jours, à un froid de même durée, plus excessif que celui de l'hiver de nos régions polaires. Quoique la surface de la pleine l. qui est tournée vers nous doive nécessairement être portée à une haute température, *peut-être* même à un degré qui dépasse de beaucoup celui de l'ébullition de l'eau, cependant cette chaleur est pour nous absolument *insensible*, et même, dans le foyer des plus larges réflecteurs, elle n'affecte aucunement le thermomètre. D'après cela, il est extrêmement probable que cette chaleur, conformément à ce qui s'est observé dans les corps dont la température n'est pas assez élevée pour qu'ils deviennent lumineux, s'absorbe beaucoup plus facilement que la chaleur solaire en traversant les milieux transparents, et qu'elle s'éteint complètement dans les régions supérieures de notre atmosphère. Un *fait* météorologique, à savoir : la *tendance des nuages à disparaître durant la pleine lune*, vient à l'appui de cette manière de voir. Ce fait a certainement une cause; or, nous n'en voyons pas d'autre explication rationnelle.

Un cercle d'une seconde de diamètre, vu de la terre, contient à la surface de notre satellite environ 250 hectares. Par conséquent, les télescopes doivent recevoir encore de grands perfectionnements, avant que nous puissions reconnaître des traces d'habitants dans des édifices ou dans des changements du sol. Il faut observer qu'en raison du peu de densité des matières qui entrent dans la masse de la l., et attendu que la pesanteur y est beaucoup plus faible qu'à la surface de la terre, la même force musculaire peut y soulever une masse six fois plus grande. Au reste, il semble impossible, faute d'air, que des êtres vivants analogues par leur organisation à ceux qui peuplent notre globe, se trouvent à la surface de la l. Rien n'y indique l'apparence d'une végétation, ni de modifications dans l'état de la surface que l'on puisse attribuer à un changement de saisons. Quoi qu'il en soit, s'il y a des habitants dans la l., la terre doit leur offrir la singulière apparence d'une lune environ quatre fois plus large que la l. ne nous paraît ayant près de 2 degrés de diamètre, éprouvant des phases comme notre l., et restant immobile au même point du ciel (ou du moins n'étant sujette qu'à de très petits déplacements apparents par suite de la libration), tandis que les étoiles se meuvent avec lenteur derrière elle et à ses côtés. La terre doit encore leur paraître couverte de taches variables et de zones correspondantes à nos vents alizés : il est douteux si, au milieu des perpétuels changements de notre atmosphère, ils peuvent distinguer nettement les configurations de nos continents et de nos mers.

Depuis le milieu du XIXe siècle, les astronomes ont proposé diverses théories pour expliquer la formation de la l. et l'état où nous la voyons aujourd'hui. Ce qui paraît certain, c'est que la formation de la l. n'a pas passé exactement par les mêmes phases que celle de la terre. Tandis que, sur notre planète, l'action de l'air, et surtout de l'eau, est partout manifeste; sur la l., au contraire, on ne voit guère que des formes qui attestent l'action plutonienne de la chaleur centrale : soulèvements, éruptions de volcans, etc., et qui semblent être restées telles qu'elles ont été produites, sans avoir été remaniées par l'action de l'eau et de l'air. Les dépôts de sédiments, si abondants sur la terre sont, sur la l., très rares : à peine en peut-on trouver la trace dans les vastes espaces sombres appelés improprement mers. Il semble donc que les fluides ont disparu de la surface de la l. avant que la croûte solidifiée reposant sur le noyau de fusion ait atteint une épaisseur et une résistance suffisantes pour être à l'abri de bouleversements ultérieurs. Voy. GÉOLOGIE.

Les progrès de l'optique ayant amené la construction d'appareils de plus en plus puissants, tous les détails de la surface lunaire sont aujourd'hui très bien connus. On signale quelques points qui auraient changé d'aspect depuis les ancionnes observations; mais ces points sont bien rares, et il faut attendre les comparaisons de nombreuses photographies prises à de longs intervalles de temps pour décider s'il se produit encore des modifications dans le sol lunaire. A l'Observatoire de Paris, MM. Lœvy et Puiseux ont fait un grand nombre de photographies à grande échelle qui paraissent être les meilleures et les plus détaillées qui existent actuellement (1898). Ces photographies ont été publiées sous forme d'Atlas, avec une notice où les auteurs ont exposé ce qui, dans l'état actuel de nos connaissances, leur paraît le plus probable relativement à la constitution actuelle de la l. et à l'histoire de sa formation.

X. *Des influences lunaires.* — Nous ne parlerons pas ici de l'action que la l. exerce sur la terre et notamment sur les eaux, par l'effet des lois de la pesanteur, et d'où résulte le merveilleux phénomène des *Marées*, parce qu'il en sera traité ailleurs. Voy. Marée. Nous voulons seulement dire quelques mots des influences diverses que le vulgaire lui attribue sur les êtres organisés et sur l'état météorologique de notre globe. Quant à l'influence supposée de la l. sur les hommes, ce n'est qu'illusion et préjugé. Il est, en effet, évident que la durée de la période de quelques phénomènes de l'homme en santé ne s'accorde qu'à peu près, et jamais exactement, avec les révolutions lunaires, et que ces phénomènes ont lieu avec toutes les phases de la l. non seulement chez des personnes du même âge et de la même constitution, mais encore chez le même individu. Cette observation suffit pour refuser à la l. toute action de ce genre. En conséquence, on ne doit lire qu'avec une extrême défiance les écrits de certains auteurs, d'ailleurs recommandables, qui ont prétendu que les phases de la l. ont une influence quelconque sur les maladies, et particulièrement sur leurs crises. La seule croyance à cette influence peut, du reste, avoir des suites fâcheuses, quand le malade la partage; car elle excite alors, par l'imagination, l'attente et la peur, des effets auxquels la l. n'a nullement contribué. En ce qui concerne les variations atmosphériques, un seul fait paraît assez bien constaté, ainsi qu'il résulte des recherches d'Arago et des observations de Humboldt et de J. Herschel, c'est que, vers la pleine l., l'air serait un peu plus serein, moins chargé de nuages, d'où cette conséquence que la quantité de pluie qui tombe vers la pleine l. serait un peu inférieure à celle qui tombe vers la nouvelle l. D'ailleurs, cette différence est peu considérable et même encore douteuse. Dans tous les cas, la nullité, ou du moins, si l'on admet son existence, l'extrême petitesse de l'influence des phases lunaires sur l'état météorologique de notre globe, est bien démontrée par ce fait qui est d'observation journalière, que les temps les plus opposés ont lieu au même instant en des régions même assez peu distantes les unes des autres.

Nous terminerons par quelques observations sur la *l. rousse*, à laquelle l'opinion populaire attribue les gelées qui, pendant sa durée, frappent assez fréquemment, et d'une manière très fâcheuse, la végétation naissante au commencement du printemps. La l. ainsi nommée est celle qui commence après Pâques. Or, dans les nuits, avril et mai, il arrive souvent que la température de l'atmosphère est seulement de 4, de 5 ou de 6 degrés centigr. au-dessus de zéro. Quand cela a lieu, les plantes exposées à la lumière de la l., c.-à-d. à un ciel serein, peuvent se geler malgré les indications du thermomètre; si, au contraire, la l. ne brille pas, c.-à-d. si le ciel est couvert, la gelée ne se produit pas. Ce double phénomène tient à une cause bien simple. Nous savons que la surface du sol perd, pendant la nuit, par voie de rayonnement, une partie du calorique qu'il a reçu pendant le jour, et cette déperdition peut aller jusqu'à 8 degrés quand il n'y a point de nuages pour arrêter le rayonnement, c.-à-d. pour réfléchir les rayons de chaleur émis par la terre et les lui renvoyer. Si donc le ciel est transparent, ces rayons se perdent dans l'espace, la température des plantes descend au-dessous de celle de l'air ambiant, et celles-ci se gèlent aussitôt que le refroidissement est devenu assez grand. Si, au contraire, le ciel est couvert, les nuages, renvoyant par réflexion à la terre le calorique qu'elle tend à perdre par le rayonnement, la température ne s'abaisse pas autant, et les chances de congélation pour les plantes diminuent. Il est donc parfaitement vrai qu'avec des circonstances thermométriques semblables pendant le jour, une plante pourra, pendant la nuit, être gelée ou ne pas l'être, suivant que la l. sera visible ou cachée derrière des nuages. Mais on se trompe en attribuant cet effet à la l. elle-même et à l'influence pernicieuse de sa lumière. C'est simplement à l'absence de nuages qu'il faut attribuer ces gelées imprévues. La l. n'y est pour rien; elle est simplement l'indice d'une atmosphère sans nuages.

Bibliog. — C. Flammarion, *Astronomie populaire*; — Arago, *Astronomie populaire*; — Lœvy et Puiseux, *Atlas photographique de la Lune*, publié par l'Observatoire de Paris; *Bulletin de la Société astronomique de France*, Annuaires astronomiques, 1897 et 1898.

**LUNE** (Monts de la), Montagnes qui, au rapport des anciens géographes, s'élèveraient sur la côte orientale de l'Afrique, et qui, en réalité, n'existent pas.

**LUNÉ, ÉE.** adj. (R. *lune*). Qui a la forme d'un disque, d'un croissant. ‖ T. Forest. Affecté de lunure. *Bois l.* ‖ Fig. Qui est censé avoir subi l'influence de la lune. *Être bien, mal l.*, Bien ou mal disposé.

**LUNEBOURG**, v. forte de la Prusse (Hanovre); 19 000 hab.

**LUNEL**, ch.-l. de c. (Hérault), arr. de Montpellier, 6 800 hab. Vin muscat très renommé.

**LUNEL.** s. m. (esp. *lunel*, m. s., du lat. *luna*, lune). T. Blas. Ornement formé de quatre croissants appointés.

**LUNEMENT.** s. m. [Pr. *lune-man*]. Fils grossiers fabriqués avec des étoupes blanchies et dont on fait des mèches pour lampions, cierges, chandelles, etc.

**LUNER.** v. n. T. Néol. Faire clair de lune. *Il lunait sur la lande.*

**LUNETIER, IÈRE.** s. Celui, celle qui fabrique ou vend des lunettes. — Fam. Celui, celle qui porte lunettes.

> Il s'en fallut bien peu
> Que l'on ne vît tomber la lunetière.
>
> La Fontaine.

**LUNETTE.** s. f. [Pr. *lunè-te*] (dimin. de *lune*). Instrument d'optique composé d'une ou de plusieurs lentilles, et destiné à faire voir les objets d'une manière plus distincte. Au plur., il se dit le plus souvent des besicles. *Lunettes de myope*, à verres concaves. *Lunettes de presbyte*, à verres convexes. *Le numéro d'un verre de lunettes*, le numéro indiquant la courbure du verre et diminuant à mesure qu'elle augmente. — Fig. et prov., *Chacun voit à travers ses lunettes*, chacun a sa manière de voir, de penser; chacun juge d'après ses goûts, ses intérêts, ses préjugés. — *Il a mis ses lunettes de travers, ses lunettes sont troubles*, Il ne voit pas juste dans cette affaire. — *Un nez à porter lunettes*, Un grand nez. ‖ Par ext., se dit des petits ronds de feutre qu'on met, dans les manèges, à côté des yeux des chevaux ombrageux, pour les monter plus facilement. *On ne saurait monter ce cheval s'il n'a des lunettes.* ‖ *L. astronomique*, destinée à observer les astres. — *L. d'approche*, etc. Voy. ci-après. ‖ T. Archit. Petit jour réservé dans le berceau d'une voûte. — Petite baie voûtée pratiquée dans les côtés d'une voûte. — Œil circulaire ménagé au centre d'une voûte d'arête pour le passage des cloches. ‖ T. Liturg. Cercle placé au centre d'un ostensoir pour recevoir l'hostie. ‖ T. Art milit. Sorte d'ouvrage fortifié. Voy. Fortification, I, B. — Pièce d'acier circulaire qui sert à vérifier le calibre des boulets de canon. ‖ T. Horloger. La partie de la boîte d'une montre dans laquelle on place le verre. ‖ T. Jeu. Aux Dames, *Mettre dans la l.*, Placer une dame entre deux dames de son adversaire, en sorte que l'une des deux est forcée. Aux Échecs, *Donner une l.*, Donner à son adversaire la faculté d'attaquer deux pièces avec un pion. Au billard, Position où les deux billes qu'il s'agit d'atteindre successivement sont très rapprochées l'une de l'autre et à égale distance de la troisième. ‖ Ouverture ronde du siège d'un privé ou d'une chaise percée. ‖ Ouverture circulaire de la guillotine où s'engage le cou du condamné. ‖ Se dit encore de l'os fourchu qui est au haut de l'estomac d'un poulet, d'une perdrix, etc. *Lever la l. d'un chapon.* ‖ T. Techn. Canal par lequel le feu d'un four de verrier chauffe les petits fours adjacents. ‖ *Lunettes de soufflet*, Doubles ventaux avec ventillons.

**Opt.** — Les *Lunettes* sont *simples* ou *composées*, suivant qu'elles interposent une ou plusieurs lentilles entre l'œil et les objets que l'on veut regarder.

I. — C'est à la première catégorie qu'appartiennent les instruments optiques dont se servent communément les personnes dont les yeux présentent quelque défectuosité. On nomme *Lorgnons* ceux qu'on ne tient pas continuellement devant les yeux, et *Besicles* ou ordin. *Lunettes*, ceux qu'on porte habituellement. Les lorgnons sont en outre appelés *Monocles* ou *Binocles*, selon qu'ils n'ont qu'un verre ou qu'ils en ont deux, c.-à-d. un pour chaque œil. Les *Besicles*, comme leur nom l'indique, ont toujours deux verres : on les distingue, d'après leur forme, en *Pince-nez*, *Lunettes à tempes*, *Lunettes à branches*, etc. Les lentilles ou verres dont ces instruments sont munis sont convexes ou concaves, selon la nature de la défectuosité visuelle qu'il s'agit de corriger. Les *Presbytes*, c.-à-d les *individus* dont la vue est confuse, quand ils regardent un objet de près, et nette quand leur vue se porte sur des objets plus ou moins éloignés, font usage de lunettes à verres convexes. En effet, comme la *Presbytie* dépend de l'aplatissement de la cornée ou du cristallin, d'où il résulte une diminution de la convergence des rayons lumineux, lesquels par conséquent arrivent à la rétine avant de se réunir, il suffit d'employer des verres dont la convexité compense celle qui manque à l'œil. La *Myopie* est le défaut opposé à la presbytie. Elle reconnait pour cause une courbure trop prononcée de la cornée, la surabondance des humeurs de l'œil, l'excès de densité du cristallin ou sa trop grande convexité, et, en général, tout vice de conformation qui fait converger les rayons lumineux de manière qu'ils se réunissent avant d'arriver à la rétine. Par conséquent, les *Myopes* ont la vue courte, c.-à-d. ne voient les objets que de près. On remédiera donc à la myopie par l'usage de lunettes à verres concaves qui diminuent plus ou moins cette convergence, selon leur degré. — Le choix des verres convenables à chaque vue est en général une affaire de tâtonnement : cependant, connaissant le degré de courbure de chaque sorte de verre et la distance de la vue distincte, il est facile de calculer le degré de courbure qu'il convient d'adopter.

Les lentilles pour lunettes étaient autrefois numérotées d'une façon arbitraire. On indiquait souvent la distance focale évaluée en pouces. Aujourd'hui, on prend comme unité la *dioptrie* (Voy. ce mot). Un verre de 1m de distance focale a une convergence de une dioptrie ; un verre de 0m,50 de distance focale, 2 dioptries, etc.

Les verres concaves sont gradués de la même manière. On ne voit bien avec des besicles que dans la direction de l'axe des lentilles. Quand on regarde dans une autre direction, les rayons devant traverser obliquement la lentille, ils éprouvent une aberration de sphéricité plus ou moins considérable, et l'image focale virtuelle est trouble. Wollaston a obvié à cet inconvénient au moyen de verres qu'il nomme *Périscopiques*. Ce sont des ménisques convergents ou divergents, dont la face concave est tournée du côté de l'œil, de manière que les pinceaux de rayons obliques à l'axe principal tombent à peu près normalement à la surface convexe. — On nomme *conserves* des lunettes à verres plans ou très peu convexes, souvent colorés, qu'on porte pour protéger la vue contre l'éclat trop grand de la lumière. — On attribue communément l'invention des besicles au célèbre Roger Bacon, vers 1270, mais elle paraît plus ancienne et dater du XIIe siècle. En Chine, elles étaient connues beaucoup plus anciennement.

Les troubles de la vision sont une des affections les plus communes ; ils se traduisent soit par de la fatigue, soit par des douleurs, des névralgies, soit par de la congestion des paupières. Or, on peut remédier à ces malaises au moyen de L. appropriées, mais celles-ci ne doivent jamais être choisies au hasard. L'acuité visuelle doit être prise avec soin, l'examen ophtalmoscopique pratiqué, et ce n'est qu'alors qu'on procède au choix des verres. Sans entrer dans de longs détails, nous dirons simplement qu'en règle générale, dans le choix des verres concaves, il faut éviter de prendre des verres trop forts, tandis que pour les verres convexes, il ne faut jamais craindre d'avoir des verres un peu élevés dans la série. Quelques conseils peuvent être ajoutés : les verres ovales sont aussi bons que les ronds, les verres en cristal de roche n'ont aucun avantage, non plus que les verres achromatiques ; les verres teintés doivent toujours être choisis peu foncés et assez grands pour projeter de l'ombre sur la plus grande partie possible de la rétine ; les lunettes doivent être portées d'une façon continue et, généralement, il convient d'avoir des verres différents pour la vision de près ou de loin ; l'emploi de deux verres superposés n'est nullement pernicieux.

II. — Les instruments qui forment la seconde catégorie comprennent la *L. astronomique*, la *L. terrestre*, et la *L. de spectacle* ou *de Galilée*.

A. La *L. astronomique*, appelée aussi *Télescope par réfraction*, se compose essentiellement de deux lentilles convergentes : l'*Objectif* tourné vers les objets que l'on veut voir, et l'*Oculaire* auquel on applique l'œil. L'objectif L (Fig. 1), qui est ordinairement d'un long foyer, donne une image réelle et renversée A'B' d'un objet AB situé au loin, image beaucoup plus petite que l'objet, à cause de la grande distance de ce dernier. On regarde ensuite cette image au moyen de l'oculaire L' placé à une distance de cette image un peu moindre que sa distance focale principale, et l'on aperçoit alors une image virtuelle et renversée de l'objet A''B''. Ainsi, la L. astronomique grossit non pas l'objet lui-même, mais simplement son image.

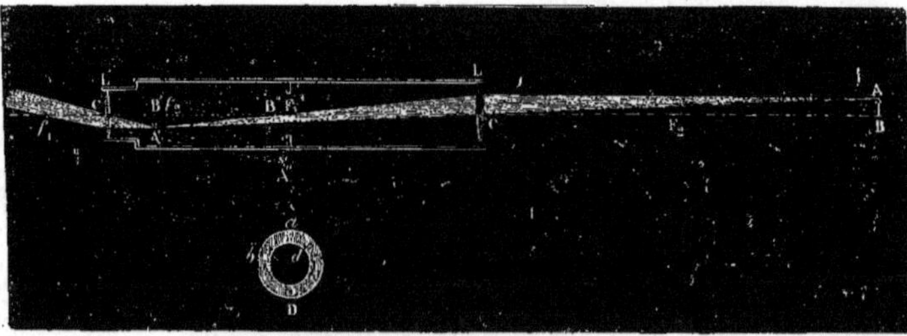

Fig. 1.

On appelle *grossissement* de la L. le rapport de l'angle sous lequel on voit l'image à l'angle sous lequel on verrait l'objet à l'œil nu. Or, à l'œil nu on verrait AB sous un angle $\alpha = ACB = A'CB'$. L'image réelle $A'B' = CB' \tan\alpha$ ou $CB' \times \alpha$ puisque l'angle $\alpha$ est supposé très petit. De plus, si l'objet est très loin, comme un astre, l'image A'B' se forme dans le plan focal de l'objectif et $CB' = F$ en appelant F la distance focale de l'objectif. L'image réelle a alors pour dimensions $A'B' = \alpha F$. Si nous désignons par P la puissance de l'Oculaire (Voy. ce mot) l'image finale virtuelle A''B'' sera vue sous un angle $P\alpha F$. Le quotient de cet angle par $\alpha$ est PF. Remplaçant P par sa valeur indiquée au mot *oculaire*, on a le grossissement $G = PF = \left(1 + \frac{D - a}{f}\right)\frac{F}{D}$.

Dans cette formule, $f$ est la distance focale de l'oculaire, D la distance minima de la vision distincte de l'observateur, $a$ la distance de l'œil de l'observateur à l'oculaire. Lorsque l'on place l'œil au foyer de l'oculaire $a = f$, $P = \frac{1}{f}$ et le grossissement $G = \frac{F}{f}$. On voit donc que pour avoir une L. très grossissante, il faut prendre un objectif à grande distance focale et au contraire un oculaire à court foyer.

*Champ* de la L. C'est l'ensemble des points de l'espace que l'on voit dans l'instrument. Dans le cas de l'oculaire simple, le champ est limité par un cône ayant pour sommet le centre optique de l'objectif et s'appuyant sur les bords de l'oculaire.

*Mesure du grossissement.* On peut se servir de la chambre claire (Fig. 2). Un tube en métal contient deux miroirs M et M' faisant un angle de 45° avec l'axe de la l. dont on voit l'oculaire près du miroir M'. Ce dernier miroir est percé d'un trou en son milieu. La l. est braquée sur une mire divisée en parties d'égale longueur et placée à une certaine distance. L'œil placé en O voit directement dans la lunette l'image grossie de la mire ; par double réflexion sur M et M' il voit la mire non grossie. Ces deux images se superposent et il est facile de voir combien de divisions non grossies sont couvertes par une division grossie vue dans la l. Cela donne directement le grossissement.

Fig. 2.

*Anneau oculaire.* — Tous les rayons qui passent par l'oculaire ont évidemment passé par l'objectif. Il en résulte que tous les rayons passent par l'image réelle de l'objectif que donne l'oculaire. Cette image est un petit disque un peu en arrière du foyer de l'oculaire qui a reçu le nom d'anneau ou disque oculaire. Pour recevoir toute la lumière de la lunette il faut que l'anneau oculaire ait un diamètre plus petit que celui de la pupille de l'œil, et c'est là qu'il faudra placer l'œil. On démontre que le *grossissement* d'une l. est égal au rapport du diamètre de l'objectif au diamètre de l'anneau oculaire. Cela fournit un moyen commode de mesurer le grossissement. On recevra l'anneau oculaire sur un écran en verre dépoli et on en mesurera soigneusement le diamètre. Il n'y aura plus qu'à faire le quotient indiqué pour avoir le grossissement.

Quant au renversement de l'image, il n'a aucun inconvénient lorsque la l. est employée uniquement à l'observation des astres. Le tube de la l. est formé de deux cylindres qui portent à leurs extrémités opposées, l'un l'oculaire, l'autre l'objectif. Celui qui porte l'oculaire pénètre dans l'intérieur de l'autre, et peut à volonté s'y enfoncer plus ou moins. Pour *mettre la l. au point*, c.-à-d. pour l'accommoder à sa vue, l'observateur fait varier la distance des deux lentilles. S'il est myope, il enfonce l'oculaire ; s'il est presbyte, il le retire, c.-à-dire l'éloigne de l'objectif. La grandeur apparente de l'objet vu à l'aide d'une l. s'augmentant dans le rapport de la distance focale de l'objectif à celle de l'oculaire, les astronomes du XVII<sup>e</sup> siècle et de la première moitié du siècle suivant, qui ne pouvaient faire usage d'oculaires très grossissants à cause de l'aberration de réfrangibilité (Voy. ACHROMATISME), donnaient à leurs lunettes des dimensions extraordinaires. Ainsi Huyghens et Cassini, pour obtenir un grossissement de 100, avaient des lunettes longues de plus de 8 mètres. Bien plus, Auzout, ayant construit un objectif qui permettait d'obtenir un grossissement de 600 fois, mais dont la distance focale était de 98 mètres, fut obligé d'imaginer un appareil aussi incommode que gigantesque pour faire usage de cette lentille. Heureusement, la découverte de l'achromatisme par Dollond permit de remédier aux inconvénients des grands objectifs, et de construire des lunettes d'une plus grande puissance encore, tout en diminuant énormément leurs dimensions. Aujourd'hui, les objectifs sont achromatiques, c.-à-d. composés de deux lentilles, l'une biconvexe, de crown-glass, et l'autre concave-convexe, de flint, et, par cette disposition, ils dévient les rayons lumineux sans les décomposer. On peut obtenir par leur moyen des grossissements considérables ; néanmoins le grossissement d'une l. ne saurait être illimité. Comme pour grossir beaucoup une image, il faut qu'elle soit très brillante, il est nécessaire de donner à l'objectif une grande ouverture, car alors il concentre en chaque point de l'image réelle un grand nombre de rayons partant de l'objet. Mais il est extrêmement difficile de fabriquer de grandes masses de verre assez homogènes pour servir à la construction d'objectifs d'un grand diamètre et d'une grande épaisseur.

En ce qui concerne les observations astronomiques, le grossissement est encore limité par un phénomène absolument indépendant des dimensions de l'appareil. Les rayons lumineux qui nous arrivent des astres sont déviés par la réfraction qu'ils subissent dans leur passage à travers l'atmosphère. Si celle-ci était en équilibre, la réfraction n'aurait d'autre effet que de modifier la position apparente de l'astre observé; mais les couches d'air sont dans un état d'agitation continuelle, qui modifie à chaque instant la marche des rayons lumineux et rend les images ondulantes et mobiles. Ces ondulations sont évidemment très faibles; mais on les grossit en même temps que les dimensions de l'image, et si on les grossit trop, les images deviennent tellement agitées qu'elles sont inobservables. C'est pourquoi, les forts grossissements ne peuvent être utilisés qu'au moyen d'instruments installés dans des climats où l'air est particulièrement tranquille, et surtout sur des montagnes plus ou moins hautes, là où l'on n'a pas à subir l'effet perturbateur de toute la masse d'air qu'on laisse au-dessous de l'observatoire.

Parmi les l. géantes actuellement construites, il faut citer la grande l. de l'observatoire Lick, au mont Hamilton, en Californie. L'objectif a un diamètre de $0^m,912$, sa distance focale est de $17^m,20$.

En général, dans les bonnes lunettes, le grossissement ne dépasse pas 1,000 à 1,200 fois. — Lorsqu'on veut employer cet instrument à des mesures astronomiques, on le munit de deux fils métalliques très fins tendus en croix sur une ouverture circulaire. (Voy. Fig. 1. D.) Ce petit appareil, qu'on nomme *Réticule*, se place au lieu même où se produit l'image renversée donnée par l'objectif, c.-à-d. dans le plan focal de l'objectif. Le point de croisement des fils définit avec le centre optique de l'objectif une ligne droite, qui est appelée l'*axe optique* de l'instrument et qui constitue la ligne de visée. On lui donne aussi quelquefois le nom de *ligne de foi*. Le réticule a été imaginé par l'Anglais Gascoigne, vers 1640, et inventé de nouveau en 1667, par Picard et Auzout. Cette invention marqua un progrès très important, car elle permit d'appliquer les lunettes à la mesure des angles et apporta ainsi, dans cette mesure, une précision considérable.

B. La *L. terrestre*, nommée encore *L. d'approche*, *Lorgnette* et *Longue-vue*, n'est autre chose qu'une l. astronomique dans laquelle on a redressé l'image On peut obtenir ce

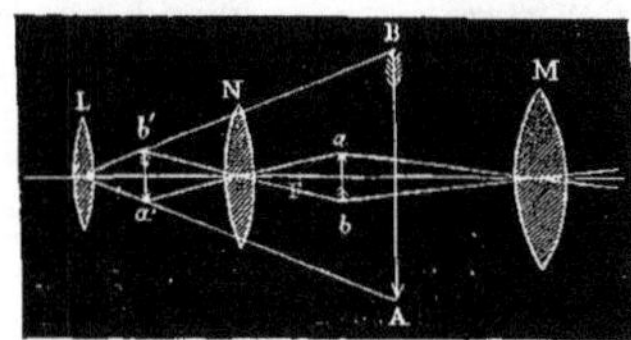


Fig. 3.

résultat en interposant simplement, entre l'objectif et l'oculaire, une lentille biconvexe. Voici la marche de la lumière dans cette lentille. Les faisceaux lumineux partis des différents points de l'objet viennent former (Fig. 3), au foyer principal de l'objectif M, une image renversée *ab*. La lentille interposée N est placée de façon que l'image *a* soit un peu éloignée de son foyer principal F. En conséquence les faisceaux de lumière qui, par le croisement de leurs rayons, ont donné l'image réelle *ab*, viennent se croiser de nouveau au sortir de la lentille N, de manière à produire une autre image réelle *a'b'* renversée par rapport à *ab*, et par conséquent dans le même sens que l'objet. C'est cette image réelle qu'on regarde avec l'oculaire grossissant L, de manière à la voir amplifiée en AB, mais toujours directe par rapport à l'objet. Le plus souvent, au lieu d'une seule lentille intermédiaire, on en emploie deux. La clarté est un peu diminuée dans la l. terrestre par les réflexions qui s'opèrent aux surfaces des verres. On compense cet inconvénient en donnant une plus grande ouverture à l'objectif : c'est surtout ce qu'on fait pour les *lunettes de nuit*, afin que l'image soit distincte, malgré le très faible éclat des objets.

C. La *L. de Galilée* (Fig. 4) montre les objets droits avec deux verres seulement, l'un divergent et l'autre convergent. Le premier, celui qui forme l'oculaire, est placé plus près de l'objectif que l'image réelle A'B' que formerait ce dernier. Les rayons qui convergent vers les points de cette image sont rendus divergents par l'oculaire et vont former l'image virtuelle A"B", dont les extrémités sont situées sur les axes secondaires passant par les points A' et B'. La distance de l'oculaire à l'image A'B' est sensiblement égale à la distance focale principale de cet oculaire, d'où il résulte que l'écartement des deux verres est la différence de leurs distances focales respectives, et, par conséquent, que la l. de Galilée peu de lumière et très portative. Elle a l'avantage d'absorber est très courte ; mais à cause de la divergence des rayons

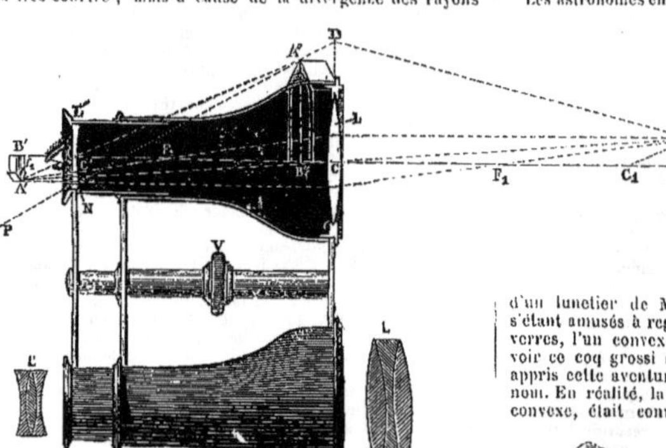


Fig. 4.

émergents, elle a peu de champ, et il est nécessaire, pour en faire usage, de placer l'œil très près de l'oculaire. Celui-ci peut s'approcher ou s'écarter de l'objectif, de manière que l'image AB se forme toujours à la distance de la vue distincte. De plus, la l. de Galilée ne peut recevoir de réticule, et elle est par suite impropre à la mesure des angles. — Le grossissement est ordinairement de 2 ou 3 fois ; il est égal au rapport des angles sous lesquels on voit l'image et l'objet. Ce fut avec ce simple instrument que l'illustre savant italien découvrit les montagnes de la lune, les taches du soleil et les satellites de Jupiter. Aujourd'hui on ne l'emploie plus que pour regarder des objets rapprochés, comme dans les théâtres : aussi l'appelle-t-on communément *L. de spectacle*. La *Lorgnette*, dite *Jumelle*, n'est autre chose que la réunion de deux lunettes de Galilée : elle forme une image dans chaque œil, ce qui augmente considérablement l'éclat. Les opticiens ont imaginé de donner à ces lunettes diverses dispositions (d'où autant de noms nouveaux) pour les rendre moins volumineuses et plus portatives : mais le principe est toujours le même.

La lunette de Galilée est difficile à achromatiser, aussi devra-t-on former chaque oculaire et chaque objectif de trois verres accolés (Fig. 4).

D. Dans les bonnes lunettes, l'oculaire n'est jamais composé d'un seul verre, comme nous l'avons supposé jusqu'ici pour simplifier la démonstration ; il est toujours formé par la combinaison de deux lentilles convergentes. Un oculaire simple donne, il est vrai, un grossissement plus considérable, mais c'est aux dépens de la netteté de l'image, qui se trouve déformée par les aberrations de sphéricité et de réfrangibilité. On distingue plusieurs sortes d'oculaires, suivant la disposition des lentilles. Voy. Oculaire.

Afin de se débarrasser des rayons marginaux qui présentent les plus grandes aberrations, les tubes des lunettes sont munis de diaphragmes, c.-à-d. de disques évidés à leur centre qu'on place dans l'intérieur du tube et qui arrêtent les rayons marginaux.

E. Les lunettes astronomiques se montent en général sur des pieds mécaniques qui ont pour objet de faciliter leur manœuvre. La Fig. 5 représente une l. de ce genre montée sur un pied dit *à chaînes*, de la construction de Lerebours : on comprend à la simple inspection du dessin le mécanisme au moyen duquel on hausse, on abaisse, et on fait mouvoir latéralement l'instrument. La petite l. qui est adaptée au tuyau de la grande qui doit servir aux observations, est ce qu'on appelle un *Chercheur*. Elle est destinée à faciliter l'opération qui consiste à diriger la grande l. vers l'astre qu'on veut observer. Dans ce but on donne au chercheur un champ beaucoup plus grand que celui de la l. principale.

La plupart des grandes lunettes des observatoires sont montées sur un pied *parallactique* ou *équatorial* (Voy. ce mot) permettant de suivre le déplacement des astres qui s'effectue en vertu du mouvement diurne.

Les astronomes emploient aussi, pour la détermination des coordonnées des astres, une l. montée de manière à ne pouvoir tourner qu'autour d'un axe perpendiculaire au plan méridien. De la sorte, l'axe optique ne sort pas du plan méridien. Une lunette ainsi installée s'appelle *L. méridienne*. Voy. Méridien.

La l. astronomique est quelquefois appelée télescope dioptrique par opposition au télescope à réflexion ou catoptrique. Voy. aussi Télescope.

F. *Invention des lunettes.* — La légende rapporte que la l. aurait été inventée par les enfants d'un lunetier de Middelbourg nommé Lippershey, lesquels s'étant amusés à regarder le coq du clocher au travers de deux verres, l'un convexe, l'autre concave, furent très surpris de voir ce coq grossi et rapproché. On ajoute que Galilée, ayant appris cette aventure, construisit en 1609 la l. qui porte son nom. En réalité, la l. à deux verres, l'un concave et l'autre convexe, était connue depuis 19 ans, à l'époque où Galilée

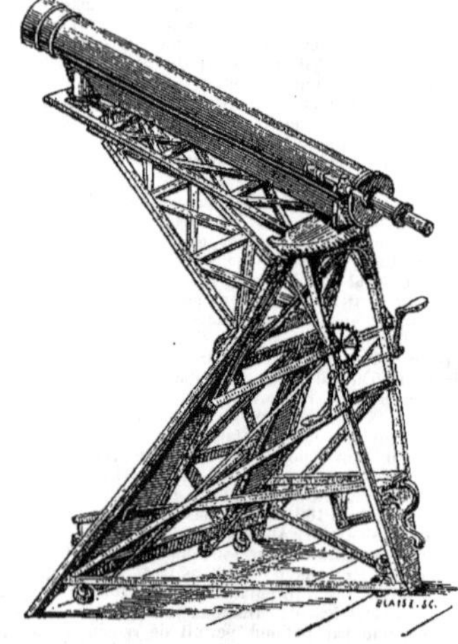

Fig. 5.

construisit la sienne. Le récit de cette célèbre invention nous a été laissé par un savant français trop peu connu, Pierre Borel, médecin ordinaire et conseiller de Louis XIV, membre de l'Académie des sciences, dans un livre intitulé : *De vero telescopii inventore* (Du véritable inventeur du télescope), paru en 1665. L'inventeur est *Zacharias Jansen*, habile opticien de Middelbourg (Zélande) qui imagina non par hasard, mais à la suite d'expériences et de réflexions, de placer dans un tube une lentille concave et une lentille convergente. Il construisit d'abord des tubes de 16 pouces qu'il offrit au prince Maurice de Saxe et à l'archiduc Albert, et pour lesquels il reçut quelque argent; mais on l'engagea à ne pas pousser la chose plus avant, afin que les deux princes pussent seuls s'en servir dans les guerres. Il obéit par patriotisme, et c'est pourquoi l'inventeur du télescope resta longtemps ignoré. Zacharias Jansen inventa aussi le microscope. Quant à Lippershey, que Borel appelle *Lipperhey*, il adressa le 2 octobre 1606, aux États Généraux des Pays-Bas, une demande de brevet qui lui fut refusée, parce qu'il était notoire que déjà différentes personnes avaient eu connaissance d'une semblable invention. Quant à Galilée, il est certain qu'il connaissait l'existence des lunettes; mais celles-ci étaient fort rares et la construction en était restée secrète. Galilée savait seulement qu'il y fallait deux verres, et sur cette simple donnée, il en dessina la construction et put en faire fabriquer. Enfin, pour ce qui concerne les lunettes à deux verres convexes, elles sont certainement postérieures aux autres; mais nous ne possédons aucun document qui nous fasse connaître l'auteur et la date de cette modification importante.

Les premières observations de Galilée ont été faites au mois de janvier 1610.

**LUNETTIER.** s. m. Voy. Lunetier.

**LUNÉVILLE**, ch.-l. d'arr. (Meurthe-et-Moselle), sur la Meurthe, à 26 kil. S.-E. de Nancy; 21,500 hab. — *Paix de Lunéville*, Traité signé en 1801 entre la France et l'Autriche.

**LUNI-SOLAIRE.** adj. 2 g. T. Astron. Qui combine les révolutions du soleil et de la lune. *Une période l.-solaire est celle après laquelle les éclipses reviennent dans le même ordre.* — Qui dépend à la fois de la lune et du soleil. *Marée l.-s.*

**LUNNITE.** s. f. [Pr. *lunn-nite*]. T. Minér. Phosphate de cuivre hydraté naturel en masse vert émeraude ou en cristaux clinorhombiques. Voy. Cuivre VII. II.

**LUNULAIRE.** s. f. (R. *lunule*, à cause de la forme du réceptacle des propagules). T. Bot. Genre d'Hépatiques (*Lunularia*) de la famille des *Marchantiacées*. Voy. ce mot.

**LUNULARIÉES.** s. f. pl. (R. *lunulaire*). T. Bot. Tribu d'Hépatiques de la famille des *Marchantiacées*. Voy. ce mot.

**LUNULE.** s. f. (lat. *lunula*, m. s., dimin. de *luna*, lune). T. Astr. Petite lune. Se dit quelquefois des satellites des planètes. *Les lunules de Saturne, de Jupiter.* || T. Géom. Figure plane en forme de croissant, terminée par deux arcs de cercle qui se coupent à ses extrémités. || T. Liturg. Espèce de boîte ronde, d'or ou ou de vermeil, qui renferme l'hostie, et qu'on place dans le centre de l'ostensoir. || T. Techn. Ce qui a la forme d'une lune, d'une demi-lune, d'un croissant. || Tache blanche demi-circulaire à la naissance de l'ongle. || T. Zool. Partie déprimée des coquilles de *Lamellibranches*. Voy. Conchyliologie.

**LUNULÉ, ÉE.** adj. (R. *lunule*). Échancré en forme de croissant. || Qui porte une tache en demi-lune. *Ongle l.*

**LUNURE.** s. f. (R. *lune*). T. Forest. Défaut du bois sous forme d'un cercle, d'un demi-cercle, de couleur plus foncée ou plus claire que celle du bois environnant.

**LUON.** s. m. Une des pièces du moulin à vent.

**LUPANAR.** s. m. (Lat. *lupanar*, m. s., de *lupa*, louve, prostituée.) Maison de prostitution.

**LUPANINE.** s. f. (R. *Lupin*). T. Chim. Substance répondant à la formule $C^{15}H^{24}Az^2O$, extraite des semences du lupin bleu (*Lupinus angustifolius*). On l'obtient sous la forme d'un liquide sirupeux, jaunâtre, très amer, à réaction très alcaline. Les solutions étendues ont une forte fluorescence verte.

**LUPATA** (Monts), chaîne de montagnes au S.-E. de l'Afrique.

**LUPÉE.** s. f. T. Zool. Genre de *Crustacés* de la famille des *Cyclométopes*. Voy. Brachyoures.

**LUPERCALES.** s. f. pl. (lat. *lupercalia*, m s.). T. Antiq. Dans l'ancienne Rome, on nommait ainsi une fête grossière et licencieuse, qui se célébrait en l'honneur du dieu Lupercus, que la plupart des auteurs assimilent au dieu Pan. L'origine de cette fête était antérieure à la fondation de Rome; néanmoins l'opinion commune attribuait son établissement à Romulus et à Rémus qui l'auraient instituée en mémoire de la louve (*lupa*) par laquelle ils avaient été nourris. Cette fête était annuelle et avait lieu le 15 février Ce jour-là, les *Luperques*, c.-à-d. les prêtres du dieu Lupercus, lui sacrifiaient des chèvres et des jeunes chiens. Après le sacrifice, les Luperques découpaient en lanières les peaux des chèvres immolées; puis ils parcouraient la ville presque nus, et frappaient de leurs courroies toutes les personnes qu'ils rencontraient, et particulièrement les femmes. Celles-ci, du reste, venaient d'elles-mêmes au-devant des Luperques, car elles croyaient que cette cérémonie avait la vertu de les rendre fécondes. Les Luperques constituaient un collège sacerdotal divisé en deux classes, les Fabiens et les Quintiliens. Jules César augmenta leur nombre en y joignant une troisième classe, celle des Juliens, et nomma Marc-Antoine leur grand prêtre. Il paraît que, bientôt après la mort de Jules César, les Lupercales tombèrent en désuétude, car Suétone rapporte qu'Auguste les remit en vigueur. A partir de cette époque, elles furent célébrées régulièrement chaque année jusqu'au règne de l'empereur Anastase, qui les abolit au commencement du VI^e siècle.

**LUPERCUS**, dieu de l'Italie anc., honoré comme protecteur des troupeaux contre les loups.

**LUPERQUE.** s. m. T. Antiq. Voy. Lupercales.

**LUPÉTIDINE.** s. f. T. Chim. Nom donné aux bases pipéridiques dérivant des lutidines par hydrogénation.

**LUPIGÉNINE.** s. f. (R. *lupinine*). T. Chim. Voy. Lupinine.

**LUPIN.** s. m. (lat. *lupinus*, m. s., de *lupus*, loup, parce que cette plante épuise la terre, ou parce que cette graine, à peine mangeable, est bonne pour les loups). Genre de plantes Dicotylédones (*Lupinus*) de la famille des *Légumineuses*. Voy. ce mot.

**Agric.** — Le l. blanc (*Lupinus albus*) est surtout cultivé dans le midi de la France et en Italie pour l'excellent engrais azoté qu'il fournit aux terres; on l'enfouit sur place pendant la floraison. Sa graine, macérée dans l'eau, est un bon aliment pour les bœufs; la plante, encore jeune, est employée en pâturage pour les moutons. Un de ses avantages est de prospérer sur de très mauvaises terres, tels que les sables graveleux, ferrugineux, les argiles maigres, et de fournir le moyen de les améliorer en le faisant pâturer sur place ou en l'enfouissant. Un peu sensible au froid, le l. ne doit être semé, sous le climat parisien, que vers la mi-avril; 10 à 12 décalitres par hectare. — En Allemagne, on cultive, pour le même usage, le l. jaune (*L. luteus*), qui vient beaucoup moins fort, mais qui mûrit facilement ses graines sous une latitude où celles du l. blanc n'atteindraient pas leur complet développement.

**LUPINIDINE.** s. f. (R. *lupinine*). T. Chim. Voy. Lupinine.

**LUPININE.** s. f. (R. *Lupin*). T. Chim. Nom donné à un glucoside et à deux alcaloïdes contenus dans le Lupin jaune et le Lupin blanc.

Le glucoside qui répond à la formule $C^{29}H^{32}O^{16}$, s'extrait du Lupin jaune; il est répandu dans toutes les parties de la plante. Il cristallise en longues aiguilles d'un blanc jaunâtre. Peu soluble dans l'eau, il se dissout facilement dans les alcalis, qu'il colore en jaune intense. Par ébullition avec les acides étendus il se dédouble en une glucose dextrogyre et en *Lupigénine* $C^7H^{12}O^6$, poudre cristalline jaunâtre, insoluble dans l'eau, soluble en jaune brun dans l'ammoniaque.

L'alcaloïde du Lupin jaune s'extrait des graines à l'aide de l'alcool additionné d'acide chlorhydrique. Sa formule est $C^{21}H^{40}Az^2O^2$. Il est cristallisable, possède une saveur très amère, fond à 68° et bout à 256°. C'est une base énergique, qui déplace l'ammoniaque de ses sels et qui s'unit à deux molécules d'acide monobasique. Chauffée à 200° avec l'acide chlorhydrique fumant, cette l. se transforme en *anhydrolupinine* $C^{21}H^{38}Az^2O$, liquide huileux, jaunâtre, à odeur de conicine, facilement oxydable à l'air.

L'alcaloïde du Lupin blanc est liquide et bout vers 215°. Il est vénéneux.

Un autre alcaloïde extrait des graines de Lupin a reçu le nom de *Lupinidine*. On l'obtient sous la forme d'un liquide épais, jaune, extrêmement amer, fortement basique, très oxydable à l'air. Ses sels sont cristallisables. C'est un poison faible dont l'action physiologique ressemble à celle du curare. Enfin, les graines du Lupin jaune qui ont germé dans l'obscurité contiennent un alcaloïde difficilement cristallisable, appelé *Arginine*. C'est une base forte, absorbant énergiquement l'acide carbonique de l'air; elle est très soluble dans l'eau, mais insoluble dans l'alcool. D'après la composition de ses sels on lui attribue la formule $C^6H^{14}Az^4O^2$.

**LUPULIN**. s. m. T. Pharm. Nom donné aux glandes des bractées des fleurs femelles du Houblon; récoltées, elles constituent une poussière jaunâtre, résineuse, amère. C'est au l. que le houblon doit sa saveur, son odeur et les propriétés qui le font utiliser en médecine et en brasserie. Le l. lui-même a été employé en thérapeutique comme tonique et narcotique. On a retiré du l. un alcaloïde à odeur de conicine et un principe amer, qui ont reçu tous deux le nom de *lupuline*. Une autre substance extraite du l. est l'*acide lupulique*, qui cristallise en prismes incolores fusibles à 93°; ces cristaux s'altèrent rapidement à l'air en donnant un corps résineux, jaunâtre, peu soluble dans l'eau et paraissant identique avec le principe amer du houblon.
L'essence de houblon qu'on obtient en distillant le l. avec de l'eau contient principalement de l'humulène et un hydrocarbure de la formule $C^{10}H^{18}$.

**LUPULINE**. s. m. T. Bot. Plante de la famille des Légumineuses. || T. Chim. Alcaloïde et principe amer du Houblon. Voy. Lupulin.
**Agric.** — La L., ou minette (*Medicago lupulina*) est une légumineuse ayant la feuille et l'apparence d'un trèfle, ce qui lui a fait donner quelquefois le nom de *trèfle jaune*, tiré de la couleur de sa fleur. Sa culture, longtemps confinée dans le Boulonnais, s'est étendue progressivement dans le centre de la France. Un de ses avantages est de réussir sur les terres sèches et de médiocre qualité; elle est bisannuelle et peut occuper, dans les assolements de terres à seigle, la même place que le trèfle dans ceux de terres à froment. Son fourrage est fin, de bonne qualité, et presque sans danger d'accidents de météorisation pour les bestiaux. Au reste, le pâturage de la L. pour les moutons est peut-être encore plus avantageux que la conversion en foin; la grande précocité de cette plante la rend surtout d'un grand secours au printemps. On la sème, avec les grains de mars, à raison de 15 kilog. par hectare.

**LUPULIQUE** (Acide). Voir Lupulin.

**LUPUS**. s. m. [Pr. l's finale] (latin. *lupus*, loup). T. Méd. Le l. vulgaire, l. tuberculeux ou l. de Willan, est une affection chronique de la peau et des muqueuses adjacentes, caractérisée par le développement de petites nodosités intra-dermiques de coloration rouge, qui se terminent par l'ulcération ou l'atrophie cicatricielle de la peau. Les éléments primitifs apparaissent comme de petits grains enchâssés dans le derme, et recouverts d'épiderme au travers duquel on les voit par transparence; ils sont d'une mollesse remarquable. Peu nombreux au début, ils apparaissent en général à la face, sur la joue ou le nez, et peuvent rester discrets, isolés les uns des autres (l. tuberculeux disséminé), ou se réunir, devenir confluents (l. tuberculeux agminé). Les sous-variétés sont innombrables et ne peuvent rentrer dans notre cadre. La caractéristique du l. est sa marche, sa longue durée : il débute dans le jeune âge et met des années à évoluer. Il peut disparaître spontanément en laissant une cicatrice, rester stationnaire ou progresser constamment et gagner de vastes étendues. Ulcéré, il devient térébrant, phagédénique, et provoque des mutilations considérables, puis s'arrête et même guérit spontanément, mais il est susceptible de récidiver. Outre les complications locales qui peuvent survenir, l'infection tuberculeuse généralisée est toujours à craindre, de même que la transformation de la néoplasie en épithélioma. L'affection avec laquelle on confond le plus communément le l. est la syphilis, que le siège soit cutané ou muqueux. Quant à la nature de cette affection, elle est réellement démontrée : c'est une tuberculose locale atténuée, sans doute produite par l'inoculation directe à la peau du principe actif de la tuberculose.
Le traitement du l. doit être à la fois général, interne et local. Le médicament interne par excellence paraît être l'huile de foie de morue; l'emploi des arsenicaux, des iodiques, l'hygiène, l'aération peuvent aussi rendre de grands services. Quant à la thérapeutique locale ou externe, elle peut relever de deux méthodes : les méthodes sanglantes, comprenant l'ablation, le raclage et la scarification, et les méthodes non sanglantes, comprenant les cautérisations ignées, l'électrolyse et les caustiques électifs. Aucun de ces procédés ne doit être conseillé d'une façon absolue; chacun d'eux peut être employé suivant le cas et suivant les malades, et c'est le tact et l'expérience du dermatologiste qui doivent le guider dans la direction du traitement.
A côté du l. vulgaire, il faut signaler le l. érythémateux, affection caractérisée par le développement, ordinairement sur les parties découvertes, de taches rouges présentant une marche lentement centrifuge, s'accompagnant le plus ordinairement d'hyperplasie épidermique, et laissant à leurs centres, après disparition de la rougeur, des dépressions atrophiques d'apparence cicatricielle. Le diagnostic de ce l. est parfois très difficile avec certaines formes de l. tuberculeux, et sa nature a fait l'objet de discussions prolongées entre les partisans de l'identité qui croient à sa nature bacillaire, et ceux qui s'entêtent à le classer à part.

**LURCY-LÉVY**, ch.-l. de c. (Allier), arr. de Moulins, 3,800 hab.

**LURE**, ch.-l. d'arr. (Haute-Saône), à 310 kil. E. de Vesoul, 4,800 hab. = Nom des hab. : Luron, onne.

**LURE** (Monts de), chaîne du S.-E. de la France. (Basses-Alpes et Drôme).

**LURI**, ch.-l. de c. (Corse), arr. de Bastia, 1,900 hab.

**LURIDE**. adj. 2 g. (lat. *luridus*, pâle). Qui est affecté de luridité.

**LURIDITÉ**. s. f. (R. *luride*). Méd. Sorte de pâleur, avec teinte jaunâtre de la peau, qui s'observe dans certaines cachexies.

**LURINE** (Louis), littér. fr. (1816-1860).

**LURON, ONNE**. s. Se dit, au masculin, d'un homme joyeux, sans souci, d'un bon vivant, ou encore d'un homme vigoureux et déterminé; et, au fémin., d'une femme réjouie, décidée, qui ne s'effarouche pas aisément. *C'est un l., un bon l. Quelle luronne!* Pop.

**LUSACE** (monts de la), chaîne de montagnes qui traverse la Saxe et rattache les monts Sudètes à l'Erzgebirge, 190 kil.

**LUSACE**, région de l'Allemagne du Nord, partagée entre la Prusse et la Saxe royale, v. pr. Bautzen, Zittau, Gorlitz.

**LUSIGNAN**, ch.-l. de c. (Vienne), arr. de Poitiers, 2,200 hab.

**LUSIGNAN**, famille du Poitou, compta plusieurs rois de Jérusalem et de Chypre.

**LUSIGNY**, ch.-l. de c. (Aube), arr. de Troyes, 1,100 hab.

**LUSIN**. s. m. T. Mar. Ligne d'amarrage faite avec deux fils de caret très fins et entrelacés.

**LUSITANIE**, anc. nom du Portugal.

**LUSSAC**, ch.-l. de c. (Gironde), arr. de Libourne, 1,700 hab.

**LUSSAC-LES-CHÂTEAUX**, ch.-l. de c. (Vienne), arr. de Montmorillon, 1,800 hab.

**LUSTRAGE**. s. m. (R. *lustre*). T. Techn. Opération qu'on fait subir aux étoffes pour leur donner l'éclat et le brillant désirés. *On emploie l'alun dans le l. de presque toutes les soieries.*

**LUSTRAL, ALE**. adj. (lat. *lustralis*, m. s., de *lustrare*, purifier). Qui sert à purifier. *Eau l. Jour l.* || Par anal. *Eau lustrale*, L'eau du baptême. || Relatif au recensement dit lustre. Voy. Lustration.

**LUSTRATION**. s. f. [Pr...*sion*] (lat. *lustratio*, m. s., de *lustrare*, purifier). T. Ant. Les Anciens donnaient le nom de *Lustrations* (*lustratio*, *sacrificium lustrale*) à des cérémonies religieuses qui avaient pour objet, soit de purifier les personnes ou les choses, soit d'appeler sur elles la faveur et la protection divines. Dans le principe, ces lustrations consistaient simplement en aspersions faites avec de l'eau, soit au moyen d'une branche de laurier ou d'olivier, soit au moyen d'un aspersoir; mais, par la suite, on y ajouta des sacrifices et d'autres pratiques religieuses. Dans l'ancienne Grèce, on avait surtout recours aux lustrations pour purifier les individus qui s'étaient souillés de quelque action criminelle. On purifiait même des cités tout entières, pour expier le crime ou les crimes commis par un de leurs membres. La plus célèbre purification de ce genre est celle du peuple athénien qui, après le massacre de Cylon, se fit purifier par Épiménide de Crète. Les Grecs avaient également recours aux lustrations pour purifier les lieux sacrés qui avaient subi quelque profanation, lorsque, par ex., on y avait enterré des morts. Les Romains paraissent avoir fait quelquefois le même usage des lustrations dans les cas d'épidémie, de guerre civile ou de quelque autre fléau public; mais, en général, ils les employaient moins comme cérémonies expiatoires que comme un moyen propre à attirer la protection de la divinité sur les personnes ou sur les choses. Ainsi, ils faisaient des lustrations dans les champs après les semailles et avant la moisson, pour obtenir d'abondantes récoltes. Aux fêtes de Palès (*palilia*), les bergers faisaient des aspersions d'eau sur leurs troupeaux, afin de les préserver des maladies. Les armées, avant leur entrée en campagne, et les flottes, avant de partir pour une expédition, étaient soumises à des lustrations solennelles. Cette cérémonie donnait lieu à une revue générale des troupes : de là le fréquent emploi dans les auteurs latins du mot *lustratio* pour désigner l'inspection générale d'une armée. La fondation d'une nouvelle colonie était toujours précédée d'une l. et de sacrifices publics. Enfin, tous les cinq ans, lorsque le censeur avait achevé le cens, et avant de résigner son office, il offrait, en présence du peuple tout entier réuni au Champ de Mars, un sacrifice solennel qu'on désignait sous les noms de *lustratio* et de *lustrum*, parce qu'il avait pour objet de purifier la ville et tous les membres de la cité. — Les Romains appelaient aussi *Lustration*, une cérémonie qui consistait à asperger un enfant nouveau-né avec de l'*Eau lustrale*, c.-à-d. avec de l'eau ordinaire dans laquelle on avait plongé un tison ardent, pris au foyer des sacrifices. Le jour où avait lieu cette cérémonie était le 9e après la naissance pour les garçons, et le 8e pour les filles. On l'appelait *dies lustricus*, c.-à-d. *Jour lustral*, ou bien encore *dies nominum* ou *nominalia*, parce que c'était ce jour-là que l'enfant recevait le prénom (*prænomen*) qui devait désormais servir à le distinguer des autres membres de la famille.

**LUSTRE.** s. m. (lat. *lustrum*, sacrifice fait pour le cens, de *lustrare*, purifier). T. Antiq. Sacrifice expiatoire qui suivait le recensement de la population tous les cinq ans. — Recensement. — Période de cinq ans. Voy. Lustration.

**LUSTRE.** s. m. (latin. *lustrare*, purifier, nettoyer, d'où dérivent tous les autres sens). L'éclat que l'on donne à un objet, soit en le polissant, soit au moyen d'une préparation quelconque. *L'ébène poli a un grand l. Le vernis de la Chine est d'un beau l. Cette étoffe a perdu son l.* || Par ext., la préparation dont on se sert dans différents arts, comme la chapellerie, la fabrication des soieries, pour donner aux produits de ces industries l'éclat voulu. || Fig. L'éclat que donne la parure, la beauté, le mérite, la dignité, etc. *Les pierreries donnent du l. à la beauté des femmes. Elle parut au bal dans tout son l. Cette charge lui donne un peu de l. La vertu emprunte de la modestie son plus beau l.* — On dit aussi, que *La laideur d'une femme sert de l. à une autre*, qu'*Un tableau sert de lustre à ceux entre lesquels il est placé*, pour faire entendre que La laideur d'une femme rehausse, par contraste, les agréments d'une autre, etc. — Dans les acceptions qui précèdent, *Lustre* n'est usité qu'au singulier. || Sorte d'appareil d'éclairage, qui est formé de plusieurs branches portant des bougies, des lampes, des becs à gaz ou des lampes électriques, et qu'on suspend au plafond d'un salon, d'une église, d'un théâtre, pour l'éclairer et le décorer. *Un l. de cristal. La salle était éclairée de douze lustres. Le l. de l'Opéra.* — *Les chevaliers du l.*, Les claqueurs, parce qu'ils étaient placés autrefois au milieu du parterre, sous le lustre.

**LUSTRER.** v. a. (R. *lustre*). Donner le lustre à une étoffe, à un chapeau, à une fourrure, etc. = Lustré, ée, part.

**LUSTRERIE.** s. f. Fabrique de lustres pour l'éclairage.

**LUSTREUR.** s. m. T. Techn. Ouvrier qui lustre.

**LUSTRIER.** s. m. Fabricant de lustres pour l'éclairage.

**LUSTRINE.** s. f. (R. *lustrer*). Espèce de droguet de soie. || Sorte d'étoffe de coton qui a beaucoup d'apprêt et de lustre.

**LUSTROIR.** s. m. (R. *lustrer*). T. Techn. Réglette garnie de feutre qui sert à enlever les taches sur une glace.

**LUT.** s. m. [Pr. *lut*] (lat. *lutum*, boue). On nomme ainsi des enduits ductiles et tenaces qui se solidifient en se desséchant, et dont les chimistes et les pharmaciens se servent pour réparer les fractures qui se produisent dans les vases, pour fermer les jointures des appareils et prévenir ainsi la perte des matières volatiles, enfin pour recouvrir les vases qu'on veut soumettre à l'action de la chaleur. La composition des luts varie selon l'emploi qu'on en veut faire. Les plus usités sont le *l. de chaux*, le *l. gras* et le *l. argileux*. Le premier se prépare en mettant dans un mortier un blanc d'œuf avec un peu d'eau, en ajoutant de la chaux délitée et pulvérisée, et en agitant avec une spatule. On étend ce mélange sur des bandes de toile qu'on applique aussitôt sur les fêlures des vases. Le *l. gras* se fait avec de la terre glaise séchée et pulvérisée et de l'huile de lin cuite avec le tiers de son poids de litharge. Enfin, le *l. argileux* se prépare avec de la terre à four détrempée et mêlée de crottin de cheval : on s'en sert pour recouvrir les cornues de verre ou de terre cuite destinées à être exposées au feu de réverbère.

**LUTATION.** s. f. [Pr. *luta-sion*]. T. Chim. Action de luter.

**LUTÈCE,** en lat. *Lutetia*, mot dérivé de *Lucotetia* (lieu de marais), v. de la Gaule, cap. des Parisii, dans une île de la Seine, auj. la Cité, à Paris.

**LUTÉINE.** s. f. (lat. *luteus*, jaune). T. Chim. Nom donné à des matières colorantes jaunes ou orangées qu'on a trouvées dans le jaune d'œuf, dans les corpuscules jaunes des ovaires de la vache, dans les cellules pigmentaires de la rétine, dans le sérum du sang, dans le beurre, dans les carottes, etc. Ces matières colorantes, dont l'identité n'est pas démontrée, sont insolubles dans l'eau, solubles dans le chloroforme; elles se dissolvent en rouge dans le sulfure de carbone, en jaune d'or dans un mélange d'éther et d'alcool. La l. du jaune d'œuf paraît être un mélange de deux pigments, l'un rouge (*vitellorubine*), l'autre jaune (*vitellolutéine*).

**LUTÉOCOBALTIQUE.** adj. 2 g. (lat. *luteus*, jaune, et fr. *cobalt*). T. Chim. Voy. Cobaltamine.

**LUTÉOL.** s. m. (lat. *luteus*, jaune). T. Chim. Dérivé de la quinoxaline employé comme indicateur pour l'alcalimétrie. Les alcalis et l'ammoniaque colorent sa solution en jaune intense; les acides font disparaître cette coloration.

**LUTÉOLINE.** s. f. (R. *luteola*, n. de plante, du lat. *luteus*, jaune). T. Chim. Matière colorante jaune contenue dans la Gaude (*Reseda luteola*). Elle cristallise en petites aiguilles jaunes, sublimables, qui fondent vers 320° en se décomposant. Peu soluble dans l'eau, la l. se dissout dans l'alcool, dans les solutions alcalines, dans l'acide sulfurique. Fondue avec la potasse caustique, elle se décompose en donnant de l'anhydride carbonique, de la phloroglucine et de l'acide protocatéchique.

**LUTER.** v. a. Fermer avec du lut, enduire de lut les vaisseaux qu'on met au feu. = Luté, ée. part.

**LUTH,** s. m. [Pr. *lut*]. Instrument de musique à cordes pincées et à manche. Voy. Guitare. || Poétiq., se dit pour désigner l'instrument dont les poètes feignent d'accompagner leurs chants.

> Poète, prends ton luth.
>
> Musset.

*Chanter sur son l.* — En ce sens, *Luth* s'empl. comme le mot *Lyre*, mais en parlant de genres moins élevés. || T. Erpét. Espèce de Tortue. Voy. Chéloniens.

**LUTHER**. v. a. Disposer en forme de luth. || Transposer, arranger, accompagner de la musique sur le luth.

**LUTHER** (MARTIN), l'un des chefs du protestantisme (1483-1546). Il commença par protester contre le commerce des indulgences. Excommunié par Léon X en 1520, il brûla la bulle du pape, fut mis au ban de l'Empire et resta caché neuf mois au château de Wartbourg où l'électeur de Saxe l'avait recueilli. C'est pendant cette réclusion qu'il crut avoir un colloque avec le diable. Il rédigea la Confession d'Augsbourg et traduisit la Bible en langue allemande.

**LUTHÉRANISME**. s. m. La doctrine professée par luther et par ses sectateurs. Voy. PROTESTANTISME.

**LUTHERIE**. s. f. (Industrie). Commerce de luthier.

**LUTHÉRIEN, IENNE**. adj. [Pr. *lutéri-in, ène*]. Conforme à la doctrine de Luther. *Opinion luthérienne, sentiments luthériens*. || Subst., Sectateur de Luther. *Il est l. Une luthérienne*.

**LUTHIER**. s. m. (R. *luth*). Celui qui fabrique ou vend des instruments de musique à cordes, violons, altos, violoncelles, etc. Plusieurs, en Italie, ont acquis une grande célébrité, Amati, Stradivarius, Guarnerius. C'est à l'école de Stradivarius que se rattachent les commencements de la vraie lutherie française.

**LUTIDINE**. s. f. T. Chim. Nom donné aux bases pyridiques de la formule $C^7H^9Az$. Les lutidines se rencontrent dans le goudron de houille et dans l'huile de Dippel. Elles se subdivisent en éthylpyridines et en diméthylpyridines. Voy. ÉTHYLPYRIDINE et MÉTHYLPYRIDINE.

**LUTIDIQUE**. adj. T. Chim. *L'acide lutidique* est l'un des six acides pyridine-dicarboniques $C^5H^3(CO^2H)^2Az$. Il est solide et fond à 235°

**LUTIDONE**. s. f. T. Chim. Dérivé diméthylé de la pyridone. La l. a pour formule $C^5H^3(CH^3)^2AzO$; elle cristallise en lames anhydres qui fondent à 225° et qui entrent en ébullition à 349°. — L'acide lutidone-dicarbonique $C^5H^3(CO^2H)^2AzO$ est connu sous le nom d'acide chélidamique.

**LUTIN**. s. m. (vx saxon *luttil*; angl. *little*, petit?) Espèce de démon qui, suivant l'opinion populaire et superstitieuse, vient tourmenter les vivants. *On dit que ce château est plein de lutins* || Fig., et fam., *C'est un l., un vrai l.*, se dit d'une personne excessivement vive, pétulante, et, le plus souvent, d'un enfant. On dit, dans le même sens, *Faire le l.* = LUTIN, INE. adj. Éveillé, piquant, pétulant. *Cet enfant a l'air bien l. Cette actrice a la figure lutine.*

**Légende**. — Les *Lutins* forment, avec les *Esprits follets*, les *Obérons* et les *Farfadets*, une nombreuse famille d'êtres fantastiques dont l'imagination du moyen âge avait peuplé les airs. Les uns et les autres passaient pour malicieux et méchants; néanmoins on croyait aussi que parfois ils s'attachaient aux hommes et s'en faisaient les serviteurs très actifs et très désintéressés. Ils étaient le plus souvent invisibles; d'autres fois, ils se présentaient, et toujours la nuit, soit sous la forme de nains, soit sous celle de divers animaux. Ils étaient, du reste, l'objet d'une multitude d'histoires auxquelles on ajoutait d'autant plus de foi qu'elles étaient plus ridicules. Ces êtres fantastiques existaient sous différents noms dans toutes les parties de l'Europe: *Alfs* en Danemark, *Elfs* en Allemagne et en Écosse, *Drows* en Irlande, etc. Au reste, le caractère de ces esprits de l'air variait comme le caractère des populations elles-mêmes, car celles-ci les faisaient à leur image. Ainsi, espiègles et malicieux en France, ils étaient moroses et méchants en Écosse. La croyance aux lutins n'a pas encore entièrement disparu; on la trouve même répandue, dans plusieurs de nos départements, parmi les habitants des campagnes.

**LUTINER**. v. a. Tourmenter quelqu'un comme le ferait un lutin. || Agacer par de petites taquineries ou cajoleries. *L. une femme*. || Fig., *J'ai une affaire qui me lutine sans cesse*. = LUTINER. v. n. Faire le lutin. *Il n'a fait que tempêter, que l. toute la nuit*. = LUTINÉ, ÉE. part.

**LUTKE** (FEDOR-PETROVITCH, comte), amiral et navig. russe (1797-1882).

**LUTORCINE**. s. f. T. Chim. La l. est l'un des diphénols correspondant au toluène et répond à la formule

$$C^6H^3(CH^3)(OH)^2.$$

On l'obtient en fondant avec de la potasse caustique le dérivé ortho-bromé du para-crésol. La l. cristallise en aiguilles incolores groupées, solubles dans l'eau, dans l'alcool et dans l'éther. Elle fond à 104° et bout à 267°. Avec l'acide phtalique elle donne une phtaléine semblable à celle de la résorcine.

**LUTRAIRE**. s. f. (lat. *lutra*, loutre). T. Zool. Genre de *Mollusques Lamellibranches*. Voy. ENFERMÉS.

**LUTRIN**. s. m. (bas lat. *lectrinum*, m. s., de *lectrum*, pupitre, du gr. λεκτρὸν, lit). Pupitre élevé dans le chœur d'une église, sur lequel on met les livres dont on se sert pour chanter l'office. *Chanter au l. Cet homme a une voix de l.* || Collectiv., Ceux qui chantent au lutrin. *C'est lui qui dirige le lutrin.*

**LUTTE**. s. f. [Pr. *lu-te*] (lat. *lucta*, m. s.). Sorte d'exercice, de combat, où deux hommes se prennent corps à corps, et cherchent à se terrasser l'un l'autre. *L'exercice de la l. Il est fort adroit à la l.* — *L. amoureuse*, Ébats amoureux. || Fig., Guerre, controverse, conflit. *La paix mit fin à la l. qui, depuis trente ans, ensanglantait l'Allemagne. La doctrine de la grâce a donné lieu à des luttes fort vives entre les théologiens. La l. du pouvoir arbitraire et de la liberté.* || Fig. et fam., *Emporter quelque chose de haute l.*, Venir à bout de quelque chose par autorité, par force. *Faire quelque chose de bonne l.*, Sans employer la ruse. || Action qu'exercent l'une contre l'autre deux forces agissant en sens contraire. *La l. des éléments.*

**Hist**. — Chez les anciens Grecs, la *Lutte* (πάλη) était un des principaux exercices en usage dans les gymnases et dans les jeux publics. On distinguait trois espèces de luttes. Dans la *l. debout* (πάλη ὀρθὰ), les deux adversaires étaient sur pied, et s'efforçaient de se renverser l'un l'autre: ils pouvaient recourir à la ruse, mais il leur était absolument interdit de se frapper. Lorsqu'un des lutteurs était renversé, son antagoniste lui permettait de se relever, et le combat recommençait jusqu'à ce que l'un d'eux fût tombé trois fois. Le combat était alors terminé et le prix décerné au vainqueur. Dans la l. dite *à terre* (ἀλίνδησις), qui fut introduite à une époque postérieure, le combat continuait après que l'un des adversaires ou tous les deux étaient tombés; il ne se terminait que lorsque l'un d'eux, gagnant le dessus, forçait l'autre à s'avouer vaincu. Enfin, dans l'espèce de l. qu'on appelait *achrochirisme* (ἀκροχειρισμὸς), les combattants n'employaient que l'extrémité des mains, entrelaçant les doigts, se les serrant fortement, et se poussant avec la paume, sans le secours d'aucune autre partie du corps. Ils se tordaient ainsi les doigts, les poignets et les bras jusqu'à ce qu'il y en eût un qui déclarât sa défaite. Les lutteurs étaient généralement des hommes. Toutefois, dans plusieurs localités, comme à Sparte et à Chios, les femmes et les jeunes filles étaient aussi admises à combattre entre elles. Enfin les champions étaient nus, mais, pour s'assouplir les membres, ils s'oignaient le corps avec de l'huile, après quoi ils le saupoudraient de sable très fin.

**LUTTER**. v. n. [Pr. *lu-ter*] (lat. *luctari*, m. s.). Se prendre corps à corps avec quelqu'un pour le terrasser. *L. avec quelqu'un, contre quelqu'un.* || Fig., se dit de toute espèce de combat. *Les deux armées luttèrent avec un grand courage. Il n'était pas de force à l. contre un si habile dialecticien.* || Fig., *L. contre la tempête, contre les flots, contre les obstacles, contre la mort, contre la destinée*, etc. Faire effort pour surmonter la tempête, les obstacles; se défendre contre la mort, contre la destinée, etc. — *L. contre soi-même, contre la tentation.*

**LUTTEUR, LUTTEUSE**. [Pr. *lu-teur, euze*]. Celui, celle qui combat à la lutte. || Fig., *C'est un terrible l. à la tribune.*

**LUTZEN**, v. de Prusse (prov. de Saxe), 3,500 hab., près de laquelle le roi de Suède Gustave-Adolphe périt en 1632, et Napoléon Ier battit les Russes et les Prussiens en 1813.

**LUXATION**. s. f. [Pr. *luk-sa-sion*] (lat. *luxatio*, m. s.). T. Chir. On donne le nom de l. au déplacement anormal et permanent des extrémités articulaires des os; quand il se produit dans les synarthroses, on l'appelle quelquefois *diduction* ou *diastasis.* On divise les luxations en : traumatiques ou accidentelles, qui se font brusquement sur une articulation saine, consécutives, symptomatiques ou pathologiques, qui sont liées à une altération morbide préexistante de la jointure ; et congénitales, qui existent au moment de la naissance et se sont produites pendant la vie intra-utérine. Quant à la nomenclature des luxations, elle n'a aucune base fixe : on les a désignées tantôt sous le nom de l'articulation affectée (l. de l'épaule, de la hanche, du coude, etc.), tantôt sous le nom de l'os déplacé (l. du fémur, de l'humérus, etc.), étant donné que l'on regarde comme luxé l'os le plus éloigné du tronc, du moins en général.

Au point de vue anatomique, le plus important pour les luxations en particulier, il est difficile de donner une description générale. C'est ainsi que le déplacement se fait dans un sens extrêmement variable suivant les cas ; cependant une distinction doit être faite entre les *l. incomplètes*, où les surfaces articulaires ne se sont pas complètement abandonnées, et les *l. complètes* où les surfaces articulaires, complètement séparées, ne se touchent par aucun point. La production d'accidents d'une telle nature s'accompagne toujours de lésions des parties environnantes : les ligaments sont plus ou moins déchirés ; les muscles périarticulaires sont ou distendus ou relâchés, contus, quelquefois broyés, souvent simplement déplacés, exceptionnellement rompus, l'insertion tendineuse arrachée ; les cartilages sont plus ou moins froissés ou même fracturés ; enfin il n'est pas rare que des segments osseux plus ou moins importants soient détachés du squelette. Lorsque la réduction est opérée peu de temps après l'accident, les phénomènes consécutifs sont simples : résorption du sang, cicatrisation des déchirures, rétablissement assez prompt de la fonction. Dans les luxations non réduites, abandonnées à elles-mêmes, deux résultats se produisent : le développement d'une articulation nouvelle, ou fausse articulation appelée *néarthrose*, peut se faire par suite des pressions réciproques qui modifient les os dans leur forme, leur donnant les aspects les plus bizarres, et la disparition plus ou moins complète de l'articulation normale, l'ancienne cavité tendant à se combler, comme une alvéole après l'extraction de sa dent. — En dehors de ces désordres, certaines complications peuvent se produire : les fractures, les déchirures de vaisseaux et de nerfs d'un certain volume, enfin la perforation des téguments.

L'étiologie des luxations est simple : elles sont le résultat de violences exercées sur les articulations, assez énergiques pour triompher de la résistance de leurs moyens d'union, sans pourtant briser les pièces du squelette. On comprend quelles diversités de conditions président à la production des luxations : ce peut être l'exagération d'un mouvement normal, un choc direct, une torsion avec traction, etc. Quoi qu'il en soit, les symptômes des luxations récentes se réduisent en général à une douleur d'intensité variable suivant la nature de l'articulation et la gravité des désordres, de la déformation du membre (allongement ou raccourcissement, déviation de l'axe, modification de la forme, etc.), de l'impotence fonctionnelle, que les malades cherchent à dissimuler par des mouvements combinés ; ces signes s'accompagnent de ceux de toute contusion (ecchymoses...). Lorsque les luxations sont anciennes, la douleur a disparu et le malade ne présente plus que de la déformation du membre et une difficulté plus ou moins grande des mouvements ; il faut d'ailleurs se méfier du rétablissement partiel de ceux-ci par néarthrose. — Avec de tels symptômes, le diagnostic n'est pas toujours aisé, et l'examen le plus attentif peut laisser dans l'incertitude, surtout si l'on ne se contente pas de reconnaître le déplacement et si l'on veut apprécier le mécanisme de la l., point nécessaire pour la thérapeutique. Les luxations peuvent être confondues avec la contusion, l'entorse, la fracture para-articulaire, et le décollement des épiphyses, chez les jeunes sujets. Les meilleurs signes sont la déformation de la région et la gêne fonctionnelle, mais ils ne suffisent pas toujours, et l'on peut être obligé de recourir à l'anesthésie pour compléter l'exploration. — Le pronostic varie nécessairement suivant la nature de l'articulation, la simplicité ou la complication de la lésion, son ancienneté, enfin l'âge du sujet. Le pronostic est sombre pour les articulations serrées, et l'on doit toujours le réserver lorsqu'il s'agit de luxations anciennes : car si les luxations simples et récentes sont toujours réductibles, la limite de temps pendant lequel elles le restent n'a rien de précis. Il faut enfin tenir compte d'un dernier élément, la possibilité des récidives, qui découragent parfois le sujet et ont pu le conduire au suicide.

Au point de vue thérapeutique, il y a trois indications à remplir : 1° remettre l'os à sa place, c.-à-d. la réduction ; 2° l'y maintenir ; 3° rétablir les fonctions de l'articulation. La réduction se fait par les procédés les plus variés, procédés de force et de douceur, et nous ne pouvons entrer ici dans la description des moyens appropriés à chaque l., non plus que des appareils à moufle si perfectionnés qui sont en usage pour les luxations anciennes. Toutefois, il convient de dire qu'en général, les manœuvres se réduisent à trois : extension, contre-extension et coaptation. Il est aussi indispensable d'ajouter que les tentatives de réduction doivent toujours être faites avec précaution, car des accidents multiples peuvent se produire : lésions vasculaires ou nerveuses, fractures, etc., sans parler de l'arrachement du membre qui a malheureusement été observé à la suite de tractions brutales. — Une fois la réduction opérée, on maintient l'articulation immobile à l'aide d'un bandage approprié afin de permettre au travail de réparation de s'opérer, et dès que celui-ci semble assez avancé on mobilise progressivement l'articulation et on utilise le massage, l'électricité, les bains sulfureux, les douches, etc., pour faire recouvrer une intégrité absolue à l'articulation malade.

A côté de cette description qui correspond aux luxations traumatiques, il nous faut dire un mot des luxations dites pathologiques spontanées. Elles sont caractérisées par l'allongement sans rupture de l'appareil ligamenteux ; les causes qui préparent le relâchement des liens articulaires, sont tantôt générales (influences dépressives de l'organisme), tantôt locales (faiblesse ou paralysie musculaire, hydarthrose, arthrite, etc.). Ces luxations sont le plus ordinairement incomplètes ; ce sont des subluxations, elles se produisent brusquement sous une influence souvent légère ; faciles à réduire, elles se reproduisent aisément. En raison de l'étiologie particulière de ces luxations, avant de parler de leur traitement curatif, il est bon de rappeler que leur production peut être souvent évitée au cours des maladies articulaires, en immobilisant les membres dans une position convenable au moyen d'appareils bien disposés. Le traitement curatif est impossible à décrire d'une façon générale ; il suffit de dire que le chirurgien peut souvent intervenir utilement pour remédier aux désordres produits.

Quant aux luxations congénitales, ce n'est pas ici la place de les décrire ; elles relèvent du domaine des paralysies infantiles et sont presque uniquement observées au niveau de la hanche. Voy. PARALYSIE.

**LUXE**. s. m. [Pr. *luk-se*] (lat. *luxus*, m. s.). Somptuosité, dépense exagérée qui a le plus souvent pour but de satisfaire la sensualité ou la vanité. *Un luxe ruineux, immodéré, scandaleux. Un l. de vanité et d'ostentation. Étaler, déployer un grand l. Le l. des habits, de la table. Des objets de l. Le linge, qui a été un l. à son origine, n'en est plus un aujourd'hui.* || Fig., au sens physique et au sens moral, Grande abondance, profusion, superfluité. *La nature déploie sous les tropiques un l. de végétation extraordinaire. Il y a dans ce poème un grand l. de comparaisons.* || Ce qui sert à orner, à décorer. *Cet ouvrage est imprimé avec un grand luxe typographique.*

**Écon. polit.** — Voy. CONSOMMATION, VI et VII.

**LUXEMBOURG**, ancien État de la Confédération germanique, partagé aujourd'hui en *Luxembourg belge*, province de Belgique, 213,200 hab., ch.-l. *Arlon*, et en *Grand-duché de Luxembourg*, petit État neutre, au N.-E. de la France, dont le souverain est le roi de Hollande, pop. 211,000 hab. ; cap. *Luxembourg*, 18,000 hab.

**LUXEMBOURG** (Duc de), maréchal de France sous Louis XIV (1628-1695), célèbre par les victoires de Fleurus (1690), de Steinkerque (1692) et de Nerwinde (1693).

**LUXEMBOURGIA**. s. m. [Pr. *luk-sanbour-jia*] (R. *luxembourg*, n. pr.). T. Bot. Genre de plantes Dicotylédones de la famille des *Ochnacées*. Voy. ce mot.

**LUXEMBOURGIÉES**. s. f. pl. [Pr. *luk-san...*] (R. *luxembourgia*). T. Bot. Tribu de plantes de a famille des *Ochnacées*. Voy. ce mot.

**LUXER**. v. a. [Pr. *luk-ser*] (lat. *luxare*, m. s.). T. Chir. Faire sortir un os de l'articulation où il doit être naturellement. *Sa chute lui a luxé l'os de la cuisse.* = SE LUXER v. pron. *Il y a des os plus sujets à se l. que d'autres.* = LUXÉ, ÉE. part.

**LUXEUIL**, ch.-l. de c. (Haute-Saône), arr. de Lure ; 4,800 hab.

**LUXOR**. Voy. Louqsor.

**LUXUEUSEMENT**. adv. [Pr. *luk-sueu-zeman*]. D'une manière luxueuse.

**LUXUEUX, EUSE**. adj. [Pr. *luk-sueu, euze*]. Où il y a du luxe. *Une installation luxueuse. Un train de vie l.*

**LUXURE**. s. f. [Pr. *luk-sure*] (lat. *luxuria*, surabondance qui a pris le sens de luxure dans le latin d'église). Incontinence, lubricité; ne se dit guère que dans le style de la morale chrétienne. *La l. est un des sept péchés capitaux.*

**LUXURIANCE**. s. f. [Pr. *luk-surianse*] (R. *luxuriant*). État d'une plante ou d'un arbre qui pousse trop en feuilles et en tiges. || Se dit au fig., *La l. du pinceau d'un peintre*, etc.

**LUXURIANT, ANTE**. adj. [Pr. *luk-su-rian*] (lat. *luxurians*, m. s., de *luxuria*, surabondance). Qui surabonde, qui pousse avec une excessive abondance. *Végétation luxuriante. La nature luxuriante. Des chairs luxuriantes.* || Fig. *Un style l.*

**LUXURIEUSEMENT**. adv. [Pr. *luk-surieu-ze-man*]. Avec luxure. Peu usité.

**LUXURIEUX, EUSE**. adj. [Pr. *luk-surieu*] (lat. *luxuriosus*, m. s.). Qui est adonné à la luxure; qui peut exciter à la luxure. *Un homme l. Des regards l. Des paroles, des peintures luxurieuses.*

**LUYNES** (Charles), marquis d'Albert, duc de), favori de Louis XIII, renversa Concini, et fut nommé connétable (1578-1621). = Honoré, duc de Luynes (1802-1867), protecteur éclairé des arts, donna sa collection de médailles à l'État.

**LUZ**, ch.-l. de c. des Hautes-Pyrénées, arr. d'Argelès; 1,500 hab.

**LUZARCHES**, ch.-l. de c. (Seine-et-Oise), arr. de Pontoise; 1,400 hab.

**LUZECH**, ch.-l. de c. (Lot), arr. de Cahors; 1,500 hab.

**LUZERNE**. s. f. (angl. *lucern*, orig. inconnue). T. Bot. Genre de plantes Dicotylédones (*Medicago*) de la famille des *Légumineuses*. Voy ce mot.

Agric. — La l. (*Medicago sativa*) est la plante la plus productive de celles que l'on emploie pour prairies artificielles. Elle préfère une bonne terre franche, profonde, saine, bien nettoyée et fumée l'année qui précède le semis. Les produits considérables et la longue durée de cette plante tiennent beaucoup à la facilité que trouvent les racines à pénétrer profondément dans la terre, qui doit être labourée en conséquence. La méthode ordinaire est de la semer sur avoine ou sur orge, au printemps. Dans les terrains un peu bas, voisins des bois, ou exposés, par une raison quelconque, aux gelées blanches et tardives, il est prudent de ne semer qu'en mai. La terre étant bien ameublie et nivelée, on répand la graine avec les soins indiqués pour les semences fines. Pour soutenir les produits d'une luzernière, il est avantageux de répandre dessus des cendres de bois et du plâtre moulu, dont les effets sont bien connus sur toutes les légumineuses. On choisit, pour cette opération, un temps couvert et qui promette de la pluie. On peut la pratiquer pendant l'hiver, au printemps et en été, sur la première ou la seconde pousse déjà développée. Des hersages vigoureux, à la fin de l'hiver, contribuent aussi fortement à maintenir les luzernières en bon rapport. Parmi les mauvaises herbes qui font la guerre à la l., la plus dangereuse est la *cuscute*, qui s'entrelace autour des tiges et se nourrit à leurs dépens; elle peut détruire rapidement des pièces entières, si on la laisse se multiplier. Lorsque sa présence est reconnue, il faut, à la première pousse du printemps, couper à fleur de terre toutes les touffes qui sont atteintes du parasite, et même, pour plus de sûreté, celles qui les avoisinent, puis couvrir ces places de paille sèche à laquelle on met le feu. Ce moyen, qui est probablement le meilleur, est praticable partout, et, sur les places brûlées, presque toutes les touffes de l. repoussent plus vigoureuses qu'auparavant. On peut encore arroser avec une dissolution aqueuse à 3 p. 100 de sulfate de fer les taches contaminées par la cuscute. — On sème ordinairement à 20 kilogr. de graine par hectare.

Une autre espèce de l. (*Medicago falcata*) est à signaler, parce qu'elle rend de très grands services dans les terrains secs, calcaires et marneux, où l'espèce précédente ne prospère pas.

**LUZERNIÈRE**. s. f. Terre semée de luzerne, champ de luzerne.

**LUZETTE**. s. f. Voy. Luisette.

**LUZULE**. s. f. (ital. *luzuola*, gramen). T. Bot. Genre de plantes Monocotylédones (*Luzula*) de la famille des *Joncacées*. Voy. ce mot.

**LUZY**, ch.-l. de c. (Nièvre), arr. de Château-Chinon; 3,200 h.

**LYCACONITINE**. s. f. (R. λύκος, loup, et *aconitine*). T. Chim. Alcaloïde de la formule $C^{27}H^{34}Az^2O^6 + 2H^2O$, fusible vers 114°, contenu dans les racines de l'Aconit tue-loup (*Aconitum lycoctonum*).

**LYCANTHROPE**. s. m. (gr. λυκάνθρωπος, m. s., de λύκος, loup; ἄνθρωπος, homme). Homme atteint de lycanthropie.

**LYCANTHROPIE**. s. f. (gr. λυκανθρωπία, m. s.). Espèce de manie dans laquelle le malade s'imagine être métamorphosé en loup. Voy. Aliénation mentale et Garou.

**LYCAON**, roi d'Arcadie, changé en loup par Jupiter, pour avoir offert à ce dieu déguisé en mortel les membres d'un enfant qu'il avait égorgé (Mythol.).

**LYCAONIE**, anc. pays de l'Asie Mineure, au S.-E.; v. pr. *Iconium*.

**LYCAS**. Personnage qui porta à Hercule, de la part de Déjanire, la fatale tunique de Nessus. Le héros, s'en étant revêtu, devint tout à coup furieux et précipita Lycas dans la mer où il fut changé en rocher (Mythol.).

**LYCÉE**. s. m. (gr. λύκειον, m. s.). A Athènes on désignait sous le nom de Λύκειον, que nous avons transformé en *Lycée*, un des principaux gymnases de la ville. Ce gymnase était ainsi appelé parce qu'il était situé dans le voisinage d'un temple consacré à Apollon λύκειος, c.-à-d. tueur de loups. C'est sous les beaux ombrages des jardins qui en dépendaient qu'Aristote enseignait la philosophie, et de là le nom d'école du Lycée donné à l'école de ce philosophe. Depuis, et par imitation, on a plusieurs fois donné ce nom à divers établissements d'instruction. En 1787, par ex., Pilastre des Rosiers établit à Paris, sous cette dénomination, une institution littéraire où des hommes éminents enseignaient la littérature et les sciences : ce fut au *Lycée* que la Harpe fit son *Cours de littérature*, qui eut le plus grand succès. En 1808, le décret impérial qui rétablissait l'Université, imposa ce même nom aux établissements supérieurs d'instruction secondaire qui devaient remplacer les Écoles centrales. Sous la Restauration et sous le gouvernement de Juillet, les Lycées furent appelés *Collèges royaux*; mais, en 1848, ils reprirent le titre que leur avait donné le premier empire, et ils l'ont conservé.

I. *Lycées de garçons*. — On entend aujourd'hui (1898), par lycées, des établissements d'enseignement secondaire fondés, entretenus et dirigés par l'État. Les lycées sont créés en vertu d'un décret du président de la République, rendu après avis du conseil supérieur de l'instruction publique. Toute ville qui veut obtenir la création d'un l. doit faire les dépenses de construction et d'appropriation nécessaires à cet effet, fournir le mobilier et les collections destinés à l'enseignement, assurer l'entretien et la réparation des bâtiments. L'État vient en aide aux villes pour la construction ou l'agrandissement de leur lycée.

Il existe actuellement tant en France qu'en Algérie 110 lycées, qui sont en général situés au chef-lieu du département. La population scolaire qui fréquente ces établissements s'élève à 54,000 élèves environ. A la tête de chaque l. est un proviseur, secondé par un censeur, plus spécialement chargé de la surveillance et de la discipline intérieure. Le personnel enseignant comprend dans ces établissements des professeurs, pourvus du titre d'agrégés, et des chargés de cours, pourvus seulement d'une licence ou d'un grade équivalent. La surveillance est confiée aux répétiteurs, sous la direction des surveillants généraux. Un ou plusieurs aumôniers sont attachés à chaque lycée.

II. *Lycées et collèges de jeunes filles.* — Après une première tentative faite en 1867 par M. Duruy, alors ministre de l'instruction publique, l'enseignement secondaire des jeunes filles a été organisé en France par la loi du 21 décembre 1880 et le décret du 28 juillet 1881. Les établissements où se donne cet enseignement se divisent en trois catégories : *Lycées, Collèges, Cours secondaires.*

*Lycées.* — La création des lycées de jeunes filles est assujettie à des règles analogues à celles qui s'appliquent aux lycées de garçons. Chaque établissement est placé sous l'autorité d'une directrice nommée par le ministre, sur la proposition du recteur. Le personnel enseignant comprend les professeurs, chargées de cours, institutrices primaires, maîtresses de travaux à l'aiguille, etc. Le nombre des lycées de jeunes filles en France est de 40 environ; leur population scolaire s'élève au chiffre de 8,000 élèves.

*Collèges.* — L'organisation financière des collèges de jeunes filles est analogue à celle des collèges communaux de garçons. Ce sont également des établissements communaux subventionnés par l'État. Il existe actuellement environ 30 collèges de jeunes filles qui comprennent une population de 3,000 élèves.

*Cours secondaires.* — Sous cette dénomination, depuis 1880, un grand nombre de villes ont institué, pour les jeunes filles, des cours qui ont été en partie transformés en collèges ou en lycées. Ces cours, qui sont au nombre de 50 environ, sont fréquentés par 4,000 élèves. Leur organisation est très variable; tantôt ils constituent de simples cours élémentaires, tantôt ils forment de véritables cours professionnels; tantôt, enfin, ils comportent un programme d'enseignement qui se confond avec celui des lycées et collèges.

**Bibliogr.** — Camille Sée : *Lycées et collèges de jeunes filles*; *Documents, rapports et discours* (1889, in-8°); — Villemot : *Études sur l'organisation, le fonctionnement et les progrès de l'enseignement secondaire des jeunes filles en France*, de 1879 à 1887 (1888; in-8°).

**LYCÉEN, ENNE.** s. [Pr. *lisé-in, lisé-è-ne*]. Élève d'un lycée.

**LYCÈNE.** s. f. (gr. λύκαινα, louve). T. Entom. Genre de Papillons. Voy. Diurnes.

**LYCÉNIDES.** s. m. pl. (R. *Lycène*). T. Entom. Famille d'Insectes *Lépidoptères.* Voy. Diurnes.

**LYCHNIDE.** s. f. [Pr. *lik-nide*] (gr. λύχνος, lampe). T. Bot. Genre de plantes Dicotylédones (*Lychnis*) de la famille des *Caryophyllées.* Voy. ce mot.

**LYCHNOMANCIE.** s. f. [P. *lik-no...*] (gr. λύχνος, lampe; μαντεία, divination). Divination au moyen d'une lampe.

**LYCIE,** anc. pays de l'Asie Mineure, au S.-O., sur la Méditerranée et la mer Égée.

**LYCIET.** s. m. [Pr. *lisi-è*] T. Bot. Genre de plantes Dicotylédones (*Lycium*) de la famille des *Solanacées.* Voy. ce mot.

**LYCINE.** s. f. T. Chim. Nom que l'on avait donné d'abord à la bétaïne extraite du *Lycium barbarum* ou Lyciet de Barbarie (Solanacées).

**LYCOMÈDE,** roi des Dolopes, dans l'île de Scyros.

**LYCOPE.** s. m. (gr. λύκος, loup; πούς, pied). T. Bot. Genre de plantes Dicotylédones (*Lycopus*) de la famille des *Labiées.* Voy. ce mot.

**LYCOPERDÉES.** s. f. pl. (R. *lycoperdon*). T. Bot. Tribu de Champignons de la famille des *Gasteromycètes.* Voy. ce mot.

**LYCOPERDON.** s. m. (grec, λύκος, loup; πέρδω, je pète). T. Bot. Genre de Champignons de la famille des *Gastéromycètes*, appelé vulgairement *Vesse de Loup*, et *Vesse-loup.* Voy. Gastéromycètes.

**LYCOPHRON,** poète et grammairien grec, vécut en Égypte sous Ptolémée Philadelphe; auteur du poème de *Cassandre*, renommé pour son obscurité.

**LYCOPODE.** s. m. (gr. λύκος, loup; πούς, ποδός, pied). T. Bot. Genre de plantes Cryptogames vasculaires (*Lycopodium*) de la famille des *Lycopodiacées.* Voy. ce mot.

**LYCOPODIACÉES.** s. f. pl. (R. *Lycopode*). T. Bot. Famille de végétaux Cryptogames vasculaires de l'ordre des Lycopodinées isosporées.

*Caract. bot.* — Appareil végétatif très diversement conformé suivant les genres. Dans les Lycopodes, tige grêle, rameuse, à feuilles étroites et souvent allongées. Tantôt cette tige est verticale et ses rameaux sont également dressés; tantôt la tige et les branches principales rampent sur le sol, ne redressant verticalement que les rameaux sporangifères. Feuilles de forme et de grandeur variables, toujours sessiles, entières, uninerves, tantôt isolées, tantôt verticillées. Le Phylloglosse, plante d'Australie, est constitué par un petit tubercule, du sommet duquel sort une tige simple, haute de 4 centimètres au plus; elle porte à sa base une rosette de 6 feuilles

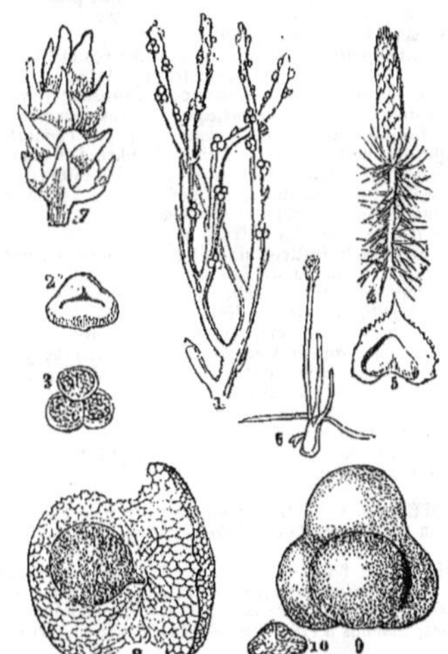

étroites et longues, dont une est régulièrement atrophiée, et se prolonge en un filament grêle qui se termine par un épi de feuilles sporangifères. Au-dessous de la feuille avortée, naît un rameau qui se courbe vers le bas, s'enfonce dans la terre et se renfle bientôt en tubercule. Ce tubercule devient libre plus tard et, au printemps suivant, développe une nouvelle pousse sporifère. Les Psilotes dressent dans l'air une tige grêle, anguleuse ou aplatie en ruban, verte, très ramifiée; elle se continue dans le sol par un rhizome rameux couvert de poils absorbants qui jouent le rôle de racines. Feuilles isolées, très petites, pointues, sans nervures.

Les sporanges sont insérés sur la face supérieure des feuilles; ils sont sessiles, assez gros, et contiennent un grand nombre de petites spores tétraédriques. Les feuilles fertiles sont quelquefois pareilles aux stériles, le plus souvent plus petites et de forme différente. Dans les Lycopodes et le Phylloglosse les sporanges sont solitaires à la base des feuilles fertiles, qui sont rapprochées en un épi plus ou moins allongé. Dans la Tmésiptéride, les feuilles fertiles ont un limbe partagé en 2 folioles et au point où les 2 folioles se séparent se trouvent 2 sporanges superposés et soudés en un sporange biloculaire. Dans les Psilotes, les feuilles fertiles sont bifides et portent entre leurs deux dents un groupe de 3 sporanges soudés (Fig. 1, 2 et 3). Pour disséminer les spores que renferme le sporange, la paroi de celui-ci s'ouvre en 2 valves par une fente dirigée suivant sa plus grande longueur; les spores sont tétraédriques à base convexe et leur exospore cutinisée est munie de proéminences en forme de verrues, d'épines, etc.

A la germination, la spore donne un prothalle de forme

variable sur lequel se développent à la fois les anthéridies et les archégones qui présentent les caractères communs à ces organes. L'œuf issu de la fécondation donne naissance à une plantule, qui reste pendant assez longtemps unie au prothalle originel. (Fig. 1. *Psilotum dichotomum*; 2. Groupe de sporanges; 3. Le même, coupé transversalement; 4. *Lycopodium annotinum*; 5. Sporange, avec l'écaille à l'aisselle de laquelle il est situé; 6. *Phylloglossum Drummondii*, la plante entière de grandeur naturelle; 7. Épi grossi; 8. Sporange ouvert de *Lycopodium denticulatum*; 9. Anthéridie; 10. Spore.)

Cette famille se compose de 4 genres et d'environ 200 espèces, abondant surtout dans les endroits humides des régions tropicales. En avançant vers le nord, elles deviennent plus rares; cependant, même en Laponie, on rencontre de vastes espaces couverts par le *Lycopodium alpinum* et le *L. selaginoides*. Plusieurs Lycopodes ont été rencontrés dans le terrain houiller et l'on rapporte au genre *Psilotum* plusieurs espèces du terrain houiller et des dépôts miocènes.

On a divisé cette famile en 2 tribus :

Tribu I. — *Lycopodiées*. — Sporanges solitaires et libres (*Lycopodium*, *Phylloglossum*).—La poudre appelée *Lycopode*, renfermée dans les sporanges du *Lycopode à massue* (*Lyc. clavatum*) et du *L. sélagine* (*L. selago*) est très inflammable. Aussi la fait-on entrer, sous le nom de *Soufre végétal*, dans la composition de beaucoup de pièces d'artifice. Les pharmaciens s'en servent fréquemment pour rouler les pilules, ce qui les met à l'abri de l'humidité. En médecine, on l'emploie extérieurement comme absorbant : on en saupoudre les excoriations déterminées chez les enfants et chez les personnes très grasses, soit par le frottement, soit par le contact d'une humidité irritante. La plante du *Lyc. à massue* était autrefois usitée comme émétique, et celle du *Lyc. selago* comme cathartique. Le *Piligan* (*Lycopodium saururus*), qui croît sur les plateaux arides de l'Amérique du Sud, du Brésil et de la Colombie, est employé, en Amérique, dans le catarrhe gastrique dû à une alimentation défectueuse. Les essais faits en France ont montré que l'extrait aqueux de Piligan provoquait surtout des vomissements violents sans effet purgatif. Le *Lyc. phlegmana* passe pour aphrodisiaque.

Tribu II. — *Psilotées*. — Sporanges groupés et soudés (*Psilotum*, *Tmesipteris*).

**LYCOPODIÉES**. s. f. pl. (R. *Lycopode*). T. Bot. Tribu de végétaux de la famille des *Lycopodiacées*. Voy. ce mot.

**LYCOPODINE**. s. f. (R. *Lycopode*). T. Chim. Alcaloïde extrait du *Lycopodium complanatum*. Sa formule est $C^{32} H^{52} Az^2 O^3$. La l. cristallise en prismes monocliniques, à saveur amère, fusibles à 115°, très solubles dans la plupart des dissolvants.

**LYCOPODINÉES**. s. f. pl. (R. *Lycopode*). T. Bot. Nom donné à l'une des 3 classes de l'embranchement des Cryptogames vasculaires, caractérisée par la ramification de la tige et surtout par la ramification toujours dichotome des racines. Les sporanges, ordinairement solitaires, naissent à la base et sur la face supérieure des feuilles. Ces sporanges sont tantôt d'une seule sorte, leurs spores développant des prothalles monoïques, tantôt de 2 sortes, produisant, les uns des microspores, qui germent en prothalles mâles rudimentaires, les autres des macrospores, qui forment des prothalles femelles inclus dans la macrospore. De là une division de la classe en 2 ordres : les *Lycopodinées isosporées*, comprenant la seule famille des *Lycopodiacées* (Voy. ce mot) et les *Lycopodinées hétérosporées*, comprenant les *Isoétées*, les *Sélaginellées* et les *Lépidodendracées*. Voy. ces mots.

**LYCORÉSINE**. s. f. [Pr. *likoré-zine*] (R. *Lycopode* et *résine*). T. Chim. Substance cristallisée, fusible à 170°, insoluble dans l'eau, soluble dans l'alcool et dans l'éther, extraite du *Lycopodium chamæcyparissus*. Sa formule est $C^9 H^{16} O$.

**LYCOREXIE**. s. f. [Pr. *likorek-sie*] (gr. λύκος, loup; ὄρεξις, faim). T. Méd. Faim de loup. Inus.

**LYCORTAS**, général des Achéens, père de Polybe, vengea la mort de Philopœmen sur les Méssèniens (IIe s. av. J.-C.).

**LYCOSE**. s. f. [Pr. *liko-ze*] (gr. λύκος, loup). T. Zool. Genre d'*Araignées*. Voy. ce mot.

**LYCOSTÉARINE**. s. f. (R. *Lycopode* et *stéarine*). T. Chim. Substance extraite du *Lycopodium chamæcyparissus*, et répondant à la formule $C^{13} H^{30} O^2$. Elle est amorphe, insipide, très soluble dans les alcalis; elle se dissout dans l'eau chaude et forme une gelée par refroidissement.

**LYCURGUE**, législateur de Sparte (IXe siècle av. J.-C.).

**LYCURGUE**, orateur athénien (396-323 av. J.-C.), adversaire du parti macédonien.

**LYDIE**, anc. pays de l'Asie Mineure, à l'O.; cap. *Sardes*. Sous son dernier roi, Crésus, elle fut conquise par les Perses.

**LYDIEN, ENNE**. adj. [Pr. *lidi-in, iène*]. Qui habite la Lydie. || T. Antiq. *Mode l.*, C'était chez les Grecs le premier des modes moyens pour la musique; il était animé, pathétique et propre à la mollesse; c'est pourquoi, Platon, le bannit de sa république.

**LYDIENNE**. s. f. [Pr. *lidi-ène*]. T. Minér. Variété noire de jaspe qui constitue la *pierre de touche*. Voy. Essai.

**LYDUS**. s. m. [Pr. *li-duss*]. T. Ent. Genre d'Insectes *Coléoptères*. Voy. Cantharide.

**LYELL** (sir Charles), géologue anglais (1797-1875).

**LYGÉE**. s. m. **LYGÉENS**. s. m. pl. (gr. λυγαῖος, noirâtre). T. Ent. Genre et famille d'Insectes *Hémiptères*. Voy. Géocorises.

**LYGIE**. s. f. (gr. λυγαῖος, noirâtre). T. Zool. Genre de *Crustacés*. Voy. Isopodes.

**LYMPHADÉNIE**. s. f. [Pr. *lin-fadénie*] (R. *lymphe* et *adénite*). T. Méd. Sous le titre de l., on réunit un certain nombre d'états morbides ayant pour caractère commun une hyperplasie du tissu adénoïde et accessoirement des dégénérescences de ce tissu. La fonction hématopoiétique de ces organes, constante chez le fœtus, susceptible de réapparition chez l'enfant, hypothétique chez l'adulte, le retentissement tout spécial, mais inconstant de leurs lésions sur la constitution anatomique du sang, rapprochent cette maladie des anémies. Bien que les états morbides étudiés dans cet article soient en apparence dissemblables, il est bon de les réunir, car il existe entre eux des types intermédiaires qui les relient. L'histoire de la l., de date toute récente, a déjà passé par des phases multiples. Virchow a signalé le premier l'existence d'une lésion du sang caractérisée par une augmentation du nombre des globules blancs; mais bientôt des erreurs se glissèrent : car toute augmentation du nombre des leucocytes fut regardée comme une leucémie; la question se compliqua avec la découverte des altérations des organes lymphoïdes; on trouva des lymphadénies avec leucémie et des lymphadénies sans leucémie; plus récemment la bactériologie a apporté un appoint encore hypothétique, et les théories se disputent encore l'interprétation vraie des faits.

De l'étiologie de la l., on ne sait presque rien; aucun âge n'en est exempt; l'homme est plus souvent atteint que la femme; toutes les causes banales de débilitation, un grand nombre de maladies infectieuses ont été accusées de faciliter son développement. — Quoi qu'il en soit, quelle que soit la pathogénie de la l., elle présente deux ordres de lésions : les unes, nécessaires, qui atteignent les organes hématopoiétiques et les hypertrophient; les autres, contingentes, lymphomes, leucémie et ses conséquences. — L'hypertrophie des organes lymphoïdes (rate, ganglions, moelle des os) est une simple hypertrophie du tissu réticulé qui les constitue; ces tumeurs, blanches ou rosées, riches en sucs ayant tendance à s'ulcérer, sont du lymphome pur; plus rarement, le tissu néoformé prend le type de lympho-sarcome, tumeur dure, sèche, tendant à la généralisation. Enfin, fréquemment, on observe le retour au moins partiel à l'état fœtal des organes lymphoïdes qui étaient pendant la vie intra-utérine des organes hématopoiétiques; on voit s'y reproduire les éléments producteurs des globules rouges à noyau. Telles sont les lésions nécessaires du système lymphoïde dans la l. — Il faut signaler en plus la formation possible de lymphomes dans des points de l'organisme normalement privés de tissu lymphoïde, surtout dans les cas de lympho-sarcome. Quant aux lésions du sang, elles peuvent se borner à une anémie légère jusqu'à la période terminale où la leucocytose apparaît légère; dans la leucémie vraie, le nombre des globules diminue progressivement, du début à la fin de la maladie; mais le phénomène le plus fréquent est la multiplication des globules blancs, qui fait augmenter le rapport des globules blancs aux rouges (1 sur 6, 1 sur 4, 1 sur 1, etc.); les leucocytes du sang leucémique sont nains et géants et dépourvus de mouvements amiboïdes. Chimiquement, le sang renferme en abondance de la lécithine et devient acide après la mort par formation d'acide phosphoglycérique...; microscopiquement, il prend un aspect plus ou moins piriforme suivant le degré de la lésion. — Ultérieurement, cette leucémie peut devenir le point de départ d'infarctus blancs qui compriment les éléments nobles et y déterminent des dégénérescences.

Au point de vue symptomatique, la l. comprend deux grandes formes classiques : *leucocythémie* et *adénie*, auprès desquelles s'observent certaines formes de passage. — La leucocythémie présente des variétés suivant que la l. débute par la rate, les ganglions ou la moelle des os; mais, dans tous les cas, on distingue un stade de prodromes, un stade d'envahissement et un stade d'état. Les prodromes, mal connus, consistent en vagues symptômes généraux, amaigrissement, céphalée, tuméfaction splénique ou ganglionnaire, quelquefois douleurs et déformation sternales. Dans le second stade, la maladie se précise par poussées : tuméfaction de la rate et des ganglions, augmentation des globules blancs et anémie; dyspnée par gêne respiratoire; signes de compression des organes du médiastin (stase veineuse, œdème, etc....), troubles digestifs variés, hémorrhagies diverses, cutanées, muqueuses, pulmonaires, rénales, troubles de la vue...; altérations des sécrétions et de la nutrition. Des complications multiples peuvent survenir du fait de la cachexie, de la compression d'organes par les lymphômes ou de l'altération sanguine. Mais toujours la marche de l'affection continue, lente d'ordinaire, durant 2 à 8 ans, et le pronostic est invariablement grave. — L'adénie, au contraire, a pour caractère hématologique de ne pas s'accompagner de leucémie et atteint de prime abord les ganglions lymphatiques; elle débute par un groupe généralement cervical, formant tumeur difforme, bosselée, entraînant des troubles fonctionnels purement mécaniques : gêne des mouvements des articulations, compressions veineuses et œdèmes, douleurs par compression nerveuse, troubles de la voix, de la déglutition... L'état général, peu atteint au début, s'altère peu à peu, et c'est vers la fin qu'apparaît une leucocytose réelle; alors le foie et la rate augmentent; des accès de fièvre se remarquent et, en quelques mois ou deux ans, la mort termine l'évolution par une cachexie progressive. — La leucocythémie peut s'arrêter, au moins quelque temps, dans son évolution, à différents stades, et nous devons signaler la splénomégalie simple et l'anémie infantile pseudo-leucémique. — D'autre part, il faut indiquer certaines formes de lymphadénies plus rares, la plupart du temps sans leucémie, mais susceptibles presque toujours de donner naissance à une leucocythémie. Les unes prennent origine dans des organes lymphoïdes, les autres sont de véritables productions hétérotopiques de tissu lymphomateux ou lympho-sarcomateux : *l. intestinale, l. amygdalienne, l. osseuse, l. cutanée* (*mycosis fongoïde*), *l. testiculaire*.

Si le diagnostic est aisé dans les cas tranchés de leucocythémie ou d'adénie généralisées, il est parfois extrêmement délicat. Il importe tout d'abord de procéder à l'examen du sang : s'il existe une multiplication des leucocytes, il faut la distinguer de la leucocytose. On peut affirmer la leucémie, s'il y a plus de 70,000 leucocytes par millimètre cube; au-dessous de ce chiffre, on peut la déterminer, s'il existe dans le sang une grande quantité de globules rouges à noyau, ou si l'on rencontre des cellules à granulations neutrophiles. La splénomégalie lymphadénique doit être distinguée des hypertrophies spléniques de diverses origines; enfin l'adénie partielle doit être séparée des adénopathies spécifiques. — La thérapeutique de cette affection est tellement limitée, qu'il est permis, malgré son existence hypothétique, de parler de traitement prophylactique, et que tous les reliquats de maladies antérieures susceptibles de donner naissance à une l. doivent être soigneusement surveillés. Une fois cette l. en voie d'évolution, l'efficacité médicamenteuse est rare : de tous les remèdes, un seul survit, et comme exceptionnellement utile, l'arsenic. Les doses doivent être rapidement progressives jusqu'à provoquer un début d'intoxication; l'ingestion buccale, les injections sous-cutanées ou intra-parenchymateuses sont également conseillées. Les complications, les symptômes peuvent apporter des indications spéciales. — Quant au traitement chirurgical, son succès est des plus relatifs : l'ablation des tumeurs ganglionnaires même limitées est suivie de récidive locale et de généralisation, le plus souvent.

**LYMPHADÉNOME.** s. m. [Pr. *lin-fa...*] (R. *lymphe* et *adenoïde*) T. Path. Par l., on entend toute tumeur composée de tissu adénoïde ou lymphoïde; ces tumeurs se développent de préférence dans les organes normalement constitués par ce tissu, tels que les ganglions lymphatiques, les follicules clos, la rate, le chorion de certaines muqueuses, les amygdales, etc.

**LYMPHANGITE.** s. f. [Pr. *lin-fan-ji-te*] (R. *lymphe*). La l., encore appelée *angioleucite*, est l'inflammation des vaisseaux lymphatiques. C'est le type des maladies d'inoculation; elle n'est que la réaction de la paroi lymphatique au contact des irritants absorbés. L'agent irritant est divers; c'est le plus souvent un poison microbien qui en est le point de départ; ce poison peut être absorbé au niveau d'une blessure ou simplement s infiltrer à travers les pores de la surface cutanée. On comprend d'ailleurs que la réceptivité organique créée par l'état général du sujet et les conditions de milieu influent notablement sur l'évolution de cette maladie. Anatomiquement, la l. peut être tronculaire, réticulaire ou radiculaire. Cliniquement, elle peut être aiguë ou chronique. Aiguë, elle présente l'aspect d'une infection aiguë grave et a une parenté étroite avec l'érysipèle et le phlegmon dont elle est un stade. Elle s'accompagne généralement d'adénite, et se termine volontiers par la suppuration (phlegmon diffus), à moins d'une régression rarement spontanée, le plus souvent thérapeutique. Une description plus détaillée de la l. en général ne peut être faite, étant donnée la diversité des formes qu'elle revêt, suivant le virus qui la commande : chancre mou, syphilis, tuberculose, cancer, etc. Le seul point qu'il faille mettre en lumière est le rôle prépondérant que joue la l. dans la généralisation des maladies virulentes et infectieuses. De cette seule considération découle la règle thérapeutique; le traitement se borne à une lutte locale et générale contre l'empoisonnement.

**LYMPHANGITIQUE.** adj. 2 g. [Pr. *lin-fan...*] T. Méd. Qui a rapport à la lymphangite ou qui en dépend.

**LYMPHATIQUE.** adj. 2 g. [Pr. *lin-fa..*] (R. *lymphe*). T. Anat. et Path. Qui a rapport à la lymphe. *Vaisseaux lymphatiques; ganglions lymphatiques. Maladie l. Tempérament l.* Voy. TEMPÉRAMENT.

**Anat.** — Les vaisseaux lymphatiques, qu'on a appelés quelquefois *vaisseaux lactés*, sont, comme les veines, des canaux membraneux à ramifications convergentes chargés de recueillir et d'apporter au système veineux deux importants liquides de l'organisme, la lymphe et le chyle; il n'y a donc aucune distinction à faire entre les lymphatiques et les chylifères, ceux-ci n'étant que les lymphatiques de l'intestin. Au cours de leur trajet, les lymphatiques traversent nécessairement des masses globuleuses qui leur sont annexées, les *ganglions lymphatiques*. Des réseaux où ils prennent naissance, les vaisseaux lymphatiques se dirigent tous vers deux gros troncs collecteurs, le *canal thoracique* et la *grande veine lymphatique*, situés dans le thorax, et qui s'ouvrent dans les veines sous-clavières. Convergents comme les veines, ils conservent à peu près le même calibre de leur origine à leur terminaison, et s'anastomosent volontiers. Cylindriques, ils présentent une série de renflements et d'étranglements qui leur donnent un aspect noueux, disposition due à la présence, à l'intérieur, de valvules dont la poche ou sinus est tourné vers le cœur. Ces valvules sont séparées par un intervalle variant de 3 à 15 millimètres (Fig. 1). Il nous est impossible d'insister sur les différences de structure des gros troncs et des capillaires, et nous avons hâte de décrire les ganglions.

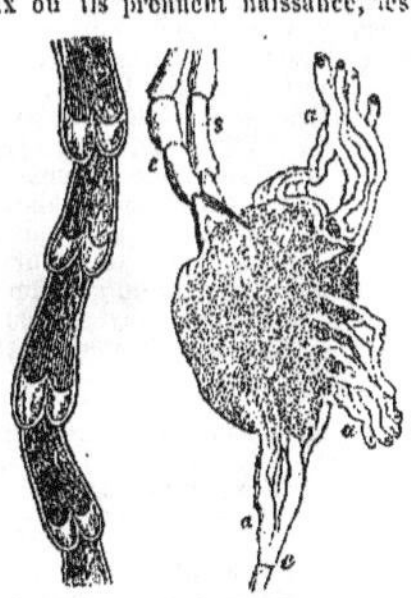
Fig. 1. Fig. 2.

Les *ganglions lymphatiques* (Fig. 2) sont de petits renflements de consistance molle, de forme et de volume variables, qui s'échelonnent de loin en loin sur le trajet des vaisseaux. Le ganglion reçoit un groupe de vaisseaux *afférents* par un point de sa surface, et émet un deuxième groupe de vaisseaux, dits *efférents*, par un point généralement appelé hile (Fig. 2 *aaa*, vaisseaux *afférents; ccc*, vaisseaux *efférents*. Les ganglions, rarement solitaires, sont généralement réunis par groupes que l'on désigne sous le nom de *chapelets* et qui se placent constamment sur le trajet des gros troncs vasculaires. De dimensions variant d'un pois à une olive, ils se composent essentiellement d'une enveloppe, ou coque, d'où partent des cloisons ou trabécules, de follicules et cordons folliculaires (cellules lymphatiques), de voies lymphatiques, et, enfin de vaisseaux et de nerfs qui pénètrent au niveau du hile. Ces ganglions paraissent être le lieu d'élaboration des cellules lymphatiques.

Il est difficile de donner une description d'ensemble du système l.; néanmoins, pour en donner une idée, nous énumérerons 11 groupes ganglionnaires, classification peut-être arbitraire mais suffisamment schématique : groupes tibial-antérieur, poplité, inguinal, iliaque-externe, pelvien, lombo-aortique, thoracique, céphalique, cervical, sous-épitrochléen, axillaire. A chacun de ces groupes correspondent des vaisseaux afférents et efférents. Tous ces vaisseaux aboutissent au canal thoracique et à la grande veine l. Le canal thoracique prend naissance au niveau de la troisième vertèbre lombaire par une ampoule appelée *réservoir du chyle* ou *citerne de Pecquet*, traverse le diaphragme et, après quelques inflexions, vient s'ouvrir dans l'angle de réunion des veines sous-clavière et jugulaire interne du côté gauche. Il est constitué par la réunion de cinq gros troncs lymphatiques, deux ascendants (membres inférieurs, bassin, testicules, reins et gros intestin), deux descendants (huit derniers espaces intercostaux et partie supérieure du diaphragme), un antérieur (intestin grêle, estomac, foie et rate). Ce canal ne présente que de rares valvules : deux seulement sont constantes au niveau de l'abouchement dans la sous-clavière, empêchant tout reflux du sang veineux. La grande veine l., située du côté droit, longue de 1 à 2 centimètres, est située à la partie antéro-latérale de la base du cou, entre la jugulaire interne et la sous-clavière ; elle a pour tributaires : les lymphatiques du membre supérieur droit, de la moitié droite de la tête et du cou, du poumon droit et de la moitié droite des parois du thorax, en partie.

**Anat. comparée**. — *Système lymphatique dans la série animale*. — Chez un grand nombre d'Invertébrés, Cirrhipèdes, Rotifères, Bryozoaires, Nématodes, Cestodes, etc., le système sanguin n'est pas distinct du système lymphatique ; il n'existe qu'un seul liquide, l'*hémolymphe*, qui baigne les espaces cellulaires ou remplit la cavité générale; ce liquide est soumis à des fluctuations continuelles par les mouvements du tube digestif ou des muscles. Chez d'autres Invertébrés (Arthropodes, Mollusques, etc.), il existe un système particulier de vaisseaux qui recueille l'hémolymphe dans les lacunes interstitielles et va la porter à un ou plusieurs organes moteurs (*cœurs*). Il faut arriver aux Annélides pour trouver une substance liquide particulière distincte du sang; c'est la lymphe qui reste contenue dans des lacunes, alors que le sang est canalisé dans un système de vaisseaux clos de toutes parts.

Chez tous les Vertébrés, la lymphe circule toujours dans un système de vaisseaux clos communiquant avec les veines, mais cet appareil va en se compliquant des Vertébrés inférieurs aux Mammifères. Les vaisseaux lymphatiques des Poissons ne possèdent pas de valvules à leur intérieur ; ils ne présentent pas non plus de ganglions sur leur trajet, mais forment des plexus qui s'ouvrent, en certains endroits, dans les veines. Les ganglions lymphatiques apparaissent seulement chez les Oiseaux, mais ils ne prennent tout leur développement que chez les Mammifères. Par contre, un grand nombre de Vertébrés : les Salamandres, les Grenouilles, les Reptiles, les Autruches et quelques autres Oiseaux, présentent des parties contractiles (*cœurs lymphatiques*) sur le trajet de certains vaisseaux.

**LYMPHATISME**. s. m. [Pr. *lin-fatisme*] (R. *lymphe*). T. Méd. On désigne sous le nom de l. deux états de l'organisme dont l'un est physiologique, l'autre pathologique. Les sujets offrant les attributs du tempérament lymphatique et ceux qui sont atteints des maladies formant le groupe des scrofulides de la première période, sont entachés de l. Le l. est pour ainsi dire le premier degré de la scrofule. Voy. Scrofule.

**LYMPHE**. s. f. [Pr. *lin-fe*] (lat. *lympha*, eau). T. Anat. La l., contenu des vaisseaux lymphatiques, est un liquide très coulant, jaune pâle, que l'on rencontre aussi dans les vaisseaux chylifères, quelque peu modifié au moment de l'absorption. La partie liquide présente une composition très analogue à celle du liquor du sang; elle contient de la fibrine et des albumines, parentes des peptones ; elle renferme, en proportions notables, les produits excrémentitiels des tissus, tels que l'urée, et des sels (chlorures et sulfates de soude) ; les gaz qu'on y trouve sont les mêmes que dans le sang (acide carbonique et oxygène), mais la proportion d'acide carbonique y est moindre que dans le sang veineux. Les éléments figurés de la l. sont, outre les globules blancs identiques à ceux du sang, des globules rouges dont la présence a été invoquée comme preuve d'une transformation des globules blancs en globules rouges ; enfin, le microscope y décèle de nombreuses particules graisseuses en suspension, animées du mouvement brownien et entourées d'une légère couche d'albumine.

**LYMPHOCITE**, ou mieux Lymphocyte. (R. *lymphe*, et gr. κύτος, cavité). T. Physiol. Première phase des *leucocytes*, ou globules blancs du sang. Voy. Histogénie.

**LYMPHOÏDE**. adj. 2 g. (R. *lymphe*, et gr. εἶδος, apparence). Qualificatif que l'on applique parfois au tissu adénoïde, tissu composé de cellules lymphatiques.

**LYMPHOMATEUX**. adj. m. [Pr. *lin-foma-teu*]. Qualificatif s'appliquant aux tumeurs appelées *lymphomes*

**LYMPHOME**. s. m. Synonyme de *lymphadénome*.

**LYMPHORRHAGIE**. s. f. [Pr. *lin-for-rajie*] (lat. *lympha*, eau, et gr. ῥαγεῖν, faire éruption). Écoulement de lymphe.

**LYMPHOSARCOMATEUX**. adj. m. [Pr. *lin-fo...*] Qualificatif s'appliquant aux tumeurs appelées *lymphosarcomes*.

**LYMPHOSARCOME**. s. m. [Pr. *lin-fo...*] Variété de *lymphadénome*, dont la structure se différencie par le volume des éléments cellulaires et les caractères du réticulum.

**LYMPHOSE**, s. f. [Pr. *lin-fo-ze*] (R. *lymphe*). T. Physiol. Action élaboratrice spéciale dont résulte la lymphe.

**LYMPHOTOMIE**. s. f. [Pr. *lin-fo...*] (R. *lymphe* et gr. τομή, section). Dissection des vaisseaux lymphatiques.

**LYNCÉE**, héros grec, célèbre par sa vue perçante, fut tué par Pollux pour venger le meurtre de son frère Castor.

**LYNCHER**. v. a. (angl. *to lynch*, m. s., du nom de *John Lynch*, auquel on attribue la loi du lynch). Punir, exécuter sans attendre l'intervention ou la décision de la justice.

**LYNGODE**. adj. 2 g. (gr. λυγγώδης, singultueux). T. Méd. *Fièvre l.*, Fièvre avec sanglots. Inus.

**LYNX**. s. m. [Pr. *links*] (gr. λύγξ, m. s.). Quadrupède carnassier auquel les anciens poètes attribuaient une vue perçante, capable de pénétrer les murs les plus épais. — Famil., *Avoir des yeux de l.*, Avoir la vue très perçante ; et Fig., Voir clair dans les affaires, dans les desseins, dans les

Fig. 1.

pensées des autres. || T. Astron. Constellation boréale. Voy. Constellation.

**Zool.** — Les *Lynx* se distinguent des autres *Félides* par les pinceaux de poils dont leurs oreilles sont ornées, et surtout par l'absence de petite fausse molaire antérieure, ce qui réduit le nombre de leurs dents à 28 au lieu de 30. Ce genre comprend un assez grand nombre d'espèces répandues dans l'ancien et dans le nouveau continent. L'espèce type (*Lynx vulgaris*) (Fig. 1), vulgairement appelée chez nous *Loup-cervier*, a 76 à 92 centimètres de longueur, non compris la queue, qui en a 10. Son pelage est roux clair avec des mouchetures plus foncées et parfois noirâtres. Ce carnassier ne se trouve plus chez nous que dans quelques grandes forêts des Pyrénées, où d'ailleurs il est fort rare, mais on le rencontre encore dans le nord de l'Europe. Aussi agile que fort, il poursuit sur les arbres les écureuils et les martres, etc. (Fig 2), ou bien il se place en embuscade, et, tombant à l'improviste sur un faon de cerf, de daim ou de chevreuil, il lui brise la première vertèbre du cou et lui suce la cervelle. C'est aussi un

Fig. 2.

grand destructeur de lièvres, lapins et d'autres petits animaux. Pris jeune, il s'apprivoise facilement et devient très familier. Comme le Chat, il est d'une extrême propreté et sa robe donne une fourrure assez estimée. L'Europe méridionale possède une autre espèce de Lynx, qui a la taille de notre Blaireau; c'est le *Parde* ou *Chat-pard*, appelé aussi *Chat-Tigre* (*L. pardina*). Il porte aux joues de grands favoris, et son pelage court, d'un roux vif et lustré, est moucheté de noir ainsi que la queue. — Parmi les espèces étrangères, nous citerons : le *Chelason* ou *Chulon* (*L. cervaria*), qui est de la taille du Loup et habite le nord de l'Asie; le *Caracal* (*L. caracal*) ou *L. des anciens*, qui est commun dans l'Afrique septentrionale; et le *L. des marais* (*L. chaus*), qui habite la Nubie, l'Égypte et le Caucase. Ce dernier présente une particularité assez rare parmi les animaux de la famille des Chats : c'est d'être bon nageur et de se plaire dans l'eau, où il fait sans cesse la chasse aux oiseaux aquatiques et aux reptiles.

Le l. a réellement une excellente vue, comme la plupart des chats, d'ailleurs, et c'est sans doute par une sorte de jeu de mots que l'on a dit que cette vue *perçante* allait jusqu'à percer les murs.

**LYON** (autrefois *Lugdunum*), ch.-l. du dép. du Rhône, à 512 kilom. de Paris, au confluent du Rhône et de la Saône, 483,100 hab. Archevêché. Commerce et fabrication de soieries. — Ville très ancienne, d'origine gauloise, aujourd'hui la seconde ville de France pour la population, le commerce et l'industrie. Patrie des empereurs romains Claude et Caracalla, de Philibert Delorme, Jussieu, Jacquart, M^me^ Récamier, Jules Favre, Meissonnier, etc. — En 1793, Lyon se souleva contre la Convention, et subit un siège de deux mois après lequel elle porta quelque temps le nom de *Commune affranchie*, en vertu d'un décret de la Convention. = Nom des hab. : LYONNAIS, AISE.

**LYONNAIS**, anc. prov. de France, cap. *Lyon*, annexée à la couronne sous Philippe le Bel, en 1312. Le gouvernement du même nom, comprenait le Lyonnais proprement dit, le Forez et le Beaujolais.

**LYONNAISE**, l'une des quatre provinces créées par Auguste dans la Gaule transalpine.

**LYONS** (Lord), amiral anglais (1790-1858), commanda la flotte anglaise dans la guerre de Crimée, en 1855.

**LYONS-LA-FORÊT**, ch.-l. de c. (Eure), arr. des Andelys; 1,200 hab.

**LYPÉMANIE**. s. f. (gr. λύπη, chagrin; μανία, folie). T. Méd. Le mot l. a été créé par Esquirol pour désigner le genre de folie essentiellement caractérisé par l'abattement, la crainte, la tristesse. Les états morbides désignés quelquefois sous les noms de mélancolie et de monomanie répondent à la même définition, et si l'on a cru pouvoir à certains moments faire une distinction entre ces trois termes, cela vient de la confusion qui s'était produite dans l'étude des aliénations mentales, faisant classer parmi les aliénés bien des sujets dont la folie devait être rattachée à des maladies spéciales du système nerveux (épilepsie, paralysie générale). La l. doit donc être considérée comme une véritable entité pathologique. — De toutes les espèces de folie, la l. est la plus fréquente; elle apparaît vers l'âge de 30 à 50 ans, ou bien au moment de la puberté ou de la ménopause; aussi la femme est-elle des plus fréquemment atteinte; si l'hérédité a une influence sur son développement, il est certain que les causes morales ont une part très considérable dans sa production : toutes les préoccupations, contrariétés, les chagrins, l'exagération des sentiments religieux, du travail intellectuel, etc. D'autre part, le délire alcoolique peut dégénérer en l., et les affections dépressives de l'organisme, surtout celles qui ont un siège abdominal (tube digestif et appareil génito-urinaire), ont un retentissement particulier sur le système cérébral.

La l. peut débuter d'une manière brusque, mais plus souvent elle s'annonce par une sensibilité excessive, une véritable hyperesthésie morale. Peu à peu, ces dispositions fâcheuses augmentent, l'ennui, la tristesse, le désespoir, et même les idées de suicide deviennent les objets principaux ou exclusifs sur lesquels est concentrée toute l'attention du malade. Le sommeil fait de plus en plus défaut, les fonctions de nutrition et de sécrétion se ralentissent et l'organisme languit. Sans nous attarder à décrire les types divers sous lesquels peut se présenter cette l., nous devons parler de ce qu'on a appelé l. partielle, par opposition à la forme déjà décrite, appelée l. générale. On range dans la l. partielle, la l. hypochondriaque et le délire de persécution. — Ces déviations intellectuelles ne sont pas encore rattachées d'une façon précise à des altérations constantes de l'encéphale. On a signalé de l'œdème du cerveau déterminant une l. stupide; d'autres fois, des modifications du réseau circulatoire, des cellules nerveuses, de la névroglie. — Au point de vue clinique, la l. générale est toujours caractérisée par un ensemble de symptômes apparents qui ne peuvent être confondus avec d'autres maladies; au contraire, la l. partielle peut être une cause d'erreur par la difficulté de reconnaître l'existence même d'un état morbide, tant est grande l'habileté de dissimulation des aliénés persécutés. La marche de la l. générale, très souvent aiguë, susceptible de guérison, est absolument distincte de la l. partielle, invariablement chronique dès le début et incurable. Il faut, pour formuler un pronostic, tenir compte des chances de mort que font courir à beaucoup de malades la tendance au suicide et le refus de manger, si fréquents dans cette affection.

Pour ce qui a trait à la thérapeutique, la première indication est de soumettre les malades à une surveillance continue et absolue. En dehors de cette précaution, le traitement doit être physique et moral : physique, surtout dirigé contre les conditions générales d'affaiblissement de l'organisme (hydrothérapie modérée, médications toniques et analeptiques, somnifères, etc.); — moral : consolation, encouragements, bons conseils, distractions, travail, voyages. Un dernier mot doit être dit des moyens employés dans le but d'alimenter les malades qui refusent toute nourriture : on verse quelquefois des aliments liquides par les narines du malade; malgré les bouches de bois et d'argent, inventées pour écarter les arcades dentaires et permettre de porter les aliments jusqu'à la partie postérieure du pharynx, on ne réussit pas toujours, et il devient indispensable de recourir à l'emploi de sondes œsophagiennes que l'on ne peut généralement pas introduire par la bouche et que l'on fait alors passer par les fosses nasales.

**LIPOTHYMIE**. s. f. (gr. λύπη, chagrin, θυμὸς, passion). Tendance à la syncope.

**LYRE.** s. f. (lat. *lyra*; gr. λύρα, m. s.). Instrument de musique à cordes, qui était en usage chez les anciens. *Les anciens poètes grecs, en chantant leurs vers, s'accompagnaient de la l.* || Par allusion à cet usage, *L.* s'emploie dans diverses phrases consacrées en parlant des poètes. *Les maîtres de la l.*, Les grands poètes. *Prendre, accorder sa l.*, Se disposer à faire des vers. *Quitter, déposer, suspendre sa l.*, Cesser d'en faire. *La l. d'Anacréon chantait les plaisirs*, Anacréon, dans ses vers, chantait les plaisirs. || T. Anat. Surface inférieure de la voûte à trois piliers du cerveau. || T. Techn. Engin en forme de lyre destiné à suspendre quelque chose. || T. Astron. Constellation boréale. Voy. Constellation. || T. Hist. nat. Nom spécifique du *Ménure*, Voy. Merle, et d'une espèce de poisson du genre *Callionyme*. Voy. Gobiides. — *L. de David*, Nom vulgaire des coquilles du genre *Harpe*. Voy. Harpides.

**Mus.** — La *lyre* (λύρα, *lyra*) constituait, chez les anciens, le type des instruments à cordes pincées. Elle était incontestablement connue des peuples orientaux et des Égyptiens longtemps avant que les Grecs en eussent adopté l'usage, et il est probable que ceux-ci la tirèrent de l'Asie Mineure. Malgré cela, les écrivains grecs attribuaient généralement son invention à Mercure; d'autres, au contraire, en faisaient honneur à Apollon, à Orphée, à Amphion, à Linus, etc. Au reste, les traditions grecques s'accordaient en ce point, qu'une écaille de tortue avait fourni la partie primitive et la partie essentielle de l'instrument, d'où les noms de χέλυς ou de χελώνη et de *testudo* sous lesquels on le désigne fréquemment. On distinguait dans la l. (Fig. 1) cinq parties principales : la *caisse*, μαγάς, qui, à l'origine, consistait en une écaille de tortue; la *table*, qui était souvent une simple

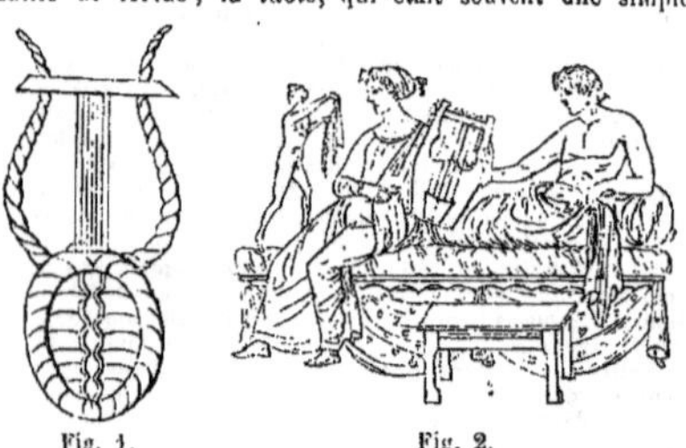
Fig. 1. Fig. 2.

peau sèche tendue sur la partie creuse de la caisse; les *montants* (πήχεις, *cornua*), qui furent, dit-on, dans le principe, deux cornes de bœuf fixées sur la caisse; le *joug* (ζυγόν, *transtillum*), qui unissait les deux montants; et les *cordes* (σφίδες), qui s'attachaient d'un côté à la caisse et de l'autre au joug. Le nombre des cordes fut d'abord de 3, mais, plus tard, on le porta à 4 et au delà. Chez les Grecs, le poète Terpandre d'Antissa, qui vivait 650 ans av. J.-C., passait pour être l'auteur de la lyre à 7 cordes. C'était celle dont Pindare faisait usage, quoique, de son temps, on eût ajouté à la l. une 8e corde. Au temps de Philippe de Macédoine et d'Alexandre le Grand, Timothée de Milet porta le nombre de cordes jusqu'à 11, mais cette innovation fut repoussée par les Spartiates. Sur les monuments qui sont parvenus jusqu'à nous, on voit des lyres montées de 3 à 7 cordes. Le *Barbiton*, le *Magadis*, etc., en usage à l'époque de Sapho et d'Anacréon, n'étaient vraisemblablement que des variétés de la l. Il en était de même, à l'origine, de la *Cithare* (*cithara* ou *phorminx*); mais, vers le temps de Pindare, on en fit un instrument particulier qui différait surtout de la l. proprement dite en ce que sa caisse sonore était plus petite, et en ce qu'elle ne pouvait donner des sons aussi graves. Cependant nous devons dire que selon plusieurs archéologues, la cithare n'était pas une l., mais une guitare. Pour jouer de la l., on se servait de la main gauche. On pinçait les cordes, tantôt avec les doigts, tantôt avec une espèce de crochet, appelé *plectrum* (Fig. 2). Dans le principe, on se servait de la l. quand on récitait des poèmes épiques, non pas probablement pour accompagner le récit, mais avant qu'il commençât, pour lui former comme une espèce de prélude, et dans les intervalles qui séparaient les morceaux. Par la suite, on l'employa pour soutenir la voix dans les poésies chantées, qui de là, ont été nommées *lyriques*. — La l. subsiste encore dans plusieurs parties de l'Orient, mais son usage s'est perdu, en Europe, pendant le moyen âge, et même à une époque assez éloignée de nous. Toutefois son nom a été ressuscité, après la Renaissance, pour désigner différents instruments sans aucun rapport avec la l des anciens, et qui sont aujourd'hui abandonnés.

**LYRÉ, ÉE.** adj. (R. *lyre*). T. Bot. Se dit d'une feuille découpée en lobes plus petits que le dernier, qui est très ample. || T. Did. En forme de lyre.

**LYRIFORME.** adj. 2 g. (lat. *lyra*, lyre; *forma*, forme). T. Did. Qui ressemble à une lyre.

**LYRIQUE.** adj. 2 g. (lat. *lyricus*, gr. λυρικός, m. s., de λύρα, lyre). Se dit de la poésie et des vers qui se chantaient autrefois sur la lyre, comme les odes, les hymnes. *Poésie l. Vers lyriques. Le genre l.* || Par analogie, se dit des ouvrages en vers qui sont faits pour être chantés ou propres à être mis en musique, tels que les cantates, les chansons, les opéras. *Tragédie l. Comédie l. Les chœurs d'*Esther et *d'*Athalie *sont des chefs-d'œuvre lyriques.* — *Théâtre l.*, Théâtre sur lequel on représente des ouvrages mis en musique. || Par extens., se dit des odes, quoiqu'on ne les chante pas. *Les odes sont de petits poèmes lyriques.* || *Poète, auteur l.*, Celui qui compose des odes ou des poésies propres à être mises en musique. — Lyrique. s. m. Le genre, la poésie lyrique. *Il a échoué dans le l.* || Auteur lyrique. *Les lyriques de la Grèce.*

**Littér.** — « Ce qui donne naissance à la poésie épique, dit Hegel, c'est le plaisir que nous éprouvons au récit d'une action qui, étrangère à nous, se déroule sous nos yeux et forme un tout complet. *La poésie lyrique* satisfait un besoin tout opposé, celui d'exprimer ce que nous sentons, et de nous contenter nous-mêmes dans la manifestation de nos sentiments. » Le même philosophe dit encore : « Tandis que la poésie épique nous révèle le côté *objectif*, impersonnel, de l'existence, le caractère de la poésie l. est personnel ou *subjectif*. Elle représente le monde intérieur de l'âme, ses sentiments, ses conceptions, ses joies et ses souffrances. C'est la pensée personnelle, dans ce qu'elle a d'intime et de vrai, que le poète exprime comme sa disposition propre, la production vivante et inspirée de son esprit. » La poésie l. est donc le monologue de l'homme dont la pensée et le sentiment débordent, qui est contraint, comme malgré lui, de manifester par la parole, la situation de son âme, sans se préoccuper de savoir s'il y a là quelqu'un pour l'entendre ou pour lui répondre. En conséquence, le fond de la poésie l., c'est l'âme humaine, ce sont ses sentiments, ses situations individuelles.

Le poète épique a besoin d'un héros étranger dont il raconte les actes, les sentiments, les pensées. Le poète dramatique nous offre la lutte de deux existences sous la loi suprême de la fatalité; les personnages qu'il représente pensent et agissent sous nos yeux. Le poète l. n'a point de héros à représenter, ou plutôt ce héros, c'est lui-même. Si un personnage apparaît un instant dans son œuvre, il n'apparaît que pour donner au poète l'occasion de se révéler lui-même et de développer sa propre pensée : celui-ci s'inspire de la situation du personnage, et il nous fait partager son impression et son enthousiasme. Tels sont les chants de Pindare : les jeux et les vainqueurs dans les grandes fêtes nationales de la Grèce ne sont guère pour lui que l'occasion d'émettre ses pensées, ses réflexions et tout ce qu'il a dans l'âme. Il en est de même de la plupart des odes d'Horace. Dans ce cas, la condition principale que doit remplir le poète consiste à s'assimiler complètement le sujet, et à s'en servir comme de texte pour exprimer sa pensée individuelle. Tout en mêlant les faits aux idées, le poète montre, par la manière dont il les expose, que c'est toujours l'expression propre de ses pensées et de ses sentiments qui constitue le fond du poème l. Les sujets que traite la poésie l. sont peu étendus, mais ils sont infiniment variés. Parmi les idées qui forment le fond de ce genre de poésie, nous trouvons d'abord ce qu'il y a de plus élevé et de plus général dans les croyances et l'imagination d'un peuple, c.-à-d. ses croyances religieuses, puis les sentiments et les idées qu'éveillent le mot de patrie, la situation présente, glorieuse et grande, ou triste et déchue, de la cité ou de la nation, son passé et son avenir. Viennent ensuite des sujets d'un caractère plus particulier, des pensées individuelles, mais profondes et mêlées à des intérêts généraux, à des maximes, à des réflexions sur la marche du monde et des destinées humaines. Enfin, nous voyons exprimé le sentiment individuel dans ce qu'il a de plus intime et de plus personnel. « Les sujets de la plus mince importance, dit très bien Hegel, les impressions les plus fugitives, le cri du cœur, les impressions rapides de la joie, toutes les nuances de la douleur, les troubles de l'âme, les aspirations et la mélancolie, tous les degrés de l'échelle du sentiment prennent place à leur tour dans la poésie l. Il y a plus : la nouveauté et l'originalité des idées, les tours surprenants de la pensée, la verve et l'esprit de saillie, toutes les fantaisies de l'imagination, sont autant de sources où elle puise ses inspirations. Mais sous les impressions les plus fugitives du poète doit apparaître une pensée solide et vraie, un sentiment vif et profond. Le titre même de poésie légère n'est pas une excuse et ne dispense pas d'avoir des idées. Les grands poètes seuls savent déguiser, sous la légèreté de la forme, la profondeur du sentiment. »

La marche du poème l. est toujours rapide ; elle exclut les longs développements et les peintures trop détaillées des choses, car ce genre de poésie n'a pas pour objet de raconter ou de décrire, mais simplement de manifester la pensée et le sentiment du poète. Le poème l. peut avoir recours aux épisodes ; mais ces épisodes sont de simples évocations d'objets analogues que le poète rattache à son sujet par le lien de sa pensée, et il ne les emploie que pour venir à l'appui de l'idée ou du sentiment principal. L'enchaînement des idées du poète n'est point soumis à la succession régulière qu'exige le récit ; néanmoins elle ne saurait être arbitraire. Parfois elle est calme et tranquille ; mais souvent aussi, particulièrement dans certains genres, elle offre un désordre apparent : nous disons apparent, car le mouvement désordonné est de l'essence de la passion et de l'enthousiasme, parce qu'ils obéissent aussitôt à l'action de l'idée ou de l'objet actuellement présent à l'esprit. De là vient que, dans la fougue et l'ivresse de la passion, comme dans le délire de l'enthousiasme, le poète semble possédé par une puissance supérieure qui l'entraîne et le subjugue. Cependant, quel que soit le sujet et quelle que soit la marche du poème l., il ne saurait se soustraire à la loi de l'unité, condition suprême de toute œuvre d'art. Mais ce qui donne l'unité au poème l., ce n'est pas la circonstance occasionnelle qui en forme le sujet, c'est le point de vue où se place le poète et le mouvement intérieur de son âme. « Le véritable centre d'unité de la poésie l., dit Hegel, doit être une situation déterminée de l'âme avec laquelle le poète s'identifie et où il doit se renfermer. Il ne doit exprimer que ce qui sort de cette situation et s'y rattache. Par là seulement sa pensée se limite, et l'œuvre offre un tout complet et organisé. » Quant à la forme extérieure de la poésie l., il y a peu de chose à en dire, à moins d'entrer dans des détails qui sont du domaine de la prosodie et de la métrique. La poésie l., par la variété infinie des sujets qu'elle peut choisir et des états de l'âme qu'elle est susceptible d'exprimer, exige la plus grande diversité de mètres, et comporte les combinaisons les plus savantes et parfois même les plus insolites. Le mouvement intérieur de la pensée du poète, la nature des sentiments qu'il exprime, doivent se manifester dans le mouvement extérieur de la mesure et de l'harmonie des mots, dans le rythme, dans la variété des strophes, etc.

La poésie l. comprend trois classes principales de poèmes : l'*hymne*, l'*ode* et la *chanson*. L'*Hymne*, et dans cette catégorie se rangent les *psaumes* et les *dithyrambes*, est caractérisé par son objet religieux : c'est l'élan de l'âme vers la divinité, pour l'adorer, la louer, lui rendre grâces ; l'homme, c.-à-d. le poète, disparaît devant la puissance qu'il évoque. Ici, la littérature grecque, la plus parfaite de toutes les littératures, cède la palme à la littérature hébraïque, parce que le sentiment religieux était beaucoup plus profond chez les Hébreux, caractère qui, du reste, leur est commun avec les autres peuples de race sémitique. La sublimité éclate à chaque instant dans les psaumes du roi-prophète, qui sont peut-être le chef-d'œuvre de la poésie lyrique, et non moins inimitables dans ce genre que les poèmes d'Homère dans la poésie épique. — Dans l'*Ode*, quels que soient l'importance et la grandeur du sujet, c'est la personnalité du poète qui domine l'œuvre tout entière, car il s'en rend complètement maître, il la modifie absolument à son gré, et il y mêle sans cesse sa propre pensée et ses propres sentiments. — La *Chanson* embrasse une infinité de sujets et de nuances. Elle se distigue des genres précédents par la simplicité du fond et de la forme, du mètre et du langage. Destinée à être chantée, à exprimer quelque sentiment passager de l'âme, elle est même passagère et s'oublie vite ; mais elle renaît sans cesse sous des formes nouvelles qui la rajeunissent. — On doit rattacher encore à la poésie l. le *Sonnet*, l'*Élégie*, la *Ballade*, etc., et certains poèmes gnomiques et philosophiques ; mais ces genres secondaires présentent souvent des caractères qui les rapprochent de la forme de la poésie épique. Ils appartiennent au genre l. parce que c'est encore la personnalité du poète qui domine ici ; mais déjà il ne chante plus pour lui-même : il se propose d'agir sur les autres. L'expression pure du sentiment fait place à la réflexion et à la pensée. Le poète s'attache à la description des objets ; il fait l'histoire du passé ou du présent. On ne trouve plus ni l'enthousiasme de l'ode, ni la verve et la simplicité de la chanson. Enfin, comme le remarque Hegel, le chant disparaît pour faire place à l'harmonie du langage.

La forme l. est évidemment la première qu'a dû revêtir la poésie à son origine : nous la trouvons en effet chez les peuplades les plus sauvages. Ses premiers produits sont les hymnes à la divinité et les chants nationaux ou populaires ; mais ceux-ci passent aisément à la forme épique. Quant à l'ode proprement dite, elle est étrangère aux époques primitives ; elle exige une culture intellectuelle plus avancée, des formes de langage plus travaillées et plus savantes, un sens de l'art perfectionné. Enfin, pour que la poésie l. se manifeste sous les formes infiniment variées qu'elle revêt chez les peuples modernes, il faut plus encore. Il est nécessaire que l'homme ait pris pleine possession de lui-même par la réflexion, qu'il se soit habitué à analyser toutes les situations de son âme et ses sentiments les plus intimes. Dans un pareil état de civilisation, la pensée l. nous révèle l'homme sous toutes ses faces ; elle exprime sa pensée et ses sentiments dans toutes les situations imaginables, et, pour se plier à cette singulière diversité, elle multiplie indéfiniment les combinaisons prosodiques et rythmiques.

Ainsi que tout le monde le sait, la poésie l. tire son nom de ce qu'à l'origine, chez les Grecs, elle se chantait avec accompagnement de la lyre. Il est vraisemblable que le chant était alors complètement subordonné à la poésie, et ne constituait qu'une sorte de réactif soutenu de quelques accords. Mais cette union de la musique et de la poésie ne subsista pas longtemps. Les deux arts, en se développant chacun dans la direction qui leur est propre, se gênaient mutuellement lorsqu'on tentait de les rapprocher. Aujourd'hui la musique n'est associée à la poésie véritablement l. que dans certains chants religieux, hymnes et cantiques, et dans la chanson proprement dite. En général, si l'œuvre poétique est parfaite, elle doit attendre peu de secours de la musique ; et si la musique est le but principal, le texte poétique ne représente plus qu'un accessoire : il ne fournit qu'un simple canevas. C'est ce qui s'observe très bien dans les poèmes dramatiques destinés à servir de texte à l'œuvre du musicien dans les opéras. Aussi, bien que ces poèmes soient qualifiés de *lyriques*, par la raison qu'ils doivent être chantés, ils n'offrent aucunement les caractères essentiels qui constituent les poésies l. et les distinguent des autres formes de la poésie.

**LYRISME**. s. m. Inspiration du poète lyrique.

**LYRO-GUITARE**. s. f. Sorte de guitare en forme de lyre.

**LYS**, riv. de France et de Belgique, se jette dans l'Escaut à Gand, 209 kil.

**LYSANDRE**, général de Sparte, remporta sur les Athéniens la victoire d'Ægos-Potamos, fut tué à Haliarte (395 av. J.-C.).

**LYSIAS**, orateur athénien, lutta contre la tyrannie des Trente (437-378 av. J.-C.).

**LYSIDINE**. s. f. [Pr. *li-zidine*]. T. Chim. Dérivé de la glyoxaline, obtenu en distillant le chlorhydrate d'éthylène-diamine avec l'acétate de soude. La l. est une méthyl-dihydro-glyoxaline et répond à la formule $C^3H^5(CH^3)Az^2$. Elle est déliquescente, très soluble dans l'eau et dans l'alcool ; elle fond à 105° et bout à 198°. La l., qui forme avec l'acide urique un sel soluble dans l'eau, est employée dans le traitement de la goutte.

**LYSIEN, IENNE**. adj. [Pr. *lizi-in, iène*] (gr. λύσις, dissolution). T. Minér. Formé par voie de dissolution chimique.

**LYSIMAQUE**. s. f. [Pr. *li-zimake*] (n. d'un médecin grec). T. Bot. Genre de plantes Dicotylédones (*Lysimachia*) de la famille des *Primulacées*. Voy. ce mot.

**LYSIMAQUE**, général d'Alexandre le Grand, devint roi de Thrace après la mort de son maître, fut vaincu et tué par Séleucus à Cyropédion (281 av. J.-C.).

**LYSIPPE DE SICYONE**, statuaire grec, eut seul le droit de faire la statue d'Alexandre le Grand. IVe siècle av. J.-C.

**LYSIS DE TARENTE**, philos. grec, disciple de Pythagore. Vᵉ siècle av. J.-C.

**LYSOL.** s. m. [Pr. *li-zol*]. T. Chim. Substance préconisée comme antiseptique. C'est un mélange de crésols émulsionné au moyen d'un savon à base de résine et d'huile.

**LYSSE.** s. f. (gr. λύσσα, rage). T. Méd. Nom donné par quelques auteurs à des pustules qui, d'après eux, se développeraient à la longue chez les individus mordus par un animal enragé.

**LYSTRE.** s. f. T. Entom. Genre d'*Hémiptères* appartenant au groupe des *Fulgoridés*. Voy. CICADAIRES.

**LYSURE.** s. m. [Pr. *li-zure*] (gr. λύσιος, livre; οὐρά, pédicule). T. Bot. Genre de Champignons (*Lysurus*) de la famille des *Gastéromycètes*. Voy. ce mot.

**LYTHRACÉES.** s. f. pl. (R. *lythrum*, lythraire). T. Bot.

Famille de végétaux Dicotylédones de l'ordre des Dialypétales inférovariées.

*Caract. bot.* : Végétaux herbacés, rarement frutescents ou arborescents. Feuilles opposées, rarement verticillées ou alternes, entières, et quelquefois sessiles, sans stipules. Fleurs hermaphrodites, solitaires ou axillaires, en cymes, ou en grappes. Calice persistant, tubuleux, régulier ou irrégulier, à limbe découpé en dents plus ou moins profondes, au nombre de 3 ou davantage, avec lesquelles alternent assez souvent d'autres dents plus étroites formant un cercle extérieur, à préfloraison valvaire. Pétales insérés à la gorge du tube calicinal, en même nombre que les dents internes du calice et alternant avec elles, caducs, et à préfloraison imbriquée. Étamines insérées sur le tube du calice et continues avec ses nervures, en nombre égal à celui des pétales et alors alternes avec eux, ou double, ou triple, rarement moindre; filets filiformes; anthères introrses, biloculaires, s'ouvrant longitudinalement. Pistil formé de carpelles concrescents en un ovaire, à 2-6 loges pluriovulées; ovules ordinairement nombreux, ascendants ou horizontaux, anatropes; style filiforme, stigmate ordinairement capité. Fruit représentant une capsule membraneuse, recouverte par le calice, à déhiscence variable. Graines nombreuses, petites, sans albumen; embryon droit, à radicule tournée vers le hile, et à cotylédons orbiculaires, plans et foliacés. [Fig. 1. *Diplusodon arboreus*. — 2. Fleurs de *Lythrum salicaria*; 3. Calice ouvert et étalé; 4. Pistil; 5. Coupe longitudinale de l'ovaire; 6. Capsule; 7. Coupe d'une graine.]

La famille des Lythracées comprend 26 genres (*Ammania*, *Peplis*, *Cuphea*, *Lythrum*, *Lagerstræmia*, etc.) et 250 espèces croissant en majorité dans les régions tropicales, surtout en Amérique; on trouve quelques espèces en Europe. — Plusieurs espèces du genre *Lythrum* passent pour astringentes et vulnéraires : telle est, par ex., la *Salicaire commune* (*Lythrum salicaria*). L'*Heimia salicifolia* constitue un sudorifique énergique : au Mexique on l'emploie fréquemment dans les

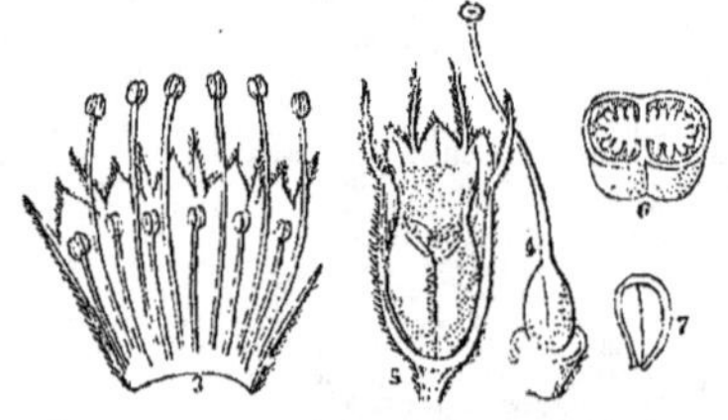

maladies syphilitiques. L'écorce et les feuilles du *Lagerstræmia regina* sont réputées purgatives et hydragogues, et ses graines, dit-on, sont narcotiques. Au Brésil, on administre quelquefois, dans les cas de fièvre intermittente, une décoction de *Cuphea balsamonia*. Les feuilles de l'*Ammania vesicatoria* sont extrêmement âcres, et usitées dans l'Inde comme vésicantes. Pour cela, il suffit de les broyer et de les appliquer sur la peau; au bout d'une demi-heure, elles ont produit leur effet. Les feuilles du *Nesæa verticillata* font périr les jeunes bestiaux; cependant celles du *Pemphis acidula* s'emploient comme herbes potagères dans plusieurs parties de l'Asie. Les fleurs du *Grislea tomentosa* sont employées, dans l'Inde, pour la teinture. La substance de couleur orange, appelée *Henné* en Égypte et dans le Nord de l'Afrique, et dont les femmes de ces pays se servent pour se teindre les doigts et les pieds, provient du *Lawsonia inermis* ; on l'obtient en faisant bouillir les feuilles de cet arbuste, et on l'emploie également pour teindre les cuirs et les maroquins de en rouge jaunâtre. Cette substance ne contient point tanin.

**LYTHRAIRE.** s. m. (lat. *lythrum*, m. s.). T. Bot. Genre de plantes Dicotylédones (*Lythrum*) de la famille des *Lythracées*. Voy. ce mot.

**LYTTA.** s. f. T. Entom. Genre d'Insectes *Coléoptères*. Voy. CANTHARIDE.

**LYTTLETON** (lord), homme politique et écrivain anglais (1709-1773).

**LYXE.** s. m. [Pr. *lik-se*]. T. Entom. Genre d'Insectes *Coléoptères*. Voy. CURCULIONIDES.

# M



**M.** s. f. ou m. La treizième lettre et la dixième consonne de notre alphabet.

**Obs. gram.** — Lorsqu'on appelle cette lettre *Emme*, suivant la prononciation ancienne et usuelle, son nom est féminin; il est masculin, au contraire, lorsqu'on l'appelle *Me*, suivant une méthode qui n'a pas prévalu. — En grec, en latin, et dans presque toutes les langues européennes, la consonne M a un son uniforme comme dans *mange*, *amer*, etc. Il en est de même en français, toutes les fois qu'elle se trouve au commencement d'un mot; mais quand elle se trouve dans le corps d'un mot devant un *b* ou un *p*, ou à la fin d'un mot, elle perd le son qui lui est propre, et s'unit à la voyelle qui précède pour former avec elle une voyelle nasale. Elle tient alors lieu de la lettre N qui remplit ordinairement ce rôle. Ainsi, on prononce *Lampe, emploi, comparer, combler, emblème*, etc., comme s'ils s'écrivaient *Lanpe, enploi, conparer, conbler, enblème*. Lorsque l'*m* est redoublée dans les mots composés de la prép. *En*, la première *m* a le son nasal. En conséquence on prononce *Emmener, emmailloter*, comme si l'on écrivait *En-mener, en-mailloter*. Hors de là, la première *m* conserve sa valeur propre, comme dans les mots *Immense, comminatoire, immuable*, etc., qui se prononcent *Im-mense, com-minatoire, im-muable*. Il est toutefois à remarquer que, dans beaucoup de mots de cette dernière catégorie, on ne fait ordinairement sentir qu'une seule *m*, comme dans *Dilemme, commission*, etc. Nous indiquons, dans ce dictionnaire, la prononciation correcte de chaque mot. Dans certains mots, où la consonne *m* est suivie d'une *n*, comme *Amnistie, somnifère, Memnon*, etc., on prononce pleinement l'*m*, tandis que, dans certains autres, tels que *Automne, damner*, on ne la prononce point. A la fin des mots, *m* a en général le son nasal. C'est ce qu'on observe, par ex., dans les mots *Faim, nom, parfum*, qui viennent de *fames, nomen, fumus*. On les prononce comme s'ils s'écrivaient *Fain, non, parfun*, car l'*m* n'a été conservée que pour rappeler leur étymologie. Il faut en excepter quelques mots latins, comme *Idem, item*, un grand nombre de termes latins usités dans le langage scientifique, *Aluminium, magnesium, cæcum, duodenum, erodium, pelargonium*, où la finale *um* se prononce *ome*, l'*u* comme *o* et comme s'il y avait un *e* muet à la fin du mot, et presque tous les noms propres étrangers, comme *Wagram, Amsterdam, Sem, Mathusalem*, où elle a sa prononciation naturelle. Toutefois elle a le son nasal dans *Adam* et un petit nombre d'autres.

**Ling.** — Notre M correspond au *mu* des Grecs, qui dérivait lui-même du *mem* phénicien. Elle figure très souvent, dans l'épigraphie latine, comme abréviation des noms propres *Marcus, Mutius, Massilia, Macedonia*, etc., ou des mots *memor, memoriæ, mater, magister, manibus, municipium*, etc. Dans la numération romaine, l'M vaut 1000, et si elle est surmontée d'un trait horizontal, 1 million. Dans notre langue, une *m* italique veut dire *masculin*, et une M majuscule signifie *Monsieur*, tandis que deux MM majuscules tiennent lieu de *Messieurs*. S. M. veut dire Sa Majesté. Dans les prénoms, M tient lieu de *Marie*, de *Marc, Michel, Martin*, etc. Enfin, dans les noms propres écossais, M' a la signification de *Mac*, comme dans *M' Culloch, M' Pherson.*

**MA.** adj. poss. fém. Voy. Mon.

**MAAS** ou MAES (Nicolas), peintre hollandais, élève de Rembrandt (1632-1693).

**MAAS** (Dirck), peintre hollandais (1656-1717).

**MAASS** (Johann), philosophe allemand (1766-1823).

**MAASTRICHT.** Voy. Maestricht.

**MABILLON** (Don Jean), savant bénédictin, auteur des *Annales de l'ordre de Saint-Benoît*, créateur de la diplomatique (1632-1707).

**MABLY** (Gabriel BONNOT de), publiciste français, auteur de nombreux ouvrages, entre autres d'*Observations sur l'Histoire de France* (1709-1785).

**MACABRE.** adj. f. (lat. *chorea Macchabeorum*, danse des Macchabées, ou peut-être de l'arabe *magabir*, cimetière). T. Archéol. Voy. ci-après. || Fig. *Plaisanterie m.*, Qui a trait à des choses funèbres.

**Archéol.** — La *Danse macabre* était une danse allégorique et grotesque que les artistes du moyen âge représentaient fréquemment sur les murs des cimetières et dans les cloîtres. On lui donna pour origine une cérémonie ecclésiastique dans laquelle les personnages sortaient tour à tour de la danse pour rappeler que chacun doit successivement mourir, comme les sept frères Macchabées. Mais peut-être vient-elle simplement du mot arabe *Magabir* (cimetière). Dans ces peintures, on voit la Mort sous les formes les plus diverses entrer en branle, entraînant avec elle une chaîne continue de danseurs de tout âge, de tout état, de toute condition, rois, prêtres, savants, mendiants, courtisanes, etc. La plus ancienne de ces danses macabres est celle du Petit-Bâle, qui remonte à 1312. Parmi les plus célèbres, nous citerons celle de Dresde, celle de la Chaise-Dieu en Auvergne, et surtout celle qui était peinte à fresque au cloître des dominicains de Bâle. Holbein en tira l'idée de sa fameuse danse m. dont les dessins originaux sont aujourd'hui en Russie.

**MACADAM** [Pr. *ma-ka-dame*] (R. *Mac-Adam*, nom d'inventeur). s. m. T. Génie civil. Empierrement des routes par des pierres broyées en une sorte de ciment. Voy. Empierrement.

**MAC-ADAM** (John London), ingénieur écossais, inventeur d'un système d'empierrement des routes (1756-1836).

**MACADAMISAGE.** s. m. [Pr. *makada-mi-za-je*]. Action de macadamiser.

**MACADAMISATION.** s. f. [Pr. *makada-mi-za-sion*]. Action de macadamiser.

**MACADAMISER.** v. a. [Pr. *makada-mi-zer*]. *Macadamiser une route, une chaussée,* Y faire un empierrement, d'après la méthode de l'ingénieur Mac-Adam. Voy. EMPIERREMENT. == MACADAMISÉ, ÉE. part.

**MACAIRE** (SAINT), solitaire de la Thébaïde (300-390), fête le 15 janvier.

**MACAO,** v. de Chine appartenant aux Portugais, sur la baie de Canton ; 67,000 hab.

**MACAO.** s. m. Jeu de cartes, variété de vingt-et-un.

**MACAQUE.** s. m. (portug. *macaco*, qui est un mot du Congo désignant une espèce de singe). T. Mamm. — Les espèces qui composent cette famille de *singes catarrhiniens* établissent le passage des Cercopithèques aux Cynocéphales. Elles ont le museau plus large et plus prolongé que les premiers, mais moins que les seconds. Leur front a peu d'étendue; leurs yeux sont très rapprochés ; leurs oreilles sont nues, assez grandes et aplaties contre la tête ; leurs lèvres sont minces, et leur bouche pourvue d'abajoues. Leur corps est généralement plus trapu que celui des Guenons, et leurs membres sont assez proportionnés. Quant à leurs fesses, elles présentent de fortes callosités, et leur queue est de longueur

Fig. 1.

variable. Ces singes se trouvent en Afrique, en Asie et dans les îles de l'archipel Indien. Ils sont intelligents et adroits, ainsi qu'on peut l'observer chez les individus que les bateleurs dressent à faire des tours. Dociles et assez familiers quand ils sont jeunes, ils deviennent intraitables en vieillissant. Cependant les femelles conservent un peu de la douceur et de la docilité du jeune âge. Ils se reproduisent assez souvent dans nos climats. La gestation de la femelle dure sept mois. On divise communément ces singes en trois genres : *Macaque, Maimon* et *Magot*. — 1° Les *Macaques* proprement dits ont la queue plus longue que le corps. L'espèce type est le *M. ordinaire* (*Macacus cynomolgus*) ou *Aigrette* (Fig. 1), qui habite les îles de Sumatra et de Java. Cet animal a les formes lourdes et trapues, le pelage olivâtre piqueté de noir, les membres un peu plus grisâtres que le dessus du corps et de la tête, le dessous du corps et la face interne des membres couverts de poils blancs peu abondants, et enfin la queue noirâtre en dessus, cendrée en-dessous. Le *Mangabey* (*M. æthiops*), le *M. toque* (*M. radiatus*), et le *M. bonnet chinois* (*M. sinicus*) appartiennent à ce genre. Le premier habite l'Afrique, et les deux autres l'Inde. Mentionnons encore le *M. des Philippines* (*M. philippinensis*), dont on a eu, au Jardin des plantes, un individu complètement albinos. — 2° Les *Maimons* ont la queue beaucoup plus courte que le corps. Le *M. Maimon* (*M. nemestrinus*), qui a donné son nom à ce genre, est propre à Java et à Sumatra. Sa queue est fort

Fig. 2.

courte, et son pelage est fauve verdâtre ou roussâtre, avec le sommet de la tête noir, le milieu du dos brun, les joues et les parties inférieures blanc roussâtre. Les espèces les mieux connues de ce genre, après le Maimon, sont : l'*Ouanderou* (*M. silenus*) et le *Rhésus* (*M. erythræus*) (Fig. 2). L'Ouanderou habite le continent indien, et le Rhésus se rencontre à la fois dans l'Inde et dans l'île de Ceylan. — 3° Le genre *Magot* (*Inuus*) ne comprend qu'une seule espèce, qui est propre à l'Afrique septentrionale. Ce singe (Fig. 3) se distingue aisément des autres Macaques, en ce qu'il est complètement dépourvu de queue. Nous le voyons souvent en Europe ; c'est le singe ordinaire des bateleurs. Il est fort anciennement connu ;

Fig. 3.

les Grecs le nommaient *Pithèque*, et Gallien en a fait l'anatomie. Son pelage est d'un gris jaunâtre, avec les parties inférieures du corps et la face interne des membres de couleur blanchâtre; sa face est de couleur de chair livide. Sa taille approche d'un mètre.

**MACAREL** (LOUIS-ANTOINE), jurisconsulte fr. (1790-1851).

**MACAREUX.** s. m. T. Ornith. Genre de *Palmipèdes*. Voy. BRACHYPTÈRES.

**MACARISME.** s. m. (gr. μακαρισμὸς, m. s. de μακαρίζειν, louer comme bienheureux). T. Liturg. gr. Hymnes en l'honneur des saints ou des bienheureux.

**MACARON.** s. m. (ital. *macarone*, m. s.). Sorte de pâtisserie croquante dans laquelle il entre principalement des amandes, du sucre et des blancs d'œufs, et qu'on forme en petits pains ronds ou ovales. || Peigne de femme ovale qui sert à relever les cheveux || T. Mar. Se dit des morceaux de bois courts et placés debout, de distance en distance, pour soutenir les fargues d'une embarcation.

**MACARONÉE.** s. f. [Pr. *makaro-né*]. Voy. MACARONIQUE.

**MACARONI.** s. m. (ital. *maccheroni*, m. s. de *macco*, bouillie de fèves). Pâte faite de farine très fine, à laquelle on donne la forme de petits tubes creux et allongés, et qu'on assaisonne de différentes manières, mais surtout au fromage râpé. *Manger du m., des macaronis.*

**MACARONIQUE.** adj. 2 g. (ital. *macaronico*, m. s.). T. Littér. On appelle *poésie macaronique*, une sorte de poésie burlesque inventée en Italie, à la fin du XVe siècle, par Tifi degli Odassi de Padoue; mais le premier écrivain qui se soit fait un nom dans ce genre de littérature fut un bénédictin de Mantoue, Théophile Folengo, plus connu sous le nom de Merlin Coccaïe ou le Cuisinier (*Merlinus coquus*). Ce genre de poésie a été ainsi nommé du mets italien qu'on appelle *macaroni*. On a en effet remarqué que le caractère plaisant, dans le populaire de certains pays, a été désigné par le nom de l'aliment favori de la nation. Ainsi les Italiens appellent les plaisants de cette espèce *Macaroni*, les Français *Jean Farine*, les Anglais *Jacques Pouding*. Le caractère du genre m. consiste surtout dans le mélange de plusieurs idiomes, et le plus souvent dans l'emploi de mots de la langue vulgaire auxquels on a donné des terminaisons latines. Tout le monde connait la curieuse *Macaronée*, c.-à-d. la pièce en vers macaroniques, qui forme le dernier intermède du *Malade imaginaire* de Molière. Le premier Français qui ait réussi dans ce genre est le Provençal Antoine de la Sable (*Antonius de Arena*), dont le meilleur ouvrage a pour titre : *Meygra entrepriza catoliqui imperatoris, quando de anno Domini* 1536 *veniebat per Provensam bene carrossatus, in postam prendere Fransam cum villis de Provensa*. Avignon, 1537.

**MACARONISME.** s. m. Composition dans le genre macaronique. || Le genre lui-même.

**MACARONNÉ, ÉE.** adj. [Pr. *makaro-né*]. *Pâte m.* Pâte façonnée à la manière des macarons.

**MACASSAR,** ou mieux **MANGKASSAR**, v. d'Océanie (îles Célèbes), 17,000 hab. (aux Hollandais).

**MACAULAY** (Lord), homme de lettres et historien anglais (1800-1859).

**MACBETH,** roi d'Écosse, assassina Duncan Ier, et fut tué par un fils de ce roi (XIe siècle). Cet événement a servi de texte à l'une des plus belles tragédies de Shakespeare.

**MAC-CARTHY,** jésuite irlandais et prédicateur catholique (1769-1833).

**MAC-CARTHY** (JACQUES), célèbre géographe fr. né à Cork (Irlande) (1785-1835).

**MACCHABÉE.** s. m. [Pr. *ma-ka-bé*] (n. pr.) Nom d'argot donné à des cadavres, souvenir des sept frères Macchabée.

**MACCHABÉE,** famille juive dont plusieurs membres s'illustrèrent au IIe siècle av. J.-C. || MATHATHIAS MACCHABÉE, chef de la résistance contre Antiochus Épiphane en 167 av. J.-C. || JUDAS MACCHABÉE, fils du précédent, fut vainqueur à Emmaüs et à Hébron, mais périt en 161 av. J.-C. en combattant contre Démétrius Soter. || JONATHAS, frère du précédent, grand prêtre des Juifs, assassiné en 144 av. J.-C. || SIMON, frère des deux précédents, assassiné en 135 av. J.-C. = LES SEPT MACCHABÉES, nom de sept frères martyrisés avec leur mère sous Antiochus Épiphane (168 av. J.-C.).

**MAC-CLURE,** voyageur irlandais, qui découvrit le passage N.-O. (1807-1873).

**MACDONALD** (duc DE TARENTE), maréchal de France (1765-1840).

**MACÉ** (JEAN), écrivain fr., fondateur de la *Ligue de l'Enseignement* (1815-1894).

**MACÉDOINE.** s. f. (R. *Macédoine*, n. de pays, par une suite d'idées restée inconnue; à peine peut-on supposer qu'on a fait allusion à Alexandre qui, par ses conquêtes, avait fait de l'empire macédonien un assemblage de peuples nombreux et variés). Mets composé d'un mélange de différents légumes ou de différents fruits. — Entremets sucré où différentes espèces de fruits sont réunis en une sorte de gelée. || Fig. et fam., on dit d'un livre, d'un ouvrage de littérature, où sont réunies et mêlées des pièces de différents genres : *C'est une m.* || T. Jeu de cartes. Suite de parties dans laquelle chacun des joueurs, lorsqu'il tient les cartes, prescrit l'espèce de jeu qu'on va jouer sous sa main.

**MACÉDOINE,** contrée de l'Europe, au nord de l'ancienne Grèce; ses rois Philippe et Alexandre soumirent la Grèce; plus tard les Romains réduisirent la Macédoine en province romaine (168 av. J.-C.). Voy. GRÈCE, HELLÉNISME, ALEXANDRE. — Aujourd'hui la Macédoine fait partie de l'empire turc. = Nom des hab. : MACÉDONIEN, ENNE.

**MACER.** v. a. Voy. MASSER.

**MACÉRAGE.** s. m. (R. *macérer*). T. Techn. Opération qui consiste à mettre les pièces à blanchir dans des cuves d'eau tiède et de son.

**MACÉRATA,** v. d'Italie, ch.-l. de la province de Macérata, 20,250 hab. — La province a 239,700 hab.

**MACÉRATION.** s. f. [Pr. ....*sion*] (lat. *maceratio*, m. s.). Opération qui consiste à laisser séjourner dans un liquide, à la température de l'atmosphère, une substance organique, soit pour faire dissoudre quelques-uns de ses principes constituants, soit pour faire distendre les parties qui la composent, afin de les séparer ensuite plus facilement les unes des autres, soit tout simplement pour l'imprégner du liquide dans lequel on la plonge. || Épuration lente de la fonte par le repos de la masse en fusion. || Fig., Dans le langage ascétique, Mortification par jeûnes, disciplines et autres austérités, qu'on s'inflige par esprit de pénitence. *La m. de la chair. Ses macérations ont abrégé ses jours.*

**MACÉRÉ.** s. m. (part. passé de *macérer*). T. Pharm. Liquide chargé, par macération, des principes solubles d'un corps.

**MACÉRER.** v. a. (lat. *macerare*, amaigrir, détremper). Soumettre à la macération. *Il faut m. cette plante dans l'alcool pendant huit jours.* || Fig., Mortifier, affliger son corps par diverses austérités. *M. son corps, sa chair.* = MACÉRER, v. n. Se dit des substances qu'on fait séjourner dans un liquide dans le but de les conserver, de les dissoudre en partie, etc. *Ce cerveau macère depuis deux jours dans l'alcool.* = SE MACÉRER. v. pr. Se mortifier par des austérités. *Ce saint se macérait par les jeûnes, par les disciplines.* = MACÉRÉ, ÉE. part. *La chair macérée dans les cloîtres.*

**Syn.** — *Mortifier, Mater.* — *Macérer*, de *macer*, c'est, à proprement parler, rendre maigre; *mortifier*, c'est rendre *mort*, opérer la destruction; *mater*, c'est, dans son sens primitif au jeu des échecs, réduire le roi à ne pouvoir sortir de sa place. On *macère* les substances en enlevant leurs principes solubles; on *mortifie* des viandes en produisant chez elles un commencement de décomposition; on *mate* des animaux en épuisant leur force de résistance. En style religieux, on *macère* son corps par le jeûne, les privations, les veilles, par des exercices qui le tourmentent et le tiennent dans un état de souffrance; on le *mortifie* en réprimant ses appétits, en amortissant ses désirs; on le *mate* par les violences qu'on lui fait pour le subjuguer et en le rendant désormais incapable de résistance.

**MACERON**. s. m. (ital. *macerone*, m. s.). T. Bot. Genre de plantes Dicotylédones (*Smyrnium*) de la famille des *Ombellifères*. Voy. ce mot.

**MACFARLANE**. s. m. (angl. nom de l'inventeur). Manteau à grand collet, sans manches, ayant latéralement des ouvertures pour passer les bras.

**MAC-GREGOR**, économiste anglais (1797-1857).

**MACHABÉES**. Voy. MACCHABÉES.

**MACHÆRIUM**. s. m. [Pr. *ma-kè-riome*] (gr. μάχαιρα, couteau). T. Bot. Genre de plantes Dicotylédones de la famille des *Légumineuses*. Voy. ce mot.

**MACHANIDAS**, tyran de Sparte, fut vaincu et tué par Philopœmen (207 av. J.-C.).

**MACHAON**. s. m. [Pr. *ma-ka-on*] (nom mythol.). T. Entom. Genre d'Insectes *Lépidoptères*. C'est un des plus beaux papillons qui existent. Voy. DIURNES et LÉPIDOPTÈRES.

**MACHAON**, fils d'Esculape; médecin des Grecs pendant le siège de Troie.

**MACHAULT D'ARNOUVILLE** (J.-B. DE), contrôleur général des finances, puis ministre de la marine sous Louis XV, opéra d'utiles réformes (1701-1794).

**MACHAUT** (GUILLAUME DE), poète et mus. fr. (1300-1377).

**MÂCHE**. s. f. (R. probable, *mâcher*). T. Bot. Nom donné à plusieurs espèces de *Valérianelles* dont les feuilles sont mangées en salade. Voy. VALÉRIANÉES.

**Hortic.** — La mâche, vulgairement *bourcette*, *doucette* (*Valerianella olitoria*), est une plante annuelle, indigène, que l'on mange en salade. On la sème tous les 8 à 10 jours, depuis la mi-août jusqu'à fin octobre, à la volée, dans une terre meuble, douce et fumée de l'année précédente. On recouvre légèrement avec un paillis, et l'on arrose si cela devient nécessaire. Les mâches s'emploient entières et seulement dans la jeunesse; en cueillant les plus avancées pour la consommation, la plante se trouve suffisamment éclaircie. On laisse quelques pieds pour graine; celles-ci tombant à mesure qu'elles mûrissent, il faut récolter à plusieurs reprises en secouant les tiges sur un linge; ensuite on les arrache et on les suspend dans un lieu qui ne soit pas trop sec, afin que les graines qui restent puissent achever leur maturité. On cultive une variété, sous le nom de m. ronde, beaucoup plus étoffée et meilleure que la commune. — La m. d'Italie ou Régence (*Val. coronata*) est une espèce distincte, à feuilles plus larges, un peu blondes et fort estimées. Les graines se conservent au moins six années.

**MÂCHE-BOUCHON**. s. m. T. Techn. Pince à mors cannelés avec laquelle on comprime les bouchons pour faciliter le bouchage.

**MÂCHECOUL**, ch.-l. de c. (Loire-Inférieure), arr. de Nantes; 4,000 hab.

**MÂCHECOULIS**. s. m. Voy. MÂCHICOULIS.

**MÂCHE-DUR**. s. m. Gros mangeur. Fam.

**MÂCHEFER**. s. m. (R. *mâcher*, écraser, et *fer*). T. Métall. Scorie qui sort du fer soumis à la forge et au fourneau. Voy. SCORIE.

**MÂCHE-LAURIER**. s. m. Celui qui cherche la gloire poétique. Fam.

**MÂCHELIER, ÈRE**. adj. et s. (vx fr. *maisselle*, du lat. *maxilla*, mâchoire). T. Anat. Qui appartient aux mâchoires. Voy. DENT et MUSCLES.

**MÂCHEMENT**. s. m. Action de mâcher.

**MÂCHEMOURE**. s. f. T. Mar. Miettes de biscuit brisé.

**MÂCHER**. v. a. (lat. *masticare*, m. s.). Broyer avec les dents. *M. du pain, de la viande. Avaler sans m.* — Fam., *M. de haut*, Manger sans appétit. *Il aime à m.*, Il mange avec sensualité. vx. || Fig. et fam., *M. à vide*, Se repaître de fausses espérances. — *Il faut lui m. tous les morceaux*, *il faut tout lui m.*, Il faut lui expliquer les choses les plus simples. *M. à quelqu'un sa besogne*, La lui préparer de façon qu'il puisse l'achever sans travail et sans peine. — *Je ne le lui ai point mâché*, Je le lui ai dit sans aucun ménagement.

Et je ne mâche point ce que j'ai sur le cœur.
MOLIÈRE.

|| *Ce cheval mâche son frein*, se dit d'un cheval qui joue avec son mors et qui le ronge. = MÂCHÉ, ÉE. part. *Du pain mâché.* || Figur., *Ce sont morceaux tout mâchés. On lui a donné cette besogne toute mâchée. Balle mâchée*, Balle à surface inégale, comme si elle avait été mâchée, et qui passe pour faire des blessures plus dangereuses qu'une balle unie. *Bois, cordage mâché*, Usé par le frottement. *Plaie mâchée*, A bords irréguliers.

**MÂCHEUR, EUSE**. s. Celui, celle qui mâche. *M. de tabac.* || Figur., on dit de quelqu'un qui mange beaucoup, *C'est un grand m., une grande mâcheuse.*

**MACHIAVEL**. homme d'État et historien italien (1469-1527), auteur du livre intitulé *le Prince*. Voy. MACHIAVÉLISME.

**MACHIAVÉLIQUE**. adj. 2 g. [Pr. *ma-ki...*]. Qui appartient au machiavélisme, qui tient du machiavélisme. *Doctrine m. Conduite m.*

**MACHIAVÉLIQUEMENT**. adv. [Pr. *makia-vélike-man*]. D'une manière machiavélique.

**MACHIAVÉLISER**. v. n. [Pr. *makia-véli-zer*]. Se conduire d'après les principes du machiavélisme.

**MACHIAVÉLISME**. s. m. [Pr. *ma-kia...*]. Système de politique qui repose sur l'astuce et la perfidie, et qui a été préconisé par Machiavel dans son livre *Du prince*. *Le m. a trop longtemps régné dans la politique moderne.* || Se dit d'une conduite astucieuse, des actions conformes aux principes de Machiavel. *Il a employé beaucoup de m. dans cette négociation.* || Par ext., se dit en parlant des affaires privées. *Sa conduite envers ses associés a été d'un m. révoltant.*

**MACHIAVÉLISTE**. s. 2 g. [Pr. *ma-ki...*]. Celui ou celle qui adopte, qui pratique les maximes de Machiavel.

**MÂCHICATOIRE**. s. m. [Pr. *machika-touare*]. Voy. MASTICATOIRE.

**MACHICOT**. s. m. Chantre de l'église N.-D. de Paris, qui était supérieur aux chantres à gages.

**MACHICOTAGE**. s. m. (R. *machicot*). Addition de notes avec lesquelles on remplissait, dans le plain-chant, les intervalles de tierces et autres.

**MACHICOTER**. v. a. (R. *machicot*). Chanter un morceau de plain-chant avec les enjolivements appelés machicotage.

**MÂCHICOULIS**. s. m. (orig. inconnue. Ce mot contient *coulis*, qui glisse, comme le montre l'angl. *machicolation*, action de verser des liquides bouillants ou des substances enflammées sur les assiégeants à travers les ouvertures; mais la première partie du mot est ignorée). T. Fortific. Galerie saillante avec ouvertures. Voy. CHÂTEAU et FORTIFICATION II.

**MÂCHILLER**. v. a. [Pr *machi-ller*, *ll* mouil.], Mâcher à demi. Fam.

**MACHINAGE**. s. m. Façonnage du cordon d'une pièce de monnaie.

**MACHINAL, ALE**. adj. (R. *machine*). Qui est produit par le seul jeu des organes, sans intention ni réflexion. *Mouve-*

*ment m. Une action machinale. Agir d'une manière machinale.* Le plur. *Machinaux* est peu usité.

**MACHINALEMENT**. adv. D'une manière machinale. *Agir m. Faire une chose machinalement.*

**MACHINATEUR, TRICE**. s. (lat. *machinator, trix*, m. s.). Celui, celle qui fait quelque machination. *Les machinateurs de ce complot.* — Absol., *C'est un grand m.*, C'est un homme habile à former des intrigues. || Au fém., on peut dire *Machinatrice.*

**MACHINATION**. s. f. [Pr. ...*sion*] (lat. *machinatio*, m. s. de *machinari*, machiner). Intrigue, menée secrète, action de combiner des ressorts, des moyens cachés, pour faire réussir quelque mauvais dessein, quelque complot. *Une m. infernale. Il a pris part à cette m. Il fit tant par ses secrètes machinations, que...*

**MACHINE**. s. f. (lat. *machina*, m. s., du gr. μηχάνη, m. s., de μῆχος, engin). Engin, instrument, appareil qui sert à augmenter ou à régler l'effet d'une force donnée. *M. ingénieuse, admirable. M. fort simple, fort compliquée, sujette à se déranger. Inventer une m. Faire jouer, monter, démonter, remonter une m. Cette m. fonctionne bien. Les pièces d'une m. La théorie, le dessin, l'explication, l'effet d'une m. Une collection de machines. Cet automate est une m. fort ingénieuse.* — Par ext., *L'homme est une m. admirable.* Poét., *La m. ronde*, L'univers, ou, plus ordin., La terre. Figur., *La m. de l'État.* — Fig. et prov., on dit d'une personne sans esprit, ou sans énergie, *C'est une m., une pure m.* || *M. architectonique*, Assemblage de pièces de bois disposées de telle sorte qu'au moyen de poulies et de cordes, on peut élever de grands fardeaux et les mettre en place. — *M. arithmétique. M. à calculer*, Voy. CALCUL. — *M. dynamo-électrique.* Voy. INDUCTION. — *M. d'Atwood*, Voy. PESANTEUR. — *M. à battre*, Voy. BATTAGE. — *M. de compression*, Voy. POMPE, et HYDRAULIQUE III. — *M. électrique*, Voy. ÉLECTRICITÉ. — *M. de guerre.* Les instruments et appareils dont on se servait à la guerre, avant l'invention de la poudre, pour lancer des traits, des pierres, etc., pour renverser les murailles, etc. Voy. BALISTE, BÉLIER, CATAPULTE, CORBEAU, etc. — *Machines hydrauliques*, Celles qui sont destinées à élever ou à conduire les eaux, ou Celles qui sont mues par l'action de l'eau. Voy. HYDRAULIQUE, NORIA, ROUE, TURBINE, etc. — *M.* à colonne d'eau. Voy. HYDRAULIQUE, IV, — *M. infernale*, Nom donné à toute machine contenant de la poudre et des projectiles, et destinée à produire une explosion meurtrière, à incendier une flotte ou un port. etc. — *M. locomobile*, Voy. LOCOMOBILE. — *M. locomotive*, Voy. LOCOMOTIVE. — *M. pneumatique*, Voy. PNEUMATIQUE. — *M. pyrique*, Assemblage de pièces d'artifice disposées pour diriger la communication des feux. — *M. soufflante.* Voy. SOUFFLANTE. — *M. à vapeur*, Voy. MOTEUR. || Dans les théâtres se dit des moyens mécaniques employés pour opérer des changements de décoration, exécuter des vols, etc. — *Opéras, tragédie, comédie à machines*, Opéras, etc., dont la représentation exige des machines. — Fam., *Le dénoûment de cette pièce arrive comme une m.*, Il est brusque, forcé et ne sort pas du fond du sujet. Figur., on dit encore d'un effet dramatique qui est amené peu naturellement, *Cela sent la m.* = Fig., *Machine* signifie Invention, intrigue, ruse dont on se sert dans quelque affaire. *Faire jouer une m. dans une affaire.*

On peut, pour vous servir, remuer des machines.

MOLIÈRE.

|| T. B.-Arts. Se dit encore d'un ouvrage remarquable par ses grandes dimensions. *L'Église de Saint-Pierre de Rome est une étonnante m. La chaire de Saint-Pierre est en sculpture une des plus grandes machines que l'on connaisse. La Cène de Paul Véronèse est une m. admirable.*

**Méc.** — Les *Machines* sont des appareils destinés à transmettre et à modifier l'action des forces. Elles peuvent être envisagées sous deux points de vue différents. Ou bien il s'agit, à l'aide d'une force donnée, soit de faire équilibre à une résistance déterminée, soit de produire simplement une certaine pression : c'est le point de vue *statique;* ou bien on veut, à l'aide du mouvement de la force primitive, produire un mouvement d'une autre nature : c'est le point de vue *dynamique.*

On a divisé les machines en *simples* et en *composées.* Les *Machines simples*, qu'on nomme aussi quelquefois *puissances mécaniques*, sont : le *levier*, le *treuil*, la *poulie*, les *cordes* ou machines funiculaires, les *roues dentées*, le *plan incliné*, la *vis* et le *coin;* mais les deux dernières peuvent se ramener au plan incliné, et toutes les autres au levier, de sorte que, à proprement parler, il n'y a que deux machines simples, le levier et le plan incliné. Les *Machines composées* sont celles dans lesquelles il existe des corps intermédiaires entre ceux sur lesquels agissent directement la puissance et la résistance; on peut les regarder comme des assemblages de machines simples. On distingue trois parties principales dans une m. composée : 1° le *Récepteur*, ou la partie sur laquelle les forces motrices agissent directement; 2° l'*Opérateur*, ou l'organe qui agit pour produire le résultat désiré; 3° la *Communication du mouvement*, qui se compose de toutes les pièces intermédiaires servant à transmettre le mouvement du récepteur à l'opérateur. Cette troisième partie n'existe pas dans les machines simples.

Au point de vue industriel, une force ne produit d'effet utile qu'autant qu'elle produit un certain mouvement de son point d'application. Ainsi donc, pour apprécier l'effet industriel d'une force, il faut tenir compte non seulement de l'intensité avec laquelle elle agit, mais encore de l'espace qu'elle fait parcourir à son point d'application. On nomme *travail* d'une force *constante*, pendant un temps donné, le produit de son intensité par le chemin qu'elle fait parcourir à son point d'application, en supposant que ce point se déplace dans le sens même de la force. Si P désigne l'intensité de la force et H l'espace parcouru par son point d'application, le travail de la force pendant ce temps sera représenté par PH. Si le déplacement du point d'application ne se fait pas suivant la direction de la force, on projette ce déplacement sur la direction de la force, et c'est cette projection qu'on multiplie par l'intensité de la force. Si la projection du déplacement est de même sens que la force, de telle façon que le point d'application *obéit* à la force, le travail est dit *positif* ou *moteur.* Si, au contraire, la projection du déplacement est en sens inverse de la force, de manière que le point d'application *résiste* à la force, le travail est *négatif* ou *résistant.* Voy. TRAVAIL. — Le travail d'une force est nul quand la vitesse du point d'application est nulle : ainsi un cheval qui ne peut faire avancer une voiture trop chargée ne produit aucun travail, quoiqu'il exerce un effort constant. Lorsque la force que l'on considère est variable, on décompose l'espace parcouru en un certain nombre d'espaces élémentaires, pendant lesquels on peut supposer la force constante; la somme des travaux élémentaires, au bout d'un temps donné, sera la somme des travaux exécutés pendant chacun de ces intervalle de temps. — L'expression de *Travail* a été introduite dans la mécanique par Coriolis et Poncelet. Un simple exemple montrera que ce terme expressif est fort heureusement choisi, et qu'il donne l'idée la plus juste de ce qui, dans les opérations industrielles, sert de base au salaire. Supposons qu'un homme soit employé à tirer de l'eau d'un puits, avec un seau et une poulie fixe. En travaillant un certain nombre d'heures par jour, il gagnera un certain prix. Mais si, toutes choses égales d'ailleurs, on suppose la profondeur du puits deux fois plus petite, il extraira dans sa journée un volume d'eau double. Malgré cela, il est visible que l'effort qu'il aura déployé sera le même dans les deux cas. En effet, dans le second, si le poids de l'eau soulevée a été double, l'espace parcouru a été moitié moindre : le travail, tel que nous l'avons défini, n'a donc pas varié. En conséquence, le salaire alloué devra être le même dans les deux hypothèses.

Les forces qui agissent sur une m. en mouvement ne jouent pas toutes le même rôle. Les unes tendent à augmenter la vitesse du point auquel elles sont appliquées; elles sont dirigées dans le sens du mouvement de ce point, ou au moins leur direction fait un angle aigu avec la direction de ce mouvement. Les autres tendent à diminuer la vitesse de leur point d'application; elles sont directement opposées au mouvement de ce point, ou bien leur direction fait un angle obtus avec la direction de ce mouvement. Les premières se nomment *forces motrices*, et les dernières *forces résistantes.* Dans le mouvement de la machine, le travail des forces motrices est *positif*, celui des forces résistantes *négatif;* mais dans le cas d'une m. fonctionnant avec un mouvement uniforme, la somme algébrique de ces deux travaux est constamment nulle, c.-à-dire que le travail moteur est constamment égal au travail résistant. Cette proposition capitale, qui peut être considérée comme la base de la mécanique appliquée, est une conséquence du théorème des forces vives d'après lequel le demi-accroissement de force vive (produit de la masse par la vitesse) est égal à la somme algébrique des travaux de toutes les forces qui agissent sur le système. Quand le mouvement est uniforme, la vitesse est invariable, et la force vive qui est le produit de la masse par la vitesse, ou plutôt la somme de tous ces produits effectués pour chacun des points matériels du système, reste aussi invariable. L'accroissement de la force vive étant nul, il en doit être de même du travail total. En réalité, le mouvement d'une machine n'est jamais absolument uniforme, mais il est *périodique*, c.-à.-d. qu'à des intervalles de temps égaux, toutes les pièces de la machine reprennent les mêmes vitesses. La variation de force vive est donc nulle pendant chaque période. Alors il en est de même du travail. Enfin on peut aussi envisager le fonctionnement total de la m. La m. part du repos pour rentrer finalement dans le repos. La variation de force vive est nulle; le travail total est donc nul aussi. Voy. FORCE, TRAVAIL. Mais, parmi les forces résistantes à vaincre se trouvent d'abord les résistances principales ou utiles, qui sont le but même de l'opération mécanique considérée, puis les résistances secondaires ou passives qui proviennent du frottement des diverses parties de la m, de la résistance des milieux, etc. Le travail résistant total se compose donc d'une partie utile et d'une partie nuisible; il en résulte que *le travail moteur doit être égal au travail utile augmenté du travail dû aux résistances passives;* ou, en d'autres termes, que *le travail moteur est toujours plus grand que l'effet utile*. On appelle *Rendement* d'une m. le rapport entre le travail utile et le travail moteur. Ce rapport est toujours plus petit que l'unité; mais la m., toutes choses égales d'ailleurs, sera d'autant plus avantageuse que le rendement sera plus près de 1. Dans les meilleures machines, le rendement est compris entre 0,70 et 0,90.

Pour évaluer le travail d'une m., on prend pour unité le travail corespondant à un poids de 1 kilogramme élevé à 1 mètre de hauteur : c'est ce qu'on nomme une *Dynamie*, ou plus généralement un *Kilogrammètre*, et l'on désigne cette quantité par le symbole $K^m$.

Les machines employées dans l'industrie se distinguent en *machines motrices* et en *machines-outils*. Les premières ont pour objet d'utiliser les forces naturelles, chutes d'eau, force d'expansion de la vapeur, action d'un courant électrique, etc. Les secondes ont pour objet l'accomplissement d'une œuvre déterminée : élévation d'un fardeau, percement, pulvérisation d'une matière solide, etc. Pour faire comprendre cette distinction capitale, considérons une usine établie pour scier des arbres et les débiter en planches. Nous trouvons dans cette usine une machine à vapeur et plusieurs scies de formes variées : scies circulaires, scies à ruban, etc. Il peut y avoir plusieurs machines à vapeur, mais le plus souvent, il n'y en aura qu'une seule : c'est la machine motrice qui transforme en traval mécanique la chaleur dégagée par la combustion de la houille. Le rôle de cette machine motrice consiste à faire tourner un long cylindre de fer appelé *arbre*, sur lequel sont montées plusieurs poulies. Les scies destinées à accomplir l'œuvre demandée sont les machines-outils : chacune d'elles se compose de la lame de scie de forme quelconque et d'un mécanisme destiné à la mouvoir. Ce mécanisme se termine d'un côté par la lame de scie, de l'autre par une poulie. Enfin, une courroie sans fin s'enroulant d'une part sur cette poulie, d'autre part sur l'une des poulies de l'arbre moteur, transmet à celle-là le mouvement de rotation de celui-ci. Cette courroie constitue la *transmission*. Il est clair que la m. motrice à vapeur peut être remplacée par une m. hydraulique, roue ou turbine, utilisant la force d'une chute d'eau, et que la transmission par courroie peut être remplacée par tout autre mode de transmission : engrenages ou transmission électrique. Dans un moulin à farine, la m. motrice est généralement une roue hydraulique ou une turbine; les machines-outils sont les meules ou cylindres destinés à broyer le blé, et la transmission se fait le plus souvent par engrenages. — Quoique très nombreuses, les machines motrices peuvent se ramener à un très petit nombre de types, parce que les forces naturelles que l'on sait utiliser industriellement sont peu nombreuses. Au contraire, les machines-outils varient presque à l'infini, et tous les jours on en imagine de nouvelles à mesure que se multiplient les travaux de l'industrie et les opérations qu'on fait subir aux matières premières avant de les transformer en objets de consommation. Considérées sous le rapport du travail mécanique, les machines-outils, suivant la nature de l'opération qu'elles accomplissent, constituent une immense variété se plaçant entre deux types extrêmes. Dans l'un de ces types, dont la *pompe à eau* est l'exemple le plus frappant, le but principal, unique même, est l'accomplissement d'un travail mécanique déterminé : la pompe n'a d'autre objet que d'élever une certaine masse d'eau à une certaine hauteur. L'autre type extrême est celui des machines qui n'ont à accomplir aucun travail mécanique utile, et qui n'ont d'autre objet que la réalisation d'un certain mouvement régulier. Telles sont les horloges, dont le but final est le simple mouvement des aiguilles. Les machines destinées à filer les matières textiles, les métiers à tisser, qui convertissent les fils en étoffes, rentrent aussi dans le même type. Toutes les autres machines-outils présentent un caractère intermédiaire entre ces deux types extrêmes. Remarquons que, dans les machines du premier type, la plus grande partie du travail moteur est consommée par le travail résistant utile qui est précisément le but à atteindre, tandis que dans les machines du second type, le travail moteur est entièrement consommé en résistances passives, raideur des cordes, frottement des organes, etc., puisque l'œuvre à accomplir n'exige par elle-même aucun travail mécanique. — Il arrive quelquefois que la m.-outil se réduit presque à rien. C'est ce qui arrive pour les locomotives, qui sont essentiellement des machines motrices, la m.-outil se réduisant aux roues actionnées par le piston. De même, dans les bateaux à vapeur, la m.-outil est réduite à l'hélice.

La question du rendement exige quelque attention. Il y a lieu de considérer le rendement de la m. motrice, celui de la transmission et celui de la m.-outil. Le rendement de la machine motrice est le rapport entre le travail mesuré sur l'arbre moteur qui commande toutes les machines-outils et le travail de la force naturelle utilisée. Par exemple, si l'on a un moteur hydraulique, on calculera le travail moteur naturel fourni par la chute dans un temps donné, en multipliant le poids de l'eau qui a parcouru la chute par la hauteur de chute; puis on mesurera, par des appareils dynamométriques, tels que le frein de Prony, le travail recueilli dans le même temps sur l'arbre moteur. Ce second travail sera nécessairement inférieur au premier, la différence étant absorbée par les résistances des organes de la machine, et le rapport du second travail au premier sera le rendement. Dans les machines à feu, le rendement est le rapport entre le travail recueilli sur l'arbre moteur et le travail fourni par la chaleur que dégage la combustion du combustible, lequel est égal à cette quantité de chaleur multipliée par l'équivalent mécanique de la chaleur. Voy. THERMODYNAMIQUE. — Le rendement de la transmission est le rapport entre le travail recueilli sur la partie motrice de la m.-outil et celui qui est recueilli sur la partie de l'arbre moteur où est appliquée la transmission. Enfin le rendement de la m.-outil est le rapport entre le travail effectué par l'outil même et celui qui est mesuré sur la poulie motrice de la m.-outil. Ce rendement est voisin de l'unité dans les bonnes machines-outils que nous avons appelées du premier type (pompes), tandis qu'il est nul dans celles du second type (horloges), puisque l'outil n'accomplit aucun travail. — Quant au rendement total du système, il est le produit des trois rendements précédents. Soient en effet $r_1$, $r_2$, $r_3$ ces trois rendements; T le travail fourni par la force naturelle, $T_1$ $T_2$ $T_3$ les travaux recueillis respectivement pendant le même temps sur la poulie de l'arbre moteur, sur la poulie motrice de la m.-outil et sur l'outil. On aura :

$$r_1 = \frac{T_1}{T}, r_2 = \frac{T_2}{T_1}, r_3 = \frac{T_3}{T_1}$$

d'où en multipliant :

$$\frac{T_3}{T} = r_1, r_2, r_3$$

Or $\frac{T_3}{T}$ est le rendement total.

On peut tirer de ce qui précède des conclusions importantes: la première est qu'il y a un intérêt capital à diminuer le plus possible les résistances passives, afin d'augmenter le rendement; la seconde, c'est que le travail utile $T_3$ est toujours notablement inférieur au travail de la force primitive T, de sorte qu'il est chimérique de chercher à imaginer une m. qui produirait du travail utile sans consommer une plus grande quantité de travail moteur. Cette remarque est souvent donnée comme preuve de l'impossibilité du *mouvement perpétuel;* mais la question est plus complexe; nous la développerons au mot MOUVEMENT. La seule chose que nous voulions retenir ici, c'est que les machines ont pour objet définitif de puiser l'énergie à une source naturelle pour la transformer et la consommer à quelque ouvrage utile; mais cette transformation est nécessairement accompagnée d'une *perte*.

On voit aussi, par ce qui précède, l'importance qu'il peut y avoir à mesurer la quantité de travail fournie par une m.

motrice ou absorbée par une m.-outil. Cette mesure s'effectue au moyen d'appareils appelés *dynamomètres* ou *freins dynamométriques*, dont le type le plus connu est le *frein de Prony*. Voy. Dynamomètre, Travail. La *puissance* d'une m. motrice, qu'on appelle improprement la *force* de cette m., dépend de la quantité de travail que la m. est capable de fournir en *un temps donné*. On peut mesurer cette puissance en *kilogrammètres par seconde*; mais dans l'industrie on emploie le plus souvent l'unité appelée *cheval-vapeur*. Une m. d'*un cheval* produit 75 kilogrammètres par seconde. Voy. Force.

Il est impossible de donner une idée même vague et générale de la multitude des machines-outils usitées dans l'industrie. Les plus importantes sont brièvement décrites dans ce dictionnaire, soit à leur nom, soit à propos de l'industrie où on les emploie. Quant aux machines motrices, nous donnons les plus répandues aux mots Moteur, Roue, Turbine. — Les machines dynamo-électriques sont employées dans deux circonstances bien différentes : tantôt elles reçoivent le mouvement d'un moteur, et engendrent un courant électrique : c'est la transformation de l'énergie mécanique en énergie électrique; tantôt, au contraire, elles reçoivent le courant et tournent sous l'action de ce courant : c'est la transformation inverse. Dans ce second cas, elles constituent de véritables machines motrices. On conçoit ainsi que l'assemblage de deux pareilles machines, dont l'une reçoit le mouvement d'un moteur, et dont l'autre est actionnée par le courant électrique engendré par la première, constitue un moyen de transmission de l'énergie, qui est actuellement le seul connu permettant de transporter l'énergie à de grandes distances. Voy. Induction, Transport.

**Écon. polit.** — I. *Définition.* — Au point de vue économique, tout instrument dont l'homme arme sa faiblesse pour agir sur la nature extérieure, est une *Machine*. Ainsi ce terme s'applique non seulement aux appareils vastes et compliqués qu'emploie l'industrie moderne, mais encore aux outils les plus simples, la hache, la bêche, la pioche, le marteau, la lime, la scie, le rabot. Les outils ne sont que des machines simples, et les machines ne sont que des outils compliqués, que nous ajoutons à nos bras pour en augmenter la puissance. Les machines ont pour effet de diminuer la somme de l'effort humain en le mettant à la charge des agents naturels, et de multiplier le résultat du travail humain; en un mot, d'augmenter les satisfactions en augmentant les produits. Elles étendent le pouvoir de l'homme, mettent les corps et les forces physiques au service de notre intelligence : par là elles sont l'organe le plus puissant du progrès industriel et l'un des principaux agents du progrès social.

II. *Effets économiques des machines.* — Quelques exemples suffiront à démontrer les avantages qui résultent de leur invention, et à faire comprendre le rôle qu'elles jouent dans le progrès de la civilisation. Avant l'invention des moulins à eau et des moulins à vent, c'étaient des esclaves et des femmes qui tournaient la meule pour convertir le blé en farine. D'après Homère, douze femmes étaient constamment occupées à moudre le grain nécessaire à la maison de Pénélope. Or, d'après les calculs de Michel Chevalier, avec le moulin à bras usité dans l'antiquité, il fallait une personne occupée à ce travail pénible pour produire la quantité de farine que consomment 25 personnes, tandis que le moulin à eau le plus simple peut moudre en un jour autant de blé que 150 hommes. Si nous considérons le résultat donné par un moulin bien monté, tel qu'il en existe tant actuellement en France, on trouve que 40 meules ou cylindres, surveillés par 20 ouvriers seulement, réduisent en farine 720 hectolitres par jour, c.-à-d. de quoi alimenter 72,000 personnes. Une seule personne peut ainsi produire la farine nécessaire à une population de 3,600 individus, ou produire 144 fois plus que du temps d'Ulysse. 278 ouvriers, répartis dans 14 établissements semblables à celui dont nous venons de parler, peuvent moudre pour un million d'habitants. Il fallait, dans la Grèce et à Rome, une population de 40,000 esclaves pour obtenir un pareil résultat. En outre, on ne saurait établir aucune comparaison entre la condition des ouvriers qui travaillent dans les moulins perfectionnés de nos jours et celle des esclaves qui tournaient la meule, entre la qualité de la farine produite par le moulin mécanique et celle de la farine donnée par la meule antique. — La filature mécanique, qui date à peine d'un siècle, de 1769, présente un accroissement non moins extraordinaire. Grâce à Arkwright et à Watt, cinq ouvriers peuvent surveiller deux métiers accouplés de 800 broches. Or, une bonne fileuse ne fait qu'une quantité de fil égale à la moitié d'une broche. Il s'ensuit qu'un ouvrier fileur en coton, qui suffit pour 160 broches, produit 320 fois plus de fil qu'avant l'invention de la filature mécanique. Par conséquent, dans cette industrie, les machines ont rendu la puissance productive de l'homme 320 fois plus grande. — Avant l'invention de l'imprimerie, la reproduction des livres et des écrits, qui ne pouvait se faire qu'à l'aide de copistes, nécessitait un temps considérable. L'imprimerie mécanique et la division du travail ont produit sur ce point une révolution radicale. Lorsque la copie de l'écrivain a été mise en pages de caractères, il suffit d'une m. mue par la vapeur, et de deux ou trois hommes, pour obtenir 5 à 6,000 exemplaires à l'heure. On peut donc dire qu'un ouvrier typographe peut faire aujourd'hui la besogne d'au moins 10,000 copistes. — Un fait non moins saisissant, c'est le progrès accompli dans l'industrie des transports, tant des marchandises que des personnes, depuis l'époque où les voyages se faisaient à pied et les transports à dos d'homme, jusqu'à l'invention des chemins de fer et des bateaux à vapeur. Aujourd'hui des populations entières et des masses de marchandises sont transportées à un prix très réduit, et avec une économie de temps considérable. A la fin du XVIIe siècle, il fallait un mois pour aller de Paris à Marseille : il suffit aujourd'hui de quatorze heures. Comme, d'après l'adage anglais, le temps c'est de l'argent, il est aisé de calculer l'économie que produisent les nouvelles voies de communication. « Supposez, dit Jos. Garnier, une ligne fréquentée par un demi-million de voyageurs : l'économie d'une heure par chaque voyageur en produit une, pour la masse, de 500,000 heures, soit de 50,000 journées, représentant le travail annuel de 166 hommes qui n'augmentent pas d'un sou les dépenses de l'alimentation générale, et dont le temps a une valeur bien supérieure à celle de simples ouvriers. » Cette observation s'étend à l'action de toutes les machines en général. Elles représentent des journées d'ouvriers qui fort souvent ne coûtent rien (action du vent, chute d'eau, etc.), ou qui tout au plus consomment de la houille et du coke.

Tout progrès économique obtenu par l'invention et le perfectionnement des machines se résume dans cette formule : *Produire avec moins d'effort; produire davantage; produire à meilleur marché.* A l'aide des machines, ainsi que nous l'avons dit, l'homme contraint les forces naturelles à travailler pour lui : donc il a lui-même moins d'efforts à faire pour obtenir un produit quelconque. Les travaux les plus pénibles, les plus rebutants et les plus dangereux se transforment par les procédés mécaniques, et les machines se substituent incessamment à l'action de l'homme. L'effort auquel le producteur est obligé pour obtenir un produit étant diminué, il a la faculté de produire davantage. Produisant davantage, il peut abaisser le prix de son produit. Ainsi donc, le premier terme de notre formule engendre les deux autres. Par conséquent, ce sont les machines qui généralisent le bien-être matériel des populations; ce sont elles qui chaque jour mettent à la portée d'une foule d'hommes une foule d'objets nécessaires, utiles ou de simple agrément, qui auparavant leur étaient inaccessibles. « Si, par le moyen des machines, dit J.-B. Say, l'homme fait une conquête sur la nature et oblige les forces naturelles, les diverses propriétés des agents naturels, à travailler pour son utilité, le gain est évident. Il y a toujours augmentation de produit ou diminution des frais de production. Si le prix vénal du produit ne baisse pas, cette conquête est au profit du producteur sans rien coûter au consommateur. Si le prix baisse, le consommateur fait son profit de tout le montant de la baisse, sans que ce soit aux dépens du producteur. Mais d'ordinaire, la multiplication d'un produit en fait baisser le prix : le bon marché en étend l'usage, et sa production, quoique plus expéditive, ne tarde pas à occuper plus de travailleurs qu'auparavant. » — Cependant les machines doivent aussi être envisagées au point de vue moral : il faut considérer leur influence sur l'état intellectuel et moral des sociétés. « Le but du travail, dit très bien le prof. Baudrillard, n'est pas l'effort, c'est le résultat. Dans les pays où il n'y a pas de machines, c.-à-d. où elles sont en petit nombre et d'une faible puissance, les masses sont écrasées de travail et vivent dans un état voisin souvent de l'abrutissement. Voyez, par ex., la Chine et l'Inde. Les machines et les procédés divers que l'industrie met en jeu sont donc une des pièces les plus importantes et un des instruments les plus efficaces de la civilisation. Seuls, ils permettent, en augmentant le produit, d'appeler les masses humaines à y participer, et à participer aussi, grâce à plus de loisir et à plus d'aisance, aux jouissances intellectuelles et morales; seuls ils permettent, à l'aide de l'appropriation continue et de l'emploi de plus en plus parfait des agents naturels, d'asseoir (ce mot n'a rien de trop ambitieux) la royauté de l'esprit humain sur le trône du monde transformé et soumis. Ainsi, les machines, qui, par leur invention même, attestent la puissance de l'intelligence humaine et du travail, contribuent à leur tour à permettre leur développement et à augmenter leur fécondité dans une mesure prodigieuse. »

Cependant, le développement considérable qu'ont pris, dans le courant du XIX<sup>e</sup> siècle, les industries mécaniques et chimiques, n'a pas été sans quelques inconvénients, qui paraissent avoir échappé aux économistes classiques. C'est que ces inconvénients ne tiennent pas en réalité à l'emploi des machines, ... plutôt à la concentration de l'industrie dans un certain nombre de centres. Cette concentration considérable est le résultat de la concurrence, parce que les grandes usines produisent en général plus économiquement que les petites. Parmi les effets regrettables qu'elle produit, il faut signaler d'abord la puissance qu'acquièrent les propriétaires de ces grandes industries, que ces propriétaires soient des individus isolés ou des compagnies financières, puissance qui, à un moment donné, peut devenir un danger social. Ensuite, il s'établit, en faveur de ces grandes entreprises, une sorte de monopole de fait qui empêche le libre jeu de la concurrence et rend les propriétaires maîtres du marché. Ce qui est plus grave encore, c'est l'agglomération d'un grand nombre d'ouvriers sur un même point. Cette agglomération est souvent nuisible au point de vue physique et hygiénique; elle l'est davantage au point de vue moral. C'est un fait d'observation banal que des hommes vivant de la même vie et souffrant des mêmes misères s'exagèrent leurs souffrances réelles ou imaginaires par leurs conversations mutuelles, s'aigrisssent le caractère et se sentent de plus en plus disposés à ne faire attention qu'à ce qu'il y a de pénible dans leur situation, pour oublier ce qu'ils y pourraient trouver d'avantageux, ou du moins de moins mauvais par comparaison avec des situations différentes. Personne n'est tout à fait content de son sort, et le mal que nous signalons se retrouve dans toutes les réunions d'hommes de même métier. Pénétrons dans une réunion de militaires ou d'employés; les conversations y roulent presque exclusivement sur les exigences du service et les injustices dans la distribution de l'avancement, et l'entente ne s'établit que sur un seul point : le mal qu'on y dit des chefs. Combien ce fâcheux état d'esprit ne doit-il pas se développer davantage dans un milieu d'hommes plus grossiers, astreints à un travail plus pénible, et souffrant souvent de misères trop réelles! Un autre danger, plus grave encore que le précédent, c'est que des populations entières ont leur existence absolument subordonnée à l'entreprise qui les emploie. Si une modification économique vient à détruire cette prospérité, la population ouvrière chôme tout entière et la plus effroyable misère s'abat sur des milliers de familles.

Ces inconvénients sont malheureusement trop réels : ils sont la rançon du progrès; mais il serait souverainement injuste d'en rendre le progrès entièrement responsable. On voit bien le mal présent, on ne voit plus le mal et la misère passés que le développement même de l'industrie a tant diminués. Au reste, ces inconvénients ne sont peut-être pas sans remède. En ce qui concerne la puissance et le monopole des grandes entreprises, le danger peut être écarté par de sages mesures législatives : c'est là le domaine où, contrairement aux doctrines trop absolues de l'économie politique classique, l'intervention de l'État peut s'exercer avec avantage, à condition toutefois qu'elle le fasse avec une grande réserve et une extrême prudence. Quant aux grandes agglomérations d'ouvriers, ce sera peut-être le développement même de l'industrie qui en apportera le remède. Le jour où l'on saura transporter et distribuer l'énergie mécanique d'une manière vraiment pratique, on verra sans doute renaître la petite industrie. Quoi qu'il en soit, il ne faut jamais perdre de vue que le premier effet du développement industriel est de produire en plus grande abondance et avec moins de travail humain tous les objets nécessaires à la vie, et tous ceux qui contribuent à l'agrément de l'existence. Comme tous ces objets sont intégralement consommés, il faut nécessairement en conclure que le progrès industriel augmente dans des proportions énormes la somme de confortable dont jouit l'humanité dans son ensemble. Il reste, il est vrai, à voir comment ces produits sont répartis, et si les uns n'en reçoivent pas trop en comparaison de ceux qui n'en reçoivent pas assez. C'est là une question plus délicate; il est cependant à présumer que chacun, même les plus pauvres, ont eu leur part de cette abondance. Il faudrait comparer la vie de l'ouvrier d'aujourd'hui avec celle de l'ouvrier des siècles passés, et la comparaison n'est pas aisée. Au reste, la question de la distribution des richesses se règle par la concurrence entre les travailleurs, et aujourd'hui la concurrence s'étend à toute l'Europe, sinon à toute la terre, ce qui complique encore le problème. Nous ne pouvons le développer davantage ici. Nous y reviendrons à propos du *socialisme*. Enfin, il est impossible de marquer des limites et des divisions dans le progrès industriel. On peut évidemment discuter sur les détails relatifs à telle ou telle époque, telle ou telle situation de l'industrie; mais si l'on envisage dans son ensemble l'évolution de l'industrie depuis les temps les plus reculés, on y voit une suite de perfectionnements ininterrompus depuis l'invention des plus humbles outils jusqu'à celle des merveilleuses machines de nos jours. Si le perfectionnement des machines est aujourd'hui un mal, il en a toujours été de même. Avant la grande industrie, il y a eu la petite; avant celle-ci, il y a eu l'outillage. Les adversaires du progrès industriel ne pourront jamais fixer la limite à partir de laquelle le progrès est devenu un mal. Il leur sera impossible de fixer dans l'histoire l'époque où l'humanité en est arrivée à cette dose de progrès qui représenterait le maximum du bien. Force leur sera donc de reculer de plus en plus vers le passé l'idéal qu'ils offrent à l'humanité. Il leur faudra remonter jusqu'à l'âge de pierre et même au delà, car tailler la pierre est déjà une industrie, et la pierre taillée est déjà une m. Quoi qu'on dise, il faut reconnaître que le progrès de l'industrie est dans les destinées de l'humanité. Il s'accompagne de beaucoup de bien et d'un peu de mal. La sagesse n'est pas de récriminer contre une évolution nécessaire, et en définitive bienfaisante, mais d'en étudier la marche et les lois et de chercher les mesures propres à diminuer les inconvénients inséparables de tout changement dans les habitudes d'une nombreuse population. Voy. SOCIALISME.

**Techn.** — *Machines à écrire.* — On appelle ainsi des appareils construits de telle manière qu'ils peuvent remplacer la plume à écrire, et permettent d'imprimer successivement les diverses lettres de l'alphabet, ainsi que les chiffres, dans un ordre déterminé, et de former ainsi des mots ou des nombres.

En 1814, H. Mill songea le premier à créer une machine à écrire, mais il s'en tint à son projet. L'idée qu'il avait émise fut reprise par un certain nombre d'inventeurs, qui construisirent des appareils de plus en plus perfectionnés. Parmi les principaux de ces inventeurs, nous citerons Ch. Turber, en 1843; P. Foucault, en 1849; A.-E. Beach, en 1856; Th. Hall, en 1865. Les instruments créés, extrêmement compliqués et délicats, ne devinrent réellement pratiques et utilisables qu'en 1873, époque à laquelle un Américain, Remington, livra au commerce une machine connue encore actuellement sous le nom de *Machine à écrire Remington*, mais qui a subi de très nombreux et très ingénieux perfectionnements.

On divise actuellement les machines à écrire en deux catégories bien distinctes : les *Keyed Machines*, ou machines à clavier, et les *Stylus Machines*, ou machines à indicateur. Les premières, qui se subdivisent elles-mêmes en deux classes, *Machines à marteau* et *Machines à cylindre*, possèdent un clavier à l'aide duquel on imprime chaque caractère en appuyant le doigt sur une touche. Dans les secondes, tous les caractères se trouvent fixés sur un même organe d'impression, qu'il est tout d'abord nécessaire de déplacer à la main pour amener en contact avec la feuille de papier la lettre à imprimer.

Nous citerons et décrirons quelques types de machines à écrire, parmi celles qui, en quelque sorte, ont fait leurs preuves, en commençant par la Remington, la première de toutes.

*Machine à écrire Remington.* — Cette machine (Fig. ci-contre) étant le point de départ de toutes les machines à marteau, nous entrerons dans quelques détails sur le principe de son fonctionnement. Chaque caractère, lettre ou chiffre, est porté par un levier coudé oscillant autour d'un point d'appui. Ce levier est articulé avec un autre levier d'attaque supportant la touche sur laquelle s'appuie le doigt de l'opérateur. La pression sur cette touche a pour effet de produire un déplacement du caractère suivant un arc de cercle et de l'amener en contact avec le papier enroulé sur une sorte de tambour. Entre ce papier et le marteau, se trouve interposé un ruban enduit d'encre, afin de marquer sur le papier partout où un contact se produit. A chaque impression, le tambour, qui est porté sur un chariot mobile, avance sous l'action d'un ressort que commande un échappement, de sorte que le papier se déplace latéralement d'une quantité égale à l'espace occupé par un caractère. Ce déplacement se continue jusqu'à l'extrémité de la ligne. A ce moment, un timbre sonne et avertit l'opérateur, qui ramène le chariot au commencement de sa course, en tendant le ressort dont il est question plus haut. Il tourne en outre le tambour d'une quantité suffisante pour produire un intervalle régulier figurant les blancs des lignes.

Il faut donc, avec cette machine, que tous les caractères frappent successivement le même point d'une manière rigoureuse. Grâce au dispositif que possèdent les leviers, ce but se trouve atteint. En effet, au repos, ces leviers constituent les génératrices d'un cône renversé à axe vertical, les caractères sont placés sur la circonférence de la petite base, tandis que les points d'appui des leviers occupent la périphérie de la circonférence de la grande base. Le point où frappent successivement les caractères n'est autre que le centre de cette dernière circonférence.

Le ruban imprégné d'encre s'enroule sur une bobine. A chaque impression, il se déplace d'une petite quantité, afin d'offrir constamment au marteau une nouvelle surface intacte. La largeur des marges se détermine au moyen d'une butée qui limite la course du chariot portant le tambour; cette butée est mobile à volonté; on peut donc la faire varier suivant la marge que l'on désire obtenir. L'espace qui doit séparer chaque mot du précédent et du suivant, s'obtient en faisant avancer le chariot à l'aide d'une touche spéciale, dite *touche* ou *barre d'espacement*, placée à l'extrémité du jeu de touches à caractères. Si, au cours de l'opération, on désire voir l'écriture, on soulève le chariot, ce qui se fait

aisément, car il est muni de charnières. On peut le désembrayer à volonté, et une double division permet de se reporter à l'endroit voulu de la ligne, afin d'y apporter des corrections ou des additions à la suite de l'oubli d'une lettre. En réalité, chaque marteau est muni de deux caractères à son extrémité, et le tambour peut se déplacer, dans le plan horizontal, parallèlement à lui-même, de manière à se présenter en face du premier ou du second caractère. Ce déplacement du tambour se commande par une touche du clavier, d'où il suit que celui-ci comprend un nombre de touches deux fois plus petit que le nombre de caractères à imprimer. De cette façon, chaque lettre majuscule s'imprime au moyen de la même touche que la lettre minuscule qui lui correspond. Le clavier de la Remington a la disposition ci-dessous indiquée :

| 2 | 3 | 4 | 5 | 6 | 7 | 8 | 9 | & | 0 |
|---|---|---|---|---|---|---|---|---|---|
| A | W | E | R | T | Y | U | I | O | P |
| Q | S | D | F | G | H | J | K | L | M |
| Z | X | C | V | B | N | ? | . | ] | § |

Les touches autres que celles qui portent des lettres sont de plus affectées aux signes de ponctuation. Comme le montre le tableau ci-dessus, les lettres n'occupent pas leur ordre alphabétique; elles sont groupées de manière à rapprocher les caractères qui se combinent le plus souvent entre eux.

Nous nous bornerons à cette description succincte qui permet de comprendre et de suivre le fonctionnement d'une machine à écrire, et nous terminerons en citant quelques types les plus fréquemment employés.

La *Machine à écrire calligraphe* se différencie de la machine Remington, en ce sens qu'il existe autant de marteaux et de touches que de caractères à imprimer. En outre, au lieu de s'enrouler autour d'un tambour, le papier entoure un prisme polygonal, de telle sorte que chaque marteau heurte une surface plane au lieu d'une surface cylindrique

La *Machine Columbia* appartient à la seconde catégorie, c.-à-d. à celle que nous avons désignée sous le nom de *Machines à indicateur*. Ici, les caractères sont fixés à la circonférence d'une roue que l'on fait tourner à l'aide d'un manche. L'axe de cette roue constitue un levier du second genre et pivote autour d'un axe. Dès lors, la roue étant amenée dans la position voulue, il suffit de l'appuyer sur le papier pour déterminer l'impression. Une aiguille indique simultanément sur un cadran la lettre se trouvant en contact avec le papier. Le papier s'enroule autour d'un tambour en caoutchouc porté par un chariot, qui avance, après chaque impression, d'une longueur différente, suivant la largeur de la lettre qui vient de s'imprimer.

La *Machine miniature* est une machine à écrire de poche; c'est elle qui se déplace sur le papier, à l'inverse de ce qui se produit avec les appareils précédents. Cette machine est formée par une roue inclinée portant des caractères en caoutchouc. Ces caractères s'encrent au passage par leur frottement contre un tampon. On écrit en appuyant la roue sur le papier à l'aide d'une petite poignée avec laquelle on la fait tourner.

Quel que soit le système choisi, on peut dire que l'emploi de la machine à écrire présente de très grands avantages. Indépendamment de la rapidité qui s'acquiert avec l'habitude, la perfection du travail accompli dépend très peu de l'habitude de l'opérateur, de sorte que l'écriture obtenue est toujours lisible, ce qui est souvent loin de se produire avec l'écriture ordinaire.

**MACHINER.** v. a. (lat. *machinari*, m. s.). Former en secret quelque mauvais dessein contre quelqu'un, faire des menées sourdes pour lui nuire, etc. *M. une trahison. M. la perte de quelqu'un.* || T. Techn. Munir de certains appareils. *M. les points d'un soulier*, Blanchir les coutures à l'aide d'un machinoir. = SE MACHINER. v. pron. *Il se machine quelque chose contre lui.* = MACHINÉ, ÉE. part. *Une table machinée*, Table de prestidigitateur pourvue de mécanismes qui facilitent les tours qu'il exécute.

**MACHINERIE.** s. f. Ensemble de machines concourant à un but commun.

**MACHINEUR, EUSE.** s. Celui, celle qui machine quelque chose. = MACHINEUR, s. m. Celui qui conduit la machine d'extraction, dans les mines.

**MACHINISME.** s. m. Combinaison de machines. || T. Philos. Doctrine qui considère les animaux comme de pures machines.

**MACHINISTE.** s. m. Celui qui invente, construit ou conduit des machines de théâtre. *C'est un habile m. Le m. de l'Opéra.*

**MACHINOIR.** s. m. [Pr. *machi-nouar*] (R. *machine*). T. Techn. Outil en corne qui sert au cordonnier pour enlever la poix aux endroits où les coutures sont apparentes.

**MACHINULE.** s. f. (Dimin.). Petite machine. Inus.

**MÂCHOIRE.** s. f. [Pr. *machouare*] (R. *mâcher*). Chacune des pièces osseuses qui supportent les dents chez les animaux vertébrés. Voy. CRÂNE et DENT. — Se dit aussi d'une partie de l'appareil masticatoire des Insectes. Voy. INSECTE. || Fig. et fam., *Avoir la m. pesante, la m. lourde*, S'exprimer lourdement et sans grâce. — *C'est une m.*, C'est un homme d'un esprit lourd. — *Jouer des mâchoires*, Manger. — *Bâiller à se démancher, à se décrocher la m.*, De manière à la désarticuler. || T. Techn. Par analog., se dit de deux pièces de fer qui s'éloignent et se rapprochent pour assujettir un objet, pour le serrer, le tenir ferme et fixe. *Les mâchoires d'une tenaille, d'un étau.* — Pièce du fusil à pierre qui sert à maintenir le silex. — Équerre de fer placée en avant du dressoir des treillageurs. Partie de la gorge de la poulie qui empêche la corde de s'échapper. || T. Mar. Espèce de fourche, de croissant à l'extrémité des vergues apiquées, pour leur permettre de s'arc-bouter sur le mât.

**MÂCHONNEMENT.** s. m. [Pr. *mâcho-ne-man*]. Action de mâchonner.

**MÂCHONNER.** v. a. [Pr. *macho-ner*] (R. *mâcher*). Mâcher avec difficulté ou avec négligence. Fam. || Fig. et fam.,

*Il ne fait que m. ses paroles*, Il n'articule pas distinctement ce qu'il dit. = MACHONNÉ, ÉE. part.

**MÂCHURE**. s. f. (R. *mâcher*). T. Techn. Partie mâchée d'une chose. — *Mâchures du drap*, Parties où le poil a été déchiqueté par les forces au lieu d'être coupé net. — *Mâchures de velours*, Parties où le poil a été écrasé. || T. Méd. *Mâchures d'une plaie*, Bords écrasés par la blessure d'une balle, d'un objet contondant.

**MÂCHURER**. v. a. (orig. germ., anc. flam. *mæscheren*, tacher; anc. haut-all. *musca*, tache). Barbouiller de noir. *M. du papier, des habits. Se m. le visage*, etc. Fam. Prov. *Le chaudron mâchure la poêle*, On critique chez un autre un défaut qu'on a soi-même. = MÂCHURÉ, ÉE. part. *Feuille mâchurée*.

**MÂCHURER**. v. a. (R. *mâchure*). Avoir la figure mâchurée, barbouillée. Fam. || T. Techn. Fouler, meurtrir, entamer par une violente pression.

**MACILENCE**. s. f. [Pr. *masi-lanse*] (lat. *macilentus*, m. s., de *macer*, maigre). Amaigrissement du corps.

**MACIS**. s. m. (lat. *macis*, n. d'une écorce aromatique). T. Mat méd. Nom donné à l'arille de la graine du *Muscadier*. Voy. MYRISTICÉES.

**MACK**, général autrichien, fut réduit par Napoléon Ier à capituler dans Ulm (1752-1820).

**MACKAU** (DE), amiral français (1788-1855).

**MACKENZIE**, fleuve de l'Amérique du Nord, sort du lac des Esclaves, se jette dans l'Océan Glacial arctique, 1,700 kil.

**MACKENZIE** (KIN), jurisconsulte écossais, né à Duendé (1636-1691).

**MACKENZIE** (ALEXANDER), voyageur écossais, né à Inverness, découvrit le fleuve auquel il donna son nom (1755-1820).

**MACKENZIE** (MORELL), médecin anglais (1837-1892).

**MACKINTOSH**. s. m. [Pr. *makin-toch*] (nom de l'inventeur). Sorte de toile imperméable. || Manteau fait avec cette toile.

**MACKINTOSH** (Sir JAMES), philosophe, historien et homme d'État angl. (1765-1832).

**MACLAGE**. s. m. Action de macler le verre.

**MACLAURIN** (COLIN), mathématicien anglais (1698-1746).

**MACLE**. s. f. (lat. *macula*, maille). T. Pêche. Filet à larges mailles. || T. Blas. Figure d'armoirie composée d'un losange percé d'un trou également en losange. Voy. HÉRALDIQUE. || T. Minér. Groupe régulier de cristaux. Voy. CRISTALLOGRAPHIE, X.

**MACLÉ, ÉE**. adj. T. Blas. Orné de macles.

**MACLER**. v. a. (R. *macle*). T. Crist. Cristalliser en croix, en étoile. = SE MACLER. v. pron. Se dit dans le même sens. = MACLÉ, ÉE. Part. *Cristal maclé*.

**MACLER**. v. a. (orig. inconnue). T. Techn. Brasser le verre en fusion avec une barre de fer. = MACLÉ, ÉE. part.

**MACLIFÈRE**. adj. 2 g. (R. *macle* et lat. *fero*, je porte). T. Géol. Qui contient des macles.

**MACLONNIÈRE**. s. f. [Pr. *maklo-nière*] (R. *macle*). T. Pêche. Filet composé de trois nappes.

**MACLOU** (SAINT), évêque de Saint-Malo, mort vers 565. Fête le 15 novembre.

**MACLURE**. s. f. (R. *Maclure*, nom d'un géologue amér.). T. Bot. Genre d'arbres Dicotylédones (*Maclura*) de la famille des *Urticacées*. Voy. ce mot.

**MACLURINE**. s. f. (R. *Maclure*, n. pr.). T. Chim. Tanin contenu dans le bois jaune. Voy. MORIN.

**MAC-MAHON** (DE), maréchal de France, né en 1808, fut créé duc de Magenta pour la victoire qu'il remporta sur les Autrichiens en Italie (1859), fut gouverneur général de l'Algérie de 1864 à 1870. Commandandant du 1er corps d'armée dans la guerre de 1870, il fut blessé à Sedan. Appelé par l'Assemblée nationale à remplacer Thiers (24 mai 1873), puis élu (20 nov. 1873) Président de la République pour sept ans, il donna sa démission le 30 janvier 1879; m. en 1893.

**MÂCON**, ch.-l. du dép. de Saône-et-Loire, sur la Saône, à 441 kil. S.-E. de Paris; 19,600 hab. Vins renommés. Patrie de Lamartine. = MÂCON. s. m. Vin de Mâcon; *boire du mâcon*.

**MAÇON**. s. m. (lat. *maceria*, muraille, ou *macio*, altér. de *marcus*, marteau). Ouvrier qui travaille à la maçonnerie. *Avoir des maçons à la journée. Maître m. Aide-m. Des outils de m.* || Fig. et prov., on dit d'un ouvrier qui travaille trop grossièrement pour exécuter quelque ouvrage délicat, *C'est un m., un vrai m. Une soupe de m.*, Une soupe épaisse comme le mortier que gâche le m. || *Maçon* se dit quelquefois pour *Franc-maçon*. Voy. FRANC-MAÇONNERIE. = MAÇON, ONNE. adj. T. Entom. Se dit de certains insectes qui se construisent des habitations plus ou moins solides avec de la terre, etc. *Abeille maçonne. Fourmi maçonne. Pic m.*

**MAÇONNAGE**. s. m. [Pr. *maso-naje*]. Travail de maçon. *On a payé tant pour le m. de cette maison.*

**MÂCONNAIS**. anc. pays de France, dép. de Saône-et-Loire, ch.-l. *Mâcon*.

**MÂCONNAISE**. adj. f. [Pr. *mako-nèze*] (R. *Mâcon*). *Futaille m.*, ou subst. *mâconnaise*, Futaille de la contenance minimum de 212 litres. *Bouteille m.*, Bouteille de 80 centilitres.

**MAÇONNER**. v. a. [Pr. *maso-ner*] (R. *maçon*). Travailler à un bâtiment, à une construction, en employant de la pierre, de la brique, du mortier, du plâtre, etc. *Il y a beaucoup à m. dans cette maison.* || Boucher une ouverture dans une muraille avec de la pierre, du mortier, etc. *Il faudra m. cette fenêtre.* || Fig. et fam., Travailler d'une façon grossière. *Voyez comme il a maçonné cela.* = MAÇONNÉ, ÉE. part. || T. Blas. *Bâtiment maçonné*, Où les pierres sont entourées d'un émail distinct.

**MAÇONNERIE**. s. f. [Pr. *maso-nerie*]. Ouvrage de construction pour lequel on emploie principalement la pierre, la brique, la chaux et le plâtre. *Une bonne m. La grosse m La m. légère. M. de blocage, de moellons, de limosinage. M. en liaison. Cloison de m.* || Se dit quelquefois pour *Franc-maçonnerie*. Voy. ce mot.

**MAÇONNIQUE**. adj. 2 g. [Pr. *maso-nike*]. Qui appartient à la Franc-maçonnerie. *Société m. Les emblèmes maçonniques.* Voy. FRANC-MAÇONNERIE.

**MACOUBA**, bourg de la Martinique renommé pour son tabac; 2,600 hab.

**MACOUCOUA**. s. m. T. Bot. Espèce d'arbre qui pousse à la Guyane (*Ilex macoucoua*). Voy. ILICACÉES.

**MAÇOUDI**, polygraphe arabe, né à Bagdad, mort en 956.

**MACPHERSON** (JAMES), littérateur écossais, éditeur des prétendus poèmes d'Ossian, *Fingal, Temora*, etc. (1738-1796). Voy. OSSIAN.

**MACQUAGE**. s. m. T. Techn. Opération qui précède le teillage du lin.

**MACQUARIE**, golfe de la côte occidentale de Tasmanie.

**MACQUART**, entomologiste fr., né à Hazebrouck (1778-1855).

**MACQUE**. s. f. (Vx mot sign. *massue*). T. Techn. Sorte de masse qui sert à broyer le lin. Voy. LIN.

**MACQUER**. v. a. (provenç. *machar*, meurtrir). Rompre le chanvre et le lin avant le teillage

**MACQUER**, chimiste fr., né à Paris (1718-1784).

**MACQUERIE**. s. f. Veine de matière étrangère qui plonge du sud au nord dans un banc d'ardoise.

**MACRA**, rivière d'Italie, affluent de la rive droite du Pô, 55 kil.

**MÂCRE**. s. f. T. Bot. Genre de plantes Dicotylédones (*Trapa*) de la famille des *Œnothéracées*. Voy ce mot.

**Agric.** — La Mâcre ou châtaigne d'eau (*Trapa natans*) est indigène et annuelle dans les eaux stagnantes, mais non croupissantes. Ses fleurs blanches s'épanouissent de juin en août; ses fruits ont à peu près la couleur des châtaignes, mais ils sont moins gros et munis de leur calice dont les quatre divisions forment autant de cornes piquantes. Ces fruits, remplis d'une pulpe blanche, agréables au goût, se mangent crus ou cuits dans l'eau ou sous la cendre. On les conserve dans l'eau pendant tout l'hiver. Il suffit, pour multiplier cette plante, d'en jeter les fruits mûrs dans la pièce d'eau où l'on veut se la procurer. Ensuite, on n'a d'autre peine que celle de la récolte, qu'il ne faut pas trop retarder; autrement, les fruits se détachent et vont au fond.

**MACREADY**, célèbre tragédien anglais (1793-1873).

**MACREUSE**. s. f. [Pr. *makreu-ze*] (Orig. inconnue. Scheler dit que, probablement, il est de la même provenance que *Maquereau*, à cause de la bigarrure du plumage). Genre d'Oiseaux *Palmipèdes*. Voy. CANARD. — Nom donné quelquefois à la *Foulque noire*. Voy. FOULQUE.

**MACREUSE**. s. f. [Pr. *makreu-ze*]. T. Boucher. Viande maigre qui se trouve sur l'os à moelle de l'épaule.

**MACRIN**, empereur romain (217-218 ap. J.-C.), succéda à Caracalla qu'il avait assassiné, fut tué et remplacé par Héliogabale.

**MACRO**. — Ce préfixe, qui est emprunté au grec μακρὸς, *long*, *grand*, entre dans la composition d'un grand nombre de termes de botanique, de zoologie, etc. Il ajoute toujours l'idée de longueur ou de grandeur au radical auquel il est joint, comme dans les mots *Macrocéphale*, *Macrocère*, *Macrolobe*, *Macrophthalme*, *Macropode*, *Macroptère*, etc.

**MACROBE**, grammairien latin du V^e siècle après J.-C., auteur des *Saturnales*, compilation de rhétorique et de grammaire.

**MACROBIEN, IENNE**. adj. [Pr. *makrobi-in, ène*] (gr. μακρὸς, long; βίος, vie). Qui a vécu plus que la durée de la vie ordinaire.

**MACROBIOTIQUE**. s. f. (gr. μακρὸς, long; βίος, vie). Art de prolonger la vie.

**MACROCARPINE**. s. f. T. Chim. Matière colorante jaune contenue dans les racines du *Thalictrum macrocarpum*. Elle cristallise en aiguilles jaunes assez solubles dans l'eau chaude. Chauffée à 80°, elle prend une coloration orange; à une température plus élevée, elle se décompose.

**MACROCÉPHALE**. adj. 2 g. (gr. μακρὸς, long; κεφαλή, tête). Qui a une grosse tête.

**MACROCÉPHALIE**. s. f. (R. *macrocéphale*). Développement monstrueux de la tête.

**MACROCÈRE**. adj. 2 g. (gr. μακρὸς, long; κέρας, corne). T. Zool. Qui a de longues cornes ou antennes. || T. Bot. Qui a un éperon en forme de longue corne.

**MACROCERQUE**. adj. 2 g. (gr. μακρὸς, long; κέρκος, queue). Qui a une longue queue.

**MACROCHIRE**. adj. 2 g. [Pr. *ma-kro-kir*] (gr. μακρὸς, long; χείρ, main). Qui a les mains longues.

**MACROCHIRIE**. s. f. [Pr. *makro-kirie*] (R. *macrochire*). Monstruosité caractérisée par le développement excessif des mains.

**MACROCOSME**. s. m. (gr. μακρὸς, long; κόσμος, monde). T. Philos. Le monde, l'ensemble des choses, par opposition au *microcosme*, le petit monde, c.-à-d. l'homme. Voy. MICROCOSME.

**MACRODACTYLE**. adj. 2 g. (gr. μακρὸς, grand; δάκτυλος, doigt). Qui a de longs doigts. = MACRODACTYLES. s. m. pl. T. Ornith. Famille d'Oiseaux *Échassiers*. Voy. ÉCHASSIER.

**MACRODACTYLIE**. s. f. (R. *macrodactyle*). Monstruosité caractérisée par le développement excessif des doigts.

**MACRODONTIE**. s. f. (gr. μακρὸς, long; ὀδοὺς, ὀδόντος, dent). T. Entom. Genre d'Insectes *Coléoptères*. Voy. LONGICORNES.

**MACROGLOSSE**. adj. 2 g. (gr. μακρὸς, grand; γλῶσσα, langue). T. Zool. Qui a une langue extensible. = MACROGLOSSE. s. m. T. Ent. Genre d'Insectes *Lépidoptères*. Voy. CRÉPUSCULAIRES.

**MACROGLOSSIE**. s. f. (R. *macroglosse*). T. Méd. Syn. d'hypertrophie de la langue.

**MACROLOGIE**. s. f. (gr. μακρὸς, long; λόγος, discours). Longueur dans les discours, style diffu, pléonasme.

**MACROMÉLIE**. s. f. (gr. μακρὸς, long; μέλος, membre). Monstruosité qui consiste en une grandeur excessive de quelque membre.

**MACRON**, préfet du prétoire sous Tibère en 31, tué par ordre de Caligula, en 38.

**MACRONUCLEUS**. s. m. pl. [Pr. *makro-nu-klé-uss*] (gr. μακρὸς, grand; lat. *nucleus*, noyau). T. Zool. Nom que l'on donne à un des noyaux que l'on trouve dans le corps des *Infusoires*. Ce noyau préside à la vie organique de l'animal; il se divise par le procédé direct quand l'infusoire se reproduit par scissiparité. On lui donne encore quelquefois le nom de *noyau* ou d'*endoplaste*.

**MACROPÉTALE**. adj. 2 g. (gr. μακρὸς, long, et fr. *pétale*). T. Bot. Qui a de grands pétales.

**MACROPHYLLE**. adj. 2 g. (gr. μακρὸς, long; φύλλον, feuille). T. Bot. Qui a de grandes et fortes feuilles.

**MACROPIPER**. s. m. (gr. μακρὸς, grand; πίπερ, poivre). T. Bot. Genre de plantes Dicotylédones de la famille des *Pipéracées*. Voy. ce mot.

**MACROPODE**. adj. 2 g. (gr. μακρὸς, long; πούς, ποδός, pied). T. Bot. Qui a de longs pédoncules. || T. Zool. Qui a de longues pattes ou de longues nageoires.

**MACROPODIE**. s. f. (R. *macropode*). Monstruosité consistant dans le développement excessif des pieds.

**MACROPROSOPIE**. s. f. [Pr. *makropro-zopie*] (gr. μακρὸς, long; πρόσωπον, visage). Monstruosité qui consiste dans le développement excessif de la face.

**MACROPTÈRE**. adj. 2 g. (gr. μακρὸς, long; πτέρον, aile). Syn. de *Longipenne*.

**MACRORRHIZE**. adj. 2 g. [Pr. *ma-krorrize*] (gr. μακρὸς, long; ῥίζα, racine). T. Bot. Qui a de grandes racines.

**MACROSCÉLIDE**. adj. 2 g. (R. *macroscélie*.) T. Zool. Se dit des insectes qui ont les membres postérieurs très développés. = MACROSCÉLIDE. s. m. (gr. μακρὸς, long; σκέλος, os de la jambe). T. Mamm. Genre d'*Insectivores*. Voy. MUSARAIGNE.

**MACROSCÉLIE**. s. f. (gr. μακρὸς, long; σκέλος, jambe). Monstruosité qui consiste dans le développement excessif des jambes.

**MACROSCIEN, IENNE**. adj. [Pr. *makrosi-in, iène*] (gr. μακρὸς, long; σκιὰ, ombre). *Peuples macrosciens*, Qui reçoivent très obliquement les rayons du soleil, de manière que leur corps projette une très grande ombre à midi. Ce sont ceux qui habitent aux latitudes élevées, loin de l'équateur et près des pôles

**MACROSCOPIQUE.** adj. 2 g. (gr. μακρὸς, grand ; σκοπεῖν, examiner). Qui appartient à la vue des objets assez gros pour être vus sans loupe ou microscope.

**MACROSOMATIE.** s. f. (gr. μακρὸς, long ; σῶμα, corps). Monstruosité consistant dans la grandeur ou la grosseur excessive de tout le corps.

**MACROSPORE.** s. f. (gr. μακρὸς, grand, et fr. *spore*). T. Bot. Nom donné aux spores femelles des plantes de certaines familles de l'embranchement des Cryptogames vasculaires.

**MACROSTICHE.** adj. 2 g. (gr. μακρὸς, long ; στίχος, ligne). T. Diplom. Qui est écrit en longues lignes.

**MACROSTOMA.** s. m. (gr. μακρὸς, long ; στόμα, bouche). T. Chir. Syn. de *Bec-de-Lièvre*. Voy. ce mot.

**MACROSTYLE.** adj. 2 g. (gr. μακρὸς, long, et fr. *style*). T. Bot. Qui a un style très long.

**MACROTARSIEN, IENNE.** adj. [Pr. *makrotarsi-in, iène*] (gr. μακρὸς, long, et fr. *tarse*). T. Zool. Qui a les tarses longs.

**MACROULE.** s. f. (R. *macreuse*.) T. Ornith. Espèce de Foulque. Voy. ce mot.

**MACROURE.** adj. 2 g. (gr. μακρὸς, long ; οὐρά, queue). Qui a une longue queue.

**MACROURES.** s. m. pl. (gr. μακρὸς, long ; οὐρά, queue). T. Zool. — Les *Décapodes Macroures* se distinguent aisément

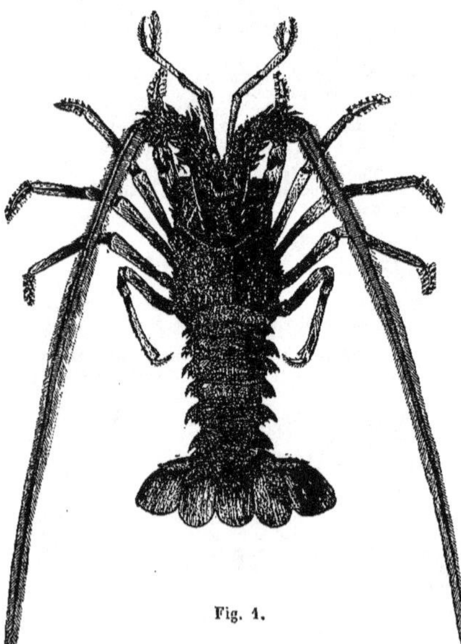

Fig. 1.

de tous les Crustacés qui appartiennent au même ordre par le développement considérable de leur abdomen, et par la grande nageoire composée de cinq lames disposées en éventail qui termine postérieurement leur corps. Leur carapace est toujours plus longue que large. Les divers anneaux du thorax sont en général soudés entre eux ; quelquefois cependant le dernier segment est mobile. L'abdomen est presque toujours plus grand que le thorax, et les sept anneaux qui le composent sont mobiles. Les antennes sont généralement très développées. Les pattes thoraciques sont habituellement longues et grêles, et celles de la première paire, ou des deux premières paires, se terminent le plus souvent par une pince didactyle. Ces Crustacés sont essentiellement nageurs. Ils marchent peu et ne sortent presque jamais de l'eau. L'abdomen et la grande nageoire caudale sont leurs principaux organes de locomotion, et c'est à reculons qu'ils nagent lorsqu'ils veulent se mouvoir avec vitesse, car alors ils frappent l'eau en reployant en bas et en avant cette espèce de rame terminale. Les Macroures ont été divisés par Milne Edwards en 5 familles : les *M. cuirassés*, les *M. fouisseurs*, les *Astacidés*, les *Salicoques* et les *Schizopodes*.

1. — Les *M. cuirassés* sont remarquables par la dureté et l'épaisseur de leur squelette tégumentaire ; la face inférieure de leur thorax est revêtue d'un plastron très large vers la partie postérieure, quoique étroit en avant. Nous citerons dans cette famille les genres *Langouste*, *Scyllare* et *Galathée*. — Les *Langoustes* (*Palinurus*) sont des Crustacés de très grande taille, qui sont essentiellement caractérisés par leurs pattes toutes monodactyles, et par leurs antennes latérales longues, sétacées et hérissées de piquants. La *L. commune* (*Pal. vulgaris*) (Fig. 1), qui habite nos côtes, a quelquefois près d'un demi-pied de longueur ; chargée d'œufs, elle pèse de 6 à 7 kilogr. Son test est épineux, garni de duvet,

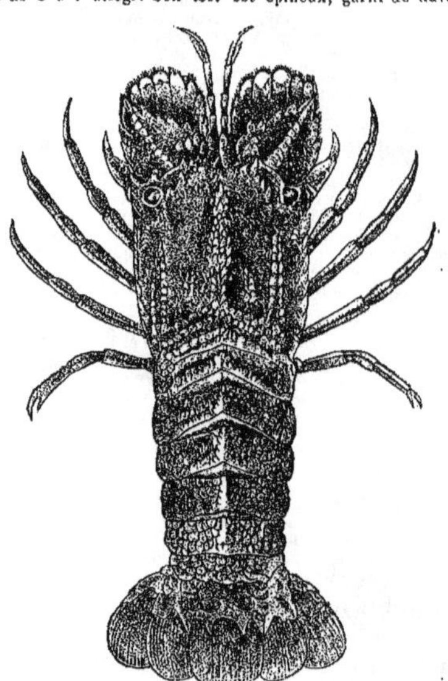

Fig. 2.

avec deux fortes dents au-devant des yeux. Le dessus du corps est d'un brun verdâtre ou rougeâtre ; la queue est tachée et ponctuée de jaunâtre, et les pattes sont entrecoupées de rouge et de jaunâtre. La chair de ces animaux, surtout celle des femelles, avant et après la ponte, est fort estimée. — Les *Scyllares* (*Scyllarus*) présentent dans la forme de leurs antennes un caractère tout à fait insolite : la tige manque, et les articles du pédoncule, très dilatés transversalement, forment une grande crête, aplatie, horizontale et plus ou moins dentée. Le *Sc. ours* (*Sc. arctus*) [Fig. 2], vulg. appelé *Cigale de mer*, est très répandu dans la Méditerranée. — Les *Galathées* (*Galathea*) se distinguent par la grande main didactyle qui termine les pattes de la première paire. Nous en avons plusieurs espèces dans nos mers.

II. — Les *M. fouisseurs*, appelés aussi *Thalassiniens*, ont les téguments peu consistants, le plastron sternal linéaire, et ne présentent pas, comme les familles suivantes, une écaille mobile au-dessus de la base des antennes. Ces Crustacés vivent enfoncés dans le sable à quelque distance du rivage. A cette famille appartiennent les genres *Callianasse* (*Callianassa*), *Axie* (*Axius*), *Gébie* (*Gebia*), etc. Ces genres sont représentés chez nous chacun par une seule espèce, la

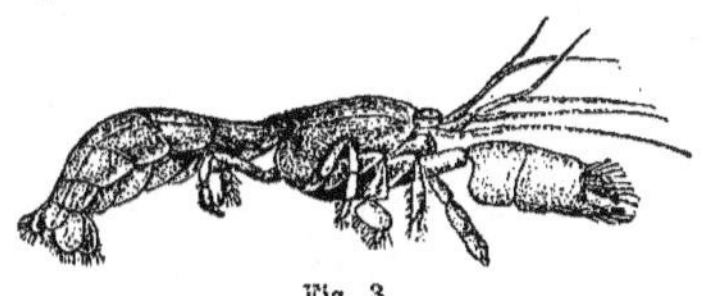

Fig. 3.

*Call. souterraine* (Fig. 3, un peu réduite), l'*Axie stirhynque* et la *Gébie riveraine* : cette dernière se trouve sur les côtes de l'Algérie.

III. — Les ***Astacidés*** ont, comme les précédents, le sternum linéaire, mais ils ont au-dessus de la base des antennes externes un appendice lamelleux mobile, et leurs branchies sont conformées en manière de brosse. Cette famille ne comprend que trois genres. Nous avons consacré un article au genre **Écrevisse** (***Astacus***), nous n'en parlerons donc point ici. Le genre ***Homard*** (***Homarus***) a été créé par M. Edwards aux dépens de ce dernier, dont il se distingue surtout par la grande taille des espèces qui le composent, et par leur habitat, qui est toujours la mer. En outre, les homards sont caractérisés par leurs pinces inégales et très grosses, et par leur rostre, qui est armé de trois petites dents de chaque côté. La plupart des homards qui se vendent sur les marchés de nos villes sont pêchés sur les côtes rocheuses de la Bretagne; les homards en conserve nous viennent de l'Amérique du Nord où on est parvenu à faire l'élevage de ces Crustacés. — On a dit que les homards sont les écrevisses de la mer. Cependant des différences fondamentales excluent toute communauté d'origine. Les homards et les écrevissses ont, il est vrai, quelque ressemblance par la forme et des habitudes identiques; ces D. ont même tactique pour l'attaque et la défense. Tous deux se creusent une habitation, un trou à leur taille, ayant environ deux fois la longueur de l'individu. Tous deux se tiennent d'ordinaire au fond de leur réduit, assurés de ne courir aucun danger, car l'ennemi ne peut venir que par devant, et ils sont en mesure de le recevoir. C'est alors que leurs longues palpes ou antennes, minces, flexibles sont de grand secours; placées en vedettes à l'orifice du trou, elles avertissent l'animal de ce qui se passe au dehors, avec la vitesse du télégraphe. Tout visiteur qui se présente est aussitôt palpé, ausculté; sa force et sa résistance probables ont été l'objet d'un examen attentif, et le rapport a été expédié, compris, avant que l'importun ait soupçonné qu'un ennemi caché sous la rive, au fond de l'ombre, surveille ses allures. Le danger est-il évident, ou bien y a-t-il un bon coup à faire? Alors les deux fils électriques se replient et deux grosses paires de tenailles, toutes grandes ouvertes, se glissent jusqu'à l'ouverture, prêtes à tenir l'assaillant en respect. Malheur à l'imprudent, bâti de chair et mangeable, qui passe à portée; il est aussitôt saisi, broyé, dévoré. — Mais là s'arrête toute similitude. Les petites écrevisses se forment à l'intérieur de l'œuf, à peu près comme le poussin dans sa coquille. Elles éclosent à la fin de l'été, et sont, dès leur apparition dans la vie, l'image parfaite de leurs parents. Molles et transparentes dans les premiers jours, elles considèrent la queue de leur mère comme la retraite la plus sûre. Rien n'est plus curieux que de voir l'essaim des jeunes s'essayer à la marche, à la nage autour de la maman, et revenir à leur asile à la moindre alerte, épouvantées par la chute importune d'un caillou lancé dans l'eau. Le petit homard, au contraire, subit trois ou quatre mues avant d'arriver à quelque chose qui ressemble aux auteurs de ses jours. Après l'éclosion son corps est mou, gélatineux, muni, non de pattes, mais d'un pinceau de cils vibratiles dont le mouvement incessant lui permet de se tenir à fleur d'eau et de diriger sa marche vers la haute mer, où il forme quelquefois des bancs assez compacts pour altérer la transparence de l'eau. L'instinct qui lui a dit de fuir les rivages où il trouverait ses pires ennemis, les légions de crabes jamais assouvies, lui enseigne aussi, quand sa cuirasse a pris de la consistance, à descendre dans les profondeurs de l'eau et à revenir habiter les côtes. Les écrevisses, qui n'ont pas d'adversaires redoutables dans les ruisseaux, pondent 300 œufs; les homards, qui ont de dangereux voisins, les pieuvres, en font 20,000; les langoustes, entourées d'ennemis, désarmées, jettent 100,000 petits aux hasards de l'Océan. Le genre *Nephrops* a pour type l'*Écrevisse de Norvège*, qui habite surtout les mers du Nord.

IV. — Les *Salicoques* sont des Crustacés de petite taille, dont le corps est arqué, bossu et d'une consistance moins solide que celui de la famille précédente. On les reconnaît aisément à la grande écaille qui recouvre entièrement le pédoncule de leurs antennes latérales, et à leurs branchies lamelleuses. Cette famille se compose d'un assez grand nombre de genres dont la plupart ont des représentants dans nos mers : tels sont les genres *Alphée* (*Alpheus*), *Crangon*, *Nika*, *Pontonie* (*Pontonia*), *Palémon*, *Pénée* (*Penæus*), etc. Plusieurs renferment des espèces comestibles. Ainsi, le *Pénée caramote* (Fig 4, réduit), qui est fort commun dans la Méditerranée, y forme l'objet d'un grand commerce. Sa chair est fort délicate.

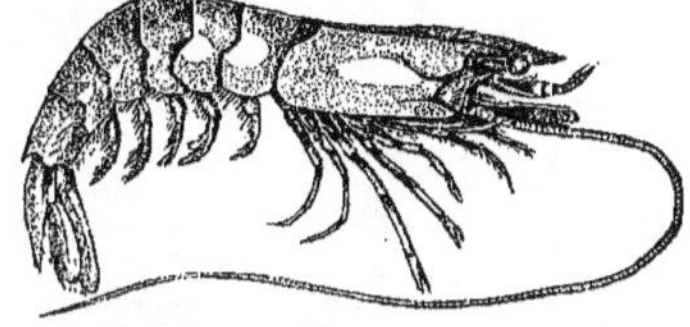

Fig. 4.

On le sale pour le transporter dans le Levant. Le *Nika comestible* est très multiplié sur nos côtes du Var, des Bouches-du-Rhône et des Alpes-Maritimes; il se vend, pendant toute l'année, dans les marchés de Nice. Le *Crangon commun* (Fig. 5), petit Crustacé d'un vert glauque pâle, ponctué de gris, abonde sur nos côtes océaniques, où on l'appelle vulgairement *Cardon*. On le pêche toute l'année au moyen de filets. Les

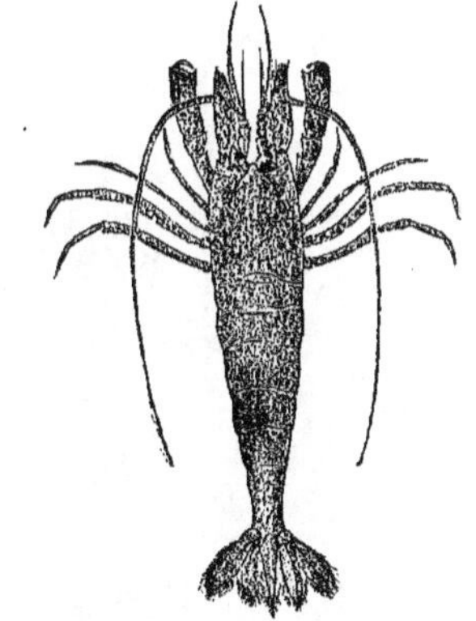

Fig. 5.

téguments du Crangon ne deviennent pas rouges par la cuisson. La chair des *Palémons* est plus estimée que celle des Crangons. Le *Pal. à dents de scie* et le *P. squille* sont fort communs sur nos côtes et sur celles d'Angleterre. On les désigne communément chez nous sous les noms de *Crevettes*, *Chevrettes*, *Salicoques* et *Bouquets*. Le *Pal. à dents de scie* s'apporte en très grand nombre sur les marchés de Paris.

V. — Les *Schizopodes* forment la transition entre les Macroures et l'ordre des Stomapodes. Ils comprennent quelques espèces de petits Crustacés marins, à test mince, et à pieds grêles en forme de lanières, uniquement propres à la natation, et dont aucun n'est terminé en pince. Nous nous contenterons de citer comme exemple de cette famille le *Mysis spinuleux*, qui se trouve dans la Manche et sur les côtes de la Vendée.

**MACTA** (La), fleuve d'Algérie, prov. d'Oran, se jette dans la Méditerranée.

**MACTRE**. s. f. (gr. μάκτρα, baignoire). T. Zool. Genre de Mollusques *Lamellibranches*. Voy. CARDIACÉS.

**MACULAGE**. s. m. Action de maculer.

**MACULAIRE**. adj. 2 g. (R. *macule*). T. Hist. nat. Se dit d'une bande coloriée, formée de taches qui se touchent.

**MACULATURE**. s. f. (R. *maculer*). T. Typogr. Feuille de papier gâtée ou tachée au tirage, ou qui, par toute autre défectuosité, n'est bonne qu'à faire des enveloppes. *Envelopper des feuilles avec des maculatures.* || Par ext., *M. grise*, Feuille de gros papier gris qui sert d'enveloppe à une rame de papier.

**MACULE**. s. f. (lat. *macula*, tache). Tache, souillure. *Ce papier est plein de macules.* || En T. Dévotion, on dit quelquefois *L'Agneau sans m.*, pour désigner Jésus-Christ. || T. Astron. Nom donné quelquefois aux taches du soleil. Voy. SOLEIL.

**MACULER**. v. a. (lat. *maculare*, m. s., de *macula*, tache). Tacher, barbouiller; ne se dit qu'en parlant des feuilles imprimées et des estampes. *Il ne faut pas battre des feuilles fraîchement imprimées de peur de les m.* || On dit encore neutral., *Des feuilles nouvellement imprimées maculent.* = MACULÉ, ÉE. part. || T. Zool. *Pelage maculé*, Semé de marques d'une autre couleur que le fond.

**MACULIFORME**. adj. 2 g. (R. *macule*, et *forme*). Qui a la forme d'une petite tache.

**MADAGASCAR**. Grande île de l'océan Indien, vis-à-vis la côte orientale d'Afrique, dont elle est séparée par le canal de Mozambique, d'une largeur minimum de 400 kilomètres. Elle s'étend du 12e au 26e degré sud et du 41e au 48e degré de longitude orientale de Paris. Sa plus grande longueur est de 1,515 kilomètres, sa plus grande largeur, de 600 kilomètres; sa superficie, de 590,000 kilomètres carrés, soit 62,000 kilomètres carrés de plus que la France.

L'île est extrêmement montagneuse. Au centre, mais plus proche de la côte orientale, le massif de l'*Ankarata* atteint des hauteurs de 2,500 à 2,700 mètres. C'est là que se trouve la province de l'Émyrne ou de l'Imerne, la plus peuplée de l'île, et la ville de Tananarive, capitale. Voy. la CARTE. Le plus élevé des pics est le Tsiafajavona. Vers l'Est, cette chaîne, tourmentée de torrents, s'abaisse brusquement vers la mer, et ne forme qu'un seul vrai fleuve, le *Mangoro*, que côtoie le massif central. Vers l'Ouest, au contraire, elle s'abaisse graduellement, se continue par de grandes plaines et donne naissance à de longs et larges fleuves, l'Onilahy ou Saint-Augustin, le Tsiribihina, le Manambolo, le Betsiboka, qui aboutit près de Majunga, et son affluent l'Ikopa, qui prend sa source près de Tananarive (sur la carte ci-contre, certains de ces noms ont été francisés : *Mangour*, *Betsibouc*, *Icoupe*, etc). Entre la montagne et la mer, s'étendent de vastes forêts qui font tout le tour de l'île.

La côte orientale est presque rectiligne, sauf vers le nord la baie d'Antongil. On trouve de ce côté l'île Sainte-Marie, les ports de Tamatave et de Mananzare, vis-à-vis des îles Mascareignes; au Sud-Est, le Fort-Dauphin; au Sud, le cap Sainte-Marie; à l'Ouest, le port de Tuléar, les caps Saint-Vincent et Saint-André; au Nord, l'île de Nossi-Bé,

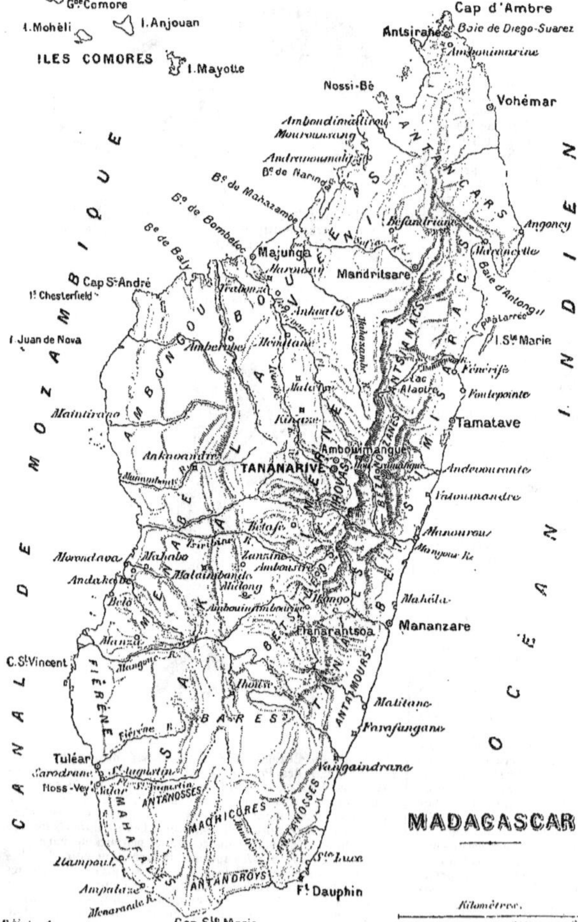

le cap d'Ambre et la baie de Diégo-Suarez, et le port de Vohémar; au Nord-Ouest, à 300 kilomètres de la côte, les Comores (Grande Comore, Moheli, Angoma, Mayotte).

Les populations autochtones sont nègres : Sakalaves dans les plaines occidentales, Antakares sur la côte septentrionale et orientale, Betsiléos vers le centre et le Sud, etc. Mais, depuis de nombreux siècles, un peuple bien supérieur, les Hovas, d'origine malaise, c.-à-d. de race jaune un peu bronzée, s'était installé sur les hautes terres de l'intérieur. On comprend tous ces peuples sous la dénomination générale de *Malgaches*.

Marco Polo, en **1260**, parle de Madagascar, mais il ne paraît pas l'avoir connue. Elle ne fut découverte qu'en **1506** par les Portugais, dont les quelques comptoirs périclitèrent et disparurent rapidement. En **1642**, le Dieppois Rigault s'y installa sous le patronage de Richelieu; puis ce furent le duc de Meillerayo et M. de Champmargou, qui, du reste, s'en détournèrent, pour se porter vers les îles Mascareignes. Sous Colbert, Madagascar, appelée *France orientale*, fut rattachée à la compagnie des Indes orientales, mais le désastre de Fort-Dauphin, dans lequel les Français furent massacrés jusqu'au dernier (**1672**), arrêta pour un siècle la colonisation française.

Elle fut reprise, après les malheureux traités de **1763**, par Louis XV, Louis XVI, et continuée par Napoléon. Nous eûmes Sainte-Marie, des comptoirs sur la côte Est et une sorte de gouverneur à Tamatave. Mais, après les revers de **1815**, qui valurent l'île de France (Maurice) à l'Angleterre, celle-ci favorisa l'émancipation des Hovas, qui, jusque-là dominés par les Sakalaves, prétendaient désormais à la possession de toute l'île. Les Sakalaves, vaincus, placèrent sous notre protectorat les deux seuls points qui leur restaient : les îles de Mayotte et de Nossi-Bé (**1840**).

Les Hovas s'étant alors retournés contre les Anglais, la France et l'Angleterre unirent cette fois leurs forces, bombardèrent Tamatave, débarquèrent des troupes, mais furent vaincues (**1845**); la seconde paya même une indemnité. Tous les étrangers furent expulsés, sauf trois Français, MM. de Lastelle, Laborde et Lambert, qui s'étaient concilié la confiance de la reine Ranavolo I^re et du prince héritier Racoute. M. Lambert gagna Racoute au projet de faire établir l'autorité des Hovas sur toute l'île, sous le protectorat de la France. Malheureusement, Napoléon III, qui régnait alors et ne voyait que par l'Angleterre, s'en ouvrit au gouvernement britannique, qui n'eut rien de plus pressé que de prévenir la reine Ranavolo. Tous les Français, tous les étrangers avec eux, furent chassés de l'île, les Hovas chrétiens massacrés (**1857**). Racoute, il est vrai, monta peu après sur le trône, commença l'exécution de son projet, supprima l'esclavage, mais il s'aliéna ainsi les grands du royaume et fut assassiné par eux. Sa veuve et sa nièce, qui succéda à celle-ci, se montrèrent hostiles aux Français, favorisèrent les Anglais et le protestantisme. Une loi interdit aux étrangers le droit de posséder; et notre effacement, après **1870**, avait achevé de ruiner notre colonisation dans l'île, lorsqu'en **1878**, M. Lambert mourut, laissant une fortune d'un million, qu'en vertu de la loi en question, le gouvernement hova refusa de reconnaître aux héritiers. Cela décida la France à agir : en vain, l'Angleterre, l'Italie, l'Allemagne, les États-Unis reconnurent-ils cette loi successivement, de **1883** à **1885**; les amiraux Pierre, Galiber, Miot guerroyèrent sur la côte, à Tamatave, à Majunga, etc.; et, le **17** décembre **1885**, M. Patrimonio, consul général, concluait un traité aux termes duquel un résident général français devait s'installer à Tananarive avec une escorte militaire; le gouvernement de la République représentait Madagascar dans ses relations extérieures, occupait la baie de Diego-Suarez, et enfin recevait une indemnité de **10** millions pour les victimes de la guerre. M. Le Myre de Vilers fut nommé résident général.

La paix était à peine signée que le gouvernement hova, manquant à ses engagements, signait un contrat financier avec des Anglais, délivrait directement l'*exequatur* au consul des États-Unis, etc. Néanmoins, des vice-résidences étaient créées sur la côte; et, le **5** août **1890**, l'Angleterre, qui venait de s'emparer de Zanzibar, reconnaissait notre protectorat sur Madagascar. L'Allemagne en fit autant, le **18** novembre. Mais les Hovas, loin de s'incliner, recevaient des approvisionnements d'armes; des Français, MM. de Lescure, Bordenave, Fr. Suberbie, le D^r Bezial, le P. Montant, Muller, Silangue, furent successivement assassinés, les Hovas, malgré deux expéditions contre les Sakalaves, ne sachant ni ne voulant faire la police. Par contre, nombre de concessions minières avaient été faites à des Anglais. Une nouvelle expédition fut donc décidée; un corps d'armée, commandé par le général Duchesne, débarqua à Majunga, au printemps de **1895**, remonta le cours de la Betsiboka et de l'Ikopa et enleva Tananarive, le **30** septembre. Après un nouvel essai de résidence civile, dont le titulaire fut M. Laroche, le poste fut donné au général Galliéni, qui ne tarda pas à pacifier l'île.

Le sol de l'Émyrne, d'argile rouge, produit du riz, du maïs, du manioc, des patates, de la canne à sucre, du coton, du blé, de la vigne, des pommes de terre. On y voit, autour des villages, de nombreux troupeaux de bœufs. Dans les plaines presque désertes de l'Ouest, ces troupeaux sont à l'état sauvage. La longue vallée de la Betsiboka ne contient qu'une vingtaine de villages. Par contre, elle renferme des mines d'or concédées à M. Suberbie, cousin de l'assassiné, qui y a fondé Suberbieville, créé un chemin de fer de **10** kilomètres et un canal de **30**.

Du côté oriental, les divers étages de la région montagneuse sont semés de villages, de forêts, de vallées, de prairies. On y trouve en abondance des bœufs et des poules. Les habitants passent pour hospitaliers et loyaux. Au bord de la mer s'étendent des plaines sablonneuses coupées de vastes marais ou lagunes et contre lesquelles la barre se brise, ce qui rend les atterrissements périlleux, sauf à Tamatave.

Le voisinage des côtes basses et marécageuses, ainsi que celui des plaines occidentales, est pernicieux aux Européens. Mais, dès qu'on s'élève dans la montagne, le climat devient tempéré et ne varie que de 6° (août) à 30° (janvier et février). Il en est de même de la partie méridionale de l'île, qui est en dehors des tropiques.

Il y a, à Madagascar, environ **3** millions d'indigènes et à peine **2,000** étrangers, sans compter les troupes que nous y entretenons.

Tananarive est peuplée de **100,000** hab. environ

**MADAME.** s. f. Titre d'honneur qu'on donne communément aux femmes mariées de toute condition, soit en parlant d'elles, soit en leur parlant ou en leur écrivant. *M. la duchesse. M. une telle. Mesdames, prenez vos places.* || Fam., *Jouer à la m.*, se dit des petites filles qui s'amusent ensemble à contrefaire les dames, en se faisant des visites, des compliments les unes aux autres. — Popul., *Faire la m.*, se dit d'une femme du commun qui se donne de grands airs. Pop., on dit aussi, *C'est une grosse m.*, C'est une femme riche. || La maîtresse de la maison. *M. est servie.* — Autrefois le titre de *M.* appartenait exclusivement aux femmes titrées, mariées ou non. A la cour, le nom de *M.*, employé absolument, désignait la fille aînée du Roi, ou du Dauphin, ou bien encore la femme de *Monsieur*, frère du Roi; mais il ne pouvait être porté que par une seule de ces princesses. Néanmoins, toutes les filles du Roi, lors même qu'elles n'étaient pas mariées, recevaient cette qualification, mais en y ajoutant leur nom de baptême, comme *M.* Louise, *M.* Élisabeth. Enfin, on donnait encore le titre de *M.* aux chanoinesses, aux abbesses, ainsi qu'aux religieuses en charge dans les chapitres nobles et dans les couvents. — En parlant d'une reine, d'une impératrice, on ne dit pas *M. la reine*, *M. l'Impératrice*, mais simplement, la Reine, l'Impératrice. On ne se sert du titre de *M.* qu'en leur parlant ou en leur écrivant, *M., si Votre Majesté...*

**MADAPOLAM.** s. m. [Pr. *madapo-lame*]. Sorte de toile de coton plus lisse et plus forte que le calicot, et que l'on tirait originairement de Madapolam, ville de l'Inde.

**MADAPOLAM**, v. de l'Inde anglaise, prov. de Madras. Tissus de coton.

**MADAROSE.** s. f. [Pr. *madaro-ze*] (gr. μαδάρωσις, action de rendre chauve). T. Méd. Chute des poils et notamment des cils.

**MADÉCASSES**, nom donné aux habitants de Madagascar appelés plus souvent MALGACHES. Voy. ce mot.

**MADÉFACTION.** s. f. [Pr. *madéfak-sion*] (lat. *madefactio*, de *madidus*, humide, et *facere*, faire). T. Pharm. Action d'humecter.

**MADÉFIER.** v. a. (lat. *madefacere*, m. s.). Rendre humide, imprégner d'humidité. = MADÉFIÉ, ÉE part. = Conj. Voy. PRIER.

**MADEIRA**, riv. de la Bolivie et du Brésil, affl. du fleuve des Amazones, rive droite; 1,500 kil.

**MADELEINE.** s. f. (Nom de femme). Petit gâteau composé d'un mélange de farine, de sucre, d'œufs, de jus de citron, etc. || T. Hortic. Espèce de poire, espèce de pêche, espèce de raisin précoce.

**MADELEINE** (Sainte MARIE-), Juive, née à Magdala (d'où son nom : Marie de Magdala), pécheresse repentante, suivit Jésus dans ses prédications. Fête le 22 juillet.

**MADELEINE de PAZZI** (Sainte), Carmélite florentine (1566-1607) ; fête le 25 mai.

**MADELEINE** (LA), bourg de l'arr. de Lille (Nord); 8,500 hab. Produits chimiques.

**MADELEINE** (Monts de la), Chaîne de montagnes de la France centrale entre les départements de l'Allier et de la Loire.

**MADELONNETTES.** s. f. pl. [Pr. *madelo-nète*] (R. *Madeleine*, n. pr.). Nom de religieuses qui dirigent les maisons de retraites affectées aux pécheresses. || Maison de détention pour les filles publiques.

**MADEMOISELLE.** s. f. [Pr. ...*zèle*]. Titre qu'on donne aux femmes non mariées, soit en parlant d'elles, soit en leur parlant ou en leur écrivant. *M. une telle. J'ai rencontré mesdemoiselles N.* Voy. DEMOISELLE. || *M.*, employé absolument, désignait autrefois la fille aînée de Monsieur, frère du roi, ou la première princesse du sang, tant qu'elle était fille. || La fille de la maison.

**MADÈRE.** s. m. Vin de l'île de Madère.

**MADÈRE,** île de l'océan Atlantique, aux Portugais, à 700 kil. O. de la côte d'Afrique ; 132,200 hab.; cap. *Funchal.* — Vins renommés.

**MADGYAR.** Voy. MAGYAR.

**MADI.** s. m. T. Bot. Genre de plantes Dicotylédones (*Madia*) de la famille des *Composées*, tribu des *Radiées*. Voy. COMPOSÉES.

**MADIANITES,** anc. peuple de l'Arabie sur la côte N.-O., fit la guerre contre les Juifs qui appelaient leur pays, *pays de Madian.*

**MADIER DE MONTJAU,** homme politique fr. (1814-1892).

**MADISON,** v. des États-Unis, cap. de l'État de Wisconsin ; 8,600 hab.

**MADISON** (JAMES), homme politique américain (1751-1836), président des États-Unis (1809-1817).

**MADONE.** s. f. (ital. *madonna*, pour *mia donna*, ma dame). Nom donné, en Italie, aux représentations peintes ou sculptées de la sainte Vierge. *L'Italie est pleine de madones. Les madones de Raphaël.*

**MADOUA,** une des îles de la Sonde. Voy. INDE.

**MADOURA** ou **MADURA,** île de l'Océanie (archipel de la Sonde), 680,000 hab. (aux Hollandais).

**MADRAGUE.** s. f. (arabe *al-mazraba*, m. s., de *zaraba*, enclore.). T. Pêche. Grande enceinte de filets préparés pour la pêche de certains poissons et particulièrement du thon. Voy. SCOMBÉROÏDES.

**MADRAS.** s. m. Étoffe légère dont la chaîne est de soie et la trame de coton, et qui est ainsi nommée parce qu'elle a d'abord été fabriquée à Madras, ville de l'Inde. *Une robe de m. Un mouchoir de m.*, ou simplement, *Un madras.* || Coiffure formée d'un de ces foulards et adoptée aux colonies par les femmes de couleur.

**MADRAS,** v. de l'Inde anglaise (Asie), cap. de la présidence de ce nom ; 452,500 hab.

**MADRAZO** (JOSÉ DE), peintre espagnol (1781-1859). = Son fils, FEDERICO DE MADRAZO, également peintre (1815-1894).

**MADRE.** s. m. (allem. *maser*, bois madré). Cœur et racine des différents bois employés pour faire des vases à boire.

**MADRE** (SIERRA-), nom de deux chaînes de montagnes du Mexique.

**MADRÉ, ÉE.** adj. (corruption de *marbré*). Tacheté, marqué de diverses couleurs. *Porcelaine madrée. Du bois m. Savon m.* || Fig. et fam., Rusé, matois, raffiné, qui sait plus d'un tour. *Un homme très m. C'est une madrée commère.* = Subst., *C'est un m., une madrée.*

**MADRÉPORE.** s. m. (ital. *madrepora*, de *madre*, mère, et *pora*, trou). T. Zool. Dans le langage ordinaire, on désigne sous ce nom les Polypiers pierreux, et particulièrement ceux qui, dans les mers intertropicales actuelles, élèvent par leur accroissement successif et l'accumulation de leurs débris ces immenses récifs que nous avons décrits au mot ILE ; mais les naturalistes actuels réservent ce nom à une famille de Polypes qui appartient à l'ordre des *Zoanthaires*. Ce terme de *Madrépore* a été créé par l'Italien Imperati, qui, le premier, soupçonna que ces concrétions calcaires étaient le produit d'êtres organisés appartenant au règne animal. Voy. ZOANTHAIRES.

**MADRÉPORIEN, IENNE.** adj. [Pr. *madrépori-in, iè-ne*]. Qui appartient aux madrépores.

**MADRÉPORIFÈRE.** adj. 2 g. (R. *madrépore*, et lat. *fero*, je porte). Qui produit des madrépores.

**MADRÉPORIFORME.** adj. 2 g. (R. *madrépore* et *forme*). Qui a l'apparence d'un madrépore.

**MADRÉPORIQUE.** adj. 2 g. Composé de madrépores.

**MADRÉPORITE.** s. f. Madrépore fossile. || T. Minér. Variété de carbonate calcaire.

**MADRID,** cap. de l'Espagne, sur le Mançanarez, à 1,400 kil. S.-O. de Paris; 470,000 hab. Université. Bibliothèque. Riche musée de peinture. = MADRID est le ch.-l. de la prov. de même nom qui compte 683,000 hab.

**MADRIER.** s. m. (esp. *madera*, bois). Planche fort épaisse, qui a de 8 à 16 centimètres d'épaisseur, sur 27 à 43 de largeur.

**MADRIGAL.** s. m. (ital. *madrigale*, m. s., du bas lat. *matriale*, sorte de chanson). T. Litt. et Musiq. Ce mot sert à désigner certaines pièces de poésie qui renferment dans un petit nombre de vers une pensée ingénieuse ou galante. C'est au XVI<sup>e</sup> siècle que cette dénomination fut introduite dans notre langage littéraire, soit par Durand de la Bergerie, soit par Mellin de Saint-Gelais ; mais le genre de poésie auquel elle s'applique était connu depuis longtemps. En effet, parmi les poésies que les anciens appelaient du nom générique d'*Épigramme*, il en est une foule qui sont de véritables madrigaux. Ainsi, par ex., on en trouve de charmants dans Anacréon, Catulle, Tibulle, Martial, ainsi que dans l'Anthologie grecque. Le m. n'est astreint à aucune règle particulière de versification ; les qualités qu'on exige de lui sont purement spirituelles : ce sont la concision, la délicatesse et la grâce. Nous indiquerons, après tous les auteurs, comme le modèle du genre, le célèbre impromptu adressé par le marquis de Saint-Aulaire à la duchesse du Maine, que nous avons cité au mot IMPROMPTU.
En musique, on donnait anciennement le nom de *Madrigal* à certaines pièces composées pour les voix et qui se chantaient sans accompagnement. Ce genre de composition était fort en usage dès le commencement du XVI<sup>e</sup> siècle. Avant Palestrina, les madrigaux ne différaient guère du contrepoint fugué ; ce fut ce grand maître qui en fixa les règles. On devait considérer sans cesse le sens des paroles et tâcher que la musique en reproduisît exactement l'expression. Les motifs devaient avoir peu d'étendue et se renouveler continuellement; aussi les durées étaient plus courtes, les tournures plus légères et plus animées que dans la musique d'Église. Les madrigaux étaient écrits pour quatre, cinq, six et sept voix. Les compositeurs franco-belges et italiens se sont surtout distingués dans ces sortes de compositions, dont la vogue cessa après le triomphe de la musique dramatique.

**MADRIGALESQUE.** adj. 2 g. Qui appartient au madrigal.

**MADRIGALISER.** v. n. [Pr. ...*lizer*]. Faire des madrigaux.

**MADRIGALISTE.** s. m. Faiseur de madrigaux.

**MADRURE.** s. f. (R. *madré*). Aspect de ce qui est veiné, moucheté. *Lam. du bois d'érable. Les madrures du savon*, Veines ou rayures du savon qui n'est pas complètement blanc.

**MADURA,** v. de l'Inde angl., prov. de Madras; 74,000 hab.

**MADVIG,** philologue danois, né à Svanckc (Bornholm) (1804-1886).

**MÆLAR** ou **MÆLARN** (Lac), un des plus beaux et des plus grands lacs de Suède, dans la préfecture de Stockholm : longueur, 120 kil.; largeur moyenne, 20 kil. : 1,200 îles occupant une superficie totale d'environ 800 kil. carrés.

**MAËL-CARHAIX,** ch.-l. de c. (Côtes-du-Nord), arr. de Guingamp ; 2,400 hab.

**MÆLSTROM,** gouffre de l'Océan glacial, près des îles Lofoden.

**MAELZEL,** né à Ratisbonne (1776-1855), inventeur du métronome.

**MAESTOSO.** adv. [Pr. *ma-es-to-zo*] (mot ital.). T. Mus. Avec lenteur et majesté. Voy. Musique.

**MAËSTRAL.** s. m. Voy. Mistral.

**MAESTRIA.** s. f. (Mot ital.). Maîtrise, habileté de maître.

**MAESTRICHT,** v. de Hollande, ch.-l. du Limbourg hollandais, sur la Meuse; 23,000 hab. Fut prise par Louis XIV en 1673.

**MAESTRO.** s. m. Mot ital. qui sign. *Maître*, et se dit d'un grand compositeur de musique, de l'auteur d'œuvres importantes et renommées. *Un célèbre m.*

**MAFFEI** (Jean-Pierre), jésuite érudit, né à Bergame (1535-1603).

**MAFFEI** (Scipion, marquis de), littérateur et antiquaire italien (1675-1755).

**MAFFLÉ, ÉE** et **MAFFLU, UE.** adj. [Pr. *ma-flé, ma-flu*] (vx. fr. *maffler*, manger beaucoup). Qui est bouffi ; ne se dit qu'en parlant du visage. *Un visage m. Une figure mafflée.* || Subst., *C'est une grosse mafflée.* Fam. et peu usité.

**MAFIA.** s. f. Nom, en Italie, d'une association secrète de malfaiteurs.

**MAGAGNE.** s. m. [Pr. *ma-ga-gne, gn* mouil.]. T. Métall. Fer aigre et cassant.

**MAGALHAES,** célèbre poète brésilien (1811-1882).

**MAGASIN.** s. m. [Pr. *ma-ga-zin*] (arab. *makhzen*, trésor). Lieu où l'on dépose, où l'on garde une grande quantité de marchandises. *Avoir des marchandises en m. Il a de grands magasins dans le faubourg.* — *Marchand en m.*, Celui qui ne tient pas de boutique et vend en gros. On dit, dans un sens anal., *Vendre en m.* || Par ext., Établissement de commerce où l'on vend certaines marchandises en gros ou en détail. *M. de livres, d'étoffes, d'épiceries. Tenir un m. de modes, de nouveautés. Un commis, une demoiselle de m.*, Celui, celle qui sert les clients. *Un garçon de m.*, Chargé du nettoyage du magasin et des courses. *Écouler des fonds de m.*, Vendre des marchandises défraîchies, démodées. || T. Admin. milit. Lieu où l'on dépose des munitions de guerre et de bouche, soit dans les places fortes, soit dans les pays occupés par une armée. *M. d'armes, de poudre*, etc. *M. de vivres, de fourrages.* — S'emploie aussi absol., dans ce même sens, surtout au pl. *Le général avait établi ses magasins dans telle ville.* || *Garde-m.*, Celui qui a soin des marchandises enfermées dans un magasin, soit pour recevoir celles qui arrivent, soit pour les délivrer sur les ordres qu'on lui donne. || Par anal., se dit de tout amas un peu considérable de choses de même nature. *Sa ménagère a fait un m. de fruits pour l'hiver.* — Fig. et fam., *Ce prétendu recueil de bons mots n'est qu'un m. de sottises.* || Le grand panier qui était derrière certaines diligences publiques, et où l'on mettait les porte-manteaux et les paquets. || Titre que l'on donne à certains recueils périodiques, composés d'articles littéraires ou scientifiques. *Le M. des enfants. Le M. des familles. Le M. pittoresque. Le M. encyclopédique.* || T. Man. *Un cheval qui fait m.*, Qui laisse les aliments s'accumuler entre les molaires et la face interne des joues. || T. Techn. Creux ménagé dans la crosse d'un fusil à répétition pour emmagasiner les cartouches.

**MAGASINAGE.** s. m. [Pr. *ma-gazi-naje*]. T. Commerce. Dépôt et séjour d'une marchandise dans un magasin, dans un entrepôt. *Droit de m. Frais de m.*, Frais qu'on paie pour laisser les marchandises en dépôt dans un magasin.

**MAGASINIER.** s. m. [Pr. *maga-zinié*]. Syn. de Garde-magasin. || T. Comptab. comm. Voy. Livre.

**MAGDALA,** forteresse d'Abyssinie prise par les Anglais sur Theodoros en 1868.

**MAGDALENA,** fleuve de l'Amérique du Sud (Colombie), se jette dans la mer des Antilles ; 1,700 kil.

**MAGDALÉON.** s. m. (gr. μαγδαλία, mie de pain). T. Pharm. Nom donné à tout médicament que l'on conserve roulé en cylindre, et plus particulièrement aux emplâtres.

**MAGDEBOURG,** v. d'Allemagne, ch.-l. de la prov. de Saxe, sur l'Elbe, 202,300 hab.

**MAGE.** s. m. (gr. μάγος). Prêtre de la religion de Zoroastre. Voy. Sabéisme. || *Les trois mages*, qui, suivant l'Évangile de saint Mathieu, vinrent visiter Jésus-Christ à sa naissance. Voy. Épiphanie.

**MAGE** ou **MAJE.** adj. (lat. *major*, supérieur). N'est usité que dans la locution, *Juge m.* Voy. Juge.

**MAGE** (A.-E.), marin et voyageur français (1837-1869).

**MAGEDDO,** v. de la Syrie ancienne appartenant à la tribu de Manassé.

**MAGELLAN** (Fernao de **MAGALHAES**), navigateur portugais, au service de Charles-Quint, entreprit le premier voyage autour du monde, découvrit, entre la Patagonie et la Terre-de-Feu, le détroit qui reçut son nom, traversa l'Océan Pacifique, et fut tué par les naturels des Philippines (1480-1521).

**MAGELLAN** (Archipel de), archipel de la Polynésie (Océanie).

**MAGENDIE** (François), médecin et physiologiste français (1783-1855).

**MAGENTA,** bourg de la prov. de Pavie (Italie), près duquel le général de Mac-Mahon défit les Autrichiens, le 4 juin 1859.

**MAGHREB** (mot arabe sign. *le Couchant*). L'Afrique septentrionale, de la Tunisie à l'Atlantique. = Nom des hab. : Maugrabin, ine.

**MAGICIEN, IENNE.** s. [Pr. *majisi-in, ène*] (lat. *magicus*, magique). Celui, celle qui fait profession de magie ou qui passe pour en faire usage. *Un grand m. Circé, Médée, étaient des magiciennes. Consulter les magiciens.* || Fig. et par exagération, Celui qui, dans certains arts, a le talent de produire des effets merveilleux et surprenants. *Ce faiseur de tours est un véritable m. Ce peintre, ce musicien, ce poète est un m., un vrai m.*

**MAGIE.** s. f. (gr. μαγεία, m. s.). Science des mages. || Art par lequel on prétend produire, à l'aide de moyens surnaturels, des effets surprenants et merveilleux. *Opération de m. On a cru longtemps à la m. Plusieurs savants au moyen âge furent accusés de m.* || Figur., Se dit du pouvoir qu'exercent sur les sens et sur l'âme, les beaux-arts, la poésie, l'éloquence, les passions, les affections vives. *La m. du clair-obscur, de la couleur. La m. d'un tableau. La m. du chant, de la musique, de la versification, de la déclamation, du style. La m. de l'amour, de l'espérance.*

Les anciens ont donné le nom de *Magie* à une science chimérique qui avait la prétention de soumettre les puissances supérieures (esprits, génies, démons) à la volonté de l'homme, et de les contraindre, soit en se les rendant favorables, soit en les conjurant, les évoquant par des paroles ou des procédés mystérieux, à exécuter des actes extraordinaires, divinations, apparitions, transformations, guérisons subites, production de maladies mortelles, inspiration de sentiments irrésistibles d'amour ou de haine, etc. Les magiciens s'attribuaient même le pouvoir de commander aux éléments, d'intervertir la marche des astres et de les faire descendre sur la terre.

Les philosophes alexandrins distinguaient deux espèces de m. : la m. malfaisante, qu'ils nommaient *Goétie* (du gr. γοάω, lamenter, gémir), et dont ils attribuaient les effets aux mauvais démons ; et la m. bienfaisante, qu'ils appelaient *Théurgie* (de θεὸς, dieu, et ἔργον, action), parce que, suivant eux, elle était l'œuvre de bons génies. Les auteurs du XVIe siècle substituèrent aux mots de goétie et de théurgie ceux de *M. noire* et de *M. blanche*. Enfin, dans les temps plus modernes, la m. noire a été reléguée au pays des chimères, et l'on a appliqué le nom de m. blanche à l'art qui consiste à produire des effets merveilleux par des moyens naturels empruntés aux diverses branches des sciences physiques, à la physiologie, à la prestidigitation, etc. Quant à la m. proprement dite, on peut y établir plusieurs distinctions, selon les moyens qu'elle employait ou le but qu'elle se proposait. « On a cru, dit Bergier, que par certaines formules d'invocation ou d'*incantation, per carmina*, on pouvait faire agir les génies : c'est ce que l'on a nommé *Charmes;* les attirer par des chants ou par le son des instruments de musique, ce sont les *Enchantements;* évoquer les morts et converser avec eux, c'est la *Nécromancie;* apprendre l'avenir et connaître les choses cachées, de là les différentes espèces de *Divination;* envoyer des maladies ou causer du dommage à ceux auxquels on voulait nuire, ce sont les *Maléfices;* nouer les enfants, les empêcher de croître, frapper les hommes d'impuissance, c'est la *Fascination*; diriger les sorts bons ou mauvais, et les faire tomber sur qui l'on voulait, c'est ce que nous nommons *Sortilège* ou *Sorcellerie*; inspirer des passions criminelles aux personnes de l'un ou de l'autre sexe, ce sont les *Philtres*, etc. »

On attribue généralement l'invention de la m. aux *Mages* ou prêtres de Zoroastre, et l'on admet qu'elle prit naissance dans la Médie, d'où elle se répandit peu à peu en Chaldée, en Perse, en Grèce, à Rome et ailleurs. Mais les prêtres mazdéens ne firent vraisemblablement que donner à cette prétendue science une forme plus arrêtée : car les pratiques magiques existaient bien longtemps avant l'institution du mazdéisme. Quand on étudie l'histoire de l'antiquité, on y trouve des magiciens dans tous les temps et chez tous les peuples ; seulement, le caractère de leur science varie suivant les races et les climats. Ce qui frappe encore, c'est que, dans tous les États orientaux, la m. se rattachait intimement aux croyances religieuses ; aussi était-elle exclusivement pratiquée par les castes sacerdotales Quant à l'influence que les magiciens exerçaient, même sur les gouvernements, on peut s'en faire une idée par le passage de la *Bible* où il est question des luttes de Moïse avec les magiciens de Pharaon. Cette influence existait aussi en Perse. On l'a également trouvée chez tous les peuples ignorants que les voyages modernes ont appris à connaître. Toutefois, parmi les magiciens de l'antiquité, ceux de la Médie et de la Perse passèrent toujours pour les plus habiles. Plusieurs d'entre eux vinrent à différentes époques dans la Grèce et principalement en Italie, y exercer leur art, qui fut avidement accueilli par la superstition romaine. Néanmoins, c'est dans les derniers temps du paganisme que la m. devint florissante sous l'influence des philosophes de l'école d'Alexandrie. A l'exemple de la loi mosaïque, qui avait proscrit les pratiques superstitieuses des peuples asiatiques voisins des Juifs, l'Église catholique et les églises protestantes interdirent avec une extrême sévérité toute espèce d'opération magique. Elles jugent que toute invocation d'esprits ou de génies supposés indépendants de Dieu, et non simples exécuteurs de ses ordres, est un acte de polythéisme.

Au moyen âge, la m. prit un caractèer particulier. L'Église ne la niait pas ; mais elle y voyait l'œuvre de Satan, du Diable. Le magicien était l'allié de atan et l'ennemi de Dieu ; on lui donnait le nom de *Sorcier*, et la m. prit le nom de *Sorcellerie*. Voy. ce mot. On sait avec quelle sévérité les sorciers étaient poursuivis et condamnés par les autorités ; on les brûlait vifs. Combien de malheureux, victimes des superstitions de leur entourage ou de leurs propres hallucinations, ou simplement atteints de maladies nerveuses, périrent dans cet horrible supplice ! Cependant, cette sévérité même, loin de diminuer le mal, semblait l'accroître. Les astrologues, les alchimistes, les sorciers surtout, pullulaient. Tout grand seigneur avait son astrologue attitré. L'*Envoûtement* (Voy. ce mot) était une pratique courante. Bien plus, comme le vulgaire attribuait aux magiciens des connaissances extraordinaires, il suffisait qu'un homme s'élevât par sa science ou par son génie au-dessus de son époque, pour qu'il fût accusé de m. C'est ainsi qu'Albert le Grand, Gerbert, saint Thomas d'Aquin, Roger Bacon, passèrent longtemps dans l'esprit du peuple pour des magiciens. Enfin, aujourd'hui encore, suivant les peuples orientaux, Salomon et Alexandre le Grand ne devaient leur puissance qu'à l'assistance des génies qui leur étaient soumis, obéissaient à tous leurs ordres, et accomplissaient des choses impossibles aux seules forces humaines.

Il n'est pas niable que les mages ou magiciens n'aient accompli dans tous les temps et tous les pays, un grand nombre d'actions extraordinaires. Parmi tous les faits qui leur sont attribués, une bonne part doit être attribuée à l'exagération des narrateurs, et une autre à la supercherie ; mais tout ne peut pas s'expliquer de cette manière simple. Entre la superstition aveugle qui accepte tout, et la dénégation systématique, il y a place pour une opinion moyenne qui, reconnaissant combien sont peu avancées nos connaissances des lois de la Nature, se garde bien de repousser *à priori* un fait affirmé par des témoins sérieux, simplement parce qu'il paraît contraire à ce que nous savons de ces lois. En ces matières épineuses, il convient de se montrer d'une grande réserve. De nos jours même, des faits extraordinaires sont affirmés de toutes parts sous les noms de *Magnétisme*, *Télépathie*, *Spiritisme*, etc. L'*hypnotisme et la suggestion*, constatés par de nombreux observateurs, habiles et consciencieux, sont, dès maintenant, l'objet d'études approfondies ; il est impossible de prévoir jusqu'où peut conduire cette voie où la science contemporaine commence seulement à s'engager. Peut-être y trouvera-t-on la confirmation de faits qualifiés de miracles ou de prodiges et qui n'ont de miraculeux que l'ignorance où nous sommes des lois et des conditions qui les régissent. Voy. DIABLE, ENVOUTEMENT, HYPNOTISME, SORCELLERIE, SPIRITISME, ALCHIMIE, ASTROLOGIE, DIVINATION, etc.

**MAGILE**. s. m. T. Zool. Genre de Mollusques *Gastéropodes* qui habitent la mer Rouge. Voy. CONCHYLIOLOGIE, IV.

**MAGIQUE**. adj. 2 g. Qui appartient, qui a rapport à la magie. *Art, vertu, pouvoir, illusion m. Paroles, caractères magiques. Cercle m. Baguette m.*, Voy. BAGUETTE. — *Lanterne m.* Voy. LANTERNE. — *Carreau m.* Voy. ÉLECTRICITÉ, XVI, B. — *Carré m.* Voy. CARRÉ. || Fig. et par ext., Qui étonne, enchante, fait illusion. *Palais, jardin, décoration m. Poésie, versification, style m. Cela est d'un effet m., produit un effet m.*

**MAGISME**. s. m. (R. *mage*). Religion des Perses adorateurs du feu.

**MAGISTER**. s. m. [Pr. *ma-jis-tère*]. Mot lat. qui sign. *Maître*, et qui ne se dit qu'en plaisantant pour désigner un maître d'école de village. *C'est le m. du village.*

**MAGISTÈRE**. s. m. (lat. *magisterium*, maîtrise). La dignité de grand maître de l'ordre de Malte. *Il brigua inutilement le m.* || La durée des fonctions de grand maître. *Pendant le m. d'un tel.* || T. Chim. et Pharm. anc. Voy. plus bas.

**Chim.** — On désignait autrefois sous ce nom des composés ordinairement minéraux, auxquels on attribuait des vertus supérieures, et dont la préparation était souvent tenue secrète. Plus tard, on étendit ce nom aux produits qu'on obtenait dans les opérations chimiques par voie de précipitation, parce qu'on les regardait comme doués de toutes les propriétés des corps dont ils se séparaient. Alors *magistère* devint synonyme de *précipité*, et l'on appela *M. de bismuth*, le sous-azotate de bismuth, *M. de soufre*, le soufre précipité obtenu en traitant par l'acide chlorhydrique le polysulfure de calcium, *M. d'antimoine*, l'acide antimonique, etc. Ces vieilles dénominations ne sont plus guère usitées.

**MAGISTRAL, ALE.** adj. (lat. *magistralis*, m. s., de *magister*, maître). Qui tient du maître, qui convient à un maître; ne se dit guère que d'une personne qui parle comme ayant droit d'enseigner. *Un air, un ton m. Il parle avec un air d'autorité magistrale.* || *Prébende magistrale*, s'est dit, dans quelques églises cathédrales, d'une prébende qui, dans d'autres, s'appelait *Préceptoriale*. — *Commanderies magistrales*, Celles qui, dans l'ordre de Malte, étaient annexées à la dignité de grand maître. || T. Arpent. *Ligne magistrale*, Ligne principale d'un plan || T. Pharm. *Compositions, préparations magistrales*, Voy. FORMULE. = MAGISTRALE, s. f. Projection de l'arête supérieure de l'escarpe, dans un ouvrage de fortification, qui donne le contour de l'enceinte. = MAGISTRAL, s. m. T. Techn. Mélange de diverses substances employé dans la métallurgie de l'argent. Voy. ARGENT.

**MAGISTRALEMENT.** adv. D'un ton, d'un air magistral. *Parler magistralement.*

**MAGISTRAT.** s. m. (lat. *magistratus*, m. s., de *magister*, maître). Ce mot, dans son sens le plus étendu, comporte l'idée d'une fonction qui donne à celui qui en est investi une autorité plus ou moins considérable sur les autres citoyens. C'est en ce sens qu'il est employé par les écrivains de l'antiquité. A Athènes, les stratèges, les archontes, les membres de l'aréopage, etc., étaient également qualifiés de *magistrats*. A Rome, ce titre s'appliquait de même à tous les fonctionnaires publics. Il y avait des *Magistrats ordinaires*, comme les consuls, les préteurs, les tribuns du peuple, les questeurs, etc., et des *Magistrats extraordinaires*, comme le dictateur, l'interroi, etc. On distinguait encore, selon qu'ils avaient ou n'avaient pas droit à la chaise curule, les *Magistrats supérieurs*, tels que le consul, le censeur, le préteur, etc., et les *Magistrats inférieurs*, tels que les édiles, les tribuns du peuple, etc. De nos jours, où les divers pouvoirs de l'État sont renfermés dans des limites mieux déterminées, le nom de m. s'emploie quelquefois encore dans la même acception, comme, par exemple, lorsqu'on dit que le chef de l'État est le premier m. du pays. Cependant, en général, ce titre est réservé aux fonctionnaires civils qui sont revêtus d'une autorité administrative ou judiciaire, mais plus particulièrement aux membres de l'ordre judiciaire. Ces derniers seuls constituent le corps de la *Magistrature*. Le corps de la magistrature se divise lui-même en *M. assise* et *M. debout*. La première comprend tous ceux qui prononcent des arrêts ou jugements, et sont inamovibles : en conséquence, les juges de paix n'y sont pas compris; la seconde comprend les membres des cours et tribunaux qui ne peuvent que requérir, et qui de plus sont amovibles. Voy. JUDICIAIRE et PARQUET.

*Conseil supérieur de la magistrature.* — Aux termes de la loi du 30 août 1883 (article 13 et suivants), la Cour de cassation constitue le conseil supérieur de la magistrature. Cette juridiction exerce, à l'égard des premiers présidents, présidents de chambre, conseillers de la Cour de cassation et des cours d'appel, des présidents, vice-présidents, juges, juges suppléants des tribunaux de première instance et de paix, tous les pouvoirs disciplinaires autrefois dévolus aux cours et tribunaux. Le conseil supérieur ne peut être saisi que par le garde des sceaux, et il doit nécessairement être consulté chaque fois qu'il s'agit du déplacement ou de la mise à la retraite d'office d'un m. : c'est seulement sur son avis conforme que ces mesures peuvent être prononcées.

**MAGISTRATURE.** s. f. La dignité, la charge de magistrat. *Exercer la m. Aspirer, parvenir à la m. Se distinguer dans les hautes magistratures.* || Le corps entier des magistrats. *Entrer dans la m. Cet homme fait honneur à la m.* — *M. assise*, Celle qui se compose des juges inamovibles. *M. debout*, Celle qui comprend les magistrats faisant partie du parquet. || Temps pendant lequel un magistrat exerce ses fonctions. *Cela est arrivé durant sa magistrature.* Voy. MAGISTRAT.

**MAGMA.** s. m. [Pr. *mag-ma*, *g* dur] (gr. μάγμα, m. s., de μάσσειν, pétrir). T. Chimie et Pharm. Marc ou matière épaisse qui reste après l'expression des parties les plus fluides d'une substance quelconque.

**MAGNAC-LAVAL**, ch.-l. de c. (Haute-Vienne), arr. de Bellac; 4,700 hab.

**MAGNAN.** s. m [Pr. *gn* mouil.]. Nom vulgaire du ver à soie dans le midi de la France.

**MAGNANAGE.** s. m. [Pr *gn* mouil.] (R. *magnan*). Ce qui tient à la culture du ver à soie.

**MAGNANERIE.** s. f. [Pr. *gn* mouil.] (R. *magnan*). Lieu où l'on élève les vers à soie. || Industrie de ceux qui élèvent des vers à soie.

**Séric.** — I. La *Soie* est le fil fin et solide avec lequel plusieurs espèces de Lépidoptères, à l'état de larve, construisent la coque, ou *cocon*, dans laquelle elles subissent leur dernière métamorphose à l'abri des influences atmosphériques. Le papillon que l'on élève de préférence, du moins en Europe, pour obtenir cette précieuse substance, est le *Séricaire du mûrier*

Fig. 1.

(*Sericaria mori* ou *Bombyx mori* de Linné), qui appartient à la famille des Bombycites, dans la section des Lépidoptères nocturnes. Ce papillon (Fig. 1) est blanchâtre avec deux ou trois raies obscures et transverses. Ses ailes, d'un blanc sale, ont environ 30 millimètres d'envergure, et sont ornées d'une tache en croissant sur la partie supérieure. La larve ou chenille de cette espèce, que l'on nomme vulgairement *Ver à soie* (Fig. 2), a le corps épais, avec la tête petite, le premier anneau très renflé, et l'avant-dernier muni d'un tubercule analogue à la corne anale de certaines chenilles de Lépidoptères nocturnes. « La femelle du Sér. du mûrier, dit le professeur Em. Blanchard, pond ses œufs vers le milieu de l'été. Ces œufs sont d'abord blancs ou jaunâtres; mais bientôt ils deviennent

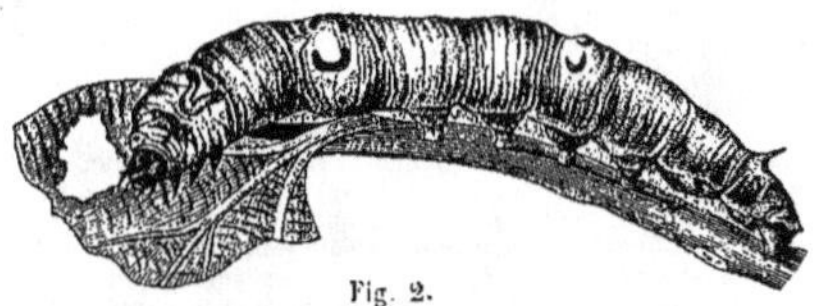

Fig. 2.

gris, ou bruns, ou même noirâtres, et ils restent ainsi, sans aucun changement manifeste à l'extérieur, jusqu'au printemps de l'année suivante. C'est alors seulement que les jeunes viennent à éclore. Les chenilles ou vers qui proviennent de ces œufs sont d'abord entièrement noires et hérissées de poils. Trois ou quatre jours après, elles subissent un premier changement de peau, et leur couleur commence à s'éclaircir. Quelques jours plus tard, une seconde mue a lieu; l'animal est alors presque entièrement blanchâtre. Cependant il se dépouille encore trois fois de son ancienne peau, avant d'avoir acquis tout son développement. Après sa dernière mue, le ver à soie mange considérablement pendant quelques jours; mais bientôt on le voit devenir plus lent; il perd un peu de son volume, puis il commence à filer son cocon. Des soies sont alors jetées çà et là dans l'endroit que le ver vient de choisir pour s'y fixer; ces premiers fils lui servent de supports, car il ne tarde pas à s'envelopper, en décrivant des tours qui donnent au cocon une forme ovale. Les fils sont d'abord peu serrés, de sorte qu'on aperçoit encore la chenille travailler à son cocon; mais enfin la quantité de soie superposée devient assez compacte pour la cacher. Aussitôt qu'il a achevé de confectionner son cocon, le ver, comme toutes les autres chenilles, se raccourcit, se renfle par le milieu du corps, et, au bout de quelques jours, se transforme en chrysalide. Une quinzaine de jours après, l'insecte parfait éclôt : il perce son cocon d'un trou circulaire et se traîne au dehors en agitant ses ailes. L'éclosion des mâles précède un peu celle des femelles. Celles-ci s'accouplent presque en naissant, et l'accouplement en général ne dure pas moins d'une journée. Les œufs sont tout aussitôt déposés par plaques, et les Papillons périssent bientôt après. La durée de l'existence des vers à soie à l'état de chenilles varie très notablement selon le degré de la température. Lorsqu'on les élève à l'air libre dans nos climats du nord et du centre de la France, elle est d'environ six semaines. »

II. — En Chine et dans l'Inde, on élève les vers à soie sur des mûriers en plein air; mais sous nos climats, on les élève dans de vastes chambres, appelées *Magnaneries*, où l'on entretient une température assez élevée et constante. On nomme *Magnaniers* et *Magnanières* les ouvriers et les ouvrières chargés des travaux qu'exige l'éducation de ces précieux insectes. L'éducation commence ordinairement en mai, c.-à-d. au moment où les bourgeons de mûrier laissent apparaître quelques petites feuilles. On s'occupe d'abord de l'*éclosion* des œufs, vulgairement appelés *graines*, provenant de la récolte de l'année précédente. Cette éclosion se fait presque toujours artificiellement. Autrefois des femmes les *couvaient* en les portant sur elles, et cette méthode vicieuse est encore usitée dans quelques localités. Mais aujourd'hui, en général, quand les vers ne naissent pas naturellement au printemps, on les fait éclore dans une petite chambre dont la température est portée graduellement de 18° à 25°. Suivant que les œufs ont été conservés dans un lieu plus ou moins froid, on obtient des vers au bout de six à douze jours. Comme les vers ne naissent pas tous en même temps, on les divise ordinairement en séries ou *levées*. Pour former ces séries, on emploie de petits filets à mailles très étroites, qu'on étend sur les œufs et sur lesquels on distribue des feuilles tendres coupées. A mesure que les vers naissent, ils montent sur les feuilles, et toutes les deux heures on enlève le filet avec les feuilles et les vers. Ces derniers sont alors placés, dans la magnanerie, sur des claies garnies de feuilles que l'on renouvelle plusieurs fois par jour. En même temps, on a soin d'enlever la vieille litière et les ordures : opération qui a reçu le nom de *Délitement*. En se développant, le ver, ainsi que nous l'avons vu, change plusieurs fois de peau : les magnaniers appellent *âge* la période de temps qui s'écoule d'une mue à l'autre. Remarquons, en passant, qu'à chaque âge il existe un moment où l'appétit des animaux paraît insatiable : c'est ce qu'on appelle *Frèze*. Environ 27 jours après l'éclosion, les vers ayant acquis tout leur développement, on procède à l'*Encabanage*, c.-à-d. on dispose de menues branches de bruyère ou de genêt, sur lesquelles les vers grimpent pour y filer leur cocon : c'est ce qu'on appelle la *Montée*. Sept jours après, on enlève les cocons des bruyères, ce qui se nomme *Déramage;* après quoi, on en fait deux parts. On plonge dans l'eau bouillante, ou l'on expose à la chaleur d'une étuve, pour faire périr les chrysalides qu'ils renferment, ceux que l'on destine aux besoins de l'industrie, et l'on met de côté dans un local particulier, nommé *Coconnière*, ceux dont les animaux doivent achever leurs métamorphoses afin de fournir la graine qui doit reproduire l'espèce. On admet généralement que 100 grammes d'œufs produisent, dans de bonnes conditions, de 150 à 200 kilogr. de cocons. Pour ce chiffre, la consommation en feuilles de mûrier varie de 4 à 5,000 kilogr. Maintenant 1 kilogr. de cocons contenant, en moyenne, 586 cocons, il en résulte que 100 grammes d'œufs donnent de 87,900 à 117,200 cocons. De plus, 100 kilogr. de cocons fournissent habituellement 8 kilogr. de soie filée. Enfin, on a calculé que la soie d'un cocon pèse moyennement 1 décigr. et demi, et que son fil a une longueur de 230 à 250 mètres. Au reste, ce fil est si fin dans certaines variétés de soie, qu'il n'a pas plus de 18 millièmes de millimètre, et cependant sa force est encore très considérable. Nous ferons remarquer à ce propos qu'il existe deux espèces de vers à soie : l'une fournissant de la soie jaune, et l'autre de la soie naturellement blanche. Celle-ci, qu'on nomme *Soie sina*, n'est connue chez nous que depuis 1789, époque où Louis XVI fit venir de la Chine les œufs du ver qui la produit. L'éducation du ver à soie est concentrée en Europe dans la presqu'île italienne, en France, en Espagne, en Grèce, en Turquie et dans les provinces danubiennes. En France, ce sont les départements de Vaucluse, du Gard, de la Drôme, de l'Ardèche, de l'Hérault, de l'Isère, du Var, de la Lozère, des Bouches-du-Rhône et des Basses-Alpes, qui la pratiquent sur la plus grande échelle. En 1850, on évaluait la production totale de l'Europe à près de 49 millions de kil. de cocons, dont 30 environ provenaient de notre pays. Depuis cette époque, un certain nombre de maladies des vers à soie sont venues, pendant quelque temps, faire tomber énormément l'industrie séricicole; heureusement que la connaissance plus complète de ces maladies a permis d'y remédier.

III. — La *Muscardine* est la maladie la plus anciennement connue du ver à soie. Elle est occasionnée par le développement, dans les tissus du ver à soie, d'une espèce de champignon parasite, le *Botrytis bassiana*. Voy. BOTRYTIS. Les vers infectés par ce parasite sont plus lents, prennent une couleur plus mate, puis leur corps devient mou et flasque, et l'animal meurt. Peu après le ver durcit, prend une coloration rougeâtre et son corps se couvre, en vingt-quatre heures, d'une poussière blanchâtre qui lui donne l'aspect d'une de ces dragées appelées *Muscardine*, en Provence. Cette poussière est due au développement de spores qui peuvent être emportées par le vent et aller infecter d'autres vers. Il est donc indispensable de recourir à des moyens de désinfection, de lessiver soigneusement toutes les parties de la magnanerie si l'on veut se débarrasser de cette redoutable maladie.

La *Gattine* ou *Pébrine* peut occasionner encore plus de ravages que la Muscardine. Cette maladie a reçu le nom de Pébrine (maladie du poivre) par M. de Quatrefages à cause de taches noires qui apparaissent sur le corps de l'animal malade. Ce sont des parasites, des *Psorospermies* qui envahissent peu à peu tous les tissus du ver, mais qui ne l'empêchent pas toujours de se transformer et de donner naissance à un papillon. Or, ces papillons seront eux-mêmes infectés et transmettront leurs parasites à leurs œufs. Il est donc nécessaire de trier sérieusement les œufs de façon à rejeter et brûler tous ceux qui présentent des taches suspectes.

La *Flacherie* est une maladie moins redoutable que les deux précédentes; elle ne tue pas les vers, mais ces vers deviennent faibles, mangent peu et produisent des papillons mauvais reproducteurs. Elle est occasionnée par une autre sorte de parasite, une espèce de champignon qui se développe dans l'intestin en produisant des fermentations particulières, d'où l'odeur aigre que cette maladie donne à la magnanerie où elle se trouve. Pour plus de détails sur toutes ces maladies, nous renvoyons à l'ouvrage de Pasteur : *Étude sur la maladie des vers à soie*, Paris, 1870. C'est à notre illustre savant, en effet, que nous devons la plupart de nos connaissances sur ce sujet.

On a eu l'idée d'acclimater dans nos départements, ainsi qu'en Algérie, plusieurs espèces qui vivent à l'état sauvage, en Chine, dans l'Inde et dans l'Indo-Chine, sur différentes plantes, telles que le Ricin, l'Ailante et le Chêne, dans l'espoir que leur rusticité les soustrairait aux influences qui sont si fatales au Séricaire du mûrier. Mais, quoique les essais partiels auxquels on s'est livré aient, jusqu'à présent, assez bien réussi, la question est encore loin d'être résolue industriellement.

**MAGNANIER**. s. m. [Pr. *gn* mouil.] (R. *magnan*). Celui qui élève en grand les vers à soie. ‖ Contremaître d'une magnanerie.

**MAGNANIME**. adj. 2 g. [Pr. *gn* mouil.] (lat. *magnanimus*, m. s. de *magnus*, grand; *anima*, âme). Qui a l'âme grande et élevée, qui a des sentiments nobles et généreux. *Un prince m. Un cœur m. Se montrer magnanime.*

**MAGNANIMEMENT**. adv. [Pr. *gn* mouillés]. D'une manière magnanime.

**MAGNANIMITÉ**. s. f. [Pr. *gn* mouillés] (lat. *magnanimitas*, m. s.). Grandeur d'âme, vertu de celui qui est magnanime. *La m. est la vertu des héros.* = Syn. Voy. GÉNÉROSITÉ.

**MAGNAT**. s. m. [Pr. *mag-na*, *gn* dur] (lat. *magnus*, grand). *Magnat* est un titre usité en Pologne et en Hongrie pour désigner un membre de la haute noblesse. En Pologne, il appartenait surtout aux conseillers du royaume, ou aux sénateurs temporels et ecclésiastiques. En Hongrie, cette dénomination s'applique à tous les chefs de familles nobles qui, en vertu de l'ancienne constitution, représentaient la nation à la diète, où ils formaient une sorte de chambre haute sous le nom de *Table des magnats*. Aujourd'hui, le titre de m. n'est plus qu'une simple distinction honorifique.

**MAGNATISME**. s. m. [Pr. *gn* dur]. La puissance des magnats.

**MAGNE** (PIERRE), homme politique français (1806-1879), ministre des travaux publics (1851) et des finances (1854).

**MAGNÉFERRITE**. s. f [Pr *ma-gné-fer-rite, gn* mouil.]

(R. *magnésie* et *fer*). T. Minér. Spinelle ferro-magnésien en octaèdres très noirs, fortement magnétiques, commun dans les laves du Vésuve.

**MAGNENCE,** Chef franc, proclamé empereur (350-353), fut battu par Constance et se tua.

**MAGNÉSIDES.** s. m. pl. [Pr. *ma-gné-zides, gn* mouillés] (R. *magnésie*). Classe de minéraux qui renferme la magnésie et ses combinaisons.

**MAGNÉSIE.** s. f. [P. *ma-gné-zie, gn* mouillés]. T. Chim. Oxyde de magnésium. — *M. blanche*. Carbonate de magnésium. Voy. MAGNÉSIUM.

**MAGNÉSIE,** v. de Thessalie. || V. de Lydie près du mont Sipyle, où Scipion l'Asiatique battit Antiochus III le Grand (190 av. J.-C.). || V. de Lydie, près du Méandre.

**MAGNÉSIÉ, ÉE.** adj. [Pr. *magné-zié, gn* mouillés]. Qui contient de la magnésie à l'état de combinaison.

**MAGNÉSIEN, IENNE.** adj. [Pr. *ma-gné-zi-in, iène, gn* mouillés]. T. Chim. Qui contient de la magnésie.

**MAGNÉSIFÈRE.** adj. 2 g. [Pr. *magné-zifère, gn* mouillés] (R. *magnésie*, et lat. *fero*, je porte). Qui contient de la magnésie.

**MAGNÉSIOFERRITE.** s. f. [Pr. *ma-gné-zio-fer-rite, gn* mouil.] T. Minér. Synonyme de *Magnéferrite*.

**MAGNÉSIQUE.** adj. 2 g. [Pr. *magné-zike, gn* mouillés]. T. Chim. Qui a pour base la magnésie. *Lumière m.*, lumière produite par la combustion du magnésium.

**MAGNÉSITE.** s. f. [Pr. *ma-gné-zite, gn* mouillés] (R. *magnésie*). T. Minér. Écume de mer. Voy. MAGNÉSIUM. || Syn. de *Giobertite*.

**MAGNÉSIUM.** s. m. [P. *ma-gné-ziom, gn* mouillés] (lat. *magnes*, aimant). T. Chimie.

**Chim.** — Le *Magnésium* est un corps simple, métallique, qui présente la couleur et l'éclat de l'argent. Il ne possède qu'une faible ténacité; mais il est malléable et ductile; on peut le réduire en rubans et en fils par compression. Il fond vers 500° et se volatilise lentement au rouge vif. Sa densité est de 1,743. Complètement inaltérable à l'air sec, il se ternit promptement dans l'air humide. En présence de l'anhydride carbonique, il décompose l'eau à froid. Il se dissout dans les acides étendus en dégageant de l'hydrogène. Chauffé au rouge, il brûle dans l'air avec un vif éclat et se transforme en magnésie. Il brûle de même dans la vapeur d'eau, dans l'anhydride carbonique, dans l'anhydride sulfureux, et se comporte généralement comme un puissant réducteur, en raison de sa grande affinité pour l'oxygène. Il se combine aussi avec incandescence au chlore et aux vapeurs de brome, d'iode et de soufre. Il s'unit directement au phosphore et à l'arsenic; il absorbe même l'azote, à la température du rouge, et peut servir à isoler l'argon de l'air. Le symbole du magnésium est Mg; son poids atomique est 24. — Bussy, le premier, en 1830, a isolé ce métal en décomposant, à l'aide de la chaleur, le chlorure de magnésium par le potassium. C'est par un procédé analogue, dû à Deville et Caron, que le m. se fabrique industriellement. On l'obtient aussi par l'électrolyse de la carnallite.

*Oxyde de magnésium.* — On ne connaît qu'une seule combinaison du magnésium avec l'oxygène : le composé qui en résulte est connu sous le nom de *Magnésie*. La magnésie ne se trouve pas à l'état libre dans la nature. On l'obtient à l'état anhydre $MgO$ en calcinant le carbonate de magnésie. Elle se présente sous la forme d'une poudre blanche très légère, infusible aux plus hautes températures de nos fourneaux; cependant on peut la fondre au moyen du chalumeau à gaz oxhydrique. Elle est très peu soluble dans l'eau, car elle exige 5.000 parties d'eau pour se dissoudre. — *L'Hydrate de m.* $Mg(OH)^2$ s'obtient, sous la forme d'un précipité blanc volumineux, quand on ajoute de la potasse à la dissolution d'un sel de m. C'est une base forte qui absorbe l'anhydride carbonique de l'air. Cet hydrate se rencontre dans la nature et porte alors le nom de *Brucite*.

*Sels magnésiens.* — Les sels solubles de magnésie ont une saveur amère très prononcée. Leurs dissolutions donnent, avec la potasse ou la soude un précipité blanc d'hydrate insoluble dans un excès de réactif; avec les carbonates alcalins neutres, un précipité blanc d'hydrocarbonate de magnésie. L'ammoniaque y produit un précipité blanc d'hydrate, si la dissolution est neutre; mais il ne se produit pas de précipité, lorsque la liqueur contient un sel ammoniacal ou lorsqu'elle est assez acide pour former avec l'ammoniaque un sel ammoniacal. Le carbonate d'ammoniaque ne précipite pas les sels de magnésie à froid, mais seulement à chaud, et encore incomplètement. Le phosphate de sodium, en présence d'un sel ammoniacal, donne un précipité cristallin de phosphate ammoniaco-magnésien.

Le *Chlorure* $MgCl^2$ existe dans l'eau de mer et dans certaines eaux minérales. Il se forme à l'état hydraté lorsqu'on fait agir l'acide chlorhydrique sur la magnésie ou sur le carbonate de m. Il est très avide d'eau et tombe en déliquescence à l'air humide. Quand on cherche à le dessécher, il se décompose partiellement en acide chlorhydrique et en magnésie. Les sels doubles qu'il forme avec les chlorures alcalins sont beaucoup plus stables; tel est le chlorure de magnésium et de potassium qui constitue la Carnallite de Stassfurt. Lorsqu'on arrose de la magnésie avec une solution concentrée de chlorure de magnésium, on obtient un *Oxychlorure de m.* sous la forme d'une masse dure, décomposable par l'eau bouillante. — Le *Carbonate de magnésie* $CO^3Mg$ existe tout formé dans la nature, soit isolé à l'état de masse compacte ou à l'état cristallisé, soit combiné avec le carbonate de chaux. Très peu soluble dans l'eau pure, il se dissout facilement dans l'eau chargée d'anhydride carbonique, en formant probablement un bicarbonate instable. La *Dolomie* des minéralogistes, qui forme des roches considérables dans les Alpes, est un carbonate double de chaux et de magnésie. Dans les laboratoires, on prépare un *Hydrocarbonate de m.* en versant un excès de carbonate de sodium dans la solution bouillante d'un sel magnésien. C'est une combinaison, en proportions variables, de carbonate neutre et d'hydrate de m. Les pharmaciens l'appellent communément *Magnésie blanche*, à cause de sa couleur. — Le *Sulfate de m.*, appelé aussi *sel de Sedlitz* et *sel d'Epsom*, parce qu'il existe dans les eaux minérales de ce nom, se rencontre également dans d'autres sources, telles que celles de Pullna. On peut le retirer de ces eaux par évaporation spontanée ou à l'aide de la chaleur; mais on l'obtient également en traitant par l'acide sulfurique le carbonate de magnésie naturel ou des calcaires très riches en magnésie, comme la dolomie. Les eaux mères des salines contiennent également une grande quantité de sulfate de m. à l'état de *Sulfate double de m. et de potasse*, et elles peuvent donner aisément et à très bon marché tout le sulfate demandé par le commerce. Le sulfate de m. cristallise à la température ordinaire sous la forme de prismes très allongés; sa formule est alors $SO^4Mg + 7H^2O$. Ce sel possède une saveur très amère; il est efflorescent. Par l'action de la chaleur, il éprouve la fusion aqueuse; puis il se dessèche; à 132° il conserve encore une molécule d'eau, qu'il ne perd qu'à 210°. Au rouge vif il subit la fusion ignée. — Les *Silicates de m.* sont très nombreux dans la nature, où on les trouve en général combinés avec de l'eau. Le minéral appelé *Magnésite* ou *Écume de mer*, avec lequel on fabrique des pipes fort recherchées, et la substance nommée *Talc, Stéatite, Craie de Briançon*, dont les tailleurs se servent pour dessiner sur le drap, sont des silicates de magnésie. La *Serpentine*, qui forme des roches considérables dans certains terrains anciens, est également constituée par du silicate de m. combiné avec de l'hydrate de m. Enfin, ce sel entre dans la composition de plusieurs autres roches de formation ancienne comme le *Péridot*, le *Pyroxène*, etc. — Le *Phosphate de m.* se forme à l'état de précipité quand on traite la solution d'un sel magnésien par le phosphate de sodium. Il peut former des sels doubles, dont le plus important est le *Phosphate ammoniaco-magnésien*. Ce dernier se rencontre dans certains calculs urinaires; il a pour formule $PhO^4Mg(AzH^4) + 6H^2O$.

*Usages.* — Les composés magnésiens n'ont guère d'usage qu'en médecine. La *M. vraie*, c.-à-d. la *M. calcinée*, s'emploie fréquemment, dans les cas d'aigreurs d'estomac, comme absorbant, à la dose de 60 centigr à 2 gram., délayée dans de l'eau; elle sature alors les acides en excès que contient ce viscère. A la dose de 4 à 8 gr., elle agit comme laxatif. La m. pure est un bon contrepoison de l'acide arsénieux, parce qu'elle forme avec lui un sel insoluble et inoffensif. Il est bon qu'elle soit à l'état d'hydrate, ou qu'elle n'ait été que faiblement calcinée. Le *Carbonate de m.*, *M. blanche* ou *M. douce* des pharmaciens, sert aux mêmes usages à une dose un peu plus forte; mais il ne peut remplacer la m. proprement dite dans les cas d'empoisonnement par l'acide arsénieux, car il ne se combine pas avec lui. Le *Sulfate de m.* est un des purgatifs salins les plus usités et les plus utiles. On le donne à la dose de 32 à 48 gr. pour un adulte. — A l'état métallique, le m. sert dans les laboratoires à préparer l'argon. Voy. Hélium. La lumière qu'il produit en brûlant à l'air est très éclatante et riche en rayons chimiques ; elle est quelquefois utilisée pour l'éclairage, notamment en photographie.

**MAGNÉTIPOLAIRE.** adj. 2 g. [Pr. *gn* mouil.] (R. *magnétisme* et *pôle.*) T. Minér. *Roche m.*, Roche magnétique avec existence de pôles.

**MAGNÉTIQUE.** adj. 2 g. [Pr. *gn* mouil.] (lat. *magneticus*, m. s., de *magnes*, aimant). T. Phys. Qui appartient à l'aimant ; qui est attirable à l'aimant ; qui a rapport au magnétisme. *Attraction m. Fluide m. Courant m. Équateur m. Barreaux, lames magnétiques.* || Par anal., se dit des phénomènes attribués au magnétisme animal. *Baquet m. Sommeil m. Passes magnétiques.* || Fig. Qui exerce sur les personnes une sorte d'attraction irrésistible. *Regard m.*

**MAGNÉTIQUEMENT.** adv. [Pr. *gn* mouil.]. D'une manière magnétique.

**MAGNÉTISANT, ANTE.** adj. [Pr. *magnéti-zan, gn* mouil.]. Qui produit ou communique le magnétisme.

**MAGNÉTISATION.** s. f. [Pr. *magnéti-za-sion, gn* mouil.]. Action de magnétiser. || Manière de magnétiser. || État d'une personne magnétisée.

**MAGNÉTISER.** v. a. [Pr. *magnéti-zer, gn* mouil.]. (R. *magnétisme*). Faire sur quelqu'un les opérations capables de faire apparaître les phénomènes du magnétisme animal. = Magnétisé, ée. part. — Voy. Magnétisme, Hypnotisme.

**MAGNÉTISEUR, EUSE,** s. [Pr. *magnéti-zeur, euze, gn* mouil.]. Celui, celle qui pratique les procédés du magnétisme animal.

**MAGNÉTISME.** s. m. [Pr. *gn.* mouil.] (gr. μάγνης, aimant). T. Physiq. Ensemble des propriétés des aimants naturels ou artificiels, et des phénomènes qui y ont rapport. || T. Biol. *M. animal.* Ensemble de phénomènes encore mal connus, et dont le point de départ paraît être l'action que la volonté d'un individu peut exercer sur un autre. Voy. plus loin.

**Phys.** — Le *Magnétisme* est cette branche de la physique qui étudie les phénomènes que présentent les aimants naturels et artificiels. Cette branche de la science est toute moderne, bien que le fait qui en est comme le fondement soit connu depuis plusieurs siècles. Elle a surtout acquis vers la fin du XIXe siècle un développement extraordinaire : aussi, obligés que nous sommes de nous renfermer dans d'assez étroites limites, nous nous contenterons d'indiquer ici les phénomènes magnétiques les plus importants et les lois générales qui les régissent.

I. — Phénomènes principaux et lois générales du magnétisme.

1° Le premier phénomène magnétique que l'on ait observé est l'attraction du fer par les aimants. Cette attraction s'exerce à distance, et son intensité n'est pas modifiée par les substances interposées, à l'exception cependant de celles qui sont magnétiques, c.-à-d. attirables à l'aimant. Mais les différents points de la surface d'un aimant ne jouissent pas au même degré de la vertu attractive. Celle-ci réside surtout aux deux extrémités opposées de l'aimant, que l'on nomme ses *pôles*, et entre lesquelles il existe une *ligne neutre* dépourvue d'action. Enfin, si l'on brise un aimant, chacun de ses fragments devient un aimant complet, ayant ses deux pôles et sa ligne moyenne neutre.

2° Tout aimant suspendu horizontalement par son milieu sur un pivot ou à l'aide d'un fil de soie sans torsion, prend spontanément une direction telle qu'une de ses extrémités se tourne vers le nord et l'autre vers le sud. Le pôle qui regarde le nord se nomme *pôle austral, pôle positif, pôle nord*, et celui qui regarde le sud, *pôle boréal, pôle sud, pôle négatif.* — Le pôle nord d'un aimant repousse le pôle nord d'un autre aimant librement suspendu, et le pôle sud repousse le pôle sud ; mais le pôle nord d'un aimant attire le pôle sud d'un autre aimant, et réciproquement. On exprime ce double phénomène en disant que les deux pôles de même nom se repoussent et que les pôles de nom contraire s'attirent. Pour l'expliquer, on a admis l'existence de deux fluides magnétiques, et l'on suppose que chacun d'eux agit par répulsion sur le fluide de la même espèce, et par attraction sur l'autre fluide. Voy. Aiguille et Aimant.

3° Lorsqu'on met en contact avec un aimant un cylindre de fer doux ou de tout autre corps magnétique, il devient lui-même un aimant ayant ses pôles et sa ligne neutre, et capable à son tour de supporter un deuxième cylindre qui, s'aimantant aussi, peut agir de la même manière sur un troisième cylindre, etc. ; cependant la puissance magnétique décroît à mesure qu'on s'éloigne de l'aimant primitif et elle finit par devenir insensible. Chacun des petits cylindres adhère au pôle de celui qui le précède par le pôle de nom contraire. Si l'on rompt le contact du barreau aimanté avec le premier cylindre, les cylindres suivants se détachent et ne conservent aucune trace de magnétisme. L'action exercée par l'aimant sur ces petits cylindres se nomme *Aimantation par influence.* Si les cylindres eussent été d'acier et non de fer pur, ils auraient conservé après la séparation les propriétés des aimants. On caractérise cette différence dans la manière d'agir du fer et de l'acier en disant que l'acier possède une force que l'on appelle *Force coercitive.* Voy. Aimant.

4° Les attractions et les répulsions magnétiques s'exercent en raison inverse du carré de la distance. Coulomb a démontré cette loi au moyen de la *balance de torsion*, appareil tout à fait analogue à celui qu'il a employé pour trouver la loi des attractions et des répulsions électriques. Voy. Balance et Électricité. VI. Ces expériences conduisent à une formule analogue à celle des forces électriques. En désignant par $m$ et $m'$ les masses magnétiques de deux pôles, $r$ leur distance, la force est donnée par l'expression $f = \frac{mm'}{r^2}$,

*Unité de masse magnétique.* — Cette unité se trouve définie par la loi de Coulomb. C'est la masse magnétique d'un pôle qui, placée à l'unité de distance d'une même masse, exerce sur celle-ci une force égale à l'unité.

*Unité électro-magnétique absolue.* Dans le système *centimètre-gramme-seconde*, l'unité absolue de masse magnétique est telle, que, placée à un centimètre d'une même masse ou quantité de magnétisme, elle exerce sur elle une force de une dyne.

*Densité superficielle.* — C'est la masse magnétique distribuée sur l'unité de surface.

*Champ magnétique.* — On appelle ainsi tout espace où s'exercent des forces magnétiques. La valeur, ou *intensité*, du champ en un point quelconque est représentée en grandeur, sens et direction par la force qui agirait sur l'unité de magnétisme nord supposée placée en ce point.

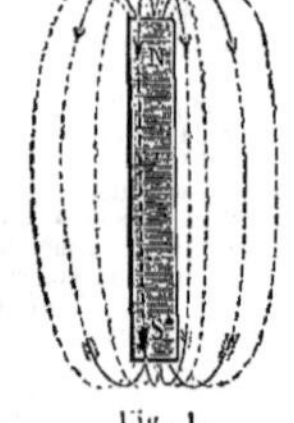

Fig. 1.

*Lignes de force.* — Ce sont des lignes telles que la force magnétique leur soit tangente en chaque point. On peut rendre visible la forme de ces lignes en recouvrant un ou plusieurs aimants d'une feuille de carton sur laquelle on fait tomber de la limaille de fer à l'aide d'un petit tamis. En frappant légèrement le carton, la limaille se dispose en lignes régulières qui sont les lignes de force. Les figures ainsi tracées par la limaille ont reçu le nom de *spectres magnétiques.* La Fig. 2 du mot Aimant

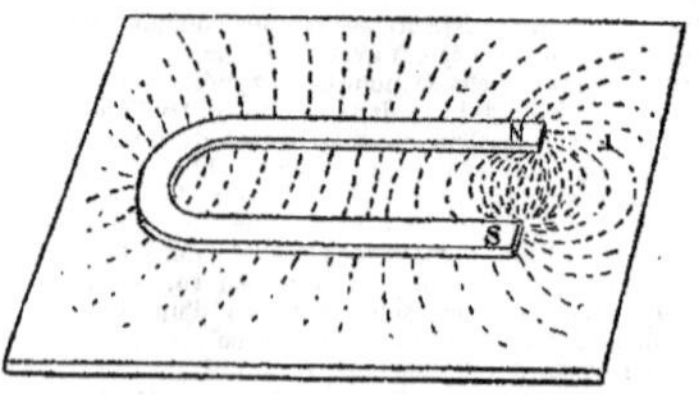


Fig. 2.

représente le spectre magnétique que donne un barreau aimanté unique. Pour définir le sens des lignes de force, on est convenu de dire qu'elles vont du pôle nord au pôle sud (Voy. Fig. 1). Un aimant en forme de fer à cheval donne un spectre magnétique que montre la Fig 2.

Le *flux de force* magnétique se définit et se calcule comme le flux de force électrique. Voy. Flux *de force*.

La Fig. 3 montre comment le champ d'un aimant est modifié par la présence de trois morceaux de fer doux qui s'aimantent par influence.

*Constitution des aimants.* — Nous avons déjà dit que lorsqu'on vient à briser une aiguille aimantée en plusieurs

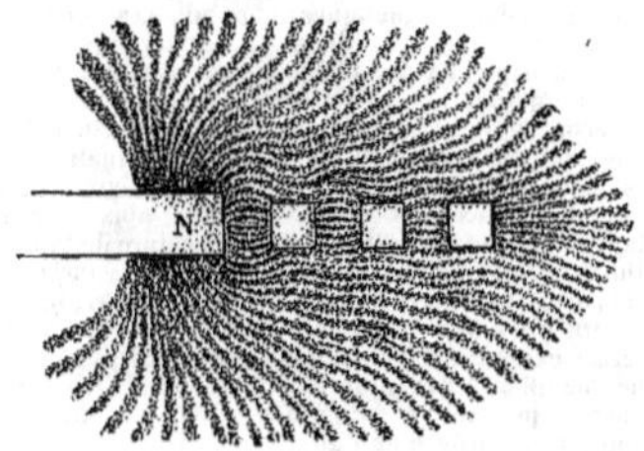


Fig. 3.

morceaux, on trouve que chaque fragment constitue un aimant parfait, ayant ses deux pôles. On peut concevoir cette division poussée aussi loin que l'on veut et l'on est alors amené à considérer la plus petite particule de l'aimant comme un aimant parfait ayant deux pôles égaux et de noms contraires. Il n'est pas possible de réaliser un aimant ne possédant qu'une seule sorte de magnétisme. Les deux fluides magnétiques N et S sont toujours associés en quantités égales pour former un aimant si petit qu'il soit.

En réunissant bout à bout les fragments d'un aimant brisé, on reconstitue l'aimant primitif. Quant aux aimants à *points conséquents*, dont il a été parlé au mot *aimant*, on peut toujours les considérer comme un assemblage d'aimants normaux.

*Filet solénoïdal.* — Supposons un grand nombre de petits aimants égaux réunis bout à bout, le pôle N de l'un juxtaposé au pôle S du suivant, de manière à réaliser une ligne courbe quelconque. Cet ensemble a reçu le nom de filet solénoïdal; il est évidemment équivalent à deux masses magnétiques de noms contraires, placées à ses extrémités, puisque les effets des pôles intermédiaires se détruisent. Lorsqu'un aimant peut être considéré comme la réunion d'un système de filets solénoïdaux, on dit que la distribution est solénoïdale.

*Feuillet magnétique.* — Prenons un grand nombre de petits aimants égaux et réunissons-les de manière à réaliser une sorte de lame mince comprise entre deux surfaces parallèles très rapprochées, les axes des aimants étant normaux à ces surfaces et tous leurs pôles N du même côté. Un tel ensemble a reçu le nom de *feuillet magnétique*. On appelle *puissance* le produit de l'épaisseur du feuillet par la densité magnétique à sa surface, en considérant le magnétisme des pôles comme uniformément étalé sur les deux côtés de la surface.

On démontre que le *potentiel* (Voy. ce mot) d'un feuillet par rapport à un point a pour valeur le produit de la puissance du feuillet par l'angle solide sous lequel il est vu au point considéré.

L'énergie d'un feuillet dans un champ a pour valeur (au signe près) le produit de la puissance du feuillet par le flux de force qui le traverse. Enfin, l'énergie d'un feuillet, par rapport à un autre, est le produit (changé de signe) de la puissance des deux feuillets par un facteur. Ce facteur n'est autre chose que le flux de force qui traverserait l'un des feuillets si la puissance de l'autre était égale à l'unité. Ce facteur a reçu le nom de coefficient d'*induction mutuelle* des deux feuillets.

*Moment magnétique.* — On appelle moment magnétique d'un aimant le produit de la masse d'un de ses pôles par leur distance. Voy. Moment.

*Influence magnétique.* — Lorsqu'on place un morceau de fer ou d'acier devant un aimant, il s'aimante en prenant d'un côté du pôle aimanté un pôle de nom contraire. C'est l'aimantation par influence. Dans le cas de l'acier cette aimantation persiste; si, au contraire, on prend du fer doux, l'aimantation est purement temporaire et cesse dès qu'on éloigne le fer du champ.

*Intensité d'aimantation.* — On appelle ainsi le rapport du moment magnétique au volume d'un aimant.

*Susceptibilité magnétique.* — C'est le rapport de l'intensité d'aimantation au champ magnétique.

*Perméabilité magnétique.* — Lorsqu'on passe de l'air dans un milieu magnétique, le flux de force se trouve multiplié par un coefficient auquel on a donné le nom de *perméabilité*.

En appelant $\mu$ la perméabilité et $k$ la susceptibilité, on démontre que l'on a : $\mu = 1 + 4\pi k$.

*Induction magnétique.* — On appelle ainsi le flux total qui traverse normalement l'unité de surface d'un aimant.

*Influence de la température.* — Le fer cesse d'être magnétique vers 770°, le nickel vers 400°.

*Hystérésis* ou retard d'aimantation. — Considérons un morceau de fer placé dans un champ magnétique d'abord croissant, puis ensuite décroissant, changeant et atteignant une valeur maxima égale et de signe contraire au premier maximum. Dans la période où le champ décroît, l'intensité d'aimantation ne repasse pas par les mêmes valeurs pour les mêmes valeurs du champ. Il y a un retard. Ce phénomène a reçu le nom d'hystérésis. Il en résulte une certaine perte d'énergie qui se transforme en chaleur.

5° *Corps magnétiques et diamagnétiques. — Diamagnétisme.* — Coulomb est le premier qui ait établi expérimentalement non seulement que les métaux magnétiques et quelques corps qui peuvent être mélangés de fer, sont influencés par un aimant, mais encore qu'il en est de même, à des degrés plus ou moins marqués, de tous les corps organiques et inorganiques, et que, sous l'influence de forts barreaux aimantés, tous oscillent comme des aiguilles aimantées. Cette action des aimants sur les corps non magnétiques fut d'abord attribuée à l'action du fer que contiendraient ces derniers; mais Becquerel et Lebaillif démontrèrent la fausseté de cette hypothèse. Becquerel reconnut, en outre, que des corps tels que le bois et la gomme laque, sont influencés par les pôles d'aimants même médiocrement énergiques, et que les courants électriques agissent comme les aimants. Il constata aussi que la distribution du magnétisme ne se fait pas toujours de la même manière, et que, le plus souvent, le corps se place perpendiculairement à la ligne des pôles. De son côté, Lebaillif observa que le bismuth produit une répulsion sur l'aiguille aimantée, quel que soit le côté où on le présente.

Après avoir découvert cette action des aimants sur les corps transparents, Faraday étudia les actions attractives et répulsives que les aimants exercent sur les corps, actions déjà constatées par Brugman et Lebaillif; il établit que non seulement le bismuth et d'autres métaux, mais encore presque tous les corps, tels que le phosphore, le soufre, l'eau, l'alcool, l'éther, sont repoussés par les pôles d'un aimant. S'appuyant sur ces expériences, le savant physicien anglais crut qu'on pouvait admettre dans la matière une nouvelle propriété, et diviser les corps en corps *magnétiques* ou attirables à l'aimant, et corps *diamagnétiques* ou repoussés par l'aimant. Parmi les premiers se trouveraient le fer, le nickel, le cobalt, et, à un degré plus faible, le platine, le titane, le palladium, le chrome, le manganèse; tous les autres corps, le bismuth en tête, appartiendraient à la seconde catégorie.

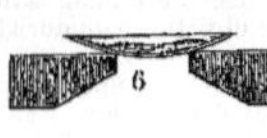


*Diamagnétisme des corps solides.* — Si l'on place entre les pôles de l'électro-aimant de Faraday un petit barreau d'une substance magnétique, son axe se dirigera suivant la ligne des pôles. Si, au contraire, l'on prend un barreau d'une substance diamagnétique, telle que le bismuth, son axe s'orientera perpendiculairement à la ligne des pôles (Fig. 4).

*Diamagnétisme des liquides.* — Les liquides présentent également des phénomènes de magnétisme et de diamagnétisme. Pour constater ces effets, on verse le liquide sur lequel on veut opérer dans un petit tube de verre très mince qu'on suspend ensuite entre les deux bobines. Les liquides magnétiques, tels que les dissolutions de fer, de nickel, etc., se mettent dans la direction de l'axe des bobines; les liquides diamagnétiques, tels que l'eau, l'alcool, etc., prennent une direction perpendiculaire à cet axe. On peut encore opérer autrement. On verse le liquide sur lequel on veut opérer dans un verre de montre qu'on place sur une armature adaptée aux deux bobines; aussitôt que le courant passe, si le liquide est magnétique, on voit, selon la distance entre les armatures, se former un ou deux renflements qui persistent tant que le courant circule (Fig. 5); mais si le liquide est diamagnétique, il se produit des effets inverses : au lieu de renflements, ce sont des dépressions qui se produisent (Fig. 6).

*Diamagnétisme des gaz.* — Les gaz eux-mêmes sont influencés par les aimants. Bancalary a observé le premier que la flamme d'une bougie placée entre les deux bobines de l'appareil de Faraday en est fortement repoussée. Toutes les flammes produisent le même phénomène, et il en est de même pour la lumière électrique. D'après les expériences d'Edm. Becquerel, l'oxygène est le gaz qui a la plus grande puissance magnétique, et sa puissance est en raison directe de la force élastique du gaz. L'air est aussi magnétique, mais seulement en raison de l'oxygène qu'il contient, c.-à-d. qu'à volume égal la force magnétique de l'air n'est que les $\frac{21}{100}$ de celle de l'oxygène dans les mêmes conditions de température et de pression. Deux gaz encore, le bioxyde d'azote et l'acide azoteux, sont également attirables à l'aimant, mais à un degré plus faible que l'oxygène. Tous les autres gaz ne présentent que des effets infiniment faibles, et sont en général repoussés. La puissance magnétique de l'atmosphère équivaut à celle d'une lame de fer épaisse d'un peu plus de 1/10e de millimètre, qui envelopperait toute la terre.

Les attractions et les répulsions magnétiques ne sont pas des propriétés constantes des corps. Elles peuvent dépendre de l'intensité magnétique, ou bien, à intensité magnétique égale, elles peuvent être fonction de la distance aux centres d'action. Mais bien d'autres influences peuvent encore agir sur les attractions et les répulsions magnétiques. Ainsi, par ex., non seulement la chaleur affaiblit l'attraction des métaux magnétiques, mais encore elle diminue l'intensité avec laquelle les corps diamagnétiques sont repoussés.

La nature des corps et l'arrangement de leurs molécules exercent aussi une influence sensible. La plupart des combinaisons des métaux magnétiques le sont également; cependant le persulfure et le cyanure jaune de fer sont diamagnétiques. Le bioxyde de cuivre, le peroxyde d'argent et l'acide antimonique sont magnétiques, tandis que le protoxyde de cuivre, l'oxyde d'argent et l'acide antimonieux sont diamagnétiques. A ce sujet de la Rive a fait observer que les corps magnétiques sont ceux qui, sous le même volume, renferment le plus grand nombre d'atomes chimiques, ceux qui en renferment le moins étant diamagnétiques. Deux métaux seulement, le cuivre et l'argent, semblent faire exception à cette loi; mais ils se trouvent sur la limite des deux catégories, car certaines combinaisons sont magnétiques et les autres sont diamagnétiques. On doit aussi remarquer que les métaux magnétiques conduisent moins bien l'électricité que les métaux diamagnétiques. — La structure des corps n'est pas non plus sans action sur les attractions et les répulsions magnétiques. Les cristaux naturels colorés et ferrugineux sont en général magnétiques; les autres sont diamagnétiques, comme le quartz, la chaux carbonatée, etc. En outre, la position des cristaux entre les pôles de l'aimant peut faire varier l'intensité de la force, et la direction que prend le corps dépend de la position des axes de cristallisation; l'axe du cristal prend en général une direction équatoriale, c.-à-d. se met en croix avec l'axe de l'aimant. — Enfin, le milieu dans lequel les corps sont placés exerce également une grande influence, un corps diamagnétique dans l'air pouvant être magnétique dans le vide ou dans un gaz autre que l'air ou l'oxygène.

Pour expliquer l'action exercée par les aimants sur les corps, Faraday avait admis deux genres d'actions, une action magnétique produisant sur certains corps des effets d'attraction et de répulsion analogues, à l'intensité près, à ceux que présentent le fer, le nickel et le cobalt, et une action diamagnétique tout à fait différente et s'exerçant sur tous les corps, cette seconde force étant du genre de l'attraction moléculaire. Edm. Becquerel, au contraire, n'admet qu'un seul genre d'action. Il pense que l'action du m. sur un corps est la différence des actions exercées sur le corps et la masse du milieu ambiant déplacé, de même qu'un ballon plein de gaz tombe à la surface de la terre ou s'élève dans l'air suivant que ce gaz est plus ou moins dense que l'air, principe analogue à celui d'Archimède pour la pesanteur. Dans cette théorie, on admet que les actions magnétiques qui se développent ne sont dues qu'à la présence d'un milieu éthéré qui les pénètre, milieu qui est plus ou moins influencé par les différents corps et d'une manière différente, selon qu'ils sont plus magnétiques ou moins magnétiques que lui. Les corps repoussés par les aimants sont dans ce dernier cas. De la Rive a cherché à expliquer les phénomènes magnétiques par une action d'induction qui se passerait dans les molécules mêmes des corps, et qui durerait autant que la cause inductrice, tandis que les courants d'induction ordinaire sont instantanés. Cette explication revient à admettre deux espèces de forces, ou du moins deux genres d'action, ainsi que l'a fait Faraday; seulement de la Rive spécifie la nature de la force diamagnétique, en la rapprochant de la cause de la force magnétique rapportée par Ampère à des courants électriques.

6° *Effets optiques des aimants.* — En 1846, Faraday découvrit l'action exercée par les aimants sur les corps transparents pour modifier leurs propriétés optiques. Deux forts électro-aimants pouvant se rapprocher plus ou moins, à volonté, sont placés en face de l'un l'autre. Les cylindres de fer doux qui occupent l'axe des bobines sont percés d'un trou

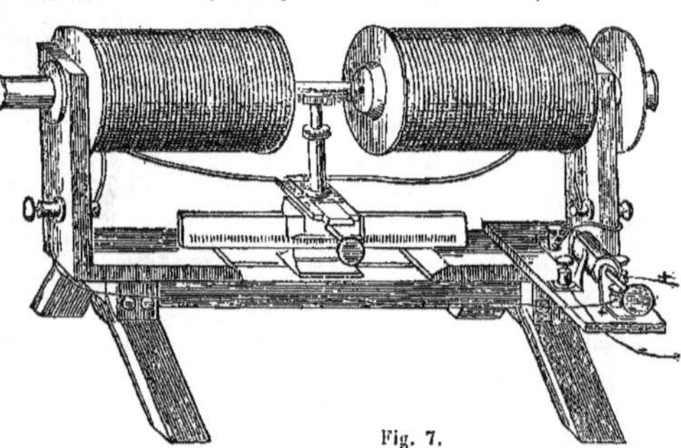

Fig. 7.

cylindrique qui donne passage au faisceau lumineux. A chaque extrémité se trouve un prisme de Nicol, l'un servant de polarisateur et l'autre d'analyseur; enfin, entre les deux bobines, on place le cristal sur lequel on veut expérimenter (Fig. 7. Appareil de Faraday construit par Ruhmkorff). Lorsque les deux prismes de Nicol sont placés de manière que leurs sections principales soient perpendiculaires entre elles, et que, par conséquent, le prisme de l'une des extrémités éteigne complètement la lumière transmise par le prisme placé à l'autre extrémité, si l'on vient à interposer une lame de flint ou de verre au milieu des deux bobines, la lumière est encore éteinte; mais aussitôt que le courant passe à travers les bobines, la lumière reparaît. Seulement, elle est alors colorée, et si l'on tourne l'analyseur à droite et à gauche, elle passe, suivant la direction du courant, par toutes les couleurs du spectre, comme lorsqu'on opère avec deux plaques de quartz taillées perpendiculairement à l'axe. Edm. Becquerel a fait voir qu'un grand nombre de corps solides et liquides pouvaient ainsi faire tourner le plan de polarisation sous l'influence d'aimants puissants. — La rotation du plan de polarisation est proportionnelle à l'intensité du champ magnétique (Loi de Verdet), au cosinus de l'angle des rayons lumineux et des lignes de force et à l'épaisseur de la lame.

7° *Phénomène de Hall.* — L'expérience montre qu'un champ magnétique puissant produit des perturbations dans les lignes équipotentielles d'une plaque métallique parcourue par un courant. Voy. HALL.

8° *Effet Zeemann.* — Ce savant a montré qu'une raie du spectre est transformée en un triplet et même en un quadruplet par un champ magnétique puissant quand les lignes de force sont perpendiculaires au rayon lumineux.

9° *Magnétisme terrestre.* — On a cru pendant longtemps que l'axe d'une aiguille aimantée suspendue horizontalement, et de manière à se mouvoir librement, se plaçait exactement dans le méridien; mais plus tard on a reconnu qu'il n'en était pas ainsi. On appelle *Déclinaison*, l'angle que fait avec le méridien du lieu le plan vertical qui passe par l'axe de l'aimant, et ce plan lui-même est nommé *Méridien magnétique*. Mais la déclinaison n'est pas la même en tous les points de la surface du globe. L'extrémité nord de l'aiguille se trouve, tantôt à l'est, tantôt à l'ouest du méridien du lieu : on dit alors que la déclinaison est *orientale* ou *occidentale*. Les navigateurs ont trouvé à la surface du globe des lignes assez irrégulières et allant généralement du nord au sud, sur lesquelles l'aiguille aimantée est dirigée exactement dans le méridien; on les nomme *Lignes sans déclinaison*, et l'on appelle *Lignes isogoniques* ou *Lignes d'égale déclinaison*, les lignes sur lesquelles la déclinaison est partout la même.

Lorsqu'on suspend par son centre de gravité une aiguille d'acier non aimantée, cette aiguille demeure en équilibre dans quelque position qu'on la mette; mais si on l'aimante ensuite, on la voit non seulement se placer dans le méridien magnétique, mais encore y prendre une position inclinée à l'horizon. On nomme *Inclinaison*, le plus petit des angles que fait l'axe de l'aiguille aimantée avec l'horizon quand elle est mobile dans le méridien magnétique. Sur chaque méridien, il y a un point où l'inclinaison est nulle : tous les points où l'on observe cette particularité forment une courbe continue qui constitue l'*Équateur magnétique*. Cet équateur, ou cette ligne sans inclinaison, ne coïncide pas avec l'équateur terrestre; elle est très sinueuse et représente très imparfaitement un grand cercle. D'après les déterminations de Duperrey, l'équateur magnétique coupe l'équateur terrestre en deux points qu'on appelle *Nœuds*. Le premier de ces nœuds, ou le *nœud atlantique*, est situé près de l'île San-Thomé, par 3°20′ de longitude orientale. A partir de ce point, l'équateur magnétique s'éloigne de l'équateur terrestre et atteint son maximum d'*excursion australe* par 15° 40′ de latitude, entre Rixas et Cueybas en Amérique; puis il se rapproche graduellement de l'équateur terrestre, et atteint le second nœud, ou *nœud polynésien*, par 175° 20′ de longitude occidentale. Entre ce second nœud et le premier, l'équateur magnétique atteint son maximum d'*excursion boréale* par 11° 40′ de latitude, aux environs de l'île de Socotora. Près des pôles terrestres, il y a des points où l'aiguille aimantée se place verticalement, c.-à-d. que l'inclinaison a une valeur maximum de 90°. On nomme ces points *Pôles magnétiques* de la terre. Enfin, on appelle *Lignes isocliniques* ou *isoclines*, les lignes qui joignent les points où l'inclinaison est la même.

Au reste, les positions de ces lignes et de ces points varient assez rapidement avec le temps. L'inclinaison et la déclinaison magnétiques se déterminent au moyen d'appareils appelés *boussoles*. Voy. ce mot.

*Variations de déclinaison.* — Jusqu'à la fin du XV<sup></sup>e siècle on a cru que l'aiguille aimantée regardait directement le nord, et l'on prétend que Christophe Colomb, allant à la découverte de l'Amérique, en 1492, fut très surpris de voir l'aiguille, qui jusqu'alors avait été considérée comme un guide fidèle, ne pas montrer l'étoile polaire et se dévier à l'ouest de plus d'un degré. Les équipages furent frappés d'effroi; ils s'imaginèrent que la nature venait de changer sous ces latitudes inconnues, et que leur seul moyen de direction allait les abandonner. — Pour une même année, la valeur de la déclinaison varie suivant les localités. A Paris, elle est actuellement de 15° environ vers l'ouest, tandis qu'au Groenland l'aiguille est complètement tournée vers l'ouest. Le capitaine Parry a même trouvé un point à l'ouest du Groenland, où le pôle boréal de l'aiguille était tourné vers le sud.

Dans un même lieu, la déclinaison varie d'une manière très sensible lorsqu'on embrasse surtout un certain laps de temps. Pour en donner une idée, nous indiquons dans le tableau ci-contre (Extrait de l'*Annuaire astronomique Flammarion*) les changements que cet angle a éprouvés à Paris, depuis l'époque des premières observations les plus reculées.

Depuis 1815, la déclinaison a constamment diminué, sa valeur à la date du 1er janvier 1898 était de 14° 56′ 0.

A la même date, la déclinaison à Nice est de 12° 9′ et à Brest, de 17° 51. Ce sont les deux valeurs extrêmes en France. La déclinaison diminue actuellement de 4′ à 6′ par an.

*Variation de l'inclinaison.* — L'aiguille d'inclinaison présente, pour chaque point du globe, pendant un certain nombre d'années, des variations progressives analogues à celles qu'éprouve l'aiguille de déclinaison; mais elles ont été moins observées que les précédentes. Le tableau suivant indique les variations de l'angle d'inclinaison observées à Paris :

| Années | Inclinaison | Années | Inclinaison |
|---|---|---|---|
| 1671 | 75° | 1851 | 66 35 |
| 1791 | 70 52′ | 1853 | 66 28 |
| 1806 | 69 12 | 1859 | 66 15 |
| 1814 | 68 36 | 1868 | 65 45 |
| 1820 | 68 20 | 1875 | 65 37 |
| 1825 | 68 | 1880 | 65 30 |
| 1831 | 67 40 | 1885 | 65 17 |
| 1835 | 67 24 | 1890 | 65 12 |
| 1841 | 67° 9′ | 1895 | 65 4 |

L'inclinaison à Paris (1er janvier 1898) est de 64° 58′ 9 et va en diminuant. La valeur de cet angle varie en France à cette même date depuis 59° 50′ (Céret, Hautes-Pyrénées) jusqu'à 66° 36′ (Dunkerque). L'inclinaison diminue de 1′ à 2′ par an.

La valeur de la *composante horizontale* du champ magnétique terrestre est de 0,1960 unités C. G. S. à Paris. Cet élément augmente actuellement de 0,002 par an.

*Variations diurnes.* — La boussole est encore soumise, pendant le courant d'une journée, à des variations tantôt brusques et accidentelles, tantôt régulières et continues. Les premières, qui portent le nom de *perturbations*, sont, en général, dues à des phénomènes météorologiques, tels que les *aurores boréales* (Voy. ce mot), les tremblements de terre, les éruptions de volcans, les orages, etc. Il arrive souvent que la plupart des aiguilles des principaux observatoires de l'Europe subissent, au même instant, une perturbation parfois considérable, sans qu'il soit possible d'en assigner d'abord la cause. Plus tard on apprend que le même jour, et sensiblement à la même heure, l'un des phénomènes dont nous venons de parler, s'est produit sur un point du globe plus ou moins éloigné. La foudre, en particulier, agit sur l'aiguille aimantée au point de renverser subitement ses pôles, de sorte qu'on a vu des navires, trompés par les fausses indications de leur compas de route, s'aventurer en pleine sécurité dans les voies les plus dangereuses.

Les variations diurnes proprement dites présentent une certaine périodicité, une loi de continuité qui est liée d'une manière évidente avec le mouvement du soleil pendant la journée. Ainsi, à Paris, dans les temps calmes, l'aiguille de déclinaison se met en mouvement dès l'aube du jour, et son pôle austral tourne en s'avançant vers l'ouest. Ce mouvement se continue et atteint son maximum entre midi et deux heures du soir; à partir de ce moment, l'aiguille rétrograde et regagne à peu près sa place vers dix heures du soir. Pendant toute la nuit, elle reste à peu près stationnaire, puis elle recommence le lendemain de la même manière. L'angle de déviation maximum varie avec les saisons : il est en général plus grand en été qu'en hiver. A Paris, l'amplitude moyenne de la variation diurne est de qua-

| ANNÉE | Déclinaison | | ANNÉE | Déclinaison | | ANNÉE | Déclinaison | | ANNÉE | Déclinaison | |
|---|---|---|---|---|---|---|---|---|---|---|---|
| 1541 | 7° 1/2 | Est | 1690 | 5°50′ | Ouest | 1760 | 18°20′ | Ouest | 1830 | 22°12′ | Ouest |
| 1550 | 8 1/2 | | 1695 | 7 0 | | 1765 | 19 0 | | 1835 | 22 0 | |
| 1580 | 11 1/2 | | 1700 | 8 12 | | 1770 | 19 45 | | 1840 | 21 30 | |
| 1610 | 8 0 | | 1765 | 9 35 | | 1775 | 20 25 | | 1845 | 21 0 | |
| 1622 | 6 30 | | 1710 | 10 50 | | 1780 | 20 50 | | 1850 | 20 30 | |
| 1630 | 4 30 | | 1715 | 11 30 | | 1785 | 21 15 | | 1855 | 20 0 | |
| 1634 | 4 16 | | 1720 | 13 0 | | 1790 | 21 40 | | 1860 | 19 23 | |
| 1640 | 3 0 | | 1725 | 13 10 | | 1795 | 22 0 | | 1865 | 18 45 | |
| 1660 | 1 0 | Est | 1730 | 14 25 | | 1800 | 22 4 | | 1870 | 18 5 | |
| 1664 | 0 40 | | 1735 | 15 40 | | 1805 | 22 10 | | 1875 | 17 25 | |
| 1666 | 0 0 | | 1740 | 15 50 | | 1810 | 22 16 | | 1880 | 16 48 | |
| 1667 | 0 15 | Ouest | 1745 | 16 15 | | 1815 | 22 30 | | 1885 | 16 10 | |
| 1670 | 1 30 | | 1750 | 17 15 | Ouest | 1820 | 22 26 | Ouest | 1890 | 15 41 | Ouest |
| 1680 | 2 30 | | 1755 | 17 30 | | 1825 | 22 22 | | 1895 | 15 13 | |
| 1685 | 4 20 | | | | | | | | 1900 | 14 46 | |

torze minutes pour les six mois d'avril à septembre; elle n'est plus que de neuf minutes pour les autres mois de l'année. Il y a des jours où elle s'élève à vingt-cinq minutes et d'autres où elle ne dépasse pas cinq. Le maximum de déviation n'a pas lieu partout à la même heure. L'amplitude des variations diurnes va en décroissant des pôles vers l'équateur où elle est très faible : il existe même, près de l'équateur, une ligne où elle est nulle.

Le phénomène des variations diurnes de déclinaison s'observe non seulement à la surface du globe, mais encore dans les entrailles de la terre, dans les caves qui sont complètement à l'abri de la lumière et de la chaleur solaires : il est soumis à la même loi de périodicité. Dans l'hémisphère magnétique austral, la boussole est également soumise aux mêmes lois : seulement les mouvements ont lieu en sens inverse, c'est-à-dire que le pôle austral marche vers l'est, alors que, dans notre hémisphère, le même pôle se dirige vers l'ouest, et inversement. L'aiguille d'inclinaison éprouve des variations analogues mais moins prononcées. La découverte du phénomène des variations diurnes est due à Graham, il a principalement été étudié en France par Jacques-Dominique Cassini.

On a remarqué, comme nous l'avons déjà dit, que les aurores boréales étaient accompagnées de perturbations magnétiques. Les grandes manifestations de l'activité solaire (taches, éruptions, etc.), sont la cause la plus commune et la plus constante de ces perturbations magnétiques, et aussi des aurores boréales. De plus l'amplitude de l'oscillation diurne de l'aiguille aimantée est soumise à la même périodicité de 11 ans environ, que la fréquence des taches solaires. Voy. Soleil.

*Nature de l'action de la terre.* — L'action de la terre sur un aimant est purement directrice, et se borne à le faire tourner sur son centre de gravité, sans lui imprimer de mouvement de translation. Un aimant placé sur un liège et flottant sur l'eau se dirige dans le plan du méridien magnétique, mais il n'avance ni vers le nord ni vers le sud. En définitive, l'influence du globe sur un barreau aimanté se réduit à l'action d'un couple de deux forces égales, parallèles et de sens contraires. La direction de ce couple est celle de l'aiguille d'inclinaison. Si l'on fait osciller cette aiguille, ses oscillations sont soumises aux mêmes lois que celles du pendule. Elles sont isochrones quand elles sont assez petites, et les carrés des temps des oscillations sont en raison inverse des forces magnétiques qui font osciller l'aiguille; ou bien ces forces sont proportionnelles aux carrés des nombres d'oscillations accomplies pendant un même temps, puisque ces nombres sont évidemment en raison inverse des durées d'une seule oscillation. On peut donc avec une aiguille aimantée comparer les intensités du m. terrestre en différents pays On a constaté que cette intensité augmente avec la latitude, et les lignes qui passent par les points de la surface du globe où elle est la même se nomment *Lignes isodynamiques.*

On nomme *aiguille astatique,* une aiguille aimantée qui n'est pas influencée par le globe terrestre. Le procédé le plus usité pour obtenir un système astatique consiste à réunir l'une à l'autre, par une tige rigide, deux aiguilles identiques et de même force magnétique, dont on tourne du même côté les pôles opposés. Il est évident que, dans ce cas, les actions de la terre sur les deux aiguilles se contre-balancent exactement.

*Aimantation par la Terre.* — Pour communiquer l'aimantation aux barreaux et aux aiguilles d'acier, on emploie ordinairement l'un des procédés que nous avons décrits au mot Aimant; mais on peut aussi aimanter les substances magnétiques par la seule influence de la Terre. En effet, si l'on place une barre de fer doux dans le plan du méridien magnétique et dans la direction de l'aiguille d'inclinaison, on en fait un aimant temporaire dont le pôle nord est en bas dans notre hémisphère, et le pôle sud en haut. Si l'on retourne la barre, les pôles se retrouvent encore dans la même position relative; mais si alors on frappe fortement avec un marteau les extrémités de la barre ou si on la tord, elle acquiert un certain degré de force coercitive, et reste aimantée d'une manière permanente. Une barre d'acier trempé éprouve aussi l'influence du globe terrestre; on facilite son aimantation en la frottant avec une barre verticale de fer doux, et cette aimantation est permanente. Si les barreaux n'avaient pas été disposés parallèlement à l'aiguille d'inclinaison, ils auraient été moins influencés par la Terre, et même ils ne l'auraient été aucunement si on les eût placés perpendiculairement au plan du méridien magnétique. Cette action du globe terrestre explique pourquoi toutes les tiges de fer verticales, comme les barreaux d'une grille, sont presque toujours aimantées.

Nous étudierons plus loin les différentes hypothèses émises pour expliquer le m. terrestre.

II. — Électro-magnétisme.

Les phénomènes électriques et magnétiques sont liés si intimement qu'il n'est pas possible d'étudier séparément l'électro-magnétisme (actions des aimants sur les courants et des courants sur les aimants), et l'électro-dynamique (actions des courants sur les courants). Nous commencerons par l'électro-magnétisme

1° *Électro-magnétisme.* — En 1819, Œrsted, professeur de physique à Copenhague, fit une découverte qui désormais liait intimement les phénomènes électriques et magnétiques. Le fait découvert par Œrsted consiste en ce que les courants électriques exercent une action directrice sur une aiguille aimantée placée dans leur voisinage. Cette propriété des courants constatée, on ne tarda pas à découvrir que les aimants fixes, à leur tour, exercent une action sur un courant mobile. Enfin, l'étude de ce double phénomène a donné lieu à une longue série de nouvelles découvertes, dont l'ensemble constitue ce qu'on appelle l'*Électro-magnétisme.* — Voici en quoi consiste l'expérience fondamentale d'Œrsted. Supposons un fil de cuivre tendu dans le méridien magnétique au-dessus

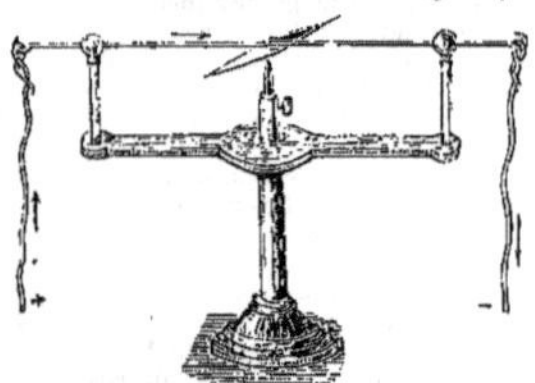

Fig. 8.

d'une aiguille aimantée, mobile sur un pivot : l'aiguille naturellement reste parallèle au fil; mais aussitôt que l'on fait passer un courant électrique dans ce dernier, l'aiguille se dévie, c.-à-d. quitte sa position dans le méridien magnétique pour se mettre en croix avec le fil (Fig. 8) ou, en d'autres termes, avec le courant. Si l'aiguille est astatique, elle se place perpendiculairement au courant; dans le cas contraire, comme elle est constamment sollicitée par l'action terrestre, elle s'approche d'autant plus de cette position que le courant est plus intense. Si l'on vient à changer le sens du courant, l'aiguille se retourne, de telle sorte que le pôle nord vient prendre la place du pôle sud, et réciproquement. On obtient le même résultat lorsque, sans changer le sens du courant, on place le fil métallique au-dessous de l'aiguille, s'il était au-dessus et réciproquement. — La direction que prend une aiguille aimantée, lorsqu'un courant passe dans son voisinage, dépendant du sens du courant et de la position de l'aiguille par rapport au fil conducteur, il est toujours facile, connaissant ces deux données, de déterminer à l'avance la position que prendra l'aiguille. Comme, dans le fil conducteur, le courant va du pôle positif au pôle négatif, Ampère suppose que l'observateur est couché le long du courant, en regardant l'aiguille, et que le courant marche de ses pieds à sa tête, et il nomme *droite* et *gauche du courant,* la gauche et la droite de l'observateur ainsi placé. Cela posé, l'expérience montre que, dans tous les cas, le pôle austral de l'aiguille aimantée, celui qui d'ordinaire se dirige vers le nord, se dirige à la gauche du courant : telle est la règle connue sous le nom de *personnification* du courant. Elle est également vraie pour l'aiguille de déclinaison et pour l'aiguille d'inclinaison. Cette action du courant sur l'aiguille aimantée s'exerce dans toutes les directions et à travers toutes les substances qui ne sont pas magnétiques. Colladon a démontré, le premier, que les décharges fournies par les appareils à électricité statique produisent sur l'aiguille le même effet que les courants voltaïques. D'après les observations de Biot et Savart, l'action du courant sur l'aiguille varie en sens inverse de la simple distance. — Pour rendre plus efficace l'action du courant sur l'aiguille aimantée, Schweigger a eu l'idée de faire passer le fil plusieurs fois autour de cette aiguille, après l'avoir enveloppé de soie ou de coton, afin que l'électricité ne puisse passer d'un tour à l'autre. Les instruments construits d'après ce principe permettent de constater l'existence et la direction de courants d'intensité très faible : on les nomme *Galvanomètres.* Voy. Intensité.

Laplace a démontré que l'action d'un élément de courant sur un pôle magnétique a pour valeur $f = \frac{mids}{r^2} \sin \alpha$ ; où

$m$ est la masse magnétique du pôle, $i$ l'intensité du courant, $dl$ la longueur de l'élément de courant, $r$ la distance du pôle à l'élément et $\alpha$ l'angle que fait la direction de cet élément avec la ligne qui le joint au pôle magnétique. La force $f$ est perpendiculaire au plan déterminé par l'élément de courant et la droite qui le joint au pôle; elle est dirigée vers la gauche du courant. La *résultante* de toutes ces forces élémentaires est appliquée au pôle.

Dans le cas d'un courant rectiligne indéfini, la force qui

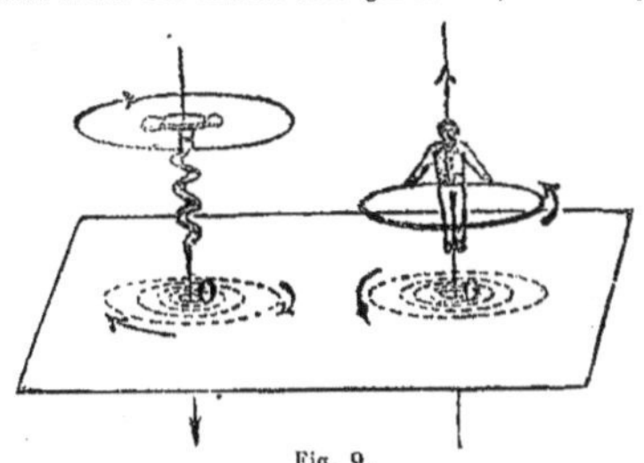

Fig. 9.

agit sur un pôle magnétique est en raison inverse de sa distance au courant.

Dans le cas d'un courant circulaire de rayon R agissant sur un pôle magnétique de masse $m$ placé en son centre, la résultante a pour valeur $\frac{2\pi mi}{R}$.

On voit que les courants créent des champs magnétiques comme les aimants. Un courant rectiligne détermine un champ dont les lignes de force sont des cercles concentriques, ainsi qu'on peut le voir au moyen de limaille de fer dont on saupoudrera un carton traversé par le fil qui amène le courant. Voy. Fig. 9. — La direction des lignes de force est déterminée par la règle d'Ampère. C'est aussi le sens dans lequel

Fig. 10.

il faudrait faire tourner un tire-bouchon pour qu'il avance dans le sens du courant (Règle de Maxwell).

On a imaginé bien des appareils pour montrer l'action des courants sur les aimants. La Fig. 10 montre un dispositif dans lequel un aimant A lesté par un morceau de platine P est en équilibre dans un godet plein de mercure. Le courant d'une pile est amené par une pointe $a$ et sort en traversant le mercure par une bague dont est garnie la partie supérieure du godet en $b$. L'aimant se met alors à tourner autour de la pointe.

*Action des aimants sur les courants.* — Il suffit d'approcher un aimant d'une partie de courant rendue mobile pour constater aussitôt une attraction ou une répulsion. La force élémentaire est encore donnée par la formule de Laplace $f = \frac{mids}{r^2} \sin \alpha$; elle est appliquée à l'élément de courant et dirigée vers sa droite.

L'appareil représenté Fig. 11 est destiné à montrer la rotation d'un courant sous l'influence d'un aimant. Le cadre métallique EF repose par une pointe sur un petit godet rempli de mercure que porte le pilier D, qui est en relation avec un des pôles d'une pile. Les deux pointes à la partie inférieure de EF plongent dans une rigole annulaire contenant du mercure en relation avec l'autre pôle de la pile. Le circuit est ainsi fermé. En AB se trouve un puissant aimant permanent. Dès que le courant passe dans l'équipage mobile EF, il se met à tourner autour de son axe D sous l'influence du pôle de l'aimant.

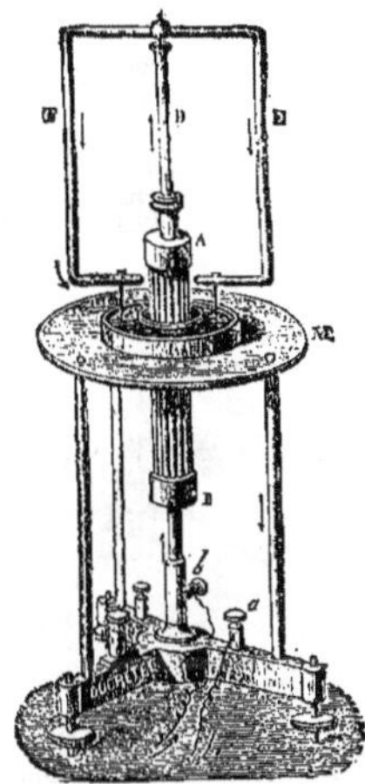

Fig. 11.

2° Électro-dynamique. — (*Action des courants sur les courants*).

A. *Deux courants parallèles s'attirent quand ils marchent dans le même sens, et se repoussent quand ils marchent en sens inverse.* Cette proposition peut se démontrer au moyen de l'appareil connu sous le nom d'*Appareil électro-dynamique.* Cet appareil (Fig. 12) se compose de deux colonnes métalliques $v$ et $t$ recourbées à angle droit et terminées par deux petites coupes métalliques $x$ et $y$, qui ont leurs centres sur la même verticale, et qu'on remplit de mercure quand on veut faire fonctionner l'appareil. On suspend dans ces coupes un fil de cuivre mince plié en rectangle et muni de deux pointes très fines. La pointe supérieure repose sur un plan de verre qui forme le fond de la coupe, et la pointe inférieure plonge simplement dans le mercure de la coupe correspondante, de telle sorte que ce rectangle peut tourner avec la plus grande facilité autour de la verticale menée par ses pointes. On le

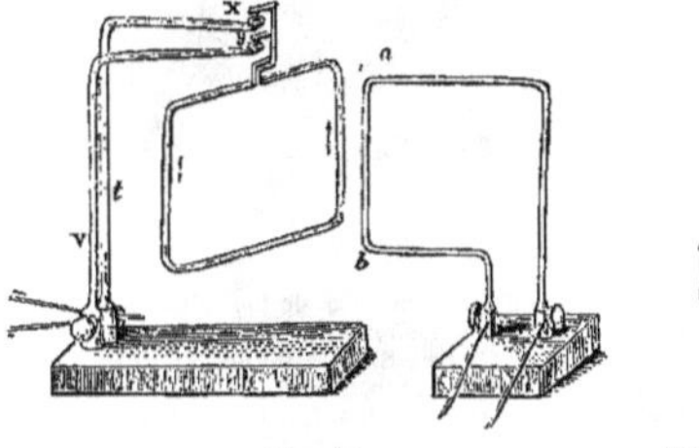

Fig. 12. Fig. 13.

fait traverser par un courant dès qu'on met les tiges $v$ et $t$ en communication avec les pôles d'une pile (le sens des flèches indique la direction du courant. Alors, si l'on place parallèlement à l'un des côtés verticaux du rectangle un fil de cuivre $ab$ traversé par un courant, le rectangle tourne aussitôt autour de son axe pour s'approcher ou s'éloigner du fil, selon que leurs courants vont dans le même sens ou en sens contraire. Il suffit d'intervertir l'ordre des pôles en communication avec les colonnes $v$ et $t$ pour que l'attraction se change en répulsion et réciproquement.

B. *Un courant sinueux produit le même effet qu'un courant rectiligne de même intensité et de même longueur en projection.* Ce principe se démontre en disposant parallèlement à un courant mobile un fil dont les parties sinueuse et rectiligne sont parcourues en sens contraires par le même courant (Fig. 13). On constate alors qu'il n'y a aucun effet attractif ou répulsif sur le courant mobile, d'où il résulte que l'action de la portion sinueuse fait exactement équilibre à la portion rectiligne.

C. *Deux courants non parallèles s'attirent quand ils se rapprochent ou s'éloignent ensemble de leur point de croisement; ils se repoussent, au contraire, quand l'un s'éloigne, tandis que l'autre s'approche de ce point.* Le point de croisement doit s'entendre d'un point quelconque de la perpendiculaire commune aux courants. Soient *ab* et *cd* (Fig. 14) deux courants qui se croisent sans se rencontrer, et qui sont dirigés dans le sens des flèches. D'après l'énoncé, les parties *ar* et *cr* qui marchent en même temps vers le point *r*, et les parties *br* et *dr* qui s'en éloignent aussi en même temps, s'attirent; tandis que les parties *dr*, *ar*, et *br*, *cr*, dont l'une s'éloigne du point *r*, tandis que l'autre s'en approche, se repoussent. Si donc l'un des courants est mobile autour du point *r*, il tournera jusqu'à ce qu'il soit parallèle à l'autre courant et de même sens. Ce principe se prouve expérimentalement au moyen de l'appareil électro-dynamique (Fig. 15), en plaçant le conducteur fixe, *qnop*, au-dessous du rectangle mobile, de manière que les deux fils soient voisins et qu'ils forment un angle. Aussitôt le rectangle tourne autour de son axe jusqu'à ce qu'il se soit disposé parallèlement au conducteur fixe et de telle façon que les courants soient dirigés dans le même sens.

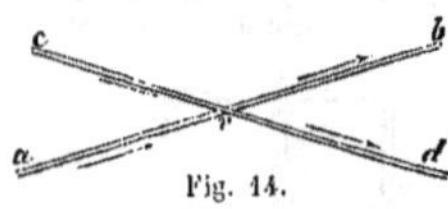

Fig. 14.

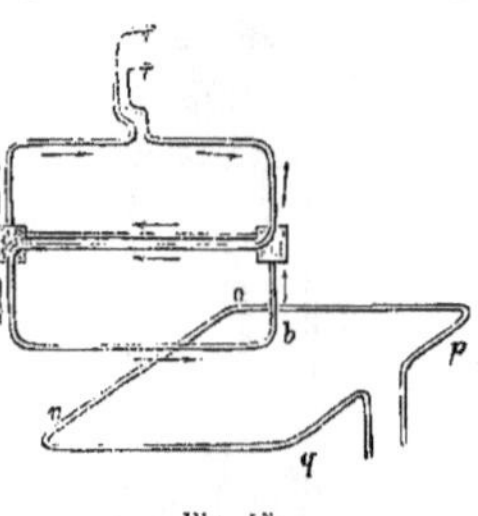

Fig. 15.

D. *Deux portions consécutives d'un même courant se repoussent mutuellement.* Pour mettre ce principe en évidence, Ampère a employé un vase de bois allongé (Fig. 16), partagé par une cloison isolante en deux compartiments M et N contenant du mercure. Sur ce liquide flotte un gros fil de cuivre, recourbé en arc de cercle dans son milieu et recouvert de soie, excepté vers les pointes, qui sont nues et plongent dans le mercure. On fait communiquer les extrémités X et Y des rigoles avec les pôles d'une pile. Au moment où le circuit est fermé, le fil de cuivre s'éloigne vivement des extrémités X et Y, et vient frapper la paroi opposée du vase. Cependant on ne peut guère considérer cette expérience comme établissant la proposition en toute rigueur, car il faudrait tenir compte des actions de toutes les parties du circuit.

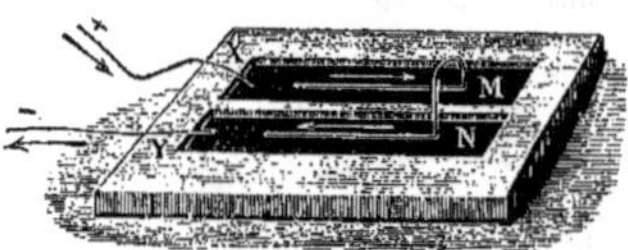

Fig. 16.

E. *Actions électro-magnétiques élémentaires. — Formule d'Ampère.* Considérons deux éléments de courant de longueurs $ds$ et $ds'$ et d'intensités $i$ et $i'$. Joignons leurs milieux et appelons $r$ leur distance. Désignons de plus par $\Theta$ et $\Theta'$ les angles que font ces éléments avec la droite qui joint leurs milieux et par $\omega$ l'angle que font entre eux les deux éléments. Ampère a démontré que l'action que les deux éléments exercent l'un sur l'autre a pour valeur :

$$f = \frac{2ii'ds.ds'}{r^2}\left(\cos\omega - \frac{3}{2}\cos\Theta\cos\Theta'.\right)$$

F. *Équivalence d'un courant et d'un feuillet magnétique.* — On démontre que l'on peut remplacer un courant fermé par un feuillet magnétique de même contour et dont la puissance est précisément égale à l'intensité électro-magnétique du courant. Ce remplacement permet souvent de simplifier les calculs de potentiel et d'énergie.

Ces propositions fondamentales permettent de déduire toutes les actions que les courants fixes exercent sur les courants mobiles. Nous sortirions du cadre qui nous est tracé, si nous passions en revue tous les cas particuliers; nous exposerons seulement le phénomène le plus important, l'action d'un courant sur un solénoïde.

G. *Solénoïdes.* — Ampère a donné le nom de *solénoïde* à un système de courants fermés, égaux, circulaires et de même sens, dont les plans sont perpendiculaires à une ligne quelconque nommée l'axe du solénoïde. Le solénoïde prend quelquefois le nom de *Cylindre électro-dynamique*, quand son axe est rectiligne. Pour construire un solénoïde, on prend un fil de cuivre revêtu de soie, et on le contourne sur lui-même, ainsi que l'indique la Fig. 17. Avec cette disposition, lorsque le circuit est parcouru par un courant, il résulte de ce qui a été dit sur les courants sinueux, que l'action du solénoïde dans le sens de sa longueur est détruite par celle du courant rectiligne supérieur. Le système se comporte donc comme s'il ne se composait que de l'ensemble des courants circulaires qui sont tous fermés, parallèles et de même sens. Au reste, il faut distinguer ici, de même que pour les hélices, deux espèces de solénoïdes, le sol. *dextrorsum* et le sol. *sinistrorsum*. — Les propriétés des solénoïdes sont analogues à celles des aimants.

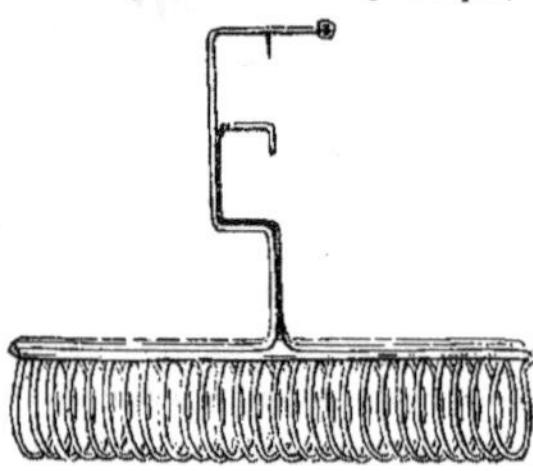
Fig. 17.

1° Les solénoïdes mobiles sont dirigés, de même que les aimants, par l'action de la terre : ils se placent dans le plan du méridien magnétique, l'une de leurs extrémités tournée vers le nord, l'autre vers le sud. Dès qu'on les écarte de cette position, ils y reviennent après une série d'oscillations. On nomme pôle nord du solénoïde l'extrémité qui se dirige vers le nord, et pôle sud, l'extrémité qui se dirige vers le sud. Le courant va de l'est à l'ouest dans la partie inférieure d'un solénoïde dirigé par l'action terrestre, et de l'ouest à l'est dans la partie supérieure.

2° Les solénoïdes mobiles se dirigent encore, comme les aimants, par l'action d'un courant voltaïque; leur axe se place perpendiculairement au courant, le pôle nord à gauche. Ce résultat est une conséquence de l'action d'un courant rectiligne fixe sur un courant voisin mobile : celui-ci se place toujours parallèlement à la direction du premier, de manière que les courants aient la même direction dans la partie la plus voisine des deux conducteurs. Or, quand le solénoïde est en croix avec le courant directeur, il est dans une position telle que ses circuits se trouvent parallèles au courant fixe, et, de plus, dans la partie inférieure de chacun d'eux le courant est de même sens que dans le fil rectiligne. — Si au lieu de faire passer horizontalement un courant rectiligne au-dessous du solénoïde, on le fait passer verticalement sur le côté, on observe une attraction ou une répulsion, suivant que, dans le fil vertical et dans la partie du solénoïde la plus voisine, les deux courants sont de même sens ou de sens contraires.

3° Les solénoïdes agissent les uns sur les autres comme les aimants : leurs pôles de noms contraires s'attirent, et leurs pôles de même nom se repoussent. Ces phénomènes sont encore des conséquences des principes précédemment établis sur l'action mutuelle de deux courants, ils s'expliquent par la direction relative des courants dans les extrémités mises en présence.

4° Les solénoïdes agissent sur les aimants, et réciproquement, comme ils agissent les uns sur les autres : les pôles de même nom se repoussent, et ceux de noms contraires s'attirent.

5° *Champ à l'intérieur d'un solénoïde.* — Considérons un solénoïde très long par rapport à sa section, le champ magnétique à l'intérieur est alors sensiblement uniforme (sauf près des extrémités) et a pour valeur : $F=4\pi n I$, $n$ étant le nombre de spires du fil par unité de longueur et I l'intensité du courant.

H. *Action des aimants et de la terre sur les courants.* — Mais maintenant, comme nous savons que la terre exerce une action directrice sur les aimants, nous sommes en droit d'en conclure qu'elle doit agir aussi sur les courants. Cette action directrice de la terre se constate au moyen de l'appareil électro-dynamique muni du conducteur mobile rectangulaire.

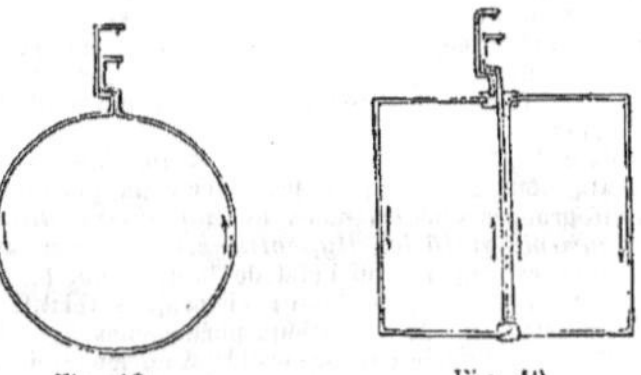

Fig. 18. Fig. 19.

Dès que ce conducteur est traversé par le courant, il quitte sa position d'équilibre pour se placer dans un plan perpendiculaire au méridien magnétique, et, si on l'écarte de cette position, il la reprend de lui-même après quelques oscillations. C'est toujours la branche dans laquelle descend le courant qui se tourne vers l'est, de sorte que le courant va de l'est à l'ouest dans la partie inférieure du rectangle. On obtient le même résultat avec le conducteur circulaire (Fig. 18). L'action de la terre intervenant dans la plupart des expériences électro-dynamiques, il importait de supprimer cette cause d'erreur. Pour cela, on dispose les conducteurs mobiles de manière que l'effet de la Terre sur l'une des moitiés soit contre-balancé par son action inverse sur l'autre moitié, comme dans la Fig. 19. Ces courants se nomment *courants astatiques*.

K. *Aimantation par les courants. Électro-aimants.* — Arago, le premier, a montré qu'un fil de fer doux placé en croix

Fig. 20.

avec un courant acquiert des propriétés magnétiques tant que le courant passe. Des aiguilles d'acier placées dans les mêmes circonstances s'aimantent, et leur aimantation persiste après que le courant a cessé d'agir. Cette différence entre le fer

Fig. 21.

doux et l'acier est un effet de la force coercitive. Voy. AIMANT. Dans toutes ces expériences d'aimantation, le pôle nord de l'aimant est situé à la gauche du courant voltaïque. Ampère, ayant pensé que l'aimantation serait plus intense en faisant passer le courant dans un fil enroulé en hélice et enveloppant le barreau à aimanter, institua avec Arago diverses expériences pour vérifier cette conjecture, qui se trouva fondée. Aujourd'hui, pour aimanter les aiguilles au moyen des courants, on place les tiges d'acier dans des tubes autour desquels le fil métallique s'enroule en hélice. Mais l'enroulement du fil peut se pratiquer de deux manières. Ou bien il est enroulé de gauche à droite sur la partie supérieure du tube de verre, ou bien il s'enroule de droite à gauche : l'hélice est dite *dextrorsum* dans le premier cas (Fig. 20) et *sinistrorsum* dans le second (Fig. 21). Lorsqu'on emploie une hélice dextrorsum, le pôle nord de l'aiguille est toujours à l'extrémité par laquelle sort le courant, et le pôle sud à l'extrémité par laquelle il entre : le contraire a lieu avec une hélice sinistrorsum. L'aimantation est d'autant plus forte que le nombre des spires est plus grand. Par conséquent, lorsqu'on veut produire une aimantation énergique, il faut rapprocher les spires jusqu'au contact, et même enrouler le fil un grand nombre de fois autour du tube. Dans ce cas, le fil métallique doit être recouvert de soie afin que le courant le suive dans toute sa longueur. Si, au lieu de faire traverser le fil par l'électricité dynamique, on y fait passer la décharge d'une bouteille de Leyde, on trouve que le barreau s'aimante également. On peut aussi obtenir à volonté des points conséquents : pour cela, on n'a qu'à changer le sens de l'hélice partout où l'on veut en produire. — Les enveloppes de bois, de verre ou de toute autre substance isolante n'exercent aucune action sur l'aimantation communiquée; mais il n'en est pas de même des enveloppes conductrices.

L'influence des courants électriques sur le fer doux a été mise à profit pour construire des aimants temporaires, qu'on désigne sous le nom d'*Électro-aimants*. L'électro-aimant représenté par la Fig. 22 consiste en un gros barreau de fer doux fixé à un bâti de bois, recourbé en fer à cheval, et dont un fil de cuivre recouvert de soie entoure un grand nombre de fois les deux extrémités. Cette *hélice magnétisante* doit être dextrorsum sur l'une des branches et sinistrorsum sur l'autre; en d'autres termes, il faudrait que les deux hélices fussent la continuation l'une de l'autre si le fer était supposé redressé. Les deux extrémités du fil étant mises en communication avec les deux pôles d'une pile, le barreau métallique est fortement aimanté pendant la durée du courant. L'armature de fer doux adhérente à l'aimant

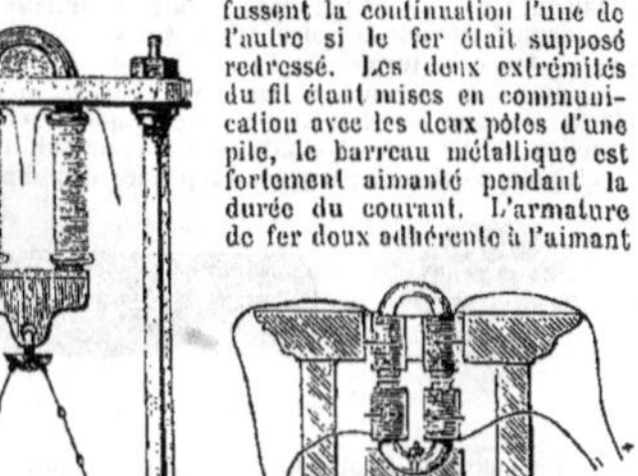

Fig. 22. Fig. 23.

supporte un plateau sur lequel se mettent les poids destinés à apprécier la puissance de l'appareil. Le premier électro-aimant remarquable par sa puissance a été construit par Pouillet; il est conservé au cabinet de la Faculté des Sciences de Paris, et peut supporter une charge qui dépasse 1000 kilogrammes, avec un courant fourni par une pile de 24 couples. On peut opposer aux pôles de l'électro-aimant les pôles de nom contraire d'un second électro-aimant (Fig. 23), ce qui augmente encore la puissance de l'appareil. Quand on supprime le courant, l'électro-aimant rentre immédiatement à l'état neutre; mais il faut, pour cela, que le fer dont il est formé soit complètement dépourvu de force coercitive : il doit donc être aussi pur que possible. Watkins a reconnu que l'armature appliquée aux pôles empêche la recomposition d'une partie notable du magnétisme quand on vient à supprimer le courant. Si la charge de cette armature n'est que le quart ou le tiers du poids maximum que l'électro-aimant peut soutenir, elle ne se détache pas et peut rester indéfiniment adhérente après la cessation du courant. Ce magn., qui persiste ainsi sous l'influence de l'armature, est désigné sous le nom de *magn. rémanent*. Il présente de graves inconvénients dans une foule d'applications, mais il est facile de les faire disparaître presque totalement en interposant entre l'électro-aimant et son armature une lame d'un corps mauvais conducteur, tel que le papier, le carton, l'ivoire, etc. La propriété que possèdent les électro-aimants de recevoir instantanément une force magnétique considérable que l'on peut supprimer à volonté fait de ces appareils un agent mécanique d'un usage de plus en plus fréquent.

L. *Des hypothèses proposées pour expliquer les lois du magnétisme terrestre.* — La première théorie rationnelle proposée pour expliquer la direction que prend spontanément l'aiguille aimantée est due à l'Anglais Gilbert, médecin de la reine Élisabeth (1600). Elle consiste à considérer la terre comme un aimant gigantesque dont la ligne neutre est à l'équateur magnétique et les pôles dans les zones glaciales. On peut se rendre compte des différentes particularités du champ magnétique terrestre en admettant l'existence d'un aimant très court placé vers le centre de la terre et légèrement incliné sur l'axe de rotation de notre planète. Cet aimant prolongé perce la surface du globe en deux points qui seraient les pôles magnétiques terrestres. Celui qui est dans l'hémisphère boréal a reçu le nom de pôle boréal et celui qui se trouve dans l'hémisphère austral s'appelle le pôle austral. Pour ne pas se mettre en contradiction avec les lois des attractions et répulsions magnétiques, on est obligé d'admettre que le pôle boréal contient du magnétisme sud puisqu'il active l'extrémité nord de l'aiguille aimantée. Inversement, le pôle austral de l'aimant terrestre contient du magnétisme nord. Il en résulte que les expressions magnétisme *austral* et magnétisme *nord* sont synonymes.

On doit à Gauss une remarquable théorie mathématique, dans laquelle il rejette tout centre d'action, et regarde chaque partie du globe comme renfermant du m. libre qui agit en raison inverse du carré de la distance sur chaque point de sa surface. Pour expliquer les changements séculaires de la déclinaison, Biot explique les variations diurnes par une action magnétique que le soleil exercerait sur notre globe.

Enfin, Ampère, frappé de l'analogie qui existe entre les solénoïdes et les aimants, a donné une théorie ingénieuse à l'aide de laquelle les phénomènes magnétiques rentrent dans le domaine de l'électro-dynamique. — Pour lui, les fluides magnétiques n'existent pas ; les propriétés des aimants sont

Fig. 24.

dues à des courants électriques qui circulent autour de leurs particules. Ces courants existent dans tous les corps dits magnétiques. Dans les substances magnétiques, mais à l'état neutre, les courants *particulaires* n'ont pas tous la même orientation. Dirigés au hasard dans tous les sens, ils se neutralisent mutuellement. Pour qu'un corps magnétique soit aimanté, il faut et il suffit que, sous une influence quelconque, les courants particulaires soient tous ramenés à marcher dans le même sens et dans des plans parallèles. Dans un barreau aimanté, chaque série linéaire de molécules représente un petit solénoïde dont l'axe est parallèle à l'axe du barreau, de sorte que le barreau tout entier représente un faisceau de solénoïdes parallèles (Fig. 24). D'ailleurs, on conçoit facilement que tous les petits courants moléculaires placés dans une même section transversale produiront le même effet qu'un courant unique de même sens et d'intensité convenable qui suivrait le contour de la section (Fig. 24). Quant aux effets magnétiques terrestres, Ampère admet qu'il existe dans le globe un courant électrique parallèle à l'équateur magnétique, et marchant de l'est à l'ouest perpendiculairement au méridien magnétique. L'hypothèse du courant terrestre rend facilement compte de tous les phénomènes relatifs à la direction des aimants et des courants par le globe; elle remplace donc l'hypothèse de l'aimant terrestre. — Mais, en attribuant avec Ampère les phénomènes du m. terrestre à l'existence d'un grand courant électrique, il n'est pas facile de trouver l'origine de ce dernier. L'illustre physicien l'expliquait par les actions que l'eau et divers autres agents chimiques exercent sur la partie intérieure non oxydée de la croûte du globe. Masson voit son origine dans l'action thermo-électrique que le noyau en fusion exerce sur les parties les plus profondes de l'écorce solide de la terre. Enfin, Babinet suppose que la masse fluidifiée de l'intérieur du globe tourne un peu moins vite que l'enveloppe qui la recouvre, et compare ainsi notre terre à une vaste machine électrique dans laquelle l'électricité se développerait par le frottement de l'écorce solide de la planète sur son noyau fluide. Il est aussi permis de supposer que le magnétisme terrestre n'est pas dû à un courant unique, mais à de nombreux courants parcourant diverses portions du globe et orientés tous à peu près dans le même sens à cause des alternatives de froid et de chaleur que produit la rotation de la terre. Enfin le soleil, qui est sûrement le siège de phénomènes électriques d'une très grande intensité exerce certainement sur ces courants une action inductrice qui explique la relation bien constatée entre les manifestations de l'activité solaire d'une part, et les perturbations du magnétisme terrestre et les aurores boréales d'autre part.

Depuis qu'on a été conduit à attribuer les phénomènes du m. à des courants électriques circulant autour des éléments des corps, l'esprit a quelque peine à admettre que ces courants n'existent que dans quelques substances privilégiées. Des expériences entreprises dans cette voie ont démontré qu'en effet les aimants agissent sur tous les corps, soit en les attirant, soit en les repoussant. Ces derniers, qui sont de beaucoup les plus nombreux, ont été appelés, par Faraday, *diamagnétiques*, par opposition aux corps *magnétiques*, c.-à-d. à ceux qui sont attirables par les aimants.

M. *Magnétisme de rotation.* — Lorsqu'on fait tourner rapidement un disque de métal placé horizontalement au-dessous d'une aiguille aimantée, celle-ci quitte sa position naturelle et suit le mouvement du disque. Cette action du disque a reçu le nom de *magnétisme par rotation*, et a déjà été étudiée au mot INDUCTION.

**Physiol. et Pathol.** — *Magnétisme animal.* — Au mot HYPNOTISME, nous avons exposé les principaux phénomènes qui ont été groupés sous les noms de *Magnétisme animal*, *Somnambulisme artificiel*, *Hypnotisme*, etc., et nous avons expliqué quel est aujourd'hui l'état de la question. Ici nous nous bornerons à quelques détails historiques relatifs aux premières observations de ces curieux phénomènes.

Au XVIe siècle, l'étude des propriétés si curieuses de l'aimant avait donné lieu aux hypothèses les plus fantastiques, que l'on ne tarda pas à considérer comme des réalités. Quelques savants à l'imagination vive virent dans le fluide, auquel on attribuait les vertus de l'aimant, un fluide universel, appelé par les uns *fluide magnétique*, par les autres *esprit universel* ou *esprit vital*, qui était répandu dans toute la nature, qui mettait en rapport les sphères célestes entre elles et avec la terre, et qui était l'agent de tous les phénomènes dont les êtres, soit inorganiques, soit organiques, sont le théâtre. Dans cette hypothèse, les maladies devaient résulter de la diminution ou de l'affaiblissement de ce fluide chez les malades, et, par suite, la thérapeutique devait consister à l'augmenter, à le rétablir, à l'équilibrer. En outre, comme le fluide magnétique agit à distance, on devait pouvoir traiter toutes les maladies à distance : de là le *traitement par sympathie*, affirmé comme chose réelle et préconisé par divers médecins de cette époque. C'est ainsi que Van Helmont écrivait encore, en 1621, *Sur le traitement magnétique des plaies*. Ces idées firent peu de progrès, quoiqu'on continuât de temps à autre à parler du traitement magnétique. Vers la fin du XVIIe siècle, Mesmer vint leur donner une nouvelle popularité. Mesmer, né en 1734 dans la haute Souabe, s'était fait recevoir docteur à Vienne, en 1766, avec une thèse intitulée, *De l'influence des planètes sur le corps humain*, où il essayait de ressusciter la doctrine du fluide magnétique universel. Il réussit à se faire un certain nombre de partisans et se livra à la thérapeutique magnétique avec ardeur; mais surtout il prétendit avoir fait une grande découverte, celle de fixer où il voulait ce fluide qu'il regardait comme le grand agent de l'univers. « J'ai rendu magnétiques, écrivait-il en 1773, du papier, de la laine, du cuir, des pierres, du verre, l'eau, différents métaux, du bois, des hommes, en un mot tout ce que je touchais, au point que ces substances produisaient sur les malades les mêmes effets que l'aimant. » Bientôt après, il publia que le fluide dont il disposait était distinct du fluide magnétique minéral, et, en conséquence, il l'appela *Magnétisme animal*. Néanmoins il continua de qualifier ce fluide de *fluide universel*, et d'affirmer qu'il était « le moyen d'une influence mutuelle entre les corps célestes, la terre et les corps animés. » Cependant, malgré les partisans enthousiastes qu'il avait réussi à se faire à Vienne, Mesmer souleva une telle animosité contre lui qu'il se vit obligé de quitter cette capitale. Il voyagea quelque temps en Europe, particulièrement en Suisse, et enfin il vint tenter la fortune à Paris. Arrivé en février 1778, il y commença aussitôt ses fameuses expériences, et une foule de malades s'empressèrent de se rendre à son traitement. Il fit, à en croire ses adeptes, des cures miraculeuses, dont il sut tirer renommée et profit. Il s'adressa au gouvernement pour lui vendre son prétendu secret; mais celui-ci ne lui ayant offert que 30,000 livres de rente viagère, Mesmer refusa. Alors il le vendit à une société de souscripteurs au prix de 100 louis par tête, et cette vente lui produisit plus de 340,000 livres. Nonobstant le traité,

Mesmer aurait voulu que les souscripteurs n'usassent pas de ce secret, afin de pouvoir le vendre de même dans les principales villes de France ; mais ceux-ci avaient acheté pour faire usage de la découverte, et signalèrent au public la cupidité de Mesmer, qui, de dépit, quitta la France. Parmi ses disciples se trouvait un professeur distingué de la Faculté de médecine de Paris, le Dr Deslon, qui déjà avait ouvert un traitement magnétique très fréquenté, et où se renouvelaient toutes les scènes qui avaient fait le succès de Mesmer. — Au milieu d'une vaste salle s'élevait une petite cuve de bois, fermée par un couvercle percé d'un certain nombre de trous, d'où sortaient des branches de fer coudées et mobiles. Les malades étaient rangés autour de ce *baquet*, et chacun avait sa branche de fer, laquelle, au moyen du coude qu'elle présentait, pouvait être appliquée directement sur la partie malade. Une corde placée autour de leur corps les unissait les uns aux autres; quelquefois on formait une seconde chaîne en se communiquant par les mains, c.-à-d. en se tenant mutuellement le pouce : ces deux moyens avaient pour objet d'augmenter l'intensité de la *magnétisation*. En outre, un piano était placé dans un coin de la salle, et l'on y jouait différents airs sur des mouvements variés. Tous ceux qui *magnétisaient* avaient dans la main une baguette de fer longue de 28 à 32 centimètres, qui était considérée comme le conducteur du fluide magnétique. Elle avait encore la propriété de le concentrer dans sa pointe, et d'en rendre ainsi les émanations plus puissantes. L'intérieur du baquet était le foyer du fluide; cependant les matières qu'il contenait ne possédaient aucune vertu électrique ou magnétique. Les *mesmériens* magnétisaient aussi directement au moyen du doigt et de la baguette de fer, promenés devant le visage, dessus ou derrière la tête, et sur les parties malades. On agissait encore sur les malades en les regardant fixement, tandis qu'on pressait avec les mains les diverses régions du bas-ventre, manipulation qui durait quelquefois des heures entières. Enfin on magnétisait aussi les arbres et jusqu'aux corps inanimés, comme une tasse, un verre, une bouteille, et ces objets, après avoir contracté la vertu magnétique, produisaient sur les patients les mêmes effets que le magnétisme dirigé par le *magnétiseur* lui-même. — Quant aux effets produits sur les patients rangés autour du baquet, ils étaient très variables. Quelques-uns étaient calmes, tranquilles et n'éprouvaient rien; d'autres toussaient, crachaient, disaient sentir une légère douleur, une chaleur locale ou une chaleur universelle, et avaient des sueurs; d'autres étaient agités par des convulsions violentes. Ces convulsions, que les magnétiseurs désignaient sous le nom de *crises*, étaient une ou deux heures à s'établir ; mais, dès qu'il y en avait une d'établie, les autres commençaient successivement et en peu de temps. Ces convulsions étaient extraordinaires par leur nombre, par leur durée et par leur force. Quelques-unes duraient jusqu'à trois heures. Elles étaient caractérisées par des mouvements précipités et involontaires de tous les membres et du corps entier, par le resserrement de la gorge, par des soubresauts des hypochondres et de l'épigastre, par le trouble et l'égarement des yeux, par des cris perçants, des pleurs, des hoquets et des rires immodérés. Enfin, elles étaient en général précédées ou suivies d'un état de langueur et de rêverie, d'une sorte d'abattement et même d'assoupissement. — S'il était facile d'apprécier les effets physiologiques directs observés dans le traitement magnétique, il n'en était pas de même de ses effets curatifs secondaires. Tandis que certains malades proclamaient son efficacité et voyaient, ainsi qu'ils le disaient, leurs maladies dissipées comme par enchantement, beaucoup n'en éprouvaient aucun soulagement. Enfin, l'ardeur des discussions auxquelles donnait incessamment lieu le magnétisme animal, détermina le gouvernement à nommer une commission qui fut chargée d'examiner la question et de lui en rendre compte (12 mars 1784). Cette commission fut composée de 5 membres de l'Académie des sciences, Franklin, Leroy, de Bory, Bailly et Lavoisier, et de 4 médecins pris dans la Faculté de Paris, d'Arcet, Guillotin, Majault et Sallin : Bailly fut chargé de la rédaction du rapport. Ces commissaires, après avoir été témoins des phénomènes indiqués plus haut, après s'être soumis eux-mêmes à l'influence du magnétisme, et après avoir expérimenté méthodiquement sur des personnes de tout âge, de tout sexe et de toute condition, conclurent : 1° qu'il n'existait aucun agent particulier qui méritât le nom de *fluide magnétique;* 2° que tous les résultats obtenus n'étaient dus qu'à l'imagination frappée, puisque, d'après leurs expériences, on avait obtenu les effets magnétiques sans magnétisme, pourvu que les malades *crussent* qu'ils étaient magnétisés, et que, d'autre part, ces effets n'avaient pas eu lieu lorsqu'on avait magnétisé les malades sans qu'ils s'en doutassent ; 3° que les crises produites dans les traitements pouvaient être très dangereuses et jamais utiles.

Au moment même où la commission procédait à ces expériences et prononçait l'arrêt du *mesmérisme*, un adepte fervent de ce dernier, le marquis de Puységur, observait, à sa terre de Buzancy, près de Soissons, des phénomènes nerveux bien plus étranges que les convulsions produites par le baquet de Mesmer. Ces phénomènes furent désignés par lui sous le nom de *somnambulisme magnétique*, à cause de leur analogie avec ceux qui se manifestent dans le somnambulisme naturel.

Le premier individu qui offrit à Puységur le spectacle du somnambulisme avait été magnétisé par lui au moyen de la baguette de fer. Mais il imagina de magnétiser un vieil orme qui se trouvait au milieu de la place du village, et d'attacher à ses branches des cordes destinées à transmettre les émanations magnétiques. Autour de l'arbre étaient établis des bancs circulaires sur lesquels venaient s'asseoir les malades, puis chacun d'eux, saisissant une des cordes, l'appliquait sur la partie souffrante. Enfin le marquis de Puységur choisissait parmi les malades ceux qu'il désirait faire tomber dans l'état de somnambulisme, et il obtenait ce résultat rien qu'en les touchant, soit avec la main, soit avec sa baguette. Les effets merveilleux observés chez ces somnambules étaient identiquement les mêmes que ceux qui ont été obtenus par les magnétiseurs postérieurs et qu'obtiennent aujourd'hui les médecins qui pratiquent l'hypnotisme. Seulement les procédés employés pour déterminer le sommeil hypnotique ont bien varié depuis le marquis de Puységur. Tandis qu'aujourd'hui on a reconnu qu'il suffisait d'un objet brillant, d'un bruit subit, de l'imposition des mains ou de la simple suggestion (Voy. HYPNOTISME), les successeurs de Puységur ont eu recours, jusqu'au milieu du XIXe siècle, à des manœuvres plus ou moins compliquées. Voici généralement comment ils procédaient, et comment procèdent encore certains magnétiseurs. La personne qui doit être magnétisée est assise, soit sur un fauteuil, soit sur une chaise. Le magnétiseur se place sur un siège un peu plus élevé, en face et à environ 32 centimètres de distance. Il prend les mains du *sujet* de manière que l'intérieur des pouces de celui-ci touche l'intérieur des pouces de l'opérateur, lequel tient les yeux fixés sur lui et reste dans cette position jusqu'à ce qu'il sente qu'il s'est établi une chaleur égale entre les pouces mis en contact. Alors il retire ses mains en les tournant en dehors, les pose sur les épaules, où il les laisse environ une minute, et les ramène lentement par une sorte de très douce friction le long des bras jusqu'à l'extrémité des doigts. Ce mouvement, que les magnétiseurs ont baptisé du nom de *Passe*, doit être répété 5 ou 6 fois. L'opérateur place ensuite ses mains au-dessus de la tête, les y tient un moment, les descend, en passant devant le visage à la distance de 3 à 4 centimètres, jusqu'à l'épigastre, où il s'arrête encore en appuyant les doigts, puis il descend lentement le long du corps jusqu'aux pieds. Parfois on magnétise simplement par des passes longitudinales de la tête aux extrémités, sans se fixer sur aucune partie de préférence aux autres : c'est ce qu'on nomme *magnétiser à grands courants*. Lorsqu'on veut terminer la séance, on fait de nouvelles passes en les prolongeant au delà de l'extrémité des mains et des pieds et en secouant les doigts à chaque fois. Enfin, on fait devant le visage et la poitrine des passes transversales à la distance de 8 à 10 centimètres, en présentant les deux mains rapprochées et en les écartant brusquement l'une de l'autre. Quelquefois le magnétiseur place les doigts de chaque main à 8 ou 10 centimètres de distance de la tête et de l'estomac, les fixe dans cette position pendant 1 ou 2 minutes, puis, les éloignant et les rapprochant alternativement de ces parties avec plus ou moins de promptitude, il simule le mouvement qu'on exécute lorsqu'on veut se débarrasser d'un liquide qui aurait humecté le bout des doigts. — Le sommeil hypnotique ne survient que sur le plus petit nombre des personnes soumises aux procédés magnétiques. De plus, il est très rare qu'il apparaisse dès la première séance de magnétisme ; ce n'est souvent qu'à la huitième ou à la dixième. Enfin, il paraît que les femmes sont plus susceptibles de manifester ces phénomènes que les hommes.

C'est vers 1843 que le Dr Braid découvrit l'action hypnotique des objets brillants. Voici le procédé de Braid : on prend un objet brillant (par ex., un porte-lancette) entre le pouce et les doigts indicateur et médian de la main gauche ; on le tient à la distance de 20 à 40 centimètres des yeux du sujet et à la hauteur du milieu du front. On recommande au patient de tenir constamment les yeux fixés sur l'objet et l'esprit uniquement attaché à l'idée de cet objet. Bientôt on voit les pupilles du sujet se contracter, puis se dilater. Après qu'elles se sont ainsi considérablement dilatées, elles éprouvent un mouvement de fluctuation. Si alors l'opérateur porte, de l'objet vers les yeux, les doigts indicateur et médian étendus et un peu séparés, il arrive habituellement que les paupières se ferment involontairement avec une sorte de vibration. Après un intervalle de 12 à 15 secondes, en soulevant doucement les bras et les jambes du patient, on trouve que celui-ci a une disposition à les garder, s'il a été fortement affecté, dans la situation où on les a mis. Dans le cas contraire, on lui demande avec une voix douce de les garder dans l'extension. Alors le pouls ne tarde pas à s'accélérer considérablement, et les membres, au bout de quelque temps, deviennent rigides et complètement fixes. L'hypnotisme est obtenu.

Après Braid, l'étude de l'hypnotisme fit peu de progrès jusque vers 1875, époque où Charcot commença ses expériences à la Salpêtrière. A la même époque, Bernheim et Liégeois étudiaient l'hypnotisme à Nancy, et en quelques années un certain nombre des effets attribués autrefois au magnétisme purent être scientifiquement démontrés. On établit aussi la réalité de la *suggestion*. Les études se poursuivent aujourd'hui (1898) et ont donné lieu à de nombreuses publications; mais, comme il est naturel en une matière aussi épineuse et aussi difficile, les résultats obtenus par tels ou tels observateurs sont plus ou moins controversés, et il faut attendre encore longtemps avant que la science puisse démêler dans ces étranges phénomènes ce qui est constant et ce qui est dû à l'illusion ou à l'imagination des sujets. Parmi les médecins qui s'occupent le plus d'hypnotisme, nous citerons les Drs Richet, Ochorowicz, Bottey, Gibier, Barély, Luys, Encausse, Moutin, et, en dehors du corps médical, M. Pierre Janet, et surtout M. de Rochas, qui a poussé très loin l'étude des phénomènes les plus mystérieux. Voy. HYPNOTISME.

**MAGNÉTITE**. s, f. T. [Pr. *gn* mouil.] (lat. *magnes, magnetis*, aimant). Minér. Oxyde magnétique de fer. Voy. FER, VII, B.

**MAGNÉTO-ÉLECTRIQUE**. adj. 2 g. [Pr. *gn* mouil.]. Qui a rapport à l'électricité et au magnétisme.

**MAGNÉTOGRAPHE**. s. m. [Pr. *gn* mouil.] (gr. μάγνης, μάγνητος, aimant; γράφω, j'écris) T. Phys. Appareil destiné à enregistrer les éléments du magnétisme terrestre et leurs variations. Voy. *Magnétomètre*.

**MAGNÉTOLOGIE**. s. f. [Pr. *gn* mouil.] (gr. μάγνης, aimant; λόγος, traité). Traité sur le magnétisme.

**MAGNÉTOMÈTRE**. s. m. [Pr. *gn* mouil.] (gr. μάγνης, μάγνητος, aimant; μέτρον, mesure). T. Phys.

*Magnétomètre unifilaire de Gauss.* — Cet appareil se compose d'un barreau aimanté suspendu par un faisceau de fils de cocon sans torsion. Cet aimant porte un miroir dans lequel se réfléchit une règle divisée placée devant. En observant dans une lunette l'image de la règle on peut déterminer avec la plus grande précision la direction exacte du miroir et par suite de l'aimant qui le porte. Cet appareil sert dans les observatoires à déterminer le méridien magnétique et par suite la déclinaison. Il peut aussi servir à mesurer l'intensité de la composante horizontale du champ magnétique terrestre. A cet effet, on procédera comme il est indiqué au mot *Moment magnétique*. Voy. MOMENT.

*Magnétomètre bifilaire de Gauss.* — Le barreau aimanté est suspendu à deux fils verticaux parallèles. On démontre que le couple qui fait dévier le barreau est proportionnel au sinus de l'angle de déviation. On peut se servir de cette disposition pour mesurer les variations de la composante horizontale. L'aimant est amené dans une position perpendiculaire au plan du méridien magnétique par une torsion convenable du bifilaire. Si la composante horizontale du magnétisme terrestre vient à varier, le barreau est dévié par la torsion de la suspension bifilaire. Cette déviation se mesure par la méthode du miroir et on en déduit les variations de la composante horizontale du magnétisme terrestre.

*Observatoires magnétiques.* — Aux deux instruments précédents il suffira d'adjoindre une bonne boussole d'inclinaison (Voy. BOUSSOLE) pour pouvoir déterminer complètement les éléments magnétiques.

On se sert, à Kew, au lieu de la boussole d'inclinaison déjà décrite, du cercle de Barlow, dans lequel l'aiguille aimantée, au lieu d'être dans le plan du cercle vertical, est placée à une certaine distance de celui-ci sur un axe passant par son centre. On évite ainsi les actions perturbatrices exercées sur l'aiguille par les parcelles de fer que peut contenir le laiton du cercle. La position de l'aiguille se lit au moyen de deux microscopes portés par une alidade mobile sur le cercle vertical. Le tout est porté sur un cercle divisé horizontal pour orienter l'appareil en azimut.

M. Mascart détermine les variations de la composante verticale et de l'intensité au moyen de la balance magnétique. La pièce essentielle est une aiguille aimantée, lestée d'un côté, mobile dans le plan du méridien magnétique, dont la position d'équilibre est horizontale comme le fléau d'une balance. Lorsque la composante verticale varie, cet aimant s'incline plus ou moins et l'on peut en déduire les variations de la composante verticale. On se sert de la méthode du miroir pour effectuer les lectures.

*Appareils enregistreurs.* — Les appareils à miroir peuvent facilement être rendus enregistreurs. Il suffit pour cela d'éclairer le miroir mobile au moyen d'une lampe, de concentrer le rayon réfléchi au moyen d'une lentille sur une bande de papier photographique sensible, pour enregistrer le déplacement d'un rayon lumineux sous forme d'une courbe. Le papier doit se déplacer d'un mouvement uniforme au moyen d'un mécanisme d'horlogerie. Les appareils magnétiques ainsi rendus enregistreurs ont reçu le nom de *magnétographes*. Les installations du Parc Saint-Maur, près Paris, et de Kew, près de Londres, peuvent être citées comme modèles.

**MAGNIFICAT**. s. m. [Pr. *mag-nifi-kate, gn* dur] (lat. *magnificare*, glorifier). T. Liturg. Cantique de la sainte Vierge qu'on chante à vêpres et au salut, et qu'on appelle ainsi parce qu'il commence par le mot *Magnificat*. || Prov. *Entonner le M. à matines*, Faire quelque chose mal à propos.

**MAGNIFICENCE**. s. f. [Pr. *magnifi-sanse, gn* mouil.] (lat. *magnificentia*, s. m. de *magnus*, grand, et *facere* faire). Somptuosité, splendeur. *La m. des grands n'est souvent que de l'ostentation. Il vit avec m. Cet homme est d'une grande m. Ce prince les a récompensés avec une m. toute royale. Il se montra dans toute sa m.* || En parlant des choses, Éclat, beauté, richesse extraordinaire. *La m. des œuvres de Dieu. La m. d'un palais, d'un temple. La nature déploie sous ces climats toute sa m.* — Figur., *La m. du style, des idées, des images.* || *Magnificences*, au plur., se dit quelquefois des objets magnifiques ou des dépenses éclatantes. *Voilà bien des magnificences. Il a fait des magnificences extraordinaires.*

**MAGNIFIER**. v. a. [Pr. *gn* mouil.] (lat. *magnificare*, de *magnus*, grand, et le suff. *ficare*, faire). Exalter, élever la grandeur; vieux et ne se dit qu'en parl. de Dieu. *Mon âme magnifie le Seigneur.* = MAGNIFIÉ, ÉE. part.

**MAGNIFIQUE**. adj. 2 g. [Pr. *gn* mouil.] (lat. *magnificus*. m. s., de *magnus*, grand et le suff. *ficus*, dérivé de *facere*, faire). Splendide, somptueux dans ses dons, qui se plait à faire de grandes dépenses pour paraître avec éclat aux yeux du public. *Être m. en habits, en meubles.* Dans ses habits, dans ses meubles. *C'est un prince généreux et m. Les Romains étaient magnifiques dans leurs monuments, dans leurs spectacles.* || Se dit aussi des choses dans lesquelles apparaît la magnificence. *Un temple m. Meubles, vêtements magnifiques. Le festin fut m. Avoir un train, un équipage m. Faire une entrée m. Des présents magnifiques.* — Fam., *Il fait un temps m.*, Il fait un très beau temps. || Fig., au sens moral, *Des titres magnifiques*. Des titres pompeux, éclatants. *Des termes, des paroles magnifiques*, Des termes pompeux, des paroles brillantes. *Un style m.*, Un style brillant, élevé. *Des promesses magnifiques*, Des promesses qui font espérer de grandes choses. || *Magnifiques seigneurs*, Titre donné au conseil souverain de quelques républiques suisses. = *Magnifique* s'emploie quelquefois subst., dans le premier sens. *Ce que le libéral fait par générosité, le m. ne le fait souvent que par ostentation.* = MAGNIFIQUE. s. m. T. Ornith. Nom donné par Buffon à une espèce d'oiseau de Paradis. Voy. PARADISIER.

**MAGNIFIQUEMENT**. adv. [Pr. *gn* mouil.]. Avec magnificence. *Recevoir, traiter quelqu'un m. Vivre magnifiquement.*

**MAGNIN** (CHARLES), littérateur fr., (1793-1862).

**MAGNOFERRITTE** s. f. [Pr. *gn*. mouil.]. T. Minér. Synonyme de MAGNÉFERRITTE.

**MAGNOL** (Pierre), médecin et botaniste fr., (1638-1715).

**MAGNOLIA**. s. m. [Pr. *mag-nolia, gn* dur.] T. Bot. Voy. Magnolier.

**MAGNOLIACÉES**. s. f. pl. [Pr *mag-no...gn* dur.] (R. *magnolia*). T. Bot. Famille de végétaux Dicotylédones de l'ordre des Dialypétales supérovariées polystémones.

*Caract. bot.* — Arbres ou arbrisseaux souvent remarquables par leur élégance et aromatiques, parfois volubiles (*Schizandra*). Feuilles alternes, penninerves, coriaces, souvent semées de points trasparents, et distinctement articulées avec la tige ; tantôt sans stipules, tantôt pourvues de stipules caduques, qui, lorsqu'elles sont jeunes, enveloppent le bourgeon, et, lorsqu'elles tombent, laissent une cicatrice annulaire. Fleurs régulières, solitaires, souvent très odorantes, ordinairement hermaphrodites, rarement unisexuées (*Schizandra*). Sépales 3-6, rarement 2, quelquefois pétaloïdes. Pétales 3 ou en plus grand nombre, imbriqués, hypogynes, disposés sur

Fig. 1.

plusieurs rangées. Calice et corolle font défaut dans les *Trochodendron*. Étamines indéfinies, distinctes, spiralées ; anthères adnées. Pistil composé de carpelles multiples, uniloculaires, disposés en spirale sur le réceptacle prolongé en cône ; ovules anatropes, ascendants ou suspendus ; styles courts; stigmates simples. Fruit tantôt sec et tantôt charnu, composé de capsules, de samares ou de baies, distinctes ou soudées partiellement, souvent réunies en un cône sur un axe allongé. Graines solitaires ou multiples, souvent munies d'un arille, et attachées au bord interne des carpelles. Embryon petit, situé à la base d'un albumen oléagineux.

La famille des Magnoliacées se compose de 9 genres et de 80 espèces, dont le centre se trouve incontestablement dans l'Amérique du Nord, où ses diverses espèces abondent dans les bois, dans les marais et sur les flancs des collines. De là elles s'étendent, d'un côté dans les Indes occidentales, et de l'autre dans l'Inde orientale, par la Chine et le Japon. On n'en a trouvé aucune espèce sur le continent africain, ni dans les îles voisines.

On connaît à l'état fossile 21 Magnoliers, trouvés dans les terrains crétacés et tertiaires et 3 Liriodendres tertiaires.

On divise cette famille en 4 tribus :

Tribu I. — *Magnoliées*. — Stipules ; fleurs hermaphrodites (*Magnolia, Liriodendron, Michelia*, etc.). [Fig. 1. — *Magnolia pumila* ; 2. Étamine ; 3. Carpelles disposés en spirale autour de l'axe ; 4. Fruit agrégé ; 5. Carpelle ouvert pour montrer la situation de la graine ; 6. Graine dont on a enlevé une partie de la tunique arillaire ; 7. Graine coupée verticalement.]

Les plantes de cette tribu ont pour caractère général une saveur amère et tonique, et des fleurs odorantes. Celles-ci ont une action marquée sur le système nerveux. Le *Magnolier parasol* (*Magnolia tripetala*), suivant de Candolle, donne la migraine. Le *Mag. glauque* (*M. glauca*) est, selon Barton, un stimulant si énergique, qu'il peut provoquer des accès de fièvre. Malgré son excessive amertume, son écorce ne contient ni tanin, ni acide gallique. Aucune de ces espèces ne produit de fruits bons à manger. Parmi les espèces les plus odoriférantes, nous citerons le *Michelia aromatica*, qui fait les délices du peuple de l'Hindoustan ; le *Mag. à grandes fleurs* (*M. grandiflora*), appelé quelquefois *Laurier-Tulipier*, un des plus beaux arbres toujours verts que l'on connaisse ; le *Mag. nain* (*M. pumila*), fort répandu dans nos serres et remarquable par ses fleurs d'un brun vert ; et le *Mag. yulan* (*M. conspicua*), qui est sans rival parmi les arbres du Nord pour l'éclat extraordinaire de ses fleurs larges et d'un blanc de neige qui tranche sur ses branches grises et nues. Comme toniques, plusieurs espèces ont une grande valeur. Le *Mag. glauque* (*Mag. glauca*), appelé aussi *Sassafras des marais* et *Arbre du castor*, possède une écorce amère et aromatique qui ressemble au quinquina, et qui paraît le remplacer utilement. On en fait particulièrement usage dans les rhumatismes chroniques ; on emploie alors son écorce, ses graines, ou ses fruits en forme de cône ; les mêmes propriétés se retrouvent dans les graines du *Mag. yulan*, appelé en Chine *Tsin-y* ; dans le *Mag. à grandes fleurs*, etc. Toutes les parties du *Michelia tsjampaca* paraissent douées de propriétés stimulantes énergiques. Le *Mag. Frazeri* (*M. auriculata*, Bartr.) et le *Mag. acuminé* (*M. acuminata*), qu'on appelle aux États-Unis *Arbres à concombre*, sont fort usités dans les cas de fièvres intermittentes et d'affections rhumatismales : à cet effet, on prépare une infusion amère et quelque peu aromatique en faisant macérer leurs cônes verts dans de l'eau-de-vie ou du whiskey. Ces plantes doivent en partie leurs propriétés toniques à leurs sécrétions aromatiques, qui sont parfois d'une extrême abondance. L'*Aromadendron elegans* de Java est une des plus remarquables, et jouit dans le pays d'une grande réputation comme stomachique, antihystérique et carminatif. L'écorce du *Michelia montana* est, dit-on, aussi efficace que la Cascarille, mais elle est moins amère. L'écorce du *Michelia gracilis* a une forte odeur de camphre.

Quelques espèces sont encore précieuses pour leur bois. Le *Michelia doltsopa* est un des plus beaux arbres du Népaul : il fournit un excellent bois odorant, dont on fait grand usage dans ce pays pour la construction des maisons. Le *Mag. élevé* (*M. excelsa*) produit également un bois estimé, dont le grain est fin, et dont la couleur, d'abord verdâtre, passe ensuite au jaune pâle. Le *Manglietia glauca* donne un bois blanc et très solide, qui est fort employé à Java. On suppose que les cercueils faits de ce bois empêchent la décomposition des corps. Les Javanais estiment aussi le bois de l'*Aromadendron elegans*.

Tribu II. — *Illiciées*. — Pas de stipules ; fleurs hermaphrodites (*Drimys, Illicium*).

Toute la plante de la *Badiane anisée* (*Illicium anisatum*) possède une agréable odeur d'anis, avec un goût douceâtre et un peu piquant. Les Chinois la regardent comme stomachique et carminative, et s'en servent dans leur cuisine en manière de condiment. Le fruit qu'on appelle vulg. *Anis étoilé* est aromatique et carminatif ; il donne par la distillation une essence qui a la plupart des propriétés de l'essence d'anis, et est substituée souvent à celle-ci. On l'emploie particulièrement dans la fabrication des liqueurs. La *Bad. rouge* (*Ill. floridanum*) et d'autres espèces possèdent des propriétés aromatiques semblables. Les graines de la *Bad. religieuse* (*Ill. religiosum*) sont tellement odorantes que les Chinois les font brûler dans leurs temples, mais elles sont toxiques. Le *Drimys Winteri* fournit l'*écorce de Winter*, qui était réputée tonique et stimulante, mais que l'on ne trouve plus aujourd'hui en droguerie. L'écorce du *Drimys granatensis* est tonique, aromatique, stimulante, et peut remplacer l'écorce de Winter.

Tribu III. — *Schizandrées*. — Pas de stipules; fleurs unisexuées (*Schizandra*, *Kadsura*). [Fig. 2. — 1. *Kadsura japonica*; 2. Calice de la fleur: 3. Capitule d'étamines; 4. Pistil; 5. Groupe de fruits; 6. Coupe d'une graine.]

Ces plantes abondent en mucilage et sont entièrement insipides; cependant on mange le fruit de quelques espèces.

Fig. 2.

Celui du *Kadsura japonica* est visqueux, insipide et immangeable. Lorsqu'on fait bouillir ses branches, on obtient une sorte de mucilage qu'on emploie dans la fabrication du papier fait avec le Broussonnetia. Au Japon, les femmes s'en servent aussi pour débarrasser leurs cheveux de la pommade dont elles font un si grand usage.

Tribu IV. — *Trochodendrées*. — Pas de stipules; pas de périanthe (*Trochodendron*, *Euptelea*).

**MAGNOLIÉES.** s. f. pl. [Pr. *mag-no-lié*, *gn* dur] (R. *Magnolia*). Tribu de végétaux de la famille des *Magnoliacées*. Voy. ce mot.

**MAGNOLIER.** s. m. [Pr. *mag-nolié*, *gn* dur] (R. *Magnol*, célèbre botaniste fr.). T. Bot. Genre de plantes Dicotylédones (*Magnolia*) de la famille des *Magnoliacées*. Voy. ce mot.

**MAGNUS**, nom de plusieurs rois de Suède et de Norvège, au moyen âge.

**MAGNY** (Olivier de), poète fr., né à Cahors, mort vers 1560.

**MAGNY-EN-VEXIN.** ch.-l. de c. (Seine-et-Oise), arr. de Mantes; 2,000 hab.

**MAGOG.** Voy. Gog.

**MAGON**, nom de plusieurs généraux carthaginois, dont le dernier était le plus jeune frère d'Annibal; il fut battu par Quintilius Varus (203 av. J.-C.).

**MAGOT.** s. m. [Pr. *ma-gô*,] (R. *magog*). T. Mamm. Gros singe sans queue qui appartient au genre *Macaque*. Voy. ce mot. || Fig. et fam., on dit d'un homme fort laid : *Il est laid comme un m.*, ou encore, *C'est un m.*, *un vrai m.*, *un vilain m.* Ces dernières phrases se disent aussi d'un homme gauche et grossier dans ses manières. || Se dit de certaines figures grotesques de terre, de porcelaine, etc. *Un m. de la Chine.* || Fam., se dit encore d'un amas d'argent caché. *Il s'est fait un bon m. On a trouvé son m.*

**MAGRA**, aujourd'hui Macra, riv. d'Italie qui se jette dans le golfe de la Spezzia, 55 kil.

**MAGYAR** ou **MADGYAR**, syn. de *Hongrois*; nom des Hongrois dans leur langue. Voy. Hongrie et Hongrois.

**MAHABHARATA**, l'une des deux grandes épopées hindoues, composée à une époque incertaine, quelques siècles av. J.-C. L'autre épopée est le *Ramayana*.

**MAHALEB.** s. m. (ar. *malhab*, m. s.). T. Bot. Espèce d'arbre du genre Cerisier. Voy. Rosacées.

**MAHANADDY**, fleuve de l'Inde (Dékan), se jette dans le golfe du Bengale; 1,100 kil.

**MAHARBAL**, lieutenant d'Annibal, commandait à Trasimène et à Cannes.

**MAHDI**, nom par lequel certaines tribus musulmanes de l'Afrique désignent un Messie qu'ils attendent. Plusieurs personnages se sont fait passer pour le Mahdi, et ont fomenté des insurrections et des guerres. Le plus célèbre est un certain Mohammed-Ahmed qui fit aux Anglais une guerre acharnée, s'empara de Karthoum (1885) et établit au sud de l'Égypte une puissance avec laquelle les Européens sont obligés de compter. Il est mort en 1885; mais ses anciens partisans, les *Mahdistes*, sont encore aujourd'hui (1898) les maîtres de cette partie du Soudan.

**MAHDISTE.** s. m. Partisan du *Mahdi*.

**MAHÉ**, v. française sur la côte de Malabar (Hindoustan); 8,000 hab.=L'une des îles Seychelles, aux Anglais.

**MAHMOUD** le **GHAZNÉVIDE**, sultan de Perse et premier empereur musulman de l'Inde (967-1030).

**MAHMOUD I**[er], sultan des Turcs ottomans de 1730 à 1754; signa la paix de Belgrade avec la Russie et l'Autriche. || Mahmoud II, sultan des Turcs ottomans de 1808 à 1839, vainquit Ali, pacha d'Albanie, perdit la Grèce (1821-1829), les bouches du Danube, le protectorat des principautés danubiennes et la Syrie.

**MAHOMET**, fondateur de l'islamisme, né à la Mecque (570-632).

**MAHOMET I**[er], sultan des Turcs ottomans de 1402 à 1421. || Mahomet II, *le Conquérant*, sultan de 1451 à 1481, enleva à Constantin Paléologue la ville de Constantinople dont il fit sa capitale (1453). || Mahomet III, sultan ottoman de 1595 à 1603. || Mahomet IV, sultan ottoman en 1643, déposé en 1687, m. en prison en 1691.

**MAHOMÉTAN, ANE.** s. Celui, celle qui professe la religion de Mahomet. *Épouser une mahométane. Le fanatisme des mahométans.* || Adjectivem., *La religion mahométane*, *Le culte m. Les peuples mahométans.*

**MAHOMÉTANISME.** s. m. Syn. de *mahométisme*. Voy. ce mot.

**MAHOMÉTISME.** s. m. T. Hist. relig. Le *Mahométisme*

est la religion fondée par Mahomet; mais ses sectateurs l'appellent *Islam*, c.-à-d. abandon en Dieu, d'où nous avons fait le mot *Islamisme*. Quant aux sectateurs de l'Islam, ils se nomment eux-mêmes *Moslemim*, mot que nous avons transformé en *Musulmans*. — Mahomet, ou mieux Mohammed-Ben-Abdallah, naquit à la Mecque l'an 570 de notre ère. Il sortait de la tribu des Koreischites, la plus illustre des tribus arabes, et appartenait à la famille des Haschémites. Les historiens orientaux disent que, dès sa jeunesse, il se livra à la contemplation religieuse, et que chaque année, depuis l'âge de 25 ans jusqu'à celui de 45 ans, il allait passer le mois de Ramadan au fond de la caverne de Héra, à trois milles de la Mecque. Là, il conversait avec les esprits célestes, et particulièrement avec l'archange Gabriel, qui lui donna l'ordre de prêcher la vraie religion. Mahomet avait donc quarante ans lorsqu'il commença son apostolat. Sa femme Khadidjah, son esclave Zeid, son cousin Ali et son ami Abou-Bekr ne tardèrent pas à partager ses doctrines; mais quand il voulut les enseigner publiquement, il les vit accueillir par des railleries et le mépris des habitants de la Mecque. Cependant, il parvint à faire dans les villes voisines d'assez nombreux prosélytes, et souleva contre lui la persécution. Les Koreischites, qui s'étaient surtout déclarés ses ennemis, résolurent de le faire périr; mais il échappa à leurs recherches, et s'enfuit à Yathreb (16 juillet 622), où il trouva des disciples qui le reçurent avec enthousiasme. Yathreb prit alors le nom de Médine (Médinat-el-Nabi, la ville du prophète), et cette fuite, ou *hégire*, devint bientôt l'ère des peuples musulmans. Mahomet appela autour de lui tous ses partisans, et commença contre ses ennemis une guerre dans laquelle, malgré quelques revers, il eut le plus souvent le dessus. Enfin, à la tête de 10,000 hommes, il s'empara de la Mecque, renversa les idoles de la Caaba, et se rendit maître de la plus grande partie de l'Arabie, où il détruisit l'idolâtrie. Il venait même de déclarer la guerre à l'empereur Héraclius, lorsqu'il mourut à Médine, l'an 632, deux ans après sa rentrée triomphale à la Mecque.

Toute la doctrine de Mahomet se trouve contenue dans le Koran. Nous avons parlé ailleurs (Voy. Koran) de la formation et de l'économie de ce livre : il nous reste à exposer rapidement les dogmes, la morale et les lois qui forment la base du mah. Dans le Koran, Mahomet annonce qu'il n'est pas venu apporter une religion nouvelle et qu'il n'est pas envoyé pour faire des miracles. Il se proclame simplement le restaurateur et le réformateur de la religion révélée par Dieu à Adam, à Noé, à Abraham, à Moïse et à Jésus-Christ, religion qui, suivant lui, a été défigurée par les Juifs et par les chrétiens. Il reconnaît comme prophètes envoyés par Dieu, les personnages que nous venons de nommer, y compris Jésus-Christ lui-même. Quant à lui, il est le dernier, le plus grand, en un mot le *sceau* des prophètes. Les dogmes proclamés dans le Koran peuvent se réduire à quatorze, savoir : l'existence d'un seul Dieu créateur; la mission de Mahomet; la divinité du Koran; la providence de Dieu et la prédestination absolue; l'interrogation du sépulcre ou le jugement particulier de l'homme après la mort; la mort de toutes les créatures, même des hommes et des anges, à la fin du monde; la résurrection future des hommes et des anges; le jugement universel; l'intervention de Mahomet dans ce jugement et le salut exclusif des seuls musulmans; la compensation des torts et des injures que les hommes se sont faits les uns aux autres; un purgatoire pour ceux dont les bonnes et les mauvaises actions sont égales dans la balance; le passage du pont étroit comme le tranchant d'un glaive, qui conduit les justes au paradis et précipite les méchants en enfer; les délices du paradis qui consistent principalement dans les voluptés sensuelles; enfin, le feu éternel de l'enfer.

On voit que ces dogmes n'ont rien d'original et se trouvent tous dans les religions qui existaient du temps de Mahomet. Ajoutons que, d'après une tradition généralement adoptée parmi les chrétiens orientaux, Mahomet composa ses prétendues révélations avec l'aide d'un juif persan, nommé Rabbi Warada Ebn-Nawsal, et d'un moine nestorien du couvent d'Addol Kaisi, à Bosra. Ce qui donne une certaine vraisemblance à cette opinion, c'est qu'elle avait déjà cours du vivant de Mahomet, qui la repousse avec indignation dans plusieurs passages du Koran. Nous ne parlerons point des miracles par lesquels, suivant les docteurs musulmans, Mahomet aurait confirmé la vérité de ses révélations, puisque lui-même avoue qu'il n'avait pas reçu de Dieu le don des miracles. Ainsi, les habitants de la Mecque et de Médine, ayant à plusieurs reprises sommé le prophète de justifier son apostolat par des miracles, il leur répondit en promulguant ces versets du Koran : « Les infidèles se sont écriés : Nous ne croirons pas à ta mission, si tu ne fais jaillir une source d'eau vive, ou si, du milieu d'un jardin planté de palmiers et de vignes, tu ne fais sortir des ruisseaux, ou si tu n'abaisses la voûte des cieux et si tu ne nous fais voir Dieu et ses anges à découvert; si tu ne bâtis une maison d'or, ou si tu ne montes dans les cieux par une échelle; et nous ne croirons pas encore, à moins que tu ne nous envoies du ciel un livre que nous puissions lire. — Dis-leur : Louange au Très-Haut ! Je ne suis qu'un homme qui vous a été envoyé; les hommes n'ont point cru lorsque la véritable religion leur a été annoncée, parce qu'ils ont dit : Dieu aurait-il choisi un mortel pour être l'organe de ses volontés ? Réponds-leur : Si les anges habitaient la terre, s'ils conversaient avec vous, nous vous aurions envoyé un ange pour ministre. Celui que Dieu conduit marche dans le vrai chemin. Ceux qu'il égare n'auront point d'appui contre sa vengeance. L'enfer sera leur demeure : si les flammes viennent à s'éteindre, nous les rallumerons et nous en augmenterons l'ardeur. »

Les préceptes relatifs au culte se réduisent à six, savoir : la prière, les ablutions, le jeûne, l'abstinence de certains aliments, la circoncision et le pèlerinage de la Mecque. Tout musulman doit prier cinq fois par jour, en se tournant du côté de la Mecque, au point du jour, à midi, à quatre heures, le soir, et à la première veille de la nuit. Le vendredi de chaque semaine, le peuple se rend à la mosquée pour assister à la prière publique faite par l'iman. Toute prière doit être précédée par une ablution; les ablutions sont aussi ordonnées dans beaucoup d'autres circonstances. Le principal jeûne est celui du *Ramadan* qui dure vingt-neuf jours, pendant lesquels on ne peut ni manger ni boire entre le lever et le coucher du soleil; Mahomet l'institua en souvenir de la révélation du Koran. Enfin, un motif d'hygiène identique a fait adopter par Mahomet la distinction établie par Moïse entre les animaux purs et impurs, et la défense d'user de ces derniers. Quant au pèlerinage de la Mecque, qui, ainsi que la circoncision, était un usage ancien dans l'Arabie, il l'impose à tout croyant, une fois dans sa vie, comme un moyen de salut. Voy. Caaba. — La morale de Mahomet est, en général, empruntée à la morale universelle du genre humain. Elle prescrit la reconnaissance envers Dieu, la justice, surtout envers les orphelins, la piété filiale, la bonne foi, la patience, la véracité, la soumission, la bienfaisance, l'aumône, le pardon des injures, le rachat des captifs. Elle condamne l'avarice, l'orgueil, la calomnie, la convoitise, l'hypocrisie, la soif des biens de ce monde, l'usure, la débauche et les excès, le jeu et l'usage des boissons fermentées. Mais ses principes de charité ne s'étendent point jusqu'aux infidèles, auxquels il déclare une guerre d'extermination, et il en appelle uniquement au glaive pour faire triompher la cause de Dieu.

Mais le Koran n'est pas seulement un code religieux; de même que le Pentateuque, il renferme aussi la loi civile et politique. Mahomet trouva la polygamie établie dans l'Arabie, ainsi que dans la plus grande partie de l'Orient. Au lieu de la supprimer, comme l'avait fait le christianisme, il se contenta de la restreindre. Il défendit d'avoir plus de quatre femmes; mais il autorisa le commerce du maître avec ses esclaves : et pour lui cependant, en sa qualité de prophète, il prit jusqu'à neuf femmes légitimes. Le Koran prescrit les formalités à remplir dans les mariages; il détermine les devoirs naturels des époux, la durée du veuvage, etc.; il règle la dot et le douaire, ainsi que la marche à suivre dans les séparations et les divorces. Il s'occupe aussi de tout ce qui concerne les héritages, les testaments, la tutelle, les contrats, les relations avec les autres nations, etc. Enfin, il prononce des peines contre les faux témoignages, la prévarication, la fraude, le vol, l'homicide, l'infanticide, l'inceste et l'adultère. D'un autre côté, il ne pourvoit par aucune loi au traitement des esclaves; il permet la peine du talion et la vengeance, et ne condamne en rien la coutume barbare de faire des eunuques.

Le Koran étant à la fois le code religieux, politique, civil et pénal des croyants, et ce code étant en outre la parole incréée de Dieu lui-même, la civilisation musulmane est condamnée à une immobilité absolue, et, en réalité, elle n'a accompli aucun progrès intérieur depuis douze siècles que l'Islamisme est constitué. En effet, le Koran ne permet ni la distinction des pouvoirs, ni la constitution d'un véritable clergé, ni le perfectionnement de la législation civile; le *Calife*, successeur direct de Mahomet, possède une suprématie spirituelle sur tous les peuples musulmans; toutefois on aurait tort de lui attribuer un pouvoir analogue à celui de la papauté. Le sultan des Turcs, qui, depuis le XVI^e siècle, possède le titre de calife, n'a pas même, comme souverain temporel, le droit de modifier la loi de ses États. Il est simplement chargé de veiller à son maintien. Ce qu'on appelle improprement le clergé musulman est un corps de jurisconsultes et de docteurs, appelés *Oulémas* ou *Ulémas*, qui n'a d'autre mission que d'interpréter le Koran et d'appliquer les dispositions légales qu'il contient. Dans les États du Grand-Seigneur, le corps de l'ouléma a pour chef le *Scheik-el-islam*, nommé autrement *Mufti* ou *Muphti*, c.-à-d. l'interprète, dont les *Fetvas*, ou réponses, sont des consultations bien plutôt judiciaires que théologiques. Les titres de *Cazieskcr*, de *Mollah*, de *Cadi*, etc., désignent uniquement des oulémas chargés d'une juridiction plus ou moins étendue. Quant aux *Imans*, ce sont, à proprement parler, les desservants des mosquées : ils président à la prière publique, aux cérémonies de la circoncision, aux enterrements, etc.; mais primitivement ce titre se donnait aux docteurs de la loi. Voy. Iman. Tous ces fonctionnaires sont libres de se marier et de changer d'état. — Il existe cependant dans les pays musulmans des individus qui sont censés se livrer à la vie contemplative, et par là offrent une certaine analogie avec les moines et les anachorètes du christianisme. Tels sont particulièrement les *Derviches* (du persan *dervis*, pauvre), qui vivent en général dans des couvents, et qui font vœu de pauvreté, de chasteté et d'obéissance. Mais la plupart d'entre eux tiennent fort peu compte de ces vœux, et mènent souvent une vie scandaleuse, et en outre ils quittent cet état, quand ils en sont las, pour se marier, sans que personne le trouve mauvais. Le jeudi, qui pour eux est un jour de jeûne absolu, ils s'enivrent ordinairement d'opium. Beaucoup d'entre eux sont mendiants, et, pour obtenir les aumônes des fidèles, se livrent aux jongleries les plus extravagantes. Les derviches *hurleurs* et *tourneurs* sont célèbres par leurs convulsions épileptiques, provoquées soit par des danses vertigineuses se prolongeant jusqu'à l'épuisement, comme les *Meslevis* en donnent le spectacle à Péra, soit par des cris qui, dans un crescendo formidable, deviennent des hurlements de bêtes fauves, comme on le voit chez les derviches hurleurs de Scutari, les *Beni-Aïaoussas* de Constantine, de Tanger, etc. Ces sortes de moines sont appelés *Fakirs* dans l'Inde musulmane; mais les Fakirs paraissent être d'une intelligence supérieure à celle des Derviches. Voy. Fakir. Les *Santons* tombent dans une abjection encore plus complète. Ce sont des moines vagabonds et libertins, qui passent leur vie à aller en pèlerinage dans les villes saintes, et commettent impunément, grâce au masque de sainteté dont ils se parent, toutes sortes d'infamies. Parmi ces fanatiques vrais ou simulés, on doit distinguer les *Marabouts*, qui sont propres à l'Afrique barbaresque. Voy. Marabout.

Malgré la simplicité des dogmes du mah., et quoique Mahomet eût formellement interdit à ses disciples toute recherche théologique et toute controverse religieuse, l'islamisme a été déchiré en une foule de sectes; les principales seulement sont, d'après les auteurs mahométans, au nombre de 72. Néanmoins aujourd'hui il n'existe de bien tranchées que les deux grandes sectes des *Sunnites* et des *Chiites*. Les premiers sont ainsi nommés parce qu'ils se soumettent aux règles contenues dans la *Sonna* ou *Sunna*, c.-à-d. dans le recueil des *hadis* ou traditions relatives à Mahomet. En outre, ils considèrent comme également légitimes les quatre premiers successeurs du prophète, Abou-Bekr, Omar, Othman et Ali. Les Sunnites sont répandus dans tout l'empire ottoman, l'Égypte, l'Afrique, l'Arabie, la Tartarie, et se prétendent seuls orthodoxes. Du reste, ils se partagent en 4 branches, appelées *hanbalite*, *schaféite*, *malékite* et *hanéfite*, suivant qu'ils suivent les rites et les interprétations (d'ailleurs toutes orthodoxes) des anciens docteurs Hanbal, Schaféi, Malek et Hanifah. L'école de Malek domine dans l'Afrique septentrionale et celle de Hanifah dans l'empire ottoman. Les *Chiites* ou *Schiites*, c.-à-d. schismatiques, qui se nomment eux-mêmes *Adelyé*, ou les partisans de la justice, rejettent les traditions admises par les Sunnites, et, partisans exclusifs d'Ali, ne voient dans les trois premiers califes que des usurpateurs. C'est à cette secte qu'appartiennent les Persans et les musulmans de l'Inde.

Pour juger le mah., il suffit de voir les effets terribles qu'il a produits partout où il a dominé. La période de splendeur qui a suivi les conquêtes des Arabes ne doit pas faire illusion. À cette époque, l'énergie morale des nouveaux musulmans était excitée par leur désir de propager la vraie religion et d'exterminer les infidèles. Au point de vue scientifique et littéraire, ils profitaient de toute la civilisation grecque dont ils recueillaient l'héritage en faisant la conquête des provinces les plus riches de l'ancien empire Romain. Mais combien courte fut cette période de splendeur, et comme elle s'est montrée stérile et sans effet pour l'avenir! Avec quelle rapidité ces peuples, qui étaient alors les plus civilisés du monde, ne sont-ils pas retombés dans l'espèce de demi-barbarie où nous les voyons aujourd'hui! La corruption des deux sexes, l'avilissement et la captivité des femmes, la nécessité de les renfermer et de les faire garder par des eunuques, la multiplication de l'esclavage, une ignorance universelle et incurable, le despotisme des souverains, l'asservissement des peuples, la dépopulation des plus belles contrées de l'univers, la haine mutuelle et l'antipathie des nations : tels sont les fruits de l'islamisme. Tous peuvent se rattacher aux deux grandes plaies qui le rongent : la polygamie et surtout le dogme de la prédestination absolue, qui équivaut au fatalisme. Par la polygamie, la femme est dégradée, le sexe faible asservi au sexe fort, et la famille, cette école suprême de la moralité humaine, n'existe plus. Par la prédestination absolue, l'homme, privé de toute liberté, n'est plus que le jouet d'un destin rigide. Tout est écrit : l'homme n'a plus qu'à s'abandonner à l'immobilité et à l'inertie. Aussi, sous l'empire de cette croyance funeste, les musulmans sont devenus incapables de toute prévoyance, de toute activité et de tout progrès, ils s'inclinent sous le fatalisme qui les écrase. S'ils sortent de leur léthargie, c'est lorsque la voix du fanatisme les appelle à la guerre sainte et à l'extermination des infidèles. Ainsi fut propagée la doctrine de Mahomet.

Répandu d'abord en Arabie, le mah. s'étendit ensuite par le glaive en Asie, en Afrique et dans une partie de l'Europe, en Espagne, en Sicile et à Constantinople, où les Osmanlis plantèrent le Croissant sur l'église de Sainte-Sophie. Mais dès qu'il s'arrêta dans ses conquêtes, il ne fit plus que décliner. Chassé de l'Espagne au XVe siècle, il règne encore sur la Turquie d'Europe, sur le nord de l'Afrique, sur l'Asie occidentale, et dans une partie de l'Inde. Actuellement, il se répand de plus en plus parmi les nègres de l'Afrique. Les statisticiens estiment à 130 millions le nombre des sectateurs de Mahomet.

**MAHON** ou **PORT-MAHON**, cap. de l'île Minorque (Baléares); 20,800 hab. En 1756, le duc de Richelieu l'emporta d'assaut.

**MAHONNE**. s. f. [Pr. *ma-one*]. Grande barque à voiles carrées, servant au transport des marchandises.

**MAHOUT**. s. m. Conducteur d'éléphants.

**MAHRATTES**, peuple du Deccan (Hindoustan).

**MAHUTE**. s. m. (Vx. fr. *mahustre*, humérus). T. Fauc. Partie du haut des ailes de l'oiseau voisine de l'épaule.

**MAI**. s. m. (lat. *maius*, m. s.). Le cinquième mois de l'année. || *Arbre de mai* ou *Mai*, Arbre enrubanné qu'on plante le 1er mai devant la porte de quelqu'un pour le fêter. *Rose de mai*, Rose pompon. — Ce mois, qui est le cinquième dans le calendrier grégorien, était le troisième dans l'année de Romulus; il a 31 jours. Son nom, suivant l'étymologie la plus probable, vient de la déesse *Maia*, mère de Mercure, parce que c'était dans les premiers jours de ce mois que les anciens recommençaient à naviguer. Chez les peuples catholiques, ce mois est particulièrement consacré à la Mère de Jésus, sous le nom de *mois de Marie*. Autrefois, en France, les paysans étaient dans l'habitude, le 1er mai, de planter un arbre qu'on appelait le *Mai*, devant la maison de leurs seigneurs. Il y avait même des lieux où cet usage était une obligation féodale. A Paris, les clercs de la basoche dressaient tous les ans un mai dans la grande cour du palais. On offrait aussi des mais aux églises. Ainsi, la corporation des orfèvres de Paris en présentait un à Notre-Dame. Plus tard, cette offrande fut remplacée par une pièce d'orfèvrerie, puis par un tableau représentant quelque scène du Nouveau Testament.

**MAÏ** (Angelo), savant écrivain et jésuite italien (1782-1854).

**MAÏA**. s. m. (Nom mythol.). T. Zool. Genre de *Crustacés*. Voy. Brachyoures.

**MAÏA**, fille d'Atlas, mère de Mercure, l'une des Pléiades. Mythol.

**MAÏACA**. s. m. T. Bot. Genre de plantes Monocotylédones de la famille des *Xyridacées*. Voy. ce mot.

**MAÏACÉES.** s. f. pl. T. Bot. Tribu de végétaux de la famille des *Xyridacées*. Voy. ce mot.

**MAÏCHE.** ch.-l. de c. (Doubs), arr. de Montbéliard; 1,600 hab.

**MAIDAN** ou mieux **MEÏDAN**. s. m. Mot turc qui signifie Place publique. *L'ancien hippodrome de Constantinople s'appelle aujourd'hui At-meïdan.*

**MAIDSTONE,** v. d'Angleterre, ch.-l. du comté de Kent; 20,000 hab.

**MAÏENS.** s. m. pl. (R. *maïa*). T. Zool. Tribu de Crustacés, de la famille des *Oxyrrhynques*. V. Brachyoures.

**MAIEUR.** s. m. (lat. *major*, plus grand). Titre qui, dans quelques villes, répondait à celui de *Maire*.

**MAÏEUTIQUE.** s. f. (gr. μαιευτική, art d'accoucher, de μαῖα, sage-femme). Nom donné par Socrate à la dialectique dont il usait pour découvrir la vérité.

**MAIGNELAIS** (Antoinette de), favorite de Charles VII (1420-1474).

**MAIGRE.** adj. 2 g. (lat. *macer*, m. s.). Qui a très peu de graisse, qui est sec et décharné. *Cet homme est très m., m. comme un chat de gouttière, comme un coucou. Il est si m. que les os lui percent la peau. Viande m. Courir comme un chat m.* || *Repas m.*, Repas où l'on ne sert point de viande. *Soupe m.*, Soupe où il n'entre pas de jus de viande. *Jours maigres*, Voy. Gras. — Fig., *M. chère*, Mauvaise chère. *Il nous a fait faire m. chère.* On dit dans le même sens, *Un m. repas.* || Par anal., se dit d'un terrain aride et qui rapporte peu. *Un sol m. Ces terres sont fort maigres.* || Fig., *Un m. sujet*, Une chose sans importance. *Il s'est fâché pour un m. sujet. Voilà un m. sujet de rire.* — *Un sujet m.*, Un sujet stérile, qui fournit peu à l'écrivain. *Cet orateur a choisi un sujet bien m.* — *Un ouvrage m.*, Un ouvrage où il y a peu de matière, peu d'idées. — *Un style m.*, Style sans ornement, sans agrément. — Fam., *Un m. divertissement*, Un divertissement peu agréable. *Une m. réception*, Une réception froide. || T. Peint. Se dit par oppos. à Large, nourri, moelleux. *Un pinceau m. Un dessin m. Une touche m. Une couleur m.* || T. Archit. *Colonne m.*, Dont le fût n'a pas un diamètre suffisant. *Moulure m.*, Moulure trop menue. || T. Calligr. et Typogr. *Lettre, caractère, écriture m.*, Dont les pleins ne sont pas assez prononcés, ou qui n'a pas une largeur proportionnée à la hauteur. = Maigre. s. m. Partie de la chair où il n'y a aucune graisse. *Le m. d'un jambon. Le gras, le m. d'un saumon. Voulez-vous du gras ou du m.?* || Se dit aussi des aliments maigres, où il n'entre ni viande ni graisse. *Le m. me fait mal.* — *Faire m., manger m.*, Ne point manger de viande. *Traiter en m.*, Donner un repas où l'on ne sert aucune viande. = Maigre s'emploie quelquefois adverbialement. || T. Beaux-Arts. *Peindre m., dessiner m., faire m.*, Peindre, etc., d'une manière sèche, sans largeur, sans moelleux. || T. Maréchalerie. *Étamper m.*, Percer les trous du fer d'un cheval près du bord extérieur, par opposition à *Étamper gras*, Pratiquer les étampures près du bord intérieur.

**MAIGRE.** s. m. (R. *maigre*, adj.). T. Icht. Genre de *Poissons osseux*. Voy. Sciénoïdes.

**MAIGRELET, ETTE.** adj. Dimin. de *Maigre;* ne se dit que des enfants et des jeunes personnes. *Cet enfant est m. Cette jeune femme est un peu maigrelette.* Fam.

**MAIGREMENT.** adv. Fig. et fam., se dit pour Petitement, chétivement. *Il nous a traités fort m. Il a de quoi vivre, mais bien m.*

**MAIGRET, ETTE.** adj. Dimin. de *maigre. Il est un peu m.* Fam. et peu usité.

**MAIGREUR.** s. f. (R. *maigre*). État d'un corps dont le tissu cellulaire contient peu ou point de graisse. *Il est dans un état de m. extraordinaire. Je ne vis jamais une si grande m.* || Fig., se dit, en Littérature et dans les Beaux-Arts : *La m. de son style. La m. de son sujet l'a forcé d'avoir recours à des morceaux de remplissage. La m. d'une colonne. Ce tableau est d'une grande m. de touche.* = Syn. Voy. Amaigrissement.

**MAIGRICHON, ONNE.** adj. (R. *maigre*). Qui est un peu trop maigre.

**MAIGRIR.** v. n. Devenir maigre. *Il maigrit à vue d'œil.* = Maigri, ie. part. *Je la trouve bien maigrie.* = Syn. Voy. Amaigrir.

**MAIL.** s. m. [Pr. *mail, l* mouillée] (lat. *malleus*, marteau). Espèce de petite masse cylindrique de bois, garnie d'un cercle de fer à chaque bout, qui a un long manche un peu pliant, et dont on se sert pour jouer, en poussant ou en chassant avec force une boule de bois. *Voilà un beau coup de m.* — *Boule de m.*, La boule avec laquelle on joue au m. || Le jeu où l'on fait usage du m. *Faire une partie de m.* || Le lieu où l'on joue au m. *Un beau m. Un m. planté d'arbres. Ce m. est long de douze cents pas.* — Ce nom, dans quelques villes, a été conservé à la promenade publique, parce que, autrefois, on y jouait au m. *Voulez-vous faire un tour de m.?* || T. Techn. Gros marteau dont le fer représente une masse carrée, et dont les carriers se servent pour enfoncer les coins dans les joints des pierres.—Lourd marteau de forge employé dans la méthode catalane. Voy. Fer, VIII.

**MAILHE** (J.-B.), conventionnel fr., proscrit au 18 fructidor (1754-1839).

**MAILLAGE.** s. m. [Pr. *ma-llaje, ll* mouillées]. T. Techn. Action de battre avec un maillet.

**MAILLARD** (Jean), bourgeois de Paris qui tua le prévôt Étienne Marcel (1358).

**MAILLARD** (Olivier), prédicateur du temps de Louis XI, a laissé des sermons burlesques (1430-1502).

**MAILLARD** (Stanislas-Marie), révolutionnaire, dont on retrouve le nom dans les plus sanglants épisodes de la Révolution (1763-1794).

**MAILLART** (Aimé), compositeur fr., né à Montpellier (1817-1871).

**MAILLÉ** (Urbain de), maréchal de France (1597-1650). = Son fils, Jean-Armand, capitaine fr. (1619-1646).

**MAILLE.** s. f. [Pr. *ma-lle, ll* mouillées] (lat. *macula*, boucle). Chaque nœud que forme le fil, la soie, la laine, etc., soit dans les tissus serrés et sans intervalles, soit dans les tissus lâches, comme ceux des filets. *Il y a une m. rompue à votre bas. Voilà deux mailles qui sont échappées. Reprendre, relever une m. Les mailles d'un filet. Les mailles d'une raquette.* — *M. portée.* M. qui, sans sortir de la première aiguille, passe dans la suivante. — *M. mordue*, M. dont la moitié seulement est engagée dans la tête de l'aiguille. *M. retournée*, M. qu'on reprend avec l'aiguille après l'avoir laissée tomber, pour qu'elle fasse un relief à l'envers et un creux à l'endroit. || L'ouverture que ces nœuds laissent entre eux. *Les mailles de ce filet sont trop larges.* || Les petits annelets de fer qu'on entrelaçait les uns dans les autres pour former certaines armures défensives. *Une cotte de mailles. Un haubergeon fait de mailles.* || T. Techn. Chacun des espaces vides laissés entre les fils de fer, de laiton, d'un treillage. — Espace vide entre quatre pièces de charpente qui croisent deux à deux. — Ouverture pratiquée dans les lisses du métier à tisser et qui sert à recevoir les fils de la chaîne. || T. Mar. Intervalle entre deux couples mis en place dans la membrure d'un navire. || T. Blas. Boucle sans ardillon. || T. Forest. Fissure du bois qui rayonne en divergeant du cœur de l'arbre et s'entre-croise avec les cercles concentriques de l'aubier. || T. Chasse. Se dit des taches qui paraissent sur les plumes du perdreau, lorsqu'il devient fort. || Tache ronde qui vient sur la prunelle de l'œil et qui gêne la vue. Inusité. || T. Hortic. Tache qui marque la place d'où sort le fruit dans les melons et concombres. || T. Bouch. Maniement pair situé à l'angle antérieur et externe de l'ilium.

**MAILLE.** s. f. [Pr. *ma-lle, ll* mouillées] (bas-lat. *medala, medalia*, médaille, monnaie, dérivé de *metallum*, métal). Espèce de monnaie de billon valant la moitié d'un denier, qui a depuis longtemps cessé d'être en usage, mais dont le nom est encore usité, dans plusieurs phrases familières, pour désigner une chose de très petite valeur. *Il n'a ni sou ni m. Je n'en rabattrai pas une m.*, etc. || Fig., *Ils ont toujours m. à partir ensemble*, Ils ont toujours quelque différend pour quelque cause insignifiante, comme s'ils avaient une m. à partager.

Et l'on nous voit toujours avoir maille à partir.
MOLIÈRE.

|| Par ext., Petit poids valant le quart de l'once. || Fig., La moindre partie d'une chose.

**MAILLEAU**. s. m. [Pr. *ma-llo, ll* mouillées] (R. *mail*). T. Techn. Petit maillet qui sert au tondeur de drap pour faire mouvoir une des branches des forces.

**MAILLEBOIS** (marquis de), maréchal de France (1682-1762). — Son fils, lieutenant général, participa à la prise de Port-Mahon (1756).

**MAILLECHORT**. s. m. [Pr. *ma-llechor, ll* mouillées] (R. *Maillot* et *Chorier*, noms des deux inventeurs). T. Techn. Alliage de cuivre, de nickel, de zinc, etc., qui est blanc. Voy. CUIVRE, IX.

**MAILLER**. v. n. [Pr. *ma-ller, ll* mouillées] (R. *maille*) et SE MAILLER. v. pron. T. Chasse. Se dit des perdreaux à qui les mailles viennent. *Les perdreaux ne maillent pas encore. Ils commencent à se m.* = MAILLER. v. a. Lier à l'aide de mailles. = MAILLÉ, ÉE. part. *Perdreau maillé. Chien maillé*, Chien dont le cou est armé de mailles pour la chasse au sanglier. || T. Techn. *Fer maillé*, Treillis de fer qui se met à une fenêtre. *Les jours de servitude doivent être à fer maillé et à verre dormant. Maçonnerie maillée*, Maçonnerie à joints obliques. || T. Blas. *Maillé*, Couvert d'une cotte de mailles.

**MAILLER**. v. a. [Pr. *ma-ller, ll* mouillées] (R. *mail*). Battre avec un maillet.

**MAILLET**. s. m. [Pr. *ma-llè, ll* mouillées] (lat. *malleus* m. s.,). T. Techn. Espèce de marteau à deux têtes, qui est ordinairement fait avec un bois très dur. || T. Blas. Marteau plus petit que la mailloche. || T. Zool. Nom vulgaire du *Squale marteau*.

**MAILLETAGE**. s. m. [Pr. *ma-lleta-je, ll* mouillées]. Action de mailleter, résultat de cette action. || T. Mar. Doublage mailleté d'un vaisseau.

**MAILLETER**. v. a. [Pr. *ma-lleter, ll* mouillées] (R. *maillet*). T. Mar. Garnir de clous à large tête à l'aide du maillet.

**MAILLETON**. s. m. [Pr. *ll*. mouil.] (R. *maillet*). Crossette pour provigner.

**MAILLEUR, EUSE**. s. [Pr. *ma-lleur, ll* mouillées]. Ouvrier, ouvrière qui fait des mailles, des filets. = MAILLEUSE. s. f. Roue de cueillage dans les métiers à tricot circulaires.

**MAILLEZAIS**, ch.-l. de c. (Vendée), arr. de Fontenay-le-Comte; 1,350 hab.

**MAILLOCHAGE**. s. m. [Pr. *maill..., ll* mouillées] (R. *mailloche*). Opération que l'on fait subir au chanvre en filasse pour l'assouplir.

**MAILLOCHE**. s. f. [Pr. *ma-lloche, ll* mouillées] (R. *mail*). T. Techn. Gros maillet de bois. || Sorte de mail à l'usage des carriers.

**MAILLOIR**. s. m. [Pr. *ma-llouar, ll* mouillées]. T. Pêc. Pierre sur laquelle on maille.

**MAILLON**. s. m. [Pr. *ma-llon, ll* mouillées]. Petite maille. || Nœud coulant pour saisir un objet dans l'eau. || Anneau qui attache les licettes dans un métier. || Anneau d'un câble-chaîne. || Lien pour attacher la vigne.

**MAILLOT**. s. m. [Pr. *ma-llo, ll* mouillées] (Vx fr. *maillol*, de *maille*). Morceau de toile ou d'étoffe dans lequel on laçait un petit enfant pour le coucher. *Les conseils de Buffon et de Jean-Jacques ont fait abandonner l'usage du m.* || Par ext., se dit des langes dont on enveloppe un enfant au berceau. *Un enfant en m. Cet enfant était encore au m.* || Espèce de caleçon collant à l'usage des acteurs, des danseurs et des danseuses. || T. Zool. Nom vulgaire du genre *Pupa*, appartenant aux *Mollusques Gastéropodes*. Voy. PULMONÉS. — On donne encore ce nom de m. à la nymphe de certains insectes, particulièrement des Lépidoptères qu'on appelle aussi *Chrysalide*. Voy. INSECTE et LÉPIDOPTÈRES.

**MAILLOTEUSE**. s. f. [Pr. *ma-llo-teu-ze, ll* mouillées]. Celle qui fait des maillots de théâtre.

**MAILLOTIN**. s. m. [Pr. *ma-llotin, ll* mouillées] (R. *maillet*). Ancienne arme en forme de maillet. = Les *Maillotins*, Hommes du peuple de Paris qui se soulevèrent pour s'opposer à la perception de nouvelles taxes décrétées pendant la minorité de Charles VI et massacrèrent les percepteurs.

**MAILLURE**. s. f. [Pr. *ma-llure, ll* mouil.] (R. *mailler*). T. Faucon. Se dit des taches ou mouchetures qui forment des espèces de mailles sur les plumes de certains oiseaux. *La m. d'un perdreau. La m. d'un oiseau de proie.* || Tache dans le bois.

**MAILLY** (LOUISE DE NESLE, comtesse de), favorite de Louis XV (1710-1751).

**MAIMBOURG**, savant jésuite, historien (1610-1686).

**MAIMON**. s. m. T. Mamm. Genre de *Singes*. Voy. MACAQUE.

**MAIMONIDE** (Moses), savant rabbin du XI^e siècle, né à Cordoue, que les juifs regardent comme leur Platon (1135-1204).

**MAIN**. s. f. [Pr. *min*.] (lat. *manus*, m. s.). Partie du corps humain qui termine le bras et qui sert à la préhension des corps et au toucher. *La m. droite. La m. gauche. Les doigts, le creux, la paume, le plat de la m. Le dessus, le dessous de la m. Les lignes de la m. M. belle, laide, longue, courte, sèche, grasse, décharnée, potelée, rude, douce. M. noire, blanche, sale, propre. Avoir les mains froides, chaudes, glacées, brûlantes. Avoir les mains de glace, à la glace. Avoir froid aux mains. Ouvrir, fermer la m. Avancer, retirer la m. Présenter, donner, tendre la m. à quelqu'un. Prendre, saisir avec la m. Joindre les mains, avoir quelque chose dans la m. Mettre dans la m. Mettre la m. sur la garde de son épée. Faire un signe, un geste de la main. Parer un coup avec la m. Vivre du travail de ses mains. Je dépose cette somme entre vos mains.* Par exagération, on dit d'une chose fort petite en son genre, qu'*Elle est grande comme la m.* Fig., on dit aussi, *De telle personne à telle autre, il n'y a que la m.*, Pour exprimer le rapport étroit qui existe entre elles. = *Baiser les mains à quelqu'un*, Voy. BAISER. || *Battre des mains*, Voy. BATTRE. || *Changer de m.* Après s'être servi d'une m., se servir de l'autre. *Vous êtes fatigué de porter ce paquet, changez de m.* — Fig., en parl. des choses, Passer d'un propriétaire à un autre. *Cette maison a souvent changé de m. avant de m'appartenir.* — T. Man. *Changer de m.*, sign. Porter la tête du cheval d'un côté à l'autre pour qu'il aille à droite ou à gauche. || Fig., *Donner la m. à quelqu'un*, L'aider en quelque affaire, le favoriser. *Je n'aurai pas réussi s'il ne m'eût donné la m.* — *Donner les mains à quelque chose*, Y consentir, y condescendre. *Après s'être longtemps opposé à ce mariage, il a fini par y donner les mains.* || *Ensanglanter ses mains*, Se rendre coupable de meurtre. || Fig., *Forcer la m. à quelqu'un*, Le contraindre à faire quelque chose. *Avoir la m. forcée*, Faire une chose malgré soi, par contrainte. — T. Man. *Ce cheval force la m.*, Il s'emporte malgré le cavalier. || *Imposer les mains*, Voy. IMPOSITION. || *Lâcher la m.*, Voy. LÂCHER. || *Lever la m.*, Voy. LEVER. || *Lier les mains à quelqu'un*, Voy. LIER. || *Mettre la m. à l'œuvre, à l'ouvrage*, Commencer à s'occuper de quelque chose, à y travailler; se dit au propre et au figuré. *Il est temps de mettre la m. à l'œuvre.* — Fig., *Mettre la m. à quelque chose*, L'entreprendre, s'en mêler. *Mettre la m. à la plume*, Commencer à écrire une lettre, un ouvrage littéraire. *Mettre la dernière m. à un ouvrage*, Le terminer, le corriger. On dit dans le même sens, *Donner la dernière m., une dernière m.* — Fig., *Mettre la m. à* *l'encensoir*, S'ingérer, quoique laïque, dans les affaires, dans les fonctions qui appartiennent à l'autorité ecclésiastique. — Fig. et fam., *Mettre la m. à la pâte*, Ne pas s'en remettre aux autres du soin de faire une chose, Y travailler soi-même. On dit aussi, *Avoir la m. à la pâte*, Être en train de faire quelque chose, ou bien avoir le maniement de quelque chose. — *Mettre la m. sur quelqu'un*, Le frapper. *Mettre la m. sur quelque chose*, S'en saisir, ou simplement, La trouver. *Il a mis la m. sur l'argent de la succession. Je cherche en vain ce livre, je ne puis mettre la m. dessus.* — *Mettre à quelqu'un la m. au collet*, Voy. Collet. — *Mettre la m. sur la conscience*, Voy. Conscience. — *Sans m. mettre*, Sans travailler et sans faire de frais. *Les prés sont d'un produit fort avantageux, car ils rendent beaucoup sans m. mettre.* Vx. || *Prêter la m. à quelqu'un, à quelque chose*, Voy. Prêter. || *Tendre la m.*, Demander l'aumône, et Fig., Mendier des places, des grâces. — Fig., *Tendre la m. à quelqu'un*, Lui offrir du secours, le secourir. || *Tenir la m. à un cheval*, Hausser la main de la bride pour le conduire à sa volonté. — Fig., *Tenir la m. à quelque chose*, Veiller de près à ce qu'on l'exécute, et à ce qu'on l'exécute bien. || Fig. et fam., *Sortir des mains de quelqu'un*, Échapper à quelqu'un par qui l'on est retenu. *Cet homme en a toujours pour une heure à vous retenir, on ne sort pas de ses mains.* On dit dans le même sens, *On ne peut pas s'arracher de ses mains.* — *S'arracher des mains quelqu'un ou quelque chose*, Se disputer, rechercher avec empressement le plaisir d'avoir telle personne ou telle chose. *C'est un homme aimable que l'on s'arrache des mains. Tout le monde s'arrache des mains ce nouvel ouvrage.* || *Se laver les mains de quelque chose*, Voy. Laver. = *Avoir de la m.* Avoir une exécution facile ; ne se dit que d'un musicien. *Il compose bien sur le piano, mais il n'a pas de m.* || *Avoir la m. bonne*, Être adroit dans les ouvrages manuels. — Fig., *Avoir la m. bonne, la m. heureuse*, Réussir ordinairement dans les choses qu'on entreprend. || *Avoir la m. heureuse*, se dit d'un joueur qui gagne souvent. On dit aussi, à certains jeux de cartes, *Ce joueur a la main bonne, la m. heureuse*, Il est avantageux d'être sous sa coupe, de lui donner à couper. || *Avoir la haute m.*, Avoir en quelque chose l'autorité, la direction supérieure. — Fig., *Tenir la m. haute à quelqu'un*, Le traiter sans indulgence, avec beaucoup de sévérité. *Tenir la m. haute dans une affaire*, Se rendre difficile sur les conditions. — Adv., *Mener un cheval haut la m.*, Tenir la m. des rênes haute, pour le soutenir, pour l'empêcher de tomber, etc. Fig., on dit aussi : *J'en viendrai à bout haut la m., il a emporté cette affaire haut la m.*, pour dire avec autorité, en surmontant aisément tous les obstacles. || *Avoir la m. légère*, se dit d'un joueur d'instrument qui exécute avec aisance et prestesse, d'un homme qui met de la liberté et de la rapidité dans son écriture, d'un chirurgien qui opère avec dextérité, d'un cavalier qui sait bien se servir de la main, et Fig., De quelqu'un qui sait commander, gouverner, se faire obéir, sans faire sentir trop son autorité. — Fam., on dit encore : *Il a la m. légère*, et *Il est léger de la m.*, en parlant de quelqu'un qui est prompt à frapper, d'un filou qui dérobe adroitement. On dit encore dans ce dernier sens : *Il a la m. crochue. Il n'a pas les mains gourdes*, etc. — *Avoir la m. lourde.* Se dit dans toutes les circonstances précédentes pour exprimer précisément le contraire de ce qu'exprime la m. légère. || Fig., *Avoir les mains longues*, Avoir à sa disposition de grands moyens de servir ou de nuire. || *Avoir la m. malheureuse*, Voy. Malheureux. || *Avoir les mains nettes*, Voy. Net. || *Avoir la m. rompue à une chose*, Voy. Rompre. || *Avoir la m. sûre*, Voy. Sûr. || *Avoir, se présenter les mains vides.* Voy. Vide. || *Faire m. basse*, N'épargner personne, passer tout au fil de l'épée. *On fit m. basse dans la ville prise d'assaut. On a fait m. basse sur tous les prisonniers.* — Se dit aussi dans le sens de piller. *Les voleurs ont fait m. basse sur tout ce qu'ils ont pu trouver.* || *M. chaude*, Jeu où une personne, ayant les yeux bouchés, reçoit des coups dans une de ses mains qu'elle tend derrière elle, et doit deviner qui l'a touchée. *Jouer à la m. chaude.* — Fig. et popul., *Avoir la m. chaude*, se dit de celui qui, à certains jeux, gagne plusieurs fois de suite. || Fig. et famil., *M. morte*, Main qu'on laisse aller au gré d'une personne qui l'agite comme si elle était sans nerfs et sans vie. On dit en ce sens aux petits enfants, *Faites m. morte.* — *N'y pas aller de m. morte*, Frapper rudement, avec violence. Au sens moral, on dit aussi, *Il n'y va pas de m. morte*, en parlant de quelqu'un qui, dans une discussion, dans une argumentation, emploie des expressions fortes, violentes. = Main, se dit Fig., pour écriture, caractère d'écriture que trace une personne. *Avoir une belle m. Il n'a pas une bonne m. Imiter la m. de quelqu'un. Je reconnais sa m.* = Main est souvent usité, en parlant de mariage, comme dans ces phrases : *Offrir, proposer sa m. à quelqu'un*, Lui proposer de l'épouser. *Lui donner sa m.*, L'épouser. *Accepter, refuser la m. de quelqu'un. Disposer de sa m. Mariage de la m. gauche*, Voy. Morganatique. = *M.*, se dit encore, dans plusieurs phrases figurées, pour Action, puissance. *La m. de Dieu se fait reconnaître dans ces événements. C'est un coup de sa m. toute-puissante. Il faut que la m. du gouvernement ne se fasse pas trop sentir.* = Main, en T. Jeu de cartes, s'emploie dans plusieurs acceptions particulières. *Avoir la m.*, Être le premier à jouer. — *Avoir la m., faire la m.*, Distribuer les cartes aux joueurs. — *Donner la m.*, Céder à son adversaire l'avantage de jouer le premier. — *Perdre la m.*, Perdre cet avantage pour avoir mal distribué les cartes. || *Faire une m.*, Faire une levée, prendre une carte de son adversaire avec une carte supérieure. *J'ai fait deux mains, trois mains*, etc. On dit dans le même sens, *Lever une m. Combien avez-vous de mains ?* — Fig. et fam., *Faire sa m.*, Piller, dérober, faire des profits illicites. *Il saura bien faire sa m. dans cette affaire.* = À la main. Avec la main. *Prendre des poissons à la m. Un livre écrit à la m.* || Fig. et fam., *Une chose faite à la m.*, Une chose arrangée exprès, d'avance, de concert. *Cette rencontre qu'on a crue fortuite était une chose faite à la main.* || *A la m.*, Dans la m. *Tenir un livre à la m. Avoir son chapeau à la m. Avoir l'épée, la plume, le pinceau à la m.* — *Terminer une affaire le verre à la m.*, En buvant ensemble. || *Cela est bien à la m.*, se dit d'une chose faite de manière qu'on puisse s'en servir aisément, commodément. *Cette raquette est bien à la m. Le manche de cette hache est bien à la m.* — *Avoir les armes bien à la m., belles à la m.*, Avoir bonne grâce à faire des armes. || *Mettre l'épée à la m.*, Tirer l'épée pour s'en servir. — *Ce maître lui a mis les armes, le fleuret, le violon à la m.*, Il lui a donné les premières leçons d'escrime, de violon. — Fig., *Mettre à quelqu'un le pain à la m.*, Voy. Pain. *Mettre à quelqu'un le marché à la m.*, Voy. Marché. || *A la m.*, se dit en T. Manège, de la résistance qu'un cheval fait éprouver à la m. du cavalier. *Ce cheval bat à la m.*, Il secoue la tête. *Il tire à la m.*, Il résiste aux efforts du cavalier. *Il pèse à la m.*, Il appuie sur le mors, et baisse la tête de manière à lasser la main du cavalier. On dit, dans un sens anal., *Ce cheval est lourd, dur pesant à la m.*, et, dans le sens contraire, *Il est léger, il est sensible à la m.* — Fig., *Peser à la m.*, Être à charge, ennuyeux, par sa stupidité, par la pesanteur de son esprit. || Fig., *Être haut à la m.*, Être impérieux, violent, prompt à recourir aux voies de fait. || *A la m.*, sign. aussi, Sous la m., proche, à portée. *Vous avez là toutes choses à la m., vous n'avez qu'à choisir.* — Fig. et fam., *Avoir la parole à la m.*, Parler avec facilité. || *A m. armée*, Les armes à la m. *Entrer à m. armée dans un pays.* || *Aux mains*, se dit de l'action de combattre. *En venir aux mains*, Commencer un combat. *Être aux mains, en être aux mains*, Combattre actuellement. — Fig., *Mettre aux mains deux ou plusieurs personnes*, Les engager dans quelque dispute, dans quelque discussion. *Je les ai mis aux mains sur cette question.* || *A deux mains*, Avec les deux mains. *Prendre, tenir son verre à deux mains.* — *Épée à deux mains*, Épée longue et large qu'on tenait des deux mains. — *Cheval à deux mains, à toutes mains*, Cheval qui sert à la selle et à la voiture. — Fig. et fam., *Cet homme est à deux mains*, Il remplit deux emplois, il fait deux services. *C'est un homme à toutes mains*, Qui est apte à rendre toute sorte de services. || *A pleines mains*, Abondamment, libéralement. *Prendre, donner, répandre de l'argent à pleines mains.* — Fig. et fam., on dit, *A belles mains*, à peu près dans le même sens. *Il en a pris à belles mains*, Autant qu'il en a voulu. || *A m. droite, à m. gauche*, Du côté droit, du côté gauche de la personne qui parle, ou de qui l'on parle. *Prenez d'abord à m. droite, puis vous tournerez à m. gauche.* On dit plus ordinairement, *A droite, à gauche.* — T. Man. *Ce cheval est entier à une m.*, Il n'a de disposition à tourner que d'un seul côté. *Il tourne à toutes mains*, Il tourne comme l'on veut, et prend facilement toutes les allures. = De main. *Une chose faite de m. d'homme*, se dit par opposition à ce qui est l'ouvrage de la nature. *Cette caverne est faite de m. d'homme.* — *Une chose faite de m. de maître*, Une chose bien faite, faite par un homme habile. *Ce meuble est fait de m. de maître.* On dit de même

*Ce tableau, ce drame est fait de m. de maître. Ouvrage d'une bonne m.*, et Fig., *Une intrigue ourdie de m. de courtisan.* || *Revers de m.*, Voy. REVERS. || *Jeu de m.*, Voy. JEU. || *Combat de m., combat de m. à m.*, Combat qui a lieu de près entre deux ou plusieurs personnes. || T. Man. *Cheval de m.*, Cheval qui est conduit avec la main, par un valet monté sur un autre cheval. || *Tour de m.*, Tour d'adresse, de subtilité. *Cet escamoteur fait des tours de m. surprenants.* — Fam., *En un tour de m.*, En aussi peu de temps qu'il en faut pour tourner la main. *Il change d'avis dans un tour de m.* Quelques-uns disent et écrivent, *En un tournemain.* || *Coup de m.*, Voy. COUP. || Fig., *Homme de m.*, Homme d'exécution, hardi, entreprenant. *Il avait des gens de m. avec lui.* || *De m. en m.*, De la main d'une personne à celle d'une autre, et ainsi de suite jusqu'à la dernière. *Ce pamphlet passe de m. en m.* Fig., *Cette tradition est arrivée jusqu'à nous de m. en m.* || Fig., *De longue m.*, Depuis longtemps. *Nous nous connaissons de longue m.* = DE LA MAIN. Avec la m. *Parer un coup de la m. Écrire de la m. gauche. Les arts de la m.*, Ceux où la main est le principal instrument. || T. Man. *Partir de la m.*, se dit d'un cheval qui part légèrement et prend bien le galop ; et Fig., sign. Exécuter avec empressement ce qui peut être agréable à quelqu'un. — *Gagner quelqu'un de la m.*, Voy. GAGNER. || Fig., se dit aussi pour de la part. *Je reçois avec confiance tout ce qui vient de votre m. Ce domestique est sûr, vous pouvez le prendre de ma m.* || *De la m.*, signifie encore, Depuis la m. Fam., *Faire crédit de la m. à la bourse*, Voy. CRÉDIT. — T. Man. *Ce cheval est bien fait de la m. en avant*, Il a la tête et l'encolure belles. *Il est mal fait de la m. en arrière*, Il est mal fait de la croupe, du train de derrière. || *De la m. à la m.*, Manuellement, sans écrit. *Donner de l'argent de la m. à la m.* || *De la première m.*, De la main de celui qui a le premier recueilli, fabriqué ou mis en vente la chose dont il s'agit. *Pour avoir bon marché, il faut acheter les choses de la première m.* On dit aussi, *De la seconde m., de la troisième m.* — *Tenir une nouvelle de la première m.*, ou *de première m.*, La savoir de celui qui en a été instruit le premier. *Je la tiens seulement de la seconde m.*, ou de *seconde m.*, Je ne l'ai apprise que par une personne intermédiaire. *Je la tiens de bonne m.*, D'une source certaine. || *De toutes mains*, Des mains de tout le monde, des mains de qui que ce soit. *Il reçoit, il prend de toutes mains.* Ne se dit qu'en mauvaise part. = DANS LA MAIN, DANS LES MAINS. *Toucher dans la m. à quelqu'un*, Mettre sa main dans la sienne en signe d'amitié, d'acquiescement, de réconciliation. — Fig. et fam., *L'argent ne lui tient pas dans les mains, lui fond dans les mains*, Il le dépense sans discernement et sans mesure. *Manger dans la m.*, Se familiariser plus qu'il ne convient. *C'est un homme qui vous mange dans la m.* || Fig., *Tenir quelqu'un, quelque chose dans sa m.*, Les tenir sous sa puissance, en disposer à son gré. *Il tient cet homme dans sa m. et en fait tout ce qu'il veut. Il tenait la paix dans sa m., et il a refusé de la faire.* On dit, dans un sens anal., *Ma vie, ma fortune est dans vos mains.* || Fig., se dit souvent d'une chose dont on confie la garde, le soin ou l'exécution à quelqu'un. *Cette somme sera déposée dans les mains d'un tiers. Depuis que cette affaire est dans ses mains, elle marche régulièrement.* On dit aussi, dans le même sens, *Entre les mains.* || Fig., en T. Jurispr. féod., on disait d'un fief qui, faute d'aveu, avait été saisi par le roi ou par le seigneur suzerain, *Ce fief est dans la m. du roi, du seigneur.* || Fig., en T. Musiq., *Avoir un morceau dans la m.*, Être en état de l'exécuter bien et avec facilité. = EN MAIN. Dans la main. *Il avait en m. son bâton de maréchal.* || Fig., *Avoir quelqu'un, quelque chose en m.*, L'avoir à sa disposition. *J'ai en m. un valet fort intelligent. Que n'ai-je en m. cent pistoles?* — *Avoir preuve en m.*, Avoir la preuve matérielle de ce que l'on avance et pouvoir l'exhiber. — Fig. et fam., *Avoir la parole en m.*, S'exprimer avec facilité. || Fig., *Prendre en m. les intérêts, la cause de quelqu'un*, Soutenir ses intérêts, se charger de sa défense. || *Être en m.*, Être à la portée de faire quelque chose aisément. — Au billard, *Être en m.*, Avoir sa bille dans la main et non sur le tapis. || *Aller bride en m.*, Voy. BRIDE. || *En m. propre*, Dans la main même de la personne intéressée. *En m. tierce*, Dans la main d'un tiers. || Fig., *En bonne m. en bonnes mains*, Dans les mains, à la disposition d'une personne honnête, probe, sûre, intelligente, capable. *Votre secret est en bonnes mains. Vous ne pouviez pas tomber en meilleures mains.* On dit dans le même sens, *Être en m. sûre, en mains sûres*, et, dans le sens contraire, *Tomber, être en mauvaise m., en mauvaises mains.* = ENTRE LES MAINS. Se dit souvent, au fig., D'une chose dont on confie la garde, le soin ou l'exécution à quelqu'un. *Je veux que ces papiers soient déposés, demeurent entre vos mains. L'autorité royale s'amoindrit entre ses mains.* || *Saisir entre les mains de quelqu'un*, S'opposer à la délivrance des choses qui sont entre ses mains. || Fig., *Ma vie et ma fortune sont entre vos mains*, Elles sont à votre disposition ou dépendent de vous. = PAR LES MAINS. Dans les mains. *Tous les livres de cette bibliothèque m'ont passé par les mains.* — Fig. *Toutes les affaires de cette succession lui ont passé par les mains.* On dit d'une personne qui a exercé longtemps une profession, qui a manié beaucoup d'affaires, *Il lui en a bien passé par les mains.* On dit encore, en manière de menace, *Cet homme passera par mes mains*, Je me vengerai de lui, je le traiterai comme il le mérite. || *Faire valoir une terre, un champ par ses mains*, L'exploiter soi-même, sans fermier ni métayer. || *Se payer par ses mains*, S'indemniser sur ce qu'on a en sa possession et qui appartient à un débiteur. || Fig. et fam., *Se tenir par la m.*, Être d'intelligence ensemble. *Tous ces gens-là se tiennent par la main.* On dit, dans un sens anal., *Se donner la m.* = SOUS LA MAIN. Proche, à portée. *Avoir quelque chose sous la m. Je n'ai pas ce livre sous la m.* — T. Man. *Ce cheval est sous la m.*, se dit d'un cheval attelé sous la m. droite du cocher. Par opposition, on dit qu'*Il est hors la m.*, Quand il est sous la m. gauche du cocher. || Fig., Sous l'autorité, sous la dépendance. *J'ai cet homme sous la m., j'en dispose.* — *S'abaisser, s'humilier sous la m. de Dieu*, Sous sa puissance. — On dit, par menace, *Qu'il ne tombe jamais sous ma m. !* || Fig., *Être sous la m. de l'autorité, sous la m. de la justice*, se dit d'une personne qui est arrêtée, dont on instruit le procès. On dit aussi d'un immeuble saisi, d'un meuble séquestré, ou d'une somme arrêtée judiciairement, *Il est, elle est sous la m. et autorité de justice.* || Fig. et adv., *Sous m.*, Secrètement, en cachette. *Faites-lui savoir cela sous m. On a négocié sous m.* = MAIN se dit encore des extrémités des membres de certains animaux, quand elles présentent un pouce opposable aux autres doigts ; et même des pieds de quelques oiseaux, comme les perroquets et les oiseaux de fauconnerie. — Par analogie, se dit des espèces de vrilles au moyen desquelles les plantes sarmenteuses et grimpantes s'attachent aux corps voisins. || *M. de justice*, Espèce de sceptre terminé par la figure d'une main, emblème de la puissance, que le roi portait le jour de son sacre. = *M.* sert encore à désigner différents ustensiles et objets, qui ont été ainsi nommés à cause de l'usage auquel ils sont destinés. Ainsi, il se dit : D'une pelle de tôle, à manche de bois très court, dont on se sert pour prendre et pour porter de la braise, de la cendre, etc.; De différentes sortes d'anneaux, tel que l'anneau de fer à ressort qui est au bout de la corde d'un puits, et dans lequel on passe l'anse du seau ; De l'anneau qui est au-devant d'un tiroir et qui sert à le tirer, etc. ; D'un morceau de galon plat attaché au dedans d'une voiture ou d'un wagon, et qu'on tient à la main pour se soutenir; D'une pièce de fer recourbée de différentes formes pour enlever les fardeaux, d'un apprêt particulier qui fait paraître un tissu plus épais, etc. || T. Papet. Assemblage de vingt-cinq feuilles de papier. *Une m. de papier. Vingt mains font une rame.* || M. DE FER. Sorte d'ancien instrument de guerre. Voy. LANCE. || T. Législ. *M. morte.* Voy. MAINMORTE. || T. Comptab. comm. *M. courante*, Voy. COMPTABILITÉ.

**Hist. nat.** — I. *Anatomie.* — Dans l'étude de la m. nous comprendrons *le poignet, la paume de la m.* ou *m. proprement dite*, et *les doigts.* Le poignet est aplati d'avant en arrière, comme l'ensemble osseux (radius, cubitus, et rangées du carpe) qui en forme le squelette. Sur la face antérieure du poignet, on remarque deux éminences osseuses; en dedans le *pisiforme ;* en dehors le *scaphoïde*, formant le talon de la m., séparées par un méplat où se voient les plis transversaux de flexion du poignet et des saillies verticales tendineuses, entre autres celle du grand palmaire, en dehors de laquelle se trouve une gouttière où bat l'artère radiale. La région présente en couches successives : la peau, une fine couche sous-cutanée, l'aponévrose épaissie en ligament annulaire, la couche musculaire représentée par les tendons des muscles de l'avant-bras (*cubital antérieur, long supinateur, petit palmaire, grand palmaire, fléchisseur commun superficiel, fléchisseur propre du pouce, fléchisseur commun profond*) ; dans cette même couche se trouvent superficiellement : l'artère radiale, en dehors du grand palmaire, l'artère cubitale et le nerf cubital, accolés au cubital antérieur, enfin le nerf médian, au milieu des tendons du fléchisseur superficiel. Au-dessous, le squelette et les ligaments articulaires. La face postérieure, ou dos du poignet, ne présente qu'une couche de tendons, d'abord parallèles et resserrés dans d'étroites gouttières, puis s'irradiant vers leurs insertions (*cubital postérieur, extenseur propre du petit doigt, extenseur commun des doigts, long extenseur du pouce*). Sur le côté externe de l'apophyse styloïde du radius, les tendons du long abducteur et du court extenseur du pouce délimitent un creux triangulaire appelé *tabatière anatomique*, et où l'on sent battre l'artère radiale.

La m. proprement dite, ou région métacarpienne, présente à étudier la face antérieure ou paume, et la face postérieure ou dos. La paume, quadrilatère, présente, se détachant du talon de la m., deux fortes saillies charnues : le *thénar* ou racine du pouce, et l'*hypothénar* contigu au petit doigt; entre elles le creux de la m., limité inférieurement par le bourrelet palmaire qui correspond aux têtes des métacarpiens, et marqué de sillons qui résultent des mouvements de flexion et d'opposition des doigts. La région est constituée par la peau, dépourvue de poils, mais semée de glandes sudoripares, par un tissu sous-cutané aréolaire très adhérent, et l'aponévrose palmaire compliquée qui circonscrit trois loges musculaires : l'externe, contenant les muscles propres du pouce ; l'interne, les muscles propres du petit doigt, et la moyenne, outre les tendons fléchisseurs, les vaisseaux et les nerfs, nerf médian et cubital, arcades artérielles et nerveuses. — Le dos de la main est recouvert d'une couche mince de parties molles ; la peau et le tissu sous-cutané étant très fins, l'aponévrose et les tendons extenseurs forment une seule et même couche.

Les doigts ont à peine besoin d'être décrits quant à leur aspect extérieur, très différent d'ailleurs. Ils sont au nombre

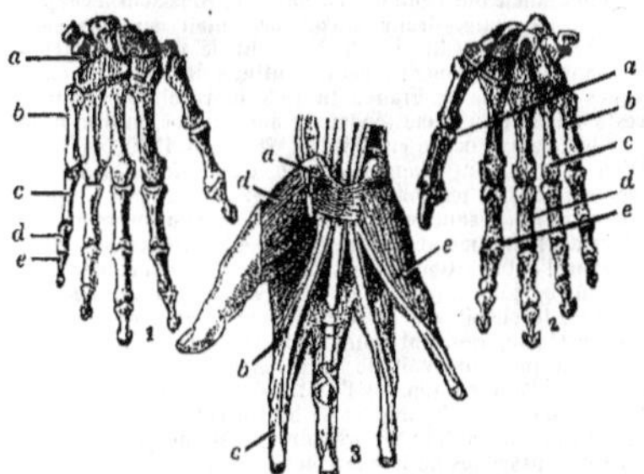


de cinq en allant de dehors en dedans, le *pouce*, l'*index*, le *médius*, l'*annulaire* et l'*auriculaire* ou petit doigt. Inégaux en volume et en longueur, ils dissimulent leur origine réelle à la paume de la main tandis qu'à la face dorsale, elle est très apparente, lorsqu'ils sont en flexion. On les divise en trois segments qui sont de haut en bas, la 1re, la 2e et la 3e phalanges encore appelées *phalange*, *phalangine* et *phalangette*. Leur face antérieure présente des plis permanents résultant de la flexion des phalanges, et dont les rapports avec les interlignes articulaires sont importants à connaître au point de vue de la médecine opératoire ; la peau, épaisse, est remarquable par sa richesse en papilles dermiques, vasculaires ou nerveuses, ces dernières surtout nombreuses au niveau des troisièmes phalanges, et l'aponévrose y est disposée en gaine fibreuse formant canal où sont contenus les tendons fléchisseurs. Le dos des doigts, pourvus de quelques plis transversaux, présente à son extrémité l'ongle; sur le reste de sa surface, des poils au milieu de la première phalange, et au-dessous les tendons extenseurs formant avec leur gaine un large surtout aponévrotique.

[Fig. 1. Squelette de main, face dorsale. *a*. carpe, *b*. métacarpien, *c*. phalange, *d*. phalangine, *e*. phalangette. — Fig. 2. Squelette de la main, face antérieure ou paume. *a*. auriculaire, *b*. annulaire, *c*. médius, *d*. index, *e*. pouce. — Fig. 3. Paume de la main la peau enlevée. *a*. ligament annulaire du poignet, *b*. tendon fléchisseur superficiel, *c*. tendon fléchisseur profond, *d*. éminence thénar, *e*. éminence hypothénar.]

Le squelette de la m. nécessite une étude trop complète en raison du nombre des os et des articulations pour que nous puissions le décrire ici. Il nous suffira de dire que le radius et le cubitus, intimement unis, s'articulent avec les os du carpe disposés en deux rangées et articulés entre eux par l'articulation médio-carpienne. Le carpe lui-même s'articule d'une part avec les quatre derniers métacarpiens, d'autre part par une articulation spéciale avec le métacarpien du pouce; enfin, les métacarpiens s'unissent séparément aux phalanges, et celles-ci entre elles. Un point intéressant à signaler est la disposition des gaines synoviales tendineuses au niveau de la m. La région antérieure présente trois gaines : celle du grand palmaire peu importante, et deux très intéressantes, une personnelle au tendon du long fléchisseur propre du pouce, et l'autre commune au fléchisseur commun et superficiel des autres doigts, fait utile à signaler au point de vue des suppurations de la région. Au niveau des doigts, la synoviale du pouce et celle du petit doigt communiquent avec les grandes gaines; au contraire, celles des doigts intermédiaires sont indépendantes; cette disposition est la plus fréquente, sans être absolue. Les gaines de la région dorsale sont bien moins étendues, plus nombreuses et indépendantes. Il nous reste un mot à dire des arcades vasculaires et nerveuses; les artères cubitale et radiale se divisent à la face palmaire du poignet, formant, par une sorte d'anastomose, deux arcades dites arcades palmaire profonde et superficielle, d'où partent les rameaux destinés à la région. Une constitution analogue régit le système nerveux.

II. *Physiologie*. — Les usages de la m. se rapportent à la sensibilité et au mouvement; par sa sensibilité la m. représente essentiellement l'organe du toucher, par ses mouvements l'organe de la préhension. Les mouvements si multiples et si précis se répartissent inégalement dans les diverses articulations, et la place nous manque pour nous étendre sur les mouvements de flexion et d'extension, d'adduction et d'abduction enfin de pronation et de supination. Voy. Toucher.

III. *Pathologie*. — Les maladies de la m. comprennent : des vices de conformation congénitaux, les lésions traumatiques, les lésions vitales et organiques, enfin les déformations de la m. et des doigts.

Les vices de conformation sont de trois sortes : les arrêts de développement, depuis l'*ectromélie* (membre supérieur réduit à l'état de bourgeon), la *phocomélie* (mains adhérentes au tronc directement sans pédicule) et l'*hémimélie* (rudiment de membre thoracique terminé par un moignon avec une main avortée), jusqu'à l'*ectrodactylie*, et la *syndactylie* (scission en segments digitaux incomplète, au niveau de la main seulement) ou la *brachydactylie* (division des doigts en segments phalangiens incomplète). Les excès de développement aboutissent à un excès de division du bourrelet digital, donnant la m. bifurquée et les diverses formes de *polydactylie* (multiplication anormale du nombre des doigts), ou bien à l'augmentation du nombre des phalanges, ou bien enfin à la *mégalodactylie* (hypertrophie du volume des doigts). Une dernière difformité mérite d'être signalée : c'est la main bote qui peut être équine, talus, varus ou valgus. Les lésions traumatiques sont multiples : fractures, siégeant sur les os du carpe, du métacarpe ou des phalanges; luxations radio-cubitale, radio-carpienne, carpienne, carpo-métacarpienne, métacarpo-phalangienne, etc.; plaies, simples ou contuses, très intéressantes en raison des conséquences graves que peuvent avoir les blessures des tendons, des vaisseaux, des nerfs et des gaines synoviales.

Les lésions vitales et organiques comprennent : les inflammations, dont une des plus fréquentes est le panaris, et dont une des plus graves est le phlegmon ; les synovites, les arthrites aiguës, les ostéites. Quant aux tumeurs, outre les kystes synoviaux fréquents, on rencontre des tumeurs vasculaires, tumeurs érectiles, cirsoïdes, et anévrysmes; des tumeurs solides, siégeant sur les parties molles (verrues, cornes, épithéliomas, etc.) ou sur le squelette (ostéomes, exostoses, enchondromes, etc.).

Les difformités acquises peuvent résulter de maladies ayant pour siège les régions qui nous occupent, ou se rattacher à des lésions d'organes ou de régions éloignées. Ce sont tantôt la rétraction de l'aponévrose palmaire, des adhérences par suite de cicatrices vicieuses, des paralysies ou rétractions musculaires, des raideurs articulaires, des contractures de diverses sortes, des nodosités rhumatismales (d'Heberden), goutteuses, ostéomalaciques, etc.

**MAIN** ou **MEIN**, riv. d'Allemagne, affluent du Rhin, arrose Francfort (600 kil.).

**MAÏNA**, région de la Laconie (Péloponèse). = Nom des hab. : Maïnote.

**MAINATE.** s. m. T. Ornith. On désigne sous ce nom un genre de Passereaux que Cuvier rapproche des Merles, car les animaux qui le composent ont le bec, la grosseur et le vol de ces derniers. Ce qui les caractérise essentiellement, c'est la présence de larges lambeaux de peau nue de chaque côté de l'occiput et une place nue à la joue. Les *Mainates* (*Gracula* ou *Mainatus*) habitent les îles de l'archipel Indien; ils

vivent en troupes et se nourrissent d'insectes et de fruits. Ils sont très doux et aisés à apprivoiser. On les recherche beaucoup à cause de la facilité avec laquelle ils retiennent et répètent les phrases et les airs qu'on leur apprend. On assure que, de tous les oiseaux, ce sont ceux qui imitent le mieux la voix de l'homme. Nous citerons comme type de ce genre le *M. religieux* (*M. religiosa*) de l'île de Java. Cet oiseau (Fig. ci-dessus) a le bec jaune et le plumage noir bleuâtre avec une tache blanche sur l'aile. Son nom spécifique lui vient de ce qu'une femme musulmane refusa, par scrupule religieux, dit Bontius, de laisser peindre un individu de cette espèce qu'elle nourrissait en captivité.

**MAIN-BRUNE.** adj. *Papier m.*, papier gris plus commun que le papier cartier.

**MAIN-D'ŒUVRE.** s. f. Façon, travail de l'ouvrier. *Ce bijou a coûté plus de m.-d'œuvre que de matière.*

**MAINDRON** (Étienne-Hippolyte), sculpteur fr. (1800-1884).

**MAINE**, un des États-Unis de l'Amérique du Nord, 661,000 hab., ch.-l. *Augusta.*

**MAINE** (La), riv. de France, formée de la réunion de la Mayenne et de la Sarthe, près d'Angers, se jette dans la Loire, 10 kil.

**MAINE** (Le), prov. de l'anc. France, dont sont formés les dép. de la Sarthe et de la Mayenne, fut réuni au domaine royal par Louis XI en 1481; cap. *le Mans.*

**MAINE** (Louis-Auguste de Bourbon, duc du), fils légitimé de Louis XIV et de Mme de Montespan (1670-1736), épousa Louise-Bénédicte de Bourbon, petite-fille du grand Condé, qui tint à Sceaux une cour, rendez-vous des beaux esprits (1676-1753). Cette duchesse du Maine entraîna le duc dans la conspiration de Cellamare.

**MAINE** (Henry-Sumner), juriste angl. (1822-1888).

**MAINE DE BIRAN**, philosophe français, auteur d'un mémoire *Sur les rapports du physique et du moral* (1766-1824).

**MAINE-ET-LOIRE** (Dép. de), formé de la plus grande partie de l'Anjou; ch.-l. *Angers*; 4 autres arr. *Baugé, Cholet, Saumur, Segré*, 518,600 hab.

**MAIN-FORTE.** s. f. Assistance qu'on donne à quelqu'un pour exécuter quelque chose; se dit plus particulièrement du secours qu'on prête à la justice. *Demander m.-forte. Prêter m.-forte à l'exécution des lois.*

**MAINFROI** ou **MANFRED**, roi des Deux-Siciles, fils naturel de l'empereur d'Allemagne Frédéric II, tué en combattant contre Charles d'Anjou (1231-1266).

**MAINLAND**, île d'Écosse, la plus grande des Shetland, 16,000 hab.; ch.-l. *Lerwik.*

**MAINLEVÉE.** s. f. (R. *main* et *lever*.) T. Jurispr. Acte judiciaire ou volontaire qui lève l'empêchement résultant d'une saisie, d'une opposition ou d'une inscription hypothécaire. *Demander m. d'une saisie-arrêt. Obtenir des mainlevées de ses créanciers.*

**MAINMISE.** s. f. [Pr. *min-mize*]. T. Jurispr. féodale. Se disait pour saisie. || Fig. et fam., *User de m.*, Mettre la main sur quelqu'un, le frapper. Vieux.

**MAINMORTABLE.** adj. 2 g. T. Jurispr. Qui est sujet au droit de mainmorte; Qui est de mainmorte.

**MAINMORTE.** s. f. T. Jurispr. On entend par *mainmorte*, l'état des vassaux qui, sous le régime féodal, étaient soumis à la servitude personnelle et réelle, et se trouvaient, par conséquent, dans l'incapacité de disposer de leurs biens. Le *mainmortable* ne pouvait léguer par testament qu'une somme insignifiante et variant de 5 à 60 sols, selon la coutume locale. En outre, sa succession, quand il ne laissait pas d'enfants légitimes, passait à son seigneur. Le mot de mainmorte semble venir d'une ancienne coutume barbare qui consistait à couper au défunt la main droite qu'on présentait au seigneur. Louis XVI, par un édit de 1779, abolit le droit de mainmorte dans ses domaines; mais il continua de subsister dans quelques parties de la France jusqu'à la révolution. Enfin, ce reste odieux du régime féodal fut anéanti par un décret de l'Assemblée constituante en date du 28 mars 1790. — Sous l'ancien régime, on nommait encore *Gens de mainmorte* les corporations et les communautés considérées comme personnes morales, lesquelles, ne subissant aucune mutation par le décès de leurs membres, ne pouvaient disposer de leurs biens sans l'autorisation du roi. Le terme de mainmorte employé dans ce sens a disparu de notre législation. Néanmoins, en réalité, les hôpitaux, les communautés, etc., qui ont une existence légale, rentrent dans cette catégorie. En effet, ces corps n'ont que l'usufruit de leurs biens et ne peuvent les aliéner sans l'autorisation de l'État. — La loi du 20 février 1849, afin d'établir l'égalité contributive entre ces sortes de biens et ceux des autres propriétaires, a statué que les biens immeubles, passibles de la contribution foncière, appartenant aux départements, communes, hospices, séminaires, fabriques, congrégations religieuses, consistoires, établissements de charité, bureaux de bienfaisance, sociétés anonymes et tous établissements publics légalement autorisés, seraient imposés d'une taxe annuelle représentative des droits de transmission entre-vifs et par décès. Cette taxe est calculée à raison de 87 1/2 pour franc du principal de la contribution foncière (loi du 30 mars 1872, art. 5).

**MAINT, AINTE.** adj. collectif. [Pr. *min, minte*]. Plusieurs, plus d'un. *M. homme. Mainte femme. M. auteur.* — Dans quelques locut., on l'emploie indifféremment au singul. ou au plur. *Mainte fois. Maintes fois.* || Souvent il se répète. *Il m'a fait mainte et mainte difficulté. Il s'est signalé dans maints et maints combats.* Fam.

**MAINTENANCE.** s. f. Action de maintenir.

**MAINTENANT.** adv. de temps. (R. *main* et *tenant*.) A présent, à cette heure, au temps où nous sommes. *Que voulez-vous m. que je fasse? M. je n'ai pas le loisir de...* = Maintenant que. loc. conj. *M. que nous sommes seuls, parlons librement.* = Syn. Voy. Actuellement.

**MAINTENEUR.** s. m. Celui qui maintient = Nom donné aux instituteurs des jeux floraux.

**MAINTENIR.** v. a. (R. *main* et *tenir*.) Tenir ferme et fixe. *Cette barre de fer maintient la charpente.* || Au sens moral, Conserver dans le même état. *Il vous a nommé à cet emploi, il vous y maintiendra. Il a été maintenu en possession par arrêt de la cour. M. l'ordre public, la* *sécurité, les lois, la discipline.* || Affirmer, soutenir. *Je vous maintiens que cela est vrai. Je le maintiendrai envers et contre tous.* = SE MAINTENIR. v. pron. Demeurer dans le même état. *Toutes ces pièces de charpente se maintiennent bien. Ce vieillard se maintient. Les Portugais ne purent se m. dans leurs conquêtes. Se m. dans les bonnes grâces du souverain. La discipline s'est toujours maintenue dans ce régiment.* = MAINTENU, UE. part. = Conj. Voy. TENIR.

**Syn.** — *Soutenir.* — On *maintient* ce qui est déjà tenu, mais qu'il faut tenir encore pour qu'il subsiste dans le même état; on *soutient* ce qui a besoin d'être tenu par une force particulière, et qui courrait risque, sans cela, de tomber. On *soutient* ce qui est faible, chancelant; on *maintient* ce qui est variable, changeant. C'est surtout la vigilance qui *maintient;* c'est surtout la force qui *soutient.*

**MAINTENON.** ch.-l. de c. (Eure-et-Loir), arr. de Chartres, sur l'Eure, à 69 kil. de Paris, 2,100 hab. Château ayant appartenu à M<sup>me</sup> de Maintenon. Aqueduc commencé sous Louis XIV pour amener les eaux de l'Eure à Versailles (1684-1688), et resté inachevé.

**MAINTENON** (Françoise D'**AUBIGNÉ**, marquise DE), petite-fille d'Agrippa d'Aubigné (1635-1719), épousa le poète Scarron (1652), et quelques années après sa mort devint gouvernante des enfants de M<sup>me</sup> de Montespan (1673). Elle plut à Louis XIV, qui l'épousa secrètement en 1684. L'influence qu'elle exerça sur le roi ne fut pas toujours bienfaisante. Elle fut pour beaucoup dans la révocation de l'Édit de de Nantes. Elle fonda, pour l'éducation des jeunes filles nobles et pauvres la maison de Saint-Cyr où elle se retira en 1715 après la mort de Louis XIV.

**MAINTENUE.** s. f. (R. *maintenir*) T. Jurispr. Confirmation, par jugement, dans la possession d'un bien ou d'un droit litigieux. *Obtenir un arrêt de maintenue.*

**MAINTIEN.** s. m. [Pr. *min-ti-in*] (R. *maintenir*). Conservation. *Le m. de l'ordre, de la discipline. Le m. des lois. Les bonnes mœurs contribuent au m. de la société.* || Contenance, air du visage, habitude du corps en repos. *Un m. grave. Avoir un m. modeste. Prendre un m. sérieux.* — *N'avoir pas de m.*, Avoir l'air gauche et embarrassé.

> A ce noble maintien,
> Quel œil ne serait pas trompé comme le mien?
> RACINE.

*Perdre son m.*, Être déconcerté. *Tenir quelque chose à la main pour se donner un m.*, Pour n'avoir pas l'air embarrassé.

**MAIRAIN.** s. m. Voy. MERRAIN.

**MAIRAN** (J.-J. DORTOUS DE), physicien et littérateur franç. (1678-1771), remplaça Fontenelle comme secrétaire perpétuel de l'Académie des sciences.

**MAIRE.** s. m. (lat. *major*, supérieur, compar. de *magnus*, grand). Le premier officier municipal d'une commune. Voy. MUNICIPAL.

**Hist.** — Les rois de la première race avaient pour administrer leurs affaires privées un officier ou intendant qui portait le titre de *majordome*, en latin, *major domus regiæ*, que l'on a transformé en *Maire du palais*. Les officiers qui étaient revêtus de ce poste de confiance, et qui étaient en rapport continuel avec le roi, ne tardèrent pas, grâce à l'anarchie et aux guerres civiles alors perpétuelles, à acquérir une importance considérable. Dès le VI<sup>e</sup> siècle, on les voit prendre part à l'administration générale du pays et commander les armées. Warnachaire, maire du palais de Brunehaut, régente d'Austrasie, s'étant mis à la tête de la conjuration des leudes qui la livrèrent à Clotaire II, roi de Neustrie (613), ceux-ci le nommèrent m. de Bourgogne. Clotaire le maintint dans cette dignité, qu'il rendit inamovible; bien plus, il accorda aux grands d'Austrasie le droit de choisir eux-mêmes leur m. Après Dagobert (638), les rois connus sous le nom de rois fainéants restèrent renfermés au fond de leurs palais, et les maires, les Erchinoald, les Ebroïn, les Pepin, gouvernèrent et commandèrent en leur nom. Bientôt même cette charge devint héréditaire. La famille des Pepin en particulier, qui dominait dans l'Austrasie, travailla sans relâche à se substituer à la race des Mérovingiens. Pepin d'Héristal, après avoir battu Thierry, roi de Neustrie, et son maire Berlaire (687), se fit créer m. des trois royaumes, et prit le titre de *duc et prince des Francs.* Charles-Martel, son fils, lui succéda dans l'autorité souveraine (714), bien qu'il en laissât le titre à des rois fantômes. Enfin, Pepin le Bref, fils de Charles-Martel, dans une assemblée générale qui eut lieu à Soissons, en mars 752, fut placé sur le trône du consentement unanime des évêques et des grands, pendant que Childéric III, déposé, était enfermé dans un couvent.

**MAIRESSE.** s f. [Pr. *mè-rese*]. La femme d'un maire.

**MAIRET** (JEAN DE), poète tragique fr. (1604-1686).

**MAIRIE**, s. f. Charge, office de maire. *Il vient d'être nommé à la m. de telle ville.* || Le temps durant lequel on exerce cette fonction. *Pendant sa m.* || Le bâtiment où se tient l'administration municipale. *Aller à la m.* || *M. du palais*, La dignité de maire du palais.

**MAIS.** adv. (lat. *magis*, davantage). Ne se dit que dans le langage fam. et se joint toujours au verbe *pouvoir* par une négation ou par une interrogation. *Je n'en puis m.*, Ce n'est pas ma faute, je n'en suis pas la cause. *En puis-je m. de vos sottises? Si cela est arrivé, en puis-je m.?*

**MAIS.** conj. adversative (lat. *magis*, davantage). *Mais* sert à marquer Opposition, exception, différence. *Il est fort honnête homme, m. il a tel défaut. Elle est riche, m. avare. Elle est moins jolie que sa sœur, m. elle est plus spirituelle.* || Se dit aussi pour rendre raison d'une chose. *Je l'ai puni, m. il l'avait mérité. Je l'ai corrigé, m. j'en avais le droit.* || *Mais* sert encore à marquer l'augmentation ou la diminution. *Non seulement il est bon, m. encore il est généreux. Non seulement il est pauvre, m. de plus il est criblé de dettes.* || Dans la conversation, se dit quelquefois au commencement d'une phrase, soit pour indiquer un rapport avec ce qui a précédé, soit pour revenir à un sujet qu'on avait laissé, soit simplement pour quitter celui dont on parle. *M. qu'ai-je fait? M. qu'ai-je dit? M. pourquoi n'avez-vous pas répondu? M. quel reproche avez-vous à me faire? M. encore faut-il s'entendre. M. il est temps d'en finir.* = MAIS s'emploie quelquefois subst., et signifie Restriction, objection. *Il ne loue guère sans quelques m. Il y a toujours avec lui des si et des mais.*

> Achevez, seigneur; ce mais que veut-il dire?
> CORNEILLE.

**MAÏS.** s. m. [Pr. *ma-i* ou *ma-iss*] (R. *mahis*, mot haïtien). T. Bot. Genre de plantes Monocotylédones (*Zea*) de la famille des *Graminées*. Voy. ce mot. Ce genre se compose de plantes herbacées, annuelles, dont les fleurs mâles et les fleurs femelles sont portées par la même tige, mais sur des points différents. On le considère généralement comme originaire du nouveau monde; néanmoins plusieurs auteurs pensent qu'il était connu dans l'ancien continent avant la découverte de l'Amérique. Quoi qu'il en soit, le m. est aujourd'hui répandu sur une grande partie de la surface du globe, mais c'est en Amérique que sa culture présente le plus grand développement; elle s'y étend depuis le 41° de lat. sud jusqu'au 45° de lat. nord. Dans les contrées tropicales, il prospère depuis les bords de la mer jusqu'à 2,800 mètres de hauteur. Enfin, en France, il ne dépasse pas, au nord, une ligne idéale qui part de l'embouchure de la Loire et aboutit au point où le Rhin sort de l'Alsace. La maturation du m. exige une plus grande somme de chaleur que celle du blé. Il croît avec d'autant plus de vigueur qu'il fait plus chaud; cependant il redoute les climats secs, et c'est pour cela qu'il est peu cultivé dans plusieurs de nos départements méridionaux, surtout dans ceux des Bouches-du-Rhône et de Vaucluse.

On connaît plusieurs espèces de m.; mais une seule, le *M. commun* (*Zea Mais*), appelé vulgairement *Blé de Turquie*, *Blé d'Inde*, *Blé d'Espagne* (Fig. 1), a jusqu'à présent attiré l'attention des cultivateurs. Cette espèce paraît avoir donné naissance dans sa patrie même à deux sous-espèces: le *M. à grains larges*, disposés en huit séries, et le *M. dent de cheval*, aux grains étroits, prismatiques, en 12-14 séries. Les sous-variétés résident dans la taille, certaines étant naines, d'autres gigantesques, et dans la couleur du grain qui est jaune, blanche ou rouge. Celles qui conviennent le mieux à notre climat appartiennent à la section des jaunes et des blanches, qui sont à la fois les plus productives, les plus rustiques et les moins exigeantes sur la nature du sol. Le *M.*

*d'été* ou *d'août* s'élève à 1 m. 12; son épi a de 12 à 14 rangées de 30 à 35 grains. Le *M. d'automne* ou *M. tardif* atteint 2 m.; il a de 35 à 40 grains à chacune de ses rangées, qui varient de 10 à 12. Le *M. quarantain* est un des plus hâtifs;

Fig. 1

sa tige ne dépasse pas 70 cent., et son épi présente 8 à 10 rangées de 24 à 28 grains. Le *M. nain* ou *M. à poulets*, moins précoce, atteint 1 m. 50, et fournit de 8 à 16 rangées

Fig. 2.

de 20 grains à chaque épi. Nous citerons encore le *M. de Pensylvanie*, le plus haut de tous, qui s'élève jusqu'à 2 m. 50, et dont l'épi a de 8 à 10 rangées de 50 à 60 grains (Fig. 2). En général, les variétés très productives et à végétation lente conviennent mieux aux sols de nos départements du Midi, tandis que les précoces sont préférables pour les climats moins chauds et les ensemencements tardifs. Le m. s'accommode à peu près de toute espèce de terre, pourvu qu'elle soit ameublie et fumée, mais il ne donne de très bonnes récoltes que moyennant une abondante fumure. Il se cultive en lignes, et l'on dirige ces dernières du nord au midi, pour que le soleil puisse frapper les pieds le plus longtemps possible. Le rendement varie suivant les climats. Ainsi, par ex., dans nos départements méridionaux, il est d'environ 50 hectol. par hectare, tandis que, dans ceux du centre, il ne dépasse pas 30 hectol. L'hectol. pèse de 60 à 75 kilogr. Quant à la quantité de paille fournie par hectare, elle varie de 3,000 à 4,500 kilogr.

Les usages du m. sont très nombreux. Son grain fait partie de la nourriture de l'homme. Le plus souvent on fait avec sa farine une bouillie plus ou moins épaisse, appelée *Gaude*, *Polente*, *Milias* ou *Milliasse*, suivant la façon dont on la prépare. L'absence de gluten dans la fécule de m. la rend impropre à la panification; cependant on en fait quelquefois, par l'addition d'un quart à un tiers de farine de froment, une sorte de pain assez lourd. Les Indiens mangent les grains du m. en vert, comme nous mangeons les petits pois, ou bien grillés ou cuits à l'eau. Ce grain constitue un excellent aliment pour les animaux, surtout pour les porcs et les oiseaux de basse-cour. Il peut encore, selon Parmentier, remplacer l'orge pour la fabrication de la bière, et, suivant Pallas, les tiges fournissent, quand on a eu le soin d'enlever les inflorescences, une quantité considérable de sucre tout à fait semblable à celui de la canne à sucre. Enfin, la paille elle-même, consommée en vert, fournit un excellent fourrage, et sèche, elle fait une très bonne litière pour les bestiaux. Les larges feuilles spathiformes qui enveloppent l'épi servent à remplir les paillasses; on peut même en faire un papier d'assez bonne qualité.

**MAISON**. s. f. [Pr. *mè-zon*] (lat. *mansio*, *mansionis*, demeure, de *mansum*, sup. de *manere*, demeurer). Bâtiment servant de logis, d'habitation, de demeure. *Une m. belle, grande, commode. M. neuve. Vieille m. M. basse, élevée. M. à un étage, à plusieurs étages. M. de brique, de pierre de taille. M. de ville. M. des champs. M. de campagne. M. de plaisance. M. à vendre, à louer. Construire, démolir une m. Les fondements, les gros murs, la couverture d'une m. Il va de m. en m. Sa maison est ouverte à tous venants. Il ne sort pas, il ne bouge point de la m.* — Fig. et fam., *Par-dessus les maisons*, se dit de choses exorbitantes, excessives, exagérées. *Il a des prétentions par-dessus les maisons.* || *M. royale* ou *impériale*, Maison où le chef de l'État peut habiter avec sa cour. *M. garnie, M. d'éducation, M. de santé, M. de jeu, M. de prêt*, Voy. Garnir, etc. — *M. de commerce, de banque, de commission*, Établissement où l'on fait le trafic des marchandises, de l'argent, ou la commission. — *M. de ville, M. commune*, Le bâtiment où se réunit le corps municipal d'une commune, et où sont conservées les archives. — *M. d'arrêt, de détention, de correction, de force*, Lieux légalement désignés pour recevoir ceux qu'on vient d'arrêter, ou ceux qui ont été condamnés à la détention. Voy. Prison. — *M. de charité*, Maison où l'on donne des secours à la classe indigente. || *La m. de Dieu*, L'église. *Il faut entrer avec respect dans la m. de Dieu.* || *Petite-m.*, se disait autrefois d'une m. ordinairement située dans un quartier retiré et destinée à des plaisirs secrets. *Il leur donna à dîner dans sa petite-m.* — *Petites-Maisons*, Nom donné autrefois à un hôpital de Paris où l'on renfermait des aliénés. — Prov., *Il est à mettre aux Petites-Maisons, C'est un échappé des Petites-Maisons*, C'est un homme sans raison, qui fait ou qui dit des folies.

J'aurai beau protester, mon dire et mes raisons
Iront aux Petites-Maisons.

La Fontaine.

= Par ext., *Maison* se dit du ménage, de l'administration des affaires domestiques. *Elle tient, elle gouverne bien sa m. Sa m. est bien réglée, bien ordonnée. Il a une m. bien dispendieuse et bien lourde.* — *Avoir un grand état de m.*, Avoir un grand luxe de table, d'ameublement, beaucoup de domestiques, de chevaux, etc. || *Faire une bonne m.*, Amasser beaucoup de bien, se mettre en état de bien établir sa famille. *C'est une bonne m.*, C'est une m. où règnent l'ordre et l'aisance. — *Avoir une bonne m.*, Donner souvent à manger. *Faire bien les honneurs de sa maison*, Voy. Honneur. || Se dit encore des personnes qui vivent ensemble dans une m., et qui composent en général une même famille. *Il est aimé de toute la m. C'est l'ami de la m. Il est de la m. Toutes les maisons honnêtes de la ville lui sont fermées. Le maître, la maîtresse, l'enfant de la m. La maison paternelle*. Se dit quelquefois des gens au service d'une maison. *Un valet et deux servantes composent sa m.* — *Les gens de la m.*, Les domestiques attachés au service d'une famille en particulier. *Les gens de m.*, Ceux qui font profession de servir comme domestiques. || *Faire sa m.*, Rassembler tout ce qui forme un état de m., en domestiques, en chevaux, en équipages, etc.; ne se dit que des princes ou des personnes élevées en dignité. — Fam., *Faire m. nette*, Renvoyer à la fois tous ses domestiques; et, *Faire m. neuve*, En prendre d'autres. || *M. du roi, de l'empereur*, Les officiers de la chambre, de la garde-robe, de la bouche et autres, attachés au service personnel du souverain. — *M. militaire du roi, de l'empereur*, ou simplement, *La m.*, Les troupes destinées à la garde de sa personne. Voy. Garde. = Fig., *Maison* s'emploie encore dans le sens de race, famille; mais ne se dit que des familles nobles et illustres. *M. ancienne. M. souveraine. La m. de France, d'Autriche. Un prince, une princesse de la m. royale. Appartenir à une grande m. Soutenir l'honneur de sa m., relever sa m.*, Acquérir des biens et des honneurs qui rendent à la famille dont on sort les avantages qu'elle avait perdus. — *Cette m. est éteinte*, Le dernier de la race est mort. || Fig., *Être de bonne m.*, Être d'une naissance distinguée. *Un homme, une femme, un enfant, une fille de bonne m.* || De bonne et ancienne race. *Ce jeune homme sent son enfant de bonne m.*, Il a les manières nobles. || Fig. et fam., *Traiter quelqu'un en fils de bonne m.*, Le châtier comme il le mérite. = Se dit quelquefois d'une compagnie, d'une communauté d'ecclésiastiques, de religieux. *La m. professe des jésuites*. = T. Astrol. *Les douze maisons du soleil*, Les douze signes du zodiaque.

**MAISON** (Nicolas-Joseph, marquis), maréchal de France (1771-1840), commanda l'expédition de Morée en 1828.

**MAISONNÉE**. s. f. collect. [Pr. *mè-zo-née*]. Tous les gens d'une famille qui demeurent dans une même maison. *Toute la m. est venue dîner chez moi*. Très fam.

**MAISONNETTE**. s. f. [Pr. *mè-zo-nète*] (Dimin. de *maison*). Maison basse et petite. *Il s'est fait bâtir une m.*

**MAISONS-ALFORT**, comm. du dép. de la Seine, arr. de Sceaux; 7,900 hab.

**MAISONS-LAFFITTE** ou **MAISONS-SUR-SEINE**, comm. du canton de Saint-Germain-en-Laye, arr. de Versailles (Seine-et-Oise); 5,700 hab. Magnifique château bâti par Mansart, ayant appartenu au président de Maisons et à Jacques Lafitte.

**MAISTRANCE**. s. f. (R. *maître*). T. Mar. Le corps des sous-officiers de marine, maîtres, contremaîtres et quartiers-maîtres, chargés des différents détails du service.

**MAISTRE** (Joseph, comte de), publiciste fr., né à Chambéry (1753-1821), ministre plénipotentiaire de Sardaigne à la cour de Russie, auteur du livre *du Pape*, des *Soirées de Saint-Pétersbourg*. = Son frère Xavier de Maistre (1763-1852), romancier, est l'auteur du *Voyage autour de ma chambre*, du *Lépreux de la cité d'Aoste*, etc.

**MAIT**. s. f. [Pr. *mè*] (lat. *magis*, *magidis*, m. s.). Pétrin de boulanger. — Huche pour pétrir et ranger le pain. — Vase oblong pour porter la farine dans le pétrin. — Vase pour porter la viande. — Caisse pour tamiser le salpêtre dans les poudreries. Pelle — pour mélanger la calamine et le charbon dans l'industrie du laiton. — Caisse pour faire égoutter les cordages récemment goudronnés. — Fond, couvercle de pressoir.

**MAÎTRE**. s. m. (lat. *magister*, m. s. de *magis*, plus). Celui qui a le droit ou le pouvoir de commander, de se faire obéir; celui qui possède l'autorité, soit de droit, soit de fait. *Dieu est le m. de l'univers. Un prince absolu est le m. dans ses États*

Moi, fille, femme, sœur et mère de vos maîtres.
Racine.

*César se rendit m. de la république. Agir, parler en m. Chacun est m. chez soi. M. de maison. Le m. de la maison.* — Fam., *Heurter, frapper, sonner en m.*, Frapper, sonner fortement à la porte d'une maison, comme quelqu'un qui ne craint pas qu'on le trouve mal. || Celui qui a des serviteurs, des domestiques, des esclaves. *Un bon, un mauvais m. Un m. dur, sévère, impitoyable. Servir un m. Changer de m. Cet esclave s'est sauvé de chez son m.*

Andromaque, sans vous,
N'aurait jamais d'un maître embrassé les genoux.
Racine.

|| Prov., *Nul ne peut servir deux maîtres à la fois.* — Fig. et fam., *Chercher m.*, Ne pas savoir encore de quel parti on se rangera, quelle opinion on adoptera, soit en politique, soit en religion, etc. *Ses sentiments ne sont pas encore arrêtés, il cherche m.* Peu usité. || *Mon m., le roi mon m.*, *l'empereur mon m.*, Expressions qu'emploient ordinairement les ambassadeurs ou autres agents d'un souverain, en pays étranger, lorsqu'ils parlent de lui. = *Être m., le m. de faire quelque chose*, Avoir la liberté, le pouvoir de faire quelque chose. *Vous êtes m. de choisir. Vous êtes m. d'y aller ou de n'y pas aller.* Absol., *Vous êtes bien le m.* — *Ce chanteur est m. de sa voix*, Il la dirige comme il lui plaît. — *Être m. de ses passions*, Avoir la puissance de les vaincre, de les dominer. *Être m. de soi*, Se posséder. — *Cet écrivain, cet orateur, ce poète est m. de son sujet, de sa matière*. Il la possède parfaitement et la traite comme il lui plaît. || *Se rendre m. d'une place, d'une province, d'un poste*, S'en emparer par la force. — *Se rendre m. des esprits, des cœurs*, Prendre de l'empire sur les esprits, gagner les cœurs. — *Se rendre m. du feu*, Arrrêter les progrès d'un incendie. *Être m. du feu*, S'être assuré qu'il ne fera plus de progrès. — *Se rendre m. de la conversation*, Y jouer le principal rôle, la diriger à son gré. = Propriétaire. *Il est m. de cette terre, de ce château. Qui est le m. de ce cheval? Ce chien a reconnu la voix de son m.* — Fam., on dit d'un objet égaré ou perdu, *Il trouvera m.*, Il y aura quelqu'un qui le réclamera ou qui se l'appropriera. || Prov., *L'œil du m.*, La surveillance, la sollicitude du propriétaire. *Il n'y a rien de tel que l'œil du m. L'œil du m. est nécessaire dans ce vaste établissement.* = Celui qui enseigne quelque art ou quelque science. *M. d'écriture. M. de langue, de français, de latin. M. de dessin, de mathématiques. M. de musique, de harpe, de violon, etc. M. d'escrime* ou *M. d'armes. M. à danser. Il n'a plus besoin de m.* — Prov., *Jurer sur la parole du m.*, Adopter et soutenir aveuglément les opinions de quelqu'un. — Fig., *Le temps est un grand m.*, Avec l'expérience on apprend beaucoup de choses. || *M. ès arts*, Celui qui avait reçu, dans une université, les degrés qui donnaient pouvoir d'enseigner les humanités et la philosophie. *Les maîtres ès arts de l'Université. M. de pension*, Celui qui prend des enfants en pension pour les instruire. *M. d'école*, Celui dont l'école est destinée à donner aux enfants l'instruction élémentaire. *M. d'étude*. Voy. Étude. = Se dit de celui qui a tellement excellé dans un art, dans une science, que ses ouvrages servent de modèles. *Il écrit en m. Cet ouvrage est fait de main de m. Homère et Virgile sont deux grands maîtres en poésie. Je m'en rapporte aux maîtres de l'art. Les grands maîtres de la peinture. Les maîtres italiens et les maîtres flamands se ressemblent peu. Ce tableau est d'un grand m. Ce m. fut l'élève de Raphaël.* — On dit, dans un sens analogue, *En musique, les Italiens sont nos maîtres. Les anciens sont nos maîtres en littérature.* || Fam., on dit à quelqu'un, que l'on reconnaît pour plus habile ou plus fort que soi à un jeu, dans quelque exercice: *Vous êtes mon m.* On dit de même, *Trouver son m. C'était un querelleur, mais il a trouvé son m. Il passait pour le plus habile joueur d'échecs, mais il a trouvé son m.* || Fam., *Un m. homme, un m. sire*, Un homme entendu, habile, qui sait se faire obéir, se faire servir. — Par exagération, on joint quelquefois le nom de *Maître* à certains termes injurieux. *Un m. fou. Un m. fripon. Un m. coquin.* || *Maître*, se disait autrefois de celui qui, après avoir été apprenti, était reçu dans quelque corps de métier, et, par analogie, se dit encore aujourd'hui d'un artisan qui emploie ou dirige plusieurs ouvriers, qui fait des entreprises, etc. *Dans ce corps de métier, il en coûtait beaucoup pour passer m. M. cordonnier. M. tailleur. M. charron. Le devis du m. maçon. Chez quel m. travaille-t-il?* Voy. Corporation. — Fig., *Il est passé m. en fourberie*, C'est un grand fripon, un grand fourbe. || *M. valet, m. garçon, m. clerc*, Celui qui est le premier entre ses compagnons, dans une maison, dans une boutique, dans une étude. || *M. à danser*, Sorte de compas à branches croisées. || T. Mar. *M. d'équipage*, ou simplement *Maître*, Le premier sous-officier de manœuvre qui a autorité sur toutes les personnes

de l'équipage. On dit, dans des sens analogues, *M. canonnier*, *m. charpentier*, *m. calfat*, etc. = *Maître* est aussi un titre attribué aux personnes revêtues de certaines charges. *M. des requêtes. M. des comptes. Conseiller m. M. des cérémonies. M. de la garde-robe.* On dit ou l'on disait aussi : *Grand m. des cérémonies. Grand m. de l'artillerie. Grand m. de l'Université de France. Grand m. de l'ordre de Malte. Grand m. des eaux et forêts*, etc. — T. Hist. rom. *M. de la cavalerie*, Voy. DICTATEUR. — *M. du sacré palais*, Titre donné à un religieux de l'ordre de Saint-Dominique, qui demeure à Rome dans le palais du pape, et qui a autorité pour examiner les livres et pour accorder la permission d'imprimer. || *M. de chapelle*, Voy. CHAPELLE. || T. Palais et Prat. Titre qu'on donne aux avocats, aux avoués et aux notaires. *M. un tel, vous vous écartez de la question. Par-devant m. un tel et son collègue, notaires à Paris.* — Fig. et prov.. *Compter de clerc à m.* Voy. CLERC. || *Maître* se dit quelquefois, dans le langage familier, en adressant la parole à un homme du commun que l'on ne veut pas qualifier de *Monsieur*. *Eh bien, m. Pierre, comment vont les travaux?* — Fig., *M. Jacques*, Homme qui réunit plusieurs emplois dans une maison. *Il est à la fois valet de chambre, cuisinier, cocher; c'est un m. Jacques.* = *Maître* est parfois usité dans le sens de premier, principal, en parlant de choses inanimées qui sont de même nature. *Le m. autel* ou *maître-autel*, Voy. AUTEL. *Le m. brin d'une plante.* = *Petit-m.*, T. fam. par lequel on désigne un homme qui cherche à se distinguer par l'élégance recherchée de sa toilette, et qui le plus souvent affecte un ton avantageux et des manières libres avec les femmes. *C'est un petit-m. Ce vieux fou fait encore le petit-m.*

**MAÎTRESSE.** s. f. [Pr. *mè-trè-se*]. Se dit dans presque toutes les acceptions de *maître*. *Cette femme est bonne m., elle traite bien ses domestiques. La m. du logis. Elle est dame et m. de ce lieu. Rome fut la m. du monde. Cette femme est m. d'elle-même, de ses sentiments, de ses passions. Une m. de chant, de piano, de dessin. M. d'école. M. de pension. On vit alors combien la prudence humaine est peu m. des événements. M. lingère, couturière. La m. branche d'un arbre.* — Fam., *M. femme*, se dit d'une femme habile, intelligente, ferme, qui sait prendre de l'ascendant sur ceux qui l'entourent. || *Petite-m.*, Femme qui est d'une élégance recherchée dans son ton, dans ses manières, dans sa parure, dans son ameublement, etc. *Elle a un appartement de petite-m. Servante-m.*, Servante qui a usurpé le rôle de la m. de maison. *M. d'atelier*, Celle qui dirige les ouvrières. || Fille ou femme qui a un commerce de galanterie avec quelqu'un. *C'est sa m. Il a plusieurs maîtresses.* || T. Mar. *M. pièce*, La pièce principale d'un ouvrage. *M. ancre*, l'Ancre principale du navire.

**MAÎTRISABLE.** adj. 2 g. [Pr. *mètri-zable*]. Qu'on peut maîtriser.

**MAÎTRISE.** s. f. [Pr. *mè-trize*]. Qualité de maître. Voy. CORPORATION. || L'emploi de maître de chapelle dans une église. *Il obtint la m. de Notre-Dame.* — École d'éducation musicale des enfants de chœur d'une église. || *M.* ou *Grande-m.*, se dit de certaines charges ou dignités. *La m. des eaux et forêts. La grande-m. de Malte, de l'ordre Teutonique.*

**MAÎTRISER.** v. a. [Pr. *mètri-zer*] (R. *maîtrise*). Gouverner en maître, avec une autorité absolue. *C'est une injustice que de vouloir m. ses égaux. Ce peuple ne se laisse pas aisément m. C'est un jeune homme qui n'est pas facile à m. Il semblait m. la fortune et les événements.* || Fig. *M. ses passions, ses sentiments, son cœur*, Les dompter, les vaincre. On dit dans le même sens. *Se m.* = MAÎTRISÉ, ÉE, part.

**MAJESTÉ.** s. f. (lat. *majestas*, m. s., de *majus*, compar. de *magnus*, grand). Grandeur suprême, caractère auguste qui imprime le respect. *La m. divine. La m. royale. La m. de l'empire romain. La m. du Sénat. La m. des lois.* || Par ext. se dit des personnes et des choses qui ont un air de grandeur propre à inspirer de l'admiration, du respect. *Elle a dans toute sa personne un air de m. La m. de son front. La m. d'un temple, d'un lieu. Il y a de la grandeur, de la m. dans son style.* = LÈSE-MAJESTÉ. Voy. LÈSE.

**Cérém.** — *Majesté* est le titre qu'on donne, en Europe, aux têtes couronnées, à l'exception du Padishah ou sultan des Turcs qu'on qualifie de *Hautesse*. Avant de devenir un titre d'honneur, ce terme servait à exprimer la qualité de tout ce qui était revêtu d'un caractère de grandeur propre à inspirer le respect : c'est en ce sens qu'on dit encore la *m. de Dieu*, la *m. des lois*, et qu'on disait à Rome, la *m. du peuple*, la *m. du sénat*, puis, lorsque le souverain pouvoir eut passé dans les mains d'un seul, la *m. du prince* (*majestas Augusti, majestas divinæ domus*). Au moyen âge, les empereurs d'Allemagne s'attribuèrent les premiers le titre de *Majesté*. Néanmoins on le donna quelquefois aux rois, aux papes, aux cardinaux et à divers seigneurs. Ainsi, en 1453, Philippe de Bourgogne est appelé *Majesté* par les Gantois. Louis XI fut le premier roi de France auquel on donna le titre de *Majesté;* mais ce titre ne devint officiel que sous Henri II. En Angleterre, c'est seulement sous la reine Élisabeth que ce titre a définitivement prévalu. Au titre de *Majesté* on ajoute ordinairement, mais seulement dans le langage des chancelleries, des épithètes particulières qui, pour la plupart, ont été attribuées aux divers souverains de l'Europe par la cour de Rome. L'empereur d'Autriche, que l'on qualifie de *Sacrée M.* quand on lui parle, porte le titre de *Sa M. Impériale et Royale;* le roi d'Espagne est *Sa M. Catholique;* le souverain de Portugal *Sa M. Très Fidèle;* le roi de Hongrie *Sa M. Apostolique*. Sous l'ancienne monarchie et sous la restauration, le roi de France était qualifié de *M. Très Chrétienne*. En Angleterre, le souverain reçoit ordinairement la qualification de *Sa M. Très Gracieuse*. Enfin, on dit encore : *Sa M. Britannique, Sa M. Danoise, Sa M. Suédoise* et *Sa M. le roi d'Angleterre, Sa M. le roi de Suède*, etc. Par abréviation, on écrit V. M., VV. MM., S. M., LL. MM.

**MAJESTUEUSEMENT.** adv. [Pr... *ze-man*]. Avec majesté.

**MAJESTUEUX, EUSE.** adj. Qui a de la majesté, de la grandeur. *Un port, un air, un front m. Une taille, une démarche majestueuse. Temple m. Style m.*

**MAJEUR, EURE.** adj. (lat. *major*, m. s. comp. de *magnus*, grand). *La majeure partie d'une chose*, La plus grande partie d'une chose. — En matière ecclésiastique, *Ordres majeurs*. Voy. ORDRE. *Excommunication majeure*. Voy. EXCOMMUNICATION. — En T. Musiq. *Tierce majeure, sixte majeure*, etc. Voy. INTERVALLE. *Ton* ou *mode m.* Voy. TON. — En T. Jeu de Piquet. *Tierce majeure*, l'as, le roi et la dame de la même couleur. *Quarte ou quatrième majeure, quinte majeure*, Les quatre, les cinq cartes de suite à commencer par l'as. On dit quelquefois *Tierce, quinte major*. || T. Mar. *Mâts majeurs*, grand mât, mât de misaine et mâts de hune. || Absol. et sans comparaison, *Majeur, majeure*, sign. Grand, important, considérable. *Une affaire majeure. Un intérêt m. Une cause majeure.* — *Force majeure*. Voy. FORCE. — T. Droit. Celui qui a atteint l'âge de majorité. *En France, d'après la loi civile, on est m. à vingt et un ans. Le roi sera bientôt m. C'est une fille majeure.* Voy. MAJORITÉ. = Subst., au masc. pl., *Majeurs* se disait autrefois pour les ancêtres ou les prédécesseurs. *Nos majeurs nous ont donné cet exemple.*

**MAJEUR** (LAC), lac entre la Suisse et l'Italie, d'où sort le Tessin. Il renferme les îles Borromées.

**MAJEURE.** s. f. (R. *majeure*). T. Logiq. La première proposition d'un syllogisme. Voy. SYLLOGISME. || L'acte que soutenaient les étudiants en théologie, la deuxième année de leur licence. *Faire sa Majeure*, le plus grand des actes pour prendre ses grades en théologie.

**MAJOLIQUE.** s. f. (ital. *majolica*, de l'île de Majorque). Sorte de faïence commune italienne. Voy. CÉRAMIQUE.

**MAJOR**, s. m. (lat. *major*, plus grand). On appelle *Major* un officier qui est, dans chaque corps, chargé de contrôler la comptabilité, de surveiller le service et les détails de l'administration intérieure, l'armement, le recrutement, etc. Dans les régiments d'infanterie, de cavalerie, d'artillerie, le m. est un officier supérieur du grade de commandant; dans les bataillons de chasseurs et d'artillerie à pied et dans les escadrons du train des équipages, la fonction est tenue par un capitaine-m. L'insigne consiste en ce que l'un des galons du grade est d'un métal différent des autres. — Avant la Révolution, il y avait dans l'armée française trois officiers supérieurs qui étaient revêtus du titre de *M. général*, l'un pour l'infanterie, l'autre pour la cavalerie, et le troisième pour les dragons. Ces officiers étaient chargés de transmettre les ordres du général en chef, d'assigner aux différents corps de l'armée les postes qu'ils devaient occuper, de distribuer le terrain des campements, de surveiller les travaux des sièges. Ils avaient en outre le haut contrôle sur tout ce qui concernait l'état civil, la police de l'armée, etc. Des maréchaux de camp qui prenaient la qualification d'*Aides-majors généraux* étaient placés sous leurs ordres immédiats. Ces charges furent abolies en 1790. Cependant, en 1804, Napoléon fit revivre le titre de *M. général*, mais en conférant au titulaire des attributions beaucoup plus étendues, car, sous l'empire, le m. général avait la haute surveillance de tous les services militaires et administratifs de l'armée. Le maréchal Berthier remplit ces difficiles fonctions depuis 1804 jusqu'en 1814. Le maréchal Soult le remplaça en 1815. Enfin, en 1859, pendant la guerre d'Italie, l'empereur Napoléon III confia ce poste au maréchal Vaillant. — Les *Majors de place* étaient des officiers chargés de tout ce qui concerne la surveillance des places de guerre, le service des gares, les rondes de jour et de nuit, la police de la garnison, etc.; ce service a été supprimé en 1880. — La qualification de *Major* se joint encore à d'autres dénominations usitées dans l'armée, telles que *Adjudant-m.*, *État-m.*, *Médecin-m.*, et *Aide-m.*, *Sergent-m.*, *Tambour-m.*, etc. Voy. ces mots.

**MAJORAT**, s. m. (lat. *major*, plus grand). On désignait autrefois sous ce nom la dotation de biens qui accompagnait la concession d'un titre de noblesse et qui, comme le titre même, était transmissible de mâle en mâle et par ordre de primogéniture. Voy. SUBSTITUTION.

**MAJORATAIRE**. adj. 2 g. Qui possède un majorat.

**MAJORATÉ, ÉE**. Érigé ou constitué en majorat.

**MAJORATION**. s. f. [Pr... *sion*]. Action de majorer.

**MAJORDOMAT**. s. m. [Pr. *majordo-ma*]. Fonction de majordome.

**MAJORDOME**. s. m. (lat. *major*, supérieur; *domus*, de la maison). Maître d'hôtel; se dit en parlant des officiers qui servent en cette qualité à la cour de Rome, dans les autres cours d'Italie et en Espagne. *Le m. du pape. Le m. du roi, de la reine d'Espagne*. Voy. MAIRE.

**MAJORER**. v. a. (lat. *major*, plus grand). Augmenter la valeur attribuée à un objet dans une vente, un apport, etc. || T. Fin. Augmenter le chiffre pour lequel on souscrit à un emprunt, en prévision d'une réduction. = MAJORÉ, ÉE. part.

**MAJORIEN**, empereur d'Occident (457-461).

**MAJORITÉ**. s. f. (lat. *majoritas*, m. s.). Age fixé par la loi pour user et jouir de ses droits. || T. Art mil. Emploi de major. || T. Mar. Lieu où sont les bureaux du major de marine. || La pluralité des votants, des suffrages dans une assemblée délibérante, dans un corps politique; des individus dans un pays, dans une nation. *La m. des électeurs. La m. des suffrages. Les questions se décident à la m. des suffrages. La m. des Français. M. absolue*, Celle qui se compose de la moitié des voix plus une. *M. relative*, Celle qui se forme de la supériorité du nombre des voix obtenues par un des concurrents. || Absol., se dit du parti qui, dans une assemblée, réunit ordinairement le plus grand nombre de suffrages. *Un membre de la m. Ce député vote toujours avec la m. La m. s'est divisée sur cette question.*

**Législ.** — En Jurisprudence, on appelle *Majorité*, l'âge prescrit par la loi pour qu'une personne puisse jouir de ses droits civils et contracter valablement. Cet âge, en principe, doit être celui où l'individu a acquis la maturité d'esprit et de jugement nécessaire pour diriger ses affaires. Mais comme, sur ce point, la nature n'a point posé une limite fixe, le droit positif a dû la déterminer lui-même en ayant égard, soit à la capacité du plus grand nombre à un certain âge, soit à des considérations d'un autre ordre. Aussi l'époque de la m. a-t-elle beaucoup varié selon les peuples. Chez les Romains, elle était fixée à 25 ans. Chez les Germains au contraire, elle avait lieu à 15 ans, époque à laquelle ils pouvaient porter les armes. En France, sous l'ancien régime, la m., variant selon les coutumes locales, était de 14, 15, 20 et 25 ans. Toutefois, sous l'influence du droit romain, la m. de 25 ans avait fini par être adoptée dans la plus grande partie du territoire. La loi du 20 sept. 1792 et le Code civil (488) ont uniformément fixé pour l'un et l'autre sexe la m. à 21 ans accomplis, âge auquel tout individu est déclaré capable des actes de la vie civile, sauf les restrictions portées au titre du Mariage et à celui de l'Adoption, et sauf le cas d'interdiction ou de nomination d'un conseil judiciaire, qui créent, dans la condition civile des individus, des incapacités soit totales, soit partielles.

Quoi qu'il en soit, la loi n'a pas posé un principe absolu. L'individu qui n'a pas atteint 21 ans est, par suite de son état de *Minorité*, soumis à l'autorité paternelle, ou, à défaut de celle-ci, placé sous la protection d'un tuteur. Or, arrivé à un certain âge, le mineur peut avoir acquis une maturité suffisante pour être en état de gouverner sa personne et d'administrer ses biens; la loi permet alors de le soustraire à l'autorité paternelle ou de le faire sortir de tutelle, et de lui conférer une certaine capacité qui le rapproche du majeur : c'est ce qu'on appelle l'*Émancipation*. — L'émancipation est de deux sortes, *tacite* ou *expresse*. Elle est *tacite* dans le cas de mariage du mineur, c.-à-d. qu'alors elle a lieu de plein droit. Il est en effet dans nos mœurs que le mariage soit accompagné d'une certaine indépendance de position. En outre, comme le mariage est subordonné au consentement des parents, la loi suppose qu'ils ne l'autoriseraient pas s'ils jugeaient le mineur incapable de gouverner sa personne et d'administrer ses biens. Hors ce cas, l'émancipation doit être *expresse* et conférée en connaissance de cause. Si le mineur est en puissance paternelle, il peut être émancipé à 15 ans. Il suffit pour cela de la seule déclaration du père ou de la mère, reçue par le juge de paix assisté de son greffier. Si le mineur n'a ni père ni mère, il ne peut être émancipé qu'à 18 ans. Dans ce cas, l'émancipation résulte de la délibération du conseil de famille qui l'aura autorisée et de la déclaration que le juge de paix, comme président du conseil de famille, aura faite dans le même acte que *le mineur est émancipé*. Le mineur émancipé se fait rendre le compte de tutelle, prend la direction de ses affaires, et peut faire seul tous les actes de pure administration, c.-à-d. contracter des baux de neuf ans et au-dessous, percevoir ses revenus et en donner décharge; mais là sa capacité s'arrête. Il ne peut, sans l'assistance d'un curateur, entendre et arrêter le compte de tutelle, plaider en matière immobilière, recevoir un capital immobilier et en donner décharge, partager une succession, accepter une donation, etc. En outre, il ne peut ni emprunter, ni vendre ou aliéner ses immeubles, sans une délibération du conseil de famille homologuée par le tribunal de première instance, le ministère public entendu. En ce qui touche les engagements que le mineur émancipé contracte par voie d'achat ou autrement, ils sont réductibles en cas d'excès, et les tribunaux, appréciateurs du fait, doivent prendre en considération la bonne ou la mauvaise foi des personnes, l'utilité ou l'inutilité des dépenses. Enfin, cette réduction prononcée peut, dans certains cas, faire retirer au mineur le bénéfice de l'émancipation: le mineur retombe alors en tutelle et y reste jusqu'à sa majorité. — Ajoutons, en terminant, que le mineur émancipé qui fait un commerce est réputé majeur pour tous les faits relatifs à ce commerce. (C. civ., art. 476 à 487.) Voy. FAMILLE, TUTELLE, etc.

Pendant longtemps, l'âge où les rois pouvaient prendre en main les rênes de l'État n'eut rien de fixe ni de constant. Ce fut Charles V qui, par un édit du mois d'août 1374, fixa à 14 ans la m. des rois de France : cette règle subsista jusqu'à la Révolution. Sous le gouvernement de Louis-Philippe, la loi de régence du 30 août 1842 fixa à 18 ans accomplis l'époque de la m. pour l'héritier de la couronne. Cet âge avait été également adopté par le gouvernement impérial, en vertu du sénatus-consulte du 8 juillet 1856.

**MAJORQUE**, la plus grande des îles Baléares; 230,000 hab. Cap. *Palma* (à l'Espagne). = Nom des hab. : MAJORQUIN, INE.

**MAJUNGA**, v. et port du N.-O. de Madagascar, à l'embouchure de la Betsiboka, 7,000 hab.

**MAJUSCULE**. adj. 2 g. (lat. *majusculus*, un peu plus grand, diminutif de *majus*, plus grand). T. Calligr. et Typogr. *Lettre m. Caractère m.* Grande lettre, lettre capitale. || Subst., au fém., on dit *Une grande, une petite m. Composez ce mot en majuscules.*

**Obs. gram.** — L'emploi des *majuscules* comme lettres initiales dans l'écriture et dans l'impression a pour objet de répandre plus de clarté dans le discours écrit, en y introduisant des signes sensibles qui avertissent de quelque changement dans la suite des phrases, d'une distinction à établir dans le sens d'un mot, ou qui servent à appeler sur un terme particulier l'attention du lecteur. L'orthographe exige que les lettres initiales de certains mots soient majuscules dans les cas suivants : 1° On écrit par une m. le premier mot d'un discours, d'un alinéa, d'une proposition nouvelle qui commence après un point. En poésie, chaque vers constituant pour ainsi dire un alinéa, on le fait commencer par une initiale m. — 2° Quand on fait une citation, on la commence par une m., lors même que celle-ci est précédée d'une ponctuation plus faible que le point. — 3° Les noms propres d'hommes, de femmes, de divinités, d'animaux, de royaumes, de provinces, de rivières, de montagnes, de villes, de localités, de constellations, de vaisseaux, s'écrivent avec une majuscule. Lorsque le nom propre est composé de deux mots joints par un trait d'union, il faut une majuscule pour chacun d'eux : le duc de *Saint-Simon*, les *Pays-Bas*, les *Champs-Élysées*. Mais pour les mots *mer Rouge*, *mer Méditerranée*, *lac Majeur*, etc., on ne met de m. qu'aux épithètes caractéristiques, parce que ce sont elles qui constituent véritablement le nom propre. — 4° Lorsque *Dieu* désigne individuellement l'Être suprême, il doit avoir une initiale m. : *Je crois en Dieu. La crainte de Dieu.* Il s'écrit au contraire avec une minuscule quand on l'applique aux divinités païennes, quand il est pris dans un sens figuré ; en un mot, quand il n'est qu'un simple appellatif : *Il sacrifiait aux dieux. Le dieu d'Abraham. Les rois sont appelés les dieux de la terre.* — 5° Les noms des sciences, des arts, des métiers, pris dans un sens individuel qui les distingue de tout autre, prennent l'initiale m. : *La Grammaire est une science et un art. La Musique est un présent des dieux.* On les écrit, au contraire, avec une minuscule, s'ils sont présentés comme sujets d'une qualification déterminée : *Cette grammaire latine est bien faite. Je préfère la musique italienne à la musique française.* — 6° Tout nom abstrait et personnifié doit commencer par une m. : *Vouloir tromper le Ciel est folie à la Terre. Sur les ailes du Temps la Tristesse s'envole. La Justice est la première des vertus.* Mais il ne faut plus de m. dès que ces mots sont appellatifs : *Le mouvement diurne du ciel. Il ne faut pas se faire justice à soi-même.* — 7° On donne des majuscules pour initiales aux noms appellatifs des corps, des compagnies ou même d'individus, lorsqu'ils représentent une profession, une dignité, et sont employés sans complément déterminatif : *L'Académie française a été établie pour fixer les lois de la langue.* Dans le cas contraire, on fait usage de minuscules : *L'union des églises. Les diverses académies de l'Europe. Le lion est le roi des animaux.* — 8° Le titre d'un ouvrage ou d'une pièce se distingue toujours par une m. : *Les Commentaires de César. Le Chêne et le Roseau. L'Honneur et l'Argent.* — 9° Les adjectifs *saint*, *grand*, etc., prennent une m. seulement quand ils font comme partie intégrante d'un nom propre : *Saint-Pierre de Rome est le chef-d'œuvre de l'architecture. Il reviendra à la Saint-Jean. Albert le Grand.* On les écrit par de simples minuscules, quand ils sont purement qualificatifs : *Les apôtres saint Pierre et saint Paul. Le grand Corneille.* — 10° Lorsqu'on adresse la parole à une personne, ou à un être quelconque, le nom qui désigne cette personne ou cet être étant déterminé individuellement par l'idée de la seconde personne, il doit prendre une m. : *Roi*, *Reine*, *Majesté*, *Monseigneur*, *Monsieur*, *Madame*, *Votre Excellence*, *Sa Grandeur*, etc. — 11° Enfin, l'usage s'est introduit, parmi les écrivains qui traitent de matières scientifiques, et particulièrement de botanique et de zoologie, de commencer par une m. les noms de plantes et d'animaux. On fait souvent de même pour tout substantif sur lequel l'auteur veut attirer plus particulièrement l'attention du lecteur.

**MAKART** (HANS), peintre autrichien (1840-1884).

**MAKI**. s. m. T. Mamm. Genre de *Mammifères*. Voy. LÉMURIENS.

**MAKIS** ou **MAQUIS**. s. m. [Pr. *ma-ki*] (corse *macchia*, m. s.). Se dit, en Corse et en Algérie, d'un terrain inculte couvert de broussailles épaisses et presque impénétrables. *Gagner le m.*, S'y réfugier après avoir commis un crime.

**MAKO**, v. de la Hongrie centrale ; 30,100 hab.

**MAKRISI**, érudit arabe, né au Caire (1360-1442).

**MAL**. s. m. (lat. *malum*, m. s.). Ce qui est contraire au bien ; ce qui est mauvais, nuisible, désavantageux, préjudiciable etc. *Il n'y a pas de bien sans quelque mélange de m. Les philosophes ne sont pas d'accord sur l'origine du m. Prendre le bien pour le m. Faire, souhaiter du m. à quelqu'un. Il vous en arrivera m. M. vous en prendra. Je ne lui veux ni bien ni m. Il a souffert tous les maux du corps et de l'âme. De deux maux il faut éviter le pire.* || Au sens moral, Ce qui est contraire à la vertu, à la justice, à l'honneur. *Il faut éviter le m. et faire le bien. Il est enclin, endurci au m. Avant l'âge de raison, nous faisons le bien et le m. sans discernement. Il y a du m., il n'y a pas de m., il n'y a pas grand m. à cela.* — Fam., *Induire quelqu'un à m.*, Le porter à mal faire. *Mettre une femme à m.*, La séduire. *Penser à m.*, Avoir quelque intention mauvaise. *Il a dit cela sans penser à m.* || Au sens physique, Maladie. *Un m. léger, grave, dangereux, invétéré, incurable. Un mal contagieux, épidémique, héréditaire. Avoir m. à la tête, un grand m. de tête. M. aux yeux. M. d'yeux. M. d'estomac, de ventre, d'entrailles. Vous me faites m. Montrez-moi où est votre m. Chacun sent son m. Le remède est pire que le m.* — *M. des ardents*, Peste qui a sévi à plusieurs époques au moyen âge et qui paraît être une variété fort grave de l'Érysipèle. Voy. ARDENT et ÉRYSIPÈLE. *M. d'aventure*, Voy. PANARIS. *M. caduc*, *haut m.*, V. ÉPILEPSIE. *M. de cœur*, Envie de vomir, nausées. *M. de dents*, Voy. DENT. *M. d'enfants*, Les douleurs qui accompagnent l'enfantement. *M. d'estomac*, Nom donné à toutes les sensations pénibles qui ont leur siège dans la région épigastrique, lors même que l'estomac y est tout à fait étranger. *M. de gorge*. Voy. ANGINE. *M. de mer*, Le malaise, les nausées, les vomissements, etc., dont sont ordinairement tourmentés ceux qui vont sur mer. Voy. ci-après. *M. du pays*, Voy. NOSTALGIE. *M. perforant*. Voy. ci-après. *M. de reins*, Voy. LUMBAGO. *M. sacré*, *M. de Saint-Jean*, Voy. ÉPILEPSIE. *M. de Saint-Lazare*, Voy. LÈPRE. *M. de tête*, Voy. CÉPHALALGIE. *M. vénérien*, Celui qui est contracté dans un commerce impur. *M. vertébral de Pott*, La carie des vertèbres. Voy. VERTÈBRE. || Fam., se dit au sens physique, au sens moral, pour travail, peine, chagrin. *Il a bien du m. à gagner sa vie. Il se donne beaucoup de m. pour nourrir sa famille. Il a trop de m. chez ce maître-là. Il a eu bien du m. à se décider. Elle a eu bien du m. à vous quitter.* || Dommage, perte, calamité. *L'inondation a fait plus de m. qu'on ne l'avait cru d'abord. Le m. n'est pas si grand qu'on le disait.* || Inconvénient. *C'est un grand m. qu'il soit absent. Ce pays me plairait beaucoup, mais le mal est qu'il y pleut trop souvent.* || *Mal* s'emploie aussi en parlant de discours désavantageux tenus sur quelqu'un, de l'interprétation défavorable et fausse donnée à quelque chose. *Dire du m. de quelqu'un. On m'a dit beaucoup de m. de lui. Il prend tout en m.* = MAL, ALE. adj. Ne s'emploie au masculin que dans les locutions, *Bon gré, m. gré ; bon an, m. an ;* et n'est plus usité au féminin. Mais on retrouve cet adjectif dans quelques mots composés, tels que : *Malheur*, *Malefaim*, *Malepeste*, etc. = MAL. adv. De mauvaise manière, autrement qu'il ne faut, qu'il ne convient, qu'on ne désirerait. *Cette affaire va m. Il a m. fait ses affaires. Ses affaires vont de m. en pis. Il parle, il écrit, il chante très m. Voilà qui est bien m. tourné.* Prov., *M. vit qui ne s'amende. Prendre m. un passage*, N'en pas saisir le sens véritable. — *Prendre m. une chose*, S'en offenser. || *Être m.*, *fort m.*, *au plus m.*, Être sérieusement malade, en grand danger, dans un état désespéré. — *Être m. avec quelqu'un*, Être brouillé avec lui. || *Être m. en cours*, En défaveur. || *Se trouver m.*, Éprouver du malaise, ou, plus souvent, Tomber en défaillance. — *Se trouver m. d'une chose*, En éprouver du dommage, de l'inconvénient. *Il se trouvera m. de ne vous avoir point écouté.*

**Philos.** — Il n'est peut-être pas de question philosophique qui ait donné lieu à plus de controverses que celle de l'existence et de l'*origine du m.* Il n'en est pas qui soit plus troublante, plus inquiétante : c'est l'écueil contre lequel viennent se heurter tous les systèmes de philosophie, toutes les théologies. L'existence du m. dans l'univers fournit assurément aux doctrines athées leur meilleur argument, celui auquel les déistes ont le plus de peine à répondre. C'est qu'en effet la difficulté n'est pas tant d'expliquer l'existence du m. que de la concilier avec l'existence d'un Dieu tout-puissant est parfaitement bon qui, pouvant empêcher le m. de se produire, l'a néanmoins permis. Pour l'athée, le monde est le produit du hasard ou la conséquence de quelques lois ou principes nécessaires qui ne sont par eux-mêmes ni bons ni mauvais. Il n'y a aucune raison pour que l'ensemble de ces conséquences nous soit agréable ou désagréable : elles sont ce qu'elles sont. En réalité, il n'y a ni bien ni m. : nous appelons bien ce qui nous plait, m. ce qui nous déplait. Nous pouvons déplorer que le monde nous apporte tant de douleurs et si peu de satisfactions, mais il n'y a dans ce fait brutal aucune contradiction, aucune difficulté philosophique. Tout autre est la question pour ceux qui admettent l'existence d'un Dieu créateur. Aussi, le problème du m. a-t-il été, dès la plus haute antiquité, l'objet des préoccupations des philosophes et des théologiens de toutes les religions. La religion de Zoroastre l'avait résolu par le *dualisme* ; elle admettait deux dieux, le dieu du bien, Ormuzd, et le dieu du m., Ahrimane, en lutte l'un contre l'autre. Nous avons expliqué, au mot DUALISME, comment cette solution grossière ne pouvait résister à la critique philosophique. Chez les Grecs, Platon et ses disciples, voulant mettre Dieu hors de cause, attribuèrent l'origine du m. à l'impuissance des divinités inférieures qui, après avoir formé le monde, présidant à son gouvernement, ce qui ne disculpait pas le Dieu suprême de s'être servi d'ouvriers incapables de mieux faire. D'après les Stoïciens, l'existence du m. devait être attribuée à la fatalité, à l'imperfection essentielle de la matière, imperfection à laquelle le démiurge ne pouvait apporter remède, puisque, selon eux, la matière elle-même était éternelle et incréée. C'était une autre sorte de *dualisme*. Voy. ce mot. Les Épicuriens, attribuant tout au hasard, pensaient que les dieux restent dans la plus complète indifférence des choses d'ici-bas. Ces diverses opinions se reproduisirent dans les diverses sectes religieuses qui suivirent l'établissement du christianisme, et particulièrement dans la doctrine des Manichéens qui paraît procéder à la fois des traditions persanes et du stoïcisme. Comme les Persans, les Manichéens admettaient deux principes, celui du bien et celui du m., mais, comme les Stoïciens, ils croyaient que le principe du m. était la matière. Voy. MANICHÉISME.

La théologie chrétienne attribue l'origine du m. sur la Terre à la chute du premier homme. Si Ève et Adam n'avaient point péché, le séjour du paradis terrestre serait resté pour l'humanité tout entière un lieu de délices. Le m. physique et particulièrement la douleur et la mort sont ainsi regardés comme la punition d'une faute. Ce système présente un caractère plus moral que les précédents ; mais il soulève deux graves objections. En premier lieu, il ne paraît pas conforme à l'idée qu'on se fait de la justice de Dieu de rendre des milliards de créatures responsables de la faute de leurs premiers parents. Dieu lui-même l'a si bien compris qu'il s'est fait homme pour racheter les humains de ce péché originel ; mais il n'a pas poussé la miséricorde jusqu'à en abolir les conséquences relatives à la vie terrestre. En second lieu, pourquoi Dieu a-t-il permis le péché d'Adam? A coup sûr il pouvait l'empêcher. Cependant, l'histoire d'Adam et d'Ève n'est pas le dernier mot de la philosophie chrétienne et hébraïque sur cette grave question, et il faut reconnaître que l'auteur de la *Bible* avait sur ce sujet des vues beaucoup plus larges et plus profondes. Si le m. terrestre date du péché d'Adam, le m. dans l'univers lui est bien antérieur, puisque Ève a été tentée par le démon. Or, le démon est le chef des anges déchus et ceux-ci sont des créatures qui se sont perdues par orgueil et se sont crues follement les égaux de leur créateur. Dieu les en a punis. Alors, ils se sont révoltés et leur principale occupation est d'exciter les humains contre Dieu et de les pousser à désobéir à ses ordres.

De cette fiction anthropomorphique se dégage une conception métaphysique que l'on peut, avec la langue d'aujourd'hui, interpréter comme il suit : le m. vient de l'antagonisme entre la créature, être fini, borné, et le créateur infini. La créature méconnaît son origine, son rôle, sa destinée. Elle abuse de la liberté que Dieu lui a donnée, en agissant d'une manière contraire à ses fins qu'elle connaît mal ou qu'elle ne veut pas accepter, et de là viennent tous les désordres, tous les maux dont elle souffre et qu'elle fait souffrir aux autres. Ainsi présenté, le m. apparaît non seulement comme la sanction de la loi morale, mais encore comme la conséquence de tout écart de la créature hors des voies que lui a assignées le créateur, et, par suite, comme l'avertissement que sa conduite n'est pas conforme à ses destinées.

La philosophie moderne a pu analyser avec plus de soin les idées de bien ou de m. ; mais, sur le problème même de l'origine du m., elle n'a pas ajouté grand'chose à cette antique conception et n'est guère parvenue à dissiper toutes les objections qu'on peut lui faire. Il faut bien reconnaître qu'aucune des solutions proposées n'est entièrement satisfaisante. Essayons néanmoins de préciser la question.

Les philosophes distinguent communément trois espèces de m. : le *m. métaphysique*, *le m. physique* et le *m. moral*. Le m. métaphysique est assez difficile à définir. Ce qu'on peut dire de mieux c'est qu'il consiste dans l'imperfection des choses, c.-à-d. dans le désaccord qui existe entre la nature d'une chose et la fin pour laquelle elle a été créée. Cela se conçoit admirablement des productions de l'industrie humaine qui sont faites en vue d'une action bien déterminée ; mais on reconnaît immédiatement que ce mot *m.* implique seulement une qualité essentiellement relative. Par exemple, une machine à percer est meilleure qu'une autre si elle perce à moins de frais des substances plus dures. Il est impossible d'établir une démarcation entre les bonnes et les mauvaises machines. Telle machine pouvait passer pour très bonne autrefois, alors qu'on n'en connaissait pas de meilleure, tandis qu'aujourd'hui on la qualifie avec raison de mauvaise parce qu'on en sait construire de beaucoup préférables. Mais, dès qu'il s'agit des choses que nous offre l'univers, la qualification de bonne ou mauvaise devient singulièrement obscure, car, pour appliquer ces qualificatifs, même d'une façon relative, il faudrait connaître la *fin* en vue de laquelle les choses ont été créées, et cette fin nous l'ignorons totalement. Aussi, les discussions relatives aux questions que l'on pose en demandant : *Ceci est-il un bien, est-il un m.?* sont absolument stériles ou oiseuses, si l'on prend les mots bien et m. dans leur sens métaphysique et absolu. Il n'en est plus tout à fait de même si on prend ces mots dans un sens relatif et particulier à l'espèce humaine. Alors la question devient : « Ceci est-il de nature à faciliter ou à contrarier l'évolution de l'humanité vers les destinées qui lui sont assignées ? » Elle se précise, mais elle conserve encore une obscurité de même nature, parce qu'on ne connaît pas la fin de l'humanité et qu'on peut se faire de cette fin des idées bien différentes. La question se précise encore si on l'envisage *relativement à l'individu;* mais, ici encore, il n'est possible d'y répondre que si l'on a, sur la fin de l'homme, un idéal déterminé. L'épicurien, qui a pour idéal le plaisir, appellera *m.* tout ce qui lui causera de la souffrance, tandis que le stoïcien, pour qui l'idéal est la fermeté d'âme, trouvera *bonne* une chose qui le fait souffrir, mais qui, par cette souffrance même, élève son âme et l'habitue au courage. En résumé, impossibilité radicale de disserter sur le bien ou le m. métaphysique pris dans son sens absolu ; subordination de l'idée de bien ou de m. relatif à l'idée que l'on se fait de la destinée et de la fin de l'humanité et de chaque homme en particulier. Ces considérations écartent du problème le m. métaphysique, impossible à reconnaître et à définir. Ce qui paraît certain, si l'on admet l'existence de Dieu et la création, c'est que le monde a été créé en vue d'une fin déterminée, mais connue de Dieu seul, et qu'à moins de supposer l'intelligence du créateur imparfaite et obtuse il faut admettre que le monde est organisé de façon à accomplir cette fin. En d'autres termes, le monde est conforme à la pensée du créateur : il est adéquat à sa destination, et, par suite, ne saurait être *mauvais*, dans le sens où ce mot a été défini. Quant à discuter si cette destination du monde est en elle-même bonne ou mauvaise, c'est discuter le dessein même de Dieu, c'est mettre au-dessus de Dieu même je ne sais quel principe abstrait qu'on appellerait *le bien ou le m.*; c'est donc une entreprise vaine et contradictoire, puisque le bien et le m. viennent de Dieu, comme tout ce qui existe dans l'univers. Ainsi analysée, il semble bien que la question du m. métaphysique ne présente plus aucune contradiction avec l'existence de Dieu.

Le *m. moral* est l'infraction à la loi morale. Il ne peut exister que chez la créature libre, puisque, pour elle seule, peut exister l'obligation morale. D'un autre côté, la possibilité du m. moral est la conséquence nécessaire de la liberté et le caractère même de la liberté. Ici donc la question se rattache intimement à celle de la morale et à celle de la liberté. On ne peut supprimer le m. moral qu'en supprimant la morale ou la liberté ; mais la morale elle-même est pour la créature la conséquence de la liberté. En effet, la créature fait partie d'un monde où se trouvent d'autres créatures semblables à elle, ayant aussi leur liberté et leur volonté. Les libertés et les volontés particulières entreront en conflit dès que deux d'entre elles voudront des choses contradictoires. La loi morale est celle qui sert à régler ces conflits. D'un autre côté, on ne peut admettre l'existence du créateur sans croire que l'homme a été créé pour une fin particulière qu'il ignore, quoique les diverses religions aient essayé de la préciser, mais qui est certaine. L'obligation morale consiste à tendre ses efforts vers cette fin, et, pour y arriver, il est inutile que l'homme la connaisse exactement, il lui suffit d'obéir aux prescriptions de sa conscience. Voy. MORALE. Supprimer la morale, ce serait supprimer la notion de finalité en ce qui concerne l'homme, suppression qui serait contradictoire avec l'idée d'un créateur. Ainsi la liberté suppose la morale, et, toutes deux, la possibilité du m. Dès lors, la question du m. moral se réduit à ceci : Au lieu de créer des êtres libres et, par suite, susceptibles de mal agir, ne valait-il pas mieux créer des êtres non libres et incapables de mal faire ? Comme, en général, les hommes aiment mieux être libres qu'esclaves, comme on dit communément que la liberté est un bien et l'esclavage un m., il est bien permis de croire que la bonté du créateur n'est pas en contradiction avec la création d'être libres.

Reste le *m. physique*, qu'il vaudrait mieux appeler le *m. sensible*, car, sous ce nom, nous comprenons toutes les souffrances, qu'elles soient physiques ou morales. Pour faciliter l'analyse, nous distinguerons la *douleur physique* et la *douleur morale*, en rangeant dans cette dernière catégorie toutes les souffrances qui ne sont pas dues à une sensation pénible. Il est bien entendu que, dans ce sens, le mot *douleur morale* n'a qu'une valeur conventionnelle, et que nous l'employons faute d'un terme plus précis, car ce que nous appelons ainsi peut être d'ordre purement intellectuel, par exemple la souffrance du géomètre qui ne parvient pas à trouver la solution d'un problème, ou d'ordre sentimental et affectif, comme la douleur que nous fait éprouver la perte d'un être aimé. On a remarqué, avec beaucoup de raison, que les douleurs que nous appelons *morales*, ont toujours un caractère relatif, et pour ainsi dire négatif. Quelque pénibles qu'elles soient, elles consistent toujours dans la *privation* de quelque chose que nous avons perdu ou que nous désirons posséder. Telle est, en particulier, la douleur qui accompagne un désir violent qu'on ne peut satisfaire. Il en résulte que ce genre de douleur est en partie notre œuvre. L'imagination, l'éducation, la volonté y jouent un grand rôle. Tandis que certains individus se trouvent malheureux des désagréments les plus futiles, d'autres supportent avec une tranquillité parfaite des événements capables de les plonger dans la plus profonde affliction. Il n'est pas donné à l'homme de supprimer la douleur morale ; mais il peut, par sa sagesse, l'atténuer considérablement. La modération dans les désirs, l'empire sur soi-même, la domination des passions, la résignation religieuse sont les remèdes recommandés de tout temps. La *douleur physique*, au contraire, est quelque chose de positif qui s'impose à notre sensibilité, en dehors de toute intervention de la pensée, et qui accompagne presque nécessairement tout désordre dans l'harmonie de nos organes.

La douleur n'est point l'apanage de l'homme ; elle se retrouve chez tous les êtres sensibles. Si la douleur morale ne peut exister que chez l'homme et quelques animaux supérieurs, capables de former des désirs et d'avoir quelque connaissance du monde extérieur, la douleur physique paraît, au contraire, se retrouver chez tous les représentants du règne animal. Il est certain que la douleur fait partie du plan du monde, et c'est là justement ce qui aggrave le problème ; elle ne se présente pas à nous comme un accident plus ou moins rare et plus ou moins facile à éviter. Bien au contraire, elle joue dans l'harmonie du monde un rôle considérable, souvent bienfaisant. Non seulement la douleur physique nous avertit des désordres qui se produisent dans notre corps et qui, sans elle, passeraient inaperçus et pourraient s'aggraver sans que nous y portions remède ; mais encore c'est elle qui nous apprend à éviter ce qui nous est nuisible, et à exécuter au moment opportun les actes nécessaires à la conservation de notre santé. Le économistes ont depuis longtemps mis en relief l'importance des *besoins* de l'homme sur le développement de son activité et de ses facultés. C'est précisément parce que les désirs de l'homme sont pour ainsi dire indéfinis, et que la satisfaction des désirs habituellement satisfaits devient un besoin, que l'homme s'ingénie, de génération en génération, à augmenter la production des choses qu'il consomme. C'est ainsi que l'homme développe peu à peu ses connaissances et l'empire qu'il exerce sur le monde qui l'environne. C'est ainsi que le domaine où s'exerce son intelligence s'étend de plus en plus et qu'il devient un être de plus en plus complexe, se différenciant davantage des autres représentants de la série animale. Voy. BESOIN. Or, tout ce développement n'aurait pas lieu si la satisfaction des besoins n'était impérieusement commandée par la douleur qui accompagne leur non-satisfaction. Il est vrai qu'à côté de la douleur qui nous oblige à agir la nature nous a donné dans le *plaisir* un autre stimulant plus agréable ; mais qui ne voit combien ce stimulant est moins puissant que l'autre ? Que de circonstances où l'attrait du plaisir serait impuissant à nous faire sortir de notre indolence, tandis que la *douleur* nous *oblige* à l'action ! Au point de vue moral, le rôle de la douleur n'est pas moindre. Sans elle, la *pitié* ne saurait exister, et la pitié n'est-elle pas l'origine de tous les sentiments altruistes ? Il est même permis de se demander si la douleur n'est pas inséparable de la notion même de la morale. Si la douleur n'existait pas, comment aurions-nous pu arriver à la conception qu'il ne faut pas nuire à autrui ? Nous sentons très vivement qu'il ne faut pas faire de m. à notre semblable ? Que deviendrait donc l'idée de justice, s'il n'y avait pas de douleur ? Tout au plus pourrait-on concevoir qu'il ne faut pas priver son semblable d'un plaisir. Si, cependant, cette privation n'était accompagnée d'aucun sentiment pénible, quel scrupule aurions-nous à la déterminer ?

Malheureusement, à côté de ce rôle d'éducateur et d'avertisseur, que de souffrances, en apparence inutiles, nous impose l'existence de la douleur dans le monde ! Pourquoi les souffrances intolérables qui accompagnent si souvent les maladies incurables ? Et si nous passons du domaine de l'humanité au règne animal, pourquoi cette loi d'airain qui oblige chaque être à chercher sa vie dans la mort d'autres êtres ? La vie d'un seul ne peut se soutenir que par la mort d'une multitude d'autres. Quel prodigieux gaspillage d'existences ! Quelle somme énorme de douleurs et de souffrances !

En définitive, la douleur est bien un facteur nécessaire à l'évolution du monde ; elle fait partie des moyens qui assurent l'accomplissement de ses destinées et, par là, elle entre incontestablement dans les desseins du créateur. C'est là que le problème devient particulièrement grave et troublant. Pourquoi le créateur a-t-il choisi, pour maintenir l'ordre, ce maître puissant, mais sévère et brutal ? Ne pouvait-il rien imaginer de plus doux ? Là est le vrai mystère, là est la question à laquelle aucune philosophie n'a pu répondre d'une manière satisfaisante. La théologie chrétienne répond par le péché originel, et présente ainsi la douleur comme la sanction de la violation de la loi morale. Nous accorderons volontiers que la sanction de toute loi doit être une souffrance pour ceux qui la violent ; mais qui oserait prétendre que toutes les souffrances qui assiègent l'humanité sont méritées ? On ajoute alors que les souffrances imméritées sont des *épreuves* que Dieu impose à la créature pour l'aider à se fortifier dans la vertu. Soit ; mais les jeunes enfants, mais les animaux, est-ce par punition ou par épreuve qu'ils subissent la souffrance ? La théologie est d'autant plus embarrassée dans la question qu'avec le dogme des peines éternelles l'évolution du monde aboutit à un petit nombre d'élus, jouissant d'une félicité parfaite, tandis que la multitude des réprouvés gémit pendant l'éternité dans les souffrances de l'enfer. Pour concilier ce dogme farouche avec la bonté de Dieu, on a imaginé le raisonnement suivant : Le m., dit-on, n'est qu'une chose relative : c'est la privation d'un plus grand bien. Le monde étant fini ne peut contenir un bien infini. C'est l'absence du bien qu'il pourrait avoir en plus qui constitue le m. Dès lors, puisque le bien ne peut être infini, il importe peu qu'il y en ait plus ou moins, puisqu'on pourra toujours imaginer qu'il y en puisse avoir davantage. Il suffit qu'il y en ait une quantité quelconque pour que la création soit conforme à la bonté de Dieu. Nous ne nous arrêterons pas à discuter ce raisonnement, car il pèche évidemment par la base, la douleur, au moins la douleur physique, n'étant nullement la privation du bien, mais quelque chose de positif.

Nous n'essayerons pas de résoudre la difficulté ; il nous suffit de l'avoir précisée. Ajoutons seulement qu'elle perd beaucoup de son importance si l'on admet, avec l'immortalité de l'âme, le caractère transitoire du m. et de la douleur ; seulement, il est difficile de conserver la croyance aux peines éternelles. Il faut se représenter la vie terrestre de chaque individu comme une phase, et l'une des plus inférieures, d'une évolution lente qui doit l'amener progressivement, si toutefois il se conforme aux lois de sa destinée, vers un état supérieur dans lequel la souffrance aura disparu avec les causes qui l'engendrent. On peut, à cet égard, concevoir un grand nombre d'hypothèses. L'imagination peut se donner carrière ; nous ne nous arrêterons pas à ce jeu puéril. Nous avons dans la conscience un guide sûr. Faisons d'abord notre devoir, advienne que pourra, et, pour le reste, reposons-nous sur la sagesse de la providence, malgré les mystères que notre faible raison ne peut arriver à comprendre. Voy. IMMORTALITÉ.

**Pathol.** — 1. *Mal de mer.* Syn. : *Naupathie.* — Le m. de mer est l'ensemble des phénomènes morbides que présentent la plupart des personnes qui vont en mer pour la première fois ; celles qui reprennent la mer, après un séjour à terre de quelque temps n'en sont pas toujours exemptes. Aucune description du m. de mer ne vaut les angoisses éprouvées personnellement, pour qui veut se faire une idée vraie des souffrances endurées. Le passager jette autour de lui un regard inquiet, pâlit, son pied est moins sûr, sur son front perle une sueur froide, il bâille, il crachotte : c'est l'ennemi tant redouté, le m. de mer. Le mieux est de descendre dans sa chambre, de se mettre à l'aise, de fermer les yeux et de prendre patience. Céphalalgie sus-orbitaire intense, bourdonnements d'oreilles, nausées, puis vomissements se succèdent et se répètent, mettant le malade à bout de forces, le rendant inerte, le brisant, au point de lui faire méconnaître les sentiments les plus puissants (pudeur, maternité, etc.). Le tangage et le roulis, le tangage surtout, semblent la cause première à laquelle viennent s'ajouter des causes accessoires : chaleur, manque d'air, émanations de la cale du navire, odeur de cuisine, spectacle des autres passagers malades, etc. Il est rare que le m. de mer violent dure plus de 3 à 5 jours; une sorte de tolérance s'établit, avec récidive possible, il est vrai; réserves faites de certaines complications signalées, mais exceptionnelles, le mal de m. est une affection très douloureuse, mais sans danger, d'autant que les symptômes disparaissent en général dès que le passager met pied à terre. — Nous ne pouvons nous attarder à exposer toutes les théories qui ont été données du m. de mer.; toutes sont bonnes et toutes sont mauvaises : la meilleure preuve en est la multiplicité et l'inefficacité des médications conseillées en pareil cas. Le médecin doit se borner à parer aux complications, ordonner au malade de prendre entre les crises de vomissements quelque nourriture, pour éviter les contractions d'un estomac vide. Enfin, il doit veiller à ce que les passagers ne fassent l'essai que de médications innocentes, sans avoir recours à l'emploi de substances nuisibles, parfois conseillées par des charlatans ou des exploiteurs.

II. *Mal perforant*. — Le m. perforant qui désignait autrefois une ulcération circonscrite siégeant à la base du pied, ordinairement peu douloureuse, et progressant de la peau jusqu'aux os et aux articulations, comprend aujourd'hui toutes les ulcérations des extrémités ou des moignons causées, ou du moins entretenues, par une névrite Cette affection se développe de préférence sur tous les points qui sont le siège d'une pression habituelle, sur le pied, au niveau des piliers de la voûte plantaire, à moins de déformations anormales; sur les moignons, au niveau du point d'appui du membre sur l'appareil qu'on y adapte. On décrit un peu artificiellement à l'affection, trois périodes : celle d'épaississement épidermique, de durillon; celle d'ulcération superficielle, à dimension variable, à bord taillé en pic, à fond irrégulier, tomenteux, avec anesthésie plus ou moins accusée à la pression et à la température, enfin, la période d'ulcération profonde, dénudant l'os et le nécrosant. Des troubles trophiques concomitants s'observent dans le voisinage : ichtyose de la peau, vice de nutrition des ongles et des poils, etc. La marche du m. perforant est progressive, entravée toujours par le repos, qui amène des guérisons apparentes, car la récidive est la règle. Outre les complications locales possibles, des poussées de névrite aiguë à marche ascendante peuvent envahir la moelle, et foudroyer le malade.

Si le symptôme est facile à reconnaître, la cause de la névrite est souvent malaisée à définir, que ce soit une altération des centres, une lésion des troncs nerveux ou de leurs extrémités (tabes, compression médullaire, traumatismes nerveux, compression nerveuse par néoplasme ou cals difformes, infections diverses, comme la lèpre, ou maladies générales, comme l'alcoolisme, le diabète). Quelle que soit la théorie pathogénique admise, mécanique, nerveuse ou mixte, le traitement consiste uniquement en repos et soins de propreté. Malheureusement l'ulcération récidive, mais l'amputation est inutile, car l'ulcération réapparaît sur les moignons.

**MALABAR** (Côte de), portion de la côte du Deccan entre la mer d'Oman et les Ghattes occidentales, dépend de l'Angleterre, sauf Mahé, que possède la France.

**MALABATHRUM**. s. m. [Pr. *malaba-trome*] (gr. μαλάβαθρον, m. s.). T. Pharm. Nom sous lequel on désignait autrefois, dans les officines, les feuilles de plusieurs espèces de Cannelliers.

**MALACCA** (Presqu'île de), située à l'extrémité sud de l'Indo-Chine; pop. malaise et nègre; 528,000 hab. v. princ. *Malacca*, aux Anglais, 20,000 hab. || Détroit de Malacca, bras de mer qui unit la mer de Chine au golfe du Bengale.

**MALACHIE**. s. m. [Pr. *mala-ki*] (gr. μαλακὸς, mou). T. Entom. Genre de *Coléoptères*. Voy. Malacodermes.

**MALACHIE**, le dernier des petits prophètes.

**MALACHITE**. s. f. [Pr. *mala-kite*] (lat. *malachites*; gr. μαλαχίτης, m. s. de μαλάχη, mauve). T. Minér. Carbonate de cuivre hydraté, d'un beau vert velouté. Voy. Cuivre, VII, F.

**MALACIE**. s. f. (lat. *malacia*, gr. μαλακία, mollesse). T. Méd. Dépravation du goût. — On dit aussi *Malacia*. Voy. Appétit.

**MALACODERME**. adj. 2 g. (gr. μαλακὸς, mou; δέρμα, peau). T. Zool. Qui a la peau molle. — Malacodermes. s. m. pl. T. Entom. Grand groupe de *Coléoptères pentamères* dont le corps est le plus souvent, en tout ou en partie, de consistance molle ou flexible. De même que les Sternoxes, ils ont la tête engagée dans le corselet ou du moins recouverte par lui à sa base, mais leur présternum n'est point dilaté et avancé antérieurement en manière de mentonnière, ni ordinairement terminé en arrière par une pointe reçue dans la cavité du mésosternum. On peut diviser les Malac., d'après Latreille, en 5 familles, les *Cébrionides*, les *Lampyrides*, les *Mélyrides*, les *Clairones* et les *Ptiniores*.

I. — Les *Cébrionides* ont les mandibules terminées par une pointe simple ou entière, les palpes de la même grosseur ou plus grêles à leur extrémité, et les antennes ordinairement plus longues que la tête et le corselet. Les uns ont le corps arrondi et bombé, les autres l'ont ovale ou oblong, mais arqué en dessus et incliné par devant. Les angles latéraux du corselet sont aigus ou même, dans plusieurs, prolongés en forme d'épine. Le genre *Cébrion*, qui a donné son nom à cette tribu, est caractérisé par les articles de ses tarses, qui sont tous entiers et sans pelotes, et par les cuissses postérieures, qui ne sont guère plus grosses que les autres. Les espèces propres à l'Europe paraissent en quantité après les

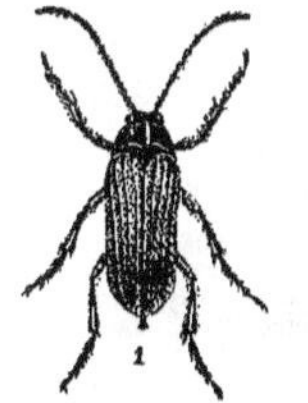
1

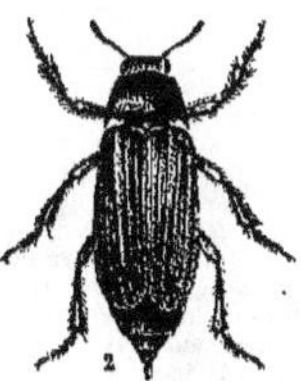
2

pluies d'orage. La plus répandue est le *Cébrion géant* (*Cebrio gigas*) [Fig. 1, mâle]. Sa tête et son corselet sont noirs; ses élytres, flexibles et légèrement pointillées, sont d'un jaune plus ou moins sombre, ainsi que l'abdomen et les cuisses; la teinte des pattes est beaucoup plus foncée. La femelle du Cébr. géant [Fig. 2] diffère tellement du mâle, qu'on l'a regardée pendant longtemps comme une espèce distincte. Elle sort rarement de terre, où elle vit logée dans des trous qu'elle se creuse. Le genre *Dascille* (*Dascillus*) ou *Atope* (*Atopa*) a pour type une espèce indigène : c'est l'*At. cerf* (*At. cervina*), qui est entièrement d'un gris cendré, tirant sur le jaunâtre. Les *Scyrtes* (*Scyrtes*) ou *Cyphons*, ont les cuisses des pattes postérieures fort grosses, et les jambes terminées par deux forts éperons, dont l'un très long, ce qui donne à ces insectes la faculté de sauter.

II. — Les *Lampyrides* se distinguent des Cébrionides par le renflement qui termine leurs palpes ou du moins les maxillaires. Leur corps est toujours mou, droit, peu convexe, et leur corselet, tantôt demi-circulaire, tantôt presque carré, s'avance sur la tête, qu'il recouvre entièrement ou en partie; enfin le pénultième article des tarses est toujours bilobé. Les femelles de quelques espèces sont dépourvues d'ailes ou n'ont que des élytres très courtes. Quand on saisit ces insectes, ils replient leurs antennes et leurs pieds et font le mort. — Les *Lampyres* (*Lampyris*) ont les antennes très rapprochées à leur base. Leur corps est très mou, surtout l'abdomen, qui est comme plissé. Leur tête, presque entièrement occupée par les yeux, est cachée totalement ou en majeure partie sous le corselet. Mais leur caractère le plus remarquable, caractère qui tantôt est propre aux seules femelles, et tantôt est commun aux deux sexes, est d'émettre une lumière phosphorescente : de là les noms de *Vers luisants*, de *Mouches lumineuses*, de *Mouches à feu*, donnés à ces insectes. La matière lumineuse occupe le dessus des deux ou trois derniers anneaux abdominaux. La lumière que répandent les Lampyres est plus ou moins vive, et d'un blanc verdâtre ou blanchâtre. Il paraît que ces insectes peuvent à volonté varier son intensité. Privés, par mutilation, de cette partie lumineuse du corps, ils continuent encore de vivre, et la partie ainsi détachée conserve aussi quelque temps sa propriété lumineuse, même dans le vide, dans un gaz non respirable, ou dans l'eau tiède; mais toute lueur disparaît sous l'action de l'eau froide. Ces insectes sont nocturnes; on voit souvent les mâles voler autour des lumières, d'où l'on peut conclure que l'éclat phosphorique que jette principalement la femelle a pour but d'attirer les individus de l'autre sexe. Presque tous les Lampyres des pays chauds, tant mâles que femelles, étant ailés, offrent pendant la nuit, lorsqu'ils se trouvent en grande quantité, le spectacle curieux d'une illumination naturelle par cette multitude de points lumineux qui, comme des étincelles, volent dans les airs. On peut, dit-on, s'éclairer en réunissant plusieurs de ces insectes. L'espèce la plus répandue chez nous est le *Lamp. luisant* (*L. noctiluca*). Le mâle (Fig. 3, grossie) est d'un jaune brunâtre, avec une tache noire sur le corselet; les élytres

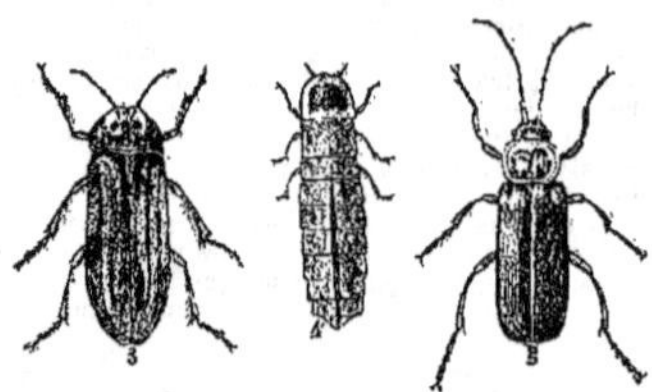


sont grisâtres et finement ponctuées avec trois côtes longitudinales. La femelle (Fig. 4, un peu grossie), qui est complètement aptère, est brunâtre, avec une bordure jaune à chaque anneau. Dans l'espèce d'Italie, appelée *Luciole*, les deux sexes sont ailés. — Les *Driles*, dont l'espèce type est le *Dr. jaunâtre* (*Drilus flavescens*), sont remarquables par l'extrême dissemblance qui existe entre les deux sexes. Le mâle, long de 7 à 8 millimètres, est noir, velu, avec les élytres d'un jaune sale, tandis que la femelle est longue d'au moins 15 millimètres, entièrement privée d'ailes et d'élytres, et d'un brun jaunâtre, avec la base de chaque segment de couleur noire. Leurs larves se nourrissent de la chair de l'Hélix némorale, dans la coquille de laquelle elles subissent toutes leurs métamorphoses. Le type du g. *Téléphore* est le *Tél. brun* (*Telephorus fuscus*) [Fig. 5, grossie], qui est fort commun chez nous. Il est long de 10 à 11 millimètres, d'un noir grisâtre, avec le corselet roussâtre et marqué au milieu d'une grande tache noire. Sa larve, entièrement d'un noir de velours, avec six pattes écailleuses, vit dans la terre humide, souvent sous les pierres, et se nourrit de vers et d'insectes. En Suède et même dans les parties montagneuses de la France, on a vu quelquefois, pendant l'hiver, au milieu de la neige, une étendue considérable de terrain recouverte d'une quantité infinie de ces larves, ainsi que de différentes autres espèces d'insectes vivants. Il y a lieu de croire qu'ils avaient été enlevés et transportés par des coups de vents à la suite de ces violentes tempêtes qui déracinent et abattent un très grand nombre d'arbres, particulièrement de pins et de sapins. Telle est l'origine de ce que le vulgaire nomme *pluie d'insectes*. — Nous citerons encore dans cette tribu les genres *Dictyoptère* et *Omalise*. Le premier a pour type le *dict. sanguin* (*Dictyoptera sanguinea*), petit insecte long d'environ 7 millimètres, noir, avec les côtés du corselet et les élytres rouges de sang. Le type du second est l'*Omalise sutural* (*Omalisus suturalis*), fort commun, au printemps, sur les chênes des environs de Paris. Il est long d'à peu près 5 millimètres, noir, avec les étuis, le bord sutural excepté, rouge de sang.

III. — Les *Mélyrides* ont les palpes le plus souvent filiformes et courts, les mandibules échancrées à la pointe, le corps ordinairement étroit et allongé, avec la tête seulement recouverte à la base par le corselet. La plupart de ces insectes sont très agiles, et se trouvent sur les fleurs et sur les feuilles. Les *Malachies* ont les palpes filiformes et le corselet plat et carré. Ils sont surtout remarquables par des expansions vésiculeuses, rétractiles et d'un rouge vif, situées sur les côtés du thorax et de l'abdomen. Dans l'état ordinaire, ces appendices ne sont pas visibles, mais l'animal les fait sortir, lorsqu'il est effrayé : on les appelle vulgairement *cocardes*, à cause de leur couleur. Le *Mal. à deux pustules*

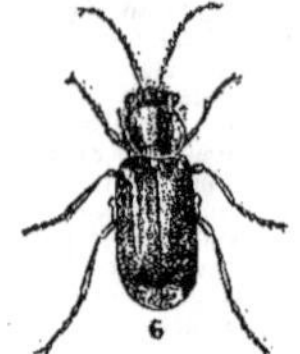


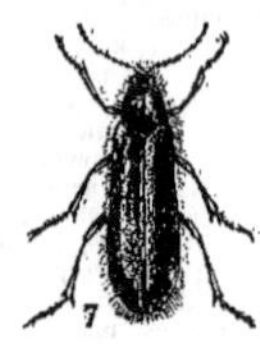


(*Malachius bipustulatus*) [Fig. 6, très grossie] est long de 6 millimètres et d'un vert luisant, avec le bout des étuis rouges. Les *Dasytes* diffèrent des Malachies par l'absence de cocardes et par la forme allongée de leur corps. Le *Das. bleuâtre* (*Dasytes* (*cœruleus*) [Fig. 7, grossie], petit insecte long de 6 millimètres, est très commun sur les fleurs, aux environs de Paris.

IV. — Les *Clairones* se distinguent par leurs mandibules dentées, par leurs palpes terminés en massue, par leurs tarses dont le pénultième article est bilobé et dont le premier est souvent très court et peu visible, et par leur corps ordinairement presque cylindrique, avec la tête et le corselet plus étroits que l'abdomen. La plupart de ces insectes se trouvent sur les fleurs, les autres sur les troncs des vieux arbres ou dans le bois sec. Les larves que l'on a pu observer sont carnassières — Le type du g. *Tille* est commun aux environs de Paris : C'est le *T. allongé* (*Tillus elongatus*) [Fig. 8, grossie], petit insecte long de 8 millimètres, noir bronzé, avec le corselet velu et rougeâtre. Le type du genre *Clairon* (*Clerus*, Geoff. *Trichodes* Fabr.) est le *Cl. des abeilles* (*Cl. apiarius*), qui est bleu, avec les étuis rouges et traversés par trois bandes

d'un bleu foncé dont la dernière occupe l'extrémité. Sa larve dévore celle de l'Abeille domestique et nuit beaucoup aux ruches. Le *Cl. des alvéoles* (*Cl. alvearius* [Fig. 9, grossie] est presque semblable au précédent, mais il a une tache d'un noir bleuâtre à l'écusson. Sa larve vit dans les nids des Abeilles maçonnes et dévore les larves de ces dernières. Nous citerons encore parmi les genres indigènes le g. *Thanasime* (*Thanasimus*), le g. *Opile* (*Opilus*) et le g. *Nécrobie* (*Necrobia*). La *Nécr. violette*, type de ce dernier, est un petit insecte d'un bleu violet ou verdâtre, qui est très commun au printemps dans les maisons. On le trouve aussi dans les charognes.

V. — La tribu des *Ptiniores* comprend un assez grand nombre d'insectes, tous de très petite taille. Leur corps, de consistance assez solide, est tantôt presque ovoïde ou ovalaire, tantôt presque cylindrique. Leur tête, presque globuleuse ou orbiculaire, est reçue en grande partie dans un corselet très cintré ou voûté, en forme de capuchon. Leurs antennes sont de forme variable; leurs mandibules sont courtes, épaisses et dentées sous la pointe, et leurs jambes sont sans dentelures. Les couleurs de ces insectes sont toujours obscures et peu variées, et leurs mouvements sont en général assez lents. Quand on touche ces petits animaux, ils contrefont le mort, en baissant la tête, inclinant leurs antennes et contractant leurs pieds. Leurs larves ont le corps mou, blanchâtre, souvent courbé en arc, avec la tête et les pieds bruns et écailleux, et les mandibules fortes. Elles rongent les bois, les livres, les herbiers, etc., et se construisent, avec les fragments des matières qu'elles ont rongées, une coque où elles se changent en nymphes. Les *Ptines* (*Ptinus*) ont le corps oblong, et les antennes insérées entre les yeux. Les *Gibbies* (*Gibbium*) ont l'abdomen renflé, presque globuleux et demi-transparent, avec les antennes insérées au-devant des yeux. Ces deux genres d'insectes sont un fléau pour les herbiers et les collections d'histoire naturelle. On rencontre fréquemment les Gibbies dans les vieux papiers ou les vieux livres. Les *Vrillettes* ou *Anobies* (*Anobium*), les *Ptilins* (*Ptilinus*), les *Dorcatomes* (*Dorcama*), etc., ont le corselet aussi large que l'abdomen, du moins à la base. Ces insectes vivent en général dans l'intérieur de nos maisons, et, à l'état de larves, ils rongent les planches, les solives, les meubles de bois, les livres, etc., qu'ils percent de petits trous ronds, semblables à ceux qu'on ferait avec une vrille très fine. Leurs excréments forment ces petits tas pulvérulents de bois vermoulu que nous voyons souvent sur les planchers. Dans le g. *Vrillette*, les deux sexes, pour

10

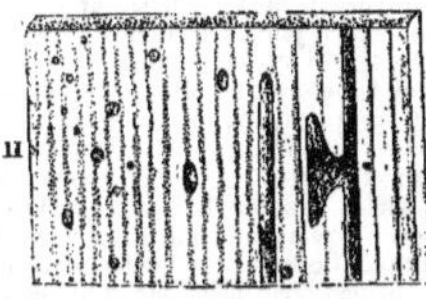
11

s'appeler dans le temps de leurs amours et se rapprocher l'un de l'autre, frappent plusieurs fois de suite et rapidement, avec leurs mandibules, les boiseries où ils sont logés, et se répondent mutuellement. Ce bruit, semblable à celui du battement d'une montre, est regardé par le vulgaire comme un signe de mauvais augure, et a valu aux insectes qui le produisent le nom d'*Horloge de la mort*. Le type du g. Vrillette est la *Vr. opiniâtre* (*Anob. pertinax*) [Fig. 10, très grossie], petit insecte long de 3 millimètres au plus, de couleur brunâtre, avec une pubescence plus grise, les antennes et les tarses plus pâles, et le corselet gibbeux. Selon de Geer, quand on l'a saisie, elle se laisse brûler à petit feu plutôt que de donner le moindre signe de vie : de là le nom spécifique qu'elle a reçu. La Fig. 11 représente un morceau de bois percé par cet insecte et mangé par ses larves. D'autres espèces du même genre attaquent la farine, les pains à cacheter, les collections d'oiseaux, d'insectes, etc.

**MALACOLITE.** s. f. (gr. μαλακὸς, mou ; λίθος, pierre). T. Min. Variété de diopside, d'un gris bleuâtre ou verdâtre, dont la magnésie est en partie remplacée par de l'oxyde ferreux.

**MALACOLOGIE.** s. f. (gr. μαλακὸς, mou ; λόγος, discours). Branche de la zoologie qui traite des animaux à corps mou, c'est-à-dire des Mollusques.

**MALACON.** s. m. (gr. μαλακὸν, mou). T. Minér. Variété hydratée de zircon.

**MALACOPTÉRYGIEN, IENNE,** adj. [Pr. .....*riji-in*] (gr. μαλακὸς, mou ; πτερύγιον, nageoire). T. Zool. Qui a des nageoires molles. = MALACOPTÉRIGIENS. s. m. pl. [Pr. *riji-in*], mou. T. Icht. Les *Malacoptérygiens* forment, dans la méthode de Cuvier, la seconde grande section des *Poissons osseux*. Cette section renferme tous ceux qui, avec un squelette osseux, ont les rayons des nageoires mous, excepté quelquefois le premier de la dorsale ou des pectorales. Les Malacoptérygiens que l'on désigne encore sous le nom de *Physostomes*, se subdivisent en trois ordres, les *Malacoptérygiens abdominaux*, les *Malacoptérygiens subbrachiens*, et les *Malacoptérygiens apodes*. — Voy. ABDOMINAUX, SUBBRACHIENS, APODES.

**MALACOSARCOSE.** s. f. [Pr. *malako-sar-koze*] (gr. μαλακὸς, mou ; σάρξ, chair). T. Méd. État de mollesse du système musculaire.

**MALACOSOME.** adj. 2 g. [Pr. *malako-some*] (gr. μαλακὸς, mou ; σῶμα, corps). T. Zool. Qui a le corps mou.

**MALACOSTÉOSE.** s. f. [Pr....*stéo-ze.*] (gr. μαλακὸς, mou ; ὀστέον, os). T. Méd. Ramollissement des os.

**MALACOSTRACÉS.** s. m. pl. (gr. μαλακὸς, mou ; ὄστρακον, coquille). T. Zool. Sous-classe de crustacés qui se divisent en six ordres, comme nous l'avons dit à l'article CRUSTACÉS.

**MALACOZOAIRE,** adj. 2 g. (gr. μαλακὸς, mou ; ζωάριον, petit animal). T. Zool. Dont la peau est molle et partant contractile. = MALACOZOAIRES. s. m. pl. T. Zool. Nom donné par Blainville à l'embranchement des Mollusques.

**MALACTIQUE.** adj. 2 g. (lat. *malacticus* ; gr. μαλακτικὸς, m. s.) Qui a rapport au malagma. Médicament m. Voy. MALAGMA.

**MALADE.** adj. 2 g. (lat. pop. *male aptus*, mal apte, mal disposé). Qui éprouve, qui souffre quelque altération dans sa santé. *Être légèrement, gravement, dangereusement m. Il est bien m., m. à la mort, m. à mourir. Elle est m. de l'estomac, de la poitrine. Il est plus m. de l'esprit que du corps. Il est m. d'imagination. J'ai deux chevaux malades. Avoir l'air m.*, Paraître malade. — Se dit également des parties du corps. *La partie m. Ne touchez pas son bras m.* || Par ext., se dit aussi de plusieurs choses inanimées. *Cet orme est m. Ces plantes sont bien malades. Ce vin est m., a la couleur m.* || Fig., se dit des corps politiques, des établissements publics ou autres, du cœur, de l'esprit, de l'imagination. *Un État est bien m. quand il est déchiré par la guerre civile. Depuis la retraite de cet acteur, ce théâtre est bien m. Il a l'imagination, l'esprit, le cœur m.* || Fig. et ironiq., on dit à quelqu'un qui se plaint sans motif : *Vous voilà bien m.* = Subst., *C'est un bon, un mauvais m. Je viens de voir de mon m. Visiter, soigner les malades. Elle fait la m.*

**MALADETTA** (LA), mont des Pyrénées centrales (Espagne), massif des monts Maudits; 3,312 mètres.

**MALADIE.** s. f. (R. *malade*). Altération dans la santé. *Une m. légère, grave, dangereuse, incurable. Il couve quelque m. Il sort, il relève de m. Il est fort sujet à cette m. Vivre exempt de maladies. Les maladies des chevaux, des moutons. La m. des vers à soie.* || Absol., se dit d'une épidémie qui règne dans un endroit. *Il a la m. La m. est en telle ville, n'y allez pas.* || Par extens. Se dit des plantes et de quelques objets inanimés. *Les arbres, les plantes ont leurs maladies. Cette espèce de vin est sujette à plusieurs maladies.* || Fig. au sens moral, en parlant des États politiques, des institutions, de l'esprit humain, etc., se dit de ce qui tend à les troubler, à les affaiblir. *L'État était attaqué d'une m. incurable. Les passions violentes sont les maladies de l'âme.* || Fig. et par exagér., Affection excessive pour quelque chose. *Il a la m. du jeu. Il a la m. des tableaux, des médailles*, etc. *Il aime passionnément les fleurs, c'est sa maladie.*

Méd. — La définition de la m. ne peut se séparer de la définition de la santé, et ces deux termes, qui semblent simples et précis, sont pourtant malaisés à caractériser. Il paraît évident que la santé est représentée par le jeu régulier des organes, la m. par un trouble dans leur fonctionnement ; la m. serait un état contre nature, une anomalie, une dérogation aux lois biologiques. Or, ni l'altération anatomique, ni les troubles fonctionnels, ne peuvent suffire à caractériser la maladie, car l'une peut exister sans qu'il y ait maladie, et les autres peuvent constituer une infirmité ; ni l'un ni l'autre de ces caractères n'entraînent forcément l'existence d'une m. En réalité, la conception de la m. doit être basée sur celle de la vie ; pour que la vie puisse se manifester, trois conditions sont nécessaires : il faut que l'être soit placé dans un milieu où il trouve les matériaux nécessaires à sa formation et à sa rénovation ; il faut qu'il puisse rejeter au loin les substances qui ont servi à manifester son activité et qui sont devenues inutiles et même nuisibles ; il faut, enfin, qu'il soit soumis à l'influence de forces cosmiques exerçant sur lui des actions qu'il peut contrebalancer. Si le milieu conservait une constitution invariable, si les agents externes ne subissaient aucune modification, les réactions vitales seraient en concordance continue avec les forces cosmiques, la vie serait uniforme, sans changement bon ou mauvais, sans m. Mais la constitution du milieu et l'action des forces varient sans cesse, en sorte qu'aux trois conditions nécessaires pour la manifestation de la vie, correspondent exactement trois ordres de troubles morbides. Il faut, en somme, considérer la m. comme la réaction de la matière altérée dans sa forme, vivant dans des milieux adultérés, subissant l'influence de causes externes non contrebalancées. « La m. est donc la manière d'être et d'agir de l'organisme à l'occasion de l'application de la cause morbifique. De ces deux termes : être et agir, l'un est contingent, l'autre nécessaire. Je puis concevoir une maladie sans lésions anatomiques, je n'imagine pas une m. sans trouble fonctionnel... *La m. est donc l'ensemble des actes fonctionnels, et secondairement des lésions anatomiques qui se produisent dans l'économie, subissant à la fois les causes morbifiques et réagissant contre elles.* » (BOUCHARD.)

L'évolution de la maladie donne lieu à une série de phénomènes dont l'ensemble constitue la symptomatologie. Cette évolution peut être rapide, et la terminaison survenir en un temps relativement court, *maladies aiguës;* ou bien elle peut se prolonger, la succession des phénomènes étant moins précipitée, *maladies subaiguës;* ou bien enfin, la m. est *chronique*, lorsque les symptômes ont une allure particulièrement lente. Ces symptômes peuvent être objectifs, se manifester extérieurement, ou subjectifs, c.-à-d. être ressentis uniquement par le malade. — La production des maladies relève en général de plusieurs causes et même de plusieurs ordres de causes; il y a deux parties dans cette étude, l'*étiologie*, étude des causes en elles-mêmes, et la *pathogénie*, étude de leur mise en œuvre pour provoquer l'évolution morbide. Une maladie est due soit à la contagion (maladies infectieuses), soit à l'intoxication par des substances nuisibles (empoisonnements). Il n'y a plus guère aujourd'hui de maladies *essentielles*; ce mot dissimulait autrefois l'ignorance des causes. Quant aux maladies constitutionnelles, ce sont, soit des maladies toxiques, soit des modes spéciaux d'infection.

**MALADIF, IVE.** adj. Qui est sujet à être malade. *Il est très m. Avoir un corps m. Cette femme est d'une complexion m.*

**Syn.** — *Valétudinaire.* — Le *maladif* est celui qui porte en lui un principe actif de maladie et qui est sujet à tomber malade. Le *valétudinaire*, de *valetudo*, santé bonne ou mauvaise, flotte en quelque sorte entre la bonne et la mauvaise santé. Le premier passe de temps en temps de l'état de maladies à celui de santé ; le second languit sans cesse.

**MALADIVEMENT.** adv. D'une manière maladive.

**MALADMINISTRATION.** s. f. [Pr.....*sion*]. Mauvaise administration.

**MALADRERIE.** s. f. (R. *mal* et *ladre*). Ladrerie, léproserie, hôpital de lépreux. Voy. LÈPRE.

**MALADRESSE.** s. f. [Pr. *maladrè-se*]. Manque d'adresse. *La m. d'un ouvrier, d'un chirurgien. Ce domestique est d'une m. incroyable.* || Fig., *Il y a bien de la m. dans sa défense. Il s'est conduit dans cette affaire avec une extrême m.*

**MALADROIT, OITE.** adj. (R. *mal* et *adroit*). Qui n'est pas adroit, qui manque d'adresse. *C'est un ouvrier m. Il est m. dans tout ce qu'il fait. Il a la main maladroite.* || Au sens moral. *C'est un homme m. en affaires. Il faut être bien m. pour avoir échoué dans cette affaire. Cela n'est pas m.* || Se dit subst. au propre et au fig., *C'est un grand m. Cela n'est pas d'un m. Vous êtes une maladroite.*

**Syn.** — *Malhabile* — *Maladroit* se dit proprement du peu d'aptitude aux exercices du corps ; *malhabile* ne se dit que du manque d'aptitude aux fonctions de l'esprit. Un joueur de billard est *maladroit;* un diplomate est *malhabile*. Au figuré, *maladresse* sert à désigner aussi le manque d'intelligence et de capacité dans les opérations de l'esprit ; mais il n'y a pas réciprocité. On peut donc dire qu'un diplomate est *maladroit;* mais on ne dira pas qu'un joueur de billard est *malhabile*.

**MALADROITEMENT.** adv. D'une manière maladroite. *Il porte cela m. Cet homme se conduit bien m.*

**MALAGA.** s. m. Vin de liqueur récolté à Malaga.

**MALAGA**, ch.-l. de la prov. de Malaga en Espagne, sur la Méditerranée ; 134,000 hab. Vins, fruits, raisins secs, draps et soieries.

**MALAGMA.** s. m. (gr. μάλαγμα, m. s. de μαλάσσειν, amollir). T. Pharm. Se dit de tout topique mou, et particulièrement des cataplasmes émollients.

**MALAGUETTE.** s. f. Voy. MANIGUETTE.

**MALAI, AIE.** adj. Syn. de *Malais, aise.*

**MALAIRE.** adj. 2 g. (lat. *mala*, joue). T. Anat. Qui a rapport à la joue. *Les os malaires.* Voy. CRÂNE.

**MALAIS, AISE.** adj. T. Géogr. Qui a rapport à la Malaisie. *Race malaise, langue malaise.* || Subst. *Un Malais, une Malaise*, habitant de la Malaisie. — Le *m.*, la *langue malaise.*

**Ethn.** et **ling.** — La race malaise est répandue dans toute la partie occidentale de l'Océanie, qui a reçu d'eux le nom de *Malaisie*. On rencontre aussi des Malais dans la Mélanésie, dans la Polynésie, et à Madagascar (*Hovas*). Les Malais font partie de la race jaune; la teinte de leur peau varie du jaune au brun; ils sont un peu plus petits que les Européens, ont les yeux et les cheveux noirs, peu ou point de barbe, le corps assez bien proportionné. Ils sont en général doux, polis, mais susceptibles et vindicatifs. Ils s'adonnent au commerce, à la navigation, à la pêche et à la piraterie. Du mélange des divers idiomes parlés dans les îles de la Malaisie, il s'est formé une langue commerciale, le *malais*, usitée sur toutes les côtes d'Indo-Chine. Cette langue, mêlée de mots arabes et sanscrits, paraît intermédiaire entre les langues monosyllabiques de la Chine, et les langues agglutinantes. Les radicaux sont invariables, et leur fonction dans le discours comme substantifs, verbes, adjectifs, etc., est indiquée par des *affixes* qui se placent au commencement ou à la fin des mots. Il y a une littérature malaise qui a puisé ses idées chez les Arabes et les Javanais. On ignore l'ancienne écriture des Malais. Aujourd'hui, ils emploient les caractères arabes, légèrement modifiés.

**MALAISE**, s. m. [Pr. *malè-ze*] (R. *mal* et *aise*). État incommode du corps, dans lequel les actions organiques ne s'exécutent pas avec une pleine liberté, et ne sont cependant pas assez dérangées pour constituer une maladie. *Avoir, éprouver du m. Sentir un grand m.* || Fig. et fam., *Être dans le m.*, Être à l'étroit, être mal dans ses affaires. Peu usité.

**MALAISÉ, ÉE.** adj. [Pr. *malè-zé*] (R. *mal* et *aisé*). Qui n'est pas aisé, qui est difficile. *Il est m. de faire cette chose. Il est m. à gouverner. Cela n'est pas si m. que vous pensez.* || Incommode, dont on ne peut se servir avec facilité. *Je ne puis me servir de cet instrument, il est trop m. Cet escalier, ce chemin est m.* || Qui est à l'étroit dans sa fortune, qui a de la peine à subvenir aux dépenses auxquelles il est obligé. *Une famille malaisée. Un riche m. Il est m. par sa faute.*

**MALAISÉMENT.** adv. [Pr. *malè-zé-man*]. Difficilement, avec peine.

**MALAISIE**, l'une des grandes divisions de l'Océanie, appartenant presque entièrement aux Hollandais, et renfermant les îles de *Sumatra, Java, Bornéo, Célèbes, Timor, les Philipines, les Moluques*, etc. Voy. ces mots.

**MALAKOFF** (Tour), Formidable construction qui défendait Sébastopol, et qui fut emportée d'assaut par les Français, le 8 septembre 1855.

**MALAKOFF**, comm. du dép. de la Seine, au S. de Paris; 9,100 hab.

**MALAKOFF** (Duc DE), Voy. PÉLISSIER.

**MALAMBO.** s. m. T. Pharm. Nom donné dans le commerce à l'écorce du *Croton Malambo*. Voy. EUPHORBIACÉES.

**MALAMOCCO**, îlot de la Vénétie, entre l'Adriatique et les Lagunes, port ; 918 hab.

**MALANDRE.** s. f. (lat. *malandria*, m. s.). T. Méd. vétér. Crevasse située au pli du genou d'un cheval, et d'où découle une humeur âcre qui corrode la peau. *Les malandres n'intéressent jamais que la peau.* || T. Charpent. Nœud pourri dans les bois de construction. *Cette pièce de bois est pleine de malandres.*

**MALANDREUX, EUSE.** adj. (R. *malandre*). *Bois m.*, Bois où il y a des nœuds pourris.

**MALANDRIN.** s. m. (ital. *malandrino*, m. s.). Vagabond, brigand. — Nom que l'on donnait à des bandits réunis en troupes et vivant de pillage.

**MALAPPRIS, ISE.** [Pr. *mala-pri, ize*]. Adj. et subs. Qui n'a pas d'éducation, pas de politesse, mal élevé. Voy. APPRENDRE.

**MALAPTÉRURE.** s. m. (gr. μαλακὸς, mou ; πτερὸν, nageoire ; οὐρὰ, queue). T. Icht. Genre de *Poissons*. Voy. SILUROÏDES.

**MALAQUETTE.** s. f. Voy. MANIGUETTE.

**MALAR**, lac de la Suède centrale contenant 1,260 îles ou îlots.

**MALARD.** s. m. (R. *mâle*). Canard sauvage mâle.

**MALARIA.** s. f. (ital. *mal'aria*, m. s. de *malo*, mauvais, et *aria*, air). T. Méd. Émanations marécageuses qui causent des fièvres malignes, principalement dans la campagne de Rome, en automne. Voy. PALUDISME.

**MALART.** s. m. Voy. MALARD.

**MALASPINA**, illustre famille guelfe d'Italie.

**MALATE.** s. m. T. Chim. Nom générique des sels et des éthers de l'acide malique.

**MALATESTA** (Mauvaise tête), famille guelfe d'Italie ainsi appelée d'un surnom de son chef, le seigneur de Verrucchio.

**MALATIA**, v. de la Turquie d'Asie (ancienne Mélitène), ch.-l. de Sandjak ; 30,000 hab.

**MALAUCÈNE**, ch.-l. de c. (Vaucluse), arr. d'Orange ; 2,200 hab. Au pied du mont Ventoux.

**MALAVENTURE.** s. f. [Pr. *malavan...*] (R. *mal* et *aventure*). Mauvaise aventure, fâcheux accident. Vx.

**MALAVISÉ, ÉE.** adj. et s. [Pr. *malavi-zé*] (R. *mal* et *avisé*). Qui agit ou parle mal à propos, et sans prendre garde aux conséquences de ses actions ou de ses paroles. *Vous avez été bien m. dans cette circonstance. Elle a été assez malavisée pour tomber dans le piège qu'on lui tendait. C'est un m. Vous êtes un m. de parler ainsi.*

**MALAXAGE.** s. m. [Pr. *mala-ksaje*]. Action de malaxer. *M. du beurre. M. de la terre à poterie. M. du mortier, du béton, du pain*, etc.

**MALAXATION.** s. f. [Pr. *mala-ksa-sion*]. Action de malaxer.

**MALAXER.** v. a. [Pr. *mala-kser*] (lat. *malaxare*, m. s.). T. Chim. et Pharm. Pétrir une substance pour la rendre plus molle, plus ductile. = MALAXÉ, ÉE. part.

**MALAXEUR.** s. m. [Pr. *mala-kseur*]. Machine à malaxer.

**MALAXIDE.** s. m. [Pr. *mala-kside*]. T. Bot. Genre de plantes Monocotylédones (*Malaxis*) de la famille des *Orchidées*. Voy. ce mot.

**MALAYO-POLYNÉSIENNE** (famille), grande famille ethnographique qui, d'après les données fournies par la linguistique, comprend presque tous les peuples de l'Océanie.

**MALBÂTI, IE.** adj. (R. *mal* et *bâtir*). Dont le corps est mal bâti, a mauvaise tournure. Voy. BÂTIR.

**MALBROUGH, MALBROUK** ou **MALBOROUGH.** s. m. [Pr. *mal-brou*]. (Corrup. de Marlborough, n. d'un général angl.) Espèce de serge. || Houille en petits morceaux.

**MALBROUGH.** Voy. MARLBOROUGH.

**MALBROUK.** s. m. (corrupt. de *Marlborough*, n. d'un génér. angl.). T. Mamm. Genre de *Singes* habitant l'Afrique. Voy. CERCOPITHÈQUE.

**MALBOUCHÉ, ÉE.** adj. (R. *mal* et *bouche*). T. Vétér. Dont la bouche n'indique pas bien l'âge.

**MALCHANCEUX, EUSE.** adj. Qui est en butte à la malechance.

**MALCHUS.** s. m. [Pr. *mal-kus*] (R. *Malchus*, homme auquel saint Pierre trancha une oreille). T. Archéol. Épée à lame recourbée. || Demi-confessionnal.

**MAL-CŒUR**, s. m. [Pr. *mal-keur*]. T. Méd. Nom donné quelquefois à l'*Ankylostomasie*. Voy. ce mot.

**MALCOHA.** s. m. T. Ornith. Genre d'*Oiseaux grimpeurs*. Voy. COUCOU.

**MALCOLM**, nom de 4 rois d'Écosse de 938 à 1163.

**MALCOMPLAISANT, ANTE.** adj. [Pr. *malkon-plè-zan*] (R. *mal* et *complaisant*). Qui n'est pas complaisant.

**MALCONTENT, ENTE.** adj. [Pr. *malkon-tan, ante*] (R. *mal* et *content*). Qui n'est pas satisfait. *Votre père est m. de vous.* Vx. *Être coiffé à la malcontent*, Avoir les cheveux presque ras.

**Syn.** — *Mécontent*. — *Mécontent* dit plus que *malcontent*. On est *malcontent* quand on n'est pas aussi satisfait qu'on avait droit de l'attendre ; on est *mécontent*, quand on n'a reçu aucune satisfaction. *Malcontent* se dit plus particulièrement du supérieur à l'égard de l'inférieur, parce que l'inférieur est censé du moins avoir fait quelque chose pour la satisfaction du supérieur ; *mécontent* se dit plutôt de l'inférieur à l'égard du supérieur, par une raison contraire. Un prince peut être *malcontent* des services de quelqu'un de ses sujets ; un père, de l'application de son fils ; un citoyen, du travail d'un ouvrier, etc. Un sujet, au contraire, peut être *mécontent* des passe-droits que lui fait le prince ; un fils, de la prédilection trop marquée de son père pour un autre de ses enfants ; un ouvrier, du salaire que l'on a donné à son travail. *Malcontent* exige toujours un complément avec la préposition *de* ; *mécontent* peut s'employer d'une manière absolue et sans complément, et, dans ce sens, il se prend quelquefois substantivement.

**MALDENTÉ, ÉE.** adj. [Pr. *mal-dan-té*] (R. *mal* et *dent*). Qui a une mauvaise dentition.

**MALDISANT, ANTE.** adj. [Pr. *maldi-zan*] (R. *mal* et *disant*). Qui aime à dire du mal des autres. Très peu usité.

**MALDIVES.** Longue chaîne d'îles, dans l'Océan Indien, au sud de Ceylan. Aux Anglais.

**MALDONNE.** s. f. [Pr. *maldo-ne*] (R. *mal* et *donner*). T. Jeux. Erreur commise par celui qui donne les cartes.

**MÂLE.** s. m. (lat. *masculus*, m. s.). Nom générique donné à tous les animaux du sexe masculin, il est corrélatif de *Femelle*, et se dit de l'homme comme des animaux. *D'après la loi salique, les mâles seuls avaient le droit de succéder à la couronne. Un beau m.*, Un bel homme. *Le m. et la femelle. Le bélier est le m. de la brebis. Dans ces oiseaux, la femelle n'a pas le riche plumage du m.* = MÂLE. adj. 2 g. *Le sexe m. Enfant m. Perdrix m. Fleurs mâles. L'organe m. de plantes porte le nom d'étamine. — Encens m.*, Voy. ENCENS. || Par ext., se dit, au propre et au figuré, de ce qui convient au sexe masculin, de ce qui présente un caractère de force, d'énergie. *Une figure, un air, une voix m. Des traits mâles. Courage, résolution m. Les mâles vertus des Romains. Des pensées mâles. Un style m. Une éloquence m. Un pinceau m. Une composition m. Des contours mâles.* || T. Archit. *Proportions mâles*, Proportions de l'ordre dorique. || T. Mar. *Bâtiment m.* Qui résiste à la lame. *Mer m.* Mer qui a de fortes lames.

**MALEBÊTE.** s. f. (R. *male*, fém. de *mal*, adj., et *bête*). Une personne dangereuse et dont on doit se défier. Fam. et peu usité. || T. Techn. Hache à marteau qui sert au calfat pour enfoncer l'étoupe dans les grandes coutures d'un navire.

**MALEBRANCHE** (Nicolas), philosophe français (1638-1715), auteur de la *Recherche de la vérité*, etc.

**Philos.** — Pour l'ensemble des idées philosophiques, Malebranche est un disciple de Descartes, et il ne s'écarte guère des enseignements de celui qu'il considère comme le maître de la philosophie. Cependant, il a attaché son nom à un système célèbre caractérisé par ce qu'il appelle la *vision en Dieu* et l'*intervention divine*. L'origine de ce système est la répugnance qu'éprouvait la philosophie de son temps à admettre à côté de la cause première qui est Dieu, des causes particulières plus ou moins libres et indépendantes. Envisagé sous un autre rapport, le système de Malebranche est une solution du double problème de l'action réciproque de l'âme sur le monde matériel et du monde sur l'âme. Le système consiste à supprimer les causes particulières et à ne reconnaître d'autre cause de quoi que ce soit que Dieu. Dès lors l'âme n'a aucune action sur la matière et celle-ci n'en a aucune sur l'âme, au moins directement; seulement l'âme est en communication continuelle avec Dieu, et c'est Dieu qui, par sa volonté toute-puissante, produit dans notre âme les modifications que nous appelons les sensations, et règle ces modifications suivant les rapports où nous nous trouvons avec le monde extérieur. Si par exemple je me trouve en présence d'une rose, Dieu fera naître en moi les sensations de forme, de couleur et d'odeur qui me paraissent caractéristiques de cette fleur. Il suit de là que toutes les connaissances que nous avons du monde extérieur nous viennent directement de Dieu même: c'est pourquoi Malebranche appelait cette première partie de son système : la *Vision en Dieu*, et disait que nous voyons tout en Dieu. — La théorie de la volonté ou des actions humaines est la contre-partie de la précédente. Si je veux accomplir quelque acte particulier même sur mon propre corps, par exemple soulever le bras droit, ce n'est pas mon âme qui est sans action sur la matière qui peut l'accomplir; c'est Dieu qui intervient immédiatement et, par l'effet de sa toute-puissance, accomplit l'acte voulu. Dieu se fait ainsi le serviteur de toutes ses créatures afin de sauvegarder leur liberté et d'assurer l'effet de leurs volontés. — Nous ajouterons qu'en vertu du principe de l'impossibilité des causes particulières, Malebranche n'admet pas qu'aucune chose créée puisse subsister par elle-même dans l'existence. Aussi admet-il que la *création est continue*. En d'autres termes la chose créée ne peut continuer d'exister que par un acte continu de la volonté divine. Si Dieu cessait un seul instant de créer cette chose, celle-ci disparaîtrait.

Malebranche qui était prêtre et appartenait à la congrégation de l'Oratoire, était un excellent chrétien ; malgré quelques démêlés avec Bossuet, Arnault et les jésuites, la plupart du temps au sujet de l'éternelle et inextricable question de la grâce, il n'a jamais encouru de censures graves des autorités ecclésiastiques. Son œuvre la plus chère eût été l'alliance de la foi et de la raison. Mais il n'a pas vu, et personne n'a remarqué de son temps que son système avait de dangereuses analogies avec le panthéisme de Spinoza. Refuser aux choses créées la possibilité d'exister par elles-mêmes, leur refuser la possibilité d'être cause, c'est-à-dire les priver de toute activité, c'est les réduire à l'état de substance pure sans attribut, et ce genre d'existence est singulièrement proche du néant. Le système aboutit donc à la négation des choses créées, pour ne conserver que Dieu seul. Il faut alors ou nier le monde extérieur, ou le considérer comme faisant partie intégrante de Dieu, ce qui est le panthéisme.

Cependant le système de Malebranche pouvait éviter de sombrer dans le panthéisme en se développant dans une tout autre voie. Il est extraordinaire que Malebranche n'ait pas remarqué le rôle effacé, et pour ainsi dire inutile, que joue, vis-à-vis de nous, d'après ses idées, le monde extérieur. Nous ne le voyons qu'en Dieu et nous n'agissons sur lui que par l'intervention divine. Mais alors il peut bien ne pas exister du tout. Qu'importe qu'il y ait quelque part une chose appelée rose si Dieu fait naître en moi toutes les sensations qui pour moi caractérisent cet objet, et si, dès que je veux accomplir l'acte que j'appelle approcher la rose de mon nez, Dieu fait naître en moi toutes les sensations qui pour moi accompagnent cet acte. En d'autres termes, le monde extérieur ne nous est connu que par des sensations ; les actes que nous croyons accomplir se traduisent pour nous par des modifications dans nos sensations. Il est donc inutile que le monde extérieur existe si c'est Dieu lui-même qui nous donne ces sensations et les modifie conformément aux actes que nous croyons accomplir. Ainsi modifiée, la doctrine de Malebranche devient l'*idéalisme* de Berkeley. Du reste, Malebranche était si éloigné de prévoir cette conséquence de son système qu'il eut avec Berkeley lui-même une violente discussion. Berkeley vint en effet d'Angleterre pour rendre visite à Malebranche; mais les deux philosophes ne s'entendirent pas, et la dispute s'échauffa tellement qu'elle hâta, dit-on, la mort du philosophe français déjà fatigué et malade. Voy. Panthéisme, Berkeleyisme.

**MALECHANCE.** s. f. (R. *male*, fém. de *mal*, adj., et *chance*). Mauvaise chance.

**MALÉDICTION.** s. f. [Pr. *malédi-ksion*] (lat. *male*, mal; *dictio*, action de dire). Imprécation, vœu pour qu'il arrive du mal à quelqu'un. *Ce père a donné sa m. à son fils. Être chargé de malédictions.* || Fam., On dit d'une maison à laquelle le malheur paraît attaché, *La m. est sur cette maison* ; et d'une affaire que rien ne peut faire réussir, *Il y a de la m. sur cette affaire.* = Syn. Voy. Exécration.

**MALÉE** (Cap), au S.-E. de l'anc. Laconie, aujourd'hui cap Saint-Ange.

**MALEFAIM.** s. f. (R. *male*, fém. de *mal*, adj. et *faim*). Faim cruelle. *A ce métier on meurt de m.* Fam. et vieux.

**MALÉFICE.** s. m. (lat. *maleficium*, de *male*, mal ; *facere*, faire). Voy. Magie.

**MALÉFICIÉ, ÉE.** adj. (lat. *maleficatus*, m. s.). Maltraité par l'effet de quelque maléfice ; ne se dit guère qu'en parlant d'une personne maltraitée par la nature ou par quelque maladie. *Cet homme est bien m., tout m.* Fam.

**MALÉFIQUE.** adj. 2 g. (lat. *maleficus*, m. s., de *male*, *mal* et le suff. *ficus*, qui fait.). T. Astrol. Se disait des astres auxquels les astrologues attribuaient une influence maligne. *Une étoile maléfique.*

**MALEFORTUNE.** s. f. (R. *male*, fém. de *mal* adj. et *fortune*). Mauvaise fortune, fâcheux hasard.

**MALÉGAL.** s. m. (R. *mal* et *égal*). T. Métal. Inégalité sur une pièce de métal.

**MALÉIQUE.** adj. 2 g. (lat. *malum*, pomme). T. Chim. L'*acide m.* est un acide bibasique non saturé dont la formule est $CO^2H.CH:CH.CO^2H$. Il cristallise en prismes monocliniques fusibles à 130°, bouillant à 160°. Chauffé longtemps à 130°, il se convertit en acide fumarique. Traité par l'hydrogène naissant, il donne de l'acide succinique. Il s'unit directement à une molécule d'acide bromhydrique en formant de l'acide bromo-succinique.

Lorsqu'on chauffe rapidement l'acide malique à 200°, on obtient à la fois de l'acide m. et de l'acide fumarique; le premier passe à la distillation, tandis que le second reste dans la cornue. Ces deux corps sont des isomères stéréochimiques; en perdant une molécule d'eau sous l'action de la chaleur, ils fournissent le même *anhydride m.* $C^4H^2O^3$; chauffés avec le perchlorure de phosphore en excès, ils se transforment en *chlorure m.* $COCl.CH:CH.COCl$, identique avec le chlorure de fumaryle.

**MALEMENT.** adv. D'une manière mauvaise.

**MALEMORT.** s. f. (R. *male*, fém. de *mal*, adj., et *mort*). Mort funeste. *Ce coquin mourra de m.* Fam. et vx.

**MALENCOMBRE.** s. m. [Pr. *malan-kon-bre*] (R. *mal* et *encombre*). Embarras fâcheux. Vx.

**MALENCONTRE.** s. f. [Pr. *mal-an...*] (R. *mal* et *encontre*). Mauvaise rencontre, accident. *Il nous arriva m. Par m. il y trouva son rival.* Fam. et peu usité.

**MALENCONTREUSEMENT.** adv. [Pr *malan-kontreuze-man*]. Par malencontre. *Il arriva fort m.* Fam.

**MALENCONTREUX, EUSE.** adj. [Pr. *mal-an...*] (R. *malencontre*). Qui est sujet à éprouver des revers, des accidents. *Il est m., il lui arrive toujours quelque accident.* Fam. || Qui annonce ou qui cause du malheur. *Un présage m. Un événement m.* Famil.

**MALENDURANT, ANTE.** adj. [Pr. *malan...*]. Qui est peu disposé à endurer.

**MAL-EN-POINT.** adv. [Pr. *mal-an-pou-in*]. En mauvais état de santé ou de fortune. Fam. et peu usité.

Voilà mon loup par terre,
Mal en point, sanglant et gâté !
LA FONTAINE.

**MALENTENDU.** s. m. [Pr. *malan-tan-du*] (R. *mal entendre*). Paroles ou actions prises dans un autre sens que celui où elles ont été dites ou faites. *Ce m. causa une longue contestation. Ce n'était qu'un simple m. Il y a du m. dans cette affaire. Évitez les malentendus.*

**MALENTENTE.** s. f. [Pr. *malan-tante*]. (R. *mal* et *entente*). Désunion, mauvaise intelligence.

**MALEPESTE.** (R. *male*, fém. de *mal*, adj. et *peste*). Espèce d'interjection qui exprime la surprise. *M., vous êtes difficile!* Fam. — On écrit quelquefois *Malpeste*.

**MALEPEUR.** s. f. (R. *male*, fém. de *mal*, adj., et *peur*). Peur violente. Vx.

**MALERAGE.** s. f. (R. *male*, fém. de *mal*, adj., et *rage*). Désir violent. Vx.

**MALESHERBES**, ch.-l. de c. (Loiret), arr. de Pithiviers; 2,100 hab.

**MALESHERBES** (DE LAMOIGNON DE), économiste et philosophe fr., ministre de Louis XVI et son défenseur devant la Convention, fut condamné à mort par le tribunal révolutionnaire (1721-1794).

**MALESHERBIA.** s. m. [Pr. *male-zerbia*]. (R. *Malesherbes*, nom d'homme). T. Bot. Genre de plantes Dicotylédones qui était le type de la famille des *Malesherbiacées* établie par Don aux dépens de celle des *Passiflorées*. Voy. ce mot.

**MALESHERBIACIÉES**, s. f. pl. Voy. MALESHERBIA.

**MALESTAN.** s. m. Cuve destinée à recevoir la sardine dans une saumure avant de la mettre en barils pour la presse.

**MALESTROIT**, ch.-l. de c. (Morbihan), arr. de Ploërmel; 1,700 hab.

**MALET**, général fr. républicain, fut condamné et fusillé en 1812 pour avoir voulu s'emparer du gouvernement en répandant le bruit de la mort de Napoléon Ier.

**MAL-ÊTRE.** s. m. État de langueur, indisposition vague et sourde. *Avoir, sentir, éprouver du mal-être.*

**MALEVILLE** (JACQUES, marquis DE), homme politique fr., (1741-1824).

**MALÉVOLE.** adj. 2 g. (lat. *malevolus*, m. s., de *male*, mal et *volere*, vouloir). Malveillant. Fam. et peu usité.

**MALFAÇON.** s. f. (R. *male*, fém. de *mal*, adj., et *façon*). Se dit de la mauvaise confection d'un ouvrage. *Il y a de la m. dans cet habit.* || Fig., Supercherie. *Il y a dans cette affaire quelque m. que je n'entends pas bien.* — Dans les deux sens, ce mot est fam. et peu usité.

**MALFAIRE.** v. n. (R. *mal*, et *faire*). Faire de méchantes actions ; n'est usité qu'à l'infinitif. *Il est enclin, il se plaît à malfaire.*

**MALFAISANCE.** s. f. [Pr. *malfè-zance*] (R. *malfaisant*). Disposition à faire du mal à autrui. *Il a donné des preuves de m.* Peu usité.

**MALFAISANT, ANTE.** adj. [Pr. *malfè-zan*] (part. prés. de *malfaire*). Qui se plaît à nuire, à faire du mal à autrui. *Un homme, un esprit m. Il est d'une humeur malfaisante.* || En parlant des choses, sign. Nuisible à la santé. *Les vins frelatés sont malfaisants.*

**Syn.** — *Mauvais.* — *Mauvais* signifie que l'être ou l'objet auquel il s'applique a quelque vice, quelque défaut essentiel : ce qui est *mauvais* manque des qualités relatives à l'usage qu'on en fait, à l'idée qu'on en a. *Malfaisant* se distingue complètement de *mauvais* par l'idée d'action. L'être *m.* agit d'une manière *mauvaise*. Aussi *m.* ne se dit-il qu'en parlant de l'homme et des êtres capables d'agir, comme les animaux *malfaisants*, les divinités *malfaisantes*, etc.

**MALFAITEUR, TRICE.** s. (lat. *malefactor*, m. s.). Qui commet des crimes, qui fait de méchantes actions. *Il faut punir les malfaiteurs.*

**MALFAMÉ, ÉE.** adj. (R. *mal* et *famé*). Voy. FAMÉ.

**MALFIL.** s. m. (R. *mal*, mauvais et *fil*). Tissu employé dans les fabriques d'huiles et de bougies pour envelopper les graines ou les pains d'acides gras.

**MALFILÂTRE** (JACQUES-CHARLES-LOUIS DE), poète fr., auteur du poème de *Narcisse* (1735-1767).

**MALFORMATION.** s. f. [Pr. *...sion*]. (R. *mal* et *formation*.) Se dit d'une anomalie congénitale que l'on peut corriger aisément et guérir grâce à l'intervention du chirurgien.

**MALGACHES** ou **MADÉCASSES.** Nom donné aux habitants de l'île de Madagascar, sans distinction de race. *Les m., la langue m., les mœurs m.*

**MALGRACIEUSEMENT.** adv. [Pr. *malgra-sieu-ze-man*]. De mauvaise grâce. *Parler, répondre m.* Fam. et Vx.

**MALGRACIEUX, EUSE.** [Pr. *malgrasieu, euze*] (R. *mal*, et *gracieux*). adject. Rude, incivil. *Cet homme est m. Faire une réponse malgracieuse.* Fam. et Vx.

**MALGRÉ.** prép. (R. *mal*, et *gré*). Contre le gré de. *Il s'est marié m. père et mère. Il a fait cela m. moi.* || En parlant des choses. Nonobstant. *Il est sorti m. la pluie. M. sa rudesse, ce langage me plaît — M. tout,* Quoi qu'on fasse, quoi qu'il arrive. *M. tout, vous ne réussirez pas.* — *M. vents et marées,* Sans être arrêté par aucun obstacle. = BON GRÉ, MAL GRÉ. loc. adverb. Voy. GRÉ. = MALGRÉ QUE. loc. conj. Quoique; ne se dit qu'avec le verbe *Avoir*, précédé de la particule *en*. *M. qu'il en ait; M. que j'en eusse,* etc. En dépit de lui, en dépit de moi, etc.

**Syn.** — *Nonobstant.* — *Malgré* signifie contre la volonté et exprime une opposition réelle, une résistance soutenue, mais sans effet. *Malgré* les protestations et les menaces, il a accompli son dessein jusqu'au bout. Il s'est marié *m.* ses parents. *Nonobstant*, de *non obstante*, telle chose ne faisant pas obstacle, donne simplement à entendre qu'une chose est ou agit sans en être empêchée par une autre chose. On ne l'a point vu dans cette ville, *nonobstant* le bruit qui a couru. François Ier, *nonobstant* la différence de religion, soutint les protestants d'Allemagne contre Charles-Quint.

**MALHABILE.** adj. 2 g. (R. *mal* et *habile*). Qui manque d'habileté, d'adresse. *Vous êtes bien m. d'avoir dit, d'avoir fait telle chose. Il a été m. dans cette négociation.* = Syn. Voy. MALADROIT.

**MALHABILEMENT.** adv. D'une manière malhabile.

**MALHABILETÉ.** s. f. (R. *malhabile*). Manque d'habileté, de capacité, d'adresse.

**MALHERBE** (FRANÇOIS DE), célèbre poète, né à Caen (1555-1628), réformateur de la langue et de la poésie françaises.

**MALHEUR.** s. m. (lat. *mala*, mauvaise; *hora*, heure). Mauvaise fortune, mauvaise destinée. *Le malheur le poursuit. Le m. ne peut l'abattre. Avoir du m. On ne saurait éviter son m. Le m. a voulu que... Succomber sous le poids du m.*

Les malheurs sont souvent enchaînés l'un à l'autre.
RACINE.

*Supporter le m. avec constance. Précipiter quelqu'un dans un abîme de m. Par surcroît de m.* — *Être en m.,* Avoir une mauvaise veine au jeu ou en toute autre chose. —

*Jouer de m.*, Jouer malheureusement; et, Fig., Éprouver une contrariété qui résulte du hasard. *Je suis allé trois fois chez vous sans vous rencontrer, c'est jouer de m.* — *Porter m.*, Voy. PORTER. — *Faire un m.*, Causer un accident. — *C'est un m.*, Cela est fâcheux. — *Voilà un beau m. !* Il n'y pas grand m. || Infortune, désastre, accident fâcheux. *M. extraordinaire, inouï. Il vous arrivera m. Il lui est arrivé un grand m. Tous les malheurs de la vie ont fondu sur lui. Il a éprouvé bien des malheurs. L'affection de quelques amis fut sa consolation dans son m. C'est un petit m.* Prov., *Un m. ne vient jamais seul.* || On dit quelquefois, en manière d'imprécation, *M. à...! M. aux impies ! M. aux traîtres ! M. aux vaincus !* Les vaincus doivent subir la loi du vainqueur. On dit aussi, *M. sur...! M. sur eux et sur leurs enfants !*

Malheur aux écrivains qui viendront après moi.

PIRON.

— *M. à...*, se dit encore familièrement, par simple exclamation, et comme pour prédire le malheur qui doit tomber sur quelqu'un dans quelque circonstance. *M. à la femme qui épousera ce méchant homme !* = PAR MALHEUR. loc. adv. Par l'effet d'un accident, d'un hasard malheureux. *Par m., il ne le trouva pas. Il est arrivé par m. que...*

**MALHEUREUSEMENT**. adv. [Pr. *maleureu-ze-man*]. D'une manière malheureuse. *Il a fini m. Il est mort m.* || Par malheur. *M. il s'est ruiné. Il est arrivé m. que...*

**MALHEUREUX, EUSE**. adj. [Pr. *maleu-reu, euze*] (R. *malheur*). Se dit d'une personne qui, pouvant réussir ou ne pas réussir dans quelque chose, ne réussit pas. *Il a été fort m. au jeu cette semaine. Il est m. en tout, en affaires, en amour. Il est m. dans tout ce qu'il entreprend. Il est né m.* || Se dit également des choses. *Une entreprise, une guerre malheureuse. Les armes de la France furent d'abord malheureuses. Il a fait un choix bien m. Un coup m. Une passion malheureuse.* — *Avoir la main malheureuse*, se dit d'un joueur qui perd presque toujours après qu'il a donné les cartes ou qu'il les a coupées, De quelqu'un qui ne peut toucher à rien sans le casser, D'un chirurgien qui réussit mal dans ses opérations; et, Fig., D'une personne qui réussit mal dans ce qu'elle entreprend, ou encore, Qui choisit mal entre les personnes ou entre les choses. || Qui est dans une situation fâcheuse, affligeante. *Un homme m. Une femme malheureuse. S'il est m., c'est par sa faute. Il n'y a pas d'être plus malheureux que l'homme torturé par les remords.* || En parlant des choses, signifie Misérable, affligeant, digne de pitié. *Il est dans un état malheureux, dans une situation malheureuse. Il mène une vie malheureuse.* — Se dit aussi pour Funeste, désastreux, fâcheux, préjudiciable. *Un événement m. Temps, règne m. Voilà un coup m. Cette affaire a eu des suites malheureuses. Il a fait là une malheureuse rencontre. Il a la malheureuse habitude de jouer. Il vous a donné un conseil m.* — *Faire une fin malheureuse*, Finir sa vie d'une manière cruelle et déshonorante. || Qui porte malheur, qui annonce le malheur. *Il est né sous un astre m., sous une malheureuse étoile. Cette circonstance est d'un m. augure. Cet homme a la physionomie malheureuse. Il a quelque chose de m. dans la physionomie.* — En parlant d'un écrivain, d'un artiste, on dit qu'*il a une facilité malheureuse*, Quand il a une facilité dont il abuse pour ne produire que des ouvrages mauvais ou médiocres. || Par exagér., Qui manque des qualités qu'il devrait avoir, qui est mauvais, méprisable dans son genre. *Un m. écrivain. Un m. barbouilleur.* — *Mémoire malheureuse*, Mémoire qui retient difficilement, qui manque au besoin. — *Passion malheureuse*, Qui n'est pas payée de retour. — *Avoir une passion malheureuse pour un art*, L'aimer et n'y pas réussir. || *Malheureux*, s'emploie quelquefois pour exprimer l'insuffisance, l'infériorité, la disproportion entre des choses ou des individus. *Je ne puis aller vous voir si loin, je n'ai que deux m. chevaux. Pour un m. écu qu'il a voulu épargner, il faudra maintenant qu'il en dépense un millier. Avec vingt mille francs de rentes, il n'a qu'un m. valet.* || Loc. prov., *M. comme les pierres*, Parce qu'on les foule aux pieds. = MALHEUREUX. s. m. Un homme misérable. *C'est un pauvre m. Il consacra sa vie au soulagement des m.* || Se dit quelquefois d'un homme méchant, d'un homme vil et méprisable. *Ce m. fera une mauvaise fin, C'est un m. que tout le monde repousse. M. que vous êtes ! M., qu'as-tu fait ?* || *Malheureuse*, employé substantivement, ne se dit que d'une femme méprisable, d'une femme de mauvaise vie. *Il ne hante que des malheureuses.*

**Syn.** — *Misérable, Infortuné.* — *Misérable* et *Malheureux* expriment tous deux l'idée d'une situation fâcheuse et affligeante; mais *m.* présente directement cette idée, tandis que *misérable* évoque plutôt l'idée de commisération qui s'attache au malheur. Ainsi, on peut être *m.* par quelque accident imprévu, sans être réduit pour cela à un état digne de compassion; mais celui qui est *misérable* est réellement réduit à cet état. Ulysse, errant dix ans sur les mers avant de pouvoir regagner Ithaque, menait une vie *malheureuse*. Philoctète, abandonné dans l'île de Lemnos, seul et en proie à une plaie dévorante, y menait une vie *misérable*. Les *misérables*, les pauvres gens, les êtres voués au malheur. Quelquefois ces mots s'appliquent non pas à un individu qui est actuellement dans une situation fâcheuse et affligeante, mais à un individu qui mériterait de s'y trouver. Un domestique qui dérobe quelque chose à son maître est un *m.*; tandis qu'un grand criminel est un *misérable*. Dans certains cas, on emploie *misérable* là où *m.* ferait un non-sens; c'est lorsqu'on veut marquer une pitié dédaigneuse et méprisante pour certains travers d'esprit, etc., comme dans ces phrases : C'est un *misérable* écrivain; il a fait un *misérable* commentaire, etc. Quant au mot *infortuné*, il ne s'emploie que dans le style soutenu et presque toujours en parlant d'un malheur ou d'un *m.* illustre.

**MALHONNÊTE**. adj. 2 g. [Pr. *malo-nète*] (R. *mal* et *honnête*). Qui est contraire à la probité, à l'honneur; se dit des personnes et des choses; dans le premier cas, il et se met toujours avant les noms des personnes auxquels il se rapporte. *C'est l'action d'un m. homme. C'est une action, un procédé m.* || Incivil, *C'est un homme très m. Il a un ton m., des manières bien malhonnêtes. Cela est très m.* Dans ce sens, il suit toujours le substantif auquel il est joint. = Syn. Voy. DÉSHONNÊTE.

**MALHONNÊTEMENT**. adv. [Pr. *malo-nèteman*]. D'une manière malhonnête, contraire à la probité ou à la civilité. *Agir m. En user m. Il lui a répondu fort m.*

**MALHONNÊTETÉ**. s. f. [Pr. *malo-nèteté*]. Incivilité, manque de bienséance. *Il est d'une m. choquante. Il y a de la m. dans son procédé.* || Parole ou action incivile. *Il m'a fait une grande m. Il m'a dit des malhonnêtetés.*

**MALIAQUE** (GOLFE), golfe de l'anc. Thessalie, en face de la pointe de l'Eubée.

**MALIBRAN** (M^me^), célèbre cantatrice, fille de Manuel Garcia (1808-1836).

**MALICE.** s. f. (lat. *malitia*, m. s., de *malum*, mal). Inclination à nuire, à mal faire, à causer de la peine, mais avec adresse et finesse. *Il est plein de m. Il a fait cela par m. Sa m. s'est décelée dans cette affaire. Cela procède d'une m. noire. C'est un homme sans m. Il n'a pas plus de m. qu'un enfant.* || En parlant des choses, se dit pour Malignité. *La m. d'une action. La m. de ses discours n'épargne personne.* — Fam., *Ne pas entendre m. à quelque chose*, Voy. ENTENDRE. — Fig., *Un innocent fourré de m.*, Voy. INNOCENT || Signifie encore, Action faite avec m. *Il m'a fait la plus grande m. du monde. On sait toutes les malices dont il est capable.* || Dans un sens qui n'a rien d'odieux, *Malice* se dit d'une simple disposition à la plaisanterie, à la raillerie. *Son esprit est plein de m. Il y a de la m. dans sa physionomie. Cette réponse n'est pas sans m.* || Action faite, parole dite dans la seule intention de badiner, de se divertir. *Il fait à ses camarades mille petites malices. Elle nous a dit quelques malices fort spirituelles.*

**Syn.** — *Malignité, Méchanceté.* — La *m.* est un défaut qui est à la superficie et qui tient moins au caractère qu'à l'esprit, à un esprit rusé, fin, railleur. La *malignité* est plus dans le caractère que dans l'esprit; elle a plus de suite, de dissimulation, et a pour but, comme pour effet naturel, de nuire. La *méchanceté* est plus perverse et plus impitoyable : c'est le goût à faire du mal se montrant à découvert et d'une façon violente et brutale. Une *m.* peut être innocente, tandis qu'il peut exister de noires *malignités* et des *méchancetés* atroces. — Le substantif *malignité* a une tout autre force que son adjectif *malin*. On permet aux enfants d'être *malins* : on ne leur passe la *malignité* en quoi que ce soit, parce que, c'est l'état d'une âme qui a perdu l'instinct de la bienveillance, qui désire le malheur de ses semblables, et souvent en jouit. On leur passe des *malices*, on va même quelquefois jusqu'à les y encourager, parce que, sans avoir en soi rien d'odieux, la *m.* comporte une sorte d'esprit dont on peut tirer parti par la suite. Cette sorte d'indulgence est pourtant dangereuse : la ruse que suppose la *m.* dispose insensiblement à la *malignité*, parce que rien ne coûte à l'amour-propre pour réussir, et que de la *malignité* à la *méchanceté* il y a si peu de distance, qu'il n'est pas difficile de prendre l'une pour l'autre.

**MALICIEUSEMENT**. adv. [Pr. *malisieu-zeman*]. Avec malice. *Il a fait cela m. Il interprète tout m.*

**MALICIEUX, EUSE**. adj. [Pr. *mali-sieu, euze*] (lat. *malitiosus*, m. s.). Qui a de la malice, qui fait des malices, où il y a de la malice. *Il est m. comme un vieux singe. Un enfant m. Son esprit m. égaye la conversation. Un dessein m. Une intention m.* — Subst., en parlant d'un enfant, on dit quelquefois : *C'est un petit m., une petite malicieuse.* || *Cheval m.*, Cheval qui rue de côté, qui use d'adresse contre celui qui le monte ou qui l'approche.

**MALICORIUM**. s. m. [Pr. *maliko-riome*] (lat. *malum*, pomme; *corium*, cuir). T. Pharm. Nom sous lequel est désignée, dans les officines, l'enveloppe extérieure desséchée de la grenade.

**MALICORNE**, ch.-l. de c. (Sarthe), arr. de la Flèche; 1,500 hab.

**MALIFORME**. adj. 2 g. (lat. *malum*, pomme; *forma*, *forme*). Qui a la forme d'une pomme.

**MALIGNEMENT**. adv. [Pr. *mali-gne-man*, *gn* mouil.]. Avec malignité.

**MALIGNITÉ**. s. f. [Pr. *gn.* mouil.] (lat. *malignitas*, m. s., de *malignus*, malin). Inclination à faire, à penser, à dire du mal; malice secrète et profonde; se dit des personnes et des choses. *Vous ne connaissez pas toute la m. de cet homme. On redoute la m. de ses propos. La m. du cœur humain. La m. du siècle.* — Fig., *La m. du sort, de la fortune. La m. des astres.* || Disposition à s'égayer aux dépens d'autrui. || Au sens phys., Qualité nuisible, dangereuse. *La m. de l'air. La m. des humeurs. La m. de cette fièvre a résisté à tous les remèdes.* = Syn. Voy. MALICE.

**MALIN, IGNE**. adj. (lat. *malignus*, m. s., de *malum*, mal). Qui prend plaisir à nuire, à dire ou à faire du mal. *C'est un esprit m. Une femme m. Un m. vieillard.* — *L'esprit m.*, *le m. esprit*, ou absolument, *Le m.*, Le diable. || Signifie quelquefois Fin, rusé. *Il est trop m. pour donner dans le piège.* || Qui se plaît à faire ou à dire des choses malicieuses, seulement pour s'amuser, se divertir. *Il a le cœur bon et l'esprit m. Cet enfant est bien m.* || S'emploie subst. dans les deux sens ci-dessus. *C'est un m. auquel il ne faut pas se fier. Voyez la petite maligne.* = En parlant des choses, signifie Qui tend à nuire, et se dit aussi, dans un sens moins défavorable, en parlant de raillerie, d'espièglerie. *La maligne influence des astres. Discours m. Interprétation maligne. Pensées malignes. Un regard, un sourire m. Un air, un ton m. Des couplets malins.* — Fam., *M. vouloir*, Intention de nuire. *Il a du m. vouloir contre moi.* — *Une joie maligne*, La joie que l'on a du mal d'autrui. || Au sens phys., Qui a quelque qualité mauvaise, nuisible. *Cette herbe a une qualité maligne. Il faut corriger ce que cette substance a de m.* Vx. et peu us. || T. Méd. *Ulcère m., plaie maligne*, etc., Ulcère, plaie, qui ne guérissent point par les moyens curatifs ordinaires, et qui font parfois des progrès rapides, quoi qu'on puisse faire. — *Fièvre maligne*, Fièvre grave, le plus souvent paludéenne. M. *Paludisme*. = Syn. Voy. MALICE.

**MALINE**. s. f. (lat. *malina*, m. s.). T. Mar. Grande marée des syzygies. Voy. MARÉE.

**MALINES**, v. de la prov. d'Anvers (Belgique); 52,700 hab. Archevêché métropolitain de Belgique. Étoffes, dentelles, etc.

**MALINES**. s. f. Voy. DENTELLE.

**MALINGRE**. adj. 2 g. (R. *mal*, et le vx fr. *heingré*, faible, languissant, qui paraît venir du lat. *æger*, malade). Qui est faible et languissant, soit par suite d'une longue maladie, soit par l'effet d'une complexion délicate et sujette à se déranger. *Il est toujours m. depuis sa dernière maladie. Cet enfant est bien m.* Fam.

**MALINGRERIE**. s. f. État de malingre.

**MALINTENTIONNÉ, ÉE**. adj. [Pr. *malintan-sio-né*] (R. *mal*, et *intentionné*). Qui a de mauvaises intentions, qui a l'intention de nuire. *Il est m. pour vous à cet égard. Ces personnes étaient très malintentionnées.* || Substant., *Il y a en tout temps des malintentionnés. Ce discours est d'un m.*

**Syn**. — *Malveillant*. — Les mots *malintentionné* et *malveillant* indiquent tous deux le mauvais vouloir d'une personne pour une ou plusieurs autres personnes; mais *malveillant* peut s'appliquer d'une manière générale, et *m.* ne s'applique qu'à un cas particulier. Ainsi, on qualifiera de *malveillant* un homme plein d'une telle envie qu'il blâme tout, qu'il voudrait voir échouer tout ce que font les autres, et l'on ne dira point que c'est un *m.* Au contraire, un individu, qui d'ailleurs n'aura pas l'esprit *malveillant*, pourra être fort *m.* à l'égard de quelqu'un en particulier, parce qu'il croira avoir à se plaindre de lui.

**MALIQUE**. adj. m. (lat. *malum*, pomme). T. Chim. On appelle *Acide malique*, un acide qui se produit dans un très grand nombre de plantes pendant le cours de la végétation. Découvert par Scheele (1783) dans le suc de pommes aigres, il a été retrouvé par Donovan (1814) dans celui des fruits du sorbier. Plus tard Braconnot montra qu'il existe également, soit libre, soit combiné, dans presque tous les fruits, particulièrement les fruits rouges, ainsi que dans d'autres parties des plantes. Cet acide cristallise sous forme mamelonnée, et quelquefois en lamelles prismatiques. Il est très déliquescent et a une saveur fort acide. Mêlé avec du sucre et dissous dans l'eau, il donne une excellente limonade. Chauffé, il fond au-dessous de 100°; vers 150°, il perd une molécule d'eau et se convertit en un mélange d'acides maléique et fumarique. Il possède deux fonctions acide et une fonction alcool, comme l'exprime sa formule $CO^2H.CHOH.CH^2.CO^2H$ Il peut fournir deux séries d'éthers, suivant qu'il fonctionne comme alcool ou comme acide. En se combinant avec l'acide bromhydrique, il forme un acide-éther $CO^2H.CHBr.CH^2.CO^2H$ qui cristallise en octaèdres fusibles à 159°; ce composé, qu'on peut aussi obtenir par l'action du brome sur l'acide succinique, porte le nom d'*acide bromo-succinique*.

Pour préparer l'acide m., on fait bouillir le suc des baies de sorbier avec un lait de chaux; il se dépose du malate neutre de calcium qu'on transforme, à l'aide de l'acide azotique, en malate acide; celui-ci, purifié par cristallisation, puis converti en sel de plomb et traité par l'hydrogène sulfuré, fournit l'acide m. lévogyre. On connaît en outre une variété dextrogyre et une variété racémique. Cette dernière peut se préparer synthétiquement par l'action de l'acide azoteux sur l'asparagine ou par l'action de l'oxyde d'argent sur l'acide bromo-succinique dont il a été question ci-dessus. L'acide m. dextrogyre se forme quand on réduit l'acide tartrique droit par l'acide iodhydrique.

**MALITORNE**. adj. et s. 2 g. (lat. *male*, mal; *tornatus*, tourné). Grossier, maladroit, gauche. *Ce valet n'est qu'un m. Une grosse malitorne.*

**MAL-JUGÉ**. s. m. Jugement rendu contre le droit, mais sans prévarication. *Le mal-jugé ne donne pas lieu à cassation.*

**MALLE**. s. f. [Pr. *ma-le*] (anc. all. *malaha*, *malha*, sacoche). Sorte de coffre de bois ou de cuir, qui sert à enfermer les effets qu'on porte en voyage. — *Faire sa m.*, Mettre, ranger dans une malle ce qu'on veut emporter en voyage, et par extension s'apprêter à partir. *Défaire sa m.*, En tirer les effets qu'elle contient. || *M.-poste*, ou simpl., *Malle*, Voiture par laquelle l'administration des postes envoyait les lettres, et dans laquelle on recevait des voyageurs. *Il s'est rendu à Paris par la m.-poste.* — *Courrier de la m.*, Employé de l'administration chargé d'accompagner les lettres et de les remettre aux différents bureaux. — *La m. des Indes*, Service organisé pour le transport des lettres destinées à l'Inde. || Sorte de panier dans lequel les petits merciers portent leurs marchandises.

**MALLÉABILITÉ**. s. f. [Pr. *mal-léa...*] (R. *malléable*). T. Phys. Propriété qu'ont les métaux de s'aplatir sous le marteau ou par l'action du laminoir, de manière à se transformer en lames plus ou moins minces. L'or est le plus malléable de tous les métaux. On peut le réduire en feuilles ayant seulement 9 cent-millièmes de millimètre d'épaisseur, et il ne faut qu'un poids de 65 milligrammes de ces feuilles pour couvrir une surface de 3 mètres carrés. Les feuilles d'or dont se servent les relieurs sont si minces qu'il en faut 10,000 pour faire l'épaisseur d'un millimètre. Après l'or, les métaux usuels se classent ainsi qu'il suit, sous le rapport de leur malléabilité : argent, aluminium, platine, cuivre, étain, plomb, zinc, fer. L'antimoine, le bismuth et l'arsenic ne sont pas malléables.

**MALLÉABLE**. adj. 2 g. [Pr. *mal-lé...*] (lat., *malleare*, battre au marteau, de *malleus*, marteau). Qui est doué de malléabilité. || Fig. *Caractère m.*, qu'on peut façonner à sa guise.

**MALLÉER**. v. a. (lat. *malleare*, frapper du marteau, de *malleus*, marteau). Battre et étendre au marteau.

**MALLE-MOLLE**. s. f. [Pr. *male-mole*]. Sorte de mousseline ou toile de coton blanche, très fine, originaire des Indes orientales.

**MALLÉOLAIRE**. adj. 2 g. [Pr. *mal-lé...*]. Qui a rapport aux malléoles.

**MALLÉOLE**. s. f. [Pr. *mal-lé...*]. (lat. *malleolus*, petit marteau). T. anat. Chacune des deux saillies situées à l'extrémité de l'os de la jambe, et vulgairement appelées *chevilles*. Voy. CHEVILLE.

**MALLE-POSTE**. s. f. [Pr. *male-poste*]. Voy. *Malle*.

**MALLET DU PAN**, publiciste français d'origine suisse (1749-1800).

**MALLETIER, IÈRE**. s. [Pr. *male-tié*] (R. *malle*). Celui, celle qui fabrique ou qui vend des malles.

**MALLETTE**. s. f. [Pr. *ma-lète*]. Dimin. de *Malle*. Petite malle.

**MALLIER**. s. m. [Pr. *ma-lié*]. Le cheval qu'on mettait dans le brancard d'une chaise de poste.

**MALLOTE**. s. m. [Pr. *mal-lote*]. T. Bot. Genre de plantes Dicotylédones (*Mallotus*) de la famille des *Euphorbiacées*. Voy. ce mot.

**MALLOTOXINE**. s. f. [Pr. *mal-loto-ksine*]. T. Chim. Matière colorante jaune, extraite du kamala. Elle cristallise en aiguilles insolubles dans l'eau, solubles en jaune rougeâtre dans les alcalis. Elle est utilisée pour la teinture de la soie.

**MALM**. s. m. T. Géol. Nom que l'on donne en Allemagne au Jurassique supérieur; on l'appelle encore *Jura blanc*, à cause de la couleur dominante de ses couches.

**MALMAISON**, domaine situé dans la commune de Rueil (Seine-et-Oise), séjour de l'impératrice Joséphine.

**MALMENER**. v. a. (R. *mal* et *mener*). Réprimander, maltraiter. *On l'a bien malmené dans ce procès, dans cette querelle*. || Faire éprouver un grave échec. *L'armée ennemie fut bien malmenée dans cette affaire*. = MALMENÉ, ÉE, part.

**MALMESBURY** (Comte de), diplomate angl. (1746-1820).

**MALMOE**, v. et port de la Suède méridionale. 44,600 hab., sur le Sund.

**MALOJAROSLAWETZ**, v. de Russie, à 60 k. N. de Kalouga. Victoire des Français (1812).

**MALONATE**. s. m. T. Chim. Nom donné aux sels et aux éthers de l'acide malonique.

**MALONIQUE**. adj. 2 g. (R. *malique*). T. Chim. L'*acide m.* est un acide bibasique qui existe dans la betterave et qui répond à la formule $CO^2H.CH^2.CO^2H$. Il se produit dans l'oxydation de l'acide malique, de l'acide lactique, de l'allylène et du propylène. On le prépare en partant de l'acide chloracétique (Voy. ci-dessous). Il cristallise en tables fusibles à 132°, solubles dans l'eau et dans l'alcool. Il se dédouble facilement en acide acétique et anhydride carbonique.

A l'acide m. correspondent un nitrile acide et un dinitrile. Le premier, qui a pour formule $CO^2H.CH^2.CAz$, est connu sous le nom d'*acide cyanacétique*. Pour le préparer, on fait agir le cyanure de potassium sur l'acide chloracétique neutralisé par de la soude. On obtient ainsi le sel de sodium de l'acide cyanacétique. Ce sel, décomposé par l'acide chlorhydrique en quantité théorique, fournit l'acide cyanacétique sous la forme d'une masse cristalline incolore, qui fond vers 80° et qui se dédouble à 165° en anhydride carbonique et en nitrile acétique. Le même sel, chauffé avec la potasse alcoolique ou avec l'acide chlorhydrique étendu, donne naissance à l'acide m.— Le *nitrile m.* proprement dit, c.-à-d. le dinitrile, est le premier homologue du cyanogène et répond à la formule $CAz.CH^2.CAz$. Il fond à 30° et bout à 218°. On l'obtient en déshydratant par l'anhydride phosphorique le sel ammoniacal de l'acide cyanacétique.

**MALONS**. s. m. pl. Briques dont on se sert pour maçonner les chaudières à savon.

**MALONYLURÉE**. s. f. (R. *malonique* et *urée*). T. Chim. Synonyme d'*Acide Barbiturique*.

**MALOTRU, UE**. s. (lat. *malè*, mal; *astructus*, bâti). Terme d'injure et de mépris qu'on applique à une personne maussade, mal faite, mal bâtie, grossière. *C'est un m., un franc m. Une grosse malotrue*.

**MALOU**, homme politique belge, né à Ypres (1810-1886).

**MALOUET**, homme d'État français (1740-1814), a laissé des Mémoires sur l'Assemblée constituante, dont il avait fait partie.

**MALOUINES** (Iles), Voy. FALKLAND.

**MALPEIGNÉ**. s. m. [Pr. *gn* mouil.]. Qui a les cheveux en désordre. Homme malpropre et mal vêtu.

**MALPIGHI**, savant médecin et anatomiste ital. (1628-1694).

**MALPIGHIACÉES**. s. f. pl. [Pr. *malpi-ghi-acé*, *g* dur]. (R. *Malpighi*, n. d'un savant ital.) T. Bot. Famille de végétaux Dicotylédones de l'ordre des Dialypétales supérovariées diplostémones.

*Caract. bot.* : Arbres ou arbrisseaux, très souvent lianes grimpantes et dont la tige offre alors une structure anormale. Feuilles ordinairement opposées ou verticillées, rarement alternes, simples, généralement entières, souvent munies de glandes sur le pétiole ou à leur face inférieure; stipules ordinairement courtes et caduques, parfois larges et interpétiolaires. Les poils, quand il y en a, sont en navette et couchés sur l'épiderme. Inflorescence variable. Fleurs hermaphrodites ou polygames, régulières ou zygomorphes, communément jaunes, parfois rouges, rarement blanches et plus rarement bleues. Calice formé de 5 sépales, plus ou moins concrescents, avec des glandes très développées à la base d'un ou de plusieurs des sépales ; ces glandes manquent très rarement. Pétales 5, onguiculés, libres, à préfloraison convolutive. Étamines ordinairement deux fois plus nombreuses que les pétales, souvent monadelphes, habituellement munies d'un connectif charnu qui se projette au delà des lobes des anthères. Carpelles 3, rarement 2, présentant souvent une crête dorsale, concrescents en un ovaire à 3 loges; ovules solitaires, orthotropes, suspendus à un long funicule, avec lequel ils forment une sorte de crochet; styles distincts ou soudés; stigmates simples, capités, tronqués, ou à expansion variable. Le fruit est tantôt un triakène, tantôt une trisamare, tantôt une drupe ou un simple akène par avortement. Graines suspendues obliquement à un funicule court et large; albumen nul; embryon à radicule supère, très courte, avec des cotylédons égaux ou inégaux, droits, recourbés ou pliés, ou même enroulés, très épais ou foliacés. [Fig. 1. *Diplopteris paralias*; 2. Bouton de fleur pour montrer les doubles glandes du calice; 3. Fleur étalée; 4. Carpelles; 5. Fruit mûr du *Ryssopteris timorensis*; 6. Coupe de l'ovaire d'un *Malpighia*; 7. Id. de *Coleostachys*; 8. Embryon de *Burdachia*; 9. Id. de *Byrsonima*; 10. Id. de *Brachypteryx*; 11. *Nitraria Schoberi*; Fleur étalée; 12. Calice et pistil; 13. Coupe verticale de l'ovaire; 14. Coupe transversale; 15. Anthère; 16. Ovule; 17. Graine; 18. Embryon.]

Cette famille se compose de 49 genres (*Byrsonima*, *Malpighia*, *Hiræa*, *Banisteria*, *Dicella*, *Diplopteris*, *Aspicarpa*, etc.) et d'environ 580 espèces, dont plus de 400 sont propres à l'Amérique méridionale; les autres sont dispersées dans les autres régions tropicales. On connaît 30 espèces fossiles tertiaires. — Les Malp. sont généralement douées de propriétés astringentes plus ou moins prononcées. L'écorce des *Byrsonima* est astringente et communément employée par les tanneurs brésiliens. Celle du *Byrson. chrysophylla* est usitée à Cayenne comme fébrifuge; on se sert aussi de sa décoction pour déterger les ulcères. Celle du *Byrsonima grassifolia* s'emploie fréquemment comme astringente, dans les cas de diarrhée, de dysenterie, d'hémorrhagie, de morsure de serpents venimeux. Il en est de même de l'écorce du *Byrs. spicata*, vulgairement appelé, aux Antilles, *Boistan*, *Bois dysentérique* et *Mérisier doré;* on prépare aussi avec ses baies acides et astringentes un rob qu'on administre dans la dysenterie. Les nègres emploient comme fébrifuge la décoction des feuilles de la *Banisteria Leona* (*Banisteria Leona*). Enfin, les fruits de plusieurs espèces, soit de *Byrsonima*, soit de *Malphigia*, bien qu'acides, se mangent aux Antilles. On recherche surtout ceux du *Malpighier glabre* (*Malp. glabra*), communément appelé *Moureiller* et *Cerisier des Antilles*, et ceux du *Malp. brûlant* (*Malp. urens*), nommé vulgairement *Bois capitaine* et *Cerisier de Courwith*, qui sont de petites drupes de la grosseur et de la couleur d'une cerise. On prétend que la graine du *Bunchiosa armeniaca* est vénéneuse.

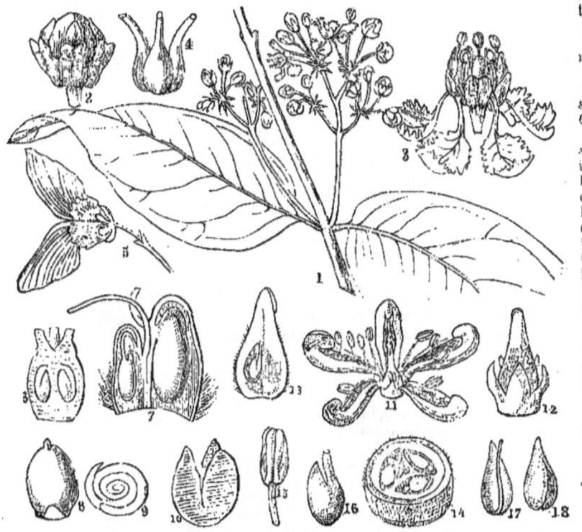

**MALPLAISANT, ANTE.** adj. [Pr. *mal-plè-zan*]. (R. *mal* et *plaisant*). Désagréable, fâcheux; se dit plus ordinairement des choses que des personnes. *Aventure malplaisante.*

**MALPLAQUET.** s. m. Marbre dont le fond est d'un rouge pâle vineux, ondulé de gris.

**MALPLAQUET**, village à 26 k. d'Avesnes (Nord). Défaite glorieuse de Villars (1709).

**MALPROPRE.** adj. 2 g. (R. *mal* et *propre*). Qui manque de propreté, qui est sale. *Un homme très m. sur lui, sur sa personne. Une chambre m. Des mains, des habits malpropres.* || Qui n'est pas propre à un usage.

Monsieur, je suis malpropre à décider la chose.
MOLIÈRE.

**MALPROPREMENT.** adv. Avec malpropreté. *Il mange m. Il fait tout m.* || *Travailler m.*, Travailler mal et grossièrement.

**MALPROPRETÉ.** s. f. (R. *malpropre*). Manque de propreté, saleté. *Sa chambre est d'une grande m. Il mange avec une m. choquante.*

**MALSAGE.** adj. 2 g. (R. *mal* et *sage*). Qui n'est pas sage (inus.).

**MALSAIN, AINE.** adj. [Pr. *mal-sin*]. (R. *mal* et *sain*). Qui n'est pas sain, qui a en soi le principe de quelque maladie. *Cet homme est m. Cette femme est d'une complexion malsaine.* || Contraire à la santé. *Une nourrice malsaine. Les eaux de cet endroit sont malsaines. L'air y est m.* || Fig. *Un esprit m. Une imagination malsaine. Des livres malsains*, Nuisibles à la pureté de l'âme. || Par extension, *Fond m.*, Fond dangereux pour la navigation. On dit de même *Côte malsaine.*

**MALSÉANCE.** s. f. Qualité de ce qui est malséant.

**MALSÉANT, ANTE.** adj. (R. *mal* et *séant*). Qui est contraire à la bienséance. *Cela est m. C'est une chose malséante.*

**Syn.** — *Messéant.* — *Malséant* et *messéant* signifient également qui est contraire à la bienséance. Mais le premier, dit Lafaye, se dit d'une inconvenance de forme, et le second d'une inconvenance essentielle. L'air dissipé est *malséant*, et l'inattention est *messéante* pour un magistrat. Une posture *malséante* n'est inconvenante que relativement aux usages extérieurs et formels de la civilité; une posture *messéante* est contre la bienséance, blesse l'honnêteté et peut aller jusqu'à l'indécence.

**MALSEMÉE, ÉE.** adj. (R. *mal* et *semé*). T. Chas. *Andouillers malsemés*, Andouillers en nombre inégal des deux côtés du bois.

**MALSENTANT.** s. m. [Pr. *mal-san...*] (R. *mal* et *sentant*). Celui qui a de mauvaises opinions en matière de religion. Vx.

**MALSONNANT, ANTE.** adj. [Pr. *malso-nan*] (R. *mal* et *sonnant*). T. Théolog. Hasardé, téméraire, qui semble contraire à la saine doctrine. *Une proposition malsonnante.* || Par extens., on dit d'un discours, d'une expression qui choque la morale, la bienséance : *Cela est m. Voilà une expression malsonnante.*

**MALT.** s. m. [On pronon. l'*l* et *t*]. Mot emprunté de l'anglais, et sign. l'orge qu'on a fait germer et qu'on a séparé de ses germes pour la fabrication de la bière. Voy. BRASSERIE.

**MALTAGE.** s. m. (R. *malt*). Conversion de l'orge en malt pour la fabrication de la bière.

**MALTASE.** s. f. (R. *malt*, et la termin. *ase* de diastase). T. Chim. Nom donné par quelques chimistes à l'une des deux substances dont, suivant eux, le mélange constituerait la diastase. Voy. DIASTASE.

**MALTE**, île de la Méditerranée, entre la Sicile et l'Afrique, appartenant aux Anglais depuis 1800; cap. *Cité-la-Valette*: pop., 165,700 hab. = Nom des hab. : MALTAIS, MALTAISE.

**Hist** et **Ling.** — La population de l'île de Malte est d'origine très mêlée. Les Grecs, les Carthaginois, les Romains occupèrent successivement cette île, qui, pendant le moyen âge subit les incursions des Sarrasins et des Normands. En 1530, Charles-Quint, à qui elle appartenait, la céda à l'ordre des Chevaliers de Rhodes qui dès lors prirent le nom de Chevaliers de Malte. Ceux-ci exercèrent une domination despotique. Malte soutint en 1565 un siège célèbre. En 1798 Bonaparte l'enleva aux Chevaliers; mais les Anglais s'en emparèrent en 1800, et leur possession devint définitive après le traité de Paris de 1814. Le *maltais* ou langue maltaise a donné lieu à de nombreuse controverses. Certains auteurs ont prétendu que c'était l'ancienne langue des Carthaginois, le *punique*. Il est certain que le maltais est une langue sémitique, et il est possible qu'il s'y rencontre des restes du punique; mais il semble bien qu'actuellement cette langue n'est qu'un dialecte arabe très corrompu et mêlé de mots italiens, anglais, etc.

**MALTE** (Ordre de). Ordre religieux et militaire, dont les membres s'appelèrent *Hospitaliers de Saint-Jean de Jérusalem* (XIe s.), puis *Chevaliers de Rhodes* (1310), et enfin *Chevaliers de Malte* (1530-1798). Voy. Malte.

**MALTE-BRUN**, géographe français, auteur d'une *Géographie universelle* (1775-1826).

**MALTER**. v. a. Convertir en malt. = Malté, ée. part.

**MALTEUR**. s. m. Syn. de *brasseur*. = Ouvrier qui prépare le malt.

**MALTHACITE**. s. f. (gr. μαλθακός, mou). T. Minér. Variété d'argile smectique contenue dans les fentes de certains basaltes.

**MALTHE**. s. m. (lat. *maltha*, gr. μάλθα, goudron). T. Minér. Voy. Asphalte.

**MALTHUS**, économiste anglais (1766-1834). Voy. Malthusianisme et Population.

**MALTHUSIANISME**. s. m. [Pr. *maltu-zianisme*] Doctrine économique de Malthus. — Malthus a prétendu que la population avait une tendance à s'accroître plus rapidement que la somme des subsistances, d'où il suit que l'augmentation de la population, surtout dans les classes pauvres, serait une cause d'accroissement incessant de la misère. Il n'indique pas d'autre remède que le renoncement volontaire à la procréation (*moral restreint*), ce qui l'a fait accuser d'immoralité par ses adversaires. Nous discuterons cette théorie au mot Population.

**MALTHUSIEN**. s. m. [Pr. *maltu-zi-in*] (R. *Malthus*). Partisan de la doctrine de Malthus. = Malthusien, ienne. adj. Les théories *malthusiennes*. Voy. Malthusianisme, et Population.

**MALTOBIONIQUE**. adj. 2 g. T. Chim. *Acide m.* Voy. Maltose.

**MALTOSE**. s. f. [Pr. *malto-ze*] (R. *malt*, et la term. *ose* des sucres). T. Chim. Matière sucrée qui se forme en même temps que la dextrine par l'action de la diastase sur l'amidon. Elle se rencontre en petite quantité dans les céréales germées, dans la bière, dans certaines glucoses du commerce, peut-être aussi dans le pain. On la prépare en faisant agir à 60° une infusion d'orge germée sur de la fécule délayée dans de l'eau; on précipite la dextrine par l'alcool, puis la m. par l'éther. La m. anhydre a pour formule $C^{12}H^{22}O^{11}$. Dans l'eau, elle cristallise en tables renfermant une molécule d'eau, qu'elles perdent à 100° dans l'air sec. Les solutions de m. sont dextrogyres, d'un pouvoir rotatoire supérieur à celui de la glucose. La m. subit la fermentation alcoolique sous l'action de la levure. Elle réduit la liqueur de Fehling, mais ne réduit pas l'acétate de cuivre, ce qui permet de la séparer de la glucose. Oxydée à froid par le brome en présence de l'eau, elle donne naissance à l'acide *maltobionique* $C^{12}H^{22}O^{12}$, que l'acide sulfurique dédouble en acide gluconique et glucose. L'acide azotique transforme la m. en acides saccharique et oxalique. Les acides minéraux étendus l'hydratent et la dédoublent en deux molécules de glucose. L'osazone que fournit la m. avec la phénylhydrazine cristallise en aiguilles jaunes, fusibles à 190°.

L'*isomaltose*, que Fischer a obtenue en faisant agir à froid l'acide chlorhydrique concentré sur la glucose, est une matière sucrée isomérique avec la m. et fournissant une osazone fusible à 150°. Parmi les produits de l'action du malt sur l'amidon, Lintner et Düll ont cru retrouver l'isomaltose; mais la substance qu'ils ont isolée paraît n'être qu'un mélange de m. et de dextrine.

**MALTÔTE**. s. f. (bas lat. *mala tolta*, de *mala*, mauvaise, et *tolta* prise, du latin *tollere*, enlever). Se disait autrefois de toute perception d'impôts, et particulièrement des nouveaux impôts, parce qu'ils étaient généralement assis et perçus plus ou moins arbitrairement. *Exercer la m.* || Par ext., se disait collectivement de ceux qui étaient chargés de percevoir les impôts. *Il était petit employé dans la m.*

**MALTÔTIER**. s. m. Celui qui percevait la maltôte, ou qui était employé dans la maltôte. — Ces deux mots ne se disaient qu'avec une intention de dénigrement, et sont aujourd'hui à peu près hors d'usage. Au fém. *Maltôtière*, Femme d'un maltôtier.

**MALTRAITEMENT**. s. m. Action de maltraiter, mauvais traitement.

**MALTRAITER**. v. a. (R. *mal* et *traiter*). Traiter durement en actions ou en paroles. *Ce maître maltraite ses domestiques. Un mari qui maltraite sa femme. Il l'a maltraité de coups, de paroles.* || Fig. Se dit des rigueurs d'une femme pour l'homme qui l'aime. *Je suis maltraité.* || Faire éprouver une perte à quelqu'un, ne pas le traiter favorablement. *Son père l'a fort maltraité dans son testament. Il a été fort maltraité au jeu. Cet arrêt a fort maltraité la partie plaignante. La critique a fort maltraité cet auteur.*

L'orage
Maltraita le pigeon, en dépit du feuillage.
La Fontaine.

= Maltraité, ée. part.

Syn. — *Traiter mal.* — *Maltraiter* quelqu'un, c'est se porter envers lui à des injures, à des violences, à des coups; *traiter mal* quelqu'un, c'est ne pas en user avec lui avec tous les égards, toutes les attentions qu'il mérite, ou bien encore lui faire mauvaise chère. Un homme violent et grossier *maltraite* ceux qui ont affaire à lui; un homme avare et mesquin *traite mal* ceux qu'il invite à sa table.

**MALUS**, physicien fr. (1775-1812), fonda la théorie de la polarisation de la lumière.

**MALVA**. s. f. (mot lat.). T. Bot. Voy. Mauve.

**MALVACÉES**. s. f. pl. (R. *malva*). T. Bot. Famille de végétaux Dicotylédones de l'ordre des Dialypétales supérovariées méristémones.

*Caract. bot.* : Végétaux herbacés, ou frutescents, ou arborescents. Feuilles alternes, rarement opposées, le plus souvent simples, parfois composées palmées, pourvues de stipules. Fleurs régulières hermaphrodites, rarement polygames ou dioïques, parfois solitaires, le plus souvent disposées en grappe ou en cyme. Le pédicelle, quelquefois concrescent avec la bractée mère, porte assez souvent sous la fleur un involucre de bractées, parfois appelé *Calicule*. Sépales 5, très rarement 3 ou 4, plus ou moins soudés à la base, à préfloraison valvaire. Pétales en même nombre que les sépales, à estivation tordue, tantôt distincts, tantôt adhérents au tube staminal. Androcée très variable, tantôt 10 ou 5 étamines simples, le plus souvent des phalanges d'étamines provenant de la ramification des étamines primitives, libres ou plus ou moins concrescentes en tube autour du pistil; anthères à 2 ou 4 sacs. Pistil formé typiquement de 5 carpelles concrescents en un ovaire à 5 loges; style indivis ou à 5 branches; stigmate entier; parfois 3, 2 ou 1 carpelle, ou bien on en trouve de 20 à 30 disposés côte à côte ou superposés en séries verticales; ovules anatropes, nombreux ou solitaires dans chaque loge. Le fruit est formé de 5 follicules ou de 5 akènes; ailleurs c'est une capsule, un polyakène, rarement une baie, une drupe ou un simple akène. Graines quelquefois poilues; albumen nul, ou charnu et peu abondant; embryon courbe, à cotylédons tordus ou ployés.

Les Malv. se composent de 140 genres et d'environ 1550 espèces, répandues par toute la terre, mais abondant surtout dans les régions chaudes et tempérées. Il faut y ajouter une centaine d'espèces fossiles trouvées dans le crétacé et surtout dans le tertiaire, notamment 11 Tilleuls, 16 Sterculies, etc.

On divise cette famille en 3 tribus :

Tribu I. — *Malvées.* — Étamines concrescentes en tube; anthères à deux sacs (*Malva, Malope, Althæa, Lavatera, Sida, Pavonia, Abutilon, Hibiscus, Gossypium, Adansonia, Bombax, Briodendron*, etc.) [Fig. 1. — 1. *Abutilon macropodum* : 2. Fleur non épanouie; 3. Étamines et styles; 4. Fruit mûr, composé de plusieurs akènes. — 5. Fruit mûr de *Malva sylvestris*. — 6. Pistil de *Lagunea squamea*; 7. Coupe horizontale d'un ovaire.] — Ce qui caractérise essentiellement cette tribu, c'est l'abondance de mucilage que contiennent presque toutes ses espèces. Tout le monde connaît les propriétés émollientes de la *Mauve* et de la *Guimauve*, particulièrement de la *Petite* et de la *Grande Mauve* (*M. rotundifolia* et *sylvestris*) et de la *Guimauve officinale* (*Althæa officinalis*); cette dernière sert à la préparation d'une pâte extrêmement usitée comme adoucissante et pectorale. Plusieurs espèces étrangères à nos climats servent aux mêmes usages : tels sont, en Grèce, l'*Alcée* (*Althæa rosea*), vulg. appelée *Passe-rose* et *Rose trémière;* dans l'Inde, le *Sida cordifolia* et le *S. mauritiana;* au Brésil, le *Sphæralcea cisplatina*. Dans ce dernier pays, on administre encore, dans le cas de coliques venteuses, une décoction préparée avec la racine et la tige de l'*Urena lobata*, et l'on emploie ses fleurs comme expectorantes dans les toux sèches et invétérées. Les Brésiliens attribuent encore des propriétés diurétiques au *Pavonia diuretica;* mais il paraît

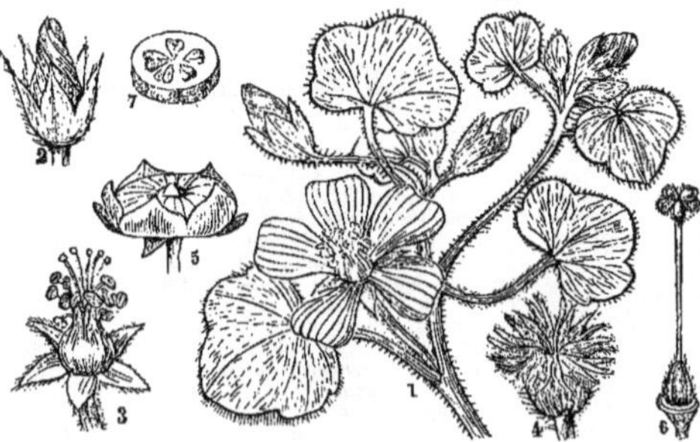

Fig. 1.

agir plutôt comme émollient. Ils font généralement usage du *Sida carpinifolia* contre les piqûres de Guêpes et d'Abeilles; pour cela, ils mâchent les feuilles et les appliquent sur la partie blessée. Au Brésil, les jeunes feuilles et les graines du *Cotonnier à feuilles de vigne* (*Gossypium vitifolium*) sont usitées dans la dysenterie. Les graines musquées de l'*Abelmosch musqué* ou *Ambrette* (*Hibiscus Abelmoschus*) sont regardées comme cordiales et stomachiques; les Arabes les mêlent au café; aux Antilles, où on les appelle *Gombo musqué*, on les administre dans les cas de morsures de serpents venimeux, après les avoir réduites en poudre et laissées macérer dans du rhum. La racine du *Sida lanceolata* est extrêmement amère, et en conséquence s'emploie comme tonique. Certaines espèces, telles que la *Ketmie Sabdariffa* et la *K. de Surate* (*Hibiscus Sabdariffa* et *Suratensis*), sont légèrement acides; leurs feuilles se mangent en guise d'Oseille; au Brésil, les fleurs de l'*Abutilon esculentum* se mangent cuites avec de la viande. Les fruits verts de la *Ketmie comestible* (*Hibiscus esculentus*), vulgairement appelée *Gombo* et *Gombaut*, sont un objet de grande consommation dans les contrées chaudes de l'Asie, de l'Afrique et de l'Amérique. Tantôt on en tire, en les mettant dans l'eau bouillante, un mucilage abondant qui sert à donner de la consistance aux aliments liquides, tantôt on les mange en nature, cuits ou assaisonnés de diverses manières. Cet aliment, quoique très fade, est fort nourrissant.

Parmi les plantes industrielles que renferme cette famille, le *Cotonnier* (*Gossypium*) tient le premier rang. Voy. COTONNIER. Mais il en est d'autres qui produisent des fibres textiles dont on tire un parti plus ou moins avantageux. L'*Hibiscus cannabinus*, l'*Hib. strictus*, l'*Hib. arboreus*, et l'*Hib. manihot*, en particulier, fournissent des fibres d'excellente qualité; celles qui proviennent de l'*Hib. cannabinus* sont désignées dans le commerce sous le nom de *Chanvre de Bombay* ou de *Gombo*. En Chine, on cultive le *Sida tiliæfolia* pour ses fibres, et en outre on obtient de ses graines une huile de qualité inférieure. Les fibres de l'*Urena lobata*, de la *Mauve crépue* (*Malva crispa*), de l'*Hibiscus elatus*, etc., peuvent encore servir à fabriquer de bons cordages. Enfin quelques espèces sont tinctoriales : nous citerons les feuilles de l'*Althæa rosea*, qui, dit-on, donnent une matière colorante bleue égale à l'indigo, et les fleurs de la *Ketmie Rose de la Chine* (*Hibiscus rosa sinensis*), qui fournissent une couleur noire très solide. En Chine, les femmes s'en servent pour teindre leurs sourcils et leurs cheveux, et les hommes pour noircir leurs souliers. Les fleurs de la première sont usitées pour la coloration des vins. Le genre *Bombax*, vulgairement *Fromager*, et les genres voisins sont plus remarquables par la beauté de leur aspect que par leurs propriétés utiles. Toutefois, ils ne sont pas sans intérêt. Les graines de plusieurs espèces sont enveloppées de longs poils analogues à ceux du véritable coton. Ce duvet, qu'on désigne sous le nom de *Coton-soie*, ne peut se tisser, parce que ses filaments n'adhèrent point entre eux. Celui du *Bombax Ceiba*, appelé *Laine de Ceiba*, s'emploie dans la fabrication des chapeaux, ainsi que pour remplir des coussins, des oreillers, des édredons, des matelas, etc. On utilise de la même manière le duvet des graines du *Chorisia speciosa*, appelé *Ouate végétale*, ainsi que celui de plusieurs espèces du genre *Eriodendron*. L'*Eriodendron gossypinum*, appelé vulg. *Arbre à coton* de l'Inde et *Gossampin*, produit une gomme employée aux Indes comme chez nous la gomme arabique. Les feuilles du *Pachirier élégant* (*Pachira elegans*), appelé aux Antilles *Châtaignier de la côte d'Espagne* et du *Pach. aquatique* (*Pach. aquatica*), vulgairement nommé à la Guyane *Cacaoyer sauvage*, à cause de l'aspect de son fruit, sont émollientes, et les indigènes de ce pays en mangent les amandes après les avoir fait cuire sous la braise. L'*Hibiscus esculentus*, appelé vulgairement *Gombo*, est cultivé pour ses capsules dont on fait, quand elles sont jeunes, un ragoût liquide et visqueux très recherché par les créoles. Cette espèce vient bien dans le midi de la France où les graines mûrissent chaque année. La *Matisie en cœur* (*Matisia cordata*) produit des fruits dont la saveur est analogue à celle de l'Abricot et qu'on mange à Santa-Fé. L'*Ochroma lagopus*, vulgairement *Bois de liège*, arbre des Indes occidentales, a diverses sortes d'utilité. Son bois léger s'emploie en guise de liège; le duvet du fruit connu sous le nom de *Patte de lièvre* ou *Édredon végétal* rend les mêmes services que celui des Bombax; enfin, le suc gommeux qui exsude de son tronc est employé à divers usages.

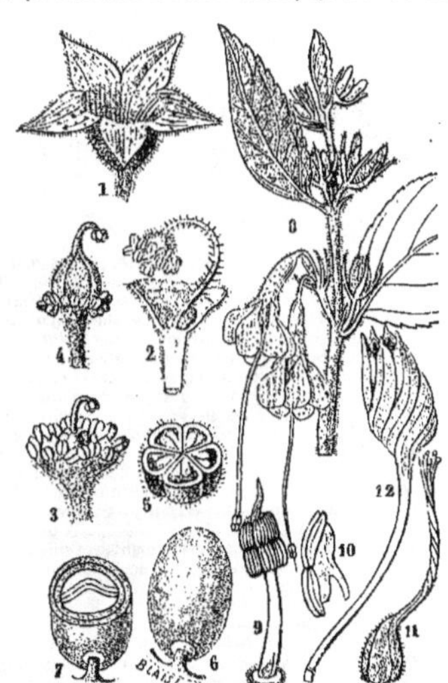

Fig. 2.

Cette tribu renferme plusieurs des géants du règne végétal. Telles sont plusieurs espèces du genre Bombax, et notamment le *Ceiba :* on fait avec le tronc de ce dernier des pirogues d'une seule pièce, qui ont de 2 mètres 50 jusqu'à 3 mètres 90 de large sur 17 à 20 mètres de long. Mais l'arbre le plus célèbre de la famille par ses dimensions est l'*Adansonia digitata* ou *Baobab*, dont le tronc acquiert jusqu'à 8 mètres de diamètre. Selon Adanson, il faut des milliers d'années pour qu'il arrive à ce monstrueux développement. Ce tronc immense est couronné d'un grand nombre de branches étalées horizontalement, et longues de 17 à 20 mètres; d'où il résulte que souvent leur propre poids en courbe l'extrémité jusqu'à terre. Aussi l'arbre, vu de loin, se présente-t-il sous la forme d'une masse hémisphérique assez régulière de 20 à 23 mètres de hauteur, et dont le diamètre a le double. Toutes les parties de ce colosse végétal sont émollientes et mucilagineuses. Ses

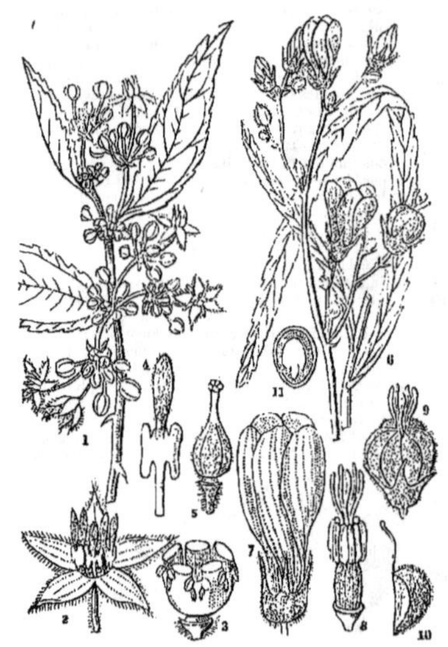

Fig. 3.

feuilles séchées et réduites en poudre constituent l'*Alo* des nègres. Ceux-ci le mêlent à leur nourriture dans le but de diminuer l'extrême transpiration à laquelle ils sont sujets dans ces climats. Les Européens l'ont employé avec succès dans les cas de diarrhée, etc. Le fruit, vulgairement appelé *Pain de singe* et *Calebasse du Sénégal*, renferme une pulpe légèrement acide et d'un goût agréable, que les nègres estiment beaucoup. Le suc qu'on en extrait, mêlé avec du sucre, constitue une boisson qu'on dit utile contre les fièvres. Nous terminerons en mentionnant le *Chéirostémon* (*Cheir. platanoides*), arbre originaire du Mexique, qu'on cultive dans quelques jardins européens à cause de la forme singulière de ses fleurs. Elles sont dépourvues de pétales, mais elles présentent un large calice anguleux qui ressemble à une coupe de cuir, du centre de laquelle s'élèvent 5 anthères étroites et recourbées, avec un style également courbe au milieu, offrant une ressemblance singulière avec une main pourvue d'ongles allongés : de là le nom botanique de ce végétal, et celui de *Manita* que lui donnent les Mexicains.

TRIBU II. — *Sterculiées*. — Étamines concrescentes en tube; anthères à 2 sacs (*Sterculia, Heritiera, Helicteres, Dombeya, Hermannia, Theobroma, Buttneria, Lasiopetalum*, etc). [Fig. 2. — 1. *Sterculia chicha* : Fleur; 2. Pistil et étamines; 3. Id., grossis; 4. Id. plus développés; 5. Ovaire coupé horizontalement; 6. Graine de *Sterculia balanghas*; 7. Coupe transversale de la même. — 8. *Helicteres brevispira*; 9. Colonne d'étamines; 10 Anthère; 11. Pistil; 12. Fruit mûr. — Fig. 3. — 1. *Buttneria celtoides*. 2. Fleur étalée; 3. Coupe d'étamines; 4. Étamine abortive; 5. Pistil; 6. *Melochia graminifolia*; 7. Fleur; 8. Étamines et pistil; 9. Fruit mûr; 10. Capsule isolée; 11. Coupe d'une graine].

Les Sterculiées, de même que la plupart des Malvées, sont surtout remarquables par la quantité de mucilage qu'elles contiennent. Les graines de toutes les espèces du genre *Sterculie* (*Sterculia*) donnent une huile assez abondante, qui est comestible ou du moins bonne à brûler. Celles que produisent le *St. acuminé* (*St. acuminata*), connues en Afrique sous le nom de *Kola*, sont à peu près du volume d'une châtaigne : on les appelle *Noix de Kola*, *Noix de Gourou* et *Noix du Soudan*. Ces graines sont âcres et acides; mais, quand on les mâche, elles ont la singulière propriété de faire paraître bonnes et sucrées des substances de saveur peu agréable, même de l'eau saumâtre et corrompue. Elles renferment de la caféine en assez grande proportion et ont pris de ce fait une place importante dans la thérapeutique comme tonique et reconstituant. Les graines du *St. chicha*, ou simplement *Chicha*, et du *St. lasiantha* se mangent, au Brésil, comme noix. En Asie, on mange également celles du *St. nobilis*. Celles du *St. fœtida*, vulgairement *Bois puant*, qui doit, et son nom générique, et son nom spécifique à l'odeur extrêmement désagréable de ses fleurs, ont un goût d'amande et donnent une huile comestible. La gomme de Sierra-Leone provient du *St. tragacantha*. Le *St. urens*, de la côte de Coromandel, produit aussi une gomme fort analogue à la précédente, et qu'on a importée en Angleterre sous son nom. A Java, on administre dans la blennorrhagie la cosse du *St. fœtida*. Les graines donnent environ 50 p. 100 d'une huile bonne à manger et pour brûler. On considère encore ses feuilles comme répercussives et apéritives : la décoction faite avec le fruit est mucilagineuse et astringente. Dans les Moluques, on emploie comme emménagogue l'écorce du *St. balanghas*. Les graines du *Pterygota alata* passent pour narcotiques. Le *St. caribæa*, appelé *Mahagua* à l'île de la Trinité, donne une fibre qui pourrait être utilisée. L'écorce de l'*Helicteres sacarotha*, appelé simplement *Sacarotha* au Brésil, est usitée sous forme de décoction, en raison de ses propriétés mucilagineuses, dans les maladies vénériennes. Des propriétés semblables se trouvent, selon Martius, dans le *Myrodia angustifolia*.

Parmi les produits que fournit à l'homme cette tribu, le plus important de tous, sans contredit, est le *Cacao*, qui forme la base du *Chocolat*. Le Cacao est la graine du *Cacaoyer* (*Theobroma Cacao*), petit arbre très répandu au Mexique, dans l'Amérique centrale, et dans l'Amérique du Sud. Voy. CACAOYER et CHOCOLAT. Le fruit du *Durion* (*Durio zibethinus*) est regardé comme un des plus excellents que l'on connaisse : cependant il a une saveur alliacée désagréable pour ceux qui n'y sont point accoutumés; mais lorsqu'on y est habitué, on le trouve délicieux. On le rencontre dans les îles de l'Archipel Indien, où on le cultive sur une grande échelle. La *Waltheria Douradinha* est employée au Brésil dans les cas d'affections syphilitiques; la quantité considérable de mucilage qu'elle contient doit en effet la rendre utile contre ce genre d'affection. Le fruit du *Guazuma ulmifolia* est rempli d'une substance mucilagineuse douce et agréable, que les Brésiliens mangent avec beaucoup de plaisir. A la Martinique, la jeune écorce de la même plante sert à clarifier le sucre, ce à quoi elle est très propre à cause du mucilage abondant qu'elle fournit par macération dans l'eau. Dans la même île, l'infusion de la vieille écorce du Guazuma est estimée comme sudorifique et s'administre dans les maladies cutanées. Dans l'Inde, l'écorce du *Kydia calycina* s'emploie aux mêmes usages. La *Riedleia* et toutes les espèces du genre *Ptérosperme* (*Pterospermum*) se distinguent par leurs propriétés mucilagineuses. Chez beaucoup d'espèces de cette famille, les fibres de l'écorce sont tellement flexibles, qu'on en peut fabriquer d'excellents cordages; l'écorce de la *Microlæna spectabilis*, de la *Dombeya umbellata* et de l'*Abroma angustum*, est surtout fort propre à cet usage. A Madagascar, on fabrique en effet des cordes solides avec l'écorce de la *Microlæna spectabilis*. Enfin, les *Ruizia variabilis* et *cordata* fournissent un bois de senteur recherché.

TRIBU III. — *Tiliées*. — Étamines libres ou à peine concrescentes à la base; anthères à 4 sacs (*Tilia, Grewia, Sparmannia, Corchorus, Luhea, Elæocarpus*, etc.). [Fig. 4. — 1. *Berrya ammonilla*; Fleur; 2. Pistil et 2 étamines; 3. Coupe transversale de l'ovaire; 4. Coupe verticale du même; 5. Partie du fruit; 6. Fruit de l'*Apeiba aspera*; 7. Fruit du *Triumfetta cordifolia*; 8. Graine du même; 9. Coupe de cette dernière.]

Toutes les espèces de cette tribu contiennent un suc mucilagineux et émollient, et les fruits charnus de plusieurs d'entre elles sont bons à manger. Les fibres intérieures de l'écorce sont en général d'une ténacité remarquable, qui perment de les employer à divers usages. Dans l'Inde, on fabrique une sorte de toile grossière, ainsi que des lignes et des filets pour la pêche, avec les fibres des *Corchorus olitorius* et *capsularis*. Cette matière textile est désignée dans le commerce sous le nom de *Jute*, et constitue un objet d'importation considérable. Voy. JUTE. Chez nous, on fait des cordes de puits avec les fibres du *Tilleul à larges feuilles* (*Tilia platyphylla*) et d'autres espèces voisines ; en Russie, on en fait des nattes. Au Brésil, on se sert, en raison de ses propriétés astringentes, de l'écorce du *Luhea à grandes fleurs* (*Luhea grandiflora*) dans le tannage des cuirs. Le bois de *Luhea étalé* (*L. divaricata*) est blanc et léger, mais son grain est très serré. On en fait des crosses de fusil et des semelles de bois pour les souliers. Le bois de nos Tilleuls est d'un jaune pâle, presque blanc, et d'un grain serré et uni, ce qui le rend précieux pour la sculpture, l'ébénisterie et la menuiserie. Leur sève renferme une assez forte quantité de sucre pour qu'on ait proposé d'en tirer parti. Quant à leurs fleurs, tout le monde connaît leur odeur agréable et la fréquence de leur emploi. Leur infusion est administrée journellement comme un léger antispasmodique. Elle excite la transpiration et modère la toux. L'infusion devient légèrement astringente, quand aux fleurs on joint les bractées et les

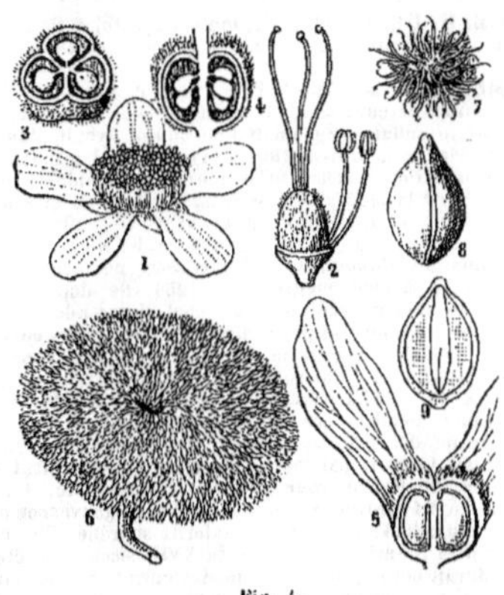

Fig. 4.

fruits. En Égypte, le *Corète potager* (*Corchorus olitorius*), est cultivé comme plante potagère. Dans l'Inde, on mange les baies des *Grewia sapida*, *asiatica*, etc. qui ont une saveur aigrelette assez agréable ; on s'en sert surtout pour faire des sorbets. Le bois du *Grewia elastica* est très estimé pour sa force et son élasticité : aussi l'emploie-t-on pour faire des arcs, des limons de voiture, etc. Le léger et excellent bois de construction connu sous le nom de *Bois de Trincomaly*, et dont on fait un grand usage dans les chantiers maritimes à Madras, provient du *Berrya ammonilla*. L'*Aristotelia maqui* porte des baies bonnes à manger, et l'on en prépare une sorte de vin. Son écorce, qui est fort tenace, sert à faire des cordes pour des instruments de musique, et c'est avec son bois qu'on fabrique le corps de ces derniers. Dans la Caroline, on mange les baies de l'*Apeiba emarginata*. On se sert des feuilles du *Vallea cordifolia* pour teindre en jaune. Le fruit de certaines espèces du genre *Éléocarpe* (*Elæocarpus*) se mange sous le nom de *Julpai* ou d'*Olives*. Les noyaux osseux des fruits de plusieurs Éléocarpes servent à faire des colliers et des chapelets. Les feuilles et le fruit du *Triumfetta elliptica*, du Brésil, ont des propriétés à la fois astringentes et mucilagineuses : leur décoction s'emploie sous forme d'injections dans certaines inflammations chroniques des muqueuses. Enfin, ses tiges flexibles servent à faire des paniers, et, en les faisant macérer, on en retire une matière textile fort résistante.

**MALVÉES.** s. f. pl. T. Bot. Tribu de plantes de la famille de *Malvacées*. Voy. ce mot.

**MALVEILLANCE.** s. f. [Pr. *mal-vè-llanse*, *ll* mouillées] (lat. *malevolentia*, m. s., de *male*, mal, et *vellere*, vouloir). Disposition de l'âme qui porte à vouloir du mal à quelqu'un, à trouver mal tout ce que font les autres. *Cet homme a un caractère enclin à la m. Voilà des effets de sa m. La m. s'est attachée à toutes ses actions pour les dénaturer. S'exposer à la m. du peuple.* || *On attribue cet incendie à la m.*, A quelque malveillant.

**MALVEILLANT, ANTE.** adj. [Pr. *malvè-llan*, *ll* mouillées] (lat. *malevolens*, m. s., de *male*, mal, et *vellere*, vouloir). Qui a de la malveillance, où il y a de la malveillance. *Caractère m. Disposition, intention malveillante.* = MALVEILLANT. s. m. Celui qui veut du mal à quelqu'un ou qui est disposé à blâmer ce que font les autres. *Les malveillants font courir de fausses nouvelles sur son compte. C'est quelque m. qui lui a rendu ce mauvais office. Il ne faut pas ajouter foi aux propos des malveillants.* = Syn. Voy. MALINTENTIONNÉ.

**MALVENU, UE.** adj. Voy. VENIR.

**MALVERSATION.** s. f. [Pr. ... *sion*] (R. *malverser*). Faute grave, commise par cupidité, dans l'exercice d'un emploi, dans l'exécution d'un mandat. *Être coupable de m. Il a commis de nombreuses malversations.*

**MALVERSER.** v. n. (lat. *malversari*, m. s., de *male*, mal; *versari*, gérer). Commettre une ou plusieurs malversations. *Il est accusé d'avoir malversé dans sa charge, dans sa gestion.*

**MALVOISIE.** s. m. Presqu'île à l'E. de la Laconie. = MALVOISIE, s. m. Vin récolté dans cette contrée, et dans une partie de la Laconie. Par ext., se dit de plusieurs sortes de vins cuits et sucrés. *M. de Chypre, de Madère, de Provence.* Le vin de Malvoisie était célèbre dès l'antiquité et était fort apprécié des seigneurs des derniers siècles. On connaît la fin du duc de Clarence, buveur passionné, lequel condamné à mort par son frère Édouard IV, roi d'Angleterre, choisit d'être plongé dans un tonneau de malvoisie.

**MALVOULU, UE.** adj. (R. *mal*, et *voulu*). Pour qui l'on est mal disposé. *C'est un homme d'esprit, mais il est généralement m.* On dit aussi *Mal voulu*. Peu usité.

**MALZIEU-VILLE (LE)**, ch.-l. de c. (Lozère), arr. de Marvejols ; 1,400 hab.

**MAMAN.** s. f. (gr. μάμμα, m. s.). Terme dont les enfants et ceux qui leur parlent se servent au lieu du mot *Mère*. *Cet enfant commence à dire papa et m. Allez embrasser votre m.* — *Grand'm.*, *bonne m.*, Grand'mère. *Belle m.*, Belle-mère. || Fam., *Grosse m.*, Une femme qui a de l'embonpoint.

**MAMANITE.** s f. T. Minér. Variété de Polyhalite trouvée à Maman (Perse).

**MAME** (ALFRED), imprimeur fr., né à Tours (1811-1893).

**MAMELIÈRE.** Voy. MAMMELIÈRE.

**MAMELLE.** s. f. [Pr. *mamè-le*] (lat. *mamilla*, dimin. de *mamma* m. s.). Les mamelles sont des organes glanduleux dont la présence est le caractère distinctif de toute une classe de vertébrés. Leur sécrétion fournit aux petits des mammifères l'alimentation complète, et la lactation est pour eux une période de transition entre la vie utérine et la vie propre et indépendante. Toujours situées à la surface du corps, dans l'épaisseur de la peau dont elles sont une dépendance, leur siège varie. Le plus souvent, placées de chaque côté de la ligne médiane, elles siègent sur la paroi thoracique ou abdominale, et leur nombre augmente en proportion du nombre des produits qui composent une portée. La femme possède deux mamelles placées sur la partie antérieure du thorax, de chaque côté du sternum, entre la première et la septième côte; leur saillie hémisphérique présente, à sa partie centrale, l'aréole surmontée par le mamelon; n'atteignant pas la ligne médiane du corps, elles restent séparées par un sillon profond, qui est la gorge proprement dite. On donne le nom de *région mammaire* à la surface délimitée par leur relief. La glande mammaire se trouve contenue dans un dédoublement de la couche sous-cutanée traversée par de nombreuses fibres élastiques et musculaires; elle est située en avant de l'aponévrose du grand pectoral. Cette glande est une glande en grappe, comprenant de 12 à 16 lobes qui aboutissent à un nombre égal de conduits dits *galactophores* ou *lactifères*, lesquels se dilatent en ampoule avant de s'ouvrir à la surface du mamelon.

La glande mammaire se développe à la manière des glandes sébacées, avec lesquelles elle présente beaucoup d'analogie; son développement reste silencieux jusqu'à l'époque de la puberté, où chez la femme elle entre dans sa période d'activité. Dans des conditions physiologiques, la sécrétion mammaire semble sous la dépendance des organes génitaux internes, et les relations pathologiques de ces organes sont des plus intéressantes. Dès le début de la grossesse, la femme éprouve dans les seins des sensations particulières : picotements, pesanteur, etc. ; au moment de l'accouchement, les culs-de-sac glandulaires, complètement développés, sont gorgés de cellules globuleuses analogues à celles que l'on trouve dans les glandes sébacées. Ce sont ces cellules dont les parois crèvent pour constituer la sécrétion lactée; au début, la fonte glandulaire est incomplète, et les cellules gardent la forme de globules remplies de gouttelettes graisseuses; ce sont les globules caractéristiques du colostrum.

La *pathologie* de la m. comprend : les *affections traumatiques* (contusions et plaies, ecchymoses, hémorrhagies, brûlures), qui ne présentent aucun détail particulier à noter; — les *affections inflammatoires* (érythème, eczéma, crevasses, gerçures, lymphangite, abcès, adénite. Voy. MAMMITE); de ces affections les plus fréquentes sont les gerçures ou crevasses que l'on remarque surtout chez les femmes qui allaitent, et que des précautions minutieuses de propreté évitent aisément; il en est de même des abcès ou des phlegmons du sein qui ont été démontrés n'être qu'une forme localisée d'infection puerpérale; — enfin, les *affections organiques* ou *tumeurs*; les tumeurs les plus variées peuvent se rencontrer à ce niveau; les plus importantes à signaler sont les *fibromes*, les *lipomes* et le *cancer*; le cancer est la plus importante à étudier à cause de sa fréquence et des ravages qu'il cause : beaucoup de femmes hésitant à se faire opérer ou même à se laisser examiner, et les interventions étant ainsi généralement tentées trop tard pour éviter les récidives amenées par l'infection ganglionnaire. Nommons encore, pour être complet, les accidents syphilitiques que l'on observe du côté de la m., soit à la suite de caresses amoureuses, soit à la suite de tétées par un nourrisson syphilitique.

**Anat. comparée.** — Les mamelles constituent le caractère distinctif d'une grande classe d'animaux, qui, pour cela, ont reçu le nom de *Mammifères*. Mais, chez ces derniers, les mamelles ne sont pas gonflées, comme chez la femme, par un tissu graisseux; elles ne deviennent apparentes que pendant le temps de l'allaitement. Leur mamelon, ordinairement creux, n'est percé que d'un ou deux orifices, et dans sa cavité aboutissent un ou deux réservoirs plus grands, dans lesquels les conduits lactifères versent le lait. Il n'existe pas chez les *Monotrèmes*.

Le nombre des mamelles est très variable dans les diverses espèces de Mammifères; mais il est généralement en rapport avec le nombre de petits que la femelle met bas à chaque portée. Ainsi la Chatte a 8 mamelles, la Chienne 10, la Truie 12, l'Agouti 14, etc. Ces organes diffèrent encore relativement à leur situation : de là leur distinction en *mamelles pectorales*, *m. abdominales* et *m. inguinales*. Ainsi, par ex., elles sont *pectorales* chez les Quadrumanes, les Cheiroptères, l'Éléphant, le Lamantin, etc.; *abdominales*, chez la plupart des Mammifères; et *inguinales* chez les Équidés et les Ruminants. La Jument a 2 mamelles inguinales. La Vache en a 4, qui constituent une masse unique appelée *Pis*, qui se compose de deux parties symétriques accolées l'une à l'autre, et qui donne naissance à 4 principaux mamelons que l'on nomme les *Trayons* ou les *Tétines*. En arrière de celles-ci, on trouve quelquefois 2 mamelons plus petits, appelés *Tétins*, qui ne fournissent que rarement du lait. Dans les animaux multipares, les tétines sont disposées en deux rangées, une de chaque côté de la ligne médiane, depuis le pubis jusque sous le sternum.

Dans l'état ordinaire, les glandes mammaires restent dans l'inaction ; elles ne commencent à entrer en activité que durant la gestation, et, lorsque le moment de la parturition arrive, elles sont aptes à remplir leur fonction et sécrètent une quantité de lait plus ou moins abondante. Cependant on a vu quelquefois la sécrétion lactée s'établir sans être précédée ni de gestation, ni de parturition. Ainsi, non seulement on connaît un assez grand nombre de cas où des femmes, sans être mères, ont allaité et nourri des enfants étrangers, mais encore le même fait a été observé chez des hommes. Al. de Humboldt, par ex., a vu en Amérique un homme qui, sa femme étant tombée malade, allaita lui-même son enfant. Pendant cinq mois, il lui donna deux ou trois fois par jour à téter, et l'enfant ne prit pas d'autre nourriture : son lait était épais et fortement sucré.

**MAMELLÉ, ÉE.** adj. Qui a des mamelles.

**MAMELON.** s. m. [Pr. *mam-lon*] (R. *mamelle*). Le bout de la mamelle. — Papille de la langue. || T. Hist. nat., se dit, par analog., de tous les tubercules qui ont une forme analogue à celle du m. proprement dit. || T. Minér. Concrétion dont la surface porte des tubercules arrondis. || T. Techn. Partie saillante d'une fiche, d'un gond, etc. || T. Topogr. Élévation de terrain formant saillie sur toute la région environnante. Il y en a de toutes dimensions.

**MAMELONNÉ, ÉE.** adj. [Pr. *mamelo-né*]. T. Hist nat. Qui est couvert de tumeurs arrondies qui offrent quelque analogie avec la forme d'un mamelon. *Racine mamelonée. Ce minerai se présente sous la forme de masses mamelonnées.* — Se dit aussi en topogr. *Terrain m.*

**MAMELU, UE.** adj. et s. (R. *mamelle*). Qui a de grosses mamelles. *Un homme m. C'est une grosse mamelue.* Pop.

**MAMELUK** ou **MAMELOUK.** s. m. [Pr. *mam-louk*]. T. Hist. La milice devenue si célèbre sous ce nom fut créée, vers 1230, par le sultan d'Égypte Nedjm-Eddin Ayoub, l'un des derniers princes de la dynastie des Ayoubites. Pensant affermir sa domination, il acheta un nombre considérable de jeunes esclaves, pour la plupart Circassiens, Mingréliens et Abases, qu'il fit élever et discipliner, et auxquels il confia la garde de sa personne. Mais ces esclaves (en arabe *memalik*, dont nous avons fait *Mameluks* et *Mamelouks*) ne tardèrent pas à faire la loi à leurs maîtres. En 1254, ils déposèrent le sultan et le remplacèrent par leur chef Moezz-Eddin Aïbek. Depuis cette époque jusqu'en 1517, l'Égypte fut gouvernée par deux dynasties successives de sultans mamelouks, savoir : celle des *Baharites*, qui subsista jusqu'en 1382, et celle des *Bordjites*, qui prit fin en 1517, lorsque le sultan des Turcs, Sélim, eut vaincu leur dernier chef, Touman-Bey. Cependant ce prince ne détruisit pas la milice des mamelouks, laquelle se recrutait toujours par les mêmes moyens qui avaient servi à l'établir. Seulement, pour diminuer son autorité, il divisa l'Égypte en 24 provinces, dont il confia le gouvernement à 24 beys mamelouks placés sous l'autorité suprême d'un pacha qu'il nomma lui-même. A la fin du XVIIe siècle, cet état de choses durait encore, du moins nominalement, car les Mamelouks avaient reconquis presque toute leur ancienne puissance. L'expédition française en Égypte (1798) les affaiblit considérablement; dans une seule bataille, celle des Pyramides, ils perdirent 3,000 hommes. Toutefois, après le départ des Français, ils se maintinrent encore comme corps politique jusqu'à la nomination par la porte de Méhémet-Ali comme pacha d'Égypte. Ce dernier résolut de les détruire complètement, et ne pouvant le faire à force ouverte, il eut recours à la ruse. Le 1er mars 1811, sous prétexte d'une expédition, il convoqua tous leurs chefs dans la citadelle du Caire, et il les fit massacrer sous ses yeux. — Pendant son séjour en Égypte, Bonaparte avait pris à son service un certain nombre de cavaliers indigènes. En 1804, ils formaient dans sa garde, sous le nom de *Mameluks*, une compagnie d'environ 250 hommes. La plupart d'entre eux furent assassinés en 1814, pendant les troubles qui suivirent l'abdication de l'empereur.

**MAMERS,** ch.-l. d'arr. (Sarthe), sur la Sarthe, à 41 kil. N.-E du Mans; 6,000 hab.

**MAMERS** (SAINT), archevêque de Vienne (Gaule); mort en 474. Fête le 11 mai.

**MAMERTINS,** aventuriers de l'Italie méridionale établis en Sicile, où ils appelèrent les Romains contre Hiéron et les Carthaginois, à l'époque de la première guerre punique.

**MAMIANI,** poète philosophe et homme politique italien, né à Pessaro (1800-1885).

**MAMILLAIRE.** adj. 2 g. [Pr. *mamil-lère*] (lat. *mamilla*, mamelle). T. Anat. Qui a la forme d'un mamelon. *Émi-*

*nence, tubercule m.* || T. Bot. *Plantes mamillaires*, Plantes grasses couvertes d'excroissances. = Mamillaire. s f. T. Bot. Genre de plantes Dicotylédones (*Mamillaria*) de la famille des *Cactées*. Voy. ce mot.

**MAMILLÉ, ÉE.** adj. [Pr. *mamil-lé*] (lat. *mamilla*, mamelle). Qui est couvert de tubercules arrondis.

**MAMMAIRE.** adj. 2 g. [Pr. *mam-mère*] (lat. *mamma*, mamelle). T. Anat. Qui a rapport aux mamelles. *Glande m. Les artères mammaires.*

**MAMMALOGIE.** s. f. [Pr. *mam-ma...*] (lat. *mamma*, mamelle; gr. λογος, discours). Partie de l'histoire naturelle qui a pour objet l'étude des mammifères.

**MAMMALOGIQUE.** adj. 2 g. [Pr. *mam-ma...*]. Qui a rapport à la mammalogie.

**MAMMALOGISTE.** s. m. [Pr. *mam-ma...*]. Celui qui s'occupe spécialement de mammalogie.

**MAMMÉE** ou **MAMMÉI.** s. m. [Pr. *mam-mé*]. T. Bot. Genre de plantes Dicotylédones (*Mammea*) de la famille des *Clusiacées*. Voy. ce mot.

**MAMMELIÈRE** s. f. [Pr. *mame-lière*] (R. *mamelle*). Partie de la cuirasse qui protège les côtés de la poitrine.

**MAMMIFÈRE.** s. m. [Pr. *mam-mi...*] (lat. *mamma*, mamelle; *fero*, je porte). T. Zool. Première des vertébrés.

**Zool.** — I. *Caractères des Mammifères.* — Les animaux compris sous ce nom commun (2 à 3,000 espèces) forment la première classe de l'embranchement des Vertébrés et occupent ainsi le rang le plus élevé dans l'échelle zoologique. A leur tête se place l'Homme, si semblable à eux par le plan général de son organisation, si supérieur par cette intelligence qui lui permet de contempler et de comprendre l'ordre tout entier de la création. La dénomination de *Mammifères* a été introduite par Linné. Elle est d'autant plus heureuse, que cette caractéristique seule suffit à différencier la classe à laquelle elle s'applique de tout le reste du règne animal. En effet, si l'on excepte les seuls *Monotrèmes*, tous les animaux qui composent cette classe sont pourvus d'une matrice dans laquelle se développent leurs petits; tous sont vivipares, c.-à-d. font leurs petits vivants; tous les allaitent ensuite au moyen de glandes mammaires. Outre ce caractère essentiel, les mam. en présentent d'autres qui sont également d'une extrême importance. Le plus extérieur réside dans l'organisation de leur système tégumentaire, lequel est recouvert de poils en totalité ou en partie; cependant ce caractère est très peu accusé dans la plupart des Cétacés; aussi la dénomination de *Pilifères* que Blainville a voulu substituer à celle de de Mam. a-t-elle été repoussée. Le principal caractère anatomique qui distingue les Mammifères des autres classes se tire de la structure intime et de la conformation des poumons, qui sont librement suspendus dans la cavité thoracique, et qui sont complètement séparés de la cavité abdominale par un diaphragme sans fissure. — [Fig. 1. Disposition générale des organes chez un mamm., l'homme, d'après Fort. — 1. Trachée artère; 2. Corps thyroïde; 3. Artère pulmonaire; 4. Aorte; 5. Veine cave supérieure; 6. Tronc brachiocéphalique; 7. Carotide et jugulaire; 8. Veine sous-clavière; 9. Oreillettes; 10. Diaphragme; 11 Vésicule biliaire; 12. Côlon ascendant.] La forme des globules sanguins, qui sont constamment circulaires, sauf chez les Caméliens, est encore un caractère d'un haut intérêt. Chez les Mammifères, la mâchoire supérieure est complètement immobile, tandis que l'inférieure s'articule immédiatement au crâne par son condyle, sans l'intermédiaire d'un os carré. Les dents sont portées sur les maxillaires seulement, où elles sont disposées sur une seule rangée, logées dans des alvéoles, et jamais soudées au maxillaire lui-même. Tous les Mammifères, à peu d'exceptions près, sont armés d'un plus ou moins grand nombre de dents. La langue (3, Fig. 2) est charnue, bien développée, avec la pointe plus ou moins libre. Les ouvertures postérieures des nasales (1) sont protégées par un appendice membraneux mobile, appelé *voile du palais* (7), et l'ouverture du larynx (4) par un autre appendice appelé *épiglotte*. Le canal alimentaire (2 et 5) varie dans sa forme, selon la nature des aliments dont l'animal se nourrit, mais il n'y a ordinairement qu'un cæcum. Le rectum se termine presque toujours par une ouverture distincte située en arrière des orifices urinaires et génitaux. Les surfaces articulaires du

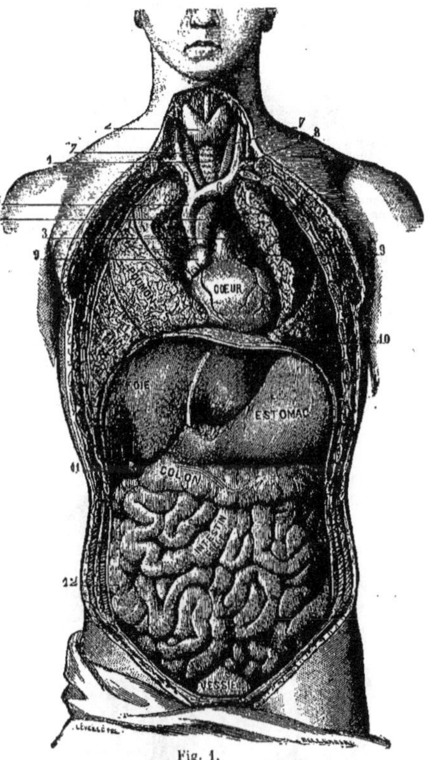


Fig. 1.

corps des vertèbres sont plus ou moins aplaties, et toujours

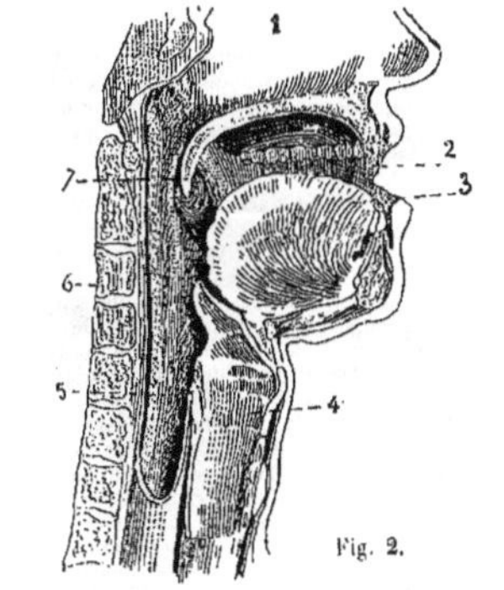


Fig. 2.

unies ensemble par une série de ligaments élastiques.

Les vertèbres cervicales sont au nombre de 7, excepté chez l'Aï, qui en a 9, et chez le Lamentin, qui n'en a que 6. A deux exceptions près, l'os coracoïde, forme chez les Mammifères, une simple apophyse de l'omoplate. C'est dans la classe qui nous occupe que l'encéphale atteint son plus haut degré de développement. Enfin, les divers organes des sens ne manquent chez aucun Mammifère, bien qu'on observe des différences assez considérables dans les différents ordres et dans les diverses espèces.

[Fig. 3. Squelette d'un mammifère, le Dromadaire. — 1. Vertèbres cervicales; 2. V. dorsales; 3. V. lombaires; 4. V. caudales; 5. Omoplate; 6. Humérus; 7. Cubitus; 8. Carpe; 9. Métacarpe; 10. Phalange; 11. Os du bassin; 12. Fémur; 13. Rotule; 14. Tibia; 15. Tarse; 16. Métatarse.]

II. *Classifications.* — Quoique Aristote ne paraisse pas s'être proposé de fonder une classification systématique des mammifères, en les distribuant en ordres et en familles, cependant il a indiqué avec une hauteur de vues remarquable, les grands groupes entre lesquels se partage cette classe, conformément aux affinités naturelles que présentent les nombreuses espèces qui la composent. La dénomination générale qu'il impose à la classe elle-même est celle de *Zootoca*, c.-à-d. *vivipare*. Bien que le caractère de la viviparité ne soit point exclusivement propre aux Mammifères, il leur donna ce nom, parce qu'il supposait que les animaux supérieurs doués de viviparité se distinguaient suffisamment des vivipares inférieurs, tels que la Vipère, en ce que, chez les premiers, l'embryon se développait dans le corps maternel au moyen d'un placenta. (Les Mammifères aplacentaires

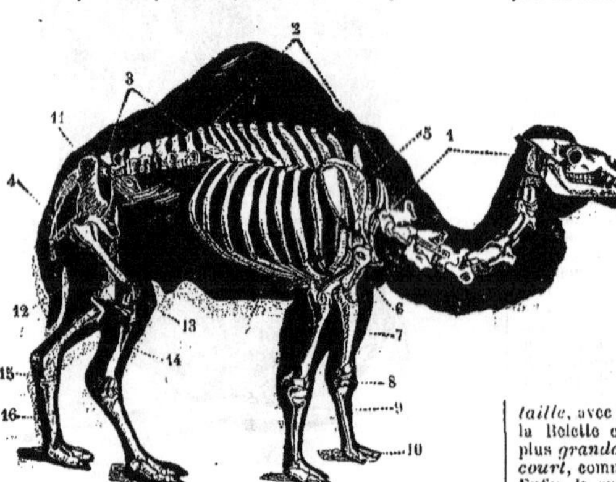


Fig. 3.

lui étaient nécessairement inconnus, puisque tous appartiennent à l'Amérique et à la Nouvelle-Hollande.) Le philosophe de Stagyre divise ensuite les *Zootoca* d'après la nature de leurs organes locomoteurs, en trois sections, les *Dipoda* ou bipèdes, les *Tetrapoda* ou quadrupèdes, et les *Apoda* ou animaux dépourvus de pieds. Il cite l'Homme comme le type de la première section, et les Cétacés (*Kétoda*) comme représentant la troisième, tandis que la seconde embrasse tous les autres animaux de la classe. Cette seconde section est ensuite subdivisée en deux grands groupes naturels, d'après les modifications observées dans les organes du toucher. Dans le premier de ces groupes, qui a reçu plus tard le nom d'*Onguiculés*, les doigts sont plus ou moins indépendants l'un de l'autre et armés d'ongles ou de griffes; dans le second, appelé par opposition les *Ongulés*, les doigts sont enfermés dans un sabot. Chacun de ces groupes comprend trois nouvelles subdivisions, qui sont fondées sur le système dentaire pour les Onguiculés, et sur la structure du pied pour les Ongulés. Dans la première subdivision des Onguiculés, les dents de devant ont un bord tranchant, et celles de derrière une surface élargie, comme les Singes (*Pithecoïda*) et les Chéiroptères (*Dermaptera*). Dans la seconde, les dents sont pointues, tranchantes et propres à déchirer de la chair : en conséquence Aristote appelle *Karcharodonta*, qui signifie dents aiguës, les animaux qui composent cette subdivision. Les animaux qui forment la troisième sont caractérisés par l'absence de canines, et correspondent à nos Rongeurs. Le groupe des Ongulés comprend les *Polyschidæ*, qui ont plusieurs sabots, comme l'Éléphant; les *Dischidæ*, ou pieds fourchus, comme les Ruminants et le Cochon; et les *Aschidæ*, ou animaux à un seul sabot, comme le Cheval et l'Ane.

Après Aristote, il faut franchir un intervalle de 2,000 ans, et arriver jusqu'à la fin du XVIIe siècle, pour trouver sur la mammalogie un travail original et contenant des vues véritablement scientifiques. L'homme auquel on doit ce progrès est l'Anglais Jean Ray, et la date de son livre est l'année 1693. Empruntant la base de sa classification à Aristote, Ray reconnaît d'abord les Vivipares et les Ovipares; puis, prenant en considération la nature du milieu où habitent les Vivipares, il les divise en deux catégories, les Aquatiques et les Terrestres ou Quadrupèdes. Ces *Quadrupèdes vivipares*, il les caractérise en outre par l'existence de poils, puis il les divise en deux groupes : les *Ongulés*, qui ont des sabots, et les *Onguiculés*, qui ont des ongles. Il subdivise les premiers en trois sections, savoir : 1° les *Solipèdes*, comme le Cheval et l'Ane; 2° les *Bisulces*, ou pieds fourchus, parmi lesquels il distingue les *non Ruminants*, comme le Cochon, et les *Ruminants*, qu'il distingue en outre en *Ruminants à cornes persistantes*, comme le Bœuf et le Mouton, et *Ruminants à cornes caduques*, comme le Cerf; 3° les *Quadrisulces*, ou animaux dont le pied est divisé en plus de deux parties, comme le Rhinocéros et l'Hippopotame. Les *Onguiculés* forment deux sections, celle des animaux *à pied bifide*, comme le Chameau, et celle des animaux *à pied multifide* ou *Fissipèdes*. Chez ces derniers, les doigts sont *adhérents* et recouverts par les téguments communs, comme chez l'Éléphant, ou bien les doigts sont plus ou moins *distincts* et séparables. Les animaux de cette dernière catégorie sont encore subdivisés d'après la conformation de leurs ongles, c.-à-d. selon qu'ils ont les *ongles déprimés*, c.-à-d. larges et plats comme les Singes, ou *comprimés*, c.-à-d. étroits et pointus. Les animaux qui offrent ce dernier caractère se distinguent de nouveau d'après le nombre des incisives, les uns n'ayant que *deux incisives*, très grandes, comme le Lièvre, et les autres des dents *incisives multiples*. Ceux-ci, qui comprennent les Carnivores, les Insectivores, et les animaux dont la nourriture se compose à la fois d'insectes et d'autres matières, forment deux nouvelles catégories : ceux qui sont de *petite taille*, avec le corps long et les extrémités courtes, comme la Belette et la tribu des Vermiformes; et ceux qui ont une plus *grande taille*, parmi lesquels on en distingue *à museau court*, comme le Lion, et *à museau long*, comme les Chiens. Enfin, la grande section des Fissipèdes comprend les quadrupèdes *anormaux*, le Hérisson, le Tatou, la Taupe, la Musaraigne, le Tamandua, la Chauve-Souris et le Paresseux. Les cinq premières espèces ont quelques rapports avec les Chiens et les Vermiformes par leur museau plus allongé; mais ils en diffèrent par la disposition de leurs dents, dont le Tamandua est même tout à fait privé; les deux dernières espèces, au contraire, ont le museau court.

La classification de Ray repose sur des anlogies tout à fait extérieures; ce n'est qu'après avoir épuisé toutes les ressources que la forme des membres lui présente qu'il cherche des caractères dans le système dentaire pour revenir ensuite à la forme du corps et du museau.

La classification de Linné fut un progrès sur celle de Ray, car il fonda exclusivement sa méthode sur les considérations des organes dominants de l'organisme des mammifères, c.-à-d. sur l'appareil locomoteur et sur le système dentaire. C'est sur le premier qu'il établit ses divisions primaires, en partageant tous les animaux de la classe en trois grandes sections : les *Onguiculés*, les *Ongulés* et les *Mammifères pisciformes*. Puis l'étude du système dentaire lui servit à fonder 7 ordres. Dans sa méthode, les Onguiculés en forment 4, ce sont : les *Bruta*, qui n'ont point d'incisives; les *Glires*, qui ont 2 incisives à chaque mâchoire; les *Primates*, qui en ont 4; et les *Feræ*, dont les incisives, coniques, sont au nombre de 2, de 6 ou de 10. Les Ongulés comprennent deux ordres : les *Belluæ*, qui ont des incisives aux deux mâchoires, et les *Pecora*, qui en manquent à la machoire supérieure. La troisième division est formée par un seul ordre, celui des Cétacés (*Cete*). Enfin, ces sept ordres sont subdivisés en 40 genres, qui embrassent toutes les espèces connues de son temps. — Nous passerons sous silence les essais faits, à la suite de Linné, par Brisson, Erxleben, Vicq d'Azyr et même Pallas, qui ont peu influé sur la direction de la science, pour donner la classification de G. Cuvier, qui a duré jusqu'en ces derniers temps. Cette classification était basée sur la conformation des organes du toucher ou de la manducation.

« Les différentes combinaisons, écrit Cuvier, qui déterminent rigoureusement la nature des divers Mammifères, ont donné lieu à distinguer les ordres suivants : — Parmi les Onguiculés, le premier, qui est en même temps privilégié sous tous les autres rapports, l'*Homme*, a des mains aux extrémités antérieures seulement (*Bimanes*); ses extrémités postérieures le soutiennent dans une situation verticale. — L'ordre le plus voisin de l'Homme, celui des *Quadrumanes*, a des mains aux quatre extrémités. — Un autre ordre, celui des *Carnassiers*, n'a point de pouce libre et opposable aux extrémités antérieures. Ces trois ordres ont d'ailleurs chacun les trois sortes de dents, savoir : des mâchelières, des canines et des incisives. — Un quatrième, celui des *Rongeurs*, dont les doigts diffèrent peu de ceux des Carnassiers, manque de canines, et porte en avant des incisives disposées pour une sorte toute particulière de manducation. — Viennent ensuite des animaux dont les doigts sont déjà fort gênés, fort enfoncés dans de grands ongles, le plus souvent crochus, et qui ont encore cette imperfection de manquer d'incisives; quelques-uns manquent même de canines et d'autres n'ont point de dents du tout : nous les comprenons tous sous le nom d'*Édentés*. Cette distribution des animaux onguiculés serait parfaite et formerait une chaîne très régulière, si la Nouvelle-Hollande ne nous avait pas fourni récemment une petite chaîne collatérale, composée des *animaux à bourse* ou *Marsupiaux*, dont tous les genres se tiennent entre eux par l'ensemble de l'organisation, et dont cependant les uns répondent aux Carnassiers, les autres aux Rongeurs, les troisièmes aux Édentés, par les dents et par la nature du régime. — Les animaux à sabots, moins nombreux, ont aussi moins d'irrégularités. Les *Ruminants* composent un ordre très distinct par ses pieds fourchus, sa mâchoire supérieure sans vraies incisives, et ses quatre estomacs. — Tous les autres quadrupèdes à sabots se laissent réunir en un seul ordre que j'appellerai *Pachydermes* ou *Jumenta*, excepté l'*Éléphant*, qui pourrait faire un ordre à part et qui se lie par quelques rapports éloignés avec l'ordre des Rongeurs. — Enfin, viennent les Mammifères qui n'ont point du tout d'extrémités postérieures, et dont la forme de poisson et la vie aquatique pourraient engager à faire une classe particulière, si pour tout le reste leur économie n'était pas la même que dans la classe où nous les laissons. Ce sont les poissons à sang chaud des anciens, ou les *Cétacés*, qui, réunissant à la force des autres Mammifères l'avantage d'être soutenus par l'élément aqueux, comptent parmi eux les plus gigantesques de tous les animaux. »

En France et même à l'étranger, les nouvelles classifications que proposèrent les zoologistes (Lesson, Is. Geoffroy-Saint-Hilaire, A. Milne-Edwards, etc.) ne furent que des modifications de celle de Cuvier. La classification que nous adoptons, dans le Dictionnaire, est celle de Claus, basée surtout, à l'exemple de celle de Milne-Edwards, sur les organes de la génération.

| | | | |
|---|---|---|---|
| A. *Placentaires* ou *Monodelphes* (embryon avec placenta.) | a *Déciduès* (membrane caduque.) | 1. Homme ou Bimanes. | |
| | | 2. Primates ou Singes. | |
| | | 3. Prosimiens ou Lémuriens. | |
| | | 4. Cheiroptères. | |
| | | 5. Carnivores. | |
| | | 6. Pinnipèdes ou Amphibiens. | |
| | | 7. Insectivores. | |
| | | 8. Rongeurs. | |
| | | 9. Hyraciens. | |
| | | 10. Proboscidiens. | |
| | b *Adéciduès* (pas de membrane caduque.) | 11. Pachydermes | Artiodactyles. |
| | | 12. Ruminants | |
| | | 13. Périssodactyles. | |
| | | 14. Cétacés. | |
| | | 15. Édentés. | |
| B. *Aplacentaires* ou *Didelphes* (embryon sans placenta)......... | | 16. Marsupiaux. | |
| | | 17. Monotrèmes. | |

Voir les noms des ordres écrits en petites capitales.

Disons cependant que les zoologistes tendent actuellement à faire rentrer les Mammifères fossiles dans leurs classifications; c'est pourquoi ils prennent surtout leurs caractères différentiels dans la conformation des parties pouvant se conserver, telles que les dents et le squelette des membres. Voici, à titre d'indication seulement, la classification de Döderlein qui a été adoptée dans le *Traité de Paléontologie* de F. Bernard ; les ordres écrits en italiques ne renferment que des espèces fossiles.

ORDRES

—

| | | |
|---|---|---|
| A. Protothériens, organisation ancestrale (caractères reptiliens)......... | *Pantothériens.* | |
| | *Allothériens.* | |
| | Monotrèmes. | |
| B. Métathériens. Poche marsupiale où les petits achèvent leur développement............ | Polyprotodontes | Marsupiaux. |
| | Diprotodontes | |
| C. Euthériens. Les petits naissent complètement formés; pas de poche marsupiale........... | Insectivores | Insectivores. |
| | Cheiroptères | |
| | *Créodontes* | Carnivores. |
| | Carnivores | |
| | Pinnipèdes | |
| | *Tillodontes.* | |
| | Rongeurs. | |
| | *Condylarthes* | Ongulés. |
| | Périssodactyles | |
| | Artiodactyles | |
| | *Amblypodes* | |
| | Proboscidiens | |
| | *Toxodontes* | |
| | Hyracoïdes | |
| | Cétacés. | |
| | Siréniens. | |
| | Lémuriens | Primates. |
| | Simiens | |
| | Hominiens | |

III. *Paléontologie*. — Les M. les plus anciens, les *Pantothériens*, ont commencé à apparaître à l'époque du Trias; ils ont dérivé bien probablement des Reptiles qui vivaient à la même époque. C'étaient de petits animaux dont l'organisation devait ressembler à celle des Monotrèmes, qui sont leurs représentants actuels, mais leur système dentaire était bien développé, ce qui n'existe pas pour les Monotrèmes.

Dès l'époque du Trias supérieur, les Pantothériens se modifièrent en adoptant un régime alimentaire particulier; on trouve bientôt en effet des dentitions de carnivores, d'herbivores, d'omnivores et d'insectivores. Puis les formes de leur corps s'adaptèrent elles-mêmes aux nouvelles conditions de la vie déterminées par les changements de régime, et de la souche primitive des *Protothériens* dérivent d'un côté les Marsupiaux ou *Métathériens*, de l'autre les *Euthériens*. Les Marsupiaux prirent d'abord un essor considérable et se répandirent par toute la terre ; pendant toute l'époque secondaire, il semble bien que la faune n'ait été représentée que par des Mammifères aplacentaires.

Mais avec l'époque tertiaire commencent à apparaître les premiers placentaires ou Euthériens. C'étaient des formes carnivores encore peu spécialisées (*Créodontes*), mais qui présentaient ce grand avantage, pour la lutte pour l'existence, de donner naissance à des petits complètement formés. Aussi se développèrent-ils de plus en plus en prenant la place des Aplacentaires que l'on ne trouve plus aujourd'hui qu'en Australie, dans la Nouvelle-Guinée et au Brésil.

Les Créodontes qui vivaient au début de l'époque tertiaire se spécialisèrent bientôt en deux types distincts : 1° les *Carnivores* d'où dérivèrent les *Pinnipèdes* ; 2° les *Insectivores* d'où dérivèrent les *Cheiroptères*. En même temps ou peu après, trois autres grands groupes se perfectionnaient suivant des habitudes ou des régimes particuliers. Les uns devenaient herbivores, organisaient leurs membres pour la course et devenaient des Ongulés (*Artiodactyles*, *Périssodactyles*, *Proboscidiens*, *Hyracoïdes*). D'autres se nourrissaient surtout de racines ou de fruits, les *Rongeurs* ; enfin les Primates (*Lémuriens*, *Simiens*) adoptaient un régime arboricole; c'est de ce groupe qu'est descendu l'*Homme*, à la fin du Tertiaire ou au commencement du Quaternaire. Quant aux *Édentés*, aux *Siréniens* et aux *Cétacés*, ce sont des groupes aberrants dont on ne sait trop encore fixer l'origine.

**MAMMIFORME.** adj. 2 g. [Pr. *mam-mi...*] (lat. *mamma*, mamelle; *forma*, forme). Qui a la forme d'une mamelle.

**MAMMITE.** s. f. [Pr. *mam-mite*] (lat. *mamma*, mamelle). T. Méd. On appelle m. ou *Mastites* les affections inflammatoires de la mamelle que leur évolution, sinon leur étiologie, différencie totalement. Les inflammations aiguës ont été divisées suivant une classification quelque peu complexe, mais intéressante au point de vue anatomique. On distingue des phlegmons *périmammaires* ou *paramastites*, comprenant des phlegmons superficiels ou supramastites (phlegmons du mamelon, de l'aréole, du tissu cellulaire sous-cutané), et des phlegmons rétro- ou postéro-mammaires sous-adénoïdiens ou inframastites; — des phlegmons intra- ou intéro-mammaires, *mastites* proprement dites (*abcès canaliculaires, galactophorites*), et des phlegmons totaux ou *panmastites*.

A un point de vue général, l'étiologie des lésions inflammatoires de la mamelle peut se résumer dans l'évolution des érosions, fissures, gerçures ou crevasses du mamelon et de l'aréole. Mal soignées, ces lésions, peu importantes en elles-mêmes, constituent en dehors des autres causes habituelles d'inflammation la cause la plus fréquente des mastites. Aussi les nourrices sont-elles très exposées à ces accidents, mais les recherches microbiennes modernes ont donné à la mastite dite *puerpérale* une importance particulière en la montrant comme une conséquence, ou plutôt comme une forme localisée ou atténuée de l'infection puerpérale; en sorte que le mode opératoire aseptique ou antiseptique préconisé en obstétrique a diminué sensiblement l'éclosion de ces inflammations mammaires. — En dehors de ces causes, certaines périodes physiologiques de la vie sexuelle peuvent occasionner des congestions mammaires étudiées avec les mastites, telles la m. des nouveau-nés et la m. de la puberté.

Au point de vue thérapeutique, l'indication des m. aiguës est absolue. A peine, au début, peut-on essayer de la compression énergique; dès que le pus menace, il faut inciser et drainer très largement; on ne fait jamais d'assez larges ouvertures; une seule recommandation importe, c'est la direction donnée aux incisions, lesquelles doivent être rayonnées et parallèles aux canaux galactophores.

Les inflammations subaiguës et chroniques de la mamelle, intéressantes au premier chef, sont mal connues, en dehors de la tuberculose et de la syphilis de la mamelle, qui ressortissent à ces maladies générales, et leur histoire clinique est encore à faire.

*Mammite contagieuse des vaches laitières.* — Maladie de la mamelle due à un microorganisme en chapelet, pouvant se développer dans l'organe, et susceptible de se transmettre par la traite. — Les symptômes sont : induration de la mamelle; diminution du lait qui se coagule vite et ne peut se conserver, devenant séreux, grumeleux, jaunâtre et quelquefois fétide. La santé générale est peu affectée; il y a cependant difficulté à engraisser les bêtes malades. Le traitement consiste en injections tièdes de solutions boriquées par les trayons.

**MAMMOUTH.** s. m. [Pr. *mam-moute*]. Genre de *Mammifères* fossiles appartenant à l'ordre des *Proboscidiens*. Voy. ce mot.

**MAMOUR.** s. m. (R. *m'amour*, mon amour). Démonstration de tendresse. *Faire des mamours.*

**MAN,** île de la mer d'Irlande; ch.-l. *Castle-town;* 53,700 hab.

**MANAAR,** bras de mer de l'Océan Indien, entre l'île de Ceylan et la côte de Karnatic. Voy. Inde.

**MANAGUA,** cap. de la république de Nicaragua; 15,000 hab.

**MANAHEM,** roi d'Israël (766-751 av. J.-C.), paya tribut à Phul d'Assyrie.

**MANAKIN.** s. m. T. Ornith. Les *Manakins* (*Pipra*) sont le type d'une petite famille de *Passereaux* qui appartiennent à la division des *Dentirostres*, mais qui s'en distinguent cependant en ce que leurs deux doigts extérieurs sont réunis à leur base sur près d'un tiers de leur longueur, ce qui les rapproche des Syndactyles. Cette famille comprend, outre les *Manakins*, deux autres genres, les *Coqs de roche* ou *Rupicoles*, et les *Calyptomènes*. Les oiseaux qui les composent ont le bec comprimé, plus haut que large, échancré, la queue et les pieds courts. Les *Coqs de roche* (*Rupicola*) sont grands et portent sur la tête une double crête verticale de plumes disposées en éventail. Ils sont en outre remar-

Fig. 1.

quables par la fraîcheur et la délicatesse de leurs couleurs. On n'en connait que 2 espèces, et toutes deux sont propres à l'Amérique. Elles habitent les fentes profondes des rochers,

Fig. 2.

les grandes cavernes obscures où la lumière du jour ne peut pénétrer (Fig. 1. Le *Rupicole* orangé).

Les *Calyptomènes* (*Calyptomena*) ne diffèrent des précédents que par la forme de leur huppe qui ne se relève point en éventail. La seule espèce connue, le *Cal. vert* (Fig. 2), est propre aux îles de l'archipel Indien. Le plumage du mâle est d'un beau vert d'émeraude, avec deux taches noires sur les côtés du cou, et trois bandes noires sur les ailes. La femelle est d'un vert jaunâtre sale. Les *Manakins* sont petits, et se font presque tous remarquer par leurs couleurs vives. Ils habitent en petites troupes dans les forêts humides de l'Amérique équinoxiale. — Les *Eurylaimes* (*Eurylaimus*), oiseaux propres à l'archipel des Indes, ont les mêmes pieds que les Manakins et les Rupicoles; mais ils en diffèrent beaucoup par leur bec, qui est très fort, énormément déprimé et large, avec une pointe un peu crochue et légèrement échancrée de chaque côté.

**MANAMBOLO**. Fleuve du versant occidental de Madagascar. Voy. MADAGASCAR.

**MANANT**. s. m. (R. part. prés. de l'anc. verbe *manoir*, du lat. *manere*, demeurer). Celui qui habitait un bourg ou une ville sans y avoir le droit de bourgeoisie. *Les manants et habitants de telle paroisse.* || Absol., dans le langage ordinaire, se disait des paysans. *Il réunit tous les manants de ses domaines.*

Elle vit un manant en couvrir maints sillons.
LA FONTAINE.

|| Par ext., Homme grossier, mal élevé. *C'est un m. Il s'est conduit en vrai m.*

**MANANZARE**. Port de Madagascar sur la côte orientale. Voy. MADAGASCAR.

**MANASSÈ**, patriarche juif, fils aîné de Joseph.

**MANASSÈS**, roi de Juda (694-639 av. J.-C.), fut emmené en captivité par Assar-Haddon, roi de Ninive.

**MANATE**. s. m. T. Mamm. Genre de *Mammifères* aquatiques. Voy CÉTACÉS.

**MANÇANARÈS**, riv. torrentueuse d'Espagne, passe à Madrid et se jette dans le Tage (rive droite), 85 kil.

**MANCANDO**. adv. [Pr. *man-kan-do*] (ital. *mancando*, m. s., de *mancare*, manquer). T. Mus. Ce mot indique qu'un passage doit être exécuté en retenant et en affaiblissant les sons.

**MANCENILLIER**. s. m. (esp. *manzenilla*, petite pomme, de *manzano*, pommier). T. Bot. Nom vulgaire de l'*Hippomane mancenilla*. Voy. EUPHORBIACÉES. II.

**MANCHE**. s. m. (lat. *manicum*, m. s., de *manus*, main). La partie d'un instrument, d'un outil, par laquelle on le tient pour en faire usage. *Le m. d'un couteau, d'une hache, d'une étrille. Couteau à m. d'ivoire, d'ébène. Mettre un m. à un marteau. Un m. à balai*, Long bâton au bout duquel est un balai. *Être du côté du m.*, Du côté de ceux qui expulsent les autres ou qui gouvernent. On dit encore, *C'est un m. à balai*, D'une personne longue et mince. *Le m. de la charrue.* — Fig. et prov., *Branler au m.*, Voy. BRANLER. *Jeter le m. après la cognée*, Voy. COGNÉE. || *Le m. d'une basse, d'un violon, d'une guitare*, etc., La partie où l'on pose les doigts de la main gauche, pour former les tons différents. — *Il connaît son m.*, Il touche les cordes avec justesse et précision. || *Le m. d'un gigot, d'une épaule de mouton*, La partie par où on les prend pour les découper. *Un m. à gigot*, Poignée qu'on adapte à l'os d'un gigot rôti pour ne pas se brûler, ou se salir en découpant. T. Conchyl. *M. de couteau*, nom vulgaire des *Solens*, genre de mollusques bivalves. Voy. ENFERMÉS.

**MANCHE**. s. f. (lat. *manica*, m. s., de *manus*, main). La partie du vêtement dans laquelle on met le bras. *La m. d'une robe, d'un habit, d'une chemise*, etc. *Un gilet à manches. Retrousser ses manches. Des fausses manches. Manches à gigot*, Bouffantes près de l'épaule. — *Fausses manches*, Demi-manches de lustrine ou de percaline qu'on met pour protéger les manches de vêtement pendant le travail. — *Manches pendantes*, Bandes d'étoffe que l'on attache à de certaines robes de cérémonie. *Les conseillers d'État portaient autrefois des robes à manches pendantes.* || Fig. et prov., *Avoir une personne dans sa m.*, En disposer à son gré. *Il a la m. large*, se dit d'un homme qui n'est guère scrupuleux en fait de morale, de probité. *Se faire tirer la m.*, Se faire prier, *C'est une autre paire de manches*, C'est une autre affaire, ce n'est pas la même chose. — *Jambes en manches de veste*, Qui ne sont pas droites. — Fam., *Être en manches de chemise*, Être sans habit. || *Gentilshommes de la m.*, Gentilshommes dont la fonction était d'accompagner continuellement les fils de France, depuis qu'ils étaient sortis des mains des femmes jusqu'à la fin de leur éducation. — *Gardes de la m.*, Voy. GARDE. || T. Jeux. *Gagner la première m.*, gagner la première partie quand on joue en parties liées. *Être m. à m.*, Avoir gagné chacun une partie. || T. Pêche. Filet en forme de poche. || T. Pharm. *M. d'Hippocrate*, Chausse de feutre dont on se sert pour filtrer. || T. Mar. Tuyau de cuir, de toile ou de toute autre étoffe rendue imperméable, dont on se sert pour conduire des liquides d'un lieu dans un autre. *Il y a, à bord des bâtiments, des manches de cuir ou de toile goudronnée destinées à remplir d'eau, de vin, etc., les futailles et barriques d'arrimage, à conduire au dehors les eaux tirées de la cale par le moyen des pompes*, etc. — *Manches à vent*, Manches qui font l'office de ventilateurs, et qui conduisent l'air extérieur dans les entreponts, à travers les sabords, les écoutilles, etc. || T. Géogr. Canal, bras de mer renfermé entre deux terres. *La m. de Bristol. La m. de Tartarie.*

**MANCHE**, bras de mer compris dans l'Atlantique, entre la France et l'Angleterre. Sa plus petite largeur est de 30 kilomètres entre Calais et Douvres, du cap Gris-Nez au cap Dungeness.

**MANCHE** (Dép. de la), formé d'une partie de la basse Normandie (presqu'île de Cotentin); ch.-l. *Saint-Lô*; 5 autres arr. : *Cherbourg, Valognes, Coutances, Avranches, Mortain*; 513,800 hab.

**MANCHE**, anc. pays d'Espagne (Nouvelle-Castille), constituant à peu près aujourd'hui la prov. de *Ciudad-Réal*.

**MANCHEREAU**. s. m. Partie qui concerne le manche d'un outil ou d'un instrument.

**MANCHERON**. s. m. Chacune des deux poignées du manche d'une charrue.

**MANCHESTER**, v. d'Angleterre (Lancashire) ; 506,500 hab. Grand centre manufacturier; filatures, cotonnades, etc.

**MANCHETTE**. s. f. [Pr. *manchè-te*] (Dimin. de *manche*). Ornement fait de mousseline, de batiste, de dentelle, qui s'attache au poignet de la chemise. *Une paire de manchettes. Porter des manchettes.* || Fig. et Fam. *Vous m'avez fait là de belles manchettes*, Vous avez fait une équipée, une étourderie qui me met dans l'embarras. || T. Escr. *Coup de m.*, Coup de taille, au poignet de la main qui tient le sabre. || T. Techn. *M. de botte, de guêtre*, Genouillère qui sert à préserver la culotte du contact de la botte ou de la guêtre. *M. de sabre*, morceau de drap, passementerie qui garnissait jadis le bas de la poignée du sabre d'infanterie. — Partie rembourrée d'un accotoir de fauteuil ou de canapé. — Pain en forme de couronne. || T. Impr. Note imprimée en marge du texte. || T. Zool. *M. de Neptune*, nom vulg. du Rétopore celluleux, Voy. BRYOZOAIRES. || T. Bot. *M. de la Vierge*, Liseron des haies. *M. grise*, Agaric gris.

**MANCHON**. s. m. (R. *manche*). Espèce de sac ouvert par les deux bouts, ordinairement recouvert d'une fourrure, quelquefois d'une étoffe, et ouaté intérieurement, dans lequel on met les deux mains pour les garantir du froid. *Un m. de martre, d'hermine, de velours*, etc. || T. Techn. Nom donné à toute espèce de cylindre destiné à servir d'enveloppe. — Cylindre de fer forgé ou de fonte, dont on se sert pour raccorder deux axes bout à bout. || T. Verrerie. Cylindre de matière vitreuse dont on fait, en l'étendant, des feuilles de verre à vitres.

**MANCHONNIER**. s. m. [Pr. *mancho-nié*]. Ouvrier qui fait les manchons de verre.

**MANCHOT, OTE**. adj. (latin. *mancus*, m. s). Estropié, privé de la main ou du bras. *Il est m. de la main droite.* — Subst., *C'est un m. très adroit.* || Fig. et fam., *Cet homme n'est pas m.*, Il a de la finesse, de la dextérité.

**MANCHOT**. s. m. T. Ornith. Genre d'*Oiseau palmipèdes*. Voy. BRACHYPTÈRES.

**MANCINI**, sœur du cardinal Mazarin, eut cinq filles, dont la 2e, *Olympe*, comtesse de Soissons, et la 5e, *Marie-Anne*, duchesse de Bouillon, furent impliquées dans les procès d'empoisonnement de ce temps.

**MANCINI**, homme politique ital. (1718-1888).

**MANCIPATION**. s. f. [Pr. *mansipa-sion*] (lat. *mancipatio*, de *manceps*, possesseur, acquéreur, dérivé lui-même de *manus*, main). T. Dr. rom. Dans l'ancien droit romain, on distinguait les choses en choses *mancipi* et choses *nec mancipi*. Par les premières, on entendait les héritages urbains et ruraux, les servitudes, ainsi que les esclaves et les animaux domestiques qui se trouvaient en Italie. Tout ce qui n'entrait pas dans cette catégorie composait les choses *nec mancipi*. *Pour acquérir* la propriété (*mancipium*) des premières, on avait recours à une sorte de solennité juridique appelée *Mancipation* (*mancipatio*). Elle consistait en une vente fictive qui se faisait entre le vendeur et l'acheteur, en présence du préteur et avec l'assistance de six citoyens romains, dont 5 servaient de témoins, tandis que le sixième, appelé *libripens*, c.-à-d. porte-balance, tenait en main une balance dans le plateau de laquelle on mettait le symbole de la chose à vendre, comme une motte de terre, une pierre, etc. Celui qui voulait acquérir la propriété touchait la balance avec un morceau de métal ou avec une pièce de monnaie, en échangeant avec le vendeur des paroles sacramentelles. Les Romains appliquaient encore les cérémonies de la m. à l'émancipation des mineurs, à l'adoption, au mariage, etc., qui s'opéraient ainsi au moyen d'une vente simulée.

**MANCO-CAPAC I**er, fondateur de la monarchie des Incas au Pérou (XI° siècle, ap. J.-C.). || Manco-Capac II, frère d'Atahualpa, essaya sans succès d'expulser les Espagnols et périt assassiné (1536).

**MANCONINE**, s. f. (R. *mancône*, plante appelée aussi *Erythrophlœum*). T. Chim. Voy. Erythrophléine.

**MANDALAY** ou **MANDALÉ**, ch.-l. de la haute Birmanie sur l'Iraouddy; 188,000 hab.

**MANDANE**, fille du Mède Astyage, femme de Cambyse et mère de Cyrus le Grand.

**MANDANT, ANTE**. s. (Part. de *mander*). T. Dr. Celui, celle qui donne mandat à quelqu'un.

**MANDARIN**. s. m. Fonctionnaire chinois. Voy. ci-après. || Prov. *Tuer le m.* Ne pas avoir scrupule de s'enrichir par la mort d'un inconnu. || T. Bot. *Arbre des mandarins*, Arbre de Cochinchine. || T. Zool. *Canard m.* Canard de Chine au plumage brillant.

Ce mot, qui paraît dérivé de l'indien *mantri*, lequel signifie conseiller et n'est que la traduction du chinois *kuan*, est devenu une dénomination générique sous laquelle les Européens désignent tous les fonctionnaires publics de la Chine. Ces fonctionnaires forment deux classes principales, les *mandarins civils* ou *lettrés*, et les *mandarins militaires*. Chacune de ces classes se divise en plusieurs degrés (celle des mandarins civils en comprend 18), et on outre on distingue les *grands mandarins* et les *simples mandarins*. Les premiers sont, dit-on, au nombre de 9,000, et les seconds au nombre d'environ 80,000. Tous ces fonctionnaires sont censés à la nomination de l'empereur; ils se recrutent dans toutes les classes de la société par la voie des examens et des concours; car il n'existe, en Chine, d'autre noblesse que les membres de la famille impériale. De plus, non seulement l'hérédité des fonctions est inconnue, mais encore tous les mandarins sont amovibles. — On donne aussi le nom de mandarin à certains fonctionnaires indigènes de l'Annam et du Tonkin qui, avant la conquête française, étaient de véritables petits despotes.

Le prov. *tuer le m.* cité plus haut a pour origine un beau passage du *Génie du Christianisme*, de Chateaubriand, liv. VI, ch. II : *Du remords et de la conscience*. On a attribué la même comparaison à J.-J. Rousseau.

**MANDARINAL, ALE**. adj. Qui appartient au mandarin, qui a le caractère du mandarin.

**MANDARINAT**. s. m. [Pr. *mandari-na*]. Charge, office, dignité de mandarin.

**MANDARINE**. s. f. (R. *mandarin*). Petite orange. Voy. Orange.

**MANDARINIER**. s. m. Oranger qui produit la mandarine. Voy. Oranger.

**MANDARINISME**. s. m. (R. *mandarin*). Ensemble d'épreuves pour être admis en Chine parmi les lettrés, dont on fait ensuite les grands fonctionnaires de l'État. || Fig. Doctrine de ceux qui voudraient appliquer un système analogue au recrutement des fonctionnaires publics.

**MANDAT**. s. m. [Pr. *man-da*] (lat. *mandatum*, de *mandare*, confier). Acte par lequel une personne donne à une autre pouvoir de faire une chose en son nom. *Il a bien rempli son m.* || Se dit aussi des instructions spéciales que, dans quelques gouvernements, les électeurs donnaient aux députés qu'ils envoyaient à l'assemblée représentative. *L'assemblée ne reconnut pas les mandats impératifs*. || T. Droit canon. Rescrit du pape, par lequel il mandait à un collateur ordinaire de pourvoir celui qu'il lui nommait du premier bénéfice à sa collation qui viendrait à vaquer. *M. apostolique*. *Les mandats n'ont plus lieu en France*. || *M.-poste*, Pièce délivrée dans un bureau de poste pour faire payer une somme à quelqu'un dans tout autre bureau du territoire ou de l'étranger.

**Législ.** — I. — Le *M.*, ou *Procuration*, est un acte par lequel une personne donne à une autre qui l'accepte le pouvoir de faire quelque chose pour elle et en son nom. On appelle *Mandant* celui qui donne ce pouvoir, et *Mandataire* celui qui le reçoit. Chez les Romains, le m. était essentiellement gratuit; mais la loi française permet aux parties de convenir d'un salaire. Le m. peut se donner, soit par acte authentique, soit par écrit sous seing privé, soit enfin verbalement; mais, dans ce dernier cas, la preuve testimoniale n'est admise que s'il y a commencement de preuve par écrit et si l'objet du m. est d'une valeur moindre de 150 fr. Le m. n'est parfait que par le consentement des deux parties. L'acceptation peut être *expresse* ou *tacite*, et elle résulte alors de l'exécution du m. Le m. peut être *simple*, *à terme* ou *conditionnel*. Il est dit *spécial*, lorsqu'il est donné pour une ou plusieurs affaires déterminées, et *général*, lorsqu'il comprend toutes les affaires du mandant. Cependant le m. conçu en termes généraux n'est présumé conférer que le pouvoir de faire les actes de pure administration. S'il s'agit d'aliéner, d'hypothéquer, ou de tout autre acte semblable, le m. doit être *exprès*. — Le *Mandataire* est tenu de trois obligations principales : 1° d'accomplir le m.; 2° d'y donner les soins convenables; 3° de rendre compte de sa gestion et de restituer au mandant tout ce qui en revient. Le mandataire répond non seulement de son dol, mais même de ses fautes, qui consisteraient à ne pas donner à l'affaire dont il s'est chargé les soins d'un bon père de famille. Cette règle est également applicable au m. gratuit et au m. salarié; mais elle est d'une application bien plus rigoureuse en ce qui concerne ce dernier. Le mandataire n'est pas tenu de gérer par lui-même, à moins qu'il ne s'y soit obligé. Mais quand, ayant la faculté de le faire, il s'est substitué une autre personne, il est responsable du fait de celle-ci. De son côté, le *mandant* est tenu de rembourser au mandataire les frais occasionnés par l'exécution du m., et de lui payer le salaire convenu, lors même que l'affaire n'a pas réussi, pourvu qu'il n'y ait aucune faute imputable au mandataire. Il doit également lui tenir compte des avances faites pour le même objet, avec les intérêts à partir du jour des avances constatées, et l'indemniser des pertes qu'il a pu éprouver à l'occasion de sa gestion. A l'égard des tiers, le mandant est tenu de remplir fidèlement les engagements contractés en son nom par le mandataire, conformément aux pouvoirs qu'il lui a donnés. Il n'est tenu à rien de ce qui a été fait au delà, à moins qu'il ne l'ait ratifié expressément ou tacitement. — Le mandant peut révoquer sa procuration quand bon lui semble. S'il n'a notifié cette révocation qu'au seul mandataire, il ne peut l'opposer aux tiers qui ont traité dans l'ignorance de cette révocation et n'a de recours que contre celui-ci. La constitution d'un nouveau mandataire pour la même affaire vaut révocation du premier à partir du jour où elle lui a été notifiée. Ainsi que le mandant, le mandataire peut renoncer au m. en notifiant au mandant sa renonciation. Mais, si cette renonciation porte préjudice au mandant, le mandataire est passible de dommages et intérêts, à moins qu'il ne se trouve dans l'impossibilité de continuer, sans éprouver lui-même un préjudice considérable. Le m. finit également par l'expiration du terme ou l'événement de la condition; par la mort du mandant ou du mandataire; par la faillite ou déconfiture de l'un ou de l'autre; par le changement d'état qui influe sur leur capacité, comme l'interdiction; par la cessation des fonctions du mandant, lorsque celui-ci a donné le m. en une qualité qui vient à cesser : ainsi le m. donné par un tuteur, en cette qualité, finit avec la tutelle. Dans le cas de mort du mandataire, ses héritiers sont tenus d'en avertir le mandant et de pourvoir, en attendant, à ce que peut exiger l'intérêt de celui-ci. De même, dans le cas de mort du mandant, le mandataire est tenu d'achever la chose commencée, s'il y a péril en la demeure. Si la mort du mandant est restée ignorée du mandataire, ce que ce dernier a fait dans l'ignorance de cette mort est valable. En règle générale, lorsque le m. finit par une cause qui est ignorée du mandataire, tous les actes accomplis par ce dernier conservent leur effet. Il en est de même, à l'égard des tiers, pour les engagements contractés par eux de bonne foi avec le mandataire. (Code civ., art. 1984 à 2011.)

II. — En termes de Droit criminel, on désigne sous le nom de *M.* certaines ordonnances émanées du magistrat autorisé à cet effet par la loi, ordonnances en vertu desquelles une personne est mandée à comparaître, est arrêtée, ou bien est déposée dans une prison. Tout m. est signifié par un huissier ou par un agent de la force publique, lequel doit en faire l'exhibition à celui contre lequel il est décerné. On distingue 4 sortes de mandats : le *m. de comparution*, le *m. d'amener*, le *m. de dépôt* et le *m. d'arrêt*. — Le *M. de comparution* est une assignation spéciale à comparaître que le magistrat décerne de préférence au m. d'amener, parce qu'il n'emporte aucun moyen de contrainte, ni aucune mesure de détention. Dans ce cas, l'inculpé doit être interrogé tout de suite. — Le *M. d'amener* est celui qui est décerné contre l'individu qui ne s'est pas présenté après le m. de comparution, contre toute personne inculpée de crime ou de délit et enfin contre les témoins qui refuseraient de comparaître après citation. Le m. d'amener est mis à exécution par les agents de la force publique. Toute personne placée sous le coup de ce m. doit être interrogée dans les vingt-quatre heures. — Le *M. de dépôt* est l'ordre en vertu duquel l'inculpé, mis en état de prévention, est déposé dans une maison d'arrêt pour y être détenu jusqu'à la clôture de l'instruction préparatoire. Ce m. est décerné, soit par le juge d'instruction, soit par le procureur de la République ou par les officiers de police auxiliaires de ce dernier. — Enfin, le *M. d'arrêt* est celui que le juge d'instruction décerne, sur les conclusions conformes du ministère public, contre l'individu qui, étant prévenu d'un fait emportant une peine afflictive ou infamante, ou au moins un emprisonnement correctionnel, est mis en état d'arrestation, après avoir été entendu. Tout m. de comparution, d'amener, de dépôt ou d'arrêt doit être signé par le magistrat qui l'a décerné, et muni de son sceau. Le m. d'arrêt doit en outre énoncer le fait pour lequel il est décerné, et citer l'article de la loi qui incrimine ce fait. Avant la loi du 14 juillet 1865, le m. d'arrêt avait pour effet de faire maintenir en prévention l'inculpé jusqu'à la fin de l'instruction, tandis que le m. de dépôt, comme son nom l'indique, n'avait qu'un effet provisoire. Aujourd'hui, le juge d'instruction peut donner, à toute époque, mainlevée de l'un ou l'autre de ces mandats. Il subsiste encore entre ces deux formes de mandat certaines différences dont les deux principales consistent en ce que le m. de dépôt, à la différence du m. d'arrêt, n'exige pas les conclusions du procureur de la République, et qu'en outre il ne contient pas l'énonciation du fait délictueux. Tout m. doit être exhibé à l'inculpé et copie doit lui en être laissée. (C. Inst. crim., art. 91-113.)

III. — En termes de Commerce, on donne communément le nom de *M.* à la délégation faite par un commerçant, un propriétaire ou un capitaliste, sur son caissier, sur son fermier, sur son banquier, au profit d'un tiers. Mais si le m. est d'un lieu à un autre, il constitue une sorte de lettre de change. Voy. CHANGE.

IV. — *M. impératif*. — Les diverses constitutions qui se sont succédé en France ont exigé que le m, conféré aux représentants du peuple par les électeurs fût général et ne contînt aucune restriction de nature à entraver la liberté des délibérations. Aujourd'hui l'art. 13 de la loi du 30 nov. 1875 décide que « tout m. impératif est nul et de nul effet ».

**MANDAT** (Marquis DE), commandant de la garde nationale de Paris en 1792, tué le 10 Août à l'Hôtel-de-Ville (1731-1792).

**MANDATAIRE**. s. m. T. Droit. Celui qui est chargé d'un mandat. Voy. MANDAT.

**MANDATEMENT** s. m. [Pr. *mandate-man*]. Action de mandater.

**MANDATER**. v. a. Inscrire une somme sur un mandat.

**MANDATIF, IVE**. adj. Qui appartient au mandat.

**MANDCHOURIE** ou **MANTCHOURIE**, région de l'empire chinois, au N., dont les habitants imposèrent à la Chine, en 1648, la dynastie actuellement régnante; 12,000,000 d'hab. — Nom des hab. : MANDCHOUX.

**MANDE**. s. f. T. (Même mot que *manne*, panier). Panier d'osier pour transporter la terre de pipe.

**MANDÉLIQUE**. adj. 2 g. T. Chim. *L'acide m.* ou *phénylglycolique* $C^6H^5.CHOH.CO^2H$ est un acide-alcool qui existe sous trois formes : dextrogyre, lévogyre et racémique ou inactive. L'acide inactif s'obtient par l'action de l'acide chlorhydrique sur l'aldéhyde benzylique; il forme des cristaux fusibles à 118°, très solubles dans l'eau et dans l'alcool. En faisant cristalliser son sel de cinchonine, on peut le dédoubler en ses isomères dextrogyre et lévogyre. L'acide lévogyre peut aussi se préparer en chauffant l'amygdaline avec de l'acide chlorhydrique concentré.

**MANDEMENT**. s. m. [Pr. *mande-man*] (R. *mander*). Ordre par écrit et rendu public, qui émane d'une personne qui a autorité et juridiction. *Le recteur de l'Université de Paris donnait autrefois des mandements concernant les études et la discipline des collèges. Les jugements sont terminés par un m. aux officiers de justice pour leur ordonner de les mettre à exécution.* — *Si donnons en m.*, Formule que contenaient les lettres patentes du roi. || Aujourd'hui, se dit particul. d'un écrit qu'un évêque fait publier dans l'étendue de son diocèse, et par lequel il donne aux fidèles des instructions ou des ordres relatifs à la religion. *M.* de *l'archevêque de Paris. Les mandements sont lus au prône.* || Lettre, billet qu'on donne à quelqu'un, portant ordre à un tiers de payer quelque somme. *Il m'a donné un m. de telle somme sur son fermier.* Vx et peu us.

**MANDER**. v. a. (lat. *mandare*, m. s.). Envoyer dire, faire savoir par lettre ou par message. *Je lui ai mandé cette nouvelle. Je lui ai mandé de venir. Je lui ai mandé qu'il vînt. Ne voulez-vous rien m. à Paris.* — *M. quelqu'un*, Lui donner avis ou ordre de venir. *On a mandé tous ses parents. On a mandé le médecin, le notaire.* — *Il a mandé ses équipages, ses chevaux*, etc., Il a donné ordre qu'on les lui envoyât. = MANDÉ, ÉE. part.

**MANDIBULAIRE**. adj. 2 g. Qui a rapport à la mandibule.

**MANDIBULE**. s. f. (latin. *mandibula*, m. s., de *mandere*, mâcher). Mâchoire ; en parl. de l'homme ou des quadrupèdes, ne se dit guère que de la mâchoire inférieure, et s'emploie d'ailleurs rarement. — T. Ornith. Chacune des deux parties cornées qui forment le bec de l'oiseau. Voy. OISEAU. — T. Entom. Chacune des deux pièces qui sont en avant des lèvres des insectes. Voy. INSECTES.

**MANDIBULÉ, ÉE**. adj. T. Zool. Qui a des mandibules. Voy. INSECTE.

**MANDILLE**. s. f. [Pr. *ll* mouil.] (arabe *mandil*, mouchoir). Sorte de casaque que les laquais portaient autrefois. || Par ext. Vêtement misérable.

**MANDINGUES**, race noire du Haut Sénégal et du Haut Niger.

**MANDOLINE** (ital. *mandolino*. m. s.). Instrument de musique à cordes. Sorte de guitare à 4 cordes et à long manche, que l'on gratte à l'aide d'une plume ou d'un morceau d'écaille.

**MANDORE** (gr. πανδοῦρα, m. s.). s. f. Voy. GUITARE.

**MANDRAGORE**. s. f. (lat. *mandragora*, du gr. μανδραγόρας, m. s. Paraît être un nom d'homme appliqué à une plante et contenir μάνδρα ou μάνδρος, nom d'une divinité locale de l'Asie Mineure). T. Bot. Genre de plantes Dicotylédones (*Mandragora*) de la famille des *Solanacées*. Voy. ce mot.

**MANDRERIE**. s. f. (R. *mande*). T. Techn. Travail d'osier.

**MANDRIER**. s. m. Ouvrier en mandrerie.

**MANDRILL**. s. m. [Pr. *ll* mouil.]. T. Mamm. Nom d'une espèce de *Singe* habitant la Guinée. V. CYNOCÉPHALE.

**MANDRIN**. s. m. (Orig. inconnue). Poinçon de fer ou d'acier dont se servent les forgerons pour percer le fer à chaud ou à froid. || Pièce qui se monte au moyen de vis sur un tour en l'air, et qui sert à fixer les objets que les tourneurs et les tabletiers veulent travailler soit en dedans, soit en dehors. || Sorte de moule soit de bois, soit de métal, dont on se sert pour donner à divers objets la forme voulue. || Moyeu d'une roue hydraulique qui en supporte les bras. || Cylindre de bois sur lequel on roule les cartouches, les gargousses. || Plateau de bois sur lequel les doreurs travaillent les grandes pièces. || Tige de métal introduite dans le canal d'une sonde pour empêcher l'écoulement involontaire de l'urine.

**MANDRIN**, fameux brigand, qui, après avoir exploité tout le bassin du Rhône, fut pris et roué (1724-1755).

**MANDRINER.** v. a. Mettre sur le mandrin l'objet qu'on veut travailler.

**MANDUBIENS**, peuple gaulois, client des Éduens, dont le ch.-l. était *Alésia.*

**MANDUCATION.** s. f. [Pr. *manduka-sion*] (lat. *manducare*, manger). Action de manger. *L'appareil de la manducation.*

**MANÉ, THÉCEL, PHARÈS !** mots de malédiction que Balthasar, dernier roi de Babylone, aurait vu tracés par une main mystérieuse pendant l'orgie qui précéda la prise de Babylone.

**MANÉAGE.** s. m. (vx fr. *maneier*, manier). T. Mar. Travail gratuit que les matelots sont obligés de faire pour charger sur un navire ou pour en décharger certaines marchandises, comme les planches, le merrain, le poisson, etc.

**MANÈGE.** s. m. (lat. *manu agere*, conduire avec la main). Exercice qu'on fait faire à un cheval pour le dresser. *Un cheval propre au m., pour le m. Mettre un cheval au m.* || L'art de monter à cheval. *Terme de m.* || Lieu où l'on exerce les chevaux pour les dresser et où l'on donne des leçons d'équitation. *Un m. couvert, découvert. Un cheval de m.* || Fig. se dit des manières d'agir adroites et artificieuses pour parvenir à une chose. *Je connais le m. de ces gens-là. Avoir du m. Voilà un étrange m. Il y a un certain m. à la cour qu'il faut savoir quand on veut y réussir.* = Syn. Voy. MENÉE.

**Méc.** — En termes de mécanique, on appelle *Manège* une sorte de tour à axe vertical, qui est mis en mouvement par un cheval ou par plusieurs chevaux attelés à des pièces de bois fixées à cet arbre. Le cheval tire en tournant et la rotation de

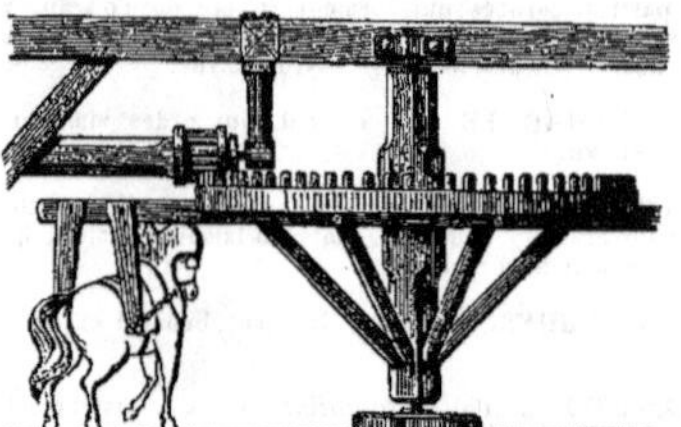

l'arbre vertical se transmet à un arbre horizontal par un engrenage à lanterne (Voy. la Fig. ci-dessus) ou mieux par des roues d'angle. On peut dire que le m. est à l'égard du cheval ce que la manivelle d'une machine est pour l'homme, et, si l'on compare la quantité de travail effectué par les deux moteurs, on trouve que le premier en produit sept fois plus que le second. Un cheval qui travaille dans un m. produit beaucoup moins de travail que s'il était employé à la traction d'une voiture et se fatigue bien davantage. Pour qu'il puisse donner les résultats les plus favorables, il faut qu'un m. ait au moins 6 mètres de rayon. On couvre les yeux des chevaux pour éviter qu'ils ne soient étourdis. Les manèges sont très inférieurs aux machines à vapeur et aux chutes d'eau, et cette infériorité est d'autant plus grande que l'on a besoin d'une puissance plus considérable. C'est pour ce motif que leur usage a été presque entièrement abandonné par l'industrie. Toutefois, quand le travail projeté n'exige que peu de force, il peut arriver que le m. soit moins dispendieux qu'une machine à vapeur. C'est ce qui arrive en particulier si le travail est intermittent, peut être fait à des époques quelconques, et si les chevaux qu'on y emploie peuvent être utilisés le reste du temps.

**MANÉGER.** v. a. Exercer un cheval au manège. = MANÉGÉ, ÉE. part.

**MÂNES.** s. m. pl. (lat. *manes*, m. s.). T. Archéol. — Les Romains désignaient sous ce nom les âmes des hommes après leur séparation d'avec les corps qu'elles animaient. Suivant Apulée, les *Mânes* étaient dans le principe appelés *Lémures*, et comprenaient deux catégories, les *Lares* et les *Larves*. Les premiers étaient les âmes des hommes qui avaient mené une vie vertueuse, et les secondes celles des individus qui avaient vécu dans le vice ou dans le crime. Mais, par la suite, dit-il, l'usage s'introduisit de désigner les uns et les autres par le nom de Mânes. D'autre part, saint Augustin prétend qu'à l'origine les âmes des morts étaient appelées Mânes lorsqu'on ne pouvait encore se faire une opinion exacte de leurs mérites ou de leurs démérites, et que, selon les cas, elles devenaient ensuite *Lares*, ou bien *Larves* ou *Lémures : Animas hominum dæmones esse, et ex hominibus fieri Lares si meriti boni sint; Lemures sive Larvas, si mali; Manes autem cum incertum est bonorum eos, sive malorum esse meritorum.* — Quoi qu'il en soit, les Romains considéraient les âmes des morts comme ayant quelque chose de divin, et les mettaient au rang des dieux inférieurs : de là l'inscription *Dis Manibus sacrum*, ou, par abréviation, D.M.S., gravée sur toutes les pierres tumulaires et sur les urnes cinéraires. Chaque année, au mois de février, on célébrait pendant douze jours des fêtes en leur honneur, et le grand pontife devait veiller à ce qu'on observât les cérémonies consacrées. A cette occasion, les Mânes étaient censés sortir des enfers par une ouverture particulière pratiquée dans le sépulcre, ouverture qui était habituellement fermée par une pierre appelée *lapis manalis*, mais qu'on découvrait à cet effet.

**MANÈS**, hérésiarque fameux, fondateur de la secte des *Manichéens*, né en Perse m. en 274. Voy. MANICHÉISME, DUALISME, HÉRÉSIE, MAL.

**MANET** (ÉDOUARD), peintre fr., d'un talent très original et très contesté (1833-1883).

**MANÉTHON**, prêtre égyptien, qui vécut sous les deux premiers Lagides. Il écrivit une *Histoire d'Égypte*, dont il ne reste que des fragments et des listes de rois.

**MANETTIA.** s. m. [Pr. *manét-tia*]. T. Bot. Genre de plantes Dicotylédones de la famille des *Rubiacées*. Voy. ce mot.

**MANFRED** (Voy. MAINFROI).

**MANFREDI**, illustre maison gibeline de Faënza qui eut une grande autorité aux XIII$^e$, XIV$^e$ et XV$^e$ siècles.

**MANGABEY.** s. m. T. Mamm. Espèce de *Singe* habitant la Guinée. Voy. CYNOCÉPHALE.

**MANGANATE.** s. m. T. Chim. Nom générique des sels de l'acide manganique. Voy. MANGANÈSE.

**MANGANÈSE.** s. m. [Pr. *manganè-ze*] (lat. *magalæa*, le peroxyde de m. appelé aussi *magnesium*, et en fr. *magnésie noire*, mot que Lemery a traduit par *magalaize, maganaise* et *magnèse*). T. Chim. Le *M.* est un corps simple métallique, d'un gris d'acier, d'une texture grenue, d'une densité de 7,2, très cassant, très dur, mais attaquable à la lime. Il ne fond qu'à la température du blanc éblouissant. A 20° ou 25° au-dessous de 0°, il devient magnétique. L'air et l'oxygène secs sont sans action sur lui ; mais, au contact de l'air humide, sa surface se recouvre d'une rouille brune, et il se développe une odeur nauséabonde particulière qui rappelle celle qu'exhale la fonte quand on la dissout dans un acide. Le m. décompose lentement l'eau à la température ordinaire, en produisant un dégagement d'hydrogène; à 100°, la décomposition est beaucoup plus rapide. L'affinité de ce métal pour l'oxygène oblige de le conserver dans l'huile de naphte, ou dans un tube de verre scellé à la lampe. Les acides étendus le dissolvent avec dégagement d'hydrogène et l'acide azotique avec formation de bioxyde d'azote. Il s'unit directement au carbone, au silicium, au bore, au phosphore. Enfin, il s'allie avec plusieurs métaux; les *ferro-manganèses*, alliages de fer et de m. obtenus en réduisant le mélange des oxydes de ces métaux par le charbon, jouent un rôle important dans la métallurgie du fer et de l'acier, à cause de l'affinité du m. pour le carbone et le silicium. Le symbole du m. est Mn et son poids atomique 55. Le m. métallique s'obtient en réduisant son peroxyde par le charbon,

Cette réduction ne s'effectue qu'aux plus hautes températures qu'on puisse produire avec un fourneau à vent. Le métal ainsi obtenu est toujours carburé; on l'affine en le fondant avec du carbonate de m.; le carbone est alors brûlé par l'oxygène qui provient de la calcination du carbonate. — C'est Scheele qui, le premier, en 1774, démontra que le corps connu sous le nom de *magnésie noire* (bioxyd. de m.) était l'oxyde d'un métal particulier, et Gahn, qui, en 1780, parvint le premier à isoler le m. métallique.

*Combinaisons du manganèse avec l'oxygène.* — Le m. ne forme pas moins de 5 combinaisons définies avec l'oxygène.— Le *Protoxyde de m.*, ou *Oxyde manganeux* $MnO$, s'obtient en réduisant par l'hydrogène le bioxyde de m., ou en calcinant le carbonate de m. à l'abri du contact de l'air. Cet oxyde est la base des sels manganeux. A l'état anhydre, il est verdâtre; quand il a été fortement calciné, il peut se conserver à l'air pendant longtemps sans s'oxyder davantage. L'*Hydrate manganeux* $MnO^2H^2$ se forme quand on ajoute de la potasse à la solution d'un sel manganeux; c'est un précipité blanc qui brunit rapidement à l'air en donnant de l'hydrate manganique. — Le *Sesquioxyde* $Mn^2O^3$, ou *Oxyde manganique*, s'obtient en décomposant à une douce chaleur de l'azotate de m. Sa couleur est d'un brun foncé; il se dissout dans quelques acides en formant des sels manganiques. L'*Hydrate manganique* $Mn^2O^4H^2$, produit par l'oxydation de l'hydrate manganeux, est une poudre brune; à l'état naturel, il se présente en cristaux noirs et porte le nom d'*Acerdèse*.— Le *Bioxyde* $MnO^2$, plus connu sous le nom de *Peroxyde de m.*, est abondamment répandu dans la nature; mais on peut aussi l'obtenir dans les laboratoires par divers procédés, par exemple en chauffant le sesquioxyde de ce métal avec du chlorate de potasse. Le peroxyde ainsi préparé est noir et pulvérulent. Il se décompose par la chaleur et passe à l'état d'oxyde rouge. Traité par l'acide chlorhydrique, il forme du protochlorure de m., et il se dégage du chlore. Sous l'influence de la chaleur, l'acide sulfurique en dégage la moitié de l'oxygène et se combine avec le protoxyde de m. qui s'est produit. Vis-à-vis des bases fortes, le peroxyde de m. se comporte comme un anhydride d'acide et donne des sels appelés *Manganites:* tel est le manganite de chaux qui se forme dans la préparation du chlore par le procédé Weldon. — L'*Anhydride manganique* $MnO^3$ est très instable et l'*Acide manganique* $MnO^4H^2$ n'est connu qu'à l'état de combinaison avec les bases, notamment avec la potasse. A l'état solide, les *Manganates* ont une couleur verte si intense, qu'ils paraissent souvent noirs; les manganates alcalins, seuls solubles dans l'eau, communiquent à ce liquide une couleur d'un beau vert foncé. L'acide manganique ne saurait être séparé de ses combinaisons en raison de la facilité très grande avec laquelle il passe à un degré supérieur d'oxydation. Le manganate de potasse se dissout sans altération dans l'eau contenant de la potasse; mais, si on le traite par un acide ou même par de l'eau pure, il se décompose immédiatement. Il se forme alors un précipité brun d'hydrate de peroxyde, et la liqueur se colore en beau rouge : c'est du *permanganate de potasse* qui a pris naissance. Mais cette dissolution rouge redevient verte si on la traite par un alcali ou par des agents de désoxydation. Ces changements de couleur, sous ces diverses influences, ont fait donner au manganate de potasse le nom de *Caméléon minéral*, et particulièrement celui de *Caméléon vert*. Le manganate de potasse se prépare en calcinant du peroxyde de m. avec de la potasse et du chlorate de potasse. — L'*Anhydride permanganique* $Mn^2O^7$ est un liquide noirâtre, très instable, détonant à 40°, doué de propriétés oxydantes très énergiques. Il est très soluble dans l'eau, à laquelle il communique une couleur rouge pourpre intense en formant de l'*Acide permanganique*. Cet acide, qui a pour formule $MnO^4H$, est lui-même fort peu stable; une température de 30° ou 40° suffit pour le décomposer en oxygène et en hydrate de peroxyde de m. Les matières organiques, telles que le sucre, le papier, etc., en opèrent aussi la décomposition. On obtient l'acide permanganique en décomposant le permanganate de baryte par l'acide sulfurique étendu et froid. Cet acide forme avec la potasse, la soude, la baryte, la strontiane, l'oxyde d'argent, etc., des sels, appelés *Permanganates*, qui sont isomorphes avec les perchlorates des mêmes bases. On obtient ces sels par l'action des acides sur les manganates. Le plus important est le permanganate de potasse, connu anciennement sous le nom de *Caméléon rouge*. Ce dernier sel est peu soluble : 16 parties d'eau n'en dissolvent qu'une partie. Les matières organiques décomposent rapidement les manganates et les permanganates, en enlevant à l'acide une portion de son oxygène; aussi ne doit-on pas filtrer leurs dissolutions sur du papier. — L'*Oxyde rouge de m.* $Mn^3O^4$, qu'on appelle aussi *Oxyde brun* et *Oxyde manganoso-manganique*, se forme par la calcination du peroxyde. On le rencontre dans la nature en cristaux de couleur noirâtre; sa poudre est brun rouge. Il est très stable et inaltérable à l'air. C'est un oxyde salin; traité par un acide fort, il se dédouble en donnant un sel manganeux et un sel manganique ou du peroxyde de m.

*Combinaisons du manganèse avec les métalloïdes.* — Le m. peut s'unir au chlore, à l'iode, au soufre, au phosphore, etc.; mais les combinaisons qu'il forme avec le chlore sont les seules sur lesquelles il soit nécessaire d'insister. — Le *Protochlorure de m.* $MnCl^2$, ou *Chlorure manganeux*, se forme, avec dégagement de chlore, quand on traite le peroxyde de m. par l'acide chlorhydrique, mais il est alors très impur. On l'obtient anhydre en chauffant le carbonate de m. dans un courant de gaz chlorhydrique. Il est très soluble dans l'eau; sa dissolution est rose et donne, par l'évaporation, des cristaux de même couleur, qui renferment 4 molécules d'eau.. — Le *Sesquichlorure de m.* $Mn^2Cl^6$, ou *Chlorure manganique*, se prépare en traitant à froid l'hydrate de sesquioxyde de m. par l'acide chlorhydrique; on obtient une dissolution rouge qui, chauffée, laisse dégager du chlore et se transforme en protochlorure.

*Sels de manganèse.* — Parmi les oxydes de m., il n'y en a que deux, le protoxyde et le sesquioxyde, qui jouent le rôle de bases. — Les *Sels de protoxyde*, ou *Sels manganeux*, sont incolores ou rose pâle; la plupart sont solubles. Leurs dissolutions n'exercent aucune action sur les couleurs végétales. Elles sont précipitées en blanc par la potasse et la soude, et le précipité brunit rapidement à l'air; en blanc légèrement rosé, par les carbonates alcalins; en rose clair, par les sulfures alcalins ou par le sulfhydrate d'ammoniaque, L'acide sulfhydrique ne produit aucun précipité dans les dissolutions acides. Chauffés avec de l'azotate de potasse et de la potasse, les sels de protoxyde donnent du manganate de potasse, qui colore l'eau en beau vert et devient rouge pourpre par l'action des acides étendus. Ce dernier caractère est très important, car il sert à distinguer le m. de tous les autres corps. — Les *Sels de sesquioxyde*, ou *Sels manganiques*, sont peu stables. Les corps avides d'oxygène les changent instantanément en sels de protoxyde, et la liqueur, de rouge qu'elle était, devient incolore.

*Usages.* — Le peroxyde de m. est à peu près le seul composé qui possède une valeur industrielle importante. On en consomme des quantités considérables pour la préparation du chlore et des chlorures décolorants. Sa valeur, dans le commerce, dépend de la proportion de chlore qu'il peut faire dégager. On l'apprécie aisément, en faisant réagir le peroxyde sur un excès d'acide chlorhydrique, puis en déterminant par les procédés chlorométriques la quantité de chlore qui se dégage et qui doit être recueillie dans une solution alcaline. Les chlorures de m. qui restent comme résidus de la fabrication du chlore sont transformés en peroxyde ou en manganites, pour servir de nouveau à l'extraction du chlore; ils sont encore utilisés pour la purification du gaz de l'éclairage. Le peroxyde s'emploie aussi dans les verreries pour blanchir le verre fondu, d'où le nom de *Savon des verriers* qu'on lui donnait autrefois. A cet effet, on projette de petites quantités de ce minerai dans la matière vitreuse en fusion. Mais, lorsque la proportion d'oxyde est trop grande, le verre prend une belle teinte violette. On tire également parti de cette propriété dans les fabriques de verres colorés et d'émaux. En métallurgie, les minerais de m. servent à la fabrication des ferromanganèses. Dans les laboratoires, le permanganate de potassium est utilisé comme réactif oxydant. En médecine, ce même sel est employé comme antiseptique et désinfectant; quelquefois, on substitue les sels de m. aux sels de fer dans la chlorose, lorsque les préparations ferrugineuses ont échoué.

*Minéralogie.* — Le m. est assez répandu dans la nature. Les principales combinaisons que l'on rencontre sont : l'oxyde rouge, que les minéralogistes nomment *Hausmanite;* le sesquioxyde, qu'ils désignent sous le nom de *Braunite*, quand il est anhydre, et de *Manganite* ou *Acerdèse*, quand il est hydraté; et le peroxyde, qu'ils appellent *Pyrolusite*. Ce dernier est le minerai de m. le plus utile et le plus commun. Il est gris ou noir de fer, à poussière d'un noir foncé, et le plus souvent cristallisé en aiguilles, qui se réunissent en concrétions, en rognons, ou en masses compactes ou terreuses, noires, pesantes, très tendres et tachant fortement les doigts. On rencontre la pyrolusite dans les terrains de cristallisation et dans les terrains sédimentaires. En France, ses dépôts les plus importants sont à la Romanèche, près de Mâcon ; à Périgueux ; à Calvéron, dans l'Aude ; à Saint-Dié, etc. La Saxe et la Bohême en fournissent aussi de grandes quantités.

**MANGANÉSIFÈRE.** adj. 2 g. [Pr. *mangané-zifère*] (R. *manganèse* et lat. *ferre*, porter). Qui renferme du manganèse.

**MANGANEUX, EUSE.** adj. T. Chim. Voy. MANGANÈSE.

**MANGANIQUE.** adj. 2 g. T. Chim. Voy. MANGANÈSE.

**MANGANITE.** s. m. (R. *manganèse*). T. Chim. Nom donné aux sels que forme le peroxyde de manganèse en s'unissant aux bases. = MANGANITE. s. f. T. Minér. Sesquioxyde de manganèse hydraté, en cristaux orthorhombiques ou en masses d'un gris presque noir, donnant une poussière brune.

**MANGANOCALCITE.** s. f. (R. *manganèse* et *calcium*). T. Minér. Variété de Diallogite contenant une forte proportion de carbonate de chaux.

**MANGANOSO-MANGANIQUE.** adj. 2 g. [Pr. *mangano-zo...*]. T. de Chim. *Oxyde m.* Voy. MANGANÈSE.

**MANGEABLE.** adj. 2 g. [Pr. *man-jable*]. Qui peut se manger. *Cette viande n'est pas m. Ce pâté n'est pas bon, mais il est m.*

**MANGEAILLE.** s. f. [Pr. *man-ja-lle, ll* mouill.]. Ce qu'on donne à manger à quelques animaux domestiques, à des oiseaux de basse-cour, etc. *Faire de la m. pour la volaille.* || Famil., se dit aussi de ce que mangent les hommes. *Cet homme est toujours occupé de m.*

**MANGEANT, ANTE.** adj. [Pr. *man-jan*]. Qui mange. *Il est bien buvant et bien m. Je l'ai laissée bien buvante et bien mangeante.* Fam.

**MANGEOIRE.** s. f. [Pr. *man-jouare*]. L'auge où mangent les chevaux, les bêtes de somme. *Mettre de l'avoine dans la m.* || Auge placée dans une cage et contenant la nourriture de l'oiseau. || Prov. *Tourner le dos à la m.*, Faire le contraire de son intérêt.

**MANGEOTTER** ou **MANGEOTER.** v. a. [Pr. *man-jo-ter*]. Manger un peu, sans grand appétit. || Manger souvent.

**MANGER.** v. a. (lat. *manducare*, m. s.). Mâcher et avaler un aliment. *M. du pain, de la viande, des légumes. Les chevaux mangent du foin, de l'avoine,* etc. *Les hirondelles mangent les moucherons, les vermisseaux. Les chenilles mangent les feuilles.* || Absol., *M.* sign. Prendre des aliments. *Il a été deux jours sans m. Il n'a pas mangé d'aujourd'hui. Donnez-lui à m. M. chaud. M. froid.* || Prendre ses repas. *Il ne mange jamais chez lui. M. chez le restaurateur. Ils mangent ensemble. Une salle à m. On mange bien chez ce restaurateur,* On y fait de bons repas.

Il vivait de régime et mangeait à ses heures.
LA FONTAINE.

— *Donner à m.*, Tenir une maison où les gens viennent prendre leurs repas en payant. Se dit aussi d'un particulier qui reçoit à sa table ses amis, ses connaissances. *Il donne fort souvent à m.* || Fig., Consumer, dissiper en débauches ou en folles dépenses. *Il mange tout son bien en procès. Il a mangé presque tout son patrimoine. Il a mangé plus d'argent qu'il n'est gros.* || Fig., *Ses valets, ses maîtresses le mangent; ses chevaux et ses chiens le mangent,* etc., Le ruinent, l'entraînent à des dépenses excessives. || Fig., *M. ses mots, la moitié de ses mots,* se dit d'une personne qui ne prononce pas nettement toutes les lettres ou toutes les syllabes des mots. — On dit, dans un sens anal. d'une voyelle qui s'élide à cause de la rencontre d'une autre voyelle : *On mange cette voyelle.* || Par ext., se dit de plusieurs choses inanimées qui en consument, en absorbent, en rongent, en détruisent d'autres. *Ce poêle mange beaucoup de charbon. Ces légumes mangent beaucoup de beurre. Il a un ulcère qui lui mange la jambe. La rouille mange le fer. La lumière mange les couleurs. Cette écriture est mangée par le temps.* || Faire disparaître. *Un cheval qui mange l'espace.* = *M.* s'emploie dans un grand nombre de phrases figurées et proverbiales, telles que : *M. son pain blanc le premier,* Commencer par ce qui est facile, agréable. *M. son blé en herbe,* Dépenser d'avance l'argent qu'on doit toucher. *Se laisser m. la laine sur le dos,* Se laisser dépouiller. *M. la grenouille,* Voler la caisse d'une association, l'ordinaire d'un régiment. *Les gros poissons mangent les petits,* Les puissants oppriment les faibles. *Je n'ai garde de lui en parler, il me mangerait, il me mangerait le blanc des yeux,* Il me quereIlerait. *M. quelqu'un, m. quelque chose des yeux,* Regarder avidement quelqu'un, quelque chose. *M. quelqu'un de caresses,* Lui faire de grandes caresses. On dit d'un joli enfant, d'une jolie personne. *Il est joli à m.: Elle est à m.* Par menace, on dit aussi d'un homme à qui l'on se croit très supérieur en force, *Je le mangerais à la croque-au-sel.* Voy. encore les mots : APPÉTIT, BOIRE, BREBIS, MAIN, VACHE, etc. = SE MANGER. v. pron. *Être mangé. Cette racine peut se m. Ce fruit ne se mange pas.* || Se dévorer mutuellement. *Ces animaux se mangent entre eux.* — Fig. *Les loups ne se mangent pas,* Les méchants s'épargnent entre eux. *Se m. le nez,* Se battre avec acharnement. || *Cette voyelle se mange devant une autre voyelle,* Elle s'élide. = MANGÉ, ÉE. part.

**Conjug.** — *Je mange; nous mangeons. Je mangeais; nous mangions. Je mangeai; nous mangeâmes. J'ai mangé; nous avons mangé. J'eus mangé; nous eûmes mangé. J'avais mangé; nous avions mangé. Je mangerai; nous mangerons. J'aurai mangé; nous aurons mangé.* — *Je mangerais; nous mangerions. J'aurais* ou *j'eusse mangé; nous aurions* ou *nous eussions mangé.* — *Mange, mangeons.* — *Que je mange; que nous mangions. Que je mangeasse; que nous mangeassions. Que j'aie mangé; que nous ayons mangé. Que j'eusse mangé; que nous eussions mangé. Mangeant. Mangé, mangée.*

**MANGER.** s. m. Ce qu'on mange, ce dont on se nourrit. *Un m. délicat. Un m. friand, délicieux. Un m. de roi. C'est son hôtesse qui lui accommode son m.* || Fam., *Il en perd le boire et le m.* Voy. BOIRE. || T. Bot. *M. des oiseaux,* Calebasse de Guinée.

**MANGERIE.** s. f. Action de manger beaucoup. Pop. || Fig. et pop., Frais de chicane, exactions. *Les mangeries des gens de justice sont effroyables. C'est une pure mangerie.*

**MANGE-TOUT.** s. m. Se dit fam. de celui qui consume son bien en folles dépenses. || *Pois m.-t., haricot m.-t.* Variétés de pois et de haricots dont on mange la cosse avec le grain.

**MANGEUR, EUSE.** s. Employé absol., il sign. Celui, celle qui est dans l'habitude de manger beaucoup; mais il ne se dit guère qu'avec une épithète qui détermine sa signification précise. *C'est un grand m., un beau m. C'est une grande mangeuse. C'est un petit m. Il n'est pas m. M. de pommes,* Normand. *M. de grenouilles,* Français. *M. de gens,* Anthropophage. || Fig. et fam., on dit quelquefois d'un prodigue, d'un dissipateur : *C'est un m.* || Fig. et pop., *Un m. de chrétiens,* Un homme de chicane, un homme qui vexe, qui tourmente le peuple. *Un m. de pain mollet,* Un délicat. || T. Zool. *M. de fourmis,* Le Fourmilier. *M. de vers,* La Fauvette. *M. de riz,* L'ortolan. *M. de noyaux,* Le Gros-bec. *M. de poire,* Chenille. *M. de pierre,* Ver qu'on trouve dans l'ardoise.

**MANGEURE.** s. f. [Pr. *man-jûre*]. Endroit mangé d'une étoffe, d'un pain, etc. *Voilà une m. de vers, une m. de souris.* || T. Chas. Pâture du sanglier.

**MANG-HAO,** v. de la Chine (Prov. de *Yunnan*) où le fleuve Rouge devient navigable.

**MANGIFERA.** s. m. T. Bot. Voy. MANGUIER.

**MANGKASSAR.** Voy. MACASSAR.

**MANGLARD** (ADRIEN), peintre et graveur fr. (1695-1760).

**MANGLE.** s. f. Fruit du Manglier.

**MANGLE.** s. f. T. Techn. Calandre horizontale.

**MANGLIER.** s. m., T. Bot. Nom vulgaire du *Rhizophora Mangle,* arbre de la famille des *Rhizophoracées* nommé aussi *Palétuvier* Voy. RHIZOPHORACÉES.

**MANGLIETIA.** s. m. [Pr. *manglié-sia*]. T. Bot. Genre de plantes Dicotylédones de la famille des *Magnoliacées*. Voy. ce mot.

**MANGON** (HERVÉ), agronome et homme politique fr. (1821-1888).

**MANGONNEAU.** s. m. [P. *mango-no*] (bas-lat. *manganum*, du gr. μάγγανον, artifice et machine de guerre). T. Guerre. Ancienne machine de guerre avec laquelle on lançait des projectiles. Voy. TRÉBUCHET.

**MANGOUSTAN.** s. m. T. Bot. Nom vulgaire du *Garcinia Mangostana*, arbre de la famille des *Clusiacées*. Voy. ce mot.

**MANGOUSTE.** s. f. T. Bot. Fruit du Mangoustan. Voy. CLUSIACÉES. || T. Mamm. Genre de *Mammifère carnivore* habitant l'Égypte. Voy. CIVETTE.

**MANGUE.** s. f. Fruit du Manguier de l'Inde (*Mangifera indica*). Voy. ANACARDIACÉES. || T. Mamm. Genre de *Mammifère carnivore* habitant les Indes Orientales. Voy. CIVETTE.

**MANGUIER.** s. m. T. Bot. Genre de plantes Dicotylédones (*Mangifera*) de la famille des *Anacardiacées*. Voy. ce mot.

**MANHEIM,** v. du grand-duché de Bade, au confluent du Rhin et du Neckar; 61,200 hab.

**MANHÈS,** général fr., poursuivit avec violence le carbonarisme (1777-1854).

**MANIABILITÉ.** s. f. Qualité de ce qui est maniable.

**MANIABLE.** adj. 2 g. Qui est aisé à manier, qui se prête à l'action de la main. *Ce drap est doux et m. Ce marteau est trop lourd, il n'est pas m.* || Que l'on peut toucher sans se blesser. *Ce fer est encore un peu chaud, mais il est m.* || Qui est aisé à mettre en œuvre. *Ce fer est aigre; il n'est pas m.* || Fig., Traitable. *Cet homme est m., n'est pas m. Son esprit, son caractère n'est point du tout m.* || T. Man. *Cheval m.*, Qui obéit volontiers aux aides. || T. Mar. *Vent m.* Avec lequel on peut faire faire à un navire toute espèce de manœuvre. *Demi-cercle m.*, La moitié du cercle qu'embrasse un cyclone et où le vent a le moins de violence. Voy. TEMPÊTE.

**MANIACAL, ALE.** adj. T. Méd. Qui tient de la manie. *Délire m.*

**MANIAGE.** s. m. T. Techn. Action de manier.

**MANIAQUE.** adj. et s. 2 g. (lat. *maniacus*, m. s. de *mania*, folie). Qui est possédé de quelque manie. *Il est m. C'est un m.*

**MANICANTERIE** et **MANÉCANTERIE.** s. f. (lat. *mansio*, demeure; *cantorum*, des chantres). On appelait ainsi, dans certaines cathédrales, une École de chant où l'on entretenait les enfants de chœur et où on leur apprenait à chanter.

**MANICHÉEN, ENNE,** s. [Pr. *maniché-in, ène*] (gr. Μανιχαῖος, Manès). Celui, celle qui adopte la doctrine de Manès ou le manichéisme.

**MANICHÉISME.** s. m. [Pr. *maniché-isme*]. T. Philos. et Hist. religieuse. Doctrine de Manès et de ses sectateurs, qui admettaient l'existence de deux principes, l'un bon et l'autre mauvais. Le M. persista longtemps; on le retrouve chez les Albigeois au XIIIe siècle, mais il s'était divisé en un grand nombre de sectes. Chez la plupart d'entre elles, le principe mauvais s'identifiait avec la matière. Certaines sectes manichéennes avaient une morale très pure; d'autres n'avaient rien trouvé de mieux que de s'abandonner à tous les instincts pour s'affranchir de la tyrannie de la matière. Saint Augustin qui, plus tard, combattit le m. avec beaucoup d'éloquence, avait professé cette doctrine avant sa conversion. Voy. DUALISME, HÉRÉSIE, MAL.

**MANICHORDION.** s. m. [Pr. *mani-kor-dion*] ou **MANICORDE.** s. m. (lat. *monochordion*, m. s., du gr. μονόχορδιον, instrument à une corde, de μόνος, seul, et χορδή, boyau et corde). Ancienne épinette à cordes revêtue de drap pour en amortir le son. || T. Techn. Fil de laiton qui maintient dans un même plan les fils du châssis à fabriquer le papier.

**MANICLE.** s. f. Voy. MANIQUE.

**MANICORDE.** s. m. Voy. MANICHORDION.

**MANICURE.** s. m. et f. (lat. *mânus*, main; *curare*, soigner). Celui, celle qui s'occupe de soigner les mains.

**MANIDÉS.** s. m. pl. (R. *Manis*, nom scientifique du genre *Pangolin*, le seul de la famille). T. Mamm. Famille d'*Édentés*. Voy. ce mot.

**MANIE.** s. f. (gr. μανία, fureur). Espèce de folie dans laquelle le délire est général ou très étendu, sans qu'il y ait une série d'idées dominantes. Voy. ci-après, et ALIÉNATION *mentale* || Par ex., Habitude bizarre, peu raisonnable, ou goût immodéré d'une chose. *Il a la m. de porter constamment un lorgnon dans l'œil. Avoir la m. des tableaux, des coquilles, des tulipes. Il a la m. des vers.*

**Méd.** Autrefois employé comme synonyme de folie, le mot m. sert actuellement à désigner une maladie fonctionnelle du cerveau, ordinairement apyrétique, caractérisée par une suractivité cérébrale extrême, ayant pour résultat l'incohérence des idées, l'impossibilité de fixer l'attention, un impérieux besoin de mouvements impulsifs et violents.

La plupart du temps, il n'existe pas de dérangement intellectuel proprement dit, l'incohérence n'est qu'apparente; cependant, sous l'influence d'hallucinations, les conceptions peuvent devenir délirantes: une série d'idées domine et donne au délire maniaque un aspect particulier : idées religieuses, érotiques, ambitieuses, de persécution, etc. — Il faut distinguer d'avec la m. vraie les états maniaques, très communs au cours de l'aliénation mentale, de la démence, de l'imbécillité, de l'idiotie. Il n'y a pas de traitement véritablement spécifique de la m. aiguë, franche; cette affection guérit d'elle-même après son évolution. On peut cependant lui appliquer les divers traitements que l'on met en œuvre contre tout état maniaque.

La première condition d'un bon traitement de l'état maniaque consiste à isoler son malade dans une maison de santé spéciale ou dans un asile. Puis on emploie comme adjuvants : 1° *les pratiques hydrothérapiques* : douches froides ou bains tièdes prolongés, bains froids, enveloppements humides; 2° *les sédatifs*, qui ne s'imposent que lorsque l'agitation devient excessive, ou lorsque la maladie paraît s'établir à l'état chronique; on emploie surtout les opiacés, le chloral, le bromure de potassium, le sulfonal; et enfin 3° *le traitement hygiénique*, portant sur l'alimentation, qui doit être abondante et de digestion facile; l'habitation, vaste et aérée; l'exercice au grand air, etc. *L'hygiène morale* sera également appliquée en son temps : étude modérée, musique, promenades, voyages, etc.

**MANIEMENT** ou **MANÎMENT.** s. m. [Pr. *mani-man*]. Action de manier. *On connaît la bonté d'un drap au m.* || Action de tâter avec la main. || T. Art. mil. *Le m. des armes*, L'art de faire des armes le meilleur emploi possible, soit pour l'attaque, soit pour la défense. || Fig., Administration, gestion. *Le m. des deniers publics. Il a un grand m. d'argent. Ceux qui ont la m. des affaires.* || T. Techn. *M. de la soie*, Apprêt de la soie qui fait qu'elle crie sous la main. || T. Bouch. Saillie de graisse sur divers points du corps d'animal.

**MANIER.** v. a. (lat. *manus*, main). Prendre, tâter, toucher avec la main. *M. une étoffe, des hardes, des papiers, des livres. En maniant ce vase, il l'a brisé.* || En parlant d'un outil, d'un instrument, d'une arme, s'en servir plus ou moins adroitement. *Il manie bien le ciseau, la plume, le pinceau. Il ne sait pas m. le burin. Il manie bien la lance, la baïonnette.* — Fig. *Cet écrivain manie bien la plume, la langue. Cet avocat manie bien la parole. Ce romancier manie bien les passions. Il manie finement la louange. Il ne sait pas m. l'ironie, l'épigramme.* || Mettre en œuvre la matière propre à quelque ouvrage, la préparer, la façonner. *Ce forgeron manie bien le fer. Ce boulanger manie bien la pâte. Ce sculpteur manie bien la terre, le marbre.* — Fig., *Cet auteur a bien manié son sujet.* — Fig. au sens moral. *M. un esprit, un caractère, une personne*, Les diriger, les gouverner à son gré. *Il n'est pas aisé à m. On ne le manie pas comme on veut. Il sait l'art de m. les esprits.* || T. Man. *M. un cheval*, Le faire aller, le diriger. *Cet écuyer manie bien un cheval. Vous ne saurez jamais m. un cheval.* — On dit neutralement., *Ce cheval manie bien sous l'homme, manie bien à droite et* *a gauche*, Il exécute avec docilité tous les mouvements que veut le cavalier. || Administrer, gérer. *Il manie tous les ans plus d'un million. Il manie tous les biens de cette maison. Il n'entend rien à m. les affaires.* || T. Techn. *M. le pavage*, Le repaver en enlevant les pavés usés pour les remplacer. — *M. les couches de blanc*, Les frotter avant de les recouvrir de dorure. — *M. la toiture*, La réparer en enlevant les lattes, tuiles, ardoises usées, pour les remplacer. = SE MANIER. v. pron. Être manié. Se dit, avec le sens passif, dans toutes les acceptions du v. actif. *Cette étoffe ne se manie pas ainsi. C'est un outil qui se manie aisément. La cire se manie mieux que la terre. Ce peuple ne se manie pas facilement.* Famil., *Cela ne se manie pas ainsi*, se dit à une personne qui, dans une affaire, ne s'y prend pas comme il faudrait. = MANIÉ, ÉE. part. Conj. Voy. PRIER.

**Syn.** — *Palper*, *Tâter*, *Toucher*. — On *touche* par toutes les parties du corps et de toutes façons; on ne *manie* qu'avec la main et à pleines mains. On *touche* une colonne pour savoir si elle est de marbre ou de bois; on *manie* une étoffe pour connaître si elle a du corps ou de la force. *Palper* est un mot scientifique, qui signifie *toucher* avec une grande attention et à plusieurs reprises. Un boulanger *manie* la pâte; un médecin *palpe* un malade. Quant à *tâter*, il a une signification analogue à celle de *palper;* mais il ne s'emploie que dans une acception familière et commune.

**MANIER.** s. m. Action de m. N'est usité que dans la loc. adv. *Au m.*, qui signifie en maniant. *La qualité de ces tissus se reconnaît au m.*

**MANIÈRE.** s. f. (lat. *manus*, main, par l'intermédiaire d'un ancien adj. *manier*, sign. qui est à la main). Façon, sorte. *De toute m. De quelque m. que ce soit. Cela sera de m. ou d'autre. De quelle m. faut-il que je m'y prenne? Faites cela de cette m. Se vêtir d'une m. convenable. Il vit d'une m. honorable. A la m. accoutumée. C'est sa m. de voir, de penser, de parler, d'agir. Chacun vit à sa m. Le philosophe salua Alexandre à la m. des Grecs. Il a une bonne m. de s'exprimer, de s'énoncer.* — *M. de parler*, Expression, locution. *Cette manière de parler est inusitée, incorrecte. Il a des manières de parler qui ne sont qu'à lui.* Prov. *M. de parler*, s'emploie en parlant d'une chose dite sans conséquence ou avec une exagération notable. *Il m'a offert sa bourse, mais c'était une m. de parler. Quand on dit qu'il est riche, c'est une m. de parler; il n'est qu'à son aise.* On dit encore, *Par m. de dire, par m. d'entretien, de conversation*, pour sign. Sans avoir eu aucun dessein formé d'en parler, sans y mettre d'importance. *On n'en parla que par m. de conversation.* — *Faire quelque chose par m. d'acquit*, La faire négligemment et parce qu'on ne peut guère s'en dispenser. — *De la bonne m., de la belle m.* se dit ironiquement et dans un sens défavorable. *Il a été étrillé de la bonne m., de la belle m. Je lui ai parlé, je lui ai écrit de la bonne m.* || Absol., sign. quelquefois, Façon d'agir habituelle. *C'est sa m. Chacun a sa m. Il ne changera pas de m.* || En T. Beaux-Arts et Littér., se dit souvent de la façon de composer, de peindre, d'écrire, propre à un artiste, à un écrivain, à un musicien, etc. *Raphaël a eu plusieurs manières. La m. de Rembrandt est dangereuse à imiter. Ce tableau est peint dans la m. de l'école flamande. Une m. grande, large, maigre. Ce compositeur a changé sa m. Ce poète s'est fait une m. nouvelle. Gravure à la m. noire*, opposée à la gravure en taille-douce. Voy. GRAVURE. || Affectation, recherche. *A force de soigner son style, il tombe dans la m. Il y a de la m. dans ce tableau, dans ce discours, dans cette pose. Cela sent un peu la m.* || Se dit de ce qui a l'apparence de la chose qu'on spécifie. *Il vint une m. de demoiselle. C'est une m. de petit-maître. Nous lui avons fait une m. de fête.* = *Manières*, au plur., se dit de la façon d'être ou d'agir dans le commerce de la vie. *De bonnes, d'excellentes manières. Des manières douces, polies, aisées, agréables. Des manières rudes, grossières. Il a toutes les manières de son père. Elle conserve encore les manières de la province. Les manières des Orientaux diffèrent beaucoup des nôtres.* — Ironiq., *Avoir les belles manières*, Affecter les manières d'un état au-dessus du sien. = *Faire des manières*, Viser à la distinction, à l'obligeance, en affectant certaines formes dans sa tenue, dans son langage. = DE MANIÈRE A. De façon à. *Il s'est conduit de m. à s'attirer les louanges de tout le monde* = DE MANIÈRE QUE. loc. conj. De sorte que. *Il fit telle et telle chose... de m. que l'on vit bien quel était son but.* = Syn. Voy. AIR et FAÇON.

**MANIÉRÉ, ÉE.** adj. Qui montre de l'affectation dans son maintien, dans ses manières, etc. *Cette femme est beaucoup trop maniérée. Cet acteur est très m. Avoir un air m. Une contenance, une politesse maniérée.* || T. B.-Arts et Littér. Qui a de la manière, où il y a de la manière. *Un auteur m. Un style m. Une composition, une couleur, une pose maniérée. Des figures, des draperies maniérées.* = Syn. Voy. AFFECTÉ.

**MANIÉRER.** v. a. Rendre maniéré. *M. son style.* = MANIÉRÉ, ÉE. part.

**MANIÉRISME.** s. m. Caractère maniéré, peu naturel.

**MANIÉRISTE.** s. m. Artiste maniéré, peu naturel.

**MANIETTE.** s. f. [Pr. *maniè-te*] (R. *manier*). T. Techn. Pièce de feutre dont l'imprimeur en taille-douce se sert pour frotter les bords de la planche gravée.

**MANIEUR, EUSE.** s. Celui, celle qui manie beaucoup. *C'est un m. d'argent.* Fam.

**MANIFESTANT, ANTE.** s. Celui, celle qui participe à une manifestation.

**MANIFESTATEUR, TRICE.** adj. Qui manifeste.

**MANIFESTATIF, IVE.** adj. Qui a la vertu de manifester.

**MANIFESTATION.** s. f. [Pr. ... *sion*] (lat. *manifestatio*, m. s.). Action par laquelle on manifeste quelque chose. *La parole sert à la m. de la pensée. Après une m. si éclatante de la puissance de Dieu.* || Démonstration populaire.

**MANIFESTE.** adj. 2 g. (lat. *manifestus*, m. s. de *manus*, main, et d'un rad. qu'on trouve dans *infestus*, *offendere*, etc., et qui a le sens de frapper, toucher : propr. ce qu'on peut toucher avec la main). Évident, que tout le monde peut connaître. *C'est une erreur m. C'est une chose si m. que personne ne peut la nier.*

**Syn.** — *Évident*, *Notoire*, *Public*. — Ce qui est *évident* a un tel caractère de certitude qu'il n'a pas besoin d'être prouvé et qu'il apparaît à tous les yeux. Ce qui est *m.* est ce qui est mis au jour, révélé, rendu patent. Ce qui est *notoire* a, en quelque sorte, un caractère légal, authentique, qui le met hors de doute et le certifie. Ce qui est *public* est ce que tout le monde dit, ce que tout le monde croit, sans impliquer pour cela la certitude de la chose. Il n'y a donc point à nier ce qui est *évident*, à dissimuler ce qui est *m.*, à contester ce qui est *notoire*, et à se taire sur ce qui est *public*.

**MANIFESTE.** s. m. (R. *manifester*). Écrit public par lequel un souverain, un gouvernement, un parti, une personne de grande considération, rend raison de sa conduite dans quelque affaire importante. *Ce prince publia un m. avant de déclarer la guerre. Le m. d'un prétendant, d'un parti.* || T. Comm. Déclaration des marchandises que contient un navire.

**MANIFESTEMENT.** adv. Clairement, évidemment. *Il est m. coupable. Je vous ferai voir m. que....*

**MANIFESTER.** v. a. (lat. *manifestare*, m. s.). Rendre manifeste, mettre au grand jour. *M. sa pensée, ses sentiments, ses volontés. Cette circonstance manifesta son talent pour la guerre.* = SE MANIFESTER. v. pron. Se montrer, se faire connaître. *Jésus-Christ se manifesta à ses disciples. La fermentation commença à se m. dans la ville. Le secret finit par se m.* = MANIFESTÉ, ÉE. part. = Syn. Voy. DÉCELER.

**MANIFORME.** adj. 2 g. (lat. *manus*, main; *forma*, forme). Qui a la forme d'une main.

**MANIGANCE.** s. f. (lat. *manus*, main). Petite intrigue, manœuvre artificieuse pour parvenir à quelque fin.

J'ai crainte ici dessous de quelque manigance.
MOLIÈRE.

**MANIGANCER.** v. a. Tramer secrètement quelque manigance. Fam. || T. Peint. Disposer, arranger. = MANIGANCÉ, ÉE. part. = Conj. Voy. AVANCER.

**MANIGAUX**. s. m. pl. T. Métall. Bascule d'un soufflet.

**MANIGUETTE, MALAGUETTE**, ou **MALAQUETTE**. s. f. [Pr. ....*ghè-te*, *g* dur, ou ....*kète*] (altér. de *Malaguette*, v. d'Afrique où l'on faisait le commerce de cette graine). T. Bot. Nom sous lequel on désigne, dans le commerce, les graines de l'*Amomum granum paradisii*. Voy. SCITAMINÉES.

**MANIGUIÈRE**. s. f. [Pr. ...*ghière*, *g* dur] (lat. *manica*, manche). Pêcherie formée de filets tendus sur des pieux aboutissant à des manches dans lesquelles les anguilles se prennent.

**MANIHIKI**, archipel de l'Océanie au N. des îles de la Société; 1,700 hab.

**MANIHOT**, s. m. T. Bot. Genre de plantes Dicotylédones appelé aussi *Manioc*, de la famille des *Euphorbacées*. Voy. EUPHORBIACÉES II, et COUAQUE.

**MANILIUS**, poète latin de la fin du règne d'Auguste, auteur d'un poème sur l'Astronomie.

**MANILLAGE**. s. m. [Pr. *ll* mouillées]. Opération qui consiste à établir une ou plusieurs manilles sur un objet.

**MANILLE**. s. m. [Pr. *ll* mouillées]. Cigare de Manille. *Fumer un m.*

**MANILLE**. s. f. (esp. *manilla*, m. s.) [Pr. *ll* mouillées]. T. Jeu d'Hombre, du Quadrille et du Tri. C'est, en noir, le deux, et, en rouge, le sept de la couleur dans laquelle on joue. || T. Néol. Jeu de cartes où le dix, dit *manille*, est la plus forte carte. || T. Techn. Anneau ouvert à l'une de ses extrémités et qui sert à réunir deux bouts de chaîne entre eux.

**MANILLE**, cap. des Philippines, dans l'île *Luçon* appelée aussi *Manille;* ch.-l. des établissements espagnols de l'Océanie, 115,700 hab.

**MANILLER**. v. a. [Pr. *ll* mouillées]. Réunir par des manilles.

**MANILLON**. s. m. [Pr. *ll* mouillées]. T. Jeu. L'as qui est la plus forte carte après le dix de manille.

**MANIN** (LUDOVICO), dernier doge de Venise, de 1789 à 1797.

**MANIN** (DANIEL), patriote italien, président du Gouvernement provisoire de Venise en 1848, lors du soulèvement de la Vénétie contre l'Autriche; il mourut exilé en France (1804-1857).

**MANIOC**. s. m. T. Bot. Genre de plantes Dicotylédones (*Manihot*) de la famille des *Euphorbiacées*. Souvent on donne ce nom à la fécule que l'on extrait des racines tubéreuses de certaines espèces de ce genre. Voy. EUPHORBIACÉES II, et COUAQUE.

**MANIOLLE**. s. f. [Pr. *manio-le*]. Filet en forme de poche fixé à un cercle, pour la pêche des merlans.

**MANIOTTE**. s. f. [Pr. *manio-te*] (R. *manier*). Action de pétrir les échantillons de beurre.

**MANIPOUR**. État du N.-O. de l'Indo-Chine qui dépend de l'Inde anglaise, 139,000 hab. Cap. *Manipour*.

**MANIPULAIRE**. s. m. (lat. *manipularis*, m. s.). T. Antiq. rom. Chef d'un manipule. Voy. LÉGION = M. adj. 2 g. Qui appartient au manipule. *Enseigne m.*

**MANIPULATEUR, TRICE**. s. T. Chim. Celui, celle qui manipule. *Un habile m.*

**MANIPULATEUR**. s. m. Partie du mécanisme télégraphique qu'on fait fonctionner avec la main.

**MANIPULATION**. s. f. [Pr. ... *sion*] T. Chim. et Pharm. Action de manipuler. *S'exercer aux manipulations chimiques.*

**MANIPULE**. s. m. (lat. *manipulus*, poignée d'herbe, de *manus*, main et *pleo*, j'emplis). T. Antiq. rom. Enseigne militaire. Voy. ENSEIGNE. — Compagnie d'infanterie composée, à l'origine, de cent hommes. LÉGION. Voy. ENSEIGNE || T. Pharm. Poignée d'herbes, de fleurs ou d'autres choses semblables. *Prenez deux manipules de farine de lin.* || T. Techn. Poignée pour enlever un vase du feu sans se brûler.

**Liturg.** On appelle *Manipule*, un ornement ecclésiastique que le prêtre met au bras gauche pendant le saint sacrifice. Cet ornement se compose d'une bande d'étoffe, large de 8 à 10 centim., qui se termine à chaque bout par une pièce presque triangulaire appelée *fanon*. Il représente le linge ou le mouchoir que, dans la primitive Église, l'officiant portait au bras gauche pour s'essuyer le visage. Le diacre et le sous-diacre portent aussi le m. quand ils servent à l'autel. Au lieu de m. les Grecs passent à chaque bras, au-dessus du poignet, un bout de manche du même tissu que la chasuble.

**MANIPULER**. v. a. (R. *manipule*). T. Chim. et Pharm. Opérer avec la main sur les substances qu'on extrait, qu'on décompose, qu'on mêle, etc. *M. le minerai. En manipulant ces substances, il faut user de précautions.* || Absolum., *Ce chimiste manipule bien.* || Fig. *M. la matière électorale.* = MANIPULÉ, ÉE. part.

**MANIPULEUR, EUSE**. s. En mauvaise part. Manipulateur, manipulatrice.

**MANIQUE**. s. f. (lat. *manica*, mitaine, de *manus*, main). Espèce de gant ou de demi-gant, ou bien simple morceau de cuir dont certains ouvriers s'entourent la main pour qu'elle ne soit pas blessée. — Pop., on dit d'un savetier, *C'est un homme de la m. Tirer la m.*, Tirer le fil enroulé autour de la m., et fig. Exercer le métier de savetier. || Poignée de la brosse dont se servent les cochers. || Manche qui sert à faire mouvoir les forces à tondre le drap. || Manche qui sert à lever le couvercle des bouches du four à porcelaine.

**MANISSA**, v. de la Turquie d'Asie, 40,000 hab.

**MANITOBA**, prov. du Canada, 66,000 hab., cap. *Winipeg.*

**MANITOU**. s. m. (mot. américain). Génie subordonné au dieu suprême dans la mythologie des sauvages de l'Amérique du Nord. *Le grand M.*, l'Être Suprême, et fig., Un haut personnage, un haut fonctionnaire.

**MANITRONC**. s. m. (lat. *manus*, main; fr. *tronc*.) Segment antérieur du corps des insectes.

**MANIVEAU**. s. m. [Pr. *mani-vo*] (R. *manne*, panier). Petit panier d'osier plat où l'on met certains comestibles pour les vendre.

**MANIVELLE**. s. f. [Pr. *manivè-le*] (lat. *manus*, main; *vellere*, tourner). Pièce de fer ou de bois qui se replie deux fois à angle droit, et qui, placée à l'extrémité de l'axe d'une machine, sert à lui imprimer un mouvement de rotation. *La m. d'un moulin à café. Tournez la m.*

**MANLIUS CAPITOLINUS**, consul romain; sauva le Capitole assiégé par les Gaulois (390 av. J.-C.). En 384, dans une des luttes entre les Plébéiens et les Patriciens, il prit parti pour les premiers, et les autres le firent précipiter du haut de la roche Tarpéienne.

**MANLIUS TITUS**, dictateur romain en 363 av. J.-C.

**MANLIUS TORQUATUS**, Romain, ainsi surnommé parce qu'il prit le collier (*torques*) d'un Gaulois qu'il avait tué dans un combat singulier (361 av. J.-C.)

**MANNAJA**. s. f. [Pr. *ma-na-ja*]. Ancien instrument de supplice. Voy. GUILLOTINE.

**MANNE**. s. f. [Pr. *mâ-ne*] (lat. *manna*, du gr. μάννα, m. s., lequel vient de deux mots hébreux, *man hu*, sign. qu'est-ce que cela ?). T. Pharm. On appelle ainsi, par allusion à la nourriture miraculeuse que les Israélites trouvèrent dans le désert, une matière concrète et sucrée qui exsude de plusieurs espèces de Frênes, et principalement du *Fraxinus ornus*, var. *rotundifolia*, arbre qui croît en Asie Mineure et qui s'étend dans la région méditerranéenne jusqu'en Espagne;

il est cultivé en grand en Calabre et en Sicile. La m. s'écoule naturellement par les piqûres d'une Cigale (*Cicada Orni*); mais, pour l'obtenir en plus grande abondance, on pratique des incisions profondes à la partie supérieure et sur l'un des côtés du tronc de l'arbre qu'on veut exploiter.

I. — On distingue dans le commerce trois sortes de mannes. La plus pure est appelée *M. en larmes*. Elle est en morceaux légers, irréguliers, très friables, d'un blanc jaunâtre, d'un aspect cristallisé ou granuleux, d'une saveur douce, sucrée, un peu fade. La *M. en sortes* se compose de petites larmes agglutinées par un liquide poisseux : elle a une saveur plus sucrée que la précédente, mais elle a une odeur désagréable. La *M. grasse* a l'aspect d'une masse molle, gluante, chargée d'impuretés, telles que des débris végétaux, de la terre, du sable, etc. Elle est plus nauséabonde encore que la m en sortes, et sa saveur sucrée est désagréable. La m. est soluble dans l'eau et dans l'alcool. Outre le sucre incristallisable et la gomme, elle renferme 70 à 80 p. 100 d'une matière blanche et cristalline, appelée *Mannite*. Voy. ce mot. La m. est employée comme purgatif doux. C'est la variété dite en larmes que l'on applique à ces divers usages : on la remplace quelquefois par la mannite. La m. en sorte s'administre plus particulièrement en lavements. Quant à la m. grasse, elle n'est pas usitée en France. — Par analogie, on donne le nom de *manne* à diverses exsudations fournies par différentes espèces de végétaux. Nous citerons la *M. de Briançon*, qui découle du Mélèze, dans le département des Hautes-Alpes et qui renferme de la *mélézitose*; la *M. d'Australie* qui provient de certains *Eucalyptus* (*E. mannifera*, *E. resinifera*, etc.) et qui renferme de la *mélitose*; la *M. Alhagi*, ou *M. de Perse*, le *Tereny-tabim* des Arabes, qui est produite par un arbrisseau épineux de la famille des Légumineuses, l'*Alhagi Maurorum*, lequel est commun dans l'Arabie et dans les déserts de l'Orient; et la *M. du mont Sinaï*, qui paraît exsuder de deux espèces du g. *Tamarix*, le *T. mannifera* et le *T. orientalis*, lorsque ces végétaux ont été piqués par une Cochenille qu'Ehrenberg nomme *Gossyparia mannifera*.

II. — Quant à la *M.* qui nourrit les Israélites dans le désert, Moïse rapporte (*Exod.*, XVI) qu'elle apparaissait le matin comme de la rosée, et que la terre était couverte de grains menus semblables à de la gelée blanche. L'historien juif ajoute qu'elle avait la forme des graines de coriandre blanche et qu'elle avait le goût de la plus pure farine mêlée avec le miel. Chaque Israélite en recueillait un gomor (environ 2 litres), puis elle se fondait et disparaissait dès que le sol était échauffé par les rayons du soleil. En outre, la m. ramassée se putréfiait au bout de vingt-quatre heures, de telle sorte qu'il fallait chaque jour renouveler la provision. Cependant, la veille du sabbat, on faisait double récolte, afin de n'avoir pas à travailler le jour consacré au repos, et alors la m. pouvait se conserver pendant quarante-huit heures. Il est dit encore (*Nomb.* VI) que le peuple, après avoir ramassé la m., la broyait sous la meule, ou la pilait dans un mortier, la faisait cuire et en faisait des gâteaux qui avaient le goût d'un pain pétri avec de l'huile. Ces détails si précis ont donné lieu à de nombreux commentaires. Plusieurs auteurs ont identifié la m. avec la matière qui découle, soit de l'Alhagi, soit des espèces de Tamarix dont nous venons de parler. D'autres, et leur opinion semble la plus probable, ont avancé que la m. était l'espèce de Lichen connu sous le nom de *Lecanora esculenta*, qui, dans les déserts de l'Orient, apparaît subitement, de temps à autre, sur une vaste étendue de terrain. Voici, à ce sujet, quelques détails curieux publiés vers le milieu du XIX^e^ siècle par une revue scientifique. « Des journaux ont annoncé que dans le district de Jenichehr, dans l'Asie Mineure, il est tombé du ciel, au mois de janvier, une si grande quantité de m. en morceaux de la grosseur d'une noisette, que la terre en a été couverte sur une épaisseur de 3 ou 4 pouces, et que les habitants s'en sont nourris pendant plusieurs jours. Cette m. a fourni une substance très blanche; mais le pain, très beau du reste, qu'on en a fait, était insipide. Le même phénomène s'était déjà présenté dans le même lieu en 1841. Tout étrange que paraisse ce fait, il n'en est pas moins facile à ramener à des causes parfaitement naturelles. Les exemples d'une matière comestible paraissant tomber de l'atmosphère, et transportée en effet par elle, soit en Asie, soit même en Europe, ne sont pas très rares. Toutes les fois qu'on a pu observer cette substance, on a reconnu que ce n'est autre chose qu'un Lichen, le *Parmelia esculenta*, dont le tissu très succulent peut être mangé par les hommes et par les animaux. Pendant son voyage en Crimée, Léveillé l'a observé en grande quantité à la surface du sol sur divers points, et là il se présentait avec une couleur grisâtre et formant des sortes de petits amas comparables aux petits monticules de terre que rejettent les lombrics. En observant un grand nombre d'espèces de ce singulier végétal, il les a toujours trouvées entièrement libres et détachées du sol, et jamais il n'a pu y reconnaître de points d'attache d'aucune sorte. Aucher Éloy, dans son voyage en Perse, a également vu et mentionné un fait du même genre. Enfin, les journaux nous ont appris que, lors de l'expédition du schah de Perse contre Hérat, les habitants de cette ville avaient trouvé et recueilli en grande quantité, sur la surface du sol, une substance entièrement semblable qui leur servit de nourriture pendant plusieurs jours, et qu'ils s'étaient décidés à manger en voyant les chèvres s'en nourrir avec avidité. Dans ces différents exemples, comme aussi dans le fait récemment observé à Jenichehr, la merveilleuse m. n'est donc pas autre chose qu'une espèce de Lichen que les vents emportent en très grande masse, pour la déposer ensuite à une distance plus ou moins considérable. »

**MANNE.** s. f. [Pr. *ma-ne*] (lat. *manus*, main). Panier d'osier plus long que large, qui a une anse à chaque extrémité, et où l'on met du linge et d'autres objets.

**MANNÉE.** s. f. [Pr. *ma-née*]. Le contenu d'une manne.

**MANNEQUIN.** s. m. [Pr. *mane-kin*] (R. *manne*, panier). Panier long et étroit dans lequel on apporte des fruits ou de la marée au marché. || Panier d'osier à claire-voie dans lequel on élève des arbres destinés à regarnir un jardin.

**MANNEQUIN.** s. m. [Pr. *mane-kin*] (all. *mænnchen*, petit homme). Figure de bois représentant le corps humain, et dont les membres ont des jointures brisées qui imitent le jeu des articulations. *Un m. de grandeur naturelle. Les peintres et les sculpteurs ajustent les draperies sur le m. après lui avoir donné l'attitude qu'ils veulent représenter. Cette figure sent le m.*, Elle manque de naturel. — Fig. et fam., *C'est un vrai m.*, C'est un homme nul, sans caractère, que l'on fait mouvoir comme on veut. || Se dit aussi des figures imitant le corps humain, sur lesquelles les chirurgiens s'exercent à l'application des bandages et à la manœuvre des accouchements. || T. Man. Figure de cheval articulée servant à la démonstration des aplombs, de la position des membres dans les diverses allures de l'animal.

**MANNEQUINAGE.** s. m. [Pr. *ma-nekinaje*]. Genre de sculpture employé dans la décoration des édifices.

**MANNEQUINER.** v. a. [Pr. *mane-ki-ner*]. T. Peint. Exécuter d'après le mannequin. = MANNEQUINÉ, ÉE. part. = Qui sent le mannequin, qui est disposé avec affectation. *Ces draperies sont mannequinées.*

**MANNETTE.** s. f. [Pr. *manè-te*]. Petite manne.

**MANNIDE.** s. m. [Pr. *mann-nide*] (R. *manne*). T. Chim. Anhydride que fournit la mannite en perdant deux molécules d'eau lorsqu'on la distille dans le vide. Le m. forme des cristaux incolores, fusibles à 87°, très solubles dans l'eau et dans l'alcool. Sa formule est $C^6H^{10}O^4$.

**MANNIFÈRE.** adj. 2 g. [Pr. *mann-nifère*] (R. *manne*, et lat. *fero*, je porte). T. Bot. Qui donne de la manne.

**MANNIPARE.** adj. 2 g. [Pr. *mann-nipare*] (R. *manne*, et lat. *pareo*, je produis). T. Zool. Se dit d'un insecte dont la piqûre fait découler la manne des plantes.

**MANNITANE.** s. f. [Pr. *manni-tane*] (R. *manne*). La m., qui a pour formule $C^6H^{12}O^5$, est le premier anhydride de la mannite, dont elle diffère par une molécule d'eau en moins. Lorsqu'on chauffe la mannite, soit seule, soit avec de l'acide chlorhydrique concentré, on obtient la m. sous la forme d'un liquide sirupeux qui cristallise difficilement en tables hexagonales, fusibles à 137°, très solubles dans l'eau et dans l'alcool. Avec les acides la m. donne des éthers et fonctionne comme alcool tétratomique. Distillée dans le vide elle perd une molécule d'eau et se convertit en mannide.

**MANNITE.** s. f. [Pr. *mann-nite*] (R. *manne*). T. Chim. Matière sucrée de la formule $C^6H^{14}O^6$, formant la majeure partie de la manne. La m. est très répandue dans le règne végétal ; on la rencontre non seulement dans l'écorce de frêne qui fournit la manne, mais encore dans un grand nombre de Champignons et d'Algues, dans les fruits de l'Avocatier et du Cactus opuntia, dans les racines du Céleri, du Chiendent, etc. Elle se forme dans la fermentation visqueuse du sucre ; elle se produit aussi quand on fait agir l'amalgame de sodium sur le sucre interverti. On la prépare toujours à l'aide de la manne, que l'on chauffe avec la moitié de son poids d'eau en présence de noir animal ; par refroidissement la m. se dépose en prismes orthorhombiques, à éclat soyeux, solubles dans l'eau et dans l'alcool chaud, insolubles dans l'éther. La m. fond à 166° ; à une température plus élevée elle perd de l'eau et donne naissance à deux anhydrides : la mannitane et le mannide. Elle forme des combinaisons cristallisées avec la chaux et avec un certain nombre d'oxydes métalliques. Oxydée par l'acide azotique étendu, elle donne de la mannose, puis de l'acide saccharique. Elle s'oxyde aussi à l'air, en présence du noir de platine, et fournit alors de la *mannitose*, matière sucrée identique ou analogue à la lévulose, et de l'*acide mannitique* $C^6H^{12}O^4$ très soluble dans l'eau et dans l'alcool. Elle ne fermente pas avec la levure de la bière seule, mais la fermentation se produit si l'on ajoute du vieux fromage ou du tissu pancréatique. La m. a pour formule de constitution $CH^2OH(CHOH)^4CH^2OH$ ; elle fonctionne comme alcool hexatomique en formant des éthers avec 2, 4 et 6 molécules d'acide. Traitée par un mélange d'acides nitrique et sulfurique, elle donne un éther hexa-nitrique connu sous le nom de *nitro-mannite*, substance très explosive qu'on a proposée pour remplacer le fulminate de mercure dans les capsules.

La m. ordinaire est dextrogyre ; on connaît en outre une modification lévogyre et une modification racémique ou inactive. Cette dernière est identique avec l'*acrite*, qu'on a préparée par synthèse en faisant agir l'amalgame de sodium sur l'acrose obtenue à l'aide de la glycérose.

On donne le nom générique de *mannite* ou d'*hexite* aux matières sucrées de la formule $C^6H^{14}O^6$, possédant 6 fonctions alcool ; ce sont la m. proprement dite, la sorbite et la dulcite. Ces substances se distinguent des glucoses en ce qu'elles ne fermentent pas directement avec la levure, ne réduisent pas la liqueur de Fehling et ne se colorent point par ébullition avec les alcalis ou les acides étendus.

**MANNITIQUE.** adj. 2 g. [Pr. *mann-nitike*]. T. Chim. *Acide m.* Voy. MANNITE.

**MANNITOL.** s. m. [Pr. *mann-nitol*]. T. Chim. Syn. de *Mannite*.

**MANNITOSE.** s. f. [Pr. *mann-nitose*]. T. Chim. Voy. MANNITE.

**MANNO-HEPTITE.** s. f. [Pr. *mann-no...*]. T. Chim. Syn. de *Perséite*.

**MANNO-HEPTONIQUE.** adj. 2 g. T. Chim. **MANNO-HEPTOSE.** s. f. [Pr. *mann-no...*] T. Chim. Voy. MANNOSE.

**MANNONIQUE.** adj. 2 g. [Pr. *mann-nonike*] (R. *manne*). T. Chim. *L'acide m.* est l'acide monobasique correspondant à la mannose. De même que l'acide gluconique, son isomère, il possède cinq fonctions alcool. L'oxydation de la mannose droite, à l'aide du brome en présence de l'eau, donne naissance à un acide m. dextrogyre. On obtient un acide m. lévogyre, en même temps que l'acide gluconique, quand on combine l'arabinose avec l'acide cyanhydrique et que l'on saponifie le nitrile ainsi formé. Enfin l'acide m. inactif est une modification racémique qu'on prépare en mélangeant des quantités égales des deux acides précédents, ou en oxydant la mannose inactive.

Les acides mannoniques ne sont connus qu'en solution ; lorsqu'on cherche à les dessécher, ils se convertissent en lactones dont les points de fusion sont voisins de 150°. Par oxydation ils fournissent l'acide mannosaccharique ; par hydrogénation, ils donnent de la mannose. Chauffés avec la quinoléine, ils se transforment partiellement en acide gluconique.

**MANNO-NONOSE.** s. f. **MANNO-OCTOSE.** s. f. [Pr. *manno-no...*]. T. Chim. Voy. MANNOSE.

**MANNOSACCHARIQUE.** adj. 2 g. [Pr. *mann-nosak-karike*] ; (lat. *manna*, manne, *saccharum*, sucre). T. Chim. *L'acide m.* est l'acide bibasique qui correspond à la mannose. Il possède encore quatre fonctions alcool et répond à la formule $CO^2H(CHOH)^4CO^2H$. L'acide m. *dextrogyre* s'obtient en oxydant la mannite ordinaire ou l'acide mannonique dextrogyre ; il n'est connu qu'en solution ; par évaporation il se convertit en une lactone qui fond au-dessus de 180° en se décomposant. L'acide m. *lévogyre*, appelé autrefois acide *métasaccharique*, se prépare en oxydant l'acide arabinose-carbonique par l'acide azotique étendu ; sa lactone cristallise en longues aiguilles fusibles à 68°. L'acide m. *inactif* fond à 190° ; on l'obtient par l'oxydation de l'acide mannonique inactif. La réduction des acides m. donne naissance aux acides mannoniques et aux mannoses.

**MANNOSE.** s. f. [Pr. *mann-noze*] (R. *manne*, et le suff. *ose*, qui désigne les sucres). T. Chim. Matière sucrée dont la constitution chimique est la même que celle de la glucose. Elle répond à la formule $CH^2OH(CHOH)^4CHO$ et possède les propriétés générales des aldoses. Voy. GLUCOSES. — La m. *droite* ou *dextrogyre* se forme par l'oxydation de la mannite ordinaire sous l'influence de l'acide azotique. Elle est identique à la *Séminose*, qu'on obtient en traitant l'ivoire végétal par l'acide chlorhydrique étendu. On l'obtient sous la forme d'un liquide sirupeux, d'une saveur sucrée. En présence de la levure de bière elle subit la fermentation alcoolique. Son hydrazone, qui fond vers 200°, est peu soluble dans l'eau. Son osazone est identique à celle de la glucose et de la lévulose. — La m. *gauche* ou *lévogyre* se prépare en faisant agir l'amalgame de sodium, en liqueur acide, sur l'acide arabinose-carbonique. Elle ne fermente pas sensiblement au contact de la levure. — La m. *inactive*, mélange équimoléculaire des deux variétés précédentes, s'obtient en hydrogénant la lactone mannonique inactive. La levure de bière la dédouble en m. droite, qui est détruite par la fermentation, et en m. gauche, qui reste à peu près intacte.

La *Manno-heptose* $CH^2OH(CHOH)^5CHO$ diffère de la m. par une fonction alcool en plus. C'est une substance sucrée, cristallisable, fusible à 135°, soluble dans l'eau, dextrogyre, non fermentescible. Traitée par l'amalgame de sodium, en liqueur alcaline, elle fournit une *manno-heptite* identique à la perséite. Pour faire la synthèse de la manno-heptose on combine la m. avec l'acide cyanhydrique et l'on saponifie le nitrile qui s'est formé ; on obtient ainsi l'*acide manno-heptonique* $CH^2OH(CHOH)^5CHO$, qui se transforme en manno-heptose quand on le traite par l'amalgame de sodium en liqueur acide.

Le même procédé, appliqué à la manno-heptose, permet d'obtenir la *manno-octose* $CH^2OH(CHOH)^6CHO$, sucre lévogyre non fermentescible, puis la *manno-nonose*

$$CH^2OH(CHOH)^7CHO$$

qui est dextrogyre, facilement fermentescible et qui fond vers 130°.

**MANOCAGE.** s. m. Action de manoquer le tabac.

**MANŒUVRANT, ANTE.** adj. [Pr. *maneu-vran*] T. Mar. Qui obéit aux manœuvres, en parlant d'un navire.

**MANŒUVRE.** s. f. [Pr. *maneu-vre*] (lat. *manus*, main ; *opera*, œuvre). Action ou opération de la main. Se dit principalement, en T. Marine, de l'art de gouverner, de conduire un vaisseau, de régler ses mouvements et de lui faire faire toutes les évolutions nécessaires, soit pour la route, soit pour le combat. *Bonne, mauvaise m. M. hardie. Commander la m. Changer de m. Ce pilote, ce capitaine entend bien la m.* || T. Art. milit. Mouvement que l'on fait exécuter à la troupe. *Une m. hardie. Les savantes manœuvres de ce général ont décidé la victoire. Les grandes manœuvres. — Champ de m.*, L'endroit où l'on exerce les soldats aux diverses évolutions de la tactique. || T. Artill. Se dit du service des bouches à feu. *Ces hommes sont très habiles à la m. du canon. — Manœuvres de force*, Ensemble des opérations nécessaires pour le mouvement des pièces et du matériel. || T. Chir. Se dit des procédés manuels employés dans l'art des accouchements. || Fig., se dit des moyens qu'on emploie pour arriver à ses fins. *Il a fait une m. qui a gâté ses affaires. Il est parvenu, à force de manœuvres, à supplanter ses concurrents. J'ai découvert ses manœuvres. M. électorale*, Qui sert à exercer une influence sur le vote des électeurs. || T. Mar. Cordage.

**Mar.** — En termes de Marine, on donne le nom de *M.* à tous cordages qui composent le gréement d'un navire. Les manœuvres se distinguent en *Manœuvres dormantes* et en *Manœuvres courantes*. Les premières sont les cordages fixes, tels que les étais, les haubans, les galhaubans, etc. Les secondes sont tous les cordages mobiles. Celles-ci passent dans des poulies, et servent, soit à hisser la mâture haute, ainsi que les vergues, soit à déployer, à orienter et à carguer les voiles, soit à embarquer et débarquer l'artillerie, les ancres, les embarcations et autres objets d'un poids considérable. On appelle encore *Manœuvres en bande* Celles qui, n'étant ni tenues, ni amarrées, ne travaillent point; *Manœuvres majors* les gros cordages, tels que les câbles, les haussières, etc.; *Manœuvres passées à contre* celles qu'on passe de l'arrière à l'avant du vaisseau, comme celles du mât d'artimon; et *Manœuvres passées à tour* celles qu'on passe de l'arrière du vaisseau à l'avant, comme les cordages du grand mât, et ceux des mâts de beaupré et de misaine. — On entend encore par *M.* le service des matelots et l'usage que l'on fait de tous les cordages pour mouvoir les vaisseaux. Dans ce sens on nomme *M. basse* celle qu'on peut faire de dessus le pont, et *M. haute* celle qui se fait de dessus les hunes, les vergues et les cordages.

**MANŒUVRE.** s. m. [Pr. *maneu-vre*] (lat. *manus*, main; *opera*, œuvre). Celui qui travaille de ses mains; ne se dit guère que des hommes de peine qui travaillent sous les ordres des maçons, des couvreurs, etc. || Fig. et par mépris. Celui qui exécute un ouvrage d'art grossièrement et par routine. *Ce n'est qu'un m.* — On appelle aussi *Travail, ouvrage de m.*, Un ouvrage d'art ou de littérature qui n'exige que du temps et de la patience. *Compiler est un travail de m.* || Fig. et fam., on dit quelquefois d'un homme subtil, rusé, disposé à tromper. *C'est un fin m., il faut s'en défier.*

**MANŒUVRER.** v. n. [Pr. *maneu-vrer*]. T. Mar. Faire la manœuvre, travailler aux manœuvres. *L'équipage a bien manœuvré. — Ce vaisseau manœuvre très bien*, Il exécute bien ses mouvements. || Se dit aussi des mouvements qu'exécutent les troupes, et, dans un sens plus étendu, des opérations stratégiques en général. *Faire m. un régiment. Ces troupes ont bien manœuvré. Le général manœuvra si habilement, qu'il écrasa les uns après les autres les corps d'armée ennemis.* || Fig., Prendre des mesures pour faire réussir une affaire; se dit ordinairement en mauvaise part. *M. sourdement. Il a mal manœuvé.* = MANŒUVRER. v. a. T. Mar. *M. les voiles*, Faire aux voiles les opérations voulues selon la circonstance. *M. un vaisseau*, Le diriger, le gouverner. || Par extens., se dit du service des bouches à feu et de certains appareils mécaniques. *M. un canon. M. une chèvre.* = MANŒUVRÉ, ÉE. part. *Des galères manœuvrées par des forçats.*

**MANŒUVRIER, IÈRE.** adj. et s. [Pr. *maneu-vrier*] Qui entend bien la manœuvre sur terre ou sur mer. *Ce capitaine est un excellent m. Cet officier est un bon m.* — Au Fig., *Cette armée est bonne manœuvrière*, Elle est bien rompue à toutes les évolutions.

**MANOIR.** s. m. [Pr. *ma-nouar*] (bas-lat. *manerium*; de *manere*, demeurer). Maison, demeure. *Le m. seigneurial appartenait par préciput à l'aîné de la famille. Le m. abbatial. Le m. épiscopal.* || Ne se dit plus que dans le langage famil. et par plaisant., ou en poésie. *Quand viendrez-vous visiter mon m.? Le m. de Pluton, Le sombre m.*

**MANOMÈTRE.** s. m. (gr. μανὸς, rare; μέτρον, mesure). T. Phys. Ce nom a été donné par Varignon à un appareil destiné à mesurer la raréfaction de l'air; mais aujourd'hui on l'applique aux divers appareils qui servent à mesurer la force élastique des gaz et des vapeurs. Les *Manomètres* les plus employés sont le *M. à air libre*, le *M. barométrique*, le *M. à air comprimé*, et le *M. métallique*.

Le *M. à air libre de Regnault* se compose de deux tubes verticaux reliés par un tube court en fonte (fig. 1); le tout plein de mercure. Si l'on vient à relier le tube *a* avec un réservoir à gaz dont la pression est supérieure à celle de l'atmosphère, le mercure est refoulé vers l'autre branche ouverte, et la colonne de mercure soulevée mesure l'excès de la pression du gaz sur la pression atmosphérique. Si l'on veut une grande précision, on mesurera la différence de niveau au cathéthomètre. Cet appareil peut aussi servir pour les gaz raréfiés. Chaque centimètre de différence de niveau de mercure correspond à une différence de pression de 13gr,56 par centimètre carré. L'appareil de Regnault est muni d'un robinet à trois voies R destiné à faire varier la nature des communications des deux tubes entre eux et avec l'extérieur.

La disposition suivante donne un appareil plus grossier, mais moins fragile, puisque le tube peut être en fer. Ce manomètre (Fig. 2) se compose d'un long tube de cristal ou de fer *mmm*, long de 5 mètres environ et ouvert par les deux bouts, et d'une cuvette *g* de fer forgé, dont la capacité est au moins égale à celle du tube, et qui renferme du mercure dans lequel plonge l'extrémité inférieure de ce dernier. La cuvette reçoit un second tube *rr* destiné à transmettre à la surface du mercure la pression du gaz ou de la vapeur. Dans notre dessin, le tube *mm* est de fer et le niveau du mercure est indiqué par un flotteur auquel est fixée une corde qui passe sur une poulie de renvoi et qui est tendue par un poids *z*.

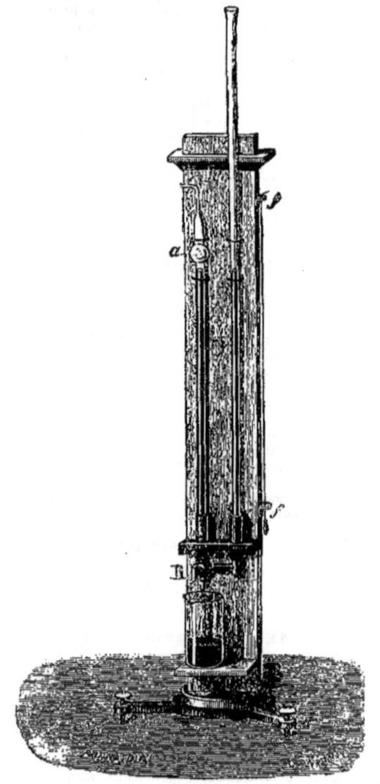


Fig. 1.

Pour graduer ce m., on laisse communiquer le tube *r* avec l'atmosphère, et l'on marque 1 au niveau où s'arrête le petit poids *z*; puis, à partir de ce chiffre qui signifie une atmosphère, on divise la longueur du tube en parties égales de 76 centimètres, et aux points de division on écrit les chiffres 2, 3, 4, 5, qui indiquent le même nombre d'atmosphères, puisqu'une colonne de mercure représente autant d'atmosphères qu'elle renferme de fois la hauteur 76 centimètres. Les intervalles compris entre chaque point de division sont ensuite partagés en quarts ou en dixièmes d'atmosphère. Lorsqu'on veut mesurer la pression d'un gaz ou d'une vapeur avec cet instrument, on met le tube *r* en communication avec le récipient ou la chaudière, et le mercure s'élève dans le tube *mm* à une hauteur qui mesure la tension du fluide. Le m. à air libre n'est employé que pour l'évaluation des forces élastiques qui ne dépassent pas 5 ou 6 atmosphères, parce que, pour des pressions supérieures, il faudrait donner au tube une longueur trop considérable.

On a installé aujourd'hui, sur la tour Eiffel, un manomètre à air libre, dont la grande branche a une hauteur de près de 300 mètres. Elle est constituée par un tube en acier de 4mm,5 de diamètre. Des tubes en verre, placés de 3 mètres en 3 mètres, pouvant fermer au moyen de robinets, permettent d'évaluer l'élévation du mercure. Ce liquide est refoulé par la base de l'appareil.

On peut, bien entendu, se servir d'autres liquides que du mercure dans la construction des manomètres et l'on a des appareils d'autant plus sensibles que le liquide employé est plus léger. Ainsi avec l'acide sulfurique de densité 1,84, chaque centimètre de dénivellation correspond à une différence de pression de 1gr,84 par centimètre carré. Avec l'eau, ce serait juste 1 gramme par centimètre carré pour chaque centimètre de dénivellation.

*Manomètre barométrique pour mesurer les pressions plus faibles que la pression atmosphérique.* Cet appareil se compose d'un baromètre ordinaire et d'un tube ouvert placés côte à côte, sur la même cuvette à mercure. L'extrémité supérieure du tube est mise en relation par sa partie supérieure avec le réservoir à gaz raréfié dont on cherche la pression. Le mercure monte alors dans ce tube en vertu de la pression atmosphérique. La pression du gaz est donnée par la différence de niveau du mercure dans les deux tubes.

Le *M. à air comprimé* (Fig. 3. Coupe de l'appareil) consiste en un tube vertical fermé à sa partie supérieure, rempli d'air, et communiquant par sa partie inférieure avec un réservoir qui est fermé de toutes parts et qui contient du mercure. La tension du fluide est transmise par le tube *a* à la surface du mercure, et, par conséquent, force le métal à monter dans le tube, en comprimant l'air qui s'y trouve, jusqu'à ce qu'il y ait équilibre entre la résistance de l'air comprimé et la force comprimante du gaz ou de la vapeur. La force élastique que l'on veut évaluer est alors égale à la colonne du mercure soulevée, augmentée de la pression de l'air contenu dans la partie supérieure du tube. Cette pression peut se calculer au moyen de la loi de Mariotte, en supposant connu d'avance le volume occupé par cet air à la pression normale de 76 centimètres. Le m. à air comprimé est muni, comme le précédent, d'une échelle qui donne la tension du gaz en atmosphères et en fractions d'atmosphère. On marque toujours 1 au niveau du mercure dans le tube, lorsque l'appareil communique librement avec l'air atmosphérique. Pour obtenir les autres divisions, on met en communication avec le même réservoir à gaz un m. à air libre, d'une longueur suffisante, et le m. à air comprimé que l'on veut graduer. On fait varier la pression dans le réservoir et l'on marque sur le tube du m. à air comprimé, les indications fournies par le m. à air libre.

Fig. 2. Fig. 3.

Le *M. métallique* (Fig. 4) a été imaginé par Bourdon. La pièce principale est un tube de cuivre plat et mince recourbé en spirale et fermé à son extrémité *b*, tandis que l'autre est ouverte et peut être mise en communication par le robinet *d* avec le réservoir qui contient le fluide élastique dont on veut évaluer la tension. L'extrémité fermée porte une longue aiguille *c*, dont la pointe se meut sur un cadran gradué. Aussitôt qu'on laisse pénétrer dans l'intérieur du tube la vapeur dont on veut mesurer la force élastique, le tube tend à se dérouler et à se redresser, et il se déroule en effet d'autant plus, que la vapeur de la chaudière a une tension plus forte. En conséquence, l'extrémité qui porte l'aiguille se déplace d'autant plus, que le redressement du tube est plus considérable. La graduation du cadran se fait par comparaison avec un m. à air libre, de même que celle d'un m. à air comprimé.

Fig. 4.

Une boîte métallique enveloppe le tube et le préserve de toute détérioration. Le m. métallique possède sur les précédents l'énorme avantage d'être très portatif et nullement fragile : aussi est-il presque exclusivement employé aujourd'hui dans les usines et dans les chemins de fer. Les manomètres adaptés aux locomotives sont gradués jusqu'à 15 atmosphères. On en a même construit qui marquent jusqu'à 300 atmosphères ; ces derniers servent à mesurer la tension des appareils employés pour liquéfier les gaz.

**MANOMÉTRIE.** s. f. (R. *manomètre*). T. Phys. Art de mesurer les tensions des gaz et vapeurs.

**MANOMÉTRIQUE.** adj. 2 g. Qui a rapport à la manométrie.

**MANOQUE.** s. f. (R. *main*). T. Agric. Petite botte de feuilles de tabac sèches et triées qu'on réunit et qu'on lie par leurs pétioles. || T. Mar. Corde de 30 à 60 brasses repliées en forme d'écheveau, et liée au milieu.

**MANOQUER.** v. a. T. Chim. Mettre le tabac en manoques.

**MANOSCOPE.** s. m. (gr. μανὸς, peu dense ; σκοπέω, j'examine). Instrument qui servait à observer les variations de pression de l'air. Il est depuis longtemps remplacé par le *baromètre*. Voy. ce mot.

**MANOSQUE,** ch.-l. de c. (Basses-Alpes), arr. de Forcalquier, sur la Durance, 5,600 hab.

**MANOU,** premier législateur des Hindous (XIIe ou XVe siècle av. J.-C.).

**MANOUVRIER, IÈRE.** s. (lat. *manus*, main, et fr. *ouvrier*). Ouvrier, ouvrière qui travaille de ses mains et à la journée.

**MANQUANT, ANTE.** adj. Qui manque, qui est de moins. = Subst. Les MANQUANTS. *Les m. à l'appel, élèves manquantes*, etc.

**MANQUE.** s. m. (R. *manquer*). Défaut, privation, faute. *Un m. de foi, de parole. Il y a là un m. de respect inexcusable. Le m. de chaleur a retardé la végétation. Le m. d'air est nuisible à la santé. Je n'ai pu le faire, m. d'argent. Ce n'est pas m. de soin s'il n'a pas mieux réussi.* — *Il a trouvé dix écus de m. dans un sac de mille* *francs*, Il y a trouvé dix écus de moins. || Au Jeu de Billard, on appelle *M.-à-toucher*, le coup d'un joueur qui ne touche pas la bille sur laquelle il joue. *Il a fait dix manque-à-toucher dans cette partie.* || T. Man. Faux pas d'un cheval.

**MANQUEMENT**. s. m. [Pr. *manke-man*] (R. *manquer*). Faute d'omission. *Un léger m. Il n'y a personne qui ne soit sujet à quelque m.* || Défaut, manque. *Manquement de parole, de foi. M. de respect.* Peu usité.

**MANQUER**. v. n. (bas lat. *mancare*, m. s., du lat. *mancus*, manchot, et par suite défectueux). Faire une faute. *Tous les hommes peuvent m., sont sujets à m. N'avez-vous jamais manqué?* — Fig., on dit d'une arme à feu, lorsqu'on tire et que le coup ne part pas: *Mon fusil, mon pistolet a manqué.* || Ne pouvoir se soutenir, s'affaisser. *Cette maison manque par les fondements. Ce cheval manque par les jambes. La terre manqua sous leurs pieds.* || Ne plus prêter

Tout lui manque à la fois,
Les sens et les esprits aussi bien que la voix.
LA FONTAINE.

son office. *Le pied lui a manqué.* || Fig., Faillir, faire banqueroute. *Ce négociant, ce banquier a manqué. Cette maison a manqué de deux millions.* || *Manquer*, se dit souvent des personnes et des choses qui sont de moins là où elles devraient être. *Il manque cinquante homme à ce bataillon, dans ce bataillon. Il manque bien des meubles dans ce salon. Il manque deux volumes à cet exemplaire de Bossuet. Il nous manque plusieurs décades de Tite-Live* = *Manquer à*, sign. le plus ordinairement, Faire faute. *J'achèterais volontiers cet ouvrage, mais l'argent me manque. Les munitions manquèrent bientôt aux assiégés. Le courage lui a manqué. Les expressions me manquent pour vous dire que... Il ne manque rien à mon bonheur que d'être près de vous. Tout lui manqua à la fois. Vous manquez seul à la fête. Je vous ai promis de vous servir, je ne vous manquerai pas.* On dit, avec ellipse du pron. : *Cet homme est bien malade; s'il vient à* (lui) *m., que deviendra sa famille?*

Rien ne manque à sa gloire, il manquait à la nôtre.

Vers de l'académicien *Saurin* gravé sur le socle du buste de *Molière* offert à l'Académie par d'Alembert en 1778. || Défaillir. *Les jambes, les forces lui manquent. Le cœur me manque. Il était si interdit, que la parole lui manqua.* — *Le pied lui a manqué*, Lui a glissé. || Ne pas faire ce qu'on doit. *M. à son devoir, à ses engagements. M. à l'honneur. M. à sa parole. M. à une assignation, à un rendez-vous.* — *M. au respect que l'on doit à quelqu'un*, Manquer aux égards, au respect qu'on lui doit. *Il m'a manqué essentiellement.* — *Se manquer à soi-même*, Manquer au respect que l'on doit avoir pour soi-même. || Au Jeu de Billard, *M. à toucher*, Ne pas toucher la bille sur laquelle on joue. = *Manquer de*. Avoir faute de, être dépourvu de. *M. d'eau. M. de vivres, de munitions. M. d'argent. M. du nécessaire. M. de raison, de mémoire, de goût. M. de prudence, de discrétion, M. de cœur, de courage, M. d'expérience. M. de tout. Il ne manque de rien.* — *M. de parole, de foi*, Être sans foi, sans parole. — *Il ne manque pas d'esprit, d'ambition, de bonne volonté*, etc. Il a de l'esprit, de l'ambition, de la bonne volonté, etc. || *M. de* suivi d'un infinitif, sign. Négliger, oublier de faire quelque chose. *Ne manquez pas de faire ma commission. Je n'y manquerai pas.* — Fam., on dit encore, *Il a manqué de tomber, d'être tué, d'être pris*, etc., pour, Peu s'en est fallu qu'il n'ait tombé, qu'il n'ait été tué, etc. = MANQUER. v. a. *M. son affaire, son entreprise*, Ne pas réussir dans ce qu'on a entrepris. On dit de même, *M. son but. Manquer son coup.* || *La gendarmerie a manqué les voleurs*, Elle les a laissés échapper. On dit de même, *Les chasseurs ont manqué le cerf. Il a manqué une belle occasion.* — Par anal., *Elle vient de m. un bon mariage. Il a manqué sa fortune. Cet auteur a manqué son sujet.* || *M. quelqu'un*, Ne pas le rencontrer. *Je vous ai manqué d'un quart d'heure.* — *M. quelqu'un*, signifie aussi, Tirer sur lui et ne pas le toucher. *Il me tira un coup de pistolet, mais il me manqua. J'ai manqué un lièvre à dix pas.* — Par menace, *S'il me manque, je ne le manquerai pas*, Il peut compter sur les effets de mon ressentiment. || Fam., *L'avoir manqué belle*, Avoir échappé à un grand danger. *Il a fait une chute à se casser le cou; il l'a manqué belle. Il allait confier ses affaires à un fripon, il l'a manqué belle. M. le coche*, Perdre l'occasion. = = MANQUÉ, ÉE. part. *Un ouvrage manqué*, Défectueux. *Un projet manqué*, Avorté. || Fam., *Un poète, un peintre manqué*, Qui n'a pas les qualités nécessaires pour réussir.

**MANS**. s. m. Nom, en Normandie, du ver blanc ou larve du hanneton.

**MANS (LE)**, (en latin *Cenomani*, ancienne ville des Gaules, capitale des Aulerces-Cénomans); ch.-l. du dép. de la Sarthe, sur la Sarthe, à 211 kil. O. de Paris, 55,400 hab. Grains, chanvre, toiles, poulardes, etc.

**MANSARD** ou mieux **MANSART** (FRANÇOIS), architecte français (1598-1666), construisit l'hôtel Carnavalet à Paris, le château de Maisons, et commença le Val-de-Grâce. = Son petit-neveu, JULES-HARDOUIN MANSART (1646-1708), bâtit les châteaux de Marly, de Dampierre, le palais de Versailles, le grand Trianon, le dôme des Invalides, etc.

**MANSARDE**. s. f. (R. *Mansard*, architecte). T. Archit. *M.* ou *comble en m.*, Comble brisé imaginé par Mansard. Voy. COMBLE. || *Étage en m*, Étage formé sous ce comble brisé. || *Mansarde*, se dit encore des pièces pratiquées sous un comble de ce genre, et des fenêtres qui y donnent du jour. *Il habite une m. Il loge dans les mansardes. Il pénétra dans la maison par une m. qui était restée ouverte.*

**MANSARDÉ, ÉE**. adj. Disposé en mansarde. *Chambre mansardée*, dont la partie supérieure est rétrécie par l'inclinaison du toit.

**MANSE**. s. f. (lat. *mansio*, demeure). Dans les premiers temps du régime féodal, on appelait *Manse*, une habitation rurale à laquelle était attachée à perpétuité une quantité de terre suffisante à l'entretien d'une famille. La richesse d'un homme en biens-fonds se mesurait ainsi sur le nombre des manses qu'il possédait. Quand il en avait trois, il devait en personne le service militaire. S'il en possédait moins de trois, il devait s'associer avec d'autres propriétaires dans le même cas pour fournir un homme de guerre, et il n'était complètement exempt de cet impôt qu'autant que ce qu'il possédait n'atteignait pas une demi-m. L'obligation du service militaire étant ainsi fondée sur le nombre de manses, il devint nécessaire de déterminer d'une manière plus précise l'étendue de terre dont chaque manse devait se composer. En général, elle fut fixée à 12 arpents.

**MANSFELD**, général allemand sous Charles-Quint (1517-1604). || MANSFELD, fils naturel du précédent, général allem., fit une guerre acharnée à l'Autriche (1585-1626).

**MANSION**. s. f. (lat. *mansio*, m. s.). T. Hist. rom. Station, étape. || T. Astrol. Syn. de Maison.

**MANSIONNAIRE**. s. m. [Pr. *mansio-nère*] (R. *mansion*). Officier du roi de France (2e race) chargé de préparer et meubler les appartements royaux. || Portier d'une église. Vx.

**MANSLE**, ch.-l. de c. (Charente), arr. de Ruffec, sur la Charente; 1,600 hab.

**MANSOUR (AL)**. Voy. ALMANZOR.

**MANSOURAH**, v. de la Basse-Égypte, sur la branche E. du Nil, ch.-l. de la province du même nom, 27,000 hab. Saint Louis y défit les Mamelucks, et quelques mois après, il y fut lui-même vaincu et fait prisonnier (1250).

**MANSUÉTUDE**. s. f. (lat. *mansuetudo*, m. s., de *manus*, main, et *suetus*, accoutumé; l'adj. *mansuetus*, sign. propre qui est accoutumé à la main). Bonté, douceur inaltérable, indulgence inépuisable. *La m. est une vertu chrétienne.* N'est guère usité que dans le langage de la dévotion.

**MANTE**. s. f. (gr. μάντις, sauterelle; proprement, devin). T. Entom. Genre d'Insectes *Orthoptères*. Voy. ORTHOPTÈRES.

**MANTE**. s. f. (lat. *mantellum*, casaque). Vêtement de femme ample et sans manches, qui se porte par-dessus les autres vêtements dans les temps froids. || Grand voile noir que portaient autrefois les dames de la cour, quand elles étaient en deuil. || L'habit que portent quelques religieuses.

**MANTEAU**. s. m. (lat. *mantellum*, *mantelum*, de *manus*, main, et *tela*, toile). Vêtement ample, sans manches, et plus ou moins long, qui se met par-dessus les autres vêtements. *Un grand m. Un m. court. Un m. de drap. M. de campagne. M. à l'espagnole. Un collet de m. S'envelopper de son m., dans son m.* Voy. ci-après. || Fig. *Garder les manteaux*, Demeurer à ne rien faire, pendant que ceux avec qui l'on est se battent, se divertissent, etc. Fam. *S'envelopper de son m.*, Se résigner, laisser aller les choses sans s'en occuper. *Vendre, débiter sous le m.*, Vendre clandestinement une chose défendue. *Ce libelle se vend sous le m. — Sous le m. de la religion, de la dévotion*, Sous l'apparence, sous le prétexte de la religion, de la dévotion. *Il cache ses mauvais desseins sous le m. de la religion.* || T. Hist. *Manteau d'armes*, Pièce d'acier qui se vissait au plastron et s'appuyait sur l'épaule gauche. — T. Théâtre, *Rôles à m.*, Rôles de certains personnages de comédie, graves ou âgés, pour lesquels le manteau était le vêtement d'usage. *Il joue les rôles à m.* On dit aussi, *Jouer les manteaux.* || T. Ornith. Se dit quelquefois de la partie supérieure du dos des oiseaux. *Mouette à m. bleu.* || T. Zool. Membrane charnue qui revêt l'intérieur des coquilles bivalves et enveloppe l'animal. Voy. LAMELLIBRANCHES et MOLLUSQUE. || T. Archit. *M. de cheminée*, Partie de la cheminée qui s'appuie sur les jambages et fait saillie avec eux. Voy. CHEMINÉE. || T. Théât. *M. d'arlequin*, Sorte de décor, de draperie, qui se trouve derrière la toile d'un théâtre, et qui sert à diminuer la hauteur et la largeur de la scène. || T. Techn. Extrémité d'une pièce de lainage qui se trouve du côté du chef et lui sert d'enveloppe quand elle est pliée. — Plateau presseur horizontal d'une presse typographique. — Partie extérieure d'un pain de savon. || T. Blas. Fourrure herminée sur laquelle l'écu est posé. Voy. ci-après.

**Hist.** — I. — Tout terme grec ou latin désignant une espèce quelconque de vêtement de dessus, c.-à-d. se portant par-dessus les autres vêtements, est communément traduit dans notre langue par le mot *Manteau*. Cependant non seulement cette expression générique n'exprime point les différences indiquées par la diversité des mots grecs ou latins, mais encore elle nous donne une idée tout à fait inexacte de cette partie du costume chez les anciens. En conséquence, nous croyons utile d'en dire quelques mots, afin de faciliter l'intelligence des auteurs classiques. — Le m. le plus usité chez les Grecs était appelé par eux ἱμάτιον, dim. ἱματίδιον, poét. φᾶρος, et par les Romains, *Pallium, palliolum* et *palla*. Il consistait simplement en une grande pièce d'étoffe de forme rectangulaire et ordinairement à peu près carrée. Le plus souvent cette étoffe était de laine, non teinte, et se portait telle qu'elle était au sortir des mains du foulon. Parfois aussi le pallium était teint en pourpre, en écarlate, en safran, en vert pâle, ou bien en gris et en noir. Quelques-uns présentaient des raies ou des carreaux de deux couleurs; ceux-ci étaient tissés avec des laines préalablement teintes. Enfin, il y en avait qui étaient ornés de dessins représentant des fleurs et même des sujets historiques ou mythologiques. Ces dessins étaient tantôt le résultat du tissage lui-même, tantôt de l'art du brodeur : parfois ils étaient faits avec des fils d'or. Enfin, on ajoutait encore des franges et des glands d'or aux extrémités. Nous avons dit que le pallium était ordinairement de laine; mais on en faisait aussi de lin (*P. lineum, linteum*, σινδών). Ce que les anciens appelaient χλαῖνα et *læna*, n'était autre chose qu'un pallium fort épais et pelucheux des deux côtés, fort en usage dans l'hiver. Le pallium se portait habituellement par-dessus la tunique; quelques individus cependant, soit par pauvreté, soit par austérité de mœurs, Socrate par ex., n'avaient pas d'autres vêtements par-dessous. Cette sorte de m. se portait de différentes manières. Parfois on s'en enveloppait étroitement le corps pour se préserver du froid; mais le plus souvent on le posait sur l'épaule gauche, puis on le faisait passer par-dessous le bras droit, de façon à laisser ce membre nu, et ensuite on ramenait le m. et on le jetait sur l'épaule gauche. Une autre manière fort commune de porter

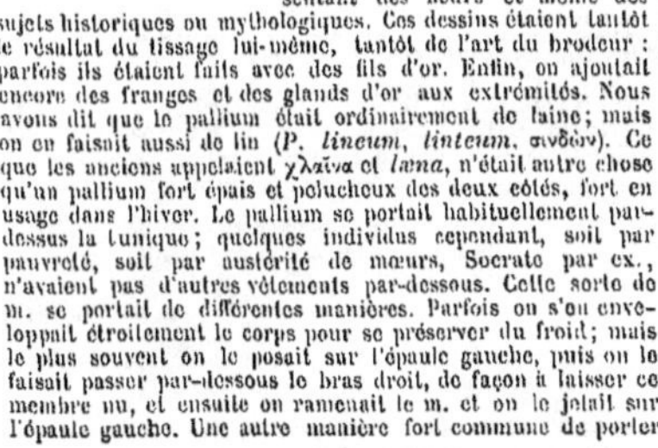

Fig. 1.

le pallium consistait à le fixer avec une agrafe sur l'épaule droite, de manière à laisser le bras droit en liberté, et à le faire passer ensuite soit sous le bras gauche, de façon que ce bras fût également libre, soit sur l'épaule gauche, de manière à couvrir le bras gauche. C'est de cette dernière façon qu'est jeté le pallium que porte Phocion dans la belle statue conservée au Vatican (Fig. 1). On voit que le pallium du sage était court; les efféminés, au contraire, portaient des palliums remarquables non seulement par la finesse de leur tissu et la richesse de leurs ornements, mais encore par leur longueur. Alcibiade, au dire de Plutarque, portait un m. de pourpre qui traînait par terre. La règle générale était qu'il tombât jusqu'au genou. Le pallium était également à l'usage des femmes : « La femme de Phocion, dit Elien, portait le pallium de son mari; mais Xantippe n'aurait pas porté celui de Socrate. » La forme régulière du pallium permettait de l'employer à d'autres usages. Ainsi, par ex., on s'en servait en guise de lit, de couverture, de tapis, de rideau, etc., et c'est ce que font encore les Bédouins, dont les haïks offrent une grande analogie avec le pallium antique. Sous la république et sous les premiers empereurs, les Romains portaient la *toge* au lieu du pallium, et, comme ils faisaient profession d'un grand mépris pour les Grecs (*Græci palliati*), ils repoussèrent longtemps l'usage de ce vêtement, qui ne fut d'abord adopté que par les gens qui affectaient de parler la langue et d'imiter les mœurs de la Grèce. — Cependant, comme la toge, à cause de son ampleur et de sa longueur, ne pouvait se porter qu'à la ville, les Romains faisaient usage, à la guerre et à la campagne, de différentes espèces de manteaux, qu'ils appelaient *paludamentum, sagum, lacerna, pænula* et *gausapa*.

II. — D'après Varron et Festus, le mot *Paludamentum* désignait dans le principe toute espèce de décoration militaire; néanmoins les auteurs latins ne l'emploient jamais que pour désigner l'espèce de m. porté par le général qui commandait une armée et par ses principaux officiers. Le paludamentum

Fig. 2. Fig. 3.

était ordinairement blanc ou pourpre, et constituait l'insigne propre du pouvoir militaire. Lorsqu'un magistrat, auquel pouvait être conféré l'*imperium*, avait reçu des curies ce complément du pouvoir de sa charge et avait offert au Capitole le sacrifice accoutumé, il sortait processionnellement de la ville, vêtu du paludamentum (*paludatus*) et précédé de ses licteurs, qui le portaient également (*paludatis lictoribus*); mais il ne pouvait rentrer à Rome qu'après avoir dépouillé cet emblème de la puissance militaire. Les Romains attachaient une telle importance à cette cérémonie, que les empereurs eux-mêmes crurent devoir s'y soumettre. Le paludamentum était ouvert par devant, où il s'attachait avec une agrafe, recouvrait les épaules, et pendait en arrière jusqu'aux genoux ou un peu plus bas. Les archéologues ont longuement discuté la grave question de savoir sur quelle épaule s'attachait l'agrafe, les uns tenant pour l'épaule droite, et les autres pour la gauche. Des deux parts, d'ailleurs, on en appelait aux représentations figurées que nous a laissées l'antiquité. Vraisemblablement cette agrafe était habituellement placée sur l'épaule droite, afin de ne pas gêner la liberté du bras droit; mais il est évident, d'après la nature et la forme du vêtement dont il s'agit, qu'elle devait changer de place suivant les mouvements de celui qui le portait : et cette simple observation suffit pour expliquer les différences remarquées dans les statues et dans les bas-reliefs antiques (les Figures 2 et 3 représentent deux empereurs romains vêtus du paludamentum). Le *Sagum*, ou la *Saie*, était le m. que portaient les soldats et les officiers inférieurs; il était ouvert par devant comme le paludamentum, et se fixait sur les épaules au moyen d'une agrafe. Il était fait d'une étoffe de laine fort épaisse. Sous la république, en temps de guerre dans l'Italie, tous les citoyens, à l'exception des personnages de rang consulaire, quittaient la toge pour prendre le sagum, et le portaient à Rome même. Les Romains donnaient aussi le nom de *sagum* au m. en usage chez les barbares du Nord; car il ne différait guère du leur, ainsi qu'on le voit par les bas-reliefs de la colonne Trajane (Voy. la fig. de l'art. BRAIE). Tacite appelle celui des Gaulois *versicolor sagulum*, ce qui donne lieu de croire que c'était une espèce de plaid. Nous avons dit ailleurs ce qu'étaient la *Lucerne* (*lacerna*, μανδύη) et la *Pénule* (*pænula*) [Voy. LACERNE]. Quant à la *Gausapa*, elle consistait en une pièce de laine ou de toile, soit oblongue, soit carrée, qui était très pluchcuse d'un côté. Elle servait à divers usages, comme à couvrir les tables et les lits, à envelopper le corps au sortir du bain, et enfin elle s'employait en guise de m. quand il pleuvait ou lorsqu'il faisait froid. Elle était à l'usage des deux sexes. Les citoyens riches avaient des *Gausapes* de laine très fine et teintes en pourpre. Il n'est fait mention de cette sorte de vêtement qu'à partir du règne d'Auguste. — Voy. CHLAMYDE, PEPLUM et TOGE.

III. — Chez nous, les manteaux diffèrent essentiellement des manteaux usités chez les anciens, en ce qu'ils ont une coupe et une forme déterminées, l'art du tailleur intervenant toujours dans leur confection. On les fait communément de drap. L'espèce de m. en usage vers le milieu du XIXe siècle était remarquable par son ampleur, s'attachait au devant du cou par une agrafe et descendait jusqu'à la cheville. Ce vêtement a fait partie de l'uniforme des élèves de l'École Polytechnique jusqu'en 1875. On appelle *M. long*, une espèce de m. étroit, ordinairement de soie noire, que les ecclésiastiques

Fig. 4.

portent avec la soutane, et *M. court*, un m. de soie noire, qui ne passe pas le genou, et qui est également à l'usage des ecclésiastiques : ils le mettent avec l'habit court, quand ils vont dans le monde. Le *M. de deuil* est un long manteau noir que portaient aux enterrements les plus proches parents du défunt. Le *M. de cérémonie* n'est porté que par les princes et les grands dignitaires, et seulement dans certaines cérémonies. Il est doublé, fourré et traînant. Par analogie, on nomme *M. de cour* une espèce de robe sans corsage, ouverte par devant et à queue traînante, qui s'attache au bas de la taille et que portent les dames de la cour, les jours de présentation et de cercle. Enfin, le *M. de nuit*, ou mieux *M. de lit*, est une sorte de m. fort court, avec des manches, dont les personnes malades ou infirmes se servent dans la chambre et au lit. Nous ne nous étendrons pas davantage sur cette partie du costume moderne, qui d'ailleurs, soumise aux caprices de la mode, est aujourd'hui très peu usitée et remplacée par les vêtements de dessus à manche. Voy. COSTUME, CARRICK, PALETOT, PARDESSUS, CABAN, etc.

**Blason.** — Dans l'art héraldique, on désigne encore sous le nom de *Manteau* la fourrure herminée sur laquelle est posé l'écu. Le m., comme ornement extérieur de l'écu, n'appartient qu'aux souverains, aux princes et aux ducs. Le m. des rois est fort ancien; mais il n'est devenu propre aux princes et aux ducs que fort tard. DE GRAMONT porte : D'or au lion d'azur, lampassé et armé de gueules; l'écu posé sur un manteau de gueules doublé d'hermine et frangé d'or, sommé de la couronne de duc (Fig. 4). Le *Mantelet* est une sorte de lambrequins qui présente la forme d'un camail ou d'un petit manteau Voy. CIMIER. (Fig.) et LAMBREQUIN.

**MANTEGNA** (ANDREA), peintre, né à Padoue, décora de ses fresques Padoue, Vérone et surtout Mantoue (1430-1506).

**MANTEL.** s. m. T. Blas. Sorte de pièce triangulaire qui occupe toute la hauteur de l'écu, *Écu tiercé en m.* Voy. Écu (Fig. 14).

**MANTELER.** v. a. Revêtir d'un manteau. Vx. = MANTELÉ, ÉE. part. T. Blas. Se dit de l'écu ouvert en chape, et des animaux couverts d'un mantelet. || T. Ornith. Revêtu d'un plumage qui imite un manteau. *Corneille mantelée.* V. CORBEAU.

**MANTELET.** s. m. [Pr. *mante-lè*]. Dimin. Espèce de petit manteau. *Les évêques portent en cérémonie un m. violet par-dessus leur rochet. Les femmes portent des mantelets de soie, de velours*, etc. || Grande pièce de cuir qui s'abat sur le devant et sur les côtés de certaines voitures. *Levez les mantelets.* || T. Art milit. Sorte de parapet roulant fait de forts madriers que l'on poussait devant soi et dont se couvraient les soldats employés au travail d'un siège. *Depuis Vauban, les mantelets ont été remplacés par des gabions.* || T. Mar. Espèce de volet qui sert à fermer les sabords. || T. Blas. Voy. MANTEAU et LAMBREQUIN.

**MANTELINE.** s. f. Petit manteau de femme de campagne. Vx.

**MANTELURE.** s. f. (R. *manteau*). Le poil du dos d'un chien lorsqu'il n'est pas de la même couleur que celui des autres parties du corps.

**MANTÈQUE.** s. f. [Pr. *man-tèke*] (Esp. *manteca*, m. s.). Graisse d'animaux dont les Arabes font usage en guise de beurre.

**MANTES**, ch.-l. d'arr. du dép. de Seine-et-Oise, sur la Seine, à 36 kil. N.-O. de Versailles, 7,000 hab. = Nom des hab. MANTAIS, AISE.

**MANTEUCCI**, voyageur italien qui traversa l'Afrique de la mer Rouge à l'Atlantique (1850-1881).

**MANTICHORE** [Pr. *manti-kore*] ou **MANTICORE.** s. m. (gr. μαντιχώρας, du persan *mardi-chouran*, mangeur d'hommes). Animal fabuleux à tête d'homme et corps de lion. || T. Entom. Genre d'Insectes *Coléoptères*. Voy. CICINDÉLIDES.

**MANTIDÉS.** s. m. pl. (R. *mante*). T. Entom. Famille d'Insectes *Orthoptères*. Voy. ce mot.

**MANTILLE.** s. f. [Pr. les *ll* mouillées] (arab. *mandila*, m. s.). Longue et large écharpe noire que les Espagnoles portent ordinairement sur la tête, et qu'elles croisent sous le menton, de manière à ne laisser voir distinctement que les yeux.

Rien que pour toucher sa mantille,
De par tous les saints de Castille,
On se ferait rompre les os.

A. DE MUSSET.

|| Sorte d'écharpe que les femmes, en France, portent flottante sur leurs épaules.

**MANTINÉE**, anc. v. d'Arcadie, où Épaminondas triompha des Spartiates (362 av. J.-C.).

**MANTISPE.** s. f. T. Entom. Genre d'insectes *Pseudo-névroptères*. Voy. TERMITIDÉS.

**MANTOUE**, (en italien *Mantova*), v. forte, ch.-l. de la prov. de ce nom (Italie du N.), sur le Mincio; 28,000 hab. Patrie de Virgile. = Nom des hab. MANTOUAN, ANE.

**MANUBRIUM.** s. m. [Pr. *manubri-ome*] (mot latin signifiant *manche*). Nom donné à la partie du corps des *Méduses* qui porte l'orifice buccal. Le manubrium est en général très allongé et pend au-dessous de l'ombrelle comme un manche ou plutôt comme le battant d'une cloche.

**MANUCE** (ALDE) l'*Ancien*, célèbre imprimeur, fonda, en 1490, à Venise, une imprimerie consacrée à la reproduction des chefs-d'œuvre grecs et latins. || Il eut pour successeurs son fils PAUL MANUCE (1533), puis son petit-fils ALDE *le Jeune*, qui dirigea ensuite l'imprimerie du Vatican (1590-1597).

**MANUCODE.** s. m. (lat. *manus*, main; *cauda*, queue). Genre d'*Oiseau de Paradis*. Voy. PARADISIER.

**MANUEL I**er COMNÈNE, empereur de Constantinople (1143-1180), fut contemporain de la 2e croisade. || MANUEL II PALÉOLOGUE, empereur de Constantinople (1391-1425), fut assassiné par le sultan Bajazet.

**MANUEL** (PIERRE-LOUIS), procureur général de la Commune de Paris, (1751-1793).

**MANUEL**, orateur politique (1775-1827), fut expulsé de la Chambre des députés à cause de l'opposition qu'il faisait à l'intervention française en Espagne, en 1823.

**MANUEL, ELLE.** adj. (lat. *manualis*, m. s.). Qui se fait avec la main. *Travail, ouvrage m. On fit aux pauvres une distribution manuelle d'argent.* || *Distribution manuelle*, se dit particulièrement de ce que les chanoines reçoivent pour leur assistance à certains offices ou services particuliers. = MANUEL. s. m. Titre qu'on donne à certains livres abrégés pour indiquer qu'on doit en faire un fréquent usage et les avoir, pour ainsi dire, toujours à la main. *Le M. d'Épictète. Le M. de saint Augustin. M. de dévotion, de philosophie, d'anatomie, etc. M. de l'artilleur. M. du charpentier. Ce livre devrait être le m. de tous les médecins.* = MANUELLE. s. f. T. Techn. Seau à poignée pour puiser le vin dans la cuve. — Outil de cordier pour tordre les cordages.

**MANUELLEMENT.** adv. [Pr. *manuè-le-man*]. De la main à la main. *Donner, recevoir manuellement.*

**MANUFACTURABLE.** adj. 2 g. Qui peut être manufacturé.

**MANUFACTURE.** s. f. (lat. *manus*, main; *facere*, faire). La fabrication de certains produits de l'industrie. *La m. des étoffes de laine et de soie est une richesse pour la France.* Vieux; on dit ordinairement *Fabrication*. || Se dit aujourd'hui de tout établissement industriel qui est fondé sur une grande échelle, à l'exception des établissements métallurgiques. *Construire, monter, établir une m. Une m. de draps, d'étoffes de soie, de glaces, de tapis, d'armes*, etc. *La m. des tabacs. La m. de porcelaines de Sèvres. La m. de tapisserie des Gobelins. Les manufactures de Rouen, de Lille*, etc. — Par ext., se dit collectivement des ouvriers d'une manufacture. *Toute la m. s'est mise en grève.* || Fig., *Le bureau de ce journal est une m. de calomnies. Il a établi chez lui une m. de libelles.* = Syn. Voy. FABRIQUE.

**Législ.** — Le régime manufacturier est une des dernières transformations de l'industrie moderne, transformation devenue nécessaire par le développement des besoins, l'exigence de la consommation et les progrès de la concurrence entre les différents peuples. C'est sous le règne de Louis XIV que l'on vit, par les soins de Colbert, s'élever les premières manufactures. Malheureusement, tandis que le gouvernement, d'un côté, encourageait et favorisait leur développement, de l'autre il comprimait l'essor industriel du pays par les règlements minutieux et vexatoires qu'il leur imposait. La Révolution, en rendant à l'industrie sa liberté naturelle, permit au système manufacturier de prendre une extension que n'auraient jamais pu lui donner la faveur et la protection du pouvoir. L'application de la puissance de la vapeur à la fabrication des produits industriels et l'emploi de machines nombreuses qui, dans la plupart des industries, se sont substituées en grande partie au travail musculaire de l'homme pour ne plus laisser à ce dernier que la direction intelligente de l'œuvre, ont, depuis le commencement du XIXe siècle, fait disparaître une foule d'ateliers et de fabriques, ou plutôt les ont obligés à se transformer. Un certain nombre d'industries, celle du tissage, par ex., ont très longtemps résisté à cette transformation; mais elles ont fini par céder à la nécessité. Il n'y a d'exception que pour les fabriques de produits où la main-d'œuvre tient plus ou moins du travail de l'artiste. — Le système manufacturier, comme toute chose humaine, offre divers inconvénients, inconvénients principalement moraux, à côté des immenses avantages matériels qu'il présente. Voy. MACHINE. Mais, d'une part, il est impossible à l'industrie de renoncer aux derniers en considération des premiers; et de l'autre, il est fort possible d'atténuer et même de faire complètement disparaître les inconvénients auxquels nous faisons allusion. Ainsi, la substitution des machines à la force musculaire de l'homme ayant permis d'employer dans les manufactures un plus grand nombre de femmes et d'enfants qu'auparavant, beaucoup d'entrepreneurs, pressés par la concurrence, imposèrent à ces êtres faibles des travaux au-dessus de leurs forces, sinon par leur difficulté, du moins par leur durée. Ici le législateur avait le droit et le pouvoir d'intervenir, et il ne faillit pas à sa mission. L'Angleterre, où le mal était plus profond que partout ailleurs, détermina par un bill les conditions auxquelles les enfants pouvaient travailler dans les manufactures. En France, la matière a été réglée successivement par la loi du 22 mars 1841, qui interdit d'admettre les enfants avant 8 ans, par celle du 19 mai 1874 et enfin par celle du 2 novembre 1892 *sur le travail des enfants, des filles mineures et des femmes dans les établissements industriels.* L'âge d'admission des enfants est, en principe, reculé à 13 ans; un certificat d'aptitude physique est exigé dans certains cas; le travail est réduit à 10 heures par jour pour les mineurs de 16 ans. Les femmes de tout âge ne peuvent être employées à un travail effectif de plus de 11 heures par jour. Les jeunes gens, jusqu'à 18 ans, les femmes à tout âge ne peuvent travailler la nuit et doivent avoir un jour de repos par semaine. Enfin, la loi de 1892 organise sur de nouvelles bases l'inspection des établissements industriels et elle sanctionne de pénalités sérieuses les obligations qu'elle impose.

D'autre part, pour protéger le travail industriel et en améliorer les conditions, le législateur a édicté des règlements spéciaux dont nous allons dire quelques mots : — *Règlements sur les accidents du travail* : une loi du 12 juin 1893 complétée par un règlement d'administration publique du 10 mars 1894 renferme les règles à observer dans les différentes industries pour l'hygiène et la sécurité des travailleurs. Les inspecteurs du travail sont chargés de constater les contraventions qui font encourir des peines de simple police et des peines correctionnelles en cas de récidive. — *Durée du travail des adultes* : aux termes de l'article 1er du décret-loi du 9 septembre 1848, encore actuellement en vigueur, la journée de l'ouvrier, dans les manufactures et usines, ne peut excéder douze heures de travail effectif, sauf les exceptions expressément prévues par les règlements spéciaux et motivées par la nature de certaines industries ou les cas de force majeure. (Voir décrets des 17 mai 1851, 31 janvier 1866, 3 avril 1889.) En vue d'assurer l'application du décret-loi de 1848, la loi du 16 février 1883 a chargé les commissions locales et les inspecteurs du travail des enfants dans les manufactures de dresser procès-verbal de toutes les infractions audit décret qu'ils constateraient au cours de leur mission.

Pour exercer une intervention utile en ces matières, l'État a le devoir de s'éclairer sur les intérêts de l'industrie, sur les besoins des travailleurs, sur les rapports des patrons et ouvriers. On a créé dans ce but, près du pouvoir central et dans les grands centres manufacturiers, des corps consultatifs spéciaux à l'industrie, en dehors de ceux qui ont surtout pour mission de traiter les questions commerciales, tels que les chambres de commerce, le conseil supérieur du commerce et de l'industrie; ce sont 1° le Conseil supérieur du travail; 2° l'Office du travail; 3° le Comité consultatif des arts et manufactures; 4° le Conseil supérieur de l'enseignement industriel et commercial; 5° la Commission supérieure chargée de veiller à l'application de la loi du 2 novembre 1892: 6° les Chambres consultatives des arts et manufactures.

1° *Conseil supérieur du travail.* — Créé par décret en

date du 22 janvier 1891, ce Conseil, qui siège au ministère du Commerce et de l'Industrie, a pour mission d'étudier les questions intéressant l'industrie, les rapports entre patrons et ouvriers, les syndicats, sociétés coopératives, etc. Il se compose de 60 membres dont 50 nommés par décret et choisis parmi les membres du parlement, les industriels, les ouvriers, membres des chambres syndicales, des conseils de prud'hommes, etc. Dix autres membres de droit, désignés parmi les fonctionnaires du ministère, complètent la composition dudit Conseil.

2° *Office du travail.* — Institué auprès du ministère du Commerce par la loi du 21 juillet 1891, l'Office du travail forme un service indépendant relevant directement du ministre : il a pour mission de recueillir, coordonner et publier toutes informations relatives au travail, notamment en ce qui concerne l'état et le développement de la production, l'organisation et la rémunération du travail, ses rapports avec le capital, la condition des ouvriers, la situation comparée du travail en France et à l'étranger, et d'effectuer tous travaux se rattachant à cet ordre d'idées qui lui seraient demandés par le ministre du Commerce. L'Office du Travail comprend un *service central* et un *service extérieur* : il publie mensuellement le résultat de ses travaux dans un bulletin. On retrouve une institution analogue dans certains pays étrangers, aux États-Unis, par exemple, en Angleterre, en Suisse, en Italie.

3° *Comité consultatif des arts et manufactures.* — Créé en 1771, réorganisé par les décrets des 18 octobre 1880 et 8 mars 1884, ce comité, dont les membres sont nommés par décret, se réunit une fois par semaine au ministère du Commerce pour traiter des questions intéressant le commerce ou l'industrie (brevets d'invention, établissements dangereux et insalubres, etc.).

4° et 5° *Conseil supérieur de l'enseignement industriel et commercial. — Commission supérieure chargée de veiller à l'application de la loi du 2 novembre 1892.* — Le titre même sous lequel sont désignés ces deux conseils indique suffisamment la nature de leurs attributions.

6° *Chambres consultatives des arts et manufactures.* — Ces chambres ont été établies, par la loi du 22 germ. an XI (13 avril 1803) dans les villes qui renfermaient une agglomération de fabriques créées pour un même genre de production manufacturière. Elles diffèrent des Chambres de Commerce en ce qu'elles embrassent une circonscription beaucoup moins étendue et en ce qu'elles sont entretenues par les villes qui les possèdent, au lieu d'être, comme les Chambres de Commerce, des personnes morales jouissant d'un budget et d'un patrimoine propres. L'organisation des Chambres consultatives a été réglée par le décret du 30 août 1852. Leurs membres sont au nombre de 12 et nommés par la voie de l'élection. Quant à leurs attributions, elles consistent à donner à l'administration les avis et les renseignements qui leur sont demandés en ce qui touche les intérêts industriels et commerciaux.

Signalons en terminant une institution spéciale à Paris et dont la création est récente, nous voulons parler de la *Bourse du Travail.* Déclarée d'utilité publique par décret du 28 décembre 1889, réorganisée par le décret du 7 décembre 1895, la Bourse du Travail a pour objet de faciliter les transactions relatives à la main-d'œuvre, au moyen de bureaux de placements gratuits, de salles d'embauchage publiques, par la publication de tous renseignements intéressant l'offre et la demande du travail. Il y est annexé des bureaux mis à la disposition des syndicats ouvriers et des salles pour les réunions corporatives. Voy. COMMERCE. PRUD'HOMMES.

**MANUFACTURER.** v. a. Fabriquer des ouvrages dans une manufacture. *On a fait venir beaucoup de laines d'Espagne pour les m.* On dit ordinairement *Fabriquer.* = MANUFACTURÉ, ÉE. part.

**MANUFACTURIER, IÈRE.** s. Celui, celle qui possède, qui dirige une manufacture. || Ouvrier qui travaille dans une manufacture (inus.) = adj. Où il y a des manufactures. *District m.*

**MANUFACTURIÈREMENT.** adv. En manufacture.

**MANULUVE.** s. m. (lat. *manus*, main; *luere*, laver). T. Méd. Immersion plus ou moins prolongée des mains dans l'eau chaude, à l'effet d'exercer une dérivation.

**MANUMISSION.** s. f. [Pr. *manumi-sion*] (lat. *manumissio*, m. s. de *manus*, main, et *missus*, renvoyé). T. Droit rom. Affranchissement d'un esclave avec les formalités requises par la loi. — T. Droit Féod. Affranchissement des serfs par lettres patentes du roi.

**MANUS** (IN). [Pron. *ine manuse*]. Expression latine qui signifie *dans les mains*, et qu'on emploie dans cette phrase, *Dire son in m.*, Recommander son âme à Dieu au moment de mourir.

**MANUSCRIPTION.** s. f. [Pr. ...*sion*]. (lat. *manus*, main; *scriptio*, écriture). Action d'écrire à la main.

**MANUSCRIT, ITE.** adj. (lat. *manu scriptus*, écrit à la main). Qui est écrit à la main. *Cette bibliothèque contient quelques volumes manuscrits.* = MANUSCRIT. s. m. Ouvrage écrit à la main. *Il a vendu son m. à un éditeur. En mourant, il m'a légué ses manuscrits.*

**Bibliogr.** — Avant l'invention de l'imprimerie, les livres se multipliaient exclusivement par la main des copistes. Dans l'antiquité, ces copistes, qu'on désignait sous les noms de γραμματεύς, μεταγραφεύς, *librarius*, *scriba*, *notarius*, etc., étaient presque toujours des esclaves. Les gens riches avaient constamment auprès d'eux un plus ou moins grand nombre de ces esclaves lettrés. Au moyen âge, les moines furent d'abord les seuls qui s'occupèrent de la transcription des manuscrits; mais, plus tard, certains individus attachés aux universités en firent leur profession. Les copistes anciens écrivaient presque tous leurs livres sur le papyrus; mais lorsque la fabrication du parchemin eut été inventée, dans le III° siècle avant J.-C., suivant l'opinion commune, on donna la préférence à ce dernier. Toutefois, comme il était infiniment plus cher que le papyrus, on ne s'en servit que pour ce que nous appellerions des éditions de luxe. A l'exception des papyrus trouvés dans des tombeaux égyptiens, et des nombreux rouleaux calcinés par la lave qu'on a découverts à Herculanum et dont on est venu à bout de déchiffrer quelques lignes, il ne nous est parvenu aucun ouvrage sur papyrus. Les plus anciens livres qui se soient conservés intacts sont sur parchemin; cependant, il n'en est aucun qui soit antérieur au III° siècle de notre ère. A partir du IX° siècle, les manuscrits sont le plus souvent écrits sur un papier de coton (*charta bombycina*) fort épais, cette espèce de papier ayant été inventée en Orient dans le cours du siècle précédent. — Relativement à leur forme, les manuscrits anciens se divisent en deux classes, les *volumes* et les *tomes*. Les *Volumes* (*volumina*) ont été ainsi nommés parce qu'ils représentent des rouleaux quand ils sont formés. Ils se composent de feuilles de parchemin collées l'une à la suite de l'autre, de manière à former une longue bande. La tête de cette bande se fixait à un petit cylindre de bois léger, appelé *ombilic* (*umbilicus*), autour duquel la bande s'enroulait tout entière. Souvent chacune des extrémités du volume roulé était munie de croissants ou de disques de métal, d'ivoire, etc., pour garantir les tranches. Les volumes ne sont écrits que d'un côté; mais l'écriture y est disposée de deux manières, tantôt en petites colonnes perpendiculaires, tantôt en lignes tenant la largeur du papyrus. L'opération qu'il fallait faire pour lire un m. en forme de volume donna naissance aux expressions latines *pervolutare*, *volvere*, *evolvere*, *explicare librum* (dérouler un livre), pour signifier lire un livre, et à celle-ci, *explicitus est liber* (le livre est déroulé), ou, par abréviation, *explicit liber*, si commune au moyen âge, par laquelle les copistes annonçaient la fin d'un livre. Les volumes présentent les dimensions les plus variées. Ainsi, on en connaît qui ne sont pas plus gros que le petit doigt, tandis que d'autres dépassent 20 mètres de longueur. Les anciens ne mettaient le plus souvent qu'une division d'un ouvrage dans chaque rouleau, de telle sorte qu'un même ouvrage se composait d'autant de volumes qu'il avait de sections. Enfin, tous les rouleaux appartenant à la même œuvre étaient liés en faisceau : après quoi, on les plaçait, couchés, une des tranches en dehors, sur les étagères d'une bibliothèque, ou bien on les enfermait dans un coffre cylindrique (*capsa*, *scrinium*) qui se fermait à clef (Voy. la fig. au mot BIBLIOTHÈQUE). — Les manuscrits appelés *Tomes* (*tomi*), et plus souvent *codices*, ont la même forme carrée que nos livres modernes. Ils se composent, comme ces derniers, de feuillets posés l'un sur l'autre et cousus ensemble. Ils étaient primitivement enveloppés dans un fragment d'étoffe, ou recouverts avec des planchettes de bois, ou bien encore renfermés dans un étui. Les feuillets sont écrits des deux côtés, et l'écriture est souvent divisée en deux ou trois colonnes. Quant à leur format, il présente la même variété que celui des volumes. A l'exemple de l'antiquité, les copistes du moyen âge firent aussi des livres en rouleaux et des livres carrés; néanmoins, les premiers furent toujours très rares et considérés comme de véritables singularités. — Au milieu du VIIe siècle, la conquête de l'Égypte par les Arabes ayant détruit la fabrication et le commerce du papier de papyrus, dont ce pays avait comme le monopole, il en résulta une privation aussi fâcheuse que subite. Le parchemin, qui avait toujours été cher, devint d'un prix excessif. Cette pénurie extraordinaire suggéra aux copistes la déplorable idée de gratter et de passer à l'eau de chaux les anciens livres sur parchemin pour avoir du parchemin blanc. Les manuscrits qui ont subi cette opération sont connus sous le nom de *Palimpsestes*, ou regrattés, c'est-à-dire préparés une seconde fois pour l'écriture. Dans un petit nombre de manuscrits, cette opération, ordinairement trop facile, n'a pas complètement réussi, et il est possible de retrouver sous la nouvelle écriture des traces de l'ancienne. Les recherches d'une érudition patiente, aidée des secours de la chimie, sont même quelquefois parvenues à rétablir des morceaux d'une certaine étendue, et à découvrir ainsi des fragments plus ou moins considérables d'ouvrages précieux que l'on croyait entièrement perdus. Nous nous contenterons de citer divers fragments de Polybe, la *République* de Cicéron, et les *Institutes* de Gaïus. Voy. BIBLIOTHÈQUE, DIPLOMATIQUE, PALÉOGRAPHIE.

**MANUSTUPRATION**. s. f. [Pr. ... *sion*] (lat. *manus*, main; *stuprare*, souiller). Voy. MASTURBATION.

**MANUTENTEUR.** s. m. [Pr. *manu-tan-teur*]. Celui qui maintient.

**MANUTENTION**. s. f. [Pr. *manutan-sion*] (lat. *manutentio*, m. s., de *manus*, main; *tenere*, tenir). Administration, gestion. *Je lui ai confié la m. de mes affaires* || En parlant des choses morales, Maintien, conservation. *La m. des lois, de la discipline.* Vx et peu us. || *M. des vivres*, ou simplement, *Manutention*, L'établissement où se fait le pain pour la troupe. T. Techn. Manipulation de certains produits.

**MANUTENTIONNAIRE**. s. m. [Pr. *manu-tan-sio-nère*]. Celui qui est chargé de la manutention, dans certains commerces, comme la passementerie.

**MANYÉMA**, pays de l'Afrique équatoriale, sur le Congo supérieur.

**MANZANAREZ**. Voy. MANÇANARES.

**MANZAT**, ch.-l. de c. (Puy-de-Dôme), arr. de Riom; 2,000 hab.

**MANZONI** (ALEXANDRE), poète et romancier italien, auteur du roman *les Fiancés* (1784-1873).

**MAORIS**, sauvages de la Nouvelle-Zélande, de race polynésienne.

**MAPPEMONDE**. s. f. [Pr. *mape...*] (lat. *mappa*, nappe; *mundus*, monde). T. Géogr. Carte générale d'un globe dans laquelle les deux hémisphères sont projetés côte à côte sur le plan d'un même méridien. Voy. CARTE, TERRE.

**MAPROUNEA**. s. m. Genre de plantes Dicotylédones de la famille des *Euphorbiacées*.

**MAQUE**. s. f. (d'un radical *mac*, sign. frapper, qu'on retrouve dans beaucoup d'autres mots, et peut-être dans le lat. *mactare*, tuer). Masse d'armes. || T. Techn. Masse qui sert à briser le lin, le chanvre.

**MAQUER**. v. a. (R. *maque*). Briser le chanvre, le lin avec la maque.

**MAQUEREAU**. s. m. (lat. *macula*, tache). T. Icht. Genre de *Poissons osseux*. Voy. SCOMBÉROÏDES. || Se dit aussi des taches qui viennent aux jambes, quand on s'est chauffé de trop près.

**MAQUEREAU, ELLE**. s. (Orig. germ. : flam. *makelaar*; all. *makler*, entremetteur). Celui, celle qui se livre au maquerellage. = s. m. Celui qui vit de la prostitution d'une femme. Pop.

**MAQUERELLAGE**. s. m. [Pr. *makeré-laje*]. Le métier, l'action de débaucher et de prostituer des femmes ou des filles. Pop.

**MAQUERELLER**. v. n. [Pr. *make-rè-ler*]. Faire le maquereau, l'entremetteur.

**MAQUERELLERIE**. s. f. [Pr. *makerè-lerie*]. Métier de maquereau, de maquerelle.

**MAQUET** (AUGUSTE), fécond romancier français, collaborateur d'Alexandre Dumas (1813-1888).

**MAQUETTE**. s. f. [Pr. *makè-te*] (ital. *macchietta*, m. s., prop. petite tache). Ébauche d'une œuvre de sculpture, de peinture, en réduction. || T. Théât. Modèles réduits d'un décor avec tous les appareils qu'il comporte. = Voy. SCULPTURE.

**MAQUIGNON, GNONNE**. s. [Pr. *gn* mouil.] (lat. *mango*). Marchand, marchande de chevaux. Ce mot étant devenu une sorte d'injure, on dit maintenant *Marchand de chevaux*. || || Personne qui, dans le commerce des chevaux, emploie l'artifice pour les faire paraître meilleurs. || Fig. et fam., se dit de celui qui, dans l'espoir de quelque profit, s'intrigue pour ménager des marchés d'offices, de charges, pour faire des mariages, etc. *M. de charges. C'est un m. de mariages.*

**MAQUIGNONNAGE**. s. m. [Pr. *maki-gno-naje*, *gn* mouil.]. Métier, trafic de maquignon. || Fig. et fam., Se dit de certains commerces secrets, de certains moyens illicites employés dans une affaire. *Je n'entends rien à tout ce maquignonnage.*

**MAQUIGNONNER**. v. a. [Pr. *maki-gno-ner*, *gn* mouil.]. *M. un cheval*, Corriger ou cacher ses défauts pour s'en mieux défaire. || Fig. et fam., *M. un marché, un mariage*, Intriguer pour faire vendre quelque chose, pour faciliter quelque mariage, dans le but d'en tirer un profit. = MAQUIGNONNÉ, ÉE. p.

**MAQUILLAGE**. [Pr. *maki-llaje*, *ll* mouil.]. Action de maquiller.

**MAQUILLER**. v. a. Arranger, peindre son visage pour l'accommoder au rôle qu'on doit jouer sur la scène. = SE MAQUILLER, Peindre son visage pour se rajeunir, s'embellir. = MAQUILLÉ, ÉE. Part. *Une femme maquillée.*

**MAQUILLEUR**. s. m. [Pr. *ll* mouil.]. T. Pêche. Bateau pour la pêche du maquereau.

**MAQUILLEUSE**. s. f. [Pr *maki-lleu-ze*, *ll* mouil.]. Femme qui pratique le maquillage.

**MAQUIS**. s. m. [Pr. *ma-ki*]. Voy. MAKIS.

**MARA**. s. m. T. Mamm. Petite espèce de *Rongeurs* voisine des *Agoutis* et que d'Azara nomme le *Lièvre des Pampas* (Fig. ci-dessous). Cette espèce se distingue des Agoutis

ordinaires par une plus grande taille, des oreilles plus longues et cinq molaires de chaque côté aux deux mâchoires. On la trouve dans l'Amérique méridionale.

**MARABOUT**. s. m. [Pr. *mara-bou*] (Portug. *marabuto*, m. s.; de l'ar. *morabit*, m. s.). T. Relat. Voy. ci-après. || Fig., et pop., Se dit d'un homme laid, malbâti. || Sorte de cafetière de cuivre battu et étamé, qui a le ventre très large et qu'on nomme aussi *Cafetière du Levant*. || T. Ornith. Genre d'*Echassiers* de la tribu des *Cigognes*. Voy. ce mot. || T. Techn. Plume de marabout. *Une aigrette de marabouts*. — Ruban de gaze fine.

**Hist. relig.** — Dans l'Afrique septentrionale, le terme de *Marbout*, qui est une corruption du mot *al morabit*, lequel signifie champion de la religion, et dont nous avons fait *Marabout*, sert à désigner certains musulmans zélés pour leur religion, et qui, en vertu de la sainteté qu'on leur attribue, jouissent dans leurs tribus d'une influence considérable. Les marabouts ne sont ni prêtres, ni moines; ils se marient et vivent à la manière de tous leurs compatriotes; mais ils se livrent d'une façon toute particulière à l'étude du Coran, affectent une piété profonde et se piquent de vivre plus saintement que le reste des musulmans. Non seulement la sainteté de leur vie les met nécessairement en grande vénération parmi ces peuplades; mais encore, grâce à leur connaissance plus profonde du Coran, qui est à la fois la loi civile et la loi religieuse des sectateurs du mahométisme, ils sont généralement consultés comme docteurs et interprètes de la loi. De là le prestige extraordinaire qui s'attache à tout m. et l'autorité presque absolue qu'il exerce de fait dans sa tribu ou dans le canton qu'il habite. Un certain nombre d'entre eux prétendent avoir le don de prophétie et le pouvoir de faire des miracles. Ce sont surtout des imposteurs de cette dernière catégorie qui ont si souvent fomenté en Algérie, contre la domination française, des levées de boucliers dont les crédules indigènes finissaient par payer les frais. Lorsqu'un de ces saints personnages vient à mourir, la piété de ses compatriotes ne manque jamais d'élever sur son tombeau une sorte de petite chapelle, qui devient un lieu de dévotion et de pèlerinage, et que l'on nomme également *Marabout*.

**MARABOUTAGE.** s. m. T. Techn. Apprêt qu'on donne aux soies dont on fait le marabout.

**MARABOUTIN.** s. m. Ancienne monnaie d'or, probablement originaire d'Espagne, qui eut cours, au moyen âge, en Espagne, en Portugal et en Languedoc.

**MARABOUTIQUE.** adj. 2 g. Qui appartient aux marabouts.

**MARACAÏBO**, golfe, lac et ville de l'Amérique du Sud (Venezuela). La ville a 32,000 hab.

**MARAGNON.** Voy. Amazones.

**MARAÎCHER, ÈRE.** s. (R. *marais*). Jardinier, jardinière qui cultive des légumes et des primeurs dans un de ces terrains qu'à Paris on appelle *Marais*. = Adj. *Industrie maraîchère, jardin maraîcher*.

**MARAIS.** s. m. [Pr. *ma-rè*] (all. anc. *marisck*, moderne *marsch*, m. s.). T. Géogr. phys. Voy. ci-après. || *Fièvre de marais*, Fièvre intermittente. Voy. Fièvre. || Terrain bas et humide propre à la culture maraîchère. — *Jardin-marais*, ou simplement *m*. Jardin où l'on cultive des légumes et des primeurs.

**Géogr.** — Les *Marais* sont des terrains dont la surface est plus ou moins complètement couverte d'eau stagnante, et dont le sol est formé par un limon argileux ou argilo-siliceux, toujours mêlé de débris plus ou moins altérés de végétaux. Ils diffèrent des étangs par leur profondeur et par les herbes qui y croissent. Le plus souvent ils sont le résultat de pluies abondantes ou du débordement des rivières sur une terre à fond peu perméable; dans certains lieux, ils sont formés et alimentés par des infiltrations du sol. Plusieurs de ces derniers jouissent même de la propriété d'être intermittents; ils peuvent se dessécher, périodiquement ou non, quand, par une cause quelconque, les infiltrations qui les produisent viennent à être suspendues. Les m. ne sont favorables qu'aux végétaux aquatiques, surtout aux conferves, aux joncs, aux carex, aux scirpes, etc. Quelques-uns sont recouverts d'une couche de gazon et d'herbages qui donne une récolte de foin, mais ce foin est de mauvaise qualité : ces sortes de m. sont appelés *M. verts*. D'autres, au contraire, ne nourrissent guère que les plantes qui forment la tourbe : d'où le nom de *M. à tourbe* sous lequel on les désigne. Au reste, dans les terrains marécageux même les plus favorisés, la végétation est toujours souffrante : les arbres sont chétifs et rabougris, les fruits n'ont ni saveur, ni arome, et les plantes potagères ne réussissent qu'imparfaitement. Les animaux de race ovine, quand ils sont exclusivement nourris d'herbes marécageuses, sont bientôt atteints de cachexie aqueuse; ceux de race bovine, quoique moins sensibles à l'action malsaine de cette nourriture, sont aussi quelquefois frappés par cette affection. Enfin, les eaux des marais étant constamment mélangées avec des substances organiques en décomposition, provenant, les unes des espèces végétales qu'elles nourrissent, les autres des animalcules qui s'y trouvent toujours à profusion, elles contractent une odeur et une saveur souvent fétides, et deviennent, pendant la saison chaude, un foyer d'où s'échappent les germes des fièvres dites paludéennes. Ces germes se répandent dans l'atmosphère, et les vents les transportent souvent à de grandes distances. Les fièvres paludéennes sont surtout funestes à l'homme, et dans les pays soumis à leur action la vie moyenne est fort raccourcie ; on a même vu des générations entières disparaître avant d'atteindre la vingtième année. Voy. Paludisme.

Il y a, comme on le voit, un puissant intérêt à *dessécher* les marais toutes les fois que cela est possible. Cette possibilité existe toujours théoriquement. La dépense seule est le principal obstacle. Cependant on est parvenu, au plus grand profit des habitants, à dessécher un grand nombre de marais. C'est ainsi qu'en France on a réussi à faire disparaître les marécages des landes de Gascogne, et à transformer une vaste région misérable et malsaine en un pays couvert de forêts de pins, salubre et prospère. Voy. Dessèchement.

Toutes les parties du monde renferment des m. plus ou moins étendus. Nous citerons, en Amérique, ceux que produisent le Mississipi, l'Orénoque et le fleuve des Amazones ; en Asie, ceux de l'Euphrate et des fleuves de la Sibérie ; en Europe, ceux de la Russie, de la Hollande, de la Westphalie, et les fameux *marais pontins* de l'Italie. En Irlande, les m., appelés *Bogs* par les habitants, sont assez nombreux. Plusieurs paraissent être le résultat d'un affaissement subit du sol : car leur fond est rempli de troncs d'arbres bien conservés, et les Irlandais vont y chercher le bois dont ils ont besoin. Les forêts qui ont été ainsi englouties étaient vraisemblablement des forêts de chênes : car les eaux qui les recèlent paraissent être chargées de tan, ce qui leur donne la propriété de convertir en une sorte de cuir la peau des animaux qui s'y noient. En ce qui concerne la France, c'est dans la plaine du Forez (Loire), dans la Brenne (Indre) et dans la Sologne (Cher), que les m. sont le plus répandus. Le plus grand de tous est peut-être celui de Montoire (Loire-Inférieure). Nous ne citerons que pour mémoire les marais des landes de Gascogne dont nous avons déjà parlé et qui sont aujourd'hui desséchés.

On nomme *M. salants* des espaces entourés de digues au bord de la mer, dans lesquels on amène, au moyen de petits canaux, l'eau de mer qui s'évapore et dépose le sel dont elle était chargée. — Quant aux jardins potagers qu'on appelle *Marais* aux environs de Paris, et qui ont donné leur nom à un quartier de Paris, ce nom leur vient de ce que les terrains qu'ils occupent étaient jadis, au moins pour la plupart, de véritables marécages.

**MARAJO**, grande île du Brésil située à l'embouchure de l'Amazone.

**MARALDI** (Jacques-Philippe), astronome italien, neveu de Jean-Dominique Cassini, se fixa à Paris avec son oncle (1665-1729). Son neveu, Jean-Dominique, se fixa également à Paris (1709-1788).

**MARANHAO** ou **SAN-LUIZ**, v. forte du Brésil septentrional; 35,000 hab. Ch.-l. de la prov. et de l'île de ce nom.

**MARANITE.** s. f. T. Minér. Synonyme de *Chiastolithe*.

**MARANS**, ch.-l. de c. (Charente-Inférieure), arr. de la Rochelle, sur la Sèvre Niortaise ; 4,600 hab.

**MARANTA.** s. m. T. Bot. Genre de plantes Monocotylédones de la famille des *Scitaminées*. Voy. ce mot.

**MARANTÉES.** s. f. pl. (R. *maranta*). T. Bot. Tribu de végétaux de la famille des *Scitaminées*. Voy. ce mot.

**MARASME.** s. m. (gr. μαρασμὸς, m. s., de μαραίνειν, dessécher). T. Méd. Dessèchement général, maigreur extrême de tout le corps, suite ordinaire des maladies chroniques. *Il est tombé dans le m.* || Fig. *Les affaires sont dans le m.*

**MARASQUE.** s. f. (ital. *marasca*, sorte de cerise). Variété de cerise acide avec laquelle on fait le marasquin.

**MARASQUIN.** s. m. (R. *marasque*) Liqueur de table faite avec le fruit du *Griottier marasca*. Voy. CERISIER.

**MARAT** (JEAN-PAUL), membre de la Commune de Paris et de la Convention nationale, rédacteur de l'*Ami du peuple*, instigateur des massacres de septembre et des mesures les plus sanguinaires, périt assassiné par Charlotte Corday (1744-1793).

**MARATHON**, vge de l'Attique, où Miltiade triompha des Perses (490 av. J.-C.). Vins renommés.

**MARÂTRE.** s. f. (lat. pop. *matrasta*, pejor, de *mater*, mère). Belle-mère; ne se dit que d'une femme qui maltraite les enfants que son mari a eus d'un autre lit. *Une cruelle m.* || Par ext., Se dit d'une mère qui n'a point de tendresse pour ses enfants, qui les traite durement. *Ce n'est pas une mère, c'est une m.* || Fig., on dit, *La nature a été m. envers cet homme.*

O vraiment marâtre nature.
Puisqu'une telle fleur ne dure
Que du matin jusques au soir !
RONSARD.

L'ardente charité
Mère de ceux pour qui la Fortune est marâtre.
V. HUGO.

|| T. Techn. Pièce métallique qui supporte la partie supérieure de la chemise d'un haut fourneau.

**MARATTE** (CARLE), célèbre peintre et graveur italien (1625-1713).

**MARATTIA.** s. m. T. Bot. Genre de Cryptogames vasculaires de la famille des *Marattiacées*. Voy. ce mot.

**MARATTIACÉES.** s. f. pl. (R. *Marattia*). T. Bot. Famille de Cryptogames vasculaires de l'ordre des Marattinées.

*Caract. bot.* : Tige courte, épaisse et tuberculeuse, ordinairement dressée; feuilles très grandes, pouvant atteindre 3 mètres de long, disposées en bouquet au sommet de la tige, à limbe le plus souvent penné, quelquefois palmé, enroulées en crosse dans le bourgeon comme chez les Fougères. Sporanges disposés en grand nombre à la face inférieure de feuilles ordinaires, rapprochés ou une double rangée, de façon à constituer des sores qui couvrent toute l'étendue des nervures latérales (*Danæa*) ou seulement une portion de ces nervures voisines du bord (Fig. 1) (*Marattia, Angiopteris*). Dans les *Angiopteris*, les sporanges sont libres et s'ouvrent par une fente longitudinale à la face interne; partout ailleurs, ils sont soudés en un corps pluriloculaire (Fig. 2), dont les loges sont en deux séries dans les *Marattia* et les *Danæa* et en cercle dans la *Kaulfussia*; chaque loge s'ouvre par une fente ou par un pore terminal (Fig. 2). Pour produire un sore, l'épiderme de la feuille qui recouvre un faisceau libéroligneux subit de nombreux cloisonnements et forme une protubérance qui est réceptacle. Sur ce réceptacle naissent ensuite deux rangées d'éminences qui procèdent chacune d'un groupe de cellules épidermiques, sont par conséquent autant de poils massifs et deviennent chacun un sporange. La production des spores a lieu comme dans les Fougères. A la germination, la spore (Fig. 3) donne, comme chez les Fougères, un prothalle vert, cordiforme, traversé en son milieu par une côte saillante sur la face inférieure. Après 4 ou 5 mois, quelquefois après une année, on voit apparaître les anthéridies qui naissent principalement sur la côte de la face inférieure et renferment de nombreux anthérozoïdes spiralés portant à leur extrémité amincie comme une crinière de cils vibratiles. Les archégones apparaissent de dix à dix-huit mois après la germination des spores; ils sont localisés sur la côte médiane de la face inférieure et sont construits comme ceux des Fougères. [Fig. 1. *Marattia fraxinea*. — 2. *Danæa alata*; Coupe d'un groupe de sporanges; 3. Deux spores très grossies.]

Les Marattiacées comprennent 4 genres appartenant aux régions chaudes du globe. On connaît plusieurs Marattiacées fossiles trouvées dans le permien, le houiller et le lias. Ces 4 genres ont été groupés en 3 tribus :

TRIBU I. — *Angioptéridées*. — Sporanges libres, à déhiscence longitudinale (*Angiopteris*). Les feuilles odorantes de l'*Angiopteris erecta*, espèce arborescente, servent à parfumer l'huile de coco.

TRIBU II. — *Marattiées*. — Sporanges soudés, à déhiscence longitudinale (*Marattia, Kaulfussia*).

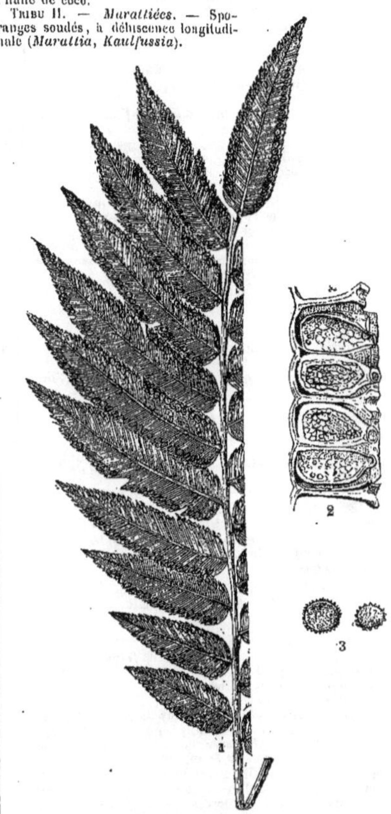


TRIBU III. — *Danéées*. — Sporanges soudés, à déhiscence poricide (*Danæa*).

**MARATTIÉES.** s. f. pl. (R. *Marattia*). T. Bot. Tribu de Cryptogames vasculaires de la famille des *Marattiacées*. Voy. ce mot.

**MARATTINÉES.** s. f. pl. (R. *Marattia*). Ordre de Cryptogames vasculaires de la classe des Filicinées, caractérisé par des sporanges indépendants et la production de prothalles monoïques indépendants, les sporanges procédant d'un groupe de cellules épidermiques. Par la disposition des sporanges, l'ordre des Marattinées est divisé en 2 familles : les *Marattiacées*, où les sporanges sont extérieurs et les *Ophioglossées*, où ils sont plongés dans le tissu de la feuille. Voy. MARATTIACÉES et OPHIOGLOSSÉES.

**MARAUD, AUDE.** s. [Pr. *ma-rô, ôde*] (orig. inconnue). T. d'injure et mépris. Vil et impudent coquin.

**MARAUDAGE.** s. m. [Pr. *ma-rôdaje*]. Action de marauder.

**MARAUDAILLE.** s. f. [Pr. *marô-dalle*, *ll* mouil.] (R. *maraud* et péjor. *aille*). Réunion de marauds. Vx.

**MARAUDE.** s. f. [Pr. *ma-rôde*] (R. *maraud*). Vol commis par des gens de guerre dans les environs d'un camp ou en s'écartant de l'armée. *Aller à la m. La m. est défendue.* || Par ext., Se dit du larcin de fruits, de légumes dans les champs non clos.

**MARAUDER.** v. n. [Pr. *ma-rôder*]. Aller en maraude. = v. a. *M. une salade, des pommes.* = MARAUDÉ, ÉE. part. *Village maraudé*, Village qui a été pillé par des maraudeurs.

**MARAUDERIE.** s. f. [Pr. *ma-rôderie*]. Manière d'agir d'un maraud. Vx.

**MARAUDEUR, EUSE.** [Pr. *ma-rôdeur, euze*]. Celui, celle qui va en maraude.

**MARAVÉDIS.** s. m. [Pr. *maravé-di*] (ar. *marabitin*, nom de la tribu arabe que nous appelons aussi *Almoravides* et qui ont régné en Espagne; ce mot est de la même origine que marabout). T. Métrol. Petite monnaie espagnole de cuivre qui vaut un peu plus de l'ancien denier de France. Voy. MONNAIE.

**MARAVI,** peuple de l'Afrique, habitant au S.-O. du lac *Nyassa*, = Nom donné quelquefois au même lac.

**MARAYON.** s. m. [Pr. *marè-ion*] (R. *marais*). Colon partiaire cultivant les marais salants.

**MARBEUF** (Comte DE), général fr. gouverneur de la Corse (1712-1786).

**MARBOT** (Baron DE), général fr., (1782-1854), a laissé des *Mémoires* intéressants.

**MARBOURG,** v. de l'Autriche-Hongrie (Styrie); 17,700 hab. Sur la Drave.

**MARBRE.** s. m. (lat. *marmor*, m. s.; gr. μάρμαρος, qui brille; fig., *La pierre qui brille*). Sorte de pierre calcaire très dure, qui peut recevoir un beau poli et qui sert principalement aux ouvrages de sculpture et d'architecture. *Un bloc, une carrière de m.*

> Un bloc de marbre était si beau,
> Qu'un statuaire en fit l'emplette.
>
> LA FONTAINE.

*Scier, polir, travailler le m. Une figure, une statue, une colonne, un palais de m. Cela est dur, froid comme un m., comme m.* — Fig. et fam., *Animer le m.*, En faire une statue qui a l'expression de la vie. *Être froid comme un m., être comme un m., être de m.*, Être extrêmement calme et réservé, paraître ne s'émouvoir de rien. Par exagér. on dit aussi : *Pour entendre ces propos de sang-froid, il faut être de m.* || Morceau de marbre taillé et poli. *Graver une inscription sur le m. Mettre un m. sur une commode.* || Au plur., se dit des ouvrages exécutés en marbre, et des échantillons de différents marbres. *Il y a de beaux marbres dans ce musée.* || Morceau de marbre ou de pierre dont la surface est bien polie, et qui sert à broyer des drogues, des couleurs. || T. Impr. Grande table de fonte sur laquelle on étale les formes pour les corriger et faire la mise en pages. Voy. TYPOGRAPHIE. || T. Hist. *Table de m.* La table de la salle du Palais de justice qui servait aux clercs de la Basoche pour jouer des soties, farces, moralités. — La table autour de laquelle siégeaient la connétablie, l'amirauté, la juridiction des eaux et forêts. Voy. plus loin **Hist.** || T. Techn. Stuc, mélangé de couleurs, qui a l'aspect du marbre. — Peinture qui représente l'aspect du marbre sur les boiseries, les conduits, la tranche des livres, etc. — Pierre sur laquelle on réduit en feuilles l'étain pour l'étamage des glaces. — Plaque de fonte sur laquelle on coule les glaces. — Bloc d'acier poli sur lequel le serrurier ou le forgeron dresse certaines pièces.

**Minér.** — Toute espèce de pierre calcaire compacte, en grandes masses, à grain fin, d'un tissu homogène et susceptible de recevoir un beau poli, peut être désignée sous le nom de *M.*; cependant, en général, on n'applique cette dénomination qu'aux espèces de calcaires qui, présentant soit des couleurs vives uniformes, soit un assortiment agréable de diverses couleurs ou de différentes teintes de la même couleur, peuvent être avantageusement employés à la décoration des meubles ou des édifices. On trouve des marbres dans les formations de toutes les périodes; néanmoins, ils abondent surtout dans les terrains secondaires et de transition, et c'est aussi dans ces derniers que l'on rencontre les variétés les plus riches en couleur. Le nombre des variétés de marbres est immense; chaque lieu, chaque carrière, chaque lit même d'une carrière en fournit d'innombrables, qui diffèrent entre elles par la nuance, la vivacité, le mélange ou la disposition des couleurs, par la présence ou l'absence de débris organiques ou inorganiques, etc. La plupart de ces variétés portent dans le commerce des appellations particulières. La classification des marbres en *Marbres antiques* et en *Marbres modernes* doit être rejetée, car elle ne repose que sur une circonstance accidentelle. En effet, on appelle *Marbres antiques*, ceux dont les carrières sont aujourd'hui épuisées ou inconnues, par opposition aux *Marbres modernes*, dont les carrières sont actuellement exploitées. La seule classification rationnelle que l'on ait proposée pour les marbres est celle qui les divise en 4 grandes sections, savoir : les *Marbres simples*, les *Marbres brèches*, les *Marbres composés* et les *Marbres lumachelles*.

1° Les *Marbres simples* ne renferment que du carbonate de chaux souvent plus ou moins sali par les substances colorantes : il y en a d'*unicolores* et de *veinés*. Les premiers sont généralement blancs, noirs, rouges ou jaunes, et leur valeur est en raison directe de la pureté de leur teinte. Les plus beaux *Marbres blancs* sont ceux de l'île Paros, dans l'archipel grec; du mont Pentélique, dans l'Attique; de Carrare, dans le duché de Modène, et de Seravezza, dans la Toscane. Ces deux dernières localités fournissent au monde entier, depuis un grand nombre de siècles, presque tous les blocs employés pour la sculpture. Les marbres que nous venons de citer sont habituellement désignés sous le nom de *Marbres statuaires*. Les deux plus célèbres, ceux de Paros et de Carrare, se distinguent l'un de l'autre par leur texture. Celui-ci a la cassure brillante, grenue et offrant l'aspect du sucre, tandis que celui-là offre de petites cassures cristallines. Nous possédons dans l'Isère et en Algérie de fort beaux marbres statuaires, quoique un peu inférieurs au Carrare. Le *M. noir* le plus recherché s'exploite aux environs de Dinant et de Namur, en Belgique : on s'en sert principalement pour la construction des monuments funéraires. Le *M. rouge d'Égypte*, ou *Rouge antique*, dont les carrières ont été retrouvées entre le Nil et la mer *Rouge*, est très rare. Les morceaux que l'on rencontre dans le commerce servent à faire de petits objets d'ornement. La *Griotte*, vulgairement appelée *Griotte d'Italie*, quoiqu'elle provienne de Cannes, sur la lisière des départements de l'Aude et de l'Hérault, est d'un rouge foncé avec des taches ovales brunes, dues à des coquilles du genre Nautile. Le *Jaune antique* était exploité par les anciens en Macédoine. Le *Jaune de Sienne*, qui s'exploite aux environs de la ville de ce nom, en Italie, est très recherché pour la marqueterie et les socles de pendule. — Les *Marbres veinés* présentent des variétés et des sous-variétés sans nombre. Le *Portor* est noir avec des veines d'un jaune d'or, ce qui lui a valu son nom; il nous vient du village de Porto-Venere et de l'île de Palmaria, dans le golfe de la Spezzia. Le *Sainte-Anne*, qui est exploité en abondance dans le Hainaut belge, est gris mélangé de blanc; il s'emploie ordinairement pour les dessus des meubles communs. Le *Bleu turquin* ou *Bardiglio*, à fond bleuâtre avec des veines blanchâtres, sert également à faire des dessus de meubles, cheminées, etc.; on le tire des carrières de Seravezza, en Toscane. Le *Vert de Gênes*, qui est vert veiné de blanc, vient de Polcevera, près de Gênes : c'est le plus dur de tous les marbres. Le *Grand antique*, qui est noir avec des veines blanches, appartient à la même catégorie. Nous citerons encore l'*Incarnat*, appelé aussi *Languedoc*, qui vient du territoire de Caunes dans l'Aube; il est rouge de feu, fouetté et jaspé de veines blanches et grises; il est très fréquemment employé, surtout en Italie, pour la décoration des églises. Il a fourni les colonnes de l'arc du Carrousel, à Paris.

2° Les *Marbres brèches* résultent le plus souvent de l'agrégation de fragments de diverses couleurs, réunis par un ciment calcaire. D'autres fois, ils sont simplement formés par des veines plus ou moins prononcées qui divisent la masse en pièces parfaitement distinctes et ayant l'aspect de morceaux réunis. On distingue les *Brèches proprement dites*, dont les fragments sont de grande dimension, et les *Brocatelles*, dont les fragments sont beaucoup plus petits. Chacune de ces sections offre une multitude de variétés qu'on désigne d'après la couleur de la pâte et celle des fragments. On nomme *Brèches universelles*, celles qui présentent des parties isolées de toutes couleurs. Les brèches les plus renommées sont le *Grand deuil* et le *Petit deuil*, à fond noir avec des éclats blancs, qui abondent dans l'Aude (Cascastel), l'Ariège (Aubert), et les Basses-Pyrénées (Sauveterre); la *Brèche d'Aix*, qui se compose de fragments de toutes les couleurs joints par un ciment silico-calcaire, qui s'exploite à Alet et au Tholonet, dans les Bouches-du-Rhône; la *Brèche de violette*, appelée aussi *Fleur de pêcher*, à fond violâtre avec grands éclats blancs, qui s'exploite à Stazzema, en Toscane; la *Brèche de Vilette*, dans la Tarentaise, qui a des taches blanches ou jaunâtres sur un fond violet un peu cendré; et le *Sarrancolin* ou *Antin*, qui est rouge de sang ou jaune, avec de grandes plaques gris jaunâtre, et se trouve aux environs de Bagnères-de-Bigorre (Hautes-Pyrénées). Nous citerons, parmi les brocatelles, la *Brocatelle d'Espagne*, dont la pâte, qui est lie de vin, est parsemée de petits grains arrondis couleur isabelle.

3° Les *Marbres composés* sont des roches calcaires renfermant une matière étrangère qui est disposée soit en feuillets plus ou moins ondulés, soit en nids plus ou moins volumineux, et qui, souvent, donne à la masse une apparence plus ou moins fragmentaire. Cette matière est tantôt de la serpentine, tantôt du mica. Le *Vert antique* est formé de calcaire saccharoïde et de serpentine verte, l'un et l'autre en rognons anguleux. Le *Vert de Suze*, le *Vert de mer* et le *Vert de Florence* contiennent également de la serpentine. Les marbres dits *Cipolins* renferment du mica en fragments disséminés. C'est encore du mica, mais en feuillets ondulés, que l'on trouve dans le *Campan*, m. qui s'exploite dans la vallée du même nom, près de Bagnères-de-Bigorre.

4° Les *Marbres lumachelles* sont ainsi appelés de l'italien *lumaca* (limaçon), parce qu'ils renferment des débris de coquilles ou de tests d'Échinodermes, tantôt entassés confusément les uns sur les autres, tantôt disséminés dans une pâte plus ou moins homogène. A cette classe appartiennent le *Drap mortuaire*, à fond noir, avec des coquilles coniques blanches, et le *Petit granite*, ou *M. granitelle*, dont le fond, qui est également noir, est parsemé d'Encrinites; ils proviennent l'un et l'autre des environs de Mons. La *Lumachelle d'Astrakan*, dont le pays de production n'est pas bien connu, se distingue par son fond de couleur café et ses coquilles d'un jaune foncé; elle est rare et très recherchée. L'*Opaline*, qui se trouve en Carinthie, est aussi très rare : elle doit son nom aux nuances irisées que lui donnent ses coquilles. Nous nommerons encore la *Lumachelle de Narbonne*, à fond noir et Bélemnites blanches, et la *Lumachelle de Lucy-le-Bois*, à fond noirâtre avec des lignes courbes qui sont des coupes de coquilles bivalves. La première s'exploite dans le département de l'Aude, et la seconde dans ceux de l'Yonne et de l'Aube. Les lumachelles communes servent à faire des chambranles de cheminée et des dessus de meubles, et les plus rares, comme celles d'Astrakan et de Carinthie, à décorer divers petits objets.

**Archéol.** — On désigne sous le nom de *Marbres* ou de *Chronique de Paros*, du lieu où on l'a découvert, en 1627, un des plus précieux monuments épigraphiques de l'antiquité. Il consiste en une table de marbre haute de 83 centimètres, large de 2m,10, et épaisse de 135 millimètres, qui contient, disposés dans l'ordre chronologique, les faits les plus importants de l'histoire d'Athènes. L'inscription est partagée en 2 colonnes de 96 lignes chacune. La première date consignée dans cette inscription se rapporte à la fondation d'Athènes par Cécrops, l'an 1582 avant J.-C., et la suite chronologique qu'elle contient va jusqu'à l'an 264 avant notre ère, époque où ce monument fut érigé par les soins, dit-on, de l'archonte Diognète. Toutefois, l'inscription n'est lisible que jusqu'à l'an 354 avant J.-C., parce que la fin de la seconde colonne a été détruite. Ces précieux débris de l'antiquité sont souvent cités par les auteurs sous le nom de *Marbres d'Arundel*, parce que lord Howard, comte d'Arundel, en fut le premier possesseur : il les avait fait acheter par l'antiquaire W. Petty, qu'il avait envoyé en Grèce pour y former une collection de monuments antiques. Mais, son petit-fils en ayant fait don à l'université d'Oxford (1667), on les appelle encore *Marbres d'Oxford*. La Chronique de Paros a été publiée plusieurs fois : la meilleure édition est celle de Rich. Chandler, qui a été donnée, en 1763, sous le titre de *Marmora oxoniensia*. Longlet-Dufresnoy l'a traduite dans ses *Tablettes chronologiques*.

C'est encore sous le nom de *Marbres d'Elgin* qu'on désigne la riche collection d'antiques grecs qui a été formée en Grèce par lord Elgin, au commencement du XIXe siècle, et achetée plus tard par le gouvernement anglais pour le *British Museum*. Cette collection renferme un grand nombre de pièces de premier ordre, arrachées pour la plupart aux monuments dont elles faisaient partie, surtout au temple de Jupiter Panhellénien, dans l'île d'Égine, au Parthénon et au Pandrosion d'Athènes. Son étude a puissamment contribué à modifier les idées que l'on s'était faites jusqu'alors sur les principes et l'histoire de l'art grec.

**Hist.**— Sous l'ancienne monarchie, on donnait, en France, le nom de *Table de m.* à trois juridictions qui siégeaient au Palais, savoir : la *Connétablie et Maréchaussée* de France, l'*Amirauté*, et la *Réformation générale des eaux et forêts*. Cette dénomination commune leur venait d'une célèbre table de m. qui occupait toute la largeur de la grande salle du Palais de justice de Paris, table qui, jadis, avait été destinée aux banquets royaux, et autour de laquelle se plaçaient les membres de ces tribunaux. La Réformation générale des eaux et forêts, la plus importante des trois, s'appelait particulièrement la *Chambre de la table de m.*; elle se composait d'un président à mortier, et d'un certain nombre de conseillers de la grand'chambre, auxquels se joignaient les magistrats spécialement attachés à cette juridiction. La table de m. ayant été détruite, en 1618, par un incendie, la Réformation des eaux et forêts conserva néanmoins son ancien titre, jusqu'à la suppression des parlements, en 1790.

**MARBRER.** v. a. Imiter, au moyen de couleurs, le mélange et la disposition des différentes teintes que présentent certains marbres. *M. une plinthe. M. du papier. M. la tranche d'un livre.* = MARBRÉ, ÉE. part. *Papier marbré. Tranche marbrée.* || *Étoffe marbrée*, Étoffe de soie ou de laine de différentes couleurs mêlées ensemble. || *Truffe marbrée*, dont l'intérieur est gris et blanc. || *Teint marbré par le froid.* = MARBRÉ. s. m. Spath calcaire des Pyrénées. || Espèce de lézard d'Amérique. || Variété de Champignon. = MARBRÉE. s. f. Nom vulg. de la grande Lamproie. Voy. CYCLOSTOME. || T. Erpét. Espèce de Reptile vivant à la Guyanne. Voy. IGUANIENS.

**MARBRERIE.** s. f. L'art, le métier de celui qui travaille le marbre et en fait différents objets, tels que chambranles de cheminée, marches d'escalier, etc. *Ouvrages de m.* || L'atelier, le magasin d'un marbrier.

**MARBREUR, EUSE.** s. Ouvrier, ouvrière qui marbre du papier, ou des tranches, des couvertures de livres.

**MARBRIER.** s. m. Ouvrier qui travaille le marbre, qui fait les ouvrages communs appelés *Ouvrages de marbrerie*. || Celui qui fait le commerce du marbre. || Constructeur de monuments funéraires. || Ouvrier qui imite les différentes espèces de marbre.

**MARBRIÈRE.** s. f. Carrière d'où l'on tire le marbre.

**MARBRURE.** s. f. Imitation du marbre sur des boiseries, sur du papier, ou sur la tranche, sur la couverture d'un livre. || La marbrure que le froid produit sur la peau.

**MARC.** s. m. [Pr. *mar*] (all. *march*, mesure). Ancien poids qui contient huit onces. *Les ouvrages d'or et d'argent se vendaient au m. Ce lingot pesait dix marcs cinq onces et deux gros.* — *Poids de m.*, Manière de compter les poids des marchandises, selon laquelle la livre avait toujours 16 onces comme à Paris, et non pas 12 ou 14 comme en d'autres lieux. *J'ai acheté trois livres de cette marchandise, poids de m.* — *Au m. la livre*, Manière de répartir ce qui doit être reçu ou payé par chacun en proportion de sa créance ou de son intérêt dans une affaire. *Les créanciers ont été payés au m. la livre.* On dit aujourd'hui, *Au m. le franc.* || *Marc* est aussi le nom de plusieurs monnaies étrangères. Voy. MONNAIE. || *M. d'or*, Certaines sommes que le titulaire d'un office payait au roi avant d'en obtenir les provisions. *Les chevaliers des ordres du roi avaient leurs pensions assignées sur le m. d'or.*

**MARC.** s. m. [Pr. *mar*] (all. *mark*, pulpe?). Résidu de fruits, d'herbes ou de toute autre substance dont on extrait le suc par expression, filtration, ébullition ou autrement. *M. de raisins, d'olives, de pommes, M. de café.* || Ce que l'on pressure à la fois de raisins, de pommes, etc. *Tailler, retailler un marc.* || *M. de soude*, résidu de la fabrication de la soude.

**MARC** (Saint), un des quatre évangélistes, vécut à Alexandrie, fut martyrisé en 68. Patron de Venise. Fête le 25 avril.

**MARCA** (Pierre de), savant écrivain et prélat français, (1594-1662).

**MARCAIRE.** s. m. Fermier des Vosges qui s'adonne spécialement à la fabrication du fromage.

**MARCAIRERIE** ou **MARCAIRIE.** s. f. Pâturage préparé pour les bestiaux. || Chaumière où se font les fromages cuits.

**MARC-ANTOINE.** Voy. Antoine.

**MARCASSIN.** s. m. [Pr. *marka-sin*] (anc. all. *mor*, *morchen*, porc ?). Nom donné aux petits du Sanglier.

**MARCASSITE.** s. f. [Pr. *marka-site*] (arabe, *margachitha*, m. s.). T. Minér. Variété de sulfure de fer naturel. Voy. Fer, VII. D.

**MARCATO.** adv. T. Mus. Mot italien sign. *marqué*, indique que les notes d'un passage doivent être bien accentuées.

**MARC-AURÈLE**, empereur romain, fut adopté par Antonin, et régna de 161 à 180. Ce fut un des souverains les plus vertueux dont l'histoire fasse mention; il est resté célèbre par son goût pour les lettres et la philosophie. On a de lui un livre d'une morale pure, intitulé *A moi-même* ou *Pensées de Marc-Aurèle*. Son règne fut signalé par des guerres contre les Parthes et les Marcomans.

**MARCEAU**, général français, se distingua à Fleurus, et fut tué près d'Altenkirchen, dans la Prusse rhénane (1769-1796).

**MARCEL** (Saint), évêque de Paris, mort en 440. Fête le 3 novembre.

**MARCEL**, nom de 2 papes (308-310; 1555).

**MARCEL** (Étienne), prévôt des marchands de Paris, fortifia la ville, essaya, dans les états généraux de 1356 et de 1357, de limiter l'autorité royale. Ayant échoué, il fut tué en voulant livrer Paris à Charles le Mauvais (1358).

**MARCELINE.** s. f. Étoffe de soie légère. || T. Minér. Variété de Braunite encore nommée Hétéroclinc.

**MARCELLIANISME.** s. m. [Pr. *marcel-lianisme*]. Doctrine des Marcelliens.

**MARCELLIENS.** s. m. pl. [Pr. *marcel-li-ins*]. Hérétiques du IVe siècle, attachés à la doctrine de Marcel, évêque d'Ancyre. Ils exaltaient la nature divine du Christ au détriment de sa nature humaine, au point de compromettre à la fois le mystère de l'Incarnation et celui de la Trinité.

**MARCELLIN** (Saint), pape (295-304), martyrisé sous Dioclétien. Fête le 26 avril.

**MARCELLO**, compositeur vénitien, auteur de psaumes célèbres (1686-1739).

**MARCELLUS** (Claudius), général romain, prit Syracuse, défendue par les inventions d'Archimède (212 avant J.-C), battit plusieurs fois Annibal, m. en 208.

**MARCELLUS**, fils d'Octavie, sœur d'Auguste, devint le fils adoptif et le gendre d'Auguste, et mourut subitement (41-32 av. J.-C.).

**MARCELLUS** (comte de), diplomate et écrivain français (1795-1861), rapporta de Milo la statue dite *Vénus de Milo* (1820-21).

**MARCENAT**, ch.-l. de c. (Cantal), arr. de Murat, 2,600 hab.

**MARCESCENSE.** s. f. [Pr. *mar-ses-sanse*]. (R. *marcescent*). T. Bot. État des parties d'une plante qui se flétrissent.

**MARCESCENT, ENTE.** adj. [Pr. *mar-ses-san*] (lat. *marcescens*, part. prés. de *marcescere*, se flétrir). Qui se flétrit. T. Bot. Se dit des organes (feuilles, calice, corolle) qui se fanent en restant attachés sur la partie qui les porte et s'y maintiennent desséchés jusqu'à ce qu'ils tombent en débris. *Calice m. Les feuilles du Chêne-vert sont marcescentes.*

**MARCESCIBLE.** adj. 2 g. [Pr. *mar-ses-sible*] (lat. *marcescibilis*, m. s.). Destiné à se flétrir.

**MARCGRAVIA.** s. m. (R. *Marggraf*, n. d'un chimiste all.) T. Bot. Genre de plantes Dicotylédones de la famille des *Ternstrémiacées*. Voy. ce mot.

**MARCGRAVIACÉES.** s. f. pl. (R. *margravia*). T. Bot. Ancienne famille de plantes confondue aujourd'hui dans celle des *Ternstrémiacées*. Voy. ce mot.

**MARCHAGE.** s. m. Action de marcher l'argile dont on fait les poteries, briques, etc.

**MARCHAIS.** s. m. [Pr. *mar-chè*]. T. Pêch. Variété de maquereau sans taches. — Hareng qui a frayé. — Harengs abandonnés aux matelots comme gratification.

**MARCHAND, ANDE.** s. (bas lat. *mercadare*, trafiquer, dérivé de *mercatum*, sup. du verbe classique *mercari*, de *merx*, marchandise). Celui, celle qui fait profession d'acheter et de vendre. *Un petit m. Un gros m. M. en gros, en détail. M. en magasin. M. ambulant. M. forain. M. drapier, épicier, quincaillier*, etc.

Le plus petit marchand est savant sur ce point :
Pour sauver son crédit, il faut cacher sa perte.

La Fontaine.

*Marchande lingère. Il y avait à Paris une corporation appelée les six corps des marchands et un prévot des marchands.* Voy. Commerçant et Commerce. — Fig. et fam. *M. de soupe*, Maître de pension qui ne considère les élèves que comme une source de profits. *Être mauvais m., n'être pas bon m. d'une chose*, S'en trouver mal. *Vous avez mal fait de lui intenter ce procès, vous vous en trouverez mauvais m.* || Sign. quelquefois, Celui qui achète pour son usage, pour sa consommation. *Attirer les marchands. Il a trouvé m. pour son blé.* — Dans les ventes publiques, lorsque le crieur annonce telle marchandise *à tant*, on répond, *Il y a m.*, Je la prends à ce prix. *Trouver m.*, Trouver acquéreur. = Marchand. adj. Qui est de bonne qualité, de facile débit. *Du blé loyal et m. Ce vin n'est pas m.* || *Prix m.*, Le prix auquel les marchands vendent entre eux. *J'ai eu ce drap au prix m.* || *Le sel est m.*, Il permis à tout le monde d'en faire le commerce. *Le sel n'est pas m.*, L'État a le monopole de sa vente. || On appelle *Ville marchande*, Une ville où il se fait beaucoup d'affaires commerciales; *Place marchande*, Une place commode pour vendre de la marchandise; *Quartier m.*, Un quartier habité par un grand nombre de commerçants. — *Une rivière est marchande*, Lorsqu'elle est propre à la navigation, lorsque ses eaux ne sont ni glacées, ni trop hautes ou trop basses pour le transport des marchandises. || *Vaisseau, navire, bâtiment m.*, Bâtiment destiné au transport des marchandises. On dit, dans le même sens, *Marine marchande, flotte marchande*, — *Capitaine m.*, Celui qui commande un bâtiment marchand.

**MARCHANDAGE.** s. m. Action de marchander. || L'industrie du sous-entrepreneur qui traite à forfait avec un entrepreneur de travaux pour l'exécution ou la confection d'une partie ou d'une spécialité quelconque des travaux adjugés à celui-ci. *Ceux qui exercent l'industrie du m. sont communément appelés* marchandeurs *et* tâcherons.

**MARCHANDER.** v. a. (R. *marchand*). Demander le prix d'une chose, et, plus souvent, En débattre le prix. *M. du drap. Il a été longtemps à m. ce cheval. Je n'aime pas à m. ce que j'achète.* Absol., *Il marchande sou à sou. Il ne faut pas m. avec lui. Il achète sans m.* — Au sens mor., *M. la paix. M. la main d'une femme.* || Fig., *Ne pas m. sa vie*, Ne pas hésiter à l'exposer, à en faire le sacrifice. — Esssayer d'obtenir pour de l'argent.

Ce pèlerin
A de quoi marchander non pas une mortelle,
Mais la déesse la plus belle.

La Fontaine.

*Ne pas m. quelqu'un*, ne point l'épargner, l'attaquer brusquement, soit de fait, soit de paroles. *Si je le rencontre, je ne le marchanderai pas.* = MARCHANDER. v. n. Hésiter, balancer, *Il ne faut pas tant m., il n'y a pas à m.*, Il faut s'y résoudre. Fam. = MARCHANDÉ, ÉE. part.

**MARCHANDEUR, EUSE.** s. Celui, celle qui marchande. Voy. MARCHANDAGE.

**MARCHANDISE.** s. f. [Pr. ...*ize*] (R. *marchand*). Se dit de toutes les choses qui se vendent et se débitent soit en gros, soit en détail, dans les boutiques, magasins, foires, marchés, etc. *Belle, bonne m. M. étrangère. M. du pays. M. de traite, de pacotille. Étaler sa m.*, et au fig., présenter sa chose sous un jour favorable. *Bien débiter sa m.*, Avoir l'art de bien vendre, et fig., faire valoir ce qu'on dit par la manière dont on le dit. *Il a beaucoup gagné sur ses marchandises.* — Fig. et fam., *M. mêlée*, Voy. MÊLER. *Bien débiter sa m.; Faire valoir sa m.* Voy. DÉBITER et VALOIR || Trafic, commerce. *Faire m. Aller en m.*, Aller aux achats pour les besoins de son commerce. — Fig. et fam., *Faire métier et m. d'une chose*, Voy. MÉTIER || *Le pavillon couvre la m.*, Voy. COUVRIR. || *Vaisseau équipé moitié guerre, moitié m.* Voy. MOITIÉ.

**MARCHANGY** (DE), magistrat et littérateur fr. (1782-1826), auteur de la *Gaule poétique*.

**MARCHANTIACÉES.** s. f. pl. T. Bot. Famille d'Hépatiques de l'ordre des Marchantinées.

*Caract. bot.* : Les M. ont un thalle aplati, rampant sur la terre, dichotome, portant à sa face inférieure des poils absorbants, les uns sans sculptures, les autres munis d'épaississements internes, situés sur un sillon spiralé du tube. Le tissu du thalle est dépourvu de chlorophylle, et il est creusé à sa face supérieure de chambres aérifères, recouvertes par l'épiderme : celui-ci est percé d'un ostiole qui a l'apparence d'un stomate. Du fond de cette chambre partent des poils formés de cellules courtes, ajoutées bout à bout, et remplies de chlorophylle.

Les Marchantiacées se reproduisent souvent au moyen de corps pluricellulaires aplatis, de grande dimension, appelés *Propagules*; ces propagules naissent dans des conceptacles de forme variable, et ils sont projetés au dehors de ces conceptacles par des poils en forme de massue dont la membrane se gélifie et se gonfle.

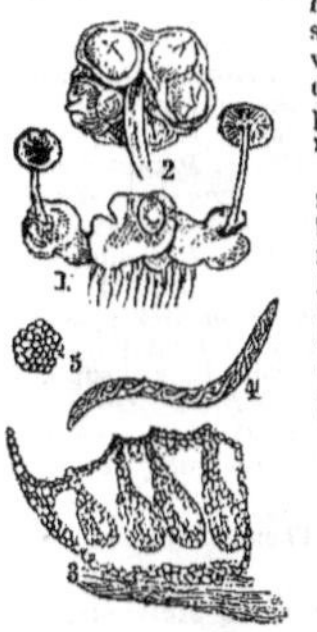

Les organes sexués sont ordinairement groupés, tantôt sur le même thalle, tantôt sur des thalles différents; ils sont très rarement isolés. Les anthéridies sont portées à l'extérieur par des branches différenciées et dilatées au sommet en un disque; l'ensemble forme un chapeau pédicellé (Fig. 2). La face supérieure de ce disque porte des cryptes (Fig. 3), au fond desquelles est insérée une anthéridie. Celle-ci comprend un petit pédicelle et un sac ovoïde renfermant les anthérozoïdes.

Les archégones sont portés par des appareils à peu près semblables, mais la partie terminale, au lieu d'être un disque plein, est constituée par des branches rayonnantes. Les archégones sont insérés entre ces rayons et dirigent leur col vers le bas; ils sont enveloppés par un involucre ou *Périchèze*. Dans les *Lunularia*, les archégones sont disposés au sommet d'un long rameau dressé.

Après la fécondation, l'œuf se développe en sporogone à l'intérieur du ventre de plus en plus dilaté de l'archégone, qui porte, à partir de ce moment, le nom de coiffe. Le sporogone des Marchantiacées est une sphère à court pédicelle qui, outre les spores (Fig. 5), renferme encore de longues cellules fusiformes, dont la membrane mince et incolore porte des épaississements spiralés de couleur jaune : ce sont des *Élatères* (Fig. 4). Après avoir percé sa coiffe, ce sporogone s'ouvre soit par une déchirure irrégulière, soit par 4 valves, soit par une fente circulaire qui détache un opercule. [Fig. 1. *Marchantia commutata*, de grand. nat.; 2. Disque anthéridifère; 3. Coupe du disque anthéridifère montrant les cryptes où sont logées les anthéridies; 4. Élatère; 5. Spore.]

Les Marchantiacées se composent d'une quinzaine de genres et d'une trentaine d'espèces répandues sous tous les climats, où on les trouve dans les endroits humides et ombragés. On connaît peu d'espèces fossiles; on a trouvé trois espèces de Marchantie, deux dans les travertins éocènes de Sézanne, la troisième dans le miocène moyen du bassin de Marseille.

On divise cette famille en trois tribus :

TRIBU I. — *Targioniées.* — Sporogones solitaires sur le thalle (*Targionia*).

TRIBU II. — *Marchantiées.* — Sporogones groupés à la face inférieure d'un chapeau pédicellé (*Marchantia, Fegatella, Preissia, Fimbriaria*, etc.). — Autrefois on employait le *M. polymorpha* dans les maladies du foie; mais ce médicament n'a aucune valeur.

TRIBU III. — *Lunulariées.* — Sporogones groupés au sommet d'un long rameau dressé (*Lunularia, Plagiochasma*, etc.).

**MARCHANTIE.** s. f. T. Bot. Genre d'Hépatiques (*Marchantia*) de la famille des *Marchantiacées*. Voy. ce mot.

**MARCHANTIÉES.** s. f. pl. T. Bot. Tribu de plantes de la famille des *Marchantiacées*. Voy. ce mot.

**MARCHANTINÉES.** s. f. pl. T. Bot. Ordre d'Hépatiques à thalle que l'on divise, d'après la conformation du sporogone en deux familles : les *Ricciées*, à sporogone sans pédicelle, ni élatères; les *Marchantiacées*, à sporogone avec pédicelle et élatères. Voy. RICCIÉES et MARCHANTIACÉES.

**MARCHE.** s. f. (all. *mark*, limite). Province frontière d'un État; n'est plus usité que dans le nom de certains pays, comme *La M. Trévisane, la M. d'Ancône, la M. de Brandebourg. L'une de nos anciennes provinces s'appelait la la M. limousine* ou simplement *la Marche*.

**MARCHE.** s. f. (R. *marcher*). L'un des modes de progression de l'homme et des animaux. Voy. LOCOMOTION. || Action de marcher, considérée sous le rapport de la distance ou de la durée. *Une grande, une longue m. Après deux heures de m. Nous avons été huit jours en m.* || Se dit principalement du mouvement des troupes, des armées. *L'armée est en m., s'est mise en m. Ordre de m. Disposer, régler la m. des colonnes. Couvrir, dérober sa m. Il fatigua l'ennemi par ses marches et contre-marches.* — *Bataillon de m.*, Formé avec des hommes appartenant à différents corps, pour aller à l'ennemi. — *M. forcée*, Marche dans laquelle on fait faire à des troupes beaucoup plus de chemin qu'elles n'ont coutume d'en faire dans le même espace de temps. *Fausse m.*, Mouvement que fait une armée qui feint de marcher sur un point, et qui se porte sur un autre. *Sonner, battre la m.*, Donner aux troupes, par le son des clairons ou des tambours, le signal pour se mettre en marche. — *Gagner une m. sur l'ennemi*, Le devancer de quelques heures; et, Fig. et fam., Obtenir sur son adversaire, par une manœuvre habile, un avantage de temps ou de position. || T. Mar. *Ordre de m.*, Position et arrangement assignés aux vaisseaux qui naviguent ensemble. *La flotte avait pris son ordre de m.* || Se dit encore des processions et des cérémonies solennelles. *La procession se mit en m. L'ordre de la m. était fort beau. Un corps de musique ouvrait la m. Une m. triomphale.* || *La m. d'un train de chemin de fer.* || *La m. d'un vaisseau*, Le degré de sa vitesse. *La m. d'un vaisseau s'évalue en lieues marines. Ce bâtiment a une bonne m., il file dix nœuds à l'heure.* || En parlant des corps célestes, leur mouvement réel ou apparent. *Calculer la m. des corps célestes.* || Par anal. *La m. du temps, des années.* || T. Horlog. *La m. d'une montre, d'une horloge*, Mouvement par lequel le mécanisme fait avancer les aiguilles qui marquent l'heure. || T. Techn. Suite d'opérations par lesquelles on fait passer une étoffe pour la teindre. || Fig., Conduite, manière d'agir, de procéder. *Cet homme a une m. équivoque, tortueuse. Cacher habilement sa m. La m. de la nature. La m. de l'esprit humain. La m. des passions, la m. des événements.* || *La m. d'un poème, d'un ouvrage*, etc., Le progrès de l'action dans un poème, le développement successif des idées dans un ouvrage. || Au jeu d'échecs, de dames, etc., Le mouvement particulier auquel chaque pièce est assujettie. *Je ne connais pas seulement la m. de ce jeu.* || T. Musiq. Pièce de musique composée pour des instruments à vent et à percussion, et destinée à régler le pas d'une troupe militaire. *Le mouvement de la m. est à quatre temps. Les marches s'emploient quelquefois dans la musique théâtrale. M. d'harmonie*, se dit quelquefois d'une progression régulière et uniforme d'accords sur un mouvement de basse.

**MARCHE**. s. f. (R. *marcher*). Degré sur lequel on pose le pied pour monter ou pour descendre. *M. de pierre, de bois, M. d'escalier. M. d'autel. Vous avez encore tant de marches à monter. M. gironnée*, Marche plus étroite d'un bout que de l'autre dans la partie tournante d'un escalier. — Voy. Escalier. || Fig. on dit d'un prince appelé par sa naissance à remplacer celui qui règne, qu'*Il est assis, placé sur les marches du trône.* || T. Techn. Pièces de bois sur lesquelles les tourneurs, les tisserands, etc., posent les pieds pour faire mouvoir leurs métiers. — Pièce que l'organiste fait mouvoir avec les pieds.

**MARCHE**, anc. prov. de France, qui a formé le dép. de la Creuse et une partie de la Haute-Vienne, ch.-l. *Guéret*. Elle fut confisquée par François Ier sur le connétable de Bourbon en 1531.

**MARCHE** (La), ch.-l. de c. (Vosges), sur l'ancienne frontière entre la Champagne et la Lorraine; 1,700 hab.

**MARCHE** (Olivier de la), chroniqueur et poète, né dans le comté de Bourgogne, auteur de *Mémoires*, etc., servit Charles le Téméraire, puis sa fille Marie de Bourgogne, mariée à Maximilien (1426-1502)

**MARCHÉ**. s. m. (lat. *mercatus*, m. s., de *mercatum*, sup. de *mercari*, trafiquer). Lieu public, dans une ville ou dans un bourg, où l'on expose en vente des denrées ou autres marchandises. *Un grand, un petit m. M. au blé, aux herbes, au poisson. M. aux chevaux. Le m. Saint-Germain. Le m. des Innocents. Aller au m. Porter des fruits au m.* — Par anal., se dit d'une ville qui est le centre d'un commerce considérable, et, par extension, de tous les lieux où un producteur peut trouver à écouler ses marchandises. *Tyr fut longtemps le m. de l'Asie, de l'Égypte et de la Grèce. L'Angleterre, l'Allemagne et la France se disputent les marchés de l'Amérique du Sud.* || *Marché*, signifie encore la réunion de ceux qui vendent et qui achètent dans un marché public. *Il y a m. dans cette ville deux fois par semaine. Ce n'est pas jour de m. Le m. se tient le samedi.* — L'ensemble des ventes et achats faits dans un marché. *Le m. n'a pas été bon aujourd'hui. Le cours du m. Le prix courant du m.* — En Écon. polit., M. signifie l'état de l'offre et de la demande dans un lieu où se font des transactions commerciales. || Ce qu'on a acheté, ce qu'on rapporte du marché. *Cette cuisinière gagne toujours sur son m. Montrez-moi donc votre m.* || Le prix de la chose qu'on achète ou qu'on vend; ne se dit guère qu'avec quelque adjectif qui exprime le rapport existant entre la chose et le prix. *Avoir une chose à bon m. Vous l'avez vendu trop bon m. On vous a fait bon m. C'est bon m. A ce prix, vous avez fait un grand m. Vous n'avez pas fait un mauvais m. Je l'ai eu à meilleur m. que vous.* — Fam., *C'est un m. donné*, se dit d'une chose qui a été vendue à très bas prix. *Vivre à bon m.*, Sans qu'il en coûte beaucoup d'argent. — Fig., *A bon m.*, sign. aussi Sans qu'il en coûte beaucoup de peine. *Cet écrivain s'est fait une réputation à bon m.* Fig. et fam. *En être quitte à bon m.*, Sortir d'un danger avec moins de perte, de dommage qu'on ne l'aurait cru.

> A si bon marché l'on ne bat point les gens.
>
> Racine

— *Faire bon m. d'une chose*, La prodiguer, ne pas l'épargner. *Il est le premier aux coups, il fait bon m. de sa vie. Il fait bon m. de sa peine, de sa réputation.* — *Avoir bon m. de quelqu'un*, Avoir facilement sur lui l'avantage. *Vous aurez bon m. de lui à tel jeu. Il a eu bon m. de son adversaire.* || Fam., *Par-dessus le m.*, De plus, en outre, *Il a refusé de me payer, et par-dessus le m. il m'a dit des injures.* — Toute convention renfermant les conditions d'une vente. *J'en ai fait m. par écrit. Nous n'avons point mis cela dans le m. Nous sommes en m. Conclure un m. avantageux, un mauvais m. Ils ont rompu leur m. Il ne veut plus tenir le m. Le m. tiendra. C'est m. fait. C'est un homme qui fait bien ses marchés. M. à terme, m. à prime.* Voy. Bourse. || Fam., *C'est un m. d'or*, C'est un marché très avantageux. *Aller, courir sur le m. d'un autre*, Enchérir sur les offres d'un acheteur, et, Fig., Faire des démarches pour obtenir une place, un avantage qu'un autre sollicitait déjà. || Fig. et prov., *Mettre à quelqu'un le m. à la main*, Lui témoigner qu'on est prêt à rompre l'engagement contracté avec lui, et qu'on ne s'en soucie guère. *Il a un domestique qui lui met le m. à la main dès qu'il gronde.*

**MARCHEGAY** (Paul), archiviste fr. (1812-1885).

**MARCHEPALIER**. s. m. (R. *marche* et *palier*). Marche d'escalier de niveau avec le palier.

**MARCHEPIED**. s. m. (R. *marche* et *pied*). Espèce d'estrade, de plate-forme sur laquelle s'élève un trône, un autel, etc., et sur laquelle posent les pieds de celui qui est assis sur le trône, qui officie à l'autel, etc. || Partie qui est en avant du siège d'un cocher et sur laquelle il appuie les pieds. || T. Techn. Barre de bois fixée au fond d'un bateau pour servir d'appui aux pieds des matelots. — Pièce de bois fixée sur les planches de la presse à imprimer pour servir à arrêter les pieds de l'imprimeur lorsqu'il tire le barreau. — Chemin plus court que le chemin de halage, situé sur le bord opposé pour servir à la circulation. Voy. Cours *d'eau*. || Petit meuble composé de trois ou quatre degrés dont on se sert pour atteindre à quelque chose. || Fig., *Cet emploi lui a servi de m. pour arriver à la députation.* || *M. de voiture*, Espèce de degrés de fer, qui sont ordinairement brisés, de manière à se replier l'un sur l'autre, et qui servent à monter dans une voiture.

**MARCHER**. v. n. (orig. inconnue). Passer d'un lieu à un autre, au moyen du mouvement imprimé aux organes de la locomotion; se dit de l'homme et des animaux. *M. en avant, en arrière. M. doucement, posément, lentement. M. à grands pas, à pas précipités. Cet homme marche beaucoup. Ce cheval marche bien. Cet enfant commence à m. tout seul.* — *M. à pas de géant*, En faisant de grandes enjambées. *M. à quatre pattes*, Marcher sur les mains et sur les pieds, à peu près à la manière des quadrupèdes. *M. à pas de loup*, Avec précaution et sans faire de bruit. *M. à pas de tortue*, Avec une lenteur excessive. || T. Danse. Faire des pas ordinaires. || T. Escr. Porter en avant le pied droit, puis le gauche, en laissant entre eux la même distance. || Fig. *M. droit*, Être irréprochable et parfaitement loyal dans toute sa conduite. *Il ne marche pas droit dans cette affaire*, Il n'agit pas en homme probe et de bonne foi. *Je le ferai bien m. droit*, Je l'empêcherai de s'écarter de son devoir. — Fig., *M. à tâtons dans une affaire*, Voy. Tâtons. || *M. sur quelque chose*, Y mettre le pied en marchant, ou simplement, Poser, appuyer le pied sur quelque chose. *M. sur le pavé, sur l'herbe. Marchez sur cette araignée. Prenez garde où vous marchez.* — Fig., *M. sur des charbons ardents*, Passer vite sur un sujet délicat ou qu'il est dangereux d'approfondir. *M. sur des épines*, Voy. Épine. *Il a marché sur quelque mauvaise herbe*, Voy. Herbe. — Fig. et fam., *M. sur les talons de quelqu'un*, Le suivre de très près; ou le suivre partout, l'importuner en ne le quittant pas; ou, au sens moral, suivre quelqu'un de près pour l'âge, pour la fortune, ou pour le succès. *Il ne faut pas lui m. sur le pied*, Il faut se garder de le choquer, car il est très susceptible. — Fig., *M. sur les pas, sur les traces de quelqu'un*, Imiter ses actions, suivre ses exemples.

> Va marcher sur leurs pas où l'honneur te conduit.
>
> Corneille

Fig. et fam., *On marche sur les mauvais plaisants, sur les sots*, Ils sont en très grands nombre. — *M. sur les gens*, les traiter avec mépris, avec dureté. || Fig., On dit de deux ou de plusieurs personnes qu'*Elles marchent du même pas dans une affaire*, Lorsqu'elles agissent de concert et sont animées des mêmes sentiments. || Fig., *M. entre des précipices*, Rencontrer de tous côtés des dangers. || S'avancer de quelque manière que ce soit, à pied, à cheval, en voiture. *Les uns à cheval, les autres en voiture, nous avons marché toute la nuit. Le prince marchait sans escorte. L'armée marcha vers le Rhin. Faire m. la cavalerie, l'infanterie. Alors nous marchâmes à l'ennemi.* — *Ce régiment marche*, Il fait la campagne. || Se porter en avant pour attaquer l'ennemi. *Les troupes refusaient de m.*

> Marchez, courez, volez où l'honneur vous appelle.
>
> Boileau.

|| Relativement à l'ordre dans lequel marchent plusieurs personnes, on dit : *M. de front. M. l'un après l'autre. Ce corps marchait avant tous les autres. Anciennement les ducs et pairs marchaient dans l'ordre de leur réception. L'armée marchait en ordre de bataille. M. sur trois*

*colonnes.* — Fig., *M. l'égal de quelqu'un,* Lui être égal en autorité, en dignité, en mérite, etc. == *Marcher,* Se dit également des choses inanimées qui sont mises en mouvement par un moteur quelconque, ou qui semblent se mouvoir d'elles-mêmes. *Ce vaisseau marche bien. Cette voiture publique marche deux fois la semaine. Cette horloge marche mal. La machine ne marche plus. Cette comète marche très vite.* — Fig., *Le temps marche avec rapidité.* || Fig., en parlant des personnes et des choses, *Marcher* exprime souvent une idée de progrès ou s'emploie avec une idée de rapport à un but déterminé ou à une fin prévue. *Il marche hardiment à son but, vers son but. M. aux dignités, à la gloire. Il marche à grands pas, à pas de géant, à la fortune. Nous marchons tous d'un pas égal vers la mort. L'esprit humain marche sans cesse. Cet État marche à sa ruine. Cette affaire marche. Il faut que les affaires marchent avant le plaisir. Ces deux affaires marchent de front. Cette affaire marche toute seule. Elle ne marche pas, ne marche plus.* — *Ce discours, ce poème marche bien,* L'ordre en est bon, l'intérêt se soutient. *L'action de ce drame ne marche pas, marche lentement,* Elle n'avance pas ou n'avance pas assez vite vers le dénouement. — *Ces vers marchent bien,* Le mouvement en est facile, ils ont du nombre. == MARCHER, v. a. T. Techn. *M. l'étoffe d'un chapeau,* La fouler, la comprimer, soit à froid, soit à chaud. *C'est à force de marcher l'étoffe qu'elle se feutre. M. l'argile, m. les cuirs.*

**MARCHER.** s. m. Action de marcher. || La manière dont on marche. *Je le reconnais à son m.* || L'endroit où l'on marche, relativement au plus ou moins de facilité qu'on a d'y marcher. *Un chemin pavé de cailloux est un m. bien rude.*

**MARCHES** (LES), nom donné autrefois aux États pontificaux entre la Romagne et le royaume de Naples; cap. *Ancône,* auj. prov. du royaume d'Italie; pop. : 939,300 hab.

**MARCHETTE.** s. f. [Pr. *marchè-te*] (R. *marche*). Petit bâton qui tend le ressort d'un piège à oiseaux. || Petit tapis sur lequel on met le pied.

**MARCHEUR, EUSE.** s. Absol., Se dit de quelqu'un qui peut marcher beaucoup sans se fatiguer. *C'est un m., une marcheuse. Il n'est pas m.* Mais il s'emploie le plus souvent avec une épithète. *Un grand, un bon, un mauvais m. C'est une petite marcheuse.* || T. Mar. Se dit d'un bâtiment qui marche bien et avec vitesse. *Ce navire est le meilleur m. de l'escadre.* || T. Techn. Ouvrier qui foule aux pieds la terre à brique. == MARCHEUSE, s. f. figurante qui paraît dans les ballets pour y danser. || Pop. Fille publique. == Adj. *Les animaux marcheurs.*

**MARCHEUX.** s. m. (R. *marcher*). Fosse dans laquelle on pétrit avec les pieds l'argile destinée à faire les briques.

**MARCHIENNES-VILLE,** ch.-l. de c. (Nord), arr. de Douai; 3,300 hab.

**MARCHOIR.** s. m. [Pr. *march-ouar*] (R. *marcher*). Fosse où l'on foule la terre à potier.

**MARCHURE.** s. f. (R. *marcher*). Mouvement par lequel le pied de l'ouvrier fait mouvoir la pédale du métier à tisser.

**MARCIAC,** ch.-l. de c. (Gers), arr. de Mirande; 1,700 hab.

**MARCIEN,** empereur d'Orient (450-457), résista à Attila.

**MARCIGNY,** ch.-l. de c. (Saône-et-Loire), arr. de Charolles; 2,600 hab.

**MARCILLAC,** ch.-l. de c. (Aveyron), arr. de Rodez; 1,700 hab.

**MARCILLAT,** ch.-l. de c. (Allier), arr. de Montluçon; 2,100 hab.

**MARCIONISME.** s. m. Doctrine des marcionites.

**MARCIONITES.** s. m. pl. Hérétiques du IIe siècle, sectateurs de Marcion, qui reconnaissaient deux principes absolus, l'un bon, l'autre mauvais. Voy. HÉRÉSIE.

**MARCITE.** s. f. (ital. *marcire,* pourrir). Prairie arrosée avec les eaux d'égout.

**MARCK** (DE LA). Voy. LAMARCK.

**MARCKOLSHEIM,** anc. ch.-l. de c. (Bas-Rhin), arr. de Schlestadt, cédé à l'Allemagne en 1871; 2,500 hab.

**MARCO DE SAINT-HILAIRE** (EM.), littérateur fr., page à la cour de Napoléon Ier (1793-1887).

**MARCOING,** ch.-l. de c. (Nord), arr. de Cambrai; 2,000 hab.

**MARCOLIÈRES.** s. m. pl. Filets dressés la nuit pour prendre des oiseaux marins.

**MARCOMANS,** peuplade germanique, qui habita d'abord entre le Rhin, le Mein et le Danube, puis en Bohême.

**MARCO-POLO,** voyageur vénitien, se rendit à la cour du Grand Mogol en 1271 (1252-1323).

**MARCOTTAGE.** s. m. [Pr. *marko-taje*]. Action de marcotter. Voy. MARCOTTE.

**MARCOTTE.** s. f. [Pr. *marko-te*] (lat. *mergus,* provin, de *mergere,* plonger, parce qu'on enfonce la m. en terre). T. Hort.

**Hort.** — Le *marcottage* est une opération ayant pour but de faire développer des racines à une tige, ou une tige à des racines, avant de les séparer de leur pied-mère. La théorie de cette opération repose sur le principe de physiologie qui établit : 1° que toutes les parties de la tige d'un arbre peuvent développer des racines lorsqu'elles se trouvent dans un milieu humide et privé de la lumière; 2° que les racines, placées sous l'influence de la lumière et du libre concours de l'air, peuvent donner naissance à des tiges. — Le marcottage, outre les avantages généraux inhérents à la multiplication artificielle, offre encore celui d'être utilement employé dans les cas où

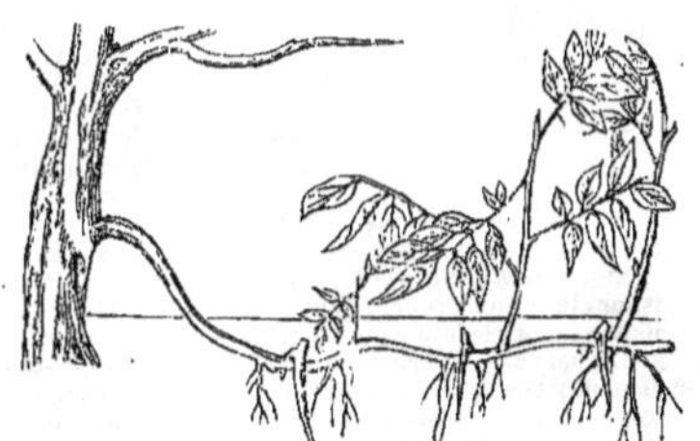

Fig. 1.

les greffes ne peuvent réussir. Le marcottage peut être pratiqué en toutes saisons, pourvu que la température ne soit pas au-dessous de zéro. Cependant, il y a toujours avantage à l'effectuer au printemps, avant le premier bourgeonnement. A part le mode d'opérer particulier à chaque sorte de marcottage, voici quelques soins généraux d'une application constante : ne marcotter que les rameaux âgés de deux ans au plus, et choisis parmi les plus vigoureux; fumer avec du terreau et ameublir parfaitement toute la surface du sol où les marcottes doivent être couchées; relever, à l'aide d'un tuteur, le sommet de toutes les marcottes; supprimer, autant que possible, dans la souche qui fournit la m., tous les rameaux qui ne pourraient être marcottés, parce que ces rameaux gardant la position verticale attireraient à eux toute la sève de la souche. Pendant les chaleurs de l'été, la terre, recouverte d'un paillis, sera maintenue constamment humide par des arrosements pratiqués le soir. Les espèces à bois mou, s'enracinant facilement, peuvent être sevrées, c.-à-d. séparées du pied-mère dès l'automne suivant. Les espèces à bois dur ne seront sevrées que deux années après.

La m. est dite *simple,* quand on se contente d'enterrer un rameau dans une partie de sa longueur pour que cette partie prenne racine. Le procédé le plus usité à cet effet est celui qu'on nomme *Couchage* ou *M. en archet.* Il consiste à prendre un rameau allongé et naissant à une petite hauteur, à le rabaisser, de manière que sa portion moyenne puisse être *couchée* dans une petite fosse creusée dans la terre, et à le maintenir dans cette position, soit au moyen d'un crochet de bois, soit seulement à l'aide du poids de la terre dont on comble la fosse. Si le rameau est assez long et assez flexible, on en fait une espèce de serpenteau dont les courbures sont alternativement dans la terre et dans l'air; on obtient de cette manière autant de nouveaux sujets qu'il y a de segments enterrés (Fig. 1). Lorsqu'il est appliqué à la vigne, ce procédé prend le nom de *Provignage* et la m. celui de *Provin*. La *M. en cépée* ou *en butte* est surtout employée pour les cognassiers qui doivent recevoir des greffes de poirier. On recouvre de terre la partie inférieure du pied, et l'on forme ainsi une butte dont la tige du végétal occupe l'axe et dans laquelle la base de toutes les branches inférieures se trouve enterrée. Quand ces branches ont pris racine, on n'a plus qu'à défaire la butte et à les couper, et chacune d'elles forme un nouveau pied.

Les marcottages *compliqués* diffèrent des précédents en ce que l'on fait subir aux rameaux, avant de les mettre en terre, quelque opération qui a pour objet de faciliter la production des racines. Le plus souvent on tord le rameau de manière à déchirer son écorce, ou bien on y pratique, soit une incision circulaire, soit une simple entaille qui en détache une espèce de talon. Le marcottage pratiqué de cette dernière manière se nomme *M. à talon*. — Dans tout ce qui précède, nous supposons que le marcottage peut se faire en pleine terre; mais il est un grand nombre de cas où il est impossible d'opérer ainsi : c'est ce qui arrive, par ex., quand les rameaux sont disposés de telle sorte qu'ils ne peuvent être abaissés jusqu'au sol. On enterre alors les rameaux dans des pots (Fig. 2), et l'on maintient ceux-ci d'une manière quelconque à la hauteur convenable. C'est ce qu'on pratique tous les jours pour les œillets.

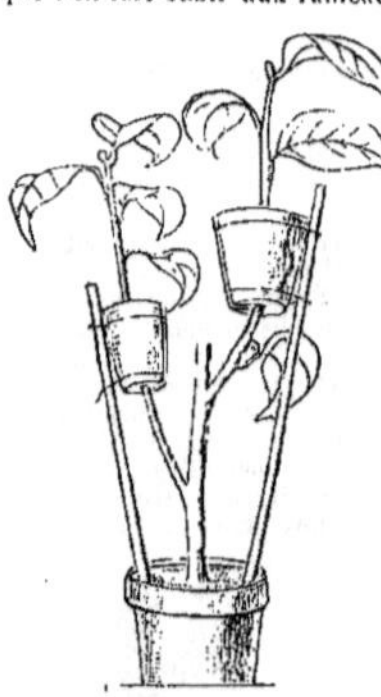
Fig. 2.

Le marcottage *par racines* est usité pour quelques espèces dont les racines très longues s'enfoncent à peu de profondeur; tels sont les robiniers, les ailantes, les ormes, le chicot, etc. Si l'on blesse leurs racines avec un instrument de labour, une pioche ou une bêche, il se forme sur chaque plaie des exostoses développant des bourgeons qui donnent naissance à de nouvelles tiges. On sépare ces racines de leur pied-mère immédiatement au-dessus du point où les nouvelles tiges se sont développées. Il se forme bientôt un abondant chevelu, surtout si l'on a soin de pincer, en Juillet, l'extrémité herbacée des jeunes rameaux. Le marcottage *chinois* consiste à coucher, lors de la sève du printemps, une ou plusieurs branches entières avec leurs rameaux. Ceux-ci sont assujettis par un nombre suffisant de crochets, de manière à former une surface horizontale dans une sorte de fosse plate et peu profonde; quand l'arbre entre en végétation, chaque bouton donne lieu à un rameau qui s'élève verticalement; on recouvre alors de quelques centimètres de terre tous les rameaux couchés; on arrose suivant les besoins. Chaque scion a développé un certain nombre de racines avant la fin de l'été. On pratique le sevrage au printemps suivant et l'on obtient autant de sujets distincts qu'il s'est développé de bourgeons.

**MARCULFE**, moine de Gaule, m. après 660, publia un recueil de *Formules* ou modèles des actes usités à cette époque.

**MARDELLE**. s. f. Voy. MARGELLE.

**MARDES**, anc. peuple de la Médie.

**MARDI**. s. m. (lat. *Martis dies*, jour de Mars). Le troisième jour de la semaine. *Cela arriva un m. Elle reçoit tous les mardis*. || *M. gras*, Voy. GRAS.

**MARDOCHÉE**, Juif, oncle d'Esther.

**MARDONIUS**, gendre et général de Darius Ier, fut vaincu par les Grecs et tué à Platée (479 av. J.-C.).

**MARE**. s. f. (bas lat. *mara*, qui paraît être une forme féminine et dimin. du lat. *mare*, mer). Petit amas d'eau dormante, qui se forme naturellement dans les endroits bas, ou qu'on se procure artificiellement dans les villages et dans les fermes, pour des usages communs ou domestiques. *Dans ce village on abreuve les bestiaux à une m. La m. est à sec*. || Fig. *Une m. de sang*. Une grande quantité de sang répandue sur le sol.

**MARÉAGE**. s. m. (anc. fr. *marciage*, de *marcier*, aller sur mer). T. Mar. Convention par laquelle les matelots s'engagent pour un voyage, quelle qu'en soit la durée.

**MAREB**, v. d'Arabie (Yémen), anc. cap. du royaume de Saba.

**MARÉCAGE**. s. m. (anc. fr. *marescage*, de *marais*). Terrain humide et constamment imprégné d'eau, qui, pour l'ordinaire, n'est pas assez ferme pour qu'on puisse passer dessus sans y enfoncer. *Ce ne sont pas de bons prés, ce sont des marécages. Tout ce canton n'est qu'un grand m.*

**MARÉCAGEUX, EUSE**. adj. [Pr, *maréka-jeu, euze*]. Qui est de la nature du marécage. *Terrain m. Contrée marécageuse*. || *Plantes marécageuses*, Qui croissent dans les terrains marécageux. || *La gent marécageuse*, Les grenouilles. || *Air m.*, Air chargé d'effluves organiques qui s'élèvent ordinairement des marécages. || *Goût m.*, Le goût particulier au gibier ou aux poissons qui vivent dans les marécages. *Ce canard, cette anguille a un goût m.* — On dit aussi, *Ce gibier sent le marécage*.

**MARÉCANITE**. s. f. T. Minér. Variété d'obsidienne, en boules ou en rognons.

**MARÉCHAL**. s. m. (germ. *marahscalc*, domestique chargé du cheval, de *marah*, cheval, et *scalc*, qui soigne). Celui dont le métier est de ferrer les chevaux et de les traiter quand ils sont malades. *Un bon m.* On dit aussi *M. ferrant. M. vétérinaire*. Voy. MARÉCHALERIE. || Officier qui a soin des chevaux. *M. des écuries*, Officier qui a soin des écuries d'un prince, d'une princesse. || T. Zool. Taupin. — Rossignol des murailles.

**Hist.** — Ce terme, employé absolument, a désigné en France et désigne dans la plupart des États de l'Europe, la première dignité de l'armée. — En France, ce titre existait déjà sous la première race; mais, conformément à son étymologie germanique, dans le principe, il désignait simplement un agent chargé de veiller sur les écuries du roi ou d'un grand. Plus tard, sous la dynastie capétienne, à mesure que les rois étendirent leur autorité, les officiers attachés à leur service gagnèrent aussi en importance, et c'est ainsi que le titre de m., de même que celui de connétable, dont le m. fut longtemps comme le lieutenant, servit à désigner une des principales dignités militaires du royaume. Toutefois, comme les grands seigneurs féodaux avaient aussi des maréchaux, ceux du roi se distinguèrent de ces derniers en se qualifiant de *Maréchaux de France*. Le premier qui porta ce titre fut Albéric Clément Ier, qui vivait sous Philippe-Auguste : c'est pour cela que l'on attribue vulgairement à ce prince la création du maréchalat (1185). Depuis cette époque jusqu'en 1895 il y a presque toujours eu des maréchaux de France dans nos armées; mais le nombre de ces dignitaires a varié plusieurs fois. Ainsi, on n'en compte qu'un de Philippe-Auguste à saint Louis, 2 sous ce dernier, 4 sous Charles VII, 5 sous François Ier, et jusqu'à 20 sous Louis XIV, en 1703. Après la suppression de la charge de connétable, le plus ancien des maréchaux eut les attributions de ce grand dignitaire, et c'est de cette époque seulement que le maréchalat est devenu le plus haut grade militaire dans les armées françaises. Supprimé par un décret du 21 janvier 1793, le maréchalat fut rétabli par le sénatus-consulte du 28 floréal an XII (19 mai 1804), qui institua les *Maréchaux d'Empire*. En même temps, Napoléon nomma 18 maréchaux, et arrêta que nul ne pourrait obtenir ce titre, s'il n'avait gagné une bataille rangée ou pris deux places fortes. En 1815, Louis XVIII fit revivre la dénomination de *M. de France*, qui a été conservée depuis. Sous le second empire, le nombre des maréchaux était fixé par la législation à 6 en temps de paix, et à 12 en temps de guerre, mais ce nombre ne fut jamais atteint. Ces dignitaires, ainsi que les amiraux, étaient tous égaux entre eux, et nommés à vie. Ils faisaient partie de droit du sénat, et jouissaient d'un traitement de 40,000 francs qui se cumulait avec la dotation de sénateur, et, quand ils exerçaient un commandement, avec les allocations, prestations et indemnités déterminées par les règlements. Ils avaient pour insigne distinctif un bâton couvert de velours bleu qui était semé de fleurs de lis d'or sous l'ancienne monarchie et de 1815 à 1830, d'étoiles d'or de 1830 à 1852, et d'abeilles d'or sous les deux empires. Enfin, ils portaient deux bâtons semblables en sautoir derrière l'écu de leurs armes et sur leurs épaulettes. La République actuelle n'a pas supprimé en fait le maréchalat, mais elle n'a plus nommé de titulaire. Au moment de la chute de l'Empire, il restait encore 7 maréchaux qui conservèrent leur titre sinon leurs prérogatives, sauf celui qui fut dégradé et emprisonné pour « n'avoir pas fait ce que lui commandaient le devoir et l'honneur ». L'un d'eux, Mac-Mahon, fut président de la République de 1873 à 1879 et mourut en octobre 1893. Le dernier survivant, Canrobert, s'éteignit le 28 janvier 1895. L'un et l'autre eurent des obsèques nationales. — Les rois ont quelquefois, pour récompenser des services exceptionnels, confié à l'un des maréchaux le titre de *M. général*. Ce titre, qui plaçait celui qui en était revêtu à la tête des autres maréchaux, fut créé en 1621 pour le maréchal Lesdiguières. Il a été conféré depuis à Turenne, en 1672, et au maréchal Soult, en 1846.

Le titre de *Feld-maréchal*, usité dans les pays du nord de l'Europe, désigne un grade absolument équivalent à celui de nos maréchaux de France. Par conséquent, bien qu'il signifie littéralement *m. de camp*, il ne faut pas le confondre avec les officiers généraux qui portaient ce titre sous l'ancienne monarchie et sous la restauration (Voy. Général). En Autriche, la dénomination de *Feld-maréchal-lieutenant* équivaut à peu près à celle de général de division. — On appelait autrefois *M. général des logis de l'armée* un officier général chargé de choisir le lieu du campement et de veiller aux marches et aux subsistances de l'armée. Il y avait en outre un *M. général des logis de la cavalerie*, qui était chargé plus spécialement du campement de cette arme. Louis XIV lui adjoignit deux aides qui furent appelés *Maréchaux des logis de la cavalerie*. Aujourd'hui encore, dans la cavalerie et dans quelques corps spéciaux, on désigne sous le nom de *M. des logis* un sous-officier dont le grade et les fonctions correspondent à ceux de *sergent* dans l'infanterie. Il y a de même des *Maréchaux des logis chefs* qui correspondent aux *sergents-majors* d'infanterie.

Enfin, le titre de *Maréchal* a été plusieurs fois attribué et s'attribue encore aujourd'hui, dans quelques pays, à certains grands officiers de la cour. Sous Napoléon Ier, il y avait un *Grand m. du palais;* dans l'empire germanique, l'Électeur de Saxe avait le titre de *Grand m. de l'Empire;* dans certains États allemands et en Russie, il y a des *Maréchaux de la noblesse*, qui président les assemblées de la noblesse, etc. Sous l'ancienne monarchie, la cour avait encore des *Maréchaux des logis* chargés de faire préparer les logements lorsqu'elle était en voyage.

**MARÉCHAL** (Sylvain), littérateur fr. (1750-1803).

**MARÉCHAL** (C. L.), peintre fr. né à Metz (1801-1887).

**MARÉCHALAT.** s. m. La dignité de maréchal.

**MARÉCHALE**, s. f. Titre que l'on donne à la femme d'un maréchal de France. *Madame la maréchale.*

**MARÉCHALERIE.** s. f. Art, profession du maréchal ferrant. — Le lieu où est installée la forge du maréchal ferrant.

**Techn.** — La m. dans ses diverses attributions a à procéder à une opération des plus importantes et des plus délicates, celle de la ferrure de certains animaux domestiques, bœuf, âne, mulet, cheval. La ferrure de ce dernier animal est de beaucoup la plus fréquemment pratiquée et exige de la part du maréchal ferrant une connaissance approfondie de l'anatomie du pied du cheval. Cette connaissance est malheureusement peu répandue parmi ces artisans qui, en dépit de la grande habitude qu'ils possèdent, blessent trop souvent encore l'animal qu'on leur confie en brochant les clous, soit qu'ils pincent la sole, soit qu'ils fassent pénétrer le clou trop avant dans la corne. Le maréchal ferrant en adaptant un fer au pied du cheval rend celui-ci apte à beaucoup de travaux qu'il ne pourrait accomplir avec la corne nue.

Il existe en m. plusieurs modes de ferrures dont trois types désignés sous les noms de *ferrure française, ferrure anglaise* et *ferrure podométrique* ou *de Riquet* sont les plus communément employés. Pour les ferrures ci-dessus désignées, le maréchal ferrant est tenu d'employer plusieurs outils connus sous les noms de *rogne-pied, boutoir, mailloche* ou *brochoir, tricoise, râpe* et *repoussoir.*

Après avoir enlevé le vieux fer et les clous qui le maintenaient encore en place, le maréchal ferrant commence par *parer le pied*, c.-à-d. enlever de la place l'excédent de corne qui a poussé dans l'intervalle des deux ferrures; pour cette opération, il fait usage du *rogne-pied*, puis du *boutoir*. Cela fait, l'ouvrier forge le fer qui doit de nouveau garnir le pied et l'approche en le maintenant à l'aide des extrémités des manches de la *tricoise*, sorte de tenaille; cette opération constitue l'*ajusture du fer*. Il ne reste dès lors plus qu'à brocher, c.-à-d. enfoncer les clous dans la corne en se servant du *brochoir*, petit marteau de forme spéciale. Un maréchal ferrant quelque peu habile broche de telle façon que toutes les pointes des clous sortent exactement à la même hauteur sur la paroi extérieure de la corne sans blesser ni gêner le cheval. La *tricoise* sert à couper les pointes des clous, que l'ouvrier rive ensuite; en dernier lieu, il enlève avec la *râpe* ou grosse lime les irrégularités qui existent encore. Pour faciliter la besogne du maréchal, l'aide pose le pied du cheval sur une sorte de petit trépied que l'on nomme *chèvre* ou *chien*. L'opération de la ferrure est ainsi terminée; elle constitue la méthode dite française. Dans ce mode de ferrure, le maréchal ferrant a toujours un aide avec lui; les fonctions de celui-ci consistent à relever le pied à ferrer et à le maintenir en position pendant les diververses phases de l'opération. Le procédé français offre, au dire des praticiens, un sérieux inconvénient lorsque le maréchal ferrant a affaire à un cheval difficile ou irritable. L'aide, dans ces deux cas, ne place pas toujours la jambe ou le pied du cheval dans une position normale par rapport à la direction des membres de l'animal; il se produit de la part de celui-ci une défense qu'il est souvent malaisé à l'homme le plus vigoureux de vaincre.

La *ferrure anglaise* ne nécessite la présence que d'un seul homme, le maréchal ferrant lui-même. C'est lui qui pare le pied et le broche sans avoir recours à l'intermédiaire d'un aide qui, la plupart du temps, oppose la force brutale aux efforts que fait le cheval pour se dégager. Les opérations avec la méthode anglaise sont exactement les mêmes que celles de la ferrure française, et s'exécutent dans le même ordre. Seulement, on a remarqué qu'en faisant usage du mode anglais, le cheval le plus irritable se défend beaucoup moins.

Quelle que soit la méthode employée par le maréchal ferrant, il existe pour la ferrure française ou anglaise deux manières de procéder : on ferre à froid ou à chaud. La ferrure à froid est sans contredit la plus ancienne; elle s'emploie de préférence lorsque le maréchal ferrant a affaire à des chevaux difficiles et peu patients. Il devient possible, sans sortir le cheval de l'écurie, et sans qu'on soit dans l'obligation de le placer dans le *travail*, de le ferrer rapidement. Cette méthode présente cependant un inconvénient, celui de rendre à peu près impossible une *ajusture* rigoureusement exacte. Il n'en est plus de même lorsque l'opération se produit à chaud. Dans ce cas, le maréchal ferrant, après avoir forgé de toutes pièces le fer, le présente encore chaud et en le maintenant, à l'aide de la tricoise, au pied du cheval. Le fer chaud dont l'application ne dure que quelques secondes, brûle les irrégularités pouvant résulter du parement du pied; l'ajusture est toujours parfaite. Le seul inconvénient reproché par les hommes compétents à la ferrure à chaud est celui-ci : il peut très bien arriver, lors de l'application du fer contre la corne, qu'il se produise une brûlure de la sole, blessure toujours dangereuse. De fait cet accident est extrêmement rare et, malgré le danger que nous venons de signaler, la ferrure à chaud est de beaucoup la plus usitée dans le monde entier.

Enfin, la *ferrure podométrique* a pour but de prendre exactement l'empreinte du pied du cheval, en faisant usage d'un appareil spécial appelé le *podomètre* et qui, formé d'un certain nombre de tringles plates articulées, donne exactement le profil du pied du cheval. Grâce à cet instrument, quand les dimensions du pied du cheval sont très irrégulières par suite d'une défectuosité fortuite ou de naissance, le maréchal ferrant obtient la forme exacte du pied qu'il reporte sur un morceau de papier blanc en l'appliquant sous le podomètre et en appuyant la feuille sur ledit appareil avec la paume de la main droite. Il ne lui reste plus qu'à forger le fer en lui donnant exactement le profil que présente la feuille de papier. La méthode podométrique est, comme nous l'avons dit plus haut, due à Riquet, ancien vétérinaire principal de l'armée. Les longueurs des opérations préliminaires sont telles que ce genre de ferrure n'est guère employé aujourd'hui que dans des cas très particuliers.

**MARÉCHAUSSÉE.** s. f. [Pr. *maré-cho-sée*] (R. *maréchal*). Corps de gens à cheval qui était établi pour la sûreté publique et qu'on a remplacé par la gendarmerie. *La m. était à ses trousses.*

**Hist.** — Sous l'ancienne monarchie, on donnait le nom de *Maréchaussée de France* à la juridiction qu'avaient les maréchaux de France sur les gens d'armes, sur tout ce qui avait rapport à la guerre, et plus tard même sur certaines classes non militaires. La m. de France était aussi nommée *Connétablie*, parce que, dans le principe, le connétable exerçait cette juridiction avec les maréchaux qui étaient ses lieutenants. Mais lorsque la dignité de connétable fut supprimée, la juridiction resta à ces derniers. Les maréchaux remplissaient rarement ces fonctions et se faisaient remplacer par des prévôts. Il existait en France 180 maréchaussées qui instruisaient les procès des voleurs, des vagabonds, etc., et qui les jugeaient avec l'assistance de sept officiers tirés du plus prochain présidial. Le prévôt qui tenait la m. de Paris s'appelait le *Prévôt de l'île*. La m. de France était la première des trois juridictions comprises sous la dénomination générale de *Siège de la Table de marbre du palais*. L'acte le plus ancien de cette juridiction que l'on connaisse est une sentence de 1316, dont il fut fait appel au parlement. Les connétables et les maréchaux tinrent d'abord leurs pouvoirs judiciaires en fiefs, et ils en faisaient hommage au roi lors de leur prestation de serment; mais plus tard cette juridiction devint royale et les officiers eurent le titre de Conseillers royaux. Outre la juridiction que les maréchaux exerçaient à la table de marbre, ils constituaient un tribunal particulier qui connaissait sans appel des différends qui s'élevaient entre gentilshommes et autres faisant profession des armes, pour raison du point d'honneur. Ils s'assemblaient à cet effet tous les jeudis, chez le plus ancien d'entre eux.

**MARÉE.** s. f. (lat. *mare*, mer). Mouvement périodique des eaux de la mer, qui s'élèvent et s'abaissent chaque jour à des intervalles de temps à peu près les mêmes. — *Prendre la m.*, Prendre le temps où la marée est favorable, pour entrer dans un port, ou pour en sortir. *Avoir vent et m.*, Voy. VENT. — *Train de m.*, Train correspondant avec le départ d'un paquebot, selon l'heure de la marée. — *Port de toute m.*, Port où les navires peuvent entrer en tout temps. || Se dit aussi du poisson de mer qui n'est pas salé. *Marchande de m. La m. n'est pas encore arrivée.* — Prov. et pop., *Arriver comme m. en carême.* Voy. CARÊME.

**Hydrogr.** — La surface des eaux de l'Océan ne reste pas complètement immobile. Si l'on fait abstraction des ondulations plus ou moins fortes qui s'y produisent et qui sont dues à l'action du vent, on sait qu'elle s'élève et s'abaisse périodiquement, en effectuant ainsi une oscillation complète dans l'espace d'un peu plus de 12 heures : ce phénomène constitue ce qu'on nomme la *Marée*. On appelle *Flux, Flot*, ou *Marée montante*, le mouvement ascensionnel de la mer vers les côtes qui lui fait inonder la plage, et *Reflux, Jusant*, ou *marée descendante*, le mouvement rétrograde au moyen duquel l'Océan laisse à sec cette même plage. Après le flot, la mer est dite *pleine* ou *haute* : elle demeure dans cet état environ un demi-quart d'heure avant de se retirer sensiblement, et l'on désigne ce moment de repos en disant que la mer est *étale;* puis elle s'abaisse en abandonnant le rivage, jusqu'à ce qu'elle soit revenue à sa plus grande dépression, où on la nomme *basse mer*. La durée de l'intervalle d'une haute mer à la mer suivante, ce qu'on nomme une *marée totale*, est d'un peu plus de 12 heures, de sorte qu'il y a presque chaque jour deux hautes et deux basses mers. La période de deux marées totales consécutives n'est pas constante; mais a une valeur moyenne autour de laquelle elle ne fait qu'osciller. Cette valeur est de 24 heures 50 m. 1/2, c.-à-d., par ex., que si la mer est pleine un jour à 2 heures du matin, elle le sera encore le lendemain à 2 heures 50 m. 1/2 du matin. Entre ces deux hautes mers, il y en aura une à peu près au milieu de l'intervalle, c.-à-d. à 2 h. 25 m. du soir du premier jour. La basse mer intermédiaire à deux pleines mers consécutives ne tient pas exactement le milieu entre ces deux pleines mers, parce que les eaux n'emploient pas le même temps à monter et à descendre. Ces mouvements de la mer sont principalement dus à l'action de la lune; néanmoins ils sont modifiés, quant à leur hauteur et aux heures de leur manifestation, par l'action du soleil. L'effet des planètes est inappréciable.

La force avec laquelle un corps attire une molécule matérielle éloignée étant en raison inverse du carré de leur distance, les particules de la terre du côté qui est le plus rapproché de la lune doivent être attirées plus fortement par cet astre que celles qui sont situées au centre de la terre, et celles-ci sont de même attirées plus fortement que les molécules situées au côté de la terre diamétralement opposé à celui qui regarde la lune. En conséquence, la pesanteur ou l'attraction apparente vers le centre de la terre des molécules les plus rapprochées de la lune se trouvera diminuée, et si elles peuvent se mouvoir librement les unes sur les autres, elles s'élèveront au-dessus du niveau général. Par le même motif, l'attraction de la lune sur les particules les plus éloignées étant aussi moindre que sur les molécules centrales, leur attraction apparente vers le centre subira également une diminution, et il résultera nécessairement que les eaux s'élèveront aussi sur le côté de la terre le plus éloigné de la lune. En d'autres termes, l'action de la lune a pour effet de diminuer la pesanteur aux deux extrémités du diamètre terrestre dirigé vers la lune, tandis que la pesanteur reste la même sur tout le grand cercle intermédiaire. Si donc notre globe était en repos, l'Océan prendrait la forme d'un sphéroïde oblong dont le grand axe prolongé passerait par le centre du corps attirant. Or, on peut démontrer théoriquement que ce sphéroïde resterait en équilibre sous l'influence de l'attraction lunaire, si le plus grand demi-diamètre excédait le plus court d'environ 1 mètre 48 centim. Mais, par suite de la rapidité de la rotation de la terre autour de son axe, le sphéroïde d'équilibre ne se forme jamais complètement, car, avant que les eaux aient pu prendre leur niveau, le sommet du sphéroïde a changé de position sur la surface terrestre, et c'est ce déplacement constant qui détermine la formation, à la surface de l'Océan, d'une ondulation, ou, si l'on veut, d'une vague d'une largeur immense, mais d'une hauteur très petite comparativement à sa base, qui suit les mouvements de la lune au bout d'un certain temps. En pleine mer, l'instant de la plus grande élévation de l'eau a lieu, en général, de deux à trois heures après le passage de la lune au méridien, soit au-dessus, soit au-dessous de l'horizon. A ce sujet, il importe de ne pas oublier que la vague produite par la marée est entièrement différente d'un courant : c'est un simple mouvement ondulatoire; les molécules liquides s'abaissent et s'élèvent simplement, et il n'y a que peu ou point de mouvement progressif, excepté quand la vague passe sur des bas-fonds ou s'approche du rivage.

Le soleil exerce une action semblable sur les eaux de l'Océan. Sous son influence, celles-ci tendent à prendre à chaque instant la forme d'un sphéroïde; mais, bien que la force attractive de cet astre soit immensément plus considérable que celle de la lune, cependant, en raison de la plus grande distance du soleil, la *différence* de l'effet produit sur les molécules liquides situées aux surfaces diamétralement opposées de notre globe (différence d'où résulte le phénomène) est beaucoup moindre. Les marées solaires sont donc très faibles, quand on les compare aux marées lunaires. En fait, on ne les perçoit jamais comme phénomènes distincts; elles ne deviennent sensibles que par les modifications qu'elles apportent dans la hauteur et dans les heures des marées déterminées primitivement par l'action lunaire. Ainsi, c'est aux syzygies, c.-à-d. aux époques de la nouvelle lune et de la pleine lune, où le soleil et la lune arrivent en même temps au méridien, que les marées, toutes choses étant égales d'ailleurs, atteignent leur plus grande élévation. Au contraire, c'est aux quadratures, lorsque les deux astres sont à 90° de distance l'un de l'autre, que l'on a les marées les plus basses. En conséquence, on donne le nom de *grandes eaux* aux marées des syzygies, et celui de *mortes eaux* aux marées des quadratures. Les premières sont aussi appelées par les marins *Malines* ou *Reverdies*. Quoique nous ne soyons pas encore en possession des données qui permettraient de calculer la hauteur exacte soit des grandes eaux, soit des mortes eaux, cependant nous pouvons dire que leurs hauteurs relatives en pleine mer correspondent très probablement aux ellipticités des sphéroïdes d'équilibre qui se formeraient sous l'action des deux corps exercée séparément. Or, l'ellipticité du sphéroïde liquide formé par l'action de la lune est d'environ 1 mètre 50, et celle du sphéroïde formé par l'attraction solaire de 60 centimètres; ce qui donne le rapport de 5 à 2. En conséquence comme les plus hautes et les plus basses marées sont la somme et la différence des effets séparés des deux astres, on en conclura que les valeurs moyennes des hautes et basses marées doivent être à peu près dans le rapport de 7 à 3. De plus, en raison de l'ellipticité de leurs orbites, la distance du soleil et de la lune à la terre change continuellement, et la théorie de l'attraction prouve que la puissance perturbatrice que chacun de ces astres exerce sur les eaux de l'Océan est en raison inverse du cube de sa distance. Il résulte de là que si l'on représente par 20 l'effet moyen produit par le soleil, l'influence de l'action solaire variera entre les extrêmes 19 et 21, et celle de la lune entre 43 et 59. La plus haute marée des syzygies sera donc à la plus basse des quadratures comme 59 + 21 est à 43 — 19, c.-à-d. comme 80 est à 24, ou plus simplement comme 10 est à 3.

Un autre effet de la combinaison de l'action solaire et de l'action lunaire sur les eaux de l'Océan est relatif aux heures de la pleine mer. Aux marées des syzygies et des quadratures, l'heure de la haute mer n'est point altérée par l'action du soleil : dans le premier cas, les marées solaire et lunaire sont *synchrones* ou se produisent en même temps, et dans le second, l'heure des basses eaux actuelles est celle de la haute mer solaire; mais dans les marées intermédiaires, l'heure de la haute mer actuelle est avancée ou retardée. Dans le premier et dans le troisième quartier de la lune, la vague soulevée par l'attraction solaire est à l'occident de celle que produit l'attraction de la lune. En conséquence, la marée qu'on observe alors, et qui est le résultat de la combinaison des deux vagues, sera à l'ouest du lieu qu'elle occuperait si la lune agissait seule; l'heure de la marée haute se trouvera donc avancée. Dans le second et dans le quatrième quartier, au contraire, mais par une raison semblable, l'action du soleil aura pour effet de retarder l'heure de la haute mer. Ce résultat de l'action combinée des deux astres qui attirent les eaux de l'Océan, est ce qu'on appelle l'*avance* et le *retard* des marées.

Les plus hautes marées des syzygies n'ont pas lieu le jour même de la nouvelle lune ou de la pleine lune, mais après un retard de deux ou trois marées, c'est-à-dire lorsque la lune passe au méridien environ une heure après le soleil. L'espace de temps qui sépare le passage de la lune d'avec la haute mer qui le suit, n'est pas le même à toutes les périodes de la lunaison. Lorsque le soleil et la lune sont en conjonction, cet intervalle est appelé *intervalle moyen;* mais aux autres périodes il est tantôt plus grand et tantôt plus petit que l'intervalle moyen, et l'on donne à cette différence le nom d'*inégalité semi-mensuelle.*

Le retard que l'instant de la haute mer éprouve, dans un port quelconque, sur le passage de la lune au méridien, le jour de la nouvelle ou de la pleine lune, est ce que l'on nomme habituellement l'*Établissement du port;* mais Whewell l'appelle *établissement vulgaire*, et il donne le nom d'*établissement corrigé* à la moyenne de tous les intervalles entre la haute mer et le passage de la lune pour une demi-lunaison. Cet établissement corrigé est égal à l'intervalle qui s'écoule entre la haute mer et le passage de la lune, le jour où cet astre passe au méridien exactement à midi ou à minuit : c'est une quantité constante pour chaque lieu. On nomme *Unité de hauteur* pour chaque port la hauteur moyenne entre les hautes marées dans ce port. Nous indiquons plus loin l'heure de l'établissement du port pour les principales villes maritimes de notre pays.

Les deux marées qui se suivent immédiatement l'une l'autre, ou les marées du jour et de la nuit, varient toutes les deux, dans chaque endroit, quant à l'heure et à la hauteur de la pleine mer, avec la distance du soleil et de la lune à l'équateur. Comme le sommet de la vague produite par l'attraction d'un astre tend à se placer verticalement au-dessous du corps qui lui donne naissance, il est évident que de deux marées consécutives, celle qui arrive quand la lune est le plus rapprochée du zénith ou du nadir doit nécessairement être plus grande que l'autre; et, par suite, lorsque la déclinaison de la lune est de même signe que la latitude du lieu, la marée qui correspond au passage supérieur doit être plus grande que la marée opposée, et *vice versâ*, les différences les plus grandes s'observant lorsque le soleil et la lune sont en opposition et dans les tropiques opposés. C'est là ce qu'on appelle l'*inégalité diurne*, parce que son cycle est d'un jour; mais cette inégalité varie singulièrement suivant les lieux, et ses lois, qui paraissent déterminées par des circonstances locales, sont encore très peu connues. En résumé, les marées les plus fortes arrivent aux équinoxes, quand la lune est périgée et très voisine de l'équateur, et les plus faibles aux solstices, quand la lune est apogée et à une grande déclinaison. Au reste, on a remarqué que plus la mer s'élève quand elle est pleine, plus elle descend dans la basse mer suivante.

Nous venons de décrire les principaux phénomènes qui auraient lieu si la terre était une sphère parfaite et entièrement recouverte d'une nappe d'eau dont la profondeur serait uniforme. Mais les phénomènes que présentent les marées sont beaucoup plus compliqués. L'interruption de la terre ferme, la forme irrégulière de l'Océan et la différence de profondeur de son lit combinées avec plusieurs autres causes perturbatrices, parmi lesquelles nous citerons l'inertie des eaux, leur frottement sur le fond ou contre les rivages, l'étroitesse et la longueur des détroits, l'action du vent, les courants, les différences de pression atmosphérique, etc., déterminent, dans les divers lieux, de grandes variations dans l'heure moyenne et dans la hauteur des marées. Bien plus, les inégalités normales dont il a été question plus haut, comme celles qui dépendent de la parallaxe de la lune, de sa position relativement au soleil, et de la déclinaison des deux astres, sont, dans bien des cas, annulées par les effets des influences perturbatrices, ou bien elles ne peuvent se découvrir qu'au moyen du calcul et par la comparaison de longues séries d'observations. En raison des causes perturbatrices, il devient extrêmement difficile de tracer le parcours de la grande vague océanique, et les rapports synchroniques qui existent entre les marées locales, c.-à-d. entre les marées considérées aux différents lieux de la surface du globe. Deux savants anglais, sir John Lubbock et le Dr Whewell, se sont livrés tout particulièrement à ces difficiles recherches. D'après Whewell, la marche générale de la grande vague qui constitue la marée peut se décrire de la manière suivante. — C'est seulement dans la mer du Sud, entre le 38e et le 70e de latitude, qu'il existe une zone d'eau assez étendue pour permettre à la vague de marée de se former complètement. Imaginons donc qu'il se forme dans l'océan Indien une ligne de marées ayant lieu au même instant, ou une *Ligne cotidale*, telle que l'indique la théorie, c.-à-d. dans la direction du méridien et à une certaine distance à l'est du méridien où se trouve la lune. Lorsque cette vague vient à franchir le cap de Bonne-Espérance, elle envoie une ondulation dérivée qui se propage au nord dans l'océan Atlantique, en conservant toujours une certaine fraction de sa vitesse et de son étendue primitives. Dans son trajet vers la partie nord de cet Océan, la vague prend une forme curviligne, dont la portion convexe occupe à peu près le milieu de l'Océan et précède ses branches qui, retardées par la moindre profondeur des eaux, restent en arrière sur les côtes d'Afrique et d'Amérique, de telle sorte que les lignes cotidales ont toujours une tendance à faire avec le rivage des angles très obliques, et, en fait, parcourent de grandes distances presque parallèlement à lui. La grande vague océanique, après avoir atteint la hauteur des Orcades, s'avance dans la mer, qui est limitée d'un côté par les rivages de la Norvège et de la Sibérie, et, de l'autre, par ceux du Groenland et de l'Amérique, puis, franchissant le pôle nord, elle termine enfin sa course sur les côtes voisines du détroit de Behring. Elle peut même faire sentir son influence à travers ce détroit et modifier ainsi les marées du grand Océan boréal. Cependant, dans ce trajet, une branche se détache de la grande vague, pénètre dans la mer du Nord, entre les Orcades et la côte de Norvège, et va produire la marée sur la côte orientale de la Grande-Bretagne, ainsi que sur les côtes de la Hollande, du Danemark et de l'Allemagne. Continuant sa course, cette branche, en partie au moins, franchit le Pas de Calais et rencontre, dans la Manche, la marée de l'Atlantique, laquelle n'arrive sur les côtes d'Europe que douze heures plus tard; mais, en longeant la côte est de l'Angleterre, une autre portion de la branche dont nous parlons est réfléchie par la saillie que forme la côte de Norfolk vers la côte nord de l'Allemagne, et rencontre de nouveau, sur les côtes du Danemark, la vague formée par la branche de la mer du Nord. De là, il résulte un phénomène d'interférence, par suite duquel la marée est presque nulle sur les côtes du Jutland, où les eaux sont continuellement hautes.

Dans l'océan Pacifique, les marées sont très faibles. Au cap Horn et tout autour des côtes de la Terre de Feu, depuis l'extrémité occidentale du détroit de Magellan jusqu'à l'île des Etats, on observe un fait très remarquable, c'est que la vague de marée, au lieu de suivre la lune dans sa révolution diurne, se dirige vers l'est. Mais ce phénomène est purement local: car, un peu plus au nord des lieux que nous venons de nommer, les marées marchent au nord et à l'ouest. Dans la Méditerranée et dans la Baltique, les marées sont presque insensibles. Cela tient à la faible étendue de ces mers, et à l'étroitesse du détroit de Gibraltar et de ceux qui terminent la mer Baltique, étroitesse qui ne permet pas aux oscillations des eaux de l'Atlantique de se propager à l'intérieur, de manière à y produire des marées dérivées appréciables. A Toulon, par ex., les plus hautes marées sont de 22 centimètres. Mais elles présentent des irrégularités qu'il est difficile d'expliquer.

Comme les marées que nous observons sur nos côtes sont dérivées des grandes oscillations produites dans l'océan Indien sous l'influence directe du soleil et de la lune, et que ce mouvement ondulatoire exige un certain laps de temps pour se propager jusqu'aux eaux qui baignent nos côtes, il s'ensuit que nos marées ne sont point dues au passage de la lune qui les précède immédiatement, mais qu'elles sont réglées par la position qu'occupaient le soleil et la lune au moment de la production de la grande ondulation primitive. Le temps qui s'écoule entre la formation primitive de la marée et son apparition dans quelque endroit est appelé l'*âge* de la marée, et le plus souvent, d'après Bernouilli, le *retard*. Sur nos côtes de l'Océan et sur celles de l'Amérique du Nord, la marée est *âgée* d'un jour et demi; dans le port de Londres, elle paraît avoir deux jours et demi quand elle se fait sentir. — En pleine mer, le faîte ou la crête de la marée marche avec une vitesse prodigieuse. Si toute la surface du globe était couverte d'eau, le sommet de la vague, attendu l'action prépondérante de la lune, suivrait constamment le passage de cet astre à un intervalle de temps toujours le même; par conséquent, il mettrait un peu plus de 24 heures pour faire le tour du globe. Or, comme la circonférence de la terre à l'équateur est d'environ 9,000 lieues, l'ondulation se propagerait donc avec une vitesse de 360 lieues par heure. Dans l'état réel de la terre, la marée n'atteint certainement nulle part cette énorme vitesse, et de plus la rapidité de sa marche varie considérablement suivant les lieux. Vers le 60° de latitude sud, où, sauf l'étroit promontoire de la Patagonie, on ne rencontre point de terre pour arrêter la marche de l'ondulation, elle accomplit une révolution terrestre en un jour lunaire, et, par conséquent, fait environ 180 lieues en une heure. En examinant la carte des lignes cotidales dressée par Whewell, on voit que la grande vague océanique venant de la mer du Sud met environ 12 heures à parcourir l'espace compris entre le cap de Bonne-Espérance et les Açores, et emploie ensuite 3 heures pour arriver des Açores à la pointe la plus méridionale de l'Irlande. Dans l'Atlantique, la vitesse horaire de l'ondulation paraît être, dans certains cas, d'environ 10° de latitude, c.-à-d. de 250 lieues à l'heure, ce qui est presque la vitesse du son dans l'air. Pour se propager de la pointe sud de l'Irlande à l'extrémité la plus septentrionale de l'Écosse, la marée emploie 12 heures, et sa vitesse le long des côtes est d'environ 56 lieues par heure. Sur la côte orientale de l'Angleterre, et dans une eau moins profonde, cette vitesse va en diminuant. Il est à peine nécessaire de remarquer que les mesures de vitesse ci-dessus se rapportent à la transmission des ondulations, et sont entièrement différentes de la rapidité du courant auquel la marée donne naissance dans les eaux peu profondes.

La différence de niveau qu'on observe entre la haute et la basse mer est affectée par différentes causes, principalement par la configuration des terres, et varie considérablement suivant les lieux. Dans les découpures profondes du rivage, lorsqu'elles s'ouvrent dans la direction de la vague, puis se rétrécissent graduellement en entonnoir, la convergence des eaux détermine une très grande augmentation dans la hauteur de la marée. Telles sont, par ex., les marées qui ont lieu dans le canal de Bristol, dans la baie de Saint-Malo, où les eaux s'élèvent parfois à 15 mètres, et dans la baie de Fundy (Amérique du Nord) où, dit-on, elles atteignent jusqu'à 30 mètres. Les caps exercent, dans certaines circonstances, une influence opposée et diminuent l'élévation de la marée. L'heure de la basse mer intermédiaire à deux pleines mers consécutives varie aussi suivant la configuration des terres. Ainsi, par ex., au Havre et à Boulogne, la mer met 2 h. 8 m. de plus à descendre qu'à monter; à Brest, au contraire, la différence n'est que de 16 m. On observe encore dans divers lieux des anomalies fort singulières. Ainsi, par ex., sur certains points de la côte sud-est de l'Irlande, la marée ne dépasse pas 94 centimètres, tandis qu'à une petite distance, de chaque côté, elle s'élève à 4 mètres, et, chose remarquable, ces marées si peu considérables se rencontrent juste vis-à-vis du canal de Bristol, dans lequel (à Chepstow), la différence entre les hautes et basses eaux s'élève à 18 mètres. Au milieu de l'océan Pacifique, la marée ne monte qu'à 60 ou 90 centimètres. Dans le port de Brest, sa hauteur moyenne dépasse 6 mètres.

Le tableau suivant donne pour les principaux ports de France la hauteur moyenne d'une demi-marée de syzygie, c.-à-d. la différence entre le niveau moyen et celui de la haute mer, ainsi que l'établissement du port :

| | Hauteur | Établ. du port |
|---|---|---|
| | — | — |
| Entrée de l'Adour . . . . . . . . . . . | 1m,40 | 3h 30m |
| Cordouan (embouchure de la Gironde). | 2 ,35 | 4 01 |
| La Rochelle . . . . . . . . . . . . . . | 2 ,67 | 3 50 |
| Saint-Nazaire (embouchure de la Loire). | 2 ,68 | 3 45 |
| Lorient . . . . . . . . . . . . . . . . | 2 ,24 | 3 30 |
| Brest. . . . . . . . . . . . . . . . . | 3 ,21 | 3 45 |
| Saint-Malo . . . . . . . . . . . . . . | 5 ,68 | 6 00 |
| Granville. . . . . . . . . . . . . . . | 6 ,15 | 6 30 |
| Cherbourg . . . . . . . . . . . . . . | 2 ,82 | 7 45 |
| Le Havre (embouchure de la Seine). . | 3 ,54 | 9 15 |
| Dieppe . . . . . . . . . . . . . . . . | 4 ,40 | 10 30 |
| Calais . . . . . . . . . . . . . . . . | 3 ,12 | 11 45 |
| Dunkerque. . . . . . . . . . . . . . . | 2 ,68 | 11 45 |

Indépendamment des nombreuses causes d'irrégularités dépendant de circonstances locales qui affectent les marées, ce phénomène est encore modifié par l'état de l'atmosphère, c'est-à-dire par l'influence de la pression atmosphérique et par les vents. A Brest, la hauteur de la marée est en raison inverse de celle du baromètre, et elle augmente de plus de 20 centimètres pour un abaissement d'environ 1 centimètre 1/4 de la colonne barométrique. A Liverpool, un abaissement du baromètre égal à 2 millimètres 1/2 correspond à une élévation d'environ 1 centimètre 1/2. Ainsi donc, lorsque le baromètre descend, on doit s'attendre à une marée plus haute, et *vice versâ*. — Quant à l'influence des vents, il est à peine besoin de la signaler, tant elle est manifeste. Dans certains cas, leur action, venant s'ajouter à celle des hautes marées des syzygies, peut occasionner de grands désastres dans les ports et sur certaines côtes. En 1825, par ex., vers l'équinoxe, les eaux, favorisées par les vents, ont produit des catastrophes terribles à Saint-Pétersbourg, en Hollande, dans une partie de la Flandre et dans quelques régions encore.

Les anciens avaient déjà entrevu la vraie cause des marées. Aristote, dans son livre *Du monde*, dit que les marées suivent le mouvement de la lune. Pline, dans son *Histoire naturelle*, s'exprime encore plus clairement à cet égard : « La cause des marées, dit-il, réside dans l'action du soleil et de la lune; les eaux se meuvent en obéissant à un astre avide qui soulève et attire à lui les mers. » Mais les anciens n'allèrent pas plus loin; il faut arriver jusqu'à Newton (1687) pour trouver la théorie luni-solaire des marées élevée au rang des vérités scientifiquement démontrées. Dans son livre *Des principes*, Newton détermine les forces avec lesquelles le soleil et la lune élèvent les eaux de l'Océan, en supposant que la mer soit un fluide partout de même densité, qui recouvre toute la surface de la terre, et qui prend à chaque instant la figure d'équilibre. Il établit, mais sans le démontrer, que cette figure est un sphéroïde allongé. Il suppose, en outre, qu'il se forme deux sphéroïdes, l'un sous l'influence de l'action solaire, et l'autre sous celle de la lune, et qu'en raison de la petitesse de leur excentricité, on peut les concevoir comme superposés l'un à l'autre. Partant de ces différentes hypothèses, il déduit d'abord les phénomènes généraux du flux et du reflux; puis, comparant sa théorie avec les observations de la hauteur des grandes marées à l'embouchure de l'Avon, près de Bristol, il établit que l'attraction lunaire est à l'attraction solaire comme 4,48 est à 1. Enfin, il en conclut que la masse de la terre est à celle de la lune comme 39,788 est à 1; que la densité du soleil est à celle de la terre comme 1 est à 4, et que la densité de la terre est à celle de la lune comme 11 est à 9. La théorie de Newton était défectueuse sous plusieurs points de vue; mais cinquante ans s'écoulèrent avant qu'elle reçût aucune amélioration. En 1738, l'Académie des sciences de Paris ayant mis au concours la question des marées, les plus illustres géomètres de l'époque répondirent à son appel, et cette théorie reçut des perfectionnements importants. Parmi les travaux remarquables que ce concours fit éclore, nous citerons ceux de Maclaurin, de Daniel Bernoulli et d'Euler. Néanmoins aucun géomètre n'a répandu autant de lumière sur cette partie de la science que le célèbre Laplace, à la fin du siècle dernier. Le premier, Laplace traita ce sujet comme une question générale d'hydrodynamique. Mais, afin de simplifier ses formules, il fut forcé d'avoir recours à l'hypothèse d'un fluide couvrant entièrement un sphéroïde régulier, et, par suite, les résultats qu'il a obtenus, bien qu'exprimant d'une manière rigoureuse les lois générales des marées, laissent de côté une foule de circonstances particulières. Thomas Young a essayé d'étendre la méthode de Laplace au cas d'un océan couvrant seulement une partie de la surface de la terre, et plus ou moins irrégulier dans sa configuration : il a cherché en même temps à renfermer dans ses calculs les effets du frottement de l'eau sur les heures et la grandeur des marées. Mais, il faut le reconnaître, il sera sans doute toujours impossible de comprendre dans la même formule l'ensemble des circonstances accessoires qui exercent leur influence sur l'heure et l'étendue de ce phénomène ; d'ailleurs, aujourd'hui même, la plus grande partie de ces circonstances sont encore inconnues. Aussi Laplace dit-il avec raison : « Tout ce que nous pouvons faire, c'est d'analyser les phénomènes généraux qui doivent résulter des actions combinées de la lune et du soleil, et de déduire de nos observations les données indispensables pour compléter la théorie des marées pour chaque port particulier. »

**MARÉGRAPHE.** s. m. (R. *marée*, et gr. γράφω, je trace). T. Phys. Instrument enregistreur destiné à enregistrer le niveau moyen de la mer à toute heure, de manière à permettre d'en suivre les variations. Le m. se compose essentiellement d'un puits creusé dans la terre et mis en communication avec la mer par un tube plus ou moins long et large. Les ondulations des vagues s'amortissent dans ce conduit et le niveau du puits représente le niveau moyen de la mer. Il s'élève et s'abaisse avec la marée. Un flotteur porte un index qui trace une courbe sur un cylindre mû par un mouvement d'horlogerie. Cette courbe indique ainsi toutes les variations du niveau. Le m. a été imaginé par Chazallon qui, par son emploi, a révélé, en 1839, l'existence des oscillations secondaires de la mer ou marées quart-diurnes, etc. Le premier m. a été établi à Cherbourg. Plus récemment le m. a été perfectionné par M. Lallemant qui, entre autres modifications, a intercalé dans le conduit des toiles métalliques à larges mailles qui assurent plus complètement l'amortissement des vagues. — On dit aussi MARÉOGRAPHE et MARÉOMÈTRE.

**MARELLE.** s. f. [Pr. *marè-le*. On disait autrefois *Mérelle*] (R. *méreau*). Jeu d'enfants et d'écoliers, qui consiste en une sorte d'échelle tracée sur le sol, dans laquelle on saute à cloche-pied, en poussant avec le bout du pied une espèce de palet. *Jouer à la marelle.* || Autre jeu formé d'un dessin représentant un carré avec les diagonales et les lignes médianes sur lequel chaque joueur place trois cailloux et les fait avancer suivant des règles déterminées. Il faut, pour gagner, arriver à placer les trois cailloux en ligne droite.

**MAREMMATIQUE.** adj. 2 g. [Pr. *marè-matike*]. Qui tient de la maremme.

**MAREMME.** s. f. [Pr. *marè-me*] (ital. *maremma*, du lat. *maritima*, terre située près de la mer). Nom qu'on donne en Italie à des terrains qui sont inhabitables dans l'été à cause des émanations délétères appelées *malaria*, qui s'exhalent du sol, lequel est imprégné de soufre et d'alun. *L'hiver, les m. sont de riches pâturages, et l'homme peut y habiter sans inconvénient.*

**MARENGO.** Village d'Italie (Piémont) ; 2,450 hab. Célèbre par la victoire des Français sur les Autrichiens (14 juin 1800). L'exécution foudroyante du plan de Bonaparte rendit à la France l'Italie qui venait d'être perdue.

**MARENGO.** s. m. [Pr. *marin-gho*, *g* dur] (R. *Marengo*, ville). T. Techn. Sorte de drap très fort dont le ton noir est tacheté de petits points blancs peu apparents. || T. Cuis. *A la m.*, Manière d'accommoder la volaille. *Poulet à la m.*

**MARENNES,** ch.-l. d'arr. du dép. de la Charente-Inférieure, à 38 kil. S. de la Rochelle ; 5,400 hab. Huîtres vertes renommées.

**MARÉOGRAPHE.** s. m. Voy. MARÉGRAPHE.

**MARÉOMÈTRE.** s. m. (R. *marée*, et gr. μέτρον, mesure). Voy. MARÉGRAPHE.

**MARÉOTIS** ou **MARIOUT,** lac de la Basse-Égypte, séparé de la Méditerranée par une langue de terre sur laquelle est Alexandrie.

**MARESCOT,** général fr. (1758-1832).

**MARESQUE.** adj. 2 g. *Terrain m.*, Terre à marais.

**MARET** (Duc DE BASSANO), secrétaire d'État sous le premier Empire, ministre des affaires étrangères (1763-1839).

**MAREUIL,** ch.-l. de c. (Dordogne), arr. de Nontron, 1,600 hab.

**MAREUIL,** ch.-l. de c. (Vendée), arr. de la Roche-sur-Yon, 1,900 hab.

**MAREYEUR, EUSE.** s. m. [Pr. *marè-ieur, euze*] (R. *marée*). Celui, celle qui fait le transport, le commerce du poisson de mer.

**MARFIL.** s. m. Voy. MORFIL.

**MARGAJAT.** s. m. [Pr. *mar-gha-ja*, *g* dur] (orig. améric.). Nom donné à des indigènes du Brésil. — Le langage parlé par ces indigènes. || Fig. Personne de figure grotesque. Vx.

**MARGARIMÈTRE.** s. m. (R. *margarine*, et gr. μέτρον, mesure). Instrument destiné à déceler la présence des graisses animales introduites frauduleusement dans le beurre et même à en mesurer la quantité. Le fonctionnement de cet appareil repose sur la quantité d'acides gras que peut fournir le beurre suspect. Voy. BEURRE.

**MARGARINE.** s. f. (gr. μάργαρον, blanc de perle). T. Chim. Chevreul a donné le nom de m. à une substance qu'il a retirée des graisses et qu'il considérait comme un principe immédiat. *L'acide margarique*, dont cette substance serait le glycéride et auquel Chevreul attribuait la formule $C^{17}H^{34}O^2$, n'est, suivant Heintz, qu'un mélange d'acides palmitique et stéarique. Toutefois il existe un acide répondant à cette formule ; il cristallise en écailles blanches, fusibles à 60° ; on l'a obtenu par synthèse en traitant l'iodure de cétyle par le cyanure de potassium et en saponifiant le nitrile ainsi formé.

**Techn.** — On vend aujourd'hui dans le commerce, sous le nom de *margarine*, un mélange de graisses épurées ayant l'aspect et le goût du beurre. Quand elle est bien préparée, cette substance constitue un aliment sain et assez agréable, et il n'y a rien à reprocher à cette industrie à condition que ses produits soient vendus pour ce qu'ils sont. Malheureusement, la plus grande partie de cette m. est employée à falsifier le beurre, et alors il y a fraude, d'autant plus que le prix de la m. est bien inférieur à celui du beurre. Des mesures législatives ont été prises pour entraver cette fraude ; malheureusement elles sont restées peu efficaces. Nous avons dit à l'article BEURRE les moyens qu'on pouvait employer pour reconnaître la fraude.

**MARGARIQUE.** adj. 2 g. T. Chim. Voy. MARGARINE.

**MARGARITA,** île de la mer des Antilles, sur la côte du Vénézuéla, dont elle est une possession ; 31,000 hab., ch.-l. *Asuncion.*

**MARGARITACÉ, ÉE.** adj. (lat. *margarita*, perle) T. Zool. *Coquilles margaritacées.* Qui produisent des perles.

**MARGARITE.** s. f. (lat. *margarita*, perle). T. Minér. Mica calcaire, blanc ou grisâtre, à éclat nacré.

**MARGARITIFÈRE.** adj. 2 g. (lat. *margarita*, perle ; *fero*, je porte). Qui produit des perles. || Qui porte des taches blanchâtres imitant les perles.

**MARGARODITE.** s. f. (gr. μαργαρος, nacre). T. Minér. Mica potassique, riche en eau, à éclat nacré.

**MARGAY.** s. m. T. Mamm. Nom vulgaire d'une espèce de chat sauvage (*Felis tigrina*), propre à l'Amérique du Sud. Le m. passe pour être un gibier très délicat.

**MARGE.** s. f. (lat. *margo*, *inis*, m. s.). Espace formant bordure. *La m. d'un fossé.* Le blanc qui est autour d'une page imprimée ou écrite, et principalement celui qui est à droite du recto, à gauche du verso et au bas des pages. *Une large m. Écrire en m., à la m. On a trop rogné les marges de ce livre.* || Fig. et fam., *Avoir de la m.*, Avoir du temps ou des moyens de reste pour exécuter quelque chose. On dit, dans un sens analogue, *Donner, laisser de la m. à quelqu'un.* || T. Techn. Feuille collée sur le tympan de la presse typographique, de même format que la feuille à imprimer et que celle-ci doit couvrir. — Feuille de papier qu'on place sous la planche de cuivre, dans la gravure en taille-douce, pour former les marges de l'estampe. || T. Bot. *M. du lichen*, Bordure qui entoure le thalle. || T. Anat. *M. articulaire*, Partie osseuse comprise entre la surface articulaire et le point d'attache du ligament capsulaire.

**MARGEAGE.** s. m. [Pr. *mar-ja-je*]. Action de marger, de couper le bord des feuilles.

**MARGÉLIDES.** s. f. pl. T. Zool. Groupe de *Méduses*. Voy. ce mot.

**MARGELLE.** s. f. [Pr. *marjè-le*] (lat. *margella*, dimin. de *margo*, marge). La pierre percée ou l'assise de pierres qui forme le rebord d'un puits.

**MARGEOIR.** s. m. [Pr. *mar-jou-ar*]. Plaque de fer pour marger le four à recuire les glaces.

**MARGER.** v. a. T. Techn. Poser la feuille sur la marge. — Boucher l'orifice du four à recuire les glaces à l'aide du margeoir.

**MARGERIDE** (Monts de la), chaîne de montagnes dans les départements de la Lozère, de la Haute-Loire et du Cantal.

**MARGEUR, EUSE.** s. [Pr. *mar-jeur, euze*]. Ouvrier, ouvrière qui marge la feuille à imprimer. — Ouvrier, ouvrière qui marge les orifices du four à recuire les glaces. = Margeur. s. m. T. Typog. Machine à marger.

**MARGGRAF,** célèbre chimiste, né à Berlin, qui a le premier tiré du sucre de la betterave (1709-1782).

**MARGINAIRE.** adj. 2 g. T. Hist. nat. Qui tient à la marge, au bord.

**MARGINAL, ALE.** adj. Qui est à la marge. *Les notes marginales des manuscrits ont souvent passé dans le texte.* || T. Bot. Qui est situé sur le bord, qui constitue un rebord. *Nervule marginale.*

**MARGINATURE.** s. f. T. Bot. Ce qui a rapport aux bords d'une partie d'un végétal.

**MARGINER.** v. a. Écrire sur la marge d'un manuscrit, d'un livre imprimé. *Il a l'habitude de m. tous ses livres.* = Marginé, ée part. || T. Bot. *Marginé*, se dit adject., soit des surfaces circonscrites par une bande colorée, soit des surfaces munies d'un rebord saillant, mais étroit, ordinairement produit par une expansion du tissu de l'organe.

**MARGINICOLLE.** adj. 2 g. (lat. *margo, inis*, marge; *collum*, cou). T. Did. Qui a le cou entouré d'un bord autrement coloré.

**MARGINIFORME.** adj. 2 g. (lat. *margo, inis*, marge; *forma*, forme). T. Did. Qui ressemble à une bordure.

**MARGINIPENNE.** adj. 2 g. (lat. *margo, inis*, marge; *penna*, plume). T. Zool. Qui a les ailes bordées.

**MARGOT.** Dimin. popul. de *Marguerite*. || s. f. Nom vulgaire de la pie.

**MARGOTAS.** s. m. [Pr. *margo-ta*]. Bateau plat qui sert sur les rivières et dans les ports pour les travaux de réparation, d'entretien, etc.

**MARGOTER.** v. n. T. Chasse. Se dit de la caille lorsqu'elle pousse le cri qui précède son chant.

**MARGOTIN.** s. m. T. Pêch. Assemblage de crins tordus dont on fait les lignes. — Sorte de petit fagot formé de morceaux de bois fendus, ou de menus branchages.

**MARGOUILLET.** s. m. [Pr. *margou-llè, ll* mouillées] (Prov. *margouil*, tourillon). T. Mar. Anneau en bois où l'on passe certains cordages pour les soutenir.

**MARGOUILLIS.** s. m. [Pr. *margou-lli, ll* mouillées] (Vx fr. *margrouiller*, salir). Gâchis plus ou moins liquide et plein d'ordures. *Mettre le pied dans le m.* Fam. || Fig. et pop., *Mettre, laisser quelqu'un dans le m.*, Le mettre, le laisser dans l'embarras, dans une mauvaise affaire.

**MARGOULETTE.** s. f. [Pr. *margoulè-te*] (Patois normand). Mâchoire. Pop.

**MARGOUSIER.** s. m. [Pr. *margou-zié*]. T. Bot. Nom vulgaire du *Melia indica*, de la famille des *Méliacées*. Voy. ce mot.

**MARGRAVE.** s. m. (all. *mark*, frontière; *graff*, comte). Comte d'Allemagne dont le bénéfice était sur les frontières de l'empire. Voy. Landgrave.

**MARGRAVIAL, ALE.** adj. Qui appartient aux margraves.

**MARGRAVIAT.** s. m. [Pr. .....*via*]. Dignité de margrave. || Principauté d'un margrave.

**MARGRIETTE.** s. f. [Pr. *margriè-te*] (lat. *margarita*, perle). Grosse verroterie servant au commerce avec l'Afrique.

**MARGUERITE.** s. f. (lat. *margarita*, perle). T. Bot. Nom vulgaire donné à plusieurs plantes de la famille des Composées, notamment à la Pâquerette ou *Petite Marguerite* (*Bellis perennis*), au *Chrysanthemum leucanthemum* ou *Grande Marguerite*, au *Chrysanthemum segetum* ou *Marguerite dorée*, enfin au *Callistephus sinensis* ou *Reine-Marguerite*. || T. Jeux. *A la franche m.*, Jeu qui consiste à effeuiller une m. pour savoir si on est aimé d'une personne. || T. Techn. Premiers poils blancs qui paraissent aux tempes des chevaux vieillissants. — Bloc rectangulaire servant au travail des cuirs. || T. Mar. Cordage qui sert à lever l'ancre.

**MARGUERITE** (Sainte), vierge et martyre à Antioche, vers 275. Fête le 20 juillet.

**MARGUERITE D'ANGOULÊME,** sœur de François Ier, épousa en secondes noces Henri d'Albret, roi de Navarre, dont elle eut Jeanne d'Albret (1492-1549). Elle protégea les réformés. Elle a laissé des poésies et un recueil de contes, l'*Heptaméron*.

**MARGUERITE D'ANJOU,** fille du roi René, épousa le roi d'Angleterre Henri VI, de Lancastre, et, pendant la guerre des Deux-Roses, défendit le trône de son mari avec une ténacité héroïque (1429-1482).

**MARGUERITE D'AUTRICHE,** fille de l'empereur Maximilien et de Marie de Bourgogne (1480-1530). Gouvernante des Pays-Bas, elle négocia la ligue de Cambrai (1508) et la paix des Dames (1529).

**MARGUERITE DE BOURGOGNE,** reine de Navarre, fille de Robert II, duc de Bourgogne, femme de Louis X, roi de France, qui la fit mettre à mort, à cause de ses débauches (1290-1315).

**MARGUERITE D'ÉCOSSE,** fille de Jacques Ier, reine de France, première femme de Louis XI (1424-1444).

**MARGUERITE DE FRANCE,** fille de François Ier et de Claude de France, femme de Philibert-Emmanuel, duc de Savoie, née à Saint-Germain-en-Laye (1523-1574).

**MARGUERITE DE PROVENCE,** reine de France, femme de saint Louis (1221-1295).

**MARGUERITE DE VALDEMAR,** dite la *Sémiramis du Nord* (1353-1412), gouverna comme régente le Danemark et la Norvège, et consacra la fédération des trois États scandinaves par l'union de Calmar (1397).

**MARGUERITE DE VALOIS** ou **DE FRANCE,** fille de Henri II et de Catherine de Médicis, épousa Henri de Navarre (depuis Henri IV, roi de France) en 1572. Son mariage fut cassé en 1599, et elle mourut en 1615.

**MARGUERITTES,** ch.-l. de c. (Gard), arr. de Nîmes; 1,700 hab.

**MARGUILLAGE.** s. m. [Pr. *mar-ghi-llaje, g* dur, *ll* mouillées]. Corps des marguilliers d'une paroisse. Vx.

**MARGUILLERIE.** s. f. [Pr. *mar-ghi-lleri*, *g* dur, *ll* mouillées]. Charge de marguillier.

**MARGUILLIER.** s. m. [Pr. *marghi-llé*, *g* dur, *ll* mouillées]. (lat. *matricularius*, de *matricula*, rôle). Nom donné aux membres du conseil de fabrique. Voy. FABRIQUE.

**MARGUILLIÈRE.** s. f. [Pr. *marghi-llère*, *g* dur, *ll* mouillées]. La femme d'un marguillier. Fam.

**MARGYRICARPE.** s. m. pl. Genre de plantes Dicotylédones (*Margyricarpus*), de la famille des *Rosacées*. Voy. ce mot.

**MARI.** s. m. (lat. *maritus*, m. s., de *mas*, *maris*, mâle). Époux, celui qui est uni à une femme par le lien conjugal.

Certaine fille un peu trop fière
Prétendait trouver un mari
Jeune, bien fait et beau, d'agréable manière,
Point froid et point jaloux : notez ces deux points-ci.
LA FONTAINE.

= Syn. Voy. ÉPOUX.

**MARIABLE.** adj. 2 g. Qui est en état d'être marié ou mariée. *Ce jeune homme a une très mauvaise santé, il n'est pas m. Cette veuve est très m.* Fam.

**MARIA DA GLORIA**, Voy. MARIE.

**MARIAGE.** s. m. (R. *marier*). Union légitime d'un homme et d'une femme. *Le m. civil. Le m. religieux. Le sacrement du m. M. secret, clandestin, illicite, illégal. M. d'inclination, de convenance, de raison, d'intérêt. Promesse, contrat de m. Faire, contracter, célébrer un m. Casser, dissoudre, rompre un m. Garder, rompre, violer la foi du m. Les enfants qui naissent du m.* — *M. de conscience*, M. entre personnes qui ont eu ensemble un commerce illicite. *M. in extremis*, Voy. EXTREMIS. — *M. mixte*, Entre personnes de religions ou de communions différentes. — Fig. et fam., *M. sous la cheminée*, Union secrète contractée entre un homme et une femme sans que les formalités légales aient été remplies. *M. en détrempe*, Commerce illicite sous quelque apparence de m. On dit prov., dans le même sens, *M. de Jean des Vignes.* || La célébration des noces. *Assister à un m.* || Ce que l'on donne à un fils, à une fille en les mariant, et qu'on appelle dot pour les filles. *Elle a eu cent mille francs en m. Il a donné un très bon m. à son fils.* Vx. || Sorte de jeu de cartes. || T. Techn. Réunion de deux cordages. — Réunion de plusieurs bandes de marbre qu'on scelle bout à bout pour les diviser d'un seul trait de scie. — Enchevêtrement de deux écheveaux arrêtant le dévidage.

**Hist et législ.** — Le *Mariage* est la société de l'homme et de la femme qui s'unissent pour perpétuer leur espèce, pour s'aider, par des secours mutuels, à porter le poids de la vie, et pour partager leur commune destinée. L'importance de cette union dans l'ordre social explique le soin qu'ont pris tous les législateurs de l'assujettir à des règles particulières qui la font sortir de la classe des contrats ordinaires. Dans cet article nous considérerons le m. au point de vue historique, en l'étudiant chez les peuples qui nous intéressent le plus, puis nous exposerons les principes généraux qui régissent cette institution dans notre législation.

I. *Du mariage chez les Hébreux.* — Les mariages étaient libres entre tous les Israélites, et il n'était point nécessaire que chacun se mariât dans sa tribu, comme l'ont cru plusieurs écrivains, même parmi les Pères de l'Église. Il n'y avait d'exception que pour les filles qui étaient héritières; elles devaient se marier dans leur tribu, afin de ne pas confondre les partages. Mais la loi interdisait les unions entre parents rapprochés, savoir : entre ascendants et descendants à l'infini, entre beau-père et belle-fille, beau-fils et belle-mère, entre frère et sœur; les coupables étaient condamnés à mort. Le m. entre beau-frère et belle-sœur, entre neveu et tante paternelle ou maternelle était également prohibé, mais Moïse ne fixa pas la peine encourue dans ces cas. Ces prohibitions étaient fondées sur la loi morale; celles, au contraire, qui concernaient le m. avec les Chananéens et six autres nations (*Deut.*, VII, 1), avaient un but politique et religieux. Le législateur des Hébreux avait interdit ces unions afin de maintenir l'unité de son peuple et d'éloigner de lui les occasions de se laisser aller à l'idolâtrie. Les unions d'Israélites avec des hommes et surtout avec des femmes appartenant à d'autres nations étrangères n'étaient point rares; mais, pour que ces mariages fussent à l'abri de tout reproche, il fallait que l'époux étranger renonçât au culte des idoles. Moïse épousa une Madianite; Booz est loué d'avoir épousé une Moabite; la mère d'Absalon était fille du roi de Gessur; Amasa était fils d'un Ismaélite et d'Abigaïl, sœur de David; Salomon épousa la fille du roi d'Égypte, dans le temps où il était le plus agréable à Dieu.

Moïse avait trouvé la polygamie usitée chez les Israélites, comme elle l'était chez tous les peuples de l'Orient : il la toléra à cause, dit l'Évangile, de la dureté de leur cœur; mais, en la laissant subsister, il sut y mettre des restrictions utiles à la population. Une de ses lois oblige le mari de traiter sur le pied d'égalité toutes ses femmes, même s'il y en a qui soient esclaves. Moïse interdit même aux rois ces vastes sérails en usage chez certaines nations : « Ton roi, dit-il, n'aura pas un grand nombre de femmes. » Il défend aussi d'épouser les deux sœurs à la fois. Enfin, pour prévenir autant que possible les divisions qu'engendre la polygamie, il règle les droits respectifs des femmes. Il veut que la préférence que le mari pourrait donner à l'une de ses épouses ne lui fasse rien retrancher de ce qu'il doit aux autres, et il assure ce droit même à la femme esclave : « Si un homme ayant pour femme une esclave prend avec elle une autre épouse, il continuera de traiter convenablement la première. » Le droit de primogéniture était important chez les Hébreux, car divers privilèges et une portion double dans l'héritage du père y étaient attachés. Une épouse favorite aurait pu tenter de l'enlever au fils de la première. Le législateur en fait une défense expresse : « Si un homme a deux femmes, l'une plus et l'autre moins aimée, et que toutes les deux lui donnent des enfants, le père, en partageant sa succession, ne pourra faire passer le droit d'aînesse au fils de la favorite au préjudice du fils de la femme moins aimée. Il reconnaîtra celui-ci pour son premier-né et lui laissera sa part comme tel. »

Les Israélites accompagnaient leurs mariages de festins et de grandes réjouissances. Ils étaient tellement parés, que, pour exprimer la beauté du soleil, David n'a point trouvé de plus digne comparaison que celle d'un époux. La fête durait sept jours : on le voit dès le temps des patriarches, où, comme Jacob se plaignait qu'on lui avait donné Lia au lieu de Rachel, Laban lui dit : « Achevez la semaine de ce m. » Samson, ayant épousé une Philistine, fait des festins pendant sept jours, et le septième jour termine la fête. On voit dans le Cantique de Salomon que les amis de l'époux et les compagnes de l'épouse assistaient à la fête. L'époux avait des jeunes hommes qui se réjouissaient avec lui; l'épouse, des jeunes filles. On donna ainsi trente compagnons à Samson. Dans l'Évangile, il est parlé des amis de l'époux et des filles qui viennent au-devant de l'époux et de l'épouse. L'époux portait une couronne en signe de joie, et la tradition des Juifs en donne aussi à l'épouse. On les conduisait avec des instruments de musique et les assistants tenaient à leurs mains des branches de myrte et de palmier. « Au reste, je ne vois point, dit Fleury, que les mariages fussent revêtus d'aucune cérémonie religieuse, si ce n'est des prières du père de famille et des assistants pour attirer la bénédiction de Dieu. Nous en avons des exemples dans les mariages de Rébecca avec Isaac, de Ruth avec Booz, de Sarah avec Tobie. Je ne vois point que l'on offrît de sacrifice à cette occasion, que l'on allât au temple, ou que l'on fît venir les prêtres : tout se passait entre les parents et les amis; aussi ce n'était encore qu'un contrat civil. »

Les femmes vivaient fort séparées des hommes, fort retirées, principalement les veuves. Judith, ainsi que le rapporte le livre des *Juges*, demeurait renfermée avec ses femmes dans un appartement haut. Cependant, chez les Juifs, les femmes n'étaient point oisives. C'étaient elles qui préparaient les repas et faisaient les vêtements de leur mari et de leurs enfants. Leur occupation la plus ordinaire était de fabriquer des étoffes sur le métier. Si l'on veut des preuves tirées de l'Écriture, on y lit que la mère de Samuel lui faisait une petite tunique, qu'elle lui apportait aux jours solennels, et l'on voit la femme forte de Salomon employer avec industrie le lin et la laine, tourner elle-même le fuseau, et donner deux paires d'habits à tous ses domestiques. Enfin, le soin des enfants occupait une grande partie de leur temps.

II. *Du mariage chez les Grecs.* — A. Les anciens législateurs de la Grèce considéraient le m., γάμος, comme étant non seulement d'intérêt privé, mais encore d'intérêt public. Il en était surtout ainsi à Sparte, où, d'après les lois de Lycurgue, on pouvait intenter des poursuites criminelles contre ceux qui se mariaient trop tard ou qui contractaient une union mal assortie, aussi bien que contre ceux qui refusaient de se marier. Ces dispositions légales étaient fondées sur ce principe généralement admis dans toute l'antiquité, qu'il était du devoir de chaque citoyen de donner à l'État une race forte et vigoureuse d'enfants légitimes. La bigamie était complètement en dehors, soit des coutumes de Sparte, soit des mœurs des autres peuples de la Grèce. Ainsi, les héros d'Homère ne paraissent jamais avoir eu plus d'une femme légitime, κουριδίη ἄλοχος. Solon considérait aussi le m. comme un acte dans lequel l'État avait le droit d'intervenir. En effet, une de ses lois autorisait à intenter contre les célibataires une action particulière appelée γραφὴ ἀγαμίου; cependant cette disposition semble être tombée de bonne heure en désuétude. Mais, indépendamment des considérations publiques que nous venons de mentionner, il y avait, dans les mœurs des anciens, des motifs particuliers, et pour ainsi dire personnels, qui invitaient tous les citoyens au m. et leur en faisaient une sorte d'obligation. C'était d'abord le désir qu'avait chaque citoyen de perpétuer son nom et d'empêcher la dispersion de son héritage, puis la crainte de ne laisser en mourant personne pour faire sur sa tombe les offrandes accoutumées.

B. Chez les anciens, le choix d'une épouse était rarement fondé sur l'affection. Fort souvent un père choisissait pour son fils une jeune fille que ce dernier n'avait même jamais vue, ou il le forçait à se marier pour mettre un terme aux folies de sa jeunesse. En général, le consentement de la femme n'était pas considéré comme nécessaire au m.; elle était obligée de se soumettre au désir de ses parents et de recevoir de leurs mains un inconnu pour être à l'avenir son époux et son maître. Le résultat d'unions contractées de cette manière devait naturellement produire un manque de confiance et d'harmonie entre les époux, du moins jusqu'à ce qu'ils fussent habitués l'un à l'autre. — Les lois d'Athènes défendaient à un citoyen, sous des peines très sévères, d'épouser une femme étrangère, et réciproquement à une Athénienne de se marier avec un étranger. Quant aux liens du sang, dans aucune partie de la Grèce, ils ne constituaient, sauf de rares exceptions, un obstacle au m. La seule interdiction absolue était celle qui prohibait le m. entre ascendants et descendants. Ainsi, le frère pouvait épouser sa sœur, pourvu qu'elle ne fût pas née de la même mère : c'est ce que l'on voit par l'ex. de Cimon, qui épousa sa sœur Elpinice. — A Athènes, quand un père mourait intestat et sans enfant mâle, son héritière ne pouvait choisir son époux. La loi l'obligeait à épouser son plus proche parent non marié dans la ligne collatérale; en revanche, si elle était pauvre, ce plus proche parent était tenu, soit de l'épouser, soit de lui donner une dot selon son rang. Lorsqu'il y avait plusieurs cohéritières, elles épousaient leurs parents les plus rapprochés, et le plus proche parmi eux avait le droit de choisir celle qu'il préférait. En un mot, l'héritière et l'héritage paraissent avoir appartenu aux membres de la famille, à ce point que, dans les premiers temps, un père ne pouvait donner sa fille en m., si elle était héritière, sans leur consentement. Plus tard, cependant, cette disposition disparut de la législation athénienne, qui laissa au père la faculté de disposer de la main de sa fille par testament ou autrement. La législation de Sparte ne différait pas de celle d'Athènes sur ce point. C'est ainsi que nous voyons Léonidas épouser l'héritière de Cléomène, comme son plus proche parent, et Anaxandride épouser la fille de sa propre sœur. D'autre part, lorsqu'un père n'avait pas disposé de sa fille, c'était le roi qui décidait lequel, parmi les individus privilégiés, c.-à-d. parmi les membres de la famille, épouserait l'héritière.

Les Grecs regardaient certains jours et certaines saisons de l'année comme plus particulièrement favorables aux mariages. Aristote indique l'hiver comme une de ces saisons. A Athènes, la plupart des mariages se célébraient dans le mois de *Gamélion*, qui correspond en partie à notre mois de janvier, et qui tirait en effet son nom des nombreux mariages qui se faisaient pendant sa durée. Hésiode recommande de se marier le 4 de ce mois. Quant à l'âge regardé par les anciens comme le plus convenable pour le m., les auteurs ne sont point d'accord à ce sujet; néanmoins on peut dire qu'en général les hommes se mariaient entre 30 et 35 ans, et les femmes à 20 ans ou un peu plus tôt.

C. Nous allons maintenant retracer brièvement les cérémonies plus ou moins solennelles qui précédaient ou accompagnaient le m. dans les différentes parties de la Grèce. — A Athènes, la plus importante des formalités préliminaires c'étaient les fiançailles, ἐγγύησις, car elle était indispensable à la validité complète du m. Le tuteur naturel ou légal de la mariée y présidait, et les parents des deux parties contractantes y assistaient comme témoins. La loi athénienne statuait que tous les enfants nés d'un m. également contracté sous ce rapport étaient γνήσιοι, c.-à-d. légitimes. En conséquence, s'ils étaient du sexe masculin, ils étaient aptes à hériter ou à partager également la succession. Il semblerait donc d'après cela que les enfants issus d'un mariage contracté sans fiançailles perdissent leur droit à hériter, puisque ce droit dépendait de la condition d'être né d'un citoyen et d'une citoyenne légalement fiancés, ἐξ ἀστῆς καὶ ἐγγυητῆς γυναῖκος. C'était aussi à ce moment qu'on fixait le douaire de l'épouse. Mais il y avait encore d'autres cérémonies qui avaient lieu soit la veille, soit le jour même du m. La première était appelée προγάμεια, et se composait de sacrifices ou d'offrandes faites aux divinités qui présidaient aux mariages. On pense généralement que cette cérémonie se faisait le jour qui précédait l'union des époux; mais un passage d'Euripide semble prouver qu'il n'en était pas toujours ainsi. C'était le père de la mariée qui présidait à ce sacrifice. Quant aux divinités auxquelles on l'offrait, Pollux nomme Junon, Diane et le Destin, tandis que Diodore de Sicile mentionne Jupiter et Junon Pronuba; mais probablement les dieux invoqués ce jour-là variaient suivant les pays. Dans tous les cas, les époux consacraient à ces dieux les prémices de leur chevelure. Les offrandes à Diane avaient pour objet d'apaiser la déesse, qui, suivant la mythologie grecque, était ennemie du m. Une autre cérémonie généralement observée le jour du m. consistait à faire baigner les deux époux dans de l'eau puisée à quelque source particulière. De là venait, suivant quelques écrivains, l'usage de placer sur la tombe des personnes qui mouraient sans avoir été mariées la figure d'un homme portant de l'eau. Ces préliminaires achevés, la nouvelle mariée était ordinairement conduite, à la chute du jour, de la maison de son père à celle de son époux. Elle était portée sur un chariot traîné par deux mules ou deux bœufs, et pourvu, en guise de siège, d'un lit de repos. Auprès d'elle s'asseyaient, d'un côté le marié, et de l'autre un de ses parents ou amis, lequel, en raison des fonctions qu'il remplissait ce jour-là, était appelé le *Paranymphe*, παράνυμφος ou νυμφευτής. Le char était accompagné, suivant les circonstances, par un cortège plus ou moins nombreux dans lequel se trouvaient plusieurs personnes chargées de porter les torches nuptiales, δᾷδες νυμφικαί. Dans certaines localités, en Béotie par ex., il était d'usage de brûler l'essieu du chariot à son arrivée à la demeure du nouvel époux. Cette cérémonie symbolique signifiait que l'épouse, une fois entrée dans la maison, n'en devait plus sortir. L'époux et l'épouse qui figuraient dans cette procession nuptiale étaient tous deux revêtus de leurs plus beaux habits, et portaient sur la tête une couronne de fleurs : en outre, les traits de l'épouse étaient cachés par un voile. Les portes de leurs maisons étaient ornées de guirlandes de lierre et de laurier. Pendant la marche du cortège, on chantait le chant d'hyménée, avec accompagnement de flûtes lydiennes, et le nouveau couple recevait sur son passage les félicitations et les souhaits de tous ceux qu'il rencontrait. Enfin, au moment où les mariés entraient dans la maison de l'époux, et où la jeune fille était probablement conduite par sa mère portant une torche allumée, on répandait sur eux des parfums et des dragées, comme un emblème d'abondance et de prospérité.

Venait ensuite le festin nuptial, γάμος ou θοίνη γαμική, qui avait généralement lieu dans la maison de l'époux ou de ses parents. Cette réunion joyeuse avait en outre un objet plus important. Comme chez les anciens Grecs le m. n'était soumis à aucune formalité publique soit civile, soit religieuse, et qu'ainsi il n'était constaté par aucun acte authentique, le festin nuptial y suppléait, car les convives étaient autant de témoins qui pouvaient attester sa célébration : Démosthène dit en effet qu'ils étaient conviés en partie dans ce but. Contrairement à la coutume généralement pratiquée chez les Grecs, les femmes étaient invitées à ce festin aussi bien que les hommes; mais elles s'asseyaient à une table séparée, avec la nouvelle épouse toujours couverte de son voile. Le festin terminé, celle-ci était conduite par son époux dans la chambre nuptiale; et une loi de Solon voulait qu'en entrant, les deux époux mangeassent ensemble un coing, comme pour indiquer qu'ils devaient faire en sorte que la vie commune fût douce et agréable pour chacun d'eux. C'est alors qu'un chœur de jeunes filles chantait à la porte de la chambre des époux l'hymne nuptial ou l'*Épithalame*, ainsi que le représente Théocrite dans sa 18ᵉ idylle. A ce sujet, le scholiaste remarque qu'il y avait deux sortes d'épithalames, l'un qui se chantait le soir, et qu'on appelait κατακοιμητικός, et l'autre qui se chantait le matin, et qu'on appelait διεγερτικός. Le lendemain du m., c.-à-d. le premier jour que la mariée passait dans sa nouvelle demeure (ἐπαύλια), les nouveaux époux recevaient de leurs amis les présents d'usage. Un autre jour, qu'on appelait ἀπαύλια, et qui était vraisemblablement le surlendemain du m., l'époux quittait sa maison pour aller coucher chez son beau-père séparément de son épouse, et celle-ci lui offrait un vêtement appelé ἀπαυλιστηρία. Au nombre des présents faits à la nouvelle épouse par son mari et par ses amis, il y en avait qu'on nommait ἀνακαλυπτήρια, parce qu'on les lui offrait la première fois qu'elle paraissait sans voile. Une autre cérémonie observée après le m. était le sacrifice offert par l'époux le jour où sa femme était enregistrée dans la phratrie ou tribu à laquelle il appartenait lui-même.

Le récit que nous venons de faire des cérémonies qui accompagnaient le m. ne doit pas être considéré comme s'appliquant à toutes les époques et à tous les lieux, mais plutôt comme un tableau des usages généralement pratiqués à Athènes dans les derniers temps. A Sparte, la cérémonie des fiançailles par le père ou le tuteur de la jeune fille était un préliminaire indispensable du m., tout comme à Athènes; mais une coutume qui était particulière aux Spartiates, et qui était un vestige de l'ancienne barbarie, était l'enlèvement de la fiancée par son futur époux, bien entendu avec le consentement préalable de ses parents et de ses tuteurs. Cependant elle n'allait pas immédiatement demeurer chez son mari. Elle restait encore chez ses parents, ne voyant d'abord son époux qu'à la dérobée. Suivant Müller, c'est aux enfants nés de ces rapports clandestins que les Spartiates appliquaient l'épithète de παρθένιοι. Enfin, au bout d'un certain temps, le mari emmenait ouvertement sa femme pour habiter chez lui. La même coutume subsistait en Crète, au rapport de Strabon.

D. En général, les Grecs n'accordaient aux femmes qu'une très médiocre considération, et regardaient leur sexe comme fort inférieur au sexe masculin. A leurs yeux, les femmes étaient faites pour débarrasser les hommes des fonctions subalternes de la vie. En un mot, elles étaient pour eux des servantes bien plus que des compagnes. Aristote établit que les relations d'homme à femme doivent être celles de souverain à sujet, et Platon dit que la vertu de la femme peut se résumer en peu de mots, car elle a simplement à bien administrer l'intérieur de la maison, en s'attachant à la conservation de ce qu'elle renferme, et à obéir à son mari. Ailleurs, ce dernier philosophe, énumérant les devoirs d'une bonne ménagère, les comprend sous ces trois chefs, ταμιεία, θεραπεία, et παιδοτροφία. Par le premier de ces termes, il entend tous les soins relatifs à l'administration du ménage proprement dit; par le second, la direction et la surveillance des domestiques soit libres, soit esclaves; et par le troisième, l'éducation physique des enfants. Plutarque fait observer à ce sujet que les mères doivent elles-mêmes nourrir et allaiter leurs enfants; cependant beaucoup de femmes libres se louaient comme nourrices, et l'on recherchait surtout les nourrices lacédémoniennes. — Avant le m., les femmes grecques vivaient dans un état de séquestration qui équivalait presque à la privation de toute liberté. Elles ne paraissaient jamais en public, sauf dans quelques circonstances exceptionnelles, comme lorsqu'elles prenaient part à certaines cérémonies ou processions religieuses. Dans ces cas rares, les jeunes gens qui désiraient se marier profitaient de l'occasion pour arrêter leur choix. Même après le m., les femmes, du moins celles qui appartenaient à la classe riche ou aisée, étaient confinées dans la maison et surveillées avec une jalousie presque orientale. Elles habitaient dans la maison conjugale un appartement séparé, qu'on appelait le gynécée, dont il ne leur était pas permis de sortir sans la permission de leur mari, et où nul homme ne pouvait entrer en l'absence de celui-ci : c'est ce que l'on voit par divers passages des auteurs comiques d'Athènes. Un passage de Plutarque donne à penser que les idées des Thébains sur ce sujet étaient conformes à celles des Athéniens. Le même auteur nous apprend en outre qu'une loi de Solon spécifiait les conditions et les cas où il pouvait être permis aux femmes de sortir de leur maison. Enfin, dans les derniers temps, il y avait à Athènes des magistrats chargés, ainsi que l'indique leur nom, γυναικονόμοι, de surveiller la conduite des femmes.

Au reste, nous devons faire observer que ce que nous venons de dire de la condition morale et sociale des femmes dans la Grèce ne s'applique pas aux temps héroïques décrits par Homère, non plus qu'à l'État dorien de Sparte. Dans les temps homériques, les femmes jouissaient de beaucoup plus de liberté et de considération qu'aux époques plus modernes dont il vient d'être parlé, et l'union entre les sexes avait un caractère de noblesse et d'affection qui plus tard disparut dans la majeure partie de la Grèce. Dans les pays occupés par la race dorienne, et à Sparte, en particulier, les femmes continuèrent à jouir de cette considération et de cette liberté qu'elles avaient dans les temps anciens, et les mœurs n'établissaient pas entre la femme et le mari cette distance infranchissable qui existait ailleurs. Ainsi, à Sparte, par ex., l'épouse était honorée du titre de *maîtresse*, δέσποινα, appellation commune aussi parmi les Thessaliens et les autres nations de la Grèce septentrionale. En outre les relations sociales publiques qu'autorisaient les mœurs doriennes entre les individus de sexe différent faisaient un tel contraste avec la vie de réclusion à laquelle les femmes grecques étaient généralement condamnées, qu'elles avaient valu dans toute la Grèce aux femmes spartiates une assez mauvaise réputation. De même l'influence dont jouissaient les Lacédémoniennes sur leurs époux attiraient à ceux-ci de nombreux sarcasmes, et l'on reprochait communément aux Spartiates de subir le joug de leurs femmes. A Sparte, les femmes mariées vivaient moins en public que celles qui ne l'étaient pas : celles-ci sortaient le visage découvert; celles-là ne sortaient que voilées. De même, à Sparte, en Crète, et à Olympie, les jeunes filles pouvaient assister aux luttes gymnastiques dont les femmes mariées étaient exclues, tandis que l'usage contraire prévalait chez les populations de race ionienne.

III. *Du mariage chez les Romains.* — A Rome, le m. légal était appelé *justæ nuptiæ, justum matrimonium*, comme étant conforme au droit (*jus civile*). On en distinguait deux sortes, le m. *cum conventione uxoris in manum viri*, et le m. *sine conventione*. Au reste, pour l'un et l'autre, trois conditions étaient également indispensables, savoir : le *jus connubii*, le consentement des parties, et la nubilité. Les conséquences légales quant au pouvoir du père sur les enfants étaient les mêmes dans les deux cas.

A. Le m. romain peut être considéré, au point de vue : 1° des conditions requises pour qu'il y eût *justum matrimonium;* 2° des formalités qui l'accompagnaient; 3° des conséquences légales qu'il entraînait.

1° Ulpien définit le *connubium*, la faculté de contracter un *justum matrimonium*. Ainsi, dit ce jurisconsulte, « les citoyens romains ont le *connubium* avec les citoyennes romaines (*romanæ cives*); mais ils ne l'ont avec les femmes *latines* ou *pérégrines* (*latinæ et peregrinæ*) que dans les cas où la loi le permet. Avec les esclaves il n'y a pas de connubium. » Le connubium pouvait être aussi considéré au point de vue de la puissance paternelle : « Comme l'effet du *connubium*, dit Gaïus, est que les enfants suivent la condition de leur père, il en résulte que, lorsqu'il existe, les enfants non seulement sont citoyens romains, mais encore sont sous la puissance paternelle. » A une certaine époque de la république, il n'y avait pas *connubium* entre les patriciens et les plébéiens; mais la loi *Canuleia*, 445 ans avant J.-C., établit ou plutôt rétablit cette faculté qui paraît avoir été supprimée par la loi des XII Tables. Il n'y avait pas *connubium* entre certaines personnes qui, cependant, jouissaient respectivement de ce droit à l'égard d'autres personnes. Ainsi, il n'y avait pas *connubium* entre le père et ses enfants, soit naturels, soit adoptifs, même après l'émancipation; entre frères et sœurs, soit consanguins, soit utérins : mais un homme pouvait épouser sa sœur adoptive, lorsqu'elle était émancipée ou lorsqu'il l'était lui-même. Le *connubium* n'existait pas non plus entre un homme et sa belle-mère, sa belle-fille, sa bru, etc. Une union illégale n'était point un m. : l'homme n'avait pas de femme légitime; les enfants n'avaient pas de père légitime, et, en conséquence, ils ne se trouvaient pas en la puissance de leur père. Ces restrictions n'étaient pas fondées sur des prescriptions écrites : elles appartenaient à cette partie considérable du droit romain qu'on appelait *jus moribus constitutum*. Lorsque Claude eut épousé Agrippine, il devint permis, à son exemple, d'épouser la fille de son frère. — Quant au consentement, il fallait non seulement celui des parties contractantes, mais encore celui des personnes en la puissance desquelles elles se trouvaient. Dans l'ancien droit, le père, en vertu de la puissance paternelle (*patria potestas*) pouvait même marier son fils non émancipé, sans que le consentement de ce dernier fût nécessaire. — Enfin, un homme ne pouvait avoir qu'une seule femme légitime. Il fallait, pour qu'il pût prendre une autre femme, que le m. fût dissous par la mort ou par un divorce légal.

Le m. *cum conventione* et le m. *sine conventione* différaient essentiellement l'un de l'autre par la nature des rapports légaux qu'ils établissaient entre les deux époux. Par le premier, la femme passait sous la puissance et dans la famille du mari, qui avait sur elle la puissance paternelle comme sur sa propre fille; par le second, la femme restait dans sa propre famille. La femme mariée *cum conventione* était *mère de famille* (*mater familias*); celle, au contraire, qui se mariait *sine conventione* n'était qu'*épouse* (*uxor*). Le terme de *matrone* (*matrona*) désignait proprement une femme qui n'était pas *in manu*; il était donc l'équivalent d'*uxor*. Mais ces diverses expressions ne sont pas toujours employées par les auteurs dans leur signification propre et primitive.

2° Il ne paraît pas que le m. *sine conventione* ait été soumis à aucune formalité : il est probable qu'un m. de ce genre s'établissait par la cohabitation *matrimonii causa*, et la *matrimonii causa* elle-même s'établissait par diverses sortes de preuves. — Le m. *cum conventione* pouvait se faire de trois manières différentes, par l'*usage*, par la *confarréation*, et par la *coemption*. Quand une femme vivait avec un homme comme son épouse pendant une année entière, elle devenait sa femme légitime par l'usage ou la possession (*usu*) et passait sous sa puissance (*in manum conveniebat*). Lorsque la femme ne voulait pas sortir de sa famille pour passer sous la puissance du mari, la loi des XII Tables avait établi un moyen de rompre la continuité de la possession; il consistait en ce que la femme s'absentait chaque année pendant trois nuits de suite (*trinoctium*). On appelait *Confarréation* (*confarreatio, farreum*), une forme de m. qui consistait en une sorte de cérémonie religieuse où figurait un gâteau de farine, nommé *far*, et où l'on prononçait certaines formules en présence de dix témoins. Cette forme de m. était tombée en désuétude à l'époque d'Adrien, car Gaïus dit qu'elle n'était plus guère usitée que pour les mariages des grands flamines et de quelques autres personnages. La *Coemption* (*coemptio*) s'effectuait par une vente fictive appelée *mancipation* (*mancipatio*); cette sorte de vente conférait au mari acheteur la puissance paternelle sur sa femme. Le vendeur, dans cet acte symbolique, était représenté par le père ou les tuteurs de la femme. — Les *Fiançailles* (*sponsalia*) étaient d'un usage fréquent, mais n'étaient point nécessaires à la validité du m. Florentinus les définit ainsi : « La mention et la promesse réciproque d'un m. futur ». En conséquence, la femme ainsi promise était appelée *sponsa*, et l'on donnait le nom de *sponsus* à l'homme qui s'était engagé à épouser. Les fiançailles constituaient un engagement légal, que les parties pouvaient rompre d'un commun accord, mais qui, autrement, pouvait donner lieu à une action contre la partie qui refusait de l'exécuter. Dans ce cas, la partie condamnée était passible de dommages-intérêts. Parfois le fiancé faisait à sa fiancée un présent qu'on appelait *arrha sponsalitia*.

3° Les principales conséquences du m. étaient : le pouvoir du père sur les enfants qui en étaient issus; les devoirs réciproques des deux époux, qui devenaient passibles de certaines peines en cas de violation de ces devoirs; les droits respectifs du mari et de la femme relativement aux biens. — D'après les idées romaines, le m. avait pour effet de fondre en une seule les deux individualités du mari et de la femme (*consortium omnis vitæ*). Dans le m. *cum conventione in manum viri*, la femme, ainsi que nous l'avons vu, prenait à l'égard de son mari la position d'une fille, et, si elle épousait un homme non émancipé, elle devenait comme la petite-fille du père de son mari, et était, comme le mari lui-même, sous la puissance du père. Il résultait de là que sa personnalité se fondait dans celle de son mari, que tous ses biens passaient à celui-ci par une succession universelle, et qu'elle devenait incapable de rien acquérir pour elle-même. Ainsi donc, elle était tout à fait étrangère, quant à son état légal, à sa propre famille, et prenait rang, sous ce rapport, parmi les enfants de son mari. Une autre conséquence de la situation légale de la femme *in manu*, c'est qu'elle ne pouvait pas demander le divorce, bien que son mari pût la répudier. Lorsque le m. avait eu lieu *sine conventione*, la femme ne cessait pas d'appartenir à sa propre famille, et elle y conservait son état légal. Si donc elle n'était pas elle-même en la puissance de son propre père, ses biens demeuraient distincts de ceux de son mari. Ses rapports avec celui-ci étaient ceux d'une citoyenne avec un citoyen, avec cette différence toutefois que son sexe la rendait propre à donner des enfants légitimes à son époux et des citoyens à l'État, et qu'elle devait fidélité à son mari aussi longtemps que le consentement mutuel maintenait la cohabitation conjugale. — Après la dissolution du m., les époux pouvaient se remarier; mais il était regardé comme plus honorable pour une femme de ne pas prendre un nouvel époux. L'usage voulait que la femme laissât écouler une année entre la fin d'un premier m. et la formation de nouveaux liens, et cela sous peine d'infamie.

B. Nous allons maintenant décrire sommairement les coutumes et les cérémonies usitées dans les mariages romains, *ritus nuptiales* ou *nuptiarum solemnia j[illegible]*. — Lorsque le m. avait été convenu entre les parties et les personnes dont elles dépendaient, les membres des deux familles et leurs amis se réunissaient en général à la maison de la future pour assister au contrat de m., qui était écrit sur des tablettes et signé par les parties. Le futur passait ensuite un anneau au doigt de sa fiancée, comme un gage de sa fidélité; mais on ignore la date de l'introduction de cet usage, dont Juvénal fait mention le premier. Après cela, on fixait le jour de la célébration du m. Vers la fin de la république, on fiançait fréquemment les jeunes filles tandis qu'elles étaient encore dans l'enfance. Pour remédier à cet abus, Auguste défendit de fiancer les jeunes filles avant qu'elles eussent atteint l'âge de dix ans révolus, de sorte que, l'âge de la nubilité légale étant fixé à douze ans, l'engagement résultant des fiançailles ne pouvait durer plus de deux années. — Les Romains regardaient certains jours comme de mauvais augure pour les mariages, soit à cause du caractère religieux de ces jours eux-mêmes, soit à cause des jours qui les suivaient, la jeune mariée ayant à accomplir le lendemain du m. certaines cérémonies qui ne pouvaient avoir lieu un jour néfaste. Les jours ainsi frappés d'interdit étaient les calendes, les ides et les nones de chaque mois, tous les jours néfastes, le mois de février et celui de mai tout entiers, et un grand nombre de fêtes. Néanmoins les veuves pouvaient se marier certains jours regardés comme de fâcheux présage pour les jeunes filles.

Le jour du m., qui, dans les premiers temps, n'était jamais fixé sans qu'on eût pris les auspices, la mariée était revêtue d'une longue robe blanche bordée d'une frange de pourpre ou ornée de rubans. Cette robe, qu'on appelait *tunica recta*, était retenue autour de la taille par une ceinture que l'époux devait délier le soir. Le voile nuptial, appelé *flammeum*, était d'une couleur jaune éclatante : la chaussure était de la même couleur. Les cheveux de l'épousée devaient être séparés avec la pointe d'une lance. — Le m. par confarréation était le seul qui fût accompagné de cérémonies religieuses. On sacrifiait un mouton, dont la peau était ensuite étendue sur deux sièges où les époux s'asseyaient, la tête couverte. On complétait le m. en prononçant une formule solennelle, après quoi on offrait un second sacrifice. Enfin, l'épousée était conduite à la maison de son époux, on portait devant elle un gâteau de farine (*far*) faite avec du blé torréfié et mêlé de sel (*mola salsa*) préparé par la main des vestales. Nous ignorons si ce gâteau était le même que celui qu'on appelait *mustaceum*, et qui était partagé dans la soirée entre les convives rassemblés chez le mari.

Vers le soir on conduisait la jeune épouse à la demeure du mari. Elle était arrachée, avec une violence feinte, des bras de sa mère ou de la personne qui représentait celle-ci. Dans ce trajet, elle était accompagnée par trois jeunes garçons *patrimi* et *matrimi*, c.-à-d. dont les pères et mères vivaient encore. Tous trois étaient revêtus de la prétexte, et l'un d'eux portait devant la mariée une torche allumée, tandis que les deux autres marchaient à ses côtés en lui soutenant les bras. L'épouse elle-même portait un fuseau et une quenouille garnie de laine. Un autre jeune garçon, appelé *camillus*, portait dans un vase couvert les jouets d'enfant (*crepundia*) de la mariée. Le reste du cortège était formé par les amis des deux familles. Plutarque parle de cinq flambeaux de cire qui étaient d'usage dans la cérémonie du m., mais sans nous dire à quel sujet. Vraisemblablement ils servaient à éclairer le cortège. Lorsqu'on était arrivé à la maison de l'époux, dont la porte était ornée de guirlandes de feuillage et de fleurs, la mariée était enlevée par les *pronubi* pour franchir le seuil, de crainte qu'elle ne le heurtât du pied, ce qui aurait été un présage funeste. Ceux qui remplissaient la fonction de *pronubi* étaient des hommes qui ne s'étaient mariés qu'une fois et dont les femmes vivaient encore. Mais, avant d'entrer dans sa nouvelle demeure, la mariée entourait de laine les montants de la porte, et les oignait avec du saindoux ou avec de la graisse de loup. L'époux recevait sa femme en lui présentant le feu et l'eau, que celle-ci devait toucher. Cette cérémonie était, ou une purification symbolique (car Servius dit que les nouveaux époux se lavaient les pieds dans cette eau), ou une expression symbolique de bienvenue : on sait en effet que l'interdiction du feu et de l'eau était la formule du bannissement. La mariée saluait son époux par ces mots consacrés : *Ubi tu Caïus ego Caïa*; puis elle s'asseyait sur une peau de mouton, et recevait des mains du mari les clefs de la maison. Un festin (*cœna nuptialis*), offert par le mari aux parents et aux amis qui avaient formé le cortège, terminait ordinairement la cérémonie. Plusieurs auteurs anciens font mention d'un chant très populaire appelé *Talasius* ou *Talasio*, qu'on chantait le jour du m.; mais on ignore s'il se chantait pendant le festin ou pendant la procession nuptiale, bien que, en raison de l'origine assignée à ce chant, l'enlèvement des Sabines, la seconde opinion soit la plus vraisemblable.

On s'imagine facilement que, chez une population portée à la raillerie, une pareille cérémonie ne se passait pas sans donner lieu à de nombreuses plaisanteries. Ovide, en effet, parle de chansons obscènes que des jeunes filles, après la retraite du cortège, chantaient à la porte de la chambre nuptiale. Ces chansons étaient sans doute d'anciens vers fescennins, et les auteurs leur donnent souvent le nom d'épithalame. A la fin du repas, des matrones qui n'avaient eu qu'un mari (*pronubæ*) conduisaient l'épousée au lit nuptial, qui était dressé dans l'atrium, magnifiquement orné et jonché de fleurs. Le lendemain, l'époux offrait parfois à ses amis un second festin qu'on appelait *nepotia*, et la femme qui, ce jour-là, prenait l'administration de la maison, accomplissait certains rites religieux, qui consistaient probablement en sacrifices aux dieux pénates. — La condition des femmes romaines après le m. différait complètement de celle des femmes grecques. L'épouse romaine présidait à toute l'administration intérieure de la maison; elle élevait les enfants, veillait à l'honneur de la famille et partageait les honneurs et le respect accordés à son époux. Loin d'être confinée, comme la femme grecque, dans un appartement distinct et retiré, la matrone romaine, au moins dans les beaux siècles de la république, occupait l'atrium, c.-à-dire la partie la plus importante de la maison.

IV. *Du m. chez les Gaulois et dans la France jusqu'aux temps modernes.* — Chez les Gaulois, on ne consultait pour les mariages que les convenances d'âge, de naissance et de rang, et, pourvu que ces conditions fussent observées, les jeunes gens jouissaient sur ce point de la plus grande indépendance. Quand une jeune fille était devenue nubile, elle disposait elle-même de sa main. Ses parents accordaient l'entrée de leur maison à tous ceux qui la recherchaient, et, lorsque son inclination était fixée, elle en faisait part à ses parents. Alors ces derniers invitaient à un banquet tous ceux qui la recherchaient et la jeune fille faisait connaître son choix de la manière suivante : elle prenait un vase rempli d'eau et celui des prétendants à qui elle le présentait le premier était celui avec qui elle désirait s'unir. Mais, après la conquête romaine, les coutumes primitives tombèrent en désuétude, et la législation romaine ne tarda pas à prévaloir. Cependant celle-ci ne subsista pas longtemps, car la population gallo-romaine, en adoptant la religion chrétienne, se soumit docilement aux ordonnances de l'Église concernant le m., ordonnances qui, sous un certain rapport, se rapprochaient davantage des anciennes mœurs. Quant aux tribus germaniques qui, après s'être établies dans la Gaule, se convertirent au christianisme, elles se soumirent également aux prescriptions canoniques par le fait même de leur conversion; néanmoins ce ne fut guère que nominalement. Aussi, pendant tout le temps de la première race et au commencement de la seconde, rien n'est plus fréquemment violé que la défense d'avoir à la fois une femme légitime et une concubine, d'avoir plusieurs femmes jouissant d'un rang égal, et enfin de se marier dans les degrés prohibés par l'Église. — L'âge fixé pour contracter m. était 14 ans pour les hommes et 12 ans pour les filles. Quant au consentement des parents qui, dans la législation romaine, était une condition de validité, son absence n'était point une cause de nullité, et cela conformément aux canons de l'Église, qui la considèrent comme un simple empêchement prohibitif. Cependant les inconvénients que cette tolérance entraînait après elle devinrent si manifestes, que Henri II, par l'édit de 1556, déclara que les fils de famille, qui se marieraient contre la volonté de leurs parents, pourraient être frappés d'exhérédation, et que, dans ce cas, ils seraient déchus de tous les avantages que pourraient leur assurer les conventions stipulées dans leurs contrats de m., ou par eux acquis en vertu des lois et coutumes du royaume. Cette prescription, toutefois, ne s'étendait pas aux fils ayant 30 ans accomplis et aux filles ayant 25 ans révolus, si auparavant ils avaient requis le conseil de leurs père et mère. La clandestinité des mariages était encore un abus des plus graves, car elle en abritait beaucoup d'autres. Dès l'époque de Charlemagne, on avait tâché d'y remédier : en effet, plusieurs capitulaires ordonnent que les mariages soient célébrés publiquement, en présence du prêtre et de tous ceux qui voudraient en être témoins. Cependant ces prescriptions tombèrent en désuétude, et un m. était réputé valide, par cela seul que les parties, en présence de témoins et d'un notaire qui dressait l'acte de la déclaration, s'étaient réciproquement promis de se prendre pour mari et pour femme : c'était ce que l'on nommait *m. par paroles de présent* (*sponsalia de præsenti*). Ces sortes de mariages furent interdits par le concile de Latran; mais néanmoins ils furent tenus pour valides par le droit canonique, lorsque, d'ailleurs, les parties étaient capables de contracter. Enfin, le concile de Trente les frappa d'invalidité. Le même concile ordonna que les mariages fussent précédés par trois bans publiés trois dimanches successifs. Cependant, lorsque d'ailleurs le curé avait procédé régulièrement au m., cette absence de publication ne rendait point le m. nul : le m. n'était plus *clandestin*, mais simplement *secret*.

L'établissement du système féodal apporta à la liberté des mariages des restrictions de plus d'un genre. Ainsi, les serfs ne pouvaient se marier qu'avec une permission de leur seigneur, permission qu'il fallait acheter à prix d'argent ou par quelque service extraordinaire. Cependant l'Église, qui a toujours défendu la cause de la liberté du m., refusant d'annuler les unions entre personnes de condition servile, quoique contractées sans le consentement des seigneurs, ceux-ci furent obligés de se soumettre. Mais ils convinrent entre eux que lorsqu'un serf et une serve, appartenant à deux seigneurs différents, se marieraient sans leur autorisation, le seigneur du serf rendrait à l'autre une serve d'égale valeur en échange de celle que le m. lui avait enlevée. Les enfants qui naissaient de ces mariages se partageaient entre les deux seigneurs, comme on aurait pu faire pour le partage des bestiaux. En outre, les seigneurs avaient le droit de contraindre leurs serfs à se marier, quand ces derniers étaient d'âge à le faire. L'affranchissement des communes rendit d'abord aux habitants des villes la liberté de se marier et de marier leurs enfants à leur gré; mais, pour les habitants des campagnes, ils ne l'obtinrent que beaucoup plus tard, par des rachats successifs ou en se soumettant à diverses obligations qui rappelaient l'ancienne servitude. — Si le régime féodal pesait durement sur les gens de condition servile, il imposait aussi, dans certains cas, des entraves singulières au libre m. des seigneurs. Ainsi, lorsqu'un seigneur laissait pour héritière une fille non nubile, le fief était desservi par celui de ses parents qui avait la garde noble de sa personne et de ses biens; mais, dès qu'elle était nubile, elle était tenue de se marier, pour qu'il y eût sur le fief un homme capable de faire le service militaire. Le suzerain avait alors le droit de la faire sommer de choisir entre trois barons qu'il lui présentait; et si, dans un court délai, elle n'avait pas fait son choix, il pouvait saisir le fief et en jouir pendant un an, sauf à recommencer la sommation. De son côté, la femme avait droit de faire *semondre* le seigneur de lui nommer trois barons, parmi lesquels elle pût choisir; faute de quoi elle pouvait alors se marier comme bon lui semblait. Les veuves étaient soumises aux mêmes obligations, à moins qu'elles n'eussent atteint l'âge de 60 ans. Enfin le roi ne permettait pas à ses grands vassaux de se marier sans son consentement, attendu que les alliances de ces derniers, soit entre eux, soit avec un ennemi de l'État, pouvaient leur donner un accroissement de puissance dangereux pour la royauté.

Le m., chez les Francs, était généralement précédé par des *fiançailles*. Le fiancé donnait des arrhes aux parents de la fiancée, et si celle-ci ou ses parents refusaient plus tard de tenir l'engagement contracté, cette rupture pouvait donner ouverture à une demande d'indemnité. Les fiançailles étaient ordinairement consacrées par un échange d'anneaux ou par quelque autre formalité. Au moyen âge, les mariages se célébraient en général à la porte des églises. C'est ce qu'on voit par un décret de Guillaume, évêque de Paris, en 1224, et cet usage subsista jusque vers le milieu du XVIe siècle. Les principales cérémonies étaient la bénédiction religieuse que le prêtre donnait aux époux, et le don que l'époux faisait à l'épouse d'un anneau bénit et d'une pièce d'argent également bénite. D'après certaines coutumes, lorsque les mariés revenant de l'église arrivaient à leur maison, ils trouvaient devant la porte du pain et du vin préparés; le prêtre bénissait le pain : alors l'époux et après lui l'épouse le rompaient et en mangeaient. Le prêtre bénissait aussi le vin et leur en donnait également à boire. Enfin, il les introduisait lui-même dans la maison conjugale, et bénissait le lit nuptial. Quant aux réjouissances, comme fêtes et danses, auxquelles on se livrait à l'occasion de tout m., elles n'offraient rien de particulier et qui mérite que nous en parlions.

V. *Législation française.* — Nos jurisconsultes définissent communément le m. : « La société de l'homme et de la femme qui s'unissent pour perpétuer leur espèce; pour s'aider, par des secours mutuels, à porter le poids de la vie, et pour partager leur commune destinée ».

A. *Des qualités et conditions requises pour contracter mariage.* — Les conditions requises pour contracter m. sont au nombre de cinq : 1° La fin principale du m. étant la procréation des enfants, il ne saurait être contracté que par ceux qui sont pubères. L'homme est reconnu pubère par la loi à 18 ans révolus, et la femme à 15. Toutefois le chef de l'État peut accorder des dispenses d'âge pour des motifs graves. 2° Le m. étant une société, il ne peut s'établir que par le consentement libre des parties; mais la seule crainte révérencielle des enfants envers leurs père et mère ou autres ascendants ne saurait être regardée comme anéantissant la liberté des parties contractantes, quand il n'y a pas eu de violence exercée. 3° Il ne peut exister qu'entre personnes libres d'un autre engagement. La veuve même ne peut se remarier que 10 mois révolus après la dissolution du précédent m., parce que l'enfant qui naîtrait pendant ce délai serait censé appartenir au mari prédécédé. 4° L'enfant, à tout âge, devant honneur et respect à ses père et mère, ce serait manquer à ce respect que de se marier sans leur aveu. En outre, les passions de la jeunesse pouvant conduire à contracter un engagement imprudent, la loi veut que le m. des mineurs ne puisse avoir lieu sans le *consentement* des père et mère ou de leurs représentants, et celui des majeurs sans leur *conseil*. En conséquence, le fils qui n'a pas atteint 25 ans révolus et la fille qui n'a pas atteint 21 ans ont besoin du consentement de leurs père et mère. En cas de dissentiment, celui du père suffit. Si l'un des deux est mort ou se trouve dans l'impuissance de manifester sa volonté, il suffit du consentement de l'autre. Si le père et la mère sont décédés, les aïeuls et aïeules les remplacent. S'il y a dissentiment entre l'aïeul et l'aïeule de la même ligne, le consentement de l'aïeul l'emporte, et, s'il y a dissentiment entre les deux lignes, ce partage entraîne le consentement. Enfin, à défaut d'aïeuls et d'aïeules, le consentement du conseil de famille devient nécessaire; dans ce dernier cas, toutefois, le consentement n'est requis, pour le fils comme pour la fille, que jusqu'à la majorité ordinaire, c.-à-d. jusqu'à 21 ans accomplis. Quant aux enfants naturels, légalement reconnus, ils sont soumis aux conditions précédentes, mais seulement en ce qui concerne le père et la mère. S'ils n'ont point été reconnus ou s'ils ont perdu leurs père et mère, ils doivent, jusqu'à 21 ans accomplis, obtenir le consentement d'un tuteur nommé *ad hoc*. Le fils après 25 ans révolus et la fille après 21 ans sont tenus de demander, par acte respectueux et formel, le conseil des ascendants sous l'autorité desquels ils se trouvent placés. En cas de refus de ceux-ci, il pourra être passé outre, un mois après, à la célébration du m. Ces dispositions s'appliquent également à l'enfant naturel légalement reconnu. 5° Les rapports établis entre parents ou alliés ont dû, dans de certaines limites, faire prohiber le m. entre eux. Ainsi, il est prohibé d'une manière absolue, en ligne directe, entre tous les ascendants et descendants légitimes ou naturels, et les alliés dans la même ligne; et, en ligne collatérale, entre les frères et sœurs, légitimes ou naturels et les alliés au même degré. Le m. entre l'oncle et la nièce, la tante et le neveu, le beau-frère et la belle-sœur, sont également interdits; néanmoins, pour ces derniers cas, le chef de l'État peut accorder des dispenses s'il y a des motifs graves. (C. civil, 144 à 164.)

B. *Des formalités relatives à la célébration du m.* — Le m. doit être célébré publiquement devant l'officier de l'état civil du lieu où les parties sont réputées le mieux connues, c.-à-d. au domicile de l'une d'elles. Cette célébration doit être précédée de deux publications à la maison commune, faites un jour de dimanche, et à 8 jours d'intervalle. Ces publications ont lieu, tant à la maison commune des futurs époux qu'à celle des personnes sous l'autorité desquelles ils se trouvent placés. Quand le domicile actuel des futurs n'est établi que par 6 mois de résidence, les publications doivent être faites en outre au lieu du dernier domicile. Pour que cette publicité ne soit pas illusoire, la loi fixe un délai avant lequel le m. ne peut être célébré, et un autre après lequel il ne peut plus l'être sans nouvelle publication. Le premier délai est de 2 jours francs à partir de la seconde publication, et le second est d'une année à partir de l'expiration du premier. Les parties doivent apporter à l'officier de l'état civil les certificats des publications, les actes de naissance et, dans le cas où leurs ascendants n'assistent pas à la célébration, leur consentement sous forme authentique ou les actes respectueux qui ont pu leur être signifiés. Ces formalités accomplies, l'officier de l'état civil procède à la célébration dans la maison commune et en présence de quatre témoins parents ou non parents. Après lecture faite aux parties des pièces relatives à leur état, ainsi que du ch. VI du titre du *Mariage* du C. civil sur *les droits et les devoirs respectifs des époux*, il reçoit de chaque partie, l'une après l'autre, la déclaration qu'elles veulent se prendre pour mari et femme, prononce au nom de la loi qu'elles sont unies par le m., et il en dresse acte sur-le-champ. Aux diverses énonciations que doit contenir cet acte, conformément aux prescriptions de l'art. 76 du C. civil, la loi du 10-18 juillet 1850 a ajouté une formalité nouvelle. L'officier de l'état civil doit interpeller les parties d'avoir à déclarer si elles ont fait un contrat de m., mentionner leur réponse dans l'acte, et, s'il existe un contrat, mentionner encore la date de ce dernier, ainsi que les noms et lieu de résidence du notaire qui l'a reçu, le tout à peine contre l'officier de l'état civil d'une amende de 100 fr. au plus. — Le m. contracté en pays étranger entre Français ou entre Français et étrangers est valable, s'il a été célébré avec les formes usitées dans le pays, pourvu qu'il ait été précédé des publications légales en France. En outre, dans les 3 mois du retour sur le territoire français, l'acte de célébration du m. doit être transcrit sur les registres publics des mariages du lieu du domicile de l'intéressé. (C. civil, 63 à 76, et 165 à 171.)

C. *Des oppositions au mariage, des demandes en nullité, et de la preuve du mariage.* — Les empêchements au m. pouvant être ignorés ou dissimulés, la loi a dû admettre à former opposition les personnes qui en ont connaissance et qui y sont intéressées. Parmi ces personnes, il en est une, le conjoint, dont la qualité seule forme la preuve d'un empêchement absolu, et dont l'opposition est toujours recevable et fondée. Ce droit appartient également au père, à défaut du père à la mère, et à défaut de ces derniers aux aïeuls et aïeules, lors même que leurs descendants auraient 25 ans accomplis. A défaut d'aucun ascendant, le frère ou la sœur, l'oncle ou la tante, le cousin ou la cousine germains majeurs, peuvent former opposition, mais seulement dans deux cas : 1° lorsque le mineur de 21 ans n'a pas obtenu le consentement du conseil de famille; 2° quand l'opposition est fondée sur l'état de démence du futur époux, et à la charge par l'opposant de provoquer l'interdiction. Dans le même cas, le tuteur et le curateur, pendant la durée de leurs fonctions, peuvent former opposition, après autorisation préalable du conseil de famille. Toute opposition doit être signifiée tant aux futurs qu'à l'officier de l'état civil, et le tribunal de première instance doit prononcer dans les 10 jours sur la demande en mainlevée. Si l'opposition est maintenue, le m. ne peut être célébré; si elle est rejetée, les opposants autres que les ascendants peuvent être condamnés à des dommages et intérêts. (C. civil, 172 à 179.)

La célébration même irrégulière du m. lui donne une existence de fait qui ne peut être détruite que par un jugement déclaratif de droit. De là la nécessité des demandes en nullité qui ne peuvent être formées que dans les cas que la loi a prévus, par les personnes et dans le temps qu'elle détermine. Ces cas sont : le vice du consentement des contractants, le défaut du consentement des personnes sous la puissance desquelles les mineurs se trouvent placés, le défaut d'âge, l'existence d'une première union, la parenté ou l'alliance au degré prohibé, enfin la contravention aux règles de publicité et de compétence. Les empêchements au m. sont dits *prohibitifs*, quand ils ne suffisent point pour faire annuler le m., et *dirimants* dans le cas contraire; les uns sont fondés sur l'intérêt privé, d'autres tiennent plus directement à l'intérêt général. En conséquence, les nullités résultant des premiers ne sauraient-elles être invoquées que par les personnes dans l'intérêt desquelles l'empêchement est établi, et sont appelées *nullités relatives*. Celles qui résultent des seconds constituent des *nullités absolues* : aussi peuvent-elles être invoquées tant par les intéressés que par le ministère public. — Les nullités *relatives* sont : 1° Le défaut de libre consentement de l'un des époux ou de tous les deux; mais, dans ce cas, la demande en nullité n'est plus recevable quand il y a eu cohabitation continue pendant 6 mois depuis que l'époux jouit de sa pleine liberté. 2° L'erreur dans la personne. Dans ce cas le m. ne peut être attaqué que par celui des époux qui a été induit en erreur, et cette action cesse quand il y a eu cohabitation pendant 6 mois après que l'erreur a été reconnue. Il est de jurisprudence que cette disposition de la loi ne doit point s'entendre de l'erreur dans la personne morale. 3° Le défaut de consentement des parents ou ayants droit quand les mineurs avaient besoin de ce consentement, mais l'action en nullité tombe quand ils ont approuvé le m. tacitement ou expressément, ou quand il s'est écoulé une année sans réclamation de leur part depuis qu'ils ont connu le m. Ainsi, toutes les nullités relatives peuvent être couvertes par une ratification expresse ou tacite. Les nullités *absolues* elles-mêmes peuvent se couvrir dans les cas déterminés par la loi, mais seulement quand leur cause a cessé. Ces nullités sont : 1° Le défaut d'âge : néanmoins le m. contracté par les époux qui n'avaient point l'âge requis ne peut plus être attaqué quand il s'est écoulé 6 mois depuis que l'impubère a atteint l'âge compétent, et lorsque la femme qui n'avait point cet âge a conçu avant l'échéance des 6 mois. 2° La bigamie. 3° L'inceste : dans ces deux cas la nullité ne peut se couvrir. 4° L'absence de publicité du contrat et de la célébration devant l'officier de l'état civil. L'omission des publications requises ou des règles et délais y relatifs ne constituent point une cause de nullité, mais entraînent une amende, laquelle est encourue tant par l'officier public que par les parties. Lorsque le m. qui a été déclaré nul a été contracté de bonne foi, il prend le nom de *M. putatif*, et il produit ses effets civils tant à l'égard des époux qu'à l'égard des enfants. Dans le cas où il n'a été contracté de bonne foi que par l'un des époux, il ne produit d'effets civils qu'en sa faveur et en celle des enfants issus du m. (C. civil, 180 à 193 et 201 à 202.)

La *preuve du m.* ne saurait résulter que de la présentation de l'acte de célébration inscrit sur les registres de l'état civil, à moins toutefois qu'on ne prouve que cet acte a été détruit ou a disparu soit par cas fortuit, soit par soustraction frauduleuse. A défaut de cette preuve, le m. n'a devant la loi aucune existence et ne produit dès lors aucun effet civil. La possession d'état n'a pas l'effet de suppléer au titre, car elle peut être l'œuvre de soi-disant époux et couvrir une union illégitime. Toutefois cette possession d'état a un effet important, c'est de corroborer un acte informe dont un des époux voudrait demander contre l'autre la nullité. En présence d'un acte quelconque de célébration, la possession d'état élèverait une fin de non-recevoir. Comme les enfants peuvent se trouver dans l'impossibilité de produire l'acte de célébration du m. de leurs père et mère, faute de connaître le temps et le lieu de sa célébration; lorsque leurs parents ont vécu publiquement comme mari et femme, et qu'ils sont tous deux décédés, la légitimité des enfants est suffisamment établie par leur possession d'état, quand celle-ci n'est pas contredite par leur acte de naissance. (C. civil, 194 à 200.)

D. *Des droits, des devoirs et des obligations qui naissent du mariage.* — Les époux se doivent mutuellement fidélité, secours et assistance. Le mari doit protection à la femme et la femme obéissance à son mari. Elle doit habiter avec lui et le suivre partout où il juge à propos de résider, et le mari est obligé de la recevoir et de lui fournir tout ce qui est nécessaire pour les besoins de la vie, selon ses facultés et son état. En thèse générale et sauf de rares exceptions, la femme est considérée comme mineure et ne peut procéder aux divers actes de la vie civile sans l'autorisation du mari. Ainsi, elle ne peut ester en justice, donner, aliéner, hypothéquer, acquérir à titre gratuit ou onéreux, sans le consentement du mari. Si celui-ci refuse ou s'il est mineur, interdit, absent, ou frappé d'une condamnation emportant peine afflictive ou infamante, elle doit se faire autoriser par le tribunal de première instance de son domicile. Toutefois elle peut tester sans avoir l'autorisation maritale parce qu'elle dispose pour un temps où cette puissance n'existera plus. Dans les cas précédents l'autorité du mari ou de la justice est requise à peine de nullité, mais elle ne saurait être invoquée que par ceux dans l'intérêt desquels l'autorisation est exigée, c.-à-d. par les époux, et conséquemment par leurs héritiers. Lorsque la femme est marchande publique, elle peut, sans autorisation du mari, s'obliger pour tout ce qui concerne son négoce (Voy. Commerçant). Il n'est pas besoin de dire que l'autorisation maritale pour comparaître en justice est superflue, quand la femme est poursuivie en matière criminelle, correctionnelle ou même de simple police. (C. civil, 212 à 226.)

Le m. n'impose pas seulement aux époux des obligations réciproques. Ils contractent ensemble, par le fait même de leur union, l'obligation de nourrir, entretenir et élever leurs enfants. De leur côté, ceux-ci doivent, le cas échéant, des moyens d'existence à leurs parents (C. civ. 203 à 211). Voy. Aliment et Famille.

E. *Du contrat de mariage.* — On désigne communément sous ce nom l'ensemble des conventions faites en vue d'un futur m. Cet acte a principalement pour objet de régler l'association conjugale quant aux biens. Les conventions matrimoniales doivent être rédigées avant le m. par acte passé devant notaire, et ne peuvent recevoir aucun changement après la célébration. Elles sont établies par les parties, ainsi qu'elles l'entendent, pourvu qu'elles ne soient pas contraires aux bonnes mœurs et qu'elles ne dérogent ni aux droits résultant de la puissance maritale sur la personne de la femme et des enfants ou qui appartiennent au mari comme chef, ni aux droits conférés au survivant des époux en ce qui touche la puissance paternelle, la minorité, la tutelle, l'émancipation, etc. Les futurs époux ne peuvent, en outre, faire aucune convention ou renonciation dont l'objet serait de changer l'ordre légal des successions. Le mineur habile à contracter m. peut, dans ce contrat, faire valablement les donations et les conventions qu'un individu majeur a seul droit de faire; mais, pour cela, il faut qu'il soit assisté par les personnes dont le consentement est nécessaire pour la validité du m. Par leur contrat les futurs époux peuvent adopter le régime de la communauté, le régime dotal, le régime exclusif de la communauté ou le régime de la séparation de biens, soit d'une manière générale, ainsi que ces divers régimes ont été réglés par la loi, soit avec certaines modifications. La loi ne régit l'association conjugale, quant aux biens, qu'à défaut de contrat particulier fait par les futurs époux (C. civ. 1387 à 1398). Dans ce cas, le régime de la communauté dite légale, qui forme le droit commun, est censé avoir été adopté par les époux. Voy. Communauté et Dot.

F. *De la dissolution du mariage et de la séparation de corps.* — Le m. ne se dissout que dans deux cas, par la mort naturelle et par le divorce. Le troisième cas exprimé par l'art. 227 du C. civ., à savoir la condamnation définitive de l'un des époux à la peine de mort civile, a été justement abrogé par la loi du 31 mai 1854. Voy. Divorce. Dans le cas où il y a lieu à demande à divorce, la loi accorde le droit aux époux de former une demande en séparation de corps. A la différence du divorce, la séparation de corps ne dissout pas le mariage : elle permet simplement à un conjoint de faire cesser la vie commune que les excès ou désordres de l'autre conjoint rendaient insupportable.

Cette séparation peut être demandée par le mari pour cause d'adultère de sa femme et par la femme pour la même cause. Enfin, ils peuvent la demander réciproquement : 1° dans le cas d'excès, sévices et injures graves; 2° dans le cas où l'un d'eux a été condamné à une peine infamante. La séparation ne saurait avoir lieu que par voie judiciaire. Elle doit être intentée, instruite et jugée comme toute autre action civile. Elle est assujettie d'abord à une tentative de conciliation devant le président du tribunal. Si cette tentative demeure infructueuse, l'action s'intente par assignation, et le magistrat, par une clause spéciale de l'ordre de renvoi qui statue aussi sur certaines mesures provisoires, autorise la femme à ester en jugement. Ces mesures provisoires consistent à accorder à la femme la permission de quitter le domicile du mari pendant le procès, à déterminer la maison où elle doit résider, et à obliger le mari à lui fournir une provision alimentaire, laquelle est fixée par le tribunal en proportion des facultés du mari. Si les faits qui constituent la plainte sont avoués par le défendeur, ou s'en tient à son aveu; s'il les nie, le demandeur doit en faire la preuve. Le jugement est rendu sur les conclusions du ministère public. La séparation de corps entraîne toujours la séparation de biens. La femme a dès lors le droit de choisir son domicile; néanmoins les devoirs mutuels de fidélité, de secours et d'assistance continuent de subsister. La séparation de corps a, en outre, pour effet de rendre à la femme le plein exercice de sa capacité civile, sans qu'elle ait besoin de recourir à l'autorisation de son mari ou de la justice. Pour punir l'époux coupable et pour préserver les enfants des mauvais exemples qu'ils en pourraient recevoir, le tribunal a la faculté de confier la garde et l'éducation des enfants à l'époux qui aura obtenu la séparation. Quoi qu'il en soit, l'exercice de l'autorité paternelle continue, en principe, à appartenir au père demandeur ou défendeur. L'état de séparation de corps peut toujours cesser à la volonté des parties; néanmoins la séparation de biens n'est pas la suite nécessaire de cette réconciliation, elle ne peut prendre fin et remettre les choses dans leur état primitif que par un consentement exprès, manifesté par acte devant notaire, et dont expédition doit être affichée dans la principale salle du tribunal de première instance, et, de plus, si le mari est marchand, banquier, ou commerçant, dans celle du tribunal de commerce du lieu de son domicile. Enfin, lorsque la séparation de corps aura duré trois ans, le jugement pourra être converti en jugement de divorce sur la demande formée par l'un des époux. (C. civ. 227 ; 306 à 311.)

VI. *Droit canonique.* — L'église catholique considère le m. comme un sacrement. Le m. ne peut être célébré que par un prêtre, suivant les rites consacrés. Les obstacles qui s'opposent à l'union par mariage de deux personnes se divisent en *empêchements dirimants* et *empêchements prohibitifs*. Les canonistes comptent quatorze *empêchements diri-*

*ments*. 1° Le *défaut d'usage de raison* et le *défaut d'âge*. L'âge minimum prescrit par les canons est de 12 ans pour les filles et 14 ans pour les garçons. 2° L'*impuissance* relativement au m. 3° *L'erreur* sur la personne ou sur la condition. 4° La *crainte* et la *violence*, qui suppriment la liberté du consentement. 5° Le *rapt*, c.-à-d. l'enlèvement de la femme, fait avec violence, d'un lieu où elle était en sûreté, son ravisseur se proposant de contracter m. avec elle; l'empêchement cesse lorsque la femme, rendue à la liberté, consent à épouser son ravisseur. 6° Le *lien provenant d'un premier mariage*. 7° Le *lien provenant des ordres sacrés*, c.-à-d. du sous-diaconat, du diaconat et de la prêtrise. 8° Celui qui résulte de la *profession religieuse*. 9° La *différence de religion :* un chrétien ne pouvait épouser validement un païen, un mahométan ou un juif. 10° La *clandestinité :* on entend par m. clandestin celui qui a été contracté autrement que par-devant le curé et deux ou trois témoins. 11° Le *crime :* il y a empêchement de crime lorsque les parties se sont rendues coupables d'adultère avec promesse de m., ou lorsqu'elles ont commis un homicide dans le but de faciliter leur union. 12° La *parenté*. Les théologiens distinguent la *parenté naturelle*, la *parenté spirituelle* et la *parenté légale*. En ce qui concerne la première, l'empêchement s'étend à l'infini en ligne directe, et, en ligne collatérale, jusqu'au quatrième degré inclusivement, lequel correspond au huitième degré de notre législation civile. La parenté spirituelle se contracte entre celui qui a administré le baptême et le baptisé ou ses père et mère, entre les parrain et marraine, d'une part, et le baptisé ou ses père et mère de l'autre. Le compérage, c.-à-d. la relation entre le parrain et la marraine ne constitue pas un empêchement. Quant à la parenté légale, c.-à-d. celle qui résulte de l'adoption, les lois canoniques se conforment sur ce point aux lois civiles. 13° *L'affinité*, c.-à-d. la parenté qu'une personne contracte avec les parents de son conjoint. Elle s'étend, comme la parenté naturelle, à l'infini, en ligne directe, et jusqu'au quatrième degré inclusivement, en ligne collatérale. Il importe de remarquer que l'empêchement résultant de l'affinité ne concerne que les parents proprement dits et nullement les alliés. 14° L'empêchement résultant de ce que les canonistes appellent l'*honnêteté publique* peut dériver de deux causes, de fiançailles valides, et d'un m. contracté, mais non consommé.

Les *empêchements prohibitifs* sont au nombre de six : 1° La *différence de culte*. L'Église a de tout temps interdit les *mariages mixtes*, c.-à-d. entre les catholiques et les hérétiques, dans la crainte que l'époux catholique ou les enfants nés d'une pareille union ne se laissent entraîner à l'erreur par les actes ou les paroles de l'autre époux. Cependant elle les autorise quelquefois, mais en exigeant que les parties contractantes prennent l'engagement, avant la célébration, d'élever leurs enfants dans la religion catholique. 2° Le *vœu simple* de chasteté, d'entrer en religion, de recevoir les ordres sacrés, ou de ne pas se marier. Ce vœu constitue un empêchement, car c'est une promesse qui lie envers Dieu celui qui l'a faite. 3° Le *temps prohibé*. Le concile de Trente défend de célébrer solennellement les mariages depuis le premier dimanche de l'Avent jusqu'au jour de l'Épiphanie inclusivement, et depuis le mercredi des cendres jusqu'à l'octave de Pâques aussi inclusivement. On peut à la rigueur se marier à chacune de ces époques ; ce qui est réellement et seulement interdit, c'est la bénédiction solennelle des époux, ce sont les fêtes qui accompagnent les noces. 4° Les *Fiançailles*, c.-à-d. la convention par laquelle un homme et une femme se promettent réciproquement de se marier un jour. On distingue les *fiançailles ecclésiastiques*, qui se font en face de l'Église et avec la bénédiction du prêtre, et les *fiançailles non ecclésiastiques*, qui sont les simples promesses que les parties se font entre elles sans cérémonie religieuse. Les premières sont tombées à peu près partout en désuétude, du moins en France, à cause des nombreux inconvénients qu'elles produisaient. Les secondes existent encore, mais elles n'engagent que la conscience des contractants, et la loi civile ne les reconnaît pas. Dans tous les cas, les unes et les autres constituent, aux yeux de l'Église, un empêchement qui ne peut cesser que par la volonté des ayants droit. 5° Le *défaut de consentement des parents*, lequel, en droit canonique, rend simplement le m. illicite Aussi, bien que l'Église déteste et défende les mariages contractés dans de semblables conditions, elle les tient pour valides quand il n'y a pas d'empêchement dirimant. 6° Le *défaut de publication de bans*. La publication des bans, c.-à-d. la proclamation qui se fait à l'Église, du m. que les parties qui y sont dénommées se proposent de contracter, a pour objet d'avertir ceux qui connaîtraient des empêchements à ce m., pour qu'ils les révèlent sans délai. Elle doit être faite par le curé au prône de la messe paroissiale, trois dimanches ou trois jours de fêtes consécutifs. Quand les parties ne résident pas dans la même paroisse, les publications doivent avoir lieu dans les églises de leurs paroisses respectives.

Parmi les empêchements qui viennent d'être énumérés, il en est, d'après le droit canonique, qui sont de droit naturel et divin, et d'autres qui sont de droit écrit. L'Église ne dispense pas des premiers, mais elle peut dispenser des seconds. Ces *dispenses* sont accordées, tantôt par les évêques, tantôt par le souverain pontife, suivant les cas. Parmi les dispenses que les évêques peuvent accorder, nous citerons celles qui sont relatives au temps prohibé et à la publication des bans. Pour les autres, il existe à Rome deux tribunaux spécialement chargés de juger s'il y a des motifs légitimes de lever les empêchements : l'un, la *Daterie*, est pour le for intérieur et le for extérieur; l'autre, appelé *Pénitencerie*, est pour le for intérieur seulement. On s'adresse au premier pour les empêchements qui proviennent du vœu solennel, des ordres sacrés, de la parenté (naturelle, spirituelle ou légale), de l'affinité légitime, de l'honnêteté publique, de la disparité de culte et de la clandestinité; et au second, pour les empêchements qui résultent du crime, du vœu simple de chasteté, etc. Les dispenses sont dites gratuites, mais les parties intéressées ont des droits de chancellerie à payer, et, de plus, celles qui le peuvent, doivent donner, à titre d'aumône, une somme proportionnée à leur fortune.

La *Célébration du m. religieux* s'accompagne de diverses cérémonies parmi lesquelles on remarque : 1° la bénédiction de l'anneau que le prêtre donne à l'époux, et que celui-ci met au quatrième doigt de la main gauche de l'épouse, comme symbole de l'union de leur cœur, et de la fidélité inviolable qu'ils se doivent mutuellement; 2° la pièce de monnaie que, dans plusieurs diocèses, le prêtre bénit de même, et que l'époux donne à l'épouse, pour signifier qu'en lui donnant sa personne, il lui donne aussi ses biens pour en jouir en commun avec elle ; 3° la cérémonie par laquelle le prêtre fait mettre la main droite de l'époux dans celle de l'épouse, pour montrer que l'époux doit être le premier à garder à l'épouse la fidélité qu'il lui promet, et que celle-ci doit obéissance à son époux ; 4° la célébration du sacrifice de la messe pour obtenir de Dieu les grâces attachées au sacrement ; 5° l'offrande des deux époux avec un cierge à la main pour montrer qu'ils doivent édifier leur famille par une vie exemplaire ; 6° enfin, le voile ou poêle, symbole de pudeur, que l'on étend sur la tête des mariés, et l'interruption du sacrifice que fait alors le prêtre pour leur donner une seconde bénédiction, quand l'épouse n'est pas une veuve.

Depuis la publication du Code civil, la loi française interdit à tout prêtre de procéder à la célébration du m. entre deux personnes qui ne seraient pas préalablement unies par le m. civil; un m. religieux contracté dans de telles conditions, est au point de vue du droit civil, de nul effet.

**MARIALITE**. s. f. T. Minér. Variété de Wernérite.

**MARIAMNE**, petite-fille du roi juif Aristobule et d'Hyrcan II, épousa Hérode le Grand, qui la fit mettre à mort (28 ans av. J.-C.).

**MARIANA** (Jean de), jésuite espagnol, né à Talavera, auteur d'une *Histoire d'Espagne* et du Traité *de rege et regis institutione* (1537-1624).

**MARIANNES** (Iles) ou **ÎLES DES LARRONS**, archipel de la Polynésie (Océanie), appartient aux Espagnols; cap. *Agagna* = Nom des hab. : Mariannais, aise.

**MARIA-THÉRESCOPOL** ou **SZABADKA**, v. de Hongrie; 64,400 hab.

**MARIBO**, v. du Danemark, dans l'île de Laaland ; 3,000 hab.

**MARIE** (Sainte), mère de Jésus-Christ, fille d'Anne et de Joachim, épouse de saint Joseph.

**MARIE I**re, reine de Portugal en 1777, devenue folle en 1792; elle mourut au Brésil en 1816. ‖ Marie II ou Maria Da Gloria, reine de Portugal en 1826; m. en 1853.

**MARIE-AMÉLIE**. Voy. Amélie.

**MARIE-ANTOINETTE D'AUTRICHE**, fille de l'empereur François Ier et de Marie-Thérèse (1755-1793), épousa en 1770 le dauphin, qui devint roi sous le nom de Louis XVI. Prodigue, imprudente et ennemie des réformes, elle se rendit promptement impopulaire. Elle eut de plus le tort de conserver des intelligences avec les émigrés. Elle mourut sur l'échafaud le 16 octobre 1793.

**MARIE-CAROLINE**, reine de Naples, fille de l'empereur François Ier et de Marie-Thérèse (1752-1814).

**MARIE-CHRISTINE**, de la maison royale de Naples (1806-1878), épousa Ferdinand VII, roi d'Espagne. Elle est la mère de l'ancienne reine d'Espagne Isabelle II, et de la duchesse de Montpensier.

**MARIE D'ANGLETERRE**, reine de France, femme de Louis XII (1497-1534).

**MARIE DE BÉTHANIE** (Sainte), sœur de Lazare et de Marthe, accompagna le Christ au tombeau.

**MARIE DE BOURGOGNE**, fille unique de Charles le Téméraire (1457-1482), épousa l'archiduc Maximilien d'Autriche, dont elle eut deux enfants, Philippe le Beau et Marguerite d'Autriche.

**MARIE DE BRABANT**, femme de Philippe III, *le Hardi*: morte en 1321.

**MARIE DE FRANCE**, femme poète du XIIIe siècle, auteur de fables, de lais, etc.

**MARIE DE LORRAINE**, reine d'Écosse, femme de Jacques V et mère de Marie Stuart. Elle était fille de Claude de Lorraine, duc de Guise (1515-1560).

**MARIE DE MÉDICIS**, fille de François Ier, grand-duc de Toscane (1573-1642), épousa Henri IV, roi de France, Régente après la mort de son mari, elle livra toute l'autorité à Concini, puis voulut lutter en vain contre l'influence de Richelieu auprès de son fils Louis XIII, fut exilée et mourut à Cologne.

**MARIE-GALANTE**, l'une des petites Antilles, à la France, ch.-l. *Grand-Bourg* ou *Marigot*: 14,000 hab.

**MARIE LECZINSKA**, fille de Stanislas, roi de Pologne (1703-1768), épousa Louis XV en 1725.

**MARIE-LOUISE**, fille de François Ier, empereur d'Autriche (1791-1847), épousa Napoléon Ier (1810), dont elle eut un fils nommé le *Roi de Rome* (20 mars 1811). Elle mourut duchesse de Parme.

**MARIE-MADELEINE**, Voy. Madeleine.

**MARIENBAD**, petite ville du cercle de Pilsen (Bohême). Eaux minérales.

**MARIENBOURG**, v. de la prov. de la Prusse Occidentale: 9,600 hab.

**MARIER**, v. a. (lat. *maritare*, m. s., de *maritus*, mari). Unir un homme et une femme par le lien conjugal, selon les lois de l'État, ou leur administrer le sacrement de mariage. Dans ce sens, il se dit de l'officier de l'état civil ou du prêtre qui remplit l'une ou l'autre de ces fonctions. *Le maire les a mariés à telle heure. C'est le curé de la paroisse qui doit les m.* || Se dit aussi de ceux qui font ou qui procurent un mariage. *Son père l'a mariée au fils d'un de ses amis. C'est un ami de son père qui l'a marié. Cette femme a la manie de m. tout le monde. — Une fille bonne à m.*, En âge d'être mariée. || Fig., Allier, joindre deux ou plusieurs choses. *M. l'or avec l'ivoire. M. la vigne avec l'ormeau. M. sa voix avec les instruments. — M. les couleurs*, Les assortir. — *M. deux cordages*, Les unir par un amarrage plat. — *M. deux ruches*, Faire passer les abeilles de l'une dans l'autre. = se Marier, v. pron. *Il s'est richement marié. Elle ne veut pas se m. Quand nous marierons-nous.* || Fig., *Sa voix se marie bien à cet instrument, avec cet instrument. Cette épithète se marie bien avec ce mot-là.* = Marié, ée, part. *Un homme marié, une femme mariée.* || S'emploie quelquefois substant., mais alors il ne se dit guère que de personnes qui sont nouvellement mariées ou qui vont se marier le jour même. *Un nouveau marié. Une nouvelle mariée. Les deux mariés étaient présents. Où donc est la mariée?* Fig. et prov., *Se plaindre que la mariée est trop belle*, Se plaindre d'une chose dont on devrait se louer. — *Des rimes mariées*, Poésie où les rimes masculines et les rimes féminines sont deux à deux au lieu de s'entre-croiser. || *Jeu de la mariée*, Sorte de jeu de cartes. = Conjug. Voy. Prier.

**MARIÈRE**, s. f. T. Géol. Localité où se trouvent des terres riches en phosphate, provenant de tumulus.

**MARIE-SALOPE**, s. f. T. Mar. Voy. Dragage.

**MARIE STUART**, fille de Jacques V, roi d'Écosse et de Marie de Lorraine (1542-1587), épousa le dauphin (depuis François II). Après la mort de son époux, elle revint en Écosse et se maria avec Henri Darnley, puis avec le comte Bothwell. Obligée de fuir devant la révolte de ses sujets, elle demanda asile à Élisabeth d'Angleterre, qui, après une captivité de 19 ans, la fit décapiter.

**MARIE-THÉRÈSE**, fille de Philippe IV, roi d'Espagne, elle épousa Louis XIV en 1660, en vertu du traité des Pyrénées (1638-1683).

**MARIE-THÉRÈSE D'AUTRICHE**, impératrice d'Allemagne, épousa François, duc de Lorraine, succéda à son père Charles VI en 1740. Attaquée par une ligue redoutable, elle triompha et fit élire son mari empereur en 1745; elle prit part au premier partage de la Pologne; elle eut quatre fils, dont l'aîné fut l'empereur Joseph II, et six filles, parmi lesquelles Marie-Antoinette, reine de France, et Marie-Caroline, reine de Naples; elle mourut en 1780.

**MARIETTE** (Auguste), égyptologue fr. (1821-1881), découvrit le Sérapéum dans l'ancienne Memphis.

**MARIE Ire TUDOR**, reine d'Angleterre, fille de Henri VIII et de Catherine d'Aragon (1516-1558), succéda à son frère Édouard VI (1553), après avoir triomphé de Jane Gray. Elle rétablit l'Église romaine dans son royaume et persécuta les protestants. || Marie II, fille de Jacques II et d'Anne Hyde (1662-1695), épousa le prince d'Orange, qui devint roi d'Angleterre et régna avec elle sous le nom de Guillaume III, après la révolution de 1688.

**MARIEUR, EUSE**, s. Celui, celle qui aime à s'entremettre pour procurer des mariages. *C'est un grand m., une grande marieuse.* Famil., et se dit souvent par dénigrement.

**MARIGNAN**, aujourd'hui Melegnano, v. de Lombardie, à 15 kil. S.-E. de Milan, 4,000 hab. Victoire de François Ier sur les Suisses (1515), et du maréchal Baraguey-d'Hilliers sur les Autrichiens (1859).

**MARIGNY**, ch.-l. de c. (Manche), arr. de Saint-Lô; 1,300 hab.

**MARIGNY** (Enguerrand de), ministre de Philippe IV le Bel, roi de France, périt victime d'une réaction violente à l'avènement de Louis X le Hutin, et fut pendu au gibet de Montfaucon (1315).

**MARIGOT**, s. m. [Pr. *mari-gho*, *g* dur]. T. Géogr. Se dit des canaux remplis d'eau presque dormante qui se forment dans les deltas des fleuves. Ce terme ne s'emploie qu'en parlant des fleuves de la côte occidentale de l'Afrique.

**MARIKINA**, s. m. T. Mamm. Espèce de *Singes* d'Amérique. Voy. Hapalidés.

**MARILHA**, paysagiste fr. (1811-1847).

**MARILLAC** (Michel de). Homme d'État fr., né à Paris. Garde des sceaux en 1626; il conspira contre Richelieu et mourut en prison (1563-1632). || (Louis), frère du précédent, maréchal de France. Il entra dans un complot contre Richelieu, qui le fit décapiter (1572-1632).

**MARIN, INE**. adj. (lat. *marinus*, m. s.) Qui habite la mer, qui provient de la mer. *Monstre m. Veau, loup m. Les* *animaux marins. Conque marine. Plante marine. Sel m.* — *Les dieux marins*, Les dieux de la mer. || Qui a rapport à la mer ou à la navigation. *Carte marine. Montre marine. Lieue marine.* Voy. ITINÉRAIRE. || *Avoir le pied m.*, Savoir marcher sans difficulté à bord d'un vaisseau agité par le mouvement de la mer; et fig. et fam., Ne pas se déconcerter dans une circonstance difficile. *Bâtiment marin*, Bâtiment qui navigue bien sur la mer. || T. Minér. *Aigue-marine*, Voy. ÉMERAUDE. = MARIN. s. m. Se dit de tous les gens de mer sans aucune distinction, depuis l'amiral jusqu'au matelot. *C'est un excellent m.* = Prov. *Femme de marin*, Femme de chagrin. || Fam. et par dénigr., on appelle *M. d'eau douce*, Un homme qui a navigué seulement sur les rivières ou qui connaît peu la mer.

**MARINADE.** s. f. (R. *mariner*). Sauce composée ordinairement de sel, de vinaigre et d'épices, qui sert à conserver certains aliments. || Viande marinée, enveloppée de pâte et frite à la poêle. *Des poulets en m. Voici une bonne m.*

**MARINAGE.** s. m. Procédé qui donne à certains vivres la préparation nécessaire pour qu'ils se conservent à la mer.

**MARINE.** s. f. (R. *marin*). Ce qui concerne la navigation sur mer. *Il entend bien la m.* || Le service de mer. *Servir dans la m. Officier, intendant de m. Conseil de m. Les ordonnances de la m.* || La puissance navale d'une nation, le matériel et le personnel du service de mer. *La m. de France. L'Angleterre possède une m. puissante. Cet État n'a point de m.* — *M. marchande*, Les bâtiments et les équipages employés par le commerce. *M. militaire*, Celle qui appartient à l'État. || Le goût, l'odeur de la mer. *Cela sent la m., a un goût de m.* || T. Peint. Tableau représentant un port, une vue de mer, ou quelque scène maritime. *Voilà une belle m. Les marines de Joseph Vernet. Un peintre de marines.*

**Mar.** — *Marine militaire.* — La *Marine militaire* d'un pays quelconque se compose de deux parties, savoir : le *matériel* et le *personnel*.

I. Le *matériel* comprend lui-même deux éléments principaux, d'une part, les *ports*, les *arsenaux* et les *chantiers*, et de l'autre, la *flotte*.

A. Sans compter ni les îles littorales, ni l'Algérie, les côtes de la France présentent un pourtour de 2693 kilom., dont 617 sur la Méditerranée, et 2076 sur l'Océan, la Manche et la mer du Nord, tandis que notre frontière continentale n'en a que 1520; ce simple rapprochement démontre que l'entretien d'une force navale imposante n'est pas moins nécessaire qu'une puissante armée permanente à la sécurité du pays. Nous n'avons que cinq ports militaires, un sur la Manche, Cherbourg; trois sur l'Océan, Brest, Lorient et Rochefort, et un sur la Méditerranée, Toulon. *Brest* est le plus important de tous, soit par sa position géographique à l'extrémité du territoire la plus avancée dans l'Océan, soit par la sécurité de son port et l'étendue de sa magnifique rade qui pourrait contenir plus de 500 vaisseaux de ligne, soit par l'immensité de son arsenal et la facilité de ses moyens d'approvisionnement. *Toulon* est pour nous, dans la Méditerranée, ce que Brest est dans l'Océan. *Cherbourg*, grâce aux prodigieux travaux qu'on y a exécutés, occupe le troisième rang, par sa position en face de l'Angleterre et non loin des côtes de la Hollande. *Rochefort* a pour la portion de notre littoral qui avoisine l'Espagne une importance presque égale à celle de Cherbourg pour le nord de la France. *Lorient*, par son voisinage de Brest et les nombreux établissements qu'il possède, semble devoir être considéré plus spécialement comme un port de construction. Enfin, le port d'*Alger* mérite aussi d'être cité, à cause des ressources qu'il offre, et plus récemment le port de *Bizerte* vient d'être aménagé pour la défense des côtes de la Tunisie. Indépendamment des établissements qui sont annexés aux ports ci-dessus, la m. a aussi, dans différents lieux, plusieurs établissements destinés à l'exécution de travaux spéciaux. Ce sont les ateliers de construction de machines et de chaudières *d'Indret*, sur la Loire, en aval de Nantes, les *forges de la Chaussade*, dont la direction est à Guérigny (Nièvre); les *fonderies de Ruelle*, sur la Touvre, près d'Angoulême. Ces établissements sont destinés à la fabrication des ancres, des chaînes-câbles, des cabestans, des bouches à feu, etc.

B. L'effectif de la *flotte* française en 1897 se composait ainsi qu'il suit :

1° Navires armés :

Escadre de la Méditerranée: *Brennus*, 9,000 chevaux, 13 canons, portant pavillon du vice-amiral commandant; *Amiral-Charner*, 5,000 ch., 8 can.; *Charles-Martel*, 9,500 ch., 12 can., montés chacun par un contre-amiral; *Bugeaud*, 6,000 ch., 14 can.; *Carnot*, 11,000 ch., 12 can.; *Courbet*, 4,500 ch., 14 can.; *Formidable*, 5,000 ch., 15 can.; *Jauréguiberry*, 10,000 ch., 12 can.; *Marceau*, 6,000 ch., 21 can.; *Magenta*, 4,000 ch., 20 can.; *Neptune*, 4,000 ch., 20 can.; *Cosmao*, 3,000 ch., 4 can.; contre-torpilleur *Vautour*, 1,500 ch., 5 can,; croiseur.-torp. *Wattignies*, 2,000 ch.; *Latouche-Tréville*, 5,000 ch., 8 can.; *Lalande*, 3,400 ch., 4 can.; *Faucon*, 1,500 ch., 5 can.; les torpilleurs d'*Iberville*, 4,000 ch.; *Éclair*, 550 ch.; *Kabyle*, 550 ch.; *Flibustier*, 1,000 ch.; *Foudre*, *Forban*, *Galilée*, *Sarrasin*, 550 ch.; *Lévrier*, 1,500 ch.

Escadre de réserve de la Méditerranée : *Amiral-Duperré*, 4,500 ch., 15 can., monté par le vice-amiral commandant; *Chanzy*, 5,000 ch., 8 can.; *Dévastation*, 4,500 ch., 13 can.; *Indomptable*, 3,800 ch., 6 can.; *Milan*, 2,500 ch., 4 can.; les torpilleurs : *Flèche*, 900 ch.; *Léger*, 1,500 ch.; *Orage*, 550 ch. et *Téméraire*.

Escadre du Nord : *Hoche*, 4,000 ch., 16 can., monté par le vice-amiral commandant; *Bouvines*, 5,000 ch., 10 can., monté par un contre-amiral; *Amiral-Tréhouart*, 5,000 ch., 10 can.; *Dupuy-de-Lôme*, 10,000 ch., 8 can.; *Épervier*, 1,500 ch., 5 can.; *Friant*, 6,000 ch., 10 can.; *Jemmapes*, 5,000 ch., 6 can.; *Pothuau*, 6,500 ch., croiseurs : *Surcouf*, 3,000 ch., 2 can.; *Valmy*, 5,000 ch., 6 can.; les torpilleurs *Aquilon*, *Ariel*, 1,000 ch.; *Cassini*, 3,400 ch.; *Mangini*.

Division de l'Atlantique : *Dubourdieu*, 2,000 ch., 16 can., monté par le contre-amiral commandant ; *Rigault-de-Genouilly*, 1,400 ch., 8 can.; cr., *Fulton*, 660 ch., 4 can.

Division du Pacifique : *Duguay-Trouin*, 3,000 ch., 10 can., *Amiral-Parseval*, 600 ch., 4 can.; *Eure*, 650 ch., 3 can.

Division de l'Extrême-Orient : *Bayard*, 3,000 ch., 12 can., monté par le contre-amiral commandant; *Descartes*, *Jean-Bart*, *Pascal*, *Éclaireur*, *Surprise*.

Division de l'Océan-Indien : *Lapérouse*, *Fabert*, *Gabès*, *Météore*, *Pourvoyeur*.

Division de la Cochinchine : *Triomphante*, *Aspic*, *Baïonnette*, *Bengali*, *Bouclier*, *Styx*.

Station de l'Annam et du Tonkin : *Adour*, *Alouette*, *Avalanche*, *Jacquin*.

Station du Sénégal et de la Guinée : *Durance*, *Mercure*, *Salamandre*.

Congo : *Cigogne*, *Guyane*, *Jouffroy*.

Iles de la Société : *Aube*, *Papeete*.

Algérie : *Dague*. — Tunisie : *Condor*. — Constantinople : *Bombe*.

Service des Transports : *Caravane*, *Drôme*, *Vienne*.

Service des Ports et surveillance des Pêches : *Achéron*, *Alarme*, *Éperlan*, *Ibis*, *Javelot*.

Navires Écoles : *Algésiras*, *Borda*, *Bretagne*, *Calédonien*, *Couronne*, *Iphigénie*, *Melpomène*, *Saône*.

2° Navires en essais :

*Bouvet*, *Cassard*, *Catinat*, *Charlemagne*, *d'Assas*, *d'Entrecasteaux*, *du Chayla*, *Gaulois*, *Lavoisier*, *Masséna*.

3° Navires en réserve :

*Alger*, 9,000 ch., 10 can.; *Amiral-Baudin*, 5,000 ch., 15 can.; *Bruix*, *Caïman*, 3,800 ch., 6 can.; *Casabianca*, contre-torpilleur; *Cécille*, 7,000 ch., 18 can.; *Chasseloup-Laubat*, 6,000 ch., 10 can.; *Coetlogon*, 3,400 ch., 4 can.; *Davout*, 5,000 ch., 6 can.; *Fleurus*, 2,000 ch., 5 can.; *Forbin*, 3,400 ch., 4 can.; *Furieux*, 2,800 ch., 2 can.; *Isly*, 5,000 ch., 10 can.; *Linois*, 3,600 ch., 6 can.; *Redoutable*, 4,600 ch., 14 can.; *Suchet*, 5,000 ch., 10 can.; *Tage*, 8,600 ch., 18 can.; *Terrible*, 3,800 ch., 6 can.; *Tonnant*, 1,400 ch., 2 can.; *Monde*, 3,400 ch., 4 can.; *Vengeur*, 1,400 ch., 2 can.

4° Navires en montage :

*Dunois*, torpilleur, 2,600 ch.; *Guichen*, cr., 14,500 ch., 8 can.; *Saint-Louis*, cuirassé d'escadre; *Protet*, cr.; *Kersaint*, aviso, 1,600 ch., 6 can.

5° Enfin les défenses sous-marines dont une direction est installée dans chacun des 5 grands ports militaires ont pour siège : à Cherbourg, l'*Isis;* à Dunkerque, la *Flamme;* à Brest, le *Navarin;* à Lorient, le *Bouledogue;* à Rochefort, l'*Embuscade;* à Toulon, la *Cérès*, en Corse, en Algérie et en Tunisie divers torpilleurs.

Dans ce relevé, nous ne citons que les canons de gros calibres. Les navires comptent, en outre, des pièces de moyen calibre et des canons revolvers.

Pour se rendre compte des modifications apportées à la flotte de guerre depuis 40 ans, il sera curieux de comparer à la liste ci-dessus l'état des forces navales françaises à la date du 1er août 1860 : 1 bâtiment de 130 canons et 1,200 chevaux-vapeur; 4 de 114 can., dont 3 à 600 ch. et 1 à 140; 15 de 90 can., dont 8 de 900 ch., 3 de 800, 3 de 650 et 1 de 600; 1 de 81 can. et 500 ch.; 5 de 82 can., dont 4 de 650 ch. et 1 de 600; 9 de 80 can., dont 2 de 660 ch., 2 de 500 et 5 de 450; 6 de 56 can. et de 800 ch.; 2 de 52 can.; 2 de 40 can., dont l'un de 650 et l'autre de 200 ch.; 7 de 36 can., dont 2 de 900 ch., 1 de 220, et 4 de 200; 1 de 34 can. et 600 ch.; 1 de 28 can. et 600 ch.; 7 de 22 can.: 2 de 20 can. et 540 ch.; 1 de 16 can. et 450 ch.; 4 de 12 can.; 3 de 10 can. et 400 ch.; 1 de 8 can.; 4 de 6 can. et 220 ch.; 2 de 5 can. et 320 ch.; 57 de 4 can. avec une force variant de 60 à 600 ch.; 4 de 3 can. et de 25 ch.; 45 de 2 can. avec une force de 20 à 500 ch.; 10 autres de 2 can.; et enfin 26 bâtiments sans indication particulière. En outre, on cite 18 vaisseaux et frégates à hélice en voie de transformation ou de construction. Parmi ces bâtiments nous en trouvons 2 de 90 can. et 900 ch.; 2 de 52 can. et 1000 ch.; 1 de 40 can. et 900 ch.; 2 de 36 can., l'un de 900 ch. et l'autre de 180; 3 de 34 can. et 600 ch.; 6 de 600 ch., et 2 de 400, sans indication de leur force en artillerie.

Nous n'essayerons point de donner la statistique des forces navales des différentes puissances européennes, les documents précis faisant défaut.

II. Le *personnel* comprend les différents corps suivants : 1° L'*État major de l'armée navale* qui se compose des officiers chargés du commandement des divers bâtiments de la flotte et des équipages, ainsi que de la direction de certains services dans les arsenaux. Ces officiers sont les suivants, dans l'ordre hiérarchique : nous indiquons en même temps les grades correspondants dans l'armée de terre. Amiraux (maréchaux), ce grade n'a pas actuellement de titulaire; vice-amiraux (généraux de division); contre-amiraux (généraux de brigade); capitaines de vaisseau (colonels); capitaines de frégate (lieutenants-colonels); lieutenants de vaisseau (capitaines); enseignes (lieutenants); aspirants de 1re et 2e classe (sous-lieutenants). Le corps de la m. se recrute parmi les élèves sortis de l'École navale et de l'École polytechnique et parmi les *premiers maîtres* qui ont satisfait à un examen théorique et pratique; 2° Les *chefs de musique des dépôts des équipages de la flotte:* 3° les *adjudants principaux de 1re, 2e et de 3e classes*, qui sont chargés des emplois de pilote major, de torpilleur, fourrier, etc.; 4° les *officiers mécaniciens*, comprenant un mécanicien inspecteur général, des mécaniciens inspecteurs, des mécaniciens en chef, des mécaniciens principaux de 1re et de 2e classe; ils sont principalement recrutés parmi les élèves de l'École centrale ou des écoles des arts et métiers; 5° la *gendarmerie*, chefs d'escadron, capitaines, lieutenants et sous-lieutenants; 6° l'*artillerie* : un général de division, des généraux de brigade et tous les grades de l'armée de terre; 7° l'*infanterie*, idem; 8° la *gendarmerie* coloniale; 9° les *troupes coloniales* : spahis sénégalais et soudanais, tirailleurs sénégalais, soudanais, annamites; 10° le *Corps de l'inspection des services administratifs* qui a pour mission de surveiller toutes les parties de ces services et d'avertir l'autorité centrale des irrégularités qui pourraient être commises; 11° le *Corps du génie maritime* chargé de diriger les constructions navales et les travaux relatifs à ce service. Il est placé sous la direction d'un *inspecteur général* qui réside à Paris, et se compose d'ingénieurs et de sous-ingénieurs de diverses classes, dont les plus élevés en grade portent le titre de *directeurs des constructions navales*. Ces ingénieurs se recrutent parmi les élèves de l'École polytechnique. Il s'y ajoute des maîtres principaux et maîtres entretenus des constructions navales. 12° Le *Corps des ingénieurs hydrographes* (Voy. HYDROGRAPHIE). La m. emprunte en outre au corps des ponts et chaussées un certain nombre d'ingénieurs qui sont employés dans les ports à la construction et à l'entretien des travaux hydrauliques et des bâtiments civils. — 13° Le *Corps de santé* se compose d'un inspecteur général, de directeurs du service de santé, de médecins en chef, principaux, des médecins de 1re et de 2e classe, de médecins auxiliaires, de pharmaciens en chef, principaux, de 1re et de 2e classe, auxiliaires, qui font le service des hôpitaux de la m., ainsi que des bâtiments de la flotte. Un corps d'infirmiers est placé sous les ordres du service de santé. — 14° Le *Corps du commissariat* spécialement chargé du service administratif de la m. et se compose de commissaires généraux, commissaires, commissaires adjoints, sous-commissaires, aides commissaires, élèves commissaires. Ses attributions embrassent l'inscription maritime, l'ordonnancement des dépenses dans les ports; les revues, armements et vivres des troupes de la m.; les approvisionnements généraux; les marchés, les recettes et les vérifications de matières; la comptabilité et la conservation du matériel dans les arsenaux maritimes; la police des pêches et de la navigation; les bris et naufrages; l'administration des hôpitaux de la marine; l'ordonnancement et la surveillance des recettes et dépenses de la caisse des invalides de la m.; et enfin, le service administratif à bord de tous les bâtiments. La garde et la comptabilité des matières sont confiées à des employés appelés *Agents comptables de matières*, qui fournissent un cautionnement et sont justifiables de la Cour des comptes. Il existe enfin des agents et commis des manutentions des directions de travaux et du commissariat, les conducteurs des travaux hydrauliques, les inspecteurs des pêches, les conservateurs des bibliothèques et musées. — 15° Enfin, un certain nombre d'ecclésiastiques, revêtus du titre d'*Aumôniers de la m.*, sont attachés aux divisions navales. A la majeure partie de ces corps s'ajoutent des officiers de réserve.

Les *Troupes de la m.* forment deux catégories distinctes, suivant qu'elles sont employées ou non au service de la flotte. La première catégorie comprend les cinq corps suivants : 1° Les *Équipages de la flotte* fournissent les équipages de tous les bâtiments de l'État. Ils se recrutent pour deux tiers au moyen de l'inscription maritime, et pour l'autre tiers par le recrutement ou les enrôlements volontaires. Les hommes qui les composent sont divisés en *novices*, *apprentis marins*, *matelots* et *quartiers-maîtres*, ces derniers ayant le grade et les insignes de caporal. Les sous-officiers ou *officiers mariniers* sont les *maîtres* (sergents) et *premiers maîtres* (sergents majors). Les gens des équipages sont exercés au gréement des voiles, au canonnage, au maniement du fusil et à celles des manœuvres de l'infanterie dont la connaissance peut leur être utile. 2° Les *Matelots-canonniers* sont spécialement chargés des fonctions de chefs de pièce et de chargeurs. Ils sont formés dans deux écoles spéciales établies à Brest et à Toulon sur des bâtiments mouillés en rade, et on leur délivre des brevets de capacité quand leur instruction est jugée suffisante. 3° Les *Mécaniciens et matelots chauffeurs* sont destinés, ainsi que leur nom l'indique, au service des navires à vapeur. Ils sont organisés en compagnies rattachées aux divisions du corps des équipages. 4° Les *Gardes-consignes* ont pour mission de veiller à la conservation des bâtiments désarmés, dont elles forment la garnison. Chacune d'elles se compose de dix hommes, et dix escouades constituent une compagnie commandée par un lieutenant de vaisseau. 5° Les *Marins vétérans* ont pour attributions d'entrer les bâtiments dans les ports et les bassins, et de les en sortir. Ils doivent aussi veiller à l'entretien des corps morts de la rade, et secourir, de jour et de nuit, les navires en danger.

III. Diverses écoles spéciales sont annexées au département de la m. La plus importante est la *Division navale* constituant l'École supérieure de guerre, puis vient ensuite l'*École navale*, qui fournit au corps de la m. le plus grand nombre de ses officiers. Après avoir subsisté sous différents noms et dans des conditions fort diverses, cette institution a été organisée telle qu'elle est actuellement par diverses ordonnances royales rendues après 1830. L'école est établie sur le vaisseau *le Borda*, en rade de Brest. Les élèves y sont admis par la voie du concours depuis l'âge de 14 ans jusqu'à celui de 16 ans. Après deux ans d'études, ceux qui ont satisfait à l'examen de sortie sont nommés aspirants de deuxième classe. — L'*École d'application du génie maritime* est placée à Paris, dans l'hôtel même du ministère de la m., et, comme l'indique son nom, elle a pour objet de former des ingénieurs pour la construction des navires. Les élèves proviennent de l'école polytechnique. Après deux années d'études, ils subissent un examen de sortie, après lequel ils sont nommés sous-ingénieurs. — Outre les écoles qui précèdent, le département de la m. possède des *Écoles d'hydrographie* (voyez ce mot), une *École de pyrotechnie*, établie à Toulon, et trois *Écoles de maistrance*, à Brest, Toulon et Rochefort. Ces dernières ont été instituées en 1819, et sont destinées à former des maîtres et des contre-maîtres pour les divers ateliers du service de la marine. D'autres écoles, d'institution plus récente, sont l'*École des aspirants*, sur l'*Iphigénie*, l'*École des torpilles*, sur l'*Algésiras;* l'*École des canonniers et des timoniers*, sur la *Couronne* et le *Calédonien*, l'École des pilotes sur l'*Élan*, les écoles des tambours et clairons, de tir, de gymnastique et d'escrime; l'*école des Mousses* sur la *Bretagne*, l'*École des Gabiers*, sur la *Melpomène*, l'*École des apprentis marins*, sur la *Saône*, l'*École des mécaniciens* et l'*École des élèves-commissaires* à Brest; l'*École principale du service de santé* à Bordeaux, l'*École d'application des médecins stagiaires* à Toulon et les écoles *annexes de médecine*, enfin l'*établissement des pupilles*.

IV. *Ministère de la m.* — On fait remonter sa création à l'an 1547, mais il fut supprimé vingt ans après, et ses attributions devinrent, pendant longtemps, le partage de plusieurs secrétaires d'État. Enfin, en 1669, Colbert en forma de nouveau un département distinct, et cet état de choses a subsisté jusqu'à ce jour. Le ministère de la m. est chargé de la direction et de la surveillance de toutes les parties du service naval et de celui des colonies. Ses attributions comprennent le personnel et le matériel de la m., l'inscription maritime, la police de la navigation commerciale et de la pêche maritime, l'administration et la police des bagnes et des colonies pénitentiaires. Indépendamment du Cabinet du ministre et de l'État-major général, ses bureaux sont répartis ainsi qu'il suit : le *Contrôle central*, la *Direction du personnel*, la *Dir. du matériel*, la *Dir. de l'artillerie*, la *Dir. de la m. marchande*, la *Dir. de la comptabilité générale*, le *Service central des défenses sous-marines et le service hydrographique*. Il est, en outre, établi auprès du ministère de la m. plusieurs conseils, commissions ou comités, tels que le *Conseil supérieur de la m.*, le *C. des prises*, *l'établissement des Invalides de la m.*, etc., etc.

**MARINER**. v. a. (R. *marin*). Faire cuire du poisson, et l'assaisonner de telle sorte qu'il puisse se conserver très longtemps. *M. du thon.* || Assaisonner certaines viandes d'une manière qui les rend mangeables plus promptement. *M. des poulets.* || Faire macérer de la viande dans du vinaigre avec des oignons, du thym, etc., afin de l'attendrir. *M. du chevreuil.* = MARINÉ, ÉE. part. *Des huîtres marinées.* || *Marchandises marinées*, Marchandises avariées par l'eau de mer. *Ce café, ce thé est mariné.* || T. Bl. *Mariné*, Dont le corps se termine en queue de poisson.

**MARINES**, ch.-l. de c. (Seine-et-Oise), arr. de Pontoise; 1,500 hab.

**MARINETTE** s. f. [Pr. *mari-nète*] (R. *marin*). Ancien nom de la boussole.

**MARINGOTE**. s. f. Petite voiture légère à barreaux sur les côtés et à bancs mobiles.

**MARINGOUIN**. s. m. Nom vulgaire donné, dans les Antilles, à diverses espèces de *Cousins*.

**MARINGUES**, ch.-l. de c. (Puy-de-Dôme), arr. de Thiers; 3,300 hab.

**MARINI**, poète italien, auteur d'*Adonis* (1569-1625).

**MARINIER, IÈRE**. adj. (R. *marine*). Qui a rapport à la mer, à la navigation. *Arche marinière*, Arche d'un pont par où passent les bateaux. = MARINIER. s. m. Batelier, celui dont la profession est de conduire des bâtiments sur les rivières et les canaux navigables. || *Officiers mariniers*, Tous les bas officiers qui servent à la manœuvre d'un vaisseau. On dit aujourd'hui : *Sous-officier de marine.* = MARINIÈRE. s. f. Manière de nager. || Sauce claire à l'oignon. *Moules à la m.*

**MARINISME**. s. m. Style de mauvais goût, mis à la mode par le cavalier Marin.

**MARINISTE**. s. m. T. Néol. Peintre de marine.

**MARIONITE**. s. f. T. Minér. Syn. de ZINCONISE.

**MARIONNETTE**. s. f. [Pr. *mario-nè-te*] (R. *Marion*, dimin. de *Marie*). Se dit de petites figures de bois ou de carton qui représentent des hommes ou des femmes, et que l'on fait mouvoir ordinairement par des fils, quelquefois par des ressorts, quelquefois simplement avec la main. *Théâtre de marionnettes. Faire jouer les marionnettes.* || Figur. et famil., se dit d'une personne légère, frivole, sans caractère, qui cède à la moindre impulsion étrangère, *C'est une m., ce n'est qu'une marionnette.* || T. Techn. Réunion de poulies tenues verticalement par deux traverses entre lesquelles elles peuvent pivoter. — Bobine du métier à carde, à dévider. — Pièce mobile à laquelle tiennent les tiges qui font mouvoir le rouet de l'ourdisseur. || T. Hist. mil. *Les Marionnettes*, batterie de tambour annonçant l'exécution des châtiments militaires.

**Théât.** — Les *Marionnettes* étaient connues chez les Grecs et chez les Romains : les premiers les appelaient *neurospasta*, à cause des fils qui servaient à les faire mouvoir, et les seconds *simulacra, oscilla* et *imagunculæ*. Leur usage paraît s'être toujours conservé en Italie, où ce genre de spectacle est encore aujourd'hui très populaire. Selon l'opinion commune, les marionnettes auraient été importées en France, sous le règne de Henri II, et elles tireraient leur nom de celui de leur importateur qui, dit-on, s'appelait Marion. Mais il est aujourd'hui démontré que les marionnettes étaient en usage chez nous au moyen âge, et que leur nom lui-même a une origine toute religieuse. En effet, *marionnette* est tout simplement un diminutif de *Marion*, synonyme populaire de Marie, et l'on désignait ainsi au moyen âge certaines statuettes animées de la Vierge que l'on faisait figurer dans certaines fêtes. Plus tard on étendit cette dénomination aux poupées mobiles de tout genre. Les théâtres de marionnettes firent fureur pendant tout le XVIIe siècle et dans les premières années du siècle suivant. Mais aujourd'hui, malgré les perfectionnements introduits dans leur mécanisme, les marionnettes n'ont plus d'autres clients que les enfants et les bonnes d'enfants. Un savant membre de l'Institut, Ch. Magnin, a publié une *Histoire des marionnettes*, qui renferme des détails fort curieux.

**MARIOTTE**, physicien français (1620-1684), découvrit la loi qui porte son nom. Voy. GAZ. = *Vase ou flacon de Mariotte*. Voy. HYDRODYNAMIQUE.

**MARIOUT**. Voy. MAREOTIS.

**MARISQUE** s. f. (lat. *marisca*, sorte de figue sauvage). Espèce de grosse figue. || T. Médec. Tumeur hémorrhoïdale qui a acquis une consistance presque charnue, et qui forme une sorte d'excroissance.

**MARISTES**. s. m. pl. (R. *Marie*). Membres d'une congrégation religieuse fondée en 1818, à Bordeaux, par l'abbé Cheminade. Cette congrégation, destinée à l'enseignement, comprend des laïques et des prêtres, ceux-ci vêtus du costume du clergé séculier. La concurrence des Frères des Écoles Chrétiennes a empêché leur développement en ce qui concerne l'enseignement primaire; mais ils possèdent des séminaires et plusieurs maisons d'enseignement secondaire dont la plus importante est le collège Stanislas, à Paris. Ils ont aussi des maisons importantes en Allemagne, aux États-Unis, en Suisse, etc.

**MARITAL, ALE**. adj. (lat. *maritalis*, m. s., de *maritus*, mari). T. Jurisp. Qui appartient au mari. *Pouvoir m. Puissance maritale.*

**MARITALEMENT**. adv. (R. *marital*). En mari, comme doit faire un mari. *Le juge lui ordonna de traiter m. sa femme.* || Dans le langage ordinaire, sign., Comme on vit dans l'état de mariage. *Ils ne sont pas mariés, mais ils vivent m.*

**MARITIME**. adj. 2 g. (lat. *maritimus*, m. s.). Qui est proche de la mer. *Les villes, les provinces maritimes.* || Qui habite les rivages de la mer. *Plantes maritimes.* || Qui est adonné à la navigation sur mer. *Les peuples, les puissances maritimes.* || Qui est relatif à la navigation sur mer. *Le commerce m. Entreprises maritimes. Service m.* — *Les forces maritimes*, Les forces navales. *Législation m. Code m.* Le recueil des lois et règlements qui concernent les diverses branches du service de la marine.

**Adm. mar.** — I. — Le *territoire m.* de la France est partagé en 5 *arrondissements*, qui prennent le nom de leur chef-lieu, qui est l'un de nos grands ports militaires. Chacun d'eux se subdivise en un certain nombre de *sous-arrondissements*, qu'on désigne également par le nom du port qui est leur chef-lieu respectif. Ainsi, CHERBOURG a 3 sous-arrondissements : *Dunkerque*, le *Havre*, *Cherbourg* ; BREST 2 : *Saint-Servan* et *Brest*; LORIENT 2 : *Nantes* et *Lorient*; ROCHEFORT 2 : *Rochefort* et *Bordeaux*; TOULON 2 : *Marseille* et *Toulon*. L'arrondissement de Toulon comprend en outre la Corse. Les sous-arrondissements sont à leur tour subdivisés en *quartiers*, *sous-quartiers* et *syndicats*; mais ces subdivisions sont relatives au service de l'inscription. — A la tête de chaque arrondissement est placé un vice-amiral *Préfet m.*, qui est chargé de la direction supérieure de tous les services et établissements de la marine compris dans sa circonscription et qui a droit aux honneurs et rang attribués au vice-amiral commandant en chef une escadre. Il commande en chef les corps militaires de la marine et les forces navales stationnées dans l'arrondissement. Il reçoit directement les ordres du ministre, et, pour toutes les affaires relatives à sa direction, correspond directement avec lui. — Les sous-arrondissements ont à leur tête un officier supérieur du commissariat, qui dirige le service sous les ordres du Préfet.

II. — L'*Inscription m.* a pour objet de faciliter la police de la navigation et de fournir à la flotte de guerre la plupart des marins. Ce mode de recrutement a été ainsi appelé parce que ceux qu'il atteint sont *inscrits* et divisés en sections ou *classes*, sur des registres *ad hoc*. L'inscription m. est une création de Colbert : elle est aujourd'hui régie par la loi du 24 décembre 1896. Ce mode de recrutement repose sur ce principe, que tous ceux qui se livrent à la pêche ou à la navigation, ou qui exercent des professions maritimes, doivent leurs services à la marine de l'État, si elle les réclame. L'inscription m. comprend : les Français et les naturalisés Français qui exerçent la navigation à titre professionnel, c.-à-d. comme moyen d'existence, soit sur la mer, soit dans les ports ou dans les rades, soit sur les étangs ou canaux salés compris dans le domaine public m., soit dans les fleuves, rivières et canaux jusqu'au point où remonte la marée et pour ceux où il n'y a pas de marée, jusqu'à l'endroit où les bâtiments de mer peuvent remonter. Les inscrits peuvent être requis jusqu'à l'âge de 50 ans ; mais, à moins de circonstances extraordinaires, le service actif qu'on exige d'eux ne dépasse pas environ trois années consécutives. Les levées sont faites par les soins des *Commissaires de l'inscription m.* Ces officiers, qui appartiennent au corps du commissariat m., désignent les hommes dont le tour de partir est arrivé, et les dirigent sur les ports où ils doivent être employés. Les hommes assujettis à l'inscription m. sont exempts du tirage au sort et jouissent de certains avantages particuliers : ils ont droit notamment à des pensions de retraite et à des secours sur les fonds de la *Caisse des Invalides* de la marine.

III. — La *justice m.* est confiée à des tribunaux spéciaux. On distingue la justice à terre et la justice à bord : la première est exercée par des conseils de guerre et des conseils de revision permanents, des tribunaux maritimes et des tribunaux de revision permanents; la seconde est confiée à des conseils de guerre, à des conseils de revision et à des conseils de justice. — Les *tribunaux maritimes permanents* connaissent des crimes et délits relatifs, soit à la police de sûreté des ports et arsenaux, soit au service m., qu'ils soient commis ou non par des marins ou des militaires. Leur juridiction comprend aussi les faits de piraterie. Les conseils de guerre permanents connaissent de tous les crimes et délits autres que ceux du ressort des tribunaux maritimes, notamment les crimes et délits de droit commun commis par les officiers, sous-officiers de marine ou simples marins en activité de service. — Les décisions de ces deux sortes de juridiction peuvent faire l'objet d'un recours en revision soit devant les tribunaux, soit devant les conseils de revision permanents. — Les conseils de guerre sont réunis à bord d'un bâtiment de l'État lorsqu'un crime ou délit est commis par un individu porté sur les rôles de l'équipage. — Les arrêts de ces tribunaux peuvent être déférés aux conseils de revision qui doivent être formés à bord en même temps que les conseils de guerre. — Il existe encore à bord des vaisseaux de l'État un *Conseil de justice* qui connaît des délits susceptibles d'entraîner des peines correctionnelles, lorsque l'inculpé n'est ni officier, ni aspirant. — Quant aux infractions et délits commis à bord des bâtiments du commerce, les tribunaux appelés à les juger varient selon les lieux et sont réglés par le décret du 24 mars 1852, qui constitue le Code disciplinaire et pénal de la marine marchande.

**MARITORNE.** s. f. (esp. *Maritornes*, nom d'une fille d'auberge dans le *Don Quichotte* de Cervantes). Femme malbâtie, malpropre et maussade.

**MARITZA**, fleuve de la Turquie, tributaire de la mer Egée; 450 kil.

**MARIUS** (CAÏUS), illustre romain, vainqueur de Jugurtha et des Cimbres, fut 7 fois consul. Proscrit par Sylla, il s'enfuit en Afrique, et reconquit le pouvoir après la mort de Sylla. Alors il se vengea des partisans de celui-ci par de terribles proscriptions (156-86 av. J.-C).

**MARIUS** (SIMON **MAYER**, plus connu sous le nom de). Astronome allemand (1570-1624).

**MARIVAUDAGE.** s. m. (R. *Marivaux*). Manière d'écrire, genre d'esprit qui affecte la subtilité dans les idées, le raffinement dans les sentiments et la recherche dans les expressions. *C'est du m. Donner dans le m.*

**MARIVAUDER.** v. n. Faire des galanteries raffinées.

**MARIVAUX**, écrivain fr., auteur de *comédies* et de *romans* (1688-1763).

**MARJOLAINE.** s. f. (lat. *majorana*, m. s.). T. Bot. Nom vulgaire de l'*Origanum majorana*, plante de la famille des *Labiées*. Voy. ce mot.

**Hortic.** — Cette plante est indigène et vivace. On fait, dans une partie du nord de l'Europe, grand usage de ses rameaux et de ses feuilles comme assaisonnement; elle se multiplie facilement d'éclats ; pour l'élevage des graines, on sème en mars, en pot, ou sur plate-bande de terre très douce ; on recouvre légèrement de terreau, et l'on élève ainsi le plant jusqu'à force suffisante pour sa mise en place, qui a lieu au printemps suivant.

**MARJOLET.** s. m. Petit homme qui fait le galant ou l'entendu. *C'est un plaisant m.* Fam. et vieux.

**MARJOLIN**, chirurgien fr. (1780-1850).

**MARKAB** (ar. *markab*, monture). Nom de l'étoile α de la constellation de Pégase.

**MARKEN**, île du Zuyderzée; 1,050 hab.

**MARLBOROUGH**, ville d'Angleterre à 14 kil. de Salisbury. Château de l'ancien duc ; 4,740 hab.

**MARLBOROUGH** (JOHN **CHURCHILL**, duc DE), général anglais, vainquit les Français à Hochstedt, Ramillies, Oudenarde et Malplaquet. Diplomate intrigant et perfide. Né en 1650. Disgracié en 1712, il mourut en 1722, laissant une fortune immense en partie volée.

**MARLE**, ch.-l. de c. (Aisne), arr. de Laon ; 2,500 hab.

**MARLI.** s. m. Espèce de gaze de fil à claire-voie, qui sert à des ouvrages de mode et à des ajustements. Vx. || T. Céram. Rebord d'un plat, d'une assiette, décoré de filets d'or ou de couleur. — Filet qui borde en dedans la moulure d'un plat, d'une assiette d'argent, de vermeil.

**MARLOWE**, poète dramatique angl. (1563-1593).

**MARLY-LE-ROI**, ch.-l. de c. (Seine-et-Oise), arr. de Versailles ; 1,600 hab. Louis XIV y avait fait construire un château qui fut détruit pendant la Révolution, et une machine hydraulique destinée à amener à Versailles les eaux de la Seine.

**MARMAILLE.** s. f. [Pr. *marmall*, *ll* mouillées], s. collectif (R. *marmot*). Nombre de petits enfants. *Voilà bien de la m.* Fam.

**MARMANDE**, ch.-l. d'arr. (Lot-et-Garonne), sur la Garonne, à 50 kil. N.-O. d'Agen ; 10,300 hab

**MARMARA** (Mer de), anc. Propontide, partie de la Méditerranée comprise entre le détroit des Dardanelles et celui de Constantinople.

**MARMATITE.** s. f. (R. *Marmato*, nom de lieu). T. Minér. Variété de blende contenant du sulfure de fer.

**MARMELADE.** s. f. (esp. *mermelada*, du lat. *melimelum*, sorte de coing). Confiture de fruits presque réduits en bouillie. *M. de coings, d'abricots*, etc. || Fig. *Cela est en m.* se dit d'une chose trop cuite et presque en bouillie; et Pop., De ce qui est fracassé, broyé.

**MARMENTEAU.** adj. et s. m. [Pr. *mar-man-to*] (anc. fr. *mairement*, mairain). T. Eaux et Forêts. Se dit des bois de haute futaie mis en réserve, qu'on ne coupe point et qui servent à la décoration d'une terre. *Autrefois on ordonnait que les bois marmenteaux fussent abattus ou étêtés quand le propriétaire était condamné pour crime de lèse-majesté.*

Était-ce bois de grume
Ou bien du bois de marmenteau ?
LA FONTAINE.

**MARMIER** (Xavier), littérateur fr. (1809-1892).

**MARMITE**. s. f. (orig. inconnue). Vase de métal ou de terre, muni de trois pieds et fermé d'un couvercle, où l'on fait ordinairement cuire les viandes dont le bouillon sert à faire le potage. — *Écumer la m.*, Enlever l'écume à la surface de l'eau quand la viande commence à bouillir. Fig. Faire le pique-assiette. || Ce que la m. contient. *Elle distribue chaque jour aux pauvres une grande m. de soupe.* || Fig. et prov.. *La m. est renversée dans cette maison*, Le maître de cette maison n'invite plus à dîner. — *Un nez en pied de m.*, Un nez large du bas et retroussé. *Cela sert à faire bouillir la m.*, Cela fournit la substance de la maison. || T. Techn. Vase de fonte où les plombiers font fondre leur plomb. — Vase où l'on brûle l'huile qui sert à faire le noir pour la gravure en taille-douce. *M. de Papin*, Voy. DIGESTEUR.

**MARMITÉE**. s. f. Le contenu d'une marmite. *Une m. de soupe.*

**MARMITEUX, EUSE**. adj. et s. (orig. inconnue). Qui est mal sous le rapport de la fortune ou de la santé, et qui s'en plaint habituellement. *Il est tout m. Un pauvre m.* Fam. et peu usité.

**MARMITON**. s. m. (R. *marmite*). Celui qui est chargé du plus bas emploi dans une cuisine.

**MARMOLITE**. s. f. (lat. *marmor*, marbre, et grec λίθος, pierre). T. Minér. Serpentine en lamelles clivables, d'un vert pâle à éclat nacré.

**MARMONNER**. v. a. [Pr. *marmo-ner*] (orig. inconnue). Murmurer sourdement. *Qu'est-ce que vous marmonnez-là? Il marmonne entre ses dents.* = MARMONNÉ, ÉE. part. — On dit plutôt *maronner*.

**MARMONT** (Duc de Raguse), maréchal de France (1774-1852). Signa la capitulation de Paris en mars 1814. Il a laissé des mémoires.

**MARMONTEL**, littérateur fr., auteur des *Incas*, de *Bélisaire*, des *Contes moraux* (1723-1799).

**MARMORÉEN, ENNE**. adj. [Pr. *marmoré-in, ène*] (lat. *marmoreus*, de marbre). Qui est de la nature du marbre. || Fig., *Une poitrine marmoréenne.*

**MARMORIFORME**. adj. 2 g. (lat. *marmor, marmoris*, marbre; *forma*, forme). Qui a la forme, l'apparence du marbre.

**MARMORISATION**. s. f. [Pr. ...*za-sion*] (R. *marmoriser*). Transformation d'une pierre calcaire en marbre.

**MARMORISER**. v. a. [Pr. *marmori-zer*] (lat. *marmor*, marbre). Transformer en marbre.

**MARMOT**. s. m. [Pr. *mar-mo*] (orig. inconnue). Nom qu'on donnait autrefois à de petites espèces de singes. || Petite figure grotesque, de pierre, de bois, etc. *Je n'aime point tous ces marmots de la Chine.* || Fig. et fam., Petit garçon. *Voyez-vous ce m. qui....* — On dit aussi *Marmotte*, en parlant d'une petite fille. *Que nous veut cette marmotte?* || Fig. et prov., *Croquer le m.*, Attendre longtemps. *Il m'a fait croquer le m. pendant deux grandes heures.*

**MARMOTTAGE**. s. m. [Pr. *marmo-ta-je*]. Action de marmotter. Ce qu'on marmotte.

**MARMOTTE**. s. f. [Pr. *marmo-te*] (anc. *marmontain*; lat. *murem montaneum*, rat de montagne). Les *Marmottes* (*Arctomys*) forment, avec les Écureuils, la famille des *Sciuridés*. Ces *Rongeurs* ont, comme ceux-ci, 5 mâchelières en haut de chaque côté et 4 en bas toutes hérissées de pointes, ce qui indique un régime mixte. Mais, sous d'autres rapports, ce sont des animaux presque en tout contraires aux Écureuils : ils sont lourds; leur queue est médiocre ou courte; leur tête est large et aplatie; leurs jambes sont courtes et leurs membres postérieurs sont presque égaux aux antérieurs. Enfin, ils ont 4 doigts et un tubercule au lieu de pouce aux pieds de devant, et 5 doigts à ceux de derrière. Toutes les espèces de ce genre passent l'hiver en léthargie dans des terriers profonds qu'elles bouchent avec le plus grand soin. Elles vivent en société et s'apprivoisent aisément. Tout le monde connaît la *M. des Alpes* (*Arct. Alpina*) [Fig. ci-dessous], qui habite les Alpes et les Pyrénées, immédiatement au-dessous de la région des neiges perpétuelles. Elle a la taille d'un lapin, et le pelage gris jaunâtre, avec des teintes cendrées vers la tête. La *M. de Pologne* ou *Bobax* (*Arct. Bobax*) diffère peu de la précédente; il en est de même des

espèces que possèdent l'Asie et l'Amérique septentrionale. — On distingue sous le nom de *Spermophiles* (*Spermophilus*) des Marmottes qui sont munies d'abajoues. C'est à cette subdivision qu'appartient le *Souslik* ou *Zizel* (*Sp. cicillus*), joli petit animal gris brun, ondé ou tacheté de blanc, qui se trouve depuis la Bohême jusqu'en Sibérie. — Enfin, le *Cynomys* est caractérisé par la présence de 5 doigts à chaque pied. Cette espèce est propre à l'Amérique du Nord, où elle vit en grandes troupes dans d'immenses terriers auxquels on a même donné le nom de villages. Les Anglo-Américains l'appellent *Chien des prairies*, ou *Écureuil jappant*, à cause de sa voix qui ressemble à l'aboiement d'un petit Chien.

Pour la *Marmotte du Cap*, Voy. DAMAN et HYRACIENS.

**MARMOTTER**. v. a. [Pr. *marmo-ter*] (orig. inconnue, peut-être une onomatopée). Parler confusément et entre ses dents. *Qu'est-ce que vous marmottez là? M. ses prières.* Fam. = MARMOTTÉ, ÉE, part.

**MARMOTTERIE**. s. f. [Pr. *marmo-terie*]. Action de marmotter.

**MARMOTTEUR, EUSE**. s. [Pr. *marmo-teur, euze*]. Celui, celle qui marmotte.

**MARMOUSET**. s. m. [Pr. *marmou-zè*] (lat. *marmoretus*, petite figure de marbre, de *marmor*, marbre). Petite figure grotesque. — Par dérision, on dit d'un petit garçon, d'un petit homme mal fait, *Voilà un plaisant m., un singulier visage de m.* || Espèce de chenet de fonte, en forme de prisme triangulaire, dont une extrémité est ornée d'une figure quelconque. || T. Hist. La *Conspiration des Marmousets*, Conspiration de jeunes seigneurs contre le cardinal de Fleury.

**MARMOUTIER**. anc. ch.-l. de c. (Bas-Rhin), arr. de Saverne; (cédé à l'Allemagne en 1871). 2,500 hab.

**MARMOUTIER**, anc. abbaye de Bénédictins auprès de Tours.

**MARNAGE**. s. m. T. Agric. Action d'employer la marne comme amendement.

**MARNE**. s. f. (lat. *marga*, m. s.). On désigne sous ce nom une masse terreuse, plus ou moins consistante, composée en proportions très variables de carbonate de chaux, d'argile et quelquefois de sable siliceux. On l'emploie comme amendement. La m. qui renferme au moins 50 p. 100 et au plus 90 à 95 p. 100 de carbonate de chaux est dite m. calcaire; elle convient aux terrains pauvres de chaux. Les marnes argileuses sont celles qui contiennent 10 à 50 p. 100 de calcaire, de 50 à 75 p. 100 d'argile, le reste étant du sable: leur emploi est indiqué comme amendement dans les terres légères. Les marnes siliceuses sont formées de 50 à 75 p. 100 de sable siliceux, de 10 à 25 p. 100 de calcaire, le reste étant de l'argile; on les répand dans les terres compactes. — La m. calcaire est surtout très usitée; elle agit par la chaux qu'elle renferme et par la facilité avec laquelle ses molécules se délitent dans l'eau. Pour reconnaître si une terre calcaire peut être employée comme amendement, on en pèse un kilogramme environ que l'on dépose dans une terrine; on recouvre d'eau. Après quelques minutes de submersion, le tout est agité, puis décanté immédiatement; on recommence l'opération jusqu'à ce que l'eau passe claire. Les rognons non délités sont recueillis et pesés. Leur poids, diminué de celui de la masse soumise à l'essai, indique le poids réel de la m. qui pourrait agir utilement. Les quantités de m. à employer sur les sols sont très variables, puisqu'elles dépendent de la pauvreté en calcaire de ces derniers et de la richesse de la m. en calcaire. On croyait autrefois qu'une bonne terre arable devait contenir au moins 3 p. 100 de carbonate de chaux; aujourd'hui on s'accorde généralement à reconnaître que cette proportion est exagérée, du moins pour certaines cultures. Dans la Brie, où les marnages sont très fréquents, les doses varient entre 150 et 250 hectolitres par hectare.

**MARNE**, (en latin *Matrona*) rivière de France, naît dans la montagne de Langres, arrose Chaumont, Vitry, Châlons, Épernay, Château-Thierry, Meaux, et se réunit à la Seine à Charenton-le-Pont; 494 kil.

**MARNE** (dép. de la), formé du Rémois, du Perthois et de la Basse-Brie; ch-l. *Châlons-sur-Marne;* 4 autres arr. *Épernay, Reims, Sainte-Menehould, Vitry-le-François;* 434,700 hab.

**MARNE** (dép. de la **HAUTE-**), formé du Vallage, du Perthois, du Bassigny (Champagne) et de parcelles de la Bourgogne, de Bar et de la Franche-Comté; ch.-l. *Chaumont;* 2 autres arr. *Langres, Vassy;* 243,500 hab.

**MARNE-AU-RHIN** (canal de la), canal qui commence près de Vitry-le-François sur la Marne, et débouche dans l'Ill au-dessous de Strasbourg.

**MARNER**. v. a. (R. *marne*). T. Agric. *M. un champ, une terre*, Y répandre de la marne. = MARNÉ, ÉE. part.

**MARNER**. v. n. T. Mar. Dépasser le niveau ordinaire des hautes eaux.

**MARNERON**. s. m. Ouvrier qui travaille dans une marnière.

**MARNEUR**. s. m. Voy. MARNERON.

**MARNEUX, EUSE**. adj. Qui est de nature de la marne. *Terrain marneux.*

**MARNIÈRE**. s. f. Espèce de carrière d'où l'on tire la marne.

**MARNIX** (PHILIPPE VAN), *seigneur de Mont-Saint-Aldegonde*, l'un des fondateurs de la république des Provinces-Unies (1548-1598).

**MAROC**. L'ancienne *Mauritanie* (en arabe *Maghreb*), pays situé dans l'angle N.-O. de l'Afrique et borné au N. par la Méditerranée, à l'O. par l'Océan Atlantique, au S. par le désert de Sahara, à l'E. par l'Algérie.

Le M. est une région extrêmement montagneuse, dont la

plus haute chaîne est connue depuis l'antiquité sous le nom d'Atlas. Les fleuves principaux sont la Moulouia qui se jette dans la Méditerranée non loin de la frontière algérienne, avec son affluent historique l'Isly, et l'Oued Draa qui forme la limite méridionale du pays et se jette dans l'Océan.

La capitale est Fez. Villes principales : Tanger, sur le dehors de Gibraltar (l'ancienne Tingis des Carthaginois qui donna son nom à la Mauritanie Tingitane), Rbat, Mazagran, Safi, Mogador, Agadir, Ifni (Esp.) sur la Méditerranée, Mékinès et Maroc dans l'intérieur.

On donne aux habitants le nom de *maures* ou *mores*, au féminin *mauresques* ou *moresques*.

Ce pays, peuplé, dans les temps les plus reculés, par des branches de la race éthiopienne, fut soumis, malgré la résistance de ses illustres chefs, Massinissa et Jugurtha, à la domination romaine, jusqu'à l'invasion des Vandales, venus d'outre-Rhin à travers la Gaule et l'Espagne au Ve siècle de notre ère. Au VIIe, les Arabes l'envahirent, le soumirent et l'englobèrent dans le vaste empire qui s'étendit un moment de l'Inde à la Loire. Depuis, malgré la désagrégation de cet empire, malgré aussi les incursions des Espagnols de Philippe II, qui y fondèrent les *présides*, le pays resta soumis aux descendants des conquérants musulmans. Au XVIIIe et au commencement du XIXe, avec l'affaiblissement des monarchies espagnole et française, le Maroc se signala comme les autres États de cette côte, appelés barbaresques, par les rapines de ses pirates.

La conquête d'Alger par les Français, en 1830, commença à y faire la police : l'Empereur du Maroc ayant porté secours à notre ennemi d'Algérie l'Émir Abd-El-Kader, le maréchal Bugeaud envahit son empire en 1844 et le battit à l'Isly, tandis que nos flottes bombardaient Tanger et Mogador et s'en emparaient. De leur côté, les Espagnols, qui avaient conservé depuis Philippe II les présides de la côte sur la Méditerranée (Ceuta, Melilla, etc.), y dirigèrent en 1860 et en 1893 deux expéditions qui n'eurent pas grand succès, mais consolidèrent néanmoins, sans les agrandir, leurs possessions anciennes.

A la faveur de la paix faite sur ces régions par les armes et l'argent français, des commerçants anglais, italiens, espagnols, allemands, s'installèrent dans divers ports, Tanger, Mazagran, Mogador. C'est ce qu'ils appellent aujourd'hui leurs droits sur ce pays.

La plus affreuse barbarie continue de régner au Maroc. Aucune administration, nuls travaux publics, un empereur théocratique auquel les tribus, à peu près indépendantes, doivent un impôt qu'il fait percevoir le plus souvent au moyen d'expéditions militaires, telle est à peu près la condition politique de cet état. Les plus cruels supplices y sont encore en cours, tels que d'ouvrir le ventre du supplicié, de l'emplir de pierres, de le recoudre, et de renvoyer ainsi le malheureux. La mutilation des mains est fréquente.

La soumission de cet empire barbare est convoitée par la plupart des grandes puissances européennes et la question d'un partage a été souvent envisagée. Mais la France qui, ayant pacifié cette côte, estime à juste titre y avoir plus de droits qu'aucune autre nation et qui, en outre, ne saurait voir sans inquiétude une puissance rivale s'installer sur la frontière de sa colonie algérienne, s'est jusqu'à présent opposée à toute espèce de partage. Les puissances européennes y luttent donc sur le terrain commercial, s'efforçant d'obtenir diplomatiquement les meilleurs traités, les plus grands avantages possibles. Sous ce rapport la situation de la France n'est pas inférieure, mais c'est dans le domaine de la pratique que les Anglais surtout et, après avec les Allemands et les Belges, se montrent, comme toujours, nos maîtres.

Du côté du Sahara, le Maroc se prolonge, géographiquement sinon politiquement, par les oasis de Figuig, d'où partent tant de mouvements insurrectionnels contre la domination française en Algérie, puis le long du cours d'eau saharien Zousfana-Saoura-Messaoud, Igli, le Touat, le Tidikelt, et enfin Aïn-Salah. Le sultan du Maroc n'a sur ces régions qu'une influence religieuse et la France les a fait rentrer, à l'exception de Figuig, dans sa sphère d'action.

**MAROLLE-LES-BRAULTS**, ch.-l. de c. (Sarthe), arr. de Mamers; 2,100 hab.

**MAROLLES.** s. m. Fromage fabriqué à Marolles.

**MAROLLES** ou **MAROILLES**, bourg du dép. du Nord, 2,000 hab. arr. d'Avesnes, célèbre par ses fromages.

**MAROLLES** (l'abbé DE), écrivain fr. (1600-1681).

**MAROMME**, ch.-l. de c. (Seine-Inférieure), arr. de Rouen, 3,400 hab. Filature.

**MARONAGE.** s. m. (R. *merrain*). Coupe de merrain dans un bois., *Droit de m.* Droit des usagers à se faire délivrer du bois de construction dans certaines forêts.

**MARONI**, fleuve de la Guyane séparant la Guyane fr. de la Guyane holl.; 680 kil.

**MARONITE.** adj. et s. 2 g. (R. *Maron*, n. d'un moine). Nom donné aux catholiques du rit syrien qui habitent une partie du Liban. *Un prêtre m. Un couvent de maronites.*

**MARONNER.** v. n. [Pr. *maro-ner*]. Se plaindre entre ses dents.

**MAROQUIN.** s. m. [Pr. *maro-kin.*] (R. *Maroc*). T. Techn. Peau de chèvre tannée au sumac ou à la noix de galle, et mise en couleur du côté de la fleur. Voy. CUIR. || *Papier m.* Papier de couleur apprêté de manière à ressembler à l'espèce de cuir appelé *Maroquin*.

**MAROQUIN.** s. m. (Orig. inconnue). T. Mar. Cordage pour porter les palans qui servent à charger et à décharger les marchandises.

**MAROQUINAGE.** s. m. Action de maroquiner.

**MAROQUINER.** v. a. (R. *maroquin*). Apprêter les peaux de veau et de mouton comme on apprête les peaux de bouc et de chèvre pour en faire du maroquin. *M. des peaux de veau, de mouton.* — On dit aussi, *M. du papier.* = MAROQUINÉ, ÉE. part.

**MAROQUINERIE.** s. f. L'art de faire le maroquin. — Commerce du maroquin. — Établissement où on le fabrique.

**MAROQUINIER.** s. m. Ouvrier qui façonne des peaux en maroquin. — Commerçant en maroquin.

**MAROT** (JEAN), poète français, fut attaché au service d'Anne de Bretagne, de Louis XII, enfin de François Ier (1463-1523). || Son fils, CLÉMENT MAROT, poète favori de François Ier, composa des épîtres, des ballades, des épigrammes, et traduisit en vers les psaumes de David (1495-1544).

**MAROTHONISI.** Voy. GYTHIUM.

**MAROTIQUE.** adj. 2 g. (R. Clément *Marot*). T. Littér. On appelle style *marotique* un style imité de la langue poétique de Clément Marot. La Fontaine, Hamilton, J.-B. Rousseau et Voltaire, épris de l'aimable enjouement, du gracieux badinage et surtout de la naïveté fine et délicate qu'on remarque dans cet ancien poète, imitèrent sa manière dans leurs poésies légères, et trouvèrent bientôt eux-mêmes un grand nombre d'imitateurs. « Le style m., dit Laharpe, permet de retrancher les articles et les pronoms, comme on les retranchait au temps de Marot, ce qui donne à la phrase un tour plus vif. Il permet une espèce d'inversion qui ne va pas au style sérieux, et quelques constructions anciennes que notre langue empruntait du latin, avant qu'elle eût une syntaxe régulière. Ces formes vieilles ont l'avantage de nous rappeler le premier caractère de notre langue, qui était la naïveté, et d'ailleurs tout ce qui est ancien prend à nos yeux un air de simplicité, parce que l'élégance est moderne. Employé avec choix et sobriété dans les genres qui le comportent, tels que le conte, l'épigramme, l'épître badine et tout ce qui tient au genre familier, le style m. contribue à la naïveté et à la précision. » La Fontaine est le seul poète qui ait constamment excellé dans cette imitation; Voltaire s'en est également servi avec ce tact qui lui est habituel; mais J.-B. Rousseau en a abusé, et fort souvent son prétendu style m. n'est qu'un jargon bizarre et presque inintelligible.

**MAROTISER.** v. n. [Pr. ...*zer*]. Imiter le style de Marot.

**MAROTISME.** s. m. Imitation du style des poésies de Marot.

**MAROTISTE.** s. m. Celui qui affecte le style marotique.

**MAROTTE.** s f. [Pr. *maro-te*] (altérat. de *mérotte*, petite mère). Espèce de sceptre qui est surmonté d'une tête coiffée d'un capuchon bigarré de différentes couleurs, et garnie de grelots. *On représente Momus et la Folie une m. à la main. Ceux qui faisaient autrefois le personnage de fou chez les rois et chez les grands seigneurs portaient une m.* || Fig. et fam., se dit de l'objet de quelque action folle et déréglée. *Il ne s'occupe que de médailles, c'est sa m. Chacun a sa m. A chaque fou plaît sa m.*

Une femme stupide est donc votre marotte?

MOLIÈRE.

**MAROUETTE.** s. f. [Pr. *marou-ète*] T. Ornith. Nom vulgaire d'une espèce d'*Oiseaux Échassiers*. V. RALE.

**MAROUFLAGE.** s. m. Action de maroufler.

**MAROUFLE.** s. m. (Orig. inc.). T. d'injure et de mépris. Un fripon, un malhonnête homme, un homme grossier. *C'est un maroufle.*

**MAROUFLE.** s. f. T. Peinture. Espèce de colle très forte et très tenace, qui est faite avec le résidu de couleurs broyées à l'huile, que les pinceaux laissent dans le vase où on les nettoie.

**MAROUFLER.** v. a. T. Peinture. Coller, avec de la maroufle, la toile d'un tableau, soit sur une autre toile afin de la renforcer, soit sur un panneau de bois ou sur une muraille, afin de l'y fixer. = MAROUFLÉ, ÉE, p.

**MAROUTE.** s. f. T. Bot. Un des noms vulgaires de l'*Anthemis Cotula*. Voy. COMPOSÉES.

**MARPRIME.** s. f. T. Techn. Poinçon à percer les trous dans la toile à voile.

**MARQUAGE.** s. m. [Pr. *marka-je*]. Action d'appliquer une marque.

**MARQUANT, ANTE.** adj. [Pr. *mar-kan*]. Qui marque, qui se fait remarquer; se dit des personnes et des choses. *Un personnage m. Une idée marquante. Un trait m.* || *Cartes marquantes*, se dit, à l'impériale et à quelques autres jeux, des cartes qui valent des points à celui qui les a.

**MARQUE.** s. f. (all. *mark*, borne, celt. *mark*, marques, mots qui sont les mêmes que le latin *margo*.). Empreinte, signe particulier mis sur un objet pour le reconnaître, pour le distinguer d'un autre. *J'ai fait une m. à cet arbre pour le reconnaître. J'ai mis une m. à ce passage pour le retrouver. Ce linge est à votre m. Les chevaux de cavalerie portent une m.* — Plus particulièr., Caractère, chiffre, figure quelconque qu'on frappe ou qu'on imprime sur différentes sortes de marchandises, soit pour désigner le lieu de leur fabrication, le fabricant qui les a faites ou le marchand qui les vend, soit pour attester qu'elles ont été visitées par les préposés chargés de percevoir les droits auxquels elles sont soumises. *M. de la fabrique, M. de l'orfèvre. M. du fabricant, de l'ouvrier. Cette marchandise est à la m. de tel marchand. Mettre la m. sur de la vaisselle. La m. du contrôle. La m. de la douane.* — *Droit de m.*, Droit qu'on perçoit sur certaines marchandises qui doivent être marquées. || Le chiffre, le caractère particulier dont se servent les marchands, et qui n'est connu que d'eux, par lequel ils se rappellent le prix que leur a coûté la marchandise à laquelle il est appliqué. || Espèce de flétrissure qu'on appliquait autrefois aux condamnés, Voy. plus bas. || L'instrument avec lequel on fait une empreinte sur de la vaisselle, sur du drap, etc. || Le signe par lequel un homme qui ne sait pas écrire supplée au défaut de signature. *Il a déclaré ne savoir signer et a fait sa m.* Se dit aussi de tout signe, de tout objet qu'on emploie pour se souvenir d'une chose. *J'avais mis une m. dans mon livre.* = La trace, l'impression qu'un corps laisse sur un autre à l'endroit où il l'a touché. *Il a passé une voiture par ici, on voit la m. des roues. On voit encore sur ce mur les marques de l'incendie.* || Trace que laisse sur le corps une contusion, une blessure, etc. *Il a été frappé au front, la m. y est encore. Cette brûlure lui laissera une m. ineffaçable. Il porte des marques de petite vérole.* — Fam., *Faire porter ses marques à quelqu'un*, Le maltraiter de telle sorte que les marques lui en restent. || Tache ou autre signe qu'une personne ou un animal apporte en naissant. *Ce cheval a une m. au front. Ce chien a de belles marques. Cet enfant a une m. à la jambe gauche.* || *Marque* se dit quelquefois d'un signe de dignité. *Les faisceaux et la hache étaient la m. des consuls romains. Il remit à son successeur les marques de la royauté.* — *Marques d'honneur*, Certaines marques de distinction accordées par le souverain. *La décoration de la Légion d'honneur, la croix de Saint-Louis, sont des marques d'honneur.* On dit dans le même sens, *Porter les marques d'un ordre.* En T. Blas., on appelle *Marques d'honneur*, les pièces que l'on met hors de l'écu, comme le bâton de maréchal de France, le collier d'un ordre, etc. || On dit quelquefois *Un homme de m.*, pour désigner un homme de distinction. *Il y avait à cette cérémonie beaucoup de personnages de m.* || A certains jeux, *Marque* se dit des jetons, des fiches et autres signes que l'on met au jeu au lieu d'argent, ainsi que des jetons qui servent à marquer les points et les parties qu'on gagne. Dans ce dernier sens, on dit ironiquement d'un homme qui est sujet à marquer plus qu'il ne faut, *Il est heureux à la m.* = Indice, présage. *C'est une m. de bonheur, de malheur. Le ciel rouge le soir est une m. de beau temps pour le lendemain.* || Témoignage, preuve, *Donner des marques de tendresse, d'amour, de reconnaissance, de courage, de lâcheté, Rien n'est plus précieux pour moi qu'une pareille m. d'amitié, de confiance. Des marques d'ignorance.* — Fam., on dit quelquefois, *Une m. que j'ai fait cela*, et absolument, *M. que j'ai fait cela*, pour, Une preuve que j'ai fait cela. On dit aussi, *M. de cela*, Une preuve de cela. || *Lettre de m.* Voy. CORSAIRE.

**Législ.** — I. *Droit criminel.* — Autrefois on appelait *Marque*, une empreinte ineffaçable qu'on pratiquait, au moyen d'un fer chaud, sur quelque partie du corps de certains condamnés. L'usage de cette flétrissure existait chez plusieurs peuples anciens. Les Romains l'appliquaient surtout aux esclaves fugitifs et aux déserteurs; ils la placèrent d'abord sur le front, afin qu'elle fût apparente; puis, à partir de Constantin, sur la main ou sur la jambe. Anciennement, en France, on marquait avec un fer portant pour empreinte des fleurs de lis : le fer s'appliquait sur l'épaule droite du condamné. Plus tard on adopta un V pour les voleurs, et les lettres GAL pour les condamnés aux galères. La m., abolie en 1791, par l'Assemblée constituante, fut rétablie par deux lois de 1802 et de 1806. Sous l'empire de ces lois, on marquait de la lettre T les condamnés aux travaux forcés à temps, et des lettres TP les condamnés aux travaux forcés à perpétuité. On y ajoutait une F pour les crimes de faux. La m. a définitivement disparu de notre code en vertu de la loi du 28 avril 1832. Elle avait pour résultat d'interdire au condamné tout retour à la vertu, en le notant d'un stigmate ineffaçable, et, par là, elle en faisait un ennemi irréconciliable de la société.

II. *Droit commercial.* — Beaucoup de fabricants ont intérêt à marquer leurs produits pour indiquer qu'ils sortent de leur fabrique; beaucoup de commerçants ont intérêt à marquer les objets qui font partie de leur commerce, parce que l'apposition de leur *Marque* leur permet de profiter des avantages résultant de leur bonne renommée et de la confiance qu'ils inspirent. Le nom du fabricant ou du commerçant est la plus claire de toutes les marques : l'apposition de signes ou emblèmes n'en est que le remplacement. L'usage des marques emblématiques était autrefois plus général qu'aujourd'hui; cependant il s'est conservé, soit par habitude, soit aussi par commodité. Sur beaucoup d'objets, le nom occuperait trop de place, et la marque symbolique le remplace avantageusement. La loi considère comme *Marques de fabrique et de commerce :* « Les noms sous une forme distinctive, les dénominations, emblèmes, empreintes, timbres, cachets, vignettes, reliefs, lettres, chiffres, enveloppes, et tous autres signes servant à distinguer les produits d'une fabrique ou les objets d'un commerce. » — Les marques sont *obligatoires* ou *facultatives*. Dans l'ancienne législation française elles étaient obligatoires : on les considérait comme instruments de police, ayant un double but, l'observation des règlements de fabrication et la conservation des privilèges de corporation. En proclamant la liberté de l'industrie, la loi du 17 mars 1791 supprima les marques obligatoires; dès lors, chaque fabricant resta libre d'apposer ou non sur ses produits une m. particulière. Mais, lorsqu'un fabricant ou un commerçant met sa m. sur les articles de sa fabrique ou de son commerce, c'est qu'il croit y avoir intérêt : il ne veut pas qu'ils soient confondus avec des articles similaires d'autre provenance. Le législateur doit donc protéger contre les usurpations la m. particulière de tout fabricant ou commerçant qui juge à propos de marquer ses marchandises, car l'usurpation d'une m. constitue un vol à l'égard du fabricant à qui elle appartient légitimement, et une fraude à l'égard du consommateur. La seule formalité que le fabricant ou commerçant ait à accomplir pour acquérir la propriété exclusive d'une m., consiste à déposer trois exemplaires du modèle de cette m. au greffe du tribunal de commerce, ou, à défaut, du tribunal civil de son domicile. Ce dépôt n'a d'effet que pour 15 années; mais la propriété de la m. peut toujours être conservée pour un nouveau terme de 15 années au moyen d'un nouveau dépôt. La loi du 23 juin 1857 punit d'une amende de 50 à 5,000 fr. et d'un emprisonnement de 3 mois à 3 ans, ceux qui ont contrefait une m. ou fait usage d'une m. contrefaite; ceux qui ont frauduleusement apposé sur leurs produits ou les objets de leur commerce une m. appartenant à autrui; et ceux qui ont sciemment vendu ou mis en vente un ou plusieurs produits revêtus d'une m. contrefaite ou frauduleusement appliquée. Elle prononce une amende de 50 à 2,000 fr. et un emprisonnement de 1 mois à 1 an, contre ceux qui, sans contrefaire une m., en ont fait une imitation frauduleuse de nature à tromper l'acheteur, ou ont fait usage d'une m. frauduleusement imitée; contre ceux qui ont fait usage d'une m. portant des indications propres à tromper l'acheteur sur la nature du produit; et contre ceux qui ont sciemment vendu ou mis en vente un ou plusieurs produits revêtus d'une m. frauduleusement imitée. A ces pénalités peuvent s'ajouter la confiscation et l'affichage. — La même loi contient la disposition qui suit : « Des décrets rendus en la forme des règlements d'administration publique peuvent exceptionnellement déclarer la m. obligatoire pour les produits qu'ils déterminent », et punit les contrevenants d'une amende de 50 à 1,000 fr. et d'un emprisonnement de 15 jours à 6 mois. Aujourd'hui la m. n'est guère obligatoire que pour les objets d'or et d'argent, les cartes à jouer et les armes à feu; et il est à désirer que le gouvernement use le moins possible de la faculté qui lui est accordée par la loi.

En vue de décourager la contrefaçon ou l'imitation frauduleuse des marques de fabrique, la loi du 26 novembre 1873 a admis les industriels à faire apposer par l'État sur les étiquettes, bandes, enveloppes, ou sur les produits eux-mêmes, un timbre ou poinçon spécial destiné à affirmer l'authenticité de la marque. La contrefaçon du timbre ou poinçon de l'État est punie des travaux forcés à temps.

**MARQUER.** v. a. Imprimer, mettre une marque à une chose pour la distinguer d'une autre. *M. de la vaisselle. M. du linge. M. des moutons. Il faudra m. ces tonneaux. M. les logis.* || Faire une marque, une impression sur quelque partie du corps, par contusion, blessure, brûlure, etc. *Il a reçu un coup de pierre qui l'a marqué au front.* — Se disait autrefois de l'espèce de flétrissure appelée *Marque. On marquait de la lettre T les condamnés aux travaux forcés à temps.* Voy. MARQUE. || Laisser des traces, des vestiges. *Le torrent a marqué son passage par de grands ravages. L'armée d'Attila marquait son passage par la ruine et la dépopulation. La petite vérole lui a marqué le visage.* || Mettre, faire une marque pour se souvenir ou faire souvenir d'une chose. *J'ai marqué dans ce livre l'endroit où nous en sommes restés. Marquez au crayon les passages à corriger.* — En T. Jeu, Indiquer avec des jetons ou autrement le nombre de points que l'on a. *M. son jeu, Marquez vos points.* On dit aussi. *M. quelqu'un*, Avoir sur lui l'avantage d'un certain nombre de points. *Je vous marque de dix points. Je l'ai marqué six fois de suite.* Absol. *Il a presque toujours marqué dans cette partie.* = Fixer, déterminer, assigner. *Il a marqué sa place parmi les grands écrivains.* || Indiquer, donner lieu de connaître, manifester. *Sa bonne mine, son langage, marquent bien ce qu'il est. Il marquait sa modestie par la simplicité de ses vêtements.* || Signaler. *Il marqua les commencements de son règne par des proscriptions. Les premières années de son règne furent marquées par d'utiles réformes.* || Mander, faire connaître, soit de bouche, soit par écrit. *M. à quelqu'un ce qu'il doit faire. Je lui ai formellement marqué mes intentions. Marquez-moi comment je dois agir.* || Témoigner, donner des marques de quelque chose. *M. à quelqu'un sa reconnaissance, son amitié, sa tendresse, son estime, son respect, son attention, sa bonne volonté. M. de l'estime, de l'amitié pour quelqu'un. Je lui ai marqué toute mon indignation. Il me marque de la défiance. Il ne marqua aucune répugnance.* = SE MARQUER. v. pron. *Les objets de bijouterie se marquent avec diverses espèces de poinçons. Au piquet, le jeu se marque avec des fiches.* = MARQUER. v. n. *Cette nouvelle allée commence à m.* Les arbres commencent à grandir. || *Ce cheval marque encore*, Les creux de ses dents paraissent encore et font connaître qu'il n'a pas plus de huit ans. *Il ne marque plus*, Les creux de ses dents ont cessé de paraître. Voy. CHEVAL. || *Ce cadran solaire marque, ne marque plus*, Le soleil y donne, n'y donne plus. || Fam., *Cela marquerait trop*, Cela serait trop remarqué; et, dans un autre sens, Cela décèlerait trop l'intention qu'il faut cacher. || *Cet homme ne marque point*, Il ne se fait pas remarquer. *Il marque mal*, Il a un aspect inquiétant. Pop. — *On ne trouve rien qui marque dans cet ouvrage*, Rien n'y attire particulièrement l'attention. = MARQUÉ, ÉE. part. *Papier marqué*, Papier qui est marqué avec un timbre, pour servir aux actes qui font foi en justice. — Fig., *Un ouvrage marqué au bon coin.* Voy. COIN. || T. Théâtre, *Rôle marqué*, où l'on représente un personnage qui n'est plus de première jeunesse. || *Sa figure restera marquée de cette brûlure*, Elle en conservera la trace. — *Être marqué de la petite vérole*, Avoir sur le corps, et principalement sur le visage, des marques de petite vérole. || *Être marqué au front, à la joue*, etc., Avoir quelque tache, quelque signe sur ces parties du corps. — *Être né marqué*, Avoir apporté en naissant quelque signe. On dit aussi d'une femme qui désire avec ardeur quelque chose qu'elle ne saurait avoir, *Son fruit en sera marqué.* — *Cheval marqué en tête*, Cheval qui a une tache blanche au front. || Au jeu de piquet, etc. *Être marqué*, signifie avoir perdu l'avantage des points dans un des paris qui composent la partie. — On dit substantiv., dans un sens anal., *Un marqué, deux marqués, trois marqués.* || Adj. *Avoir les traits marqués*, Avoir les traits du visage prononcés. — Au sens moral, Très apparent, remarquable. *Avoir pour quelqu'un des attentions marquées. Avoir un goût marqué pour une personne, pour un art. Il a eu le dessein marqué, l'intention marquée de vous offenser.* = Syn. Voy. DÉSIGNER.

**MARQUETER.** v. a. (R. *marquer*). Marquer de différentes taches. *M. une peau en manière de peau de tigre. Cette éruption lui a marqueté tout le visage.* || Former des pièces de marqueterie. = MARQUETÉ, ÉE. p. || Adj., *Ce marbre est bien marqueté. Les faons de biche sont marquetés jusqu'à un certain âge.* || T. Blas, *Marqueté*, se dit des abeilles, des mouches qui ont sur les ailes des taches d'un autre émail que celui du corps. = Conj. Voy. JETER.

**MARQUETERIE.** s. f. (R. *marqueter*). Ouvrage composé de pièces de rapport en bois de différentes couleurs, de manière à représenter diverses sortes de figures ou de dessins. *Une table de m. Un parquet de m. Dans beaucoup d'ouvrages de m. on emploie encore l'ivoire, l'écaille, les émaux, le cuivre*, etc. La Fig. ci-dessus représente une console de salon en marqueterie de Boule. || *M. de marbre*, Ouvrage de marbre de diverses couleurs, formé de lames minces appliquées sur une dalle de pierre. || Fig., on dit d'un ouvrage d'esprit composé de morceaux qui n'ont pas entre eux de véritable liaison, *C'est une m., un ouvrage de m.*

**MARQUETEUR.** s. m. Celui qui fait des ouvrages de marqueterie.

**MARQUETTE.** s. f. [Pr. *markè-te*] (dimin. de *marque;* en bas lat. *marca*, monnaie, prix de ce pain de cire). Pain de cire vierge.

**MARQUEUR, EUSE.** s. Celui, celle qui marque. *M. de cuirs, de draps*, etc. || A certains jeux, Celui, celle qui compte et marque les points de chaque joueur. = MARQUEUSE, s. f. Machine qui imprime une marque sur certains produits (chocolats, bougies, etc.).

**MARQUIS**. s. m. [Pr. *mar-ki*]. (all. *mark*, frontière). T. Hist. Sous les derniers empereurs romains, la garde des frontières était confiée à des commandants militaires appelés *comites limitanei*, c.-à-d. comtes des frontières. Après la conquête franque, ces officiers furent maintenus; mais ils échangèrent leur ancien titre contre celui de *markisii* ou *marchisiones*, qui avait la même signification. Sous les successeurs de Charlemagne, les comtes des frontières ou *Marquis*, de même que tous les possesseurs de charges ou de bénéfices, s'en rendirent maîtres et possesseurs héréditaires. Puis ils partagèrent leurs domaines en diverses seigneuries, qu'ils sous-inféodèrent à des vassaux de second ordre dont ils se constituèrent les suzerains : telle fut l'origine des fiefs appelés *Marquisats*. Mais il est à remarquer que le titre de m. disparut peu à peu. Vers les derniers temps de la féodalité, il n'était plus porté que par les comtes de Toulouse, qui se disaient *Marquis de Provence*, les comtes de Flandre, qui se faisaient appeler *M. de Namur*, et les ducs de Lorraine, qui s'intitulaient *M. de Lorraine*. Après la ruine du système féodal, le titre de m. devint une simple qualification nobiliaire qui fut donnée à tout gentilhomme propriétaire d'une terre que le souverain avait érigée en *Marquisat*. La plus ancienne érection de ce genre que l'on connaisse remonte à l'an 1505, où Louis XII, pour récompenser les services de Louis de Villeneuve, sire de Trans et de Sérénon, son ambassadeur auprès du saint-siège, érigea en marquisat sa terre de Trans, en Provence. Plus tard, nos rois créèrent une foule de m. par simples lettres, sans érection de marquisats, et, les usurpations aidant, ce titre se multiplia tellement, qu'à l'époque de la Révolution il était tombé dans un entier discrédit. Supprimé avec toutes les autres qualifications nobiliaires par la loi du 10 juin 1790, il ne fut pas rétabli par Napoléon lors de la reconstitution de la noblesse, mais seulement par Louis XVIII. Ce prince, indépendamment des simples particuliers auxquels il le conféra, établit qu'il appartiendrait de droit aux fils aînés des pairs de France ayant titre de ducs. En conséquence, dans la hiérarchie nobiliaire, les m. viennent immédiatement après ces derniers. L'insigne de leur dignité est une couronne d'or (Fig. ci-dessus) dont le cercle est rehaussé de quatre fleurons séparés par trois perles disposées en forme de trèfle.

**MARQUISAT**. s. m. [Pr. *marki-za*]. Dignité de marquis. || Terre dont la possession conférait le titre de marquis.

**MARQUISE**. s. f. [Pr. *marki-ze*]. Titre que l'on donne à la femme d'un marquis. || Se dit de toute espèce de tente ou d'auvent fait de toile ou de bois peint, qui sert à garantir des injures de l'air, et surtout de la pluie. || Ombrelle à manche articulé qu'on peut incliner en tout sens. || Espèce de poire fondante. || Espèce de bague oblongue.

**MARQUISE**, ch.-l. de c. (Pas-de-Calais), arr. de Boulogne; 3,500 hab. Fonderies; carrières de marbre.

**MARQUISES** (Iles) ou **MENDANA**, archipel de la Polynésie, dans le Grand Océan, à la France; 5,800 hab. = Nom des hab. MARQUISIEN, ENNE.

**MARQUISETTE**. s. f. [Pr. *marki-zè-te*]. T. Techn. Pyrite ou sulfure de fer que les mineurs rencontrent dans leurs travaux.

**MARQUOIR**. s. m. [Pr. *markouar*]. Ce qui sert à marquer. Modèle de lettre à marquer le linge exécuté sur un canevas.

**MARRAINE**. s. f. [Pr. *ma-rè-ne*] (bas lat. *matrina*, dimin. de *mater*, mère). Celle qui tient un enfant sur les fonts de baptême. Voy. PARRAIN.

**MARRAST** (ARMAND), publiciste français (1801-1852), rédacteur principal du *National*, membre du Gouvernement provisoire et l'un des présidents de l'Assemblée constituante en 1848.

**MARRE**. s. f. [Pr. *ma-re*] (lat. *marra*, m. s.). Houe de vigneron.

**MARRER**. v. a. [Pr. *ma-rer*]. Travailler la terre avec la marre.

**MARRI**, **IE**. adj. [Pr. *ma-ri*] (part. de l'anc. verb. *marrir*). Attristé, fâché, repentant. *Être m. d'avoir offensé Dieu. Il en est fort m.* Vieux.

**MARRON**. s. m. [Pr. *ma-ron*] (ital. *marrone*, m. s., orig. inconnue). T. Bot. Fruit d'une variété de châtaignier. Voy. CHATAIGNIER. *M. d'Inde*, Fruit du marronnier d'Inde. Voy. SAPINDACÉES. *M. d'eau*, Fruit de la mâcre. V. ŒNOTHÉRACÉES. || *Marrons glacés*, Marrons confits et couverts de caramel. || Fig. et prov., *Se servir de la patte du chat pour tirer les marrons du feu*, Se servir adroitement d'un autre pour faire une chose dangereuse, dont on espère tirer avantage, et qu'on n'ose faire soi-même. || *Couleur m.*, Couleur approchant de celle du marron. *Un habit couleur m.* Par ellipse, on dit aussi, *Un habit m. Du drap m.* || T. Pyrot. Espèce de pétard, de forme cubique, fait d'un fort carton entouré d'une ficelle goudronnée. || T. Guerre. Pièce de cuivre ou petit anneau de fer que les rondes ou les patrouilles déposent à chaque poste dans une boîte destinée à cet usage, pour constater que le service s'est fait avec exactitude. || T. Zool. Poisson de la Méditerranée, du genre *Spare*. — *M. épineux*. Coquillage du genre CAME. Voy. CHAMACÉS. || T. Techn. Pelote coagulée dans la farine mal pétrie, dans le plomb mal fondu.

**MARRON**, **ONNE**. adj. [Pr. *ma-ron*, *one*] (espagn. *cimarron*, sauvage). Se disait, dans les colonies, d'un esclave qui s'est enfui dans les bois ou dans les montagnes pour y vivre en liberté. *Nègre m., Négresse marronne. Il est devenu m.* — Se dit aussi des animaux qui, de domestiques, sont devenus sauvages. *Cochon m.* || Par analogie, Celui qui exerce sans titre, sans commission, une profession privilégiée. *C'est un courtier m. Un imprimeur m.* || Substant., *C'est un m.* = MARRON. s. m. T. Techn. Ouvrage imprimé clandestinement. — Caractère découpé à jour dans une feuille de cuivre pour tracer des lettres, des chiffres avec un pinceau enduit de noir.

**MARRONNAGE**. s. m. [Pr. *maro-naje*]. État d'un courtier, d'un imprimeur marron. || *Bois de m.*, Bois à bâtir auquel les usagers ont droit dans certaines forêts. || État d'un esclave fugitif.

**MARRONNER**. v. a. [Pr. *maro-ner*] (R. *marron*). Friser les cheveux en grosses boucles. Vx. || Imprimer clandestinement. = MARRONNÉ, ÉE. part.

**MARRONNIER**. s. m. [Pr. *ma-ro-nié*] (R. *marron*). T. Bot. Genre de plantes Dicotylédones (*Æsculus*) de la famille des *Sapindacées*. Voy. ce mot. Se dit surtout du *Marronnier d'Inde* (*Æsculus Hippocastanum*). *Une avenue de marronniers*.

**MARRUBE**. s. m. (lat. *marrubium*, m. s.). T. Bot. Genre de plantes Dicotylédones (*Marrubium*), de la famille des *Labiées*. — *Marrube noir* ou *M. puant*, la Ballote fétide (*Ballota fœtida*), de la même famille. Voy. LABIÉES.

**MARRUBIINE**. s. f. (R. *Marrube*). T. Chim. Principe amer contenu dans le marrube blanc (*Marrubium vulgare*). La m. est solide, cristallisable, peu soluble dans l'eau froide, aisément soluble dans l'alcool et dans l'éther. Elle fond à 160°. Les alcalis ne l'attaquent pas; l'acide sulfurique concentré la dissout en jaune brun.

**MARRYAT** (FRÉDÉRIC), romancier angl., auteur des *Enfants dans la Forêt* (1792-1848).

**MARS**. s. m. [On pron. l's] (lat. *Martius*, m. s.). Le dieu de la guerre, chez les Romains. || T. Astr. Planète qui vient après la Terre dans l'ordre des distances au Soleil. Voy. PLANÈTE. || T. Chim. anc. Nom donné anciennement au fer, parce que les armes sont faites avec ce métal. *Safran de m. Teinture de m. Boules de m.* Voy. FER, VI. || T. Entom. Nom vulgaire donné à deux espèces de *Lépidoptères* appartenant au genre *Nymphale*. Voy. DIURNES. || Le troisième mois de l'année. *Le deux de m. Le deux m. La lune de m. Les giboulées de m.* — *Bière de m.*, Bière fabriquée au printemps. Voy. BRASSERIE. || Prov. *Cela arrive comme M. en carême*, cela arrive régulièrement, ou encore cela arrive à propos. Par ext., se dit, au plur., Des menus grains qu'on sème au mois de mars, tels que les orges, les avoines, les millets, etc. *Le temps a été bon pour les mars de cette année.*

**Mythol.** — Le dieu *Mars*, primitivement *Mavors*, de la mythologie romaine, appelé *Mamers* par les vieux Sabins, a été plus tard identifié avec le dieu que les Grecs nommaient *Arès*. On sait peu de chose des mythes qui concernent la divinité italique. Ce que nous allons dire se rapporte au dieu grec. Les plus anciens poètes le font naître de Jupiter et de Junon, tandis que les mythographes modernes racontent que Junon l'enfanta seule pour se venger de ce que Jupiter avait ainsi mis au monde Pallas. Mars paraît avoir d'abord été la personnification de la puissance divine, mais, dès l'époque d'Homère, il était regardé comme le dieu de la guerre, du carnage, des mêlées confuses et de la rage brutale, par opposition à Minerve, qui réunissait la valeur à la sagesse. Il habitait les montagnes de la Thrace, et il ne quittait son palais sur l'Hæmus, que pour aller prendre part au conseil des dieux ou se baigner dans le sang. Dans les combats, il était accompagné de ses fils Phoibos et Déimos (la Crainte et l'Effroi), qui attelaient et conduisaient son char, ainsi que d'Éris (la Discorde), sa compagne et sa sœur, qui se tenait à ses côtés. Ce dieu fut aimé de Vénus et surpris dans ses bras par Vulcain, époux de la déesse. — Mars était adoré dans un très grand nombre de villes grecques, particulièrement à Athènes, à Olympie et à Sparte. On lui sacrifiait des chevaux, des taureaux et des boucs. Le loup, l'épervier et le coq lui étaient consacrés. Le culte de ce dieu était également très répandu en Thrace et en Scythie, où on le représentait sous la forme d'un vieux sabre à demi rongé par la rouille, et où on lui immolait des victimes humaines. Mars était également honoré par les peuples de l'Italie, mais principalement par les Romains, grâce à la tradition qui faisait naître Romulus et Rémus de ce dieu et de la vestale Rhéa Sylvia. Ils le considéraient comme l'une des divinités tutélaires de la ville ; ils lui avaient érigé plusieurs temples ; ils avaient créé pour son culte un collège spécial de prêtres, celui des Saliens ; enfin, ils lui avaient dédié leur champ de manœuvres, et consacré un des mois de l'année, qui portait son nom. Ce mois, dans le calendrier de Romulus, était le premier de l'année ; mais Numa lui assigna le troisième rang, qu'il a toujours gardé depuis. — C'est, dit-on, le sculpteur athénien Alcamène qui créa l'idéal de Mars. Cependant on trouve peu d'images de ce dieu sur les monuments de l'art grec, tandis qu'elles sont très nombreuses sur ceux de l'art romain. Mars est ordinairement représenté debout, avec le front large et sombre, les yeux enfoncés et menaçants, la bouche petite et pleine, le menton barbu, la poitrine forte, les épaules larges, et les jambes un peu grêles relativement au reste du corps. Il a pour attributs, le loup, le bouclier et la lance avec des trophées. Sur les monnaies, une marche accélérée désigne Mars *gradivus*, tandis que Mars *ultor* ou *stator* est indiqué par l'aigle légionnaire, et Mars *victor* ou *pacifer*, par une victoire, un trophée ou une branche d'olivier.

**MARS** (ANNE **BOUTET**, dite Mlle), célèbre comédienne du Théâtre-Français (1778-1847).

**MARSAILLE** (LA), village d'Italie entre Pignerol et Turin, où Catinat remporta une victoire sur Victor-Amédée, duc de Savoie en 1693 ; 1,000 hab.

**MARSALA**, anc. Lilybée, v. et port de Sicile, à l'O. sur la Méditerranée ; 40,300 hab. Vin célèbre. Garibaldi y vainquit les Napolitains en 1860. = s. m. Vin de Marsala.

**MARSANNE**, ch.-l. de c. (Drôme), arr. de Montélimar ; 1,400 hab. Vins.

**MARSDÉNIE**. s. f. (R. *Marsden*, nom d'homme). Genre de plantes Dicotylédones (*Marsdenia*) de la famille des *Asclépiadées*. Voy. ce mot.

**MARSEILLAISE**. s. f. (Pr. *marsè-llè-ze, ll* mouil.]. Hymne guerrier et révolutionnaire composé en 1792. *Les paroles et la musique de la M. ont été composées par Rouget de l'Isle, alors lieutenant à Strasbourg. La M. a été ainsi appelée parce que ce sont les Marseillais venus à Paris pour la journée du 10 août qui la firent connaître aux Parisiens.*

**MARSEILLAN**, v. du dép. de l'Hérault, arr. de Béziers ; 4,100 hab.

**MARSEILLE** (anc. *Massilia*), ch.-l. (Bouches-du-Rhône), sur la Méditerranée, à 863 kil. S.-E. de Paris ; la plus grande ville maritime de France, 403,700 hab. Évêché. Grand port de commerce. Patrie de Mascaron, Puget, etc. Ville très ancienne fondée par une colonie grecque de Phocéens, vers 600 av. J.-C.

**MARSES**, peuple de l'anc. Samnium.

**MARSH**, chimiste angl., inventeur de l'appareil qui sert à révéler la présence de l'arsenic dans un liquide (1789-1846).

**MARSHALL**, archipel de la Polynésie (Océanie) ; 10,000 hab. Aux Allemands.

**MARSHAM**, chronologiste et érudit angl., né à Londres (1602-1685).

**MARSILIACÉES**. s. f. pl. T. Bot. Famille de Cryptogames vasculaires de l'ordre des Hydroptérides.

*Caract. bot.* : Les plantes de cette famille habitent les lieux marécageux. La tige grêle et rampante porte sur sa face ventrale des racines, et sur sa face dorsale, deux rangs de feuilles isolées, distiques et enroulées en crosse dans le jeune

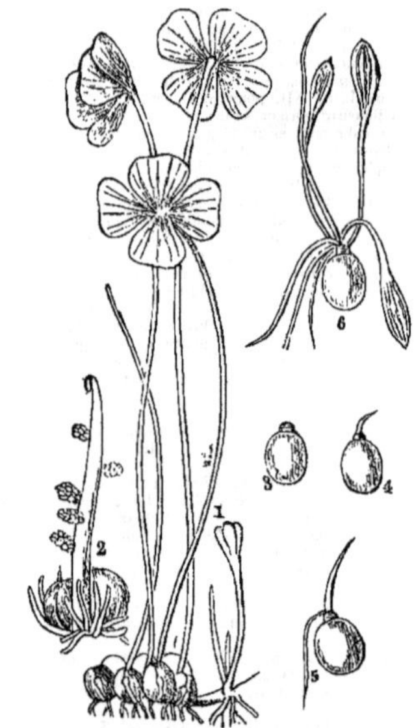


âge. Les feuilles sont tantôt pourvues d'un long pétiole terminé par un limbe à 4 folioles (*Marsilia*, Fig. 1), tantôt filiformes et atténuées en pointe au sommet (*Pilularia*).

Le sporocarpe des Pilulaires est globuleux, porté sur un pédicelle très court et creusé de 2-4 loges qui vont de la base au sommet. Chacune de ces loges offre sur sa face externe et dans le sens de la longueur un bourrelet qui porte les sporanges ; les microsporanges en occupent la partie inférieure et les macrosporanges la partie supérieure. Les microspores sont très nombreuses tandis que les macrospores sont solitaires dans chaque sporange. [Fig. 1. *Marsilia pubescens* ; 2. Sporocarpe ouvert d'où s'échappe le bourrelet hyalin qui porte les logettes ; 3-6. Différents états de développement d'une jeune plante.]

Dans les *Marsilia*, le sporocarpe est aplati latéralement et porté à l'extrémité d'un long pédicelle qui se prolonge sur le bord dorsal de la capsule; sa paroi est lignifiée. Il renferme à l'intérieur un certain nombre de logettes, disposées sur deux rangs longitudinaux et étendues du bord dorsal au bord ventral où elles s'ouvrent. Dans chaque logette se trouve un bourrelet transversal portant des microsporanges sur ses flancs et des macrosporanges sur sa crête; les premiers renferment un grand nombre de microspores, les seconds ne contiennent qu'une seule macrospore.

La déhiscence du sporocarpe et la mise en liberté des sporanges qu'il renferme est accompagnée de phénomènes remarquables. Dans les Marsilies, le sporocarpe s'ouvre suivant la suture ventrale à la manière d'un porte-monnaie; par cette fente, on voit sortir un bourrelet hyalin, qui entraîne avec lui les logettes hors du sporocarpe, et qui par son élongation les porte plus ou moins loin au dehors (Fig. 2). Puis les logettes s'ouvrent, les sporanges des deux sortes se séparent et la germination des spores a lieu.

Dans les Pilulaires, le sporocarpe s'ouvre à la partie supérieure en 4 valves, et par l'ouverture ainsi produite, on voit sortir une sorte de gelée dans laquelle sont plongés les macrosporanges et les microsporanges. C'est à l'intérieur de cette gelée que les spores germent.

Après avoir été mise en liberté par la rupture de la paroi du microsporange, les microspores germent dans la gelée extérieure. Chacune d'elles se divise par une cloison en deux cellules très inégales: une petite cellule stérile qui représente le prothalle mâle et une grande cellule qui se divise en deux cellules pour former chacune une anthéridie avec 16 anthérozoïdes. Ceux-ci sont mis en liberté par rupture de la membrane de la microspore.

La macrospore ovoïde présente à son sommet une sorte de papille arrondie, dans laquelle se rend le noyau avec le protoplasma, le restant étant occupé par des matières de réserve: amidon, huile, etc. A la germination, une cloison en forme de ménisque sépare la masse protoplasmique de la partie sous-jacente. Cette petite cellule se cloisonne seule et produit le prothalle femelle qui renferme de la matière verte et qui, à la suite de la rupture de l'exospore, apparaît au fond d'une sorte d'entonnoir formé par l'épispore. Dans ce prothalle, il se forme un archégone unique, et l'œuf résultant de la fécondation se développe à peu près comme celui des Fougères.

Les Marsiliacées renferment seulement les deux genres *Marsilia* et *Pilularia*; le premier est répandu dans les deux continents, tandis que le second est localisé en Europe. Les Marsiliacées fossiles sont rares. On a trouvé une Pilulaire dans le miocène d'Œningen, et une Marsilie dans les couches calcaires éocènes de Ronzon. — On ne leur connaît aucune propriété utile.

**MARSIN** (Comte DE), maréchal de France, tué à la bataille de Turin (1656-1706).

**MARSOLLIER**, auteur dramatique fr. (1750-1817).

**MARSOUIN**. s. m. (allem. *meer*, mer; *schwein*, cochon). T. Mamm. Genre de *Cétacés*. Voy. DAUPHIN.

**MARSUPIAL, ALE**. adj. (lat. *marsupium*, bourse). T. Anat. *Poche marsupiale*, Poche en forme de bourse. || *Os marsupiaux*, Les os qui supportent cette poche, chez les animaux appelés *Marsupiaux*.

**MARSUPIAUX**. s. m. (Pr. *marsu-pio*) (lat. *marsupium*, bourse) pl. T. Mamm. Les *Marsupiaux* constituent le premier ordre des Mammifères Aplacentaires ou *Didelphes*. Leur nom leur vient de l'espèce de poche que forme au devant des mamelles un repli plus ou moins considérable de la peau de l'abdomen. Les petits naissent dans un état tout à fait rudimentaire; mais, en naissant, ils passent dans cette sorte de bourse, s'attachent aux mamelles de leur mère, et y restent fixés jusqu'à ce qu'ils soient développés au degré auquel les animaux naissent ordinairement. Ainsi, par ex., dans la Sarigue de Virginie, les petits, quelquefois au nombre de 16, sortent de l'utérus au bout de 26 jours, et ne pèsent alors que 6 centigrammes: arrivés dans la poche, chacun d'eux se fixe à un mamelon et y reste suspendu jusqu'à ce qu'il ait atteint la grosseur d'une souris, ce qui n'arrive qu'au cinquantième jour, époque où il ouvre les yeux. La bourse des Marsupiaux représente donc jusqu'à un certain point une seconde matrice, d'où le nom de *Didelphidés* que leur donnent plusieurs zoologistes. Mais, de plus, dans les espèces où la poche est le plus développée, les petits, longtemps même après qu'ils ont commencé à marcher, accourent s'y réfugier quand ils redoutent quelque danger (Fig. 1, Sarigue cachant ses petits). Deux os particuliers, attachés au pubis (Fig. 2), et interposés entre les muscles de l'abdomen, donnent appui à la poche: au reste, ces *os marsupiaux* se trouvent également chez les mâles, et dans les espèces où le repli qui forme la poche est à peine sensible.

Les caractères qui précèdent suffisent pour assigner aux Marsupiaux une place complètement distincte dans la classification mammalogique; mais il en est d'autres qui démontrent que la série des Mammifères, sans placenta ainsi que l'avait déjà reconnu Cuvier, est parallèle à la série des autres Mammifères. En effet, d'une part, les Marsupiaux présentent dans le système dentaire et dans la conformation de l'appareil digestif, des modifications qui correspondent aux types des Carnassiers, des Insectivores, des Herbivores et des Rongeurs; de l'autre, leurs organes locomoteurs offrent des différences correspondantes à celles qui servent à caractériser divers ordres de Mammifères supérieurs. Quelques-uns, comme les Sarigues, ont aux pieds postérieurs un pouce opposable qui les rapproche des singes; d'autres sont digitigrades et pourvus d'ongles aigus, comme certains Carnivores; un troisième, le Wombat, a des membres faits pour fouir la terre; un quatrième, le Chironecte, est aquatique et a les pieds palmés. Cependant nous devons remarquer que, malgré ces différences essentielles, le système dentaire et le système locomoteur des Marsupiaux se ressemblent à un autre point de vue. Ainsi, au lieu de trois vraies molaires qu'ont les Mammifères placentaires, ils en ont quatre, et leurs membres postérieurs possèdent la faculté d'exécuter un mouvement rotatoire analogue à la pronation et à la supination, qui, lorsqu'il existe chez les Quadrupèdes placentaires, ne s'observe qu'aux membres antérieurs. Enfin, les Marsupiaux présentent encore d'autres caractères communs, qui les distinguent de tous les autres Mammifères; ce sont, du côté du système nerveux, l'état tout à fait rudimentaire du corps calleux, ce qui les rapproche des Reptiles, et, du côté de l'appareil circulatoire, l'absence de trou ovale dans l'oreillette droite du cœur. On divise les Marsupiaux, à l'exemple

Fig. 1.

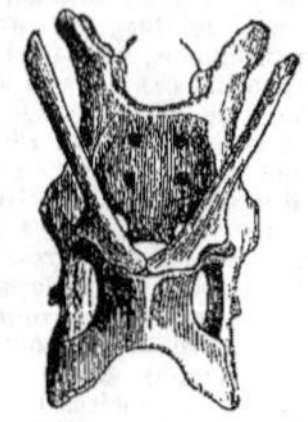

Fig. 2.

de R. Owen, d'après les caractères fournis par leur dentition, en deux grands groupes :

1° Les *Polyprotodontes*, qui ont plus de six incisives à la mâchoire inférieure. Ce groupe comprend les Sarcophages et les Entomophages.

2° Les *Diprotodontes* (δὶς, deux) qui n'ont que deux incisives inférieures ; ce groupe comprend les Carpophages, les Poéphages et les Rhizophages.

Fig. 3.

I. Les *Sarcophages* (Carnivores) ont trois espèces de dents, de longues canines aux deux mâchoires, un estomac simple, et pas de cæcum. Ils ne forment qu'une seule famille, les *Dasyuridés*, qui comprend trois genres, *Thylacine*, *Dasyure* et *Phascogale*. Le *Th. cynocéphale* (Fig. 3) est le plus grand et le plus redoutable des carnivores de l'Australie, où on le désigne vulgairement sous le nom de Loup. Comme ce dernier, en effet, il attaque quelquefois les troupeaux de Moutons. Les *Dasyures*, par leur taille, leurs proportions et leurs habitudes, rappellent les Martres et les Putois de nos pays : comme eux, ils sont le fléau des poulaillers. Le *Das. de Maugé* (Fig. 4) a le pelage olivâtre, moucheté de blanc, et la queue sans taches. Les *Phascogales* sont de petite taille et ont des habitudes plus ou moins arboricoles : ils se rapprochent beaucoup des Insectivores.

II. Les *Entomophages* (Insectivores) ont trois sortes de dents aux deux mâchoires, un estomac simple et un cæcum de longueur médiocre. Ils forment trois familles, les *Marcheurs*, les *Sauteurs* et les *Grimpeurs* — La première ne comprend que le genre *Myrmécobie*, qui a pour type le *Myrm. à bandes* (Fig. 5). Cet animal a 26 centimètres du bout du museau à l'origine de la queue. Le pelage est, au-dessus, couleur d'ocre rougeâtre, entremêlé de poils blancs ; mais la partie postérieure du corps est ornée de bandes transverses, alternativement noires et blanches. Cette espèce habite la partie occidentale de la Nouvelle-Hollande et se nourrit, comme l'indique son nom, presque exclusivement de Fourmis.— Les *Sauteurs* comprennent les deux genres *Péramèle* et *Chæropc*. Ce dernier ne se compose que d'une seule espèce, le *Ch. sans queue*, qui est encore fort peu connue. Les *Péramèles* habitent des terriers qu'ils se creusent eux-mêmes avec leurs ongles de devant, qui sont grands et presque droits. Leurs jambes postérieures, plus longues que les antérieures, leur permettent de s'élancer par bonds, et de se tenir facilement assis sur le derrière. L'espèce type est le *P. à museau pointu* (Fig. 6), dont le pelage est brun grisâtre.

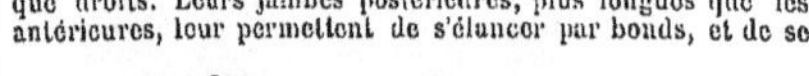

Fig. 5.

Fig. 4.

— La fam. des *Grimpeurs* se compose également de deux genres, le g. *Didelphe* ou *Sarigue*, et le g. *Chironecte*, qui tous deux sont propres à l'Amérique méridionale. Les *Sarigues* ont 10 incisives à la mâchoire supérieure, 8 inférieures, 2 canines et 14 molaires à chaque mâchoire, ce qui fait en tout 50 dents, nombre le plus grand que l'on ait observé parmi les Mammifères. Leur langue est hérissée, et leur queue prenante et en partie nue. Leurs pattes antérieures ont 5 doigts armés d'ongles ou de griffes non rétractiles, et les postérieures, également pentadactyles, manquent d'ongle au pouce, qui est long et bien opposable aux quatre autres doigts ; ce qui a fait donner à ces animaux le nom de *Pédimanes*. Les Sarigues sont des animaux peu intelligents, fétides, crépusculaires ou même nocturnes. Leur grosseur ne dépasse guère celle du Chat domestique, et plusieurs n'ont que la taille d'un Campagnol. Leur marche est peu rapide;

Fig. 6.

mais ils grimpent aisément sur les arbres, où ils nichent et où ils poursuivent les insectes, les oiseaux, etc., sans dédaigner les fruits. Ces animaux sont propres à l'Amérique, où on les trouve depuis les États-Unis jusqu'en Patagonie. On peut diviser les Sarigues en deux sous-genres, selon qu'ils ont ou n'ont point de poche abdominale. Le type du premier est le *Sar. de Virginie*, l'*Opossum* des Anglo-Américains (Fig. 7). Sa taille est celle du Chat; son pelage est mêlé de blanc et de noirâtre, avec la tête presque toute blanche et les oreilles mi-parties de noir et de blanc. Cet animal vient la nuit dans les lieux habités, attaquer les poules et manger leurs œufs. Le *Crabier*, ou *Grand Sar. de Cayenne*, se tient dans les marécages des bords de la mer, où il vit surtout de crabes. Parmi les espèces dépourvues de poche abdominale, nous citerons le *Cayopollin*, qui est de la taille du Surmulot, et la *Marmose*, qui est plus petite qu'un Rat. Dans ces espèces, les mamelles ne sont protégées que par un simple repli de la peau; cependant cette particularité ne change rien au mode de génération. En effet, les petits terminent également à la mamelle leur vie fœtale; mais, lorsqu'ils ont quitté la mamelle, c'est sur le dos de la mère qu'ils se retirent dans les moments critiques; ils enroulent leur queue à la sienne, et elle les transporte loin du danger. Le genre *Chironecte* diffère essentiellement des autres Didelphes par ses pieds postérieurs qui sont palmés. La seule espèce connue est appelée à la Guyane *Yapock*, parce qu'elle est commune sur les bords de la rivière de ce nom. Elle nage aussi bien qu'elle grimpe, et fait la chasse aux petits poissons et aux insectes aquatiques. Sa longueur ordinaire est de 26 centimètres pour le corps et de 32 pour la queue.

III. — Les *Carpophages* (Frugivores) ont pour caractères : incisives antérieures larges et longues aux deux mâchoires; canines inconstantes; estomac simple ou accompagné d'une glande particulière située à l'orifice cardiaque; cæcum très long. Ils forment deux familles : les *Phalangistidés* et les *Phascolarctidés*. La première se compose des deux genres *Phalanger* et *Pétaure*, et la seconde du seul genre *Phascolarcte*. — Les *Phalangers* sont surtout remarquables par leur pouce, qui est grand et tellement séparé des autres doigts, qu'il a l'air dirigé en arrière, presque comme celui des oiseaux. En outre, il est sans ongle; et les deux doigts qui le suivent sont réunis par la peau jusqu'à la dernière phalange : c'est cette dernière disposition qui a valu à ces animaux le nom

Fig. 7.

sous lequel on les désigne. Leur queue est prenante et plusieurs l'ont en partie écailleuse. Ils vivent sur les arbres, où

Fig. 8.

ils cherchent des insectes et des fruits. Quand ils voient un homme, ils se suspendent par la queue, et l'on parvient, en les fixant, à les faire tomber de lassitude. La plupart de ces animaux habitent les Moluques et la Nouvelle-Guinée. Quelques-uns sont propres à la Tasmanie et à la Nouvelle-Hollande. Les *Pétaures* possèdent les caractères essentiels des Phalangers, dont ils se distinguent d'ailleurs par la présence d'une membrane velue et frangée qui est étendue entre leurs flancs, et qui leur permet de s'élancer d'un arbre à l'autre, comme les Écureuils volants : de là le nom de *Phalangers volants* qu'on leur donne vulgairement. De plus, leur queue, longue et velue dans toute son étendue, n'est pas préhensile. Ces animaux habitent la Nouvelle-Hollande. Le *Pétaure nain* (Fig. 8) est de la couleur et de la taille d'une Souris. — La

Fig. 9.

seule espèce connue du genre *Phascolarcte* a le corps trapu, le poil cendré, les jambes courtes, et manque de queue (Fig. 9). Cet animal, qu'on nomme aussi *Koala*, habite les régions montagneuses et boisées de la Nouvelle-Hollande. Il est de la taille du Blaireau, passe une partie de sa vie sur les arbres, et l'autre dans des tanières qu'il creuse à leur pied.

IV. — La tribu des *Poéphages* (Herbivores) est caractérisée comme il suit : Incisives larges et longues aux deux mâchoires; canines à la supérieure seulement, ou absentes;

Fig. 10.

estomac complexe; cæcum long. Elle ne forme qu'une seule famille, celle des *Macropodidés*, qui est ainsi nommée de l'extrême disproportion qui existe entre les membres antérieurs et postérieurs. En effet, tandis que les premiers sont courts, les seconds sont très longs et d'une grande puissance. En conséquence, ces animaux marchent rarement sur leurs quatre pattes et procèdent ordinairement par bonds, comme les Gerboises. Leurs pieds de derrière offrent encore une particularité importante à noter. Ils manquent de pouces, et ont les deux premiers doigts réunis jusqu'à l'ongle, en sorte qu'on croit d'abord n'y voir que trois doigts dont l'interne aurait deux ongles. Enfin leur queue, longue et remarquable par sa force, fait, pour ainsi dire, la fonction d'un cinquième membre : car ils se tiennent habituellement debout sur cette queue et sur leurs pieds de derrière. Les Macropodidés comprennent les genres *Potoroo*, *Kanguroo* et *Halmature*. — Les *Potoroos* (*Hypsiprymus*) diffèrent des autres genres de la famille par la présence d'une canine à la mâchoire supérieure. L'espèce type est communément désignée sous le nom de *Kanguroo-Rat*. Cet animal est cependant de la taille d'un petit Lapin. Son pelage est d'un gris roux en dessus et d'un blanc sale en dessous. — Les *Kanguroos* (*Macropus*) se distinguent par leurs molaires au nombre de 4 de chaque côté, et par leur queue entièrement velue. On rapporte à ce genre une vingtaine d'espèces. La plus anciennement connue est le *Kanguroo géant*, dont le corps atteint 1$^m$,20 de longueur depuis le bout du museau jusqu'à la queue, qui a elle-même 73 centimètres. Mais le *Kanguroo laineux* (Fig. 10), découvert par Quoy et Gaimard, dépasse cette taille : en effet, son corps a 1$^m$,38 et sa queue 1$^m$,14. Ce dernier est plus svelte que le premier; il se distingue en outre par son pelage doux au toucher, court, serré, laineux, comme feutré, et dont la couleur est d'un roux ferrugineux un peu plus clair que celui de la Vigogne. C'est le plus grand animal de la Nouvelle-Hollande. Lorsque ces Kanguroos sont poursuivis, ils font des sauts de 7 à 9 mètres d'étendue et de 2 à 2 mètres et demi de hauteur. Lorsqu'ils se battent, soit entre eux, soit avec les Chiens, ils frappent leur adversaire avec les ongles puissants qui arment leurs pieds de derrière. Ces Marsupiaux sont recherchés tant à cause de leur fourrure qu'à cause de leur chair, qui est fort bonne à

Fig. 11.

manger : aussi a-t-on proposé depuis longtemps de les acclimater dans nos pays. Les autres espèces de Kanguroos ont une taille beaucoup moindre; ainsi le *Kanguroo d'Aroé*, qui habite l'île de ce nom, ainsi que plusieurs des Moluques et la Nouvelle-Guinée, est seulement un peu plus grand qu'un Lièvre. — Le genre *Halmature* (*Halmaturus*) est caractérisé par la présence de 5 molaires de chaque côté et à chaque mâchoire : en outre, sa queue est en partie dénudée. Nous citerons comme exemple le *Kanguroo à bandes*, qui est de la taille d'un Lapin, et rayé en travers de blanc sur un fond gris blanc. On l'a trouvé à l'île Saint-Pierre.

V. — Enfin, la cinquième et dernière tribu des Marsupiaux est celle des *Rhizophages* (Rongeurs); ses caractères sont : deux incisives en biseau à chaque mâchoire; pas de canines. Estomac accompagné d'une glande spéciale; cæcum court, large, avec un appendice vermiforme. Cette tribu ne comprend qu'une famille, celle des *Phascolomydés*, qui n'est elle-même composée que du seul genre *Phascolome*. On n'en connaît encore qu'une espèce, qui est assez commune sur les côtes et dans les îles du détroit de Bass, et que les naturels appellent *Wombat* (Fig. 11). Cet animal est de la taille d'un Blaireau ; il est lourd, a une grosse tête plate et n'a point de queue. Ses jambes courtes sont munies d'ongles très longs et très propres à creuser. Son pelage est bien fourni et d'un brun plus ou moins jaunâtre. Il vit d'herbes et de fruits et habite dans des terriers. Sa chair est excellente et son pelage pourrait être utilisé : on a également proposé de l'acclimater chez nous, ce qui n'offrirait sans doute aucune difficulté.

**Paléont.** — Les Marsupiaux sont une des branches de divergence des premiers Mammifères (Créodontes) qui vivaient à l'ère secondaire. Voy. MAMMIFÈRES. — Les Polyprotodontes apparaissent probablement à la fin du crétacé supérieur, mais c'est surtout à partir de l'oligocène qu'ils prennent un très grand développement; à cette époque, vivaient en France des espèces de Marsupiaux très voisines des Sarigues.

Les Diprotodontes ont apparu beaucoup plus tard, à l'époque quaternaire seulement. Mais alors que les premiers semblent avoir envahi une partie de la surface de la terre, les Diprotodontes ne semblent pas avoir vécu en dehors de l'Australie.

**MARSUPIUM.** s. m. [Pr. *marsupi-ome*] (lat. *marsupium*, bourse). T. Anat. Membrane vasculaire, située dans l'humeur vitrée et qui, fixée sur le nerf optique, s'étend depuis le point où ce nerf pénètre dans l'œil jusqu'à une distance variable.

**MARSYAS,** personnage de la Fable, qui fut écorché vif par Apollon pour avoir lutté contre lui sur la flûte. Mythol.

**MARSYPIANTHUS.** s. m. [Pr. ...*uss*] (gr. μαρσύπιον, bourse; ἄνθος, fleur). T. Bot. Genre de plantes Dicotylédones de la famille des *Labiées*.

**MARTABAN** ou **MOUT-TAMA.** Ville de la Birmanie anglaise, 2,000 hab. Port à l'embouchure du *Salouen* dans le *Golfe de Martaban*.

**MARTAGON.** s. m. T. Bot. Nom vulgaire du *Lilium Martagon*. Voy. Liliacées.

**MARTAINVILLE,** journaliste et auteur dramatique fr., né à Cadix (1776-1830).

**MARTE.** s. f. Voy. Martre.

**MARTEAU.** s. m. [Pr. *mar-to*.] (lat. *martulus*, m. s.). Outil de fer ordinairement muni d'un manche de bois et qui est propre à frapper, à forger, etc. *Un petit m. Un gros m. M. de bourrelier, de maréchal, d'orfèvre, de tailleur de pierres*, etc. *M. de forge, Frapper, battre avec le m., au m., à grands coups de m. Cette vaisselle est faite au m.* On appelle *Tête de m.*, Le bout qui frappe; *Panne du m.*, Le côté opposé à la tête; et *Œil du m.*, Le trou par lequel entre le manche. — Figur., *Il faut être enclume ou m.*, etc. Voy. Enclume. || *M. de commissaire-priseur*, avec lequel le commissaire-priseur frappe la table pour indiquer le commencement ou la fin des enchères. *Passer sous le m.*, Être vendu aux enchères. || T. Admin. forest. Instrument de fer en forme de m., dont le gros bout porte une marque en relief, et avec lequel les gardes des eaux et forêts marquent les arbres destinés à être coupés pour les services publics. || *M. d'armes*, Sorte d'arme offensive qui avait à peu près la forme d'un m. || *M. d'horloge*, Celui qui frappe sur le timbre ou la cloche pour sonner les heures. || *M. de porte*, Espèce d'anneau ou de battant de fer qui est attaché au milieu d'une porte à l'extérieur, et avec lequel on frappe pour se faire ouvrir. Ces appareils sont aujourd'hui abandonnés presque partout et remplacés par des sonnettes. — Figur. et prov., *N'être pas sujet au coup de m.*, N'être point assujetti à obéir sur-le-champ et au premier signal. *Graisser le m.*, Voy. Graisser. || T. Anat. Un des quatre osselets de l'oreille. Voy. Oreille. || T. Facteur d'instruments. Les pièces qui frappent sur les cordes d'un piano. Voy Piano. || T. Icht. Espèce de *Squale*. Voy. ce mot. || T. Zool. Genre de coquilles bivalves. || T. Phys. *M. d'eau*, Tube où l'on a fait le vide et contenant de l'eau qui, lorsqu'on renverse le tube, frappe le fond avec bruit. || *Perruque à marteaux*, Voy. Perruque

**Techn.** — Le *M.* est un des instruments de percussion les plus usités dans l'industrie, mais ses dimensions et sa forme, particulièrement celle de sa tête comprenant la *panne* et la *pointe*, la panne étant la partie la plus large de la tête, varie suivant l'usage auquel il est destiné. Ces outils reçoivent aussi des noms différents suivant leur destination ou suivant la manière dont on les fait agir. C'est ainsi que l'on distingue parmi les principaux outils de cette espèce, les marteaux de serrurier, forgeron et de maréchal ferrant qui prennent, selon les dimensions, les noms de : *M à frapper devant* ou *M. à devant*, ces corps de métiers en font usage pour forger de grosses pièces de fer ou d'acier, le *M. à main* que l'ouvrier manie d'une seule main tandis qu'il emploie les deux bras pour la manœuvre du précédent ; les proportions du m. à main sont donc un peu moins considérables. Viennent ensuite les marteaux spéciaux des tapissiers, ceux des tailleurs de pierre, des batteurs d'or et orfèvres; les marteaux à *fourche* ou à *dent* dont le côté opposé à la panne se termine par une partie fourchue afin d'aider à l'enlèvement des clous et pointes; les *Marteaux à plaquer* servant aux ébénistes et possédant une très large panne dans le but d'appliquer les placages; les *Marteaux à emboutir*, dont la panne épouse en partie la forme de l'intérieur du moule dans lequel se produit l'emboutissage, etc., etc.

Mais l'industrie métallurgique ne pourrait accomplir ses travaux si elle ne possédait que ces marteaux à main mis en œuvre par la force musculaire de l'homme; c'est pourquoi dans les usines on a recours à des outils d'une puissance beaucoup plus considérable. Mus par la force hydraulique, la vapeur ou l'électricité, ces engins portent différents noms suivant la pesanteur de la tête et leur fonctionnement. En premier lieu vient le *Martinet* dont le poids n'excède pas 50 à 60 kilogrammes; le *M. frontal*, le *M. à soulèvement* et enfin le *M.-pilon*.

1° Le *Martinet* est constitué par une masse de fonte de forme parallélépipédique emmanchée à l'extrémité d'une poutre légèrement inclinée et mobile autour d'un axe horizontal dans la portion opposée à la tête. Une panne se trouve encastrée dans la masse de fonte de façon à pouvoir *cingler* le morceau de fer placé sur l'enclume. Un arbre à cames (Voy. Came) soulève le martinet et le laisse retomber. Pendant l'ascension la tête du marteau vient heurter une poutrelle libre à son extrémité antérieure et dont la partie postérieure est solidement enchâssée dans l'*ordon*, c.-à-d. le bâti de fonte qui supporte l'ensemble. Cette poutrelle fait ressort et communique à la tête du martinet une plus grande force au moment de la chute sur l'enclume. A l'aide de cet outil, il est possible de forger des masses de fer que la force humaine ne pourrait attaquer.

2° Le *Frontal* rappelle un peu par sa forme le martinet, mais son poids est plus considérable et son installation beaucoup plus résistante. Le choc violent obtenu à l'aide de cet outil permet de cingler, de forger et de finir des pièces assez grosses. En général la tête pèse de 100 à 150 kilogrammes, et elle se trouve directement soulevée par un tambour portant un certain nombre de cames. La masse de fonte constituant la tête et la panne qu'on y ajoute, sont emmanchées comme dans le martinet à l'extrémité d'une poutre de bois ou de fer dont l'autre bout est mobile autour d'un axe horizontal. Il existe également des marteaux frontaux qui, au lieu d'être attaqués par la tête, le sont latéralement. Cette disposition présente un certain avantage sur l'agencement précédent, en ce qu'elle facilite la manœuvre des pièces à forger de grande longueur.

3° Le *M. à soulèvement* est construit sur le même principe que le martinet et le frontal, son poids varie entre 300 et 400 kilogrammes; la hauteur de chute est plus grande, elle atteint souvent plus de 80 centimètres. Une poutrelle faisant ressort et disposée de même façon que celle du martinet, accélère, par l'élan qu'elle donne à la tête, la vitesse de chute. Ici encore, un tambour muni de cames soulève le marteau, mais par suite de la violence du choc de ce dernier, l'*ordon* doit avoir des proportions plus massives. Ce bâti de fonte supportant l'ensemble de l'outil n'est pas inférieur en poids à 12,000 kilogrammes. La vitesse de chute et aussi la fréquence des chocs par minute donne une moyenne de 120 coups. Avec ce marteau on arrive à forger des pièces de fer de poids et dimensions assez considérables.

4° *Marteau-Pilon.* — C'est au mois d'avril 1841 que M. Bourdon, directeur des ateliers du Creusot, imagina le *m.-pilon* à vapeur qui depuis cette époque, relativement récente, a reçu d'innombrables perfectionnements. A l'heure actuelle, il n'existe pas un seul établissement de constructions mécaniques de quelque importance qui n'ait au moins à sa disposition un m.-pilon. Le poids de ces outils devenus d'une inappréciable utilité, a pendant longtemps varié de 3,000 à 5,000 kilogrammes; aujourd'hui les établissements du Creusot sont arrivés à installer des marteaux-pilons dont le poids énorme varie entre *cinquante* et *cent tonnes*. Les premiers construits étaient à *simple effet;* depuis lors, on les a établis à *double effet*, et, il y a peu d'années, un ingénieur français a imaginé, en appliquant le dispositif de la machine électro-motrice Page un *m.-pilon électrique*. Nous étudierons brièvement chacun de ces types

*a.* — Le *M.-Pilon à simple effet* se compose essentiellement d'une masse de fonte avec panne en acier forgé, fixée à la partie inférieure de la tige d'un piston se mouvant dans un cylindre vertical à vapeur à simple effet, c.-à-d. ne recevant du générateur cette vapeur que d'un seul côté du piston; l'autre surface se trouve en communication directe avec l'atmosphère. Si l'on ouvre le robinet d'admission de vapeur, le piston se soulève, entraînant avec lui le marteau proprement dit. Lorsque, à un moment donné, à l'aide d'un mécanisme très simple, consistant en un système de leviers manœuvrés à la main, on donne issue à cette vapeur, le piston entraîné par le poids de la masse qu'il supporte retombe au fond du cylindre et le m. frappe l'enclume. On conçoit aisément qu'il se produit ainsi une succession ininterrompue de montées et de descentes du piston et du m., se traduisant dans le second cas par des chocs sur le bloc de fer à forger.

*b.* — Le *M.-Pilon à double effet* possède un montage exactement semblable au précédent. Le cylindre seul diffère, la vapeur s'épand alternativement sur les deux faces du piston. La manœuvre, à l'aide de leviers mus à la main, s'opère de la même manière; cependant, avec ce dispositif, la vapeur qui presse sur le piston au moment de sa descente accélère singulièrement sa vitesse et le choc de la panne sur le bloc à forger se trouve augmenté d'autant en intensité. Grâce à cet agencement, on a pu donner au m. proprement dit un poids considérable, nécessitant par contre pour l'enclume des fondations d'une solidité à toute épreuve, lorsque l'outil frappe à toute volée. Tout est si bien calculé dans le montage de ces masses énormes qu'avec un peu d'habitude l'ouvrier qui les manœuvre peut instantanément arrêter la descente ou faire

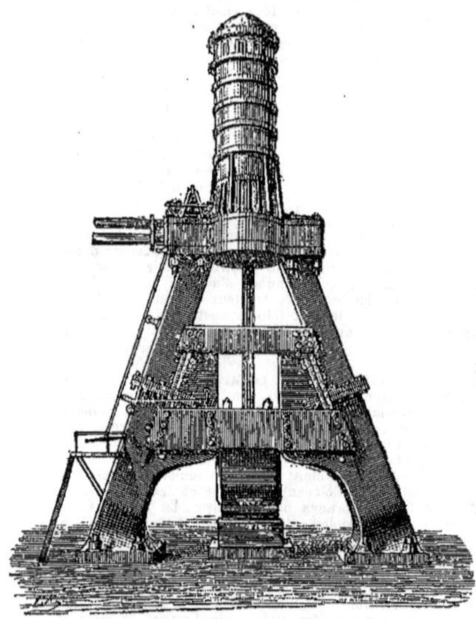

appuyer sur l'enclume avec une telle légèreté qu'un fétu de paille placé sous le marteau n'est même pas écrasé (Fig. ci-dessus.)

En dépit de la solidité donnée à l'ensemble des constructions constituant le m.-pilon, les réparations n'en sont pas moins fréquentes à la suite des ébranlements déterminés par les heurts formidables qui se produisent sur l'enclume. On a alors songé à modifier le dispositif adopté, et à supprimer le cylindre vertical ainsi que l'enclume et à les remplacer par deux cylindres horizontaux dont les tiges de pistons se trouvent rigoureusement dans le prolongement l'une de l'autre. Chaque extrémité libre de la tige de ces pistons porte une masse de fonte avec sa panne; on a ainsi deux m.-pilons horizontaux frappant l'un contre l'autre, au lieu de n'en posséder qu'un seul agissant verticalement. La pièce à forger occupe la partie intermédiaire située à égale distance des deux marteaux qui frappent le bloc de fer simultanément sur deux faces opposées.

Ce mode de montage, outre qu'il ne produit aucun choc violent dans le bâti du m.-pilon, permet de donner aux deux outils partiels des poids relativement restreints, tout en obtenant une action très énergique. Mais il exige une précision absolue dans le fonctionnement des deux pistons, qui doivent se rapprocher mathématiquement l'un de l'autre au même instant, afin de comprimer d'une quantité exactement équivalente les deux faces de la pièce à forger. Cette précision n'offre en somme que peu de difficultés à obtenir en pratique.

*Marteau-Pilon électrique.* — Dans le m.-pilon électrique, qui ne date que de **1882**, le piston, sa tige et le cylindre sont respectivement remplacés par une masse cylindrique en acier glissant à l'intérieur de toute une série de bobines superposées les unes aux autres. Ce cylindre forme en quelque sorte leur noyau. Lorsque à travers ces bobines on fait passer un courant électrique, le cylindre muni à sa partie inférieure d'une panne se trouve subitement soulevé. Dès qu'on supprime la circulation du courant, à l'aide d'une manette de commutateur, le cylindre retombe de tout son poids sur la pièce à forger placée sur l'enclume. Malgré l'ingéniosité de ce système, nous devons reconnaître cependant que le m.-pilon électrique n'a pas encore reçu toutes les applications qu'à l'origine de sa découverte on était tenté de lui voir obtenir.

**MARTEL.** s. m. Marteau. Ne se dit que dans ces expressions figurées. *Avoir, donner, mettre m. en tête*, Avoir, causer de l'inquiétude, des soucis.

**MARTEL,** ch.-l. de c. (Lot), arr. de Gourdon; 2,400 hab.

**MARTELAGE.** s. m. Action de marteler. || T. Art vétér. Castration du taureau par écrasement à coups de marteau des cordons testiculaires. || T. Admin. forest. Action de marquer les arbres qui doivent être abattus ou conservés. Voy. FORÊT.

**MARTELER.** v. a. (R. *martel*). Battre à coups de marteau. *M. de la vaisselle d'étain. M. sur l'enclume.* || T. Forest. Marquer avec le marteau. Voy. FORÊT. || Fig., Faire avec effort un travail d'esprit. *Il martèle ses vers, sa diction.* || Fig., *Cette affaire me martèle le cerveau*, ou simplement, *me martèle*, Me donne de l'inquiétude, du souci. = MARTELÉ, ÉE. part. *Vaisselle martelée*, Vaisselle faite au marteau. || *Médaille martelée.* Médaille antique dont le revers a été limé et remplacé par un autre de coin moderne. Voy. NUMISMATIQUE. || T. Mus. *Trille martelé*, Trille dans lequel chaque son se fait entendre distinctement Voy. TRILLE. *Sons martelés*, Qui se détachent nettement. || T. Littér. *Vers martelés*, Vers péniblement travaillés, qui sentent l'effort qu'ils ont coûté. || T. Chasse. *Fumées martelées*, Qui n'ont point d'aiguillon au bout.

**MARTELET.** s. m. [Pr. *marte-lè*.] (Dimin. de *martel*). Petit marteau dont on se sert pour les ouvrages délicats.

**MARTELEUR.** s. m. Celui qui, dans une forge, est chargé de faire travailler le marteau.

**MARTELINE.** s. f. (Dimin.). Petit marteau de sculpteur.

**MARTELLERIE.** s. f. [P. *martè-le-rie*] (R. *marteler*). Atelier où l'on travaille le métal au marteau.

**MARTELLIÈRE.** s. f. [Pr. *marte-lière*]. Pertuis garni de vannes pour le passage des eaux.

**MARTENS** (FRÉDÉRIC DE), diplomate et publiciste allem., né à Hambourg (1756-1821). = Son neveu, CHARLES DE MARTENS, né à Francfort, publiciste et auteur (1781-1852).

**MARTHE** (SAINTE), sœur de Marie et de Lazare. Fête le 29 juillet.

**MARTHE** (SŒUR), religieuse célèbre par sa charité (1748-1824).

**MARTIAL, ALE.** adj. [Pr. *mar-sial*] (lat. *martialis*, qui a rapport à Mars). Guerrier. *Courage m. Humeur martiale. Air m.* || *Cour martiale*, V. COUR. || *Loi martiale*, Loi qui autorise dans des cas déterminés l'emploi de la force armée. Voy. plus bas. || T. Pharm. Syn. de *Ferrugineux*, et se dit de toutes les préparations qui contiennent du fer. *Eau martiale. Teinture martiale.* — On dit subst., *Les martiaux*, pour les préparations ferrugineuses.

**Syn.** — *Belliqueux, Guerrier, Militaire.* — *Militaire* est opposé à *civil*, tandis que les trois autres mots sont opposés à *pacifique*. *Militaire* embrasse tout ce qui concerne les armées, les soldats, souvent même sans y impliquer l'idée de guerre : c'est ainsi qu'on dit la vie, la discipline, l'éloquence, la musique, l'administration *militaires*. *Guerrier* a rapport au métier, à la pratique, aux habitudes de la guerre. Un peuple *guerrier* fait la guerre ; la guerre est son occupation principale. *Belliqueux* et *martial* indiquent seulement les dispositions à la guerre. Mais *belliqueux* s'applique particulièrement aux hommes qui ont l'humeur, la passion de la guerre. Ainsi, il y a des peuples essentiellement *belliqueux* ; avec une humeur *belliqueuse*, on est constamment porté à la guerre. *Martial*, au contraire, se dit seulement des qualités apparentes qui semblent annoncer qu'on est propre à faire la guerre. C'est ainsi qu'on a une physionomie *martiale*, une ardeur toute *martiale*. Cependant tel peut avoir l'air *martial*, qui n'a nullement l'humeur *belliqueuse*.

**Législ.** — En France, on appelle *Loi martiale* une loi qui autorise l'emploi de la force armée dans certains cas et en observant certaines formalités. La loi ainsi qualifiée fut votée par l'Assemblée constituante, le 21 août 1789, afin de mettre un terme aux troubles et aux désordres qui agitaient Paris. Aux termes de cette loi, lorsque l'autorité civile jugeait nécessaire de recourir à l'emploi de la force armée, elle devait d'abord faire tirer le canon d'alarme, arborer un drapeau rouge sur la maison commune et le promener dans les rues, afin de prévenir les attroupements qu'ils eussent à se séparer. S'ils ne se dispersaient pas, la force armée marchait contre eux, mais elle n'agissait qu'après que le magistrat qui l'avait requise avait fait trois sommations. La loi m. fut appliquée, pour la première fois, le 17 juin 1791, pour dissiper les émeutiers du Champ de Mars. La Convention l'abrogea; mais la loi sur les attroupements, du 7 juin 1848, en a fait revivre les principales dispositions en ce qui concerne les rassemblements tumultueux formés sur la voie publique. Cette dernière loi est encore actuellement en vigueur. — En Angleterre, on applique la dénomination de *loi martiale* à l'ensemble des dispositions légales qui régissent la discipline militaire, mais auxquelles on soumet aussi, en cas de troubles graves, tous les habitants d'une ville ou d'une province.

**MARTIAL**, poète latin, auteur d'*Épigrammes* (43-104 ap. Jésus-C.).

**MARTIAL** (SAINT), évêque de Limoges (IIIe s.). Fête le 30 juin.

**MARTIAL D'AUVERGNE**, auteur d'une narration en vers du règne de Charles VII, intitulée *Vigiles de Charles VII* (1440-1508).

**MARTIALITÉ**. s. f. [Pr. *mar-sialité*]. Apparence martiale, caractère martial.

**MARTIGNAC** (Vicomte DE), homme d'État fr. (1776-1832), succéda comme ministre dirigeant à M. de Villèle (1828), et fut remplacé par le prince de Polignac (août 1829), que plus tard il défendit devant la Chambre des pairs.

**MARTIGNY**, v. du Valais (Suisse); 2.500 hab.

**MARTIGNY** (Abbé DE), archéologue fr. (1808-1881).

**MARTIGUES**, ch.-l. de c. (Bouches-du-Rhône), arr. d'Aix; 6,000 hab.

**MARTIN** (SAINT), évêque de Tours, né en Hongrie, mort après 396. Fête le 11 novembre.

**MARTIN**, nom de cinq papes, dont le premier fut saint, fête le 12 novembre, et le dernier, élu au concile de Constance, condamna Jean Huss, et mit fin au schisme d'Occident (1418).

**MARTIN** (JEAN BLAISE), chanteur fr. (1768-1837).

**MARTIN** (AIMÉ), littérateur fr. (1781-1844).

**MARTIN** (JOHN), peintre et graveur anglais (1789-1854).

**MARTIN** (HENRI), écrivain français (1810-1883), auteur d'une célèbre *Histoire de France*.

**MARTIN** (DE MOUSSY), médecin et voyageur français, né à Moussy-le-Vieux (1810-1869).

**MARTIN** (DU NORD), homme politique français, né à Douai (1790-1847).

**MARTIN**. s. m. (nom d'homme). T. Ornithol. Les oiseaux ainsi nommés sont rangés par les ornithologistes modernes dans la famille des Sturnidés. Leur bec est comprimé, très peu arqué, légèrement échancré, et sa commissure forme un angle comme chez les Étourneaux. Les *Martins* ont les mêmes mœurs et les mêmes habitudes que ces derniers. Comme eux, ils vivent par troupes et font aux insectes une chasse des plus actives. Dans les pays qui sont infestés de sauterelles, ils en détruisent des quantités énormes ; de là le nom scientifique d'*Acridothères* sous lequel on les désigne. Toutes les

espèces de ce genre sont étrangères. Une seule se montre parfois dans le midi de la France, où elle nous vient de l'Afrique : c'est le *M. rose* ou *Roselin (Acridotheres roseus)* [Fig. ci-dessus]. Cet oiseau est de la taille d'un merle, et a le plumage d'un noir brillant, avec le dos, le croupion, les scapulaires et la poitrine d'un rose pâle. Les plumes de sa tête sont étroites et allongées en huppe. Nous citerons encore le *M. triste* (*Acr. tristis*), qui est devenu célèbre par les services que son introduction dans l'île Bourbon a rendus à cette colonie auparavant ravagée par les sauterelles.

**MARTINAIRE**. s. m. T. Techn. Gros marteau en usage notamment dans la coutellerie.

**MARTIN-CHASSEUR**. s. m. Genre de *Passereaux*. Voy. MARTIN-PÊCHEUR.

**MARTINÉ**. s. m. Barre de fer ou d'acier d'un petit échantillon qu'on étire sous le martinet.

**MARTINEAU** (Miss), écrivain angl. (1802-1876).

**MARTINER**. v. a. Frapper avec le martinet. == MARTINÉ, ÉE. part.

**MARTINET**. s. m. [Pr. *marti-nè*] (Dimin. de *Martin*, n. pr.). T. Ornith. Les *Martinets* (*Cypselus*) se distinguent des Hirondelles, avec lesquelles ils se confondent sous le rapport des mœurs, par leur pouce versatile en avant, par leurs jambes encore plus courtes, et par leurs ailes encore plus longues. Cette brièveté de leurs pieds, jointe à la longueur de leurs ailes, fait que, lorsqu'ils sont à terre, ils ont beaucoup de peine à prendre leur essor ; en conséquence, ils s'y posent rarement et vivent constamment dans l'air, réunis en troupes nombreuses et poursuivant à grands cris les insectes. Ils nichent dans les trous des murs, dans les rochers, et grimpent avec facilité le long des surfaces les plus lisses. On n'en trouve en Europe que deux espèces : le *M. noir* (*Cyps. apus*) [Fig. 1], qui est noir, à gorge blanche, et qui peuple nos clochers, nos vieilles tours, en nous importunant par ses cris incessants ; le *M. à ventre blanc*, ou *Grand M.* (*Cyps. melba*), qui habite les Alpes, où il niche dans les trous des rochers. — Parmi les espèces exotiques, la plus élégante est sans contredit le *M. à moustaches* (*Cyps. mystaceus*) [Fig. 2], de la Nouvelle-Guinée. Cet oiseau est remarquable

Fig. 1.

par les teintes bleu indigo foncé, noires et grises de son plumage, par la bande blanche qui s'étend de l'angle du bec sur

Fig. 2.

les côtés de la tête, et surtout par la touffe de plumes blanches qui descend sous forme de moustaches sur les côtés du cou.

**MARTINET**, s. m. (R. *marteau*). || T. Métall. Sorte de marteau. Voy. MARTEAU. || Espèce de petit chandelier plat qui a un manche. || T. Techn. Morceau de grès qui sert à polir le marbre. || Espèce de fouet formé de plusieurs brins de corde ou de cuir attachés au bout d'un manche, et qui sert à battre les habits. || Cordage qui sert à maintenir la corne d'artimon.

**MARTINEUR**, s. m. T. Techn. Ouvrier qui présente le fer à l'action du martinet.

**MARTINEZ** (SÉBASTIEN), célèbre peintre espag. (1602-1667).

**MARTINEZ DE LA ROSA**, poète et homme d'État espagnol (1789-1862).

**MARTINGALE**, s. f (Provenç. *martegalo*, dérivé de *Martigues*, n. d lieu). T. Manège. Courroie qui tient par un bout à la sangle sous le ventre du cheval, et par l'autre à la muserolle, pour empêcher qu'il ne porte au vent et ne donne de la tête. — *Fausse m.*, qui s'attache au milieu du poitrail. || T. Mar. Arcboutant placé à la tête du mât de beaupré. || T. Art mil. Languette de buffle cousue à la giberne du fantassin. — Languette de drap cousue à la capote. || T. Jeu. Manière de jouer qui consiste à ponter, à chaque coup, le double de ce qu'on a perdu sur le coup précédent. *Jouer à la m. Jouer la m.* — Par ext., se dit de diverses manières de jouer son argent que certains joueurs imaginent, et qu'ils suivent avec plus ou moins de persévérance. *Il s'est ruiné par une m. qu'il croyait infaillible.*

**MARTINGALER**, v. n. Doubler son enjeu lorsqu'on perd. || Jouer une martingale.

**MARTINI**, compositeur de musique, surintendant de la musique de Louis XVI et de Louis XVIII (1741-1816).

**MARTINIÈRE** (DE LA), littérateur fr. (1662-1749). C'est lui qui est l'auteur de cette épigramme, souvent imitée :

Un gros serpent mordit Aurèle,
Que croyez-vous qu'il arriva ?
Qu'Aurèle en mourut ? Bagatelle !
Ce fut le serpent qui creva.

**MARTINIQUE** (LA), la principale des Antilles françaises ; 167,000 hab. ; villes principales : *Fort-de-France*, *Saint-Pierre*. exportation de sucre, de rhum et de café. = MARTINIQUE, s. m. Café provenant de la Martinique.

**MARTINISME**, s. m. On désigne sous ce nom la doctrine d'une petite secte d'illuminés qui fut fondée, vers 1754, par un juif portugais nommé Martinez Pasqualis. Les partisans de cette doctrine, que l'on appela *Martinistes* du nom de son auteur, prétendaient être en commerce avec les âmes et avec les intelligences célestes, et se livraient aux opérations théurgiques. Cette secte disparut à la Révolution ; cependant un des anciens disciples de Pascalis, Louis-Claude de Saint-Martin, dit le *Philosophe inconnu*, essaya de la continuer, tout en faisant subir à la doctrine du maître des modifications capitales, et en la transformant en un spiritualisme mystique plus rapproché du christianisme. Elle a été reprise en 1890 par Papus.

**MARTINISTE**, s. 2 g. Partisan du martinisme.

**MARTIN-PÊCHEUR**, s. m. (R. *Martin*, n. pr.). T. Ornith. Genre de *Passereaux syndactiles*, de la famille des *Alcédidés*, qui est caractérisé par : Pieds assez courts ; bec long, droit, anguleux et pointu ; queue en général très courte ; sternum à deux échancrures. — Ces oiseaux ont entre eux une très grande analogie sous le rapport des formes et des couleurs. Leur corps est épais, court, ramassé pour ainsi dire ; leur tête est allongée, grosse, et ordinairement couverte de plumes étroites et plus ou moins longues, qui forment vers l'occiput une sorte de huppe. Leur plumage est chez la plupart assez richement coloré ; en général, le bleu et le vert dominent parmi les couleurs qui les parent. Les Alcédidés comprennent trois genres principaux : 1° Les *Martins-pêcheurs* proprement dits, appelés aussi *Alcyons* (*Alcedo*) ont le bec droit, pointu et quadrangulaire. Ce sont des oiseaux essentiellement aquatiques, et tous sont ichthyophages. La seule espèce européenne de ce genre est le *M.-pêcheur d'Europe* (*Alc. hispida*) [Fig. 1], qui est de la taille d'un gros moineau, avec le dessus du corps d'un vert d'aigue-marine, le dessous roux marron, la gorge blanche et les joues rousses et vertes. Cet oiseau vit solitaire au bord des eaux, où il se tient habituellement perché sur une branche morte ou sur une pierre, et épiant, durant des heures entières et dans une immobilité complète, le passage de quelque poisson. Dès qu'il en aperçoit un, il fond dessus avec la rapidité de l'éclair, en tombant d'aplomb, la tête en bas, et en plongeant dans l'eau. Avant de manger la proie qu'il a saisie, il la conserve quelque temps dans son bec, la tourne, la retourne, la bat contre une pierre ou contre un tronc d'arbre, puis, lorqu'il la juge suffisamment brisée, il l'avale la tête la première. Le M.-pêcheur ne chante point; seulement, en volant, il fait entendre un cri perçant qu'expriment assez bien les syllabes *ki ki ki vi ki.* Il entre en amour au printemps; la femelle pond, dans quelque crevasse ou quelque trou situé au bord de l'eau, six œufs d'une blancheur éclatante. La chair de cet oiseau est d'un goût détestable : aussi ne le chasse-t-on que pour son plumage. On attribuait autrefois à sa dépouille la propriété de conserver les draps et les autres étoffes de laine en éloignant les teignes qui les dévorent ; de là l'usage où l'on était de suspendre dans les magasins des Martins-pêcheurs empaillés, et les noms vulgaires d'*Oiseau-teigne*, de *Drapier* et de *Garde-boutique*, qu'on leur donnait. — 2° Les *Céyx* sont des Martins-pêcheurs à bec ordinaire, mais où le doigt interne n'existe point. L'espèce type est l'*Alcyon tridactyle* qui habite l'Inde et l'archipel Indien. — 3° Les *Martins-chasseurs* (*Dacelo*) ont le bec épais, large à sa base, avec la mandibule supérieure généralement échancrée. Malgré leur ressemblance singulière avec les Martins-pêcheurs, ces oiseaux ne fréquentent qu'accidentellement les rivières et vivent au sein des forêts touffues et humides des régions intertropicales : tous sont insectivores. Les espèces les plus remarquables de ce genre sont le *M.-chasseur trapu*, le *M.-chasseur de Coromandel*, le *M.-chasseur à tête blanche*, et le *M.-chasseur géant* (Fig. 2).

Fig. 1.

Fig. 2.

**MARTIN-SEC.** s. m. (R. *martin* et *sec*). Poire d'automne croquante.

**MARTIN-SIRE.** s. m. Poire allongée, assez grosse, ferme et sucrée, qui mûrit en novembre.

**MARTINSITE.** s. f. (R. *Martins*, n. d'un natur. fr.). T. Minér. Sel gemme renfermant du sulfate de magnésie.

**MARTITE.** s. f. T. Minér. Sesquioxyde de fer affectant les formes cristallines de la Magnétite.

**MARTOIRE.** s. m. Marteau de serrurier à deux pannes.

**MARTRE** ou **MARTE.** s. f. (bas lat. *marturės*, et *martalus*, m. s., qu'on tire du lat. *martes*, m. s.; mais *martes* est douteux, et ne se trouve que dans un passage suspect de Martial). T. Mamm. La *Martre* (*Mustela*) est le type d'une famille de Mammifères Carnivores qui offrent entre eux les rapports les plus intimes et constituent un groupe des plus naturels que les zoologistes actuels désignent sous le nom de *Mustélidés.* Les animaux qui le composent sont placés par Cuvier à la tête de sa section des Carnivores Digitigrades. Ils sont en général de petite taille, fort vifs, fort agiles, et très avides de sang et de carnage. La brièveté de leurs pieds, la longueur et la souplesse de leur corps, qui leur permettent de passer par les plus petites ouvertures, leur ont valu le nom de *Vermiformes.* Tous ont cinq doigts plus ou moins complètement réunis par des membranes, et en général armés d'ongles arqués et pointus comme des griffes. Enfin, ils se distinguent des autres Digitigrades en ce qu'ils n'ont qu'une seule tuberculeuse en arrière de la carnassière d'en haut, et manquent de cæcum. Nous les répartirons dans les six genres suivants : *Martres* proprement dites, *Putois*, *Zorille*, *Moufette*, *Glouton*, et *Loutre;* mais nous ne parlerons ici que des quatre premiers, les deux derniers ayant été l'objet d'articles particuliers.

I. Les *Martres* proprement dites ont 6 fausses molaires à la mâchoire supérieure et 8 à l'inférieure, et un petit tubercule intérieur à leur carnassière d'en bas. Leur museau est plus fin et plus allongé que dans les genres qui suivent,

Nous en avons chez nous deux espèces fort voisines l'une de l'autre, la *M. commune* et la *Fouine*. La *M. commune* (*Mustela martes*) a environ 48 centimètres de longueur, non compris sa queue qui en a 26. Son pelage est brun lustré avec une tache d'un jaune clair sous la gorge, ce qui la distingue fort bien de la Fouine : le bout du museau, la dernière partie de la queue et les membres sont d'un brun plus foncé. Elle fuit les lieux habités et ne se rencontre que dans les forêts, où elle fait une chasse des plus actives au menu gibier et aux oiseaux qu'elle poursuit jusque sur les branches les plus élevées des arbres. C'est principalement la nuit qu'elle fait ses expéditions. — La *Fouine* (*Mustela foina*) [Fig. 1] est un peu plus petite que la M. commune : comme celle-ci, elle est brune, mais elle a le dessous du cou et la gorge blanchâtres. On la rencontre dans toutes les localités, dans les forêts, les vergers, les fermes, les villages : elle semble même préférer les lieux habités. Elle fait de grands ravages dans les poulaillers et dans les colombiers ; elle chasse aussi les oiseaux, les souris, les rats, les taupes, etc. — La *Zibeline* (*M. zibellina*), si célèbre par sa riche fourrure, est d'un brun lustré, noirâtre en hiver, plus pâle en été, avec le dessous de la gorge grisâtre, le devant de la tête et les oreilles blanchâtres, et se distingue en outre de la M. commune par les poils qui lui couvrent le dessous des pieds, jusque sous les doigts. Cette espèce habite les régions les plus septentrionales de l'Europe et de l'Asie jusqu'au Kamtchatka. Elle se loge dans des trous d'arbres ou dans des terriers qu'elle paraît se creuser elle-même. Les habitants de la Sibérie lui font durant l'hiver une chasse fort active ; mais cette chasse est la plus pénible que l'on connaisse. — L'Amérique boréale

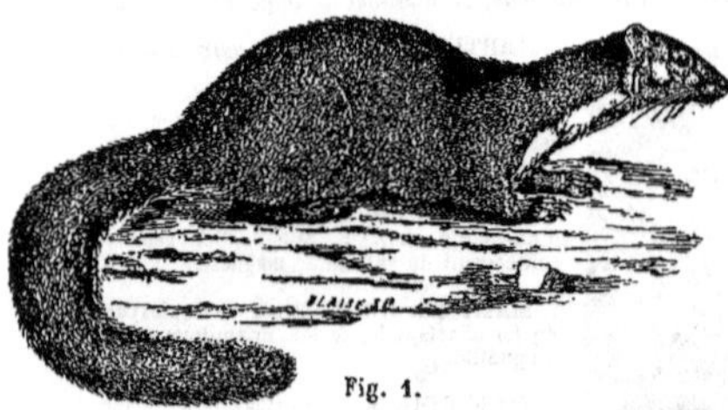

Fig. 1.

nourrit aussi plusieurs Martres dont les espèces ne sont pas toutes bien déterminées : nous nous contenterons de mentionner le *Pékan* (*M. canadensis*), le *Vison* (*M. vison*), le *Wajach* (*M. melanorhyncha*), le *Cuja* (*M. cuja*), et la *M. à tête de Loutre* (*M. lutreocephala*) ou *Mink* des Américains. Cette dernière a les doigts à demi palmés, ce qui lui donne des habitudes un peu aquatiques. Son pelage est presque aussi doux que celui de la Zibeline, mais d'une teinte fauve clair et presque blanchâtre à la tête : c'est le *Vison blanc* des fourreurs.

II. Les *Putois* (*Putorius*) n'ont que 4 fausses molaires à la mâchoire supérieure et 6 à l'inférieure, et point de tubercule à la carnassière inférieure : ce sont les plus féroces de tous les Carnassiers ; souvent ils semblent tuer uniquement pour le plaisir de verser le sang. On les reconnaît à leur museau un peu plus court et un peu plus gros que celui des Martres, et tous exhalent une odeur très désagréable : de là le nom sous lequel on les désigne. Le *Putois commun* (*Put. communis*) [Fig. 2] a environ 50 centimètres de longueur, y compris la queue, qui en a 17. Il est brun, avec les flancs jaunâtres, le bout du museau et des oreilles blanc, et une tache blanche derrière l'œil. Cet animal est répandu dans toute l'Europe. Dans la belle saison, il habite la campagne, et se retire dans des trous d'arbres ou dans des terriers, d'où il ne sort que la nuit pour aller à la chasse des lapins et des petits mammifères ; il grimpe sur les arbres pour saisir les oiseaux dans leurs nids et dévorer leurs œufs. L'hiver, il se rapproche des habitations, et se loge dans les vieux bâtiments, les granges et les greniers à foin. Il est alors la terreur de nos basses-cours. — Le *Furet* ou *Nimse* (*Put. furo*) paraît n'être qu'une variété albine du précédent, car il n'en diffère que par son pelage jaunâtre et ses yeux roses. Il nous vient d'Espagne et de Barbarie ; chez nous il n'existe qu'à l'état de domesticité. Cette espèce, en naissant, apporte une telle haine pour les lapins, qu'aussitôt qu'on en présente un, même mort, à un jeune Furet qui n'en a jamais vu, il se jette dessus et le mord avec fureur. S'il est vivant, il le prend par le cou, par le nez, et lui suce le sang. Les chasseurs ont profité de cette antipathie pour dresser le Furet à la chasse des lapins. Mais il faut le museler, avant de le laisser aller dans le terrier ; sans cela, après en avoir tué tous les habitants et s'être soûlé de sang, il s'endormirait sur ses victimes. Quand il est muselé, il oblige seulement les lapins à s'enfuir, et ceux-ci, en sortant du terrier, tombent dans le filet tendu à l'entrée. On élève les Furets dans des tonneaux ou dans des cages ; on leur donne

Fig. 2.

de la filasse dans laquelle ils aiment à s'enfoncer pour dormir, et on les nourrit avec du pain, du lait, des œufs, mais rarement de la viande. Ils dorment continuellement et ne se réveillent guère que pour manger, ce qu'ils font avec voracité. — L'*Hermine* (*Put. herminea*) est plus petite que les espèces précédentes. En hiver, son pelage est entièrement blanc, à l'exception du bout de la queue qui est noir ; mais l'été, sa fourrure devient rousse en dessus et blanc jaunâtre en dessous : alors l'Herm. est désignée sous le nom de *Roselet*. Cet animal est rare dans les pays tempérés ; mais il abonde en Laponie, en Sibérie et au Kamtchatka. Il ne se plaît que dans les lieux les plus sauvages, loin de l'habitation des hommes. Tout le monde sait combien sa fourrure est recherchée. — La *Belette* (*Put. gale*) a 16 cent. de longueur, non compris la queue, qui a environ 55 mill. Son corps, extrêmement effilé, est brun roux en dessus et blanc en dessous. La B. se trouve dans toutes les parties tempérées de l'Europe et ne s'écarte guère des habitations. Elle fait parfois beaucoup de mal dans nos basses-cours ; mais, dans la campagne, elle fait la chasse aux taupes, aux mulots, aux serpents, etc. De même que l'Hermine, elle est susceptible de s'apprivoiser. On rencontre assez souvent en France des Belettes entièrement jaunâtres, et d'autres parfaitement blanches, surtout en hiver. L'*Herminette* et la *Bel. des Alpes* pourraient bien n'être que des variétés de la Belette commune. Les espèces étrangères du genre Putois, telles que le *Perouasca* ou *Put. de Pologne* (*Put. sarmaticus*), le *Chorock* (*Put. sibirucus*), le *Tuhcuri* (*Put. lutreola*), le *Furet de Java* (*Put. nudipes*), etc., n'offrent aucun intérêt particulier.

III. Le genre *Zorille* (*Zorilla*) a le système dentaire du genre Putois, dont il ne diffère que par ses ongles, qui sont longs, robustes, non pointus, et capables de fouir la terre. On n'en connaît qu'une espèce, qui est rayée irrégulièrement de noir et de blanc. Elle est propre à l'Afrique. Elle vit comme les Martres, à cela près que, ne pouvant grimper sur les arbres, elle se creuse un terrier qu'elle habite pendant le jour et dont elle ne sort que la nuit pour chasser.

IV. Les *Moufettes* (*Mephitis*) ont les mêmes dents que les Putois, si ce n'est que leur carnassière inférieure a deux tubercules à son côté interne, ce qui les rapproche des Blaireaux. Elles ont en outre, comme ces derniers, les ongles de devant longs et propres à fouir, et même elles sont à demi plantigrades. Leur pelage est ordinairement rayé de blanc sur un fond noir ; leur queue est médiocre, couverte de longs poils, et se relève en panache sur le dos. Ces animaux sont propres au nouveau continent. L'espèce type est la *M. commune* (*Meph. putorius*) [Fig. 3], qui est fort répandue dans l'Amérique septentrionale. Toutes les Moufettes vivent dans des terriers et se nourrissent de petits quadrupèdes, d'œufs, etc. Leur nom leur vient de l'odeur exécrable qu'elles exhalent, surtout lorsqu'elles sont irritées. « En 1749, raconte le voyageur Kalm, il vint un de ces animaux près de la ferme où je logeais : c'était en hiver et pendant la nuit. Les chiens étaient éveillés et le poursuivaient. Dans le moment, il se répandit une odeur si fétide, qu'étant dans mon lit, je pensai en être suffoqué : les vaches beuglaient de toute leur force. Sur la fin de la même année, il se glissa une Moufette dans notre cave. Une femme qui l'aperçut la tua, et, dans le moment, elle remplit la cave d'une telle odeur que, non seulement cette

Fig. 3.

femme en fut malade pendant plusieurs jours, mais que le pain, la viande et les autres provisions qu'on conservait dans cette cave furent tellement infectés, qu'on ne put en rien garder et qu'il fallut tout jeter. » — On ne saurait séparer des Moufettes le *Télagon de Java* ou *Mydaus*, qui a les dents, les pieds, les couleurs et même l'infecte puanteur de ces animaux, mais dont le museau tronqué prend la forme d'un groin, et dont la queue est réduite à un petit pinceau.

**MARTYNIE.** s. f. (R. *Martyn*). Nom d'un botan. anglais. T. Bot. Genre de plantes Dicotylédones (*Martynia*) de la famille des *Gesnéracées*. Voy. ce mot.

**MARTYR, YRE.** s. (gr. μάρτυρ, témoin). Celui, celle qui a souffert la mort pour attester la vérité de la religion chrétienne. *Un m. de la foi.*

Et tu vivras fidèle ou périras martyre.
VOLTAIRE

*Sainte Cécile est vierge et martyre. L'Église honore la mémoire des martyrs.* Fig., *Être du commun des martyrs.* Voy. COMMUN. || Par extens., Celui qui a souffert des tourments ou la mort pour une religion ou une doctrine quelconque. *Il n'y a pas d'erreur qui n'ait eu ses martyrs. Le roi m.* Louis XVI. || Fam., se dit aussi d'une personne qui souffre beaucoup. *Il est m. de la goutte.* — *Être m. de quelqu'un*, Souffrir beaucoup de ses mauvais traitements, de sa tyrannie, de ses caprices. *Il est le m. de cette femme.* On dit dans un sens anal., *Faire de quelqu'un son m.* || *Être le m. de son ambition, de ses opinions, du bien public*, S'exposer à beaucoup d'inconvénients, de dangers, pour satisfaire son ambition, pour soutenir ses opinions, pour servir le bien public, etc.

**MARTYRE.** s. m. (lat. *martyrium*, m. s., du gr. μάρτυρ, témoin). La mort ou les tourments endurés pour la religion chrétienne. *Souffrir, endurer le m. La couronne, la palme du m. L'Église célèbre le 29 juin le m. de saint Pierre et de saint Paul.* || Fig. et par exag., Toutes sortes de peines de corps et d'esprit. *Ce mal de dent me fait souffrir le m. C'est un m. que d'avoir affaire à des chicaneurs.* — Dans le langage poétique, se dit aussi des peines que l'amour fait souffrir aux amants. *La beauté qui cause mon m.* On dit encore en plaisantant, *Il lui a conté son m., son amoureux martyre.*

Que tu te plais, Florise, à me mettre en martyre.
CORNEILLE.

**MARTYRISER.** v. a. [Pr. *martiri-zer*]. Faire souffrir le martyre. *Dioclétien fit m. une multitude de chrétiens.* || Fig. et par exag., Faire souffrir de grandes douleurs, de grands tourments. *On le martyrisa pour avoir son argent. La goutte le martyrise. M. un enfant.* = MARTYRISÉ, ÉE. part.

**MARTYROLOGE.** s. m. (lat. *martyrologium*, m. s., du gr. μάρτυρ, témoin et martyr, et λόγος, discours). Pendant les persécutions contre les chrétiens, on recueillait avec soin les interrogatoires de ceux qui étaient torturés pour la foi. C'était sur ces procès-verbaux ou *Actes*, et sur ce qu'ils observaient eux-mêmes, que les premiers chrétiens rédigeaient l'histoire des martyrs, histoire que l'on conservait ensuite dans les églises. On dit que le pape saint Clément, disciple de saint Pierre lui-même, avait établi à Rome sept notaires dont chacun avait cette charge dans deux quartiers de la ville. Saint Cyprien, durant la persécution, recommandait de marquer soigneusement le jour où chacun aurait fini son martyre. Quoique plusieurs des *Actes des martyrs* eussent péri dans la persécution de Dioclétien, Eusèbe de Césarée en avait fait une nombreuse collection ; malheureusement, son recueil a été perdu, et, sauf un petit nombre d'actes qui avaient été conservés dans quelques églises, dès le temps du pape saint Grégoire, on n'avait plus à Rome que des catalogues des noms des martyrs, avec les dates de leur mort bienheureuse, c.-à-d. des *Martyrologes*. Saint Jérôme avait écrit un m. qui était en usage à Rome au VIe siècle, Bède en écrivit un autre vers 730. Bientôt après fut rédigé à Rome le recueil connu sous le nom de *Petit m.* Vers 830, parut celui de Florus, qui n'est que le m. de Bède augmenté. Le m. de Raban Maur et celui de saint Adon, archevêque de Vienne (860), contiennent diverses augmentations à ceux de Bède et de Florus. En 875, Usuard, moine à Saint-Germain-des-Prés, à Paris, compléta ce dernier, et son recueil a servi de base au m. actuellement usité dans l'Église romaine, lequel a été rédigé par le cardinal Baronius et approuvé par Sixte-Quint. — On a inséré dans le *M. romain*, avec les noms des martyrs proprement dits, ceux des autres saints dont l'Église fait commémoration pour chaque jour, et l'usage est établi de lire tous les jours, à prime, la liste des martyrs et des saints inscrits pour ce jour-là. A l'imitation de l'Église catholique, les Grecs ont aussi une espèce de m. qui contient en abrégé la vie des saints pour chaque jour de l'année, avec simple commémoration de ceux dont la vie n'a point été écrite. Ce recueil est divisé par mois; d'où le nom de *Ménologe* ou *Ménologue*, sous lequel on le désigne.

**MARTYROLOGIQUE.** adj. 2 g. Qui a rapport à l'histoire des martyrs.

**MARTYROLOGISTE.** s. m. Auteur d'un martyrologe.

**MARUM.** s. m. [Pr. *ma-rome*]. T. Bot. Nom vulgaire du *Teucrium marum*, plante de la famille des *Labiées*. Voy. ce mot.

**MARUTE.** s. f. T. Bot. Voy. MAROUTE.

**MARVEJOLS**, ch.-l. d'arr. (Lozère), à 17 kilom. N.-O. de Mende; 4,700 hab.

**MARX** (KARL), socialiste allemand. Auteur d'un ouvrage célèbre sur le *Capital* et fondateur de l'*Internationale* (1814-1883). Voy SOCIALISME.

**MARY-LAFON**, littérateur fr. (1810-1884).

**MARYLAND**, l'un des États-Unis d'Amérique (État du Milieu); 1,043,000 hab.; cap. *Annapolis;* v. pr. *Baltimore.* = MARYLAND. s. m Tabac provenant de cette contrée.

**MAS.** s. m. (lat. *mansio*). Dans quelques provinces, s'emploie dans le sens de hameau. || Dans le Midi, petite maison de campagne.

**MASACCIO**, peintre italien, né à Florence (1402-1443).

**MASANIELLO**, ou mieux THOMAS ANIELLO, pêcheur napolitain, dirigea l'insurrection du peuple de Naples contre le duc d'Arcos, vice-roi espagnol (1647). Il perdit, peu après son triomphe, la faveur de la multitude, et fut assassiné (1623-1647).

**MASARIDES.** s. m. pl. [Pr. *ma-zaride*] (R. *Masaris*, surnom de Bacchus, mythol.). T. Entom. Groupe d'*Hyménoptères*. Voy. PORTE-AIGUILLON.

**MASCAGNINE.** s. f. (R. *Mascagni*, n. d'un natur. ital.). T. Minér. Sulfate d'ammoniaque trouvé dans les fissures de la lave.

**MASCARA,** ch.-l. d'arr. du dép. d'Oran (Algérie), à 96 k. d'Oran; 14,020 hab.

**MASCARADE.** s. f. (ital. *maschera*, esp. et portug. *mascara*, de l'arabe *maskhara*, farce, divertissement). Déguisement d'une personne qui se masque pour quelque divertissement. *Il a imaginé une singulière m.* || Troupe de gens déguisés et masqués. *La grande m. va bientôt passer.* || Fig., *Ce monde-ci n'est qu'une m. C'était une m. que cette cérémonie.* || Autrefois on appelait *Mascarades* des chansons composées pour des comédies-ballets où l'on dansait sous le masque, et certaines danses qu'exécutaient des personnes masquées. *Marot a écrit des mascarades. Danser une mascarade.*

**MASCAREIGNES** (ILES), archipel de l'océan Indien, composé des îles *Bourbon* ou la *Réunion*, *Maurice*, *Rodriguez* et *Cargados*, ainsi nommées du Portugais Mascarenhas, qui découvrit Bourbon en 1547.

**MASCARET.** s. m. T. Géogr. phys. Grande vague qui remonte un fleuve au moment d'une grande marée. On désigne surtout sous ce nom la barre qui se produit dans la basse-Seine à toutes les grandes marées des syzygies. C'est une grande vague de deux ou trois mètres de hauteur qui barre entièrement le fleuve et le remonte avec rapidité. L'endroit le plus favorable pour l'observer est le village de *Caudebec* (Seine-Inférieure). Voy. BARRE.

**MASCARON.** s. m. (ital. *mascarone*, ou *mascherone*, grand masque). T. Archit. On appelle ainsi un ornement en forme de masque, sculpté en ronde-bosse ou en bas-relief. On place ordinairement les *Mascarons* à l'orifice des fontaines, à la clef des arcades, et parfois aussi sous les balcons, sous les entablements, etc. On leur donne un caractère noble ou grotesque, selon le style de la décoration dans laquelle on les fait entrer. Le plus souvent, ils représentent des têtes de lion, de sphinx, de faunes, de satyres, de naïades, etc. Les architectes des deux derniers siècles ont prodigué ce genre d'ornement sur la plupart de leurs édifices; aujourd'hui on en est beaucoup plus sobre.

**MASCARON,** prédicateur fr., prononça plusieurs oraisons funèbres, entre autres celle de Turenne (1644-1703).

**MASCATE,** v. du pays d'Oman (Arabie), sur le golfe Persique, 30,000 hab.

**MASCOTTE.** s. f. [Pr. *mas-kote*] (provenç. *masco*, sorcière). Personne, chose considérée comme portant bonheur.

**MASCULIFLORE.** adj. 2 g. (lat. *masculus*, mâle; *flos, floris*, fleur). T. Bot. Qui porte des fleurs mâles.

**MASCULIN, INE.** adj. (lat. *masculinus*, m. s., de *masculus*, mâle). Qui appartient, qui a rapport au mâle. *Le sexe m. La ligne masculine.* || T. Jurispr. féod., *Fief m.* Fief affecté aux mâles à l'exclusion des femmes. Voy. FIEF. || T. Gram., *Nom m., adjectif m., genre m.* Voy. GENRE. — *Terminaison masculine*, Celle dont l'e muet ne forme pas à lui seul la dernière syllabe, ou ne concourt pas à la former de manière à s'y faire sentir. *Main* et *Maison* ont la terminaison masculine, quoique ces mots soient du genre féminin. *Homme* a la terminaison féminine, bien qu'il soit du genre masculin. On dit dans le même sens, *Rimes masculines, vers masculins.* || Substantiv., *Le m. et le féminin*, Le genre masculin et le genre féminin. *Ce mot est au m. Il faut mettre cet adjectif au m.*

**MASCULINEMENT.** adv. D'une manière masculine.

**MASCULINISER.** v. a. [Pr. ...*zer*]. Rendre du genre masculin.

**MASCULINITÉ.** s. f. (R. *masculin*). Qualité de mâle. *La m. est nécessaire, en France, pour prétendre à la couronne.*

**MAS-D'AGENAIS,** ch.-l. de c. (Lot-et-Garonne), arr. de Marmande; 2,000 hab.

**MAS-D'AZIL** (LE), ch.-l. de c. (Ariège), arr. de Pamiers; 2,300 hab.

**MASINISSA,** roi des Numides, père de Micipsa, fut l'allié fidèle des Romains contre les Carthaginois (238-149 av. J.-C.).

**MASKEGONS** (*Hommes des marais*), peuplade indienne du Manitoba et du territoire du Nord-Ouest.

**MASKELYNE,** astronome anglais (1732-1811).

**MASON,** poète angl. (1725-1797).

**MASONITE.** s. f. (R. *Mason*, n. pr.). T. Minér. Silicate hydraté d'alumine et de fer avec un peu de magnésie; en cristaux verts dichroïtes.

**MASOPINE.** s. f. T. Chim. Principe immédiat contenu dans une substance résineuse que les Mexicains ont l'habitude de mâcher. La m. cristallise en aiguilles blanches, solubles dans l'alcool. Les cristaux fondent à 155°; après refroidissement, le point de fusion n'est plus que 70°.

**MASQUE.** s. m. (bas-lat. *mascha*, sorcière). Faux visage de carton ou d'autre matière dont on se couvre la figure pour se déguiser, et parfois pour se garantir du hâle ou du froid. *Un m. de carton, de velours. Un m. grotesque.*

Peut-on lever le masque et voir votre visage?

MOLIÈRE.

Votre gloire vous éblouit;
Mais au moindre revers funeste
Le masque tombe, l'homme reste,
Et le héros s'évanouit.

J.-B. ROUSSEAU.

|| Aspect particulier que présente la physionomie, spécialement dans certaines maladies. — Bouffissure et teinte particulière que prend le visage d'une femme vers la fin de la grossesse, et qui laisse parfois des traces après l'accouchement. — Fig., *Avoir un bon m.*, se dit d'un acteur dont la physionomie a beaucoup d'expression et de jeu, surtout dans les rôles comiques. || Par ext., se dit des personnes qui portent un masque pour se déguiser pendant le carnaval. *Un joli m. Un vilain m. Une troupe de masques. Aller voir les masques.* || Prov., *Je vous connais, beau m.*, se dit à une personne dont on pénètre les intentions. || Fig., Apparence trompeuse sous laquelle on cache ou l'on s'efforce de cacher ses vrais sentiments et sa véritable conduite. *Se couvrir du masque de la vertu. Sous le m. de la dévotion, il cache une vie fort dissolue. La raison prend quelquefois le m. de la folie. Lever le m.*, Ne plus déguiser ses vrais sentiments. || On dit absolument dans le même sens : *C'est un m. qu'il a pris. Cet hypocrite a fini par lever le m. Le m. de ce fourbe est tombé. Arracher le m. à quelqu'un.* || Sorte de terre préparée et appliquée sur le visage de quelqu'un pour en prendre le moule. || T. Escr., Armure de fil de fer à mailles serrées qui sert à protéger le visage. — On appelle aussi m. la même armure dont on se sert pour préparer les substances explosibles. || T. Techn., Ciselet portant une tête gravée en creux ou en relief dont on se sert pour former des figures sur métal. || T. Bot. Corolle représentant une tête d'animal. || Zool. Lèvre inférieure des larves de libellule. — Coquille univalve. || T. Mar. Voile basse tendue à l'avant du mât de misaine pour garantir l'arrière de la fumée de la cheminée. — Grand plan de bois disposé à l'arrière d'un navire qu'on lance pour diminuer sa vitesse. || T. Archit. Se dit quelquefois pour *Mascaron*. — Revêtement destiné à protéger un bâtiment en construction. — Pointe d'une digue. || T. Génie. Appareil destiné à cacher aux ennemis la construction d'un ouvrage qui les menace spécialement. = MASQUE. s. m. Terme d'injure pour reprocher à une femme sa laideur ou sa malice. *La m.! La vilaine m.!* Popul.

Hist. — I. Les *Masques* ont été connus de tout temps et à peu près partout. Les voyageurs modernes en ont même trouvé l'usage très répandu chez plusieurs peuplades sauvages de l'Océanie et de l'Amérique.

En ce qui concerne l'antiquité classique, les masques paraissent avoir pris naissance, en Grèce, aux fêtes de Bacchus, où ceux qui y prenaient part avaient l'habitude de se déguiser de mille manières. De là leur usage s'introduisit dans les représentations dramatiques qui, à l'origine, faisaient partie des réjouissances célébrées en l'honneur du dieu. A Rome, les masques furent de tout temps employés dans les atellanes, mais non dans les représentations du drame régulier, du moins à ce qu'affirme Diomède; suivant lui, les acteurs faisaient seulement usage de perruques, et ce fut l'acteur Roscius Gallus qui, le premier, un siècle avant notre ère, introduisit les masques grecs

Fig. 1. Fig. 2.

dans la tragédie et dans la comédie. — Au premier abord, cet emploi de masques dans les représentations dramatiques des anciens nous paraît bizarre; cependant, il est aisé de l'expliquer. Comme les théâtres antiques avaient toujours des dimensions énormes, la plupart des spectateurs se trouvaient trop éloignés pour pouvoir saisir les jeux de physionomie des acteurs, et même pour distinguer nettement leurs traits. On obvia donc, autant que faire se pouvait, à cet inconvénient au moyen de masques dont les traits étaient fortement prononcés, et dont on variait la forme suivant le caractère du personnage qui paraissait en scène. En outre, comme, dans la tragédie antique, les personnages étaient toujours des dieux ou des héros dont les caractères typiques étaient familiers à tous

Fig. 3. Fig. 4.

les spectateurs, ceux-ci auraient trouvé sans doute très inconvenant de voir substituer aux traits connus du personnage dramatique ceux d'un histrion. Quelquefois les masques, comme nos masques modernes, ne couvraient que la figure, mais le plus souvent, ils représentaient la tête entière du personnage et s'ajustaient à peu près comme un casque dont la visière se serait étendue jusqu'au-dessous du menton. Quelquefois, on les munissait de deux visages dont les traits exprimaient des sentiments différents, et que l'acteur pouvait faire correspondre à sa figure par un simple mouvement de tête. Enfin, leurs lèvres, qui étaient toujours plus ou moins ouvertes, étaient ordinairement garnies de lamelles métalliques destinées à grossir la voix. Quant à la matière, on les fit primitivement d'écorce d'arbre; plus tard, on préféra le cuir, le bois et le bronze. Relativement au caractère du personnage qu'ils devaient représenter, les masques se divisaient en *tragiques*, *comiques* et *satyriques*, et chacune de ces classes renfermait un grand nombre de variétés. Ainsi, pour la tragédie seulement, Pollux énumère 25 masques typiques, savoir : 6 de vieillards, 7 de jeunes gens, 9 de femmes et 3 d'esclaves, non compris ceux qui représentaient des personnages signalés par quelque particularité personnelle, comme l'aveugle Thamyris, Argus aux cent yeux, etc. Ces derniers doivent avoir été fort nombreux, car Pollux, pour en donner une idée, en mentionne une trentaine. — Dans l'ancienne comédie attique, où l'on mettait presque constamment en scène des personnages vivants, il fallait que les masques reproduisissent les traits de ces derniers, qui, d'ailleurs, étaient en général représentés plus ou moins en caricature. En outre, le chœur, ainsi que certains personnages fantastiques, exigeait parfois une mascarade complète, comme dans les *Grenouilles* et les *Oiseaux* d'Aristophane, où les choristes figuraient en effet des grenouilles et des oiseaux. Mais, lorsque la loi interdit de mettre en scène aucun individu vivant, il fallut renoncer à ces masques qui étaient de véritables portraits plus ou moins chargés, et l'on créa, pour la comédie, des masques typiques, à l'exemple de ce qui avait lieu pour la tragédie. Seulement, les masques comiques étaient plus nombreux. Pollux en énumère 9 de vieillards, 10 de jeunes hommes, 3 d'esclaves mâles, 3 de vieilles femmes, et 14 de jeunes femmes ou de jeunes filles. — Quant aux masques usités dans l'ancien drame satyrique, dont les personnages étaient Silène, des Satyres et d'autres compagnons de Bacchus, ils étaient généralement des plus grotesques. Pollux se contente de citer le Satyre à barbe grise, le Satyre sans barbe, Silène, et le πάππος, et il ajoute que tous les autres masques leur ressemblaient. Les figures 1, 2, 5 et 6 représentent des masques de théâtre grecs, et les autres des masques romains : 1, 2 et 6 sont des masques tragiques de femme; 4, un m. tragique d'homme; 5, un m. de Satyre; dans la Fig. 3, on voit trois masques, l'un comique et les

Fig. 5. Fig. 6.

deux autres tragiques. Nous ferons observer à ce sujet que les masques romains sont en général plus exagérés que les grecs. Enfin, nous terminerons en disant qu'à Rome, lorqu'on sifflait un acteur, il était obligé de retirer son m.; cependant cela n'avait pas lieu dans les atellanes.

II. — Ce n'est guère qu'au XIV<sup>e</sup> siècle que l'usage des masques s'introduisit en France; on ne s'en servit d'abord que dans les bals masqués mis en vogue par Charles VI. Mais vers la fin du règne de François I<sup>er</sup>, les dames de la cour, et, à leur exemple, celles de la ville, imaginèrent d'en porter afin de garantir leur teint. Ces masques, appelés *Loups*, étaient de velours noir et doublés de taffetas blanc; ils se fixaient dans la bouche au moyen d'une petite verge de métal terminée par un bouton de verre. Cette mode ne disparut complètement qu'à l'époque de la Régence, où les dames adoptèrent l'usage des mouches et du fard. Depuis lors, l'usage des masques resta exclusivement réservé aux déguisements du carnaval. — Les masques employés aujourd'hui sont le plus souvent de carton peint. On en fait aussi avec de la toile de lin fine et à demi usée, sur laquelle on applique une couche de cire : de là le nom de *Masques de cire* qu'on leur donne. Quant aux masques dits *à domino*, ce sont des loups de taffetas ou de satin, qui manquent de menton et sont terminés par une petite pièce de même étoffe appelée *barbe*. Autrefois, Venise avait le monopole de la fabrication des masques; mais, aujourd'hui, cette fabrication est presque entièrement concentrée à Paris, où la première fabrique fut établie, en 1799, par l'Italien Marassi.

III. — En terme d'*Escrime*, on appelle *Masque* une armure formée d'une toile métallique à mailles très serrées, qu'on se met sur le visage pour le mettre à l'abri des coups de fleuret de l'adversaire.

**MASQUE DE FER** (L'Homme au). Prisonnier d'État sur l'histoire duquel ont été racontées les légendes les plus fantasques. Henri Martin a cru cette histoire à jamais cachée. Les recherches faites récemment à la bibliothèque de l'Arsenal (où a été déposé ce qui resta des archives de la Bastille après la journée du 14 juillet 1789), par M. Frantz Funck-

Brentano, ont complété les investigations de Marius Topin, Armand Baschet, Paul de Saint-Victor, Camille Rousset, Chéruel, Depping, et montré que le mystérieux prisonnier n'a été ni un frère de Louis XIV, ni un fils de la duchesse de La Vallière, ni un bâtard de Charles II et de Lucie Walters, ni le duc de Beaufort, ni le surintendant Fouquet, etc., etc., mais le comte Mattioli, né en 1640, secrétaire d'État du duc de Mantoue, qui, après avoir secrètement vendu, de concert avec son maître, la place stratégique de Casal à Louis XIV, trahit les deux souverains, fut arrêté le 2 mai 1679, conduit à Pignerol, puis aux îles Sainte-Marguerite et enfin à la Bastille, où il mourut le 19 novembre 1703. Identité prouvée par l'extrait mortuaire retrouvé. Son masque de fer n'était qu'un masque de velours noir, qu'il avait pris l'habitude de porter à Venise. Voy. Marius Topin, *L'Homme au masque de fer* (1878); Fr. Funck-Brentano, *Légendes et archives de la Bastille* (1898).

**MASQUER.** v. a. Mettre un masque sur le visage de quelqu'un, et, dans un sens plus étendu, lui mettre, outre le masque, des habits qui empêchent de le reconnaître. *On le masqua en arlequin.* || Fig. Cacher quelque chose sous de fausses apparences. *M. ses desseins. Il masque sa débauche sous des apparences de sagesse. M. la nature,* La déguiser sous des traits artificiels. *M. une odeur,* La déguiser en en répandant un autre. || Par ext., Couvrir, cacher une chose de manière à en ôter la vue. *Ce mur masque mes fenêtres. J'ai planté des arbres verts le long de ce mur pour le m.* || T. Typogr. *M. des pages,* Coller du papier sur une partie de la frisquette pour que les pages correspondantes de la forme ne s'impriment pas sur la feuille. || T. Cuis. *M. un mets,* Le couvrir entièrement avec une sauce consistante. || T. Mar. *M. les voiles,* Se dit du vent qui les colle au mât en soufflant en avant; et d'une manœuvre qui consiste à les orienter, de manière qu'elles reçoivent le vent par devant pour diminuer la rapidité de la marche. || T. Guerre. *M. une batterie, m. un pont,* etc., Placer des troupes ou élever un ouvrage en avant d'une batterie, etc., pour en dérober la vue à l'ennemi. = se Masquer. v. pron. Mettre un masque. *Nous nous masquâmes pour aller au bal. Cet hypocrite se masque sous les dehors de la dévotion. Le vice se masque sous l'apparence de la vertu.* = Masqué, ée. part. *Une femme masquée.* || *Bal masqué,* Bal où l'on va en masque et sous un déguisement. || Fig., *Être toujours masqué,* Être toujours couvert et dissimulé.

**MASSACHUSETTS,** l'un des États-Unis d'Amérique (Nouvelle-Angleterre); 2,240,000 hab.; ch.-l. *Boston.*

**MASSACRANT, ANTE.** adj. [Pr. *ma-sa-kran*]. Qui massacre. || Disposé à maltraiter les gens. || *Humeur m.,* Humeur bourrue, grondeuse, menaçante.

**MASSACRE.** s. m. [Pr. *ma-sa-kre*] (R. *massacrer*). Action de tuer impitoyablement, surtout des individus sans défense. *Horrible m. Le m. des Innocents. Le m. de la Saint-Barthélemy. La ville fut prise d'assaut, et l'on fit un grand m. de ses habitants.* || Grande tuerie de bêtes. *Ils allèrent à la chasse, et firent un grand m. de chevreuils.* || Fig. et fam., *C'est un m.,* se dit de quelque chose de rare, de précieux, qui a été gâté par mégarde ou autrement; ainsi que d'un ouvrier qui travaille très mal, qui gâte tout ce qu'il touche. || T. Vén. La tête du daim, du cerf, du chevreuil, mise debout sur la peau de la bête étendue par terre, lorsqu'on fait faire curée aux chiens. *On a rapporté le massacre.* — T. Blas. Bois de cerf attaché à une partie du crâne. Voy. Cerf.

**Syn.** — *Carnage, Tuerie, Boucherie.* — *Carnage* (de *caro, carnis,* chair) est proprement l'action de faire chair, de mettre en pièces des êtres vivants; mais il ne dit pas si c'est dans une bataille ou autrement; *tuerie* exprime simplement l'action de tuer. *Massacre* implique que les massacrés n'opposent pas de résistance ou n'en opposent qu'une insignifiante. *Boucherie* ajoute à l'idée de massacre que les personnes tuées le sont d'une façon comparable à la manière dont les bouchers tuent les animaux.

**MASSACRER.** v. a. [Pr. *ma-sacrer*] (bas-all. *matsken,* haut-all. *metzgern,* égorger du bétail). Tuer, égorger des gens sans défense. *Les soldats furieux massacrèrent tous les habitants, sans distinction d'âge ni de sexe.* — Par exag., se dit quelquefois d'une personne qui a reçu un grand nombre de blessures. *Les voleurs l'ont massacré.* || Se dit aussi des animaux. *Il a massacré tous les faisans du parc.* || Fig. et fam., Briser, gâter, mettre en mauvais état. *On a massacré tous mes meubles au roulage. Cet ouvrier massacre tout ce qu'il fait.* || Gâter un ouvrage par une exécution maladroite. = Massacré, ée. part.

**MASSACREUR.** s. m. [Pr. *ma-sakreur*]. Celui qui massacre. *Les massacreurs ne s'arrêtèrent que lorsqu'ils furent las. C'est un m. de gibier.* Peu usité.

**MASSA-DI-CARRARA,** anc. cap. du duché, auj. ch.-l. de la prov. de même nom, en Italie, au N.-O. de Florence; 20,000 hab. Exploitation de marbre.

**MASSAGE.** s. m. [Pr. *ma-sage*]. Action de masser les membres du corps pour les assouplir.

**MASSAGÈTES,** peuple scythe qui habitait à l'est de la mer Caspienne. Ce fut dans une expédition contre ce peuple que Cyrus fut défait et tué.

**MASSAÏ,** peuple d'Afrique entre la côte de Zanzibar et le Victoria-Nyanza.

**MASSAOUAH** ou **MASSOUAH,** ville d'Afrique; port dans une petite île de la mer Rouge; à l'Italie; 5,000 hab. Voy. Erythrée.

**MASSAT,** ch.-l. de c. (Ariège), arr. de Saint-Girons; 3,700 hab. Laines.

**MASSE.** s. f. [Pr. *ma-se*] (lat. *massa,* m. s). T. Phys. Quotient du poids d'un corps par l'accélération de la pesanteur. Voy. Densité, Mécanique, Force. || Dans le lang. ordinaire, se dit de tout amas de plusieurs parties, de même ou de différente nature, qui font corps ensemble. *La m. informe et confuse du chaos. Ce bâtiment n'est qu'une grosse m. de pierres. Une m. de métal. L'ours, en naissant, semble n'être qu'une m. de chair.* || *M. de carrière,* se dit de plusieurs lits de pierre qui se trouvent dans une carrière les uns sur les autres. = La totalité d'une chose, par oppos. à toute fraction ou partie de cette chose. *J'ai pris cela au hasard dans la m.* — *La m. de l'air,* Tout l'air qui pèse sur la terre. *La m. du sang,* Tout le sang qui est dans le corps. || T. Pharm. *La m. pilulaire, la masse emplastique,* La préparation avec laquelle on se propose de faire des pilules, un emplâtre. || Au sens moral, *la m. des lumières, la m. des connaissances humaines.* || Somme d'argent mise au jeu. *Doubler sa m.* vx. || Absol., Le peuple, la multitude. *Cela est bon pour la m. Les masses se laissent facilement entraîner.* || T. Techn. Contrepoids du peson. — Cône tronqué dans lequel on fait cristalliser l'alun. — Bloc de verre de toutes couleurs avec lequel on fabrique les pierres fausses. — *Grande m.* Partie de la cuve d'un haut-fourneau comprise entre le ventre et le haut du gueulard. || T. Artill. *M. de mise,* Partie d'une bouche à feu qu'on a laissée saillante pour servir à viser. — *M. de lumière,* Cylindre vissé sur la bouche à feu et dans lequel est percée la lumière. || T. Fort. *M. couvrante,* parapet formé avec les terres rejetées du déblai. Voy. Fortification. I. A. || L'ensemble d'un ouvrage d'architecture considéré sous le rapport des proportions. *La façade de Versailles, du côté du jardin, fait une m. imposante.* || T. Peint. Réunion de plusieurs parties qui sont considérées comme ne formant qu'un tout. *Les lumières de ce tableau sont disposées par grandes masses. Les masses d'ombre soutiennent bien cette composition. Ces figures font m. En peignant des arbres, on doit s'attacher aux masses plutôt qu'aux détails.* || Fig. et au sens moral, *Il faut moins considérer les détails que les masses.* || T. Mus. Réunion de sons, d'instruments exécutant des morceaux d'ensemble. || T. Bot. *M. pollinique,* Réunion des corpuscules qui forment le pollen. || T. Dr. Fonds d'argent d'une succession, d'une société. *M. active, passive,* L'ensemble de l'actif, du passif dans une liquidation. || T. Arpent. *Plans par m.,* Plans d'un terrain où les cultures sont représentées en bloc, sans distinction de parcelles. || T. Comm. Une certaine quantité de marchandises semblables que l'usage a fixées à un certain poids ou à un certain nombre pour en faciliter le débit. *Une m. de plumes. Des soies en m. Des pelleteries en m.* || T. Admin. milit. Se dit de fonds spéciaux qui, dans chaque régiment, sont destinés à fournir à une dépense particulière. *La masse d'habillement, de chaussures, de ferrage, etc. Les masses sont formées au moyen de retenues faites sur la paye des soldats.* =

EN MASSE. loc. adv. Tous ensemble, en totalité, *Se porter, se lever en m. On décréta la levée en m. des hommes valides du département. Vue en m., cette construction est d'un bon effet.*

**MASSE.** s. f. [Pr. *ma-se*] (lat. *mattea, matcola*, bâton). Gros marteau de fer carré des deux bouts et emmanché de bois dont se servent les carriers, les tailleurs de pierre, etc. ‖ *M. d'armes*, ou simpl. *Masse*, Arme de fer, en usage au moyen âge, fort pesante par un bout, et avec laquelle on assommait. ‖ Bâton à tête d'or, d'argent, etc., que, dans certaines cérémonies, on porte devant quelqu'un. *On portait des masses devant le chancelier de France. Dans les occasions solennelles, les appariteurs de chaque faculté de l'Université portent des masses.* ‖ Instrument dont on se sert quelquefois pour jouer au billard, et, par ext., le gros bout d'une queue ordinaire. *Jouer de m., avec la m.* ‖ Traverse qui forme la partie inférieure du métier à tisser. ‖ T. Bot. *M. d'eau*, syn. de *Massette*. Nom de divers champignons, de diverses plantes.

**MASSÉ.** m. s. [Pr. *ma-sé*]. Masse de fer qui reste dans le creuset dans la méthode catalane. Voy. FER, VIII, B.

**MASSÉ** (VICTOR), compositeur fr., auteur des *Noces de Jeannette*, de *Galatée*, de *Paul et Virginie* (1822-1884).

**MASSEAU.** s. m. [Pr. *ma-so*] (R. *masse*). Petite masse de fer affiné ou d'acier battue au marteau pour être chauffée ensuite dans un foyer spécial. — Masse de fer, obtenue par coagulation de morceaux de fonte brute chauffés dans un foyer au charbon de bois.

**MASSELET.** s. m. [Pr. *mase-lè*] (R. *masseau*). Petite masse de fer obtenue par coagulation.

**MASSELOTTE.** s. f. [Pr. *mase-lo-te*] (R. *masse*). Portion de métal superflue qui reste attachée à une masse fondue ou forgée. ‖ Masse de métal coulée dans le prolongement du moule d'une bouche à feu pour éviter les soufflures. ‖ Petite masse de métal soudée sur le canon d'une arme à feu pour y pratiquer le logement de la cheminée.

**MASSÉNA** (ANDRÉ), maréchal de France, né à Nice en 1758, s'illustra par ses victoires de Zurich sur les Russes (1799), par la défense de Gênes (1800) par son courage à Essling et à Wagram, et enfin par sa belle retraite après une campagne infructueuse en Portugal et en Espagne (1810-1811), fut fait duc de Rivoli et prince d'Essling. Mort à Paris en 1817.

**MASSEPAIN.** s. m. [Pr. *mase-pin*] (ital. *marzapane*, m. s., d'après Ménage, de *Marzo*, n. de l'inventeur, et *pane*, pain. D'après Mahn et Diez, du lat. *maza*, bouillon d'orge). Espèce de pâtisserie faite avec des amandes pilées et du sucre.

**MASSER.** v. a. [Pr. *ma-ser*] (R. *masse*). Frapper une bille de billard de haut en bas avec la queue. = MASSÉ, ÉE, part. Subst. *Un massé*, Coup où l'on masse la bille.

**MASSER.** v. a. [Pr. *ma-ser*]. Disposer par masse. *M. des troupes.* T. Peint. Disposer les masses d'un tableau. *Il a bien massé les figures, les lumières de son tableau.* — Absol., *Ce peintre masse bien, mais il néglige trop les détails.* ‖ Faire une masse, *M. dix louis*, vx. = SE MASSER, v. pron. *L'infanterie se massa sur le terrain de manœuvre.* = MASSÉ, ÉE. Part. *Le feuillage de cet arbre est bien massé.* — *Rempart massé*, Rempart dont la masse est construite. — *Plan massé*, Plan d'ensemble.

**MASSER.** v. a. [Pr. *ma-ser*] (ar. *mass*, manier, toucher, ou gr. μάσσειν, pétrir). Presser, pétrir avec les mains les différentes parties du corps d'une personne qui sort du bain, de manière à rendre les articulations plus souples, et à exciter la vitalité de la peau et des tissus sous-jacents. = MASSÉ, ÉE. part.

**MASSET.** s. m. [Pr. *ma-sè*]. T. Métall. Syn. de *Loupe*.

**MASSÉTER.** adj. et subst. [Pr. *mas-sé-tère*] (gr. μασσητήρ, mâcheur, de μασάομαι, je mâche). *Muscle m.*, ou simpl. *Masséter*, Muscle implanté d'un côté à l'arcade zygomatique, de l'autre au bord inférieur de la branche du maxillaire supérieur, et qui sert aux mouvements de la mâchoire dans la mastication.

**MASSÉTÉRIN, INE**, adj. [Pr. *mas-sé...*]. Qui a rapport au masséter.

**MASSETTE.** s. f. [Pr. *ma-sè-te*] (Dimin. de *masse*). Gros marteau avec lequel les mineurs et les carriers enfoncent le burin dans la pierre. ‖ T. Bot. Genre de plantes Monocotylédones (*Typha*) de la famille des *Typhacées*. Voy. ce mot.

**MASSEUBE**, ch.-l. de c. (Gers), arr. de Mirande; 1,600 hab.

**MASSEUR, EUSE.** s. [Pr. *ma-seur, euze*]. Celui, celle qui fait métier de masser. ‖ Ouvrier forgeron.

**MASSEVAUX**, anc. ch.-l. de c. (Haut-Rhin), arr. de Belfort, cédé à l'Allemagne en 1871; 3,300 hab. Quatre communes de ce canton sont restées françaises.

**MASSIAC**, ch.-l. de c. (Cantal), arr. de Saint-Flour, 2,100 hab.

**MASSIAU.** s. m. [Pr. *ma-sio*] (R. *masse*). T. Métall. Syn. de *Masseau*.

**MASSICOT.** s. m. [Pr. *masi-ko*]. Protoxyde de plomb préparé par voie sèche. Voy. PLOMB. ‖ T. Techn. Machine à rogner le papier.

**MASSIER.** s. m. [Pr. *ma-sié*]. Celui qui porte une masse dans certaines cérémonies. *Les massiers de l'Université.*

**MASSIF, IVE.** adj. [Pr. *ma-sif*] (R. *masse*). Qui est ou qui paraît épais, lourd et pesant. *Ce bâtiment est bien m. Ces meubles sont trop massifs. Cet homme a le corps m., est trop m.* — Fig., Grossier, lourd. *Cet homme a l'esprit bien m., l'esprit aussi m. que le corps.* ‖ Se dit de certains ouvrages d'orfèvrerie qui ne sont ni creux en dedans ni fourrés, et des bois d'ébénisterie qui sont employés pleins et non en placage. *Une statue d'argent m. Un lit d'acajou m.* = MASSIF. s. m. Ouvrage de maçonnerie ordinairement destiné à servir de fondement pour asseoir un édifice, une colonne, un piédestal de statue. ‖ Fig., *Un m. de rochers fermait la vallée. Deux massifs de montagnes protègent le pays au nord et au sud.* ‖ T. Hortic. Plein bois ou bosquet qui ne laisse point de passage à la vue. *Il y a dans ce jardin plusieurs massifs d'arbustes. L'allée se termine par un m.* ‖ T. Mar. Coins en bois assemblés au pied du mât pour l'affermir. — Pièces de bois qui renforcent l'écoutillon du puits des câbles-chaînes.

**MASSILIA**, ancien nom de Marseille.

**MASSILLON** (J.-B.), célèbre orateur de la chaire, évêque de Clermont, prêcha plusieurs carêmes devant Louis XIV; puis devant Louis XV, âgé de huit ans, un carême dont les dix sermons sont connus sous le nom de *Petit Carême* (1663-1742).

**MASSIQUE**, montagne d'Italie, entre le Latium et la Campanie.

**MASSIVEMENT.** adv. [Pr. *ma-si-ve-man*]. D'une manière massive.

**MASSIVETÉ.** s. f. [Pr. *ma-si-veté*]. Qualité de ce qui est massif.

**MASSON** (FRANÇOIS), statuaire fr. (Eure), 1745-1807).

**MASSON** (MICHEL), auteur dramatique fr. (1800-1883).

**MASSOQUE.** s. f. [Pr. *ma-soke*] (R. *masse*). T. Métall. Lopin qu'on obtient en coupant le massé en deux parties. Voy. FER, VIII, *méthode catalane*.

**MASSOQUETTE.** s. f. [Pr. *ma-so-kè-te*]. Lopin qu'on a obtenu dans les forges catalanes en coupant la massoque en deux parties. Voy. FER, VIII, *méthode catalane*.

**MASSORE.** [Pr. *ma-sore*] (hébr. *massorat*, tradition, de *massor*, il a livré). T. Philol. Examen critique et grammatical du texte de la Bible fait par des docteurs hébreux qu'on a appelés *massorètes*. L'œuvre des Massorètes a consisté d'abord à séparer les passages authentiques des passages apocryphes et ensuite à fixer le texte par l'introduction des points voyelles. On sait que l'hébreu, comme les autres langues sémitiques, n'écrit pas ou presque pas les voyelles. De là des confusions que les Massorètes ont cherché à faire disparaître en indiquant la prononciation de chaque mot par des points ingénieusement combinés. Il paraît prouvé que ce travail de critique a continué jusqu'au XIIe siècle de notre ère; mais le résultat n'en est point certain. Il y a des divergences entre le sens attribué à certains passages et le sens de la version des Septante. De nos jours la prononciation de l'hébreu est enseignée par deux écoles : celle des Juifs Portugais, et celle des Juifs Polonais qui s'écartent aussi plus ou moins de la prononciation, et par suite du sens massorétique.

**MASSORÈTES.** s. m. pl. [Pr. *ma-sorètes*]. Ceux qui ont travaillé à la Massore.

**MASSORÉTIQUE.** adj. 2 g. [Pr. *ma-sorétik*]. Qui a rapport à la Massore. *Points massorétiques.* Voy. MASSORE.

**MASSOUAH,** colonie italienne de la Mer Rouge, sur la côte d'Afrique, au nord-est de l'Abyssinie. Voy. ÉRYTHRÉE.

**MASSUE.** s. f. [Pr. *ma-sue*] (R. *masse*). Sorte de bâton noueux beaucoup plus gros par un bout que par l'autre, et dont on se sert comme d'arme défensive. *La m. d'Hercule. Il le tua d'un coup de m.* || Fig., *C'est un coup de m. pour lui*, C'est une catastrophe qui l'accable. *Faire de sa tête m.*, Frapper un grand coup à ses risques et périls pour faire réussir une affaire. || T. Bot. Variété de concombre.— Partie supérieure de certains champignons.

**MASSYLIENS,** la plus orientale des deux tribus numides.

**MASTIC.** s. m. (gr. μαστίχη, m. s.). T. Pharm. Sous ce nom on désigne la résine qu'on obtient par incision du Lentisque (*Pistacia lentiscus*), arbuste de la famille des Anacardiacées qui est répandu dans tout l'Archipel grec. Dans le Levant, cette résine s'emploie surtout comme masticatoire, d'où son nom. Elle fortifie les gencives, et procure une haleine suave. Dans nos pays, elle n'est guère usitée que pour la préparation de certains vernis. || T. Techn. Nom donné à diverses compositions. Voy. plus bas.

**Techn.** — C'est par extension que dans l'industrie on donne le nom générique de *Mastics* à un grand nombre de préparations ayant toutes des destinations spéciales et bien déterminées. C'est en mélangeant dans des proportions voulues diverses substances, que l'on arrive à obtenir ces mastics, véritables ciments pour la plupart dont l'application permet de réparer les objets les plus détériorés. Ces compositions sont fort nombreuses, nous n'indiquerons que les plus simples et les plus usitées. — *M. albumineux.* Il se prépare en mélangeant de la chaux en poudre avec du blanc d'œuf de manière à obtenir une pâte molle, et sert à recoller la porcelaine, la faïence, le marbre, etc. On enduit avec cette pâte les fragments à réunir et on les maintient serrés pendant 8 à 10 minutes. La pâte ne peut se conserver. — Le *M. au fromage* est également un ciment albumineux. Il s'obtient en délayant du fromage blanc dans l'eau bouillante jusqu'à consistance de bouillie épaisse, puis en y incorporant de la chaux vive pulvérisée. Ce m. est très employé pour raccommoder la porcelaine et le verre; mais il faut l'appliquer à chaud. Il jouit de la propriété de durcir rapidement sous l'eau, aussi son emploi dans les maçonneries immergées est-il fréquent; il fait concurrence, sous le rapport de la prise rapide et de la dureté, au meilleur ciment hydraulique. — Le *M. de Kuhle* a les mêmes usages que les précédents; seulement il s'applique à froid. C'est un mélange d'amidon (60 grammes) et de craie (100 grammes), que l'on délaie dans parties égales d'eau pure et d'eau-de-vie; on y ajoute de la colle forte (10 grammes), on fait bouillir, et, pendant l'ébullition, on y met de la térébenthine de Venise (30 grammes), et l'on brasse avec soin. — Le *M. de fer*, dont on fait un si grand usage dans les constructions mécaniques, est un mélange de 100 parties de limaille de fer, 3 à 4 de soufre et 2 de sel ammoniac en poudre. Quand on veut s'en servir, on le mouille avec de l'eau, après quoi on le tasse dans les joints avec un ciseau sur lequel on frappe avec un marteau. — Le *M. de fonte*, dont on fait un très grand usage dans l'industrie pour boucher d'une manière complète les soufflures de la fonte, se compose de 25 parties de limaille de fonte, 10 de fleur de soufre, 5 de graphite, 5 d'ardoise et 10 de cire jaune. Ces diverses substances sont successivement mélangées dans la cire fondue. — Le *M. de limaille* s'emploie pour ajuster et réunir, d'une manière absolument étanche, les joints de fonte sur fonte et aussi sur fer, en même temps qu'on obtient avec lui de solides scellements de ces métaux dans la pierre. Il se compose de 60 parties de limaille de fonte ou de fer, de 5 parties de fleur de soufre, 2 parties de limaille de cuivre, 2 parties de chlorhydrate d'ammoniaque, le tout délayé dans l'eau, afin d'avoir une pâte ductile. — Le *M. des fontainiers*, qui s'emploie pour sceller les robinets de fontaine, rejointoyer les pierres et les carreaux, assembler les tuyaux de grès, etc., se fabrique en faisant fondre 100 parties d'arcanson et en y ajoutant 200 parties de brique en poudre. Quand on veut s'en servir, on le fait fondre de nouveau à une douce chaleur, et l'on remue constamment, parce que la brique s'en sépare aisément. — Le *M. des vitriers* se prépare en mélangeant 250 grammes de craie bien desséchée et pulvérisée avec un kilogramme d'huile de lin rendue préalablement siccative en y introduisant 25 p. 100 de litharge. On malaxe, et l'on a ainsi une pâte consistante et ductile qui s'emploie non seulement pour assujettir les carreaux de vitre, mais encore pour boucher les trous des boiseries, etc. — Le *M. Davy* s'obtient en faisant fondre 2 parties de poix commune et 1 partie de gutta-percha. Ses applications sont très multiples. Ainsi, on l'emploie pour boucher les fuites des tuyaux à eau ou à gaz, réparer les couvertures de zinc ou de plomb, recoller les poteries, consolider les vitrages, etc.

On fabrique également une sorte de m. de limaille, à l'aide duquel on peut souder fonte sur fonte, fonte sur fer ou fer sur fer, en chauffant préalablement ces métaux jusqu'au rouge sombre. On désigne souvent ce m. sous le nom de *Poudre à souder* Sa composition est la suivante : sel ammoniac, 35 grammes; borax, 100 gram.; limailles de fer, de fonte et d'acier, très propres et très fines, ensemble 100 gram.; baume de copahu, 110 gram. — Le *M. de minium* a de très nombreuses applications dans la construction des machines à vapeur. C'est, en effet, grâce à la présence du m. de minium qu'on empêche les fuites de vapeur qui ne manqueraient pas de se produire à tous les joints de la tuyauterie, ceux des cylindres et tiroirs, etc. Sa fabrication est l'objet d'un mouvement industriel très important. On le prépare en mélangeant intimement une même quantité de minium de plomb et de blanc de céruse, que l'on délaye soigneusement avec de l'huile de lin jusqu'au moment où l'on a obtenu une pâte bien homogène et épaisse. Ce m. s'expédie dans de petits barils et, pour l'employer, il faut le battre au marteau, afin de le ramollir au point voulu. — Le *M. de Dihl* trouve son emploi principalement dans les endroits où règne une humidité constante; il sert à faire des rejointoyements dans les dallages. On l'obtient en mélangeant avec soin des ciments de poterie, de terre à porcelaine, de brique, et en les délayant ensuite avec de l'huile de lin de manière que le produit de ces malaxages se présente sous forme d'une pâte assez ferme. — Le *M. réfractaire* composé de limaille de fer, d'argile calcinée, de pâte à porcelaine, s'emploie pour faire les joints d'appareils portés à une température extrêmement élevée. On ajoute souvent, avant d'en faire usage, afin d'avoir une pâte très plastique, un peu d'eau tenant en dissolution du sel ammoniac. — Le *M. de zinc* donne d'excellents résultats pour le lutage des appareils servant à la fabrication des produits chimiques. Il sert également pour l'obtention de motifs décoratifs dans les constructions, étant susceptible d'un très beau poli, et acquérant une dureté beaucoup plus considérable que le plâtre. Il se fabrique en dissolvant du zinc en morceaux dans de l'acide chlorhydrique jusqu'à saturation complète, puis en ajoutant une quantité suffisante de blanc de zinc dans le liquide et en triturant le mélange jusqu'à formation d'une pâte assez molle et bien homogène. La prise de ce m. étant plus rapide que celle du plâtre, on doit le préparer au fur et à mesure des besoins. — Le *M. pour acides* se prépare en faisant fondre 100 parties de soufre dans lequel on jette, dès que la fusion est complète, de la résine et un peu de suif; puis du verre pulvérisé jusqu'à ce que la masse prenne la consistance d'une pâte molle. Pour l'employer, il est de toute nécessité d'élever sensiblement la température des pièces à mastiquer et de faire usage de ce m. pendant qu'il est très chaud. Dans ces conditions, ce m. résiste victorieusement à l'action des acides même bouillants. — Le *M. de goudron* s'emploie principalement pour luter les tubes dans lesquels circulent les acides; sa fabrication est des plus simples : dans 1 litre de goudron que l'on amène près de son point d'ébullition, on projette peu à peu, en ne cessant de remuer, le mélange ainsi formé de l'argile réfractaire finement pulvérisée, de façon à avoir une masse bien homogène et un peu épaisse. L'application doit toujours se faire à chaud. — Le *M. diamant* jouit de la propriété de coller et de réunir les objets en verre; il s'obtient en faisant dissoudre une petite quantité de résine dans de l'alcool à 90° et en ajoutant à la dissolution de la colle de poisson. — Le *M. pour greffes* s'emploie, comme son nom l'indique, pour protéger les nouvelles greffes exécutées sur les arbres à fruits ou les arbrisseaux à fleurs. Il sèche rapidement et a l'avantage de ne jamais s'écailler ou se fendre. On l'obtient en faisant fondre à un feu modéré 1 kilogramme de résine. Lorsque cette substance, par suite de sa fusion, a acquis la consistance sirupeuse, on y verse 400 grammes d'alcool rectifié en remuant soigneusement le mélange. Ce m. doit se conserver dans des flacons hermétiquement bouchés. — Le *M. à bouteilles* est souvent désigné sous le nom de *Cire à cacheter* les bouteilles, il se compose d'un mélange par fusion de cire jaune et de colophane. On ajoute alors de l'ocre rouge ou de l'ocre jaune pour colorer diversement ce m. que l'on coule dans des moules spéciaux. Quand on veut en faire usage, on fait fondre à feu doux un des pains ainsi obtenus et on y plonge le bouchon et le col de la bouteille à cacheter. Les proportions généralement admises sont de 50 parties de colophane pour 5 parties de cire jaune. Ce m. sert encore à fixer les couteaux dans leur manche. — Le *M. au bitume* a pour objet de préserver contre l'action oxydante de l'humidité les objets en contact avec elle. Il sert également à effectuer des scellements de corps métalliques dans la pierre; sa composition est assez complexe, mais ce m. a une telle importance qu'il est utile, pensons-nous, d'indiquer ses éléments constitutifs et leurs proportions. Il se compose d'un mélange intime de 120 parties de poix ordinaire, 38 parties de bitume, 12 parties de chaux hydraulique éteinte, 12 parties de ciment de Portland, 6 parties de suif frais, 10 parties de cire jaune et de 5 parties de goudron. — Le *M. pour cuivre* remplace avantageusement, en maintes circonstances, le m. au minium ou encore la céruse pour rendre étanches les joints des conduites et tuyaux en cuivre, ainsi que toutes les garnitures faites avec ce métal. Il s'obtient en faisant fondre à feu très doux, la température ne devant guère dépasser celle de l'eau bouillante : 20 parties de résine ordinaire avec 5 parties de cire jaune et en ajoutant 5 parties d'ocre rouge. On laisse refroidir très lentement tout en ne cessant de malaxer le mélange, jusqu'à ce que le tout soit revenu à la température ordinaire. On fait usage de ce m. en le faisant chauffer légèrement, afin de ramollir quelque peu la masse, en même temps qu'on élève la température des garnitures à mastiquer.

Il existe encore une grande quantité de mastics, mais nous nous bornerons à la nomenclature ci-dessus; elle comprend, en effet, tous les mastics d'un usage courant et d'un emploi n'offrant aucune difficulté.

**MASTICAGE.** s. m. L'opération qui consiste à appliquer du mastic pour maintenir des vitres, pour joindre des dalles, etc.

**MASTICATION.** s. f. [Pr. ...*sion*] (lat. *masticatio*, m. s. de *masticare*, mâcher). T. Physiol. Action de mâcher. *Une bonne m. prépare une bonne digestion.*

**MASTICATOIRE.** s. m. [Pr. *mastika-touar*] (lat. *masticare*, mâcher). T. Méd. Substance qu'on mâche pour exciter la sécrétion de la salive ou parfumer l'haleine. *Le pyrèthre, le bétel, le tabac, sont les masticatoires les plus usités.* — Les masticatoires sont très employés dans la médecine vétérinaire. On dit aussi *mastigadour*. Voy. ce mot. || Adject., *Préparation m.*

**MASTIGADOUR.** s. m. (esp. *mastigador*, même s., de *mastigar*, mâcher). T. Art vétér. Préparation médicamenteuse destinée à être mâchée, qu'on donne aux chevaux et aux autres animaux nouée dans un linge et attachée à un mors uni. || Espèce de mors garni d'anneaux et de patenôtres, qu'on met dans la bouche des chevaux pour exciter la salivation.

**MASTIGOCÈRE.** s. m. (gr. μάστιξ, ιγος, fouet; κέρας, corne). T. Zool. Palpe maxillaire d'un insecte hyménoptère, quand cette partie est très longue.

**MASTIQUER.** v. a. Coller avec du mastic. *M. des dalles. M. des carreaux de vitre.* = MASTIQUÉ, ÉE. part.

**MASTIQUER.** v. a. (R. *mastication*). Mâcher. Pop.

**MASTIQUEUR.** s. m. [Pr. *masti-keur*]. Ouvrier qui mastique.

**MASTITE.** s. f. (gr. μαστὸς, mamelle). T. Méd. Inflammation de la mamelle. Voy. MAMMITE.

**MASTOC.** s. m. (all. *mastochs*, m. s., de *ochs*, bœuf; *mast*, à l'engrais). Homme lourd, épais de corps. = Adj. *Un homme m.*

**MASTODONTE.** s. m. (gr. μαστὸς, mamelon; ὀδούς, ὀδόντος, dent). T. Zool. Genre de mammifères fossiles appartenant à l'ordre des *Proboscidiens*. Voy. ce mot.

**MASTODONTOÏDE.** adj. 2 g. (R. *mastodonte*, et gr. εἶδος, forme). Qui ressemble à un mastodonte.

**MASTODYNIE.** s. f. (gr. μαστὸς, mamelle; ὀδύνη, douleur). T. Pathol. Douleur des mamelles.

**MASTOÏDE.** adj. f. (gr. μαστὸς, mamelle; εἶδος, apparence). T. Anat. Qui a la forme d'un mamelon. — *Apophyse m.*, Éminence située à la partie postérieure et inférieure de l'os temporal, au-dessous et en arrière du conduit auditif externe.

**MASTOÏDE-GÉNIEN, ENNE**, adj. [Pr.... *jéni-in, ène*]. T. Anat. Qui tient au mastoïde et au menton. Voy. GÉNIEN.

**MASTOÏDIEN, IENNE.** adj. [Pr. *mastoïdi-in, iène*]. Qui a rapport à l'apophyse mastoïde.

**MASTOÏDO-HUMÉRAL, ALE.** adj. (R. *mastoïde* et *humérus*). T. Anat. *Muscle m.* Muscle de la région trachélienne de l'encolure chez le cheval.

**MASTOTHÈQUE.** s. f. (gr. μαστὸς, mamelle; θήκη, loge). Bourse des *Marsupiaux*. Voy. ce mot.

**MASTOZOAIRE.** adj. 2 g. (gr. μαστὸς, mamelle; ζῶον, animal). T. Zool. Qui est muni de mamelles. Syn. inus. de *Mammifère*.

**MASTOZOOTIQUE.** adj. 2 g. (gr. μαστὸς, mamelle; ζῶον, animal). T. Géol. Se dit d'un terrain qui renferme des débris fossiles mammifères.

**MASTURBATION.** s. f. [Pr ...*sion*] (lat. *masturbatio*, m. s.). Pollution volontaire produite par l'attouchement des parties sexuelles.

**MASTURBER.** v. a. (lat. *masturbare*, m. s.). Soumettre à la masturbation. = SE MASTURBER. v. pron.

**MASULIPATAM.** v. de la présidence de Madras (Hindoustan), sur le golfe du Bengale; 37,000 hab.

**MASULIPATAN.** s. m. [Pr. *ma-zu*...]. Nom d'une toile de coton des Indes, qui s'emploie ordinairement en mouchoirs. *Le m. tire son nom de la ville où cette toile se fabrique.*

**MASURE.** s. f. [Pr. *ma-zure*] (lat. *mansura*, habitation, de *mansum*, part. de *manere*, demeurer). Ce qui reste d'un bâtiment tombé en ruine. *Les oiseaux de nuit se retirent dans les vieilles masures.* || Par anal., se dit d'une méchante habitation qui semble menacer ruine. *Ce village se compose d'une douzaine de masures.*

**MASURQUE.** s. f. [Pr. *ma-zurke*]. Voy. MAZURKA.

**MAT, ATE.** adj. [On pron. le t.] Qui n'a point d'éclat. *Couleur mate. Coloris m.* — Se dit surtout des métaux qu'on met en œuvre sans leur donner le poli. *Or m. Argent m. Vaisselle mate.* || Lourd, compact. *Ce gâteau est un peu m. L'orge employée seule donne un pain m.* — Par ext., *Broderie m.*, Broderie d'or ou d'argent qui est très chargée. *Cette broderie est riche, mais trop mate.* || Par anal., se dit des sons, particulièrement en médecine. *La poitrine rend ici un son m. à la percussion.* || T. Mar. *Mer mate*, Dont les vagues sont lourdes. = MAT. s. m. Partie non polie d'une surface métallique. || *Le m. d'une dentelle*, Morceau plus épais.

**MAT.** s. m. [On pron. le t.] (persan, *mat*, mort). Au jeu des échecs, se dit du coup qui fait gagner la partie en réduisant le roi à ne pouvoir bouger sans être en échec, *Faire m. Donner échec et m.* — On dit aussi d'un joueur qui a perdu, ou qui est sur le point de perdre la partie : *Il est échec et m. Vous voilà m. Je vais vous faire m.* || Fig. et famil., *Donner échec et m. à quelqu'un, faire quelqu'un échec et m.*, Remporter sur lui un avantage complet.

**MÂT.** s. m. (all. *mast*, m. s.). T. Mar. Voy. ci-après. — *Mâts du Nord*, pins, sapins de Norvège ou de Russie, servant à faire des mâts. — *M. de charge*, morceau de mât qu'on établit sur le pont pour aider à charger ou à décharger un navire. — *M. pilote*, mât dressé sur un point apparent au bord de la mer pour indiquer la route. || Pièce de bois dressée dans un gymnase pour exercer à grimper. || *M. de Cocagne*, Mât lisse et savonné qu'on dresse dans les fêtes publiques et au haut duquel sont suspendus des prix destinés à celui qui peut les atteindre en grimpant.

**Mar.** — Les *Mâts*, comme tout le monde le sait, sont de longues et fortes pièces de bois dressées plus ou moins perpendiculairement, qui, dans les navires, sont destinées à supporter les voiles, par l'intermédiaire des vergues ou des antennes. On les fait ronds afin qu'ils puissent résister également de tous les côtés à l'action du vent, et on les fixe par la partie inférieure dans la quille des bâtiments, au moyen d'un assemblage de pièces de bois appelé *carlingue*, tandis qu'ils sont maintenus dans leur position au moyen d'un système de cordages, appelés *étais*, *haubans* et *galhaubans*. Voy. Cordage. Le nombre des mâts, ainsi que leurs dimensions tant en longueur qu'en grosseur, varie suivant la grandeur du bâtiment auquel ils appartiennent. Depuis l'extension de la navigation à vapeur, les mâts ont beaucoup perdu de leur importance, car il ne se fait plus guère de grands navires à voiles. Les plus grands navires aujourd'hui construits, tels que les cuirassés et les paquebots transatlantiques, se servent exclusivement de la propulsion mécanique, et n'ont point de mâts. Certains navires à vapeur conservent les mâts et les voiles pour économiser le charbon quand le vent est favorable ; mais alors la disposition de la mâture est très variable. Enfin on construit encore de petits bâtiments à voiles. Nous indiquons ci-après les règles qui étaient autrefois suivies, et qui le sont encore pour la construction des navires à voiles.

A bord des grands navires, comme ceux qu'on appelait autrefois vaisseaux de ligne, frégates, corvettes, la mâture se compose de quatre mâts, qui sont d'arrière en avant : le *mât d'artimon*, le *grand mât*, le *mât de misaine* et le *mât de beaupré*. Les trois premiers sont verticaux, tandis que le quatrième, c.-à-d. le beaupré, qui est situé à l'avant du bâtiment, est très incliné à l'horizon. Du reste, ce mât ne manque à aucun navire. Parmi les bâtiments qui ne portent que deux mâts verticaux, c.-à-d. un grand mât et un mât de misaine, nous citerons les bricks, les lougres, les goélettes et les chasse-marée. Les navires à un seul mât vertical sont ordinairement très petits : les plus importants sont les cutters, les sloops et les tartanes. Dans les bâtiments qui ont de certaines dimensions, les mâts ne sont point d'une seule venue de bas en haut : ils se composent de deux ou trois parties, appelées également *mâts*, et disposées l'une au-dessus de l'autre. On donne le nom de *bas mâts* ou de *mâts majeurs* aux mâts inférieurs, c.-à-d. aux parties des mâts qui s'élèvent immédiatement au-dessus du pont du navire, et chacun des mâts superposés est distingué par une dénomination particulière. Au-dessus du bas mât du grand mât, on trouve le *grand mât de hune*, puis le *mât de grand perroquet*, et le *grand mât de cacatois*. Le mât de misaine présente successivement, au-dessus du bas mât, le *petit mât de hune*, le *mât de petit perroquet*, et le *petit mât de cacatois*. Les parties correspondantes du mât d'artimon sont, au-dessus du bas mât, le *mât de perroquet de fougue*, le *mât de perruche*, et le *mât de cacatois d'artimon* ou *cacatois de perruche*. Le beaupré a pour prolongement deux mâts de faible diamètre, qui se nomment, le premier, *bout dehors de beaupré* ou *bâton de foc*, et le second, *bout de dehors* ou *bâton de clin-foc*. La partie supérieure du mât se nomme la *flèche*. Enfin, dans les beaux temps, on établit parfois au-dessus des mâts verticaux des *cacatois volants* ou *pavillons*. Les mâts supérieurs sont assemblés avec les inférieurs au moyen de pièces de bois ou de fer appelées *chouquets*. Les mâts des petits bâtiments et les mâts supérieurs des navires de haut bord sont faits d'une seule pièce, parce qu'on rencontre facilement des arbres assez gros et assez longs pour cela ; mais il n'en est pas de même des bas mâts des grands bâtiments. On est donc forcé de les faire d'*assemblage*, c.-à-d. en réunissant de 3 à 9 pièces ou plus que l'on assemble avec le plus grand soin et que l'on maintient en place au moyen de cercles de fer.

Un peu au-dessous de la tête de chaque bas mât, se trouve une plate-forme rectangulaire que l'on appelle *Hune*, et que l'on distingue par le nom du mât auquel elle appartient. La *grande hune*, ou hune du grand mât, a ordinairement la moitié de la largeur du bâtiment, mais sa longueur est un peu moindre. La hune de misaine a généralement les mêmes dimensions ; mais celle d'artimon est beaucoup plus petite. Le plancher de la hune repose sur les *Élongis*, qui sont eux-mêmes supportés par les *Jottereaux*. Les jottereaux sont des pièces de bois de chêne appliquées de chaque côté contre les mâts, et destinées à renforcer ces mâts, ainsi qu'à recevoir les élongis. Ces derniers sont deux forts madriers horizontaux placés sur les jottereaux, de chaque côté de la tête du mât, auquel ils sont fortement chevillés. Les élongis sont assez espacés pour laisser un passage au mât de hune, et ce sont eux qui supportent la clef sur laquelle repose celui-ci. Le mât de hune a lui-même des élongis qui servent à supporter le mât de perroquet, lequel a aussi des élongis, quand il y a un mât de cacatois, pour soutenir ce dernier. La plate-forme qui constitue la hune sert à recevoir les matelots d'élite, appelés *gabiers*, qui sont chargés des manœuvres hautes, et particulièrement de celles des vergues et des voiles de hune. Enfin, à bord des navires de guerre, les gabiers s'y trouvaient admirablement placés pour dominer le pont des bâtiments ennemis, y diriger leur fusillade, ou y lancer des grenades. Pour faciliter l'accès des hunes, les bas haubans sont réunis entre eux par des *Enfléchures*, c.-à-d. par des cordages qui les coupent à angle droit et qui forment autant d'échelons. Des cordages ainsi disposés se trouvent aussi sur les haubans de hune et sur ceux de perroquet.

Les bas mâts ayant toujours des hauteurs considérables, et, par suite, un poids énorme (le bas mât du grand mât d'un vaisseau de 130 pesait plus de 42,000 kilogr.), il faut, pour les mettre en place, avoir recours à des appareils particuliers appelés *machines à mâter*. Ils consistent le plus souvent en deux *bigues* composées chacune de plusieurs pièces ingénieusement assemblées. Ces deux bigues sont réunies par leurs têtes, mais elles ont les pieds écartés comme ceux d'une chèvre. Des traverses placées de distance en distance les maintiennent solidement dans cette position. Leurs extrémités inférieures sont plantées dans un massif de maçonnerie sur le bord d'un quai. L'appareil entier est incliné au-dessus de la mer, de manière que sa tête corresponde perpendiculairement au milieu du bâtiment à mâter, lorsque celui-ci a été amené le long du quai, au-dessous de la machine. Enfin, les deux bigues sont contenues et affermies dans cette position inclinée par une combinaison de pièces de bois placées en arc-boutant, et par des haubans attachés d'un côté à leur tête et sur divers points du dernier tiers de leur hauteur, et de l'autre à des points fixes ménagés dans le terrain environnant. Dans les ports de l'État, la machine à mâter a de 45 à 46 mètres de hauteur, et sa *Guette*, ou saillie au-dessus de la mer, est d'environ $7^m,80$. Quand on veut s'en servir, on amène le navire au-dessous de sa tête, puis, à l'aide de roues de fonte fixées à cette dernière et de cordages manœuvrés par des cabestans, on élève successivement chaque mât dans le sens de sa longueur, à une hauteur assez grande pour que son bout inférieur, ou *Emplanture*, puisse se présenter dans les ouvertures des ponts, ou *Étambrais*, destinées à le recevoir. L'opération du *Mâtage* s'exécute en assez peu de temps pour qu'il soit possible de mâter, dans une seule journée, les quatre bas mâts d'un vaisseau.

**MATADOR.** s. m. (esp. *matador*, s. m., de *matar*, tuer). Nom donné en Espagne à celui qui, dans les combats de taureaux, doit mettre l'animal à mort. || Fig. et fam., se dit d'un homme considérable dans son état, dans son corps. *C'est un des matadors du barreau.* || Au Jeu de l'hombre, se dit des cartes supérieures.

**MATAGE.** s. m. (R. *matir*). T. Techn. Opération du doreur qui consiste à poser une couche légère de colle de parchemin sur les parties qui ne doivent pas être brunies. || Action de serrer une soudure au moyen du matoir. || Action de boucher les fuites d'une chaudière après la rivure.

**MÂTAGE.** s. m. (R. *mât*). T. Mar. Action de placer les mâts d'un navire. Voy. Mât.

**MATAMATA.** s. f. T. Esp. Espèce de Tortue de l'Amé-

rique du Sud, dont nous donnons ici le dessin. Pour ses caractères, voy. Chéloniens.

**MATAMORE.** s. m. (esp. *matar*, tuer; *Moro*, Maure). Faux brave. *Il fait le m. et n'est qu'un poltron.* || Fosse, silo, pour conserver le grain.

**MATAPAN** (Cap), autrefois cap Ténare, à l'extrémité Sud du Péloponèse (Grèce).

**MATARE** ou **MAZARE.** s. f. Sorte de javelot employé par les anciens Francs. Voy. Lance.

**MATARO.** v. d'Espagne, prov. de Barcelone; 17,400 hab. Port sur la Méditerranée.

**MATASSE.** s. f. [Pr. *mata-se*] (ital. *matassa*, m. s., du lat. *mataxa*, du gr. μέταξα, soie brute). T. Techn. *Soie en m.*, Soie non encore filée.

**MATASSIN.** s. m. [Pr. *mata-sin*] (esp. *matachin*, m. s.). Nom d'une ancienne danse bouffonne. *Danser les m.* || Se disait aussi des danseurs. *Une entrée de matassins.*

**MATASSINADE.** s. f. [Pr. *mata-sinade*]. Danse de matassins.

**MATASSINER.** v. n. [Pr. *mata-siner*]. Danser la matassinade, faire des gestes de matassin, de bouffon.

**MATAZIETTE.** s. f. [Pr. *mata-ziè-te*]. Variété de dynamite.

**MATÉ.** s. m. T. Bot. Nom donné en Amérique à l'*Ilex paraguayensis*, arbuste de la famille des *Ilicacées*. Voy. ce mot.

**MATEAU.** s. m. [Pr. *ma-to*]. T. Techn. Paquet d'écheveaux de soie.

**MATELAS.** s. m. [Pr. *mate-la*] (anc. fr. *materas*, de l'ital. *materasso*, m. s., venu de l'arabe *matrah*, lit). Sorte de grand coussin piqué d'espace en espace, qui couvre toute l'étendue d'un lit, et qui est rempli de laine, de crin, de plume, etc. || Se dit encore des petits coussins piqués qu'on met aux deux côtés d'un carrosse. || T. Techn. Pièces ou assemblage de pièces destinées à amortir un choc.

**MATELASSER.** v. a. [Pr. *matela-ser*]. Rembourrer de laine, de bourre, de crin, en façon de matelas. *M. des chaises. M. le fond d'un carrosse.* = Matelassé, ée. part. *Tissu matelassé*, tissu d'une étoffe double qui imite un tissu rembourré.

**MATELASSIER, IÈRE.** s. [Pr. *matela-sié*]. Celui, celle qui fait et qui rebat les matelas.

**MATELASSURE.** s. f. [Pr. *matela-sure*] (R. *matelas*). Toile dont on garnit l'intérieur des panneaux d'une caisse de carrosse. || Objets employés à matelasser, à renforcer.

**MATELOT.** s. m. [Pr. *mate-lo*] (R. *mât*). Tout homme qui fait partie de l'équipage manœuvrier d'un bâtiment de mer. — Particulièr., Marin qui, par ses services, son âge et son aptitude, a obtenu une certaine solde déterminée par les règlements. *Cet homme reçoit la paye de m.* Voy. Marine. || T. Tactiq. Chacun des vaisseaux d'une ligne considérée par rapport à celui qui précède ou qui suit immédiatement. *M. d'avant. M. d'arrière. L'amiral a deux matelots*, ou adjectiv., *deux vaisseaux matelots.*

**MATELOTAGE.** s. m. Art du matelot. || Salaire des matelots.

**MATELOTE.** s. f. Femme d'un matelot. || Mets composé de plusieurs sortes de poissons apprêtés à la manière dont on prétend que les matelots les accommodent, en les faisant cuire avec du vin. || Danse des matelots. = à la Matelote. loc. adv. A la façon des matelots. *Un pantalon à la m. Une sauce à la m.*, Sauce au vin et aux oignons.

**MATEOLOGIE.** s. f. (gr. μάταιος, vain; λόγος discours). Discours, propos dépourvus de raison.

**MATER.** v. a. [Pr. *a* bref]. T. Jeu des échecs. Réduire le roi à ne pouvoir sortir de sa place sans se mettre de nouveau en échec. || Figur., Mortifier, affaiblir. *M. son corps, m. sa chair par des austérités.* — Au sens moral, Dompter, humilier. *M. quelqu'un. Il faut m. ce caractère opiniâtre. On a bien maté son orgueil.* = Maté, ée. part. = Syn. Voy. Macérer.

**MATER.** v. a. [Pr. *a* bref]. Rendre mat. *M. une dorure.* || Rendre compact. *M. une pâte.* || *M. une soudure*, tasser avec le matoir le plomb qui déborde.

**MÂTER.** v. a. [Pr. *â* long]. Garnir de mâts. *M. un vaisseau.* || Dresser comme un mât. *M. les avirons.* = Mâté, ée. part.

**MATER DOLOROSA** (mots lat. sign. *la mère souffrante*). T. Peint. Tableau représentant la Vierge en larmes au pied de la Croix ou soutenant le Christ mort.

**MÂTEREAU.** s. m. [Pr. *mate-ro*]. T. Mar. Petit mât.

**MATÉRIALISATION.** s. f. [Pr. *matériali-za-sion*]. T. Néol. Action de matérialiser, de rendre matériel.

**MATÉRIALISER.** v. a. [Pr. ... *li-zer*] (lat. *materialis*, matériel). Attribuer une existence matérielle à ce qui est immatériel. *Les idolâtres matérialisent la Divinité. Quelques philosophes ont prétendu m. l'âme.* = Matérialisé, ée. part.

**MATÉRIALISME.** s. m. (lat. *materialis*, matériel). T. Philos. Doctrine de ceux qui prétendent qu'il n'y a dans l'Univers que de la matière et du mouvement, et qu'avec ces deux éléments on peut expliquer tous les phénomènes de la physique, de la vie et de la conscience.

**Philos.** — Le m. n'est pas une doctrine philosophique à proprement parler. On a réuni sous ce nom un ensemble d'opinions peu précises et peu approfondies qui s'écartent notablement les unes des autres dès qu'elles cherchent à se préciser et qui ont seulement ceci de commun qu'elles nient la personnalité humaine en tant que substance distincte, et ne considèrent cette personnalité que comme une résultante des actions vitales, destinée à disparaître avec la vie elle-même. Le mot même de m. a été critiqué non seulement par les philosophes qui ne partagent pas cette manière de voir, mais encore par ceux qui professent les opinions dont nous parlons et qui ont conservé quelque chose de l'esprit vraiment philosophique. Voici, par exemple, ce qu'on lit dans le *Dictionnaire de médecine* de Littré et Robin, deux grandes autorités en la matière :

« Le m. est l'opinion de ceux qui ne connaissent que la substance matérielle et qui rejettent l'existence de substances spirituelles. Cette opinion se partage en deux très distinctes : l'une, la plus ancienne, essaye, par ce qu'elle voit des lois de la matière, de donner une explication de la formation du monde (par exemple l'épicurisme et les atomes); par conséquent, au fond, et malgré les apparences, elle ne sort pas de l'ordre métaphysique; l'autre, plus récente et due uniquement à la philosophie positive, reconnaît que pour l'homme il n'y a que la matière et des forces qui lui sont immanentes; mais elle renonce à toute spéculation sur l'origine de cette matière et de ces forces. La philosophie positive a profité de cette distinction essentielle pour donner au m. un sens spécial : elle le définit une erreur de logique qui consiste à expliquer certains phénomènes s'accomplissant d'après des lois spéciales et propres, à l'aide de celles qui nous servent à relier entre eux les phénomènes d'un ordre plus simple, par une sorte d'importation, dans une science plus complexe, des idées générales d'une science moins compliquée. Par exemple, vouloir expliquer les lois de la combinaison des corps en proportions déterminées, celles de la double décomposition des sels, du dédoublement catalytique de divers composés, par les lois de l'électricité, par celles de la chaleur, de l'attraction universelle ou pesanteur : c'est faire du m. en chimie. Nier dans les éléments anatomiques et les tissus végétaux et animaux, l'existence de propriétés différentes de celles des corps bruts, expliquer les fonctions normales et les troubles morbides de l'économie vivante par les lois de la mécanique, de la physique et de la chimie seulement : c'est être matérialiste en physiologie et en médecine.

« C'est à tort que l'expression de médecins matérialistes a été appliquée à ceux qui ont constitué la biologie et la pathologie, comme science, sur la seule considération de la structure et des propriétés inhérentes à la matière organisée, sans s'occuper des causes premières (Dieu, âme, nature, etc.), sans faire intervenir des causes hypothétiques, des entités ontologiques (principe ou esprit vital, archées, etc.), comme ont été obligés de le faire les médecins qui ne connaissent pas la constitution intime de l'organisme et ses propriétés élémentaires. La connaissance de celles-ci est seule capable de nous rendre compte des phénomènes plus complexes qui se forment dans l'économie, puisque ces derniers ne sont que des manifestations de ces propriétés dans des conditions particulières, et que ces propriétés n'existent point indépendamment de la matière organisée. Par conséquent, employée sous une forme critique, l'expression de matérialiste n'a pas de sens, puisque jamais nul des actes de la pensée n'a existé sans matière organisée cérébrale, soumise elle-même à certaines conditions de circulation et de nutrition, pas plus qu'on n'a vu la contractilité sans fibres musculaires. »

Ce passage est très remarquable car il contient à la fois la meilleure définition qui ait été donnée du m. contemporain et sa réfutation complète. On peut y ajouter quelques remarques. L'auteur de l'article précédent a parfaitement compris que le m. en tant que doctrine philosophique ne pouvait exister qu'après une définition précise de la matière et l'élaboration d'une doctrine plus ou moins hypothétique sur sa constitution (atomes, etc.). Mais il rejette les spéculations de cette nature comme entachées de métaphysique et en dehors de la portée de l'expérience. Un peu plus loin, il dira ou laissera entendre que le mot matière est lui-même assez peu clair, qu'il est métaphysique, qu'il n'y a dans la réalité que des *corps* avec toutes leurs propriétés, et qu'on ne peut séparer les propriétés de leur sujet sans retomber dans toutes les vaines spéculations de la scolastique. Soit, mais la philosophie, la science même, a pour mission d'expliquer ces propriétés, et la fin de l'article semble être, à cet égard, un aveu d'impuissance et, qui plus est, une fin de non-recevoir. Dès lors, l'idée philosophique que l'on se fera du monde ressemble singulièrement à celle que les médecins de Molière se faisaient de l'action de l'opium : il fait dormir *quia in eo est virtus dormitiva*. En vérité, le mot *propriété* est bien commode, et le mot *loi*, dont abusent les positivistes, ne l'est pas moins. Ce sont justement ces propriétés et ces lois, expressions mêmes des phénomènes observés, qu'il s'agit d'expliquer; et ce n'est ni de la science, ni de la philosophie que de renoncer à toute explication sous prétexte que l'explication proposée serait nécessairement entachée de métaphysique. D'abord, on peut rechercher si telle ou telle *propriété*, pour employer le mot de nos auteurs, n'est pas la conséquence de telle ou telle autre ; sans doute cette recherche ne fait que reculer le problème philosophique sans le résoudre ; mais elle accroît nos connaissances et elle constitue précisément le rôle de la science. C'est à elle que s'adonnent les biologistes qui déterminent la structure et la fonction des organes et qui ont raison de ne pas s'inquiéter, dans cette étude, des causes premières qui n'y ont rien à voir. Mais les biologistes qui ont été qualifiés vulgairement de matérialistes, et les positivistes eux-mêmes ne sont pas toujours restés dans cette sage réserve. Tout en déclarant qu'ils ne s'occupaient pas des causes premières, ils ont positivement nié que ces causes premières dussent être cherchées en dehors de la matière organisée et ils ont affirmé, sans s'expliquer autrement, que les causes des phénomènes qualifiés de spirituels ou moraux (conscience, sentiment de la personnalité, sensation, idées de beau, de bien, de bon, de liberté, etc.), résidaient uniquement dans la matière organisée, que tous ces phénomènes étaient produits par le jeu naturel de l'organisme et étaient absolument comparables à l'action du vent qui ride la surface de l'eau, ou de l'eau d'un fleuve qui ronge ses berges. C'est en cela qu'ils ont mérité le nom de *matérialistes* que, du reste, ils ont fréquemment revendiqué.

Il est facile de railler la métaphysique et de déclarer qu'elle est indigne d'occuper un esprit sérieux ; il est moins facile de mettre ses idées d'accord avec cette déclaration. Considérée sous un aspect pratique, la métaphysique est l'ensemble des idées que nous nous faisons du monde qui nous entoure, des lois qui le régissent, de son origine et de sa fin. On n'échappe pas aisément à ces idées : elles hantent chacun de nous avec plus ou moins de persistance ; mais enfin chacun a sa métaphysique et, généralement, celle qu'on raille, c'est celle des autres, ce n'est pas la métaphysique en général. L'auteur du passage cité plus haut n'a pas échappé à la loi commune. Il a sa métaphysique : il croit que le monde est gouverné par des lois abstraites et compliquées et que chaque ordre de phénomènes a ses lois propres. Il est vrai qu'il paraît considérer comme inutiles et vaines les spéculations relatives aux causes de ces lois qui sont cependant l'essence même de la science et de la philosophie ; mais il n'est pas éloigné de croire, s'il ne le dit formellement, qu'il serait chimérique de chercher à réduire des lois les unes dans les autres et à trouver dans les plus simples la cause des plus compliquées. Si l'on poussait à l'extrême cette manière de voir, on ne trouverait plus dans l'univers que des faits isolés, sans lien les uns avec les autres, et l'on s'abstiendrait de toute recherche d'ensemble. Ce serait la mort de toute la physique dont les progrès les plus remarquables ont été au contraire inspirés par l'hypothèse, vraie ou fausse, mais extrêmement féconde en pratique, de l'unité des forces physiques. Quant à ceux qui se proclament matérialistes et qui sont en général les plus acharnés contre ce qu'ils appellent la métaphysique, ils ont aussi leur système métaphysique bien arrêté puisqu'ils croient que l'expérience est la seule source de certitude et rejettent systématiquement toute conception, toute hypothèse qui n'est pas susceptible d'être vérifiée par l'expérience sensible. Ils donnent généralement leur système comme l'expression suprême de la science, et déclarent volontiers que, pour tout esprit sérieux, les religions ont vécu et doivent être remplacées par la Science. Or, cette science, par son essence et sa nature, repose tout entière sur l'expérience aidée du raisonnement. La donner comme seule source de certitude, c'est donc se ranger bien franchement dans le système sensualiste : c'est faire de la métaphysique, et nous ajouterons de la métaphysique peu profonde, car il faudrait expliquer pourquoi on accorde cette confiance suprême à l'expérience : il faudrait analyser l'idée même de certitude et dire pourquoi on accepte la certitude qui nous vient du sens extérieur et pourquoi on rejette celle qui nous vient du sens intime et qui nous affirme notre personnalité et notre liberté. La science peut être appliquée à l'analyse de l'âme, de la pensée, aussi bien qu'à celle du monde extérieur. Quant aux idées de beau, de bon, de responsabilité morale, le m. les nie nécessairement, et se contente de les remplacer par les idées sensibles d'agréable et d'utile.

On voit par là le lien qui existe entre le m. et le sensualisme. Or, nous avons montré au mot *idée* que le sensualisme aboutit à l'idéalisme et non au m., parce qu'il est impuissant à expliquer l'existence du monde extérieur. Ainsi, le m. suppose une métaphysique qui aboutit à la négation de la matière, contradiction flagrante qui en constitue peut-être la meilleure réfutation.

Ce qui a paru séduisant dans le m. et ce qui a fait sa fortune, c'est son caractère d'unité et d'apparente simplicité.

Descartes reconnaissait dans l'univers deux substances : la substance matérielle, dont le caractère propre était l'étendue, et la substance spirituelle, dont le caractère propre était la pensée. Il a semblé plus simple de n'en admettre qu'une seule. On a commencé par nier la substance spirituelle en prétendant expliquer tous les phénomènes réunis sous le nom de pensée par les propriétés de la matière. C'est le m. Plus tard, d'autres philosophes ont nié la matière pour ne laisser subsister que l'esprit. C'est l'idéalisme. Nous avons consacré un article à celui-ci, nous n'y reviendrons pas. Quant au m. si on cherche à le préciser, il faut d'abord, ainsi que nous l'avons déjà dit, définir ce qu'on entend par matière, ou tout au moins indiquer quelles sont ces fameuses propriétés à l'aide desquelles on prétend tout expliquer. Or, on a beau chercher, on n'en peut trouver qu'une seule qui soit commune à toutes les espèces de matières qui tombent sous nos sens. Ce n'est même pas l'étendue, comme le croyait Descartes, car il se peut que les corps soient composés d'atomes inétendus (Voy. ATOME) ; c'est le mouvement. Il en résulte que la seule forme véritablement systématique qui ait été donnée au m. consiste à se représenter l'univers comme formé d'atomes animés de mouvements variés dans l'espace indéfini. Ces atomes se rencontrent, se choquent, et c'est de leur choc que dérivent tous les phénomènes de la physique, ceux de la vie et de l'intelligence. Cette doctrine est l'*atomisme*. Elle remonte aux philosophes grecs Démocrite et Épicure, et a été chantée en vers magnifiques par le poète latin Lucrèce. Les modernes n'y ont presque rien changé. Nous en reparlerons au mot MATIÈRE. Mais, en vérité, il faut une forte dose de simplicité pour se contenter d'une pareille explication. Déjà, en physique, cela ne suffit pas à expliquer les phénomènes les plus simples, tels, par exemple, que la fusion de la glace ou l'ébullition de l'eau. Comment y trouver l'explication de la vie? Comment croire que la rencontre fortuite des atomes fait germer un gland et en tire un chêne semblable à celui qui a produit le gland? Comment admettre que tous nos sentiments, toutes nos pensées ne soient autre chose que le choc de petites billes?

Dans l'impossibilité d'établir un système complet, impossibilité qui, du reste, n'est pas particulière au m. et lui est commune avec toutes les tentatives de synthèse philosophique, les matérialistes se sont contentés de certaines affirmations ou plutôt de certaines négations qui peuvent, en définitive, se réduire à ceci : Il n'y a dans l'univers que des corps, organisés ou non, et ce que nous appelons conscience, personnalité, idées, etc., n'est en définitive que le résultat du fonctionnement de l'organisme. Est-il utile d'ajouter que cette affirmation, donnée trop souvent comme une vérité démontrée par la science, est purement gratuite? La seule chose que l'expérience nous apprenne, c'est qu'on n'a jamais observé de pensée sans cerveau; quelques-uns ajoutent ni de sensibilité sans système nerveux; mais cela n'est pas sûr, car il y a des animaux inférieurs privés de système nerveux, et il est téméraire d'affirmer que ceux-là ne sentent rien. Quoi qu'il en soit, il est certain que la pensée, dans ce qu'elle a de plus élevé, et par ce mot nous comprenons toutes les formes de la vie sensible et intellectuelle, ne s'observe que chez l'homme dont le cerveau est dans un état de parfaite santé et capable d'effectuer intégralement son rôle physiologique. A-t-on le droit d'en conclure, suivant une formule célèbre, que le cerveau fabrique la pensée comme le rein fabrique l'urine? D'abord cette assimilation est absolument vicieuse. L'urine est une matière que la chimie sait analyser et qui s'élabore dans le rein à l'aide des matériaux puisés dans le sang : la sécrétion de l'urine est, si l'on peut parler ainsi, un phénomène de chimie vitale auquel il est absolument impossible de comparer la formation de la pensée qui, quoi qu'on dise, n'a rien de commun avec ce qu'on a coutume d'appeler matière. Il est vrai que les matérialistes répondent que dans l'ignorance où l'on est de l'essence de la matière, il n'est pas permis d'affirmer que la matière ne puisse, dans certains cas, acquérir la faculté de penser. Soit, mais une matière qui pense n'est plus la matière inerte et passive que nous avons coutume d'envisager; cela devient une matière supérieure, et le philosophe a le droit de rechercher à quelles conditions elle peut acquérir cette supériorité. Or, ce qui caractérise essentiellement la pensée c'est l'*unité* de substance, ou, si l'on aime mieux, l'*être*. L'être qui sait, qui sent, qui souffre, qui aime, etc., se reconnaît par cela même comme une individualité distincte de tout ce qui l'entoure. Pour lui, l'univers se partage en deux catégories bien distinctes, le *moi* et le *non-moi*. Et ce qui est plus remarquable encore, c'est que dans le non-moi l'être paraît ranger son propre corps, et même ce fameux cerveau qui, paraît-il, produirait la pensée, et qui est même totalement inconnu de l'être pensant, car nous ne savons que nous avons un cerveau que sur la foi des anatomistes qui ont disséqué celui de nos semblables décédés.

Ajoutons que la notion que nous avons de l'être que nous sommes est infiniment plus claire et plus précise que celle que nous avons de la matière, laquelle ne nous est connue que par les sensations. Ainsi le fonctionnement du cerveau aboutit à ce résultat vraiment extraordinaire de créer un être qui se connaît lui-même et qui se sent tellement distinct de tout le reste qu'il ignore même l'existence du cerveau qui l'a créé. Le cerveau est un véritable Dieu. Il est vrai que dans le système, la personnalité du moi n'est qu'une illusion, ainsi que sa persistance dans l'identité; mais alors, il ne faudrait pas se contenter d'une simple affirmation; il faudrait expliquer comment cette illusion a pu se produire, et comment elle dérive *nécessairement* des phénomènes mécaniques et chimiques qui accompagnent le fonctionnement du cerveau. Quelques philosophes, frappés de la difficulté, ont imaginé que la faculté de penser était réservée à un seul atome du cerveau, et que tous les autres accomplissaient leur rôle sous l'influence de celui-ci; mais alors, cet atome pensant n'est autre chose que l'âme des spiritualistes, avec un singulier support matériel. Aussi, cette opinion n'a pas eu d'écho parmi les matérialistes, qui s'en tiennent à la production illusoire du sentiment de la personnalité par le cerveau, malgré la difficulté de comprendre une pareille production.

En définitive, il y a dans le m. une erreur de logique et une erreur de méthode. L'erreur de logique est renfermée dans le sophisme que nous venons de signaler : on n'a jamais observé de pensée sans cerveau; donc c'est le cerveau qui fait la pensée. On aurait pu aussi bien conclure : c'est la pensée qui fait le cerveau, et, du reste, cette opinion, d'après laquelle l'âme fabriquerait les organes, a été soutenue sous le nom d'*animisme;* elle n'est guère plus fondée que l'autre. Il fallait se borner à constater le fait indéniable de la connexité de la pensée avec son organe, ou tout au plus en conclure que le développement de la pensée et celui du cerveau tenaient à une cause commune, d'ailleurs inconnue, et non pas que l'un était la cause de l'autre. L'erreur de méthode consiste à négliger l'observation de soi-même pour s'attacher uniquement à celle du monde extérieur, et surtout des êtres organisés, ce qui explique pourquoi le m. s'est rencontré si rarement parmi les philosophes spéculatifs, et si fréquemment parmi les médecins et les naturalistes. Ceux-ci sont plus frappés des connexités qu'ils observent à chaque instant entre les manifestations de la pensée et le jeu régulier ou anormal des organes que des phénomènes psychologiques qui se passent en eux-mêmes, et ils en arrivent presque infailliblement à confondre l'être intime, l'âme, avec les organes dont l'étude est le but principal de leur recherche. Cette erreur de méthode explique aussi pourquoi les matérialistes méprisent la métaphysique que, du reste, ils entendent généralement fort mal.

S'ils étaient meilleurs métaphysiciens, ils n'auraient pas tardé à découvrir que, non seulement leur système n'explique ni le sentiment de la personnalité, ni même la sensibilité, mais qu'il en fait une chose pour ainsi dire superposée à l'ordre général du monde, vaine et inutile. Il est, en effet, manifeste que le m. est un système déterministe. Pour lui, il ne peut y avoir nulle place pour la volonté libre. Tout ce que nous faisons, nous l'accomplissons fatalement, ou plutôt ce sont nos organes qui l'accomplissent d'eux-mêmes, sous l'influence des actions extérieures ou intérieures qu'ils subissent. Dès lors, l'animal, l'homme même, n'est qu'un automate. Pourquoi donc sur cet automatisme organisé pour fonctionner parfaitement s'est-il superposé la sensibilité et la conscience? Par exemple, quel est le rôle de la douleur dans le système? On répond : la douleur sert d'avertissement pour éviter ce qui nuit à l'organisme. Ainsi, en mettant mes mains dans de l'eau trop chaude, j'éprouve une sensation de brûlure qui me les en fait retirer immédiatement. Cela est parfaitement clair, si je suis libre de les retirer ou non; mais dans le système m. je ne suis pas libre, et l'action se passe autrement. La sensation de brûlure, dira un physiologiste, est transmise au cerveau par les nerfs de la sensibilité, et là, l'ébranlement de ceux-ci se communique aux nerfs moteurs qui viennent se perdre dans le même amas de cellules nerveuses ramifiées et reliées les unes aux autres; de là l'influence nerveuse est transmise jusqu'aux muscles des bras qui se contractent et soulèvent les mains. C'est parfait; voilà un mécanisme admirablement combiné; mais à quoi a servi la *douleur proprement dite?* Était-il utile que *je sentisse une brûlure* pour que le mécanisme fonctionnât? Ici encore l'erreur de méthode se retrouve : Le matérialiste définira volontiers la douleur la réaction du système nerveux contre une impression extérieure qui peut être nuisible à l'organisme. Que de souffrances seraient évitées à l'humanité si la douleur n'était que cela! malheureusement c'est tout autre chose; la définition en est impossible et vaine. On ne la connaît qu'après l'avoir sentie. La définition précédente peut être acceptée tant qu'on ne considère que les animaux ou les autres hommes, qu'on peut parfaitement, sans faute de logique, réduire à de purs automates; mais elle devient radicalement inadéquate dès qu'on s'observe soi-même. Et ce que nous disons de la douleur, on peut le répéter de la joie, de l'amour, de la haine, des idées de science, de bien, de beau, de la mémoire, etc. Tout cela se superpose à l'automatisme matérialiste sans y jouer aucun rôle. Ainsi, le dualisme, qu'a voulu éviter le m., se retrouve en dernière analyse dans les phénomènes eux-mêmes. Le monde des phénomènes sensibles et moraux se superpose au monde matériel et en accompagne les manifestations; mais il n'y pénètre pas; il en reste séparé par cela que les phénomènes dont il se compose n'entrent pas dans la chaîne des causes qui produisent les phénomènes matériels.

Ce dualisme tant décrié est donc dans la nature des choses : il existe dans les phénomènes. Au lieu de chercher à le masquer, il est plus sage de le reconnaître. Seulement, tandis que le m. fait du monde que, pour abréger, nous appellerons le monde moral, une superfétation vaine et inutile du monde matériel, tandis que l'idéalisme, d'autre part, supprime le monde matériel ou en fait, comme Malebranche, une superfétation vaine et inutile du monde moral, il semble plus philosophique d'admettre que les deux mondes se pénètrent l'un l'autre et que les phénomènes de chacun d'eux influent sur les phénomènes de l'autre; mais alors il faut aussi admettre le dualisme dans l'homme et proclamer la distinction de l'âme et du corps. C'est le seul moyen qu'on ait trouvé jusqu'ici de concilier le sentiment que nous avons de notre personnalité avec l'existence du monde extérieur.

Pourtant, il faut croire que ce dualisme choque bien des penseurs, car on a cherché à y échapper d'une autre manière. Partant de l'idée de Leibniz, d'après laquelle le monde serait composé d'entités distinctes qu'il appelait *monades* (Voy. PHILOSOPHIE), s'appuyant d'autre part sur les idées d'*évolution* que la science du XIXe siècle a mises à la mode, on a imaginé que la monade primitive était susceptible de changement, de progrès. Prise dans son état inférieur, la monade est l'atome matériel; puis, par des perfectionnements successifs, elle passe par des états intermédiaires qui nous sont inconnus pour devenir enfin l'âme pensante des spiritualistes. Cette doctrine originale a reçu le nom d'*hylozoïsme*. Il est difficile de s'expliquer comment un atome peut devenir une âme; mais, comme l'hylozoïsme s'accorde assez bien dans ses conséquences avec le spiritualisme, il n'a qu'un intérêt de curiosité, et nous ne nous y arrêterons pas.

Il nous resterait à dire quelques mots des conséquences du m.; mais ce sont celles de toutes les doctrines négatives; nous les avons signalées suffisamment au mot DÉTERMINISME.

Le m., avons-nous dit, remonte aux philosophes grecs, Démocrite et Épicure, dont les doctrines ont eu de nombreux partisans dans l'antiquité. Pendant tout le moyen âge, l'autorité de la religion a empêché les idées matérialistes de se produire. Ce n'est qu'au XVIIIe siècle que le m. fait ouvertement son apparition dans la philosophie avec Hobbes, Helvetius et d'Holbach, qui n'ont pas craint de le pousser jusqu'à ses dernières conséquences. Il s'est rapidement développé pendant la première moitié du XIXe siècle, où il a été soutenu surtout par des médecins et par des biologistes. La philosophie positiviste lui a porté un coup funeste, en montrant son peu de solidité; mais, malgré la prétention de rester en dehors des questions d'origine et de fin, les positivistes ont repris pour leur compte les doctrines soutenues par les matérialistes, leurs critiques s'adressant plus au nom même de m. qu'à l'ensemble des idées. C'est encore la même doctrine qui a été soutenue par d'autres, sous le nom de *déterminisme*. Aujourd'hui, ces systèmes négatifs et incomplets semblent perdre du terrain; quoiqu'ils conservent encore de nombreux partisans, il semble que l'évolution de la pensée contemporaine se tourne, sinon vers le spiritualisme de Descartes, du moins vers des doctrines plus complexes qui font une large part aux phénomènes de la vie morale.

**MATÉRIALISTE.** s. et adj. 2 g. (lat. *materialis*, matériel). Celui, celle qui n'admet que la matière. *Les matérialistes prétendent... Un philosophe m. Les doctrines matérialistes.*

**MATÉRIALITÉ.** s. f. (lat. *materialis*, matériel). Qualité de ce qui est matière. *La m. des anges a été soutenue par Origène.*

**MATÉRIAUX.** s. m. pl. [Pr. *maté-rio*] (lat. *materia*, m. s.). Les différentes matières qui entrent dans la construction d'un bâtiment, comme la pierre, le bois, la tuile, etc. *Vieux m.*, Matériaux provenant de démolitions. || Fig., Se dit des faits, des réflexions, etc., que rassemble un auteur qui se dispose à écrire quelque ouvrage. *Les m. d'une histoire. Cet écrivain met en ordre ses m.*

**MATÉRIEL, ELLE.** adj. (lat. *materialis*, m. s.). Qui est formé de matière. *Les substances matérielles.* || Qui dépend de la matière. *Un principe m. Selon Descartes, les opérations des animaux ne sont que des résultats mécaniques et purement matériels.* Grossier, lourd, sans délicatesse. *Un ouvrage trop m. Cette grille est bien matérielle.* || Fig., On dit d'un homme qui a l'esprit lourd, pesant, qu'*il est bien m.*, qu'*il a l'esprit bien m.* || T. Droit. *Un faux m.*, Ce qui contient les éléments d'un faux, indépendamment de l'intention. || T. Philos. scolastique. Se dit par opposition à Formel. *La cause matérielle doit être distinguée de la cause formelle*, et substantiv. *Distinguer le m. du formel.* = MATÉRIEL. s. m. Se dit par oppos. à *Personnel*, des objets de toute nature qui sont employés à un service public, à une entreprise particulière, etc. *Le m. de la guerre, de la marine. Le m. d'un chemin de fer. Le m. d'une imprimerie.* — *Le m. d'une armée*, Les bagages, les bouches à feu, les munitions. *L'ennemi a perdu tout son m. On débarqua le m. de siège.*

**MATÉRIELLEMENT.** adv. [Pr. *matériè-leman*]. T. Philos. scolastique. Par rapport à la matière; Se dit par opp. à Formellement. *L'homme est mortel m. et immortel formellement.* || Dans le langage ordinaire, Grossièrement. *Ce meuble est fait bien matériellement.*

**MATERNEL, ELLE.** adj. (lat. *maternus*, m. s. de *mater*, mère). Qui est propre, qui est naturel à une mère. *Amour m. Affection, sollicitude maternelle.* || *Côté m.*, *ligne maternelle*, La ligne des parents du côté de la mère. *Parents maternels. Biens maternels*, Les parents, les biens du côté de la mère. || *Langue maternelle*, Langue du pays où l'on est né. || *Écoles maternelles*, Écoles où l'on reçoit de très jeunes enfants qui sont soignés par des femmes et où ils apprennent les premiers éléments.

**MATERNELLEMENT.** adv. [Pr. .., *nè-le-man*]. D'une manière maternelle. *Elle a toujours agi m. avec ses enfants.*

**MATERNITÉ.** s. f. (lat. *maternitas*, m. s.). État, qualité de mère. *La m. a ses plaisirs et ses peines.* || Hôpital où les femmes pauvres peuvent faire leurs couches. || École de sages-femmes.

**MÂTEUR.** s. m. Celui qui fabrique des mâts, des vergues, etc.

**MATÉZITE.** s. f. (R. *mateza*, nom de plante). T. Chim. Matière sucrée contenue dans le caoutchouc de Madagascar produit par le *Mateza rositina*. Elle est identique à la *pinite*.

**MATÉZODAMBOSE.** s. f. [Pr.....*dan-bo-ze*] (R. *matézite* et *dambose*). T. Chim. Matière sucrée analogue à la dambose, mais plus soluble dans l'eau, dextrogyre, fusible à 246°. On l'obtient en faisant agir l'acide iodhydrique sur la matézite; celle-ci se dédouble en iodure de méthyle et en m.

**MATHA**, ch.-l. de c. (Charente-Inférieure), arr. de Saint-Jean-d'Angély; 2,100 h.

**MATHAN**, grand prêtre de Baal et conseiller d'Athalie, fut mis à mort par l'ordre du grand prêtre Joad.

**MATHATHIAS**, père des Macchabées.

**MATHÉMATICIEN, ENNE.** [Pr. *matématisi-in, iène*] (lat. *mathematicus*, m. s.). s. m. Celui, celle, qui fait son étude principale des mathématiques, qui est versé dans cette science. *C'est un grand m. Je m'en rapporte aux mathématiciens.*

**MATHÉMATIQUE.** adj. 2 g. (lat. *mathematicus*, m. s., gr. μαθηματικός, de μανθάνειν, savoir, connaître). Relatif à la science mathématique. *Vérités mathématiques. Exactitude m.* — *Sciences mathématiques* ou subst. *Les mathématiques*, les sciences qui ont pour objet la mesure et les propriétés des grandeurs. Voy. ci-après. || *Boîte de m.*, *étui de m.*, contenant les instruments dont se sert le mathématicien. || Quelquefois on dit *La mathématique*, pour l'ensemble des sciences mathématiques.

**Philos.** — I. Les mathématiques, considérées abstractivement, « comprennent, dit Cournot, un système de connaissances scientifiques étroitement liées les unes aux autres, et fondées sur des notions idéales qui se trouvent dans tous les esprits. Elles portent sur des vérités rigoureuses que la raison est capable de découvrir sans le secours de l'expérience, et qui, néanmoins, peuvent toujours se confirmer par l'expérience dans les limites d'approximation que comporte celle-ci. Grâce à ce double caractère, que nulle autre science ne présente, les mathématiques, ainsi appuyées sur l'une et l'autre base de la connaissance humaine, s'imposent irrésistiblement aux esprits les plus pratiques comme aux génies les plus spéculatifs. Elles justifient le nom qu'elles portent, et qui indique les sciences par excellence, les sciences éminentes entre toutes les autres, par la rigueur des théories, l'importance et la sûreté des applications ».

Ce passage est souvent cité comme ce qui a été dit de plus précis sur la définition des mathématiques. Cependant il prête beaucoup à la critique. Il y a témérité à affirmer que les mathématiques portent sur des *vérités rigoureuses que la raison est capable de découvrir sans le secours de l'expérience*. Il est plus conforme au véritable esprit philosophique de reconnaître que le mot *m.* est un mot vague par lequel on désigne des connaissances variées qui diffèrent par leur principe et leur origine et qui n'ont de commun que la méthode syllogistique employée à les exposer. Nous ne chercherons donc pas à définir les mathématiques en général, et nous nous bornerons à indiquer les divers ordres de connaissance rangés sous ce nom, ou, comme on dit ordinairement, les diverses branches de m. Ce qu'il y a de commun à toutes ces branches, c'est la méthode de logique rigoureuse employée à développer la science et l'absence complète d'appel à l'expérience et à l'observation. Dans chaque branche de m., on commence par poser *a priori* un certain nombre de principes ou d'axiomes et l'on développe par la voie du raisonnement, c.-à-d. du syllogisme, les conséquences les plus lointaines de ces principes. C'est ce développement qui constitue la m. proprement dite. Quant à la valeur objective des conclusions obtenues, il est clair qu'elle est exactement la même que celle des principes, puisque ceux-ci contiennent en eux toutes les conséquences qu'on en a su tirer plus ou moins péniblement. A ce point de vue la m. toute entière n'est qu'une branche de la logique générale. Les diverses branches des mathématiques se différencient donc par la nature des principes premiers dont elles recherchent les conséquences. Les spéculations relatives à la vérité ou à la fausseté de ces principes, à leur origine et à la manière dont ils sont formulés dans l'esprit ne font pas partie des mathématiques : elles sont du ressort de la métaphysique si l'origine expérimentale des principes peut être discutée, du ressort de la physique si les principes sont manifestement dérivés de l'expérience, soit directement, soit à titre d'hypothèse pour expliquer les phénomènes observés. A cette double origine des principes correspond la distinction qu'on a établie entre les mathématiques *pures* qui étudient les conséquences des principes que nous avons appelés métaphysiques, et les mathématiques *appliquées* qui développent les conséquences des principes d'ordre expérimental.

II. — Les mathématiques pures ne comprennent que deux branches distinctes : 1° l'Arithmétique avec l'Algèbre et l'Analyse infinitésimale entre lesquelles on ne peut établir que des distinctions arbitraires reposant sur le degré plus ou moins élevé d'abstraction qu'on y fait intervenir; mais l'idée fondamentale de toute cette branche des mathématiques est unique : c'est celle de *succession*. On a remarqué avec raison que toute l'analyse m. poursuivie dans ses parties les plus élevées n'invoque qu'une seule notion primordiale, et qu'un seul principe. Cette notion est celle du nombre entier, et ce principe est celui de l'addition des nombres entiers dont le résultat est indépendant de l'ordre des termes. Or, toutes les propriétés de l'addition s'établissent rigoureusement, comme l'a montré Helmoltz, en considérant simplement les nombres comme une succession de termes se suivant dans un ordre déterminé, de sorte qu'en définitive le seul principe qui serve de fondement à toute l'analyse m. peut s'énoncer ainsi : *Après chaque nombre entier, il y en a un autre*. Cette remarquable analyse de l'idée du nombre fait en définitive de toute la science qui nous occupe une œuvre de pure logique formelle où l'expérience semble n'avoir aucune part. C'est là ce qui fait la supériorité de cette branche des mathématiques sur toutes les autres puisqu'elle est indépendante de toute notion sensible, et ce qui explique le rôle considérable qu'elle joue dans la science comme moyen de raisonnement. Voy. ARITHMÉTIQUE, ALGÈBRE, ANALYSE.

2° La seconde branche des mathématiques pures, repose sur l'idée d'*étendue*. C'est la *Géométrie*. Nous avons analysé ailleurs (Voy. GÉOMÉTRIE), les principes fondamentaux qu'elle invoque, et nous avons fait la critique des opinions relatives à leur origine. Nous n'y reviendrons pas ici. Remarquons seulement que l'idée de succession intervenant en géométrie, celle-ci pourra être étudiée par les procédés de raisonnement propres à l'algèbre. Au lieu de raisonner directement sur les objets géométriques on pourra, par exemple, mesurer ceux-ci à l'aide d'unités appropriées et raisonner sur les nombres de mesure. Ce procédé constitue l'*application de l'analyse à la géométrie*. C'est l'un des titres de gloire de Descartes d'avoir trouvé le moyen d'effectuer cette application d'une manière systématique et d'avoir ainsi créé la *Géométrie analytique*. Voy. GÉOMÉTRIE.

III. — Les *mathématiques appliquées* ne sont que l'application de l'algèbre et de la géométrie à l'étude de sujets spéciaux : quel que soit le sujet étudié, on procède toujours de même. On fait sur la nature des phénomènes que l'on veut étudier des hypothèses qui paraissent plus ou moins conformes à ce que l'on en connait déjà et l'on développe toutes les conséquences logiques de ces hypothèses par une longue suite de syllogismes qui, reposant presque tous sur des quantités mesurées ou sur des grandeurs étendues, ne sont que l'application des règles de l'algèbre ou des théorèmes de la géométrie. L'accord plus ou moins grand que présentent les résultats de ce travail logique avec ceux de l'expérience directe renseigne sur le plus ou moins de valeur des hypothèses. Voy. SCIENCE. Les mathématiques appliquées peuvent ainsi se diviser en autant de branches qu'il y a de sujets à traiter. Nous signalerons seulement les principales. Celle qui se rapproche le plus des mathématiques pures par la simplicité des principes invoqués est le *calcul des probabilités* où l'on n'introduit presque pas d'autre idée nouvelle que celle qui est contenue dans le mot même de probabilité. Voy. PROBABILITÉ. Vient ensuite la *mécanique* dont les principes sont simples et peu nombreux et dont les résultats se sont toujours montrés conformes à l'expérience. Puis la *mécanique céleste* consacrée à développer les conséquences du principe de la gravité universelle formulé par Newton, afin d'en déduire les mouvements des astres. Enfin la ***Physique m.*** qui se divise elle-même en un grand nombre de chapitres : mécanique moléculaire, théories de l'élasticité, de la chaleur, de la lumière, de l'électricité, etc. Ici les hypothèses sont nombreuses et souvent contestables. Souvent l'application du calcul a conduit à des résultats différents de ceux qu'on observait, et a permis ainsi de renoncer à des hypothèses hâtivement formulées et de les remplacer par d'autres plus conformes à la réalité. Enfin, dans les arts industriels (art des constructions, établissement des machines, aménagement des eaux, etc.), les mathématiques sont encore d'un grand secours, car elles permettent de calculer à l'avance les efforts auxquels seront soumises les diverses parties de la construction et de leur donner la forme et la solidité nécessaires pour résister à ces efforts; seulement, dans ces cas complexes, les hypothèses relativement simples de la physique ou de la mécanique ne suffisent pas toujours à établir le calcul, et il faut souvent recourir à des expériences partielles pour déterminer empiriquement les éléments qu'on ne peut calculer à l'avance. Voy. MÉCANIQUE, PHYSIQUE, HYDRAULIQUE, HYDROSTATIQUE, RÉSISTANCE DES MATÉRIAUX, etc.

IV. — « Le goût de l'exactitude, l'impossibilité de se contenter de notions vagues, de s'attacher à des hypothèses, quelque séduisantes qu'elles soient, le besoin d'apercevoir clairement la liaison des propositions et le but où elles tendent, sont, a très bien dit un illustre géomètre, Lacroix, les fruits les plus précieux de l'étude des mathématiques. Elle ne sert pas seulement à rectifier l'esprit, elle l'étend encore, en multiplie les faces; elle forme une logique plus exacte, plus rigoureuse, en habituant pour tout à la précision du calcul. » On a remarqué que, parmi les grands génies auxquels les sciences mathématiques doivent leurs progrès les plus considérables, plusieurs se sont également placés au rang des plus grands métaphysiciens : il nous suffira de citer Pythagore, Platon, Descartes, Pascal et Leibniz. Cette observation montre, comme le dit très bien Cournot, « que les spéculations du géomètre et celles du philosophe sont seules comparables pour la généralité, car seules elles relèvent au même degré de la faculté dominante et régulatrice de l'esprit humain, c.-à-d. de la raison ». Toutefois il faut bien retenir que les mathématiques ne constituent jamais qu'un procédé de raisonnement, et que malgré leur apparence de rigueur parfaite, elles ne donneront jamais que des conclusions qui valent juste autant que les principes d'où on les a tirés. C'est pourquoi l'application inconsidérée des mathématiques aux sciences d'observation peut être un danger. Au milieu de tout l'échafaudage de formules, on oublie les principes mêmes sur lesquels on s'est appuyé, on néglige de faire la critique de ces principes, et on donne comme résultats certains des conséquences parfaitement déduites des principes mais aussi contestables que ceux-là mêmes sur lesquels on aurait dû tout d'abord faire porter tout l'effort de l'attention et de la critique.

V. — Les mathématiques ont été cultivées dès la plus haute antiquité par les Chaldéens, les Égyptiens, les Indiens et les Chinois. De l'Égypte elles passèrent en Grèce, où Pythagore leur fit faire de nouveaux progrès. Platon cultiva la géométrie avec ardeur, et il la regardait comme l'introduction nécessaire à l'étude de la philosophie : de là l'inscription qu'il avait fait graver sur la porte de l'Académie : « Que nul n'entre ici, s'il n'est géomètre ». L'école d'Alexandrie, qui prétendait continuer l'Académie, produisit de nombreux mathématiciens, parmi lesquels il suffit de citer Euclide, Archimède, Théon, Pappus, Diophante et Proclus, pour ne pas parler des astronomes et des physiciens. Les Romains, entièrement adonnés aux arts de la guerre ou de la parole, négligèrent complètement les mathématiques. Mais, après la chute de l'empire, les Arabes les cultivèrent avec succès, et, à partir de la Renaissance, elles prirent en Occident un essor prodigieux. Dès ce moment, grâce aux travaux de Viète, Descartes, Fermat, Newton, Leibniz, les Bernouilli, Euler, d'Alembert, Lagrange, Monge, Laplace, Jacobi, Gauss, Poisson, Cauchy, Sturm, etc., les découvertes se succèdent avec rapidité, et toutes les parties de la science se perfectionnent également. On peut consulter, sur le développement historique des mathémathiques, l'*Hist. des mathématiques* de Montucla, continuée par Lalande; l'*Hist. des sciences mathématiques en Italie*, par Libri; le *Dict. des sciences mathématiques*, par Montferrier et l'*Hist. des sciences mathématiques et physiques*, par Maximilien Marie.

**MATHÉMATIQUEMENT.** adv. [Pr. *matémati-ke-man*]. Selon les règles des mathématiques. *Démontrer m. Cela est vrai m. parlant.*

**MATHÉMATISME.** s. m. Doctrine d'après laquelle tout s'opère conformément à des lois mathématiques.

**MATHÉSIOLOGIE.** s. f. [Pr. *maté-zio...*] (gr. μάθησις, enseignement ; λόγος, doctrine). Science de l'enseignement en général. Inus.

**MATHIAS** (Saint), disciple de Jésus. Fête le 24 février.

**MATHIAS**, empereur d'Allemagne (1612-1619), l'un des fils de l'empereur Maximilien II, laissa la couronne à Ferdinand II de Styrie. Sous son règne éclata la guerre de Trente Ans.

**MATHIAS CORVIN.** Voy. Corvin.

**MATHIEU** (Antoine), peintre d'histoire, né à Londres (1631-1673).

**MATHIEU** (Claude-Louis), astronome fr. (1783-1875).

**MATHIEU** (de la Drôme), homme politique et météorologiste fr., né à Saint-Christophe (Drôme), auteur d'un almanach célèbre (1808-1865).

**MATHIEU** (de Vendôme), abbé de Saint-Denis, fut régent de France et ministre de Philippe III, mort en 1286.

**MATHIEU PARIS.** Voy. Paris.

**MATHILDE** (Sainte), femme du roi de Germanie, Henri Ier, l'Oiseleur ; m. en 968. Fête le 14 mars.

**MATHILDE** (La grande comtesse), fille de Boniface II, duc de Toscane, soutint le parti des papes dans la querelle des investitures, et en mourant fit donation de ses États au saint-siège (1046-1115).

**MATHILDE** ou **MAHAUT**, comtesse d'Artois, femme de Robert, frère de saint Louis, m. en 1282.

**MATHIOLE.** s. f. T. Bot. Voy. Matthiole.

**MATHURIN**, s. m. Membre d'un ordre institué pour racheter les esclaves des mains des infidèles. || Fig. *Devoir une chandelle à saint Mathurin*, être attaqué de folie. || *Un m.* Un matelot. Pop.

**MATHUSALEM**, patriarche, fils d'Énoch, père de Lamech et grand-père de Noé, vécut 969 ans (Bible).

**MATICINE.** s. f. (R. *matico*). T. Chim. Principe amer contenu dans les feuilles de matico. La m. est solide, d'une couleur jaune brun, d'une odeur désagréable. Elle est soluble dans l'eau et dans l'alcool.

**MATICO.** s. m. [Pr. *mati-ko*]. T. Bot. Nom péruvien de l'*Artanthe elongata* (*Piper angustifolium*), arbrisseau de la famille des *Pipéracées*. Voy. ce mot.

**MATIÈRE.** s. f. (lat. *materia*, m. s.). Dans son acception la plus générale, signifie : La substance ou les substances qui agissent sur les sens. *Les propriétés de la m.* — *M. organisée*, les corps et les tissus des êtres vivants. *M. organique*, les substances qui composent les tissus animaux et végétaux. *M. inorganique*, les substances qui composent les corps bruts. — Se dit souvent par oppos. à Esprit. *Lorsque l'âme se dégage des entraves de la m.* — Fig. et par exagér., *Cet homme n'est que m., il est enfoncé dans la m.*, Il a l'esprit lourd et grossier. = Ce dont une chose est faite. *Le bois, la pierre, le fer, etc., sont la m. dont on fait les bâtiments. Le lin et le chanvre sont la m. dont on fait les toiles. La façon de cet ouvrage coûte plus cher que la m.* || *Matières d'or et d'argent*, Les espèces fondues, les lingots et barres que l'on emploie pour la fabrication des monnaies, etc. || T. Manuf. *Matières brutes*, Matières avant qu'elles soient mises en œuvre. *Matières premières*, se dit, relativement à chaque industriel, des matières, soit brutes, soit déjà ouvrées, sur lesquelles doit s'exercer son industrie. — Matières textiles. || T. Techn. *Cuve-m.*, Cuve de brasserie où l'on mélange le malt avec l'eau pour le dissoudre. || T. Méd. Se dit des substances évacuées par haut ou par bas. *La m. des vomissements. La m. fécale. Les matières ne sont pas liées.* — *La m. de la transpiration*, La sueur. — *M. purulente*, ou simplem., *M.*, Le pus qui sort d'une plaie, d'un abcès. *L'abcès a rendu beaucoup de m.*—*M. médicale*, L'ensemble des substances quelconques qui fournissent les médicaments. Voy. Pharmacologie. || Au sens moral, Ce sur quoi on écrit, on parle, on travaille. *C'est une belle m. à traiter. La m. est riche. Une m. stérile, ingrate. C'est une m. bien abstraite. Traiter à fond, approfondir, épuiser une m. Entrer en m. Il disserte superficiellement sur toutes les matières. La conversation roula sur toute sorte de matières. Une bonne table des matières à la fin d'un volume est d'un grand secours. Les matières commerciales lui sont très familières.* — Sujet, occasion, et, en ce sens, on n'emploie pas l'article. *Vous fournirez m. à rire. Il n'y a pas là m. à se fâcher, m. de procès, m. à procès. Il a donné m. à ce discours.* || T. Jurisp. On appelle *M. civile, m. criminelle, m. commerciale*, etc., Tout ce qui est du domaine du droit civil, du droit commercial, etc. — *La m. d'un crime, d'un délit*, Ce qui constitue un crime, un délit. || En matière de. loc. prép. En fait de, quand il s'agit de. *En m. de religion, de finance*, etc.

**Syn.** — *Sujet.* — La *matière* est le genre d'objets dont on traite; le *sujet* est l'objet particulier qu'on traite. Un ouvrage roule sur une *m.*, et l'on y traite divers *sujets*.

**Philos.** — Il semble, au premier abord, qu'il n'y ait aucune idée plus claire que celle de la m. On comprend en effet sous ce terme tout ce qui produit ou peut produire sur nos organes un certain ensemble de sensations déterminées. Cependant cette idée soulève de nombreuses difficultés, et plusieurs philosophes sont allés jusqu'à nier l'existence réelle de la m. Comme les impressions transmises à notre moi par les divers organes sensoriels sont des modifications purement subjectives de notre propre sensibilité, il suit de là logiquement, que nous ne pouvons rien affirmer au delà de ces phénomènes, c.-à-d. que nous ne pouvons affirmer en dehors de nous l'existence d'aucun objet, et que la conception d'un monde extérieur est une hypothèse qui ne peut se démontrer. Certes, la subjectivité des phénomènes sensoriels nous paraît hors de doute; néanmoins l'idée de l'existence du monde extérieur ne nous paraît pas susceptible du moindre doute, par la raison qu'il est impossible de faire reposer la certitude sur la seule démonstration logique. Voy. Certitude. La croyance à la réalité du monde extérieur est un fait de conscience qui du reste est corroboré par deux autres faits de conscience. Le premier est la limitation de l'activité essentielle du moi par quelque chose qui la borne. Le second est le principe de causalité, principe supérieur qui s'impose à tous les hommes et les oblige invinciblement à admettre que tout phénomène a une cause. Or, la cause des sensations ne réside pas dans notre moi, puisque ce n'est point lui qui les produit. Elle réside donc en dehors de lui. Ce n'est pas tout. En vertu du même principe de causalité, nous allons encore plus loin, et nous affirmons que les différentes modifications de notre sensibilité que nous reconnaissons provenir d'une cause extérieure, indiquent des différences dans la manière d'être de cette cause. Cela ne constitue pas une démonstration, car ce n'est pas à la suite de raisonnements semblables que les hommes croient à la réalité du monde extérieur; mais cela explique le lien qui existe entre le principe de causalité et la croyance au monde matériel.

Mais de ce que nous ne pouvons révoquer en doute la

réalité objective de la m., il ne s'ensuit pas que nous puissions en aucune manière atteindre à son essence : celle-ci nous échappe complètement; nous ne connaissons de la m. que les qualités par lesquelles elle affecte nos organes. Les auteurs ont distingué dans la m. autant de qualités différentes qu'il y a dans l'homme de modes particuliers de sentir. Mais, en outre, ils ont partagé ces qualités en deux catégories, sous les noms de *qualités premières*, et de *qualités secondes* ou *secondaires*. Les qualités premières, disent-ils, sont celles sans lesquelles les corps ne pourraient subsister, ou, pour parler plus exactement, celles sans lesquelles nous ne pourrions concevoir leur existence; les qualités secondes, au contraire, sont celles sans lesquelles on peut très bien concevoir l'existence de la m. Celles-ci correspondent aux impressions sensorielles que nous appelons couleur, son, odeur, etc., et celles-là aux sensations d'étendue, et de solidité ou résistance. Cette distinction n'a pas de valeur. D'abord la notion d'étendue, qui est une idée pure de notre intelligence, ne saurait être confondue avec les notions purement sensibles de résistance, de couleur, d'odeur, etc. En second lieu, l'idée d'étendue naît dans notre esprit à l'occasion de la sensation de résistance, car nous croyons avec Leibniz qu'elle résulte de la répétition, de la multiplicité, de la coexistence de l'impression de résistance.

Tandis que les idéalistes vont jusqu'à nier l'existence même de la m., d'autres philosophes à tendance tout opposée ne voient dans ce mot qu'une pure abstraction. Voici comment s'expriment Littré et Robin dans leur Dictionnaire de Médecine :

« L'idée de m., comme l'idée de force, est une pure abstraction. Il n'y a de réels que les corps escortés de leurs propriétés. Les uns ont voulu concevoir des corps absolus, autrement dit indépendants de leurs propriétés; par là ils ont été conduits à la notion métaphysique de matière dont ils ont fait une entité, en ce sens qu'ils ont attribué une existence réelle à une abstraction. D'autres ont voulu concevoir les propriétés d'une manière absolue, autrement dit, indépendamment des corps qui les manifestent; par là ils ont été conduits à la notion métaphysique de forces; ils ont également créé une entité, puisqu'ils ont donné une existence réelle à une abstraction. Les uns et les autres ont voulu séparer ce qui est absolument inséparable. Il n'y a pas plus de matière sans propriétés que de propriétés, de forces sans matière. Quand on considère l'ensemble des corps réels, en ayant seulement égard aux propriétés qui leur sont communes, à leurs propriétés générales, et en ne tenant pas compte de leurs propriétés particulières, on constitue une abstraction scientifique : cette abstraction c'est la matière. »

Ce passage remarquable résume d'une manière très claire un ensemble d'opinions très répandues surtout parmi les matérialistes et les positivistes. Cependant, l'idée qu'il exprime est complètement erronée et tout à fait contraire au véritable esprit scientifique. Il est faux qu'on ne puisse séparer les propriétés des corps qui les manifestent. Aucune physique ne serait possible si cette impossibilité était généralement acceptée. Bien au contraire, la science a pour objet de séparer le plus possible les phénomènes que nous observons afin d'assigner à chacun sa véritable cause. L'auteur cité paraît croire qu'un corps est un tout, une individualité unique de laquelle on ne peut rien retrancher sans le détruire. En réalité un corps est une chose qui produit sur nous un ensemble de sensations : c'est le siège de phénomènes multiples et complexes qui constituent précisément ce que Littré appelle les propriétés du corps. L'ensemble de ces phénomènes considéré comme un tout n'a ni plus ni moins d'existence que chacun des phénomènes en particulier, et le but de la physique est précisément d'isoler et d'étudier séparément chacune de ces propriétés. L'auteur reproche à certains philosophes de créer une entité métaphysique sous le nom de m. et de force : lui-même en crée une sous le nom de *corps escorté de ses propriétés*. Le mot propriété est très vague et prête ici à une illusion singulière. Il semble que par l'emploi de ce mot, on se représente un corps comme quelque chose doué d'une multitude de qualités distinctes qui n'ont d'autre raison d'être que le corps auquel elles appartiennent. Le physicien, au contraire, s'efforce d'analyser une à une ces fameuses propriétés avec l'espoir souvent réalisé de les voir se réduire à des phénomènes très simples s'expliquant non par une vertu spéciale du corps considéré, mais par des causes souvent étrangères au corps lui-même. Par exemple la nacre a la propriété de présenter des reflets irisés. L'étude attentive du phénomène montre que cette propriété est due à la forme de la surface de la nacre qui est composée de petites stries parallèles très fines. La lumière tombant sur cette surface striée y subit des phénomènes de diffraction qui produisent les irisations. (Voy. DIFFRACTION.) Qu'on efface les stries par un polissage convenable, et les irisations disparaîtront. Voici donc un *phénomène*, qui n'est dû qu'à la forme géométrique de la surface, qu'on retrouvera dans tous les corps de même forme, et le physicien aura raison de conclure que l'irisation n'est pas une *propriété* de la nacre, mais une simple conséquence de sa forme. De pareils exemples pourraient être multipliés; ils montrent combien est légitime et souvent féconde cette puissance d'analyse qui nous fait étudier un à un les phénomènes observés et pénétrer plus avant dans le mécanisme de leur formation.

Un corps est composé de parties qui sont elles-mêmes des corps : il est le siège de phénomènes multiples qui se modifient à mesure qu'on pousse plus loin la division, surtout quand on arrive à la décomposition chimique. La plupart des propriétés des corps tiennent à la manière dont sont agglomérées les particules qui les composent. Ces particules elles-mêmes sont-elles des éléments simples, homogènes dans toutes leurs parties, ou sont-elles aussi le siège de phénomènes variés? On ne sait, mais si loin qu'on pousse la division par la pensée, on doit arriver à des éléments simples et homogènes. Ce sont ces éléments ultimes dont se composent les corps qui méritent proprement le nom de m. On peut faire bien des hypothèses sur la manière dont ils s'assemblent pour former les corps, et ce sont ces doctrines hypothétiques qui ont été exposées sous le nom de *constitution de la matière*. Dès l'abord, ces hypothèses se partagent en deux groupes qu'on peut caractériser par les mots de *continuité* et de *discontinuité*. La continuité de la m. a été soutenue par Descartes qui se représentait le monde comme *plein* d'un fluide dans lequel certaines parties différenciées constituaient les corps proprement dits. On a objecté que dans le plein tout mouvement serait impossible. Cela n'est pas sérieux : ce serait vrai si le plein était supposé analogue à un solide; mais si on le suppose analogue à un liquide ou à un gaz, le mouvement d'un corps immergé y devient possible à condition qu'il s'accompagne d'un mouvement en sens contraire du fluide. Voilà pourquoi Descartes disait que dans ce fluide universel, il ne pouvait y avoir que des mouvements tourbillonnaires, et pourquoi il s'est efforcé d'expliquer le système du monde par ces fameux tourbillons qui ont si longtemps tenu en échec la conception de Newton sur la gravité universelle et dont, depuis, on s'est tant raillé. Cependant, nous verrons tout à l'heure que la science contemporaine tend à revenir aux idées de Descartes à peine modifiées.

L'hypothèse de la m. discontinue est celle des *atomes*. Elle a été soutenue dès l'antiquité par Démocrite et Épicure, et chantée en vers magnifiques par le poète latin Lucrèce. Nous l'avons exposée au mot DÉTERMINISME. Vers la fin du XVIIIe siècle, et au commencement du XIXe, les progrès de la chimie ont rendu presque nécessaire l'hypothèse des *atomes* (Voy. ATOMIQUE) et aujourd'hui, cette manière de concevoir la constitution de la m. est presque universellement adoptée. Nous avons expliqué au mot ATOME qu'on ne pouvait actuellement assigner aucune limite inférieure aux dimensions de ces atomes, de sorte qu'il est permis de les supposer sans étendue, de les réduire à de simples points géométriques qui seraient des centres de forces agissant les uns sur les autres. Cette hypothèse qui a été soutenue par Leibniz constitue le *dynamisme*. L'hypothèse d'atomes étendus et impénétrables se déplaçant dans le vide a contre elle des objections graves, l'une consistant dans la difficulté de comprendre en quoi l'intérieur de l'atome diffère de l'extérieur, et l'autre dans la nécessité d'admettre les actions à distance de ces atomes les uns sur les autres. On échappe à ces deux objections en supposant l'atome inétendu, car alors, l'élément primordial de l'univers étant la *force*, l'action à distance n'a plus rien de répugnant. On a aussi essayé de supprimer l'action à distance qui paraît se manifester au moins dans la gravitation universelle en expliquant celle-ci par le choc d'une multitude d'atomes plus petits que ceux des corps ordinaires : c'est l'hypothèse de Lesage d'après laquelle l'univers serait sillonné d'une multitude d'atomes très petits se déplaçant en tous sens avec des vitesses prodigieuses. Ces atomes viennent naturellement frapper les atomes plus gros qui constituent les corps, et si deux de ceux-ci se trouvent en présence ils se feront mutuellement écran et recevront plus de chocs sur leurs faces extérieures que sur leurs faces intérieures. Donc ils seront pressés l'un contre l'autre et paraîtront s'attirer. Cette théorie explique bien la variation de l'attraction en raison inverse du carré des distances; mais elle conduit à une force proportionnelle à la *surface* des atomes frappés et non à leur masse, ce qui est une difficulté grave. De plus elle ne rend compte ni des forces moléculaires, ni des actions électriques. Cependant il s'est trouvé des physiciens et des philosophes qui ont prétendu expliquer tous les phénomènes de la nature et de la vie par le simple mouvement des atomes. Pour eux il n'y a dans l'univers que des atomes en mouvement sans action les uns sur les autres. Ces atomes se meuvent dans l'immensité avec de grandes vitesses et dans tous les sens. Ils se rencontrent, se choquent, s'assemblent, et c'est le choc de tous ces atomes qui est la seule cause des phénomènes variés que nous observons et même des manifestations si complexes de la vie et de la pensée. Cette doctrine s'appelle l'*atomisme* ou encore la *théorie cinétique de l'Univers*. Elle ne diffère de l'ancienne conception de Démocrite et d'Épicure qu'en un point. Les philosophes grecs supposaient que les atomes tombent de haut en bas de l'univers et sont animés d'un petit mouvement latéral qui rend les rencontres possibles. C'est ce petit mouvement latéral qu'ils appelaient *clinamen* ou *déclinaison*. Les modernes, qui savent qu'il n'y a dans l'univers ni haut ni bas et que la pesanteur n'est autre chose que l'attraction de la Terre, ont remplacé le mouvement parallèle et la déclinaison des atomes par des mouvements en tous sens. A part cela, ils n'ont rien ajouté à l'ancien atomisme grec, et le leur est tout aussi insuffisant que l'autre. Il y a cependant une branche de la physique qui s'explique de cette manière, c'est celle qui concerne les gaz. Un univers constitué comme on vient de le dire présente toutes les propriétés des gaz; aussi peut-on se représenter ainsi la constitution des gaz, et cette hypothèse a reçu le nom de *Théorie cinétique des gaz*. Voy. Gaz, Thermodynamique, Radiant. Quant aux propriétés des liquides et des solides, aux actions lumineuses, électriques, etc., l'atomisme cinétique est absolument impuissant à en donner la moindre explication. A plus forte raison n'explique-t-il en aucune façon les phénomènes de la vie et encore moins ceux de la pensée et de l'intelligence.

Les progrès les plus récents de la physique sont venus compliquer encore le problème : c'est l'étude de la lumière et celle de l'électricité qui ont apporté dans la question des éléments nouveaux. Newton se représentait la lumière comme formée d'atomes particuliers qu'émettrait avec une grande vitesse chaque corps lumineux. Cette hypothèse a été ruinée par Fresnel qui lui a substitué celle des *ondulations;* mais en même de temps on a appris que la substance dont les vibrations constituent la lumière ne peut être la substance matérielle ordinaire. D'autre, part la lumière qui nous vient des astres franchit des espaces immenses absolument vides de m. ordinaire, c.-à-d. de m. soumise à la loi de la gravitation et capable d'exercer une résistance sur les corps qui se meuvent à son intérieur. Il a donc fallu admettre que l'univers entier était rempli d'une substance particulière qu'on a nommée *éther* qui non seulement est répandue dans tout l'espace interstellaire, mais encore pénètre dans l'intérieur des corps et remplit les vides laissés par les molécules. C'est également l'éther qui est le siège des phénomènes électriques et le milieu dans lequel ils se propagent. L'éther est encore de la m. puisqu'il est susceptible de mouvement; mais il est essentiellement distinct de la m. qui constitue les corps. Quelles sont donc les relations de ceux-ci avec celui-là? L'introduction de l'éther dans les spéculations de la physique, et la notion de la conservation de l'énergie modifient singulièrement les idées qu'on s'était faites autrefois de l'atome matériel. Celui-ci n'apparaît plus comme la partie ultime de la m., mais bien au contraire comme le siège de phénomènes plus ou moins compliqués qui nous sont encore inconnus. Il y a sûrement une relation entre l'atome de la chimie et l'éther; mais cette relation est encore ignorée. Les uns croient que l'atome est une sorte de condensation de l'éther; d'autres ont pris la thèse opposée et ont assuré que l'atome serait une sorte de déchirure dans le milieu continu qui constitue l'éther. L'une des hypothèses les plus ingénieuses est celle qui considère l'atome comme un tourbillon d'éther. Voy. Atome. Malheureusement elle n'explique pas la gravitation universelle.

En résumé, l'état actuel de la science ne permet aucune conclusion sur la constitution de la m. Le problème est beaucoup plus complexe qu'on ne le croyait il y a seulement cinquante ans, et il faudra de nouveaux progrès pour arriver à des notions un peu sûres sur cette difficile question.

**MATIGNON**, ch.-l. de c. (Côtes-du-Nord), arr. de Dinan; 1,500 hab.

**MATIGNON**, maréchal de France, né à Louvay (Orne) (1525-1597).

**MATIN**. s. m. [Pr. *a* bref] (lat. *matutinum tempus*, m. s.). La première partie, les premières heures du jour. *Le crépuscule du m. La prière du m. Il se lève de bon m., de grand m. Du m. au soir. Être du m.*, Être matinal. || Fig. et poétiq. *Les portes du m.*, L'aurore ou le levant. — *L'étoile du m.*, Nom de la planète Vénus. *Le m. de la vie*, Les premières années de la vie. On dit, dans le même sens, *Être dans son m., à son m.* || Se dit encore de tout le temps qui s'écoule depuis le moment où l'on se lève jusqu'à l'heure de midi. *Il travaille tout le m. et se repose l'après-midi. Je vais chez lui tous les matins. J'irai vous voir un de ces matins, un beau m.* — Se dit aussi de tout le temps qui s'écoule depuis minuit jusqu'à midi. *Une heure, cinq heures, onze heures du m.* = Matin s'emploie souvent adverbial. *Il s'est levé m., fort m. Soir et m. Demain matin.*

**Syn.** — *Matinée*. — Il en est de la synonymie de *matin* et de *matinée* comme de celle de *jour* et de *journée*. *Matin* exprime l'unité de temps, tandis que *matinée* marque la durée déterminée et divisible du *matin*, ou la série des événements qui la remplissent; *matin* est donc absolu et *matinée* relatif. Un événement a lieu le *matin* de tel jour. La *matinée* est belle, pluvieuse, froide, ou bien heureuse ou malheureuse, à raison des événements ou des choses qui s'y passent et touchent les individus.

**MÂTIN**. s. m. T. Mamm. Variété de *Chien*. Voy. ce mot.

**MATINAL, ALE**. adj. Qui s'est levé matin. *Vous êtes bien m. aujourd'hui.*

> La déesse des bois n'est point si matinale.
>
> La Fontaine.

|| Poétiq., *L'aube matinale*, L'Aurore. || T. Bot. *Fleurs matinales*, qui s'ouvrent le matin.

**MATINALEMENT**. adv. Dès le matin.

**MÂTINEAU**. s. m. (Diminut.) Petit mâtin.

**MATINÉE**. s. f. (R. *matin*). Le temps qui s'écoule depuis le point du jour jusqu'à midi. *Une belle m. Les matinées sont fraîches en automne. Dormir la grasse m.*, Rester au lit toute la matinée. || *M. musicale, littéraire, théâtrale*, Réunion, spectacle qui a lieu l'après-midi. = Syn. Voy. Matin.

**MÂTINER**. v. a. (R. *mâtin*). Se dit d'un mâtin, et, par ext., de tout chien qui couvre une chienne d'une plus belle espèce que la sienne. *Ce vilain chien a mâtiné cette levrette.* || Fig. et pop., Gourmander, maltraiter de paroles. *Pourquoi vous laissez-vous ainsi m. par cet homme-là?* = Mâtiné, ée, part.

**MATINES**. s. f. pl. (R. *matin*). T. Liturg. Première partie de l'office divin contenant des psaumes et des leçons qui se disaient la nuit ou à l'aube. Voy. Bréviaire.

**MATINEUX, EUSE**. adj. [Pr. *mati-neu, euze*]. Qui a l'habitude de se lever matin. *Vous devriez être plus matineux.*

**MATINIER, IÈRE**. adj. Qui appartient au matin; ne se dit guère que dans cette expression, *L'étoile matinière*, L'étoile du matin ou Vénus.

**MATIR**. v. a. Rendre mat de l'or ou de l'argent, sans le polir ni le brunir. || Rendre compact, *M. une soudure*, tasser le plomb qui déborde à la jonction de deux pièces soudées. = Mati, ie, part.

**MATISIE**. s. f. [Pr. *mati-zie*]. T. Bot. Genre de plantes Dicotylédones (*Matisia*) de la famille des *Malvacées*. Voy. ce mot.

**MATITÉ**. s. f. (R. *mat*). Qualité du son qui est mat.

**MATLOCKITE**. s. f. T. Minér. Oxychlorure de plomb $Pb^2OCl^2$. Cristaux quadratiques aplatis, d'un jaune de miel, trouvés près de Matlock (Derbyshire) et au Vésuve.

**MATOIR**. s. m. [Pr. *matou-ar*]. R. *matir*). T. Techn. Outil qui sert à matir l'or, l'argent. — Ciseau servant à matir une soudure. Marteau à river les clous, les boulons.

**MATOIS, OISE.** adj. et s. [Pr. *matoua, ouaze*] (argot, *mate*, lieu où se réunissaient jadis les filous de Paris). Rusé, fin. *Il est plus m. que vous ne pensez. C'est une matoise.* Fam.

**MATOISEMENT.** adv. [Pr. *matoua-ze-man*]. D'une manière matoise, en matois.

**MATOISERIE.** s. f. [Pr. *matoua-zeri*]. Qualité du matois, ou Tromperie, fourberie. *Vous ne connaissez pas sa m. Voilà une fine m.* Fam.

**MATOU.** s. m. (R. *mat*). Lait caillé. || T. Techn. Laine échappée à la carde et restée en peloton. — Amas de bourre dans un cordage. — Peloton de fibres qui se forme sur les machines dans la pâte à papier.

**MATOU.** s. m. Le mâle de l'espèce du chat domestique. *Un m. de gouttière. Les cris des matous.* || Fig. *Un vilain m.*, Un vilain personnage.

**MA-TOUAN-SIN,** célèbre littérateur chinois (1245-1325).

**MATOUR,** ch.-l. de c. (Saône-et-Loire), arr. de Mâcon; 2,000 hab.

**MATOURA,** v. et port de l'île de Ceylan; 18,700 hab. Pierres précieuses.

**MATRACA.** s. f. (R. mot Arabe). Grosse crécelle, dont on se sert en Espagne et au Mexique, pendant la semaine sainte, pour remplacer les cloches.

**MATRAQUE.** s. f. (R. *matraca*, m. s.). Bâton, trique.

**MATRAS.** s. m. Vase de verre à cou long et étroit dont se servent les chimistes et les pharmaciens.

**MATRAS.** s. m. (lat. *matara*, javeline gauloise). T. Archéol. Dard terminé par une petite masse de fer et qu'on lançait à l'arbalète.

**MATRIÇAGE.** s. m. Opération de mise en matrice d'une pièce métallique.

**MATRICAIRE.** s. f. (R. *matrice*, la plante ayant été employée contre les douleurs de cet organe). Genre de plantes Dicotylédones (*Matricaria*) de la famille des *Composées*. Voy. ce mot.

**MATRICE.** s. f. (lat. *matrix, matricis*, m. s. de *mater*, mère). Organe destiné, chez la femme et chez les femelles des Mammifères, à contenir le produit de la fécondation jusqu'à la naissance. Voy. UTÉRUS. — *M. de l'ongle, m. des poils*, Voy. ONGLE et POIL. || T. Techn. Se dit de toute pièce métallique qui est gravée en creux ou en relief pour reproduire un dessin pareil sur une matière quelconque. Voy. CARACTÈRE, MONNAYAGE, etc. || T. Minér. Synon. peu usité de Gangue. || T. Métrol. Se dit quelquefois des originaux ou étalons des poids et mesures. || T. Admin. financ. Le registre original d'après lequel sont établis les rôles des contributions. = MATRICE. adj. f. *Église m.*, Celle qui est comme la mère de quelques autres églises. *Langue m.*, Celle dont quelques autres sont dérivées. *Couleurs matrices*, Les couleurs simples qui servent à en composer d'autres.

**MATRICIDE.** s. m. (lat. *mater*, mère; *cædere*, tuer). Celui qui a tué sa mère. — Se dit aussi au f. et comme adj. 2 g. || Crime de celui qui tue sa mère.

**MATRICIEL, ELLE.** adj. (R. *matrice*). Qui se rapporte aux registres d'après lesquels sont établies les contributions directes. *Loyer m.*, Loyer d'après lequel la cote est fixée.

**MATRICULAIRE.** adj. 2 g. Inscrit sur la matricule.

**MATRICULE.** s. f. (lat. *matricula*, m. s., dimin. de *matrix*, matrice). Le registre, le rôle sur lequel on écrit le nom des personnes qui entrent dans certaines sociétés, dans certaines compagnies. *Son nom n'est pas dans la m.* Vieux. || L'inscription sur la matricule. *Du jour de sa m. Il a payé son droit de m.* || L'extrait de la matricule, qui est délivré à la personne inscrite, pour faire preuve de son inscription. *Il faut qu'il montre sa m.* : Adjectiv., *Registre m. Numéro m. Les registres matricules de l'armée*, etc.

**MATRIMONIAL, ALE.** adj. (lat. *matrimonium*, mariage, de *mater*, mère). T. Jurispr. Qui appartient au mariage; ne se dit guère que dans ces locut. : *Cause matrimoniale. Conventions matrimoniales. Droits, biens matrimoniaux.*

**MATRIMONIALEMENT.** adv. En mariage.

**MATRIMONIALITÉ.** s. f. État matrimonial.

**MATRISSAGE.** s. m. [Pr. *matri-sage*]. Opération qui consiste à remédier au collage défectueux des papiers.

**MATRISSER.** v. a. [Pr. *matri-ser*]. Soumettre le papier au matrissage. = MATRISSÉ, ÉE. Part.

**MATRONE.** s. f. (lat. *matrona*, m. s., de *mater*, mère). T. Antiq. rom. Se disait des citoyennes romaines mariées en légitime mariage. *Les vierges et les matrones.* || Par plaisant., se dit d'une femme d'un certain âge, d'une certaine gravité. *Une respectable m.*. || T. Jurispr. Sage-femme nommée par un tribunal dans certain procès, pour visiter une fille, une femme.

**MATTE.** s. f. [Pr. *ma-te*]. T. Métall. Substance métallique qui n'a subi qu'une première fonte et qui n'est pas encore dans un état suffisant de pureté. *M. de fer, de cuivre.*

**MATTEAU.** s. m. [Pr. *ma-to*]. T. Comm. Paquet de soie grège, composé de quatre à huit écheveaux.

**MATTEUCCI** (PETRONIO), astronome italien (1708-1800).

**MATTEUCCI** (CHARLES), physicien italien (1811-1868).

**MATTHIEU** (SAINT), apôtre et évangéliste, prêcha l'Évangile dans le Pont et en Éthiopie. Fête le 21 septembre.

**MATTHIEU** (PIERRE), historien et poète fr. (1563-1621).

**MATTHIOLE.** s. f. (R. *Matthiole*, nom d'homme). T. Bot. Genre de plantes Dicotylédones (*Mathiola*), de la famille des *Crucifères*. Voy. ce mot.

**MATURATIF, IVE.** adj. (lat. *maturare*, faire mûrir, de *maturus*, mûr). T. Méd. Les *maturatifs* sont des topiques excitants qu'on emploie pour hâter la suppuration des tumeurs phlegmoneuses indolentes. Ils sont sous forme d'onguents, d'emplâtres ou de cataplasmes : tels sont l'*onguent de styrax*, l'*ong. basilicum*, l'*ong. populeum*, l'*ong. de la mère*, l'*emplâtre de diachylon gommé*, le *cataplasme mat.*, etc. Voy. CATAPLASME, EMPLATRE et ONGUENT.

**MATURATION.** s. f. [Pr. *matura-sion*] (lat. *maturatio*, m. s., de *maturus*, mûr). T. Bot. Progrès successif des fruits vers la maturité. *Ce temps est excellent pour la m. des fruits.* || T. Méd. Progrès d'un abcès vers sa maturité. *Ce topique favorisera la m. de l'abcès.* || T. Techn. *Cuve de m.*, Cuve de brasserie où la fermentation du malt s'achève. *M. du tabac*, Préparation subie en magasin par les feuilles de tabac, pour les préparer aux différents emplois.

**Arboric.** — *Maturation des fruits.* — On donne le nom de M. à la réunion des divers phénomènes qui se succèdent depuis le moment où les ovules sont fécondés jusqu'à l'époque où le fruit est parvenu à sa maturité complète. Dès que l'embryon est fécondé, il acquiert une vie particulière, et attire à lui la sève des parties environnantes; les enveloppes florales et les étamines se flétrissent et tombent; l'ovaire seul continue à croître, et c'est alors qu'on dit que le fruit est noué; il n'est pas nécessaire que tous les ovules ou rudiments de semences qu'il renferme aient été fécondés. Dans les fruits du poirier et du pommier, notamment, on remarque souvent qu'un certain nombre de pépins ont avorté; ce qui n'a pas empêché le fruit de prendre son développement accoutumé. Aussitôt que cet état est atteint pour les fruits charnus, ceux-ci abandonnent successivement la couleur verte et prennent les teintes jaune, ou rouge, ou violette, selon l'espèce; l'acidité disparaît, plus ou moins, pour faire place à la saveur sucrée. Des sommes variables de chaleur et de lumière sont nécessaires pour faire arriver chaque espèce de graines ou de fruits à maturité. Quelques espèces mûrissent leurs fruits en deux mois, comme le cerisier, l'orme; d'autres en cinq ou six mois, comme le poirier, la vigne; plusieurs arbres résineux emploient une année entière; enfin le cèdre du Liban ne laisse échapper ses graines que vingt-sept mois après la floraison. — Deux causes principales tendent à accélérer accidentellement la maturité des fruits. La première consiste dans la piqûre occasionnée par les insectes qui déposent leurs œufs dans le tissu du fruit; tout le monde sait que les pommes et les poires, dites véreuses, c.-à-d. piquées par les insectes, mûrissent avant les autres. On pourrait obtenir le même résultat en piquant profondément un fruit après son premier développement, et en introduisant un peu d'huile dans la plaie, afin qu'elle ne se cicatrise pas trop rapidement. Ce moyen est usité dans les environs de Paris, notamment pour hâter la maturation des figues; mais les fruits soumis à cette opération sont inférieurs en qualité. Le second moyen, découvert par Lancry en 1776, est l'incision annulaire. Cet horticulteur a remarqué qu'en enlevant, à l'époque de la floraison, un anneau d'écorce à la branche florale, les fruits nouaient d'une manière plus certaine et mûrissaient plus tôt. La largeur de l'anneau enlevé ne doit pas dépasser cinq millimètres, afin que la communication puisse se rétablir au bout de peu de temps; sans quoi la branche opérée souffrirait et risquerait de périr. C'est surtout à la vigne et au pêcher, dont les anciens rameaux à fruit vont être sacrifiés chaque année, que ce procédé peut être appliqué avec avantage. Lancry montra à la Société d'agriculture de Paris une branche de prunier qui avait subi l'incision annulaire; la partie supérieure à la blessure présentait des fruits mûrs; la partie inférieure n'offrait que des prunes vertes.

**MÂTURE.** s. f. (R. *mât*). L'ensemble des mâts d'un bâtiment. *La m. de ce vaisseau est excellente.* Voy. MÂT. || Le bois propre à faire des mâts. *On tire de la Norvège beaucoup de m.* — *Bois propre à la m.*, Bois propre à faire des mâts. || L'art de mâter les bâtiments. *Ce constructeur entend bien la m.* || L'atelier et le magasin où l'on confectionne et où l'on conserve les mâts et les bois de mâture. || Machine à mâter.

**MATURÉMENT.** adv. (lat. *maturus*, mûr). D'une manière mûre, réfléchie.

**MATURER.** v. a. (lat. *maturus*, mûr). Soumettre les tabacs à un traitement qui les prépare aux différents emplois.

**MATURITÉ.** s. f. (lat. *maturitas*, m. s. de *maturus*, mûr). T. Bot. État des fruits ou des graines qui sont parvenus au degré de développement qu'ils doivent acquérir sur la plante mère. *Ce fruit est à m. Ces blés sont en pleine m.* — Fig. *Cette affaire est dans sa m., à m.*, C'est le moment de la conclure, de l'achever. || T. Méd. État d'un abcès où le pus est complètement formé. *Cet abcès n'est pas à son point de m.* || T. Physiol. *La m. de l'âge*, ou simpl. *La mat.*, L'époque où l'homme a atteint son développement complet sous le rapport physique ou intellectuel. Voy. AGE. || *M. du levain*, État où la fermentation de la bière est accomplie. || *M. d'esprit*, L'état d'un esprit qui a acquis toute la solidité dont il est susceptible. On dit aussi, *M. de jugement, de réflexion*, et elliptiq., *Avec m.*, pour sign. Avec réflexion, avec prudence. *On en a délibéré avec la m. requise. Il faudra procéder avec m. dans cette affaire.* — Fig., *Son style acquerra de la m.*, Il acquerra de la fermeté et de la précision.

**MATUTINAL, ALE** (lat. *matutinus*, m. s.). Qui appartient au matin.

**MAUBÈCHE.** s. f. (R. *mau.*, pour *mal, mauvais*, et *bec*). T. Ornith. Genre d'oiseaux appartenant à l'ordre des *Échassiers* et que l'on place, dans les classifications actuelles, à côté des Barges. Les *Maubèches* (*Calidris*) ont le bec déprimé au bout et le sillon nasal très long, mais ce bec n'est pas en général plus long que la tête. En outre, leurs doigts, légèrement bordés, n'ont point de palmure entre leurs bases. Enfin, leurs jambes médiocrement hautes et leur taille raccourcie leur donnent un port un peu lourd. Le type du genre est la *M. commune* (*Cal. cinerea*) [Fig. ci-après], qui est presque de la taille d'une Bécassine. Dans son plumage d'hiver, elle est cendrée dessus, blanche dessous et tachetée de noirâtre devant le cou et la poitrine; dans son plumage d'été, elle a le dessus tacheté de fauve et de noirâtre, et le dessous roux. Elle habite les régions arctiques, où elle vit en troupes, soit dans les marais, soit sur les bords de la mer. Deux fois l'année, au printemps et en automne, elle passe sur nos côtes. — Les *Alouettes de mer* (*Pelidna*) sont de petites Maubèches à bec un peu plus long que la tête, et chez lesquelles la bordure des pieds est insensible. L'espèce commune, *Pelidna cinclus*, est vulgairement connue sous le nom de *Petite*

*Maubèche*. Elle est d'un tiers moins grande que la Maub. ordinaire; mais elle a les mêmes mœurs, et, comme elle, un plumage variable. — Les *Cocortis* ne diffèrent des Alouettes de mer que par un bec un peu plus arqué. — Les *Sanderlings* (*Arenaria*) ressemblent en tout aux Maubèches, excepté en ce point qu'ils manquent de pouce. — Les *Falcinelles* (*Erolia*, de Vieil) manquent également de pouce, mais elles ont le bec un peu plus arqué que les Cocorlis. Ces trois derniers sous-genres ne comprennent chacun qu'une seule espèce connue.

**MAUBEUGE**, ch.-l. de c. (Nord), arr. d'Avesnes, sur la Sambre; 18,900 hab. Ville forte; usines métallurgiques. = Nom des hab. : MAUBEUGEOIS, OISE.

**MAUBOURGUET**, ch.-l. de c. (Hautes-Pyrénées), arr. de Tarbes; 2,500 hab.

**MAUBREUIL**, célèbre aventurier, né en Bretagne (1782-1868).

**MAUCROIX**, poète fr. (1619-1708).

**MAUDIRE.** v. a. (lat. *male*, mal; *dicere*, dire). Faire des imprécations contre quelqu'un. *Le christianisme défend de maudire ses persécuteurs.* || En parlant de Dieu, Réprouver, abandonner. *Dieu a maudit toute cette génération. Caïn a été maudit de Dieu.*

Je maudirais les dieux s'ils me rendaient le jour.

CORNEILLE.

En parl. d'une chose, la détester, exprimer l'horreur qu'on en a. *M. sa vie, sa destinée. Il m. le jour, l'heure où il est né.* = MAUDIT, ITE. part. || Par imprécation. *Maudit soit le maladroit! Maudit soit le jour où je l'ai rencontré!* || S'emploie adjectiv., dans le sens de Très mauvais, détestable. *Un maudit chemin. Un maudit temps. Un maudit métier. Un maudit jeu.* — Se dit aussi pour se plaindre avec impatience ou colère, soit des personnes, soit des choses. *Ce maudit enfant a gâté mon habit.* || S'emploie encore subst., dans le sens de Damné, comme dans cette phrase de l'Évangile, *Allez, maudits, au feu éternel.*

**Conjug.** — *Je maudis, tu maudis, il maudit; nous maudissons, vous maudissez, ils maudissent. Je maudissais; nous maudissions.* — *Maudis; maudissons, maudissez.* — *Que je maudisse; que nous maudissions.* — *Maudissant.* Dans tout le reste, ce verbe se conjugue comme *Dire.*

**MAUDISSABLE.** adj. 2 g. [Pr. *mo-disa-ble*]. Qui peut être maudit, qui est digne d'être maudit.

**MAUDISSON.** s. m. [Pr. *modi-son*]. (R. *maudire*). Malédiction. *Je me moque de tous vos maudissons.* Fam. et vieux.

**MAUDITS** (Monts), grand massif des Pyrénées situé en Espagne. Le point culminant est le pic d'Aneto, 3,404 mèt.

**MAUGE, MAUGÈRE**, s. f. (lat. *manica*, manche). T. Mar. Sorte de placard de cuir fort, dont on recouvre extérieurement les dalots de l'avant d'un grand bâtiment, et qui sert à empêcher l'eau de la mer d'y pénétrer, tout en ne s'opposant pas à la chute des eaux qui viennent de l'intérieur.

**MAUGRÉER**. v. n. (R. *malgréer*, dérivé de *mal gré*, mauvais gré). Pester, jurer. *Il ne fait que m.* Peu us. = Conj. Voy. Créer.

**MAUGRÉEUR**. s. m. Celui qui maugrée.

**MAUGUIN**, avocat et orateur parlementaire fr. (1785-1854).

**MAUGUIO**, ch.-l. de c. (Hérault), arr. de Montpellier, 2,500 hab. Près l'étang de *Mauguio*.

**MAUILITE**. s. f. T. Minér. Variété de Labradorite.

**MAULÉON-LICHARRE**, ch.-l. d'arr. du dép. des Basses-Pyrénées, à 61 kil. O. de Pau; 2,600 hab.

**MAULÉONITE**. s. f. T. Minér. Chlorite de Mauléon.

**MAUMUSSON** (*Pertuis de*), entre l'île d'Oléron et la côte.

**MAUPAS** (C.-E. de), homme politique fr. ministre de la police générale en 1856, (1818-1888).

**MAUPASSANT** (Guy de), romancier fr. (1850-1893).

**MAUPEOU**, chancelier de France, supprima et remplaça par des cours nouvelles le parlement de Paris et les juridictions qui lui résistèrent (1771). Fut disgracié à l'avénement de Louis XVI, (1714-1792).

**MAUPERTUIS** (de), géom. fr., dirigea l'expédition de Laponie pour la détermination de la forme de la Terre (1698-1759).

**MAUPITEUX, EUSE**. adj. (R. *mau*, pour mal, et *piteux*). Vieux mot qui signifiait Cruel, impitoyable. Il ne s'emploie plus que dans cette phrase, où il a un tout autre sens : *Faire le m.*, Faire le misérable, se plaindre sans en avoir autant de sujet qu'on veut le faire croire. Fam. et peu usité.

**MAUR** (Saint), disciple de saint Benoît de Nursia, vint fonder des monastères en Gaule, au VIe s. || La congrégation de Saint-Maur, réforme de l'ordre de Saint-Benoît, instituée en France au XVIIe s., a été une pépinière d'érudits.

**MAURE**, s. m. Voy. More.

**MAURE**, ch.-l. de c. (Ille-et-Vilaine), arr. de Redon; 3,800 hab.

**MAURELLE**. s. f. (R. *Maure*, à cause du suc foncé que fournit la plante). T. Bot. Nom vulgaire du *Crozophora tinctoria*. Voy. Euphorbiacées.

**MAUREPAS** (Comte de), ministre de la marine en 1723, premier ministre sous Louis XVI (1774), rétablit le parlement supprimé par Maupeou (1701-1781).

**MAURER** (Chevalier de), jurisconsulte et homme d'État allem. (1790-1872).

**MAURES**, habitants de la Mauritanie. Ce nom qui leur fut donné par les Carthaginois, fut étendu au moyen âge aux conquérants arabes du Maghreb et de l'Espagne.

**MAURESQUE**, adj. 2 g. Voy. Moresque.

**MAURIAC**, ch.-l. d'arr. du dép. du Cantal, à 52 kil. N. d'Aurillac; 3,600 hab.

**MAURICAUD**. s. m. Voy. Moricaud.

**MAURICE** (Île) ou **ILE DE FRANCE**, l'une des îles Mascareignes, à l'E. de Madagascar; aux Anglais depuis 1810; pop. 360,000 hab.; ch.-l. *Port-Louis*. = Nom des hab. : Mauricien, enne.

**MAURICE** (Saint), chef de la légion thébaine (c.-à-d. levée dans la Thébaïde), fut massacré avec ses soldats par ordre de Maximien Hercule, pour avoir refusé de sacrifier aux dieux (246).

**MAURICE**, empereur d'Orient (582-602), gendre et successeur de Tibère II, imposa aux Perses le jeune Chosroès, puis fut vaincu par les Avares. L'armée donna l'empire à Phocas, qui fit périr Maurice et sa famille.

**MAURICE DE SAXE**. Voy. Saxe.

**MAURIENNE**, anc. prov. du S. de la Savoie, a formé en 1860 l'arr. de Saint-Jean-de-Maurienne du dép. de la Savoie.

**MAURITANIE**, anc. contrée de l'Afrique septentrionale, correspondant au Maroc, à l'Algérie, et à la Tunisie. = Nom des hab. : Maures.

**MAURITIA**. s. m. [Pr. *mori-sia*]. (R. *Mauritius*, Maurice, nom d'homme). T. Bot. Genre de plantes Monocotylédones de la famille des *Palmiers*. Voy. ce mot.

**MAUROCORDATO** ou **MAVROCORDATO** (Alexandre), célèbre homme d'État grec qui prit une grande part à l'affranchissement de sa patrie en 1821, (1791-1865).

**MAURON**, ch.-l. de c. (Morbihan), arr. de Ploërmel; 4,500 hab.

**MAURS**, ch.-l. de c. (Cantal), arr. d'Aurillac; 3,000 hab.

**MAURY**, cardinal français, figura dans l'Assemblée constituante au premier rang des défenseurs de la royauté (1746-1817); auteur d'un *Traité sur l'éloquence de la chaire*.

**MAURY** (Mathieu-Fontaine), savant marin des États-Unis (1806-1873).

**MAURY** (Alfred), érudit fr. (1817-1892).

**MAUSOLE**, roi de Carie (377-353 av. J.-C.), célèbre par le tombeau que lui fit élever à Halicarnasse sa femme Artémise. Voy. Artémise et Merveille.

**MAUSOLÉE**. s. m. [Pr. *mo-zo-lé*] (lat. *mausoleum*, m. s.). Grand et riche monument funéraire; par allusion à celui qu'Artémise, reine de Carie, fit élever à Mausole, son mari. *Le M. de l'empereur Adrien*. || Par ext., et abusiv., Simulacre de tombeau qu'on élève dans les églises pour les services funèbres des princes et autres personnes considérables. On dit mieux *Catafalque*. Voy. Merveille.

**MAUSSADE**. adj. 2 g. [Pr. *mo-sade*] (lat. *malè*, mal; *sapidus*, qui a du goût). Désagréable, qui a mauvaise grâce. *Un homme m. Caractère, humeur m. Une société m.* — Fam., *Il fait un temps m.*, Le temps est sombre et couvert. || En parlant des productions de l'esprit, qui manque d'intérêt, d'agrément. *Un livre m. Cette comédie est fort m.* || Se dit encore d'un travail mal fait, d'un ouvrage qui manque d'élégance. *Cet habit est fort m. Ce bâtiment est m.*

**MAUSSADEMENT**. adv. [Pr. *mo-sade-man*]. D'une manière maussade, *Il fait tout m.*

**MAUSSADERIE**. s. f. [Pr. *mo-sade-rie*]. Mauvaise grâce, manières désagréables. *Elle est belle, mais elle est d'une m. insupportable.*

**MAUVAIS, AISE**. adj. [Pr. *mo-vè, vèze*]. (lat. *malus, mala*, m. s.). S'emploie en parlant des personnes, des choses morales, des choses physiques, des productions de l'art et de l'industrie. = En parlant des personnes, il signifie, Qui est enclin au mal, qui se plaît à en faire. *C'est un m. homme, une mauvaise femme. Ce sont de mauvaises gens.* On dit de même, *Il a un m. cœur, un m. caractère.* — *Le m. ange*, Le diable, le démon. Par allusion aux croyances païennes; on dit aussi : *Cet homme a été mon m. génie.* — Popul., on dit encore d'un homme ou d'une femme qui se plaît à faire ou à dire des méchancetés : *C'est une mauvaise bête.* || Se dit des personnes qui ne s'acquittent pas ou s'acquittent mal des devoirs que la religion et la morale leur imposent. *Un m. chrétien. Un m. père. Mauvaise mère. M. fils. M. citoyen.* — Fam., on appelle *M. garnement, m. sujet*, Une personne d'une mauvaise conduite, déréglée dans ses mœurs. || Se dit encore de celles qui n'ont pas les qualités nécessaires pour remplir convenablement une charge, pour exercer comme il faut une profession scientifique, un art, un métier, etc. *Un m. administrateur. M. professeur. M. avocat. M. médecin. M. général. M. écrivain. M. philosophe. M. physicien. M. poète. M. peintre. M. acteur. M. musicien. M. cordonnier. M. ouvrier. M. soldat. M. domestique.* || Signifie quelquefois Malicieux, malin. *Vous êtes bien m., vous n'avez cessé de le railler.* || En parlant de l'humeur, de la disposition d'esprit, des manières d'une personne, *Mauvais* se prend pour Désagréable, malveillant, impoli, grossier. *Être de mauvaise humeur. Il a de mauvaises intentions à votre égard. Il y a consenti, mais de fort mauvaise grâce. Faire m. visage, mauvaise mine à quelqu'un. Il a très mauvaise façon. Elle a m. ton, de mauvaises manières.* || *Mauvaise société, mauvaise compagnie*, Société de personnes qui manquent d'éducation, de politesse, de bonnes manières. — *Mauvaise société*, se dit aussi en parlant de personnes dont la conduite est peu morale, déréglée. = En parlant des choses morales, *Mauvais* signifie qui n'est pas conforme à la justice, à la raison, à la vertu, au devoir, en un mot, aux règles qu'impose la morale. *Une mauvaise action. De mauvaises paroles. Une mauvaise conduite. De mauvaises habitudes. De mauvaises mœurs. Un homme de mauvaise foi. Je trouve ce procédé fort m. Une mauvaise maxime. Un m. exemple. De mauvais sentiments. Sa cause est fort mauvaise. Faire un m. usage de sa fortune, de ses talents.* || On dit aussi, *De mauvaises lois. De mauvaises institutions. Une mauvaise coutume. Un m. gouvernement. Faire une mauvaise fin.* || *Un m. livre*, Un livre dangereux. — *Un m. lieu*, Un lieu de prostitution. *Une femme de mauvaise vie*, Une prostituée. = En parlant des choses physiques, *Mauvais* se dit des animaux et des choses qui n'ont pas les qualités propres à leur destination, à l'emploi qu'on en veut faire, etc. *Un m. cheval. Un m. chien de chasse. Il a de mauvaises jambes. M. pain. Ce vin est fort m. De mauvaise viande. Un m. dîner. Mauvaise chère. Cette fleur exhale une mauvaise odeur. Ce fruit a m. goût. Cette médecine est bien mauvaise à prendre. Ce tabac est m. Une mauvaise terre. Un m. pré. L'air est m. dans ce pays. M. drap. Mauvaise toile. Voilà de m. fer. Un m. couteau. Un m. lit. Un m. chemin. Mauvaise maçonnerie. Une mauvaise idée. Un m. moyen. Mauvaise méthode.* || Se dit des œuvres de l'intelligence et de l'art qui manquent des qualités requises pour plaire. *Un m. poème. Une mauvaise comédie. De m. vers. Un m. tableau. Une mauvaise musique. Une mauvaise phrase. Une mauvaise façon de parler. Un m. raisonnement.* — *Une mauvaise plaisanterie*, Une plaisanterie sans sel ou grossière. || Se dit des fonctions physiologiques, lorsqu'elles ne s'accomplissent pas d'une façon normale ou régulière. *Il a une fort mauvaise vue. Ses digestions sont mauvaises. Il a une mauvaise constitution, une mauvaise santé.* — Par anal., *Une mauvaise mémoire. Mauvaise tête.* Voy. Tête. || Nuisible, incommode, dangereux, désavantageux, défavorable. *Une vie trop sédentaire est mauvaise pour la santé. Le froid est m. aux vieillards. Rendre de m. offices à quelqu'un. Il a reçu de mauvaises nouvelles. Il a fait une mauvaise rencontre. Se tirer d'un m. pas. Il est en m. état, en mauvaise posture. Voilà un bien m. temps pour voyager. L'année a été mauvaise pour les fruits. C'est une mauvaise affaire pour lui. C'est un bien m. métier. Faire courir de m. bruits sur le compte de quelqu'un. M. augure. M. présage. M. pronostic. Il a m. air, mauvaise mine, une mauvaise physionomie.* — *Avoir mauvaise mine*, signifie aussi, Avoir le visage défait. On dit, dans le même sens, *Avoir m. visage.* || *Prendre, interpréter une chose en mauvaise part*, Lui donner un sens fâcheux, un sens malin, s'en fâcher. || *Les temps sont m.*, se dit des temps de disette, de trouble, d'oppression. || Avec la négation, *Mauvais* signifie souvent Assez bon, ou même Fort bon, selon le ton qu'on y donne. *Ce n'est pas un m. écrivain. Ce poème-là n'est pas m. Que vous semble de ce vin? Il n'est pas m. Cela n'est pas si m.* = Mauvais, s. m. Ce qu'il y a de défectueux, de vicieux dans la chose ou dans la personne dont il s'agit. *Il faut prendre le bon et le m. d'une affaire. Il y a du bon et du m. dans cet homme. Il ne voit jamais que le m. d'un ouvrage.* || Fam., *Faire le m.*, Menacer de battre, faire du désordre, se montrer opiniâtre. || Fam., on dit quelquefois, *Oh! le m. Oh! la mauvaise*, Pour reprocher amicalement à quelqu'un sa malice, son esprit railleur. = Mauvais s'emploie encore adverbialement, mais alors il est toujours joint à un verbe. *Sentir m.*, Exhaler une odeur désagréable. || *Il fait m.*, Il fait un temps pluvieux, etc. *Il fait m. marcher*, On marche difficilement. || *Trouver m.*, Désapprouver. *Ne trouvez pas m. que je vous interrompe. Je trouve très m. que vous vous mêliez de mes affaires.*

**Syn.** — *Méchant.* — *Mauvais* et *Méchant* renferment l'idée positive du mal; mais *mauvais* se dit de toutes sortes de choses, particulièrement des choses naturelles, tandis que *méchant* se dit principalement des individus et des choses humaines, c.-à-d. de ce qui est moralement *mauvais*. Enfin, quand on applique ces épithètes aux personnes, on trouve encore une différence. Le *mauvais* l'est par instinct ou par nature; le *méchant* commet des méchancetés par réflexion et parce qu'il le veut. Le *méchant* est *mauvais* quand il a l'occasion de faire du mal; mais, de plus, il cherche les occasions d'en faire. Voy. aussi Chétif et Malfaisant.

**MAUVAISEMENT.** adv. [Pr. *movè-zeman*]. D'une manière mauvaise.

**MAUVAISETÉ.** s. f. [Pr. *mo-vè-zeté.*] Caractère mauvais.

**MAUVE.** s. f. [Pr. *mô-ve*]. (lat. *malva*, m. s.; gr. μολόχη et μαλάχη, m. s., probablement de μαλακός, mou). T. Bot. Genre de plantes Dicotylédones (*Malva*) de la famille des *Malvacées*. Voy. ce mot. || Se dit adject. et subst. de la teinte des fleurs de cette plante. *Une robe m., Une étoffe d'un m. clair.*

**MAUVE.** s. f. [Pr. *mô-ve.*] (all. *Moöwe*, m. s.). T. Ornith. Synonyme de *Mouette*.

**MAUVANILINE.** s. f. [Pr. *môva.....*] (R. *mauve* et *aniline*). T. Chim. Matière colorante qui teint la soie et la laine en mauve, et que l'on trouve dans les résidus de la fabrication de la fuchsine.

**MAUVÉINE.** s. f. [Pr. *môvé-ine.*] (R. *mauve*). T. Chim. Matière colorante de la classe des *Safranines*. C'est la première couleur d'aniline qu'on ait employée industriellement. Elle se forme quand on oxyde, à l'aide du bichromate de potassium, un mélange de toluidine et d'aniline. Elle est cristallisable, soluble en violet dans l'alcool; l'addition d'un acide fait passer la solution au pourpre. Elle teint la soie en mauve, mais elle n'est plus guère employée que pour l'impression des timbres-poste.

**MAUVEZIN,** ch.-l. de c. (Gers), arr. de Lectoure; 2,500 hab.

**MAUVIETTE.** s. f. [Pr. *mô-viè-te.*] (Dimin. de *mauvis*). T. Ornith. Nom vulgaire des *Alouettes*. Voy. ce mot. || Fig. *Une m.* Une jeune fille frêle, chétive. Fam.

**MAUVIS.** s. m. [Pr. *mô-vi.*] (celt. *milhuez*, Alouette). T. Ornith. Genre de Passereaux. Voy. Merle.

**MAUZÉ,** ch.-l. de c. (Deux-Sèvres), arr. de Niort; 1,600 hab.

**MAVROCORDATO.** Voy. Maurocordato.

**MAXENCE,** fils de Maximien Hercule, usurpa le titre d'empereur en 306, fut vaincu par Constantin en 312, et se noya dans le Tibre.

**MAXILLAIRE.** adj. 2 g. [Pr. *maksil-lère*] (lat. *maxilla*, mâchoire). T. Anat. Qui a rapport à la mâchoire. *Os, nerfs, artères maxillaires.* || Se dit substant., pour désigner les os maxillaires. *On lui a fait l'ablation du m. supérieur.*

**MAXILLÉ, ÉE.** adj. [Pr. *maksil-lé*] (lat. *maxilla*, mâchoire). T. Zool. *Coquille maxillée*, Dont la charnière offre des dents longues et nombreuses.

**MAXILLEUX, EUSE.** adj. [Pr. *maksil-leu, euze*] (lat.

*maxilla*, mâchoire). T. Entom. Dont les mâchoires sont très grandes.

**MAXILLO-DENTAIRE**. adj. 2 g. [Pr. *maksil-lodantère*]. T. Anat. Qui appartient à la mâchoire et aux dents.

**MAXILLO-LABIAL, ALE**. adj. [Pr. *maksil-lo-labial.*] T. Anat. *Muscle maxillo-labial*. Muscle qui s'insère par un petit tendon à la lèvre inférieure qu'il écarte de la supérieure.

**MAXILLO-MUSCULAIRE**. adj. 2 g. [Pr. *maksil-lomuskulère.*] T. Anat. Qui appartient à la mâchoire et aux muscles.

**MAXIME**. s. f. [Pr. *maks-ime.*] (lat. *maxima*, très grande). Proposition générale qui sert de principe, de fondement, de règle dans un art, dans une science, et particulièrement dans la conduite de la vie. *M. générale, fondamentale. Une m. judicieuse. Une m. mauvaise, fausse. De dangereuses maximes. M. de morale, de politique. C'est une m. reçue parmi les théologiens. Suivre de certaines maximes. Changer de maximes. C'est là sa m. — Les Maximes de la Rochefoucauld. Les Maximes des saints*, par Fénelon, etc. || Terme mus. anc. Note dont la forme était un rectangle terminé par une queue verticale au côté droit, et qui valait huit rondes dans les mesures binaires et douze dans les ternaires = Syn. Voy. Aphorisme.

**MAXIME PÉTRONE**, empereur romain, succéda en 465 à Valentinien III, dont il épousa la veuve Eudoxie. Ayant fui devant Gensérie, il fut tué par ses soldats la même année.

**MAXIME PUPIEN**, empereur romain, élu avec Balbin, après la mort des deux Gordiens, fut égorgé par les prétoriens (238).

**MAXIMER**. v. a. [Pr. *maksi-mer*] (R. *maximum*). Établir le maximum.

**MAXIMER**. v. a. [Pr. *maksi-mer*] (R. *maxime*). Faire maxime de...

**MAXIMIEN HERCULE**, empereur romain, avait été associé à l'empire par Dioclétien (286). Expulsé par son fils Maxence, il se réfugia auprès de Constantin, son gendre, puis, ayant voulu l'assassiner, il fut contraint de s'étrangler (310).

**MAXIMILIEN Ier**, fils de Frédéric III d'Autriche, épousa Marie de Bourgogne, dont il eut Philippe le Beau. Empereur d'Allemagne de 1493 à 1519, il fut mêlé à toutes les guerres entre la France et l'Italie, et ajouta le Tyrol à ses États. || Maximilien II succéda à son père Ferdinand Ier comme empereur d'Allemagne (1564-1576).

**MAXIMILIEN** *le Grand*, duc de Bavière de 1597 à 1619; allié de Ferdinand d'Autriche dans la guerre de Trente Ans.

**MAXIMILIEN** (Joseph), roi de Bavière de 1806 à 1825.

**MAXIMILIEN** (Ferdinand-Joseph), 2e fils de l'archiduc François-Charles et frère de l'empereur d'Autriche François-Joseph, accepta la couronne impériale du Mexique (1863), à la suite de l'expédition des Français; il fut pris et fusillé à Queretaro (1867).

**MAXIMIN**, empereur romain (235-238), assassin d'Alexandre Sévère, son prédécesseur, fut tué à son tour par ses soldats.

**MAXIMIN DAÏA**, empereur romain (305-314), neveu de Galérius, s'allia à Maxence contre Licinius, et mourut après sa défaite.

**MAXIMUM**. s. m. [pron. *maks-imome*] (mot lat. qui est le superl. neutre de *magnus*, grand). Le plus haut degré auquel une chose puisse être portée. *Il a obtenu le m. des pensions de son grade. On lui a appliqué le m. de la peine. Ce dévouement est le m. de la vertu. Cette prétention est le m. du ridicule.*

**Math**. — On appelle m. d'une fonction, non pas la plus grande valeur que puisse prendre cette fonction, mais une valeur *plus grande que toutes les valeurs infiniment voisines*. En termes plus précis, une fonction d'une variable $f(x)$ est max. par $x = x_0$ si l'on peut trouver un nombre positif $h$ si petit qu'il soit, tel que pour toute valeur de $x$ comprise entre $x_0 - h$ et $x_0 + h$, on ait : $f(x) < f(x_0)$. De même une fonction de plusieurs variables $f(x, y, z...)$ est max. pour $x = x_0$, $y = y_0$, $z = z_0$, etc., si l'on peut trouver des nombres positifs $h$, $k$, $l$, tels que, tant qu'on aura $x_0 - h < x < x_0 + h$, $y_0 - h < y < y_0 + h$, $z_0 - h < z < z_0 + h$, etc., on aura ainsi : $f(x, y, z...) < f(x_0, y_0, z_0)$. Le minimum d'une fonction se définit d'une manière analogue. Voy. Fonction.

**Obs. gram**. — Le pluriel de maximum est *maxima*, qui, par conséquent, n'est pas un féminin. On ne doit pas dire une température maxima, mais une température maximum, et l'on ne doit pas écrire des maximums mais des maxima.

**Écon. polit**. — On appelle *lois de maximum*, des lois qui, dans le but d'empêcher une hausse des prix que le législateur croit dangereuse ou produite par la malveillance, interdisent de vendre les choses au-dessus d'un certain prix déterminé. Il n'est pas nécessaire de remarquer que les lois de ce genre portent l'atteinte la plus grave et la plus directe au principe de la liberté du travail et de l'industrie : elles sont donc souverainement injustes. En outre, bien loin d'atteindre le but qu'elles se proposent, elles produisent l'effet diamétralement opposé. — Il est impossible au législateur de fixer, même pour un temps très court, le prix des choses, lequel est de sa nature excessivement variable, puisqu'il dépend d'une multitude de circonstances que l'autorité publique est impuissante à réglementer. Lorsque la loi, se substituant au jeu naturel de l'offre et de la demande, prétend régler le prix des denrées et marchandises, il arrive l'une de ces trois choses. Ou bien le max. fixé est au-dessus du prix réel ; dans ce cas la loi n'a pour effet que de jeter l'inquiétude dans l'esprit des producteurs et des consommateurs. Ou bien le max. se trouve, par accident, égal au prix courant des denrées ; dans ce cas, l'inquiétude semée par la loi tend sur-le-champ à faire hausser le prix de ces dernières, en provoquant l'accroissement de la demande et la diminution de l'offre. Ou bien, et c'est là le cas le plus ordinaire, le max. se trouve être inférieur au prix courant naturel tel qu'il ressortirait du jeu de l'offre et de la demande laissées à leur libre action, et alors la loi commet un attentat contre la propriété, car elle dit positivement aux producteurs : « J'ordonne que vous vendiez à perte ou sans le bénéfice que vous pourriez faire en compensation de vos soins et de vos peines. » Or, personne n'étant disposé à travailler à perte ou sans bénéfice, il faut que les vendeurs, et même les acheteurs, aient recours à divers artifices, comme agios et bonifications, pour se soustraire à la gêne du tarif imposé. Mais ce qui est désastreux, c'est que, d'une part, la production s'arrête et les approvisionnements commerciaux se suspendent, double phénomène que l'autorité la plus despotique ne peut empêcher de se produire, et, d'autre part, la consommation tend à s'accroître. La production s'arrête ou se ralentit, parce que le producteur craint de ne pas obtenir pour ses denrées un prix suffisamment rémunérateur. Les approvisionnements commerciaux se suspendent et les marchés sont mal approvisionnés, parce que les détenteurs de produits et les producteurs ne peuvent plus opérer et offrir leurs marchandises en toute liberté, parce que les menaces de la loi font trembler les commerçants qu'on accuse d'accaparement. La diminution de la production et la rareté déterminée sur les marchés par l'absence d'approvisionnements commerciaux augmentent donc encore l'écart entre le prix légal et le prix courant ou naturel. Ceux-là seulement qui sont en état de payer les produits à leur valeur actuelle vraie peuvent se procurer les choses dont ils ont besoin ; mais, en outre, comme leur prévoyance est surexcitée par les mesures administratives elles-mêmes, ils achètent plus qu'ils n'achèteraient dans les conditions ordinaires, et, tandis que les commerçants n'osent plus faire de grands approvisionnements pour alimenter les marchés, les consommateurs en font une multitude de petits qui se trouvent hors de la circulation. Les personnes peu aisées et les classes ouvrières sont donc celles qui ont le plus à souffrir de l'action des lois de max., bien que ces lois aient toujours, à l'origine, la prétention de les favoriser. Non seulement les classes pauvres ou laborieuses voient sans cesse le prix des choses s'élever par l'effet immédiat des mesures décrétées par le législateur, mais encore ces mêmes mesures ont pour effet médiat de diminuer la quantité de travail offert, et d'amener la baisse ou même la suppression des salaires dont vivent ces classes. De là, pour elles, une misère effroyable, et qui ne peut que s'accroître indéfiniment.

L'histoire est là pour montrer que les effets des lois de

max. sont bien tels que nous venons de les décrire. Pour ne pas parler de la loi du max. rendue en 1304 par Philippe le Bel, loi que ce prince se vit bientôt obligé de retirer, nous ne rappellerons que les faits qui se sont passés pendant la Révolution. L'année 1793 ayant débuté avec la disette, loin de comprendre que la sécurité de moins en moins assurée amenait fatalement le ralentissement de la production et de la circulation, c.-à-d. la rareté et la cherté progressive des produits, la Convention, dont les membres étaient pour la plupart imbus des préjugés populaires relativement au commerce des grains, et parfaitement ignorants des principes fondamentaux de la science économique, la Convention, disons-nous, s'imagina qu'elle pourrait maîtriser la loi naturelle de l'offre et de la demande, et rétablir l'approvisionnement des marchés au moyen de la violence et de la terreur. Le 11 sept. de cette année, elle rendit le fameux décret qui déterminait un max. pour le prix des grains, des farines et des fourrages. Le 29 du même mois, un autre décret étendait la même mesure à tous les objets de première nécessité sans exception, et établissait en même temps un max. pour les gages, les salaires, la main-d'œuvre et les journées de travail. Ces mesures furent couronnées par un dernier décret du 1er nov., destiné, selon ses auteurs, à faciliter l'exécution des précédents. Ce décret menaçait de traiter comme *suspect*, c.-à-d. d'envoyer en prison, puis au tribunal révolutionnaire, les marchands ou fabricants qui, pour ne pas se ruiner, cesseraient leur commerce ou leur fabrication. L'application de ces mesures jeta le gouvernement dans un dédale inextricable d'embarras de tout genre, exposa les vendeurs et les acheteurs à des vexations et à des dangers sans nombre, et enfin porta, comme on devait s'y attendre, la crise industrielle et la disette à leur apogée. Aussi peu à peu l'opinion publique comprit que le max. était un détestable moyen de faciliter l'approvisionnement des marchés et de faire renaître l'abondance, et enfin la Convention, forcée de reconnaître son erreur, rapporta, par un décret du 24 déc. 1794, toutes ses résolutions précédentes. « Les esprits les moins éclairés, déclara-t-elle alors, savent aujourd'hui que la loi du maximum anéantissait de jour en jour le commerce et l'agriculture : plus cette loi était sévère, plus elle devenait impraticable.... C'est donc cette loi, devenue si désastreuse, qui nous a conduits à l'épuisement.... C'est à l'industrie, dégagée d'entraves, c'est au commerce régénéré à multiplier nos richesses et nos moyens d'échange. Les approvisionnements de la république sont confiés à la concurrence et à la liberté. »

**MAYAS**, Indiens de l'Amérique centrale, dans le Yucatan et le Guatémala.

**MAYENCE**, v. forte, ch.-l. de la prov. Rhénane (Hesse-Darmstadt), sur la rive gauche du Rhin, en face de son confluent avec le Main ; 65,700 hab. ; patrie de Gutenberg. = Nom des hab.: Mayençais, aise.

**MAYENNE**, riv. de France, naît sur la limite du dép. de l'Orne, passe à Laval, se réunit à la Sarthe, à 3 kil. en amont d'Angers, et forme avec elle la Maine ; 195 kil.

**MAYENNE** (Dép. de la), formé d'une partie du Maine et de l'Anjou ; ch.-l. *Laval* ; 2 autres arr. *Château-Gontier*, *Mayenne* ; pop. 332,400 hab.

**MAYENNE**, ch.-l. d'arr. du dép. de la Mayenne, à 29 kil. N. de Laval sur la Mayenne ; 10,400 hab. Toiles, filatures de coton.

**MAYENNE** (Charles de Lorraine, duc de), 2e fils de François de Guise (1554-1611), succéda à son frère Henri le Balafré comme chef de la Ligue, fut vaincu à Arques et à Ivry, et fit sa soumission après l'abjuration de Henri IV.

**MAYER** (Simon), Voy. Marius.

**MAYER** (Tobie), astronome allem. (1723-1762).

**MAYER** (Jules **ROBERT** de), physicien et médecin allemand (1814-1878).

**MAYET**, ch.-l. de c. (Sarthe), arr. de La Flèche ; 3,400 hab.

**MAYET-DE-MONTAGNE** (Le), ch.-l. de c. (Allier), arr. de Lapalisse ; 2.900 hab.

**MAYNARD**, poète fr. (1582-1646).

**MAYNE-REID**, romancier et voyageur irlandais (1818-1883).

**MAYNZ** (Charles), jurisconsulte belge (1812-1882).

**MAYO**, comté d'Irlande, prov. de Connaught, 245,200 hab., ch.-l. *Castlebar*.

**MAYONNAISE**, s. f. [Pr. *mayo-nè-ze*] (Corrupt. de *mahonnaise*, de *Mahon*, cap. de l'île Minorque, prise par Richelieu). Sauce froide composée d'un jaune d'œuf battu avec de l'huile, jusqu'à ce qu'elle ait pris consistance, et relevée de vinaigre. || Par extens. Plat servi avec cette sauce. *Une m. de homard, de volaille.* — On écrit aussi *magnonaise*.

**MAYOTTE**, île de la mer des Indes, une des Comores (Afrique) ; 9,250 hab. (à la France).

**MAYTENUS**. s. m. [Pr. *mè-té-nuss.*] T. Bot. Genre de plantes Dicotylédones de la famille des *Célastracées*. Voy. ce mot.

**MAZAGRAN**. s. m. Boisson faite de café noir mêlé d'eau, de sucre et d'eau-de-vie, et qui date historiquement de la défense de Mazagran.

**MAZAGRAN**, vge d'Algérie (prov. d'Oran) ; 1,600 hab. En 1840, 123 Français y résistèrent à 12,000 Arabes.

**MAZAMET**, ch.-l. de c. (Tarn), arr. de Castres ; 14,700 hab. Draps, flanelles, cuirs, laines. = Nom des hab. : Mazamétois, oise.

**MAZANIELLO**, Voy. Masaniello.

**MAZARE**. s. f. Voy. Matare et Lance.

**MAZARIN** (*Giulio Mazarino*, dit), cardinal-ministre de Louis XIII, d'Anne d'Autriche et de Louis XIV, né en Italie en 1602 ; vint en France sous Richelieu qui lui confia des missions diplomatiques et le fit nommer cardinal, lui succéda comme ministre en 1642, et gouverna jusqu'à sa mort (1662). Il eut à lutter contre la Fronde en 1648 ; et en 1659 il conclut avec l'Espagne le glorieux traité des Pyrénées. Il fut un diplomate habile, mais son avarice, ses dilapidations et sa mauvaise foi le rendirent impopulaire.

**MAZARIN**. s. m. T. Cuis. Gros biscuit découpé après cuisson, arrosé de kirsch, sucré et reformé ensuite. || Partisan de Mazarin.

**MAZARINADE**. s. f. Pamphlet contre Mazarin. On a publié une très curieuse *Bibliographie des Mazarinades* (Paris, 1850-1855).

**MAZARINISME**. s. m. Attachement au parti de Mazarin.

**MAZARINISTE**. s. Partisan de Mazarin.

**MAZAS**, prison de Paris, construite en 1850 sur le boulevard du même nom, détruite en 1898.

**MAZDÉISME**. s. m. Religion de Zoroastre. Voy. Zend et Sabéisme.

**MAZÉAGE**. s. m. T. Métallurg. Première opération de l'affinage à la houille. Voy. Fer. VIII, 4° B.

**MAZEAU**. s. m. Plaque de fonte dicarburée provenant du mazéage.

**MAZELINE** (Pierre), sculpteur fr. (1633-1708).

**MAZELLE**. s. f. [Pr. *mazè-le*]. Fonte projetée sur des laitiers dans l'affinage bergamasque.

**MAZENDÉRAN** ou **MAZANDÉRAN**, prov. de la Perse septentrionale ; 300,000 hab. Ch.-l. *Amol*.

**MAZEPPA**, chef des Cosaques de l'Ukraine, fut l'allié de Charles XII contre Pierre le Grand (1644-1709). La légende raconte que dans sa jeunesse, surpris par un mari, il fut attaché nu à un cheval fougueux qui l'aurait laissé aux trois quarts mort après une course effrénée.

**MAZER.** v. a. Faire subir à la fonte l'opération du mazéage. = MAZÉ, ÉE. *Fontes mazées.*

**MAZERIE.** s. f. Lieu où l'on maze la fonte. || Feu de forge destiné au premier affinage de la fonte.

**MAZETTE.** s. f. [Pr. *mazè-te*]. Mauvais petit cheval. *Il était monté sur une vieille m.* || Fig. et fam., celui qui manque de force ou d'ardeur, soit en marchant, soit en portant un fardeau. *Vous n'allez pas, vous êtes une m.* — Se dit plus souvent d'une personne inhabile à quelque jeu qui demande de la combinaison et de l'adresse. *Il ne sait pas jouer, c'est une mazette.*

**MAZIÈRES-EN-GATINE**, ch.-l. de c. (Deux-Sèvres), arr. de Parthenay; 1,200 hab.

**MAZOIS.** Archit. et archéologue fr. (1783-1826).

**MAZURKA.** s. f. Danse nationale en usage dans la Mazovie, ancienne prov. de la Pologne. || Se dit aussi des airs sur lesquels on exécute cette danse. *Les mazurkas s'écrivent à trois temps.*

**MAZZINI** (GIUSEPPE). Patriote ital. né à Gênes; fondateur d'une société secrète (La jeune Italie). En 1848, il fit partie du triumvirat romain (1808-1872).

**MAZZUCHELLI.** Biographe et numismate ital. (1707-1765).

**ME.** pron. pers. sing. des 2 g. (lat. *me*, moi).
**Obs. gram.** — *Me* a la même signification que *je* et *moi*, mais il n'est jamais employé comme sujet. Tantôt il est régime direct : *Cet enfant me chérit;* tantôt il est régime indirect, et alors il signifie *à moi : Il me donne de bons conseils; Les malheureux me sont sacrés.* Comme on le voit par ces exemples, *Me* se place toujours devant le verbe. Cette règle ne souffre qu'une seule exception, c'est lorsqu'il arrive à la fois : 1° que le verbe est à l'impératif; 2° que la phrase est affirmative; 3° que la particule *en* suit immédiatement le pronom : *J'ai besoin de sages conseils, donnez-m'en; Vous m'avez mis dans l'embarras, retirez-m'en.* — Lorsque le verbe a plusieurs pronoms régimes, *me* doit être placé le premier : *Accordez-moi cette grâce; si vous me la refusez j'en serai vivement affecté.* Dans les phrases où il y a deux verbes, on place ordinairement *me* près du verbe qui le régit : *On ne saurait me faire ce reproche.* Toutefois c'est surtout l'oreille qu'on doit consulter, et par ex., on ne ferait point une faute en disant : *On ne me saurait faire ce reproche;* bien que cette façon de parler soit plus dure que la précédente. *Me* doit toujours se répéter avant chaque verbe employé à un temps simple : *Il me flatte et me loue;* mais lorsque les verbes sont à des temps composés, on peut sous-entendre le second pronom *me* devant le second verbe, ainsi que l'auxiliaire qui précède celui-ci, pourvu que les deux verbes demandent le même régime. On dit donc également : *Il m'a loué et récompensé généreusement*, et *il m'a loué et m'a récompensé généreusement.* — *Me* s'élide devant un verbe qui commence par une voyelle, ainsi que devant les particules *y* et *en. Vous m'aimez; Venez m'y prendre, ne m'en parlez plus.* Quant à la particule *y* unie à *me*, on ne s'en sert jamais après le verbe. On ne dit pas : *Menez-m'y, attendez-m'y;* mais, *je vous prie de m'y mener, vous m'y attendrez.* Grammaticalement on pourrait dire : *Menez-y-moi; Attendez-y-moi*, mais on doit rejeter, au nom de l'euphonie, ces façons de parler bizarres.

**MÉ**, préfixe qui a un sens privatif et péjoratif, et qui dérive du lat. *minus*, moins, comme le montrent les formes provençale *mens* et espagnole *menos;* il devient *més* devant une voyelle. Ex. : *compte, mécompte; allier, mésallier.*

**MEÂ-CULPÂ.** s. m. (mots latins du *Confiteor*, sign. par ma faute). Aveu que quelqu'un fait de sa faute. *Il a fait son m. c.*

**MÉAN.** s. m. Cinquième réservoir d'un marais salant.

**MÉANDRE.** s. m. (gr. Μαίανδρος, n. d'un fleuve). Se dit, en poésie, par allus. au fleuve de ce nom, des sinuosités d'un cours d'eau. *Ce ruisseau décrit mille méandres.* || T. Archit. Syn. de *Grecque.*

**MÉANDRE**, fleuve de l'Asie Mineure, célèbre par ses nombreux détours. Aujourd'hui *Menderch.*

**MÉANDRINE.** s. f. (R. *méandre*). T. Zool. Espèce de *Cœlentéré.* Voy. ZOANTHAIRES.

**MÉANDRIQUE.** adj. 2 g. Qui est plein de méandres, de sinuosités. || Fig. Qui est énigmatique, amphibologique.

**MÉAT.** s. m. [Pr. *mé-a*] (lat. *meatus*, m. s., de *meare*, couler). T. Anat. Conduit. *M. auditif.* — *M. urinaire.* Orifice externe du canal de l'*urèthre*. Voy. ce mot. || T. Bot. *M. intercellulaire.* Espace plus ou moins large et rempli d'air, que laissent entre elles les cellules végétales dans les points où leur forme sphérique s'oppose à ce qu'elles soient en contact.

**MÉATH**, comté maritime d'Irlande, prov. de Leinster; ch.-l. *Nanan;* 2,400 hab. Le comté a 87,469 hab.

**MÉAU.** s. m. Nom donné à de petites solives qui forment un grillage dans les grands pressoirs.

**MEAUX**, ch.-l. d'arr. du dép. de Seine-et-Marne, à 50 k. N.-E. de Melun; 12,900 hab. Évêché, occupé par Bossuet de 1682 à 1704. = Nom des hab. : MELDOIS, OISE.

**MÉCANICIEN, IENNE** s. [Pr. *mékanisi-in, iène*]. Celui qui possède la science appelée mécanique. || Celui qui invente ou qui construit des machines. || Par extens., dans les chemins de fer, les bateaux à vapeur, etc., l'ouvrier qui est chargé de la direction de la locomotive ou de la machine à vapeur. || Ouvrière qui travaille à la machine à coudre.

**MÉCANIQUE.** s. f. (gr. μηχανή, machine). La science qui a pour objet la connaissance et l'application des lois du mouvement et de l'équilibre, ainsi que des forces motrices et des machines. || La structure naturelle ou artificielle d'un corps, d'une chose. *La m. du corps humain. La m. d'une montre.* || Machine. *Voilà une belle m. Une étoffe fabriquée à la mécanique.*

**Méc.** — I. — La *M.* est la science qui a pour objet l'étude du mouvement tel qu'on l'observe dans la Nature. Comme, par suite d'une abstraction que nous avons expliquée au mot FORCE, on rapporte le mouvement des corps à des causes qui leur sont extérieures et qu'on a appelées *forces*, on a pu dire que la m. est la science des forces; mais ainsi que nous l'avons expliqué au même endroit, il ne faut jamais perdre de vue que l'idée même de force ne joue dans la science qu'un rôle intermédiaire permettant de raisonner plus facilement sur les phénomènes observés. Aussi, malgré tout son appareil de formules algébriques et de spéculations géométriques, la m., qui emprunte ses principes premiers à l'expérience, est-elle une branche de la physique.

A l'origine, elle n'avait pour objet que des connaissances pratiques sur la construction, le jeu et l'emploi des machines, et c'est de là que cette science tire son nom.

Aujourd'hui, il est d'usage de diviser la m. en trois parties : 1° la *cinématique* qui étudie les propriétés géométriques du mouvement, abstraction faite des causes qui le produisent; 2° la *statique*, ou science de l'équilibre qui recherche les conditions que doivent remplir les forces appliquées à un système matériel pour s'y faire équilibre, c.-à-d. pour détruire mutuellement leur effet (Voy. ÉQUILIBRE) ; 3° la *dynamique*, qui cherche à déterminer le mouvement d'un système matériel quand on connaît les forces qui agissent sur lui et, réciproquement, à déterminer les forces capables de produire un mouvement connu. Or, d'une part, la cinématique n'est qu'une branche de la géométrie, et la statique n'est qu'un cas particulier de la dynamique, celui où les mouvements produits par les forces se détruisent mutuellement, de sorte que les forces sont sans action. La division précédente est donc absolument arbitraire et bonne, tout au plus, à mettre un peu d'ordre dans les matières enseignées; mais elle n'a aucun caractère philosophique. Il est vrai qu'en faisant sur les forces certaines hypothèses *à priori* on peut établir toute la statique des corps solides sans faire appel ni à la cinématique, ni à la dynamique. Poinsot a écrit, dans cette manière de voir, un traité de *statique* qui est un chef-d'œuvre de logique et d'ingéniosité, et son exemple est encore suivi dans plusieurs traités récents. Cependant, cette marche nous paraît contraire à l'ordre logique des idées, et à la nature même de l'idée de force qui ne paraît guère pouvoir être séparée de l'idée de mouvement; elle a surtout l'inconvénient de nécessiter une multiplication inutile des axiomes et d'obliger à démontrer par des raisonnements plus ou moins pénibles des propositions qui s'établissent presque sans peine dès qu'on considère l'équilibre comme un cas particulier du mouvement. En particulier, la composition des forces, dans la théorie de Poinsot, doit être établie directement, ce qui se fait assez péniblement, tandis que dans l'autre théorie, elle découle immédiatement de la composition des vitesses et des accélérations qui, elle, ne dépend que de la géométrie, et est pour ainsi dire immédiate. Voy. FORCE.

Les principes sur lesquels repose la m. sont assurément d'origine expérimentale ; cependant, ils n'ont pas été fournis directement par l'expérience, mais ils ont été dégagés, par une sorte d'abstraction, des phénomènes complexes que nous observons. Ce sont, pour ainsi dire, des hypothèses dont la vérité ou tout au moins l'utilité se vérifie par ce fait que les conséquences les plus lointaines qu'on en a tirées se sont toujours trouvées d'accord avec l'expérience. Ces principes sont, du reste, en fort petit nombre ; nous avons indiqué et expliqué les principaux d'entre eux au mot FORCE. Nous nous bornerons à les rappeler ici :

1° Notion du point matériel, dérivée par abstraction de la notion d'un corps dont, par la pensée, on supprime les dimensions ;

2° Principe de l'inertie, d'après lequel un point matériel qui n'est soumis à l'action d'aucune force se meut d'un mouvement rectiligne et uniforme, ce qui comprend le repos comme cas particulier ;

3° Principe de l'indépendance de l'effet d'une force agissant sur un point matériel et du mouvement antérieur de ce point ;

4° Principe de l'indépendance des effets des forces agissant sur un même point matériel ;

5° Une même force appliquée à un même point matériel lui imprime toujours la même accélération, quelle que soit la direction suivant laquelle elle agit ;

6° Si un point matériel soumis à l'action de plusieurs forces est en équilibre, un autre point matériel sera également en équilibre lorsqu'on lui appliquera les mêmes forces agissant suivant les mêmes directions.

Ces six principes suffisent à établir le théorème fondamental d'après lequel les *forces sont proportionnelles aux accélérations qu'elles impriment à un même point matériel*, théorème qui à lui seul équivaut à tous les principes précédents et d'où l'on déduit, d'une part la notion de *masse*, et qui, d'autre part, ramène à de simples problèmes de cinématique, c.-à-d. de géométrie, toutes les questions qu'on peut se poser sur la dynamique du point matériel. Il ne s'agit plus, en effet, que de déterminer le mouvement définitif, connaissant les accélérations des mouvements composants, ou, inversement, de décomposer un mouvement donné en d'autres, suivant certaines conditions imposées, et de déterminer les accélérations de ceux-ci. Le point de départ de cette recherche est l'équation fondamentale $F = m\gamma$ qui exprime que la force F est égale au produit de la masse $m$ par l'accélération $\gamma$. Voy. FORCE.

Mais la nature nous présente des *corps* et non des *points matériels*. Pour étudier les lois du mouvement des corps, il est nécessaire d'invoquer d'autres principes. Or, on peut se représenter les corps comme composés de points matériels agissant les uns sur les autres suivant des lois déterminées. Par exemple, dans un *solide invariable*, les distances mutuelles des points matériels sont assujetties à rester invariables. Dans un liquide, les points matériels peuvent se mouvoir les uns par rapport aux autres, mais le volume total qu'occupe chaque portion du liquide doit rester invariable. Enfin, un gaz peut être considéré comme formé de points matériels se repoussant les uns les autres, ou, suivant la théorie cinématique, comme formé de molécules animées de grandes vitesses, et sans action les unes sur les autres, ces molécules pouvant être assimilées à de petits corps solides, au moins dans une première approximation. De toute manière, un corps peut être considéré comme un *système à liaisons*, c.-à-d. comme un ensemble de points matériels assujettis à certaines conditions qui peuvent s'exprimer par des équations et qu'on appelle les *liaisons*. Pour établir la dynamique de pareils systèmes, il suffit de deux nouveaux principes :

7° Le principe de l'*égalité de l'action et de la réaction* qui a été formulé par Newton et qui consiste en ce que toute force est appliquée à un point matériel et émane d'un autre point matériel auquel est appliquée une force égale et de sens contraire. En d'autres termes, dans la nature, aucune force n'est isolée. Toutes les forces naturelles sont par groupes de deux forces égales, agissant en sens contraire sur deux points matériels et suivant la droite qui les unit. Voy. ACTION, RÉACTION.

8° Le dernier principe ne peut être bien compris qu'à la suite de quelques explications. Si un système à liaisons est soumis à l'action de certaines forces, on peut, par la pensée, supprimer les liaisons et les remplacer par des forces dites *forces de liaisons*, calculées de manière que, jointes aux forces données, elles déterminent un mouvement compatible avec les liaisons. Or, il est facile de montrer qu'ainsi posé, le problème est indéterminé ; on pourrait trouver une infinité de systèmes de forces de liaisons remplissant la condition énoncée, et à chacun de ces systèmes correspondrait un mouvement différent. Par exemple, si deux points sont assujettis à rester à la même distance l'un de l'autre, il suffira que la somme des projections de leurs vitesses et, par suite, de leurs accélérations, sur la droite qui les unit, soit nulle. Cette condition unique ne peut suffire à déterminer les *deux* forces de liaison qu'il faut appliquer à chaque point. Dans cet exemple, le principe de l'égalité de l'action et de la réaction suffirait à leur détermination ; dans le cas général, il n'en est pas ainsi, mais l'indétermination disparaît complètement si l'on suppose que *les forces de liaisons sont incapables de produire du travail* ou, d'une manière plus précise, *pour tout déplacement compatible avec les liaisons, le travail total des forces de liaison est nul*. (Pour la définition du mot *travail*, Voy. MACHINE et TRAVAIL.)

En réalité, ce 8e principe n'est pas rigoureusement exact ; il a été formulé à la suite d'une sorte d'abstraction par laquelle on a négligé, pour les traiter à part, les phénomènes de frottement, de résistances passives, qui consistent précisément en ce que les forces de liaisons sont incapables de produire du travail *positif*, mais produisent toujours du travail *négatif*. Par exemple, si un point est assujetti à rester sur une surface, le 8e principe veut que la réaction de la surface qui oblige le point à ne la point traverser soit *normale* à la surface. Il en est ainsi tant que le point est en repos ; mais s'il est en mouvement, il éprouve à se déplacer sur la surface une certaine résistance appelée frottement et la réaction de la surface se compose en réalité de deux composantes, l'une normale, l'autre tangente à la surface et dirigée en sens inverse de la vitesse ; elle est donc *oblique* et non normale. Cependant, le frottement étant un phénomène complexe, il était tout à fait conforme aux habitudes d'abstraction et d'analyse qui dominent les sciences, de séparer ces deux composantes de la réaction.

Quoi qu'il en soit, les huit principes que nous venons d'indiquer suffisent à établir toute la suite des raisonnements qui ont reçu le nom de *mécanique rationnelle*. Il est à peine utile d'ajouter que le développement et l'application de ces principes présente souvent d'assez grandes difficultés et exige toutes les ressources de l'analyse mathématique. Les difficultés deviennent particulièrement considérables dès qu'on sort de la mécanique des systèmes à liaisons simples pour aborder la mécanique des fluides, gaz ou liquides. On arrive assez aisément à poser les équations différentielles du problème ; mais ce sont des équations aux dérivées partielles dont, en général, on ne peut rien tirer. Aussi, cette partie de la science est-elle très peu avancée, et, pour ses applications, l'hydrodynamique est presque entièrement livrée à l'empirisme. Voy. HYDRODYNAMIQUE.

Les questions relatives au frottement se traitent assez facilement tant qu'il s'agit du frottement de deux corps solides l'un sur l'autre (Voy. FROTTEMENT) ; mais quand on vient à considérer le frottement d'un liquide contre les parois des canaux ou le frottement intérieur, la *viscosité* des liquides, on se heurte à des difficultés inextricables. La science perd alors son caractère rationnel pour se borner à des constatations empiriques dont on tire plus ou moins bien parti dans les applications.

La résolution du problème fondamental de la mécanique, dans la détermination du mouvement d'un système à liaisons, quand on connaît les forces qui agissent sur lui, comporte deux parties distinctes : 1° l'établissement des équations ; 2° l'intégration de ces équations. De la seconde partie, qui dépend entièrement de l'analyse mathématique, nous n'avons rien à dire. Quant à la première, elle se fait par l'emploi d'une méthode connue, à tort, sous le nom de principe de d'Alembert, et qui consiste à ramener toute question de dynamique à une question d'équilibre, c.-à-d. de statique. Voici comment : chaque point matériel du système est soumis à l'action des forces qui agissent sur lui, y compris les forces de liaisons, et sous l'influence de ces forces, il possède une accélération $\gamma$, ce qui revient à dire que la résultante des forces qui agissent sur lui est égale à $m\gamma$, $m$ désignant sa masse. Le point matériel serait donc en équilibre si on lui appliquait en sens inverse une force égale à $m\gamma$. Or, cette force fictive $m\gamma$, dirigée en sens inverse de l'accélération, a reçu le nom de *force d'inertie.* On peut donc dire que chaque point et, par suite, le système tout entier, est en équilibre sous l'action des forces qui lui sont appliquées, des forces de liaisons et des forces d'inertie. En réalité ce fameux principe n'est qu'un artifice de langage : dire que les forces d'inertie font équilibre aux forces qui agissent, c'est répéter en d'autres termes la définition du mot forces d'inertie. Quoi qu'il en soit, nous expliquerons au mot STATIQUE comment on écrit les équations de l'équilibre, et, par suite, celles du mouvement. Disons seulement ici que la méthode consiste à écrire que pour tout déplacement compatible avec les liaisons, le travail de toutes les forces du système est nul. C'est le *théorème du travail virtuel.* Voy. STATIQUE.

Les principes sur lesquels repose la m. ne sont pas à l'abri de toute critique. Sans doute, les conclusions de la m. rationnelle se sont toujours trouvées conformes à la réalité, ce qui suffit à montrer toute l'utilité des hypothèses invoquées ; mais il n'est pas prouvé que ces hypothèses soient les plus simples qu'on puisse imaginer. Il y a dans tout l'ensemble des principes fondamentaux quelque chose d'arbitraire et d'artificiel que nous avons essayé de faire ressortir au mot FORCE. L'idée de force elle-même est inséparable du principe de l'inertie, et celui-ci consiste, comme nous l'avons expliqué, à décomposer le mouvement d'un corps en deux parties, dont l'une, rectiligne et uniforme, est considérée comme le mouvement naturel du corps, et dont l'autre est attribuée à une force extérieure. On aurait pu faire la décomposition autrement et établir par cela même toute une autre série de principes. Enfin, dans toute la m. rationnelle, la force même n'est qu'un intermédiaire qu'on pourrait supprimer. Ce ne sont jamais que les accélérations qui figurent dans les équations. La manière dont on enseigne la m. présente donc, sinon au point de vue pratique, du moins au point de vue philosophique, des imperfections assez graves. Quelques auteurs ont essayé d'établir la m. rationnelle sur d'autres bases et notamment de substituer à la notion de force celle d'énergie ; mais, malgré leurs efforts, on n'est pas encore parvenu à édifier un corps de doctrine suffisamment simple pour remplacer l'ancien mode d'exposition.

Au reste, si la notion de force peut être aisément supprimée tant qu'on n'a égard qu'au mouvement, il n'en est plus de même dès qu'on considère les déformations que subissent les corps solides sous l'action de forces qui leur sont appliquées, et cette étude, d'une importance capitale dans les applications, constitue, sous le nom de *résistance des matériaux*, un chapitre important de la m.

II. — Poncelet a donné le nom de *m. industrielle* à la partie de la science qui concerne l'étude des machines principalement sous le rapport du travail. C'est lui qui a appelé l'attention sur l'importance des questions de rendement, et ses travaux ont été l'origine de grands progrès industriels en permettant l'établissement de machines qui fournissent la même quantité de travail avec moins de dépenses. Voy. MACHINE.

La *M. céleste* est l'étude théorique du mouvement des corps célestes, et principalement des planètes et de leurs satellites dans l'hypothèse que ces corps sont soumis à la force de la gravitation de Newton. Voy. PLANÈTE.

III. — Les anciens avaient porté la m. pratique, l'art de construire et d'employer les machines, à un haut degré de perfection, sans connaître la m. rationnelle. Aristote, comme ses prédécesseurs, n'avait que des idées confuses ou fausses sur la nature de l'équilibre et du mouvement. C'est Archimède qui, dans son traité *De æquiponderantibus*, a posé les premiers principes de la science. Il démontra, le premier, la théorie du levier, dans laquelle il entrevit les lois générales de la m. ; il trouva la propriét des centres de gravité ; il découvrit le principe fondamental d'hydrostatique qui porte son nom ; il expliqua les principes des machines simples qui se rapportent à la statique, le plan incliné, la vis et la spirale. Après lui, la m. théorique re 'e stationnaire jusqu'au XVIe siècle, où Stévin formule le fameux principe du parallélogramme des forces, principe si fécond en conséquences de tout genre. Bientôt après, Galilée pose les fondements de la dynamique par sa découverte des lois des forces accélératrices. Celles de la communication du mouvement dans le choc, ébauchées par Descartes, sont établies par Wallis, Wren et Huyghens. Ce dernier, par sa belle théorie des forces centrales, devient le précurseur de Newton, entre les mains duquel la m. prend une nouvelle forme. En effet, dès ce moment, et grâce au secours qu'elle trouve dans l'application de l'analyse moderne aux recherches mécaniques, la science marche d'un pas assuré de progrès en progrès, de découverte en découverte.

**Bibliogr.** — Les ouvrages qui traitent de la m. sont de deux sortes : les uns ont pour but d'approfondir les parties les plus élevées de la science ; les autres sont destinés à l'enseignement et aux applications pratiques. Ceux-ci, très nombreux, varient suivant le genre d'enseignement qu'ils comportent et les programmes de cet enseignement. Nous citerons, parmi les premiers, la *M. analytique* de Lagrange et la *M. céleste* de Laplace ; et parmi les seconds, la *Statique* de Poinsot, le *Traité de m.* de Poisson, la *M. rationnelle* de Delaunay, le *Traité de m.* de Résal, la *M. industrielle* de Poncelet, etc.

**MÉCANIQUE.** adj. 2 g. (gr. μηχανικός, m. s.). Qui a rapport à la mécanique, qui est conforme aux lois de la mécanique. *Puissances, principes mécaniques.* — Fig., *Actions mécaniques*, celles que l'habitude a rendues si familières, que l'intelligence n'y a, pour ainsi dire, plus de part. || Se dit des arts qui ont principalement besoin du travail de la main. *La serrurerie est un art m.* Voy. ART. — Fig., se dit aussi de la partie la moins relevée et purement pratique d'un art libéral. *Ce peintre a trop négligé la partie m. de son art.*

**MÉCANIQUEMENT.** adv. D'une façon mécanique.

**MÉCANISER.** v. a. [Pr. *mékani-zer*]. Livrer à un art mécanique, à une profession manuelle. Vx. || Fig. Ravaler, dégrader, taquiner. = MÉCANISÉ, ÉE. Part.

**MÉCANISME.** s. m. La structure d'un corps et l'action combinée de ses parties. *Le m. d'une montre, du corps humain, de l'univers.* || Le maniement d'un instrument. *Connaître le m. du violon.* || T. Philos. Doctrine où la matière est considérée comme une étendue passive mue par une force intérieure. || Fig. *Le m. du langage*, la structure matérielle, l'arrangement organique des mots et des phrases. *Guillaume de Humboldt a écrit savamment sur le m. du langage.* — *Le m. des vers*, la composition des parties du vers suivant le rythme qui lui est propre. *Ce poète connaît bien le m. du vers.* — *Le m. de la peinture, de la sculpture, etc.*, la partie mécanique et pratique de ces arts.

**Méc.** — En mécanique, on appelle *mécanisme* l'ensemble des dispositions adoptées pour obtenir tel ou tel mouvement des pièces de la machine. Il y a donc lieu de distinguer le m. du moteur, celui de l'outil et celui de la transmission. Nous ne nous occuperons pas des deux premiers qui sont décrits à l'occasion de chaque espèce de moteur et de chaque espèce d'outil. Nous ne parlerons donc que des mécanismes qui servent à transformer un mouvement en un autre mouvement.

On peut distinguer les mouvements qui se présentent pour l'ordinaire dans les applications de la mécanique aux arts, en *mouvements rectilignes* et en *mouvements de rotation.* Dans le *mouvement rectiligne*, toutes les parties du mobile décrivent avec la même vitesse des lignes droites parallèles. Dans le *mouvement de rotation*, tous les points du mobile tournent autour d'un même axe, en décrivant dans le même temps des cercles complets ou des arcs d'un même nombre de degrés, quoique de dimensions inégales. Les mouvements rectilignes et circulaires peuvent en outre se distinguer en mouvements *continus* et en mouvements *alternatifs*, selon que les points mobiles se meuvent constamment dans le même sens ou alternativement dans des sens opposés. En conséquence, on aura 4 espèces principales de mouvements, qui pourront être transformés les uns dans les autres.

A. *Transformation d'un mouvement rectiligne continu en un autre mouvement rectiligne continu.* — Les deux

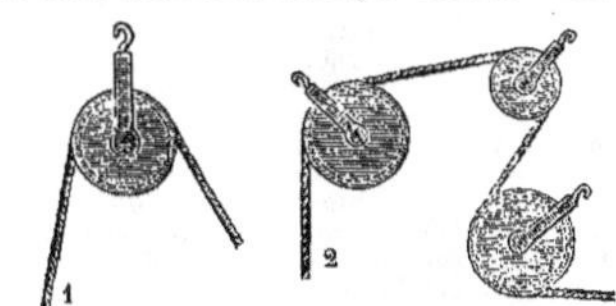


parties d'une corde qui passe sur la gorge d'une poulie (Fig. 1) offrent un exemple de ce changement. On peut encore, au moyen de poulies de renvoi, obtenir tous les changements possibles de direction, soit dans le même plan (Fig. 2), soit dans des plans différents, et cela sans en faire varier la vitesse.

Le treuil peut encore servir à transformer un mouvement rectiligne continu en un mouvement de même nature, mais de direction et de vitesse quelconques, si on le fait mouvoir au moyen d'une corde enroulée sur une roue fixée au cylindre. On proportionnera les diamètres de la roue et du cylindre de manière à établir entre les vitesses le rapport que l'on désire. Quant à la corde qui enveloppe le cylindre, elle pourra, aussi bien que la corde qui enveloppe la roue, prendre telle direction qu'on voudra, au moyen d'une ou de plusieurs poulies de renvoi. Dans les mulljennys employées à la filature du coton, il fallait faire parcourir alternativement, au chariot qui porte les fuseaux et dont la longueur est de 6 à 9 mètres, un espace de 1 m. 30, en gardant toujours le plus parfait parallélisme, afin que les fils restassent tous tendus également. Après avoir exercé la sagacité des plus habiles mécaniciens anglais, le problème fut enfin résolu de la manière la plus simple. On voit (Fig. 3) le plan du chariot monté sur ses quatre petites roues, et portant deux poulies horizontales, dont les axes sont invariablement fixés à ce chariot. Deux cordes également tendues et fixées parallèlement au mouvement que doit prendre ce dernier, s'enroulent chacune en forme de Z sur les deux poulies, de telle sorte que, soit qu'il avance, soit qu'il recule, le chariot conserve toujours exactement son parallélisme.

B. *Transformation d'un mouvement circulaire continu en un mouvement rectiligne continu, et réciproquement.*

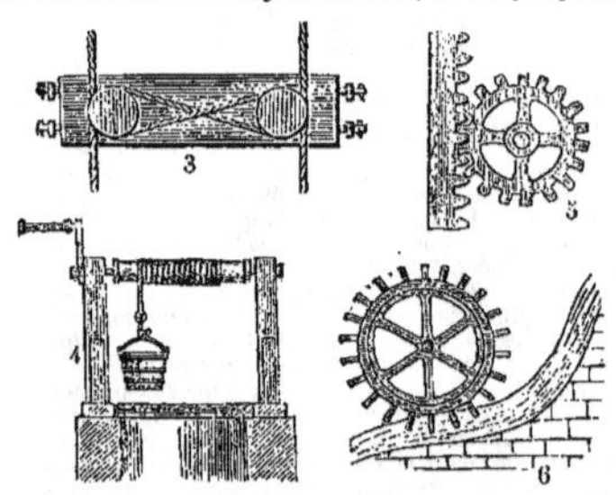

— Le treuil, dont nous venons de mentionner l'un des usages, peut encore servir à transformer un mouvement circulaire continu en un mouvement rectiligne continu, si on le met en mouvement au moyen d'une manivelle. En effet, tandis que la puissance (Fig. 4) fait décrire une circonférence à la manivelle, la résistance décrit une ligne droite. Le même but est atteint au moyen du cric (Fig. 5) dont l'organe principal est une roue dentée engrenant avec une crémaillère. Voy. ENGRENAGE. La crémaillère, au lieu d'être une barre droite, peut être une chaîne de Vaucanson. Parmi les mécanismes qui produisent de semblables transformations de mouvements, nous citerons encore les diverses machines qui dérivent du treuil, comme la chèvre, la grue, le cabestan, etc. La vis nous offre un nouvel exemple de ce genre de transformation. Tandis que le levier implanté dans la tête de la vis se meut d'un mouvement circulaire, la vis avance en ligne droite. La vis d'Archimède et la pompe spirale transforment aussi le m. circulaire continu imprimé à un liquide en m. rectiligne continu. Voy. VIS. Enfin, le treuil, les machines qui en dérivent, et la vis, donnent des solutions du problème inverse. Le mouvement rectiligne continu d'un courant d'eau (Fig. 6) produit, par son action sur une roue, un mouvement circulaire continu. L'air produit de même, par un mouvement rectiligne continu, le mouvement circulaire continu des ailes d'un moulin à vent.

C. *Transformation d'un mouvement circulaire continu en un autre mouvement circulaire continu.* — La manière la plus simple de produire cette transformation consiste à prendre deux roues que l'on presse l'une contre l'autre par leur circonférence, de telle sorte que le mouvement de l'une fait tourner l'autre en sens contraire. On emploie ce mode de communication de mouvement, quand la roue qu'il s'agit de faire tourner n'offre pas une très grande résistance, par ex. dans les filatures. Mais lorsque la résistance à vaincre est un peu considérable, on arme de dents les circonférences des roues juxtaposées et l'on obtient ainsi un *engrenage*. Cet organe si important des machines a été étudié en détail. Voy. ENGRENAGE. Lorsque les deux axes de rotation sont parallèles, on emploie l'engrenage droit; dans le cas contraire, on a recours à l'engrenage conique. Si les axes de rotation sont parallèles, mais si les distances qui les séparent sont considérables, ce moyen devient impraticable, à cause de la grandeur démesurée qu'il faudrait donner aux roues. Alors on fait passer sur la circonférence des roues, dont on a supprimé les dents, une *courroie sans fin*, c.-à-d. qui revient sur elle-même, de telle sorte qu'elle forme comme un anneau allongé. Lorsque les roues doivent tourner dans le même sens, la courroie est disposée comme dans la Fig. 7, et lorsqu'elles doivent tourner en sens contraire, on fait croiser la courroie comme le représente la Fig. 8. Enfin, quand les axes sont éloignés et non parallèles, on fait passer la corde sur des poulies de renvoi convenablement disposées. Il arrive souvent que les deux axes autour desquels s'accomplissent le mouvement de rotation primitif et le mouvement transmis n'ont pas une position fixe. En pareil cas, on peut avoir recours à l'appareil ingénieux imaginé par Hooke, et nommé *joint brisé* ou *charnière universelle*, *joint hollandais*, *joint universel*, etc. (Fig. 9). Les deux axes A et B entre lesquels il s'agit d'établir la communication du mouvement sont terminés en demi-cercle, dont les diamètres CD, LE, forment une croix, et s'emboîtent dans les demi-cercles correspondants : tellement que, sans faire bouger la croix centrale, l'axe A peut tourner autour du diamètre CD, et l'axe B autour du diamètre LE. Maintenant, si l'on imprime à la tige A, sans la déplacer, un mouvement de rotation autour de son axe, les points C, D, décriront un cercle qui aura pour centre le point d'intersection des deux diamètres. Les points E, L, décriront un cercle compris dans un plan différent et dont le centre sera le même; par conséquent, la tige B, qui d'ailleurs ne se trouvera pas déplacée, sera contrainte de prendre aussi un mouvement de rotation autour de son axe. Les axes A et B pourront ensuite se déplacer, prendre des inclinaisons différentes, et la transmission du mouvement de rotation n'en aura pas moins lieu. Toutefois cet appareil ne peut servir à transmettre le mouvement quand l'angle formé par les deux tiges est moindre de 60°. Dans le cas contraire, on emploie un double joint, comme celui que représente la Fig. 10. On voit, sans aucune explication, qu'il fonctionne de la même manière que le simple joint.

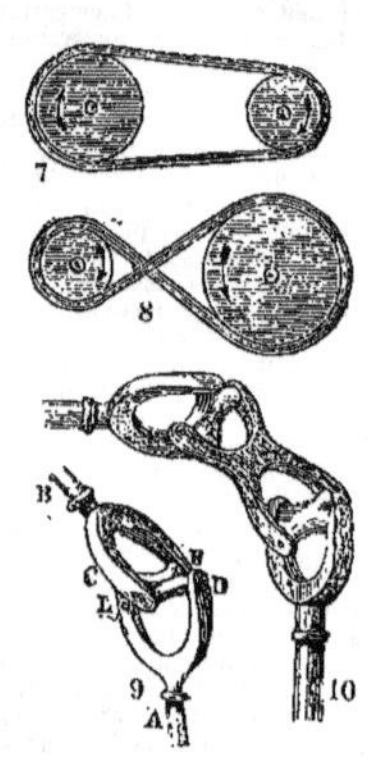

D. *Transformation d'un mouvement continu quelconque en un mouvement alternatif quelconque, et réciproquement.* — Il existe un grand nombre d'appareils très ingénieux au moyen desquels on peut transformer un mouvement circulaire continu en un mouvement rectiligne alternatif. Le mouvement rectiligne alternatif est exigé en général lorsqu'il s'agit de soulever des pilons à une certaine hauteur, pour les laisser retomber de tout leur poids sur des corps que l'on veut fouler ou broyer, comme dans le bocardage des minerais, la fabrication de la poudre, etc. On y parvient au moyen d'une roue munie d'un certain nombre de dents, appelées *cames*, qui sont seulement courbées d'un côté, et qui agissent successivement sur les mentonnets dont est munie une barre verticale maintenue entre des guides qui ne lui permettent pas d'autre mouvement que le m. vertical. Cette barre se termine inférieurement par une sorte de pilon dont les chocs répétés produisent l'écrasement des corps qu'il vient percuter autant de fois, pendant une révolution de la roue, que celle-ci porte de cames sur sa circonférence. On obtient un effet du même genre, en employant une roue dentée sur une portion de sa circonférence seulement, et un pilon muni d'une crémaillère (Fig. 11). Dans quelques circonstances, le mouvement alternatif ne peut être communiqué à la tige qu'autant que la même force agit alternativement sur cette tige en deux sens opposés. On y parvient (Fig. 12) au moyen d'une roue munie de dents sur une portion de sa circonférence, et de deux crémaillères parallèles, toutes deux liées à la tige à laquelle on doit imprimer le mouvement alternatif. La Fig. 13 représente un autre appareil produisant le même effet. A est une roue que fait mouvoir une manivelle appliquée en H; et cette roue est liée, au moyen de la règle *ab* qui tourne sur deux pivots, à une tige assujettie par des collets. En tournant, elle imprime à la tige un mouvement alternatif, et l'étendue des excursions de ce le-ci est égale au diamètre de la roue. Quelquefois il est nécessaire que la vitesse du mouvement alternatif soit réglée par certaines lois suivant chaque direction. On atteint ce but au moyen de la *rosette* de Vaucanson. On appelle ainsi une roue découpée comme l'indique la partie ombrée de la Fig. 14, et qui tourne uniformément autour de son axe dans le sens ABDE. En conséquence, elle fait mouvoir alternativement de bas en haut la tige *mn*, que l'on nomme *touche*, laquelle est assujettie par des collets qui ne lui permettent qu'un mouvement vertical. On peut donner à la rosette une courbure telle que la

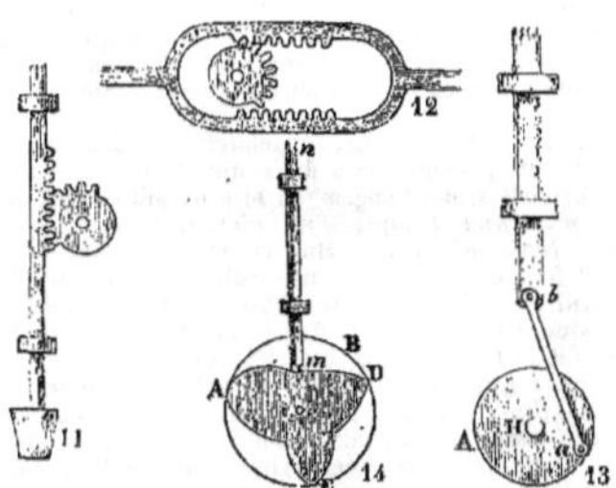


vitesse de la touche, tant en montant qu'en descendant, soit réglée suivant des conditions déterminées. — L'emploi de la *bielle et de la manivelle*, c.-à-d. d'une tige inflexible articulée avec une manivelle, permet encore de transformer un mouvement circulaire continu en mouvement rectiligne alternatif, et inversement. Soit M. (Fig. 15), une manivelle tournant autour de l'axe central O, et soit B une bielle articulée d'une part avec la manivelle en A, et de l'autre avec une pièce C maintenue entre des guides qui ne lui permettent de se

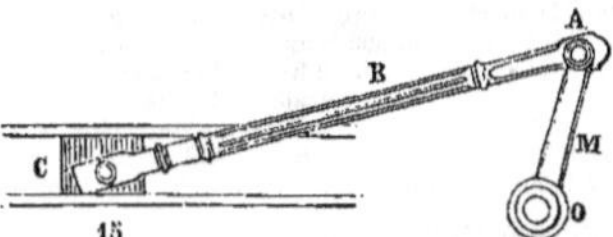


mouvoir qu'en ligne droite. Supposons maintenant que l'extrémité A de la manivelle, obéissant au mouvement de rotation de l'axe O, décrive autour de cet axe une circonférence ayant OA pour rayon, il est évident que la pièce C exécutera un mouvement rectiligne alternatif. On remarquera que ce dispositif ne diffère pas comme principe de celui qui est représenté par la Fig. 13. — L'excentrique à laquelle un article spécial a été consacré donne encore une solution du même problème. Voy. Excentrique. — L'engrenage de Lahire consiste en une roue fixe dentée à son *intérieur* et engrenant avec une roue de diamètre moitié moindre qui roule à l'intérieur de la première. On démontre facilement que tout point de la circonférence de la roue intérieure décrit un des diamètres de la grande roue alternativement dans les deux sens. Il suffit alors d'ajuster une tige sur un point de la circonférence de la roue intérieure pour que cette tige décrive un mouvement rectiligne alternatif.

Les bielles et l'engrenage de Lahire, peuvent également servir à transformer un *mouvement rectiligne alternatif en mouvement circulaire continu*. En effet, il est aisé de voir que si la force motrice était appliquée à la tige rectiligne, de façon à lui faire exécuter un mouvement de va-et-vient, ce mouvement rectiligne déterminerait, dans la bielle et la manivelle, le mouvement circulaire du bouton de la manivelle, et, dans l'engrenage de Lahire, le mouvement circulaire de la roue intérieure. Cependant si, au moment où l'on voudrait imprimer le mouvement, le point A (Fig. 15) se trouvait à l'une ou à l'autre extrémité du diamètre correspondant aux positions extrêmes de la pièce C, l'impulsion produite par le mouvement de celle-ci ne pourrait que presser la bielle contre la manivelle sans déterminer de mouvement; c'est pourquoi on donne à ces deux points le nom de *points morts*. Mais, quand le mouvement commence dans toute autre position de la manivelle, le point mort se trouve dépassé en vertu de la vitesse acquise, et le mouvement continue sans interruption. Les excentriques ne sont pas réversibles en général, à cause de la grandeur des frottements, et ne fonctionnent bien que quand c'est l'excentrique qui mène le reste du mouvement.

Lorsqu'il s'agit de transformer un *mouvement circulaire continu en mouvement circulaire alternatif*, c'est encore la bielle et la manivelle qu'on emploie généralement. Dans ce cas, la bielle s'articule d'un côté avec la manivelle et de l'autre avec un balancier (Fig. 16) auquel elle imprime un mouvement d'oscillation, lequel est nécessairement un arc de cercle plus ou moins étendu. On fait aussi un grand usage des excentriques dans des conditions analogues. Un

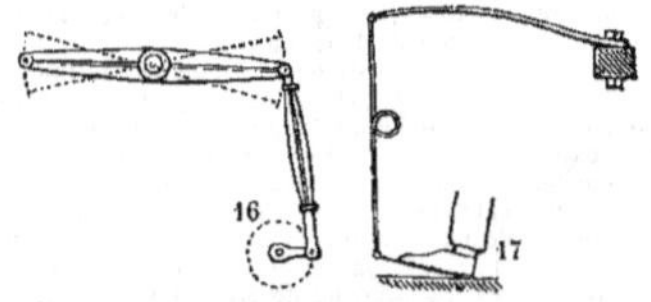


autre organe encore assez fréquemment employé est la roue à cames. Mais, comme cet organe produit un mouvement intermittent toujours accompagné d'un choc, on n'y a recours que lorsqu'on veut mouvoir des marteaux, ainsi que le représente la figure que nous avons donnée à l'article Came. — Le balancier qui met en mouvement une manivelle par l'intermédiaire d'une bielle, est un exemple de transformation d'un *mouvement circulaire alternatif en mouvement circulaire continu;* et le tour en l'air (Fig. 17), employé dans le travail du bois, nous offre la transformation d'un *mouvement circulaire alternatif en un autre mouvement circulaire alternatif :* en effet, la réaction du ressort et l'action de la corde enroulée transforment en mouvement circulaire alternatif le mouvement de même nature de la pédale.

Nous terminerons ce résumé en indiquant le procédé aussi élégant qu'ingénieux, dû à Watt, pour transformer un mouvement rectiligne alternatif en un mouvement circulaire alternatif, et réciproquement. On sait que, dans la machine à vapeur de Watt, l'extrémité de la tige du piston est arti-

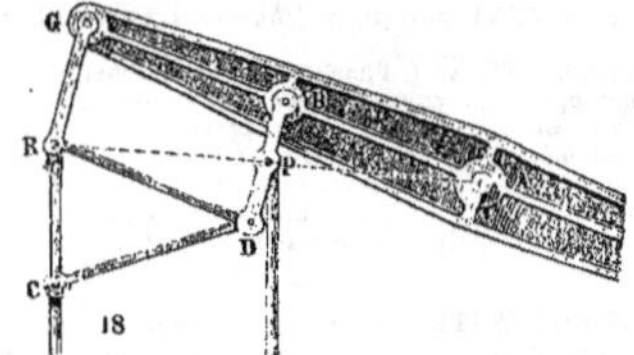


culée à l'extrémité d'une forte pièce mobile autour d'un axe, qu'on nomme le *balancier*. L'extrémité du balancier décrivant un arc de cercle, l'union de ces deux pièces ne saurait être établie directement. Différents procédés ont été imaginés pour les relier ensemble; mais le *parallélogramme articulé* de Watt est celui qui résout la difficulté de la manière la plus heureuse. Il se compose de trois pièces (Fig. 18) GR, BD, RD, articulées, soit entre elles, soit avec le balancier. Ces trois pièces, avec la portion GB du balancier, constituent un parallélogramme qui peut changer de forme, car les extrémités de ses quatre côtés sont munies d'articulations. Dans le mouvement d'oscillation du balancier, l'extrémité G décrit un arc de cercle dont le centre est en A; le point R décrirait donc aussi un arc de cercle ayant même centre, si le parallélogramme ne changeait pas de forme. Watt observa que si l'on oblige le point R à se mouvoir sur une ligne droite verticale pendant une oscillation entière du balancier, en déformant convenablement le parallélogramme articulé, le point D décrit une courbe qui n'est pas un arc de cercle, mais qui s'en rapproche beaucoup, et il en conclut que si l'on obligeait le point D à décrire un arc de cercle véritable, le point R de son côté décrirait très sensiblement une ligne droite. Or, pour faire décrire un arc de cercle au point D, il suffit de le relier à un certain point C, qui n'est autre chose que le centre de cet arc de cercle, au moyen d'un petit balancier CD. Par cette disposition, le point D reste toujours à une distance invariable du point C, quelle que soit la position que prenne le balancier. Une seule chose varie, c'est la forme du parallélogramme. Par conséquent, on peut attacher au point R la tige du piston de la machine à vapeur. Il y a encore sur le côté BD du parallélogramme un point P qui se meut aussi à très peu près sur une verticale. Ce point est situé à l'intersection de BD avec une ligne qui joindrait le point A au point R. On profite de cette circonstance pour articuler à ce point une tige destinée à transmettre le mouvement au piston de la pompe d'alimentation.

L'emploi des mécanismes que nous venons de décrire soulève d'assez nombreuses questions. D'abord, il importe d'étudier la variation des vitesses des divers points de l'organe conduit quand on connaît la vitesse de l'organe conducteur. Par ex., si on veut transformer un mouvement circulaire continu en mouvement rectiligne alternatif, et si l'on suppose le mouvement circulaire uniforme, il importe de savoir la loi de variations de la vitesse du mouvement alternatif. En second lieu, il est très important d'étudier l'importance des frottements. Enfin, il faut aussi calculer les efforts qu'auront à supporter chacune des pièces de m., afin de leur donner des dimensions suffisantes pour éviter les flexions et les ruptures. Ces questions sont traitées dans les ouvrages de Mécanique appliquée.

**MÉCÉNAT**, s. m. [Pr. *mésé-na*]. T. Néol. Qualité, titre de Mécène.

**MÉCÈNE** (*Mecœnas*). Chevalier romain né à Arétium (auj. Arezzo), favori d'Auguste et ami d'Horace et de Virgile, encouragea les sciences, les lettres et les arts, et protégea ceux qui les cultivaient. (m. l'an 8 de J.-C.). = Par ext. ce nom s'applique à tout protecteur des lettres, des sciences, des arts, etc. *Ce prince est le Mécène des gens de lettres, des artistes.*

**MÉCHAGE**. s. m. Action de mécher.

**MÉCHAIN**, astronome franç., mesura avec Delambre la longueur de l'arc du méridien de Dunkerque à Barcelone (1744-1805).

**MÉCHAMEK**. s. m. [Pr. *mé-ka-mek*]. T. Bot. Nom donné aux États-Unis à l'*Ipomœa pandurata*. Voy. CONVOLVULACÉES.

**MÉCHAMMENT**. adv. [Pr. *mécha-man*]. Avec méchanceté.

**MÉCHANCETÉ**. s. f. Penchant à faire du mal. *La m. de cet homme, de son caractère, de son esprit. Elle a fait cela par pure m. Une action pleine de méchanceté.* || Action méchante; parole dite dans l'intention de nuire ou d'offenser. *Commettre une m. Dire des méchancetés. C'est une m. noire.* || En parl. des enfants, se dit quelquefois, par exag., de leur opiniâtreté. *Voyez la m. de cet enfant.* || Syn. Voy. MALICE.

**MÉCHANT, ANTE**. adj. En parlant des personnes, qui est enclin, qui se plaît à faire du mal, qui manque de bonté. *M. homme. Méchante femme. Un m. esprit. Un m. garnement. Il est plus bête que m.* || *Être de méchante humeur*, être d'humeur chagrine, revêche. — Fam., *Méchante langue*, homme ou femme qui se plaît à médire. — *Avoir méchante physionomie, méchante mine*, ou bien. *Avoir une physionomie, une mine méchante, un caractère de physionomie m.*, Avoir la physionomie, la mine d'un méchant homme. — *Avoir méchante mine*, signif. aussi quelquefois, avoir l'air ignoble et bas. || Se dit, par forme de plainte amicale, à quelqu'un qui a fait quelque petite malice ou qui est coupable de quelque petite négligence. *Vous êtes bien m. de m'avoir fait attendre si longtemps.* || Qui n'a pas le talent, les qualités qu'exige sa profession, son état. *Un m. avocat. Un m. écrivain. Un m. musicien. Un m. poète.* = En parlant des choses morales, qui est contraire à la justice, à la probité, à la charité. *Une méchante action. Un m. dessein. Il l'a fait avec une intention méchante. Tenir des propos méchants. Une épigramme fort méchante.* = En parl. des choses physiques, qui ne vaut rien dans son genre, mauvais, chétif. *Méchante terre. M. pays. M. vin. M. repas. M. habit. Méchante toile. Méchante cause. Un m. livre. Un m. cheval. Une méchante monture. Nous n'avions pour dîner qu'un m. poulet.* = MÉCHANT, subst. Un homme vicieux, de mauvais caractère. *C'est un m. Dieu punira les méchants. Il faut fuir les méchants.* || Famil., *Faire le m.*, S'emporter en menaces, se montrer revêche, opiniâtre. — Par forme de reproche amical, *vous êtes un m. de n'être pas venu nous voir.* = Syn. Voy. MAUVAIS.

**Obs. gram.** — Le sens de *Méchant* varie parfois selon que cet adjectif est placé avant ou après le substantif qu'il qualifie. Ainsi, un *M. homme* signifie un homme qui commet de mauvaises actions; et un *Homme m.*, un homme qui tient de mauvais discours. Avoir *une méchante mine*, c'est avoir l'air misérable et bas; avoir une *mine méchante*, c'est avoir l'air de vouloir faire du mal. Une *Méchante épigramme*, de *Méchants vers*, signifient une épigramme mal tournée, sans esprit, des vers mal faits; tandis qu'une *Épigramme méchante*, des *Vers méchants* désignent une épigramme ou des vers où il y a beaucoup de malignité.

**MÈCHE**. s. f. (lat. *myxus*, mouchure). Cordon de coton, de chanvre, etc., qu'on place dans une lampe ou dont on fait des chandelles, des bougies, en le couvrant de suif ou de cire. *La m. d'une lampe, d'un cierge. Lampe à deux mèches, à trois mèches.* || Matière préparée pour prendre facilement feu, comme linge demi-brûlé, amadou, etc. *Cette m. ne vaut rien. Cette m. prend bien.* || La corde d'étoupe préparée qui sert à mettre le feu à un canon, à une mine, aux pièces d'un feu d'artifice, etc. *Un bout de m. Les troupes sortirent tambour battant, m. allumée. La m. a été remplacée, dans l'artillerie, par des compositions fulminantes qui prennent feu par le choc ou le frottement.* — *Découvrir, éventer la m.*, découvrir, au moyen d'une contre-mine, l'endroit où une mine a été pratiquée, et enlever la mèche qui devait la faire jouer; et figur. et fam., découvrir le secret d'un complot. — Loc. pop. *Il n'y a pas mèche*, traduction avec jeu de mots de l'italien *non c'e mezzo* « il n'y a pas moyen ». || Bande de toile trempée dans du soufre fondu, et aromatisée avec de la violette, du thym, etc., qu'on fait brûler dans l'intérieur d'un tonneau pour le soufrer. || T. Chir. Petite bande de toile ou faisceau de fils de toile ou de coton, qu'on passe dans un séton, une fistule, etc. — Faisceau de longs fils de charpie. Voy. CHARPIE. || Le bout de ficelle qu'on attache à l'extrémité d'un fouet. || Faisceau de filasse qu'on présente à la machine pour en faire du fil. || Faisceau de fils tortillés qui forme le milieu d'une corde. || *M. de cheveux*, bouquet de cheveux séparé, en forme de mèche, du reste de la chevelure. || T. Techn. La spirale de fer ou d'acier d'un tire-bouchon, ou la partie d'un vilebrequin, d'une vrille et d'autres outils semblables, qui sert à percer. || T. Mar. Pièce qui sert de base à tout l'assemblage du gouvernail. Voy. GOUVERNAIL.

**MECHED** ou **MECHEHED**. v. de Perse. Cap. du Khoraçan ; 70,000 hab.

**MÉCHEF**. s. m. (R. *mé*, préf., et *chef*, tête, bout). Malheur, mésaventure. *S'il n'y prend garde, il lui arrivera m.* Vx.

**MÉCHER**. v. a. (R. *mèche*). Soufrer un tonneau, etc., au moyen d'une mèche. = MÉCHÉ, ÉE. part.

**MÉCHEUX, EUSE**. adj. [Pr. *mécheu, euze*]. Qui forme mèche.

**MÉCHOACAN**. s. m. [Pr. *mé-cho-a-kan*]. T. Pharm. Nom donné à la racine d'une espèce de Convolvulacée du genre Batatas. Cette racine est blanche et légèrement purgative.

**MECKLEMBOURG-SCHWERIN**, grand-duché de l'Allemagne du Nord; 578,000 hab. Cap. *Schwerin*.

**MECKLEMBOURG-STRÉLITZ**, grand-duché de l'Allemagne du Nord; 98,400 hab. Cap. *Neu-Strélitz*.

**MÉCOMÈTRE**. s. m. (gr. μῆκος, longueur; μέτρον, mesure). Compas avec lequel on mesure la longueur du fœtus.

**MÉCOMPTE**. s. m. [Pr. *mé-konte*]. (R. *mé*, préf., et *compte*). Erreur dans un compte, dans une supputation. *Il y a du m. dans votre calcul. J'ai recompté ce sac, il y a* *du m. On a trouvé de grands mécomptes dans la chronologie de Baronius.* || Par ext., Espérance trompée, idée fausse ou exagérée qu'on s'est faite d'une chose. *Ses neveux le croient fort riche, mais, à sa mort, ils trouveront du m. Que de désappointements dans la vie, que de mécomptes!*

**MÉCOMPTER (Se).** v. pron. [Pr. *mékon-ter*]. Se tromper dans un calcul, dans un compte. *Je me suis mécompté de tant.* || Par ext., Se tromper en quelque chose qu'on croit ou qu'on espère. *Si vous espérez telle chose, vous vous mécomptez beaucoup. Il s'est fort mécompté dans cette affaire.*

**MÉCONIDINE.** s. f. (gr. μήχων, pavot et opium), T. Chim. Alcaloïde de la formule $C^{21}H^{23}AzO^4$, contenu dans l'extrait aqueux d'opium. C'est une masse amorphe, brune, transparente, insipide, insoluble dans l'eau, très soluble dans l'alcool, l'éther et le benzène. Elle ramène au bleu la teinture rouge de tournesol et s'unit aux acides en formant des sels très amers.

**MÉCONINE.** s. f. (gr. μήχων, pavot et opium). T. Chim. Substance neutre contenue dans l'opium et répondant à la formule $C^6 H^2 (O\,CH^3)^2 \left\langle \begin{array}{c} CO \\ CH^2 \end{array} \right\rangle O$. C'est la lactone d'un acide-alcool qui n'a pas été isolé. Elle se forme quand on réduit l'acide opianique par l'amalgame de sodium ou lorsqu'on traite la narcotine par l'acide azotique étendu. La m. cristallise en prismes hexagonaux, incolores, fusibles à 102°, soluble dans l'alcool et dans les alcalis.

**MÉCONIQUE.** adj. 2 g. (gr. μήχων, pavot et opium). T. Chim. L'*acide m.* est un acide bibasique et phénolique dérivé de la pyrone. Il a pour formule :

$$\begin{array}{ccc} & CO & \\ CH & & CO\,H \\ CO^2H.\,C & & C.\,CO^2H \\ & O & \end{array}$$

On le rencontre, combiné aux alcaloïdes, dans l'opium. Pour l'isoler, on sature l'extrait aqueux d'opium par du carbonate de chaux ; la liqueur filtrée, additionnée de chlorure de calcium, précipite du méconate de calcium qu'on décompose par l'acide chlorhydrique. L'acide m. cristallise en paillettes ou en petits prismes retenant trois molécules d'eau, qu'il perd à 100°. Il est soluble dans l'eau et surtout dans l'alcool. Il rougit fortement le tournesol et joue le rôle d'un acide tribasique, grâce à son oxhydryle phénolique qui fonctionne comme acide. Il se dédouble en anhydride carbonique et acide coménique lorsqu'on le chauffe à 120° ou qu'on le fait bouillir avec un acide concentré. L'acide m. et ses sels, les méconates, sont colorés en rouge sang par le perchlorure de fer.

On donne aussi le nom d'*acide m.* à un acide-alcool qui n'est connu que par sa lactose, la méconine, et par les sels que celle-ci forme en se dissolvant dans les alcalis.

**MÉCONIUM.** s. m. [Pr. *méko-niome*]. (gr. μηχώνιον, suc de pavot, à cause de la ressemblance de couleur et de consistance). T. Physiol. Matière visqueuse, brunâtre ou verdâtre, que le fœtus expulse des intestins, soit au moment de la parturition, soit quelques heures après. Le m. n'acquiert ses caractères que dans les dernières semaines de la gestation, mais il s'accumule dès que la muqueuse intestinale est organisée (troisième mois), et son aspect est variable, ainsi que son siège, suivant l'âge où on le recherche. — Cette matière se compose d'un mucus contenant des cellules épithéliales et de la bile ; à l'examen microscopique on y aperçoit, outre de petites granulations moléculaires et des cellules, des grumeaux de biliverdine. Le m. provient sans aucun doute des parois mêmes de la cavité digestive. Son apparition dans les eaux de l'amnios au moment de la rupture des membranes doit éveiller l'attention : c'est un signe normal, lorsque l'examen fait reconnaître une présentation de l'extrémité pelvienne ; au contraire, dans les présentations de la tête, elle est l'indice d'une interruption de la circulation par compression de la tige ombilicale, et nécessite une intervention rapide. Certains caractères tirés du m. peuvent servir en médecine légale ; sa constatation peut quelquefois trahir un infanticide ou un accouchement clandestin ; son siège et ses caractères peuvent désigner l'âge d'un fœtus abortif.

**MÉCONNAISSABLE.** adj. 2 g. [Pr. *mékonè-sable*]. (R. *méconnaître*.) Qu'on a peine à reconnaître. *Sa maladie l'a rendue m. Son caractère est tellement changé, qu'il est m.*

**MÉCONNAISSANCE.** s. f. [Pr. *mékonè-sanse*]. (R. *méconnaître*.) Manque de reconnaissance. *La m. marque plus de légèreté et moins de vice que l'ingratitude.* || Abusiv., se dit quelquefois pour ignorance, oubli.

**MÉCONNAISSANT, ANTE.** adj. [Pr. *mékonè-san*]. (Part. prés. de *méconnaître*). Qui manque de reconnaissance, qui oublie les bienfaits. *Il ne sera pas m. du bien que vous lui ferez.*

**MÉCONNAÎTRE.** v. a. [Pr. *méko-nêtre*]. (R. *mé*, préf., et *connaître*). Ne pas reconnaître. *Il est si changé, que je l'ai méconnu.* || Par ext., Désavouer quelqu'un, affecter de ne pas le connaître. *Depuis qu'il est riche, il méconnait ses anciens amis, ses parents.* || Ne pas savoir discerner ce qu'est une personne ou une chose, malgré les caractères qui la distinguent. *Ce botaniste a méconnu cette plante en la rapportant à tel genre.* || Au sens moral, ne pas apprécier une personne, une qualité, une chose comme elle le mérite. *On a méconnu ses talents, ses vertus, ses services. Cet homme de génie a été méconnu de ses contemporains.* = Se méconnaître. v. pron. Oublier ce qu'on a été, ou ce qu'on est, ou ce qu'on doit aux autres. *Les parvenus se méconnaissent aisément. Vous vous méconnaissez, vous prenez un ton qui ne vous convient pas.* = Méconnu, ue. part. = Conj. Voy. Paraître.

**MÉCONOPSIS.** s. m. [Pr. l'*s* finale]. (gr. μήχων, pavot ; ὄψις, aspect). T. Bot. Genre de plantes Dicotylédones de la famille des *Papavéracées*. Voy. ce mot.

**MÉCONSEILLER.** v. a. [Pr. *ll* mouill.]. (R. *mé*, préf., et *conseiller*). Donner de mauvais conseils.

**MÉCONTENT, ENTE.** adj. [Pr. *mékon-tan, ante*]. (R. *mé*, préf., et *content*). Qui n'est pas satisfait de la conduite de quelqu'un, qui croit avoir sujet de s'en plaindre. *Il s'en est allé fort m. Elle est fort mécontente de son fils. Être m. de soi-même.* || Se dit aussi des choses. *Il est m. de sa santé. Je suis m. du résultat de cette affaire. Vous êtes m. de tout.* || *Mécontent* s'emploie aussi subst. *Si vous lui accordez cette faveur, vous ferez bien des mécontents.* || Se dit particul., de ceux qui ne sont pas satisfaits du gouvernement, de l'administration des affaires publiques. *Il y a beaucoup de mécontents dans ce pays. Les mécontents s'agitent. Le parti des mécontents.* = Syn. Voy. Malcontent.

**MÉCONTENTEMENT.** s. m. [Pr. *mékontan-teman*]. (R. *mes*, préf., et *contentement*). Déplaisir, manque de satisfaction. *Il a donné du m., de grands sujets de m. à ses parents. J'ai bien du m. de la conduite de cet enfant. Un m. général se manifesta.*

**MÉCONTENTER.** v. a. [Pr. *mékon-tanter*]. (R. *mé*, préf., et *contenter*). Rendre mécontent, donner sujet d'être mécontent. *Il mécontente tous ceux qui ont affaire à lui. Cet enfant mécontente beaucoup ses maîtres.* = Mécontenté, ée. part.

**MECQUE (La)**, v. de l'Hedjaz (Arabie), à 90 kil. de la mer Rouge, ch.-l. d'un chérifat dépendant de la Porte ; 45,000 hab. Patrie de Mahomet. Temple de la Kaaba. C'est la ville sainte des Musulmans et chacun d'eux est tenu d'y aller en pèlerinage au moins une fois dans sa vie.

**MÉCRÉANCE.** s. f. (R. *mé*, préf., et *créance*). Refus de croire, incrédulité.

**MÉCRÉANT, ANTE.** s. (R. *mé*, préf., et *créant*, pour *croyant*). Qui ne croit pas. Ce terme se disait autrefois de tous les peuples qui n'étaient pas de la religion chrétienne, et principalement des Mahométans. Il ne se dit plus aujourd'hui, que par dénigr., en parlant d'un chrétien qui ne croit point les dogmes de la religion et qu'on regarde comme impie. *C'est un m.*

**MÉCROIRE**. v. n. (R. *mé*, préf., et *croire*). Refuser de croire, ne pas croire; ne se dit guère que dans cette phrase proverbiale, *Il est dangereux de croire et de m.*

**MÉDAILLE**. s. f. [Pr. *ll* mouillées]. (ital. *medaglia*, m. s., du lat. *metallum*, métal). Pièce de métal fabriquée soit en l'honneur d'une personne illustre, soit pour conserver le souvenir d'une action, d'un événement mémorable. *M. antique, moderne. M. d'or, d'argent, de bronze. Médailles impériales, consulaires. M. grecque, romaine, arabe, byzantine. Frapper une m. On comprend sous la dénomination de* médailles *les anciennes monnaies des Grecs, des Romains, des Égyptiens*, etc. Voy. NUMISMATIQUE. || Fig. et prov., *C'est une tête de m.*, se dit d'une personne dont les traits sont grands et fort marqués. *C'est une vieille m.* se dit d'une vieille femme. *Le revers de la m.*, Voy. REVERS. || Pièce d'or, d'argent ou de cuivre, qui représente un sujet de dévotion. *Il porte toujours au cou une m. de la sainte Vierge. Des médailles bénites par le pape.* || Se dit de certains prix qu'on donne aux littérateurs, aux artistes, aux manufacturiers, etc., qui ont obtenu les premiers rangs dans des concours ouverts par les académies ou par le gouvernement. *L'auteur couronné recevra de l'Académie une m. de la valeur de 1,200 francs. Il a obtenu une m. d'or, d'argent, de bronze à l'exposition universelle.* || Plaque de métal numérotée que doivent porter, par mesure de police, les portefaix, commissionnaires, vendeurs ambulants, etc. || T. Archit. Voy. MÉDAILLON.

**Ordres**. — Dans les États où les ordres de chevalerie ne peuvent être conférés qu'à des personnes appartenant à des classes privilégiées ou occupant certains grades dans l'armée, on a institué, à l'usage des soldats et des sous-officiers, des médailles militaires destinées à récompenser les traits de bravoure ou un temps de service plus ou moins long sous les drapeaux. Un motif tout différent, celui de ne pas trop prodiguer la décoration de la Légion d'honneur, a déterminé le gouvernement du second empire à instituer une *M. militaire* de ce genre : c'est ce qui a été fait par les décrets du 22 janvier et du 29 février 1852. Voy. LÉGION D'HONNEUR.

**MÉDAILLER**. v. a. [Pr. *ll* mouillées]. Honorer d'une médaille donnée en prix, comme récompense. == MÉDAILLÉ, ÉE. part. — Les *médaillés de Sainte-Hélène*.

**MÉDAILLEUR**. s. m. [Pr. *ll* mouillées]. Celui qui grave les coins des médailles.

**MÉDAILLIER**. s. m. [Pr. *ll* mouillées]. (R. *médaille*). Meuble composé de plusieurs tablettes à tiroir, dans lesquelles il y a de petites enfonçures de forme ronde et de différentes grandeurs, propres à recevoir des médailles. || Collection de médailles.

**MÉDAILLISTE**. s. m. [Pr. *ll* mouillées]. Amateur de médailles; celui qui s'occupe de la science des médailles. Peu us.; on dit *Numismate*.

**MÉDAILLON**. s. m. [Pr. *ll* mouillées]. (ital. *medaglione*, m. s. augment. de *medaglia*, médaille). Médaille qui surpasse en poids et en volume les médailles ordinaires. || T. Archit. Cartouche rond dans lequel est sculpté en bas-relief une tête ou un sujet, à l'instar d'une tête ou d'un revers de médaille. || Cadre ou bijou de forme circulaire ou ovale, dans lequel on enferme un portrait, des cheveux, etc.

**MÉDAILLONNISTE**. s. m. [Pr. *ll* mouillées]. Artiste qui fait des médaillons.

**MÉDARD** (SAINT), évêque de Noyon (456-545). On le fête le 8 juin. Un proverbe populaire affirme que s'il pleut le jour de la Saint-Médard, il pleut quarante jours de suite. Le fait que la pluie tombe le 8 juin est sans influence sur les phénomènes météorologiques des jours suivants; mais il est certain que cette époque de l'année est généralement marquée dans nos climats par une longue suite de jours pluvieux.

**MÉDÉA**, ch.-l. d'arr. du dép. d'Alger, à 70 kil. S. O. d'Alger; 14,300 hab.

**MÉDECIN**. s. m. (lat. *medicinus*, dér. de *medicus*, médecin, de *mederi*, soigner, guérir). Celui qui exerce la médecine. *Un bon, un excellent m. Un savant m. Ce m. est trop jeune. M. de la faculté de Paris. Appeler le m. Il est abandonné des médecins.* On dit quelquefois *Docteur-médecin* pour *Docteur en médecine*. — Prov., *La robe ne fait pas le m.*, Le titre ne suppose pas toujours la science. || Fig., *M. d'eau douce*, Médecin peu habile, ou qui n'ordonne que des remèdes insignifiants. — *Après la mort le m.*, se dit d'un secours qui vient quand on n'est plus en état d'en profiter. || Fig., Ce qui est propre à rendre ou à conserver la santé. *Le régime et l'exercice sont d'excellents médecins.* || *M.* se dit aussi en parlant des affections morales. *C'est le m. de l'âme qu'il faut appeler. Le temps est un grand m.*

**Méd**. — Le mot m. désigne ou, mieux, devrait désigner toujours les hommes qui, par de longues études, acquièrent le diplôme nécessaire à l'exercice de l'art médical, d'après les lois françaises. Malheureusement, beaucoup d'aventuriers abusent de la crédulité publique, en adjoignant à leur nom ce titre auquel ils n'ont pas droit, et dont l'usurpation ne les expose pas aux mêmes peines que celle du mot docteur en médecine. — Cette confusion vient de ce que le mot m. s'emploie d'une façon très générale, pour qualifier celui qui soigne, celui qui soulage, celui qui guérit, celui qui console.

Le rôle du m., du vrai, du docteur en médecine, apparaît comme multiple au point de vue social. Appelé par sa profession à pénétrer au sein de familles qui lui sont étrangères, il en est le confident, il connaît les erreurs, les misères, les fautes de chacun. On lui demande souvent conseil, et les questions délicates qu'il doit résoudre nécessitent chez lui de sérieuses connaissances, du jugement et du tact. Dans bien des cas, son devoir et le respect du secret professionnel le mettent à d'étranges tortures.

Non moins considérable est la mission du m. dans l'État. Médecin légiste, il éclaire la justice, et son avis peut entraîner la condamnation ou l'acquittement du prévenu. Aliéniste, il se prononce sur l'état mental, sur la responsabilité de ses concitoyens. Hygiéniste, il prévoit l'arrivée des épidémies, indique les moyens de les éviter ou de les combattre, établit la nécessité des quarantaines, etc. Ailleurs, il enraye la propagation des maladies vénériennes, ou donne les moyens de lutter contre l'alcoolisme. Ailleurs encore, il donne son temps et ses forces pour le soin des malades pauvres, et instruit les futurs médecins, élèves aujourd'hui, confrères demain.

Pour suffire à de telles tâches, le m. doit être un homme d'une dignité morale particulière. Cette dignité, l'éducation la lui donne, car la multiplicité et l'étendue des branches de la médecine imposent un travail considérable. La brièveté théorique des études, d'après les règlements (quatre ans et demi), ne répond pas aux besoins de celui qui doit exercer : aussi ses travaux ne sont-ils jamais finis; la rapidité des progrès l'engage, d'autre part, à se maintenir sans relâche au courant. On n'a pas le droit d'être mauvais m.

Si les devoirs du m. sont nombreux et si le fardeau est lourd, c'est au public, dont il est l'ami, de le lui rendre plus léger, c'est aux clients de comprendre ce qu'est le m. Pour lui permettre la vie de désintéressement à laquelle il se voue, les malades doivent au m. une rémunération d'autant plus large que leurs moyens le permettent. Les honoraires réglés, le compte n'est pas équilibré encore, et la reconnaissance doit survivre à la quittance. — Si les rapports des malades avec le m. qui les soigne étaient toujours ce qu'ils doivent être, on ne se plaindrait pas du nombre trop grand des médecins. Ce qui rend à ceux-ci la vie difficile, c'est la concurrence déloyale des faux médecins et la malhonnêteté flagrante des clients endettés qui ne pensent qu'à échapper à leurs dettes.

Ces devoirs des citoyens en général envers le m. sont d'autant plus obligatoires que le m. devient de jour en jour le collaborateur des hommes d'État : les réglementations du travail des enfants, des ouvriers, ne peuvent être déduites que de ses appréciations. « C'est à la médecine, a dit Descartes, qu'il faut demander la solution des problèmes qui intéressent le plus la grandeur et le bonheur de l'humanité. » N'oublions jamais qu'aux jours de bataille, le m. est aux premiers rangs et reçoit les balles au milieu de ceux qu'il secourt.

**Législ**. — Pour exercer en France la profession de m. ou de chirurgien, il faut avoir obtenu le diplôme de docteur en médecine délivré par le Gouvernement français, à la suite d'examens subis devant un établissement d'enseignement supérieur de l'État. Cette règle est applicable aux étrangers qui veulent exercer la médecine dans notre pays, même s'ils sont pourvus de diplômes obtenus à l'étranger. Quiconque exerce illégalement la médecine est puni d'une amende de cent à cinq cents francs et, en cas de récidive, d'une amende de cinq cents à mille francs et d'un emprisonnement de six jours à six mois ou de l'une de ces peines seulement. L'exercice illégal de la médecine avec usurpation du titre de docteur entraîne des peines plus sévères qui peuvent aller jusqu'à trois mille francs d'amende et un an d'emprisonnement, en cas de récidive.

Les docteurs en médecine sont tenus, dans le mois qui suit leur établissement, de faire enregistrer leur titre à la préfecture ou sous-préfecture et au greffe du tribunal civil de leur arrondissement, sous peine d'une amende de vingt-cinq à cent francs. — La loi du 30 novembre 1892, qui a édicté les prescriptions dont il vient d'être parlé, contient des règles analogues pour les professions de dentiste et de sage-femme, qui se rattachent à la médecine. — L'action des médecins pour le paiement de leurs honoraires se prescrit par deux ans. Lorsqu'il s'agit des frais de dernière maladie, ils jouissent d'un privilège sur la généralité des meubles. Les médecins qui ont traité une personne pendant la maladie dont elle meurt ne peuvent profiter des dispositions entre-vifs ou testamentaires qu'elle a faites en leur faveur pendant le cours de cette maladie. Sont exceptées : 1° Les dispositions rémunératoires faites à titre particulier, eu égard aux facultés du disposant et aux services rendus ; 2° les dispositions universelles, dans le cas de parenté, jusqu'au quatrième degré inclusivement, pourvu toutefois que le décédé n'ait pas d'héritiers en ligne directe, à moins que celui au profit de qui la disposition a été faite ne soit lui-même au nombre de ces héritiers (Code civil, art. 2,272, 2,101 et 909).

*Organisation du service de santé militaire.* — Le service de santé militaire, qui était autrefois compris dans les attributions de l'Intendance, constitue depuis la loi du 1er juillet 1889 un service distinct du reste de l'administration de l'armée et jouissant de l'autonomie. Il est régi pour le temps de paix par le règlement du 25 novembre 1889 et, en campagne, par celui du 31 octobre 1892. Le personnel de ce service comprend : 1° les *médecins* qui portent suivant leur grade le titre de *m. principal*, *m. major*, *etc.*, et les *pharmaciens* de l'armée active, de réserve et de l'armée territoriale ; 2° les *officiers d'administration des hôpitaux* de l'armée active, de réserve et de l'armée territoriale ; 3° les sections d'*infirmiers* militaires, les *brancardiers* régimentaires, les *détachements* du train des équipages ou d'autres troupes ; 4° les *aumôniers* militaires ; 5° les *sœurs* hospitalières ; 6° le *personnel civil* attaché d'une manière permanente ou temporaire à ce service.

Le service de santé entretient en temps de paix dans les villes de garnison des hôpitaux militaires ; à défaut de ces établissements, dans les hospices civils, une ou plusieurs salles sont spécialement affectées au traitement des militaires et placées sous l'autorité du chef du service de santé. Dans les hôpitaux militaires, on pourvoit au traitement des officiers et à celui des militaires en activité de service atteints de maladies ou de blessures qui ne peuvent êtres soignées dans les infirmeries régimentaires. On y pourvoit aussi au traitement des malades admis à charge de remboursement, de ceux qui sont autorisés par le Ministre dans certains cas spéciaux, et des militaires retraités ou réformés, lorsqu'ils sont atteints de maladies aiguës ou nécessitant des opérations sérieuses.

Le service de santé en campagne a pour principal objet d'assurer le traitement sur place des malades et blessés, s'ils ne sont pas transportables, et dans le cas contraire leur évacuation sur l'arrière de l'armée. Il se divise en : 1° *Service de l'avant*, qui comprend toutes les formations sanitaires qui marchent avec le corps d'armée, savoir : postes de secours régimentaires, ambulances d'infanterie, de cavalerie, de quartier général, qui reçoivent les blessés relevés sur le champ de bataille et leur donnent les premiers soins nécessaires, hôpitaux de campagne destinés à relever les ambulances ; 2° *Service de l'arrière*, qui comprend deux groupes destinés, le premier, à l'hospitalisation sur place, le second à l'évacuation et au réapprovisionnement. Le premier groupe se compose des hôpitaux de campagne temporairement immobilisés, des hôpitaux et hospices permanents, des hôpitaux auxiliaires créés par les Sociétés d'assurance aux blessés et malades militaires ou par les particuliers.

Le second groupe est constitué par les hôpitaux d'évacuation, les infirmeries de gares et infirmeries de gîtes d'étapes, les transports d'évacuation (trains d'évacuation permanents ou improvisés sur les voies ferrées, convois d'évacuation sur les voies de terre ou sur les voies d'eau), les stations-magasins ou réserves de vivres, les dépôts de convalescents et dépôts d'éclopés.

Le *Service de santé de la marine*, réorganisé par décret du 24 juin 1886 et rendu autonome par le décret du 31 mars 1890, fournit des médecins et des pharmaciens aux hôpitaux maritimes, aux colonies, aux équipages de la flotte et aux troupes relevant du département de la marine. Il comprend des inspecteurs généraux et des directeurs du service de santé, des médecins et des pharmaciens en chef, des médecins et des pharmaciens principaux, des médecins et pharmaciens de première ou de deuxième classe, enfin, des médecins et des pharmaciens auxiliaires. Le corps se recrute parmi les élèves de l'École de médecine navale de Bordeaux, créé par la loi du 10 avril 1890 et le décret du 22 juillet suivant.

Le Conseil supérieur de Santé, institué par les décrets des 14 juillet 1865 et 24 juin 1886, donne son avis sur toutes les questions intéressant l'hygiène des équipages de la flotte, des troupes de la marine, la salubrité des arsenaux, la construction des hôpitaux maritimes, l'organisation et le fonctionnement du service de santé à bord ; il a la surveillance du matériel médical, des approvisionnements pharmaceutiques destinés à l'armée de mer ; il examine les demandes des congés, des réformes, des retraites pour raisons de santé, etc.

En exécution de la Convention du 22 août 1864 pour l'amélioration du sort des militaires blessés dans les armées en campagne, dite *Convention de Genève*, conclue entre les nations européennes, le personnel et le matériel des ambulances et hôpitaux militaires bénéficient, en cas de guerre, de la neutralité ; ils doivent donc être respectés par les nations belligérantes. Un drapeau portant une croix rouge sur fond blanc, accompagné du drapeau national, protège les établissements affectés au service de santé ; le personnel neutralisé porte un brassard de même couleur que le drapeau. La Convention décide en outre que tout habitant du pays qui porte secours aux blessés est respecté et demeure libre. Tout blessé recueilli et soigné dans une maison y sert de sauvegarde.

**MÉDECINE.** s. f. (lat. *medicina*, m. s., de *mederi*, soigner). La science qui enseigne les moyens de conserver la santé et de traiter les maladies. *Étudier, enseigner la m. Étudiant, docteur en m. Les facultés, les écoles de m. Pratiquer, exercer la m.* ‖ Se dit quelquefois dans le sens de Système médical. *La m. d'Hippocrate, La m. des Arabes.* ‖ Se dit aussi dans le sens de mode de traitement et de médication. *M. agissante, expectante. M. symptomatique. M. révulsive.* ‖ *M. légale*, l'art de faire les expertises médicales qui peuvent éclairer les tribunaux dans les cas de crime, d'empoisonnement, etc. ‖ Dans un sens vulgaire, se dit souvent d'un médicament purgatif, principalement quand il est administré sous forme de potion. *Préparer une m. Il a pris m. aujourd'hui. Cette m. a bien opéré. M. noire*, Potion purgative où il entre de la casse ou du séné, ce qui lui donne une couleur noire. *M. blanche*, Celle dont l'émulsion d'amandes est l'excipient, etc. *M. forte, légère, douce*, Qui agit avec énergie ou qui a une action faible, modérée. *M. de cheval*, Voy. CHEVAL. — *M. universelle*, Remède auquel on attribuait la vertu de guérir toute sorte de maladies. ‖ *Cela sent la m.*, se dit des choses qui ont goût de drogue. ‖ Fig. et fam., *Avaler la m.*, Prendre son parti, se résigner malgré ses dégoûts. *Il ne faut pas prendre la m. en plusieurs verres*, Il faut faire sur-le-champ et d'un seul coup une chose désagréable dont on ne peut se dispenser.

**Méd.** — La m. est une science et un art. La science médicale a pour objet l'étude des maladies ; l'art médical a pour but le maintien ou le rétablissement de la santé.

La science médicale comprend diverses parties : l'anatomie, la physiologie, la pathologie. — L'anatomie se divise elle-même en : embryologie, anatomie descriptive, anatomie topographique et histologie. — La physiologie étudie les fonctions des divers tissus et des divers organes. — Enfin, la pathologie comprend : la pathologie générale, sorte de synthèse qui définit les termes, détermine les lois des phénomènes morbides, recherche et classe les causes, les processus, les symptômes ; et les pathologies interne et externe, deux sections mal délimitées, en tous cas très artificiellement établies, suivant que les maladies ressortissent du médecin ou du chirurgien. — Ces diverses sciences demandent comme fondement une connaissance approfondie des autres sciences, physique, chimie, zoologie et botanique, sans lesquelles on ne peut comprendre la plupart des phénomènes biologiques normaux ou anormaux.

L'art médical répond à la thérapeutique. La thérapeutique médicale comprend une partie de pharmacologie et une partie d'applications. — La thérapeutique chirurgicale comprend l'étude de la m. opératoire, c.-à-d. des procédés techniques réglés pour chaque opération ; l'étude des divers traitements appropriés à chaque variété clinique. — L'art médical, en raison même de la définition que nous en avons donnée, s'apprend surtout à l'hôpital, au lit des malades, par les études cliniques.

*Histoire de la Médecine.* — Les peuples anciens attribuaient généralement à la m. une origine divine. Ainsi, les Égyptiens en faisaient honneur à leur dieu Sérapis, et les Grecs à Apollon, ainsi qu'à son fils Esculape. On admet généralement que les Grecs ont puisé chez les Égyptiens leurs premières connaissances médicales. Galien mentionne trois écoles fondées par les Asclépiades, qui se prétendaient les descendants d'Esculape, à Rhodes, à Cnide et à Cos. Le grand Hippocrate (né vers l'an 460 av. notre ère) était de l'École de Cos. Son principal titre glorieux de Père de la m. que lui a décerné la postérité, c'est d'avoir nettement établi la nécessité de l'observation comme méthode en médecine, et d'avoir arraché la science aux vaines spéculations des philosophes. Néanmoins, bientôt après sa mort, ses disciples eux-mêmes commencent à abandonner la voie de l'observation et de l'expérience pour celle des hypothèses. Ainsi, au commencement du IVe siècle av. J.-C., Thessalus et Polybe, celui-ci gendre et celui-là fils d'Hippocrate lui-même, fondent la secte des *Dogmatiques*, ainsi appelés parce qu'ils s'occupaient particulièrement à rechercher par le raisonnement l'essence même des maladies et leurs causes occultes. Par compensation et en vertu même de leurs idées, ils recommandaient l'étude de l'anatomie. Les Dogmatiques étaient aussi nommés *Hippocratiques*, parce qu'ils se rattachaient aux livres d'Hippocrate lui-même, où l'on trouve en effet le germe de cette doctrine. Les opinions du dogmatisme régnèrent exclusivement dans les écoles jusqu'à l'apparition de la secte des *Empiriques*. Cette dernière reconnaissait pour ses fondateurs Sérapion d'Alexandrie et Philinus de Cos (IIIe siècle avant notre ère). Les Empiriques rejetaient la recherche des causes occultes, et niaient que nous pussions connaître la nature intime des choses. Ils voulaient que les raisonnements et les jugements en fait de m. ne dépassassent jamais les limites de l'observation directe; mais, par une étrange aberration, ils repoussaient l'étude de l'anatomie. Dès ce moment, et pendant trois siècles environ, le *Dogmatisme* et l'*Empirisme* se partagèrent la domination du monde médical. A ces deux écoles succéda le *Méthodisme*, dont Asclépiade de Bithynie fut le fondateur, et qui fut systématisé d'une façon plus régulière par son disciple Thémison de Laodicée, vers le milieu du Ier siècle de l'ère chrétienne. Les *Méthodistes* prétendaient que la connaissance des causes est absolument indifférente à l'art de guérir; ils dédaignaient également les études anatomiques et physiologiques, et s'en tenaient à l'observation de quelques symptômes généraux. Suivant eux, le plus grand nombre des maladies dépendaient du resserrement ou du relâchement des tissus, du *strictum* ou du *laxum*. Dans le premier cas, les excrétions sont trop rares; dans le second, elles sont trop abondantes. En conséquence, la *méthode* unique de guérison consiste à relâcher ou à resserrer les pores des tissus : de là le nom donné à cette secte. C'est elle qui mit la saignée en honneur, et l'on attribue à Thémison l'introduction de l'usage des sangsues. Une autre école contemporaine, celle des *Pneumatistes*, fondée par Athénée de Galicie, attribuait la cause de la vie et, par suite, des maladies, à l'action du *pneuma*, ou esprit aérien, qui circulait dans les artères et qui modifiait les solides et les liquides. L'*Eclectisme* devait résulter du conflit de toutes ces doctrines opposées. Ce furent deux disciples d'Athénée, fondateur du Pneumatisme, Agathinus de Sparte et Archigène d'Apamée, qui arborèrent cette nouvelle bannière. Leur prétention était de prendre dans chacun des systèmes antérieurs ce qu'il y avait de bon et de vrai; mais qui ne voit que, pour reconnaître ce qui est bon, pour discerner le vrai d'avec le faux, il faut déjà avoir une théorie? L'éclectisme, en m. tout comme en philosophie, renferme une pétition de principes. Selon Galien, les *Éclectiques* étaient encore appelés *Hectiques*, parce qu'ils s'attachaient à certains principes, et *Épisyntiques*, parce qu'ils ajoutaient ensemble différents principes. Au reste, on ne sait pas au juste quels étaient les dogmes de cette école.

Six siècles après Hippocrate, naquit un homme dont le nom devait pendant près de 1,400 ans faire autorité en m., comme celui d'Aristote en philosophie. Cet homme fut Galien, né à Pergame, l'an 131 de notre ère. Pourvu de toutes les connaissances acquises jusqu'à lui en anatomie et en physiologie, ayant lui-même cultivé avec beaucoup de succès la première de ces sciences, il avait compris qu'elle devait servir de base à la m. D'après son système, que l'on désigne généralement sous le nom d'*Humorisme*, toutes les maladies dérivent ou de l'altération des humeurs cardinales qui correspondent aux quatre éléments d'Aristote, le chaud, le froid, le sec et l'humide, ou bien de modifications survenues dans l'état même des organes : mais les premières sont beaucoup plus fréquentes que les secondes. Aussi, la thérapeutique galénique a surtout pour objet d'expulser les *humeurs peccantes* : de là la prodigieuse consommation de vomitifs, de purgatifs et d'antiputrides faite pendant si longtemps par les *Galénistes*. Après Galien, il ne se produit en m. aucune doctrine nouvelle. Les écoles *arabiques* de Bagdad, de Cordoue, etc., se soumettent aux dogmes du galénisme comme à ceux du péripatétisme. Au reste, les médecins arabes, à l'exception de quelques maladies, comme la variole et la rougeole, qu'ils firent mieux connaître, ont peu fait pour la pathologie interne et la thérapeutique : la chirurgie et la pharmacie seules leur doivent quelques progrès remarquables. Au XIe siècle, les connaissances médicales commencèrent à se répandre dans l'Occident chrétien, par l'intermédiaire des Juifs qui avaient été les puiser aux écoles arabes de l'Espagne. Cette époque vit se fonder en Italie l'*École de Salerne*, dont le nom est encore populaire de nos jours, grâce à ses Aphorismes en vers latins qui furent rédigés par Jean de Milan vers l'an 1100. Au siècle suivant, des universités surgissent de toutes parts, et dans le plus grand nombre la m. forme l'objet d'un enseignement régulier, comme la théologie et les arts libéraux; mais Galien ne cesse pas d'être l'oracle de toutes ces écoles. Il faut arriver au XVIe siècle pour trouver un homme qui ose attaquer le galénisme. Paracelse (1527) essaie de substituer aux dogmes galéniques une sorte de m. chimique qu'il nomme *m. spagirique* et à laquelle il joint d'incompréhensibles rêveries astrologiques et cabalistiques. Cependant il paraît qu'on doit à cet étrange personnage l'emploi de quelques médicaments héroïques, et notamment celui de l'opium. Van-Helmont (1620) s'élève encore contre l'autorité de Galien; il rejette la doctrine des quatre éléments, et explique le principe de la vie et du mouvement par l'hypothèse d'un être, d'une nature intermédiaire entre la spirituelle et la matérielle, qu'il nomme *Archée* et qu'il loge à l'orifice supérieur de l'estomac : mais il ne réussit point à fonder une école. Il n'en est pas de même de le Boë, plus connu sous le nom de Sylvius (1660) et qui prétendait expliquer tous les phénomènes de l'économie animale par les seules lois de la chimie. Le système de Sylvius constitue ce qu'on a appelé l'*Iatrochimie* ou la *Chimiatrie*. L'*Iatromécanisme* date de la même époque. Son fondateur, Borelli (1662), cherchait à expliquer tous les phénomènes organiques, soit à l'état de santé, soit à celui de maladie, par les principes de l'hydraulique et de la mécanique, et s'efforçait de soumettre aux calculs mathématiques les lois d'après lesquelles ont lieu ces phénomènes. Les partisans de cette hypothèse sont aussi appelés *Iatromathématiciens*. Stahl (1690) est l'auteur d'une doctrine communément fort mal interprétée, et que l'on a désignée sous le nom d'*Animisme*. Quoique l'un des plus savants chimistes de son temps, il rompit avec les doctrines galéniques et chimiatriques, et prétendit que la force qui préside aux phénomènes organiques est absolument distincte de celles qui régissent la matière inorganique. Mais il eut le tort de supposer que cette force agit avec conscience de ses actes. Stahl, d'ailleurs, doit être mis au rang des plus grands observateurs qui se soient produits dans l'histoire de la m. On peut le placer à côté de Sydenham, qui florissait un peu avant lui et qui par son judicieux esprit d'observation, a mérité le glorieux surnom d'*Hippocrate anglais*. Après ces deux grands hommes, les doctrines humorales et chimiques sont complètement abandonnées, et, par une réaction toute naturelle, le *Solidisme* se substitue à l'humorisme. Dès ce moment, on admet que les solides seuls sont doués de propriétés vitales, que seuls ils peuvent recevoir l'impression des causes morbifiques, et que seuls, par conséquent, ils sont le siège des phénomènes pathologiques. Le solidisme fut professé sous des formes et avec des modifications diverses par Glisson (1650), Boerhaave (1708), Fréd. Hoffmann (1720), etc. Brown (1780) lui donne une forme systématique qui rappelle le *strictum* et le *laxum* de Thémison. D'après la théorie brownienne, tous les phénomènes de l'économie sont dus à une propriété particulière aux tissus vivants, l'*incitabilité*. Les idées de Brown modifiées sont devenues en Italie la base de la théorie connue sous le nom de *Contre-stimulisme* (Voy. ce mot). La fin du XVIIIe siècle vit éclore une nouvelle théorie médicale et thérapeutique, celle de Hahnemann, si connue sous le nom d'*Homœopathie*. Nous nous contentons de la mentionner, attendu que nous lui avons consacré un article spécial.

A partir du XVIIIe siècle, les sciences positives qui constituent la base nécessaire de l'art de guérir, telles que l'anatomie normale et pathologique, la physiologie, la physique, la chimie, la pathologie, etc., font des progrès non interrompus, et à mesure que ces progrès s'accomplissent, la m. pratique en fait son profit. Les maladies sont mieux connues dans leurs altérations fonctionnelles et organiques; les moyens de diagnostic se perfectionnent; l'action des médicaments est étudiée avec soin; la thérapeutique s'enrichit d'une foule de substances précieuses; l'observation et l'expérience prennent la place des spéculations et des hypothèses. C'est à la France que revient surtout l'honneur d'avoir imprimé cette direction purement scientifique aux recherches médicales. Cabanis, Corvisart, Bichat, Pinel, Laennec, Broussais (pour ne pas citer de personnages vivants), sont les hommes qui ont le plus fait dans cette voie. Mais c'est surtout Claude Bernard qui a montré toute l'importance de la méthode expérimentale qu'il a entièrement renouvelée et grâce à laquelle la m. est enfin devenue une science.

L'œuvre de Claude Bernard constitua dans la science médicale une véritable révolution; mais elle fut suivie d'une autre révolution plus féconde encore dont tout le mérite revient à Pasteur. Les belles découvertes de celui-ci mirent en lumière le rôle physiologique et pathogénique des micro-organismes, et ouvrirent ainsi à la science un domaine immense qui laisse entrevoir pour l'avenir une riche moisson de découvertes aussi précieuses pour la science pure que pour l'art de guérir et de prévenir les maladies.

**Anecdote.** — Quand Boerhaave mourut, on trouva dans sa bibliothèque un gros livre relié avec luxe qu'il avait indiqué comme renfermant la science médicale et ses préceptes. On n'y trouva que des pages blanches, et seulement cette phrase à la première : *Tenez-vous la tête fraiche, les pieds chauds, et le ventre libre*, et moquez-vous des médecins.

**MÉDECINER.** v. a. (R. *médecine*). Faire prendre des breuvages purgatifs et autres remèdes. *On l'a médeciné à tort et à travers.* Fam., et ne se dit que par dénigrement. = SE MÉDECINER. v. pron. *Cet homme s'est tué lui-même à force de se m.* = MÉDECINÉ, ÉE. part.

**MÉDÉE**, fille d'Æétès, roi de Colchide, aida Jason à enlever la Toison d'or; puis, abandonnée de Jason, elle se vengea de lui en tuant ses fils.

**MEDELLIN**, v. de Colombie ; 20,000 hab.

**MÉDÉOLE.** s. f. T. Bot. Genre de plantes Dicotylédones (*Medeola*) de la famille des *Liliacées*, tribu des *Asparagées*. Voy. LILIACÉES.

**MEDERSA.** s. m. Nom des écoles musulmanes d'enseignement supérieur.

**MÈDES**, habitants de la Médie, réunis aux Perses par Cyrus le Grand en 555 av. J.-C. Leur histoire antérieure est mal connue. C'était un peuple aryen voisin des Perses.

**MÉDIAIRE.** adj. 2 g. (lat. *medius*, moyen). T. Bot. Qui est placé au milieu. *Embryon m.*

**MÉDIAL, ALE.** adj. (lat. *medialis*, m. s., de *medius*, milieu). Qui occupe le milieu ou qui est dans le milieu. *En arabe, les lettres médiales diffèrent parfois des lettres initiales et finales.*

**MÉDIALEMENT.** adv. D'une façon médiale.

**MÉDIAN, ANE.** adj. (lat. *medianus*, m. s., de *medius*, milieu). T. Didact. Qui est placé au milieu. *Ligne médiane*, Ligne droite qu'on suppose partager longitudinalement un corps quelconque en deux moitiés généralement symétriques. || *Veines médianes.* Veines, au nombre de trois, qui sont situées à la superficie de l'avant-bras. Voy. SAIGNÉE.

**MÉDIANE.** s. f. (R. *médian*). T. Géom. On appelle m. d'un triangle une droite qui joint l'un des sommets du triangle au milieu du côté opposé. Les trois médianes d'un triangle passent par un même point qui est au tiers de chacune d'elles à partir de la base. Ce point est le centre de gravité de l'aire du triangle.

**MÉDIANOCHE.** s. m. Mot espag. qui signifie *Milieu de la nuit*, et se dit d'un repas en gras qui se fait après minuit sonné, particulièrement dans le passage d'un jour maigre à un jour gras. *Faire m. Il y eut grand m. samedi soir.* Vx.

**MÉDIANTE.** s. f. (lat. *medians, antis*, part. de *mediare*, être au milieu). T. Musiq. Tierce au-dessus de la tonique. Voy. TON.

**MÉDIASTIN.** s. m. (lat. *mediastinus*, qui se tient au milieu). T. Anat. || T. Bot. Cloison transversale qui divise le fruit des Crucifères.

**Anat.** — On donne le nom de m. à une cavité de forme irrégulière occupée par de nombreux organes, située dans le thorax, entre le sternum et la colonne vertébrale d'une part, et la face interne des poumons d'autre part. Cette disposition cloisonne pour ainsi dire la cavité thoracique dans sa partie médiane : l'œsophage et l'aorte, au-devant de la saillie de la colonne vertébrale, puis le cœur et le péricarde, la trachée, la crosse aortique, l'artère pulmonaire; enfin, les troncs veineux du tissu conjonctif, les ganglions lymphatiques et les rameaux nerveux importants du pneumo-gastrique et du sympathique. Tous ces organes sont enserrés en quelque sorte entre les plèvres.

Au point de vue pathologique, si les maladies de chacun des organes que nous venons d'énumérer doivent être décrites à part, il n'en est pas moins vrai qu'elles présentent un certain nombre de symptômes communs intéressants : en dehors des déformations possibles de la région, les plus remarquables consistent en phénomènes de compression, compression des vaisseaux artériels et veineux, des bronches et de la trachée, des nerfs pneumogastriques, récurrents, phréniques, de l'œsophage.

**MÉDIASTINITE.** s. f. T. Méd. Inflammation du tissu lamineux du médiastin.

**MÉDIAT, ATE.** adj. [Pr. *médi-a*]. (lat. *medium*, milieu). Terme de rapport qui se dit par opposition à immédiat, et qui signifie qui ne touche à une chose que moyennant une autre qui est entre deux. *Insertion médiate.* || Fig., *Pouvoir m. Héritier m. Cause, juridiction médiate.* || T. Anat. *Insertion médiate.* || T. Chim. *Principes médiats*, Principes obtenus par dédoublement des sels et autres composés.

**MÉDIATEMENT.** adv. D'une manière médiate. *Cette cause n'agit que m.*

**MÉDIATEUR, TRICE.** s. (lat. *mediator, trix*, m. s., de *medius*, qui est au milieu). Celui, celle qui s'entremet pour opérer un accord, un accommodement, entre deux ou plusieurs personnes, entre différents partis. *Il a été m. dans cette affaire. Il a été choisi pour m. de la paix. Les deux puissances prirent cette princesse pour médiatrice.* || Adjectiv., *Les puissances médiatrices déclarèrent que...*

**MÉDIATION.** s. f. [Pr. ...*sion*] (lat. *mediatio*, entremise, de *medius*, qui est au milieu). Action d'intervenir entre deux ou plusieurs personnes pour les mettre d'accord. || T. Mus. Inflexion de la voix qui se fait vers le milieu du verset d'un psaume et amène un repos qui le partage en deux parties. || T. Astrol. Le milieu du jour. || T. Astron. Moment de la culmination d'un astre.

**Droit intern.** — En politique, on donne le nom de *m.* à l'acte d'un gouvernement qui interpose ses bons offices entre deux États qui sont en contestation ou même en guerre, afin de prévenir un conflit ou de mettre un terme aux hostilités. Une m. ne saurait être imposée; elle doit être réclamée au moins par l'un des deux États et acceptée par l'autre. Enfin elle n'a aucun caractère obligatoire, et l'on peut accepter ou refuser la solution proposée par la puissance médiatrice, aussi bien que son interposition. C'est en cela que la m. diffère de l'*Arbitrage;* car une fois l'arbitrage accepté les décisions de l'État pris pour arbitre sont obligatoires.

**MÉDIATISATION.** s. f. [Pr. ...*za-sion*]. (R. *médiat*). T. Hist. polit. Dans l'ancien Empire germanique, on appelait *m.*, l'acte par lequel on faisait descendre un prince souverain, et relevant immédiatement de l'Empire, à l'état de vassal médiat. A l'époque de la Confédération du Rhin, en 1806, on sentit l'impossibilité de conserver cette foule de petites principautés qui morcelaient l'Allemagne. En conséquence, un grand nombre d'entre ces petits souverains, et particulièrement les plus faibles, furent supprimés, et leurs domaines réunis à des États plus puissants. On donna également à cet acte le nom de *m.*; mais, comme on le voit, c'était détourner ce terme de sa signification primitive.

**MÉDIATISER.** v. a. [Pr. ...*zer*]. Soumettre un prince ou un pays à la médiatisation. = MÉDIATISÉ, ÉE. part.

**MÉDICAL, ALE.** adj. (lat. *medicus*, médecin). Qui appartient à la médecine. *Un ouvrage m. C'est une question* *médicale. Procéder à une instruction médicale. Les sociétés médicales de France.* — *Des ouvrages médicaux,* || Propre à guérir. *Les propriétés médicales d'une plante.* On dit mieux *Médicinales.* || *Matière m.* Voy. PHARMACOLOGIE.

**MÉDICAMENT.** s. m. [Pr. *médika-man*]. (lat. *medicamentum*, m. s., de *mederi*, soigner). Il est difficile de donner une formule rigoureuse de la définition du mot m. On peut dire cependant, en se dégageant de toute rigueur scolastique, que le m. est une substance ou un agent destiné à ramener au type normal les organes et les fonctions déviés par l'état de maladie, en déterminant des modifications temporaires dans leur dynamisme ou dans leur nutrition. Le choix des m. doit être fait en dehors de tout empirisme, et d'après le criterium scientifique ; il ne faut jamais se baser uniquement sur le fait de guérisons obtenues avec tel ou tel agent. Il faut donc repousser avec énergie l'éternelle objection des empiriques, à propos de l'histoire des spécifiques, dont l'action est à peu près certaine, quoique restée sans explication. — La maladie ne doit être considérée ni comme un corps concret surajouté à l'organisme, ni même comme une lésion, mais comme un acte physiologique dévié de son type normal ; le médicament est comme un agent capable de réformer la déviation. Par conséquent, la valeur virtuelle du m. doit se dégager, non de la maladie, considérée comme un tout, ni du fait brutal et inintelligent de la guérison ou de l'insuccès final, mais de son action modificatrice sur tels organes ou telles fonctions. Pour faire une thérapeutique rationnelle, il faut connaître à fond la physiologie de la maladie, et la physiologie du m., afin de dominer l'une par l'autre. C'est là une méthode progressive et qu'on a appelée thérapeutique analytique, par opposition à la thérapeutique rétrograde qu'est l'empirisme ou numérisme.

Les indications des médicaments découlent de la nature de la maladie, de sa spécificité causale, du siège de la lésion et de l'organe malade ; enfin, de la physionomie spéciale de l'individualité morbide. Les recherches de physiologie expérimentale permettent d'étudier l'action du m. sur les animaux et de déduire des effets obtenus, les effets probables chez l'homme. Voy. PHARMACOLOGIE.

**MÉDICAMENTAIRE.** adj. 2 g. [Pr. *médika-mantère*] (lat. *medicamentarius*, m. s.). Qui concerne les médicaments, leur préparation, etc. *Code m.*

**MÉDICAMENTATION.** s. f. [Pr. *medika-manta-sion*]. Application de médicaments à une maladie.

**MÉDICAMENTER.** v. a. [Pr. *médika-manter*]. Donner des médicaments à un malade, appliquer des médicaments. *On a bien médicamenté ce malade.* On dit aussi, *M. un cheval*, etc. = SE MÉDICAMENTER. v. pron. Prendre des remèdes. *Je n'aime point à me m.* = MÉDICAMENTÉ, ÉE. part.

**MÉDICAMENTEUX, EUSE.** adj. [Pr. *médika-man...*]. Qui a la vertu des médicaments. *Le lait est un aliment m.*

**MÉDICASTRE.** s. m. (ital. *medicastro*, m. s.). T. mépris. Se dit d'un médecin ignorant ou charlatan.

**MÉDICATEUR, TRICE.** adj. (lat. *medicari*, traiter un malade). Qui agit comme remède. *L'action médicatrice de la quinine.*

**MÉDICATION.** s. f. [Pr. ...*sion*] (lat. *medicatio*, m. s.). T. Méd. Administration d'un ou de plusieurs agents thérapeutiques, pour satisfaire à une indication thérapeutique déterminée, en produisant certaines modifications dans la structure ou les fonctions de l'organisme.

**Méd.** — Le terme m. est une expression générique qui comprend l'ensemble des médicaments qui ont une action similaire, nous ne disons pas identique, ni même semblable. L'association de plusieurs agents de la même m. est une ressource thérapeutique, parfois sérieuse ; elle développe dans certains cas une action collective, synergique, qui renforce l'activité intrinsèque de chacun sans nuire à la simplicité du but. On emploie encore ce terme pour désigner les méthodes thérapeutiques diverses que l'on peut employer au cours d'un même état pathologique.

**MÉDICINAL, ALE.** adj. (lat. *medicinalis*, m. s.). Qui sert de remède, qui possède des propriétés médicamenteuses. *La stramoine est une plante médicinale. Eaux médicinales.*

**MÉDICINALEMENT.** adv. D'une manière médicinale.

**MÉDICINIER.** s. m. (R. *médecine*). T. Bot. Nom donné à plusieurs espèces de *Jatropha* de la famille des *Euphorbiacées*. Voy. ce mot.

**MÉDICIS**, illustre famille de Florence, dont les membres les plus célèbres sont : COSME DE MÉDICIS l'*Ancien* (1389-1464), possesseur d'une grande fortune acquise par le commerce et protecteur des arts et des sciences. || Son fils, PIERRE Ier DE MÉDICIS (1414-1469), hérita de sa toute-puissance à Florence. || LAURENT Ier DE MÉDICIS *le Magnifique*, fils de Pierre Ier (1469-1492), échappa à la conspiration des Pazzi, dans laquelle fut tué son frère Julien, il mourut laissant trois fils, dont les deux premiers, PIERRE II DE MÉDICIS (1471-1516), lui succédèrent, et dont le 3e fut LÉON X. || LAURENT II DE MÉDICIS, neveu et successeur de Julien qui avait abdiqué en 1513, fut le père de *Catherine de Médicis*, qui épousa Henri II. Voy. CATHERINE. || ALEXANDRE DE MÉDICIS, fils naturel de Laurent II ou de Jules de Médicis (depuis Clément VII), fut le premier duc de Florence (1532). || COSME Ier DE MÉDICIS, descendant d'un frère puîné de Cosme l'Ancien, fut le premier grand-duc de Toscane (1569) et la tige d'une dynastie de sept princes, qui s'éteignit en 1743, avec Anne, princesse Palatine. || FRANÇOIS Ier DE MÉDICIS, fils de Cosme Ier, fut le père de *Marie de Médicis*, qui épousa Henri IV.

**MÉDICO-LÉGAL, ALE.** adj. Qui appartient, qui a rapport à la médecine légale. *Une question médico-légale. Recherches médico-légales.*

**MÉDICO-PSYCHOLOGIQUE.** adj. 2 g. *Études médico-psychologiques*, recherches relatives à la psychologie et faites au moyen de l'observation des maladies cérébrales.

**MÉDIE**, contrée de l'anc. Asie, entre l'Assyrie, la Perse et la mer Caspienne, cap. *Ecbatane.*

**MÉDIÉVAL, ALE.** adj. (lat. *medium ævum*, moyen âge). Qui a rapport au moyen âge.

**MÉDIÈVISTE.** s. (lat. *medium ævum*, moyen âge). Celui, celle qui s'adonne à l'étude du moyen âge.

**MÉDIFIXE.** adj. 2 g. (lat. *medius*, au milieu ; fr. *fixe*). T. Bot. Se dit d'une partie fixée à une autre par son milieu.

**MÉDIFOURCHE.** s. f. (lat. *medius*, au milieu ; fr. *fourche*). T. Entom. Partie du corps des insectes à coquille qu'attachent les muscles de l'aile.

**MÉDIMNE.** s. m. (gr. μέδιμνος, m. s.). T. Métrol. anc. Mesure grecque de capacité valant environ 54 litres. Voy. CAPACITÉ.

**MÉDINE**, anc. Yatreb, v. de l'Hedjaz (Arabie); 20,000 hab. Tombeau de Mahomet.

**MÉDINE**, village et poste du Soudan fr. ; 3,000 hab. Sur le haut Sénégal.

**MEDINET-ABOU**, l'un des villages bâtis dans les ruines de l'anc. Thèbes (Égypte).

**MEDINET-EL-FAYOUM**, ch.-l. du Fayoum (Moyenne-Égypte), 26,000 hab.

**MÉDINILLE.** s. m. [Pr. *ll* mouillées]. T. Bot. Genre de plantes Dicotylédones (*Medinilla*) de la famille des *Mélastomacées*. Voy. ce mot.

**MÉDIOCRE.** adj. 2 g. (lat. *mediocris*, m., s., de *medius*, au milieu). Qui est entre le grand et le petit, entre le bon et le mauvais. *Une terre d'une m. étendue. Un cheval de taille m. La somme est m. Avoir une fortune m. Faire m. chère. Du vin m. Une beauté m. Un esprit, une intelligence, un mérite m. Un écrivain, un style m.* || Appliqué à un homme, *Médiocre* sign. Qui a peu d'esprit, peu de talent, peu de capacité. *C'est un homme m. Les gens médiocres sont toujours satisfaits d'eux-mêmes.* || Préédé d'un des adverbes *bien*, *fort*, etc., l'adject. *Médiocre* indique un degré inférieur à celui qu'il exprime ordinairement. *Il a un revenu bien m.*, *très m. C'est un esprit fort m.*, *des plus médiocres.* = S'emploie substantiv. au masc. *Cet ouvrage est au-dessous du m. Dans les arts d'agrément, le m. est insupportable.*

**MÉDIOCREMENT.** adv. D'une façon médiocre. *Il est m. riche, m. savant.* || Peu. *Je suis m. satisfait de ce que vous me dites. Les louanges le touchent m.*

**MÉDIOCRITÉ.** s. f. (lat. *mediocritas*, m., s.). État, qualité de ce qui est médiocre. *La m. de sa fortune, de son esprit.* = Absolum., état de fortune qui tient le milieu entre l'opulence et la pauvreté, entre l'élévation et une basse condition. *Vivre dans la m., dans une heureuse m. Les tranquilles douceurs de la m.* || Insuffisance du côté de l'esprit, du mérite. *Cet homme est d'une grande m. En poésie, la m. est insupportable.* — Se dit aussi pour désigner une personne d'un esprit médiocre. *Nous sommes entourés de médiocrités.* || Se disait autrefois pour modération, juste milieu. *Il faut garder la m. en toute chose.*

**MÉDIO-DORSAL, ALE.** adj. (lat. *medius*, moyen ; fr. *dorsal*). Qui est placé au milieu de la longueur du bord supérieur d'une valve de coquille.

**MÉDIO-JURASSIQUE.** adj. 2 g. (lat. *medius*, moyen ; fr. *jurassique*). T. Géol. Qui comprend les terrains oolithiques intermédiaires.

**MÉDIONNER.** v. a. [Pr. *médio-ner*]. (lat. *medius*, au milieu). T. Techn. Prendre le milieu ou un terme moyen. || Compenser, en terme de maçonnerie.

**MÉDIPOITRINE.** s. f. (lat. *medius*, moyen ; fr. *poitrine*). T. Entom. Partie moyenne du dessous du corps d'un insecte.

**MÉDIQUE.** adj. 2 g. Qui appartient à la Médie, ou aux Mèdes. *Guerres médiques.* Guerres entre les Grecs et les Perses qui envahirent la Grèce. On en compte trois : La première eut lieu en 490 et fut signalée par la défaite de Darius à Marathon. La deuxième, entamée par Xerxès, est signalée par le dévouement des Spartiates au passage des Thermopyles, les victoires de Salamine (479), et de Platées (480). Enfin la troisième eut lieu en 450 et se termina par une nouvelle victoire des Grecs à Salamine.

**MÉDIRE**, v. n. (R. *mé*, préf., et *dire*). Dire du mal de quelqu'un, soit par légèreté, soit par malignité. *Il médit de tout le monde.*

**Conj.** — *Médire* se conjugue comme *Dire*, si ce n'est qu'on dit *médisez* à la seconde personne du plur. du présent de l'indicatif, ainsi qu'à l'impératif.

**MÉDISANCE.** s. f. [Pr. *médi-zan-se*]. (R. *médire*). Discours au désavantage de quelqu'un, tenu par légèreté ou par malignité. *Une horrible m. Dire des médisances. Il se permet souvent de petites médisances.* — On dit aussi d'une imputation avancée sans preuve, *C'est une pure m.* || Penchant à médire. *La m. annonce une grande petitesse d'esprit. La m. se joint habituellement à l'hypocrisie.* || Se dit aussi pour désigner les gens médisants. *Faire taire la m. La m. ne l'a pas épargné.* Voy. DIFFAMATION.

**MÉDISANT, ANTE.** adj. [Pr. *médi-zan*]. Qui médit. *Personne médisante. Une langue médisante.* || Substantiv., *c'est un m. Il ne faut pas croire les médisants.*

**MÉDISTERNUM.** s. m. [Pr. ... *ster-nom*] (lat. *medius*, moyen et *sternum*). Milieu de la partie inférieure du second segment du thorax des insectes.

**MÉDITATIF, IVE.** adj. (lat. *meditativus*, m. s.). Qui est porté, livré à la méditation. *C'est un esprit m. La vie méditative.* || Substantiv., *Les méditatifs sont ordinairement distraits.*

**MÉDITATION.** s. f. [Pr. ... *sion*] (lat. *meditatio*, m. s.). Action de méditer. Attention intense et réfléchie de l'esprit, quand il veut approfondir un sujet, s'appliquer à la recherche d'une vérité, etc. *Une profonde m. Être plongé dans la m. Après une longue m.* Voy. ATTENTION. || Se dit aussi de certains écrits composés sur des sujets de dévotion ou de philosophie, etc. *Les Méditations de sainte Thérèse. Les Méditations de Descartes. Les Méditations poétiques de Lamartine.* || Oraison mentale. *Les religieux font la m. Entrer en méditation.*

**MÉDITER.** v. a. (lat. *meditari*, m. s., dont le sens propre est s'exercer au physique et au moral). Réfléchir profondément sur quelque chose, la considérer attentivement dans son esprit. *M. un sujet, une idée, une question. J'ai longtemps médité les principes de cet art. C'est un livre à m.* — Absol., *ce philosophe passe sa vie à m. Il est incapable de m.* || S'emploie aussi neutral., avec la prépos. *sur*. *M. sur un sujet, sur une difficulté. M. sur Dieu, sur l'âme, sur l'instabilité des choses humaines.* = Projeter, penser à faire une chose, réfléchir aux moyens de l'exécuter. *Il médite une grande entreprise. M. une mauvaise action. M. la ruine de quelqu'un.* || S'emploie encore neutral. dans ce sens, *M. de réparer une faute. Je méditais comment je pourrais éviter cette rencontre. M. à qui l'on confiera un dépôt. Je méditais quel remède serait propre à mon mal. M. où l'on ira, par où l'on attaquera. Il médite s'il doit partir ou rester.* = Absol., faire une méditation pieuse. *Les religieux ont des heures réglées pour m. en commun.* = MÉDITÉ, ÉE., part. *Une entreprise longuement méditée.*

**MÉDITERRANÉE.** La mer Méditerranée (c.-à-d. Mer au milieu des terres), forme la limite commune des trois parties de l'ancien continent ; enserrée au nord par l'Europe, à l'est par l'Asie, au sud par l'Afrique, elle s'étend de 7° 1/2 de longitude occidentale de Paris à 34° de longitude orientale et de 30° à 44° 1/2 de latitude boréale. Sa superficie est de 3,000,000 de kilomètres carrés. A l'ouest un étroit canal, large de 14 kilomètres, appelé dans l'antiquité Colonnes d'Hercule, puis, par la suite, détroit de Gadès, devenu Cadix, et enfin, de nos jours, détroit de Gibraltar, la relie à l'océan Atlantique. Au sud-est, entre l'Asie et l'Afrique, un isthme presque aussi étroit (isthme de Peluse dans l'antiquité et de Suez aujourd'hui) la sépare seul de la mer Rouge, tributaire de l'océan Indien, de sorte qu'il n'eût pas fallu de grandes modifications de la croûte terrestre pour faire de cette mer soit un lac entièrement fermé, soit un passage entre deux grands océans du monde.

Ses côtes sont extrêmement tourmentées : Resserrées à l'ouest entre l'Espagne et le Maroc, où elles ne sont distantes que d'environ 150 kilomètres, elles s'écartent de 600 kilomètres entre l'Algérie et la France, du 37° au 43° degré, formant les golfes du Lion et de Gênes, et laissant la place d'abord à l'archipel des Baléares, puis aux grandes îles de Corse et de Sardaigne, séparées par le détroit de Bonifacio. Ces îles limitent une enclave appelée mer Tyrrhénienne ou de Toscane qui communique par le détroit de Messine, entre l'Italie et la Sicile, avec la partie orientale de la M., celle-ci étant en effet comme coupée en deux par un étranglement d'environ 120 kilomètres entre la Sicile et la Tunisie ; au débouché, où se dresse l'îlot de Malte, un nouvel évasement se produit, plus considérable que le premier, creusant au sud la petite et la grande Syrte (aujourd'hui golfes de Gabès et de la Sidre) jusqu'à 30° 1/2, et formant, vers le nord, la mer Ionienne (avec le grand golfe de Tarente au sud-est de l'Italie) le canal d'Otrante, entre l'Italie et l'Épire, et la mer Adriatique qui s'élève jusqu'au 46° degré. La côte orientale de ces mers est semée d'îles, dont les Ioniennes (Corcyre, aujourd'hui Corfou, Sainte-Maure, Itaque aujourd'hui Théaki, Céphalonie et Zante) et s'ouvre, en Grèce, sur le profond golfe de Patras et de Lépante, que ferme l'isthme de Corinthe. La presqu'île de Morée, autrefois Péloponèse, c.-à-d. île de Pélops, qui se rattache à cet isthme, prolongée par l'île de Crète ou de Candie, forme avec la côte d'Afrique un dernier mais moindre rétrécissement, qui se termine sensiblement en rectangle entre l'Asie Mineure au nord, la Syrie et la Palestine à l'est, et l'Égypte au sud, et dans l'angle nord duquel s'allonge la grande île de Chypre. Cependant au nord de la Crète s'ouvre, semée des îles de Rhodes, des Sporades, des Cyclades, de Négrepont ou Eubée, de Chios, de Lesbos, de Lemnos, la mer Égée ou de l'Archipel, qui, à travers les Dardanelles (autrefois Hellespont), la mer de Marmara (autrefois Propontide), et le Bosphore, communique avec la mer Noire (autrefois Pont-Euxin), puis, à travers le détroit de Kertch ou d'Ienikalé, à l'est de la presqu'île de Crimée, avec la mer d'Azow (autrefois Temerinde ou Palus Méotide), reculant ainsi les eaux de la M. jusqu'au delà du 39° degré oriental et du 47° degré nord.

A l'exception de sa côte la plus méridionale, la M. s'est formée dans une région extrêmement volcanique et montagneuse, cause évidente de ses étranglements, de ses rivages déchiquetés et de la profusion de ses îles. Deux grand courants orographiques semblent la traverser. Le premier se forme à l'est du Caucase, s'affaisse sous la mer Noire, se redresse dans les Balkans continués par les Alpes, point culminant de l'Europe. Après un affaissement en France, le mouvement reprend avec les Pyrénées et les nombreuses chaînes hispaniques. Le second courant part de l'Asie Mineure d'où le Liban se détache vers le sud, hérisse d'îles la mer Égée, se relève en Grèce, toutes régions fertiles en tremblements de terre, se continue en Italie méridionale et en Sicile où fument les cratères du Vésuve et de l'Etna, et se termine dans le nord-ouest de l'Afrique par la longue et haute chaîne de l'Atlas.

Un grand nombre de fleuves se jettent dans la M., dont les plus importants sont l'Èbre en face des Baléares, le Rhône (golfe du Lion), le Tibre (mer Tyrrhénienne), le Pô (mer Adriatique), la Maritza (mer Égée), le Danube, le Dniester, le Dnieper, le Kizil Ermak (mer Noire), le Don (mer d'Azow), et enfin dans le sud-est, à la limite de l'Afrique, près de l'isthme de Suez, le Nil, le plus considérable de tous.

Les régions méditerranéennes sont particulièrement fertiles en blés et en vignes. Les principaux arbres sont au Nord, le grenadier, l'amandier, l'olivier, le pin maritime, au Sud le palmier et le chêne-liège. Le cheval (en Syrie et en Afrique) y est le plus beau du monde; les races bovines et ovines y sont développées à merveille, au Nord surtout; le chameau et l'autruche au Sud, l'âne en Egypte. On trouve encore à l'état sauvage, l'aigle, le lion, la panthère, etc.

Une telle mer, placée comme ses coordonnées l'indiquent, dans un climat tempéré, à quelques degrés en dehors des tropiques et sous un ciel très pur, assez allongée pour avoir un grand développement de côtes, étant donnée surtout l'abondance de ses presqu'îles et de ses golfes profonds pénétrant jusqu'au cœur des terres, et assez resserrée cependant par ses détroits fréquents pour rapprocher les peuples riverains, semée d'îles servant d'étapes entre eux, entourée de régions fertilisées par leurs beaux fleuves et encadrée presque en entier de montagnes l'abritant des trop grands vents, mais où l'homme pouvait trouver un air vivifiant et frais, une telle mer devait nécessairement être le centre d'une grande activité humaine et le berceau d'une civilisation précoce dans l'histoire.

Sur ses côtes septentrionales se développa un type d'homme, extrêmement orthognathe, petit, brun, cambré, aux extrémités fines, et qui comprend l'*Ibère* (Espagne), puis l'*Osque*, *Basque*, *Vascon*, *Gascon*, *Escaldunac* ou *Aquitain* (au sud et au nord des Pyrénées), le *Celte* tel que le définit Broca, c.-à-d. très différent du Gall, le *Ligure* (golfes du Lion et de Gênes), le *Latin* (Italie centrale) et le *Sicule* (Italie méridionale), tous ces peuples étant du reste venus d'Espagne ou des Pyrénées et paraissant n'en faire qu'un seul, auquel les savants donnent alternativement chacun de ces noms particuliers, et peut-être le même que l'*Atlante*, race problématique dont le souvenir ne repose que sur de vagues traditions. Ce peuple qu'il est plus sûr d'appeler simplement « *Méditerranéen* » s'étendait probablement jusqu'à la limite de l'Europe vers la mer Égée.

Au sud s'était formée la race *éthiopienne*, noire, prognathe, au nez aplati, aux lèvres lippues, et qui tenait tout le nord de l'Afrique ou Lybie, *Gétules*, *Numides*, *Garamantes*, *Lotophages*, etc.

A l'est, le premier peuple que l'on retrouve est le *Sémite*, brun, prognathe, aux lèvres épaisses, au nez fort et tombant. Il occupait les régions occidentales de l'Asie et comprenait le *Chaldéen*, le *Lydien*, l'*Hébreu* ou *Israélite* et l'*Arabe*.

Mais entre ces deux dernières races, entre ces deux parties du monde, un autre peuple d'origine inexpliquée, plus bronzé que le Sémite, plus blanc que l'Éthiopien, aux traits plus fins que l'un et l'autre, s'était installé dans la basse vallée du Nil, terre d'alluvions formée de continuels débordements du fleuve et qu'on appelait de là le Pays Noir, *Kémit*; nous l'appelons aujourd'hui *Égypte*. Là se développa la plus ancienne civilisation dont nous connaissions l'histoire; 4 ou 5,000 avant J.-C., des rois ou Pharaons, comme Cécrops et Kephren, comme la reine Nitocris, élevaient des Pyramides qui nous étonnent encore par leur masse, et le Temple du Sphinx. Nechao ouvrait un canal du Nil à la mer Rouge, reliant ainsi le premier la M. qu'on appelait alors *Grande Mer* à l'océan Indien. Leurs successeurs bâtirent les temples de Karnak, de Louqsor, les colosses de Memnon. D'autres, comme Sésostris ou Rhamsès II, se firent conquérants, soumettant toute la côte orientale de la M. et l'intérieur du continent asiatique (Chaldée).

Sur cette côte, un autre peuple, les *Phéniciens* (2,400 av. J.-C.), avait fondé *Tyr* et *Sidon* et lancé des expéditions lointaines, créant *Gadès* aux Colonnes d'Hercule (1,100), *Utique* et *Carthage* (800), sur la côte d'Afrique et acquérant par le commerce une immense prospérité. Auprès d'eux, s'étaient installés les *Philistins* venus de Crète, puis les *Hébreux*, qui, venus de l'Héber en Mésopotamie, fondèrent les royaumes d'*Israël* et de *Juda* dans la région montagneuse du Liban avec *Jérusalem* pour capitale, *Joppé* et *Acco* sur la *Grande Mer*, furent soumis par les empires chaldéens de Ninive et de Babylone, mais laissèrent une trace profonde sur le monde par leur littérature (Bible) et par leur religion, d'où découlent les religions des races blanches d'aujourd'hui (Christianisme en Europe et en Amérique, Islam en Asie occidentale et en Afrique septentrionale).

Les océans commençant à être connus, la Grande Mer, dont on avait exploré les limites, avait reçu le nom de *mer Intérieure*.

Cependant, de l'an 2,000 à l'an 1,000 av. J.-C., de nouveaux peuples qui semblaient venir tous plus ou moins directement d'une contrée asiatique appelée Aryane (aujourd'hui Iran) et que l'on a désignés du nom générique d'*Aryas Aryans* ou *Aryens*, avaient envahi par le nord d'abord, puis par l'est, les régions riveraines de la M., y apportant l'élément blond, à chair rose, aux yeux bleus et à haute taille : les *Galls* fondèrent la Gaule et débordèrent sur l'Italie septentrionale où les Étrusques venus des Balkans avaient créé un royaume; les *Pélasges*, puis les *Hellènes* ou *Grecs* peuplèrent l'Hellade ou Grèce, y établirent de nombreuses républiques et par la suite colonisèrent l'Asie Mineure, *Smyrne*, *Éphèse*, *Milet*, *Halicarnasse*, la Sicile et l'Italie méridionale (Grande Grèce), *Tarente*, *Héraclée*, *Sybaris*, *Crotone*, *Catane*, *Syracuse*, *Agrigente*, *Myles*, *Naples*, *Cumes* (720), et la rive méditerranéenne de la Gaule, *Massilia* (Marseille), *Nicea* (Nice), *Antipolis* (Antibes), *Agatha* (Agde) (600). Enfin les *Mèdes*, puis les *Perses*, sous des rois comme Cyrus (560), Cambyse (529), Darius, Xerxès, conquirent successivement les empires chaldéens, la Judée, l'Égypte, l'Asie Mineure et envahirent la Grèce où il furent enfin arrêtés à *Marathon* (490) et à *Platées* et, sur mer, à *Salamine* et à *Mycale* (479).

La Grèce, victorieuse de l'invasion, releva le flambeau de la civilisation tombé des mains de l'Égypte vaincue et porta le progrès à un degré jusqu'alors insoupçonné. *Athènes* en fut le centre. La poésie, la philosophie, l'histoire, le théâtre, l'architecture, la statuaire, la peinture atteignirent là leur apogée. Puis après des guerres néfastes entre les divers États de ce pays, lesquelles rougirent souvent les eaux de la M., aux *Arginuses*, à *Aigos Potamos*, le plus obscur de tous, la *Macédoine*, subjugua tous les autres sous ses rois Philippe et Alexandre; ce dernier, par la suite, conquit l'Asie Mineure, l'Empire des Perses, l'Égypte, et fonda *Alexandrie* qui, après le démembrement de son empire, devint à son tour, sous les Ptolémées, une capitale de premier ordre, nouveau centre de sciences, de lettres, d'arts et de philosophie, rivalisant sur ce terrain avec Athènes, où brillait la célèbre école du Portique, et avec la Grande Grèce, où toutes les branches de l'esprit humain avaient aussi produit d'incomparables génies. C'était le temps où Archimède, assiégé dans Syracuse, incendiait les vaisseaux ennemis sur ces eaux méditerranéennes par une combinaison de miroirs (220).

De l'Empire des Phéniciens, il ne restait plus que ses colonies, mais il venait d'en naître un nouvel empire, la République de *Carthage* que le commerce rendait magnifiquement prospère et qui créait à son tour d'autres colonies, *Tunis*, *Hippone* en Numidie, *Tingis* (Tanger) au sud du détroit de Gadès, *Carthagène* en Espagne, puis conquérait l'Espagne, traversait la Gaule et se heurtait au nord de l'Italie à une autre République, déjà maîtresse de toute la Péninsule et depuis longtemps sa rivale, *Rome*. Des batailles avaient eu lieu sur la M., à *Mylès* et aux îles *Égates*. Rome, vaincue d'abord et près de disparaître, porta la guerre en Afrique, vainquit à son tour son ennemie, s'empara de tout son empire, puis contourna l'Adriatique, soumit la Macédoine, la Grèce, l'Asie Mineure, la Syrie, l'Égypte, faisant de la M. une mer où ses vaisseaux splendides régnèrent en maîtres (ce fut un des plus beaux spectacles de l'histoire que la rencontre sur ces eaux des flottes d'Antoine et de Cléopâtre) et qui pendant plus de quatre siècles resta uniquement romaine: *Mare nostrum*.

Tout à coup, sur les bords de cette mer où des centaines de dieux avaient été adorés librement, où triomphaient Neptune, Amphitrite, Éole, les Tritons, les Syrènes, où l'on disait Vénus sortie de l'onde, où les rochers de Charybde et de Scylla, entre l'Italie et la Sicile, étaient eux-mêmes divinisés, un vent d'intolérance religieuse passa. Déjà, à Athènes, Socrate, le premier, avait été condamné à mort et, à Jérusalem, Jésus-Christ mis en croix. Les disciples de ce dernier qui, du reste, pour combattre les faux dieux détruisaient les temples et les statues, furent traqués, livrés aux bêtes; jusqu'au jour où un empereur, Constantin, le fondateur de *Constantinople* sur le Bosphore, ayant embrassé leur foi, ils devinrent à leur tour persécuteurs; à la demande du patriarche Théophile, l'empereur Théodose fit incendier la bibliothèque d'*Alexandrie*, la plus belle du monde et, plus tard, l'empereur Justinien ferma les écoles d'*Athènes* (600).

Cependant l'Empire Romain s'étant divisé d'abord en quatre tétrarchies, puis en deux empires d'Orient et d'Occident, affaibli, se trouva débordé par de nouveaux peuples barbares du Nord, souvent appelés par le Pontife chrétien de Rome pour combattre l'hérésie. Les *Vandales* prirent le nord de l'Afrique, les *Suèves* et les *Visigoths* l'Espagne, les *Francs* et les *Burgondes* la Gaule, les *Ostrogoths* et les *Lombards* l'Italie; et au siècle suivant les *Arabes* mahométans débordèrent d'Arabie et conquirent progressivement les rives asiatique et africaine de la M., puis l'Espagne et la Gaule jusqu'à la Loire où le Franc Charles Martel les arrêta, continué dans cette œuvre par l'empereur Charlemagne et le Cid.

Ce partage des rives de la M. entre deux religions ennemies fit d'elle, pendant des siècles, la route d'expéditions militaires multiples, celle du *Normand* Robert Guiscard dans les deux Siciles, puis les Croisades (1095 à 1270) dont les Francs eurent l'initiative et dans lesquelles ils conservèrent jusqu'au bout la prépondérance, fondant même quelque temps un empire latin à Constantinople. Une dernière, tentée en 1396 contre les *Turcs*, puis en 1403 contre les *Mogols*, nouveaux

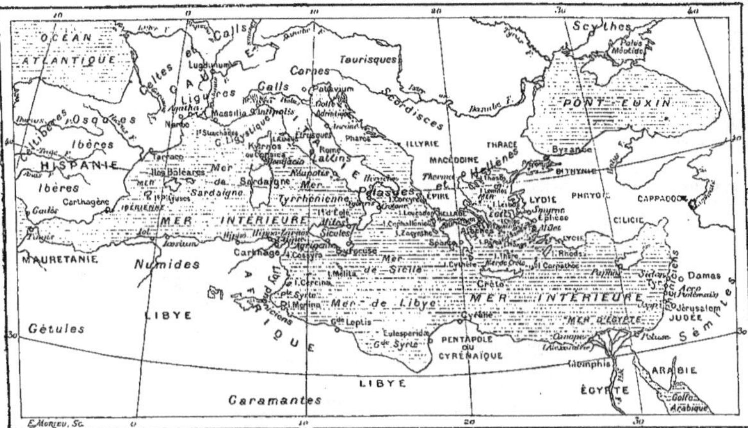

barbares venus de l'Asie centrale, échoua à Nicopolis et à Saint-Jean-d'Acre. La Grèce fut prise, puis Constantinople tomba aux mains des Turcs en 1453. L'Empire grec avait vécu.

Entre temps, *Venise* et *Gênes* s'étaient créé des colonies en Grèce, en Crète, aux îles Ioniennes, mais après le succès des Turcs, *Rhodes* d'abord, *Malte* ensuite, restèrent les derniers remparts des chevaliers chrétiens (de Saint-Jean de Jérusalem) et la piraterie la plus effrénée succéda aux guerres anciennes; en vain les rois d'Espagne Charles-Quint et Philippe II, puis le roi de France Louis XIV qui prétendit faire de la Méditerranée un *lac français*, cherchèrent-ils à faire la police sur les côtes algériennes et marocaines; au commencement de notre siècle encore, les forbans turcs et arabes pillaient les côtes, enlevaient les femmes. A la fin du siècle dernier, la fiction du lac français parut se réaliser en 1768, quand la France acquit la Corse et, en 1798, quand Bonaparte, à la tête d'une armée républicaine et accompagné de nombreux savants, conquit Malte, l'Égypte, la Syrie. Mais cette expédition attira dans les eaux de la M. les Anglais, qui tenaient déjà Gibraltar sur le détroit : ils détruisirent les flottes françaises à *Aboukir* (Égypte) et à *Trafalgar* (Espagne) et gardèrent Malte

Plus tard, la Grèce s'étant soulevée contre les Turcs, les flottes anglaise et russe se joignirent aux Français pour achever sa délivrance. Les Anglais occupèrent 20 ans les îles Ioniennes. Les officiers et les savants français n'en organisèrent pas moins le réveil de l'Égypte, qui secoua le joug turc et devint autonome, tandis que les armées et les flottes françaises, mettant un terme aux pirateries barbaresques, conquéraient l'*Algérie* et vainquaient le *Maroc*.

L'agonie de l'Empire turc, qu'on appela Question d'Orient, réunit encore les flottes anglaise et française, contre les Russes cette fois, en 1854. De 1860 à 1867, le percement du canal de Suez par un Français, avec le concours d'ingénieurs, d'ouvriers français, de capitaux français, parut consolider l'influence française en Égypte. La création de *Port-Saïd* fut son œuvre. Mais les Anglais ayant à eux seuls trois fois plus de navires que les autres nations, le canal parut bientôt creusé pour eux. La Méditerranée devint leur passage continuel. Après nos désastres sur le Rhin en 1870, ils achetèrent la moitié des actions du canal, puis un *condominium* anglo-français s'établit en Égypte pour le contrôle de la dette égyptienne et les Anglais se firent donner *Chypre* par les Turcs à la suite d'une guerre turco-russe qui amena les Russes à Constantinople (1878).

La conquête de la Tunisie par nos armes en 1881 affermit, il est vrai, la condition de lac français à toute la région occidentale, mais le colonel égyptien Arabi pacha ayant tenté un réveil nationaliste contre l'étranger, les Anglais proposèrent à la France une action commune. Le Parlement français refusa. Les Anglais bombardèrent seuls Alexandrie, promirent de respecter la neutralité du canal, l'envahirent, débarquèrent sur ses rives, vainquirent et prirent Arabi, promettant à la France et à l'Europe d'évacuer aussitôt après la pacification. Ils y sont encore, soutenus par l'Italie unifiée par nos armes ; ils s'y consolident de plus en plus, chassant les Français de tous les emplois qu'ils occupaient, et faisant, au moins de toute la partie orientale de la M., un *lac anglais*. Leur commerce, du reste, est maître des principaux marchés africains, Tripoli, Tanger, etc. La France ne garde encore un peu d'influence en Orient que par son droit de protection sur les chrétiens. Encore les puissances européennes partagent-elles avec elle cette protection en *Crète*, où, du reste, les massacres continuent. La Turquie vient d'être sommée d'en retirer ses troupes (1898).

Consulter les deux cartes ci-dessus, l'une donnant les positions occupées par les peuples anciens, l'autre les divisions politiques actuelles.

**MÉDITERRANÉEN, ENNE.** adj. [Pr. *méditer-rané-in, ène*]. Qui appartient à la Méditerranée. *Poissons méditerranéens. Région méditerranéenne.*

**MÉDIUM.** s. m. [Pr. *médi-ome*] (mot lat. qui signifie, *qui est au milieu*). Moyen d'accommodement. *Chercher un m. dans une affaire.* Fam. et inus. || T. Mus. Portion moyenne de l'étendue d'une voix ou d'un instrument, également éloignée de l'extrémité grave et de l'aiguë. *Les sons de cet instrument ne sont beaux que dans le m. Ce chanteur a un beau médium.* || Personne qui sert d'intermédiaire dans les opérations du *spiritisme*. Voy. ce mot.

**MÉDIUS.** s. m. [Pr. l's]. (Mot lat. qui sign. *qui est au milieu*). Le doigt du milieu de la main. Voy. MAIN.

**MÉDIUSCULE.** adj. 2 g. (dimin. de *medius*, moyen). Se dit d'une lettre qui tient le milieu entre la majuscule et la minuscule.

**MÉDIVALVE.** adj. 2 g. (lat. *medius*, moyen; fr. *valve*). T. Bot. Qui s'attache au milieu des valves d'un fruit.

**MEDJIDIÉ.** s. m. (arabe *medjid*, glorieux). Décoration turque, créée en 1852 par Abd-ul-Medjid, pour récompenser le mérite civil et militaire.

**MEDJIDITE.** s. f. T. Minér. Sulfate hydraté d'urane et de calcium.

**MÉDO-BACTRIEN, ENNE.** adj. [Pr. *médobaktri-in, iène*]. Qui appartient aux Mèdes et aux Bactriens.

**MÉDOC,** pays de France (Gironde), entre la Gironde et l'Océan renommé par ses vins. = MÉDOC, s. m. Vin provenant du Médoc.

**MÉDO-PERSE** ou **MÉDO-PERSIQUE.** adj. 2 g. Qui se rapporte aux Mèdes et aux Perses.

**MÉDOR,** personnage de *Roland furieux* de l'Arioste, amant, puis époux de la belle Angélique.

**MÉDULLAIRE.** adj. 2 g. [Pr. *médul-lère*] (lat. *medulla*, moelle). Qui appartient à la moelle, qui en a les caractères. || T. Anat. *Substance* ou *tissu m.*, substance du cerveau et de la moelle épinière, ainsi que celle du rein. *Canal m.*, V. Os. || T. Bot. *Canal m.*, *étui m.*, *rayons médullaires.* Voy. TIGE.

**MÉDULLINE.** s. f. [Pr. *médul-line*] (lat. *medulla*, moelle). T. Chim. Variété de cellulose.

**MÉDULLIQUE.** adj. 2 g. [Pr. *médul-like*] (lat. *medulla*, moelle). T. Chim. *L'acide m.* est un acide gras de la formule $C^{21}H^{42}O^2$, fusible à 72°,5, contenu à l'état de glycéride dans la moelle de bœuf.

**MÉDULLITE.** s. f. [Pr. *médul-lite*] (lat. *medulla*, moelle). Inflammation de la moelle des os.

**MÉDUSAIRE.** adj. 2 g. [Pr. *médu-zère*]. Qui ressemble à une Méduse.

**MÉDUSE,** une des 3 Gorgones; son regard pétrifiait; Persée lui coupa la tête (Myth.).

**MÉDUSE,** s. f. [Pr. *médu-ze*] (Nom Mythol.) T. Zool Nom que l'on donne à la forme libre et nageante de certains *Cœlentérés*, Voy. ACALÈPHES, HYDROMÉDUSE et MÉTAMORPHOSE.

**MÉDUSE,** (Naufrage de la). Le 2 juillet 1816, *la Méduse*, bâtiment français envoyé au Sénégal, échoua sur le banc d'Arguire, à 160 kilomètres de la côte d'Afrique. 149 passagers confièrent leur existence à un radeau bientôt abandonné à l'immensité des mers. Douze jours plus tard, le radeau fut aperçu par un navire qui n'y trouva plus que quinze mourants. Les autres étaient au fond de la mer ou avaient été dévorés par les survivants.

**MÉDUSER.** v. a. [Pr. ... *zer*] (R. *Méduse*, myth.). Frapper quelqu'un de stupeur. Fam. = MÉDUSÉ, ÉE. Part.

**MÉDUSOÏDE.** adj. 2 g. [Pr. *méduzo-ide*] (R. *méduse*, et gr. εἶδος, aspect). T. Zool. Qui a la forme de méduse.

**MÉE.** s. f. Outil pour mélanger la calamine et le charbon de terre.

**MEER** (VAN DER), peintre holland. (1665-1704).

**MEERANE,** ville de Saxe; 2,200 hab.

**MÉES** (Les), ch.-l. de c. (Basses-Alpes), arr. de Digne; 1,900 hab.

**MEETING.** s. m. [Pr. *mi-tinn*]. Mot anglais qui sign. *assemblée*, et qui se dit d'une réunion populaire dont le but est de discuter une question, de délibérer, de manifester l'opinion des assistants sur une question politique ou autre.

*Les meetings se tiennent le plus souvent en plein air.* Pourquoi ne pas garder en France la langue française et dire tout simplement *assemblée, réunion, séance?*

**MÉFAIRE**. v. n. (R. *mé*, préf., et *faire*). Faire le mal. *Il ne faut ni m. ni médire.* Fam. et peu usité.

**MÉFAIT**. s. m. (R. *méfaire*). Mauvaise action. *Il a été châtié pour ses méfaits.* Fam.

**MÉFENTE**. s. f. [Pr. *mé-fante*]. T. Techn. Fragment du bois qu'on taille en lattes, dont on se sert pour allumer le feu.

**MÉFIANCE**. s. f. (R. *méfiant*). Disposition à soupçonner le mal, crainte habituelle d'être trompé. *Une excessive m. est une source continuelle de tourments. Un proverbe dit : M. est mère de sûreté.* = Syn. Voy. DÉFIER.

**MÉFIANT, ANTE**. adj. (R. *méfier*). Qui se méfie, qui est naturellement soupçonneux. *C'est un homme, un esprit m.* ‖ Substant., *Le m. est toujours en garde.*

**MÉFIER** (SE). v. pron. (R. *mé*, préf., et *fier*, verbe). Ne pas se fier à quelqu'un, à ce qu'il dit, à ce qu'il fait paraître, parce qu'on le soupçonne de peu de sincérité, de peu de probité. *Se m. de quelqu'un. Il se méfie de tout le monde. Je me méfie de ses intentions, de ses protestations. On se méfie des autres, on se défie de soi.* = Syn. Voy. DÉFIER.

**MÉGA**. Ce mot, qui est emprunté du gr. μέγας, μεγάλος, *grand*, entre dans la composition d'un grand nombre de termes scientifiques. Il ajoute toujours l'idée de *grandeur* à celle qu'exprime le radical auquel il est joint, comme dans les mots *Mégacéphale, Mégacère, Mégalonyx*, etc.

**MÉGABASITE**. s. f. [Pr... *zite*]. T. Minér. Variété de wolfram, moins riche que celui-ci en acide tungstique.

**MÉGACÉPHALE**. adj. 2 g. (gr. μέγας, grand ; κεφαλή, tête). Se dit d'un animal qui a une grosse tête ou d'une plante qui a ses fleurs réunies en grosses boules.

**MÉGACÈRE**. adj. 2 g. (gr. μέγας, grand ; κέρας, corne). Qui a des grandes cornes ou des grandes antennes.

**MEGACÉROS**. s. m. (gr. μέγας, grand ; κέρας, corne), cerf fossile à bois gigantesque.

**MÉGACHILE**. s. f. (gr. μέγας, grand ; χεῖλος, lèvre). T. Entom. Genre d'insectes Hyménoptères. Voy. MELLIFÈRES.

**MÉGADERME**. s. m. (gr. μέγας, grand ; δέρμα, peau). T Mam. Genre de *Mammifères*. Voy. CHÉIROPTÈRES.

**MÉGALANTHROPOGÉNÉSIE**. f. f. [Pr... *zie*]. (gr. μέγας, μεγάλος, grand ; ἄνθρωπος, homme ; γένεσις, génération). Art prétendu de procréer à volonté des enfants de génie, des grands hommes.

**MÉGALÉGORIE**. s. f. (gr. μέγας, μεγάλος, grand ; ἀγορᾶν, parler). T. Rhét. Style pompeux, grandiose, magnifique.

**MÉGALÉSIES**. s. f. pl. [Pr... *zie*]. T. Antiq rom. Jeux célébrés en l'honneur de Cybèle. Voy. JEU.

**MÉGALITHIQUE**. adj. 2 g. (gr. μέγας, μελάγος, grand ; λίθος, pierre). T. Archéol. Se dit des monuments en grosses pierres. *Architecture m. Monuments mégalithiques.* Voy. ARCHITECTURE, MENHIR, DOLMEN, CROMLECH, CARNAC.

**MÉGALOGONE**. adj. 2 g. (gr. μέγας, μεγάλος, grand ; γῶνος, angle). T. Minér. Se dit d'un cristal dont les faces font entre elles des angles très obtus.

**MÉGALONYX**. s. m. [Pr. *mégalo-niks*]. (gr. μέγας, μεγάλος, grand ; ὄνυξ, ongle). T. Paléont. Genre de *Mammifères* fossiles appartenant à l'ordre des *Édentés*. Voy. GRAVIGRADES.

**MÉGALOPE**. s. m. (gr. μέγας, μεγάλος, grand ; ὤψ, visage). T. Ichth. Genre de *Poisson osseux*. Voy. CLUPES.

**MÉGALOPOLIS**, anc. v. d'Arcadie (Péloponèse), fondée par Épaminondas. Patrie de Philopœmen et de Polybe.

**MÉGALOPORE**. adj. 2 g. (gr. μέγας, μεγάλος, grand. et fr. *pore*). Qui a de grands pores.

**MÉGALOSAURE**, ou **MÉGALOSAURUS**. s. m. [Pr. *mégalo-zaure, zorus*]. (gr. μέγας, μεγάλος, grand ; σαῦρος, lézard). T. Paléont. Genre de *Dinosauriens*. Voy. THÉROPODES.

**MÉGALOSPLÉNIE**. s. f. (gr. μέγας, μεγάλος, grand ; σπλήν, rate). T. Path. Augmentation du volume de la rate sans dureté.

**MÉGALOTIS**. s. m. [Pr. l's finale]. (gr. μέγας, μεγάλος, grand ; οὖς, ὠτός, oreille). Nom donné à une espèce de *Renard* d'Afrique. Voy RENARD.

**MÉGAPODE**. s. m. (gr. μέγας, grand ; πούς, πόδος, pied). T. Ornith. Genre d'*Échassiers*. Voy. JACANA.

**MÉGARDE** (PAR). loc. adverb. (R. *mé*, préf., et *garde*). Faute d'attention, faute de prendre garde. *Il lui est arrivé par m. de... C'est par m. qu'il a fait cela.*

**MÉGARE**, cap. de la Mégaride (Grèce ancienne), à l'extrémité N.-E. de l'isthme de Corinthe = Nom. des hab. : MÉGARIEN, ENNE.

**MÉGARE**, a été célèbre par son école philosophique, fondée par Euclide vers l'an 400 av. J.-C., mais qui ne tarda pas à dégénérer en disputes et en sophismes stériles. L'un des sophismes de cette école a été souvent cité : « Si tu dis que tu mens, et si tu dis vrai, tu mens ; mais tu dis que tu mens et tu dis vrai, tu mens donc. Mais si tu mens, tu ne dis donc pas vrai ; il n'est donc pas vrai que tu mentes. » C'est à n'en pas sortir.

**MÉGARIDE**, partie de l'anc. Grèce (isthme de Corinthe).

**MÉGASCOPE**. s. m. (gr. μέγας, grand ; σκοπέω, j'observe). T. Phys. Sorte de lanterne magique qui amplifie les images. Voy. LANTERNE.

**MÉGASÈME**. adj. 2 g. [Pr. *méga-zème*]. (gr. μέγας, grand ; σῆμα, signe). Qui a un grand indice, en parlant du crâne.

**MÉGASTOME**. adj. 2 g. (gr. μέγας, grand ; στόμα, bouche). Qui a une large bouche ou une grande ouverture.

**MÉGATHÉRIUM**. s. m. [Pr. *mégaté-riome*]. (gr. μέγας, grand ; θηρίον, bête sauvage). T. Paléont. Genre de *Mammifères* fossiles appartenant à l'ordre des *Édentés*. Voy. GRAVIGRADES.

**MÉGATOME**. s. m. (gr. μέγας, grand ; τομή, coupure) T. Ent. Genre d'Insectes *Coléoptères*. Voy. DERMESTIDES.

**MÉGÈRE**. s. f. (gr. Μέγαιρα, nom d'une des Furies). Se dit, dans le langage famil., d'une femme méchante et emportée. *C'est une vraie m. Il a épousé une mégère.*

**MÉGÈRE**, l'une des trois Furies (Mythol.). Voy. FURIE.

**MÉGIE**. s. f. T. Techn. La préparation que les mégissiers font subir aux peaux. *Passer en mégie.*

**MÉGIR**. v. a. (lat. *mergere*, tremper). T. Techn. Se dit des peaux que l'on soumet aux manipulations propres à l'art du mégissier. = MÉGI, IE. part.

**MÉGIS**. s. m. [Pr. *mé-ji*]. T. Techn. Pâte de farine, mêlée d'alun et de sel, et délayée dans l'eau, pour assouplir les peaux.

**MÉGISSER**. v. a. [Pr. *méji-ser*]. Passer une peau en mégie.

**MÉGISSERIE**. s. m. [Pr. *mé-ji-serie*]. L'art du mégissier. Voy. CUIR. ‖ Le commerce de celui qui vend des peaux mégies.

**MÉGISSIER**. s. m. [Pr. *méji-sié*] (R. *mégis*). Artisan qui travaille en mégisserie. ‖ Celui qui vend des peaux mégies.

**MÉGUSON**. s. m. Racine tubéreuse d'une gesse, que l'on trouve dans les champs ; assez bonne à manger.

**MÉHARI**. s. m. (ar. *Meh'ara*, ou *Mahra*, contrée de l'Arabie qui est considérée comme la patrie de l'animal). T. Mamm. Nom donné en Égypte au Chameau de course. Voy. CHAMEAU.

**MÉHÉMED**, calife arabe de Cordoue (852-885). || Nom de plusieurs princes arabes en Espagne, du XIIIe au XVe siècle.

**MÉHÉMET I**[er] (ABOU-ABDALLAH), fondateur de la dynastie des Nasérides à Grenade (1232), bâtit l'Alhambra.

**MÉHÉMET-ALI**, pacha d'Égypte en 1805, tenta, après la destruction de la milice des Mameluks, de réformer ses États à l'européenne. Il enleva la Syrie au sultan Mahmoud II ; mais l'Europe le força de rendre cette conquête, ainsi que la Mecque et Candie, en lui accordant le titre de pacha héréditaire (1841) ; il mourut en 1849.

**MÉHÉMET-ALI**, général ottoman né en Prusse, m. assassiné (1827-1878).

**MÉHUL**, compositeur de musique fr. (1763-1817), auteur du *Chant du Départ*.

**MEHUN**. Voy. MEUNG.

**MEHUN-SUR-YÈVRE**. ch.-l. de c. (Cher), arr. de Bourges, 6,600 hab. Ruines d'un château où mourut Charles VII.

**MEÏDAN**. Voy. MAIDAN.

**MEI-KONG**, Voy. **MÉKONG**.

**MEILHAC** (HENRY), auteur dramatique fr. (1832-1897).

**MEILHAN**. ch.-l. de c. (Lot-et-Garonne), arr. de Marmande, 1,900 hab.

**MEILLERAIE** (Duc DE LA), maréchal de France et surintendant des finances (1602-1664).

**MEILLERAYE** (LA). Bourg du dép. de la Loire-Inférieure, arr. de Châteaubriant, 1,800 hab. Abbaye de la Meilleraye fondée en 1145.

**MEILLERIE** (LA), vge et rochers à l'extrémité E. du lac de Genève.

**MEILLEUR, EURE**. adj. [Pr. *ll* mouillées.] (lat. *melior*, m. s.). Comparatif de Bon. Qui est au-dessus de bon ; qui a un plus haut degré de bonté que la personne ou la chose à laquelle on le compare. *Cet homme est bon, mais son père est encore m. Je n'ai pas connu une meilleure femme. Votre vin est m. que le mien. Le temps est un peu m. qu'il n'était hier. L'affaire est en m. état. Il n'y a rien de m.* = *Le meilleur* est le superl. de Bon, et sign., Qui est au-dessus de tout dans son genre, pour la bonté, l'utilité. *C'est le m. de tous les hommes, la meilleure de toutes les femmes. C'est le m. tableau de ce peintre. C'est la meilleure leçon que vous puissiez recevoir. Il lui faut toujours les meilleurs morceaux.* || Substantiv., *Le m. de l'affaire est que... En ce cas, le m. est de se taire. Choisissez le m.* — Famil., *Le m. n'en vaut rien*, se dit de deux ou de plusieurs personnes à peu près aussi méchantes ou aussi vicieuses les unes que les autres. *Boire du m., tirer du m.*, Du meilleur vin qu'il y ait.

**MEIN**. Voy. MAIN.

**MEI-NAM** ou **MENAM**, grand fleuve de l'Indo-Chine ; se jette dans le golfe de Siam, 1,200 kil.

**MEINERS**, savant historien et philosophe allem. (1747-1810).

**MEININGEN**, cap. du duché de Saxe-Meiningen (Empire d'Allemagne) ; 11,450 hab.

**MEIOGONE**. adj. 2 g. (gr. μείων, moindre ; γῶνος, angle). T. Minér. Se dit d'un cristal dont les pans prismatiques s'infléchissent de manière que l'angle qu'ils forment entre eux se trouve successivement diminué.

**MÉIONITE** s. f. T. Minér. Voy. WERNÉRITE

**MEISSAS** (ACHILLE DE), géographe fr (1799-1874).

**MEISSEN**, v. de Saxe, sur l'Elbe ; 14,200 hab.

**MEISSONIER**, peintre fr. né à Lyon en 181[illegible], m. à Paris en 1891. Ses œuvres sont en nombre considérable et sont particulièrement remarquables par l'extrême finesse de la touche.

**MEISTERSÆNGER**. s. m. (mot all. sign. maître chanteur). Nom donné en Allemagne à partir du XIVe siècle, à des bourgeois ou mêm. les artisans qui étaient les chefs d'associations de musiciens et chanteurs. Ces associations qui se recrutaient parmi les artisans et les ouvriers avaient pour but de conserver les traditions d'une poésie nationale. Elles ont constitué un puissant élément d'amélioration intellectuelle et morale des populations.

**MEISTRE** ou **MESTRE**. s. m. T. Mar. usité dans la Méditerranée. *Mât* ou *arbre de m.*, Le grand mât des bâtiments à voiles latines.

**MÉJUGER**. v. a. (R. *mé*, préf. et *juger*). Juger à faux. = Se méjuger, v. pron. T. Véner. Mettre le pied de derrière en dehors de la trace de celui de devant.

**MEKHITAR**, savant arménien, né à Sebaste (1678-1749).

**MÉKONG** ou **CAMBODGE**, fl. de l'Indo-Chine, sort du Thibet, arrose Laos, Pnom-Penh, et se jette dans la mer de la Chine ; 4,200 kil.

**MELA** (POMPONIUS), géographe latin, né en Espagne, contemporain de Jésus-Christ, auteur du traité de géographie. *De situ orbis*.

**MÉLACONISE** ou **MÉLACONITE**. s. f. (gr. μέλας, noir ; κόνις, poussière). T. Minér. Oxyde de cuivre $CuO$, noir ou gris de fer, en poussière ou en masses terreuses, accompagnant les minerais de cuivre. — La *Ténorite* est une variété cristallisée en lamelles hexagonales, flexibles, qu'on rencontre dans la lave du Vésuve.

**MÉLÆNA**. s. m. [Pr. *mé-lé-na*] (gr. μέλας, μέλαινα, noir). T. Méd. Évacuation par l'anus d'une plus ou moins grande quantité de sang provenant d'une hémorrhagie produite sur un point quelconque des intestins, et qui donne aux selles une coloration noirâtre.

**MÊLAGE**. s. m. (R. *mêler*). Opération par laquelle le cartier arrange en tas les diverses sortes de papier qu'il doit coller ensemble.

**MÉLAÏNE**. s. f. (gr. μέλας, noir). T. Chim. Matière colorante de l'encre des Céphalopodes. C'est une poudre noire, insoluble dans l'eau, dans l'alcool, dans les acides et dans les alcalis. Le chlore et le chlorure de chaux la décolorent.

**MÉLALEUQUE**. s. m. (gr. μέλας, noir ; λευκός, blanc). T. Bot. Genre de plantes Dicotylédones (*Melaleuca*) de la famille des *Myrtacées*. Voy. ce mot.

**MÉLAM**. s. m. T. Chim. Composé répondant à la formule $C^6 Az^{11} H^9$, obtenu par l'action de la chaleur sur le sulfocyanate d'ammoniaque. C'est une poudre blanche que la chaleur décompose en ammoniaque et en mellon. Chauffé avec la potasse aqueuse, le m. se transforme peu à peu en acide cyanurique après avoir donné des composés qu'on peut considérer comme les amides de cet acide. La *mélamine*, qui se forme d'abord, est la tri-amide cyanurique et répond à la formule $C^3 Az^3 (Az H^2)^3$. On la prépare ordinairement par la distillation sèche d'un mélange de sulfocyanate de potassium et de chlorhydrate d'ammoniaque. Elle est cristallisable ; peu soluble dans l'eau froide, elle se dissout dans l'alcool, dans l'éther, dans les alcalis étendus. Elle joue le rôle de base et s'unit directement aux acides pour former des sels cristallisés. Par ébullition avec les alcalis ou les acides elle fournit les deux autres amides cyanuriques : l'*ammméline*

$$C^3 Az^3 (OH) (Az H^2)^2,$$

base faible dont les sels sont décomposables par l'eau, et l'*ammélide* ou *acide mélanurique* $C^3 Az^3 (OH)^2 (Az H^2)$. Ces deux corps sont solides, amorphes, blancs, insolubles dans l'eau, l'alcool et l'éther, solubles dans les acides et les alcalis.

**MÉLAMBO**. s. m. [Pr. *mélan-bo*]. T. Bot. Genre de

plantes Dicotylédones de la famille des *Rutacées*. Voy. ce mot.

**MÉLAMINE**. s. f. (R. *mélam*). T. Chim. Voy. MÉLAM.

**MÉLAMPYRE**. s. f. [Pr. *mélan-pire*]. (gr. μέλας, μέλανος, noir ; πυρὸς, blé). T. Bot. Genre de plantes Dicotylédones (*Melampyrum*) de la famille des *Scrofulariacées*. Voy. ce mot.

**MÉLAMPYRITE**. s. f. [Pr. *mélan-pirite*]. (R. *mélampyre*). T. Chim. Syn. de *Dulcite*.

**MÉLANCHLORE**. s. m. [Pr. *mélan-klore*]. (gr. μέλαν, noir; χλωρὸς, vert). T. Minér. Phosphate hydraté de fer et de manganèse.

**MÉLANCHTHON**, réformateur allemand, ami et collaborateur de Luther, rédigea la *Confession d'Augsbourg* (1497-1560).

**MÉLANCHYME**. s. f. (gr. μέλαν, noir; χυμὸς, suc). T. Minér. Résine fossile d'un brun rougeâtre, translucide, fusible à 100°. Elle ne se dissout que partiellement dans l'alcool; on a donné le nom de *Rochlederite* à la partie soluble, et celui de *Mélanellite* à la partie insoluble.

**MÉLANCOLIE**. s. f. (gr. μέλας, μέλανος, noir, χολή, bile). Sorte de folie triste. Voy. LYPÉMANIE, HYPOCONDRIE. || Disposition triste provenant d'une cause physique ou morale. Tristesse déjà adoucie qui succède à une perte cruelle.

**MÉLANCOLIQUE**. adj. 2 g. (lat. *melancholicus*, gr. μελαγχολικὸς, m. s.). En qui domine la mélancolie. *Un homme m. Je n'aime pas les gens mélancoliques. Humeur, esprit m. Affection m.* || Qui inspire la mélancolie. *Lieu, séjour, entretien m. Musique m. Vers mélancoliques.* || Qui annonce la mélancolie. *Un air, une physionomie m.* || Qui est triste, chagrin. *Qu'avez-vous? je vous trouve tout m.* = Substant., Qui est atteint de mélancolie. *Laissons là ce m. Les rêveries d'un m.*

**MÉLANCOLIQUEMENT**. adv. D'une manière triste, et mélancolique. *Nous avons passé la semaine assez m.*

**MÉLANCOLISER**. v. a. [Pr... *li-zer*]. Rendre mélancolique.

**MÉLANDRYE**. s. f. (gr. μέλας, μέλανος, noir; δρῦς, chêne). T. Entom. Genre d'Insectes Coléoptères. Voy. MÉLANDRYÏDES.

**MÉLANDRYÏDES**. s. f. pl. (R. *Mélandrye*). T. Entom. Les M. sont des *Coléoptères hétéromères* qui ont les palpes maxillaires souvent dentés en scie, fort grands et inclinés. Leurs antennes sont insérées dans une échancrure des yeux; leur tête est inclinée; leurs pieds postérieurs sont longs et propres au saut; toutefois leurs cuisses ne sont pas renflées. L'espèce indigène la plus commune de cette famille appartient au genre *Mélandrye* : c'est la *Mélandr. dentée* (*Melandrya serrata*); on la trouve sous les écorces d'arbres.

**MÉLANÉ, ÉE**. adj. (gr. μέλας, noir). T. H. nat. Qui est de la nature de la mélanose.

**MÉLANELLITE**. s. f. T. Minér. Voy. MÉLANCHYME.

**MÉLANÉMIE**. s. f. (gr. μέλας, μέλανος, noir, αἷμα, sang). L'expression de m. ne s'applique pas, malgré son étymologie, à tous les cas dans lesquels le sang présente une coloration noirâtre. On l'emploie exclusivement pour désigner l'état morbide que constitue l'existence dans le sang de granulations pigmentaires, état que l'on rencontre surtout dans l'impaludisme, mais aussi au cours d'autres processus pathologiques. La *m. palustre* se rencontre surtout dans les cas graves de l'intoxication aiguë et chez les sujets arrivés à la période de cachexie. Le pigment envahit non seulement le sang, mais les parois vasculaires et l'intimité des tissus. Cet accident peut revêtir, au point de vue clinique, des formes particulières, dites cérébrales, rénales, hépatiques, suivant la localisation. Les autres affections dans lesquelles la m. a été observée sont : la fièvre jaune, le choléra, la fièvre typhoïde, la m. généralisée, etc.

**MÉLANÉSIE**, c.-à-d. *îles noires*, division de l'Océanie, habitée par des races nègres, et comprenant l'Australie, la Tasmanie, la Nouvelle-Guinée, la Nouvelle-Bretagne, les îles Salomon, les Nouvelles-Hébrides, la Nouvelle-Calédonie, etc. — 3,500,000 hab. = Nom des hab. : MÉLANÉSIEN, ENNE.

**MÉLANGE**. s. m. (R. *mêler*, comme *louange*, de *louer*). T. Phys. Dissémination réciproque des molécules de deux ou de plusieurs corps différents. *Le m. de ces deux substances n'est pas assez intime. Le m. de plusieurs sortes de vins. Dans le m. il n'y a point de combinaison entre les molécules des corps, mais seulement interposition réciproque.* || T. Peinture. *M. des couleurs*, Union de plusieurs couleurs dont se forment les teintes qui sont nécessaires au peintre. || Fig., *La société est un m. de sots et de gens d'esprit. Ce gouvernement est un heureux m. de royauté, d'aristocratie et de démocratie. La vie est un m. d'événements heureux et malheureux. Son caractère était un m. de douceur et de gravité.* — *Un bonheur sans m.*, Un bonheur qui n'est troublé, interrompu par aucun événement fâcheux. || Croisement de races, d'espèces, soit animales, soit végétales. *Le m. des blancs avec les noirs produit les mulâtres. Le m. d'espèces différentes donne naissance à des hybrides ordinairement inféconds.* || *Mélanges*, au plur., s'emploie souvent pour désigner certains recueils composés de pièces de prose ou de poésie, de petits ouvrages sur différents sujets. *Mélanges de littérature. Mélanges littéraires, historiques, philosophiques.* — Titre sous lequel on range quelquefois, dans les ouvrages périodiques, certains articles traitant de sujets variés. — Dans les catalogues de livres, section dans laquelle on place les ouvrages qu'on n'a pas pu classer dans les divisions régulières.

**Math.** — Les problèmes que l'on peut se poser sur le m. de marchandises de prix divers se résolvent très facilement. On indique, dans les traités d'arithmétique, diverses méthodes plus ou moins ingénieuses pour les traiter; mais nous ne nous y arrêterons pas, parce que la méthode la plus simple et la plus rapide consiste dans l'emploi de l'algèbre. On obtient l'équation fondamentale du problème en écrivant que le prix total du m. est égal à la somme des prix des parties composantes. Supposons, par exemple, qu'on demande dans quelles proportions il faut mêler du vin à 95 francs l'hectolitre et du vin à 45 francs l'hectolitre pour obtenir un m. revenant à 65 francs l'hectolitre. Soit $x$ le nombre d'hectolitres de la première qualité et $y$ celui de la seconde On aura immédiatement l'équation :

$$95x + 45y = 65(x + y)$$

ou

$$(95 - 65)x = (65 - 45)y$$

$$30x = 20y$$

d'où

$$\frac{x}{y} = \frac{2}{3}$$

c.-à-d. qu'il faudra prendre 2 hectolitres de la première qualité pour 3 de la seconde.

On ne détermine ainsi que le rapport des quantités des deux portions composant le m. Pour obtenir ces deux quantités elles-mêmes, il faut une condition de plus. Par exemple : combien faut-il prendre d'hectolitres de vin à 95 francs et à 45 francs l'hectolitre respectivement, pour obtenir 150 hectolitres revenant en moyenne à 65 francs l'hectolitre? A l'équation précédente, on joindra la condition que la somme $x + y$ doit-être égale à 150 hectolitres, ce qui donnera le système :

$$95x + 45y = 65(x + y)$$
$$x + y = 150$$

ou :

$$3x = 2y$$
$$x + y = 150$$

ou encore

$$\frac{x}{2} = \frac{y}{3} = \frac{x + y}{2 + 3} = \frac{150}{5} = 30$$

et enfin $x = 60$ $y = 90$, ce qui résout le problème.

Il est clair qu'on peut se poser sur les mélanges des problèmes beaucoup plus compliqués; mais ce que nous venons de dire suffit à montrer les principes qui servent à les résoudre.

**MÉLANGER**. v. a. (R. *mélange*). Incorporer ensemble deux ou plusieurs choses différentes. *M. des vins. M. des couleurs.* = SE MÉLANGER. v. pr. *Ces deux liquides ne peuvent se m.* = MÉLANGÉ, ÉE. p. *Du vin mélangé.* || *Drap mélangé*, Drap dont la trame et la chaîne sont de laines de différentes couleurs. = Conj. Voy. MANGER.

**Syn.** — *Mêler.* — *Mêler* sign. mettre ensemble, avec, dans, entre, etc., à dessein ou sans dessein, avec art ou sans art, avec une sorte de confusion, toutes sortes de choses de quelque manière que ce soit. *Mélanger*, c'est assembler, assortir ou composer, combiner à dessein et avec art, des choses qui doivent naturellement se convenir, pour obtenir, par leur agrégation et leur variété, un résultat avantageux et un nouveau tout. On *mêle*, on bat les cartes; on *mêle*, on brouille maladroitement des écheveaux. Le peintre *mélange* adroitement ses couleurs; le *mélange* industrieux des couleurs fait la peinture. Vous *mêlez* le vin avec l'eau pour le boire; vous *mélangez* différentes sortes de vins pour les améliorer l'un par l'autre et en faire un autre vin.

**MÉLANGEUR, EUSE**. T. Techn. Appareil destiné à triturer et à mêler certaines matières.

**MÉLANIE** (Sainte). Romaine d'une naissance illustre; mourut en 444. Fête le 31 déc.

**MÉLANIEN, IENNE**. adj. [Pr. *mélani-in, iène*] (gr. μέλας, μέλανος, noir). Qui a une teinte noire, des taches noires. ‖ T. Méd. *Taches méLaniennes*, les envies. Voy. Mélanisme. ‖ T. Géogr. *Peuplades mélaniennes*, peuplades habitant Van Diemen.

**MÉLANINE**. s. f. (gr. μέλας, μέλανος, noir). T. Chim. Pigment noir ou brun, qu'on rencontre, à l'état de granulations microscopiques, dans la choroïde de l'œil, dans le corps muqueux de l'épiderme, dans les tumeurs mélaniques, dans les cheveux. C'est à ce pigment qu'est due la coloration de la peau chez les nègres. La m. est insoluble dans les dissolvants neutres, tels que l'eau, l'alcool et l'éther. Celle des cheveux et de certaines tumeurs mélaniques se dissout aisément dans les alcalis et a reçu le nom de *phymatorhusine*.

**MÉLANIQUE**. adj. 2 g. (gr μέλας, μέλανος, noir) T. Méd. Qui a rapport à la mélanine.

**MÉLANISME**. s. m. (gr. μέλας, μέλανος, noir). T. Physiol. Le *M.* est une anomalie de coloration du tégument externe, qui est l'opposé de l'*albinisme*. Cette anomalie est caractérisée par la couleur noire ou plus foncée du pelage des animaux, et en général par un excès de coloration, soit de la peau elle-même, soit des productions qui la recouvrent. Elle est due au dépôt, dans les parties affectées, d'une substance organique demi-solide, brune ou noire, appelée *Mélanine*, qui constitue le principe essentiel du pigment, et qui se rencontre, à l'état normal, plus ou moins abondamment, selon les régions du corps et les espèces animales, à la surface du derme, entre lui et l'épiderme, soit dans les cellules épithéliales, soit plus rarement à l'état de granulations libres. Les exemples de m. complet chez l'homme sont excessivement rares. Toutefois, Rostan cite le cas d'une femme de 70 ans qui devint noire comme une négresse, dans l'espace d'une nuit, à la suite d'une violente douleur morale. Le m. partiel, au contraire, est très fréquent. C'est à lui qu'on doit rapporter la plupart des taches congénitales de la peau désignées sous le nom d'*Envies* ou *Nævi materni*. Ces taches *mélaniennes*, dont la couleur varie du café au lait au noir pur, sont en général assez petites, de forme variable, tantôt couvertes de poils, tantôt d'un aspect lardacé C'est parmi les animaux sauvages et domestiques qu'on a observé le plus grand nombre de cas de m Nous citerons particulièrement le Daim, le Lion, les grands Félicns des contrées chaudes, le Mouflon, le Castor, etc. Comme l'albinisme, le m. n'est que le résultat d'une modification accidentelle. En conséquence, les *Mélanos*, pas plus que les Albinos, ne constituent une race particulière.

**MÉLANITE**. s. f. (gr. μέλας, μέλανος noir). T. Minér. Grenat à base de chaux et de fer, répondant à la formule $Ca^3Fe^2Si^3O^{12}$. Sa couleur est ordinairement d'un noir de velours, mais il existe aussi des variétés vertes (*Allochroïte, Demantoïde*), jaune pâle (*Topazolite*), brun verdâtre ou jaunâtre (*Aplome, Colophonite, Pechgranat*). — La *Rothoffite* est une m. contenant un peu de manganèse; l'*Yttergranat* renferme de l'yttria; la *Schorlomite*, de l'acide titanique.

**MÉLANOCÉRITE**. s. f. (gr. μέλας, μέλανος, noir et *cérite*). T. Minér. Silico-borate de cérium, d'yttrium et de calcium.

**MÉLANOCHROÏTE**. s. f. [Pr. *mélano-kro-ite*] (gr. μέλας, μέλανος, noir; χρόα, couleur). T. Minér. Syn. de *Phœnicite*.

**MÉLANOLITE**. s. f. (gr. μέλας, μέλανος, noir; λίθος, pierre). T. Minér. Variété d'*Hisingérite*.

**MÉLANOME**. s. m. (gr. μελάνωμα, m. s. de μέλας, noir). T. Méd. Syn. de *tumeur mélanique*. Voy. Mélanose.

**MÉLANOPHTHALME**., adj. (gr. μέλας, μέλανος, noir; ὀφθαλμός, œil). Qui a les yeux noirs. — Qui a des taches entourées d'un cercle noir et figurant un œil

†**MÉLANORRHÉE**. s. m. [Pr. *mélanor-ré*] (gr. μέλας, noir; ῥοιά, grenade). T. Bot. Genre de plantes Dicotylédones (*Melanorrhœa*) de la famille des *Anacardiacées*. Voy. ce mot.

**MÉLANOS**. s. m. (gr. μέλας, noir). T. Méd. Individu atteint de *mélanisme*. Voy. ce mot

**MÉLANO-SARCOTÈME**. s. m. T. Méd. Tumeur mélanique de l'Iris.

**MÉLANOSE**. s. f. [Pr. *mélano-ze*]. (gr. μέλας, noir). T Méd. Voy. plus bas. ‖ T. Bot. Maladie de la vigne due à un champignon, le *Septoria ampelina*.

**Méd.** — Ce mot a été introduit en France par Laënnec, en 1806, pour désigner tous les tissus noirs qui se rencontrent dans l'économie, à l'exception, toutefois, du pigment pulmonaire. Deux étymologies sont proposées : μέλας, noir, νόσος, maladie, et μελάνωσις, noircissure. Ce groupe comprend des lésions multiples qui, suivant leur nature, ont reçu des noms différents. En somme, on doit appeler mélanoses les productions pathologiques brunes ou noires dont la couleur est due à la présence de granules analogues à ceux du pigment normal. La production de colorations noires peut être due à trois ordres de causes : 1° introduction de principes minéraux venus du dehors ; 2° modifications survenues dans la matière colorante du sang ; 3° production anormale de la matière pigmentaire ou mélanique. Les deux premiers groupes constituent les fausses m., le troisième seul représente la m. vraie. Parmi ces derniers, il faut distinguer, en se basant sur la texture du substratum, des mélanoses bénignes qui siègent dans les régions normalement pourvues de pigments (peau, iris, piemère), et les tumeurs mélaniques proprement dites qui peuvent être classées d'après la texture même du tissu qui sert de gangue au pigment en cinq espèces. Trois principales : les *mélanomes simples infectieux*, les *sarcomes mélaniques* ou *mélano-sarcomes*, les *carcinomes mélaniques* ou *mélano-carcinomes*; et deux exceptionnelles : le *cancroïde mélanique* et le *fibrome mélanique*.

D'une manière générale, le siège de ces tumeurs se rapporte aux régions normalement pourvues de pigment, l'œil et la peau; mais on les rencontre aussi dans les os, dans les organes internes (rein, foie, poumon, glande lymphatique, pancréas, etc.). Les tumeurs sont généralement arrondies et lobulées, molles, rappelant l'aspect de la truffe. La mélanine, ou pigment qui les colore, se présente sous la forme de granules variant du rouge au noir; elle paraît être le résultat d'une action propre des cellules par dérivation de matériaux sanguins.

L'évolution de ces tumeurs est généralement indolente et insidieuse, tendant à l'ulcération ; elle présente un caractère infectieux de généralisation qui altère profondément la santé ; les malades maigrissent, les digestions se troublent et la cachexie se prononce. La marche est progressive et la terminaison fatale, annoncée par l'invasion du système lymphatique. L'origine des mélanoses paraît devoir être attribuée aux mêmes causes que celles du cancer, et l'inoculation, quoique non démontrée, est considérée comme possible. L'ablation avec le bistouri peut seule enrayer les progrès du mal, mais le chirurgien doit avoir présente à l'esprit la tendance particulièrement remarquable à la repullulation qui fait de cette variété de tumeurs une des plus redoutables.

**MÉLANOTIQUE** adj. 2 g. Qui a le caractère de la mélanose.

**MÉLANOTRIQUE**. adj. 2 g. (gr. μέλας, μέλανος, noir; θρίξ, cheveu). Qui a les cheveux noirs.

**MÉLANOXYLE**. s. m. [Pr. *mélano-ksile*]. (gr. μέλας, μέλανος, noir; ξύλον, bois). T. Bot. Genre de plantes Dicotylédones (*Melanoxylon*) de la famille des *Légumineuses*, tribu des *Césalpiniées*. Voy. Légumineuses.

**MÉLANTÉRIE** ou **MÉLANTÉRITE**. s. f. (gr. μέλαν, noir). T. Minér. Sulfate de fer naturel. Voy. FER VII. D.

**MÉLANTHINE**. s. f. (R. *Mélanthe*, du gr. μέλας, noir, et ἄνθος, fleur, autre nom du genre *Nigella*). T. Chim. Glucoside contenu dans les graines de *Nigella sativa*. On l'obtient en cristaux microscopiques, fusibles à 205°, insolubles dans l'eau, très solubles dans les alcalis. La m. se dissout dans l'acide sulfurique concentré, qu'elle colore en rouge. Traitée par l'acide chlorhydrique étendu et bouillant, elle se dédouble en une glucose et en *mélanthigénine*, substance cristalline légèrement soluble dans l'eau.

**MÉLANURIQUE**. adj. 2 g. (gr. μέλας, μέλανος, noir, et fr. *urée*). T. Chim. *Acide m.* Voy. MÉLAM.

**MÉLAPHYRE**. s. m. (gr. μέλας, noir ; φύρω, je mêle). T. Minér. Sorte de roche compacte à structure porphyrique. Voy. PORPHYRE.

**MÉLAR**. Voy. **MÆLAR**.

**MÉLAS**. s. m. (gr. μέλας, noir). T. Mamm. Nom donné à la Panthère noire de Java. Voy. CHAT et LÉOPARD.

**MÉLAS** (baron DE), général autrichien, fut battu par Bonaparte à Marengo (1800).

**MÉLASME**. s. m. (gr. μέλασμα, m. s., de μέλας, noir). T. Méd. Tache noire qui affecte principalement les jambes, chez les vieillards.

**MÉLASOMES**. s. m. pl. (gr. μέλας, noir ; σῶμα, corps). T. Entom. Latreille a ainsi nommé la première famille de ses *Coléoptères Hétéromères*, parce que les insectes qui la composent sont généralement d'une couleur noire ou cendrée. — Ces insectes sont, pour la plupart, aptères, et leurs élytres, en général fermes et dures, sont fréquemment soudées entre elles. Leur tête, habituellement ovoïde, n'est jamais rétrécie en arrière en forme de cou. Leurs antennes sont grenues en totalité ou en partie, presque de la même grosseur partout, ou un peu renflées à leur extrémité. Leurs mandibules sont bifides ou échancrées à leur extrémité. Ils ont une dent cornée au côté interne des mâchoires, et tous les articles des tarses entiers. Enfin, ils ont les yeux oblongs et peu élevés, ce qui indique leurs habitudes nocturnes. En effet, presque tous ces animaux vivent à terre, soit dans le sable, soit sous les pierres, soit dans les lieux bas et sombres des maisons, comme les caves, les écuries, etc. Ils ont été partagés par

Fig. 1.

Fig. 2.

Latreille en trois tribus dont on fait aujourd'hui deux familles distinctes : les PIMÉLIDES et les TÉNÉBRIONIDES. Voy. ces mots. Nous parlerons seulement ici des *Blaps*, que certains auteurs rangent parmi les Ténébrionides, mais dont il vaut mieux faire une famille distincte. Les *Blapsides* manquent d'ailes et ont les élytres soudées comme les précédents ; mais ils s'en distinguent par leurs palpes maxillaires qui se terminent par un article manifestement dilaté en forme de triangle ou de hache. Le genre *Blaps*, assez nombreux en espèces, a pour type le *Bl. porte-malheur* (*Bl. mortisaga*) [Fig. 1], ainsi appelé parce que le vulgaire le regarde comme un animal de mauvais augure. Cet insecte est long de 20 millimètres, d'un noir peu luisant, à élytres très finement ponctuées, presque lisses et terminées en pointe. Il fréquente les endroits sombres et humides, comme les caves. Il reste caché le jour, et ne se montre que la nuit. Lorsqu'on le saisit, il lance de son corps une liqueur brunâtre, âcre et nauséabonde. Fabricius rapporte que les femmes turques qui habitent l'Égypte, où le *Blaps sillonné* est très commun, mangent cet insecte cuit avec du beurre, dans l'intention de s'engraisser. Il dit aussi qu'on s'en sert contre les douleurs d'oreille et la morsure du scorpion. Le genre *Aside* est représenté aux environs de Paris par une espèce, l'*Aside grise* (*Asida grisea*) [Fig. 2, grossie], qui est longue de 10 millimètres, grisâtre, avec quatre lignes élevées et sinueuses sur les élytres.

**MÉLASSE**. s. f. (lat., *mellaceum*, vin cuit épais, de *mel*, miel). Matière sirupeuse non cristallisable fournie par le résidu de la fabrication du sucre. Voy. SUCRE.

**MÉLASSÉ, ÉE**. [Pr. *méla-sé*] adj. Qui contient de la mélasse.

**MÉLASTOMACÉES**. s. f. pl. (R. *Mélastome*). T. Bot. Famille de végétaux Dicotylédones de l'ordre des Dialypétales inférovariées.

*Caract. bot.* : Arbres, arbrisseaux, arbustes, rarement plantes herbacées. Feuilles opposées, ou verticillées, simples

et sans stipules, ordinairement entières, et à plusieurs nervures saillantes. Fleurs régulières, hermaphrodites, solitaires ou groupées en inflorescences diverses. Calice divisé en 4, 5 ou 6 lobes, ordinairement libres, rarement concrescents en une coiffe qui se fend à l'épanouissement. Pétales égaux en nombre aux segments du calice, à préfloraison tordue. Étamines ordinairement en nombre double des pétales, quelquefois en nombre égal ; filets pliés de haut en bas dans la préfloraison, de façon à enfoncer les anthères dans autant de logettes creusées dans l'épaisseur du parenchyme qui résulte de la concrescence du pistil avec les verticilles externes : anthères longues, biloculaires, s'ouvrant au sommet par deux pores, et se prolongeant en forme variable au delà de l'insertion du filet. Pistil formé de carpelles en nombre égal à celui des sépales, concrescents en un ovaire pluriloculaire renfermant un grand nombre d'ovules anatropes, rarement 2 ; style 1 ; stigmate simple. Fruit charnu ou capsulaire, et, dans ce cas, se séparant en autant de valves dont chacune emporte sa cloison sur son milieu ; placentas soudés à une colonne centrale. Graines fort nombreuses, petites, avec un test crustacé, et dépourvues d'albumen ; ordinairement avec des appendices quelconques : embryon droit ou recourbé avec des cotylédons égaux ou inégaux, plats ou enroulés. [Fig. 1. *Rhexia speciosa ;* 2. Calice ; 3. Coupe du calice pour faire voir le fruit ; 4. Coupe transversale d'un fruit. — 5. *Melastoma theezans :* Coupe verticale d'un calice pour faire voir le pistil et l'insertion des pétales et des étamines. — 6. *Medinilla macrocarpa :* Coupe verticale de l'ovaire ; 7. Coupe de sa graine ; 8. Embryon.]

Cette famille se compose de 134 genres (*Melastoma*, *Centradenia*, *Rhexia*, *Medinilla*, *Miconia*, *Osbeckia*, *Blakea*, *Memecylon*, etc.) et d'environ 1,800 espèces, toutes étrangères à l'Europe. On n'en trouve même point en Afrique, soit dans sa partie australe, soit au nord du Sahara, ni en Amérique au sud du Brésil. Le plus grand nombre des Mél. sont des plantes intertropicales, et plus de la moitié sont américaines. Cependant on rencontre quelques espèces hors de cette zone, en Amérique, en Asie, et dans la Nouvelle-Hollande. On en connait 5 espèces tertiaires fossiles, formant le genre *Melastomites*. — Un léger degré d'astringence est le principal caractère de cette famille, qui, bien que fort nombreuse, ne renferme pas une seule espèce délétère. Le fruit charnu de plusieurs espèces est bon à manger ; parmi ces derniers, quelques-uns ont un suc noirâtre qui noircit les lèvres, et c'est de là qu'est dérivé le nom de *Mélastome*. Le *Blakea triplinervis* est un arbre des forêts de la Guyane qui produit un beau fruit jaune bon à manger. Au Brésil, on emploie pour teindre en noir le fruit du *Lasiandra argentea* et de quelques autres espèces du même genre. L'*Osbeckia principis* et le *Miconia longifolia* servent au même usage. Les feuilles du *Memecylon edule* sont employées par les teinturiers de la côte de Coromandel : ses baies mûres, bien qu'un peu astringentes, sont mangées par les indigènes. A Demerary, on fait usage, en guise d'encre, du suc noir que donne le fruit du *Tococa guianensis*. Le *Cremanium reclinatum*, le *Cr. tinctorium*, et le *Miconia tinctoria*, servent à teindre en jaune ; il en est de même des *Memecylon*. Le *Blakea parasitica* et quelques autres espèces teignent au contraire en rouge. Les fleurs du *Guildingia psidioides* sont fétides, ses baies nauséabondes, et ses graines ont un goût de noisette. Les baies du *Myrrhinium atropurpureum* sont bonnes à manger. Celles de l'*Aciotis* sont acidules et également comestibles. Les feuilles du *Mélastome malabathroïde* (*Melastoma malabathrica*) sont employées comme astringentes dans les cas de dysenterie, de diarrhée, etc. L'écorce des espèces du genre *Medinilla* est émolliente : on s'en sert pour préparer les cataplasmes. Les feuilles de l'*Osbeckia sinensis* servent au même usage. Les fruits du *M. javanensis* sont comestibles ; on les vend journellement sur les marchés à Java et à Sumatra. L'*Astronia papetaria* et quelques autres espèces ont des feuilles légèrement acides avec lesquelles on fait dans l'archipel malais une sorte de sauce pour accommoder le poisson. Le bois de l'*Astronia* est dur et s'emploie dans la menuiserie. A l'île Maurice, les baies du *Tristemma virusanum* s'administrent avec succès dans les cas de syphilis. Enfin, on trouve parmi les Mélastomacées quelques espèces aromatiques, et d'autres qui sont vulnéraires. La seule qui soit importante sous ce rapport est le *Mélastome thé* (*Mel. theezans*), qui s'emploie en guise de thé.

**MÉLASTOME.** s. f. (gr. μέλας, noir ; στόμα, bouche). T. Bot. Genre de plantes Dicotylédones (*Melastoma*), de la famille des *Mélastomacées*. Voy. ce mot.

**MELBOURNE**, ville d'Australie, capitale de la colonie anglaise de Victoria, fondée en 1837, 15,000 hab. en 1850, 71,000 en 1855, 100,000 en 1860, 143,000 en 1865, aujourd'hui (1898) 323,000. Université, observatoire, port important.

**MELBOURNE** (Lord), homme d'État angl. du parti libéral (1779-1848).

**MELCHISÉDECH**, prêtre du Très-Haut, bénit Abraham vainqueur de Chodorlahomor (*Bible*).

**MELCHTHAL** (Arnold de), l'un des fondateurs de l'indépendance suisse (1307).

**MÉLÉAGRE**, l'un des Argonautes, tua le sanglier de Calydon. (Mythol.)

**MÉLÉAGRIDÉS.** s. m. pl. (R. *meleagris*). T. Ornith. Une des divisions du groupe des *Gallinacés*. Voy. ce mot et Dindon.

**MÉLÉAGRIS.** s. m. [Pr. l's finale.] (mot lat. sign. pintade). T. Ornith. Nom scientifique du genre Dindon. Voy. ce mot

**MÉLECTE.** s. m. (lat. *mel*, miel ; *legere*, recueillir). T. Entom. Genre d'*Hyménoptères*. Voy. Mellifères.

**MÊLÉE.** (R. *mêler*). s. f. Combat opiniâtre où deux troupes de gens de guerre s'attaquent corps à corps et se mêlent. *Une sanglante mêlée. Se jeter dans la m.* || Batterie, ou simpl., Contestation vive entre plusieurs individus. *Il a perdu son chapeau dans la m. Comme je vis que la dispute s'échauffait, je me tirai de la mêlée.*

**MELEGNANO.** Voy. Marignan.

**MÊLEMENT.** s. m. [Pr. *mèle-man*]. Action de mêler.

**MÉLÈNE**, s. m. (gr. μέλας, noir). T. Chim. Hydrocarbure de la formule $C^{30}H^{60}$, qui se produit dans la distillation sèche de la cire d'abeilles. Il cristallise en lames nacrées, blanches, fusibles à 62°, insolubles dans l'eau, très solubles dans l'éther.

**MÊLER.** v. a. (bas lat. *misculare*, du lat. *miscere*, m. s.). Mettre ensemble deux ou plusieurs choses de manière à les confondre. *M. des grains. M. des drogues, des couleurs. M. du vin avec de l'eau. M. du cuivre avec de l'argent. Les deux rivières mêlent bientôt leurs eaux et se rendent ensemble à la mer. J'ai mêlé mes papiers, de sorte que je ne puis plus trouver ce que je cherche.* || *M. les cartes*, ou sim. *Mêler* Battre les cartes. *C'est à vous à m.* — Fig. et fam., *M. les cartes*, signif. Embrouiller les affaires. || *M. les races*, se dit d'animaux de races différentes que l'on fait accoupler le uns avec les autres. || *M. le vin*, Mettre ensemble des vins de différentes sortes. || *M. du fil, des écheveaux*, Les brouiller de telle sorte qu'on ne puisse plus les dévider, les séparer. On dit de même, *M. des cheveux*, etc. || *M. une serrure*, En embarrasser les ressorts, de sort que la clef ne puisse ouvrir, || Figur., *M. ses larmes à celles de quelqu'un*, Pleurer, s'affliger avec lui. = Fig., *M. quelqu'un dans une accusation*, L'y comprendre. — *Être mêlé dans une mauvaise affaire*, Y être impliqué. *M. quelqu'un dans des discours, dans des propos*, Parler de lui de manière à le compromettre ou à lui déplaire. Fam. || Fig., en parl. des choses morales, Joindre, Unir une chose avec une autre. *M. l'agréable à utile. M. la douceur à la sévérité. M. les affaires aux plaisirs.* = se Mêler. Voy. Pron. Se confondre, s'unir. *L'huile ne se mêle pas avec l'eau. Les fleuves vont se m. dans la mer. Les troupes se mêlèrent avec fureur. Mes cheveux se sont mêlés. Les familles se mêlent par les mariages.* || *Se mêler d'une chose*, En prendre soin. *Il a réussi dans toutes les choses dont il s'est mêlé. Je ne veux plus me m. de cette affaire. Cette affaire ne se fera pas à moins que le diable ne s'en mêle.* Voy. Diable. — *Se m. d'une chose*, signif. aussi S'occuper d'une chose étrangère à sa profession, à ses habitudes, à ses talents, à ses affaires. *Il se mêle de finances, et il n'y entend rien. Quand il se mêle de railler, il est plus malin que personne. Vous vous mêlez de ce qui ne vous regarde pas. De quoi vous mêlez-vous? Il se mêle de tout.* = Mêlé, ée. part. *Vins mêlés. Écheveaux mêlés.*

Quel jour mêlé d'horreur vient effrayer mon âme.

Racine.

|| *Laine mêlée*. Laine de différentes couleurs. || *Sang mêlé*, se dit des mulâtres et autres métis provenant du croisement de races différentes. || *Compagnie mêlée*, Compagnie moitié bonne, moitié mauvaise. — Figur., *Marchandise mêlée*. Compagnie composée de gens de toute espèce. || Fig. et fam., on dit d'un homme qui, pour avoir trop bu, articule mal, qu'*Il a les dents mêlées*. = Syn. Voy. Mélanger.

**MELET.** s. m. [Pr. *me-lè*]. T. Icht. Espèce de HARENG. Voy. ce mot.

**MÉLÈZE.** s. m. (lat. *mellix*, *mellicis*, m. s., de *mel*, miel, à cause de la résine qui en découle). T. Bot. Genre de plantes Gymno-spermes (*Larix*) de la famille des *Conifères*. — Voy. ce mot. Sert communément à désigner le *Larix europæa*.
Le mélèze d'Europe (*Larix europæa*) est un arbre qui croît dans tous les climats tempérés de l'Europe, particulièrement sur le versant septentrional des hautes montagnes; les sols légers, un peu frais lui conviennent particulièrement. Sa tige atteint 35 à 40 mètres d'élévation et 2 mètres de circonférence; elle est très estimée pour la charpente; les feuilles sont caduques. Au moyen d'incisions faites sur la tige, on en extrait une oléo-résine connue sous le nom de térébenthine de Venise. La manne dite de Briançon est sécrétée par les rameaux, sous forme de petits grains blancs formés en presque totalité par un sucre particulier, la *Mélézitose*. Voy. ce mot.

**MÉLÉZITOSE.** s. f. [Pr. *mélézito-ze*]. (R. *Mélèze* et la term. *ose* qui indique les sucres). T. Chim. Matière sucrée contenue dans la manne de Briançon, qui provient du Mélèze (*Larix europæa*). La m. est formée par la condensation de trois molécules de glucose et répond à la formule $C^{18} H^{32} O^{16}$. Elle est très soluble dans l'eau, presque insoluble dans l'alcool. Elle cristallise en petits prismes durs, brillants, contenant deux molécules d'eau de cristallisation qu'ils perdent à 100°. La m. est dextrogyre. Elle ne réduit pas la liqueur de Fehling et ne fermente pas au contact de la levure de bière. Les acides la dédoublent en glucose et en une autre matière sucrée, appelée *turanose*, qui se dédouble à son tour en deux molécules de glucose.

**MÉLIACÉES.** s. f. pl. (R. *Melia*, un des genres de la famille). T. Bot. Famille de végétaux Dicotylédones de l'ordre des Dialypétales supérovariées diplostémones.
*Caract. bot.* : Arbres ou arbustes à bois ordinairement dur, coloré, parfois aromatique. Feuilles alternes ou parfois quelque peu opposées, simples ou composées pennées, sans stipules ni nodules sécréteurs. Fleurs petites, régulières, hermaphrodites,

Fig. 1.

disposées en grappes. Sépales, 3, 4 ou 5, plus ou moins soudés. Pétales en nombre égal, hypogynes, connivents à la base ou même soudés, à préfloraison ordinairement valvaire ou imbriquée. Étamines en nombre double des pétales, quelquefois en nombre égal; filets rarement libres, le plus souvent soudés en un long tube; anthères sessiles à l'orifice du tube. Disque souvent très développé et entourant l'ovaire comme une coupe. Pistil formé de 5 ou 3 carpelles, rarement 2 ou 1, ou au contraire 12-20, soudés en un ovaire comprenant autant de loges que de carpelles; dans chaque loge 2 ou un grand nombre d'ovules anatropes; style 1; stigmates distincts ou unis. Fruit bacciforme, drupacé ou capsulaire, souvent uniloculaire par avortement; les valves, quand elles existent, portant les cloisons au milieu. Graines parfois ailées, avec ou sans arille; albumen charnu ou nul. Embryon à cotylédons foliacés ou amygdaloïdes dans lequel la radicule est comme retirée.
Cette famille se compose de 36 genres et de 276 espèces environ qui sont répandues sur toute la terre; en quantité à peu près égale dans l'Amérique et dans l'Asie, et en quantité quatre fois moindre en Afrique. Elles ne s'étendent point au delà du 40° de latitude nord; cependant le *Melia azedarach* est naturalisé dans la Provence, et l'on trouve un *Hartighsea* à la Nouvelle-Zélande. — On a divisé cette famille en 4 tribus.
TRIBU I. — *Méliées*. — Étamines concrescentes; deux ovules; albumen charnu (*Melia*, *Quivisia*, etc.) [Fig. 1. — 1. *Ekebergia senegalensis*; 2. Fleur; 3. Calice et tube staminal; 4. Coupe transverse de l'ovaire; 5. Fruit mûr; 6. Sa coupe verticale.] — La racine de l'*Azedarach* (*Melia azedarach*), vulgairement appelée *Faux Sycomore*, *Lilas des Indes* ou *Lilas de la Chine*, *Arbre saint* et *Arbre à chapelet*, est amère et nauséabonde; dans l'Amérique du Nord, elle s'emploie comme anthelminthique. Ses fruits sont généralement regardés comme vénéneux; cependant leur action paraît être beaucoup moins énergique qu'on ne l'a dit. Les moines de l'Archipel font des chapelets avec les noyaux de ses fruits. On attribue des propriétés fébrifuges au *Melia indica*, vulgair. *Margousier*. Les Hindous s'en servent pour préparer une sorte de liqueur qu'ils regardent comme stomachique. Le fruit de la même plante donne une huile propre à l'éclairage et à d'autres usages domestiques.
TRIBU II. — *Trichiliées*. — Étamines concrescentes; deux ovules; pas d'albumen (*Dysoxylon*, *Trichilia*, *Milnea*, *Guarea*, *Carapa*, etc.). Beaucoup de plantes de cette tribu présentent un mélange de principes âcres, amers et astringents, auxquels elles doivent des propriétés variables suivant la proportion de ces principes divers : toniques et stimulantes dans les unes, émétiques et purgatives dans les autres. Souvent le

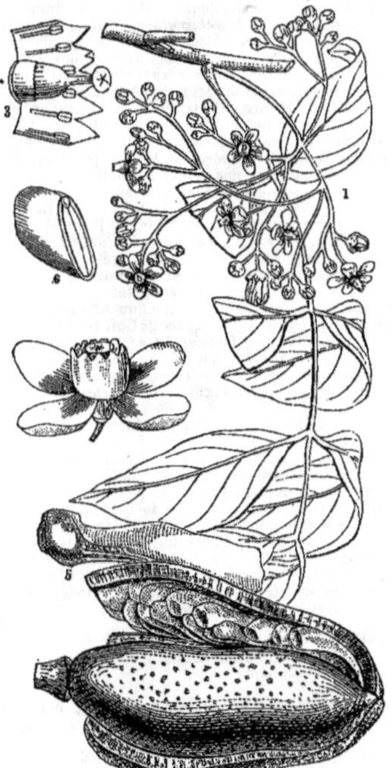

Fig. 2.

principe âcre est tellement développé, qu'il est dangereux d'user de ces plantes sans précaution. Ainsi, par ex., la plante appelée *Jito* au Brésil est un purgatif très énergique; mais Pison rapporte qu'il faut l'employer avec prudence, car elle produit souvent des effets funestes. On suppose que l'espèce dont parle Pison appartient au genre *Guarea*, et qu'elle est, soit le *G. purgans*, soit le *G. spiciflora*. Ces deux espèces agissent vivement sur l'utérus, et, à dose trop élevée, déterminent l'avortement. On attribue les mêmes propriétés au *Trichilia cathartica*. L'écorce du *Guarea Aubletii*, du *G. trichilioides*, et du *Trichilia emetica*, l'*Elcaja* ou *Elcaïdja* des Arabes, doit être mise au rang des émétiques et des drastiques les plus énergiques. Suivant Jacquin, la racine du *Trichilia trifoliata* est un abortif fort usité par les négresses. Blume attribue à la racine du *Sandoricum indicum* des propriétés anthelminthiques. L'écorce du *Carapa guianensis* a une grande réputation comme fébrifuge. Sa graine donne une huile amère et anthelminthique : on prétend qu'elle est particulièrement propre à préserver le fer de la rouille. L'huile dite de *Touloucouna* s'extrait du *Carapa touloucouna* ou *guineensis*; elle est amère, âcre, vermifuge et purgative. Ces huiles s'emploient en grande quantité pour l'éclairage et surtout pour la fabrication des savons. Dans l'Inde, on extrait du fruit du *Trichilia speciosa* une huile chaude et odorante que les médecins du pays emploient fréquemment à l'extérieur dans les cas de rhumatismes chroniques et d'affections paralytiques. Le *Trichilia catigoa* donne au cuir une couleur jaune éclatante. Rumphius mentionne l'extrême amertume du *Xylocarpus granatum*. Le *Moschoxylum*, ou *Bois de musc* des Antilles, doit son nom à l'odeur de musc qu'exhalent toutes ses parties. Le fruit de quelques espèces des genres *Dysoxylon* et *Hartighsea* a une odeur alliacée très prononcée, et les montagnards de Java l'emploient comme condiment. Le fruit du *Milnea edulis*, ainsi que l'indique son nom, est comestible. Enfin, diverses espèces du genre *Lansium* produisent des fruits délicieux appelés dans l'archipel Indien, *Lansch*, *Langsat* et *Ayerayer*. Leur pulpe est aqueuse et très rafraîchissante avec une saveur agréable.

Tribu III. — *Swiéténiées*. — Étamines concrescentes; ovules nombreux (*Swietenia*, *Elutheria*, etc. [Fig. 2. — 1. Rameau fleuri de *Swietenia Mahagoni*; 2. Fleur; 3. Pistil et coupe d'étamines étalées; 4. Fruit; 5. Graine; 6. Section de la graine pour montrer la coupe transversale de l'embryon.]

L'écorce du *Soymida febrifuga* est usitée dans l'Inde contre la diarrhée et les fièvres intermittentes; elle constitue aussi un bon astringent local. L'écorce du *Khaya senegalensis* est connue sous le nom d'*écorce de Cail-cedra*; elle est employée au Sénégal comme fébrifuge et porte souvent le nom de *Quinquina des pauvres*; son bois est connu sous le nom d'*Acajou du Sénégal*. Le *Swietenia Mahagoni* fournit l'*Acajou vrai* des ébénistes; l'écorce de cet arbre passe aussi pour fébrifuge.

Tribu IV. — *Cédrélées*. — Étamines libres; ovules nombreux (*Cedrela*, *Chloroxylon*, etc.). — Le bois des Cédrélées est en général odorant et aromatique. L'écorce du *Cedrela odorata* est parfumée et résineuse, elle constitue un puissant astringent, et, quoiqu'elle ne soit pas amère, elle peut jusqu'à un certain point remplacer le quinquina dans le traitement des fièvres intermittentes. Les *Chloroxylon*, ainsi que l'indiquent leurs feuilles odorantes et ponctuées, fournissent une huile essentielle. Les jeunes pousses du *Cedrela angustifolia* ont une forte odeur d'ail. Le *Chloroxylon Swietenia*, l'un des végétaux qui produisent l'*Huile de bois des Indes*, fournit encore le *Bois de satin*.

**MÉLIANTHE.** s. m. (gr. μέλι, miel; ἄνθος, fleur). T. Bot. Genre de plantes Dicotylédones (*Melianthus*) de la famille des *Sapindacées*. Voy. ce mot.

**MÉLIANTHÉES.** s. f. pl. (R. *mélianthe*). T. Bot. Tribu de végétaux de la famille des *Sapindacées*. Voy. ce mot.

**MÉLIBIOSE.** s. f. [Pr. *mélibio-ze*.] T. Chim. Matière sucrée provenant du dédoublement de la raffinose sous l'action des acides étendus.

**MÉLICÉRIQUE.** adj. 2 g. (gr. μελίκηρον, rayon de miel). T. Méd. Qui a l'apparence de la cire dans un rayon de miel. *Croûte m.* Croûte jaunâtre qui se forme dans l'impetigo.

**MÉLICÉRIS.** s. m. [Pr. l's]. (gr. μελίκηρον, rayon de miel). T. Méd. Syn. de *Loupe*. Voy. ce mot.

**MELICOCCA.** s. m. (gr. μέλι, miel; κόκκος, coque). T. Bot. Genre de plantes Dicotylédones de la famille des *Sapindacées*. Voy. ce mot.

**MÉLICRAT.** s. m. [Pr. *méli-kra*]. (gr. μέλι, miel; κρατὸς, mélangé). Sorte d'hydromel.

**MÉLIÉES.** s. f. pl. T. Bot. Tribu de plantes de la famille des *Méliacées*. Voy. ce mot.

**MÉLIER.** s. m. [Pr. *méli-é*]. T. Bot. Genre de plantes Dicotylédones (*Melia*) de la famille des *Méliacées*. Voy. ce mot.

**MÉLIK-EL-ADHEL** ou **MALEK-ADEL**, frère puîné de Saladin (1139-1218), battit plusieurs fois les chrétiens, et, à la mort de son frère (1193), devint sultan du Caire.

**MÉLILITE** ou **MELLILITE**. s. f. (gr. μέλι, miel, λίθος, pierre). T. Minér. Silicate d'alumine et de chaux, avec oxyde ferrique, magnésie, soude et un peu de potasse. La m. cristallise en prismes quadratiques, blancs ou jaune de miel. On la rencontre dans les blocs calcaires de la Somme, dans certains basaltes et dans les scories des hauts-fourneaux.

**MÉLILOT.** s. m. [Pr. *méli-lo*]. (lat. *melilotus*, gr. μελίλωτος, m. s., de μέλι, miel et λωτὸς, lotus). T. Bot. Genre de plantes Dicotylédones (*Melilotus*) de la famille des *Légumineuses*, tribu des *Papilionacées*. Voy. Légumineuses.

**Agric.** Le M. de Sibérie (*melilotus albus*) est une vigoureuse et belle plante fourragère qui commence à s'introduire dans la culture, malgré quelques désavantages que l'on peut facilement éviter. Ses tiges sont trop aqueuses dans leur jeunesse, trop grosses et trop dures un peu plus tard. Le premier défaut a pour inconvénient de favoriser la météorisation des bestiaux qui en sont tous très avides; il convient donc de les rationner. Le second défaut, la grosseur des tiges, peut disparaître au moyen de semis épais. Le m. de Sibérie est bisannuel et s'intercale dans les assolements de la même manière que le trèfle. Il craint moins que lui les terres médiocres et sèches. Il possède encore l'avantage de fournir aux abeilles, par ses fleurs nombreuses et successives, une pâture abondante et parfumée qu'elles recherchent avec avidité. Enfin le m. est peut-être la plante la plus avantageuse pour l'amendement des terres de médiocre qualité, en l'enfouissant en vert; il serait préférable même aux lupins.—On sème de 25 à 30 kil. à l'hectare.

**MÉLILOTIQUE.** adj. 2 g. (R. *Mélilot*). T. Chim. *L'acide m.* est un acide hydro-coumarique qui existe à l'état libre dans le Mélilot officinal. On peut l'obtenir en hydrogénant la coumarine ou l'acide coumarique par l'amalgame de sodium. Il cristallise en petits prismes incolores, fusibles à 82°, assez solubles dans l'eau et dans l'alcool. Le perchlorure de fer le colore en bleu. L'acide m. a pour formule $C^6H^4OH.CH^2.CH^2.CO^2H$. Il perd facilement une molécule d'eau en donnant naissance à l'*hydro-coumarine* $C^9H^8O^2$, qui est sa lactone.

**MÉLI-MÉLO.** s. m. (R. *mêler*). T. Néol. Mélange confus.

**MÉLINGUE,** acteur et sculpteur fr. (1812-1875).

**MÉLINITE.** s. f. (lat. *melinus*, gr. μήλινος, qui est de la couleur du coing). Explosif très énergique, inventé par Turpin en 1885. La m. consiste essentiellement en acide picrique fondu, ou réduit en grains enduits d'une couche de nitrocellulose. MM. Berthelot et Sarrau ont modifié sa préparation de manière à éviter les explosions spontanées. || T. Minér. Variété d'argile ocreuse jaune.

**MÉLINOPHANE.** s. f. (gr. μέλι, miel; φαίνω, je parais). T. Minér. Fluosilicate de calcium, de glucinium et de sodium, en masses cristallines d'un jaune de miel.

**MÉLINOSE.** s. f. [Pr.... *no-ze*]. (gr. μέλι, miel). T. Minér. Molybdate de plomb, en cristaux quadratiques, d'un jaune de miel ou jaune de cire, quelquefois bruns.

**MÉLIOSME.** s. f. (gr. μέλι, miel; ὀσμή, odeur). T. Bot. Genre de plantes Dicotylédones (*Meliosma*) de la famille des *Labiées*. Voy. ce mot.

**MÉLIPHANITE.** s. f. T. Minér. Syn. de *Mélinophane*.

**MÉLIPONE.** s. f. (gr. μέλι, miel; πόνος, travail). T. Entom. Genre d'*Hyménoptères*. Voy. ABEILLE.

**MELISEY**, ch.-l. de c. (Haute-Saône), arr. de Lure; 1,800 hab.

**MÉLISSE.** s. f. [Pr. *méli-se.*] (gr. μέλισσα, abeille, de μέλι, miel). T. Bot. Genre de plantes Dicotylédones (*Melissa*) de la famille des *Labiées*. Voy. ce mot. ‖ *Eau de m.* ou *Eau des carmes*. Voy. EAU.

**MÉLISSINE.** s. f. (gr. μέλισσα, abeille). T. Chim. syn. d'alcool mélissique. Voy. CIRE.

**MÉLISSIQUE.** adj. 2 g. [Pr. *méli-sik*]. (gr. μέλισσα, abeille). T. Chim. *Alcool m.* qui se rencontre dans la *cire*. Voy. ce mot.

**MÉLISSOGRAPHIE.** s. f. [Pr. *méliss-sogra-fie*]. (gr. μέλισσα, abeille; γράφω, je décris). Histoire des mœurs des abeilles; dissertation sur les abeilles.

**MELITA**, nom ancien de Malte.

**MÉLITÉE.** s. f. (N. Mythol.). T. Entom. Genre d'Insectes *Lépidoptères*. Voy. DIURNES.

**MÉLITOPHILES.** s. m. pl. (gr. μέλι, miel; φίλος, ami). T. Entom. Genre d'*Insectes Coléoptères*. Voy. SCARABÉIDES.

**MÉLITUS**, mauvais poète athénien, l'un des accusateurs de Socrate.

**MELLAMIDE.** s. f. [Pr. *mel-lamide*] (lat. *mel, mellis*, miel, et fr. *amide*). T. Chim. Voy. MELLIQUE.

**MELLAMIQUE.** adj. 2 g. [Pr. *mel-la-mike.*] T. Chim. Voy. MELLIQUE.

**MELLATE.** s. m. [Pr. *mel-late*]. T. Chim. Nom générique des sels et des éthers de l'acide mellique.

**MELLE**, ch.-l. d'arr. du dép. des Deux-Sèvres, à 26 k. E. de Niort; 2,800 hab. = Nom des hab. MELLOIS, OISE.

**MELLÉOLÉ.** s. m. [Pr. *mel-lé-olé*] (lat. *mel*, miel). Médicament formé de miel et d'une poudre.

**MELLIER.** s. m. [Pr. *mé-lié*]. Troisième estomac des Ruminants.

**MELLIFÈRE.** adj. 2 g. [Pr. *mel-li-fère*]. (lat. *mellifer*, m. s.). Qui produit du miel. T. Bot. *Plante m.*, sécrétant un liquide sucré.

**MELLIFÈRES.** s. m. pl. [Pr. *mel-li...*] (lat. *mel*, miel; *fero*, je porte). T. Entom. Dans la méthode de Latreille et Cuvier, les *M.* constituent la quatrième famille des *Porte-aiguillon*. Ces Hyménoptères sont essentiellement caractérisés par la conformation des pattes postérieures, qui ont le premier article des tarses fort grand, en forme de palette carrée ou de losange renversé, et qui sont propres à ramasser le pollen des étamines. En outre, leurs mâchoires et leurs lèvres sont ordinairement fort longues et composent une sorte de trompe, et la languette a le plus souvent la figure d'un fer de lance ou d'un filet très long avec l'extrémité soyeuse ou velue. A l'état de larves, ces insectes vivent exclusivement de miel et de la poussière des étamines; mais, à l'état parfait, ils ne se nourrissent que du miel des fleurs. Les *M.* sont divisés par Latreille en deux tribus, savoir : les ANDRENETTES et les APIAIRES. Voy. ces mots.

Nous parlerons ici de quelques genres de Mellifères que Latreille rangeait dans la tribu des Apiaires et qui forment maintenant le type d'autant de familles distinctes. Tous renferment des espèces solitaires.

Les *Xylocopes*, appelées vulgairement *Abeilles perce-bois* et *Menuisières*, ressemblent à de gros Bourdons. Leur corps est généralement noir, avec les ailes souvent colorées de violet, de cuivreux et de vert. La *Xyl. violette* (Fig. 1) est l'espèce la plus commune dans notre pays. La femelle creuse dans le vieux bois sec et exposé au soleil un canal vertical assez long, et divisé en plusieurs loges par des cloisons horizontales formées avec de la râpure de bois agglutinée. Elle dépose dans chacune de ces loges un œuf et de la pâtée pour la nourriture de la larve qui doit éclore. Elle creuse quelquefois jusqu'à trois canaux dans le même morceau de bois.

Les *Panurges* sont propres aux pays chauds et tempérés

Fig. 1.

Fig. 2.

de l'Europe; ils font leur nid dans la terre (fig. 2, *Panurge noir*).

Les *Dasygastres* ont été ainsi nommées parce que le ventre des femelles est presque toujours garni de poils nombreux, serrés, courts, formant une brosse soyeuse. Le labre est aussi long ou plus long que large, et carré. Les mandibules des femelles sont fortes, incisives, triangulaires et dentées. — Les *Cératines* cependant ont l'abdomen lisse : ce sont de petits insectes à couleurs bronzées ou noires. Les antennes sont insérées dans de petites fossettes et terminées presque en massue allongée (Fig. 3. *Cérat. à labre blanc*). Il résulte des observations de Max. Spinola que la femelle de ces insectes, profitant des branches d'églantier rompues par accident, creuse un trou à la place de la moelle jusqu'à la profondeur d'environ

Fig. 3.

Fig. 4.

50 centimètres. Elle commence à rassembler au fond une certaine quantité de pollen et un peu de miel, et y laisse un œuf; puis elle construit une cloison avec la moelle même de l'arbre, et recommence jusqu'à ce qu'elle ait rempli le tube. Les larves ne rendent aucun excrément. Aussi, quand l'insecte est arrivé à son entier développement et a percé le mur de sa prison, son premier soin est-il de se débarrasser de la masse d'excréments que contenait son abdomen. — Les *Chélostomes* et les *Hériades* (Fig. 4. *Heriade de la raiponce*) font leur nid dans les trous des vieux arbres. — Entre les différentes espèces de *Mégachiles*, nous mentionnerons la *Még. maçonne* et la *Még. centunculaire* appelée aussi *Még. du rosier*, toutes deux communes aux environs de Paris. La première construit son nid à l'angle d'un mur exposé au soleil, ou bien elle le place à

Fig. 5. Fig. 6.

l'abri des moulures qu'offre la corniche de quelque bâtiment. Ce nid consiste en un amas de terre détrempée qui renferme une quinzaine de cellules parfaitement lisses, dans chacune desquelles la femelle dépose un œuf et de la pâtée. Quand sa dernière métamorphose est accomplie, l'insecte perce avec ses mâchoires les murs de sa prison et s'élance dans l'air. La *Még. du rosier* (Fig. 5) creuse son nid dans la terre : elle choisit les endroits où le sol est compact et à l'abri de l'humidité, pour que la pâtée destinée à nourrir les jeunes larves ne soit point altérée par l'infiltration des eaux. En outre, afin de rendre plus commode et plus doux l'intérieur des cellules qu'elle a percées, elle taille avec ses mandibules des feuilles de rosier aussi rapidement qu'on pourrait le faire avec des ciseaux ; toutes les coupes n'ont pas les mêmes formes ; tantôt elles figurent des cercles ou des croissants, tantôt des pièces rondes et nettes comme si on les avait coupées avec un emporte-pièce. Lorsque ce travail est terminé, elle tapisse chaque cellule avec ces morceaux de feuilles, la remplit de pâtée, y dépose un œuf, la ferme, et abandonne le reste aux soins de la nature. — Dans le genre *Osmie*, on trouve des mœurs fort diverses. Quelques-unes sont maçonnes et ont souvent sur le chaperon deux ou trois cornes qui paraissent leur être de quelque usage dans la construction de leurs nids (Fig. 6. *Osmie tricorne*). Les Osmies en général cachent leurs nids dans la terre, les fentes des murs, les trous de portes, et quelquefois même dans des coquilles vides de Colimaçons. Ces nids sont ordinairement construits avec un mortier que la femelle va souvent chercher fort loin, et qu'elle humecte avec une liqueur gommeuse qu'elle rend par la bouche. *L'Osmie du pavot* ou *Abeille tapissière* de Réaumur creuse dans la terre un trou vertical de 80 centimètres environ de profondeur, évasé au fond et ressemblant à une espèce de bouteille. Son terrier préparé, elle le consolide avec des pièces demi-ovales qu'elle a coupées sur des pétales de fleurs de coquelicot.

Fig. 7. Fig. 8.

Elle fait entrer ces pièces en les pliant en deux, les développe les étend le plus uniment possible et les applique sur toutes les parois de la cavité, au point même que cette sorte de tapisserie en déborde l'ouverture et forme autour un ruban couleur de feu. Ce travail achevé, l'Osmie dépose avec son œuf une pâtée composée de pollen de coquelicot et d'un peu de miel. Enfin, elle replie et refoule en dedans l'extrémité antérieure de la tapisserie qui débordait, ferme son nid, et le recouvre d'un monticule terreux. Les espèces dont nous venons de parler se trouvent aux environs de Paris. Enfin, on rencontre, dans le midi de la France, des Osmies qui s'emparent de la cavité des galles produites sur les chênes, pour y déposer leurs œufs. La femelle agrandit d'abord cette cavité, puis elle en polit l'intérieur, et enfin elle y fait son nid, consistant en plusieurs petites cellules cylindriques, placées confusément, et dont chacune renferme un œuf. — Les *Anthidies* (Fig. 7. *Anth. à manchette*) creusent leur nid dans la terre et le tapissent de duvet, qu'elles arrachent à diverses plantes. — Les *Cœlioxydes* (Fig. 8. *Cœl. conique*), quoique dépourvues de brosse ventrale, appartiennent au groupe des *Dasygastres* à cause de la forme du labre et des mandibules.

Les Hyménoptères que nous venons de voir se distinguent tous par leurs palpes labiaux qui sont composés de six articles grêles, linéaires et placées bout à bout.

Nous allons voir maintenant des M. qui diffèrent des genres précédents par leurs palpes labiaux en forme de soies écailleuses, par leur labre en forme de triangle allongé et

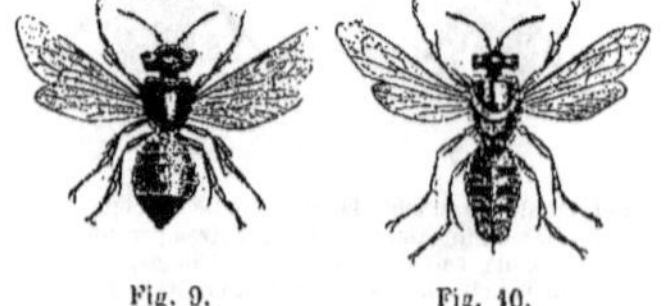

Fig. 9. Fig. 10.

tronqué, ou court et presque demi-circulaire, enfin par les mandibules étroites et allant en pointe. Elles sont dépourvues, dans les deux sexes, de brosse ventrale, et sont tantôt velues par place, tantôt presque glabres et semblables par leurs couleurs à des guêpes. Plusieurs de ces insectes paraissent de bonne heure ; on les voit voltiger à dix pieds de terre ou près des murs exposés au soleil, afin de déposer leurs œufs dans les nids des autres M. C'est par allusion à cette habitude que Latreille leur avait imposé le nom de Cuculines. Ces insectes parasites sont, à raison même de leurs mœurs, beaucoup moins curieux que ceux dont nous avons parlé plus haut : nous nous bornerons à l'énumération de leurs genres : *Ammobate* (Fig. 9. *Amm. bicolore*) ; *Philérème* ; *Epéole* (Fig. 10. *Ep. varié*) ; *Nomade* (Fig. 11. *Nom. ceinturée*) ;

Fig. 11. Fig. 12.

*Pasite* ; *Mélecte* (Fig. 12. *Mél. ponctuée*) ; *Crocise* (Fig. 13. *Croc. rameuse*) et *Oxée*. Diverses espèces appartenant aux genres Philérème, Epéole, Nomade, Mélecte et Crocise, se rencontrent en France.

Le caractère distinctif des genres dont il nous reste à parler consiste en ce que le côté extérieur du premier article des tarses postérieurs est, ainsi que le côté externe des jambes, chargé de poils épais et serrés, formant une sorte de balai ou de houppe : de là le nom de *Scopulipèdes* que Latreille a donné à ce groupe. — Les *Eucères* (Fig. 14. *Eu. longicorne*) sont remarquables par la longueur de leurs

Fig. 13. Fig. 14.

antennes, du moins chez les mâles : car, chez les femelles, ces organes sont plus courts des deux tiers. Elles paraissent dans les premiers jours du printemps ; les femelles creusent en terre un trou cylindrique qu'elles polissent et y font des espèces de nid en forme de dé à coudre. — Les *Anthophores* sont également des insectes tout à fait printaniers : passé le solstice d'été, on n'en rencontre plus. La femelle établit son nid dans des terrains coupés à pic, ou dans les vieux murs, en se servant des trous qu'elle y trouve, et qu'elle rétrécit avec de la terre à la grandeur convenable. Avec la même

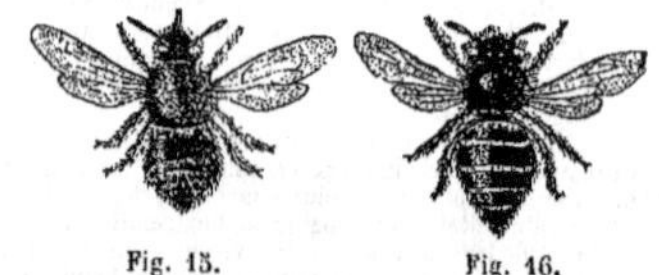

Fig. 15. Fig. 16.

terre, elle fabrique de petites cellules en forme de dé à coudre, très lisses, qu'elle remplit de pâtée, et où elle dépose un œuf : enfin elle ferme son nid avec de la terre. *L'Anth. des murailles* (Fig. 15.) fait son nid dans les murs ; mais, de plus, elle élève à son entrée un tuyau perpendiculaire, cylindrique et un peu courbé, formé de grains de terre. Ce tuyau, à ce qu'on présume, est destiné à rendre plus difficile l'entrée du nid aux insectes parasites qui tenteraient de s'y introduire. Sa ponte achevée, l'Anthophore détruit ce tube, ou l'emploie peut-être pour boucher l'orifice du nid. — Les *Saropodes* (Fig. 16. *Sar. arrondie*) ont les mœurs des Eucères. — Quant aux *Ancyloscèles*, aux *Centris* et aux *Epicharis*, ce sont des insectes exotiques dont les habitudes sont assez peu connues.

**MELLIFICATION**. s. f. [Pr. *mel-lifika-sion*] (lat. *mellificare*, m. s. de *mel, mellis*, miel, et *ficare*, faire). Fabrication du miel par les abeilles.

**MELLIFIQUE**. adj. 2 g. [Pr. *mel-li-fik*]. (lat. *mellificus*, m. s., de *mel, mellis*, miel et le suff. *ficus* qui fait). Qui fabrique du miel.

**MELLIFLUE**. adj. 2 g. [Pr. *mel-li-flue*]. (lat. *mellifluus*, m. s., de *mel, mellis*, miel, et *fluere*, couler). Qui distille du miel. Vx. || Fig. *Eloquence m.*, qui a la douceur du miel. *Paroles mellifiues*, d'une douceur fade.

**MELLILITE**. s. f. Voy. Mélilite.

**MELLIMIDE**, s. m. [Pr. *mel-limide*] (lat. *mel, mellis*, miel, et fr. *imide*). T. Chim. Syn. de *Paramide*.

**MELLIQUE**. adj. 2 g. [Pr. *mel-li-ke*] (lat. *mel, mellis*, miel). T. Chim. *L'acide m.* ou *mellitique* est un acide hexabasique dérivant du benzène et répondant à la formule $C^6(CO^2H)^6$. Il existe à l'état de sel d'aluminium dans le minéral appelé mellite. C'est un des acides qui se produisent quand on oxyde le charbon de bois par le permanganate de potassium en solution alcaline. Pour le préparer, on fait bouillir le mellite avec une solution de carbonate d'ammoniaque; l'alumine se précipite et la liqueur filtrée contient du mellate d'ammoniaque; ce dernier sel, purifié par cristallisation, est ensuite transformé en mellate de plomb, que l'on décompose par l'hydrogène sulfuré. L'acide m. cristallise en fines aiguilles soyeuses, très solubles dans l'eau et dans l'alcool. Vers 100° il fond et se décompose partiellement en donnant un sublimé d'acide pyromellique. Comme il possède six fonctions acides, il peut donner naissance à un grand nombre de sels. Les mellates alcalins sont très solubles dans l'eau; les autres le sont peu. Le *mellate neutre d'ammoniaque*, dont la préparation est indiquée ci-dessus, a pour formule $C^6(CO^2AzH^4)^6 + 9H^2O$; sous l'action de la chaleur ce sel se décompose et donne naissance à la paramide et à l'acide euchroïque, qui sont les imides correspondant à l'acide m. — Les éthers m. s'obtiennent par l'action du chlorure m. sur les différents alcools; c'est ainsi qu'avec l'alcool ordinaire on prépare le *mellate neutre d'éthyle* $C^6(CO^2C^2H^5)^6$ qui cristallise en mamelons fusibles à 73°.

Le *chlorure m.* $C^6(COCl)^6$ se forme par l'action du perchlorure de phosphore sur l'acide m. Il cristallise en prismes durs qui fondent a 190° et se subliment à 240°. Au contact de l'eau il se transforme lentement en acide m. Quand on le dissout dans l'ammoniaque il se transforme en *mellamide* $C^6(COAzH^2)^6$ et en *acide mellamique* $C^6(CO^2H)^3(COAzH^2)^3$; ces composés, qui se forment aussi par l'action de l'ammoniaque sur le mellate d'éthyle, sont des amides de l'acide m.; tous deux sont solides, amorphes, presque insolubles dans l'eau, mais solubles dans les alcalis.

*L'acide hydro-mellique* $C^6H^6(CO^2H)^6$ s'obtient par l'hydrogénation de l'acide m. Il se forme aussi quand on électrolyse une solution aqueuse de potasse en se servant d'une électrode positive en charbon. Il cristallise en mamelons très solubles dans l'eau, décomposables par la chaleur. Il fonctionne comme acide hexabasique; ses sels alcalins sont gommeux, très solubles. Traité par l'acide sulfurique bouillant, il perd successivement plusieurs molécules d'anhydride carbonique, en donnant naissance aux acides trimésique, prehnitique et mellophanique.

**MELLISUGE**. adj. 2 g. [Pr. *mel-li-suje*]. (lat. *mel*, miel; *sugere*, sucer). Qui suce le suc des fleurs.

**MELLITE**. s. m. [Pr. *mel-lite*] (lat. *mel, mellis*, miel). T. Pharm. et Minér.

**Pharm.** — Les pharmaciens donnent le nom de *Mellites* aux sirops pour la confection desquels on substitue le miel au sucre. On les prépare, soit avec de l'eau, soit avec différentes infusions ou décoctions, soit avec les sucs des plantes. Les plus usités sont le *M. simple* et le *M. de rose*. Le premier, appelé aussi *Sirop de miel*, s'obtient en dissolvant à chaud trois parties de miel dans une partie d'eau, en écumant et en passant au blanchet après quelques instants d'ébullition. Le *M. de rose*, ou *Miel rosat*, se prépare avec 500 grammes de pétales secs de roses rouges, qu'on fait infuser pendant 24 heures dans 3 kilog. d'eau bouillante. On passe avec expression, puis on mêle la liqueur dans une bassine avec 3 kilogrammes de miel blanc, et enfin on fait cuire le tout.

**Minér.** — Le *m.* ou *pierre de miel* est un mellate d'aluminium hydraté que l'on rencontre dans certains lignites et qui se présente en octaèdres quadratiques, translucides, d'une couleur brune ou jaune de miel.

**MELLITIQUE** adj. 2 g. [Pr. *mel-litike*]. T. Chim. Syn. de *Mellique*.

**MELLIVORE**. adj. 2 g. [Pr. *mel-livore*]. (lat. *mel*, miel; *vorare*, manger). Qui vit de miel.

**MELLOGÈNE**. s. m. [Pr. *mel-lo-jène*] (R. *mellique*, et et gr. γεννάω, j'engendre). T. Chim. Matière noirâtre qui se forme quand on électrolyse l'eau à l'aide d'une forte pile avec une électrode positive en charbon de cornue. Le m. est solide, soluble dans l'eau et dans les alcalis, difficilement combustible. Les agents d'oxydation le transforment en acides mellique, hydro-mellique et pyromellique.

**MELLON**. s. m. [Pr. *mel-lon*]. T. Chim. Le *m.* ou *hydromellon* $C^6Az^9H^3$ se forme par l'action de la chaleur sur un grand nombre de composés cyanogénés, tels que le sulfocyanate de mercure (serpents de Pharaon), le sulfocyanate d'ammoniaque, le mélam, la mélamine, la cyanamide, etc. C'est une poudre jaune, insoluble dans l'eau, dans l'alcool et dans l'éther, inattaquable par les acides et les alcalis étendus. Au rouge sombre, le m. se décompose en azote, cyanogène et acide cyanhydrique. Chauffé avec le cyanure de potassium, il donne naissance au mellonure de potassium.

**MELLONI**, physicien ital. né à Parme (1798-1854).

**MELLONIQUE**. adj. 2 g. [Pr. *mel-loni-ke*] (R. *mellon*). T. Chim. *L'acide m.* ou *hydro-mellonique* répond à la formule $C^9Az^{13}H^3$. Il fonctionne comme acide tribasique en formant des sels appelés *mellonures*. Le *mellonure tripotassique* $C^9Az^{13}K^3$ s'obtient en chauffant le mellon avec du cyanure de potassium, ou en faisant agir le trichlorure d'antimoine sur le sulfocyanate de potassium fondu. Il sert à préparer les autres mellonures par double décomposition. Si on le transforme en sel de cuivre et que l'on précipite le cuivre par l'hydrogène sulfuré, on obtient l'acide m. à l'état de solution aqueuse, fortement acide, qui se décompose par l'évaporation.

**MELLONURE**. s. m. [Pr. *mel-lonure*] (R. *mellon*). T. Chim. Voy. Mellonique.

**MELLOPHANIQUE**. adj. 2 g. [Pr. *mel-lo-fani-ke*] (R. *mellon*, et gr. φαίνω, je parais). T. Chim. *L'acide m.* est un acide benzène-tétracarbonique répondant à la formule $C^6H^2(CO^2H)^4$. Il se forme, en même temps que les acides trimésique et prehnitique, quand on chauffe l'acide hydromellique avec de l'acide sulfurique concentré. On l'obtient aussi en oxydant l'isodurène par le permanganate de potassium. L'acide m. cristallise en petits prismes solubles dans l'eau et dans l'alcool. Il est tétrabasique; ses sels cristallisent difficilement. La chaleur le transforme en un anhydride qui fond à 238°.

**MÉLOCACTUS**. s. m. [Pr. l's]. (lat. *melo*, melon, et *cactus*). T. Bot. Genre de plantes Dicotylédones de la famille des *Cactées*. Voy. ce mot.

**MÉLODIE**. s. f. (gr. μέλος, vers; ᾠδή, chant). Succession de sons qui forment un chant agréable et régulier. *Une douce, fraiche m., Cet air manque de m.* || Par ext., en parlant de poésie ou de prose, Le charme qui résulte pour l'oreille du choix des mots et du rythme de la phrase. *La m. du style. La m. des vers de Racine.*

**Mus.** — En termes de musique, le mot *Mélodie* désigne la succession des sons musicaux, par opposition au mot *harmonie*, qui exprime leur simultanéité. La m. est en quelque sorte le discours musical; elle constitue essentiellement le chant, subsiste indépendamment de tout accompagnement, et toute phrase musicale renferme nécessairement une m. plus ou moins apparente. Une simple succession d'accords donne une m.; car, si cette m. n'existait pas, il s'ensuivrait que les accords seraient mal enchaînés, et par conséquent l'harmonie mauvaise. « La variété de la m.. dit la Fage, naît de la différence de rapport entre les tons d'une part, et entre les durées de l'autre : c'est ce qui donne lieu aux lois de la tonalité et du rythme. La réunion de ces deux éléments est nécessai-

pour l'existence de toute m. : celle qui serait uniquement composée du premier se réduirait au plain-chant; celle qui ne serait réglée que par le second ressemblerait à une pièce de tambour. » L'art d'inventer des mélodies ne s'enseigne point. Elles sont le produit de l'imagination créatrice, et tel homme qui connaît à peine la musique enfante d'heureuses mélodies, tandis que tel autre, savant dans toutes les parties de la science, n'en peut faire jaillir une seule de son cerveau. De même que la rhétorique apprend simplement à exposer, à développer et à disposer ses pensées, de même la science qui s'enseigne dans les écoles montre uniquement comment il convient d'exposer, de développer et de disposer les idées mélodiques conçues par le musicien. Ces règles se rapportent principalement à deux chefs, le *rythme* et la *modulation*. C'est principalement dans la création des idées mélodiques que se reconnaît le génie du musicien, et, sans elles, tous les efforts de la science sont impuissants à produire un chef-d'œuvre. Les compositeurs les plus renommés comme *harmonistes*, tels que Hændel, Haydn, Mozart, Wagner lui-même, etc., ne sont pas moins remarquables comme *mélodistes*. Ils doivent l'admiration qu'ils excitent bien moins à leur science profonde qu'à leurs pensées mélodiques, neuves, spontanées et puisées à la source la plus pure de l'inspiration. — Voy. le *Manuel de musique* de Choron et de la Fage, et le *Traité de mélodie* de Reicha.

**MÉLODIEUSEMENT.** adv. [Pr. *...ze-man*]. D'une manière mélodieuse.

**MÉLODIEUX, EUSE.** adj. [Pr. *mélodi-eu, euze*]. Qui a de la mélodie. *Un chant m.* || Qui charme l'oreille. *Un son m. Une voix mélodieuse.*

**MÉLODIN.** s. m. T. Bot. Genre de plantes Dicotylédones (*Melodinus*) de la famille des *Apocynées*. Voy. ce mot.

**MÉLODIQUE.** adj. 2 g. T. Mus. Qui appartient à la mélodie. Se dit par oppos. à *Harmonique*.

**MÉLODIQUEMENT.** adv. D'une manière mélodique.

**MÉLODISTE.** s. m. Celui qui compose des mélodies. || Musicien qui fait de la mélodie la partie essentielle de la musique. || Compositeur dont le caractère principal est la mélodie.

**MÉLODIUM.** s. m. [Pr. *melodi-ome*]. T. Mus. Sorte de piano dans lequel les cordes sont remplacées par des baguettes métalliques. Voy. VIBRATION.

**MÉLODRAMATIQUE.** adj. 2 g. Qui a rapport au mélodrame.

**MÉLODRAMATISER.** v. a. [Pr... *ti-zer*]. Donner un caractère mélodramatique.

**MÉLODRAME** s. m. (gr. μέλος, chant; δρᾶμα, drame). T. Littér. Propr. Drame mêlé de chant. — Sign. aujourd'hui un gros drame plein d'événements et de péripéties plus ou moins heureuses et inattendues. — Se dit souvent par dénigrement, le mot m. ayant pris une signification péjorative et désignant souvent simplement un mauvais drame. Voy. DRAMATIQUE.

**MÉLOÉ.** s. m. (gr. μέλας, noir). T. Entom. Genre de Coléoptères. Voy. CANTHARIDE.

**MÉLOGRAPHE.** s. m. (gr. μέλος, musique; γράφω, j'écris). Celui qui écrit, qui copie de la musique.

**MÉLOGRAPHIE.** s. f. (gr. μέλος, musique; γράφω, j'écris). Art d'écrire, de copier de la musique.

**MÉLOÏDES.** s. m. pl. (R. *Méloé*). T. Entom. Famille de *Coléoptères hétéromères* dont le genre principal est le genre CANTHARIDE. Voy. ce mot.

**MÉLOLONTHINE.** s. f. T. Chim. Substance cristallisable, azotée et sulfurée, qu'on a retirée du hanneton (*Melolontha vulgaris*).

**MÉLOMANE.** s. (gr. μέλος, musique; μανία, folie). Celui, celle qui aime la musique à l'excès, avec passion. *C'est un m., une mélomane.*

**MÉLOMANIE.** s. f. (R. *mélomane*). Amour excessif de la musique. *Toute cette famille est possédée de la mélomanie.*

**MÉLOMÈLE.** adj. 2 g. (gr. μέλος, membre). T. Térat. Se dit de monstres qui ont un ou deux membres accessoires insérés par leur base sur les membres principaux.

**MELON.** s. m. T. Bot. Nom vulgaire sous lequel on désigne le fruit du *Cucumis Melo*, plante de la famille des *Cucurbitacées*. || MELON D'EAU. Nom donné souvent à la *Pastèque* ou fruit du *Citrullus vulgaris*. Voy. CUCURBITACÉES.

**Hortic.** — Le M. (*Cucumis Melo*) est une plante herbacée annuelle de la famille des *Cucurbitacées*, que l'on croit originaire des régions chaudes de l'Asie et que l'on cultive dans les jardins potagers. Ce fruit présente les formes les plus variées; cependant il est le plus souvent sphéroïde, ovale, arrondi, quelquefois déprimé fortement à la base et au sommet, ou sillonné de côtes; sa surface est lisse ou réticulée; son parenchyme est charnu, plus ou moins ferme, plus ou moins sucré, de couleur rouge, orange, verte ou blanche, suivant les variétés. Les semences, dites *Pépins*, sont ovales, blanches, lisses et comme vernissées; elles adhèrent par leur base à une espèce de moelle ou parenchyme fibreux. Le m. occupe une place importante dans la culture de tous les pays; néanmoins, c'est en Barbarie, en Espagne, en Grèce, dans le Levant, en Italie, et dans les provinces méridionales de la France qu'il acquiert toutes ses qualités. — Les jardiniers distinguent un très grand nombre de variétés de melons, mais qui se rapportent toutes à trois races principales : le *M. commun* ou *brodé*, le *M. à écorce unie* et *simple* ou *M. maltais* et le *M. cantaloup*. — Le *M. brodé* est

revêtu d'une peau peu épaisse et couverte d'une sorte de réseau grisâtre qui simule une broderie. Le *M. maraîcher* ou *Morin* ou *Tête de More* est le type de cette variété : il est très répandu; mais sa chair rouge pâle et aqueuse n'a qu'une saveur médiocre. Les sous-variétés les plus estimées sont : le *Sucrin de Tours*, à chair jaune foncé tirant sur le rouge; le *M. de Langeais*, le *M. jaune de Cavaillon*, le *M. de Coulommiers* et le *M. de Honfleur*, qui atteint parfois des dimensions colossales. Nous nommerons encore le *Sucrin à chair blanche*, qui est très parfumé et réussit partout. — Le *M. de Malte* a la peau fine, peu épaisse et lisse. Sa chair est blanche ou rouge, ferme et cassante, et d'un excellent goût. On distingue le *M. d'hiver*, à chair verte, qui se conserve, dans les fruitiers, jusqu'à la fin de l'hiver; le *M. de Malte à chair rouge* et *à chair blanche*, le *M. de Candie*, le *M. de Morée*, quatre excellentes espèces, dont les fruits sont d'une conservation facile, mais qui ne peuvent se cultiver en plein champ avec succès que dans la région des oliviers. — Le *M. cantaloup* (Fig. ci-dessus) a l'écorce très épaisse, formant des côtes très saillantes, et couvertes de verrues. Sa chair est fine et d'un parfum délicieux. Cette variété est la moins ancienne de toutes. Elle fut introduite, dans le XVe siècle, d'Arménie en Italie, d'où elle passa en France vers 1495. Le *Cantaloup Prescott fond blanc* est la sous-variété la plus répandue dans la grande culture, mais le *Prescott fond noir*, le *Prescott fond gris*, le *Cantaloup noir des Carmes* et le *C. de Portugal* sont plus estimés. — La culture du m. demande une température élevée, une atmosphère humide, et ne vient bien en pleine terre que dans les pays où croît le maïs. Cependant, grâce à l'habileté des jardiniers parisiens, il réussit parfaitement aux environs de la capitale, et donne des fruits remarquables par leur volume et leur saveur exquise. — Les maraîchers de Paris cultivent le m. de deux manières, sous cloche et sous châssis. Dans les deux cas, ils le sèment sur couche. Cette culture exige les soins les plus minutieux; en revanche, quand elle est bien conduite, elle est fort lucrative. Ainsi, disent Girardin et Dubreuil, sous le climat de Paris, un hectare de melons cultivés, semés sur couche et transplantés en pleine terre, donne en moyenne 10,000 fruits du poids d'environ 4 kilog. chacun. Le rendement en poids est plus considérable dans le Midi; mais, les prix de vente étant moindres, le bénéfice réel est à peu près le même. En Provence, un hectare de melons coûte 277 francs de frais de culture, et produit 50,000 kilog. de melons qui, à 6 cent. le kilog., donnent 3,000 fr. Le bénéfice net serait donc de 2,723 fr., c.-à-d. 984 p. 100 du capital employé; mais il faut prévoir les mécomptes et ne pas espérer plus de 1,200 à 1,400 fr.

**MELON**, économiste fr. (1680-1738).

**MELONÉ, ÉE.** adj. Qui a la forme d'un melon.

**MÉLONGÈNE.** s. f. (arabe *badindjan*, aubergine, ou bien *melanzana*, corrupt. de *mela indiana*, pomme indienne). T. Bot. Nom donné parfois à l'*Aubergine*, ou fruit du *Solanum Melongena*. Voy. SOLANACÉES.

**MÉLONIDE.** s. f. (gr. μῆλον, pomme; εἶδος, aspect). T. Bot. Nom proposé par Richard pour désigner en général le fruit des *Rosacées* de la tribu des Pirées. Voy. FRUIT.

**MÉLONITE.** s. f. T. Minér. Tellurure de nickel $Ni^2Te^3$, en grains d'un blanc rougeâtre, à poussière grise.

**MELONNÉE.** s. f. [Pr. *me-lo-né*] (R. *melon*). T. Bot. Nom vulgaire du *Cucurbita moschata* ou *Courge musquée*. Voy. COURGE.

**MELONNIÈRE.** s. f. [Pr. *melo-nière*] (R. *melon*). Endroit où l'on cultive les melons. *Il faut faire là une m.*

**MÉLOPÉE.** s. f. (gr. μέλος, chant; ποιέω, je fais). Les Grecs appelaient *M.* l'art de composer des chants. Cet art était astreint à des règles nombreuses et sévères, parce que les moyens de la musique étaient alors fort limités. Le musicien devait se renfermer strictement dans l'étendue du mode qu'il adoptait, et il ne devait se servir que des cordes propres à ce mode. En outre, la marche suivie par un mode ne pouvait s'adapter à un autre, et l'on faisait encore une distinction dans chaque mode, selon que le chant montait ou descendait. D'après Euclide, les mélodies se distinguaient selon le *genre*, en diatonique, chromatique et enharmonique; selon le *mode*, en dorien, phrygien, lydien, iastien, etc.; selon le *système*, en grave, aigu et intermédiaire. Chacune de ces trois catégories avait une expression distincte : le grave était *tragique*, l'aigu *nomique*, et l'intermédiaire *dithyrambique*. Le chant se distinguait encore par son *caractère* (ἦθος); sous ce rapport, les anciens admettaient trois genres principaux, qu'ils appelaient διασταλτικόν, συσταλτικόν, ἡσυχαστικόν, pour désigner une mélodie au caractère héroïque et magnanime, ou amoureux et efféminé, ou bien calme et pur. — Le terme de *m.* n'est plus usité dans la musique moderne; cependant on l'emploie encore quelquefois, mais abusivement, pour désigner une sorte de déclamation notée, parce qu'on suppose, bien à tort, que la musique des anciens se réduisait à cela.

**MÉLOPHONE.** s. m. (gr. μέλος, chant; φωνή, voix). T. Mus. Sorte d'accordéon perfectionné. Voy. VIBRATION.

**MÉLOPLASTE.** s. m. (gr. μέλος, son; πλάσσω, je forme). T. Musiq. Dans l'enseignement simultané de la musique vocale par la méthode de Galin, on nomme ainsi un tableau composé des cinq lignes de la portée, avec deux lignes additionnelles au-dessus. Le professeur, armé d'une baguette terminée par une petite boule, en pose l'extrémité sur telle ou telle ligne, sur tel ou tel intervalle de la portée, pour indiquer aux élèves la note qu'ils doivent chanter. Il marque les bémols et les dièses en retirant et en poussant un peu la baguette. On voit que le procédé du m. substitue à l'écriture fixe de la musique une écriture mobile qui disparaît aussitôt que les élèves l'ont exprimée par la voix.

**MÉLOPLASTIE.** s. f. (gr. μῆλον, joue; πλάσσειν, former) Opération chirurgicale qui a pour but de restaurer la joue endommagée.

**MÉLOPSITE.** s. f. T. Minér. Variété de Gymnite d'un blanc jaunâtre ou verdâtre.

**MÉLOS**, auj. Milo, l'une des Cyclades.

**MÉLOSIRE.** s. f. [Pr. *mélo-sire*] (gr. μέλος, membre; σειρά, chaîne). T. Bot. Genres d'Algues (*Melosira*) de la famille des *Diatomacées*. Voy. ce mot.

**MÉLOSIRÉES.** s. f. pl. [Pr. *mélo-siré*] (R. *Mélosire*). T. Bot. Tribu d'Algues de la famille des *Diatomacées*. Voy. ce mot.

**MELPOMÈNE.** s. f. (gr. μέλπομαι, chanter). Mythol. Muse de la tragédie. Voy. MUSE. || T. Astron. Une des petites planètes entre Mars et Jupiter.

**MELSENS**, météorologiste belge (1814-1886).

**MELUN**, anc. ville gauloise, *Melodunum*, auj. ch.-l. du dép. de Seine-et-Marne, sur la Seine, à 44 kil. S.-E. de Paris; 12,800 hab. Patrie de Jacques Amyot. = Nom des hab. MELODUNOIS, OISE, ou MELUNOIS, OISE.

**MÉLUSINE**, fée dont l'apparition sur la tour du château de Lusignan annonçait la mort d'un personnage de cette famille.

**MÉLUSINE.** s. f. [Pr. *mélu-zine*] (Nom d'une fée). T. Blas. Se dit d'un cimier qui représente une femme, à demi-serpent.

**MELVIL** (lord), un des plus fidèles conseillers de Marie Stuart (1538-1606).

**MELVILLE** (BAIE DE), sur la côte O du Groenland, dans la mer de Baffin. — DÉTROIT DE MELVILLE, entre les Terres du Prince de Galles et du Prince Albert au S. et les îles Melville et Bathurst au N. — ILE MELVILLE, entre la mer Polaire, l'île Bathurst et le détroit de Melville.

**MELVILLE** (vicomte DE), homme d'État angl. (1741-1811).

**MÉLYRIDES.** s. m. pl. T. Ent. Famille d'Insectes *Coléoptères*. Voy. MALACODERMES.

**MÉMARCHURE.** s. f. [Pr. *mémar-chure*] (R. v. fr. *mémarcher*, faire un faux pas, de *mé*, mal, et *marcher*). T. Art vétérin. Entorse que se donne un cheval en faisant un faux pas

**MEMBRACE.** s. f. [Pr. *man-bra-se*]. T. Entom. Genre d'Insectes *Hémiptères*. Voy. CICADAIRES.

**MEMBRANACÉ, ÉE.** adj. [Pr. *man-brana-sé*] (lat. *membranaceus*, m. s.). T. Bot. Qui tient de la membrane.

**MEMBRANE.** s. f. [Pr. *man-brane*] (lat. *membrana*, m. s.). T. Anat. et Bot. Tissu destiné à envelopper certains organes, à exhaler, à absorber, à sécréter certains fluides. — *M. périspermatique*, m. qui forme le périsperme. || T. Techn. Ais que le relieur place au-dessus et au-dessous d'une pile de cahiers qu'il veut mettre en presse.

**MEMBRANÉ, ÉE.** adj. [Pr. *man...*]. T. Bot. Qui est aplati comme une membrane.

**MEMBRANEUX, EUSE.** adj. [Pr. *man-braneu, euze*]. T. Anat. et Botan. Qui participe de la membrane. *Ligament m. Partie membraneuse. Calice m.*

**MEMBRANIFORME.** adj. 2 g. [Pr. *man...*]. Qui a la forme ou les caractères d'une membrane.

**MEMBRANULE.** s. f. [Pr. *man...*]. Petite membrane.

**MEMBRE.** s. m. [Pr. *man-bre*] (lat. *membrum*, m. s.). Chez l'Homme, chez tous les Mammifères, chez tous les Oiseaux, et chez la plupart des Reptiles, le mot *M.* désigne les appendices mobiles, articulés avec le tronc et disposés par paires latérales, qui servent à l'exercice des grands mouvements, particulièrement de la locomotion.

Et des membres affreux
Que des chiens dévorants se disputaient entre eux.
RACINE.

*Il sent de grandes douleurs dans tous ses membres. Il a les membres du côté droit paralysés. Un m. pourri, gâté, gangrené.* — Par anal., *M. viril*, La verge. || Fig., Chacune des parties d'un corps politique; Chacune des personnes qui composent un corps constitué dans l'État, une société, une famille, etc. *Cet État était m. de la Confédération germanique. Un m. du sénat, de la Chambre des députés, de l'Institut. Les membres d'une famille.* — *M. pourri, gâté, gangrené*, se dit D'un individu qui fait honte à la famille, au corps dont il fait partie. *C'est un m. gangrené qu'il faut retrancher.* || T. Littérat. Chaque partie d'une période ou d'une phrase. *Les membres d'une période. Une période de quatre membres.* || T. Algèb. *Les membres d'une équation.* Les parties séparées par le signe =. Voy. ÉQUATION. || T. Archit. Chacune des parties grandes ou petites qui entrent dans la composition d'un ouvrage d'architecture. *La frise est un m. de l'entablement.* || T. Mar. *Les membres d'un bâtiment.* Les grosses pièces de bois qui forment les côtes ou les couples d'un bâtiment.

**Anat. comparée.** — Dans toute la série des Vertébrés, les *Membres* sont essentiellement formés par des *os*, organes passifs des mouvements, et par des *muscles*, agents moteurs par excellence. Ils sont au nombre de 4 seulement, savoir : 2 *Membres thoraciques* et 2 *Membres pelviens* ou *abdominaux*. Chez l'Homme, les premiers sont appelés *Membres supérieurs*, et les seconds *Membres inférieurs*, tandis que, chez les Animaux, les appareils correspondants sont nommés *Membres antérieurs* et *Membres postérieurs*. Ils se composent de 3 portions distinctes, qu'on désigne sous les noms de *Bras, Avant-bras* et *Main*, pour les membres thoraciques, et de *Cuisse, Jambe* et *Pied*, pour les membres abdominaux. Ceux-ci sont attachés à la partie du tronc appelée *Pelvis* ou *Bassin*, et ceux-là à une partie correspondante appelée *Épaule*; mais cette dernière ne jouit que d'une fixité relative. Chez les Mammifères, les membres ont une grande analogie avec ceux de l'Homme; néanmoins, dans l'ordre des Cétacés et dans la section des Carnivores Pinnipèdes, les deux paires de membres, et particulièrement les postérieurs, n'acquièrent pas un égal développement. Chez les Oiseaux, les membres thoraciques sont considérablement modifiés dans leur forme pour l'accomplissement du vol. Quant à leurs membres pelviens, destinés à la station, ils se rapprochent davantage de ceux des Quadrupèdes. Les Reptiles pourvus de membres présentent à peu près les dispositions signalées chez les Mammifères; quelques-uns cependant n'ont que deux membres, ordinairement les thoraciques, comme chez les Cétacés, tandis que d'autres, les Serpents, en sont totalement dépourvus. Quant aux Poissons, ce n'est qu'en s'appuyant sur l'analogie des fonctions que l'on parvient à trouver les membres thoraciques dans les *Nageoires pectorales*, et les membres abdominaux dans les *Nageoires ventrales* ou *abdominales*. La *Queue*, dont la plupart des Vertébrés sont pourvus, peut être, chez un certain nombre, considérée comme un m. impair, à cause des fonctions qu'elle remplit; c'est ce qu'on observe notamment chez les Singes à queue prenante, le Caméléon, les Boas, et surtout chez les Cétacés et les Poissons. Tous les Articulés, à l'exception des Annélides, présentent 3, 4 ou 5 paires d'appendices locomoteurs, quelquefois même davantage, comme chez es Myriapodes. Ces appendices, chez les animaux inférieurs, s'écartent complètement du type des membres des Vertébrés. Les Annélides, les Mollusques, les Cœlentérés, sont complètement dépourvus de membres proprement dits; cependant beaucoup d'entre eux offrent des organes appendiculaires variés qui en remplissent plus ou moins complètement les fonctions.

**MEMBRÉ, ÉE.** adj. [Pr. *man-bré*]. (R. *membre*). Ne se dit guère qu'avec l'adv. *bien*, et sign., Qui a les membres bien développés, bien proportionnés *Il est bien m.* Fam. || T. Blas. Qui a les membres d'un autre émail que le corps.

**MEMBRET.** s. m. [Pr. *man-brè*]. Petite épaisseur qu'on ménage au bout de chaque branche d'un éperon.

**MEMBRETTE.** s. f. [Pr. *man-brè-te*]. (Dimin. de *membre*). Partie du pied droit d'une arcade ornée de pilastres qui reste nue à droite et à gauche du pilastre. || Petite planche de chêne.

**MEMBRIÈRE.** s. f. [Pr. *man*...]. Pièce de bois entrant dans une membrure.

**MEMBRON.** s. m. [Pr. *man-bron*] (R. *membre*). T. Techn. Ourlet de la bande de plomb, de zinc, qui recouvre l'arête d'un toit.

**MEMBRU, UE.** adj. [Pr. *man-bru*]. (R. *membre*). Qui a les membres fort gros. *Un homme m.* — Subst. *C'est un gros m.* Fam.

**MEMBRURE.** s. f. [Pr. *man-brure*]. (R. *membre*). Ensemble des membres d'une personne. || T. Menuis. Pièce de bois épaisse qui sert de principal point d'appui à une charpente, ou qui sert à enchâsser d'autres pièces moins épaisses. *Les panneaux de cette menuiserie sont de deux centimètres et les membrures de quatre.* || T. Mar. L'assemblage des pièces de bois qu'on appelle membres ou couples d'un bâtiment. || Dans le Comm. des bois, Sorte de mesure dans laquelle les stères de bois à brûler sont mesurés sur le port ou dans les chantiers. || T. Techn. Planchettes entre lesquelles le relieur place les cahiers d'un livre, pour encocher le dos.

**MÊME**, adj. 2 g. (lat. *metipsissimus*, superl. de *metipse*, formé de *met*, enclitique, et *ipse*, lui-même). Cet adjectif a trois usages différents. || 1° Il se met immédiatement après les substantifs ou les pronoms pour marquer plus expressément la personne ou la chose dont on parle. *Moi-m. Lui-m. Soi-m. Vous-mêmes. Eux-mêmes. C'est cela m. C'est l'empereur m. qui l'a ordonné. Les préjugés mêmes doivent être combattus avec prudence.* — *Faire une chose de soi-m.*, La faire de son propre mouvement. *Il y est allé de lui-m.* | Lorsque le subst., suivi de *m.*, désigne une qualité, l'adj. exprime que cette qualité est au souverain degré. *Dieu est la sagesse m. Cet homme est la probité m. Cette femme est la fausseté m.* || 2° *M.* s'emploie souvent pour marquer identité, non-différence, et alors il est ordinairement précédé des articles *Le, la, les*, ou *Un, une*. *Pierre et Céphas, c'est le m. apôtre. C'est le m. homme que j'avais rencontré. Il a encore le m. habit. Ils sont du m. pays. Le m. historien rapporte.... Deux plantes de m. espèce. C'est une seule et m. question. Pour les mêmes raisons. Ils mangent à la m. table. Ils boivent le m. vin.* — *Être soi-m.* Ne pas démentir son caractère. *Je l'ai trouvé tout découragé, il n'était plus lui-m.* Ellipt., *Cette femme est toujours la m., elle n'a pas changé. Son caractère est toujours le m. De quel travail vous occupez-vous? Je m'occupe toujours du m. Cela revient au m.* || 3° *M.* signifie encore parité, ressemblance, c.-à-d. que la personne ou la chose dont on parle est égale ou semblable à une autre. *Ces deux sœurs ont toujours la m. toilette. On vous fera le m. traitement qu'on lui a fait. Tous les hommes ont à peu près les mêmes besoins, mais non les mêmes aptitudes, et c'est là le fondement de la société.* = MÊME. adv. De plus, aussi, encore. *Je vous dirai m. Quand m. il me l'aurait dit. Il lui a tout donné, m. ses habits. Les plus sages m. peuvent se tromper. On doit rendre justice m. à ses ennemis. Il y perdit tout son bien et m. la vie. Nous ne devons pas fréquenter les méchants, nous devons m. les éviter. Non seulement il n'est pas avare, mais m. il est prodigue.* = A MÊME. loc. adv. qui s'emploie avec les verbes *Être, Mettre, Laisser*, etc. — *Être à m. de faire une chose*, C'est être en état, avoir la facilité de la faire. *Vous êtes à m. de satisfaire vos goûts. Si vous aimez les figues, en voilà, vous êtes à m. d'en manger tant que vous voudrez*, ou absol., *vous êtes à m.* — *Mettre quelqu'un à m., laisser quelqu'un à m. de faire une chose*, Lui en procurer les moyens. *Je l'ai mis à m. de se faire une belle position.* || Popul., *Boire à m. la bouteille*, ou absol., *Boire à m.*, Boire à la bouteille sans se servir d'un verre. On dit, dans un sens anal., *Manger à m. le plat.* = DE MÊME, TOUT DE MÊME, locut. adv. De m. manière, de même sorte. *Vous devriez faire de m. Si vous en usez bien avec lui, il en usera de m., tout de m. Il est sans prudence, il n'en est pas de m. de vous. J'ai cru de m. que vous, que.... Il en est de m. de cela que de toutes les autres choses. Mon appartement est distribué de m., tout de m. que le vôtre. Elles sont faites tout de m. l'une et l'autre, tout de m. l'une que l'autre.* = DE MÊME QUE. loc. conj. Comme, de la m. manière que. Lorsque, dans une comparaison composée de deux membres, on emploie *De m. que* au commencement du premier, on met ordinairement *De m.* au commencement du second. *De m. que la cire molle reçoit aisément toutes* *sortes d'empreintes et de figures, de m. un jeune homme reçoit facilement toutes les impressions qu'on veut lui donner.*

**Obs. gram.** — *M.* est adverbe, et par suite invariable, quand il est joint à un verbe. *Nous ne devons pas fréquenter les méchants, nous devons m. les éviter.* Il est également adverbe, lorsque, sans altérer le sens de la phrase, il peut se transporter, c.-à-d. être mis indifféremment avant le substantif ou le pronom en y joignant *et*. C'est ainsi que l'on peut dire : *On doit tout sacrifier, ses affections m. les plus chères pour la vérité*, ou *On doit tout sacrifier, et m. ses affections pour la vérité.* Toutes les fois que cette transposition ne peut avoir lieu, *m.* est adjectif et s'accorde avec le nom ou pronom auquel il se rapporte. — Nous ferons encore observer que joint aux pronoms personnels *Nous* et *Vous, m.* est toujours adjectif; néanmoins il ne prend la marque du plur. que lorsque ces pronoms représentent en effet plusieurs personnes. Quand, au contraire, ils ne représentent qu'une seule personne, c.-à-d. quand ils sont pris pour *moi* et *toi*, *m.* doit rester au sing., comme dans ces phrases : *Nous-m., soupçonné d'avoir pris part à ce complot, nous dûmes fuir; C'est vous-m. qui me l'avez dit.*

**MEMECYLON.** s. m. T. Bot. Genre de plantes Dicotylédones de la famille des *Mélastomacées*. Voy. ce mot.

**MEMEL,** place forte, port et v. de commerce de la Prusse Orientale; 20,000 hab.

**MÊMEMENT.** adv. Même, de même. Vx.

**MÉMENTO.** s. m. [Pr. *mé-minto*] (mot lat. qui sign. *souviens-toi*). Marque destinée à rappeler le souvenir de quelque chose. *J'ai mis un m. dans ma tabatière.* || Famil. Carnet où l'on note quelque chose pour s'en souvenir. || T. Lit. cathol. *Le m. des vivants, le m. des morts*, Prières du canon de la messe, l'une pour les vivants, l'autre pour les morts.

**MEMLING.** Voy. Hemling.

**MEMNON,** fils de l'Aurore et de Tithon, roi d'Éthiopie, vint au secours de Priam, tua Antiloque, fils de Nestor, et périt lui-même sous les coups d'Achille. Les Grecs prétendaient que M. avait sa statue auprès de la ville de Thèbes en Égypte. C'était vraisemblablement la statue colossale du pharaon Amenhopton III. Lorsque les rayons du soleil venaient à la frapper, elle rendait des sons harmonieux, comme si M. avait voulu saluer l'apparition de sa mère.

**MÉMOIRE.** s. f. (lat. *memoria*, m. s.). Faculté par laquelle s'opèrent dans l'esprit la conservation et le retour d'une connaissance antérieurement acquise. *Une bonne, une heureuse m. Une m. prodigieuse. Cultiver, enrichir sa m. Il a la m. courte. Il manque de m. Ma m. m'a trahi. Il a beaucoup de m. et peu de jugement. Gravez, gardez cela dans votre m. Cela m'est échappé de la m. Se remettre en m. Repasser quelque chose dans sa m. — M. artificielle*, V. Mnémonique. || Souvenir. *Je n'ai pas de m. de cela. J'en ai perdu la m. J'en garderai toujours la m. N'avez-vous point m. de telle chose. Je n'en ai pas la moindre m., point du tout m. Il vivra dans la m. de tous ceux qui l'ont connu. Il n'en est plus m. Un événement digne de m. Des actions d'éternelle m. Abolir, éteindre, renouveler la m. de quelque chose. — L'Église fait aujourd'hui m. de tel saint*, Elle en fait commémoration dans l'office du jour. *De m. d'homme on n'avait vu pareille chose*, On n'a aucun souvenir d'une chose semblable. — *En m. de*, Pour perpétuer le souvenir de. *Cette colonne a été érigée en m. des conquêtes du roi.* || Réputation bonne ou mauvaise qui reste d'une personne après sa mort. *La m. des bienfaiteurs de l'humanité doit être éternelle. La m. des tyrans est odieuse. Sa m. est en honneur, en vénération, en exécration. Cette action ternit sa m. Cela est injurieux à sa m. Rendre des honneurs à la m. d'un grand homme. Calomnier, noircir, flétrir la m. de quelqu'un. — Réhabiliter, purger la m. d'un défunt*, Annuler, par voie de revision, le jugement qui l'a condamné. — *A la m., à l'heureuse, à l'immortelle m. de...*, Formules qu'on met quelquefois à la tête des inscriptions, des épitaphes, etc. — *Tel prince d'heureuse m., de vertueuse m., de glorieuse m., etc.*, Espèces de formules qui s'emploient, dans certaines occasions, en parlant d'un prince qui s'est illustré par ses vertus, par ses victoires, etc. Par allus. à ces formules, on dit quelquefois, en plaisantant, *Tel homme de gourmande m., de chicaneuse m., d'avaricieuse m., etc.* || Poétiq., *Les Filles de M.*, Les Muses. — *Le Temple de M.*, Le Temple où, selon les poètes, les noms des grands hommes sont conservés.

**Philos.** — La *M.* est la faculté que notre esprit possède de se rappeler les idées qui lui ont été déjà présentées, ou, en termes plus généraux, de se rappeler les états antérieurs de l'âme, car la m. s'exerce non seulement sur les idées proprement dites, mais encore sur les émotions et les faits de la volonté; aussi Royer-Collard dit-il très exactement : « Nous ne nous souvenons à proprement parler que de nous-même ». L'exercice de la m. comprend trois actes successifs, qui sont également indispensables : *conserver*, *rappeler* et *reconnaître* les idées ou les états antérieurs de l'âme.

Nous avons étudié ailleurs le phénomène psychologique connu sous le nom d'*association des idées*, et nous avons vu que ce phénomène est le fondement de la m., ou, pour parler plus exactement, que l'association des idées est la condition même de l'exercice de la m.; mais elle ne nous apprend rien sur les actes mêmes de cette faculté. En conséquence, à ces trois questions : Comment conservons-nous les idées du passé, ou, en d'autres termes, que deviennent ces idées pendant le temps d'oubli ? Comment les rendons-nous à volonté présentes à notre esprit? Comment pouvons-nous les reconnaître, c.-à-d. les déclarer exactes, conformes, identiques avec les idées qui, à un moment quelconque, ont été présentes à notre intelligence? la psychologie est incapable de donner aucune réponse. La physiologie est dans une égale impuissance, car les hypothèses proposées par quelques auteurs semblent manifestement insuffisantes. Ce qu'on a dit de mieux est la constatation de l'analogie de la m. avec l'habitude. De même que des mouvements qui ont été plusieurs fois associés s'appellent pour ainsi dire les uns les autres, de telle sorte que le premier de ces mouvements entraîne presque fatalement toute la suite des autres qui s'exécutent ainsi d'une façon automatique, de même les idées qui ont été une fois associées s'appellent les unes les autres, de sorte que la première suffit à évoquer toute la série. Les physiologistes ajoutent que la conscience des idées s'accompagne de mouvements ultimes dans les cellules cérébrales, et ces mouvements s'évoquent les uns les autres comme les mouvements des muscles dans l'habitude. Cette théorie présente assurément une part de vérité : elle est conforme à l'une des faces de la question; mais elle est insuffisante, car elle explique plutôt l'association des idées que la m. elle-même. En outre la succession des idées dans les faits de m. présente un caractère *régressif*, c.-à-d. que les sensations autrefois perçues se présentent à la m. dans l'ordre inverse où elles ont été autrefois senties. Par exemple, j'ai vu une fleur et, en m'en approchant, j'en ai senti le parfum. Si plus tard je sens le même parfum, j'évoquerai l'image visuelle de la fleur : je me les rappellerai. Mais ceci c'est encore l'association des idées. Le souvenir d'une sensation n'est pas la même chose que la sensation même, comme l'exigerait la théorie précédente qui explique à peu près comment les souvenirs sont évoqués par l'association des idées, mais qui n'explique pas ce qu'est le souvenir lui-même.

Le mieux donc est d'avouer notre ignorance et de nous borner à constater les faits de m. La faculté que nous possédons de conserver les idées du passé à l'*état quiescent*, qu'on nous permette cette métaphore, serait stérile, si nous n'avions encore celle de les évoquer, c.-à-d. de les faire apparaître à volonté. Cependant elles n'obéissent pas toujours à l'appel. Ainsi, dans certains moments, nous avons la conviction d'avoir eu jadis connaissance d'une chose, d'un nom, d'un fait, et, malgré notre désir, cette idée ne se présente pas à notre esprit. Dans les cas de ce genre, comme nous ne pouvons pas agir directement sur l'idée rebelle, nous parcourons successivement les idées que nous soupçonnons avoir quelque connexité avec celle qui nous échappe, dans la pensée que l'une d'elles éveillera cette dernière. Souvent ce procédé, qui est fondé sur la loi de l'association, réussit : parfois aussi tous nos efforts sont vains. Lorsque l'idée cherchée se présente, et que nous la reconnaissons, nous disons que nous en avons *Souvenir*. Mais, dans certaines circonstances, il se passe dans notre esprit un phénomène diamétralement opposé à celui que nous venons de décrire. En effet, nous ne cherchons pas une idée du passé, et elle se présente cependant à notre esprit. Si nous la reconnaissons, c'est encore un *souvenir;* si nous ne la reconnaissons pas, c'est une *réminiscence*. La réminisconce est donc un souvenir incomplet, en ce que nous n'avons pas la conscience que le fait interne qui se produit a déjà été présent à notre esprit.

La m. est pour l'homme la condition de l'expérience et par suite du progrès. Que serait l'intelligence humaine, si, douée de la faculté d'acquérir des connaissances, elle ne pouvait en même temps les conserver, ou si, même en les conservant, elle ne pouvait les rappeler quand elle en a besoin? En outre, ce ne sont pas seulement des souvenirs qui résultent de l'exercice de la m. Il est certaines idées dont notre esprit serait à jamais dépourvu si cette faculté ne lui eût été départie. Pour que nous obtenions, par exemple, l'idée de notre durée et celle de notre identité, il faut qu'à l'action du sens intime nous révélant une modification actuelle de notre âme vienne se joindre l'action du souvenir nous retraçant une modification passée. Il en est de même de l'idée de succession qui ne pourrait nous être suggérée si, à chaque phénomène nouveau, le souvenir ne nous retraçait ceux qui ont précédé.

La m. est une faculté purement intellectuelle, et ne doit point être confondue avec la volonté. Bien que celle-ci intervienne généralement dans les actes de la m., elle ne saurait par elle-même créer un souvenir. Vouloir se souvenir, comme chacun l'a éprouvé, ne suffit pas pour se souvenir, de même que vouloir comprendre n'est pas une raison suffisante pour comprendre. C'est donc à l'activité spontanée de l'esprit que se rapporte la faculté qui produit le souvenir. Les circonstances qui l'accompagnent peuvent être des secours à la m., mais elles n'en sont pas les causes. Enfin la m., comme toutes nos autres facultés, est soumise à certaines conditions organiques. La constitution et l'état du cerveau exercent particulièrement sur elle une influence qu'on ne saurait méconnaître. L'observation montre que certaines lésions cérébrales amènent l'affaiblissement, parfois même l'altération la plus extraordinaire dans le souvenir, ou enfin la perte totale de la mémoire ou *amnésie*. Le plus souvent, l'amnésie n'est que partielle et ne porte que sur certaines catégories d'idées. Selon Pline l'ancien, un homme qui avait reçu un coup de pierre oublia ses lettres; un autre, après une chute, ne se souvint plus du nom de ses parents; l'orateur Messala Corvinus oublia jusqu'à son propre nom; le botaniste Broussonnet, professeur à Montpellier, après une attaque d'apoplexie, perdit la m. des noms propres et des substantifs. Diverses circonstances physiologiques, notamment l'âge et la santé, influent également sur l'exercice de cette faculté. Ces *maladies de la m.* ont fait l'objet des travaux de nombreux physiologistes et médecins aliénistes, et les observations de cette nature sont nombreuses, variées et instructives.

Les circonstances psychologiques influent aussi sur la m. Ainsi, nous nous souvenons avec le plus de lucidité et de certitude des choses qui nous ont vivement émus ou intéressés, de celles qui ont été pour nous l'objet d'une attention soutenue, et enfin des notions dont les éléments constitutifs sont rangés entre eux dans un ordre régulier, ou dont chaque idée est liée dans notre esprit, par une association naturelle ou artificielle, à une autre idée plus facile à rappeler.

La facilité de la m. varie beaucoup suivant les individus. Elle varie aussi suivant la catégorie d'idées qu'on cherche à se rappeler. Ainsi certaines personnes ont une admirable m. visuelle, c.-à-d. qu'elles retrouvent facilement les images d'objets qui ont frappé leur vue, tandis que d'autres se rappellent mieux les sons. Il en est qui ont la m. des nombres, d'autres la m. des successions de faits, récits, histoires, etc. Certaines personnes ont la m. des physionomies : elles reconnaissent longtemps après des personnes qu'elles n'ont vu qu'une fois. La *m. verbale* est la faculté de répéter les mots qu'on a entendus ou lus. C'est la m. des acteurs. La *m. locale*, ou *des lieux*, est la faculté de reconnaître les lieux et les chemins. Elle paraît se rencontrer à un haut degré chez certains animaux, tels que les chevaux, les chiens, etc. Enfin, il est d'observation vulgaire que la m. se perfectionne beaucoup par l'exercice. C'est ainsi que les artistes dramatiques arrivent à apprendre facilement et à retenir des textes d'une très grande longueur. Des circonstances analogues se produisent dans presque toutes les professions.

**Anecdotes.** — Mithridate, qui comptait sous sa domination vingt-deux nations différentes, les haranguait chacune dans sa langue, et appelait tous ses soldats chacun par son nom.

Louis XIV ayant rencontré un homme dans les appartements de Versailles lui dit : « N'êtes-vous pas au duc de***? Je le reconnais aux boucles de vos souliers. »

La mémoire des noms est peut-être la première qualité nécessaire à un chef d'État.

Un jour un comédien manquant de mémoire s'arrête net à ce passage :

J'étais dans Rome, alors....

sans pouvoir trouver la suite. Le souffleur restant inactif, il l'interpelle avec dignité : « Eh bien, maraud, que faisais-je dans Rome? »

**MÉMOIRE.** s. m. (R. *mémoire*, s. f.). Écrit sommaire destiné à exposer les faits principaux d'une affaire, à résumer les instructions que l'on donne à quelqu'un. Se dit, surtout dans le premier sens, et en parlant d'affaires litigieuses. *Je vous ai remis un m. exact des circonstances et des faits de la cause. Dresser un m. Il a fait imprimer et distribuer un m. qui est un véritable libelle. Faire signifier un m.* || État de sommes dues à un homme de justice pour ses honoraires, à un marchand pour ses fournitures, à un artisan pour son travail, etc. *M. de frais, de dépens. Voici le m. de l'architecte. M. du tailleur. J'ai réglé, j'ai acquitté le m. du tapissier.* — Figur., *M. d'apothicaire*, Voy. APOTHICAIRE. || Dissertation sur quelque objet de science, d'érudition, de littérature, etc. *Il a publié un excellent m. sur les antiquités phéniciennes, sur le culte de Mithra, sur l'histoire des langues sémitiques.* — Au pluriel, se dit du Recueil des dissertations lues dans une société savante ou littéraire. *Mémoires de l'Académie des sciences, de l'Académie des inscriptions et belles-lettres.* || Relations écrites par ceux qui ont eu part aux affaires de leur temps, ou qui en ont été les témoins oculaires. *Les Mémoires de Comines. Les Mémoires de Sully, de Saint-Simon. Les Mémoires d'un bourgeois de Paris.* || Se dit aussi des pièces, des divers documents qui peuvent fournir des matériaux à l'histoire. *Cet historien a eu entre les mains de bons, de mauvais mémoires.*

**MÉMORABLE.** adj. 2 g. (lat. *memorabilis*, m. s.). Digne de mémoire, qui mérite d'être conservé dans la mémoire. *Action, fait, événement, journée, bataille m. Actes, paroles mémorables. Il n'a rien fait de m.*

**MÉMORABLEMENT.** adv. D'une manière mémorable.

**MÉMORANDUM.** s. m. [Pr. *mémoran-dome*]. (Mot latin qui signifie *dont on doit faire mention*). Note destinée à rappeler quelque chose; cahier où l'on note ce dont on veut se souvenir. || Note diplomatique qui contient l'exposé sommaire de l'état d'une question et la justification de la position prise par un cabinet ou des actes qui en sont émanés.

**MÉMORATIF, IVE.** adj. (lat. *memorativus*, m. s.). Qui se souvient de quelque chose. *Je n'en suis pas bien m.* Vieux et fam.

**MÉMORER.** v. a. Avoir en mémoire. Vieux. On dit mieux remémorer.

**MÉMORIAL, ALE.** adj. (lat. *memorialis*, m. s.). Qui concerne la mémoire. Inus.

**MÉMORIAL.** s. m. (lat. *memoriale*, m. s.). Se dit, en parlant de la cour de Rome et de celle d'Espagne des mémoires particuliers qui servent à instruire une affaire. *On a présenté un m. au pape.* || *Les mémoriaux de la chambre des comptes*, Les registres sur lesquels étaient transcrites les lettres patentes des rois de France. || S'emploie quelquefois dans le sens de Mémoires. *Le M. de Sainte-Hélène.* || *Mémorial* est encore le titre adopté par différents journaux. *Le M. du notariat. Le M. technologique. Le M. du département de...* || T. Compt. Nom donné quelquefois au *brouillard*. Voy. COMPTABILITÉ.

**MÉMORIALISTE.** s. m. (R. *mémorial*). Auteur de mémoires.

**MÉMORISATION.** s. f. [Pr. *mémori-za-sion*]. Travail de mémoire. Inus.

**MEMPHIS,** anc. cap. de l'Égypte, dont les ruines sont à quelque distance du Caire. Elle compta jusqu'à 700,000 hab. Sur son emplacement s'élève aujourd'hui le bourg de Mit-Rahineh qui compte 3,200 hab.

**MEMPHIS.** v. des États-Unis sur le Mississipi, État de Tennessee; 35,000 hab.

**MEMPHITIQUE.** adj. 2. g. [Pr. *min-fitik*]. Qui appartient à Memphis.

**MENABLE.** adj. 2 g. Qui peut être mené.

**MENAÇANT, ANTE.** adj. Qui menace. *Visage, air, regard, geste m. Termes, cris menaçants. Une voix menaçante.* || Par extens., se dit des choses qui pronostiquent, qui font craindre quelque malheur. *Un avenir, un présage m. Un temps m. Une mer menaçante. Des rochers menaçants.*

**MÉNACCANITE.** s. f. [Pr. *ménak-kanite*]. T. Minér. Syn. d'*Ilménite*.

**MENACE.** s. f. (lat. *minacia*, m. s., de *minari*, menacer). Parole ou geste dont on se sert pour faire connaître et craindre à quelqu'un le mal qu'on lui prépare. *Grande, terrible, horrible, furieuse m. Faire des menaces. User de menaces envers quelqu'un. Je méprise ses menaces, Il veut m'épouvanter avec ses menaces. Des paroles de m. Des discours pleins de menaces. L'effet a suivi de près la m. Il emploie tour à tour les caresses et les menaces.* — Fig. et fam., *Menaces en l'air*, Menaces qui ne sont suivies d'aucun effet.

**Législ.** — En Droit pénal, les *Menaces* constituent un délit plus ou moins sévèrement puni selon les circonstances qui les accompagnent. Les menaces, par écrit anonyme ou signé, d'assassinat, d'empoisonnement ou de tout autre attentat contre les personnes qui serait punissable de la peine de mort, des travaux forcés à perpétuité ou de la déportation, emportent contre leur auteur la peine de l'emprisonnement de 2 à 5 ans et d'une amende de 150 à 1,000 francs, dans le cas où la m. a été accompagnée de l'ordre de déposer une somme d'argent dans un lieu indiqué ou de remplir toute autre condition. Si la m. n'a été accompagnée d'aucun ordre ou condition, la peine est un emprisonnement d'une année au moins et de 3 ans au plus, et une amende de 100 à 600 francs. Dans les cas qui précèdent, l'interdiction de certains séjours peut être prononcée contre le coupable. Enfin, si la m. faite avec ordre ou sous condition a été verbale, la peine est un emprisonnement de 6 mois à 2 ans et une amende de 25 à 300 francs. (V. C. Pén., art. 305 à 308).

**MENACER.** v. a. (R. *menace*). Faire des menaces. *M. de l'œil, de la main. Il l'a menacé du bâton, de coups de bâton. Vous me menacez, je crois.* — Absol., *Il jure, il menace.* Prov., *Tel menace qui a grand'peur.* || Par extens., se dit des choses qui font craindre un malheur prochain, un accident peu éloigné. *Un grand péril vous menace. Ces nuages semblent nous m. d'une tempête. Ce torrent menace de tout submerger. Les divisions politiques menacent ce pays d'une guerre civile. Des embûches menacent sa vie.* — *Être menacé d'apoplexie, de phthisie, etc.*, Avoir à craindre d'être atteint par une de ces maladies. On dit, dans un sens anal., *Être menacé d'une disgrâce, d'une banqueroute. Nous sommes menacés d'un grand hiver.* || Figur., *Cet édifice menace ruine*, Il est près de tomber. — Au sens moral, on dit aussi : *Cet établissement, cet empire menace ruine.* || Fig. et poét., en parl. de certains objets très élevés, on dit : *Cette montagne, cette pyramide menace le ciel. Ces arbres menacent les cieux.* || Dans le langage fam., *Menacer* se dit quelquefois par antiphrase, dans le sens de faire espérer. *Il nous menace d'une grande fête. Il y a longtemps que vous me menacez de venir dîner chez moi.* = MENACÉ, ÉE. part. = Conj. Voy. AVANCER.

**MENACEUR.** s. m. Celui qui fait des menaces.

**MÉNADE.** s. f. (gr. μαινὰς, άδος, furieuse). T. Antiq. Un des noms des femmes qui célébraient les fêtes de Bacchus. Voy. BACCHANALE.

**MENAGE.** s. m. Action de mener.

**MÉNAGE.** s. m. (bas lat. *masnaticum, mansionaticum*, m. s., de *mansio*, demeure, de *manere*, demeurer). L'administration domestique, le soin et la surveillance de tout ce qui concerne l'intérieur de la maison. *Tenir m. Être dans son m. Elle conduit bien son m. C'est un m. bien réglé. Il a un m. fort dispendieux. Le m. regarde les femmes. Il donne tant à sa femme pour faire aller le m.* || Fam., *Entrer en m.*, *se mettre en m.*, sign. quelquefois se marier; *Mettre une fille en m.*, La marier; et *Avoir m. en ville*, Entretenir une maîtresse. || En parlant de la manière dont deux époux vivent ensemble, on dit aussi : *Faire bon m., mauvais m. C'est un bon, un mauvais m. C'est un joli m. Troubler un m.* — On dit encore des deux époux : *C'est un jeune m., un vieux m.* || *Ménage*, se dit quelquefois encore collectivement des personnes d'une même famille qui vivent ensemble dans un même appartement. *Il y a huit ou dix ménages dans cette maison.* || On appelle, *Toile de m.*, Une toile dont le fil est ordinairement fait dans les maisons particulières, et qui a plus de corps que celle qu'on trouve ordinairement chez les marchands; *Pain de m.*, Une sorte de pain que l'on cuit dans les maisons particulières, et qui est ordinairement d'une farine moins fine, d'une pâte moins légère que le pain de boulanger; et *Liqueurs de m.*, Des liqueurs qu'on fait chez soi et pour son usage particulier. = Dans le lang. famil., *Ménage*, sign. encore l'ensemble des meubles et ustensiles nécessaires à un m. *Son m. s'en va pièce à pièce par la négligence de ses domestiques. Cette servante tient son m. bien propre.* — Le travail, le service qui consiste à faire les lits, à balayer les chambres, à mettre les meubles en ordre, etc. *Elle est plus propre au m. qu'à la cuisine. Elle fait elle-même son m.* — *Femme de m.*, Femme de service qui vient du dehors pour faire le m. On dit, dans un sens anal., *Faire des ménages. Cette femme gagne sa vie à faire des ménages.* — Se dit encore, mais plus rarement, dans le sens d'épargne, d'économie, de conduite qu'on tient dans l'administration de son bien. *Il entend bien le m. Il vit avec grand m. Il vit de m.* — Fig. et pr., *M. de bouts de chandelles*, Épargne sordide dans de petites choses. || Syn. Voy. ÉCONOMIE.

**MÉNAGE** (GILLES), érudit et critique français, auteur d'un *Dictionnaire étymologique de la langue française*, etc., (1613-1692).

**MÉNAGEABLE.** adj. 2 g. Qui peut être ménagé, épargné.

**MÉNAGEMENT.** s. m. [Pr. *ména-je-man*] (R. *ménager*). L'art de diriger, de conduire, de manier. *Le m. des esprits, des affaires.* Vieux. || Sign. ordinairement Circonspection, égards, précaution. *Agir avec m. Employer des ménagements. Il est malheureux, ayez pour lui de grands ménagements. Cette affaire est délicate et doit être conduite avec beaucoup de m. Je lui ai dit ce que je pensais sans aucun m.* = Syn. Voy. ATTENTION.

**MÉNAGER.** v. a. (R. *ménage*). Régler ses dépenses avec l'ordre, l'économie qui convient à sa position, de manière que ses revenus soient suffisants ou même laissent un excédent. *M. son revenu, son bien. Je vous laisse ma bourse, ménagez-la.* — Absol., *Il ménage pour l'avenir, pour sa vieillesse, pour ses enfants.* || Fig., *M. un terrain, une étoffe*, Les employer si bien qu'on en fasse tout ce qu'on en veut faire, sans qu'il y ait rien de perdu. — *M. le temps, m. son temps*, Ne pas le perdre, en faire un bon emploi. — *M. ses paroles*, Parler peu. *M. ses paroles*, sign. aussi, Parler avec circonspection. On dit de même *M. les termes, les expressions*, N'employer que des termes qui ne peuvent pas choquer. — *M. ses pas*, Éviter de faire des démarches, en faire le moins qu'on peut. — *M. sa santé, ses forces, son crédit*, En user avec prudence, avec circonspection. — *M. des troupes*, Ne pas les fatiguer inutilement, ne pas les exposer mal à propos. — *M. ses chevaux*, Prendre garde de les trop fatiguer. Fig. et fam., on dit : *Qui veut aller loin ménage sa monture*, Il faut user avec ménagement des choses dont on veut se servir longtemps. || Conduire avec prudence, disposer adroitement tout ce qui est nécessaire pour parvenir à un but. *Il faut habilement m. cette affaire si l'on veut réussir. Il a ménagé un accommodement entre les deux parties. Elle se ménagea une entrevue avec lui. M. une trêve.* — *M. l'occasion, les occasions*, Préparer le moment, faire naître les circonstances favorables pour faire quelque chose. — *M. une chose à quelqu'un*, La lui procurer, disposer toutes choses pour qu'il l'obtienne. *Il vous ménage une place. Je lui ai ménagé la bienveillance du ministre. C'est une surprise qu'on vous ménageait.* — *M. les intérêts de quelqu'un*, Ne pas les compromettre. — *N'avoir rien à m. avec quelqu'un*, N'avoir plus de mesure à garder avec lui. — *Ce chanteur ménage bien sa voix*, Il la conduit bien, il en tire le meilleur parti possible. *M. sa voix*, signifie encore ne pas faire d'efforts de voix, ne pas la fatiguer. — *Cet auteur a bien ménagé les incidents de son roman, de sa tragédie, de son drame.* Il les a disposés avec art. *Ce peintre a bien ménagé l'ombre et la lumière dans son tableau*, Il les a distribuées habilement. — *M. un escalier dans un bâtiment, un cabinet dans un appartement*, etc., Faire en sorte qu'il s'y trouve de la place pour un escalier, etc., sans gâter le dessin principal. || En parlant des personnes, Traiter avec ménagement, avec égards, de manière à ne point offenser, à ne point déplaire. *C'est un homme qu'il importe de m. Il entend l'art de m. les esprits. Après une pareille perfidie, je ne le ménagerai pas. M. quelqu'un*, sign. aussi, User avec modération de la supériorité, de l'avantage qu'on a sur lui. *Vous êtes plus fort que lui, ménagez-le. Je le ménage, sinon je le gagnerais à tout coup.* = SE MÉNAGER. v. pr. Avoir soin de sa personne, de sa santé. *Cet homme ne se ménage pas assez. Si vous voulez vivre longtemps, il faut vous m.* || Au sens moral, Se conduire avec adresse, avec circonspection. *Il sait se m. avec tout le monde. Il a su se m. entre les deux partis.* — *Se m. avec quelqu'un*, sign. encore, Se conduire de manière à ne pas le choquer, ou ne pas user de la supériorité qu'on a sur lui. = MÉNAGÉ, ÉE. part. *Des couleurs bien ménagées. Des incidents bien ménagés.* = Conj. Voy. MANGER.

**MÉNAGER, ÈRE.** adj. et s. (R. *ménage*). Qui entend le ménage, l'épargne, l'économie. *C'est un homme fort m., une femme fort ménagère. C'est un mauvais m. Elle est grande ménagère.* || Figur., *Il n'est pas bon m. de sa santé. L'homme sage est m. du temps et des paroles.* || *Eaux ménagères*, Les eaux qui ont servi aux divers usages domestiques. = MÉNAGÈRE, s. f. Femme de service qui a soin du ménage de quelqu'un. *Il est fort content de sa ménagère.* — Popul., *Notre ménagère*, Ma femme.

**MÉNAGERIE.** s. f. (R. *ménager*, s.). Autrefois, se disait d'un lieu disposé auprès d'une maison de campagne pour y engraisser, y élever des bestiaux, des volailles, etc. || Aujourd'hui ce mot ne se dit plus que d'un lieu où l'on rassemble des animaux étrangers et rares. *La m. du Jardin des plantes.*

**MÉNAGEUR, EUSE.** s. [Pr. *ména-jeur, euze*]. Celui, celle qui ménage || Fig. Personne qui ménage les gens, les traite avec réserve.

**MENAI** (Détroit de), sépare l'île d'Anglesey de l'Angleterre.

**MÉNALE**, mont d'Arcadie, consacré à Pan.

**MÉNAM.** Voy. MEI-NAM.

**MÉNANDRE**, poète comique d'Athènes, créateur de la *comédie nouvelle* ou comédie de caractère (342-290 av. J.-C.).

**MENAT**, ch.-l. de c. (Puy-de-Dôme), arr. de Riom ; 1,300 hab.

**MENCHIKOF** ou **MENSCHIKOFF**, homme d'État russe, favori de Pierre Ier, de Catherine Ire, mourut exilé sous Pierre II (1670-1729).

**MENCIUS.** Voy. MENG-TSEU.

**MENDANA** (archipel). Voy. MARQUISES.

**MENDE**, ch.-l. du dép. de la Lozère, sur le Lot à 567 kil. S.-E. de Paris ; 7,900 hab. Évêché. = Nom des hab. : MENDOIS, OISE.

**MENDELSSOHN**, savant allem. qui s'efforça par ses écrits de concilier les juifs et les chrétiens (1729-1786).

**MENDELSSOHN-BARTHOLDY** (FÉLIX), petit-fils du précédent, célèbre compositeur allemand, auteur du *Songe d'une nuit d'été*, de l'oratorio de *Paulus*, de symphonies, quatuors, etc. (1809-1847).

**MENDEREH.** Voy. MÉANDRE.

**MENDEZ PINTO**, célèbre navigateur portug. (1509-1583).

**MENDIANT, ANTE.** [Pr. *man-dian*] (part. prés. de *mendier*). Celui, celle qui fait profession de mendier. *Une vieille mendiante. Donner l'aumône à un m.* || Adject., *Religieux mendiants, moines mendiants*, Ceux qui vivent de quête, d'aumônes. — Subst., *Les quatre mendiants*, Les jacobins, les franciscains, les augustins et les carmes. || Fig., se dit de quatre sortes de fruits secs, savoir, les figues, les noisettes, les raisins et les amandes, dont on fait des assiettes de dessert. *Une assiette des quatre mendiants*, ou simplement, *Une assiette de mendiants.*

**MENDICITÉ.** s. f. [pr. *man...*] (lat. *mendicitas*, m. s.). État d'indigence où l'on est réduit à mendier. *Il est réduit à la m.* || État de mendiant, et collectiv., Les mendiants. *Ordonnance contre la m. Dépôt de mendicité.*

**Législ.** — Si parfois la *M.* est la conséquence de l'indigence sans inconduite et de l'impuissance de trouver du travail, le plus souvent elle est l'effet de la paresse qui spécule sur la charité publique. La première, lorsque la chose est possible, doit être supprimée par l'institution d'asiles spéciaux où, moyennant un certain travail, l'indigent recevra l'assistance dont il a besoin, et la seconde supprimée par des mesures sévères. Dans tous les États modernes, il existe des dispositions législatives qui ont pour objet de réprimer la m. Au moyen âge, des ordonnances d'une rigueur inouïe furent à plusieurs reprises rendues contre les mendiants valides qui étaient alors, il faut le reconnaître, par leur nombre et par leur audace, un danger permanent pour la sécurité publique. En 1351, par ex., Jean le Bon enjoignit à tous les mendiants valides de sortir de Paris sous trois jours ou de renoncer au vagabondage. Ceux qui n'obéiraient pas devaient être arrêtés et mis en prison au pain et à l'eau pendant quatre jours. Une première récidive était punie du pilori, et, pour la seconde, ils étaient marqués au front d'un fer chaud. En 1547, Henri II prononça contre eux la peine des galères. En 1596, deux arrêts du parlement de Paris firent « injonction très expresse à tous vagabonds, gens sans maître et sans aveu, et tous pauvres valides qui n'étaient de Paris, d'en sortir dans les 24 heures, à peine d'être pendus et étranglés sans forme ni figure de procès, et, afin qu'ils fussent reconnus, ils devaient être rasés. » Au XVIIe siècle, ainsi qu'au XVIIIe, diverses ordonnances furent encore portées contre la m. Plusieurs d'entre elles prononçaient la peine des galères contre les mendiants valides, et celle de la réclusion contre les femmes, les enfants, les infirmes et les vieillards. L'établissement de ces maisons de réclusion que l'on appela *Maisons de correction*, atténua le mal, mais sans le détruire. D'ailleurs elles disparurent presque toutes au commencement de la révolution. En 1790, la Constituante s'occupa à son tour de combattre la m., mais par des moyens plus humains. A cet effet, elle décréta l'ouverture d'ateliers pour les mendiants valides. En 1793, la Convention substitua à ces ateliers des *Maisons de répression*, qui furent remplacées, en 1808, par les *Dépôts de mendicité*, qui subsistent encore aujourd'hui. Tout ce qui concerne la m. et sa répression est actuellement réglé par les décrets des 30 mai 1790 et 5 juillet 1808, et par les articles 269 à 282 du Code Pénal. La m., jointe au vagabondage est une circonstance aggravante dans tous les cas de crime et de délit portant atteinte à la sûreté publique. De plus, envisagée en elle-même, elle peut devenir un délit correctionnel. Ainsi, tout individu qui est trouvé mendiant dans un lieu où il existe un établissement public organisé pour obvier à la m., est passible d'un emprisonnement de 3 à 6 mois, puis, à l'expiration de sa peine, est conduit au dépôt de m. Toutefois le séjour au dépôt n'est pas une peine, mais une simple mesure de police ; aussi la personne enfermée peut-elle être rendue par l'administration à celui qui la réclame. Dans les lieux pour lesquels il n'existe pas d'établissement de ce genre, les mendiants d'habitude, qui sont valides, sont passibles d'un emprisonnement de 1 à 3 mois, s'ils sont arrêtés dans le canton de leur résidence, et de 6 mois à 2 ans, si c'est hors de ce canton. Quant aux invalides, dans les lieux où il n'y a point de dépôt, on ne peut les poursuivre pour le seul fait de m. Enfin, dans les communes où des arrêtés préfectoraux ou municipaux ont été rendus au sujet de la m., toutes personnes, valides ou non, sont tenues de s'y conformer sous peine d'une amende de 1 à 5 francs, laquelle est prononcée par le tribunal de simple police. — D'après la loi, il devrait y avoir un dépôt de m. par département ; cependant il n'existe encore dans toute la France que 30 établissements de ce genre, qui reçoivent au total environ 5,000 à 5,500 pensionnaires. Ces établissements coûtent aux départements et aux communes une somme totale de 1,200,000 francs environ chaque année, ce qui fait une moyenne de 200 à 250 francs par pensionnaire. Les mendiants enfermés dans les dépôts sont occupés à divers travaux dont le prix est fixé par un tarif. La moitié du prix reste au dépôt ; l'autre appartient au mendiant et contribue à former un pécule qui permet, le jour où il est suffisant, de rendre au pensionnaire sa liberté après lui avoir assuré les ressources nécessaires pour qu'il puisse vivre sans mendier.

**MENDIER.** v. a. [Pr. *man...*] (lat. *mendicare*, m. s. de *mendicus*, mendiant, lequel tient à *menda*, faute). Demander l'aumône. *Il mendie son pain. M. sa vie.* Absolum., *Il est réduit à m.* || Par ext., Rechercher avec empressement et avec quelque sorte de bassesse. *M. des lettres de recommandation. M. les suffrages des uns et des autres. M. des louanges. M. l'assistance, la protection de quelqu'un.* = MENDIÉ, ÉE, part. = Conj. Voy. PRIER.

**MENDIPITE.** s. f. [Pr. *min-dipite*] (R. *Mendip*, n. de lieu). T. Minér. Oxychlorure de plomb $Pb^3O^2Cl^2$, en cristaux orthorhombiques, jaunâtres, à éclat adamantin.

**MENDIZABAL,** homme d'État espagnol (1790-1853).

**MENDOLE.** s. f. [Pr. *man-dole*]. T. Ichth. Genre de *Poissons osseux.* Voy. MOENIDES.

**MENDOZA,** ville de la République Argentine. ch.-l. de la prov. de *Mendoza;* 18,200 hab. La prov. a 100,000 hab.

**MENDOZA,** diplomate guerrier et littérateur espagnol (1503-1575).

**MENDOZITE.** s. f. [Pr. *min-dozite*] (R. *Mendoza*, n. pr.). T. Minér. Alun de soude naturel, en croûtes fibreuses blanches.

**MENEAU.** s. m. [Pr. *me-no*]. T. Archit. Se dit des montants et des traverses de pierre, de fer ou de bois, qui partagent l'ouverture d'une fenêtre en plusieurs compartiments.

**MÉNECHME.** s. m. [Pr. *mé-nek-me*] (gr. Μέναιχμος, n. propre qui signifie brave au combat, de μένειν, attendre, et αἰχμή, pointe de lance). Les *Ménechmes*, titre d'une comédie de Plaute, imitée par Regnard, qui roule sur la confusion produite par la ressemblance de deux frères jumeaux nommés *Ménechme.* — Par ext., Se dit de deux hommes qui se ressemblent beaucoup. *Ce sont deux ménechmes. C'est son m.*

**MENÉE.** s. f. (R. *mener*). Pratique secrète et artificieuse dont on se sert pour faire réussir une affaire. *Dangereuse m. J'ai découvert ses menées. Il a tant fait par ses menées que...* || T. Véner. *Suivre la m., être à la m. d'un cerf*, Prendre la route d'un cerf qui fuit. || T. Techn. Espace que parcourt la dent d'une roue du point où elle rencontre l'aile du pignon, à celui où elle la quitte. || T. Did. Direction où le vent accumule la neige.

**Syn.** — *Pratiques, Machinations, Manèges.* — Ces quatre termes désignent des moyens détournés et artificieux qu'on emploie pour arriver à un but, au lieu de suivre la voie droite et honnête. Les *menées* ont pour caractère distinctif d'être faites en secret, semblables aux mines que creusent des assiégeants. Les *pratiques*, qui signifient proprement les intelligences qu'on entretient avec des personnes d'un parti contraire, s'étendent à toutes les opérations coupables et déloyales : c'est par leurs *pratiques* astucieuses que le charlatan et le prétendu sorcier abusent de la crédulité humaine. *Machination* exprime l'action de combiner des ressorts ou des moyens cachés pour venir à bout d'un dessein qu'on n'oserait mettre au jour. Elle donne l'idée d'un vaste complot, d'une longue préméditation, d'une haute capacité pour le mal : aussi dit-on d'une *machination* qu'elle est infernale, diabolique. *Manège* se distingue de ses trois synonymes en ce que son caractère n'est pas l'odieux. Le manège est une conduite habile ou plutôt adroite avec laquelle on manie ou ménage si bien les esprits et les choses, qu'on les amène insensiblement à ses fins.

**MENEGHINITE.** s. f. T. Minér. (R. *Meneghini*, n. d'un minéralogiste ital.). Antimonio-sulfure de plomb $4PbS,Sb^2S^3$, en petites aiguilles monocliniques, d'un gris de plomb brillant.

**MÉNÉLAS,** fils d'Atrée et frère d'Agamemnon, devint roi de Sparte en épousant la fille de Tyndare, Hélène, laquelle fut enlevée par Pâris, et ce rapt devint la cause de la guerre de Troie.

**MÉNÉNIUS AGRIPPA,** consul romain en 503 av. J.-C. On rapporte que pour ramener le peuple révolté qui s'était retiré sur le mont Aventin, il lui conta l'Apologue : *Les Membres et l'Estomac.*

**MENER.** v. a. (lat. *minare*, m. s.). Conduire, guider, faire aller. *M. un enfant par la main. M. une femme au bal, à l'église. Si vous ne savez pas le chemin, je vous mènerai. M. des troupes au combat. M. des captifs en triomphe. On le mena au supplice un bâillon à la bouche.*

> Jeune homme qui menez laquais à barbe blanche.
>
> LA FONTAINE.

|| Fig., *C'est un aveugle qui en mène un autre.* Voy. AVEUGLE. — *Je le mènerai par un chemin où il n'y aura pas de pierres*, Je le poursuivrai vivement, je le traiterai sans ménagement. Famil. — *M. rudement quelqu'un, le m. comme il faut, le m. loin*, Lui donner bien de la peine, lui susciter bien des affaires. Fam. — *M. quelqu'un à la baguette, à la lisière, en laisse, par le nez.* Voy. BAGUETTE, LAISSE, etc. — *M. les ennemis battant*, Les obliger à une retraite précipitée, et les poursuivre. Famil., *M. quelqu'un battant, tambour battant*, Remporter promptement l'avantage sur lui, soit au jeu, soit autrement, ou le forcer à faire ce qu'on veut. On dit, dans le même sens, *M. quelqu'un bon train, grand train, le m. rudement*, etc. || Sign. quelquefois simpl. Introduire, donner accès. *Pouvez-vous me m. chez le ministre?* || Se faire accompagner, emmener avec soi. *Il mène toute sa famille avec lui. L'armée de Xerxès menait à sa suite une multitude de femmes et d'esclaves.* Faire courir après soi. *Ce voleur a mené bien loin les gendarmes qui le poursuivaient, mais ils ont fini par l'atteindre. Le cerf a mené bien loin la chasse.* || Fig. Gouverner, diriger quelqu'un, *Il le mène comme il veut. Il va comme on le mène. Il se laisse m. par sa femme.* — *M. doucement quelqu'un*, Le conduire avec ménagement, éviter de le fâcher, de le révolter. *C'est un enfant ombrageux, menez-le doucement.* — Famil., *M. la bande*, se dit de quelqu'un qui est le chef d'une association d'intérêt ou de plaisir. On dit encore, dans ce sens, *C'est lui qui mène les autres.* — *M. le deuil*, Être à la tête des personnes qui forment le cortège dans un enterrement. — *M. la danse*, Être à la tête de ceux qui dansent. On dit, dans le même sens, *M. le branle, M. une dame, une demoiselle*, être son cavalier, dans une danse, une cérémonie. || Fig., Amuser et entretenir de promesses, d'espérances. *Il le mène par de belles paroles. Je ne suis pas disposé à me laisser m. plus longtemps de la sorte.* = *Ce chemin mène à tel endroit*, On y arrive par ce chemin-là. Prov., *Tout chemin mène à Rome*, On peut arriver à un but par différents moyens. || Fig., Se dit des mobiles qui dirigent les hommes, et déterminent leur conduite. *C'est l'ambition, l'intérêt qui le mène. Les préjugés mènent quelquefois les gouvernements comme les particuliers. Il se laisse m. par les événements.* — Se dit aussi des choses qui ont pour l'homme de certains résultats, de certaines conséquences. *Les talents qui mènent à la réputation ne sont pas toujours ceux qui mènent à la fortune. La débauche mène à la misère, et le crime mène à l'échafaud.* Fam. On dit encore, dans un sens anal., *Qui peut prévoir jusqu'où le mènera la passion du jeu. Les femmes le mèneront loin.* || Fig., en parl. de choses qui se consomment, *M. loin*, sign. Fournir longtemps du secours, durer longtemps. *Ces provisions peuvent encore nous m. loin. Cet argent ne le mènera pas loin. Ces munitions ne peuvent nous m. bien loin.* || Fig. et fam., en parl. de l'effet d'un purgatif, on dit, *Cette médecine l'a mené doucement* ou *rudement*, suivant qu'elle a agi avec peu ou beaucoup d'énergie. = *Mener*, en parl. des animaux, sign. Les conduire, les diriger. *M. des bêtes aux champs. M. les chevaux boire. M. des chiens en laisse. M. un cheval à la main.* — *M. de front trois, quatre chevaux*, Guider trois ou quatre chevaux attelés sur une même ligne. On dit aussi fig., *M. de front plusieurs affaires*, Les conduire à la fois. *M. de front plusieurs sciences*, Les cultiver en même temps. *Il mène de front les affaires les plus divers. Il mène de front les travaux et les plaisirs.* || En parl. des voitures de terre et d'eau, *M. une charrette, un cabriolet, un bateau, une barque.* Absol., *Ce cocher mène bien, mène grand train.* || Fig. et fam., *M. bien sa*

*barque*, Conduire bien ses affaires. || Voiturer. *M. du blé au marché, des marchandises à la foire. M. quelqu'un dans sa voiture.* || En part. des choses, diriger, conduire. *M. la maison. M. le ménage. M. une affaire, un procès, une négociation. Qui est-ce qui vous mène cette affaire-là ?* || *M. une vie sainte, honnête, scandaleuse*, Vivre saintement, honnêtement, etc. || *M. grand train, un grand train*, Faire beaucoup de dépenses, vivre avec faste. — *M. beau bruit, grand bruit*, Faire grand fracas. — *M. grand deuil de quelque chose*, En être fort attristé. = MENÉ, ÉE, part. = Syn. Voy. CONDUIRE.

**MÉNÈS, MINI**, ou **MNÉVIS**, ancien roi d'Égypte, bâtit, dit-on, la ville de Memphis.

**MÉNESTREL**. s. m. (lat. *minister*, serviteur, par l'intermédiaire d'une forme diminutive *ministrellus*). — Lorsque, dans l'enfance de la langue et de la poésie françaises, commencèrent à paraître les productions des trouvères et des troubadours, il y eut des hommes qui se donnèrent pour profession de les apprendre par cœur et d'aller les réciter de château en château, de ville en ville. Ces hommes étaient les *Ménestrels*. Quelquefois les auteurs eux-mêmes, comme Rutebeuf, allaient réciter leurs vers pour populariser leur nom, et on les appelait alors *Chanterres;* mais, quand ils appartenaient à la haute aristocratie, c'étaient les ménestrels qui se chargeaient de ce soin. Ceux-ci, dans les premiers temps, possédaient une grande variété de talents. Souvent poètes, ils récitaient leurs propres productions; musiciens, ils jouaient de différents instruments dont ils s'accompagnaient quand ils chantaient les rondeaux, les lais, les chansons amoureuses, dont ils composaient eux-mêmes les mélodies. Ordinairement, ils étaient accompagnés de *Jongleurs* ou joueurs de gobelets qui amusaient la compagnie par leurs tours, pendant qu'ils prenaient du repos. Partout accueillis, les ménestrels avaient partout leur place. A l'imitation des bardes saxons, ils marchaient avec les armées pour les exciter au combat. Ce fut le m. Taillefer qui, lors de la conquête de l'Angleterre par Guillaume le Conquérant, donna le signal de la bataille d'Hastings. On appelait les ménestrels aux couronnements, aux mariages, à l'entrée des rois, aux cours plénières, aux festins qui les terminaient, et leur présence était toujours une condition nécessaire à la magnificence des fêtes publiques. Mais bientôt la vie nomade et dissipée de ces chanteurs, et les libéralités dont on les accablait, en accrurent le nombre de tout ce qu'il y avait de fainéants et de débauchés. Ils tombèrent alors dans la dégradation, et perdirent rapidement toute considération, en même temps que leur art, primitivement très littéraire, se réduisit à chanter des chansons légères et à faire de la musique pour faire danser. Philippe-Auguste les bannit même du royaume. De retour en France bientôt après, ils formèrent sous Louis XI, une association appelée *Ménestrandie*, qu'on soumit à des statuts et à laquelle on donna un *maître de mestier*, qui, selon l'usage du temps, reçut le nom de *Roi des ménétriers*. Leur profession une fois réglementée comme celle des artisans, on les traita comme tels, et leur décadence fut complète. Au XIVe siècle, ils avaient déjà renoncé à réciter des poésies. Aujourd'hui, combien peu de personnes savent que ces pauvres joueurs d'instruments qui font danser les villageois les jours de fête et de mariage, sont les héritiers légitimes de ces ménestrels si brillants à l'origine !

**MÉNÉTRIER**. s. m. (lat. *minister*, serviteur, par l'intermédiaire d'une forme péjorative *ministerarius*). Homme qui joue du violon pour faire danser.

**MENEUR**. s. m. Celui qui mène, qui conduit une femme par la main dans certaines cérémonies. *Il faut un m. à cette quêteuse.* || *M. d'ours*, Celui qui mène un ours dans les rues, et qui gagne sa vie à lui faire faire des tours pour le plaisir des passants. || Fig., Celui qui se met à la tête d'une intrigue, d'une cabale, d'un parti, qui les dirige, qui leur donne l'impulsion et le mouvement. *C'est un m. C'est un grand m. On arrêta les meneurs du parti.* = MENEUR, EUSE, homme, femme qui se charge de mener en nourrice des nouveaux-nés ou de ramener ceux de la nourrice dans son pays.

**MENGITE**. s. f. T. Minér. Titanate de zircone et de fer. || Syn. de *Monazite*.

**MENGS** (RAPHAEL), peintre, né en Bohême, travailla en Italie en Espagne (1728-1779).

**MENG-TSEU** ou **MENCIUS**, célèbre philosophe chinois, petit-fils de Confucius, IVe siècle av. J.-C.

**MENHIR**. s. m. (celt *men*, pierre; *hir*. long). Pierre allongée dressée verticalement. C'est le plus simple de tous les monuments mégalithiques. (Fig. ci-contre). Les menhirs sont assez nombreux en France: il y en a un dans les bois de Meudon, près de Paris; mais c'est en Bretagne qu'on en rencontre le plus. A Carnac, toute la plaine en est couverte et ils sont disposés en alignements réguliers. Voy. CARNAC. On a aussi rencontré des menhirs disposés en cercle ou en ovale. Ils constituent alors des *cromlechs*.

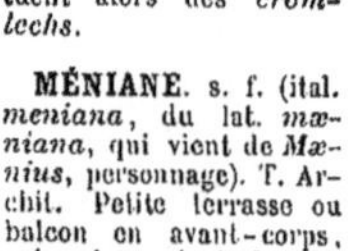

**MÉNIANE**. s. f. (ital. *meniana*, du lat. *mæniana*, qui vient de *Mænius*, personnage). T. Archit. Petite terrasse ou balcon en avant-corps, ménagé pour jouir de la vue du dehors, et ordinairement fermé de jalousies. Ne se dit qu'en parlant des édifices d'Italie.

**MENIER** (E.-J.). Industriel et économiste fr., né à Paris (1826-1881).

**MÉNIGOUTE**, ch.-l. de c. (Deux-Sèvres), arr. de Parthenay; 1,100 hab.

**MÉNILITE**. s. f. (R. *Ménilmontant*, quartier de Paris). T. Minér. Variété de silex en rognons opaques, dans les argiles feuilletées de Ménilmontant.

**MÉNILLE**. s. f. [Pr. *ll* mouillées]. Manche pour lever les mises dans la fabrication du papier.

**MÉNILLETTE**. s. f. [Pr. *méni-llè-te*, *ll* mouillées]. Faisceau de blé avec sa paille qu'on forme en le coupant pour tenir l'épi en l'air et hâter la dessication du grain.

**MENIN**, V. de Belgique (Flandre Occidentale); 12,500 hab.

**MENIN, MENINE**. s. m. (esp. *menino*, *menina*, m. s.). Nom donné en Espagne aux enfants nobles attachés aux jeunes princes du sang pour être élevés avec eux. || Par anal., on donnait ce nom, en France, à six gentilshommes qui étaient spécialement attachés à la personne du Dauphin.

**MENINAGE**. s. m. Fonction de menin.

**MÉNINGE**. s. f. (gr. μήνιγξ, membrane). T. Anat. Chacune des trois membranes qui enveloppent le cerveau.

**Méd.** — On désigne, sous ce nom générique, des enveloppes membraneuses concentriques qui entourent de toutes parts l'axe encéphalo-médullaire. Elles sont au nombre de trois, superposées : en dehors une membrane fibreuse, la *dure-mère;* en dedans, une membrane cellulo-vasculaire, la *pie-mère;* entre les deux une membrane séreuse, l'*arachnoïde*. Tandis que les deux premières méninges, dure-mère et arachnoïde, sont directement appliquées l'une contre l'autre, l'arachnoïde est séparée de la pie-mère par l'espace *sous-arachnoïdien*, comblé par le *liquide céphalo-rachidien*.

I. *Anatomie*. — 1° *La dure-mère*, ou *membrane durale*, ou *pachyméninge*, la plus superficielle, est la plus résistante. Quoiqu'elle s'étende sans interruption de la voûte du crâne à la partie moyenne du canal sacré, on la divise habituellement en deux parties, rachidienne et crânienne. — La dure-mère rachidienne a la forme d'un cylindre creux, étendu du trou occipital à la deuxième ou troisième vertèbre sacrée; moins grande que le canal vertébral, elle en est séparée par l'espace épidural rempli d'une graisse demi-fluide et de plexus veineux; trop spacieuse, d'autre part, pour la moelle, elle permet à celle-ci de flotter librement dans son calibre Par sa surface externe, elle est reliée en avant au ligament vertébral commun postérieur, et latéralement envoie des gaines protectrices qui enveloppent les racines des nerfs rachidiens. Sa surface interne émet vers la moelle des prolongements conjonctifs qui latéralement constituent une véritable membrane, le *ligament dentelé*. L'extrémité supérieure se continue à la dure-mère crânienne, présentant deux orifices latéraux pour les artères vertébrales, tandis que l'extrémité inférieure, contenant la queue de cheval se termine en un cul-de-sac, *cul-de-sac dural*, dont un prolongement, sous le nom de *ligament coccygien de la moelle*, engaine les fibres terminales. — La dure-mère crânienne s'applique exactement par sa surface externe à la paroi intérieure du crâne, adhérant surtout au niveau de la base; elle envoie aux nerfs et vaisseaux émergeant du crâne des gaines qui les accompagnent dans leurs trous respectifs. La surface interne est tapissée par le feuillet pariétal de l'arachnoïde qui lui adhère intimement et lui donne un aspect lisse et poli. De cette surface se détachent quatre cloisons : la *tente du cervelet*, cloison transversale, située à la partie postérieure du crâne entre le cerveau, au-dessus, et le cervelet, au-dessous; — la *faux du cerveau* ou *grande faux*, cloison verticale et médiane, située dans la grande scissure hémisphérique et séparant l'un de l'autre les deux hémisphères cérébraux; — la *faux du cervelet* ou *petite faux*, cloison verticale et médiane, située à la partie la plus reculée de la boîte crânienne entre les deux hémisphères du cervelet; — la *tente de l'hypophyse* ou *diaphragme de l'hypophyse*, cloison horizontale, tendue au-dessus de la selle turcique et du corps pituitaire qui s'y trouve comme encaissé. — La structure de la dure-mère diffère suivant qu'on l'examine au niveau du crâne ou du rachis. La portion crânienne se compose de feuillets superposés, un externe, blanc jaunâtre, sillonné de gros vaisseaux, qui joue par rapport à la paroi crânienne le rôle de périoste interne; le second, en rapport direct avec les autres méninges, moins vasculaire, d'un blanc éclatant, qui constitue la dure-mère proprement dite. Au niveau du rachis, seul existe le feuillet interne. Histologiquement, la membrane est formée de fibres conjonctives et de cellules de même espèce, mêlées de fines fibres élastiques. — Des vaisseaux et des nerfs sillonnent la dure-mère. Au niveau du crâne, les artères *méningée antérieure, méningée moyenne, petite méningée, méningée postérieure, mastoïdienne....*; des veines en réseau profond et réseau superficiel, les unes isolées se terminant dans les sinus, les autres cheminant à côté des artères; ces veines forment de larges voies anastomotiques unissant le réseau intra-crânien au réseau extra-crânien, et où la circulation peut s'effectuer indifféremment dans n'importe quel sens; en outre on décrit des cavités spéciales, dites *lacs sanguins*, diverticulums où se déverse le trop-plein, lacs de dérivation ou de sûreté. Les lymphatiques sont mal connus. Les nerfs sont : antérieurs, provenant du filet ethmoïdal du rameau nasal de l'ophthalmique; latéraux, émanant du ganglion de Gasser et plus particulièrement du nerf maxillaire inférieur; enfin postérieurs, connus sous le nom de *nerfs récurrents d'Arnold*, nés de l'ophthalmique avant son entrée dans l'orbite. — Au niveau du rachis : les artères moins importantes proviennent des *rameaux spinaux des vertébrales*, des *rameaux dorso-spinaux des intercostales*, des *artères lombaires* et *sacrées*; les veines se jettent dans les *plexus veineux intra-rachidiens*; les nerfs sont mal étudiés.

2° *La pie-mère* ou *méninge piale* est une membrane cellulo-vasculaire, dans l'épaisseur de laquelle les vaisseaux destinés à l'encéphale et à la moelle se divisent en ramifications ténues; aussi la connaît-on sous le nom de *membrane nourricière*. Elle s'étale immédiatement sur la surface extérieure du névraxe, et, au niveau de l'émergence des cordons nerveux, se réfléchit sur eux en leur formant une gaine (névrilème) qui les accompagne jusqu'à leur terminaison. — La pie-mère rachidienne forme une gaine cylindrique, adhérant intimement à la substance nerveuse par sa surface interne; la surface externe baigne dans le liquide céphalo-rachidien, reliée à la dure-mère en avant et en arrière par de minces prolongements sagittaux, sur les côtés par des prolongements beaucoup plus résistants, *ligaments dentelés*. — La pie-mère crânienne est plus mince et plus riche en vaisseaux que la rachidienne; elle suit tous les accidents de la masse encéphalique. A la partie postéro-inférieure de l'isthme de l'encéphale, la pie-mère s'insinue entre le cervelet et le bulbe pour former la *toile choroïdienne inférieure* et les *plexus choroïdes du quatrième ventricule*; de même au niveau de la fente cérébrale de Bichat, elle forme la *toile choroïdienne supérieure* et *les plexus choroïdes des ventricules latéraux*. — La structure est différente dans les portions rachidienne et crânienne. Au rachis, deux couches superposées : l'une interne, *intima pia*, composée de fibres conjonctives circulaires, circonscrivant des lacunes remplies de lymphe; l'autre externe, composée de faisceaux conjonctifs longitudinaux; entre les deux, un espace lymphatique en forme de fente, l'espace intra-pial, en communication avec les espaces sous-arachnoïdiens. La pie-mère crânienne est réduite à la couche interne, *interna pia*. Les vaisseaux sanguins ont été décrits à *Moelle*, *Bulbe*, *Encéphale*; les lymphatiques sont à peine connus; quant aux nerfs, ils affectent une disposition plexiforme et proviennent du plexus carotidien (portion crânienne) ou du grand sympathique (portion rachidienne).

3° *L'arachnoïde* (ἀράχνη, toile d'araignée; εἶδος, ressemblance) est une membrane séreuse, comprenant deux feuillets, pariétal et viscéral, circonscrivant une cavité virtuelle, cavité arachnoïdienne. — Au rachis, le feuillet pariétal adhère intimement à la dure-mère. La cavité est une séreuse cloisonnée. — Au crâne, l'adhérence du feuillet pariétal est encore intime; le feuillet viscéral adhère à toutes les parties saillantes de l'encéphale et passe comme un pont au-dessus des anfractuosités. — Au point de vue de la structure, le feuillet pariétal est constitué par une couche de cellules appliquées contre la face interne de la dure-mère; le feuillet viscéral est formé par une mince lame conjonctive, revêtue sur sa face libre d'une couche de cellules.

4° *Le liquide céphalo-rachidien* remplit tous les espaces sous-arachnoïdiens du crâne et du rachis. Circulant dans les sillons à la surface du cerveau, il forme des *rivuli*, des *rivi*, des *flumina*, qui débouchent dans les *lacs* ou *confluents*, *lac sylvien*, *lac calleux*, *lac central*, *lac cérébelleux supérieur*, *lac cérébelleux inférieur*, *lac bulbo-spinal*, *spino-terminal*. — Ce liquide, clair et transparent, légèrement citrin, varie en quantité de 120 à 150 grammes; sa tension est toujours supérieure à la pression atmosphérique. Il présente une saveur légèrement salée et une réaction franchement alcaline.

5° *Les granulations de Pacchioni* ou *villosités arachnoïdiennes* sont de petits corpuscules d'un blanc grisâtre qui se développent dans l'épaisseur des méninges ou dans leur intervalle, de la dimension habituelle d'un grain de millet. On les rencontre dans le voisinage du sinus latéral, à la partie antérieure du cervelet, dans le voisinage de la scissure de Sylvius, etc... Elles sont à peu près sphériques, sessiles ou pédiculées, isolées ou en grappes, au nombre de 250 à 300. — Constituées par un ensemble de travées conjonctives, leurs aréoles sont remplies de liquide céphalo-rachidien; elles sont recouvertes de deux enveloppes, entre lesquelles existe une cavité séreuse ou espace subdural de la granulation, communiquant avec la grande cavité arachnoïdienne. On les considère aujourd'hui comme de simples végétations conjonctives.

II. *Physiologie*. — Les méninges jouent évidemment un rôle de protection et de soutien pour l'axe cérébro-spinal. Elles ont un rôle annexe d'ailleurs, telle la dure-mère dont la couche externe joue le rôle de périoste pour la paroi crânienne. Elles sont destinées à amortir les chocs, et à maintenir la pression sanguine toujours égale; enfin et surtout à assurer la nutrition de la substance nerveuse.

III. *Pathologie*. — L'histoire des maladies des méninges se réduit à peu près à celle des *méningites*. Les *hémorrhagies méningées* sont en effet presque toujours secondaires aux pachyméningites, et les *tumeurs méningées* sont des raretés pathologiques.

I. Méningites. — 1° Les méningites ou inflammation des méninges peuvent être, au point de vue anatomique, crâniennes ou rachidiennes : dans un grand nombre de cas, elles sont généralisées, mais comme la symptomatologie dépend expressément du siège de la phlegmasie, on comprend l'importance qu'il faut attribuer à cet élément. Deux autres types sont créés par la localisation des lésions à la dure-mère (*pachyméningite*) ou à la pie-mère (*leptoméningite*). Chacun de ces types comprend lui-même de nombreuses variétés, établies sur le caractère diffus ou circonscrit, aigu ou chronique, exsudatif ou néo-membraneux, hémorrhagique ou purulent du processus anatomique.

L'étiologie générale ressortit dans des cas exceptionnels aux traumatismes, au surmenage cérébral; plus fréquemment à certaines intoxications; enfin, dans l'immense majorité des cas, à l'infection directe ou indirecte, primitive ou secondaire. Souvent ces diverses causes s'associent : l'une prépare le terrain, l'autre l'ensemence, et ces combinaisons aboutissent à des lésions que les deux éléments isolés auraient été impuissants à réaliser. — L'hérédité névropathique, et surtout cérébrale, domine donc l'étiologie (aliénation mentale, neurasthénie, hystérie, épilepsies, tares dégénératives) : l'écorce grise représente le lieu de moindre résistance, et est ainsi le centre d'appel des lésions méningées. Le traumatisme (coups, chute, insolation, refroidissement) est un facteur rare, mais incontestable ; de même que le surmenage et que les intoxications (alcoolisme chronique), il n'est que l'occasion de l'entrée en scène d'un autre élément étiologique, l'infection. De toutes les infections qui peuvent atteindre les enveloppes du névraxe, les plus fréquentes sont la syphilis et la tuberculose, cette dernière surtout; en outre, parmi les infections pyogènes, une mention particulière est due à l'infection pneumococcique dont relèvent, outre les complications de la pneumonie, beaucoup de méningites sporadiques et la méningite cérébro-spinale épidémique. — Tous les âges sont sujets aux affections méningées; cependant les méningites aiguës infectieuses, surtout la tuberculeuse, sont plus fréquentes chez l'enfant, et la méningite chronique à exsudat hémorrhagique, d'origine toxique, chez l'adulte. Si nous étudions les occasions immédiates et les portes d'entrée des diverses infections, sans parler des fractures ouvertes du crâne, il suffit de rappeler la possibilité des propagations directes venant des cavités nasales, auriculaires et orbitaires qui sont souvent le siège de lésions suppuratives, surtout chez l'enfant. D'autre part, il faut compter avec les infections indirectes d'origine générale qui, par la voie sanguine ou lymphatique, ensemencent les séreuses méningées. Tel est le mécanisme invoqué pour la production des méningites tuberculeuses consécutives aux interventions sur des foyers tuberculeux plus ou moins distants. Il n'est pas hors de propos d'opposer ici la fréquence de la méningite chez l'homme à la rareté relative de cette affection dans les autres espèces animales.

La symptomatologie des méningites a pour trait caractéristique qu'elle emprunte à la surface des organes sous-jacents (superficie des centres et origine apparente des nerfs) presque tous les éléments de son expression. Les symptômes fonctionnels intéressent d'une façon générale l'intelligence, la motricité, la sensibilité, et l'innervation sympathique. L'excitation fonctionnelle des sens (hyperidéation, délire, convulsions, contractures, hyperesthésies) précède en règle la dépréciation terminale (paralysies, anesthésie, coma). Les allures dépendent d'ailleurs de la localisation et de la marche des lésions permettant de distinguer les lésions de la convexité, de la base, unilatérales, circonscrites, etc. Les symptômes des méningites se distinguent des mêmes symptômes dus aux lésions cérébrales ou médullaires par l'allure mobile, incomplète, en somme ébauchée, de leur expression clinique. D'autre part, l'intensité de la douleur, l'élévation de la fièvre sont les deux éléments qui trahissent le mieux le degré d'acuité du processus morbide. — Mais, quelles que soient la nature et la localisation des lésions, la méningite se traduit, outre les phénomènes signalés plus haut, par trois grands symptômes fondamentaux dont le groupement est caractéristique : la céphalalgie, les vomissements et la constipation.

Lorsqu'à cette triade fondamentale s'ajoutent les troubles auxquels nous avons déjà fait allusion, le diagnostic peut être établi. Il faut cependant compter avec deux éventualités trompeuses, la méningite latente, que l'autopsie révèle seule chez certains vieillards ou alcooliques, et les fausses méningites, c.-à-d. l'existence au complet du syndrome méningitique en dehors de toute lésion méningée. Le syndrome peut être joué par l'hystérie, l'helminthiase intestinale, etc. Aussi le diagnostic est-il souvent difficile et l'étude attentive de l'évolution morbide est indispensable à la solution du problème. — Le pronostic général des affections méningées est des plus graves. Les méningites aiguës et tuberculeuses sont, à part quelques exceptions discutables, toujours mortelles; et quand les méningites chroniques permettent une survie prolongée, c'est au prix d'une déchéance cérébrale proportionnelle à la diffusion et à la profondeur des lésions. Seule la syphilis méningée, reconnue et soignée à temps, offre une ressource au traitement et de l'espoir au pronostic. Les tentatives de la thérapeutique médicale, en dehors de ce cas, sont forcément indirectes et insuffisantes. Il faut signaler cependant, dans des formes exceptionnelles, les bénéfices importants acquis par l'intervention opératoire.

2° Troubles circulatoires. — Outre les modifications circulatoires physiologiques, certaines modifications mécaniques de la circulation céphalique (compression, ligatures, hémorrhagies, etc.) peuvent retentir sur les m. et y produire l'anémie, la congestion, ou l'œdème. Ces désordres, cependant très opposés, aboutissent à une symptomatologie univoque et qui se confond d'autre part avec celle des méningites. Seul le pronostic en diffère, étant relativement bénin, mais il s'aggrave par le fait de la persistance et surtout de la répétition des phénomènes.

3° Hémorrhagies méningées. — De ces hémorrhagies les seules vraiment intéressantes sont les hémorrhagies sous-duremériennes, entre l'écorce cérébrale et la face interne de la dure-mère, les hémorrhagies sus-dure-mériennes n'étant qu'une complication des fractures du crâne. Les hémorrhagies méningées proprement dites peuvent-être sous- intra- ou sus-arachnoïdiennes; elles peuvent être mixtes lorsqu'elles perforent l'arachnoïde. — Les symptômes sont essentiellement variables avec le siège de la lésion, la quantité de sang épanchée, etc. Elles se rencontrent dans trois conditions; soit au moment de l'accouchement, soit chez le petit enfant à la suite d'une pachyméningite ou d'une thrombose des sinus; soit chez l'adulte ou le vieillard, consécutivement à un traumatisme, à une augmentation de pression dans les vaisseaux de l'encéphale, à des lésions de dégénérescence musculaire, ou à des lésions hématiques. — Le pronostic en est grave, mais pas absolument fatal, et dépend d'ailleurs en majeure partie de l'affection causale. — Le traitement, si l'on peut intervenir au moment d'une attaque, se réduit à tenter l'arrêt de l'hémorrhagie par des émissions sanguines locales, des applications locales de glace, de révulsifs sur le tronc et les membres, des purgatifs, etc. En dehors des paroxysmes, si le malade survit, on institue un régime sévère en rapport avec la maladie causale, et on aide à la résorption en opposant aux symptômes les médications usuelles qui leur conviennent.

**MÉNINGÉ, ÉE.** adj. T. Anat. et Méd. Qui a rapport aux méninges. *Artère méningée*, *Apoplexie méningée*, *Fièvre adéno-méningée*.

**MÉNINGITE.** s. f. (R. *méninge*). T. Méd. Inflammation des méninges. Voy. Méninge.

**MÉNINGITIQUE.** adj. 2 g. T. Méd. Qui appartient à la méningite.

**MÉNINGO-ENCÉPHALITE.** s. f. (R. *méninge* et *encéphale*). T. Méd. Inflammation des méninges et de l'encéphale. Voy. Paralysie (paralysie générale).

**MÉNINGOSE.** s. f. [Pr. *méningo-ze*] (gr. μῆνιγξ, membrane). T. Anat. Union de deux os par des ligaments étendus en forme de membrane.

**MÉNIPPE,** philosophe grec de la secte des cyniques (Ier siècle av. J.-C.).

**MÉNISCOIDE.** adj. 2 g. (R. *ménisque* et gr. εἶδος, forme). Qui a la forme d'un ménisque.

**MÉNISPERME.** s. m. (gr. μηνίς, croissant; σπέρμα, graine). T. Bot. Genre de plantes Dicotylédones (*Menispermum*) de la famille des *Ménispermées*. Voy. ce mot.

**MÉNISPERMÉES.** s. f. plur. (R. *ménisperme*). T. Bot. Famille de végétaux de l'ordre des Dialypétales supérovariées polystémones.

*Caract. bot.* : Herbes vivaces, ou ordinairement plantes ligneuses souvent volubiles à droite, douées parfois d'une anomalie de structure consistant dans la formation de cercles libéro-ligneux successifs disposés autour du cercle libéro-ligneux normal. Feuilles alternes, entières, simples et sans Fstipules. leurs petites, ordinairement en grappes et dioïques, ordinairement trimères. Calice formé de 2 verticilles ternaires alternes, quelquefois 3, 5, 8, 10, parfois 1 seul; sépales libres, rarement concrescents à la base. Corolle comprenant aussi le plus souvent 2 verticilles ternaires alternes de pétales libres, rarement 3, 4, ou 1 seul. Androcée formé de 2 verticilles ternaires d'étamines, rarement d'un seul, quelquefois de 3, 4 ou 8, à filets libres ou concrescents en colonne. Pistil formé ordinairement de 3 carpelles, parfois 6 ou 1 seul, renfermant 1 ovule anatrope. Fruit composé d'autant de drupes que la fleur femelle avait de carpelles, le plus souvent courbées en fer à cheval ou même enroulées en spirale. Graine de la même forme que le fruit; embryon courbé ou tourné dans la direction de la circonférence; cotylédons plats, tantôt appliqués l'un contre l'autre, tantôt séparés et placés dans des loges distinctes de l'albumen, lequel est mince ou charnu, parfois ruminé, rarement nul; radicule supère, mais dont la position est parfois masquée par la courbure de la graine.

Cette famille se compose de 31 genres et de 100 espèces

fort abondantes dans les régions tropicales de l'Asie et de l'Amérique. Toutes habitent les forêts, où elles s'enlacent aux autres plantes. Les *Cocculus* sont les plus répandus dans l'ancien monde, et les *Cissampelos* dans le nouveau. — Ces végétaux sont, pour la plupart, remarquables par leurs propriétés narcotiques et amères. Les premières, quand elles sont portées à l'excès, rendent ces plantes vénéneuses; les secondes les font regarder comme d'excellents toniques. Quelques-unes seulement sont mucilagineuses.

On a divisé cette famille en 4 tribus :

Tribu I. — *Cocculées.* — Cotylédons appliqués; albumen abondant (*Cocculus*, *Menispermum*, *Abuta*, etc.) Le rhizome

du *Menispermum canadense* est employé au Canada comme succédané de la salsepareille. Le *Cocculus toxiferus* rentre dans la préparation du Curare du Haut-Amazone. La souche du *Cocc. Bakis* se vend sur les marchés des principales villes du Sénégal, où elle est très estimée comme amer tonique. L'*Abuta rufescens* donne une racine connue sous le nom de *Pareira blanc*. La racine du *Cocc. peltatus* au Malabar, et celle du *Cocc. flavescens*, aux Moluques, remplacent le *Colombo*.

Tribu II. — *Pachygonées.* — Cotylédons appliqués; pas d'albumen (*Pachygone*, *Chondodendron*, *Triclisia*, etc.). Le *Chondodendron tomentosum* du Brésil et du Pérou fournit la véritable racine de *Pareira Brava* des officines qui passait pour diurétique, emménagogue et fébrifuge. L'écorce du *Chond. convolvulaceum* s'administre, au Pérou, comme fébrifuge.

Tribu III. — *Chasmanthérées.* — Cotylédons divergents (*Chasmanthera*, *Tinospora*, *Anamirta*, etc.). La racine du *Chasmanthera palmata*, plante herbacée qui a l'aspect de la Bryone, et qu'on trouve sur la côte orientale de l'Afrique, est fort usitée comme amer tonique sous le nom de racine de *Colombo*. La tige du *Tinospora cordifolia*, plante de l'Inde où elle porte le nom de *Gulancha*, est employée comme tonique et fébrifuge. C'est l'*Anamirta cocculus* de la côte de Malabar et des Moluques, qui fournit les fruits connus sous le nom de *Coques du Levant* ou *Cébatha*, et dont on se sert dans certains lieux pour enivrer le poisson. Ces fruits sont ovoïdes, de la grosseur d'une Merise, convexes d'un côté, anguleux de l'autre, glabres, ridés, et d'un brun foncé. La graine contient un principe extrêmement vénéneux, appelé *Picrotoxine*, et son péricarpe donne un autre alcaloïde non vénéneux, nommé *Ménispermine*. Cette graine fournit en outre une huile grasse.

Tribu IV. — *Cissampélées.* — Un seul carpelle (*Cissampelos*, *Cyclea*, *Stephania*). [Fig. 1. *Cissampelos tropæolifolia*; 2. Fleur femelle; 3. Portion d'un fruit avec la graine mise à nu; 4. Coupe verticale du fruit. — 5. Fleur mâle du *Menispermum canadense*; 6. Fleur femelle du même.]

Le *Ciss. ovalifolia* est employé au Brésil comme tonique et comme diurétique. Les habitants du Brésil font encore usage, contre la morsure des serpents, des racines du *Ciss. glaberrima* et du *Ciss. ebracteata*. La racine du *Ciss. obtecta* donne, par la distillation, une liqueur alcoolique enivrante. Enfin, celle du *Ciss. glabra* passe pour excessivement âcre.

**MÉNISPERMINE.** s. f. (R. *Menisperme*). T. Chim. Alcaloïde oxygéné, cristallisable, fusible à 120°, non vénéneux, contenu dans la coque du Levant.

**MÉNISQUE.** s. m. (gr. μηνίσκος, croissant; de μήνη, lune). T. Géom. Se dit d'une surface ou d'un solide qui présente une courbure concave ou convexe. *M. concave. M. convexe.* || T. Phys. Lentille dont les deux faces sont courbées dans le même sens. Voy. Lentille.

**MENKERES** ou mieux **MENKERI**, roi égyptien de la 4e dynastie.

**MENNECHET** (Édouard), littérateur et critique français (1794-1845).

**MENNETOU-SUR-CHER**, ch.-l. de c. (Loir-et-Cher), arr. de Romorantin; 1,100 hab.

**MÉNOLOGE.** s. m. (gr. μήν, mois; λόγος, discours). Traité sur les différents mois. || T. Liturg. Martyrologe de l'Église grecque. On dit aussi dans ce sens *ménologue*. Voy. Martyrologe.

**MENON.** s. m. T. Techn. Chèvre du Levant dont la peau sert à faire du maroquin.

**MÉNOPAUSE.** s. f. [Pr. *méno-po-ze*] (gr. μήν, mois; παῦσις, cessation). Cessation des règles. Age critique des femmes. T. Méd. Voy. Menstruation.

**MÉNOPOME**, s. m. (gr. μένος, force; πῶμα, opercule). T. Erpét. Genre de *Batraciens*. Voy. Salamandre.

**MÉNORRHAGIE.** s. f. [Pr. *ménor-raji*]. (gr. μήν, mois; ῥήγνυμι, je jaillis). T. Méd. Écoulement trop abondant du sang menstruel. Voy. Menstruation.

**MÉNORRHAGIQUE.** adj. 2 g. [Pr. *ménor-rajike*]. Qui a rapport à la ménorrhagie.

**MÉNORRHÉE**, s. f. [Pr. *ménor-ré*]. (gr. μήν, mois, ῥεῖν, couler). Écoulement menstruel. Voy. Menstruation.

**MÉNOSTASIE.** s. f. [Pr. ....*sta-zie*] (gr. μήν, mois; στάσις, stase). T. Méd. Rétention ou suppression de l'écoulement menstruel. Voy. Menstruation.

**MENOTTE.** s. f. [Pr. *meno-te*]. Dimin. fam. de Main. *La jolie m. De petites menottes.* = Menottes, au pl., se dit aussi des liens de fer ou de corde qu'on met aux poignets d'un individu pour lui ôter l'usage des mains. *Mettre les me-*

*nottes à un prisonnier.* || Fig. et fam., *Mettre des menottes à quelqu'un,* Le mettre dans l'impossibilité de se mêler d'une affaire, de s'en emparer, de nuire. || T. Bot. Nom vulg. d'un champignon.

**MENOTTÉ, ÉE.** adj. [Pr. *meno-té*]. Qui a les menottes.

**MENOU** (baron DE) (1750-1810), chargé du commandement de l'armée française en Égypte après la mort de Kléber en 1800, fut battu à Canope par les Anglais et obligé de capituler dans Alexandrie en 1801.

**MENS,** ch.-l. de c (Isère), arr. de Grenoble; 1,700 hab.

**MENS** AGITAT MOLEM, vers de Virgile (*Énéide*, VI, 727), signifiant : *L'esprit meut la matière.*

**MENS** SANA IN CORPORE SANO, pensée de Juvénal : *Une âme saine dans un corps sain.*

**MENSCHIKOFF,** ministre de Pierre le Grand et de Catherine Ire, exilé en Sibérie par Pierre II (1670-1729).

**MENSE.** s. f. [Pr. *man-se*] (lat. *mensa*, table). T. Dr. canon. Revenu ecclésiastique qui était affecté à l'entretien d'une ou de plusieurs personnes. *M. abbatiale*, Le revenu qui était dans le partage de l'abbé. *M. conventuelle*, Celui qui était dans le partage des religieux. *M. commune*, Celui dont l'abbé et les religieux jouissaient en commun, etc. *M. épiscopale*, Celui dont jouissait l'évêque.

**MENSOLE.** s. f. [Pr. *man-sole*] (ital. *mensola*, m. s.). T. Archit. Synon. de Clef de voûte.

**MENSONGE.** s. m. [Pr. *man-sonje*]. (lat. *mens*, esprit; *somnium*, songe). Discours contraire à la vérité, tenu avec dessein de tromper. *C'est un horrible m. Un m. innocent. Un m. officieux. Dire, faire, inventer, forger un m. Débiter des mensonges.*

Voyons un petit peu par quel biais, de quel air,
Vous voulez soutenir un mensonge si clair.

MOLIÈRE.

*Réfuter, combattre un m. Discerner le m. d'avec la vérité.* — T. Écriture sainte. *L'esprit de m., le père du m.*, Le diable. || Dans le langage poét., Fable, fiction. *La poésie vit de mensonges. Les aimables mensonges de la Fable.* || Fig., Erreur, vanité, illusion. *Le monde n'est qu'illusion et mensonge.*

**MENSONGER, ÈRE** adj. [Pr. *man*...]. Qui est faux, trompeur; ne se dit que des choses. *Histoire mensongère. Discours m. Promesses, caresses mensongères. Des plaisirs mensongers.*

**MENSONGÈREMENT,** adv. [Pr. *man-sonjère-man*]. D'une manière mensongère.

**MENSTRUATION.** s. f. [Pr. *manstrua-sion*]. (R. *menstrues*). T. Physiol. M., flux menstruel, règles, mois, affaires, sont les dénominations sous lesquelles on désigne la fonction particulière de l'organisme de la femme qui consiste en un écoulement sanguinolent mensuel par les parties génitales, depuis l'âge où elle devient apte à concevoir, jusqu'à celui où elle cesse de pouvoir devenir mère. — De tout temps, le retour périodique du flux menstruel, le mécanisme de sa production, ont intrigué les médecins : les uns l'attribuaient à une influence sidérale ou lunaire, les autres à une fermentation des liquides de l'économie; les mécaniciens n'y voyaient qu'un effet de la pesanteur; d'autres supposaient une pléthore spéciale; certains utopistes l'attribuaient à l'état de sociabilité dans lequel nous vivons; quelques-uns ont considéré la m. comme une préparation à la grossesse.

I. *Physiologie.* — La m. est la première des fonctions propres au sexe féminin. Elle commence à la puberté, c.-à-d. que la première éruption varie avec la confirmation de la puberté, entre 12 et 15 ans. Ce phénomène est ordinairement précédé de certains avant-coureurs, tels que : sensation de plénitude dans le bas-ventre, gonflement des mamelles, envies fréquentes d'uriner, écoulement visqueux par les parties génitales, léger gonflement de ces parties, maux de tête, abattement, nonchalance, bizarreries d'appétit. Ces prodromes peuvent durer plus ou moins longtemps, disparaître et revenir jusqu'à l'écoulement sanguin qui surprend et effraie la jeune fille. Plus ou moins abondant, cet écoulement hémorrhagique, dure de trois à quatre jours, et insensiblement tous les malaises disparaissent; l'enfant est devenue femme, elle est *formée*, comme on dit vulgairement.

La m., une fois établie, doit reparaître régulièrement aux intervalles de 25 à 28 jours. Dans les premiers temps, il y a souvent des interruptions plus ou moins longues. Lorsque la régularité se fixe, chaque retour des règles est précédé de sensations vagues analogues à celles qui ont été signalées plus haut, et qu'on désigne sous le nom de *molimina menstrualia;* ces sensations sont même parfois très accusées, maux de reins et de cuisses, douleurs sacrées, étouffements, palpitations, élancements dans les mamelles, prostration, irritabilité, odeur particulière de l'haleine et de la transpiration. L'écoulement est d'abord peu abondant, peu coloré, muqueux; au bout de 12 à 24 heures, il prend la couleur et l'aspect du sang pur et dure 3 ou 4 jours, en diminuant de quantité et de couleur 24 heures avant de cesser; presque toujours il est suivi d'un écoulement blanc muqueux. L'ensemble du travail menstruel dure environ huit jours, et vers la fin la femme est plus amoureuse, plus disposée aux rapprochements sexuels qu'à toute autre époque.

La m. cesse de se reproduire aussitôt que la femme, dans une union féconde, a conçu et se trouve en état de gestation. Exceptionnellement les règles peuvent persister pendant la grossesse. Après l'accouchement ou l'allaitement, si la mère peut nourrir son enfant, les règles reviennent après un intervalle de 6 semaines ou 45 jours, *retour de couches*, et cet événement peut être normal ou présenter des phénomènes pathologiques. — En dehors de ces circonstances, toute suppression de règles est pathologique, jusqu'à ce que la femme soit arrivée à l'âge où elle est inapte à la reproduction, à la *ménopause*. A l'approche de ce moment, *âge critique*, la m. se dérange ordinairement, retards, avances, suppressions, hémorrhagies. La femme alors n'éprouve plus aucun besoin des actes vénériens et les prend même parfois en aversion. La femme prend de l'embonpoint, la santé s'améliore, la physionomie prend un aspect masculin.

La description que nous venons de donner est trop succincte pour embrasser tous les cas et toutes les variations. L'âge auquel débute la m. est influencé par mille conditions, races, latitudes, lieu d'habitation, classes sociales, éducation, alimentation, travail habituel, constitution, etc... Et encore nous ne tenons pas compte des anomalies, menstruations extrêmement précoces (à 9 mois) ou tardives (24 ans...). De même les phénomènes qui précèdent ou accompagnent la m., la durée et la quantité de l'écoulement sont sujets à bien des écarts.

Le liquide menstruel a une couleur pourpre foncée, une odeur *sui generis*, pénétrante; il est épais et sirupeux. Son écoulement coïncide avec la chute de l'ovule, expulsé de l'ovaire, dans le pavillon de la *trompe de Fallope* ou *oviducte* (chute qui a lieu tous les 26 ou 27 jours en moyenne); la chute de l'œuf périodique s'accompagne d'une série de phénomènes accessoires, dont l'hémorrhagie et les *molimina menstrualia*. En vérité, l'hémorrhagie menstruelle est un phénomène essentiellement épithélial. L'épithélium cylindrique vibratile de la muqueuse utérine est soumis à une chute, à une *mue mensuelle*, coïncidant avec l'ovulation (comme le rut chez les femelles des mammifères). Comme cet épithélium recouvre le chorion et le muscle utérin, riches en vaisseaux et même érectiles, la chute épithéliale laisse à nu un grand nombre de petits canaux vasculaires qui, sous l'influence de la turgescence générale des organes à ce moment, se rompent et donnent lieu à une hémorrhagie plus ou moins abondante Quoique l'hémorrhagie soit le phénomène le plus frappant, l'essence même de la m. est une mue épithéliale, sympathique du développement épithélial ovarique d'où résulte l'ovulation. Ce n'est pas à dire que les vaisseaux eux-mêmes ne jouent aucun rôle dans l'hémorrhagie; il y a à cette époque des modifications de l'innervation vaso-motrice telles que si l'écoulement du sang ne s'effectue pas par la surface utérine, le flux hémorrhagique se fait jour par d'autres vaisseaux (*hémorrhagies nasales, pulmonaires, intestinales, mammaires*, etc..., *supplémentaires* ou *complémentaires*). — D'autre part, l'épithélium pavimenteux du vagin et du col de la matrice ne reste pas indifférent au phénomène de la m. Là aussi se produit, mais sur une bien plus petite échelle, une desquamation épithéliale, d'où résulte un produit liquide épais et blanchâtre.

II. *Hygiène.* — L'hygiène de la vie menstruelle de la femme, quelque physiologiques qu'en soient les phases, a besoin d'être surveillée, en raison des accidents susceptibles de survenir. Une diététique convenable est surtout nécessaire aux jeunes filles proches de la puberté, et que guettent les états anémiques et chlorotiques. L'alimentation, l'étude, l'exercice, doivent faire l'objet de prescriptions spéciales bien entendues. — Chez la femme adulte, les bains, l'hydrothérapie, les irrigations vaginales peuvent et doivent être employés avec des précautions spéciales que le médecin seul peut indiquer. Quant aux rapprochements sexuels, ils sont peu de saison à ce moment, quoique non dangereux. — Enfin la ménopause doit faire l'objet d'une surveillance assidue, et les soins du médecin, ami de la maison, s'imposent plus que jamais à cette date de la vie.

III. *Pathologie.* — La m. peut être considérée comme le baromètre de la santé de la femme. Pendant les maladies aiguës, les règles auraient tendance à anticiper; pendant les maladies chroniques, elles se supprimeraient facilement.

Les dérangements principaux de la m. sont : l'*aménorrhée*, suppression ou rétention du flux; la *dysménorrhée*, difficulté de l'écoulement par suite de causes physiques ou vitales; et la déviation des règles (*xénoménie*).

Quant aux troubles provoqués par la ménopause, sans compter les maladies locales de toutes sortes dont l'éclosion ou l'aggravation est favorisée, on voit apparaître des affections gastro-intestinales, nerveuses, des altérations de la nutrition, etc..., qui revêtent toutes un caractère spécial.

**MENSTRUE.** s. m. [Pr. *man-stru*] (bas lat. *menstruum*, à cause d'une analogie supposée avec les *menstrues*). T. Chim. Les anciens chimistes désignaient sous ce nom tout dissolvant lent et qui, pour agir, avait besoin d'une douce chaleur. Ils supposaient que son action dissolvante durait un mois, et de là l'origine de cette dénomination bizarre. Aujourd'hui le terme de *M.* est encore fort souvent employé en chimie et en pharmacie; mais il se dit simplement de tout liquide capable de dissoudre une substance solide donnée : c'est un synonyme du mot *dissolvant*.

**MENSTRUÉE.** adj. f. [Pr. *man...*]. (R. *menstrues*). *Femme m.*, femme chez laquelle le flux menstruel s'est établi.

**MENSTRUEL, ELLE.** adj. [Pr. *man-struel, èle*] (lat. *menstrualis*, qui se fait, qui arrive tous les mois, de *mensis*, mois). T. Physiol. Qui a rapport aux menstrues des femmes. *Le sang menstruel.*

**MENSTRUES.** s. f. pl. [Pr. *man-strue*] (lat. *menstruus*, mensuel, de *mensis*, mois). Évacuation sanguine qui se fait tous les mois chez les femmes. Voy. Menstruation.

**MENSUALITÉ.** s. f. [Pr. *man...*] (R. *mensuel*). Somme que l'on paye tous les mois.

**MENSUEL, ELLE.** adj. [Pr. *man-su-el, èle*] (lat. *mensis*, mois). Qui se fait, qui arrive tous les mois. *État m. de recette, de dépense. Publication mensuelle.*

**MENSUELLEMENT.** adv. [Pr. *man-suè-le-man*]. Tous les mois. *Cette revue paraît mensuellement.*

**MENSURABILITÉ.** s. f. [Pr. *man...*]. Propriété, qualité de ce qui est mensurable.

**MENSURABLE.** adj. 2 g. [Pr. *man...*] (lat. *mensurabilis*, m. s.) Qui peut être mesuré.

**MENSURATION.** s. f. [Pr. *mansura-sion*] (lat. *mensuratio*, m. s., de *mensurari*, mesurer). Action de mesurer.

**MENTAGRE.** s. f. [Pr. *man-tagre*] (lat. *mentum*, menton; gr. ἄγρα, proie). T. Méd. Voy. Sycosis.

**MENTAL, ALE.** adj. [Pr. *man-tal*] (lat. *mens, mentis*, esprit). Qui se fait, qui s'exécute dans l'esprit. *Oraison mentale. Restriction mentale.* || Qui a rapport aux facultés intellectuelles. *Aliénation mentale. Maladies mentales.* Voy. Aliénation.

**MENTALEMENT.** adv. [Pr. *mantale-man*]. D'une manière mentale. *Prier, pécher mentalement.*

**MENTANA**, village d'Italie, près de Rome, où Garibaldi fut défait par les troupes françaises et pontificales, le 3 nov. 1867.

**MENTELLE**, géographe fr. (1730-1815.)

**MENTERIE.** s. f. [Pr. *man-terî*] (R. *mentir*). Discours par lequel on donne pour vrai ce qu'on sait être faux. *Soutenir effrontément une m. Ce ne sont que des menteries.* — Ce mot est plus fam. que *Mensonge*, et se dit de choses moins graves.

**MENTEUR, EUSE.** adj. [Pr. *man-teur*]. Celui, celle qui ment, qui dit sciemment une chose fausse, qui a l'habitude de mentir. *Il est très m. M. comme un arracheur de dents, comme un valet, comme un panégyrique. Une femme menteuse.* — Substantiv., *C'est une menteuse fieffée. Il faut qu'un m. ait bonne mémoire.* || Se dit aussi des choses dont les apparences sont trompeuses. *Visage m. Langage m. Physionomie menteuse.*

> De vos songes menteurs, l'imposture est visible.
>
> Racine.

**MENTHANE.** s. m. [Pr. *man-tane*] (R. *menthe*). T. Chim. Voy. Menthène.

**MENTHANOL.** s. m. [Pr. *man-tanol*] (R. *menthe*). T. Chim. Syn. de *Menthol*.

**MENTHE.** s. [Pr. *man-te*] (lat. *mentha;* gr. μίνθα, m. s.). T. Bot. Genre de plantes Dicotylédones (*Mentha*) de la famille des *Labiées*. Voy. ce mot.

**Tech.** — L'essence de m. se prépare par distillation (Voy. Essence). Elle est employée par les pharmaciens, les confiseurs, les parfumeurs, etc. La majeure partie de cette essence entre dans la confection des eaux dentifrices.

**MENTHÈNE.** s. m. [Pr. *man-tène*] (R. *menthe*, et la termin. *ène* des carbures saturés). T. Chim. Hydrocarbure de la formule $C^{10}H^{18}$ qu'on obtient en distillant le menthol avec du chlorure de zinc ou avec de l'anhydride phosphorique. C'est un liquide incolore, d'une odeur agréable, insoluble dans l'eau, très soluble dans le benzène, le pétrole et l'essence de térébenthine. Il s'unit au brome pour former un tétrabromure que la chaleur décompose en cymène et acide bromhydrique.

L'*hydro-menthène* $C^{10}H^{20}$, qui porte aussi les noms de *menthane* et de *menthonaphtène*, se forme quand on chauffe le menthol avec du phosphore rouge et de l'acide iodhydrique. Il est liquide et bout à 170°.

**MENTHIQUE** adj. 2 g. [Pr. *man...*] (R. *menthe*). T. Chim. *Acide m.* Voy. Menthone.

**MENTHOL.** s. m. [Pr. *mantol*] (R. *menthe*, et la termin. *ol* des alcools). T. Chim. Le m., qui a pour formule $C^{10}H^{20}O$, constitue la majeure partie de l'essence de menthe poivrée et se dépose à la longue dans cette essence sous la forme de cristaux blancs, à odeur de menthe. Il fond à 42° et bout à 212°. Peu soluble dans l'eau et dans les alcalis, il est très soluble dans l'alcool, l'éther, le sulfure de carbone, les huiles fixes et les huiles volatiles ; il se dissout aussi dans les acides concentrés. C'est un alcool secondaire qui dérive du cymène et dont la constitution est représentée par la formule

$$CH^3.CH \left< \begin{matrix} CH^2 - CH\,OH \\ CH^2 - CH^2 \end{matrix} \right> CH.CH(CH^3)^2.$$

Oxydé par le mélange chromique, le m. fournit la cétone correspondante connue sous le nom de menthone. Traité par l'anhydride phosphorique, il perd de l'eau et se convertit en menthène. Chauffé en vase clos avec les acides, il forme des éthers. L'éther chlorhydrique, appelé *chlorure de menthyle*, a pour formule $C^{10}H^{19}Cl$ ; c'est une huile réfringente qui bout vers 204° ; on peut l'obtenir en traitant le m. par le perchlorure de phosphore.

**MENTHONAPHTÈNE.** s. m. [Pr. *man...*] (R. *menthe* et *naphtène*). T. Chim. Voy. Menthène.

**MENTHONE.** s. f. [Pr. *man-tone*] (R. *menthe* et la term. *one* des cétones). T. Chim. La *menthone* $C^{10}H^{18}O$ est la cétone correspondant au menthol, qu'elle accompagne dans l'essence de menthe poivrée. Elle est liquide, incolore, douée d'une odeur de menthe, soluble en toutes proportions dans l'alcool, le chloroforme, le benzène, le sulfure de carbone. Elle bout à 206°. On la prépare en chauffant le menthol avec un mélange d'acide sulfurique et de bichromate de potassium. Suivant les circonstances de la préparation, on peut obtenir une m. dextrogyre ou une m. lévogyre ; ces deux isomères optiques se transforment facilement l'un dans l'autre. Chauffée à 200° avec du formiate d'ammoniaque, la m. donne naissance à une base, la *menthylamine* $C^{10}H^{19}AzH^2$, qui bout à 206°. Avec l'hydroxylamine, la m. donne une oxime fusible à 59°, que l'acide sulfurique convertit en une autre oxime fusible à 119°. L'anhydride phosphorique transforme ces deux oximes en *menthonitrile* $C^9H^{17}$. C Az qui bout à 225° et qui, sous l'action de la potasse alcoolique, donne naissance à l'*acide menthique* $C^9H^{17}.CO^2H$.

**MENTHONITRILE.** s. m. [Pr. *man...*] (R. *menthe* et *nitrile*). T. Chim. Voy. MENTHONE.

**MENTHYLAMINE.** s. f. [Pr. *man...*] (R. *menthyle*, et *amine*), T. Chim. Voy. MENTHONE.

**MENTHYLE.** s. m. [Pr. *man-tile*] (R. *menthe*, et le suff. *yle*, du gr. ὕλη, matière). T. Chim. Nom donné au radical $C^{10}H^{19}$ contenu dans le menthol et dans ses éthers. — *Chlorure de m.* Voy. MENTHOL.

**MENTION.** s. f. [Pr. *man-sion*] (lat. *mentio*, m. s., même rad. que *memini*, se souvenir). Témoignage, rapport fait de vive voix ou par écrit. *Aucun historien n'a fait m. de cette éclipse. Il en a été fait m. dans le contrat, dans l'histoire. On n'a pas fait m. de lui dans tout cet entretien. Il en a été fait m. au procès-verbal.* || *M. honorable*, ou simpl. *Mention*, Distinction accordée à un ouvrage qui, dans un concours, n'a obtenu ni le prix, ni l'accessit. *Son mémoire a obtenu une m., la première m.*

**MENTIONNER.** v. a. [Pr. *man-sio-ner*]. Faire mention. *Il faudra m. cette clause dans le contrat. La proposition sera mentionnée au procès-verbal.* || *M. honorablement*, ou simpl. *m.*, Accorder à un ouvrage de concours l'espèce de distinction appelée Mention. = MENTIONNÉ, ÉE. part. *Les raisons ci-dessus mentionnées.*

**MENTIR.** v. n. [Pr. *man-tir*] (lat. *mentiri*, de *mens*, esprit, imagination). Dire, affirmer pour vrai ce qu'on sait être faux. *Il ne fait que m. Il ment effrontément. Il ne ment pas d'un seul mot. M. à sa conscience.* || *Il en a menti*, Il a menti sur la chose dont il s'agit. Pour rendre l'injure plus grave, on disait autrefois, *Il en a menti par sa gorge.* || Proverb., *On sait m. sans parler*, On peut vouloir induire en erreur par sa contenance, par ses gestes. — *A beau m. qui vient de loin*, Un homme qui vient d'un pays éloigné peut facilement en imposer. || *Faire m. le proverbe*, Faire une chose contraire à un proverbe. || Fig. et prov., *Bon sang ne peut m.*, Ceux qui naissent d'honnêtes parents ne dégénèrent point. Se dit aussi, par ironie, d'un homme vicieux, né de parents également vicieux. = *Sans m. A ne point m.*, se dit adverb. pour en vérité, à dire vrai. *Sans m., c'est un méchant homme.* = Conjug. Voy. SENTIR.

**MENTON.** s. m. [Pr. *man-ton*] (lat. *mentum*, m. s.). Saillie plus ou moins prononcée de la mâchoire au-dessous de la lèvre inférieure. *M. pointu, rond, court, plat*, etc.

Son menton sur son sein descend à double étage.
BOILEAU.

*M. de galoche. Avoir de la barbe au m.* — Fig. et fam., on dit d'une personne fort grasse, qu'*Elle a deux mentons*, ou *un double, un triple m.* || Par anal., Le dessous de la mâchoire inférieure de certains animaux. *Le m. d'un cheval, d'une chèvre, d'un bouc.* || Fig. *Lever le m.*, Prendre un air important.

**MENTON**, ch.-l. de c. (Alpes-Maritimes), arr. de Nice, 9,050 hab. Climat tempéré. Cette ville, ainsi que Roquebrune, appartenait à la principauté de Monaco. En 1848 elle se déclara ville libre, et en 1861 elle vota son annexion à la France.

**MENTONNET.** s. m. [Pr. *manto-nè*]. (R. *menton*). Pièce d'un loquet où s'engage le bout de la clenche. || Tenon ou talon d'un couteau dont la lame se replie. || Pièce saillante fixée à un arbre de rotation, à une roue, afin de déterminer un arrêt quand elle se rencontre avec une autre pièce. || Pièce fixée à la tête d'un marteau-pilon, servant à le soulever, quand elle se rencontre avec les cornes de l'arbre de rotation. || Tenon à la tête d'un pilot pour y fixer les madriers. || Partie d'une tarière destinée à empêcher les matières qu'on tire d'un trou de sondage d'y retomber. || Partie la plus épaisse d'une bombe, où sont fixés les anneaux.

**MENTONNIER, IÈRE.** adj. [Pr. *man-to-nié*]. T. Anat. Qui appartient au menton. *Trou m. Artère mentonnière.*

**MENTONNIÈRE.** s. f. [Pr. *manto-nière*]. (R. *menton*). Bande d'étoffe qui tenait autrefois aux masques et dont on se couvrait le menton. || Partie du casque qui recouvrait le menton. Voy. CASQUE. || T. Chir. Bande de toile qui sert dans les blessures de la mâchoire inférieure, ainsi que dans les fluxions. || T. Zool. Pièce principale du masque des libellules. || T. Techn. Plaque de fer placée horizontalement au devant et au bas de l'entrée du moufle d'un fourneau d'essayeur, d'émailleur. — Tasseau triangulaire sous la casse du typographe, pour la relever.

**MENTOR.** s. m. [Pr. *min-tor*]. Se dit, par allusion au personnage ainsi nommé qui était le gouverneur de Télémaque, de celui qui sert de conseil, de guide, de gouverneur à quelqu'un. *Il aurait grand besoin d'un m. Le frère aîné leur sert de m.*

**MENTZÉLIE.** s. f. (R. *Mentzel*, n. d'homme). T. Bot. Genre de plantes Dicotylédones (*Mentzelia*) de la famille des *Loasées*. Voy. ce mot.

**MENU, UE.** adj. (lat. *minutus*, part. pass. de *minuere*, diminuer). Délié, qui a peu de volume, de grosseur. *Cet enfant a le corps bien m. Homme m. Avoir les bras, les doigts menus, les jambes menues. Cette corde est trop menue. M. bois. Du m. plomb. Herbe menue. Il tombe une pluie très menue.* — *M. bétail. M. gibier. M. rôt. Menus grains. Menues dîmes.* Voy. BÉTAIL, etc. *Menus droits*, Les issues ou extrémités d'un animal, dont on fait certains ragoûts. || *Menues pailles*, Balles qui se détachent dans le battage des céréales. || *Menue mâture*, Mâts de perroquet, de cacatois. — *Menues voiles*, Les voiles de ces mâts. || Fig., Qui est de peu de conséquence. *Menus frais. Menus coûts. Menues dépenses. Les menues réparations sont à la charge du locataire. Entrer dans les détails les plus menus d'une affaire.* || *Menus plaisirs*, Dépenses d'amusement ou de fantaisie. *Il donne tant par mois à sa femme pour ses menus plaisirs.* — Autrefois, on donnait le nom de *Menus plaisirs* à certaines dépenses du roi, qui avaient pour objet les cérémonies, les fêtes, les spectacles de la cour, etc. *L'administration des menus plaisirs était dirigée par un intendant qu'on appelait quelquefois simplement* Intendant des menus. On appelait encore *Hôtel des Menus Plaisirs*, ou simpl. *Menus Plaisirs*, le lieu où étaient les bureaux, les magasins et les ateliers de cette administration. || *Menus suffrages*. Voy. SUFFRAGE. || *M. peuple*, Les dernières classes du peuple. = MENU. s. m. Détail minutieux. *Compter par le m. Je vous dirai la chose par le m. Vous saurez tout par le m.* — *Le m. d'un repas*, La note de ce qui doit y entrer. || Les fragments très petits. *Le m. de la houille.* = MENU. adv. En très petits morceaux. *Hachez cela m.* || *Écrire m.*, Écrire en lettres fort petites. || Famil., *Marcher, trotter dur et m.*, Marcher vite et à petits pas. = Syn. Voy. DÉLIÉ.

**MENUAILLE.** s. f. [Pr. *ll* mouillées.] (R. *menu*). coll. Se dit fam. et par dénigr., d'une quantité de choses petites ou de peu de valeur. *Il m'a payé en m. On a mis dans cette matelote beaucoup de m. Que ferez-vous de cette m.?*

**MENUET.** s. m. [Pr. *menu-è*] (R. *menu*, à cause des petits pas de cette danse). T. Danse et Musique. Le *Menuet* est une sorte de danse qu'on dit être originaire du Poitou. Son caractère était une simplicité noble et élégante ; cette danse, après avoir joui de la plus grande vogue, durant le XVIII^e siècle, dans les salons ainsi que sur les théâtres, est aujourd'hui abandonnée. C'était ordinairement par elle qu'on ouvrait le bal. Le m. se dansait à deux sur un air d'un mouvement modéré, à trois temps et à deux reprises. Les menuets d'Exaudet, de Fischer, de Boccherini et de Grétry ont été longtemps à la mode. — De la danse le m. est passé dans la musique instrumentale. Dans cette dernière, on appelle ainsi un morceau de rythme ternaire, qui, dans les symphonies, se place généralement entre l'andante et le finale. Autrefois ce morceau avait à peu près le mouvement de l'air de danse du même nom; mais peu à peu ce mouvement s'est accéléré, et il est aujourd'hui extrêmement rapide : de là la substitution du nom de *scherzo* (badinage) à celui de m. Il est composé de deux parties, chacune divisée en deux reprises. La première partie s'appelle proprement le m., et la seconde *trio*, parce que, dans les quatuors, il était d'usage de ne pas y employer le violoncelle.

**MENUISE.** s. f. [Pr. *menui-ze*] (lat. *minutia*, m. s.). Menu poisson, fretin. || Bois trop menu pour être mis en corde. || Plomb très menu. Voy. CENDRÉE.

**MENUISER.** v. a. et n. [Pr. *menui-zer*] (lat. pop. *minutiare*, m. s., de *minuere*, diminuer). Travailler en menuiserie. *Il aime à m.* || T. Techn. Rendre menu. = MENUISÉ, ÉE. part.

**MENUISERIE.** s. f. [Pr. *menui-zerie*]. (R. *menuiser*). L'art du menuisier. *Apprendre la m.* || Se dit aussi des ouvrages que fait un menuisier. *Une belle m. Des lambris de menuiserie.*

**Techn.** — La *Menuiserie* est un art mécanique qui s'applique aux menus ouvrages de bois. Comme la charpenterie, elle a une grande part dans la construction des bâtiments. Elle comprend en effet les cloisons de planches, les portes, les croisées, les volets, les lambris, les planchers, les escaliers, etc. Comme l'ébénisterie, qui l'emporte sur elle par le fini et par le choix des bois qu'elle emploie, la m. fabrique aussi des meubles; mais elle se borne à fabriquer des tables, des armoires, des rayons, des bancs, etc. Les bois dont elle fait ordinairement usage sont le sapin, le peuplier, le tilleul, le chêne, etc. Avant 1789, les menuisiers formaient une corporation dont les premiers statuts remontaient à l'année 1396. Un édit de 1776 les avait réunis aux ébénistes, aux tourneurs en bois et aux layetiers. L'apprentissage était de six années. Le brevet coûtait 24 livres et la maîtrise 600. Cette corporation était placée sous le patronage de sainte Anne, dont la fête se célèbre le 26 juillet.

**MENUISIER.** s. m. [Pr. *menui-zier*]. (R. *menuiser*). Celui qui travaille en menuiserie. = *Menuisier, ière*, se dit adject. de certains insectes qui perforent le bois pour s'y loger ou y déposer leurs œufs. — *Abeille menuisière*. Voy. MELLIFÈRES.

**MÈNURE.** s. m. (gr. μήνη, croissant de lune; οὐρὰ, queue).

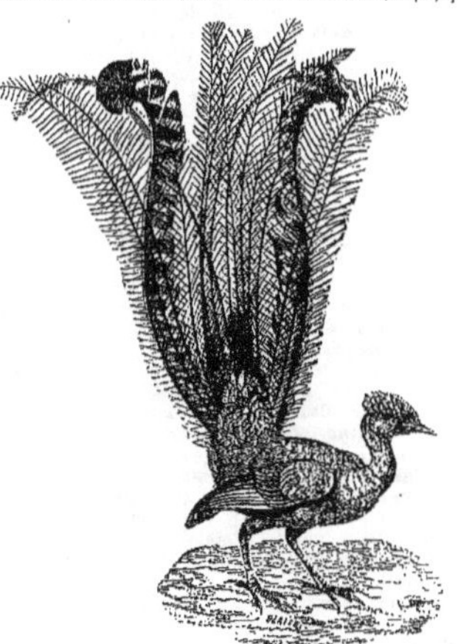

Fig. 1.

Le *Ménure lyre* (*Menura lyra*) est un des oiseaux les plus remarquables de la Nouvelle-Hollande, et forme à lui seul un genre bien distinct; cependant les auteurs ne sont point d'accord sur la place qui doit lui être assignée dans la série zoologique. Ainsi, tandis que les uns le rangent parmi les Gallinacées, Cuvier et Temminck le placent parmi les Passereaux Dentirostres et dans le voisinage des Merles, dont il se rapproche en effet par la forme de son bec, par celle de ses pattes, ainsi que par ses mœurs : c'est en outre un oiseau

Fig. 2.

chanteur. Le *Ménure* est un peu moins grand que le Faisan, et son plumage est d'un brun grisâtre. Son nom spécifique lui vient du développement singulier des plumes de la queue qui s'observe chez le mâle (Fig. 1 et 2, vu de face et de profil). Ces plumes sont de trois sortes : 12 plumes ordinaires très longues, à barbes effilées et écartées; 2 médianes garnies d'un côté seulement de barbes serrées, et 2 extérieures courbées en S, ou comme les branches d'une lyre, dont les barbes internes, grandes et serrées, représentent un large ruban, et dont les externes, très courtes, ne s'élargissent que vers le bout. La femelle n'a que 12 pennes de structure ordinaire.

**MENU-VAIR.** s. m. Autrefois, on appelait ainsi la fourrure provenant de l'espèce d'écureuil appelé petit-gris. *L'usage du m.-vair était réservé à la noblesse.*

**MENYANTHE.** s. m. (gr. μηνύανθες, m. s., de μίνυς, petit, et ἄνθος, fleur). Genre de plantes Dicotylédones (*Menyanthes*) de la famille des *Gentianées*. Voy. ce mot. L'unique espèce est connue sous le nom vulgaire de *Trèfle d'eau*.

**MÉNYANTHINE.** s. f. (R. *Ményanthe*). T. Chim. Glucoside contenu dans les feuilles de Ményanthe (*Menyanthes trifoliata*). C'est une masse amorphe, jaunâtre, amère, soluble dans l'eau chaude, dans l'alcool et dans les dissolutions alcalines. Chauffé avec de l'acide sulfurique étendu, la m. se dédouble en glucose et en *ményanthol*, liquide huileux qui possède une odeur d'amandes amères et qui se transforme à l'air en un acide cristallisé.

**MENYANTHOL.** s. m. T. Chim. Voy. Ményanthine.

**MENZALEH.** Lac de la Basse-Égypte, qui est traversé par le canal de Suez.

**MÉOTIDE (PALUS-),** nom ancien de la mer d'Azof.

**MÉPHISTOPHÉLÈS,** personnification du diable dans le *Faust* de Gœthe.

**MÉPHISTOPHÉLIQUE.** adj. 2 g. (R. *Méphistophélès*). Qui est d'une perfidie diabolique.

**MÉPHITIQUE.** adj. 2 g. [Pr. *méfi-tike*] (lat. *mephiticus*, m. s.). Se dit de tout fluide aériforme qui exerce sur l'économie une action pernicieuse. *Vapeur m. Air m.* — Dans le lang. ordinaire, ce mot emporte l'idée d'une odeur désagréable.

**MÉPHITISÉ, ÉE.** adj. [Pr. *méfiti-zé*]. Qui a été rendu méphitique.

**MÉPHITISME.** s. m. [Pr. *méfi-tisme*] (lat. *mephitis*, odeur infecte). Exhalaison incommode et souvent pernicieuse; air vicié et non respirable, quelle que soit sa nature. *Le m. des marais, des égouts, des fosses d'aisances.*
**Méd.** — On appelle m. l'altération de l'air par des gaz ou des effluves capables d'exercer sur l'organisme une action nocive immédiate et, le plus souvent, de nature asphyxiante. Il importe de ne pas le confondre avec l'infection de l'atmosphère par des miasmes qui donnent lieu, plus ou moins rapidement, au développement de maladies infectieuses. La pénétration sans précautions dans une fosse d'aisances ou un égout; l'accumulation d'un grand nombre d'hommes dans un milieu confiné; les émanations provenant de fosses lors d'exhumations, peuvent être l'origine du m. — Le m. produit par le confinement relève non seulement de causes chimiques (défaut d'oxygène, excès d'acide carbonique), mais aussi d'intoxication par les matières organiques que les voies respiratoires éliminent avec la vapeur d'eau. — Le plus fréquent et le mieux connu est le m. des fosses d'aisances. Les émanations nuisibles sont constituées en grande partie par des gaz dont les plus importants sont l'ammoniaque, l'hydrogène sulfuré et l'azote, et par des matières organiques volatiles. Le m. est dû en général à quelque vice dans l'installation ou l'entretien de la fosse, à l'insuffisance de la ventilation par exemple. Les troubles morbides observés sont très variables, tantôt une perte subite de connaissance, tantôt un ensemble de symptômes où les phénomènes asphyxiques coïncident avec des troubles variés de l'innervation. — Le m. des égouts et puisards, des puits, des chaudières de bateaux à vapeur, des cuves vinaires, des mines, etc., est très analogue au précédent dans les caractères principaux. — Au point de vue thérapeutique, les meilleurs modes d'intervention sont la respiration artificielle et les inhalations d'oxygène.

**MÉPLAT, ATE.** adj. [Pr. *mé-pla*] (R. *mé*, préf., et *plat*). Qui a plus d'épaisseur d'un côté que de l'autre. || T. Peint. et Sculpt. *Lignes méplates*, lignes qui établissent le passage d'un plan à un autre. On dit aussi *Formes méplates.* — T. Grav. *Tailles méplates*, Tailles un peu tranchées et sans adoucissement dont l'usage est de fortifier les ombres et d'arrêter les extrémités. = Méplat. s. m. T. Sculpture, Peinture et Gravure. L'indication des différents plans d'un objet. *Lorsque l'on peint une tête, il faut faire sentir les méplats.* Il faut, par les masses de clairs et d'ombres, faire sentir les plans dans lesquels sont disposés les os qui forment la charpente de la tête.

**MÉPRENDRE (se).** [Pr. *mé-prandre*] (R. *mé*, préf., et *prendre*). v. pron. Se tromper, prendre une personne ou une chose pour une autre. *Ces deux jumeaux se ressemblent tellement, qu'il n'est personne qui ne s'y méprenne. Ce calcul est inexact, nous nous sommes mépris. Vous vous êtes méprise sur ce que je vous disais. Il ne faut pas s'y m., cette affaire a de la gravité.* || Figur., S'oublier et manquer de respect. *A qui pensez-vous parler? vous vous méprenez.* = Conjug. Voy. Prendre.

**MÉPRIS.** s. m. [Pr. *mé-pri*] (R. *mé*, préf., et *priser*). Sentiment par lequel on juge une personne ou une chose, indigne d'estime, d'égard, d'attention. *M. outrageant, injurieux, profond. Concevoir, avoir, témoigner du m., le plus profond m. pour quelqu'un. Traiter avec m. Il est digne de m. Souffrir, braver le m. public. Un geste de m. Montrer du m. pour les choses qui méritent le plus de respect.* Proverb., *La familiarité engendre le m.* — *Tomber dans le m.*, Tomber dans un état où l'on est méprisé. || *Le m. de la vie, le m. de la mort*, Le sentiment par lequel on s'élève au-dessus de l'amour de la vie, de la crainte de la mort. On dit, dans un sens anal., *Le m. des richesses des grandeurs, des honneurs, des louanges, etc.* || Au pluriel, *Mépris* signifie Paroles ou actes de mépris. *Je ne puis souffrir ses m. Les m d'un tel homme valent des louanges.* = Au mépris de. locut. prépos. Au préjudice de, sans avoir égard à. *Il a fait cette action au m. des lois, au m. de sa parole.* = En mépris de. loc. prép. Par un sentiment de mépris pour. *En m. du devoir.* Peu usité.

**MÉPRISABLE.** adj. 2 g. [Pr. *mépri-zable*] (R. *mépriser*). Qui est digne de mépris. *Un homme, une femme m. Il s'est rendu m. par sa conduite. Le monde estime bien des choses qui sont fort méprisables. Il n'est rien de plus m. que de flatter les méchants.* || Qu'on doit dédaigner. *Ce n'est point un ennemi m. Des biens méprisables.*

**MÉPRISABLEMENT.** adv. [Pr. *mépri-za-bleman*]. D'une manière méprisable.

**MÉPRISAMMENT.** adv. [Pr. *mépri-za-man*]. D'un ton méprisant, d'une manière méprisante.

**MÉPRISANT, ANTE.** adj. [Pr. *mépri-zan*]. Qui marque du mépris. *Un homme, un air, un ton m. Manières méprisantes.*

**MÉPRISE.** s. f. [Pr. *mépri-ze*] (R. *méprendre*). Inadvertance, erreur de celui qui prend une chose pour une autre. *Une grossière m. Cela a été fait par m. Vous êtes tombé dans une étrange m.* = Syn. Voy. Bévue.

**MÉPRISER.** v. a. [Pr. *mépri-zer*] (R. *mé*, préf., et *priser*). Avoir du mépris pour quelqu'un ou pour quelque chose, n'en faire aucun cas. *C'est un homme que je méprise. Il méprise tout le monde. M. les malheureux. Il a tort de m. les bons avis qu'on lui donne.* || S'élever au-dessus de l'amour qu'on a ordinairement pour une chose ou de la crainte qu'elle inspire. *M. les honneurs, les richesses, la gloire, la vie. M. la mort, la calomnie, l'opinion publique.* = se Mépriser. v. pron. *Ils se méprisent l'un l'autre. Il se méprise lui-même.* = Méprisé, ée. part.

Roxane méprisée
Bientôt de son erreur sera désabusée.
Racine.

**MÉQUINEZ,** v. du Maroc; 25,000 hab.

**MER.** s. f. (lat. *mare*, m. s.). La vaste étendue d'eau salée qui baigne toutes les parties de la terre; et chacune des grandes portions de cette masse d'eau, qu'on distingue les unes des autres par des qualifications tirées ordinairement de quelque circonstance locale. *La mer Glaciale. La mer Baltique. La mer est grosse, houleuse. Les côtes de la mer. Poisson de mer. Bains de mer. Lancer un vaisseau à la mer. Aller sur mer, en mer. Voyager par mer. Courir les mers. Combattre sur terre et sur mer. Ces deux peuples se disputaient l'empire des mers. Mettre en mer*, à *la mer*, Mettre à la voile, quitter le port. *Tenir la mer*, Naviguer, courir en haute mer. || *Pleine mer* ou *Haute mer*, La partie de la mer qui est éloignée des rivages. *Prendre la haute mer. Être en haute mer, en pleine mer.* — *La mer est basse en cet endroit*, Il y a peu d'eau. Voy. pour d'autres sens des mots, *Haute mer, Basse mer*, et *Pleine mer*, le mot Marée. || *Bras de mer*, Voy. Bras. — *Port de mer*, Voy. Port. || *Coup de mer*, se dit d'une tempête de peu de durée, et même d'une vague puissante. *Nous essuyâmes un coup de mer à telle hauteur. Pendant cette tempête, un coup de mer emporta notre gouvernail.* || *Un homme à la m.*, un homme qui est tombé du navire dans la mer. — Fig. *Un homme à la m.*, un homme dont l'avenir est perdu. || *Homme de mer*, Homme dont la profession est de naviguer sur mer, et particul. Un pilote, un officier de marine qui entend bien la navigation. *Armée de mer*, Voy. Armée. — *Écumeur de mer*, *Pirate*. — *Mal de mer*, Voy. Mal. || Figur. et prov., *C'est la mer à boire*, se dit d'un travail difficile, immense dont on ne prévoit pas la fin. Pour exprimer le contraire, on dit, *Ce n'est pas la mer à boire*. — *Il avalerait la mer et les poissons*, Voy. Avaler. — *C'est porter de l'eau à la mer*, *C'est une goutte d'eau dans la mer*, Voy. Eau. — *Labourer la m.*, perdre sa peine. || Par exag., se dit d'une grande étendue d'eau non salée. *La rivière débordée couvrait la campagne, c'était une mer*. — Fig., on dit aussi, *Une mer de sable*. — *M. de glace*, glacier qui offre des aspérités semblables aux vagues. — Fig. *Une m. de soucis*, de *tribulations*, d'*amertumes*. || Grand vase de terre dans lequel est une certaine quantité de vin, qu'on remplace à mesure qu'on y puise. *Il a une mer de vin de Chypre*.

**Hydrogr.** — I. *Étendue et niveau de la mer*. — En parlant des *continents*, nous avons comparé l'étendue respective qu'occupent à la surface du globe l'élément solide et l'élément liquide, ainsi que leur distribution dans les divers hémisphères boréal et austral, oriental et occidental ; nous pouvons donc nous dispenser de répéter ici ce que nous avons déjà dit. Pour que cette masse d'eau soit en équilibre, il faut qu'en chaque point sa surface soit perpendiculaire à la verticale. Si la mer recouvrait toute la terre, sa surface serait donc *une trajectoire orthogonale des verticales*. C'est ce qu'on appelle en mécanique une *surface de niveau*, et c'est cette surface que les géodésiens appellent la *surface de la terre*. A la vérité, la mer ne recouvre pas le globe entier ; mais toutes les mers, à part quelques mers intérieures peu importantes, communiquent entre elles, de sorte que la surface de toutes les mers est une portion d'une même surface de niveau. On peut, par la pensée, prolonger cette surface à travers les continents, d'après la condition qu'elle soit normale aux verticales, et l'on aura ainsi la *surface du niveau des mers* définissant la forme du globe terrestre. On sait que cette surface est à très peu près celle d'un ellipsoïde de révolution aplati autour de la ligne des pôles. Voy. Terre.

II. *Lit et profondeur de la mer*. — Le lit de la mer offre des inégalités analogues à celles qu'on remarque sur les continents. Il présente des plaines, des chaînes de montagnes, des vallées, des plateaux, des pics isolés, etc. Tantôt on y trouve des abîmes dont la sonde peut à peine atteindre le fond, tantôt il est à peu de distance au-dessous de la surface des eaux, et forme des *hauts-fonds* ou des *bancs* redoutables pour le navigateur. Ici des sources d'eau douce jaillissent du fond de l'Océan ; là des volcans sous-marins lancent des amas de laves et de scories, et des tremblements de terre troublent le fond des abîmes comme la surface des continents. Quant aux bancs qui s'élèvent presque au niveau des eaux, nous mentionnerons le *Banc des Aiguilles*, à l'est du cap de Bonne-Espérance, le fameux *Banc de Terre-Neuve*, vers la côte orientale de l'Amérique septentrionale, et le *Dogger-Bank* dans la mer du Nord. Un cinquième de cette dernière mer est occupé par des bancs de sable qui sont situés seulement à 24 mètres au-dessous du niveau de l'eau. En admettant que la profondeur moyenne de la mer est de 4,800 mètres, la pression exercée par la masse liquide sur le fond qui la supporte est déjà prodigieuse. En effet, puisqu'une colonne d'eau de 10m,40 équivaut au poids entier d'une atmosphère, cette pression doit être en moyenne égale à 461 atmosphères ; et, au nord des Bermudes, dans le lieu où le lieutenant Maury, de la marine des États-Unis, a trouvé une profondeur de 9,600 mètres, cette pression s'élève à 923 atmosphères. Malgré ces pressions colossales, les abîmes de la mer sont peuplés d'une faune riche et variée qui comprend des créatures d'une extrême délicatesse de formes. Voy. Abysse.

III. *Nature des eaux de la mer*. — Les eaux de la mer ont une odeur nauséabonde, une saveur amère et très salée : c'est aux sels à base de magnésie qu'on attribue leur amertume, tandis que leur salure provient du chlorure de sodium. Voici en moyenne, la composition de l'eau de mer d'après Regnault :

| | |
|---|---|
| Eau . . . . . . . . . . . . . . . . . | 96gr,470 |
| Chlorure de sodium. . . . . . . . . . | 2 ,700 |
| Chlorure de potassium . . . . . . . . | 0 ,070 |
| Chlorure de magnésium. . . . . . . . | 0 ,360 |
| Sulfate de magnésie . . . . . . . . . | 0 ,230 |
| Sulfate de chaux . . . . . . . . . . | 0 ,140 |
| Carbonate de chaux. . . . . . . . . . | 0 ,003 |
| Bromure de magnésium. . . . . . . . | 0 ,002 |
| Divers . . . . . | 0 ,025 |
| Total. . . . . . . | 100 ,000 |

Outre ces substances, on y découvre quelques traces d'oxyde de fer, de chlorure d'argent, d'iodure de potassium et de sodium. La mer contient aussi sûrement du phosphore puisqu'on trouve ce corps dans les tissus des poissons et des autres animaux marins ; mais il est en trop petite quantité pour que l'analyse chimique ait pu indiquer en quelles combinaisons il est engagé. Il est probable qu'il se trouve dans l'eau de mer à l'état de phosphates alcalins et alcalino-terreux. Comme on le voit, la proportion des matières salines contenues dans les eaux de la mer dépasse un peu 3 pour 100 ; néanmoins elle varie suivant les lieux. L'Océan contient plus de sels dans l'hémisphère austral que dans l'hémisphère boréal, et l'Atlantique est plus salé que l'océan Pacifique. Dans ce dernier, la plus forte proportion de sels se trouve aux parallèles de 22° lat. nord et de 17° lat. sud ; près de l'équateur elle est moindre, et c'est dans les mers polaires qu'elle est le plus faible, ce qui tient à la fonte des glaces. Par suite de la présence de ces sels, la pesanteur spécifique de l'eau de mer est supérieure à celle des eaux douces : elle a été évaluée par Gay-Lussac à 1,0272. La salure des eaux marines varie, dans les mers boréales, avec les saisons, et l'eau douce, en raison de sa moindre pesanteur spécifique, occupe alors les couches supérieures. L'eau de pluie tend aussi à rendre les eaux superficielles moins salées que les eaux puisées dans les profondeurs. L'Océan est moins salé vers les embouchures des fleuves et près des côtes que dans la haute mer : l'Atlantique, par ex., n'est que saumâtre à 480 kilomètres de l'embouchure du fleuve des Amazones. Enfin, les mers profondes sont plus salées que celles qui ont peu de profondeur, tandis que les mers intérieures qui communiquent avec l'Océan sont moins salées que celui-ci, à cause de l'abondance des eaux fluviales qu'elles reçoivent. Néanmoins la Méditerranée fait exception à cette loi, parce que la quantité d'eau que lui enlève l'évaporation est supérieure à celle que lui apportent les fleuves, et que son niveau est maintenu par l'afflux des eaux de l'Atlantique. Une conséquence importante de la salure des eaux de la mer, c'est qu'il faut pour les congeler une température plus basse que celle qui suffit à congeler les eaux douces. Dans la mer du Groenland, par ex., la glace ne commence à se former qu'à une température de 2°,5 au-dessous de zéro. Il résulte de là que les éléments salins de l'Océan le maintiennent encore à l'état liquide sous des latitudes où il ne formerait qu'un champ de glace si ses eaux étaient douces. Or, ce fait n'est pas d'un médiocre intérêt pour la navigation.

IV. *Couleur des eaux de la mer*. — L'eau de source la plus pure n'est pas plus limpide et plus transparente que celle de l'Océan. Dans certaines parties de l'océan Arctique, on aperçoit distinctement des coquillages à la profondeur de 145 mètres, et dans les Antilles, à cette même profondeur, le lit de la mer est aussi visible que s'il était tout près de la surface de l'eau : on y voit les coquillages, les coraux, les fucus de toutes couleurs y déployer les plus riches teintes de l'arc-en-ciel. Mais au delà de cette profondeur, la lumière solaire ne pénètre plus en quantité suffisante pour permettre de distinguer les objets, et l'on admet qu'elle devient tout à fait insensible à la profondeur de 400 ou 500 mètres. Celle de la lune, dans les circonstances les plus favorables, ne descend pas au delà de 13 mètres. — Vue en grande masse, l'eau de l'Océan offre toujours, à moins d'effet d'optique ou de circonstances particulières, une couleur bleu d'azur plus ou moins intense : cette teinte résulte de ce que l'eau de mer absorbe toutes les couleurs du prisme en plus grande proportion que les rayons bleus qu'elle diffuse au contraire dans toutes les directions. L'aspect de la mer varie selon l'incidence des rayons solaires, quoique sa véritable couleur ne change pas. Ainsi, l'image d'une barque du côté de l'ombre est souvent du bleu le plus pur, tandis que la surface de l'eau exposée aux rayons solaires présente l'éclat de l'or bruni. Quant aux différences de coloration permanentes que l'on observe dans certains lieux, elles résultent de causes également permanentes et locales. Autour des Maldives, la mer est noire ; elle est blanche dans le golfe de Guinée, jaunâtre entre la Chine et le Japon, rougeâtre dans la mer Vermeille et dans différentes parties de la mer Rouge, verdâtre dans les Canaries et les Açores. Le golfe Persique est appelé mer Verte par les géographes orientaux, parce que le long de la côte de l'Arabie, on remarque une bande d'eau verdâtre tellement distincte, qu'on a vu des navires avoir de l'eau bleue à bâbord et de l'eau verte à tribord. Dans l'océan Arctique, on passe parfois brusquement d'une eau bleu d'azur à une eau vert olive, c.-à-d. de la limpidité à l'opacité. La mer Rouge doit la couleur qui déjà chez les anciens lui avait valu le nom de mer

Érythrée, à la présence d'une très petite conferve filamenteuse, appelée *Trichodesmium erythræum*, qui se montre à certaines époques en quantité prodigieuse. On dit que la mer Vermeille, au contraire, doit sa coloration à des animalcules microscopiques de couleur rougeâtre. Scoresby attribue la couleur vert olive de l'eau des mers arctiques à la présence de myriades de méduses de teinte jaunâtre qui servent de proie à divers poissons et notamment aux grands cétacés. Enfin, lorsque la mer est limpide et peu profonde, la couleur naturelle de ses eaux est modifiée par celle des substances qui constituent son lit. Ainsi, elle offre une teinte vert pomme, quand son fond est calcaire ou formé par du sable blanc; vert foncé, lorsque le sable est jaune; brune ou noirâtre, quand le fond est de couleur sombre; et grise, lorsque le fond est vaseux.

V. *Phosphorescence.* — Un phénomène des plus singuliers et des plus admirables est celui que présente la surface des eaux quand elle semble s'illuminer tout à coup sur une vaste étendue. Bien que ce phénomène, auquel on donne le nom de *phosphorescence de la mer*, s'observe sous toutes les zones, c'est particulièrement dans les contrées chaudes, aux Indes, sur les côtes de Malabar, des Maldives et des autres îles voisines, qu'elle présente ce spectacle dans toute sa magnificence. Il se renouvelle tous les soirs, particulièrement dans les temps calmes, lorsque la mer est couverte de rides ou d'ondes légères. « Celui qui n'a pas été témoin de ce phénomène dans la zone torride, et surtout sur le grand Océan, dit Al. de Humboldt, ne peut se faire qu'une idée imparfaite de la majesté d'un si grand spectacle Quand un vaisseau de guerre, poussé par un vent frais, fend les flots écumeux, et qu'on se tient près des haubans, on ne peut se rassasier du coup d'œil que présente le choc des vagues. Chaque fois que, dans le mouvement du roulis, le flanc du vaisseau sort hors de l'eau, des flammes rougeâtres, semblables à des éclairs, paraissent sortir de la quille et s'élancer vers la surface de la mer. » Ce phénomène remarquable n'est pas encore expliqué d'une manière complète. On sait seulement qu'il est lié à la présence dans l'eau de mer d'animaux de très petite taille : mollusques, crustacés, méduses, etc. Mais la lumière phosphorescente peut être produite de deux manières différentes. Ce peut être un phénomène physiologique tenant à la présence chez ces animaux d'organes lumineux, comme ceux que possèdent les vers luisants et beaucoup d'autres insectes. Il paraît que certains animaux habitant les grandes profondeurs, où règne une obscurité absolue sont doués de cette faculté d'émettre de la lumière. Il se peut aussi que les animalcules de la surface secrètent une substance qui en s'oxydant à l'air émette une lueur phosphorescente, comme le font certaines matières organiques en putréfaction, telles que la chair des poissons, et, d'après quelques observations, le parenchyme de certains champignons. Tout le monde a pu remarquer que les cadavres de crabes et de petits crustacés abandonnés sur la plage y émettent des lueurs phosphorescentes. Cela expliquerait pourquoi les lueurs apparaissent surtout quand on agite l'eau de la mer. Il se peut aussi que, suivant les circonstances, les deux phénomènes concourent à la production de la phosphorescence. Il se peut aussi qu'il y ait d'autres causes actuellement ignorées.

VI. *Mouvements de la mer.* — Les mouvements observés dans les eaux de la mer appartiennent à trois ordres différents : ce sont les *marées*, les *vagues* et les *courants*. Nous avons parlé ailleurs des premières (Voy. MARÉE), il ne sera donc question ici que des vagues et des courants.

A. *Des vagues.* — La surface de la mer est agitée par les mouvements de l'atmosphère. S'il n'y a point de vent, la mer est *calme*, et présente une nappe unie comme un miroir. Mais quand le vent s'élève, quelque faible qu'il soit, la mer devient *ridée*, la surface se sillonne de petites ondulations; car l'onde, ébranlée par l'action du vent, communique son mouvement aux molécules liquides voisines, de telle sorte que ces impulsions se propagent en s'affaiblissant toujours à mesure qu'elles s'éloignent du point où elles ont pris naissance. Lorsque le vent augmente en suivant une direction constante, les ondes deviennent plus fortes et forment des lignes très étendues, presque droites, qui s'avancent avec la même vitesse sur tous les points; on les désigne alors sous le nom de *lames*. Si une de ces lames atteint le rivage, elle se brise en écumant contre les falaises, ou bien, quand la plage est douce et unie, elle semble rouler sur elle-même et s'étendre en s'amincissant. Les marins ont des noms différents pour désigner les différents aspects de la mer agitée par les vents. Lorsqu'elle est tourmentée par une forte brise, la mer *moutonne*, elle s'agite en lames courtes et écumeuses; elle est *houleuse*, si les lames s'élèvent en ondulations sans se briser en flots d'écume; *clapoteuse*, si les lames sont courtes et fort agitées; elle est *creuse*, quand les vagues, d'une très grande hauteur, laissent entre elles des abîmes profonds; elle est *dure*, lorsque le navire en reçoit de fréquentes et fortes secousses; elle *brise*, si ses flots, rencontrant un obstacle, sont brisés et jaillissent plus ou moins haut avec fracas; elle *déferle* au moment où, s'élevant en voûte, la crête de la lame retombe sur la partie inférieure et se brise en une masse d'écume; enfin, on nomme *ressac* le retour violent de la lame du côté du large, lorsqu'elle a frappé contre un rocher. Il faut se garder de prendre à la lettre les expressions figurées des marins, lorsqu'ils parlent de vagues hautes comme des montagnes. Les plus hautes vagues observées sont celles qui se produisent en vue du cap de Bonne-Espérance, si justement appelé par les anciens navigateurs portugais cap des Tourmentes. Il y a lieu de croire que la plus grande hauteur verticale des vagues n'excède pas 12 mètres, en la comptant du creux à la crête. Toutefois, quand elles rencontrent un obstacle, elles se redressent contre lui et atteignent alors une élévation effrayante. On en a vu dont la crête s'élevait alors à une hauteur d'environ 50 mètres. Dans les mers petites et peu profondes, les lames sont courtes et abruptes; aussi sont-elles beaucoup plus dangereuses que les lames immenses de l'Océan.

Il est à remarquer que le déplacement horizontal des vagues n'est qu'une apparence due à la propagation des ondes. Le mouvement oscillatoire de l'eau est un simple mouvement vertical d'ascension et de descente, qui se propage de proche en proche, donnant ainsi l'illusion d'une montagne liquide qui s'avance. Il est facile de s'en assurer en plaçant sur l'eau un flotteur qui soit presque complètement immergé de manière à ne pas donner prise au vent. Ce flotteur monte et descend avec la vague sans s'avancer horizontalement avec elle. Il y a évidemment exception lorsque la vague arrive à l'extrémité de la plage. Là le mouvement oscillatoire est nécessairement accompagné d'un mouvement oscillatoire horizontal; l'eau s'avance quand son niveau s'élève et recule quand le niveau baisse; mais ce déplacement horizontal est dû à l'inclinaison et à la profondeur presque nulle du fond; rien de pareil ne se produit au large.

La force des vagues produites par les vents est parfois effrayante. D'après les expériences faites par l'ingénieur Stevenson sur la côte ouest d'Écosse qui est exposée à toute la furie de l'Atlantique, il paraît que la pression moyenne exercée par la vague sur une surface d'un pied carré anglais (ou de 0,0929 mètre carré) est égale à un poids de 277 kilogrammes durant les mois d'été, et à 946 durant ceux d'hiver. Pendant la tempête qui eut lieu le 9 mars 1845, cette pression s'éleva, selon lui, à 2,759 kilogrammes. Le même observateur a calculé que, dans la tempête du 20 nov. 1827, la pression que le phare de Bell-Rock, sur la mer du Nord, eut à supporter de la part des vagues qui s'élevaient jusqu'à son sommet, était d'environ 3,000 kilogrammes par pied carré. Dans une autre tempête du commencement de 1829, un bloc calcaire du poids de 7,000 kilogrammes fut arraché à l'extrémité ouest de la jetée de Plymouth et transporté à 45 mètres de distance. Enfin, dans les Hébrides, un bloc évalué à 42,000 kilogrammes fut repoussé à plusieurs mètres par la seule force des vagues.

Cependant les mouvements excités dans les eaux de la mer par les plus violentes tempêtes ne se propagent pas à une bien grande profondeur. L'Océan paraît rester tout à fait calme à la profondeur de 60 à 80 mètres. S'il n'en était pas ainsi, les eaux deviendraient troubles, et les coquillages seraient détruits. En outre, tout ce qui tend à diminuer le frottement du vent, c.-à-d. de l'air en mouvement, contre la surface de l'eau, diminue l'agitation de celle-ci. Ainsi, lorsque l'air est humide ou lorsqu'il vient à pleuvoir, le mouvement diminue, parce que le frottement devient moins considérable en raison de la moindre attraction de l'air pour l'eau.

B. *Des courants.* — Parmi les courants observés au sein de l'Océan, les uns dépendent de causes permanentes, comme la constitution du globe lui-même, et les autres de causes variables. Les courants *constants* sont produits par l'action combinée de la rotation de la terre, laquelle s'effectue d'occident en orient, de la chaleur solaire et des vents alizés. Les courants *périodiques* sont déterminés par les marées, les moussons et d'autres vents périodiques. Les courants *temporaires* sont causés par les marées, la fonte des neiges, et l'action des vents prolongés pendant un certain temps. On les distingue en outre en courants *superficiels* et en courants *sous-marins*, suivant leur situation, qui dépend de ce que leur densité est moindre ou plus grande que celle des eaux au milieu desquelles ils circulent. Ces courants, qu'on peut comparer à des fleuves immenses, entretiennent par conséquent au sein des mers une circulation non interrompue, qui mélange incessamment leurs eaux et maintient entre elles un certain équilibre.

La direction des grands courants constants de l'Océan a lieu de l'est à l'ouest. Quoiqu'ils dépendent des mêmes causes que les vents alizés, c.-à-d. du mouvement de rotation du globe combiné avec l'action de la chaleur solaire, ils en diffèrent sous ce rapport que l'atmosphère est échauffée à sa partie inférieure par son contact avec la terre, et que la chaleur ainsi reçue se transmet aux couches supérieures, tandis que la mer, au contraire, est d'abord échauffée à sa surface par les rayons directs du soleil, et que la chaleur se transmet de cette surface aux couches inférieures. L'action de la chaleur solaire, en pénétrant les couches superficielles de la mer, les dilate, diminue leur pesanteur spécifique, surtout entre les tropiques, et détermine une évaporation rapide et considérable, par suite de laquelle l'équilibre de l'Océan est troublé. Il faut donc, pour rétablir l'équilibre, que d'autres eaux viennent des régions polaires. Nous avons ainsi deux courants constants, dirigés de chacun des pôles vers l'équateur. Mais les eaux, en descendant des pôles, arrivent dans les régions équatoriales où la vitesse due à la rotation de la terre est plus grande puisque ces points sont plus éloignés de l'axe. Ces eaux restent donc en arrière, et par suite semblent couler dans une direction contraire à la rotation diurne de la terre. Il résulte de là que la surface entière de l'Océan, sur une étendue de 30 degrés de chaque côté de l'équateur, se meut de l'est à l'ouest et produit tous les effets d'un fleuve immense qui coulerait dans cette direction. Les vents alizés, qui soufflent constamment dans la même direction, contribuent à accroître la vitesse du courant, laquelle est en moyenne de 47 kilomètres en 24 heures. On suppose d'ailleurs généralement que les courants primaires, ainsi que ceux qui en dérivent, éprouvent dans leur intensité des variations périodiques dépendant de la fonte des glaces à chaque pôle alternativement. Il importe de remarquer que les courants sont nommés d'après la direction de leur marche. Ainsi, un courant oriental est un courant qui vient de l'ouest et se dirige vers l'est.

Par suite de l'extension ininterrompue de l'Océan dans l'hémisphère austral, de la prédominance des vents d'ouest dans ces régions et de la tendance des eaux polaires à se diriger vers l'équateur, il se forme dans l'océan Antarctique un grand courant froid qui, poussé par les vents dominants, prend la direction de l'est en inclinant au nord, et marche ainsi vers la côte américaine, où il se divise. La plus petite de ses branches double le cap Horn, tandis que le courant principal, qu'on désigne habituellement sous le nom de *Courant de Humboldt*, remonte le long de la côte occidentale de l'Amérique méridionale, puis, tournant tout à coup à l'ouest, va se perdre dans le grand courant équatorial du Pacifique, qui traverse cet océan de l'est à l'ouest entre le 26° de latitude sud et le 24° de lat. nord, formant ainsi un vaste fleuve large d'environ 3,000 milles marins. Au nord, ce dernier courant est interrompu par la côte de la Chine, la Péninsule orientale et les îles de l'archipel Indien. Cependant, une partie du courant se fraye une route entre ces îles et va rejoindre le grand courant de l'océan Indien, lequel, poussé par l'alizé du sud-est, poursuit sa marche d'orient en occident entre les 10° et 20° de lat. sud. Mais, en approchant de l'île de Madagascar, le grand Courant indien se subdivise. Une partie court au nord-ouest, double l'extrémité septentrionale de Madagascar, passe par le détroit de Mozambique, et va opérer sa jonction avec l'autre partie du courant. Alors celui-ci double le banc des Aiguilles et le cap de Bonne-Espérance, puis, sous le nom de courant Atlantique méridional, longe la côte occidentale de l'Afrique jusqu'au parallèle de Sainte-Hélène. Là il est défléchi par la côte de Guinée, marche presque droit à l'ouest, et forme ainsi le grand courant Atlantique équatorial. Mais arrivé à la hauteur du cap Saint-Roch, au Brésil, ce courant se partage en deux branches. L'une court au sud le long de l'Amérique méridionale, et devient insensible avant d'atteindre le détroit de Magellan. Cependant elle émet un rameau qui traverse tout l'Atlantique en se dirigeant vers le cap de Bonne-Espérance, de telle sorte que ses eaux ont véritablement fait le circuit de la partie méridionale de l'océan Atlantique. Toutefois ce rameau, revenu vers l'extrémité australe de l'Afrique, marche à environ 240 kilomètres au sud du courant du Cap ou des Aiguilles, qui suit, comme nous venons de le voir, une direction opposée, et poursuit sa course dans l'océan Indien où l'on en trouve encore des traces à plus de 3,000 kilomètres du Cap. Mais revenons au grand courant Atlantique équatorial.

Sa branche principale, à partir du cap Saint-Roch, se dirige au nord-ouest en longeant la côte du Brésil. Sa force et sa profondeur sont telles qu'elle ne subit qu'une déviation momentanée sous l'influence des énormes masses d'eau que le fleuve des Amazones et l'Orénoque versent dans l'Atlantique. Quoique affaiblie par son passage à travers les Petites Antilles, elle acquiert une nouvelle force dans la mer des Caraïbes. De là, après avoir décrit le contour du golfe du Mexique avec la haute température de 31°,40, elle s'échappe par le détroit de la Floride ou Nouveau Canal de Bahama, et marche au nord le long de l'Amérique septentrionale jusqu'au grand banc de Terre-Neuve. A partir de son entrée dans le golfe du Mexique, le courant dont nous venons de décrire la marche reçoit le nom de *Gulf-stream*, qui signifie proprement courant du golfe. A la hauteur de Terre-Neuve, il s'infléchit à l'est, par l'effet de la configuration des terres, de l'action du vent dominant, ainsi que d'un courant qui vient de la mer de Baffin. Arrivé aux Açores, il s'incline vers le sud, et, aidé par l'alizé du nord-est, il rejoint le courant équatorial, de façon à représenter avec lui une immense courbe fermée, dont le développement est de plus de 600 myriamètres. Au centre de ce circuit se trouve une vaste étendue d'eau presque stagnante et où flotte constamment une couche épaisse de fucus, d'où le nom de *Mer de sargasse* (esp. *sargasso*, varech), sous lequel on désigne la mer comprise entre les Açores, les Canaries et les îles du cap Vert. Ce furent les cadavres d'hommes, d'animaux, ainsi que les végétaux d'une forme inconnue, apportés aux Açores par le Gulf-stream, qui suggérèrent à Christophe Colomb l'idée qu'il devait y avoir une terre au delà de l'Océan occidental, et qui furent l'occasion de la découverte de l'Amérique. Le Gulf-stream est plus salé, plus chaud et d'un bleu plus intense que le reste de l'Océan, jusqu'au moment où il approche de Terre-Neuve, où il devient trouble à cause de peu de profondeur de cette partie de la mer. Sa vitesse est très variable; c'est un peu après sa sortie du détroit de la Floride qu'elle est le plus considérable : elle est alors d'environ 140 kilomètres par jour. Quant à sa largeur, elle augmente à mesure qu'il s'éloigne du détroit; jusqu'à ce qu'enfin ses eaux chaudes débordent, pour ainsi dire, sur une large surface de l'Océan. Près de Terre-Neuve, une branche importante se sépare du Gulf-stream et se dirige vers la Grande-Bretagne et la Norvège; mais elle donne aussi naissance à plusieurs autres branches qu'on reconnait à la température plus élevée de leurs eaux, même près des glaces perpétuelles de l'océan Polaire. C'est à la présence de ces eaux venues du Gulf-stream que la mer du Spitzberg doit de présenter une température plus haute d'environ 3°,60 à la profondeur de 350 mètres qu'à sa surface. Bien que la température du Gulf-stream s'abaisse à mesure qu'il avance vers le nord, la quantité de chaleur qu'il répand sur l'Atlantique, dans une seule journée d'hiver, dit le lieutenant Maury, suffirait pour élever toute la masse d'air atmosphérique qui couvre la France et la Grande-Bretagne, du point de congélation à la chaleur de l'été. C'est à cette cause que l'Irlande et le sud de l'Angleterre doivent la douceur et l'humidité de leur climat. Aussi, est-ce la présence de ce courant qui assure à la Grande-Bretagne et aux côtes de l'Europe, jusqu'au nord de la Norvège, une température moyenne bien plus élevée que celle qu'on observe aux points de même latitude dans le continent américain. Voy. CLIMAT.

Pendant l'été, le grand courant Polaire arctique, qui longe les côtes du Groënland et du Labrador, ainsi que celui qui vient du détroit de Davis, entraine des masses énormes de glace sur les bords du Gulf-stream La différence de température qui existe entre ces deux courants océaniques en contact produit ces brouillards épais qui couvrent constamment le banc de Terre-Neuve et qui sont la cause des abordages et des sinistres maritimes si fréquents dans ces régions. Le courant Polaire nord descend tout le long de la côte de l'Amérique septentrionale jusqu'à la Floride, entre cette côte et le courant ascendant du Gulf-stream; mais arrivé à l'extrémité de cette presqu'île, il plonge et disparait en poursuivant sa route au-dessous des eaux chaudes dans la mer des Caraïbes. On observe fréquemment à la surface des mers des contre-courants de ce genre. Il n'y a presque pas de détroit unissant deux mers ensemble qui n'en fournisse un exemple, l'un des courants suivant les côtes dans une direction, et l'autre marchant en sens inverse le long des côtes opposées. L'un des plus remarquables parmi ces contre-courants est celui que présente l'Atlantique. Il commence près des côtes de France, et, après avoir jeté une masse d'eau dans la Méditerranée, il prend une direction méridionale à quelque distance du continent africain. Mais, quand il a franchi le cap Mesurado, il coule rapidement à l'est l'espace d'environ 160 myriamètres jusqu'à la baie de Biafra. Dans ce trajet, il se trouve en contact immédiat avec le courant équatorial et marche avec une grande vitesse en sens contraire. Enfin, il parait se perdre dans ce dernier.

Ces courants océaniques l'emportent sur tous les fleuves du globe en largeur et en profondeur aussi bien qu'en longueur. Le courant équatorial de l'Atlantique près de la côte d'Afrique a environ 260 kilomètres de largeur; mais, vers le milieu de sa course à travers l'Océan, il en a à peu près 800. Enfin, comme alors une branche s'en sépare et se dirige vers le nord-ouest, sa largeur se trouve réduite à 325 kilomètres lorsqu'il arrive près des côtes du Brésil. La profondeur de ce grand courant est inconnue; mais la branche qui longe le Brésil doit être très profonde, car elle n'est point déviée par la Plata qui la traverse avec une telle force, qu'à 300 kilomètres de son embouchure on peut encore reconnaître les eaux douces et bourbeuses du fleuve. Lorsque ces courants passent sur des bancs ou sur des écueils, la surface de leurs eaux présente un abaissement sensible de température qui avertit le navigateur du danger.

Les courants périodiques sont fréquents dans les mers orientales. Il existe des courants de ce genre dans la mer Rouge et dans le golfe Persique. Le courant marche de l'Océan dans la mer Rouge depuis le mois d'octobre jusqu'en mai, et du mois de mai au mois d'octobre il court de la mer Rouge à l'Océan. Dans le golfe Persique, cet ordre est renversé. Dans l'océan Indien et dans la mer de Chine, les eaux sont alternativement poussées dans un sens et dans l'autre par l'influence des moussons. C'est la mousson du sud-ouest qui produit les inondations du Gange et le terrible ressac qu'on observe sur la côte de Coromandel. Les marées déterminent également des courants périodiques sur les côtes et dans les détroits, l'eau courant dans une direction pendant le flux, et dans la direction opposée pendant le reflux. Le Roost de Sumburgh, au promontoire méridional des îles Shetland, court avec une vitesse de 24 kilomètres à l'heure. Mais les plus forts courants produits par la marée que l'on connaisse, sont ceux qui existent parmi les îles Orcades et les îles Shetland : leur grande rapidité dépend de circonstances locales. — Ce qu'on appelle un *Gouffre*, est un lieu de la mer où l'eau, tournant avec vitesse sur elle-même, forme des espèces d'entonnoirs dans lesquels elle entraîne tout ce qui s'approche de leur tourbillon et les précipite au fond. Ces gouffres sont le plus souvent produits par le conflit des vents et des marées. Ainsi, par ex., le gouffre fameux du Maelstrom, sur la côte de Norvège, résulte de la rencontre des courants de marée autour des îles de Lofoden et de Moskoë. Il a 2 kilomètres et demi de diamètre, et sa violence est telle qu'on entend ses mugissements à une distance de plusieurs lieues.

VII. *Température de la mer.* — L'eau est de tous les corps usuels celui qui a la plus grande capacité calorifique, c.-à-d. celui qui exige le plus de chaleur pour s'échauffer d'un même nombre de degrés et qui, en revanche, abandonne le plus de chaleur en se refroidissant. Voy. Calorimétrie. Il en résulte que la température de l'Océan est moins susceptible de changements brusques que celle de l'atmosphère. L'influence des saisons est imperceptible à la profondeur de 100 mètres. Il a été établi, par des recherches suivies avec persévérance, que, dans toutes les parties de l'Océan, l'eau possède, à une profondeur qui varie en raison des latitudes, une température constante d'environ 4°,17 centigrades. Cette température est celle du maximum de densité de l'eau de mer. On conçoit en effet que dès qu'une masse liquide atteint cette température, elle tombe, par suite de sa densité supérieure, au fond de l'Océan où elle se trouve désormais soustraite à toutes les causes de variations de température. Sous l'équateur, la couche liquide où l'on rencontre cette température est située à la profondeur de 2,910 mètres. De là cette couche se relève vers la surface en allant au sud, de telle sorte qu'à 56°,26′ de latitude sud, l'eau offre cette température de 4°,17 à la surface et à toutes profondeurs, puis elle s'abaisse graduellement jusqu'au 70° de latitude australe, où on la rencontre à 1,370 mètres au-dessous de la surface de l'Océan. La température de la surface de l'Océan va en diminuant de l'équateur aux pôles. Sur un espace de 10 degrés de chaque côté de la ligne, le maximum 26°,67 est remarquablement stable. De ce point aux tropiques, le décroissement de la température ne dépasse guère 2 degrés. Sans les courants, la température tropicale serait plus haute. Dans la zone torride, la surface de la mer est plus chaude d'environ 2 degrés que l'air en contact avec elle, parce que les vents polaires et l'abondance de l'évaporation empêchent l'équilibre de s'établir. La température maximum de la surface de la mer s'observe dans l'océan Pacifique sur la côte septentrionale de la Nouvelle-Guinée, et dans le golfe du Mexique, qui fournit les eaux chaudes du Gulf-stream : cette température est de 31°,39. Dans l'océan Indien, la température la plus haute (30°,74) se trouve entre le détroit de Bab-el-Mandeb et la côte de l'Indoustan; elle décroît régulièrement du sud au nord dans la mer Rouge. Dans l'océan Pacifique, les couches liquides de la surface sont considérablement refroidies, au moins dans la partie est, par le Courant Polaire antarctique. Sur les côtes du Chili et du Pérou, par ex., la température du Courant de Humboldt qui constitue sa branche principale, est de 7°,73 plus basse que celle des eaux au sein desquelles il s'avance, et l'air qui est en contact avec lui est de 6°,11 plus froid que l'atmosphère de la région contiguë. La température superficielle de l'Océan, à partir de l'équateur, décroît plus rapidement dans l'hémisphère austral que dans le boréal, et enfin, vers les deux pôles, la mer est toujours couverte de glaces jusqu'à ce jour infranchissables. Mais tandis que la région polaire antarctique paraît être occupée par des terres inhabitables, les explorations faites au pôle nord rendent très probable l'existence à ce pôle d'une mer qui aurait à peu près 300 myriamètres de diamètre et 900 de circonférence. Le Dr Kane a même prétendu, à la suite d'une expédition polaire, que cette mer serait libre de glaces, et que ses rivages seraient habités par des multitudes de phoques et d'autres animaux marins, ainsi que par des nuées d'oiseaux, particulièrement des palmipèdes. Mais les voyages plus récents n'ont pas confirmé cette singulière assertion.

VIII. *Des mers méditerranées.* — En s'enfonçant dans les terres, l'Océan y forme parfois des mers intérieures d'une étendue variable, que l'on désigne sous le nom générique de *Mers méditerranées.* Un fait qu'il importe de remarquer, c'est que les mers intérieures qui communiquent avec l'Atlantique sont plus vastes et pénètrent plus profondément dans les continents que celles qui communiquent avec le Grand Océan. Il résulte de là que l'Atlantique possède une plus grande étendue de côtes que ce dernier. En effet, on évalue les côtes de l'Atlantique à plus de 88,000 kilomètres, tandis qu'on estime celles du Grand Océan à un peu moins de 81,000. La plupart de ces méditerranées reçoivent des fleuves considérables, de telle sorte que, par la navigation intérieure, elles pénètrent virtuellement jusque dans les profondeurs les plus reculées des continents.

La *Baltique*, qui occupe une surface d'environ 324,000 kilomètres carrés au centre même de l'Europe septentrionale, est une des plus importantes parmi les mers intérieures unies à l'Atlantique car, bien qu'inférieure aux autres par ses dimensions, elle reçoit les eaux fluviales de plus du cinquième des terres qui forment l'Europe. Elle reçoit au moins 250 rivières, et la quantité d'eau douce qu'y jettent celles-ci est tellement considérable que cette mer contient un cinquième moins de sels que l'Atlantique. Nulle part sa profondeur n'excède 305 mètres, et en général elle ne dépasse pas 72 ou 92 mètres. Par suite de ces diverses circonstances, la Baltique est gelée pendant 5 mois de l'année. Les marées y sont imperceptibles; néanmoins ses eaux s'élèvent parfois à 1 mètre environ au-dessus de leur niveau habituel, en vertu de causes encore inconnues.

La *Méditerranée*, ainsi nommée par excellence, est en effet la plus belle des mers intérieures formées par l'Atlantique Ses eaux, d'un bleu foncé, couvrent une surface d'environ 2 millions de kilomètres carrés. Située sous des latitudes moins élevées que la Baltique, exposée au sud à la chaleur qui vient des déserts de l'Afrique, et abritée au nord par les Alpes, elle est soumise à une évaporation considérable. En conséquence, ainsi que nous l'avons déjà vu, ses eaux sont plus salées que celles de l'Atlantique. Par la même raison, sa température à la surface est plus élevée de 1°,94 que celle de ce dernier. La superficie des bassins qui y versent directement leurs eaux est seulement de 648,000 kilomètres carrés; mais il faut y ajouter le tribut beaucoup plus considérable que lui apporte la mer Noire. Malgré cela, la quantité d'eau que l'Atlantique verse dans la Méditerranée par le détroit de Gibraltar est supérieure à celle que les contre-courants sous-marins transportent de la Méditerranée à l'Océan. La Méditerranée est divisée en deux bassins, l'un oriental, l'autre occidental, par un bas-fond sinueux, appelé le Skerki, qui joint la Sicile à la côte d'Afrique. Les sondages exécutés par le capitaine Smyth, du cap Bon, où commence ce bas-fond, au détroit de Messine, où il se termine, donnent pour sa profondeur au-dessous de la surface de la mer, 62, 88, 91, 70, 135, 37, 128, 95, 166, 29, 27, 59, 13, 59, 88, 62, 99, 128, 132, 70, 101 et 24 mètres. De chaque côté de ce bas-fond, les sondages donnent 256, 287 et 476 mètres. Sur la côte de Nice, à quelques mètres du rivage, la mer a plus de 1,200 mètres de profondeur. On a trouvé 2,800 mètres entre les Baléares et l'Afrique, et 3,900 entre l'Égypte et l'Archipel. Cette mer n'est pas absolument sans marées. A Venise, dans l'Adriatique, et dans la Grande Syrte, elles s'élèvent à 1m,50, aux époques de la nouvelle et de la pleine lune. A Naples, elles ne dépassent pas 30 centimètres; et, dans la plus grande partie de la Méditerranée, elles sont à peine sensibles. Sa surface est traversée par différents courants. Le célèbre gouffre de Charybde est produit par la rencontre de deux de ces courants.

La *mer Noire*, avec la *mer d'Azof*, n'est en réalité qu'une dépendance de la Méditerranée; mais il ne paraît pas douteux qu'autrefois elle n'ait été unie avec le vaste lac salé connu sous le nom de mer Caspienne. La surface de la mer Noire et de la mer d'Azof est estimée à 492,000 kilomètres carrés. Mais, bien que peu étendu, ce réservoir reçoit les plus grands fleuves de l'Europe, le Danube, le Dniester, le Dniéper, le Don, ainsi que divers cours d'eau qui descendent du Caucase ou viennent de l'Asie Mineure. La surface des bassins qui versent leurs eaux dans la mer Noire a été évaluée à environ 2,463,000 kilomètres carrés. En conséquence de l'énorme masse d'eau qu'elle reçoit, la mer Noire est simplement saumâtre, et elle gèle l'hiver sur ses côtes septentrionales. Elle est très profonde, car on n'en atteint pas le fond avec une ligne de 256 mètres. Elle verse le trop-plein de ses eaux dans la Méditerranée par le détroit de Constantinople et celui des Dardanelles, entre lesquels se trouve le petit bassin appelé *mer de Marmara*.

Il nous suffira de citer les espèces de méditerranées que forme l'Atlantique en pénétrant dans les terres glacées de l'Amérique septentrionale, c.-à-d. la *mer de Baffin* et la *mer d'Hudson*, dont la surface est presque toujours prise par les glaces. Au contraire, les deux vastes bassins qu'il nous présente entre les deux moitiés nord et sud du continent américain, et qui constituent le *golfe du Mexique* et la *mer des Caraïbes*, sont remarquables par la haute température de leurs eaux. Celle-ci, en effet, est constamment de 31°,39 centig., tandis que les eaux de l'Atlantique, sous la même latitude, ne dépassent pas 25° à 25°,50. Ces deux méditerranées sont séparées de l'Océan par une chaîne d'îles non interrompue, et elles-mêmes ne sont séparées l'une de l'autre que par la presqu'île du Yucatan et l'île de Cuba. La mer des Caraïbes est la plus grande des deux; sa longueur de l'est à l'ouest est d'environ 1,500 milles marins, et sa surface occupe près de 2,600,000 kilomètres carrés. Sa profondeur en plusieurs endroits est très considérable, et ses eaux sont d'une remarquable limpidité. Quant au golfe du Mexique, sa surface est estimée à 2 millions de kilomètres carrés. Parmi les cours d'eau qu'il reçoit, nous citerons le Mississipi, l'un des plus grands fleuves du monde.

Nulle part l'océan Pacifique ne pénètre profondément dans les terres comme le fait l'Atlantique dans le continent européen. La *mer Rouge* et le *golfe Persique* sont les seules méditerranées auxquelles il donne naissance, et elles n'offrent qu'une médiocre étendue. Quant à celles que forme l'océan Pacifique sur la côte orientale de l'Asie, toutes, à l'exception de la *mer Jaune*, sont de grands golfes formés par des chaînes d'îles, à peu près comme la mer des Caraïbes et le golfe du Mexique : telles sont la *mer de la Chine*, la *mer du Japon* et la *mer d'Okhotsk*. Voy. Continent, Lac, Marée, Île, Glacier, Climat, etc.

**MER**, ch.-l. de c. (Loir-et-Cher), arr. de Blois, sur la Loire, 4,000 hab.

**MERCADANTE**, compositeur italien, auteur de nombreux opéras (1796-1870).

**MERCANTI**. s. m. Ce mot qui signifie marchand dans le patois Levantin, appliqué d'abord aux marchands algériens, s'est étendu à tous les commerçants qui accompagnent une armée.

**MERCANTILE**. adj. 2 g. (lat. *mercari*, commercer). Qui concerne le commerce. *Profession m. — Esprit m.*, Qui ne songe qu'au lucre || T. Écon. polit. *Système m.* Voy. Commerce.

**MERCANTILEMENT**. adv. [Pr. ...*le-man*]. D'une manière mercantile.

**MERCANTILISME**. s. m. Esprit mercantile.

**MERCANTILLE**. s. f. [Pr. *ll mouillées*]. Négoce de peu de valeur. *Faire la m.* Peu usité.

**MERCAPTAL**. s. m. T. Chim. Voy. Mercaptan.

**MERCAPTAN** s. m. (lat. *mercurium captans*, qui s'empare du mercure, parce que le m. se combine facilement au mercure). T. Chim. Le *m.* ordinaire ou *sulfhydrate d'éthyle* $C^2H^5SH$ est constitué par de l'alcool éthylique dont l'oxygène est remplacé par du soufre. On l'obtient en faisant réagir le sulfhydrate de potassium sur le chlorure d'éthyle ou sur l'acide éthylsulfurique. Le m. est un liquide incolore lorsqu'il est pur, très volatil, d'une odeur repoussante. Presque insoluble dans l'eau, il se dissout facilement dans l'alcool et dans l'éther. Il bout à 36°. Bien qu'il soit neutre au tournesol, il fonctionne comme un acide vis-à-vis des oxydes métalliques et des métaux alcalins en formant des sels appelés *mercaptides*, analogues aux éthylates; il dissout par ex. le sodium avec dégagement d'hydrogène et formation de *mercaptide de sodium* $C^2H^5SNa$; il s'unit à l'oxyde de mercure en perdant de l'eau et donnant du *mercaptide de mercure* $(C^2H^5S)^2Hg$ cristallisable, fusible à 86°, soluble dans l'alcool.

Par extension le nom de *mercaptan* a été donné à tous les alcools sulfurés. Ces composés, qu'on peut envisager comme des sulfhydrates ou des éthers-acides de l'acide sulfhydrique, répondent à la formule générale R S H, où R indique un radical hydrocarboné. Dans la nouvelle nomenclature chimique, on les désigne en ajoutant le suffixe *thiol* au nom de l'hydrocarbure dont ils dérivent; ainsi le m. ordinaire s'appellera *éthane-thiol*. Les mercaptans sont des liquides incolores, peu ou point solubles dans l'eau, doués d'une odeur alliacée très désagréable. Il se forme des mercaptans dans la fermentation putride des matières albuminoïdes et dans la digestion intestinale des carnivores. On prépare ordinairement ces composés par l'action du sulfhydrate de potassium sur les iodures alcooliques. En s'oxydant sous l'action de l'acide azotique, les mercaptans donnent naissance aux acides sulfoniques correspondants $RSO^3H$. Avec les sels métalliques ils donnent des précipités de mercaptides, homologues des mercaptides éthyliques. Les mercaptans s'unissent aux aldéhydes en perdant de l'eau et forment des composés appelés *mercaptals*; ils se comportent de même avec les cétones en donnant des *mercaptols*. C'est ainsi que le m. éthylique donne avec l'aldéhyde ordinaire un mercaptal de la formule $(C^2H^5S)^2CHCH^3$, et avec l'acétone un mercaptol $(C^2H^5S)^2C(CH^3)^2$. — Le m. peut être cité comme type des corps d'une extrême divisibilité, car l'odorat en perçoit $\frac{1}{64\,000\,000}$ de milligramme évaporé dans l'air.

**MERCAPTIDE**. s. m. T. Chim. Nom donné aux sels formés par les mercaptans.

**MERCAPTOL**. s. m. T. Chim. Voy. Mercaptan.

**MERCATOR** (Gérard), géographe hollandais, inventeur d'un système pour la construction des cartes de géographie (1512-1594). — Dans la *Projection de Mercator*, les parallèles et les méridiens sont représentés par des droites rectangulaires et les angles sont conservés. Voy. Projection.

**MERCATOR** (Nicolas), (de son vrai nom Kauffmann, dont *Mercator*, marchand, est la traduction latine), astronome allemand mort à Paris en 1687.

**MERCENAIRE**. adj. 2 g. [Pr. *merse-nère*] (lat. *mercenarius*, m. s. de *merces*, prix). Qui se fait seulement pour le gain, pour le salaire. *Labeur, travail m.* — On dit aussi, mais en mauvaise part, *Des louanges mercenaires. Une éloquence servile et m. Des amours mercenaires.* || En parlant des personnes, sign. Qui n'a que l'intérêt pour mobile, qui fait tout ce que l'on veut pour de l'argent. *C'est une âme, un esprit m. Cet homme est un m.* || *Troupes mercenaires*. Troupes étrangères dont on achète le service. = Mercenaire. s. 2 g. Ouvrier, artisan, etc., qui travaille pour un salaire. *Il ne faut pas retenir le travail du m.* Vieux. — Se dit aussi, mais au pluriel, Des étrangers qui servent dans une armée pour de l'argent. *Un corps de mercenaires.* || Fig., Celui qui ne fait rien que par un intérêt sordide, qui est facile à corrompre pour de l'argent. *C'est un vil m.*

**MERCENAIREMENT**. adv. [Pr. *merse-nère-man*]. D'une façon mercenaire.

**MERCENARITÉ**. s. f. Qualité de celui qui est mercenaire.

**MERCERIE**. s. f. (lat. *merx*, *mercis*, marchandise). La *M.* est une branche de commerce qui comprend une infinité d'articles de fabrication diverse. Le *mercier* ne fabrique rien par lui-même; il vend en gros et en détail, un peu de tout et principalement ce qui sert à l'habillement, à la parure, comme le fil, les aiguilles, les épingles, les agrafes, les boutons, les rubans, les lacets, les gants, les éventails, les dés, les ciseaux, etc. Au moyen âge, le commerce des merciers était fort différent de ce qu'il est aujourd'hui; il consistait surtout en objets de luxe, riches étoffes, broderies d'or et de perles, fourrures, etc Les merciers formaient le troisième des six corps des marchands de Paris. Cette corporation, dont les statuts approuvés remontent à Charles VI, était divisée en 20 classes, et comprenait les négociants non fabricants, tels que marchands de tissus, de tapisserie, de quincaillerie, de miroiterie, etc. Elle était si puissante, qu'en 1557, à une revue de la milice parisienne faite par Henri II, on compta 3,000 merciers sous les armes. Son chef portait le titre de *Roi des merciers*; mais Henri IV, en 1597, abolit cette charge. Pour entrer dans le corps des merciers, il fallait avoir fait un apprentissage de 3 ans, et servi les maîtres 3 autres années. La maîtrise coûtait 1,000 livres. La corporation avait choisi pour patron saint Sébastien, dont la fête se célèbre le 20 janvier.

**MERCERISAGE.** s. m. [Pr.... *za-je*] (R. *merceriser*). Action de merceriser.

**MERCERISER.** v. a. [Pr. ...*zer*] (R. *Mercer*, nom d'homme). Plonger un tissu de coton dans une lessive de soude pour contracter les fibres.

**MERCI.** s. f. (lat. *merces*, *mercedis*, salaire). Miséricorde. *Crier, demander m. Prendre, recevoir à m. J'implore votre m. C'est un homme sans m. Il ne vous fera aucun m.* Il vieillit dans la plupart de ces phrases. — *M. de ma vie!* Exclamation qui annonce l'impatience, la colère. Pop. — Dans les vieux romans de chevalerie, *Le don d'amoureuse m.* Les faveurs d'une femme. || Par extens., sign. Discrétion. *Dans l'ancien droit féodal, le peuple était corvéable et taillable à m. Etre à la m. du vainqueur. Je m'abandonne à votre m.* — Par analogie. *Etre à la m. des bêtes féroces. Etre à la m. des flots. Etre exposé à la m. des vents, de la tempête.*

Il erre à la merci de sa propre inconstance.

RACINE.

|| Dans le langage fam., *Merci* s'emploie encore dans le sens de Remerciement, grâces. *M.*, *grand m.*, sign. Je vous rends grâce. *Il ne m'a seulement pas dit m.* || Substant., *Cela vaut bien un grand m. Cela ne m'a coûté qu'un grand m.* — On dit ironiq., pour se plaindre de l'indifférence ou de l'ingratitude de quelqu'un que l'on a obligé, *Voilà le grand m. que j'en ai eu.* || Elliptiq., *Dieu m.*, Grâce à Dieu. *Dieu m., le voilà guéri.*

**Hist.** — *Frères de la Merci.* — Quand l'islamisme eut envahi le nord de l'Afrique et le midi de l'Espagne, la guerre et bientôt une piraterie formidable firent tomber chaque année, entre les mains des infidèles, un grand nombre de chrétiens qu'on traînait en esclavage dans les villes de l'Orient et de l'Afrique septentrionale. On vit alors des hommes charitables se réunir, employer leurs biens et les aumônes qu'ils recueillaient à racheter les captifs, consacrer à cette œuvre leur vie et parfois leur liberté, et porter eux-mêmes chez les infidèles les rançons de la délivrance. Telle fut l'œuvre de deux ordres célèbres connus sous les noms de *Trinitaires* et de *Frères de la Merci*. L'*ordre des Trinitaires* ou *des Frères de la Passion* fut fondé en France, l'an 1198, par saint Jean de Matha et par saint Félix de Valois. Ces religieux étaient plus communément appelés *Mathurins*, à cause de l'église de Saint-Mathurin qui leur avait été donnée en 1228. — L'*ordre de la Merci* ou *de la Rédemption des captifs* fut institué dans le même dessein à Barcelone, l'an 1223, par saint Pierre de Nolasque, gentilhomme français. Cet ordre, qui suivait la règle de saint Augustin, fut approuvé en 1285 par Grégoire IX. A l'origine, les membres qui le composaient, et qu'on appelait *Confrères de la congrégation de Notre-Dame de Miséricorde*, étaient laïques; mais, à partir de 1308, ils firent place à des ecclésiastiques. Ces deux ordres subsistèrent en France jusqu'à la Révolution, où ils furent supprimés par le décret qui abolissait toutes les corporations religieuses.

**MERCIE,** l'un des sept royaumes anglo-saxons, dont la capitale était Lincoln.

**MERCIER, ÈRE.** s. Celui, celle qui fait le commerce de mercerie.

**MERCIER,** littérateur français, auteur du *Tableau de Paris*, etc. (1740-1814). Quoique membre de l'Institut, il niait le mouvement de la Terre (1806).

**MERCIER de la RIVIÈRE,** économiste fr. de l'école des physiocrates (1720-1793).

**MERCŒUR** (Duc DE), de la maison de Lorraine, le dernier des chefs ligueurs, traita avec Henri IV (1558-1602).

**MERCREDI.** s. m. (lat. *Mercurii dies*, le jour de Mercure). Le quatrième jour de la semaine. *C'est aujourd'hui m. De m. en huit. Le m. des Cendres. Il reçoit tous les mercredis.*

**MERCURE.** s. m. (lat. *Mercurius*). T. Mythol. Le dieu qui présidait au commerce, à l'éloquence, et qui faisait les messages de Jupiter. (Voy. ci-après). — Par allus., se dit quelquefois d'un homme qui s'entremet pour faciliter quelque commerce de galanterie. || Le nom de ce dieu a souvent servi et sert encore de Titre à diverses publications périodiques, littéraires, commerciales, etc. *Le M. galant. Le M. de France. Le M. des théâtres.* || T. Astron. La planète la plus voisine du Soleil. Voy. PLANÈTE.

**Mythol.** — Dans la mythologie gréco-romaine des derniers temps, *Mercure* ou *Hermès* était avant tout le dieu du commerce. Comme le trafic donne lieu à l'astuce et à la mauvaise foi, les poètes en avaient aussi fait, par une amère satire, le patron du mensonge et du larcin, et ils racontaient qu'à peine né, il avait dérobé les bœufs et le carquois d'Apollon, le trident de Neptune, l'épée de Mars, la ceinture de Vénus, etc. Comme c'était surtout à l'aide de sa parole insinuante et artificieuse que ce dieu parvenait le plus souvent à exécuter ses larcins, il était également considéré comme la divinité protectrice de l'éloquence. Certaines légendes lui attribuaient même l'invention de la flûte et de la lyre. Sous ce rapport, il empiétait sur les attributions de Minerve et d'Apollon. Toutefois celui-ci présidait spécialement à la poésie et aux beaux-arts, et celle-là à la philosophie, tandis que Mercure tenait le sceptre du bel esprit et protégeait particulièrement les sophistes et les rhéteurs. Avec ces qualités diverses, Mercure était admirablement propre à remplir les messages de Jupiter, soit auprès des hommes, soit surtout auprès des femmes. En sa qualité de messager céleste, ce dieu était le patron de tous ceux qui remplissaient des fonctions analogues sur la terre, les hérauts et les ambassadeurs. En outre, il protégeait la circulation, veillait sur les chemins, et punissait ceux qui ne remplissaient pas les devoirs de l'hospitalité. C'est pour cela que les anciens plaçaient son image sur les grandes routes, dans les rues, aux portes des maisons. Il avait aussi pour mission d'assister à la dernière heure des moribonds, de leur fermer les yeux, de conduire les âmes aux enfers, de les ramener au jour quand elles avaient terminé la période d'expiation : de là les épithètes de *psychopompe*, *psychagogue* et *nécropompe*, c.-à-d. conducteur des âmes ou des morts, qu'on joignait parfois à son nom. On rapportait encore qu'il avait enseigné aux hommes l'écriture, la gymnastique, l'astronomie, les poids et mesures, etc.; qu'il était le génie tutélaire des inventions et des découvertes, le père de la civilisation, etc. L'attribution de fonctions aussi nombreuses et aussi diverses au seul Mercure ne peut s'expliquer que par la confusion de plusieurs divinités en un dieu unique, phénomène commun dans la mythologie antique. En effet, les mythographes distinguent généralement trois Mercures : un *M. terrestre*, un *M. céleste*, et un *M. infernal*. Quelques-uns reconnaissaient encore un *M. marin*. Plus tard même Cicéron en admettait cinq. Le *M. terrestre* était fils de Cœlus et de Dies ou Dia, suivant les uns; de Jupiter et de la nymphe Cyllène, suivant d'autres. Il représentait, d'après Porphyre, la force génératrice au physique et au moral. Le *M. infernal* avait pour père Jupiter ou Liber, et pour mère Phoronis, Kronia ou Proserpine. Le *M. céleste* était né de Jupiter et de Maïa, c.-à-d. du Ciel et de la Terre. Il se fit aimer de Pénélope et de Vénus, et eut de la première Pan, et de la seconde Hermaphrodite. C'est à ce dernier que se rapportent la plupart des légendes que les anciens nous ont transmises sous le nom de Mercure; c'est encore lui que les artistes ont presque exclusivement représenté. Les Romains identifiaient Mercure avec le Thot des Égyptiens et le Teutatès des Gaulois. — Mercure était l'objet d'un culte assidu dans la plupart des villes de la Grèce, mais particulièrement en Arcadie, où fut érigé le premier temple en son honneur. Il possédait à Phares, dans l'Achaïe, une statue qui rendait des oracles. A Phénée en Arcadie, à Pellène, en Thessalie, à Tanagra en Béotie, à Athènes, etc., on célébrait pour honorer ce dieu des fêtes qu'on appelait *Hermées* (*Hermæa*), et qui s'accompagnaient de jeux et de luttes. En Crète, la fête de Mercure était un jour de liberté et de réjouissance pour les esclaves, qui ce jour-là étaient servis à table par leurs maîtres. En Italie, ce dieu était surtout adoré à Rome, où sa fête avait lieu chaque année le 15 mai. En outre, le quatrième jour de chaque mois, on lui sacrifiait des porcs, des agneaux et des béliers. On lui offrait aussi des figues sèches, du miel, de l'encens, et une espèce de gâteau appelé *Œnutta*. Mercure avait pour attributs principaux le *pétase* ou chapeau de voyage, lequel était ordinairement muni d'ailes, le caducée et les *talonnières* (*talares*) [Fig. ci-contre]. On le représentait ordinairement sous les traits d'un jeune homme presque nu, avec une simple chlamyde légèrement jetée sur les épaules; mais on variait ses accessoires suivant le point de vue particulier sous lequel on le considérait. Ainsi, dieu gymnique, il était le plus souvent asns chapeau et sans talonnières, mais accompagné du coq et du palmier, qui lui étaient consacrés; génie psychopompe, il avait le caducée et les talonnières; dieu de l'éloquence, on le figurait le bras droit levé; dieu du commerce, il portait une bourse; dieu de la musique, il avait une tortue à ses pieds; enfin, comme inventeur des sacrifices et comme dieu bucolique, on lui donnait la patère et le bélier.

**MERCURE.** s. m. (Nom mythol.). T. Chim. Le *Mercure* est un métal d'un blanc d'argent très brillant, qui est liquide à la température ordinaire, d'où le nom de *vif-argent* sous lequel on le désigne vulgairement. Il se solidifie à — 39°. A l'état solide, il est malléable, s'aplatit facilement sous le marteau et peut être frappé sous forme de médaille. Entre 0° et 100° le m. se dilate, pour chaque degré, de $\frac{1}{5550}$ de son volume. Sa densité est de 13,596 à la température de 0°, c.-à-d. à l'état liquide, et de 14,2 à sa température de congélation; celle de sa vapeur est de 6,976. Il bout à 357°. Déjà à la température ordinaire il émet des vapeurs sensibles, ainsi

Fig. 1.

que le prouvent les globules métalliques qui se condensent sur les parois supérieures d'une chambre barométrique. Même au-dessous de 0°, une lame d'or suspendue sur une cuve à m. blanchit par le dépôt et la combinaison de la vapeur mercurielle à sa surface. — Lorsque le m. est pur, il n'adhère ni au verre ni à la porcelaine, et si l'on en fait rouler une petite quantité sur le fond d'une assiette, elle se divise en un grand nombre de petits globules arrondis. Mais pour peu que l'échantillon renferme des métaux étrangers ou même de l'oxyde de m., il adhère au vase et chaque goutte s'allonge en prenant l'apparence de larmes; on dit alors que le m. *fait la queue*. Pour purifier le m. on le distille dans une de ces bouteilles de fer forgé qui servent à le transporter (Fig. 1). Le col de la bouteille est prolongé par un canon de fusil recourbé, lequel se continue encore par un tuyau formé de plusieurs doubles de linge qui plonge dans l'eau. Comme, dans cette opération, les vapeurs mercurielles entraînent un certain nombre de corps étrangers, on achève la purification en versant sur le métal de l'acide azotique étendu du double de son volume d'eau. L'acide change en azotates les substances étrangères et n'attaque qu'une petite quantité du m. lui-même. On achève, s'il est besoin, la manipulation en lavant le métal à grande eau et en le filtrant à travers une peau de chamois. — Le m. est presque inaltérable à l'air à la température ordinaire; mais vers 350° il se recouvre rapidement d'une couche d'oxyde. Il ne décompose l'eau à aucune température. Il se combine directement au soufre, au chlore, au brome, à l'iode, au phosphore et s'allie à un grand nombre de métaux. Il est énergiquement attaqué par l'acide azotique concentré. Il réduit l'acide sulfurique concentré et chaud. L'acide sulfhydrique et l'acide iodhydrique l'attaquent aussi, mais l'acide chlorhydrique est sans action. — Le m. est bivalent dans ses combinaisons saturées. Dans les composés mercureux, deux atomes de m. échangent entre eux une valence et forment un groupe bivalent. Le symbole du m. (en lat. *hydrargyrum*) est Hg, et son poids atomique est 200. Son poids moléculaire est aussi égal à 200, car la molécule de mercure à l'état gazeux ne contient qu'un atome.

I. *Combinaisons du mercure avec l'oxygène.* — Le m. se combine avec l'oxygène en deux proportions. — L'*Oxyde mercureux* $Hg^2O$, appelé aussi *Sous-oxyde*, *Oxydule* et *Oxyde noir de m.* (et anciennement *Protoxyde*), est une combinaison peu stable, mais néanmoins capable de former des sels bien définis. C'est une poudre noire, insoluble dans l'eau, décomposable à 100°, ou même sous la seule influence de la lumière, en m. métallique et en oxyde. On l'obtient en versant lentement de l'azotate mercureux dans une dissolution alcoolique de potasse. Lorsqu'on laisse du m. métallique exposé à l'air à la température ordinaire, ce m. absorbe à la longue une petite quantité d'oxygène, et il se produit à sa surface une pellicule grise qui est du sous-oxyde. — L'*Oxyde mercurique* HgO, appelé aussi *Protoxyde*, *Précipité perse* (et autrefois *Bioxyde*), s'obtient en soumettant à une calcination ménagée l'azotate mercurique, ou encore en faisant agir l'air atmosphérique sur du m. métallique porté à la température de l'ébullition. Préparé par l'un ou l'autre de ces procédés, il a l'aspect d'une poudre cristalline, presque noire à chaud, d'un rouge brique à froid; sous cette forme il porte le nom d'*Oxyde rouge de m.* Si, au contraire, on le produit en précipitant par la potasse un sel mercurique, on obtient un précipité amorphe et jaune, qui cependant n'est pas un hydrate: c'est l'*Oxyde jaune de m.* Ces deux variétés allotropiques diffèrent par quelques propriétés chimiques. La seconde, par ex., est attaquée plus facilement par le chlore et se dissout beaucoup plus rapidement dans l'acide oxalique que la première. L'Oxyde mercurique est légèrement soluble dans l'eau, à laquelle il donne une réaction alcaline et la saveur désagréable propre aux combinaisons mercurielles. C'est une base assez puissante et un oxydant énergique. A 400°, il se décompose en m. métallique et en oxygène. La lumière produit, mais lentement, la même action sur lui.

II. *Combinaisons du mercure avec les métalloïdes.* — Ces combinaisons étant fort nombreuses, nous ne parlerons que des plus intéressantes. Il existe deux *Sulfures de m.* qui correspondent aux oxydes. Le *Sulfure mercureux* $Hg^2S$ ou *Sous-sulfure de m.* est un corps noir, insoluble dans l'eau et très peu stable, qui s'obtient en précipitant un sel mercureux par l'acide sulfhydrique ou par un sulfure alcalin. Le *Sulfure mercurique* HgS ou *Protosulfure* se présente sous deux modifications isomères, le *Sulfure noir* et le *Sulfure rouge*. On obtient le sulfure noir en faisant passer un excès d'hydrogène sulfuré dans la solution d'un sel mercurique; on peut aussi le préparer en triturant du soufre avec le m.; il porte alors le nom d'*Éthiops minéral*. Si l'on chauffe ce sulfure noir dans une cornue, il se sublime sans subir d'altération. Cependant le produit de la sublimation présente l'aspect d'une masse fibreuse et cristalline d'un beau violet que l'on nomme *Cinabre*. Enfin, si l'on pulvérise finement le cinabre en présence de l'eau, on obtient une poudre rouge, appelée *Vermillon*, qui est très employée dans la peinture. Néanmoins on prépare ordinairement le vermillon par la voie humide, car alors il présente une couleur d'un plus beau rouge. A cet effet, on triture ensemble pendant 2 ou 3 heures 300 parties de m. et 114 de soufre, et l'on ajoute à la masse 75 parties de potasse et 400 d'eau. Cela fait, on maintient le mélange à la température de 50° environ, jusqu'à ce que le précipité, qui d'abord était noir, ait pris une belle nuance rouge. Après cela, on le lave à grande eau. Quel que soit l'aspect sous lequel il se présente, le sulfure mercurique est insoluble dans l'eau. Chauffé hors du contact de l'air, il se sublime sans altération; mais, quand on le grille à l'air, il absorbe de l'oxygène et se décompose en m. métallique et en anhydride sulfureux.

On connait aussi deux combinaisons du m. avec le chlore. Le *Chlorure mercureux* $Hg^2Cl^2$ ou *Sous-chlorure de m.* (autrefois nommé *Protochlorure*) est souvent appelé *Calomel*,

*Calomélas, M. doux.* C'est un corps blanc, inodore, insipide, cristallisé en prismes à quatre pans que terminent des pyramides à quatre faces. Chauffé vers 450° il se sublime sans fondre et se dissocie en m. et chlorure mercurique qui se recombinent par le refroidissement. Il est insoluble dans l'eau froide et dans l'alcool, mais soluble dans 12,000 parties d'eau bouillante. La lumière le décompose en chlorure mercurique et en m. libre. Le chlore le convertit en chlorure mercurique. En présence des matières organiques, les chlorures alcalins lui font subir la même transformation. C'est un fait qui présente une certaine importance, car le chlorure mercurique est un poison violent. On prépare le calomel, soit par la voie humide, soit par la voie sèche. Dans le premier cas, on traite un sel mercureux par un chlorure soluble, et le calomel se précipite à l'état insoluble. Dans le second, on chauffe au bain de sable, dans une fiole à fond plat, un mélange de chlorure de sodium et de sulfate mercureux; il se forme du sulfate de sodium et le calomel se sublime. On obtient encore ce composé en broyant avec soin 4 parties de chlorure mercurique et 3 parties de m. métallique, et en chauffant comme précédemment au bain de sable. Le calomel destiné à l'usage médical doit se trouver dans un grand état de division. Le procédé ordinairement employé pour l'obtenir ainsi consiste à faire arriver les vapeurs du calomel dans un réservoir assez grand pour qu'elles soient condensées avant de se trouver en contact avec les parois du récipient. Celui-ci est en général une fontaine de grès qui communique par un tube latéral très court avec l'appareil distillatoire. On obtient encore cette division en dispersant les particules condensées par un jet de vapeur d'eau lancé dans le récipient : de là le nom de *Calomel préparé à la vapeur* donné au calomel très divisé. — Le *Chlorure mercurique* $HgCl^2$ ou *Protochlorure de m.* (autrefois *Bichlorure ou Deutochlorure*) est plus connu sous le nom de *Sublimé corrosif*. C'est un corps d'un aspect cristallin, d'un blanc satiné et d'une saveur âcre et métallique extrêmement désagréable. Il fond vers 265° et distille vers 295°. Il se dissout dans 16 parties d'eau froide ou dans 2 parties d'eau bouillante. L'alcool et l'éther le dissolvent encore en plus forte proportion. Quand il cristallise au sein d'un liquide, sa forme primitive est le prisme orthorhombique; les cristaux obtenus par sublimation sont des octaèdres quadratiques : dans les deux cas, ses cristaux sont anhydres. L'acide azotique et l'acide chlorhydrique le dissolvent sans altération; mais l'acide sulfurique est sans action sur lui. Lorsqu'on traite une dissolution de sublimé par un alcali ou par un carbonate alcalin on obtient un précipité d'oxyde mercurique, ou un précipité brun d'oxychlorure si le chlorure est en excès. On prépare le sublimé corrosif en chauffant au bain de sable, dans un matras de verre à fond plat, un mélange de 5 parties de sulfate mercurique, 5 parties de chlorure de sodium, et 1 partie de peroxyde de manganèse. Ce dernier corps a pour fonction d'oxyder la petite quantité de sulfate mercureux qui accompagne ordinairement le sulfate mercurique. On porte la température au rouge sombre, et le chlorure sublimé vient se condenser sur la voûte du matras à la naissance de son col.

Les chlorures de m., en se combinant avec l'oxyde mercurique, forment un certain nombre d'*Oxychlorures de m.* — Le chlorure mercurique peut aussi s'unir en différentes proportions à l'acide chlorhydrique, ainsi qu'aux chlorures alcalins avec lesquels il forme des composés appelés *Chloromercurates*; il peut même se combiner avec quelques chlorures de métalloïdes tels que le chlorure de phosphore.

Avec l'iode, le m. forme des *Iodures* dont les formules correspondent à celles des chlorures. Ils s'obtiennent en précipitant par l'iodure de potassium une dissolution d'un sel mercureux ou d'un sel mercurique. L'*Iodure mercureux* $Hg^2I^2$ ou *Sous-iodure* est jaune verdâtre et décomposable par l'action de la lumière. L'*Iodure mercurique* $HgI^2$ ou *Proto-iodure* se présente sous deux modifications diversement colorées, l'une rouge et l'autre jaune, qui offrent, en outre, le phénomène de dimorphisme le plus complet, les cristaux rouges étant des octaèdres à base carrée et les jaunes étant des lames orthorhombiques. La variété rouge est celle qui se précipite quand on met en présence un sel mercurique et l'iodure de potassium; mais si l'on dissout ce produit dans un excès d'iodure de potassium, la dissolution laisse déposer de beaux cristaux jaunes. L'iodure rouge soumis à l'action de la chaleur passe aussi à l'état de modification jaune. Les deux variétés sont très solubles dans l'acide iodhydrique et dans les iodures alcalins avec lesquels ils forment des combinaisons appelées *Iodo-mercurates*. — Le brome se combine aussi avec le m., de manière à former deux *Bromures* analogues aux iodures.

Avec le cyanogène, au contraire, le m. ne forme qu'une seule combinaison. Le *Cyanure de m.* $HgCy^2$ est un corps blanc soluble dans l'eau et cristallisant en prismes à base carrée. La chaleur le décompose en m. et en cyanogène. On le prépare, soit en faisant bouillir 40 parties de bleu de Prusse et 3 parties d'oxyde rouge de m. avec 40 parties d'eau, soit en traitant à chaud 1 partie de ferrocyanure de potassium par 2 parties de sulfate mercurique en présence de 8 parties d'eau.

III. *Combinaisons du mercure avec les métaux.* — Le m. s'allie avec la plupart des métaux; mais comme nous avons parlé de ces alliages au mot *Amalgame*, car c'est le nom particulier qu'on leur donne, nous n'y reviendrons pas ici.

IV. *Sels de mercure.* — Tous les sels mercuriels sont volatils ou décomposables par la chaleur. Les métaux facilement oxydables, tels que le fer, le zinc, le cuivre, etc., précipitent le m. de ses dissolutions salines; le chlorure stanneux les réduit aussi avec facilité. Chauffés avec la potasse, la soude ou la chaux, ces sels sont décomposés, et il s'en sépare du m. métallique facile à reconnaître. — Les *Sels mercureux*, appelés aussi *Sels de m. au minimum*, sont incolores, quand l'acide n'est pas coloré; mais les sels basiques auxquels ils donnent naissance sont jaunes. Leurs dissolutions précipitent en noir par la potasse, l'ammoniaque, l'acide sulfhydrique et les sulfures alcalins; en blanc par l'acide chlorhydrique et les chlorures solubles; et en jaune verdâtre par l'iodure de potassium. Les *Sels mercuriques*, ou *Sels de m. au maximum*, sont incolores, mais les sels basiques sont jaunes. Leurs dissolutions sont précipitées en jaune par la potasse, en blanc par l'ammoniaque, en noir par l'acide sulfhydrique et les sulfures en rouge vif par l'iodure de potassium; l'acide chlorhydrique et les chlorures ne les précipitent pas. L'eau dédouble un grand nombre de sels mercuriques en sels acides solubles et en sels basiques, insolubles. — Nous nous contenterons de mentionner ici les principaux sels oxygénés; les sels binaires, tels que les chlorures, ont été décrits plus haut.

*Sulfates de mercure.* — L'acide sulfurique concentré attaque le m. sous l'influence de la chaleur : il dégage de l'acide sulfureux et forme, suivant les proportions relatives du métal et de l'acide, un sel mercureux ou un sel mercurique. Ainsi le *Sulfate mercureux* $SO^4Hg^2$ se prépare en chauffant du m. en excès avec de l'acide sulfurique, tandis que le *Sulfate mercurique* $SO^4Hg$ s'obtient en traitant 4 parties de m. avec 5 d'acide sulfurique. Le premier de ces sels est soluble dans 500 parties d'eau froide; il cristallise en prismes incolores, qui fondent à 300° en se décomposant. Le sulfate mercurique cristallise en aiguilles blanches qui attirent l'humidité. Si on le traite par l'eau froide, il se décompose et donne naissance à un sel jaune tribasique $SO^4Hg.2HgO$, que l'on nommait autrefois *Turbith minéral*.

*Azotates.* — L'acide azotique forme plusieurs sels avec chacun des deux oxydes de m. Ces sels sont neutres ou basiques. Les azotates mercureux se préparent en traitant à froid le m. par l'acide azotique, tandis que la préparation des azotates mercuriques exige l'intervention de la chaleur. L'*Azotate mercureux neutre* $(AzO^3)^2Hg^2$ cristallise en petits prismes monocliniques, fusibles à 70°; additionné d'une grande quantité d'eau il se dédouble en un sel acide soluble et en un sel basique jaune, insoluble, appelé autrefois *Turbith nitreux*. Quand on verse goutte à goutte de l'ammoniaque dans de l'azotate mercureux, on obtient un sous-sel à base de m. et d'ammoniaque, qui se précipite sous la forme d'une poudre noire, et que l'on nomme, en pharmacie, *Merc. soluble d'Hahnemann*, bien qu'il soit insoluble. L'*Azotate mercurique* $(AzO^3)^2Hg$ est déliquescent et retient toujours une certaine quantité d'eau; il peut former plusieurs sels basiques.

*Fulminate de mercure.* — Ce sel, qu'on appelle aussi *Poudre d'Howard*, a pour formule $C^2Az^2O^2Hg$. On l'obtient en faisant dissoudre 1 partie de m. dans 12 parties d'acide azotique, et en ajoutant peu à peu à la dissolution 8 parties d'alcool. On élève lentement la température, et bientôt il se manifeste une vive réaction avec dégagement abondant de vapeurs rutilantes. On laisse refroidir, et le fulminate se dépose sous forme de petits cristaux d'un blanc jaunâtre, inodores et d'une saveur styptique. Ce composé est soluble dans 130 parties d'eau bouillante; mais il se dépose presque entièrement par le refroidissement. Il est éminemment explosif, et ne doit être manié qu'avec beaucoup de précaution, surtout quand il est sec. La chaleur ou le choc le fait détoner avec violence.

V. *Combinaisons ammoniaco-mercurielles.* — La plupart des composés mercuriels peuvent fixer de l'ammoniaque, soit à sec, soit en dissolution. Les nombreuses combinaisons ammoniacales ainsi formées sont d'une constitution assez compliquée. On admet généralement qu'elles dérivent d'une ou de plusieurs molécules d'ammonium $AzH^4$, où l'hydrogène est remplacé, en partie ou en totalité, par du mercure. Dans les composés mercuriques, un seul atome de mercure se substitue à deux atomes d'hydrogène, ce qui donne naissance aux radicaux suivants : *m.-ammonium* $AzH^2Hg$, *dimercure-ammonium* $AzHg^2$, *m.-diammonium* $Az^2H^6Hg$, *dimercure-diammonium* $Az^2H^4Hg^2$, *trimercure-diammonium* $Az^2H^2Hg^3$. Les composés mercureux fournissent des dérivés analogues, où 2 atomes de mercure sont substitués à 2 d'hydrogène, et qui contiennent par ex. le radical *mercuroso-ammonium* $AzH^2Hg^2$. Enfin dans certains dérivés on rencontre le radical *hydroxyle-dimercure-ammonium* $AzHHg(HgOH)$ qui renferme le groupe univalent $HgOH$.

Le *Chlorure de m.-ammonium* $AzH^2HgCl$, connu sous les noms de *Précipité blanc infusible* et de *Chloramidure mercurique*, se précipite quand on traite une solution de sublimé corrosif par un excès d'ammoniaque. Il brûle avec explosion dans le chlore ou dans le brome, et il détone avec violence lorsqu'on le broie avec de l'iode et de l'alcool. Traité par l'eau bouillante, il se convertit en une poudre jaune, très peu soluble, répondant à la formule $AzHHg(HgOH)Cl$. — Le *Précipité blanc fusible* ou *Chlorure de m.-diammonium* $Az^2H^6HgCl^2$ se forme quand on ajoute du carbonate de sodium à une solution de sublimé corrosif et de sel ammoniac. — Le *Chlorure de mercuroso-ammonium* ou *Chloramidure mercureux* $AzH^2Hg^2Cl$ est une poudre noire qui se produit par l'action de l'ammoniaque aqueuse sur le calomel. — La *Base de Millon* $(AzHHgHgOH)^2O$ est une poudre brune, insoluble, qu'on obtient en traitant l'oxyde jaune de m. par l'ammoniaque concentrée ou en précipitant un sel ammoniaco-mercuriel par un alcali. Elle se combine avec les acides et absorbe l'anhydride carbonique de l'air. Son sulfate, désigné sous le nom de *Turbith ammoniacal*, se forme quand on traite le sulfate mercurique par un excès d'ammoniaque concentrée.

VI. *Usages industriels.* — Le plus grand usage industriel du m. métallique est celui qu'on en fait dans l'exploitation des minerais d'argent et d'or. On s'en sert aussi dans certains procédés de dorure et d'argenture, et pour l'étamage des glaces. Dans tous ces cas le m. sert de véhicule à l'autre métal. On prépare un amalgame d'or, d'argent ou d'étain qu'on étale sur la surface à dorer ou sur la glace à étamer, puis on laisse évaporer le m. La pharmacie fait également une consommation assez considérable de ce métal ou de ses composés. Autrefois on employait le m. métallique pur : aujourd'hui le m. métallique n'est administré qu'à l'état très divisé, mélangé avec de la graisse, du miel, etc. : c'est ce qu'on appelle du *m. éteint*. Le m. métallique s'emploie, comme tout le monde le sait, dans la construction des baromètres, des thermomètres, et d'autres instruments de physique. On s'en sert aussi dans les laboratoires, pour recueillir et manipuler les gaz solubles dans l'eau. Le cinabre et le vermillon sont fort employés dans la peinture. Les deux azotates servent pour le sécrétage des poils de lièvre et de lapin destinés à la confection des chapeaux. Voy. CHAPELLERIE. Le sublimé corrosif entre dans la composition de plusieurs mordants usités dans les fabriques d'indiennes. Il est aussi très employé, en vertu de ses propriétés antiseptiques, pour la conservation des pièces d'anatomie et des objets d'histoire naturelle. Le composé appelé par les alchimistes *Sel alembroth*, *Sel de vie*, *Sel de sagesse*, et qui n'est autre chose qu'un mélange par parties égales de sublimé et de sel ammoniac, peut s'employer au même usage, ainsi que l'a proposé Baldacconi. Les tissus mous et gélatineux imprégnés d'une dissolution de ce sel acquièrent la consistance de la pierre, tout en conservant leurs couleurs naturelles. Enfin, le fulminate de m. constitue le principe actif des capsules ou amorces fulminantes destinées aux armes à feu dites à percussion. Ce fulminate, à l'état humide, est d'abord mélangé avec 50 pour 100 de son poids de nitre. Ensuite, on broie le mélange sur une table au moyen d'une molette de bois. Puis on introduit dans chaque capsule une suffisante quantité de cette pâte, et on laisse sécher celle-ci. Une fois sèche, on la recouvre d'une mince couche de vernis pour la préserver de l'humidité.

VII. *Action physiologique des composés mercuriels. — Toxicologie.* — Le m. métallique et toutes ses combinaisons exercent sur l'organisme une action des plus énergiques. Introduit directement et en masse dans le tube digestif, le m. métallique a communément peu d'effet, parce qu'il est rendu presque aussitôt. Mais, s'il est parfaitement divisé, comme il l'est, par ex., à l'état de vapeur, ou même sous celui de pommade ou d'onguent, il est absorbé, et agit comme tous les composés mercuriels.

Après l'arsenic, le phosphore et le cuivre, c'est le m. qui fournit le plus grand nombre d'empoisonnements. Servant de base à bien des préparations pharmaceutiques, employé dans plusieurs industries, il est en effet facile à se procurer. De toutes les préparations, celle qui figure en première ligne est le sublimé corrosif : il peut servir de type aux descriptions, d'autant que plusieurs composés n'exercent d'action nocive qu'à la suite de leur transformation en bichlorure par les chlorures alcalins de l'économie. Le sublimé est un poison redoutable, mais il est difficile d'indiquer rigoureusement la dose à laquelle il est toxique puisque, dans certains cas, 15 ou 20 grammes ont été impuissants à déterminer la mort que dans un cas 15 centigrammes ont suffi à amener. Trois formes symptomatiques peuvent être observées. La forme suraiguë, consécutive à l'ingestion de doses élevées, est caractérisée par la saveur métallique insupportable, la tuméfaction de la bouche, la sensation de brûlure de la gorge étendue jusqu'au creux épigastrique; puis des nausées, des vomissements, de fréquentes évacuations alvines bilieuses, de la prostration, une diminution des urines, l'affaiblissement du pouls qui devient filiforme, le ralentissement de la respiration, et l'état syncopal aboutissant à la mort en 24 ou 56 heures. Dans la forme aiguë, les symptômes sont les mêmes, mais moins violents: la brûlure de la gorge s'accompagne d'une toux convulsive avec expectorations sanguinolentes; l'haleine est fétide, des taches pétéchiales apparaissent, et une sorte de cachexie s'établit dont la terminaison est variable avec la précocité de l'intervention médicale. La forme lente est identique à l'empoisonnement professionnel que déterminent les émanations mercurielles chez les ouvriers qui travaillent dans les mines de m., dans les fabriques où cette substance est utilisée. Bien des descriptions ont été données de la physionomie toute spéciale que donne aux malheureux intoxiqués l'anémie mercurielle.

Le premier signe de cette cachexie est le gonflement des gencives, qui est bientôt suivi d'une inflammation plus ou moins intense de la muqueuse buccale. Les glandes salivaires participent à la phlegmasie et sécrètent alors une salive abondante, visqueuse et fétide. Les dents s'ébranlent et tombent, les fonctions digestives s'altèrent; le sang perd sa plasticité; la diarrhée et une fièvre hectique se déclarent; enfin le malade meurt dans un état de consomption et au milieu de vives souffrances. Chez certains malades, et particulièrement chez ceux qui ont fait abus des mercuriaux, on observe une affection cutanée qui est caractérisée par l'éruption de petites vésicules qui se développent sur des surfaces rouges plus ou moins considérables, et qui s'accompagnent de démangeaisons cuisantes. Cette éruption constitue *l'eczéma mercuriel*; on l'appelle aussi *Hydrargyrie*, mais improprement, car cette dernière dénomination ne convient qu'à la cachexie mercurielle même, quelles que soient les formes qu'elle affecte. Celle-ci a aussi reçu le nom d'*Hydrargyrisme*. Souvent aussi la cachexie mercurielle se manifeste par un tremblement nerveux et par des troubles de l'intelligence. Le *tremblement mercuriel* ne manque jamais chez les ouvriers qui tombent malades par l'effet de l'absorption de vapeurs mercurielles. Les phénomènes convulsifs qu'on observe alors offrent la plus grande analogie avec les convulsions choréiques; mais ils s'accompagnent de vives douleurs. Ce tremblement est fréquemment suivi de la paralysie, dont il n'est, à proprement parler, que le premier degré. L'éloignement de la cause est la première indication à remplir dans tous les cas de cachexie mercurielle. On a ensuite recours à l'emploi des bains, des purgatifs, des astringents, des préparations opiacées, etc. On a obtenu de bons effets de l'administration de l'iodure de potassium. Malheureusement la maladie est souvent au-dessus des ressources dont l'art dispose actuellement.

Les ouvriers soigneux s'entourent de précautions dont les principales consistent dans les ablutions fréquentes, les soins de propreté minutieux de la bouche, de fréquentes promenades au grand air; d'ailleurs, les ouvriers de cette catégorie ne travaillent guère que 4 à 6 heures par jour, et environ 5 jours par semaine.

Il serait complètement inutile d'énumérer ici toutes les substances qui ont été proposées comme contrepoison. Théoriquement, tout agent capable, soit de réduire le m., soit de le faire entrer dans un composé insoluble, pourrait être administré, à condition de n'avoir par lui-même aucune action caustique ou vénéneuse. Quelques bons résultats ont pu être obtenus d'après ce principe; cependant l'antidote auquel on doit avoir recours de préférence est l'albumine : on administre le blanc et le jaune de 5 à 6 œufs délayés et vivement battus dans deux verres d'eau; quelques instants après avoir fait ingérer le tiers du liquide, on provoque le vomissement pour expulser la combinaison albumino-mercurielle, et l'on recommence deux ou trois fois dans les mêmes conditions. Il importe de ne pas permettre au composé albumino-mercuriel insoluble de séjourner trop longtemps dans l'estomac, et surtout de ne pas employer un excès d'eau albumineuse qui redissout le précipité insoluble.

Les lésions que révèle l'autopsie chez les individus qui succombent à l'empoisonnement mercuriel sont de nature inflammatoire, et siègent au niveau de la muqueuse buccale, et des autres muqueuses digestives, dans le parenchyme rénal et parfois sur les organes respiratoires. Au point de vue de la recherche du poison, les organes d'élimination des mercuriaux étant le foie, le rein, les glandes salivaires, c'est dans l'urine, la salive, ainsi que dans les matières vomies et les selles que l'analyse chimique devra rechercher la présence du m. quand l'empoisonnement n'a pas eu de terminaison funeste. Si la mort est survenue, les recherches devront porter sur l'estomac, l'intestin et leur contenu, le pancréas, le sang, le foie et la bile; on emploie le procédé de destruction par l'acide chlorhydrique et le chlorate de potasse, ou bien celui de Boutmy, puis on peut recourir à diverses méthodes pour déceler le m., méthode de Smithson, méthode Flandin et Danger, etc. Le m. peut être recherché avec succès longtemps après l'inhumation; mais les résultats fournis par l'analyse chimique permettent rarement d'affirmer si le m. trouvé dans l'économie a pu déterminer la mort. En effet, même dans le cas où on trouverait beaucoup de m. il peut se faire que ce métal ait été ingéré sous forme d'un composé peu toxique ou même à l'état métallique, sans tenir compte d'ailleurs des cas où, soit une médication mercurielle, soit un empoisonnement professionnel fournissent le corps révélé par l'analyse chimique.

VIII. *Usages médicaux.* — Les Arabes sont les premiers qui aient appliqué les composés mercuriels aux maladies cutanées et pédiculaires, aux ulcères, et surtout à la lèpre, cet antique fléau de l'Orient; mais ce n'est qu'à la fin du XV^e siècle, et en Europe, que les mercuriaux ont été employés à l'intérieur. A cette époque, les progrès de la syphilis firent appliquer à cette maladie le remède qui avait servi à combattre les affections cutanées en général. Aujourd'hui, les préparations mercurielles auxquelles la médecine a recours sont extrêmement nombreuses et variées; aussi nous contenterons-nous d'indiquer les principales. — Le *M. métallique* pur n'est guère employé qu'à titre d'agent mécanique dans les cas de hernie étranglée et surtout de volvulus, et encore cet usage est rare. Mais on l'emploie très fréquemment simplement mélangé avec un corps étranger inerte, l'axonge par ex. : dans ce cas, il s'y trouve incorporé à un état de division extrême. Ce mélange porte le nom d'*Onguent gris* ou *Onguent napolitain*; il est le plus souvent employé en frictions, soit dans les affections syphilitiques, soit dans diverses maladies inflammatoires. L'*Emplâtre mercuriel*, ou *Emplâtre de Vigo cum mercurio*, est un mélange de mercure, de corps gras et de substances résineuses : on l'applique principalement sur les tumeurs indolentes produites par le gonflement des ganglions lymphatiques. Le *M. gommeux* est un mélange de m. avec de la gomme arabique en poudre, qu'on lie au moyen d'un sirop. Les *Pilules de Belloste* sont une préparation de m. métallique incorporé avec diverses substances purgatives. Les *Pilules bleues* sont faites avec du m. et de la conserve de roses. En faisant bouillir de l'eau sur du m. métallique, on obtient une *Eau mercurielle* qui s'emploie comme anthelminthique. L'*Eau phagédénique noire*, et l'*Eau phagédénique jaune*, obtenues en précipitant par l'eau de chaux, soit un sel d'oxydule, soit un sel de protoxyde de m., s'emploient en lotions pour modifier les ulcères indolents. L'*Oxyde rouge* est exclusivement employé comme agent externe; il forme la base d'un grand nombre de collyres et de pommades anti-ophthalmiques, telles que les *Pommades de Saint-Yves, du Régent, de Desault*, etc. Le *Sulfure noir*, ou *Éthiops minéral*, est quelquefois employé à l'intérieur comme vermifuge; mais son usage le plus fréquent est comme anti-scrofuleux. Le *Sulfure rouge*, ou *Cinabre*, s'emploie uniquement à l'extérieur, et en fumigations, dans certaines formes de la syphilis et dans quelques affections cutanées rebelles. Le *Sous-chlorure* (*Calomel*) et le *Protochlorure* (*Sublimé corrosif*) sont les préparations mercurielles les plus usitées. Le calomel s'administre sous forme de poudre, de pilules ou de pommade, comme vermifuge, purgatif, antiphlogistique, etc. Le *Sublimé* s'administre sous les formes les plus diverses, principalement comme anti-syphilitique, et surtout comme antiseptique. On l'emploie communément dissous dans 100 parties d'alcool, auxquelles on ajoute ensuite 900 p. d'eau distillée : c'est la *Liqueur de Van Swieten*. L'*Eau de Mettenberg*, si usitée autrefois contre la gale, n'est autre chose qu'une dissolution de sublimé. Il en est de même de l'*Eau rouge* d'Alibert. La *Liqueur de Gowland* est une émulsion d'amandes amères additionnée de sublimé. Le *Cosmétique de Siemerling* est une préparation analogue. La fameuse *Pommade de Cirillo* est une pommade au sublimé. En combinant le sublimé avec l'albumine, qui le décompose en grande partie, on obtient le *Chlorure de m. albumineux* ou *M. animalisé*, qui forme la base des *Biscuits anti-syphilitiques* d'Ollivier. Le *Cyanure de m.* peut s'employer comme le sublimé. Le *Sous-iodure* et l'*Iodure de m.* sont fort usités, à l'intérieur et sous forme pilulaire, dans les affections syphilitiques anciennes, et, à l'extérieur, sous forme de pommade, comme agents substitutifs; mais l'iodure est quatre fois plus actif que le sous-iodure. Quant aux sels de m. ils sont peu employés en médecine, à l'exception du *Nitrate acide*, qui est assez usité comme caustique. La *Pommade citrine* ou *Onguent citrin*, ainsi appelée à cause de sa couleur, a pour base l'azotate de protoxyde de m. L'*Acétate de m.* ou *Terre foliée mercurielle*, entre dans la composition des *Dragées de Kayser*. Enfin, la *Liqueur de Pressavin* ou *Eau végéto-mercurielle*, s'obtient en faisant dissoudre du protoxyde de m dans la crème de tartre.

*Thérapeutique.* — Le m. est un médicament de premier ordre qui possède de nombreuses propriétés et répond à des indications multiples. — Le m. et ses composés développent des effets variés, effets topiques ou de contact, effets d'absorption et effets sur les organes de sécrétion ou effets d'élimination. Il importe de savoir que la peau absorbe le m. avec une grande rapidité, ce que l'on doit attribuer à la volatilité de ce corps. Le m. est lentement éliminé de l'organisme; on le trouve dans presque tous les produits des sécrétions et particulièrement dans le lait où sa présence a été utilisée dans le traitement des maladies syphilitiques, et dans la sueur, ce que trahissent l'altération des bijoux en or portés par les personnes soumises au traitement mercuriel et la coloration que déterminent les bains de vapeur chez les sujets à intoxication professionnelle. — Les propriétés thérapeutiques sont variées. Ce sont des propriétés parasiticides, utilisées autrefois empiriquement, aujourd'hui de façon plus rationnelle; des propriétés irritantes, qualifiées autrefois d'hétérophlegmasiques, des propriétés antiphlogistiques, enfin et surtout des propriétés antisyphilitiques. Le fait qui nous importe dans cet article est de bien mettre en lumière l'innocuité du traitement mercuriel lorsqu'il est prescrit à des doses convenables, et lorsque les précautions nécessaires sont mises en usage. Il existe en effet une prévention contre le m. justifiée d'une part par les horribles accidents qu'ont pu provoquer des traitements trop intensifs, et d'autre part par l'imputation erronée d'accidents relevant d'un processus morbide au médicament destiné à l'enrayer. C'est ainsi que certaines lésions syphilitiques sont souvent attribuées par les malades à l'emploi du m. Il importe donc de lutter contre cette erreur qu'exploitent indignement certains praticiens peu scrupuleux. Il suffit d'ordonner au malade des doses peu élevées et d'exiger de lui une hygiène, une propreté minutieuse de tout le corps, et principalement de la bouche, pour éviter les inconvénients auxquels nous avons fait allusion.

IX. *Minéralogie et Métallurgie.* — Les minerais mercuriels ne sont pas nombreux : ils se réduisent au *M. métallique;* au *Sous-chlorure*, appelé aussi *M. corné, M. muriaté* et *Calomel;* au *Sulfure de m.* ou *Cinabre;* au *M. argental*, qui est un amalgame de m. et d'argent. Le m. métallique existe en petite quantité dans les mines de cinabre; le calomel se trouve aussi avec ce sulfure, en petits enduits et en petits cristaux blanchâtres, qui sont des prismes carrés. Le cinabre est le plus important de ces minerais et le seul que l'on exploite. Il cristallise en petits prismes hexagonaux ou rhomboédriques; mais on le rencontre le plus souvent en masses granulaires ou compactes, quelquefois à l'état terreux et colorant les matières argileuses ou autres qui l'accompagnent. On le trouve surtout dans les grès, dans les schistes argilo-bitumineux, et dans les calcaires compacts superposés au terrain houiller appartenant principalement au terrain jurassique. Ses principaux gîtes, en Europe, sont ceux d'Idria dans la Carniole (Autriche), d'Almaden dans la Manche (Espagne), du Palatinat (Bavière), sur la rive gauche du Rhin. On exploite aussi en Toscane, un gisement de cinabre. En France, on a signalé un gisement de m. natif à Réalmont (Tarn). En Asie et en Amérique, il existe des mines importantes de cinabre : nous mentionnerons celles de la Chine, du Japon, du Pérou et de la Californie.

Le traitement métallurgique du cinabre, pour en extraire le m. métallique, repose sur un principe très simple, l'oxydation du soufre du minerai au moyen du grillage. Le soufre brûle et passe tout entier à l'état d'acide sulfureux, tandis que le m. se volatilise et vient se condenser dans des appareils convenablement établis. Les figures 2 et 3 représentent la disposition du fourneau de grillage employé à Idria. Sur une première voûte, on charge le minerai en gros morceaux; sur une seconde, on met les fragments plus petits; enfin, sur une troisième, on dispose, dans des capsules de terre, le minerai en poussière et les résidus des opérations précédentes. Le fourneau chargé, on allume le combustible dans le foyer, et l'on élève graduellement la température. Des courants d'air sont introduits dans les fours par de petits canaux qui débouchent

Fig. 2.

dans les espaces GH; le soufre brûle en se transformant en acide sulfureux, et le m. se volatilise. Les vapeurs mercurielles sont entraînées dans les chambres de condensation disposées de chaque côté des fours, où on recueille le m. dans des cuvettes. Ce procédé a été perfectionné de manière à obtenir une extraction continue : le minerai, d'abord placé dans une trémie, est déversé en couche mince sur la tôle d'un four à

Fig. 3.

réverbère où il reçoit la flamme oxydante venant d'un foyer voisin; les vapeurs se rendent dans un premier cylindre métallique refroidi, puis dans quatre chambres de condensation, enfin dans un second cylindre refroidi où le m. achève de se condenser. A Almaden, les chambres sont remplacées par des séries d'allonges, appelées *Aludels*, qui s'abouchent les unes avec les autres; la dernière s'ouvre dans la cheminée de tirage. Dans le Palatinat, où le minerai est un mélange de cinabre et de calcaire, on ne le grille pas. On le mélange avec de la chaux éteinte et on le calcine dans de grandes cornues de fonte. au col desquelles sont ajustés des récipients de terre qui contiennent de l'eau. Par la réaction de la chaux sur le sulfure de m., il se produit du m. qui se volatilise, et il reste un résidu solide et fixe composé de sulfure de calcium et de chaux. — Le m. est livré au commerce dans des bouteilles en fer de 34 à 35 kilogr. La production annuelle est, en moyenne, de 100,000 bouteilles, dont la moitié environ est fournie par l'Espagne, et près d'un tiers par la Californie.

**MERCURE-AMMONIUM**. s. m. T. Chim. Voy. Mercure, V.

**MERCURE-ÉTHYLE**. s. m. T. Chim. Composé organo-métallique, répondant à la formule $(C^2H^5)^2Hg$, obtenu en traitant l'iodure d'éthyle par l'amalgame de sodium. C'est un liquide incolore, insoluble dans l'eau, très vénéneux. Il bout à 159°. En réagissant sur les éléments halogènes ou sur les acides concentrés, il donne naissance à de véritables sels; c'est ainsi qu'avec l'acide chlorhydrique il donne du *Chlorure de mercure-éthyle* $C^2H^5HgCl$ en dégageant de l'éthane; au contact de l'iode il se dédouble en iodure d'éthyle et en *iodure de mercure-éthyle* $C^2H^5HgI$. La base correspondant à ces sels est l'*Hydrate de mercure-éthyle* $C^2H^5HgOH$, liquide huileux, soluble dans l'eau, fortement alcalin, qu'on obtient en traitant l'iodure de m. par l'oxyde d'argent humide. Certains métaux, tels que le sodium et le zinc, réagissent sur le m. en se substituant au mercure, et donnent ainsi le sodium-éthyle, le zinc-éthyle, etc.

Le *Mercure-méthyle* $(CH^3)^2Hg$, tout à fait analogue au composé précédent, se prépare à l'aide de l'iodure de méthyle et de l'amalgame de sodium. Il bout à 95°.

**MERCURE TRISMÉGISTE**, philosophe et théologien de la vieille Égypte, connu aussi sous le nom de Hermès Trismégiste.

**MERCUREUX, EUSE**. adj. [Pr. *merkureu-euze*]. T. Chim. *Oxyde m. Sel m.* Voy. Mercure.

**MERCURIAL, ALE**. adj. Qui contient du suc de la mercuriale.

**MERCURIALE**. s. f. (lat. *mercurialis* [*herba*] herbe de Mercure). T. Bot. Genre de plantes Dicotylédones (*Mercurialis*), appelé aussi *Chou de chien*, de la famille des *Euphorbiacées*. Voy. ce mot.

**MERCURIALE**. s. f. (R. *mercurii dies*, jour de Mercure, mercredi). T. Jurispr. et Admin.

**Jurisp.** — Sous l'ancienne monarchie, les différentes cours souveraines tenaient deux fois chaque année une assemblée générale qu'on appelait *Mercuriale*, parce qu'elle avait toujours lieu un mercredi, le premier mercredi après la fête de Pâques et après la Saint-Martin. Il était d'usage d'ouvrir la réunion par un discours prononcé soit par le premier président, soit par le procureur général ou l'un des avocats généraux. L'orateur parlait contre les abus qui pouvaient s'être introduits dans l'administration de la justice, et signalait tout ce qui pouvait porter atteinte à la considération de la cour. Par extension, ces allocutions furent elles-mêmes appelées *Mercuriales*, et aujourd'hui encore on désigne sous ce nom le discours par lequel on inaugure la rentrée des cours et tribunaux après les vacances, et qui est prononcé par un membre du parquet. Enfin, figurément, on a appliqué ce nom à toute réprimande plus ou moins vive qu'un supérieur adresse à un inférieur.

**Admin.** — Dans le commerce, on entend par *Mercuriales* (de *Mercurius*, nom du dieu du commerce), des états périodiques du prix courant de certaines denrées, comme graines et farines. L'établissement des mercuriales a pour objet non seulement de fournir un guide sûr pour les transactions commerciales, mais encore de servir aux tribunaux pour déterminer le montant de certaines indemnités. L'autorité administrative se base sur les mercuriales pour évaluer le montant des fournitures qui sont faites aux services publics. C'est l'autorité municipale qui établit les mercuriales; elle détermine les prix moyens d'après les déclarations d'achats ou de ventes faites sur le marché, et consigne les résultats obtenus sur un registre spécial. Le 15 et le 30 de chaque mois, un extrait de ces registres est adressé au sous-préfet, qui le transmet au préfet. Des mercuriales générales sont établies dans tous les chefs-lieux de département et dans les villes où il y a un marché de quelque importance.

**MERCURIALINE**. s. f. (R. *Mercuriale*). T. Chim. Nom donné primitivement à la méthylamine retirée des semences de mercuriale.

**MERCURIAUX**. s. m. pl. T. Méd. Les médicaments dont le mercure est le principe actif.

**MERCURIEL, ELLE**. adj. Qui contient du mercure. *Onguent m. Pilules mercurielles. Sels mercuriels.* — *Frictions mercurielles*, Frictions faites avec un onguent qui contient du mercure. || Qui est l'effet du mercure. *Maladie mercurielle. Salivation mercurielle.*

**MERCURIFÈRE**. adj. 2 g. (R. *mercure*, et lat. *fero*, je porte). Qui contient du mercure.

**MERCURIFICATION**. s. f. [Pr. ....*sion*] (R. *mercure*, et le suff. *ficare*, faire). Opération par laquelle on tire le mercure des métaux.

**MERCURIQUE.** adj. 2 g. T. Chim. *Oxyde m. Sel m.* Voy. MERCURE.

**MERCY,** célèbre général des armées impériales, fut vaincu à Fribourg par Condé et Turenne (1644), surprit Turenne à Marienthal et fut tué à Nordlingen (1645).

**MERDE.** s. f. (lat. *merda*, m. s.). Excrément, matière fécale de l'homme et de quelques animaux, tels que le chien, le chat, etc. Bas. || *Couleur m. d'oie*, Couleur entre le vert et le jaune. || *M.!* Exclamation grossière pour repousser quelqu'un ou rejeter quelque chose. || *M. de cormoran*, substance desséchée, sorte de varech qu'on trouve au bord de la mer. || T. Bot. *M. du diable*, Assa fœtida.

**MERDEUX, EUSE.** adj. Souillé de merde. || Fig. *Un bâton m.* Un homme qu'on ne sait par quel bout prendre.

**MERDICOLE.** adj. 2 g. (lat. *merda*, merde; *colere*, habiter). Qui habite les excréments. *Fourmi m.*

**MERDIGÈRE.** adj. 2 g. (lat. *merda*, merde; *gerere*, porter). T. Zool. Se dit d'insectes dont les larves se couvrent de leurs propres excréments.

**MERDRIGNAC.** ch.-l. de c. (Côtes-du-Nord), arr. de Loudéac; 3,300 hab.

**MÈRE.** s. f. (lat. *mater*, m. s.). Femme qui a donné naissance à un enfant. *Bonne m. Mauvaise m. M. dénaturée. Elle est m. de huit enfants. Elle remplit tous ses devoirs de m. Il est parent du côté de la m. Ils sont frères de père et de m.*

Allez enfants, douces chimères,
Rêves menteurs qui nous charmez,
Vous n'aimerez jamais vos mères
Autant qu'elles vous ont aimés.
G. NADAUD.

|| Se dit aussi des femelles des animaux, quand elles ont des petits. *La m. de ce poulain. La m. et ses poussins.* — Fig. *Contes de ma m. l'oie*, contes dont on amuse les enfants. = *M. de famille*, Femme mariée qui a des enfants. || *Grand'm.*, Aïeule. *Grand'm. paternelle, maternelle. C'est une grand'm. du côté paternel.* Pop., on dit quelquefois *M.-grand.* — *Belle-m.*, Voy. ce mot. || *M. nourrice*, La femme qui donne à téter à un enfant, au lieu de la véritable m. || *Notre première m.*, Ève, la femme d'Adam. || Fig., *Notre m. commune*, La terre. — *L'Église est la m. des fidèles.* || *La m. de Dieu*, la Vierge Marie. *La m. des douleurs* Marie au pied de la croix. — *La m. des dieux*, Cybèle. || *La m. des compagnons*, aubergiste chez laquelle descendaient les compagnons ou ouvriers faisant leur tour de France et qui prenait soin de leurs intérêts. || Fig., on dit d'une femme très charitable, qu'*Elle est la m. des pauvres*; et popul., on dit d'une femme qui passe pour très riche : *C'est la m. aux écus* || Fig., Qualification qu'on donne par respect à une religieuse professe. *La m. abbesse. La m. prieure. La m. Sainte-Claire.* — Fam., on qualifie encore ainsi Une femme du peuple un peu âgée. *La m. une telle. Venez çà, la m.* || Fig., se prend quelquefois dans le sens de Cause. *L'oisiveté est la m. de tous les vices. La nécessité est la m. des inventions.* — Se dit encore des lieux où une chose a commencé, où elle s'est perfectionnée. *La Grèce a été la m. des beaux-arts.* || T. Techn. Rigole principale dans la coulée de la fonte. — Moule obtenu par le surmoulage du modèle type. — Tonneau qui reçoit le vin que l'on convertit en vinaigre; dépôt que le vinaigre laisse au fond de ce tonneau. || T. Vén. Espèce de carrefour qu'on trouve dans le terrier du renard ou du blaireau. = MÈRE, s'emploie adjectiv. dans quelques locutions. *La reine m.*, La reine douairière. || *La m. patrie*, Le pays qui a fondé une colonie, la métropole. || *Langue m.*, Voy. LANGUE. || *L'idée m. d'un ouvrage*, La principale idée d'un ouvrage, l'idée dont il est le développement. = *M. perle*, Voy. PERLE et PINTADINE. || T. Chim. *Eau m.* Liquide qui reste après qu'un sel s'est cristallisé dans une solution. = T. Anat. *Dure-m.* et *Pie-m.*, Deux des enveloppes du cerveau. Voy. ENCÉPHALE et MÉNINGE.

**MÈRE.** adj. f. (lat. *merus*, pur). Pure. Ne se dit que dans les locut., *M. goutte*, (Voy. GOUTTE), et *M. laine.*, la laine la plus fine que fournit une brebis, et qui est prise sur le dos.

**MÉRÉ** (chevalier DE), moraliste français (1610-1685).

**MÉREAU.** s. m. [Pr. *mé-ro*]. T. Archéol. Jeton, galet pour jouer à la marelle. || Jeton de présence.

**MÉRELLE,** s. f. Voy. MARELLE.

**MÉRELLÉ ÉE,** adj. T. Blas. Qui ressemble à une mérelle ou marelle.

**MÉRÉVILLE,** ch.-l. de c. (Seine-et-Oise), arr. d'Étampes; 1,500 hab. Château de Folie-Méréville, bâti au XVII<sup>e</sup> siècle.

**MERGER.** s. m. Tas de pierres que l'on forme en épierrant un terrain. On dit aussi MURGER.

**MERGHI** ou **MERGUI,** archipel et ville de la côte occidentale du Siam (aux Anglais). La ville compte environ 3,000 hab.

**MERGULE.** s. m. (lat. *mergula*, m. s., de *mergere*, plonger). T. Ornith. Genre d'*Oiseaux Palmipèdes.* Voy. BRACHYPTÈRES.

**MÉRIAN** (SYBILLE DE). Femme peintre et naturaliste allemande (1647-1717).

**MÉRIANDRA.** s. m. T. Bot. Genre de plantes Dicotylédones de la famille des *Labiées.* Voy. ce mot.

**MÉRICARPE.** s. m. (gr. μερὶς, partie, καρπὸς, fruit). T. Bot. Chacun des compartiments d'un fruit sec indéhiscent contenant plusieurs graines. Voy. FRUIT.

**MÉRIDA** (anc. *Emerita Augusta*), v. d'Estramadure (Espagne); 7,400 hab. Ruines romaines.

**MÉRIDA,** v. du Mexique, cap. du Yucatan; 46,000 hab.

**MÉRIDE.** s. f. (gr. μερὶς, μερίδος, partie). T. Mus. Chacune des parties de l'octave divisée en 43 parties égales. Voy. DÉCAMÉRIDE.

**MÉRIDIEN, ENNE.** adj. [Pr. *méridi-in, ène*] (lat. *meridianus.* m. s. de *meridies*, milieu du jour). *Plan m.*, Le plan qui passe par la verticale et l'axe du monde et dans lequel se trouve le Soleil à midi. — *Méridien, enne*, se dit de ce qui a rapport au plan m. || *Hauteur m. du soleil, d'une étoile*, Leur hauteur au-dessus de l'horizon, à l'instant où ils sont dans le plan m. du lieu de l'observateur. || *Ombre m.*, Celle que projettent les objets saillants, à l'instant où il est midi au lieu où on les observe. = MÉRIDIEN. s. m. Le plan m. — *M. magnétique*, le plan vertical défini par la position d'équilibre de l'aiguille aimantée. Voy. BOUSSOLE, DÉCLINAISON, MAGNÉTISME. = MÉRIDIENNE. s. f. La trace du plan méridien sur l'horizon. — Ligne joignant à la surface de la Terre les points de même longitude. || Le sommeil auquel les habitants des pays chauds se livrent habituellement vers l'heure de midi. *Il fait la m., sa m.*

**Astr.** — *Instrument m. Cercle m., Lunette méridienne.* On appelle instrument m. ou cercle m. un instrument formé d'une lunette fixée à un cercle divisé et disposée de manière à se déplacer dans le plan m. Il sert à la mesure des ascensions droites et des déclinaisons des astres (Voy. ASCENSION et DÉCLINAISON) et résulte de la réunion de deux instruments qu'on construisait autrefois séparés sous les noms de *Lunette méridienne* et *Cercle mural.*

La lunette méridienne sert à la détermination des ascensions droites par l'observation de l'heure sidérale du passage au m. de l'astre observé. Elle se composait d'une lunette pouvant tourner autour d'un axe horizontal perpendiculaire au plan du m. A cet effet, le tube de la lunette est muni vers son milieu de deux tourillons en acier, travaillés avec soin, pour qu'ils soient bien cylindriques et bien égaux entre eux, reposant sur deux coussinets en forme de V. Un fil vertical fixé dans le plan focal de la lunette détermine, avec le centre optique de l'objectif, un plan qui doit coïncider avec le plan m. dans toutes les positions de l'instrument. L'étoile observée se trouve dans le plan m. quand son image est bissectée par ce fil vertical. L'observation consiste à noter l'heure exacte marquée par l'horloge sidérale au moment où l'astre apparaît bissecté par le fil. Avec un peu d'habitude, les astronomes, en comptant les battements du balancier qui se succèdent à une seconde d'intervalle, parviennent à déterminer cet instant à un dixième de seconde près. Pour plus de précision, au lieu d'un fil unique, on en place cinq ou six, quelquefois davantage, dont l'ensemble constitue le *réticule*, et l'on prend la

moyenne des heures des passages de l'astre derrière tous ces fils.

La lunette méridienne, qui est l'instrument fondamental d'un observatoire, doit être établie avec beaucoup de soin. Les tourillons doivent être placés sur une ligne exactement dirigée de l'ouest à l'est, et à l'abri des trépidations du sol. Aussi les fait-on reposer sur des piliers monolithes pénétrant profondément dans le sol et parfaitement isolés du plancher de la salle. Les défauts d'installation donnent lieu à trois sortes d'erreurs :

1° *Erreur de collimation*, quand l'axe optique de la lunette représenté par le centre optique de l'objectif et le centre du réticule n'est pas exactement perpendiculaire à l'axe de rotation de la lunette;

2° *Erreur d'inclinaison*, lorsque cet axe de rotation n'est pas exactement horizontal;

3° *Erreur d'azimuth*, lorsque ce même axe n'est pas exactement perpendiculaire au plan m.

Dans la pratique, il est impossible de faire complètement

disparaître ces trois sources d'erreurs. On se borne à les réduire le plus possible, et à mesurer les petits écarts qui subsistent, d'où résultent trois sortes de corrections qu'on fait subir aux observations. Pour mesurer avec précision les trois écarts de position de la lunette, il faut pouvoir la retourner en plaçant le tourillon ouest dans le coussinet est, et réciproquement. C'est cette nécessité du retournement qui empêchait autrefois d'y adapter un cercle divisé, surtout à une époque où on donnait à ces cercles de très grandes dimensions.

Le *Cercle mural* sert à la mesure des déclinaisons des astres, par l'observation de la distance angulaire comprise entre l'astre et le pôle. Voy. DÉCLINAISON. On l'installait autrefois le long d'un mur en maçonnerie établi dans le plan m.; d'où son nom. Il se compose essentiellement d'un cercle divisé muni d'une lunette pouvant tourner dans le plan du m. autour d'un axe horizontal. Le pilier qui porte les tourillons de l'axe doit, comme ceux de la lunette méridienne, être isolé du plancher de la salle. La lunette est munie d'un réticule formé d'un fil horizontal. Le cercle est divisé sur sa tranche de cinq en cinq minutes. Six microscopes servant d'index sont disposés symétriquement tout autour du cercle. Chacun d'eux porte un réticule formé de deux fils horizontaux fixé à une vis *micrométrique* (Voy. MICROMÈTRE) permettant d'apprécier les fractions de division à un dixième de seconde près. Une vis de pression sert à fixer l'instrument dans la position qu'on veut lui donner, et une *vis de rappel* engrenant avec un secteur divisé permet de donner à l'appareil des mouvements doux quand une fois il est calé à l'aide de la vis de pression. Pour faire l'observation, on amène la lunette dans la position convenable et on la cale avec la vis de pression; puis, dès que l'astre apparaît dans le champ, on agit sur la vis de rappel pour l'amener derrière le fil horizontal. On lit alors les six microscopes et on fait la moyenne de leurs indications. On connaît, par des observations préalables, la moyenne des lectures qu'on obtiendrait si la lunette était dirigée vers le pôle. La différence de ces deux moyennes donne la *distance polaire* de l'astre qui est égale au complément de sa déclinaison.

On est aujourd'hui parvenu à construire des instruments méridiens très précis, qui, quoique munis d'un cercle divisé, se prêtent à l'opération du retournement. Cette réunion de deux instruments en un seul présente l'avantage considérable qu'un seul observateur peut mesurer les deux coordonnées du même astre, tandis qu'avec l'ancien système deux observateurs étaient nécessaires. Il arrivait même quelquefois que, malgré les précautions prises, les deux observateurs n'observaient pas le même astre, ce qui devenait une grave source d'erreurs. On construit même des *Cercles méridiens portatifs* qui reposent sur deux piliers en fonte faisant corps avec un socle en fonte muni de trois vis calantes. Ces instruments, généralement très précis et très bien établis, sont précieux pour les missions scientifiques. Il est facile de les orienter à l'arrivée dans la station d'observation. Outre les fils fixes du réticule, la lunette de ces instruments porte aussi des fils mobiles, l'un horizontal, l'autre vertical. Chacun d'eux est fixé à un cadre qu'on déplace de l'extérieur par le moyen d'une vis micrométrique. La figure ci-contre représente le cercle m. donné par M. Bischoffsheim à l'Observatoire de Paris, et construit par M. Eichens. Sur la droite, à côté de l'instrument, on voit la pendule sidérale qui est nécessairement associée à tout cercle m. Au premier plan est le siège mobile qui sert à l'observateur; dans le fond on aperçoit le support mobile monté sur rails et muni d'une sorte de cric qui sert à soulever l'instrument au-dessus des tourillons pour le retourner; au-dessus, suspendu au plafond est le niveau qui sert à mesurer l'erreur d'inclinaison. Enfin, la gravure montre la fenêtre ouverte au sud et l'ouverture du plafond à travers laquelle on observe et qu'on ferme ensuite avec des trappes.

**Bibliogr.** — DELAUNAY : *Traité d'Astronomie*. — ARAGO : *Astronomie populaire*. — BRÜNNOW : *Traité d'Astronomie sphérique*. — CAMILLE FLAMMARION : *Astronomie populaire*. — *L'Astronomie* (Revue mensuelle, t. IV, 1885).

**Géogr.** — *Premier m., m. initial*. — Nous avons déjà parlé aux mots HEURE et LONGITUDE des tentatives qui avaient été faites pour arriver à fixer, par une convention internationale, une origine des longitudes adoptée par tous les peuples civilisés. La question se rattache à la détermination de l'heure légale parce que l'heure légale de chaque pays ne différerait que d'un nombre exact d'heures de celle du m. initial. Cette question a passionné beaucoup de personnes, et cependant il est permis de se demander si elle présente un aussi grand intérêt qu'on le croit communément. Les avantages que présenterait l'adoption d'un même m. initial pour le monde entier sont en réalité bien minimes, d'autant plus qu'aujourd'hui il ne reste plus que deux systèmes en présence : 1° le système français qui compte les longitudes à partir du m. de Paris, et 2° le système anglais qui les compte à partir du m. de Greenwich. Or, il suffit de savoir que la longitude de Greenwich par rapport à Paris est de 2°20'14" pour passer presque instantanément d'un système à l'autre. Quant à l'heure, il serait absurde de vouloir chercher à l'uniformiser sur toute la Terre ; la seule chose qu'on ait tentée est de partager le monde en zones, de telle sorte que l'heure légale varierait exactement d'une heure quand on passerait de l'une à l'autre. Est-ce donc un si grand avantage de savoir que l'heure française différerait de l'heure allemande de 1 heure juste au lieu d'en différer de 1 h. 5m ?

En revanche les inconvénients qu'il y aurait à changer notre système sont multiples. Nous ne parlerons pas de l'amour-propre national de nos marins qui ne consentiraient jamais à se servir d'un m. anglais; ce sont là des raisons d'ordre sentimental qui devraient plier devant des considérations vraiment scientifiques; mais il y a des inconvénients plus sérieux. Le principal consiste dans la nécessité où nous serions de refaire toutes nos cartes. La France possède actuellement un trésor de cartes terrestres et marines dressées avec le plus grand soin par les ingénieurs des armées de terre et de mer. La confection de ces cartes a coûté des efforts incalculables et des dépenses considérables. Si on venait à changer le m. initial, toutes ces cartes deviendraient sans utilité : il faudrait les refaire de nouveau et consacrer à cette réfection de nouvelles dépenses qui seraient beaucoup mieux employées autrement. La vérité est que si la mesure qu'on nous sollicite de prendre était enfin décrétée, on continuerait à se servir des anciennes cartes; seulement, dans tous les documents officiels, il faudrait traduire les anciennes longitudes en nouvelles : ce serait un surcroît de travail inutile imposé aux marins et aux géographes.

En réalité, les questions d'origine n'ont jamais qu'une importance secondaire, au contraire des questions de mesure qui en ont une très grande. Il y a le plus grand intérêt à rendre uniformes les mesures et les monnaies parce que les différences qui en résultent varient avec les quantités considérées, tandis que, dans les questions d'origine, la différence est invariable, de sorte que ceux qui y ont intérêt savent qu'on passe immédiatement d'un système à l'autre par l'addition ou la soustraction d'un nombre invariable. Un marin se servira aussi bien d'une carte anglaise que d'une carte française, et fera instantanément la correction nécessaire. Aussi est-il difficile d'apercevoir les avantages que nous pourrions trouver à adopter officiellement le m. de Greenwich, tandis que les inconvénients de cette mesure sont manifestes.

**MÉRIDIONAL, ALE.** adj. (lat. *meridionalis*, m. s., de *meridies*, midi). Qui est du côté du midi. *Un pays m. Les peuples méridionaux. Les régions méridionales. L'Amérique méridionale.* || Qui a rapport au méridien d'un lieu. *Distance méridionale*, La différence de longitude entre le méridien sous lequel un vaisseau se trouve et celui d'où il est parti. — *Cadran m.* Voy. GNOMONIQUE. = MÉRIDIONAL, ALE, s. Celui, celle qui habite la région du midi, qui en est originaire.

**MÉRIÉDRIE.** s. f. (gr. μέρος, partie; ἕδρα, face). T. Cristal. Nom commun embrassant l'*hémiédrie* et la *tetartoédrie*. Voy. ces mots.

**MÉRIMÉE** (PROSPER), romancier fr. (1803-1870).

**MÉRINDOL**, village du dép. de Vaucluse, arr. d'Apt; 780 hab. Tristement célèbre par les massacres des Vaudois en 1545.

**MÉRINE.** adj. fém. *Race m.*, La race des mérinos.

**MERINGUE.** s. f. (lat. *meringa*, collation, ou bien encore esp. *melindre*, beignet au miel). Espèce de pâtisserie fort délicate faite avec des blancs d'œufs et du sucre en poudre, et que l'on garnit de crème fouettée ou de confitures.

**MERINGUÉ, ÉE.** adj. Recouvert d'une pâte de meringue.

**MÉRINOS.** s. m. [Pr. l's finale] (esp. *merino*, errant). Nom d'une race de moutons remarquables par la finesse de leur laine. *Un troupeau de mérinos.* — Adject., *Un bélier m. Brebis m.* Voy. MOUTON. || Par ext., Sorte d'étoffe faite avec de la laine de m. *Une robe de m.*

**MÉRION**. s. m. T. Mamm. Genre de *Rongeurs*. Voy. Gerboise.

**MÉRIONETH**, comté d'Angleterre (Galles); 52,000 hab. Ch.-l. *Dolgelly*.

**MÉRISE**. s. f. [Pr. *meri-ze*]. Fruit du merisier.

**MERISIER**. s. m. [Pr. *meri-zié*] (abrév. de *mé-cerisier*, mauvais cerisier). T. Bot. Nom vulgaire d'une variété du *Cerasus avium*.

**Arboric**. --- Le m. porte sa tige à 10 ou 12 mètres d'élévation ; son bois est ferme, roussâtre, serré, facile à travailler et susceptible de prendre un beau poli. Il est recherché par les ébénistes, par les tourneurs et les menuisiers ; il se plaît dans les terrains calcaires et siliceux et redoute les terrains humides ; c'est un arbre des climats tempérés ; il vient bien en futaie et en taillis. Ses fruits, noirs ou rouges, sucrés, quelquefois avec une pointe d'amertume, sont la base d'un ratafia très estimé. Soumis à la fermentation alcoolique on en fait une boisson vineuse fort agréable. Les oiseaux sont très avides de ces fruits, et leur chair y gagne une saveur fort recherchée des gourmets.

**MÉRISMATIQUE**. adj. 2 g. (gr. μερισμὸς, division). T. Physiol. Qui a lieu par division ou scission des cellules ou des êtres entiers. *Reproduction m. Multiplication m.*

**MÉRISME**. s. m. (gr. μερισμὸς, division, de μέρος, partie). T. Rhétor. Division d'un sujet, d'un point à traiter en ses diverses parties.

**MÉRISTÉMONE**. (gr. μερὶς, partie; στήμων, filet). Adj. 2 g. T. Bot. Se dit des plantes et des fleurs où les étamines sont disposées en deux verticilles, et ramifiées. Voy. Étamine.

**MÉRITANT, ANTE**. adj. verbal. Qui a du mérite. *C'est un homme fort m. Une femme méritante.*

**MÉRITE**. s. m. (lat. *meritum*, part. passé de *mereri*, mériter). En parlant des personnes. Ce qui rend digne d'approbation, d'estime, de considération. *M. personnel. M. superficiel. Un homme de m., d'un grand m., d'un rare m., d'un m. supérieur. Avoir du m. Être plein de m. Cet écrivain n'est pas sans m. Reconnaître, accueillir, honorer le m. Les emplois doivent se donner au m. et non à la faveur. Il a plus de bonheur que de m. Il réunit tous les genres de m. Il a le m. de savoir se taire et parler à propos. Il y a beaucoup de m. à sentir et à confesser ses torts.* || En parlant des choses, se dit de ce qu'elles ont de bon, d'estimable. *Le temps seul décide du m. des ouvrages. Cette invention n'est pas sans m., a beaucoup de m. Cette pièce est d'un grand m. Sa modestie relève le m. de sa belle action.* || Pris dans un sens collectif, comme dans les exemples précédents, *Mérite* ne s'emploie qu'au singulier ; mais, pris dans un sens distributif, il peut avoir un plur. *César et Pompée avaient chacun leur m., mais c'étaient des mérites différents. L'un de ces peintres excelle dans le dessin et l'autre dans le coloris, deux mérites qui ont chacun leurs partisans.* || Ce qui rend digne de récompense ou de punition. — *Le m. et le démérite.* Voy. Morale. — On dit aussi, dans le langage familier, mais en mauvaise part, *Il sera traité selon ses mérites.* || T. Théol. *Les mérites de la passion de Jésus-Christ*, Ses souffrances et sa mort, en tant qu'elles ont satisfait pour nous à la justice divine. *Les mérites des saints*, Les bonnes œuvres des saints. — Fam. et par dérision, on dit de quelqu'un qui exagère ses services, qu'*Il fait valoir tous ses mérites.* || *Se faire un m. de quelque chose*, Tirer gloire, tirer avantage d'avoir fait quelque chose. *Se faire un m. de quelque chose auprès de quelqu'un*, Faire valoir auprès de quelqu'un ce qu'on a fait pour lui. || *Ordre du M. militaire*, Voy. Ordre. — *Mérite agricole.* — Distinction honorifique accordée en France à ceux qui ont contribué aux progrès de l'agriculture. L'insigne est un ruban vert.

**MÉRITER**. v. a. (R. *mérite*). Être digne, se rendre digne de...; se dit en bonne et en mauvaise part. *Il mérite des louanges, une récompense. Il mérite l'estime des honnêtes gens. Nul homme n'a mieux mérité cet honneur, cette haute position. M. sa grâce, son pardon. Il mérite d'être récompensé. Il mérite d'être puni, qu'on le punisse. Je ne pensais pas avoir mérité ce reproche, ce châtiment.* — Absol., se prend en bonne part. *Il mérite beaucoup*, Il s'est rendu digne par ses talents, par ses services, etc., d'être récompensé, d'avoir de l'avancement, etc. || Se dit aussi des choses. *Cette action mérite récompense, mérite une punition, mérite la mort. Ce crime mérite d'être puni. Ce travail mérite toute votre attention. Ce point mérite réflexion. Cela ne mérite pas qu'on en parle.* — *Cette nouvelle mérite confirmation*, Elle a besoin d'être confirmée. || Faire obtenir. *Les mérites de son frère lui ont mérité cette place. Son assiduité au travail lui a mérité cette faveur.* = Mériter. v. n. *Bien m. du prince, de l'État, de la patrie, des lettres*, etc., Rendre de grands services au prince, etc. = Mérité, ée. part. *Récompense méritée. Des reproches trop mérités.*

**MÉRITHALLE**. s. m. (gr. μερὶς, partie ; θαλλὸς, rameau). T. Bot. Syn. de *Entre-nœud*. Voy. ce mot.

**MÉRITOIRE**. adj. 2 g. [Pr. *méritou-are*] (lat. *meritorius*, m. s. de *meritum*, sup. de *mereri*, mériter). Louable, digne d'estime ; ne se dit que des actions. *En sauvant cette famille, vous avez fait une action très m.* || Se dit en style de dévotion, des œuvres que Dieu récompense dans le ciel. *L'aumône est m.*

**MÉRITOIREMENT**. adv. [Pr. *méritou-are-man*]. D'une manière méritoire.

**MERL**. s. m. (Form. provinciale de *marne*). Substance calcaire marine formée de concrétions et secrétée par les polypiers.

**MERLAN**. s. m. (R. *merle*). T. Ichth. Genre de *Poissons osseux*. Voy. Gadoïdes.

**MERLE**. s. m. (lat. *merula*, m. s.). T. Ornith. Genre d'oiseaux de l'ordre des Passereaux, dont l'espèce la plus commune en France a le plumage noir et le bec jaune. || Fig. et fam., *C'est un fin m.*, C'est un homme fin et rusé. — *Dénicheur de merles.* Voy. Dénicheur. — Un *m. blanc*, une personne, une chose très rare. *Si vous faites cela, je vous donnerai un m. blanc*, se dit pour défier quelqu'un de faire une chose qu'on regarde comme impossible.

**Ornith.** — Cuvier, dans sa méthode, réunit, sous le nom de *Merles* (*Turdus*), un groupe fort nombreux de Passereaux

Fig. 1.

Dentirostres, caractérisé par la forme du bec, lequel est comprimé et arqué ; mais sa pointe ne fait pas de crochet, et ses échancrures ne produisent pas de dentelures aussi fortes que dans les Pies-grièches. Les ornithologistes modernes ont érigé en famille le grand genre de Cuvier, sous le nom de *Turdidés*. Ces oiseaux sont à la fois insectivores et frugivores. Leur caractère est sauvage et défiant, leur gloutonnerie excessive. Assez mal doués du côté du plumage, ils le sont richement, au contraire, sous le rapport du chant. Soumis de bonne heure à une éducation factice, les Merles, particulièrement certaines espèces, possèdent à un très haut degré le talent de l'imitation. La femelle fait de deux à trois couvées. Après l'émancipation des dernières nichées, toutes les espèces de la famille des Merles commencent à émigrer. Cependant on voit souvent des Merles noirs rester toute l'année dans les lieux où ils sont assurés de trouver constamment de quoi satisfaire leur appétit. La chair de ces oiseaux, surtout des espèces à plumage grivelé, est fort estimée à cause de son fumet et de sa délicatesse. Gerbe partage cette famille en 7 genres, savoir : les *Merles*, les *Pétrocincles*, les *Moqueurs*, les *Stournes*, les *Turdoïdes*, les *Crinons* et les *Grallines*.

Parmi les oiseaux qui composent le premier genre (*Turdus*), on réserve plus particulièrement le nom de *Merles* aux espèces dont les couleurs sont uniformes ou distribuées par grandes masses, et celui de *Grives* aux espèces dont le plumage est *grivelé*, c.-à-d. marqué de petites taches noires ou brunes. Le type des *Merles* proprement dits est le *M. commun* (*Turdus merula*) [Fig. 1, femelle et mâle). Le mâle a le bec jaune et tout le plumage noir ; la femelle est brune dessus,

Fig. 2.

brun roussâtre dessous, et tachetée de brun sur la poitrine. On observe dans cette espèce de nombreux cas d'albinisme total ou partiel : par conséquent, en dépit du proverbe et malgré l'opinion généralement répandue, le *M. blanc* n'est point une merveille introuvable. Le M. commun habite tous les pays d'Europe, et n'émigre d'une contrée que lorsqu'il y est forcé par le manque de nourriture. Cet oiseau est défiant et

Fig. 3.

passe pour rusé ; néanmoins, à cause de sa gourmandise, il donne assez facilement dans les pièges qu'on lui tend. Lorsqu'on le prend jeune, il s'apprivoise aisément, et il apprend à bien chanter et même à parler. Le *M. à plastron blanc* (*Turdus torquatus*), dont les plumes sont bordées de blanchâtre et la poitrine marquée d'un plastron de même couleur, habite de préférence les contrées boisées et montagneuses de la Suède ou de l'Écosse. Il n'est que de passage chez nous. — Nous avons en Europe 4 espèces de *Grives*, toutes brunes sur le dos et tachetées sur la poitrine. La *Draine* ou *Drenne* (*T. viscivorus*) est la plus grande. Elle a le dessus du corps brun cendré, et le dessous jaunâtre, avec des taches brunes en forme de fer de lance. Son nom spécifique lui vient du goût particulier qu'elle manifeste pour le fruit du gui. Elle est commune en France. La *Litorne* (*T. pilaris*) [Fig. 2] se distingue de la précédente par le cendré de sa tête et de son cou. Elle est de passage en automne dans les contrées tempérées. La *Grive commune* (*Turdus musicus*) a le dessous des ailes jaunes. C'est l'espèce la plus abondante chez nous et celle dont on mange le plus. Enfin, le *Mauvis* (*T. iliacus*), la plus petite de ces espèces, a le dessous des ailes roux, ainsi que les flancs. — Nous avons chez nous deux espèces du genre *Pétrocincle* (*Petrocossyphus*) : ce sont le *M. bleu* (*P. cyanus*) et le *M. de roche* (*P. saxatilis*). Le premier a tout le plumage bleu avec des croissants noirs et blanchâtres Le second (Fig. 3) a la tête et le cou d'un bleu cendré, le dos noirâtre avec une large tache blanche ; les parties inférieures et la queue d'un roux ardent. Ces deux espèces habitent les régions montagneuses du midi de la France et de l'Europe.

Les quatre autres genres de la famille sont étrangers à notre pays. Toutes les espèces du genre *Moqueur* (*Mimus*) sont américaines. Nous citerons seulement le *Moq. polyglotte* (*M. polyglottus*), de l'Amérique du Nord (Fig. 4). Cet oiseau est célèbre par sa facilité étonnante à imiter sur-le-champ le ramage des autres oiseaux et même toutes les voix qu'il entend. — Les *Stournes* (*Lamprotornis*), au contraire, sont propres à l'ancien continent. Les oiseaux compris dans ce genre ont un plumage brillant et les plumes de l'occiput pointues comme l'Étourneau. — Les *Turdoïdes* (*Ixos*) ont le bec si grêle, qu'ils se rapprochent des Traquets. Une seule

Fig. 4.

espèce de ce genre se montre accidentellement dans le midi de l'Espagne : c'est le *Turdoïde obscur* (*Ixos obscurus*) qui habite l'Afrique. Certaines espèces ont le bec grêle, mais droit et fort ; et, parmi elles, quelques-unes ont la queue excessivement fourchue : ces dernières sont distinguées par Temmink sous le nom d'*Ènicure*. — Les *Crinons* (*Criniger*) sont munis de soies fortes et roides à la base de la mandibule supérieure. — Enfin, les *Grallines* (*Grallina*) se distinguent surtout par la hauteur de leurs jambes, qui leur donne une apparence d'Échassiers. On n'en connaît que deux espèces, et elles appartiennent à la Nouvelle-Hollande.

Comme la division dans laquelle sont comprises les différentes espèces auxquelles on donne le nom général de Merles est caractérisée d'une manière très vague, il est fort difficile d'en tracer les limites, et les anciens auteurs y plaçaient un grand nombre d'oiseaux qui se rapprochaient plus ou moins de ces derniers. C'est ainsi que le *Cincle* et le *Cinclosome* y étaient rangés sous le nom de *M. d'eau*, le *Martin rose* sous celui de *M. rose*, etc. Les *Oiseaux-lyres* ou *Ménures* que l'on a classés quelquefois parmi les Merles font le sujet d'un article spécial. Voy. Ménures.

**MERLE**, auteur dramatique fr. (1785-1852).

**MERLEAU**. s. m. [Pr. *mer-lo*] (Dimin.) Jeune merle.

**MERLE D'AUBIGNÉ**, théologien et littérateur suisse, auteur d'une *Histoire de la Réformation* (1794-1872).

**MERLERAULT** (Le), ch.-l. de c. (Orne), arr. d'Argentan, 1,300 hab

**MERLESSE** ou **MERLETTE**. s. f. (R. *merle*). || Femelle du merle. Vx. || Prov. *C'est l'histoire du merle et de la m.* Petite querelle qui se reproduit périodiquement sur le même sujet.

**MERLETTE**. s. f. [Pr. *merlè-te*] (R. *merle*). Voy. Merlesse. || T. Blason. On appelle *Merlettes* et *Canettes*, des figures héraldiques représentant de petits oiseaux qui ont la forme des canes et qui sont toujours de profit. Les *canettes* ont des jambes et un bec, tandis que les *merlettes* en sont dépourvues, comme les alérions. Mais ceux-ci se distinguent de celles-là, en ce qu'ils ont toujours les ailes étendues. En outre, l'alérion peut être seul, tandis que les merlettes sont toujours en nombre. LAVALETTE comte de l'empire, portait (Fig. ci-contre) : D'argent à la fasce de sable, chargée de 2 épées d'or en sautoir, surmontée en chef, à dextre, de 3 merlettes de sable, et accompagnée en pointe d'un palmier terrassé de sinople; franc quartier de comte conseiller d'État.

**MERLIN**. s. m. (or. germ., flam. *maarline*, m. s., de *maar*, mer; et *line*, corde). Espèce de massue dont les bouchers se servent pour assommer les bœufs. || Espèce de hache à fendre le bois. || T. Mar. Cordage fait avec 3 fils de premier brin commis ensemble. Voy. CORDAGE.

**MERLIN** (DE DOUAI), membre de la Convention, ministre de la justice sous le Directoire, procureur général au tribunal de cassation sous l'Empire, célèbre par ses travaux de jurisprudence (1754-1833).

**MERLIN** (DE THIONVILLE), conventionnel, s'illustra par la défense de Mayence, et décida la chute de Robespierre (1762-1833).

**MERLINE**. s. f. (R. *merle*). Espèce de serinette dont on se sert pour apprendre des airs aux merles.

**MERLINER**. v. a. T. Mar. Coudre avec du merlin.

**MERLON**. s. m. (ital. *merlone*, m. s.). T. Fortific. Portion de mur comprise entre deux créneaux, deux embrasures. || T. Techn. Cordage fait avec 3 fils de premier brin commis ensemble.

**MERLUCHE**. s. f. ou **MERLUS**. s. m. (lat. *maris luscius*, brochet de mer). T. Ichth. Genre de *Poissons osseux*. Voy. GADOÏDES. || Se dit de la morue ou d'autres poissons de la famille des Gades quands ils sont séchés.

**MERLUT**. s. m. [Pr. *mer-lu*] (R. *merluche*). T. Techn. Peaux de moutons, de boucs ou de chèvres, qu'on fait sécher à l'air avec le poil, en attendant le chamoisage. || Poisson qu'on fait sécher pour faire la merluche.

**MERMNADES**, dynastie qui régna en Lydie, depuis Gygès, fils de Mermnas, jusqu'à Crésus (720-546 av. J.-C.).

**MÉROCÈLE**, s. m. (grec. μηρὸς, cuisse; κήλη, tumeur). T. Chir. Hernie crurale peu volumineuse. Voy. HERNIE.

**MÉRODE**. Illustre famille de la Belgique qui paraît remonter au XIIe siècle. Hommes d'armes et hommes politiques.

**MÉRODON**. s. m. (grec. μηρὸς, cuisse; ὀδοῦς, ὀδόντος, dent). T. Entom. Genre de *Diptères*. Voy. ATHÉRICÈRES.

**MÉROÉ**, partie de l'anc. Éthiopie, qui forma un puissant royaume au VIIIe siècle av. J.-C., et dont la capitale était *Méroé*.

**MÉROPE**, femme de Cresphonte, roi de Messénie. Polyphonte, ayant fait périr son mari, voulut la contraindre à l'épouser, mais il fut tué, au moment où le mariage allait se célébrer, par Epytus, fils de Cresphonte.

**MÉROPS**. s. m. T. Ornith. Genre de *Passereaux*. Voy. SYNDACTYLES.

**MÉROSTOMES**. s. m. pl. (gr. μηρὸς, cuisse; στόμα, bouche). T. Zool. Groupe de *Crustacés* renfermant les GIGANTOSTRACÉS et les XYPHOSURES. Voy. ces mots.

**MÉROVÉE** ou **MÉROWIG**, roi des Francs Saliens (448-458), donna son nom à la dynastie des Mérovingiens, qui régna jusqu'en 752.

**MÉROVÉE**, fils de Childéric Ier, épousa Brunehaut, sa tante, et mourut victime de la haine de Frédégonde (577).

**MÉROVINGIEN, ENNE**. adj. [Pr. *mérovin-ji-in, iène*]. Qui appartient à la dynastie des descendants de Mérovée. *Histoire mérovingienne, Les temps mérovingiens.* = MÉROVINGIENS. s. m. pl. Les rois des Francs issus de Mérovée, qui régnèrent en Gaule pendant plus de 300 ans, et dont les plus célèbres sont : CLOVIS, CLOTAIRE et DAGOBERT.

**MÉROXÈNE**. s. m. T. Minér. Mica vert du Vésuve. Voy. MICA.

**MERRAIN**. s. m. [Pr. *mer-rin*] (lat. *materiamen*, bois de menuiserie, de *materia*, matière). Bois de chêne ou autre, fendu en menues planches sans le secours de la scie, et dont on se sert pour faire divers ouvrages de menuiserie ou des douves de tonneaux, de futailles, etc. *M. à panneaux. M. à futailles.* || T. Vén. Corps principal de bois du cerf. Voy. CERF.

**MERSEBOURG**. v. de la prov. de Saxe (Prusse centrale), sur la Saale; 15,300 hab.

**MERS-EL-KÉBIR** (LE GRAND PORT), port fortifié à 8 kil. d'Oran (Algérie); 3,000 hab.

**MERSENNE** (le Père), savant religieux, ami de Descartes (1588-1648).

**MERSEY**. Fleuve d'Angleterre; se jette dans la mer d'Irlande par un long estuaire sur lequel se trouve Liverpool; 130 kil.

**MERSION**. s. f. (lat. *mersio*, de *mergere*, plonger). Action de plonger dans.

**MERTENSIA**. s. m. [*mertin-sia*] (R. *Mertens*, nom d'un naturaliste all.). T. Bot. Genre de Fougères de la famille des *Gleichéniées*. Voy. ce mot.

**MERTHYR-TYDFIL**. Ville d'Angleterre (Pays de Galles); 48,900 hab.

**MÉRU**, ch.-l. de c. (Oise), arr. de Beauvais; 4,700 hab.

**MÉRULE**. s. m. Genre de Champignons (*Merulius*) de la famille des *Hyménomycètes*. Voy. ce mot.

**MERV**. v. d'Asie (Turkestan), 200,000 hab.; à la Russie. = Nom des hab. : MERVIEN, IENNE.

**MERVEILLE**. s. f. [Pr. *ll*. mouil.] (ital. *maraviglia*, m. s.; du lat. *mirabilia*, choses admirables). Chose qui cause de l'admiration. *Grande, rare, étonnante m. M. de la nature, de l'art. On raconte des merveilles de ce pays. Il fut surpris à la vue de tant de merveilles. Ce temple passe pour une m. Ce n'est pas m., une grande m. Où est la m.? C'était m. de l'entendre.*

> Quoi! toujours les plus grandes merveilles
> Sans ébranler ton cœur frapperont tes oreilles.
>
> RACINE.

— Se dit aussi des personnes. *Cet enfant est vraiment une m. Pic de la Mirandole fut regardé comme la m. de son siècle.* || Proverbialement, on dit d'un superbe édifice ou de quelque autre chose semblable, étonnante en son genre, *C'est une des sept merveilles du monde*, ou *C'est la huitième m. du monde.* — Fam., *C'est m. de vous voir, c'est une m. que de vous voir*, se dit pour faire un reproche amical à quelqu'un qu'on ne voit que rarement. — Fam., on dit aussi, pour rabaisser une chose qu'on veut nous faire admirer, *Ce n'est pas une grande m.*, ou, ironiq., *Voilà une belle m.!* || Famil., *Faire merveilles, faire des merveilles*, Se distinguer dans quelque circonstance par un zèle, un courage, une adresse, un talent extraordinaires. *Je l'ai vu faire merveilles à cette bataille. Ce prédicateur a fait des merveilles.* = A MERVEILLE. locut. adv. Très bien, parfaitement. *Il prêche à m. Il chante, il peint à m. Cette toilette lui sied à m.* = PAS TANT QUE DE MERVEILLE. loc. adv. et fam. Pas beaucoup. *Il ne l'aime pas tant que de m. A-t-il beaucoup d'esprit? Pas tant que de m.* Vieux. = Syn. Voy. MIRACLE.

**Hist.** — Parmi les œuvres d'art de l'antiquité, il y en avait plusieurs qui passaient pour être supérieures aux autres en grandeur et en magnificence, et que l'on désignait, dès le temps de Strabon, sous le nom de *Merveilles du monde* (*orbis miracula*). Les auteurs conviennent assez généralement de leur nombre, qui était de sept, mais ils varient quant à leur désignation. Voici celles que l'on trouve le plus souvent menlionnées. — 1° Les *Pyramides d'Égypte*, Voy. PYRAMIDE. — 2° Les *Murailles et les Jardins suspendus de Babylone*, Voy. ARCHITECTURE *babylonienne*. — 3° Le *Mausolée*, c.-à-d. le tombeau que la reine de Carie, Artémise, fit élever, dans la ville d'Halicarnasse, à Mausole, son frère et son époux, mort l'an 352 av. notre ère. Le soin de construire et d'orner ce monument fut confié à cinq artistes grecs, Scopas, Bryaxis, Timothée, Léocharès et Pythis. Il avait 42 mètres de hauteur et 133 m. 50 de tour, et il était décoré de colonnes et de sculptures. En 1856, les Anglais ont découvert les ruines de cet édifice et en ont retiré de précieux débris qui enrichissent à cette heure le British Museum. — 4° Le *Temple de Diane* à Éphèse avait été construit par l'architecte Chersiphron, aux frais de toutes les villes grecques de l'Asie. Érostrate y ayant mis le feu, afin de s'immortaliser, l'an 359 av. J.-C., il fut rebâti sur le même plan vers le commencement du III° siècle av. notre ère. C'est ce temple reconstruit que nous ont décrit Pline et Strabon. Il était long de 138 mètres, large de 71 m. 50, et soutenu par 117 colonnes hautes de 19 m. 50. Tout l'édifice était revêtu de marbre, et son toit était de bois de cèdre. Il fut détruit de nouveau, et cette fois définitivement, l'an 263 de notre ère, sous le règne de l'empereur Gallien. — 5° La *Statue de Jupiter Olympien*. Cette statue, œuvre de Phidias, était d'or et d'ivoire, et se trouvait dans le temple d'Olympie, en Élide. Bien qu'assise, elle avait 18 m. 50 de hauteur. — 6° Le *Colosse de Rhodes*, Voy. COLOSSE. — 7° Le *Phare d'Alexandrie*, Voy. PHARE. — A plusieurs des monuments qui précèdent quelques écrivains ont voulu substituer la statue d'Esculape d'Épidaure, la Minerve du Parthénon à Athènes, l'Apollon de Délos, etc. ; mais cette opinion a eu peu de partisans.

**MERVEILLEUSEMENT.** adv. [Pr. *merveilleu-ze-man*, *ll.* mouil.]. D'une façon merveilleuse, à merveille. *Elle est m. belle. Cela est m. bien. Elle danse m. Une imagination m. féconde.*

**MERVEILLEUX, EUSE.** adj. [Pr. *ll.* mouil.]. Surprenant, étonnant, qui est digne d'admiration, qui cause de l'admiration. *Un esprit, un génie m. Une œuvre merveilleuse. Un événement m. Des récits merveilleux. Ce spectacle est d'un effet m.* — Fam. et ironiq., on dit à un homme qui affecte des sentiments, des manières extraordinaires, ou qui se vante de choses peu croyables, *Vous êtes un m. homme.* || Se dit aussi des choses excellentes en leur genre. *Ce vin est vraiment m. Les fruits ont été merveilleux cette année. Les draps de cette fabrique sont merveilleux.* = MERVEILLEUX. s. m. En T. Littérat., se dit de l'intervention d'êtres surnaturels, comme dieux de la Fable, anges et démons, génies et fées, ou encore d'êtres symboliques personnifiés, comme la Paix, la Discorde, le Fanatisme, etc., qui concourent à l'action ou au dénoûment d'un poème épique ou dramatique. *Le m. de la mythologie. Le Tasse a fondé le m. de son épopée sur la magie, sur la féerie. L'emploi du m. devient de jour en jour plus difficile.* Voy. ÉPOPÉE. || Ce qui est extraordinaire, ce qui s'éloigne du cours ordinaire des choses. *Voilà le m. de l'aventure, de l'histoire. Le m. disparaît dès qu'on l'examine de près.* Voy. MIRACLE, SURNATUREL. || Fam., on disait, sous le Directoire, d'un homme ou d'une femme qui avaient des manières d'une élégance affectée, qui étaient des premiers à suivre les modes nouvelles, *C'est un m., une merveilleuse.*

**MERVILLE**, ch.-l. de c. (Nord), arr. d'Hazebrouck, sur la Lys; 7,600 hab. Lin, tabac, toile.

**MÉRY** (JOSEPH), poète et romancier fr., composa avec Barthélemy un grand nombre de satires et de poèmes politiques, entre autres *la Némésis* (1798-1866).

**MÉRYCIQUE.** adj. 2 g. (R. *mérycisme*) *Mastication m.*, mastication des aliments ramenés dans la bouche.

**MÉRYCISME.** s. m. (gr. μηρυκισμός, rumination). On donne le nom de m. au phénomène de la rumination chez l'homme, et les personnes qui présentent cette particularité, assurément rare, sont dites mérycoles. Le nombre restreint des faits constatés et étudiés ne peut donner aucune idée de la quantité relative de mérycoles qui existent de par le monde, car le plus souvent ce trouble fonctionnel ne constitue point une infériorité et n'a même rien de désagréable. D'autres mérycoles ruminent inconsciemment. Le plus souvent les causes sont inappréciables; quelquefois l'étiologie semble plus nette (voyage en mer, indigestion, chute sur l'estomac): la seule chose qui paraisse intéressante à noter est que le m. se produit surtout chez les gros mangeurs, chez les gloutons. Le m. semble souvent congénital. Lorsque le phénomène va commencer, le mérycole éprouve un sentiment de plénitude; une contraction de l'estomac, du diaphragme et des muscles abdominaux force le cardia, et l'ascension se fait jusqu'au pharynx; à ce moment, le mérycole serait susceptible d'avaler de nouveau les aliments ou de les introduire dans la bouche. — Le m. ne semble pas devoir être considéré comme un phénomène morbide; ce serait un simple trouble fonctionnel sans gravité et tenant à une susceptibilité nerveuse toute particulière. — Les substances les plus indigestes reviennent de préférence à la bouche, et, chose remarquable, assez souvent elles n'ont pas de mauvais goût. — Aucun traitement spécial ne paraît devoir être appliqué aux mérycoles, d'autant que toutes les médications demeurent sans résultat.

**MÉRYCOLE.** s. m. (gr. μήρυξ, μήρυκος, ruminant). T. Méd. Individu affecté de *mérycisme*.

**MÉRYCOLOGIE.** s. f. (gr. μήρυξ, ruminant; λόγος, traité). Traité sur la rumination ou sur les ruminants.

**MÉRY-SUR-SEINE**, ch.-l. de c. (Aube), arr. d'Arcis-sur-Aube; 1,400 hab. — Combat contre les Prussiens, 22 février 1814.

**MES**, pluriel de l'adj. poss. *Mon, ma.* Voy. MON.

**MÉS.** préf. qui a un sens privatif ou péjoratif Voy. MÉ.

**MÉSACONIQUE.** adj. 2 g. [Pr. *méza...*] (gr. μέσος, moyen; ἄκων, javelot, chose pointue, mot pris ici dans le sens d'acide). T. Chim. *L'acide m.* $C^5H^6O^4$ se produit quand on fait bouillir une solution aqueuse d'acide citraconique avec de l'acide azotique. Il cristallise en fines aiguilles peu solubles dans l'eau, fusibles à 202°. Vers 250° il se transforme en anhydride citraconique par élimination d'une molécule d'eau. Traité par l'hydrogène naissant il donne de l'acide pyrotartrique. Il ne s'unit au brome et à l'acide chlorhydrique qu'à chaud et donne alors les mêmes dérivés que l'acide citraconique. En effet les acides m. et citraconique sont des isomères stéréochimiques; tous deux sont bibasiques et possèdent une fonction éthylénique; leur formule de constitution est :

$$CO^2H - CH = C\begin{cases} CH^3 \\ CO^2H \end{cases}$$

**MÉSADVENIR.** Voy. MÉSAVENIR.

**MÉSAIR.** Voy. MÉZAIR.

**MÉSAISE.** s. m. [Pr. *mézè-ze*] (R. *més*, préf., et *aise*). Malaise. Peu usité. État de fortune où l'on n'a pas l'aisance.

**MÉSALLIANCE.** s. f. [Pr. *méza-lianse*] (R. *més*, préf., et *alliance*). Mariage avec une personne d'une naissance ou d'une condition fort inférieure. *Faire une m. Son père ne lui pardonna jamais cette m.*

**MÉSALLIER.** v. a. [Pr. *méza-lier*] (R. *més*, préf., et *allier*). Marier quelqu'un à une personne d'une naissance ou d'une condition fort inférieure. *Il ne veut pas m. sa fille.* = SE MÉSALLIER. v. pron. Épouser une personne d'une naissance ou d'une condition inférieure. *On ne s'est jamais mésallié dans cette famille. Il ne veut pas se m.* || Fig. et famil., on dit de quelqu'un qui dédaigne ses égaux moins riches que lui, qu'*Il craint de se m. en les fréquentant.* = MÉSALLIÉ, ÉE. part. = Conj. Voy. PRIER.

**MÉSANGE.** s. f. [Pr. *mé-zan-je*] (or. germ. : anglo-sax., *mâse*; all., *meise*. m. s.). T. Ornith. Les *Mésanges* sont des Passereaux Conirostres, qui ont pour caractères génériques, un bec menu, court, droit, conique, et garni de petits poils à sa base, des narines cachées dans les plumes, et des ongles effilés et propres à se cramponner aux arbres. Les oiseaux qui composent ce genre sont tout au plus de la taille du Moineau; mais ils sont parés de couleurs assez agréables. En outre, ils sont vifs, actifs, et fort audacieux. Voletant et grimpant sans cesse sur les branches, s'y suspendant dans toutes les attitudes, déchirant les graines dont ils se nourrissent, frappant de leur bec l'écorce des arbres pour en faire sortir l'insecte qui s'y cache, il est extrêmement rare de les trouver au repos. Ils sont en quelque sorte omnivores, et entassent dans des trous pour l'hiver des graines et des fruits à noyaux. Ils vivent en société à la lisière des bois, sur les buissons, dans les haies, etc., nichent dans des trous d'arbres, de rochers ou de vieux murs; le nombre de leurs œufs est plus considérable que chez tous les autres Passereaux. Nous avons en France 8 espèces de Mésanges, qu'on partage en quatre groupes. — Les *Mésanges* proprement dites (*Parus*) sont au nombre de 5. La *Charbonnière* ou *Mésangère* (*Parus major*) est olivâtre dessus, jaune dessous, avec la tête noire et une bande longitudinale de même couleur sur la poitrine. Elle pond deux ou trois fois par an, et chaque fois de 8 à 18 œufs. La *Petite Charbonnière* (*Parus ater*) est cendrée dessus, blanchâtre dessous. Plus petite que la précédente, cette espèce habite de préférence les grands bois de sapins. La *Nonnette* (*P. palustris*) est de la même couleur, avec une calotte noire. La *M. à tête bleue* (*P. cæruleus*) [Fig. ci-dessous] est un charmant petit oiseau olivâtre dessus, jaunâtre dessous, avec le front blanc et le sommet de la tête d'un beau bleu.

C'est l'espèce la plus commune que nous possédions. La *M. huppée* (*P. cristatus*) est brunâtre dessus et blanchâtre dessous, avec une petite huppe maillée de noir et de blanc; elle vit dans les lieux solitaires et fuit la compagnie des autres oiseaux. — La *M. à longue queue*, vulg. *Meunière*, a été séparée des précédentes, sous le nom de *Médisture*, à cause de la longueur de sa queue et de son mode de nidification. Son plumage est noir en dessus, mais la tête, le cou et la poitrine sont blancs. Cet oiseau est presque aussi petit que le Roitelet. Son nid est toujours placé sur l'enfourchement des branches, et présente, sur deux de ses faces opposées, deux petites ouvertures, de façon que le mâle et la femelle peuvent entrer dans le nid et en sortir sans être obligés de se retourner et sans endommager leur queue. — La *M. moustache* a le bout de la mandibule supérieure du bec un peu recourbé sur l'inférieure, caractère qui l'a fait ériger en sous-genre. La seule espèce connue (*Mystacinus biarmicus*) habite le nord de l'Europe, mais vient l'hiver dans le midi de la France. Elle a été ainsi appelée des deux bandes noires qu'on observe, chez le mâle, de chaque côté du cou à partir de la base du bec. — Enfin, les *Remiz* (*Pendulinus*) ont le bec plus grêle et plus pointu que les Mésanges ordinaires. Nous en avons, dans le midi de la France, une espèce dont le plumage est généralement cendré, avec la gorge blanche, le front et les côtés de la tête d'un noir profond. La *M. remiz* est, de tous les oiseaux d'Europe, celui qui apporte le plus d'art dans la construction de son nid. Elle lui donne la forme d'une bourse, avec une ouverture latérale, et le suspend par sa partie supérieure à l'extrémité d'une branche flexible et pendante au-dessus de l'eau, en l'attachant à cette branche avec des fibres de lin, de chanvre ou d'ortie. En outre, ce nid est composé d'un tissu épais et serré, presque semblable à du drap, que la Remiz fabrique avec des racines entrelacées et le léger duvet qui se trouve aux aigrettes des fleurs du saule, du peuplier, des chardons, etc.

**MÉSANGÈRE.** s. f. [Pr. *mézan-jère*]. T. Ornith. Nom vulgaire d'une espèce de MÉSANGE. Voy. ce mot.

**MÉSANGETTE.** s. f. [Pr. *mézan-jète*]. Piège à trébuchet pour prendre les mésanges.

**MÉSARAÏQUE.** adj. 2 g. [Pr. *méza-ra-ike*] (gr. μεσαραϊκὸς, m. s., de μεσάραιον, mésentère). Qui a rapport au mésentère.

**MÉSARRIVER.** v. n. impers. [Pr. *méza-river*] (R. *més*, préf., et *arriver*). Se dit d'un accident fâcheux qui arrive à la suite de quelque faute, de quelque imprudence. *Si vous ne changez de conduite, il vous en mésarrivera. S'il vous mésarrive, ne vous en prenez qu'à vous-même.* Vx.

**MÉSATICÉPHALE.** adj. 2 g. [Pr. *méza...*] (gr. μέσατος, moyen; κεφαλή, tête). *Crâne m.*, crâne intermédiaire entre le dolichocéphale et le brachycéphale.

**MÉSAVENIR.** v. n. impers. [Pr. *méza...*] (R. *més*, préf., et *avenir* ou *advenir*). Même signification que Mésarriver. *Il a pris ses sûretés de peur qu'il ne lui mésavint.* Peu us.

**MÉSAVENTURE.** s. f. [Pr. *méza-vanture*] (R. *més*, préf., et *aventure*). Accident, événement fâcheux. *Il m'est arrivé une m. Cela m'est arrivé par une étrange mésaventure.*

**MESCAL.** s. m. Sorte de flûte de Pan, à 23 tuyaux, en usage dans la musique turque.

**MESCHACÉBÉ.** Voy. MISSISSIPI.

**MESCHED.** Voy. MECHED.

**MÉSÉDIFICATION.** s. f. [Pr. *mézé-difika-sion*]. Action de mésédifier.

**MÉSÉDIFIER.** v. a. [Pr. *mézé...*] (R. *més*, préf., et *édifier*). Ne pas édifier, scandaliser.

**MÉSEMBRYANTHÉMÉES.** s. f. pl. [Pr. *mézan...*] (R. *Mesembryanthemum*). T. Bot. Tribu de végétaux de la famille des *Aizoacées*. Voy. ce mot.

**MESEMBRYANTHEMUM.** s. m. [Pr. *mézan-brianté-mome*] (gr. μεσημβρία, midi, de μέσος, qui est au milieu, et ἡμέρα, jour; ἄνθεμον, fleur). T. Bot. Voy. FICOÏDE.

**MÉSENCHYMATEUX, EUSE.** adj. [Pr. *mé-zan-chima-teu*] (gr. μέσος, milieu, ἐγ dans; χυμὸς, suc). T. Anat. *Cellule mésenchymateuse*, sorte d'espace où le protoplasma reste amorphe et plus ou moins liquide. Voy. HISTOGÉNIE, IV.

**MÉSÈNE,** région de l'Asie, appelée aujourd'hui Irak-Arabi, et où un Arabe nommé Spasinès fonda, l'an 129 av. J.-C., un royaume qui fut détruit en 225 apr. J.-C.

**MÉSENTENDRE.** v. a. [Pr. *mézan-tandre*] (R. *més*, préf., et *entendre*). Entendre de travers, refuser d'écouter.

**MÉSENTENDU.** s. m. [Pr. *mézan-tandu*]. Syn. de malentendu.

**MÉSENTENTE.** s. f. [Pr. *mézan-tante*] (R. *més*, préf., et *entente*). Absence d'entente.

**MÉSENTÈRE.** s. m. [Pr. *mézan-tère*] (gr. μεσεντέρον, m. s., de μεσος, milieu; ἔντερον, intestin). T. Anat. Repli du péritoine, situé en avant de la colonne vertébrale et soutenant l'intestin grêle. Voy. PÉRITOINE et INTESTIN.

**MÉSENTÉRIN, INE.** adj. [Pr. *mézan...*]. Se dit de certains corps dont la surface offre des ondulations irrégulières simulant celles du mésentère.

**MÉSENTÉRIQUE.** adj. 2 g. [Pr. *mézan-térike*]. T. Anat. Qui appartient au mésentère. *Vaisseaux, glandes mésentériques.* Voy. PÉRITOINE.

**MÉSENTÉRITE.** s. f. [Pr. *mézan...*]. T. Médec. Inflammation du mésentère. Voy. PÉRITONITE.

**MÉSESTIMABLE.** adj. 2 g. [Pr. *mézes...*] (R. *més*, préf., et *estimable*). Qui n'est pas digne d'estime.

**MÉSESTIMATION.** s. f. (R. *més*, préf., et *estimation*). Estimation fausse des marchandises importées en France.

**MÉSESTIME.** s. f. [Pr. *mézes...*] (R. *mésestimer*). Défaut d'estime, mépris.

**MÉSESTIMER.** v. a. [Pr. *mézès...*] (R. *més*, préf., et *estimer*). Avoir mauvaise opinion de quelqu'un, n'avoir pas d'estime pour lui. *Depuis lors, je l'ai toujours mésestimé.* ‖ En parlant des choses, Les déprécier, les estimer au-dessous de leur valeur. *Vous mésestimez ce collier de perles.* = MÉSESTIMÉ, ÉE. part.

**MÉSICÉRINE.** s. f. [Pr. *mézi...*] (gr. μέσος, moyen; fr. *cérine*). T. Chim. Voy. MÉSITYLÉNIQUE.

**MÉSIDINE.** s. f. [Pr. *mézi-dine*]. T. Chim. La *m.*, qu'on appelle aussi *amido-mésitylène*, est une base qui répond à la formule $C^6H^2(AzH^2)(CH^3)^3$. Son chlorhydrate se prépare en réduisant le nitro-mésitylène par l'étain et l'acide chlorhydrique. La décomposition de ce chlorhydrate par l'ammoniaque fournit la m. sous forme d'un liquide incolore, qui bout à 227°.

La réduction du dinitro-mésitylène fournit de même le *Diamido-mésitylène* $C^6H(AzH^2)^2(CH^3)^3$, base diacide qui cristallise en aiguilles brillantes, fusibles à 90°.

**MÉSIE** ou **MŒSIE**, prov. de l'anc. empire romain (auj. Bulgarie et Serbie).

**MÉSINTELLIGENCE.** s. f. [Pr. *mézintel-lijan-se*] (R. *més*, préf., et *intelligence*). Mauvaise intelligence, défaut d'union, dissension entre personnes qui ont été ou qui devraient être bien ensemble. *Ils sont en m. Causer de la m. Entretenir, fomenter la m. entre les membres d'une famille. La m. se glissa parmi les puissances alliées.*

**MÉSINTERPRÉTATION.** s. f. [*mézin-terpréta-sion*]. (R. *més*, préf., et *interprétation*). Mauvaise interprétation.

**MÉSINTERPRÉTER.** v. a. [Pr. *mézin...*] (R. *més*, préf., et *interpréter*). Interpréter mal, à faux, d'une manière défavorable.

**MÉSITINE.** s. f. [Pr. *mé-zi...*] (gr. μεσίτης, intermédiaire, parce que sa composition chimique est intermédiaire entre celle de la Giobertite et celle de la Sidérose). Carbonate de magnésium et de fer, répondant à la formule $2CO^3Mg + CO^3Fe$. La m. se présente en cristaux rhomboédriques jaunâtres ou brunâtres, accompagnant la dolomie.

**MÉSITOL.** s. m. [Pr. *mézi-tol*]. T. Chim. Le *m.* ou *Oxy-mésitylène* est le phénol qui correspond au mésitylène. Il a pour formule $C^6H^2(OH)(CH^3)^3$. Il cristallise en lames fusibles à 69°, très solubles dans l'alcool et dans l'éther. Les alcalis le dissolvent en s'unissant à lui. On le prépare en fondant l'acide mésitylène-sulfonique avec la potasse caustique.

En opérant de même avec l'acide mésitylène-disulfonique on obtient la *Mésorcine* ou *Triméthyl-résorcine* $C^6H(OH)^2(CH^3)^3$. C'est le diphénol correspondant au mésitylène; il cristallise en lames brillantes; il fond à 149° et bout à 275°.

**MÉSITYLÈNE.** s. m. [Pr. *mézi...*] (gr. μεσίτης, intermédiaire; ὕλη, matière, et le suff. ène des carbures saturés). T. Chim. Hydrocarbure benzénique contenu dans les huiles légères du goudron de houille et dans les pétroles. C'est le triméthylbenzène symétrique $C^6H^3(CH^3)^3$, les groupes méthyle $CH^3$ occupant les positions 1, 3 et 5 sur le noyau de benzène. On peut l'obtenir en distillant un mélange d'acétone et d'acide sulfurique ou l'extraire de l'huile de goudron. Le m. est un liquide incolore, peu soluble dans l'eau, assez soluble dans l'alcool, très soluble dans l'éther. Il bout à 163°. Il forme avec l'acide picrique un composé cristallisé en lamelles jaunes. Le chlore attaque le m. à froid et se substitue à l'hydrogène du noyau benzénique en formant un dérivé chloré $C^6H^2Cl(CH^3)^3$ liquide, bouillant à 204°, et un dérivé dichloré $C^6HCl^2(CH^3)^3$ fusible à 59°; si l'on fait réagir le chlore à chaud sur la vapeur de m., on obtient des dérivés substitués dans les chaînes latérales : le *Chloro-m.* $C^6H^3(CH^3)^2(CH^2Cl)$ et le *Dichloro-m.* $C^6H^3(CH^3)(CH^2Cl)^2$ qui correspondent à l'alcool et au glycol mésityléniques. Le brome fournit des dérivés analogues. Traité par l'acide sulfurique, le m. donne naissance à de l'acide *m.-sulfonique* $C^6H^2(SO^3H)(CH^3)^3$ fusible à 77°, et à l'acide *m.-disulfonique* $C^6H(SO^3H)^2(CH^3)^3$ cristallisable et déliquescent; ces deux dérivés servent à préparer le mésitol et la mésorcine. L'acide azotique étendu et bouillant oxyde le m. en donnant les acides mésitylénique, uvitique et trimésique. Mais si l'on fait bouillir une solution acétique de m. avec de l'acide azotique fumant on obtient le *nitro-m.* $C^6H^2(AzO^2)(CH^3)^3$ fusible à 44°, le *dinitro-m.* $C^6H(AzO^2)^2(CH^3)^3$ fusible à 86°, et le *trinitro-m.* $C^6(AzO^2)^3(CH^3)^3$ fusible à 230°. La réduction de ces dérivés nitrés fournit l'amido-m. ou mésidine et le diamido-m. Voy. MÉSIDINE.

**MÉSITYLÉNIQUE.** adj. 2 g. [Pr. *mézi...*] (R. *mésitylène*). T. Chim. *L'alcool m.* ou *mésitylique* $C^6H^3(CH^3)^2CH^2OH$ correspond au chloro-mésitylène $C^6H^3(CH^3)^2CH^2Cl$ qui constitue son éther chlorhydrique. En traitant cet éther par l'acétate de potassium, on le transforme en éther acétique; ce dernier, par saponification, fournit l'alcool m. sous la forme d'un liquide huileux qui bout à 220°.

*L'Acide m.* $C^6H^3(CH^3)^2CO^2H$ se forme quand on oxyde le mésitylène par l'acide azotique étendu et bouillant. Il cristallise en prismes monocliniques, fusibles à 166°, sublimables, peu solubles dans l'eau, très solubles dans l'alcool.

Le *Glycol m.* $C^6H^3(CH^3)(CH^2OH)^2$ est un liquide épais, soluble dans l'alcool. Il bout à 280°. On le prépare en chauffant le dichloro-mésitylène avec de l'eau et du carbonate de plomb. Il correspond à l'acide uvitique.

La *Glycérine m.* $C^6H^3(CH^2OH)^3$, connue sous le nom de *Mésicérine*, est un liquide sirupeux cristallisant à la longue, soluble dans l'eau et dans l'alcool. L'acide correspondant est l'acide trimésique.

**MÉSITYLIQUE.** adj. 2 g. (gr. μεσιτής, intermédiaire; ὕλη, matière). T. Chim. Syn. de MÉSITYLÉNIQUE.

**MESLAY**, ch.-l. de c. (Mayenne), arr. de Laval; 1,800 hab.

**MESLE.** s. f. **MESLIER.** s. m. (lat. *mespilus*, m. s.). Anciens noms de la Nèfle et du Néflier. Voy. ROSACÉES.

**MESLIER** (JEAN), curé d'Étrépigny et de Bute-en-Champagne, incrédule célèbre (1664-1729).

**MESMER**, médecin allemand, auteur de la *Doctrine du magnétisme animal* (1733-1815). Voy. HYPNOTISME et MAGNÉTISME *animal.*

**MESMÉRIEN, IENNE.** adj. [Pr. *mesméri-in, iène*]. Qui est relatif au mesmérisme.

**MESMÉRISME.** s. m. Ensemble des idées et des pratiques de Mesmer. Voy. HYPNOTISME et MAGNÉTISME *animal.*

**MESMES** (JEAN-JACQUES DE), homme d'État fr., membre du conseil de Henri II (1490-1569). ‖ (HENRI DE), homme d'État, négociateur fr. (1531-1596).

**MÉSOCARPE.** s. m. [Pr. *mézo...*] (gr. μέσος, milieu; καρπός, fruit). T. Bot. Nom donné souvent à la partie charnue de la drupe. Voy. FRUIT.

**MÉSOCÉPHALE.** s. m. [Pr. *mé-zo-séfale*] (gr. μέσος, milieu; κεφαλή, tête). T. Anat. Protubérance de l'isthme de l'encéphale appelée aussi *Pont de Varole.* Voy. ENCÉPHALE.

**MÉSOCÉPHALIQUE.** adj. 2 g. [Pr. *mézo...*]. Qui est relatif au mésocéphale.

**MÉSOCHILIUM.** s. m. [Pr. *mézo-kili-on*] (gr. μέσος, milieu; χεῖλος, lèvre). T. Bot. Partie moyenne du tablier dans la fleur des Orchidées.

**MÉSOCÔLON.** s. m. [Pr. *mézo...*] (gr. μέσος, moyen; κῶλον, côlon). T. Anat. Nom donné à un repli du péritoine. Voy. PÉRITOINE.

**MÉSOCRANE.** s. m. (gr. μέσος, milieu, et *crâne*). T. Anat. Le milieu de la tête, le vertex.

**MÉSODERME.** s. m. [Pr. *mézo-derme*] (gr. μέσος, milieu, et *derme*). T. Bot. Partie de l'écorce comprise entre la couche tubéreuse et l'enveloppe herbacée. || T. Zool. Feuillet intermédiaire du blastoderme. Voy. EMBRYOLOGIE, HISTOGÉNIE.

**MÉSODISCAL, ALE.** adj. [Pr. *mézo...*] (gr. μέσος, milieu, et *disque*). T. Bot. Qui est en rapport avec le milieu du disque.

**MÉSOFFRIR.** v. n. [Pr. *mé-zo-frir*] (R. *més*, préf., et *offrir*). Offrir d'une marchandise beaucoup moins qu'elle ne vaut. *Les marchands surfont et les acheteurs mésoffrent.* Peu usité.

**MÉSOGASTRE.** s. m. [Pr. *mezo...*] (gr. μέσος, milieu; γαστήρ, ventre). Région moyenne de l'abdomen.

**MÉSOHIPPUS.** s. m. [Pr. *mé-zo-ip-pus*] (gr. μέσος, milieu; ἵππος, cheval). T. Paléont. zool. Espèce de Pachyderme fossile. Voy. DESCENDANCE.

**MÉSOLABE.** s. m. [Pr. *mézo...*] (lat. *mesolabium*, gr. μεσολάβιον, m. s., de μέσος, milieu; λαβεῖν, prendre). Ancien instrument de mathématiques qui servait à calculer les moyennes proportionnelles et résolvait mécaniquement le problème de la duplication du cube.

**MÉSOLE.** s. f. [Pr. *mé-zole*]. T. Minér. Variété de Thomsonite, en petites sphères ou en nodules dans les roches amygdaloïdes.

**MÉSOLINE.** s. f. [Pr. *mézo-line*] T. Minér. Variété grenue de Lévyne.

**MÉSOLITE.** s. f. [Pr. *mézo-lite*]. T. Minér. Silicate hydraté d'alumine, de chaux et de soude, en groupes d'aiguilles divergentes.

**MÉSOMÉRIE.** s. f. [Pr. *mézo...*] (gr. μέσος, milieu; μηρός, cuisse). Partie du corps qui se trouve entre les cuisses.

**MÉSOMÈTRE.** s. m. [Pr. *mézo...*] (gr. μέσος, milieu; μήτρα, matrice). T. Anat. Repli péritonéal qui unit l'utérus aux parois abdominales.

**MÉSOPHRAGME.** s. m. [Pr. *mézo-fragme*] (gr. μέσος, milieu; φράγμα, cloison). T. Zool. Cloison intérieure du thorax des insectes.

**MÉSOPHRYON.** s. m. [Pr. *mézo-frion*] (gr. μέσος, milieu; ὀφρύς, sourcil). Partie de la face qui est placée entre les deux sourcils.

**MÉSOPHYLLE.** s. m. [Pr. *mézo-fil-le*] (gr. μέσος, milieu; φύλλον, feuille). T. Bot. Tissu compris entre les deux lames d'une feuille.

**MÉSOPHYTE.** s. m. [Pr. *mézo-fite*] (gr. μέσος, milieu; φυτόν, végétal). T. Bot. Ligne de démarcation entre la tige et la racine d'une plante.

**MÉSOPOTAMIE.** Nom grec, sign. entre les fleuves, et désignant une région de l'Asie anc. comprise entre le Tigre et l'Euphrate, formant auj. l'Algésireh (Turquie d'Asie).

**MÉSOPOTAMIEN, IENNE.** adj. [Pr. *mézo-potami-in, iène*]. Qui a rapport à la Mésopotamie, ou généralement à une région située entre deux fleuves.

**MÉSOPRION.** s. m. [Pr. *mézo...*] (gr. μέσος, milieu; πρίων, scie). T. Ichth. Genre de *Poissons osseux*. Voy. PERCOÏDES.

**MÉSORCINE.** s. f. [Pr. *mézo...*] (gr. μέσος, moyen; fr. *orcine*). T. Chim. Voy. MÉSITOL.

**MÉSORECTUM.** s. m. [Pr. *mézo-rek-tome*] (gr. μέσος, milieu, et *rectum*). Expansion du péritoine qui maintient le rectum dans sa position naturelle. Voy. PÉRITOINE

**MÉSOSÈME.** adj. 2 g. [Pr. *mézo...*] (gr. μέσος, milieu; σῆμα, signe). Qui a un moyen indice, en parlant du crâne.

**MÉSOTHORAX.** s. m. [Pr. *mézo-to-raks*] (gr. μέσος, milieu, et *thorax*). T. Zool. Deuxième partie du corselet des insectes.

**MÉSOTYPE.** s. m. [Pr. *mézo-type*]. (gr. μέσος, milieu; τύπος, forme). T. Minér. Silicate hydraté d'aluminium et de sodium. Il se présente en prismes orthorhombiques allongés et groupés, transparents ou d'un blanc laiteux, ou encore en rognons bacillaires et fibreux, dans les roches amygdaloïdes.

**MÉSOXALIQUE.** adj. 2 g. [Pr. *mézo-ksalike*]. (gr. μέσος, milieu; fr. *oxalique*). T. Chim. L'*acide m.* est un acide bibasique et cétonique répondant à la formule $CO^2H.CO.CO^2H + H^2O$. Il se forme quand on chauffe l'alloxane avec de l'eau de baryte; on peut aussi l'obtenir en oxydant la glycérine par l'azotate de bismuth. Il cristallise en aiguilles déliquescentes qui fondent à 120° en retenant une molécule d'eau. Ses sels, les *Mésoxalates*, conservent aussi une molécule d'eau en cristallisant. Sa solution aqueuse se décompose à l'ébullition en anhydride carbonique et acide glyoxylique. Chauffé à 100° avec de l'urée, l'acide m. donne de l'allantoïne. Traité par l'hydrogène naissant il se convertit en acide tartronique.

**MÉSOXALYLURÉE.** s. f. [Pr. *mézo-ksalil-urée*]. T. Chim. Synonyme d'*Alloxane.*

**MÉSOZOÏQUE.** adj. 2 g. [Pr. *mé-zo...*] (gr. μέσος, milieu; ζῶον, animal). T. Géol. Se dit des terrains contenant des animaux moyennement récents.

**MESPILODAPHNÉ.** s. m. (lat. *mespilus*, néflier; fr. *daphné*). T. Bot. Genre de plantes Dycotylédones de la famille des *Myrtacées*. Voy. ce mot.

**MESQUIN, INE,** adj. [Pr. *mes-kin*]. (ital. *meschino*, m. s., de l'ar. *meskin*, pauvre). Qui fait une dépense fort au-dessous de sa fortune et de sa condition. *Cet homme est fort m. Cette femme est très mesquine.* || Se dit aussi des choses où l'on met plus de parcimonie qu'il ne convient. *Une dépense mesquine. Des meubles, des habits mesquins. Un équipage m. Mener une vie mesquine.* — *Avoir l'air m., la mine mesquine*, Avoir l'air pauvre, la mine chétive. || En parlant des choses morales, signifie qui manque de grandeur, de noblesse. *Une politique mesquine. Une idée, une action mesquine.* || Dans les Beaux-Arts, sign. Qui manque de largeur, d'ampleur, de noblesse. *Cette figure est mesquine, est d'un caractère m., d'un dessin sec et m. Architecture, décoration mesquine.*

**MESQUINEMENT.** adv. [Pr. *meski-neman*]. D'une façon mesquine. *Il nous donna à dîner fort m. Il est vêtu m. Il vit m. Ce tableau est dessiné bien mesquinement.*

**MESQUINERIE.** s. f. [Pr. *meski-neri*]. (R. *mesquin*). Économie exagérée. *Vit-on jamais pareille m.? Elle est d'une m. ridicule.* || Ce qui présente le caractère d'une économie excessive. *La m. d'un dîner, d'une fête. La m. de son mobilier, de son équipage.* || En parl. des choses morales et des œuvres de l'art, Manque de grandeur, de noblesse, de largeur. *La m. de sa politique. La m. de ses idées. La m. d'un projet, d'un plan. La m. d'une composition. La m. de cette architecture... La m. d'une décoration.*

**MESQUIS.** s. m. [Pr. *mes-ki*]. T. Techn. Voy. CUIR, VI. C.

**MESRAÏM** ou **MISRAÏM**, nom de l'Égypte dans la Bible.

**MESS.** s. m. (angl. *mess*, m. s., qui provient lui-même du fr. *mets*). Table particulière d'officiers du même corps, prenant ensemble leurs repas.

**MESSAGE.** s. m. [Pr. *mè-sa-je*] (bas lat. *missaticum*, m. s., de *missus*, envoyé). Commission de dire ou de porter quelque chose. *Un bon, un fâcheux m. Il s'est bien acquitté de son m. Si vous voulez, je ferai votre m.* || La chose que le messager est chargé de dire ou de porter. *Il m'a porté votre m. J'ai reçu vos messages.* || Dans le langage parlementaire, Communication officielle que le chef du pouvoir exécutif adresse au pouvoir législatif, ou que l'une des Chambres adresse à l'autre. *Avez-vous lu le m. du Président?*

**MESSAGER, ÈRE.** s. [Pr. *mè-sa-jé*]. Qui fait un message, qui vient annoncer quelque chose, soit de lui-même, soit de la part d'un autre. *Un m. fidèle. Envoyer m. sur m. Je serai votre messagère.* || Particul., Celui, celle qui fait profession de porter des paquets d'une ville à une autre pour le compte du public. *M. à pied, à cheval. Portez ce paquet à la messagère.* — Poétiq., *Le m. des dieux*, Mercure. *La messagère de Junon*, Iris

Regardez de Junon briller la messagère.
CORNEILLE.

*La messagère du jour*, l'Aurore. — Prov., *M. de malheur*, Celui qui apporte ou qui est dans l'habitude d'apporter de mauvaises nouvelles. || *M. d'État*, Fonctionnaire chargé de porter les messages d'un des grands pouvoirs de l'État. || Fig., Avant-coureur, annonce, présage. *Les hirondelles sont les messagères du printemps.*

Le hibou,
Des désastres fameux ce messager fidèle.
BOILEAU.

*Ces prodiges effrayants sont des messagers de la colère céleste.*

**Ornith.** — Le *Messager*, appelé aussi *Secrétaire* ou *Serpentaire* (*Serpentarius reptilivorus*) [Fig. ci-dessous], est un oiseau de proie diurne qui constitue à lui seul un genre parfaitement distinct, et que l'on reconnaît au premier coup d'œil à la longueur de ses tarses. Cet oiseau forme par là le passage des Rapaces aux Échassiers, et se rapproche en outre de plusieurs espèces de ce dernier ordre par les tubercules os-

seux dont ses ailes sont armées. Enfin, de même que ces derniers, il court très vite, et marche plus encore qu'il ne vole. Le M. a le cou et le manteau d'un gris bleuâtre, les ailes noires, la gorge et la poitrine mélangées de blanc; il porte une large plume à l'occiput (d'où le nom de *Secrétaire* qu'on lui a donné par allusion à ces écrivains qui font de leur oreille un porte-plume), et les deux pennes médianes de sa queue dépassent beaucoup les autres. Le M. habite les lieux arides et déserts de l'Afrique australe, particulièrement ceux du Cap. Il se nourrit de lézards, de petites tortues, d'insectes et surtout de serpents auxquels il fait la chasse avec une adresse singulière. Pris jeune, il s'apprivoise facilement; au Cap, on le tient souvent dans les basses-cours où il maintient l'ordre en empêchant les querelles et les combats, et où, de plus, il détruit les lézards, les rats et les serpents. On avait essayé d'introduire cet oiseau à la Martinique, dans l'espérance qu'il purgerait l'île d'une espèce de serpent fort redoutable, le Trigonocéphale ou Vipère fer-de-lance, qui l'infeste; mais l'expérience, ayant été faite sur une trop petite échelle et sans soin, échoua : elle est donc à recommencer.

**MESSAGERIE.** s. f. [Pr. *mè-sa-jeri*]. (R. *messager*). Établissement où l'on fait partir à jour et à heures fixes, pour une ou plusieurs villes, des voitures dont on loue les places à des voyageurs. *Les messageries générales. Entrepreneur de m.* || Par ext., Le lieu où la messagerie a son bureau et ses voitures. *Aller à la m. J'ai passé aux messageries.* — Se dit aussi des voitures établies pour ce service. *Aller par la m. Prendre les messageries. Envoyer par les messageries.* || T. ch. de fer. Transport des colis qu'on envoie. || Se dit aussi des transports maritimes, *Compagnie des Messageries maritimes.*

**MESSAGISTE.** s. m. [Pr. *mè-sa-jiste*]. Entrepreneur de messagerie.

**MESSALINE.** s. f. Nom de la femme de l'empereur Claude, née vers l'an 15, mise à mort en l'an 48. Par allusion aux mœurs de cette impératrice fameuse, il s'emploie quelquefois pour signifier une femme extrêmement dissolue. *C'est une messaline.*

**MESSAPIE**, région de l'Italie anc. (auj. terre d'Otrante).

**MESSE.** s. f. [Pr. *mè-se*] (lat. *missa*, de *mittere*, renvoyer). T. Théol. Le sacrifice du corps et du sang de Jésus-Christ, qui se fait par le ministère du prêtre à l'autel, suivant le rit prescrit par l'Église. *Dire, célébrer, entendre la m. Aller à la m. Chanter la m. Manquer la m. Fonder une m. Sonner la m. Livre de m. La m. est à l'évangile. Au sortir de la m.* — *La première m.*, Celle qui se dit au point du jour. *La première m. d'un prêtre*, La première qu'il dit après son ordination. || Famil., *Ce prêtre vit de ses messes, Il n'a que ses messes pour vivre*, Il vit des rétributions qu'il reçoit pour célébrer la messe. || Se dit aussi de la musique composée pour une grand'messe. *Cette m. est un chef-d'œuvre. Les messes de Chérubini.*

**Théol.** — La *Messe* est le sacrifice de la loi nouvelle par lequel le prêtre offre à Dieu le corps et le sang de Jésus-Christ sous les apparences du pain et du vin. Dans un sens plus étendu, le terme de *Messe* désigne aussi l'ensemble des prières et des cérémonies que l'Église emploie dans la célébration du saint sacrifice.

I. *De l'Eucharistie comme sacrifice.* — L'eucharistie n'est pas seulement un sacrement : ainsi que nous l'avons déjà dit, elle est encore un vrai sacrifice. Les Pères du concile de Trente ont formulé en ces termes la foi de l'Église catholique à ce sujet : « Quoique N.-S. dût s'offrir lui-même à Dieu son père, en mourant sur l'autel de la croix, pour y opérer la rédemption éternelle; néanmoins, parce que son sacerdoce ne devait pas s'éteindre par sa mort, voulant laisser à l'Église, sa chère épouse, un sacrifice visible, tel que la nature des hommes le requérait, et par lequel ce sacrifice sanglant, qui devait s'accomplir une fois sur la croix, fût représenté, la mémoire en fût conservée jusqu'à la fin des siècles, et la vertu si salutaire en fût appliquée pour la rémission des péchés que nous commettons tous les jours, dans la dernière cène, la nuit même qu'il fut livré, se déclarant prêtre établi pour l'éternité selon l'ordre de Melchisédech, il offrit à Dieu le Père son corps et son sang sous les espèces du pain et du vin; et sous les symboles de ces mêmes choses, il les présenta à ses apôtres, qu'il établissait alors prêtres du Nouveau Testament, et, par ces paroles : *Faites ceci en mémoire de moi*, il leur ordonna à eux et à leurs successeurs dans le sacerdoce, de les offrir, ainsi que l'Église catholique l'a toujours entendu et enseigné. C'est cette offrande pure, qui ne peut être souillée par l'indignité ni par la malice de ceux qui l'offrent, que le Seigneur a prédit par Malachie *devoir être offerte en tous lieux à son nom, qui devait être glorifié parmi les nations.* C'est de cette oblation que parlait saint Paul, lorsqu'il dit aux Corinthiens, que *ceux qui sont souillés par la participation de la table des démons ne peuvent participer à la table du Seigneur*, prenant le nom de *table* pour *l'autel* dans l'un et l'autre endroit. Si donc quelqu'un dit que, dans la m., on n'offre pas à Dieu un sacrifice véritable et proprement dit, ou que l'offrir n'est autre chose que de nous donner J.-C. à manger, qu'il soit anathème. Si quelqu'un dit que par ces paroles : *Faites ceci en mémoire de moi*, J.-C. n'a pas établi les apôtres prêtres, ou qu'il n'a pas ordonné qu'eux et les autres prêtres offrissent son corps et son sang, qu'il soit anathème. Si quelqu'un dit que par le sacrifice de la messe on commet un blasphème envers le très saint sacrifice de J.-C. consommé sur la croix, ou qu'on déroge à ce sacrifice, qu'il soit anathème. »

Ces décrets du concile sont dirigés contre les novateurs du XVIe siècle, qui niaient que l'eucharistie fût un sacrifice. Cette négation, il est vrai, était une conséquence logique de leur opinion sur le sacrement eucharistique lui-même. En effet, niant la transsubstantiation et la présence réelle, ils supprimaient la matière du sacrifice : pour eux la divine hostie n'existait plus.

Le sacrifice de la m. a les mêmes effets que le sacrifice de la croix dont il ne diffère que par la manière dont il s'accomplit sur nos autels. En conséquence, il est *latreutique*, *eucharistique*, *impétratoire*, et *propitiatoire*. Ce sacrifice est *latreutique*, car il a pour objet de rendre à Dieu le culte d'adoration et de latrie : c'est un sacrifice de louange, par lequel nous reconnaissons le souverain domaine de Dieu sur les créatures. C'est un sacrifice *eucharistique*, c.-à-d. d'action de grâces, attendu que nous y rendons grâce à Dieu de ses bienfaits. Il est *impétratoire*, car J.-C., notre médiateur auprès de Dieu, étant sur l'autel comme victime, intercède pour nous en représentant continuellement à son Père la mort qu'il a soufferte pour nous sauver. Enfin, il est *propitiatoire*, car il apaise la colère de Dieu, et nous obtient la grâce de la conversion, l'esprit de pénitence, la rémission des péchés, en nous appliquant la vertu et le prix du sacrifice de la croix. Cette croyance est un article de foi : « Si quelqu'un, dit le concile de Trente, soutient que le sacrifice de la m. est seulement un sacrifice de louange et d'actions de grâces, ou une simple mémoire du sacrifice qui a été fait sur la croix, et qu'il n'est pas propitiatoire, ou qu'il n'est profitable qu'à celui qui le reçoit, et qu'il ne doit point être offert pour les vivants et pour les morts, pour les péchés, les peines, les satisfactions et autres nécessités, qu'il soit anathème. »

II. *Cérémonies de la messe.* — Pendant les premiers temps de l'Église, on ne se servait pas du mot *messe* pour désigner le saint sacrifice. Dans les pays où dominait la langue grecque, on l'appelait *Liturgie*, c.-à-d. office public, ou *Synaxe*, c.-à-d. assemblée; la première de ces deux expressions est même encore en usage chez les chrétiens orientaux. Dans les contrées, au contraire, où régnait la langue latine, on se servait des expressions *Cène*, *Oblation*, *Communion*, *Sacrifice*, *Mystère sacré*, etc. Quant au terme dont l'Église latine se sert aujourd'hui, *Missa*, dont nous avons fait *messe* en français, c'est une forme ancienne du latin *missio*, qui signifie « congé, renvoi ». Cette dénomination vient de l'usage où l'on était dans l'Église primitive, de faire sortir, avant l'oblation du pain et du vin, les catéchumènes et les pénitents publics, auxquels il n'était pas permis d'assister à cette auguste cérémonie. Lorsque le moment pour eux de se retirer était venu, un diacre les avertissait par ces paroles : « *Ite, missa est* (sous-entendu *ecclesia*), Retirez-vous, l'assemblée est terminée (pour vous) ». Au reste ce terme de *missa*, pour désigner le saint sacrifice, est fort ancien dans l'Église, car saint Ambroise, saint Augustin et le pape saint Léon l'emploient déjà dans ce sens.

Les auteurs liturgiques reconnaissent plusieurs parties dans la m. Les anciens n'en admettaient que deux : la *M. des catéchumènes*, qui s'arrêtait à l'oblation exclusivement, et la *M. des fidèles*, qui commençait avec l'explication de l'évangile avant l'oblation. Aujourd'hui on partage généralement la m. en six parties : la *préparation*, l'*instruction*, l'*oblation*, le *canon*, la *communion* et l'*action de grâces*. Le canon et la communion forment seuls la m. proprement dite. De plus, ces deux parties se composent de formules invariables, tandis que les prières et les cérémonies des quatre autres varient suivant les solennités.

1° La *Préparation* comprend l'antienne *Introibo ad altare*, extraite du psaume *Judica me, Deus*, et le *Confiteor*, que le prêtre et les assistants récitent alternativement après avoir fait le signe de la croix. Ces prières sont dites au bas de l'autel. En montant à ce dernier et en le baisant, le prêtre récite à voix basse deux courtes prières qui terminent la première partie de la m. — 2° L'*Instruction* commence par une antienne, appelée *Introït*, du latin *introitus*, entrée, qui, dans les messes hautes, est chantée par le chœur pendant que le prêtre, accompagné de ses ministres, sort de la sacristie pour aller à l'autel. Après cette antienne, on implore la miséricorde de Dieu par le *Kyrie eleison*; on célèbre sa gloire par le *Gloria in excelsis*; ensuite, le prêtre dit une prière qu'on appelle *Collecte*, c.-à-d. réunion, soit parce que c'est la première oraison prononcée au moment où tous les fidèles sont réunis, soit parce qu'elle est comme un résumé des demandes que le peuple adresse au ciel par le ministère du célébrant, comme une récapitulation sommaire du mystère de la fête que l'on célèbre. Après la collecte viennent des lectures pieuses qui sont tirées, sauf quelques exceptions, des Épîtres canoniques de saint Pierre, saint Paul, saint Jacques, saint Jean et saint Jude, pour les dimanches, et des Actes des apôtres ou de l'Ancien Testament, pour les fêtes. Ces lectures sont désignées sous la dénomination générique d'*Épîtres*, parce que, dans le principe, on les prenait le plus souvent dans les Épîtres de saint Paul. Après l'épître, on chante le *Graduel* qui consiste en un psaume ou une partie d'un psaume. Ce nom de graduel vient de ce qu'autrefois le chantre se plaçait sur les degrés de l'ambon. On ajoute à ces versets des chants de circonstance, tels que des *Alleluia*, des *Traits* ou des *Proses*, suivant les sentiments de joie ou de tristesse qu'inspire la solennité. Ensuite, on lit l'*Évangile*, dont l'explication doit être faite souvent aux fidèles. Cette explication se nomme *Prône*, parce que c'est à cet endroit de la m. que l'on fait la proclamation des bans, l'annonce des jeûnes et des fêtes, etc. Elle est suivie du *Credo*, ou symbole des apôtres, par lequel on fait profession de foi aux vérités chrétiennes. — 3° L'*Oblation* est la partie de la m. où le prêtre offre à Dieu le pain et le vin qui doivent être changés au corps et au sang de J.-C. Il les offre séparément, le pain, qu'il appelle par anticipation *hostie*, ou victime, sur un petit vase plat appelé *Patène*, et le vin, dans une coupe qu'on nomme *Calice*. Cette double oblation est accompagnée de prières qui remontent en partie à l'époque où les fidèles faisaient des offrandes au prêtre pour le saint sacrifice. Une d'elles se nomme *Offertoire*, parce qu'autrefois elle se disait au moment où le peuple présentait les offrandes. Après l'avoir récitée, le prêtre se tourne vers ses fidèles et les engage à prier, *Orate, fratres*, pour les prévenir que le sacrifice va commencer. Il termine en disant tout bas l'oraison appelée *Secrète*, soit parce qu'on doit la réciter à voix basse, soit, ce qui paraît plus probable, parce qu'on la faisait primitivement avant la séparation (*secernere*, séparer) des catéchumènes et des pénitents publics d'avec les fidèles. — 4° Le *Canon* est la règle ou formule de prières et de cérémonies que le prêtre doit suivre pour consacrer l'eucharistie; il constitue la partie la plus importante et la plus auguste de la m. : c'est le sacrifice proprement dit. Il est précédé de la *Préface*, qui lui sert d'introduction. La préface elle-même est terminée par le *Sanctus* ou *Trisagion*, invocation que l'on adresse au Dieu trois fois saint. Après cette invocation, le prêtre, seul et à voix basse, récite la formule du canon. Cette formule se résume en cinq actions capitales : oraisons pour l'Église militante, communion avec l'Église triomphante, consécration, suffrage pour l'Église souffrante, glorification du Seigneur en J.-C. et dans l'unité ou union de l'Esprit-Saint. Dans la section relative à la consécration, aussitôt que le prêtre a consacré l'hostie, il se prosterne et l'élève en haut pour l'offrir à l'adoration des fidèles; il fait de même pour le calice, après la consécration du vin : c'est à cette cérémonie que l'on donne le nom d'*Élévation*. — 5° La *Communion* commence par une petite *Préface* que suit immédiatement la récitation du *Pater*. Puis, après une courte prière, le célébrant rompt l'hostie consacrée, en met une petite partie dans le calice, se prosterne, se frappe la poitrine en implorant à trois reprises la miséricorde de l'Agneau qui ôte les péchés du monde, adresse à J.-C. une prière pour demander la paix, se frappe de nouveau la poitrine, en répétant les paroles du publicain qui se proclamait indigne de recevoir J.-C. dans sa demeure, puis il communie sous l'espèce du pain et sous celle du vin. Quand il a communié lui-même, il donne la communion à ceux des fidèles qui se sont préparés à la recevoir. — 6° L'*Action de grâces* se compose de deux courtes prières appelées, l'une *Communion*, et l'autre *Postcommunion*. La première, qui est dite par le célébrant après qu'il a pris les ablutions, est ainsi nommée parce qu'autrefois on la chantait avec un psaume pendant que le peuple communiait. Dans la postcommunion, le prêtre remercie Dieu tant pour lui-même que pour les fidèles qui ont participé aux divins mystères, et lui demande la grâce d'en ressentir et d'en conserver les fruits. Après la postcommunion, le prêtre congédie les fidèles par l'*Ite, missa est*. Cependant, avant que l'assemblée se retire, il dit encore une courte oraison, donne la bénédiction au peuple et récite le commencement de l'évangile de saint Jean sur l'incarnation du Verbe.

Parmi les règles établies par l'Église pour la célébration de la m., il en est une surtout qui a été vivement attaquée par les protestants et par quelques philosophes : c'est celle qui proscrit l'usage exclusif de la langue latine, et interdit l'emploi de la langue vulgaire. Cependant les raisons de cette proscription sont assez sérieuses. Une langue vulgaire étant sujette à varier on serait exposé à changer souvent les paroles du sacrifice. Pour être logique, il ne suffirait pas, en France, de dire la m. en français, il faudrait, dans les campagnes, la célébrer en mille patois différents. En outre, si chaque prêtre célébrait dans l'idiome de son pays, il serait impossible d'entretenir la communication continuelle qui doit exister entre les différentes Églises, communication qui est merveilleusement établie au moyen de la langue latine, devenue ainsi la langue ecclésiastique. Enfin, le respect pour l'usage ancien commande de maintenir pour le saint sacrifice, ainsi que pour les divers offices, la conservation de la langue dans laquelle ils ont été primitivement célébrés. En conséquence, l'Église d'Occident a toujours conservé la langue latine, de même que l'Église grecque et l'Église syriaque ont conservé la langue grecque et la langue syriaque, qui cependant sont aujourd'hui des langues mortes pour les simples fidèles.

On donne différents noms à la m., suivant la langue, le rit, l'intention, le degré de solennité, etc., avec lesquels on la célèbre. Ainsi, sous le rapport du rit et de la langue, on distingue la *M. grecque*, qui se dit en grec et suivant le rit de l'Église grecque; la *M. latine* ou *romaine*, qui se dit en latin et suivant le rit de l'Église latine ou de Rome, etc. Les *Messes ambrosienne, mozarabe, gallicane*, etc., sont celles qui se célèbrent conformément aux rites en usage dans les liturgies ainsi qualifiées. Au point de vue de l'intention, nous citerons les *Messes des morts* et celle des *Saints*, dont le nom seul fait connaître l'objet. On nomme *M. du jour*, celle qui est propre au temps où l'on est et à la fête que l'on célèbre, et *M. votive*, celle qui a lieu pour quelque dévotion particulière, et qui n'est point de l'office du jour. Telles sont, par ex., les *Messes du Saint-Esprit*, qui se célèbrent communément avant l'ouverture des séances d'une assemblée publique, d'une cour judiciaire, etc., pour appeler la protection du Saint-Esprit sur les travaux de cette assemblée, et qui commencent toujours par une invocation à la troisième personne de la Très Sainte Trinité. Autrefois, en France, on appelait *M. rouge*, la m. du Saint-Esprit que les cours souveraines de justice faisaient célébrer après les vacances pour leur rentrée, et à laquelle elles assistaient en robes rouges. En ce qui concerne le plus ou moins de solennité, on appelle *M. solennelle, M. haute, Grande m.* ou *Grand'm.*, celle qui est chantée par des choristes et que l'on célèbre quelquefois avec diacre et sous-diacre. Par opposition, on nomme *M. basse* ou *Petite m.*, celle qui est dite par un prêtre seul et sans chant, les prières étant simplement récitées. La *M. paroissiale* est celle qui se célèbre dans l'église de la paroisse à une heure fixe et réglée afin que tous les paroissiens puissent s'y trouver. Comme c'est à cette m. qu'assiste le plus grand nombre des fidèles, c'est pendant sa célébration que l'on fait généralement le prône et les diverses publications énumérées plus haut. On appelle *M. privée*, celle dans laquelle le prêtre communie seul et célèbre sans assistants et sans solennité. Autrefois on donnait le nom de *M. sèche* à un simulacre de m. où il ne se faisait ni consécration ni communion, et qui, par conséquent, manquait de l'onction eucharistique. Cette espèce de m. se disait le soir, aux enterrements qu'on n'avait pu faire le matin. On l'appelait aussi *M. nautique*, parce qu'on la célébrait sur mer, où l'on craignait d'offrir le saint sacrifice, à cause du mouvement du navire qui pouvait faire répandre sur l'autel le précieux sang.

*Messes ad intentionem.* — Certaines paroisses de Paris reçoivent beaucoup plus de demandes de messes à célébrer qu'il n'est possible de le faire, chaque prêtre ne disant qu'une messe par jour. Il s'est établi de ce chef une sorte de bourse où se fait une cession d'intention de messes transmises aux prêtres de campagne, qui, en général, disent leur messe gratuitement. Les prix augmentent ou diminuent selon le nombre des demandes. D'une façon générale, et d'après le cours moyen, si, par exemple, un prêtre parisien a reçu 2 francs par messe demandée, il garde 1 franc pour lui, abandonne 0 fr. 50 à l'agence intermédiaire et finalement le curé de campagne reçoit 0 fr. 50 pour dire sa messe *ad intentionem*.

**MESSÉANCE.** s. f [Pr. *mé-sé-anse*]. (R. *messéant*). Manque de bienséance. *Il y a de la m. à s'habiller ainsi. Il y a de la m. à un magistrat de faire telle chose.*

**MESSÉANT, ANTE.** adj. [Pr. *mé-séan*]. (Part. de *messeoir*). Qui est contraire à la bienséance. *Une parole, une posture messéante. Il est m. à un prêtre de s'occuper de ces choses-là.* = Synon. Voy. MALSÉANT.

**MESSEI,** ch.-l. de c. (Orne), arr. de Domfront, 1,200 hab.

**MESSÈNE.** v. cap. de la Messénie (Grèce anc.), détruite par les Spartiates, puis rebâtie par Épaminondas; v. moderne; 5,900 hab.

**MESSÉNIE.** anc. contrée du Péloponèse; v. pr. *Messène, Ira, Ithème, Mithone.* = GOLFE DE MESSÉNIE, au S. du Péloponèse, auj. golfe de Calamata.

**MESSEOIR.** v. n. [Pr. *mé-souar*]. (R. *més*, préf., et *seoir*). N'être pas convenable, n'être pas séant. *Cette parure messied à votre âge. Cette couleur ne vous messiéra pas.* — Ce verbe s'emploie dans les mêmes temps que *Seoir*, et, comme ce dernier, n'est plus en usage à l'infinitif.

**MESSER.** s. m [Pr. *mé-sère*]. Vieux mot qui signifiait Messire, et ne se dit que dans la poésie marotique. *De cet accueil Messer Bertrand surpris...* || *Messer Gaster*, L'estomac.

**MESSIANIQUE.** adj. 2 g. [Pr. *mè-si-anike*]. Qui a rapport au Messie. *Le règne m. Les prophéties, les idées messianiques.*

**MESSIANISME.** s. m. [Pr. *mè-si-anisme*]. Nouvel enseignement promettant le développement de la parole du Messie.

**MESSIANISTE.** s. m. [Pr. *mè-si-aniste*] Partisan du messianisme.

**MESSIANITÉ.** s. f. [Pr. *mè-si-anité*]. Caractère du Messie.

**MESSIDOR.** s. m. [Pr. *mes-sidor*]. (lat. *messis*, moisson; gr. δῶρον, présent). Le dixième mois du calendrier républicain. Voy. CALENDRIER.

**MESSIE.** s. m. [Pr. *mé-sie*] (lat. *messies*, m s., de l'hébr. *maschiach*, oint). || Hist. relig. Voy. ci-après. || Fig. *Attendre quelqu'un comme le M.*, l'attendre avec impatience.

**Relig.** — La qualification de *Messie*, dont le mot grec *Christos* n'est que la traduction, était attribuée chez les Juifs aux rois, aux prophètes, aux sacrificateurs, etc. C'est ainsi, par ex., qu'Isaïe l'applique à Cyrus. Mais le nom de *Messie* employé d'une manière absolue désigne le libérateur que, d'après la Bible, Dieu avait promis à Adam pour racheter l'homme de sa chute, qui avait été annoncé par les prophètes, et dont la venue était attendue non seulement par les Juifs, mais encore par tous les peuples de l'Orient. Cependant les Juifs se figurèrent que le M. envoyé par Dieu devait être un roi puissant, plus glorieux que Salomon, qui affranchirait la nation du joug de la domination étrangère, l'élèverait au-dessus de tous les autres peuples et la ferait vivre au sein d'une paix et d'une félicité parfaites. Ces idées pratiques sur la mission du rédempteur jetèrent surtout des racines profondes dans l'esprit des Hébreux, à l'époque où ils gémissaient dans la captivité de Babylone. Cet état d'esprit explique pourquoi Jésus ne parvint à se faire reconnaître pour le M. attendu que par un très petit nombre. La grande majorité du peuple juif continua d'espérer et d'implorer la venue du M. Alors divers imposteurs, en promettant de le délivrer du joug des Romains, se donnèrent pour ce M. toujours attendu, provoquèrent diverses insurrections, et ne firent qu'attirer sur la nation la vengeance du conquérant. De tous ces imposteurs, le plus fameux est Barchocebas, qui parut sous le règne d'Adrien, l'an 131 de notre ère. Il parvint à réunir une grosse armée que les Romains détruisirent après une guerre meurtrière. Lui-même fut fait prisonnier, et périt dans les supplices (136). C'est de cette époque que date l'entière dispersion du peuple Juif. Cette dispersion néanmoins n'empêcha pas l'apparition de nouveaux faux messies. Tels furent, au Ve siècle, un certain Moïse, dans l'île de Candie; au VIe, un nommé Julien, en Palestine, et au XVIIe, en 1666, un nommé Sabathaï-Sévy. Les Juifs d'Orient reconnurent en foule ce dernier comme roi d'Israël; mais il fut pris par les Turcs, et, pour sauver sa vie, il consentit à se faire mahométan. — Voy. VERBE.

**MESSIER.** s. m. [Pr. *mè-sié*] (lat. *messarius*, m. s., de *messis*, moisson). Homme commis à la garde des récoltes sur pied et des fruits pendants par racines. *Les messiers de la commune l'ont surpris cueillant des raisins.*

**MESSIER** (CHARLES), astronome fr. (1730-1817).

**MESSIEURS.** s. m. pl. [Pr. *mè-sieu*]. Voy. MONSIEUR.

**MESSIN** (PAYS), territoire de Metz.

**MESSINE.** anc. Zanthe, v. et port de Sicile sur le détroit de Messine; 126,500 hab. = Nom des hab. MESSINOIS, OISE.

**MESSINE** (PHARE ou DÉTROIT DE), détroit large de 6 kil. qui sépare la Sicile de l'Italie.

**MESSIRE**. s. m. [Pr. *mè-sire*] (ital. *messere*, pour *mio sire*). Titre d'honneur qui se donnait anciennement dans les actes à des personnes distinguées, mais qui, depuis, ne s'est plus donné qu'au chancelier de France. || *Poire de messire Jean*. Voy. POIRIER.

**MESTRANCE**. Voy. MAISTRANCE.

**MESTRE**. s. m. T. Mar. Voy. MEISTRE.

**MESTRE DE CAMP**. s. m. Voy. COLONEL.

**MESUA**. s. m. T. Bot. Genre de plantes Dicotylédones de la famille des *Clusiacées*. Voy. ce mot.

**MESURABLE**. adj. 2 g. [Pr. *me-zu*...]. Qui se peut mesurer.

**MESURAGE**. s. m. [Pr. *me-zu*...]. Action de mesurer. || T. Arpent. Procès-verbal de l'arpenteur, auquel est ordinairement annexé le plan figuré de l'arpentage.

**MESURE**. s. f. [Pr. *me-zu-re*] (lat. *mensura*, m. s.). Action de mesurer. Résultat de cette action, c.-à-d. le nombre qui résulte de la mesure. || L'unité employée pour la mesure, ou l'objet qui sert à mesurer, et, en général, toute quantité prise pour terme de comparaison, et qui sert à évaluer la grandeur d'autres quantités en général de même nature. *M. juste. Faire bonne m., mauvaise m. M. rase, comble. Vendre à faux poids et à fausse m. — L'unité des poids et des mesures, L'unité des poids et mesures. Le système des poids et mesures*. — Fig., *Avoir deux poids et deux mesures*. Juger des mêmes choses par des règles différentes et avec partialité. *Il a comblé la m., la m. est comble*, se dit de quelqu'un qui, par ses crimes ou par ses fautes réitérées, s'est rendu indigne de pardon. Famil., *Faire tout avec poids et m.*, Faire tout avec attention, avec prudence, sans précipitation. || La quantité que peut contenir le vaisseau qui sert de mesure pour vendre en détail certaines denrées. *Une m. de sel, d'avoine*. || Bande de papier sur laquelle les tailleurs, les couturières, etc., marquent toutes les longueurs et les largeurs du vêtement qu'ils ont à faire. || Dimension. *Prendre les mesures d'un bâtiment, d'une colonne. Prendre la m. d'un homme pour lui faire un habit. Se faire prendre la m. d'un habit*. || T. Mus. La division de la durée d'un air en parties égales, lesquelles sont indiquées, dans l'exécution, par le retour périodique d'un temps fort, et, dans l'écriture musicale, par des lignes verticales. *M. à deux temps, à trois temps. Cette phrase se compose de six mesures. Sentir, observer la m. Hâter, presser, ralentir la m. — Battre la m.*, Marquer la m. par des mouvements égaux de la main ou du pied. — *Chanter, jouer, danser, aller en m.*, Observer exactement la mesure en chantant, etc. On dit, dans le sens contraire, *Etre hors de m. Manquer à la m. Perdre la m.* || T. Versif. Se dit du nombre et de l'arrangement des pieds, ou seulement des syllabes, qui caractérisent chaque espèce de vers. *Cet hexamètre pèche contre la m., il n'a point de césure. Cet alexandrin est trop court d'une syllabe, la m. n'y est pas. On retient plus aisément les vers que la prose, à cause de la m.* || T. Man. *La m., la cadence d'un cheval*, se dit en parl. de ses allures. *Ce cheval fournit son air avec toute la m. et la précision possibles*. || T. Escr. La distance convenable pour parer ou pour porter un coup de fleuret ou d'épée. *Etre à la m. Etre hors de m. Rompre la m.*, Se mettre hors de portée de recevoir un coup de fleuret ou un coup d'épée. *Serrer la m.* Avancer sur son adversaire. — Fig. et Fam., *Serrer la m.* Presser vivement son adversaire dans une discussion. *Etre en m. de faire une chose*, Avoir les moyens nécessaires, se trouver dans les circonstances convenables pour faire une chose, pour y réussir. *Etre hors de m.*, N'être plus en position, en état de faire une chose. *Mettre quelqu'un hors de m.*, Le déconcerter dans une discussion, ou déranger ses projets. = Figur., au sens moral, se dit des précautions, des moyens qu'on prend pour arriver au but qu'on se propose. *C'est une excellente m. pour réprimer cet abus. Cette m. a été mal exécutée. Il avait pris des mesures de longue main pour avoir cette place. Il a pris de fausses mesures. Il a pris ses mesures. Cet événement déconcerta toutes ses mesures*. — *Prendre une demi-m.*, prendre des moyens insuffisants. — *Rompre les mesures de quelqu'un*, Traverser les desseins de quelqu'un et empêcher qu'ils ne réussissent. || Fig., sign. aussi, Bornes, limites. *L'imagination passe presque toujours la m. du possible. Les besoins de l'homme allant toujours croissant, on ne saurait assigner une m. naturelle du nécessaire. Tâchez de vous accommoder à la m. de son esprit*. || Fig., se dit encore dans le sens de modération, retenue, sentiment et observation des bienséances. *Avoir de la m., beaucoup de m. N'avoir pas de m. Passer la m. N'avoir aucune m. Etre sans m. Etre toujours dans la m. Garder la m. en tout. Ne garder la m. en rien. Il lui a parlé avec beaucoup de m. Il n'a gardé aucune m. avec moi, envers moi*. = OUTRE MESURE, SANS MESURE. loc. adv. Avec excès. *Il a été battu outre m. Il dépense sans m.* = AU FUR ET A MESURE. Voy. FUR. = A MESURE DE., loc. prépos. A MESURE QUE. loc. conj. Selon que, à proportion et en même temps que. *Vous serez payé à m. de votre travail, ou à m. que vous travaillerez. A m. que l'un avançait, l'autre reculait*. — Elliptiq., *Vous n'avez qu'à travailler, on vous paiera à m.*

**Math**. — En mathématiques, le mot *mesure* doit être réservé pour désigner le nombre abstrait qui sert à caractériser une grandeur après que cette grandeur a été *mesurée*. Mesurer une grandeur c'est chercher son rapport avec une grandeur particulière de même espèce appelée *unité*. La m. d'une grandeur est donc son rapport avec l'unité. Au mot RAPPORT, nous donnerons toutes les explications que comporte cette question délicate. Ici, nous nous contenterons de faire observer que pour mesurer une grandeur, il faut d'abord faire choix, parmi toutes les grandeurs de même espèce, d'une grandeur particulière et bien définie qui reçoit le nom d'*unité*. Par exemple, pour mesurer les longueurs, on a choisi la longueur particulière appelée *mètre*. Alors, on cherche combien de fois la grandeur à mesurer contient son unité. S'il arrive que cette grandeur contienne l'unité un nombre exact de fois, c'est ce nombre entier qui en est la m. C'est ainsi qu'on dit une longueur de 15 mètres, une durée de 3 heures. Si la grandeur à mesurer ne contient pas l'unité un nombre exact de fois, on partage l'unité en un certain nombre de parties égales, et l'on cherche combien de fois une de ces parties est contenue dans la grandeur considérée. On obtient alors pour m. une *fraction* dont le dénominateur exprime en combien de parties égales on a partagé l'unité, et le numérateur combien de ces parties sont comprises dans la grandeur considérée. C'est ainsi qu'on dit une longueur de 2/3 de mètre, de $5^m 1/4$, de $0^m,03$.

Le plus souvent les parties de l'unité qu'on considère ne sont pas contenues un nombre exact de fois dans la grandeur à mesurer. Alors la m. n'est qu'*approchée*. Par exemple, une longueur est comprise entre $3^m,25$ et $3^m,26$ : on dira que $3^m,25$ est sa m. à 1 centième près par défaut, et $3^m,26$, à 1 centième près par excès. L'approximation est d'autant plus grande que les parties de l'unité sont plus petites. Il arrive le plus souvent que, quel que soit le nombre de parties égales en lesquelles on ait divisé l'unité, jamais l'une de ces parties ne sera contenue un nombre exact de fois dans la grandeur à mesurer. Dans ce cas on dit que la grandeur est *incommensurable* avec son unité, et sa m. est un nombre incommensurable. Par exemple, si l'on considère un carré de 1 mètre de côté, et qu'on partage le mètre en un nombre quelconque de parties égales, aucune de ces parties ne sera contenue un nombre exact de fois dans la diagonale du carré. La diagonale du carré est donc incommensurable avec le côté, et sa m. est un nombre incommensurable qui est égal à $\sqrt{2}$.

Dans la pratique, les mesures obtenues avec le plus grand soin et à l'aide des appareils les plus perfectionnés ne sont jamais qu'approchées, parce que les grandeurs trop petites finissent par devenir inappréciables malgré la précision des instruments de m. C'est ainsi qu'en l état actuel de la science, il est impossible d'apprécier des longueurs inférieures au dix-millième de millimètre. Mais il y a plus : les grandeurs les plus grandes sont plus difficiles à mesurer que les plus petites avec la même approximation absolue. Par exemple, on m. facilement à 1 dix-millième de millimètre près une longueur de quelques millimètres, mais il serait illusoire de vouloir déterminer également à 1 dix-millième de millimètre une longueur de plusieurs kilomètres. Aussi, l'approximation qu'il est permis d'obtenir dans les mesures scientifiques les plus délicates est-elle toujours *relative*, c.-à-d. que l'erreur ou l'incertitude est toujours une même fraction de la grandeur à mesurer. Vers le milieu du XIXe siècle, on pouvait dire qu'en moyenne les mesures scientifiques étaient exactes au millionième près. Ainsi on pouvait mesurer une longueur de

1,000 kilomètres à 1 mètre près, ou une longueur de 1 mètre à 1 millième de millimètre. Il en résulte que les nombres de m., quels qu'ils fussent, ne comportaient jamais plus de six chiffres exacts. Aujourd'hui (1898), les procédés de m. se sont perfectionnés et l'on a gagné un chiffre, c.-à-d. qu'on arrive à mesurer les grandeurs à 1 dix-millionième près de leur valeur, au moins dans certaines circonstances. C'est là un progrès important, car tout perfectionnement dans la précision des mesures permet de mettre en évidence certains phénomènes secondaires qui échappaient auparavant à l'observation, et qui peuvent mettre sur la voie de lois ou de causes physiques restées jusqu'alors inconnues.

Dans le langage vulgaire, et dans celui de la métrologie, on emploie aussi le mot m. dans le sens d'unité. C'est ainsi qu'on dit le mètre est la m. des longueurs et le gramme la m. des poids. Cette forme de langage est incorrecte, sinon au point de vue de la langue et de l'étymologie, du moins au point de vue de la science mathématique dans laquelle il est mauvais qu'un même mot soit employé dans deux sens différents. Il faut dire le mètre est l'*unité* de longueur, le gramme l'*unité* de poids.

La m. de chaque espèce de grandeur donne lieu à des observations particulières qui sont données dans ce dictionnaire au nom de chaque grandeur. C'est également au nom de chaque grandeur que nous donnons les valeurs des unités anciennes et modernes qui ont servi ou servent à les mesurer. C'est au mot *métrique* que nous exposerons les bases qui ont servi à l'établissement du système métrique des poids et mesures, et l'histoire du développement de ce système. Enfin, au mot *unité*, nous expliquerons les liens qui existent entre les principales grandeurs physiques et les systèmes d'unités qui ont été adoptés par les savants. Voy. RAPPORT, MÉTRIQUE, UNITÉ, LONGUEUR, AIRE, CAPACITÉ, VOLUME, POIDS, TEMPS, etc.

**MESURÉMENT.** adv. [Pr. *me-zu-réman*]. D'une manière mesurée.

**MESURER.** v. a. [Pr. *me-zu-rer*]. Déterminer ou chercher à déterminer une quantité par le moyen d'une mesure. *M. un espace, un lieu, un champ, la distance d'une ville à une autre. M. une montagne. M. du blé, du vin, du bois. M. les degrés de froid, de chaleur, etc. M. au mètre, au litre. M. ras, comble. — M. la terre*, tomber.

Les guerriers, de ce coup, vont mesurer la terre.
BOILEAU.

|| Prov. A brebis tondue Dieu mesure le vent. Dieu modère les épreuves pour les faibles. — *M. des yeux*, Juger à la simple vue de la distance ou de la grandeur d'un objet. Fig., *M. quelqu'un des yeux*, sign. Le regarder de la tête aux pieds par manière de menace ou de provocation. — Figur., *M. son épée avec quelqu'un, avec celle de quelqu'un*, Se battre en duel contre lui. *M. ses forces contre quelqu'un*, Faire épreuve de ses forces contre celles d'une autre personne. || *M. ses expressions*, les modérer. || Proportionner. *M. sa dépense à son revenu, sur son revenu. M. ses entreprises à ses forces.* || Fig., Juger, par la pensée, l'étendue, la portée d'une chose, et régler en conséquence ses actions, ses discours.

Si pourtant à l'offense on mesure la peine.
RACINE.

*J'ai mesuré toute l'étendue de mes devoirs. Il n'entreprend rien sans en avoir mesuré toutes les conséquences. Il sait m. ses discours et ses actions. Mesurez bien vos paroles et vos démarches.* || Égaler en étendue. *Ce temple mesure trente-deux mètres de longueur sur seize de largeur.* = SE MESURER. v. pron. Être mesuré. *Le bois se mesure tantôt au stère et tantôt au poids.* — Fig., *La prospérité d'un pays doit se m. au bien-être du peuple.* || *Se m. des yeux*, se dit de deux personnes qui se regardent l'une l'autre d'un air de mépris ou de provocation.

L'un et l'autre rival, s'arrêtant au passage,
Se mesure des yeux.
BOILEAU.

|| *Se m. avec quelqu'un*, Lutter, essayer contre quelqu'un ses forces physiques ou intellectuelles. *Comment osez-vous vous m. avec un homme deux fois plus fort que vous? Il osa se m. avec son maître.* — *Se m. avec quelqu'un*, sign. aussi Vouloir s'égaler à quelqu'un. *Ce n'est pas à vous de vous m. avec lui.* = MESURÉ, ÉE. part. *Termes mesurés. Paroles, démarches mesurées. Un homme mesuré dans ses discours. — Marcher à pas mesurés.* || T. Mus. *Une phrase mesurée*, distribuée selon la mesure. = MESURÉ, s. m. T. Mus. Indication que le récitatif cesse et que le chant commence.

**MESUREUR, EUSE.** s. m. [Pr. *me-zu-reur, euze*]. Celui, celle qui est chargé de mesurer. || Officier public qui est chargé, dans quelques marchés, de mesurer certaines marchandises. *M. de grains, de sel, de charbon.*

**MÉSUS.** s. m. [Pr. *mé-zu*]. (R. *més*, préf., et *us*). T. Jurisp. Mauvais usage.

**MÉSUSAGE.** s. m. [Pr. *mé-zu-zaje*]. (R. *més*, préf., et *usage*). Mauvais usage.

**MÉSUSER.** v. n. [Pr. *mé-zu-zer*] (R. *més*, préf., et *user*). Faire un mauvais usage. *Il a mésusé de vos bienfaits. Ne mésusez pas du secret que je vous confie.* = Syn. Voy. ABUSER.

**MÉSUSEUR.** s. m. [Pr. *mé-zu-zeur*]. Celui qui mésuse, qui abuse d'un droit, d'une permission.

**MESVRES,** ch.-l. de canton (Saône-et-Loire), arr. d'Autun; 1,300 hab.

**MÉTA.** Préfixe tiré du grec μετά, qui indique un changement dans la signification du mot qui le suit. En chimie ce préfixe s'emploie principalement pour les dérivés bi-substitués du benzène ou des corps contenant un noyau benzénique; il indique alors que la substitution a lieu en position 1 et 3 sur ce noyau (Voy. BENZÈNE). Pour les dérivés de ce genre, voyez le mot qui suit le préfixe.

**MÉTABOLE.** s. f. (gr. μεταβολή, changement). T. Rhétor. Figure qui consiste à accumuler plusieurs expressions synonymes pour peindre une même idée.

**MÉTABOLIE** ou **MÉTABOLISME.** s. m. (gr. μεταβολή, changement). T. Biol. Nom donné par Th. Schwann à l'ensemble des phénomènes de changement qui se produisent continuellement dans l'intérieur des cellules; ces changements peuvent être déterminés par l'arrivée de nouveaux matériaux dans l'intérieur de la cellule (*anabolie*, ἀνά, dans; βολή, action de jeter) ou, au contraire, par le rejet, hors de la cellule, de substances faisant partie primitivement de sa constitution (*catabolie*, κατά, de). Comme le fait remarquer Y. Delage, ces expressions que les biologistes anglais emploient couramment sont, tout simplement, une autre forme des vieux mots français : *nutrition* (métabolie), *assimilation* (anabolie) et *désassimilation* (catabolie).

**MÉTABOLIQUE.** adj. 2 g. (R. *métabolie*). Hist. nat. Qui a rapport aux changements de nature des corps. Voy. MÉTABOLIE.

**MÉTACARPE.** s. m. (gr. μετακάρπιον, m. s., de μετά, au delà de; καρπός, carpe). T. Anat. Partie de la main située entre le carpe et les doigts. Voy. MAIN.

**MÉTACARPIEN, IENNE.** adj. [Pr. *métakarpi-in, iène*]. Qui appartient au métacarpe. *Os m. Articulations, artères métacarpiennes.*

**MÉTACENTRE.** s. m. [Pr. *méta-santre*] (gr. μετά, après; κέντρον, centre). T. Mécan. Point particulier relatif à un corps flottant. Voy. HYDROSTATIQUE.

**MÉTACENTRIQUE.** adj. 2 g. [Pr. *méta-santrike*]. (R. *métacentre*). T. Mar. Se dit de la courbe formée de la réunion des métacentres correspondant à toutes les inclinaisons possibles du navire.

**MÉTACHLORAL.** s. m. [Pr. *méta-kloral*]. (gr. μετά, indiq. changement, et *chloral*). T. Chim. Polymère solide et cristallisable du chloral. Il se forme quand on fait agir l'acide sulfurique sur le chloral anhydre et il reproduit ce dernier corps par distillation. Aussi peut-on purifier le chloral en le transformant en m. que la cristallisation permet d'obtenir à l'état de pureté et que l'on distille ensuite.

**MÉTACHLORITE.** s. f. [Pr. *méta-klorite*] (R. *méta-*

préf., et *chlore*). T. Minér. Variété de Ripidolite, en croûtes lamellaires vertes, brunissant à l'air.

**MÉTACHROMASIE.** s. m. [Pr. *métakro-mazie*]. (gr. μετὰ, au delà de; χρῶμα, couleur). T. Hist. nat. Nom donné, en technique histologique, au changement de coloration que prend une même substance colorante en présence de différents éléments organiques. C'est ainsi que le bleu de quinoléine colore le corps cellulaire en bleu et les noyaux en violet, que la cochenille préparée à l'alun, colore la substance chromatique des noyaux en bleu et les autres parties des tissus en rouge.

**MÉTACHRONISME.** s. m. [Pr. *métakro-nisme*]. (gr. μετὰ, après; χρόνος, temps). Synon. de *Prochronisme*. Voy. ANACHRONISME.

**MÉTACINNABARITE.** s. f. [Pr. *méta-sinn-nabarite*]. (gr. μετὰ, indiq. changt, et fr. *cinnabre*). Minér. Sulfure noir de mercure, trouvé en Californie.

**MÉTAGÉNÈSE.** s. f. [Pr. *métajénè-ze*] (gr. μετὰ, après; γένεσις, naissance). T. Physiol. Mode de génération dans lequel un être né d'un ovule donne naissance à des germes nouveaux sans avoir été fécondé lui-même. Voy. MÉTAMORPHOSE.

**MÉTAGRAMME.** s. m. [Pr. *méta-gra-me*]. (gr. μετὰ, indiq. changement; γράμμα, lettre). Jeu qui consiste à trouver, d'après de courtes définitions, une série de mots formés par le changement de la première lettre d'un mot.

**MÉTAIRIE.** f. f. (bas lat. *medietaria*, choses partagées par moitié, de *medietas*, moitié, de *medius*, moyen). Bien-fonds exploité par un métayer. || Par ext., se dit d'une propriété foncière de médiocre étendue.

**MÉTAL.** s. m. (lat. *metallum*, gr. μέταλλον, m. s.). T Chim. V. ci-après. || T. Blas. Voy. ÉMAIL.

**Techn.** — Le mot métal suivi d'un qualificatif désigne plusieurs alliages employés dans les arts : *M. d'Alger*, nommé aussi *Argentan*, et *maillechort*, alliage d'étain, de plomb et d'antimoine, imitant l'argent. Voy. CUIVRE. — *M. de prince*, cuivre très raffiné pour ouvrage de luxe. — *M. de Darcet*, alliage de bismuth, de plomb et d'étain très fusible. Voy. ALLIAGE. — *M. du prince Robert*, alliage de cuivre et de zinc. — *M. anglais*. Variété d'étain. — *M. à la reine*. Voy. MINIFLOR. || *M. natif ou vierge*, métal qui se présente à l'état pur dans la mine. || *Métaux précieux*, l'or, l'argent, le platine. || *M. de cloche*, alliage de cuivre et d'étain dont on fait les cloches. || *M. de miroir*, alliage de cuivre, de plomb et d'antimoine qui prend un beau poli.

**Chim.** — Nous avons déjà parlé de la division des corps simples en deux grandes classes, les *Métaux* et les *Métalloïdes*. Voy. CHIMIE, IV, et ÉLÉMENT. Les métaux se distinguent par un ensemble de propriétés physiques et chimiques qui ne se rencontrent pas, en général, chez les métalloïdes; mais ces propriétés varient beaucoup d'un m. à un autre; aucune, prise isolément, n'est suffisamment caractéristique. On donne généralement le nom de m. à tout corps simple qui peut former avec l'oxygène ou avec le radical oxhydryle un ou plusieurs composés basiques; mais alors on est obligé de ranger parmi les métaux certains corps, comme l'antimoine, qui à d'autres égards présentent les plus grandes analogies avec les métalloïdes.

*Propriétés physiques des métaux.* — Les propriétés physiques les plus saillantes chez les métaux sont : l'opacité, un éclat particulier appelé *éclat métallique*, la malléabilité, la ductilité, la ténacité, la conductibilité pour l'électricité et la chaleur, une densité généralement très forte, la difficulté à fondre et à se volatiliser. L'*opacité* n'est pas absolue, car les métaux peuvent être traversés par la lumière, quand ils sont réduits en feuilles d'une extrême minceur. C'est ainsi qu'une feuille d'or battu, appliquée sur une lame de verre, laisse passer une quantité notable de lumière, laquelle est d'une belle couleur verte. L'*éclat métallique* qui caractérise ces corps disparaît quand on les réduit en poudre extrêmement fine; mais il reparaît lorsqu'on frotte celle-ci avec un brunissoir. La plupart des métaux ont une *couleur* blanche ou blanc grisâtre; quelques-uns, au contraire, présentent une coloration particulière : ainsi par ex., l'Argent est blanc, l'Or est jaune, et le Cuivre rougeâtre. Cependant les couleurs véritables des métaux ne sont pas toujours celles sous lesquelles ils nous apparaissent généralement. C'est ce qu'on observe sur ceux qui ont un pouvoir réflecteur régulier très considérable. Leur vraie couleur, c.-à-d. la couleur qui dépend de la réflexion irrégulière, est masquée et affaiblie par une grande quantité de lumière blanche. Pour obtenir la véritable couleur d'un m., il suffit de placer deux miroirs, formés de ce m., parallèlement l'un à l'autre, et d'observer un rayon de lumière quand il s'est réfléchi successivement plusieurs fois à leur surface sous un angle voisin de 90°. Alors l'Argent paraît rouge, l'Or d'un rouge vif, le Cuivre écarlate, le Zinc bleu indigo, l'Acier violet, etc. La *densité* des métaux et leur *conductibilité* pour le calorique et l'électricité sont très variables; nous les avons déjà comparées ailleurs (Voy. DENSITÉ et CONDUCTIBILITÉ). Il en est de même de leurs autres propriétés physiques, telles que la *dureté*, la *malléabilité*, la *ductilité*, l'*élasticité* et la *ténacité* (Voy. CORPS et ÉLASTICITÉ). Tous les métaux, sauf le mercure, sont solides à la température ordinaire. La plupart sont difficilement fusibles et ne se volatilisent pas aux températures de nos fourneaux. Toutefois la *fusibilité* peut présenter des différences énormes chez les métaux; quelques-uns, le Mercure, les métaux alcalins, le Zinc, le Magnésium, sont même assez volatils pour qu'on puisse les purifier par distillation. Mais nous n'entrerons pas dans plus de détails à ce sujet, pour ne pas répéter ce que nous disons dans les articles consacrés à chaque métal.

*Propriétés chimiques.* — Tout métal peut former avec l'oxygène au moins un oxyde basique. Ces oxydes, et souvent aussi les métaux eux-mêmes, réagissent sur les acides de manière à y remplacer l'hydrogène par le métal. Les sulfures métalliques correspondants jouent le rôle de bases vis-à-vis des sulfures acides. Cependant certains métaux, en se combinant avec l'oxygène ou le soufre, peuvent aussi former des composés à caractère acide et se rapprochent ainsi des métalloïdes. En général, les métaux ne se combinent pas à l'hydrogène; mais ils s'unissent directement aux éléments halogènes en donnant des composés fusibles, assez volatils et presque tous solubles dans l'eau sans décomposition. Les métaux peuvent se combiner entre eux en donnant des *alliages*, qui présentent plutôt les caractères d'un mélange que ceux d'une combinaison définie. Voy. ALLIAGE.

*Classification.* — On n'a pas réussi à classer les métaux en groupes naturels comme on l'a fait pour les métalloïdes. La classification la plus rationnelle, dans l'état actuel de nos connaissances, serait celle qui se fonde sur la loi périodique et qui a été exposée à l'article ÉLÉMENT; mais elle ne tient pas compte de la distinction établie entre les métaux et les métalloïdes. Pour les besoins pratiques on a adopté une classification artificielle, imaginée par Thénard, basée sur l'affinité plus ou moins grande pour l'oxygène; cette affinité se manifeste par l'oxydation des métaux à l'air sec, par leur action sur l'eau qu'ils peuvent décomposer en se substituant à l'hydrogène, par la résistance que leurs oxydes opposent à l'action décomposante de la chaleur. Dans cette classification, les métaux forment 7 sections. Les 6 premières sections contiennent les métaux dont les oxydes ne peuvent pas être réduits à l'état métallique par l'action de la chaleur seule.

I^re SECTION. — Métaux qui s'oxydent à l'air sec à des températures peu élevées et qui décomposent l'eau à froid. Ils se subdivisent en deux groupes naturels :

1^er Groupe. *Métaux alcalins* : Potassium, Sodium, Lithium, Césium, Rubidium.

2^e Groupe. *Métaux alcalino-terreux* : Calcium, Baryum, Strontium.

II^e SECTION. — Métaux qui décomposent l'eau vers 100° et qui s'oxydent à l'air sec à une température assez élevée : Magnésium, Manganèse. On range aussi dans cette section la plupart des *Métaux rares* : Cérium, Lanthane, Didyme, etc.

III^e SECTION. — Métaux qui décomposent l'eau au rouge sombre, qui décomposent à froid les acides étendus d'eau en dégageant de l'hydrogène, et qui s'oxydent à l'air sec à des températures élevées : Fer, Nickel, Cobalt, Chrome, Zinc, Cadmium, Indium, Thallium, Uranium, Vanadium.

IV^e SECTION. — Métaux qui décomposent l'eau au rouge vif, qui décomposent vers 100°, avec dégagement d'hydrogène, les alcalis en solution aqueuse, et qui s'oxydent à l'air à des températures élevées : Tungstène, Molybdène, Osmium, Tantale, Titane, Étain, Antimoine, Niobium.

V^e SECTION. — Métaux décomposant l'eau au rouge blanc, s'oxydant à l'air à de hautes températures : Cuivre, Plomb, Bismuth.

VI^e SECTION. — Métaux ne décomposant l'eau à aucune température, s'oxydant à peine à l'air à des températures très élevées : Aluminium, Glucinium.

VII^e SECTION. — *Métaux nobles*, qui ne décomposent l'eau à aucune température, et dont les oxydes peuvent être réduits à l'état métallique par l'action de la chaleur seule.

1<sup>er</sup> Groupe : Métaux pouvant s'oxyder à l'air dans certaines limites de température : Mercure, Palladium, Rhodium, Ruthénium.

2° Groupe : Métaux qui ne s'oxydent à l'air à aucune température : Argent, Or, Platine, Iridium.

**MÉTALBUMINE.** s. f. (gr. μετὰ, indiq. changement, et *albumine*). T. Chim. Substance albuminoïde contenue dans le liquide des kystes ovariques. Elle est soluble dans l'eau, même après avoir été précipitée par l'alcool.

**MÉTALDÉHYDE.** s. f. (gr. μετὰ, indiq. changement, et *aldéhyde*). T. Chim. Polymère de l'aldéhyde éthylique. On l'obtient en traitant cette aldéhyde, dans un mélange réfrigérant, par une petite quantité d'acide chlorhydrique ou d'acide sulfureux. La m. cristallise en aiguilles ou en prismes quadratiques, insolubles dans l'eau, qui se subliment vers 115° sans fondre. Elle se transforme facilement en paraldéhyde et en aldéhyde ordinaire.

**MÉTALEPSE.** s f. (lat. *metalepsis*, gr. μετάληψις, transposition, de μετὰ, indiq. changement, et λῆψις, action de prendre). T. Rhét. La *M.* est une figure qui consiste à substituer l'expression indirecte à l'expression directe, et par laquelle on prend tantôt l'antécédent pour le conséquent, tantôt le conséquent pour l'antécédent. Ainsi, quand au lieu de dire de quelqu'un, *Il est mort*, on dit, *Il a vécu*, on fait une m. du premier genre ; si, au contraire, pour exprimer la même idée, on dit, *Nous le pleurons*, on fait une m. du second genre.

**MÉTALIMNÉEN, ENNE.** adj. [Pr. *metalim-né-in, ène*] (gr. μετὰ, après ; λίμνη, étang). T. Géol. Dépôts *métalimnéens*, dépôts d'eau douce qui n'ont eu lieu qu'après la formation du calcaire marin.

**MÉTALLÉITÉ.** s. f. [Pr. *métal-léité*]. Qualité de ce qui est un métal.

**MÉTALLESCENCE.** s. f. [Pr. *métal-les-sanse*]. Propriété de corps métallescents.

**MÉTALLESCENT, ENTE.** adj. [Pr. *métal-les-san, ante*]. (R. *métal*). Dont la surface joue les couleurs métalliques.

**MÉTALLIFÈRE** adj. 2 g. [Pr. *métal-li-fère*] (lat. *metallifer*, m. s., de *metallum*, métal, et *fero*, je porte). T. Minér. Qui contient du métal, des métaux. *Gîte m. Contrée métallifère.*

**MÉTALLIFORME.** adj. 2 g. [Pr. *métal-liforme*]. (R. *métal* et *forme*). Qui a l'apparence d'un métal.

**MÉTALLIN, INE.** adj. [Pr. *métal-lin*]. Qui a une teinte ou une apparence métallique.

**MÉTALLIQUE.** adj. 2 g. [P. *métal-like*] (lat. *metallicus*, m. s.). Qui est de métal, qui a rapport au métal. *Corps m. Substance, état métalliques. Plumes métalliques. Couleur, saveur métalliques. Art m. Colique m. Tintement m.* || *Science m.* Celle qui concerne les médailles. || *Histoire m.*, Histoire où les événements sont constatés par une suite de médailles. *Histoire m. de Louis XIV.* || T. Fin. *Valeurs métalliques*, valeurs en numéraire. *La réserve m. de la Banque.* = MÉTALLIQUE. s. f. Syn. de *Métallurgie*. Vx et inus.

**MÉTALLIQUEMENT.** adv. [Pr. *métal-likeman*]. En métal, en espèces.

**MÉTALLISAGE.** s. m. [Pr. *métal-liza-je*]. Action de métalliser.

**MÉTALLISATION.** s. f. [Pr. *métal-liza-sion*] (R. *métalliser*). Opération par laquelle on extrait un métal de ses oxydes, de ses sulfures, etc. || Action naturelle par laquelle les dépôts laissés par les eaux ont été imprégnés de substances métalliques. || T. Techn. Opération par laquelle on recouvre certaines substances d'une légère couche de métal.

**MÉTALLISER.** v. a. [Pr. *métal-li-zer*] (lat. *metallum*, *métal*). Faire passer un oxyde ou un sulfure à l'état de métal. || Donner un aspect métallique. *M. des bois.* = MÉTALLISÉ, ÉE. part.

**MÉTALLOCHIMIE.** s. f. [Pr. *métal-lo...*] Partie de la chimie qui traite des métaux.

**MÉTALLOCHIMIQUE.** adj. 2 g. [Pr. *métal-lo...*] Qui a rapport à la métallochimie.

**MÉTALLOGRAPHE.** s. m. [Pr. *métal-lo...*] Auteur d'une métallographie.

**MÉTALLOGRAPHIE.** s. f. [Pr. *métal-lo...*] (gr. μέταλλον, métal ; γράφω, je décris). Description ou connaissance des métaux.

**MÉTALLOGRAPHIQUE.** adj. 2 g. [Pr. *métal-lo...*]. Qui a rapport à la métallographie.

**MÉTALLOÏDE.** s. m. [Pr. *métal-lo-ïde*]. (gr. μέταλλον, métal ; εἶδος, ressemblance, quoique les corps désignés sous ce nom par les chimistes présentent des caractères opposés à ceux des métaux). T. Chim. Les chimistes, ainsi que nous l'avons dit ailleurs (Voy. CHIMIE), désignent sous ce nom tous les corps simples qui ne présentent pas les caractères physiques des métaux, qui ne forment pas d'oxydes basiques et qui, dans leurs combinaisons avec les métaux, jouent le rôle d'élément électro-négatif. Les *Métalloïdes* sont au nombre de 15, savoir : 5 gazeux (Oxygène, Hydrogène, Azote, Chlore et Fluor), 1 liquide (Brome), et les autres solides (Iode, Soufre, Sélénium, Tellure, Phosphore, Arsenic, Carbone, Silicium, Bore). A la différence des métaux qu'on ne peut guère classer que d'une façon toute artificielle, les métalloïdes forment 4 groupes assez naturels qu'on qualifie parfois de familles, à cause des analogies que présentent les corps qui composent chacun d'eux. Cette classification, imaginée par Dumas, a été exposée au mot ÉLÉMENT.

Quelques corps simples, qu'on range ordinairement parmi les métaux, se rapprochent plutôt des métalloïdes par l'ensemble de leurs propriétés ; tels sont l'Antimoine et le Germanium. Au contraire, l'Hydrogène, que l'on compte au nombre des métalloïdes, a beaucoup d'analogie avec les métaux. Enfin, l'Hélium et l'Argon n'ont pu, jusqu'à présent, trouver place dans aucune des deux séries.

**MÉTALLOÏDIQUE.** adj. 2 g. [Pr. *métal-lo...*] Qui a rapport aux métalloïdes.

**MÉTALLOTHÉRAPIE.** s. f. [Pr. *métal-lo...*] (gr. μέταλλον, métal ; θεραπεία, traitement). T. Méd. On donne le nom de m. à une méthode de thérapeutique, proposée, il y a déjà quelques années, par Burq entre autres auteurs, se basant sur les idées suivantes. « Par suite de certaines affinités mystérieuses entre l'être vivant et les principaux éléments constitutifs du milieu dans lequel il respire, il existe entre les divers organismes et les métaux les plus répandus, le fer en tête, des rapports de sensibilité intime, d'autant plus fréquents pour un métal donné, que ce métal paraît occuper plus de place au sein de la terre, à l'état natif. » De déductions en déductions, il suffirait, pour chaque malade, de déterminer expérimentalement quel est le métal avec lequel il est en rapport de sensibilité intime, autrement dit quelle est son idiosyncrasie métallique ; la méthode guérirait infailliblement. Les affirmations des partisans de cette théorie ont été controversées, et les expériences n'ont pas donné de résultats probants.

**MÉTALLURGIE.** s. f. [Pr. *métal-lurgie*] (gr. μέταλλον, métal ; ἔργον, travail). T. Techn. La *M.* est l'art qui a pour objet d'extraire les minerais du sein de la terre, d'en retirer les métaux qu'ils renferment et d'obtenir ces derniers à l'état de pureté. Cet art exige des connaissances fort étendues : en géologie, pour reconnaître les gisements à exploiter ; en minéralogie, pour distinguer les différents caractères des minerais ; en mécanique, pour construire les machines nécessaires à leur exploitation ; enfin, en physique et en chimie, pour traiter les minerais de manière à obtenir les métaux au plus grand état de pureté possible et avec toute l'économie que comporte ce genre d'exploitation. Les procédés métallurgiques sont *mécaniques* ou *chimiques*. Le *Triage*, le *Cassage* ou *Bocardage*, le *Lavage*, appartiennent à la première catégorie ; le *Grillage*, la *Fonte*, l'*Affinage*, etc., appartiennent à la seconde. Mais nous n'entrerons point ici dans la description de ces divers procédés, attendu qu'en parlant de chaque métal en particulier, nous sommes dans l'habitude de décrire les opérations métallurgiques auxquelles il donne lieu. — La m. remonte à une haute antiquité. La Bible attribue l'invention de cet art à Tubalcaïn, l'un des petits-fils de Caïn. La Fable en faisait honneur à Vulcain et aux Cyclopes. La vérité est que la m. n'est apparue dans l'humanité qu'à une époque relativement récente qui coïncide à peu près avec celle des premiers documents historiques. Pendant des milliers d'années, l'homme n'eut que des outils de pierre. On a su extraire et travailler le cuivre avant le fer, de là les mots d'âge de pierre et d'âge du bronze pour caractériser et distinguer les périodes qui ont précédé l'époque actuelle qui peut être appelée l'âge du fer. Voy. Age. Quoique la m. eût fait des progrès considérables chez les anciens, elle ne fut jamais pour eux qu'un art empirique, car ils ne se rendaient pas compte des procédés qu'ils employaient. L'art métallurgique, en effet, ne pouvait devenir un art rationnel que par suite des progrès de la minéralogie et de la chimie, et de la constitution de ces dernières comme sciences. Voy. le nom de chaque métal où sont décrits les procédés métallurgiques qui servent à l'extraire de son minerai.

**MÉTALLURGIQUE.** adj. 2 g. [Pr. *métal-lurjike*]. Qui a rapport à la métallurgie. *Usine m. Procédé m.*

**MÉTALLURGISTE.** s. m. [Pr. *métal-lurjiste*]. Celui qui s'occupe de métallurgie, qui écrit sur cette matière.

**MÉTAMÈRE.** adj. 2 g. (gr. μετὰ, indiquant changement; μέρος, partie). T. Chim. Isomère; en particulier, isomère par compensation. Voy. Isomérie.

**MÉTAMÉRIE.** s. f. (R. *métamère*). T. Chim. Isomérie par compensation. Ce mot s'emploie aussi pour désigner l'isomérie en général, par opposition à la polymérie.

**MÉTAMORPHIQUE.** adj. 2 g. (gr. μετὰ, indiq. changement, et μορφή, forme). T. Géol. Se dit des roches qui ont éprouvé l'action qu'on désigne sous le nom de métamorphisme.

**MÉTAMORPHISME.** s. m. (gr. μετὰ, indiq. changement; μορφή, forme). T. Géol. et Minér. Modification produite dans la texture des roches rudimentaires. Voy. Géologie, III, C.

**MÉTAMORPHOPSIE.** s. f. (gr. μετὰ, indiq. changement; μορφή, forme, et ὄψις, vue). Vice de la vision par lequel les objets paraissent changés dans leur forme ou dans leur grandeur.

**MÉTAMORPHOSE.** s. f. [Pr. *métamor-fo-ze*] (gr. μεταμόρφωσις, m. s. de μετὰ, indiquant changement, et μορφή, forme). Transformation, changement d'une forme en une autre. *La m. de Daphné en laurier. La plupart des métamorphoses de la Fable cachent un sens allégorique. Ovide a fait un poème intitulé les Métamorphoses.* || T. Physiol. Se dit des changements de forme que subissent certains êtres vivants dans le cours de leur vie, et de ceux que présentent les germes, les tissus et les organes dans le cours de leur développement. Voy. ci-après. || Par ext., Changement dans la forme extérieure, dans l'habillement d'une personne. *Je l'ai vu maigre et chétif, le voilà gras et fleuri; quelle m.! Hier elle était couverte de haillons, aujourd'hui elle est vêtue de velours et de soie; c'est une m. facile à expliquer.* || Fig., Changement extraordinaire dans la fortune, dans l'état, dans le caractère d'une personne.

> La cour en moins de temps voit cent métamorphoses.
>
> Corneille.

*Il était pauvre, le voici riche; quelle heureuse m.! Cet homme si emporté est devenu doux et modéré; c'est une grande m.*

**Syn.** — *Transformation.* — *Métamorphose* n'exprime, en propre, qu'un changement de forme; *transformation* désigne d'autres changements, comme la conversion des métaux, le changement de substance, etc. La première emporte toujours une idée de merveilleux. Il n'en est pas de même de la seconde. Au figuré, la *métamorphose* est une *transformation* merveilleuse, extraordinaire, un changement prodigieux de conduite, de sentiments de caractère, et ce changement est si entier, que l'objet, ne conservant aucun de ses anciens traits, est absolument méconnaissable. La *transformation* est plus simple et plus facile. Ordinairement même, elle s'arrête aux manières et aux apparences.

**Physiol.** — En termes de Physiologie générale, on emploie fréquemment les mots *Métamorphose* et *Transformation*, pour désigner les modifications successives de forme et de structure que présentent non seulement les êtres organisés considérés dans leur totalité, mais encore leurs organes, leurs tissus, et les éléments mêmes de ces organes et de ces tissus.

La première partie de la vie des êtres animés, c.-à-d. celle qui s'étend depuis l'apparition du germe jusqu'au complet développement de l'individu, nous offre une succession non interrompue de métamorphoses plus ou moins apparentes; cette succession constitue ce qu'on pourrait appeler l'*évolution* de l'être ou *ontogenèse.* Mais, lors même que l'individu a parcouru toutes les phases successives de son développement, l'organisme ne cesse pas un seul instant d'être le théâtre de métamorphoses continues, en vertu desquelles s'opère le double phénomène de la nutrition, ou, en d'autres termes, de l'assimilation et de la désassimilation. On peut donc dire que l'état de métamorphose est l'état normal de tout être vivant, et que les transformations incessantes dont il est le siège sont les conditions mêmes de la persistance de la vie.

Mais le terme de *métamorphose* se prend aussi dans un sens plus limité et plus spécial. De Quatrefages désignait plus spécialement, sous le nom de transformation, les changements accomplis dans l'intérieur de l'œuf, réservant le mot de métamorphose aux changements qui se produisent en dehors de l'œuf. D'autres auteurs disent que des changements lents et successifs sont simplement des transformations, alors que les changements brusques, séparés par des intervalles de repos, méritent seuls le nom de métamorphoses. Enfin, pour Giard, il y a métamorphose chaque fois qu'il y a nécrobiose phylogénique, et c'est ce phénomène seul qui doit permettre de caractériser les métamorphoses des animaux. Ainsi comprise, la métamorphose s'applique particulièrement à certains animaux qui vivent d'une vie indépendante, sous différentes formes successives, et souvent même dans des milieux différents, avant de parvenir à leur forme définitive et dernière, c.-à-d. à la forme sous laquelle ils sont capables de reproduire leur espèce. Ces phénomènes de m. sont surtout remarquables dans une multitude d'insectes et chez la plupart des Batraciens, qui, pour cela, sont particulièrement désignés sous le nom d'*animaux à métamorphoses.* Ainsi, tandis que, chez les animaux en général, les transformations successives qui les amènent à leur état définitif s'opèrent d'une façon continue et sans interruption, les animaux à métamorphoses nous offrent des temps d'arrêt, parfois très longs, pendant lesquels l'animal vit d'une manière indépendante et manifeste des habitudes spéciales. Le Hanneton, par ex., vit trois ans dans la terre, à l'état de larve, et les larves de diverses espèces d'Hyménoptères, tels que les Xylocopes et les Pompiles, sont carnassières, bien que ces insectes, à l'état parfait, se nourrissent exclusivement du suc des fleurs. Plusieurs espèces de Crustacés nous offrent encore des exemples de métamorphose remarquables. On a également observé, dans la classe des Radiaires, des transformations plus curieuses encore. Nous citerons comme exemple, d'après les observations de Sars et de Siebold, les métamorphoses que subit un Acalèphe du genre Méduse, la *Medusa aurita.* Cette Méduse produit des œufs d'où sort un jeune animal ovoïde oblong, revêtu de cils vibratiles et ressemblant à un infusoire (*Sciphistome*). Cette larve, après s'être nourrie quelque temps des animalcules qu'elle avale, se fixe et devient une sorte de Polype pédicellé en forme de coupe, dont le bord est muni de huit tentacules allongés contractiles; ce polype est susceptible de se multiplier par gemmation et par stolons, mais plus tard son corps de plus en plus long montre huit côtes longitudinales séparées par autant de sillons; puis il se divise transversalement en un certain nombre de tranches et devient la deuxième forme larvaire appelée *Strobile.* Plus tard, chaque tranche donne naissance à autant de jeunes Méduses analogues à celles que Péron et Lesueur avaient nommées *Éphyra.* Enfin, celles-ci, par suite de leur développement successif, deviennent des *Medusa aurita*, comme la mère d'où provenaient les œufs destinés à produire une telle succession de formes. Ce système de métamorphoses, qui présente le phénomène de deux modes de génération alternant entre eux, a reçu pour cela le nom de *Métagénèse*, et de nouvelles observations ont démontré que les faits de métagénèse sont beaucoup plus fréquents dans la série animale qu'on ne l'avait d'abord pensé.

**MÉTAMORPHOSER.** v. a [Pr. *métamor-fo-zer*] (R. *métamorphose*). Transformer, changer une forme en une autre.

*Les poètes racontent que Diane métamorphosa Actéon en cerf. Narcisse fut métamorphosé en la fleur qui porte son nom.* || Figur., Changer l'extérieur ou le caractère de quelqu'un. *Le mariage a métamorphosé cet étourdi en un homme grave et rangé.* = Se métamorphoser. v. pron. Se dit au prop. et au fig. *Jupiter se métamorphosa en cygne. Cette chenille va se m. en papillon. Ce jeune homme s'est complètement métamorphosé; il est méconnaissable.* || Métamorphosé, ée, part.

**MÉTAMORPHOSIQUE.** adj. 2 g. [Pr. *métamor-fo-zike*]. Qui a rapport à la métamorphose des insectes ou des reptiles.

**MÉTAOLÉIQUE.** adj 2 g. T. Chim. Voy. Oléique.

**MÉTAPHORE.** s. f. (gr. μεταφέρειν, transporter, de μετὰ, qui indique changement et φέρω, je porte). T. Rhét. — « La *Métaphore*, dit Laharpe, est une figure de rhétorique par laquelle l'orateur change la signification propre d'un mot en une signification qui ne convient à ce mot qu'en vertu d'une comparaison qui se fait dans l'esprit. » Toute m. contient donc une comparaison, mais présentée sous une forme plus rapide et plus vive. Cette figure, qui semble avoir été inventée d'abord par nécessité, c.-à-d. par suite du manque de mots propres, contribue singulièrement à la richesse, à la beauté et à l'ornement du discours. Elle donne, par des images sensibles, du corps aux choses abstraites, et met dans la peinture des objets sensibles plus de vigueur et de relief. C'est par m. que nous disons la *rapidité* de la pensée, la *pénétration* de l'esprit, la *dureté* de l'âme, la *tendresse* du cœur, la *chaleur* du sentiment, la *fleur* des ans, le *printemps* de la vie, etc. Ce vers de la *Phèdre* de Racine,

Le flot qui l'apporta recule épouvanté,

offre un bel exemple de m., car il exprime avec une force singulière l'horreur que devait inspirer le monstre vomi par les flots. Cette m. de Voltaire, dans *Alzire*, présente à l'esprit une image pleine de grandeur :

Votre hymen est le nœud qui joindra les deux mondes.

Si la m. est la plus belle et la plus riche des figures de mots, elle est aussi celle qu'on emploie le plus fréquemment. Non seulement on la trouve dans les œuvres des poètes, dans les discours des orateurs, auxquels elle semble communiquer la couleur et la vie, mais encore dans le langage des gens du peuple et dans celui des enfants. Ce fréquent usage tend à en altérer la beauté, l'éclat, la force et l'effet. Pour lui conserver toute sa force, on ne doit donc l'employer qu'avec discernement et avec goût. Une bonne m. doit remplir les conditions suivantes : 1° être juste et vraie, c-à-d. frapper l'esprit par une comparaison sensible, naturelle et qui n'a rien de forcé; 2° être cohérente, c.-à-d. offrir des idées qui se lient et ne présentent pas de disparate; 3° être tirée d'objets qui ne soient ni rebutants ni bas, sans tomber toutefois dans l'excès contraire, c.-à-d. dans la recherche excessive. Enfin, lors même qu'elles n'ont aucun des défauts que nous venons d'indiquer, les métaphores ne doivent point être prodiguées, car alors le discours devient obscur ou tout au moins cesse de paraître naturel. Au reste, l'orateur, plus que le poète, est tenu à n'employer cette figure qu'avec réserve.

La métaphore est l'essence même de la poésie. Elle a joué aussi un rôle considérable dans la formation des langues, toutes les idées abstraites ayant été exprimées par des mots qui exprimaient des idées concrètes auxquelles on les comparait. C'est ainsi que le mot *idée* lui-même (εἶδος), vient du grec εἴδω, qui signifie je parais, je ressemble. Voy. Comparaison, Langue, Langage, etc.

**MÉTAPHORIQUE.** adj. 2 g. (gr. μεταφορικός, m. s.). Qui tient de la métaphore, qui appartient à la métaphore. *Terme, expression m. Sens m.* || Qui abonde en métaphores. *Style m.*

**MÉTAPHORIQUEMENT.** adv. D'une manière métaphorique. *Certains passages de l'Écriture doivent être expliqués métaphoriquement.*

**MÉTAPHORISER.** v. a. [Pr. *méta-fori-zer*]. Mettre en métaphores.

**MÉTAPHOSPHATE.** s. m. (gr. μετὰ, après et phosphate) T. Chim. Nom générique des sels de l'acide métaphosphorique.

**MÉTAPHOSPHORIQUE.** adj. 2 g. (R. μετὰ, préf., et *phosphorique*). T. Chim. *Acide m.* Voy. Phosphore.

**MÉTAPHRAGME.** s. m. (gr. μετὰ, après; φράγμα, cloison). Cloison qui sépare le thorax des insectes de leur abdomen.

**MÉTAPHRASE.** s. f. [Pr. *méta-fra-ze*] (gr. μετάφραζειν, interpréter). T. Didact. Interprétation, traduction littérale.

**MÉTAPHRASTE.** s. m. Celui qui fait la métaphrase.

**MÉTAPHRASTIQUE.** adj. 2 g. Qui contient une métaphrase.

**MÉTAPHYSICIEN, IENNE.** s. m. (Pr. *métafi-zi-si-in, iène*). Celui, celle qui fait son étude de la métaphysique.

**MÉTAPHYSIQUE.** s. f. (lat. *metaphysica*, m. s.). T. Philos. Selon l'opinion commune, le mot *Métaphysique*, qui sert aujourd'hui à désigner la partie la plus élevée et la plus générale de la philosophie, est né d'une circonstance accidentelle. On prétend qu'Andronicus de Rhodes, contemporain de Cicéron, s'occupant à classer les différents ouvrages d'Aristote, forma une première catégorie de tous ceux qui avaient pour objet les sciences physiques et naturelles, puis rangea sous ce titre commun, τὰ μετὰ τὰ φυσικά (sous-entendu βιβλία), c.-à-d. *les livres qui viennent après ceux qui traitent des choses physiques*, les divers écrits où ce philosophe traitait des choses qui sont au-dessus des données des sens. Mais il paraît beaucoup plus vraisemblable d'admettre que cette inscription est due à Aristote lui-même. En effet, ce philosophe consacre les premiers chapitres de ses τὰ μετὰ τὰ φυσικά à établir la distinction qui existe entre les choses qui font l'objet des sciences physiques et celles dont il va traiter; et ces dernières sont nommées par lui « philosophie première, ou science des premiers principes ».

La définition de la *Métaphysique* la plus généralement admise est celle qui se déduit de l'étymologie même de ce mot. C'est, disent la plupart des auteurs, la science qui traite des choses au-dessus de la nature, c.-à-d. au-dessus du monde sensible ou matériel. D'après cela, on la divise en deux parties, l'*Ontologie*, ou la science de l'être considéré abstractivement, et la *Pneumatologie*, ou la science des êtres incorporels, laquelle se subdivise elle-même, suivant ses objets, qui sont Dieu et l'Ame humaine, en *Théologie* et en *Psychologie*. Entendu dans ce sens, le mot. Mét. devient synonyme de Philosophie, et c'est à tort, il nous semble, qu'on en sépare la Logique et la Morale. Au reste, sans prétendre critiquer cette manière de voir, nous considérons, ainsi que le faisait Aristote lui-même, la Mét. comme la science des vérités premières. Mais comme ces vérités ne nous sont connues que par les idées que nous nous en faisons, on peut dire que la Mét. n'est autre chose que la *critique des idées*, en comprenant, dans le mot *critique*, l'étude des rapports des idées entre elles, le problème de leur origine, et celui de leurs relations avec le monde extérieur. Ainsi comprise, la Mét. est le couronnement de la philosophie, et elle en est en même temps la racine et la base. Mais nous n'entrerons ici dans aucun développement sur ce sujet; il sera traité ailleurs avec tous les détails que comporte notre cadre. Voy. Raison.

Dans le langage vulgaire, le mot *Métaphysique* se prend assez généralement en mauvaise part, pour désigner l'abus des abstractions, ou simplement l'usage intempestif de considérations plus ou moins philosophiques. Il faut bien reconnaître que les philosophes qui ont abordé les théories les plus élevées et les plus abstraites de la connaissance sont bien rarement parvenus à s'expliquer clairement. L'obscurité des livres philosophiques tient en partie à la difficulté du sujet, en partie à l'insuffisance du langage pour exprimer les idées nouvelles qui se forment dans l'esprit des philosophes et aussi à des abus de langage dont ceux-ci sont responsables. On peut dire que presque chaque philosophe s'est fait un vocabulaire spécial, et que les mots qu'il emploie n'ont pas exactement le même sens sous sa plume que sous celle de ses adversaires. De là tant de disputes où l'on ne parvient qu'avec peine, quand toutefois on y parvient, à discerner avec précision ce qui sépare les deux adversaires. De là aussi le discrédit où est tombée la Mét. dans l'esprit de certaines personnes, à tel point que Voltaire a pu dire : « Quand un homme parle de ce qu'il n'entend pas avec un autre qui ne l'entend pas davantage, c'est de la Mét. »

Cependant la Mét. est à la base de toute conception humaine; qu'il s'agisse des choses les plus vulgaires, des idées les plus communes, des dissertations scientifiques ou des spéculations philosophiques, personne ne peut échapper à la Mét., et ceux qui la méprisent le plus en font à leur façon, qui n'est pas toujours la meilleure. Mépriser la Mét., c'est en effet se faire de l'origine et de l'enchaînement des idées une conception simpliste, en général basée sur l'empirisme : c'est donc faire de la Mét., mais de la mauvaise, puisque, de parti pris, on s'interdit d'examiner et de critiquer ce qu'on considère comme la base de la certitude. Voy. PHILOSOPHIE, et les divers articles qui concernent les notions premières : CAUSE, CERTITUDE, CONTINUITÉ, IDÉE, LOGIQUE, MATÉRIALISME, etc.

**MÉTAPHYSIQUE.** adj. 2 g. [Pr. *métafi-zike*] (lat. *metaphysicus*, m. s.). Qui appartient à la métaphysique. *Science m. Connaissance m. Principes, idées, preuves métaphysiques*, ‖ Dans le lang. ordinaire, se dit souvent de ce qui paraît trop abstrait. *Ce que vous dites là est bien métaphysique.*

**MÉTAPHYSIQUÉ, ÉE.** part. Qui a pris un caractère trop métaphysique.

**MÉTAPHYSIQUEMENT.** adv. [Pr. *métafi-zike-man*]. D'une manière métaphysique.

**MÉTAPHYSIQUER.** v. n. [Pr. *métafi-ziker*]. Parler, écrire sur un sujet d'une manière trop abstraite. Fam.

**MÉTAPHYSIQUERIE.** s. f. Abus de la métaphysique, de l'abstraction. Fam.

**MÉTAPLASME.** s. m. (gr. μετάπλασμα. m. s., de μετὰ, sign. changement, et πλάσμα, chose façonnée, de πλάσσω, je façonne). T. Gram. *Métaplasme* est un terme générique sous lequel les grammairiens comprennent toutes les figures de diction qui ont pour objet les modifications qui peuvent se produire dans les lettres ou dans les syllabes d'un mot. Ces modifications peuvent s'opérer de trois manières différentes : par augmentation, c.-à-d. par *Prosthèse*, *Épenthèse* et *Paragoge;* par diminution, c.-à-d. par *Aphérèse*, par *Endie*, par *Syncope* et par *Contraction;* et enfin par transposition, ou par *Métathèse*. Voy. ces mots.

**MÉTAPLASTIQUE.** adj. 2 g. Qui a rapport au métaplasme.

**MÉTAPONTE.** v. de l'anc. Lucanie (Italie méridionale), auj. Torre di Mare.

**MÉTAPTOSE.** s. f. [Pr. *métapto-ze*] (gr. μετὰ, après; πτῶσις, chute). T. Méd. Changement dans le siège ou la forme d'une maladie.

**MÉTASACCHARIQUE.** adj. 2 g. [Pr. *méta-sak-karike*] (gr. μετὰ, ind. changement, et *saccharique*). T. Chim. Voy. MANNOSACCHARIQUE.

**MÉTASCHÉMATISME.** s. m. [Pr. *méta-ské-matisme*] (gr. μετά, indiq. changement; σχηματισμός, conformation). T. Méd. Changement de forme, de caractère d'une maladie.

**MÉTASTASE.** s. f. [Pr. *métas-ta-ze*] (gr. μετάστασις, changement de place). T. Méd. Changement dans le siège ou la forme d'une maladie locale. ‖ T. Gram. Figure par laquelle l'orateur obligé d'avouer quelque chose le rejette sur le compte d'un autre.

Méd. — Le mot de m. sert à désigner le déplacement d'une maladie ou d'un acte morbide qui disparaît d'une partie de l'économie pour se montrer dans une autre. Par analogie, on l'a appliqué aux désordres consécutifs à la suppression de certaines fonctions et apparaissant dans d'autres organes que celui qui est le siège du trouble fonctionnel primitif. Les anciens distinguaient suivant que la m. se produisait à l'avantage du malade, la *diadoche*, ou à son désavantage, la *m.* Malheureusement en étudiant les faits, on a voulu les interpréter, et ces explications ont embrouillé tout, car on a fini par donner trop d'extension au terme m.; finalement on ne s'est plus entendu. Chacun des systèmes qui ont tour à tour prévalu en médecine a fourni une théorie : humoristes, solidistes, vitalistes se vantent de donner la meilleure hypothèse. Aujourd'hui la physiologie pathologique est mieux connue, et l'existence des m. a été soumise à une critique sévère. Le déplacement de la maladie ou plutôt de son siège n'existe pas à proprement parler, pas plus pour les infections que pour les intoxications; même parmi les diathèses, la goutte seule paraît susceptible de se prêter à la m. réelle. A vrai dire, les métastases ne sont qu'apparentes : il n'y a jamais changement total du siège de la maladie.

**MÉTASTASE**, poète italien, auteur d'ouvrages dramatiques (1698-1782).

**MÉTASTATIQUE.** ad., 2 g. T. Méd. Qui dépend de la métastase. *Affection m. Crise m.* — *Abcès m.*, Voy. ABCÈS. ‖ T. Minér. Dont la formation dérivée est semblable à celle du noyau ou molécule intégrante, comme si celle-ci avait été transportée sur la forme secondaire.

**MÉTASTYROL.** s. m. (gr. μετὰ, préf., et *styrol*). T. Chim. Polymère solide que fournit le cinnamène quand on le chauffe à 200°. Transparent et très réfringent, il sert à coller les lentilles des instruments d'optique.

**MÉTATARSE.** s. m. (gr. μετατάρσιον, m. s. de μετὰ, après; ταρσὸς, tarse). T. Anat. Partie du pied comprise entre le tarse et les doigts. Voy. PIED.

**MÉTATARSIEN, IENNE.** adj. [Pr. *métatarsi-in, iène*]. Qui appartient au métatarse. *Os m. Artère métatarsienne.*

**MÉTATÉRÉBENTHÈNE.** s. m. (gr. μετά, indiq. changement, et *térébenthène*). T. Chim. Hydrocarbure terpénique, de la formule $C^{20}H^{32}$, obtenu en chauffant à 300° l'essence de térébenthine. C'est un liquide huileux qui bout au-dessus de 360°.

**MÉTATHÈSE.** s. f. [Pr. *métatè-ze*] (gr. μετάθεσις, m. s., de μετὰ, indiq. changement et θέσις, action de placer).

**Gramm.** — Ce nom, qui signifie simplement transposition, s'applique à une figure de grammaire par laquelle on transpose une ou plusieurs lettres d'un mot. Les modifications que subissent les mots en passant d'une langue dans une autre fournissent un grand nombre d'exemples de mét., mais on ne les rencontre guère que là. Ainsi le mot allemand *ross*, qui signifie cheval, est devenu *horse* en passant dans la langue anglaise; le nom lat. *Alexander* est devenu *Alexandre* en fr.; du vieux fr. *berbis*, dérivé du lat. *vervex*, nous avons fait *brebis*, etc. La m. de l'*r* est fréquente en fr. : le lat. *turbidus* a donné *trouble; formage*, dérivé de *forme*, est devenu fromage, etc.

**Philos.** — *M. des jugements.* Dans la logique de Kant, transposition des termes d'un jugement d'où l'on déduit une conséquence. Ex. : Tout ce qui est immuable est nécessaire; tout ce qui est nécessaire est immuable : donc, il n'y a d'immuable que ce qui est nécessaire.

**Chir.** — Nom donné par certains chirurgiens à l'opération qui a pour objet de déplacer le siège d'une maladie pour la transporter dans un endroit où elle est moins nuisible. Ex. : Opération de la cataracte par abaissement du cristallin; répulsion dans l'estomac d'un corps étranger arrêté dans l'œsophage; répulsion dans la vessie d'un calcul arrêté dans l'urètre, etc.

**MÉTATHORAX.** s. m. (gr. μετὰ, près; et fr. *thorax*). T. Entom. Une des divisions du corps des INSECTES. Voy. ce mot.

**MÉTATYPIE.** s. f. (gr. μετά, indiq. changement; τύπος, type). T. Zool. Changement de type.

**MÉTAURE**, petit fl. d'Italie qui se jette dans l'Adriatique, près de Fano. — Asdrubal, frère d'Annibal, fut vaincu et tué sur les bords de ce fleuve (207 av. J.-C.).

**MÉTAYAGE.** s. m. [Pr. *métè-ia-je*]. T. Agric. Mode d'exploitation rurale dans lequel le propriétaire et le cultivateur partagent les produits. Voy. FERMAGE.

**MÉTAYER, ÈRE.** s. [Pr. *métè-ié*] (lat. pop. *medietarius*, m. s., de *medietas*, moitié). Celui, celle qui fait valoir une métairie, à la condition de partager les produits avec le propriétaire dans une certaine proportion. Voy. FERMAGE.

**MÉTAZOÏQUE.** adj. 2 g. (gr. μετά, après; ζῶον, animal). T. Géol. Qui est postérieur à l'apparition des animaux sur la terre. *Terrains métazoïques.*

**MÉTEIL.** s. m. [Pr. *l mouil.*] (bas lat. *mistilium*, de *mistilis* adj. dérivé, de *mixtus*, mêlé). Voy. BLÉ. T. Géol. Se dit des terrains postérieurs à l'apparition des animaux.

**MÉTEL.** (ar. *Mathil.*, m. s.). Un des noms du *Datura stramonium*. Narcotique indien.

**MÉTELIN**, anc. Lesbos, île de l'Archipel, aux Turcs ; cap. Mételin, anc. Mitylène.

**METELLA** (CÆCILIA), femme du triumvir Crassus, puis du dictateur Sylla. On voit son tombeau près de Rome sur la voie appienne.

**MÉTELLUS** *le Macédonique*, général romain, battit à Pydna l'usurpateur de Macédoine Andriscus (147 av. J.-C.). = MÉTELLUS *le Numidique*, battit Jugurtha, et fut supplanté par son lieutenant Marius (107 av. J.-C.). = MÉTELLUS *le Pieux*, fils du précédent, préteur, et l'un des chefs de la guerre sociale ; m. en 63 av. J.-C. = MÉTELLUS SCIPION, petit-fils de Scipion Nasica, et fils adoptif du précédent ; il soutint la cause de Pompée, fut battu à Thapsus, et se tua en 46 av. J.-C.

**MÉTEMPIRIQUE**. adj. 2 g. [Pr. *mé-tan-pirik*] (gr. μετὰ, au delà ; fr. *empirique*). Qui est au delà de l'empirisme, de l'expérience.

**MÉTEMPSYCOSE** ou **MÉTEMPSYCHOSE**. s. f. [Pr. *mé-tan-psiko-ze*] (gr. μετεμψύχωσις, m. s., de μετὰ, indiq. changement ; ἐν, dans ; ψυχή, âme). T. Philos. La doctrine de la *Métempsycose* ou de la transmigration des âmes est originaire de l'Inde, où elle subsiste depuis l'origine même du brahmanisme. De l'Inde, à ce qu'il paraît, elle s'introduisit de bonne heure en Égypte. Toutefois, tandis que, dans l'Inde, la m. était la sanction de la loi morale et religieuse, chacun des états successifs de l'âme y étant regardé comme la conséquence de ses vies antérieures, en Égypte, si l'on s'en rapporte à Hérodote, elle dépouilla ce caractère. « Les Égyptiens sont les premiers qui aient parlé de cette doctrine, selon laquelle l'âme de l'homme est immortelle et, après la destruction du corps, entre toujours en un autre être naissant. Lorsque, disent-ils, elle a parcouru tous les animaux de la terre et de la mer et tous les oiseaux, elle rentre dans un corps humain ; le circuit s'accomplit en trois mille années. » Si Hérodote est exact, on voit que la m. égyptienne est un simple cercle de transmigrations nécessaires, sans qu'on puisse leur attribuer la signification de peine ou de châtiment. « Il y a des Grecs, continue cet auteur, qui se sont emparés de cette doctrine, comme si elle leur était propre, les uns jadis, d'autres récemment ; je sais leurs noms, mais je ne les écris pas. » Ces noms qu'Hérodote ne cite point, sans doute à cause du respect que beaucoup de Grecs avaient pour eux, sont ceux d'Orphée, de Pythagore, de Phérécyde, etc. Cependant en passant dans la Grèce, où d'ailleurs elle ne constitua jamais un dogme religieux et populaire, la doctrine de la m. se modifia conformément au génie propre de la race hellénique. Ainsi, par ex., Pythagore prétendait qu'il devait exister une certaine harmonie entre les facultés de l'âme et la forme du corps qu'elle revêtait après chaque vie. En outre, cette doctrine n'excluait pas chez lui la croyance au dogme des châtiments et des récompenses dans le Tartare et dans l'Élysée. Platon essaya, dans le *Phédon*, d'élever la m. à la hauteur d'une idée philosophique. Il abandonne le passage des âmes dans les corps d'animaux ; mais admet que l'âme peut animer successivement plusieurs corps d'homme. Selon lui, le séjour de chaque âme dans les enfers, entre une vie et une autre vie, est de mille ans. Si l'âme se retire pure et sans souillure du corps, elle va, non s'absorber en Dieu, comme le veulent les Védas, mais passer avec les dieux toute l'éternité sans rien perdre de son individualité. Enfin, non seulement cette transmigration n'est qu'une expiation qui purifie des fautes commises, mais il admet encore que le libre arbitre et les penchants ont la plus grande influence sur le choix de la condition ultérieure de l'âme. Les Gaulois professaient sur ce point une doctrine analogue d'une haute moralité dont l'une des conséquences était de leur faire mépriser la mort à un point qui étonnait les Romains, pourtant si courageux. Depuis le commencement du XIXe siècle, quelques écrivains, particulièrement Ch. Fourier et P. Leroux, ont essayé de ressusciter la m., en lui donnant une nouvelle forme, c.-à-d. en limitant, d'une part, la transmigration à l'espèce humaine, et de l'autre, en faisant parcourir aux âmes le cercle immense des astres qui peuplent l'espace. Jean Reynaud a traité la même question avec une hauteur de vue remarquable et a donné à l'idée de mét. limitée à l'espèce humaine une forme plus sérieuse et plus philosophique. Sous cette nouvelle forme, elle offre une solution du problème de la destinée individuelle qui, sans doute, prête encore à de nombreuses objections, mais qui paraît, toutefois, la plus rationnelle des doctrines et s'accorde avec les notions de l'astronomie moderne. Si les âmes sont immortelles, elles doivent vivre quelque part, et le ciel infini se montre à nous peuplé de mondes innombrables, dont on ne devine la fin ni dans l'espace ni dans le temps. La Terre où nous sommes n'est autre, d'ailleurs, qu'une planète du ciel. Voy. AME, IMMORTALITÉ, PLURALITÉ DES MONDES, RÉINCARNATION, SPIRITUALISME, SPIRITISME.

**MÉTEMPSYCOSISTE** ou **MÉTEMPSYCHOSISTE**. s. m. [Pr. *métan-psi-ko-ziste*]. Celui qui croit à la métempsycose.

**MÉTENSOMATOSE**. s. f. [Pr. *métan-somato-ze*] (gr. μετενσωμάτωσις, m. s., de μετὰ, indiq. changement, ἐν dans, et σῶμα, corps). T. Philos. anc. Transmutation d'un corps en un autre.

**MÉTÉORE**. s. m. (gr. μετέωρον, élevé dans l'air, de μετὰ, avec et αἴρειν, lever). T. Physiq. Se dit de tout phénomène qui se passe dans l'atmosphère. *La pluie, la grêle, la foudre, l'arc-en-ciel, les étoiles filantes même, malgré leur origine extérieure à la Terre, sont des météores*. Voy. MÉTÉOROLOGIE. ‖ Fig., on compare aux *Météores* les personnes qui ont une renommée éclatante, mais passagère, et les choses qui font une impression vive, mais peu durable. *Ce conquérant fut un m. qui épouvanta le monde.*

**MÉTÉORIQUE**. adj. 2 g. Qui a rapport aux météores. *Phénomènes météoriques. Pierre m.*, Voy. AÉROLITHE. *Fleurs météoriques*, Fleurs qui paraissent influencées par les météores. Voy. FLORAISON.

**MÉTÉORIQUEMENT**. adv. à la manière des météores.

**MÉTÉORISATION**. s. f. [Pr. ... *za-sion*]. T. Méd. Production du météorisme.

**MÉTÉORISER**. v. a. [Pr.... *ri-zer*] (R. *météore*). Gonfler l'abdomen par l'accumulation du gaz à l'intérieur. = MÉTÉORISÉ, ÉE. Part. T. Méd. Ne se dit que dans cette expression, *Ventre météorisé*, Ventre enflé et tendu par des flatuosités, par des gaz.

**MÉTÉORISME**. s. m. (R. *météore*). T. Méd. Gonflement général de l'abdomen dû à sa distension par des gaz. Voy. TYMPANITE.

**MÉTÉORITE**. s. m. Syn. d'*aérolithe*. Voy. ce mot.

**MÉTÉORITIQUE**. adj. 2 g. Qui appartient aux météorites.

**MÉTÉOROGRAPHE**. s. m. (R. *météore*, et gr. γράφω, j'écris). T. Phys. Instrument enregistreur destiné à enregistrer d'une manière continue les observations météorologiques. Un m. complet se compose donc d'un baromètre pour enregistrer la pression, d'un thermomètre pour la température, d'un anémomètre pour la direction du vent, d'un hygromètre pour la tension de la vapeur d'eau et d'un pluviomètre pour la quantité d'eau tombée. Il est parfaitement inutile de réunir tous ces appareils en un seul mécanisme, ce qui ne peut que les compliquer et gêner leur fonctionnement. Aussi, la plupart des observatoires météorologiques ont-ils renoncé à l'emploi de ces appareils universels qui avaient été imaginés sous diverses formes, par plusieurs savants, et se contentent-ils d'instruments enregistreurs variés, un pour chaque genre d'observation, ce qui est à la fois plus rationnel, plus commode et plus précis.

**MÉTÉOROLOGIE**. s. f. (gr. μετεωρολογία, m. s. de μετέωρος, météore, et λόγος, science). T. Physiq. La *Météorologie* est cette partie de la physique qui a pour objet l'étude des phénomènes qui se passent dans l'atmosphère. La m. n'intéresse pas seulement celui qui se propose le but purement scientifique de connaître les lois qui régissent les phénomènes atmosphériques ; elle est encore de la plus haute importance pour l'agriculteur, le marin, le médecin, etc. Cette importance a été d'abord sentie par les hommes voués aux travaux agricoles. Aussi les premières recherches météorologiques sont-elles des tentatives empiriques pour prévoir les variations atmosphériques et les divers changements de temps. Mais la plupart de ces observations primitives ont peu de valeur, parce qu'elles étaient faites au hasard et manquaient de précision. Beaucoup sont purement imaginaires et déduites d'idées préconçues. Il n'en pouvait d'ailleurs être autrement, car un des plus grands obstacles au développement de la m. tient à ce qu'elle n'est qu'une science secondaire. Elle emprunte à d'autres sciences le plus grand nombre des procédés sans lesquels elle ne saurait avancer. Ses progrès se trouvent intimement liés à ceux de la chimie et de la physique. Ce n'est qu'à partir du milieu du XVIIIe siècle qu'elle devient une science spéciale. Alors se succèdent les travaux de Demaison sur la congélation, de Saussure sur la pluie, les nuages et les vapeurs, de Franklin sur l'électricité, de Franklin et de Mairan sur les aurores boréales, de Volta sur la formation de la grêle, de Dufay et de Wells sur la rosée. Parmi les savants de notre siècle qui ont le plus contribué aux progrès de cette branche de la physique, il nous suffira de nommer Fourier, Humboldt, Chladni, Davy, Arago, Gay-Lussac, Pouillet, Becquerel, Hansteen, Sabine, Brandes, Dove, Maury, Forbes, de la Rive, Peltier, Saigey, Coulvier-Gravier, Bravais, Le Verrier, Faye, etc. Toutefois, en raison de la complexité des phénomènes qu'observe la m. et de l'influence réciproque qu'ils exercent les uns sur les autres, il faudra recueillir pendant longtemps de nombreuses séries d'observations, avant de s'élever à la connaissance des lois qui les régissent. De plus, il est indispensable que ces observations aient lieu sur la plupart des points du globe, et se fassent à peu près simultanément. Pendant le XIXe siècle, de nombreux observatoires météorologiques ont été établis à cet effet dans la plupart des pays civilisés. En outre, le télégraphe électrique leur permet de communiquer entre eux avec la rapidité de la pensée, de sorte que l'on peut suivre aisément, dans les lieux les plus distants les uns des autres, les phases des grands phénomènes atmosphériques.

Malgré d'incontestables progrès, la m. est encore à l'état de science empirique. Le problème capital est celui de la formation des tempêtes sur lequel les savants ne sont pas encore complètement d'accord. Nous expliquerons l'état de la question au mot TEMPÊTE. Au point de vue pratique, ce qui importe le plus, ce serait la *prévision du temps*. On n'est pas arrivé à faire cette prévision à longue échéance. Cependant, en profitant de ce qu'on sait sur la marche ordinaire des tempêtes, et en centralisant les renseignements obtenus par le télégraphe, on arrive à savoir environ 24 heures à l'avance qu'une tempête menace nos côtes. Ce résultat est obtenu par la centralisation des renseignements. A cet effet, il existe à Paris un *bureau central météorologique* qui est en correspondance avec les observatoires du monde entier. Ce bureau publie chaque jour une carte de l'Europe sur laquelle sont indiqués par des courbes et des signes conventionnels les valeurs de la pression atmosphérique et de la température, l'état du ciel et la direction du vent pour les différents points de l'Europe. De plus, le bureau central déduit de l'ensemble des observations recueillies les probabilités relatives au temps, et télégraphie ses prévisions à tous les ports du territoire. De la sorte les tempêtes peuvent être annoncées quelques heures à l'avance et bien des sinistres évités.

Les températures annuelles paraissent en connexion avec les fluctuations de l'activité solaire manifestées par les taches. Voy. le mot TEMPÉRATURE, ainsi que TROMBE, TORNADO, CYCLONE, VENT, TEMPÊTE.

**MÉTÉOROLOGIQUE.** adj. 2 g. (gr. μετεωρολογικός, m. s.). Qui concerne les météores et les variations de l'atmosphère. *Observations, tables, instruments météorologiques.*

**MÉTÉOROLOGISTE.** s. m. Celui qui s'occupe particulièrement d'études météorologiques.

**MÉTÉOROMANCIE.** s. f. (gr. μετέωρος, météore; μαντεία, divination). Divination par les météores.

**MÉTÉOROMANCIEN, IENNE,** s. [Pr. *météoroman-si-in, iène*]. Celui, celle qui pratique la météoromancie.

**MÉTÉORONOMIE.** s. f. (gr. μετέωρος, météore; νόμος, loi). Recherche des lois qui président à la manifestation des météores.

**MÉTÉOROSCOPIE.** s. f. (gr. μετέωρος, météore; σκοπεῖν, examiner). Contemplation, ou étude des météores.

**MÉTEZEAU** (THIBAULT). Architecte fr.; m. vers 1599. — Son fils Clément, architecte (1581-1652).

**MÉTHACRYLIQUE.** adj. 2 g. (R. *méthyle* et *acrylique*). T. Chim. *Acide m.* ou *méthylacrylique*. Voy. CROTONIQUE.

**MÉTHAL.** s. m. (R. *méthyle*). T. Chim. Alcool myristique.

**MÉTHANAL.** s. m. (R. *méthyle*). T. Chim. Aldéhyde méthylique. Voy. MÉTHYLIQUE.

**MÉTHANAMIDE.** s. f. (R. *méthyle* et *amide*). T. Chim. Synonyme de *formiamide*. Voy. FORMIQUE.

**MÉTHANE.** s. m. (R. *méthyle*, et term. *ane* des hydrocarbures). T. Chim. Le *Méthane*, qu'on a aussi appelé *Gaz des marais, Hydrogène protocarboné, Hydrure de méthyle* et *Formène*, est le premier terme de la série des hydrocarbures saturés. Il a pour formule $CH^4$; c'est le seul hydrocarbure qui ne renferme qu'un atome de carbone. Il se dégage souvent dans les houillères où il constitue le *Grisou*, si redoutable aux mineurs. Il fait partie des gaz qu'émettent les sources de pétrole. Il sort spontanément de terre dans différentes régions de la Chine, de la Perse, et aux environs de la mer Caspienne. Les bulles de gaz qui se dégagent des marais et des eaux vaseuses contiennent du m. avec un peu d'azote et d'anhydride carbonique. Le m. se forme par l'action de la chaleur sur un grand nombre de substances organiques; aussi le rencontre-t-on en forte proportion dans le gaz d'éclairage. Il se produit aussi dans la fermentation bactérienne de la cellulose et des hydrates de carbone; de là sa présence dans le gaz des marais et dans les gaz de la digestion. La synthèse du m. a été réalisée par Berthelot en faisant passer un mélange de sulfure de carbone et d'hydrogène sulfuré sur du cuivre chauffé au rouge sombre; Moissan a reproduit le m. par l'action de l'eau sur le carbure d'aluminium préparé dans le four électrique; Regnault faisait réagir l'amalgame de sodium et l'eau sur le tétrachlorure de carbone qu'on peut obtenir synthétiquement par l'action du chlore sur le sulfure de carbone.

Pour préparer le m. on chauffe l'acétate de sodium sec avec le double de son poids de chaux sodée; la réaction s'exprime par l'équation

$$C^2H^3O^2Na + NaOH = CO^3Na + CH^4.$$

Quand on veut obtenir du m. complètement pur, on décompose le zinc-méthyle par l'eau :

$$Zn(CH^3)^2 + H^2O = ZnO + 2CH^4.$$

Si l'on veut recueillir le gaz des marais, on remue la vase et l'on reçoit les bulles gazeuses dans un flacon renversé, plein d'eau et muni d'un entonnoir comme le montre la figure ci-dessous.

Le m. est un gaz incolore, très peu soluble dans l'eau, plus soluble dans l'alcool. Sa densité par rapport à l'air n'est que 0,559. Il est très difficile à liquéfier; sa température critique, suivant Olszewski, est −82° et sa pression critique est de 55 atmosphères; liquide, il bout à −164° sous la pression ordinaire. Il est très inflammable et brûle avec une flamme pâle. Il peut former avec l'air des mélanges qui détonent violemment par l'étincelle électrique ou à l'approche d'une flamme; le mélange n'est explosif que s'il contient au moins 6 et au plus 16 volumes d'air pour 1 volume de m.; les produits de la réaction sont de l'eau et de l'anhydride carbonique ou de l'oxyde de carbone, suivant que l'air est en excès ou non. Pour éviter ces explosions dans les mines de houille on se sert d'une lampe de sûreté imaginée par Davy. Voy. FLAMME.

— Le m. étant un composé saturé, ne peut pas s'unir à d'autres corps par voie d'addition; il résiste à la plupart des réactifs et n'est guère attaqué que par le chlore et le brome. Un mélange de m. et de 2 volumes de chlore fait explosion à la lumière solaire en donnant de l'acide chlorhydrique et un dépôt de charbon. Mais si l'on dilue les deux gaz avec de l'anhydride carbonique avant de les mélanger, on obtient des produits de substitution; ces *dérivés chlorés du m.* sont le chlorure de méthyle $CH^3Cl$, le chlorure de méthylène $CH^2Cl^2$, le chloroforme $CHCl^3$ et le tétrachlorure de carbone $CCl^4$. Le brome agit de même, mais l'iode n'a pas d'action.

Les dérivés du m., parmi lesquels on compte l'esprit de

bois et l'acide formique, sont nombreux et importants. Voy. MÉTHYLE, MÉTHYLÈNE, MÉTHYLIQUE, MÉTHYLAMINE, FORMIQUE, CHLOROFORME, IODOFORME.

**MÉTHANE-SULFONIQUE.** adj. T. Chim. *L'acide m.* ou *méthylsulfureux* $CH^3SO^3H$ se forme par l'oxydation du mercaptan méthylique; c'est un liquide sirupeux, soluble dans l'eau, se décomposant sous l'action de la chaleur vers 130°.

Le chlore humide, en réagissant sur le sulfure de carbone, donne naissance à un composé de la formule $CCl^3SO^2Cl$, solide, à odeur camphrée, fusible à 135°, bouillant à 170°. C'est le chlorure de l'*acide méthane-sulfonique trichloré* $CCl^3SO^3H$; traité par les alcalis, il fournit les sels de cet acide.

*Acide méthane-disulfonique*. Voy. MÉTHIONIQUE.

**MÉTHANOÏQUE.** adj. 2 g. (R. *méthane*). T. Chim. *Acide m.*, syn. de *formique*.

**MÉTHANOL.** s. m. (R. *méthane*). T. Chim. Alcool méthylique.

**MÉTHANTHRÈNE.** s. m. (R. *méthane*; gr. ἄνθραξ, charbon, et la term. *ène* des hydrocarbures saturés). T. Chim. Hydrocarbure obtenu en distillant l'acide podocarpique avec la poudre de zinc. Il est isomérique avec les méthylanthracènes et répond à la formule $C^{15}H^{12}$. Il cristallise en lames blanches, à fluorescence violette, fusibles à 117°. Oxydé par l'acide chromique en solution acétique, il se convertit en *méthanthrène-quinone* cristallisable, fusible à 187°.

**MÉTHAZONIQUE.** adj. 2 g. (R. *méthane* et *azote*). T. Chim. *L'acide m.* $C^2H^4Az^2O^3$ forme de grands cristaux, fusibles vers 60°, très solubles dans l'eau, l'alcool et l'éther. On l'obtient, à l'état de sel de sodium, par l'action de la potasse alcoolique sur le nitrométhane.

**MÉTHÉMOGLOBINE.** s. f. (gr. μετὰ, indiq. changement, préf., et *hémoglobine*). T. Chim. Voy. HÉMOGLOBINE.

**MÉTHÈNE.** s. m. T. Chim. Syn. de *Méthylène*.

**MÉTHÉNYLE.** s. m. (R. *méthène*, et le suff. *yle*, du gr. ὕλη, matière). T. Chim. Nom donné au radical trivalent CH contenu dans les dérivés trisubstitués du méthane. Le chloroforme, par ex., est un chlorure de m.

**MÉTHIONIQUE.** adj. 2 g. (R. *méthyle* et *thionique*). T. Chim. L'*acide m.* ou *méthane-disulfonique* $CH^2(SO^3H)^2$ se forme par l'action de l'anhydride sulfurique sur l'éther ordinaire ou sur le sulfate d'éthyle; il cristallise en aiguilles très déliquescentes.

**MÉTHO.** T. Chim. Préfixe indiquant la substitution du radical méthyle dans une chaîne latérale.

**MÉTHODE.** s. f. (lat. *methodus*, gr. μέθοδος, recherche; de μετὰ, par, et ὁδὸς, voie). L'ensemble des moyens qu'on juge les plus propres pour arriver à un but; manière de dire, de faire, d'apprendre, d'enseigner quelque chose suivant certains principes et avec un certain ordre. *Bonne, mauvaise m. M. aisée, facile. M. embrouillée, difficile. M. analytique, synthétique. Imaginer, inventer, créer une m. Chanter avec m. Il a la voix belle, mais il n'a pas de m. Il fait tout avec m. Il a une m. pour tout. Le perfectionnement des méthodes.* || En parlant des productions de l'esprit, se dit de la disposition des matières et de l'ordre suivi dans l'exposition des idées qui font l'objet d'un livre, d'un cours, etc. *Cet ouvrage est sans aucune m. Il y a beaucoup de m. dans ses leçons.* || Titre que l'on donne à une foule de livres élémentaires qui ont pour objet l'enseignement d'une langue, d'un art, d'une science, etc. *La M. grecque de Port-Royal. M. de lecture. Nouvelle m. de chant* || Se dit quelquefois pour coutume, habitude, manière d'être ou d'agir. *Chacun a sa m.*

Je vois que dans le monde on suit fort ma méthode.
MOLIÈRE.

*Cet homme a une étrange m. Selon sa m., il est allé dormir après dîner.*

**Philos.** — I. — La *Méthode* est également nécessaire aux progrès de la science, c.-à-d. à la découverte de la vérité, et à la transmission des connaissances obtenues, c.-à-d. à l'enseignement. Quel que soit l'objet de nos recherches, notre esprit n'a que trois moyens d'étude à sa disposition : l'*observation*, l'*induction* et la *déduction*. Cependant l'*induction* et la *déduction* méritent seules le nom de *Méthodes*. En effet, par l'*observation*, nous n'atteignons que des faits isolés. L'observation, soit interne, soit externe, soit pure, soit expérimentale, fournit simplement les matériaux de la science, et ne saurait constituer cette dernière. Notre esprit ne parvient à la connaissance scientifique qu'à l'aide de l'induction et de la déduction. Par l'*induction*, nous nous élevons à la connaissance des faits généraux ou des lois; elle aboutit à la *synthèse*. Par la *déduction*, nous descendons du général au particulier; elle aboutit à une décomposition, c.-à-d. à une *analyse*. Chacune de ces méthodes est plus particulièrement appropriée à tel ou tel ordre de recherches. L'induction est la m. par excellence des sciences physiques et naturelles, tandis que la m. déductive convient plus spécialement aux sciences mathématiques et philosophiques. La première constitue aussi l'instrument propre des découvertes, et la seconde celui de l'enseignement. Néanmoins on peut dire qu'au fond les deux méthodes sont inséparables, car elles se vérifient l'une par l'autre. A ce propos, il importe de remarquer que la plupart des philosophes modernes nomment ces méthodes d'après leur point de départ, et que les savants, au contraire, les nomment d'après le résultat final qu'elles donnent. Ainsi, le chimiste dit qu'il fait de l'*analyse* lorsqu'il décompose un corps inconnu pour arriver à reconnaître ses éléments constitutifs. Il appelle *M. analytique* le procédé qu'il suit alors, tandis qu'il nomme *synthèse* l'opération par laquelle il reconstituera ce corps au moyen de ses éléments. Le philosophe, au contraire, appelle *M. analytique* celle au moyen de laquelle il s'élève à une connaissance générale, à une loi, et il nomme *M. synthétique*, celle qu'il emploie lorsque, partant d'un principe général, il l'analyse et déduit successivement toutes les idées que ce principe contient. Au reste, nous ne nous étendrons pas davantage au sujet des méthodes, attendu que nous en avons parlé longuement dans divers articles spéciaux. Nous nous contenterons, en terminant, de rappeler les quatre règles fondamentales posées par Descartes dans son admirable *Discours sur la méthode* : « 1° Ne recevoir aucune chose pour vraie qu'on ne la connaisse évidemment être telle. 2° Diviser chacune des parties qu'on veut examiner en autant de parcelles qu'il se peut et qu'il est requis pour les mieux résoudre. 3° Conduire par ordre ses pensées en commençant par les objets les plus simples pour monter peu à peu comme par degrés à la connaissance des plus composés. 4° Faire partout des dénombrements si entiers et des revues si générales, qu'on soit assuré de ne rien omettre. » — Voy. les mots ANALYSE, EXPÉRIENCE, INDUCTION, LOGIQUE, etc.

II. — Dans les sciences naturelles, on emploie fréquemment le mot *Méthode* dans le sens de « classification », parce qu'en effet les classifications sont des moyens de reconnaître et de dénommer les êtres, bien que ce ne soit pas leur unique objet. Il se dit aussi de l'ensemble des principes qui servent de base à cette distribution. Voy. CLASSIFICATION.

III. — Enfin le mot m. s'applique encore dans les sciences à tout procédé propre à étendre nos connaissances. C'est ainsi qu'on appelle *m. éclectique*, celle qui fait un usage simultané de l'expérience, de l'induction et de la déduction, ou qui établit ses déductions en empruntant la base du raisonnement à des théories différentes. La *m. artificielle* est celle qui se propose de classer des idées ou des groupes d'êtres suivant ces analogies conçues d'après un plan préconçu, en laissant systématiquement de côté les analogies qui ne portent pas sur les caractères énoncés comme devant servir de base au travail. — En mathématiques, on signale aussi des méthodes de raisonnement, de résolution des problèmes. C'est ainsi qu'on dit la m. synthétique et la m. analytique dont nous avons parlé au mot ANALYSE. On dit qu'une m. est *artificielle*, lorsqu'elle comporte un raisonnement qui s'appuie sur des considérations qui paraissent étrangères à la fois à l'hypothèse et à la conclusion, de telle manière qu'il semble qu'on n'ait pu la découvrir qu'à la suite d'une sorte de divination, tandis que la m. est dite *naturelle*, quand la suite des raisonnements s'enchaîne si facilement qu'il semble qu'un peu d'attention aurait suffi à la faire découvrir. Les méthodes artificielles doivent être bannies de l'enseignement : elles chargent la mémoire et ne contribuent pas à développer les qualités de l'esprit et du jugement.

**MÉTHODIQUE.** adj. 2 g. Qui a de la règle et de la méthode. *Un homme, un esprit m.* — Se dit aussi, en manière de dénigrement, d'une personne qui est trop compassée, qui porte en toutes choses un esprit de détail exagéré. || Qui est fait avec méthode, où il y a de la méthode. *Discours, traité m., Ordre m.* || T. Hist. méd. Se dit des médecins autrement appelés Méthodistes.

**MÉTHODIQUEMENT.** adv. Avec méthode.

**MÉTHODISME.** s. m. Doctrine des méthodistes; se dit en parlant d'une certaine doctrine médicale; et des opinions d'une secte protestante contemporaine.

**MÉTHODISTE.** s. 2 g. En parl. des sciences naturelles, se dit des auteurs qui ont proposé quelque méthode ou système de classification. *Le plus ingénieux des méthodistes, Linné, pensait...* || T. Hist. médicale. Voy. MÉDECINE.

**Hist. relig.** — Parmi les nombreuses sectes protestantes qu'a vues naître l'Angleterre, l'une des plus étranges est assurément celle qu'on désigne sous le nom de *Méthodistes*. L'origine de cette secte remonte à l'an 1729. Deux jeunes frères, alors étudiants à l'université d'Oxford, John et Charles Wesley, se mirent en tête de réformer les mœurs de leurs contemporains et de les rappeler à l'observation rigoureuse des préceptes de l'Évangile. S'étant adjoint quelques-uns de leurs condisciples, ils commencèrent leurs prédications qui leur attirèrent de nombreux prosélytes. Mais, la jeune Église se partagea bientôt en deux sectes ennemies, les *Wesleyens* et les *Whitfieldiens*, lesquelles donnèrent plus tard lieu à de nouvelles scissions. Toutefois les deux principales branches du méthodisme sont celles que nous venons de nommer. Whitfield fit revivre le calvinisme primitif dans toute sa pureté; en conséquence, ses partisans admettent pour fondement de leur doctrine la prédestination absolue, la justification par la foi, la nullité des œuvres, et l'inamissibilité de la justice. Quant à cette foi qui justifie, elle se révèle par des illuminations subites, des transes, des extases, des spasmes convulsifs. Aussi voit-on les méthodistes renouveler les extravagantes folies des convulsionnaires. Les supplices de l'enfer sont le sujet de prédilection des prédicateurs de la secte, et leur grand moyen de conversion. Le jour où un individu, poursuivi par la terreur de l'enfer, en arrive, à force de cris, de larmes et d'exaltation, à tomber dans des convulsions épileptiformes, il acquiert la conviction intime qu'il est au nombre des élus, privilège qu'il ne peut plus perdre, quels que soient ses égarements ultérieurs. Les Wesleyens professent des doctrines moins exagérées, quoique leur rigorisme soit encore excessif. Les diverses sectes méthodistes s'accordent toutes à condamner tous les plaisirs, tous les arts, et jusqu'aux divertissements les plus innocents. Les Méthodistes sont fort répandus en Angleterre, mais surtout aux États-Unis. Cependant, à côté des scènes ridicules dont nous venons de parler, il serait injuste de méconnaître le bien fait par les méthodistes, surtout en Amérique. Malgré leur mépris pour les œuvres, l'action des méthodistes se signale par une charité inépuisable, et une lutte incessante contre l'ivrognerie, qui est une des plaies des populations aventureuses de l'ouest américain.

**MÉTHODOLOGIE.** s. f. (R. *méthode* et gr. λόγος, doctrine) Traité des méthodes, art de diriger l'esprit dans la recherche de la vérité.

**MÉTHODOLOGIQUE.** adj. 2 g. Qui concerne la méthodologie.

**MÉTHODOLOGISTE.** s. m. Celui qui se livre à l'étude de la méthodologie.

**MÉTHONE,** anc. v. de Macédoine. = Anc. v. de Messénie, auj. *Modon.*

**MÉTHOSE.** s. f. [Pr. *méto-ze*] (R. *méthyle*, et la term. *ose* des sucres) T. Chim. Matière sucrée de constitution inconnue, obtenue par synthèse en traitant l'aldéhyde méthylique par l'eau de chaux.

**MÉTHOXY.** [Pr. *métok-si*] (R. *méthyle* et *oxygène*). T. Chim. Préfixe indiquant la substitution du radical univalent $OCH^3$ dans la molécule d'un composé. Le gaïacol par ex. est du méthoxyphénol; l'anisol est le méthoxybenzène. Il ne faut pas le confondre avec le préfixe *métoxy* (méta-oxy) qui s'applique aux composés oxhydrylés en position méta.

**MÉTHYL.** T. Chim. Préfixe indiquant la substitution du radical méthyle dans la molécule d'un composé.

**MÉTHYLACÉTANILIDE.** s. f. (R. *méthyle* et *acétique*). T. Chim. La *m.* connue en thérapeutique sous le nom d'*Exalgine* est un dérivé méthylé de l'antifébrine et répond à la formule $C^6H^5.Az(CH^3).COCH^3$. Elle est solide, fusible à 101°, peu soluble dans l'eau, très soluble dans l'alcool, le chloroforme et le benzène. On l'emploie pour combattre la fièvre et calmer la douleur.

**MÉTHYLACRYLIQUE.** adj. 2 g. (R. *méthyle* et *acrylique*). T. Chim. *Acide m.* ou *méthacrylique*. Voy. CROTONIQUE.

**MÉTHYLADIPIQUE.** adj. 2 g. (R. *méthyle* et *adipique*). T. Chim. L'*acide m.* $C^7H^{12}O^4$ est un acide bibasique, fusible à 92°, obtenu en oxydant le menthol ou la menthone par le permanganate de potassium.

**MÉTHYLAL.** s. m. (R. *méthyle* et *aldéhyde*). T. Chim. Composé de la formule $CH^2(OCH^3)^2$, résultant de la combinaison de l'alcool et de l'aldéhyde méthyliques. Il se forme ordinairement dans l'oxydation de l'alcool méthylique. C'est un liquide incolore qui bout à 42°. Les oxydants le transforment en acide formique. Le m. a été proposé comme soporifique; mais son action est très passagère, car il est rapidement éliminé par les poumons.

**MÉTHYLAMINE.** s. f. (*méthyle* et *amine*). T. Chim. Base organique répondant à la formule $AzH^2CH^3$ et représentant de l'ammoniaque dont un atome d'hydrogène est remplacé par le radical méthyle. La m. se rencontre dans la Mercuriale, dans la saumure de harengs, dans l'esprit de bois brut. Elle se produit dans la distillation des os, des vinasses de betteraves et d'un assez grand nombre de substances organiques azotées. On peut l'obtenir en distillant l'isocyanate ou le cyanurate de méthyle avec de la potasse, en chauffant l'acide cyanhydrique avec de l'hydrogène en présence du noir de platine, en réduisant la chloropicrine ou le nitrométhane. On la prépare ordinairement par l'action de la potasse sur un mélange d'acétamide et de brome. La m. est un gaz incolore, d'une odeur ammoniacale. Refroidie au-dessous de zéro, elle se condense en un liquide léger qui bout à — 6°. Elle est combustible et brûle avec une flamme livide. C'est le plus soluble de tous les gaz; un volume d'eau en absorbe 1150 volumes à 12°. La solution aqueuse a une saveur caustique et une réaction fortement alcaline; elle possède les propriétés de l'ammoniaque aqueuse, précipite les oxydes métalliques de leurs dissolutions, dissout en bleu l'hydrate cuivrique, etc. — Avec les acides, la m. forme des sels solubles et cristallisables. Le *Chlorhydrate de m.* $AzH^2CH^3HCl$ se présente en grandes lames incolores, déliquescentes, fusibles vers 100°, sublimables; il forme, avec le chlorure de platine, un chloroplatinate cristallisé en paillettes jaunes, peu solubles dans l'eau.

La *Diméthylamine* $AzH(CH^3)^2$ se produit à l'état d'iodure, en même temps que la m. et la triméthylamine, quand on chauffe en vase clos de l'iodure de méthyle avec de l'ammoniaque. On la prépare en décomposant la nitroso-diméthylaniline par la potasse. C'est un liquide incolore, bouillant à 8°, soluble dans l'eau et dans l'alcool, s'unissant aux acides pour former des sels cristallisables.

La *Triméthylamine* $Az(CH^3)^2$ se rencontre dans les feuilles de la Vulvaire (*Chænopodium vulvaria*), dans les fleurs du *Cratægus oxyacantha*, dans la saumure de harengs. On la prépare en grand par la distillation sèche des vinasses de betteraves : le liquide provenant de la condensation des vapeurs est saturé d'acide sulfurique, puis concentré par la chaleur; il dégage de l'alcool méthylique et laisse déposer du sulfate d'ammoniaque, tandis que les eaux mères retiennent le sulfate de triméthylamine. Ces eaux mères, chauffées avec de la chaux, dégagent un gaz formé de triméthylamine mélangée d'un peu d'ammoniaque. — La triméthylamine bout vers 8°. Elle est très soluble dans l'eau et dans l'alcool. Sa solution aqueuse possède une forte odeur de poisson et une réaction très alcaline; de même que l'ammoniaque, elle déplace les oxydes métalliques de leurs dissolutions, mais elle ne dissout ni l'hydrate cuivrique ni le chlorure d'argent et elle précipite les sels d'aluminium. La triméthylamine s'unit aux acides en donnant des sels qui cristallisent moins bien que ceux d'ammoniaque. Son *Chlorhydrate* $Az(CH^3)^3HCl$, que l'on prépare en recevant les vapeurs de triméthylamine dans une solution d'acide chlorhydrique, cristallise en longs prismes incolores et déliquescents. Chauffé au-dessus de 285° il dégage du chlorure de méthyle, de la triméthylamine et de l'ammoniaque; le résidu s'évapore complètement vers 325° en donnant un sublimé de chlorhydrate d'ammoniaque et de chlorhydrate de méthylamine Cette décomposition a été utilisée pour la préparation industrielle du chlorure de méthyle.

Lorsqu'on traite la triméthylamine par l'iodure de méthyle, on obtient une masse blanche cristalline d'*Iodure de tétraméthylammonium* $Az(CH^{3})^{4}I$ Celui-ci, traité par l'oxyde d'argent humide se transforme en *Hydrate de tétraméthylammonium* $Az(CH^{3})^{4}OH$ qui est une base analogue à la potasse et qui se présente sous la forme d'une masse blanche, cristalline, déliquescente, très caustique, neutralisant les acides et absorbant avidement l'anhydride carbonique.

**MÉTHYLANTHRACÈNE**. s. m. (R. *méthyle* et *anthracène*). T. Chim. Hydrocarbure de la formule $C^{14}H^{9}(CH^{3})$, dérivant de l'anthracène par la substitution du radical méthyle à un atome d'hydrogène. La théorie prévoit l'existence de trois méthylanthracènes isomères de position. L'un d'eux se rencontre dans les huiles de goudron de houille, et dans l'anthracène brut; il se forme par l'action de la poudre de zinc sur l'émodine et sur l'acide chrysophanique; il cristallise en lamelles jaunâtres qui fondent à 200°; oxydé par l'acide chromique il donne une méthylanthraquinone fusible à 163° et de l'acide anthraquinone-carbonique $C^{14}H^{7}O^{2}CO^{2}H$ fusible à 282°; par hydrogénation sous l'action de l'acide iodhydrique et du phosphore il fournit un *Hexahydrure de m.* $C^{14}H^{15}(CH^{3})$ cristallisable qui fond vers 65°.

Nous avons déjà parlé des *Diméthylanthracènes*. Voy. ce mot.

Les *Triméthylanthracènes* ont pour formule $C^{14}H^{7}(CH^{3})^{3}$ et représentent de l'anthracène trois fois méthylé. Ce sont des corps solides dont les points de fusion respectifs sont 134°, 222°, 227° et 243°.

Enfin l'on connaît encore deux *Tétraméthylanthracènes* $C^{14}H^{6}(CH^{3})^{4}$ qui fondent à 163° et à 280°, et un *Hexaméthylanthracène* $C^{14}H^{4}(CH^{3})^{6}$ fusible vers 220°.

Tous ceux de ces dérivés qui contiennent le groupe méthyle dans leurs noyaux benzéniques présentent la plus grande analogie avec l'anthracène; par oxydation ils peuvent fournir des anthraquinones méthylées.

**MÉTHYLANTHRAQUINONE**. s. f. (R. *méthyle* et *anthraquinone*). T. Chim Dérivé méthylé de l'anthraquinone. On en connaît deux; ce sont des corps solides, cristallisables, dont les points de fusion sont situés vers 167° et 172°. Elles ont pour formule de constitution $C^{6}H^{4}\langle {CO \atop CO} \rangle C^{6}H^{3}(CH^{3})$ et diffèrent par la position du groupe $CH^{3}$ sur le noyau benzénique.

Il existe aussi des anthraquinones di, tri, et tétra-méthylées. On les obtient généralement en oxydant, à l'aide de l'acide chromique, les dérivés méthylés de l'anthracène.

**MÉTHYLARSINE**. s. f. (R. *méthyle* et *arsine*). T. Chim. La *m.* $As(CH^{3})H^{2}$, qui représenterait de la méthylamine dont l'azote serait remplacé par de l'arsenic, n'a pas été isolée. On donne le nom de *Chlorure de m.* au composé $As(CH^{3})Cl^{2}$; c'est un liquide incolore qui bout à 130°; une solution de carbonate de potassium le transforme en *Oxyde de m.* $AsCH^{3}O$ qui cristallise en cubes fusibles à 95°.

Pour les dérivés de la *Diméthylarsine*. Voy. CACODYLE.

La *Triméthylarsine* $As(CH^{3})^{3}$ existe à l'état libre. C'est un liquide insoluble dans l'eau, bouillant vers 100°, s'unissant directement au chlore, au brome et à l'oxygène.

En faisant réagir l'iodure de méthyle sur le cacodyle on obtient l'*Iodure de tétraméthylarsonium* $As(CH^{3})^{4}I$, composé cristallisable qui est analogue au chlorhydrate d'ammoniaque et que l'oxyde d'argent humide convertit en un hydrate $As(CH^{3})^{4}OH$ cristallisable, déliquescent, très caustique, analogue à la potasse.

**MÉTHYLATE**. s. m. (R. *méthyle*). T. Chim. Composé résultant de la substitution d'un métal à l'hydrogène du groupe oxhydryle dans l'alcool méthylique. Le potassium et le sodium se dissolvent dans cet alcool avec dégagement d'hydrogène en formant des méthylates cristallisables $CH^{3}OK$ et $CH^{3}ONa$.

**MÉTHYLATION**. s. f. [Pr... *sion*]. T. Chim. Action de méthyler un composé.

**MÉTHYLBENZÈNE**. s. m. [Pr. *métil-bin-zène*] (R. *méthyle*, et *benzène*). T. Chim. Syn. de *Toluène*.

**MÉTHYLBENZOÏQUE**. adj. 2 g. [Pr. *métil-bin-zo-ike*] (R. *méthyle* et *benzoïque*). T. Chim. Syn. de *toluique*.

**MÉTHYLBUTYLACÉTYLÈNE**. s. m. T. Chim. Voy. HEPTINE.

**MÉTHYLBUTYLCARBINOL**. s. m. **MÉTHYLBUTYLCÉTONE**. s. f. T. Chim. Voy. HEXYLIQUE.

**MÉTHYLCÉTOL** ou **MÉTHYLKÉTOL**. s. m. T. Chim. Voy. INDOL.

**MÉTHYLCROTONIQUE**. adj. 2 g. (R *méthyle* et *crotonique*). T. Chim. *Acide m.* Synon. de *tiglique*. — *Acide méthylisocrotonique*. Syn d'*angélique*.

**MÉTHYLDIÉTHYLMÉTHANE**. s. m. T. Chim Voy. HEXANE.

**MÉTHYLE**. s. m. (gr. μέθη, ivresse; ὕλη, matière). T. Chim. Nom donné au radical univalent $CH^{3}$ contenu dans le méthane et dans ses dérivés monosubstitués. Quand on cherche à isoler ce radical on obtient l'éthane ou biméthyle $C^{2}H^{6}$.

Le *Chlorure de m.* $CH^{3}Cl$ peut être considéré comme le dérivé monochloré du méthane ou comme l'éther chlorhydrique de l'alcool méthylique. On le prépare industriellement par l'action de la chaleur sur le chlorhydrate de triméthylamine provenant de la distillation des vinasses de betteraves (Voy. MÉTHYLAMINE). On l'obtient plus pur en faisant agir l'acide chlorhydrique sur l'alcool méthylique. Le chlorure de m est un gaz d'une odeur agréable. Il brûle avec une flamme bordée de vert. Chauffé avec la potasse il se transforme lentement en alcool méthylique. Pour le livrer au commerce on le liquéfie par compression; il bout alors à — 28° sous la pression atmosphérique et peut se refroidir à — 55° lorsqu'on active son évaporation par un courant d'air. Il sert ainsi à obtenir de basses températures. En médecine, on utilise ses propriétés réfrigérantes pour produire l'anesthésie locale dans les névralgies En chimie, on l'emploie pour introduire le groupe m. dans la molécule d'un composé, par ex. pour préparer les méthylanilines et autres dérivés méthylés servant à la fabrication des matières colorantes.

Le *Bromure de m.* $CH^{3}Br$ est un liquide incolore à odeur alliacée. On l'obtient en faisant agir le brome et le phosphore sur l'alcool méthylique.

L'*Iodure de m.* $CH^{3}I$ se prépare de même à l'aide de l'iode. C'est un liquide incolore, qui brunit à l'air et à la lumière. Sa densité est de 2,2. Il bout à 44°. On l'emploie dans les laboratoires de préférence au chlorure de m, comme agent de méthylation.

L'*Azotate de m.* $AzO^{3}CH^{3}$ est un liquide d'une odeur agréable, insoluble dans l'eau, soluble dans l'alcool. Il bout à 65°. Chauffé vers 150° il détone avec violence. On le prépare en ajoutant à de l'azotate de potassium un mélange refroidi d'acide sulfurique et d'alcool méthylique.

L'*Azotite de m.* $AzO^{2}CH^{3}$, qu'on obtient en chauffant l'alcool méthylique avec de l'azotite d'amyle, est un gaz facilement liquéfiable. Son point d'ébullition est à — 12°.

Le *Sulfate de m.* $SO^{4}(CH^{3})^{2}$ se prépare en distillant l'alcool méthylique avec 8 à 10 fois son poids d'acide sulfurique. Il est liquide et bout à 188°. Les bases, et même l'eau, le dédoublent en alcool méthylique et en acide méthylsulfurique.

Tous ces composés sont des éthers-sels de l'alcool méthylique. Son éther-oxyde, appelé *Oxyde de m.* a pour formule $(CH^{3})^{2}O$. Il est gazeux, soluble dans l'eau, très soluble dans l'esprit de bois et dans l'acide sulfurique. Liquéfié il bout à — 22°. On l'obtient en distillant l'alcool méthylique avec 4 fois son poids d'acide sulfurique concentré. — Le composé sulfuré correspondant est le *Sulfure de m.* $(CH^{3})^{2}S$ liquide à odeur désagréable, qui bout vers 40°; il se produit par l'action du chlorure de m. sur une solution alcoolique de sulfure de potassium.

Le *Sulfhydrate de m.* ou *Mercaptan méthylique* $CH^{3}SH$ représente de l'alcool méthylique dont l'oxygène est remplacé par du soufre. C'est un liquide incolore d'une odeur très désagréable; il possède les propriétés générales des mercaptans.

Le *Cyanure de m.* $CAzCH^{3}$ est le nitrile correspondant à l'acide acétique. Il se produit quand on déshydrate l'acétate d'ammoniaque ou l'acétamide. C'est un liquide incolore, d'odeur désagréable; il bout à 81°. L'hydrogène naissant le convertit en éthylamine. La potasse aqueuse et bouillante le transforme en acétate de potassium et ammoniaque.

Les dérivés du méthyle ont donné naissance à des dénominations chimiques d'une longueur vraiment admirable. Citons, par exemple, le tétraméthyldiamidodiphényldianthranoltétraméthylédiamide, et le tétraméthyldiamidophénytoxanthranol. Et il y a des personnes qui trouvent que l'astronomie est compliquée !

**MÉTHYLE-AMYLE.** s. m. T. Chim. Hexane normal.

**MÉTHYLÈNE.** s. m. (R. *méthyle*, et la term. *ène* des hydrocarbures saturés). T. Chim. Nom donné au radical bivalent $CH^2$ contenu dans les dérivés bisubstitués du méthane et dans un grand nombre de composés organiques. Quand on cherche à l'isoler, il se combine avec lui-même en donnant de l'éthylène $C^2H^4$ et du propylène $C^3H^6$.

Le *Chlorure de m.* $CH^2Cl^2$ se forme par l'action du chlore, à la lumière solaire, sur le méthane ou sur le chlorure de méthyle. On l'obtient plus pur en traitant le chloroforme en solution alcoolique par le zinc et l'acide chlorhydrique. Il est liquide, incolore, insoluble dans l'eau. Il bout à 41°. On l'a employé en médecine comme anesthésique à la place du chloroforme.

L'*Iodure de m.* $CH^2I^2$ se prépare en soumettant l'iodoforme à l'action hydrogénante de l'acide iodhydrique et du phosphore. C'est un liquide jaune, réfringent, qui cristallise à + 2°. En raison de sa grande densité 3,4 on l'emploie en minéralogie pour déterminer la densité de certains cristaux : on le dilue avec de l'éther jusqu'à ce que le cristal reste en équilibre au sein de la solution ; on détermine alors la densité du liquide, qui est égale à celle du cristal.

En faisant agir, sous l'eau, le brome sur l'iodure de m. on obtient le *Bromure de m.* $CH^2Br^2$ qui bout à 82°.

Ces composés peuvent être considérés comme les éthers d'un *Glycol méthylénique* $CH^2(OH)^2$ qu'on n'a pas pu isoler, parce qu'il se dédouble, au moment de sa formation, en eau et en aldéhyde méthylique.

L'*Oxyde de m.* $CH^2O$ n'est autre chose que l'aldéhyde méthylique.

*Bleu de m.* Voy. COLORANTES, IV, 9.

**MÉTHYLÉNIQUE.** adj. 2 g. T. Chim. Qui contient le radical méthylène. *Composés méthyléniques*. Voy. MÉTHYLÈNE.

**MÉTHYLER.** v. a. T. Chim. Introduire le radical méthyle dans la molécule d'un composé. Cette opération s'effectue ordinairement par l'action de l'iodure ou du chlorure de méthyle. = MÉTHYLÉ, ÉE, participe *Dérivé méthylé*, Dérivé provenant de la substitution du méthyle à l'hydrogène d'un composé.

**MÉTHYLÉTHYLBENZÈNE.** s. m. [Pr... *bin-zène*]. (R. *méthyle*, *éthyle*, et *benzène*). T. Chim. Syn. d'*Éthyltoluène*. — *Diméthyl-éthylbenzène*. Syn. d'*Éthylxylène*.

**MÉTHYLÉTHYLCÉTONE.** s. f. (R. *méthyle*, *éthyle*, et *cétone*). T. Chim. Cétone de la formule $CH^3.CO.C^2H^5$, qu'on appelle aussi *Butanone* et qui accompagne l'acétone dans les produits de la distillation du bois. Elle est liquide et bout à 80°. — La *Méthyléthyldicétone* a pour formule $CH^3.CO.CO.C^2H^5$; c'est un liquide jaune, bouillant à 108°, que la potasse transforme en une quinone fusible à 112°.

**MÉTHYLÉTHYLPROPIONIQUE.** adj. T. Chim. Voy. HEXYLIQUE.

**MÉTHYLÉTHYLPROPYLCARBINOL.** s. m. T. Chim. Voy. HEPTYLIQUE.

**MÉTHYLÉTHYLPROPYLIQUE.** adj. T. Chim. Voy. HEXYLIQUE.

**MÉTHYLÉTHYLPROPYLMÉTHANE.** s. m. T. Chim. Voy. HEPTANE.

**MÉTHYLÉTHYLPYRIDINE.** s. f. T. Chim. Voy. COLLIDINE.

**MÉTHYLGAIACOL.** s. m. T. Chim. Syn. de *Créosol*.

**MÉTHYLHEPTÉNONE.** s. f. T. Chim. Cétone de la formule $C^8H^{14}O$. En distillant l'anhydride cinéolique provenant de l'oxydation du cinéol, Wallach a obtenu une m. dont la formule de constitution est :

$$CH^3.CO.CH^2.CH^2.CH = C(CH^3)^2.$$

Cette m. se forme aussi dans la saponification du nitrile de l'acide géranique. On la rencontre dans l'essence de citronnelle. Elle est liquide, possède une odeur éthérée assez agréable et bout à 161°. Déshydratée par le chlorure de zinc elle se transforme en hydro-méta-xylène, hydrocarbure homologue des terpènes. On a pu l'obtenir par synthèse et elle a servi elle-même à réaliser la synthèse de l'acide géranique.

**MÉTHYLHEXAMÉTHYLÈNE.** s. m. T. Chim. Voy. HYDROTOLUÈNE.

**MÉTHYLINDOL.** s. m. T. Chim. Voy. INDOL.

**MÉTHYLIQUE.** adj. 2 g. T. Chim. Qui renferme le radical méthyle ou qui dérive de l'alcool m.

L'*Alcool m.* ou *Esprit de bois* répond à la formule $CH^3OH$. Dans l'industrie, on l'extrait de la portion aqueuse que fournit la distillation du bois. Ce liquide aqueux, qui renferme surtout de l'alcool m. avec de l'acétone et de l'acide acétique, est décanté, saturé par de la chaux et distillé à plusieurs reprises sur la chaux vive. Le produit de cette distillation constitue l'*Esprit de bois* du commerce ; c'est de l'alcool m. très impur, contenant de l'acétone, de l'acétate de méthyle, des bases ammoniacales et pyridiques, etc. Pour l'obtenir pur, on chauffe l'esprit de bois avec de l'acide oxalique ; il se dépose de l'oxalate de méthyle ; on purifie ce corps par cristallisation et on le décompose, à l'aide de la potasse, en oxalate de potassium et en alcool m. que l'on recueille par distillation. — L'alcool m. est un liquide incolore, d'une odeur alcoolique, d'une densité égale à 0,798. Il bout à 66°. Il se mélange en toutes proportions avec l'eau, l'alcool ordinaire et l'éther. Il dissout le phosphore, l'iode, les huiles, les essences, les résines. Avec la baryte et avec le chlorure de calcium il forme des combinaisons cristallisées, décomposables par l'eau. Il brûle avec une flamme incolore. Sous l'action des oxydants énergiques il se transforme en acide formique ; par une oxydation plus ménagée il peut fournir de l'aldéhyde m., du trioxyméthylène et du méthylal. Il se combine avec les métaux alcalins pour former des méthylates. Il ne donne pas, comme l'alcool ordinaire, du chloroforme quand on le chauffe avec le chlorure de chaux. — L'esprit de bois, n'étant pas soumis aux droits élevés de l'alcool ordinaire, le remplace avantageusement dans ses applications industrielles. On l'utilise comme alcool à brûler, comme dissolvant, pour la préparation des vernis, etc. On l'emploie aussi pour dénaturer l'alcool ordinaire.

Les *Éthers méthyliques* que l'alcool m. forme avec les principaux acides minéraux sont décrits, ainsi que son éther-oxyde, à l'article MÉTHYLE. Les éthers à acides organiques sont très nombreux ; ceux qui présentent quelque intérêt seront décrits avec les acides correspondants ; plusieurs se rencontrent dans la nature ; c'est ainsi que l'essence de Gaultheria est du salicylate de méthyle ; l'eugénol, la vanilline sont aussi des éthers méthyliques.

L'*Aldéhyde m.*, appelée aussi *Formaldéhyde* et *Méthanal* $CH^2O$, se produit quand on soumet l'alcool m. à un procédé d'oxydation ; mais dans la plupart des cas elle se combine aussitôt à l'alcool en excès pour former du méthylal. On a réussi à la fabriquer industriellement en faisant passer la vapeur d'alcool m. mélangée d'air sur du coke chauffé au rouge sombre. L'aldéhyde m. est un gaz d'une odeur pénétrante, irritant les muqueuses. Liquéfiée elle bout à — 21°. Elle jouit de propriétés réductrices énergiques et possède un pouvoir antiseptique supérieur à celui du sublimé corrosif. Elle est très instable et se polymérise avec la plus grande facilité en donnant du trioxyméthylène $(CH^2O)^3$. Elle se combine avec le benzène en présence de l'acide sulfurique en donnant du diphénylméthane. Elle s'unit aussi, avec élimination d'eau, aux phénols et aux amines. Elle sert à la fabrication de certaines matières colorantes, en particulier de la *fuchsine* (Voy. ce mot). L'eau de baryte, ainsi qu'un certain nombre d'oxydes métalliques, transforme l'aldéhyde m. en un mélange de matières sucrées d'où l'on a pu extraire de la lévulose.

**MÉTHYLISOPROPYLACÉTIQUE.** adj. T. Chim. Voy. HEXYLIQUE.

**MÉTHYLKÉTOL.** s. m. T. Chim. Voy. INDOL.

**MÉTHYLNAPHTALÈNE.** s. m. (R. *méthyle* et *naphtalène*). T. Chim. Hydrocarbure qui dérive du naphtalène par la substitution du radical méthyle à un atome d'hydrogène. Il existe deux méthylnaphtalènes, isomères de position, qui répondent à la formule $C^{10}H^7CH^3$ et qu'on distingue par les lettres α et β. On les rencontre dans les huiles lourdes du goudron de houille, d'où on les extrait par distillation fractionnée. Ils peuvent fournir des dérivés de substitution bromés, nitrés, etc., analogues à ceux du naphtalène; de plus, grâce à leur groupe $CH^3$, ils donnent par oxydation les acides naphtoïques. — L'α méthylnaphtalène est liquide et bout à 231°; il forme avec l'acide picrique une combinaison cristallisée en aiguilles orangées fusibles à 117°. Le β m. est solide et cristallise en grandes lames fusibles à 33°; son picrate est jaune et fond à 115°.

A ces hydrocarbures correspondent deux phénols, les *Méthylnaphtols* $C^{10}H^6(OH)(CH^3)$ qui cristallisent en longues aiguilles élastiques et dont les points de fusion sont 89° et 92°.

On connait aussi des *Diméthylnaphtalènes* (Voy. ce mot).

**MÉTHYLNONYLCÉTONE.** s. f. (*méthyle*, *nonyle* et *cétone*). T. Chim. Cétone constituant la majeure partie de l'essence de Rue (*Ruta graveolens*). La m. a pour formule $CH^3COC^9H^{19}$. Elle est liquide et possède une odeur désagréable; elle bout à 224°; solidifiée elle fond à 16°. En fixant l'hydrogène naissant elle donne naissance à un alcool undécylique. Par oxydation elle fournit un mélange d'acide acétique et d'acide pélargonique.

**MÉTHYLORANGE.** s. f. T. Chim. Syn. de HÉLIANTHINE.

**MÉTHYLPHÉNOL.** s. m. T. Chim. Syn. de CRÉSOL.

**MÉTHYLPHOSPHINE.** s. f. (R. *méthyle* et *phosphine*). T. Chim. Dérivé méthylé de l'hydrogène phosphoré gazeux. La m. a pour formule $PhH^2CH^3$ et peut être envisagée comme de la méthylamine dont l'azote serait remplacé par du phosphore. On l'obtient en faisant agir, à l'abri de l'air, l'oxyde de zinc sur un mélange d'iodure de phosphonium et d'iodure de méthyle. La m. est un gaz d'une odeur repoussante; elle est insoluble dans l'eau, soluble dans l'alcool et dans l'éther Elle s'enflamme spontanément à l'air. Elle fonctionne comme une base faible, analogue à l'ammoniaque; ses sels sont décomposables par l'eau. Traitée par l'acide azotique, elle se convertit en un acide bibasique, très stable, l'*Acide méthylphosphinique* $PhO(CH^3)(OH)^2$ fusible à 105°.

La *Diméthylphosphine* $PhH(CH^3)^2$ se produit en même temps que la m. Elle est liquide et bout à 25°. Elle s'enflamme au contact de l'air. En l'oxydant avec ménagement on peut la transformer en *Acide diméthylphosphinique* $PhO(CH^3)^2OH$, monobasique, fusible à 76°.

La *Triméthylphosphine* $Ph(CH^3)^3$ s'obtient par l'action du trichlorure de phosphore sur le zinc-méthyle. Elle est liquide et bout à 41°. Les sels qu'elle forme en s'unissant aux acides ne sont pas décomposables par l'eau. Elle s'unit à l'iodure de méthyle pour donner l'*Iodure de tétraméthylphosphonium* $Ph(CH^3)^4I$, que l'oxyde d'argent humide transforme en une base analogue à la potasse, l'*Hydrate de tétraméthylphosphonium* $Ph(CH^3)^4OH$.

**MÉTHYLPROPANE.** s. m. T. Chim. Syn. d'*Isobutane*. Voy. BUTANE.

**MÉTHYLPROPYLBENZÈNE.** s. m. [Pr. ... *bin-zène*]. T Chim. Voy. CYMÈNE.

**MÉTHYLPROPYLCARBINOL.** s. m. (R. *méthyle*, *propyle* et *carbinol*). T. Chim. Alcool amylique secondaire, répondant à la formule $CH^3.CHOH.C^3H^7$. C'est un liquide peu soluble dans l'eau; il bout à 118°. On peut l'obtenir en hydrogénant la cétone correspondante, la *Méthylpropylcétone* $CH^3.CO.C^3H^7$, liquide incolore, bouillant à 95°, qui se forme lorsqu'on chauffe un mélange d'acétate et de butyrate de calcium.

**MÉTHYLPROPYLÉTHYLÈNE.** s. m. T. Chim. Voy. HEXYLÈNE.

**MÉTHYLPROTOCATÉCHIQUE.** adj. T. Chim. *Acide m.* Syn. de *Vanillique*.

**MÉTHYLPYRIDINE.** s. f. (R. *méthyle* et *pyridine*). T. Chim. Dérivé méthylé de la pyridine. Les méthylpyridines proprement dites, qui ne contiennent qu'un groupe méthyle, sont ordinairement désignées sous le nom de *Picolines* et répondent à la formule $C^5H^4(CH^3)Az$. Ce sont des bases énergiques, liquides à odeur désagréable, dont les propriétés physiques et chimiques sont comparables à celles de la pyridine. De plus elles peuvent, en s'oxydant, donner naissance aux acides pyridinecarboniques. Les picolines sont au nombre de trois; on les distingue par les lettres α, β, γ, qui indiquent que le radical méthyle occupe, sur le noyau de pyridine, les positions 2, 3 ou 4 par rapport à l'azote. — La *Picoline* α se trouve dans l'huile de Dippel et dans le goudron de houille; elle bout à 130°. Sous l'action des oxydants énergiques, elle se transforme en acide picolique. Traitée en solution alcoolique par le sodium, elle fixe 6 atomes d'hydrogène. L'hexahydrure $C^6H^{13}Az$ ainsi obtenu porte le nom de *Pipécoline* α; c'est une base liquide, à odeur de pipéridine, qui bout à 118° et qu'on peut dédoubler en deux isomères optiques. En traitant le chlorhydrate de cette base par le brome on obtient l'α *Pipécoléine* $C^6H^{11}Az$, base liquide, bouillant à 126°, qu'on peut isoler grâce à l'insolubilité de son ferrocyanure; c'est un tétrahydrure de picoline. — La β *Picoline* se rencontre dans l'huile de Dippel et dans les produits de la distillation de la strychnine; on peut aussi l'obtenir par synthèse en distillant une combinaison d'acroléine et d'ammoniaque, ou en chauffant la glycérine avec l'anhydride phosphorique et l'amide propionique. Elle bout à 143°. Par oxydation elle se convertit en acide nicotianique. Par hydrogénation elle donne la *Pipécoline* β qui bout à 125°. — La γ *Picoline* bout à 144°. Elle a été obtenue en partant de la pyridine. Son produit d'oxydation est l'acide isonicotianique.

Les *Diméthylpyridines* $C^5H^3(CH^3)^2Az$ appartiennent au groupe des lutidines. Ce sont des liquides d'une odeur pénétrante et désagréable, fortement basiques, dont l'oxydation donne naissance aux acides pyridine-dicarboniques. — La *Diméthylpyridine* αγ forme la majeure partie des lutidines de l'huile de Dippel. Elle est soluble dans l'eau, très soluble dans l'alcool et dans l'éther; elle bout à 157°. En s'oxydant elle donne d'abord un acide méthylpicolique, monobasique, fusible vers 300°, puis de l'acide lutidique. — La *Diméthylpyridine* αα, liquide à odeur de pyridine, soluble dans l'eau froide, bout à 142°. On peut l'extraire de l'huile de Dippel et du goudron de houille. L'oxydation la transforme en acide dipicolique, fusible à 226°. Par hydrogénation elle fournit un Hexahydrure $C^7H^{15}Az$, liquide bouillant vers 130°, soluble en toutes proportions dans l'eau, l'alcool et l'éther. — Les autres Diméthylpyridines correspondent aux acides quinoléique, dinicotianique, cinchoméronique et isocinchoméronique. — L'huile de foie de morue contient, en petite quantité, un *Dihydrure de diméthylpyridine*, base énergique, vénéneuse, qui bout à 199°, et qui répond à la formule $C^7H^{11}Az$.

Les *Triméthylpyridines* font partie du groupe des *Collidines* (Voy. ce mot).

**MÉTHYLQUINOLÉINE.** s. f. (R. *méthyle* et *quinoléine*). T. Chim. Dérivé méthylé de la quinoléine. Les dérivés qui ne sont qu'une fois méthylés portent les noms de Lépidines et de Toluquinoléines. Voy. LÉPIDINE.

Les *Diméthylquinoléines* ont pour formule $C^9H^5(CH^3)^2Az$. Comme la quinoléine contient un noyau benzénique et un noyau pyridique, la substitution du radical méthyle peut se faire dans l'un ou l'autre de ces noyaux et donne naissance à un grand nombre d'isomères. Les diméthylquinoléines qui renferment les deux méthyles dans le noyau benzénique se préparent en chauffant les xylidines avec de la glycérine, du nitrobenzène et de l'acide sulfurique. Celles qui contiennent les deux méthyles dans le noyau pyridique peuvent s'obtenir par l'action de l'aniline sur l'acétone ou sur certaines aldéhydes. Enfin, si l'on chauffe les toluidines avec la paraldéhyde et l'acide chlorhydrique, on obtient des composés contenant un groupe méthyle dans chacun des deux noyaux. — Les Diméthylquinoléines sont des bases ordinairement liquides, dont les points d'ébullition sont situés au-dessus de 250°. Elles possèdent une odeur désagréable, sont insolubles ou peu solubles dans l'eau, mais très solubles dans l'alcool et dans l'éther. Traitées par les oxydants énergiques elles se transforment en acides *méthylquinoléine-carboniques* $C^{10}H^8Az(CO^2H)$. Sous l'action des agents hydrogénants elles fixent 4 atomes d'hydrogène en donnant des tétrahydrures de la formule $C^{11}H^{15}Az$.

Les *Triméthylquinoléines* ont pour formule $C^9H^4(CH^3)^3Az$. La plupart sont solides et cristallisables. Leur oxydation donne naissance aux acides *diméthylquinoléine-carboniques* $C^{11}H^{10}Az(CO^2H)$. L'hydrogénation peut donner des tétrahydrures.

Les *Tétraméthylquinoléines* $C^9H^3(CH^3)^4Az$ sont encore peu connues.

**MÉTHYLQUINOLÉINE-CARBONIQUE.** adj. 2 g. T. Chim. Voy. Méthylquinoléine.

**MÉTHYLSUCCINIQUE.** adj. T. Chim. *Acide m.* Syn. de *pyrotartrique*.

**MÉTHYLSULFATE.** s. m. T. Chim. Voy. Méthylsulfurique.

**MÉTHYLSULFUREUX.** adj. m. T. Chim. Voy. Méthane-Sulfurique.

**MÉTHYLSULFURIQUE.** adj. 2 g. (R. *méthyle* et *sulfurique*). T. Chim. *L'Acide m.* $CH^3SO^4H$, homologue de l'acide sulfovinique, est un éther acide de l'alcool méthylique. On le prépare comme l'acide éthylsulfurique, en remplaçant l'alcool ordinaire par de l'alcool méthylique. Il est liquide, décomposable par la chaleur et par l'eau bouillante. Ses sels, les *Méthylsulfates*, sont solubles et déliquescents; l'eau bouillante les dédouble facilement en acide sulfurique et alcool méthylique.

**MÉTHYLURAMINE.** s. f. T. Chim. Voy. Guanidine.

**MÉTHYLURÉE.** s. f. (R. *méthyle* et *urée*). T. Chim. Composé dérivant de l'urée par la substitution du radical méthyle à un atome d'hydrogène. La m. a pour formule $AzH^2.CO.AzH(CH^3)$. On l'obtient par l'action de l'ammoniaque sur l'isocyanate de méthyle. Elle est solide, fusible à 102°, très soluble dans l'eau. Elle joue le rôle de base vis-à-vis des acides. Traitée par l'acide azoteux, elle fournit un dérivé nitrosé $AzH^2.CO.Az(AzO)(CH^3)$ fusible à 124°.

Les *Diméthylurées* sont au nombre de deux : l'une, symétrique, $CO(AzHCH^3)^2$, fond à 102° et bout vers 270°; l'autre, non symétrique, $AzH^2COAz(CH^3)^2$, possède une saveur sucrée et fond à 180°.

La *Triméthylurée* $AzH(CH^3).COAz(CH^3)^2$ fond à 75° et bout à 232°.

La *Tétraméthylurée* $CO[Az(CH^3)^2]^2$ est liquide et bout à 177°.

**MÉTHYSTICINE.** s. f. T. Chim. Syn. de *Kawaïne*.

**MÉTICULEUSEMENT.** adv. [Pr. *métikuleu-zeman*]. D'une manière méticuleuse.

**MÉTICULEUX, EUSE.** adj. [Pr. *métikuleu, euze*] (lat. *meticulosus*, m. s.). Susceptible de petites craintes, de petits scrupules. *Caractère, esprit m. La faiblesse de sa santé, de son esprit, le rend très m.*

**MÉTICULOSITÉ.** s. f. [Pr. *métikulo-zité*]. Défaut d'un esprit méticuleux.

**MÉTIDJA** ou **MITIDJA**, grande, belle et fertile plaine d'Afrique dans le dép. d'Alger.

**MÉTIER.** s. m. [Pr. *mé-tié*] (lat. *ministerium*, office). Profession d'un art mécanique. *Bon, mauvais m. Le m. de serrurier, de menuisier, de tisserand, de cordonnier, de tailleur. Apprendre, savoir exercer un m. Ce m. va bien, ne va plus. Il est maçon de son m. Un homme de m. Gens de m. Les arts et métiers.* Voy. Art. — Se dit quelquefois par oppos. à Art. *C'est faire d'un art un m.* || Par ext., se dit d'une profession quelconque considérée relativement à la pratique, au genre de travail et d'application qu'elle exige. *Le m. des armes Le m. de la guerre. Cet officier aime son m. Vous n'entendez rien en peinture; rapportez-vous-en aux gens du m. Cet avocat entend bien son m. Mêlez-vous de votre m.*

Chacun son métier
Les vaches seront bien gardées.
Florian.

|| Figur., se dit fréquemment des choses que certaines personnes font habituellement, et alors il ne s'emploie guère qu'en mauvaise part. *Il fait le m. d'espion, d'escroc. Il faisait le m. de duper tout le monde. Médire est un méchant m. Le m. des coquettes est de tromper leurs amants. Il est parasite de son m.*

De tous les sots métiers, railler est le plus sot;
On y perd vingt amis pour placer un bon mot.
Villefré.

|| *Jalousie de m.*, Jalousie qu'une rivalité d'intérêt ou de réputation fait naître entre personnes qui exercent la même profession, qui suivent la même carrière. *Être du m.*, exercer le même m. que quelqu'un. *Avoir le cœur au m.*, Voy. Cœur. *Gâter le m.* Voy. Gâter. *Faire m. et marchandise d'une chose*, La prodiguer, la produire en abondance. *Il fait m. et marchandise de mensonges. Donner, servir un plat de son m. Jouer un tour de son m.*, Faire ou dire quelque chose qui tienne du caractère qu'on a, de la profession qu'on exerce. *C'est un homme de tous les métiers*, C'est un homme capable de tout faire selon les conjonctures. — Prov. *Il n'y a pas de sot m.*, le plus humble m. peut être exercé honorablement. || *Métier*, se dit encore de diverses machines employées pour certaines fabrications, pour certains ouvrages. *Un m. de tisserand, de rubanier. M. à tapisserie, à broder. Monter, démonter un m. Sa toile est sur le m. Des bas faits au m. Ce fabricant a tant de métiers montés, tant de métiers battants.* || T. Techn. Cuve où le vinaigrier passe la lie de vin. — Liqueur qu'on tire de la cuve où l'on fait bouillir le malt et le houblon. — *Petit m.* Sorte d'oublie en forme de cornet qu'on fait cuire entre deux fers. Fig. et fam., se dit aussi en parlant des productions de l'esprit. *Il a une tragédie sur le m. Sa grande histoire est depuis longtemps sur le m.*

Hâtez-vous lentement, et sans perdre courage
Vingt fois sur le métier remettez votre ouvrage.
Boileau.

**Syn.** — *Profession.* — Le *m.* fait l'ouvrier; la *profession* fait l'homme de telle ou telle classe. Le *m.* exige un travail de la main ; la *profession*, un travail quelconque. Ainsi l'on dit le *m.* de boulanger, de chaudronnier, de maçon, mais on dit la *profession* de commerçant, d'avocat, de médecin, et non pas le m. parce que ces derniers ne travaillent pas de la main ou du moins d'un travail qui est avant tout manuel.

**MÉTIÈRE.** s. f. T. Techn. Compartiment de la série des chauffoirs dans les salines.

**MÉTIS, ISSE.** adj. [Pr. *mé-tis*] (esp. *mestizo*, du lat. *mixtus*, mêlé). Qui est né d'un blanc et d'une Indienne, ou d'un Indien et d'une blanche. *Un Espagnol m. Une femme métisse.* — Quelques-uns disent *Métif*, et au fém. *Métive.* || Dans une acception plus générale, *M.* a la signification d'Hybride, et se dit, soit adjectiv., soit substant., des hommes, des animaux et des végétaux. *Ce chien n'est pas franc lévrier, il est m. Un œillet m. C'est une métisse. Un troupeau de métis.* Voy. Hybride. || *Fer m.*, contenant une certaine proportion de soufre ou d'arsenic.

**MÉTISATION.** s. f. [Pr. *méti-za-sion*]. Procréation de métis.

**MÉTISSAGE.** s. m. [Pr. *méti-saje*] (R. *métis*). Action de croiser une race animale avec une autre, dans le but d'améliorer celle qui a le moins de valeur. Ce terme s'emploie principalement en parlant de l'espèce ovine; pour les autres, on dit plus souvent *Croisement.*

**MÉTISSÉ, ÉE.** adj. [Pr. *méti-sé*] (R. *métis*). Qui a subi le métissage.

**METIUS** (Adrien), géomètre hollandais, donna du nombre $\pi$ la valeur approchée $\frac{355}{113}$ (1571-1635). = Son frère Jacques passa à tort, sur la foi d'une phrase de Descartes, pour avoir inventé la lunette astronomique en 1609.

**METIUS SUFFETIUS**, Dictateur d'Albe, devint l'allié de Rome, après le combat des Horaces et des Curiaces, la trahit plus tard, et fut écartelé par ordre de Tullius Hostilius. Albe fut détruite de fond en comble.

**MÉTON**, astronome athénien, inventeur d'un cycle de 19 ans appelé *nombre d'or*. Voy. Cycle.

**MÉTONOMASIE.** s. f. [Pr. *métonoma-zi*] (gr. μετονομασία, m. s. de μετά indiq. changement, et ὄνομα, nom). T. Gramm. On entend par *M.*, un changement de nom propre par voie de traduction. Les exemples de m. ont été surtout fréquents à l'époque de la Renaissance, où beaucoup de savants se plaisaient à latiniser ou à gréciser leurs noms. Nous citerons parmi les plus célèbres : *Schwarzerd*, qui prit le nom de *Mélanchthon*, composé de deux mots grecs signifiant, comme son premier nom, *Terre noire; La Ramée*, qui se fit appeler *Ramus;* le médecin *Dubois*, qui prit le nom de *Sylvius*. Nous nommerons encore l'astronome *Müller* qui se fit appeler *Regiomontanus*, parce qu'il habitait *Kœnigsberg*, et, au siècle dernier, un poète italien célèbre, *Trapassi*, qui traduisit son nom en grec et s'appela *Metastasio*.

**MÉTONYMIE**. s. f. (gr. μετωνυμία, m. s. de μετὰ, indiq. changement et ὄνομα, nom). T. Rhét. La *M.* est une figure de mots qui consiste à donner à un nom un sens nouveau, par suite d'un rapport de corrélation que l'esprit entrevoit entre l'être que ce nom désigne et celui auquel on transporte ce nom. L'emploi de cette figure a lieu quand on prend : 1° La cause pour l'effet, comme *Mars* pour la guerre; *Cérès* et *Bacchus* pour le pain et le vin ; *Racine*, *Molière*, pour les œuvres de Racine, de Molière; *Une belle main* pour Une belle écriture, etc. 2° L'effet pour la cause : *L'orgueilleuse richesse; La triste vieillesse; Ce héros portait la mort entre ses mains*. 3° Le contenant pour le contenu, comme lorsqu'on dit : la *France* pour ses habitants; la *Forêt* pour les animaux qu'elle contient; *Socrate avala la coupe funeste*, c.-à-d. le poison contenu dans la coupe. 4° Le nom du lieu pour la chose elle-même, comme : *Voilà de l'elbeuf et voici du sedan*, pour du drap fait à Elbeuf, à Sedan; *Le champagne, le bordeaux*, pour les vins que produit la Champagne, le Bordelais. 5° Le signe pour la chose signifiée : *Le sceptre* pour la royauté; *La tiare* pour la papauté; *L'épée* pour la profession militaire. 6° Le nom abstrait pour le concret, comme : *La blancheur de son cou* pour son cou blanc; *Mon espérance* pour la chose que j'espère. 7° Les parties du corps pour les passions et les sentiments qui semblent avoir leur siège en elles : *C'est une forte tête*, pour c'est un homme de haute capacité; *Voilà une méchante langue*, pour voilà une personne médisante. 8° Le nom du souverain pour la monnaie à son effigie : *Un louis*; *Un napoléon*, et, chez les anciens, le nom du maître pour la chose possédée. C'est ainsi que Virgile a dit : *Déjà Ucalégon brûle*, pour la flamme dévore la demeure d'Ucalégon.

**MÉTOPAGE.** adj. 2 g. (gr. μέτωπον, front; παγεὶς, réuni). T. Térat. *Monstres métopages*, Composés de deux individus à ombilics distincts, qui ont leurs têtes réunies supérieurement front à front.

**MÉTOPAGIE.** s. f. État des monstres métopages.

**MÉTOPE**. s. f. (gr. μετόπη, m. s. de μετὰ, entre; ὀπή, ouverture). T. Archit. Espace vide entre les triglyphes. Voy. Architecture *grecque*.

**MÉTOPIQUE**. adj. 2 g. (gr. μέτωπον, front). T. Anat. Qui appartient au front. — *Suture m.* Suture qui divise l'os frontal en deux. — *Crâne m.* Crâne où cette suture existe.

**MÉTOPISME.** s. m. État des crânes métopiques.

**MÉTOPOSCOPE**. s. m. Celui qui exerce l'art de la métoscopie.

**MÉTOPOSCOPIE.** s. f. (gr. μέτωπον, front; σκοπεῖν, regarder). Art de conjecturer par l'inspection des traits du visage, ce qui doit arriver à quelqu'un. *La m. n'est qu'un art chimérique*.

**MÉTOPOSCOPIQUE.** adj. 2 g. Qui a rapport à la métoposcopie.

**MÉTRAGE.** s. m. Action de métrer.

**MÉTRALGIE.** s. f. (gr. μητρὰ, matrice; ἄλγος, douleur). Douleur inflammatoire qui a son siège dans la matrice.

**MÉTRALGIQUE.** adj. 2 g. Qui a rapport à la métralgie.

**MÈTRE.** s. m. (gr. μέτρον, mesure). Unité fondamentale des mesures dans le système métrique. Voy. Métrique. || T. Versific. gr. et latine. Se dit d'un pied quelconque, tel qu'il est déterminé par la quantité, comme le dactyle, le spondée, etc.; et du système de pieds dont se compose chaque espèce de vers. || Dans la versification française, se dit du nombre de pieds et de la césure nécessaire à la formation de chaque genre de vers. *Le m. des vers français de dix syllabes est favorable au récit familier. Chaque m. a une harmonie propre. Un changement de m.*

**MÉTRÉ.** s. m. Résultat d'un mesurage métrique.

**MÉTRER.** v. a. Mesurer au mètre. = Métré, ée. part.

**MÉTRÈTE.** s. f. (gr. μετρητής, m. s. de μετρέω, je mesure). T. Métrol. Unité de capacité pour les liquides chez les Athéniens, valant 40l,53. Voy. Capacité.

**MÉTREUR, EUSE.** s. Celui, celle qui mètre. *M.-vérificateur*, Employé qui évalue au mètre certains travaux.

**MÉTRICIEN.** s. m. [Pr. *métrisi-in*]. Grammairien qui s'occupe de la métrique grecque ou latine.

**MÉTRIQUE.** adj. 2 g. (gr. μέτρον, mesure). T. Versif. Qui est composé de mètres, c.-à-d. de pieds formés de syllabes brèves ou longues. *La poésie m. Les vers grecs et latins sont métriques. On a essayé de faire des vers métriques en français.* || Qui dépend du mètre. *Système m. Mesures métriques.* Voy. plus bas. = Métrique. s. f. La partie de l'art poétique qui a pour objet l'étude des différentes espèces de vers, et en outre, pour les langues prosodiques, des diverses sortes de pieds. *Il connaît à fond la m. grecque. Essai sur la m. des Arabes.*

**Métrol.** — *Système m.* — I. Si les relations des peuples doivent être surtout des relations de paix et de commerce, on doit regarder comme un fait excessivement regrettable que chacun d'eux fasse usage de mesures propres et différentes de celles qui existent dans les pays voisins. Mais le dommage est encore plus grand lorsque, dans un même pays, les poids et les mesures varient pour chaque province, pour chaque ville, pour chaque localité. Or, c'est ce qu'on voyait en France avant la Révolution. Bien plus, une foule de mesures différentes portaient les mêmes noms, de sorte que la confusion était au comble. Depuis longtemps, on avait compris tout ce que ce chaos renfermait d'inconvénients et de vices, et plusieurs princes, tels que Philippe le Bel, Philippe le Long, Louis XI, François Ier et Henri II, avaient fait pour y remédier des efforts inutiles. D'autres tentatives furent faites sans plus de succès, au XVIIe siècle, par Louis XIII et Louis XIV. Sous ce dernier, en 1670, l'astronome Picard proposa de refondre tout le système, et de lui donner pour unité la longueur du pendule simple qui bat la seconde sexagésimale. D'autres projets furent encore mis en avant, mais il ne leur fut pas donné suite. Enfin, en 1766, La Condamine réussit à faire adopter comme étalon de mesure de longueur la toise qui lui avait servi à mesurer un degré du méridien au Pérou, et qui, pour cela, fut appelée *Toise du Pérou*. Des toises construites sur ce modèle furent déposées au Châtelet de Paris et dans les principaux bailliages, mais on en fit peu ou point usage. Tout était donc à faire lorsque la Révolution arriva. Le vœu d'une réforme complète ayant été exposé dans un grand nombre de cahiers des baillages, et ce vœu ayant été appuyé par les corps savants, l'Assemblée constituante comprit qu'elle rendrait le plus grand service à la société en imposant à la France et en proposant à tous les peuples l'adoption d'un système de poids et mesures uniformes, faciles à calculer et dérivant d'une mesure fondamentale fournie par la nature. En conséquence, le 8 mai 1790, sur la proposition de Talleyrand, elle rendit un décret d'après lequel le roi de France devait inviter le gouvernement anglais à réunir aux savants français choisis par l'Académie des sciences un pareil nombre de savants désignés par la Société royale de Londres, pour déterminer en commun la longueur du pendule simple qui bat la seconde sexagésimale à la latitude de 45° et au niveau de la mer. Cette longueur devait être prise pour l'unité des mesures nouvelles que les deux nations auraient ensuite propagées parmi les autres peuples civilisés. Les événements politiques ne permirent pas cette réunion, et la commission des savants français dut agir seule. Cette commission se composait de Borda, Lagrange, Laplace, Monge et Condorcet. Elle avait trois points principaux à fixer : la division du système, le choix de l'unité, et le rapport des différentes mesures à cette unité fondamentale. La première question fut promptement résolue. L'avantage de la division décimale était tellement incontestable, qu'elle fut admise dès le principe. Quant à l'unité de mesure à adopter, deux systèmes principaux étaient en présence. Devait-on s'en tenir au pendule, comme l'avait décidé la Constituante? ou bien devait-on prendre pour unité de longueur une fraction de l'un des grands cercles de la terre, d'un méridien, par ex.? Cette dernière opinion ayant prévalu, il fut résolu que l'on prendrait pour unité la dix-millionième partie de la distance de l'équateur au pôle; cette unité reçut le nom de *Mètre* (du gr. μέτρον, mesure), comme étant la mesure par excellence. Le 17 mars 1791, l'Académie présenta le résultat des travaux de sa commission à l'Assemblée nationale, qui en sanctionna les résultats par une loi du 26-30 du même mois. Cette loi prescrivit également à l'Académie de nommer des commissions pour mesurer un arc du méridien compris entre Dunkerque et Barcelone. Des observations faites antérieurement, surtout par Lacaille et Cassini de Thury, durant les années 1739 et 1740, auraient pu à la rigueur fournir les données dont on avait besoin: mais on pensa qu'une nouvelle mesure faite avec des moyens plus exacts inspirerait en faveur du nouveau système un intérêt propre à le répandre. Méchain et Delambre, qui furent chargés de cette grande opération, l'exécutèrent au milieu de la tourmente révolutionnaire. Mais, avant son achèvement, la Convention, impatiente d'opérer la réforme des poids et mesures, chargea Brisson, Borda, Lagrange, Laplace, Prony et Berthollet, de créer un mètre provisoire, basé sur les mesures de Lacaille, et de se servir de cette unité pour achever la construction du nouveau système. Conformément à ce décret, la commission fixa la valeur du mètre à 443,44 lignes, soit 3 pieds, 11 lignes et 44 centièmes; puis elle en déduisit les autres éléments du système. Ce travail fut approuvé par un décret du 1er août 1793, qui rendit le nouveau système obligatoire à partir du 1er juillet suivant. Toutefois la nomenclature proposée ayant paru vicieuse, elle fut réformée d'après un plan méthodique, et rendue plus conforme aux principes de la numération ordinaire. Cette nouvelle nomenclature, qui est celle dont nous faisons actuellement usage, fut adoptée par la loi du 18 germinal an III (7 avril 1795).

Nous avons dit que Méchain et Delambre avaient été chargés de mesurer l'arc du méridien compris entre Dunkerque et Barcelone. Cet arc avait été choisi parce qu'il réunit plusieurs conditions importantes. D'abord, ses deux extrémités sont au niveau de la mer, l'une sur l'Océan, l'autre sur la Méditerranée. De plus, il est situé à peu près à égale distance du pôle et de l'équateur, puisqu'il commence entre le 41° et le 42° degré et se termine entre le 51° et le 53°. Comme, par suite de l'aplatissement de la terre, les arcs d'un degré augmentent de longueur vers les pôles et diminuent vers l'équateur, la mesure de cet arc situé à une distance moyenne est la plus propre à donner la longueur de l'ellipse méridienne, parce que s'il existe une incertitude sur la valeur de l'aplatissement, c'est sur cet arc moyen que cette erreur se fera le moins sentir. Les opérations furent exécutées avec toute l'exactitude que pouvaient permettre les derniers progrès de la science et la perfection à laquelle les instruments géodésiques étaient alors parvenus. Elles furent terminées en 1799. Aussitôt le gouvernement français fit un nouvel appel aux nations étrangères, pour qu'elles eussent à envoyer des députés qui, joints aux savants français, établiraient un système universel de poids et mesures. Quelques-unes seulement répondirent à cet appel, de telle sorte que la commission internationale se trouva ainsi composée: pour la France, Borda, Brisson, Coulomb, Darcet, Delambre, Haüy. Lagrange, Laplace, Lefèvre-Gineau, Méchain et Prony; pour le Danemark, Bugge; pour l'Espagne, Ciscar et Pedrayès; pour la Savoie, Balbo, et plus tard Vassalli-Eandi; pour la Toscane, Fabbroni; pour la République Batave, Æneæ et Van-Swieten; pour la République Cisalpine, Mascheroni; pour la République Helvétique, Trallès; pour la République Ligurienne, Multedo; enfin, pour la République Romaine, Franchini. Les commissaires s'occupèrent d'abord de déterminer la longueur du mètre. En prenant pour base les valeurs de la méridienne mesurée par Méchain et Delambre, et en les combinant avec les résultats obtenus au Pérou par Bouguer et La Condamine, ils trouvèrent, l'aplatissement de la terre étant évalué à un 334°, que le quart du méridien a une longueur totale de 5,130,740 toises. En conséquence, ils adoptèrent pour unité métrologique fondamentale la dix-millionième partie de cette longueur, et le MÈTRE se trouva ainsi fixé à 0,513074 toise, ou 3 pieds 11 lignes, 295937, ou encore 443 lignes 296 millièmes. L'unité de longueur une fois déterminée, on en fit dériver les unités de poids, de monnaie, de superficie, de volume et de capacité, en s'efforçant de se rapprocher le plus possible des anciennes unités de mesures à cause de leur commodité usuelle. Enfin, toutes les divisions croissantes ou décroissantes furent faites de dix en dix. La commission, ayant terminé ses travaux, en présenta le résultat au Corps législatif, le 4 messidor an VII (22 juin 1799), et lui remit en même temps les étalons prototypes du mètre et du kilogramme, qui furent déposés aux Archives nationales. Cependant, le système ne fut déclaré légal et obligatoire qu'à dater du 19 frimaire an VIII (2 novembre 1801). Comme on devait s'y attendre, l'application du système métrique rencontra une vive résistance dans une certaine partie de la population dont il rompait les habitudes routinières. Dans l'espérance qu'une certaine tolérance favoriserait l'adoption du système décimal, le gouvernement permit d'appliquer aux mesures nouvelles les anciennes dénominations. Puis, un décret impérial du 12 février 1812 autorisa la création d'un système *mixte*. Alors, on établit une *toise métrique* valant 2 mètres, une *aune métrique* valant 120 centimètres, une *livre métrique* égale à 500 grammes et un *boisseau métrique* égal à 12 litres 1/2 ou à un 8e d'hectolitre. Ceci n'ayant fait qu'augmenter le désordre, la loi du 4 juillet 1837 interdit l'usage de tout poids, de toute mesure et de toute dénomination autres que ceux qui avaient été établis par les lois des 18 germinal an III et 19 frimaire an VIII. Aux termes de la loi de 1837, cette interdiction ayant été mise en vigueur à partir du 1er janvier 1840, c'est donc de cette époque seulement que datent réellement l'établissement exclusif du système métrique décimal et la complète uniformité des mesures nationales.

Le tableau suivant indique l'ensemble des mesures métriques et les rapports qu'elles ont entre elles:

*Mesures de longueur.*

| NOMS SYSTÉMATIQUES. | VALEUR. |
|---|---|
| Myriamètre . . . . | Dix mille mètres. |
| Kilomètre . . . . . | Mille mètres. |
| Hectomètre . . . . | Cent mètres. |
| Décamètre. . . . . | Dix mètres. |
| MÈTRE. . . . . . . | *Unité fondamentale des poids et mesures*. Dix-millionième partie du quart du méridien terrestre |
| Décimètre. . . . . | Dixième du mètre. |
| Centimètre . . . . | Centième du mètre. |
| Millimètre. . . . . | Millième du mètre. |

*Mesures de surface*

| | |
|---|---|
| Myriamètre carré. | Cent millions de mètres carrés. |
| Kilomètre carré. . | Un million de mètres carrés. |
| Hectomètre carré. | Dix mille mètres carrés |
| Décamètre carré . | Cent mètres carrés. |
| MÈTRE CARRÉ. . . | Carré de un mètre de côté. |
| Décimètre carré. . | Centième du mètre carré. |
| Centimètre carré . | Dix millième du mètre carré. |
| Millimètre carré. . | Millionième du mètre carré. |

*Mesures agraires.*

| | |
|---|---|
| Hectare . . . . . . | Cent ares ou hectomètre carré. |
| ARE. . . . . . . . | Décamètre carré ou cent mètres carrés. |
| Centiare. . . . . . | Centième de l'are, ou mètre carré. |

*Mesures de volume.*

| | |
|---|---|
| MÈTRE CUBE. . . . | Cube de un mètre d'arête. |
| Décimètre cube. . | Millième du mètre cube. |
| Centimètre cube. . | Millionième du mètre cube. |
| Millimètre cube . . | Billionième du mètre cube. |

*Mesures de capacité pour les liquides et les matières sèches.*

| | |
|---|---|
| Kilolitre. . . . . . | Mille litres. |
| Hectolitre. . . . . | Cent litres. |
| Décalitre . . . . . | Dix litres. |
| LITRE . . . . . . . | Décimètre cube. |
| Décilitre. . . . . . | Dixième de litre. |
| Centilitre . . . . . | Centième du litre. |

*Mesures de solidité.*

| | |
|---|---|
| Décastère. . . . . | Dix stères. |
| STÈRE. . . . . . . | Mètre cube. |
| Décistère . . . . . | Dixième du stère. |

*Poids.*

| | |
|---|---|
| . . . . . . . . . . . | Mille kilogrammes, TONNE, ou MILLIER, poids du mètre cube d'eau et du TONNEAU de mer |

*Poids.*

| | |
|---|---|
| . . . . . . . . . . | Cent kilogrammes, ou *quintal métrique*, ou simplement QUINTAL. |
| Kilogramme. . . | Mille grammes. Poids, dans le vide, d'un décimètre cube d'eau distillée, à la température de 4 degrés centigrades. |
| Hectogramme . . . | Cent grammes. |
| Décagramme . . . | Dix grammes. |
| GRAMME. . . . . | Pois d'un centimètre cube d'eau à 4 degrés centigrades. |
| Décigramme. . . . | Dixième du gramme. |
| Centigramme . . . | Centième du gramme. |
| Milligramme. . . . | Millième du gramme. |

*Monnaies.*

| | |
|---|---|
| FRANC. . . . . . . | Cinq grammes d'argent (titre de 9/10 de fin). |
| Décime . . . . . . | Dixième du franc. |
| Centime. . . . . . | Centième du franc. |

Ainsi qu'on le reconnaît à la simple inspection de ce tableau, les mots *déca, hecto, kilo, myria*, qui sont tirés du grec δέκα, ἑκατόν, χίλιοι, μυρίοι, et qui signifient respectivement *dix, cent, mille*, et *dix mille*, indiquent la dizaine, la centaine, le mille et la dizaine de mille de l'unité principale dont ils précèdent le nom. De même, les mots *déci, centi, milli*, tirés du latin, expriment respectivement la dixième, la centième et la millième partie de cette unité. Les noms seuls de *quintal* et de *tonne* ou *millier*, pour exprimer cent kilogr. et mille kilogr., pèchent contre l'uniformité de nomenclature.

Ce tableau donne lieu à plusieurs observations :

1° Parmi les *mesures de longueur*, le *mètre* et ses subdivisions, le *centimètre* et le *millimètre*, servent à évaluer les petites longueurs, telles que les étoffes, la maçonnerie, la menuiserie, la hauteur des montagnes, la largeur des cours d'eau, etc., ce sont les mesures *linéaires* ou *longitudinales* proprement dites. Les *mesures itinéraires* sont proprement le *kilomètre* et le *myriamètre*. Quant au *décamètre* et à l'*hectomètre*, ils ne sont guère usités que pour l'arpentage et les levés de terrain de petite étendue. Le développement des études microscopiques a nécessité l'emploi d'une unité plus petite que le millimètre. On a pris le *millième de millimètre* auquel on a donné le nom de *micron* du grec μικρὸν, petit.

2° Pour évaluer les *surfaces* de peu d'étendue, comme l'aire d'une chambre, ou d'une cour, la superficie d'un mur, etc., on emploie le *mètre carré*, le *centimètre carré* et le *millimètre carré*. Le décamètre carré, sous le nom d'*are*, est l'unité des *mesures agraires*, unité qui n'a qu'un multiple, l'*hectare* ou hectomètre carré, et un sous-multiple, le *centiare* ou mètre carré. Lorsque le mètre carré sert à mesurer une étendue superficielle autre que celle d'un champ, on ne peut pas employer la dénomination de *centiare*, bien que les deux termes expriment la même valeur. Le *kilomètre* et le *myriamètre carrés* ne servent guère que pour évaluer la superficie d'un canton, d'une province, d'un pays : ce sont proprement des *mesures topographiques*. — Une chose qu'il importe de remarquer, c'est la signification exacte des noms. Par ex., le décamètre carré ne vaut pas dix fois le mètre carré, mais bien le *carré qui a un décamètre* ou *dix mètres* de côté, lequel contient *cent mètres carrés*. En d'autres termes, les côtés des carrés sont de 10 en 10 fois plus grands, tandis que les surfaces sont de 100 en 100 fois plus grandes. Voy. AIRE.

3° Les *mesures de solidité* ou *de volume* s'appliquent aux grandeurs qui ont trois dimensions, c.-à-d. longueur, largeur et hauteur. Leur unité principale est le *mètre cube*, c.-à-d. un cube dont l'arête a un mètre de longueur. On n'emploie pas de mesure plus grande que cette unité, mais on fait souvent usage du *décimètre cube*, du *centimètre cube*, et du *millimètre cube*, qui sont des cubes ayant respectivement pour côtés 1 décim., 1 centim., 1 millim. Le mètre cube, ses multiples et ses sous-multiples, donnent lieu à une observation analogue à celle que nous avons déjà faite pour les mesures de surface : les arêtes sont de 10 en 10 fois plus grandes et les volumes de 1000 en 1000 fois plus grands. Voy. VOLUME. — Le mètre cube reçoit le nom particulier de *stère*, lorsqu'il s'applique aux bois de chauffage. Le stère n'a qu'un multiple usité, le *décastère*, encore dit-on plus souvent 10 stères, 40 stères, 100 stères que 1, ou 4, ou 10 décastères. Il n'y a qu'un sous-multiple du stère : c'est le *décistère*. Du reste le *stère* est peu employé et cessera probablement de l'être tout à fait, l'usage étant déjà établi à Paris, et se répandant de plus en plus dans les départements, de vendre le bois de chauffage au poids.

4° Les *mesures de capacité* servent à mesurer les liquides et les matières sèches, telles que les grains, les légumes secs, etc. Leur unité est le décimètre cube, sous le nom de *litre*. On a prescrit de fabriquer les mesures pour les liquides en étain (en fer-blanc pour le lait), et les mesures pour les grains et les matières sèches en bois de chêne. On leur donne la forme cylindrique, et, afin de faciliter la vérification des unes et des autres, la loi exige que les premières aient une profondeur double de leur diamètre, et les secondes une profondeur égale à leur diamètre. Parmi les multiples du litre, le *kilolitre* est à peu près inusité. D'autre part, dans le but de faciliter les transactions, la loi a autorisé la fabrication de mesures intermédiaires qui sont le double ou la moitié des mesures typiques. Par conséquent, outre les noms donnés dans le tableau ci-dessus, nous avons encore le *double litre* et le *demi-litre*, le *double hectolitre* et le *demi-hectolitre*, le *double décalitre* et le *demi-décalitre*, le *double décilitre* et le *demi-décilitre*.

5° L'unité fondamentale de poids est le *gramme* qui est défini le poids qu'aurait dans le vide, à la latitude de 45° et au niveau de la mer, un centimètre cube d'eau distillée à la température du maximum de densité. Les *poids* employés dans le commerce se divisent en trois séries : les *gros poids*, qui dépassent un kilogr.; les *poids moyens*, qui vont du kilogr. au gramme; et les *petits poids*, qui commencent à partir du gramme. En outre, la loi autorise, comme pour les mesures de capacité, la fabrication de poids valant soit le double, soit la moitié des poids typiques. Ainsi, on a le *double kilogramme* et le *demi-kilogramme*, le *double gramme* et le *demi-gramme*, etc. On fait aussi usage du *myriagramme*, qui vaut 10,000 grammes ou 10 kilogrammes. Il y a aussi des poids de 20 kilogrammes.

6° La série des *monnaies* se compose de 12 pièces, dont 4 d'or, 4 d'argent et 4 de bronze. Les monnaies d'or sont de 100 fr., 50 fr., 20 fr., 10 fr. Celles d'argent sont de 5 fr., 2 fr., 1 fr. et 0 fr. 50; et celles de bronze, de 10 centimes, 5 cent., 2 cent, et 1 cent. On a fabriqué aussi autrefois des pièces d'or de 40 fr. et de 5 fr., et des pièces d'argent de 0 fr. 20; mais ces pièces sont devenues rares et ne sont plus usitées. Toutes les monnaies d'or et les pièces d'argent de 5 fr sont au titre de 0,9. Par suite des conventions internationales, et pour éviter des inconvénients que nous expliquerons au mot MONNAIE, les pièces d'argent de 2 fr., 1 fr., et 0 fr. 50 sont frappées depuis 1866 au titre de 0,835, contrairement à la loi du 7 germinal, an IX. Aussi, ces pièces de monnaies n'ont-elles plus qu'une valeur fiduciaire, et ne doivent servir que pour les petites sommes et pour faire l'appoint. Toutes les pièces de même métal et de même valeur ont rigoureusement le même diamètre; elles forment ainsi, étant réunies, un cylindre parfait, ce qui donne une grande facilité pour les disposer en piles ou rouleaux. Comme, en outre, leur épaisseur est la même, il suffit d'en compter une pile pour être certain que toutes les autres piles de même hauteur contiendront le même nombre de pièces. Leur poids étant uniforme, il n'est pas nécessaire de compter les pièces qui composent un tas pour connaître la valeur de ce dernier; une simple pesée fournit le résultat cherché. Enfin, le poids des pièces de monnaie d'argent ayant été établi en nombre rond de grammes, elles peuvent servir de poids usuels. Ainsi, une pièce de 1 fr. pèse 5 grammes; 1 pièce de 2 fr., 10 gram.; 10 pièces de 2 fr. ou 4 de 5 fr., 100 gram., etc. Voy. MONNAIE.

Le système m. est un très beau monument de synthèse : toutes les parties en sont liées logiquement les unes aux autres, et il offre, pour les calculs écrits, une admirable commodité. C'est assurément le meilleur système de mesures qui ait jamais existé; il n'est cependant pas parfait, et il présente des inconvénients qui peuvent expliquer, en dehors de la routine, les répugnances des populations. On lui a reproché l'orthographe des préfixes kilo, hecto et myria qu'il aurait fallu écrire *chilio, hecato*, et *myrio*. C'est là une petite querelle de puriste sans importance; on a modifié les noms grecs pour les rendre plus conformes aux habitudes françaises. Le véritable inconvénient du système m. tient à notre système de numération décimale à base 10 qui est celui du monde entier. Les multiples et sous-multiples procédant par multiplication par 10 ne se prêtent pas aux divisions simples par 3, 4, 6. Il est à remarquer que presque tous les anciens systèmes de mesure qui avaient été formés peu à peu suivant l'instinct populaire et les besoins du commerce procédaient suivant des nombres différents. Il semble que les unités secondaires aient été formées par division de l'unité principale;

on y trouve le diviseur 16 qui indique quatre divisions successives par 2, le diviseur 12 qui indique une division par 4 et une autre par 3, et enfin le diviseur 20 qui indique une division par 5 et une autre par 4. Ces subdivisions se prêtaient très facilement aux petits problèmes de partage et au calcul mental, tandis que la division uniforme par 10, si elle est très commode pour le calcul écrit, l'est beaucoup moins pour le calcul mental. Il n'est personne qui n'ait remarqué qu'il est bien plus facile de faire mentalement un compte de boucher ou de boulanger en francs et sous qu'en francs et centimes, et cela n'est pas une pure affaire d'habitude; c'est que, pour ce genre d'opérations, la division par 20 est plus commode que la division par 100. La base 10 du système de numération a été inspirée aux hommes primitifs par le nombre des doigts des deux mains; les subdivisions des mesures usuelles ont été établies pour des besoins différents. De là une sorte d'antagonisme, qui est dans la nature des choses et qu'il faut accepter. Il n'y a donc pas à incriminer la commission du mètre : elle a pris le seul parti possible : *mettre les mesures d'accord avec la numération*, afin de simplifier les calculs écrits qui sont les plus importants. Tout au plus peut-on lui reprocher de ne pas avoir attaché assez d'importance aux doubles et aux moitiés des unités légales qui jouent un si grand rôle dans le commerce de détail. — Sous le rapport scientifique, l'idée mère du système m., à savoir la prétention de prendre l'unité fondamentale dans la nature, a été reconnue plus tard irréalisable et chimérique. On a dit que le mètre serait la dix-millionième partie du méridien terrestre. Il a cependant fallu, pour les besoins de la pratique, réaliser matériellement ce mètre au moyen d'une règle métallique, ce qui obligeait à mesurer la Terre avec une règle provisoire, et à construire ensuite la règle définitive par comparaison avec la règle provisoire. Or la précision des mesures est limitée à chaque époque par les moyens dont on dispose, et s'augmente constamment avec les progrès de la science et de l'industrie. D'où il suit qu'une mesure exacte à une certaine époque devient inexacte à une autre, non parce qu'elle a été mal faite, mais parce qu'on exige plus de précision. C'est ce qui n'a pas manqué d'arriver pour le mètre. Les nouvelles mesures de la Terre effectuées dans le courant du XIXe siècle ont donné pour le quart du méridien terrestre 10,001,877 mètres, soit 1,877 mètres de trop. Le mètre est donc en erreur sur sa définition théorique de la fraction $\frac{1877}{10,000,000}$, ou environ $\frac{2}{10,000}$, soit 2 dixièmes de millimètre. Est-ce à dire qu'il faut changer l'étalon du mètre? Evidemment non, car, au siècle prochain, on trouvera par la mesure de la Terre une valeur encore plus approchée, on saura mieux comparer les longueurs des règles et il faudrait encore reconstruire un nouvel étalon. De plus, on a reconnu que, la Terre n'étant pas exactement de révolution, tous les méridiens n'ont pas exactement la même longueur. Des circonstances analogues se rencontrent dans l'établissement de l'étalon du poids. Celui-ci est une masse de laiton qui pèse un kilogramme, c'est-à-dire autant qu'un décimètre cube d'eau distillée à la température du maximum de densité. Tout progrès dans les procédés destinés à comparer le poids entraînerait donc un renouvellement de l'étalon.

Ces questions se sont posées d'elles-mêmes par suite de l'extension même du système métrique. Les avantages évidents de ce système ont décidé peu à peu les gouvernements étrangers à l'admettre. En 1873, une commission internationale, dite *Commission du mètre*, s'est réunie à Paris pour aviser à l'adoption d'un mètre universel. Tous les Etats civilisés y étaient représentés, et cette commission a décidé que le mètre universel serait représenté par une règle prismatique de platine iridié, d'environ 102 centimètres de longueur et sur laquelle le mètre sera limité par deux traits. La longueur de ce mètre doit être identique à celle du mètre en platine déposé aux Archives à la fin du siècle dernier, lequel reste l'étalon prototype et la définition de l'unité de longueur indépendamment de toute considération théorique. Des dispositions analogues ont été prises pour le kilogramme. Les décisions de la Commission du mètre ont été exécutées par le *Bureau international des Poids et Mesures* qui a été installé à Sèvres, près Paris, au Pavillon de Breteuil, et qui est devenu une institution permanente destinée à fournir des étalons de longueur et de poids à tous les Etats qui en feraient la demande.

Depuis cette époque, les Etats du monde entier ont fini par adhérer au système m. Les Etats-Unis et l'Angleterre ont été les derniers à l'adopter. Aujourd'hui, dans ces deux pays, comme dans plusieurs autres de l'Europe, le système m. n'est pas obligatoire; mais son usage est autorisé, sauf en ce qui concerne les monnaies. Quoi qu'il en soit, on voit que le système métrique se répand peu à peu, et l'on peut être assuré qu'un temps viendra, peut-être peu éloigné, où ce système sera devenu celui de tous les peuples civilisés.

Il convient enfin d'ajouter que, pour les usages scientifiques, et particulièrement pour les mesures électriques, on a trouvé plus avantageux de faire subir au système métrique quelques modifications de détail qui ne l'altèrent en rien, et qui consistent seulement à substituer au mètre le *centimètre* pour unité fondamentale de longueur et à remplacer l'unité de poids par une unité de *masse* qu'on appelle aussi *gramme* et qui est celle d'un centimètre cube d'eau distillée à son maximum de densité. Comme dans ce système l'unité de temps est la seconde du temps moyen, on lui a donné le nom de système C. G. S. (centimètre, gramme, seconde). Voy. UNITÉ.

**MÉTRITE.** s. f. (lat. *metritis*, m. s., du gr. μήτρα, matrice). T. Méd. Le mot m. désigne les inflammations de l'utérus. Or, les inflammations naissent de l'infection; la porte d'entrée des infections est la muqueuse utérine à laquelle le processus peut se limiter (endométrite), à moins qu'il n'envahisse le muscle utérin (m. parenchymateuse). D'autre part, quand le col utérin est malade, le corps l'est presque toujours (m. totale). Cependant, les lésions peuvent se localiser à l'un des segments, cervical ou corporel.

Dans la pathogénie des endométrites, trois ordres de causes entrent en jeu : l'agent infectieux, le terrain et les conditions locales par lesquelles l'utérus favorise le développement des germes. L'infection peut tenir à la parturition, être consécutive à la blennorragie, ou bien même provenir d'une malpropreté naturelle ou acquise des organes génitaux externes entretenant une sorte de septicémie locale. Le rôle du terrain ou de l'état général du sujet, quoique diminué aujourd'hui, est encore important, et, les femmes les plus souvent atteintes sont les névropathes à congestions génitales actives, les anémiques, les débilitées, etc. Quant aux conditions anatomiques et physiologiques qui font de l'utérus un milieu propice au développement des m., elles sont multiples : la structure de l'utérus d'abord, et en outre les modifications physiologiques de l'organe, menstruation et accouchement. L'étude de la constitution de l'utérus révèle la cause de la propagation aisée de l'inflammation muqueuse au parenchyme, le muscle n'étant séparé de la muqueuse que par un mince chorion, les glandes pénétrant à son intérieur, et les vaisseaux de l'un et de l'autre étant réunis par d'innombrables anastomoses.

La virulence des germes pathogènes et la réceptivité du terrain, contribuent à donner à la m. une allure aiguë ou chronique. La m. aiguë est, en général, de brève durée : le tissu utérin est ramolli, les lymphatiques gorgés de pus, tous les caractères de l'inflammation sont réunis. Promptement, l'évolution devient subaiguë ou chronique. Du côté du corps, on observe un épaississement de la muqueuse, qui devient végétante; les culs-de-sac glandulaires sont le siège d'altérations profondes; le tissu conjonctif envahit le muscle par prolifération embryonnaire, etc. Ces altérations ne se présentent pas toujours avec ensemble, et suivant leur prédominance, on décrit des formes interstitielles, glandulaires, fongueuses, exfoliatrices, etc.

Les symptômes varient étrangement, on le devine, suivant l'évolution du mal, aiguë ou chronique, suivant le processus anatomique, suivant l'agent pathogène, etc., etc. Il est donc malaisé de donner une description générale qui convienne aux différents cas. Néanmoins, nous allons essayer de donner un aperçu de ce que peut être la m. La malade éprouve des troubles locaux et généraux; elle ressent des douleurs plus ou moins vives, irradiées dans le bassin, les lombes, les cuisses, douleurs qui s'exaspèrent par les rapprochements sexuels, par les fatigues, et au moment des règles; celles-ci deviennent abondantes et irrégulières, mais surtout très douloureuses; en même temps, des écoulements anormaux se produisent, visqueux, gélatineux, muco-purulents ou sanguinolents; même des métrorrhagies peuvent survenir. Les symptômes objectifs, que l'examen des organes fournit au médecin, sont des plus instructifs; l'examen est quelquefois douloureux, l'utérus est augmenté de volume, l'orifice cervical est agrandi ou déchiqueté; l'hystéromètre est arrêté au niveau de l'orifice interne du col. En même temps que ces signes locaux, les femmes atteintes de m. présentent le plus souvent un ensemble de symptômes que le gynécologiste connaît bien, et que l'on peut appeler symptômes génitaux : troubles digestifs et intestinaux, troubles nerveux, maux de tête, etc., qui permettent souvent au praticien d'affirmer une m. chez une malade qui se plaint de l'estomac ou d'un organe quelconque avant tout examen.

La terminaison des métrites est variable; il peut se produire une sténose du col qui entraîne la stérilité ou bien l'infection peut se propager aux annexes, ovaires et trompes, et provoquer également la stérilité par un autre mécanisme. Devant des conséquences aussi terribles, susceptibles d'ailleurs d'entraîner la mort des malades si un traitement judicieux n'est pas appliqué en temps voulu, on comprend que médecins et chirurgiens se soient appliqués dès longtemps à la cure des métrites. L'avènement de l'antisepsie a réalisé un progrès important dans cette thérapeutique, car elle a permis des interventions jusque-là inutiles ou dangereuses. Elle a donné d'abord aux accoucheurs un moyen préventif (injections vaginales, suite de couches); elle a, de plus, mis entre nos mains un instrument sérieux pour combattre les hémorragies et la septicémie locale dont nous avons parlé. Au début donc d'une m., lorsque des injections préventives n'ont pas été faites, ou que l'invasion des germes en a triomphé, les grandes irrigations utérines antiseptiques donnent de bons résultats. S'il est trop tard, il faut employer des moyens plus énergiques, tantôt le drainage, tantôt les injections caustiques, tantôt l'écouvillonnage ou le curetage, tantôt le tamponnement, etc., etc. Mais le conseil qu'il importe de donner ici, où des indications ne peuvent être précisées, est de se méfier des traitements de charlatans et de sages-femmes, qui consistent à pratiquer des cautérisations et à favoriser la sténose du col; il convient de s'adresser à un médecin, et à un médecin expert.

**MÉTROAQUES.** s. m. pl. (gr. μητρῳακὸς, m. s., de μήτηρ, mère). Hymnes en l'honneur de Cybèle.

**MÉTROCAMPSIE.** s. f. (gr. μήτρα, matrice; κάμπτειν, fléchir). Inflexion de la matrice.

**MÉTROCÈLE.** s. f. (gr. μήτρα, matrice; κήλη, tumeur). Hernie formée par la matrice.

**MÉTRODYNIE.** s. f. (gr. μήτρα, matrice; ὀδύνη, douleur). Douleurs dans la matrice.

**MÉTROGRAPHE.** s. m. (gr. μέτρον, mesure; γράφειν, écrire). Celui qui écrit sur les poids et mesures, sur leur valeur

**MÉTROGRAPHE.** s. m. (gr. μήτρα, matrice; γράφειν, écrire). Auteur d'une description de la matrice et des maladies de cet organe

**MÉTROGRAPHIE.** s. f. (R. *métrographe*). Traité sur les poids et mesures.

**MÉTROGRAPHIE.** s. f. (R. *métrographe*). Description de la matrice.

**MÉTROLOGIE.** s. f. (gr. μέτρον, mesure; λόγος, science). Étude et description des mesures. Voy. Mesure.

**MÉTROLOGIQUE.** adj. 2 g. Qui concerne la métrologie.

**MÉTROLOGISTE.** s. m. Celui qui s'occupe de métrologie.

**MÉTROLOXIE.** s. f. [Pr... *lok-sie*] (gr. μήτρα, matrice; λοξὸς, oblique). Obliquité de la matrice.

**MÉTROMANE.** s. 2. g. (gr. μέτρον, vers; μανία, manie). Celui, celle qui a la manie de faire des vers.

**MÉTROMANIE.** s. f. (R. *métromane*). Manie de faire des vers.

**MÉTROMANIE.** s. f. (gr. μήτρα, matrice; μανία, fureur). Fureur utérine nymphomanie.

**MÉTROMÈTRE.** s. m. Voy. Métronome.

**MÉTRONOME.** s. m. (gr. μέτρον, mesure; νόμος, règle). T. Musiq. Le *Métronome* est un petit instrument qui sert à indiquer le mouvement propre à chaque composition musicale. Cet instrument, inventé par le mécanicien Winckel et perfectionné par Maëlzel, consiste essentiellement en un pendule dont les oscillations varient de durée à volonté. L'inventeur a pris pour unité la minute dont les temps de la musique ne sont que des fractions; mais le m. peut exprimer tous les mouvements depuis le plus lent jusqu'au plus rapide, et chacune de ses vibrations représente, selon la fantaisie du compositeur, des rondes, des blanches, des noires ou des croches. Il suffit, pour accélérer ou ralentir le mouvement, de déplacer le centre de gravité du pendule en faisant glisser un curseur le long de la verge qui porte des divisions servant à indiquer la place du curseur correspondant aux divers mouvements.

**MÉTROPÉRITONITE.** s. f. (gr. μήτρα, matrice, et *péritonite*). Inflammation de l'utérus et du péritoine.

**MÉTROPHLÉBITE.** s. f. (gr. μήτρα, matrice; φλέψ, φλεβός, veine). Inflammation des veines utérines.

**MÉTROPOLE.** s. f. (lat. *metropolis*, gr. μητρόπολις, m. s.; de μήτηρ, mère, et πόλις, ville). Chez les Grecs, *Métropole* se disait, et se dit encore aujourd'hui d'un État, relativement aux colonies qu'il a fondées ou qu'il possède. *Trop souvent les métropoles opprimaient leurs colonies.* ‖ Chez les Romains, la capitale, la ville principale d'une province. *Lyon était la m. de la première Lyonnaise.* ‖ Se dit maintenant d'une ville qui possède un siège archiépiscopal. *Paris, Lyon, Bordeaux sont des métropoles* — On dit aussi adj. *Église m.*, pour Église métropolitaine

**MÉTROPOLIE.** s f. (R. *métropole*). Siège archiépiscopal dans l'Église russe.

**MÉTROPOLITAIN, AINE.** adj. [Pr. *métropoli-tin, ène*] Qui appartient à la mère-patrie. *Le gouvernement m.* ‖ Archiépiscopal. *Siège m. Église métropolitaine.* Voy. Évêque. ‖ *Ch. de fer m.*, ch. de fer installé à l'intérieur d'une capitale. On dit subst. *le m.* ‖ Substant., se dit pour Archevêque. *Appeler de la décision de l'évêque au m.*

**MÉTROPOLITE.** s. m. (R. *métropole*). Archevêque de l'Église russe.

**MÉTROPOLYPE.** s. m. (gr. μήτρα, matrice, et *polype*). Polype de la matrice.

**MÉTROPTOSE.** s. f. [Pr.... *pto-ze*] (gr. μήτρα, matrice; πτῶσις, chute). Chute de la matrice.

**MÉTRORRHAGIE.** s. f. [Pr. *métrorr-raji*] (gr. μήτρα, matrice; ῥήγνυμι, je jaillis). T. Méd. La m. est l'écoulement de sang par la matrice; la menstruation, de même que l'hémorrhagie qui suit le décollement du placenta après l'accouchement, ne mérite pas ce nom, à moins qu'elle ne dépasse la durée ou l'abondance physiologique. Les métrorrhagies peuvent se produire pendant la grossesse et après l'accouchement, ou à l'état de vacuité de l'organe. Elles sont souvent annoncées par des douleurs sourdes dans les reins, l'hypogastre, par une pesanteur abdominale, de la tuméfaction douloureuse des mamelles, etc. Le sang peut être liquide ou en caillots, l'écoulement insignifiant ou assez abondant pour produire les symptômes évidents de l'anémie. Les hémorrhagies peuvent être continues, intermittentes ou périodiques, suivant leurs causes. Celles-ci sont de plusieurs sortes : traumatiques (plaies, contusions); organiques (métrite, myome, cancer, ulcération, polype, végétations); passives, par fluxion ou stase sanguine (tumeurs ou inflammations péri-utérines, cardiopathies); adynamiques (scorbut, purpura, chloro-anémie, fièvre typhoïde). Le diagnostic comprend deux phases : y a-t-il hémorrhagie utérine, et quelle en est la cause? — Le pronostic est toujours plus ou moins fâcheux, en dehors de la nature même du mal, à cause des récidives qui menacent avec la persistance de celui-ci. Si donc la première indication est d'arrêter le sang (repos horizontal, glace, ergotine, etc.), la plus importante est de combattre la cause même de la m.

**MÉTRORRHÉXIE.** s. f. [Pr. *métrorr-rek-si*] (gr. μήτρα, matrice; ῥῆξις, déchirure). T. Méd. Rupture de la matrice.

**MÉTROTOMIE.** s. f. (μήτρα, matrice; τομή, section). T. Chir. Incision de la matrice.

**MÉTROSIDÉROS.** s. m. [Pr. *métro-sidé-ros*] (gr. μήτρα, matrice et moelle des plantes; σίδηρος, fer). T. Bot. Genre de plantes Dicotylédones de la famille des *Myrtacées*. Voy. ce mot.

**METS.** s. m. [Pr. *mè.*] (lat. *missus*, envoyé, placé). Chacun des aliments apprêtés qu'on sert pour les repas. *Mets simple, délicat, recherché. Ces mets étaient excellents.*

**METTABLE**. adj. 2 g. [Pr. *mè-table*] (R. *mettre*). Qui peut être mis. Ne se dit guère que des vêtements, que l'on peut encore porter décemment. *Cet habit est encore m. Cette robe n'est pas m.*, soit parce qu'elle est usée, ou trop mal faite, ou hors de mode.

**METTAGE**. s. m. [Pr. *mè-taje*] (R. *mettre*). T. Techn. Action de disposer quelque ouvrage pour être travaillé. || *M. en mains*, Préparation manuelle que l'on fait subir aux flottes avant la teinture.

**METTERNICH** (prince DE), homme d'État autrichien (1773-1859), fut pendant trente-neuf ans ministre des affaires étrangères de l'empereur François I<sup>er</sup>, puis de Ferdinand I<sup>er</sup>. || Son fils a été ambassadeur d'Autriche à Paris, sous le 2<sup>e</sup> Empire français.

**METTEUR, EUSE**. [Pr. *mè-teur, euze*]. Celui, celle qui dispose quelque ouvrage pour être travaillé. *M. en œuvre*, Ouvrier dont la profession est de monter les pierres précieuses. — Figur., *Cet écrivain est un habile m. en œuvre des idées d'autrui.* || T. Typogr. *M. en pages*, L'ouvrier chargé de rassembler les différents paquets de composition pour en former des pages et des feuilles. || *M. au point*, artisan qui dégrossit le travail du sculpteur. || *Metteuse en mains*, ouvrière chargée de mettage. || *Metteur en scène*, celui qui indique à chaque acteur ce qu'il aura à faire sur la scène.

**METTRAY**, village du dép. d'Indre-et-Loire, arr. de Tours; 1,500 hab. Colonie agricole de jeunes détenus.

**METTRE**. v. a. [Pr. *mè-tre*] (lat. *mittere*, envoyer). Placer dans un lieu déterminé une personne ou une chose. *M. un enfant au lit. M. un malade au bain. M. un homme en prison. M. un condamné au cachot. M. un mort en terre. M. un cheval dans son écurie. M. un oiseau en cage. M. des livres dans une bibliothèque. M. du blé au grenier. M. une chandelle dans une lanterne, de l'huile dans la lampe. M. du bois sous un hangar. M. du bois dans la cheminée, dans le feu, au feu. M. chaque chose à sa place.* — *M. le pied dans une maison*, Y entrer. *Je n'ai jamais mis le pied dans cette maison.* — Figur., *M. un prince sur le trône. M. quelqu'un dans un poste.* || Placer une personne ou une chose dans une certaine position, relativement à une autre personne ou à une autre chose. *Mettez-vous à ma droite. Il me mit à table près de lui. M. quelqu'un hors d'une maison*, ou simpl., *le mettre dehors. On met les chevaux à la voiture. M. un poulet à la broche. J'ai mis votre livre sur le bureau. M. des marchandises à bord d'un navire. Mettez la marmite au feu. M. un ragoût sur le feu. Mettez le feu sous cette cornue. M. un écran devant le feu. M. ses coudes sur la table. M. un enfant à terre, par terre. M. pied à terre. M. un bras en avant, un pied en arrière. Il est si faible, qu'il ne saurait m. un pied devant l'autre. Les troupes légères furent mises en avant. Il faut m. ce tableau plus haut, plus bas. Mettez bas votre fardeau. Il faut m. tous ces livres ensemble.* — *M. habit bas*, Ôter son habit. *M. ses habits bas*, Se déshabiller. *M. chapeau bas; m. les armes bas*, Voy. BAS. || Au sens moral, on dit, dans les deux significations qui précèdent. *M. un homme dans l'embarras, dans l'inquiétude, dans la peine. Le m. dans son tort. M. son bonheur dans la vertu. M. sa confiance en Dieu. M. en quelqu'un ses affections, ses complaisances. M. son espérance dans l'amitié de quelqu'un. Se m. des chimères en tête. M. une idée en tête à quelqu'un. M. quelqu'un au rang, au nombre de ses amis. Il met la probité avant tout. Il faut m. de la proportion entre les crimes et les peines. Il met César bien au-dessus d'Alexandre. Je mets Horace à côté de Virgile. M. un général à la tête d'une armée. M. quelqu'un à la tête d'une affaire. M. quelqu'un hors de soi-même.* || *Mettre* s'emploie dans un grand nombre de phrases figurées qui dérivent des significations propres qui précèdent. Telles sont les suivantes : *M. la main à quelque chose, à l'œuvre, à la pâte, à la plume, à l'encensoir*, Voy. MAIN. *J'en mettrais ma main au feu*, Voy. FEU. *M. les armes à la main de quelqu'un*, Voy. MAIN. *M. à quelqu'un le pain à la main*, Voy. PAIN. *M. à quelqu'un le marché à la main*, Voy. MARCHÉ. *M. aux mains deux personnes*, Voy. MAIN. *M. la main sur une chose; M. la main sur quelqu'un*, Voy. MAIN. *M. la m. sur le collet à quelqu'un*, Voy. COLLET. *M. la main sur la conscience*, Voy. CONSCIENCE. *Vous avez mis le doigt sur quelque chose*, Voy. DOIGT. *M. le doigt sur la plaie*, Voy. PLAIE. *M. quelqu'un sur pied; Le m. sur le bon pied, sur un bon pied; M. une armée sur pied; M. une chose sous ses pieds*, Voy. PIED. *M. à quelqu'un le poignard sur la gorge*, Voy. GORGE. *M. le feu sous le ventre à quelqu'un*, Voy. FEU. *M. le nez dans les affaires, dans les livres*, Voy. NEZ. *M. un homme sur les dents*, Voy. DENT. *M. un homme à terre*, Voy. TERRE. *M. quelqu'un au tombeau*, Voy. TOMBEAU. *M. quelqu'un sur la voie*, Voy. VOIE. *M. quelqu'un au pied du mur*, Voy. MUR. *Cette nouvelle l'a mis aux champs*, Voy. CHAMP. *M. quelqu'un hors de combat*, Voy. COMBAT. *Le mettre hors des gonds*, Voy. GOND. *M. quelqu'un sur son testament*, Voy. TESTAMENT. *M. quelque chose sur le dos de quelqu'un*, Voy. DOS. *M. le feu aux poudres, aux étoupes*, Voy. FEU. *M. les fers au feu*, Voy. FER. *M. la charrue devant les bœufs*, Voy. BŒUF. *M. en avant une idée*, Voy. AVANT. *M. une question sur le tapis*, Voy. TAPIS. — Absol., *M. bas*, Voy. BAS. *M. de côté*, Voy. COTÉ. || Placer une personne ou une chose dans une situation telle qu'elle se trouve hors d'atteinte de ce qui pourrait lui nuire. *M. quelqu'un à l'abri de la persécution, de la misère. M. des espaliers à l'abri du vent, de la pluie. Mettez ces ballots à couvert. Les capitalistes mettaient leur fortune à couvert. M. sa vie, ses biens en sûreté.* — Fig., *Sa vertu le mettait hors des atteintes de la calomnie. Sa grande âme le met au-dessus de toute crainte. Je mets mon fils sous votre protection.* = *Mettre*, signifie quelquefois exposer. *M. de la toile à la rosée. Mettez ces habits à l'air. M. une chose en évidence. Il mit au hasard d'une nouvelle bataille toutes ses anciennes conquêtes. M. au jour un livre, une vérité. M. une chose dans son jour, dans son vrai jour, dans un faux jour*, Voy. JOUR. = *Mettre*, se dit encore des supplices, des châtiments qu'on inflige, qu'on fait subir à quelqu'un. *M. un homme à la torture, à la question. M. un condamné au carcan, au pilori, aux fers, à la chaîne, aux galères. M. aux arrêts, à l'amende. Tous les prisonniers furent mis à mort.* || Par ext., *M. une ville au pillage, un pays à feu et à sang, une province à contribution.* || Fig., *M. quelqu'un à la raison, à l'épreuve. M. quelqu'un en frais, en dépense.* = *Mettre*, en parl. des personnes, se dit souvent pour envoyer, conduire en un lieu, y faire entrer, y établir. *M. un enfant à l'école, au collège, en pension, dans un séminaire. Il a mis son fils chez un notaire, chez un agent de change.* || Par extens., *M. un enfant en nourrice. M. un jeune homme en apprentissage. M. un soldat en sentinelle.* || *M. un enfant au monde*, Lui donner la naissance. = *Mettre*, signifie aussi ajouter à une chose une partie qui y manque, qui y est nécessaire. *M. un manche à un balai, un pied à une table, une corde à un violon, un fer à un cheval. M. l'adresse à une lettre. M. sa signature à un écrit. M. le sceau, le timbre à un acte. M. un comble à un bâtiment.* — Fig., *M. le comble à tous ses crimes, à son ingratitude. Cette dispute mit le comble à leur haine. Cet ouvrage a mis le sceau à sa réputation.* || Ajouter une chose à une autre comme accessoire de cette dernière. *M. de l'eau dans du vin, du vin dans de l'eau. M. du vinaigre, du sel dans un ragoût. M. un jaune d'œuf dans une sauce.* — Fig., *M. de l'eau dans son vin*, Voy. EAU. || Ajouter ou opposer une chose à une autre, dans le dessein de produire sur cette dernière un certain effet. *M. des menottes à un prisonnier. M. un frein, m. des entraves à un cheval.* — Fig., *M. un frein à ses passions. M. des bornes à un empire. M. des bornes à son ambition. M. des obstacles à un projet. M. empêchement à un mariage. M. ordre à ses affaires. J'y mettrai bon ordre. M. fin à un abus.* = *Mettre*, se dit de toutes les parties de l'habillement dont on se couvre. *Quelle robe faudra-t-il m. à cet enfant? M. son habit, son gilet, sa cravate. M. ses bas. Ces souliers sont trop étroits, je ne puis les m. Mettez votre manteau. M. ses gants, son épée.* — Par extens., *M. une selle à un cheval. Lui m. ses harnais. Je vais lui mettre sa bride.* || Sign. aussi porter habituellement sur soi. *Il ne met pas de manchettes. Il ne met plus que des bottes.* — Ellipt., *Elle met sur elle tout ce qu'elle gagne*, Elle le dépense en parures. = *Mettre*, se dit souvent, au sens phys. et au sens moral, en parl. des personnes et des choses, sur lesquelles on opère quelque changement de forme, de situation, d'état, de destination, d'emploi, etc. *M. quelqu'un en danger, en péril. Cette action l'a mis en faveur, en crédit, en réputation. M. un employé à la retraite. M. quelqu'un en jeu, en mouvement, en* *train. M. une armée en campagne, en bataille, en ligne. M. l'ennemi en fuite, en déroute. M. un homme en cause, en jugement. M. une ville en état de siège. M. quelqu'un en colère, en fureur, en peine, en joie, en gaieté, en bonne humeur. Le m. de mauvaise humeur. J'ai fait de vains efforts pour les mettre bien ensemble. M. quelqu'un à mal. M. quelqu'un à même de..., à portée de..., en état de.... M. un peuple dans l'esclavage. M. un homme à la mendicité, à l'aumône, à la besace, en chemise. M. son adversaire à quia. M. quelqu'un à son aise. M. quelqu'un à bout, la patience de quelqu'un à bout. M. quelqu'un au fait d'une chose. M. sa conscience en repos. — M. un cheval au pas, au trot, au galop. M. le cerf aux abois. — M. une chose en morceaux, en poudre, en poussière, en cendres. On a mis cette viande en charbon. M. un Etat en feu, en combustion. M. une vigne en espalier. M. un champ en jachère. M. une fontaine à sec. M. une chambre en couleur. M. des marchandises en vente. M. de l'argent en dépôt, des effets en gage. M. une machine en mouvement. M. une chose en œuvre. M. des matériaux en usage. Il mit en usage toutes les ressources dont il disposait. On résolut aussitôt de m. à profit cette découverte. M. ses affaires en ordre. M. une terre en valeur. M. une chose en état. M. un projet à exécution. M. une affaire à jour. M. fin à un ouvrage. M. une chose à la disposition, à la discrétion de quelqu'un. M. une chose en question, en en doute, en oubli. M. une question en délibération. M. une appellation au néant. M. un conte en vers. M. du latin en français. M. une cantate en musique. M. ses idées par écrit. M. un écrit au net.* || En parl. des terres, signifie particul., les cultiver, les employer d'une certaine manière. *M. un champ en prairie artificielle. M. une terre en blé, en avoine. Je mettrai une partie de ce terrain en potager et l'autre en verger.* || En parl. d'argent, le placer, l'employer d'une certaine manière. *M. son argent, ses fonds dans une entreprise. M. son argent en fonds de terre, en rentes sur l'État. Il a mis en viager, à fonds perdu, tout ce qu'il avait. M. de l'argent à la grosse aventure. M. de l'argent en chevaux, en bijoux. J'ai perdu dans cette affaire; j'y ai mis du mien. — M. à la loterie,* Acheter un billet de loterie. *M. au jeu.* Voy. Jeu. || En parl. des choses qui se mangent, les accommoder, les apprêter d'une certaine façon. *M. une carpe au bleu, en matelote. M. un lièvre en civet. M. des œufs au beurre noir, des fruits en compote.* || En parl. de la valeur, du prix des choses, au prop. et au fig., on dit : *M. une chose à haut prix, à bas prix. M. un prix à une chose. Il met un grand prix à son ouvrage. M. à prix la tête de quelqu'un. M. une chose à l'enchère, à l'encan. M. des marchandises au rabais.* = *Mettre*, se dit encore des qualités et des dispositions morales qu'on manifeste dans ses actions, dans ses discours, dans ses ouvrages. *M. de l'adresse, de la réserve, de la bonne foi, de la modération, de la discrétion dans sa conduite. M. de la passion, de la haine, de la colère, de l'injustice dans une action. M. de la douceur, de la sévérité, de la dureté dans ses discours, dans ses paroles. Il met de l'ordre dans tout ce qu'il fait. M. de l'âme, de l'expression dans son chant, de l'accent, du feu dans son langage. M. de l'esprit, du jugement, du goût, de l'imagination, du sentiment dans ses écrits. M. de l'ardeur, de la nonchalance dans ses démarches.* = *Mettre à*, suivi d'un verbe à l'infinitif, signifie ordinairem., Faire consister. *M. son plaisir, son bonheur à faire du bien. Je mets mon orgueil à vous imiter. — M. quelqu'un au pis faire, à pis faire.* Voy. Pis. || Se construit avec l'infin. d'un autre verbe, sans que ce dernier soit précédé d'une prépos. *M. sécher du linge. M. chauffer de l'eau. M. cuire de la viande, etc.* Mettre du linge en un lieu pour qu'il sèche; mettre de l'eau près du feu pour qu'elle chauffe, etc. = *Mettre*, s'emploie dans un grand nombre de phrases, souvent elliptiques, en usage dans la marine. *M. un vaisseau en mer, à la mer, à flot, à la cape, en panne. M. les voiles dedans, les voiles dehors, toutes voiles dehors. M. tout au vent. M. le cap en route, etc.* || Absol., *M. en mer, à la mer. M. à la voile. M. en panne. M. en rade. M. à terre, etc.* = se Mettre. v. pron. Se dit dans la plupart des acceptions précédentes. *Se m. dans une baignoire. Se mettre à table. Se m. auprès de quelqu'un. Se m. à la place de quelqu'un. Se m. aux pieds de quelqu'un. Se m. devant le feu. Se m. derrière la porte. Se m. en pension, en apprentissage, en service. Se m. dans la dévotion, dans l'embarras. Se m. sur le pied de faire une chose. Se m. au soleil, à l'ombre. Se m. en quatre pour quelqu'un. Se m. en danger, en sûreté, en évidence, à l'abri, à l'écart. Se m. au régime. Se m. en frais. Se m. en garde, en défense. Se m. en colère, en fureur. Se m. en mouvement, en avant, en jeu, en feu, en haleine. Se m. en route, en course, en voyage. Se m. en sueur. Se m. dans les affaires. Se m. au fait d'une chose. Se m. à portée, à même, en état de faire une chose. Se m. bien, mal avec quelqu'un. Se m. en crédit, en réputation. Se m. à son aise.* || *Se m. à quelque chose;* S'en occuper. *Se m. à tout.* Se rendre utile dans toute occasion, ne se refuser à rien. || *Se m. à*, suivi d'un infin., marque ordinairement le commencement d'une action. *Se m. à pleurer. Se m. à parler tout bas. Dès qu'ils furent à table, ils se mirent à boire. On se mit aussitôt à rire, à chanter, à crier. Quand on s'est mis une fois à ne rien faire, on a bien de la peine à reprendre le travail.* || *Se mettre après quelqu'un*, Le harceler, le maltraiter, le poursuivre. || Absol., S'habiller. *Cet homme se met singulièrement. Il ne sait pas se m. Cette femme se met bien, se met mal. Elle se met toujours en noir.* = Mis, ise. part. *Bien mis, mal mis*, Bien, mal vêtu.

**Conj.** — *Je mets, tu mets, il met; nous mettons, vous mettez, ils mettent. Je mettais; nous mettions. Je mis; nous mîmes. Je mettrai; nous mettrons. — Je mettrais; nous mettrions. — Mets; mettons. — Que je mette; que nous mettions. Que je misse; que nous missions. — Mettre; Mettant; Mis, mise.*

**Syn.** — *Placer, Poser.* — *Mettre* a un sens plus général que *poser* et *placer*. *Poser*, c'est *mettre* avec justesse dans le sens et de la manière dont les choses doivent être mises; *placer*, c'est les *mettre* avec ordre dans le rang et dans le lieu qui leur conviennent. Pour bien *poser*, il faut de l'adresse dans la main; pour bien *placer*, il faut du goût et de l'esprit d'ordre. On *met* des colonnes pour soutenir un édifice; on les *pose* sur des bases; on les *place* avec symétrie.

**METZ**, anc. ch.-l. du dép. de la Moselle, sur la Moselle, à 316 kilomètres N. E. de Paris. Conquis à Charles-Quint par les Français sous Henri II (1552), avec Toul et Verdun (conquête des trois évêchés), Metz fut occupé par les Allemands après la capitulation du maréchal Bazaine (27 oct. 1870), et est auj. ch.-l. de la Lorraine allemande; 59,700 hab. Évêché. = Nom des hab. : Messin, ine.

**METZGÉRIE.** s. f. (R. *Metzger*, n. d'un médecin fr.). T. Bot. Genre d'Hépatiques (*Metzgeria*) de la famille des *Jongermanniacées*. Voy. ce mot.

**METZGÉRIÉES.** s. f. pl. (R. *metzgérie*). T. Bot. Tribu de plantes de la famille des *Jongermanniacées*. Voy. ce mot.

**METZU**, peintre hollandais (1630-1670).

**METZYS**, peintre flam., surnommé le *Maréchal d'Anvers* (1450-1529).

**MEUBLANT, ANTE.** adj. verbal. Qui est propre à meubler; qui s'emploie en tenture, en garniture de meubles. *Le velours est bien m., est une étoffe bien meublante.* || T. Jurispr. *Meubles meublants*. Objets qui servent à garnir un appartement sans être fixés aux murs.

**MEUBLE.** adj. 2 g. (lat. *mobilis*, mobile). Qui est aisé à remuer. *Terre m.*, Terre légère ou terre qui a été divisée et brisée par les labours. || T. Jurisp. *Biens meubles*, Voy. Bien. = Meuble. s. m. Se dit des différents objets qui servent à garnir et à orner une maison sans en faire partie. *Il a des meubles magnifiques. Des meubles d'acajou, de chêne, etc. Ce bureau est un beau m. On a saisi ses meubles. — Se mettre dans ses meubles*, Acheter des meubles pour garnir la chambre, l'appartement qu'on veut occuper. On dit de même, *Être dans ses meubles*, par oppos. à loger en garni. *Mettre une femme dans ses meubles*, lui acheter un mobilier. || Collectivem., L'ensemble des meubles ordinairement assortis, qui garnissent un appartement, une pièce, etc., comme lits, sièges, etc. *Il a un beau m. dans son salon. Il a fait faire un m. magnifique.* || Par exten., se dit de certains ustensiles qu'on peut porter sur soi ou avec soi. *Ce coffret de voyage est un m. fort commode.* || T. Jurisp. *Meubles*, se dit pour biens meubles. || Fig. Ce qui se trouve habituellement chez quelqu'un.

> La vertu sans l'argent n'est qu'un meuble inutile.
>
> Boileau.

|| T. Blas. Pièce figurée sur l'écu.

Un célèbre ébéniste, André-Charles Boule ou Boulle (1642-1732), a élevé l'industrie du m. à la hauteur d'un art. Il sut créer un mobilier dont les dispositions étaient en parfaite harmonie avec l'ordonnance majestueuse des appartements et des galeries du temps de Louis XIV. On a depuis désigné sous le nom général de « meubles de Boule » toutes les pièces revêtues d'incrustations de cuivre sur écaille, genre d'ornementation qu'il traita avec une infinie délicatesse. Les vrais Boule étant très fragiles, il en est très peu resté qui n'aient subi quelque restauration. Il y a, au Louvre (galerie d'Apollon), une belle série de consoles et de meubles d'appui, provenant du château de Saint-Cloud; à la Bibliothèque Mazarine deux commodes, provenant de la chambre à coucher de Louis XIV à Versailles et qui passent pour les chefs-d'œuvre de Boule. Mais les plus belles collections de meubles de cet artiste sont en Angleterre, au château de Windsor et chez sir Richard Wallace. Voy. Boule.

La municipalité de Paris a fondé en 1886 une École professionnelle d'ameublement sous le nom d'*École Boulle* dans le but de former des ouvriers habiles et méritants pour les industries du m. La durée des études est de quatre ans. Les élèves sortants reçoivent des certificats et des diplômes, et ils trouvent aussitôt à se placer à d'excellentes conditions.

**MEUBLER.** v. a. Garnir de meubles. *M. une maison, une chambre, un salon.* — *M. une ferme*, La garnir de ce qui est nécessaire pour la faire valoir. *M. une ferme de bestiaux.* || Fig., *M. sa tête, sa mémoire*, L'enrichir de connaissances utiles ou agréables. = Meubler. v. n. *Cette étoffe meuble bien*, Elle fait bon effet employée en tenture, en garniture de meubles. = Se Meubler. v. pron. Se pourvoir de meubles. *Il s'est meublé à bon marché.* = Meublé, ée. part. *Être bien meublé, mal meublé*, Avoir de beaux et bons meubles, ou en avoir de mauvais. *Appartement meublé*, que le propriétaire loue garni de meubles. *Maison meublée*, où il y a des chambres, des appartements meublés à louer. — Par ext. et famil., on dit d'une cave qui contient de bons vins de différentes espèces, *C'est une cave bien meublée.* || Fig. et fam., *Avoir la bouche bien meublée*, Avoir de belles dents. — Au sens moral, *Avoir la tête bien meublée*, Avoir beaucoup de connaissances.

**MEUDON**, c. du cant. de Sèvres (Seine-et-Oise); 8,000 hab. || Château construit par le Dauphin, fils de Louis XIV, vers 1695, et brûlé par les Prussiens en 1870; transformé en observatoire en 1875.

**MEUGLEMENT, MEUGLER.** Voy. Beuglement, etc.

**MEULAGE.** s. m. T. Techn. Action de passer à la meule.

**MEULAN**, ch.-l. de c. (Seine-et-Oise), arr. de Versailles, sur la Seine; 2,800 hab.

**MEULARD.** s. m. T. Tech. Grosse meule qui sert à moudre ou à blanchir divers objets.

**MEULARDE.** s. f. Meule à moudre, de moyenne dimension.

**MEULE.** s. f. (lat. *mola*, m. s.) Corps solide, rond et plat qui sert à broyer, à écraser le blé, etc. *M. de moulin. Une m. de pierre, de bois.* — Par ext., Roue de grès, de fer, d'acier, de bois, etc., dont on se sert pour aiguiser, polir, etc. *Aiguiser un couteau sur la m. Passer un rasoir sur la m.* || Par anal., *M. de fromage*, Masse de fromage qui a la forme d'une meule. || Gros tas de gerbes, de foin, etc., qu'on fait dans les champs, et auquel on donne en général une forme conique. || T. Vén. Anneau qui est à la base du bois de cerf. Voy. Cerf et Corne. || T. Techn. Couche à champignons; fumier provenant des couches. — Tas de bois qu'on carbonise. — Masse de minerai qui doit être soumise au feu. — Masse de maçonnerie qui entoure le fourneau du fondeur. — Base de terre ou de brique, sur laquelle on établit le moule. Voy. Cloche. || T. Agric. Monceau de foin, de paille, de blé, etc., de forme généralement conique, qu'on établit dans les champs pour conserver des récoltes, quand la place manque dans les granges. Voy. Moisson. — *Meule de sel.* Tas de sel de forme généralement conique qu'on forme en retirant le sel des marais salants.

**Techn.** — I. — Les *Meules de moulin*, c.-à-d. les meules qu'on emploie pour broyer les grains et les réduire en farine, se fabriquent avec une variété de quartz qu'on nomme, pour ce motif *Silex molaire, Pierre meulière*, ou simplement *Meulière* et dont la majeure partie provient en France des carrières de La Ferté-sous-Jouarre. Selon leurs dimensions et leur mode de fabrication, on classait autrefois les meules en deux grandes catégories, les *M. françaises* et les *M. anglaises*. Les premières avaient en général 1 m. 50 à 2 mètres de diamètre, tandis que celui des secondes ne dépassait guère 1 m. 30. Nos meules françaises qu'emploient couramment les minotiers n'ont guère plus à l'heure actuelle que 1 m. 20 à 1 m. 30 de diamètre. Depuis longtemps on a renoncé en France à la fabrication de meules d'un seul morceau; elles sont maintenant formées de plusieurs fragments (il en a toujours été ainsi du reste dans la fabrication des meules anglaises) réunis ensemble. Nos meuniers ont renoncé aux meules d'une seule pièce, non seulement à cause de leur prix élevé, mais surtout à cause des défectuosités qu'elles présentaient presque toujours. Les morceaux dont on fabrique actuellement les meules sont de différentes formes; on arrondit les bords qui doivent faire partie de la circonférence, puis on les réunit ensemble au moyen d'un ciment, souvent même au moyen de plâtre, et on les consolide avec des cercles de fer. Les silex les plus durs sont toujours disposés de façon à former la surface de la m. sur laquelle doit se produire le broyage du grain. Les parties inférieures constituent surtout un blocage de fragments noyés dans le plâtre ou le ciment. Lorsque l'ajustage se trouve terminé, il faut de toute nécessité aplanir les irrégularités que la pierre meulière présente toujours. On fait subir à la m. l'opération du *rhabillage*, qui consiste à battre avec un marteau spécial, dit *marteau à rhabiller* la face entière de la m. On enlève ainsi les rugosités. Ce travail, très long, est en outre extrêmement délicat; il exige la présence d'ouvriers habiles qui ont la spécialité de cette main-d'œuvre. En même temps qu'ils réservent au centre de la m. une ouverture appelée *œillard*, ils pratiquent sur toute la surface de la m. des rainures de longueurs différentes et parallèles entre elles; c'est ce qui constitue le rhabillage de la *m. courante*.

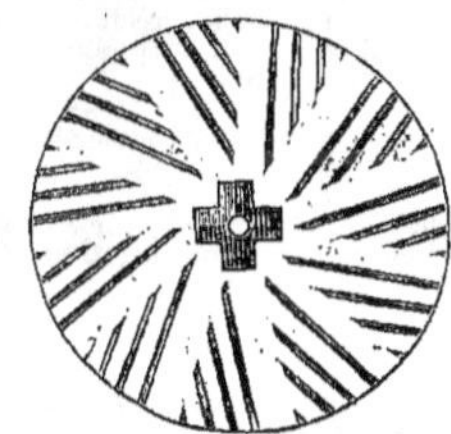

Les ouvriers exécutent le même travail sur la m. inférieure ou *m. dormante* ou *gisante*. Ces entailles à arêtes vives et contrariées suivant qu'il s'agit de la *m. courante* ou de la *m. dormante*, jouent sur le grain l'office de lames de ciseaux. En Angleterre, au lieu de ces rainures rectilignes partant à peu près du centre et se dirigeant vers la périphérie, ainsi que l'indique *la figure ci-dessus*, on a pendant de nombreuses années pratiqué sur les meules des rainures circulaires et concentriques. Les résultats obtenus ont tellement laissé à désirer qu'on a renoncé à ce mode de rhabillage, pour ne plus faire usage que de celui qui est usité en France.

Pour obtenir une bonne mouture, la m. courante ne doit pas faire plus de 120 tours à la minute, ni moudre plus d'un hectolitre de blé par heure. Voy. Moulin.

L'expérience ayant démontré que les meules travaillent principalement sur une surface annulaire proche de leur circonférence, on a songé à ne plus faire usage que de couronnes de meulières enchâssées dans des enveloppes circulaires métalliques.

Les meules se trouvent ainsi transformées en couronnes n'ayant qu'une faible largeur; les fragments de quartz sont, comme pour les meules entières, enchâssés dans du plâtre ou du ciment, les rebords de l'enveloppe en fonte servant à maintenir le grain en place. Dans ces derniers temps, on a même remplacé ces couronnes de pierre par des disques cannelés en acier fondu et durci formant anneaux. Au dire des praticiens, les résultats obtenus ont donné toute satisfaction aux meuniers ayant fait usage de ce nouveau matériel. Voy. Moulin.

II. — Dans un grand nombre d'industries, on emploie des meules qui diffèrent des précédentes, par la matière première entrant dans leur composition et par leurs dimensions plus restreintes, et leurs usages très différents. C'est ainsi qu'on fabrique de toutes pièces ces meules, avec de la pierre artificielle, du caoutchouc durci, de l'acier, et même du bois, suivant les usages auxquels on les destine. Les premières, celles de pierre artificielle, s'emploient couramment dans les ateliers pour limer les pièces métalliques; les secondes auxquelles on donne une homogénéité absolue en dépit du quartz pulvérulent qu'on y incorpore, sont extrêmement résistantes; douées d'un rapide mouvement de rotation, elles servent pour le dégrossissage, l'ébarbage et aussi le polissage d'objets métalliques de toute nature. Les meules d'acier trouvent leur emploi chez les épingliers pour faire la pointe des épingles et des aiguilles; les graveurs sur verre, les polisseurs et tailleurs de cristaux ont également recours à ce genre de meules. La m. en bois que l'on saupoudre d'émeri pour lui donner du mordant, sert en général pour le parachèvement du polissage. Enfin, chacun connaît les meules en grès dont les couteliers et repasseurs font usage journellement.

**MEULEAU.** s. m. [Pr. *meu-lo*]. Syn. de Meularde.

**MEULEN (VAN DER)**, flamand, peintre historiographe de Louis XIV (1634-1690).

**MEULERIE.** s. f. Atelier où l'on prépare les meules.

**MEULETTE.** s. f. [Pr. *meulè-te*]. Petite meule de foin.

**MEULIER.** s. m. [Pr. *meu-lié*]. Ouvrier qui exploite la pierre meulière ou fabrique des meules.

**MEULIÈRE.** adj. et s. f. T. Min. *Pierre m.*, ou *meulière*. Variété de silex propre à faire les meules de moulin. Voy. MEULE. La pierre meulière, que l'on trouve dans les carrières des environs de Paris, est très employée dans la construction. Elle est dure, inaltérable, légère, absorbe bien le mortier et le ciment, il en devient inséparable. C'est une des meilleures pierres de construction.

**MEULON.** s. m. Petite meule. Voy. MOISSON. || Petit amas de sel tiré d'un marais salant.

**MEUM.** s. m. [Pr. *mé-ome*]. T. Bot. Genre de plantes Dicotylédones de la famille des *Ombellifères*. Voy. ce mot.

**MEUNERIE.** s. f. L'art du meunier. Voy. MOULIN. || T. Mar. Fabrique de biscuit de mer.

**MEUNG** ou **MEHUN** (JEAN DE), ajouta 18,000 vers au *Roman de la Rose*, commencé par Guillaume de Lorris (1279-1318).

**MEUNG-SUR-LOIRE**, ch.-l. de c. (Loiret), arr. d'Orléans; 3,400 hab.

**MEUNIER**, s. m. (lat. *molina*, moulin). Celui qui conduit, qui dirige un moulin à blé. *Un garçon m. Il est blanc comme un m.* || T. Icht. Nom vulgaire d'un *Poisson osseux*. Voy. ABLE. || Nom vulgaire du cafard. || Champignon d'aspect farineux. || Sorte de lèpre blanche qui attaque les arbres.

**MEUNIER, IÈRE.** adj. Qui appartient au meunier, à la meunerie.

**MEUNIÈRE.** s. f. La femme d'un meunier ou celle qui gouverne un moulin à blé. || T. Ornith. La *Meunière* est le nom vulgaire de la *Mésange à longue queue*.

**MEURSAULT**, com. du cant. de Beaune (Côte-d'Or), célèbre par ses vins; 2,600 hab.

**MEURT-DE-FAIM.** s. m. Celui, celle qui n'a pas de quoi se nourrir.

**MEURTHE**, riv. de France, naît près de Saint-Dié (Vosges), passe à Nancy, et se jette dans la Moselle (rive droite) près de Frouard; 160 kilom.

**MEURTHE-ET-MOSELLE** (dép. de), formé en 1871, de ce qui resta, après la guerre, des départements de la Meurthe et de la Moselle, ch.-l. *Nancy*, 3 autres arr. : *Briey*, *Lunéville*, *Toul*; 444,150 hab.

**MEURTRE.** s. m. (anc. allem. *mord*, tuer). Homicide commis avec violence. *Faire, commettre un m. Crier au m. Être coupable, accusé, convaincu de m.* Voy. HOMICIDE. || Figur. et fam., on dit on parl. d'une chose que l'on considère comme un grand dommage, *C'est un m. C'est un m. que de laisser tomber en ruine ce vieux château.* On dit aussi, *Crier au m.*, pour se plaindre hautement de quelque injustice, de quelque dommage qu'on prétend avoir reçu. *Il ne faut pas crier au m. pour si peu de chose.*

**MEURTRIER, IÈRE.** s. Celui, celle qui a commis un meurtre.

**MEURTRIER, IÈRE.** adj. Qui cause la mort à beaucoup de personnes. *Guerre meurtrière. Combat, siège m. Une épidémie fort meurtrière.* — Poétiquem., *Le glaive m. La dent meurtrière d'un sanglier.* || *Cette place est meurtrière*, On ne peut la prendre sans perdre beaucoup de monde. || T. Escr. *Garde meurtrière*, position où l'on cherche à frapper mortellement l'adversaire.

**MEURTRIÈRE.** s. f. T. Fortif. Ouverture étroite ménagée dans le mur d'un château pour le service des armes de jet. Voy. CHÂTEAU.

**MEURTRIÈREMENT**, adv. D'une façon meurtrière.

**MEURTRIR.** v. a. (R. *meurtre*). Faire une meurtrissure. *Il est tout meurtri de coups. Une balle lui a meurtri les chairs. Il s'est meurtri le visage en tombant. La grêle a meurtri ces pêches.* = SE MEURTRIR. v. pron. Se faire une meurtrissure. *Il s'est tout meurtri dans sa chute. Ce fruit s'est meurtri en tombant.* = MEURTRI, IE, part. *Un homme meurtri de coups. Des fruits tout meurtris.* || Poétiq., se disait autrefois dans le sens de tué. *Vengeur de nos princes meurtris.*

**MEURTRISSURE.** s. f. [Pr. *meurtri-sure*]. Contusion accompagnée d'un changement de coloration de la surface externe. *Il est couvert de meurtrissures. Ce fruit a une m.*

Chaque coup sur la chair laisse une meurtrissure.
BOILEAU.

**MEUSE**, fl. d'Europe, naît au vge de Meuse, près Montigny-le-Roi (Haute-Marne), à 17 kilomètres de Langres, passe à Neufchâteau, Commercy, Verdun, Sedan, Mézières, Namur, Liège, Maestricht, Rotterdam, se jette dans la mer du Nord par six embouchures; 925 kilomètres.

**MEUSE** (dép. de la), formé du Verdunois et du duché de Bar; ch.-l. *Bar-le-Duc*, 3 autres arr. : *Commercy*, *Montmédy*, *Verdun-sur-Meuse*; 292,300 hab.

**MEUTE.** s. f. (lat. *mota*, participe féminin du verbe *movere*, mouvoir). T. Vén. Assemblage de chiens courants dressés pour la chasse du lièvre, du loup, du cerf, du renard, etc. *M. de cinquante chiens. Chien de m.* || *Clefs de m.*, Les meilleurs chiens d'une meute qui servent à conduire les autres et à les dresser. — Fig. et fam., on dit d'un homme qui a beaucoup de crédit dans sa compagnie, dans son parti, et qui le dirige, *C'est une clef de m.*, et plus ordin., *C'est un chef de m.* || Fig. Troupe de gens acharnés contre quelqu'un, *Une m. de créanciers.* || Oiseau attaché près d'un filet pour servir d'appeau.

**MÉVENDRE.** v. a. [Pr. *mé-vandre*] (R. *mé*, préf., et *vendre*). Vendre une chose moins qu'elle ne vaut. *Ce marchand a mévendu plusieurs parties de son fonds.* — Absol., *Il y a des temps où les marchands sont forcés de m.* Vx. = MÉVENDU, UE. part.

**MÉVENIR.** v. n. (R. *mé*, préf., et *venir*). Tourner mal. Arriver malheur.

**MÉVENTE.** s. f. [Pr. *mé-vante*] (R. *mé* préf., et *vente*). Vente à trop bas prix. *Il se plaint de la mévente de ses récoltes.* Vx. || Se dit aussi dans le sens d'interruption, de cessation de vente. *La m. occasionnée par les événements politiques.*

**MEXICAIN, AINE.** s. f. [Pr. *mek-sikin, ène*]. Habitants du Mexique. = MEXICAINE. s. f. Étoffe en laine croisée.

**MEXICO**, cap. du Mexique, à 220 kilomètres du golfe du Mexique ; 250,000 hab. Ancienne Tenochtitlan des Aztèques. Cette ville a été prise par les Français en 1863. Voy. MEXIQUE.

**MEXIMIEUX**, ch.-l. de c. (Ain), arr. de Trévoux ; 2,100 hab.

**MEXIQUE.** Vaste pays de l'Amérique septentrionale, borné au nord par les États-Unis, à l'est par le golfe du Mexique, au sud-est par le Guatemala, au sud et à l'ouest par l'océan Pacifique et le golfe de Californie ou mer Vermeille. Il s'étend du 15° au 32° degré de latitude nord et du 89° au 119° degré de longitude occidentale de Paris. Sa plus grande largeur est, au nord, de 1,800 kilomètres, y compris la longue presqu'île de Basse Californie. La moindre est, au sud, de 200 kilomètres environ, à l'isthme de Tehuantepec, qui sépare la presqu'île du Yucatan du reste du territoire.

Celui-ci est traversé du nord au sud-est par le prolongement des monts Rocheux, que suivent, à l'ouest, la Cordillière de la Sonora, à l'est, la Sierra de Potosi. Le principal fleuve qui en descende est le Rio Grande del Norte qui forme la frontière septentionale. Vers le sud, les montagnes se réunissent en un grand plateau, où se dressent le mont Popocateptl (5,400 mètres) et le pic d'Orizaba (5,300) et où s'étendent les lacs de Chalco, de Tezcuco et de Mexico.

Sur ce plateau sont la capitale, Mexico, les villes principales, Puebla, Oaxaca, Queretaro, Guanaxuato, Zacatecas; sur le golfe du Mexique, Campêche, la Vera-Cruz, Tampico, Matamoros; sur le Pacifique, Tehuantepec, Acapulco, San-Blas, Mazathan.

On remarque près de la Vera-Cruz l'île Saint-Jean-d'Ulloa; l'île Cozumal à l'est du Yucatan; au large, dans l'océan Pacifique, à 400 kilomètres en face du cap Corrientes, l'île Revilagigedo.

Ce pays, comme toute l'Amérique, fut peuplé dans le principe, par des peuples de race peau rouge. Quelques siècles avant l'arrivée des Européens, une nation venue du Nord, les Aztèques, y avait fondé un empire d'une civilisation assez avancée au point de vue des arts et de l'industrie. Mexico, sa capitale, bâtie au milieu d'un grand lac, était semé de palais, de jardins et de temples. On honorait les dieux par des sacrifices humains. L'or et l'argent abondaient. Vers l'ouest, prospérait la République de Tlascala, gouvernée par des seigneurs nommés caciques.

C'est en 1519 que Fernand Cortez, lieutenant du gouverneur espagnol de Cuba (découverte récente de Christophe Colomb), aborda sur cette côte avec 600 hommes, 18 cavaliers et quelques pièces de campagne. Allié avec les Tlascalions qui lui fournirent 6,000 hommes, il marcha sur Mexico, dont l'empereur, Montezuma, se soumit d'abord. Mais un jour que les Espagnols, confiants, étaient dispersés, un des généraux de l'empereur les attaqua; Cortez marcha droit au Palais impérial avec 50 hommes, captura le monarque, le destitua, se retourna contre le gouverneur de Cuba venu pour le déposséder, le battit, et revint à Mexico délivrer son lieutenant, le sanguinaire Alvaredo, assiégé avec 80 Espagnols par 200,000 Mexicains. Montezuma ayant été tué dans la mêlée, son successeur Guatimozin, dont la flottille de 4 à 5,000 barques fut coulée sur le lac de Mexico par les neuf brigantins de Cortez, fut fait prisonnier et brûlé vif. C'est de lui qu'est le mot adressé à un autre supplicié : « Et moi! suis-je sur un lit de roses? »

Le Mexique, soumis tout entier, fut compris dans la Vice-Royauté de la Nouvelle-Espagne (Amérique septentrionale) et fit partie des possessions espagnoles jusqu'au soulèvement qui éclata en 1810, au sujet du petit nombre de représentants accordé aux Américains dans les Cortès. Ce fut le curé Miguel Hidalgo, de Dolorès (Guanaxuato), qui entraîna le Mexique. Après de longues luttes contre les soldats de la Métropole, le général Augustin Iturbide se fit proclamer empereur en 1822, fut renversé et finalement fusillé par Santa-Anna, qui établit la République (1824), et fut quatre fois Président. Sous la dernière de ses présidences (1854), fut également fusillé le comte français de Raousset-Boulbon qui avait voulu s'emparer à main armée de la Sonora, riche en mines d'or.

Le pays fut d'abord divisé en vingt États : Chiapas, Chihuahua, Cohahuila, Durango, Guanaxuato, Mexico, Michoacan, Nuevo-Leon, Oaxaca, Puebla, Queretaro, San-Luis-Potosi, Sonora, Sinaloa, Tabasco, Tamaulipas, Vera-Cruz, Xalisco, Yucatan, Zacatecas, auxquels on a ajouté depuis, Aguas-Calientes, Coluna, Hidalgo, Morelos, Guerrero, Tlascala, Campêche et Basse-Californie.

En 1862, à la suite de guerres entre le président Juarez et le chef révolté Miramon, l'Angleterre et l'Espagne, pour venger leurs nationaux molestés, la France pour défendre les droits du banquier suisse Jecker naturalisé Français, lequel avait prêté à Miramon 3,000,000 francs en argent et 4,500,000 francs en papier, dont Juarez vainqueur ne reconnaissait pas la dette, occupèrent avec leurs flottes et leurs troupes la Vera-Cruz et Saint-Jean-d'Ulloa. Puis le gouvernement français continua seul la guerre, fit la conquête entière du Mexique et la termina par l'un des plus grands crimes politiques de l'histoire. Pour gouverner ce peuple d'Amérique, de race espagnole et qui avait conquis sa liberté au prix de tant d'efforts, on alla chercher un prince étranger, européen, de langue allemande, l'archiduc Maximilien, frère de l'empereur d'Autriche, et on le lui imposa pour empereur! Mais quand les Français eurent évacué le pays, la révolte s'étendit du nord au sud. Maximilien, fait prisonnier à Queretaro le 15 mai 1867, y fut fusillé le 19 juin. Juarez fut deux fois réélu président et mourut en 1872. Depuis, la république n'a cessé de fonctionner régulièrement.

Le Mexique produit le palmier, le bananier, l'aloès, le manguier. La population est de 10,000,000 d'habitants. Celle de Mexico de 250,000 environ.

**MEXIQUE** (GOLFE DU), golfe formé par l'Atlantique, au S.-E. de l'Amérique du Nord, entre les États-Unis, le Mexique et les Antilles.

**MEXIQUE** (NOUVEAU), territoire des États-Unis d'Amérique cédé par le Mexique en 1848; 120,000 hab. Cap. *Santa-Fé.*

**MEYERBEER** (GIACOMO), compositeur de musique, né à Berlin en 1794, mort à Paris en 1864, auteur de *Robert le Diable* (1831), des *Huguenots* (1836), du *Prophète* (1849), de l'*Africaine*, jouée après sa mort, en 1865, etc. Son véritable nom est Liebmann BEER, mais un ami de sa famille lui ayant légué une grande fortune à condition qu'il porterait son nom, il s'appela MEYER-BEER. L'un de ses frères, Guillaume Beer, fut un astronome distingué.

**MEYMAC**, ch.-l. de c. (Corrèze), arr. d'Ussel; 8,914 hab.

**MEYRINGEN**, ch.-l. de l'Ober-Hasli, dans l'Oberland bernois (Suisse), sur l'Aar; 4,000 hab.

**MEYRUEIS**, ch.-l. de c. (Lozère), arr. de Florac; 1,600 hab.

**MEYSSAC**, ch.-l. de c. (Corrèze), arr. de Brive; 1,800 hab.

**MEYZIEUX**, ch.-l. de c. (Isère), arr. de Vienne; 1,500 hab.

**MÉZAIL.** s. m. [Pr. *l* mouil.]. Partie du casque qui défendait le haut du visage. Voy. CASQUE.

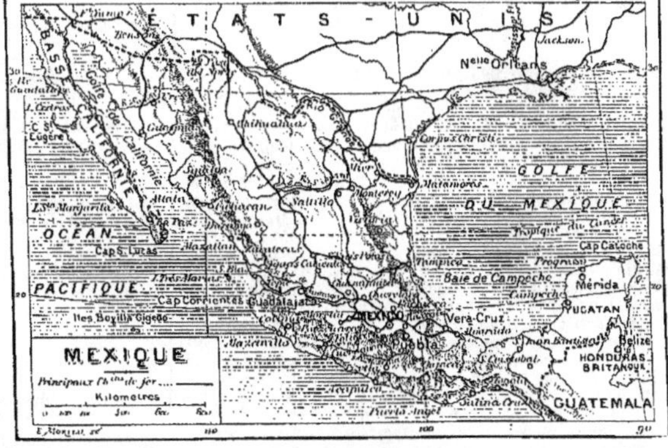

**MÉZAIR.** s. m. [Pr. *mé-zère*] (ital. *mezzaria*, m. s.). T. Manège. Allure d'un cheval qui tient le milieu entre le terre à terre et les courbettes.

**MÈZE,** ch.-l. de c. (Hérault), arr. de Montpellier; 6,300 hab. — Port sur l'étang de Thau; vins, tonnelleries, salines.

**MEZEN,** fleuve de Russie, tributaire de la mer Blanche; 799 kilomètres.

**MEZENC** (Monts), montagnes de France entre les dép. de l'Ardèche et de la Haute-Loire; 1,054 mètres d'altitude.

**MÉZERAY,** auteur d'une *Histoire de France*, dont il donna lui-même un *Abrégé chronologique* (1610-1683).

**MÉZÉRÉON.** s. m. T. Bot. Nom vulgaire du *Daphne mezereum*, arbrisseau de la famille des *Thyméléacées*. Voy. ce mot.

**MÉZIDON,** ch.-l. de c (Calvados), arr. de Lisieux, sur la Dive; 1,100 hab.

**MÉZIÈRES,** ch.-l. du dép. des Ardennes, sur la Meuse, à 248 kil. N.-E. de Paris; 6,700 hab. = Nom des hab. : MÉZIÉROIS, OISE, ou MACÉRIEN, ENNE.

**MÉZIÈRES,** ch.-l. de c (Haute-Vienne), arr. de Bellac; 1,550 hab.

**MÉZIÈRES-EN-BRENNES,** ch.-l. de c. (Indre), arr. du Blanc; 1,800 hab.

**MÉZIN,** ch.-l. de c. (Lot-et-Garonne), arr. de Nérac; 2,600 hab.

**MEZOTUR,** ville libre de la Hongrie centrale; 21,200 hab.

**MEZZANINE.** s. f. [Pr. *med-zanine*] (ital. *mezzanino*, entresol). T. Archit. Petit étage pratiqué entre deux plus grands. || Adject., *Fenêtre m.* Voy. FENÊTRE.

**MEZZETIN,** acteur de l'ancienne comédie italienne (1654-1729).

**MEZZOFANTE** (Cardinal), philologue ital. (1771-1848).

**MEZZO-SOPRANO.** s. m. [Pr. *mé-dzo...*] (mot ital. *mezzo*, moyen; *soprano*, soprano). T. Mus. Voix de femme intermédiaire entre le soprano et le contralto. Voy. VOIX.

**MEZZO-TERMINE.** s. m. [Pr. *mé-dzo-termi-né*]. Mot ital. qui sign. *moyen terme*, et se dit du parti moyen qu'on prend pour terminer une affaire embarrassante, pour concilier des prétentions opposées. *Il est pour les mezzo-termine.*

**MEZZO-TINTO.** s. m. [Pr. *mé-dzo-tinto*] (ital. *mezzo*, moyen; *tinto*, teinte). Estampe à la manière noire. Voy. GRAVURE.

**MI** —. part. invariable dérivée du lat. *medius*, qui est au milieu, ne s'emploie jamais seule, mais se joint toujours à un autre mot pour former un mot composé, dans lequel elle remplit la fonction de préfixe. Cependant on se contente de l'unir au mot principal par un trait d'union. *Mi* sert toujours, sauf dans le mot *Mi-parti*, où elle indique le partage d'une chose en deux portions égales, à marquer le milieu d'une chose, le point, l'endroit où cette chose pourrait se partager en deux moitiés. C'est ainsi que l'on dit : *Mi-chemin, Mi-côte, Mi-corps, Mi-jambe, Mi-sucre, Mi-terme, Mi-carême, Mi-janvier*, etc. Lorsque *Mi* se joint aux mots : *corps, jambe, chemin, mur, terme, sucre, côte*, etc., on ne l'emploie qu'adverbialement et avec la préposition *à*, sans article. *Il le saisit à mi-corps. Il avait de l'eau jusqu'à mi-jambe. Une maison bâtie à mi-coteau. Cette femme est accouchée à mi-terme Il m'a conduit jusqu'à mi-chemin. Des confitures à mi-sucre*, etc. Le mot composé avec *mi* est du même genre que le nom simple correspondant, excepté les mots formés avec un nom de mois et *Mi-carême* qui sont féminins. *Cela arriva vers la mi-août, vers la mi-mai. Nous avons passé la mi-carême.* On appelle *Mi-carême* le jeudi de la troisième semaine du carême, qui arrive à peu près au milieu du carême.

**MI.** s. m. T. Musiq. La troisième note de la gamme, et le signe qui la représente. *Mi bémol. Le ton de mi.* Voy. GAMME.

**MIAKO.** Voy KIOTO.

**MIAOULIS,** vaillant amiral grec (1772-1835).

**MIARGYRITE.** s. f. (gr. μεῖον, moins; ἄργυρος, argent; parce qu'elle est moins riche que les autres minerais rouges d'argent). T. Minér. Sulfure d'antimoine et d'argent de la formule $AbSgS^2$; en petits cristaux gris d'acier, à poussière rouge, ou en lames très minces, rouge sang.

**MIASMATIQUE.** adj. 2 g. Qui est de la nature des miasmes. *Exhalaison m.* || Qui est produit par les miasmes. *Maladie miasmatique.*

**MIASME.** s. m. (gr. μίασμα, m. s., de μιαίνω, je souille). Emanations insalubres qui s'échappent des matières en décomposition. Voy. PALUDISME.

**MIAULEMENT.** s. m. [Pr. *miô-leman*]. Action de miauler.

**MIAULER.** v. n. [*miô-ler*] (Onomatopée, qui n'existe ni en grec, ni en latin et qu'on trouve dans toutes les langues néo-germaniques et néo-celtiques). Se dit d'un chat lorsqu'il crie. *Un chat miaule sur les toits.*

**MIAULEUR, EUSE.** adj [Pr. *miô-leur, euze*] Qui miaule.

**MIAZINE.** s. f. T. Chim. Nom que certains chimistes donnent à la pyrimidine et à ses dérivés.

**MICA.** s. m. (lat. *mica*, parcelle ou, peut-être, *micare*, briller). T. Minér. On désigne sous le nom collectif de *Micas* un groupe de minéraux caractérisés par un clivage très facile qui permet de les diviser en lames ou en paillettes très minces, flexibles, élastiques et brillantes. Ce sont des silicates d'alumine et d'alcalis ou de magnésie; certaines espèces contiennent du fer, d'autres du lithium; on y rencontre rarement du chrome ou du manganèse. Chauffés au rouge, les micas dégagent toujours une petite quantité d'eau, souvent aussi de l'acide fluorhydrique. Tous les micas sont plus ou moins fusibles au chalumeau, et se laissent rayer avec l'ongle. Leurs teintes ordinaires sont le brun, le vert, le noirâtre, le blanc d'argent ou le jaune d'or. Leurs cristaux, ordinairement imparfaits, appartiennent au système monoclinique, mais présentent souvent une apparence hexagonale ou orthorhombique. Ils possèdent deux axes optiques; dans certaines espèces, ces axes sont très écartés, dans d'autres ils sont rapprochés au point de se confondre.

Les *Micas magnésiens* contiennent surtout de l'alumine et du magnésium, avec de la potasse, un peu de fer et très peu de fluor. Ils sont plus denses et moins fusibles que les autres micas et s'altèrent plus facilement à l'air. Leurs cristaux ont l'aspect de prismes hexagonaux et leurs axes optiques sont extrêmement rapprochés. Le type de cette famille est la *Biotite* qu'on rencontre en cristaux ou en lames de couleur verte, brune ou noire dans les roches éruptives modernes. Le *Méroxène* ou Mica vert du Vésuve, et le *Chromglimmer*, qui contient du chrome, en sont des variétés. — Les *Phlogopites* sont un peu plus riches en potassium et ne contiennent presque pas de fer; leurs axes optiques sont plus écartés et leurs cristaux ont l'apparence orthorhombique. On les trouve dans les serpentines, les dolomies et les calcaires cristallins.

Dans les *Micas ferro-magnésiens* l'alumine et la magnésie sont remplacées en partie par du sesquioxyde et du protoxyde de fer. Le *Lépidomélane* se présente en écailles noires à poussière verte, attirable à l'aimant. L'*Annite* et la *Ptérolite* en diffèrent peu.

Les *Micas potassiques* sont riches en potasse et en alumine, et presque dépourvus de magnésie; ils contiennent ordinairement plus d'eau et de fluor que les autres micas. La *Muscovite* ou *Mica proprement dit* est le plus souvent blanche, d'un éclat nacré ou métallique (*M. argentin*); mais elle peut aussi présenter des teintes grises, brunes, vert pâle, violette ou jaune. On la rencontre dans les granites, les gneiss et les micaschistes. Elle est quelquefois en plaques très larges qu'on peut employer en guise de vitres; les plus grands échantillons proviennent de la Sibérie, du Brésil et du Canada. La *Phengite*, l'*Amphilogite*, l'*Adamsite* et la *Pihlite* sont très analogues à la Muscovite. Moins transparente et moins élastique, la *Margarodite*, ainsi que la *Nacrite*, possède au plus haut point l'éclat nacré. La *Damourite* est une variété très riche en potasse. La *Fuchsite* est une variété chromifère. La *Paragonite*, d'un blanc jaunâtre, contient de la soude; elle sert de gangue au disthène et à la staurotide du Saint-Gothard.

Les *Micas lithifères* sont des micas potassiques dans lesquels une partie du potassium est remplacée par du lithium; ils renferment aussi des traces de césium, de rubidium, de thallium, et sont riches en fluor. Telle est la *Lépidolite*, qui se présente en écailles d'un blanc d'argent ou d'un rose lilas. La *Lithionite* ou *Zinnwaldite*, dont la couleur varie du brun foncé au blond clair, et la *Cryophyllite*, qui est d'un vert sombre, contiennent en outre du fer.

L'*Astrophyllite*, qu'on rencontre en lamelles bronzées ou jaune d'or dans certaines syénites, ressemble beaucoup au M. par ses caractères extérieurs, mais présente une composition différente. C'est un silicate titanifère contenant de la potasse, de la soude, du fer et du manganèse, ne renfermant pas de fluor.

En ne considérant que l'aspect extérieur, on peut distinguer deux sortes principales de micas : le *M. lamelliforme* ou pulvérulent, qui se présente en petites paillettes brillantes, souvent à l'aspect métallique et d'une couleur blanche ou jaune; et le *M. foliacé*, aux grandes feuilles transparentes qui ont parfois plus de deux mètres de diamètre. Cette dernière variété s'exploite en Sibérie, où l'on s'en sert pour garnir les fenêtres, les lanternes de voiture, etc. Dans la marine russe, on l'emploie aussi pour le vitrage des vaisseaux, parce qu'il ne se brise pas comme le verre sous l'influence des explosions de l'artillerie. On l'utilise encore pour les fenêtres des poêles à feu visible. Quant au M. lamelliforme, il est de peu d'utilité : c'est avec lui que l'on fait ces poudres brillantes dont on se sert pour sécher l'écriture. — Les Micas sont fort répandus dans la nature; cependant ils appartiennent essentiellement aux terrains de cristallisation. Ils forment la plupart des schistes argileux et se trouvent dans les sables, les grès, le granit, etc. — Lorsque le M. se trouve mêlé au quartz en quantité dominante, il constitue une roche à texture feuilletée qui prend le nom de *Micaschiste*. Cette roche, toujours stratifiée, forme des couches puissantes vers la partie supérieure des terrains cristallins.

**MICACÉ, ÉE.** adj. T. Minér. Qui est de la nature du mica, qui contient du mica.

**MICASCHISTE.** s. m. [Pr. *mika-chiste*] (R. *mica* et *schiste*). T. Minér. Roche formée de quartz contenant du mica. Voy. MICA.

**MICHAELIS**, orientaliste et théologien allem. (1717-1791).

**MICHAËLITE.** s. f. [Pr. *mika-élite*] (R. *Michaëlis*, nom d'homme). T. Minér. Variété d'opale commune de Saint-Michel (Açores).

**MICHALLON**, sculpteur fr. (1751-1799). = Son fils ACHILLE ETNA, peintre de paysage (1796-1822).

**MICHAUD**, historien fr., un des fondateurs de la Biographie universelle qui porte son nom (1767-1839).

**MICHE.** s. f. (lat. *mica*, mie). A Paris, se dit d'un pain fendu qui pèse de 500 grammes à 2 kilogr. ‖ Dans certaines provinces, et plus particulièrement dans les campagnes, on appelle *m.*, le pain blanc fabriqué par le boulanger, par oppos. au pain de ménage.

**MICHÉE**, nom de deux prophètes juifs du IXe et du VIIIe siècle av. J.-C.

**MICHEL** (SAINT), archange, chef de la milice céleste, vainqueur du démon, d'après la Théologie juive et chrétienne. Fête le 29 septembre.

**MICHEL**, nom de 8 empereurs d'Orient (811-1282). Voy. CONSTANTINOPLE. — MICHEL *Paléologue*, détruisit l'empire latin d'Orient en 1261.

**MICHEL** (FRANCISQUE), archéologue fr., né à Paris (1809-1887).

**MICHEL-ANGE BUONAROTTI**, sculpteur, peintre et architecte ital., né en Toscane (1475), m. à Rome (1564), l'un des plus grands artistes de tous les temps. On lui doit entre autres ouvrages la *Coupole de Saint-Pierre de Rome*, le *Tombeau de Jules II*, le *Christ tenant sa croix*, la statue de *Moïse*, les peintures de la *Chapelle Sixtine*, parmi lesquelles la fresque du *Jugement dernier*.

**MICHELET** (JULES), littérateur, historien fr. (1798-1874), auteur d'une *Histoire romaine*, d'un *Précis d'histoire moderne*, d'une *Histoire de France*, de *l'Oiseau*, de *l'Insecte*, etc. Michelet est un auteur d'une vive sensibilité; son style est facile et original, et il excelle à donner la vie et le mouvement aux scènes de notre histoire nationale.

**MICHELIA.** s. m. (R. *Michel*, n. pr.). T. Bot. Genre de plantes Dicotylédones de la famille des *Magnoliacées*. Voy. ce mot.

**MICHIGAN**, lac des États-Unis d'Amérique, au N., communiquant avec le lac Huron. = MICHIGAN, l'un des États-Unis d'Amérique (États du Centre), pop. 2,250,000 hab.; cap. Lansing.

**MICHOACAN**, prov. du Mexique. Voy. MEXIQUE.

**MICHOL**, fille de Saül, femme de David (Bible).

**MICHON** (l'abbé), prédicateur, romancier et graphologue fr. (1806-1881).

**MICIPSA**, roi de Numidie, fils de Masinissa, père d'Adherbal et d'Hiempsal, partagea en mourant ses États entre ses deux fils et son neveu Jugurtha (118 av. J.-C.).

**MICKIEWICZ** (ADAM), poète polonais (1798-1855), fit au Collège de France un cours de littérature slave.

**MICMAC.** s. m. (all. *mischmasch*, m. s., de *mischen*, mêler). Intrigue embrouillée, pratique secrète dans un but blâmable. *Il y a du m. dans cette affaire. On ne comprend rien à tous ces micmacs.* Fam.

**MICOCOULIER.** s. m. (Provenç. *micocoulié*, orig. incon.). T. Bot. Genre de plantes Dicotylédones (*Celtis*) de la famille des *Urticacées*. Voy. ce mot.

**MICONIA.** s. m. T. Bot. Genres de plantes Dicotylédones de la famille des *Mélastomacées*. Voy. ce mot.

**MICRACOUSTIQUE.** adj. 2 g. (gr. μικρός, petit, et fr. *acoustique*). Se dit d'instruments destinés à faire apprécier les sons faibles.

**MICRO.** Ce mot, qui est emprunté du grec μικρός, *petit*, entre dans la composition d'un grand nombre de termes de Botanique, de Zoologie, etc. Il ajoute l'idée de petitesse au radical auquel il est joint, comme dans les mots *Micranthère*, *Microcère*, *Microdactyle*, *Microgaster*, etc.; ou bien, lorsque le radical exprime une action, il indique qu'elle s'exerce sur un petit objet, comme dans les mots *Micromètre*, *Micrographie*, *Microscope*, etc.

**MICROBASE.** s. m. [Pr. *mikroba-ze*] (gr. μικρὸς, petit, et fr. *base*). T. Bot. Fruit composé de quatre coques implantées sur une base étroite.

**MICROBE.** s. m. (gr. μικρός, petit; βίος, vie). Cellule vivante animale ou végétale, agent de fermentations et de maladies infectieuses. Voy. MICROBIOLOGIE. = Le mot *microbe* est d'origine moderne. Dans une séance de l'Académie des sciences, à Paris, en février 1878, M. Sédillot, dans un mémoire intitulé : *Des applications des travaux de M. Pasteur à la clinique*, s'exprima en ces termes : « Les organismes vivants amènent des complications graves, je vais les faire voir nettement; mais avant tout, quelques mots sur les germes atmosphériques. Ces germes ont reçu tant de noms différents que l'on finit par s'y perdre. Ainsi, on les appelle schizophytes, micrococcus, chroococcus, microsylicres, desmobactéries, bactéries, bactéridies, storydrix, cladothrix, microzymas, microorganismes, mucédinées, aérobies, anaérobies, monades, bacilles, vibrions, etc.; j'en passe. Je crois utile de remplacer toutes ces dénominations par un nom générique plus simple, je propose, en conséquence, le nom général de *microbe*. Et M. Sédillot ajoute aussitôt : « J'ai consulté, à cet égard, mon ami Littré, qui approuve mon choix. »

**MICROBIOLOGIE**. s. f. (gr. μιχρὸς, petit ; βίος, vie ; λογὸς, discours). T. Hist. Nat. Étude des organismes très petits et de l'influence qu'ils exercent.

**Biol.** — I. — Pour Littré, microbe est un « nom générique désignant les êtres infiniment petits et de préférence ceux qui engendrent des maladies ». Cette définition répond bien à l'idée que les gens du monde se font de ces êtres si intéressants pour l'homme, mais elle a l'inconvénient d'être trop vague et par conséquent de n'avoir rien de scientifique. Le mot microbe désigne littéralement tout *petit être vivant*, or la petitesse d'un être est un caractère tout à fait relatif ; c'est pourquoi les savants ont abandonné généralement ce mot pour adopter celui de ***Bactéries*** ou de ***Bactériacées***. Quoi qu'il en soit, les Microbes ou les Bactéries sont des organismes végétaux qu'il est assez difficile de placer exactement dans nos classifications ; les uns en font des Algues de l'ordre des Cyanophycées, les autres des Champignons de l'ordre des Saccharomycètes. Connus depuis longtemps par les savants, leur étude ne prit une importance réelle qu'à la suite des premiers travaux de Pasteur (1857), qui montrèrent leur rôle capital dans les *fermentations* (Voy. ce mot) ou dans certaines maladies, comme celles du vin et des vers à soie. Le Dr Davaine reconnut ensuite (1864) que le *charbon* ou *sang de rate* des bêtes à cornes était occasionné par un microbe, et depuis cette époque d'où date la première notion vraiment scientifique de la contagion, les médecins portèrent toute leur attention à rechercher et à étudier les microbes dans toutes les maladies contagieuses. C'est ainsi qu'Eberth découvrit le microbe de la fièvre typhoïde en 1870-80 ; Koch, le microbe de la tuberculose et du choléra en 1878-82 ; Neisser, celui de la blennorrhagie en 1879 ; Friedländer, en 1882, celui de la pneumonie, Lœffler, en 1884, celui de la diphthérie ; Nicolaiew, en 1884, celui du tétanos, etc. Tous ces microbes sont étudiés à propos de chaque maladie que nous venons de citer ; nous ne donnerons ici que des notions générales sur leur forme, leur manière de vivre et leur rôle dans la nature.

Les microbes sont formés par une ou plusieurs cellules libres ou associées, et alors toutes semblables entre elles (*zooglées*). Le plus souvent incolores et transparentes, quelques-unes de ces cellules présentent des couleurs variées (*Bactéries chromogènes*). Quand on les observe à l'état vivant dans les liquides où ils vivent, les microbes présentent généralement des mouvements très actifs dus probablement aux cils vibratiles dont ils sont pourvus. Chaque microbe a donc la valeur d'une simple cellule, mais la substance nucléaire est généralement disséminée dans toute l'étendue du corps cellulaire ; aussi les microbes ont-ils été décrits parfois comme des masses de protoplasma sans noyau. Leurs formes très variées dérivent toutes de la sphère ou du bâtonnet ; leur classification basée uniquement sur la morphologie est très difficile à faire, car ces êtres présentent un polymorphisme très accentué tenant surtout aux variations du milieu dans lequel ils vivent. Nous donnerons seulement ici les caractères des genres les plus intéressants à connaître.

Fig. 1.

Les *Microcoques* (*Micrococcus*) se présentent sous l'aspect de cellules simples, arrondies, réunies en zooglées de forme variable ; tels sont le *M. du bombyx* (*M. bombycis*) qui produit la maladie du ver à soie appelée *Flacherie* (Fig. 4, grossi 600 fois), le *M. de la pneumonie* (Fig. 2, microcoques des crachats de la pneumonie libre, enkystés ou contenus dans des cellules ; *c*, cellules, *n*, noyau cellulaire), et le *M. de la blennorrhagie* (*M. gonorrhœæ*) (Fig. 3, cellules du pus blennorrhagique, renfermant des microcoques sous forme de petits points).

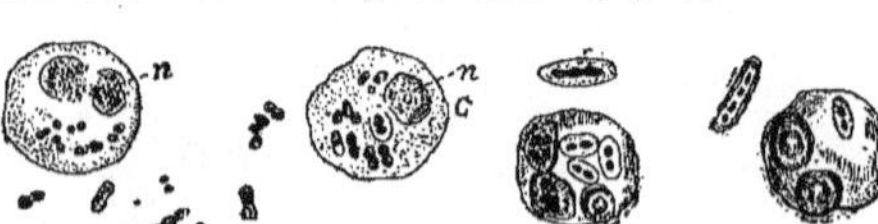

Fig. 2.

Les *Bactéries* (*Bacterium*) sont des cellules en forme de bâtonnets libres ou soudées bout à bout. Tel est le *Bacterium termo*, un des microbes de la putréfaction (Fig. 4, représenté à différents états de développement).

Les *Bacilles* (*Bacillus*) sont encore des bâtonnets généralement plus longs que les précédents, mais qui en diffèrent surtout par la propriété qu'ils ont de former des spores à leur intérieur. Tels sont le *Bacille du charbon* (*B. anthracis*) (Fig. 5, Bacilles disséminés au milieu des globules sanguins), le *Bacille virgule* du choléra (*B. Komma*) (Fig. 6, représenté à divers degrés de développement (1 à 26) ; A et B, cultures vues à la loupe), le Bacille de la lèpre, de la morve, le *Bacille de Koch* ou de la tuberculose, etc. Voy. BACILLE.

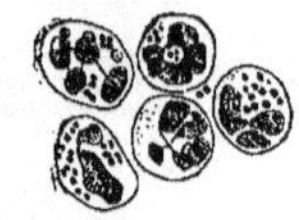
Fig. 3.

Les *Leptothrix*, qui sont de longs Bacilles et dont une espèce (*L. buccalis*) se trouve normalement dans la bouche. Les *Vibrions* (*Vibrio*), qui sont de longs filaments flexibles enroulés en spirale. Les *Sarcines* (*Sarcina*), qui se présentent sous l'aspect de paquets de cellules arrondies ; telle est la Sarcine de l'estomac (*S. ventriculi*), (Fig. 7, représentée à divers degrés de développement). Les *Streptocoques* (*Streptococcus*) qui sont des filaments en forme de chapelets (Fig. 8 Pus de phlegmon contenant des streptocoques).

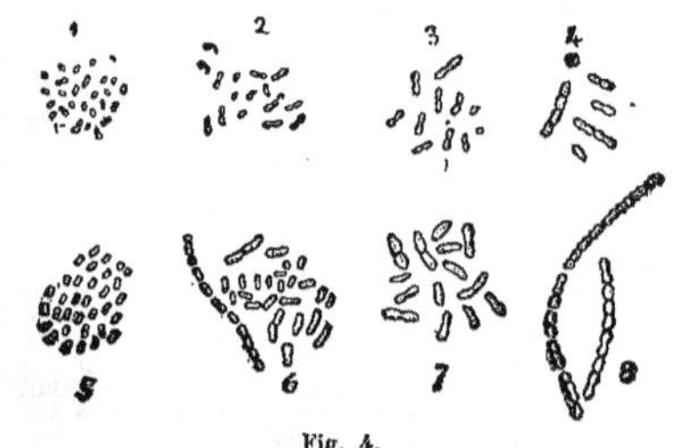

Fig. 4.

On a signalé quelques Bactéries de couleur verte qui pouvaient mener une existence libre dans l'eau et se nourrir de la même façon que les Algues, mais le plus grand nombre étant dépourvu de chlorophylle est obligé de vivre comme les Champignons, au dépens de matières organiques mortes (*Saprophytes*) ou encore vivantes (*Parasites*) ; la plupart ont besoin de l'oxygène atmosphérique pour vivre (*microbes aérobies*), quelques-unes peuvent s'en passer ou meurent à son contact (*microbes anaérobies*). Les Bactéries se reproduisent de deux façons : par scissiparité ou par formation de spores ; tant que le milieu dans lequel elles vivent leur fournit assez de substances nutritives, les Bactéries se multiplient par simple division de leur corps (scissiparité) ; mais si ce milieu vient à changer de nature ou s'il se dessèche, les microbes modifieront d'abord leurs formes, puis leur corps se divisera en un certain nombre de petites masses, appelées spores, chargées de disséminer l'espèce dans l'espace, par le moyen de l'air surtout. C'est là que se trouve le danger de la *contagion* (Voy. ce mot) pour les microbes qui occasionnent des maladies ; en effet, ces spores résistent beaucoup mieux que les microbes eux-mêmes à la dessiccation ou aux températures extrêmes. L'eau bouillante tue presque toutes les Bactéries, mais pour tuer tous les germes ou spores, il est nécessaire d'employer une température de 120°, au moins.

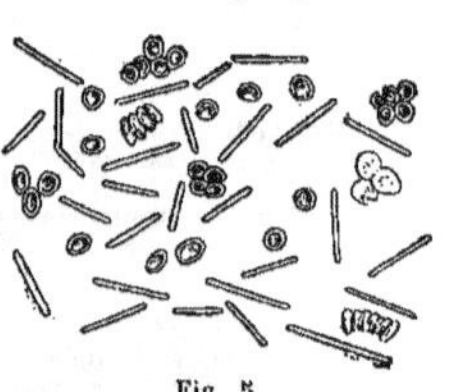
Fig. 5.

Le rôle des microbes dans la nature est immense ; en ce qui concerne l'homme leur action peut être considérée comme utile ou nuisible suivant les cas, mais si l'on envisage la nature entière on peut dire que ce sont les agents de la vie par excellence, c'est-à-dire des êtres qui permettent aux différentes formes de la vie que nous connaissons de se continuer dans le temps. Les microbes sont des agents destructeurs, dit-on ; ce sont plus exactement des agents modificateurs ; ils transforment tout, ils décomposent, par exemple, les cadavres en leurs éléments premiers et permettent ainsi à la vie de sortir de la mort. L'ammoniaque, le salpêtre, l'acide acétique, etc., sont des produits de microbes dont l'homme pro-

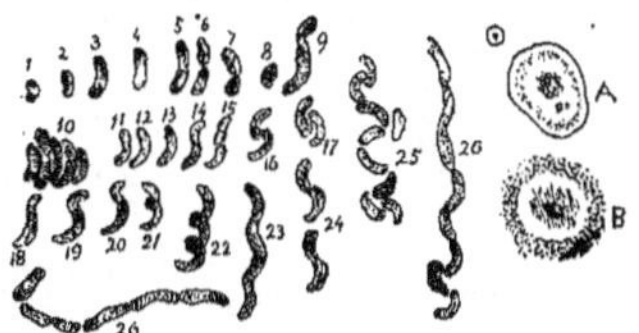


Fig. 6.

fite directement ; mais il en est beaucoup d'autres malheureusement qui ne nous sont que nuisibles, ce sont les *virus* dont nous allons parler maintenant.

Tous les milieux qui nous entourent, l'air, le sol et les eaux sont infestés de microbes ou plutôt de spores de dissémination ; c'est dire que notre corps est lui-même envahi par les microbes qui entrent avec l'air, lors de la respiration, ou avec les aliments ; il suffit en effet chez un homme en bonne santé, d'examiner les dépôts qui se font toujours en plus ou moins grande quantité autour des dents pour y trouver un grand nombre de microbes d'espèces différentes et même quelquefois d'espèces très dangereuses ; on pourrait du reste répéter cet examen dans tout le tube digestif avec le même succès. La plupart de ces microbes sont inoffensifs pour l'homme à cause de leur nature même ; quelques-uns même peuvent être utiles à

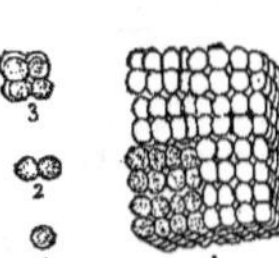


Fig. 7.

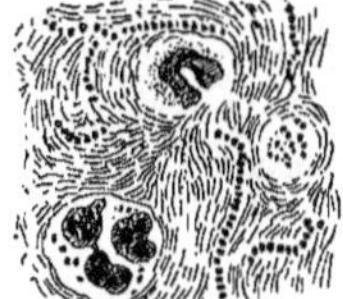

Fig. 8.

la digestion des matières albuminoïdes. Quant aux microbes dangereux que l'on peut trouver dans les voies digestives ou respiratoires de l'homme sain, leur innocuité est due à la résistance même que leur oppose l'organisme ; que cette résistance vienne à diminuer soit par des causes qui altèrent la muqueuse intestinale, comme des indigestions, soit par des causes qui vont agir plus profondément, comme l'abus des boissons alcooliques, les microbes peuvent entrer dans le sang et occasionner alors des maladies plus ou moins redoutables suivant leur nature et suivant l'état d'affaiblissement de l'organisme qu'ils envahissent.

Pendant longtemps, les médecins crurent que les microbes occasionnaient des maladies par leur seule présence dans le sang ou dans les tissus ; on les considérait comme de simples parasites qui, pullulant de plus en plus dans un organe, finissaient par le faire mourir en lui prenant toute sa nourriture. Mais on sait aujourd'hui qu'il faut ajouter à cette cause la présence de sécrétions particulières, de poisons (*toxines* ou *virus*), que les microbes versent autour d'eux et que le sang peut entraîner dans tout l'organisme ; il y a même quelques microbes que l'on ne connait encore que par leur virus, tels sont ceux de la rage et de la syphilis. Enfin l'action d'une même espèce de microbe n'est pas toujours identique à elle-même ; elle varie suivant les conditions nouvelles dans lesquelles il peut se trouver, en particulier quand plusieurs espèces de microbes sont réunies, associées pour ainsi dire, dans un même point de l'organisme.

La lutte de l'homme contre les microbes comprend trois sortes de moyens ; ce sont les règles de l'*hygiène* (Voy. ce mot) qui ont pour objet d'éviter le microbe et de maintenir la résistance de l'organisme, la *phagocytose*, que nous étudierons à son ordre alphabétique et enfin, des moyens thérapeutiques dont nous devons dire quelques mots. Les médecins font usage de deux sortes de médications dans les affections microbiennes. La première et la plus ancienne en date est la *médication antiseptique* qui consiste à aller chercher le microbe là où il se trouve, à le tuer, et enfin à le rejeter hors de l'organisme. Voy. Antiseptique. D'une application facile dans la chirurgie qu'elle a complètement rénovée, cette médication devient beaucoup plus incertaine dans la médecine proprement dite. Sans être abandonnée complètement, elle tend à se laisser dépasser par la *sérothérapie* qui est la deuxième sorte de médication dont nous voulons parler. Cette méthode fut appliquée pour la première fois par Pasteur dans le traitement de la rage ; elle consiste à obtenir une sorte de vaccination de l'organisme en lui inoculant le sérum du sang d'un animal contenant les virus du microbe lui-même, mais après avoir atténué leur virulence. Cette *atténuation* se fait dans les laboratoires de bactériologie par le moyen de cultures successives dont nous allons donner la technique ; (Voy. également l'article Diphthérie). Dans une première

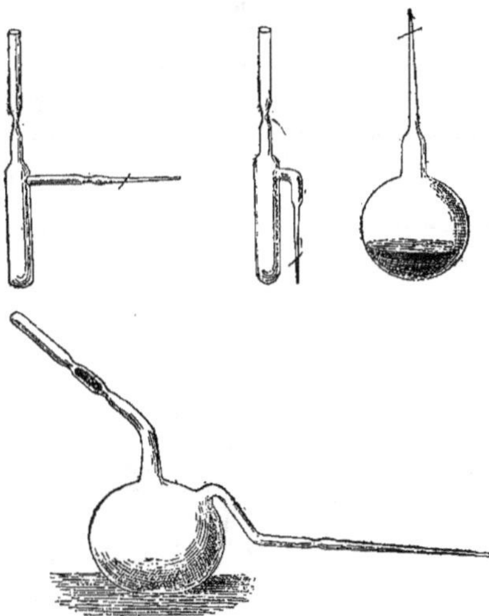

Fig. 9.

partie, nous étudierons les appareils et tous les matériaux nécessaires au microbiologiste ; dans une deuxième partie, nous dirons quelques mots de l'utilisation de ces matériaux.

II. *Matériaux.* — Les appareils de verrerie sont multiples : *matras-Pasteur*, *matras coniques*, *matras à long col*, pour cultures en milieux liquides ; *tubes à essai*, pour cultures en milieux solides ; *plaques de verre* et *boîtes de Petri*, pour cultures en plaques ; *ballons*, *ballons-pipettes Chamberland*, etc... (Fig. 9. Différentes formes de ballons de culture employés par Pasteur) ; tubes pour la culture des anaérobies.... — Pour se servir de ces appareils, il faut d'abord les laver selon les règles (solution de potasse, rinçage à grande eau, bain d'eau acidulée d'acide sulfurique, rinçage, égouttage) ; puis il faut les stériliser soit au moyen du *four Pasteur*, soit avec l'*étuve de Wiesnegg*.

Au point de vue des milieux de culture, la technique comporte actuellement deux procédés : les cultures en milieux liquides et les cultures sur milieux solides. — Les liquides de culture sont des plus variés : *bouillons de viande* ; liquides organiques naturels tels que *lait*, *urine*, *humeur aqueuse*, *sérum* ; préparations artificielles complexes, telles que les *liquides de Raulin*, *de Cohn*... ; enfin, l'*eau de le-*

*rure*, *l'eau de touraillons*, *l'eau de malt*.... Ces divers milieux n'ont pas tous conservé la même importance : à part des cas spéciaux, les bouillons de viande et le lait sont les milieux liquides, d'un usage général, qui conviennent le mieux à la plupart des circonstances. Ces deux milieux sont d'ailleurs susceptibles d'être indéfiniment variés, car on les emploie tantôt simples, tantôt additionnés de substances diverses, peptone, glycérine, glucose, etc... en proportions variables. Nous ne pouvons pas, et cela est inutile, entrer dans les détails de la préparation de ces milieux ; contentons-nous de dire qu'en dehors de l'observation exacte des préceptes, une grande habitude et une véritable adresse sont nécessaires. — Les milieux solides sont : la ***gélatine*** (gélatine peptone, pepto-glycosée, pepto-glycérinée, etc...) ; la *gélose*, produit colloïde retiré d'une algue, dite ***agar-agar***, susceptible elle aussi d'additions diverses ; ces deux milieux sont dits transparents. On emploie aussi un milieu semi-transparent, le ***sérum gélatinisé***, et divers milieux opaques, dont le type le plus parfait est la *pomme de terre*. — Il ne suffit pas de savoir préparer ces milieux ; il faut encore connaître leurs modes de stérilisation, spéciaux pour chacun d'eux, et le lecteur se rend compte, par ce simple aperçu, de la complexité de cette technique.

Une dernière série d'instruments ou plutôt d'appareils nous reste à indiquer pour compléter la liste : l'autoclave, les étuves, les appareils à filtration. — *L'autoclave de Chamberland* est un précieux instrument de stérilisation, d'un fonctionnement parfait, remplissant deux indications : il fonctionne sans pression, comme une étuve humide où la température peut être portée à + 100° ; et il fonctionne sous pression, la vapeur humide sous pression peut être portée de 1/2 à 2 atmosphères, avec les températures correspondantes. — *Les étuves à incubation* sont des appareils offrant aux milieux de culture qu'on y enferme les températures convenables au développement des germes que contiennent lesdits milieux. Deux modèles répondent aux indications générales : *l'étuve de Roux*, pour les températures de 37 à 38°, et *l'étuve de d'Arsonval* pour les températures inférieures ou supérieures à 37-38°. Quel que soit l'appareil, son bon fonctionnement exige un apport et une pression régulière de gaz. On remédie aux défauts si communs en pratique par l'interposition d'un *régulateur Moitessier*. — La filtration, en technique microbique, consiste à priver les liquides de tous les germes qu'ils peuvent contenir. L'appareil par excellence est la *bougie Chamberland*, ou, à la rigueur, la *carafe à filtrer* de Kitasato.

III. *Utilisation des matériaux.* — Les expériences sur les animaux sont le premier point à mettre en lumière. Les animaux presque exclusivement employés sont : le cobaye, le lapin, la souris, le pigeon, la poule et le moineau. Les inoculations se pratiquent à l'aide de la seringue dite de Pravaz, à l'aide de seringues analogues à la seringue dite de Pravaz, à l'aide de produits de culture ou pathologiques ; les injections doivent être faites avec les précautions aseptiques les plus rigoureuses, dans ou sous la peau, dans le péritoine, dans le poumon, dans la chambre antérieure de l'œil ou dans les veines. Elles permettent d'étudier les symptômes déterminés chez l'espèce animale choisie, et surtout de pratiquer l'autopsie, révélatrice des lésions provoquées. Au cours de cette opération, on recueille des humeurs et des parcelles de tissus, destinées à fournir des cultures de comparaison ou des pièces anatomo-pathologiques.

Les cultures se font tantôt en présence de l'air, tantôt à l'abri de l'air, soit dans le vide, soit en présence d'un gaz inerte. Toute culture se compose de deux temps : l'ensemencement et la mise à la température voulue. Chacun de ces stades est soumis à des règles importantes. Mais la chose est plus compliquée encore dans certains cas, par suite de l'invasion trop rapide des colonies microbiennes ; il faut les séparer, les isoler, et de nouvelles méthodes spéciales interviennent à cet effet.

Une fois les microbes cultivés et conservés, il faut les examiner. Ici se place l'étude des procédés de coloration qui ont fait faire un si grand pas à la microbiologie. La coloration s'effectue à l'aide des couleurs d'aniline, basiques (rouges, violets, bleus, verts) ou acides (éosine, tropæoline). La préparation des solutions colorantes et décolorantes est encore la source de nombreuses complications. Une fois cette phase de préparation effectuée, on passe à l'examen microscopique, et là mille ressources techniques mériteraient d'être exposées, si l'étendue de notre article le permettait.

**MICROBROMITE.** s. f. (gr. μικρός, petit, et *brome*). T. Minér. Variété d'embolite pauvre en brome.

**MICROCÈBE** s. m. (gr. μικρός, petit ; κῆβος, singe). T. Mamm. Genre de *Mammifères*. Voy. Lémuriens.

**MICROCÉPHALE.** s. m. (gr. μικρός, petit ; κεφαλή, tête). T. Biol. Celui qui est atteint de *microcéphalie*. Voy. ce mot. = Microcéphales. s. m. pl. T. Entom. Nom donné par Latreille à une tribu de *Coléoptères pentamères*. Voy. Brachélytres.

**MICROCÉPHALIE.** s. f. (R. *microcéphale*). T. Méd. Nom donné à une monstruosité consistant, au point de vue anatomique, en un arrêt de développement du crâne et par suite du cerveau, dont le poids descend quelquefois au-dessous de 600 grammes. Les personnes atteintes de ce vice de conformation sont viables, mais elles deviennent idiotes, gâteuses et sont, pour ainsi dire, réduites exclusivement à la vie végétative. Leur front déprimé, leur face proéminente, l'attitude générale de leur corps, donne souvent un aspect simiesque très caractéristique aux microcéphales ; c'est la raison la plus importante, sans doute, pour laquelle certains transformistes ont voulu voir, dans cet état morbide, un type physiologique atavique « qui caractérise l'état primitif de la souche ancestrale de l'homme et y ramène ».

**MICROCÈRE.** adj. 2 g. (gr. μικρός, petit ; κέρας, corne). T. Zool. Qui a de courtes antennes.

**MICROCHIMIE.** s. f. (gr. μικρός, petit, et *chimie*). T. Chim. Art du chimiste en tant qu'il s'exerce, avec l'aide du microscope, sur de très petites quantités de matière. Les procédés de la m. ne diffèrent pas essentiellement de ceux de la chimie ordinaire. Pour les recherches de chimie physiologique, on utilise principalement les réactifs qui donnent naissance à des colorations caractéristiques. Pour l'analyse microchimique et pour l'étude des roches ou des minéraux, on cherche surtout à engendrer des produits cristallins dont les formes soient reconnaissables au microscope.

**MICROCHIMIQUE.** adj. 2 g. T. Chim. Qui se rapporte à la microchimie.

**MICROCLINE.** adj. 2 g. (gr. μικρός, petit ; κλίνω, j'incline). T. Crist. Qui a de petites inclinaisons. = Microcline. s. m. T. Minér. Orthose dont les clivages font entre eux un angle un peu différent de 90°.

**MICROCOQUE.** s. m. (gr. μικρός, petit ; κοκκός, coque). T. Bot. Genre d'Algues de la famille des *Bactériacées*. Voy. Microbe.

**MICROCOSME.** s. m. (lat. *microcosmus*, m. s. du gr. μικρόκοσμος, de μικρός, petit, et κοσμός, monde). T. Philos. Certains philosophes mystiques et hermétiques du moyen âge et de la renaissance désignaient le monde et l'homme sous les deux termes opposés de *Macrocosme* et de *Microcosme*, parce que, suivant eux, l'homme était l'abrégé et comme le résumé de la création tout entière. Dans leur système, il existait, entre le microcosme et le macrocosme une correspondance intime. Le cœur était assimilé au Soleil, et était soumis à l'influence particulière de cet astre. La Lune correspondait de même au cerveau, Jupiter aux poumons, Mars au foie, Saturne à la rate, Vénus aux reins, Mercure à l'appareil sexuel.

**MICROCOSMIQUE.** adj. 2 g. Qui appartient au microcosme. || T. Chim. *Sel m.* Phosphate double de sodium et d'ammonium $PhO^4HNa(AzH^4) + 4H^2O$, employé dans les analyses au chalumeau.

**MICRODACTYLE.** adj. 2 g. (gr. μικρός, petit ; δάκτυλος, doigt). Qui a des doigts courts.

**MICRODONTE.** adj. 2 g. (gr. μικρός, petit ; ὀδούς, ὀδόντος, dent). T. Zool. Qui a de petites dents. || T. Bot. Qui a un calice à dents courtes.

**MICROFARAD.** s. m. (gr. μικρός, petit, et fr. *farad*). T. Phys. Unité de capacité électrique valant la millionième partie du *farad*. Voy. Farad et Unité.

**MICROGLOSSES.** s. m. pl. (gr. μικρός, petit : γλῶσσα, langue). T. Ornith. Groupe de *Cacatoès*. Voy ce mot.

**MICROGRAPHE.** s. m. Celui qui s'occupe de micrographie.

**MICROGRAPHIE.** s. f. (gr. μικρός, petit; γράφω, je décris). On emploie souvent indifféremment les mots *M.* et *Microscopie*, pour désigner l'art d'observer à l'aide d'un microscope. Cependant le second désigne plutôt la connaissance des procédés techniques qui sont nécessaires pour le bon emploi de cet instrument, et le premier l'étude scientifique des objets microscopiques. Au reste, cette distinction est de peu d'intérêt. Ce qui est plus important, c'est de savoir que, pour se livrer avec fruit à des recherches microscopiques, il ne suffit pas d'être muni de bons instruments. Avec les appareils les plus parfaits, on commet encore une foule d'erreurs qui proviennent, soit de causes physiques, mais qu'avec de l'expérience on parvient facilement à éviter, soit de causes morales, comme lorsqu'on observe avec des idées préconçues ou avec les yeux de l'imagination. Il existe en effet aujourd'hui une foule de micrographes, et cependant il n'en est qu'un petit nombre sur les observations desquels on puisse compter. Comme les progrès futurs des sciences biologiques dépendent en grande partie de recherches qui ne peuvent s'opérer qu'avec l'aide du microscope, il est nécessaire d'apporter à ces études un esprit de prudence et de critique. Le *Manuel de l'observateur au microscope*, de Dujardin, et le *Traité pratique du microscope*, de Mandl, sont d'excellents guides pour ceux qui débutent dans la micrographie.

**MICROGRAPHIQUE.** adj. 2 g. Qui appartient à la micrographie.

**MICROLÆNA.** s. m. (gr. μικρός, petit; λαῖνα, enveloppe). T. Bot. Genre de plantes Dicotylédones de la famille des *Malvacées*, tribu des *Sterculiées*. Voy. MALVACÉES.

**MICROLOGIE.** s. f. (gr. μικρός, petit; λόγος, doctrine). Traité sur les objets ténus. ‖ T. Rhétor. Discours faible, sans force.

**MICROLOGIQUE.** adj. 2 g. Qui a rapport à la micrologie.

**MICROLOGUE.** s. m. Celui qui se livre à des recherches micrologiques.

**MICROMÉGAS,** s. m. Titre d'un conte philosophique de Voltaire dont le héros *Micromégas* est un habitant de Sirius, plus grand et plus intelligent que les habitants de la Terre et jugeant les choses d'un point de vue très élevé.

**MICROMÈTRE.** s. m. (gr. μικρὸς, petit; μέτρον, mesurer). *Micromètre* est le nom générique que l'on applique à tous les instruments destinés à mesurer exactement de très petites grandeurs. — Le m. employé par les micrographes se compose simplement d'une lame de verre sur laquelle on a gravé des traits distant de $\frac{1}{100}$ de millimètre. — En physique, et en astronomie, on emploie le *Vernier* (Voy. ce mot) et la *Vis micrométrique*. Cette dernière consiste en une vis dont le pas est très régulier, c.-à-d. dans laquelle l'intervalle de deux filets consécutifs est toujours le même, et dont la tête est munie d'un cercle gradué. Si le pas de la vis, par ex., est d'un millimètre, elle avance dans son écrou d'un millimètre par tour. Par conséquent, si on ne lui fait faire qu'un 100e de tour, ce qu'il est facile de reconnaître au mouvement du tambour qui sert à la faire mouvoir et qu'on peut supposer divisé en 100 parties égales, il est évident que la vis n'aura avancé que d'un 100e de millimètre. C'est à l'aide de vis micrométriques que fonctionnent ces admirables *machines à diviser*, qui servent à graduer les instruments de précision si usités dans les sciences, et particulièrement les lames de verre employées, sous le nom de *micromètres*, dans les observations microscopiques. Voy. MICROSCOPE. — Les autres micromètres sont à l'usage des astronomes; on en distingue plusieurs sortes. Le plus simple est le *M. à fils parallèles*. Cet instrument, lorsqu'il est placé dans le tube d'un télescope, au foyer de l'objectif, offre l'aspect que représente la Fig. 1. *Aa* est un fil de platine ou d'araignée extrêmement fin fixé au diaphragme; *Bb* et *Cc* sont deux fils semblables tendus perpendiculairement au premier et qui peuvent se rapprocher l'un de l'autre au moyen de vis micrométriques dont chacun d'eux est muni. Ces fils sont montés sur deux petites plaques qui glissent dans un cadre à l'aide d'une vis (Fig. 2). Les fils peuvent être placés juste l'un devant l'autre, puis s'écarter à volonté. Si, par exemple, on veut mesurer le diamètre apparent d'une planète, on met l'un des bords de la planète juste tangent au fil de gauche, par exemple, puis on tourne la vis de droite jusqu'à ce que le fil de droite vienne toucher le bord droit de la planète. Comme on a déterminé d'avance, par des expériences, la valeur du tour de vis, on conclut du nombre des tours faits la valeur du diamètre apparent de la planète. On opère de même pour les mesures de la distance qui sépare les deux composantes d'une étoile double, etc. Un appareil analogue peut servir à pointer la division d'une règle ou d'un centre gradués de manière à en déterminer la position avec une grande précision. Voy. COMPARATEUR, MÉRIDIEN. Cet ingénieux instrument paraît avoir été imaginé par Gascoigne, en 1640; mais il était tout à fait inconnu lorsqu'il fut inventé de nouveau par Auzout, de Rouen, en 1667. Nous ne ferons que nommer le *M. annulaire*, inventé par Boscovich, en 1740; le *M. à prisme* ou *à double image* de Rochon, dont l'invention remonte à l'année 1777, et dont la construction repose sur le principe de la double réfraction, etc., car ces instruments n'intéressent guère que les astronomes de profession.

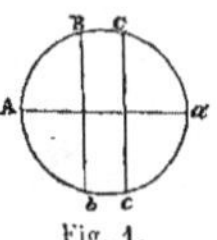

Fig. 1.

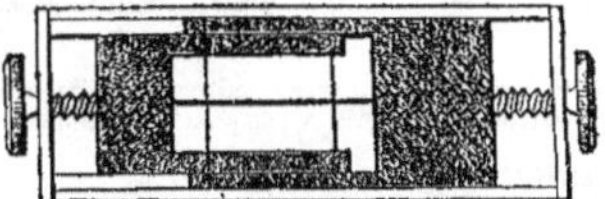
Fig. 2.

On nomme encore *m.* un instrument qui n'est en somme qu'une forte loupe, et qui sert à compter le nombre des fils des tissus.

**MICROMÉTRIE.** s. f. Emploi du micromètre.

**MICROMÉTRIQUE.** adj. 2 g. Qui a rapport au micromètre. *Vis m.* Voy. MICROMÈTRE. ‖ *Mesures micrométriques*, Mesures prises à l'aide du micromètre.

**MICROMÉTRIQUEMENT.** adv. Par des procédés micrométriques.

**MICROMMATE.** s. f. [Pr *micromm-mate*] (gr μικρὸς, petit; ὄμμα, œil). T. Zool. Genre d'*Arachnides*. Voy. ARAIGNÉES.

**MICRON.** s. m. (gr. μικρὸν, petit). Unité de longueur valant la millième partie du millimètre, usitée dans les mesures micrographiques.

**MICRONÈME.** adj. 2 g. (gr. μικρὸς, petit; νῆμα, filament). Qui a des tentacules courts.

**MICRONÉSIE,** c.-à-d. *petites îles*, l'une des quatre anciennes divisions de l'Océanie, au N.-O., renfermant les îles Mariannes, Carolines, Marshall, etc., rattachées aujourd'hui à la Polynésie ou à la Mélanésie.

**MICRONUCLEUS.** s. m. pl. [Pr. *mikro-nu-kléus*] (gr. μικρὸς, petit; lat. *nucleus*, noyau). T. Zool. Nom que l'on donne à un des noyaux que l'on trouve dans le corps des *Infusoires* que l'on désigne encore sous les noms de *nucléole*, *endoplastule* ou *paranucleus*. Ce noyau préside à la reproduction des Infusoires par conjugaison; sa division présente des phénomènes comparables à ceux de la karyocinèse.

**MICRO-ORGANISME** ou **MICRORGANISME,** s. m. (gr. μικρὸς, petit; fr. *organisme*). T. Biol. Désigne les êtres organisés de si petite taille qu'on ne peut les voir qu'au microscope. A peu près syn. de *microbe*. Voy. ce mot.

**MICROPARASITE.** s. m. [Pr... *zite*] (gr. μικρὸς, petit; fr. *parasite*), T. Biol. Organisme parasitaire de très petite taille. A peu près syn. de *microbe*. Voy. ce mot.

**MICROPÈPLE.** s. m. (gr. μικρὸς, petit; πέπλος, voile). T. Entom. Genre d'Insectes *Coléoptères*. Voy. BRACHÉLYTRES.

**MICROPHAGE.** (gr. μικρὸς, petit; φάγω, je mange) Terme de méd. moderne employé dans la théorie de Metschnikoff sur l'inflammation pour désigner certaines cellules qui jouent un rôle microbicide.

**MICROPHONE.** s. m. (gr. μικρὸς, petit ; φωνή, voix). T. Phys. Appareil servant à transmettre et à amplifier le son dans les installations téléphoniques. Voy. Téléphone.

**MICROPHONIE** s. f. (gr. μικρός, petit ; φωνή, voix). Affaiblissement de la voix. ‖ Industrie qui s'occupe de la fabrication, de l'exploitation des microphones.

**MICROPHYLLE** adj. 2 g. (gr. μικρὸς, petit ; φύλλον, feuille). T. Bot. Qui a de petites feuilles.

**MYCROPHYTE.** s. m. (gr. μικρὸς, petit ; φυτὸν, végétal). T. Bot. Végétal extrêmement petit. A peu près syn. de microbe.

**MICROPHYTIQUE.** adj. 2 g. Qui concerne les microphytes.

**MICROPOLYADÉNOPATHIE.** s. m. (gr. μικρὸς, petit ; πολὺ, beaucoup ; ἀδήν, ἀδένος, glande ; πάθος, souffrance). T. Méd. Présence de petites tuméfactions ganglionnaires dans les régions anatomiques connues, trahissant un vice de nutrition, une tare héréditaire ou diathésique (syphilis, tuberculose, scrofule, etc.).

**MICROPORE.** adj. 2 g. (gr. μικρὸς, petit ; πόρος, pore). T. Hist. nat. Qui a de très petits pores.

**MICROPYLE.** s. m. (gr. μικρὸς, petit ; πύλη, ouverture). T. Bot. Désigne, dans l'ovule végétal, le canal percé à travers les téguments pour permettre au tube pollinique d'arriver jusqu'au nucelle. Voy. Ovule et Graine.

**MICRORRHIZE.** adj. 2 g. [Pr. *mikror-ri-ze*] (gr. μικρὸς, petit ; ῥίζα, racine). T. Bot. Qui a de petites racines.

**MICROSCOPE.** s. m. (gr. μικρὸς, petit ; σκοπεῖν, regarder). T. Phys. Voy. ci-après. ‖ Fig. *Voir, regarder les choses au m.*, en les exagérant.

**Phys.** — Ainsi que l'indique l'étymologie de son nom, un *M.* est un instrument d'optique qui permet de voir et d'étudier les objets trop petits pour être perçus nettement à l'œil

Fig. 1.

nu. Il y a deux sortes de microscopes, les *Microscopes simples*, appelés aussi *Loupes*, et les *Microscopes composés*. Un m. est dit *simple*, lorsque nous voyons directement les objets, soit qu'il consiste en une seule lentille, soit qu'il résulte de la combinaison de plusieurs lentilles. Au contraire, on appelle *M. composé*, celui qui est formé de deux ou plusieurs lentilles disposées de telle sorte que l'une des lentilles donne naissance à une image de l'objet, tandis que l'autre lentille (ou les autres lentilles, si l'instrument en a plus de deux) amplifie cette image, laquelle est vue par l'observateur comme si elle était l'objet lui-même.

1. *Microscopes simples* — Tout le monde sait que la grandeur apparente d'un objet dépend de la grandeur de l'angle sous lequel nous l'apercevons. Cet angle est d'autant plus grand que l'objet est plus rapproché de l'œil. En conséquence, pour voir un objet très petit, il faut le rapprocher autant que possible de l'organe visuel. Mais ce rapprochement a une limite. En effet, lorsque nous tenons un objet très près de notre œil, les rayons émanés de ses différents points sont tellement divergents, qu'ils ne produisent sur la rétine qu'une image confuse. Or, maintenant si nous interposons entre notre œil et l'objet une lentille biconvexe ou une sphère de matière transparente capable de réfracter les rayons lumineux d'un petit corps placé à son foyer, et si nous la plaçons à une distance telle que sa distance de l'objet soit un peu moindre que sa distance focale, les rayons divergents émanés de l'objet seront réfractés par la lentille, et entreront dans l'œil, soit parallèlement, soit presque parallèlement, de manière à procurer la vision distincte de cet objet. Alors celui-ci est vu dans la direction des rayons réfractés, et à la distance où il serait vu distinctement à l'œil nu. C'est ce qu'il est facile de comprendre en jetant un coup d'œil sur la Fig. 1. Soient AB l'objet que l'on veut étudier, L la lentille, $F_1$, $F_2$ le deux foyers principaux de celle-ci. La détermination d'une image se réduisant à la détermination de tous ses points, nous chercherons d'abord le foyer du point A. On appliquera la construction indiquée au mot *Lentille* (Fig. 16) et que l'on reconnaîtra dans la Fig. 1 de cet article.

On voit que les rayons lumineux émanés de l'objet AB auront, après avoir traversé la lentille, le même degré de divergence que s'ils partaient de divers points de l'image virtuelle A'B'. Le grossissement de la lentille est le rapport entre le diamètre apparent de l'image et celui de l'objet, supposés placés tous deux à la distance de la vision distincte : il est représenté par l'expression $\frac{A'B'}{AB}$, et il est aisé de voir qu'il est d'autant plus considérable que la lentille a un plus court foyer. Si nous supposons l'œil placé à une distance $a$ de la lentille on a, en désignant par D la distance minima de vision distincte, $f$ la distance focale de la loupe, $g$ le grossissement, $g = \frac{D-a}{f} + 1$. Si l'œil est placé tout contre la loupe $a = 0$ et $g = \frac{D}{f} + 1$. Si l'œil est placé au foyer de la loupe $a = f$ et $g = \frac{D}{f}$.

On appelle *puissance* de la loupe l'angle sous lequel on voit un petit objet ayant l'unité de longueur. La puissance de la loupe a pour valeur $P = \left(\frac{D-a}{f} + 1\right)\frac{1}{D}$. Si l'œil est placé au foyer de la loupe, $a = f$ et l'expression de la puissance devient $\frac{1}{f}$. La quantité $\frac{1}{f}$ s'appelle la *convergence*, elle s'évalue en *dioptries*. La puissance et le grossissement sont reliés par la formule $G = PD$. Voy. Oculaire.

La loupe ou m. simple s'appelle aussi oculaire simple

On peut se procurer un m. simple très économique en fondant un fragment de verre sur un petit trou rond pratiqué dans une feuille métallique, ou même en y déposant une goutte de baume du Canada, substance qui est douée d'un pouvoir réfringent considérable. Le cristallin de l'ablette et d'autres petites espèces de poissons donne également une image très parfaite, quand on s'en sert pour examiner de petits objets. Mais habituellement on fait les microscopes simples avec une lentille de verre : cependant le cristal de roche est préférable. On fait aussi des loupes qui possèdent

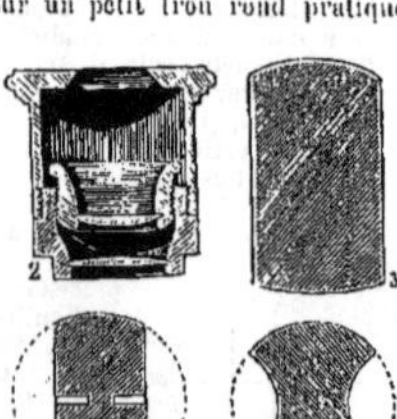


un pouvoir amplifiant considérable, avec diverses pierres précieuses, telles que le grenat, le rubis, le saphir, le diamant ; mais les avantages que présentent ces loupes, et qui résultent de leur grand pouvoir réfringent, sont plus que contre-balancés par leur couleur, leur puissance de réflexion et l'hétérogénéité de leur structure. Les loupes présentent, en général, comme tous les instruments d'optique, deux imperfections principales, l'aberration de sphéricité et l'aberration de réfrangibilité. Pour diminuer la première, on associe souvent deux ou trois lentilles ensemble, de manière toutefois à voir l'objet directement : ces sortes de loupes sont nommées *Doublets* ou *Triplets*, selon le nombre de lentilles dont elles sont composées. La Fig. 2 représente en coupe un doublet de Fraunhofer avec sa monture. La loupe cylindrique représentée Fig. 3, mais sans monture, donne des images à peu près exemptes d'aberration de sphéricité, ce qui tient à ce que le côté tourné vers l'objet est moins convexe que l'autre, et au plus grand éloignement des deux surfaces réfringentes, par suite duquel les rayons ne traversent la surface la plus convexe que dans sa partie moyenne : ce genre de loupe est communément désigné sous le nom de *M. de Stanhope*. Un moyen souvent employé pour remédier à l'aberration de sphéricité consiste à appliquer sur la lentille un diaphragme qui arrête les rayons périphériques, mais en diminuant le champ de la loupe. Wollaston, afin d'obvier à ce dernier inconvénient, a imaginé de faire sa loupe avec deux lentilles planconvexes et de placer entre elles le diaphragme. Cette disposition a été améliorée par Coddington, par Brewster et d'autres physiciens. Ainsi la *Loupe de Coddington* (Fig. 4) est creusée au milieu de sa hauteur par un sillon profond que l'on remplit d'une substance opaque, de sorte que l'œil reçoit seulement les rayons qui traversent la lentille dans sa partie centrale. La *Loupe de Brewster* (Fig. 5) produit un effet analogue. L'aberration de réfrangibilité ne peut se corriger qu'en achromatisant les lentilles. Le m. simple, connu sous le nom de *M. de Raspail* (Fig. 6), consiste en une loupe O portée sur une tige à crémaillère qu'on élève ou abaisse à volonté au moyen d'un pignon denté. L'objet se place sur une lame de verre posée elle-même sur une platine de cuivre percée d'un trou, qu'on nomme *porte-objet*, P. Mais comme l'éclat de l'image est d'autant plus faible qu'elle est plus amplifiée, car la même quantité de lumière s'y trouve répartie sur un plus grand espace, il faut éclairer plus vivement l'objet. C'est à quoi on parvient en concentrant sur lui la lumière réfléchie par le miroir concave M. Le m. de Raspail est très suffisant pour l'observation des insectes, et pour les dissections anatomiques de tissus animaux ou végétaux.

Fig. 6.

II. *Microscopes composés.* — Réduit à sa plus simple expression, le m. composé est constitué par deux lentilles convergentes, disposées de telle sorte que l'image réelle grossie et renversée donnée par l'une d'elles est regardée à travers l'autre faisant fonction de loupe. On nomme *Objectif*, la lentille tournée vers l'objet que l'on veut amplifier, et *Oculaire*, celle au-devant de laquelle l'observateur applique l'œil. L'objectif est une lentille à très court foyer; l'oculaire est un peu moins convergent. La marche des rayons lumineux dans les deux verres et la formation de l'image sont faciles à comprendre. Soit (Fig. 7) l'objet AB placé au delà du foyer principal de l'objectif L et très près de ce foyer ; cet objectif en donnera une image réelle, renversée et grossie, A'B'. Mais la distance de l'objectif L et de l'oculaire L' est telle que l'image A'B' se forme entre ce dernier et son foyer principal. L'oculaire fonctionnera donc comme une loupe et substituera à l'image A'B' une seconde image A''B'' virtuelle et amplifiée de nouveau, droite par rapport à l'image aérienne, mais renversée par rapport à l'objet. La distance de l'objet au foyer principal de l'objectif n'est pas arbitraire : elle est déterminée par cette condition que l'œil de l'observateur doit voir l'image virtuelle à la distance de la vision distincte. Or, dans le m. composé, la distance de l'oculaire à l'objectif est invariable, car ces verres sont fixés aux deux extrémités d'un même tube ; il faut donc faire varier la distance de l'objectif à l'objet, de façon que l'image A'B' qui se forme à l'intérieur de ce tube se place à une distance convenable de la loupe pour être aperçue à la distance de la vue distincte.

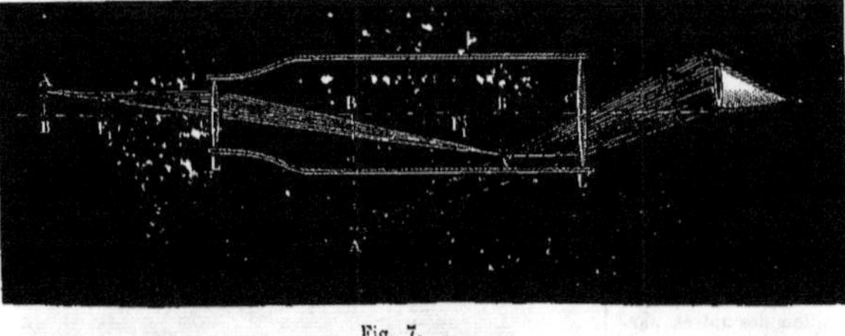

Fig. 7.

On appelle puissance du m. l'angle sous lequel l'œil voit un petit objet dont la longueur est égale à l'unité. Si l'on appelle D la distance de l'œil à l'image A''B'', on a pour la puissance P : $tg\,P = \frac{A''B''}{D}$ lorsque $AB = 1$. En confondant la tangente avec l'angle :

$$P = \frac{A''B''}{D} = \frac{A''B''}{A'B'} \cdot \frac{A'B'}{AB} \cdot \frac{AB}{D} = \frac{A''B''}{AB} \cdot \frac{A'B'}{AB} \cdot \frac{1}{D}$$

Mais $\frac{A''B''}{A'B'}$ c'est le grossissement de l'*oculaire* (Voy. ce mot) qui a ici pour valeur $\frac{D-a}{f} + 1$, de sorte que finalement $P = \left(\frac{D-a}{f} + 1\right) \cdot \frac{A'B'}{AB} \cdot \frac{1}{D}$. Le grossissement du microscope est le rapport de l'angle sous lequel on voit l'image à l'angle sous lequel on verrait l'objet à l'œil nu en le supposant ramené comme l'image à la distance minima de vision distincte. En appliquant cette définition, on verrait qu'il a pour valeur $\frac{A''B''}{D} : \frac{AB}{D} = \frac{A''B''}{AB} = \frac{A''B''}{A'B'} \times \frac{A'B'}{AB}$. Or $\frac{A'B'}{AB}$ est le grossissement de l'objectif et $\frac{A''B''}{A'B'}$ le grossissement de l'oculaire.

On a toujours la relation $G = P.D$ indiquée au mot *oculaire*. On exprime souvent la formule précédente en disant que le grossissement du m. est le produit du grossissement de l'objectif par le grossissement de l'oculaire. Donc, pour avoir un m. très grossissant, il faut prendre un oculaire et un objectif qui, pris séparément, soient très grossissants. Dans la pratique, c'est surtout l'objectif que l'on rend très grossissant.

Pour augmenter le champ, on compose l'oculaire de deux lentilles dont l'une est placée entre l'objectif et l'image réelle que donne ce dernier ; on la nomme *verre de champ collectif* ou *Oculaire de Campani*. Cette lentille agrandit le champ en rassemblant les rayons trop obliques qui ne tomberaient pas sur l'oculaire, mais sur les parois du tuyau de l'instrument ; elle rend en outre l'image plus nette ; enfin, elle contribue à corriger le défaut d'achromatisme que peut présenter l'objectif. Quant à l'aberration de sphéricité, on la corrige en interposant un diaphragme entre cette lentille et l'objectif; alors les points lumineux qui font leur image en dehors de ce diaphragme ne peuvent être vus à travers l'oculaire, et le champ du m., c.-à-d. l'espace angulaire que l'œil peut apercevoir à travers l'instrument, est limité par la surface d'un cône dont le sommet est au centre optique de l'objectif et qui a pour base l'ouverture du diaphragme. La surface de ce cône, prolongée au delà de l'objectif, limite sur le porte-objet l'espace dans lequel doivent être compris les objets pour être aperçus à travers l'appareil. On appelle *système oculaire*, la réunion du verre de champ et de l'oculaire. On les fixe dans un même tube qui porte le nom de *porte-oculaire* et entre à frottement dans le tube qui supporte l'objectif. Quand on veut obtenir de très forts grossissements, ce système ne donne plus des images d'une netteté suffisante ; il faut alors employer pour l'objectif des lentilles achromatiques. Pendant longtemps on a été arrêté par la difficulté de travailler et d'ajuster des lentilles aussi petites, mais aujourd'hui la réussite est complète et l'on construit des systèmes achromatiques tellement petits, qu'il faut s'aider d'une loupe pour bien les distinguer. — Comme il est difficile d'obtenir de semblables lentilles avec des courbures très prononcées, on a coutume d'en employer plusieurs vissées les unes à la suite des autres.

Les microscopes composés sont parfois *verticaux*. La Fig. 8 représente un m. de ce genre. Le pied, en forme de tambour, contient un miroir mobile qu'on fait mouvoir à l'aide de la vis V. La face supérieure et horizontale du *Tambour* porte le nom de *Platine*. Elle est percée d'un trou qui laisse passer la lumière réfléchie par le miroir, laquelle va frapper sur le *porte-objet* posé sur la platine. Le corps du m. est un tube de cuivre noirci en dedans qui porte l'oculaire à sa partie supérieure et l'objectif à l'inférieure. La *vis micrométrique* P sert à mettre l'instrument au point, c.-à-d. à rapprocher ou à éloigner le corps du m. de l'objet de telle manière que celui-ci soit vu distinctement. Lorsque l'objet qu'on étudie est transparent, on réfléchit sur lui la lumière au moyen du miroir logé dans le tambour; quand, au contraire, il est opaque, on l'éclaire à l'aide de la lentille L, qui concentre la lumière sur lui.

Fig. 8.

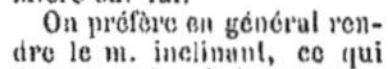

On préfère en général rendre le m. inclinant, ce qui fatigue moins l'observateur. La Fig. 9 représente le m. grand modèle de M. Nachet. On y voit la double vis à crémaillère pour la mise au point rapide, puis, en arrière, une vis de rappel imprimant au m. un mouvement très lent pour la mise au point précise qui est très délicate avec les forts grossissements. L'éclairage par en-dessous s'obtient au moyen d'un miroir auquel on adjoint un système de lentilles appelé condensateur qui s'adapte sous la platine. Dans la Fig. 9, cette pièce se voit rejetée latéralement à gauche. Pour s'en servir on la ramène sous le centre de la platine.

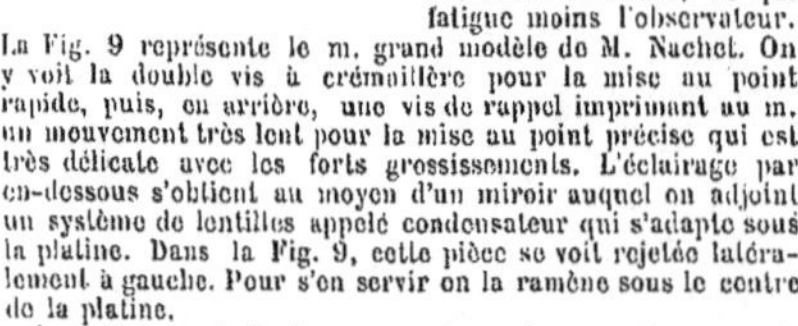

Les objets sont placés sur une plaque de verre et recouverts d'une lamelle très mince appelée *couvre-objet*. Avec les plus forts grossissements, l'objectif doit être tellement près de la préparation observée, qu'il vient toucher le couvre-objet et que la mise au point devient impossible. On remédie à cet inconvénient au moyen de l'objectif à *immersion*. En se servant de ces appareils on place sur le couvre-objet une goutte d'un liquide spécial ayant un indice de réfraction voulu (de l'huile de cèdre, par exemple) et l'on amène la dernière lentille de l'objectif à tremper dans ce liquide. La mise au point devient alors possible à une distance plus grande que l'épaisseur du couvre-objet grâce à l'artifice de l'immersion.

On fait aussi des m. *binoculaires* permettant d'observer avec les deux yeux.

Le m. dit *horizontal* a été imaginé par Amici. Dans ce système, l'axe de l'oculaire est seul horizontal; l'axe de l'objectif reste vertical, de façon que la position des autres parties de l'instrument est la même que dans le m. vertical. Le m. le plus parfait construit d'après ce principe est celui de Ch. Chevalier (Fig. 10). L'objectif, composé d'une, deux ou trois lentilles achromatiques ayant chacune 8 à 10 millimètres de longueur focale, est placé en *b*, à l'extrémité d'un petit tube vertical. Les rayons qui ont traversé le système de l'objectif éprouvent une réflexion totale sur la face hypoténuse du prisme rectangulaire *r*, qui les renvoie horizontalement dans le tube porte-oculaire *c*. Entre les deux lentilles du système oculaire se trouve un diaphragme pour arrêter les rayons qui traverseraient l'oculaire trop près des bords. Tout l'intérieur de l'instrument est garni de velours noir afin d'empêcher les réflexions latérales. L'objet que l'on veut observer est placé entre deux lames de verre que l'on pose sur le porte-objet *f*, où il est maintenu par un ressort. Le porte-objet est fixé à un curseur *d* qui peut glisser le long de la tige *g*, et que l'on élève ou abaisse au moyen du bouton P, de manière à faire varier la distance du porte-objet à l'objectif. Le curseur est composé de deux parties, réunies par une vis de rappel *v* au moyen de laquelle on achève de régler la distance de l'objet à l'objectif. Quant à la vis *a*, elle imprime au porte-objet un mouvement transversal. Lorsque l'objet est transparent, on l'éclaire en dessous au moyen du miroir concave *m*; dans le cas contraire, on l'éclaire en dessus au moyen d'une lentille convergente qui n'est pas figurée dans le dessin. L'appareil peut en outre se disposer verticalement : il suffit pour cela d'enlever la pièce qui renferme le prisme rectangulaire, de visser l'objectif dans le prolongement de l'oculaire, et de relever le tube en le faisant tourner autour de l'articulation *z*.

Nous avons déjà dit que le *grossissement* définitif d'un m. est le produit des grossissements de l'objectif et de l'oculaire. Le plus ordinairement, pour déterminer ce grossissement, on a recours à la méthode expérimentale. Un procédé très simple est celui qui consiste à se servir de la chambre claire A cet effet, on place sur le porte-objet un *Micromètre*, c.-à-d. une petite lame de verre sur laquelle sont tracés, au diamant, des traits parallèles, distants les uns des autres de 1/100 de millimètre, et l'on reçoit dans une chambre claire ajustée au porte-oculaire les rayons qui émergent de l'oculaire. L'image grossie des divisions du micromètre étant projetée sur une règle divisée en millimètres et placée, à la distance de la vision distincte, sur la feuille de papier de la chambre claire, on voit combien une division grossie du micromètre recouvre

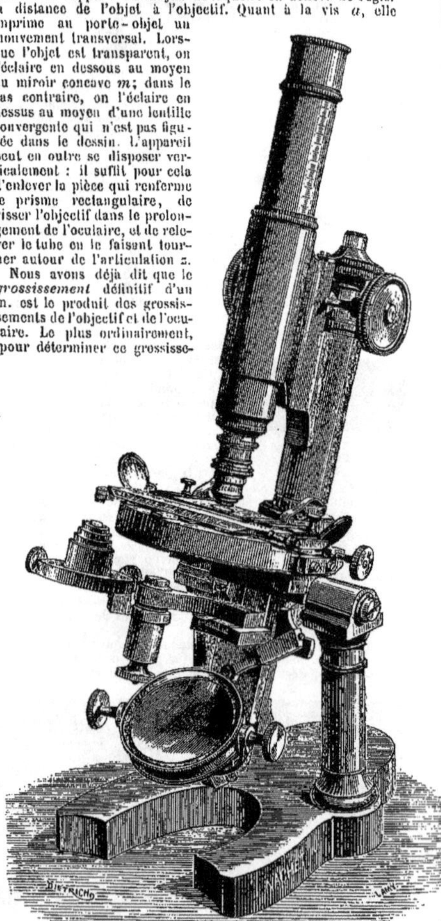

Fig. 9.

de millimètres. Si chaque division, dans le cas ci-dessus, recouvre 5 millimètres, le grossissement sera évidemment de 500 diamètres. On peut aussi obtenir, au moyen de la chambre claire, les dimensions absolues de l'objet, en voyant combien

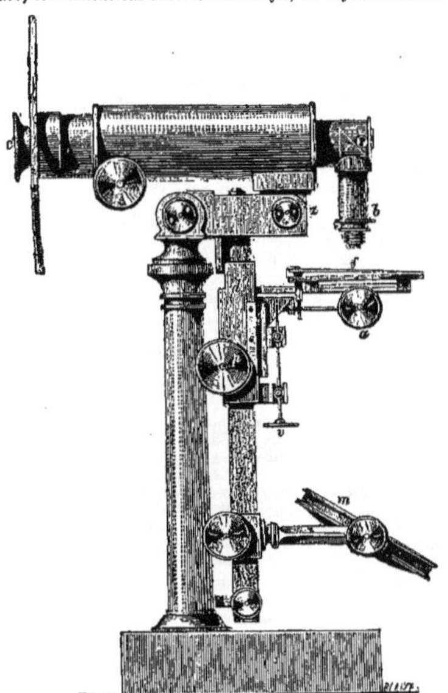

Fig. 10.

son image couvre de millimètres et en divisant ce nombre par le grossissement. On a construit des microscopes qui grossissent jusqu'à 4,000 fois en diamètre, ou 16 millions de fois en surface, mais alors les images sont toujours confuses, car

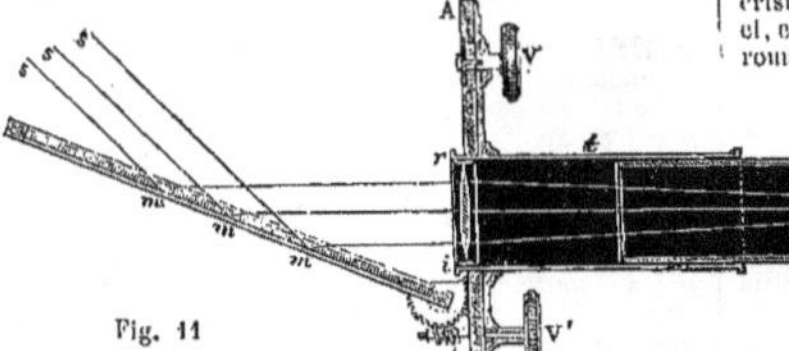

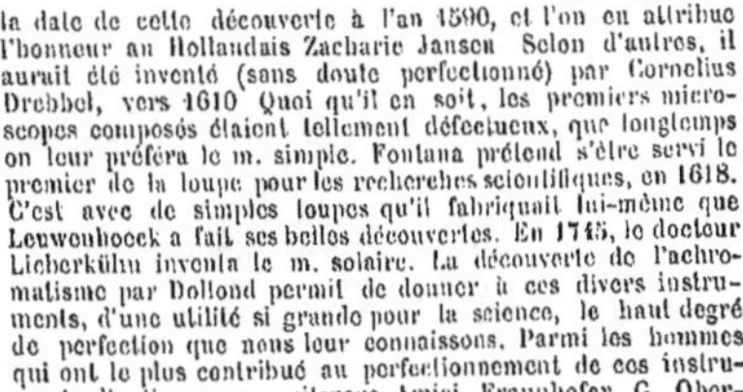

Fig. 11

elles perdent en clarté ce qu'elles gagnent en étendue. Pour obtenir des images bien nettes, le grossissement ne doit pas en général dépasser 600 diamètres, ce qui donne en surface une image 360,000 fois plus grande que l'objet. Assez souvent, pour apprécier de prime abord la puissance et les qualités d'un m., on observe certaines préparations qui ont été décrites par des observateurs munis de bons instruments, et qu'on désigne sous le nom de *Test-objets*. Par ex., un m. qui permet de compter les stries qui se remarquent sur les raies longitudinales des écailles du Papillon du chou, ou les lignes diagonales des écailles de la *Podure*, peut être considéré comme un bon instrument.

On peut adapter au m. les appareils nécessaires pour observer en lumière polarisée. On a alors le m. polarisant. Voy. POLARISATION.

III. *Microscopes solaire, à gaz, et photo-électrique* — On appelle *M. solaire* un instrument qui a la plus grande analogie avec la lanterne magique : c'est également un système de verres pour éclairer l'objet, et une lentille de court foyer pour en donner une image réelle ; mais la lumière qu'on emploie est celle du soleil. La Fig. 11 représente la coupe de cet appareil. Le système d'éclairage se compose d'un miroir plan de verre *mmm*, d'une première lentille convergente *ri* de 33 ou 40 millimètres de diamètre, et d'une seconde lentille à court foyer *f*, qu'on appelle le *focus*. AA' est une plaque de cuivre qui s'applique et se fixe sur le volet de la chambre noire. Le miroir *mmm* réfléchit les rayons solaires *sm* dans l'intérieur du tube *t* et parallèlement à son axe. La vis V sert à tourner le miroir au soleil, et la vis V' sert à l'incliner de manière à faire entrer dans le tube le faisceau réfléchi. La lentille *ri* imprime à la lumière de ce faisceau un premier degré de convergence ; le focus *f*, qui la reçoit ensuite, la fait converger davantage, de telle sorte qu'elle aille faire son foyer à très peu près sur l'objet, lequel est fixé sur une lame de verre maintenue entre deux plaques métalliques *q* et *p* qui sont percées d'une ouverture et qui sont serrées l'une contre l'autre par des ressorts. Mais pour que les rayons lumineux émergeant du focus *f* aillent précisément faire leur foyer sur l'objet, il faut que la lentille *f* soit mobile. On obtient ce résultat au moyen de la crémaillère et du pignon denté *b*, dont le bouton est au dehors du tube. Les choses ainsi disposées, les rayons lumineux partis de l'objet fortement éclairé traversent une lentille à court foyer *a*, que l'on nomme objectif, et que le pignon *b'* amène au point convenable, c.-à-d. dans une position telle que l'objet soit un peu au delà de son foyer principal. De là ces rayons vont former sur un grand tableau de papier blanc placé à la distance de 3 à 6 mètres, une image renversée et d'autant plus amplifiée que l'objet est plus près du foyer principal de l'objectif. — Le m. solaire est souvent employé pour montrer à une nombreuse assemblée les détails de l'organisation des très petits animaux, la structure des tissus végétaux, etc.

Les appareils désignés sous les noms de *M. à gaz* et de *M. photo-électrique*, ne sont autre chose que des microscopes solaires dans lesquels on substitue une lumière artificielle à la lumière solaire. Dans le premier, l'éclairage est obtenu au moyen de la lumière Drummond, c.-à-d. au moyen d'un cône de craie porté à une haute température par la flamme qui résulte de la combustion d'un mélange d'oxygène et d'hydrogène. Dans le second, c'est la vive lumière de l'arc voltaïque que l'on emploie.

IV. *Historique.* — La *Loupe* était certainement connue des anciens. Non seulement on peut l'induire de quelques passages de Sénèque et de Pline l'Ancien, mais encore il est impossible que les admirables intailles que nous ont laissées les artistes grecs et romains aient pu être exécutées sans l'aide d'un appareil optique amplifiant. En 1852, David Brewster a présenté à l'Association Britannique une lentille de cristal de roche découverte dans les fouilles faites à Ninive, et, en 1859, on a trouvé une lentille de verre dans un tombeau romain. Quant au m. proprement dit, bien que son origine soit moderne, on n'a que des données fort incertaines sur la date de son invention et sur le nom de son inventeur. On fait ordinairement remonter la date de cette découverte à l'an 1590, et l'on en attribue l'honneur au Hollandais Zacharie Jansen. Selon d'autres, il aurait été inventé (sans doute perfectionné) par Cornelius Drebbel, vers 1610. Quoi qu'il en soit, les premiers microscopes composés étaient tellement défectueux, que longtemps on leur préféra le m. simple. Fontana prétend s'être servi le premier de la loupe pour les recherches scientifiques, en 1618. C'est avec de simples loupes qu'il fabriquait lui-même que Leuwenhoeck a fait ses belles découvertes. En 1745, le docteur Lieberkühn inventa le m. solaire. La découverte de l'achromatisme par Dollond permit de donner à ces divers instruments, d'une utilité si grande pour la science, le haut degré de perfection que nous leur connaissons. Parmi les hommes qui ont le plus contribué au perfectionnement de ces instruments d'optique, nous citerons Amici, Fraunhofer, G. Oberhauser, Ch. Chevalier, etc. Enfin, on a pu appliquer les procédés photographiques au microscope, et reproduire avec une remarquable fidélité les éléments les plus ténus des organismes vivants.

**MICROSCOPIE.** s. f. Art de se servir du microscope. || Ensemble des connaissances qu'il procure.

**MICROSCOPIQUE.** adj. 2 g. Qui se fait avec le secours du microscope. *Observations, expériences microscopiques.* || Qui ne peut être vu qu'à l'aide du microscope. *Plante m. Cristal m. — Animaux microscopiques.* Voy. INFUSOIRES. || *Écrire en caractères microscopiques*, très petits.

**MICROSCOPISER.** v. a. [Pr... *pi-zer*]. Rendre petit comme un objet vu au microscope.

**MICROSCOPISTE.** s. m. Celui qui fait usage du microscope.

**MICROSÉME.** adj. 2 g. (gr. μικρὸς, petit; σῆμα, signe). Qui a un petit indice, en parlant du crâne.

**MICROSISME.** s. m. (gr. μικρὸς, petit; σεισμὸς, tremblement). Nom donné à de petits ébranlements du sol.

**MICROSPECTROSCOPE.** s. m. (gr. μικρὸς, petit, et fr. *spectroscope*). Spectroscope disposé pour l'étude des petits objets.

**MICROSPORANGE.** s. m. (gr. μικρὸς, petit, et fr. *sporange*). T. Bot. Sporange qui ne renferme que des microspores.

**MICROSPORE.** adj. 2 g. (gr. μικρὸς, petit, et fr. *spore*). T. Bot. Qui a de petites spores. = MICROSPORE, s. f. Nom donné aux spores mâles des Cryptogames vasculaires hétérosporées.

**MICROZOAIRE.** s. m. (gr. μικρὸς, petit; ζωάριον, petit animal). Être vivant qui n'est visible qu'au microscope.

**MICTION.** s. f. [Pr. *mik-sion*] (lat. *mictio*, m. s., de *mingere*, pisser). T. Méd. Expulsion des urines. *M. volontaire, involontaire, facile, difficile, douloureuse.*

**MICTURITION.** s. f. [Pr. *mik-turi-sion*] (lat. *micturire*, fréq. de *mingere*, pisser). T. Méd. Besoin fréquent d'uriner.

**MIDAS.** s. m. (nom mythol.). T. Mamm. Genre de *Singes* du nouveau continent. Voy. HAPALIDES.

**MIDAS**, roi de Phrygie, qui convertissait en or tout ce qu'il touchait. Apollon lui donna des oreilles d'âne, parce qu'il avait décidé contre lui dans son débat avec Pan.

**MIDDELBOURG**, ch.-l. de la Zélande, dans l'île de Walcheren (Pays-Bas) ; 16,000 hab.

**MIDDLESBOROUGH**, v. d'Angleterre, comté d'York ; 56,000 hab. Port sur l'estuaire du Tees.

**MIDDLESEX**, comté d'Angleterre, pop. : 2,921,000 hab. ; ch.-l. *Londres*, dont cependant une partie seulement est située dans ce comté.

**MIDDLETONITE.** s. f. (R. *Middleton*, n. de lieu, en Angleterre). T. Minér. Résine fossile, brune, presque insoluble dans l'alcool et dans l'éther, trouvée dans les mines de houille de Middleton.

**MIDHAT-PACHA**, homme d'État turc, né en Bulgarie (1824-1883).

**MIDI.** s. m. (lat. *medius dies*, milieu du jour). Le milieu du jour, le moment où le soleil, dans sa course diurne, est le plus élevé sur l'horizon; et, dans l'usage ordinaire, la douzième heure depuis minuit. *Il est m. précis, m. un quart, m. et demi. M. est sonné. A l'heure de m. Après m. Entre onze heures et m. Entre m. et une heure. L'aiguille marque m.* — Par exag., *En plein m.*, En plein jour, publiquement. *On l'a tué dans la rue en plein m.* Fam., on dit à quelqu'un qui révoque en doute ou nie une chose évidente, *C'est ne voir pas clair en plein m.; c'est dire qu'il n'est pas jour en plein m. Faire voir à quelqu'un des étoiles en plein m.*, lui faire croire des choses impossibles. *Nier la lumière en plein m.*, nier l'évidence. — Fig. et prov., *Chercher m. à quatorze heures*, Chercher des difficultés où il n'y en a point ; allonger inutilement ce qu'on peut faire ou dire d'une manière plus courte ; ou vouloir expliquer d'une manière détournée quelque chose de fort clair. || *Un cherche-m.*, autrefois un cadran solaire. || Poétiq., *Le m. de la vie*, l'époque de la vie où l'homme a atteint son complet développement et son maximum de puissance. On dit encore dans le même sens, *Être dans son m., à son m.*

Au midi de mes années,
Je touchais à mon couchant.

J.-B. ROUSSEAU.

|| Le sud, un des quatre points cardinaux ; la partie de l'horizon qui est au midi. *Le m. est opposé au nord. Les contrées du m. Le vent du m. Cette colline regarde le m., est exposée au m. Ma chambre est au m.* — Par ext., se dit des pays méridionaux. *Cet homme est du M. Les productions du M. Il voyage dans le M. de la France.* || T. Astron. *M. vrai, m. moyen.* Voy. TEMPS.

**MIDI** (Pic du). Nom de deux montagnes des Pyrénées : le *Pic du Midi de Bigorre* (Hautes-Pyrénées), 2,877 m., et le *Pic du Midi d'Ossau* (Basses-Pyrénées), 2,887 m.

**MIDI** (Canal du). Grand canal de navigation reliant l'Atlantique à la Méditerranée.

**MIDOU** ou **MIDOUR**, riv. de France qui traverse les départements du Gers et des Landes, et se joint à la *Douze* pour former la *Midouze*. 105 kilomètres.

**MIDOUZE**, riv. de France, se forme à Mont-de-Marsan par la réunion du *Midou* et de la *Douze*, et se jette dans l'Adour, sur la rive droite ; 43 kilomètres.

**MIDSHIPMAN.** s. m. [Pr. *mid-chip-mann*] (angl. *midship*, milieu du vaisseau ; *man*, homme). Dans les marines anglaise, américaine et russe, officier dont le grade correspond à celui d'aspirant ou d'élève dans notre marine.

**MIE.** s. f. (lat. *mica*, miette de pain). Partie intérieure du pain qui est plus molle et plus tendre que la partie extérieure appelée croûte. *Il ne mange que de la mie.*

**MIE.** s. f. (lat. *mica*, miette). S'emploie comme particule explétive dans certaines phrases négatives famil. *Vous ne l'aurez mie. Il n'en tâtera mie.* Vx et peu usité.

**MIE.** s. f. Abréviation d'*Amie*. Vieux et ne s'emploie que dans les imitations badines de l'ancien langage. *Sa douce mie. J'aime mieux ma mie.* || Bonne d'enfant. *Cet enfant est fort attaché à sa mie. Il appelle sa mie.* On dit plus ordinairement *Bonne*.

**MIECZISLAS.** Nom de deux rois de Pologne ; X[e] et XIe siècle.

**MIEL.** s. m. (lat. *mel*, m. s.) Matière sucrée que les abeilles et quelques autres hyménoptères composent avec les sucs extraits des fleurs. *M. blanc. M. jaune. M. d'été. M. de printemps. M. sauvage. M. de l'Hymette. M. de Narbonne. Un rayon de m. Les mouches à m.* || Fig. et fam., *On prend plus de mouches avec du m. qu'avec du vinaigre*, On réussit mieux dans les affaires, on persuade mieux les personnes par la douceur que par la rigueur et l'autorité. *Être doux comme m., être tout sucre et tout m.*, Être doucereux, faire le doucereux. — Fig. et prov., *La lune de m.*, Voy. LUNE. || *M. rosat*, m. extrait de roses rouges, infusées dans l'eau bouillante.

**Hist. nat.** — Le *miel* est le produit sucré fabriqué par les abeilles avec les substances qu'elles puisent dans le nectaire des fleurs et sur les feuilles de certaines plantes. Son odeur est suave, sa consistance plus ou moins épaisse, et sa couleur, ordinairement blanche ou jaune dans nos climats, est verdâtre à Madagascar et rougeâtre à Cayenne. Le m. tel qu'on le trouve dans les gâteaux de la ruche, n'est pas une espèce particulière de sucre. Il est constitué presque totalement, d'après Soubeyran, par du sucre interverti (sucre de canne rendu incristallisable ou converti en glucose par un acide faible), associé à une petite quantité de sucre de canne liquide par excès d'eau, lequel ne tarde pas à passer à l'état de glucoside, en présence des ferments. Quelque temps après son extraction des rayons, et dans les rayons mêmes, si l'on tarde à l'enlever, le m. se prend en masse par la cristallisation de la glucose, sous l'influence de l'air qui lui enlève une partie de son eau. En outre, le m. renferme des principes aromatiques variables, des acides, de la mannite, de la gomme, et, quand il a été obtenu par expression, de la cire et même du couvain, matière azotée qui lui communique la propriété de se putréfier. Quelle que soit sa pureté, le m. contient encore de nombreux grains de pollen pouvant indiquer la fleur où il a été recueilli, des spores de champignons, des écailles d'ailes de papillons, décelés par le microscope. — Le nectar ou suc visqueux et sucré des fleurs, n'est pas du m. tout formé, d'après Braconnot. Le nectar contient des proportions variables de sucre incristallisable et de sucre ordinaire, sans trace de glucose, de gomme, ni de mannite. Sa transformation en m. pendant son passage dans un des estomacs de l'abeille est d'ailleurs prouvée par les expériences de Hubert. Des abeilles exclusivement nourries avec du sucre de canne, par cet ingénieux naturaliste, ont continué à fabriquer du m. et de la cire. On extrait généralement le miel des rayons au moyen d'un appareil appelé *extracteur* dans lequel on place les rayons après que l'on a préalablement enlevé avec le *couteau à désoperculer* le couvercle qui ferme les alvéoles. D'autres apiculteurs opèrent autrement. Ils isolent le m. en exposant les gâteaux à une chaleur de 25 degrés environ. La partie la plus pure découle seule, c'est le *M. vierge*. Le reste est obtenu par la pression, puis par le lavage de la cire et l'évaporation de l'eau; ces qualités inférieures, plus colorées, moins agréables, ont besoin d'être purifiées par le repos et la décantation. On clarifie plus parfaitement les m. chargés d'impuretés et on les blanchit en les mélangeant avec 4 à 5 pour 100 de charbon animal, les battant avec de l'eau et quelques blancs d'œufs. On passe ensuite dans des filtres contenant un mélange de charbon végétal et animal en grains, afin d'achever de décolorer et d'enlever le mauvais goût. — La qualité du m. dépend des fleurs où les abeilles vont butiner. Les miels de Narbonne, du Gâtinais, de l'Hymette (Grèce), etc., doivent leur réputation aux Labiées odorantes qui croissent dans ces régions. — Il peut arriver que les abeilles aillent butiner sur des plantes vénéneuses; dans ce cas, leurs provisions ne sont pas exemptes des principes toxiques contenus dans les fleurs, tels que ceux de la belladone, de la jusquiame, de l'aconit, de la digitale, etc. Auguste de Saint-Hilaire a failli périr au Brésil pour avoir mangé un m. vénéneux. Divers m. du midi de la France produisent des effets plus ou moins enivrants dus, non pas à un commencement de fermentation, mais aux principes existants dans les végétaux qui le fournissent. Les miels recueillis en Suisse, au moment de la floraison de l'aconit, et que l'on peut obtenir séparément au moyen des ruches à cadres, sont fort dangereux. — Mêlé avec de l'eau et livré à la fermentation, le m. produit l'*hydromel*, boisson dont on a fait un grand usage dans l'antiquité et au moyen âge, jusqu'à l'époque de l'introduction et de la culture de la canne à sucre aux Indes, en Afrique et en Amérique. Le m. entre encore dans la composition du pain d'épice; on s'en sert pour édulcorer quelques tisanes et confectionner des sirops appelés en conséquence *mellites*. Voy. ABEILLE et RUCHE.

**MIÉLAN**, ch.-l. de c. (Gers), arr. de Mirande; 1,800 hab.

**MIELLAT**. s. m. ou **MIELLÉE**. s. f. [Pr. *miè-la* et *miè-lée*]. Substance visqueuse et sucrée qui se forme en gouttes ou en petites plaques sur la surface des feuilles du chêne, du pêcher, du tilleul, etc. *Le m. provient, selon les uns, d'une exsudation du cambium, et, selon les autres, de la piqûre de certains insectes.*

**MIELLÉ, ÉE**. adj. [Pr. *miè-lé*]. Qui est enduit de miel. || Qui contient du miel. *Eau miellée.* || Qui a la couleur du miel. = Fig. Doux comme le miel.

**MIELLEUSEMENT**. adv. [Pr. *miè-leuze-man*]. D'une manière mielleuse.

**MIELLEUX, EUSE**. adj. [Pr. *miè-leu, euze*]. Qui tient du miel; se prend ordinair. en mauvaise part et signif. Fade, doucereux. *Cette liqueur a un goût m.* || Figur., *Un homme m. Un ton m., des paroles mielleuses.*

**MIEMITE**. s. f. (R. *Miemo*, n. de lieu). T. Minér. Variété verdâtre de Dolomie.

**MIEN, IENNE**. [Pr. *mi-in, mi-ène*]. adj. possess. et relat. de la première personne (lat. *meum*, accus. de *meus*, m. s.). Qui est à moi. *Cette découverte est mienne. Je ne vous donne pas cette opinion comme bonne, mais comme mienne. — Ce n'est pas votre avis, c'est le m. C'est son intention et la mienne. Vos affaires sont les miennes. Pensez-y de votre côté, j'y penserai du m. Vous veillerez à votre intérêt et moi au m.* Fam., *Mien* se joint parfois avec *un*, et alors il se met devant le subst. *Un m. frère. Un m. ami. Une mienne cousine.* = MIEN. s. m. Le bien qui m'appartient. *Je ne demande que le m. — Le tien et le m.*, La distinction des biens, la propriété. || Ce qui vient de moi. *Je n'ajoute rien du m.* || Au pluriel, *Les miens*, Mes proches, ceux qui m'appartiennent en quelque façon. *Il est plein d'égards pour moi et pour les miens.* || Famil., *J'ai bien fait des miennes dans ma jeunesse*, J'ai fait bien des folies quand j'étais jeune.

**MIERIS** (FRANÇOIS VAN), dit *le Vieux*, peintre hollandais (1635-1681). Son fils WILHEM (1662-1747) et son petit-fils FRANZ (1689-1763) furent des artistes distingués.

**MIEROSLAWSKI**. Général et publiciste polonais (1814-1878).

**MIETTE**. s. f. [Pr. *miè-te*] (Diminut. de *mie*). Se dit de toutes les petites parties qui tombent du pain quand on le coupe, ou qui restent quand on a mangé. *Ramasser les miettes.* || Famil., se dit d'un très petit morceau de quelque chose qui se mange. *Vous ne m'en avez donné qu'une m.* || Parcelle, *Briser un verre en miettes*, en mille morceaux.

**MIEUX**. adv. [Pr. *mi-eu*] (lat. *melius*, m. s.). Comparatif de Bien. D'une manière plus accomplie, d'une façon plus avantageuse. *Personne n'entend m. les affaires que lui, la guerre que lui. Personne n'écrit m., ne parle m. que lui. Vous ne sauriez m. faire. Les affaires vont m. que jamais. Mettez-vous dans ce fauteuil, vous serez m.* || Absolument, *Être m.*, signifie : 1° Être d'une figure, d'un extérieur plus agréable qu'une autre personne. *Elle est beaucoup m. que sa sœur.* 2° Être en meilleure santé, en meilleur état. *Il est m., un peu m., beaucoup m. qu'hier. Il se porte m. cette année que l'année dernière.* 3° Être d'une meilleure conduite, d'un meilleur caractère. *Ce jeune homme est corrigé de ses défauts, il est beaucoup m. qu'autrefois.* || *M. que tout cela*, Il y a quelque chose de mieux à dire, à faire, que ce qu'on a proposé. *On vous conseille de plaider; m. que tout cela, proposez une transaction raisonnable.* || *Il vaut m.*, ou *m. vaut*, Il est plus à propos, plus expédient. *Il vaut m. attendre un peu. M. vaut s'accommoder que de plaider.*

Souffrir à deux vaut mieux que d'être heureux tout seul.

L. RATISBONNE.

|| *Mieux* se dit quelquefois dans le sens de Plus, davantage. *J'aime m. cette étoffe que l'autre. Ce meuble-ci vaut mieux que celui-là. Vous croyez qu'elle n'a que vingt ans; elle a m.* = *Mieux* s'emploie aussi comme superlatif de l'adv. Bien, et alors il prend ordin. l'article. *C'est l'homme du monde le m. fait. De tous nos poètes, c'est celui que j'aime le m.* = MIEUX, est aussi subst., et s'emploie avec ou sans l'article. *Le m. est de n'en point parler. Il est changé en m. Faites tout pour le m.* — Prov., *Le m. est l'ennemi du bien*, On gâte souvent une bonne chose en voulant la rendre meilleure. *Faute de m.*, A défaut d'une chose meilleure, plus convenable. *Faute de m., j'ai acheté cet objet.* || *Il y a du m. dans son état, Il y a un peu de m., un m. sensible, Le m. se soutient*, se dit d'un malade qui commence à se mieux porter. — *Aller de m. en m.*, Faire toujours quelque progrès vers le bien, vers un état meilleur. *Les affaires vont de m. en m.* || Famil., *Cette femme chante des m.*, Elle chante aussi bien que celles qui chantent le m. — *A qui m. m.*, A l'envi l'un de l'autre. = MIEUX, se dit encore adjectivement, dans le sens de Meilleur, plus convenable, plus propre à la chose dont il s'agit. *Il n'y a rien de m., rien n'est m. que ce que vous dites.* = LE MIEUX DU MONDE, AU MIEUX, TOUT AU MIEUX. locut. adv. Très bien. *Il s'est conduit le m. du monde. Cela est au m., tout au m.* = DU MIEUX, LE MIEUX, TOUT DU MIEUX, TOUT LE MIEUX QUE. loc. conj. Aussi bien qu'il est possible à telle personne ou dans telle circonstance. *Il a fait du m. qu'il a pu, le m. qu'il a pu. Il s'en est tiré tout du m. qu'il a pu.* On dit de même, *J'ai fait de mon m., tout de mon m.* = TANT MIEUX. Voy. TANT.

**Obs. gram.** — Quand *mieux* s'emploie avec un temps simple, il se met après le verbe. *Il est m. Il se porte m.* Quand il s'emploie avec un temps composé, il se met entre l'auxiliaire et le participe. *Il a mieux chanté aujourd'hui qu'hier.* — Lorsque *mieux* est employé dans une comparaison dont les termes sont deux infinitifs, le second doit être précédé de la préposition *de*. *Il vaut m. se taire que de parler mal à propos.* Enfin, lorsque la comparaison est établie au moyen de deux propositions, si la première proposition est affirmative, le verbe de la seconde prend la négation *ne;* au contraire, il ne la prend pas quand la première proposition est négative. En conséquence, on dira : *Il travaille m. que vous ne croyez;* et *Elle ne se porte pas m. qu'il y a quelques jours.*

**Syn.** — *Plus.* — *Plus* se rapporte à la quantité, à l'extension; *mieux* se rapporte à la qualité, à la manière. Une chose vaut *plus* qu'une autre, quand elle est d'un prix plus élevé; elle vaut *mieux* qu'une autre, lorsqu'elle est de meilleure qualité. De même, de deux personnes, l'une peut aimer *plus*, et l'autre aimer *mieux*. La différence des deux termes se trouve encore parfaitement exprimée dans cette phrase de Montaigne : Il faut s'enquérir, non quel est *le plus* savant, mais *le mieux* savant.

**MIÈVRE.** adj. et s. 2 g. (orig. inconnue). Vif, remuant, malicieux. *Cet enfant est m., bien m. C'est un petit m., une petite mièvre.* Fam.

**MIÈVREMENT.** adv. En enfant mièvre.

**MIÈVRERIE** ou **MIÈVRETÉ.** s. f. (R. *mièvre*). Qualité de la personne qui est mièvre. *Cet enfant est d'une m. fatigante.* || Petite malice. *Il m'a fait une m.* — Familier dans les deux sens.

**MIGNARD** (Nicolas), peintre fr. né à Troyes (1606-1668); = son frère (Pierre), célèbre peintre de portraits (1610-1695).

**MIGNARD, ARDE.** adj. [Pr. *gn.* mouil.] (orig. celt. : bas breton *mignonez*, ami. La même racine existe aussi dans l'all. *minne*, amour). Gracieux, délicat. *Un visage m. Des traits mignards. Une femme mignarde.* Vieux. || Aujourd'hui, ne se dit que des choses où il y a un mélange de gentillesse et d'afféterie. *Sourire m. Langage m. Manières mignardes.*

**MIGNARDEMENT.** adv. [Pr. *mignarde-man, gn* mouil.] (R. *mignard*). Avec délicatesse. *Cet enfant a été élevé m.* Peu us. || D'une manière mignarde, avec une gentillesse mêlée d'afféterie. *Parler, sourire mignardement.* Fam.

**MIGNARDER.** v. a. [Pr. *gn* mouil.] (R. *mignard*) Traiter trop délicatement. *M. un enfant.* Familier. || Affecter de la délicatesse, de la grâce. *M. son style. M. son langage.* = se Mignarder. v. pron. Se traiter avec une délicatesse exagérée. *Cette femme se mignarde trop.* Fam. = Mignardé, ée. part.

**MIGNARDISE.** s. f. [Pr. *mignar-dize, gn* mouil.] (R. *mignard*). Délicatesse, *La m. de son visage, de ses traits. La langue italienne a des mignardises qu'on ne trouve dans aucune autre.* || Affectation de gentillesse, de délicatesse. *Avoir de la m. dans ses manières, dans son langage, dans son style.* || Au plur., se dit quelquefois des manières gracieuses et caressantes, mais avec quelque affectation. *Il s'est laissé prendre aux mignardises de cette femme. Cet enfant obtient tout de sa mère par ses mignardises.* || T. Bot. Espèce de petit œillet. || T. Passem. Soutache enjolivée pour garnir les robes et les jupons.

**MIGNE** (l'abbé), écrivain et imprimeur fr. (1800-1875).

**MIGNÉ,** petit bourg à 4 kil. de Poitiers où a eu lieu en 1826 un phénomène atmosphérique (croix aérienne) que l'on prit pour un miracle.

**MIGNET,** historien fr. (1796-1884).

**MIGNON, ONNE.** adj. [Pr. *gn* mouil.] (même orig. que *mignard*). Délicat, joli, gentil. *Visage m. Bouche mignonne. Pied m. Des souliers mignons.*

> Un homme chérissait éperdument sa chatte,
> Il la trouvait mignonne et belle et délicate.
>
> La Fontaine.

|| Fam., *Argent m.* Voy. Argent. — *Péché m.*, Mauvaise habitude à laquelle on semble tenir. = Mignon, onne. s. Se dit en parlant à un enfant, à une femme, comme un terme d'affection et de flatterie. *Mon petit m. Ma mignonne.* — Ironiq., on dit à quelqu'un qui a fait ou dit une sottise, *Vous êtes un joli m., un plaisant m.* || Spécialement amant, maîtresse.

> Et vous pourriez avoir vingt mignonnes en ville.
>
> La Fontaine.

|| *Mignon*, au masc., se dit quelquefois dans un sens de favori. *De ces deux enfants-là, il y en a un qui est le m. de sa mère. Elle l'aime fort, c'est son m.* — Se dit encore en mauvaise part, *Les mignons de Henri III.*

**MIGNONNE.** s. f. [Pr. *migno-ne, gn* mouil.]. T. Typogr. Sorte de caractère. Voy. Caractère. || T. Hortic. Espèce de poire fort belle et d'un rouge foncé. — Variété de pêche, de prune.

**MIGNONNEMENT.** adv. [Pr. *migno-neman, gn* mouil.]. Avec délicatesse, d'une manière délicate. *Cela est m. fait.* Fam.

**MIGNONNESSE.** s. f. [Pr. *migno-nè-se, gn* mouil.]. Qualité de ce qui est mignon.

**MIGNONNETTE.** s. f. [Pr. *migno-nète, gn* mouil.] (dimin. de *mignon*). Sorte de petite dentelle. || Tissu de laine et de soie. || Poivre concassé dont on assaisonne les huîtres. || T. Bot., Espèce d'œillet qu'on appelle aussi Mignardise. || Petit caractère d'imprimerie. || Nom donné à de petits objets d'ornement. || Caillou fin et trié pour sabler les allées.

**MIGNONNEUSE.** s. f. [Pr. *migno-neu-ze, gn* mouil.]. Ouvrière qui fait la dentelle d'Alençon.

**MIGNOTER.** v. a. [Pr. *gn* mouil.] (R. *mignot*, anc. forme de mignon). Traiter délicatement, dorloter, caresser. *C'est gâter cet enfant que de le m. ainsi.* Famil. = se Mignoter. v. pron. *Cette femme se mignote trop.* Fam. = Mignoté, ée. part.

**MIGNOTISE.** s. f. [Pr. *mignoti-ze, gn* mouil.] (R. *mignoter*). Flatterie, caresse. Vieux.

**MIGRAINE.** s. f. (lat. *hemicrania*, gr. ἡμικρανία, m. s., de ἡμι, demi, et κρανίον, crâne). La m., ou hémicrânie, est une maladie caractérisée par une céphalalgie plus ou moins intense, revenant par accès, céphalalgie qui occupe de préférence certaines régions. Ceci est plutôt un exposé qu'une définition, car on distingue trois variétés de m. : la *m. vulgaire*, la *m. ophthalmoplégique*, et la *m. ophthalmique*.

La *m. vulgaire* est un fruit commun de l'arthritisme et de la névropathie constitutionnelle. Elle débute dans l'adolescence et se rencontre chez les intellectuels. Elle est parfois symptomatique, telle la forme liée à certains vices de réfraction de l'œil. Les accès sont provoqués par des influences variables, différentes suivant les sujets, l'ingestion de certains aliments, les variations atmosphériques, les émotions, etc. Chaque migraineux fait sa crise à sa manière; mais en général on y retrouve trois périodes; l'accès débute le matin; le malade s'éveille irritable, inappétent, avec une douleur sourde généralement unilatérale et gauche. La douleur s'aggrave et le malade recherche l'obscurité et le silence. La pression sur la région affectée est souvent douloureuse; d'autre part, des nausées et des vomissements accompagnent la céphalée. Le soir, la douleur s'apaise, et le patient s'abîme dans un lourd sommeil jusqu'au lendemain, où il se lève encore fatigué. Tel est le tableau banal auquel bien des modifications peuvent être apportées suivant les individus. Le retour des accès est variable, souvent périodique.

La *m. ophthalmique*, proche parente de la précédente, se traduit par des douleurs occupant la région sus-orbitaire et le globe de l'œil lui-même, mais le caractère spécial est dû à des phénomènes visuels qui durent de quelques secondes à une heure, et qui précèdent l'apparition de la céphalalgie (scotome scintillant, etc.).

La *m. ophthalmoplégique* porte sur l'appareil moteur oculaire; elle est encore appelée paralysie oculo-motrice périodique ou récidivante. Les symptômes consistent en une douleur atroce, hémicrânienne par excellence, accompagnée, comme dans les autres m., de malaises, nausées et vomissements; cette douleur se termine brusquement quand apparaît l'ophthalmoplégie. Celle-ci consiste dans une paralysie totale du moteur oculaire commun. La durée de l'accès varie de trois à six jours, et de dix à vingt jours. La période d'accalmie entre deux crises peut s'étendre jusqu'à une année entière. La m. ophthalmoplégique débute en général dans l'enfance et ne guérit point.

On attribue les migraines à des troubles vaso-moteurs dont la raison première demeure inconnue. — Il est facile de distinguer la m. des autres céphalalgies : le caractère de la douleur, sa prédominance hémicrânienne, les vomissements, l'anéantissement général qui viennent s'y joindre, l'évolution de la crise, sa répétition à tendance périodique, sont autant de signes sur lesquels s'appuie le diagnostic. — La m. banale ne présente point de gravité, mais il faut pourtant se souvenir qu'elle est parfois liée au développement de la paralysie générale et du tabes. Quant aux deux autres formes de m., elles sont plus sérieuses, mais leur évolution est encore mal connue et leur pronostic doit être formellement réservé au point de vue du traitement; on combattra les affections de l'estomac, de l'intestin, du pharynx, de l'oreille moyenne ou de la muqueuse nasale que l'on soupçonne de jouer un rôle étiologique; quand il existe des vices de réfraction de l'œil, le port de lunettes appropriées peut suffire à supprimer la m. Quant aux accès, si l'on peut en diminuer la fréquence (administration de bromure de potassium), il est souvent impossible de les enrayer ou même de les atténuer. On peut essayer un léger massage de la région douloureuse, l'application du pinceau faradique, le badigeonnage au menthol, et surtout l'antipyrine (jusqu'à 5 grammes en deux heures), la caféine et la quinine.

**MIGRAINEUX, EUSE.** s. T. Méd. Celui, celle qui a la migraine ou qui y est sujet.

**MIGRATEUR, TRICE.** adj. (lat. *migrator, trix*, m. s.) Qui émigre.

**MIGRATION.** s. f. [Pr. *migra-sion*]. (lat. *migratio*, m. s., de *migrare*, émigrer). Action de passer d'un pays dans un autre pour s'y établir; ne se dit que d'une quantité considérable de peuple. *Il y eut de grandes migrations dans le quatrième siècle. Les migrations des barbares.*

**Zool.** — En Histoire naturelle, on appelle *Migrations*, les voyages que différentes espèces d'animaux accomplissent, soit périodiquement, soit à des époques irrégulières. Les causes de ces migrations varient selon les espèces. Tantôt les animaux voyageurs ne quittent un lieu que lorsqu'ils en ont épuisé toutes les ressources ou qu'ils y sont forcés par des tempêtes, par un froid intense qui les chasse vers le midi, par une chaleur trop forte qui les pousse vers le nord; tantôt ils y paraissent entraînés par leur seul instinct. Dans ce dernier cas, leurs migrations précèdent tout changement atmosphérique, et ils se dirigent, à un moment donné, et sans hésitation, vers la région où ils doivent se rendre. Les migrations qui dépendent de causes accidentelles sont *irrégulières;* celles, au contraire, qui dépendent de causes périodiques, et particulièrement celles qui sont déterminées par l'instinct, ont lieu périodiquement. Plus les circonstances physiques et physiologiques favorables à la locomotion sont nombreuses dans une classe d'animaux, plus les migrations seront étendues et faciles. C'est ce qu'on observe chez les Oiseaux et chez les Poissons.

Les Quadrupèdes, pour qui la configuration du sol, limitée par la mer, et la présence d'ennemis incessants présentent des obstacles insurmontables à de longs voyages, sont généralement sédentaires; dans tous les cas, leurs migrations ne sont qu'accidentelles. C'est ainsi que les migrations exécutées dans l'Amérique méridionale et dans l'Afrique australe, par les immenses troupes de Bœufs et d'Antilopes qui peuplent ces régions, sont déterminées par l'état du sol aux diverses saisons et la nécessité de chercher de nouveaux pâturages. L'exemple de migr. le plus remarquable que nous trouvions chez les Mammifères, est celui que nous présentent les Lemmings et une espèce de Campagnol de la Sibérie. Voy. CAMPAGNOL. Néanmoins leurs voyages ont lieu à certaines époques irrégulières et paraissent déterminés par le froid.

Les migrations les plus complètes et les plus régulières sont celles qui s'observent chez une foule d'espèces d'Oiseaux. Il en est parmi elles qui, grâce à la puissance de leur appareil locomoteur, se transportent à des distances, pour ainsi dire, sans limites, et passent, en traversant les mers, d'un continent à un autre; d'autres paraissent borner leur course au continent qui les a vus naître, et s'avançent de proche en proche à mesure que le froid les poursuit. Les Oiseaux migrateurs voyagent, les uns le jour, les autres la nuit, ou bien encore la nuit et le jour, s'arrêtant de temps à autre dans les localités où ils peuvent trouver de la nourriture. Le vol n'est pas le seul mode de locomotion usité chez les animaux de cette classe. Les Poules d'eau et les Râles font une grande partie de leurs voyages à pied. Quelques-uns, tout à fait impropres au vol, comme le Pingouin, le Manchot, etc., font leur voyage à la nage. Chez beaucoup d'espèces, les jeunes ne voyagent pas avec les vieux et ne suivent pas la même route. En général, dans l'ancien continent, les Oiseaux se dirigent vers le sud-ouest, en automne, et vers le nord-est au printemps. Dans nos pays, les Hirondelles sont, parmi les oiseaux migrateurs, ceux qui forment les bandes les plus nombreuses.

La date du retour des oiseaux migrateurs dans nos pays varie avec la température pour une même espèce, mais l'ordre d'apparition des différentes espèces est toujours à peu près le même Voici, comme exemple, la date du retour de certaines espèces observées, à Moulins, en 1896 : Huppe, 16 mars; Hirondelle de cheminée, 23 mars; Coucou, 25 mars; Rossignol, 11 avril; Martinet, 19 avril; Loriot, Tourterelle et Caille, 21 avril.

Dans l'Amérique septentrionale, une espèce de Pigeon, que l'on désigne sous le nom de *Colombe voyageuse*, parcourt par troupes innombrables la vaste étendue du nouveau continent. « On les voit parfois, dit Milne Edwards, volant en une colonne serrée dont la largeur est de plus d'un kilomètre, et dont la longueur dépasse 10 à 12 kilomètres. Un naturaliste célèbre des États-Unis, Wilson, évalue à plus de 2 milliards le nombre d'individus dont se composait une bande qui passait dans le voisinage d'Indiana. Un autre naturaliste, digne de toute confiance, Audubon, rapporte qu'un jour d'automne il quitta sa maison, à Henderson, sur les bords de l'Ohio, et qu'en traversant les terrains incultes près de Hardsdensburgh, il vit une bande prodigieuse de ces Pigeons se diriger du nord-ouest au sud-est. A mesure qu'il continua sa route vers Louisville, la bande voyageuse qui passait au-dessus de sa tête devint de plus en plus nombreuse. La lumière du soleil de midi en était obscurcie comme par une éclipse, et la fiente tombait drue comme des flocons de neige. Avant le coucher du soleil, Audubon arriva à Louisville, situé à une distance de 55 milles, et les Pigeons passaient toujours en rangs aussi serrés. Le défilé de cette immense colonne dura trois jours encore, et pendant ce temps toute la population du pays était en armes, occupée à lui faire la chasse. C'est dans les bois que ces oiseaux séjournent durant leurs voyages. Une seule troupe occupe alors toute une forêt et, lorsqu'elle y est restée pendant quelque temps, la fiente de cette multitude forme sur le sol une couche de plusieurs centimètres d'épaisseur. Dans l'étendue de plusieurs milliers d'hectares, les arbres sont dépouillés, quelquefois même complètement tués, et les traces de leur séjour ne s'effacent qu'après plusieurs années. »

Parmi les Reptiles, on ne cite comme espèces voyageuses que certaines Tortues marines qui, à l'époque de la ponte, abandonnent l'élément dans lequel elles vivent pour gagner les grèves sablonneuses où elles déposeront leurs œufs. C'est également le besoin de trouver des plages favorables pour frayer qui détermine les migrations de différentes espèces de Poissons. Quelques-unes de ces dernières, comme les Anguilles, abandonnent alors les fleuves pour gagner la mer; d'autres, comme les Saumons, les Aloses, les Esturgeons, au contraire, quittent l'Océan pour remonter dans les fleuves; tandis que le plus grand nombre, les Harengs, les Maquereaux, les Anchois, les Sardines, les Morues, etc., n'abandonnent jamais l'élément salé et ne font que changer de parages. Dans l'embranchement des Invertébrés, nous ne trouvons d'espèces émigrantes que parmi les Insectes de l'ordre des Orthoptères; elles appartiennent principalement à la famille des Acridiens. Nous avons déjà parlé ailleurs des ravages causés par des bandes de Criquets, vulgairement appelés *Sauterelles voyageuses*, qui sont le fléau de certaines contrées, surtout en Afrique. Voy. CRIQUET. Levaillant, qui a été témoin du passage d'un de ces essaims, dit que le jour était réellement obscurci par la colonne, qui pouvait avoir 700 à 1000 mètres de largeur, et qui mit plus d'une heure à passer. Depuis, on a vu en Algérie des vols de sauterelles se prolonger pendant de longues heures sur une largeur de plusieurs kilomètres.

Dans les ordres inférieurs de la série animale, il n'existe point de migrations proprement dites.

**MIGRATOIRE.** adj. 2 g. [Pr. *migra-touare*]. Qui concerne l'émigration.

**MIGRER,** v. n. (lat. *migrare*, émigrer). Se déplacer, en parlant d'un liquide ou d'un fluide.

**MIJAURÉE.** s. f. Femme ou fille qui montre des prétentions, par de petites manières affectées et ridicules. *Elle fait la m. Voyez un peu cette m.* Fam.

**MIJOTER.** v. a. T. Cuisine. Faire cuire doucement et lentement. *M. du bœuf à la mode.* || Fig. *M. une affaire*, la préparer doucement. || Famil., se dit dans le sens de Mignoter *M. un enfant. Il aime à se m.* Peu usité. = MIJOTÉ, ÉE. part.

**MIKADO.** s. m. T. Hist. Avant la révolution de 1863, il y avait au Japon deux souverains, le *Mikado* qu'on a aussi appelé Daïri, qui était le souverain spirituel, et le *Taïkoun*, investi de l'autorité temporelle. Le mikado descendait de l'ancienne famille impériale du pays. Les Japonais le regardent comme le souverain pontife de leur religion nationale, appelée *Sintoïsme*, et le considèrent comme un Dieu sur la terre. Lui-même n'adore que la déesse *Ten-sio-taï-sin*, dont il prétend descendre. Sa personne est tellement sainte, que tout ce qui la touche est réputé sacré, et qu'on recueille avec soin l'eau qui a servi à laver ses pieds. En outre, la famille du Daïri est impérissable. En conséquence, lorsque le souverain pontife régnant n'a point d'enfants, le ciel lui-même se charge de lui en procurer un. Pour cela, ont raconté certains voyageurs, on choisit un jeune enfant dans l'une des maisons les plus illustres de l'empire et on le dépose sous un arbre dans le jardin du palais du m. décédé. La population ne manque pas d'attribuer sa présence à une intervention directe de la divinité. A l'origine, le m. réunissait, de la manière la plus complète, les deux pouvoirs, spirituel et temporel; mais, en 1143, le m. alors régnant, ayant eu la faiblesse d'abandonner presque tout son pouvoir temporel au général en chef des armées japonaises, ce dernier, de même que les anciens maires du palais, en France, réussit à s'emparer de toute l'autorité réelle, et à rendre celle-ci héréditaire dans sa famille. Cette révolution était complètement accomplie en 1585, et depuis cette époque, le m. dut acheter les honneurs divins qu'on lui décernait par un esclavage complet dans l'intérieur de son palais de Méako, tandis que le *Taïkoun* régnant à Yédo était le véritable maître du pays. L'autorité du Taïkoun était absolument despotique, quoiqu'il existe dans le Japon une sorte de féodalité.

En 1863, après de graves difficultés avec les puissances occidentales, le mikado Montroubcito s'allia avec les nobles ou *daïmios* mécontents, renversa l'autorité du Taïkoun et redevint le maître absolu. Il en profita aussitôt pour établir la constitution du Japon sur des bases représentatives comme dans les pays d'occident, brisa la féodalité, ouvrit le pays aux étrangers, et fit entrer le Japon dans une voie de progrès qui furent aussi rapides qu'inattendus. Voy. JAPON.

**MIKANIA.** s. f. T. Bot. Genre de plantes Dicotylédones de la famille des *Composées*, tribu des *Tubuliflores*. Voy. COMPOSÉES.

**MIL.** adj. numéral. Voy. MILLE.

**MIL.** s. m. [Pr. l'*l* mouillée] (lat. *milium*, m. s.). Espèce de plante appelée aussi *Millet*. Voy. ce mot.

Le moindre grain de mil,
Serait mieux mon affaire.

LA FONTAINE.

**MILADY.** s. f. [Pr. *milè-di*] (angl. *my*, ma, *lady*, dame). Titre porté en Angleterre par la femme d'un lord ou d'un baronnet.

**MILAN.** s. m. (lat. *milvus*, m. s.). T. Ornith. Les *Milans* sont les plus remarquables des Rapaces diurnes par la puissance de leur vol; mais ils sont en même temps fort mal armés. Ils ont les ailes excessivement longues et minces et la queue ample et fourchue, tandis qu'ils ont les tarses courts, les doigts et les ongles faibles, avec un bec médiocre et peu en rapport avec leur taille. « Ces oiseaux, dit très bien Gerbe, sont presque, pour la flexibilité du vol, dans l'ordre des Rapaces, ce que les Hirondelles sont dans l'ordre des Passereaux. Si la puissance de leur bec et de leurs serres correspondait à la rapidité et à la souplesse de leurs ailes, ils seraient les plus redoutables des oiseaux de proie; mais ils paraissent n'avoir ni les moyens de dompter, ni le courage d'attaquer un animal capable de leur offrir quelque résistance. Ils s'adressent en général à de petits reptiles, aux poussins et aux jeunes oiseaux : ils ont en outre un goût prononcé pour la chair morte. » — Ce genre se divise en trois groupes : les *Milans* proprement dits, les *Elanious* et les *Nauclers*.

Les *Milans* (*Milvus*) se distinguent par leurs tarses écussonnés, ainsi que par leur queue deltoïdale et médiocrement fourchue. Le *M. royal* (*M. regalis*) [Fig. ci-dessous] est fort commun en France. Il a la cire grise, la tête et le cou d'un gris blanc, tout le plumage d'un roux vif, et les pennes des ailes noires. On trouve encore chez nous une autre espèce du même groupe, appelée *M. noir* (*M. Ætolius*). — Les *Elanious* (*Elanus*) diffèrent des précédents par leurs tarses réticulés et à demi revêtus de plumes par le haut. L'espèce

type, l'*El. Blac* (*El. cæsius*) habite toute l'Afrique : il est surtout commun en Egypte. Cet oiseau a le plumage cendré en dessus, et d'un blanc pur en dessous. — Les *Nauclers* (*Nauclerus*) ont les tarses des Elanious, mais leur queue très longue est fourchue comme celle des Hirondelles. Nous citerons le *M. de la Caroline*, qui habite l'Amérique du Nord. Il a le manteau, les ailes et la queue d'un beau noir à reflets, tandis que la tête, le cou et les parties inférieures sont d'un blanc très pur.

**MILAN,** (en lat. *Mediolanum*), v. d'Italie, cap. de la Lombardie, ch.-l. de la prov. de Milan, sur la rive gauche de l'Odona, à 835 kilomètres de Paris, 321,800 hab. Admirable cathédrale, beaux palais, riches églises, observatoire, théâtres. = Nom des hab. : MILANAIS, AISE.

**MILANAIS,** anc. État de l'Italie du Nord, dont la cap. était Milan.

**MILANAISE.** s. f. [Pr. *milanè-ze*] (R. *Milan*). Ouvrage dont le fond est un fil recouvert de deux crins de soie, dont l'un forme sur le fil un petit relief à distances égales.

**MILANDRE.** s. m. T. Icht. Genre de *Sélaciens*. Voy. SQUALE.

**MILANEAU,** s. m. [Pr. *mila-no*]. Petit milan.

**MILANIÈRE.** s. f. Lieu où l'on entretient des milans.

**MILDEW.** s. m. Voy. MILDIOU.

**MILDIOU.** s. m. [Traduction française de la prononciation du mot anglais *mildew*, moisissure]. T. Agricult. On désigne ainsi un champignon de la famille des Péronosporacées, le *Plasmopara viticola*, qui produit des ravages, parfois considérables, dans les vignobles où il se développe. Signalé depuis fort longtemps en Amérique, sa présence en Europe fut reconnue pour la première fois en 1868, par J. E. Planchon qui le découvrit dans des vignobles français.

Le m. se développe sur les organes verts de la vigne: rameaux herbacés, feuilles, fruits. Le système végétatif se trouve tout entier à l'intérieur des tissus; seul, l'appareil fructifère sort par les stomates et forme, à la surface des parties envahies, de petites touffes blanc de lait, isolées ou confluentes, ressemblant à du sucre qu'on aurait répandu en poudre fine. Sur les feuilles, ces efflorescences blanches se montrent seulement à la face inférieure et sur le parenchyme, les nervures en étant toujours dépourvues. Au début de l'attaque, avant que le m. ait formé ses fructifications, la face supérieure présente par points isolés et peu étendus une *teinte plus jaune* qui tranche de plus en plus sur le vert foncé du parenchyme ; si l'on a des doutes sur la nature de ces altérations, il suffit de mettre une feuille sous une cloche, dans une atmosphère humide, pour voir en quelques heures se développer les efflorescences caractéristiques du parasite. Sur les rameaux, ces efflorescences se montrent seulement au sommet des jeunes rameaux herbacés très tendres; jamais sur ceux qui commencent à se lignifier.

Le m. attaque aussi les grains de raisin depuis la floraison jusqu'après la véraison; il y détermine des altérations qui sont connues depuis longtemps en Amérique sous des noms divers, suivant l'état de développement auquel sont parvenus les grains envahis. Le m. des grains jeunes porte le nom de

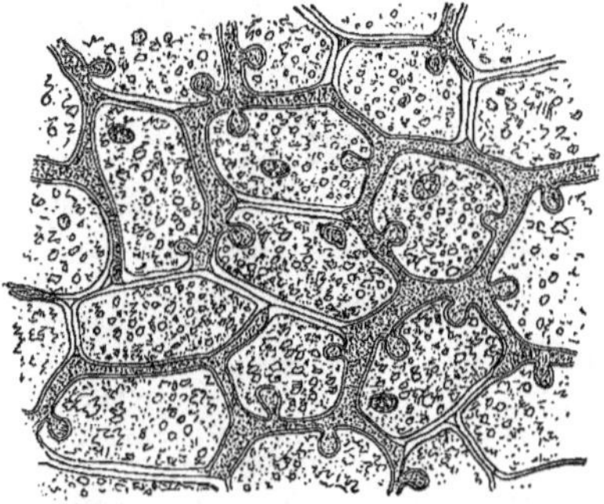

Fig. 1.

*Grey Rot* ou *Rot gris*; celui qui attaque les grains à un état plus avancé, peu avant la véraison, porte le nom de *Brown Rot* ou *Rot brun*.

Les grains atteints du *Rot gris* présentent d'abord, le plus

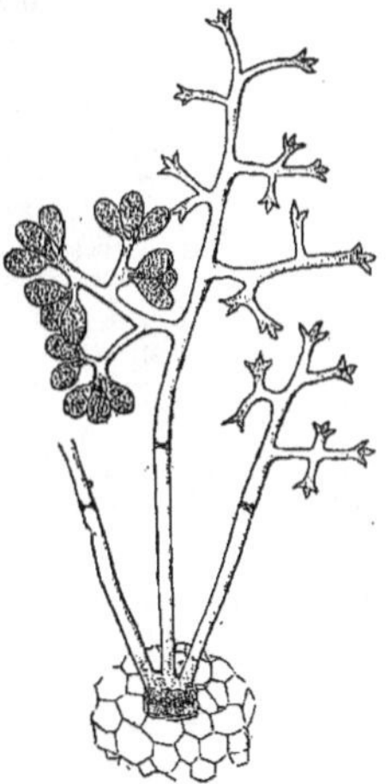

Fig. 2.

souvent au niveau du pédicelle, une décoloration terne qui s'étend en devenant grisâtre et envahit toute la baie qui se ride et prend définitivement une teinte grise, plus ou moins foncée et terne. Les grains se sèchent ensuite et se détachent de la grappe avec variation de teinte suivant les cépages. Le *Rot brun* se manifeste par une zone décolorée livide au pourtour du pédicelle ou sur un point quelconque du grain, qui devient d'un rouge brun ou d'un gris livide suivant les cépages. La tache s'étend et envahit toute la baie; la peau se ride et les rides partent du pédicelle où le grain est contracté. Celui-ci prend définitivement une teinte chocolat plus ou moins foncée suivant les cépages et l'époque à laquelle l'altération se produit.

L'appareil végétatif ou mycélium du *Plasmopara viticola* rampe entre les cellules sans jamais les traverser; il émet seulement de petits renflements qui percent les parois cellulaires et pénètrent à l'intérieur des cellules où ils se dilatent, formant ainsi de véritables suçoirs (Fig. 1). Ces suçoirs puisent dans les cellules les matières nutritives qu'elles ren-

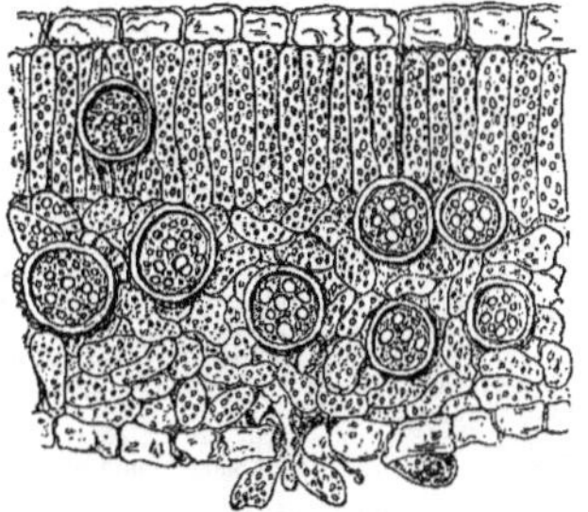

Fig. 3.

ferment et, sous leur action, on voit leur contenu brunir et celles-ci s'altérer, en donnant à l'extérieur les aspects variés que nous avons décrits. Cet appareil végétatif émet au dehors des rameaux qui portent les conidies : ce sont les *Conidiophores*, qui par leur agglomération produisent les efflorescences blanches dont il a été déjà question (Fig. 2). Ces rameaux sortent par les stomates, généralement au nombre de 4 à 5; ils sont dressés et ont une hauteur moyenne d'un demi-millimètre. Chacun d'eux se ramifie en un certain nombre de branches primaires, qui se ramifient à leur tour, par dichotomie, en un certain nombre de branches secondaires. Le sommet de chaque ramification ultime se renfle et tout le protoplasme du rameau vient d'y condenser; il se fait ensuite une cloison qui sépare ce renflement du restant du filament et ainsi se constitue une *Spore d'été* ou *Conidie*. Au bout d'un certain temps, ces conidies se détachent et ne tardent pas à donner naissance à un certain nombre de zoospores à deux cils qui vont reproduire le parasite tout à l'entour. A l'arrière-saison, il se forme à l'intérieur des tissus, à la suite d'un acte de fécondation semblable à celui qui se produit chez toutes les Péronosporacées, de nouveaux organes reproducteurs, les œufs. Ceux-ci sont pourvus d'une double membrane, lisse à l'extérieur, de couleur brun clair, d'un diamètre de $0^{mm},025$ à $0^{mm},030$ (Fig. 3). Quand les feuilles sèches tombent, elles se réduisent facilement en fragments et disséminent ainsi les œufs qui peuvent passer un ou plusieurs hivers sans que la faculté germinative soit en rien détruite. C'est donc par les œufs que se fait la perpétuation du champignon d'une année à l'autre.

Plusieurs moyens ont été essayés pour combattre cette maladie de la vigne; de tous ceux qui ont été préconisés, les sels de cuivre seuls donnent véritablement d'excellents résultats. On les emploie sous forme de *bouillie bordelaise*, de *bouillies diverses*, d'*eau céleste*, d'*ammoniure de cuivre*, de *poudres cupriques*, de *verdet*, etc. On arrose les feuilles et les rameaux avec ces préparations au moyen d'appareils plus ou moins ingénieux.

**MILÉSIAQUE.** adj. 2 g. [Pr. *milé-ziake*]. Qui appartient à Milet.

**MILÉSIE.** s. f. [Pr. *milé-zi*]. T. Entom. Genre d'Insectes *Diptères*. Voy. ATHÉRICÈRES.

**MILET**, anc. v. des Ioniens, sur la côte de la Carie (Asie Mineure). == Nom des hab. : MILÉSIEN, IENNE.

**MILIAIRE.** adj. 2 g. (lat. *miliarius*, m. s., de *milium*, mil). T. Médec. Qui ressemble à des grains de mil. *Érup-*

*tion m. Vésicules miliaires. — Fièvre m., Suette m.* Voy. Suette. = Miliaire, s. f. Éruption d'un grand nombre de petites vésicules qui s'observe dans certaines maladies et particulièrement dans la suette.

**MILIANA**, ch.-l. d'arr. du dép. d'Alger, au pied du Zaccar, à 191 kil. S.-O. d'Alger; 6,900 hab. Ancienne Maliana des Romains, capitale des rois de Numidie.

**MILIAS** ou **MILIASSE**, s. f. [Pr. *milia-se*] (R. *mil*). Espèce de bouillie faite avec des grains de mil ou de maïs.

**MILICE**. s. f. (lat. *militia*, m. s., de *miles*, soldat). En parlant des anciens, L'art et l'exercice de la guerre. *Végèce a écrit sur la m. des Romains.* — Fig., en termes de l'Écriture sainte, *La vie de l'homme est une m. continuelle.* || Collect., et dans le style soutenu, Un corps de troupes, une armée. *Rome nourrissait une m. admirable qui ne respirait que la gloire.* — Fig. et poét., *Les milices célestes*, Les anges. || Se dit plus ordinairement des levées temporaires de citoyens faites dans quelque circonstance extraordinaire, ou des corps de citoyens armés qui ne font pas partie des troupes ordinaires et qui sont destinés à quelque service particulier. *On réunit les milices pour résister à l'invasion. La m. courut aux armes. La garde nationale mobile, la landwehr sont des espèces de milices.* Fig. et fam., *Soldat de la m.* Homme qui n'a aucun avancement dans sa condition. || Troupe, police auxiliaire employée aux colonies.

**MILICIEN**. s. m. [Pr. *milisi-in*]. Soldat de milice.

**MILIEU**. s. m. (R. *mi* et *lieu*). Le centre d'un lieu, d'une chose, l'endroit, le point qui est également distant de la circonférence, des extrémités. *Voici le m. de la cour, du champ. Couper un fruit par le m.* — Ellipt., *Le point m.*, Le point du milieu. || Se dit souvent, dans une signification moins exacte, de ce qui est à une distance un peu considérable de la circonférence, des extrémités. *Cette ville est située au m. de la France. Le tonnerre tomba au m. de la cour. Un homme se leva du m. de l'assemblée. La rivière passe au m. de la ville. Il le prit par le m. du corps. Cette langue de terre s'avance au m. de la mer*, Elle entre bien avant dans la mer. *Ce bras de mer s'avance au m. des terres*, Il entre bien avant dans les terres. *L'aigle s'élève au m. des airs*, Il s'élève fort haut dans les airs. — Fam., *Au beau m.*, Tout au milieu. = Se dit aussi en parl. du temps, et indique un instant également éloigné du commencement et de la fin. *Vers le m. de l'année. Au m. de la nuit. Sur le m. du jour. Nous voilà au m. de l'été, de l'hiver*, etc. — Poét., *Le soleil était au m. de son cours, la nuit était au m. de sa course*, Il était à peu près midi, à peu près minuit. || En parl. des œuvres de l'esprit, Ce qui est à peu près à distance égale entre le commencement et la fin. *Ce passage se trouve au m., vers le m. du volume. Le m. de son discours était fort beau. Il s'arrêta court au beau m. de sa harangue.* = Ce qui est également éloigné de deux excès contraires. *La libéralité tient le m. entre la prodigalité et l'avarice. Il faut savoir en tout garder le m., un juste m. Prendre le m. entre les extrêmes, c'est être sage.* || Fig., Tempérament que l'on prend dans les affaires pour accommoder des intérêts différents, pour concilier des esprits opposés. *Il faudrait trouver quelque m. pour contenter les deux parties.* || *Il n'y a point de m.*, ou simpl., *Point de m.*, Il faut absolument prendre le parti proposé ou l'un des deux partis proposés. *Point de m., il faut se rendre ou combattre. Il n'y a point de m., il faut en passer par ce qu'il exige.* = Au milieu de, loc. prép. Dans, parmi. *Il vit au m. des plaisirs. Il a été élevé au m. des grandeurs. Nous sommes destinés à vivre au m. des hommes.* || Fam., *Au m. de tout cela*, Avec tout cela, nonobstant tout cela. *C'est un homme qui, au m. de tout cela, ne laisse pas d'être à plaindre.*

**Phys.** — En termes de Physique, le mot *Milieu* se prend dans une signification plus ou moins étendue, suivant l'objet dont on parle. Ainsi, lorsqu'il s'agit de la lumière, on donne le nom de m. à tout corps, soit gazeux, soit liquide, soit solide, qu'elle traverse : l'air, l'eau, le diamant, une lentille, etc., sont pour les rayons lumineux des *milieux* qui les réfractent diversement en vertu de leur densité différente. On dit aussi que l'éther est le *milieu* dans lequel se propagent les ondulations lumineuses, calorifiques et électriques. Quand il est question d'êtres organisés, on entend surtout par m. le fluide dans lequel ils vivent, c.-à-d. qui environne l'individu que l'on considère. L'air est le m. où vivent les oiseaux; l'eau est celui dans lequel vivent les poissons. Mais d'autres fois, ce terme de m. s'applique à l'ensemble complexe des modificateurs de toute nature qui entourent l'être organisé et sont susceptibles d'exercer sur lui une action quelconque, bonne ou mauvaise. Tels sont, outre le fluide ambiant proprement dit, la lumière, la chaleur, l'électricité, les gaz, les émanations des corps environnants, etc. Enfin, lorsqu'on parle de l'homme, l'expression de m. s'étend même aux influences capables d'agir sur lui, comme être intellectuel et moral. Au point de vue physiologique, l'étude des milieux ne saurait être séparée de celle des êtres vivants.

**MILITAIRE**. adj. 2 g. (lat. *militaris*, m. s., de *miles, militis*, soldat). Qui concerne la guerre, qui est relatif ou propre à la guerre. *L'art m. La discipline m. La gloire m. Exploits, talents militaires. Fonctions, grades, emplois militaires. Récompense, punition m. — Justice m.*, Celle qui s'exerce parmi les troupes, suivant le Code militaire. *Exécution m.*, Voy. Exécution. *Architecture m.*, Voy. Fortification. || Se dit par oppos. à Civil. *Les autorités civiles et les autorités militaires. Les ordres religieux et militaires.* — Militaire, s. m. Homme de guerre. *C'est un bon m. On a donné des récompenses à tous les vieux militaires.* || La totalité des gens de guerre. *Cet ouvrage sera utile au m.* = Syn. Voy. Martial.

**Organisation militaire**. — La dénomination de *militaire* s'applique à un si grand nombre d'objets importants et de services divers, qu'il n'était pas possible de les réunir tous sous cet intitulé commun. Tous ses services sont placés sous l'autorité du *Ministre de la guerre* assisté du *Conseil supérieur de la guerre*, lequel a été réorganisé en 1888 et se compose de douze membres dont le ministre qui en est le président, et onze généraux. Comme nous avons consacré à chacun d'eux un article spécial, il ne nous reste plus ici qu'à dire quelques mots : 1° sur les *Circonscriptions militaires* du territoire ; 2° sur la *Hiérarchie et l'avancement* dans l'armée ; 3° sur les *Écoles militaires*; 4° sur la *Justice militaire*.

I. *Circonscriptions militaires.* — Sous le rapport militaire, le territoire de la France est partagé en circonscriptions particulières dont l'origine date de François Ier. Ces circonscriptions s'appelèrent *Gouvernements* jusqu'en 1791, où, en les réorganisant, la Constituante leur donna le nom de *Divisions militaires*, qui leur est resté. Leur nombre a plusieurs fois varié. Aujourd'hui le territoire de la France est divisé en deux Gouvernements militaires, Paris et Lyon et en 20 corps d'armée comprenant chacun deux divisions. L'Algérie forme un corps d'armée à trois divisions. Voici comment se répartissent les corps d'armée et gouvernements : Gouvernement de Paris (Seine et Seine-et-Oise) ; 1er corps, Lille (Nord et Pas-de-Calais) ; 2e Amiens (Aisne, Oise, Somme) ; 3e Rouen (Seine-Inférieure, Eure, Calvados) ; 4e Le Mans (Sarthe, Eure-et-Loir, Orne, Mayenne) ; 5e Orléans (Loiret, Loir-et-Cher, Seine-et-Marne, Yonne) ; 6e Châlons (Ardennes, Marne, Meuse et arrondissement de Briey) ; 7e Besançon (Ain, Doubs, Jura, Haute-Marne, Haute-Saône et arrondissement de Belfort) ; 8e Bourges (Cher, Côte-d'Or, Nièvre, Saône-et-Loire) ; 9e Tours (Maine-et-Loire, Indre-et-Loire, Indre, Deux-Sèvres, Vienne) ; 10e Rennes (Manche, Côtes-du-Nord, Ille-et-Vilaine) ; 11e Nantes (Finistère, Morbihan, Loire-Inférieure, Vendée) ; 12e Limoges (Charente, Corrèze, Creuse, Dordogne, Haute-Vienne) ; 13e Clermont-Ferrand (Allier, Loire, Puy-de-Dôme, Haute-Loire, Cantal) ; gouvernement de Lyon (Rhône) et 14e corps, Grenoble (quartier général à Lyon), (Hautes-Alpes, Drôme, Isère, Savoie, Haute-Savoie, partie des Basses-Alpes) ; 15e Marseille (partie des Basses-Alpes, Alpes-Maritimes, Ardèche, Bouches-du-Rhône, Var, Gard, Vaucluse, Corse) ; 16e Montpellier (Aude, Aveyron, Hérault, Lozère, Tarn, Pyrénées-Orientales) ; 17e Toulouse (Ariège, Haute-Garonne, Gers, Lot, Lot-et-Garonne, Tarn-et-Garonne) ; 18e Bordeaux (Charente-Inférieure, Gironde, Landes, Basses-Pyrénées) ; 19e Alger (Alger, Oran, Constantine) ; 20e Nancy (Aube, Vosges, Meurthe-et-Moselle, moins l'arrondissement de Briey). Enfin une division occupe la Tunisie, d'autres troupes sont détachées en Indo-Chine. Chaque corps d'armée de France est divisé en 8 subdivisions, sauf le 6e et le 20e qui n'ont chacun que 4 subdivisions.

II. *Hiérarchie et avancement.* — Les principes qui régissent la matière sont ceux qu'a proclamés l'Assemblée nationale, lorsqu'elle supprima les privilèges qui tiraient leur origine de la naissance. Aujourd'hui, nul ne peut arriver à un grade quelconque dans l'armée qu'après avoir passé par tous les échelons inférieurs, excepté les élèves des écoles Polytechnique et de Saint-Cyr. Cependant, comme la faveur pourrait encore se glisser dans la collation des grades, en faisant franchir rapidement les degrés inférieurs, la loi détermine le temps minimum que tout individu doit passer dans chaque grade avant de monter au grade supérieur. Enfin, comme dernier remède contre les abus possibles, elle réserve à la seule ancienneté, parmi les officiers, une certaine proportion dans l'avancement. La loi qui à cette heure règle l'avancement dans l'armée, porte la date du **14** avril **1832**; mais l'ordonnance qui détermine les règles de son exécution n'a été rendue que le **16** mars **1838**. — La hiérarchie m. commence par le simple soldat, pour lequel il existe déjà deux échelons distincts : 2e et 1re classes. Au-dessus du simple soldat, les grades se classent ainsi qu'il suit : Caporal ou Brigadier, caporal-fourrier ou brigadier-fourrier. — *Sous-officiers :* Sergent ou Maréchal des logis, fourrier de l'un ou l'autre de ces grades; Sergent-major ou Maréchal des logis chef; Adjudant sous-officier. — *Officiers :* Sous-lieutenant, Lieutenant, Capitaine. — *Officiers supérieurs :* Chef de bataillon, Chef d'escadron ou Major, Lieutenant-colonel, Colonel. — *Officiers généraux :* Général de brigade, Général de division, Maréchal de France. — La première condition pour passer d'un grade à l'autre, consiste à avoir passé, dans le grade inférieur, le temps de service déterminé ainsi qu'il suit : Caporal ou Brigadier, 6 mois de service comme soldat; Sous-officier, au moins 6 mois comme caporal ou brigadier; Sous-lieutenant, après examen et avoir passé deux ans à l'École polytechnique ou à l'école de Saint-Cyr, ou, comme sous-officier, à l'école de Saint-Maixent pour l'infanterie, de Saumur pour la cavalerie, de Versailles pour l'artillerie et le génie, et satisfait aux examens de sortie; Lieutenant, 2 ans comme sous-lieutenant; Capitaine, au moins 2 ans comme lieutenant; Chef de bataillon, Chef d'escadron ou Major, au moins 4 ans comme capitaine; Lieutenant-colonel, au moins 3 ans comme chef de bataillon, d'escadron ou major; Colonel, au moins 2 ans comme lieutenant-colonel; Général de brigade, Général de division, au moins 3 ans dans le grade inférieur. Pour la dignité de Maréchal de France, il faut une loi spéciale. Encore n'est-il plus fait de maréchaux. Il peut être dérogé à la condition de temps, dans les colonies, et en temps de guerre, pour action d'éclat mise à l'ordre du jour de l'armée, et quand il n'est pas possible de pourvoir autrement au remplacement des vacances dans les corps en présence de l'ennemi.

L'avancement est donné de deux manières, au choix ou à l'ancienneté, suivant des règles particulières dans le détail desquelles nous ne pouvons entrer. De quelque manière qu'il soit accordé, le *grade* constitue une propriété dont le titulaire ne peut être dépouillé que dans des cas déterminés. En outre, le grade est entièrement distinct de l'*emploi*, lequel est à la disposition exclusive du gouvernement. Les causes qui font perdre le grade sont les suivantes : démission acceptée par le chef de l'État, perte de la qualité de Français prononcée par un jugement, condamnation à une peine afflictive ou infamante, condamnation à certaines peines correctionnelles, destitution prononcée par un conseil de guerre. Sous le rapport de l'emploi, un officier peut être placé dans les positions suivantes : 1° *Activité :* il est pourvu d'un emploi (l'activité se nomme *Disponibilité*, quand elle s'applique à un officier général ou à un officier d'état-major qui pour le moment n'est pas employé); 2° *Non-activité :* l'officier est alors sans emploi; cette position, qui est temporaire, est motivée par l'une des causes que voici : licenciement du corps, suppression d'emploi, rentrée de captivité des prisons de l'ennemi, infirmités temporaires, retrait ou suspension d'emploi; 3° *Réforme :* non seulement l'officier est alors sans emploi, mais encore il n'est plus susceptible d'en obtenir un. Cette position peut être prononcée pour infirmités incurables, ou par mesure de discipline, ou pour prolongation au delà de trois ans de la position de non-activité; 4° *Retraite :* le militaire est définitivement rendu à la vie civile et admis à jouir d'une pension; néanmoins il conserve le titre de son grade; 5° *Réserve :* cette position ne s'applique qu'aux officiers généraux et donne droit aux 3/5 de la solde, mais sans les accessoires.

III. *Ecoles militaires.* — *1° Ecole supérieure de guerre.* Créée par décret du 15 juin 1878, l'Ecole supérieure de guerre, installée dans les bâtiments de l'Ecole militaire à Paris, a pour but le développement des hautes études dans l'armée. Elle se recrute par la voie du concours auquel sont admis les officiers de toutes armes, capitaines, lieutenants et sous-lieutenants, après cinq ans de grade d'officier dont trois années de services effectifs dans les corps de troupe. La durée des cours est de deux ans. Les officiers qui ont satisfait aux examens, à leur sortie, reçoivent le brevet d'état-major et restent à la disposition du Ministre pour faire leur service dans les états-majors. **2°** *Ecole de Saint-Cyr.* La fondation de l'*Ecole spéciale militaire* remonte seulement au XVIIIe siècle. Elle est due à Louis XV (1751), qui fit bâtir, pour la recevoir, le vaste édifice, appelé encore *École militaire*, qui occupe un des côtés du Champ de Mars, à Paris. Elle était destinée à donner à 500 élèves pauvres ou orphelins les connaissances propres à faire de bons officiers; mais, pour y entrer, il fallait faire preuve de quatre quartiers de noblesse au moins. En 1776 on la supprima, et les élèves furent répartis dans 12 collèges militaires établis en province. Cependant, l'année suivante, l'École de Paris fut reconstituée comme École de *cadets-gentilshommes*, où étaient admis, par voie de concours, les meilleurs sujets des écoles militaires provinciales. A l'expiration des cours, les élèves passaient dans les régiments avec le grade d'officier. La révolution supprima à la fois l'Ecole m. de Paris et les Ecoles de province; alors la Convention, par un décret en date du 13 prairial (1er juin 1794), essaya de les remplacer en instituant, sous le nom d'*Ecole de Mars*, dans la plaine des Sablons, près de Paris, une sorte de gymnase militaire où des jeunes gens de 16 à 17 ans, choisis sur tous les points du territoire, devaient être entretenus aux frais de la République et exercés au maniement des armes et aux manœuvres militaires. Cet établissement ayant été dissous bientôt après sa formation, le premier consul (**1802**) rétablit, mais en l'organisant sur de nouvelles bases, une Ecole spéciale militaire qu'il établit à Fontainebleau, d'où elle fut transférée, en **1808**, à Saint-Cyr : de là le nom d'*Ecole de Saint-Cyr* sous lequel on la désigne habituellement. Cette école est destinée à instruire dans les différentes branches de l'art de la guerre, et à mettre en état d'entrer comme officiers dans les rangs de l'armée les jeunes gens qui se destinent à la carrière militaire. Elle peut renfermer jusqu'à **1200** élèves, et se recrute par la voie du concours. Les concurrents doivent avoir 17 ans au moins et 21 ans au plus au 1er janvier de l'année du concours. Aucune dispense d'âge ne peut être accordée. Le prix de la pension est de 1,000 fr.; mais des bourses et des demi-bourses sont accordées aux élèves qui ont fait constater l'insuffisance des ressources de leur famille. Les cours durent deux ans, et l'on ne passe de la première division dans la seconde qu'après avoir subi un examen. Un autre examen a lieu à la fin de la seconde année. Les élèves qui satisfont à ce dernier sont déclarés aptes à être promus au grade de sous-lieutenant. Ceux qui échouent à l'examen de sortie peuvent être placés dans les corps comme caporaux ou brigadiers, sergents ou maréchaux des logis, s'ils ont le temps de service exigé par les lois et règlements pour être nommés à ces divers grades. — 3° Le *Collège m. de la Flèche*, aujourd'hui *Prytanée m.*, a été institué par ordonnance royale du **12** avril **1831**, et réorganisé par le décret du **11** mai **1888**. Son objet est de récompenser les services rendus à l'Etat par les officiers des armées de terre et de mer, en donnant à leurs fils, indépendamment de l'éducation m., une instruction littéraire et scientifique assez étendue pour leur permettre d'obtenir le diplôme de bachelier et, plus spécialement, de se présenter aux concours d'admission à l'Ecole polytechnique et à l'Ecole spéciale m. L'Etat y entretient à ses frais 400 élèves, 300 comme boursiers et 100 comme demi-boursiers. Les bourses sont exclusivement réservées aux fils d'officiers qui servent ou ont servi dans les armées, et aux fils d'employés titulaires de l'administration centrale de la guerre. Le Prytanée reçoit en outre des élèves pensionnaires entretenus en entier aux frais de leur famille. Le prix de la pension est de 850 fr. — 4° Les divers services spéciaux de la guerre ont encore exigé la création d'écoles particulières, telles que l'*Ecole d'application de cavalerie*, l'*Ecole d'application de l'Artillerie et du Génie*, les *Écoles du service de santé*, etc.; mais comme il est parlé de ces écoles dans les articles consacrés à ces différents services, nous n'y reviendrons pas ici. En dehors de ces établissements exclusivement militaires, nous mentionnerons l'*École polytechnique* qui, en même temps qu'elle assure le recrutement d'un certain nombre de carrières civiles (ponts et chaussées, mines, finances, chemins de fer, etc.); fournit la plus grande partie des officiers pour les corps spéciaux du génie et de l'artillerie des armées de terre et de mer. Voy. ÉCOLE, POLYTECHNIQUE, CAVALERIE, ARTILLERIE, GÉNIE, MÉDECINE MILITAIRE. Pour les services administratifs il existe une école spéciale, l'*Ecole d'administration militaire* instituée à Vincennes : cette école a pour but de former les adjudants-élèves d'administration des bureaux de l'intendance, des subsistances militaires, ainsi que ceux du service de santé, destinés à recruter les officiers de ces différents services. L'École reçoit, à la suite d'un concours, les sous-officiers de toutes armes proposés à cet effet par leurs chefs hiérarchiques. Tous les élèves qui ont satisfait aux examens de sortie sont nommés adjudants-élèves d'administration dans l'un des services administratifs de la guerre. Ils obtiennent le grade d'officier d'administration adjoint de 2e classe, au fur et à mesure que des vacances se produisent. Nous citerons enfin l'*École normale de tir* et l'*École normale de gymnastique*, établies, l'une à Châlons et l'autre à Joinville-le-Pont, pour former, celle-ci des officiers directeurs et des moniteurs de gymnastique, celle-là des instructeurs chargés de diriger l'enseignement du tir dans les régiments. Il existe, en outre, trois *écoles régionales de tir* destinées à former des instructeurs. — 5° Enfin, trois écoles spéciales sont destinées à donner aux sous-officiers proposés pour le grade de sous-lieutenant les connaissances générales et professionnelles qui leur sont nécessaires. Ce sont : pour les sous-officiers d'infanterie, l'*École de Saint-Maixent*, fondée en 1874; pour les sous-officiers de l'artillerie, du génie et des équipages militaires, l'*École de Versailles*, instituée en 1884; enfin, pour les sous-officiers de cavalerie, l'*École de Saumur*, réorganisée en 1883, et qui reçoit à la fois des officiers et des sous-officiers comme élèves.

IV. *Justice militaire.* — La nécessité de la discipline et les conditions spéciales de l'existence de toute grande réunion d'hommes armés, soit en temps de paix, soit en temps de guerre, ont toujours exigé ou l'attribution d'un pouvoir absolu et presque arbitraire aux généraux, ou l'établissement de lois particulières à l'armée. La première ordonnance relative aux délits militaires en France date de 1551; elle fut rédigée par Coligny. Cependant, jusqu'en 1791, l'arbitraire le moins déguisé présida à la justice m. comme à toutes les autres parties du service. La révolution changea cet état de choses; néanmoins c'est seulement sous le second empire qu'on a reconnu la nécessité d'instituer une législation une et régulière, ne laissant rien à l'arbitraire du juge, réglant le degré de sévérité que les peines peuvent avoir, et enfin déterminant d'une façon précise et absolue les différentes classes de châtiments dont il est permis de frapper les coupables : tel fut le but du *Code militaire* promulgué en 1858.

La justice m. est rendue par deux sortes de tribunaux qu'on appelle *Conseils de guerre* et *Conseils de revision*. — Les *Conseils de guerre* qui siègent, en temps de paix, au chef-lieu de chaque corps d'armée, se composent de 7 juges, y compris le président. Leur composition varie suivant le grade de l'accusé. Lorsque ce dernier est un simple soldat ou un sous-officier; le président est un colonel ou un lieutenant-colonel; les autres juges sont un chef de bataillon ou d'escadron, deux capitaines, deux lieutenants ou sous-lieutenants et un sous-officier. Un commissaire du gouvernement remplit auprès du conseil les fonctions du ministère public, et un rapporteur remplit celles de juge d'instruction. Ces deux derniers membres sont pris parmi les chefs de bataillon ou d'escadron, ou parmi les officiers subalternes. Enfin les fonctions de greffier sont remplies par un officier d'administration. La compétence des Conseils de guerre est fort étendue; elle devient, pour ainsi dire, sans limites dans les cas où l'état de siège a été proclamé. Bien que la procédure m. soit plus expéditive que celle de la justice criminelle ordinaire, elle est basée sur les mêmes principes généraux. Les formes protectrices d'une information préalable y sont prescrites à peine de nullité; enfin, le droit de la défense et la publicité des débats sont les mêmes que dans la justice ordinaire. Tout condamné a droit de se pourvoir en revision dans les vingt-quatre heures qui suivent le jugement. — Les *Conseils de revision*, de même que la Cour de cassation, n'ont point à apprécier les faits. Leur compétence ne peut porter que sur l'application qui a été faite de la loi, confirmer ou annuler le jugement, et, dans ce dernier cas, renvoyer devant un nouveau conseil de guerre. Ces conseils se composent d'un général de brigade président et de 4 juges : deux colonels ou lieutenants-colonels, deux chefs de bataillon ou d'escadron. Les fonctions du ministère public sont remplies par un officier supérieur. Le condamné qui ne paraît pas devant les conseils de revision peut s'y faire représenter par un défenseur. Il y a deux conseils de revision pour l'ensemble du territoire, l'un à Paris, l'autre à Alger.

Indépendamment des peines qui sont infligées pour les crimes ou délits justiciables des conseils de guerre, il existe des *peines disciplinaires* pour punir les simples fautes commises par les hommes qui appartiennent à l'armée, et dont l'application est laissée, dans de certaines limites, aux supérieurs hiérarchiques. Pour les sous-officiers ces peines sont : la consigne au quartier, la réprimande du capitaine, la prison, la réprimande du colonel, la rétrogradation, la cassation; pour les caporaux et brigadiers, la consigne, la salle de police, la prison, la cassation; pour les soldats, les corvées supplémentaires, la consigne, la salle de police, la prison, la cellule, la rétrogradation de classe, l'envoi aux compagnies de discipline. Les officiers sont punis : par les arrêts simples, la réprimande du colonel, les arrêts de rigueur, les arrêts de forteresse, la réprimande des généraux. — Quand un soldat, sans commettre des crimes ou des délits, persévère à porter le trouble et le mauvais exemple dans le corps où il sert, le colonel du régiment, sur le rapport du capitaine de la compagnie, convoque un *Conseil de discipline* pour prononcer, s'il y a lieu, l'envoi aux compagnies de discipline.

En outre, la mise en réforme ou l'admission d'office à la retraite, pour les officiers, la rétrogradation ou la cassation, pour les sous-officiers rengagés, la mise à la retraite d'office ou la révocation pour les sous-officiers commissionnés peuvent être prononcées par des *conseils d'enquête* dont la composition et le fonctionnement sont déterminés par des règlements spéciaux. (Décrets des 29 juin 1878 et 25 janvier 1896.)

**MILITAIREMENT.** adv. [Pr. *militè-reman*]. D'une manière militaire. *Agir m. Juger m. Exécuter m. un village.*

**MILITANT, ANTE.** adj. (Part. de *militer*). T. Théol. Qui combat. *L'Église m.*, Voy. ÉGLISE. || Se dit aussi pour luttant, combattant, agressif. *Politique militante.*

**MILITARISATION.** s. f. [Pr. *militari-za-sion*]. Organisation militaire.

**MILITARISER.** v. a. [Pr. *militari-zer*]. Rendre militaire. = MILITARISÉ, ÉE, part.

**MILITARISME.** s. m. Le système militaire, le principe de la paix armée. *Le militarisme est la honte et la ruine des nations modernes.*

**MILITER.** v. n. (lat. *militare*, combattre, de *miles, militis*, soldat). T. Théol. Combattre. *Les fidèles qui militent sur la terre.* || Figur., dans les discussions, on dit : *Cet argument, cette raison milite pour moi, milite en ma faveur*, Vient à l'appui de mon opinion, de mes prétentions.

**MILL** (JOHN-STUART), économiste et philosophe angl. (1773-1836).

**MILLAS,** ch.-l. de c. (Pyrénées-Orientales), arr. de Perpignan; 2,500 hab.

**MILLAU,** ch.-l. d'arr. du dép. de l'Aveyron, sur le Tarn, à 49 kilomètres S.-E. de Rodez; 17,400 hab. = Nom des hab. MILLAVOIS, OISE.

**MILLE.** adj. numéral 2 g. [Pr. *mi-le*] (lat. *mille*, m. s.). Dix fois cent. *M. chevaux. M. lieues. M. francs. Cent m. hommes. Dizaine de m. Centaine de m.* || Se dit souvent pour exprimer un grand nombre. *M. personnes l'ont vu. J'ai m. raisons pour prendre ce parti. Je vous ai dit cela m. et m. fois. M. gens l'ont fait*, et ellipt., *m. l'ont fait, m. pourraient le faire.* = MILLE. s. m. Nombre contenant dix fois cent. On dit aussi, *Le nombre m. Le numéro m.* || Se dit pour Millier. *Combien vaut le m. de ces oranges?*

**Obs. gram.** — *Mille* ne prend pas la marque du pluriel. On écrit donc : *vingt mille, huit mille deux cents*, etc. Dans la supputation ordinaire des années, *Mille* perd sa dernière syllabe quand il est suivi d'un ou de plusieurs autres nombres. Ainsi l'on écrit, l'*an mil huit cent quatorze* et non l'*an mille huit cent*, etc. On écrit, au contraire, l'*an quatre mille* de la création. Dans ce dernier cas, *Mille* se dit pour *millième*.

**MILLE.** s. m. [Pr. *mi-le*] (lat. *millia passuum*, mille pas). T. Métrol. Mesure itinéraire variable suivant les pays et les époques. Voy. ITINÉRAIRE.

**MILLE-FEUILLE.** s. f. [Pr. *mi-le*...]. T. Bot. Un des noms vulgaires de l'*Achillea millefolium*, plante de la famille des *Composées*, tribu des *Radiées*. Voy. COMPOSÉES.

**MILLE-FLEURS**. s. f. pl. [Pr. *mi-le...*]. Ne se dit que dans cette loc. : *Rossolis de mille-fleurs*, Sorte de liqueur dans laquelle il entre quantité de fleurs distillées.

**MILLÉNAIRE**. adj. 2 g. [Pr. *mil-lénère*] (lat. *millenarius*, m. s.). Qui contient mille. *Le nombre m.* = MILLÉNAIRE. s. m. T. Chronolog. Dix siècles ou mille ans. *Le premier, le second millénaire.*

**Hist. relig.** — Dans les premiers siècles de notre ère, on a appelé *Millénaires* et *Chiliastes*, ceux qui croyaient qu'à la fin du monde Jésus-Christ reparaîtrait sur la terre pour y établir, pendant mille ans, son royaume, dans lequel les justes jouiraient d'une félicité temporelle parfaite en attendant le jugement dernier et le bonheur du ciel. Au IXe siècle, l'attente de la fin du monde pour l'an 1000 fit revivre pour quelque temps le *Chiliasme*. Mais l'époque fatale étant passée sans amener la fin des choses, cette rêverie tomba dans l'oubli.

**MILLÉNARISME**. s. m. [Pr. *mil-lé...*]. Doctrine des millénaires.

**MILLENIUM**. s. m. [Pr. *mil-léniome*]. Règne de mille ans attendu par les millénaires. Voy. MILLÉNAIRE.

**MILLE-PATTES**. s. m. [Pr. *mi-le-pa-te*]. T. Zool. Nom vulgaire des *Scolopendres*

**MILLE-PERTUIS**. s. m. [Pr. *mi-le-per-tui*]. T. Bot. Genre de plantes Dicotylédones (*Hypericum*) de la famille des *Hypéricacées*. Voy. ce mot. Le vulgaire l'applique plus spécialement à l'*Hypericum perforatum*.

**MILLE-PIEDS**. s. m. [Pr. *mi-le-pié*]. T. Zool. Nom donné vulgairement aux *Myriapodes*. Voy. ce mot.

**MILLÉPORE**. s. m. [Pr. *mil-lépore*] (R. *mille* et *pore*). T. Zool. Ordre de *Cœlentérés*. Voy. ZOANTHAIRES.

**MILLERET**. s. m. [Pr. les *ll* mouillées]. T. Passem. Agréments de garniture pour les robes de femmes.

**MILLÉRITE**. s. f. Pr. [*mil-lérite*] (R. *Miller*, nom d'un minér. angl.). T. Minér. Sulfure de nickel Nis, ou plus ordinairement de fer, de cuivre et de cobalt; en cristaux capillaires jaunes d'or ou bronzés, quelquefois irisés.

**MILLÉSIME**. s. m. [Pr. *mil-lé-zime*] (lat. *millesimus*, millième). Chiffre exprimant le nombre mille dans l'énoncé d'une date. || Chiffre qui marque la date de la fabrication d'une monnaie. Voy. NUMISMATIQUE.

**MILLESIMO**, bourg d'Italie, prov. de Gênes, 1,300 hab., célèbre par une victoire de Bonaparte sur les Autrichiens en 1796.

**MILLET**. s. m. [Pr. *mi-llè*, *ll* mouil.] (Dimin. de *mil* qui a le même sens). T. Bot. Noms vulgaires sous lesquels on désigne le *Setaria italica* ou *Millet des oiseaux* et le *Panicum miliaceum* ou *Millet commun*, plantes de la famille des *Graminées*. Voy. ce mot.

**Agric.** — On cultive trois espèces de m. Le grain du *Panicum italicum* ou m. à grappes, et celui du *P. miliaceum*, ou m. commun, servent dans le midi de l'Europe à la nourriture de la volaille et des petits oiseaux. Dans l'Inde et en Afrique, ces grains figurent parmi les aliments de l'homme pour une part assez importante. En Afrique surtout, le *miliaceum* forme, avec le sorgho, la base de la nourriture des nègres. Du reste, ces deux sortes de grains sont de qualités notablement inférieures aux produits de nos céréales ordinaires, et leurs propriétés nutritives sont assez faibles. Les purées obtenues avec les farines de ces grains sont très employées en Allemagne contre la diarrhée Le m. demande une bonne terre, pour sa culture, plus légère que forte, bien ameublie et fumée. On sème clair, à la volée, ou en rayons et un peu tard, dans le nord et le centre de la France, depuis le commencement de mai jusqu'à fin juin à cause des gelées tardives. Il est convenable de sarcler et biner. Ces plantes fournissent un bon fourrage vert, étant semées dru; leur paille, surtout celle du m. commun, offre une excellente nourriture pour les bœufs. — La troisième espèce (*P. germanicum*) a été introduite en France vers 1815; elle est cultivée pour fourrage avec plus d'avantage que les précédentes. Ses tiges moins grosses sont plus nombreuses, plus feuillées, plus fourrageuses, excellentes, en vert ou en sec, pour les chevaux et les vaches: elles résistent très bien à la sécheresse et se maintiennent vertes et vives pendant les plus grandes ardeurs de l'été, même dans les terres médiocres. La graine de cette plante, quoique menue, est sujette à la carie, il peut donc être utile de la chauler. On sème 5 ou 8 kil. à l'hectare, selon que l'on veut recueillir de la graine ou faire manger en vert.

**MILLET** (JEAN-FRANÇOIS), peintre paysagiste fr. auteur de l'*Angelus* (1814-1875).

**MILLET** (AIMÉ), sculpteur fr. (1819-1891).

**MILLEVOYE**, poète fr., auteur de *la Chute des Feuilles* (1782-1816).

**MILLIAIRE**. s. m. [Pr *mi-li-ère*] (lat. *milliarus*, m. s., de *mille*, mille). Se dit des bornes numérotées que les Romains plaçaient de distance en distance, sur les grands chemins, pour marquer les milles. *Le premier, le second m.* — *M. doré*, Colonne qu'Auguste fit élever au milieu de Rome, et d'où l'on commençait à compter les milles pour tous les grands chemins de l'empire. || Adjectiv., on dit aussi *Borne m. Colonne m.* = Par ext., on appelle aussi *Milliaires* et *Bornes milliaires*, les bornes numérotées plantées sur nos routes pour indiquer les kilomètres.

**MILLIARD**. s. m. [Pr *mi-liar*] (R. *mille*, avec un suff. augm. *ard*). Mille fois un million ou dix fois cent millions. || Absol., sign. Mille millions de francs. *La dette de l'Angleterre dépasse vingt milliards.*

**MILLIARE**. s. m. [Pr. *mil-li-are*] Millième partie de l'are.

**MILLIASSE**. s. f. [Pr. *mili-ase*] (R. *mille*, avec un suff. péjor. *asse*). T. de mépris qui signifie un fort grand nombre. *Il y avait dans les rues de cette ville une m. de mendiants. Sur le bord de cet étang, il y a des milliasses de moucherons.*

**MILLIÈME**. adj. 2 g. [Pr. *mili-ème*] (lat. *millesimus*, m. s., de *mille*, mille). Nombre ordinal qui complète le nombre de mille. *La m. année après la venue de J.-C.* || Une des parties d'un tout qu'on suppose divisé en mille parties égales. *Si j'avais la m. partie de son bien, je serais assez riche.* Par exag., *Dans tout ce qu'il dit, il n'y a pas la m. partie de vrai.* — Se dit subst. et au masc., dans ce sens. *Il est intéressé dans cette affaire pour un m., pour cinq millièmes.*

**MILLIER**. s. m. [Pr. *mili-é*] (R. *millia*, mille). Nom de nombre collectif contenant mille. *Un m. de clous, d'épingles, de tuiles, d'échalas, de francs.* — *Un m. de foin, de paille*, Un millier de bottes de foin, de paille. — Se dit aussi pour exprimer un très grand nombre, mais indéterminé. *Cela se fait depuis des milliers d'années. Je pourrais vous citer un m. d'exemples. Il y a dans ce pays des milliers d'hommes dans la misère.* || Sign. aussi un poids de mille livres, et, dans le système métrique, un poids de mille kilogrammes. *Un m. pesant. Cette charrette porte deux milliers.* Dans ce dernier sens, on dit plutôt *tonne*. = A MILLIERS, PAR MILLIERS. loc. adv. En très grande quantité. *On en trouve à milliers, par milliers.*

**MILLIGRAMME**. s. m. [Pr. *mil-ligra-me*] (lat. *mille*, mille; fr. *gramme*). T. Métrol. Millième partie du gramme. Voy. MÉTRIQUE.

**MILLIME**. s. m. [Pr. *mil-lime*]. La dixième partie d'un centime ou la millième partie d'un franc.

**MILLIMÈTRE**. s. m. [Pr. *mil-li-mètre*] (lat. *mille*, mille; fr. *mètre*). T. Métrol. Millième de mètre. Voy. MÉTRIQUE.

**MILLIN**, archéologue fr. (1759-1818).

**MILLION**. s. m. [Pr. *mi-li-on*] (R. *mille*, avec un suff.

augm. *ion*). Mille fois mille ou dix fois cent mille. *La France compte environ trente-sept millions d'habitants. La terre est éloignée du soleil d'environ trente-huit millions de lieues.* — Se dit encore d'un nombre indéterminé, mais considérable. *J'ai ouï dire cela un m. de fois. Je vous rends un m. de grâces.* || Absol., signifie Un million de francs. *Cet hôtel lui a coûté deux millions. Il a un m. de revenu.* — Fam., *Il est riche à millions*, Il est extrêmement riche.

**MILLIONIÈME**. adj. 2 g. [Pr. *mi-li-o-niè-me*]. Nombre ordinal qui complète le nombre d'un million. || Partie d'un tout que l'on suppose composé d'un million de parties égales. *La m. partie.* — Se dit encore, subst. et au mascul., dans le même sens. *Un m. Trois millionièmes. Un dix-millionième.*

**MILLIONNAIRE**. adj. et s. 2 g. [Pr. *mi-li-o-nère*]. Qui possède des millions, qui est extrêmement riche. *Sa fille sera un jour m. C'est un millionnaire.*

**MILLIONNAIREMENT**. adv. [Pr. *mi-li-o-nè-reman*]. En millionnaire.

**MILLON**, chimiste français. — *Réactif de Millon.* Solution de mercure dans l'acide azotique; réactif très sensible des substances albuminoïdes qu'il colore en rouge à l'ébullition.

**MILLOUIN**. s. m. T. Ornith. Genre de Palmipèdes. Voy. CANARD.

**MILLY**, ch.-l. de c. (Seine-et-Oise), arr. d'Étampes; 2,300 hab.

**MILNEA**. s. m. (R. *Milne*, n. d'homme). T. Bot. Genre de plantes Dicotylédones de la famille des *Méliacées*. Voy. ce mot.

**MILNE-EDWARDS** (HENRI), célèbre naturaliste fr. (1800-1885).

**MILO**, anc. *Melos*, île grecque de l'Archipel, l'une des Cyclades dans laquelle, en 1820, un paysan trouva la célèbre statue dite *Vénus de Milo*, aujourd'hui au Louvre. — 5,500 hab.

**MILON** (DE CROTONE), célèbre athlète grec (vers 500 av. J.-C.).

**MILON**, tribun du peuple à Rome, tua Clodius, et fut défendu par Cicéron (48 av. J.-C.).

**MILORADOVITCH**, général russe (1770-1825).

**MILORD**. s. m. [Pr. *mi-lor*] (angl. *my lord*, mon seigneur). Voy. LORD. || Figur. et pop., on dit d'un homme riche, *C'est un milord.* || Fig. *Un m.* Un cabriolet à quatre roues

**MILOSCHINE**. s. f. [Pr. *milo-chine*]. T. Minér. Argile chromifère, compacte, bleue ou verte.

**MILOT** (l'abbé), historien fr. (1726-1785).

**MILOUIN**. s. m. Voy. MILLOUIN.

**MILPHOSE**. s. f. [Pr. *mil-foze*] (gr. μίλφωσις, chute des sourcils). T. Méd. Chute des cils sans maladie des paupières.

**MILTIADE**, général athénien, gagna sur les Perses la bataille de Marathon (490 av. J.-C.); puis, ayant échoué devant Paros, il mourut en prison (489).

**MILTON**, célèbre poète anglais (1608-1674), prit par ses pamphlets une part active à la polémique politique après la mort de Charles Ier. Devenu aveugle en 1652, il composa son poème *le Paradis perdu*. Il a été enterré à Westminster.

**MILTONIEN, IENNE**. adj. [Pr. *miltoni-in, iène*]. Qui porte le cachet, la manière de Milton.

**MILWAUKEE**, v. des États-Unis (Wisconsin); 240,000 hab. Port sur le lac Michigan, à l'embouchure de la rivière *Milwaukee*.

**MIME**. s. m. (lat. *mimus*, gr. μῖμος, m. s., du gr. μιμέομαι, imiter). — En Grèce et à Rome, on donnait le nom de *Mime* (μῖμος, *mimus*) à une œuvre dramatique d'un genre particulier; néanmoins le m. grec paraît être originaire de la Sicile et de la Grande Grèce. Il consista d'abord dans des imitations improvisées de scènes risibles de la vie ordinaire, et ces sortes de représentations n'avaient lieu qu'à l'époque de certaines fêtes. Dans la suite, ce genre de drame prit une forme plus artistique, et il fut, dit-on, porté à son apogée par Sophron de Syracuse (420 avant J.-C.). — Les Romains employaient le mot *mime* dans deux sens, pour désigner l'œuvre dramatique et l'acteur qui la jouait. A leurs yeux, ce genre littéraire ne provenait nullement d'une importation étrangère; il était, au contraire, un produit du génie national. Les mimes romains étaient des farces d'un très gros sel, le plus souvent fort indécentes, dans lesquelles en outre on ridiculisait souvent les particuliers. Ils ne différaient des comédies qu'en ce que les gestes et la pantomime y occupaient beaucoup plus de place que le dialogue, ce qui n'avait pas lieu chez les Grecs. Les scènes parlées n'en étaient pourtant point bannies : elles étaient seulement supprimées dans certaines parties de la pièce, tandis que la pantomime continuait sans interruption depuis le commencement jusqu'à la fin. A Rome, les mimes paraissent avoir pris naissance aux cérémonies funéraires des grands personnages. Dans les derniers temps de la République, les mimes furent introduits au théâtre, mais il ne paraît pas qu'avant l'époque de Jules César ce genre de pièces ait atteint un haut degré de perfection; mais, au temps de ce dernier, Ch. Matius, Decius Laberius et Publ. Syrus se firent un nom comme *Mimographes*.

De nos jours on appelle m. celui qui imite plaisamment l'air, la physionomie, le parler des gens.

**MIMER**. v. a. (R. *mime*). Imiter, exprimer par gestes. *M. un rôle.* = MIMÉ, ÉE. part.

**MIMÈSE**. s. f. [Pr. *mimè-ze*] (gr. μίμησις, m. s. de μιμεῖσθαι, imiter). Figure de rhétor. qui consiste à rapporter, en style direct, le discours d'un autre.

**MIMÉTÈSE**. s. f. [Pr. *mimitè-ze*] (gr. μιμητής, imitateur, à cause de sa ressemblance avec la pyromorphite). T. Minér. Chloro-arséniate de plomb $Pb^5As^3ClO^{12}$; en prismes hexagonaux ou en masses compactes, ordinairement jaunes ou brunes, translucides, à éclat résineux.

**MIMÉTISME**. s. m. (R. *mime*). T. Biol. Les Anglais Bates et Wallace qui ont, les premiers, attiré l'attention des transformistes sur le mimétisme (en angl. *mimicry*), réservent ce nom pour désigner les phénomènes par lesquels certains animaux, mal protégés, peuvent imiter d'autres animaux mieux protégés. Mais nous croyons, avec Le Frédéricq, que cette expression doit « avoir, en français, une signification plus large et pouvoir s'appliquer à tous les cas de protection des animaux par imitation, que le modèle soit un autre animal, une plante ou un objet inanimé ». Il y a longtemps que ces phénomènes sont connus; probablement de tous temps les pêcheurs ont remarqué que certains poissons (Soles, Turbots, etc.) prennent la coloration du fond où ils se trouvent; les auteurs les plus anciens parlent des changements de couleur du Poulpe (appelé *polype* par Aristote) et du Caméléon; plus près de nous, enfin, les *Études de la nature* de Bernardin de Saint-Pierre sont remplis de faits semblables qui viennent attester, dit l'auteur, la prévoyance de la Providence.

Telle est la première et la plus ancienne explication que l'a a donnée du m., mais il est évident que cette théorie ne peut satisfaire le savant; sans s'occuper de la cause première, il doit rechercher toujours à approfondir le *comment* avant de se préoccuper du *pourquoi* des choses. Bates, après avoir observé les papillons de l'Amazone qui présentent quelquefois des cas de m. très curieux, pensa que ces phénomènes étaient dus à des influences climatériques donnant naissance, dans un même pays, à des modifications de forme et de couleur semblables. — Fritz Müller, en 1879, puis A. R. Wallace considèrent le m. comme un cas particulier de la sélection naturelle, théorie que les transformistes adoptèrent avec empressement. Le m. serait donc un moyen par lequel les espèces faibles se protègent en mimant les espèces mieux protégées, ou bien en prenant la couleur et la forme des objets inertes qui les entourent. Les quelques exemples de m. que nous allons citer dans cet article donnent, en effet, un appui puissant à cette théorie, mais nous devons ajouter cependant que tous les cas observés dans ces dernières années ne sont pas toujours explicables par la sélection naturelle; pour quelques-uns l'avantage pour l'espèce mimante n'apparaît pas clairement; pour d'autres, l'espèce mimée ne vit pas dans le même pays que l'espèce mimante, ou bien elle apparaît à une époque différente de l'année.

La sélection naturelle agissant sur tous les êtres vivants, les végétaux nous présentent bien quelques cas de m. très curieux, mais ces cas sont très rares; ce sont surtout les Monocotylédones et en particulier les Orchidées qui nous les offrent. Ces plantes ne peuvent être fécondées, en effet, que par le concours des Insectes; aussi présentent-elles souvent des couleurs et des formes particulières qui rappellent, parfois à s'y méprendre, les couleurs et les formes des insectes qui doivent venir les féconder; tels sont par exemple : *Ophrys arachnites* et *O. Apifera.*

Ce sont surtout les animaux inférieurs qui nous présentent le plus grand nombre d'exemples de m.; chez ces animaux, en effet, les caractères de l'espèce sont beaucoup moins bien fixés que chez les Vertébrés, aussi l'espèce elle-même est-elle beaucoup plus malléable. Les animaux pélagiques qui nagent à la surface de la mer : les Méduses, les Béroés, les Cydippes, les Ptéropodes, etc., ont le corps transparent comme du cristal ou bien très légèrement teinté en bleu comme l'eau où ils se trouvent. Quand on a recueilli ces animaux avec un filet fin et qu'on les a versés délicatement dans un vase rempli d'eau de mer, l'œil du naturaliste le plus exercé est quelquefois longtemps à les apercevoir, tant la transparence de leurs organes est parfaite.

La mer des Sargasses qui est couverte, comme on le sait, d'une quantité prodigieuse d'Algues, renferme un grand nombre de Crustacés, de Mollusques, d'Ascidies, etc.; or tous ces animaux présentent la coloration des Algues au milieu desquelles ils vivent : bruns au milieu des Fucus et des Laminaires, verts parmi les Zostères. Un grand nombre de Céphalopodes, les Poulpes, les Sépioles, etc., changent de couleur presque instantanément non seulement suivant la nature des roches ou des Algues qui les entourent, mais encore d'après leur état d'esprit, pour ainsi dire; on sait en effet, et nous ne nous y arrêterons pas ici, que ces animaux changent de coloration sous l'influence de la colère, par exemple. Les Céphalopodes ont encore un autre moyen de se dissimuler. Quand les Sépioles nagent au soleil par les chaudes journées du mois d'août, leur corps se confond tellement bien avec le fond de sable au-dessus duquel elles se trouvent, qu'on ne peut deviner leur présence que par l'ombre de leur corps qui est projetée sur ce fond. Si on plonge alors le filet pour les prendre, elles fuient en nageant à reculons et lancent souvent alors un jet de liquide noir qui reste suspendu pendant quelques instants, sans se délayer, à l'endroit même que vient de quitter l'animal. Mais, « avant de lancer leur encre, elles changent brusquement de couleur, deviennent presque noires pendant un temps fort court, puis reprennent immédiatement leur teinte claire, après avoir abandonné derrière elles leur nuage d'encre qui a, à peu près, les dimensions de leur corps. Celui qui assiste pour la première fois à cette petite scène, pourra se laisser prendre à leur stratagème, lâchera la proie pour l'ombre et saisira vivement le flocon d'encre alors que la sépiole est déjà loin ». (L. Frédéricq.)

Les Insectes sont les animaux qui présentent les cas de m les plus nombreux et les plus curieux. Les Héliconides, papillons que Bates a observés au Brésil, ont une odeur et un goût particulier qui éloignent les animaux insectivores; or un grand nombre de Piérides, papillons comestibles par excellence, habitant le même pays, présentent la même forme, la même couleur et les mêmes dessins sur les ailes. (Fig. 1, en haut un Héliconide, en bas une Piéride). D'autres papillons qui vivent dans les Indes, les *Kallima inachis*, se trouvent protégés non plus en copiant d'autres insectes, mais en prenant la forme et la couleur des feuilles sur lesquelles ils vivent habituellement. Dans le dessin que nous reproduisons ici, d'après M. Duval (Fig. 2), il faut déjà une certaine attention pour reconnaître le papillon qui est placé sur la partie gauche de la tige; mais, dans la réalité, l'effet est encore plus frappant, car les dessins de la face inférieure des ailes reproduisent non seulement la forme, les nervures, la couleur des feuilles, mais encore les moisissures, les piqûres d'insectes et autres particularités semblables que l'on trouve habituellement sur les feuilles qui vont mourir; l'imitation est poussée à un tel point que ces dessins secondaires varient sur chaque aile de papillon comme ils varient également sur les feuilles.

Les Hyménoptères porte-aiguillon, les Guêpes, les Abeilles, les Fourmis, sont imités par un grand nombre d'espèces faibles appartenant à d'autres ordres d'insectes. Un des cas les plus curieux est celui que présente un coléoptère de Bornéo signalé par Wallace. C'est un Longicorne dont les élytres ont la forme de petites écailles recouvrant les ailes membraneuses que l'animal garde toujours étendues, même au repos;

Fig. 1.

ces ailes ont les mêmes dessins et le corps de l'insecte a la même coloration que ceux d'une grande guêpe noire qui vit dans le même pays (Fig. 3, en bas la guêpe, *Mygnimia aviculus;* en haut, le coléoptère, *Coloborhombus fasciatipennis*). Il nous est impossible de parler de tous les cas de

Fig. 2.

m. que l'on trouve dans la classe des insectes; nous nous contenterons seulement de représenter les *Phasmes* (Fig. 4) qui ressemblent par la forme et la couleur, aux broussailles, où on les trouve, les *Empuses* (Fig. 5) et les *Mormophyllés* (Fig. 6) qui ressemblent à des feuilles.

Les Poissons sont les animaux vertébrés qui nous présentent les plus nombreux cas de m. Nous avons déjà cité les Soles, les Turbots dont la coloration générale rappelle celle du fond sur lequel ils reposent. Un naturaliste américain, A. Verrill, a même remarqué que ces changements de coloration se produisaient quelquefois journellement en passant de l'état de veille à l'état de sommeil; par exemple une espèce de Sténostome a une couleur argentée pendant le jour et une couleur de bronze pendant la nuit; le Monocanthe est verdâtre le jour, et gris quand il dort. Les Hippocampes sont déjà bien protégés par la forme et la couleur générale de leur corps qui se confond avec les Algues au milieu desquelles on les trouve, mais chez une espèce qui vit dans la Tasmanie (*Phyllopteryx foliatus*, Fig. 7) la ressemblance est véritablement étonnante.

Les Batraciens et les Reptiles présentent également de nombreux cas de m. La couleur de la petite *Rainette verte* de notre pays se confond absolument avec celle des feuilles où elle se trouve; si on la maintient longtemps à l'obscurité,

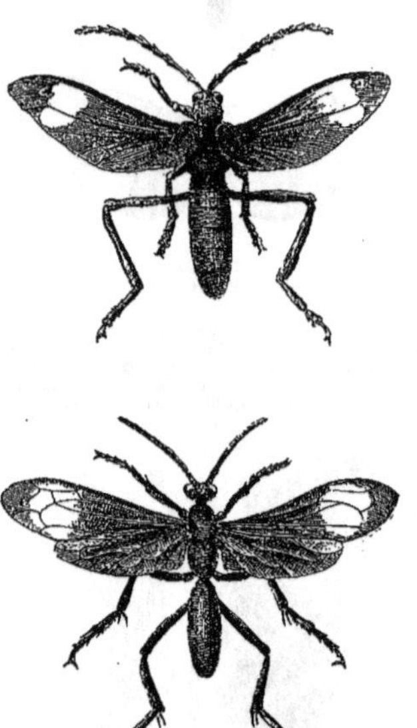

Fig. 3.

elle devient brune pour reprendre sa couleur vert clair quand on lui rend sa liberté. Lister a montré que les Rainettes ne peuvent plus modifier leur coloration si on leur détruit les yeux. Ce n'est donc pas la lumière qui agit directement sur la peau; il se produit probablement, dans ce cas, un véritable acte réflexe. La lumière frappe la rétine, l'excitation se transmet au cerveau et, de là, aux cellules pigmentaires, par l'intermédiaire des nerfs cutanés. Nous nous contenterons de citer encore l'exemple du Caméléon, des Iguanes, des petits serpents verts de l'Amérique centrale qui prennent tous la couleur du milieu qui les entoure; enfin des *Elaps*, serpents très venimeux des tropiques, qui sont copiés par des couleuvres absolument inoffensives.

Le m. est très rare chez les Oiseaux; dans les pays chauds, on peut trouver quelques exemples très nets; mais, en Europe, nous ne trouvons guère à signaler qu'une espèce de Perdrix de la Scandinavie (*Lagopus albus*, Fig. 8) dont le plumage a la couleur de la neige en hiver, et des pierres ou des lichens en été. On peut encore citer le faible Coucou qui a pris la couleur et la forme des Eperviers et à cause de cela, peut-être, en impose facilement aux petits oiseaux qu'il dépossède de leur nid.

Fig. 4.

Le m. se rencontre un peu plus souvent chez les Mammifères, mais il est encore rare. Ce sont toujours par des nuances de coloration qu'ils parviennent à s'identifier avec le milieu environnant; c'est ainsi que s'explique la couleur

Fig. 5.

particulière des Ours, des Lièvres, des Renards, etc., qui vivent dans le voisinage des pôles; de même les Lions, les Gazelles, les Gerboises, etc., ont la couleur jaune des sables du désert, les Campagnols, les Musaraignes, les Belettes, le Lièvres, etc., ont la couleur de la terre. On a voulu voir enfin des cas de m., dans les colorations particulières que présentent certaines races humaines. Il paraît que la couleur des Abyssins varie suivant qu'ils vivent sur les hauts plateaux

Fig. 7.

où ils prennent une coloration noire, ou dans les plaines où ils blanchissent; les Européens qui ont fait souche dans l'Inde ont une coloration brun rouge très accentuée. Dans son voyage à travers l'Afrique, Schweinfurth a remarqué que la couleur de la peau des Bongos était brun rouge comme la couleur de leur terre alors que les Dinkas, une peuplade voisine qui vivait sur des alluvions, présentaient une coloration noire.

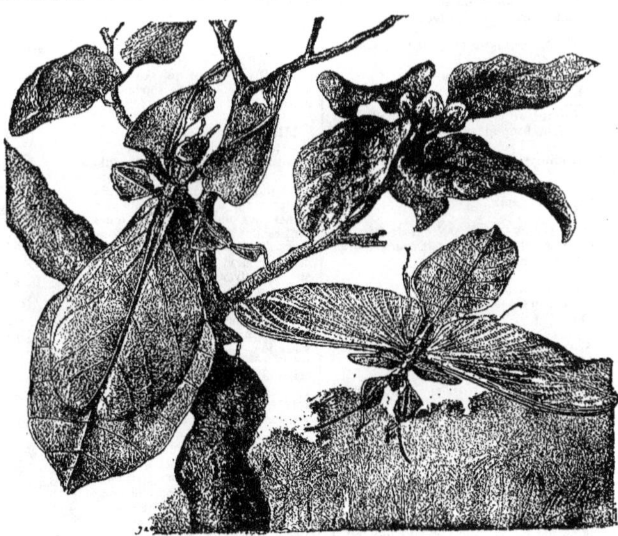
Fig. 6.

En résumé, on voit que les naturalistes réunissent, sous le nom de m., des exemples particuliers de l'influence du milieu sur les animaux. Il est bien probable que ce sont là des cas spéciaux de protection pour l'individu ou pour l'espèce, obtenus par le moyen de la sélection naturelle, mais il est bien probable aussi qu'il doit y avoir, dans la production

Fig. 8.

de ces phénomènes, d'autres facteurs inconnus qui ont échappé jusqu'ici à la sagacité des zoologistes. « On a beaucoup trop négligé jusqu'à présent, dit Giard, pour l'étude de ces questions difficiles, nos insectes indigènes. » On a trop négligé aussi, ajouterons-nous, ou plutôt on n'a pas essayé, jusqu'ici, d'entreprendre des expérimentations suivies qui sembleraient pourtant devoir apporter un appui si puissant, à l'interprétation des faits de la nature.

**MIMEUSE.** s. f. Synon. de *Mimosa*.

**MIMEUX, EUSE.** adj. (lat. *mimus*, mime). T. Bot. Se dit des plantes qui se contractent quand on les touche.

**MIMICOLOGIE.** s. f. (R. *mimique* et gr. λόγος, traité). Traité sur la mimique.

**MIMIQUE.** adj. 2 g. (lat. *mimicus*, gr. μιμικός, m. s.). Qui concerne les mimes. *Pièce m. Jeux mimiques. Poète m.* — Subst., *Un m.*, Un auteur de mimes. || Qui imite, qui exprime par le geste. *Action, langage m. Signes mimiques.*

**MIMIQUE.** s. f. (R. *mime*). Art d'imiter, de représenter au moyen du geste. *La m. des Grecs. La m. des Romains. La m. est le principal moyen de transmettre des idées aux sourds-muets.* Voy. PANTOMIME.

**MIMIZAN,** ch.-l. de c. (Landes), arr. de Mont-de-Marsan; 1,200 hab. Sur le courant de *Mimizan* qui fait communiquer l'étang d'Aureilhan avec l'Atlantique.

**MIMODRAME.** s. m. (R. *mime* et *drame*). Œuvre scénique dans laquelle les acteurs miment leur rôle, au lieu de parler. Voy. PANTOMIME.

**MIMOGRAPHE.** s. m. (gr. μῖμος, mime; γράφω, j'écris). T. Antiq. Celui qui composait des mimes. Voy. MIME.

**MIMOGRAPHIE.** s. f. (R. *mimographe*). Traité sur la mimique ou sur les mimes.

**MIMOGRAPHIQUE.** adj. 2 g. Qui a rapport à la mimographie.

**MIMOGRAPHISME.** s. m. Écriture imitatrice qui offre aux yeux l'image de l'objet exprimé par la parole.

**MIMOLOGIE.** s. f. (R. *mime* et gr. λόγος, traité). Imitation de la voix humaine ou des locutions habituelles, de la prononciation d'une personne. || Action d'imiter, dans la création des mots, le son des objets qu'ils servent à désigner.

**MIMOLOGIQUE.** adj. 2 g. Qui a rapport à la mimologie.

**MIMOLOGISME.** s. m. T. Gram. Se dit d'un mot formé par mimologie. || T. Rhétor. Figure par laquelle on imite un être animé dans sa voix ou ses gestes.

**MIMOLOGUE.** s. m. Celui qui imite la voix, la prononciation d'une personne. || Celui qui est exercé dans la mimologie.

**MIMOPLASTIQUE.** adj. 2 g. (R. *mime* et *plastique*). Se dit des tableaux vivants.

**MIMOPORPHYRE.** s. m. (R. *mime* et *porphyre*). T. Minér. Roche qui a l'apparence du porphyre.

**MIMOSA.** s. m. [Pr. *mimo-za*] (R. *mime*, parce qu'en contractant leurs feuilles, ces plantes semblent imiter la grimace d'un mime). T. Bot. Genre de plantes Dicotylédones de la famille des *Légumineuses*. Voy. ce mot.

**MIMOSÉES.** s. f. pl. [Pr. *mimo-zée*] (R. *mimosa*). T. Bot. Tribu de végétaux de la famille des *Légumineuses*. Voy. ce mot.

**MIMULE.** s. m. (lat. *mimulus*, dimin. de *mimus*, mime). T. Bot. Genre de plantes Dicotylédones (*Mimulus*) de la famille des *Scrofularaciées*. Voy. ce mot.

**MIMUSOPE.** s. m. [Pr. *mimu-zope*] (gr. μῖμος, mime; ὤψ, aspect). T. Bot. Genre de plantes Dicotylédones (*Mimusops*) de la famille des *Sapotacées*. Voy. ce mot.

**MINA,** chef de partisans espagnols qui lutta contre Napoléon Ier, puis contre Ferdinand VII (1784-1835).

**MINABLE.** adj. 2 g. Qui peut être attaqué ou détruit par une mine. || Fig. Misérable, qui fait pitié.

**MINAGE.** s. m. (R. *mine*, mesure). Droit féodal qui se percevait sur les grains vendus au marché.

**MINARET.** s. m. [Pr. *mina-rè*] (arab. *menara*, phare). T. Archit. Dans l'architecture musulmane, on donne le nom de *Minaret* à des tours très sveltes et très élancées qui s'élèvent à côté des dômes des mosquées. Ces tours sont rondes ou polygonales et toujours divisées en plusieurs étages ordinairement en retrait les uns sur les autres. A chaque étage, se trouve un balcon ou une galerie saillante, qui est en général portée sur des niches en encorbellement. Enfin, supérieurement, la construction se termine habituellement par une petite coupole qui s'ajoute, au moyen d'un piédouche, au reste de l'édifice. On peut voir par la Fig. ci-jointe, qui représente un m. de la mosquée de Kaïd-bey au Caire, combien ces tourelles sont d'une architecture riche, élégante et originale. Quelques minarets sont construits en pierre, mais le plus grand nombre est de briques revêtues de stuc. La loi ne fixe pas leur nombre par mosquée. Toutefois il n'y a que les mosquées de fondation impériale qui puissent en avoir quatre. La mosquée d'Achmet, à Constantinople, en a six, d'égale hauteur, entourés de trois galeries et terminés par des aiguilles. On admet généralement que la première mosquée qui ait été ornée de minarets est celle que le calife Walid fit édifier à Damas, en 1705. Les minarets sont aux mosquées ce que les clochers sont à nos églises : c'est du haut de leurs balcons que le *Muezzin* fait entendre cinq fois par jour l'*Ezam*, c.-à-d. l'appel à la prière. On les illumine dans certaines fêtes.

**MINARET**. s. m. Puits ou trou creusé pour tenir la mine.

**MINAUDER**. v. n. (R. *mine*, figure). Affecter certaines mines, certaines manières pour paraître plus agréable. *Cette femme ne fait que minauder.*

**MINAUDERIE**. s. f. Habitude de minauder. *Quelle insupportable m.* || Au pluriel, se dit des mines et des manières affectées. *Je déteste toutes ces minauderies.*

**MINAUDIER, IÈRE**. s. Celui, celle qui a l'habitude de minauder; se dit surtout des femmes *C'est un m., une minaudière.* || Adject., *Elle est trop minaudière.*

**MINCE**. adj. 2 g. Qui a très peu d'épaisseur. *Une étoffe m. Une planche m. Une m. lame d'argent.* || Fig., Peu considérable, médiocre. *Un m. revenu. M. héritage. M. mérite. M. savoir.* — Fam., on dit d'un homme de peu de considération, de peu de mérite, *C'est un homme bien m.*, ou *un homme de m. étoffe*, ou *il a la mine bien m.* || T. Art militaire. *L'ordre m.* Voy. Tactique. || T. Hydraul. *Orifice percé en m. paroi* Orifice d'écoulement percé dans une paroi dont l'épaisseur ne dépasse pas une fois et demie le diamètre de l'orifice, de manière que la veine jaillissante se détache des bords de l'ouverture. = Syn. Voy. Délié.

**MINCEMENT**. adv. [Pr. *minse-man*]. D'une manière très peu épaisse.

**MINCER**. v. a. T. Cuis. Mettre en petits morceaux.

**MINCEUR**. s. f. T. Néol. Qualité de ce qui est mince.

**MINCIO**, riv. d'Italie, sort du lac de Garde, passe à Mantoue, se jette dans le Pô sur la rive gauche; 80 kilomètres.

**MINDANAO**, l'une des îles Philippines (Océanie); 400,000 hab. dont le N. appartient à l'Espagne; ch.-l. *Zamboanga.*

**MINDEN**, v. de Westphalie (Prusse), sur le Weser; 17,900 hab.

**MINDORO**, île de l'Archipel des Philippines; 160,000 hab.

**MINE**. s. f. (all. *miene*, m. s.; ou celt. *min*, m. s.). Se dit de l'apparence qui résulte de la conformation du corps, et particulièrement de l'expression de la physionomie. Cette expression peut être considérée : 1° Au point de vue de la santé. *Il n'est pas bien rétabli, il a encore mauvaise m. Il a maintenant assez bonne m. Je paye de m., mais je ne me porte pas bien.* — 2° Au point de vue de la constitution, de la force, de la vigueur. *C'est un homme de bonne m.* — 3° Au point de vue moral. *Il a une méchante m. C'est un homme de mauvaise m. M. fière, insolente, basse, ignoble. M. fausse, trompeuse, hypocrite. M. guerrière. M. patibulaire. Il paye de m., mais au fond c'est un sot. Il a la m. d'un fripon. On se trompe souvent à la m. Il ne faut pas toujours juger des gens à la m., par la m., sur la m.* On dit encore : *Avoir la m. d'avoir fait, de vouloir faire une chose. Cet homme a la m. d'avoir fait quelque mauvais coup. Vous m'avez bien la m. d'avoir passé la nuit au bal. Il a bien la m. de se peu soucier de ce qui pourra arriver.* — Fam., *Avoir la m. d'être riche, d'être un peu fou, en avoir toute la m.*, En avoir l'air, paraître tel. || La contenance que l'on prend, l'air que l'on affecte, dans une intention quelconque. *Faire bonne m., mauvaise m. Prendre une m. agréable, riante, sévère. Affecter une m. grave. Il fait m. d'être content, mais au fond il enrage.* — Famil., *Faire une laide m.*, Faire une vilaine grimace. On dit aussi absol., *Faire la m.*, Faire la grimace. — Famil., *Faire la m. à quelqu'un*, Lui témoigner par son air, sa physionomie, qu'on est mécontent de lui. *Faire bonne m., mauvaise m. à quelqu'un*, Lui faire un bon, un mauvais accueil. On dit, dans le sens contraire, *Faire mauvaise m., triste m., grise m., froide m. à quelqu'un.* — Fig., *Faire bonne m. à mauvais jeu*, Dissimuler son mécontentement. || *Mines*, au plur., se dit familièr. de certains mouvements du visage, de certains gestes plus ou moins affectés. *Elle a fait toutes sortes de mines et de façons avant d'accepter. A quoi bon toutes ces mines.* — *Faire des mines à quelqu'un*, Lui faire des signes pour lui faire entendre secrètement quelque chose. *J'ai eu beau lui faire des mines, il ne m'a pas compris.* — *Faire des mines à quelqu'un*, se dit aussi des minauderies que font certaines femmes pour attirer l'attention de quelqu'un. *Elle lui a fait des mines pendant tout le dîner.* || En parl. des choses, *Mine* signifie Apparence. *Voilà un mets qui a bonne m., mauvaise m.* = Syn. Voy. Air.

**MINE**. s. f. (lat. *mina*, du gr. μνᾶ, m. s., mot d'origine égyptienne). T. Métrol. grecq. Mesure de poids valant environ 121 grammes. Voy. Poids. — Monnaie de compte grecque d'argent valant, en poids, environ 69 francs. Voy. Monnaie.

**MINE**. s. f. (abrév. de *hémine*, du lat. *hemina*, gr. ἡμίνα, sorte de mesure). T. Métrol. Ancienne mesure de capacité pour les grains valant la moitié d'un setier, soit 78 litres.

**MINE**. s. f. (R. *miner*). Lieu, ordinairement souterrain, où gisent et d'où l'on peut extraire des métaux, des minéraux et certaines pierres précieuses. *M. d'argent, de cuivre, de fer. M. de charbon, de sel. M. de diamants, de rubis. Découvrir, fouiller, exploiter une m. L'école des mines.* || Particul., L'excavation pratiquée pour extraire ce qu'une mine contient. *Descendre dans une m. Travailler aux mines, dans les mines. Les galeries d'une m.* || Se dit aussi des métaux et des minéraux encore mêlés avec les matières terreuses ou pierreuses qui les enveloppent. *De la m. d'or, de cuivre. De la pierre de m.* — *M. de plomb* ou *Plombagine.* Voy. Crayon. — *Mine d'acier*, nom donné au *Fer spathique.* Voy. Fer VII. C. || Fig., au sens moral. *Ce sujet est une m. féconde de beautés poétiques.* — On dit encore d'un homme très savant, *C'est une m. de savoir, d'érudition.*

**Législ.** — La distinction des gîtes minéraux en *Mines* et *Minières* est purement arbitraire et se rapporte simplement au régime légal auquel elles sont soumises. Ainsi, la loi française considère comme *Mines* les lieux où l'on trouve sous forme de filons, de couches ou d'amas, de l'or, de l'argent, du platine, du mercure, du plomb, du fer, du cuivre, de l'étain, du zinc, de la calamine, du bismuth, du cobalt, de l'arsenic, du manganèse, de l'antimoine, du molybdène, ou autres matières métalliques, du soufre, de la plombagine, de la houille, des lignites, des bitumes, de l'alun, des sulfates à base métallique, ainsi que les mines de sel et les sources ou puits d'eau salée. Au contraire, elle comprend sous le nom de *Minières*, les minerais de fer d'alluvion, les terres pyriteuses propres à être converties en sulfate de fer, les terres alumineuses et les tourbes. Les autres gîtes minéraux constituent les *Carrières.* Voy. ce mot Comme on le voit, les substances minérales ne sont classées dans les mines ou minières, ni par leur nature, ni d'après leur mode d'exploitation ou la profondeur plus ou moins grande de leur gisement. Cependant les minerais de fer cessent d'être considérés comme minières et rentrent dans la catégorie des mines, lorsque leur exploitation comporte des galeries souterraines en travail régulier; et, en sens inverse, les minerais de fer superficiels, quand ils sont en filons ou en couches, sont classés parmi les minières (Lois du 21 avril 1810, et du 17 juin 1840).

Les principes relatifs à la propriété des mines ont varié selon les temps et les peuples. Tandis qu'à Athènes, l'État en était propriétaire absolu, à Rome, au contraire, elles étaient considérées comme une dépendance de la surface du sol; cependant les Constitutions des empereurs reconnurent à l'État, sur la richesse minérale, un certain droit de souveraineté. Sous l'ancienne monarchie française, la propriété des mines paraît avoir toujours été attribuée au souverain. Les seigneurs féodaux s'en étant emparés, la couronne, aussitôt qu'elle se sentit assez puissante, revendiqua cette propriété comme constituant un *droit régalien.* Des lettres patentes données par Charles VI, le 30 mai 1413, proclamèrent formellement la reprise de ce droit, que Louis XI confirma de nouveau par son ordonnance de sept. 1471. Dans la plupart des pays de l'Europe, les souverains réclamèrent ce prétendu droit régalien, en vertu duquel la propriété des mines était attribuée à l'État; dans quelques-uns cependant, notamment en Angleterre, les mines furent toujours considérées comme une dépendance du sol et comme appartenant aux propriétaires de ce dernier, et l'on voit que le régime du droit commun n'a pas nui, chez nos voisins, au développement de l'industrie extractive. En France, dès 1765, l'illustre Turgot écrivit un mémoire des plus remarquables contre le prétendu droit de l'État et en faveur du droit de propriété, mémoire dans lequel il démontre d'une façon péremptoire que le seul intérêt du propriétaire du sol est plus que suffisant pour garantir la société qu'il ne laissera pas inactive la source de richesse enfermée dans sa terre. Malgré cela, l'Assemblée constituante admit l'existence d'un droit de l'État sur le sol, et la loi de 1810, qui constitue la base de la législation actuelle sur la matière, établit un système mixte par lequel elle prétend concilier le droit du propriétaire avec l'intérêt de la société. Il est à remarquer que, lors de la discussion de cette loi au Conseil d'État, l'empereur se prononça en faveur du principe admis par tous les économistes dignes de ce nom, c.-à-d. en faveur du droit absolu du propriétaire du sol; néanmoins il céda devant l'unanimité des légistes de son Conseil. En conséquence, par exception au principe du droit commun, d'après lequel la propriété du sol emporte celle du dessus et du dessous, la loi française reconnait, quand il s'agit de *mines* proprement dites, deux propriétés distinctes, l'une au-dessus, l'autre au-dessous du sol, et donne à l'État le droit de concéder cette dernière. D'après cela, toute concession de m. faite au propriétaire du sol constitue une propriété immobilière nouvelle, entièrement séparée de celle de la surface, transmissible comme elle, et sur laquelle peuvent s'établir de nouveaux droits de privilège et d'hypothèque.

Les recherches de *mines* sont le préliminaire obligé de toute demande de concession. Nul ne peut les faire sur un terrain qui ne lui appartient pas, sans le consentement du propriétaire de la surface, ou sans l'autorisation du gouvernement. Cette autorisation est donnée sur l'avis de l'administration des mines, à la charge d'une indemnité préalable au propriétaire, et après que celui-ci a été entendu. Quand une m. est découverte, elle ne peut être exploitée qu'en vertu d'une concession résultant d'un décret délibéré en Conseil d'État. Cette concession peut être demandée par tout Français ou tout étranger, agissant isolément ou en société, qui justifie des ressources nécessaires pour payer les dépenses auxquelles l'exploitation donnera lieu. La demande en concession se forme par voie de simple pétition au préfet qui la fait enregistrer à sa date sur un registre particulier et ordonne les publications et affiches pendant le délai prescrit par la loi. S'il y a plusieurs concurrents, l'État choisit celui qui lui offre le plus de garanties; mais, si celui qui a découvert la m. est éliminé, il a droit à une indemnité de la part du concessionnaire. L'étendue de la m. est toujours déterminée par l'acte de concession; elle est limitée par des points fixes pris à la surface du sol, et passant par des points verticaux menés de cette surface dans l'intérieur de la terre, à une profondeur indéfinie. Le concessionnaire acquiert la propriété perpétuelle de la m. : par conséquent, il peut en disposer comme de toute autre propriété. Cependant il lui est interdit de la vendre par lots ou partages, sans l'autorisation du gouvernement. Il lui est également interdit de réunir à son exploitation d'autres concessions de même nature, sans y être autorisé. Il est tenu de payer deux indemnités distinctes au propriétaire du sol : l'une annuelle, pour payer les droits de ce dernier sur les produits de la m. concédée; l'autre, qui n'a lieu qu'une fois, pour tenir lieu des pertes occasionnées par les dommages et occupations de terrains résultant de travaux postérieurs à la concession. Le concessionnaire est aussi frappé de deux droits annuels au profit de l'État : le premier est fixe et réglé d'après la superficie de la concession (10 francs par kilomètre carré); le second est proportionnel au produit de l'exploitation, sans que toutefois il puisse jamais dépasser 5 pour 100 du produit net. Enfin, bien que la concession d'une m. constitue une propriété perpétuelle, elle peut être retirée dans certains cas, comme lorsqu'on a opéré une réunion de mines sans autorisation, ou lorsque l'exploitation est conduite de manière à compromettre la sûreté publique.

L'exploitation des *minières* ne peut avoir lieu sans une permission administrative, qui peut être accordée, soit au propriétaire du sol, soit à des personnes étrangères; mais comme elle se pratique presque toujours à ciel ouvert, ou que du moins les travaux s'étendent rarement à une grande profondeur au-dessous du sol, elle est soumise à beaucoup moins de restrictions que celle des mines. En ce qui concerne les minières de fer, l'État a le droit de forcer les propriétaires des terrains où elles se trouvent à les laisser exploiter par des tiers, si l'exploitation doit avoir lieu par l'établissement de puits, galeries et travaux d'art. Le propriétaire qui veut exploiter lui-même à ciel ouvert n'est tenu qu'à faire au préfet une déclaration contenant la désignation exacte des lieux. Acte de cette déclaration lui est donné, ce qui équivaut à une permission. Cette formalité remplie, il est libre de procéder à l'exploitation. Si la concession à un tiers d'une mine de fer rend impossible l'exploitation de la minière par le propriétaire, celui-ci a droit à une indemnité de la part du concessionnaire. L'exploitation des terres pyriteuses et alumineuses, soit qu'elle ait lieu par le propriétaire du fonds ou par des tiers, est soumise aux mêmes formalités que celle des minières de fer. Si elle est faite par des tiers, ceux-ci sont assujettis, en faveur du propriétaire, à une indemnité qui est réglée de gré à gré ou par des experts. Quant aux tourbières, elles ne peuvent être exploitées que par leur propriétaire ou de son consentement, et toujours moyennant une autorisation.

**Techn.** — L'art de l'exploitation des mines, dit Am. Burat, embrasse tous les procédés qui ont pour objet l'extraction des minéraux utiles, le but étant toujours de se procurer ces minéraux de la manière la plus simple et au plus bas prix possible. Il doit encore définir le gîte, veiller à son aménagement et préparer l'avenir. » Les études spéciales qui sont la base de cet art et les procédés qu'il emploie sont surtout empruntés à la Géologie, à la Minéralogie, et à la Mécanique.

1. *Recherche des gîtes.* — Ce travail a pour objet de reconnaître l'existence des gîtes, de définir leurs formes, et de constater leurs richesses et leurs dimensions. Cette recherche est le plus souvent facilitée par des affleurements des filons, la rencontre de fragments entraînés par les eaux, et on l'exécute en pratiquant, suivant les cas, des *sondages*, des *tranchées*, des *puits* ou des *galeries*.

Les *Sondages* consistent à percer dans le terrain des trous de quelques centimètres de diamètre au moyen d'instruments appelés *Sondes* (Voy. SONDAGE). On a recours à ce procédé pour la recherche de la houille, du sel gemme et des eaux minérales; mais on ne l'emploie guère pour les minerais, parce que les roches qui renferment ces derniers sont trop dures pour la sonde. On creuse ordinairement des *Tranchées* pour dégager la crête des dépôts, quand elle est cachée par la terre végétale; mais elles sont le plus souvent insuffisantes, parce que le degré de richesse des affleurements est rarement en rapport avec celui du gîte. Dans tous les cas, les tranchées doivent toujours être ouvertes perpendiculairement à la direction de la crête. Les *Puits* sont des excavations généralement cylindriques. On les fait le plus souvent verticaux : quand ils sont inclinés, on leur donne le nom de *Descenderies* ou de *Montages*. Les *Galeries* ont un axe à peu près horizontal. On appelle *galeries d'allongement*, celles qui sont poussées dans la masse minérale suivant sa direction, et *galeries de traverse*, celles qui sont perpendiculaires à cette direction. Enfin, on établit souvent sur divers points de leur étendue des excavations de plus grande dimension, appelées *Chambres*. Quand la crête d'une couche ou d'un filon se montre sur le flanc d'une montagne, on explore le gîte par une galerie d'allongement, et, si l'on veut étudier plusieurs gîtes parallèles, on perce une galerie qui les traverse tous, et qu'on nomme, *galerie à travers bancs* ou simplement *travers bancs;* de cette galerie partent des branches qui pénètrent dans chacun des gîtes. Lorsque les affleurements se trouvent à la surface d'un plateau ou d'une plaine, au lieu de galeries, on *fonce*, c.-à-d. on creuse des *Puits*, tantôt suivant l'inclinaison même des gîtes, tantôt au travers des bancs, et l'on ouvre des galeries d'allongement au bas des puits ou à différentes profondeurs. On consolide les travaux par un *boisage* ou par un *muraillement*. Un *Boisage* se compose de cadres de bois placés à une petite distance les uns des autres, et derrière lesquels on passe de fortes planches, de telle sorte que chacune d'elles s'appuie sur deux cadres. Le boisage prend le nom de *Cuvelage*, quand il est assez imperméable pour ne pas laisser filtrer l'eau. Quant au *Muraillement*, il se fait de briques ou de pierres taillées. Celui d'une galerie se compose d'un chapeau établi sur deux pieds-droits pour soutenir le couronnement et les parois. Dans tous les cas, on établit sur des traverses une voie en planches pour la circulation. Le muraillement des puits est toujours solidement assis sur un banc de roche. Si le terrain qui doit le supporter n'offre pas toutes les garanties convenables de solidité, on consolide la maçonnerie en plaçant de distance en distance des cadres de bois, appelés *Rouets*, qui ont intérieurement la forme du muraillement, et qui sont fixés extérieurement dans le rocher.

Les travaux qui précèdent, tranchées, puits, galeries, s'exécutent à l'aide d'outils d'acier, de la poudre ou de la dynamite. Les outils d'acier, pioches, pics, pointerolles, barres à miner, leviers et masses, ont été longtemps seuls employés dans les mines. On suppléait à leur insuffisance, dans les roches très dures, par l'application du feu dans le but de faire fendre ces roches. L'usage de la poudre dans les mines date de 1632. Ce procédé consiste à forer des trous cylindriques convenablement placés dans le rocher que l'on veut faire éclater, et à introduire dans chacun de ces trous une cartouche par-dessus laquelle on chasse une bourre, en ayant soin de ménager un passage pour la mèche. La poudre produit un double effet sur les roches : un effet initial qui les fend, et un effet de détente qui projette au loin les fragments rompus. Dans les excavations où l'eau suinte à travers la roche, on fait aussi usage de cartouches de dynamite que l'on introduit dans le trou de mine, comme une cartouche ordinaire, après l'avoir amorcée.

II. ***Exploitation des gîtes.*** — Les gîtes reconnus exploitables, on procède à leur exploitation. On peut la faire de deux manières : *à ciel ouvert* ou *en souterrain*.

1° L'*exploitation à ciel ouvert* est la plus simple et la moins coûteuse. Elle convient surtout pour les gîtes peu éloignés de la surface. Indépendamment de la tourbe et des lignites qui se trouvent dans certains terrains marécageux, on l'emploie pour les roches friables, telles que les sables; pour les minerais d'alluvion, minerais aurifères, stannifères, gemmifères, et la plupart des minerais de fer de la France; pour les roches employées dans les constructions, comme le gypse, les calcaires, les marbres, les granites, les schistes ardoisiers, les pierres meulières. Dans toute exploitation à ciel ouvert, on procède de manière que les massifs se présentent toujours dégagés sur deux faces, ce qui conduit à les disposer en gradins, disposition qui, en empêchant les éboulements, facilite l'*abatage*. On ménage des rampes pour les transports, ou, si les excavations sont trop profondes, on établit des treuils d'extraction, en ayant soin de faire le triage dans le fond, afin de ne pas avoir à remonter toutes les matières inutiles. Enfin, on expulse les eaux pluviales et celles d'infiltrations, soit par des tranchées, soit par des puits d'absorption, soit par des moyens mécaniques, les pompes d'épuisement par exemple.

2° L'*exploitation en souterrain*, ou par puits et galeries, a pour objet de vider les gîtes en filons et en couches inclinées. La plupart des grandes exploitations, commencées à ciel ouvert sur les amas métallifères, finissent aussi par être transformées en exploitations souterraines, parce qu'il devient très difficile de maintenir les parois de ces grandes excavations, et d'en extraire économiquement le minerai. On a alors recours aux puits, chambres et galeries qui ont servi à la recherche, et que l'on multiplie de manière à découper le gîte en étages et massifs et à y préparer les voies nécessaires à l'abatage, au roulage, à l'aérage et à l'assèchement. De plus, il faut diviser ce gîte en massifs isolés, de telle sorte que l'exploitation en ait toujours à sa disposition un nombre suffisant dégagés sur deux faces. En outre, les ateliers doivent être disposés de manière qu'ils soient aussi rapprochés que possible les uns des autres, afin de rendre la surveillance, l'éclairage, le roulage, etc., plus économiques, de n'avoir pas trop de travaux à entretenir à la fois, et de pouvoir abandonner les champs d'exploitation quand ils se trouvent épuisés. Enfin, il faut diriger toutes les eaux sur des points de rassemblement où leur épuisement soit assuré.

Les *méthodes d'abatage* varient suivant la nature des matières exploitées, suivant la forme, la puissance et l'inclinaison des couches ou filons, et suivant que les substances à extraire sont consistantes ou ébouleuses. Il faut, en outre, remarquer que les amas métallifères fournissent généralement une énorme quantité de déblais provenant des gangues et des parties stériles; et, comme ces déblais doivent être laissés dans la mine, il faut que les procédés pourvoient aussi bien à leur aménagement qu'à l'abatage des roches et au soutènement des excavations.

*a.* Lorsque la puissance des filons ou couches est inférieure à 3 mètres, et lorsque leur inclinaison est entre 45° et la verticale, on emploie, selon les cas, la méthode d'abatage dite *par gradins droits*, ou la méthode *par gradins renversés*. La première consiste à diviser chaque massif en parallélépipèdes, en commençant par un des angles du haut, et à abattre successivement ces parallélépipèdes en donnant à l'ensemble de l'atelier la disposition en gradins. A mesure qu'on avance dans l'abatage, on consolide le vide qui en résulte avec des étais qui vont du toit au mur et qui supportent des planchers sur lesquels on accumule les déblais stériles. Quant aux produits utiles, on les jette de gradin en gradin jusqu'au niveau de la galerie qui sert à les enlever. La méthode *par gradins renversés* diffère de la précédente en ce que la disposition des gradins est inverse et que les massifs sont attaqués par la partie inférieure. Les ouvriers, pour abattre le minerai, se placent sur les remblais ou sur des planchers mobiles. Quand la roche est peu solide, on la soutient par des boisages. Ces boisages avancent avec l'entaille, et sont successivement enlevés pour être reportés en avant à mesure qu'ils peuvent être remplacés par des remblais. Ces deux méthodes offrent cet avantage commun, que le filon est complètement dépouillé, de sorte qu'après l'exploitation, la place qu'il occupait se trouve remplie de déblais stériles maintenus par des boisages. Mais la méthode par gradins renversés présente un avantage particulier, c'est que l'abatage est facilité par le poids des masses. Ces deux méthodes s'appliquent également aux gîtes métallifères; mais l'exploitation de la houille ne comporte pas l'emploi de la méthode par gradins droits, parce que les ouvriers, en marchant sur les produits abattus, les écraseraient plus ou moins, ce qui diminuerait notablement leur valeur. Lorsqu'on applique cependant à ce minerai la méthode par gradins renversés, comme dans les Flandres, on est, pour remblayer, obligé d'abattre une partie du toit ou du mur, ou bien de faire arriver dans les tailles les déblais qui résultent du percement des galeries creusées pour le roulage ou l'aérage. Mais ces moyens sont insuffisants, dès que la couche dépasse 1 mètre. Dans ce cas, il faut recourir à une méthode spéciale, appelée méthode *par dépilage*. Dans ce procédé, on construit un boisage provisoire qui soutient le toit pendant qu'on extrait la houille, puis on retire ce boisage de sorte que le toit s'éboule sur le mur de la couche.

*b.* Lorsque la couche possède une inclinaison comprise entre 45° et l'horizontale, on emploie l'une des trois méthodes suivantes : *par gradins couchés*, *par grandes tailles*, *par galeries et piliers*. La méthode *par gradins couchés* présente une certaine analogie avec celle des gradins renversés. Ce qui la caractérise, c'est que, en raison de la faible inclinaison du gîte, les gradins se trouvent couchés suivant le plan de la masse minérale, de telle sorte que l'ouvrier, au lieu de s'élever sur des remblais ou sur des planchers, marche sur le mur du gîte. La hauteur des tailles est quelquefois si faible, que les mineurs ne peuvent se tenir verticalement et sont obligés de *travailler à col tordu*, c.-à-d. couchés sur le côté. La méthode *par grandes tailles* consiste à attaquer un massif simultanément sur toute sa longueur. Les ouvriers travaillent de front sur toute la ligne. Ils boisent derrière eux avec des étais, puis rejettent les déblais entre les boisages. Cette méthode est rapide, mais elle ne peut être appliquée qu'aux matières assez tendres pour être aisément entaillées au pic. La méthode *par galeries et piliers* consiste à diviser le massif par des galeries croisées qui laissent entre elles une partie pleine suffisante pour supporter le toit. Elle est surtout usitée lorsque le minerai exploité a peu de valeur. On exploite ainsi les pierres de construction, certaines couches de minerai de fer, et certaines houillères. Mais, pour celles-ci, on finit ordinairement par abattre les piliers eux-mêmes.

*c.* Lorsque les gîtes sont en couches, en filons ou en amas de plus de 3 mètres de puissance, leur exploitation présente de très grandes difficultés. En effet, il est alors impossible de placer des boisages du toit au mur, et l'on est obligé de soutenir les excavations, soit par la matière elle-même, soit par de véritables constructions faites avec les remblais. Si les roches sont solides et consistantes, on emploie la méthode *par ouvrages en travers*, ou la méthode *par galeries et piliers*. La première de ces méthodes procède de bas en haut : par conséquent, elle exige que le gîte soit atteint en profondeur par un puits poussé aussi bas que possible. « Elle consiste, dit Burat, à ouvrir au mur de la masse minérale une galerie d'allongement qui en suit toutes les ondulations ; après quoi, on pratique dans cette galerie des tailles d'exploitation perpendiculaires à sa direction moyenne, et, par conséquent, dirigées du toit au mur. Ces tailles, prises en travers du gîte, sont d'abord séparées par des massifs pleins qui font l'office de piliers pour soutenir les parties supérieures. Ces galeries forment par leur avancement inégal des gradins horizontaux : elles sont remblayées à mesure qu'elles arrivent au toit, de sorte qu'à la fin du travail, c.-à-d. quand elles atteignent toutes ce dernier, les trois galeries contiguës se trouvent complètement remplies. Lorsqu'on a enlevé et remblayé ces premières tailles, on attaque les massifs intermédiaires eux-mêmes, et l'on arrive ainsi à enlever dans le gîte toute une tranche horizontale, en lui substituant une tranche de remblai. Un premier étage étant enlevé et remblayé, on s'élève sur les remblais et l'on procède de la même manière à l'enlèvement d'une nouvelle tranche, et ainsi de suite jusqu'à l'épuisement du gîte. » Quand un niveau est enlevé, on attaque la tranche supérieure de la même manière, en ayant soin de laisser entre les deux étages un sol intermédiaire, et de faire correspondre les piliers d'un étage à ceux de l'étage inférieur. Cette méthode a le grave inconvénient de faire abandonner la moitié du gîte; mais c'est la seule que l'on puisse employer pour les matières de peu de valeur qui ne donnent pas de déblais et ne supporteraient pas la dépense de remblais venus de l'extérieur.

*d.* Lorsque les gîtes sont en couches puissantes, mais qu'en même temps les matières sont friables et *ébouleuses*, les difficultés de l'exploitation se trouvent considérablement accrues. Alors on procède en faisant usage de la méthode *par éboulement*, on pousse des galeries de traverse fortement boisées, et séparées les unes des autres par des parties pleines d'environ 3 mètres, que l'on conduit jusqu'au toit. Arrivé là, on se retire en déboisant et en laissant ébouler la roche, qu'on enlève. Les éboulements se propagent à des hauteurs de 4 et 5 mètres, et entretiennent au fond de la galerie un talus, que l'on enlève tant qu'il se reproduit. Quand les éboulements cessent, on continue le déboisage, en reculant progressivement jusqu'à la galerie qui a servi de point de départ. On exploite ainsi le gîte en l'attaquant de haut en bas par étages espacés de 6 mètres, de manière que les éboulements ne tardent pas à se propager jusqu'à la surface du sol qu'on laisse effondrer. Le second procédé ou méthode *par remblais* varie beaucoup; il consiste, en principe, à attaquer le gîte de bas en haut au moyen d'ouvrages que l'on remblaie immédiatement. Le plus souvent, on suit, pour la forme de ces ouvrages, la marche des galeries et piliers ou celle des ouvrages en travers; mais on n'établit que des étages de hauteur d'homme, afin d'éviter les éboulements, et l'on remblaie de suite, et aussi complètement que possible, en ne laissant que les vides nécessaires au service.

Les méthodes qui précèdent sont applicables à l'exploitation souterraine de toutes les richesses minérales.

III. *Travaux accessoires.* — Après l'abatage, ce sont les opérations de roulage et d'extraction qui ajoutent le plus au prix de revient des matières exploitées. — Le *roulage* s'opère par des moyens différents, suivant l'inclinaison des voies de circulation établies dans les galeries de mines. Lorsque l'inclinaison dépasse 15 degrés, on est souvent obligé d'employer le *portage* à dos d'homme, qui se fait à l'aide de hottes ou de sacs; mais il vaut mieux établir de petits plans automoteurs, au moyen desquels les chariots pleins en descendant font monter les chariots vides. Lorsque l'inclinaison est moindre, on a recours au *traînage*, qui se fait au moyen de *Bennes* posées sur des rails et que des ouvriers tirent au moyen de bricoles. Quand les galeries ont des dimensions assez considérables, on fait usage de la traction par chevaux. Les chariots employés sur ces chemins de fer varient de forme et de grandeur selon les localités. Dans les houillères, ce sont de simples plates-formes sur lesquelles on place les bennes ou des wagons qui, après avoir fonctionné comme bennes, sont traînés au puits d'extraction et hissés au jour. Ces dernières sortes de wagons sont construites en tôle et désignées sous le nom de *Berlines*. — *L'extraction* proprement dite des minerais se fait au moyen de câbles, à l'extrémité inférieure desquels on accroche les bennes, les berlines, etc., et dont l'autre extrémité s'enroule autour d'un tambour, mis lui-même en mouvement par une machine à vapeur. Les bennes vides descendent en même temps que montent les bennes pleines. En outre, pour que ces bennes ne se choquent pas au moment où elles se croisent, on a recours à des appareils appelés *Guides*, qui consistent en deux câbles de fil de fer tendus et embrassés par des coussinets ou en tiges rigides de fer placées verticalement dans le puits. Quelquefois même une cloison sépare la section du puits en deux parties distinctes depuis l'orifice jusqu'à l'étage où se produit l'extraction. — Les circonstances dans lesquelles s'exécute l'exploitation des gîtes souterrains exigent encore deux séries de travaux fort importants : les uns ont pour objet la ventilation, et les autres l'épuisement des eaux qui constituent un obstacle des plus sérieux dans la plupart des mines. Il sera parlé ailleurs (Voy. Ventilation) des procédés usités pour renouveler l'air dans les galeries. Quant aux moyens auxquels on a recours pour épuiser les eaux, ils consistent soit à ouvrir, lorsque la chose est possible, des *galeries d'écoulement* partant du fond de la m. et aboutissant à un niveau inférieur, soit à établir des machines hydrauliques d'épuisement, pompes, machines à colonne d'eau, vis d'Archimède, etc.

IV. *Service des mines.* — Le soin de surveiller l'exploitation des mines est confié à un corps spécial, qui porte le titre de *Corps des Ingénieurs des Mines*, et qui est sous les ordres du Ministre des Travaux publics. En outre, pour faciliter l'action de cette administration, le territoire est partagé en circonscriptions ou *arrondissements minéralogiques*. Les grades dans le corps des ingénieurs des mines sont fixés ainsi qu'il suit : *Inspecteurs généraux*, *Ingénieurs en chef*, *Ing. ordinaires*, et *Élèves-ingénieurs*. Les premiers résident à Paris et sont employés, dans des circonscriptions déterminées, aux tournées ou missions que comporte le service. Les ingénieurs sont attachés aux arrondissements minéralogiques. Quant aux élèves-ingénieurs, ils font partie du personnel de l'*École d'application*. Les ingénieurs ont pour auxiliaires des agents désignés sous le nom de *Gardes-mines*, leur grade correspondant à celui de conducteur des ponts et chaussées.

Trois écoles spéciales dépendent du service des mines. L'*École des Mines*, établie à Paris, a pour objet principal de former des ingénieurs destinés au recrutement du Corps, de réunir les matériaux nécessaires pour compléter la statistique minéralogique de la France, et de faire les expériences et analyses qui peuvent intéresser les progrès de l'industrie minière. Elle admet trois catégories d'élèves : les *élèves-ingénieurs*, qui sortent de l'École polytechnique, font partie du Corps des mines et reçoivent un traitement; les *élèves externes*, qui ne sont reçus qu'après avoir subi un examen destiné à constater qu'ils sont en état de suivre les cours; et les *élèves étrangers*, qui sont admis, sur la demande des agents diplomatiques de leur pays, par une décision spéciale du ministre. L'enseignement de l'école est gratuit. Après trois ans au moins et six ans au plus de séjour, les élèves externes peuvent recevoir un diplôme de capacité, qui leur donne le droit de s'intituler *Élèves brevetés*. — L'*École des mineurs* est établie à Saint-Étienne, au centre du riche bassin houiller de la Loire. Elle est destinée à former des directeurs d'exploitations et d'usines métallurgiques, ainsi que des gardes-mines. A la fin des études, les élèves qui satisfont aux épreuves de sortie obtiennent des brevets de capacité de différents degrés. Des cours pour les ouvriers sont annexés à l'établissement. — Enfin, l'*École des maîtres-mineurs* d'Alais (Gard) a pour objet de former de bons contremaîtres et des chefs d'atelier. L'enseignement y est essentiellement pratique. Les cours durent deux ans, au bout desquels les meilleurs élèves reçoivent le brevet de *maîtres mineurs*.

**Art militaire.** — Avant l'invention de la poudre, une mine était constituée par une cavité pratiquée à l'intérieur du sol en vue de produire un éboulement. Depuis, on a désigné sous ce nom des charges de poudre ou autres explosifs placés dans la terre, le roc ou la maçonnerie et destinés à produire, par leur explosion, un effet destructeur nuisible à l'ennemi. On emploie aussi quelquefois les mines pour faire brèche. Les logements préparés pour recevoir ces charges s'appellent *chambres de mine* avant que les charges y soient déposées, et *fourneaux de mine*, ou simplement *fourneaux*, lorsqu'ils contiennent les charges. On arrive à ces chambres soit au moyen d'excavations verticales ou *puits*, mais surtout au moyen de passages ou cheminements souterrains horizontaux ou peu inclinés, appelés *galeries* ou *écoutes* pour les principaux, *rameaux* pour ceux de moindre dimension, et *forages* quand leur diamètre est trop petit pour qu'un homme puisse y pénétrer. L'ensemble des communications souterraines établies en vue de donner au défenseur d'un ouvrage le moyen de disposer méthodiquement des fourneaux destinés à entraver les progrès de l'attaque rapprochée, constitue un *système de mines*, ou plus exactement de *contre-mines*. On désigne encore, dans certains cas, sous le nom de *dispositifs de mines*, des charges d'explosifs disposées, à la surface ou dans une cavité, pour opérer certaines destructions, telles que la rupture des tabliers des ponts métalliques, des rails, des pièces de bois ou de fer, des maçonneries de faible épaisseur, etc. Il serait préférable, dans tous les cas de ce genre, d'employer le terme mieux approprié de *dispositifs de rupture ou de destruction.*

Jusqu'à ces derniers temps, on employait exclusivement, pour les mines, les différentes sortes de *poudre* noire. Actuellement on emploie aussi la *dynamite*, le *coton-poudre*, et surtout la *mélinite*, etc. Les effets de la poudre étant progressifs, il y a lieu d'effectuer un *bourrage*, pour éviter toute perte de pression pendant la durée de la combustion, c.-à-d. de remplir, après chargement du fourneau, une certaine longueur de la galerie ou du rameau chargé, afin d'empêcher l'explosion de se produire dans le vide en arrière. Avec les explosifs chimiques, la détonation étant pour ainsi dire instantanée, le bourrage n'est pas indispensable; toutefois, comme on perd, dans ce cas, une notable partie de l'effet destructeur, il y a toujours intérêt à recouvrir les charges d'une certaine quantité de terre, même d'un caillou, et il est rare qu'on n'ait pas le temps d'effectuer un bourrage, si sommaire qu'il soit, qui aura pour conséquence d'augmenter, dans des proportions considérables, les effets produits. Avec un bourrage, une charge de poudre produit des effets trois fois moindres que ceux des explosifs brisants; sans bourrage, ces effets seraient de 20 fois inférieurs; sur le fer et l'acier, l'action de la poudre non bourrée est même à peu près nulle. La déflagration de la poudre de guerre peut être produite directement par le contact d'un corps en ignition, une élévation subite de température à environ 300°, par l'étincelle d'un briquet et l'étincelle électrique. Mais les poudres brisantes ne peuvent faire explosion que par l'intermédiaire d'une *amorce*. Pour déterminer l'inflammation de l'amorce, on emploie : 1° la fusée lente ou cordeau *Bickford*, qui est constituée par un filet de poudre fine tassée dans un canal de 3 millimètres, lequel est formé par une double enveloppe de fils goudronnés enroulés en spirale l'une sur l'autre et en sens contraire; sa vitesse de combustion est de 1 mètre en 90 secondes et sa longueur est calculée de manière à laisser aux mineurs le temps de s'éloigner; 2° le *cordeau détonant*, formé d'une âme en mélinite pulvérulente, contenue dans une enveloppe en étain de 5$^{mm}$,5 de diamètre extérieur; ce cordeau, dont la vitesse de combustion est de 2,000 mètres à la seconde, permet d'obtenir la simultanéité absolue de plusieurs charges devant produire un effet commun, ou d'éviter l'emploi de trop grandes longueurs de Bickford; 3° lorsqu'on le pourra, il sera plus pratique de mettre le feu aux explosifs de toute espèce au moyen d'un courant électrique et d'une amorce spéciale qu'on met en contact avec l'explosif.

*Fourneaux et leurs effets.* — L'explosion d'un fourneau produit : 1° Des effets intérieurs, qui se traduisent par la compression des terres avoisinantes dans toutes les directions et dont l'intensité diminue à mesure que l'on s'éloigne du fourneau; les galeries et rameaux qui se trouvent à une certaine distance peuvent être partiellement détruits ou endommagés, et l'on a déterminé expérimentalement les zones dans lesquelles on constate des effets de rupture; 2° des effets extérieurs de projection, consistant en un soulèvement plus ou moins haut de la terre supérieure formant une gerbe et laissant, à l'endroit où a eu lieu l'explosion, une excavation de forme à peu près conique à laquelle on donne le nom d'*entonnoir*. Les lèvres de l'entonnoir sont constituées par la partie

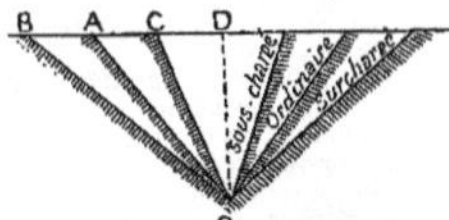


des terres retombées au-dessus du terrain naturel. La base de l'entonnoir, à la surface du sol, est généralement un cercle dont le rayon *r* s'appelle rayon de l'entonnoir. Ces effets extérieurs dépendent de la nature du terrain, de la grandeur de la charge et de la distance du centre des poudres à la surface du sol, distance qui s'appelle *ligne de moindre résistance*. On appelle *fourneau ordinaire* (Fig. ci-dessus) celui qui produit un entonnoir dont le rayon DA est égal à la ligne de moindre résistance OD. On obtient, en kilogrammes de poudre, la charge C d'un fourneau ordinaire en multipliant le cube de la ligne de moindre résistance *h* par un coefficient *g* qui dépend de la nature du terrain et varie de 1,20 dans les terres légères à 3,50 dans la bonne maçonnerie vieille. Cette règle se traduit par l'expression : $C = gh^3$. Dans les *fourneaux surchargés*, ou *globes de compression*, le rayon de l'entonnoir DB est plus grand que la ligne de moindre résistance. Le *fourneau sous-chargé* est celui dont le rayon DC est plus petit que la ligne de moindre résistance; dans ce cas, il n'y a pas de projection extérieure, mais tout au plus un léger bombement à la surface du sol. On les appelle des *camouflets*, quand il n'y a pas d'effet extérieur; les *camouflets contre-puits* sont des fourneaux préparés d'avance de l'intérieur des galeries, au moyen d'une machine spéciale, et destinés à détruire les puits ou autres ouvrages de l'attaque sans nuire aux galeries de la défense. Les *fourneaux à charge après bourrage* sont disposés de la même manière que les contre-puits, avec cette différence qu'une gaine, établie dans le massif même du bourrage aboutit, d'une part dans la boîte aux poudres, et de l'autre dans une partie de la galerie ou du rameau restée vide, de sorte qu'on peut charger le fourneau à volonté. Lorsqu'on a à établir un fourneau à une certaine profondeur au-dessous de l'eau, on construit un bâtardeau permettant ensuite de creuser un fourneau ordinaire, à moins qu'on ne puisse arriver au résultat en enfermant la charge dans une enveloppe étanche. Naturellement, dans le cas de fourneaux surchargés ou sous-chargés, la charge des fourneaux ordinaires est augmentée ou diminuée en conséquence.

*Forages.* — On a recours aux forages pour établir des fourneaux de mines, plus rapidement qu'à l'aide de puits ou de rameaux de mine. Ce sont des trous cylindriques pratiqués dans la terre à l'aide d'appareils ou d'outils spéciaux, qui sont dits de petit diamètre lorsque celui-ci varie de 0$^m$,05 à 0$^m$,10, et de grand diamètre quand celui-ci va de 0$^m$,12 à 0$^m$,25. Les appareils à petit diamètre sont seuls d'un usage réglementaire pour les forages, en raison des inconvénients assez nombreux que présentent les appareils à grand diamètre. Au moyen des forages de petit diamètre, on arrive à porter, jusqu'à 10 mètres, une petite charge de mélinite, dont l'explosion produit dans les terres une chambre suffisante pour une charge de poudre permettant d'obtenir ainsi un fourneau très rapidement. On leur donne une certaine inclinaison, pour que la poudre puisse aboutir naturellement à la chambre.

*Guerre souterraine* ou *guerre de mines.* — C'est la lutte qui a lieu en partie sous terre, entre l'assiégeant et l'assiégé, sur les approches d'un ouvrage (contrescarpe), lorsque ce dernier a pu construire un système de contre-mines. L'*attaque* procède généralement comme il suit : partie d'un *logement des mines*, établi à 20 ou 30 mètres des fourneaux les plus avancés de la défense, elle s'avance en rameau incliné, ou en puits et rameau horizontal, ou en forage, et elle emploie des fourneaux surchargés, pour créer des entonnoirs, qu'elle relie en arrière avec le logement des mines et d'où elle part pour gagner du terrain nouveau en avant. La *défense*, au contraire, évite les fourneaux surchargés, qui consomment beaucoup de poudre, peuvent détruire ses propres travaux et faciliter ceux de l'adversaire. Elle pousse des rameaux à la rencontre de l'ennemi et ne les charge que lorsque les fourneaux peuvent jouer facilement. Quand un fourneau a joué, on le débourre et on y place une nouvelle charge le plus avant possible. On arrive ainsi, par une suite incessante de chicanes, à prolonger la durée d'un siège de quelques jours, et cela bien plus par les effets moraux que par les pertes réelles que cette guerre de mines occasionne.

**MINÉE**, personnage mythologique dont les filles auraient été changées en chauves-souris.

**MINEPHTAH**, nom de deux rois égyptiens de la XIX$^e$ dynastie.

**MINER.** v. a. Faire, pratiquer une mine. *M. un bastion. M. une tour. M. un rocher.* || Creuser, caver lentement. *L'eau mine la pierre. Le courant de la rivière a miné les piles de ce pont.* || Fig., Consumer, détruire peu à peu. *Cette maladie, ce chagrin le mine. Le temps mine tout.* = MINÉ, ÉE. part.

**MINERAI.** s. m. [Pr. *mine-rè*] (lat. *minera*, minière). T. Minér. Se dit de toute substance qui renferme un métal; mais, dans les exploitations, on ne donne ce nom qu'aux substances dont on peut tirer avec profit le métal qu'elles contiennent.

**MINÉRAL.** s. m. (bas lat. *minerale*, de *minera*, minière). T. Hist. nat. Tout corps non organisé qui se trouve à l'intérieur de la Terre ou à sa surface. On dit *les minéraux* par opposition aux végétaux et aux animaux. Voy. MINÉRALOGIE.

**MINÉRAL, ALE**, adj. (lat. *mineralis*, m. s. de *minera*, minière). Qui appartient aux minéraux. *Composé m., substance minérale.* — *Le règne m.*, ensemble de tous les corps organisés par opposition au règne végétal et au règne animal. — *Eaux minérales.* Voy. EAU.

**MINÉRALISABLE.** adj. 2 g. [Pr. *minérali-zable*]. Qui est apte à la minéralisation.

**MINÉRALISATEUR, TRICE.** s. et adj. [Pr. ...*zateur*] (R. *minéraliser*). T. Chim. Se dit des corps propres à transformer les métaux en minerai. *Les minéralisateurs*, ou *les agents minéralisateurs les plus ordinaires sont l'oxygène, le soufre, l'arsenic et les acides. Les propriétés minéralisatrices du soufre.* || En parlant d'une eau minérale, se dit aussi du principe minéral auquel elle doit ses propriétés dominantes.

**MINÉRALISATION**. s. f. [Pr. ...*za-sion*] (R. *minéraliser*). T. Chim. Transformation des métaux en minerais. — Art de reproduire synthétiquement les composés que présente la nature. || État d'une eau qui contient en dissolution certaines substances minérales.

**MINÉRALISER**. v. a. [Pr. ...*zer*] (R. *minéral*). Transformer un métal en minerai. || Modifier l'eau, par la dissolution de certaines substances minérales. = MINÉRALISÉ, ÉE. part. *La galène est du plomb minéralisé par le soufre. Une eau faiblement minéralisée.*

**MINÉRALOGIE**. s. f. (R. *minéral* et gr. λόγος, discours). — I. *Définitions.* — On désigne sous la dénomination commune de *Minéraux* tous les corps inorganiques, solides, qui composent l'écorce terrestre. On y joint habituellement les substances d'origine organique qui sont enfouies dans le sein de la terre, comme la houille, l'anthracite, etc. Les roches qui composent la croûte du globe sont ordinairement formées par l'agrégation de divers matériaux moins complexes, qui sont homogènes dans toutes leurs parties, et qu'on appelle *espèces minérales simples* ou *minéraux* proprement dits; c'est ainsi que le granit est constitué par l'assemblage de trois minéraux : le quartz, le feldspath et le mica. L'étude des roches fait l'objet de la *Lithologie* ou *Pétrographie* que l'on considère plutôt comme une branche de la Géognosie. La *Minéralogie* se borne à l'étude des espèces minérales simples. Elle embrasse la connaissance de leurs propriétés générales; celle des caractères particuliers qui distinguent les différentes espèces les unes des autres, et les variétés de chaque espèce entre elles; celle de leur gisement ou manière d'être dans la nature, comme aussi de leur emploi dans les arts et dans les usages de la vie; enfin, celle de leur classification. Une branche très importante de la M. a été traitée à part. (Voy. CRISTALLOGRAPHIE).

II. *Des minéraux en général.* — Considérés au point de vue de leur constitution chimique, les minéraux sont ou des corps simples ou des combinaisons. Les minéraux chimiquement simples sont en fort petit nombre, car, bien que l'analyse chimique ait constaté jusqu'à ce jour l'existence de plus de 70 corps élémentaires, c.-à-d. indécomposables, il n'y en a guère que **12** qui aient été rencontrés dans la nature à l'état natif, et encore cet état n'est-il fréquent que pour le soufre, l'or, l'argent, le platine et le carbone. Quant aux minéraux qui sont des combinaisons chimiques, on croirait au premier abord que leur nombre doit être prodigieux, car la plupart des éléments connus peuvent se combiner entre eux dans diverses proportions; mais il s'en faut de beaucoup que toutes les combinaisons possibles se réalisent dans la nature. Les minéralogistes, en effet, n'ont guère reconnu plus de **1,200** espèces minérales, et, sur ce nombre, les neuf dixièmes environ sont des composés plus ou moins rares qui se trouvent disséminés çà et là, et n'ont aucune importance au point de vue de la constitution de notre globe, non plus qu'au point de vue de leur utilité pour l'espèce humaine.

Les minéraux se rencontrent souvent dans la nature sans que nous en connaissions l'origine, ou bien ils se forment immédiatement chaque fois que quelques particules élémentaires, se trouvant en présence, peuvent librement agir l'une sur l'autre et céder à leur affinité mutuelle. Une fois produit, le minéral peut conserver le volume et la forme qu'il a acquis à l'instant même de sa formation, ou bien s'accroître indéfiniment par l'addition de nouvelles molécules de même sorte à sa surface extérieure, soit d'une façon continue, soit successivement et après des interruptions d'une durée indéfinie, car cet accroissement dépend exclusivement des circonstances extérieures. Dans ces changements accidentels de volume, la forme du minéral peut rester constamment la même; mais le plus souvent elle varie d'une infinité de manières, sans ordre comme sans époque déterminée. Du reste, une masse minérale n'a pas une durée d'existence fixe : elle subsiste d'une manière indéfinie, et ne peut être détruite que par une cause extérieure. Encore cette destruction n'est-elle souvent qu'apparente, comme lorsque le minéral est réduit à l'état pulvérulent ou à l'état de dissolution. Il n'y a destruction réelle d'un minéral, que lorsque ses éléments se dissocient en totalité ou en partie, ainsi qu'on l'observe quand on calcine de la pierre à chaux, qui perd alors son acide carbonique, ou lorsqu'on chauffe de l'azotate d'ammoniaque, qui se décompose en eau et en protoxyde d'azote.

Il résulte de ce que nous venons de dire de l'origine, de l'accroissement et de la destruction des substances minérales, qu'elles sont de simples agrégats et ne sauraient constituer des *individus* proprement dits. Un minéral, en effet, peut se diviser successivement, jusqu'à ce que l'on arrive à la molécule qui constitue son élément, et cette molécule possédera encore les propriétés essentielles du tout. Un cabinet de zoologie ou de botanique est formé d'une collection d'individus; un cabinet de minéralogie est formé d'une collection d'échantillons. Néanmoins les minéralogistes considèrent ces molécules primitives comme constituant les *individus minéralogiques*. Quant aux termes d'*espèce* et de *genre*, on ne peut, en minéralogie, leur attribuer la même signification que dans les sciences qui ont pour objet les êtres vivants. Aussi voyons-nous les minéralogistes fonder la distinction de leurs espèces, tantôt sur la différence de composition chimique des minéraux, tantôt sur la considération de la différence de leurs formes, la composition chimique étant la même. Ainsi, par ex., d'une part, l'or natif, l'argent et le cuivre, qui ont les mêmes formes cristallines, mais qui diffèrent par leur composition chimique, forment trois espèces minéralogiques différentes; d'autre part, la chaux carbonatée et l'aragonite, qui ont la même composition chimique, mais cristallisent dans des systèmes différents, la première dans le système rhomboédrique, et la seconde dans le système prismatique,, sont également considérées comme formant deux espèces distinctes. La difficulté d'appliquer au mot *genre* une signification précise est plus grande encore, et sa signification varie nécessairement suivant le point de vue où se place le minéralogiste. Un genre minéralogique se formant par le rapprochement des espèces les plus analogues entre elles, on aura des genres fondés sur la composition chimique, et qui comprendront les espèces composées des mêmes principes en proportions différentes, des genres fondés sur les rapports des formes cristallines, et d'autres genres établis à la fois sur la considération de la composition et de la forme cristallographique : ce dernier cas est celui des corps isomorphes. Les groupements de plusieurs genres en *familles* sont aussi difficiles à établir et aussi arbitraires que les groupements d'espèces en genre.

III. *Caractères des minéraux.* — Ces caractères sont *physiques* et *chimiques*. La distinction des espèces étant généralement fondée sur l'étude de ces deux ordres de caractères, il importe, dans beaucoup de cas, de les considérer tous deux avec attention. Néanmoins, l'observation des premiers est le plus souvent suffisante pour arriver à la détermination des espèces connues.

A. *Caractères physiques.* — L'importance de ces caractères est très variable; en conséquence, il en est plusieurs que nous nous contenterons de mentionner.

1° La *forme extérieure* ou la *configuration* est le caractère physique le plus essentiel à considérer dans les minéraux; mais comme, dans notre article *Cristallographie*, nous avons longuement étudié les formes qu'ils peuvent affecter, nous n'y reviendrons pas ici. — La *structure* est encore un caractère très significatif. Dans les minéraux à formes régulières, la structure est toujours régulière, car alors il existe entre elle et la configuration externe une relation nécessaire et tellement intime, qu'on ne peut séparer leur étude. C'est principalement par le *clivage* que la structure des minéraux se révèle, dans ce cas, à l'œil de l'observateur. Les structures irrégulières résultent le plus souvent d'une agrégation irrégulière de cristaux ou de particules matérielles quelconques, qui peut avoir lieu de diverses manières, ce qui produit autant de variétés distinctes. Les principales sortes de structures irrégulières sont désignées par les épithètes de *lamellaire*, *granulaire*, *dendritique*, *fibreuse*, *schisteuse* et *compacte*. Les minéraux à *structure lamellaire* présentent, quand on les brise, une multitude de facettes dirigées dans tous les sens, qu'on reconnaît à leur miroitement. Les dimensions de ces facettes sont très variables. Lorsqu'elles sont très petites, comme dans le marbre statuaire, on dit que la structure est *saccharoïde*. Parfois les plus petites lames qui composent le minéral ont très peu d'adhérence entre elles, de sorte qu'elles laissent sur les doigts, quand on les touche, un plus ou moins grand nombre de petites écailles ordinairement brillantes. C'est ce qu'on observe, par ex., dans le fer oligiste et dans le sulfate de chaux : on dit alors que la structure est *écailleuse*. Les *structures granulaires* se distinguent en *cristallines*, lorsque les grains qui constituent le minéral sont des cristaux déformés par leur pression mutuelle, comme dans le sulfate de baryte, et en *arénacées*, lorsque ces grains sont formés par des grains de sable agglutinés, comme on le voit dans les grès. La *structure dendritique* offre plusieurs variétés que l'on nomme *tricotée*, *palmée*, *réticulée*, etc., suivant les apparences que l'on observe dans la disposition des molécules cristallines. Lorsque des cristaux cylindroïdes, capillaires, aciculaires, viennent à se grouper entre eux, sans prendre une adhérence complète, il en résulte encore des masses d'une structure particulière qu'on désigne par les expressions de *fibreuse* et de *bacillaire*. Quelquefois les fibres réunies sont à peine adhérentes les unes aux autres, et produisent des masses souples et soyeuses : l'amiante nous offre un exemple bien connu de cette variété de structure. La *structure schisteuse*, du gr. σχιστὸς, aisé à fendre, peut résulter de dispositions différentes. Dans certains corps, ainsi qu'on le voit dans les diverses espèces d'ardoises, elle résulte de l'accumulation d'une multitude de petites lamelles qui se sont toutes déposées à plat, soit seules, soit en même temps que des matières terreuses, sableuses et même cristallines, de diverses sortes : on a alors la structure *lamello-schisteuse*. Dans d'autres, la structure schisteuse est produite par une multitude de petites aiguilles cristallines qui sont toutes rangées sur le même plan, tantôt parallèlement les unes aux autres et bout à bout, tantôt, ce qui a lieu le plus souvent, croisées et entremêlées sur ce plan de différentes manières, quelquefois aussi jetées en tous sens d'un plan à l'autre, ce qui détermine l'épaisseur des lames de divisions possibles. Cette sorte de structure est appelée par Beudant *fibro-schisteuse*. Elle s'observe dans certaines roches amphiboliques et dans plusieurs roches micacées. On nomme *structure compacte*, celle où les molécules constitutives du minéral sont tellement ténues et serrées les unes contre les autres, que l'on ne reconnaît dans la masse, même avec l'aide du microscope, aucune partie distincte : tels sont le cristal de roche et le verre. Mais, dans une multitude de corps, la compacité n'est pas aussi parfaite, et alors on les appelle *lamello-compactes*, *granulo-compactes*, *fibro-compactes*, suivant que l'on peut reconnaître que la compacité résulte de l'atténuation des structures lamellaire, granulaire ou fibreuse. La structure irrégulière des minéraux peut être encore le résultat de l'irrégularité de leur accroissement, du retrait qu'ils ont éprouvé, des dégagements de gaz qui se sont faits à travers leur substance lorsqu'elle était à l'état pâteux, etc. — C'est par la *cassure* que se manifestent les structures dont nous venons de parler : en conséquence, la cassure est dite *lamellaire*, *granulaire*, *écailleuse*, *fibreuse*, *compacte*, etc., selon l'espèce de structure qu'elle révèle. Cependant la cassure compacte en particulier présente plusieurs modifications qui constituent des caractères d'une certaine valeur : telles sont les cassures *conchoïde* ou *conchoïdale*, *esquilleuse*, et *plate*. On observe très bien la première de ces cassures, lorsqu'on brise une bille d'agate translucide. L'un des fragments présente alors une cavité arrondie, à stries ou rides concentriques, et l'autre un mamelon conoïde qui en est la contre-épreuve. La cassure est dite esquilleuse, quand sa surface présente une multitude de petites esquilles ou écailles qui se détachent avec plus ou moins de facilité Enfin, la cassure plate, qui n'a pas besoin d'être définie, est un caractère constant des bonnes pierres lithographiques. On donne encore aux cassures les noms de *vitreuse*, de *résineuse*, de *terreuse*, etc., selon le genre d'éclat dont elles sont douées.

2° La considération des *propriétés optiques* des minéraux a acquis une importance qu'on n'aurait pas soupçonnée au commencement du XIX^e^ siècle. Quelques-unes paraissent être inhérentes à la nature des corps, mais le plus grand nombre tiennent à l'arrangement de leurs particules. — Les *couleurs* se distinguent en couleurs *propres* et en couleurs *accidentelles*. Les couleurs propres sont celles qu'on observe dans les métaux, dans le soufre, dans les sulfures, dans les oxydes métalliques, ainsi que dans les composés où ces oxydes entrent comme parties constituantes essentielles. Ces couleurs sont toujours uniformes et constantes dans le même corps, pourvu qu'il soit pur : les seules variations qu'elles présentent tiennent au plus ou moins de compacité de la masse. C'est ainsi qu'un assez grand nombre de couleurs, comme le bleu, le violet, le vert, le rouge même, prennent parfois une intensité telle qu'elles semblent noires au premier abord ; mais, dans ce cas, la poussière offre toujours la teinte propre, et c'est pour ce motif, qu'au lieu d'indiquer la couleur d'un minéral à l'état compact, on indique souvent sa couleur à l'état pulvérulent. La couleur propre de certains corps varie quelquefois avec l'arrangement de leurs molécules. Le soufre, par ex., fondu au-dessous de 120° et refroidi, devient cassant et présente une couleur jaune, tandis qu'il devient mou et rouge brun, quand on le chauffe à 300° et qu'on le refroidit brusquement. Les couleurs accidentelles peuvent varier à l'infini dans la même substance, suivant la nature des matières étrangères qui les produisent. Elles résultent, tantôt d'un mélange purement mécanique, tantôt d'une espèce de dissolution ou de combinaison chimique. Les couleurs par mélange mécanique se font principalement remarquer dans les substances qui ont cristallisé au milieu de quelque dépôt de matière colorée, soit pulvérulente, soit solide, dont elles ont entraîné quelques parties au moment de la cristallisation. Dans certains cas, le mélange est assez visible pour être reconnu à la loupe, surtout à l'aide d'une vive lumière ; mais d'autres fois les particules sont si fines et si uniformément répandues dans l'intérieur du corps, qu'il devient fort difficile d'en reconnaître la présence. Presque toujours ces mélanges mécaniques altèrent plus ou moins la transparence du corps, et quelquefois même le rendent tout à fait opaque, soit en totalité, soit dans quelques-unes de ses parties. Les corps colorés accidentellement par combinaison chimique, au contraire, conservent en général leur transparence et leur éclat. Telles sont les pierres fines employées par la joaillerie. Ainsi, par ex., il existe des émeraudes d'un vert foncé, d'un vert bleuâtre, d'un vert clair, et d'autres qui sont jaunes ou blanches. De même, il existe des topazes jaunes, bleues, blanches, et des diamants de toutes les couleurs. Enfin, tandis que les couleurs propres sont toujours uniformes dans toute l'étendue de la masse, il arrive souvent que les couleurs accidentelles varient dans la même masse, soit par l'espèce, soit par la nuance ou le degré d'intensité. On indique fréquemment dans les descriptions les dessins que ces couleurs forment alors entre elles, par des épithètes diverses, telles que *rubané*, *zonaire*, *veiné*, *nuagé*, *flambé*, *tacheté*, *pointillé*, *dendritique*, *ruiniforme*, etc. Il est encore une autre sorte de couleurs dont nous devons dire un mot : ce sont les couleurs *irisées* qui reproduisent toutes les teintes de l'arc-en-ciel. Ce mode de coloration ne tient, ni à la nature des corps, ni à la présence de substances colorantes accidentelles ; il dépend de la décomposition de la lumière blanche qui s'opère à la surface ou dans l'intérieur des corps, sous l'influence de quelque particularité de structure (Voy. DIFFRACTION). — Certains cristaux sont *dichroïques* ou *polychroïques* : vus par transparence ils ont des couleurs différentes suivant que la lumière les traverse dans telle ou telle direction. D'autres présentent deux colorations suivant qu'on observe la lumière transmise ou la lumière réfléchie. Mais ces phénomènes ne sont bien marqués que dans un petit nombre d'espèces minérales. — L'*éclat* est un caractère d'une bien moindre importance que la couleur. Néanmoins il permet de séparer tous les minéraux en deux grandes catégories, les substances métalliques, qui sont douées de l'éclat *métallique*, et les substances lithoïdes : au reste, toutes les couleurs peuvent affecter l'éclat métallique. Quant aux substances lithoïdes, les unes sont *ternes* ou *mates*, c.-à-d. dépourvues d'éclat ; les autres peuvent présenter l'éclat *vitreux*, l'éclat *résineux*, l'éclat *gras*, l'éclat *soyeux*, l'éclat *nacré*, etc. — La *transparence* se lie naturellement aux caractères de coloration et d'éclat. La plupart des substances minérales transparentes sont incolores ; quelques-unes sont, ainsi que nous venons de le voir, transparentes et colorées ; d'autres, comme la cornaline, sont simplement *translucides*. — Les minéraux sont encore le siège d'autres phénomènes optiques qui fournissent au minéralogiste d'excellents caractères distinctifs ; mais il en est parlé ailleurs, c.-à-d. dans les articles RÉFRACTION, POLARISATION, ASTÉRISME, etc. — La *Fluorescence* et la *Phosphorescence* (Voy. ces mots) sont très accentuées dans quelques minéraux ; mais ce ne sont pas là des caractères d'un usage habituel.

3° Le *poids spécifique* est un caractère précieux, parce qu'il peut se mesurer de la façon la plus rigoureuse. Ainsi, la topaze blanc limpide, qui pèse 3,40, se distingue facilement du cristal de roche, qui ne pèse que 2,60. On ne confondra jamais le platine, qui pèse 17 à 19 soit avec l'argent, qui pèse 10,4, soit avec l'étain, dont le poids spécifique est 7.2. L'or, qui pèse 16 à 19, ne se confondrait pas davantage avec le cuivre jaune, qui pèse 8,7 ; la barytine, qui pèse 4,70, avec le calcaire, qui pèse seulement 1,9 à 2,7 ; etc. Néanmoins, comme la plupart des substances minérales ne présentent pas entre elles des différences aussi tranchées, le caractère tiré de la pesanteur spécifique est généralement insuffisant. — En minéralogie, on appelle *dureté*, la résistance d'un minéral à l'effort qu'on fait pour le rayer, soit avec l'ongle, soit avec une pointe d'acier, soit avec les parties anguleuses d'un autre minéral En conséquence, on dit qu'un minéral est plus dur ou moins dur qu'un autre, suivant qu'il le raye ou qu'il en est rayé. Ainsi, le diamant est le plus dur de tous les minéraux, parce qu'il les raye tous et n'est rayé par aucun d'eux. Pour faire usage de ce caractère, on a dressé une échelle de dureté croissante, depuis le talc, qui est la plus tendre des substances minérales jusqu'au diamant. Voici cette échelle : 1, Talc; 2, Gypse; 3. Spath calcaire; 4, Spath fluor; 5, Apatite; 6, Feldspath; 7, Quartz; 8, Topaze; 9, Corindon; 10, Diamant. Maintenant, si l'on veut exprimer le degré de dureté d'un autre minéral quelconque, de l'émeraude par ex., on verra qu'elle raye le quartz, mais qu'elle est rayée par la topaze. Elle est donc comprise entre ces deux termes, et sa dureté peut être exprimée par le nombre fractionnaire 7,5 compris entre 7 et 8. — La *ténacité* ne doit pas être confondue avec la dureté. Ainsi, par ex., le diamant est aigre et facile à briser par le choc, tandis que certains feldspaths, beaucoup moins durs, sont tellement tenaces, qu'on a peine à en casser des fragments. Certaines substances, à la fois très dures et très tenaces, ont la propriété de *faire feu avec le briquet*. — La *flexibilité* caractérise quelques substances minérales, comme l'amiante; mais il faut distinguer, parmi les substances flexibles, celles qui ont de l'*élasticité*. Ainsi, par ex., l'amiante n'en a aucune, tandis que le mica est doué d'une élasticité très remarquable, et reprend sa première position lorsqu'on l'a ployé sans toutefois aller jusqu'à en briser le tissu. — Le toucher, quoique d'un usage très borné en minéralogie, peut néanmoins être quelquefois utile. Les substances talqueuses, par ex., se distinguent par leur *onctuosité*. Beaucoup de corps, au contraire, sont *âpres au toucher*. Enfin, d'autres sont dits *maigres au toucher*. Ces derniers sont en général des matières avides d'eau qui enlèvent rapidement le peu d'humidité des doigts, et produisent ainsi une sensation particulière. Ces mêmes substances *happent* à la langue. Telles sont les diverses espèces d'argiles. L'*odeur* et la *saveur* n'ont également que des applications fort limitées. L'odeur des minéraux se manifeste, tantôt immédiatement, comme l'odeur bitumineuse du naphte et du pétrole, tantôt à l'aide du frottement, comme l'odeur alliacée du phosphore et de l'arsenic, tantôt par la combustion, comme le soufre et les sulfures. Pour être sapide, il faut qu'un minéral soit soluble; ainsi, le sel gemme a une saveur salée, le sulfate de fer une saveur styptique, le sulfate de magnésie une saveur amère, etc.

4° La *conductibilité* pour la chaleur varie extrêmement dans les différents minéraux : de là résulte qu'au toucher ils produisent une impression de froid plus ou moins marquée qui parfois peut servir à les distinguer. La conductibilité des minéraux a été l'objet de recherches fort curieuses de la part de Senarmont, qui a fait voir que dans les corps cristallisés elle n'est pas la même dans tous les sens, et qu'elle est en rapport avec les axes de symétrie cristalline. — Toutes les substances minérales sont encore susceptibles d'acquérir la propriété électrique, par l'un ou par l'autre des moyens jusqu'ici connus de développer l'électricité, c.-à-d. par le frottement, par la pression, par le contact ou par la chaleur. En général, elles diffèrent beaucoup les unes des autres, soit sous le rapport de l'électricité qu'elles acquièrent, soit sous celui de la faculté conductrice. Néanmoins ces différences sont de fort peu d'importance au point de vue de la distinction des espèces en m.

5° Le *magnétisme*, c.-à-d. la propriété d'être attiré ou repoussé par l'aimant, appartient à tous les corps, mais il n'est bien marqué que dans certains composés du fer, du nickel ou du cobalt et peut servir à les reconnaître.

B. *Caractères chimiques des minéraux*. — Les caractères fournis par l'étude de la composition des minéraux sont de la plus haute importance. Cette étude a deux objets, la connaissance de la nature des éléments qui constituent les corps, c.-à-d l'*analyse qualitative*, et la connaissance des proportions pondérales suivant lesquelles ces divers éléments sont combinés, c.-à-d. l'*analyse quantitative*. La recherche de la nature des éléments constitutifs des minéraux est particulièrement désignée, en m., sous le nom d'*essai*, et l'on y procède, soit *par la voie sèche*, c.-à-d. à l'aide du feu et de réactifs solides; soit *par la voie humide*, c.-à-d. à l'aide de réactifs liquides. Le terme d'*analyse* désigne spécialement l'analyse quantitative. Mais, tandis que les essais peuvent s'exécuter avec facilité et à l'aide d'un outillage très simple, l'analyse réclame souvent l'emploi des procédés plus compliqués en usage dans les laboratoires. V. ESSAI et ANALYSE.

IV. *Histoire de la minéralogie*. — L'étude des corps inorganiques remonte aux premiers âges de la société, mais ici, comme partout ailleurs, la pratique a précédé de bien des siècles la science. Théophraste nous a laissé un livre sur les pierres, qui est le premier traité que nous connaissions sur cette matière. La partie minéralogique de la grande compilation de Pline l'Ancien renferme un assez grand nombre de faits intéressants pour la technologie et l'histoire des beaux-arts. Mais on ne trouve dans ces ouvrages aucune vue qui présente un caractère scientifique. Il faut arriver à l'époque de la Renaissance, pour voir la m. devenir l'objet d'études suivies, par lesquelles on s'efforce de l'élever à la dignité de science. Les ouvrages de G. Agricola, intitulés *De re metallica* et *De natura fossilium* (1546), bien que mêlés de beaucoup de rêveries, montrent dans une foule d'endroits un observateur sagace. Encelius paraît être le premier (1557) qui ait présenté des vues judicieuses sur la classification des minéraux, et Gesner (1563) le premier qui ait écrit sur la cristallographie. En 1575, Bernard Palissy fit à Paris, sur la m., des cours qui furent suivis avec empressement. Césalpin (1596) publia un essai de classification minéralogique qui, suivant Whewell, est très satisfaisant pour une époque où la chimie était encore si peu avancée. Georges Cesius, de Stockholm, et Aldrovande, au commencement du XVIIe siècle, firent des tentatives du même genre. Ils divisaient tous les minéraux, en terres, en fluides solidifiés, en pierres et en métaux. Leurs idées, quoique mêlées des erreurs de l'alchimie et de la cabale, sont souvent raisonnables. Le Danois Nic. Stenon est le premier qui ait observé la constance de la forme dans les cristaux, car, dans son livre *De solido intra solidum contento*, publié en 1669, il remarque que les angles d'un cristal hexagone ne varient pas, quoique ses côtés puissent varier. Domenico Gulielmini, dans une dissertation sur les sels publiée en 1707, adopte les mêmes vues, et observe que : « attendu qu'il y a un principe de cristallisation, l'inclinaison des plans et des angles est toujours constante ». Whewell dit que Gulielmini a pressenti les vues des cristallographes modernes relativement à la manière dont les cristaux sont formés par les molécules élémentaires A ces écrivains en succédèrent d'autres qui, sans faire de grandes découvertes par eux-mêmes, préparèrent par leurs travaux le champ que devaient féconder des génies plus heureux. Parmi eux, on cite Cappeler, qui publia son *Prodomus cristalligraphiæ*, en 1723; Henkel, dont la *Pyritologia* porte la date de 1725; et Bourquet, dont les *Lettres philosophiques sur la formation des sels et des cristaux* parurent en 1729. Le Suédois Bromel est le premier (1750) qui ait classé les minéraux d'après leurs caractères *pyrognostiques*, c.-à-d. d'après la manière dont ils se comportent sous l'action de la chaleur. Bientôt après, 1756, un autre Suédois, Cronstedt, tenta un mode de classification tout à fait inconnu avant lui, car il était fondé sur la composition élémentaire des minéraux. Il fut suivi dans cette voie par ses compatriotes Bergmann, Wallerius, etc. D'un autre côté, le chef de la célèbre école de Freyberg, Werner, s'efforçait de ramener la détermination des espèces minérales à la simple considération des caractères extérieurs, c.-à-d. de ceux que nous pouvons constater à l'aide de nos seuls organes et sans le secours d'aucun instrument. Mais déjà le réformateur universel des sciences naturelles, Linné, avait introduit dans la m. l'importante considération de la forme cristalline, et avait établi que les formes géométriques des cristaux constituent leur caractère le plus essentiel. Malheureusement, préoccupé qu'il était de certaines idées complètement erronées relativement à la formation des cristaux, il ne sut pas tirer de sa découverte un parti convenable. Toutefois Daubenton et surtout Romé de l'Isle poussèrent la science dans la direction indiquée par Linné, et la *Cristallographie* de Romé (1783) est pleine d'observations précieuses sur la dérivation des formes cristallines. Cependant la gloire de découvrir les lois fondamentales de la cristallographie, et de donner à la m. une base désormais inébranlable, était réservée au célèbre Haüy (1784-1801). Il parvint à déterminer la forme primaire de tous les minéraux et il montra comment les formes secondaires dérivent de cette forme par les simples lois du décroissement. Le premier il donna une définition rigoureuse de l'espèce minérale, qui comprend à la fois la considération de la forme et de la composition élémentaire. La seule critique fondée qu'on puisse faire du livre d'Haüy, c'est que les mesures d'angles qu'il contient sont souvent inexactes; mais ce défaut tient simplement à l'insuffisance des instruments dont il disposait. La science m. ainsi constituée, toutes les découvertes modernes faites en physique et en chimie ont répandu sur elle de nouvelles lumières et ont puissamment concouru à ses progrès. Telles sont les découvertes de l'isomérie, de l'isomorphisme, de la polarisation de la lumière, etc. Parmi les savants qui ont le plus contribué aux récents progrès de la m., nous citerons Wollaston, Berzelius, Weiss, Mohs, Klaproth, Mitscherlich, Brongniart, Dufrénoy, Delafosse, Beudant, Naumann, Tennant, Berthier, Ébelmen,

Sénarmont, Bravais, Biot, Babinet. La reproduction artificielle des minéraux a été surtout l'œuvre de savants français, Ebelmen, Daubrée, Sénarmont, Deville, Hautefeuille, Becquerel, Fouqué, Michel Lévy, Friedel, etc.

V. *Classification.* — La plus ancienne classification est celle de Werner, fondée à la fois sur la composition chimique et sur les caractères extérieurs. Haüy montra l'importance de la forme cristalline, toutefois sans rejeter la considération de la composition élémentaire. Après lui, les minéralogistes se partagèrent en deux écoles : les uns, à l'exemple de Mohs, fondèrent leurs classifications exclusivement sur les caractères physiques, tandis que Berzelius et son école s'attachaient uniquement à la composition chimique. Aujourd'hui la plupart des minéralogistes, tout en plaçant en première ligne les caractères chimiques des minéraux, reconnaissent qu'une classification n'est satisfaisante que si elle tient compte en même temps des propriétés physiques et particulièrement de la forme cristalline. Quant au principe qui sert de fondement à la classification, il varie encore selon la manière dont est établi le *genre* chimique, c.-à-d. selon que l'on choisit comme lien commun des espèces, soit l'élément qui est minéralisé ou la base, soit l'élément minéralisateur ou celui qui fait fonction d'acide. Ainsi, on aura des classifications par les bases, comme celle d'Haüy; des classifications par les acides, comme celles de Beudant et de Delafosse; ou encore des classifications mixtes, comme celle de Brongniart, dans lesquelles les espèces sont groupées tantôt par les acides et tantôt par les bases. Chacune de ces méthodes présente des avantages. Celle par les bases est surtout commode pour l'étude des substances métalliques, et a, sous divers rapports, une utilité plus pratique. Mais celle par les acides est plus scientifique, parce qu'elle laisse subsister presque toutes les réunions qu'indique l'isomorphisme. Il est inutile de donner dans cet article l'aride nomenclature qui compose une classification minéralogique : d'ailleurs, chaque auteur a la sienne. En conséquence, nous renverrons aux traités généraux d'Haüy (1801), de Brongniart (1807), de Brochant (1808), de Beudant (1830), de Dufrénoy (1844), de Delafosse (1860), de Leymerie (1866), de M. de Lapparent (1890).

**MINÉRALOGIQUE.** adj. 2 g. Qui concerne la minéralogie. *Classification m. Carte m. de la France.*

**MINÉRALOGIQUEMENT.** adv. Dans le langage minéralogique.

**MINÉRALOGISTE.** s. m. Celui qui s'occupe de minéralogie.

**MINÉRALURGIE.** s. f. (R. *minéral*, et gr. ἔργον, travail). Art de traiter les minéraux pour les rendre plus utiles.

**MINÉRALURGIQUE.** adj. 2 g. Qui appartient à la minéralurgie.

**MINÉROGRAPHIE.** s. f. (R. *minéral*, et gr. γράφειν, décrire). Description des minéraux.

**MINERVAL, ALE.** adj. Qui appartient, qui est consacré à Minerve.

**MINERVE.** s. f. (lat. *Minerva*). T. Mythol. — Dans la mythologie romaine, *Minerve* était le même personnage que les Grecs appelaient *Athênê* et *Pallas*. Un ancien mythe, qui remontait peut-être jusqu'à Orphée, donnait pour première femme à Jupiter la nymphe Métis, c.-à-d. la sagesse personnifiée. Devenue enceinte, Métis prédit à son mari qu'après la fille dont elle allait accoucher elle donnerait le jour à un fils qui deviendrait le maître du ciel. Pour prévenir cet événement, le dieu avala la déesse. Mais, au bout de quelques mois, Jupiter éprouva des douleurs de tête tellement intolérables, qu'il ordonna à Prométhée de lui fendre le crâne, et il sortit de la blessure une belle guerrière, tout armée et brandissant sa lance : c'était *Minerve*, pensée du dieu suprême réalisée à l'extérieur pour le bien du monde et la sécurité même de l'Olympe. En sa qualité de fille de Jupiter et de Métis, Minerve réunissait l'intelligence et la force. Divinité tutélaire de l'ordre social, elle veillait à la défense des villes, des citadelles et des ports, présidait à l'exercice de la justice, et protégeait ceux qui la rendaient, ainsi que les lieux où se tenaient les tribunaux. Institutrice de l'Aréopage, elle était censée donner sa voix en faveur de l'accusé, si les suffrages étaient partagés. La sûreté des États exigeait qu'elle eût un caractère guerrier, mais elle présidait surtout à la guerre défensive, et, bien différente de Mars, qui ne se plaisait qu'au carnage brutal, elle n'intervenait jamais dans les batailles qu'après mûre délibération. On l'invoquait presque exclusivement dans les entreprises qui demandent de la prudence et de la sagesse. Minerve était aussi regardée comme protectrice de l'agriculture et des arts. C'était elle qui avait fait aux hommes présent de l'olivier, et qui leur avait enseigné à dompter les chevaux et à se servir des bœufs pour le labourage. On croyait aussi que les hommes lui devaient la connaissance du feu, de la navigation, des chars, des nombres, etc. Enfin, on lui faisait honneur de toutes les découvertes dues, non au hasard, mais au travail de l'esprit. Aux yeux des Grecs, Minerve était la vierge par excellence, qui fuit la couche nuptiale et dont le cœur est pur de toute passion. Cette divinité avait des temples dans les principales cités de la Grèce, mais c'est surtout à Athènes, dont cette déesse était la divinité tutélaire et à laquelle elle avait donné son nom, que son culte était célébré avec le plus de pompe. Voy. PANATHÉNÉES. La chouette, le serpent, l'olivier et le coq étaient consacrés à Minerve. On lui sacrifiait des béliers, des taureaux et des vaches. C'est Phidias qui réalisa l'idéal de

Fig. 1.

Fig. 2.

cette déesse, tels que les anciens le concevaient. On la représente ordinairement (Fig. 1. Statue du musée Pio-Clementino) dans une attitude réfléchie, la figure ovale, la chevelure épaisse, relevée sur les tempes et retombant sur le cou et le dos. Enfin, tout son extérieur offre un caractère mâle : ses hanches sont étroites, ses épaules larges et sa poitrine voûtée. Son costume se compose toujours d'une tunique sans manches et sans couture aux côtés, et par-dessus laquelle est jeté le péplum ou, rarement, la chlamyde. Quant à ses attributs ordinaires, ce sont la lance, le casque, le bouclier et l'*Égide*. Dans le principe, cette dernière était tout simplement, ainsi que l'indique son nom, une peau de chèvre, la peau de la chèvre Amalthée, nourrice de Jupiter, au milieu de laquelle ce dieu avait fixé la tête de la Gorgone, et qui lui servait comme de bouclier. Ce dieu la donna plus tard à sa fille Minerve, qui s'en servait au même usage. Dans les combats, elle attachait cette peau sur l'épaule droite et l'étendait sur le bras gauche pour le protéger, tandis que son bras droit libre et nu brandissait la lance. On conserve au musée de Naples une statue de la déesse qui la représente dans cette position, et qui est certainement la représentation figurée la plus ancienne qui existe de Minerve. La Fig. 2 reproduit une statue colossale de la même déesse qu'on voit au musée de Dresde. Ici Minerve est à l'état de repos; par conséquent, elle porte la fameuse égide à peu près en manière d'écharpe. Plus tard, les poètes et les artistes, oubliant ou négligeant la signification propre du mot, transformèrent la simple peau de chèvre en plastron de cuirasse, et c'est ainsi qu'ils nous montrent Minerve armée d'une cuirasse faite d'écailles métalliques, au milieu de laquelle est attachée la terrible tête de la Gorgone. Enfin, comme les anciens boucliers étaient souvent revêtus de peaux d'animaux, on trouve encore souvent le terme d'égide employé pour désigner cette dernière sorte d'armure défensive.

Le nom de *Minerve* (lat. *Minerva*) vient de *Meurfa*, nom sous lequel les Étrusques désignaient cette déesse, et qui dérive lui-même de la racine ***men***, en sanscrit ***manas***, d'où sont venus les mots latins ***mens***, esprit, intelligence, ***memini***, je me souviens, etc.

**MINET, ETTE.** s. [Pr. ***mi-nè***, ***mi-nè-te***] (R. ***mine***, l'animal qui fait des mines). Petit chat, petite chatte. Famil. || Fig. Terme de câlinerie familière.

**MINETTE.** s. f. [Pr. ***minè-te***]. Grande auge pleine de sable dans laquelle le potier jette ses moules pour les couvrir de sable.

**MINEUR.** s. m. Ouvrier employé à l'exploitation des mines. || Celui qui est employé au travail d'une mine dans l'attaque ou la défense d'une place. || T. Zool. ***Insecte m.***, qui creuse la terre ou le tronc des arbres pour y loger ses œufs.

**Hygiène.** — *Maladies des mineurs.* — Les maladies des mineurs ne sont pas à proprement parler des affections qui leur soient particulières; il y a lieu cependant de rechercher les maladies qui se produisent sous l'influence de causes communes aux mines en général, ou spéciales à chaque espèce de mines, et ce afin d'étudier les mesures prophylactiques utiles. Dans les mines en général, le milieu est toujours insalubre, par suite de l'altération de l'air qu'on y respire, de la présence de poussières en suspension, de la température et de l'humidité qui y règnent, enfin de l'absence de la lumière solaire. Les travaux des mineurs, déjà très pénibles par le fait des conditions de milieu, le sont aussi en raison de leur nature même, des efforts qu'ils exigent, et de l'attitude qu'ils nécessitent. En dehors de ces éléments, l'hygiène individuelle est généralement déplorable, tant au point de vue des habitations que de l'alimentation, des vêtements et des soins de propreté. Cette énumération rapide peut être encore résumée en trois termes : insalubrité du milieu professionnel, excès de travail, insuffisance de réparation. Il est aisé de comprendre comment peut s'établir plus ou moins vite une détérioration des fonctions nutritives, une anémie, un étiolement qui conduisent au rachitisme et à la scrofule. A part ce mauvais état constitutionnel, on observe des altérations des divers appareils : du côté de l'appareil respiratoire, des coryzas, des angines, des laryngites, des pneumonies, mais surtout des bronchites, de l'emphysème pulmonaire, l'*asthme des mineurs;* chose remarquable, la phtisie tuberculeuse n'est pas fréquente; on voit des malades mourir dans un marasme qui rappelle la tuberculose, mais les lésions organiques sont tout à fait différentes. Du côté de l'appareil circulatoire, les maladies du cœur sont fréquentes : hypertrophie, dilatation, lésions valvulaires. L'appareil digestif donne prise par une multitude de points : dyspepsies, dysenterie, hernies, s'observent couramment. Les lésions de l'appareil nerveux se traduisent surtout par des vertiges et des névralgies. Du côté de la peau les dermatoses, du côté des organes des sens les otorrhées, les conjonctivites, des kératites. Du côté de l'appareil locomoteur, le rhumatisme sous toutes ses formes, les tumeurs blanches, le rachitisme. Chez les femmes, les troubles menstruels, les leucorrhées, les vices de conformation du bassin amenant des complications obstétricales, paraissent très fréquents.

Si nous étudions les mines en particulier, nous verrons que, dans les mines de houille, ce sont les qualités de l'air qui exercent une influence nocive spéciale : d'une part, la poussière de charbon, d'autre part l'hydrogène protocarboné, gaz des marais ou grisou. Le grisou est nuisible de deux manières : d'abord parce qu'il est impropre à la respiration, ensuite parce qu'il forme avec l'air des mélanges explosifs en présence d'un objet en ignition, et détermine ainsi la mort par asphyxie, ou bien occasionne de graves brûlures. On y remédie par une ventilation très puissante et l'emploi, comme moyen d'éclairage, de la lampe de sûreté inventée par Davy. En outre de ces conditions, suivant leur emploi, les ouvriers subissent les inconvénients inhérents à leur mode de travail. Les maladies particulièrement fréquentes chez les mineurs sont : l'anémie, les affections des voies respiratoires et la phtisie spéciale dont nous avons parlé. — Dans les mines de fer, les ouvriers se trouvent dans des conditions très différentes, suivant qu'ils travaillent à ciel ouvert ou en galeries souterraines; mais leur état sanitaire paraît, d'une façon générale, assez satisfaisant. Il n'existe en effet dans ces mines aucune cause spéciale malfaisante, les minerais exploités étant délaissés quand ils sont mêlés à des matières étrangères, pour éviter des frais de purification. On doit cependant noter, sans revenir sur les maladies déjà énumérées, la fréquence de la gastralgie et des blessures de la cornée. — Le travail dans les mines de cuivre ne provoque guère de maladies spéciales; il n'y a à signaler que la décrépitude précoce. — Dans les mines de zinc la mortalité est faible; rien de particulier n'est à signaler. — Dans les mines de plomb, au contraire, les ouvriers, surtout ceux qui travaillent au triage, sont sujets à l'intoxication saturnine, et sous sa forme la plus commune, la colique. Voy. Plomb. — Les mines de mercure sont les plus dangereuses, étant données l'extrême humidité qui y règne et l'impossibilité d'y faire une bonne ventilation ; enfin, l'intoxication hydrargyrique y sévit d'une façon manifeste. Voy. Mercure.

Pour remédier à cette fâcheuse situation, un grand nombre de détails d'hygiène demandent à être transformés, mais ces perfectionnements ne peuvent être réalisés que grâce au concours combiné de l'autorité publique, de l'administration des mines, des médecins attachés à l'exploitation, et enfin des mineurs eux-mêmes. A l'autorité publique il appartient de prévoir et de prescrire les mesures propres à assurer la salubrité des ateliers et la sécurité des mineurs. L'administration des mines a le devoir de réaliser les améliorations, de garantir la solidité des puits et galeries, de pourvoir à leur assèchement, d'établir une ventilation active, de surveiller les mines sujettes au grisou, et de fournir aux mineurs des appareils d'éclairage perfectionnés; de prescrire les pratiques qui offrent le plus de sécurité et le moins de fatigue pour creuser les trous de mine; de faciliter la descente dans les puits, et la sortie; d'organiser le transport et l'enlèvement des minerais; enfin, de pourvoir aux moyens de sauvetage; elle doit encore ne pas admettre les femmes et les enfants dans les mines, ne pas prolonger la durée du travail au delà d'un certain nombre d'heures, alterner les travaux du fond avec ceux qui se font à l'air libre, et elle aurait intérêt à faciliter aux ouvriers les moyens de vivre d'une manière conforme à la morale et à l'hygiène. Les médecins devraient pouvoir intervenir d'une façon efficace pour toutes les mesures d'hygyène. Quant aux ouvriers, ils doivent se conformer scrupuleusement aux règlements établis et ne jamais se départir de la prudence que nécessitent les dangers dont ils sont menacés. En quittant la mine, les soins de propreté et l'observation de la sobriété sont les principes qui doivent les guider.

**MINEUR, EURE.** adj. comparatif (lat. ***minor***, m. s.). Plus petit, moindre. ***Lieues mineures***, celles que l'on compte sur un petit cercle parallèle à l'équateur à raison de 20 par degré. || T. Géogr. ***L'Asie Mineure***, Presqu'île à l'Occident de l'Asie, entre la mer Noire et la Méditerranée. || En matière ecclésiast. ***Ordres mineurs***, Voy. Ordre. ***Excommunication mineure***, Voy. Excommunication. ***Frères mineurs***, Voy. Cordeliers. || T. Mus. ***Tierce, quinte, sixte mineure, etc.***, Voy. Intervalle. ***Ton*** ou ***Mode m.***, Voy. Ton, = Mineur, eure. adj. et s. T. Droit. Celui, celle qui n'a point encore atteint l'âge de la majorité. ***Le roi était alors m. Émanciper une mineure.*** Voy. Majorité. = Mineure. s. f. T. Logiq. Voy. Syllogisme. || Dans l'ancienne faculté de théologie, on appelait ***Mineure*** une thèse que les étudiants devaient soutenir durant le cours de la licence, sur la théologie positive, parce qu'elle était l'acte le plus court de ceux qu'ils avaient à soutenir pendant la licence.

**Législ.** — *Détournement de mineurs.* — Le Code pénal (art. 354 et suiv.) réprime très sévèrement le détournement ou enlèvement de mineurs : quiconque, par fraude ou violence, enlève ou fait enlever des mineurs ou les entraîne, détourne ou déplace des lieux où ils étaient placés par les personnes ayant autorité sur eux, encourt la peine de la réclusion. Si la personne ainsi enlevée est une fille au-dessous de seize ans accomplis, la peine est celle des travaux forcés à temps. Quand la fille au-dessous de seize ans a consenti à son enlèvement ou suivi volontairement le ravisseur, si celui-ci n'a pas encore vingt et un ans, il est puni d'un emprisonnement de deux à cinq ans. Dans le cas où le ravisseur a épousé la fille qu'il a enlevée, il ne peut être poursuivi que sur la plainte des personnes qui, d'après le Code civil, ont le droit de demander la nullité du mariage, ni condamné qu'après que la nullité du mariage aura été prononcée.

**MING.** Nom d'une dynastie chinoise qui régna de 1368 à 1661.

**MINGHETTI,** homme d'État et publiciste ital. né à Bologne (1818-1886).

**MINGRELET, ETTE.** adj. (Vx fr. *mingre*, m. s.). Maigre, chétif. Vx.

**MINGRÉLIE.** anc. *Colchide*, prov. russe de la Transcaucasie : 70,000 hab. ; ch.-l. *Redout-Kaleh*. = Nom des hab. : MINGRÉLIEN, ENNE.

**MINHO,** fl. d'Espagne, sort de la Galice, sépare l'Espagne du Portugal, et se jette dans l'Atlantique ; 275 kil. = Prov. du Portugal, au N. ; pop. 1,014,800 hab. ; ch.-l. *Braga*.

**MINI.** Voy. MÉNÈS.

**MINIATURE.** s. f. [Pr. *mi-gna-ture*, *gn*. mouill., ou *mi-nia-ture*] (lat. *miniatura*, m. s. de *miniare*, peindre avec du minium). T. Paléogr. Au moyen âge, se disait des lettres peintes au vermillon ou au minium par lesquelles on commençait, en manière d'ornement, les titres, les chapitres et les paragraphes des manuscrits. || T. Peint. Sorte de peinture délicate qui se fait ordinairement sur ivoire, émail, vélin, etc., avec des couleurs délayées à l'eau. *Peindre en m. Portrait en m. On pointille la m.* — Par extens., Tableau, portrait peint en miniature. *Voilà une m. charmante.* || Fig., se dit d'un objet d'art de petite dimension et délicatement travaillé, et quelquefois même d'un ouvrage de littérature fait dans de petites proportions. *Ce bijou est une véritable m. C'est une histoire en m.* || Fig., on dit encore d'une personne petite et délicate, *C'est une m., une jolie miniature.*

**MINIATURISTE.** s. Peintre en miniature.

**MINIER, IÈRE.** adj. Qui appartient aux mines. *L'industrie minière. Gisement m.*

**MINIÈRE.** s. f. T. Techn. Gangue d'un minerai. || Mine ou carrière. || Exploitation de minerai à ciel ouvert. Voy. MINE.

**MINIMA.** Voy. Minimum.

**MINIMÂ (À).** Locut. latine qui signifie *De la plus petite peine* (sous-entendu *pœnâ*), et qui ne se dit que dans cette expression, *Appel à m.* Voy. APPEL.

**MINIMAL, ALE.** adj. Qui appartient à un minimum. *Volume m.*

**MINIME.** adj. 2 g. (lat. *minimus*, m. s.). Très petit, très peu considérable. *Objet d'un intérêt, d'une valeur m.*

**MINIME** s. f. T. Musique. Autrefois on nommait ainsi la note qu'on appelle aujourd'hui *Blanche*.

**MINIME.** s. m. T. Hist. religieuse. [En 1440, saint François de Paule fonda, dans les solitudes de la Calabre, un ordre religieux qu'il appela *Ermites de saint François*, à cause de la dévotion particulière qu'il avait pour saint François d'Assise ; mais, en approuvant le nouvel institut, le 22 mai 1473, le pape Sixte IV donna à ses membres le nom de *Minimes*, c.-à-d. les plus petits, pour marquer leur extrême humilité, parce qu'ils se plaçaient au-dessous de tous les autres ordres religieux. Aux trois vœux ordinaires de pauvreté, de chasteté et d'obéissance, ces religieux joignaient celui d'un carême perpétuel. Leurs vêtements étaient de laine brune, non teinte. Cet ordre fut introduit en France, sous Louis XI, par leur fondateur lui-même. Avant la Révolution, il possédait dans le royaume un grand nombre de maisons divisées en dix provinces. Il y avait en outre deux couvents de femmes qui suivaient leur règle, sauf quelques modifications.

**MINIMITÉ.** s. f. Qualité de ce qui est minime.

**MINIMUM.** s. m. [Pr. *mini-mome*.] (Mot lat. qui est le superl. neutre de *parvus*, petit). Se dit, par oppos. à *Maximum*, Du degré le plus bas auquel une chose puisse être réduite. *Il a le m. des pensions de son grade. Il a été condamné au m. de l'amende, au m. de la peine.* || T. Math. Le mot minimum est souvent pris adject., aussi bien au féminin qu'au masculin *La valeur m. d'une fonction.* — M. fait *Minima* au pluriel : Les *maxima et les minima*. Voy. MAXIMUM et FONCTION.

**Géom.** — *Surfaces minima.* — On nomme ainsi les surfaces dont l'aire comprise entre un contour donné est minima. On peut les réaliser matériellement en profitant des phénomènes capillaires. Voy. CAPILLARITÉ. En chaque point d'une surface minima les deux rayons de courbure principaux sont égaux et de sens contraires. Ces surfaces sont donc à courbures opposées et leur indicatrice est partout une hyperbole équilatère. Voy. MAXIMUM.

**MINISTÈRE.** s. m. (lat. *ministerium*, office). Profession, charge, emploi qu'on exerce. *Ce magistrat remplit tous les devoirs de son m. Le m. des autels. Abuser de son m. Cela n'est pas de mon m.* — Par ext., on dit *Le m. de la parole, de l'éloquence*, en parl. des fonctions qui exigent le talent de l'orateur, telles que celles d'avocat, de prédicateur, etc. — Le *saint m.*, le sacerdoce. || Office d'un ministre, etc. Voy. plus bas. || Se dit aussi de l'entremise de quelqu'un dans une affaire, du service que l'on rend dans quelque emploi, dans quelque profession.

Deux enfants à l'autel prêtaient leur ministère.
RACINE.

*Si vous avez besoin de mon m., vous pouvez compter sur moi. Il nous a offert son m.* = Syn. Voy. CHARGE.

**Législ.** — I. — L'administration générale d'un État se partage assez naturellement en un certain nombre de départements ou de grandes divisions, correspondant chacune à un service particulier et distinct : telles sont d'abord l'Administration des affaires intérieures, et l'Administration des affaires extérieures. La première, dans les États modernes, à cause de l'immense étendue d'objets qu'elle embrasse, comporte également plusieurs divisions fort naturelles, comme : Administration politique intérieure, Justice, Finances, Guerre, Marine, Instruction publique, Cultes, Colonies, Travaux publics, etc. L'administration générale de ces grands services constitue ce que, chez tous les peuples d'Europe, on appelle un *M.*, un *Département ministériel*, et l'on donne communément le titre de *Ministre* à celui qui, sous l'autorité du chef de l'État, est chargé de le diriger. C'est également le chef de l'État qui, partout, nomme les ministres, car ils sont proprement les agents, et l'on pourrait dire les organes spéciaux du pouvoir exécutif. Au reste, le nombre de ces départements varie dans les divers pays, soit en raison de la spécialité des fonctions, soit à cause de leur multiplicité, soit parce que les attributions dévolues à l'État diffèrent selon la constitution ou les habitudes des peuples. Le mot *M.* désigne encore le corps des hauts fonctionnaires placés à la tête de chacun de ces départements, le temps pendant lequel le ministre ou le corps des ministres dont on parle a été en fonctions, et enfin l'hôtel où réside chaque ministre et où sont établis ses bureaux.

Sous l'ancienne monarchie française, les grands officiers de la couronne se partageaient toutes les hautes fonctions administratives, mais les attributions de chacun d'eux étaient loin d'être définies et limitées comme elles le sont aujourd'hui. L'origine des ministères, tels que nous les concevons à cette heure, date seulement de l'ordonnance royale du 11 mars 1626, par laquelle Louis XIII créa, indépendamment du Chancelier et du Surintendant des finances, quatre ministères dits : de la Maison du Roi, des Affaires étrangères, de la Guerre et de la Marine. Les fonctionnaires chargés de ces départements portaient le titre de *Secrétaires d'État*, créé par Henri II, et celui de *Ministres d'État*, lorsqu'ils faisaient partie du Conseil du Roi. Il y avait aussi des *Ministres d'État* sans fonctions ; mais, pour se distinguer de ces derniers, les secrétaires d'État qui étaient ministres étaient appelés *Ministres secrétaires d'État de la guerre, des affaires étrangères*, etc. Au moment de la Révolution, il y avait en France, outre un Premier Ministre et un Contrôleur général des finances, quatre Secrétaires d'État. L'Assemblée constituante régla l'organisation des ministères par la loi des 27 avril et 25 mai 1791. Après avoir d'abord posé le principe qu'au roi seul appartenaient le choix et la révocation des ministres, elle porta à six le nombre des départements ministériels, en déterminant avec soin les services qui ressortiraient à chacun d'eux. Les six ministres furent ceux : de la Justice, de l'Intérieur, des Contributions et revenus publics, de la Guerre, de la Marine et des Affaires étrangères. Les modifications introduites dans cette organisation par les divers gouvernements qui se sont succédé depuis cette époque ont été assez nombreuses : elles ont abouti à plusieurs dédoublements, en ce qui concerne spécialement le m. de l'Intérieur. Sous l'empire de la constitution actuelle, le Président de la République peut, par décret, transférer d'un m. à un autre une partie de ses attributions. C'est ainsi que l'administration des cultes a été rattachée tantôt au m. de la Justice, tantôt à celui de l'Instruction publique, tantôt à celui de l'Intérieur, auquel elle ressortit actuellement (1898).

Le nombre actuel des départements ministériels est fixé à onze, savoir : 1° *Intérieur et Cultes;* 2° *Justice;* 3° *Instruction publique et Beaux-Arts;* 4° *Finances;* 5° *Guerre;* 6° *Marine;* 7° *Affaires étrangères;* 8° *Travaux publics;* 9° *Commerce, Industrie, Postes et télégraphes;* 10° *Agriculture;* 11° *Colonies*. Comme nous avons consacré un article spécial aux M. de l'Intérieur, de la Justice, de l'Instruction publique, des Finances, de la Guerre et de la Marine, nous nous contenterons de définir ici les attributions des autres ministères ou administrations centrales. — Le *M. des Affaires étrangères*, dont l'origine remonte à Louis XI, est chargé de tout ce qui regarde les relations internationales de la France avec les pays étrangers. Le ministre qui a ce département propose au choix du chef de l'État les agents chargés de représenter le pays à l'étranger, nomme les consuls nationaux, accorde l'exéquatur aux consuls étrangers, rédige toutes les conventions internationales, politiques ou commerciales, veille à l'exécution des traités, correspond avec les ambassadeurs et les agents des puissances étrangères, etc. — Les *Ministères de l'Agriculture, du Commerce et des Travaux publics*, ont été créés aux dépens du M. de l'intérieur, et se composent de services détachés de ce dernier. Le ministre de l'Agriculture veille aux intérêts généraux de cette branche de notre industrie nationale : il pourvoit à l'organisation et à l'administration des écoles d'agriculture, à la distribution des secours pour pertes résultant de sinistres, etc. Le ministre du Commerce prépare les lois et règlements qui s'y réfèrent. Il a dans ses attributions les écoles industrielles, les caisses de retraite et les caisses d'épargne, les compagnies d'assurances, la préparation des tarifs et des droits de douanes, l'office du travail, etc. Le ministre des Travaux publics est chargé de la conservation et de l'amélioration de la navigation sur les fleuves, canaux, etc., de l'entretien et de la construction des routes, chemins de fer, etc., des concessions de mines, de la police des mines, etc. — Le *M. des Colonies* comprend la surveillance des intérêts généraux de nos colonies : il formait autrefois une division du M. de la marine d'où il a été distrait. — *L'Administration Centrale des Beaux-Arts* est confiée à un directeur placé sous les ordres du ministre de l'instruction publique : du 14 novembre 1881 au 31 janvier 1882, elle formait un m. spécial, dit M. des arts. Elle comprend dans ses attributions les travaux d'art, expositions et manufactures, l'enseignement du dessin, de la musique, les musées, les monuments historiques, les théâtres, etc. — *L'Administration Centrale des Cultes* qui a à sa tête un directeur général, assisté d'un sous-directeur, a été rattachée récemment au M. de l'Intérieur. Ses principales attributions sont les suivantes : Police du clergé, nominations ecclésiastiques, biens des fabriques, cures et succursales; dons et legs aux établissements religieux et aux congrégations autorisées; administration temporelle des établissements diocésains, secours aux communes pour réparation d'églises et de presbytères; édifices diocésains; cultes protestant et israélite.

On désigne sous le nom de *Cabinet* l'ensemble des membres d'un même m. Depuis 1870, les ministres forment un conseil dont le Président, ordinairement le membre le plus influent du cabinet, est nommé par le Président de la République. Les délibérations des ministres peuvent être présidées, soit par le Président de la République, soit par le Président du Conseil. Dans le premier cas, le Gouvernement tient ce que l'on appelle un *Conseil des ministres;* dans le second cas, il tient un *Conseil de Cabinet*. Comme les ministres sont responsables devant les Chambres et sont solidaires les uns des autres, au moins lorsqu'il s'agit d'un acte intéressant la politique générale du Cabinet, tous les ministres doivent changer à la fois. De là l'habitude qui a été prise de désigner chaque m. par le nom du personnage qui préside le conseil des ministres. En Angleterre, ce n'est point le *Président du Conseil*, mais en général le ministre portant le titre de *Premier Lord de la Trésorerie*, qui remplit les fonctions de *premier ministre* et donne son nom au cabinet.

II. — Dans notre système d'organisation judiciaire, on comprend sous le nom de *M. public* un ordre de fonctionnaires amovibles et nommés par le chef de l'État, qui sont attachés aux cours et tribunaux pour y représenter la société, y requérir l'exécution et l'application des lois, et sauvegarder l'ordre public et les bonnes mœurs. Le m. public, tel qu'il existe aujourd'hui, a été organisé par la Constitution du 22 frimaire an VIII (13 déc. 1799), par le sénatus-consulte du 28 floréal an XII (18 mai 1804), et par la loi du 20 avril 1810.

A. Les fonctionnaires qui remplissent cet office près des *Tribunaux judiciaires* sont nommés par le ministre de la justice, et composent ce qu'on appelle la *magistrature debout*. Près la Cour de cassation et les Cours d'appel, ils portent le titre de *Procureur général*, d'*Avocat général*, et de *Substitut du procureur général*; près les tribunaux civils de première instance et correctionnels, ils portent ceux de *Procureur de la République* et de *Substitut du procureur de la République*. Il n'y a jamais qu'un procureur général et qu'un procureur de la République près d'une cour ou d'un tribunal, mais le nombre des avocats généraux et des substituts varie suivant l'importance des lieux. Pour être membre du m. public près de la Cour de Cassation, des Cours d'appel et des tribunaux de première instance, il faut être licencié en droit, et avoir suivi le barreau pendant deux ans. En outre, il faut avoir 30 ans accomplis pour être procureur général, 25 pour être avocat général ou procureur de la République et 22 pour être substitut de ce dernier. Les fonctions du m. public s'étendent tant aux matières civiles qu'aux matières criminelles. En matière civile, il agit tantôt en partie principale, c.-à-d. en demandeur ou défendeur, comme dans certaines affaires contentieuses et dans les affaires de discipline ; tantôt en partie jointe, lorsqu'il ne fait qu'énoncer son opinion, ce qui a lieu généralement dans les affaires civiles. Dans les deux cas, comme il représente la société, il n'est jamais condamné aux dépens ni, à plus forte raison, à des dommages-intérêts. En matière criminelle, il agit comme partie principale. Il poursuit les crimes, les délits et les contraventions, provoque l'instruction et la surveille, traduit les accusés devant les tribunaux, poursuit l'exécution des arrêts et jugements et appelle de ceux-ci. — Dans les Tribunaux de simple police, les fonctions du m. public sont remplies, suivant les cas, soit par un commissaire de police, soit par un suppléant du juge de paix, soit par un maire, un adjoint ou un conseiller municipal.

B. Un m. public est également établi près de certains Tribunaux administratifs. Ainsi, près du Conseil d'État, jugeant au contentieux, quatre maîtres des requêtes, commissaires du gouvernement, ont pour mission de donner leurs conclusions sur les affaires soumises au Conseil. Un procureur général est également institué près de la Cour des Comptes. — Quant aux tribunaux judiciaires et administratifs constitués sans m. public, ce sont les Justices de Paix, les Conseils de Prud'hommes, les Tribunaux de Commerce et les Conseils de Préfecture.

**MINISTÉRIALISME**. s. m. Opinion, système de ceux qui soutiennent quand même un ministère. *Son m. est d'assez fraîche date. Ce journal s'est converti au m.*

**MINISTÉRIEL, ELLE**. adj. (lat. *ministerialis*, m. s.). Qui appartient, qui a rapport au ministère collectivement, ou à un ministère particulier. *Politique ministérielle. Dépenses ministérielles. Circulaires ministérielles.* || Qui est propre à un ministre. *C'est une tête ministérielle. Il a parlé avec une réserve ministérielle*. || Qui est partisan du ministère. *Le parti m. Un député m. Les journaux ministériels.* — Subst., *C'est un m.* || T. Palais. *Officiers ministériels*, Officiers publics ayant qualité pour faire certains actes, tels que les notaires, les avoués, etc. || Théol. *Le chef m. de l'église*, le pape. || T. Néol. Qui est partisan du ministère.

**MINISTÉRIELLEMENT**. adv. [Pr. *ministériè-le-man*]. Dans la forme ministérielle. *Il m'a répondu m.* — En exerçant un ministère.

**MINISTRALLE**. adj. m. Qui peut devenir ministre.

**MINISTRAL, ALE**. adj. (R. *ministre*). Relatif à la qualité de ministre protestant.

**MINISTRE**. s. m. (lat. *minister*, serviteur, de *minor*, moindre, comme *magister* est formé de *magis*). Celui qui est chargé par le pouvoir exécutif de diriger une des branches de l'administration de l'État. Voy. Ministère. || *M.* se dit aussi de certains agents diplomatiques, Voy. Diplomatie. || *Les ministres de Dieu, de la parole de Dieu, de Jésus-Christ, de l'Évangile, de la religion, des autels*, Les prêtres. || Dans les églises protestantes. *M. du saint Évangile*, ou simpl. *M*, Celui qui fait le prêche et remplit les fonctions du culte. *Les ministres calvinistes, luthériens, anglicans, etc.*

— On dit aussi, *Les ministres du culte*, en parl. de toute espèce de culte et de religion. *Dans l'Inde, tous les ministres du culte doivent nécessairement appartenir à la caste des Brahmanes.* || Fig. Celui dont on se sert pour exécuter une chose. *Être le m. des volontés, des passions d'autrui. Il fut le m. des vengeances du Très-Haut.* || T. Zool. Sorte de gros-bec, oiseau d'Amérique.

**MINIUM.** s. m. [Pr. *miniome.*] (Mot lat.). T. Chim. Bioxyde de plomb d'un beau rouge. Voy. Plomb.

**MINNEAPOLIS.** v. des États-Unis (Minnesota), sur le Mississipi; 220,000 hab.

**MINNESINGER.** [Pr. *minn-ne-sin-gher, g* dur] Ce mot allem., signifiant à la lettre *Chantres d'amour*, désigne les anciens poètes allemands du XIIe au XIVe siècle.

**MINNESOTA,** l'un des États-Unis d'Amérique (Centre); pop. 1,500,000 hab.; cap. *Saint-Paul.*

**MINOFOR.** s. m. T. Techn. On appelle *minofor* ou *alliage à la reine* un alliage composé en majeure partie d'étain et contenant de l'antimoine, du bismuth et du cuivre qui donnent au métal plus d'éclat et plus de dureté. On l'employait pour les ustensiles de ménage. Son usage est d'aujourd'hui abandonné.

**MINOIS.** s. m. [Pr. *mi-noua*] (R. *mine*). Se dit du visage d'une jeune personne qui est jolie et qui a l'air piquant. *Un joli m. Un joli petit m.* Fam.

**MINON.** s. m. (R. *mine*). Nom que l'on donne fréquemment aux chats, quand on les appelle. Fam.

**MINORAT.** s. m. [Pr. *mino-ra*] (R. *mineur*). Titre, fonction de celui qui est entré dans les ordres mineurs.

**MINORATIF, IVE.** adj. et s. (lat. *minorativus*, de *minorare*, amoindrir). T. Méd. Qui purge doucement. Voy. Purgatif.

**MINORATION.** s. f. [Pr. ... *sion*]. Purgation douce.

**MINORÉ.** s. m. (R. *mineur*). Celui qui a reçu les ordres mineurs.

**MINORITÉ.** s. f. (lat. *minoritas*, m. s., de *minor*, moindre). Le petit nombre, par opposition à *Majorité. La m. des voix, des votants. La m. des Français. La m. d'une assemblée.* || Absol., *M.* se dit du parti qui, dans une assemblée, est le moins nombreux et combat habituellement les moyens employés par le plus grand nombre des membres, *Les radicaux ne formaient qu'une imperceptible m. Ce parti se trouva en m. Un membre de la m. Voter avec la m.* || Le moindre nombre des suffrages dans une assemblée, une réunion où l'on vote. *Être en m.*, avoir pour soi la m. de suffrages. = T. Droit. État d'une personne qui n'a pas atteint l'âge de majorité. || Temps pendant lequel on est mineur. *Pendant la m. du roi.* — S'emploie quelquefois absol. en parl. de la m. des souverains. *Les minorités sont en général des temps de troubles.* Voy. Majorité.

**Législ.** — La m. est la situation légale des personnes qui n'ont point encore atteint l'âge de 21 ans révolus. La loi considère les mineurs comme incapables d'accomplir les actes juridiques : elle confie leur personne et leurs biens à leur père et à défaut à un tuteur. — Le mineur recouvre une demi-capacité par le fait de l'*émancipation* tacite ou expresse. On appelle émancipation tacite celle qui résulte du mariage même du mineur. Quant à l'émancipation expresse, elle a lieu devant le juge de paix. Le mineur émancipé est libre de sa personne; il peut faire seul, en outre, tous les actes de pure administration; pour les actes plus importants, il a besoin de l'assistance d'un curateur; parfois même de l'autorisation du conseil de famille et de l'homologation du tribunal. Lorsque l'émancipation émane du père ou de la mère, elle est permise à 15 ans révolus : elle ne peut avoir lieu qu'à 18 ans révolus, si elle émane du conseil de famille. Enfin, l'émancipation est révocable dans les mêmes formes qui ont servi pour l'accorder; dans ce cas, elle ne peut plus être prononcée une seconde fois jusqu'à l'expiration de la m.

**MINORQUE,** la seconde des îles Baléares, la Balearis minor des Romains : pop. 34,200 hab.; ch.-l. *Port-Mahon.* = Nom des hab. : Minorquin, ine.

**MINOS,** fils de Jupiter et d'Europe, donna des lois à la Crète. Après sa mort, il devint l'un des trois juges des enfers.

**MINOT.** s. m. [Pr. *mi-no*] (R. *mine*). T. Métrol. Ancienne mesure de capacité pour les grains valant un quart de setier ou 39 litres. Voy. Capacité. || On appelle *Farine de m.*, Celle qui est destinée à l'exportation et qui s'expédie en barils.

**MINOT.** s. m. [Pr. *mi-no*] (bas breton, *min*, bec, pointe). T. Mar. Pièce de la proue du navire portant une poulie où passe l'amure de la voile de misaine.

**MINOTAURE,** monstre moitié homme, moitié taureau; il habitait le labyrinthe de Crète; Thésée le fit périr (Mythol.).

**MINOTERIE.** s. f. (R. *minotier*). Usine où l'on prépare de la farine de minot. || Le commerce d'exportation qui a la farine pour objet. || D'une manière générale l'industrie qui consiste à moudre le blé. Voy. Moulin.

**MINOTIER, IÈRE.** s. (R. *minot*). Celui, celle qui fait le commerce de minoterie.

**MINSK,** v. de la Russie (Lithuanie), sur un affluent de la Bérésina; 54,500 hab. Ch.-l. du gouvernement de *M.* qui compte 1,570,000 hab.

**MINTURNES,** v. anc. du Latium, près de l'embouchure du Liris. Marius, qui s'était réfugié dans ses marais, y fut tué par les soldats de Sylla.

**MINUIT.** s. m. [Pr. *mi-nui*]. (R. *mi, nuit*). Le milieu de la nuit. *Il est m. A m. sonnant. A m. et demi. A m. un quart. A l'heure de m. Vers m. Sur le m. Jusqu'à m. Messe de m.*

**MINUSCULE.** adj. 2 g. (lat. *minusculus*, un peu plus petit, dimin. de *minor*, moindre). T. Calligr. et Typogr. *Lettre m., Caractère m.*, Petite lettre. || Subst., au fém., on appelle *Minuscules* Les petites capitales, par oppos. aux *Majuscules.*

**MINUTAIRE.** adj. 2 g. [Pr. *minu-tère*]. Qui a le caractère d'une minute.

**MINUTE.** s. f. (lat. *minutus*, petit). Comme division du temps, la *M.* est la 60e partie de l'heure; comme division de la circonférence du cercle, la *M.* est la 60e partie du degré. *La m. se compose de 60 secondes. Il est une heure dix minutes. Une demi-m. Un quart de m. Compter les heures et les minutes. La terre, dans son mouvement diurne, décrit, en une m. de temps, un arc de quinze minutes de degré.* || Dans la conversation, se dit souvent d'un espace de temps fort court, mais indéterminé. *Je reviens dans une m. Je suis à vous dans la m. Je ne serai dehors que cinq minutes.* Fam., on dit d'un homme extrêmement exact, *C'est un homme à la m., Il est à la m.* — *Côtelettes à la m.*, Côtelettes grillées promptement et servies sur-le-champ. || T. Mar. Sablier qui passe en une m. || T. Archit. Subdivision du module, variable suivant les ordres. Voy. Module. || T. Dessin. Subdivision de la tête humaine, la 48e partie environ.

*Remarque.* — La minute de temps s'exprime, en abréviation, par la lettre *m.* et la minute d'arc par le signe ′. Ainsi, 4 heures 12 minutes s'écrivent $4^h 12^m$ et 4 degrés 12 minutes s'écrivent $4°12'$.

**MINUTE.** s. f. (lat. *minutus*, petit). Lettre, écriture très fine, *Écrire en m.* || L'original, le brouillon de ce qu'on écrit d'abord pour en faire ensuite une copie et le mettre plus au net. *Garder la m. d'une lettre.* || T. Pratiq. L'original des actes qui demeure chez les notaires et sur lequel s'expédient les copies qu'on appelle *Grosses* et *Expéditions*; L'original des sentences, des arrêts, des procès-verbaux qui demeurent au greffe. *Les notaires sont tenus de garder m. des actes qu'ils reçoivent. La m. d'une sentence, d'un arrêt.* || Plan levé sur le terrain.

**MINUTER.** v. a. Faire la minute d'un écrit qu'on veut mettre ensuite au net. *M. un acte. M. une dépêche.* || Fig. et famil., Projeter quelque chose pour l'accomplir bientôt. *Il minute quelque chose. Il minute de s'en aller.* Peu us. = Minuté, ée. part.

**MINUTERIE.** s. f. Partie d'un mouvement d'horlogerie destinée à marquer les fractions de l'heure et des minutes.

**MINUTIE.** s. f. [Pr. *minu-si*] (lat. *minutia*, parcelle). Chose de peu de conséquence, détail insignifiant et qui ne fait rien au gros d'une affaire. *Ne vous arrêtez pas à ces minuties. Ce que vous dites là n'est qu'une pure m. Il est insupportable avec ses minuties.*

**Syn.** — *Vétille, Misère.* — *M.* désigne proprement la petitesse, le peu de conséquence d'une chose qui ne fait rien au gros d'une affaire; *vétille*, la futilité, le peu de force d'une chose qui gêne, mais dont on ne doit pas s'embarrasser; *misère*, la pauvreté, la nullité d'une chose qu'on compte pour rien, qui ne doit pas affecter, qu'on méprise.

**MINUTIER.** s. m. Registre contenant les minutes des actes d'un notaire.

**MINUTIEUSEMENT.** adv. [Pr. *minu-si-euze-man*]. D'une manière minutieuse. *Relever m. les fautes d'un ouvrage.*

**MINUTIEUX, EUSE.** adj. [Pr. *minusi-eu, euze*]. Qui s'attache aux minuties et y donne trop d'attention. *Un esprit m. C'est une femme très minutieuse.* || Se dit aussi des choses. *Soins m. Attention, recherche minutieuse.*

**MINUTIUS FÉLIX.** Éloquent apologiste chrétien du IIIe siècle.

**MIOCÈNE.** adj. 2 g. (gr. μείων, moins; καινὸς, récent). T. Géol. Nom que l'on donne à l'ensemble des terrains qui ont été formés pendant la période moyenne de l'ère *tertiaire*. Voy. ce mot.

**MIOCHE.** s. (d'un rad. *mi* ou *mic*, qu'on retrouve dans le lat. *mica*, petit morceau, dans le bas breton *mioc*, petit, etc.). T. Popul. Petit enfant.

**MIOD.** s. m. Hydromel fermenté. Voy. Hydromel.

**MIOHIPPUS.** s. m. [Pr. *mi-o-ip-puss*] (gr. μείων, moindre, pris dans le sens de moyen; ἵππος, cheval). T. Paléont. Zool. Genre de Pachydermes fossiles, de l'époque miocène, voisin des chevaux. Voy. Descendance.

**MIOLLIS,** général fr., fut gouverneur de Rome de 1807 à 1814.

**MIOPITHÈQUE.** s. m. (gr. μείων, très petit; πίθηκος, singe). T. Mamm. Genre de singes de l'ancien continent. Voy. Cercopithèque.

**MIOSE.** s. f. [Pr. *mio-ze*] (gr. μείωσις, atténuation). T. Rhétor. Syn. de *litote*. Voy. ce mot.

**MIOT,** *comte de* Mélito, homme d'État et érudit français, traducteur d'Hérodote et de Diodore de Sicile, et auteur de *Mémoires* sur le Premier Empire (1762-1841).

**MI-PARTI, IE.** adj. (R. *mi*, et *parti*, du lat. *partitus*, divisé). Composé de deux parties égales, mais différentes. *Il porte un écu mi-p. d'or et d'azur. Les échevins avaient des robes mi-parties.* || Au sens moral, Partagé en deux parties égales ou à peu près égales. *L'opinion est mi-partie. Les avis sont mi-partis.* || *Chambres mi-parties.* Voy. Chambre.

**MIQUELET.** s. m. [Pr. *mike-lè*] (esp. *miquelete*, m. s.). T. Hist. Autrefois, on désignait sous le nom de *Miquelets* des volontaires espagnols, recrutés parmi les habitants des Pyrénées, qui se battaient en partisans et qui formaient des corps irréguliers excellents dans la guerre de montagne. A différentes époques, pendant nos guerres avec l'Espagne, notamment en 1689, en 1744, en 1791 et en 1808, la France organisa sous divers noms des compagnies de miquelets français, composées en grande partie de Roussillonnais, qui furent opposées avec avantage aux miquelets espagnols. Aujourd'hui, les Espagnols appellent encore *miquelets* les soldats qui forment la garde particulière des capitaines généraux ou gouverneurs de province.

**MIQUELON,** île de l'Amérique du Nord, près de Terre-Neuve (à la France); 2,300 hab.

**MIQUELOT.** s. m. [Pr. *mi-ke-lo*] (normand pour *michelot*, de *Michel*). Pèlerin qui va au mont Saint-Michel. Vx. || Vagabond, gueux. || Fig. Hypocrite.

**MIRABEAU (RIQUETTI,** comte de**)**, le plus grand orateur de l'Assemblée constituante, né au château du Bignon (Loiret) en 1749, mort à Paris en 1791. Repoussé par l'ordre de la noblesse, il fut envoyé aux États généraux par le Tiers état. Il contribua par son éloquence aux victoires de la Constituante, et mourut au moment où on l'accusait, probablement avec raison, de pactiser avec la Cour.

**MIRABELLE.** s. f. [Pr. *mirabè-le*] (esp. *mirabel*, m. s., d'un nom de lieu). T. Hort. Espèce de petite prune, ronde et de couleur jaune.

**MIRABILIS.** s. m. [Pr. l'*s* finale] (mot lat. syn. *admirable*). T. Bot. Voy. Nyctage.

**MIRABILITE.** s. f. (lat. *mirabilis*, admirable). T. Minér. Sulfate de sodium, en cristaux monocliniques ou en masses cristallines dans les gîtes salifères.

**MIRA CETI,** ou l'étoile *merveilleuse de la Baleine* (o) étoile variable fort curieuse, étudiée dès l'an 1596 par David Fabricius.

**MIRACLE.** s. m. (lat. *miraculum*, m. s., de *mirari*, s'étonner). Événement contraire aux lois de la nature et qui ne peut être l'effet d'une cause naturelle. || Par exagér., se dit d'une chose, d'un événement extraordinaire, et de tout ce qui fait naître l'étonnement ou l'admiration. *C'est un m. qu'il soit venu à bout d'une pareille entreprise. C'est un m. qu'il ait échappé à un si grand péril. Cette machine est un m. de l'art. Cette femme est un m. de beauté.* || Personne extraordinaire.

> Dans nos soins communs pour ce jeune miracle.
>
> Molière.

— Famil., on dit à quelqu'un que l'on n'a pas vu depuis longtemps, *C'est un m. de vous voir;* et en parlant de quelqu'un qui a fait une chose tout à fait opposée à ses habitudes, à son caractère, *Il faut crier m.* On dit aussi à quelqu'un qui se vante d'une chose fort ordinaire, *Il n'y a pas là de quoi crier m.*, ou ironiq., *Voilà un beau m.!* On dit encore à quelqu'un qui a commis quelque maladresse, *Vous avez fait là un beau m.* — *Faire des miracles*, se dit quelquefois d'une personne qui s'est signalée en quelque occasion. *Cet officier a fait des miracles dans telle bataille.* || *La cour des Miracles*, lieu de réunion des gueux ou mendiants de Paris où disparaissaient comme par miracle, les infirmités qu'ils simulaient pour mendier. = À miracle. loc. adverb. Parfaitement bien. *Cet ouvrage est fait à m. Il s'est tiré à m. de ce pas difficile.* Fam. et peu usité.

**Syn.** — *Merveille, Prodige.* — Le *prodige* est un phénomène éclatant qui sort du cours ordinaire des choses; le *m.* est un événement extraordinaire qui est au-dessus des forces de la nature et contraire à ses lois; la *merveille* est une œuvre admirable qui dépasse toutes les choses du même genre.

**Philos.** — Les théologiens définissent le m. comme il suit : 1° C'est un fait sensible, c.-à-d. qui tombe sous les sens, et c'est improprement que, dans le langage ordinaire, on donne le nom. de m. aux effets les plus surprenants de la grâce intérieure, soit à l'égard des justes, soit à l'égard de certains pécheurs qui se convertissent, au grand étonnement de ceux qui sont témoins de leur conversion. 2° C'est un fait divin, car il est de foi qu'il ne peut s'opérer que par l'action immédiate ou avec la permission expresse de Dieu, qui seul a le pouvoir de déroger aux lois qu'il a établies pour le gouvernement du monde. D'après cela, quand on dit qu'un homme a fait des miracles, cela signifie seulement que Dieu les a opérés par le ministère de cet homme, lequel a été simplement l'instrument de la volonté divine. 3° Le m. déroge aux lois de la nature. Il n'y a de vraiment miraculeux que les faits qui sont en opposition avec les lois physiques, qui sont contraires au cours ordinaire des choses.

De ces trois conditions il n'y en a qu'une, et c'est la moins importante qui tombe dans le domaine de la critique : le *m. est un fait sensible.* Les deux autres conditions sont impossibles à vérifier. Comment savoir si un fait authentique est véritablement divin? A l'analyser de près, cette condition est même dénuée de sens, car tout ce qui arrive dans le monde ne peut arriver que par la volonté, ou au moins par la permission de Dieu. Tous les faits, tous les événements sont *divins* au même titre. Quant à la troisième condition, elle n'est susceptible d'aucune vérification. Pour affirmer qu'un fait est contraire aux *lois de la nature*, il faudrait connaître ces lois dans leur ensemble et leur totalité; il faudrait que la science physique fût *achevée*. Or, il est permis de croire que l'homme ne saura jamais le dernier mot des phénomènes qui s'accomplissent sous ses yeux, que ce qu'il a à apprendre est tellement vaste que la partie ignorée est incomparablement plus étendue que la partie connue, et que la prétention de connaître les *lois de la nature* est en elle-même chimérique, sinon contradictoire, car elle suppose la *science absolue* qui ne semble pas pouvoir être l'apanage d'un être borné tel que l'homme. Au reste le sens du mot *loi de la nature* est en lui-même assez vague pour qu'il paraisse puéril d'établir sur ce mot une définition précise. Voy. Loi. En fait, la seule définition philosophique du m. paraît être : *Un fait contraire aux idées que nous nous faisons de l'ordre naturel des choses*. On objectera que cette définition est purement subjective puisqu'elle dépend de l'idée que l'on se fait de l'ordre de la nature, idée qui peut changer et qui change effectivement avec les temps. C'est cependant, il nous semble, la seule qu'on puisse donner en dehors de toute hypothèse sur la cause première et l'ordre de l'univers. Et, de fait, n'est-il pas arrivé que des faits ont été considérés comme miraculeux, tant qu'on n'a pas compris leur cause, et ont fini par être classés dans les faits naturels le jour où l'on est arrivé à démêler les causes qui les ont produites? On peut affirmer qu'aucun fait, si extraordinaire, si invraisemblable qu'il paraisse, ne peut être avec sûreté qualifié de m. au sens des théologiens, et que, s'il est authentique, il aura seulement pour effet de modifier nos connaissances physiques et de nous faire entrevoir un domaine de phénomènes encore inexploré.

Ce n'est pas à dire que la question du *m.* n'existe pas en philosophie; mais elle dépend des hypothèses que l'on fait sur la nature du monde; elle doit être précisée et posée en d'autres termes. On admet généralement que les phénomènes naturels *obéissent à des lois*. S'il se présente un fait qui paraisse contraire à ce que l'on connaît de ces lois, et si le fait est authentiquement vérifié, il n'y a que deux partis à prendre pour la critique : ou bien les lois supposées connues sont inexactes, ou du moins incomplètes, et le fait observé rentre dans le domaine d'autres lois encore inconnues, ou bien les lois supposées sont exactes et le fait est produit en dérogation de ces lois par une action spéciale et temporaire de la volonté providentielle. C'est la deuxième hypothèse qu'adoptent les théologiens. La science choisira toujours la première : c'est son rôle et son devoir de chercher à expliquer tout ce qu'elle voit, et, si elle laissait en dehors des explications naturelles les faits qualifiés de miraculeux, elle faillirait à sa mission, car elle n'aurait plus de règle pour distinguer les faits qui sont de son ressort et ceux qui n'en sont pas. Tout événement embarrassant pour une théorie serait qualifié de *m.*, et c'en serait fait de toute théorie et de toute critique. L'essence même de la science est de repousser non le fait dit miraculeux, mais l'idée même du m. En cette matière, la science physique peut manquer à sa mission de deux manières : 1° En rejetant certains faits dans le domaine du m., ce qui la dispense de tout examen; 2° en niant le fait lui-même, malgré les témoignages, sous prétexte que le fait est contraire aux lois démontrées. La première solution est une fin de non-recevoir décente et polie, la seconde est prétentieuse, et on peut dire outrecuidante. Les deux procèdent du même désir, bien naturel à l'homme : ne pas changer sa manière habituelle de penser. En réalité, le fait est la pierre de touche de la théorie. Aucune théorie ne peut être soutenue contre un fait bien constaté. Seulement, il faut que le fait soit authentique, et c'est là que gît la difficulté qui est du ressort de la critique historique. Les faits dits miraculeux sont nombreux dans l'histoire : toutes les religions ont des milliers de miracles à citer; il est certain que le plus grand nombre est apocryphe et doit être mis sur le compte de la supercherie, de l'imagination, de l'exagération; mais il en reste quelques-uns qui ne paraissent pas s'expliquer suffisamment de cette manière trop simple. Ceux-là donneront toujours à réfléchir aux esprits soucieux de la vérité. En général, chaque religion accepte ses propres miracles, et traite d'impostures ceux des autres religions. Il faut rendre cette justice à la théologie chrétienne qu'elle ne repousse pas en bloc les miracles des autres religions; mais elle les met sur le compte du démon, tandis que les siens seuls viennent de Dieu. De pareilles opinions sont respectables quand on les rencontre chez des personnes d'une foi sincère; mais elles n'ont rien à voir avec la critique scientifique.

En définitive, l'opinion qui paraît la plus sage au sujet des faits miraculeux consiste non pas à les nier systématiquement, mais à ne les admettre qu'à la suite d'une critique qui doit être d'autant plus sévère que le fait est en lui-même plus extraordinaire. Quelquefois il peut être prudent de réserver son jugement. La science est encore dans l'enfance et le mystère nous environne de toutes parts. En ces matières épineuses, les idées saines, réfléchies et prudentes commencent seulement à se développer, en même temps que des observateurs hardis que n'arrête pas la crainte du ridicule voient s'accomplir autour d'eux des phénomènes absolument extraordinaires dont l'étude, assurément très difficile, pourra peut-être nous apporter quelque enseignement. Voy. Déterminisme, Envoûtement, Hypnotisme, Magnétisme *animal*, Spiritisme, etc.

**MIRACULÉ, ÉE.** adj. Qui a été l'objet d'un miracle.

**MIRACULEUSEMENT.** adv. [Pr. *miraku-leuze-man*]. D'une manière miraculeuse; d'une façon surprenante, admirable. *Saint Pierre fut délivré m. de ses liens par un ange. Il échappa m. du naufrage. Cet ouvrage est travaillé m.*

**MIRACULEUX, EUSE.** adj. [Pr. *miraku-leu, euze*] Qui s'est fait par miracle, qui tient du miracle. *Événement m. Effet m. Guérison miraculeuse.* || Merveilleux, étonnant. *Ouvrage m. Action miraculeuse. Une victoire miraculeuse.* || Qui fait des choses surprenantes. *Ces docteurs m. ne sont jamais que des charlatans.*

**MIRADOUX,** ch.-l. de c. (Gers), arr. de Lectoure; 1,200 hab.

**MIRAFLORES,** homme politique et publiciste espag. (1792-1872).

**MIRAGE.** s. m. T. Physiq. Phénomène de réfraction par lequel les objets lointains envoient à l'œil de l'observateur une image inférieure et renversée comme s'ils étaient à proximité d'une nappe d'eau formant miroir. Voy. Réfraction. || Fig. Illusion séduisante. Le *m. de l'espérance.*

**MIRAILLÉ, ÉE.** adj. [Pr. *Il* mouillées] (fr. *mirail*, miroir, du lat. *miraculum*, m. s.). T. Blas. Se dit des ailes d'un papillon ou de la queue du paon lorsqu'elles sont tachetées de figures d'un émail particulier. || Se dit aussi des oiseaux dont les ailes sont tachetées.

**MIRAMBEAU,** ch.-l. de c. (Charente-Inférieure), arr. de Jonzac; 2,100 hab.

**MIRAMION** (Mme de), dame française qui fonda une communauté de religieuses appelées *Miramionnes* (1626-1696).

**MIRAMON** (Michel), né à Mexico; homme d'État mexicain du parti de Maximilien, fusillé avec lui (1832-1867).

**MIRANDA,** général né dans l'Amérique espagnole qui servit sous la République dans les armées françaises (1759-1816).

**MIRANDE,** ch.-l. d'arr. du dép. du Gers, à 21 kil. S.-O. d'Auch; 4,200 hab.

**MIRANDOLE** (La), v. d'Italie, prov. de Modène; 12,700 hab.

**MIRANDOLE** (Pic de la). Voy. Pic.

**MIRBANE.** s. f. T. Chim. *Essence de mirbane.* Voy. Nitrobenzine.

**MIRBEL** (de), botaniste fr. (1776-1854).

**MIRDITES,** peuple de l'Albanie appartenant au rite catholique.

**MIRE.** s. f. (R. *mirer*). Marque ou espèce de bouton qui se trouve sur la longueur d'un fusil, d'un canon, et qui sert de guide à l'œil quand on veut tirer. *La m. d'un canon, d'un fusil.* — *Ligne de m.* rayon visuel suivant lequel on pointe une pièce. — *Prendre sa m.*, viser. — *Point de m.*, L'endroit où l'on veut que le coup porte; et Fig., Le but auquel on tend. *Cette dignité est le point de m. de beaucoup d'ambitieux.* — *Coins de m.*, Coins de bois dont on se servait autrefois pour hausser ou baisser les pièces d'artillerie. || T. Arpent. Phys. et Astr. Se dit de tout signal destiné à être visé de plus ou moins loin, et qui sert à diriger les instruments pour fixer la position des lignes dans l'espace.

**MIRE.** s. f. (orig. incon.). Défense de sanglier. Vx.

**MIRÉ, ÉE.** adj. (R. *mire*). T. Véner. *Sanglier m.* Vieux sanglier dont les défenses sont recourbées en dedans.

**MIREBEAU,** ch.-l. de c. (Vienne), arr. de Poitiers; 2,700 hab.

**MIREBEAU-SUR-BÈZE,** ch.-l. de c. (Côte-d'Or), arr. de Dijon; 1,200 hab. Houblons, vignobles.

**MIRECOURT,** ch.-l. d'arr. du dép. des Vosges, à 27 kilomètres N.-O. d'Épinal; 5,400 hab. Fabrique d'instruments de musique.

**MIRECOURT** (Eugène de), pseudonyme de Eug. Jacquot, littérateur fr. né à Mirecourt (1812-1880).

**MIREILLE,** en provençal *Mireio*, poème de Mistral.

**MIREMENT.** s. m. [Pr. *mire-man*]. T. Mar. Effet de réfraction qui fait paraître un objet plus élevé qu'il n'est réellement.

**MIREPOIX,** ch.-l. de c. (Ariège), arr. de Pamiers; 3,500 hab.

**MIREPOIX** (duc de), maréchal de France (1699-1758).

**MIRER.** v. a. (lat. *mirare*, regarder fixement). Regarder attentivement.

Plus je regarde et mire ta personne.
La Fontaine.

|| Viser, avant de tirer une arme à feu, une arbalète, etc., l'endroit où l'on veut que porte le coup. *M. le but. M. un lièvre.* Absol., *Il faut m. avant de tirer.* — *M. les œufs*, Les regarder, en les plaçant, entre son œil et le jour, pour s'assurer s'ils sont frais. — *M. du drap*, le regarder pour voir s'il y a des défauts. || Fig. et fam., *M. une place, un emploi*, Y prétendre, y aspirer. = se Mirer. v. pron. Se regarder dans un miroir ou dans une surface qui reflète l'image des objets. *Se m. dans l'eau. Elle est sans cesse à se m.*

Dans ses eaux où le cygne se mire.
A. de Musset.

Ses yeux qui demi-morts dans les miens se mirèrent.
Racan.

— Par exagération, on dit de certaines choses, quand elles sont très propres et fort luisantes, qu'*On s'y mirerait. On se mirerait dans ce parquet, dans cette vaisselle.* || Fig. et fam., *Se m. dans son ouvrage*, Regarder son ouvrage avec complaisance. — On dit aussi d'une femme qui fait paraître une grande complaisance pour sa beauté et pour sa parure, *Elle se mire dans ses plumes.* = Miré, ée. part.

**Syn.** — *Viser.* — *M.* c'est tourner la *mire* vers quelque chose; *viser* c'est tourner le visage. Quand il s'agit d'armes à feu, les deux mots sont syn.; mais *m.* ne se dit plus.

**MIRETTE,** s. f. [Pr. *mirè-te*] Outil de maçon.

**MIREUR, EUSE.** s. Celui, celle qui mire. Instrument qui sert aux artilleurs des batteries de côte à calculer l'éloignement des vaisseaux ennemis. || *M. mireuse d'œufs*, Celui, celle qui passe les œufs à la chandelle pour voir s'ils sont frais.

**MIRIBEL** (Baron de), général fr. (1831-1893).

**MIRIFIQUE.** adj. 2 g. (lat. *mirificus*, m. s. de *mirus*, merveilleux, et *ficare*, faire). Se dit fam. et ironiq., pour Merveilleux, admirable. *Voilà qui est m. Elle a toujours des toilettes mirifiques.*

**MIRKHOND,** célèbre historien persan (1433-1498).

**MIRLIFLORE.** s. m. (altération de *mirifique*, avec l'idée de *fleur* dans la finale). Jeune homme qui fait l'agréable, le merveilleux. Fam.

**MIRLIROT.** s. m. [Pr. *mirli-ro*]. Corrupt. du mot *Mélilot.*

**MIRLITON.** s. m. (R. ancien refrain). Espèce de flûte à l'usage des enfants, qui est formée d'un roseau bouché par les deux bouts, avec une pelure d'oignon ou avec un morceau de baudruche. — *Vers de m.*, vers exécrables, du genre de ceux qui sont imprimés sur la bande de papier enroulée autour du mirliton. || T. Cuis. Tartelette à la pâte d'amandes.

**MIRMIDON** ou **MYRMIDON.** s. m. (gr. μυρμηδών, fourmilière; nom donné par les Grecs à certains habitants de la Thrace parce qu'ils habitaient sous terre comme des fourmis). Se dit par mépris et par raillerie, d'un jeune homme de très petite taille. *Voilà un plaisant m.* || Au sens moral, se dit de quelqu'un qui a des prétentions, qui se fait de son propre mérite des idées fort exagérées. *Nos mirmidons littéraires. Ces mirmidons prononcent sur ce qu'ils n'entendent pas.* Fam.

**MIRMILLON.** s. m. [Pr. les *ll* mouillées] (lat. *mirmillo*, m. s.). T. Antiq. rom. Gladiateur armé à la gauloise. Voy. Gladiateur.

**MIROBOLANT, ANTE.** adj. [Pr. *mirobo-lan*] (R. *myrabolan*). Qui émerveille. Fam.

**MIROIR.** s. m. [Pr. *mirou-ar*] (R. *mirer*). Se dit de tout corps poli dont on se sert pour réfléchir les rayons lumineux ou les objets qu'on lui présente. *M. de verre étamé. M. de cristal de roche. M. de bronze. M. métallique. M. de télescope. M. concave, convexe, parabolique, à facettes.* — *M. magique.* Voy. plus loin. — Se dit ordinair. d'une glace de verre qui est étamée à sa face postérieure, et dont la face antérieure renvoie l'image des objets. *Un m. de Venise. M. de poche. La bordure d'un m. Se regarder dans un m. Cette femme est sans cesse devant son m.* — Par ext., *Le ruisseau lui offrait le m. de ses eaux.* || Figur., se dit de ce qui représente une chose et la met en quelque sorte devant nos yeux. *Les yeux sont le m. de l'âme. La comédie est un m. où nous nous voyons souvent sans nous reconnaître. C'est en vain qu'on offre à des hommes prévenus le m. de la vérité.*

Nous serons les miroirs d'une vertu bien rare.
Corneille.

|| T. Chasse. Instrument monté sur un pivot et garni de petits morceaux de m. qui tourne au moyen d'un ressort, et qu'on expose au soleil pour attirer par son éclat les alouettes et d'autres petits oiseaux. *Tirer des alouettes au m.* || T. Eaux et Forêts. Place entaillée sur le tronc d'un arbre et marquée avec le marteau. = T. Mar. Voy. Tableau. || T. Minér. *M. des Incas*, Voy. Fer, VII. D. et Obsidienne. — *M. de Marie, M. de la Vierge, M. de pèlerin, M. d'âne.* Sorte de gypse. Voy. Chaux. || T. Zool. Se dit de certaines parties douées d'un éclat métallique qu'on observe sur les plumes de certains oiseaux et sur les ailes de certains insectes. || T. Cuis. *Œufs au m.* ou *œufs sur le plat*, Œufs qu'on fait cuire, sans les brouiller, sur un plat enduit de beurre. || T. Archit. Ovale taillé dans une moulure creuse. || T. Techn. Endroit d'une peau de chagrin restée lisse.

**Phys.** — I. — Le *M.* est un meuble indispensable à la toilette féminine; il ne faut donc point s'étonner que son usage remonte à la plus haute antiquité. La Bible, en fait mention : « Et l'on fit un bassin d'airain pourvu de sa base avec les miroirs des femmes qui veillaient à la porte du tabernacle. » (*Exod.*, xxxviii, 8.) Cependant il n'en est pas question dans Homère, bien qu'il décrive dans les plus grands détails la toilette de Junon. Les miroirs des anciens étaient faits de métal, principalement de cuivre ou de bronze; les plus riches avaient des miroirs d'argent, et il est impossible d'admettre l'assertion de Pline, qui prétend que ces derniers auraient été inventés par un certain Praxitèle, contemporain du grand Pompée. Au temps de cet écrivain, on faisait aussi des miroirs avec un alliage de cuivre et d'étain, qui imitait l'argent par sa blancheur : les miroirs de ce genre, fabriqués à Brindes, étaient fort estimés. Il est aussi assez souvent question des miroirs d'or dans les anciens auteurs; mais vraisemblablement cette expression se rapporte bien moins au m. lui-même qu'à sa bordure ou aux ornements qui le décoraient : c'est ainsi que nous-mêmes nous disons une montre d'or quoique la boîte seule soit faite de ce métal. Les anciens employaient même les pierres précieuses à l'ornementation de ce meuble de toilette. Sénèque, en s'élevant contre ce luxe, dit qu'on en voyait dont la valeur surpassait la dot que le sénat avait assignée, sur le Trésor public, à la fille de S. Scipion. Les anciens paraissent encore s'être servis de l'obsidienne pour faire des miroirs, et même avoir connu l'usage des miroirs de verre. Ces derniers sortaient des verreries de Sidon, célèbres au temps de Pline, et l'on donnait à la lame de verre le pouvoir de réfléchir les objets en fixant à sa face postérieure une feuille d'argent ou même d'or. — En général, les miroirs des anciens étaient de petites dimensions et pouvaient se tenir à la main. Ceux qui nous sont parvenus sont presque toujours de forme ronde ou ovale, et ont ordinairement un manche. Bien qu'on pût les fixer au mur ou les maintenir droits sur une table, le plus souvent c'était une esclave qui tenait le m. devant sa maîtresse pendant que d'autres esclaves procédaient à sa toilette. Il existait également des miroirs de la hauteur d'une personne : tel était celui de Démosthène, dont parle Quintilien. Enfin, on poussait quelquefois le luxe jusqu'à revêtir de miroirs tous les murs et même le plafond d'une pièce. Horace, au dire de Suétone, avait une chambre à coucher ornée de cette manière (*speculatum cubiculum*). Le même historien rapporte que Domitien avait une galerie revêtue de *phengites*, et qu'au moyen de la réflexion de cette substance, dont la nature nous est inconnue, ce prince pouvait voir tout ce qui se faisait derrière lui. Les Chinois et les Japonais fabriquent des miroirs métalliques qui présentent une particularité curieuse. Lorsqu'on les place dans la direction d'un rayon solaire, ils réfléchissent une image gravée en relief sur le côté opposé à la surface polie. Babinet, le premier, a donné l'explication de ce phénomène qui est fort simple. Lorsqu'on polit le m., l'usure, au lieu de se distribuer uniformément sur toute la surface, porte principalement sur les points soutenus par un surcroît d'épaisseur, tandis que les autres se dérobent plus ou moins sous la pression, pour se relever aussitôt qu'on cesse d'agir. De cette façon, ces derniers sont moins usés, et, au lieu de présenter une courbure uniforme, la surface du m. est légèrement creusée aux points qui correspondent aux saillies de la face postérieure. En conséquence, si l'on porte un pareil m. en plein soleil, et que l'on renvoie le faisceau réfléchi vers un écran placé à une distance convenable, ces ondulations, qui ne sont pas directement visibles, s'accuseront dans l'image réfléchie, par une augmentation ou par une diminution de lumière. Ce sont ces miroirs qui ont reçu le nom de *miroirs magiques*.

II. — La théorie de la réflexion de la lumière à la surface des miroirs plans, sphériques, etc., fait l'objet de la *catoptrique*, et il en sera parlé au mot Réflexion. Mais tout m. réfléchit la chaleur rayonnante de la même manière qu'il réfléchit les rayons lumineux. Ainsi donc, lorsqu'un m. est concave, ou construit de manière à faire converger les rayons calorifiques qu'il réfléchit dans un même foyer, il se produit à ce foyer une température élevée et capable de produire des effets remarquables par leur puissance. Les miroirs de ce genre sont appelés *Miroirs ardents*. Les grands miroirs ardents sont faits, soit d'un alliage métallique, soit de cuivre jaune bien poli ou argenté. Souvent, pour augmenter leur puissance, on les compose d'une série de petits miroirs plans disposés de manière que les rayons réfléchis par chacun d'eux aboutissent au même foyer. Tels étaient, suivant Tzetzès et Anthémius de Tralles, les miroirs ardents dont Archimède se servit pour brûler la flotte romaine qui faisait le siège de Syracuse, sa patrie (213 av. J.-C.). La réalité du fait historique que nous venons de rappeler ayant été révoquée en doute, divers physiciens se sont livrés à des expériences fort curieuses pour déterminer expérimentalement sa possibilité ou son impossibilité. Le P. Kircher fut le permier qui essaya la construction d'un m. ardent par l'assemblage de glaces planes. Avec 5 glaces, il produisit une très forte chaleur à 100 pieds de distance. Après lui, Buffon, opérant avec un m. composé de 40 glaces planes de six pouces de hauteur sur huit de largeur, mit le feu à une planche de hêtre goudronnée, placée à 66 pieds de distance; avec 128 glaces, il enflamma subitement à 150 pieds une planche de sapin goudronnée; à 40 pieds, avec 224 glaces, il fondit et volatilisa en partie une assiette d'argent. Le dernier m. qu'il ait construit à cet effet était composé de 168 glaces planes montées sur châssis de fer et mobiles dans tous les sens, de manière qu'il fût possible de diriger vers un objet unique l'image réfléchie par chacune d'elles. Ces expériences ont donc mis hors de doute la possibilité de l'incendie de la flotte romaine. Néanmoins on a objecté que, pour que les rayons lumineux puissent être constamment concentrés sur un même point, il faut, à cause du mouvement du soleil, changer à chaque instant l'ajustage des miroirs; or, il paraît difficile de donner aux miroirs élémentaires le mouvement convenable au moyen d'une machine, à cause des inégalités de mouvement qui résulteraient de la dilatation des verges métalliques et du frottement des engrenages. Telle est l'opinion de Monge, qui ajoute que le seul moyen raisonnable de composer un m. ardent de plusieurs miroirs plans consiste à confier chacun de ces derniers à une personne chargée de le ramener sans cesse à la position qu'il doit avoir. Cela est facile pour 3 ou 4 miroirs, mais devient impossible si l'on emploie un grand nombre, parce que ceux qui font la manœuvre ne peuvent plus distinguer l'image qu'ils envoient de celle qu'envoient les autres, d'où il résulte une agitation qui empêche le foyer de se former. Mais un savant traducteur d'Archimède, Peyrard, a fait voir (1807) qu'il était possible, au moyen d'un mécanisme fort simple, de parer à cette difficulté, et il a calculé qu'avec 590 glaces de 50 centimètres de côté, dont le mouvement serait dirigé par 60 personnes seulement, on pourrait embraser une flotte à un quart de lieue de distance.

Les miroirs se font habituellement aujourd'hui en verre étamé ou argenté. Voy. Étamage, Argenture. Les miroirs des premiers télescopes étaient faits avec un alliage de 67 parties de cuivre et 33 d'étain.

**MIROITÉ, ÉE.** adj. [Pr. *mirouè-té*] (part. pas. de *miroiter*). Se dit d'un cheval bai dont la croupe présente des marques plus brunes ou plus claires qui la rendent en quelque façon pommelée. *Cheval bai m.* On dit aussi *Bai à miroir.*

**MIROITEMENT.** s. m. [Pr. *mirouè-teman*] (R. *miroiter*). Éclat qu'une surface polie jette en réfléchissant la lumière.

**MIROITER.** v. n. [Pr. *mirouè-ter*] (R. *miroir*). Réfléchir la lumière, présenter des reflets chatoyants. || Fig. *Faire m. quelque chose aux yeux de quelqu'un*, chercher à le séduire par le faux éclat de quelque chose.

**MIROITERIE.** s. f. [Pr. *mirouè-terie*] (R. *miroir*). Commerce de miroirs. || Le travail des glaces.

**MIROITIER, IÈRE.** s. [Pr. *mirouè-tié*] (R. *miroir*). Celui, celle qui fait, répare et vend des miroirs. || Ouvrier qui coupe et étame les glaces.

**MIROMESNIL,** magistrat fr. garde des sceaux (1723-1796).

**MIRON** (François), prévôt des marchands à Paris en 1604, m. en 1606, éleva la façade de l'Hôtel de Ville. || Son frère Robert fut orateur du tiers aux états généraux de 1614.

**MIROTON.** s. m. T. Cuis. Mets composé de tranches de bœuf déjà cuites, qu'on assaisonne de différentes manières, principalement aux oignons.

**MIRZA,** titre de prince en langue persane.

**MIRZAPOUR,** v. de la province de Bénarès (Hindoustan), sur le Gange; 57,000 hab.

**MISAINE.** s. f. [Pr. *mi-zène*] (ital. *mezzano*, placé au milieu). T. Mar. *Mât de m.*, Voy. Mât. || *La voile de m.*, ou simplem., *La misaine*, La voile principale de ce mât.

**MISANTHROPE.** s. m. [Pr. *mizan-trope*] (gr. μισάνθρωπος, m. s., de μισέω, je hais, et ἄνθρωπος, homme). Celui qui hait les hommes. *Timon d'Athènes était un véritable m.* || Se dit ordin., par exagér., d'un homme bourru, chagrin, qui ne se plaît pas dans le commerce du monde. *C'est un m. Le M. de Molière.* — Adject., *Un esprit m. Il devient chaque jour plus m.*

**MISANTHROPIE,** s. f. [Pr. *mizan...*] (R. *misanthrope*). Haine des hommes, et, plus ordinair., Caractère d'un homme bourru, chagrin, qui ne se plaît pas dans le commerce du monde.

**MISANTHROPIQUE**. adj. 2 g. [Pr. *mizan...*]. Qui naît de la misanthropie, Qui en a le caractère. *Réflexion m. Humeur m.*

**MISCELLANÉES**. s. m. pl. [Pr. *mis-sel-lané*] (lat. *miscellanea*, choses mélangées, de *miscere*, mêler). Recueil de différents ouvrages de science, de littérature, qui n'ont le plus souvent aucun rapport entre eux. — Vieux ; on dit aujourd'hui *Mélanges*.

**MISCHNA**. s. f. [Pr. *mich-na*] (hebr. *mischna*, romaniement). Recueil de traditions rabbiniques depuis Moïse.

**MISCHNIQUE**. adj. 2 g. [Pr. *mich-nick*]. Qui a rapport à la mischna.

**MISCIBILITÉ**. s. f. [Pr. *mis-sibilité*]. Qualité de ce qui peut se mêler, s'allier.

**MISCIBLE**. adj. 2 g. [Pr. *mis-sible*] (lat. *miscibilis*, m. s. de *miscere*, mêler). Qui a la propriété de se mêler avec quelque chose. *L'huile n'est pas m. avec l'eau.*

**MISE**. s. f. [Pr. *mi-ze*] (R. *mis*, part. pass. de *mettre*). Action de mettre, résultat de cette action. || T. Jurispr. *M. en accusation, en jugement*, Décision par laquelle on met un prévenu en accusation, un accusé en jugement. *M. en liberté*, Décision par laquelle le prévenu ou l'accusé est mis en liberté. *M. en cause*, Action d'appeler une personne dans un procès. *M. en possession*, Formalité juridique par laquelle on est mis en possession d'un bien. *M. en demeure*, Sommation faite à quelqu'un d'avoir à s'acquitter de quelque obligation. || *M. en vente*, Action de mettre quelque chose en vente. *M. à prix*, Déclaration du prix que veut le vendeur d'un objet qu'il met en vente. || *M. en œuvre*, L'action d'employer une chose à fabriquer quelque ouvrage. || T. Théât. *M. en scène*, Les préparatifs qu'exige la représentation d'un drame, d'un opéra, etc. || T. Impr. *M. en pages* et *M. en train*. Voy. Typographie. || En parlant de monnaies, on dit qu'*Elles sont de m.*, ou *qu'Elles ne sont plus de m.*, selon qu'elles ont cours ou n'ont plus cours. — Fig. et fam., *Cette raison, cette excuse n'est pas de m.*, Elle n'est pas recevable, pas valable. *Cette étoffe n'est pas de m., n'est plus de m.*, Elle n'est plus de mode, ou la saison de la porter est passée. *Cet homme est de m.*, On peut le présenter et le recevoir dans la bonne société. || La somme que l'on met au jeu, que l'on apporte dans une société de commerce, que l'on offre dans une vente aux enchères. *La m. est de cinq francs par joueur. Retirer sa m. Doubler sa m. Sa m. dans cette société est de deux cent mille francs. La dernière m. est à tant. Ma m. couvrit la sienne.* || Manière de se mettre, de se vêtir. *Avoir une m. élégante, négligée. Une m. décente est de rigueur.* || T. Techn. Bassin carré où l'on met refroidir le savon cuit. — Auget de tôle rempli d'huile chaude pour la trempe des aiguilles. — Pièce de fer soudée à une autre pour la renforcer ou servir à la manœuvrer. — Trou par lequel on introduit la graine de moutarde dans le moulin. — *M. en ligne*, construction d'un mur à parement vertical en se guidant sur les lignes tendues. — — *M. en carte*. Voy. Tissage.

**MISÈNE** (cap), situé sur la côte S.-O. de l'Italie, entre Cumes et Pouzzoles.

**MISÉNITE**. s. f. [Pr. *mizé-nite*]. T. Minér. Sulfate acide de potassium, trouvé en fibres blanches au cap Misène.

**MISER**. v. n. [Pr. *mi-zer*]. Enchérir, mettre au jeu. || Fig. Faire fond.

**MISÉRABLE**. adj. 2 g. [Pr. *mizé-rable*] (lat. *miserabilis*, m. s.). Malheureux, qui est dans la misère, dans la souffrance. *Cet homme est bien m. Il est dans un état m., dans une condition m. Son sort est m. Il mène une vie m., une existence bien m.* — *Faire une fin m.*, Mourir dans la misère, ou Périr d'une façon très fâcheuse. || Méchant. *Il faut être bien m. pour faire une pareille action.* || Qui est fort mauvais dans son genre, qui est sans valeur ; s'emploie souvent comme un terme de mépris. *Il a fait un ouvrage m. Voilà de misérables raisons. Les misérables disputes de l'école. Il se tourmente pour de misérables honneurs. Il n'a qu'un m. cheval. Un livre, un auteur m.* — Misérable. s. Celui qui est dans la misère. *Secourir les misérables.* || Par injure, *C'est un m., ce n'est qu'un m.*, C'est un homme de néant, ou C'est un très malhonnête homme. On dit aussi, dans ce dernier sens, *C'est un grand m.* — On dit encore D'un enfant, d'un jeune homme vicieux, *C'est un petit m.* ; et d'une femme décriée pour sa mauvaise conduite, *C'est une m.* = Syn. Voy. Malheureux.

**MISÉRABLEMENT**. adv. [Pr. *mizé-rableman*]. D'une manière misérable. *Vivre m. Mourir m. Écrire misérablement.*

**MISÉRATION**. s. f. [Pr. *mizé-rasion*] (lat. *miseratio*, de *miserari*, avoir pitié). Sentiment de pitié, effet de la miséricorde. Vx.

**MISÈRE**. s. f. [Pr. *mi-zère*] (lat. *miseria*, de *miser*, malheureux). État malheureux, extrême indigence, privation des choses nécessaires à la vie. *Grande, profonde m. Tomber dans la m., dans une extrême m. Être au comble de la m. Mourir de faim et de m. Il y a des misères qui font saigner le cœur.* — Au sens moral, se dit souvent de la faiblesse, du néant de l'homme. *Ce qui nous paraît de plus grand dans le monde n'est que m. et que vanité.* || Se dit encore des peines, des difficultés, des incommodités et de toutes les choses qui rendent la vie triste, malheureuse. *C'est une m. que d'avoir affaire aux gens de loi. C'est une grande m. que de vivre près de lui. Je vous rends compte de toutes les misères de mon existence. Les petites misères de la vie. Ce monde est une vallée de misères.* — *Faire des misères à quelqu'un*, lui causer des ennuis. || *La m. du temps, des temps*, Le mauvais état des affaires. *On ne vend rien, c'est la m. du temps qui en est la cause.* — Fig., *Collier de m.* Voy. Collier. *M. et compagnie*, gens qui n'ont avec eux que la misère. || *Lit de m.*, Lit sur lequel se tient la femme pendant l'accouchement. = Signifie encore Bagatelle, chose de peu d'importance, de peu de valeur. *C'est une m., ne vous en tourmentez pas. On ne lui reproche que des misères. Il ne dit que des misères. Je suis un peu souffrant, mais ce ne sont que des misères.* || T. Jeux. Coup où l'on gagne quand on a des cartes si faibles qu'on perd toutes les levées, au boston.

**Syn.** — *Pauvreté.* — La *pauvreté* consiste à avoir peu ; la *m.* est une extrême indigence. La signification de *m.* est absolue, celle de *pauvreté* est relative. En effet, on peut appeler *pauvre* dans un endroit un homme possédant un bien qui, ailleurs, ferait la richesse d'un autre. Voy. Minutie.

**MISERERE**. s. m. [Pr. *mizé-ré-ré*]. T. Liturg. cathol. Le psaume cinquantième qui commence en latin par ces mots : *Miserere mei, Domine* (Ayez pitié de moi, Seigneur). *Dire un m., le m.* || T. Méd. *Colique de m.* Douleurs atroces produites par l'obstruction de l'intestin.

**MISÉREUX, EUSE**, adj. [Pr. *mizé-reu, euze*]. Qui est dans la misère. — Subst. Les *miséreux*. T. Néol.

**MISÉRICORDE**. s. f. [Pr. *mizéri-korde*] (lat. *misericordia*, m. s. de *misereo*, j'ai pitié, et *cor*, *cordis*, cœur). Vertu qui porte à avoir compassion des misères d'autrui et à les soulager. *Pratiquer les œuvres de m. C'est un homme sans m. Il n'a de m. pour personne.* || Grâce, pardon accordé à celui qu'on pourrait punir. *Demander, crier, implorer m. Obtenir m. Faire m. Il est indigne de m.* || *La m. de Dieu, la m. divine*, La bonté par laquelle Dieu fait grâce aux pécheurs. On dit aussi : *C'est une grande m. que Dieu nous a faite. Il faut espérer que Dieu nous fera m., nous recevra dans sa m. Chanter les miséricordes de Dieu.* || *Être à la m. de quelqu'un*, Dépendre absolument de sa pitié. *Se remettre, s'abandonner à la m. de quelqu'un*, S'abandonner à sa merci, à sa discrétion. — Prov. *A tout péché m.*, se dit, soit, pour engager quelqu'un à pardonner, soit pour faire entendre à celui qui demande pardon qu'il peut espérer de l'obtenir. || *M.*, se dit quelquefois par exclamation, pour appeler au secours ou pour marquer une grande surprise. *A l'aide, m. ! M. ! que va-t-il faire !* — Famil., on dit encore de quelqu'un à qui une vive souffrance arrache de grands cris, qu'*Il crie m.* || T. Archéol. Sorte d'appui au-dessous des stalles du chœur. — Sorte de poignard. Voy. Stalle et Poignard. || T. Mar. *Ancre de m.* la maîtresse ancre, qu'on appelle encore *ancre de Salut.* || T. Liturg. Nom du deuxième dimanche après Pâques, parce que l'introït commence par le mot *misericordia*. — Dans certains ordres religieux, récréations ou aliments supplémentaires donnés à certains jours.

**MISÉRICORDIEUSEMENT.** adv. [Pr. *mizé-rikordieu-zeman*]. Avec miséricorde. *Dieu reçoit m. les pécheurs qui reviennent à lui.*

**MISÉRICORDIEUX, EUSE.** adj. [Pr. *mizé-rikordieu, euze*]. Qui a de la miséricorde, qui est enclin à la miséricorde. *Dieu est m. envers les pécheurs. — L'Évangile dit : Bienheureux sont les m., car ils obtiendront miséricorde.*

**MISKOLC** ou **MISKOLCZ**, v. de la Hongrie septentrionale; 21,800 hab.

**MISNIE**, anc. margraviat de l'Empire d'Allemagne, berceau de l'électorat (1423), puis incorporé au royaume de Saxe (1807).

**MISOGAME.** s. [Pr. *mizo...*] (gr. μισέω, je hais; γάμος, mariage). Celui, celle qui hait le mariage.

**MISOGAMIE.** s. f. [Pr. *mizo...*] (R. *misogame*). Haine du mariage.

**MISOGYNE.** s. m. [Pr. *mizo...*] (gr. μισέω, je hais; γυνή, femme). Un homme qui hait les femmes.

**MISOGYNIE.** s. f. [Pr. *mizo...*] (R. *misogyne*). Aversion pour les femmes.

**MISOPÉDIE.** s. f. [Pr. *mizo...*] (gr. μισέω, je hais; παιδεία, instruction). Haine de l'instruction.

**MISOUR.** s. m. [Pr. *mi-zour*]. Nom donné au vent du Sud dans nos ports de la Méditerranée.

**MISPICKEL.** s. m. T. Minér. Sulfo-arséniure de fer naturel. Voy. ARSENIC, et FER, VII. E.

**MISS.** s. f. [Pr. *mis*]. Nom que les Anglais donnent aux jeunes filles, et à toutes les femmes non mariées

**MISSEL.** s. m. [Pr. *mi-sel*] (bas lat. *missale*, de *missa*, messe). Livre qui contient les prières et les cérémonies de la messe. *C'est au pape Gélase, mort en 496, qu'on attribue la composition du premier m. M. romain. M. à l'usage du diocèse de Paris.*

**MISSI DOMINICI** (mots lat. sign. les envoyés du maître). Nom des envoyés des rois de la 2e race qui inspectaient les provinces.

**MISSION.** s. f. [Pr. *mi-sion*] (lat. *missio*, m. s. de *missum*, sup. de *mittere*, envoyer). Envoi, fonction, charge, qu'on donne à quelqu'un pour faire quelque chose. *Il a reçu sa m. Où est votre m.? Quel est l'objet de votre m.? Avez-vous m. pour cela? Qui vous a donné m. pour agir ainsi? M. diplomatique, militaire, scientifique. Aller en m. Remplir sa m. Ce vaisseau est revenu de sa m.* — Par ext., se dit collectiv. des personnes qui ont reçu une même m. *Il a été nommé membre de la m. scientifique envoyée au Brésil.* || Dans un sens particul., se dit des choses qui regardent la religion, la prédication de l'Évangile et la discipline ecclésiastique. *La m. des apôtres vient de Jésus-Christ même. Les apôtres ont prouvé leur m. par leurs miracles. Les évêques agissent en vertu de la m. apostolique qu'ils ont reçue.* || Collectiv., se dit des prêtres séculiers ou réguliers, qui vont prêcher l'Évangile chez les infidèles, ou qui travaillent à la conversion des incrédules, à l'instruction des chrétiens, etc. *On envoya une m. en Cochinchine. La m. a fait de grandes conversions dans cette province. — Pères de la m.*, qui ont été institués pour prêcher dans les campagnes. — *Prêtres des missions étrangères*, qui ont été institués pour convertir les infidèles. || Suite de prédications ou de conférences que les missionnaires font en quelque endroit, soit pour la conversion des infidèles, des hérétiques, des incrédules, soit pour l'instruction des fidèles. *Faire une m. Être envoyé en m. Il a fait pendant deux ans la m. dans telle ville.*

**Hist. relig.** — Les *Missions* remontent à l'origine même du christianisme. Les apôtres et leurs successeurs immédiats furent eux-mêmes des missionnaires, dont les travaux contribuèrent à faire triompher la religion chrétienne dans tout l'empire romain. Aussitôt qu'elle eut achevé de conquérir les nations qui faisaient partie de l'empire romain, l'Église chrétienne envoya ses missionnaires chez les barbares. Au Ve siècle, les Irlandais sont convertis par saint Patrice. Au VIe, saint Colomban évangélise l'Écosse, et un autre saint Colomban la Bretagne française. Au VIIe, les Anglo-Saxons, qui avaient envahi la Grande-Bretagne, sont convertis par le moine saint Augustin, que leur avait envoyé le pape saint Grégoire le Grand. Dans ce même siècle et dans le suivant, saint Gall, saint Kilian, saint Émeran, saint Boniface, gagnent au christianisme une foule de tribus germaniques. Au IXe, saint Cyrille et son frère, saint Méthodius, portent la chrétienne foi chez les peuplades de race slave, tandis que saint Anschaire, saint Siegfried, etc., travaillent à la conversion des peuples scandinaves. Au Xe, saint Adalbert et d'autres zélés missionnaires font connaître l'évangile aux tribus qui occupaient les territoires actuels de la Prusse, de la Bohême, de la Pologne, de la Russie occidentale, etc. En même temps, des prêtres nestoriens portaient le christianisme en Tartarie et jusqu'en Chine. Enfin, dans les dernières années du XVe siècle, la découverte du cap de Bonne-Espérance et de l'Amérique ouvrit aux missionnaires de nombreux pays jusqu'alors inconnus ou inaccessibles. Une foule de missionnaires dévoués se précipitèrent dans cette nouvelle et immense carrière. La société de Jésus se distingua particulièrement par son zèle dans les Indes, dans la Chine, au Japon et en Amérique. D'autres ordres religieux, les Dominicains, les Carmes déchaux, les Capucins, ne déployèrent pas moins de zèle. Mais parmi les institutions fondées pour répandre le christianisme, nous citerons particulièrement la *Congrégation de la propagande*, à Rome, et les sociétés pour les missions étrangères dont s'enorgueillit la France catholique. Le premier établissement de missionnaires créé en France remonte à l'année 1617. Son fondateur, saint Vincent de Paul, donna à son institut le nom de *Société des prêtres de la m.*, mais ses membres sont plus connus sous celui de *Lazaristes*, parce que leur principale maison était autrefois placée dans un ancien prieuré de l'ordre religieux et militaire de Saint-Lazare, à Paris. Les missions principales de cette congrégation sont au Levant. Le *Séminaire des Missions étrangères* a été institué, en 1663, par le carme déchaussé Bernard de Sainte-Thérèse, évêque de Babylone, dans le but exclusif de former des missionnaires pour la conversion des idolâtres. Ses établissements les plus importants sont disséminés dans la Chine, la Cochinchine, le Thibet, l'Inde et la Malaisie. Nous mentionnerons encore la *Congrégation de Jésus et Marie*, fondée, en 1643, par Eudes, prêtre de l'Oratoire, d'où le nom d'*Eudistes*, sous lequel ses membres sont communément désignés. Enfin, la *Société pour la propagation de la foi* a surtout pour but de venir matériellement en aide aux missionnaires. Elle a été établie en 1822, et a son siège principal à Lyon.

Les diverses confessions protestantes entretiennent aussi des missons nombreuses tant dans l'ancien que dans le nouveau monde.

Ces diverses missions ont fait beaucoup de bien et ont contribué dans une large mesure aux progrès de la civilisation. On peut reprocher à quelques-unes d'avoir mêlé aux intérêts humanitaires et religieux des préoccupations politiques et commerciales. Les Jésuites ont visé à la domination, les Anglicans à l'extension des relations commerciales. C'est ce qui explique un certain nombre des persécutions dont les missions ont été l'objet chez les peuples éloignés. Il est impossible de porter un jugement sur l'ensemble de ces œuvres, chacune ayant son caractère propre.

**MISSIONNAIRE.** s. m. [Pr. *misi-onère*]. Prêtre qui est employé aux missions pour la conversion des infidèles ou pour l'instruction des peuples. *Les missionnaires ont fait des milliers de conversions dans les Indes. Ce m. a subi le martyre en Cochinchine. Le curé de la paroisse a fait venir des missionnaires.* || Savant chargé d'une mission scientifique.

**MISSIONNARISME.** s. m. [Pr. *mi-sio-na-risme*]. Établissement de missions, esprit qui les anime.

**MISSISSIPI** ou **MESCHACÉBÉ**, grand fleuve de l'Amérique du Nord, arrose Saint-Paul, Saint-Louis, Memphis et se jette dans le golfe du Mexique, près de la Nouvelle-Orléans, 4,600 kil.

**MISSISSIPI**, l'un des États Unis d'Amérique (États du Sud); pop. 1,400,000 hab., cap *Jackson*.

**MISSIVE**. s. f. [Pr. *mis-sive*] (lat. *missus*, envoyé). Lettre destinée à être envoyée immédiatement. *Avez-vous lu la m. que le ministre a envoyée à tous les préfets? Vous recevrez de mon frère une m. qui vous apprendra tout.* Ce mot est fam., quand il s'agit d'une correspondance privée. — On dit quelquefois adjectiv., *Lettre m.*

**MISSOLONGHI**, ch.-l. de l'Arcanie-et-Étolie (Grèce), sur la mer Ionienne, célèbre par sa défense contre les Turcs en 1822 et 1826; 6,500 hab.

**MISSOURI**, grande riv. des États-Unis d'Amérique, descend des Monts Rocheux, se jette dans le Mississipi ; 4,600 kil.

**MISSOURI**, l'un des États Unis d'Amérique (États du Centre) ; 3,250,000 hab ; cap. *Jefferson*.

**MISTI**, volcan du Pérou, près d'Ariquipa, 5,620 m. d'altitude.

**MISTIGRI**. s. m. T. Jeux. Nom du valet de trèfle dans certains jeux comme le brelan, la bouillotte, le trente et un, etc.

**MISTRA** ou **MISITRA**, cap. de la Laconie (Morée), près des ruines de Sparte.

**MISTRAL** et **MAESTRAL**. s. m. (lat. *magistralis*, magistral). Vent violent du N.-O., qui souffle dans la vallée du Rhône et sur les côtes de Provence. Voy. Vent.

**MISTRESS**. s f. [Pr. *mis-sis*]. Nom donné par les Anglais aux femmes mariées.

**MITAINE**. s. f. (vx fr. *mite*, m. s. du germ. *mit*, couper menu). Sorte de gants de laine, de soie ou de peau où la main entre tout entière, sans qu'il y ait de séparation pour les doigts, excepté pour le pouce. — Sorte de petits gants de femme, qui ne couvrent que le dessus des doigts. || Fig. et fam., on dit des choses auxquelles il ne faut toucher qu'avec précaution, ou auxquelles on ne peut procéder qu'avec beaucoup de ménagements : *Cela ne se prend pas sans mitaines. On ne peut toucher à cela qu'avec des mitaines. Il faut prendre des mitaines pour lui parler.* || Fig., *Onguent miton m.*, Voy. Onguent. || T. Techn. Plaque de tôle échancrée sur laquelle le souffleur de verre pose la canne pendant son travail. — Peau de castor de qualité inférieure.

**MITAINERIE**. s. f. Fabrique, commerce de mitaines.

**MITAINIER**. s. m. Celui qui fabrique et vend des mitaines.

**MITAU**. v. de la Russie, ch.-l. de la prov. de Courlande ; 29,700 hab.

**MITE**. s. f. (orig. germ. : dan., *mid*; angl. *mite*). T. Zool. Nom vulgaire des espèces du genre *Acarus*. Voy. Holètre. — Nom vulgaire des larves des teignes. *Étoffes mangées par les mites.* || T. Bot. *Herbe aux mites*, variété de molène qui a, paraît-il, la propriété de détruire les mites.

**MITÉ, ÉE**. adj. Rongé des mites. *Fourrure mitée.*

**MITHONE**, anc. cap. de la Messénie.

**MITHRA** ou **MITHRAS**. Nom d'une divinité orientale, dont le culte, appelé *Mithriacisme*, passe généralement pour être une dérivation du Mazdéisme. Aux yeux des Perses, ce dieu était le premier des Anges ou Izeds : c'était l'Ized du Soleil, et, comme tel, le dieu de la lumière. En conséquence, il était l'ennemi des ténèbres et des Démons ou Dews, le dieu qui fécondait la terre, et résumait en lui toutes les forces productives de la nature. On le considérait aussi comme le médiateur de la création. Originaire de la Perse, le culte *mithriaque* se répandit dans la Haute Asie et dans l'Asie Mineure, d'abord par les conquêtes de Darius, fils d'Hystaspes, puis par les bouleversements qui suivirent la mort d'Alexandre. Sous les Lagides, il s'introduisit en Égypte. Enfin, il pénétra en Italie après les guerres du Pont et de la Cilicie, et plus tard il s'étendit jusque dans la Gaule et la Germanie, ainsi que l'ont prouvé divers monuments relatifs à ce culte découverts de nos jours dans ces contrées. Dans l'empire romain, les adorateurs de Mithra formaient comme une société secrète. Les initiés étaient soumis à des épreuves très rigoureuses, après lesquelles on leur conférait une sorte de baptême. On les marquait ensuite d'un sceau, puis ils étaient couronnés et armés. Cette dernière cérémonie terminée, les assistants les saluaient du titre de *frères d'armes*. Toute la confrérie mithriaque se divisait en sept degrés ou grades, selon le nombre des planètes. Ces grades étaient, en allant des plus bas aux plus élevés, ceux des *soldats*, des *lions* ou *hyènes*, des *corbeaux*, des *griffons*, des *Perses*, des *soleils* et des *pères*. Ceux qui parvenaient à la plus élevée portaient le titre de *pater patratus* ou grand pontife. Les mystères mithriaques se célébraient dans des grottes et dans des antres. A Rome, le temple de Mithra était creusé sous le mont Capitolin. Il paraît que d'abord on offrait au dieu des sacrifices sanglants. Les Perses lui sacrifiaient des chevaux ; on prétend que l'empereur Commode lui immola des hommes. Plus tard, ces

sacrifices sanglants furent remplacés par une oblation de pain, d'eau et de vin. Outre un grand nombre d'inscriptions latines qui portent la dédicace, *Deo Mithræ soli invicto*, on possède plusieurs bas-reliefs relatifs au culte mithriaque. Sur ces monuments, Mithra est ordinairement représenté sous la figure d'un jeune homme coiffé du bonnet phrygien et vêtu d'un manteau flottant (*candys*), d'une tunique courte (*sadéré*), et du pantalon appelé par les Grecs *sarabara* ou *anaxyris*. Il presse du genou un taureau qu'il a terrassé, et, pendant qu'il lui tient le mufle de la main gauche, il lui enfonce de l'autre un poignard dans le cou. Un chien, un serpent, quelquefois encore un scorpion et une fourmi s'acharnent autour de l'animal mourant (Fig. ci-dessus). Dans quelques-uns, un personnage tenant en main une sorte de lituus soulève la queue du taureau, et l'on voit auprès de lui un lion et un oiseau. Les dernières grottes consacrées au culte mithriaque furent fermées dans le cours du IVe siècle.

**MITHRIACISME**. s. m. Culte de Mithra, caractère mithriaque.

**MITHRIAQUE**. adj. 2 g. Qui a rapport à Mithra. *Culte m. Mystères mythriaques.*

**MITHRIDATE**. s. m. Drogue de charlatan qu'on vendait comme antivénéneuse et qu'on prétendait avoir été inventée par le roi du Pont Mithridate. — Fam., on appelle *Vendeur de m.*, Tout charlatan qui débite des drogues sur les places publiques; et, Fig., on le dit aussi d'un homme qui parle avec jactance, qui promet beaucoup et ne tient rien.

**MITHRIDATE**. Nom de plusieurs rois du Pont, dont les plus connus sont Mithridate Ier, allié de Cyrus, et Mithridate VII *le Grand*, (120-63 av. J.-C.), qui lutta contre les Romains. Celui-ci passait pour s'être accoutumé aux poisons. Vaincu par Pompée, il se donna la mort.

**MITHRIDATE**. Nom de plusieurs rois parthes Arsacides.

**MITHRIDATIQUE**. adj. 2 g. Qui a pour objet Mithridate.

**MITIDJA**. Voy. Métidja.

**MITIÈRE.** s. f. Canal amenant l'eau de mer à la vasière.

**MITIGATIF, IVE.** adj. (lat. *mitigativus*, m. s.) Qui est propre à mitiger, à adoucir.

**MITIGATION.** s. f. [Pr. *mitiga-sion*]. (R. *mitiger*). Adoucissement. *Cette loi a besoin de quelque m. La m. des peines.*

**MITIGER.** v. a. (lat. *mitigare*, m. s. de *mitis*, doux). Adoucir, modérer, rendre plus aisé à subir, à pratiquer. *M. une loi, une peine. M. une règle trop sévère.* || *M. une assertion, une proposition*, La rendre moins absolue, y apporter quelque modification. *Cette assertion est trop absolue, elle demande à être mitigée.* = MITIGÉ, ÉE. p. *Peine mitigée.* || *Morale mitigée*, Morale relâchée. || *Ordres mitigés*, Ceux qui vivent sous une règle moins sévère que celle de leur première institution. = Conj. Voy. MANGER. = Syn. Voy. ADOUCIR.

**MITON.** s. m. (R. *mitaine*). Sorte de gant sans main ni doigt, qui ne sert qu'aux femmes et ne leur couvre que l'avant-bras. || Fig., *Onguent m. mitaine*, Voy. ONGUENT.

**MITONNAGE.** s. m. [Pr. *mito-naje*]. (R. *mitonner*). Espèce de bouillon qui sert pour les potages.

**MITONNER.** v. n. [Pr. *mito-ner*]. Se dit du pain qu'on laisse tremper longtemps dans le bouillon sur le feu, avant de servir le potage. *Le potage mitonne. Faire m. la soupe.* = MITONNER. v. a. Dorloter, prendre grand soin de ce qui regarde la santé et les aises d'une personne. *Il aime qu'on le mitonne.* || Fig., *M. quelqu'un*, Ménager habituellement son esprit, afin d'en tirer quelque avantage. *Cet homme peut vous être fort utile, il faut le m. avec soin.* On dit aussi, *Je lui ai mitonné cette ressource, ce protecteur*, Je les lui ai ménagés par mes soins. — *M. une affaire*, En préparer doucement le succès. = SE MITONNER. v. pron. *La soupe se mitonne. Il aime à se m. L'affaire se mitonne tout doucement.* = MITONNÉ, ÉE. part. — Ce verbe est fam. dans toutes ses acceptions.

**MITOU.** s. m. T. Ornith. Espèce de *Gallinacés*. Voy. PÉNÉLOPIDES.

**MITOYEN, ENNE,** adj. [Pr. *mitoué-i-in, iène*] (lat. *medietaneus*, m. s. de *medius*, moyen). Qui est entre deux choses, qui les sépare. *Espace m.* — *Mur m., fossé m., haie mitoyenne.* Mur, etc., qui appartient à deux propriétés contiguës et qui les sépare. — *Puits m.*, Puits pratiqué sur la limite commune de deux propriétés et qui est à l'usage de l'une et de l'autre. — *Cloison mitoyenne*, Cloison qui est commune à deux chambres et qui les sépare. — *Dents mitoyennes d'un cheval*. Les deuxièmes incisives. Voy. CHEVAL. || Au sens moral. Qui tient le milieu entre deux extrêmes, entre deux partis opposés. *Ouvrir un avis m. pour concilier. Prendre un parti m. La bourgeoisie formait un état m. entre la noblesse et le peuple.*

**Législ.** — Dans les villes et dans les campagnes, tout mur servant de séparation entre les bâtiments jusqu'à l'héberge, ou entre cours et jardins, et même entre enclos dans les champs, est présumé m., à moins qu'il n'y ait titre ou marque du contraire. Il y a marque de non-mit., soit lorsque la sommité du mur est droite et à plomb de son parement d'un côté et présente de l'autre côté un plan incliné, soit lorsqu'il n'y a que d'un côté ou un chaperon ou des filets et corbeaux de pierre qui y auraient été mis en bâtissant le mur. Dans ces divers cas, le mur est censé appartenir exclusivement au propriétaire du côté duquel sont l'égout ou les corbeaux et filets de pierre. La réparation et la reconstruction d'un mur m. sont à la charge de tous ceux qui y ont droit, et proportionnellement au droit de chacun. Toutefois le copropriétaire d'un mur m. peut se dispenser de ces dépenses en renonçant à son droit de mit., pourvu que ce mur ne soutienne pas un bâtiment qui lui appartienne. Tout copropriétaire peut faire bâtir contre un mur m. et y placer des poutres dans toute l'épaisseur, à 54 millim. près, sauf à les réduire à la moitié du mur, si le voisin veut lui-même asseoir une poutre dans le même lieu ou y adosser une cheminée. Tout propriétaire peut également faire exhausser le mur m., mais il doit payer seul la dépense de l'exhaussement et les réparations d'entretien au-dessus de la hauteur de la clôture commune. Il doit aussi une indemnité pour la surcharge en raison de l'exhaussement. Enfin, si le mur m. n'est pas en état de supporter l'exhaussement, celui qui veut l'exhausser est obligé de le faire reconstruire en entier à ses frais. Le voisin qui n'a pas contribué à l'exhaussement peut en acquérir la mit. en payant la moitié de la dépense qu'il a coûté. Tout propriétaire joignant un mur a même la faculté de le rendre m. en tout ou en partie, nonobstant la volonté de celui qui l'a construit. Pour cela, il n'a qu'à rembourser au maître du mur la moitié de sa valeur, ou la moitié de la valeur de la portion qu'il veut rendre mitoyenne, et moitié de la valeur du sol sur lequel le mur est bâti. — Quand il s'agit de clôtures faisant séparation entre maisons, cours et jardins, sis dans les villes et faubourgs, chacun peut contraindre son voisin à contribuer aux constructions et réparations qu'elles exigent. — De même que les murs, les fossés et les haies qui séparent deux héritages sont réputés mitoyens, à moins qu'il n'y ait qu'un seul des héritages en état de clôture ou s'il y a titre ou marque du contraire. Cette marque de non-mit. a lieu pour les fossés, lorsque la levée ou le rejet de la terre se trouve d'un côté seulement du fossé, auquel cas ce dernier est présumé appartenir à celui du côté duquel se trouve le rejet. Dans le cas contraire, il doit être entretenu à frais communs. (C. civ., art. 651 à 670; Loi 20 août 1881.)

**MITOYENNETÉ.** s. f. [Pr. *mitoué-iè-neté*]. Qualité de ce qui est mitoyen; Droit de copropriété de deux voisins sur un mur, sur un fossé, sur une haie qui les sépare.

**MITRAILLADE.** s. f. [Pr. *mitra-llade, ll* mouil.]. Décharge de plusieurs canons chargés à mitraille sur un plus grand nombre de personnes. *La m. a tué beaucoup de monde.* Peu usité.

**MITRAILLE.** s. f. [Pr. *mitra-lle, ll* mouillées.] (bas lat. *materialia*, toute sorte de vieille quincaillerie, du lat. *materia*, matière, ou suiv. Littré, de *mite*, très petite monnaie qui vient du flam. *Mitje*, m. s.). Toute sorte de vieille ferraille, de vieux morceaux de cuivre. — *M. pendante*, nom donné par les fondeurs aux rebuts de ce genre qu'ils achètent. Vieux. || Fam., se dit de la basse monnaie. *Il ne m'a payé qu'en m.* || T. Artillerie. Toute sorte de vieux clous, de vieux fers, etc., dont anciennement on chargeait quelquefois le canon; et, par extens., Les balles de fer ou biscaïens, ordinairement mêlés de ferraille, dont on fait des cartouches pour l'artillerie. *Canon chargé de m., à m., Tirer à m., Boîte à m.* Projectile formé d'un cylindre en métal renfermant des balles qui se dispersent à la sortie de la bouche à feu. || T. Techn. Laiton, composé de fer, de cuivre et d'argent dont on se sert pour certaines soudures.

**MITRAILLER.** v. a. [Pr. *mitra-ller, ll* mouil.]. Tirer le canon à mitraille, *On a mitraillé l'ennemi.* — Par ext., se dit d'une fusillade vive et meurtrière. *Les insurgés logés dans les maisons ne cessaient de nous m.* || Neutral., *On a mitraillé pendant une heure.* = MITRAILLÉ, ÉE. part.

**MITRAILLEUR.** s. m. [Pr. *mitra-lleur, ll* mouil.]. Celui qui fait tirer à mitraille sur le peuple. || Servant d'une mitrailleuse.

**MITRAILLEUSE,** s. f. [Pr. *mitra-lleu-ze, ll* mouillées] (R. *mitraille*). T. Artill. Bouche à feu formée d'un certain nombre de petits canons qu'on tire simultanément ou successivement mais avec une très grande rapidité au moyen d'un mécanisme spécial. Voy. CANON.

**MITRAL, ALE,** adj. (R. *mitre*). Qui est en forme de mitre. T. Anat. *Valvule mitrale*, Valvule du cœur, ainsi nommée parce qu'elle ressemble à une mitre d'évêque. Voy. CŒUR.

**MITRE.** s. f. (lat. *mitra*, gr. μίτρα, m. s.). T. Archéol. et Liturg. Voy. ci-après. || Se dit aussi des tuiles, des planches de plâtre qu'on dispose en forme de m. au-dessus d'une cheminée pour l'empêcher de fumer. || T. Techn. Petit rebord de la lame d'un couteau qui s'applique sur l'épaisseur du manche pour la mieux fixer. — Pavé d'une épaisseur double de celle des pavés ordinaires. || T. Zool. Genre de mollusques *Gastéropodes*. Voy. MITRIDES.

**Archéol.** — Le mot grec μίτρα, d'où sont venus le latin *mitra*, et le français *Mitre*, désignait primitivement une sorte de bandeau ou de ceinture : ainsi le surnom de *Mitrophore*, donné quelquefois à Bacchus, lui venait du bandeau ou diadème qui retenait ses cheveux. Plus tard on l'appliqua à une espèce de bonnet pointu que portaient les prêtres de Cybèle, ainsi qu'à une coiffure pyramidale fort en usage chez certains peuples asiatiques, tels que les Assyriens, les Perses, les Phrygiens, etc. La coiffure communément appelée aujourd'hui *bonnet phrygien* était une m. Le dieu *Mithra* (Voy. ce nom) est souvent représenté avec cette sorte de coiffure. Vraisemblablement la m. avait été ainsi appelée par extension, à cause des bandelettes ou fanons qui pendaient par derrière. La m. fut introduite à Rome par les courtisanes phrygiennes, de sorte que cette coiffure devint comme le signe caractéristique des femmes perdues. Mais, par la suite, les idées changèrent à cet égard, car, au IVe siècle, en Afrique, et au VIIIe en Espagne, les vierges consacrées à Dieu avaient adopté la m. Du reste, la forme de cette coiffure a varié suivant les pays et suivant les temps. Ce n'est guère qu'à partir du Xe siècle que la m. fut généralement adoptée dans l'Église comme un des insignes des hautes fonctions ecclésiastiques. Dans le principe, elle paraît avoir consisté en un bonnet rond, pointu et orné de deux bandelettes ou *fanons* qui pendaient sur les épaules. Vers la fin du XIe siècle, on fendit la pointe en deux parties, disposition qui a été conservée depuis. Les premières mitres à deux pointes étaient très basses, comme on le voit par la *Fig.* ci-contre qui représente celle de saint Thomas Becket, archevêque de Cantorbéry. Au XIVe siècle, elles s'élevèrent un peu, et atteignirent alors la perfection sous le double rapport de la forme et de l'ornementation. Au XIVe siècle, on augmenta encore leurs dimensions, soit en hauteur, soit en largeur. Enfin ce fut au XVIIe qu'on leur donna cette forme disgracieuse que nous leur voyons encore aujourd'hui. A Rome, on distingue trois espèces principales de mitres : la *précieuse*, qui est ornée de diamants; la *dorée*, qui est sans diamants, et la *simple*, qui est de soie ou de lin. La m. est essentiellement un insigne de la dignité pastorale : elle est la marque de l'autorité spirituelle des évêques : aussi, le souverain pontife, lorsqu'il officie, dépose la tiare pour se couvrir de la m. Cependant le droit de porter la m. a été accordé par le saint-siège à plusieurs abbés qui, pour ce motif, étaient appelés *abbés mitrés*. Quelques chapitres obtinrent aussi la même faveur : nous citerons les chanoines de Lyon et de Besançon. — Dans les armoiries, la m. figure parmi les ornements extérieurs de l'écu. Placée de front sur la partie supérieure gauche de celui-ci, elle indique un évêque; posée de la même manière, mais un peu tournée, elle désigne un abbé. En outre, elle s'accompagne toujours d'une crosse, placée à droite; mais cette crosse est tournée en dehors pour les évêques, et en dedans pour les abbés.

**MITRÉ, ÉE.** adj. Qui porte la mitre; ne se dit que dans ces loc., *Abbé crossé et m. Abbaye crossée et mitrée.*

**MITREUR,** s. m. Ouvrier coutelier chargé de polir et de façonner les mitres.

**MITRIDES.** s. f. pl. (R. *mitre*). T. Zool. Les M. sont des *Mollusques Gastéropodes* voisins des Volutes. Leur coquille présente en effet des plis profonds et obliques sur la columelle, mais ces plis augmentent de grandeur en s'élevant, ce qui est le contraire pour la coquille des Volutes. La spire est

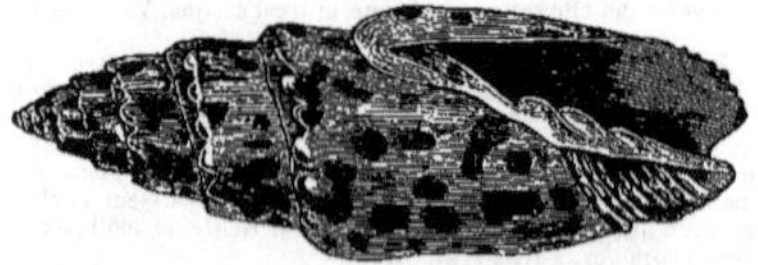

pointue au sommet; sa base est échancrée et n'a pas de canal. Les M. étaient très nombreuses à l'époque tertiaire; elles sont encore représentées actuellement par plus de 250 espèces Les M. qui vivent dans la Méditerranée sont petites et sombres; celles des mers tropicales sont, au contraire, grandes et ornées des plus brillantes couleurs. Nous citerons la *M. pontificale* (Fig. ci-contre) et la *M. papale* longue de 12 centimètres, qui est blanche et tachetée de rouge.

**MITRIFORME.** adj. 2 g. (R. *mitre* et *forme*). T. Hist. nat. Qui a la forme d'une mitre.

**MITRON.** s. m. (R. *mitre*, les anciens garçons boulangers ayant porté une coiffure analogue à la mitre). Garçon boulanger. Pop.

**MITTAU.** Voy. MITAU.

**MITTE.** s. f. Vapeurs qu'exhalent les fosses d'aisan... Voy. PLOMB.

**MITYLÈNE.** Voy. MYTILÈNE.

**MIXTE.** adj. 2 g. [Pr. *miks-te*] (lat. *mixtus*, mélangé). Qui est mélangé, qui est composé d'éléments hétérogènes et qui participe de leurs différentes propriétés. *Corps m.* — Au sens moral, *Se faire une opinion m. Le drame est un genre m. entre la tragédie et la comédie.* || *Commission m.*, Commission composée d'hommes qui représentent des intérêts différents. — *Tribunal m.*, Tribunal dont les juges appartiennent à des nations ou à des religions différentes. — *Causes mixtes*, Causes qui étaient de la compétence du juge séculier et du juge ecclésiastique. — *Gouvernement m.*, participant de la monarchie et de l'aristocratie ou de la démocratie. — *Bâtiment m.*, à voiles et à vapeur. — *Voix m.*, intermédiaire entre le grave et l'aigu. — *Mode m.*, Mode du plain-chant qui passe du mode authentique au plagal et réciproquement. — *Nombre m.*, formé d'entiers et de fractions. — *Figure m.*, formée de droites et de courbes. — *Action m.*, T. Droit. Voy. ACTION. = MIXTE. s. m. T. Chimie. Se dit pour Corps mixte. *Réduire les mixtes à leurs principes.* Vieux.

**MIXTIBINAIRE.** adj. 2 g. [Pr. *miks-ti-binère*] (R. *mixte* et *binaire*). T. Minér. Se dit d'un cristal dû à un décroissement mixte et à un autre décroissement par deux rangées.

**MIXTIBISUNITAIRE.** adj. 2 g. [Pr. *miks-tibiz-unitère*]. (R. *mixte*, *bis*, et *unitaire*). T. Minér. Se dit d'un cristal résultant d'un décroissement mixte et de deux autres décroissements par une seule rangée.

**MIXTILIGNE.** adj. 2 g. [Pr. *miks-tiligne*, *gn.* mouil.] (lat. *mixtus*, mêlé; *linea*, ligne). T. Géom. Se dit des figures terminées en partie par des lignes droites, et en partie par des lignes courbes.

**MIXTINERVE.** adj. 2 g. [Pr. *miks-tinerve*] (R. *mixte* et *nerf*). T. Bot. Se dit d'une feuille dont les nervures sont dirigées dans tous les sens.

**MIXTION.** s. f. [Pr. *miks-tion*] (lat. *mixtio*, m. s., de *miscere*, mêler). T. Pharm. Action de mêler plusieurs substances ou plusieurs drogues pour former un médicament composé. || T. Techn. Mordant léger avec lequel on fixe la dorure à l'huile. — Mélange de suif et d'huile dont on recouvre les parties de la planche à graver qui ont été suffisamment mordues par l'eau forte. — Mordant appliqué à la poterie sur laquelle on veut transporter des dessins.

**MIXTIONNER.** v. a. [Pr. *miks-tio-ner*] (R. *mixtion*). Mélanger, mêler quelque drogue dans une liqueur; ne se dit guère que d'un mélange dangereux. *M. du vin. M. un breuvage.* = MIXTIONNÉ, ÉE. part. *Vin mixtionné*, Vin frelaté.

**MIXTIONNEUR.** s. m. [Pr. *mik-stio-neur*]. Celui qui mixtionne.

**MIXTITERNAIRE.** adj. 2 g. [Pr. *miks-ti-ternère*] (R. *mixte*, et *ternaire*). T. Minér. Se dit d'un cristal résultant d'un décroissement mixte et d'un autre décroissement par trois rangées.

**MIXTITRIUNITAIRE.** adj. 2 g. [Pr. *miks-titri-unitère*]. (R. *mixte*, *tri*, par trois, et *unitaire*). T. Minér. Se dit d'un cristal résultant d'un décroissement mixte et de trois autres décroissements par une seule rangée.

**MIXTIUNIBINAIRE.** adj. 2 g. [Pr. *miks-ti-unibinère*] (R. *mixte*, *un*, et *binaire*). T. Minér. Se dit d'un cristal résultant d'un décroissement mixte, d'un autre décroissement par une rangée, et d'un troisième par deux rangées.

**MIXTURE.** s. f. [Pr. *miks-ture*] (lat. *mixtura*, m. s.). T.

Pharm. Mélange liquide de médicaments très actifs. *M. odontalgique.* || Mélanges de semences de céréales. || T. Mus. *Jeu de m.*, jeu de l'orgue où l'on fait des successions directes de quartes, de quinte et d'octave.

**MIZAULD**, astrologue et médecin fr. (1510-1578).

**MIZZONITE**. s. f. T. Minér. Variété de Wernérite.

**MNÉMONIQUE**. s. f. (lat. *mnemonicus*, gr. μνημονικὸς, m. s. de μνήμη, mémoire). — Mn. et *Mnémotechnie* sont deux mots absolument synonymes qui désignent l'art de fortifier la mémoire et de l'aider au moyen de procédés artificiels. Cet art, quelle que soit la méthode qu'on emploie, consiste à rattacher des idées abstraites, des faits difficiles à retenir, à des idées plus familières ou à des combinaisons plus simples. Il repose donc tout entier, comme la mémoire elle-même, sur l'association des idées. — Les méthodes mnémoniques proposées à cet effet sont fort nombreuses; néanmoins on peut les ramener à trois systèmes principaux. Le premier, appelé *topologique*, repose sur la mémoire locale. Il associe les idées dont on veut se souvenir à celles d'une série d'objets physiques disposés dans un ordre déterminé. Le second système, sans exclure la *topologie*, se fonde sur la *symbolisation*. Il rattache les idées, non seulement aux objets extérieurs les plus frappants, mais encore à toute autre idée, à toute image plus familière offrant avec les premières une ressemblance, une analogie quelconque. Enfin, le troisième système joint l'emploi des chiffres aux éléments précédents : de là le nom de système *numérique* sous lequel on le désigne. Il consiste à former un mot, dont la première ou les premières syllabes rappellent le fait dont on veut garder la mémoire, et dont la dernière ou les dernières, composées d'après une forme conventionnelle, fournissent la date à laquelle ce fait a eu lieu. L'art mnémonique remonte à une haute antiquité. En effet, Cicéron et Quintilien attribuent à Simonide (535 av. J.-C.) l'invention de la méthode topologique, qui a servi de base principale à presque tous les systèmes postérieurs. On dit même qu'Aristote composa un ouvrage spécial sur cet art, et Pline rapporte qu'un contemporain de Cicéron, Métrodore, lui donna une forme scientifique et systématique. Au moyen âge, Raymond Lulle donne, dans son *Ars magna* (1276), des tables synoptiques fondées sur les principes de la m. ancienne. Néanmoins cet art resta fort négligé jusqu'au XVe siècle. Vers 1482, Publicius fit connaître son *Ars memorativa*, où se trouve exposé pour la première fois le système de la symbolisation. La *Pratique de la mémoire artificielle*, publiée en 1719 par Claude Buffier, qui eut beaucoup de succès à son apparition, ne constitue point un système particulier, car son procédé consistait simplement à aider la mémoire au moyen du rhythme et de la rime. Il a d'ailleurs été employé avec succès dans certaines études arides, notamment dans les langues, l'histoire, la géographie, etc. : tout le monde connaît le *Jardin des racines grecques* de Port-Royal, qui est l'application de ce procédé à l'étude des radicaux de la langue grecque. Enfin, en 1730, Gray fit le premier usage, dans son *Memoria technica*, du système numérique qui, depuis lors, a subi de nombreuses modifications. Au commencement de ce siècle, les ouvrages allemands de Kæstner et du baron d'Aretin ont de nouveau appelé l'attention sur la m. — La m. peut avoir son utilité, quand il s'agit de fixer dans la mémoire des dates, des nombres, des faits historiques, des divisions purement arbitraires, en un mot, tout ce qui s'impose, sans faire en quelque sorte directement entrer en exercice l'intelligence; mais il n'en saurait être de même dans l'étude d'une science abstraite et de raisonnement, où il s'agit bien moins d'objets et de faits positifs que d'idées générales et de faits spéculatifs, pour lesquels la logique doit être le lien principal.

**MNÉMONIQUE**. Qui a rapport à la mnémonique. *Art m. Figures mnémoniques.*

**MNÉMONIQUEMENT**. adv. [Pr. *mnémoni-ke-man*]. Par rapport à la mnémonique.

**MNÉMONISER**. v. a. [Pr. *mnémoni-zer*]. Rendre mnémonique, facile à retrouver par la mémoire.

**MNÉMOSYNE**, déesse de la Mémoire, fille d'Uranus et mère des Muses. (Mythol.)

**MNÉMOTECHNICIEN**. s. m. [Pr. *mnémotek-nisi-in*]. Celui qui pratique, enseigne la mnémotechnie.

**MNÉMOTECHNIE**. s. f. [Pr. *mnémotek-nie*] (gr. μνήμη, mémoire; τέχνη, art). Art de donner la mémoire, d'augmenter la mémoire. Voy. MNÉMONIQUE.

Parmi les nombreux exemples de m. que nous pourrions citer, nous n'en rappellerons qu'un. On sait que le rapport de la circonférence au diamètre, π, est incommensurable : les décimales sont en nombre indéfini. Généralement on se souvient des cinq premières : 3,14159. On aura une série plus longue, et facile à retenir, par le vers suivant :

Que j'aime à faire apprendre un nombre utile aux sages,

en sachant que le nombre des lettres de chaque mot indique un chiffre : 3,1415926535.

**MNÉMOTECHNIQUE**. adj. 2 g. [Pr. *mnémotek-nike*]. Qui a rapport à la mnémotechnie. *Procédés mnémotechniques*

**MNÉSICLÈS**, architecte des Propylées d'Athènes (437-433 av. J.-C.).

**MNÉVIS**. Voy. MÉNÈS.

**MNIUM**. s. m. [Pr. *mni-ome*] (gr. μνίον, mousse). T Bot. Genre de Mousses de la famille des *Bryacées*. Voy. ce mot

**MOAB**, fils de Loth, dont descendaient les Moabites, au S.-E. de la Palestine. (Bible).

**MOABITES**. s. m. pl. Anc. peuplade arabe, au S.-E. de la Palestine.

**MOAWIAH Ier**, fondateur de la dynastie des Ommiades et du califat de Damas en Syrie, né en 610, régna de 661 à 680.

**MOBILE**. adj. 2 g. (lat. *mobilis*, m. s.). Qui se meut, qui peut être mû. *L'aiguille aimantée est m. sur son pivot. Cette roue-ci est plus m. que celle-là. La surface m. des eaux.* || Fig., au sens moral, *Caractère m.*, Caractère changeant. *Imagination m.*, Imagination qui reçoit aisément des impressions différentes. On dit aussi *Esprit m.*, et même, *Homme m.*, *Physionomie m.*, Homme, physionomie qui change facilement sous l'influence des moindres impressions. || T. Typogr. *Caractères mobiles*, Caractères séparés qu'on place les uns après les autres pour en former des mots, par opposition aux planches gravées sur bois, etc. || *Fosses mobiles*, tonneaux qui remplacent les fosses d'aisances et qu'on enlève quand ils sont pleins pour les remplacer par d'autres. || *Poêle m.*, poêle qui est muni d'un tuyau et qu'on peut transporter d'une pièce dans une autre en plaçant le tuyau dans les cheminées. || *Menuiserie m.*, se dit de la menuiserie qui a pour objet les fermetures mobiles, comme fenêtres, portes, etc. || T. Admin. milit. *Troupes mobiles*, se dit par opposition à Troupes sédentaires. *La garde nationale m.*, Voy. GARDE. — *Colonne m.*, organisée pour aller en expédition. || *Fêtes mobiles*. Fêtes dont la date varie d'une année à l'autre. Voy. COMPUT. = MOBILE. s. m. Se dit d'un corps qui est en mouvement ou qui est susceptible d'être mis en mouvement. *Un m. imprime une partie de son mouvement à un autre m. qu'il rencontre.* — S'emploie le plus souvent en parl. d'un corps en mouvement qui agit comme force mouvante, c.-à-d. qui communique à un autre corps une partie du mouvement dont il est lui-même animé. *L'eau est le m. de cette machine.* On dit mieux, *Moteur*. || T. Horlog. Se dit de toute roue ou pièce d'un mouvement d'horlogerie qui tourne sur un pivot. || T. Astr. anc. *Le premier m.*, Le ciel que les anciens supposaient envelopper et faire mouvoir tous les autres cieux. — Fig., on dit de quelqu'un qui donne le mouvement à une affaire, à une entreprise, qu'*il en est le premier m.* || Fig., Ce qui porte, ce qui excite à faire une chose. *La gloire est le m. de grandes actions. L'intérêt est son seul m.* — On dit aussi, dans ce sens, *Premier m. L'amour de l'argent a été son premier m. dans cette affaire, mais, en outre, il espérait vous nuire.*

**MOBILE**, fl. des États-Unis d'Amérique (État d'Alabama), formé par la réunion de l'Alabama et du Tombigbee, se jette dans le golfe du Mexique, dans la *baie du M.*

**MOBILE**, v. des États-Unis (Alabama) 30,000 hab., sur la *baie du M.*

**MOBILIAIRE**. adj. f. 2 g. [Pr. *mobili-ère*] (lat. *mobilis*, dans le sens de meuble). Qui consiste en meubles ou qui concerne les meubles. *Propriété, richesse m. Contribution, imposition m.*

**Obs. gram.** — Cet adjectif fait double emploi avec mobilier, ière, c'est le même écrit autrement. Il n'est plus usité aujourd'hui.

**MOBILICORNE.** adj. 2 g. (lat. *mobilis*, mobile et *corne*). T. Zool. Qui a une corne mobile.

**MOBILIER, IÈRE.** adj. 2 g. (lat. *mobilis*, dans le sens de meuble). T. Jurispr. Qui est de la nature du meuble, qui consiste en meubles ou qui concerne les meubles. *Les biens, les effets mobiliers. Succession mobilière. Saisie, vente mobilière. — Héritier m.*, Celui qui hérite des meubles. = Mobilier. s. m. collect. Se dit des meubles, de ce qui sert à garnir et à orner une maison sans en faire partie. *Il a hérité d'un fort beau mobilier.*

**MOBILISABLE.** adj. 2 g. [Pr. *mobili-zable*]. Qui peut être mobilisé, mis en campagne.

**MOBILISATION.** s. f. [Pr. *mobili-za-sion*]. T. Jurispr. et Admin. milit. Action de mobiliser. *La m. de la propriété foncière. La m. de la garde nationale.*

**Art milit.** — La m. est l'ensemble des opérations qui permettent de faire passer une armée du pied de paix sur le pied de guerre.

Les victoires de la Prusse sur l'Autriche, en 1866, avaient démontré, en France, la nécessité de donner à l'armée une organisation militaire spéciale lui permettant d'entrer en campagne le plus rapidement possible. Le maréchal Niel, alors ministre de la guerre, fit commencer dans les bureaux de l'état-major général un travail préparatoire considérable qui reçut un commencement d'exécution par la loi du 1er février 1868, loi qui organisait la garde nationale mobile. Malheureusement la mort du maréchal survenue l'année suivante (1869) laissa l'œuvre inachevée, et, quand la guerre contre l'Allemagne vint à éclater, la France se trouvait dans un état complet de réorganisation militaire qui contribua pour beaucoup à nos défaites. Il n'en était pas de même en Prusse, où l'on avait travaillé depuis de longues années à la m. de l'armée. Dès 1814, les Allemands avaient compris la nécessité de lui donner, dès le temps de paix une organisation se rapprochant le plus possible de celle du temps de guerre. Ses troupes avaient été réparties, sur tout le territoire, en corps d'armée, divisions et brigades, formations qui ne devaient être adoptées en France que près de soixante ans plus tard ! Instruit par l'expérience des campagnes de 1864 et de 1866, le grand état-major allemand avait perfectionné les rouages de la m., en corrigeant ce qu'ils pouvaient avoir de défectueux : aussi l'Allemagne était-elle formidablement préparée à la lutte quand s'engagea la guerre de 1870 si désastreuse pour notre pays.

On sait avec quel patriotisme l'Assemblée nationale s'occupa, après nos revers, de la réorganisation militaire du pays. La loi du 24 juillet 1873 créa les 19 corps d'armée tels qu'ils sont aujourd'hui (le 20e corps, dédoublement du 6e, loi du 5 décembre 1897 est d'organisation toute récente, 1er avril 1898); ce fut le point de départ de la m. en France. Les généraux Fay, Berthaut et de Miribel ont été les véritables créateurs de notre système de m. et méritent à juste titre la reconnaissance du pays.

Le cadre de cet article ne permet pas d'entrer dans les multiples détails de notre m. dont la plupart sont, avec raison, tenus secrets : nous nous contenterons d'exposer les grandes lignes qui en sont la base.

On sait que la guerre ne pouvant être déclarée par le Président de la République qu'avec l'assentiment des deux Chambres (lois constitutionnelles), la m. est ordonnée par décret. Elle est partielle ou générale, suivant qu'elle concerne un ou plusieurs corps d'armée, ou bien l'ensemble des 20 corps d'armée. Or, d'après la loi du 19 juillet 1892, 25 classes d'hommes de troupe sont susceptibles d'être appelées sous les drapeaux; mais le Ministre de la guerre, suivant les besoins du moment, peut ne convoquer qu'un certain nombre de ces classes; il reste cependant dans l'obligation de commencer l'appel par les plus jeunes. Dès que le Ministre a fixé le jour et l'heure de la m. (nous supposerons une m. générale), tous les commandants de corps d'armée sont simultanément informés par le télégraphe de ce jour et de cette heure : cet ordre est transmis sans délai à tous les maires des communes du territoire français; ces magistrats usent alors de tous les moyens en leurs pouvoirs pour en informer le plus rapidement possible leurs administrés. Les brigades de gendarmerie détachent des gendarmes qui portent dans toutes les communes des affiches préparées d'avance destinées à être collées sur les murs des établissements publics après que le maire y aura inscrit le jour et l'heure fixés pour la m. Ces affiches sont destinées à rappeler succinctement aux hommes soumis au service militaire les devoirs qui leur incombent. Chaque homme de troupe est d'ailleurs porteur d'un livret individuel qui lui indique le corps ou service duquel il est affecté : un petit fascicule contenu dans le livret est destiné, en cas de guerre, à lui servir de bon de chemin de fer si toutefois, en raison de la distance, il lui a été ordonné de rejoindre son corps par les voies ferrées : il renferme aussi quelques indications concernant le lieu, le jour et l'heure auxquels l'intéressé devra répondre à l'appel. Souvent des détachements de réservistes d'un même corps sont réunis dans un endroit déterminé où des cadres de conduite de leur régiment viennent les chercher.

Les officiers sans troupe, ceux de la réserve et de l'armée territoriale et tous les officiers assimilés ont en tout temps une lettre de service spéciale qui contient tous les renseignements nécessaires à l'accomplissement de leur service. Les officiers et hommes de troupe de la réserve et de l'armée territoriale résidant à l'étranger et qui ont fait, en temps utile, les déclarations de changement de domicile obtiennent des délais pour rejoindre. La tenue des contrôles des hommes de toutes catégories renvoyés dans leurs foyers et soumis par leur âge au service militaire est confiée aux commandants des bureaux de recrutement. Ces officiers supérieurs s'occupent également de l'important service de la réquisition des chevaux, mulets et voitures; ils sont pour tout le détail de leurs fonctions en rapport constant avec la gendarmerie locale qui les tient minutieusement au courant de toutes les mutations.

La préparation à la guerre étant la préoccupation constante de l'autorité militaire, chaque chef de corps tient à jour un journal de m., relatant jour par jour et heure par heure les différentes opérations qui doivent être faites dans le régiment. A cet effet, tous les officiers, sous-officiers et caporaux, ont à exécuter la fonction portée sur le carnet de m., qu'ils ont en leur possession dès le temps de paix : des exercices fréquents sont prescrits d'ailleurs pour s'assurer que chacun est au courant de ce qu'il doit faire. Il faut en effet s'occuper de l'équipement, de l'habillement et de l'armement de nombreux réservistes qui dès les premiers jours arrivent au régiment, pourvoir à leur logement et à leur subsistance, etc., etc. Les hommes de l'armée active et de la réserve sont pourvus d'effets neufs pris dans les magasins de réserve du corps où ils sont conservés et étiquetés avec le plus grand soin. Des commissions fonctionnent immédiatement pour recevoir et immatriculer les chevaux de selle, de trait et de bât provenant de la réquisition, nécessaires au service régimentaire. Le régiment est ainsi mis sur le pied de guerre; il rejoint, au jour et à l'heure fixés, son point de concentration, le plus souvent par les chemins de fer qui, dès l'ordre de m., sont mis à la disposition entière de l'autorité militaire. Les corps stationnés aux frontières et qui ont, en tout temps, leurs effectifs renforcés, entrent en campagne immédiatement sans attendre l'arrivée de leurs réservistes qui les rejoignent plus tard; ils se rendent sur-le-champ à leur destination qui n'est connue du colonel qu'à l'heure du départ. Ces troupes sont dites de couverture, parce qu'elles permettent la m. des autres corps d'armée.

En raison du grand nombre d'hommes qui seraient présents sous les drapeaux pour les besoins de l'armée active (10 classes de réservistes), il a été nécessaire de créer de nouvelles formations permettant de les incorporer : tel est le but des régiments de réserve qu'il ne faut pas confondre avec les régiments territoriaux. Sur les 163 régiments d'infanterie, le 163e et les 144 premiers sont dits régiments subdivisionnaires, les 18 autres sont des régiments régionaux. Chaque régiment subdivisionnaire forme un régiment de réserve qui prend le numéro du régiment actif correspondant augmenté de 200 : exemple, le 1er régiment forme le 201e de réserve, le 163e, le 363e de réserve. Ces régiments sont composés d'hommes de l'armée active et de réservistes; ils sont commandés par des officiers de l'active, de la réserve et même de l'armée territoriale. Il résulte de cette organisation que chaque régiment actif d'infanterie correspond à un régiment de réserve et à un régiment territorial, ayant un dépôt commun placé sous le commandement du major du régiment actif (le corps d'armée comprend 8 régiments actifs et 8 régiments territoriaux). Les 145 régiments territoriaux sont commandés exclusivement par des officiers territoriaux. Les bataillons de douanes, et les compagnies de chasseurs forestiers font également partie de l'armée territoriale, ils sont sous les ordres d'officiers de leurs administrations. Le régiment territorial est destiné, en principe, à remplacer dans sa garnison le régiment subdivisionnaire après sa mise en route pour le point de concentration. Le service de la réserve et de l'armée territoriale fonctionne dans les régions dès le départ des formations actives, les généraux sont remplacés par des officiers généraux du cadre de réserve.

Les chasseurs à pied, comme l'infanterie, ont également des bataillons de réserve, au nombre de 18 qui portent le numéro du bataillon actif correspondant augmenté de 40 (les 12 bataillons de chasseurs alpins n'en forment pas) : 7 bataillons de chasseurs territoriaux sont affectés spécialement à la défense des Alpes.

La cavalerie dont le rôle d'éclaireur est si important en campagne se met en route immédiatement sans attendre l'arrivée de ses réservistes : les escadrons sont mis sur le pied de guerre avec les propres ressources du corps ; le dépôt du régiment reçoit les réservistes ainsi que les chevaux de réquisition qui ne tardent pas à rejoindre la portion principale. La cavalerie forme 38 régiments de réserve (1 régiment par brigade de cavalerie) : ils sont numérotés de la même manière que les chasseurs à pied.

L'artillerie n'a pas de régiments de réserve, mais ses 40 régiments actifs sont renforcés par de nombreux réservistes, il se fractionnent alors pour former les batteries affectées aux divisions d'infanterie et de cavalerie : le rôle de l'artillerie et ses fonctions sont multiples, car cette arme est appelée à ravitailler, en munitions, au moyen de ses parcs, les armes combattantes ; elle assure également le service des places fortes, des forts et des batteries de position ; elle est secondée dans cette mission par 40. régiments territoriaux rattachés aux régiments actifs.

Le train des équipages et ses 20 escadrons territoriaux servent à atteler les voitures de tous les services de l'armée, ambulances, subsistance, habillement et campement, trésor, etc

Les 7 régiments du génie sont répartis par bataillon et compagnie dans les corps d'armée : depuis la suppression des 2 régiments d'artillerie-pontonniers, le génie a dans ses attributions les équipages de pont : il a en outre des parcs approvisionnés en voitures et en outils : les 20 bataillons territoriaux sont affectés au service du génie dans les places. Le 5e régiment, dit régiment de chemins de fer, assure le service des voies dans les zones d'opération de l'armée. Le génie détache des hommes pour les services télégraphiques et optiques dans les forts et à l'armée, il est chargé également du service aérostatique.

25 sections de commis et ouvriers militaires d'administrations, 25 sections d'infirmiers militaires, 20 sections de secrétaires d'état-major et du recrutement mises sur le pied de guerre par l'arrivée de nombreux réservistes et doublées par un même nombre de sections territoriales (excepté les sections de secrétaires d'état-major qui n'ont pas de formation territoriale), assurent les différents services administratifs, sanitaires et de bureaux des armées. Les ouvriers d'administration sont répartis dans les convois d'approvisionnement, boulangeries de campagne. L'administration de la guerre possède dans différentes villes de garnison d'importants magasins de vivres et des manutentions qui renferment des approvisionnements de réserve qui serviraient à fournir les vivres pendant les premiers jours. Des denrées sont réparties dans les différentes gares appelées stations-magasins. Des wagons, véritables magasins roulants, forment des trains sur les voies ferrées les plus rapprochées des armées : le service de l'habillement est prévu de la même manière. Ces différents services constituent le service de l'arrière.

Les sections d'infirmiers sont détachées dans les ambulances de corps d'armée, de divisions et de brigades. Le service sanitaire comprend les ambulances régimentaires avec leur personnel de brancardiers (musiciens) : les premiers soins sont donnés aux blessés par les médecins du corps aidés par les médecins de réserve du régiment ; les blessés et les malades sont évacués le plus tôt possible sur les divers hôpitaux en échelons qui sont les hôpitaux de campagne mobiles, les hôpitaux de campagne temporaires et enfin les hôpitaux d'évacuation établis autant que possible près des voies de grande communication, stations de chemins de fer, canaux et rivières navigables. Des trains et des bateaux spécialement organisés pour le transport des malades les évacuent sur les hôpitaux de l'intérieur. Il y a enfin des infirmeries de gare et de nombreuses sociétés civiles de secours aux blessés.

Le service de l'aumônerie des différents cultes est également prévu, ainsi que ceux de la télégraphie, du trésor et des postes qui sont confiés à des agents de ces différentes administrations organisés militairement.

Chaque corps d'armée se trouve ainsi pourvu de tous ses services ; il peut entrer en campagne dans un délai relativement très court, étant données toutes les opérations fort complexes qui lui incombent. Pour arriver à ce résultat, il a été nécessaire de tout prévoir et de ne rien laisser au hasard. Un essai de m. partielle a eu lieu en 1887, pour les formations actives seulement dans le 17e corps d'armée et le résultat en a été fort satisfaisant. Les réservistes des équipages de la flotte et des troupes de la marine se conforment aux indications contenues dans les affiches dont nous avons parlé au début de cet article. La marine n'a pas de troupes territoriales.

**MOBILISER.** v. a. [Pr. *mobili-zer*] (R. *mobile*). T. Jurispr. Faire une convention en vertu de laquelle un immeuble réel, ou réputé tel, est considéré comme meuble. *On peut m. les immeubles par contrat de mariage.* On dit ordinairement *Ameublir.* || Par ext., *M. la propriété foncière*, se dit pour lever les entraves qui s'opposent à ce qu'elle change aisément de main, entraves qui n'existent pas pour la propriété mobilière. || T. Administ. milit. Envoyer en expédition, mettre en campagne un corps ordinairement sédentaire. *On doit m. cent bataillons de garde nationale.* = MOBILISÉ, ÉE, part.

**MOBILISTE.** s. m. Apiculteur qui emploie des cadres mobiles.

**MOBILITÉ.** s. f. (lat. *mobilitas*, m. s. de *mobilis*, mobile). Facilité à être mû. *La m. des corps sphériques. La m. du mercure.* || Au sens moral, *M. de caractère, d'esprit, d'imagination*, Facilité avec laquelle le caractère, etc., change de disposition, passe d'un objet à un autre. — *M. de la physionomie, des traits*, Aptitude de la physionomie à prendre une expression différente, au gré des impressions qu'on éprouve ou qu'on veut représenter. — *La m. des choses humaines, la m. des opinions*, Leur incertitude, leur passage continuel d'un état à un autre.

**MOCASSIN.** s. m. [Pr. *moka-sin*]. Sorte de bottine de peau que portent les sauvages de l'Amérique du Nord.

**MOCENIGO**, noble famille vénitienne qui a fourni plusieurs doges à la République.

**MOCHE.** s. f. (ital. *moscio*, mou, flasque). Paquet de soies filées.

**MOCHEUSE.** s. f. [Pr. *mocheu-ze*] (R *moche*). Cylindre ou tambour en bois, hérissé de piquants métalliques qui sert à préparer la bourre de soie pour le peignage.

**MODAL, ALE.** adj. (R. *mode*). T. Philos. Relatif aux modes de la substance. || T. Log. *Proposition modale*, celle qui contient quelque restriction. || T. Mus. Qui est relatif au mode majeur ou mineur. || T. Dr. Qui subordonne l'effet d'un acte à un événement incertain dépendant de la volonté de celui qui doit en bénéficier. *Clause modale.*

**MODALITÉ.** s. f. (R. *modal*). T. Philos. scolast. La manière dont une chose ou un fait existe, selon que ce fait est nécessaire, réel, ou simplement possible. || T. Mus. Caractère que revêt une phrase musicale, selon qu'elle appartient au mode majeur ou mineur.

**MODANE**, ch.-l. de c. (Savoie), arr. de Saint-Jean-de-Maurienne ; 2,700 hab. Là commence le tunnel dit du Mont Cenis.

**MODE.** s. m. (lat. *modus*, m. s.). T. Philos. Se dit, par oppos. à *Substance*, des différentes manières d'être dont une substance est susceptible. || Dans le langage ordinaire, signifie, Forme, méthode, procédé. *Un m. de gouvernement, d'administration, de comptabilité, d'enseignement. Le m opératoire que nous avons adopté.* || T. Log. Condition spéciale à laquelle est subordonnée l'affirmation d'un jugement. — Disposition des trois propositions d'un syllogisme, suivant leur qualité ou leur quantité. || T Jurisp. Clause qui subordonne l'effet d'un acte à un effet incertain dépendant de la volonté de celui qui doit en bénéficier. || T. Mus. *M. majeur, mineur.* Voy. TON.

**Gram.** — En termes de Grammaire, on appelle *Modes* les inflexions ou les formes du verbe qui servent à exprimer les différents points de vue sous lesquels on considère l'existence ou l'action. Or, ces points de vue sont relatifs tantôt au jugement, tantôt au désir de celui qui parle. En effet, nos jugements sont susceptibles de certaines modifications, qui, en tant qu'elles se rapportent uniquement à la manière dont nous concevons les événements, doivent être exprimées par les verbes. Ainsi, notre connaissance d'un fait, d'un événement, peut être certaine ou incertaine, et cette incertitude peut à son tour être absolue ou relative. Lorsque nous déclarons simplement que, suivant notre jugement, une chose est, a été, ou sera dans tel ou tel état, le m. du verbe dont nous faisons usage est l'*indicatif*. Quand nous considérons une chose comme simplement possible, nous employons le m. *potentiel*. Lorsque la réalisation de la chose considérée dépend d'une condition particulière, nous exprimons ce rapport par l'emploi du m. *conditionnel*. Lorsque la condition dont il s'agit est considérée comme ne devant point vraisemblablement exister, on a recours au m. *suppositif*. Enfin, lorsque, au lieu de se rapporter à la manière dont notre esprit envisage les choses, le verbe se rapporte à notre faculté de désirer et de vouloir, il doit prendre les formes ou les inflexions qui constituent les modes appelés *optatif* et *impératif*. Les quatre premiers modes que nous venons de considérer pourraient recevoir la dénomination commune de modes *judiciaires*, de même que les deux derniers ont été appelés par quelques grammairiens *désidératifs* ou *volitifs*. On a aussi divisé les modes en deux catégories, à savoir : les modes *absolus*, et les modes *relatifs* ou *obliques*, suivant qu'ils expriment, soit une affirmation simple ou un ordre pur et simple de la volonté, soit une affirmation subordonnée ou un désir dont la réalisation dépend d'une circonstance quelconque. Outre les six modes que nous venons d'énumérer et qui nous paraissent les seuls essentiels, beaucoup de grammairiens admettent des modes *interrogatif*, *privatif*, *hypothétique*, etc. Il serait en effet possible d'établir autant de modes qu'il y a de sortes de propositions; mais il n'est aucune langue qui les multiplie à ce point. D'ailleurs, s'il y a des langues où l'on trouve un plus grand nombre de modes, il en est d'autres, comme l'arabe, où la distinction des modes n'existe pas.

Notre langue possède quatre modes bien distincts, qu'on désigne sous les noms d'*Indicatif*, de *Conditionnel*, d'*Impératif* et de *Subjonctif*. Ce dernier correspond plus particulièrement aux modes *potentiel* et *optatif;* mais il s'emploie dans presque tous les cas où il exprime une action, un fait, un état, subordonnés à l'idée exprimée par un verbe antécédent, énoncé ou sous-entendu, auquel le verbe au subjonctif est toujours lié par le moyen d'une conjonction : *Vous voulez que j'aille à Paris; Il fallait que j'écrivisse ma lettre*.

Toutes nos grammaires ajoutent encore deux modes à cette nomenclature, l'*Infinitif* et le *Participe*, et la plupart des grammairiens font de même pour les différentes langues qui possèdent ces deux espèces de formes verbales. Cependant, en bonne logique, l'infinitif est un simple substantif, et le participe un adjectif. « Dans l'infinitif, dit Sylv. de Sacy, l'idée de l'existence est considérée avec abstraction du sujet : tels sont, en français, les mots *être*, *lire*, *devenir*. L'infinitif participe du verbe, en ce qu'il contient toujours l'idée de l'existence comme se trouvant dans un sujet, et en raison de cela, il peut avoir différents temps, comme *lire*, *avoir lu*, *devoir lire;* mais il n'a ni genre, ni nombres, ni personnes, parce qu'il ne se rapporte pas à un sujet déterminé, dont on puisse dire qu'il est de tel genre, de tel nombre ou de telle personne. Il s'assimile aux noms abstraits, puisqu'il désigne toujours une action ou une manière d'être ; néanmoins, il y a cette différence entre l'infinitif et le nom abstrait, que celui-ci désigne l'action ou la manière d'être sans aucune idée accessoire, et que celui-là la désigne comme existant dans un sujet quelconque. On sentira cette différence en comparant le nom abstrait *amour* et l'infinitif *aimer*, qui tous deux expriment la même manière d'être. Dans le mot *amour*, cette manière d'être est considérée avec une abstraction parfaite, sans rapport à aucun sujet, et ne fait nullement la fonction d'attribut. Dans l'infinitif *aimer*, qui est synonyme d'*être aimant*, cette qualité devient attributive, parce qu'elle est liée à l'idée d'existence, et par conséquent suppose nécessairement un sujet, quoiqu'il n'y en ait aucun d'exprimé. Les rapports qui se trouvent entre l'infinitif et le nom abstrait sont tels que, dans plusieurs langues, comme l'arabe et le grec vulgaire, les verbes n'ont point de m. infinitif; c'est le nom abstrait qui en tient lieu. Il faut encore observer un caractère qui distingue ces deux espèces de mots : c'est que le nom abstrait désigne l'action sans distinction de sens actif ou passif, au lieu que l'infinitif est déterminé à l'un de ces deux points de vue exclusivement. En raison des rapports qui existent entre le m. infinitif et le nom, ce m. peut prendre des articles ; il peut servir de sujet à une proposition, et de complément à un verbe et à une préposition. Ainsi l'on dit : *Juger les autres est une chose aisée; Je veux lire; je prends ce livre pour lire; Dieu donne le vouloir et le faire selon son bon plaisir*. Puisque l'infinitif peut servir de complément à un nom, à un verbe et à une préposition, il doit être susceptible de la variation des cas, dans les langues où les noms en admettent. Les cas de l'infinitif se nomment *Gérondifs*. Je trouve en français un gérondif; il se termine en *ant : en lisant*, *en venant*. C'est l'infinitif servant de complément à une préposition, et prenant, à cause de cette circonstance, une terminaison particulière. Enfin, comme une préposition et son complément peuvent être rendus d'une manière équivalente par un adverbe, il est également possible de remplacer par un seul mot, faisant la fonction d'adverbe, une préposition et l'infinitif qui lui sert de complément. Cette espèce de mots existe en effet dans quelques langues, en latin par ex. on la nomme *Supin*. Le supin des Latins ne peut être rendu, dans les autres langues, que par une préposition suivie d'un temps de l'infinitif. *Venit cœnatum*, il est venu pour souper; *horribile est visu*, cela est horrible à être vu : *cœnatum* et *visu* sont des *supins*, l'un actif, l'autre passif. — Quant au *participe*, il s'assimile, comme nous l'avons dit, à l'adjectif. Dans ce m., le verbe exprime en même temps le sujet, mais d'une manière indéterminée et conjonctive, et son existence avec relation à un attribut déterminé et indéterminé. Ce mode participe donc du verbe, en ce qu'il exprime l'existence, et, par cette raison, il peut avoir plusieurs temps ; mais il participe aussi de l'adjectif, en ce que, comme ce dernier, il contient toujours l'ellipse du pronom *qui*. Ainsi, lorsque l'on dit, *Une reine portant sur son visage la majesté de tant de rois; Un peuple aux fers abandonné*, c'est comme si l'on disait, *Une reine qui porte* sur son visage, etc.; Un peuple *qui est abandonné* aux fers. Le participe, renfermant toujours la valeur d'un adjectif conjonctif, peut donc avoir, comme les adjectifs, des genres, des nombres et des cas. Enfin, renfermant toujours l'idée de l'existence, il peut avoir des temps. — L'infinitif et le participe peuvent être nommés modes *impersonnels*, par opposition aux autres modes qui sont *personnels*, c.-à-d. qui admettent la distinction des personnes. » Les modes personnels sont aussi appelés et très improprement *modes finis*, par opposition à l'*infinitif*.

Dans cet article, nous nous sommes borné à considérer les modes au point de vue de la grammaire générale. Leur emploi, dans notre langue, ne donne lieu à quelques difficultés que lorsqu'il s'agit du *subjonctif* et du *participe* : c'est à ces mots que nous traiterons des règles particulières auxquelles ils sont soumis. — Voy. aussi les articles Temps et Verbe.

**MODE**. s. f. (lat. *modus*, m. s.). Manière d'être ou d'agir qui est particulière à quelqu'un. *Chez moi, chacun vit à sa m. Laissez-le faire à sa m.* — On dit aussi, *A la m. d'Italie, d'Espagne, etc.*, Suivant les usages particuliers aux habitants de l'Italie, etc. *Tripes à la m. de Caen.* — *Oncle, tante à la m. de Bretagne*, cousin germain, cousine germaine du père, de la mère de quelqu'un. || Usage passager introduit dans la société par le goût, la fantaisie, le caprice. *M. nouvelle. Vieille m. M. extravagante. C'est la m., la dernière m. Ce n'est plus la m. Se mettre à la m. C'est un mot fort à la m. C'est une opinion de m. Un système à la m. L'empire de la m. Les caprices de la m. Être esclave de la m. Suivre les modes. On revient aux anciennes modes. Les fous inventent les modes, et les sages les suivent.* — *Chose passée de m.*, qui n'est plus au goût du jour. *Mettre une chose à la m.*, la faire adopter par le goût du jour. *Il est de m. de faire telle chose*, le goût du jour veut qu'on fasse telle chose. *Être vêtu à la dernière m. Suivre la m. Bœuf à la m.* ou *Bœuf-m.*, bœuf piqué de lard, assaisonné de carottes, oignons, etc., et cuit lentement dans son jus. — Famil., *Cet homme, cette femme est fort à la m.*, Cet homme est fort recherché, cette femme est très fêtée.

Est-ce la mode
Que baudet aille à l'aise, et meunier s'incommode ?

La Fontaine.

|| En parlant de l'habillement des femmes. *Modes*, au plur., se dit des ajustements, des parures à la mode et spécialement des chapeaux et coiffures pour dames. *Magasin de modes. Vendre des modes. Cette femme fait bien les modes. Un journal de modes.* || T. Techn. Dessins variés de

l'intérieur des fleurs et ornements à jour dans la dentelle au point d'Alençon.

**MODECCA**. s. m. [Pr. *modek-ka*]. T. Bot. Genre de plantes *Dicotylédones* de la famille des *Bixacées*. Voy. ce mot.

**MODELAGE**. s. m. T. Sculpt. et Fond. Opération de celui qui modèle.

**MODÈLE**. s. m. (ital. *modello* du lat. *modus*, mesure, avec un suff. dimin.). Exemplaire, patron, tout objet que l'on copie ou que l'on imite. *Un m. d'écriture. Un m. de broderie. Faire, donner, suivre, imiter un m. Travailler sur un m., d'après un m. Ce temple avait été construit sur le modèle du Parthénon. La nature est le m. des arts.* || T. Peint. et Sculpt. Se dit particulièrement de la personne, homme ou femme, d'après laquelle les artistes dessinent, peignent, sculptent, etc. *Figure peinte d'après le m. Servir de m. Poser le m.*, Mettre le modèle dans l'attitude qu'on veut représenter. || Signif. aussi, dans les arts, La représentation d'un ouvrage qu'on se propose d'exécuter soit en une autre matière, soit en grand. *M. de terre, de cire. M. d'une statue, d'un buste, d'un groupe. M. d'un édifice. M. de machine, de vaisseau, de canon.* || T. Techn. Pièces de bois ou de métal démontables reproduisant la forme de la pièce à obtenir par la fonte, et destinées à la fabrication du moule en sable dans lequel on coulera le métal fondu. Voy. Fonderie. — Grande glace doucie sur laquelle on en fixe d'autres pour les polir ensemble. — Planchette de parcheminier pour équarrir le parchemin. — Paquets de fils de laine ou de soie de couleur pour faire les épreuves de teinture. || Fig., en part. des ouvrages d'esprit et des actions morales, Exemple à suivre. *Homère et Virgile sont de beaux modèles. Ce style est un m. à suivre. Formez-vous sur ce m. Se proposer un m. C'est un m. de patience, de bonté. Vous avez choisi un bien mauvais m.* — On dit aussi absol., en parlant d'une personne qui a de grandes vertus, de grandes qualités, *C'est un modèle.*

**Législ**. — *Modèles et dessins de fabrique.* Le m. ou dessin de fabrique consiste dans toute disposition de lignes, de couleurs ou de forme destinée à donner à un produit industriel un caractère de nouveauté. Il en est ainsi d'une disposition de fils qui donnerait à une étoffe un grain qui lui serait propre ou encore d'un genre de coffret dont la forme serait nouvelle. Aux termes de la loi du 10 mars 1806, et de l'ordonnance du 17 août 1825 qui régissent actuellement la matière, l'inventeur d'un dessin ou m. de fabrique, qui veut conserver son droit, doit déposer aux archives du conseil des prud'hommes, ou au greffe du tribunal de commerce ou du tribunal civil, suivant les cas, un échantillon, plié sous enveloppe, revêtu de ses cachet et signature. La contrefaçon d'un dessin ou m. de fabrique ayant fait l'objet d'un dépôt régulier peut être poursuivie soit devant le tribunal correctionnel, soit devant le tribunal de commerce ; elle fait encourir une amende de cent à deux mille francs. La confiscation des dessins contrefaits peut en outre être prononcée.

**MODELER**. v. a. (R. *modèle*). T. Sculpt. Former avec de la terre glaise ou de la cire le modèle d'un ouvrage qu'on veut exécuter en marbre, en bronze, etc. *M. une statue, un buste, en terre, en cire.* Absol., *Ce sculpteur modèle bien.* || Par anal., on dit d'un peintre qui reproduit habituellement, au moyen du dessin et du clair-obscur, le relief des figures, qu'*Il modèle bien.* || Sign. aussi, tirer en creux, faire un moule, soit d'après une œuvre sculptée, soit sur une personne morte ou vivante. = Figur., au sens moral, régler, conformer. *Il a modelé sa conduite sur celle de ses aïeux.* = se Modeler. v. pron. Prendre pour modèle. *On doit se m. sur les gens de bien.* = Modelé, ée. part. *Voilà une figure bien modelée.* || En T. Peint. et Sculpt., *Modelé* se dit encore subst., de la représentation des formes vivantes. *Un beau, un savant modelé.* = Conj. Voy. Geler.

**MODELEUR**. s. m. T. Sculpt. Celui qui modèle, qui tire en creux, qui reproduit des objets de sculpture, ou les traits des personnes mortes ou vivantes d'après un moule pris sur elles. *Un habile modeleur.* || Fabricant ou marchand de statuettes, bustes, moulures en plâtre, carton-pâte, etc.

**MODÉNATURE**. s. f. (ital. *modanatura*, m. s. du lat. *modulus*, moule). T. Archit. Proportion et galbe des moulures d'une corniche. *C'est la m. qui détermine le caractère des divers ordres d'architecture.*

**MODÈNE**, ch.-l. de la prov. de Modène (Italie), anc. cap. du duché de Modène, qui s'annexa au Piémont en 1860; 58,000 hab.

**MODÉRANTISER** (se) v. pron. [Pr. ...*ti-zer*]. Tendre au modérantisme.

**MODÉRANTISME**. s. m. [R. *modérer*]. Opinion de ceux qui sont modérés, qui combattent les opinions extrêmes.

**MODÉRANTISTE**. s. m. Partisan du modérantisme.

**MODÉRATEUR, TRICE**. s. (lat. *moderator*, m. s. de *moderari*, modérer). Celui, celle qui modère, qui dirige, qui règle. *Il y avait à Lacédémone des modérateurs de la jeunesse.* || T. Relig. Nom donné au président de certains consistoires protestants. || Nom donné aux présidents de certaines académies. *Le m. des Jeux Floraux.* || Ne se dit guère que dans le style soutenu. *Le souverain m. Dieu est le m. de l'univers. La religion doit être la modératrice des rois.* || Celui qui cherche à tempérer des opinions exaltées, à rapprocher des sentiments extrêmes. *Il est le m. de son parti.* = Modérateur. s. m. Disposition propre à limiter les écarts de vitesse d'une machine. — *Lampe à m.*, lampe dans laquelle une tringle conique, poussée par un piston, empêche la montée trop rapide de l'huile. Voy. Lampe.

**MODÉRATION**. s. f. [Pr. *modéra-sion*] (lat. *moderatio*, m. s. de *moderari*, modérer). Retenue, vertu qui porte à garder une sage mesure en toutes choses. *Grande m. Esprit de m. Se conduire avec beaucoup de m., avec peu de m. User de m. Garder de la m. Il faut user des meilleures choses avec m. Sortir des bornes de la m. Cet homme est un grand exemple de m.* || Diminution d'un prix, d'une taxe. *La m. d'une contribution, On ne lui a fait aucune m* || Adoucissement, mitigation. *La m. d'une peine, d'une amende.*

**MODERATO**. adv. (mot ital.). T. Mus. Avec un mouvement modéré, tenant le milieu entre le *lento* et le *presto*. — S'emploie aussi comme adj. 2 g. et comme subs

**MODÉRÉ, ÉE**. adj. (Part. de *modérer*). Qui est éloigné de tout excès. *Une chaleur modérée. Un froid m. Un feu m. Un exercice m. Le pouls est m.* || Au sens moral, *Un esprit m. Ce jeune homme est fort m. pour son âge. Des opinions modérées.* || Dans le langage politique, se dit de ceux qui repoussent toute opinion exagérée. *Le parti m.* — Subst., *Les modérés. C'est un m.*

**MODÉRÉMENT**. adv. [Pr. *modéré-man*]. Avec modération. *Se comporter m. User m. d'une chose. Il boit m. Il a été imposé m.*

**MODÉRER**. v. a. (lat. *moderari*, m. s., de *modus*, mesure). Diminuer, adoucir, tempérer, rendre moins violent. *M. la course d'un cheval. M. l'action d'une machine. M. sa marche. M. sa dépense. M. les impôts.* || Au sens moral, *M. sa colère, ses passions, son ardeur, ses désirs, son ambition. M. ses prétentions. M. le zèle de quelqu'un. M. la rigueur d'une loi. Modérez votre douleur.* = se Modérer. v. pron. Devenir moins vif. *Le temps s'est modéré Le froid, le chaud commence à se m.* || Au sens mor., Se posséder, se contenir. *Il est difficile de se m. dans la bonne fortune. Pourquoi vous emporter ainsi? modérez-vous un peu.* = Modéré ée. part. = Conj. Voy. Céder. = Syn. Voy. Adoucir.

**MODERNE**. adj. 2 g. (bas lat. *modernus*, m. s., de *modo*, récemment). Qui est nouveau, de notre temps ; se dit par oppos. à Ancien et à Antique. *Les auteurs, les philosophes, les peintres modernes. Les peuples, les langues modernes. Les usages modernes. Une médaille m. La Grèce m. Une invention m. La physique m.* || *Architecture m.*, se dit de tous les styles d'architecture qui ont été en usage dans l'Europe depuis le commencement du moyen âge, y compris l'architecture gothique elle-même. — Dans une acception plus limitée, se dit des styles d'architecture qui ont régné depuis la Renaissance. On dit aussi, dans ce dernier sens, *L'art m. La sculpture m.* — *M.* s'emploie encore pour désigner ce qu'il y a de plus récent. *Les maisons modernes sont mieux distribuées que celles du dernier siècle.* || T. Géol. *Terrains modernes*, qui présentent des traces de la présence de l'homme. = Moderne, s. m. Se dit des auteurs, des savants, des artistes qui ont paru depuis la renaissance des lettres et des arts. *Les anciens et les modernes* = A LA MODERNE. locut. adv. Suivant la manière la plus récente. *Bâtiment à la m.*

**MODERNER**. v. a; T. Archit. Restaurer un ancien édifice dans un goût moderne. *Presque toutes les anciennes basiliques de Rome ont été modernées.* = MODERNÉ ÉE. part. Vx.

**MODERNISATION**. s. f. [Pr. *moderni-za-sion*]. Action de moderniser.

**MODERNISER**. v. a. [Pr. *moderni-zer*]. Donner un caractère, une tournure moderne.

**MODERNISTE**. s. m. Celui qui estime les temps modernes au-dessus de l'antiquité.

**MODERNITÉ**. s. f Qualité de ce qui est moderne.

**MODESTE**. adj. 2 g. (lat. *modestus*, m. s., de *modus*, mesure). Qui a de la modestie. *Il est trop m. pour souffrir qu'on le loue en face. Avoir des sentiments modestes, une opinion m. de soi-même.* Subst., *Faire le m., la m.* — Qui indique de la modestie. *Avoir un air, un maintien, une contenance m. Garder un silence m. Faire une réponse m.* || Signifie aussi, qui a de la pudeur, de la décence. *Une jeune fille doit être m. Être m. dans ses discours, dans ses actions.* — Se dit également des choses. *Vous tenez des propos peu modestes.* || Qui a de la retenue, qui ne donne dans aucun excès. *Il est m. dans ses habits, dans sa dépense. Former des vœux modestes.* — En parlant des choses, sign encore Médiocre, simple, sans éclat. *Avoir un train m., une table m. Faire une dépense m. Il vit satisfait du m. héritage de ses pères.*

> Voici trois médecins qui ne nous trompent pas :
> Gaîté, doux exercice, et modeste repas.
>
> DOMERGUE.

**MODESTEMENT**. adv. [Pr. *modeste-man*]. D'une manière modeste, avec modération. *Parler, s'habiller, vivre m. Marcher m. Une table m. servie.*

**MODESTIE**. s. f. (lat. *modestia*, m. s., de *modestus*, modeste). Sentiment qui nous conduit à n'exagérer en rien la valeur de nos pensées et de nos actions. *Grande, véritable, sincère m. Parler de soi avec m. On n'ose le louer en sa présence, de peur de blesser sa m. Il y a une fausse m. qui n'est qu'un raffinement de vanité. La m. extrême a ses dangers ainsi que l'orgueil.* || Modération. *Vivre, agir, se comporter avec m. Être d'une grande m. dans sa conduite, dans sa dépense.* || Pudeur, décence. *La m. est le plus bel ornement d'une jeune fille. Ces paroles-là choquent, blessent la m. Cela est contraire à la m.*

> Mettez dans vos discours un peu de modestie.
>
> MOLIÈRE.

|| Nom d'un fichu dont les dames se couvraient autrefois le cou, le sein.

Syn. — *Réserve, Retenue.* — La *réserve* rend circonspect, fait qu'on se préserve, qu'on se tient sur ses gardes. La *retenue* rend maître de soi, elle gouverne et réprime les mouvements; l'une et l'autre sont des qualités négatives qui consistent à s'abstenir, dans certains cas, de parler et d'agir. La *modestie* est une qualité qui nous empêche de nous faire trop valoir; c'est une sorte de retenue en ce qui concerne l'opinion que nous avons et que nous voulons donner de nous-mêmes aux autres. Celui qui n'a nulle *réserve* tombe dans l'indiscrétion; celui qui est sans *retenue* tombe dans l'impudence; celui qui est sans *modestie* tombe dans la vanité.

L'homme qui se croit modeste est évidemment un orgueilleux. La modestie est, comme la bonté, une qualité naturelle que l'on ne peut apprécier soi-même.

**MODEUSE**. s. f. [Pr. *modeu-ze*]. Dentellière qui fait les points appelés *modes*.

**MODICA**. v. de Sicile; 41,250 hab.

**MODICITÉ**. s. f. (lat. *modicitas*, m. s., de *modicus*, modique). Médiocrité relativement au prix d'une chose, ou à la quantité de la richesse ou de la dépense. *Je me suis laissé tenter par la m. du prix. La m. d'une somme. La m. de sa fortune, de son revenu, de sa dépense.*

**MODIFIABLE**. adj. 2 g. Qui peut être modifié.

**MODIFICABILITÉ**. s. m. Qualité de ce qui est modifiable.

**MODIFICATEUR, TRICE**. Qui est propre à modifier. || T. Physiolog. Se dit subst. des agents, des influences susceptibles de modifier les organismes vivants. *Les modificateurs externes.* || T. Mécan. *M. instantané*, organe servant à changer instantanément la direction ou l'intensité de la vitesse d'une machine.

**MODIFICATIF, IVE**. adj. Qui modifie. *Terme m. Proposition modificative.* = MODIFICATIF, s. m. T. Gram. Se dit des mots qui déterminent le sens des autres. *Les adverbes sont ordinairement des modificatifs.*

**MODIFICATION**. s. f. [Pr. *modifika-sion*] (R. *modifier*). T. Didact. Changement qui s'opère dans la manière d'être une substance. *Les corps reçoivent différentes modifications. Les plantes éprouvent par l'absence de la lumière une m. particulière. Ce remède n'a produit aucune m. dans son état.* || Dans le langage ordin., signifie changement, restriction, adoucissement. *Les modifications introduites dans le projet de loi en changent toute l'économie. Il faut apporter quelque m. à cet article du contrat. Je ne puis admettre votre opinion sans quelque modification.*

**MODIFIER**. v. a. (lat. *modificare*, de *modus*, manière d'être, et *ficare*, faire). Opérer un changement dans la manière d'être d'une chose ou d'une personne. *La chaleur modifie l'état des métaux. Le changement de climat a singulièrement modifié l'aspect de cette plante. Voyez combien la domesticité a modifié le chien. La religion chrétienne a complètement modifié les mœurs de ce peuple. Le mariage modifiera ses habitudes.* || Atténuer, modérer, restreindre, adoucir. *Ce projet de loi a été modifié dans la discussion. Il faudrait m. ce passage de votre discours. M. une taxe, une peine. M. les clauses d'un traité, d'un contrat. Ces propositions sont trop absolues, il faut les m.* || T. Gramm. Préciser, déterminer le sens d'un mot. *L'article sert à m. la signification des substantifs.* = SE MODIFIER, v. pron. Subir un changement; se dit dans toutes les acceptions qui précèdent. *Cette race se modifie aisément La marche de la maladie s'est modifiée. Son caractère se modifiera avec l'âge Ses idées se sont bien modifiées. Cet article peut aisément se m.* = MODIFIÉ, ÉE. part. = Conj. Voy. PRIER.

**MODILLON**. s. m. [Pr. *ll* mouillées] (ital. *modiglione*, m. s. de *modo*, façon). T. Architect. Espèce de console, ordinairement en forme d'S, qui se place, dans certains ordres, sous le larmier de la corniche. *Le m. figure l'extrémité des chevrons du comble.* — Voy. les figures du mot ENTABLEMENT.

**MODIOLAIRE**. adj 2 g. [Pr. *modio-lère*] (lat. *modiolus*, moyeu). Qui a la forme d'un moyeu de roue.

**MODIOLE**. s. f. (lat. *modiolus*, moule). T. Zool. Genre de Mollusques *Lamellibranches*. Voy. MYTILACÉES.

**MODIQUE**. adj. 2 g. [Pr. *modi-ke*] (lat. *modicus*, m. s., de *modus*, mesure). Qui est peu considérable, de peu de valeur. *Une somme, une taxe m. Sa fortune est m. Il vit d'une pension m., d'un bien m. revenu.*

**MODIQUEMENT**. adv. [Pr. *modi-keman*]. Avec modicité.

**MODISTE**. s. 2 g. Ouvrier, ouvrière en modes (peu usité au masculin) ; marchande de modes. || Marchande de chapeaux et coiffures pour dames.

**MODIUS**. s. m. T Métrol. anc. Mesure de capacité des anciens Romains, valant environ 9 litres. Voy. CAPACITÉ.

**MODON**. anc. Méthone, v. de la Messénie (Morée), sur la mer Ionienne ; 4,200 hab.

**MODULAIRE**. adj. 2 g. [Pr. *modu-lère*] (R. *module*). T. Arch. Qui dérive de l'emploi des ordres usités dans l'antiquité grecque ou romaine.

**MODULANT, ANTE**. adj. T. Mus. Qui a le caractère de la modulation.

**MODULATEUR, TRICE**. Celui, celle qui pratique bien la modulation.

**MODULATION**. s. f. [Pr. *...sion*] (R. *moduler*, m. s.). T. Mus. Voy. plus bas. || Inflexion variée de la voix. *Les modulations du rossignol.*

**Mus.** — Le terme de *M.* désigne : 1° Le passage d'un mode à un autre, sans changer de tonique ; 2° le changement de tonique, sans changement de mode ; 3° le changement de mode et de tonique en même temps ; 4° l'art d'opérer toutes ces transitions, non seulement de manière à ne pas choquer l'oreille, mais encore de manière à produire des effets nouveaux. L'emploi des modulations est basé sur la nécessité d'introduire la variété dans le chant et dans l'harmonie sans en détruire l'unité, et toutes les règles de l'art sont fondées sur ce principe, que l'on doit passer, en général, aux gammes qui ont le plus d'analogie avec celle que l'on vient de quitter, soit par des notes communes, soit par une tonique identique. L'art de bien moduler est une des parties les plus importantes de la composition musicale ; mais ce n'est qu'une longue pratique qui peut en apprendre toutes les ressources et faire connaître tout le pouvoir d'une m. heureusement placée et naturellement ou inopinément produite.

**MODULE**. s. m. (lat. *modulus*, dimin. de *modus*, mesure). T. Archit. Sorte de mesure, de règle pour les dimensions des parties d'un édifice. || Par ext. Tout ce qui reste à mesurer. *Le mètre est le m. des longueurs.* || T. Numism. Diamètre d'une médaille. || T. Math. Voy. plus bas. || T. Techn. Le *m. d'une cloche*, épaisseur du métal à l'endroit où doit frapper le battant, d'après laquelle doit être calculé le diamètre du bord de la cloche. — *M. d'eau*, Unité (10 m. cubes par 24 h.) employée par les fontainiers pour évaluer le débit des fontaines et pompes.

**Archit.** — Les architectes nomment ainsi une mesure arbitraire qui leur sert à établir les rapports de proportion entre toutes les parties d'un édifice. Le *M.* qu'ils ont généralement adopté est le diamètre ou le demi-diamètre du bas du fût de la colonne ; mais ce m. lui-même est subdivisé en un certain nombre de parties appelées *Minutes*. Vignole a divisé son m., qui est un demi-diamètre, en 12 minutes pour les ordres Toscan et Dorique, et en 18 minutes pour les autres ordres, tandis que Palladio, et, à son exemple, une foule d'architectes, le divisent en 30 minutes pour tous les ordres. Quelques-uns ont divisé la hauteur entière de la colonne en 20 parties pour le Dorique, 22 et 1/2 pour l'Ionique, 25 pour le Corinthien, etc., et ont pris pour m. général une de ces parties.

**Math.** — Le mot *m.* est employé dans plusieurs sens, dont voici les deux principaux : 1° On appelle m. relatif de passage d'un système de logarithmes à un autre le nombre constant par lequel il faut multiplier tous les logarithmes du premier système pour trouver ceux du second. Voy. LOGARITHME. — 2° On appelle *m.* d'une substitution linéaire le déterminant des coefficients des nouvelles variables dans les équations qui définissent les nouvelles variables supposées résolues par rapport à celles-ci. Voy. FORME. — En géom. Voy. INVERSION. — Dans les math. appliquées, le mot m. désigne divers coefficients. Ainsi on dit *m. d'élasticité*, etc.

**MODULER**. v. a. (lat. *modulari*, m. s., de *modulus*, mode). Faire passer le chant ou l'harmonie dans un ton ou dans un mode différent. *Ce musicien a bien modulé ce chant.* Absol., *Il module d'une manière savante.* Voy. MODULATION. || Poétiq., se dit pour chanter, jouer, se servir de sa voix avec habileté. *Le rossignol soupire et module ses peines. Le chevrier joyeux sur un humble roseau module un air rustique. Modulant avec art sa voix mélodieuse.*

Tibulle y modulait les soupirs de l'amour.

LAMARTINE.

= MODULÉ, ÉE. part. *Air bien modulé.*

**MODUMITE**. s. f. [Pr. *modo-mite*]. T. Minér. Triarséniure de cobalt $CoAs^3$, trouvé en cristaux cubiques à Skutterud près de Modum (Norvège).

**MOELLE**. s. f. [Pr. *mouè-le*] (lat. *medulla*, m. s.). T. Anat. Substance molle contenue dans la cavité des os longs, etc. Voy. OS. — *M. épinière*, Substance nerveuse qui remplit la colonne vertébrale. Voy. ÉPINIÈRE. — *M. allongée*, Partie de l'encéphale qui communique avec la m. épinière et qu'on appelle aussi *Bulbe rachidien*, Voy. ENCÉPHALE. — Moelle osseuse. Voy. OS. || T. Bot. Tissu plus ou moins spongieux qu'on observe dans la tige de la plupart des végétaux. Voy. TIGE. — Se dit aussi pour Pulpe. *De la m. de casse.* || Figur. et fam., *Il le tire, il le suce jusqu'à la m. des os*, se dit d'un homme qui en ruine un autre, en tirant de lui peu à peu tout ce qu'il en peut tirer. || Fig., en parl. des ouvrages d'esprit, se dit de ce qu'ils contiennent de plus instructif. *Il ne s'agit pas de retenir mot à mot un bon livre, il faut en extraire la m.* || T. Minér. *M. de roche*, chaux carbonatée spongieuse. — *M. de rocher*, l'amiante.

**MOELLEUSEMENT**. adv. [Pr. *mouè-leuze-man*]. D'une façon moelleuse ; ne se dit que Fig. *Un tableau peint m.*

**MOELLEUX, EUSE**. adj. [Pr. *mouè-leu, euze*]. Rempli de moelle. *Un os m.* || Fig., *Vin m.*, Vin qui joint la douceur à la force et qui flatte agréablement le goût. — *Étoffe moelleuse*, Étoffe qui a du corps, mais qui est douce et souple à la main. — *Voix moelleuse*, Voix pleine et douce. — *Contours m.*, Contours souples et gracieux. — *Pinceau m.*, Pinceau dont les couches sont larges, grasses et bien fondues. On dit dans le même sens, *Touche moelleuse*. = *Moelleux* s'emploie quelquefois substant. *Ce vin a plus de force, cet autre plus de m. Il a du m. dans la touche, dans la couleur. Le m. des contours.*

**MOELLON**. s. m. [Pr. *mouè-lon*] (orig. inconnue. On a indiqué *moelle*, parce que la pierre est tendre ; mais les formes anciennes ne sont pas favorables à cette dérivation). T. Maçonn. Pierre de petite dimension qu'on emploie dans les massifs de construction, et qu'on recouvre ordinairement de plâtre ou de mortier. *Un mur construit en moellons.* — *M. d'appareil*, M. équarri pour être employé en liaison dans un mur de face. *M. piqué*, Celui qui est travaillé avec la pointe du marteau. *M. bloqué*, M. de mauvaise qualité qui ne peut être équarri. *M. de plat*, Celui qui est posé sur son lit dans les murs à plomb. *M. en coupe*, Celui qui est posé sur le champ dans la construction des voûtes. *M. gisant*. Celui qui a un lit étendu et qui n'a pas besoin d'être beaucoup façonné. || T. Techn. Pierre qu'on fait mouvoir sur la surface des marbres, des pierres à polir, en interposant une bouillie d'émeri, de grès, etc. — *M. d'assiette*, pierre sous laquelle est mastiquée la glace de dessus quand on doucit deux glaces en les frottant l'une contre l'autre.

**MOELLONAGE**. s. m. [Pr. *mouè-lonaje*]. Construction faite avec des moellons.

**MOELLONAILLE**. s. f. [Pr. *mouèlo-nalle*, *ll* mouillées]. Menus moellons.

**MOELLONIER**. s. m. [Pr. *mouè-lonié*]. Outil qui sert à dresser les pierres à moellons. || Marteau du cantonnier.

**MŒNIDES**. s. m. pl. [Pr. *mé-nides*]. T. Ichth. Les poissons qui composent cette famille ont le corps écailleux comme celui des Sparoïdes ; mais ils en diffèrent par leur mâchoire supérieure qui est protractile et rétractile (Fig. 1. Museau de Picarel commun en protraction), ce qui permet à la bouche de se transformer à la volonté de l'animal en une sorte de tube. — Des quatre genres qui forment cette famille, deux seulement se trouvent sur nos côtes. Les *Mendoles* (*Mæna*) ont le corps long, comprimé, assez semblable à celui du Hareng et les dents en velours sur une bande longitudinale du vomer. Nous en avons plusieurs dans la Méditerranée. La *Mend. vulgaire* (*Mæna vulgaris*), longue d'environ 20 centimètres, a le dos plombé, le ventre argenté, avec une tache noire sur le flanc. Quand elle est engraissée, elle est assez bonne à manger. Dans certains endroits, on la prend en si grande quantité, qu'on la vend par monceaux et qu'on en fait saler un très grand nombre. La *Juscle* (*M. juscu-*

Fig. 1.

*lum*) diffère de la précédente par un corps plus étroit, un museau plus court, une dorsale plus haute. La *M. d'Osbeck* (*M. radiata*) a la dorsale plus haute encore. Ce poisson est d'un bleu d'acier foncé, avec des raies bleues obliques sur les joues et des taches bleues sur les ventrales. — Les *Picarels* (*Smaris*) ne diffèrent des Mendoles que par l'absence de dents au vomer. Plusieurs vivent sur les côtes vaseuses de la Méditerranée. Le *Pic. commun* (*Sm vulgaris*)

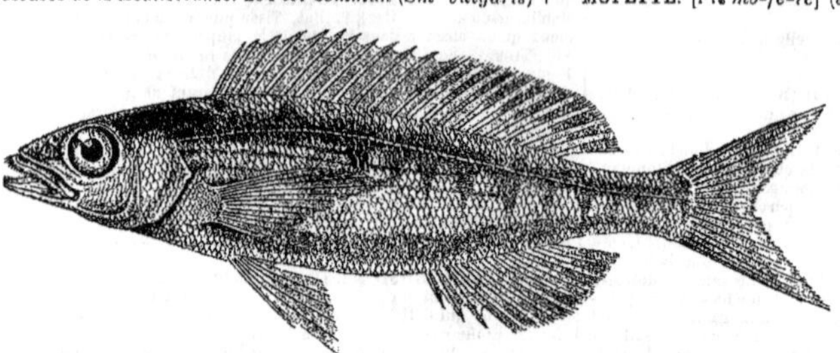

Fig. 2.

[Fig. 2] est d'un gris plombé en dessus, argenté en dessous avec une tache noire sur le flanc. Le *P. martin pêcheur* (*Sm. alcedo*) est ainsi nommé à cause de sa belle couleur bleue. Le *Pic. cagarel* (*Sm. cagarella*) se distingue par son palais absolument dépourvu de dents.

**MOÈRE.** s. f. Nom donné sur les côtes de la Belgique et du nord de la France à des étangs formés par la mer que l'on a desséchés et mis en culture. Voy. DESSÈCHEMENT.

**MŒRIS**, lac d'Égypte, creusé par ordre du roi Thoutmès, surnommé Mœris, pour recevoir l'excédent des eaux du Nil, en cas de crue exagérée, et les distribuer ensuite comme irrigations. D'après Hérodote, du milieu de ce lac s'élevaient deux pyramides surmontées de deux statues colossales. Ce lac est aujourd'hui desséché et son emplacement exact est inconnu.

**MŒRO**, lac de l'Afrique équatoriale au sud du lac Tanganyika.

**MOETTES.** s. f. pl. [Pr. *mouè-te*]. Tenailles en bois à longs mancherons dont on se sert pour échardonner.

**MŒUF.** s. m. [Pr. *meuf*] (lat. *modus*, mode). T. Gramm. Se disait autrefois pour mode. Inusité.

**MŒURS.** s. f. pl. [Pr. *meur*] (lat. *mores*, m. s.). Habitudes naturelles ou acquises, bonnes ou mauvaises, en ce qui regarde la conduite de la vie. *Bonnes, mauvaises m. M. honnêtes, pures, décentes. M. corrompues, dissolues. La pureté, la dépravation, la corruption des m. Former les m. de quelqu'un. Régler, réformer ses m. Changer de m. Cette action est contraire aux bonnes m. Attaquer les m. du siècle, du jour.* Employé absol., *M.* sign. Bonnes m. *N'avoir pas de m.*, En avoir de mauvaises. On dit, dans le même sens, *Un homme, une femme sans m.* — Prov., *Les honneurs changent les m.*, On s'oublie dans la prospérité. || Habitudes, coutumes particulières, inclinations, manière de vivre de chaque nation. *M. barbares, civilisées. Chaque peuple a ses m. Les m. de cette nation, de ce pays, sont bien différentes des nôtres. La culture des lettres adoucit, polit les m. Autre temps, autres m. Cela n'est pas dans les m. de telle nation*, Cela n'est pas conforme à ses usages, à ses coutumes. *Cela n'est pas dans nos m.* — Se dit aussi, dans le même sens, en parl. d'une personne ou de quelques personnes. *Cet homme a des m. douces, simples, faciles, sévères. Nous adoptons facilement les m. de ceux que nous fréquentons.* || *Les m. des animaux*, Les habitudes naturelles des différentes espèces d'animaux, habitudes qui résultent de leur instinct et de leur organisation.

**Rhétor.** — Les paroles de l'orateur ne produisent pas seulement leur effet par ce qu'elles sont en elles-mêmes, mais encore par l'autorité de celui qui les prononce. Il ne lui suffit pas toujours d'alléguer de bonnes raisons : il faut aussi qu'il plaise à ceux qui l'écoutent, qu'il possède leur estime, leur confiance; sinon il risque d'échouer même avec les moyens de persuasion les plus puissants. Or, cette habileté à se concilier les esprits de l'auditoire par la bonne opinion qu'on lui inspire est ce qu'on appelle en rhétorique les *m. oratoires*.

**MOFETTE.** [Pr. *mo-fè-te*] (all. *muff*, moisissure). T. Anc. Chim. Tout gaz non respirable. *M. atmosphérique*, L'azote. *M. inflammable*, Le Grisou. || T. Zool. Mammifère du Mexique qui répand une odeur fétide.

**MOGADOR** ou **SOEÏRA** (la Belle), v. du Maroc, sur l'Atlantique; 18,000 hab. — Bombardée par les Français en 1844.

**MOGOLS.** Voy. MONGOLS.

**MOHA.** s. m. T. Bot. Nom vulgaire du *Setaria germanica*, plante de la famille des *Graminées*. Voy. ce mot.

**MOHACZ**, v. du S.-O. de la Hongrie, sur le Danube; 12,500 hab.

**MOHAIR.** s. m. [Pr. *mo-ère*] (mot angl.). Poil de chèvre angora. || Étoffe fabriquée avec ce poil le plus souvent en Angleterre.

**MOHAMMED**, nom arabe de Mahomet.

**MOHAMMED-EL-MAHDI**, calife abbasside de 775 à 785.

**MOHATRA.** adj. m. (esp. *mohatra* de l'arabe *mokhatara*, chance). Ne se dit que dans cette expression, *Contrat m.*, Contrat usuraire par lequel on vend très cher à crédit ce qu'on rachète à vil prix au comptant.

**MOHÉLI**, île de l'archipel des Comores. Voy. MADAGASCAR.

**MOHICANS**, tribu de l'Amérique du Nord, qui habitait les bords du Connecticut, appartenant à la famille des Algonkins.

**MOHILEV.** v. de Russie (Lithuanie), sur le Dniéper; 40,500 hab. — Ch.-l. du gouvernement de *Mohilev* qui compte 1,146,000 hab.

**MOHL** (JULES), savant orientaliste fr., né à Stuttgart 1800-1876).

**MOI.** [Pr. *mouè*] (lat. *mihi*, à moi, datif de *ego*, m). Pronom sing. de la première personne, qui est des 2 genres, et dont *Nous* est le plur. (gr. μοὶ, à m.). Je, me. || *A m.!* Sorte d'exclamation pour appeler promptement quelqu'un auprès de soi. *A m., soldats!* || *De vous à m.*, Façon de parler pour témoigner à quelqu'un qu'on lui parle avec sincérité, mais qu'on lui demande le secret. *De vous à m., c'est un fripon. De vous à m., n'acceptez pas cette proposition.* Dans le même sens, *Ceci est de vous à m., ceci de vous à m.* || *Quant à m. pour m.* Façons de parler pour marquer plus particulièrement ce qu'on pense. *On dira ce qu'on voudra, quant à m., je sais fort bien ce qui en est.* — *Quant à m.*, s'emploie quelques fois subst., dans le langage fam., et se dit alors dans le sens d'air fier et réservé. *Se tenir sur son quant à m. Dès que je l'abordai, il se mit sur son quant à m. Garder son quant à m.*

**Obs. gram.** — *M.* est un synonyme réel de **Je** et de **Me**; mais il n'est pas un synonyme grammatical, car il s'emploie différemment et ne peut, dans aucun cas, être remplacé, ni par *Je*, ni par *Me*. — M., dérivé du datif *mihi*, est proprement la forme qui convient au régime indirect. Aussi, est-ce la seule forme qu'on puisse employer avec une préposition : *pour m., à m., avec m.* — Cependant *M.* peut être, soit sujet, soit régime direct : 1° Quand on l'emploie pour tenir lieu d'une phrase entière. Ainsi, par ex., il est sujet lorsqu'on dit : *Qui veut aller avec lui? M.*, où *M.*, signifie : Je veux aller avec lui. Au contraire, il est régime direct dans cette phrase : *Qui a-t-on voulu désigner? M.*, où *M.*

signifie : On a voulu me désigner. 2° Quand il est joint à d'autres mots qui sont eux-mêmes sujets ou régimes directs, comme dans ces exemples : *Mon avocat et m. sommes de cet avis ; Il a mécontenté ses parents et m.* Évidemment, *M.* est sujet dans la première phrase, et régime direct dans la seconde. Il est également régime direct après *ne que* employé pour *seulement : Je n'accuse que m. de ce qui m'arrive.* — *M.* s'emploie souvent comme appositif, et dans ce cas il est ou sujet, ou régime direct, ou régime indirect, selon que le pronom auquel il est joint est lui-même sujet, régime direct ou régime indirect. Ainsi, quand il est opposé à *Je* par réduplication et pour donner plus d'énergie à la phrase, *M.* est toujours sujet, soit qu'il précède, soit qu'il vienne après lui. *Je dis, m. ; J'affirme, m. ; M., des bienfaits de Dieu je perdrais la mémoire ! M., dont il déchire la réputation, je ne lui ai rendu que des services ; M., à qui il a fait tant de mal, je ne désire que lui pardonner.* Lorsque *M.* est apposé à *Me*, il est toujours régime direct : *Voudriez-vous me perdre, m., votre gendre ? M., vous me soupçonneriez de...*, il est, au contraire, sujet, dans ces phrases elliptiques : *M., trahir mon ami ! Faire cette lâcheté, m. !* qui signifient M., je pourrais trahir mon ami ! Je pourrais faire une lâcheté, m. ! *M.* se met aussi par opposition à *Nous* et *Vous*, lorsqu'il est accompagné d'un autre nom ou pronom, et alors il est tantôt sujet, et tantôt régime. *Vous et m. nous sommes contents de notre sort ; Il est venu nous voir mon frère et m.*. Dans ces phrases, *M.* et le nom ou pronom qui lui est joint sont à la fois l'apposition et l'explication de *Nous*. Il faut observer que, d'après les règles de notre politesse, *M.*, joint à un autre nom ou pronom, ne doit être placé qu'en second : *Vous et moi ; Un tel et m.* Cependant on fait exception à la règle, lorsque le nom auquel se trouve joint le pronom *M.* est celui d'une personne très inférieure. Ainsi un père dira : *M. et mon fils ;* et un maître, *M. et mon domestique.* — Lorsque le verbe, étant à l'impératif, doit avoir pour régime le pronom personnel de la première personne, on emploie, selon les cas, *Me* ou *M.*, soit comme régime direct ou comme régime indirect. On fait usage de *Me*, lorsque le pronom précède le verbe ou lorsqu'il est suivi du mot *en*. *Ne me dites plus un mot de cette affaire ; Ne m'en parlez plus ; Rendez-m'en compte ; Vous m'avez mis dans l'embarras, retirez-m'en.* On emploie *M.* lorsque le pronom doit suivre le verbe et lorsqu'il n'est pas accompagné du mot *en*. *Récompensez-m. ; Dites-m. la vérité ; Racontez-le m.* Lorsque *Moi* suit immédiatement le verbe, on unit par un tiret celui-ci avec le pronom. Quelquefois, dans le langage familier, *M.* se joint par redondance à un impératif pour donner plus de force à ce qu'on dit : *Faites-m. taire ces enfants-là. Donnez-leur-m. sur les oreilles.* Quant à l'emploi de *M.*, après un impératif suivi de l'adverbe de lieu *y*, nous en avons parlé au mot Me. — *M.* se construit encore avec les pronoms *Ce* et *Il* dans les phrases suivantes et autres semblables : *C'est m. qui vous le promets. Qui fut bien aise ? Ce fut m. Si c'était m. qui eusse fait cela. C'est de m. qu'il s'agit. C'est à m. qu'il faut vous adresser. Il n'y eut que lui et m. de cet avis. Il n'y a que m. à qui ces choses-là arrivent.*

Comme nous l'avons dit plus haut, après une préposition, il n'y a que le pronom *M.* qui puisse exprimer la première personne. *Vous servirez-vous de m. ? Pense-t-on à m. ? Cela est à m. ; Je prends cela pour m. ; Vous serez payé par m. ; Cela roulera sur m. ; Tout est contre m. ; Selon m., vous avez raison.* Il en est de même après une conjonction : *Mon frère et m. ; Mon fils aussi bien que m. ; Ni mon ami ni m. ; Nul autre que m.* — Enfin, après un nom de personne ou un pronom personnel précédé de la préposition *de, de m.* se met quelquefois pour le *mien : C'est l'opinion de mon frère et de m. que je vous exprime.*

**MOI.** s. m. [Pr. *mouè*] (même mot que le précédent). T. Philos. Se dit de l'âme en tant qu'elle a conscience d'elle-même, ou qu'elle est à la fois le sujet et l'objet de la pensée. *Le m. se distingue du non-m. et affirme ce dernier en même temps qu'il s'affirme lui-même. Tandis que notre propre corps change continuellement, notre m. reste toujours identique avec lui-même.* || Dans le langage ordinaire, se dit pour Égoïsme, attachement exagéré à ce qui nous est personnel. *Le m., dit Pascal, est toujours haïssable.*

**MOIE.** s. f. [Pr. *mou-a*] (lat. *meta*, m. s.) Tas de sable ou autre substance, meule de foin.

**MOIGNO** (l'abbé), physicien et mathématicien fr., (1804-1884).

**MOIGNON.** s. m. [Pr. *mouègnon, gn* mouil.] (lat. *mancus*, manchot ?). La partie qui reste d'un membre amputé, comprise depuis la cicatrice jusqu'à l'articulation qui est au-dessus. *On lui a coupé la jambe, il ne lui reste plus qu'un m.* || Par anal., Ce qui reste d'une grosse branche d'arbre qui a été coupée ou rompue.

**MOILETTE.** s. f. [Pr. *mouè-lète*]. Outil en bois garni de feutre pour frotter les glaces.

**MOINAILLE.** s. f. coll. [Pr. *mouè-nalle, ll* mouillées]. T. de Mépris dont on se sert pour désigner les moines en général. Fam.

**MOINDRE.** adj. comparatif 2 g. [Pr. *mouindre*] (lat. *minor*, m. s.). Plus petit. *Cette colonne est m. que l'autre. La distance entre ces deux villes est m. que je ne pensais. Cette somme est m. que vous ne dites. Son mal n'est pas m. que le vôtre. Ma douleur en sera-t-elle m. ?* || Moins considérable. *Cette étoffe est de m. prix, de m. valeur que cette autre. Il tient un m. rang. De deux inconvénients, il faut choisir le m.* || Qui n'est pas si bon ou qui est plus mauvais. *Ce vin-là est m. que l'autre. Ce drap-là est m. de beaucoup.* || Avec l'article, *M.* représente un superlatif, et sign. Le plus petit, le moins considérable, le moins important, etc. *Le m. ouvrier en ferait autant. Il occupe la m. place, le m. espace possible. Au m. bruit il s'éveille. Il obéit au m. signe. Le m. inconvénient qui puisse lui arriver. C'est la m. récompense qu'on lui doive. C'est le m. service que je voudrais lui rendre.* — Fam., *Au m. petit bruit. Le m. petit morceau de pain, etc.* || *M.*, avec l'article et précédé d'une négation, signifie Aucun. *Je n'en ai pas la m. crainte. Il ne lui a pas fait la m. honnêteté. Il ne lui a pas dit le m. mot. Sentez-vous quelque douleur ? Pas la m.* || Absol., *Les quatre moindres*, Les quatre ordres mineurs. || T. Alg. *Méthode des moindres carrés.* Voy. PROBABILITÉ.

**MOINDREMENT,** adv. [Pr. *mouindre-man*]. D'une manière moindre. || *Le m.* de la moindre manière, le moins du monde. *Je n'y suis pas le m. intéressé.*

**MOINE.** s. m. [Pr. *mouè-ne*] (lat. *monachus*, gr. μοναχός, m. s. de μονὸς, solitaire, de μόνος, seul). Religieux qui fait partie d'un ordre dont les membres suivent une certaine règle et vivent séparés du monde. *Les bénédictins, les chartreux, etc., sont des moines. Se faire m. Les moines réformés. Un m. défroqué.* — Par ext., se dit des membres des ordres mendiants. *Je rencontrai deux moines qui faisaient la quête.* — Prov., *L'habit ne fait pas le m.*, On ne doit pas juger des personnes par les apparences, par les dehors. *Pour un m. l'abbaye ne faut*, Une personne de moins ne doit pas empêcher qu'une chose qui doit être faite s'accomplisse. || *M. lai.* Voy. INVALIDE. || *M. bourru*, Prétendu fantôme auquel croient encore les paysans dans quelques provinces. Famil., on dit d'un homme qui est habituellement de mauvaise humeur, *C'est un vrai m. bourru* || Meuble de bois où l'on suspend une sorte de réchaud plein de braise pour chauffer le lit ; Cylindre de bois creusé et doublé de tôle, dans lequel on introduit un fer chaud pour ce même usage. || T. Typogr Défaut d'impression dans une feuille, lorsque les caractères n'ont pas pris d'encre. || T Techn. Boursouflure qui se produit dans le métal qu'on forge. — Petit cône de poudre humectée de vinaigre qu'on brûle dans l'entrepont des navires pour purifier l'air. — Sorte de masse à demi pointue servant à enfoncer les chevilles à tête perdue. — Partie intérieure du moule à coupelles. || Papier épais dont on couvre la traînée de poudre qui doit mettre le feu à une mine. || T. Zool. Nom vulg d'une espèce d'*oiseau* aquatique, le *Macareux moine* Voy. BRACHYPTÈRES. — Coquille univalve du genre cône. || T. Bot. Nom vulg. d'une sorte de roseau.

**MOINEAU** s m. [Pr. *mouè-no*] (R. *moine*, à cause de la couleur de son plumage). Espèce de passereau à plumage gris roux, qui est fort commun dans toute la France. — Fig. et prov., *Tirer sa poudre aux moineaux.* Voy. POUDRE. || T. Fortif. ancienne. Petit bastion obtus que l'on mettait au milieu d'une courtine trop longue, afin de compléter le flanquement. || Fig. *Un vilain m.* Un individu peu avenant.

**Ornith.** — Les *Moineaux* forment, dans l'ordre des *Pas-*

*seaux Conirostres*, une famille extrêmement nombreuse qu'on désigne sous le nom de *Fringilles* ou *Fringillidés*, et qui est caractérisée par la forme du bec, lequel est presque

Fig. 1.

régulièrement conique, plus ou moins gros à la base, pointu au sommet, et à commissure non anguleuse. Mais il est fort difficile de limiter cette famille, parce qu'elle passe à d'autres

Fig. 2.

par des caractères presque insensibles. Les oiseaux qui la composent sont tous essentiellement granivores, bien qu'ils vivent aussi d'insectes, et sont fort nuisibles par les dégâts qu'ils causent dans les localités qu'ils habitent. On a partagé cette famille en 8 groupes, savoir : les *Tisserins*, les *Moineaux* proprement dits, les *Pinsons*, les *Linottes*, les *Verres*, les *Gros-becs*, les *Bouvreuils* et les *Becs-croisés*. Comme les six derniers sont l'objet d'articles spéciaux, nous ne parlerons ici que des deux premiers. — Les *Tisserins* (*Ploceus*) sont ainsi nommés de l'art avec lequel ils construisent leur nid en entrelaçant des brins d'herbes, de laine, etc. (Fig. 1. Le Tisserin loriot et son nid). Le *Capmore* (*Pl. textor*), qui habite le Sénégal, a tout le devant de la tête et la gorge d'un noir parfait, le corps jaune orangé, et les ailes noires, avec du jaune au bord de chaque plume. Le *Baglafecht* (*Ploc. abyssinicus*) construit son nid en forme de pyramide et le suspend aux branches des arbrisseaux qui ombragent les eaux. L'intérieur est divisé en deux compartiments; les œufs n'occupent que la seconde chambre. En conséquence, pour y parvenir, l'oiseau s'introduit par la première et descend le long de la cloison. Le *Nélicourvi* de l'Inde (*Pl. pensilis*) fait son nid sur le bord des ruisseaux, et l'attache le plus souvent à des feuilles de vaquois. Il est composé de paille et de joncs artistement entrelacés, et forme par le haut une poche où il fait sa demeure. Sur l'un des côtés de cette poche est adapté un long tuyau de même nature que le nid et tourné vers le bas. L'ouverture du nid est au bout du tuyau, de sorte que les petits sont à l'abri de la voracité des couleuvres et autres reptiles. L'année suivante, il fait son nid au bout de celui-là : Sonnerat en a vu jusqu'à 5 attachés les uns au bout des autres. En outre, ces oiseaux se réunissent en société pour nicher; aussi n'est-il pas rare de voir 5 à 600 nids sur le même arbre. — Les *Moineaux* proprement dits (*Pyrgita*) sont un des fléaux de nos campagnes par la quantité de grains qu'ils dévorent. De plus, ils ne sont pas bons à manger, à cause de la dureté de leur chair, et ils sont incommodes par leurs criailleries. La seule chose qui les fasse quelquefois rechercher, c'est leur familiarité fort voisine de l'impudence, et leur facilité à s'apprivoiser. Nous en avons trois espèces en France. Le *M. domestique* (*P. domestica*) [Fig. 2] a le sommet de la tête d'un cendré bleuâtre, les sourcils marrons, les joues d'un blanc cendré, avec la gorge et le devant du cou noirs. Il niche dans les trous des murs, d'où le nom de *M. de muraille* qu'on lui donne communément. Il y en a une variété dont le mâle a la tête entièrement marron, et qu'on appelle *M. cisalpin*, parce qu'il est commun en Italie. Une seconde variété, où le noir de la gorge s'étend sur la poitrine, a été nommée par un motif semblable, *M. d'Espagne*. Le *Friquet*, ou *M. des bois* (*P montana*), se distingue par les deux bandes blanches qu'il a sur l'aile et par sa calotte rousse. Il a en outre le côté de la tête blanc, avec une tache noire. Cette espèce se tient plus éloignée des habitations que la première. Le *Soulcie* (*P. petronia*) a le bec plus gros que les précédents. Il s'en distingue aussi par une tache jaunâtre qu'il a sur la poitrine, et une ligne blanchâtre autour de la tête.

**MOINERIE.** s. f. collect. [Pr. *mouè-neri*]. Les moines en général. *Toute la m. jeta les hauts cris.* || L'esprit et l'humeur des moines. *Ce religieux n'a point de m.* — Fam. dans les deux sens.

**MOINESSE.** s. f. [Pr. *mouè-nè-se*]. Religieuse. Peu usité, et ne se dit que par plaisanterie.

**MOINILLON.** s. m. [Pr. *mouèni-llon, ll* mouil.]. T. de mépris. Se dit d'un petit moine ou d'un moine sans considération.

**MOINS.** [Pr. *mouin*] (lat. *minus*, m. s.) adv. de comparaison qui est opposé à *Plus*, et qui marque l'infériorité d'une personne ou d'une chose comparée à une autre ou à elle-même, sous quelque rapport de qualité, de quantité, etc. *Elle est m. grande que sa sœur. Il est m. spirituel que judicieux. Il est m. savant que vous ne croyez. Sa famille est m. nombreuse que la vôtre. Il est m. bien portant qu'avant son départ. Cette maison est m. haute que l'autre. Cette forêt est m grande que vous ne le dites. Cela coûte la moitié m. Il ne faut pas m. qu'une raison aussi forte pour me déterminer. Cette marchandise vaut m. aujourd'hui que l'an passé. Plus vous le presserez, m. il en fera. Je n'en don-*

*nerai ni plus ni m. Il n'en sera ni plus ni m. Parlez m. haut. Parlez m. Il est beaucoup m. en colère. Elle a trois ans de m. que sa sœur. Nous n'étions pas m. de cent personnes. Ce mur n'a pas m. de 90 centimètres d'épaisseur. Il a bien m. d'intérêt à cette affaire que vous.* Ellipt., *Il y avait dans ce sac dix écus de m.* (que le nombre qu'il devait contenir). *On vous demande vingt francs de ce livre; vous l'aurez pour quelque chose de m.* — Famil., on dit d'une chose de peu d'importance, ou d'une personne qu'on méprise. *C'est m. que rien. Le présent que je vous fais est m. que rien. Ce homme-là est m. que rien.* || *Moins*, s'emploie aussi substantiv. *Qui peut le plus, peut le m. Le m. que vous puissiez faire, c'est de lui rendre ce service*, La moindre chose que vous puissiez faire. *Il ne le menace pas de m. que de lui brûler la cervelle*, Il ne le menace pas d'une chose moindre que, etc. *Il sont à peu près d'accord, ils en sont sur le plus et sur le m., il ne s'agit plus entre eux que du plus ou du m.*, Il n'y a plus entre eux de débat que sur la quantité, sur la somme plus ou moins considérable à donner d'un côté, à recevoir de l'autre. *La chose ne peut pas être arrivée ainsi, il faut qu'il y ait du plus ou du m.*, Il faut qu'on ait supposé des circonstances qui ne sont pas vraies, ou qu'on en ait omis qui le sont. || En T. Math., on appelle *Moins* le trait horizontal (—) qui est le signe de la soustraction, et, en T. de Typog., le tiret long qui sert à séparer des phrases ou à remplacer des mots qu'on ne veut pas répéter. = À MOINS. loc. adv. Pour un moindre prix, pour une moindre cause. *Vous n'aurez pas cet objet à m. On rirait, on se fâcherait à m.* = À MOINS DE. locution prép. A un prix au-dessous de. *Je ne lui donnerai pas ce cheval à m. de mille écus.* || Sans une certaine condition. *Je ne lui pardonnerai pas à m. d'une rétractation publique.* = À MOINS DE, À MOINS QUE DE. loc. prép. Sans. *A m. d'être fou, on ne saurait agir ainsi. Je ne pouvais lui parler plus fortement, à m. que de le quereller.* = À MOINS QUE. loc. conj. qui régit le subjonctif avec une négation. Si ce n'est que. *Je n'irai pas chez vous à m. que vous ne veniez me prendre. Vous n'en ferez rien, à m. que vous n'agissiez de rigueur.* = AU MOINS, DU MOINS. loc. conj. qui marquent quelque restriction dans les choses dont on parle. *Si vous ne voulez pas l'aimer, au m. ne le haïssez pas. S'il est peu riche, du m. a-t-il de quoi vivre honnêtement.* — On emploie à peu près dans le même sens les loc. adverb., *Tout au m., tout du m. pour le m. Donnez-lui tout au m. de quoi vivre.* || *Au moins*, signifie aussi Sur toutes choses, et se dit en forme d'avertissement. *Au m. gardez bien le secret. Au m. je vous en avertis. N'y manquez pas, au m.* = EN MOINS DE, DANS MOINS DE. locut. prép. Dans un moindre espace de temps. *En m. d'un mois ce travail sera achevé. Dans m. d'une heure je serai à vous.* — Fam., *En m. de rien*, sign. Très promptement, en fort peu de temps. *Il a mangé son bien en m. de rien.* = SUR ET TANT MOINS. locut. prép. En déduction. *Je vous donnerai cela sur et tant m. de ce que je vous dois.* Vx.

**Obs. gram.** — *Rien moins*, lorsqu'il précède un adjectif signifie le contraire de cet adjectif. Ainsi, *Il n'est rien moins que sage*, veut dire, Loin d'être sage, il est tout le contraire. Mais, quand *Rien moins* est suivi d'un substantif, il peut avoir le sens positif ou négatif. *Vous lui devez du respect, il n'est rien moins que votre père*, c.-à-d. Il est votre père. *Vous ne lui devez point de respect, il n'est rien moins que votre père.* — *Rien moins*, ou plutôt *Rien de moins*, avec un verbe impersonnel, a un sens négatif. *Il n'y a rien de moins vrai que cette nouvelle*, veut dire, Cette nouvelle n'est pas vraie. — *Rien moins*, avec un verbe actif ou neutre, forme un sens qui serait équivoque, s'il n'était déterminé par ce qui précède. Exemple : *Vous le croyez votre concurrent, il a d'autres vues; il ne désire rien moins, il ne se propose rien moins que de vous supplanter, il n'aspire à rien moins qu'à vous supplanter*, c.-à-d. qu'il n'est point votre concurrent. *Vous ne le regardez pas comme votre concurrent; cependant il ne désire rien moins, il ne se propose rien moins que de vous supplanter, il n'aspire rien moins qu'à vous supplanter*, en d'autres termes, Il est votre concurrent. Dans le premier sens, *Il n'aspire à rien moins qu'à vous supplanter*, et les phrases semblables, veulent dire, Vous supplanter est la chose à laquelle il aspire le moins; et dans le second sens, *Il n'aspire à rien moins qu'à vous supplanter*, veut dire, Il n'aspire pas à moins qu'à vous supplanter. En réalité, le sens logique est assurément négatif et ce n'est que par un abus de langage que rien moins a pu prendre un sens positif. Aussi le mieux est d'éviter cette locution qui est devenue obscure.

**MOINS-VALUE.** s. f. [Pr. *mouin-value*]. Diminution d'une valeur, d'un fonds, d'un revenu.

**MOIRAGE.** s. m. [Pr. *moua-rage*]. Action de moirer.

**MOIRANS**, ch.-l. de c. (Jura), arr. de Saint-Claude; 1,300 hab.

**MOIRE.** s. f. [Pr. *mouare*]. (Vx fr. *mohère*, *mou-hair*, c.-à-d. poil soyeux). Apprêt que reçoivent certaines étoffes de soie, de laine, de coton ou de lin, et qui leur communique un éclat changeant, une apparence ondée et chatoyante. *On donne la m. à une étoffe en écrasant son grain au moyen de la calandre, du cylindre ou de la presse. M. à grands effets. M. à petites ondes. Cette popeline a bien pris la m.* — *M. antique*, étoffe moirée à grandes ondes. || Par ext., Étoffe qui a reçu ce genre d'apprêt. *M. de soie, de laine, etc. M. noire. M. bleue. Une robe de moire.*

**MOIRER.** v. a. [Pr. *mouarer*]. Se dit des étoffes auxquelles on donne par la compression un éclat changeant, une apparence ondée et chatoyante. *M. des rubans, de la popeline, etc.* || Fig. La *brise moire la surface de l'eau.* = MOIRÉ, ÉE. *Ruban moiré. Robe de soie moirée.* || Subst. *Moiré métallique*, Voy. FER, IX, *Fer-blanc*.

**MOIREUR.** s. m. [Pr. *mouareur*]. Ouvrier qui moire, qui conduit les machines à moirer.

**MOIS.** s. m. [Pr. *moua*] (lat. *mensis*, m. s.). Une des douze parties de l'année. *Le m. de janvier, d'avril, etc. Le premier, le second jour du m.*, ou ellipt.. *Le premier, le second du m., le deux, le trois du m. Les mois d'hiver. Les plus beaux mois de l'année.* — Prov., *On a tous les ans douze m.*, On vieillit malgré qu'on en ait; on vieillit sans s'en apercevoir. || Espace de trente jours consécutifs, de quelque jour que l'on commence à compter. *Il est parti depuis un m. Il a deux mois de congé à compter du dix août. Il gagne tant par m. Il loue une chambre au m. Payer par m., au m.* — T. Palais. *Les parties viendront au m.*, Il a été ordonné qu'elles viendraient plaider dans un mois. || Absolum., se dit des mois de grossesse d'une femme. *Elle est dans son cinquième m. Elle a accouché avant le neuvième m.* || *Mois*, se dit aussi pour Menstrues, *Cette femme a ses mois.* || *Mois*, se dit aussi du prix convenu pour un m. de location, de travail, de service, etc. *Payer les mois d'une nourrice. Il doit trois mois de sa chambre. Il doit deux mois à son maître de danse. Je lui ai avancé un m.* — Le m. a pour origine les phases de la Lune. Voy. LUNE, ANNÉE, CALENDRIER, et les noms de mois.

**MOISDON**, ch.-l. de c. (Loire-Inférieure), arr. de Châteaubriant; 2,600 hab. Ardoisières.

**MOISE.** s. f. [Pr. *moua-ze*] (lat. *mensa*, planche, table). T. Charpent. Se dit de pièces de bois plates qu'on assemble deux à deux avec des boulons, et qui servent à maintenir une charpente. || Crochet de fer avec lequel on manœuvre certaines pièces dans un four. || Bourrelet intérieur ménagé au milieu d'un corps de pompe en cuivre, pour le fixer au moyen d'un cercle de fer.

**MOÏSE.** s. m. Voy. MOYSE.

**MOÏSE**, législateur des Hébreux, né en Égypte au XVIIIe siècle av. J.-C., affranchit les Hébreux de l'Égypte, erra dans le désert pendant 40 ans, proclama au nom de Dieu les Tables de la loi, mourut sur le mont Nébo, à l'âge de 120 ans. Voy. MOSAÏSME.

**MOÏSE DE KHOREN**, écrivain arménien du Ve siècle, surnommé l'Hérodote de l'Arménie.

**MOISER.** v. a. [Pr. *moua-zer*]. Fortifier au moyen de moises. *M. les fermes d'un comble.* = MOISÉ, ÉE. part.

**MOISIR.** v. a. [Pr. *mou-zir*] (lat. *mucere*, être moisi, de *mucus*, morve, chose malpropre). Déterminer le développement de moisissures sur quelque chose. *C'est l'humidité qui a moisi ce bois, ce blé.* || Fig. *M. quelque part*, y rester, longtemps abandonné. Fam. = MOISIR. v. n. SE MOISIR. v. pron. Se couvrir de moisissure. *Ce fromage moisit. Cette cave est humide, tout s'y moisit.* || Fig. Se détériorer, au moral. = Moisi, ie. part. *Du vin m. Des confitures moisies. De vieux parchemins moisis.* = Moisi. s. m. Ce qui est moisi. *Ce pâté est à demi gâté; il faut en ôter le moisi. Cela sent le moisi.*

**MOISISSURE.** s. f. [Pr. *moazi-sure*] (R. *moisissant*, part. prés. de *moisir*). Se dit de végétaux cryptogames, le plus souvent des champignons qui se développent sur diverses matières organiques, les gâtent plus ou moins et en empêchent l'usage. || L'endroit moisi, le moisi. *Otez la moisissure.* || *M. de roche*, Filaments d'amiante.

**MOISSAC**, ch.-l. d'arr. du dép. de Tarn-et-Garonne, à 28 kilomètres N.-O. de Montauban, sur le Tarn; 8,800 hab. Beau cloître du XII^e siècle. = Nom des hab. : Moissagais, aise.

**MOISSINE.** s. f. [Pr. *moa-sine*]. Faisceau de branches de vigne avec les grappes qui y pendent. *Les paysans pendent des moissines au plancher.*

**MOISSON.** s. f. [Pr. *moa-son*] (lat. *messio*, m. s., de *messis*, récolte, de *metere*, couper). Récolte des blés et autres céréales. *Belle, bonne, riche, abondante m. Le temps de la m. Faire la m. La campagne se couvre de riches moissons.* || Le temps de la moisson. *La m. approche. Pendant la m.* || *Moisson*, s'emploie aussi au fig., dans un certain nombre de phrases, où sa signification dépend de celle de son complément ou du sens général de la proposition.

Je ne suis qu'au printemps, je veux voir la moisson.
A. Chénier.

*Ce général a fait en Italie une riche m. de lauriers. Une m. de gloire. Ce savant a fait une riche m. dans les archives. Cette quêteuse a fait une abondante moisson.*

**Agric.** — I. — Si, en cultivant les céréales, on ne se proposait que la propagation et la conservation des espèces, l'époque de la *moisson* serait évidemment celle où la plante est arrivée à sa maturité la plus complète, en d'autres termes, l'instant où les graines se détachent spontanément de la plante qui les a portées. C'est bien, en effet, l'époque voisine de cet instant que choisit le cultivateur, quand il se propose spécialement de se procurer du grain pour les semailles; mais, si le produit de la culture est destiné à la nourriture de l'homme, il n'est pas nécessaire que la maturité soit aussi complète. Dans ce dernier cas, on doit la devancer, non seulement parce que la perte par l'égrenage est moindre, mais encore parce que les blés coupés un peu avant la maturité sont plus propres à la panification. D'ailleurs, il paraît qu'il s'opère encore dans le grain une réaction chimique qui modifie son contenu. Le blé, recueilli ainsi que nous venons de le dire, a plus de poids, donne moins de son, et produit une farine plus blanche et plus abondante. Enfin, la paille étant moins épuisée des sucs qu'elle renferme, est plus tendre, plus nutritive, et, par suite, meilleure pour la nourriture des bestiaux. Toutefois cette méthode présente trois inconvénients. En premier lieu, il se trouve dans la masse beaucoup de grains qui ne sont pas assez mûrs. En second lieu, s'il survient des pluies opiniâtres, la récolte se sèche moins facilement, et, comme elle contient encore une forte proportion d'eau de végétation, elle germe plus vite. Troisièmement, le grain est ordinairement moins propre à servir de semence. Mais on concilie toutes les nécessités en coupant les blés destinés à la panification aussitôt que la paille commence à jaunir, et que le grain a acquis assez de consistance pour que l'ongle s'y imprime sans le couper. Quant aux grains que l'on veut employer pour l'ensemencement, on les laisse mûrir ainsi que nous venons de le dire.

II. — On exécute la moisson à la *faucille*, à la *faux*, à la *sape*, ou à l'aide de machines spéciales appelées *moissonneuses*.

A. La *faucille* est l'instrument qui exige le moins de force et d'adresse. Tantôt la lame est seulement tranchante; tantôt elle est armée de dents, comme une scie; d'où l'expression *scier le blé*, pour dire moissonner à la faucille. L'emploi de cet outil présente quelques avantages. Ainsi, les javelles étant déposées sur le sol à mesure que le grain est coupé, sont faites avec la plus grande régularité; sa manœuvre étant des plus aisées, on peut au besoin y occuper tout le monde, ce qui est très important, quand on veut se hâter de faire sa moisson; enfin, le travail à la faucille est celui qui occasionne le moins de perte par l'égrenage, car les épis ne sont pas secoués comme dans le travail à la faux ou à la sape. Mais ces avantages sont balancés par un grave inconvénient; le travail à la faucille est lent, quoique très fatigant : un bon ouvrier ne peut pas couper plus de 20 ares par jour. — La *faux* opère très rapidement, car un bon ouvrier peut moissonner, en moyenne, 60 ares par jour. Les javelles, formées par des *ramasseuses*, c.-à-d. par des femmes qui suivent immédiatement les ouvriers, sont peu épaisses, et, conséquemment, faciles à sécher. Mais cet instrument fatigue énormément, exige beaucoup de force et un savoir-faire tout particulier. En outre, il donne de mauvais résultats dans les blés versés ou mêlés. Enfin, comme il frappe violemment les tiges, il détermine un égrenage considérable quand la maturité est très avancée. — La *Sape*, qu'on appelle aussi *Fauchon*, est une espèce de petite faux dont le manche est très court et presque perpendiculaire au plat de la lame. Elle se manœuvre avec une seule main, et coupe très facilement les blés versés ou mêlés, ce que l'on ne peut faire que très difficilement avec les instruments qui précèdent. Elle est assez expéditive, car un *sapeur* peut moissonner, en moyenne, 40 ares par jour. Enfin, elle n'occasionne aucune perte. Toutefois la sape fonctionne très mal dans les blés peu élevés ou clairsemés, ainsi que dans les terrains pierreux ou inégaux. Dans ce dernier cas, la lame approche trop près de terre et est exposée à s'y endommager.

B. L'idée de remplacer, dans l'opération de la m., le travail de l'homme par celui des machines, remonte à une époque fort ancienne. Néanmoins ce n'est qu'à la fin du dernier siècle que l'on a commencé à s'occuper sérieusement de la solution du problème. Les premières tentatives dans ce but sont dues à l'Angleterre, fait qui s'explique par le haut prix de la main-d'œuvre dans ce pays. Dès 1820, d'habiles constructeurs avaient fabriqué et fait fonctionner divers systèmes de *Moissonneuses* mécaniques; mais, dans la pratique, aucune n'était capable de faire un service utile. C'est vers 1830 seulement qu'un constructeur américain, Mac Cormick, de Chicago (États-Unis), inventa la première machine à moissonner qui ait fonctionné d'une manière complètement satisfaisante. Bien plus, cette machine a servi de type à toutes celles qui existent maintenant, car les différentes modifications que les constructeurs de moissonneuses ont apportées à son appareil n'en ont pas changé le principe. Au reste, ce principe est très simple; nous en empruntons la description à un savant travail de Barral et Tisserant. « Une roue traînée sur le sol par un attelage présente un axe roulant sur lequel peut être appliquée une résistance égale à la force de traction. Que cette résistance provienne d'un fardeau placé sur une voiture portée sur la roue, ou qu'elle soit due à un organe mécanique prenant son mouvement sur le même axe et chargé d'exécuter diverses fonctions, les conditions d'équilibre ne seront pas changées. De même qu'on ne peut placer qu'une charge déterminée sur les essieux d'une voiture, de même on ne peut demander à la roue motrice d'une machine qu'un travail limité. Maintenant qu'on imagine, placée concentriquement à cette roue motrice, une roue dentée s'engrenant avec un pignon, on aura autour de l'axe de ce pignon un arbre de couche, où l'on pourra venir prendre par des courroies et des poulies de renvoi, par des roues dentées, par des chaînes sans fin, tous les mouvements à exécuter. Ces mouvements ont pour but de couper la m. et de courber les tiges de manière à les faire tomber sur une plate-forme d'où elles seront dirigées vers le sol, soit en javelles, soit en *Andains*, c.-à-d. en nappe continue. Dans la plupart des moissonneuses, cette dernière opération n'est pas demandée à la machine elle-même; elle est confiée à un ouvrier qu'on appelle *Javeleur*. Le sciage, qu'on avait essayé d'exécuter par des faux et des scies rotatives ou par des cisailles, se fait maintenant dans toutes les machines à l'aide de scies recevant un mouvement rectiligne de va-et-vient très rapide à travers de grandes dents séparatrices qui leur servent de guides et de supports. » Les moissonneuses sont actuellement très nombreuses; mais sauf quelques modifications dans les organes, tous les constructeurs se sont inspirés du type représenté par la Fig. 1. Cette machine se compose d'une large roue R, supportant l'appareil D, et sur le pourtour de laquelle se trouvent, de distance en distance, des saillies transversales destinées à l'empêcher de glisser. Cette roue a surtout pour objet de distribuer le mouvement à tout le système au moyen de la courroie de transmission C. Quand elle tourne, le moulinet ou volant V presse légèrement sur le sommet des tiges et leur donne une inclinaison favorable au sciage, qui est opéré par une scie installée dans une entaille pratiquée entre les grandes dents MM. Les tiges, aussitôt coupées, sont saisies par trois rangées d'hélices qui les conduisent jusque sur le sol; là elles sont renversées perpendiculairement au chemin tracé par la machine, les épis en dehors, de manière à former une nappe parfaitement régulière. Cette moissonneuse ne réclame que deux chevaux et deux hommes, à savoir : le charretier qui la dirige, et un ouvrier qui est chargé : 1° d'aider à la main le déplacement des tiges sur les cylindres dans le but de prévenir l'engorgement de la machine ; 2° de détacher à chaque tournant la chaîne B, qui rend fixe pendant le travail de la moissonneuse l'organe A ou l'appareil qui lui permet de tourner suivant un angle droit sans creuser le sol. Cette moissonneuse,

Fig. 1.

ainsi que l'ont constaté des expériences répétées, moissonne plus de 60 ares à l'heure, et son travail est excellent quand les inclinaisons du sol, sa surface inégale et l'état d'humidité de la m. n'arrêtent pas son fonctionnement. On a même compliqué ces machines ; il y en a qui réunissent en gerbes les tiges coupées et opèrent leur ligature.

III. — Dans les pays méridionaux, on lie les blés à mesure

qu'ils sont coupés, parce que la haute température du climat et la sécheresse de l'atmosphère suffisent pour que les tiges se dessèchent complètement sans fermentation. Mais, dans les contrées septentrionales, on ne peut procéder à cette opération qu'après le *Javelage*, c.-à-d. après avoir fait séjourner les javelles sur le sol pendant 3 à 5 jours, en ayant soin de les retourner chaque matin. Au bout de ce temps, les tiges ayant atteint un degré suffisant de dessiccation, on les réunit en gerbes pour les mettre à l'abri de l'humidité. Toutefois, quand la saison est pluvieuse, il arrive fréquemment que l'on ne peut faire sécher les javelles sur le sol d'une manière assez complète pour pouvoir les lier et les engranger en toute sécurité. On risque alors de voir le grain germer dans l'épi ou contracter de la moisissure, et l'on éprouve de grandes pertes, tant sur la quantité que sur la qualité. On prévient ces divers accidents en supprimant le javelage et en formant à sa place de petites meules appelées, selon les lieux, *Moutons*, *Moyes*, *Moyettes* et *Veillottes*. Pour établir ces petites meules, on aplanit grossièrement le sol à l'endroit le plus élevé et le plus sec du champ, après quoi on y étend triangulairement trois javelles, de manière que les épis ne touchent pas le sol (Fig. 2). Sur cette base, on place un rang circulaire d'autres javelles, les épis convergeant et se touchant au centre, et l'on continue ainsi jusqu'à ce qu'on ait atteint une hauteur de 1 m. 32 environ (Fig. 3). Arrivé à ce point, on ajoute de nouveaux lits circulaires de javelles, mais en ayant soin de croiser de plus en plus les épis au centre, afin de diminuer graduellement le diamètre de la moyette, et de donner à sa partie supérieure une forme presque conique. Quand l'inclinaison de la meule est d'environ 45 degrés, on la recouvre avec un chapeau fait d'une grosse gerbe solidement liée (Fig. 4). Lorsque le temps presse, on peut adopter le procédé plus expéditif des moyettes à tiges droites. Pour cela, on prend un certain nombre de javelles équivalant à trois ou quatre gerbes. On les place debout et on lie le faisceau à 20 ou 25 centim. au-dessous de l'épi ; puis on ouvre ce faisceau par le bas de manière à lui donner du pied et à faciliter à l'intérieur la circulation de l'air. Enfin, on le recouvre supérieurement avec une gerbe renversée dont on a écarté les épis (Fig. 5). Moyette à tiges droites non encore munie de son chapeau. Cette sorte de moyette se fait bien plus rapidement que la première ; mais elle défend moins bien les grains contre une pluie prolongée. Aussitôt que les blés sont bien secs, on en forme des gerbes, c.-à-d. des bottes dont la circonférence varie de 75 centimètres à 1 m. 30, et on les dispose en meules ou en gerbiers, ou bien on les engrange jusqu'à l'époque du battage. — Comme tout le monde le sait, on appelle *Meules*, des tas considérables de gerbes qu'on élève en plein air, soit dans les champs, soit dans une cour attenante aux bâtiments d'exploitation. La manière de les établir varie, chez nous, selon les localités. En conséquence nous n'en parlerons point, si ce n'est pour blâmer l'usage habituel où l'on est de les construire sur de simples lits de fagots, qui ne préservent pas toujours suffisamment les blés de l'humidité, et qui permettent aux petits rongeurs de venir se loger dans les meules. Les meules devraient toujours être établies sur des châssis solides portés par des pieds de bois, de pierre, ou mieux de fonte, et hauts d'environ 50 à 60 centimètres. — Les *Gerbiers* sont des constructions mobiles à claire-voie destinées à abriter les meules de gerbes. Ils consistent le plus souvent en un certain nombre de piliers de bois munis supérieurement d'un toit conique que l'on peut élever ou abaisser à volonté au moyen de cordes et de poulies. Le gerbier dit *allemand* se compose de 8 piliers et se trouve divisé, dans sa hauteur, en deux parties par un plancher, le rez-de-chaussée servant d'aire pour le battage et de remise pour les instruments aratoires, tandis que l'étage au-dessus est destiné à l'emmagasinage des gerbes. — Les *Granges* sont de grands bâtiments fermés dans tout leur pourtour par des murs percés de quelques baies. Leur construction n'offre rien de particulier : il faut simplement veiller à ce que les blés y soient à la fois à l'abri de l'humidité et hors de l'atteinte des rongeurs. Mais c'est là le point délicat. Quelques soins que l'on prenne, l'emmagasinage de la m. en meules, ou en granges, subit le tribut désastreux prélevé par les rats, les souris et les campagnols. On évite cette grosse perte, qui se chiffre annuellement par quelques centaines de millions, en procédant au battage immédiat des grains, non plus par les lenteurs du fléau, mais au moyen plus expéditif et moins onéreux de la machine à battre. Cet instrument met en quelques heures, toute une récolte à la disposition de l'agriculteur, qui peut, dès lors, en disposer à sa convenance, la loger en magasin à l'abri des rongeurs et la convertir en espèce, quand les cours de la vente lui paraissent favorables. De toutes les inventions mécaniques mises à la disposition de l'agriculture, la machine à battre est la seule qui, jusqu'à présent, n'offre que des avantages ; on peut d'ailleurs l'utiliser dans toutes les circonstances ; aussi son emploi s'est-il rapidement popularisé du nord au midi de la France.

**MOISSONNER**. v. a. [Pr. *moa-so-ner*]. Faire la récolte des blés et autres céréales *M. les froments, les orges, les avoines*. — *M. un champ*, Recueillir les grains qu'il a produits. — Absol., *On moissonnera tard cette année. On a moissonné ici*. || Figur. et poét., *M. des lauriers, des palmes*. Avoir beaucoup de succès, ou remporter des victoires éclatantes.

Elle allait, moissonnant les roses de la vie.
V. Hugo

— Dans la Bible, *Celui qui sème le vent moissonnera la tempête*, Celui qui excite des troubles, en sera lui-même victime. || Fig., Détruire, faire périr. *La mort a moissonné des milliers d'hommes. Une peste affreuse moissonna la moitié de la population. Le fer a moissonné une partie des habitants de cette ville La vie de ce poète a été moissonnée dans sa fleur*. = Moissonné, ée. part.

**MOISSONNEUR, EUSE**. s. [Pr. *moa-so-neur, euze*]. Celui, celle qui moissonne, qui coupe les blés et autres céréales. = Moissonneuse. s. f. T. Méc. agric. Machine à moissonner. Voy. Moisson.

**MOITE**. adj. 2 g. [Pr. *moa-te*] (lat. *mucidus*, morveux). Qui est un peu humide. *Avoir les mains moites. Être tout m. de sueur. Ne serrez pas ce linge, il est encore m. Pendant le dégel, les murailles sont moites*.

**MOITEMENT**. adv. [Pr. *moa-teman*]. D'une manière moite.

**MOITEUR**. s. f. [Pr. *moa-teur*] (R. *moite*). Légère humidité, qualité de ce qui est moite. *Ce linge a encore de la m. Il a une légère m. aux mains. Après un accès de fièvre, il reste toujours un peu de moiteur*.

**MOITIÉ**. s. f. [Pr. *mouè-tié*] (lat. *medietas*, m. s., de *medius*, demi). L'une des deux parties égales dans lesquelles un tout est divisé ou censé divisé. *Les deux moitiés d'un cercle, d'un carré. La m. de cette succession lui appartient. Il a m. dans cette succession. La majorité absolue des suffrages se compose de la m. des voix plus une. Il faut retrancher la m. de cette somme. Vous achetez toujours trop cher de m*. || Dans une acception moins rigoureuse, se dit d'une portion, d'une part qui est à peu près de la m. *La m. d'un pain. Une m. de poulet. Mettre m. d'eau dans son vin. Il y a déchet de m. La m. de la vie se passe à souffrir. La m. du temps il est sans argent. Il n'a fait que la m. de son travail. Il m'a offert la m. de son lit. Je l'ai trouvé grandi de m. — Son discours était trop long de m*. || *A m. chemin*, A la moitié du chemin. *A m. prix*, Pour la moitié du prix. *Il m'a revendu cet objet à m. prix*. — En parl. de terres, *A m. fruits*, signifie A la condition de partager le produit entre le propriétaire du fonds et le cultivateur. On dit aussi simplem. *A moitié. J'ai donné cette terre à m. Il laboure ces terres à m. Il fait ces vignes-là à m*. On dit encore d'une affaire commerciale, *Prendre un marché avec quelqu'un à m. de perte et de gain*. || *Être de m., se mettre de m. avec quelqu'un*, S'associer avec lui pour partager la perte ou le gain. *Ils sont de m. dans cette affaire. Voulez-vous que nous soyons de m. au jeu? Ils sont de m. ensemble*. || *Partager quelque chose par m.*, Prendre chacun la moitié d'une chose qui était à partager. — *Partager quelque chose par la m.*, La couper par le milieu, de manière à faire deux moitiés. — Fig., *Partager un différend par la m*. Voy. Différend. || Fig. et prov., *En rabattre de m., de la m.*, Estimer moins une personne qu'on ne faisait. *S'il a commis cette indélicatesse, j'en rabats de m*. — On dit aussi d'une chose exagérée, *Il faut en rabattre la m., il faut en rabattre m*. || Fig. et fam., on dit en parl. de la femme de quelqu'un, *Comment se porte votre m.?*

La plus belle moitié qui reste de lui-même.
Corneille.

= Moitié, s'emploie souvent adverb. pour signifier A demi. *Du pain m. froment, m. seigle. Une étoffe m. soie, m. laine. Boire m. vin, m. eau. M. l'un, m. l'autre*. || *Vaisseau qui est équipé m. guerre, m. marchandise*, Vaisseau chargé de marchandises et armé pour se défendre en cas d'attaque. — Fig. et prov., *M. guerre, m. marchandise*, se dit d'une conduite équivoque et douteuse. *Cet homme a fait sa fortune m. guerre, m. marchandise*. || Fig., *Cet homme est m. chair, m. poisson*, Il est difficile de dire quelles sont ses mœurs, quel est son caractère, ce qu'il hait et ce qu'il aime, ce qu'il veut et ce qu'il ne veut pas. || Fig., *M. figue, m. raisin*, Voy. Figue. = A moitié. loc. adv. En partie, à demi. *Du bois à m. pourri. Des vêtements à m. usés. Une maison à m. ruinée. Son argent est plus d'à m. dépensé. Un tonneau à m. vide. Notre vin est à m. bu*.

**MOITIR**. v. a. [Pr. *moua-tir*]. T. Techn. Rendre moite.

**MOITTE**, sculpteur fr. (1747-1810).

**MOKA**. v. d'Asie (Arabie), sur la mer Rouge; 5,000 hab. Café renommé. = Moka, s. m. Café de Moka. Voy. Café.

**MOKO**. s. m. T. Mamm. Genre de *Rongeurs*. Voy. Cabiai.

**MOL, OLLE**. adj. Voy. Mou.

**MOLAIRE**. adj. et s. f. [Pr. *mo-lère*] (lat. *molaris*, m. s., de *mola*, meule). Voy. Dent.

**MOLARIFORME**. adj. 2 g. (lat. *molaris*, molaire; *forma*, forme). Qui ressemble à une dent molaire.

**MOLARITE**. s. f. (lat. *molaris*, de *mola*, meule). T. Minér. Silex dont on fait les meules de moulin.

**MOLASSE**. s. f. [Pr. *mola-se*] (lat. *mollis*, mou). T. Géol. Sous-sol composé de sable et d'argile tout à fait infusible et impénétrable aux racines des plantes.

**MOLASSIQUE**. adj. 2 g. [Pr. *mola-sike*]. Qui a le caractère de la molasse.

**MOLAY** (Jacques de), dernier grand maître des Templiers, brûlé vif avec eux, à Paris, en 1314.

**MOLDAU**, riv. d'Autriche (Bohême), arrose Prague et se jette dans l'Elbe sur la rive gauche; 430 kilomètres.

**MOLDAVIE**, ancienne province de la Turquie, sur le Danube, qui forme aujourd'hui, avec la Valachie, le royaume de Roumanie. 1,535,000 hab. Cap. *Jassy*. = Nom des hab. : Moldave.

**MÔLE**. s. f. (lat. *mola*, m. s., et meule de moulin). Embryon informe et dégénéré qui se développe quelquefois dans la matrice et acquiert quelquefois un assez grand volume avant de périr. On distingue la *môle charnue* constituée par un tissu fibreux très serré, et la *môle vésiculaire*, plus petite, molle et friable. *La m. est aussi appelée* Faux germe. || T. Ichtyol. Genre de Poissons osseux. Voy. Plectognathes.

**MÔLE**. s. m. (lat. *moles*, masse). Se dit, dans certains ports de la Méditerranée, pour Jetée. *Le m. de Barcelone, Les môles de Gênes*. Voy. Digue.

**MOLÉ** (Édouard), magistrat fr. (1540-1614). || Mathieu, fils du précédent, magistrat fr., garde des sceaux, célèbre par son patriotisme courageux pendant la Fronde (1584-1656).

**MOLÉ**, célèbre acteur fr. (1734-1802).

**MOLÉ** (comte), homme d'État fr., ministre sous Louis-Philippe (1781-1855).

**MOLEAU**. s. m. [Pr. *mo-lo*] T. Techn. Huile qu'on exprime d'une peau après qu'elle a été chamoisée.

**MOLÉCULAIRE**. adj. 2 g. Qui appartient, qui a rapport aux molécules. *La composition m. d'un corps*. — *Attraction m.*, Voy. Attraction.

**Chim.** — Le *Poids moléculaire* d'un corps est la somme des poids atomiques des éléments qui entrent dans sa molécule. Pour le déterminer on a recours, soit à la densité du corps pris à l'état gazeux (Voy. Atomique), soit à l'abaissement du point de congélation ou à l'élévation du point d'ébullition d'une dissolution du corps. Voy. Cryoscopie et Dissolution.

**MOLÉCULAIREMENT.** adv. [Pr. *molé-ku-lèreman*]. Molécule à molécule; par molécules.

**MOLÉCULARISATION.** s. f. [Pr. *molékulari-za-sion*]. Action de réduire en molécules.

**MOLÉCULARISER.** v. a. [Pr. ...*ri-zer*]. Disposer par molécules.

**MOLÉCULE.** s. f. (lat. *molecula*, petite masse, dimin. de *moles*, masse). T. Chim. et Physiq. La plus petite partie d'un corps qu'on ne pourrait séparer sans détruire la constitution et changer les propriétés du corps. Voy. CHIMIE, ATOME, ATOMIQUE. — *Molécule-gramme.* Nombre de grammes égal au poids moléculaire d'un corps.

**MOLÈNE.** s. f. (angl. *mullen*, qu'on fait dériver du lat. *mollis*, mou). Genre de plantes (Dicotylédones (*Verbascum*) de la famille des *Scrofulariacées*. Voy. ce mot.

**MOLÈNE** (Île). Île du dép. du Finistère située entre Ouessant et la pointe Saint-Mathieu.

**MOLEQUIN.** adj. m. [Pr. *mole-kin*] (bas lat. *meloconeus*, m. s., du lat. *molocinus*, du gr. μολόχη, mauve). Ancienne sorte d'étoffe de grand prix. T. Teint. Vert de mauve.

**MOLESKINE.** s. f. (angl. *mole*, taupe, *skin*, peau). Sorte de coutil de coton lustré. || Toile vernie imitant le grain des cuirs et des maroquins.

**MOLESTATION.** s. f. [Pr. ...*sion*]. Action de molester.

**MOLESTER.** v. a. (lat. *molestare*, m. s., de *molestus*, incommode). Vexer, tourmenter de quelque manière que ce soit; inquiéter par des embarras suscités mal à propos. *Il l'a beaucoup molesté par ses chicanes, par ses critiques, par ses attaques.* = MOLESTÉ, ÉE. part.
Syn. — *Tourmenter, Vexer.* — On est *vexé* par une injustice commise, par un abus de pouvoir ou d'autorité. On est *molesté* par des attaques, des poursuites, qui vous harcèlent et vous fatiguent; on est *tourmenté* par toutes sortes de peines dont la force ou la continuité ne laissent pas de repos. On *vexe* le faible; on *moleste* l'inoffensif, on *tourmente* tout le monde.

**MOLET.** s. m. [Pr. *mo-lè*] (lat. *mollis*, mou, flexible). Pinces d'orfèvre. || Moule de passementier pour la confection des franges. || Morceau de bois à rainures dont se sert le menuisier pour vérifier l'épaisseur des languettes d'un panneau.

**MOLETAGE.** s. m. Application de la molette sur le cylindre, dans l'impression des tissus.

**MOLETÉ.** s. m. Ornement imprimé dans les pâtes céramiques au moyen des molettes.

**MOLETER.** Voy. MOLETTER.

**MOLETOIR.** s. m. Outil servant au polissage des glaces.

**MOLETTAGE.** s. m. Action d'imprimer à l'aide d'une molette.

**MOLETTE.** s. f. [Pr. *molè-te*] (Dimin. de *meule*). Morceau de marbre, d'agate, de verre, etc., ordinairement taillé en forme de cône, et dont la base est unie, dont on se sert pour broyer les couleurs, les médicaments, etc. || T. Équit. Petite roue garnie de pointes qui est l'organe actif de l'éperon. Voy. ÉPERON. — Épi de poils qui se trouve au milieu du front du cheval. || T. Art vét. Maladie particulière aux chevaux, consistant en une sorte d'hydropisie des capsules synoviales qui environnent les tendons fléchisseurs du pied. || T. Techn. Petite roue employée par les horlogers dans la conduite des cadrans des grosses horloges. — Outil de potier pour produire des ornements. — Disque d'acier pour travailler les corps durs. — Outil de jardinier pour trancher le gazon. — Petite roue au moyen de laquelle on grave les cylindres employés dans la fabrication des toiles imprimées. || T. Min. Grande poulie, généralement de fonte que l'on fixe au moyen d'une charpente au-dessus du puits d'extraction, et sur laquelle s'enroule le câble d'extraction. || T. Chas. Se dit des tendons des épaules et des cuisses du cerf.

**MOLETTER.** v. a. [Pr. *mole-ter*]. Travailler à la molette. *M. une glace.* = MOLETTÉ, ÉE, part. vis *molettée*, vis garnie d'un bouton qui permet de la tourner à la main.

**MOLFETTA,** v. d'Italie (Pouille); 30,000 hab. Port sur l'Adriatique.

**MOLIÈRE** (JEAN-BAPTISTE **POQUELIN**, dit), illustre poète comique fr.; né à Paris le 15 janvier 1622 : auteur et acteur, il composa et joua d'admirables chefs-d'œuvre: *l'École des femmes, les Précieuses ridicules. Don Juan, le Misanthrope, le Tartuffe, l'Avare, le Bourgeois Gentilhomme, les Femmes savantes*, etc. Il mourut à Paris le 17 février 1673.

**MOLIÈRES,** ch.-l. de c. (Tarn-et-Garonne), arr. de Montauban; 2,100 hab.

**MOLIÉRISTE.** s. m. Critique qui s'occupe de Molière et de ses œuvres.

**MOLIMEN.** s. m. [Pr. *moli-mène*] (lat. *molimen* de *moliri*, faire effort). Ne se dit guère que dans cette expression, *M. hémorrhagique*, L'ensemble des phénomènes intérieurs de fluxion et de congestion vers une partie, qui précèdent la manifestation d'une hémorrhagie idiopathique.

**MOLINA,** jésuite espagnol (1535-1601). Ses doctrines sur la grâce suscitèrent de longues disputes. Voy. GRÂCE et JANSÉNISME.

**MOLINIE.** s. f. (R. *Molina*, n. d'un bot. espagnol). T. Bot. Genre de plantes Monocotylédones (*Molinia*) de la famille des *Graminées*. Voy. ce mot.

**MOLINIEN, IENNE.** adj. [Pr. *molini-in, iène*]. Qui a le caractère du molinisme.

**MOLINISME.** s. m. (R. *Molina*). T. Théol. Doctrine de Molina sur la Grâce. Voy. GRÂCE et JANSÉNISME.

**MOLINOS,** théologien espagnol dont les doctrines *quiétistes* ont été condamnées à Rome (1627-1696).

**MOLINOSISME.** s. m. [Pr. ...*zisme*] (R. *Molinos*, prêtre esp.). Système mystique de Molinos qui fait consister la vertu dans l'anéantissement de la volonté et un abandon complet à la grâce divine.

**MOLINOSISTE.** s. [Pr. ...*ziste*]. Celui, celle qui adhère au molinosisme. = Adj. 2 g. Les *opinions molinosistes*.

**MOLITOR,** maréchal de France (1770-1849).

**MOLLAH.** s. m. (arabe *maula*, seigneur, prêtre musulman). Voy. MAHOMÉTISME.

**MOLLASSE.** adj. 2 g. [Pr. *mo-la-se*] (R. *mou, mol*, avec la suff. péjor., *asse*). Trop mou, désagréablement mou. *Chair m. Peau m.* || Se dit aussi d'une étoffe qui n'a pas assez de consistance, assez de corps. *Ce drap est mollasse.* || Fig. Trop faible de volonté.

**MOLLE.** s. f. [Pr. *mo-le*] (lat. *mollis*, mou). T. Techn. Botte d'osier fendu dont se servent les vanniers et les tonneliers.

**MOLLEMENT.** adv. [*mo-le-man*]. D'une manière molle. *Être couché, être assis m.*, Être couché dans un bon lit, être assis sur un siège bien mollet. || Fig., Faiblement, lâchement, sans vigueur. *Cette guerre a été conduite m.* — *Vivre m.*, D'une manière molle et efféminée. — *Se balancer m.*, Avec un abandon gracieux.

**MOLLESSE.** s. f. [Pr. *mo-lè-se*] (lat. *mollities*, m. s. de *mollis*, mou). Qualité d'une matière molle. *La m. et la dureté des corps. La m. des chairs est une marque de mauvaise constitution.* || Se dit aussi en parlant de la complexion des personnes, lorsqu'elle manque de vigueur. *La m. de sa complexion l'expose à beaucoup de maladies.* || Fig., Manque de vigueur et de fermeté dans le caractère, dans la conduite, dans les mœurs. *Agir avec beaucoup de m. Il y a trop de m. dans son caractère. La m. de leurs mœurs* *est extrême.* — Excès d'indulgence. *La m. du père a perdu les enfants.* || Délicatesse d'une vie efféminée. *La m. asiatique. La m. des Sybarites. Vivre dans la m.*

Des plaisirs criminels les damnables mollesses.

CORNEILLE.

|| En parl. du climat, se dit d'une température chaude et énervante. *La m. de ce climat vous ôte toute énergie.* || T. Peint. et Sculpt. *La m. des chairs*, L'imitation vraie de la flexibilité, de la m. des chairs. *La m. du pinceau*, Le défaut de fermeté dans le maniement du pinceau. || T. Littérat. Se dit d'un certain abandon gracieux, d'une certaine douceur de pensées et de style. *Des vers pleins de douceur et de mollesse.*

**MOLLET**, s. m. [Pr. *mo-lè*] (R. *mou*, *mol*). Saillie que forment à la partie postérieure de la jambe les muscles jumeaux et soléaire. *Avoir de beaux mollets. Porter de faux mollets.* || T. Techn. Petite frange servant à la garniture des meubles. — Pinces d'orfèvre. Voy. MOLET.

**MOLLET, ETTE**. adj. [Pr. *mo-lè*] (Dimin. de *mol*). Qui a une mollesse agréable et douce au toucher. *Un lit m., Des coussins mollets. Une étoffe douce et mollette.* || *Pain m.*, Sorte de petit pain blanc qui est léger et délicat. — *Œufs mollets*, Œufs à la coque, cuits de manière que leur contenu reste demi-liquide. || Fam., *Avoir les pieds mollets*, se dit de quelqu'un qui marche avec peine après une attaque de goutte.

**MOLLÈTERIE**. s. f. [Pr. *mo-lèteri*]. Cuir de vache servant de semelle aux chaussures légères.

**MOLLETON**. s. m. [Pr. *mo-le-ton*] (R. *mollet*, diminutif de *mou*). Étoffe de laine ou de coton lisse ou croisée, et tirée à poil d'un côté ou des deux côtés. *M. d'Angleterre. M. de Rouen. Camisole de m. Gilet doublé de molleton.*

**MOLLETONNÉ, ÉE**. adj. [Pr. *mo-leto-né*]. Tiré à poil comme le molleton.

**MOLLETONNEUX, EUSE**. adj. [Pr. *mo-leto-neu, euze*]. Qui est de la nature du molleton.

**MOLLIEN** (comte). Homme d'État fr. (1758-1860).

**MOLLIFICATIF, IVE**. adj. [Pr. *mol-li-fikatif*] (lat. *mollificare*, mollifier). Qui a la vertu de mollifier.

**MOLLIFICATION**. s. f. [Pr. *mol-li-fika-sion*]. Action de mollifier.

**MOLLIFIER**. v. a. [Pr. *mol-li-fier*] (lat. *mollificare*, de *mollis*, mou; *ficare*, faire). T. Méd. Rendre mou, amollir. *Ce cataplasme mollifiera la tumeur.* = MOLLIFIÉ, ÉE. part. = Conj. Voy. PRIER.

**MOLLIR**. v. n. [Pr. *mo-lire*] (lat. *mollire*, rendre mou, de *mollis*, mou). Devenir mou. *Ces poires commencent à m.* || Fléchir, manquer de force. *Les troupes mollissaient et commençaient à plier. Ce cheval commence à m. Le vent mollissait contre les voiles.* || Au sens moral, Céder trop aisément dans une occasion où il faudrait avoir de la fermeté. *Il ne faut pas m. dans cette affaire.*

Je ne compatis point à qui dit des sornettes
Et dans l'occasion mollit comme vous faites.

MOLIÈRE.

**MOLLIUSCULE**. adj. 2 g. [Pr. *mol-liuskule*] (lat. *molliusculus*, dimin. de *mollis*, mou). T. Hist. nat. Qui est un peu mou.

**MOLLUGINE**. s. f. [Pr. *mol-lu-jine*] (lat. *mollis*, mou). T. Bot. Genre de plantes Dicotylédones (*Mollugo*) de la famille des *Aizoacées*. Voy. ce mot.

**MOLLUGINÉES**. s. f. pl. [Pr. *mol-lujiné*] (R. *mollugine*). T. Bot. Tribu de végétaux de la famille des *Aizoacées*. Voy. ce mot.

**MOLLUSCOÏDES**. s. m. [Pr. *mol-lus-ko-ïde*] (R. *mollusque* et gr. εἶδος, aspect). T. Zool. Nom sous lequel Milne Edwards classait les *Bryozoaires* et les *Tuniciers* pour les distinguer des véritables Mollusques avec lesquels Cuvier confondait ces derniers. Plus tard on désigna sous ce nom les *Brachiopodes* et les *Bryozoaires*, mais aujourd'hui cette expression semble être justement abandonnée.

**MOLLUSCUM**. s. m. [Pr. *mol-lusko-me*] T. Méd. On donne le nom de m. à une affection de la peau caractérisée par la présence d'éminences plus ou moins volumineuses, arrondies, de consistance molle, indolentes, non susceptibles d'ulcération, développées et disséminées ordinairement en assez grand nombre sur la surface du corps; lorsqu'elles sont pédiculées on les dénomme *m. pendulum*. Ce sont, en somme, des fibromes mous de la peau. Le seul inconvénient de ces tumeurs est la gêne mécanique qu'elles entraînent : on en a vu qui pesaient 11 kilogrammes. Le seul traitement est l'ablation.

**MOLLUSQUES**. s. m. pl. [Pr. *mo-lus-ke*] (lat. *mollusca*, noix dont l'écorce est fort tendre, de *mollis*, mou). T. Zool.

I. — Les *Mollusques* constituent un des grands embranchements du règne animal. Ce sont des Invertébrés qui sont, de même que les Articulés, dépourvus de squelette interne et de système cérébro-spinal, mais qui, de plus, n'ont ni le corps divisé en anneaux, ni les membres articulés, ni les ganglions nerveux réunis en une longue chaîne médiane à la face ventrale du corps. Ils sont munis d'un appareil circulatoire toujours double et plus ou moins complet; ils ont un système respiratoire pulmonaire ou brachial, et l'ensemble des organes digestifs acquiert un haut développement.

II. — La forme générale des Moll. est extrêmement variable. Leur corps est toujours mou, d'où le nom sous lequel on les a désignés, et celui de *Malacologie* donné à la branche de la zoologie qui traite de ces animaux. Cependant, chez un petit nombre d'entre eux, les *Céphalopodes*, on rencontre des pièces solides, cartilagineuses, qui servent moins à l'appareil locomoteur qu'à protéger les viscères. Leurs muscles s'attachent uniquement aux divers points de leur peau, et y forment des tissus plus ou moins compliqués et plus ou moins serrés. Leurs mouvements consistent en contractions dans divers sens qui produisent des inflexions et des prolongements ou relâchements de leurs diverses parties, au moyen desquels ils rampent, nagent et saisissent différents objets, selon que les formes des parties le permettent. Les appendices que plusieurs présentent et qu'on qualifie habituellement de membres, bien qu'ils ne soient pas soutenus par des leviers articulés et solides, ne sont jamais disposés en séries longitudinales symétriques, comme chez les Vertébrés et chez les Articulés, mais toujours réunis en groupe à l'une des extrémités du corps. Les Céphalopodes, les Ptéropodes, etc., nagent librement par l'agitation de ces membres ou appendices. Les Gastéropodes se meuvent seulement en rampant par les contractions et dilatations successives d'une lame charnue, qui est formée de fibres entre-croisées en plusieurs sens, et qu'on nomme *Pied*. — Les Moll. sont revêtus d'une peau molle et visqueuse, qui forme souvent des replis et qui enveloppe plus ou moins complètement l'animal : de là le nom de *Manteau* qu'on donne à cette partie du tégument. Ce manteau prend les formes les plus diverses : tantôt il est presque entièrement libre et constitue deux grandes voiles qui cachent tout le reste de l'animal, tantôt il se rétrécit en simple disque, ou se rejoint en tuyau, ou enfin prend l'aspect d'un sac. On appelle *Moll. nus*, ceux chez lesquels le manteau est simplement charnu ou membraneux; mais, chez la plupart, ce manteau sécrète en quelques points de son épaisseur ou de sa surface une ou plusieurs lames de substance plus ou moins dure, cornée ou calcaire, qui s'y dépose par couches, lesquelles s'accroissent en étendue aussi bien qu'en épaisseur, parce que les couches plus récentes débordent toujours les plus anciennes. Lorsque cette substance reste cachée dans l'épaisseur du manteau, l'usage laisse encore aux animaux qui l'ont sécrétée le nom de Moll. nus; mais le plus souvent la sécrétion se fait à la surface du manteau et prend un développement tel que l'animal peut se contracter sous son abri ; on lui donne alors le nom de *Coquille*, et les Moll. pourvus de coquille sont appelés *Moll. testacés* ou *Moll. conchifères*. Voy. CONCHYLIOLOGIE.

III. — Le système nerveux varie beaucoup, soit par sa composition, soit par le nombre des parties dont il se compose. On peut dire qu'il comprend, d'une façon générale, trois paires de ganglions principaux et un nombre variable de ganglions accessoires; les ganglions d'une même paire sont accolés entre eux ou réunis par des filets nerveux appelés *commissures;*

les ganglions d'une paire à l'autre sont réunis par des *connectifs*. On trouve d'abord : 1° une paire sus-œsophagienne formée des ganglions cérébroïdes qui envoient des nerfs aux organes des sens; 2° une paire de *ganglions pédieux* situés près de l'organe locomoteur et qui innervent le pied ou les bras; 3° une paire de *ganglions viscéraux*, situés généralement tout à fait en arrière du corps de l'animal. Les ganglions accessoires sont situés sur le connectif cérébro-viscéral ou encore sur le trajet des principaux nerfs.

C'est chez les Lamellibranches qu'il est le plus facile d'étudier le système nerveux des Mollusques. Chez beaucoup de

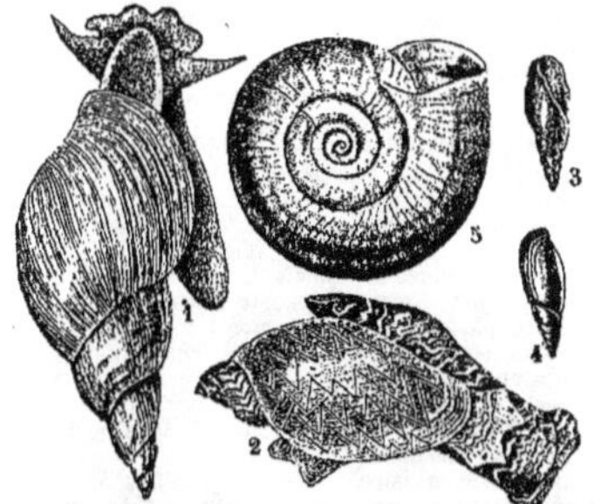


Gastéropodes, en effet, l'Escargot, par exemple, les trois paires de ganglions principaux sont réunis autour de l'œsophage. Il en est de même chez les Céphalopodes où l'ensemble de ce système nerveux central est logé dans une sorte de crâne cartilagineux.

Les organes respiratoires des Moll. ont, tantôt la forme de poumons, tantôt celle de branchies. La première forme s'observe chez ceux qui respirent l'air en nature, comme les

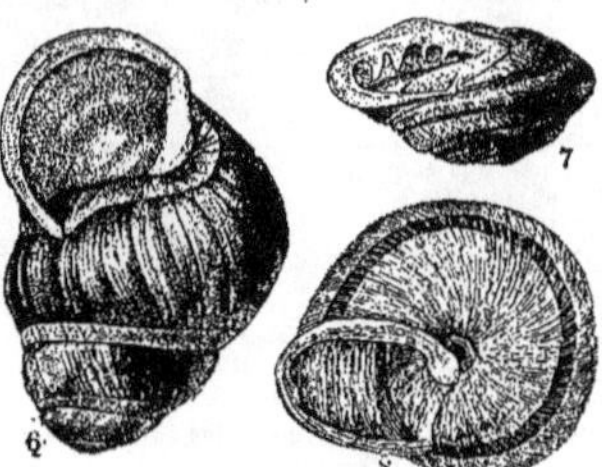


Gastéropodes pulmonés. Ils ont au-dessus du cou, ou sur le dos, une large cavité tapissée par un réseau vasculaire. Ceux qui ne respirent que l'air en dissolution dans l'eau sont, au contraire, munis de branchies, qui sont simples ou multiples, mais présentent des formes trop différentes pour que nous puissions les énumérer. La circulation des Moll. est toujours aidée au moins par un ventricule charnu, placé non pas, comme dans les Poissons, entre les veines du corps et les artères branchiales ou pulmonaires, mais, au contraire, entre les veines du poumon et les artères du corps : c'est donc un cœur artériel. Les Céphalopodes seuls sont en outre pourvus d'un cœur veineux, qui même est divisé en deux. Le cœur artériel se divise aussi dans quelques genres, comme les Arches et les Lingules; d'autres fois, comme dans les autres Bivalves, son oreillette seulement est divisée. Quand il y a plus d'un ventricule, ces organes ne sont pas accolés en une seule masse, comme dans les animaux à sang chaud, mais souvent assez éloignés l'un de l'autre, et l'on peut dire alors qu'il y a plusieurs cœurs. Le sang des Moll. est blanc ou légèrement bleuâtre, et la fibrine y paraît moins abondante en proportion que dans celui des animaux vertébrés; l'hémoglobine est représentée chez les Céphalopodes, tout au moins, par de l'hémocyanine (matière albuminoïde avec cuivre). Tous les Moll. ont un intestin complet à deux ouvertures, le plus souvent rapprochées. Cet intestin fait ordinairement plusieurs circonvolutions avant de se terminer à l'orifice anal; quelquefois, comme chez les Nudibranches, il est ramifié. L'estomac

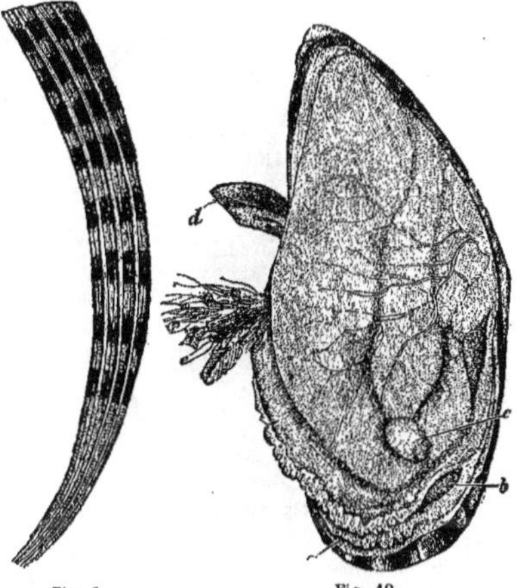


Fig. 9. Fig. 10.

est tantôt simple et tantôt multiple, souvent muni d'armures particulières. Ces animaux ont le plus souvent des glandes salivaires, et toujours un foie considérable, qui entoure l'intestin dans une partie de son trajet ; mais ils n'ont point de pancréas ni de mésentère. Plusieurs, comme la Seiche,

Fig. 11.

possèdent en outre des appareils sécrétoires qui leur sont propres. Enfin, on observe dans cet embranchement la plus grande diversité pour tout ce qui tient à la reproduction. Il y a des Moll. à sexes séparés, comme les Céphalopodes et les Gastéropodes pectinibranches, ou à sexes distincts, mais réunis sur le même individu et ayant besoin d'une fécondation réciproque, comme les Gastéropodes pulmonés et les Aplysies. D'autres ont les sexes réunis sur le même individu et se fécondent eux-mêmes : tels sont les Cyclobranches et les Lamellibranches. Tous naissent d'œufs ; mais tantôt ces œufs éclosent au dehors, et tantôt ils se développent dans l'intérieur du corps de la mère : l'espèce est alors dite vivipare. Les œufs, dans le premier cas, sont enveloppés d'une coquille plus ou moins dure ou d'une simple viscosité. Les petits qui sortent de l'œuf ne ressemblent généralement pas aux adultes ; ce sont presque toujours des formes larvaires appelées *trochosphères*. Voy. Larves.

IV. — Chez la plupart des Moll., les sensations extérieures paraissent réduites à un toucher très délicat. Leur peau nue, très sensible, ordinairement enduite d'une humeur qui suinte de ses pores, leur permet de reconnaître, soit dans l'air des variations d'humidité, soit dans l'air et dans l'eau des variations de température dont nous n'avons nulle idée. L'irritabilité est extrême dans la plupart et se conserve longtemps après qu'on les a divisés. On n'a reconnu à aucun d'organe

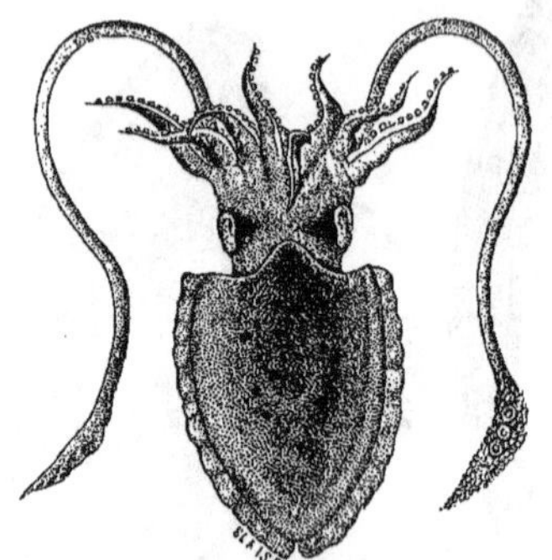

Fig. 12.

particulier de l'odorat, quoiqu'ils paraissent jouir de ce sens; il se pourrait, dit Cuvier, que toute la peau en fût le siège, car elle ressemble beaucoup à une membrane pituitaire. Tous les Lamellibranches et une partie des Gastéropodes sont privés d'yeux; mais les Céphalopodes en ont d'au moins aussi com-

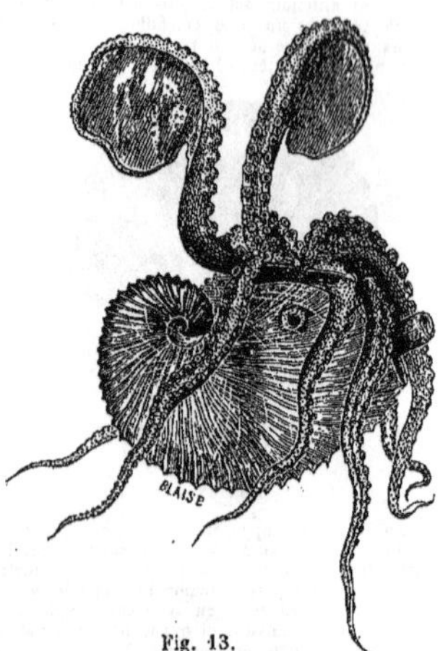

Fig. 13.

pliqués que ceux des animaux à sang chaud. C'est également chez eux que l'organe de l'ouïe est le plus développé. Dans la boîte cartilagineuse incomplète, qui entoure, comme un crâne, leur cerveau, se trouvent, en dessous, deux cavités internes assez complexes (*otocystes*), recevant un nerf court, assez volumineux et contenant une petite masse calcaire comparable aux *otolithes* des Poissons. — L'instinct des Moll. est presque nul et bien moins développé que celui des Articulés. En général, leurs fonctions de relation ne s'appliquent qu'aux objets avec lesquels ils sont immédiatement en contact, et c'est le plus souvent le hasard qui leur apporte leur nourriture ou détermine le rapprochement des sexes. Néanmoins les Céphalopodes, munis d'un appareil de vision plus parfait, sont par cela même en état de poursuivre leur proie ou de lui tendre des pièges, comme le font les Poulpes cachés entre les pierres. Parmi les Gastéropodes, quelques-uns seulement des Pulmonés terrestres montrent une sorte d'instinct pour s'abriter contre le froid, contre la chaleur et la sécheresse, en fermant leur coquille avec une plaque de bave desséchée qui forme un opercule temporaire, ou en se réfugiant dans des trous ou derrière des abris. Ils savent également déposer leurs œufs dans un lieu favorable à leur développement. Quant aux Lamellibranches, on ne saurait guère trouver en eux d'autre indice d'instinct que cette faculté singulière qu'ont les Peignes de s'élancer à travers les eaux pour éviter un danger en ouvrant et en fermant brusquement leurs valves à plusieurs reprises.

V. — Les Moll. sont loin d'être sans utilité pour l'homme. Un assez grand nombre d'espèces font partie de sa nourriture. Ce sont presque tous les Céphalopodes, les Gastéropodes à coquille, soit terrestres, soit marins. Parmi les Lamellibranches, les plus recherchés sont ceux dont la masse abdominale est nulle ou peu considérable, comme les Huîtres, les Moules, les Lithodomes, les Pholades, les Tarets, etc. On tire encore de ces animaux plusieurs objets utiles. Ainsi, la *pourpre* était fournie par divers Murex, la *sépia* se prépare avec l'encre des Céphalopodes, et l'on se sert de la coquille interne de la Seiche, sous le nom d'*os de seiche*, pour polir certaines substances. La *nacre*, si employée dans les arts, est fournie par un grand nombre de coquilles bivalves, notamment par les Pintadines, qui produisent également les plus belles *perles*. Certaines coquilles servent à faire divers ustensiles, tels que vases, bénitiers, tabatières, etc. Enfin, toutes donnent de la *chaux*, quand on les fait calciner.

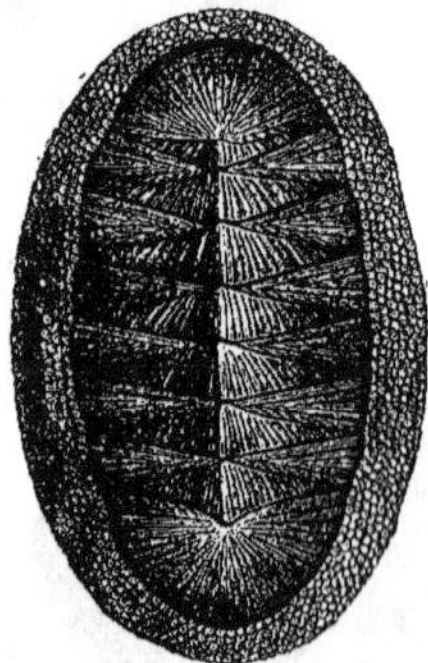

Fig. 14.

On divise les Mollusques en quatre classes : 1° les Gastéropodes, dont la symétrie ordinaire est modifiée plus ou moins profondément par suite d'une torsion latérale; leur pied est en forme de large sole; leur tête est distincte et leur corps entouré généralement par une coquille univalve et spiralée (Fig. 1 à 8); 2° les Scaphopodes, qui ont un pied trilobé, une coquille en forme de tube, mais n'ont pas de tête (Fig. 9, Dentale); 3° les Lamellibranches qui ont un pied en forme de hache, une coquille bivalve et sont également dépourvus de tête (Fig. 10, Moule, une des valves enlevée; Fig. 11, Coquilles de Peigne); 4° les Céphalopodes, dont le pied est représenté principalement par une couronne de bras entourant la bouche; leur tête est distincte; leur coquille est univalve et divisée en plusieurs chambres; le plus souvent, cependant, cette coquille est atrophiée, cachée sous la peau et quelquefois même complètement absente. (Fig. 12, Seiche, Fig. 13, Argonaute). Voy. tous les mots imprimés en capitales.

Les zoologistes actuels s'accordent généralement pour retirer, de la classe des Gastéropodes, le genre *Chiton* et pour en faire, avec les Néoméniens et quelques autres, la classe des *Amphineures* (Fig. 14, Chiton). Cette classe est caractérisée ainsi : corps vermiforme nu ou recouvert d'une coquille à valves multiples; système nerveux représenté seulement par des bandes nerveuses sans ganglions distincts; symétrie bilatérale du corps parfaite; c'est-à-dire que la bouche et l'anus sont opposés à chaque extrémité du corps.

VII. *Paléontologie*. — L'anatomie comparée et l'embryologie nous indiquent que les Mollusques doivent être considérés comme des Vers modifiés; ce seraient des Annelés dont les anneaux réduits à 2 ou 3 se seraient fusionnés entre eux. Malheureusement, la paléontologie ne nous apprend rien à ce sujet, car elle nous montre que toutes les classes de Mollusques apparaissent, presque en même temps, au début du silurien, avec tous leurs caractères différentiels.

**MOLOCH**. s. m. [Pr. *mo-lok*]. T. Mythol. Ce nom, qui signifie roi dans toutes les langues sémitiques, s'appliquait également à la principale divinité qu'adoraient les Phéniciens, les Carthaginois, et autres peuples de la race de Sem. On immolait à ce dieu des enfants vivants, le plus souvent en les faisant brûler sur l'autel, ou dans les flancs mêmes de la statue qui représentait cette horrible divinité. Bien que ce culte abominable dût être particulièrement en exécration aux descendants d'Abraham, comme les Ammonites et les Juifs, les premiers ne cessèrent jamais de le tenir en grand honneur, et les seconds tombèrent plus d'une fois dans cette affreuse idolâtrie. Salomon bâtit un temple à Moloch sur le mont des Oliviers, et Manassès lui consacra son fils en le faisant passer à travers les flammes allumées sur l'autel du dieu. La statuette de bronze que reproduit la Fig. ci-contre, et qui a été trouvée en Sardaigne, représente sans doute l'une de ces grandes images de Moloch dans le corps desquelles, après l'avoir fait rougir, on introduisait les victimes humaines. Les prêtres, rangés à l'entour, cherchaient à étouffer, par le son des tambours et d'autres instruments bruyants, les cris et les hurlements des malheureux sacrifiés à cette superstition exécrable. — L'origine du culte de Moloch est restée un sujet de controverse pour les mythographes, et il est facile de comprendre qu'en l'absence de textes positifs, il est bien difficile de reconstituer l'histoire et la signification de ce culte. Au reste, la mythologie sémitique est beaucoup plus mal connue que la mythologie aryenne, à cause précisément de la rareté des documents.

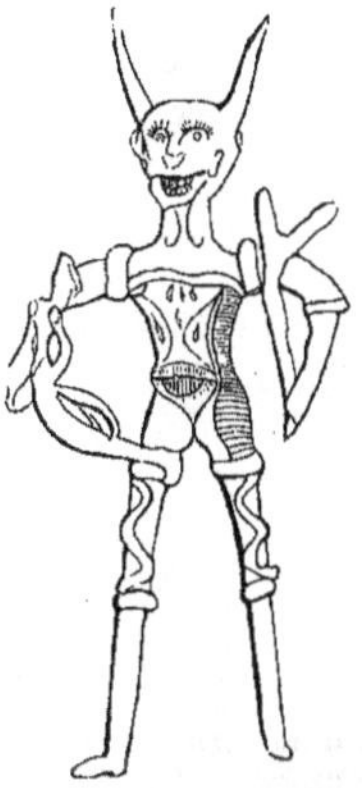

**MOLOCHITE**. s. m. [Pr. *molo-kite*] (gr. μολοχίτης, de μολόχη, mauve). Pierre précieuse opaque de la couleur des feuilles de la mauve.

**MOLOSSE**. s. m. [Pr. *molo-se*] (lat. *molossus*, gr. μολοσσὸς, m. s. habitant de la Molossie, contrée de l'Épire célèbre par ses chiens). T. Mamm. Nom donné à une variété de *Chien* appelée aussi *Grand Dogue*, et à un genre de *Chauve-souris*. Voy. CHIEN et CHÉIROPTÈRES.

**MOLOSSE**. adj. 2 g. [Pr. *molo-se*] (lat. *molossus*, habitant de la Molossie). En termes de Versification grecque et latine, on donnait le nom de *M.* à une sorte de pied composé de trois syllabes longues, comme χαιρόντα, *venatrix*. On prétend que ce pied tirait son nom, soit d'une danse des Molosses, peuple de l'Épire, soit de Jupiter Molossus, en l'honneur duquel on composait des hymnes où il était fait usage de ce pied.

**MOLOSSES**, peuple de l'anc. Épire.

**MOLOSSIENS**, s. m. pl. [Pr. *molo-si-in*] (R. *molosse*). T. Mamm. Tribu des *Cheiroptères*. Voy. ce mot.

**MOLOSSIQUE**. adj. m. [Pr. *molo-sik*]. Se dit d'un vers grec ou latin dont tous les pieds sont des molosses.

**MOLSHEIM**, anc. ch.-l. de c. (Bas-Rhin), arr. de Strasbourg, cédé à l'Allemagne en 1871 ; 3,200 hab.

**MOLTKE** (*Comte* DE), général prussien, homme de guerre, né en 1800, dirigea, comme chef de l'état-major général, la campagne de la Prusse contre l'Autriche en 1866, et la guerre contre la France en 1870-71, nommé comte à Versailles, le 28 octobre 1870, m. en 1891.

**MOLUQUES**, archipel de la Malaisie (Océanie), dont les îles principales sont *Céram* et *Bourou*; aux Hollandais; pop. 390,000 hab. = Nom des hab. : MOLUQUOIS, OISE. = *Mer des Moluques*, Partie du Pacifique qui baigne cet archipel. = *Détroit des Moluques*, entre les îles Moluques et Célèbes.

**MOLY**. s. m. [Pr. *mo-li*] (gr. μῶλυ, m. s.). Plante merveilleuse que, suivant Homère, Mercure donna à Ulysse pour le préserver des enchantements de Circé.

**MOLYBDATE**. s. m. T. Chim. Voy. MOLYBDÈNE.

**MOLYBDÈNE**. s. m. (gr. μόλυβδος, plomb). T. Chim. Le *M.* est un corps simple métallique d'un blanc mat, très malléable, plus dur que la topaze, et presque infusible : sa densité égale 8,6. Il est peu altérable à la température ordinaire ; mais, chauffé au contact de l'air, il devient brun, puis bleuâtre, et finit par se transformer en anhydride molybdique en répandant d'épaisses fumées. Le chlore, le phosphore et l'arsenic peuvent se combiner directement avec lui ; il peut aussi s'allier avec un grand nombre de métaux. Le symbole du mol. est *Mo*, et son poids atomique est 96. Le m. se trouve dans la nature à l'état de molybdate de plomb, à l'état de sulfure de m., et plus rarement à l'état d'anhydride molybdique. C'est Scheele qui, le premier, en 1778, a obtenu l'anhydride molybdique en calcinant du sulfure de mol. Quant au métal pur, il a été isolé par Hielm, en 1782.

Le composé oxygéné le plus important est l'*Anhydride molybdique* $MoO^3$. A l'état naturel il constitue la *Molybdine* et la *Molybdénocre* des minéralogistes et se présente en masses fibreuses ou en enduits jaunes, à éclat soyeux. On le prépare ordinairement en grillant à l'air le sulfure naturel de m. On l'obtient alors sous la forme d'une poudre blanche, jaunissant à chaud. On peut le fondre et le sublimer à une température élevée. Peu soluble dans l'eau, il se dissout dans l'acide azotique et se transforme en *Acide molybdique* $MoO^4H^2$ cristallisable, presque insoluble dans l'eau. Cet acide s'unit aux bases en formant des molybdates, mais il s'unit aussi aux acides chlorhydrique et sulfurique. — Le *Bioxyde* $MoO^2$ est une poudre cristalline brune. L'*Hydrate molybdique* $Mo(OH)^4$ qui correspond à ce bioxyde présente l'aspect de la rouille ; exposé à l'air, il se convertit en oxyde bleu. — Le sesquioxyde $Mo^2O^3$ est noir. Son hydrate a pour formule $Mo^2(OH)^6$; c'est une poudre noire qui se dissout difficilement dans les acides en donnant des solutions noirâtres. — L'*Oxyde bleu de m.* $Mo^2O^5$ peut être considéré comme un oxyde salin; on l'obtient en faisant bouillir avec de l'eau un mélange de m. et d'acide molybdique. Il est soluble dans l'eau pure, mais précipitable par le sel marin. Son hydrate se forme par l'action des réducteurs sur les molybdates solubles; il donne avec l'eau une solution d'un beau bleu très foncé.

Le sulfure naturel (*Molybdène sulfuré* ou *Molybdénite*) est un *Bisulfure* $MoS^2$. On le trouve, dans les terrains primitifs, en tables hexagonales ou en masses lamelleuses noires, ressemblant au graphite à tel point qu'il a été longtemps confondu avec cette substance. — Le *Trisulfure* $MoS^3$ se forme par l'action de l'hydrogène sulfuré sur les dissolutions des molybdates et se dépose sous forme de précipité rouge brun lorsqu'on acidule la solution.

Le *Pentachlorure de m.* $MoCl^5$ se produit par l'action du chlore sec sur le m. ou sur son sulfure. Il se présente en cristaux noirs, fusibles à 194°, il bout à 268° en émettant des vapeurs rouge foncé. Il s'unit avidement avec l'eau en donnant une solution verte. Chauffé dans un courant d'anhydride carbonique, il se transforme en *Sesqui*, *Tétra* et *Bi-Chlorure de m.*

Les *Molybdates* normaux répondent à la formule $MoO^4X^2$ où X désigne un métal univalent. Les molybdates alcalins et celui de magnésie sont seuls solubles dans l'eau. Avec les acides minéraux ils donnent un précipité volumineux d'acide molybdique; avec l'acide sulfhydrique un précipité de trisulfure. Les corps réducteurs les colorent d'abord en bleu; une réduction plus complète donne une coloration brune. — Le molybdate de plomb se rencontre dans la nature en tables ou en octaèdres tronqués du système quadratique, d'une couleur jaune de cire ou jaune-miel; il a reçu les noms de *Plomb jaune*, de *Mélinose* et de *Wulfénite*. — Le molybdate d'ammoniaque, mélangé avec de l'acide phosphorique ou avec un phosphate en solution dans l'acide azotique, donne un précipité jaune de *Phosphomolybdate d'ammoniaque;* cette réaction est très sensible et permet de caractériser l'acide molybdique et les molybdates, ainsi que l'acide phosphorique et les phosphates. L'*Acide phosphomolybdique* $(MoO^3)^{10}PhO^4H^3$ qu'on obtient en chauffant ce phosphomolybdate avec de l'eau régale, donne des précipités jaunes, non seulement avec les sels ammoniacaux, mais avec ceux de potassium, de césium, de rubidium et de thallium : il précipite aussi les alcaloïdes et peut servir de réactif pour ces corps.

**MOLYBDÉNITE**. s. f. T. Minér Voy. MOLYBDÈNE.

**MOLYBDÉNOCRE.** s. f. T. Minér. Voy. MOLYBDÈNE.

**MOLYBDINE.** s. f. T. Minér. Voy. MOLYBDÈNE.

**MOLYBDIQUE.** adj. T. Chim. Voy. MOLYBDÈNE.

**MOLYSITE.** s. f. T. Minér. Chlorure ferrique, en incrustations brun-rouge sur la lave du Vésuve.

**MOMBIN.** s. m. T. Bot. Nom vulgaire du *Spondias Mombin*. Voy. ANACARDIACÉES.

**MOMBOUTTOUS,** peuple du Soudan oriental, dans le bassin de l'Ouellé.

**MOMENT.** s. m. [Pr. *mo-man*] (lat. *momentum*, contracté de *movimentum*, mouvement). Petite partie du temps, temps fort court. *M. agréable, heureux, pénible, fatal. Le m. présent. Le m. critique. Le dernier m. Le m. de la mort. Il n'a plus qu'un m. à vivre. Je vous attends dans un m. Je vous demande un m. d'audience. Prendre quelques moments de repos. J'ai passé près de lui des moments bien doux, bien heureux. Voici le m. de prendre une décision. Le m. est mal choisi pour faire cela. Ce travail remplit tous les moments de sa vie. Cet acteur a des moments admirables. Choisir, prendre, saisir un m. favorable.* — Fam. et par ellipse, ont dit *Un moment*, pour Attendez un moment. *Un m., j'ai à vous parler.* || *Un bon m.*, Un instant favorable pour faire ce qu'on désire. *Attendre, choisir, prendre un bon m. Saisir tous les bons moments.* Dans le sens contraire, on dit, *Un mauvais m.* — On dit aussi, *Un bon, un mauvais m.*, en parl. d'une espèce d'inspiration subite et passagère pour faire le bien ou pour faire le mal. — Enfin, on dit encore d'un fou qui a des intervalles de raison, ou d'une personne qui, ayant quelque défaut habituel, de caractère et d'humeur, cesse parfois de le manifester, *Il a de bons moments. Vous l'avez vu dans un de ses bons moments.* — Les *derniers moments*, ceux qui précèdent immédiatement la mort. — *M psychologique*, circonstance déterminante de la résolution. || T. Méc. Voy. plus loin. = EN CE MOMENT. loc. adv. Présentement, à l'heure qu'il est. *Je ne puis vous recevoir en ce m., je suis occupé.* = DANS LE MOMENT. loc. adv. Dans très peu de temps, bientôt. *Je reviens dans le m.* = A TOUT MOMENT, A TOUS MOMENTS. loc. adv A toute heure, sans cesse. *Je crois à tout m. entendre sa voix.* = AU MOMENT DE. loc. prép. Sur le point de... *Au m. de partir, je m'aperçus que j'oubliais mon manteau.* = AU MOMENT OÙ, DANS LE MOMENT OÙ, AU MOMENT QUE, DANS LE MOMENT QUE. loc. conjonct. Lorsque. *Au m. où il arrivera, au m. que je le verrai, je lui parlerai de vous. J'arrivai dans le m. même qu'il venait de sortir, dans le m. où il sortait.* = DU MOMENT QUE. loc. conj. Dès que, depuis que. *Du m. que je l'ai connu, je l'ai aimé.* On dit de même, *Dès ce m., de ce m.*, Depuis ce moment. || Puisque. *Du m. que votre père y consent, je n'ai rien à objecter.* = Syn Voy. INSTANT.

**Méc.** — Quoique la théorie des moments soit enseignée en mécanique, elle est entièrement géométrique. On sait en effet qu'on représente une force par un segment de droite AB indiquant à la fois par sa longueur, la grandeur de la force et par sa direction, la direction de la force. L'origine A du segment est le point d'application de la force. Dès lors ce qu'on appelle m. d'une force devrait s'appeler plus exactement m. du segment qui représente la force, et par là on voit que la notion des moments est essentiellement géométrique et s'applique aussi bien à toutes les quantités qu'on peut représenter par des segments telles que vitesses, accélérations, etc. En conséquence, nous nous servirons de préférence de l'expression m. d'un segment, et nous rappellerons seulement qu'on nomme *résultante* de plusieurs segments le segment obtenu en transportant parallèlement à eux-mêmes tous les segments donnés les uns à la suite des autres, et en joignant l'origine du premier à l'extrémité du dernier. Voy. FORCE.

On considère les moments des segments par rapport à un point, par rapport à un axe et par rapport à un plan.

I. *Moments par rapport à un point.* — Cette théorie peut elle-même se diviser en deux parties suivant qu'on considère des segments situés tous dans le même plan ou situés arbitrairement dans l'espace.

1° *Segments dans le même plan* — On appelle m. d'un segment AB par rapport à un point O qui prend le nom de *centre des moments*, le double de l'aire du triangle AOB. De plus, on donne à cette aire le signe + ou le signe — suivant que le segment AB, considéré comme une force, tend à faire tourner le plan autour de O dans un sens ou dans l'autre. Le sens de rotation correspondant aux moments positifs s'appelle le sens direct. Cette définition est équivalente à la suivante :

*Le m. du segment AB par rapport au centre O est égal au produit de la longueur OA par la projection du segment AB sur un axe qu'on obtient en faisant tourner le segment OA d'un angle droit dans le sens direct autour du point O.*

On reconnaît en effet que le double de l'aire du triangle OAB (Fig. 1) est bien égale au produit de OA par O*b* qui est égale à la hauteur BH du triangle. La règle précédente est aussi exacte relativement au signe, comme on le voit à l'inspection de la figure, car, tant que la rotation se fera dans le sens direct, par exemple celui de la flèche, la projection de AB sur OX se fera dans le sens OX et sera positive, tandis que si la rotation se fait dans le sens rétrograde, la projection de AB se fera sur le prolongement de OX au delà de O et sera négative.

Fig. 1.

Si l'on a plusieurs segments partant d'une origine commune, AB, AC, AD, etc., on sait que la projection sur OX de leur résultante AR est égale en grandeur et en signe (Voy. PROJECTION) à la somme algébrique des projections sur le même axe des segments composants. En multipliant tous les termes de cette égalité par la longueur OA, on obtient le *théorème de Varignon* :

*Le m. de la résultante de plusieurs segments issus du même point et situés dans le même plan, par rapport à un point de ce plan, est égal à la somme algébrique des moments par rapport au même point des segments composants.*

2° *Segments dans l'espace.* — On représente le m. du segment par rapport au point O par un segment OL mené du point O perpendiculairement au plan OAB, dont la longueur est égale au double de l'aire de triangle OAB et qui est dirigé de telle sorte qu'un observateur placé les pieds en O et la tête en L verrait la rotation déterminée par le segment AB s'effectuer dans un sens convenu à l'avance, et qu'on appelle le sens direct. Le moment est ainsi représenté par un segment OL qui est complètement déterminé et qu'on appelle l'axe du m. On reconnaît facilement que cet axe peut se construire par la règle suivante :

*Pour obtenir l'axe du m. de AB par rapport au point O, on projette AB sur un plan perpendiculaire à OA; on multiplie cette projection par la longueur OA et on fait tourner le segment ainsi obtenu d'un angle droit autour de OA, dans le sens direct pour un observateur qui aurait les pieds en O et la tête en A.*

En effet, la longueur O*b* de la projection (Fig. 2) est égale à la hauteur BH du triangle OAB, et la règle indiquée conduit bien à donner à l'axe du m. la direction convenable.

Supposons qu'on ait maintenant plusieurs segments AB, AC, AD (Fig. 2), issus du même point A, et soit AD′ leur résultante obtenue par la construction du polygone AB′C′D′ dont les côtés sont égaux et parallèles aux segments donnés. En faisant pour chacun de ces segments les constructions indiquées, on sera conduit à projeter le polygone AB′C′D′ sur le plan P perpendiculaire à OA, à le remplacer par un polygone homothétique en multipliant tous ses côtés par la longueur OA, et enfin à le faire tourner d'un angle droit autour de OA. On obtiendra alors le polygone OLM′N′, et O′N′ qui est l'axe du m. de AD′ sera la résultante des segments OLOM, ON, qui sont respectivement les axes des moments de AB. AC, AD. On obtient

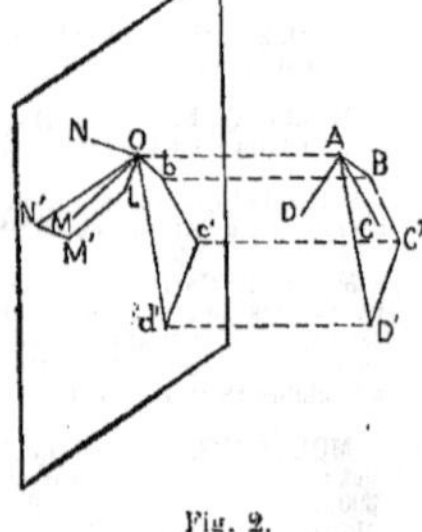

Fig. 2.

ainsi le théorème suivant qui est la généralisation du théorème de Varignon. Si on remarque que le m. d'un segment ne change pas quand on fait glisser ce segment sur la droite indéfinie où il se trouve, on voit qu'il n'est pas nécessaire de supposer les segments issus du même point : il suffit de les supposer *concourants*, parce qu'on peut les amener tous par glissement à avoir leur origine au point de concours. Alors le théorème peut s'énoncer :

*L'axe du m. par rapport à un point de la résultante de plusieurs segments concourants est la résultante des axes des moments des segments composants.*

En d'autres termes : *Les axes des moments de plusieurs segments concourants se composent comme des forces.*

II. *Moments par rapport à un axe.* — Le m. d'un segment AB par rapport à un axe XY est le m. de la projection de AB sur un plan perpendiculaire à XY par rapport au pied de l'axe XY sur ce plan.

On reconnaît aisément que ce m. est égal à la projection sur l'axe XY de l'axe du m. de AB par rapport à un point O de XY (Fig. 3). En effet, la première définition donne pour la valeur du m. le double de l'aire de la projection $Xab$ du triangle OAB c.-à-d. le double de l'aire du triangle OAB multiplié par le cosinus de l'angle des deux plans, et la deuxième définition donne le double de l'aire du triangle OAB multipliée par le cosinus de l'angle de la perpendiculaire au plan OAB avec XY. Or, l'angle des deux perpendiculaires est bien égal à l'angle des deux plans. Quant au signe, il est encore le même dans les deux définitions si l'on a soin de marquer un sens sur XY pour définir le sens positif de la rotation dans le plan perpendiculaire.

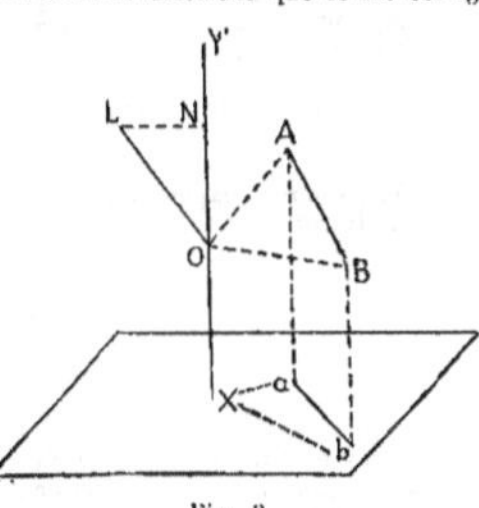


Fig. 3.

Le m. de AB est nul quand AB est parallèle à l'axe ou le rencontre.

De ce que les axes des moments se composent comme des forces, et de ce que la projection de la résultante est égale à la somme algébrique des composants, on déduit immédiatement le théorème suivant :

*Le m. de la résultante de plusieurs segments concourants par rapport à un axe est égal à la somme algébrique des moments des segments composants par rapport au même axe.*

Fig. 4.

Dans les applications, on rapporte tous les segments à trois axes rectangulaires $Ox$, $Oy$, $Oz$ (Fig. 4). Pour définir un segment AB, on le décompose en trois autres parallèles aux axes, et l'on donne la valeur X, Y, Z, des trois composantes ou *projections* des segments. Il est bien entendu que ces trois composantes peuvent être positives ou négatives. Il faut aussi se donner les coordonnées $x$, $y$, $z$, de l'origine A du segment. Si alors on veut calculer les moments de AB par rapport aux trois axes, il suffira de calculer les moments de X, Y, Z et de les ajouter, en vertu du théorème précédent.

Par exemple, par rapport à $Ox$, le m. de X est nul, parce que X est parallèle à $ox$; le m. de Y est $zY$, mais il doit être précédé du signe — parce que si $z$ et Y sont positifs, la rotation autour de $Ox$ déterminée par le segment Y se fera de OZ vers OY ce qui est le sens rétrograde. Enfin le m. de Z est $+yZ$. En calculant de même les moments par rapport à $Oy$ et OZ, on aura les expressions des trois moments de AB :

$$M_x = yZ - zY$$
$$M_y = zX - xZ$$
$$M_z = xY - yX$$

Ces trois moments sont les composantes ou projections de l'axe du m. de AB par rapport au point O.

III. *Moments par rapport à un plan.* — Ces moments ne sont usités que pour la détermination des centres de forces parallèles, et des centres de gravité. Le m. d'une force par rapport à un plan qui lui est parallèle est égal au produit de l'intensité de cette force par sa distance au plan, précédé d'un signe qui change quand la force change de sens ou quand elle passe de l'autre côté du plan. Il est alors aisé de démontrer que le m. de la résultante de plusieurs forces parallèles par rapport à un plan qui leur est parallèle est égal à la somme algébrique des moments des composantes par rapport au même plan. Nous traiterons cette question avec ses applications au mot STATIQUE.

**Phys.** — *Moment magnétique.* — On appelle moment magnétique d'un aimant le produit de la masse magnétique d'un de ses pôles par la distance de ses deux pôles. C'est aussi le moment du couple qu'il faudrait appliquer au barreau, placé dans un champ ayant l'unité d'intensité, pour le maintenir orienté perpendiculairement à ce champ. D'une manière générale le moment des forces appliquées aux pôles d'un barreau placé dans un champ uniforme d'intensité H et faisant un angle α avec les lignes de force est $mHl \sin\alpha = MH \sin\alpha$, où $l$ est la distance des pôles, $m$ la masse magnétique de chaque pôle, H l'intensité du champ. Le moment magnétique du barreau est $M = ml$.

*Mesure.* — 1° Méthode de torsion. On suspend le barreau à un fil de manière qu'il soit libre de se mouvoir dans un plan horizontal et que le fil soit sans torsion quand le barreau est orienté dans le plan du méridien magnétique. On tord ensuite le fil jusqu'à ce que le barreau aimanté prenne une position perpendiculaire au méridien magnétique. On aura alors : $MH = k\varphi$, où M est le moment magnétique du barreau, H la composante horizontale du champ magnétique terrestre, $k$ la constante de torsion du fil, $\varphi$ l'angle dont on a tordu le fil.

2° Méthode des oscillations. On fait osciller le barreau sous l'influence de la composante horizontale du champ magnétique terrestre, en le suspendant à un fil. On a alors la formule pendulaire : $MH = \frac{\pi^2 I}{T^2}$. I étant le *moment d'inertie* du barreau, T la durée d'une oscillation.

On voit que, si l'on connaît H, ces expériences donnent M. Si l'on ne connaît pas H, on a recours à une seconde expérience qui donne $\frac{M}{H}$. On placera le barreau perpendiculairement au méridien magnétique et dans son prolongement, à une distance D, on suspendra une petite aiguille aimantée libre de se mouvoir horizontalement. La force qui agit sur chaque pôle de l'aiguille aimantée en vertu de la présence du barreau est $F = \frac{2M}{D^3}\mu$ (formule approchée). La terre agit horizontalement sur la même aiguille avec une force $\Phi = H\mu$, où $\mu$ est la masse magnétique d'un des pôles de l'aiguille. Cette dernière prend donc une position d'équilibre faisant un angle α avec le méridien magnétique telle que : $\operatorname{tg}\alpha = \frac{F}{\Phi} = \frac{2}{D^3}\cdot\frac{M}{H}$, d'où $\frac{M}{H} = \frac{D^3}{2}\operatorname{tg}\alpha$. Il suffit donc de mesurer D et α pour en conclure $\frac{M}{H}$. Connaissant MH et $\frac{M}{H}$ par ces expériences on a M et H. Ces dispositifs peuvent aussi servir à l'étude du magnétisme terrestre. Voy. MAGNÉTOMÈTRE.

**MOMENTANÉ, ÉE.** adj. [Pr. *moman-tané*] (lat. *momentaneus*, de *momentum*, moment). Qui ne dure qu'un instant. *Un effort, un plaisir m. Une douleur momentanée.* || T. Phonét. *Consonnes momentanées.*

**MOMENTANÉMENT.** adv. [Pr. *moman-tané-man*]. Passagèrement, pour un moment, pendant un instant. *Je suis ici m.*

**MOMERIE.** s. f. (lat. *Momus*, dieu de la folie). Se disait autrefois d'une mascarade, d'une chose concertée pour faire rire. *C'était une m. fort plaisante.* Vx. || Se dit encore d'une cérémonie bizarre et ridicule. *Les cérémonies de ce culte ne sont que des momeries ridicules.* || Fig., Affectation ridicule d'un sentiment qu'on n'a pas. *Sa douleur n'est qu'une m., n'est que m., une pure m.* — Fam. dans toutes ses acceptions.

**MOMIE.** s. f. (lat. *mumia* de l'arabe *moumyd*, du persan *mum*, cire). Corps embaumé par les anciens Égyptiens. — Par ext., se dit des corps qui se sont desséchés et conservés naturellement sous l'influence d'un air sec et chaud, ou de la nature du sol. Voy. EMBAUMEMENT. || Fig. et fam., on dit d'une personne sèche et noire, ou d'une personne inerte, *C'est une m., une vraie m.* || Couleur brune tirée des bitumes, dont les momies ont été enduites.

**MOMIER.** s. m. (R. *momerie*). Sobriquet donné aux méthodistes dans la Suisse française.

**MOMIFICATEUR, TRICE.** adj. Qui a la vertu de momifier.

**MOMIFICATION.** s. f. [Pr. ...*sion*]. Conversion d'un cadavre en momie. || Fig. Amaigrissement considérable. — Action de rendre inerte. || T. Pathol. *M. des tissus*, gangrène sèche. Voy. GANGRÈNE.

**MOMIFIER.** v. a. (R. *momie*, et lat. *ficare*, faire). Convertir un cadavre en momie. *Ce caveau momifie les cadavres qu'on y dépose.* = SE MOMIFIER. v. pron. *Ce cadavre s'est momifié.* — Fig. et fam., Devenir extrêmement sec et maigre. *Il se momifie.*

**MOMON.** s. m. (lat. *Momus*, dieu de la folie). S'est dit autrefois d'une personne masquée. *Les momons parcouraient la ville.* || S'est dit aussi d'une somme qu'on jouait aux dés sur un défi porté par des masques. *Jouer, perdre un m. Un m. de cent pistoles. Est-ce un m. que vous allez porter?* || T. Jeu. Partie dans laquelle plusieurs joueurs risquent chacun la même quantité de jetons, à condition que celui d'entre eux qui gagnera les jetons de tous les autres gagnera la somme totale de l'argent mis au jeu. *Gagner le momon.*

**MOMORDIQUE.** s. f. (lat. *mordeo*, je mords, parce que la semence est rugueuse et comme mordillée). T. Bot. Genre de plantes Dicotylédones (*Momordica*) de la famille des *Cucurbitacées*. Voy. ce mot.

**MOMOT.** s. m. T. Ornith. Genre de *Passereaux*. Voy. SYNDACTYLES.

**MOMUS**, fils du Sommeil et de la Nuit, dieu de la raillerie et de la folie (Mythol.).

**MON.** adj. poss. m. (lat. *meum*, m. s.). Qui est à moi. Il fait *Ma* au fém., et *Mes* au plur. *Mon frère. Mon bien. Ma mère. Ma maison. Mes amis. Mes livres. Mes pensées.*

**Obs. gram.** — Quand un nom féminin, substantif ou adjectif, commence par une voyelle ou par une *h* non aspirée et quand il se trouve immédiatement précédé de l'adj. possessif, au lieu de *Ma*, on emploie *Mon*, par euphonie. Ainsi, on dit : *Mon âme; mon épée. C'est mon habitude.* Devant une *h* aspirée, on dit *Ma*, au fém. : *Ma hallebarde; Ma harangue.* Cette substitution du masculin *mon* au féminin *ma*, qui constitue un vrai solécisme, s'est introduite à la fin du XIVe siècle, probablement sous l'influence du dialecte picard, qui disait *mon* pour les deux genres. Auparavant, on disait *ma* devant tous les noms féminins, mais on élidait l'*a* devant les voyelles comme on le fait pour l'article féminin *la*. Cette forme plus correcte s'est conservée dans les locutions populaires *m'amour, m'amie* (et non *ma mie*). — Au lieu de l'adjectif possessif, on fait usage de l'article, lorsqu'un des pronoms personnels, sujet ou régime, comme *je, tu, me, te, nous*, etc., y supplée suffisamment, c.-à-d. lorsqu'il n'y a pas d'équivoque possible. Ainsi, au lieu de dire : *J'ai mal à ma tête; Il a reçu une balle dans sa poitrine*, on dit : *J'ai mal à la tête; Il a reçu une balle dans la poitrine.* Mais si le pronom personnel n'enlève pas l'équivoque, il faut employer l'adjectif possessif, comme : *Je vois que ma jambe enfle.* En effet, on peut voir la jambe d'un autre enfler aussi bien que la sienne. Comme les verbes qui se conjuguent ordinairement avec deux pronoms de la même personne suppriment généralement toute équivoque, ils excluent l'usage du pron. possessif. En conséquence, on dira : *Je me suis blessé à la main*, et non : *Je me suis blessé à ma main.* Cependant l'usage permet de dire : *Je me suis tenu toute la journée sur mes jambes; Je l'ai vu de mes propres yeux*, etc. On dit également : *Mon mal de dents m'a repris; Ma migraine me fatigue beaucoup.* — Enfin, on doit répéter cet adjectif possessif : 1° avant chaque substantif : *Mon père et ma mère sont venus*, et non *Mes père et mère sont venus;* 2° avant les adjectifs qui marquent un sens différent ou opposé : *Je lui ai montré mes plus beaux et mes plus vilains livres.* Au contraire, on ne le répète pas lorsque les adjectifs sont à peu près synonymes, comme : *Je lui ai montré mes plus beaux et plus magnifiques habits.*

**MON** ou **MONO.** Préf. dérivé du gr. μόνος, *seul*, qui entre dans la composition d'un grand nombre de termes principalement scientifiques, où il indique que l'objet au nom duquel il est joint est unique, comme dans les mots : *Monocéphale, Monocéros, Monodactyle*, etc.

**MONACAILLE.** s. f. [Pr. *mona-kalle, ll* mouil.]. Se dit par dénigrement des moines.

**MONACAL, ALE.** adj. (lat. *monachus*, moine). Qui appartient aux moines. *Esprit m. Habit m. Vie monacale. Règle monacale.*

**MONACALEMENT.** adv. [Pr. *monaka-leman*]. D'une manière monacale.

**MONACHISME.** s. m. [Pr. *mona-chisme*] (lat. *monachus*, moine). Se dit des institutions monastiques en général. *Étudier l'influence du m. sur une nation. L'esprit du m.* — Ne s'emploie guère qu'avec une idée de dénigrement. Le m. porte la mort partout (Montesquieu).

**MONACIDE.** adj. 2 g. (gr. μόνος, seul, et fr. *acide*). T. Chim. Se dit des bases telles que la potasse, l'ammoniaque, etc., qui n'ont besoin pour se saturer que d'une molécule d'acide monobasique. || Se dit aussi des éthers qui ne renferment qu'un équivalent d'acide.

**MONACO**, cap. de la principauté de Monaco, sur la Méditerranée, enclavée dans le dép. des Alpes-Maritimes, à **14** kil. de Nice; pop. 3,200 hab. — La principauté compte **12,500** hab. — Cette petite principauté remonte au Xe siècle, et est gouvernée depuis son origine par des princes de la famille Grimaldi. = Nom des hab. : MONÉGASQUE.

**MONACO**, s. m. Monnaie de billon frappée dans la principauté de Monaco, et dont le poids était inférieur au poids habituel des décimes. || Fig. *Avoir des monacos*, avoir de l'argent. Fam.

**MONADAIRE.** adj. 2 g. [Pr. *mona-dère*]. Qui est aussi petit qu'une monade, qui tient de la monade.

**MONADE.** s. f. (gr. μονάς, μονάδος, unité). T. Philos. Etre simple et actif. Voy. plus bas. || T. Zool. Genre de *Protozoaires*. Voy. FLAGELLATES.

**Philos.** — Bien que ce terme ait été employé par quelques philosophes anciens comme synonyme d'atome, d'élément simple et primordial, on ne le prend plus aujourd'hui que dans le sens particulier que lui a attaché Leibniz. Pour ce dernier, une *M.* est également un atome, mais cet atome n'a rien de matériel : c'est une force simple et irréductible, qui contient en elle-même le principe et la source de toutes ses actions. Les monades sont les éléments de toutes les choses créées, tant matérielles qu'incorporelles. Elles ne se forment ni ne se décomposent; elles ne naissent ni ne périssent; toutes datent du jour de la création. Cependant, malgré leur simplicité absolue, aucune m. n'est semblable à une autre. Leibniz attribue à toutes ses monades des *perceptions*, et, avec la perception, il place dans chacune d'elles une tendance à passer d'une perception à une autre, qui est le principe de son changement et qu'il nomme *appétition*. Dans chaque m., l'appétition répond à la perception, comme en nous la volonté répond à l'intelligence. C'est par ces actions internes que les monades, suivant Leibniz, diffèrent entre elles. En outre, de la diversité de ces perceptions et appétitions il résulte non seulement une variété infinie, mais encore une hiérarchie entre toutes les monades. Depuis la plus infime, qu'on peut se représenter comme une simple force de cohésion, on monte, par une suite non interrompue de degrés presque insensibles, jusqu'à celle qui a la pleine et claire conscience d'elle-même et qui est douée de raison. Mais s'il y a suite et enchaînement entre les monades, il n'y a point entre elles de réciprocité d'action et d'influence. Toutes les actions internes d'une m. dépendent invariablement de la seule force qui est en elle ; Dieu lui-même, dès l'origine des choses, a mesuré cette force et en a réglé toutes les perceptions. En construisant sa *Monadologie*, ou sa théorie des monades, Leibniz avait pour objet de combler l'abîme qui existe entre la matière et l'esprit, et de faire concevoir leur union. La doctrine de l'*harmonie préétablie* est aussi une conséquence logique de ce système. Voy. PHILOSOPHIE.

**MONADELPHE.** adj. 2 g. (gr. μόνος, seul ; ἀδελφός, frère). T. Bot. Se dit des étamines quand elles sont soudées en un seul faisceau.

**MONADELPHIE.** s. f. T. Bot. Nom donné par Linné à la 16e classe de son système qui comprend les plantes monadelphes.

**MONADELPHIQUE.** adj. 2 g. Qui appartient à la monadelphie.

**MONADISME.** s. m. T. Philos. Doctrine de Leibniz d'après laquelle le monde est composé de monades. Voy. MONADE.

**MONADISTE.** s. m. Partisan du monadisme.

**MONADOLOGIE.** s. f. [R. *monade* et gr. λόγος, traité). Théorie des monades de Leibniz Voy. MONADE.

**MONADOLOGIQUE.** adj. 2 g. Qui a rapport à la monadologie.

**MONAGHAN,** comté d'Irlande (prov. d'Ulster), 102,700 hab., ch.-l. *Monaghan* ; 7,900 hab.

**MONALDESCHI,** grand écuyer de la reine Christine de Suède, fut assassiné à Fontainebleau par l'ordre de cette reine en 1657.

**MONANDRE.** adj. 2 g. (gr. μόνος, seul ; ἀνήρ, ἀνδρὸς, mâle). T. Bot. Se dit des fleurs qui n'ont qu'une seule étamine.

**MONANDRIE.** s. f. (R. *monandre*). T. Bot. Nom donné par Linné à la 1re classe de son système, laquelle comprend les plantes à fleurs monandres.

**MONANDRIQUE.** adj. 2 g. Qui appartient à la monandrie.

**MONANTHE.** adj. 2 g. (gr. μόνος, seul ; ἄνθος, fleur). T. Bot. Qui ne porte qu'une seule fleur ; dont les fleurs sont solitaires.

**MONANTHÈRE.** adj. 2 g. (gr. μόνος, seul, et *anthère*). T. Bot. Se dit d'une étamine qui ne porte qu'une seule anthère.

**MONARCHIE.** s. f. (gr. μοναρχία, de μόνος, seul, et ἀρχή, gouvernement). Le gouvernement d'un État qui est régi par un seul chef. *M. héréditaire, absolue, élective, constitutionnelle.* || État gouverné par un monarque. *Une vaste m. Les monarchies de l'Europe.*

**MONARCHIEN.** s. m. [Pr. *monarchi-in*]. Partisan de la monarchie représentative, en 1791.

**MONARCHIQUE.** adj. 2 g. (gr. μοναρχικός, de μοναρχία, monarchie). Qui appartient à la monarchie. *État, gouvernement, pouvoir m. Principes, idées monarchiques. Esprit monarchique.*

**MONARCHIQUEMENT.** adv. [Pr. *monarchi-ke-man*]. D'une manière monarchique.

**MONARCHISER.** v. a. [Pr. ... *zer*]. Rendre monarchique, mettre sous la domination d'un monarque.

**MONARCHISME.** s. m. Système, opinion des partisans de la monarchie.

**MONARCHISTE.** s. m. et f. Partisan de la monarchie.

**MONARDE.** s. f. T. Bot. Genre de plantes Dicotylédones (*Monarda*) de la famille des *Labiées*. Voy. ce mot.

**MONARQUE.** s. m. (lat. *monarcha*, gr. μονάρχης, m. s.). Celui qui exerce l'autorité souveraine dans une monarchie. *Un puissant m.* = Syn. Voy. EMPEREUR.

**MONASTÈRE.** s. m. (lat. *monasterium*, gr. μοναστήριον, solitude). Lieu habité par des moines ou par des religieuses. *M. d'hommes, de filles. Les monastères de la Thébaïde. Se retirer, s'enfermer dans un m. Sortir du m.* — Voy. ABBAYE.

**MONASTIER (LE),** ch.-l. de c. (Haute-Loire), arr. du Puy ; 3,800 hab.

**MONASTIQUE.** adj. 2 g. (lat. *monasticus*, du gr. μοναστικὸς, m. s.). Qui appartient aux moines, qui concerne les moines. *Vie m. Discipline m. Vœux monastiques. Ordres monastiques.*

**MONATOMIQUE.** adj. 2 g. (gr. μόνος, seul, et fr. *atome*). T. Chim. Qui est formé d'un atome. *La molécule du mercure à l'état gazeux est m.* — Syn. de *monovalent*. — Voy. ATOMICITÉ.

**MONAUL.** s. m. T. Ornith. Espèce de *Gallinacés*. Voy. PAON.

**MONAURICULAIRE.** adj. 2 g. (gr. μόνος, seul, et *auriculaire*). Qui appartient à une seule oreille, qui se fait par une seule oreille.

**MONAUT.** adj. m. [Pr. *mo-no*] (gr. μόνωτος, m. s. de μόνος, seul ; οὖς, oreille). Qui n'a qu'une seule oreille. *Chat, chien, cheval m.* Vx.

> Quoi ! d'un enfant monaut, j'accoucherais !
> LA FONTAINE.

**MONAZITE.** s. f. (gr. μονάζω, je suis seul). T. Minér. Phosphate de cérium, de lanthane, de didyme et de thorium. La m., trouvée d'abord dans le granite, en Norvège et au Brésil, se rencontre en assez grande quantité dans les sables de certaines rivières aux États-Unis et au Canada. Ces *sables monazites* sont exploités principalement dans la Caroline du Nord et sont utilisés pour la fabrication des manchons à incandescence destinés aux becs Auer. Voy. BEC.

**MONCADE** (HUGUES DE), capitaine espagnol (1466-1528), fut vice-roi de Sicile (1522).

**MONCEAU.** s. m. [Pr. *mon-so*] (lat. *monticellus*, m. s., dimin. de *mons, montis*, montagne). Tas, amas de plusieurs choses faites en forme de petit mont. *Grand m. M. de blé, d'avoine, de cailloux, d'argent. Un m. de ruines fumantes.* — Fam., *Avoir des monceaux d'une chose*, En avoir beaucoup. *Il a des monceaux d'or.* || Fig. *Un m. d'absurdités.* || T. Hortic. *Greffe en m.*, Greffe où la tête du sujet, taillée en pointe, est introduite dans une entaille faite à l'arbre.
**Syn.** — *Tas.* — Le *monceau* est plus grand que le *tas*. Il suffit de quelques objets placés les uns sur les autres pour faire un *tas*, par ex. un *tas* de fruits, un *tas* de pierres, tandis que *monceau* implique l'idée d'un amas déjà considérable, comme des *monceaux* de neige, des *monceaux* d'or.

**MONCEY,** maréchal de France (1754-1842), combattit un des derniers à la tête de la garde nationale de Paris dans la plaine de Clichy, en 1814.

**MONCLAR,** ch.-l. de c. (Lot-et-Garonne), arr. de Villeneuve-sur-Lot ; 1,500 hab.

**MONCLAR,** ch.-l. de c. (Tarn-et-Garonne), arr. de Montauban ; 1,800 hab.

**MONCONTOUR,** ch.-l. de c. (Côtes-du-Nord), arr. de Saint-Brieuc ; 1,400 hab.

**MONCONTOUR**, ch.-l. de c. (Vienne), arr. de Loudun; 760 hab. Bataille célèbre gagnée le 3 octobre 1569 par le duc d'Anjou (depuis Henri III) sur l'amiral Coligny, chef de l'armée protestante.

**MONCOUTANT**, ch.-l. de c. (Deux-Sèvres), arr. de Parthenay; 2,900 hab.

**MONCRIF**, littérateur fr., auteur d'une *Histoire des Chats* (1687-1770).

**MONDAIN, AINE**. adj. [Pr. *mon-din, ène*] (lat. *mundanus*, de *mundus*, monde). Qui aime la vie, les amusements, les vanités du monde. *C'est une femme extrêmement mondaine.* || Qui se ressent des vanités du monde. *Un air, un esprit m. Un plaisir, un spectacle m. Vie, parure mondaine.* || T. Zool. *Pigeon m.* Pigeon de volière de forme élégante. = Subst., Celui qui est attaché aux choses vaines et passagères du monde. *Les mondains ne cherchent que la dissipation et les plaisirs.*

**MONDAINEMENT**. adv. [Pr. *mon-dène-man*]. D'une manière mondaine.

**MONDANISER**. v. a. [Pr. ...*zer*]. Rendre mondain. = SE MONDANISER, devenir mondain.

**MONDANITÉ**. s. f. T. Dévot. Vanité mondaine. *Passer sa vie dans la m. Le mépris des mondanités.*

**MONDE**. s. m. (lat. *mundus*, ordre, arrangement, ornement, même sens que Kosmos). L'ensemble des choses créées. *La création du m. La fin du m.* — Fam., *Depuis que le m. est m.*, De tout temps. || *Le m. physique*, Le m. considéré dans ce qu'il a de sensible, par opposition au *M. intellectuel* ou *moral*, au m. considéré sous les rapports qui ne peuvent être saisis que par l'intelligence, ou qui appartiennent à la morale. — — *Le m. idéal*, L'idée archétype du m. qui, suivant Platon, est en Dieu de toute éternité. Figur., On appelle aussi *M. idéal* ou *M. imaginaire*, Un m. qu'on suppose meilleur que celui où nous existons. *Les illusions du m. idéal font oublier le m. réel. Il vit dans un m. imaginaire.* || Se dit des corps célestes, et des systèmes planétaires qu'on croit analogues au nôtre. *Dieu a semé les mondes dans l'espace. La pluralité des mondes. Certains philosophes pensent qu'après la mort notre âme passe d'un m. dans un autre.* || Le *m. moral*, l'ensemble des êtres moraux. || *L'âme du m.*, principe de vie qui, suivant certains systèmes philosophiques, anime le monde considéré comme un vaste corps. || La terre, le globe que nous habitons. *Les cinq parties du m. Le centre, les bornes du m. Courir le m. Faire le tour du m. Se rendre maître du m. Ce bas m.* — *Le m. ancien*, ou *Le m. des anciens*, La partie du globe terrestre connue par les anciens. *Le nouveau m.*, Le continent de l'Amérique. *L'ancien et le nouveau m.*, ou *Les deux mondes*, Les deux continents. || Fig. *C'est le m. renversé*, cela va contre l'ordre naturel des choses. || *Aller au bout du m.* aller très loin. — *Courir le m.* voyager beaucoup || T. Ecrit. sainte. *La figure de ce m. passe*, Tout ce qui est dans le m. n'a rien de solide ni de permanent. || *Venir au m.*, Naître. *Mettre au m.*, Donner la naissance à un enfant. *Être au m.*, Exister. *Cesser d'être au m., n'être plus au m.*, Ne plus exister. || Par hyperbole, on dit d'un lieu très vaste et très peuplé, que *C'est un m. Paris est un m., un petit m.* = *Monde*, se dit, par ext., pour désigner la totalité des hommes, le genre humain. *Jésus-Christ est le sauveur du m. L'opinion est la reine du m.* — *Le m. chrétien*, la totalité des hommes qui professent le christianisme. || Se dit aussi des hommes en général. *Le m. est bien méchant. Sa vie est utile au m. Tout le m. est de cet avis.* — S'emploie encore dans un sens indéfini, pour dire Gens, personnes. *Il ne faut pas croire le m. légèrement. Vous vous moquez du m.* || Nombre de personnes plus ou moins grand. *Il y avait beaucoup de m., il n'y avait pas grand m. à l'Opéra. Le m. n'était pas encore arrivé. Il perdit du m. dans cette escarmouche.* — Par hyperbole, on dit quelquefois, *Un monde*, en parl. d'une grande quantité de personnes : *Il y a un m. d'envieux, d'ennemis;* et même d'une seule personne. *N'entrez pas, il y a du m. avec lui.* || Avec l'adj. possessif, *Monde* se dit des domestiques ou des gens qui sont sous les ordres de quelqu'un. *Il vient de congédier tout son m. Le capitaine n'avait que la moitié de son m.* — Fam., se dit aussi d'un certain nombre de personnes que l'on a invitées. *Je descendrai dès que votre m. sera venu.* — Fam., *Connaître bien son m.*, Connaître bien le caractère des personnes à qui l'on a affaire. = *Monde*, sign, encore La société, le commerce des hommes entre eux, *Entrer dans le m. Aimer, fréquenter le m. Observer, étudier le m. Avoir l'expérience du m. Avoir un grand usage du m. Il connaît bien le m. Faire grande figure dans le m. Il s'est fait un nom dans le m. Il a fait parler de lui dans le m. Il fuit le m. Il vit retiré du m. Il ne voit qu'un certain m. Il vit dans un tout autre m. que vous. C'est un m. à part. Se retirer du m.* Renoncer au m. *Quitter le m. C'est un homme qui n'est plus du m. L'esprit, le train, les vanités du m. Les maximes du m.* — *Savoir bien le m.*, Savoir bien la manière de se conduire dans la société où l'on vit. On dit de même : *Il sait bien son m. Il a la science du m. Il a du m.*, et, dans le sens contraire, *Il n'a pas de m.* — Prov., *Ainsi va le m.*, C'est ainsi que se conduisent habituellement les hommes. || *Homme du m.*, et, au plur., *Les gens du m.*, Voy. HOMME. — Fam., *Le grand m.*, La société distinguée par les richesses ou le rang de ceux qui la composent. *Aller dans le grand m.* Il signifie aussi, Une société nombreuse. *Le grand m. l'étourdit, il préfère un petit cercle d'amis.* — Fam., *Le beau m.* La société brillante, élégante. — Fam., *Le petit m.*, Les gens du commun. *Cela ne se fait que dans le petit m.* — *Le m. savant, le m. lettré*, Les hommes qui s'occupent particulièrement des sciences, des lettres. || La vie séculière, par oppos. à la vie monastique. *Il a quitté le m. pour se mettre dans un cloître. Il s'est dégoûté de la vie monastique et est rentré dans le m. Il faut renoncer au m. et à ses pompes. Les vanités du m.* = *L'autre monde*, La vie future. *La foi nous apprend qu'il y a un autre m. que celui-ci.* — Popul., *Il est allé dans l'autre m.*, Il est mort. *Il l'a envoyé dormir dans l'autre m.*, Il l'a tué. || Figur. et fam., *C'est un homme de l'autre m.*, se dit d'un homme dont les mœurs, les façons de vivre paraissent opposées à celles de la société commune des autres hommes. *Dire des choses de l'autre m.*, Dire des choses étranges, incroyables. — On dit aussi à quelqu'un qui paraît ignorer ce que tout le m. sait, *De quel m. venez-vous?* = *Monde*, s'emploie aussi en manière de Terme augmentatif, soit qu'on affirme, soit qu'on nie, comme dans ces phrases et autres semblables : *Il m'a dit de vous tout le bien du m. Rien au m. ne lui fait tant de plaisir. Je donnerai tout au m. pour avoir telle chose.* — *Cela est, cela va le mieux du m.*, Cela est, cela va très bien. *Nous sommes le mieux du m. ensemble*, Nous sommes parfaitement d'accord, nous sommes très bien l'un avec l'autre. || Par exagér., *Le meilleur homme, le plus méchant homme du m.; La meilleure, la plus mauvaise chose du m.*, Un homme très bon, très méchant; Une chose très bonne, très mauvaise.

**MONDE**. adj. 2 g. (lat. *mundus*, pur). Pur. Ne se dit que par opposit. à Immonde. *Les animaux mondes et immondes.* Voy. IMMONDE.

**MONDEMENT**. adv. [Pr. *monde-man*]. D'une façon monde.

**MONDER**. v. a. (lat. *mundare*, m. s. de *mundus*, pur). Nettoyer, séparer d'une matière les parties inutiles ou nuisibles. On dit surtout : *M. de l'orge*, Le dégager de sa pellicule; *M. de la casse*, La tirer de son bâton et la préparer, après en avoir ôté les semences; *M. le séné*, Séparer les bûchettes qui se trouvent parmi les feuilles. = MONDÉ, ÉE. part. *Prendre de l'orge mondé*, Boire de l'eau dans laquelle on a fait bouillir de l'orge mondé.

**MONDEUX** (HENRI), calculateur remarquable (1826-1862).

**MONDIFICATIF, IVE**. adj. Qui a la vertu de mondifier.

**MONDIFICATION**. s. f. [Pr. ...*sion*]. Action de mondifier.

**MONDIFIER**. v. a. (lat. *mundus*, net; *ficare*, faire). T. Méd. Nettoyer, déterger. *M. un ulcère, une plaie.* = MONDIFIÉ, ÉE. p. = Conj. Voy. PRIER.

**MONDILLES**. s. f. pl. [Pr. *ll* mouil.]. Débris provenant de grains mondés.

**MONDOUBLEAU**, ch.-l. de c. (Loir-et-Cher), arr. de Vendôme; 1,700 hab.

Paris. — Imp. Larousse, rue de Fleurus, 9.

**MONDOVI**, v. de l'Italie du Nord (Piémont, 17,900 hab.). Victoire de Bonaparte sur les Piémontais (1796).

**MONDRAIN**. s. m. [Pr. *mon-drin*] (Mot créole). Monticule de sable.

**MONE** s. m. (esp. *mona*, singe, vient de l'ital. *monna*, pour *madona*, madame). T. Mamm. Genre de *Singes de l'ancien continent*. Voy. CERCOPITHÈQUES.

**MONÉGASQUE**. s. et adj. 2 g. Habitant de MONACO. Voy. ce mot.

**MONEIN**, ch.-l. de c. (Basses-Pyrénées), arr. d'Oloron; 4,400 hab.

**MONERON**. s. m. (R. n. d'homme). Pièce de cuivre fabriquée pendant la Révolution par les frères Moneron.

**MONESIA**. s. m. [Pr *moné-zia*]. T. Pharm. Nom sous lequel est importée en Europe l'écorce du *Chrysophlœum glycyphlœum*, arbre du Brésil, appartenant à la famille des *Sapotées*. Voy. ce mot.

**MONESTIÈS**, ch.-l. de c. (Tarn), arr. d'Albi; 1,500 hab.

**MONÉTAIRE**. adj. 2 g. [Pr. *moné-tère*] (lat. *monetarius*, de *moneta*, monnaie). Qui a rapport aux monnaies. *Art m. Presse m. Système m. Lois monétaires*. = MONÉTAIRE. s. m. Autrefois, celui qui présidait à la fabrication des monnaies et des médailles. *Les anciennes monnaies françaises portaient quelquefois le nom du m. qui les avait faites*. || Auteur qui écrit sur les monnaies. Vx.

**MONÉTAIREMENT**. adv. [Pr. *moné-tère-man*]. Au point de vue monétaire.

**MONÊTIER (LE)**, ch.-l. de c. (Hautes-Alpes), arr. de Briançon; 2,200 hab.

**MONÉTISATION**. s. f. [Pr. *monéti-za-sion*]. Action de transformer les métaux en monnaie.

**MONÉTISER**. v. a. [Pr. *monéti-zer*] (lat. *moneta*, monnaie). Transformer un métal en monnaie. = MONÉTISÉ, ÉE Part.

**MONFLANQUIN**, ch.-l.- de c. (Lot-et-Garonne), arr. de Villeneuve-sur-Lot; 3,100 hab.

**MONGE**, célèbre géomètre fr. (1746-1818), un des fondateurs de l'École Polytechnique, accompagna Bonaparte en Égypte.

**MONGHYR**, v. de l'Hindoustan, sur le Gange; 55,400 hab.

**MONGOLIE**, l'une des contrées comprises dans l'empire chinois au N., occupée par des populations nomades; 2 à 3 millions d'hab.

**MONGOLIQUE**. adj. 2 g. Qui appartient aux Mongols.

**MONGOLOÏDE**. adj. 2 g. (R. *Mongol* et gr. εἶδος, forme). Qui a la forme du crâne du Mongol.

**MONGOLS** (EMPIRE DES), empire fondé par Gengis-Khan, en 1206. Tamerlan le reconstitua en 1370, il fut détruit en 1747.

**MONHEIMITE**. s. f. (R. *Monheim*, n. pr.) T. Minér. Variété ferrifère de carbonate de zinc.

**MONILICORNE**. adj. 2 g. (lat. *monile*, collier; *cornu*, corne). T. Zool. Qui a les antennes en forme de chapelet.

**MONILIFÈRE**. adj. 2 g. (lat. *monile*, collier; *fero*, je porte). T. Zool. Qui porte un collier, un chapelet.

**MONILIFORME**. adj. 2 g. (lat. *monile*, collier, *forma*, forme). T. Zool. et Botan. Se dit de toutes les parties divisées par des étranglements en petites masses arrondies placées les unes à la suite des autres, en manière de grains de chapelet. *Les antennes de cet insecte sont moniliformes. Le cactus moniliforme*.

**MONIMIACÉES**. s. f. pl. (R. *Monimie*). T. Bot. Famille de végétaux Dicotylédones de l'ordre des Dialypétales supérovariées polystémones.

*Caract. bot.* : Arbres ou arbrisseaux aromatiques. Feuilles opposées, sans stipules. Fleurs axillaires, unisexuées, dioïques. Périanthe formé d'un plus ou moins grand nombre de pièces spiralées, concrescentes en coupe ou en tube, tantôt toutes sépaloïdes ou pétaloïdes, tantôt formant un calice et une corolle différenciés. Fleurs mâles : étamines indéfinies, couvrant tout l'intérieur du tube calicinal; filets souvent munis d'une paire d'écailles à leur base; anthères biloculaires et à déhiscence longitudinale ou s'ouvrant par deux valves qui se soulèvent de bas en haut. Fleurs femelles : grand nombre de carpelles libres, uniloculaires, distincts, inclus dans le tube du calice, ayant chacun son style et son stigmate; ovule solitaire, anatrope, suspendu. Fruit composé de plusieurs drupes monospermes, rarement d'akènes, enfermés dans le calice élargi. Graine suspendue; embryon petit, situé à l'extrémité d'un albumen abondant et charnu, dont il est entièrement séparé, ses minces cotylédons s'appliquant sur la surface externe de l'albumen; rarement albumen nul; test très charnu; radicule supère ou le plus souvent infère.

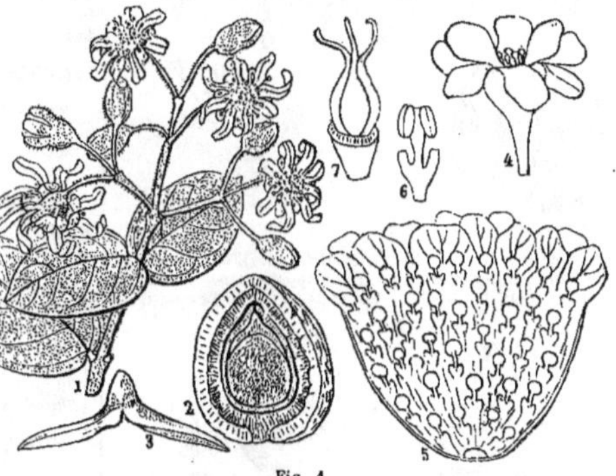

Fig. 1.

Cette famille se compose de 22 genres et d'environ 150 espèces, qui pour la plupart habitent les forêts de l'Amérique du Sud et de l'Asie et les îles de la Polynésie.

On divise cette famille en 3 tribus :

TRIBU I. — *Monimiées*. — Anthères à déhiscence longitudinale; un ovule pendant; un albumen (*Monimia*, *Tambourissa*, *Peumus*, etc. [Fig. 1. — 1. *Peumus Boldo*; 2. Coupe du fruit mûr; 3. Embryon séparé. — 4. Fleur mâle de *Monimia*; 5. Sa coupe; 6. Étamine; 7. Pistil.]. — Toutes les parties de leur écorce et leurs feuilles exhalent une odeur aromatique que les voyageurs comparent à celle des Lauriers ou des Myrtes. Le *Boldo* (*Peumus Boldo*) produit un fruit charnu et aromatique que mangent les indigènes. Son bois et ses feuilles sont très odorants. Avec le premier on fait une espèce de charbon que les forgerons du Chili préfèrent à tous les autres. Les tanneurs se servent de son écorce pour tanner les peaux. Les feuilles, qui possèdent des propriétés toniques et stimulantes, renferment un alcaloïde, la *Boldine*; on les utilise dans certaines affections du foie. Les *Tambourissa* fournissent de beaux bois de construction et d'ébénisterie.

TRIBU II. — *Athérospermées*. — Anthères à déhiscence valvaire; un ovule dressé; un albumen (*Atherosperma*, *Laurelia*, *Doryphora*, etc. [Fig. 2. — 1. *Atherosperma moschata*; 2. Carpelle. — 3. Étamine du *Doryphora Sassafras*]. Toutes les espèces de cette tribu paraissent être aromatiques. Le bois du *Doryphora sassafras*, appelé *Sassafras* dans la Nouvelle-Hollande, a, dit-on, l'odeur du fenouil, et l'on prétend que les noix de la *Laurélie* possèdent le parfum de la muscade. L'*Athérosperme musqué* (*Atherosperma mos-*

Paris. — Imp. Larousse, rue de Fleurus, 2.

*chata*) est un très bel arbre qui parvient à 45 mètres de hauteur et atteint 1 mèt. 50 à 2 mètres de circonférence. Les habitants de l'Australie se servent de son écorce soit verte, soit desséchée, en guise de thé. Prise dans une grande quantité de lait, elle a en effet un goût agréable; toutefois elle exerce une action légèrement apéritive.

TRIBU III. — *Calycanthées.* — Deux ovules dressés ; pas

Fig. 2.

d'albumen (*Calycanthus, Chimonanthus*). [Fig. 3. — 1. *Calycanthus floridus;* Fleur ; 2. La même, sans pétales ni sépales; 3. Coupe verticale de celle-ci; 4. Coupe d'un

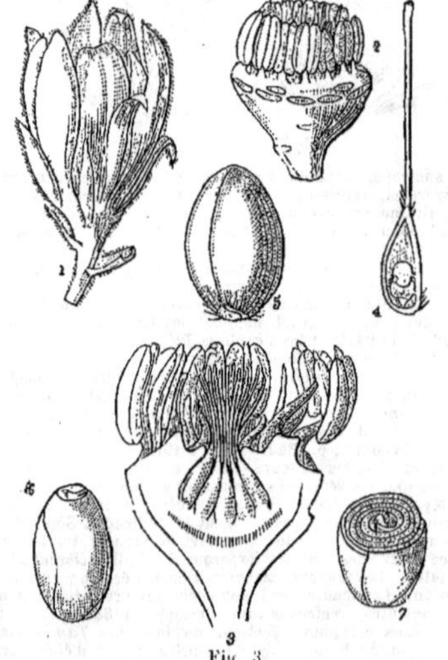

Fig. 3.

carpelle; 5. Fruit; 6. Embryon; 7. Coupe transversale du même.] Les fleurs qui naissent en même temps que les feuilles, et qui même les précèdent chez quelques espèces, sont d'un brun verdâtre ou de couleur chocolat; leur odeur offre un mélange de l'odeur de la vanille et de celle des amandes amères. Les fleurs du *Calycanthus floridus*, desséchées à l'ombre, gardent indéfiniment leur parfum. Il paraît que l'odeur qui les distingue existe aussi dans l'écorce : aussi l'emploie-t-on aux États-Unis en guise de cannelle.

**MONIMIE.** s. f. T. Bot. Genre de plantes Dicotylédones (*Monimia*) de la famille des *Monimiacées*. Voy. ce mot.

**MONIMIÉES.** s. f. pl. (R. *Monimie*). T. Bot. Tribu de plantes de la famille des *Monimiacées*. Voy. ce mot.

**MONIMOLITE.** s. f. T. Minér. Antimoniate de plomb, avec fer, manganèse, calcium et magnésium.

**MONIQUE** (SAINTE), mère de saint Augustin, m. en 384. Fête le 4 mai.

**MONISME.** s. m. (gr. μόνος, seul). Doctrine philosophique et scientifique soutenue par Hœckel et d'après laquelle les forces qui produisent et maintiennent la vie ne diffèrent pas des forces qui sont en action dans le monde inorganique. D'après cette doctrine, la vie serait apparue par suite de la formation d'un composé particulier de carbone, d'oxygène et d'azote ayant constitué le premier protoplasma, et se serait développée par l'hérédité et le transformisme. D'après Hœckel, toute l'histoire naturelle ne serait ainsi qu'un chapitre de la chimie du carbone. — Le M. semble être une doctrine insuffisante : il affirme, mais n'explique rien. Voy. VIE.

**MONISTE.** s. m. Partisan du monisme.

**MONISTIQUE.** adj. 2 g. Qui a rapport au monisme.

**MONISTROL-SUR-LOIRE**, ch.-l. de c. (Haute-Loire), arr. d'Yssingeaux ; 4,700 hab.

**MONITEUR, TRICE.** s. (lat. *monitor, trix*, de *monere*, avertir). Celui, celle qui donne des avis, des conseils. *Les jeunes gens ont besoin d'un sage m.* ‖ Élève qui, dans les écoles d'enseignement mutuel, est chargé d'instruire un certain nombre de ses condisciples. *Cette école a de bons moniteurs.* ‖ Titre de certains journaux. *Le M. de l'armée. Le M. des théâtres.* — *Le M. universel* était, jusqu'en 1868, le titre du journal, fondé en 1789, par lequel le gouvernement faisait connaître au public les actes officiels, promulguait les lois, etc. ; ce journal s'appelle depuis *Journal officiel*. Voy. JOURNAL.

**MONITION.** s. f. [Pr. ...*sion*] (lat. *monitio*, de *monere*, avertir). Avertissement. ‖ T. Juridict. ecclés. Avertissement juridique, qui se fait en de certains cas par l'autorité de l'évêque, avant de procéder à l'excommunication.

**MONITOIRE.** s. m. [Pr. *moni-touare*]. (lat. *monitorius*, qui avertit). T. Jurid. ecclés. Lettre d'un official pour obliger, sous des peines ecclésiastiques, tous ceux qui ont connaissance d'un crime ou de quelque autre fait dont on cherche l'éclaircissement, à venir révéler ce qu'ils savent à ce sujet. *Décerner, publier un m.* — On dit aussi adjectiv., *Lettres monitoires* et *Lettres monitoriales*, pour Lettres en forme de monitoire.

**MONITOR.** s. m. (lat. *monitor*, qui avertit). T. Erpét. Genre de *Sauriens* de la famille des *Lacertiens*, ainsi nommés parce qu'ils passent pour prévenir l'homme de l'approche des crocodiles.

**MONITOR.** s. m. Navire cuirassé peu élevé sur l'eau et qui a été surtout employé en Amérique.

**MONITORIAL, ALE.** adj. *Lettres monitoriales.* Voy. MONITOIRE.

**MONK** (GEORGE), général anglais (1608-1670), servit d'abord Charles Ier, puis la République d'Angleterre. Enfin, après l'abdication de Richard Cromwell, se trouvant à la tête de l'armée, il détermina le Long-Parlement à se dissoudre et négocia le retour de Charles II (1660).

**MONMERQUÉ**, littérateur français, auteur d'une édition complète des *Lettres de Mme de Sévigné*, etc. (1780-1860).

**MONMOUTH**, comté d'Angleterre (pays de Galles); ch.-l. Montmouth, 5,879 hab.

**MONMOUTH** (JACQUES, duc DE), fils naturel de Charles II Stuart (1649-1685), ayant voulu disputer la couronne à Jacques II, fut pris à Sedgemoor et décapité.

**MONNAIE.** s. f. [Pr. *mo-nè*] (lat. *moneta*, m. s.). Marchandise qui sert d'intermédiaire dans les échanges. *Les étoffes de coton sont la m. courante chez les Malais de l'archipel de Soulou.* || Plus ordinair., Disque de métal, généralement en or ou d'argent, qui est destiné à servir de commune mesure aux valeurs, et qui porte une empreinte légale pour certifier sa valeur intrinsèque. *M. d'or, d'argent, de platine, de cuivre, de bronze. M. légère. M. forte. Fausse m. M. étrangère.* — *Payer en m. forte*, Payer en espèces évaluées sur un pied avantageux à celui qui reçoit. || Dans un sens plus limité, se dit de petites pièces de m. qui sont des sous-multiples de pièces d'une valeur supérieure. *Il m'a payé toute cette somme en m. Avez-vous de la m.? Je n'ai pas un sou de m. Donnez-moi la m. d'un louis, la m. de cinq francs.* || Figur. et fam., *Rendre à quelqu'un la m. de sa pièce*, Se venger, user de représailles. *Payer quelqu'un en même m.* Rendre la pareille à quelqu'un dont on a reçu quelque déplaisir. *Payer quelqu'un en m. de singe*, Se moquer de lui au lieu de le satisfaire. || Fig. et au sens moral, *Les compliments sont une m. dont chacun connaît la valeur. La flatterie est une fausse m. qui n'a de cours que par notre vanité.* || Lieu où l'on bat la m. *Porter des lingots à la m. pour les convertir en espèces.* On dit aussi, *Hôtel de la m.* et *Hôtel des monnaies.* — *La M. des médailles*. Le lieu où l'on frappe les médailles et les jetons. || *Cour des monnaies*, Cour supérieure qui jugeait souverainement de tout ce qui concernait les monnaies.

**Écon. polit.** — I. *Définition, caractères et fonctions de la m.* — Si le *troc*, c.-à-d. l'échange direct d'une denrée ou d'une marchandise contre une autre était la forme unique des transactions dont la société est le théâtre, celles-ci seraient soumises à des difficultés sans nombre et souvent insurmontables. Supposons un homme qui ne peut disposer que d'un mouton et qui a besoin d'une certaine quantité de pain ou d'un vêtement, il pourra se trouver embarrassé de l'une des deux manières suivantes : ou l'homme qui aurait en sa possession l'article qu'il désire obtenir ne voudrait pas de son mouton, ou le mouton excéderait en valeur l'article désiré et ne pourrait se partager. Pour obvier aux inconvénients de l'échange direct, il était à désirer qu'on pût trouver un article que tout homme, qui a des denrées ou des marchandises dont il veut se défaire, consentît à recevoir, et qui pût être divisé en portions telles qu'une certaine quantité d'entre elles se trouvât toujours correspondre à la valeur de l'article qu'on veut obtenir. Dans ce cas, l'homme qui aurait un mouton et qui désirerait du pain ou un habit, au lieu d'offrir son mouton pour obtenir ces objets, l'échangerait d'abord contre une portion équivalente de l'article dont nous venons de parler, et avec celle-ci achèterait le pain et les autres choses dont il aurait besoin. Ceci nous donne la vraie notion d'un intermédiaire des échanges. C'est une marchandise quelconque qui, pour opérer un échange entre deux autres articles, est d'abord reçue en échange de l'un (*vente*), et donnée ensuite en échange de l'autre (*achat*). Cette marchandise intermédiaire remplit donc l'office de mesure commune des deux valeurs, produits ou services, à échanger.

On voit d'après cela qu'une m. est une marchandise quelconque dont on donne ou dont on reçoit une certaine quantité comme équivalent à la marchandise que l'on veut obtenir ou céder. L'histoire nous apprend que différents peuples ont employé diverses matières en manière de m. Sans parler du fer qui faisait fonction de m. chez les Lacédémoniens, le sel a servi de m. en Abyssinie, la morue à Terre-Neuve, les pelleteries dans le nord de l'Amérique, les grains de cacao au Mexique, le tabac en Virginie, les coquillages appelés *cauris* aux Maldives et dans plusieurs contrées de l'Afrique, le cuir en Russie jusqu'à Pierre Ier, les toiles dites *guinées* chez les peuplades nègres de la côte occidentale de l'Afrique, etc. Le choix de ces marchandises pour remplir la fonction de m. n'a jamais été arbitraire ; il résultait des circonstances particulières à chaque pays. Mais aucun des articles que nous venons de citer, aucun même des produits connus de l'industrie humaine, à l'exception de deux, ne réunit les qualités voulues pour constituer une m. parfaite, c.-à-d. pour obvier à toutes les difficultés que peut présenter l'échange désiré. En effet, quand on considère celle-ci, on trouve que l'article le plus propre à servir d'intermédiaire dans les échanges est celui qui réunira au plus haut degré les qualités suivantes : 1° Être *aisé à transporter*, et, par conséquent, posséder une grande valeur sous un petit volume ; 2° Être *inaltérable*, de telle sorte qu'il puisse se conserver indéfiniment sans se détériorer, et qu'il résiste longtemps au frottement occasionné par sa circulation de main en main ; 3° Être *homogène*, afin qu'une quantité donnée de cet article soit identique avec une autre quantité égale de ce même article ; 4° Être *divisible* presque à l'infini, sans que la division diminue sa valeur, de telle sorte que la réunion de ses fractions ait la même valeur que l'entier ; 5° Avoir une valeur aussi *stable* que possible, dans l'espace de temps limité qu'embrassent les transactions du commerce et la plupart des affaires civiles. Or, on trouve que les métaux précieux, c.-à-d. l'or et l'argent, possèdent seuls toutes les qualités que nous venons d'énumérer. Les frais de leur production sont tels qu'ils ont une grande valeur sous un petit volume ; leur texture solide et compacte les rend extrêmement résistants et presque inaltérables ; ils sont toujours identiques avec eux-mêmes, l'or de la Sibérie et l'argent du Mexique ne différant en rien, le premier de l'or de l'Australie, et le second de l'argent de la Saxe ; ils se divisent autant qu'on le désire ; enfin, quoique leur valeur ne soit pas invariable, elle est moins susceptible de fluctuation que celle de toute marchandise, et ne varie, en général, que par degrés insensibles. Évidemment, c'est la considération de ces avantages naturels propres aux métaux précieux qui a suggéré à tous les peuples l'idée de s'en servir pour intermédiaires dans les échanges, et cette adoption générale de l'or et de l'argent comme m. n'est point, ainsi que l'a très bien remarqué Turgot, le résultat d'une convention arbitraire parmi les hommes, ou de l'intervention d'aucun législateur : cela s'est fait par la force et la nature de choses.

Lorsque les hommes commencèrent d'appliquer les métaux précieux à la fonction de m., ils les employèrent sous forme de lingots. En conséquence, quand les parties étaient convenues, l'une de vendre une marchandise, l'autre de l'acheter moyennant une certaine quantité d'or ou d'argent, le métal précieux se délivrait au poids. Ceci n'est point une simple conjecture fondée sur la marche probable des choses. Non-seulement Aristote et Pline nous apprennent qu'à l'origine les transactions se faisaient ainsi que nous venons de le dire dans la Grèce et dans l'Italie, mais encore nous voyons par la Bible qu'il en était de même en Égypte et dans l'Orient. Nous lisons, par ex., dans la Genèse, qu'Abraham pesa 400 sicles d'argent, et les donna en paiement d'une pièce de terre qu'il acheta aux fils de Heth. Aujourd'hui même, il en est encore ainsi dans un pays qui est fort avancé, sous certains rapports, dans les arts de la civilisation, nous voulons dire la Chine. Dans ce vaste empire, l'argent se transmet de main en main dans les transactions sous forme de lingots d'un poids quelconque, absolument comme chez nous on se livre du fer, du plomb ou du sucre. Il s'ensuit que les particuliers ont à le peser dans chaque transaction. Mais cet inconvénient n'est pas le seul. Il est rare de rencontrer, dans la nature, de l'or ou de l'argent absolument purs ; ils sont presque toujours mélangés de substances hétérogènes. Il est donc nécessaire, pour comparer entre elles deux masses d'or ou d'argent de même poids, de s'assurer de leur degré relatif de pureté, ou, en d'autres termes, de constater leur *Titre*, c.-à-d. la quantité d'argent pur que contient chaque lingot. Or, cette opération est beaucoup plus délicate que celle du pesage. En Chine, pour éviter cette difficulté, l'usage s'est introduit de ramener l'argent (c'est à ce métal qu'est exclusivement réservée la fonction monétaire) à l'état complet de fin : on le nomme alors argent *saï-si*. Néanmoins faut-il encore vérifier, dans chaque transaction, si c'est bien effectivement de l'argent saï-si qu'on vous offre en paiement.

Tandis que les Chinois en sont restés à cet expédient incommode, la plupart des peuples civilisés ont résolu toutes les difficultés par le procédé que voici. On imagina de préparer le métal de manière qu'il contînt une proportion déterminée de fin ; puis on le façonna en disques de grandeur variée pour répondre à la division des valeurs et faciliter ainsi les transactions ; enfin, on marqua ces disques d'une empreinte attestant à la fois le poids de chaque disque et la finesse du métal. Les disques ainsi façonnés constituent ce qu'on nomme vulgairement la *monnaie*, le *numéraire* ou les *espèces métalliques*. En outre, comme l'application de cette marque ne pouvait être confiée qu'à une autorité dans laquelle le peuple eût confiance, le soin de présider à la fabrication des disques en question fut naturellement confié aux gouvernements.

Il est facile de comprendre, d'après ce qui précède, que la m. n'est point, ainsi qu'on l'a si souvent répété, un *signe* des valeurs. Lorsque j'échange 100 francs, ou mieux cinq disques d'or d'un poids déterminé contre un tonneau de vin, cet or n'est pas plus le signe de la valeur de ce tonneau que le sac de blé que j'échangerais contre ce même tonneau. Blé, vin et or sont tous trois des réalités qui s'échangent les unes contre les autres. Ces trois articles ont une valeur intrinsèque qui est essentiellement déterminée par les frais de production de chacun d'eux. Une pièce d'or n'est donc point le signe d'une valeur, elle est véritablement l'*équivalent* de la chose dont elle est si improprement appelée le *signe* Les valeurs peuvent avoir des signes représentatifs, dont les plus parfaits sont les Billets de banque; mais, comme nous l'avons vu ailleurs, ils diffèrent essentiellement de la m. Voy. Crédit.

On applique quelquefois la dénomination de *M. réelle* à celle qui existe effectivement sous la forme de disques d'or ou d'argent d'un poids et d'un titre déterminés; mais cette dénomination ne s'emploie guère que par opposition à *M. de compte*, et à *M. de banque*. La m. de compte est un type idéal en ce sens qu'il n'a pas pris corps, mais duquel il est expressément entendu qu'on lui attibue un poids parfaitement fixe de fin. Ce nom lui vient de que ce type est l'unité de compte adoptée ou même imposée pour les livres de comptabilité des particuliers et des comptables publics. Telle était la *livre tournois* sous l'ancien régime : c'était une m. de compte, puisque la pièce d'une livre tournois n'existait pas. La m. de banque est également une m. de compte dont le type représente une quantité d'or ou d'argent fin fixée une fois pour toutes. Cette m. idéale avait été imaginée par les commerçants pour parer aux graves inconvénients qu'entraînait autrefois la circulation des pièces de m. de toute origine, dont la plupart étaient usées, et dont beaucoup étaient falsifiées ; tel était le *marc de banque* de Hambourg. On donne le nom de *Monnaies obsidionales* à des monnaies plus ou moins factices que l'autorité militaire émet, en cas de nécessité urgente, dans les villes assiégées, et qu'elle ordonne d'accepter pour leur valeur nominale. Ce sont le plus souvent des pièces de cuivre fabriquées grossièrement et à la hâte. On a aussi fait des monnaies obsidionales avec du cuir, etc. A proprement parler, ces monnaies ne sont que des promesses de payer et leur cours n'est que provisoire. Après le siège, on les retire en les remboursant en m. ordinaire. On désigne souvent les billets de banque et autres promesses de payer qui ont cours dans le commerce sous le nom commun de *M. fiduciaire;* mais l'épithète caractéristique jointe ici au mot m. fait assez voir que ces billets ne constituent point une m. véritable, et n'en sont que de simples signes représentatifs. On appelle aussi m. fiduciaire les pièces de m. dont la valeur intrinsèque est inférieure à la valeur nominale. Telles sont actuellement les monnaies de bronze, et, dans une certaine mesure, les monnaies d'argent.

II. *Du rôle de l'État relativement aux monnaies.* — A l'origine, les monnaies de tous les peuples paraissent avoir reçu les mêmes dénominations que les poids communément en usage dans chaque pays, d'où il y a lieu de croire que, dans le principe, ces monnaies contenaient réellement la quantité de métal précieux indiqué par leur nom. Ainsi, le *talent* dans la Grèce antique, l'*as* ou *pondo*, dans l'ancienne Rome, la *livre* en France, le *pound* dans la Grande-Bretagne, désignaient à la fois des poids et des monnaies, et ces dernières pesaient précisément un talent, un pondo, une livre, etc. Mais les choses ne restèrent pas longtemps ainsi. L'autorité publique, quelle que fût la forme du gouvernement, trouvant dans le privilège exclusif de battre m. le moyen de faire certains bénéfices illicites, ne se fit nulle part faute d'altérer les monnaies, soit en diminuant la quantité de fin que contenait un même poids, soit même en diminuant le poids d'une certaine m. tout en lui conservant la même dénomination. Ainsi, pour ne parler que des temps modernes, en 1789, la livre d'argent du temps de Charlemagne avait été successivement réduite à n'être plus que le 74e d'une livre, et même, d'après Guérard, le 87e. En Angleterre, le pays de l'Europe où la m. a été le moins altérée, la quantité d'argent que renferme aujourd'hui une livre sterling (pound sterling) n'est pas le tiers de la livre sterling poids. Au reste, les souverains ne manquèrent pas d'apologistes qui établirent très doctement que le prince avait le droit, comme seigneur, de déterminer la valeur des monnaies et d'imposer à ses sujets l'obligation de les accepter pour la valeur nominale fixée par lui. D'ailleurs, disait-on, la m. n'étant qu'un signe représentatif, peu importait qu'une pièce d'or ou d'argent contînt plus ou moins de métal, pourvu qu'elle conservât le même nom. Cependant il ne faut pas croire que les princes s'abusassent sur leur prétendu droit et que les gens qui faisaient le commerce d'argent partageassent le préjugé vulgaire au sujet de la théorie de la représentation monétaire. En effet, les premiers prenaient toutes les précautions possibles pour dissimuler leur fabrication frauduleuse, et les seconds avaient grand soin de n'accepter les monnaies, nonobstant leur dénomination, que pour la quantité de fin qu'elles contenaient. Cette altération continuelle des monnaies par les princes fut précisément la cause principale de l'usage des *monnaies de banque* dont nous avons parlé plus haut. On entend par la *Taille* d'une m. la quantité de pièces de même valeur qui peut se fabriquer avec un poids donné de métal fin. En conséquence, lorsque, dans un marc d'or où l'on taillait d'abord 40 pièces, on venait à en tailler 50, il est évident que les nouvelles pièces valaient 20 pour 100 de moins que les anciennes. Eh bien! cette honnête opération faite à la sourdine avait un nom d'un euphémisme charmant : cela s'appelait *hausser les monnaies*.

Or, attendu que la m. n'est point un signe, mais une marchandise équivalente à celle contre laquelle elle s'échange, et attendu que sa valeur n'est point arbitraire et ne peut jamais dépendre d'une autorité quelconque, il est évident que l'unique fonction du gouvernement, dans les choses monétaires, consiste à veiller à ce que les monnaies contiennent réellement la quantité de métal précieux pour laquelle elles sont données. En France, avant le 1er janvier 1880, l'État ne fabriquait point lui-même les monnaies. Elles étaient fabriquées par des entrepreneurs qui exerçaient cette industrie à leurs risques et périls. Tantôt ces entrepreneurs achetaient des matières d'or et d'argent pour les transformer en m., lorsqu'ils pensaient pouvoir le faire avec un certain bénéfice; tantôt ils se contentaient de monnayer les matières que leur apportait le premier venu; mais aucune pièce de m. ne sortait des hôtels monétaires pour entrer dans la circulation sans avoir été vérifiée par les agents de l'État préposés à cet effet. L'alliage d'un dixième de cuivre introduit dans les monnaies françaises avait pour objet non de donner un bénéfice, soit au Trésor public, soit à l'entrepreneur, mais uniquement d'augmenter la dureté des disques d'or et d'argent et de diminuer la perte résultant du *frai*, c.-à-d. de leur usure. La proportion de cuivre qui conviendrait le mieux pour cet objet serait de 1/12[e], mais on a adopté celle de 1/10[e] par respect pour le système décimal. L'usage, chez nous, est d'exprimer le *titre* de la m en millièmes; en conséquence, on dit que les monnaies françaises sont au titre de 900 millièmes de fin. Cependant, comme, malgré les perfectionnements que l'état avancé de la chimie et de la mécanique a permis d'introduire dans le monnayage, il n'est pas possible d'obtenir des pièces absolument identiques sous le double rapport du poids et du titre, il était accordé à l'entrepreneur quelques millièmes de *Tolérance*, on disait autrefois de *Remède*. La tolérance de poids était de 3 millièmes pour la pièce d'argent de 5 francs, de 2 millièmes pour la pièce d'or de 20 fr., et de 1 millième pour celle de 100 fr. Quant à la tolérance de titre, elle était fixée à 2 millièmes pour toutes les espèces tant d'or que d'argent. Cette tolérance était la même en *faible* et en *fort*, c.-à-d. en dessous et en dessus du poids ou du titre fixé par la loi. Mais, dans la crainte que les entrepreneurs ne tendissent à faire prévaloir la tolérance en faible, il était établi qu'ils tiendraient compte à l'État du bénéfice résultant de la tolérance en faible, et, par compensation, le Trésor leur tenait compte de la tolérance en fort. Lorsque des particuliers apportaient aux directeurs des monnaies des matières à monnayer, ils payaient à ces derniers un droit de fabrication, appelé droit de *Brassage*, qui était fixé à 1 fr. 50 par kilog. d'argent, et à 6 fr. 70 par kilog. d'or, soit à 3/4 pour 100 pour l'argent, et à 2,16 pour 100 pour l'or. Il faut se garder de confondre le droit de brassage avec ce qu'on appelait autrefois le *Seigneuriage*. Ce dernier consistait dans un prélèvement, variable au gré du souverain, qui se faisait à son profit sur les monnaies fabriquées pour le compte des particuliers, et qui ne dispensait nullement du paiement des frais de fabrication. Ce droit avait pour conséquence l'affaiblissement des monnaies : cependant Necker, contrôleur des finances, soutenait encore, peu d'années avant la Révolution, sa légitimité. Bien plus, le même financier, dans une circulaire du 2 avril 1779, reprochait aux directeurs des hôtels des monnaies « de ne pas fabriquer les pièces assez faibles pour qu'il pût en résulter un plus grand bénéfice pour le roi. » Conformément aux prescriptions de la loi du 31 juillet 1879, la fabrication des monnaies est exécutée maintenant par voie de régie administrative, sous l'autorité du Ministre des finances. La retenue à opérer pour frais de fabrication sur les matières versées au change a été maintenue à 6 fr. 70 par kilogr. d'or au titre de 900 millièmes et à 1 fr. 50 par kilogr. d'argent au même titre. Le directeur de l'administration des monnaies dirige le service des monnaies qui comprend l'administration et la régie de la fabrication. La régie se compose des fonctionnaires et agents chargés de l'exécution et de la surveillance de la fabrication des monnaies et médailles.

Une *Commission de contrôle de la circulation monétaire*, composée de 9 membres désignés : 1 par le Sénat, 1 par la Chambre des députés, 1 par le Conseil d'État, 1 par la Cour des comptes, 1 par la Banque de France, 2 par l'Académie des sciences et 2 par la Chambre de commerce de Paris, s'assure de la régularité de l'émission des pièces au point de vue du poids et du titre, et à cet effet elle vérifie à la fin de chaque année les échantillons prélevés sur chacune des pièces admises en délivrance dans le cours de l'année. Cette vérification porte aussi sur des pièces extraites de la circulation. Dans le premier mois de chaque année, cette Commission remet au Président de la République un rapport sur les résultats de la fabrication effectuée pendant l'année précédente et sur la situation matérielle de la circulation. Ce rapport est distribué au Sénat et à la Chambre des députés et publié à l'*Officiel*. En Angleterre, il n'est payé aucun droit pour la fabrication des monnaies : c'est l'État qui en supporte les frais. Mais il nous paraît plus juste que ces frais soient remboursés par les particuliers, car ceux-ci ne transforment leurs lingots en m. que lorsqu'ils y trouvent un bénéfice.

III. *Variations de la valeur des métaux précieux et des monnaies.* — Nous avons dit que l'une des qualités qui rendent l'or et l'argent particulièrement propres à la fonction de m., c'est la stabilité remarquable de leur valeur. Mais, comme il n'existe aucune valeur invariable, les métaux précieux ne sauraient échapper à la loi commune, et il en est nécessairement de même des monnaies, puisque leur valeur dépend de la quantité de métal fin qu'elles contiennent. Seulement leur valeur n'est pas sujette à des variations aussi considérables et aussi brusques que celle des autres marchandises. Néanmoins l'histoire nous présente des exemples de variations progressives de la valeur des métaux précieux, soit en hausse, soit en baisse. Ainsi, après le renversement de l'empire romain, lorsque les ténèbres de la barbarie se furent répandues sur l'Occident, l'exploitation des mines fut à peu près complètement suspendue. Ce qu'il y avait en Europe de métaux précieux disparaissait peu à peu par l'usage, et, lorsque plusieurs siècles se furent écoulés, l'Europe se trouva avoir beaucoup moins d'or et d'argent, sous la forme de m. comme sous toute autre forme, par rapport à ses besoins. C'est pourquoi, à la Renaissance, la valeur de l'or et de l'argent relativement à la plupart des marchandises était fort élevée. Mais, à cette époque, la découverte de l'Amérique détermina un phénomène inverse, c.-à-d. une baisse notable dans la valeur des métaux précieux. « Les Espagnols, dit Michel Chevalier, trouvèrent dans le nouveau monde des mines d'argent, les unes, comme celles du Potosi d'un rendement inouï, les autres offrant le minerai dans une abondance jusqu'alors inconnue. Ils y découvrirent aussi des mines d'or qui, pour être moins merveilleuses, n'en étaient pas moins très remarquables en comparaison de ce qu'offrait l'ancien continent. L'or et l'argent, le second surtout, affluant désormais sur le marché du monde civilisé, n'y trouvèrent pas une demande proportionnelle, bien qu'à cette époque la civilisation fût en progrès rapide sous le rapport des échanges, comme sous les autres rapports, et que, par conséquent, une plus grande quantité de numéraire fût nécessaire. On vit donc, après quelque temps, se déclarer une baisse caractérisée pour l'un et l'autre métal, plus prononcée cependant pour l'argent. Peu après le commencement du XVII$^e$ siècle, la valeur de l'argent, rapportée à celle du blé, n'était plus que le tiers de ce qu'elle avait été avant les voyages de Chr. Colomb. De nos jours, la découverte des mines d'or nouvelles a donné naissance à des effets semblables. Au commencement du XIX$^e$ siècle, la quantité d'or qui était versée sur le marché général des peuples européens n'excédait pas annuellement 24,000 kilogrammes de fin. Après la découverte des mines de la Sibérie, de la Californie et de l'Australie, cette production est montée à 250,000 kilogrammes, tandis que celle de l'argent ne différait pas beaucoup vers le milieu du XIX$^e$ siècle de ce qu'elle était au commencement de ce siècle. » Dans la seconde moitié du XIX$^e$ siècle, on a découvert de nouvelles mines d'or dans l'Afrique australe ; mais, en même temps, la production de l'argent a tellement augmenté que la valeur de ce métal a diminué de plus de moitié, ce qui a entraîné des difficultés graves sur lesquelles nous reviendrons plus loin. — Un érudit qui a fait de longues et consciencieuses recherches sur le *pouvoir* de l'argent, c.-à-d. sur sa valeur comparée avec celle des différentes marchandises, Leber, a calculé que ce pouvoir était, au XVIII$^e$ siècle, double de ce qu'il était vers 1840; triple pendant le troisième quart du XVII$^e$ siècle; quadruple pendant le deuxième quart de ce siècle; sextuple pendant le premier quart de ce même siècle, ainsi que dans les XVI$^e$, XV$^e$, XIV$^e$ et XIII$^e$ siècles; huit fois plus fort pendant les premières années du IX$^e$ siècle, et onze fois plus fort au VIII$^e$ siècle, en 799.

Indépendamment de la dépréciation générale et progressive qu'éprouvent les monnaies par suite de la baisse de la valeur des métaux précieux, chaque pièce métallique subit par l'usage une dépréciation particulière qui résulte du *frai*, c.-à-d. de l'usure. En France, d'après les recherches expérimentales de Dumas et Colmont, le frai, pour les pièces de 5 francs, peut s'évaluer à 4 milligrammes par an : c'est 16 parties sur 100,000 ou 1 sur 6,250. Il s'ensuit qu'au bout de cent ans une pièce de 5 francs aura perdu 4 décigrammes, faisant 8 centimes ou environ 1 et 1/2 pour 100. Évidemment, la perte résultant du frai devra être beaucoup plus forte pour les pièces d'argent plus petites ; mais il n'a pas été fait de recherches sur ce point. Quant à la m. d'or, elle résiste beaucoup plus à la circulation que celle d'argent. Jacob estime que la différence est du simple au quadruple Le même auteur évalue à un deux-centièmes la perte moyenne qu'éprouvent annuellement les pièces d'argent en Angleterre ; c'est beaucoup plus qu'en France ; aussi Michel Chevalier pense-t-il que l'industrie du *rognage* doit y être pour quelque chose. Quoi qu'il en soit, l'altération qu'éprouvent les monnaies par le frai ne peut manquer, dès qu'elle devient sensible, d'affecter les transactions. Il importe donc que le bon état des monnaies soit l'objet d'une surveillance incessante, et que les pièces affaiblies par l'usage soient retirées de la circulation. A ce sujet, il se présente la question de savoir si c'est l'État, comme représentant la société, ou bien les particuliers détenteurs des pièces, qui doivent supporter la perte résultant du frai Il nous paraît incontestable qu'elle doit être mise à la charge de l'État, car la m. s'est usée au service de la société tout entière. Nous ne faisons d'exception que pour le cas où la pièce serait fausse ou altérée, parce qu'alors c'était à celui qui l'a reçue de ne pas l'accepter Il serait d'ailleurs facile de choisir un certain nombre de points de passage où l'on arrêterait au fur et à mesure les pièces faibles pour les renvoyer à l'hôtel des Monnaies : ces points pourraient être les caisses publiques, ainsi que les bureaux de la Banque de France et de ses succursales.

IV. *De l'étalon monétaire. — Monométallisme* et *Bimétallisme.* — C'est une question qui a été agitée autrefois, et qui l'est encore aujourd'hui de savoir si, dans le système monétaire d'un État, on peut avoir deux étalons, l'un d'or, l'autre d'argent. Il semble qu'il ne puisse y en avoir qu'un seul. Pour qu'il fût possible d'en avoir deux, il serait nécessaire qu'entre la valeur d'une quantité déterminée d'or et celle d'une autre quantité pareillement immuable d'argent il existât un rapport fixe. Or, c'est ce qui est radicalement impossible, tout autant que la permanence d'un rapport quelconque entre le cuivre et le plomb, par exemple, ou entre le pain et la viande. Le rapport entre les deux métaux est donc constamment variable. Cependant, après la baisse rapide de l'argent, la question a été reprise, et les partisans du double étalon, les *bimétallistes*, sont encore nombreux.

Il est bien certain que le bimétallisme ne peut exister qu'à la condition que la législation intervienne pour fixer un rapport entre la valeur de l'or et celle de l'argent. Mais comment pourra-t-on maintenir la fixité de ce rapport, qui ne dépend pas de la législation, mais de la production et de la consommation des deux métaux? Il faut d'abord remarquer que la fixité du rapport est impossible à maintenir par la législation d'un seul pays. Supposons en effet qu'en France, par exemple, on fixe ce rapport, suivant la loi qui a réglé le système métrique, à 14 et demi, c'est-à-dire qu'on décrète que 1 gramme d'or a juste la même valeur que 14 grammes et demi d'argent. La France peut se trouver en présence d'un État monométalliste comme l'Angleterre ou d'un État dans lequel le rapport légal serait fixé à un autre taux. Examinons les deux hypothèses S'il arrive, comme cela se présente aujourd'hui, que, dans le pays monométalliste, la valeur de l'argent vienne à diminuer par rapport à celle de l'or, la spéculation s'empressera d'exporter dans ce pays nos pièces d'or pour les échanger contre des lingots d'argent qui, transformés à la M. de Paris, en pièces de cinq francs, représenteront *un plus grand nombre de francs*. Nous serons ainsi condamnés à n'avoir jamais chez nous que celui des deux métaux qui a le moins de valeur, et notre étalon monétaire sera toujours représenté par la valeur de ce métal-là, de sorte que tout accroissement de production d'un des deux métaux diminuera le plus possible la puissance d'achat de notre m. En d'autres termes, *la vie deviendra plus chère*, quel que soit celui des deux métaux dont la production s'augmente. C'est déjà un inconvénient; mais il y a plus. Les étrangers qui auront à effectuer avec nous des transactions conserveront soigneusement les pièces d'or qu'ils recevront et feront tous leurs paiements en argent, de manière à bénéficier, à nos dépens, de la différence entre le rapport réel et le rapport légal des valeurs des deux métaux. C'est une perte sèche que nous serons obligés de subir.

Supposons maintenant que la France se trouve en présence d'un État où le rapport légal au lieu de 14 et demi serait de 16 par exemple. La spéculation échangera les pièces d'or françaises à l'étranger contre 16 fois leur poids d'argent, lequel sera introduit en France et transformé en m. française, de sorte qu'au bout d'un certain temps il n'y aura plus en France que des monnaies d'argent et à l'étranger que des monnaies d'or et, en l'absence de toute législation entre les deux pays, le rapport des valeurs des deux monnaies ne pourra être fixé d'une façon uniforme et restera soumis à toutes les fluctuations des cours, au grand détriment des transactions internationales. On remarquera de plus que, dans les deux hypothèses, le résultat définitif de la législation bimétalliste sera pour la France l'usage de la seule m. d'argent, c.-à-d. une situation nettement monométalliste.

Ainsi le bimétallisme n'est pas réalisable par un État isolé. Il ne peut-être établi qu'à la suite d'une entente entre tous les pays civilisés. Pour étudier l'effet d'une pareille convention, négligeons d'abord les usages des métaux précieux dans l'orfèvrerie, et admettons que l'usage presque exclusif de ces métaux est la fabrication de la m. Alors il est possible, en effet de maintenir artificiellement la fixité du rapport de leurs valeurs, puisque partout on pourra, sans frais, échanger 1 gramme d'or contre par exemple 14 grammes et demi d'argent ou inversement. Mais une pareille convention aura une influence profonde sur la production des métaux. Si par exemple l'argent tend à baisser, cela tient à ce que l'extraction de ce métal devient plus facile. En d'autres termes, il sera plus aisé et moins coûteux de tirer de la mine 14 grammes et demi d'argent que 1 gramme d'or. La conséquence est que les mines d'or seront abandonnées. En d'autres termes l'industrie minière se bornera à celui des deux métaux dont l'extraction est la moins coûteuse : c'est celui-là seul qui réglera la valeur de l'étalon monétaire. Cependant, on ne peut supprimer tout à fait l'intervention de la bijouterie et de l'orfèvrerie dont l'effet sera de retirer peu à peu de la circulation le métal qu'on aura cessé d'extraire de la mine. Ainsi, dans l'état actuel, où l'extraction de l'argent est plus aisée que celle de l'or, il n'arrivera plus de lingots d'or sur le marché et la bijouterie d'or emploiera les pièces d'or qu'elle se procurera par échange en faisant monnayer des lingots d'argent. L'or finira par faire prime, et, quand il aura complètement disparu de la circulation, on se remettra à exploiter les mines, mais uniquement pour les besoins de l'industrie, et on se gardera bien de faire monnayer des lingots d'or qui auront coûté beaucoup plus que la valeur des pièces de monnaie qu'ils représentent. Ainsi le résultat est encore le monométallisme avec, pour base, le métal le moins cher.

Il nous semble donc bien que le bimétallisme est une chimère et que jamais on ne pourra, sans s'exposer à de graves inconvénients, autoriser la frappe libre des deux métaux. En fait, à l'heure actuelle, tous les peuples civilisés sont monométallistes. Seulement, le monde est, à cet égard, divisé en deux parties : d'une part l'Europe et l'Amérique avec étalon d'or; d'autre part la Chine, le Japon et l'Inde avec étalon d'argent. Il est bien entendu que par monométalliste nous n'entendons pas un état où un seul des deux métaux est employé comme m.; mais un État dans lequel on ne transforme en m., pour le compte des particuliers, qu'un seul des deux métaux. L'Europe est monométalliste avec étalon d'or parce que les Monnaies de tous les pays d'Europe transforment en pièces à effigie tous les lingots d'or qu'on leur apporte tandis qu'elles refusent de transformer en pièces les lingots d'argent. En d'autres termes, la frappe de l'or est libre; celle de l'argent ne l'est pas. Il résulte évidemment de là que c'est la valeur de l'or qui règle celle de l'étalon monétaire et que les pièces d'argent ne sont que des monnaies fiduciaires qui circulent simplement parce que chacun sait qu'il pourra quand il voudra les échanger contre des pièces d'or.

V. *Conventions monétaires.* — La variété des monnaies d'un pays à un autre est une gêne pour les transactions commerciales. Aussi est-il arrivé que de nombreux États de l'Europe ont fini par adopter les monnaies du système métrique ; les monnaies de ces États étant identiques peuvent circuler indifféremment dans l'un ou dans l'autre, ou du moins cette circulation n'aurait aucun inconvénient si les monnaies avaient une valeur intrinsèque égale à leur valeur nominale. Malheureusement, cette égalité n'existe que pour les monnaies d'or et celles-ci circulent en effet sans aucune entrave dans tous les pays qui ont adopté notre système monétaire; mais la baisse de l'argent ayant réduit les monnaies d'argent à l'état de monnaies fiduciaires, le stock de m. d'argent émises dans un certain pays et circulant dans un autre constitue pour ce autre, à l'égard du premier, une véritable créance dont il serait bien difficile d'obtenir le remboursement. Aussi les gouvernements ont-ils le devoir de prémunir leurs administrés contre les dangers de cette invasion de m. étrangère. Un moyen radical consiste à interdire la circulation des pièces étrangères : il suffit que les caisses publiques refusent de les recevoir pour que les grandes compagnies financières et industrielles les refusent également; alors le public lui-même n'en veut plus et la circulation de ces pièces s'arrête ; mais cette mesure a deux graves inconvénients : le premier est une gêne dans les transactions, puisque chacun se trouve obligé d'examiner avec soin la m. qu'il reçoit afin de s'assurer qu'il ne s'y trouve pas de pièces démonétisées; le second est qu'au moment où l'on décrète que les caisses publiques cesseront de recevoir telle ou telle pièce, on porte un préjudice évident à ceux qui en sont détenteurs. A la vérité, on laisse au public un délai pour se débarrasser des pièces démonétisées; mais il y a toujours un grand nombre de personnes qui laissent passer le délai : celles-là sont lésées et, pour ne rien perdre, cherchent néanmoins à écouler leur mauvaise m. : celle-ci ne disparaît jamais complètement : il en reste toujours assez pour créer au public de nombreux ennuis. On évite ces désagréments au moyen de conventions internationales par lesquelles chaque État s'engage d'une part à ne frapper qu'une quantité limitée de pièces d'argent, et d'autre part à reprendre et à échanger contre des pièces d'or les pièces d'argent qui lui sont présentées par les États voisins.

A la fin du XVIII^e^ siècle, quand on établit le système métrique, on décida que toutes les pièces d'or et d'argent seraient frappées au titre de 900 millièmes et que toutes devraient être acceptées par le créancier. Ainsi celui à qui on devait par exemple 10,000 francs était obligé d'accepter en paiement, si cela plaisait à son débiteur, 10,000 pièces de 1 franc. A cette époque l'or était rare, et les paiements, même de sommes importantes, se faisaient généralement en pièces de 5 francs. Plus tard, à l'époque de la découverte des mines d'or de Californie et d'Australie, l'or devint plus abondant et l'argent fit prime; cependant la différence ne fut pas assez grande pour créer d'embarras sérieux et les paiements s'effectuèrent indifféremment en or ou en argent. Après la guerre d'Italie, le nouveau royaume d'Italie adopta le système monétaire français, et son exemple fut suivi par la Suisse et le gouvernement pontifical; seulement, pour une raison difficile à justifier, ces États n'adoptèrent le titre de 0,900 que pour les pièces d'or et les pièces d'argent de 5 francs, et frappèrent les pièces de 2 francs, de 1 franc et de 0,50 au titre inférieur de 0,835. Il en résulta nécessairement que les étrangers recherchèrent nos pièces qui émigrèrent et furent remplacées, à notre détriment, par des pièces de valeur moindre. Pour éviter d'interdire la circulation des pièces étrangères, on fit alors une importante convention monétaire. Le gouvernement français fabriqua lui aussi au titre de 0,835 les pièces d'argent de 2 francs, 1 franc et 0,50, de sorte que ces pièces, n'ayant plus leur valeur légale, devinrent de véritable m. fiduciaire. On décréta donc que le créancier ne serait plus obligé de les accepter, si ce n'est pour faire l'appoint. En même temps, la frappe de ces pièces cessa d'être libre, et chacun des États signataires de la convention s'engagea à n'en frapper qu'une quantité limitée dépendant de sa population. Le gouvernement du pape ayant dépassé sa limite fut exclu de la convention, et, quelques années avant la guerre de 1870, les pièces du pape n'avaient pas cours en France. Les pièces d'argent frappées à cette époque au titre de 0,835 se distinguèrent des précédentes frappées au titre de 0,900 en ce que l'effigie représentait l'empereur Napoléon III, *avec une couronne de lauriers*. Rien ne fut changé en ce qui concerne les pièces de 5 francs dont la frappe demeura libre et que les créanciers restèrent tenus d'accepter pour n'importe quelle somme. Une grande partie de l'indemnité de 5 milliards, que nous imposèrent les Allemands après la guerre de 1870, leur fut payée en pièces d'argent de 5 francs.

Cette situation ne put être maintenue quand survint la baisse considérable de l'argent. Pour des raisons que nous avons expliquées plus haut, il était impossible de conserver la liberté de la frappe des pièces d'argent. Une nouvelle convention devint alors nécessaire, afin de fixer la quantité que chaque

État pourrait frapper. Cette convention fut remaniée à plusieurs reprises; nous ne pouvons donner le détail de toutes les stipulations qu'elle contient. Bornons-nous à dire qu'actuellement, en France, la situation se réduit à ceci : la frappe de l'argent est limitée ; les petites pièces de 2 francs et au-dessous ne servent qu'à faire l'appoint; mais le créancier est tenu de recevoir les pièces de 5 francs pour une somme quelconque. Cette dernière mesure n'a aucun inconvénient à cause du nombre limité de pièces de 5 francs qui sont en circulation. Quant aux pièces étrangères, il y en a qui circulent librement et d'autres que les caisses publiques ne reçoivent pas, et la distinction n'en est pas toujours facile pour le public.

La dernière convention monétaire date du 6 novembre 1885. Elle a été signée entre la France, la Grèce, l'Italie et la Suisse. La Belgique y a adhéré en décembre 1885. Elle stipule qu'il ne peut être émis de pièces d'argent de 2 francs, 1 franc, 0 fr. 50 et 0 fr. 20 que pour une valeur correspondant à 6 francs par habitant. Ce chiffre est fixé en tenant compte des recensements effectués dans chaque État, comme suit :

| | |
|---|---|
| France (Algérie et colonies) . . . . . | 256.000.000 |
| Belgique . . . . . . . . . . . . . . . | 38.800.000 |
| Grèce . . . . . . . . . . . . . . . | 15.000 000 |
| Italie. . . . . . . . . . . . . . . | 182 400.000 |
| Suisse . . . . . . . . . . . . . . . | 19.000.000 |

VI. *Du billon.* — Il n'y a presque rien à dire de la m. de cuivre ou du billon. Il est évident que c'est une m. purement fiduciaire et qui ne peut servir qu'à faire l'appoint. Vers 1890, une spéculation assez difficile à comprendre s'est exercée sur les monnaies de billon étrangères qui, auparavant, circulaient librement en France, et les résultats en ont été tels qu'il a fallu proscrire absolument en France la circulation de cette sorte de m.

VII. *Des systèmes monétaires chez les divers peuples.* — Nous allons maintenant passer rapidement en revue les systèmes monétaires usités chez les principaux peuples de l'antiquité; puis nous donnerons la valeur des principales monnaies en usage chez les nations modernes, estimées en francs et au pair.

A. Ainsi que nous l'avons déjà vu, les *Égyptiens* n'avaient pas de monnaies proprement dites. L'or et l'argent se débitaient au poids. Seulement, pour faciliter les transactions, ils les fondaient en petits lingots ayant la forme d'anneaux ou de petites barres, dont on faisait des brochettes ou des paquets. Quant aux petits appoints, on les obtenait à l'aide de poudre ou de paillettes. Ainsi, sur les monuments antiques de l'époque de Sésostris, les tributs payés aux Pharaons par les nations vaincues sont représentés sous la forme de séries d'anneaux et de bourses, celles-ci contenant sans doute la poudre d'or. Les *Hébreux* suivaient la même pratique que les Égyptiens. Il paraît que ces deux peuples ne connurent l'usage des métaux monnayés qu'après la conquête de leur pays par les Babyloniens et par les Perses. En conséquence, lorsqu'il est question dans l'Ancien Testament de *talents*, de *sicles* et d'*oboles*, soit d'or, soit d'argent, il faut entendre par là une quantité d'or ou d'argent pesant un talent, un sicle, une obole. Sous les Ptolémées, après l'introduction du système philétérien, les deux peuples eurent des monnaies réelles d'or, d'argent et de cuivre, qui n'étaient en quelque sorte qu'une imitation modifiée du numéraire grec; c'est d'elles qu'il est fait mention dans les livres du Nouveau Testament. Voici, d'après Saigey, leur énumération et leur valeur estimées au pair de l'argent sans alliage. Arg : *Talent* (*kiccar*) = 9,935 fr. : *Mine* (*minah*) = 198 fr. 70; *Livre* = 79,48; *Once* = 6,62; *Sicle* (*sélah*) = 3,31; *Didrachme* (*békah*) = 1,66; *Drachme* (*rébah*) = 83 cent.; *Obole* (*gérah*) = 17 cent. Or : *Mine* = 2384 fr. 40; *Sicle* = 39,74; *Didrachme* ou *Statère* = 19,87; *Drachme* ou *Denier* = 9,99. Cuivre : *Tétrassarion* = 5 centimes 5; *Assarion*, *Phollis* ou *Kodrantès* = 1 cent. 4; *Lepton* ou *Prutah* = 0,7 cent. Il faut observer que le talent, la mine et la livre d'argent, non plus que la mine et le sicle d'or, n'étaient pas des monnaies réelles, mais seulement des monnaies de compte.

B. Chez les *Grecs*, l'unité monétaire était la *Drachme;* c'était aussi l'unité de poids. Une somme ou un poids de 100 drachmes s'appelait une *Mine*, et 60 mines formaient un *Talent* qui comprenait 6,000 drachmes. La double drachme s'appelait *Didrachme*, et la quadruple *Tétradrachme*. La drachme se divisait en 6 *Oboles;* il y avait des pièces de 2 oboles qu'on appelait *Dioboles;* de 3, qu'on appelait *Trioboles;* de 4, qu'on appelait *Tétroboles*. Il y a eu dans la Grèce des drachmes de poids différents, et par conséquent plusieurs sortes de mines et de talents; mais les deux systèmes monétaires les plus répandus étaient le système Attique et le système Éginète. — La *drachme Attique*, depuis Solon jusqu'à l'époque d'Alexandre, pesait en moyenne 4 gr. 322, et renfermait environ 1/60 d'alliage, d'où il suit qu'elle contenait 4 gram. 25 d'argent fin. Par conséquent, elle valait 94 cent. 44 (Fig. 1. Drachme d'Athènes; grandeur actuelle de la médaille). Après Alexandre, son poids fut affaibli peu à peu et tomba à 4 gram. 09 valant 90 cent. 89. D'après cela, nous trouvons les deux séries de valeurs suivantes, selon les époques : *Drachme* = 94 cent. 44, et 90,89; *Didrachme* = 1 fr. 89 et 1,81; *Tétradrachme* = 3 fr. 78 et 3,63; *Tétrobole* = 70 cent. 83 et 68,16; *Triobole* = 47 cent. 22, et 45,44; *Diobole* = 31 cent. 48, et 30,29; *Obole* = 15 cent. 74, et 15,15. Toutes ces monnaies étaient d'argent; il y avait même des *demi-oboles* et des *quarts d'obole* d'argent; plus tard on fit aussi des oboles de bronze. Quant au *Chalque* (χαλκοῦς), c'était une monnaie de cuivre qui valait la 8e partie d'une obole ou à peu près 2 centimes.

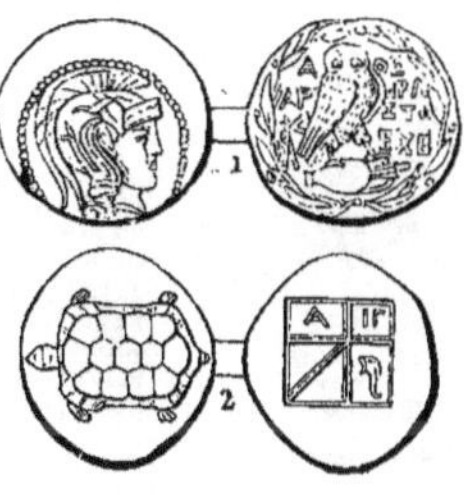


La *Mine* et le *Talent* n'étaient que des monnaies de compte. La première, qui représentait un poids de 100 drachmes, valait donc 94 fr. 44, ou 90,89; et le second, qui était un poids de 60 mines, représentait une valeur de 5666 ou de 5453 francs. Le système Attique était particulièrement en usage à Athènes, à Corinthe, à Cyrène, en Sicile, dans l'Acarnanie, en Épire, etc.; en outre, il était répandu dans toutes les cités commerciales de la Grèce. Le système Éginète régnait principalement dans le Péloponèse et dans la Béotie. Il était plus ancien que le précédent, et tirait son nom de l'île d'Égine. C'était dans cette île, au témoignage des auteurs, que Phidon d'Argos (IXe siècle avant J.-C.) avait fait frapper la première m. grecque. Le poids moyen de la *drachme* Éginète, tel que l'a calculé Hussey, était de 6 gr. 24, et contenait environ 1/32e d'alliage (Fig. 2. Drachme d'Égine, grandeur actuelle). Par conséquent, elle renfermait 6 gr. 045 de fin, et valait 1 fr. 34. Il est aisé de calculer d'après cela la valeur des multiples et des sous-multiples de cette drachme, qui sont les mêmes que dans le système attique. Toutefois, la plus forte m. éginète effective était le *didrachme*. Les Grecs d'Europe ne frappèrent de monnaies d'or que fort tard, c.-à-d. vers l'époque d'Alexandre le Grand. Mais ils se servaient des *Dariques* de Perse et des *Statères* frappés dans plusieurs

villes grecques de l'Asie, comme Phocée et Cyzique. Hérodote nomme les Lydiens comme le premier peuple qui ait fabriqué des monnaies d'or. La *Darique* pesait environ 8 gr. 36, et renfermait à peu près 8 gr 04 d'or fin. Cette m. portait d'un côté la figure d'un archer couronné et agenouillé sur un genou (Fig. 3. Darique d'or, grandeur actuelle). Les rares statères attiques avaient le poids du didrachme d'argent, c.-à-d. pesaient 8 gr. 64; ils sont remarquables par leur pureté. Il en était de même des statères de Macédoine frappés par Philippe et son fils Alexandre, ainsi que par les rois leurs successeurs (Fig. 4. Statère de Macédoine). Les statères étaient quelquefois appelés *Chrysos* (χρυσοῦς). Les écrivains anciens s'accordent à dire qu'ils valaient 20 drachmes d'argent, ce qui donne 10 à 1 pour le rapport de l'or à l'argent dans ces temps reculés. Il y avait aussi des *doubles statères*, des *demi-statères* et des *quarts de statère*, qui valaient respectivement 40, 10 et 5 drachmes d'argent. — Nous ne parlerons pas des diverses sortes de talents appelés talent *euboïque*, *rhodien*, *tyrien*, *babylonien*, etc., car les évaluations données par les auteurs sont fort controversées. Nous dirons seulement que

Bœkh fait le talent babylonien égal au talent éginète. Il est aussi question de *talents d'or*, dans divers passages des écrivains de l'antiquité. C'était un poids d'or égal au poids de 6 drachmes attiques d'argent. On l'appelait encore *talent de Sicile*, parce qu'il était fort en usage chez les Grecs de la Sicile et de l'Italie. Il paraît qu'on le divisait en 3 mines d'or, équivalant chacune en poids à un didrachme ou à un statère. L'existence de ce petit talent d'or explique l'emploi de l'expression *magnum talentum* (grand talent), employée par les auteurs latins pour désigner le talent d'argent attique, qui, en effet, était grand relativement au talent d'or en question.

C. Sous les rois et dans les premiers temps de la République, les *Romains* ne connurent que la m. de cuivre. L'unité de cette m. était la même que celle des poids; c'était un fragment de métal sans empreinte et de forme indéterminée, qui pesait une livre et que l'on appelait pour cela *As*, *As libralis*, *Assipondium*, *Libra* et *Pondo*. Ce fut, suivant Pline et Varron, le roi Servius Tullius qui donna à l'as, sans toucher à son poids, une forme précise et un type particulier. Les premières empreintes que reçut cette m. de cuivre représentaient quelque animal domestique (*pecus*), un taureau, un porc, un mouton, d'où le nom de *pecunia*, qui en latin désigne la m. en général. Plus tard, on adopta d'autres empreintes, et particulièrement la figure de Janus bifrons (Fig. 5. As de cuivre, demi-module : le revers de cette médaille représente une proue de navire). L'as continua de peser effectivement une livre jusqu'à la première punique (264-241 av. J.-C.). Pendant cette guerre, afin de faire face aux dépenses, le sénat, à bout de ressources, décréta que les as n'auraient plus que 2 onces ou le 6e de leur ancien poids, et qu'ils conserveraient leur valeur nominale. De cette façon, la république gagna cinq dixièmes sur chaque as. La seconde guerre punique obligea l'État de recourir au même procédé (217 av. J.-C.). En conséquence, on réduisit encore l'as de moitié, c.-à-d. à une once. Un peu plus tard encore (191 av. J.-C.), la loi Papiria le réduisit à une demi-once, c.-à-d. au 24e de son poids primitif. Il y eut probablement entre ces réductions des réductions intermédiaires, mais elles sont peu ou point connues. L'as, dans les comptes, se divisait en parties nommées comme les parties de l'as poids; mais il n'y avait que quelques-uns de ces sous-multiples qui fussent représentés par des monnaies réelles : c'étaient le *semis*, *semissis*, ou *semi-as*, valant 6 onces, le *quincunx* ou pièce de 5 onces, le *triens* ou tiers d'as = 4 onces, le *quadrans* ou *teruncius* de 3 onces, le *sextans* ou pièce de 2 onces, et l'*uncia* ou once. Après la réduction du poids de l'as, on frappa des monnaies de cuivre valant 2, 3, 4 et même 10 as, qui portaient les noms respectifs de *dussis* ou *dupondius*, *tressis*, *quadussis* et *decussis*. Le terme de *centussis* désignait une somme de 100 as. Les Romains ne commencèrent à faire usage de la m. d'argent que cinq ans avant la première guerre punique, sous le consulat de Q. Ogulnius et de C. Fabius Pictor (A. R. 485 av. J.-C.). A cette époque, on frappa une m. d'argent d'une valeur égale à 10 as de cuivre et qu'on appela en conséquence *Denier* (*denarius*, de *deni asses*). On lui donna deux sous-multiples, le *Quinaire* (*quinarius*) = 5 as, et le *Sesterce* (*sestertius*) = 2 as 1/2. Mais lorsque l'as fut réduit à une once, on attribua au denier une valeur de 16 as, ce qui porta celle du quinaire à 8 as, et celle du sesterce à 4 as. Le *denier* ayant varié plusieurs fois de poids et de titre, cela fit nécessairement varier sa valeur. Suivant Letronne, depuis l'époque où il fut porté à 16 as jusqu'à l'empire, son poids resta le 84e de la livre = 73 grains 2/3 = 3 gr. 895. D'après ce poids, combiné avec le titre de l'argent, le savant numismate a fixé à 82 centimes la valeur du denier au temps de la république. Pendant la même période, le *quinaire* représenta 41 centimes et le *sesterce* 20 centimes et 1/2. De cette manière, l'as se trouva correspondre à 5 centimes et 1/2. Sous Auguste, la valeur du denier ne fut plus que de 79 centimes. Elle descendit à 78, sous Tibère et Claude; à 73, sous Néron; et à 70, sous Domitien. Les premiers deniers portaient ordinairement d'un côté une tête de Rome armée d'un casque, et de l'autre un char traîné par deux ou par quatre chevaux (Fig 6), d'où les noms de *Bigati* et de *Quadrigati* (sous-entendu *nummi*) qu'on leur donnait. Le quinaire était aussi appelé *Victoriatus*, parce qu'il représentait ordinairement une figure de la Victoire. Outre les divisions du denier que nous venons de mentionner, les Romains distinguaient encore la *Libella*, la *Sembella* et le *Teruncius*, qui représentaient respectivement la 16e, la 32e et la 64e partie de cette m.; mais il ne paraît pas qu'ils aient jamais eu de pièce d'argent plus petite que la *libella*. — Lorsque les Romains eurent commencé à faire usage de monnaies d'argent, ils cessèrent d'employer l'as comme m. de compte, et adoptèrent pour les calculs, non pas le denier, mais le sesterce, qui, ainsi que nous l'avons vu plus haut, est le quart de celui-ci. La manière de compter par sesterces présentant quelques difficultés lorsqu'on lit les anciens auteurs, nous croyons utile d'en dire quelques mots. Dans ce système, *sestertius*, au masculin singulier, désignait une pièce d'un sesterce.

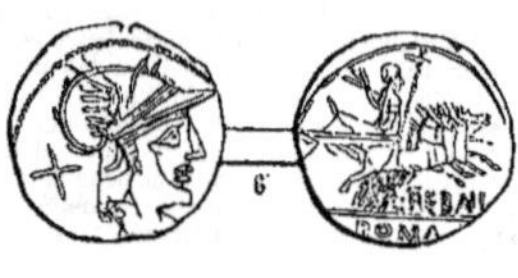


Pour indiquer un certain nombre de ces pièces, de 2 à 999, le chiffre énonçant la somme en question se plaçait devant le masculin pluriel *sestertii*; exemple : *centum sestertii* = 100 sesterces. Arrivé à 1000, on disait quelquefois *mille sestertii*, mais, en général, on se servait de singulier neutre *sestertium* qui, à lui seul, signifiait 1000 sesterces. Quand le nombre était supérieur à 1000, on ajoutait le mot indiquant le chiffre des mille devant le pluriel neutre *sestertia*, et ce mot marquait autant de mille pièces d'un sesterce qu'il représentait d'unités. Ainsi, *decem sestertia* équivaut à *decem millia sestertiorum*, 10,000 pièces d'un sesterce. Au-dessus de 100,000, la manière de compter changeait encore. Quand on avait à exprimer dix fois, vingt fois et cent fois mille sesterces, on sous-entendait *centena millia*, cent mille, et l'on plaçait seulement l'adverbe numéral *decies*, *vicies*, *centies*, etc., devant le mot *sestertium* (pour *sestertiorum*). D'après cela, *decies sestertium*, *centies sestertium*, qui étaient pour *decies centena millia sestertiorum*, *centies centena millia sestertiorum*, voulaient dire, le premier dix fois 100,000 ou 1 million de sesterces, le second cent fois 100,000 ou 10 millions de sesterces. Dans leurs comptes, les Romains supprimaient le mot sesterce et le remplaçaient par un des sigles H, HS. Ainsi, *mille* H voulait dire 1000 sesterces; *decies* HS, un million de sesterces, etc. Il faut encore remarquer que HS MC = 1100 sesterces, tandis que HS $\overline{MC}$, avec un trait horizontal sur les deux dernières lettres, signifie HS *millies centies* ou 110,000 *sestertia* ou 110,000,000 *sestertii*. Enfin, quand les signes numériques sont divisés par des points en deux ou trois tranches, la tranche de droite exprime les unités, celle qui vient après les mille, et la troisième les cent mille. D'après cela, le nombre III.XII.DC. HS, signifie 300,000 + 12,000 + 600 HS, c.-à-d. 312,600 sesterces. — La m. d'or, qu'on nomma *Aureus* (sous-entendu *nummus*), ne parut à Rome que 62 ans après le denier d'argent, c.-à-d. vers l'an 207 av. J.-C. « Dès son origine, dit Letronne, elle se trouva réglée sur celle d'argent. On frappa d'abord des pièces du poids de 1, 2, 3 et 4 scrupules, dont la valeur fut fixée à raison de 20 sesterces ou de 5 deniers de scrupule d'or. On possède encore des pièces d'or offrant ces différents poids et qui portent les marques XX, XXX, XL, indicatives de leur valeur nominale. Mais jusqu'au commencement du premier siècle de notre ère, les Romains paraissent avoir frappé très peu de monnaies d'or, et s'être principalement servis des *philippes* d'or ou statères de Macédoine, qui circulaient en grande quantité dans toute l'Italie. Ce ne fut qu'à l'époque de Jules César que l'or entra réellement dans le système monétaire : l'*aureus* fut alors frappé à la taille de 40 à la livre, c.-à-d. que, la livre poids étant évaluée à 6160 grains, il pesa 154 grains ou 8 gr. 179. Son rapport avec l'argent fut fixé à raison d'un aureus pour 25 deniers : ainsi la proportion des deux métaux monnayés fut de 12 à 1 (Fig. 7. Aureus d'Auguste). On voit par de nombreux textes positifs que le rapport entre le denier et l'aureus n'éprouva, sous les premiers empereurs, aucun changement; mais le denier, ainsi que nous l'avons vu, ayant

éprouvé dans son poids une diminution graduelle, il est clair que l'aureus a dû éprouver une diminution proportionnelle. En effet, la pesée des aureus a prouvé que, sous les 12 premiers empereurs, le poids de l'aureus a été graduellement affaibli, en sorte que la proportion des deux métaux resta sensiblement la même. L'aureus valut donc toujours 25 deniers, et par conséquent 100 sesterces. » D'après cela, il est toujours facile de connaître la valeur de l'aureus, en cherchant celle du denier ou du sesterce aux diverses époques. Alexandre Sévère fit frapper des pièces d'or appelées *Semissis* et *Tremissis*, parce qu'elles valaient, les premières la moitié, et les secondes le tiers de l'aureus. Après cette époque, l'aureus reçut le nom de *solidus*, dont nous avons fait *sol* et *sou*. Constantin le Grand fit frapper des *sous d'or* (*solidi aurei*) à la taille de 72 à la livre, et pesant par conséquent 4 scrupules chacun. Le poids du sou d'or resta fixé ainsi jusqu'à la fin de l'empire. En même temps qu'il changeait le type de la m. d'or, Constantin supprima le denier d'argent, et le remplaça par une nouvelle m. d'argent, qui fut appelée, en latin, *Argenteus* (sous-entendu *nummus*) et, en grec, *Miliaresion*, et, comme cet argenteus pesait 4 gr. 54, il vaudrait, en y admettant un 24e d'alliage, environ 97 centimes de notre m. En outre, comme sa valeur était le 12e du *solidus*, ce dernier valait 11 fr. 64; il vaudrait aujourd'hui 15,50 environ. *L'as* ou la *livre de cuivre* fut la moitié de ce nouveau denier, ou le 14e du sou d'or. Cet as se subdivisait en 48 *petits os* (*Assarius*), dont 4 formaient le *Tetrassarius*, ou 12e de l'as. — A Rome, les ateliers monétaires de la république étaient établis dans un bâtiment construit sur le mont Capitolin et contign au temple de *Juno Moneta*, c.-à-d. de Junon qui donne des conseils. De là le nom de *moneta* fut appliqué d'abord à l'atelier monétaire, puis étendu aux produits qui s'y fabriquaient. Telle est l'étymologie du mot *Monnaie*, que nous employons pareillement dans ces deux acceptions.

D. C'est par leurs rapports avec les colonies grecques établies sur le littoral méditerranéen que les *Gaulois* connurent l'usage des monnaies d'or et d'argent. Aussi les plus anciennes monnaies frappées dans la Gaule sont des imitations des statères d'or et des drachmes grecques. Après la conquête romaine, les Gaulois imitèrent surtout les deniers et les quinaires d'argent des Romains. Enfin, après la conquête franque, ce furent encore les monnaies impériales qui servirent de type aux monnaies gauloises. Les Mérovingiens firent frapper des *Sous d'or*, des *Demi-sous* et des *Tiers de sou*, à l'imitation du *solidus*, du *semis* et du *triens* de Constantin ; mais, en fait de m. d'argent, ils ne firent frapper que des *Deniers* imités du denier romain. La valeur du sou d'or était fixée à 40 deniers d'argent. Le denier d'argent, qu'on appelait aussi *Saiga*, peut être considéré comme l'unité monétaire des Francs. Quant à la *Livre d'or*, à la *Livre d'argent* et au *Sou d'argent*, si souvent mentionnés dans les textes, ce n'étaient que des monnaies de compte. La livre d'or représentait 72 sous d'or; le sou d'argent représentait 12 deniers, et la livre d'argent 24 sous d'argent. Le denier pesait donc un peu plus de 21 grains ou environ 1 gramme 12, et valait à peu près 25 centimes. Mais, à mesure que l'on avance, on voit les monnaies d'or disparaître pour faire presque exclusivement place à celles d'argent. On attribue généralement cette disparition des monnaies d'or au discrédit dans lequel elles seraient tombées par suite des fraudes qu'auraient commises les monétaires. Quoi qu'il en soit, la circulation de l'or fut tout à fait nulle sous les Carolingiens, et ne se rétablit que plus de quatre siècles après. — En réformant le système des poids et mesures, Charlemagne modifia également le système monétaire. Il partagea la livre d'argent (laquelle valait 5760 grains = 367 gram. 128) en 20 *sous* de 12 *deniers* chacun, de sorte que la taille du *denier* était de 240 à la livre. En y supposant 1/24e d'alliage, le denier valait donc 34 cent. 6. Il fut en outre partagé en 2 *oboles* pesant chacune 12 grains. Charles le Chauve éleva le poids du *denier* qu'il fit de 216 à la livre, et, par conséquent, valant environ 36 centimes. Cependant, sous les premiers Capétiens, les deniers avaient baissé de poids, car ils varient de 284 à 309 à la livre. Au reste, l'établissement du régime féodal eut pour effet de jeter la perturbation la plus effroyable dans le système monétaire, comme dans tout le système des poids et mesures. Le remède ne pouvait venir que du pouvoir central, c.-à-d. de la royauté. Les rois, en effet, s'efforcèrent bien de faire prévaloir le droit régalien de battre m., mais plusieurs rivalisèrent avec les grands vassaux dans l'art de falsifier les monnaies. Au commencement du XIIe siècle, en 1103, Philippe Ier mêla un tiers de cuivre à l'argent des deniers. Ce fut ce même prince qui institua le poids de marc à l'usage des monnayeurs, en prenant pour cela les 2/3 de la livre de Charlemagne, c.-à-d. 3,840 grains = 244 gr. 752. Dix ans après, Louis le Gros mit la moitié du cuivre dans le denier, lequel, allant toujours en s'altérant, finit par n'être plus qu'une menue m. de cuivre, jusqu'à Louis XIV, sous le règne duquel on cessa d'en frapper. La livre et le sou baissèrent proportionnellement, car on continua toujours de compter 12 deniers pour 1 sou, et 20 sous pour une livre. Enfin, cette dernière qui, sous Charlemagne, avait pesé réellement 367 grammes, ne pesait pas 5 grammes à l'époque de l'établissement du système métrique. Dès le XIIe siècle, les populations, pour se reconnaître au milieu de la confusion monétaire produite par le système féodal, s'étaient insensiblement habituées à considérer comme étalons les monnaies de certaines localités, et notamment les deniers *tournois* et *parisis*, c.-à-d les deniers frappés à Tours et à Paris. Le denier parisis valait un quart de plus que le denier tournois; or, comme le sou et la livre se composaient, le premier de 12 deniers, et la seconde de 20 sous, il s'ensuit que le sou parisis équivalait à 15 deniers tournois, et la livre parisis à 25 livres tournois. Philippe Auguste sanctionna ce choix instinctif, en décidant que dorénavant la m. tournois aurait cours dans le Midi, et la m. parisis dans le Nord. Bientôt après, saint Louis fit les efforts les plus louables pour remédier au désordre. Non seulement il fit reparaître la m. d'or en frappant les *Agnels d'or* de 60 au marc, mais encore il créa les premiers sous d'argent fin. Cette nouvelle pièce ne fut pourtant point appelée *sou*, mais *Gros denier* ou simplement *Gros*, et aussi *Denier blanc* ou simplement *Blanc*, parce qu'elle était d'argent, et par opposition à l'autre denier, 12e partie du sou, qu'on appelait *denoir noir* ou *nérel*, parce qu'il était de billon. On le nomma encore *Gros tournois*, parce que les seuls gros deniers qui furent frappés étaient dans le système tournois. Le gros de saint Louis était de 58 au marc et valait 12 deniers. Philippe de Valois le fit de 60 au marc; Jean II, de 84 au marc; Charles V, de 96; Charles VI, de 86 et 1/4; et Charles VII, de 68 Ces rois frappèrent aussi diverses monnaies d'or. Nous nommerons : de Philippe de Valois, les *Parisis* de 32 et 2/5 au marc; les *Lions*, de 50 au marc: les *Couronnes*, de 45; les *Anges*, de 33 et 2/5; et les *Deniers d'or à l'écu*, de 54; de Jean II, les *Francs d'or*, de 63 au marc ; de Charles V, les *Florins* ou *Fleurs de lis*, de 64 au marc; de Charles VI, les *Écus d'or à la couronne*, de 64 au marc ; de Charles VII, les *Francs d'or*, de 80 au marc, et les *Écus d'or*, de 70 au marc. Louis XI frappa les *Écus sols* ou *Écus d'or au soleil*, également à 70 au marc. Aux gros d'argent, qui constituaient avant lui la m. d'argent courante, Louis XII substitua les *Testons*, ainsi appelés parce qu'on y voyait la tête du roi (*testone*, grosse tête) : ils étaient à la taille de 25 et 1/2 au marc. Henri III les remplaça par les *Francs* d'argent, qui étaient de 17 au marc et valaient 20 sous, comme l'ancienne livre et les francs d'or. Il créa aussi des *Demi-francs*, des *Quarts de franc*, des *Quarts d'écu* et des *Demi-quarts d'écu* : ces *quarts d'écu* étaient pareillement d'argent, mais à la taille de 25 et 1/5 au marc. Ce fut Louis XIII qui inaugura la nombreuse série des pièces désignées sous le nom de *Louis*. Il fit frapper, en 1610, des *Louis d'or* de 36 et 1/4 au marc; puis, en 1641, des *Louis d'argent*, appelés aussi *Écus blancs*, à la taille de 8 et 1/12 au marc en valant 60 sous. Il fit aussi fabriquer des *Louis d'argent* de 30, de 15 et de 5 sous : ces monnaies contenaient un douzième d'alliage. Sous Louis XIV, il fut frappé des *Lis d'argent* de 30 et 1/2 au marc; des *Écus*, dits *aux trois couronnes*, de 8 au marc; des *Louis d'or* de 36 et 1/4 au marc; des *Louis* dits *au soleil*, de 30 au marc, etc. Sous Louis XV, parurent les *Louis* dits de *Noailles*, de 20 au marc; les *Louis à la croix de Malte*, de 24 et 8/10 ; les *Louis* dits *mirlitons*, de 37 et 1/2; les *Louis* de la refonte de 1726, taillés à 30 au marc et valant 25 fr. 77, ainsi que diverses pièces d'argent, comme les *Écus* dits de *Navarre*, à 10 au marc, et la *Livre d'argent* ou *Franc aux deux Louis*, de 65 au marc ; le *Louis d'argent* (édit de 1720), de 30 au marc, et l'*Écu* dit *de 6 livres* (refonte de 1726), de 8 et 1/3 au marc, valant 120 sous. On frappa des sous-multiples de ce dernier, qui furent appelés *Écu de trois livres* ou *Petit écu*, *Pièce de 24 sous*, *Pièce de 12 sous* et *Pièce de 6 sous* : les monnaies de la refonte ne devaient contenir qu'un 12e d'alliage. Sous Louis XVI, le système monétaire resta le même pour les monnaies d'argent ; mais le *Louis d'or* (édit de 1785) fut taillé à 32 au marc et ne valut plus que 24 fr. 15. Les choses demeurèrent ainsi jusqu'à l'adoption du système décimal, et son application aux monnaies. Quant aux monnaies de billon, leur histoire est singulièrement embrouillée, et cela par suite des altérations perpétuelles pratiquées dans le système monétaire pendant le cours des XIIIe, XIVe et XVe siècles, car les monnaies d'argent finissaient par n'être plus que du cuivre. Nous nous contenterons de dire que c'est à Louis XI que l'on doit l'introduction, au nombre des monnaies royales, du *Liard*, auparavant simple m. provinciale; que les *Pièces de 6 blancs* et les *Pièces de 3 blancs*, qui avaient encore cours il y a quelques années, ont été fabriquées par Henri II sous le nom de *Gros de Nesle* et de *Demi-gros de Nesle* (leur dénomination vulgaire leur venait de ce qu'elles valaient, les premières 30 et les secondes 15 deniers, de même que le liard en valait 3); que le *Sou* de cuivre date seulement de Louis XV (le premier sou connu porte le millésime de 1719); et enfin, que ce fut sous Louis XVI qu'on frappa pour la première fois des pièces de 2 sous.

Pour la fabrication des monnaies. Voy. MONNAYAGE.

E. *Monnaies modernes.* — En traitant ailleurs du système métrique, nous avons exposé son application au système monétaire de la FRANCE. Par conséquent, nous nous bornerons à rappeler ici que notre unité monétaire étant le *Franc* = 5 grammes d'argent aux 9 dixièmes de fin, les autres *monnaies d'argent* sont la *pièce de 2 fr.* = 10 gram.; la *pièce de 5 fr.* = 25 gram.; la *pièce de 50 cent.* = 2,50 gram., et la *pièce de 20 cent.* = 1 gram. — Nos *monnaies d'or* sont : la *pièce de 5 fr.* = 1,6129 gram.; la *pièce de 10 fr.* = 3.2258 gram.; la *pièce de 20 fr.*, = 6,4516 gram.; la *pièce de 50 fr.* = 16,1290 gram., et la *pièce de 100 fr.* = 32,258 gram. Toutes ces monnaies contiennent un 10e de cuivre et 9 de fin. Nos *pièces de billon* ou mieux *de bronze* sont au nombre de 4, savoir : *pièce de 1 cent.* = 1 gram.; *pièce de 2 cent.* = 2 gram.; *pièce de 5 cent.* = 5 gram., et *pièce de 10 cent.* ou de 1 *décime* = 10 gram. Le bronze employé pour la fabrication de ces pièces se compose de 95 parties de cuivre pur, de 4 d'étain et de 1 de zinc. — Maintenant nous allons indiquer en m. française et au pair la valeur des principales monnaies actuellement usitées chez les peuples étrangers. Tous les nombres sont exprimés en francs.

Le directeur de la M. de Washington, M. Preston, a publié en 1894 un résumé statistique sur l'or et l'argent monnayé dans tous les pays du monde, ainsi que la somme d'argent comptant qui devrait revenir à chaque individu de ces différents pays. Ses recherches sont fondées sur les rapports des consuls, des fonctionnaires et des principaux économistes. Il appert de ce tableau que la valeur totale de l'or en circulation est de 3 901,9 millions de dollars, celle de l'argent 3 931,1 millions de dollars et que la valeur nominale du papier-m. non couvert représente 2 700 millions de dollars. Le montant des valeurs se présente (en 1,000 dollars) pour chaque pays de la manière suivante :

| PAYS. | OR. | ARGENT. | PAPIER. | P. INDIVIDU. en dollars. |
|---|---|---|---|---|
| États-Unis | 661 000 | 634 000 | 469 000 | 26,02 |
| Grande-Bretagne | 540 000 | 112 000 | 127 000 | 20,44 |
| France | 800 000 | 500 000 | 100 000 | 36,81 |
| Allemagne | 610 000 | 215 000 | 84 000 | 18,50 |
| Belgique | 54 000 | 594 000 | 54 000 | 26,70 |
| Italie | 96 000 | 16 500 | 179 000 | 9,59 |
| Suisse | 15 000 | 15 000 | 12 000 | 14,48 |
| Grèce | 500 | 3 000 | 23 400 | 12,22 |
| Espagne | 40 000 | 155 000 | 105 000 | 17,14 |
| Portugal | 40 000 | 10 000 | 4 000 | 21,06 |
| Roumanie | 200 | 100 | 25 000 | 4,60 |
| Serbie | 3 000 | 1 900 | 4 500 | 4,27 |
| Autriche-Hongrie | 124 000 | 85 000 | 187 000 | 9,59 |
| Pays-Bas | 19 000 | 56 000 | 37 000 | 24,34 |
| Norvège | 7 200 | 1 700 | 4 300 | 6,60 |
| Suède | 6 600 | 4 900 | 1 500 | 2,71 |
| Danemark | 14 200 | 5 400 | 6 200 | 11,72 |
| Russie | 422 000 | 41 000 | 550 000 | 8,17 |
| Turquie | 50 000 | 44 000 | — | 2,39 |
| Égypte | 120 000 | 15 000 | — | 19,85 |
| Australie | 105 000 | 7 000 | — | 26,05 |
| Mexique | 5 000 | 50 000 | 2 000 | 5,00 |
| États de l'Am. cent. | 500 | 8 000 | 4 000 | 3,78 |
| — Amériq. du Sud. | 45 800 | 30 000 | — | 49,67 |
| Japon | 80 700 | 81 300 | — | 4,00 |
| Inde | — | 950 000 | 37 000 | 3,44 |
| Chine | — | 725 000 | — | 1,80 |
| The Straits | — | 110 000 | — | 28,64 |
| Canada | 14 000 | 5 000 | 29 000 | 10,00 |
| Cuba | 19 000 | 1 500 | — | 12,81 |
| Haïti | 2 000 | 2 900 | — | 4,90 |
| Total | 3 901 900 | 3 931 100 | 2 700 000 | |

EUROPE. — ALLEMAGNE (Empire d'). **Or.** 20 marks (double couronne) = 24,69; 10 marks (couronne) = 12,35; 5 marks = 6,17. Il y avait autrefois le *Carolin* de Bavière = 17 le *Carolin de Wurtemberg*, = 25, etc. **Arg.** 5 marks = 5.56; 2 marks = 2,22; *mark* (100 pfennig) = 1,11; 1/2 mark 50 pfennig) = 0,56. **Billon.** *Groschen* (appelé quelquefois en français *grosso*); 3 kreutzers = 0,12; *kreutzer* = 0,04.

ANGLETERRE. — Voy. GRANDE-BRETAGNE.

AUTRICHE-HONGRIE. — **Or.** *Ducat* ancien (ad legem imperii) = 11,85; Quadruple ducat = 47,41; 20 couronnes = 21; 10 couronnes = 10,50; Florin ou Gulden (2 couronnes) = 2,47. Il y avait autrefois le *Carolin* de Hongrie valant 25,85. **Arg.** Couronne (100 hellers) = 0,93; Maria-Theresien-Thaler, dits *Levantins*, m. de commerce = 5,20.

BELGIQUE. — **Or.** 20 francs = 20; 10 francs = 10. **Arg.** 5 francs = 5; 2 francs = 1,86; 50 centimes = 0,46. Lors de la réunion de la Belgique à la France, le système monétaire décimal y fut mis en vigueur, et il a été maintenu depuis sous les mêmes noms que chez nous.

BULGARIE. — **Or.** 100 leva = 100; 20 leva = 20; 10 leva = 10. **Arg.** 5 leva = 5; 2 leva = 1,86; lew (100 stotinkis) = 0,93; 50 stotinkis = 0,46.

DANEMARK. — **Or.** 20 kronen = 27,78; 10 kronen = 13,89. **Arg.** 1 kronen = 2,67; krone = 1,33.

ESPAGNE. — Il faut distinguer les monnaies anciennes qui continuent d'avoir cours, et les monnaies modernes frappées en exécution de la loi du 15 avril 1848. Les *Monnaies anciennes* sont : **Or.** *Quadruple* (1730 à 1772) = 85,440; *Quadruple* (1772 à 1786) = 83,498; *Quadruple* (1786) = 81,55; *Doublon* ou Double pistole = 40,77; *Pistole* = 20,39; *Escudo* = 10.19; *Escudillo* = 5,09. **Arg.** *Peso duro* ou Piastre forte dite *à deux oboles* ou *à colonnes* (1730-1772) = 5,54; *Piastre à colonnes* (1772) = 5,42; *Piastre* forte (1772) = 5,38; Demi-piastre = 2,69; Quart de piastre = 1,39; *Peseta* (1/5 de piastre) = 1,07; *Real de plata nueva* (1/10 piastre) = 0,52; *Reallilo* ou *Real de vellon* (1/20 de piastre) = 0,26. **Billon.** *Double cuarto* ou *Ochata* = 8 maravedis de vellon = 0,0632; le *Cuarto* = 2 ochavos = 0,0316; l'*Ochavo* = 0,0158; le *Medio-ochavo* ou *Maravedi de vellon* = 0,0079. Dans ce système, l'unité de compte était le peso duro ou piastre forte = 20 reales de vellon (réaux de billon) = 5.38; le *real de vellon* = 34 maravedis de vellon = 0,269. On compte encore par *Piastre de change* = 8 reales de plata antigua = 4,056; le *real de plata antigua* = 16 cuartos = 64 maravedis de vellon = 0,507; le *Cuarto* = 4 maravedis de vellon = 2 et 1/8 maravedis plata = 0,037.

Les monnaies nouvelles sont : **Or.** 25 pesetas = 25; 20 pesetas = 20; 10 pesetas = 10. **Arg.** 5 pesetas = 5; 2 pesetas = 1,86; peseta = 0,93; 1/2 peseta = 0,46.

GRANDE-BRETAGNE. — **Or.** *Guinea* de 21 shillings = 26,48; *Half-guinea* ou Demi-guinée = 13,23; *Sovereign* ou Souverain = 20 shillings (depuis 1818) = 25,22; *Half-sovereign* = 12,61. **Arg.** *Crown* ou Couronne (ancienne) 5 shillings = 5,81; *Half-crown* = 2,90; 2 florins = 4,64; *Florin* (1849) 2 shillings = 2,32; *Shilling* = 12 pence ou deniers = 1,16; *Half-shilling* = 0,58. **Cuivre.** 4 pence = 0,39; 3 pence = 0,29; 2 pence = 0,19; *penny* = 0,10; *half-penny* = 0,05; *farthing* = 0,025. — On compte en Angleterre par *livres sterling* à 20 shillings de 12 pence. La livre sterling (*pound*) n'était autrefois qu'une m. de compte; elle est devenue m. réelle depuis 1818, où l'on a frappé la pièce d'or appelé *Souverain* qui a la même valeur.

GRÈCE. — La Grèce fait partie de la convention monétaire. Voy. plus haut V. Mêmes pièces qu'en France; le franc s'appelle *drachme*, le centime *lepton*, pl. *lepta*.

HOLLANDE. — **Or.** *Ducat* = 11,83; Double ducat = 23,66; 10 florins = 20,83. **Arg.** *Ryksdaler* ou risdale de 2 et 1/2 gulden (1848) = 5,25. Florin = 2,10; 1/2 florin = 1,05; 25 cents = 0,51; 10 cents = 0,20; 5 cents = 0,10. Il y avait autrefois un *ducaton* valant 6,81, et une m. de compte nommée *escalin*, valant 0,65. **Cuivre.** Pièce de 1 cent = 0,021. Pièce de 1/2 cent = 0,0105. L'argent a seul cours légal depuis 1850; l'or ne circule que comme marchandise.

ITALIE — Nous donnons d'abord quelques renseignements sur les anciennes monnaies : *Etats de l'*ÉGLISE. **Or.** *Doppia* ou Pistole de Pie VI et Pie VII = 17,28; *Zecchino* ou Sequin de Clément XIV et de ses successeurs = 11,80; *Scudo* de Pie IX (1834) = 5,36; *Quartino* (1/4 de sequin) = 2,90. **Arg.** *Testone*, scudo de 10 paoli, ou de 100 baiocchi = 5,41; *Scudo* de Pie IX (1854) de 100 baiocchi = 5,36; *Mezzo-scudo* de 50 baiocchi (1854) = 2,65; *Testone* de 30 baiocchi = 1,62; *Papetto* de 20 baiocchi = 1,05; *Paolo* de 10 baiocchi = 0,53. **Cuivre.** *Baioccho* ou *Baioque* = 0,05; *Denara* = 0,0224. —

GÊNES **Or.** *Génovine* de 100 livres = 88,39; Génovine de 96 livres = 79,00; *Zecchino* ou *Sequin* = 2,01. **Arg.** *Crozat*, ou vieux écu = 8,15; Écu de banque = 4,21; *Double madonine* = 1,67; *Écu de saint Jean-Baptiste* = 6,57. — LOMBARDO-VÉNÉTIE. **Or.** *Scudo* = 144,35; *Ozella* = 48,11; *Zecchino* = 11,89; *Ducato* = 7,50; *Doppia* ou Pistole de Venise = 20,25; Doppia de Milan = 19,76; *Florin* de Venise = 12,00; *Napoleone* (regno d'Italia) = 20,00; *Sovrano* de 40 lire austriache (1823) = 35,13. **Arg.** *Scudo* de 6 livres d'Autriche (1823) = 5,20; *Florin* nouveau d'Autriche = 2,46; Quart de florin = 0,61; *Scudo* d'Italie = 5,00; *Scudo* de Milan = 4,20. — MODÈNE. **Arg.** *Scudo* = 4,15. — PARME. **Or.** *Quadruple doppia* ou Pièce de 4 pistoles (depuis 1785) = 86,12; Pièces de 20 et de 40 fr. (1815, Marie-Louise). **Arg** *Ducato* (de 1784 à 1796) = 5,18; Pièce de 5 lires (Marie-Louise, 1815) = 5,00; *Lira* = 1,00. — PIÉMONT et SARDAIGNE. **Or.** Sequin à l'annonciade = 11,84; Double pistole avant 1755 = 41,07; Doppia ou Pistole neuve (1755) = 30,02; Pistole de 24 lire avec l'aigle et la croix = 28,15; *Carlino* de Sardaigne (1768) = 49,11; *Mezzo-carlino* = 24,55. **Arg.** Écu de Sardaigne (1768) = 4,70; *Lira* (monnaie de compte ancienne) = 1,17. — DEUX-SICILES. **Or.** *Doppia* de 60 carlini (de don Carlos) = 26,49; *Doppia* de Ferdinand IV avant 1818 = 25,61; Pièce de 20 fr. (Murat) = 20,60; *Oncetta* de 3 ducati ou Once nouvelle = 12,99. **Arg.** *Ducato* de Charles VI = 4,38; *Ducato di regno*, de 10 carlini ou de 100 grani (depuis 1804) = 4,24; Écu de 5 livres (Murat) = 5,00; *Scudo* ou Piastre, de 12 carlini ou de 120 grani (depuis 1804) = 5,10; *Mezzo-scudo* de 6 carlini = 2,55; Pièce de 2 carlini ou de 29 grani (1/6 de scudo) = 0,80. — TOSCANE. **Or** *Ruspone* au lis ou triple sequin = 36,04; *Zecchino* ou Sequin à l'effigie = 12,01; *Doppia* de Florence = 21,09; *Rosina* ou pièce à la rose = 21,54. **Arg.** *Francescone* ou *Taluro* de 10 paoli = 5,61; *Franceschino* de 5 paoli = 2,80; *Dena* ou Dieci lire du royaume d'Étrurie (1803) = 8,40; *Lira* = 0,84; *Testone* = 2,00; *Fiorino* = 1,40; *Paolo* = 0,50; *Mezzo-paolo* = 0,28. L'argent est la seule m. légale. La m. de compte est la *lira* qui se divise en 20 *soldi* de 12 *denari* chacun.

Depuis que l'Italie a conquis son unité territoriale, elle a adopté le système métrique, et, plus tard, elle est entrée dans la convention monétaire avec la France. Voy. plus haut V. Mêmes pièces qu'en France. Le franc s'appelle *Lire*, le centime *centesimo*, pl. *centesimi*.

MONACO (Principauté de). Pièces d'or de 100 et de 20 francs.

NORVÈGE. **Or.** 20 kroner = 27,78; 10 kroner = 13.89. **Arg.** 2 kroner = 2,67; 1 krone = 1,33; 50 ore = 0,67; 40 ore = 0,53; 25 ore = 0,32; 10 ore = 0,13.

PORTUGAL. — La m. de compte est le *Reis*, valant 0 fr. 00555. On compte par 1000 *reis*, valant 5 fr. 5555 et, pour les fortes sommes, par *Conto* = 1 million de reis, à la taille de 17,230 milreis par kilogramme d'argent fin. Dans le petit commerce, on fait usage, comme monnaies de compte, des *Cruzados novos* de 480 reis, des *cruzados* anciens de 400 reis, des *Tostaes* de 100 reis, des *Patacos* de 40 reis, et des *Vintens* de 20 reis. La valeur intrinsèque des monnaies réelles est très variable pour celles frappées antérieurement à 1854. **Or.** Couronne (10 milreis) = 56; 1/2 couronne (5 milreis) = 28; 1/5 couronne (2 milreis) = 11,20; 1/10 couronne (milreis) = 5,60. **Arg.** 5 testons (500 reis) = 2,55; 2 testons (200 reis) = 1,02; teston (100 reis) = 0,51; 1/2 teston (50 reis) = 0,25.

ROUMANIE. — **Or.** 20 ley = 20; 10 ley = 10; 5 ley = 5. **Arg.** 5 ley = 5; 2 ley = 1,86; leu = 0,93; 1/2 leu (50 bani) = 0,46.

RUSSIE. — **Or.** *Monnaies anciennes* : 1/2 impériale (5 roubles) = 20,66; 3 roubles = 12,40; impériale (10 roubles) = 41,33; *Monnaies actuelles* : 1/2 impériale (5 roubles) = 20; impériale (10 roubles) = 40; **Arg.** Rouble (d'avant 1886) = 3,99; rouble nouveau = 4; 50 kopecks = 2; 25 kopecks = 1; 20 kopecks = 0,40; 15 kopecks = 0,30. **Cuivre.** 10 kopecks = 0,20; 5 kopecks = 0,10.

Dans le Grand-Duché de Finlande, il y a : **Or.** 20 markkaa = 20; 10 markkaa = 10. **Arg.** 2 markkaa = 1,99; markka = 0,99; 50 penni = 0,42; 25 penni = 0,21.

SERBIE. — **Or.** 20 dinars = 20; 10 dinars = 10. **Arg.** 5 dinars = 5; 2 dinars = 1,86; dinar = 0,93; 50 paras = 0,46.

SUÈDE. — **Or.** 20 kronor = 27,78; 10 kronor = 13,89. **Arg.** 2 kronor = 2,67; krona = 1,33; 50 ore = 0,67; 25 ore = 0,32; 10 ore = 0,13. La monnaie de compte est la krona de 100 ore = 1,388. Il y a eu aussi des *Carolins* d'argent valant 0,87.

SUISSE. — Depuis le 21 août 1854, la seule m. légale est le *Franc* = 100 *Rappen* ou centimes, comme chez nous. Les monnaies frappées en remplacement des anciennes, qui variaient pour chaque canton, sont des pièces de 5 fr., 2 fr., 1 fr. et 1/2 fr., aux mêmes poids et titre qu'en France. Depuis la conversion de 1885, il y a une pièce d'or de 20 fr. Quant à la m. de billon, il existe des pièces de 20 centimes pesant 3 grammes 1/4, des pièces de 10 centimes pesant 2 grammes 1/2, et des pièces de 5 centimes pesant 1 gr. 2/3.

TURQUIE. — Les monnaies turques ont subi une baisse croissante dans leur valeur et leur titre, qui ont changé près de 40 fois depuis 1774. En 1845, Abdul Medjid régla la valeur des monnaies en la garantissant par des traités faits avec les États étrangers. Un firman, en 1852, décréta comme seule monnaie légale, celle qui fut frappée au chiffre du sultan; mais il cessa d'être en vigueur à la fin même de 1852. Les monnaies de compte sont : la *Piastre* de Turquie = 40 paras ou 0 fr. 2278. On divise aussi la piastre en 190 parties qu'on appelle *Apres* ou *Mines*. On compte pour les sommes importantes par *Kis* ou *Bourses de* 500 *piastres* = 113,92. — Les *monnaies anciennes* encore en usage sont : **Or.** *Mahmoudié*, de 60 piastres = 13,30; *Stamboul*, de 30 piastres = 6,65; *Messir*, de 25 piastres = 5,53; *Mendouhié*, de 20 piastres = 4,43; *Adlié*, de 17 et 1/2 piastres = 3,88; *Roubié*, de 9 et 1/2 piastres = 2,10; *Barbutl*, de 3 et 3/4 piastres = 0,83; *Nesfié*, de 3 piastres = 0,66. **Arg.** *Bechlik*, de 5 piastres = 1,10; *Altilik*, de 6 piastres = 1.33. — Les *monnaies nouvelles* d'Abdul Medjid sont : **Or.** 250 piastres = 56,96; 100 piastres (livre) = 22,78; 50 piastres = 11,39; 25 piastres = 5,70. **Arg.** 20 piastres = 4,44; 10 piastres = 2,22; 5 piastres = 1,11; 2 piastres 0,44; piastre (40 paras), 0,22; 1/2 piastre (20 paras) = 0,11.

AFRIQUE. — ALGÉRIE. Les monnaies légales sont les monnaies françaises. Quant aux monnaies usitées à l'époque de la conquête, les principales étaient les suivantes : **Arg.** *Boudjou*, 26 et 2/3 mozounahs = 1,80; *Zoudi-boudjou* ou double boudjou = 3,60; Triple boudjou, 80 mozounahs = 5,40; *Ribiaboudjou*, quart de boudjou = 0,45; *Tschmin-boudjou* ou huitième de boudjou = 0,27; *Pataca chica*, de 8 mozounahs = 0,54; *Ryal-boudjou* ou 3 pataca chica = 1,60. **Cuivre**. *Mozounah* = 0,067; Demi-mozounah = 0,03.

ÉTAT INDÉPENDANT DU CONGO. — Pièce d'or de 20 fr., pièces d'argent de 5, 2, 1 fr. et 0,50.

EMPIRE D'ÉTHIOPIE. — **Arg.** Talari = 5,20; 1/2 talari = 2,60; 1/4 talari = 1,30; 1/8 talari = 0,65; 1/20 talari = 0, 26.

ÉRYTHRÉE. — **Arg.** Thaler = 5; 4/10 thaler = 1,86; 2/10 thaler = 0,93; 1/10 thaler = 0,46.

MAROC. — **Arg.** 10 onces = 5,82; 5 onces = 2,70; 2 1/2 onces = 1,35; 1 once = 0,54; 1/2 once = 0,27.

RÉPUBLIQUE SUD-AFRICAINE DU TRANSVAAL. — **Or.** Livre (20 shillings) = 25,22; 1/2 livre = 12,61. **Arg.** 5 shillings = 5,81; 2 1/2 shillings = 2,91; 2 shillings = 2,32; shilling = 1,16; 6 pence = 0,58; 3 pence = 0,29.

RÉGENCE DE TUNIS. — Pièces d'or de 20 et 10 fr. Pièces d'argent de 2, 1 et 0 fr. 50.

ZANZIBAR. — **Or.** 5 dollars = 25.91. **Arg.** Dollar = 5,44.

ÉGYPTE. — **Or.** Livre = 25,61; 50 piastres = 12,81; 20 piastres = 5,13; 10 piastres = 2,56; 5 piastres = 1,28 **Arg.** 20 piastres = 5,18; 10 piastres = 2,59; 5 piastres = 1,29; 2 piastres = 0,52; piastre = 0,26; 1/2 piastre = 0,13; 1/4 piastre = 0,06. La m. de compte est la livre égyptienne = 25,6180.

AMÉRIQUE. — ÉTATS-UNIS. **Or.** Double aigle (20 dollars) = 103,65; aigle (10 dollars) = 51,83; demi-aigle (5 dollars) = 25,91; 3 dollars = 15,55; 1/4 aigle = 12,95; dollar = 5,18. **Arg.** Dollar (100 cents) = 5,34; 1/2 dollar (50 cents) = 2,50; 1/4 dollar (25 cents) = 1,25; 20 cents = 1; dime (10 cents) = 0,50. Monnaie de compte : dollar de 100 cents = 5,1825.

MEXIQUE. **Or.** 20 pesos = 101,99; 10 pesos = 50,99; 5 pesos = 25,49; 2 1/2 pesos = 12,75; 1 peso = 5,10. **Arg.** Peso = 5,43; 50 centavos = 2,71; 25 centavos = 1,35; 10 centavos = 0,54; 5 centavos = 0,27. Monnaie de compte : peso de 100 centavos = 5,4308.

GUATEMALA. **Arg.** Peso = 5; 4 reales = 2,50; 2 reales = 1,16; real = 0,58; 1/2 real = 0,29; 1/4 real = 0,15. Monnaie de compte : peso = 5 fr.

ÉTATS-UNIS DE VENEZUELA. — **Or.** 100 bolivars = 100; 50 bolivars = 50; 20 bolivars = 20; 10 bolivars = 10; 5 bolivars = 5. **Arg.** 5 bolivars = 5; 2 bolivars = 1,86. Bolivar = 0,97; 50 centavos = 0,48; 20 centavos = 0,19. Monnaie de compte : Bolivar de 100 centavos = 1 franc.

CANADA ET HONDURAS ANGLAIS. — **Arg.** 50 cents = 2,39; 25 cents = 1,19; 10 cents = 0,48; 5 cents = 0,24.

MAURICE. — **Arg.** 20 cents = 0,41; 10 cents = 0,20.

Terre-Neuve. — **Or.** 2 dollars = 10,51. **Arg.** 50 cents = 2,42; 20 cents = 0,97; 10 cents = 0,48; 5 cents = 0,24.

Philippines. — **Or.** Doblon de oro = 20,39; escudo de oro = 10,20; escudillo de oro = 5,10. **Arg.** 50 centavos = 2,60; 20 centavos = 1,04; 10 centavos = 0,52.

Haïti. — **Arg.** 1 gourde = 5; 50 centièmes = 2,32; 20 centièmes = 0,50; 10 centièmes = 0,26.

Équateur. — **Arg.** Sucre = 5; 1/2 sucre = 2,50; 2 decimos = 1; decimo = 0,50; monnaie de compte : sucre de 100 centavos = 5 francs.

Pérou. — **Or.** 20 sols = 100; 10 sols = 50; 5 sols = 25; 2 sols = 10; 1 sol = 5. **Arg.** 1 sol = 5; 1/2 sol = 2,50; 1/5 de sol = 1; 1 dinero = 0,50; 1/2 dinero = 0,25.

Chili. — 1° *Avant* 1895. **Or.** Condor = 47,28; doblon = 23,64; escudo = 9,45; Peso = 4,73. **Arg.** Peso = 5; 50 centavos = 2,50; 20 centavos = 1; decimo = 0,50; 1/2 decimo = 0,25. 2° *Depuis* 1895. **Or.** Condor = 27,83; doblon = 18,91; escudo = 9,46. **Arg.** Peso = 3,72; 20 centavos = 0,75; 10 centavos = 0,37; 3 centavos = 0,19.

République Argentine. — **Or.** Argentino (5 pesos) = 25; medio argentino = 12,50. **Arg.** Peso = 5; 50 centavos = 2,50; 20 centavos = 1; 10 centavos = 0,50; 5 centavos = 0,25; monnaie de compte : Peso = 5 francs.

Uruguay. — **Arg.** Peso = 5; 1/2 peso = 2,50; 20 centecimos = 1; 10 centesimos = 0,50. Monnaie de compte : Piastre ou Peso = 5 francs.

Brésil. — **Or.** 20,000 *reis* = 56,63; 10,000 *reis* = 28,32; 5000 *reis* = 14,16. **Arg.** 2,000 *reis* = 5,19; 1,000 *reis* = 2,60; 500 *reis* = 1,30.

États-Unis de Colombie. — **Or.** Double condor = 100; sondor = 50. **Arg.** Peso = 5; 2 decimos = 0,93; decimo = 0,46; 1/2 decimo = 0,23.

République Dominicaine. — **Arg.** 5 francs = 5; franc = 0,93; 50 centesimos = 0,46.

Nicaragua. — **Arg.** 20 cents = 0,89; 10 cents = 0,45; 5 cents = 0,22.

ASIE. — Perse. — **Or.** 2 thomans = 17,66; 1 thoman = 8,83; 1/2 thoman = 4,42. **Arg.** Banabat (10 Schahis) = 1,04; Abassis (4 Schahis) = 0,41.

Inde. — Naguère il circulait dans ce pays une foule de pièces ayant toutes des poids et des titres différents; mais en 1835 le gouvernement a déterminé le poids et le titre des monnaies qui seraient frappées désormais; il a en outre fixé la valeur des monnaies anciennes admises à circuler. **Or.** *Mohur* aux 10 soleils ou du Grand-Mogol = 42,28; *Pagode* au croissant = 9,46; Pagode à l'étoile = 9,35; Mohur et Calcutta (1818) = 41,89; *Mohur* à l'effigie de la reine Victoria (1835) = 36,82; *Pagode* (id.) = 9,20; Demi-mohur ou Double pagode (id.) = 18,41. **Arg.** Ducat de la compagnie hollandaise = 11,62; *Roupie sicca* = 2,53; Roupie de Lucknow = 2,43; Roupie de Bénarès = 2,43; Roupie d'Arcot = 2,36; Roupie de Ferruckabad = 2,40; Roupie à l'effigie de la reine Victoria (1835) = 2,37; Demi-roupie (id.) = 1,18; Quart de roupie (id.) = 0,59; Huitième de roupie ou Deux annas = 0,29. On compte par *roupies* de la compagnie (1835) = 16 annas; l'*Anna* = 0,148. Mais pour les grosses sommes, on compte par *lacs* et par *crores*. Le *Lac* = 100,000 roupies, et le *Crore* = 100 lacs ou 10 millions de roupies. — Un nouveau règlement est intervenu le 6 septembre 1870, et il a fort simplifié les choses. **Or.** *Mohur* (15 roupies) = 36,83; 2/3 Mohur (10 roupies) = 24,55; 1/3 Mohur (5 roupies) = 12,28; Roupie = 2,38. **Arg.** 1/2 roupie = 1,19; 1/4 roupie = 0,59; 1/8 roupie = 0,30.

Indo-Chine française. — **Arg.** Piastre de commerce = 5,40; 50 centièmes de piastre = 2,70; 20 centièmes de piastre = 1,8; 10 centièmes de piastre = 0,54.

Chine. Ce pays ne possède pas de monnaies réelles. L'or y est une simple marchandise; l'argent sert d'intermédiaire dans les échanges, mais au poids. On compte par *Taels* ou *Lyang* = 8,24; le *tael* se compose de 10 *mas* ou *tschun;* le *Mas* = 10 candorins ou *fou;* le *Candorin* = 100 *caches* ou *li;* et le *Li* = 1,000 *chou*. La monnaie de compte est la piastre = 5,38. Il y a en outre les pièces d'argent suivantes : 1 piastre = 5,38; 50 centièmes de piastre = 2,57; 20 centièmes = 0,98; 10 centièmes = 0,49; 5 centièmes = 0,25, qui constituent la monnaie de Canton.

Japon. — 1° *Avant la réforme de* 1897. **Or.** 20 yen = 103,33; 10 yen = 51,67; 5 yen = 25,83; 2 yen = 10,33; 1 yen = 5,17. **Arg.** 1 yen = 5.39; 50 sen = 2,22; 20 sen = 0,89; 10 sen = 0,44; 5 sen = 0,22. — 2° *Depuis la réforme de* 1897. **Or.** 20 yen = 51,67; 10 yen = 25,83; 5 yen = 12,92. **Arg.** 50 sen = 2,39; 20 sen = 0,96; 10 sen = 0,48. — Monnaie de compte : yen or = 2,5832.

Hong-Kong. — **Arg.** Dollar = 5,39; 50 cents = 2,41; 20 cents = 0,96; 10 cents = 0,48; 5 cents = 0,24.

**MONNAYAGE.** s. m. [Pr. *mo-nè-iaje*] (R. *monnayer*). Fabrication de la monnaie. || Lieu où est placé le balancier qui sert à frapper les monnaies || Droit qu'on prend pour convertir le métal en pièces de monnaie.

**Techn.** — I. — Jusqu'au XVIIe siècle, les monnaies ont été fabriquées indifféremment par les procédés de la *Frappe* ou du *Moulage*. On a cru longtemps que le premier avait été imaginé après le second ; il n'en n'est rien car les monnayeurs de l'antiquité employaient les deux procédés. Les monnaies moulées étaient fondues dans un moule (*forma*) de terre cuite, qui donnait à la fois les deux côtés de la pièce, et qui était disposé de

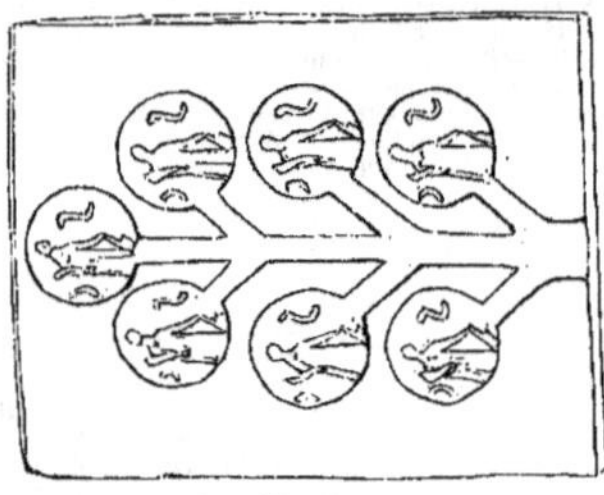

Fig. 1.

telle sorte que l'on obtenait plusieurs exemplaires en même temps (Fig. 1). Les monnaies ainsi obtenues se reconnaissent aux bavures des bords et à l'incertitude des contours qu'elles présentent. Pour les pièces frappées, on fondait d'abord le disque métallique qui devait être transformé en monnaie; puis on le plaçait entre deux morceaux d'acier trempés gravés en creux. L'inférieur, appelé *Trousseau*, portait le type du revers, et le supérieur, appelé *Pile*, portait le type du droit. Cela fait, l'ouvrier frappait avec un marteau, de manière que le disque ou flan recevait à la fois les deux empreintes. Les deux opérations sont fréquemment indiquées sur les monnaies romaines par l'abréviation F. F. (*flando, feriendo*). Quelquefois, au lieu de coins, on se servait d'un instrument en forme de tenailles dont les mâchoires portaient les dessins de la pile et du trousseau, et sur lesquelles on frappait aussi avec un marteau. Enfin, pour les pièces d'un très grand diamètre ou d'un très grand relief, on remplaçait le marteau par une masse ou un mouton. Mais comme le flan se déplaçait sous l'action du marteau, il en résultait que le type ne s'imprimait pas toujours au milieu du disque. Souvent même, par l'effet du rebondissement du marteau, il se produisait une double empreinte, accident que l'on désignait sous le nom de *Tréflage*. Toutes les monnaies antiques ont été faites par l'un de ces procédés. Celles du moyen âge et de la première partie des temps modernes ont toutes été fabriquées au marteau.

II. — Ce fut vers la moitié du XVIe siècle qu'un mécanicien français, nommé Aubin ou Aubry Olivier, imagina le m. *au balancier*. Les engins d'A. Olivier commencèrent à fonctionner au mois de mars 1553 : mais comme, malgré la supériorité de ses produits, le nouveau système de m. coûtait beaucoup plus cher que l'ancien, on revint à ce dernier en 1585, et l'on ne se servit plus du balancier que pour frapper des médailles. Cependant, en 1640, on fit de nouveau usage du balancier. Enfin, en 1645, un édit de Louis XIV en prescrit l'usage exclusif en même temps que l'exécution du cordonnage. Cette dernière innovation, qui date de 1685, a pour objet d'empêcher que l'on ne rogne les pièces. Dans le principe, l'opération s'exécutait avec une machine particulière, appelée *Castaing*, du nom de son inventeur. — Dans sa forme la plus simple, le *Balancier* se compose d'un bâti de fonte (Fig. 2) formant

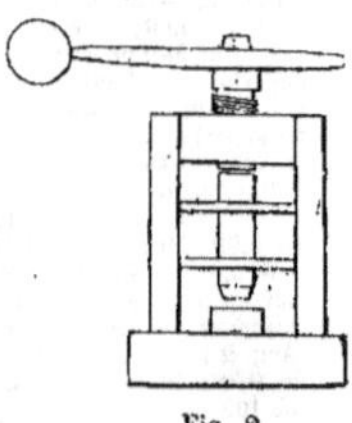

Fig. 2.

écrou à sa partie supérieure, d'une vis de fer qui traverse cet écrou, et d'un levier horizontal mobile qui constitue proprement le balancier. La tête de la vis est encastrée dans le centre du balancier, de telle sorte que la vis monte ou descend selon la direction du mouvement qu'on imprime à celui-ci, ce qui se fait au moyen de cordes qui sont fixées à chacun de ses bras. En outre, ces derniers sont munis de deux masses sphériques de plomb qui font la fonction de volant. Lorsque, en tirant les cordes, on agit sur le levier de manière à le faire tourner pour que la vis descende, ce mouvement de haut en bas se produit et se continue jusqu'à ce que l'extrémité inférieure de la vis rencontre un obstacle. Alors il s'arrête brusquement, et il en résulte un choc qui donne lieu à une pression énorme de cette partie de la vis sur le corps qui l'a subitement arrêtée. Or, ce corps n'est autre que le flan. Quant aux coins, ils sont fixés, l'un à l'extrémité inférieure de la vis, où il est maintenu par un boulon et une clavette et l'autre au billot qui fait partie de la semelle du bâti. Le choc opéré, la vis remonte aussitôt, et l'on remplace la pièce frappée par un nouveau flan. L'ancien balancier monétaire ou plutôt la vis de pression mue par un levier horizontal ne s'emploie plus aujourd'hui pour la fabrication des monnaies; mais il trouve son application dans une foule d'industries différentes et s'applique à une multitude d'objets divers. Ainsi, on s'en sert pour estamper, pour imprimer des timbres secs, pour découper à l'emporte-pièce, etc.

Le monnayage actuel comprend un certain nombre d'opérations successives qui sont : *la fonte, le coulage en lingots, l'ébarbage, le laminage, la recuite, l'essayage, le découpage, le triage, la mise à la machine à cordonner, la seconde recuite, le blanchiment, la vérification des flans, le comptage, le pesage, la frappe, la mise dans la caisse à trois clefs, la vérification des pièces frappées.* Nous examinerons successivement et succinctement ces diverses opérations, qui précèdent toujours la mise en circulation des monnaies de bronze, d'or ou d'argent, en France. Dans notre pays, il y avait autrefois *dix-huit* fabriques de monnaies dont les principales, Lyon, Lille, Marseille et Rouen, ont été supprimées en 1857 et 1858. La monnaie de Strasbourg a été fermée à la suite de la guerre franco-allemande en 1870-1871. Depuis cette époque il n'existe plus que l'hôtel des monnaies de Paris.

C'est dans cette unique fabrique que s'opèrent les manipulations diverses énumérées ci-dessus. Soigneusement pesés, les lingots de métal précieux et ceux de cuivre, dont l'alliage doit constituer la monnaie au titre légal, sont placés dans d'énormes creusets en fer battu pouvant suffire à une fonte ou *brève* de mille kilogrammes. Dès que la matière entre en fusion, c.-à-d. au bout de 4 ou 5 heures, les ouvriers, à l'aide de ringards spéciaux, brassent énergiquement et sans interruption les métaux à l'état liquide, afin d'obtenir pour le futur alliage une homogénéité absolue. Lorsque le chef fondeur estime que les métaux fondus sont suffisamment mélangés et ont atteint le degré voulu de température pour le coulage, on procède à cette seconde opération. Au moyen de grandes cuillers en fer, les ouvriers puisent dans le creuset et versent l'alliage en fusion dans des lingotières plates en fonte, de manière à obtenir une plaque d'une épaisseur à peu près uniforme.

Les lingotières sont formées par plusieurs parties qui s'ajustent les unes aux autres. Avant de procéder à la coulée on a soin de graisser chaque lingotière avec de l'huile, afin d'empêcher toute adhérence entre le métal coulé et celui de la lingotière. La prise de l'alliage est très rapide, et dès que le refroidissement est complet, les ouvriers, sortant les plaques des lingotières, procèdent à l'ébarbage, c.-à-d. à l'enlèvement mécanique des bavures qui se sont produites pendant la coulée aux joints des lingotières. Ce travail s'exécute rapidement : les ouvriers présentent successivement les angles des plaques à deux meules d'acier qui, presque jointives, tournent rapidement en sens inverse l'une de l'autre. Les déchets qui proviennent de l'ébarbage sont réservés pour une fonte ultérieure.

Les plaques ainsi ébarbées sont transportées jusqu'aux trains de laminoirs composés de deux rouleaux de fonte entre lesquels doivent passer et s'aplatir les plaques. Chaque train comprend un certain nombre de ces laminoirs dont les rouleaux laissent entre eux un intervalle de plus en plus petit, le laminoir finisseur, donnant à la plaque l'épaisseur que doit posséder le *flan*. Comme le laminage s'exécute à froid, il pourrait se produire dans la plaque des fentes, des écrasements qui la rendraient inutilisable; c'est pourquoi on se trouve dans l'obligation de donner, avant d'achever le laminage, une *recuite* dans des fours spéciaux dont la sole, sur laquelle on a déposé les plaques en les superposant, est animée d'un mouvement assez lent de rotation dans le but d'avoir un chauffage plus uniforme et plus régulier.

Chacune des plaques, convenablement recuite et laminée à l'épaisseur voulue, est alors soumise à l'essayage. Un ouvrier, à l'aide d'un emporte-pièce, découpe une rondelle ayant rigoureusement les dimensions d'un flan. Cette rondelle est soigneusement pesée à la balance de précision dite *trébuchet*, et l'on constate si son poids est celui que doit posséder le flan sans dépasser la tolérance en plus ou en moins. Dans le cas où le poids est trop considérable, on fait subir aux plaques un ou plusieurs nouveaux laminages, puis on procède à un nouvel essayage. Si, au contraire, le poids indiqué par le trébuchet est trop faible, la plaque est renvoyée à la fonte. Enfin, lorsque le poids du flan est exact, la plaque est remise entre les mains des ouvriers découpeurs.

Pendant de nombreuses années, le découpage se faisait à la main au moyen d'une sorte d'emporte-pièce analogue à celui que l'on emploie pour procéder à l'essayage des plaques. Actuellement cette opération a lieu mécaniquement. Le travail est de beaucoup plus régulier car il s'obtient sans choc au moyen d'une puissante machine hydraulique. Le travail du découpeur se borne à veiller à ce que les intervalles laissés entre chaque flan enlevé soient aussi faibles que possible afin d'éviter les déchets. Ce qui reste de la plaque est remis à la fonte tandis que tous les flans obtenus sont repris un à un de façon à en exécuter le triage; ceux d'entre eux qui offrent une défectuosité quelconque sont mis de côté : ils doivent, dans ce cas, comme les déchets des plaques, être fondus de nouveau.

L'opération qui succède à celle du triage est la mise des flans à la machine à cordonner. Ce travail a pour but de faire disparaître les bavures produites par le découpage des flans, et de redresser leurs bords qui ont subi sous l'action de la pression un léger amincissement. Ce sont deux coussinets d'acier qui saisissent le flan, le font tourner sur lui-même tout en produisant un léger exhaussement des bords sur les deux faces, ce qui facilitera plus tard la frappe. Cela fait, il faut soumettre les flans à une seconde recuite dans un four à sole tournante. On les empile dans des cylindres creux en fer que l'on pose côte à côte sur la sole. La recuite continue jusqu'au moment où la masse atteint le rouge cerise. Cette seconde recuite est d'une nécessité absolue : outre qu'elle rend le métal plus malléable pour la frappe, elle offre l'avantage de permettre un nettoyage plus absolu des flans lors du blanchiment qui s'opère dans un atelier spécial. Le blanchiment est indispensable, car après toutes les manipulations auxquelles les flans ont été soumis, ils sont couverts de crasse et ternis; la plupart du temps on procède à deux blanchiments successifs, séparés par une nouvelle recuite.

Quand les flans, dans le four de recuite, ont atteint la température voulue, les cylindres sont saisis par les ouvriers qui en versent successivement le contenu dans de grandes bassines contenant de l'eau légèrement acidulée. Après avoir séjourné quelque temps dans le bain, on soumet les flans à plusieurs lavages successifs à l'eau pure afin de chasser toutes traces d'acide. Le dernier des lavages s'opère dans un tonneau tournant très rapidement autour d'un axe horizontal. Puis les flans sont soigneusement séchés : on les jette dans la sciure de bois, s'il s'agit de flans de bronze, et on agite le tout; ou on les place à l'intérieur d'un bassin de cuivre muni d'un double fond dans lequel passe de la vapeur surchauffée, ou encore on fait usage de linges fins et unis, s'il s'agit du séchage des flans d'or.

Lorsque ce travail est terminé, on exécute un second triage des flans et après examen minutieux on écarte tous ceux d'entre eux qui sont mal blanchis, ne sont pas absolument plans ou présentent des piqûres dans le métal. Au fur et à mesure que s'opère le triage, on compte les flans puis on les pèse et l'on répartit l'ensemble de la fonte dans un certain nombre de plateaux destinés à être transmis à l'atelier de frappe. Le chef de la fabrication indique sur une fiche déposée dans chaque plateau le nombre et le poids des flans qui y sont contenus. Dès que ces plateaux parviennent à l'atelier de m., un fonctionnaire appelé contrôleur prend à sa charge la brève expédiée par la fabrication; il recompte les flans, les soumet à un nouveau pesage et, vérification faite par lui, il devient responsable du tout jusqu'au moment où les flans, transformés en monnaie, sont enfermés dans une armoire munie de trois clefs dont l'une reste en possession du contrôleur, la seconde est remise au commissaire des monnaies et la troisième est confiée au chef de la fabrication. Chacune de ces clefs sert à ouvrir une serrure spéciale.

Depuis 1847 on a remplacé le balancier à vis par une autre machine bien plus pratique et connue sous le nom de *presse*

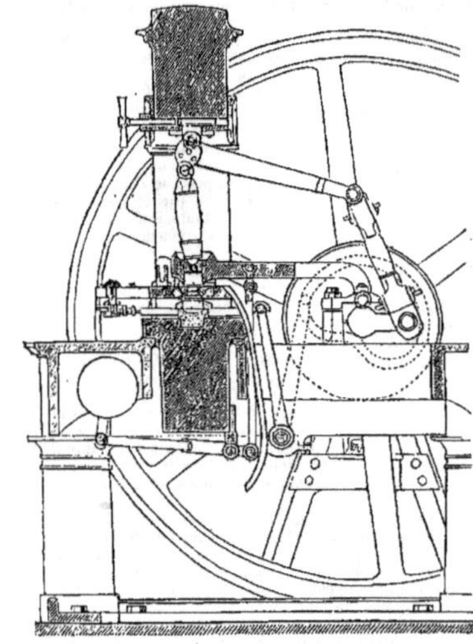

Fig. 3.

*monétaire Thonnelier* (Voy. PRESSE). Cette machine est à fabrication continue et donne des résultats bien supérieurs à ceux qu'on obtenait jadis avec l'ancien appareil de frappe; en outre, elle diminue singulièrement la main-d'œuvre, un ou deux ouvriers suffisant amplement pour l'alimenter et recueillir ses produits.

Comme les monnaies de mêmes dimensions et de même effigie se fabriquent en très grand nombre, il est nécessaire d'avoir plusieurs coins exactement semblables. On les obtient en frappant au moyen d'un poinçon en acier très dur une pièce d'acier recuit qui est ensuite trempée. Cette pièce qui porte l'effigie *en creux* est appelée *matrice* et sert à fabriquer les *coins de service* qui sont aussi frappés en acier recuit, et trempés après qu'ils ont reçu l'empreinte *en relief*.

Lorsque la monnaie est terminée et que toute la brève est passée à la presse, le chef de la fabrication des monnaies et le contrôleur vérifient de nouveau le poids et le nombre des pièces qui doivent être exactement les mêmes que ceux des flans. C'est alors que la brève est enfermée dans l'armoire aux trois clefs où elle reste jusqu'au moment où avant qu'on les mette en circulation on essaye les pièces en prélevant des échantillons, afin de s'assurer de l'exactitude absolue du titre.

**MONNAYER.** v. a. [Pr. *mo-nè-ier*] (R. *monnaie*). Convertir un métal en monnaie. *On a monnayé de l'or pour plus de deux cents millions.* ‖ Donner l'empreinte à la monnaie. *Cette presse monnaye par jour tant de milliers de pièces d'or.* — Absol., *Avant l'invention du balancier, on monnayait au marteau.* = MONNAYÉ, ÉE. part. *Or, argent monnayé*, se dit par opposition à Or, argent ouvragé ou brut. ‖ Figur. *Louanges monnayées*, payées. = Conj. Voy. PAYER.

**MONNAYEUR.** s. m. [Pr. *mo-nè-ieur*] (R. *monnayer*). Celui qui travaille à la fabrication des monnaies. ‖ *Faux m.*, Celui qui fait de la fausse monnaie.

**Législ.** — Autrefois les *Faux monnayeurs* étaient roués vifs. Un édit de 1726 substitua à ce supplice barbare la peine de mort, qui fut conservée dans le Code pénal. Enfin, le crime de fausse monnaie devenant de plus en plus rare, la loi de 1832 a supprimé la peine capitale. Le faux m. est puni des travaux forcés à perpétuité, lorsqu'il a contrefait ou émis des monnaies d'or ou d'argent, des effets émis par le Trésor public avec son timbre, ou des billets de banque autorisés par la loi. Il est puni des travaux à temps, quand il a contrefait des monnaies de cuivre ou billon, ou quand il a contrefait ou émis en France des monnaies étrangères altérées ou contrefaites. — Celui qui, connaissant les vices d'une pièce fausse, l'a remise en circulation, est puni d'une amende triple au moins, et sextuple au plus de la valeur qu'elle représente, sans que cette amende puisse être inférieure à 16 fr. Enfin, celui qui colore les monnaies ayant cours légal en France ou les monnaies étrangères dans le but de tromper sur la nature du métal, ou les émet ou les introduit sur le territoire français, encourt, ainsi que ses complices, un emprisonnement de 6 mois à 3 ans. (Loi du 13 mai 1863.)

**MONNIER** (HENRY), Spirituel écrivain fr. auteur des *Mémoires de Joseph Prudhomme* (1799-1877)

**MONNIER** (MARC), Littérateur et auteur dramatique fr né à Florence (1829-1885)

**MONNINA.** s. m. T. Bot. Genre de plantes Dicotylédones de la famille des *Polygalées*. Voy. ce mot.

**MONOACIDE.** adj. T. Chim. Voy. MONACIDE.

**MONOATOMIQUE.** adj. T. Chim. Voy. MONATOMIQUE.

**MONOBAPHIE.** s. f. [Pr *monoba-fi*] (gr. μόνος, seul; βάφειν, teindre). État d'une surface qui n'offre qu'une seule couleur.

**MONOBASE.** adj. 2 g. [Pr. . *baze*] (gr. μόνος, seul, et *base*). Qui n'a qu'une seule base. — Qui ne s'implante que par un seul point.

**MONOBASIQUE.** adj. [Pr. *monoba-zike*] (R. *monobase*). T. Chim. Se dit des acides qui, pour former des sels neutres, exigent une seule molécule d'une base telle que la potasse ou la soude. *Les acides azotique, chlorhydrique, acétique sont monobasiques.*

**MONOBLÉPHARIDE.** s. m. (gr. μόνος, seul; βλεφαρίς, cil). T. Bot. Genre de Champignons (*Monoblepharis*) de la famille des *Monoblépharidées*. Voy. ce mot.

**MONOBLÉPHARIDÉES.** s. f. pl. (R. *Monoblépharide*). T. Bot. Famille de Champignons de l'ordre des Oomycètes.

*Caract. bot.* : Les M. se développent dans l'eau sur les corps végétaux ou animaux en voie de décomposition : bois, insectes, poissons, etc. Le thalle est un tube rameux sans cloisons, plongeant çà et là des branches absorbantes dans le milieu nutritif et développant les autres tout autour dans le liquide ambiant.

Ces champignons se reproduisent par zoospores et par œufs. Les zoospores se développent dans des zoosporanges constituées par l'extrémité cylindrique de filaments qui se séparent du reste du thalle par une cloison. Elles sont ovales, triangulaires, munies d'un cil unique, postérieur pendant la locomotion, et douées par conséquent d'un mouvement saccadé. Elles s'échappent du zoosporange d'une façon spéciale. Le corps de la zoospore sort le premier du sporange, tandis que le cil y reste d'abord engagé; les efforts que fait la première zoospore pour se dégager attirent la seconde; les efforts réunis de la première et de la seconde attirent la troisième, et ainsi de suite.

Les œufs se forment par la combinaison d'une oosphère et d'un anthérozoïde. D'une façon générale, l'extrémité d'un filament se renfle en sphère et se sépare par une cloison pour devenir un oogone. Le protoplasma s'y condense dans la région équatoriale, en laissant au-dessous et au-dessus un liquide hyalin, et forme ainsi une oosphère discoïde. En même temps la membrane se dissout au sommet et l'oogone se trouve ainsi largement ouvert en haut. La portion du filament située sous l'oogone se sépare de son côté par une cloison, sans se renfler, et forme une anthéridie cylindrique dans laquelle se forment un certain nombre d'anthérozoïdes. Ceux-ci s'échappent par une ouverture latérale, munis d'un seul cil comme les zoospores. Après avoir nagé quelque temps dans le liquide, les anthérozoïdes viennent s'appliquer à la surface de l'oogone le long de laquelle ils rampent à l'aide de mouvements amiboïdes; l'un d'eux pénètre par l'orifice terminal et se combine à l'oosphère. L'œuf ainsi formé se sépare lentement de la paroi de l'oogone, et s'entoure d'une membrane de cellulose, qui se

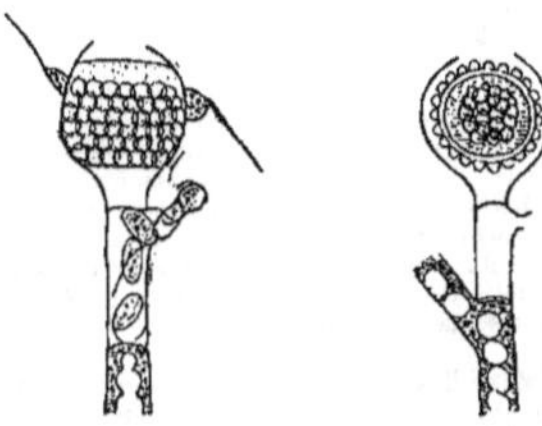

Fig. 1. Fig. 2.

couvre de verrues hémisphériques et se colore en brun. Son protoplasma central renferme plusieurs globules oléagineux.

[Fig. 1. — *Monoblepharis sphærica;* à la partie inférieure, sortie des anthérozoïdes; à la partie supérieure, oogone à la surface duquel rampent des anthérozoïdes, et renfermant une oosphère; 2. Oogone contenant un œuf mûr à surface verruqueuse].

La famille des M. comprend le seul genre *Monoblepharis* et une dizaine d'espèces environ.

**MONOBLEPSIE.** s. f. (gr. μόνος, seul; βλέψις, vision). Affection où la vision avec les deux yeux est confuse, tandis que la vision avec un seul œil est nette.

**MONOCANTHE.** s. m. (gr. μόνος, seul; ἄκανθος, épine). T. Icht. Genre de *Poissons osseux* dont les espèces se trouvent dans la mer des Indes et dans l'océan Atlantique.

**MONOCARPE.** adj. 2 g. (gr. μόνος, seul; καρπός, fruit). Qui n'a qu'un seul fruit; qui porte des fruits solitaires.

**MONOCARPELLAIRE.** adj. 2 g. [Pr. ... *karpel-lère*] (gr. μόνος, seul; et *carpelle*). Qui n'a qu'un carpelle.

**MONOCARPIEN, IENNE.** adj. [Pr. *monokarpi-in, iène*] (gr. μόνος, seul; καρπός, fruit). T. Bot. Qui ne produit qu'une seule fois des fleurs ou des fruits.

**MONOCARPIQUE,** adj. 2 g. T. Bot. Synonyme de *Monocarpien*.

**MONOCÉPHALE.** adj. 2 g. (gr. μόνος, seul; κεφαλή, tête). Qui n'a qu'une seule tête. || T. Bot. Qui a des fleurs disposées en tête solitaire.

**MONOCÉPHALIEN, IENNE.** adj. [Pr. *monoséfali-in, iène*]. T. Térat. *Monstre m.*, monstre chez lequel une tête surmonte deux corps confondus d'une manière plus ou moins intime.

**MONOCÈRE.** adj. 2 g. (gr. μόνος, seul; κέρας, corne). Qui n'a qu'une seule corne ou un seul prolongement en forme de corne.

**MONOCHIRE.** s. m. [Pr. *mono-kire*] (gr. μόνος, seul; χείρ, main). T. Icht. Genre de *Poissons osseux* Voy. Pleuronectes.

**MONOCHLAMYDÉ, ÉE.** adj. [Pr. .... *klamidé*] (gr. μόνος, seul; χλαμύς, tunique). Se dit des fleurs qui n'ont qu'une seule enveloppe florale.

**MONOCHROÏTE.** adj. 2 g. [Pr. .... *kroïte*] (gr. μόνος, seul; χρόα, couleur). T. Minér. Qui ne présente qu'une seule teinte.

**MONOCHROMATIQUE.** adj. 2 g. [Pr. .... *kromatike*] (R. *monochrome*). Se dit d'une peinture d'une seule couleur. || *Lumière m.* Lumière ne donnant que des rayons d'une seule couleur. || *Lampe m.*, lampe dans laquelle la flamme de l'alcool, contenant du sel marin, donne une teinte jaune uniforme.

**MONOCHROME.** adj. 2 g. [Pr. *mono-krôme*] gr. μονόχρωμος, m. s., de μόνος, seul; χρῶμα, couleur). Qui est d'une seule couleur. *Les camaïeux, les grisailles sont des peintures monochromes.* || Subst., on dit quelquefois. *Un monochrome.*

**MONOCHROMIE.** s. f. (R. *monochrome*). Uniformité, monotonie dans la couleur.

**MONOCLE.** s. m. (gr. μόνος, seul; lat. *oculus*, œil). Instrument d'optique composé d'un seul verre qu'on se place dans l'œil. Voy. Lunette. || T. Zool. Ancienne division de Crustacés. Voy. Daphnie. || T. Méd. Bandage croisé pour maintenir un topique ou un liniment sur l'œil.

**MONOCLINE.** adj. 2 g. (gr. μόνος, seul; κλίνη, lit). T. Bot. Se dit d'une plante pourvue des deux sexes dans la même fleur.

**MONOCLINIQUE** adj. 2 g. (gr. μόνος, seul; κλίνη, inclinaison). T. Cristall. Qui se rapporte au prisme oblique à base rectangle ou rhombe. Voy. Cristallographie, IV, 5°.

**MONOCONQUE.** adj. 2 g. (gr. μόνος, seul, et fr. *conque*). T. Zool. Se dit d'une coquille composée d'une seule pièce.

**MONOCORDE.** s. m. (gr. μόνος, seul: χορδή, corde). T. Phys. Appareil servant à faire vibrer les cordes pour étudier les lois de leurs vibrations. Voy. Acoustique. || On a aussi donné ce nom à un instrument de musique d'invention récente composé d'une seule corde, montée sur une caisse sonore.

**MONOCOTYLAIRE.** adj. 2 g. (gr. μόνος, seul; κοτύλη, petite coupe). T. Zool. Qui ne porte qu'une seule ventouse ou suçoir.

**MONOCOTYLÉDONE.** s. f. (gr. μόνος, seul, et fr. *cotylédon*). T. Bot. Se dit d'une plante dont l'embryon ne renferme qu'un seul cotylédon. *Le lis est une monocotylédone;* s'emploie aussi adjectivement : *une graine m.* || Monocotylédones. s. f. pl. Nom par lequel on désigne une des deux classes des végétaux angiospermes caractérisée par un seul cotylédon à l'embryon.

**MONOCOTYLÉDONÉ, ÉE.** adj. (R. *monocotylédone*). T. Bot. Qui renferme un seul cotylédon.

**MONOCULAIRE.** adj. 2 g. (gr. μόνος, seul; lat. *oculus*, œil). Qui se fait par un seul œil.

**MONODACTYLE.** adj. 2 g. (gr. μόνος, seul; δάκτυλος, doigt). Qui n'a qu'un seul doigt.

**MONODELPHE.** ad. 2 g. (gr. μόνος, seul; δελφύς, matrice). T. Zool. Qui n'a qu'une matrice. Monodelphes. s. m. pl. T. Mamm. Nom que l'on donne quelquefois aux Mammifères qui mettent au monde leurs petits tout formés, par opposition aux Marsupiaux (*Didelphes*) qui gardent encore leurs petits, quelque temps après la naissance, dans une poche ventrale. Voy. Mammifères.

**MONODIE.** s. f. (gr. μονῳδία, m. s. de μόνος, seul; ᾠδή, chant). T. Antiq. Monologue dans les tragédies. || Chant exécuté par une seule voix.

**MONODONTE.** adj. 2 g. (gr. μόνος, seul; ὀδούς, ὀδόντος, dent). T. Zool. Qui n'a qu'une seule dent.

**MONODONTIDES.** s. m. pl. (gr. μόνος, seul; ὀδούς, ὀδόντος, dent). T. Zool. Nom donné aux Cétacés qui ont un crâne globuleux et une dentition anormale; ce sont les *Narvals* et les *Delphinaptères*. Voy. Dauphin.

**MONODORE.** s. m. (gr. μόνος, seul, δῶρον, présent). T. Bot. Genre de plantes Dicotylédones (*Monodora*) de la famille des *Anonacées*. Voy. ce mot.

**MONODYNAME.** adj. 2 g. (gr. μόνος, seul: δύναμις, force). T. Bot. Se dit d'une plante dont une des étamines est plus longue que les autres.

**MONŒCIE.** s. f. T. Bot. (gr. μόνος, seul, οἰκία, maison). Nom par lequel on désigne cette particularité que les fleurs unisexuées d'une espèce se rencontrent sur le même pied. — Se dit dans un sens analogue des Cryptogames. Voy. *Fucacées*. || Nom donné par Linné à la 21e classe de son système comprenant toutes les plantes monoïques. — On écrit aussi *Monoécie*.

**MONOÉPIGYNE.** adj. 2 g. (gr. μόνος, seul, et fr. *épigyne*). T. Bot. Se dit d'une plante monocotylédone à étamines épigynes.

**MONOÉPIGYNIE.** s. f. (R. *monoépigyne*). Classe de la méthode de Jussieu comprenant les plantes monoépigynes.

**MONOGAME.** adj. 2 g. (lat. *monogamus*, gr. μονογάμος, m. s., de μόνος, seul, et γάμος, mariage). Qui n'a qu'une seule femme. *Il ne peut y avoir de vraie civilisation que chez les peuples monogames.* || Qui ne se marie qu'une fois. || Se dit aussi des animaux qui n'ont qu'une femelle. *Le chevreuil est monogame.*

**MONOGAMIE.** s. f. (R. *monogame*). Union d'un seul homme avec une seule femme. *La m. fait des époux, la polygamie fait un maître et des esclaves.* || État de ceux qui n'ont été mariés qu'une fois. || Se dit aussi des animaux qui vivent par paires, et soignent ensemble leur progéniture.

**MONOGAMIQUE.** adj. 2 g. Qui appartient à la monogamie. || T. Bot. Dont les fleurs sont unisexuées.

**MONOGASTRIQUE.** adj. 2. g. (gr. μόνος, seul; γαστήρ, ventre). T. Zool. Qui n'a qu'un seul estomac.

**MONOGÉNÉ, ÉE.** adj. (gr. μόνος, seul; γενής, engendré). T. Hist. nat. Composé d'espèces qui se ressemblent tellement que les différents ordres ou familles ne paraissent former qu'un seul genre.

**MONOGÉNÈSE.** adj. 2 g. [Pr. .... èze] (gr. μόνος, seul: γένεσις, génération). T. Zool. Qui n'offre qu'un seul mode de reproduction, le mode par œufs en ovules.

**MONOGÉNÉTIQUE.** adj. 2 g. (gr. μόνος, seul; γένεσις, génération). T. Chim. Se dit des matières colorantes qui ne donnent jamais qu'une seule teinte. Voy. COLORANTES.

**MONOGÉNIE.** s. f. (gr. μόνος, seul; γενής, engendré). Mode de génération, consistant dans la production, par un corps organisé, d'une partie qui s'en sépare et devient un nouvel individu.

**MONOGÉNIQUE.** adj. 2 g. Qui a rapport à la monogénie. || T. Minér. Se dit de roches dont toutes les parties sont de même nature.

**MONOGÉNISME.** s. m. (R. *monogénie*). Système anthropologique qui admet que toutes les races humaines dérivent d'un seul couple, ou d'une seule origine.

**MONOGÉNISTE.** s. m. Partisan du monogénisme.

**MONOGRAMMATIQUE.** adj. 2 g. [Pr. *monogram-matike*]. Qui a le caractère du monogramme.

**MONOGRAMME.** s. m. [Pr. *mono-grame*] (lat. *monogramma*, gr. μονογράμματον, m. s., de μόνος, seul, et γράμμα,

lettre). On appelle ainsi une sorte de caractère ou de chiffre qui est ordinairement formé de plusieurs lettres entrelacées. Un *Monogramme* est *parfait* ou *complet*, quand toutes les lettres qui composent le mot y sont exprimées, il est *imparfait* ou *incomplet*, lorsqu'il n'en contient que les lettres principales. Comme exemple du premier, nous citerons le m. de Charles le Chauve, *Karolvs* [Fig. 1.], et, comme exemple du second, celui du *Christ* [Fig. 2.], qui ne comprend que les deux premières lettres du mot grec χρίστος. L'usage des monogrammes est fort ancien, car on en trouve sur diverses monnaies grecques du temps de Philippe et d'Alexandre, et l'on voit le m. du Christ sur des monnaies du siècle de Constantin. Mais ce fut surtout au moyen âge qu'il se répandit ; on mit des monogrammes sur les étendards, sur les sceaux, et, en dernier lieu, sur les actes publics, les rois, ainsi qu'un grand nombre de seigneurs et d'évêques ayant pris l'habitude de s'en servir en guise de signature. Longtemps même le droit de signer par m. fut réservé aux souverains et aux princes. Toutefois cette coutume tomba en désuétude dans le cours du XIVe siècle. Plus tard, on a encore donné le nom de *monogrammes* aux signes ou chiffres que les artistes apposent au bas de leurs œuvres. L'étude des monogrammes est d'une grande importance pour l'explication et la critique des monuments écrits du moyen âge, ainsi que pour l'histoire de l'art. Le meilleur livre sur cette matière est le *Dictionnaire des monogrammes*, par BRULLIOT.

**MONOGRAMMISTE.** s. m. [Pr. *monogra-miste*]. Artiste qui se sert pour signer ses œuvres d'un signe figuré, des initiales ou abréviation de son nom.

**MONOGRAPHE.** s. m. Auteur d'une monographie. = Adj. 2 g. Qui ne traite que d'un seul objet.

**MONOGRAPHIE.** s. f. (gr. μόνος, seul; γράφω, j'écris). Ouvrage qui traite spécialement d'un point de la science. *M. des Hirudinées, M. des Palmiers.*

**MONOGRAPHIQUE.** adj. 2 g. Qui appartient à une monographie, qui est du genre de la monographie.

**MONOGYNE.** adj. 2 g. (gr. μόνος, seul; γυνή, femelle). T. Bot. Se dit d'une fleur qui ne renferme qu'un seul pistil.

**MONOGYNIE.** s. f. (gr. μόνος, seul; γυνή, femelle). T. Bot. Nom donné par Linné aux ordres dont les plantes étaient pourvues de fleur à un seul carpelle.

**MONOHYDRATÉ, ÉE** adj. (gr. μόνος, seul, et fr. *hydraté*). T. Chim. Se dit des acides et des sels qui ne renferment qu'un seul équivalent d'eau. Voy. ACIDE, SEL.

**MONOÏQUE.** adj. 2 g. (gr. μόνος, seul, οἰκία, maison). T. Bot. Se dit d'une plante qui porte à la fois des fleurs mâles et des fleurs femelles sur le même pied.

**MONOLITHE.** adj. 2 g. (lat. *monolithus*, gr. μονόλιθος, m. s. de μόνος, seul, et λίθος, pierre). Qui est d'une seule pierre. *Colosse, obélisque, temple m.* = MONOLITHE. s. m. *Beaucoup de monuments égyptiens sont des monolithes.*

**MONOLITHISME.** s. m. (R. *monolithe*). Système de constructions monolithes ou au moyen de pierres de grandes dimensions.

**MONOLOGIQUE.** adj. 2 g. Se dit de ce qui a rapport au monologue.

**MONOLOGUE.** s. m. (gr. μονολόγος, qui parle seul, de μόνος, seul, et λόγος, discours). Scène d'une pièce de théâtre où un personnage est seul et se parle à lui-même. *Un beau m. Un m. ennuyeux. Les monologues arrêtent l'action et manquent souvent de vraisemblance.* || Discours d'une personne qui ne laisse pas parler les autres. || Petite composition scénique récitée par une seule personne.

**MONOLOGUER.** v. n. Parler en monologue, parler seul.

**MONOLOGUEUR.** s. m. Celui qui fait un monologue.

**MONOMACHIE** s. f. (gr. μονομαχία, m. s., de μόνος, seul, et μάχη, combat). Combat d'homme à homme; preuve judiciaire par le duel.

**MONOMANE.** adj. et s. 2 g. Qui est atteint de monomanie. *Il est m. C'est une monomane.*

**MONOMANIAQUE.** adj. 2 g. Qui a rapport à la monomanie.

**MONOMANIE.** s. f. (gr. μόνος, seul; μανία, folie). T. Méd. Folie caractérisée par la divagation sur un seul sujet, le malade gardant toute sa raison tant qu'il ne parle pas de ce sujet unique. Voy. ALIÉNATION *mentale*.

**MONOMÈRE.** adj. 2 g. (gr. μόνος, seul; μέρος, partie). T. Zool. Se dit d'insectes dont les tarses sont d'un seul article.

**MONOMÉTALLISME.** s. m. [Pr. *monomé-tal-lisme*] (gr. μόνος, seul; μέταλλον, *métal*). Système de la monnaie à étalon d'un seul métal. Voy. MONNAIE.

**MONOMÉTALLISTE.** s. m. [Pr. *monomé-tal-liste*]. Partisan du monométallisme.

**MONÔME.** s. m. (gr. μόνος, seul; νομός, division). Expression algébrique ne renfermant aucun signe d'addition ou de soustraction. || File non interrompue de jeunes gens qui circulent sur la voie publique pour se livrer à quelque manifestation. Le *m. des candidats à l'École Polytechnique*.

**Alg.** — Un monôme n'est autre chose qu'un produit de plusieurs facteurs représentés par des lettres. Tous les facteurs numériques peuvent être réunis en un seul qu'on appelle *coefficient*. Le degré d'un m. peut être considéré par rapport à une lettre principale ou par rapport à plusieurs lettres. Dans le premier cas, le degré du m. est l'exposant de la lettre principale; dans le second, c'est la somme des exposants des lettres considérées, celles dont l'exposant n'est pas écrit étant affectées de l'exposant 1. Ainsi le monôme :

$$3x^2yz^3,$$

est du deuxième degré par rapport à $x$, du premier par rapport à $y$, et du troisième par rapport à $z$. Il est du sixième degré par rapport aux trois lettres. — Quant au calcul des monômes, nous avons dit au mot *Algèbre* tout ce qu'il est nécessaire d'en dire.

**MONOMÈTRE.** adj. 2 g. (gr. μόνος, seul; μέτρον, mesure). Qui n'a qu'un mètre ou qu'une espèce de vers. *Vers m.*, vers d'une seule mesure.

**MONOMÉTRIQUE.** adj. 2 g. Qui a rapport au monomètre.

**MONOMOTAPA**, région de l'Afrique orientale, dans le bassin du Zambèze, en face de Madagascar.

**MONOMPHALIEN, IENNE.** adj. [Pr. *mo-non-fali-in, iène*] (gr. μόνος, seul; ὀμφαλός, nombril). T. Térat. Se dit de monstres produits par la réunion de deux sujets qui ont un commun ombilic.

**MONOMYAIRE.** s. et adj. 2 g. (gr. μόνος, seul; μυών, muscle). T. Malac. Se dit des mollusques bivalves qui n'ont qu'un seul muscle adducteur pour fermer leur coquille. Voy. CONCHYLIOLOGIE.

**MONONEURE.** adj. 2 g. (gr. μόνος, seul; νεῦρον, nerf). T. Zool. Qui n'a qu'un seul système nerveux.

**MONOPÉGIE.** s. f. (gr. μόνος, seul; πηγεὶς, fixé). T. Méd. Douleur de tête qui n'occupe qu'une partie très circonscrite.

**MONOPÉRIANTHÉ, ÉE.** adj. (gr. μόνος, seul, et fr. *périanthe*). T. Bot. Dont les fleurs n'ont qu'une seule enveloppe.

**MONOPÉRIGYNE.** adj. 2 g. (gr. μόνος, seul, et fr. *périgyne*). T. Bot. Se dit d'une plante dont les étamines sont insérées autour de l'ovaire.

**MONOPÉRIGYNIE.** s. f. (R. *monopérigyne*). Nom, dans la méthode de Jussieu, d'une classe qui comprend les plantes monocotylédones périgynes.

**MONOPÉTALE.** adj. 2 g. (gr. μόνος, seul, et fr. *pétale*). T. Bot. Corolle dont les pétales sont soudés en une seule pièce; synonyme de *gamopétale* que l'on emploie de préférence aujourd'hui.

**MONOPÉTALIE.** s. f. État d'une plante dont les fleurs sont monopétales.

**MONOPHANE.** s. f. (gr. μόνος, seul; φαίνω, je parais). T. Minér. Synonyme d'*Epistilbite*.

**MONOPHONE.** adj. 2 g. (gr. μόνος, unique; φωνή, son). Qui n'a qu'un son.

**MONOPHTHALME.** adj. 2 g. (gr. μόνος, seul; ὀφθαλμός, œil). Qui n'a qu'un seul œil.

**MONOPHYLLE.** adj. 2 g. (gr. μόνος, seul; φύλλον, feuille). T. Bot. Se dit des différentes pièces florales lorsqu'elles sont soudées entre elles; on dit mieux *gamophylle*.

**MONOPHYSISME.** s. m. [Pr. *mono-fi-zisme*] (gr. μόνος, seul; φύσις, nature). Opinion de ceux qui n'admettent qu'une seule nature en J.-C.

**MONOPHYSITE.** s. m. [Pr. *monofi-zite*] (gr. μόνος, seul; φύσις, nature). T. Hist. relig. Nom donné aux partisans d'Eutychès qui soutenaient qu'il n'y avait qu'une nature en J.-C. Voy. HÉRÉSIE, II, B.

**MONOPHYTE.** adj. 2 g. [Pr. *mono-fite*] (gr. μόνος, seul; φυτόν, plante). T. Bot. Se dit de genres qui ne renferment qu'une seule espèce.

**MONOPLÉGIE.** s. f. (gr. μόνος, seul; πλήσσειν, frapper). Paralysie bornée à une seule partie du corps.

**MONOPNEUMONES.** s. m. pl. (gr. μόνος, seul; πνεύμων, poumon). T. Zool. Une des divisions du groupe des *Dipnoïques*. Voy. ce mot.

**MONOPODE.** adj. 2 g. (gr. μόνος, seul; πούς, ποδός, pied). T. Zool. Qui n'a qu'un seul pied.

**MONOPODIE.** s. f. (R. *monopode*). T. Térat. Monstruosité caractérisée par l'existence d'un seul pied.

**MONOPOLE.** s. m. (lat. *monopolium*, gr. μονοπώλιον, m. s., de μόνος, seul; πωλέω, je vends). En Économie politique, on appelle *Monopole*, le privilège que possède, à l'exclusion de tous autres, un individu, une collection d'individus ou l'État, de vendre ou d'exploiter une chose déterminée. On a distingué les monopoles en *naturels* et *artificiels*. Par les premiers, on entend les richesses limitées qui constituent une propriété légitime inhérente à l'individu et au développement de son activité : tels sont les produits du génie, une œuvre intellectuelle, un tableau, la propriété de facultés éminentes aussi bien que celle des capitaux, des instruments de travail, etc. Les seconds comprennent, au contraire, les privilèges concédés par l'État. Parmi les premiers, il convient de considérer aussi les *monopoles de fait*, qui s'établissent lorsqu'une industrie particulière se centralise en un petit nombre d'établissements, pouvant s'entendre pour maintenir leurs prix et rester les maîtres du marché. Nous avons parlé de cet état de choses au mot *Concurrence*.

Parmi les monopoles légaux, les uns sont exercés par l'État lui-même : tels sont, chez nous, le service des postes, la fabrication et la vente du tabac, de la poudre, des allumettes, etc. Parmi les seconds, nous citerons, en France, l'exercice des fonctions d'agent de change, de courtier, d'avoué, de notaire, etc. Plusieurs auteurs, même parmi les plus éminents, ont condamné tous les monopoles. Au point de vue de la science économique pure, ils auraient mille fois raison, si cette question était exclusivement du domaine de l'économie politique. Mais nous ne pensons pas qu'il en soit ainsi : il y a encore à tenir compte des considérations importantes qu'on peut faire valoir au point de vue de la politique, et particulièrement du Trésor, de la police, de l'ordre public, etc. Il est donc impossible, suivant nous, de condamner ou de justifier en bloc tous les monopoles que nous avons énumérés plus haut. Chacun d'eux devrait être l'objet d'une discussion spéciale qu'il nous est interdit d'aborder. Cependant il y a un fait général qu'il ne faut jamais perdre de vue, c'est que tout m. industriel ou commercial, en mettant obstacle à la concurrence, a pour effet d'altérer le juste prix des marchandises, de troubler les échanges, de frapper l'acheteur d'un impôt au profit du vendeur, de gêner la distribution naturelle des capitaux et d'être une source permanente d'inégalités sociales. Voy. COMMERCE, CONCURRENCE, IMPOT.

**MONOPOLEUR, EUSE.** s. Celui, celle qui exerce un monopole.

**MONOPOLISATEUR.** s. m. [Pr. ...*zateur*]. Celui qui met en monopole.

**MONOPOLISER.** v. a. [Pr. ..., *li-zer*]. S'emparer d'un monopole; exercer un monopole. *M. une industrie.* = MONOPOLISÉ, ÉE. Part.

**MONOPTÈRE.** adj. 2 g. (gr. μονόπτερος, m. s., de μόνος, seul, et πτερὸν, aile). T. Archit. Qui n'a qu'une seule rangée de colonnes. Voy. TEMPLE. || T. Zool. Qui n'a qu'une aile, qu'une nageoire.

**MONOPTÉRYGIEN, ENNE.** adj. [Pr. *monoptéri-ji-in, iène*] (gr. μόνος, seul; πτέρυξ, nageoire). T. Zool. Qui n'a qu'une seule nageoire.

**MONOPTOTE.** s. m. (gr. μόνος, seul; πτωτὸς, qui tombe). T. Gram. Nom qui n'a qu'une seule finale pour tous ses cas.

**MONOPYRÈNE.** adj. 2 g. (gr. μόνος, seul; πυρὴν, noyau). T. Bot. Se dit d'un fruit qui ne renferme qu'un seul noyau. Inus.

**MONORCHIDE.** s. m. (gr. μόνος, seul; ὄρχις, testicule). T. Chir. Qui n'a qu'un seul testicule. Cette infirmité, qui n'entraîne pas l'impuissance, peut tenir soit à un accident qui a détruit l'un des deux testicules, soit à ce que l'un des deux testicules est resté dans l'abdomen et n'est pas descendu dans les bourses. On sait en effet que chez le fœtus, les testicules sont dans l'abdomen d'où ils ne descendent dans les bourses que quelques jours avant la naissance, et quelquefois même après.

**MONORCHIDIE.** s. f. [Pr. *monor-kidie*]. État de celui qui est monorchide.

**MONORÉFRINGENT, ENTE.** adj. [Pr. *monoréfrin-jan, ante*] (gr. μόνος, seul, et fr. *réfringent*). Qui ne fait éprouver que la réfraction simple.

**MONORIME.** s. m. (gr. μόνος, seul, et fr. *rime*). T. Versif. Pièce de poésie dont tous les vers sont sur une même rime.

**MONOSÉPALE.** adj. 2 g. (gr. μόνος, seul, et fr. *sépale*). T. Bot. Calice dont les sépales sont soudés en une seule pièce; on dit surtout *gamosépale*.

**MONOSITIE.** s. f. (gr. μόνος, seul; σῖτος, aliment). Habitude de ne faire qu'un seul repas.

**MONOSOMIEN, IENNE.** adj. et s. [Pr. *monosomi-in, iène*] (gr. μόνος, seul; σῶμα, corps). T. Térat. Se dit des monstres qui ont deux têtes sur un seul corps.

**MONOSPERME.** adj. 2 g. (gr. μόνος, seul, σπέρμα, graine). T. Bot. Se dit d'un fruit renfermant une seule graine, et d'une plante portant de pareils fruits.

**MONOSPERMIE.** s. f. État d'une plante monosperme.

**MONOSPORÉ, ÉE.** adj. (gr. μόνος, seul, et fr. *spore*). T. Bot. Qui ne renferme qu'un seul corps reproducteur.

**MONOSTACHYÉ, ÉE.** adj. [Pr. *monosta-kié*] (gr. μόνος, seul; στάχυς, épi). T. Bot. Dont les fleurs sont réunies en un seul épi.

**MONOSTIGMATIE.** s. f. [Pr. .... *a-si*] (gr. μόνος, seul, et fr. *stigmate*). État d'une plante dont les fleurs ne renferment qu'un seul stigmate.

**MONOSTIQUE.** s. m. (lat. *monostichus*, gr. μονόστιχος, m. s., de μόνος, seul, et στίχος, vers). Épigramme, inscription en un seul vers. || Adj. 2 g. Qui ne renferme qu'un vers. *Sentence m.*

**MONOSTOME.** adj. 2 g. (gr. μόνος, seul; στόμα, bouche). T. Zool. Qui n'a qu'une seule bouche ou ouverture.

**MONOSTYLE.** adj. 2 g. et **MONOSTYLÉ, ÉE.** adj. (gr. μόνος, seul, et fr. *style*). T. Bot. Qui n'a qu'un style.

**MONOSUBSTITUÉ, ÉE,** adj. (gr. μόνος, seul, et fr. *substitué*). T. Chim. Se dit des dérivés produits par la substitution d'un seul atome ou d'un seul radical.

**MONOSYLLABE.** adj. et s. m. [Pr. *monosil-labe*] (lat. *monosyllabus*, gr. μονοσύλλαβος, m. s.) T. Gram. Se dit d'un mot qui n'a qu'une syllabe. *Ce mot est m. Cette langue abonde en monosyllabes.*

**MONOSYLLABIQUE.** adj. 2 g. [Pr. *mono-sil-labike*]. Qui est composé de monosyllabes. *Les langues monosyllabiques. Un vers m.* — On appelle aussi *Vers m.*, Un vers d'une seule syllabe.

**MONOSYLLABISME.** s. m. [Pr. *mono-sil-labisme*]. État de langues qui n'ont que des monosyllabes pour racines. || Manie de ceux qui ne parlent que par monosyllabes.

**MONOSYMPTOMATIQUE.** adj. 2 g. [Pr. *mono-sin-ptomatike*]. T. Méd. Qui dépend d'un seul symptôme. Diagnostic m., Celui qui ne s'appuie que sur un seul symptôme.

**MONOTHALAME.** adj. 2 g (gr. μόνος, seul; θάλαμος, lit). T. Zool. Se dit d'une coquille qui ne renferme qu'une seule cavité.

**MONOTHÉIQUE.** adj. 2 g. Qui appartient au monothéisme.

**MONOTHÉISME.** s. m. (gr. μόνος, seul; θεὸς, Dieu). Doctrine philosophique et religieuse qui ne reconnaît l'existence que d'un seul dieu, par opposition au *polythéisme*, qui en admet plusieurs. — On appelle *Hénothéisme*, le système religieux d'un peuple qui, reconnaissant l'existence de plusieurs dieux n'en adore cependant qu'un seul. Tel paraît avoir été la conception primitive des Hébreux qui plus tard se sont élevés au monothéisme pur. Nous ne nous attarderons pas à démontrer que *Dieu*, tel que nous le concevons aujourd'hui comme l'être infini et nécessaire, est nécessairement unique. Voy. HÉNOTHÉISME, POLYTHÉISME.

**MONOTHÉISTE.** adj. 2 g. Qui n'admet qu'un seul dieu, *Un peuple m.* || Qui a rapport au monothéisme. *Religion m. Doctrine monothéiste.*

**MONOTHÉLISME.** s. m. (gr. μόνος, seul; θέλω, je veux). T. Hist. relig. Hérésie de ceux qui prétendaient qu'il n'y a en Jésus-Christ qu'une volonté, la volonté divine. Voy. HÉRÉSIE, II, B.

**MONOTHÉLITE.** adj. et s. 2 g. Qui est partisan du monothélisme.

**MONOTHYRE.** adj. 2 g. (gr. μόνος, seul; θύρα, porte). T. Zool. Se dit d'une coquille qui n'a qu'une seule valve.

**MONOTOCARDES.** s. m. pl. T. Zool. Syn. de *Cténobranches*. Voy. ce mot.

**MONOTONE.** adj. 2 g. (lat. *monotonus*, gr. μονότονος, m. s., de μόνος, seul, et τόνος, ton). Qui est presque toujours sur le même ton; qui n'est pas assez varié dans ses intonations. *Chant m. Déclamation m.* — Par anal., *Un bruit m.* || Par ext., *Acteur, orateur m.*, Acteur, orateur dont le débit a de la monotonie. || Fig., en part. des choses, Qui est trop uniforme, qui manque de variété. *Style m. Mener une vie m. Des occupations monotones. Des plaisirs monotones.*

**MONOTONEMENT.** adv. [Pr. ... *ne-man*]. D'une manière monotone.

**MONOTONIE.** s. f. (gr. μονοτονία, m. s.) Uniformité ennuyeuse de ton dans la conversation, dans les discours, dans la musique. *Il parle avec une m. fatigante. Cette musique est d'une m. intolérable.* = Figur., se dit du style, de la vie, etc. *La m. de son style. Ce poème a de la m. La m. de ce travail me fatigue. Sa vie est d'une m. ennuyeuse.*

**MONOTRÈMES.** s. m. pl. (gr. μόνος, seul; τρῆμα, trou). T. Mamm. Cuvier a désigné sous ce nom, qui a été adopté par tous les zoologistes, un petit groupe de Mammifères, qui forment actuellement le second ordre des Mammifères dits Aplacentaires, et qui font le passage de ces derniers au groupe des Vertébrés Ovipares. Les *Monotrèmes* en effet ont, comme les Oiseaux et les Reptiles, un cloaque ou canal commun dans lequel débouchent à la fois l'appareil génito-urinaire et le tube intestinal. Les organes de la génération présentent des anomalies extraordinaires. Les Monotrèmes possèdent des os marsupiaux qui soutiennent une poche incubatrice, seulement chez l'*Échidné*. Les M. ont des mamelles ventrales qui sont dépourvues de mamelon. Ce sont en effet

Fig. 1.

des animaux qui pondent des œufs comme les reptiles et les oiseaux; ceux de l'*Échidné* ont une longueur de 16 millimètres sur 13 de large. Une autre singularité curieuse de leur conformation, c'est la présence d'une sorte de clavicule commune aux deux épaules, placée en avant de la clavicule ordi-

Fig. 2.

naire et analogue à la fourchette des Oiseaux. De plus, leur oreille est dépourvue de conque externe. Enfin, outre les cinq ongles à tous les pieds, les mâles portent à ceux de derrière un ergot qui est percé d'un canal, lequel livre passage à un liquide venimeux au moins en certaine saison; ce venin ne serait pas mortel pour l'homme. L'ordre des M. se compose seulement des deux genres *Échidné* et *Ornithorhynque* que l'on ne trouve qu'en Australie, en Tasmanie et en Nouvelle-Guinée. — Les *Échidnés* connus seulement depuis 1824 ont tout le dessus du corps couvert d'épines comme celui du Hérisson, et jouissent également de la propriété de se rouler en boule. Leur museau allongé, grêle et terminé par une petite bouche, contient une langue extensible comme celle des Fourmiliers. Au lieu de dents, ils ont dans le palais plusieurs rangées de petites épines. Leurs pieds courts et robustes sont propres à fouir la terre. Ces animaux sont timides, lents, et se nourrissent principalement de Fourmis. On en admet deux espèces : 1° l'*Éch. épineux* (*Éch. hystrix*) [Fig. 1], qui est tout couvert de grosses épines et a une longueur de 50 centimètres, sur 16 de haut; 2° l'*Éch. soyeux* (*Éch. setosa*), dont les épines sont à demi cachées par les poils. Mais ce dernier pourrait bien n'être que le jeune âge du premier. Les *Échidnés* pondent leurs œufs et les introduisent ensuite dans une sorte de poche marsupiale qui se développe surtout à ce moment; c'est dans l'intérieur de cette poche que se fait l'éclosion. — Les *Ornithorhynques* ont le museau allongé, élargi, aplati, et offrant la plus grande ressemblance avec le bec d'un Canard, d'autant que ses bords sont garnis de même de petites lames transverses. Ils n'ont de dents que dans le fond de la bouche. Celles ci sont au nombre de deux, et constituées par de petits tubes verticaux. Leur langue se compose de deux parties, l'une antérieure, étroite, hérissée de papilles cornées, l'autre postérieure, plus épaisse, et portant deux petites pointes charnues. La tête, le corps et la queue sont entièrement couverts de poils épais. Enfin, les membranes de leurs pieds et leur queue aplatie révèlent assez des animaux aquatiques. En effet, ils habitent exclusivement les bords des marais et des rivières. On n'en connaît qu'une espèce, l'*Ornith. paradoxal* (*Ornithorhynchus paradoxus*) [Fig. 2], à poil roussâtre et lisse, ou noirâtre et un peu crépu, selon l'âge. Les Ornithorhynques pondent leurs œufs à terre et les couvent, paraît-il, comme le font les oiseaux; ces œufs sont blancs et ont une coquille molle comme ceux des reptiles.

**MONOTRIGLYPHE.** s. m. (gr. μόνος, seul, et *triglyphe*). T. Archit. Espace de la largeur d'un triglyphe, entre deux colonnes ou deux pilastres.

**MONOTROPE.** s. m. (gr. μόνος, seul; τρόπος, manière). T. Bot. Genre de plantes Dycotylédones (*Monotropa*) de la famille des *Éricacées*. Voy. ce mot.

**MONOTROPÉES.** s. f. pl. (R. *Monotrope*). T. Bot. Tribu de végétaux de la famille des *Éricacées*. Voy. ce mot.

**MONOTYPE.** adj. 2 g. (gr. μόνος, seul, et fr. *type*). Se dit de genres dont les espèces ont entre elles des rapports qui en font un groupe bien distinct.

**MONOVALENT.** adj. m. [Pr. *monova-lan*] (gr. μόνος, seul, et lat. *valens*, de *valere*, valoir). T. Chim. *Élément m. Radical m.* Qui ne peut pas s'unir à plus d'un atome d'hydrogène ou de chlore. Voy. Atomicité. || *Alcool m.* Qui ne possède qu'une fonction alcool.

**MONOXYLE.** adj. 2 g. [Pr. *monoksile*] (gr. μόνος, seul; ξύλον, bois). Fait d'une seule pièce de bois. *Canot m.*

**MONOXYLÉES.** s. f. pl. [Pr. *monoksilé*] (gr. μόνος, seul; ξύλον, bois). T. Bot. Nom donné au groupe de Lépidodendracées dont la tige ne renferme qu'un seul bois. Voy. Lépidodendracées.

**MONOZOÏCITÉ.** s. f. Caractère des animaux monozoïques.

**MONOZOÏQUE.** adj. 2 g. (gr. μόνος, seul; ζῷον animal). Se dit d'animaux dont les individus sont isolés et vivent hors de l'état d'agrégation.

**MONPONT,** ch.-l. de c. (Dordogne), arr. de Ribérac; 2,300 hab.

**MONPOU,** compositeur fr. (1804-1841)

**MONRADITE.** s. f. (R. *Monrad*, n. d'homme). T. Minér. Silicate hydraté de magnésie et de fer.

**MONREALE**, v. de Sicile, à 4 kilomètres de Palerme; 19,000 hab. Belle cathédrale.

**MONROË**, président des États-Unis d'Amérique (1817 et 1821), posa en principe que l'Europe n'avait pas le droit d'intervenir dans les affaires d'Amérique.

**MONROSE**, célèbre comédien fr., (1783-1843).

**MONROVIA**, v. de la côte occidentale d'Afrique, cap. de la République de Libéria; 13,000 hab.

**MONS**. s. m. [Pron. l's.]. Abréviation de Monsieur. T. Mépris. *M. un tel.*

**MONS**, ch.-l. du Hainaut (Belgique); 24,850 hab. Centre d'un vaste bassin houiller dont la partie voisine de la France s'appelle le *Borinage.*

**MONSEIGNEUR**. s. m. (R. *mon, seigneur*). Titre d'honneur donné à certains personnages. || *Pince m.* Levier ou pince pour forcer les serrures.
**Cérém.** — La qualification de *Monseigneur* se donnait, à l'origine, aux rois. Les chevaliers portaient également ce titre. Dans les siècles subséquents, les princes, les ducs et pairs, les maréchaux, les grands officiers de la couronne, les ministres en fonctions, les archevêques, les évêques et même les présidents à mortier eurent droit à cette qualification honorifique. Quand les parlements étaient assemblés et siégeaient comme corps judiciaires, les requêtes et les mémoires qui leur étaient adressés devaient porter pour suscription : *A nos seigneurs du parlement.* Enfin, sous Louis XIV, le titre de *Monseigneur*, pris absolument, désigna le Dauphin, héritier présomptif de la couronne. — Ce titre, supprimé par la Constituante avec les autres qualifications nobiliaires, fut remis en vigueur sous l'Empire et sous la Restauration; les ministres en particulier avaient droit à ce titre. Aujourd'hui il ne se donne plus qu'aux princes d'une famille souveraine, aux archevêques et aux évêques, sauf toutefois, en ce qui concerne ces derniers, dans la correspondance officielle. Le chef de l'État s'adressant à un membre de l'épiscopat dit: Monsieur l'Évêque ou Monsieur l'Archevêque. Par abréviation, on écrit souvent Mgr. Lorsqu'on s'adresse collectivement à plusieurs personnes qui ont droit à ce titre, on dit ou l'on écrit *Messeigneurs.*

**MONSEIGNEURISER**. v. a. [Pr. ...*rizer*]. Donner le titre de monseigneur. *Je l'ai monseigneurisé.* Ne se dit que par plaisanterie. = MONSEIGNEURISÉ, ÉE. part.

**MONSÉGUR**, ch.-l. de c. (Gironde), arr. de La Réole; 1,500 hab.

**MONSELET** (CHARLES), littérateur fr., (1825-1888).

**MONS-EN-PÉVÈLE** ou **MONS-EN-PUELLE**, bourg du dép. du Nord, à 20 kilomètres de Lille, où Philippe le Bel battit les Flamands en 1304; 1,900 hab.

**MONSIEUR**. s. m. **MESSIEURS**. s. m. pl. [Pr. *mo-sieu, mè-sieu.*] Titre que l'on donne par civilité, par bienséance, aux personnes à qui l'on parle ou à qui l'on écrit. *Oui, m. Je vous prie, m., de... Je vous prie, messieurs, de remarquer. Adressez-vous à ces messieurs.* || Se dit, par les domestiques d'une maison, du maître de cette maison. *M. est sorti. M. n'est pas visible.* || *Monsieur*, se dit encore pour désigner tout homme dont le langage et les manières annoncent quelque éducation. *Il est venu un m. vous demander.* — Fam., *Un beau m.*, Un homme mis avec élégance. *C'est un vilain m.*, C'est un homme d'humeur maussade, difficile à vivre. — Popul., *Il fait le m., il fait bien le m.*, Il fait l'homme d'importance. *Il est devenu gros m.*, Il a fait fortune. || On dit, pour marquer son mépris à quelqu'un ou pour l'injurier : *Mon petit m. M. l'insolent. M. le sot.* || *Prune de m.* Sorte de prune violette.
**Cérém.** — Le titre de *Monsieur* fut, à l'origine, synonyme de *Monseigneur*, et se donna aux rois. Plus tard on l'appliqua aux gentilshommes qui n'avaient pas droit au Monseigneur, et même à ceux à qui cette qualification était due, quand on y joignait le titre de leur dignité. C'est ainsi qu'on disait : *Monsieur* le prince, *Monsieur* le maréchal, *Monsieur* le chancelier, etc. — Le nom de *messieurs*, pris absolument, se donnait encore aux membres du parlement et des autres cours souveraines, et l'on disait : *Un de messieurs; L'avis de messieurs.* Enfin, *Monsieur*, pris également d'une façon absolue, servait à désigner l'aîné des frères du roi. Charles X est le dernier qui ait porté ce titre pendant le règne de Louis XVIII. — Aujourd'hui, on donne, par politesse, le titre de Monsieur à toutes les personnes à qui l'on parle ou à qui l'on écrit. — On écrit souvent, par abréviation, au singulier Mr ou M., et au pluriel Mrs ou MM.

**MONSIGNY**, compositeur fr. (1729-1817), auteur du *Déserteur* (1768).

**MONSOLS**, ch.-l. de c. (Rhône), arr. de Villefranche; 1,100 hab.

**MONSONIE**. s. f. T. Bot. Genre de plantes Dicotylédones (*Monsonia*) de la famille des *Géraniacées*. Voy. ce mot.

**MONSTÈRE**. s. m. T. Bot. Genre de plantes Monocotylédones (*Monstera*) de la famille des *Aroïdées*. Voy. ce mot.

**MONSTRE**. s. m. (lat. *monstrum*, m. s. de *monstrare*, montrer, parce qu'autrefois les monstres étaient considérés comme des êtres qui annonçaient quelque malheur). Se dit de tout être organisé dont la conformation s'écarte plus ou moins de celle qui est naturelle à son espèce ou à son sexe. *M. horrible, hideux, effroyable. Un m. à deux têtes. Cette femme a fait un m. Les fleurs doubles sont des monstres.* Voy. TÉRATOLOGIE. || Par exag., Ce qui est extrêmement laid. *Cette femme est horriblement laide, c'est un m.* On dit aussi, *Un m. de laideur.* || Fig., au sens moral, Cruel, inhumain, dénaturé. *Néron était un m. C'est un monstre qui a voulu assassiner sa mère.* — On dit aussi, *C'est un m. de cruauté, d'ingratitude, d'avarice.* || Poétiq., *Les monstres des forêts*, Les bêtes féroces qui habitent les forêts.

Vous adorez en vain des monstres impuissants.
CORNEILLE.

— *Les monstres marins.* Les grands cétacés et les grandes espèces de poissons. — Famil., *On a servi des monstres sur cette table*, On a servi des poissons d'une grandeur extraordinaire. || Figur., *Se faire un m. de quelque chose*, S'imaginer qu'une chose est très pénible, très difficile. || *Adjectivement.* De proportions extraordinaires. *Un meeting m. Un banquet m.*

**MONSTRELET** (ENGUERRAND DE), chroniqueur fr. (1390-1453). Sa *Chronique* en deux livres s'étend de 1400 à l'an 1444.

**MONSTRUEUSEMENT**. adv. [Pr. *monstru-eu-ze-man*]. Prodigieusement, excessivement; ne se dit guère que dans ces phrases : *C'est un homme m. gros, m. gras.*

**MONSTRUEUX, EUSE**. adj. (lat. *monstruosus*, m. s., de *monstrum*, monstre). Qui a une conformation contre nature. *Un enfant m. Un animal m. Une conformation monstrueuse.* || Qui est contraire aux lois de la nature. *Accouplement m.* — Figur., *Union monstrueuse d'idées, d'expressions.* || Se dit aussi de certaines choses qui sont excessives dans leur genre. *Cet homme a la tête monstrueuse. C'est une femme d'une laideur, d'une grosseur monstrueuse. Un animal m. Des poissons m.* — Figur., au sens moral, *Une fortune monstrueuse. Un événement m. Un crime m. Avarice, prodigalité monstrueuse. Des absurdités monstrueuses.*

**MONSTRUOSITÉ**. s. f. [Pr. *monstru-ozité*]. Caractère, vice de ce qui est monstrueux. *La m. de sa grosseur attire tous les regards. La m. de cette action.* || S'emploie le plus souvent pour désigner la chose monstrueuse elle-même. *Sa tête est une m. Cette action est une m. L'étude des monstruosités nous a révélé certaines lois relatives au développement des êtres.* Voy. TÉRATOLOGIE.

**MONT**. s. m. [Pr. *mon*] (lat. *mons, montis*, m. s.). Grande masse de terre ou de roche fort élevée au-dessus de la surface de la terre. Ne se dit guère en prose qu'avec un nom propre. *Le m. Cenis. Le m. Etna. Le M.-Blanc. Le m. Liban. Les monts Pyrénées.* Poétiq., *Le double m.*, Le Parnasse. — Absol., et au plur., *Monts* sign. ordinairement, Les Alpes. *Il passa les monts pendant l'hiver. Au delà des monts.* = *Aller par monts et par vaux*, Voy. VAL. || Figur. et famil., *Promettre des monts d'or à quelqu'un; Lui promettre* *monts et merveilles*, Lui promettre de grands avantages, de grandes richesses, etc. || T. Chirom. Éminence qui est dans l'intérieur de la main au-dessous du pouce (M. de Mars), ou de l'index (M. de Jupiter).

**Syn.** — *Montagne.* — *Mont* désigne une masse détachée de toute autre, soit physiquement, soit idéalement; *montagne* ne forme qu'une appellation vague, qui, pour être appliquée à des objets individuels, doit être suivie de la préposition *de*, comme les *montagnes* des Alpes, les *montagnes* du Jura. *Montagne* réveille toujours dans l'esprit l'idée d'une masse plus forte, plus vaste que le *mont*, et présente, en général, l'idée d'une suite continue de *monts*. *Mont* est opposé au val ou vallon; on court par *monts* et par vaux. La *montagne* est opposée à la plaine. Un pays fort inégal, tout coupé de tertres, de collines, de monticules, de *monts*, est *montueux*. Un pays tantôt très élevé, tantôt très bas, entrecoupé de *montagnes* et de plaines, hérissé d'un côté, uni de l'autre, est *montagneux*.

**MONTAGE.** s. m. (R. *monter*). Action de transporter quelque chose de bas en haut. || T. Techn. Action de dresser, d'ajuster les pièces dont se compose une machine. — Action de sertir une pierre précieuse. || T. Mines. Puits oblique.

**MONTAGNAC,** ch.-l. de c. (Hérault), arr de Béziers; 3,500 hab.

**MONTAGNARD, ARDE.** adj. [Pr. *monta-gnar*, *gn* mouil.]. Qui habite les montagnes. *Les peuples montagnards.*=Substant., *C'est un m. Les montagnards d'Écosse.* || Sous la Convention, se disait des membres de l'assemblée qui siégeaient sur la montagne, c.-à-d. sur les gradins les plus élevés de la salle.

**MONTAGNE.** s. f. [Pr. *gn* mouil.] (lat. *montaneus*, adj. dérivé de *mons, montis*, montagne. A la vérité *montaneus* ne se trouve pas dans les auteurs; mais c'est la seule forme latine qui ait pu donner le mot fr., et elle a certainement fait partie de la langue populaire). Masse énorme de terre et de roche fort élevée au-dessus du terrain qui l'environne. *M. rude, escarpée. Le sommet, la cime, le penchant, la pente, la croupe, les flancs, le pied d'une m. Une chaîne de montagnes. Pays de montagnes. Pays hérissé de montagnes.* — Par analog., *Montagnes de glace*, Amas considérable de glaces qu'on rencontre principalement dans les mers polaires. || Prov., *Il n'y a point de m. sans vallée*, Chaque chose existe avec ses conditions naturelles. || Fig., *La m. a enfanté une souris.* Voy. ENFANTER. — *Aller à la m.* Faire des avances, par allusion au mot de Mahomet : Puisque la montagne ne vient pas à nous, allons à la m. = Dans l'histoire de la Convention, on désigne sous le nom de *Montagne*, les membres les plus exaltés de l'assemblée, parce qu'ils siégeaient sur les gradins les plus élevés de la salle des séances. || *Montagnes russes*, élévation naturelle ou artificielle du haut de laquelle on se laisse glisser en traîneau sur un chemin uni. — Jeu forain dans lequel on glisse avec vitesse sur des rails.

**Geogr.** — I. — Les *Montagnes*, malgré les idées exagérées que l'on se fait communément de leurs dimensions, ne forment à la surface du globe que des inégalités insignifiantes. La hauteur du sommet le plus élevé de l'Himalaya étant de 8,890 mètres, l'effet qui en résulte sur la sphère terrestre n'est pas plus sensible que ne le serait une aspérité d'environ 6 dixièmes de millimètre sur une sphère qui aurait 1 mètre de diamètre. Voy. GÉOLOGIE.

II — La dénomination de *Montagne* ne convient qu'aux aspérités considérables; les géographes s'accordent à ne la donner qu'à des cimes ayant au moins 3 à 400 mètres; celles qui sont inférieures sont appelées *Collines*, ou, quand elles sont isolées, *Monticules*, *Éminences*, *Buttes*, selon leur élévation. Cependant, ces distinctions sont plutôt relatives qu'absolues. On désigne encore sous des noms différents les diverses parties d'une m. L'espace qu'elle occupe est la *Base;* la partie inférieure qui commence à s'élever au-dessus du sol environnant est le *Pied;* ses côtés, plus ou moins inclinés, sont les *Flancs;* lorsqu'ils présentent des parties presque verticales, celles-ci sont appelées *Escarpements*, et quand, au contraire, ils offrent des assises plus ou moins régulières et en retrait les unes sur les autres, on dit qu'ils sont *taillés en gradins*. Le point le plus élevé de la masse est nommé *Sommet, Cime, Crête, Faîte*. Quand ce sommet présente une surface plane, cette surface prend le nom de *Plateau* (Fig. 1). Lorsque le sommet offre la forme d'un cône plus ou moins rapide (Fig. 2), on lui donne le nom de *Cône*, de *Piton*, de *Pic* ou de *Puy*, qui souvent alors s'étend à la m. entière. S'il est arrondi en boule, comme on le voit souvent dans les Vosges, on l'appelle *Ballon* ou *Dôme*. Les sommets terminés en

pointes aiguës ou en crêtes dentelées (Fig. 3) sont nommées *Aiguilles*, *Dents*, *Cornes*, suivant les aspects qu'ils présentent. Le nom de *Tour* ou de *Cylindre* s'applique à des sommets taillés à pic, de façon à ressembler de loin à des constructions gigantesques qui tombent en ruine (Fig. 4) Il est rare que les montagnes soient isolées; cela arrive cependant pour celles qui sont volcaniques, pour certains *ballons*, et pour quelques éminences formées de roches dures qui ont résisté aux causes d'érosion par lesquelles les montagnes voisines ont été détruites. Le plus ordinairement les montagnes sont réunies de manière à former des masses qui reçoivent des dénominations différentes d'après leur importance ou leur direction. Une *Chaîne* est une réunion de montagnes qui s'étend en longueur, et qui change quelquefois de nom lorsqu'elle occupe une grande étendue; un *Massif*, *Groupe* ou *Nœud*, est la réunion de plusieurs chaînes qui se prolongent dans diverses directions; un *Rameau* est un assemblage de montagnes plus ou moins considérables qui partent d'une chaîne; un *Contrefort* est un rameau secondaire qui part d'un rameau principal; un *Système* se compose de plusieurs groupes liés entre eux; les flancs d'une chaîne sont appelés *Versants*, parce qu'en général, ils servent à verser les eaux dans les bassins que ces chaînes circonscrivent; on nomme *Ligne de faîte*, la ligne idéale qui sépare les versants opposés d'une chaîne; enfin, on donne, selon l'habitude des lieux, le nom de *Col*, de *Passage*, de *Port*, de *Brèche*, aux points où des montagnes contiguës offrent une dépression de manière à permettre de franchir la chaîne.

III. — Quoique, au premier abord, il semble qu'il n'y ait aucune régularité, soit dans les formes qu'affectent les montagnes, soit dans leur distribution à la surface du globe, une observation attentive prouve qu'il n'en est point ainsi. Leurs formes, par ex., sont généralement en harmonie avec la nature des roches qui les composent. Ainsi, la dolomie prend ordinairement la forme de hauts pics isolés; les schistes micacés et le gneiss prennent celle d'aiguilles, comme dans les Alpes; les roches calcaires, celle de tours et de cylindres; les roches de serpentine et de trachyte, celle de dôme; les phonolithes revêtent la forme pyramidale; le trapp et le basalte, celle de murailles noirâtres; enfin, les montagnes volcaniques sont habituellement caractérisées par un sommet en cône mousse ou en forme de cratère. Dans les chaînes, il y a en général un versant dont la pente est plus douce que celle de l'autre. Néanmoins, l'œil se trompe fort souvent dans l'estimation de la pente des montagnes. La pente du Mont-Blanc vers l'Allée blanche, quelque abrupte qu'elle paraisse, ne s'élève pas à 45°, et la pente moyenne du pic de Ténériffe, suivant Al. de Humboldt, n'est que de 12° 30′ Les chaînes ne sont pas non plus distribuées au hasard à la surface de la terre. Elie de Beaumont a démontré que tout système de montagnes occupe une portion d'un grand cercle de la sphère terrestre, et que les chaînes sont parallèles entre elles, même lorsqu'elles sont situées dans des hémisphères opposés. Ainsi les Alpes centrales et les monts Carpathes, le Caucase et l'Himalaya, sont à peu près dans la même direction. Le grand cercle de la sphère qui passerait par cette portion des Apennins qui est située entre Gênes et les sources du Tibre est parallèle aux montagnes de l'Achaïe, aux Pyrénées, aux monts Alleghanys dans l'Amérique du Nord,

Paris. — Imp. Laharre, rue de Fleurus, 9

et aux Ghattes dans le Malabar. Les Alpes occidentales sont parallèles aux montagnes de l'Espagne, depuis le cap San-Martino jusqu'au cap de Gatto; elles sont également parallèles aux montagnes de l'Afrique qui longent la côte de l'Atlantique, à la chaîne du Brésil entre le cap San-Roque et Montevideo, ainsi qu'à la chaîne des montagnes de la Scandinavie. Le chaînon du mont Viso, dans les Alpes piémontaises, est parallèle aux Apennins des États romains et napolitains, au Pinde et à la chaîne du Taygète jusqu'au cap Matapan. La portion méridionale de l'Oural est parallèle au système de la Corse et de la Sardaigne; une autre partie est parallèle au Ténare. Les montagnes de l'Égypte et de la mer Rouge sont parallèles au Thuringerwald; enfin, plusieurs des chaînes de la Chine sont parallèles aux Andes de l'Amérique.

IV. — Toutes les montagnes doivent leur origine à l'action des forces, très probablement de la nature ignée, qui agissent sans cesse dans l'intérieur du globe. Certaines parties de la croûte terrestre, cédant à leur effort, se sont fracturées en formant d'immenses fissures, lesquelles ont livré passage aux masses énormes qui constituent les chaînes de montagnes. Les points où les forces internes du globe ont agi avec le maximum d'énergie sont marqués par les roches plutoniques, le granit, le porphyre, etc., qui constituent généralement le noyau ou l'axe des montagnes, tandis que leurs flancs sont revêtus par d'autres roches stratifiées, dont les couches présentent tous les degrés possibles d'inclinaison. La théorie de la formation des montagnes par voie de soulèvement a été conçue, pour la première fois, par le célèbre anatomiste danois Sténon (1667). Cet éminent observateur avait reconnu que toutes les couches de sédiment ayant dû se déposer horizontalement, celles que l'on voit plus ou moins inclinées devaient cette position à une cause violente qui avait agi après leur consolidation. Mais toutes ces chaînes qui sillonnent la surface du globe se sont-elles produites

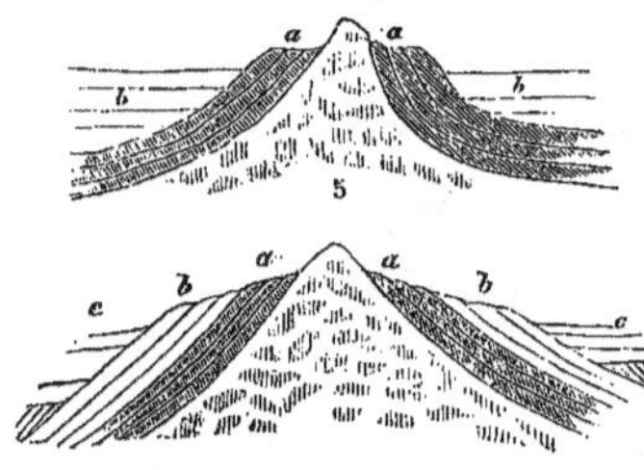


simultanément et successivement? En d'autres termes, est-il possible de déterminer l'âge relatif des chaînes de montagnes? Ce problème, qui semble au-dessus de la portée de l'intelligence humaine, a été résolu, et cela à l'aide d'un principe fort simple, en comparant les couches sédimentaires redressées qui s'appuient sur les flancs des montagnes et les couches horizontales qui leur sont contiguës. Ainsi, par ex., lorsque, sur les flancs d'une m. (Fig. 5), nous trouvons une série de couches *a* redressées, contre lesquelles viennent s'appuyer d'autres couches horizontales *b*, il est évident que la m. a été soulevée après le dépôt des couches *a*, mais avant le dépôt des couches *b*. Si, au contraire, en examinant une autre m. (Fig. 6), nous observons que les deux séries de couches *a* et *b*, ont été redressées, et qu'une troisième série *c* vient s'appuyer contre ces dernières, il est encore évident que cette seconde m. est d'une date plus récente que la première où les couches *b* sont horizontales. Ce principe, si admirable de simplicité et de clarté, est dû à notre illustre compatriote Élie de Beaumont. Mais, en outre, poursuivant avec persévérance son application aux divers systèmes de montagnes, ce géologue a montré que tous les dépôts sédimentaires redressés simultanément offrent une direction parallèle, ou, en d'autres termes, que les chaînes parallèles sont contemporaines, c.-à-d. ont été soulevées à la même époque. Élie de Beaumont a décrit dans l'Europe seule 20 systèmes de soulèvements distingués par leur direction, ainsi que par la disposition et la nature des couches sédimentaires. Le tableau que nous donnons plus loin indique l'ordre chronologique de ces soulèvements et leur direction moyenne. On remarquera, en parcourant ce tableau, que les soulèvements les plus récents ont été les plus violents, et ce sont eux qui ont fait surgir les montagnes les plus élevées.

La cause du soulèvement des montagnes se rattache au refroidissement du globe. Le premier effet de ce refroidissement a été la formation d'une croûte solide dont la température, réglée par le soleil bien plus que par la masse intérieure de la Terre est demeurée ultérieurement invariable. Le refroidissement continuant, la masse liquide de l'intérieur s'est contractée et la croûte devenue trop large pour s'appuyer sur cette masse s'est affaissée en se plissant le long des lignes de plus faible résistance. Ce sont ces plissements qui constituent le soulèvement des montagnes par rapport au reste de la croûte terrestre. On remarquera que cette théorie n'implique pas que les montagnes soient formées par des révolutions soudaines. Le plissement peut commencer par être imperceptible et s'accentuer lentement avec le temps, jusqu'à ce que la résistance de la région ayant augmenté, d'autres plissements se produisent en d'autres lieux. Ces phénomènes s'accomplissent encore de nos jours. Le déplacement des rivages de la mer montre bien que certaines régions de la croûte terrestre s'élèvent, et que d'autres s'affaissent.

DIRECTION DES PRINCIPAUX SOULÈVEMENTS DE MONTAGNES

| | |
|---|---|
| 1. Soulèv. de la *Vendée* | N. 22° O. |
| 2. — du *Finistère* | E. 21° 45′ N. |
| 3. — du *Longmynd* | N. 23° E. |
| 4. — du *Morbihan* | O. 38° 15′ N. |
| 5. — du *Westmoreland* et du *Handsrück* | E. 31° 30′ N. |
| 6. — des *Ballons* et des collines du *Bocage* | E. 15° N. |
| 7. — du *Forez* | N. 15° 3′ O. |
| 8. — du *Nord de l'Angleterre* | N. 5° O. |
| 9. — des *Pays-Bas* et du *Sud du pays de Galles* | E. 5° S. |
| 10. — du *Rhin* | N. 21° E. |
| 11. — du *Thuringerwald* et du *Morvan* | E. 40° S. |
| 12. — du *Pilat*, de la *Côte d'Or*, de l'*Erzgebirge* | E. 40° N. |
| 13 — du *Mont Viso* et du *Pinde* | N. 22° O. |
| 14. — des *Pyrénées* | E. 8° S. |
| 15. — de la *Corse* et de la *Sardaigne* | N. et S. |
| 16. — de l'*île de Wight*, du *Tatra* et de l'*Hæmus* | O. 4° 50′ N. |
| 17. — de l'*Érymanthe* et du *Sancerrois* | E. 26° N. |
| 18. — des *Alpes occidentales* | N. 26° E. |
| 19. — des *Alpes, chaîne principale* | E. 16° N. |
| 20. — du *Tenare* | N. 10° O. |

Voir, au mot Hauteur, l'altitude des principales montagnes et des principaux cols du globe.

**MONTAGNETTE.** s. f. [Pr. *monta-gnè-te*, *gn* mouil.] (Dimin.) Petite montagne.

**MONTAGNEUX, EUSE.** adj. [Pr. *monta-gneu, euze*, *gn* mouil.]. Où il y a beaucoup de montagnes. *Pays m. Région montagneuse.*

**MONTAIGNE** (Michel **EYQUEM** de), moraliste fr. (1533-1592), auteur des *Essais* (1580).

**MONTAIGU**, ch.-l. de c. (Tarn-et-Garonne), arr. de Moissac; 2,800 hab.

**MONTAIGU**, ch.-l. de c. (Vendée), arr. de La Roche-sur-Yon; 1,800 hab.

**MONTAIGU** (Gilles de), conseiller de Philippe le Bel, (1252-1318).

**MONTAIGU** (Jean de), surintendant des finances sous Charles VI. Mort décapité (1350-1409).

**MONTAIGUT-EN-COMBRAILLE**, ch.-l. de c. (Puy-de-Dôme), arr. de Riom; 1,900 hab.

**MONTAISON.** s. f. [Pr. *montè-zon*] (R. *monter*). T. Pêche. Saison où les truites quittent l'eau salée pour passer dans l'eau douce où elles doivent frayer.

**MONTALEMBERT** (marquis de), ingénieur militaire fr. (1714-1800).

**MONTALEMBERT** (comte DE), publiciste et homme politique fr., partisan du catholicisme libéral (1810-1870).

**MONTALIVET** (Comte DE), ministre et intendant de la liste civile sous le règne de Louis-Philippe Ier (1801-1880).

**MONTANA**, l'un des États Unis de l'Amérique du Nord, 133,000 hab. Cap. *Héléna*, 3,850 hab.

**MONTANE**. adj. 2 g. (lat. *montanus*, de *mons*, mont). T. H. nat. Qui appartient aux montagnes.

**MONTANT**. s. m. (R. *monter*). Pièce de bois, de fer ou de pierre, qui est posée verticalement dans certains ouvrages de menuiserie, de serrurerie, etc. *Les montants d'une grille, d'une porte de fer, d'une croisée, d'une échelle.* — *Les montants d'une raquette*, Les cordes qui vont de haut en bas. || T. Chasse. *Le m. du faucon*, essor de l'oiseau qui s'élève. || T. Man. *Montants de la bride*, parties de la bride qui vont des coins de la bouche du cheval, au haut de la tête. Voy. BRIDES. || Total d'un compte, d'une recette, d'une dépense. *Le m. de ce qu'il doit est de tant. Le m. des ses dépenses dépasse cinquante mille francs.* || Se dit encore du goût relevé, de l'odeur de certaines choses. *Donnez un peu de m. à cette sauce. Ce vin, ce tabac a beaucoup de montant.* || *Une personne qui a du m.*, de l'entrain.

**MONTANT, ANTE**. adj. Qui monte.

Dans un chemin montant, sablonneux, malaisé.
LAFONTAINE.

*Un bateau m. Il y a dans ce puits un seau m. et descendant. Un chemin m. La marée montante.* || T. Guerre. *Garde montante*, Voy. DESCENDANT. || T. Maçonn. *Joint m.*, Joint vertical de deux pierres. || T. Blas. Se dit des croissants dont les cornes sont tournées vers le chef de l'écu. || T. Mus. *Gamme montante*, qui va des notes graves aux notes élevées. || T. Ch de fer. *Train m.*, qui se dirige de la mer vers Paris. || T. Cout. *Robe montante*, dont le corsage couvre la poitrine jusqu'au cou.

**MONTARGIS**, ch.-l. d'arr. du dép. du Loiret, sur le Loing, à 63 kilomètres N.-E. d'Orléans; 11,600 hab. Papeteries, tanneries. = Nom des hab. : MONTARGOIS, OISE.

**MONTASTRUC**, ch.-l. de c. (Haute-Garonne), arr. de Toulouse; 1,000 hab.

**MONTATAIRE**, bourg de 5,800 hab., sur le Thérain à 14 kilomètres de Senlis (Oise). Usines métallurgiques; scieries hydrauliques.

**MONTAUBAN**, ch.-l. du dép. de Tarn-et-Garonne, sur le Tarn, à 662 kilomètres S.-O. de Paris; 30,400 hab. Évêché; faculté de théologie protestante. = Nom des hab. : MONTALBANAIS AISE.

**MONTAUBAN**, ch.-l. de c. (Ille-et-Vilaine), arr. de Montfort; 3,200 hab.

**MONTAUSIER** (duc DE), seigneur de la cour de Louis XIV, épousa Julie d'Angennes de Rambouillet, et fut gouverneur du Dauphin, fils de Louis XIV (1610-1690).

**MONTBARD**, ch.-l. de c. (Côte-d'Or), arr. de Semur; 2,500 hab. Patrie de Buffon.

**MONTBAREY** (comte DE), ministre de la guerre sous Louis XVI (1732-1796).

**MONTBAZENS**, ch.-l. de c. (Aveyron), arr. de Villefranche; 1,600 hab.

**MONTBAZON**, ch.-l. de c. (Indre-et-Loire), arr. de Tours, sur l'Indre; 1,100 hab.

**MONTBÉLIARD**, ch.-l. d'arr. du dép. du Doubs, à 64 kilomètres N.-E. de Besançon, sur le canal du Rhône au Rhin; 9,600 hab. Anc. cap. d'une principauté occupée par la France en 1792. Patrie de Georges Cuvier. — Horlogeries, Fonderies.

**MONT-BLANC**. Voy. BLANC (MONT-).

**MONTBRISON**, ch.-l. d'arr. du dép. de la Loire, à 31 kilomètres N.-E. de Saint-Étienne; 7,000 hab. Ch.-l. du dép. de la Loire jusqu'en 1855.

**MONTBRON**. ch.-l. de c. (Charente), arr. d'Angoulême; 3,100 hab.

**MONTBRUN**, célèbre capitaine protestant, né au château de Montbrun (Drôme) en 1530, exécuté à Grenoble en 1575.

**MONTCALM** (marquis DE), maréchal de camp fr., se distingua par sa lutte contre les Anglais au Canada, et fut tué devant Québec (1712-1759).

**MONTCEAU-LES-MINES**, ch.-l. de c. (Saône-et-Loire), arr. de Châlon-sur-Saône; 19,600 hab. Houillères.

**MONTCENIS**, ch.-l. de c. (Saône-et-Loire), arr. d'Autun; 2,000 hab. Houille; fer.

**MONTCUQ**, ch.-l. de c. (Lot), arr. de Cahors; 2,000 hab.

**MONT-DE-MARSAN**, ch.-l. du dép. des Landes, à 690 kil. de Paris; 12,000 hab.

**MONT-DE-PIÉTÉ**. s. m. Établissement de prêt sur gage. = Plur. *Des monts-de-piété.*

1. — Durant tout le moyen âge, les juifs, grâce à la faculté de prêter à intérêt que leur accordait la loi mosaïque, tandis que les canons de l'Église l'interdisaient aux chrétiens, possédèrent le monopole du commerce de l'argent, et abusèrent de ce monopole. Leur avidité n'épargnait pas plus le pauvre que le riche. Les prêts sur gages en particulier donnaient lieu de leur part aux exactions les plus odieuses. La charité chrétienne finit par s'émouvoir de cet état de choses. En 1440, le P. Barnabé de Terni, de l'ordre des Frères mineurs, prêchant à Pérouse, invita les riches à contribuer, par leurs offrandes, au soulagement des pauvres. Sa parole fut entendue, et les dons qu'elle provoqua servirent à constituer un fonds à l'aide duquel on fit aux gens du peuple des prêts gratuits sur nantissement d'effets mobiliers. Le bien qui en résulta détermina promptement plusieurs autres villes à créer des maisons de prêt sur le modèle de celle de Pérouse : telles furent Orvieto (1445), Viterbe (1471), Bologne (1475), Parme (1488), Padoue (1491), Florence (1492), Milan (1496), Turin (1519), Rome (1539), etc. Ces maisons de prêt furent appelées *Monti di Pietà*, c.-à-d. banques de charité, dénomination que nous avons francisée plutôt que traduite par l'expression *Monts de piété*. Comme elles opéraient gratuitement, divers papes s'empressèrent d'approuver et d'encourager ces fondations charitables. De l'Italie les monts-de-piété pénétrèrent peu à peu dans les autres parties de l'Europe. L'Allemagne les connut pour la première fois en 1498 (Nuremberg); la Hollande, en 1578 (Amsterdam); la Belgique, en 1618 (Bruxelles), etc. Dans la plupart de ces villes existaient déjà des établissements de prêts sur gage, tenus en général par des Lombards, et nommés, pour cette raison, des *Lombards*. Les monts-de-piété les remplacèrent avec avantage, car les Lombards exigeaient des taux usuraires. Quant à la France, le plus ancien établissement de ce genre est celui d'Avignon, alors terre papale, qui date de 1577. Beaucaire eut le sien en 1583; un troisième fut créé à Carpentras en 1612. Trois ans après, ce fut le tour de Nancy, de Sedan et d'Arras. En 1626, Louis XIII rendit un édit pour qu'il fût établi des monts-de-piété dans les principales villes du royaume; mais il ne fut pas mis à exécution. Il en fut à peu près de même de l'édit rendu par Louis XIV, en 1643, car, sur 53 villes auxquelles il prescrivit d'organiser des monts-de-piété, 6 seulement, entre autres Montpellier (1684) et Marseille (1696), se conformèrent aux ordres du roi. Paris même resta sans m.-de-p. jusqu'en 1778; mais l'établissement fondé à cette date n'eut pas une longue durée. En effet, la révolution supprima tous les monts-de-piété comme des institutions de monopole, et abandonna le prêt sur gages à la spéculation privée. Cependant les abus auxquels donna lieu le nouveau régime ramenèrent les monts-de-piété. Le m.-de-p. de Paris fut rétabli par un arrêté du Directoire (3 prair. an V, 22 mai 1797). Deux ans après, la loi du 16 pluv. an VII (4 févr. 1799) exigea l'autorisation du gouvernement pour l'ouverture de toute maison particulière de prêts sur gages. Enfin, les décrets impériaux des 24 moss. an XII et 8 therm. an XIII (13 juill. 1804 et 27 juill. 1805) ordonnèrent la fermeture de

toutes les maisons privées, et reconstituèrent les anciens monts-de-piété. L'organisation de ces établissements a été modifiée par la loi du 24 juin 1851 et par le décret du 24 mars 1852.

II. — Aux termes de la loi qui les régit actuellement, les monts-de-piété sont considérés comme établissements d'utilité publique. Leur administration est confiée à une *Commission* gratuite et à un agent salarié, ordinairement appelé *Directeur*, qui centralise le service sous la surveillance de la commission. Chaque m.-de-p. possède une dotation, qui se compose des biens meubles et immeubles affectés à sa fondation, et de ceux qui lui échoient, notamment par dons et legs, des bénéfices constatés par les inventaires annuels, et des subventions qu'il reçoit de la commune, du département, ou de l'État. Enfin, il fait ses prêts au moyen des fonds disponibles de la dotation, et, quand ces fonds sont insuffisants, avec ceux qu'il se procure par voie d'emprunt, ou qui ont été versés à intérêt dans sa caisse. Les objets offerts en nantissement par l'emprunteur sont estimés par des experts attachés à l'établissement, et il n'est prêté qu'une partie de la valeur déclarée par ces agents. Le minimum du prêt est fixé par le règlement, mais il varie d'un établissement à un autre. Le maximum est illimité. A Paris, le taux de l'intérêt du prêt a été abaissé depuis 1887 à 7 pour 100. *L'engagement* est constaté par un acte au porteur, nommé *reconnaissance*, qui est remis à l'emprunteur et qui contient la désignation du nantissement déposé, la date et le montant du prêt. Le *dégagement*, c.-à-d. le retrait de l'objet déposé, a lieu à la volonté de l'emprunteur ou de celui à qui il a cédé sa reconnaissance, moyennant le remboursement intégral de la somme avancée et le paiement des intérêts échus. La durée des prêts est toujours limitée : dans la plupart des monts-de-piété elle est fixée à un an. Si, à l'expiration du temps fixé, l'emprunteur n'est pas en mesure de rendre la somme prêtée, il a la faculté de *renouveler* son engagement, à la simple condition de payer les droits échus, et, de plus, la différence entre le prix de la première estimation et celui de l'estimation nouvelle qui a lieu dans ce cas. Les objets non dégagés à l'expiration du terme ou dont le *renouvellement* n'a pas été fait, sont vendus aux enchères. Mais, comme cette vente est simplement destinée à faire rentrer le m.-de-p. dans ses avances, le *boni*, c.-à-d. l'excédent du produit de la vente sur les sommes dues, est tenu à la disposition de l'emprunteur pendant trois ans, au bout desquels seulement il est prescrit et acquis à l'établissement. A Paris, il existait autrefois des *commissionnaires* nommés par l'administration, qui se chargeaient de servir d'intermédiaires entre les bureaux et les particuliers; ces commissionnaires ont été supprimés en 1887.

III. — Les monts-de-piété existant actuellement en France sont au nombre de 43 et répartis dans 25 départements. D'après un relevé fait pour l'année 1892, le nombre des objets mis en nantissement dans ces 43 établissements a été de 3,323,526, le montant des sommes prêtées s'est élevé à 71,447,188 francs; 2,924,768 objets ont été dégagés pour une somme de 60,052,691 ; dans le cours de cette même année, 1,438,955 objets représentant des prêts s'élevant à la somme de 37,795,121 francs, ont fait l'objet de renouvellements. Enfin, la proportion des prêts pour 100 habitants a été de 63,5 pour Paris et de 56,9 pour l'ensemble des autres établissements.

**MONTDIDIER**, ch.-l. d'arr. (Somme) à 33 kilomètres S.-E. d'Amiens ; 4,600 hab.

**MONT-D'OR**, groupe de montagnes (dép. du Rhône), fromages de chèvre renommés. = MONT D'OR, et improprement MONT-DORE, s. m. Fromage de cette région.

**MONT-DORE**. s. m. Voy. MONT-D'OR.

**MONT-DORE**. Voy. DORE.

**MONTE**. s. f. (R. *monter*) L'accouplement des chevaux et des cavales. *Cet étalon a fait la m.* || Temps de cet accouplement. *La m. commence en avril et finit en juin.*

**MONTEBELLO**, vge d'Italie (Piémont) ; 2,000 hab., célèbre par deux victoires des Français sur les Autrichiens (1800 ; 1859).

**MONTEBELLO** (duc DE). Voy. LANNES.

**MONTEBOURG**, ch.-l. de c. (Manche), arr. de Valognes; 2,000 hab.

**MONTE-CARLO**, v. de la principauté de Monaco ; maison de jeu.

**MONTECH**, ch.-l. de c. (Tarn-et-Garonne), arr. de Castelsarrasin ; 2,500 hab.

**MONTE-CHARGE**. s m. T. Méc. Appareil destiné à monter les fardeaux, les marchandises. = Plur. *Des monte-charge.*

**Techn** — Il existe une grande variété de monte-charge. Les uns se composent d'une caisse ou plateforme supportée par une colonne de fonte formant piston, dans un puits où l'on fait arriver de l'eau : c'est le même système que celui des ascenseurs hydrauliques. Le plus souvent la caisse est soutenue par des chaînes qui s'enroulent sur des poulies et qu'on actionne par des treuils mus à la vapeur. Pour un bon fonctionnement, il convient d'accoupler deux de ces appareils qui se font contre-poids, l'un montant pendant que l'autre descend. Si celui qui descend est plus chargé, on modère la descente à l'aide d'un frein. Les monte-charge sont indispensables dans certaines usines pour transporter les produits en cours de fabrication d'un étage à un autre, et dans les gares de chemins de fer où l'accès sur la voie publique n'est pas au même niveau que la voie ferrée. Ils servent alors au service des bagages.

**MONTECUCULLI** (comte DE), général autrichien (1608-1681), lutta contre Turenne dans la guerre de Hollande (1672-1675).

**MONTÉE**. s. f. (R. *monter*). Pente plus ou moins douce d'une montagne, d'un coteau, d'une éminence. *Une m. rude, pénible, douce, aisée.* || L'action de monter. *Les chevaux ont encore plus de peine à la descente qu'à la m.* || Rampe douce au devant d'un édifice. *La m. du Capitole à Rome a beaucoup de majesté.* || Petit escalier dans une maison de pauvres gens. *M. roide, étroite.* || Pop., Une marche d'escalier, un degré. *Il descendit les montées quatre à quatre.* — *Faire sauter les montées à quelqu'un*, Le chasser honteusement de chez soi et avec violence. || T. Architect. *La m. d'une voûte*, La hauteur d'une voûte depuis sa naissance jusqu'audessous de sa fermeture. || T. Icht. Voy. ANGUILLE. || T. Séric. *M. des vers à soie*, action du ver à soie qui monte sur les branchages pour y filer son cocon. || T. Fauc. *M. de l'oiseau, m. par fuite*, essor qu'il prend pour fuir un oiseau plus fort. — *M. d'essor*, vol de l'oiseau qui monte à perte de vue pour chercher une atmosphère plus fraîche. || T. Techn. Ascension de la fonte dans le fourneau, produite par un dégagement d'oxyde de carbone. || T. Physiol. *M. du lait*, afflux du lait dans les mamelles.

**MONTEIL**, historien fr. (1769-1850).

**MONTE-JUS**. s. m. T. Méc. Appareil destiné à élever les liquides par l'effet de la pression de la vapeur. = Plur. *Des monte-jus.*

**Techn.** — Le m.-j. le plus simple se compose d'un fort réservoir en fonte muni, à sa partie centrale, d'un tuyau qui s'ouvre tout en bas du réservoir et s'élève au-dessus jusqu'au niveau où l'on veut élever le liquide. Par un jeu de robinets convenablement disposés, on introduit d'abord dans ce réservoir la quantité de liquide à élever ; puis on fait arriver la vapeur sous pression. Celle-ci presse sur la surface du liquide et le force à s'écouler par le tuyau d'ascension. Lorsque la condensation de la vapeur et le mélange d'eau qui en résulte avec le liquide à élever auraient des inconvénients, on remplace la vapeur par de l'air comprimé ou même de l'acide carbonique; mais ces installations sont coûteuses. — On construit aussi des monte-jus qui fonctionnent par aspiration. Dans ce cas, le réservoir est placé à l'étage supérieur et le tuyau d'ascension va de ce réservoir au niveau inférieur. Il suffit de faire le vide dans le réservoir pour déterminer l'ascension du liquide. On fait le vide, soit au moyen d'une trompe, soit en remplissant le réservoir de vapeur qu'on condense par refroidissement. Les monte-jus sont d'un usage presque constant dans les sucreries, et dans beaucoup d'usines où l'on manipule des liquides.

**MONTELEONE**, v. d'Italie (Calabre) ; 12,000 hab.

**MONTÉLIMAR**, ch.-l. d'arr. du dép. de la Drôme, sur le Roubion, affluent du Rhône, à 43 kilomètres N.-O. de Valence; 13,800 hab. Patrie du navigateur Freycinet. — Vins, Nougat, Houille.

**MONTEMAYOR**, poète esp., né en Portugal (1520-1561).

**MONTEMBŒUF**, ch.-l. de c. (Charente), arr. de Confolens ; 1,200 hab.

**MONTEMOLIN** (Don Carlos, comte DE), prétendant au trône d'Espagne sous le nom de Charles VI (1818-1861).

**MONTENDRE**, ch.-l. de c. (Charente-Inférieure), arr. de Jonzac ; 1,400 hab.

**MONTÉNÉGRO** (traduction italienne du mot *Tsernagora*, qui signifie en langage local *Montagne noire*), petite principauté enclavée entre l'empire ottoman, à l'est, et l'empire d'Autriche (Bosnie, Herzégovine, Dalmatie), à l'ouest, avec un étroit débouché au sud sur la mer Adriatique.

La plus grande dimension du nord au sud est d'environ 150 kilomètres. La largeur de l'est à l'ouest est un peu moindre. La superficie totale est d'environ 4,400 kilomètres carrés. C'est une contrée très montagneuse, qui sert de jonction entre les Alpes Illyriennes et le massif des Balkans. Les plus hauts sommets sont du nord au sud le *Dormitor* (2,600$^{m}$), le *Liberchnik* (2,174 m.) et le *Kuchki-Korm* (2,448 m.).

Les principaux cours d'eau sont au nord, la *Drina* qui coule vers le nord et se jette dans la *Save*, affluent de droite du *Danube*; au sud, la *Moratcha* qui coule vers le sud et se jette dans le lac de *Scutari*, lequel est coupé en deux par la partie méridionale de la frontière orientale, à une vingtaine de kilomètres de la mer.

Ces deux rivières ont joué un rôle important dans l'histoire, ayant formé la frontière des préfectures d'Italie et d'Illyrie au temps de la Tétrarchie romaine, puis des empires d'Orient et d'Occident après Théodose (395) et, plus tard, sous Charlemagne (800).

Le pays appelé aujourd'hui Monténégro avait fait partie, dans l'antiquité, de la Dalmatie et de l'Illyrie, régions assez mal délimitées, puis ayant appartenu successivement à l'empire romain, au royaume des Ostrogoths (V$^{e}$ et VI$^{e}$ siècles), il fut envahi et peuplé par des tribus de race slave (Croates) qui l'habitent encore et fut englobé dans la Servie au moyen âge. Mais celle-ci ayant été, au XV$^{e}$ siècle, annexée à l'Empire turc, le Monténégro se donna un chef religieux et un chef militaire, et se plaça sous le protectorat de l'empereur de Russie, chef spirituel de la religion du pays. La capitale est *Cettigné*, ville principale *Nikchitch* et *Antivari*. Après la guerre turco-russe de 1878, à laquelle le Monténégro prit part, le Congrès de Berlin de 1878 lui attribua la ville de *Dulcigno* sur l'Adriatique.

Les habitants sont au nombre d'environ 150 000. Nous leur donnons le nom de MONTÉNÉGRINS.

**MONTENOTTE**, vge d'Italie, à 14 kil. de Savone ; 3,500 hab. || Victoire de Bonaparte (1796).

**MONTER**. v. n. Se transporter dans un lieu plus haut que celui où l'on était. *M. vite, facilement, lentement, avec peine. M. plus haut. Ce pays est très inégal, on ne fait que m. et descendre. M. à un arbre, au haut d'un arbre. M. à une échelle, à une tour, au haut d'un toit. M. à cheval. Il a monté quatre fois à sa chambre dans la matinée. Il est monté dans sa chambre et il y est resté. M. en voiture. M. sur une montagne. M. sur un cheval.* — *M. à l'assaut*, Attaquer une place afin de l'emporter de vive force. On dit de même, *M. à la brèche*, et *m. à l'escalade.* — *M. sur un vaisseau, m. sur mer*, S'embarquer sur un vaisseau. || Figur., *M. au faîte des honneurs*, Parvenir aux plus grandes dignités. *M. au trône, sur le trône*, Parvenir à la royauté. — *M. à cheval*, Manier un cheval. *Il apprend à m. à cheval. Il monte bien à cheval.* — *M. en chaire*, Prêcher. — *M. sur le Parnasse*, Se livrer à la poésie. — *M. sur le théâtre, sur les planches*, Se faire acteur. *M. sur les tréteaux*, Se faire bateleur. — Prov., *M. sur ses grands chevaux*, Prendre les choses avec hauteur, montrer de la fierté, de la sévérité. *M. sur ses ergots*, Voy. ERGOT. *M. aux nues*, Voy. NUE. || Fig., *Monter* sign. aussi, Passer à un poste, à un degré au-dessus de celui qu'on occupait. *Ce sergent est monté à la sous-lieutenance. Il est monté au grade de capitaine.* On dit aussi, par ellipse, quand l'avancement a lieu dans le même corps, *Il est monté capitaine.* On dit encore : *Cet officier est monté en grade. Cet élève de troisième est monté en seconde.* — *M. haut*, Arriver à une position brillante. || S'élever. *Il n'y a pas d'oiseau qui monte plus haut que l'aigle. Le brouillard monte. Le baromètre monte. Le thermomètre est monté de trois degrés. L'eau monte jusqu'au tablier du pont. La mer monte. La flamme montait au-dessus du toit. Le soleil monte sur l'horizon. La sève commence à m. Les vapeurs du vin montent à la tête. Le sang, la rougeur lui montent au visage.* — *Ce mur monte trop haut*, Il a trop d'élévation. *Ce collet d'habit, cette robe montent trop haut*, Ils ont trop de hauteur. — *Cet arbre monte trop haut*, On le laisse trop croître. — *Cette plante monte en graine*, Elle n'est plus bonne à manger, et dans peu elle produira de la graine. — Fig. *Une jeune fille qui monte en graine*, qui tarde à se marier ; *qui a monté en graine*, qui a passé le temps de se marier. || Fig., *Le luxe est monté au plus haut degré. Sa dépravation, sa cruauté montèrent au comble. Son orgueil monta à un tel excès que....* || *Monter* se dit aussi, dans un sens analogue, de la hausse des prix,

du total qui résulte d'une supputation. *Le blé est monté jusqu'à trente francs l'hectolitre. Faire m. des meubles en les enchérissant. Les effets publics ont monté. Sa dépense annuelle monte à quinze mille francs Les frais de son procès monteront très haut. La population de la ville ne monte pas à dix mille âmes. — Ce mémoire monte bien haut.* Les sommes qui y figurent forment un total considérable. = **MONTER.** v. a. Franchir une élévation. *M. une montagne. M. les degrés, l'escalier.* — *M. un cheval*, Être monté sur un cheval. *Il montait un cheval blanc. Ce cheval ne se laisse pas m. facilement. M. un cheval*, sign. aussi s'en servir ordinairement en montant dessus. *Voilà le cheval que je monte.* Se dit encore pour instruire, dresser un cheval. *Je monte moi-même mes chevaux.* || Fig., *M. un vaisseau*, Le commander. || Porter en haut, élever *M. des meubles dans une chambre, du foin dans un grenier. M. des pierres avec une grue.* || Élever, accroître. *M. trop haut son train, sa dépense.* — *M. un instrument de musique*, En hausser le ton. *M. un violon au ton d'un autre* On dit, dans le même sens, *M. une corde de violon, de harpe*, etc. || T. Peint. *M. la couleur*, Donner plus de vigueur à la couleur d'un tableau. || Figur. et famil., *M. la tête à quelqu'un*, Lui inspirer quelque idée qui s'empare de lui jusqu'à l'exalter. *Il s'est monté la tête là-dessus, on ne l'en fera pas démordre.* || Fournir un établissement ou une personne de tout ce qui lui est nécessaire. *M. un théâtre, une manufacture, une imprimerie. M. une maison, un ménage. Il a monté sa maison sur un pied trop coûteux. M. une personne en linge.* — *M. un cavalier*, Lui fournir le cheval et l'équipement. *Il a monté toute une compagnie à ses dépens.* — *M. une pièce de théâtre* Faire les répétitions et les préparatifs nécessaires pour sa mise en scène et sa représentation. || Ajuster, agencer, assembler les pièces d'un objet. *M. un ouvrage d'orfèvrerie, de serrurerie, de menuiserie, etc. M. une croix de diamants. M. une serrure, un fusil. M. un lit, une armoire. M. une charpente. M. un métier, une machine. M. un habit, une chemise. M. un bouquet.* — *M. une horloge, une montre, un tourne-broche, etc.*, En bander le ressort, ou en rehausser les contre-poids. — *M. un diamant*, Le mettre en œuvre. — *M. une estampe*, La mettre sous verre, dans un cadre. — *M. un violon, une harpe, une guitare, etc*, Y mettre des cordes, ou bien y remettre de nouvelles cordes. On dit dans ce sens : *Ce violon est bien monté, est mal monté*, Les cordes en sont bonnes, ou mauvaises. — Poétiq., *M. sa lyre*, Se disposer à faire des vers. || Fig , *M. une cabale*, Préparer une cabale. || *M. la garde*, se dit d'une troupe de gens de guerre qui font un service de guet, de surveillance en quelque endroit. *J'ai monté ma garde tel jour.* — *M. la tranchée*, Monter la garde dans la tranchée. = SE MONTER. v. pron. S'élever. *Il s'est monté au ton de la plus haute éloquence. Il s'est monté à un ton qu'il ne pourra soutenir.* || Absol., S'exalter, s'échauffer, s'irriter. *C'est un homme qui se monte aisément. Sa tête s'est montée, et il nous a injuriés. Quand son imagination se monte, il ne sait plus ce qu'il dit.* || *Se m. en quelque chose*, Se pourvoir de cette chose *Je me suis monté en livres, en argenterie. Cette dame s'est bien montée en dentelles.* || En parlant du total que forment plusieurs nombres, on dit : *Toutes ces sommes réunies se montent à cent mille francs. Son armée se montait à trente mille hommes.* = MONTÉ, ÉE. part. || *Ce cheval est monté haut*, ou *haut monté*, Il a les jambes trop hautes. || *Être bien monté, mal monté*, sign., Être monté sur un bon, sur un mauvais cheval; ou être bien, être mal pourvu en chevaux. *J'ai vu ses chevaux, il est bien monté, il est fort mal monté.* || *Être bien monté en meubles, en linge, etc.*, En avoir une grande quantité. || Fam., *Vous êtes aujourd'hui bien monté, mal monté, singulièrement monté*, Vous êtes bien, mal, singulièrement disposé. || Figur. et famil., *Il est monté sur un ton plaisant, sur un ton singulier*, se dit d'un homme qui plaisante ou qui affecte de dire des choses extraordinaires — *Cette société est montée sur le ton de médire*, La médisance est son passe-temps habituel.

**MONTEREAU** (PIERRE DE), architecte fr., construisit la Sainte-Chapelle (1250).

**MONTEREAU-FAUT-YONNE**, ch.-l. de c. (Seine-et-Marne), arr. de Fontainebleau, au confluent de la Seine et de l'Yonne; 7,700 hab. Fabrique de faïence. Tuileries. — Jean-Sans-Peur y fut assassiné en 1419. || Victoire de Napoléon Ier sur les Alliés en 1814.

**MONTE-RESSORT.** s. m. Instrument propre à démonter et à remonter un fusil.

**MONTEREY**, v. des États-Unis (Californie); 2,500 hab.

**MONTEREY**, v. du N.-E. du Mexique; 37,900 hab. Port sur le Pacifique.

**MONTE-SAC.** s. m. T. Méc. Appareil pour monter les sacs = Plur. *Des monte-sacs.*

**Techn.** — Le m.-s. tel qu'il fonctionne dans les moulins à farine et dans d'autres usines se compose essentiellement d'un treuil dont le noyau est placé à la partie supérieure de l'usine et dont la corde descend jusqu'à l'étage inférieur. Ce treuil est actionné par la force motrice de l'usine, mais il peut être embrayé ou désembrayé à volonté, soit par une roue à rochet, soit par des roues à friction qu'on peut écarter ou rapprocher à volonté. Dans tous les cas, l'appareil d'embrayage se manœuvre au moyen d'une corde qui descend jusqu'à l'étage inférieur. Pour élever un sac, on l'accroche à la corde du treuil et l'on tire sur la corde d'embrayage. Tant que celle-ci reste tendue, le treuil fonctionne et le sac s'élève. Dès qu'on lâche la corde d'embrayage, le sac s'arrête.

**MONTESPAN** (marquise DE), maîtresse de Louis XIV (1641-1707).

**MONTESQUIEU** (CHARLES DE **SECONDAT**, baron DE), magistrat fr., auteur d'ouvrages célèbres, entre autres *l'Esprit des lois*, les *Lettres Persanes*, et *De la Grandeur et de la Décadence des Romains* (1689-1755).

**MONTESQUIEU-VOLVESTRE**, ch.-l. de c. (Haute-Garonne), arr. de Muret; 3,300 hab.

**MONTESQUIOU**, ch.-l. de c. (Gers), arr. de Mirande; 1,400 hab.

**MONTESQUIOU**, capitaine des gardes du duc d'Anjou, assassina le prince de Condé en 1569.

**MONTESQUIOU** (PIERRE DE), comte d'Artagnan, maréchal de France (1645-1725).

**MONTESQUIOU-FEZENSAC**, général et littérateur fr. (1739-1798).

**MONTESQUIOU-FEZENZAC** (abbé DE), membre du Gouvernement provisoire en 1814, l'un des rédacteurs de la Charte (1757-1832).

**MONTEUR, EUSE.** s. f. (R. *monter*). Ouvrier, ouvrière qui assemble et dispose les diverses parties d'un objet. || Ouvrier qui monte des pierres fines, des ouvrages d'orfèvrerie, etc. || Fig. Celui, celle qui prépare des choses artificieuses. *Une monteuse de coups. Un m. d'affaires.*

**MONTEVERDE**, Italien, créateur de la musique moderne et de l'opéra (1565-1649).

**MONTEVIDEO**, cap. de l'Uruguay (Amérique du Sud), sur l'Atlantique; port à l'embouchure de la Plata; 175,000 hab.

**MONTÉZUMA**, roi du Mexique à l'arrivée des Espagnols; gardé comme otage, il se laissa mourir de faim, en 1520.

**MONTFAUCON.** s. m. Format d'une espèce de papier.

**MONTFAUCON**, ch.-l. de c. (Haute-Loire), arr. d'Yssingeaux; 1,200 hab.

**MONTFAUCON** (BERNARD DE), bénédictin de la congrégation de Saint-Maur, auteur de savants travaux sur les Pères de l'Église, la paléographie, l'antiquité, etc. (1655-1741).

**MONTFERRAT**, marquisat, puis duché d'Italie, entre le Piémont, la république de Gênes et le Milanais, v. pr. *Casal* ou *Casale*.

**MONTFERRAT** (BONIFACE, marquis DE), l'un des chefs de la 4e croisade (1202).

**MONTFORT**, ch.-l. de c. (Landes), arr. de Dax; 1,500 hab.

**MONTFORT** (Simon, comte de), chef de la croisade contre les Albigeois (1208), périt en assiégeant Toulouse (1218). || Son 3e fils, Simon, comte de Leicester, a dirigé les barons anglais révoltés contre Henri III, et a péri à Evesham (1265).

**MONTFORT-L'AMAURY**, ch.-l. de c. (Seine-et-Oise), arr. de Rambouillet; 1,500 hab.

**MONTFORT-SUR-MEU**, ch.-l. d'arr du dép d'Ille-et-Vilaine, à 22 kil. N.-O. de Rennes; 2,500 hab.

**MONTGAILLARD**. Fougueux prédicateur de la Ligue (1563-1628).

**MONTGAILLARD** (l'abbé de). Historien fr. (1772-1825).

**MONTGERON**, bourg du dép. de Seine-et-Oise, arr. de Corbeil; 1,950 hab.

**MONTGLAS** (marquis de). Historien fr., né à Turin, m. en 1675.

**MONTGOLFIER** (Joseph-Michel), 1740-1810, et Jacques-Étienne, (1745-1799), frères, inventeurs des aérostats, industriels à Annonay (Ardèche).

**MONTGOLFIÈRE**. s. f. (R. *Montgolfier*, n. de l'inventeur). Aérostat gonflé avec de l'air chaud. Voy. Aérostat.

**MONTGOMERY**, ch.-l. du comté de ce nom en Angleterre (Pays-de-Galles), sur la Severn; 1,200 hab. — Le comté a 65,700 hab.

**MONTGOMERY**, ch.-l. de l'État d'Alabama (États-Unis); 16,800 hab., sur l'Alabama. Université.

**MONTGOMERY** (comte de), capitaine de la garde écossaise de Henri II, tua le roi par accident dans un tournoi (1559). Il devint plus tard un des chefs du parti protestant, et fut décapité (1530-1574).

**MONTGUYON**, ch.-l. de c. (Charente-Inférieure), arr. de Jonzac; 1,650 hab.

**MONTHERMÉ**, ch.-l. de c. (Ardennes), arr. de Mézières; 3,900 hab.

**MONTHOLON** (comte de), général fr. (1782-1853), accompagna Napoléon à Sainte-Hélène, et publia des *Mémoires* avec Gourgaud.

**MONTHUREUX-SUR-SAÔNE**, ch.-l. de c. (Vosges), arr. de Mirecourt; 1,500 hab.

**MONTI** (Vincent), poète épique et dramatique italien (1754-1828).

**MONTICELLITE**. s. f. [Pr. *monti-sel-lite*] (R. *Monticelli*, n. d'un savant ital.). T. Minér Péridot à base de chaux et de magnésie

**MONTICOLE**. adj. 2 g. (lat. *monticola*, m. s. de *mons, montis*, mont et *colere*, habiter). Qui vit dans les montagnes.

**MONTICULE**. s. m. (lat. *monticulus*, dimin. de *mons, montis*, mont). Petite montagne, simple élévation de terrain.

**MONTIEL**, bourg d'Espagne où Du Guesclin battit Pierre le Cruel en 1369.

**MONTIER-EN-DER**, ch.-l. de c. (Haute-Marne), arr. de Vassy; 1,400 hab.

**MONTIERS-SUR-SAULX**, ch.-l. de c. (Meuse), arr. de Bar-le-Duc; 1,100 hab.

**MONTIGNAC**, ch.-l. de c. (Dordogne), arr. de Sarlat; 3,400 h.

**MONTIGNY-LE-ROI**, ch.-l. de c. (Haute-Marne), arr. de Langres; 1,110 hab.

**MONTINIE**. s. f. T. Bot. Genre de plantes Dicotylédones (*Montinia*) de la famille des *Onothéracées*. Voy. ce mot.

**MONTIVILLIERS**, ch.-l. de c. (Seine-Inférieure), arr. du Havre; 5,300 hab. Papeterie, toile.

**MONT-JOIE**. s. f. Autrefois, monticule ou monceau de pierres qu'on formait en signe de victoire, comme une sorte de monument commémoratif.

**MONT-JOIE**. s. m. Premier roi d'armes de France. Voy Cri et Héraut.

**MONTLHÉRY**, com. de Seine-et-Oise, arr. de Corbeil 2,200 hab. Ruines d'un château détruit par Louis VI le Gros. || Bataille entre Louis XI et Charles le Téméraire (1465).

**MONTLOSIER** (comte de), publiciste, auteur de la *Monarchie française*, plaidoyer en faveur de la féodalité (1755-1838).

**MONTLUC** (Blaise de), maréchal de France, se distingua dans les guerres d'Italie et dans les guerres de religion. Il rédigea ses *Mémoires* (1501-1577). = Son frère Jean, prélat et diplomate fr. (1503-1579).

**MONTLUÇON**, ch.-l. d'arr. du dép. de l'Allier, sur le Cher, à 60 kil. S.-O. de Moulins; 27,900 hab. Forges; fonderies; verreries.

**MONTLUEL**, ch.-l. de c. (Ain), arr. de Trévoux; 2,700 hab.

**MONTMARAULT**, ch.-l. de c. (Allier), arr. de Montluçon; 1,900 hab.

**MONTMARTIN-SUR-MER**, ch.-l. de c. (Manche), arr. de Coutances; 1,100 hab.

**MONTMARTRE** (anc. *mons martyrorum*, mont des martyrs). Nom d'une colline et d'une commune de l'ancienne banlieue de Paris, comprise dans l'enceinte des fortifications, et rattachée à la ville de Paris en 1860.

**MONTMÉDY**, ch.-l. d'arr. du dép. de la Meuse, à 87 kil. N.-E. de Bar-le-Duc; 2,800 hab.

**MONTMÉLIAN**, ch.-l. de c. (Savoie), arr. de Chambéry, sur l'Isère; 1,400 hab.

**MONTMIRAIL**, ch.-l. de c. (Marne), arr. d'Épernay; 2,400 hab. — Victoire de Napoléon Ier sur les Alliés, le 11 février 1814.

**MONTMORENCY**, ch.-l. de c. (Seine-et-Oise), arr. de Pontoise; 4,600 hab.

**MONTMORENCY**, illustre famille de France, dont le premier auteur est Bouchard, sire de Montmorency, grand feudataire du duché de France en 950, et dont les membres les plus célèbres sont : Mathieu Ier, connétable de France sous Louis VII, m. en 1160. || Mathieu II, grand connétable de France, prit part à la bataille de Bouvines et mourut en 1230. || Anne, 1er duc de Montmorency (1492-1567), connétable de France, qui fut le ministre principal de François Ier, prit part aux guerres de religion, et fut tué à Saint-Denis dans un combat contre les Protestants. || Henri Ier, duc de Montmorency, connétable de France (1534-1614). || Henri II, duc de Montmorency, maréchal de France, jugé et décapité à Toulouse pour avoir secondé la révolte de Gaston, frère de Louis XIII (1595-1632). || Anne de Montmorency, duc de Laval (1766-1826), pair de France et diplomate sous la Restauration.

**MONTMORILLON**, ch.-l. d'arr du dép. de la Vienne, à 45 kil. S.-E. de Poitiers; 5,200 hab

**MONTMORILLONITE** s. f. [Pr. les *ll* mouillées]. T. Minér Argile rose de Montmorillon.

**MONTOIR**. s. m. [Pr. *mon-touar*]. Grosse pierre, ou autre petite élévation qui sert à monter à cheval. — On dit qu'*Un cheval est difficile, est rude au m.*, lorsqu'il s'agite quand on veut lui monter dessus; dans le sens contraire, on dit, *Il est doux, facile au m.* || *Le côté du m.*, Le côté gauche du cheval, parce que c'est de ce côté qu'on monte d'ordinaire à cheval.

**MONTOIRE**, ch.-l. de c. (Loir-et-Cher), arr. de Vendôme; 3,300 hab.

**MONTOUHOTPOU**, nom de quatre rois égyptiens de la XI<sup>e</sup> dynastie.

**MONTPELLIER**, ch.-l. du dép. de l'Hérault, sur le *Lez*, fleuve côtier de la Méditerranée, à 757 kil. S.-E. de Paris, 69,300 hab. Évêché. Facultés de médecine, des Sciences et des Lettres. Vins, Eaux-de-vie, Bougies. = Nom des hab. : MONTPELLIÉRAIN, AINE.

**MONTPENSIER** (CATH.-MARIE DE LORRAINE, duchesse DE), sœur des Guises, prit une part active aux guerres de la Ligue (1552-1596). || LOUISE D'ORLÉANS (duchesse DE), dite *Mademoiselle* ou *la Grande Mademoiselle*, fille de Gaston d'Orléans, joua un rôle important dans la Fronde (1627-1693). Elle a laissé des *Mémoires*.

**MONTPEZAT**, ch.-l. de c. (Ardèche), arr. de Largentière; 2,300 hab.

**MONTPEZAT**, ch.-l. de c. (Tarn-et-Garonne), arr. de Montauban ; 2,100 hab.

**MONTPONT**, ch.-l. de c. (Saône-et-Loire), arr. de Louhans; 2,600 hab.

**MONTRE**. s. f. (R. *montrer*). Échantillon, partie de quelque chose qui est à vendre et dont on veut faire voir la qualité. *Une m. de blé, d'avoine. Une m. de pruneaux. Acheter du blé, de l'orge, etc., sur la m. — Ne point faire de m.*, Faire voir d'abord ce qu'on a de plus beau, de meilleur, sans commencer par les marchandises de moindre qualité. *Donnez-nous du beau, ne nous faites point de m.* || Exposition que les marchands font au-devant de leurs boutiques pour montrer les marchandises qu'ils ont à vendre. *Tout cela est mis pour la m., pour servir de m.* — Familièr., *N'être que pour la m.*, se dit de ce qui n'est placé que pour l'apparence, en manière d'ornement, et dont on ne se sert pas. *Il a une magnifique bibliothèque, mais ce n'est que pour la m.* — Fig., au sens moral, *Faire m. de son esprit, faire m. d'érudition*, En faire parade, étalage. *Je ne me laisse point prendre à cette m. de sensibilité.* || Boîte dans laquelle les orfèvres, bijoutiers, tabletiers, et autres marchands, mettent certaines marchandises pour qu'on les voie sans y toucher. || Lieu où les marchands de chevaux font voir aux acheteurs les chevaux qu'ils ont à vendre; et la manière dont ils essaient et conduisent ces chevaux. *Prenez-y garde, la m. est trompeuse.* || *M. d'orgues*, Les tuyaux d'orgues qui paraissent au dehors || Se dit quelquefois pour aspect, apparence. *La m. des blés est fort belle.* — Figur. et fam., on dit d'une personne ou d'une chose qui a de belles apparences auxquelles ne répond pas la réalité. *Belle m., peu de rapport.* || Autrefois, signifiait aussi revue d'un corps de troupes. — Fig. et fam., on dit d'une chose qui, sans être tout à fait de la qualité de celles auxquelles on la joint, peut néanmoins passer dans la quantité : *Cela peut passer à la montre.* Vieux. = Petite horloge portative. Voy. HORLOGERIE.

**MONTRÉAL**, ch.-l. de c. (Aude), arr. de Carcassonne, 2,500 hab.

**MONTRÉAL**, ch.-l. de c. (Gers), arr. de Condom; 2,500 hab.

**MONTRÉAL**. v. du bas Canada, prov. de Québec; 217,000 hab. Évêché, Arsenal, Université anglaise. Pont tubulaire sur le Saint-Laurent.

**MONTREDON**, ch.-l. de c. (Tarn), arr. de Castres; 4,500 hab.

**MONTRÉJEAU**, ch.-l. de c. (Haute-Garonne), arr. de Saint-Gaudens; 3,100 hab.

**MONTRER**. v. a. (lat. *monstrare*, m. s.). Faire voir, exposer aux regards. *M. sa maison, sa bibliothèque, ses chevaux. Montrez-moi ce que vous avez acheté. M. des animaux à la foire.* — Figur. et fam., *M. son nez quelque part*, Se faire voir en quelque endroit, mais pour se retirer presque aussitôt; ou bien aller mal à propos en quelque endroit, *Il n'est venu que pour m. son nez. Qu'avait-il à faire d'aller m. là son nez? — M. les dents, les talons.* Voy. DENT et TALON. — *M. la corde*, Voy. CORDE. || Indiquer. *Montrez-moi la personne dont vous parliez. Je lui ai montré ce qu'il cherchait.* — Famil., *M. la porte à quelqu'un*, Faire signe à quelqu'un dont on est mécontent qu'il ait à sortir. — Figur., *M. quelqu'un au doigt*, Voy. DOIGT. *M. le chemin aux autres*, Voy. CHEMIN. || Faire paraître, donner des marques de... *M. un visage gai. M. un visage triste. M. de la douleur, de la joie, de la tristesse, de la crainte. M. du courage, de la faiblesse, de la retenue. M. un bon, un mauvais cœur.* || Faire connaître, prouver. *On lui a montré qu'il avait tort. Je lui ai montré que sa proposition était fausse. Je lui montrerai à qui il a affaire.* || Enseigner. *M. la grammaire. M. le grec, le latin, les mathématiques, la musique, etc. M. à lire, à écrire, à danser. Je lui montrerai ses obligations.* Absolum., *Ce maître montre fort bien.* — Fam., *M. à vivre à quelqu'un.* On dit aussi, par menace, *Je lui montrerai bien à vivre.* = SE MONTRER. v. pr. Paraître, se faire voir. *Il n'a fait que se m. dans le salon. Le soleil ne s'est pas montré d'aujourd'hui. L'art se montre trop dans cet ouvrage.* — On dit de quelqu'un que la crainte ou la honte oblige ou devrait obliger à se tenir caché, *Il n'oserait se m. Comment ose-t-il se m.? Il est bien hardi de se m. après cela.* || Au sens moral, *Se m. tel qu'on est*, Ne rien affecter, ne rien dissimuler. — *Se m. homme de courage, se m. humain, etc.*, Témoigner par ses actes qu'on est homme de courage, etc. On dit aussi, dans le même sens, *Se m. digne de sa fortune, de sa réputation, etc.* || *Se bien m., se m. mal*, Faire bonne, faire mauvaise contenance dans les occasions qui exigent de la résolution et de la fermeté. *Il s'est fort bien montré dans cette circonstance.* — MONTRÉ, ÉE. part. || Famil., on dit de quelqu'un qui a eu un bon, un mauvais maître en quelque genre de science, d'art ou d'exercice que ce soit, *Il a été bien montré, mal montré. Il avait des dispositions, mais il a été mal montré.* Vx.

**MONTRET**, ch.-l. de c. (Saône-et-Loire), arr. de Louhans; 1,000 hab.

**MONTREUIL-BELLAY**, ch.-l. de c. (Maine-et-Loire), arr. de Saumur; 2,100 hab.

**MONTREUIL-SOUS-BOIS**, v. du dép. de la Seine, arr. de Sceaux; 24,000 hab. Pêches renommées.

**MONTREUIL-SUR-MER**, ch.-l. d'arr. du dép. du Pas-de-Calais; 3,600 hab.

**MONTREUR, EUSE**. s. Celui, celle qui montre.

**MONTREVEL**, ch.-l. de c. (Ain), arr. de Bourg; 1,100 hab.

**MONTREVEL** (marquis DE). Maréchal de France (1646-1716).

**MONTRICHARD**, ch.-l. de c. (Loir-et-Cher), arr. de Blois; 3,000 hab.

**MONTROSE** (duc DE), général angl., né à Édimbourg en 1612, partisan de Charles I<sup>er</sup>, exécuté en 1650.

**MONTROUGE**, commune du dép. de la Seine, arr. de Sceaux, contiguë à Paris, au sud ; 12,000 hab.

**MONT-SACRÉ**, colline près de Rome où se retirèrent les Plébéiens en 493 et en 449 av. J.-C.

**MONT-SAINT-MICHEL**. village du dép. de la Manche, arr. d'Avranches, 200 hab. Bâti sur un rocher, au fond de la *baie du Mont-Saint-Michel*. Magnifique abbaye bénédictine.

**MONTSALVY**, ch.-l. de c. (Cantal), arr. d'Aurillac; 1,400 hab.

**MONTSAUCHE**. ch.-l. de c. (Nièvre), arr. de Château-Chinon; 1,600 hab.

**MONTSERRAT**. Une des petites Antilles angl.; 10,800 hab. Rhum.

**MONTSOURIS**, anc. hameau des environs de Paris, au Sud, aujourd'hui compris dans son enceinte. Observatoire météorologique et Observatoire pour l'instruction des officiers de marine. Parc. Réservoir des eaux de la Vanne.

**MONTSURS**, ch.-l. de c. (Mayenne), arr. de Laval; 1,600 hab.

**MONTUCLA**, savant mathématicien fr. (1725-1799).

**MONTUEUX, EUSE.** adj [Pr. *montu-eu, euze*] (lat. *montuosus*, m. s. de *mons, montis*, mont). Se dit d'un terrain fort inégal et coupé d'espace en espace par des collines, etc. *Sol m. Contrée montueuse.*

**MONTUOSITÉ.** s. f. [Pr. ...*zité*]. Nature d'un pays montueux.

**MONTURE.** s. f. (R. *monter*). Bête de somme qui sert à porter l'homme. *Une bonne, une méchante m. Avoir soin de sa m. Les mulets sont la meilleure m. dans les pays de montagnes. Les éléphants sont la m. ordinaire des princes orientaux.* || Arts et métiers. Ce qui sert à assembler, à supporter, à fixer la partie ou les parties principales d'un objet, d'un outil, etc. *La m. d'une scie. La m. d'un fusil, d'un pistolet. La m. d'un éventail. La m. de ce vase est aussi élégante que riche. Une m. d'or, d'argent, de cuivre* || Le travail de l'ouvrier qui a monté un ouvrage. *Il en a coûté tant pour la monture.* || T. Mar. La *m. d'un vaisseau*, l'action de l'équiper, d'y transporter les marchandises.

**MONTYON** (baron DE), philanthrope fr., employa plusieurs millions à fonder des prix de vertu, des récompenses de toutes sortes pour encourager le mérite (1733-1820). Ces prix et récompenses sont décernés tous les ans par l'Institut.

**MONUMENT.** s. m, [Pr. *monu-man*] (lat. *monumentum*, m. s., de *monere*, avertir). Ouvrage d'architecture ou de sculpture fait pour conserver la mémoire d'un homme illustre ou de quelque grand événement. *Un m. superbe, magnifique. M. durable, éternel. Ériger, consacrer un m. à la gloire d'un grand homme.* — *M. funéraire*, Tombeau. Dans le style soutenu, se dit quelquefois absol. dans ce sens. *Descendre au m. Elle fit élever à son époux un magnifique m.* || Par ext., se dit des édifices publics ou particuliers qui imposent par leur grandeur ou par leur ancienneté. *Les monuments de l'antiquité, du moyen âge. Rome est remplie de monuments anciens et modernes. Monuments religieux, civils, etc.* || Fig., se dit de tous les objets de la nature ou de l'art considérés par rapport à leur signification. *Les cavernes, les basaltes, etc., sont autant de monuments des révolutions du globe. Il nous reste de beaux monuments de la grandeur romaine. Nos vieilles cathédrales, ces monuments de la piété de nos pères. Cette statue est un des plus beaux monuments de l'art à cette époque. Cette médaille est un m. précieux pour l'histoire.* || Se dit aussi des œuvres de l'esprit. *Les ouvrages d'Homère sont un des plus beaux monuments de l'antiquité. Cette histoire est un m. élevé à la gloire de telle nation. Le discours de la méthode est un des grands monuments de la philosophie, de l'esprit philosophique.*

**Adm.** — Tous les ouvrages d'art qu'il est intéressant de conserver, soit à cause de leur belle exécution ou de leur rareté, soit à cause de leur origine ou des souvenirs qui s'y rattachent, peuvent être classés parmi les *Monuments historiques.* Une fois déclarés tels, ils deviennent l'objet d'une surveillance spéciale de la part du gouvernement, qui dès lors concourt aux frais qu'exigent leur entretien et leur conservation. Cette haute surveillance est confiée au ministre de l'instruction publique et des beaux-arts assisté de la *Commission des monuments historiques*, composée de 40 membres environ; le ministre en est le président, le directeur des beaux-arts le vice-président. Le mode de classement et la conservation des monuments historiques sont actuellement déterminés par la loi du 30 mars 1887. Ces monuments forment trois catégories : *Constructions d'origine inconnue*, telles que les produits divers de l'époque celtique (dolmens, menhirs, cromlechs, tumuli, etc.), les enceintes vitrifiées, les édifices bizarres dont la destination est incertaine, etc. *Monuments romains* ou *gallo-romains*, tels que théâtres, cirques, amphithéâtres, naumachies, camps, thermes, arcs de triomphe, aqueducs, statues, inscriptions, etc. *Monuments du moyen âge et de la renaissance*, du Ve au XVIIe siècle, tels que châteaux, monastères, églises, ouvrages de fortification, hôtels de ville, tombeaux, inscriptions, etc. Chaque année, les fonds spéciaux votés à cet effet sont répartis, sur la proposition des membres de la Commission, entre ces divers monuments pour les maintenir en état d'entretien. Les travaux sont exécutés par des architectes désignés par le ministre et surveillés par des fonctionnaires, qui portent le titre d'*Inspecteurs généraux des monuments historiques.*

**MONUMENTAL, ALE.** adj. [Pr. *monu-man-tal*]. Qui est propre aux monuments, qui est de la nature des monuments. *Architecture, sculpture monumentale. Statue, fontaine monumentale. Style, caractère m* — Le masc. plur., *Monumentaux*, est peu usité

**MONUMENTALISER.** v. a. [Pr. *monu-man-ta-li-zer*]. Donner le caractère monumental.

**MONUMENTÉ, ÉE.** adj. [Pr. *monu-man-té*] (R. *monument*). T. Jurisp. Attesté par acte authentique.

**MONVEL.** Acteur et auteur dramatique fr., père de Mlle Mars (1745-1812).

**MONZA**, v. d'Italie, prov. de Milan; 28,000 hab. Cathédrale dans laquelle se trouve la couronne de fer des rois d'Italie.

**MOORE** (sir JOHN), général anglais, né à Glasgow (1761-1809).

**MOORE** (THOMAS), poète anglais (1780-1852).

**MOORÉA** ou **EÏMO**, île fr. de l'Archipel de la Société (Polynésie); 1,500 hab.

**MOPSE.** s. m. T. Mamm. Nom donné au *Carlin*. Voy. CHIEN.

**MOQUABLE.** adj. 2 g. [Pr. *mo-kable*] Digne de moquerie, dont on doit se moquer.

**MOQUE.** s. f. [Pr. *mo-ke*.] (Provenc. *moco*, m. s.). Gobelet de fer-blanc. || Petit pot de terre, en forme de tasse avec une anse. || T. Mar Bloc de bois qui a la forme d'un cœur qui est évidé dans son milieu.

**MOQUER** (SE). v pron. [Pr. *mo-ker*] (celt. *moc*, moquerie, ou bien moquer est la forme picarde de *moucher*. Il est possible qu'il y ait eu confusion entre les deux mots). Tourner une personne ou une chose en ridicule, en rire, en faire un sujet de plaisanterie. *On se moque de vous. On s'est moqué de son costume, de ses manières. Cette femme s'est moquée de vous.* — Figur. et prov., *La pelle se moque du fourgon*, se dit lorsqu'une personne se moque d'une autre qui aurait autant de sujet de se moquer d'elle. || Mépriser, braver, témoigner par ses actions ou par ses paroles qu'on ne fait aucun cas de quelqu'un ou de quelque chose. *Il se moque de l'opinion publique. Il s'est moqué des avis qu'on lui a donnés. Il se moque de père et de mère. Il se moque de tout. C'est se m. des gens que d'agir ainsi. Je me moque de lui, je ne le crains point. Je me moque de cela, je ne crains rien. Je m'en moque.* — Prov., *Il ne faut pas se m. des chiens qu'on ne soit hors du village*, Avant de se vanter qu'on méprise le danger, il faut s'être mis à l'abri. || Absol., *Se m.*, signifie, Ne pas parler, ne pas agir sérieusement. *Quand je dis cela, vous voyez bien que je me moque. C'est se m. que d'en agir ainsi. Vous vous moquez, je pense.* — Par civilité, *Vous vous moquez de moi, vous vous moquez, je ne passerai pas avant vous, je ne saurais accepter votre place, etc.* || *Se faire m.*, sign. S'exposer à la moquerie. *Si vous agissez ainsi, vous vous ferez m. de vous, vous vous ferez m.* = MOQUÉ, ÉE. p. S'emploie avec le verbe *Être. Il fut moqué de tout le monde. Les moqueurs sont souvent moqués.* — Ce verbe est fam. dans toutes ses acceptions.

**MOQUERIE.** s. f. [Pr. *moke-ri*] (R *moquer*). Paroles ou actions par lesquelles on se moque. *M. maligne. Il fut exposé aux moqueries de la multitude.* || Chose absurde, chose impertinente. *C'est une m. que de soutenir une telle proposition.*

**MOQUETTE.** s. f. [Pr. *mo-kète*]. T. Manuf. Étoffe servant à faire des tapis. Voy. TAPISSERIE || T. Chasse. Oiseau vivant qu'on attache près d'un piège, afin que, par ses cris, il attire d'autres oiseaux.

**MOQUEUR, EUSE.** adj. [Pr. *mo-keur, euze*]. Qui se moque, qui raille, qui a l'habitude de se moquer. *Il est naturellement m. Il a l'air m., l'humeur moqueuse. Un rire, un discours m.* || Substant., Celui, celle qui aime à railler, qui ne parle pas sérieusement. *C'est un m. C'est une moqueuse.* Fam. || T. Ornith. Genre d'Oiseaux d'Amérique. Voy. MERLE.

**MOQUILÉE**. s. f. [Pr. *moki-lée*]. T. Bot. Genre de plantes Dicotylédones (*Moquilea*) de la famille des *Rosacées*. Voy. ce mot.

**MORA**. s. m. T. Bot. Genre de plantes Dicotylédones de la famille des *Légumineuses*, tribu des *Mimosées*. Voy. Légumineuses.

**MORADABAD**, v. de l'Hindoustan; prov. de Rohilkand; 67,500 hab.

**MORÆA**. s. m. T. Bot. Genre de plantes Monocotylédones de la famille des *Iridées*. Voy. ce mot.

**MORAILLER**. v. a. [Pr. les *ll* mouillées]. Pincer, saisir avec des morailles.

**MORAILLES**. s. f. pl. [Pr. les *ll* mouillées] (R. *mor*, rad. qu'on retrouve dans les langues romanes et qui sign. museau). Espèces de tenailles avec lesquelles les maréchaux et les vétérinaires pincent le nez d'un cheval vicieux pour le contenir pendant qu'on le ferre ou qu'on lui fait subir quelque opération. *Mettez-lui les morailles*. || T. Techn. Tenailles de fer pour étirer le cylindre de verre avant de l'inciser.

**MORAILLON**. s. m. [Pr. les *ll* mouillées] (même orig. que *morailles*). T. Techn. Pièce de fer attachée au couvercle d'un coffre, qui est garnie d'un anneau qu'on fait entrer dans la serrure, et dans lequel passe le pêne.

**MORAINE**. s. f. [Pr. *mo-rè-ne*] (bas lat. *morena*, digue de pieux). T. Géol. Débris de roches qui s'amassent sur les bords des glaciers. Voy. Glacier. || T. Techn. Cordon de mortier que le maçon forme autour d'un ouvrage en pisé.

**MORAINE**. s. f. [Pr. *mo-rè-ne*] (anc. fr. *morine*, mortalité, du lat. *mori*, mourir). Laine qu'on enlève de dessus la peau d'un animal mort de maladie.

**MORAINIQUE**. adj. 2 g. [Pr. *mo-rè-nike*]. Qui a rapport aux moraines.

**MORAL, ALE**. adj. (lat. *moralis*, m. s.). Qui concerne les mœurs. *Théologie, philosophie morale. Sens m. Préceptes moraux. Réflexions, œuvres morales*. || *Vertus morales*, se dit, par opposit. à *Vertus chrétiennes*, Des vertus qui ont pour principe les seules lumières de la raison. || Qui a des principes et une conduite conforme à la morale. *Cet homme, qui passe pour m., n'est qu'un franc hypocrite*. — Se dit aussi des actions et des discours. *Une action peu morale. Son discours était très m., mais aussi fort ennuyeux*. = *Moral, ale*, sign. encore, par opposit. à *Physique*, Qui ne tombe pas sous les sens, qui est uniquement du ressort de l'intelligence. *Le monde m. Le mal physique et le mal m. Causes, preuves, qualités morales. Les sciences morales et politiques. Malgré l'affaiblissement de ses forces physiques, ses forces morales n'ont rien perdu de leur énergie. Ce mot s'emploie presque toujours au sens m.* || T. Philos., *Certitude morale*, Celle qui est fondée sur le témoignage des hommes. Dans le langage ordin., *Certitude morale*, se dit d'une conviction qui est simplement fondée sur de fortes probabilités, telle qu'on peut l'avoir dans les choses ordinaires de la vie. *Je ne puis démontrer cela, mais j'en ai la certitude morale*. = Moral. s. m. L'ensemble des facultés de l'âme. *Le physique influe beaucoup sur le m., et le m. sur le physique. Cet homme est bien malade, le m. même en est affecté*.

**MORALE**. s. f. (lat. *moralis*, m. s.) Doctrine relative aux mœurs; la science qui nous enseigne les règles à suivre pour faire le bien et pour éviter le mal. *M. bonne, mauvaise, pure, austère, exagérée, relâchée, aisée, indulgente. La m. des stoïciens. La m. chrétienne. La m. des enfants. La m. de Jésus-Christ, de l'Évangile. Traité, cours de m. Les règles, les principes de la m. Il s'est fait un étrange système de m. Il n'y a pas deux morales. Il prêche la m. plus qu'il ne la pratique*. || Traité de m. *La m. d'Aristote*. On dit aussi les *Morales d'Aristote*, parce que nous avons de ce philosophe plusieurs traités sous le titre de *Morale*. || *La m. d'un ouvrage, d'une fable*, La leçon m. qui en résulte. || Famil., se dit pour Réprimande. *Son père lui a fait une m., une bonne m.*

**Philos.** — I. *Définition*. — La *Morale*, appelée par quelques auteurs *Éthique*, du grec ἦθος, mœurs, est communément définie, tantôt la science du bien et du mal, tantôt la science des devoirs, tantôt encore la science qui nous donne des règles de conduite. Chacune de ces définitions est incomplète; néanmoins leur réunion donne une idée suffisamment exacte de la sphère et de l'objet de cette science.

II. *Caractères de la m.* — Ces caractères sont aisés à découvrir par tout homme, car il lui suffit pour cela d'interroger sa conscience en présence des actions humaines, et d'observer exactement les idées et les sentiments de toute espèce que le spectacle de ces actions fait naître en lui. — « Je suppose, dit Cousin, que sous vos yeux un homme fort et armé se précipite sur un autre homme faible et désarmé, et qu'il le tue pour lui enlever sa bourse. Une telle action ne vous atteint en aucune manière, et cependant elle vous pénètre d'indignation. Vous faites tout ce qui est en vous pour qu'on arrête le meurtrier et qu'on le livre à la justice; vous demandez qu'il soit puni, et s'il l'est d'une manière ou d'une autre, vous pensez que cela est juste; votre indignation n'est apaisée qu'après qu'un châtiment proportionné est tombé sur le coupable. Je répète qu'ici vous n'espérez et ne craignez rien pour vous. Je vous mets dans une forteresse inaccessible, du haut de laquelle vous assisteriez à cette scène de meurtre : vous n'en éprouveriez pas moins tous ces sentiments. Mais ce n'est là qu'une peinture grossière de ce qui se passe en vous à la vue d'un crime. Appliquez maintenant un peu de réflexion et d'analyse aux différents traits dont se compose cette peinture, et vous aurez toute une théorie philosophique.

« Qu'est-ce qui vous frappe d'abord dans ce que vous avez éprouvé? C'est sans doute l'indignation, l'horreur instinctive que vous avez ressentie. Il y a donc dans l'âme une puissance de s'indigner qui est étrangère à tout sentiment personnel! Il y a donc en nous des sentiments dont nous ne sommes pas la fin! Il y a une antipathie, une aversion, une horreur qui ne se rapportent point à ce qui nous nuit, mais à des actes dont le contre-coup le plus lointain ne peut nous atteindre, et que nous détestons par cette seule raison que nous les *jugeons mauvais!* Oui, nous les jugeons mauvais. Un jugement est enveloppé sous les sentiments que nous venons de rappeler. En effet, au milieu de l'indignation qui vous transporte, qu'on vienne vous dire que toute cette colère généreuse tient à votre organisation particulière, et qu'après tout l'action qui se passe est indifférente : vous vous révoltez contre une telle explication, vous vous écriez que l'action est mauvaise en soi; vous n'exprimez plus seulement un sentiment, vous prononcez un jugement. Le lendemain de l'action, quand les sentiments qui agitaient votre âme se sont apaisés, vous n'en jugez pas moins que l'action était mauvaise; vous jugez ainsi six mois après; vous jugez ainsi toujours et partout; et c'est parce que vous jugez que cette action est mauvaise en elle-même que vous portez cet autre jugement qu'*elle ne devait pas être faite*. Ce double jugement est au fond du sentiment; sans quoi le sentiment serait sans raison. Si l'action n'est pas mauvaise en soi, si celui qui l'a faite n'était pas obligé de ne pas la faire, l'indignation que vous éprouvez n'est qu'un mouvement physique, une excitation des sens, de l'imagination, du cœur, un phénomène destitué de tout caractère moral, comme le trouble qui vous saisit devant quelque scène effrayante de la nature. Vous ne pouvez raisonnablement en vouloir à l'auteur d'une action indifférente. Tout sentiment de colère désintéressée contre l'auteur d'une action suppose, dans celui qui l'éprouve, cette double conviction : 1° que l'action est mauvaise en elle-même; 2° qu'elle ne devait pas être faite.

« Ce sentiment suppose encore que l'auteur de cette action a lui-même conscience du mal qu'il a fait et de l'obligation qu'il a violée; car, sans cela, il aurait agi comme une force brutale et aveugle, non comme une force intelligente et morale, et nous n'aurions pas ressenti contre lui plus d'indignation que contre le rocher qui tombe sur notre tête, contre le torrent qui nous entraîne à l'abîme. L'indignation suppose également dans celui qui en est l'objet un autre caractère encore, à savoir, qu'*il est libre*, qu'il pouvait faire ou ne pas faire ce qu'il a fait. Il faut évidemment que l'agent soit libre pour être responsable.

« Vous voulez qu'on arrête le meurtrier et qu'on le livre à la justice, vous voulez qu'il soit puni; quand il l'a été, vous êtes satisfait. Qu'est-ce à dire? Est-ce un mouvement capricieux de l'imagination et du cœur? Non. Calme ou indigné, au moment du crime ou longtemps après, sans aucun esprit de vengeance personnelle, puisque vous n'êtes pas le moins du monde intéressé dans cette affaire, vous n'en prononcez pas moins que le meurtrier doit être puni. Si, au lieu de recevoir une punition, le coupable se fait de son crime un marchepied à la fortune, vous prononcez encore que, loin de mériter le bonheur, il a mérité de souffrir en réparation de sa faute; vous protestez contre le sort, vous en appelez à une justice supérieure. Ce jugement, les philosophes l'ont appelé le *jugement du mérite et du démérite*. Il suppose, dans l'esprit de l'homme, l'idée d'une loi suprême qui attache le bonheur à la vertu, le malheur au crime. Otez l'idée de cette loi, le jugement du mérite et du démérite est sans fondement. Otez ce jugement, l'indignation contre le crime heureux et contre la vertu méconnue est un sentiment inintelligible, même impossible, et jamais, à la vue d'un crime, vous n'auriez songé à demander le châtiment du criminel. Toutes les parties du phénomène moral se tiennent donc; toutes sont des faits aussi certains les uns que les autres : ébranlez-en un seul, et vous renversez de fond en comble le phénomène total. L'observation la plus vulgaire atteste tous ces faits, et la logique la moins subtile découvre aisément leur lien. Il faut renier jusqu'au sentiment, ou il faut avouer que le sentiment recouvre un jugement, le jugement de la distinction essentielle du bien et du mal, que cette distinction entraîne une obligation, que cette obligation s'applique à un agent intelligent et libre; il faut enfin avouer que la distinction du mérite et du démérite, qui correspond à celle du bien et du mal, contient le principe de l'harmonie naturelle de la vertu et du bonheur. »

A. *De la notion du bien et du mal.* — Ainsi que le démontre la lumineuse analyse qui précède, la distinction du bien et du mal qui apparaît à notre esprit, lorsque nous contemplons les actions humaines, est nécessaire : il ne se peut qu'en présence de certains actes, nous n'affirmions pas que celui-ci est bon et celui-là mauvais. Le jugement que nous portons alors ne fait cependant pas le bien et le mal; il se contente de le déclarer. La réalité des distinctions morales nous est révélée par ce jugement; mais elle en est indépendante. De même que les vérités premières dans l'ordre métaphysique, de même les vérités premières dans l'ordre moral ne sont pas susceptibles de démonstration : elles s'imposent à notre intelligence; elles apparaissent à notre conscience avec une rigueur absolue, et avec une généralité qui ne souffre point d'exception; elles ne sont acquises ni par la voie du raisonnement, ni par le procédé de l'induction.

B. *De l'obligation morale.* — Mais l'idée du bien a en outre un caractère spécial qui la distingue de toutes les autres idées premières : c'est que, aussitôt que nous la concevons, nous concevons en même temps l'obligation qui nous est imposée de la réaliser; en d'autres termes, elle nous apparaît comme la règle de notre conduite. Cette puissance impérative de l'idée du bien est ce qu'on a parfaitement nommé la *loi m.* ou la *loi du devoir*. C'est ce que Kant appelait l'*impératif catégorique*. « L'obligation m., dit le philosophe que nous avons déjà cité, comme la vérité m. qui en est le fondement, est absolue. De même que les vérités nécessaires ne sont pas plus ou moins nécessaires, ainsi l'obligation n'est pas plus ou moins obligatoire. Il y a des degrés d'importance entre les obligations diverses; mais il n'y a pas de degré dans l'obligation même. On n'est pas à peu près obligé, presque obligé : on l'est tout à fait ou pas du tout. Si l'obligation est absolue, elle est immuable et elle est universelle; car si l'obligation d'aujourd'hui pouvait ne pas être celle de demain, si ce qui est obligatoire pour moi pouvait ne pas l'être pour vous, l'obligation différerait d'avec elle-même, elle serait relative et contingente. » L'obligation repose sur l'idée de bien et non l'idée de bien sur celle d'obligation. Dans les choses humaines, un ordre, de quelque autorité qu'il émanât, qui ne serait pas conforme à l'idée de bien, ne saurait être obligatoire pour l'homme; et si l'*Impératif catégorique* nous oblige toujours, c'est que les vérités morales sont nécessaires et absolues. Il y a plus. Non seulement nous nous sentons obligés de réaliser le bien quand nous le connaissons nettement, mais encore nous nous sentons aussi obligés de faire tous nos efforts pour discerner le bien du mal afin de réaliser le premier et d'éviter le second. Il arrive que dans des circonstances délicates, en présence de deux actions contradictoires à accomplir, nous hésitons avant de décider laquelle est bonne, laquelle est mauvaise. Nous sentons alors que nous *devons* surseoir à l'exécution de l'acte et que nous *devons* préalablement chercher à nous éclairer avec toutes les lumières de notre raison, afin de décider quel est l'acte que nous *devons* accomplir. Si plus tard nous reconnaissons que nous nous sommes trompés dans notre jugement, et que nous avons fait le mal en croyant faire le bien, il nous en reste un sentiment de regret moins vif à la vérité que le remords d'avoir fait le mal sciemment, mais cependant très net, et nous nous faisons un reproche d'avoir précipité notre jugement, ou de ne pas nous être éclairés suffisamment.

C. *De la liberté.* — L'idée d'obligation implique que l'être obligé a la faculté d'accomplir ou de ne pas accomplir le devoir qui lui est imposé. A la loi m. dans la raison, correspond dans l'action la liberté. La liberté est donc la condition nécessaire de la moralité : sans la liberté, il n'y a pas de personne m.; sans la liberté, il n'y a pas de devoirs.

D. *Du mérite et du démérite.* — « De ce que nous avons notre libre arbitre, dit Bossuet, il arrive que, selon que nous faisons bien ou mal, nous sommes dignes de louange ou de blâme, de récompense ou de châtiment, et c'est ce qui s'appelle *Mérite* ou *Démérite*. » Le jugement du mérite et du démérite implique nécessairement la distinction du bien et du mal, l'idée d'obligation et la liberté. En conséquence, celui qui fait une action sans savoir si elle est bonne ou mauvaise, ne mérite ni ne démérite en la faisant; et il en est de même de celui qui fait quelque mal involontairement et sans intention, comme de celui qui est privé de la liberté m., ainsi qu'on l'observe dans certaines formes de l'aliénation mentale, où cependant le malade saisit encore la distinction du bien et du mal. Le mérite appelle la récompense, et le démérite appelle le châtiment : il y a entre ces idées, une corrélation nécessaire. Sans entrer pour le moment dans aucune discussion relative à la vie future, remarquons que, dans ce monde même, il y a déjà une récompense m. attachée à l'exercice de la vertu, et un châtiment également moral qui est comme un commencement d'expiation du vice ou du crime. En effet, l'homme qui, ayant à choisir entre le bien et le mal, a choisi le bien, éprouve une jouissance interne d'autant plus vive et plus pénétrante qu'il a remporté une victoire plus complète sur la passion ou sur l'idée d'intérêt qui le portait au mal. Par un phénomène contraire, celui qui a succombé ne tarde pas d'éprouver une souffrance amère et secrète, qui naît de la conscience d'avoir violé la loi m. Cette souffrance, qui a reçu le nom significatif de *Remords*, c.-à-d. de morsure, est un premier degré d'expiation. Elle est parfois telle que l'on a vu des criminels venir se dénoncer et réclamer d'eux-mêmes, auprès de la justice humaine, la peine de leur crime.

III. *Critiques des caractères de la m.* — Les caractères de la m. tels que nous venons de les exposer ne sont que l'analyse des idées que le bon sens vulgaire comprend sous le nom de m. On voit qu'ils se réduisent à quatre : 1° *notion universelle du bien et du mal;* 2° *obligation, impératif catégorique;* 3° *liberté de l'agent;* 4° *sanction de la loi m.* Il paraît certain que tout homme qui n'aura jamais réfléchi aux questions métaphysiques et qui ne se sera pas fait d'avance un système philosophique les acceptera sans discussion et considérera l'analyse précédente comme l'expression d'une vérité indéniable. Nous pouvons ajouter que jusqu'au XIXe siècle, presque tous les philosophes sont demeurés d'accord sur les caractères de la loi m. Sans doute ils différaient d'opinion sur les principes de cette loi, sur son origine, sur sa cause, sur son application dans la pratique; mais ils la comprenaient tous à peu près de la même manière, avec les caractères que nous venons d'indiquer, sans trop s'inquiéter des contradictions que la loi m. ainsi comprise pouvait présenter avec les autres parties de leur système, contradictions que, du reste, ils n'apercevaient guères. Ce n'est que dans le courant du XIXe siècle que les caractères de la loi m. ont été contestés par certains philosophes parce qu'ils se sont aperçus que tous ou certains d'entre eux étaient inconciliables avec l'ensemble de leurs théories. Il convient de remarquer que la certitude que l'on attache d'ordinaire aux idées renfermées dans le mot de m. ne repose sur aucun raisonnement, sur aucune démonstration, mais simplement sur le sentiment intime de la conscience : c'est une certitude *à priori*, et, à ce titre, sa critique relève non de la logique, mais de la métaphysique. Nous avons déjà eu l'occasion, au mot CERTITUDE, d'expliquer qu'il en est de même de toutes les notions premières qui sont à la base de nos connaissances, et que la seule méthode critique sérieuse qu'on en puisse faire consiste à en étudier les conséquences et à découvrir, s'il est possible, les contradictions que présentent celles-ci. On se trouve ainsi amené à choisir entre des notions contradictoires qui paraissaient *à priori* également certaines. En ce qui concerne la loi m., les conséquences en ont été étudiées avec une remarquable puissance de logique par le célèbre Kant, et ceux qui n'ont pas voulu accepter ses conclusions ont été obligés de contester les caractères de la loi m. Le premier de ces caractères auquel on s'est attaqué est celui de la sanction; puis on a contesté l'obligation. D'autres ont nié ou défiguré la notion du bien et du mal; enfin plusieurs écoles très différentes par leurs principes et leurs tendances nient la liberté. Il importe d'examiner avant tout si l'on peut priver la m. d'un ou plusieurs de ces caractères tout en lui conservant le rôle élevé qu'elle est appelée à jouer dans la conduite des hommes.

Il est d'abord évident qu'on ne peut supprimer la liberté sans supprimer toute m. Il ne peut être question ni d'obligation, ni de responsabilité pour un être dont les actes sont les conséquences fatales de causes sur lesquelles il ne peut exercer aucune action. Tous les systèmes fatalistes et déterministes sont condamnés à nier la m. On a prétendu que dans ces systèmes les prescriptions morales peuvent néanmoins conserver leur effet pratique si l'agent se croit libre au moment où il agit, essayant ainsi de concilier ces systèmes avec les exigences de la vie pratique. Mais alors cette vie pratique n'est possible qu'à la faveur d'une illusion. Il faut que l'homme se croie libre quand il agit alors qu'il sait qu'il ne l'est pas dès qu'il réfléchit. La vie se passe pour ainsi dire en partie double : la pensée et l'action deviennent deux formes de son activité entre lesquelles aucun lien n'est possible. Cette étrange dualité est peu conforme à l'idée que les déterministes en particulier se font de l'unité et de la simplicité de la nature. Mais il y a plus : il faut songer aussi à ceux qui formulent les préceptes de m. et à ceux qui les enseignent. Ceux-là non plus ne sont pas libres : c'est fatalement qu'ils les formulent et les enseignent, fatalement qu'ils mettent leur enseignement en contradiction avec leur pensée. Le dernier mot du système est la nécessité et la fatalité du mensonge. Que devient alors le respect de la vérité au nom duquel on nous invite à renoncer à nos illusions? Que devient la science elle-même qui, dans le système, nous aurait appris le néant de notre liberté? Devant cette fatalité de mensonge, n'est-il pas permis de croire que la science aussi est une illusion? La logique ne perd jamais ses droits parce que le raisonnement est la forme la plus simple de l'activité intellectuelle et la plus facile à exercer. En présence d'un raisonnement logiquement conduit, tous les hommes finissent par se mettre d'accord, et il faut reconnaître de bonne foi que tout système fataliste ou déterministe est incompatible avec toute idée de m. théorique et pratique.

Le caractère obligatoire de la m. en est le caractère essentiel. Une m. qui n'oblige pas n'est pas une m. Ce peut être un excellent recueil de conseils pour bien mener sa vie et faire son bonheur et celui de l'humanité; mais du moment que l'exécution de ces conseils reste facultative, ils n'ont plus rien de commun avec l'idée ordinaire de m.

La notion du bien et du mal est le fondement même de la m. On peut discuter sur la nature et l'origine de cette notion, mais il faut qu'elle soit très nette et très distincte des notions plus ou moins voisines d'agrément ou d'utilité personnelle. Il faut aussi que cette notion de bien et de mal se présente à l'esprit avec un caractère indépendant de l'agent et avec un caractère universel. Si l'idée du bien est subordonnée à l'intelligence de l'agent, chacun le comprendra à sa façon : chacun aura sa m. particulière, et l'obligation sera détruite, car la source de l'obligation étant alors dans l'agent lui-même, c'est cet agent qui s'obligerait lui-même, ce qui n'est plus une obligation. Il faut donc que le bien soit quelque chose d'absolument étranger à l'agent qui a la puissance et le devoir de le chercher et de le connaître, sauf erreur de sa part, afin de l'exécuter comme il y est obligé. La notion du bien doit présenter un caractère absolu et universel, car la loi m. oblige tous les hommes de la même manière dans tous les temps et dans tous les lieux. Sans doute une même action peut être jugée bonne ou mauvaise suivant les circonstances qui l'accompagnent; mais c'est parce que le jugement ne porte pas et ne peut pas porter sur l'action isolée, mais doit embrasser toutes les circonstances qui sont de nature à modifier sa nature m. La même action, accompagnée des mêmes circonstances, sera toujours bonne ou toujours mauvaise quels que soient les lieux et les temps, et les autres circonstances. Le difficile en ces sortes de jugements est de discerner les circonstances qui influent sur la valeur m. de l'acte et celles qui n'y influent pas. En d'autres termes, l'acte moral se compose de l'acte matériel et d'un certain nombre de faits connexes. Il est nécessairement accompagné dans le temps et l'espace d'autres faits : le difficile est de discerner les faits qui font partie de l'acte moral et ceux qui n'en font pas partie. Par exemple il est mal de tuer son semblable pour le voler. Il est permis, il est même bon de tuer l'assassin pour sauver celui qu'il veut assassiner. Voilà donc deux meurtres jugés différemment suivant les circonstances. Mais dira-t-on qu'il est permis de tuer un Chinois riche et qu'il est mal de tuer un Français pauvre? Évidemment non, les circonstances d'être Chinois ou Français, riche ou pauvre, ne font pas partie de l'acte meurtre considéré comme acte moral. L'une des objections les plus graves que l'on ait élevées contre la m. consiste précisément dans la diversité des jugements que les hommes ont portés et portent encore sur certains actes particuliers. Si l'on y réfléchit, on verra que cette diversité de jugements s'explique en général par les circonstances différentes qui accompagnent les actes considérés; d'autres divergences s'expliquent par des erreurs de jugement. De ce que les astronomes ne sont pas absolument d'accord sur la distance de la Terre au Soleil, il ne s'ensuit pas que cette distance n'existe pas. De même, de ce que les hommes plus ou moins aveuglés par leurs passions ne se mettent pas d'accord sur tel ou tel jugement moral, il ne s'ensuit nullement que le bien n'existe pas. Ce qui est commun à tous les hommes, excepté peut-être aux philosophes qui ont modifié leur manière primitive de penser pour la mettre d'accord avec leurs systèmes, c'est précisément cette notion du *bien* et du *mal* conçue comme supérieure aux intérêts de l'individu et comme matière à jugement moral. C'est cette notion qui est la base des jugements d'estime ou de mépris que nous portons sur nos semblables. Et remarquons bien que, si nous méprisons fortement celui qui fait le mal sciemment, nous méprisons aussi, quoique à un degré moindre, celui qui, par ignorance ou par légèreté, fait le mal croyant faire le bien. Nous l'accusons de se laisser entraîner par de mauvais conseils, de ne pas réfléchir à la portée de ses actes, de se laisser aveugler par son intérêt et ses passions, et nous déclarons que tout cela est méprisable. Ces sentiments sont si fort ancrés dans le cœur humain qu'on les retrouve jusque chez ceux dont l'habitude a fini par étouffer le cri de la conscience. Les pires malfaiteurs s'estiment ou se méprisent entre eux : ils reconnaissent encore des vertus et des tares. Ils estiment le courage, et méprisent la lâcheté. Beaucoup d'entre eux, coupables des forfaits les plus monstrueux, ne voudraient pour rien au monde dénoncer leurs complices ou leurs camarades. Or tous ces sentiments n'ont aucune raison d'être si le bien n'est pas quelque chose de supérieur aux individus, quelque chose d'absolu et d'universel. Sans la notion du bien ainsi comprise, il n'y a plus de m. Les actes pourront être jugés d'après le plus ou moins d'utilité ou de danger qu'ils présentent pour la société ou l'individu : on pourra les déclarer utiles ou nuisibles, mais non bons ou mauvais, car tel acte pourra être utile aux uns et nuisible aux autres, sera bon pour ceux-là et mauvais pour ceux-ci. Qu'on y réfléchisse un peu, et l'on verra combien notre vie serait changée le jour où nous aurions admis que le bien n'est pas absolu et universel, que par conséquent aucune action ne peut être légitimement déclarée bonne ou mauvaise, et que les sentiments d'estime, de mépris, d'admiration, d'indignation que nous ressentons si souvent, ne sont que des mouvements de notre sensibilité qui ne reposent sur aucune base certaine. La notion du juste et de l'injuste disparaîtrait avec les autres, et tout jugement moral nous serait formellement interdit.

La nécessité d'une sanction n'est pas moins inséparable de l'obligation m. Une obligation qui oblige sans sanction n'est plus une obligation : on est obligé *sous peine de quelque dommage*, ou l'on n'est nullement obligé. Le sentiment général est à cet égard très expressif. Les idées de mérite et de démérite reviennent à chaque instant dans les jugements que nous ne pouvons éviter de porter sur la conduite de nos semblables, et paraissent, dans notre sentiment, inséparables des idées d'estime et de mépris. Nous sommes satisfaits de voir la vertu récompensée et le crime puni, et l'ordre naturel nous paraît renversé lorsque nous voyons ou croyons voir le contraire. L'exagération même qu'affecte souvent ce sentiment remarquable est une preuve des profondes racines qu'il a dans le cœur humain. Que de fois on entend, dans l'excès de leur indignation, des gens, d'ailleurs doux et inoffensifs, proclamer que tel ou tel coupable mérite les supplices les plus effroyables, que la mort ne suffit pas à le punir, et autres propos plus ou moins extravagants qui dénoteraient une âme féroce s'ils n'étaient autre chose que l'exaltation d'un sentiment juste et respectable.

Cependant, des arguments très spécieux ont été formulés contre la sanction de la loi m., et la question mérite qu'on s'y arrête. Tous ces arguments d'ailleurs se réduisent à un seul. L'obligation m., dit-on, n'est pas de la même nature que l'obligation ordinaire, par exemple que l'obligation de la loi civile. Celle-ci édicte des peines contre certains délits, de sorte qu'en admettant la police parfaite, la peine est la conséquence forcée du délit. Le citoyen reste alors libre, suivant chaque cas particulier, d'examiner si le délit ne lui rapportera pas plus que la peine ne lui causera de dommage. Son obéissance ou sa désobéissance à la loi n'est que le résultat d'un calcul qui n'a rien de commun avec un acte moral. L'obligation m., au contraire, est absolue : c'est l'*impératif catégorique*, et c'est pour cela qu'elle doit être privée de sanction, car si elle en avait une, elle deviendrait un *impératif conditionnel*, et l'obéissance à la loi m. ne serait plus, elle aussi, que le résultat d'un calcul. L'argument est souvent présenté sous une forme plus concrète : L'athée dit à l'homme religieux : « Je suis plus vertueux que vous, car vous faites le bien pour gagner les félicités du ciel, et vous évitez le mal par crainte des souffrances de l'enfer, tandis que moi je fuis le mal parce que je le hais, et je fais le bien par pur amour du bien, sans crainte de peine et sans espoir de récompense. » Sans doute l'obligation m. n'est pas de la même nature que l'obligation civile, et tout acte accompli en vue d'éviter une souffrance ou de gagner une récompense n'a aucune valeur m.; mais cette considération évidente ne prouve pas que la m. doive être sans sanction; elle détermine seulement les conditions suivant lesquelles la sanction est acquise. L'acte moral doit être envisagé sous deux aspects différents : 1° En ce qui concerne l'agent; 2° en ce qui concerne les autres hommes. Sous le second rapport l'acte doit être jugé en lui-même : il peut être bon ou mauvais; mais le jugement ainsi porté se rapporte à une *chose* et non à une *personne* et n'implique aucune sanction : c'est un jugement pour ainsi dire métaphysique, non un jugement moral. Pour apprécier toute la valeur m. de l'acte, il faut l'envisager par rapport à l'agent; il faut savoir *dans quelle intention il a été accompli*, jusqu'à quel point il a été délibéré, et bien d'autres circonstances encore. Celui qui me rend service dans l'espoir que je lui rendrai un service équivalent ne commet pas un acte moral : il agit sagement et prudemment; je ne lui en dois pas moins de la reconnaissance et le service qu'il attend de moi, mais pour lui il n'y a ni mérite ni démérite. Celui au contraire qui me rend service sans songer à ce que je pourrai faire pour lui accomplit un acte de charité qui mérite récompense. On voit ainsi que si l'acte peut être jugé en lui-même au point de vue métaphysique, la responsabilité de l'agent ne peut être engagée que par un ensemble de circonstances qui le concernent seul et parmi lesquelles l'*intention* est la principale. Le caractère de la sanction m. devient alors fort net : *la récompense n'est méritée que par celui qui a agi sans y songer*. Dès qu'un acte vertueux est accompli dans l'espoir de la récompense, il cesse d'être vertueux par rapport à l'agent à qui échappe la récompense espérée. De même pour la peine. Celui qui se conduit avec justice pour éviter les peines attachées à l'injustice échappera sans doute à ces peines, mais il n'évitera pas celle que mérite la sécheresse de sa conduite : il sera puni pour n'avoir pas cultivé sa personnalité m., pour n'avoir pas développé dans son cœur l'amour du bien et la haine du mal. Ce que nous venons de dire est conforme aux enseignements de toutes les religions les plus éclairées, conforme en particulier aux enseignements de l'Église catholique, dont la doctrine m., à part peut-être la question si controversée de la grâce, est d'une magnifique élévation. On ne gagne le ciel que *par l'amour de Dieu*, on n'est vertueux que si l'on pratique la vertu *pour l'amour de Dieu* : tout autre motif d'action nous mène en enfer ou au purgatoire. Même élévation en ce qui concerne le repentir. L'Église distingue la *contrition imparfaite* qui n'est que le regret d'avoir péché par crainte du châtiment : elle est d'à peu près nulle valeur, et la *contrition parfaite* qui est *le regret désintéressé d'avoir offensé Dieu*. Celle-là suffit à effacer le péché, au moins dans certaines circonstances.

Aucun philosophe ne pouvait mieux dire. Suivant la mode du jour qui aime les expressions abstraites, remplacez les mots amour de Dieu par *amour du bien* et vous aurez la seule doctrine qu'on puisse légitimement déduire de la notion même de m., telle qu'il faut la comprendre sous peine de l'anéantir. Ainsi l'homme religieux pourra répondre à l'athée : « Non, vous n'êtes pas plus vertueux que moi et vous vous faites une idée très fausse de la vertu. Si je m'efforce de pratiquer la vertu, ce n'est pas dans l'espoir d'une récompense, car si je n'avais d'autres motifs, je ne mériterais pas cette récompense. J'agis comme vous, par amour du bien ou par amour de Dieu, ce qui est pour moi la même chose. Seulement, chez vous l'amour du bien est une préférence instinctive et irréfléchie, car en votre qualité d'athée, vous ignorez ce qu'est le bien. Vous suivez l'impulsion de votre bonne nature et cette sanction que vous trouvez immorale, vous la trouvez cependant en vous-même, dans la satisfaction de vous-même, dans cette sorte d'orgueil, d'ailleurs honorable, qui vous fait croire plus vertueux que moi. Moi, au contraire, je fais le bien parce qu'en le faisant je crois accomplir volontairement une mission qui m'a été confiée. J'ignore la destinée qui m'est personnellement réservée; mais je sais que je fais partie d'un vaste ensemble qui a été créé en vue d'une fin déterminée et que j'ai à jouer dans cet ensemble un rôle particulier que j'ignore d'ailleurs, mais que je suis sûr de remplir convenablement en obéissant aux prescriptions de ma conscience. Si plus tard je suis récompensé, c'est que j'aurai agi conformément à ma destinée, avec désintéressement, et précisément sans songer à cette récompense. Si je suis puni, c'est que j'aurai sciemment trahi ma mission, ou que, aveuglé par mes passions, je l'aurai mal comprise. Votre vertu dérive de votre orgueil; vous croyez aimer le bien, et vous n'aimez que vous-même; ma vertu, si tant est qu'elle existe, dérive au contraire de l'humilité et de ma soumission aux règles qui doivent assurer l'ordre et l'harmonie de l'Univers et conduire toutes choses vers la fin pour laquelle elles ont été créées. »

Ainsi la sanction est indispensable à la loi m., et ceux mêmes qui nient la sanction extérieure ou religieuse sont obligés d'admettre au moins la sanction intérieure qui résulte de la satisfaction du devoir accompli. Maintenant, pour qu'il ne reste aucun doute sur la nature de cette nécessité de sanction, il faut bien comprendre que cette nécessité ne résulte pas, comme beaucoup sont portés à le croire, de l'utilité qu'il peut y avoir à offrir aux hommes un mobile pour les décider à faire le bien. Nous admettons bien que la peur de l'enfer et le désir d'aller en paradis puissent être des motifs d'action pour des hommes grossiers peu élevés en moralité; mais, comme nous l'avons déjà dit, ces mobiles sont étrangers à la m. proprement dite, et le désir de bien faire, le cri de la conscience, l'amour du bien ou si l'on veut l'amour de Dieu, resteront toujours les seuls mobiles véritablement moraux, ceux qu'il convient de développer par l'éducation et l'exemple. La sanction m. est nécessaire pour donner un sens à l'idée d'obligation et surtout pour donner satisfaction à la notion de justice. Celle-ci fait bien partie de la m. générale, et il ne faut pas qu'elle soit violée par la nature même des choses, sans quoi la nature elle-même nous donnerait l'exemple de l'immoralité et la m. ne reposerait plus sur aucune base.

IV. *Conséquences métaphysiques de la loi morale.* — Ces conséquences ont été magistralement exposées par Kant, qui a fait reposer sur l'idée même de m. tout l'édifice de la certitude pratique, ce qui montre bien que, dans l'esprit du grand philosophe, la certitude de la loi m. était la plus importante et la plus sûre. Il la préférait ainsi à la certitude même de l'existence du monde extérieur sur laquelle il aurait aussi bien établi tout le système de ce qu'il appelle la *raison pratique* Voy. CRITICISME, CERTITUDE. Au reste, les conséquences de la loi m. sont si faciles à établir que nous ne nous y arrêterons pas longtemps. La première et la plus évidente est le *libre arbitre de la volonté* sans lequel toute m. est impossible, ainsi que nous l'avons suffisamment expliqué plus haut. (Voy. aussi LIBERTÉ.) La deuxième est l'immortalité de l'âme et la persistance de la personnalité après la mort qui sont *postulées*, suivant l'expression de Kant, par la nécessité de la sanction de la loi m. Il est clair, en effet, que le sentiment de justice par lequel nous attachons l'idée de bonheur à celle de vertu ne reçoit pas ici-bas sa pleine et entière satisfaction. La vie future est encore postulée par la nécessité de mettre l'être moral à même d'accomplir son développement complet. Kant fait remarquer que la vertu absolue ne saurait exister ici-bas et que l'être vertueux cherche à s'améliorer sans cesse. Cette amélioration continuelle est l'une des obligations de la m. Si l'être raisonnable est obligé à quelque chose, il faut qu'il ait le moyen d'accomplir son obligation. Or, la mort arrête brusquement ses efforts et laisse son œuvre inachevée. Il faut que cette œuvre puisse se continuer : autrement le principe de l'obligation serait atteint et détruit dans son essence. Il convient de remarquer que tandis que le premier argument prouve seulement la *survivance*, le second prouve l'*immortalité*, car l'être créé, étant nécessairement et devant être toujours imparfait, aura toujours quelque amélioration à subir, quelque mission à accomplir : son œuvre et sa destinée ne seront jamais achevées. Il s'approchera toujours du *souverain bien*, sans jamais l'atteindre complètement. Voy. IMMORTALITÉ.

La troisième conséquence de la loi m. est l'existence de Dieu. Kant la déduit de la nécessité d'assurer la sanction m. Le *souverain bien*, dit-il, consiste dans la réunion de la parfaite vertu avec le bonheur parfait. Il est nécessaire, sinon que ce souverain bien soit atteint par l'être moral, au moins que celui-ci puisse s'en rapprocher indéfiniment. La vertu ne dépend que de lui; mais le bonheur en est indépendant : il dépend, en partie au moins, des relations de cet être avec le monde extérieur. Il faut donc que le monde soit organisé de manière à rendre possible l'accord de la vertu et du bonheur, et cela d'une manière parfaite, sans aucune restriction ni exception. Or, il n'en peut être ainsi que si le monde a été créé en vue de cet accord, ce qui suppose un créateur intelligent. De plus ce créateur doit posséder des facultés ou des attributs infinis, car l'accord demandé doit être *parfait, absolu*. De là résulte que tout ce qui existe, dans le monde physique comme dans le monde moral, est l'œuvre d'un être infiniment intelligent et infiniment puissant, et cet être est *Dieu*.

Certains commentateurs ont cru pouvoir conclure de cette argumentation que, dans l'opinion de Kant, la notion de bien et de mal est antérieure à Dieu même et ne dérive pas de lui. Le Dieu de Kant ne serait pas un législateur, mais si l'on peut s'exprimer ainsi, un pouvoir exécutif chargé d'exécuter une loi antérieure à lui. A notre avis, c'est mal comprendre la pensée de Kant. Du moment qu'on admet l'existence d'un être ayant créé *tout* ce qui existe, il faut bien reconnaître qu'il a aussi créé le bien et le mal. Du reste un Dieu qui serait obligé d'obéir, fût-ce à une loi abstraite, ne serait plus l'être absolu et tout-puissant que désigne le mot Dieu. De plus, il resterait à expliquer l'origine et la cause de cette loi m. supérieure à Dieu même. La vérité est qu'on arrive aussi bien à l'existence de Dieu en partant de la notion même du bien et du mal, au lieu de partir, comme l'a fait Kant, de la nécessité de la sanction. Cette idée, avons-nous déjà fait remarquer, est absolument distincte de celle d'utilité ou de plaisir Elle ne peut donc pas avoir sa source dans l'expérience. Si cependant elle n'est pas une pure illusion, c'est qu'elle correspond à quelque réalité objective. Or il n'y a que deux moyens de comprendre cette réalité. Ou le bien est ce qui est commandé par un être supérieur à l'homme, ou le bien est ce qui amène l'ordre et la régularité de l'Univers. Dans la première conception, l'être qui commande le bien doit être absolu, puisque son commandement nous apparaît avec ce caractère d'absolu, et un être absolu ne peut être que Dieu. Dans la seconde conception, il faut admettre qu'il y a dans l'Univers un certain ordre, une certaine harmonie que nous sommes tenus de respecter. Ainsi non seulement le monde est harmonieux, mais nous sommes dépendants de cette harmonie. Sans la connaître dans tous ses détails, nous la sentons, et c'est sur elle que nous, libres, devons régler notre conduite. Il serait déjà difficile de comprendre comment un monde harmonieux pourrait être l'effet du hasard ou de forces aveugles. L'idée même d'ordre et d'harmonie semble impliquer une conception intelligente *à priori* sur laquelle le monde a été modelé. Mais la relation entre cette harmonie et l'être libre devient tout à fait inexplicable si l'on n'admet pas qu'elle est l'œuvre d'un créateur qui tient à la faire respecter. Au nom de quel principe, de quelle loi, m'imposera-t-on de limiter volontairement ma puissance et ma liberté sous prétexte de respecter un ordre qui ne serait que l'effet de certaines forces aveugles ? Si mon plaisir ou mon intérêt m'invitent à troubler cet ordre, pourquoi sacrifierais-je mon plaisir et mon intérêt à cette chose abstraite et insensible ? Pourquoi même ne dois-je pas infliger à mon semblable une peine qui me rapportera quelque avantage? Si l'on veut me convaincre de faire le sacrifice de mon plaisir, on y réussira bien mieux en faisant appel à la simple pitié pour mon semblable qu'en me disant que je ne dois pas lui nuire par respect pour l'harmonie du monde. Moi, être libre, je me sentirai toujours indépendant d'une loi abstraite et je chercherai à la faire tourner à mon profit. Mais tout change si l'harmonie du monde est l'œuvre d'un créateur intelligent et tout-puissant qui m'a précisément créé pour contribuer à maintenir cet ordre, et peut-être à l'améliorer. Mon existence m'apparaît alors comme une mission ; le bien est l'accomplissement de cette mission, le mal est de la négliger ou de me révolter contre elle.

On a fait l'objection suivante : si le bien et le mal ont leur fondement dans la volonté de Dieu, on peut concevoir, puisque Dieu est absolument libre, qu'il eût voulu les choses autrement; alors, dit-on, le bien et le mal ne sont pas absolus comme le requiert la loi m. ; ils sont subordonnés à la volonté, on dit presque au caprice de Dieu, et cette subordination, en détruisant le caractère absolu du bien et du mal, détruit du même coup la m. C'est là un de ces nombreux arguments anthropomorphiques qui paraissent si spécieux et qui ont tant d'effet sur certains esprits. On se représente Dieu comme un homme puissant, et on lui prête toutes les faiblesses humaines, jusqu'à des *caprices*. On oublie que Dieu est *infiniment* bon, *infiniment* raisonnable, et surtout qu'il est *infiniment* au-dessus de nous. Métaphysiquement parlant, une chose subordonnée à Dieu peut être infiniment au-dessus de nous. Si elle n'est pas absolue par rapport à Dieu qui est l'absolu même, elle est absolue par rapport à nous, et c'est tout ce qu'il faut. Pour parler un langage plus accessible, disons d'abord que Dieu étant infiniment raisonnable, il ne saurait être question de caprice ni de volonté *arbitraire*. La volonté de Dieu est absolument conforme à sa pensée : elle est la pensée de Dieu réalisée, et elle est comme lui parfaite et absolue. Sans doute Dieu aurait pu créer le monde autrement qu'il est et lui assigner une fin différente de celle qu'il lui a assignée; mais il ne peut *vouloir* ce qui serait *contraire* à la fin qu'il s'est proposée, comme le fait si souvent l'homme par erreur, par ignorance, ou par l'aveuglement de ses passions, puisqu'une pareille volonté est le fait d'un être imparfait et borné. Ainsi la volonté de Dieu, en ce qui concerne le monde, est contenue logiquement tout entière dans la fin qu'il lui a assignée. Une intelligence qui connaîtrait cette fin et qui serait assez puissante, pourrait en déduire *logiquement*, par une suite de syllogismes, toutes les prescriptions particulières de Dieu, c.-à-d la loi m. tout entière. Même avec notre intelligence bornée, nous pouvons déjà, par la *logique pure*, montrer cet accord de la finalité du monde avec la loi m. Si l'on admet, comme Kant, que Dieu a créé les êtres raisonnables pour qu'ils s'efforcent à tendre vers le souverain bien, cette finalité doit s'adresser à toutes les créatures sans exception, chacune y réussissant plus ou moins bien ou plus ou moins vite, suivant les circonstances, et surtout suivant sa conduite. Dès lors il est *bien* et il est *ordonné* à chacun de nous d'aider nos semblables dans cette évolution. Tout ce que nous pourrons faire pour les rendre meilleurs ou plus heureux sera acte de vertu. Au contraire, il est *mal* et il est *défendu* d'entraver leur développement, soit en les invitant à mal agir, soit en les rendant malheureux. Il y aurait contradiction à supposer que Dieu, si puissant qu'il soit, ait pu nous ordonner de nuire à nos semblables et nous défendre de les aider, parce que cet ordre eût été précisément contraire à la fin pour laquelle il nous a créés.

Ainsi les deux conceptions qu'on peut se faire du bien se fondent entièrement l'une dans l'autre sans contradiction ni difficulté. Le bien est ce qui est ordonné, le mal ce qui est défendu par Dieu, et en même temps le *bien* est ce qui contribue à maintenir l'ordre dans le monde et à le faire progresser vers sa fin. Le mal est ce qui en trouble l'harmonie et est contraire à son évolution. Comme la finalité de l'homme se trouve comprise dans la finalité du monde, le bien est en même temps ce qui contribue à assurer la finalité de l'agent moral. Cet accord entre la finalité du monde et celle de l'agent moral constitue précisément la sanction de la loi m., puisque l'agent, en travaillant pour ce qui n'est pas lui, travaille en même temps pour lui. On entrevoit ainsi une immense solidarité de tous les êtres créés qui explique en même temps et la notion de bien et de mal et la sanction attachée à la loi m.

L'idée seule d'obligation catégorique conduit aussi, et immédiatement, à l'existence de Dieu. L'obligation suppose une dépendance de l'être obligé. On ne peut être obligé que par quelqu'un ou quelque chose, et même on ne peut concevoir que trois sortes d'obligations : je puis être obligé par moi-même, par une force aveugle ou par un être pensant autre que moi. Si je m'oblige moi-même, ce n'est point à proprement parler une obligation, car je reste complètement libre et indépendant, et l'obligation que je m'impose est révocable suivant ma liberté et ma volonté. Je me fais à moi-même ma propre règle, et je ne puis comprendre comment ni pourquoi cette règle qui est essentiellement subjective peut obliger aussi mes semblables. Alors il y aura autant de morales que d'individus. La m. n'a plus rien d'absolu ni d'universel. En réalité, il n'y a plus ni m. ni obligation. Si je suis obligé par une force aveugle, l'obligation peut être fatale ou conditionnelle. Elle est fatale si la force qui m'oblige est plus forte que ma volonté, comme, par ex., je suis obligé de courber sous un fardeau trop lourd. Alors je ne suis plus libre de désobéir à l'obligation et ce n'est pas une obligation m. L'obligation est conditionnelle si je suis obligé d'agir dans tel sens à cause des conséquences graves que comporterait une action dans l'autre sens, comme je suis obligé de manger sous peine de souffrir de la faim. Cependant je reste libre de préférer la conséquence fâcheuse. Si j'aime mieux mourir de faim que de manger, j'échappe à ce genre d'obligation qui n'a rien de moral ni de catégorique. Si enfin je suis obligé par un être pensant, il faut que je reconnaisse à cet être une supériorité, un pouvoir sur moi. Si ce pouvoir est seulement matériel, l'obligation reste conditionnelle : telle est l'obligation de la loi civile. S'il y a des prescriptions civiles qui concordent avec la loi m., il en est d'autres qui ne s'y rattachent que de fort loin, si toutefois elles n'y sont pas indifférentes ou même quelquefois contraires. En dernière analyse, je suis obligé sous peine d'aller en prison ou de payer l'amende. C'est encore l'obligation conditionnelle, très différente de l'obligation m., et cela est tellement vrai que tous les moralistes sont d'accord sur ce point qu'il faut refuser d'obéir à une loi injuste malgré toutes les peines édictées contre cette désobéissance. La supériorité de l'être qui oblige moralement sur l'être obligé est donc d'une nature spéciale et indéfinissable Cette supériorité doit être adéquate à l'obligation elle-même. Il faut qu'elle soit comme celle-ci *absolue*, ou *infinie*. Donc l'être qui nous oblige à pratiquer la loi m. est un être infiniment supérieur à nous. Ce ne peut être que Dieu, l'être absolu par excellence et la cause première de tout ce qui existe, autrement l'obligation demeure conditionnelle et je puis faire appel de l'obligation qu'il m'impose au nom des choses qui sont au-dessus de lui.

V. *Règles pratiques de la morale.* — Les moralistes des écoles religieuses reconnaissent trois espèces de devoirs : devoirs envers soi-même, devoirs envers nos semblables, devoirs envers Dieu. En réalité, la m vient de Dieu, il n'y a de devoirs qu'envers Dieu ; mais les prescriptions de la m. peuvent concerner des actes qui n'intéressent que nous, ou des actes qui intéressent nos semblables, ce qui justifie suffisamment, au point de vue pratique, la distinction adoptée. Alors on comprend sous le nom de devoirs envers Dieu les devoirs d'amour, de culte et d'adoration sur lesquels nous ne nous arrêterons pas, afin de ne pas entamer de discussions purement religieuses. Voy. Culte. Les devoirs envers soi-même ont leur origine dans l'obligation où nous sommes de nous conserver aptes à accomplir notre mission : ils sont tous compris dans l'adage latin : *Mens sana in corpore sano*, et se caractérisent par les vertus relatives à l'hygiène, et à l'empire sur les passions : sobriété, tempérance, modération, calme de l'esprit, et par les vices opposés : intempérance, colère, envie, etc. En somme nous devons veiller à la conservation de notre santé et veiller à ce que les passions ne prennent jamais, dans la formation de nos jugements et l'élaboration de nos actes, la place de la raison. Nous devons aussi tendre à nous améliorer sous le rapport de l'intelligence et de la moralité. Les devoirs envers nos semblables sont les plus importants au point de vue social. La religion chrétienne les résume en ces deux aphorismes très clairs : 1° *Ne fais pas à autrui ce que tu ne voudrais pas qu'on te fît.* C'est le devoir de justice ; 2° *Fais à autrui ce que tu voudrais qui te fût fait à toi-même.* C'est le devoir de charité. Quoique ces deux formules si concises et si simples suffisent assurément pour la pratique, elles ne sauraient satisfaire le philosophe, car elles supposent que tous les hommes ont les mêmes désirs et les mêmes répulsions. Il faudrait les compléter par des explications et des restrictions qui leur enlèveraient précisément leur grand caractère de simplicité. Kant a fait rentrer tous les devoirs dans la maxime suivante, qu'il donne comme la conséquence même du caractère absolu et universel de la loi m. : « *Agis toujours de telle sorte que la maxime de ton action puisse être érigée sans contradiction en règle universelle.* » Mais il n'est pas facile de reconnaître si une maxime de conduite peut être érigée en règle universelle. Il fallait donc trouver une règle plus pratique. Après de longs raisonnements que nous ne pourrons reproduire, Kant arrive à ce qu'il appelle le principe de dignité : « *Agis de telle sorte que tu traites toujours l'humanité, soit dans ta personne, soit dans la personne d'autrui, comme une fin, et que tu ne t'en serves jamais comme d'un moyen.* » Ainsi la base des devoirs tant envers soi-même qu'envers autrui est le respect de la personnalité. Il nous est interdit de nous amoindrir de quelque manière que ce soit : il nous est interdit de faire servir la personnalité d'autrui à nos projets particuliers. Respect de soi-même et respect de ses semblables. La maxime de Kant contient en effet toute la m. On n'a jamais rien dit de plus profond ni de plus élevé, et les philosophes du XIXe siècle n'ont pour ainsi dire rien ajouté à l'œuvre de Kant considéré comme moraliste. La *Critique de la raison pratique*, qu'il faudrait analyser tout entière, reste le plus beau monument de morale philosophique qui ait jamais été écrit.

VI. *Systèmes de morale proposés par les diverses écoles philosophiques.* — Beaucoup d'hommes éprouvent une répugnance plus ou moins grande à admettre les dogmes des religions ou même les principes purement philosophiques de l'existence de Dieu et de la vie future. Cependant les règles de m. paraissent indispensables à la conduite de la vie et au bon ordre des sociétés humaines. Ajoutons que les hommes disputent sur les idées religieuses et métaphysiques, tandis qu'ils s'entendent assez bien sur les principes de la m pratique, sauf à ne pas les appliquer dans leur conduite Ces observations devaient donner l'idée de chercher à établir la m. sur une base indépendante de toute religion et de toute métaphysique. Cette œuvre a été tentée par certains philosophes, qui ont cru fonder la *m. indépendante*. Mais nous ne nous y arrêterons pas parce qu'il ressort suffisamment de ce qui précède que nous considérons une pareille tentative comme chimérique, si toutefois on veut conserver à la m. son caractère d'*obligation*. Il est bien entendu que la m. dite indépendante n'admet pas d'autre sanction que celle de la conscience : remords, ou satisfaction intime de l'être vertueux. Quant à son principe, les uns le font reposer sur le sentiment que nous avons de nos droits, ce qui, disent-ils, nous oblige à respecter les droits des autres. D'autres trouvent le fondement de la m. dans la dignité personnelle ; d'autres enfin l'ont cherché dans la liberté : la liberté, disent-ils, tend à se manifester le plus possible, et elle ne peut le faire qu'en se conformant à une loi qui lui est propre et qui est la *loi m.* Ainsi la liberté se limite elle-même pour devenir illimitée. C'est assez obscur ; mais le plus grave est qu'aucun de ces systèmes ne peut expliquer l'*obligation* : ils ne donnent que des impératifs conditionnels et jamais un impératif catégorique, ainsi que nous l'avons montré dans l'analyse que nous avons faite plus haut de l'idée d'obligation. Du reste, le défaut de logique de ces systèmes est généralement reconnu, et ils n'occupent plus qu'une place secondaire dans la littérature philosophique.

Plus importants et plus répandus sont les systèmes des philosophes qui, ne voulant pas accepter les conséquences métaphysiques de la loi m., ont franchement abandonné l'idée d'*obligation catégorique*, pour ne reconnaître que des obligations conditionnelles. Tels sont les systèmes connus sous le nom de *m. de l'intérêt bien entendu* et de *m. hédoniste* ou du plaisir. Le premier système fait consister la m. uniquement dans le bon ordre des sociétés humaines, et cherche à prouver que toute infraction à ce bon ordre est toujours pour son auteur la source de peines plus ou moins graves, tandis que sa soumission à l'ordre établi peut seule lui assurer la tranquillité et la dose de bonheur conciliable avec la condition terrestre. Est-il utile d'ajouter qu'un pareil système est le contraire de la m. et qu'il autorise toutes les révoltes de celui que la démonstration n'aura pas convaincu ? Et sous le rapport politique, qui ne voit combien il est dangereux ? Le souverain, roi ou ministre, n'aura plus d'autre maxime d'action que la crainte des révolutions.

Le système du plaisir, bien supérieur au précédent, a été soutenu par Herbert Spencer sous le nom de m. évolutionniste. Pour le philosophe anglais, la vie est bonne ou mauvaise suivant qu'elle apporte ou n'apporte pas un excès de sensations agréables ; un état de sensibilité désirable est la fin dernière de toute action m. et le plaisir est l'élément essentiel de toute conception m. Cette manière de voir est du reste conforme à ce qu'on a appelé l'*utilitarisme* et revient à dire que le bien est ce qui est utile au plus large développement de la vie parce que la biologie nous apprend que dans le monde animal la douleur est corrélative à des actions nuisibles pour l'organisme, et le plaisir corrélatif à des actes utiles. Si cette règle souffre des exceptions surtout en ce qui est relatif à l'homme, c'est qu'il s'est produit dans le développement de l'humanité des changements qui ne sont point arrivés à leur terme. Bien entendu, l'idée d'obligation n'est qu'une illusion qui a son origine dans les règles imposées par les autorités politiques ou religieuses. Avec le temps et les progrès de l'humanité, le sentiment de l'obligation s'effacera peu à peu jusqu'à ce qu'arrive l'époque où l'homme n'aura qu'à suivre sans effort l'impulsion du plaisir

L'école positiviste a aussi une m. utilitaire ; mais à l'utilité relative à l'individu, elle substitue, comme base de la m., l'utilité relative à l'espèce, c.-à-d. à l'humanité considérée dans le présent et le futur. Nous avons assez longuement parlé de ce système au mot Conscience pour n'avoir pas à y revenir ici.

VII. *Du droit.* — L'idée du droit est corrélative de celle du devoir. On a dit que l'homme n'avait pas d'autre droit que celui de faire son devoir Cela est vrai au point de vue absolu, si l'on envisage les rapports de l'homme avec son créateur, parce que faire son devoir est toute la destinée de l'homme. Mais, au point de vue social, il faut ajouter que chacun n'a d'autre juge que sa conscience pour définir ce qui est son devoir, autrement la maxime deviendrait d'une extrême gravité pratique et autoriserait toutes les tyrannies et toutes les persécutions. Si j'ai le devoir de respecter mon semblable, j'ai le droit d'exiger de lui semblable respect : ma personne physique et m., mes idées, ma liberté sont sacrées. Comme la loi civile n'est que l'expression de prescriptions imposées à chacun par d'autres hommes, elle doit, sous peine d'être injuste, s'inspirer de ce principe de respect et se borner à obliger chacun à respecter son semblable. Toute prescription qui n'est pas une conséquence de ce simple principe est injuste et tyrannique. Du respect des idées dérive le droit à la liberté de conscience; du respect de la liberté, le droit de propriété, parce que la propriété est le fruit du travail et qu'on attente à ma liberté si l'on me prive du résultat pratique de mes efforts. Voy. PROPRIÉTÉ. Cette doctrine est aussi la condamnation du prétendu principe du *salut public*. Il n'y a pas de droit contre le droit, et l'injustice envers un seul sous prétexte de rendre service à tous les autres, n'en reste pas moins une injustice et une tyrannie. Au reste, qui sera juge de ce prétendu salut public? Qui aura autorité pour connaître et apprécier le danger social et pour assurer que telle ou telle mesure injuste éloignera le danger? L'histoire nous apprend que le *salut public* a toujours été invoqué pour justifier les mesures les plus tyranniques, les plus coupables et les plus dangereuses. Ce prétendu salut public n'a jamais été que le salut d'un seul ou de quelques-uns. Il n'est pas de doctrine sociale plus dangereuse et, ajoutons, plus mensongère et plus hypocrite. La moralité est aussi indispensable aux sociétés qu'aux individus, et le meilleur moyen de donner de la gloire et de l'autorité à une collectivité est de la maintenir au niveau moral le plus élevé possible. L'individu doit exiger de l'autorité sociale la même justice que l'autorité exige de lui à des conditions quelquefois très dures. Quant aux relations des collectivités entre elles, elles sont soumises aux mêmes règles morales que les relations entre individus : il n'y a pas une m. politique spéciale; il n'y a qu'une m. qui est la même pour l'humble travailleur des champs et pour le souverain sur son trône.

VIII. *La m. dans ses rapports avec la connaissance.* — Deux croyances aussi impossibles à démontrer l'une que l'autre dominent toute la vie pratique de l'homme : la croyance au monde extérieur, la croyance à la loi m. Toute vie sociale serait impossible si ces deux croyances venaient à disparaître. On peut dire, comme Herbert Spencer, que l'idée d'obligation m. disparaîtra quand elle sera devenue inutile; c'est un joli thème de dissertation académique; mais, dans l'état actuel, la croyance à l'obligation m. est le fondement des relations d'homme à homme, et la meilleure preuve en est dans les efforts qu'ont fait tant de philosophes pour concilier cette croyance avec les systèmes philosophiques les plus divers. Cette notion d'obligation est encore plus nécessaire que la croyance au monde extérieur. On pourrait à la rigueur admettre avec Berkeley que tout le monde physique n'est que fantasmagorie, et vivre encore en société si l'on croit à la m.; mais, sans m., il n'y a plus que des hommes sans lien, vivant chacun pour soi et se détruisant les uns les autres : c'est le retour à l'animalité. Ainsi, à moins d'admettre que l'illusion est nécessaire à la conservation du monde, il faut reconnaître que la certitude m. est la première et la plus importante des certitudes. Kant a donc eu mille fois raison d'établir sur cette base le fondement de la raison pratique. Logiquement parlant, on aurait pu trouver un autre principe fondamental; mais, au point de vue pratique, on n'en pourrait imaginer de plus solide. La certitude m. est la digue que Kant oppose au scepticisme. Si l'on renverse cette digue, il n'en reste plus d'autres, ou du moins les autres sont moins résistantes et seront emportées par le courant qui aura renversé la première. Aussi est-ce là le principal titre de gloire de Kant, et ce qui lui assigne le premier rang parmi les philosophes du XVIII^e et du XIX^e siècle. Si l'on n'accepte pas la certitude m. comme une certitude *objective*, si on la discute, si on la conteste, aucune autre certitude ne sera à l'abri de la discussion. Celui qui ne croit pas à la loi m. n'a plus aucune raison de croire à quoi que ce soit : il ne verra dans toutes ses idées, dans toutes ses croyances passées, que trouble, inquiétude, illusion; il tombera dans le scepticisme le plus absolu. Seulement un pareil homme peut-il se rencontrer? Existe-t-il un seul homme qui puisse sincèrement chasser de sa conscience, aussi bien en théorie qu'en pratique, toute idée de m. avec toutes les idées accessoires qui en dérivent : idée de bien et de mal, de mérite et de démérite, de droit et de devoir, de mépris et d'estime? Il est impossible de répondre à cette question, mais en tous cas nous croyons avoir montré qu'il n'y a pour le penseur que deux alternatives : accepter la loi m avec toutes ses conséquences, ou renoncer à toute philosophie et s'en tenir au scepticisme le plus complet et le plus absolu. — Voy. CERTITUDE, CONSCIENCE, LIBERTÉ, MAL, PHILOSOPHIE, etc.

**Bibliogr.** — Tous les ouvrages de philosophie, car tous les philosophes ont abordé le problème moral, à quelque opinion qu'ils se soient rangés. Nous citerons cependant, comme ayant plus de rapport avec les questions traitées dans l'article précédent :

NICOLE : *Essais de Morale*, 1671; — MALEBRANCHE : *Traité de m.*, 1684; — KANT : *Critique de la raison pratique*, 1788; — HOLBACH : *Éléments de la m. universelle*, 1790; — COIGNET : *La m. indépendante dans son principe et dans son objet*, 1868; — SCHOPENHAUER : *Le fondement de la m.*, 1840, traduit en français en 1879; — HERBERT SPENCER : *La m. évolutioniste*, 1880; — GUYAU : *Essai d'une m. sans obligation ni sanction*, 1885.

**MORALEMENT.** adv. [Pr. ... *le-man*]. Suivant les règles de la morale. *Une action m. bonne, m. mauvaise. Un fou ne peut rien faire qui soit m. mal.* || *M. parlant.* Vraisemblablement, selon toutes les probabilités. *Cela est vrai m. parlant.* On dit aussi, *Cela est m. impossible.*

**MORALÈS**, peintre espag., né à Badajoz (1509-1590).

**MORALISATEUR, TRICE.** adj. [Pr... *zateur*]. Qui rend moral, qui tend à propager les principes moraux, les vertus, les habitudes morales. *Le dogme m. de la vie future. Des idées moralisatrices.*

**MORALISATION.** s. f. [Pr... *za-sion*]. Action de rendre moral; propagation des principes moraux, des habitudes morales. *Il travaille avec succès à la m. de ces classes abandonnées.*

**MORALISER.** v. n. [Pr ... *li-zer*]. Faire des réflexions, des leçons morales. *Il se rend importun à force de m.* = MORALISER. v. a. Rendre moral. *Le travail moralise l'homme.* || Fam., *M. quelqu'un*, Lui prêcher la morale, lui faire des observations morales. *On a beau le m., il n'en continue pas moins son train de vie.* = MORALISÉ, ÉE. part.

**MORALISEUR, EUZE.** s. [Pr ... *li-zeur*]. Celui, celle qui affecte de parler morale. *C'est un grand m.* Famil., et ne se dit qu'en plaisanterie.

**MORALISTE.** s. m. Auteur qui écrit sur la morale. *Les moralistes de l'antiquité.*

**MORALITÉ.** s. f. (lat. *moralitas*, m. s.) Rapport des actions humaines avec les principes de la morale. *La m. d'une action suppose la liberté. Les actions d'un fou sont dépourvues de m.* || Par ext., Le caractère moral, les principes, les mœurs d'une personne. *Il est d'une grande m., d'une m. irréprochable.* || Réflexion morale. *Un recueil de moralités. Il y a de belles moralités à tirer de cette histoire.* || Le sens moral que renferme une fable, une allégorie. *Il y a une belle m. cachée sous cette fable.* — La réflexion morale que l'auteur d'une fable, d'une allégorie, en déduit. *Dans Phèdre et dans La Fontaine, la m. est placée tantôt avant, tantôt après le récit de l'action.* || T. Littér. Pièce de théâtre que jouaient les clercs de la basoche. Voy. DRAMATIQUE et BASOCHE.

**MORAND**, général fr., né à Pontarlier (1776-1835).

**MORAND**, architecte fr., construisit une salle de spectacle et le pont Morand à Lyon, défendit cette ville contre la Convention, et périt sur l'échafaud (1727-1794).

**MORANDE** (THÉVENOT DE), célèbre pamphlétaire, né à Arnay-le-Duc (1748-1803).

**MORASSE.** s. f. [Pr. *mora-se*]. T. typogr Épreuve d'un journal mis en pages.

**MORASSIER.** s. m. [Pr. *mora-sié*] (R. *morasse*). Ouvrier typographe qui corrige la morasse.

**MORAT**, v. du canton de Fribourg (Suisse), sur le lac de Morat; 2,400 hab. — Défaite de Charles le Téméraire par les Suisses (1476). = *Lac de* MORAT. Lac de Suisse commun aux cantons de Vaud et de Fribourg, s'écoulant dans le lac de Neuchâtel.

**MORATIN**, poète dramatique espag. né à Madrid (1737-

1780). || Son fils, né à Madrid, encore plus distingué dans le même genre, mérita le surnom de Molière espagnol (1760-1828).

**MORATOIRE.** adj. [Pr. *mora-touare*] (lat. *moratorius*, m. s. de *mora*, retard). T. Jurispr. *Intérêts moratoires*, Intérêts qui courent par l'effet d'une demande en justice, et qui sont dus en raison du retard apporté au paiement d'une créance exigible. — *Sentence m.*, sentence qui accorde un délai.

**MORAVA** ou **MARCH**, riv. qui traverse la Moravie et se jette dans le Danube sur la rive gauche; 319 kilomètres. Elle donne son nom à la Moravie.

**MORAVIE.** prov. de l'Autriche-Hongrie; pop. 2,287,000 hab.; cap. *Brünn*.

**MORBEUX, EUSE**, adj. [Pr. *mor-beu, euze*] (lat. *morbosus*, de morbus, maladie). T. méd. Synon. de morbide.

**MORBIDE** adj. 2 g. (latin *morbidus*, m. s., de *morbus*, maladie). T. Méd. Qui tient à l'état de maladie, qui en est l'effet. *État, affection m. Phénomènes morbides.* || T. Peint. et Sculpt. *Chairs morbides.* Chairs mollement et délicatement exprimées.

**MORBIDEMENT.** adv. [Pr. ... *de-man*]. D'une manière morbide.

**MORBIDESSE** s. f. [Pr. *morbidè-se*]. (ital. *morbidezza* m. s., du lat. *morbidus*, malade). T. Peint. et Sculpt. Mollesse et délicatesse des chairs dans une figure.

**MORBIDITÉ.** s. f. État de ce qui est morbide. || T. Assur.

**Assur.** — Dans les associations qui assurent leurs membres contre les risques de maladie ou d'invalidité, on entend par ce mot une probabilité composée dans laquelle entrent comme éléments, non seulement les *chances* d'être atteint de maladie ou d'invalidité, mais encore l'importance ou mieux la durée de la maladie ou de l'invalidité temporaire probable. On dira ainsi que la *m.* permet de mesurer le *risque* d'invalidité en tenant compte de sa durée.

On a dressé des *tables de m.* analogues aux tables de mortalité (Voy. MORTALITÉ), mais ce genre d'assurance est encore exploité trop imparfaitement pour que les observations qui les ont provoquées puissent donner à ces tables la précision désirable.

**MORBIFIQUE.** adj. 2 g. (lat. *morbificus*, m. s., de *morbus*, maladie; *ficare*, faire). T. Méd. Qui cause la maladie. *Matière m. Germes morbifiques.*

**MORBIHAN**, golfe formé par l'Atlantique sur la côte de Bretagne; renferme de nombreux groupes d'îles.

**MORBIHAN** (dép. du), formé d'une partie de la Bretagne; ch.-l. *Vannes*; 3 autres arr. : *Lorient, Ploërmel, Pontivy*; pop. 544,500 hab.

**MORBILLEUX, EUSE.** adj. [Pr. les *ll* mouillées] (lat. *morbus*, maladie). T. Méd. Qui a rapport à la rougeole. *Virus m. Fièvre morbilleuse.*

**MORBLEU**, interj. (R. *mort Dieu*). Sorte de jurement.

> Morbleu! c'est une chose indigne, lâche, infâme.
> MOLIÈRE.

**MORCEAU.** s. m. [Pr. *mor-so*] (bas lat. *morsellus*, dimin. du lat. *morsus*, morsure). Partie détachée d'un corps solide. *Un m. de bois. Un m. d'étoffe. Un m. de viande, de pain. Mettre en morceaux. Couper par morceaux. Un habit fait de pièces et de morceaux.* || Absolum., Partie séparée d'une chose solide et bonne à manger. *Un bon m. M. délicat, friand. Manger un m. Vous faites les morceaux trop petits.* — Fam., *Manger un m.*, Prendre quelque nourriture à la hâte. *Aimer les bons morceaux*, Aimer la bonne chère. — Figur. et famil., *Doubler les morceaux, doubler ses morceaux, mettre les morceaux doubles*, Manger avec hâte et le plus souvent avec gloutonnerie. — *Tailler les morceaux à quelqu'un*, Régler, prescrire la dépense qu'il doit faire. *Tailler les morceaux bien courts à quelqu'un*, Lui faire sa part fort petite. *Il a ses morceaux taillés*, Il vit de son revenu et n'a précisément que ce qu'il lui faut; ou On lui a prescrit tout ce qu'il doit faire, et il ne peut s'écarter en rien de ses instructions. *Rogner les morceaux à quelqu'un*, Diminuer sa part, ses profits, ses revenus. *Compter les morceaux à quelqu'un*, Voy. COMPTER. — *Emporter le m.*, mordre violemment et Fig. Agir, parler avec violence ou avec causticité. — *Gober le m.*, mordre à l'appât, en parlant du poisson et Fig. Se laisser attraper. — *S'ôter les morceaux de la bouche*, Voy. BOUCHE. *M. avalé n'a plus de goût*, On fait peu de cas des plaisirs passés. || Une partie non séparée, mais distincte et considérée à part, d'un corps solide et continu. *Voilà un beau m. de terre. Tout son bien est en petits morceaux.* — Fam., *Il a attrapé un bon m. de cette succession*, Il en a eu une bonne partie. || Se dit aussi des parties d'un ouvrage d'esprit. *Il a fait un recueil des plus beaux morceaux de Shakespeare. Il ne nous reste que quelques morceaux de cet auteur. Voici un m. de musique très pathétique.* || Un objet entier, un tout. *La Sainte-Chapelle est un admirable m. d'architecture. La colonnade du Louvre est un beau m. La Vénus de Milo est le plus beau m. de sculpture que nous possédions Voilà un beau m. d'orfèvrerie. Ce discours, cette élégie sont de beaux morceaux. Ce concerto est un m. hérissé de difficultés. Il possède des morceaux très rares dans sa collection. Cette maison est un m. trop cher pour moi. Un faisan est un bon m.* — T. Musique. *M. d'ensemble*, Voy. ENSEMBLE. || Fig. et fam., *C'est un m. trop cher*, ou *C'est un m. de prince*, se dit d'une chose qui est d'un prix trop élevé, d'une acquisition trop difficile à faire. On dit aussi d'une jolie femme, *C'est un friand m., un m. de roi.*

**MORCELER.** v. a. (R. *morcel*, anc. forme de morceau). Diviser par morceaux. *M. une terre, un héritage. Cet auteur a morcelé son sujet au lieu d'en faire un tout complet. Je n'aime pas qu'on morcelle ainsi l'histoire.* = MORCELÉ, ÉE. part. || *Style morcelé*, Coupé par petites phrases. = Conj. Voy. APPELER.

**MORCELLEMENT.** s. m. [Pr. *morsè-leman*]. L'action de morceler : État de ce qui est morcelé. *Le m. des terres.* — Voy. PROPRIÉTÉ.

**MORCENX.** Bourg du dép. des Landes, arr. de Mont-de-Marsan ; 2,200 hab.

**MORDACHE.** s. f. (R. *mordre*). Espèce de tenaille propre à remuer le gros bois dans le feu. || Espèce de tenaille composée de deux morceaux de bois élastique qu'on adapte entre les mâchoires d'un étau pour tenir les objets délicats que le fer pourrait endommager.

**MORDACITÉ.** s. f. (lat. *mordacitas*, m. s. de *mordax*, qui mord). T. Did. Qualité corrosive. || Fig. Se dit. d'une critique aigre et piquante. *Tout ce qu'il écrit est plein de m. Cette épigramme est d'une extrême mordacité.* Inus.

**MORDAMMENT.** adv. [Pr. *morda-man*]. D'une manière mordante.

**MORDANÇAGE.** s. m. T. Techn. Action de mordancer. Voy. TEINTURE, IMPRESSION.

**MORDANCER.** v. a. Appliquer un mordant sur une étoffe.

**MORDANT, ANTE.** adj. T. Vén. *Bêtes mordantes*, Le blaireau, le sanglier, l'ours, le loup, le renard, etc., qui se défendent en mordant. || Par anal., en parlant des acides, se dit pour Corrosif. *Cet acide est très m.* || Figur., au sens moral, Qui censure, qui critique avec malignité. *Un esprit m. Humeur mordante. Un style m. Une satire mordante.*

**MORDANT.** s. m. T. Techn. L'agent avec lequel on corrode les surfaces métalliques. *L'eau-forte est le m. employé dans la gravure.* — Vernis dont on se sert pour fixer l'or en feuilles sur du cuivre, du bronze, etc. — Substance dont il faut imprégner les tissus pour que ceux-ci puissent se combiner à certaines matières colorantes. Voy. TEINTURE. — Pince courte des fabricants de clous, d'épingles. — Mâchoire de bois dont on se sert dans la parcheminerie. — Tringle de bois dont le typographe se sert pour assujettir la copie. || Fig., *Cette voix a du m.*, Le timbre en est sonore et pénétrant. — *Avoir du m. dans l'esprit*, Avoir dans l'esprit quelque chose d'original et de piquant. Fam.

**MORD-A-PÊCHE**. s. m. Gros fil de soie qui sert aux pêcheurs à la ligne à ajuster leurs hameçons. On l'appelle encore crin de *Florence*.

**MORDELLE**. s. f. T. Entom. Espèce de *Coléoptères*. Voy. MORDELLIDES.

**MORDELLES**, ch.-l. de c. (Ille-et-Vilaine), arr. de Rennes ; 2,500 hab.

**MORDELLIDES**. s. m. pl. T. Entom. Famille de *Coléoptères hétéromères*, comprenant un petit nombre de genres. Le genre type *Mordelle* (*Mordella*) renferme un grand nombre d'espèces de petite taille qui volent sur les fleurs et sautent facilement. La *Mordelle à bandes* (*M. fasciata*) que nous figurons ci-contre, grossie, est noire, allongée, et ses élytres sont ornées de deux bandes transversales de poils soyeux d'un jaune doré chatoyant. Cette espèce est assez commune dans notre pays.

**MORDÉNITE**. s. f. T. Minér. Silicate hydraté d'alumine, de chaux et de soude.

**MORDEUR**. s. m. Celui qui mord. = MORDEUR, EUSE. adj. Qui a l'habitude de mordre.

**MORDICANT, ANTE**. adj. (lat. *mordicans*, qui mord). Acre, picotant. *Suc m. Humeurs mordicantes*. ‖ T. Méd. On appelle *Chaleur mordicante*, ou *Chaleur âcre*, la chaleur cutanée lorsqu'elle fait éprouver une sensation de picotement désagréable à celui qui touche la peau. ‖ Fig. et famil., Qui aime à critiquer, à railler, à médire. *Il est un peu m. Il a l'humeur mordicante*. Peu us.

**MORDICATION**. s. f. [Pr. ...*sion*] (lat. *mordicatio*, m. s.). T. Méd. Irritation âcre.

**MORDICUS**. adv. [Pr. l'*s* finale]. Mot latin qui sign. en mordant, avec les dents, à belles dents, et fig., avec opiniâtreté. Ne se dit que dans cette phrase figur. et fam., *Soutenir son opinion m.*, La soutenir avec obstination.

**MORDIENNE**. s. f. [Pr. *mor-diène*] (Corrup. de *mordieu*). Ne se dit que dans cette locut. adv. et pop., *A la grosse m.*, Sans façon, sans recherche. *Nous vous recevrons à la grosse mordienne*.

**MORDIEU**. interj. (Pour *mort Dieu*). Sorte de juron.

**MORDILLAGE**. s. m. [Pr. les *ll* mouillées]. Action de mordiller.

**MORDILLER**. v. a. [Pr. les *ll* mouillées]. Mordre légèrement et à plusieurs reprises. *Cet enfant mordille tout ce qu'il peut saisir*. Absol., *Les jeunes chiens aiment à m.* = MORDILLÉ, ÉE. part.

**MORDORÉ, ÉE**. adj. (R. *more*, noir et *doré*). Qui est d'une couleur brune, avec un reflet d'or ou d'orangé. *Drap m. Couleur mordorée. Souliers mordorés*. = MORDORÉ. s. m. Couleur brune mêlée de rouge. *Le m. est une couleur sérieuse*.

**MORDORURE**. s. f. Couleur mordorée.

**MORDRE**. v. a. (lat. *mordere*, m. s.). Saisir, serrer et souvent entamer avec les dents. *Le chien furieux se jeta sur lui pour le m. Le chat m'a mordu au doigt, m'a mordu le doigt. Il avait été mordu par un serpent*. — Absolum. *Le poisson a mordu à l'hameçon. C'était un plaisir de le voir m. dans son morceau de pain*. — Par ext., *Prenez garde, ce perroquet mord serré. Les puces m'ont mordu toute la nuit*. ‖ Poétiq., *M. la poussière*, Être tué dans un combat. ‖ Fig. et fam., *M. à l'hameçon*, se dit de quelqu'un prête qui l'oreille aux propositions qu'on lui fait dans le but de le tromper. *M. à la grappe*, V. GRAPPE. — *Se m. les doigts, se m. les pouces d'une chose*, S'en repentir. *J'ai eu trop de confiance en lui, je m'en mords les doigts*. — *Se m. la langue*. Voy. LANGUE. — *Ne pouvoir m. à une chose*, Être incapable de parvenir à l'atteindre, à la comprendre, à l'apprendre. *Il désire vivement cette place, mais il ne saurait y m. Il n'a jamais pu m. aux mathématiques. Cet enfant ne peut m. au latin*, et, dans le sens contraire, *il commence à m. au latin*. — Au sens moral, Médire, critiquer avec aigreur. *Cet homme cherche à m. sur tout. Il ne donne pas à m. sur lui, sur sa conduite*. ‖ Par anal., en parlant de certaines choses inanimées, Ronger, creuser, percer, etc. *La lime mord dans le fer. L'eau-forte mord sur les métaux. Le burin a trop mordu en cet endroit. L'ancre n'a pu m. sur ce fond de rocher*. — T. Grav. *M. une planche, faire m. une planche*, La soumettre à l'action de l'eau-forte, après avoir enlevé le vernis aux endroits voulus ‖ Fig., se dit, dans certains Arts et Métiers, d'une chose qui avance sur une autre. *La vignette mord sur les lettres. La frisquette mord. Pour que cette couture soit solide, il faut m. plus avant dans l'étoffe. Les dents de cette roue ne mordent pas assez sur les ailes du pignon*. Elles ne s'engrènent pas assez. = MORDU, UE. part. *Cet enfant est tout mordu de puces*.

**Conjug.** — *Je mords, tu mords, il mord; nous mordons, vous mordez, ils mordent. Je mordais; nous mordions. Je mordis; nous mordîmes. Je mordrai; nous mordrons. — Je mordrais; nous mordrions. — Mords: mordons, mordez. — Que je morde: que nous mordions. Que je mordisse; que nous mordissions. — Mordant. Mordu*.

**MORDS**. s. m. [Pr. *mor*] (R. *mordre*). T. Techn. Partie de la tenaille qui en se refermant saisit l'objet qu'on veut serrer. — Chacune des deux mâchoire de l'étau.

**MORE**. s. m. (esp. *Moro*, du lat. *Maurus*, habitant de la Mauritanie). Fig. et prov., *Traiter quelqu'un de Turc à More, en user avec lui de Turc à More*, Le traiter avec une extrême dureté. ‖ Par allus. au teint foncé des Mores, on dit de quelqu'un qui se donne inutilement beaucoup de peine pour faire comprendre quelque chose à un autre, pour lui faire entendre raison, pour le corriger d'un défaut : *A laver la tête d'un M. on perd sa lessive*. ‖ *Gris de more*, Couleur grise tirant sur le noir. — *Cheval cap de more*. Voy. CAP.

**MOREAU, MORELLE**. adj. [Pr. *mo-ro, morè-le*] (R. *More*). D'un noir luisant. Se dit surtout des chevaux *Cheval m., de poil m. Jument morelle*. Vieux.

**MOREAU**. s. m. [Pr. *mo-ro*]. Sac ou panier de corde, dans lequel les bâtiers donnent du foin à leurs mulets, en marchant.

**MOREAU** (JEAN-VICTOR), général fr., s'illustra par sa retraite sur le Danube (1796) et la victoire de Hohenlinden (1800). Impliqué dans le complot de Georges Cadoudal, il s'exila (1804), passa dans le camp des ennemis de la France, et fut tué par un boulet à la bataille de Dresde (1763-1813).

**MOREAU** (HÉGÉSIPPE), poète fr. (1810-1838).

**MOREAU** (GUSTAVE), peintre fr. (1828-1898).

**MOREAU DE JONNÈS**, statisticien fr. (1776-1870).

**MORÉE**, presqu'île au sud de la Grèce, anc. *Péloponèse*. Voy. ce nom.

**MORÉE**, ch.-l. de c. (Loir-et-Cher), arr. de Vendôme ; 1,400 hab.

**MORÉÉES**. s. f. pl. (R. *Moræa*). T. Bot. Tribu de végétaux de la famille des *Iridées*. Voy. ce mot.

**MORÉES**. s. f. pl. (lat. *morus*, mûrier). T. Bot. Tribu de végétaux de la famille des *Urticacées*. Voy. ce mot.

**MORÉEN**. s. m. [Pr. *moré-in*] (angl. *moreen*, m. s.). Tissu de laine imitant la moire de soie.

**MOREL**, nom d'une illustre famille d'imprimeurs et érudits fr. du XVIe et du XVIIe siècle.

**MOREL DE VINDÉ**, agronome et littérateur fr., né à Paris (1759-1842).

**MORELIA**, v. du Mexique central; 24,000 hab.

**MORELLE**. s. f. [Pr. *morè-le*] (R. *moreau*). T. Bot. Genre de plantes Dicotylédones (*Solanum*) de la famille des *Solanacées*. Voy. ce mot. || Variété de pommes à cidre. || T. Ornith. Genre d'*Échassiers*. Voy. FOULQUE.

**MORELLET** (l'abbé), littérateur et économiste fr., né à Lyon (1727-1819).

**MORELOS**, curé d'Acapulco, un des chefs de l'insurrection mexicaine contre les Espagnols; né en 1780 et fusillé en 1815.

**MORENA** (SIERRA-), c.-à-d. *chaîne noire*, chaîne de montagnes qui sépare les bassins du Guadiana et du Guadalquivir, au sud de l'Espagne. Son plus haut sommet atteint 1802 mètres.

**MORÉNOSITE**. s. f. [Pr. *moréno-zite*]. T. Minér. Sulfate hydraté de nickel, en aiguilles et en efflorescences vertes sur les minerais de nickel.

**MORÉRI**, érudit fr., auteur du *Grand Dictionnaire historique* (1643-1680).

**MORESNET**, vge de la prov. de Liège (Belgique). Extraction du minerai de zinc dit de la Vieille-Montagne.

**MORESQUE**. adj. 2 g. [Pr. *mores-ke*] (R. *More*). Qui a rapport aux coutumes, aux usages, au goût des Mores. *Danses moresques. Fête m. Palais dans le style m. Peinture m. à la m., Architecture m.* Voy. ARCHITECTURE, XIII. = MORESQUE. s. f. Espèce de danse à la manière des Mores. *La m. ressemble à la sarabande espagnole.* || T. Peint. Se dit quelquefois pour Arabesques.

**MORESTEL**, ch.-l. de c. (Isère), arr. de la Tour-du-Pin; 1,400 hab.

**MORET**, ch.-l. de c. (Seine-et-Marne), arr. de Fontainebleau, sur le Loing; 2,000 hab.

**MOREUIL**, ch.-l. de c. (Somme), arr. de Montdidier; 3,300 hab.

**MOREZ**, ch.-l. de c. (Jura), arr. de Saint-Claude; 5,100 hab. Horloges, verres de lunettes, etc.

**MORFER**. v. n. (ital. *morfia*, bouche). Manger goulûment. Vx.

**MORFIL**. s. m. (R. *mort* et *fil*). Aspérités très fines qui restent au tranchant d'une lame d'acier après un premier repassage sur la meule, et qu'on fait disparaître par l'affilage. Voy. AIGUISERIE.

**MORFIL**. s. m. (esp. *morfil*, m. s., de l'arabe *fil*, éléphant). T. Comm. Dents d'éléphant brutes. *On tire beaucoup de m. des côtes de Guinée.*

**MORFONDRE**. v. a. (R. *morve* et *fondre*, rendre catarrheux le cheval). Causer un froid qui pénètre, qui engourdit les membres. *Ce vent du nord m'avait morfondu.* = SE MORFONDRE. v. pr. Éprouver un froid qui engourdit. *Il se morfondait dans la rue.* || Figur. et fam., Perdre beaucoup de temps à la poursuite d'une affaire qui ne réussit pas, dans l'attente de quelqu'un qui n'arrive pas. *Il se morfond dans l'antichambre des ministres. Ce général s'est morfondu devant cette place. Je me suis morfondu deux heures à vous attendre.* || Fig., Les boulangers disent que *La pâte se morfond*, lorsque la fermentation ne s'opère pas avec l'activité nécessaire pour donner de bon pain. = MORFONDU, UE. part. *Cheval morfondu*, catarrheux. — *Graine morfondue*, graine de ver à soie devenue stérile. — *Cordage morfondu*, fait avec de vieux câbles détordus.

**MORFONDURE**. s. f. (R. *morfondre*). T. Méd. vétér. Catarrhe nasal intense qui s'observe chez les chevaux et qui résulte ordinairement d'un refroidissement brusque.

**MORGANATIQUE**. adj. 2 g. (bas lat. *morganaticus*, m. s., de l'allem. *morgen*, matin, d'où *morgengabe*, sorte de douaire). T. Relat. Tandis que, chez nous et dans la plupart des États européens, le mariage établit une égalité absolue entre les époux, et confère les mêmes droits à tous les enfants issus d'une union légitime, il est quelques pays qui admettent encore une sorte de concubinat légal, que l'on nomme *mariage m.* ou *mariage de la main gauche*. Ces sortes d'unions ne sont permises qu'aux princes et aux personnages de la plus haute noblesse, quand ils consentent à se mésallier et font choix d'une femme de condition inférieure à la leur. Dans le mariage m., la femme n'acquiert pas les droits de famille et de rang que lui donne le mariage ordinaire, et les enfants qu'elle peut avoir ne succèdent ni aux titres, ni aux fiefs du père. Ils doivent se contenter des sommes et des biens qui leur sont éventuellement assignés par le contrat même du mariage. Le nom de *morganatique* donné à cette sorte d'union vient de *morgen*, matin, et *gabe*, don, par allusion au présent de noces que le mari faisait autrefois à sa femme le lendemain du mariage.

**MORGANATIQUEMENT**. adv. [Pr. *morganati-ke-man*]. A la morganatique.

**MORGARTEN**. Petite chaîne de montagnes de la Suisse sur la rive du lac d'Egeri : cant. de Zug. — Victoire des Suisses sur Léopold d'Autriche (1315).

**MORGELINE**. s. f. (lat. *morsus gallinæ*, morsure de poule). T. Bot. Un des noms du Mouron des oiseaux. Voy. CARYOPHYLLÉES.

**MORGUE**. s. f. (orig. controversée; du celt. : écoss. *mor*, armoric. *meur*, grand, majestueux; ou du germ. : angl. *merkeg*, dan. *mœrh*, éteint, sombre). Mine, contenance hautaine et méprisante. *Avoir de la m.* || Par extens., Excès de suffisance et d'orgueil. *Sa m. le rend insupportable. Un langage plein de m.* || Endroit, à l'entrée d'une prison, où l'on tenait quelque temps ceux qu'on écrouait, afin que les guichetiers pussent les examiner pour les reconnaître ensuite. *On l'a tenu longtemps à la m.* || Endroit où l'on expose les corps des personnes trouvées mortes hors de leur domicile, afin qu'elles puissent être reconnues. *On a porté ce corps à la m.*

**MORGUER**. v. a. (R. *morgue*). Braver quelqu'un en le regardant d'une façon hautaine et méprisante, ou d'un air fier et menaçant. *Est-ce pour que m. que vous faites cela?* Vx. || Autrefois, examiner un prisonnier à la morgue. = MORGUÉ, ÉE. part.

**MORGUEUR**. s. m. Celui qui regarde avec morgue.

**MORGUIÉ, MORGUIENNE**. Voy. MORDIEU, MORDIENNE.

**MORIBOND, ONDE**. adj. et s. [Pr. *mori-bon*] (lat. *moribundus*, m. s., de *mori*, mourir). Qui est sur le point de mourir. *Cette femme est moribonde. Je vais voir un m.* — *Être tout m.*, Être dans un état de langueur comme si l'on allait mourir.

**MORICAUD, AUDE**. adj. et s. [Pr. *mori-kô, ôde*] (R. *More*). Qui a le visage de couleur brune. *Il est m. C'est une petite moricaude.* Fam.

**MORIFORME**. adj. 2 g. (lat. *morum*, fruit du mûrier; *forma*, forme). Qui est en forme de mûre.

**MORIGÉNER**. v. a. (lat. *mores*, mœurs; *gignere*, produire). Former, instruire quelqu'un aux bonnes mœurs. *Il faut m. ses enfants.* Vieux. || Famil., Corriger, remettre dans l'ordre et dans le devoir. *Si vous manquez à votre devoir, je saurai bien vous m.* = MORIGÉNÉ, ÉE, part. = Conj. Voy. CÉDER.

**MORILLE**. s. f. [Pr. les *ll* mouillées] (anc. haut all. *morhila*, noir, ou bien *more*, dans le sens de noir). T. Bot. Genre de Champignons (*Morchella*) de la famille des *Discomycètes*. Voy. ce mot. || T. Zool. *M. de mer*, Polypier de la famille des Éponges.

**MORILLON**. s. m. [Pr. les *ll* mouillées] (R. *more*, dans le sens de noir). T. Ornith. Genre de *Palmipède*. Voy. CANARD || T. Joaill. Émeraude brute. || T. Bot. Sorte de raisin noir.

**MORIN**. s. m. (lat. *morus*, mûrier). T. Chim. Matière colorante contenue dans le bois jaune du *Morus tinctoria* (Urticacées), où elle est accompagnée de maclurine et d'acide morintannique. Pour séparer ces substances, on concentre fortement la décoction aqueuse de bois jaune ; par refroidissement, il se dépose une combinaison calcique de m., que l'on sépare et d'où l'on extrait le m. à l'aide de l'acide chlorhydrique. Les eaux mères sont agitées avec de l'éther acétique (acétate d'éthyle) qui s'empare de l'acide morintannique et de la maclurine. On évapore à sec cette solution éthérée, on redissout le résidu dans de l'eau et l'on ajoute du sel marin ; l'acide morintannique se dépose tandis que la maclurine reste en solution.

Le *M.* est un tanin qui a pour formule $C^{15}H^{10}O^{7}$. Il cristallise en aiguilles jaunes brillantes qui contiennent deux molécules d'eau et que la chaleur décompose. Très peu soluble dans l'eau, il se dissout facilement en jaune foncé dans l'alcool et dans les alcalis. Il se colore en vert sous l'action du chlorure ferrique. Traité par l'amalgame de sodium, il se transforme en *Isomorin* qui cristallise en prismes pourpres et que la chaleur ou l'action des alcalis convertit de nouveau en m. ordinaire. Le *Paramorin*, qui se forme dans la distillation sèche du m., se présente en aiguilles jaunâtres solubles dans l'eau et dans les alcalis.

L'*acide morintannique*, auquel on attribue la formule $C^{15}H^{12}O^{7}$, est amorphe, brun, très soluble dans l'eau. Sa solution précipite l'albumine, la gélatine et les alcaloïdes. La chaleur le transforme en une substance noire insoluble.

La *Maclurine* $C^{13}H^{10}O^{6}$ forme des cristaux jaunes, renfermant une molécule d'eau qu'ils perdent à 100°. Sa solution aqueuse est précipitée par l'albumine, la gélatine. les alcaloïdes, et donne un précipité vert avec le perchlorure de fer.

La maclurine, ainsi que le m., teint en jaune le coton mordancé.

**MORIN** (*Grand* et *Petit*), rivières de France, affluents de la Marne.

**MORIN** (Jean-Baptiste), astronome et astrologue fr. (1588-1656).

**MORIN** (Simon), visionnaire brûlé vif à Paris en 1663.

**MORIN** (Arthur-Jules), général et mathématicien fr. (1795).

**MORIN** (Jean). Physicien fr. (1705-1764).

**MORINDE**. s. m. (R. *morin*, de *more*, dans le sens de noir). T. Bot. Genre de plantes Dicotylédones (*Morinda*) de la famille des *Rubiacées*. Voy. ce mot.

**MORINDINE**. s. f. (R. *Morinde*). T. Chim. Matière colorante contenue dans les racines de différentes espèces de *Morinda* employées dans l'Inde pour la teinture. On l'extrait à l'aide de l'alcool bouillant. Elle cristallise en fines aiguilles d'un jaune orangé, fusibles à 245°. Peu soluble dans l'eau et dans l'alcool, elle se dissout en rouge orangé dans les alcalis, en pourpre violacé dans l'acide sulfurique Avec l'alun, elle forme une laque rouge. La m. est un glucoside analogue à l'acide rubérythrique. Les acides minéraux étendus la dédoublent à l'ébullition en glucose et en *Morindone*, substance cristallisée en aiguilles rouges, très analogue à l'alizarine.

**MORINDONE**. s. f. T. Chim. Voy. Morindine.

**MORINE**. s. f. (R. *morin*). Principe cristallisable qui existe dans le bois du mûrier à teinture.

**MORINE**. s. f. (lat. *mori*, mourir). T. Techn. Laine enlevée de la peau d'un animal crevé.

**MORINGE**. s. m. T. Bot. Genre de plantes Dicotylédones (*Moringa*) de la famille des *Moringées*. Voy. ce mot.

**MORINGÉES**. s. f. pl. (R. *Moringe*). T. Bot. Famille de végétaux Dicotylédones de l'ordre des Dialypétales superovariées diplostémones.

*Caract. bot.* : Arbres à feuilles 2-3 pennées, dont les folioles tombent très promptement, à stipules colorées, minces et caduques. Fleurs hermaphrodites, zygomorphes, blanches, disposées en grappes paniculées. Sépales 5, pétaloïdes, presque égaux, caducs; le tube tapissé par un disque charnu ; estivation légèrement imbriquée. Pétales 5, manifestement inégaux, dont le supérieur est ascendant. Étamines 10, naissant du sommet du disque calicinal ; 5 opposées aux sépales, parfois stériles ; filets légèrement pétaloïdes, épais et velus à la base; anthères simples, uniloculaires, avec un connectif épais et convexe. Pistil formé de 3 carpelles concrescents en un ovaire uniloculaire, avec 3 placentas pariétaux, portant de nombreux ovules anatropes et suspendus. Style filiforme, terminal, recourbé obliquement, stigmate simple. Fruit représentant une longue capsule uniloculaire à déhiscence dorsale, avec trois valves qui portent les graines dans leur milieu. Graines nombreuses à moitié nichées dans la substance molle des valves, parfois ailées. Embryon à cotylédons épais, sans albumen; radicule très petite, droite et dirigée vers le hile ; cotylédons charnus et plan-convexes. [Fig. 1. *Moringa pterygosperma ;* 2. Fruit ; — 3. Coupe d'une fleur du *Moringa aptera;* 4. Anthère ; 5. Coupe de la graine.]

Cette famille ne comprend que le genre *Moringa* et 3 espèces, qui habitent l'Arabie et les Indes orientales. La racine du *Mor. pterygosperma* a une odeur pénétrante, avec une saveur chaude, piquante, et un peu aromatique, analogue à celle du Raifort. On l'administre comme stimulant dans les cas de paralysie et dans les fièvres intermittentes. On l'emploie également en guise de rubéfiant. Quand on pratique des incisions à l'écorce de ces arbres, il en exsude une grande quantité

de gomme. Les graines, qu'on désigne vulgairement sous les noms de *Pois quéniques* et de *Chicots*, s'employaient autrefois dans les maladies vénériennes. C'est de ces graines, appelées *Noix de Ben* par les anciens auteurs, qu'on extrait l'*Huile de Ben*, beaucoup plus renommée jadis qu'elle ne l'est aujourd'hui. Néanmoins, les parfumeurs en font encore usage dans leurs préparations, parce qu'elle jouit de la propriété de ne pas rancir. Enfin, les indigènes de l'Inde font entrer les fleurs, les feuilles et les enveloppes tendres des graines du *Moringa* dans la préparation de leur cari.

**MORINGIQUE**. adj. 2 g. (R. *Moringe*). T. Chim. L'*acide m.*, qu'on a extrait de l'huile de ben n'est autre chose que de l'acide oléique.

**MORINS**. Peuple de l'anc. Belgique, cantonné le long de la mer au temps des Romains.

**MORINTANNIQUE**. adj. 2 g. [Pr. *morin-ta-nike*]. T Chim. Voy. Morin.

**MORIO**. s. m. T. Ent. Espèce de Lépidoptère appartenant au genre *Vanesse*. Voy. Diurnes.

**MORION.** s. m. (R. *more*, noir). T. Minér. Espèce de quartz enfumé d'un noir rougeâtre. || T. Zool. Genre de coquilles univalves. || T. Bot. Nom vulg. de la Morelle somnifère.

**MORION.** s. m. (esp. *morrion*, m. s. de *morra*, sommet de la tête). Sorte de casque. Voy. CASQUE. || Châtiment militaire qu'on infligeait autrefois aux soldats, et qui consistait à les frapper sur le derrière avec la hampe d'une hallebarde ou avec la crosse d'un mousquet.

**MORIOPLASTIE.** s. f. (gr. μόριον, partie; πλάσσειν, former). T. Chir. Art de réparer chirurgicalement les parties détruites des organes.

**MORISQUE.** s. m. (R. *moresque*). Nom donné aux Mores d'Espagne.

**MORLAAS**, ch.-l. de c. (Basses-Pyrénées), arr. de Pau; 1,500 hab.

**MORLAIX**, ch.-l. d'arr. du dép. du Finistère à 66 kil. N.-E. de Quimper; 16,300 hab. = Nom des hab. : MORLAISIEN, ENNE.

**MORLOT**, prélat fr. Archevêque de Paris et cardinal (1795-1862).

**MORMANT**, ch.-l. de c. (Seine-et-Marne), arr. de Melun; 1,400 hab.

**MORMOIRON**, ch.-l. de c. (Vaucluse), arr. de Carpentras; 1,500 hab.

**MORMOLYCE.** s. m. (gr. μορμολυκεῖον, spectre). T. Entom. Genre d'Insectes *Coléoptères*. Voy. CARABIQUES et MORMOPHYLLÉS.

**MORMON.** s. m. T. Mamm. Nom vulg. d'une espèce de singe, le *Cynocéphale Mandrill*. Voy. CYNOCÉPHALE. || T. Ornith. Nom vulg. d'une espèce d'*oiseau*, le *Macareux moine*. Voy. BRACHYPTÈRES.

**MORMONS.** s. m. pl. T. Hist. relig. Le mormonisme ou religion des Mormons a pris naissance aux États-Unis d'Amérique. Vers 1827, un aventurier de New-York, nommé Joé ou Joseph Smith, annonça qu'il avait été visité par l'ange du Seigneur, et que, sur l'indication qu'il en avait reçue, il avait découvert un livre mystérieux dans lequel un ancien prophète américain, Mormon, avait écrit, sous la dictée de Dieu, les lois destinées au gouvernement du nouveau monde. Ce livre avait été déposé par Mormoni, fils du prophète, dans une caverne des environs de Palmyra, dans le comté de New-York. Il était écrit dans la langue de l'ancienne Égypte et en *hiéroglyphes perfectionnés*, sur des lames d'or. Smith ayant trouvé ce livre divin, le déchiffra à l'aide de pierres transparentes qui étaient déposées auprès de lui, le traduisit en anglais, et le publia, en 1830, sous le titre de *Livre de Mormon*. Dès avant cette publication, Smith s'était déjà mis à chercher activement des prosélytes et y avait réussi assez promptement. On les nomma *Mormons*, du nom du prétendu prophète américain dont Smith se donnait pour l'interprète et le continuateur; mais eux-mêmes s'intitulaient les *Saints du dernier jour*. Smith se rendit avec eux dans le territoire du Missouri, où il fonda la ville de l'*Indépendance* ou de la *Nouvelle Sion*. Mais le reste de la population ayant forcé les Mormons à déguerpir, ils allèrent s'établir dans l'Illinois, et y bâtirent (1840) une autre ville, Nauvoo, sur les bords du Mississipi. Mais les habitants de l'Illinois ne voulurent point de ce voisinage, et, en 1844, ils expulsèrent violemment la colonie des Saints : Smith lui-même fut tué dans une émeute. Alors les Mormons, sous la conduite de Brigham Young, s'enfoncèrent dans les contrées encore inexplorées de l'ouest, franchirent les montagnes Rocheuses, et arrivèrent en 1847 dans la vallée du lac Salé, dont ils commencèrent aussitôt la colonisation, et où ils jetèrent les fondements de la *Nouvelle-Sion*, ou *Great-Salt-Lake-City*. Le nombre des Mormons s'étant rapidement accru, leur colonie fut admise, trois ans après, dans l'Union américaine, sous le nom de territoire de l'Utah. Depuis cette époque, le mormonisme n'avait cessé de se propager, non seulement en Amérique, mais encore en Europe, d'où les recrues faites par les missionnaires mormons s'empressaient de s'embarquer pour la *Terre promise*. Le nombre des Mormons tant en Amérique que dans les autres pays du monde paraît avait été de 200,000 vers 1875. Au reste, ces recrues ne se trouvaient en général que dans les classes les plus ignorantes et les plus grossières de la population. Le gouvernement de l'Utah était essentiellement théocratique. A sa tête se trouvait un *président*, successeur du prophète. Chaque individu était tenu de consacrer le dixième de son temps aux travaux d'utilité publique, et de donner, à titre d'impôt, le dixième de son revenu. Quant aux croyances religieuses de la secte, elles consistaient en un mélange hétéroclite de principes empruntés à diverses religions, mais surtout au judaïsme. Ce qui fait l'originalité des Mormons, et ce qui leur a attiré le plus de haines, c'est qu'ils pratiquent la polygamie, considérée par eux comme un devoir. Ils en ont fait une sorte de dogme religieux et croient que chaque homme sera d'autant plus heureux et considéré dans l'autre monde qu'il aura eu dans celui-ci plus de femmes et d'enfants. Le but pratique de cette croyance paraît avoir été le désir de multiplier rapidement la population des Mormons; mais on sait qu'en fait la polygamie n'est pas plus favorable que la monogamie au développement de la population, et, sous ce rapport, les espérances du prophète ont été déçues.

Le Gouvernement fédéral des États-Unis s'efforça à maintes reprises d'enlever à l'Église mormone sa puissance politique et d'abolir la polygamie pratiquée par ses adeptes : des bills furent rendus à cet effet en 1862 et en 1870. La mort de Brigham Young, survenue en 1877, amena la désorganisation de l'Église mormone. Un décret et un jugement du 10 octobre 1888 enregistrés par la cour suprême de l'Utah ont dissous ladite Église en tant que corporation et lui ont retiré toute capacité civile. A partir de cette date, le mormonisme a cessé d'exister en droit, aux États-Unis d'Amérique : il ne tardera pas probablement à cesser d'exister en fait, par suite de l'immigration de nombreux étrangers ou « gentils » sur le territoire de l'Utah. Ajoutons qu'une réaction semble se produire parmi les Mormons eux-mêmes contre la polygamie.

**MORMOPHYLLÉS.** s. m. pl. [Pr. *mormofill-lés*] (gr. μορμώ, spectre; φύλλον, feuille) Entom. Famille de *Coléoptères*, voisins des Carabiques dont les espèces présentent en général les formes les plus étranges en rapport avec le milieu où elles vivent. Voy. MIMÉTISME. Tous ces Insectes habitent les pays chauds; nous ne citerons que le genre le plus connu et l'espèce la plus répandue dans les Musées, le *Mormolyce feuille* (*Mormolyce phyllodes*). Les Mormolyces sont de grands Coléoptères de couleurs ternes dont les élytres présentent à droite et à gauche une large expansion foliacée. Ils habitent la presqu'île de Malacca, Java et Bornéo; on les trouve généralement sous le tronc des arbres morts. Leurs larves, tout à fait semblables à celles de nos Carabes, vivent dans de gros champignons parasites de ces arbres.

**MORMYRE.** s. m. T. Icht. Genre de *Poissons osseux*. Voy. ÉSOCES.

**MORNANT**, ch.-l. de c. (Rhône), arr. de Lyon; 2,000 hab.

**MORNAY.** Voy. DUPLESSIS-MORNAY.

**MORNE.** adj. 2 g. (angl. *to mourn*, être triste). Triste, sombre, abattu. *Il est triste et m., m. et silencieux. Il a le visage, l'air, l'œil m. Ils gardaient un m. silence* || Figur., *Temps m.*, Temps obscur et couvert. || *Couleur m.*, Couleur sombre, sans vivacité, sans vivacité, sans éclat.

**MORNE.** s. f. Sorte d'anneau dont on garnissait la pointe d'une lance pour qu'elle ne soit plus dangereuse dans un tournois. Voy. LANCE. || T. Blas. Anneau figuré à l'extrémité d'une lance ou d'une trompette.

**MORNE.** s. m. (esp. *morro*, monticule). Ce mot s'emploie comme synon. de *Montagne*, dans les Antilles et dans les îles Maurice et de la Réunion. *Les mornes de Saint-Domingue. Le m. de la Calebasse.*

**MORNÉ, ÉE.** adj. (R. *morner*). T. Blas. Se dit de l'animal privé de ses griffes, dents, langue, queue, bec, en somme de ses armes naturelles.

**MORNEMENT.** adv [Pr. *morne-man*]. D'une manière morne.

**MORNER.** v. a. Garnir une lance d'une morne. = MORNÉ, ÉE, part. *Lance mornée*. Voy. LANCE.

**MORNETTE.** s. f. [Pr. *mor-nète*]. T. Blas. Petite morne.

**MORNIFLE.** s. f. Coup de la main sur le visage. *Il lui a donné une m.* Popul.

**MORNY** (duc DE), homme politique fr. (1811-1865), prit une part considérable au coup d'État du 2 décembre 1851, et fut président du Corps législatif de 1854 à 1865.

**MORONOBEA.** s. m. T. Bot. Genre de plantes Dicotylédones de la famille des *Clusiacées*. Voy. ce mot.

**MORONOLITE.** s. f. T. Minér. Variété de *Jarosite*.

**MOROSAGLIA,** ch.-l. de c. (Corse), arr. de Corte; 1,000 hab.

**MOROSAURE.** s. m. (gr. μόρον, mûre; σαύρα, lézard). T. Paléont. Zool., reptile dinosaurien américain, dont la taille atteignait 20 mètres.

**MOROSE.** adj. 2 g. [Pr. *moro-ze*] (lat. *morosus*, m. s., de *mos*, *moris*, mœurs). Chagrin, difficile à contenter. *Un homme m. Caractère, humeur m.*

**MOROSIF, IVE.** adj. [Pr. *moro-zif*] (lat. *morosus*, m. s. de *mora*, retard). T. Jurisp. *Débiteur m.*, débiteur négligent.

**MOROSINI** (FRANÇOIS). Doge de Venise, célèbre par sa défense de Candie contre les Turcs (1618-1694).

**MOROSITÉ.** s. f. [Pr. *moro-zité*] (lat. *morositas*, m. s.). Caractère morose. *Il est d'une m. insupportable.*

**MOROSOPHIE.** s. f. (gr. μῶρος, fou; σοφία, sagesse). Espèce de folie grave.

**MOROXYTE.** s. f. [Pr. *moro-ksite*]. T. Minér. Voy. APATITE.

**MORPHÉE.** s. m. (gr. μορφή, figure). T. Myth. Dans la Mythologie gréco-romaine, *Morphée* était le dieu des songes, ainsi que l'indique son nom lui-même, et il était fils du Sommeil et de la Nuit. Cependant les poètes l'ont souvent confondu avec son père. On le représentait, tantôt sous la forme d'un vieillard barbu, tantôt sous celle d'un jeune homme, et on lui donnait deux ailes de papillon fixées au dos. Il tenait aussi à la main, soit un bouquet de pavots, soit une corne d'abondance d'où se répandait la multitude des songes.

**MORPHIDES.** s. m. pl. (R. *Morpho*). T. Entom. Famille d'Insectes *Lépidoptères*. Voy. DIURNES.

**MORPHINE.** s. f. (R. *morphée*, nom mythol.). T. Chim. Alcaloïde contenu dans l'opium. La m. est la première base organique qu'on ait tirée du règne végétal; c'est Sertuerner qui, en 1817, l'a isolée et a mis hors de doute sa nature alcaline. Pour extraire la m., on fait macérer l'opium avec de l'eau; on concentre la solution et l'on y ajoute une solution de chlorure de calcium; il se dépose d'abord du méconate de calcium que l'on sépare, puis des cristaux qui sont un mélange de chlorhydrates de morphine et de codéine; on redissout ces cristaux dans l'eau bouillante et l'on ajoute un excès d'ammoniaque qui précipite la m. tandis que la codéine reste en solution.
La m. a pour formule $C^{17}H^{19}AzO^3$; elle cristallise en petits prismes orthorhombiques contenant une molécule d'eau qu'ils perdent à 100°. Elle fond à 230° en se décomposant. Elle est amère, peu soluble dans l'eau, dans l'éther et dans le chloroforme; elle se dissout facilement dans l'alcool, la potasse, l'eau de chaux. Ses solutions sont lévogyres. Avec les acides la m. se comporte comme une base analogue à l'ammoniaque et forme des sels neutres, généralement solubles dans l'eau et cristallisables. Les sels les plus employés en médecine sont le *Chlorhydrate de morphine* $C^{17}H^{19}AzO^3, HCl, 3H^2O$ cristallisé en aiguilles blanches, soyeuses, et le *Sulfate* $C^{17}H^{19}AzO^3, SO^4H^2, 5H^2O$ en aiguilles très solubles. La m. possède aussi des propriétés phénoliques et peut se dissoudre dans les alcalis en se combinant avec eux. Elle est très oxydable : elle réduit le chlorure d'or et les sels ferriques en donnant une coloration bleue; elle réduit aussi l'acide iodique en mettant l'iode en liberté; ces réactions peuvent servir à la distinguer des autres alcaloïdes. Chauffée à 140° avec de l'acide chlorhydrique concentré, elle perd de l'eau et se transforme en apomorphine. Traitée par l'iodure de méthyle en présence de la potasse, elle donne de la codéine, qui est son dérivé méthylé. La m. elle-même dérive du phénanthrène; elle donne naissance à cet hydrocarbure quand on la réduit par la poudre de zinc.
Au point de vue de la thérapeutique, la m. est le principe le plus important de l'opium; elle diminue la sensibilité, calme la douleur, et amène le sommeil, et elle est moins toxique que la plupart des autres alcaloïdes de l'opium. Voy. OPIUM.

**MORPHINÉ, ÉE.** adj. Qui a reçu dans ses tissus de la morphine.

**MORPHINISME.** s. m. (R. *morphine*). T. Méd. Ensemble des accidents causés par l'usage habituel de la morphine. Voy. OPIUM.

**MORPHINOMANIE.** s. m. (R. *morphine*, et *manie*). T. Méd. Habitude que contractent certaines personnes de se faire périodiquement des injections sous-cutanées de chlorhydrate de morphine, dont elles ne peuvent plus se passer. Voy. OPIUM.

**MORPHO** s. m. (nom mythol.). T. Entom. Genre d'Insectes *Lépidoptères*. Voy. DIURNES.

**MORPHOGÉNIE.** s. f. (gr. μορφή, forme; γεννάω, j'engendre). Production de la forme.

**MORPHOLOGIE.** s. f. (gr. μορφή, forme, structure; λόγος, science). T. Hist. natur. Étude des formes de la matière, *M. minérale, végétale, animale.* S'emploie surtout en botanique pour désigner l'étude de la structure et de l'organisation des plantes. Voy. BOTANIQUE. || T. Gramm. Science de diverses formes grammaticales des mots.

**MORPHOLOGIQUE.** adj. 2 g. Qui a rapport à la morphologie.

**MORPHOLOGIQUEMENT.** adv. Relativement à la forme.

**MORPHOSE.** s. f. [Pr. *morfo-ze*] (gr. μόρφωσις, m. s., de μορφή, forme). Action de prendre une forme, de donner une forme.

**MORPHOTROPIE.** s. f. (gr. μορφή, forme; τροπή, tour, changement). T. Cristall. Dans les corps qui dérivent, par substitution chimique, d'un même composé, on retrouve souvent la forme cristalline plus ou moins altérée de la substance mère; on remarque, par exemple, qu'un seul des axes cristallographiques a éprouvé une variation notable, les deux autres restant à peu près sans changement. Le nom de m. sert à désigner cette altération que les substitutions chimiques produisent dans la forme cristalline d'un composé.

**MORPHOZOAIRE.** adj. 2 g. (gr. μορφή, forme; ζωάριον, petit animal). Se dit d'un animal qui a une forme bien déterminée.

**MORPION** s. m. (lat. *mordere*, mordre, et bas-lat. *pedio*, pou). Nom vulgaire du Pou du pubis. Bas. Voy. POU.

**MORRÈNE.** s. f. [Pr. *mo-rène*]. T. Bot. Nom vulgaire de l'*Hydrocharis morsus-ranæ*, plante de la famille des *Hydrocharidées*. Voy. ce mot.

**MORRHUINE.** s. f. [Pr. *mor-ru-ine*] (mot forgé avec *morue* et *huile*). T. Chim. Alcaloïde de la formule $C^{19}H^{27}Az^3$, contenu dans l'huile de foie de morue. C'est un liquide à odeur de seringa, épais, jaunâtre, plus léger que l'eau. La m. est fortement alcaline et caustique, peu soluble dans l'eau, facilement soluble dans l'alcool. Elle agit sur l'organisme comme un puissant diurétique.

**MORRHUIQUE.** adj. 2 g. [Pr. *mor-ru-ike*] (mot forgé avec *morue* et *huile*). T. Chim. L'*acide m.* $C^9H^{13}AzO^3$, existe en combinaison avec la glycérine et l'acide phosphorique, dans l'huile de foie de morue. Il est cristallisable, peu soluble dans l'eau, très soluble dans l'alcool. Il s'unit aux alcalis et déplace l'acide carbonique des carbonates.

**MORS.** s. m. [Pr. *mor*] (lat. *morsus*, morsure). Ensemble des pièces de fer qui servent à brider un cheval, et, particulièr., Pièce qui se place dans la bouche du cheval pour le gouverner. Voy. BRIDE. || *Prendre le m. aux dents*, se dit d'un cheval dont la bouche est tellement échauffée, qu'elle devient absolument insensible, et qu'il s'emporte sans que le cavalier ou le cocher puisse le retenir, le mors n'opérant pas plus d'effet sur les barres que si le cheval le tenait serré entre les dents. — Fig. et fam., se dit d'un homme qui, n'écoutant plus les remontrances de ceux qui dirigeaient sa conduite, se livre tout entier à ses passions ; d'une personne qui se laisse emporter par la colère ; ou encore de quelqu'un qui, ayant été quelque temps dans l'indolence, dans l'inaction, change tout à coup et se livre au travail avec ardeur. || T. Techn. Chacune des mâchoires d'une tenaille, d'un étau, etc. Voy. TENAILLE, ÉTAU. — Bord du carton que le relieur loge dans la rainure du même nom qu'il pratique sur le bord du premier et du dernier cahier d'un volume, du côté du dos. || T. Bot. *M. du diable*, scabieuse des bois.

**MORSE**. s. m. (or. germ. : all. *meer-ross*, cheval de mer, de *meer*, mer, *ross*, cheval). T. Mamm. Genre de *Mammifères* marins. Voy. PINNIPÈDES.

**MORSE**. Peintre et physicien améric. né à Charlestown, inventeur (1832) du télégraphe électrique (1791-1872).

**MORSURE** s. f. (lat. *morsus*, part. pass. de *mordere*, mordre). Action de mordre. || Plaie, blessure qu'un animal fait en mordant. *Une profonde m. Une m. dangereuse, envenimée, mortelle. La m. d'un cheval, d'un chien, d'un serpent.* — Par ext., *M. de pou, de punaise*, || Fig., *Les morsures de la calomnie laissent toujours des cicatrices.*

**MORT**. s. f. [Pr. *mor*] (lat. *mors, mortis*, m. s ). Fin de la vie, cessation définitive de toutes les fonctions de la vie corporelle. *M. naturelle, violente, douce, douloureuse, lente, prompte, subite, imprévue, prématurée. M. glorieuse, sainte. M. ignominieuse, infâme. Le jour, l'heure de la m. Les approches, les frayeurs, les affres, le hoquet de la m. Souhaiter, désirer, attendre, affronter la m. Avoir la m. devant les yeux. Avoir peur de la m. Se donner la m. Il n'y a pas eu m. d'homme. Mettre à m.*, Faire mourir. *La m. est une loi, non un châtiment* (SÉNÈQUE). *La m. n'est peut-être qu'un changement de place* (MARC-AURÈLE). — En Poésie et dans le style soutenu, on personnifie souvent la Mort. *On représente la Mort sous la forme d'un squelette armé d'une faux. La faux de la m. n'épargne personne. La m. reste sourde à nos vœux. Il passa des bras du sommeil dans ceux de la m.* — Fam., *Mourir de sa belle m.*, Mourir de m. naturelle. *Être malade à la m.*, ou simpl., *Être à la m.*, Être fort malade et près de mourir. *Être entre la vie et la m.*, Être dans une situation où la m. peut survenir à chaque instant. *Avoir la m. sur les lèvres*, Être près de mourir, ou avoir la figure d'un mourant. *Avoir la m. entre les dents*, Être fort vieux ou fort malade, et n'avoir pas longtemps à vivre. — Prov., *Dieu ne veut pas la m. du pécheur*, Il faut être indulgent pour la faiblesse humaine. — T. Relig. *La m. de l'âme*, L'état où l'âme tombe par le péché. || La peine capitale, peine qui consiste dans la perte de la vie. *Condamner un homme à la peine de m., à la mort, à m. Juger à m. Le condamné a marché à la m. avec courage. Abolir la peine de m. Cette affaire va à la m.*, Elle entraîne la peine capitale. — *Sentence, arrêt de m.*, Condamnation qui porte la peine de m. *Il était appelant d'une sentence de m.* — *Testament de m.*, Déclaration dernière que fait un condamné avant son supplice; et Figur., Écrit qui atteste les derniers sentiments d'une personne. *Cette lettre touchante fut son testament de m.* || T. Dr. *M. civile*, peine par laquelle un condamné perd toute participation aux droits civils. Voy. plus loin. || T. Relig. *La m. éternelle*, La condamnation des pécheurs aux peines de l'enfer. || Fig., se dit d'une souffrance intolérable, d'une vive douleur physique ou morale. *Ce cancer lui fait souffrir mille morts. Il souffre m. et passion. La conduite de son fils lui a mis la m. dans l'âme.* — Fam. et par exag., *C'est une m. que d'avoir affaire à un pareil homme, que de poursuivre une telle affaire*, C'est une grande peine, une grande misère. *C'est ma m. que d'être obligé de lui parler.* || Cause de destruction. *Les réquisitions forcées sont la m. du commerce. Le monopole est la m. de l'industrie.* — Fam., *Jouer à la m. de telle somme*, Jouer jusqu'à ce que telle somme soit perdue. || T. Droguerie. *M. aux mouches, M. aux rats*, Voy. ARSENIC. || T. Botan. *M. au chanvre*, l'Orobanche rameuse, Voy. GESNÉRACÉES. — *M. aux chiens*, le Colchique d'automne. Voy. LILIACÉES. — *M. aux loups*, l'Aconit lycoctone ; — *M. aux vaches*, la Renoncule scélérate, Voy. RENONCULACÉES. — *M. aux poules*, la Jusquiame noire, Voy. SOLANACÉES. = A MORT. loc. adv. De telle sorte qu'on en meure. *Blesser à m. Il fut frappé à m.* — *Combat à m.*, Qui ne doit se terminer que par la m. d'un des combattants. || Fig., *Être frappé à m.*, Être attaqué d'une maladie certainement mortelle. = A LA MORT. loc. adv. Extrêmement. *Haïr quelqu'un à la m. Ce livre m'ennuie à la m. Il m'en veut à la m.* On dit dans le même sens : *Il me veut mal de m., un mal de m.* Fam. = A LA VIE ET A LA MORT, loc. adv. Pour toujours. *Je suis à vous à la vie et à la m. Entre nous, c'est à la vie et à la m.* — *Il ne me pardonnera ni à la vie ni à la m.*, Il ne me pardonnera jamais. Fam. = PAR LA MORT ! loc. interj. Se dit par forme de serment et de menace.

**Méd.** — I. *Physiologie.* — La m., dit-on, est la cessation de la vie, quelle que soit d'ailleurs le sens que l'on attribue à ce mot. La définition a été critiquée, et il est évident qu'elle est trop vague. La m. est en somme l'aliment incessant de la vie ; il importe d'établir nettement que la vie use et dévore l'être qui en est doué; la vie se manifeste en somme par la destruction et la m., en imprimant toutefois aux éléments une faculté de rénovation qui prolonge pour un temps l'existence de l'individu, jusqu'au jour où son épuisement amène non seulement la m. moléculaire, mais la m. de l'individu.

Il y a une m. *dite naturelle*, en ce sens que nous passons notre vie à mourir, et que la vieillesse nous y mène doucement. Non seulement les éléments détruits ne se reconstituent pas, mais ceux qui sont créés ont une qualité inférieure. C'est la déchéance physiologique : la graisse et l'athérome, cette rouille de la vie (Peter), se substituent dans les organes et les tissus aux éléments parenchymateux et interstitiels. La sénilité conduit à l'agonie, mais à quel moment l'être vivant s'éteint-il? Le poumon s'arrête le premier et le cœur le dernier ; mais, après le battement ultime, une vie partielle continue en certains organes, et c'est consécutivement que la putréfaction commence, d'où résultent un dégagement de gaz et un résidu de sels.

Plus fréquente que la m. naturelle est la *M. accidentelle.* Bichat avait essayé de réduire à trois causes le mécanisme de la m. accidentelle : pour que l'individu meure, il faut que l'économie soit attaquée directement, indirectement dans l'un de ses organes essentiels, cerveau, poumon ou cœur, *trépied vital.* Mais ces trois organes ont une importance variable à cet égard, car le cerveau a pu être supprimé expérimentalement chez certains animaux sans entraîner leur m. : en réalité, ce sont le cœur et le poumon qui sont en jeu : le sang et l'oxygène, l'un lancé par le cœur, l'autre fourni par les poumons, sont les deux agents indispensables à l'entretien de la vie. — Le cœur détermine la m. tantôt brusquement par syncope, tantôt lentement en devenant un agent d'asphyxie. La m. par les poumons est synonyme d'asphyxie ; le plus souvent, c'est une m. lente, et quand elle est rapide, comme dans certains cas d'embolie pulmonaire, elle n'a pas toute la soudaineté et la brusquerie de la syncope. D'ailleurs, dans bien des cas, les deux mécanismes s'associent. — A la suite de ces modalités, nous devons signaler à part les faits où le sang intoxiqué n'est plus apte aux échanges gazeux (empoisonnements).

II. *Médecine légale.* — A. *Constatation.* — Constater la réalité de la m., l'époque de la m. et les causes de la m., tel est le triple problème que le médecin légiste est appelé à résoudre quotidiennement. La m. est-elle réelle ? question généralement d'évidence manifeste, mais parfois difficile à résoudre. On a appelé *M. intermédiaire* un état de m. apparente, période ultime de l'agonie, caractérisé par l'impossibilité du retour à la santé. La *m. apparente* proprement dite ou léthargie est l'état d'un organisme qui présente l'aspect de la m. et qui est cependant susceptible d'un retour complet et durable aux manifestations extérieures de la vie, phénomène d'autant plus fréquent qu'il s'agit d'espèces plus inférieures (hibernants, ressuscitants). La m. apparente est un fait incontesté et incontestable (inhumations prématurées). L'asphyxie, la syncope, l'hystérie, la congélation, la fulguration, l'ivresse, les anesthésiques (éther, chloroforme), sont les causes les plus habituelles de cet état trompeur. Il est impossible d'assigner à la durée de la m. apparente des limites précises : elles varient suivant les causes et suivant l'âge du sujet (moyenne de 12 à 15 heures). — La m. a pu exceptionnellement être simulée quelques instants par arrêt momentané du cœur.

Les *signes incertains* de la m., absence de respiration et du pouls, non-oxydation d'aiguilles plongées dans les tissus, disparition du bruissement musculaire, toile glaireuse de la cornée, etc., méritent à peine d'être signalés. Il faudrait au contraire étudier les *signes* considérés comme *certains* : aspect général, abaissement de la mâchoire inférieure, lividités cadavériques, empreinte parcheminée, brûlures, application de ventouses scarifiées, dilatation de la pupille, immobilité de l'iris, tache noire de la sclérotique, affaissement du globe de l'œil, disparition de l'éclat de l'œil et de la transparence des milieux, décoloration de la rétine à l'examen ophthalmoscopique, état du cœur constaté par l'auscultation, cardiopuncture, artériotomie, abaissement de la température, relâchement simultané des sphincters, abolition de la contraction musculaire, rigidité cadavérique, putréfaction. Ce dernier signe est le seul *certain*

B. *Époque de la mort.* — Si la m. est récente, c.-à-d. antérieure à l'apparition de la teinte verdâtre abdominale (40 à 60 heures), les renseignements se tirent du refroidissement graduel du corps, des phénomènes de rigidité cadavérique, apparaissant de 6 à 12 heures après la m., pour cesser au bout de 36 à 48 heures, enfin de l'examen de l'estomac. — Si la m. est plus ou moins ancienne, on ne peut s'arrêter à des conclusions absolues; les phénomènes varient suivant le séjour à l'air libre, dans la terre, dans l'eau, dans du fumier, etc....

C. *Cause de la mort.* — Cette dernière question, qui est le véritable champ de la médecine légale, ne peut être résolue que par l'examen anatomique et l'autopsie complète du corps, événements souvent précédés d'une exhumation. Voy. Autopsie.

D. *Exhumation.* — Les cas intéressants sont ceux de morts naturelles subites ou rapides, et de morts violentes accidentelles, criminelles ou volontaires.

**Droit.** — En termes de droit, on appelait autrefois *M. civile*, l'état d'un individu qui était privé de toute participation aux droits civils, absolument comme s'il était décédé. Elle résultait, d'après le Code civil, de la condamnation à la peine capitale, aux travaux forcés à perpétuité et à la déportation. L'individu condamné à une peine entraînant la m. civile perdait la propriété de ses biens, et sa succession s'ouvrait au profit de ses héritiers; il ne pouvait ni recueillir une succession, ni être l'objet d'une libéralité; il lui était interdit de transmettre d'une façon quelconque les biens qu'il pouvait acquérir par la suite; il ne pouvait contracter un mariage qui produisait des effets civils, et celui qu'il avait contracté précédemment était dissous par l'effet même de sa condamnation. Enfin, il ne pouvait plus être tuteur, témoin, ni procéder en justice autrement que par le ministère d'un curateur. La m. civile a été abolie par la loi du 31 mai 1854.

A la m. civile, ladite loi a substitué une simple déchéance : 1° la *dégradation civique;* 2° l'*interdiction légale;* 3° l'*incapacité* pour le condamné *de disposer* de ses biens, en tout ou en partie, soit par donation entre vifs, soit par testament, ou de recevoir au même titre, si ce n'est pour cause d'aliments, et la *nullité du testament* fait antérieurement à la condamnation. Voy. Citoyen, Interdiction.

**Relig.** — *Fête des morts.* — Les druides, en Gaule, célébraient la commémoration des morts dans la nuit du 1er au 2 novembre. En 998, saint Odilon, abbé de Cluny, institua dans tous les monastères de sa congrégation la fête des morts, qui, approuvée par les papes, se répandit bientôt dans tout l'Occident. Elle a lieu le lendemain de la Toussaint, le 2 novembre.

**MORT, MORTE.** adj. (lat. *mortuus*, part. passé de *mori*, mourir). Qui a cessé de vivre. *Un homme m. Une femme morte.* — *C'est un homme m.*, C'est un homme qui est en grand danger de mort. *Si ce remède ne fait rien, c'est un homme m. S'il se bat avec ce spadassin, c'est un homme m.* ‖ *Chair morte, tissu m.*, Chair, tissu qui, par l'effet d'une maladie, d'une lésion, est soustrait à l'action de la force vitale. — *Avoir les yeux morts, le teint m., les lèvres mortes*, la mort sur les lèvres, Avoir les yeux éteints, le teint inanimé, les lèvres décolorées. — Fig., *Mainmorte*, Voy. Main. *Gueule morte*. Voy. Gueule. *Morte la bête, m. le venin.* Voy. Bête. ‖ *Bois m., m.-bois*, Voy. Bois. ‖ *Balle morte*, Balle qui a perdu la plus grande partie de l'impulsion qu'elle avait reçue. — *Eau morte*, Eau qui ne coule point, comme celle des étangs, *Morte eau*. Voy. Marée. ‖ *Langue morte*, Qu'on ne parle plus, Voy. Langue. ‖ *Argent m.*, Voy. Argent. *Papier m.*, Voy. Papier. ‖ *Pays m.*, Pays où il n'y a ni commerce, ni industrie. — *Saison morte* ou *Morte-saison*, Le temps de l'année pendant lequel les affaires, ou bien tel commerce ou telle industrie en particulier n'ont pas autant d'activité qu'à l'ordinaire. *Il n'y a pas de morte-saison dans ce métier. Les mortes-saisons sont ruineuses pour les ouvriers.* ‖ T. Peinture. *Nature morte*, se dit des animaux morts et des objets inanimés dont l'imitation exclusive forme un genre particulier. *Peindre la nature morte. Tableau de nature morte.* = Mort, morte. s. Un homme, une femme qui a cessé de vivre. *Porter un m. en terre. Ensevelir les morts.*

Les morts après huit ans sortent-ils du tombeau? (Racine.)

*Prier Dieu pour les morts. L'office des morts. Il ne faut point insulter aux morts. Après le combat, on le retrouva parmi les morts.* — Poét. *Le rivage des morts*, les bords de l'Achéron, fleuve des enfers.

On ne voit point deux fois le rivage des morts.
Racine.

— Prov. *Celui qui compte après les souliers d'un m. risque d'aller nu-pieds*, Celui qui compte sur un héritage est souvent déçu. — *Tête de m.*, Tête dont il ne reste que la partie osseuse. ‖ *Faire le m.*, Retenir ses mouvements et sa respiration de façon à faire croire qu'on est sans vie; et Fig., Ne pas bouger quand on vous provoque, Ne pas répondre aux personnes qui vous écrivent. — T. Jeu. *Faire un m., jouer avec un m.*, se dit, à certains jeux de cartes, Lorsqu'un joueur manquant, on place son jeu à découvert sur la table, et que l'un des partenaires joue pour l'absent. ‖ T. Jurispr. *Le m. saisit le vif*, Voy. Succession. ‖ T. Techn. Eau de chaux dans laquelle les tanneurs ont plongé plusieurs fois les peaux et qui n'a plus de force.

**MORTADELLE.** s. f. [Pr. *mortadè-le*] (ital. *mortadella*, m. s.). Espèce de gros saucisson qui vient d'Italie. *M. de Bologne. On fait aussi des mortadelles à Lyon.*

**MORTAGNE**, ch.-l. d'arr. du dép. de l'Orne, à 35 kil. N.-E. d'Alençon; 4,400 hab.; anc. cap. du *Perche*. = Nom des hab. : Mortanais, aise.

**MORTAGNE-SUR-SÈVRE**, ch.-l. de c. (Vendée), arr. de La Roche-sur-Yon; 2,100 hab.

**MORTAILLABLE.** adj. 2 g. [Pr. les *ll* mouillées). T. Féod. Qui était serf de seigneur du père en fils. Voy. Servage.

**MORTAILLE.** s. f. [Pr. les *ll* mouillées] (R. *mort*). T. Féod. Droit par lequel l'héritage du serf mort revenait au seigneur.

**MORTAIN**, ch.-l. d'arr. du dép. de la Manche, à 53 kil. S.-E. de Saint-Lô; 2,200 hab. = Nom des hab. : Mortainais, aise.

**MORTAISAGE.** s. m. [Pr. *mortè-zaje*]. Action de pratiquer une mortaise.

**MORTAISE.** s. f. [Pr. *mortè-ze*] (orig. celt.). Entaille, cavité dans une pièce de bois ou de métal, pour y recevoir le tenon d'une autre pièce, quand on veut les assembler. Voy. Assemblage. — Vide d'une moufle qui reçoit le rouet. — Trou par lequel passe le mât de hune. — Trou par lequel passent les sautereaux d'une épinette.

**MORTAISER.** v. a. [Pr. *mortè-zer*]. Faire une mortaise.

**MORTAISEUSE.** s. f. [Pr. *mortè-zeu-ze*] Machine à faire des mortaises.

**MORTALITÉ.** s. f. (lat. *mortalitas*, m. s.). Condition de ce qui est sujet à la mort. *Épicure croyait à la m. de l'âme.* ‖ Se dit de la mort d'une quantité considérable d'hommes ou d'animaux qui meurent d'une même maladie. *Il y a dans cette ville une grande m. La m. est sur le bétail, s'est mise sur le bétail, dans le bétail.*

**Statis.** — En termes de Statistique, on entend par *Mortalité* « la quantité d'individus de l'espèce humaine qui, sur un nombre déterminé, meurent annuellement ou dans un temps donné ». La m. varie singulièrement selon les lieux et selon les époques, car elle est influencée par une foule de causes diverses. En France, la m. sur l'ensemble de la population, en y comprenant tous les âges, a sensiblement diminué depuis le commencement du siècle. Parmi les causes qui exercent une influence prépondérante sur la m., il faut noter le sol, le climat, les conditions physiques ou matérielles de la vie, et les habitudes morales. On comprend sans peine que l'habitation des pays marécageux, les épidémies, l'exercice d'une profession insalubre, l'encombrement dans les ateliers et les fabriques, les vices de différente nature, etc., augmentent les chances de m. pour les individus soumis à ces influences ou placés dans ces milieux.

Dans les sociétés qui pratiquent l'assurance sur la vie, c.-à-d. qui garantissent le payement de capitaux au décès ou qui constituent des rentes viagères, il est indispensable d'évaluer les *chances* de m. des individus sur lesquels on opère. Pour arriver à ce résultat, il faut autant que possible considérer des groupes homogènes, c.-à-d. observés dans un même milieu et soumis également aux lois de la m. que l'on cherche à dégager. Si la condition du milieu est remplie, on remarque que l'*âge* exerce une influence prépondérante, car il est en quelque sorte une tare correspondant inévitablement à la portion déjà parcourue de la vie humaine et contient une indication sur la durée qu'il est encore permis de lui attribuer raisonnablement.

Cette remarque a conduit à dresser ce que l'on appelle vulgairement des *tables de m.* : ce sont des tables dans lesquelles on a considéré un certain nombre d'individus supposés vivants à un moment donné à partir duquel on note, d'âge en âge, le nombre de survivants jusqu'à l'âge auquel a lieu l'extinction complète du groupe.

Nous reproduisons ci-après trois tables de m. des plus importantes, savoir :

La table de Deparcieux, imprimée en 1746 par son auteur dans l'*Essai sur les probabilités de la vie humaine;* elle a été construite d'après des observations faites sur des *têtes choisies* et donne une m. relativement *lente* dans les âges moyens, ce qui l'a fait adopter longtemps pour les calculs relatifs aux rentes viagères ;

La table de Duvillard, publiée en 1806; on n'est pas très fixé sur la nature des observations sur lesquelles elle repose. Elle donne une m. irrégulière, très rapide aux âges moyens et trop lente certainement aux âges avancés. Elle a été longtemps employée pour le calcul des primes d'assurances en cas de décès;

Enfin la table dressée par la *Caisse Nationale des retraites pour la vieillesse* en 1887 (dite table C. R.).

C'est d'après cette table que sont calculées aujourd'hui les rentes servies par la *Caisse Nationale des retraites.*

LOI DE MORTALITÉ

| AGE | D'APRÈS DEPARCIEUX. (1746) Nombre de vivants | D'APRÈS DUVILLARD (1806) Nombre de vivants | D'APRÈS LA Caisse Nationale des retraites C. R. (1887). Nombre de vivants |
|---|---|---|---|
| 0 | » | 1.000.000 | » |
| 1 | » | 767.525 | » |
| 2 | » | 671.834 | » |
| 3 | 1.000 | 624.668 | 100.000 |
| 4 | 970 | 598.713 | 99.285 |
| 5 | 948 | 583.151 | 98.708 |
| 6 | 930 | 573.025 | 98.244 |
| 7 | 915 | 565.838 | 97.870 |
| 8 | 902 | 560.245 | 97.561 |
| 9 | 890 | 555.486 | 97.294 |
| 10 | 880 | 551.122 | 97.045 |
| 11 | 872 | 546.888 | 96.790 |
| 12 | 866 | 542.630 | 96.505 |
| 13 | 860 | 538.255 | 96.176 |
| 14 | 854 | 533.711 | 95.796 |
| 15 | 848 | 528.969 | 95.361 |
| 16 | 842 | 524.020 | 94.870 |
| 17 | 835 | 518.863 | 94.326 |
| 18 | 828 | 513.502 | 93.734 |
| 19 | 821 | 507.949 | 93.096 |
| 20 | 814 | 502.216 | 92.423 |
| 21 | 806 | 496.317 | 91.724 |
| 22 | 798 | 490.267 | 91.011 |
| 23 | 790 | 484.083 | 90.297 |
| 24 | 782 | 477 777 | 89.598 |
| 25 | 774 | 471.366 | 88.918 |
| 26 | 766 | 464.863 | 88.260 |
| 27 | 758 | 458.282 | 87.623 |
| 28 | 750 | 451.635 | 87.002 |
| 29 | 742 | 444.932 | 86.388 |
| 30 | 734 | 438.183 | 85.777 |
| 31 | 726 | 431.398 | 85.165 |
| 32 | 718 | 424.583 | 84.551 |
| 33 | 710 | 417.744 | 83.935 |
| 34 | 702 | 410.886 | 83.319 |
| 35 | 694 | 404.012 | 82.701 |
| 36 | 686 | 397.123 | 82.081 |
| 37 | 678 | 390 219 | 81.454 |
| 38 | 671 | 383.300 | 80.817 |
| 39 | 664 | 376.363 | 80.165 |
| 40 | 657 | 369.404 | 79.495 |
| 41 | 650 | 362.419 | 78.807 |
| 42 | 643 | 355 400 | 78.102 |
| 43 | 636 | 348.342 | 77.382 |
| 44 | 629 | 341.235 | 76.646 |
| 45 | 622 | 334.072 | 75.894 |
| 46 | 615 | 326.843 | 75.120 |
| 47 | 607 | 319.539 | 74.316 |
| 48 | 599 | 312.148 | 73.472 |
| 49 | 590 | 304.662 | 72.579 |
| 50 | 581 | 297.070 | 71.629 |
| 51 | 571 | 289.361 | 70.618 |
| 52 | 560 | 281.527 | 69.546 |
| 53 | 549 | 273.560 | 68.417 |
| 54 | 538 | 265.450 | 67.233 |
| 55 | 526 | 257.193 | 65.999 |
| 56 | 514 | 248.782 | 64.717 |
| 57 | 502 | 240.214 | 63.387 |
| 58 | 489 | 231.488 | 62.007 |
| 59 | 476 | 222.605 | 60.577 |
| 60 | 463 | 213 567 | 59.093 |
| 61 | 450 | 204.380 | 57.552 |
| 62 | 437 | 195.054 | 55.951 |
| 63 | 423 | 185.600 | 54.285 |
| 64 | 409 | 176.035 | 52.548 |
| 65 | 395 | 166.377 | 50.736 |
| 66 | 380 | 156.651 | 48.842 |
| 67 | 364 | 146.882 | 46.861 |
| 68 | 347 | 137.102 | 44.794 |
| 69 | 329 | 127.347 | 42 642 |
| 70 | 310 | 117.656 | 40.407 |
| 71 | 291 | 108.070 | 38.096 |
| 72 | 271 | 98.637 | 35.718 |
| 73 | 251 | 89.404 | 33.282 |
| 74 | 231 | 80.423 | 30.799 |
| 75 | 211 | 71.745 | 28.288 |
| 76 | 192 | 63.424 | 25.769 |
| 77 | 173 | 55.511 | 23.265 |
| 78 | 154 | 48.057 | 20.802 |
| 79 | 136 | 41.107 | 18.409 |
| 80 | 118 | 34.705 | 16.109 |
| 81 | 101 | 28.886 | 13.927 |
| 82 | 85 | 23.680 | 11.883 |
| 83 | 71 | 19.106 | 9.995 |
| 84 | 59 | 15.175 | 8.275 |
| 85 | 48 | 11.886 | 6.737 |
| 86 | 38 | 9.224 | 5.388 |
| 87 | 29 | 7.165 | 4 231 |
| 88 | 22 | 5.670 | 3.261 |
| 89 | 16 | 4.686 | 2.470 |
| 90 | 11 | 3.830 | 1.838 |
| 91 | 7 | 3.093 | 1.347 |
| 92 | 4 | 2.466 | 972 |
| 93 | 2 | 1.938 | 691 |
| 94 | 1 | 1.499 | 482 |
| 95 | » | 1.140 | 330 |
| 96 | » | 850 | 220 |
| 97 | » | 621 | 142 |
| 98 | » | 442 | 88 |
| 99 | » | 307 | 52 |
| 100 | » | 207 | 28 |
| 101 | » | 135 | 11 |
| 102 | » | 84 | 2 |
| 103 | » | 51 | » |
| 104 | » | 29 | » |
| 105 | » | 16 | » |
| 106 | » | 8 | » |
| 107 | » | 4 | » |
| 108 | » | 2 | » |
| 109 | » | 1 | » |
| 110 | » | » | » |

Les tables de Deparcieux et de Duvillard ont été reproduites par nous à cause de l'intérêt historique qu'elles présentent, mais elles sont abandonnées aujourd'hui. Les Compagnies d'assurances françaises sur la vie leur ont substitué les deux tables AF (assurés français) et RF (rentiers français), publiées en 1892 et résultant des observations faites dans leur clientèle même, ce qui les rend plus propres aux calculs que l'on en tire.

Nous nous bornerons à citer, parmi les autres tables françaises connues, celle, si importante, de Demonlferrand, et parmi les tables étrangères celles de Quételet, de Finlaison, de Carlisle, des vingt Compagnies anglaises, des Compagnies allemandes, des Compagnies américaines (Voir à ce sujet l'*Annuaire* du Bureau des Longitudes).

Nous ne ferons qu'indiquer sommairement les calculs auxquels donnent lieu les tables de m. et qui sont les éléments fondamentaux des opérations viagères. Si l'on considère, dans une table quelconque, un nombre $V_x$ d'individus vivants à l'âge $x$, la probabilité, pour un individu de cet âge, d'être vivant après $n$ années, c.-à-d. à l'âge $x+n$, sera donnée par le rapport $\frac{V_{x+n}}{V_x}$.

La probabilité, pour un individu de l'âge $x$, d'être décédé à l'âge $x+n$ sera $\frac{V_x - V_{x+n}}{V_x}$, quantité que l'on voit être égale à $1 - \frac{V_{x+n}}{V_x}$, c.-à-d. au complément de la probabilité de vie.

Les tables de mortalité servent encore à déterminer la *vie moyenne* et la *vie probable*.

On appelle *vie moyenne* à l'âge $x$ le nombre d'années qu'aurait vécu, à partir de cet âge, chacun des individus considérés, si la durée de l'existence avait été la même pour tous. Elle s'obtient en faisant la somme de tous les vivants aux âges $x+1$, $x+2$,..... $\omega$, en divisant cette somme par le nombre de vivants $V_x$ et en ajoutant $\frac{1}{2}$ au résultat.

La *vie probable*, qu'il ne faut pas confondre avec la précédente, est le laps de temps au bout duquel le nombre de vivants se trouve réduit de moitié; c'est la durée pour laquelle la probabilité de survivance est exprimée par $\frac{1}{2}$.

La *vie moyenne* et la *vie probable* n'ont d'intérêt qu'au point de vue statistique ou démographique, mais on est exposé à commettre de graves erreurs si on les prend comme base des calculs viagers.

**MORTARA**, v. d'Italie (Lombardie); 8,100 hab. Victoire des Autrichiens sur les Piémontais en 1849.

**MORTARA**, enfant appartenant à une famille juive habitant Bologne (alors États du pape), baptisé clandestinement en 1858 par une domestique fanatique, enlevé par elle à sa famille, et enfermé à Rome dans un couvent. Les recherches de la famille, aidée de toutes les diplomaties européennes, n'aboutirent à rien, sinon à constater que le fils vivait.

**MORT-BOIS**. s. m. T. Eaux et Forêts. Broussailles, ronces, et menu bois sans valeur ou de peu de valeur. Voy. Bois.

**MORTE** (mer) ou **LAC ASPHALTITE**. Lac de la Palestine à l'extrémité sud de la Syrie (Turquie d'Asie); il a 76 kilomètres de long sur 17 de large.

**MORTE-EAU**. s. f. Marée basse des quadratures, époques où les marées sont moins fortes. Voy. Marée. || Fig. Personne flegmatique.

**MORTEAU**, ch.-l. de c. (Doubs), arr. de Pontarlier; 2,800 hab.

**MORTEL, ELLE**. adj. (lat. *mortalis*, m. s., de *mors*, *mortis*, mort). Qui est sujet à la mort. *Tous les hommes sont mortels. Le corps est m. Quitter sa dépouille mortelle*, Mourir. || Qui cause la mort, ou qui paraît devoir la causer. *Maladie, blessure mortelle. Un coup m. Un poison m.* — *Péché m.*, Voy. Péché. || Extrême, excessif dans son genre; ne se dit jamais qu'en mal. *Haine mortelle. Douleur, crainte, tristesse mortelle. Ennui, déplaisir m. Être dans des douleurs, des transes mortelles. Il fait un froid m. C'est son ennemi m.* — *Il y a dix mortelles lieues de cette ville à telle autre*, Dix lieues longues et ennuyeuses. On dit, dans un sens anal., *J'ai attendu deux mortelles heures dans la rue. Il a fait trois mortels volumes sur ce sujet insipide.* = Mortel. s. m. Homme. *C'est un heureux m., un infortuné m. Les misérables mortels. Le commun des mortels.*

Dieu parle, et d'un mortel vous craignez le courroux.

Racine.

|| On dit quelquefois *Mortelle*, au fém., en parlant d'une femme. *C'est une simple mortelle. Elle n'a pas l'air d'une mortelle.*

Mortelle, subissez le sort d'une mortelle.

Racine.

**MORTELLEMENT**. adv. [Pr. *mortè-leman*]. De manière que la mort s'ensuive. *Il est blessé m., malade m.* — *Pécher m.*, Commettre un péché mortel. || Excessivement. *Haïr m. Cet homme est m. ennuyeux.*

**MORTELLERIE**. s. f. [Pr. *mortè-lerie*]. Art ou travail du mortellier.

**MORTELLIER**. s. m. [Pr. *mortè-lié*] (lat. *mortella*, mortier). Celui qui brise certaine pierres dures pour en faire du ciment.

**MORTEMART**, branche de la famille de Rochechouart, à laquelle appartinrent, pendant le règne de Louis XIV, le duc de Vivonne et ses sœurs Mmes de Montespan, de Thianges, et l'abbesse de Fontevrault.

**MORTE-PAYE**. s. f. Voy. Paye. = Pl. *Des mortes-payes.*

**MORTE-SAISON**. s. f. [Pr. *mortesè-zon*]. Voy. Mort, Morte. = Pl. *Des mortes-saisons.*

**MORT-GAGE**. s. m. T. Jurispr. Gage dont le créancier profite sans en compter les intérêts en déduction de la dette.

**MORTIER**. s. m. (lat. *mortarium*, m. s.). Sorte de vase qui est fait de métal, de pierre, de bois, etc., et dont on se sert pour y piler certaines choses. *Un m. de fonte, de marbre, de verre.* || T. Artill. Voy. Canon. | Espèce de bonnet rond en forme de mortier renversé, fait de velours noir et bordé de galon d'or, que les présidents de parlement portaient dans l'exercice de leurs fonctions, et qui est encore aujourd'hui la coiffure des présidents des cours de justice. *Président à m. Le m. du chancelier de France était d'étoffe d'or avec un bord d'hermine.* || T. Maçonn. Voy. Ciment.

**MORTIER**, duc de Trévise, maréchal de France, fut tué par la machine infernale de Fieschi (1768-1835).

**MORTIÉRELLE**. s. f. T. Bot. Genre de Champignon (*Mortierella*) de la famille des *Mucorinées*. Voy. ce mot.

**MORTIÉRELLÉES**. s. f. pl. [Pr. *morti-é-rel-lé*] (R. *mortirelle*). T. Bot. Tribu de Champignons de la famille des *Mucorinées*. Voy. ce mot.

**MORTIFÈRE**. adj. 2 g. (lat. *mors*, *mortis*, mort; *fero*, je porte). T. Méd. Qui cause la mort. *Suc m. Une plante mortifère.*

**MORTIFIANT, ANTE**. adj. Qui mortifie, qui humilie l'amour-propre, qui cause de la confusion. *C'est une chose bien mortifiante. Un refus m. Y a-t-il rien de plus mortifiant?*

**MORTIFICATION**. s. f. [Pr. ...*sion*] (lat. *mortificare*, mortifier, de *mors*, *mortis*, mort, et *ficare*, faire). T. Méd. État d'un tissu ou d'un organe duquel la vie disparaît. *La m. a fait des progrès rapides.* Voy. Gangrène. || T. Cuis. Commencement de décomposition qui rend le gibier plus tendre et plus savoureux. || Dans le style ascétique, Action par laquelle on mortifie son corps, ses passions. *La m. de la chair, des sens, des passions.* — Se dit aussi des événements douloureux, des accidents fâcheux qui arrivent dans la vie. || Fig., Chagrin, affliction accompagnée de quelque humiliation qu'on cause à une personne par quelque réprimande ou par quelque procédé dur et fâcheux, *C'est une m. que vous auriez pu vous épargner. Il s'est attiré, il a reçu de grandes mortifications.*

**MORTIFIER**. v. a. (lat. *mortificare*, m. s., de *mors*, *mortis*, mort, et le suff. *ficare*, faire). T. Médec. Éteindre la vie dans un tissu, dans un organe. *Le boulet a mortifié la partie qu'il a touchée.* || T. Cuis. Faire que de la viande devienne plus tendre, en diminuant la cohésion de ses parties. *Battre un gigot pour le m.* || T. Dévotion. Affliger son corps par des macérations, des austérités, *M. sa chair.* — *M. ses sens, ses passions*, Les réprimer dans la vue de plaire à Dieu. || Figur., Humilier quelqu'un, lui faire de la peine par quelque réprimande, par quelque procédé dur et fâcheux. *Ce refus l'a beaucoup mortifié. On lui a dit des choses qui l'ont beaucoup mortifié.* = SE MORTIFIER. v. pron. || Devenir plus tendre. *Laissez cette viande se m. davantage.* = MORTIFIÉ, ÉE. part. *Une perdrix bien mortifiée.* = Figur., *Être mortifié d'une chose*, En éprouver du chagrin. = Conj. Voy. PRIER. = Syn. Voy. MACÉRER.

**MORTIFIEUR**. s. m. Celui qui mortifie.

**MORTILLAGE**. s. m. [Pr. les *ll* mouillées]. T. Techn. Chardons à laine déjà usés et dont on se sert pour commencer à lainer les draps.

**MORTIMER** (comte DE), baron anglais, déposa Édouard II (1327), exerça le pouvoir sous la minorité d'Édouard III, puis fut pendu par arrêt du Parlement (1287-1330).

**MORT-NÉ, ÉE**. adj. On appelle *Enfant mort-né*, ou substant., *Mort-né*, Un enfant qui a déjà cessé de vivre lorsqu'il vient au monde. *Dans les villes, on compte* 1 *mort-né sur* 17 *à* 18 *accouchements, et, dans les campagnes,* 1 *sur* 20. || Se dit également de certains animaux. *Un veau mort-né. Une brebis mort-née.* || Fig., se dit, adjectiv., Des ouvrages d'esprit qui n'ont aucun succès. *C'est un poème mort-né. Une tragédie mort-née.*

**MORTON**, régent d'Écosse sous Marie Stuart, né en 1530 et décapité en 1581.

**MORTRÉE**, ch.-l. de c. (Orne), arr. d'Argentan ; 1,300 hab.

**MORTUAIRE**. adj. 2 g. [Pr. *mortu-ère*] (lat. *mortuarius*, m. s., de *mors, mortis*, m. s.). Qui a rapport au service funèbre. *Un drap m. Payer les droits mortuaires.* || *Registre m.*, Registre où l'on inscrit les noms de personnes décédées. — *Extrait m.*, Extrait qu'on tire de ce registre. Voy. ÉTAT *civil*. = MORTUAIRE, s. f. Statistique des décès.

**MORUE**. s. f. (bas lat. *moruta*, m. s.). T. Ichth. Genre de *Poissons osseux*. Voy. GADOÏDES. || T. Comm. *M. franche*, morue fraîche. — *M. verte*, morue salée et séchée. || Fig. *Habit à queue de m.* dont les pans sont longs et étroits à leur extrémité. — Fam. *Mettre sa queue de m.* Mettre son habit. || *Huile de foie de m.* Voy. HUILE, VII, *Huile de poisson.*

**MORULE**. s. f. (lat. *morula*, dimin. de *mora*, retard). Petit retard. Inus.

**MORUS** (THOMAS **MORE** dit), homme d'État et écrivain anglais, grand chancelier de Henri VIII, ne voulut pas reconnaître la suprématie spirituelle du roi et fut décapité (1480-1535). Il est l'auteur de l'*Utopie*, ouvrage modelé sur la *République* de Platon.

**MORUTIER**. s. m. [Pr. *moru-tié*]. Pêcheur de morue.

**MORUYER**. adj. m. [Pr. *moru-i-é*]. *Vaisseau m.*, qui va à la pêche de la morue.

**MORVAN**, petit pays de l'Autunois et du Nivernais, ch.-l. *Château-Chinon.* = Nom des hab. : MORVANDAIS, AISE = ou MORVANDEAU, MORVANDELLE. || MONTS DU MORVAN, chaîne qui unit la Côte d'Or aux collines du Nivernais.

**MORVAN**. Roi de Bretagne en 818, vaincu par Louis le Débonnaire.

**MORVE**. s. m. (lat. *morbus*, maladie, ou variante de *gourme*). || T. Vétér. Voy. ci-après. || Humeur visqueuse qui découle des narines. *Avoir la m au nez.* || T. Hortic. Maladie qui fait couler les laitues et chicorées.

**Méd. Vét.** — La m. est une maladie virulente, contagieuse et inoculable, sévissant particulièrement sur les équidés et pouvant se transmettre accidentellement à l'homme et à diverses espèces animales. Une dans sa nature, la maladie peut se présenter en clinique sous divers aspects : suivant qu'elle frappe ou non les cavités nasales, on la désigne par les dénominations de m. ou de *farcin*. L'étude de cette affection a fait des progrès très instructifs depuis la découverte de son microbe. Les bacilles de la m. se présentent sous l'aspect de petits bâtonnets à bouts arrondis, droits ou légèrement incurvés; les caractères de culture, de résistance vitale de ce microorganisme ont fait l'objet de travaux très importants qui ont établi d'une façon précise sa biologie. Les animaux les plus sensibles sont l'âne, le mulet et le cheval; les chèvres et les moutons, le chat, le cobaye, présentent aussi une grande réceptivité; au contraire, les bovidés, le porc, le chien, les oiseaux, sont réfractaires. L'étiologie de la maladie se résume en un mot : la contagion, soit par inoculation directe, soit par infection. L'homme est généralement contaminé par le cheval, et les moindres écorchures servent de portes d'entrée à l'agent pathogène.

La maladie éclate de 3 à 5 jours après l'inoculation; elle peut revêtir une marche rapide et se présente alors sous la forme morveuse, avec production de phénomènes locaux primitifs auxquels succèdent les manifestations générales graves, tellement que la mort est constamment la terminaison. Le farcin aigu est très rare, au lieu que le farcin chronique est plus fréquent que la m. L'évolution de celui-ci dure environ 12 à 15 mois, mais le pronostic est toujours fatal. Les lésions produites par la m. se présentent sous deux aspects : tantôt ce sont des altérations suppuratives analogues à celles de l'infection purulente, tantôt des nodules qu'on a pu comparer aux productions tuberculeuses; les altérations pyohémiques sont surtout fréquentes chez l'homme, les lésions tuberculiformes chez le cheval. Le diagnostic de la maladie présente souvent de très grandes difficultés; aussi dans les cas douteux a-t-on recours à la méthode expérimentale, inoculant le pus à des cobayes. Au point de vue thérapeutique, les recherches faites dans la voie des vaccinations n'ont pas encore donné de résultat absolu; mais on peut prédire leur succès prochain. A l'heure actuelle, la marche du mal est enrayée par la prophylaxie et la police sanitaire; quant au traitement curatif, il est uniquement symptomatique et hygiénique.

**MORVEAU**. s. m. [Pr. *mor-vo*] (R. *morve*). Masse épaisse de mucus nasal qu'on rejette d'un coup. *Jeter un gros m.* Bas.

**MORVEN**, montagne d'Écosse célébrée par Ossian.

**MORVÉNITE**. s. f. T. Minér. Variété d'*Harmotome*.

**MORVEUX, EUSE**. adj. [Pr. *morveu-euze*]. Qui a la morve au bout du nez. *Nez m. Cet enfant est toujours m.* — Prov. *Qui se sent m. qu'il se mouche. Il vaut mieux laisser son enfant m. que de lui arracher le nez. Les morveux veulent moucher les autres.* || T. Art vétér. *Cheval m.*, Cheval qui est atteint de la morve. = MORVEUX, EUSE. s. Ne se dit que dans le langage famil., et par dénigrement, Pour désigner un jeune homme ou une jeune fille, et faire entendre qu'ils n'ont pas le droit de se mêler de certaines choses. *C'est un m., une petite morveuse. Voilà un plaisant m. pour faire l'entendu.* — *Traiter quelqu'un comme un m.*, Le traiter avec un mépris humiliant.

**MORVOLANT**. s. m. T. Techn. Soie mêlée qui tombe dans le déchet, lors du dévidage des cocons.

**MOSAÏQUE**. s. f. [Pr *mo-za-ike*] (ital. *mosaica*, m. s. du lat. *musaicum*, m. s., propr. ouvrage des Muses). T. Techn. Voy. ci-après. || Fig. Ouvrage composé de pièces de rapports. *Cet opéra est une m.* || T. Zool. Espèce de coquillage. || T. Serr. Ouvrage de serrurerie présentant des compartiments à jour que l'on pose à la place d'un panneau plein, au haut d'une porte cochère, pour donner du jour.

**Techn.** — On appelle m. une sorte d'ouvrage de marqueterie, fait avec de petits fragments diversement colorés, de marbre, de pierre, ou de matières vitrifiées, que l'on assemble au moyen d'un mastic. On croit que l'art de la *mosaïque* est né en Asie ; mais c'est entre les mains des artistes de la Grèce et de Rome qu'il atteignit la perfection. Les mosaïques servaient à orner les pavés, les murs et les plafonds des édifices publics et des maisons des riches particuliers. Le nom de *musivum opus*, sous lequel les anciens les désignaient, paraît venir de ce qu'on les employait principalement à la décoration des bibliothèques ou autres lieux consacrés aux Muses. — Les anciens distinguaient deux sortes de mosaïques. Ils désignaient sous le nom de *lithostrotum* ou d'*opus sectile* celles qui ne représentaient que de simples figures géométriques, et qu'on employait surtout pour le pavé des édifices publics ou privés. L'*opus musivum*, appelé aussi *pictura de musivo*, constituait une véritable peinture, et s'exécutait avec de petits cubes de pierre ou de marbre, ou encore de verre : ces derniers furent introduits par les Romains vers l'époque d'Auguste. Les mosaïques qui nous restent de l'antiquité représentent des sujets de tout genre. Ainsi, pour nous borner aux plus connues, la m. de Palestrine représente, suivant Winckelmann, Hélène et Ménélas; la fameuse m. de Pompéi, une bataille qu'on croit être celle d'Issus; la m. de la villa Albani, une école de philosophes : et la m. du Capitole ou des Colombes, qui a été découverte dans la villa Hadriani, un canthare plein d'eau sur le bord duquel sont quatre colombes. Les mosaïques qui formaient le pavé des salles à manger représentaient fréquemment des miettes de pain et d'autres débris qui semblaient être tombés de la table. Pline mentionne particulièrement une m. de ce genre qui existait à Pergame et qui était l'œuvre d'un certain Sosus. Les débris d'un festin y étaient figurés avec une telle vérité d'imitation, qu'on aurait cru que les esclaves avaient négligé de balayer la salle. Les mosaïques de cette sorte étaient appelées *asarota*, c.-à-d. qui n'a point été balayé.

Le travail de la m. est une œuvre de patience qui s'exécute de la manière suivante. On prépare un fond bien uni que l'on recouvre d'une couche de mastic plus ou moins épaisse. Sur ce fond, l'artiste trace les contours des figures qu'il veut représenter, puis, prenant les petits cubes un à un, il les implante dans le mastic. Enfin, lorsque l'ensemble a assez de consistance, il termine en polissant toute la surface. L'art de la m. n'a jamais péri en Italie. A l'époque même où elle devint la proie des barbares, il continua à être pratiqué pour la décoration des édifices religieux : seulement, il participa nécessairement à la décadence commune de tous les arts. Cependant, il reparut avec éclat au commencement du XI<sup>e</sup> siècle, quand le gouvernement vénitien fit venir de Byzance, où les anciennes traditions s'étaient mieux conservées, une colonie de mosaïstes pour travailler à la décoration de Saint-Marc. Venise devint à cette occasion une pépinière d'habiles artistes qui se répandirent peu à peu dans les autres parties de la péninsule. Dès le XIII<sup>e</sup> siècle, les mosaïstes florentins jouissaient d'une réputation universelle. Au XIV<sup>e</sup>, commença celle des Romains. Les premiers imaginèrent la m. dite *florentine*, et les seconds la m. dite *romaine*. La *M. florentine*, appelée par les Italiens *commesso*, au lieu d'être composée, comme les mosaïques antiques, de petit cubes ayant invariablement les mêmes dimensions, se fait avec des plaques de marbre ou de pierre dure (cornaline, calcédoine, lapis-lazuli, etc.) découpées de diverses manières suivant le dessin que l'on veut reproduire. La *M. romaine* est une combinaison de toutes pièces oblongues de marbre, de verre, ou d'autres substances. Ces pièces néanmoins varient de dimensions selon la grandeur de la peinture qu'on exécute; il y en a de tout à fait filiformes. Pour certains tableaux en m., on emploie jusqu'à 50,000 couleurs ou nuances différentes. La m. dite de *bijouterie* n'est qu'une sorte de m. romaine; ses produits sont spécialement destinés à l'ornement des bijoux, bagues, broches, épingles, etc. On distingue encore, sous le nom de *M. en relief*, une variété de m. florentine qui s'exécute avec des agates, des jaspes et autres pierres dures naturelles de diverses couleurs, taillées et polies, pour représenter des fleurs, des fruits, des feuillages, et fixées sur une plaque de marbre d'une nuance propre à faire ressortir le dessin en relief auquel elle sert de fond. — Chez les anciens, l'emploi des mosaïques était général, depuis les plus grands édifices publics jusqu'aux maisons particulières. On les appliquait, tantôt horizontalement pour former le pavé des appartements, tantôt verticalement pour former le revêtement intérieur des murailles. La prédilection des Romains pour la m. tenait sans doute aux avantages qu'elle présente au point de vue de la durée. En effet, elle n'est point altérée par les agents atmosphériques; on peut la nettoyer, en la lavant, et même lui donner un nouveau poli, sans risquer d'en détruire le coloris. Aujourd'hui l'art de la m. est surtout cultivé en Italie, à Rome et à Florence. Au XVI<sup>e</sup> et au XVII<sup>e</sup> siècles, les papes firent exécuter en m. les tableaux de Raphaël et des autres grands maîtres qui ornaient la basilique de Saint-Pierre, afin de transporter les originaux au Vatican. Napoléon voulut naturaliser cet art en France. Dans ce but, il créa, à Paris, une école de m. et en confia la direction au célèbre mosaïste Belloni. Cette école produisit plusieurs œuvres de premier ordre, qui furent placées au musée du Louvre, mais elle ne subsista que quelques années. Parmi les élèves distingués qu'elle forma, nous nommerons Philippe, Quinet, Ciuli et Théret, aux sacrifices et aux efforts desquels la m. doit de n'avoir pas entièrement disparu de notre pays. Malheureusement, le prix énorme auquel revient une belle m. d'une certaine dimension est un obstacle invincible au développement de cet art.

**MOSAÏQUE.** adj. 2 g. [Pr. *mo-zaïke*] (lat. *mosaïcus*, de Moïse). Qui vient de Moïse. *La loi m.*

**MOSAÏSME.** s. m. [Pr. *moza-isme*] (lat. *Moses*, Moïse). Les institutions de Moïse.

I. — Moïse naquit dans le pays de Gessen, en Égypte, l'an 1718 av. J.-C., au moment de la plus grande oppression que les Hébreux eussent encore subie depuis leur arrivée sur la terre égyptienne. La Bible raconte que, deux ans auparavant, le pharaon ou roi d'Égypte avait ordonné de jeter dans le Nil tous les enfants mâles qui naîtraient des Hébreux. Moïse fut exposé sur le fleuve dans une corbeille de jonc enduite de bitume. La fille du pharaon, en se baignant dans le Nil, aperçut la corbeille, fut frappée de la beauté de l'enfant, le sauva, et l'adopta en lui donnant le nom égyptien de *Moondjched*, en hébreu *Mocheh*, qui signifie sauvé des eaux. Plus tard, Moïse, informé de sa naissance, quitta la cour du roi pour aller vivre parmi ses concitoyens. Or, un jour, ayant vu un Juif maltraité par un Égyptien, il tua ce dernier et s'enfuit au delà de la mer Rouge, dans le pays de Madian, où il resta jusqu'à l'âge de quatre-vingts ans. Alors, la voix de Dieu se fit entendre à lui du milieu d'un buisson ardent qui brûlait sans se consumer, et lui ordonna de se rendre en Égypte pour briser le joug de ses frères. Moïse vint sommer le roi de rendre la liberté aux Israélites et de leur permettre de sortir de l'Égypte. Sur le refus du pharaon, Moïse, par autant de miracles terribles, frappe successivement la terre et le peuple égyptiens de dix fléaux connus sous le nom de *plaies d'Égypte*. A la dernière, la plus cruelle de toutes, car elle lui coûte son fils, le roi cède. Six cent mille Hébreux de plus de vingt ans, non compris les femmes et les enfants, se rassemblent, célèbrent la pâque, et quittent l'Égypte (1632). Parvenus sur les bords de la mer Rouge, ils se voient poursuivis par les Égyptiens. Moïse invoque Jéhovah, et les flots s'ouvrent pour livrer passage aux Israélites, puis se referment tout à coup en engloutissant le pharaon et son armée. Le troisième jour du troisième mois, après leur sortie d'Égypte, les Hébreux étant arrivés au pied du mont Sinaï, Dieu se manifesta à tout le peuple au milieu du tonnerre et des éclairs, et prononça lui-même les dix commandements qui contiennent les principes fondamentaux du culte de Dieu et de la loi morale. Lorsque Dieu leur eut parlé du haut du Sinaï, les Israélites, frappés de terreur, prièrent Moïse de servir désormais d'interprète à ses volontés suprêmes. Le Seigneur l'appela donc à lui sur la montagne, et lui communiqua une partie des règlements qui devaient former la base de sa législation. Toute la nation jura d'être fidèle à l'alliance que le Seigneur formait avec elle. Mais Moïse étant retourné sur le Sinaï, où il resta quarante jours pour s'entretenir avec Dieu et y recevoir les instructions les plus détaillées sur les lois religieuses, politiques et civiles à établir dans Israël, le peuple, éperdu en ne le voyant pas revenir, oublia son serment, força Aaron de lui fabriquer un veau d'or à l'imitation des idoles égyptiennes, et se mit à l'adorer. Sur ces entrefaites, Moïse descendit de la montagne, tenant dans ses mains les tables de la loi. Dans son indignation, il les brise, détruit le veau d'or, et, appelant à lui la tribu de Lévi, il lui ordonne de punir les coupables : 23,000 hommes sont mis à mort par les Lévites, et le peuple reconnaît sa faute. Moïse remonte de nouveau sur le Sinaï, y reste encore 40 jours, et en rapporte deux nouvelles tables, où Dieu lui-même a écrit ses commandements. Alors il fait achever le tabernacle, l'arche d'alliance, les vases sacrés, etc., consacre Aaron et les Prêtres, et, un mois après, les Lévites; ensuite il promulgue ses lois principales. Le peuple d'Israël quitte alors le Sinaï et s'approche de la *terre promise*, où il ne devait pénétrer que 38 années plus tard. Moïse lui-même, non plus que son frère Aaron, ne devait pas avoir la consolation d'entrer dans la terre promise. Il la vit seulement du haut d'une montagne de la Pérée, où il mourut à l'âge de cent vingt ans, après avoir désigné Josué pour son successeur (1598 av. J.-C.). Dieu lui-même l'enterra sur le sommet de la montagne, et le peuple le pleura pendant trente jours.

II. — Nous nous abstiendrons de toutes réflexions relatives à ce récit légendaire. Plus intéressante et plus instructive est l'étude critique des institutions que légua à son peuple le législateur d'Israël. La législation de Moïse est contenue tout entière dans le Pentateuque. Elle embrasse à la fois tous les rapports de l'homme, et lui prescrit tous ses devoirs, soit envers Dieu, soit envers les autres, soit envers lui-même.

A. Les lois religieuses doivent être placées au premier rang, car toutes les autres en découlent ou s'y rattachent plus ou moins étroitement. Il est un Dieu unique, infini, immuable, incorporel, qui a créé l'univers par sa puissance, qui le gouverne par sa sagesse, un Dieu d'où tout vient et à qui tout doit se rapporter. Ce dieu, Jéhovah, est le véritable souverain d'Israël : il a pour palais le tabernacle, pour serviteurs et pour gardes les prêtres et les Lévites. Il ne saurait être adoré sous une forme matérielle, et, s'il a ses ministres et son culte, ce culte doit être avant tout dans l'aveu de la dépendance, dans la crainte et dans l'amour de son peuple. Comme sujets de Jéhovah, les Israélites doivent lui payer impôt, c.-à-d. la double dîme en nature sur les récoltes, et les doubles prémices sur les troupeaux; ils lui consacrent leurs premiers-nés dans la personne des Lévites, et témoignent de leur soumission par l'institution du sacrifice perpétuel et par la marque indélébile de la circoncision. Chaque semaine le Sabbat, chaque mois la fête de la Néoménie, chaque année la fête des Trompettes, chaque cinquante ans l'Année jubilaire, sont destinés à perpétuer le souvenir de leur alliance réciproque et à célébrer le Très-Haut. Les Prêtres et les Lévites sont chargés des fonctions du culte, de veiller à l'observation de la loi, et de l'enseigner au peuple (Voy. Lévite). Jéhovah ne veut qu'un seul temple, image de son unité divine, et symbole de l'unité de son peuple. Pour cimenter cette dernière, Moïse ordonne que tout Israélite se rende au temple trois fois par an, aux fêtes de Pâques, de la Pentecôte et des Tabernacles, pour célébrer en commun les bienfaits de Dieu et prendre part à des festins religieux auxquels l'une des dîmes est consacrée.

B. La constitution politique de Moïse est nettement théocratique. C'est Jéhovah lui-même qui est le chef du gouvernement; mais il faut bien des interprètes entre lui et le peuple : ces interprètes sont les Lévites. Cependant, pour éviter ou au moins atténuer les abus de la puissance sacerdotale dont il avait été témoin en Égypte, Moïse place les Lévites, pour leur subsistance même, sous la dépendance des autres tribus (Voy. Lévite). En outre, loin de s'attribuer comme en Égypte le monopole des lumières, les Prêtres doivent enseigner la loi au peuple et la lire publiquement tous les sept ans. Enfin, lorsque plus tard le grand prêtre fut chargé de choisir, au nom de Dieu, le chef de l'État, ce choix resta soumis à l'approbation du peuple. Un sénat, composé des membres les plus influents des tribus, servait de conseil dans les affaires importantes, et l'assemblée du peuple était convoquée quand il s'agissait d'affaires d'un intérêt général. Cela ressemble à une république fédérative composée des 12 tribus; mais en fait, l'autorité et la puissance n'en étaient pas moins entre les mains du grand prêtre, représentant de Jéhovah. La justice était rendue par des Juges ou Anciens désignés par l'âge ou par le peuple. Ils tenaient leurs séances aux portes des villes, devant le peuple qui souvent exécutait lui-même la sentence. Ils prononçaient dans les causes ordinaires tant civiles que criminelles, excepté dans les cas réservés aux sacrificateurs. L'appel se portait devant une cour suprême, appelée le *Sanhédrin*, qui était composée de prêtres et de simples citoyens. Les questions épineuses et les discussions de tribu à tribu étaient également envoyées devant ce tribunal. Toutes les fonctions publiques étaient gratuites. L'impôt consistait en tributs fixés par la loi : c'étaient les dîmes destinées aux pauvres, aux festins publics, et à l'entretien du culte et de ses ministres. Nulle profession n'est héréditaire, et nulle distinction de caste ne vient détruire l'esprit d'égalité qui existe entre tous les citoyens. Moïse, pour empêcher les désirs de conquête, limite le territoire attribué par Dieu à son peuple. Moïse partagea les terres par la voie du sort, et, pour rendre l'état de choses durable, il les déclara inaliénables à perpétuité dans les mêmes familles et dans les mêmes tribus. Ce partage fut consacré par la religion. De cette manière, chaque chef de famille avait un fonds de terre peu étendu qui, tout en lui permettant d'entretenir sa famille dans l'aisance, le forçait à amour du travail et à la frugalité. En partageant les terres, Moïse comprit que cette distribution, sans l'inaliénabilité, serait de peu de durée, et que l'égalité serait aussitôt rompue qu'établie. Néanmoins, l'inaliénabilité absolue avait elle-même des inconvénients graves; il permit donc d'aliéner l'usufruit et la récolte des terres, sauf le droit de retrait, pour emprunter de l'argent ou des vivres. Mais, à l'année jubilaire (Voy. Jubilé), toute dette se trouvait abolie, le propriétaire reprenait ses biens et tout rentrait dans l'ordre primitif. Toutefois, les biens de ville faisaient exception; s'ils n'étaient pas rachetés dans l'année, l'aliénation en devenait irrévocable. La loi interdisait le prêt à intérêt entre Hébreux; elle ne le permettait qu'à l'égard des étrangers. Moïse favorisa, par les dispositions les plus sages, le développement de l'agriculture; mais il ne fit rien pour favoriser celui du commerce extérieur : il préféra le laisser entre les mains des étrangers, et cela, parce qu'il redoutait, pour son peuple, le contact des peuples infidèles, qui n'aurait pas manqué d'altérer les mœurs des Israélites et peut-être de leur faire oublier le culte de Dieu.

C. Les lois relatives aux personnes sont empreintes d'un esprit de sagesse et d'humanité qu'on ne retrouve nulle part chez les autres peuples de l'antiquité. Dans toutes les législations anciennes, l'esclave était une chose à la disposition absolue du maître, la femme n'était guère qu'une esclave, l'enfant était sans protection contre un père dur et sans entrailles. Moïse, au contraire, se fait le protecteur de tous ceux que leur position ou leur faiblesse expose particulièrement à l'oppression. C'est ce qu'il est facile de voir en comparant, ainsi que nous l'avons fait aux mots Esclavage, Famille et Mariage, les lois des Israélites concernant les esclaves, ainsi que la puissance paternelle et maritale, avec les lois des autres peuples, et particulièrement avec celles des Grecs et des Romains. Quant aux étrangers, qui étaient toujours regardés par les nations anciennes comme des ennemis, Moïse veut qu'ils soient traités avec douceur, car, dit-il, les Israélites ont été eux-mêmes étrangers en Égypte. S'il a pour eux de la méfiance, c'est qu'ils sont idolâtres, et qu'il craint que par eux les Juifs ne soient entraînés à l'idolâtrie. Au reste, à part quelques exceptions, il n'interdit point absolument les unions matrimoniales avec les étrangers; il permet à ces derniers de voyager dans le pays, pourvu qu'ils ne fassent aucun acte d'idolâtrie; bien plus, s'ils deviennent Hébreux de cœur et de foi, il les autorise à s'y fixer et à s'y faire naturaliser. Dans ce cas, étant circoncis et faisant la pâque, ils peuvent devenir possesseurs de maisons dans les villes, les seuls biens-fonds qui ne fussent pas inaliénables.

Moïse résume ses lois morales dans le *Décalogue*, qu'il ordonne de faire apprendre aux enfants et que l'Église chrétienne enseigne encore aujourd'hui sous le nom de *Commandements de Dieu*. Cette morale, si pure et si belle, s'attache à tout ce qui peut élever l'homme à ses propres yeux, à tout ce qui peut assurer le repos et le bonheur de la société. Non seulement le législateur hébreu condamne tout vice, toute action mauvaise ou criminelle, mais encore il interdit jusqu'aux désirs coupables. Il ordonne d'aimer son prochain comme soi-même, de ne pas rendre le mal pour le mal, d'oublier les injures, de ne pas médire et de ne pas mentir, d'honorer ses parents et de les soutenir dans leur vieillesse, de respecter les cheveux blancs, de compatir aux infirmes, d'honorer les magistrats, etc. Il recommande même d'aider le faible et le malheureux, de lui prêter gratuitement, de faire l'aumône sans encourager la paresse, de traiter avec douceur les serviteurs et les esclaves, d'aimer l'étranger. Dans sa sollicitude, il ordonne de laisser pour le pauvre, la veuve, l'orphelin et l'étranger, les épis échappés aux moissonneurs, les gerbes oubliées, les grappes restées dans les vignes, et les olives restées sur les oliviers; il veut encore qu'on leur abandonne le bout du champ et de la vigne, et qu'aux jours de fêtes et de festins publics ils soient invités, et qu'ils se réjouissent avec les heureux et les riches, assis à la même table. — Les animaux eux-mêmes sont l'objet de sa pitié. Il interdit leur mutilation, il ordonne qu'ils jouissent du repos du sabbat; il défend d'atteler ensemble un bœuf et un âne, à cause de la disproportion des forces; il veut qu'on épargne les douleurs à ceux qu'on tue pour se nourrir, et, par une prescription touchante, il recommande de ne pas tuer l'animal poursuivi qui se réfugie dans la maison, de ne pas tuer le petit sous les yeux de la mère, de ne pas prendre la mère des petits oiseaux, etc.

D. A l'origine des sociétés, la plupart des législateurs, ayant affaire à des peuples grossiers et barbares, ont compris la nécessité de leur imposer, comme des obligations légales, certains préceptes relatifs à la propreté, à l'alimentation et à l'hygiène, soit publique, soit privée. Moïse, plus qu'aucun autre, fut frappé de ce devoir du législateur et il n'y manqua point. Sous un climat brûlant, où le manque de soins corporels pouvait engendrer de nombreuses maladies, il impose, au nom de la religion, un grand nombre de lustrations, d'ablutions et de purifications qui devaient être aussi agréables que saines. Il prend des mesures pour qu'une extrême propreté règne dans les camps, et, dans la vie civile, il multiplie les prescriptions, notamment en ce qui concerne les femmes. C'est au point de vue de la santé surtout qu'il divise les animaux en *purs* et *impurs*. Parmi ces derniers se trouvent les insectes venimeux, les oiseaux de proie, les poissons sans écailles et vivant dans la boue, ainsi que tous les animaux non ruminants et qui n'ont pas le pied fendu. Il défend également les graisses, d'une digestion difficile, et mauvaises dans un pays où les maladies cutanées étaient si fréquentes. Il en est de même du sang. Cette prescription, en obligeant de saigner avec soin les animaux, rendait leur viande bien moins sujette à la corruption. Il interdit la viande des animaux purs morts de maladie ou mordus et déchirés par d'autres animaux. La lèpre, que les Hébreux avaient importée d'Égypte, est, pour Moïse, l'objet d'une attention toute particulière (Voy. Lèpre). En outre, tout cadavre d'homme ou d'animal était impur. Tout ce qui approchait un cadavre humain était souillé, et cette souillure, imprimée aux personnes, aux meubles, etc., devait être effacée par une aspersion d'eau lustrale, le troisième et le septième jour. Ces prescriptions avaient pour but de faire disparaître promptement l'infection que pouvait produire la putréfaction. Le supplicié devait être enterré le jour même de l'exécution. Enfin les inhumations se faisaient hors des villes.

E. C'est surtout pour juger sainement des lois pénales promulguées par Moïse, qu'il importe de bien concevoir les circonstances dans lesquelles il se trouvait, et de comprendre la difficulté de son œuvre. — Les peines qu'il inflige au coupable sont la mort par le feu, par le glaive, ou par la lapidation, la peine du talion, celle du fouet ou du bâton, mais limitée à quarante coups, enfin des amendes ou compensations pécuniaires. Il est à remarquer qu'il n'existe dans ses lois pénales, ni prisons, ni cachots, ni tortures, ni amputations, ni marques ignominieuses, et que la mutilation ne se présente que dans le cas rare du talion. Le crime le moins pardonnable à ses yeux était l'idolâtrie, qui sapait son œuvre dans ses fondements, renversait ses lois et bouleversait l'État. Il voulut donc qu'elle fût punie de manière à frapper de terreur le peuple tout entier. Aucun complice ne devait échapper au châtiment : la famille du coupable était punie si elle ne l'avait pas dénoncé, sa ville même si elle avait participé à son crime en le tolérant. Comme conséquence de ce principe, il frappe de la peine capitale toute désobéissance à ses lois religieuses et rituelles. Ainsi, est retranché du peuple quiconque a blasphémé, violé le sabbat, manqué à célébrer la pâque, à se laver de l'impureté légale, etc. Il en est de même de celui qui, étant souillé, s'est approché des choses saintes, de celui qui s'est servi de pain levé le jour de la pâque, qui a mangé de la graisse, du sang, ou de la chair du sacrifice après le second jour. Il condamne à la même peine les faux prophètes, les séducteurs du peuple, ceux qui s'adonnent à la divination et à la magie, qui désobéissent aux ordres de la cour suprême, aux arrêts de la justice, etc. Mais si Moïse punit avec sévérité, il n'en prend pas moins des précautions pour protéger l'accusé. Pour prévenir les vengeances personnelles, le législateur hébreu établit des asiles, non dans le but d'assurer l'impunité au coupable, mais pour que celui-ci, jusqu'au jugement, soit à l'abri du ressentiment des parents (Voy. Asile). Le vengeur du sang (*gohel*) ne peut que poursuivre le coupable devant les tribunaux et le tuer s'il est condamné. Le meurtre entraîne la peine de mort : nulle rançon ne peut racheter la vie du meurtrier. S'il reste inconnu, une génisse doit être immolée par les anciens sur le lieu du crime, afin d'en inspirer l'horreur. Si, dans une dispute, l'un des adversaires reçoit des coups et des blessures, le coupable doit lui payer une amende pour frais de guérison et pour l'indemniser du temps perdu. Si un œil a été crevé, une jambe cassée, le coupable est frappé de la peine du talion, à moins que la victime n'accepte le dédommagement offert. Si l'on frappe une femme enceinte et qu'elle accouche avant terme, le mari peut exiger une amende, si l'enfant meurt, le coupable subit la mort, etc. — Moïse frappe encore des peines les plus sévères les délits et les crimes contre l'honnêteté et les mœurs. Il punit de mort la rébellion et la malédiction des enfants contre leurs parents, l'inceste, le viol, les crimes contre nature. Le séducteur doit épouser la fille qu'il a séduite et la doter, à moins que le père ne refuse son consentement, auquel cas il doit payer à celui-ci cinquante sicles d'argent. Le mari qui accuse faussement la vertu de sa nouvelle épouse est puni de la peine du fouet et d'une amende. Le faux témoin, le calomniateur et le diffamateur sont punis selon le mal qu'ils ont voulu faire. Le premier des biens de l'homme étant la liberté, la lui ravir est un crime que Moïse punit de mort. Si, dans sa législation, on ne pouvait prendre ouvertement le bien d'un individu, on le pouvait indirectement par le déplacement des bornes : l'exécration publique est prononcée contre l'auteur de ce crime. — Moïse distingue le vol selon qu'il a été commis la nuit ou le jour; dans le premier cas, le volé a le droit de tuer le voleur, mais non dans le second. Le vol est puni par la restitution du double; si le voleur ne peut payer, on le vend comme esclave. Celui qui se sert de faux poids et de fausses mesures doit restituer au double. La même peine frappe le dépositaire convaincu de dol. Le vol de bestiaux est puni du double si l'animal est trouvé chez le voleur, du quadruple si celui-ci l'a vendu ou tué, du quintuple si l'animal volé est un bœuf. Si quelqu'un frappe une bête et la tue, il en rend une autre pareille. Si, par négligence, on laisse un fossé ouvert, et qu'un animal s'y tue, on doit en payer la valeur et garder la bête. Si le bœuf de quelqu'un tue celui d'un autre, les deux bœufs sont vendus et leurs propriétaires s'en partagent la valeur, etc. C'est ainsi que toutes les propriétés immobilières et mobilières sont sauvegardées, que tout dommage est réparé. La mauvaise foi, la négligence, l'imprudence, n'échappent pas à la pénalité. La force majeure seule rend irresponsable. Quant aux injustices cachées, Moïse fait appel à la crainte de Dieu et offre un moyen d'expiation par la réparation des torts. Enfin, comme certains crimes restaient inconnus et que d'autres étaient difficiles à prouver, Moïse les abandonne au châtiment providentiel, et ordonne qu'ils soient maudits publiquement, dans une cérémonie expiatoire et solennelle, qui se célébrait sur le mont Hébal.

III. — Il est permis de douter que toute cette législation soit l'œuvre d'un seul homme. Il est permis de supposer que Moïse a rassemblé et coordonné tant bien que mal une série de préceptes qui circulaient déjà à l'état de tradition parmi les Israélites, en y ajoutant des préceptes particuliers qui en augmentèrent la valeur morale. En tout cas, il est probable que Moïse, quoique la Bible n'en dise rien, a subi l'initiation dans quelque temple d'Égypte et qu'il en a rapporté des connaissances étendues et de larges idées philosophiques qu'il s'est efforcé d'adapter à l'intelligence du peuple grossier qu'il avait à diriger. Enfin, il est assez probable que le Pentateuque a été remanié après la captivité de Babylone. Il y a dans le Talmud des passages qui montrent clairement qu'une refonte des livres saints a été opérée à cette époque. On n'est donc pas sûr d'avoir la législation primitive des Hébreux; dans tous les cas, il faut la juger telle que nous la connaissons. Au point de vue religieux, le dogme du monothéisme manifeste une supériorité incontestable; seulement, il est à peu près prouvé que ce dogme faisait partie de l'enseignement ésotérique des Égyptiens, chez qui la religion vulgaire, avec sa multitude de dieux ridicules, n'était bonne que pour les non-initiés. Aussi, en se vulgarisant chez les Hébreux ignorants et grossiers, ce monothéisme perd singulièrement de sa valeur. Jéhovah n'est pas le Dieu de l'Univers, ayant une égale sollicitude pour toutes ses créatures : c'est le Dieu d'un peuple, le Dieu d'Israël et de Jacob, et il ordonne à son peuple de haïr les autres peuples comme il les hait lui-même. Ce Dieu est jaloux, cruel, vindicatif Il ignore le pardon et punit les fautes du père sur les enfants jusqu'à la septième génération. Un autre caractère bien remarquable de la religion de Moïse, c'est qu'il y est à peine question de la vie future. C'est tout au plus si l'on trouve dans le Pentateuque quelques passages obscurs relatifs au retour vers les ancêtres, et encore ces passages sont-ils suspects d'interpolation ultérieure. L'absence de ce dogme fondamental est d'autant plus remarquable que Moïse, élevé en Égypte, connaissait la doctrine de la métempsychose ; mais, d'un autre côté, elle oblige à reporter sur cette terre toute sanction de la loi morale et explique, sans la justifier, l'idée injuste de punir les enfants et les arrière-petits-enfants pour la faute de leur père.

En politique, le système théocratique de Moïse a pu se maintenir tant que les restrictions qu'y avait apportées le législateur ont été respectées. Mais, quand arrive le gouvernement du grand prêtre, la théocratie devient toute-puissante, et plus tard elle opprime jusqu'aux rois que s'est donnés Israël : elle est alors la cause de toutes les révoltes, de toutes les guerres civiles, et finalement du grand schisme qui sépare dix tribus de la fédération commune.

Cependant, il est un point, et c'est peut-être le plus important, où l'œuvre de Moïse ne peut qu'exciter la plus complète admiration , c'est la partie qui règle les relations d'homme à homme. Ici la morale la plus élevée inspire toutes les prescriptions : la justice et la charité sont données comme la seule règle des obligations mutuelles. Il n'y a pas sous ce rapport, dans toutes les législations des peuples anciens, un seul code qui puisse être comparé à celui de Moïse.

L'influence du m. sur le développement ultérieur de la civilisation a été diversement appréciée. Il est très remarquable de voir qu'aujourd'hui encore, 36 siècles après Moïse, les deux religions qui se partagent le monde civilisé, le christianisme et le mahométisme, enseignent le monothéisme comme Moïse, et considèrent son décalogue comme la base de toutes les prescriptions morales. On est ainsi porté à croire que toute notre civilisation, au moins en ce qui concerne la partie morale, dérive directement du m. Cependant, il ne faut pas oublier que l'hellénisme était arrivé par la philosophie à la conception d'un Dieu unique, et que, suivant toute probabilité, le dogme de Dieu, cause et créateur de toutes choses, était la base de tous les enseignements ésotériques donnés dans le secret des temples. Sans discuter cette question épineuse, il faut reconnaître que le monothéisme de Platon est bien supérieur à celui de Moïse. Le dogme de la vie future est dans l'hellénisme, il n'est pas dans le m. Enfin, à l'époque du Christ, les philosophes grecs étaient arrivés à une morale aussi pure que celle de Moïse, et plus élevée dans son principe. Au reste, ce qu'il y a de plus élevé dans la morale chrétienne est l'œuvre personnelle du Christ, qui se recommandait de l'ancienne loi. A ce titre, on peut dire que la morale chrétienne dérive de celle de Moïse. Quant à tous les détails du dogme et de la discipline chrétienne, ils tiennent beaucoup plus à l'hellénisme qu'au m. Voy. CHRISTIANISME.

**MOSAÏSTE**. s. m. [Pr. *moza-iste*]. Artiste en mosaïque.

**MOSANDRITE**. s. f. [Pr. *mozan-drite*]. T. Minér. Silicotitanate hydraté de cérium, de lanthane, de didyme, de calcium, de sodium et de fer. Se rencontre en longs prismes aplatis, de couleur brune, dans la syénite.

**MOSARABE**. adj. 2 g. [Pr. *moza-rabe*]. Voy. MOZARABE.

**MOSASAURE** [Pr. *moza-sôre*] (lat. *Mosa*, Meuse; gr. σαῦρα, lézard). Genre de Sauriens fossiles, trouvé pour la première fois sur les bords de la Meuse près Maestrich.

**MOSCATEL**. s. m. (gr. μόσχος, musc). Vin de liqueur fabriqué dans la prov. de Malaga (Espagne), avec des raisins muscats.

**MOSCATELLE**. s. f. [Pr. *moskatè-le*] (gr. μόσχος, musc, avec un suff. dimin.). T. Bot. Petite plante à odeur de musc. Voy. SAXIFRAGACÉES.

**MOSCHARIA**. s. f. [Pr. *moska-ria*] (gr. μόσχος, musc). T. Bot. Genre de plantes Dicotylédones de la famille des *Composées*, tribu des *Labiatiflores*. Voy. COMPOSÉES.

**MOSCHIFÈRE**. adj. 2 g. [Pr. *moski-fère*] (gr. μόσχος, musc; lat. *fero*, je porte). T. Zool. Qui porte, ou produit du musc.

**MOSCHUS**, poète bucolique grec, qui vivait vers 280 av. J.-C.

**MOSCOU**, anc. cap. de la Russie, sur la Moskova, à 2,945 kilomètres N.-E. de Paris et à 776 kilomètres S. de Saint-Pétersbourg; 822,000 hab. Ch.-l. du gouvernement de Moscou. Centre du commerce et de l'industrie russes. Siège d'un métropolitain russe. Au milieu de la ville est le *Kremlin*, anc. résidence des tsars. Les Français prirent Moscou en 1812, mais les Russes mirent eux-mêmes le feu à la ville. = Nom des hab. : MOSCOVITE.

**MOSCOVA** ou **MOSKOVA**, riv. de Russie, qui passe à Moscou, célèbre par la bataille que Napoléon y gagna en 1812, à Borodino. Le maréchal Ney reçut le titre de prince de la Moskova.

**MOSCOVADE**. s. f. (esp. *mazcabado*, part. pass. de *mazcabar*, déprécier). T. Comm. Sucre brut, coloré par la mélasse. Voy SUCRE.

**MOSCOVIE**, anc. nom de la Russie. = Nom des hab.: *Moscovite*.

**MOSCOVITE** ou **MUSCOVITE**. s. f. (R. Moscou). T. Minér. Mica proprement dit. Voy. MICA.

**MOSELLE**, riv. de France et d'Allemagne, sort des Vosges, près Bussang, passe à Remiremont, Épinal, Toul, Metz, Thionville, Trèves, et se jette sur la rive gauche du Rhin à Coblentz; 514 kilomètres.

**MOSELLE** (Dép. de la). anc. dép. français dont 3 arr. *Metz*, *Thionville* et *Sarreguemines* ont été cédés à l'Allemagne par le traité de Francfort en 1871; le 4e, *Briey*, fait partie du dép. de Meurthe-et-Moselle.

**MOSER**. Savant et publiciste allem. (1701-1785).

**MOSETTE**. s. f. [Pr. *mozè-te*]. T. Liturg. Camail des Cordeliers. ‖ Camail que portent les évêques et les chanoines. Voy. CAMAIL.

**MOSHEIM**. Savant protestant allem. Théologien et historien (1694-1755).

**MOSKOVA** ou **MOSKOWA**, Voy. MOSCOVA.

**MOSQUÉE**. s. f. [Pr. *mos-kée*] (arabe, *mesdjid*, lieu d'adoration, d'où les Espagnols ont fait *mezquita*, et les Italiens *meschita*). C'est le nom que nous donnons aux temples mahométans. Ces édifices sont ordinairement de forme carrée et entourés extérieurement de murs qui les encadrent dans une enceinte plus ou moins vaste. Les caractères architectoniques des mosquées varient selon les pays où elles ont été érigées; néanmoins elles présentent généralement un dôme plus ou moins élevé, et sont toujours ornées d'un certain nombre de minarets. Leur entrée est ordinairement précédée d'une grande cour plantée d'arbres, au milieu de laquelle jaillit une fontaine dont les eaux servent aux ablutions. A l'intérieur, on ne trouve ni autel, ni tableaux, ni bancs, ni sièges; des tapis recouvrent le pavé; les murs blanchis offrent pour toute décoration des inscriptions en lettres d'or, qui consistent en versets choisis du Coran; et des lampes sont suspendues à la voûte du temple. Au sud-est, on remarque une espèce de chaire destinée à l'iman qui lit la prière, et, dans la direction de la Mecque, on aperçoit une niche, appelée *Kiblah*, c.-à-d. la direction, parce qu'elle sert à indiquer aux fidèles le lieu vers lequel ils doivent se tourner quand ils prient. Aux grandes mosquées sont ordinairement annexés des *Medressés*, ou écoles supérieures où l'on enseigne le Coran, des *Imarets*, ou hôpitaux, et même des cuisines pour la nourriture des pauvres. Certaines mosquées ont des revenus immenses. Les biens-fonds qui en dépendent sont appelés *Vakoufs* : en Turquie, ces biens comprennent environ le tiers du territoire de l'empire. — Voy. ARCHITECTURE, MINARET, CAABA, etc.

**MOSQUITOS**, peuple de l'Amérique centrale, sur la mer des Antilles, annexé aux républiques du Nicaragua et du Honduras.

**MOSSAMBA**, Pays et chaînes de montagnes de l'Afrique équatoriale à l'est du Benguéla.

**MOSSAMÉDÈS**, ville et prov. méridionale de l'Angola (Afrique). La ville a 2,000 hab. Port sur l'Atlantique.

**MOSSOTILE**. s. f. T. Minér. Aragonite colorée en vert par des traces de carbonate de cuivre.

**MOSSOUL**, v. de la Turquie d'Asie, sur la rive droite du Tigre; 40,000 hab. Sur l'autre rive sont les ruines de l'ancienne Ninive.

**MOSTAGANEM**, ch.-l. d'arr. du dép. d'Oran (Algérie), sur la mer, à 72 kil. N.-E. d'Oran; 14,400 hab.

**MOSTAR**. Cap. de l'Herzégovine sur la Narenta; 12,700 hab.

**MOT**. s. m. [Pr. *mo*] (lat. *muttum*, mot et grognement, de *muttire*, grogner, murmurer). Une ou plusieurs syllabes réunies exprimant une idée.

Il est un heureux choix de mots harmonieux.

BOILEAU.

*M. grec, latin, français. M. nouveau, peu usité, barbare, suranné, tombé en désuétude. M. d'une syllabe, de deux syllabes, etc. M. simple, composé. Ce m. est dérivé du grec, est emprunté du latin. C'est un m. fort expressif, fort significatif. Ce m. est familier, du style familier. Ce m. a plusieurs significations. Ces deux mots sont synonymes. Il prononce bien les mots. Dire, expliquer une chose en peu de mots. Il n'a pas dit un m. de tout cela.* — *M. propre, m. à double entente; M. hybride, factice, forgé; M. consacré, sacramentel*, Voy. Propre, Entente, etc. — *M. artificiel*, M. dont on se sert pour aider la mémoire par l'arrangement des lettres. Ainsi, en logique, *Barbara, Celarent, etc.*, sont de mots artificiels dont on se servait jadis pour graver plus aisément dans la mémoire les différentes espèces de syllogismes. || Figur., *Grands mots*, Expressions exagérées. — *Gros mots*, Jurements; ou bien Menaces, paroles blessantes. *Il a dit de gros mots. Des paroles piquantes ils en sont venus aux gros mots.* || Famil., *Ce sont des mots, ce ne sont que des mots*, Ces paroles sont vides de sens; ou bien, ces paroles ne seront suivies d'aucun effet. — Prov., *Dire les mots et les paroles*, Dire crûment une chose qui aurait besoin d'être adoucie par l'expression, *Il n'y a qu'un m. qui serve*, Décidez-vous nettement; ou ce que je vous dis est mon dernier m. — Fig. et fam., *Compter ses mots*, Parler avec lenteur et avec affectation. *Traîner ses mots*, Voy. Traîner *Manger ses mots*, Voy. Manger. || *Le m. d'une énigme, d'un logogriphe, d'une charade*, Le nom qu'on propose à deviner dans une énigme, dans un logogriphe, etc. — *Jeu de mots*, se dit de quelque allusion fondée sur la ressemblance des mots. = *M.*, signifie aussi ce qu'on dit ou ce qu'on écrit à quelqu'un en peu de paroles. *Dites-lui un m. en ma faveur. Vous avez lâché là un m. bien indiscret. Je vous écris un m. pour vous apprendre.... Faites-moi un m. de réponse. Je vous prêterai cette somme, mais donnez-moi un m. d'écrit, un m. de votre main. Je vous expliquerai l'affaire en un m., en deux mots, en trois mots, en quatre mots.* — Fam., *Un m., deux mots, s'il vous plaît*, se dit quand on appelle quelqu'un pour lui parler.

A moi, comte, deux mots.

Corneille.

Par menace, *Nous en dirons deux mots quand vous voudrez*, Nous viderons notre querelle quand il vous plaira. On dit dans le même sens, *J'ai à me plaindre de lui, je lui en dirai deux mots.* — Fig. *Dire deux mots à un pâté*, l'entamer. — Fam., *Ne pas sonner m., ne pas souffler m., ne dire m.*, Ne pas parler, ne rien dire. *Il n'a pas soufflé m. de toute la soirée. Je n'ai pas le plus petit m. à dire. A toutes nos questions il ne répondit m. Qui ne dit m. consent.* — Prov., on dit de quelqu'un qui parle peu, et qui cependant a de l'esprit, de l'intelligence. *S'il ne dit m., il n'en pense pas moins.* — Fam., *Vous dites là le m.*, Ce que vous dites éclaircit la difficulté, décide la question. *Le grand m. est lâché*, Le m. qu'on retenait est échappé. *Tranchez le m., c'est trop longtemps me faire attendre.* Donnez une réponse décisive. *Trancher le m.*, signifie aussi dire nettement ce qu'on pense. *C'est un homme peu délicat; tranchons le m,, c'est un fripon.* — *Entendre à demi-m.*, Voy Entendre. || *Bon m.*, Voy. Bon. || *M. fin*, Expression d'une simplicité apparente, dont la force ne paraît qu'après qu'on y a réfléchi, et qui fait penser plus qu'elle ne semble dire. *Il y a dans cette phrase un m. très fin.* — Fig. et fam., *Fin m.*, se dit aussi de l'intention secrète qui dirige quelqu'un, du but où tendent ses vues, ses démarches, sa conduite. *Je n'entends pas le fin m. de tout cela. Il n'a pas encore dit le fin m. J'ai deviné le fin m.* || Fam. *M. pour rire*, Ce qu'on dit en plaisantant pour amuser les autres. — *Il a toujours le m., le petit m. pour rire.* — On dit aussi d'une chose trop sérieuse pour être tournée en plaisanterie, *Il n'y a pas là le m. pour rire.* On dit encore d'un homme qui veut être plaisant et qui manque son but, *Il n'y a pas le m. pour rire à ce qu'il dit*, et, dans le même sens, *On ne trouve pas le mot pour rire dans cette comédie.* || Sentence, parole remarquable, à quelque titre que ce soit. *C'est un m. de Sénèque. Ce sage a dit un beau m., un grand m. Ce m. remarquable est d'Alexandre le Grand. Ce m. de Caligula peint l'homme tout entier.* — On dit aussi : *Voilà un m. fort spirituel. Il lui échappe de temps à autre des mots fort heureux. Etc.* — *Le m. de la fin*, Saillie qui termine un entretien. || T. Guerre. Se dit du mot ou plutôt des mots qu'un chef donne à ceux qui sont sous ses ordres, pour qu'ils puissent se reconnaître entre eux. Quand le chef donne deux mots, ce qui a presque toujours lieu, le premier s'appelle *M. d'ordre*, et le second *M. de ralliement*: cependant on comprend aussi quelquefois sous le nom de *M. d'ordre*, l'un et l'autre de ces deux mots. *Donner le m. Prendre le m. Quand un poste reconnaît une patrouille, il en reçoit le m. d'ordre et lui donne le m. de ralliement.* On disait autrefois, *Le m. du guet.* — Fig. et prov., *Avoir le m.*, Être averti de ce qu'il convient de faire ou de dire dans une circonstance déterminée. *Se donner le m.*, Convenir, se mettre d'accord, se concerter pour une chose. *On peut compter sur lui, il a le m. Ils se sont donné le m.* || T. Chasse. *Sonner un ou deux mots*, Sonner avec le cor une ou deux notes prolongées servant de signal. || T. Blason. *M.*, se dit des paroles ou de l'âme d'une devise. Voy. Devise. = T. Comm. *M.*, se dit du prix que l'on offre de quelque chose. *Ce drap est de tant. Est-ce votre m.? Ce n'est que votre premier m.? C'est mon dernier m. Ce marchand n'a qu'un m. Il n'a pas deux mots. Au dernier m., qu'en voulez-vous? Dites le bon m.* || *Prendre quelqu'un au m.*, Accepter une chose à la première offre qui en est faite. *Je lui en ai offert tant, il m'a pris au m. Vous m'avez offert votre bourse, je vous prends au m.* = En un mot. loc. adv. Bref, enfin, en peu de mots. *Il est beau, spirituel, aimable, généreux: en un m., c'est un homme accompli.* || *En un m., je n'en ferai rien*, Pour répondre en un m. à toutes vos raisons, je déclare que je n'en ferai rien. — Fam., on dit aussi pour marquer sa dernière résolution : *En un m. comme en cent*, ou *comme en mille; Autant en un mot qu'en cent.* = Mot à mot, Mot pour mot. locut. adv. Sans aucun changement ni dans les mots ni dans leur ordre. *Il a appris ce discours m. à m. Transcrire, traduire, rendre m. à m. Rapporter m. pour m. tout ce qu'on a entendu dire. Cette phrase est m. à m. dans tel auteur.* — *Dicter m. à m.*, Ne dicter qu'un m. à la fois. || S'emploie subst. dans le sens de traduction littérale. *Voilà le m. à m. de la phrase. Cette version n'est qu'un m. à m.* = A ces mots. loc. adv. Après avoir ainsi parlé. *A ces mots, il lui tourna le dos.*

**Syn.** — *Expression, Terme.* — Le *M.* est surtout relatif au matériel d'une langue, à l'assemblage des lettres : il est monosyllabique ou polysyllabique, harmonieux ou rude, déclinable ou indéclinable, latin ou français, etc. Le *terme* se rapporte tantôt à la pensée, aux divers sens que le *m.* peut avoir : il est propre ou impropre, précis ou vague, faible ou énergique. L'*expression*, comme le *terme*, s'adresse à la pensée; mais le *terme*, avant tout, fait connaître, signifie, tandis que l'*expression* peint et fait sentir : elle est hardie, vive, colorée, recherchée, heureuse. Tout discours travaillé demande que les *mots* soient français, que les *termes* soient propres, que les *expressions* soient nobles.

**Ling.** — Un *M.* est une émission de voix qui représente une idée; on peut donc le définir, en d'autres termes, l'expression d'une idée par la parole. Mais comme nos idées ne sont pas toutes de la même nature, il doit nécessairement exister des différences correspondantes dans les mots qui les expriment. Or, lorsqu'on analyse une proposition quelconque. *Dieu est bon* par ex., on y trouve toujours la désignation d'un objet (*Dieu*), une affirmation relativement à son existence (*est*), et une qualification ou un attribut (*bon*). De là trois espèces de mots, le *Nom* ou *Substantif*, le *Verbe*, et le *Qualificatif* ou l'*Attributif*. Ces trois sortes de mots sont indispensables à l'expression de nos idées; néanmoins elles ne suffisent pas à les exprimer toutes. Par ex., lorsque j'ai dit *Dieu est bon*, si je veux exprimer aussi sa puissance, je puis, au lieu de dire, *Dieu est puissant*, en répétant le nom *Dieu*, formuler ainsi ma pensée : *il est puissant*. Le mot *il* remplaçant le mot *Dieu*, je l'appellerai *Pronom*. D'un autre côté, dans une multitude de phrases, l'idée d'affirmation et celle d'attribution sont comprises dans un seul m. Lorsque, par ex., je dis : *Dieu pense*, j'exprime ces deux idées à la fois; car *pense* signifie Dieu *est pensant*. En conséquence, nous dirons que *pense* est un *verbe attributif*. Quand l'idée d'attribution est exprimée par un m. distinct du verbe, ce m. est appelé *Qualificatif* ou *Adjectif* : tels sont les mots *bon* et *pensant* des exemples ci-dessus. Nous avons donc déjà quatre espèces de mots, savoir : le *Nom*, le *Pronom*, le *Verbe* et l'*Adjectif*. Mais l'attribution ne saurait toujours s'exprimer d'une manière aussi simple, c.-à-d. à l'aide d'un adjectif ou d'un verbe attributif. Ainsi, par ex., lorsque je dis de Paul, *Paul court* ou *est courant par monts et par vaux*, l'analyse me donne : *Paul* (nom) *est* (verbe) *courant par monts et par vaux* (attributif). Mais, comme l'attribution est ici exprimée par plusieurs mots, il faut examiner ces derniers. Or, je trouve que *monts* et *vaux* désignent des objets; que *par* désigne un rapport entre *courant* et les mots *monts* et *vaux*, et que *et* sert à unir ces deux derniers mots. Je dirai donc que *monts* et *vaux* sont des noms, et quant aux mots *par* et *et*, j'appellerai celui-ci *Conjonction*, car il sert à joindre deux mots ou deux idées, et j'appellerai celui-là *Préposition*, parce que (cela est ainsi dans notre langue au moins) il précède le m. qui désigne l'objet entre lequel et le sujet d'autre part il existe un rapport. Ainsi, aux quatre espèces de mots énumérées plus haut, nous joindrons la *Préposition* et la *Conjonction*. A ces mots, les grammaires ajoutent encore l'*Article*, le *Participe*, l'*Adverbe* et l'*Interjection*; mais les grammairiens, tout en se soumettant à une classification usitée depuis trop longtemps dans l'enseignement pour prétendre à la changer, s'accordent à reconnaître que ces quatre dernières espèces de mots ne diffèrent pas essentiellement de celles que nous avons mentionnées, et que, par conséquent, elles ne constituent point, à proprement parler, des *parties du discours*. En effet, l'*article* et le *participe* sont de simples adjectifs; l'*adverbe* est un m. composé d'une préposition et d'un nom; enfin, l'*interjection* proprement dite n'est qu'un cri. Sur les dix espèces de mots admises par les auteurs, six sont *variables* ou *déclinables*, et quatre sont *invariables* ou *indéclinables*; les premières sont : le *nom* ou *substantif*, le *pronom*, l'*adjectif*, l'*article*, le *participe* et le *verbe*; les secondes sont : l'*adverbe*, la *préposition*, la *conjonction* et l'*interjection*.

**MOTET.** s. m. [Pr. *mo-tè*] (it. *mottetto*, petit mot). T. Mus. On appelle *Motet*, un morceau de musique religieuse, généralement de peu d'étendue et se chantant ordinairement comme hors-d'œuvre à l'office divin, pendant l'offertoire de la messe. Il n'existe aucune règle particulière pour ce genre de composition. On a écrit des motets pour un nombre de voix qui varie depuis une jusqu'à seize; ils peuvent être chantés en chœur sans accompagnement, ou accompagnés soit par l'orgue, soit par le quatuor, soit par l'orchestre. Palestrina, Haendel et Cherubini nous ont laissé des modèles admirables dans ce genre de musique religieuse.

**MOTEUR.** s. m. (lat. *motor*, de *movere*, mouvoir). Celui qui donne le mouvement

> De la terre et des cieux les moteurs éternels.
>
> VOLTAIRE.

— Au sens moral, *Il fut le principal m. de cette entreprise, de cette conjuration.* ‖ T. Mécan. Force qui imprime le mouvement. Machine qui sert à en mouvoir d'autres. ‖ T. Anat. Se dit des muscles qui font mouvoir une partie quelconque, et des nerfs qui déterminent la contraction musculaire. *Les moteurs internes du bras. Le m. externe de l'œil.*

**Mécan.** — Pour mettre une machine en mouvement, il faut toujours employer une certaine puissance. Toute sorte de puissance mécanique porte le nom de *M.* Les moteurs sont de diverses sortes; nous les diviserons en *Moteurs animés* et *Moteurs inanimés*.

I. — La première classe comprend l'homme et les animaux. Sous un certain rapport, l'*homme* est le plus parfait des moteurs, car l'intelligence préside à son action. Il sait en varier l'intensité, la direction, la vitesse; en un mot, l'appliquer de façon à obtenir les meilleurs effets. Mais, d'un autre côté, l'homme est un m. à puissance extrêmement variable, parce que son énergie musculaire est nécessairement intermittente. On utilise la force de l'homme de façons très différentes; nous citerons comme exemples : l'élévation directe d'un fardeau sans l'emploi d'aucune machine; l'élévation d'un poids à l'aide d'une poulie; l'action sur les manivelles de treuils, grues, etc.; l'homme agit par son poids dans les roues à chevilles et dans les tambours creux munis de marches intérieures, appareils qui existent encore dans certaines carrières pour l'extraction des pierres et autres matériaux. Ce dernier mode, ainsi que l'a montré Coulomb, est celui qui donne la plus grande quantité de travail utile. Cette quantité de travail effectuée dans une journée de 8 heures par un homme agissant sur une de ces roues, peut aller jusqu'à 256,000 kilogrammètres; le même homme, agissant sur une manivelle, ne produirait que 172,000 kilogrammètres, et 109,000 seulement, s'il élevait le mouton d'une sonnette à déclic. — Les modes d'application de la force des *animaux domestiques*, le cheval, le bœuf, le mulet, l'âne, sont beaucoup moins variés. Ou bien on leur fait tirer horizontalement des voitures, des fardeaux, ou encore on les fait agir dans des manèges, soit par traction, soit par leur propre poids. Dans ces cas, un cheval équivaut à peu près à 7 hommes occupés à tourner une manivelle. C'est un travail qui s'élève à environ 42 kilogrammètres par seconde. Un âne produirait le quart de ce travail.

II. *Moteurs inanimés.* — Dans cette classe, nous rangerons les corps selon les formes qu'ils affectent, solide, liquide et gazeuse; puis les agents dits impondérables, c.-à-d. l'électricité et le magnétisme.

A. Les *corps solides* peuvent agir comme force motrice, soit par leur pesanteur, soit par leur élasticité. La *pesanteur* ne peut être employée que dans des cas assez limités, parce qu'une fois l'effet produit, il faut dépenser une force égale pour ramener le corps à sa première position. Tel est le cas des horloges où le mouvement est produit par un poids tombant d'une certaine hauteur; tel est encore le cas des plans inclinés automoteurs. L'*élasticité* des corps solides agit, comme force motrice, dans les ressorts. Nous citerons comme exemples, les pendules et les montres. Ici encore, quand le ressort est détendu, il faut dépenser la même énergie qu'il a fournie pour le tendre à nouveau.

B. Les *corps liquides*, et plus particulièrement l'eau, constituent des moteurs d'une grande puissance. Ils peuvent agir, soit par leur propre poids, soit en vertu d'une vitesse acquise, soit en vertu de la réaction déterminée par leur écoulement. Fréquemment ces différents effets combinés agissent simultanément. Mais à l'état de repos, l'eau ne peut fournir un véritable travail mécanique. On utilise comme moteurs les liquides en mouvement, en les faisant agir sur des roues, par ex., qui transmettent l'impulsion reçue à d'autres organes produisant un travail utile. L'eau agit sur les roues par pression, par percussion, ou en vertu de la réaction due à l'écoulement.

C. Non seulement les *gaz* et les *vapeurs* peuvent être utilisés comme forces motrices, mais encore ils donnent les plus grands effets qu'on puisse obtenir des moteurs. L'air agissait, en vertu de sa pesanteur, dans la propulsion des convois sur les chemins de fer atmosphériques. Il agit en vertu de la vitesse acquise dans la navigation à voile et dans les moulins à vent. Il agit comme un ressort par son élasticité si, après l'avoir comprimé, on le laisse échapper brusquement par un orifice : tel est le cas du fusil à vent. Mais quand les gaz sont soumis à l'influence de la chaleur et de la compression, ils fournissent, grâce à leur expansibilité indéfinie, la force motrice, sous l'une de ses formes la plus puissante et la plus commode. (Voy. plus loin *Moteurs à vapeur*, et *moteurs à gaz*, etc.). La machine à vapeur est fondée sur la force de tension qu'acquiert l'eau en se vaporisant dans un espace clos. Les moteurs à gaz, à pétrole, etc., utilisent la force d'expansion déterminée par l'intense chaleur qui se produit au moment de la combustion du gaz d'éclairage ou de la vapeur de pétrole. Enfin, on a mis à profit la force expansive de divers gaz, au moment même de leur régénération, comme le gaz acide carbonique liquide, dans les fusils Giffard par ex. De plus, on sait que les gaz produits par la déflagration de la poudre à canon possèdent une force considérable que l'on utilise en balistique.

D. Parmi les *fluides impondérables*, l'électricité est le seul qu'on emploie comme force motrice. Les machines auxquelles on l'applique sont décrites au mot MAGNÉTISME.

En résumé, quel que soit le m. employé, toute machine motrice n'a d'autre effet que de transformer en travail utile le travail d'une force naturelle. Quelquefois, c'est la pesanteur ou la force du vent qui fournit le travail utile; mais le plus souvent, comme dans les machines à feu, c'est la chaleur de combustion de la houille ou du gaz qui est transformé en travail par des intermédiaires variés. Voy. MACHINE.

Nous ne parlerons d'abord que des *moteurs à feu*. Les moteurs électriques ont été décrits aux mots INDUCTION et MAGNÉTISME, les moteurs à vent le seront au mot MOULIN, et les moteurs hydrauliques sont aux mots HYDRAULIQUE, ROUE et TURBINE.

A la fin de cet article, nous ajouterons cependant quelques renseignements complémentaires sur les moteurs électriques.

III. *Moteurs à vapeur.* — A. *Machines anciennes.* — Les grandes inventions ont pour résultat de changer profondément l'état des sciences, des arts, de l'industrie et de la société elle-même. C'est ce qui s'est notamment produit avec l'invention des moteurs à vapeur.

Il serait inexact d'attribuer aux anciens l'invention des moteurs à v., ou même de regarder leurs *Eolipyles* comme le germe de ces moteurs. L'éolipyle décrit par Héron d'Alexandrie (Fig. 1) vers l'an 120 av. J.-C., était tout simplement une boule métallique creuse, munie de becs percés d'une ouverture fort étroite et recourbée. La sphère pouvait tourner autour d'un diamètre horizontal. On remplissait cette boule d'eau, puis on l'exposait au feu : l'eau qu'elle contenait se vaporisait promptement et la vapeur, en s'échappant par les becs, imprimait à l'appareil un mouvement de rotation. Cet instrument n'était véritablement qu'un jouet. Au commencement du XVIIe siècle, le Napolitain J.-B. Porta savait que la vapeur d'eau peut par son élasticité presser sur la face d'un liquide et le faire monter ainsi au-dessus de son niveau. Vers la même époque, en 1615, François Salomon de Caus imaginait un appareil servant à faire monter l'eau plus haut que son niveau, et qui consistait en un ballon de cuivre A, muni de deux tubes B et C, dont le premier plongeait presque au fond du vase, mais sans le toucher, et dont le second était muni d'un entonnoir et d'un robinet (Fig. 2). Par l'entonnoir, on remplissait le ballon d'eau jusqu'aux trois quarts, puis on fermait le robinet et l'on allumait le feu. L'eau bouillait et se vaporisait, mais comme la vapeur ne pouvait s'échapper, elle forçait le liquide à s'élancer au dehors sous forme de jet par le tube B. En 1629, l'Italien Branca proposait de diriger, au moyen d'un tube coudé, la vapeur d'eau produite par l'éolipyle sur les aubes d'une roue, dont l'axe servirait à transmettre le mouvement à un appareil mécanique quelconque. En 1663, un Anglais, le marquis de Worcester, donnait une description d'un appareil qui, à en croire les Anglais, serait l'origine du moteur à vapeur

Fig. 1.

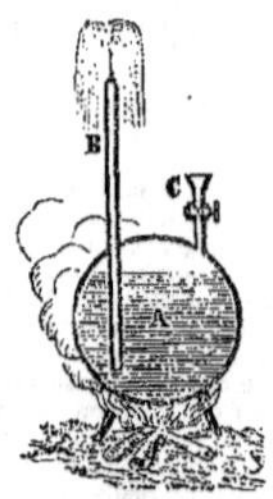


Fig. 2.

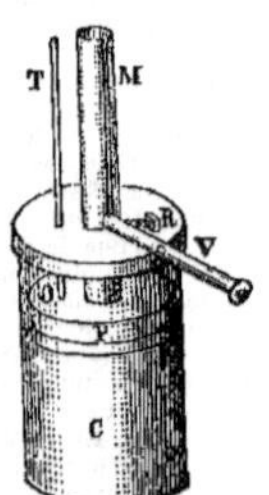


Fig. 3.

moderne. Or, cette prétendue machine est à très peu près la même chose que celle de Salomon de Caus. Mais dans tous ces divers appareils, la vapeur produite par le fourneau n'agissait que par pression sur la surface de l'eau de la chaudière. Ils prouvent uniquement que la force élastique de la vapeur était connue ; mais l'organe fondamental du moteur à vapeur était encore à découvrir. Or, cet organe fondamental, qui est le *piston*, a été imaginé par un Français, Denis Papin, né à Blois, vers 1650.

Déjà, en 1681, Papin, en imaginant son *digesteur*, avait inventé l'ingénieux mécanisme de la soupape de sûreté. Ce fut quelques années après, en 1690, qu'il fit connaître comme il l'écrit lui-même, une « Nouvelle manière de produire à peu de frais des forces mouvantes extrêmement grandes » (Fig. 3). Un cylindre C fermé par le bas et ouvert par le haut, contient un piston P qui peut se mouvoir dans toute sa hauteur. Celui-ci présente un petit trou O qui permet à l'air contenu au-dessous du piston de s'échapper, quand on abaisse celui-ci jusqu'au contact de l'eau. On ferme cet orifice avec la tige T. Après quoi, on chauffe l'eau jusqu'à ce que la vapeur produite ait une tension supérieure à la pression atmosphérique. Le piston se soulève, mais quand il arrive en haut du cylindre, il est arrêté par une verge V qui, mue par un ressort R, entre dans une échancrure pratiquée à la tige M du piston. On enlève le feu, le cylindre se refroidit, la vapeur se condense, et, si l'on retire la verge V de l'échancrure où elle est entrée, la pression de l'atmosphère, n'étant plus contre-balancée par la tension de la vapeur sous le piston, fait descendre ce dernier jusqu'au niveau de l'eau. Le phénomène se reproduit autant de fois qu'on le désire, de telle sorte que l'on a un mouvement alternatif de bas en haut et de haut en bas. C'est bien là à la fois le principe et l'organe fondamental du moteur à vapeur. Papin avait bien compris quelle force on pouvait attendre de ce nouveau moteur et les applications qu'on en pourrait tirer comme en font foi ses écrits. — Si c'est à un Français qu'est due l'invention du mécanisme fondamental des appareils qui fonctionnent aujourd'hui, c'est à l'Anglais Th. Savery que revient l'honneur d'avoir construit, en 1698, le premier moteur à vapeur ayant fonctionné utilement. Il dut apporter divers perfectionnements à son m. avant qu'il pût marcher régulièrement. Savery se proposait de produire un appareil pouvant élever l'eau. Sa machine procède de l'invention de Salomon de Caus et non de celle de Papin. Il se borna à faire agir la vapeur directement sur le liquide dans l'intérieur d'un tube d'où il jaillissait au dehors. La chaudière B (Fig. 4) communique avec un réservoir S par un tuyau garni d'un robinet C. De ce réservoir partent un tuyau descendant FR qui plonge dans la masse d'eau à élever et un tuyau ascendant FA qui aboutit à un réservoir supérieur. On introduit de l'eau dans la chaudière au moyen d'un tuyau D, on ferme le robinet C et l'on pousse le feu jusqu'à ce que l'eau soit arrivée à l'ébullition. Alors on ouvre le robinet C, la vapeur entre dans le réservoir S, et en sort par le tuyau A, entraînant avec elle l'air atmosphérique. Quand l'air est expulsé, on ferme le robinet C, et l'on ouvre un autre robinet *e*. Un jet d'eau froide sort par ce robinet d'un vase E, alimenté par le tuyau A, tombe sur les parois extérieures du réservoir S, refroidit le vase et condense la vapeur qu'il contient, de sorte que le vide s'opère. Aussitôt l'eau du bassin R qu'il s'agit d'épuiser, s'élance en vertu de la pression atmosphérique par le tuyau FR dans la capacité S, en ouvrant la soupape *b* et en fermant la soupape *a*. Le réservoir S une fois rempli, on ouvre le robinet C ; alors la vapeur passe de la chaudière dans le vase S, échauffe la couche d'eau supérieure et les parois du vase, presse l'eau et l'oblige à s'élever par le tuyau A à une hauteur qui dépend de la tension de la vapeur. Cette machine, bien que présentant, on le conçoit, de nombreuses défectuosités, fut adoptée par quelques propriétaires de houillères, et la manière dont elle s'y comporta eut pour effet d'attirer l'attention sur l'emploi mécanique de la vapeur. — Bientôt Th. Newcomen et J. Cawley entreprirent de perfectionner ce moteur. Ils s'associèrent avec Savery et prirent, en 1705, un brevet pour un m. qui n'était que l'exécution en grand, et avec diverses modifications, du modèle imaginé, en 1690, par Papin. Cette machine fut promptement adoptée, dans la plupart des exploitations de mines, pour l'épuisement des eaux. On donne le plus souvent à ce m. le nom de *machine de Newcomen*, du nom d'un de ses créateurs. La Fig. 5 la représente dans ses détails essentiels : A est une chaudière hémisphérique placée sur le fourneau F et munie d'une soupape de sûreté. La vapeur qu'elle produit peut se rendre dans le cylindre C, lorsque le robinet *a* est ouvert. Le piston P, mobile dans le cylindre, est attaché par une chaîne à l'une des extrémités du balancier BB. A l'autre extrémité du balancier est une seconde chaîne, qui soutient une longue tige T, laquelle descend dans le puits de la mine et met des pompes en mouvement. Quand on ouvre le robinet *a*, la vapeur s'élance hors de la chaudière, pénètre sous le piston qu'elle soulève jusqu'au haut du cylindre : alors la tige T descend en vertu de son propre poids, ainsi que du poids additionnel D. En fermant alors le robinet *a*, et en condensant la vapeur contenue dans le cylindre, la pression atmosphérique fait redescendre le piston jusqu'au fond du cylindre, et, en même temps, soulève la tige T par suite du mouvement de

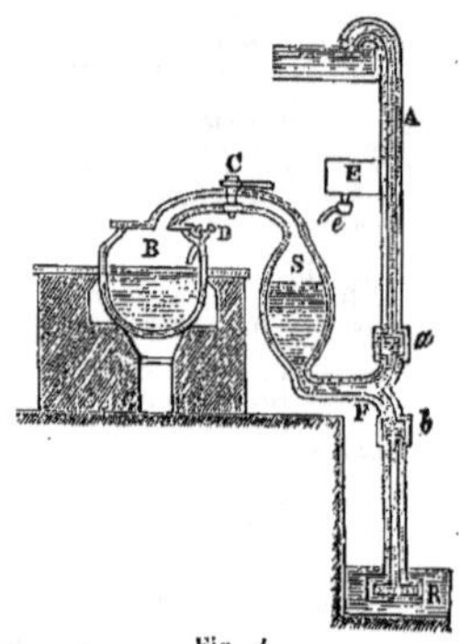


Fig. 4.

bascule qu'éprouve le balancier. Il se produit alors une aspiration de l'eau contenue dans le puits. Dans le principe, la condensation de la vapeur dans le cylindre C s'opérait, comme

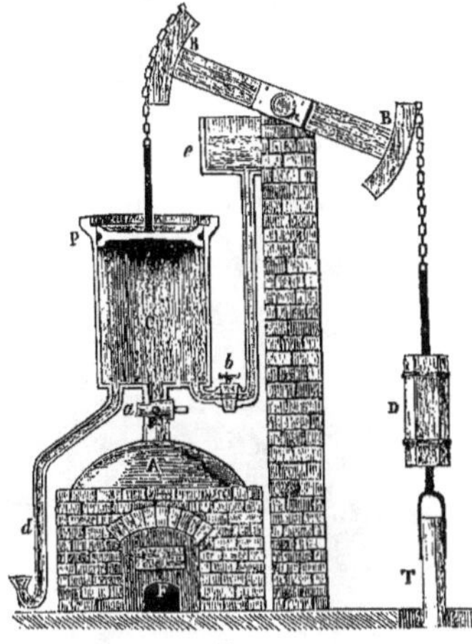


Fig. 5.

pour la machine de Savery, au moyen d'un jet d'eau froide qu'on faisait tomber sur sa surface extérieure, mais ce moyen n'agissait que lentement. Par la suite, on imagina de condenser cette vapeur à l'aide d'une injection d'eau froide; à cet effet, on établit en *e* un réservoir d'eau froide, de manière qu'en ouvrant le robinet *b*, le liquide froid pénétrait dans l'intérieur du cylindre; puis, lorsque le piston redescendait, l'eau s'écoulait au dehors par le tuyau *d*, lequel était muni d'un clapet empêchant l'entrée de l'air pendant l'ascension du piston. Ce dispositif est devenu l'origine du *Condenseur*. Dans les moteurs primitifs de Newcomen, les robinets *a* et *b* se manœuvraient à la main. La tradition attribue à un enfant, Humphry Potter, la première invention du mécanisme à l'aide duquel la machine ouvre et ferme elle-même les robinets à l'instant convenable. Il avait, dit-on, remarqué que l'un des robinets s'ouvrait au moment où le balancier avait terminé sa course descendante, pour se fermer au commencement de l'oscillation opposée : la marche du second robinet était l'inverse. Il imagina d'attacher les extrémités de deux ficelles aux manivelles des deux robinets. Les autres extrémités étant liées au balancier, les tractions que celui-ci occasionnait en montant ou en descendant remplaçaient les efforts de la main pour ouvrir ou fermer ces robinets. L'ingénieur Beighton perfectionna cette première idée en fixant au balancier une tringle verticale armée de chevilles qui venaient ouvrir, aux moments convenables, les différents robinets. Le m. de Newcomen est dit *à simple effet*, parce que la force ne s'exerce que sur l'une des faces du piston. Les exemples ci-dessus donnés montrent combien a été lente la marche qu'a suivie le m. à vapeur dans ses progrès. Mais l'industrie étant une fois entrée dans la voie tracée par Papin, cette voie s'agrandit rapidement pour la science et pour l'industrie. Toutefois il était réservé à un homme d'un génie supérieur, à James Watt, de l'embrasser d'un seul coup d'œil. Watt, en effet, posa le problème d'un m. à vapeur dans toutes les généralités et trouva la solution complète, en créant les moteurs à haute pression.

B. *Moteurs à vapeur à basse pression.* — Le m. à vapeur à basse pression est dû au génie de James Watt. Ce fut en 1769 que cet homme célèbre commença cette série ininterrompue d'inventions qui lui ont acquis une gloire immortelle.

A. La seule espèce de machine à vapeur en usage avant lui était celle de Newcomen, qui ne pouvait guère servir qu'à l'épuisement des eaux. Watt commença par la perfectionner. Il imagina de condenser la vapeur dans un vase séparé, qu'il nomma *Condenseur* et qui communiquait avec le cylindre au moment utile. Il parvint ainsi à produire dans le cylindre, au-dessous du piston, un vide presque complet, et par conséquent toute la puissance de la pression atmosphérique servit exclusivement à faire descendre le piston. Watt imagina ensuite de soustraire le piston à la pression de l'atmosphère et à son action refroidissante, en fermant supérieurement le cylindre, et en faisant arriver constamment la vapeur de la chaudière aussi bien au-dessus du piston qu'au-dessous. De cette manière quand la vapeur est condensée au-dessous ou au-dessus du piston, celle qui est placée au-dessus ou au-dessous de lui l'abaisse ou l'élève. Il créa ainsi le m. *à double effet*. On remarquera de plus que dans la machine de Newcomen, la seule force réellement utilisée était la pression atmosphérique, la vapeur ne servant qu'à faire le vide au-dessous du piston, tandis que dans la machine de Watt, la pression atmosphérique n'intervient plus et c'est la seule force expansive de la vapeur qui fait mouvoir le piston. Watt revenait ainsi à la conception de Papin dont Newcomen s'était écarté. Enfin, pour rendre la température du cylindre invariable, Watt eut l'idée ingénieuse de l'envelopper d'un cylindre concentrique, et mit en communication avec la chaudière l'espace annulaire compris entre eux.

B. *Moteur à balancier et à double effet de Watt.* — Après avoir imaginé et construit son m. à simple effet, Watt ne tarda pas à concevoir que pour avoir un m. universel, un m. applicable à toutes les industries, il fallait produire, au moyen de

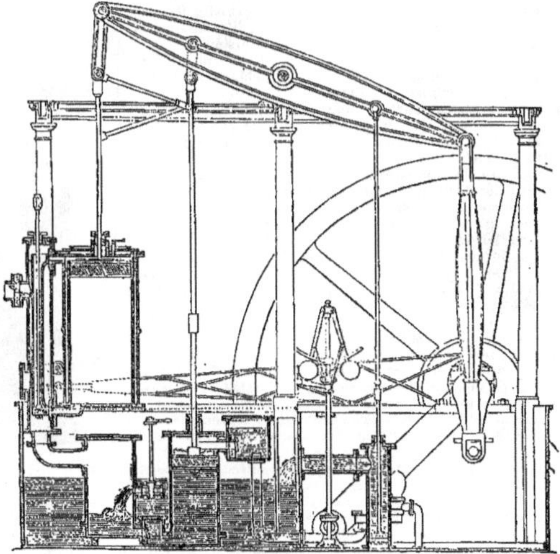

Fig. 6.

l'élasticité de la vapeur, le mouvement descendant aussi bien que le mouvement ascendant du piston. Il fut ainsi amené à construire le m. à double effet, m. qui n'a pas été modifié depuis sa création dans ses principes essentiels par les améliorations successives qu'on y a apportées et par les diverses applications qu'on lui a données. Il suffit donc d'en exposer la construction primitive.

Ce m. (*Fig. 6*) comprend un piston se mouvant dans un cylindre vertical; la vapeur arrive alternativement au-dessus et au-dessous de ce piston grâce à la présence d'un appareil spécial appelé *tiroir*, possédant un mouvement alternatif de va-et-vient que lui communique un excentrique. Après avoir effectué son action au-dessous du piston par ex., la vapeur s'échappe et se rend dans un *condenseur* à eau où elle se liquéfie instantanément; en même temps, une nouvelle quantité de vapeur presse sur la face supérieure du même piston, pour s'échapper à son tour quand celui-ci a accompli toute sa course; il en résulte un mouvement alternatif de va-et-vient de la tige du piston, mouvement qu'il faut transformer en un mouvement de rotation. Pour obtenir ce résultat, Watt fixa la tige du piston à l'une des extrémités d'un balancier, au moyen d'un parallélogramme articulé. L'autre extrémité de ce même balancier horizontal est articulée avec la manivelle d'un volant qui a pour effet, grâce à sa vitesse acquise, de faire passer à la bielle le *point mort*, c.-à-d le point où lorsque le piston arrive au bout de sa course, la manivelle et la bielle occupent la même direction. Dès lors le mouvement circulaire du volant se continue. L'axe du volant est constitué par un arbre nommé *arbre m.* et sur lequel viennent se caler les divers mécanismes destinés à transmettre son mouvement. Cet arbre porte en outre un excentrique qui, au moyen d'une vis sans fin, actionne un modérateur ou régulateur à boules consistant en une tige terminée par un parallélogramme articulé muni de deux boules pesantes. Si la vitesse augmente, les boules s'écartent par l'effet de la force centrifuge. Dans ce mouvement un anneau placé à la partie inférieure du parallélogramme s'élève et entraîne l'extrémité d'un levier dont l'autre extrémité s'abaisse et ferme en partie, à l'aide d'une tige, une clef fixée dans la conduite d'admission de vapeur. La vapeur entre alors en moins grande abondance dans la boîte de distribution. L'ensemble du m. à balancier et à double effet de Watt se complète par une pompe d'alimentation du générateur.

Dans le cours de ses recherches, Watt avait remarqué que pratiquement, il était inutile de maintenir ouverte la soupape qui sert à conduire la vapeur dans le cylindre pendant la durée de la descente du piston, et que l'admission de la vapeur pouvait être supprimée lorsque le piston était parvenu au tiers ou au milieu de son trajet. la quantité de vapeur introduite suffisant pour lui faire achever sa course, car la vapeur se dilatant dans le vide à la manière d'un gaz, continuait de presser sur le piston. Ce perfectionnement joint à la condensation de la vapeur a été l'origine de la création des moteurs dits à *moyenne pression*. Watt obtint en outre ainsi la *détente* dont l'un des principaux avantages est de diminuer la consommation du combustible, puisque son emploi réduit évidemment la quantité de vapeur nécessaire pour faire fonctionner le piston

Un m. est dit *à haute pression*, quand la vapeur agit avec une tension supérieure à 4 atmosphères: il est désigné sous le nom de m. à moyenne pression quand la tension de la vapeur qu'il produit se maintient entre 1 atmosphère 1/4 et 4 atmosphères; enfin ce m. est à basse pression si la tension de cette même vapeur n'excède pas 1 atmosphère 1/4.

Les moteurs à *moyenne pression* ne diffèrent des moteurs à basse pression, que par la solidité et la force de résistance plus grandes données, soit à la chaudière, soit aux divers organes qui conduisent la vapeur ou en subissent l'action. Ces moteurs sont toujours à condensation et à détente, ainsi que nous venons de le faire remarquer plus haut. Les moteurs à haute pression sont par contre toujours sans condensation, c.-à-d. que la vapeur, au sortir du cylindre, s'échappe à l'air libre, mais les uns sont à détente, et les autres sans détente. Aujourd'hui la majeure partie des moteurs à haute pression sont à détente, bien qu'il en existe également sans détente. Les machines à basse pression consomment de 5 à 6 kilogr. de houille par cheval et par heure; les machines à moyenne pression n'en consomment que 3; les machines à haute pression, à détente, en consomment 4 à 5, et celles qui sont sans détente 8 à 10. Les moteurs à basse pression exigent un grand emplacement, et dépensent beaucoup d'eau pour la condensation. Cependant ils sont employés avec avantage toutes les fois que l'on a à sa disposition l'eau et l'espace nécessaires. Les moteurs à moyenne pression, à détente et à condensation, nécessitent une quantité d'eau moins considérable, pour ramener à l'état liquide la vapeur dans le condenseur; mais occupent aussi un grand espace. Les avantages des moteurs à haute pression sont les suivants: ils occupent fort peu d'espace; leur construction est beaucoup plus simple; leur prix beaucoup moins élevé; ils ne consomment qu'une très petite quantité d'eau. Ces moteurs se sont répandus de plus en plus dans les usines et les ateliers, bien que consom-

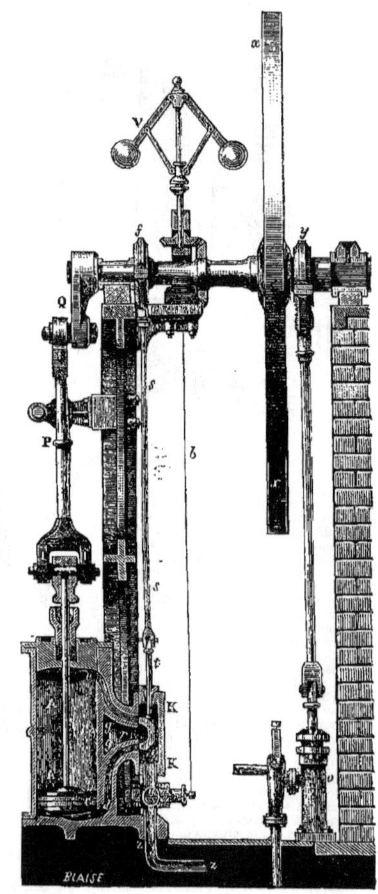


Fig. 7.

mant un peu plus de combustible que les autres. Les appareils à haute pression et sans détente ne sont usités que dans quelques cas particuliers.

C. *Moteurs à vapeur à haute pression.* — La Fig. 7 représente la coupe d'un m. à haute pression de la construction la plus simple possible, et la Fig. 8 représente ce même m. de face. La vapeur produite par la chaudière est conduite au moyen du tuyau z dans la boîte KK, laquelle communique par les deux canaux *c* et *a* avec le cylindre AA, dans lequel se meut le piston. L'un de ces canaux débouche à la partie supérieure du cylindre, et l'autre à sa partie inférieure. Un mécanisme particulier, appelé *tiroir*, ouvre et ferme successivement chacun des canaux *c* et *d*, de manière que la vapeur arrive alternativement au-dessus et au-dessous du piston La tige du piston se meut à frottement dans une boîte à étoupe, établie au centre du fond supérieur du cylindre, de manière que celui-ci est toujours hermétiquement fermé. La tige s'articule avec la bielle P, servant à transformer, par le moyen de la manivelle Q, le mouvement rectiligne et alter-

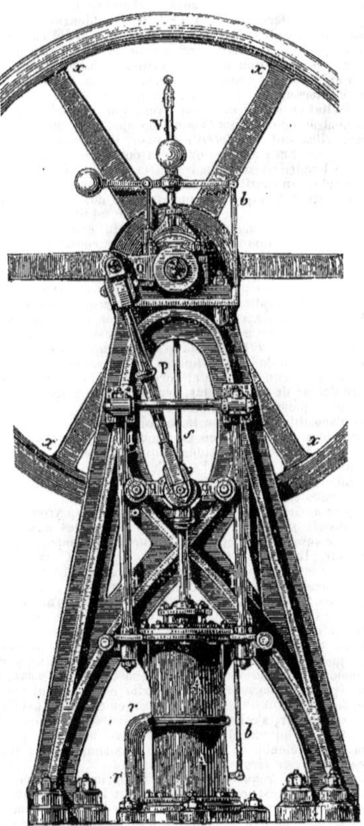


Fig. 8.

natif du piston en un mouvement circulaire continu. L'arbre du m. qu'actionne la manivelle Q, porte également le volant *xx*. La traverse *q*, fixée à la tête du piston, est guidée des deux côtés par les tiges *ll*, *ll*; elle sert à assurer la marche verticale du piston. La vitesse de ce piston, la plus grande lorsqu'il se trouve au milieu du cylindre, diminue de plus en plus à mesure qu'il se rapproche de l'extrémité supérieure ou inférieure de ce dernier. En effet, la partie verticale du mouvement de la manivelle est exactement égale au mouvement du piston; mais, à mesure que le mouvement de la manivelle devient plus horizontal, la vitesse du piston diminue, sans qu'il en résulte pour cela aucune diminution dans la vitesse du mouvement de rotation de la première. Les inégalités de vitesse que présente la course du piston tendent à imprimer des inégalités correspondantes à la marche du m.; mais le volant *xx* a pour fonction de compenser ces inégalités, ainsi que l'explique le mode d'action de cet organe. Voy. RÉGULATEUR. — Pour entretenir d'une manière continue le fonctionnement du m., il faut que la chaudière ne cesse pas de produire de la vapeur. Il est également évident que la chaudière doit recevoir incessamment une nouvelle provision d'eau proportionnelle à la quantité de vapeur produite et consommée. Or, c'est à cet usage que sert la pompe d'alimentation *o*, dont le piston est mis en mouvement par l'excentrique circulaire *y*. Enfin, comme la quantité de vapeur qui entre dans le cylindre, si elle venait à varier, déterminerait une variation dans la vitesse du m., il importe de régler l'admission de la vapeur de manière que la quantité introduite soit aussi invariable que possible. C'est à quoi sert l'appareil V (Fig. 7), qu'on nomme *modérateur à force centrifuge*. A cet effet, selon que la vitesse de la machine augmente ou diminue, il ouvre ou ferme automatiquement, par le moyen de la tringle *b*, une soupape en forme de disque établie dans le tube *zz* par lequel la vapeur arrive de la chaudière à la boîte K et par suite au cylindre A

D. *Distribution*. — La *distribution de vapeur*, dans les différents types de moteurs à vapeur, c.-à-d. l'ensemble des divers organes qui règlent (à chaque moment du fonctionnement dudit moteur) l'introduction et l'échappement de la vapeur s'opérant d'une manière successive et alternative à chacune des extrémités du cylindre, joue un rôle des plus importants. De la régularité de cette distribution dépend une notable économie de combustible et de vapeur en même temps que la marche du moteur s'opère dans des conditions de régularité beaucoup plus grandes. Les divers procédés de distribution de vapeur s'obtiennent au moyen d'appareils spéciaux que l'on désigne sous les noms de ***robinets***, de ***soupapes*** et de ***tiroirs***, suivant que les circonstances le commandent.

Comme nous l'avons exposé plus haut, en parlant des moteurs à vapeur les plus anciens, à l'origine, la distribution de vapeur s'opérait en faisant exclusivement usage de robinets à deux ou quatre voies, correspondant au nombre des orifices qu'ils desservaient et qui répondaient à des directions bien déterminées. Un ouvrier, spécialement désigné pour ce travail, ouvrait et fermait alternativement ces divers robinets dans le but de permettre ou d'arrêter l'introduction de la vapeur dans le cylindre. La distribution par robinets présentait, on le conçoit aisément, des inconvénients extrêmement graves. Il fallait, en effet, à chaque instant, commander l'arrêt du moteur pour roder les robinets qui, rapidement usés, ne tardaient pas à laisser échapper des flots de vapeur bien qu'étant fermés. De plus leur manœuvre exigeait un ouvrier spécial qui devient inutile avec les systèmes automatiques.

Aux robinets, succédèrent d'autres appareils que l'on emploie encore couramment à l'heure actuelle, notamment avec les moteurs à faible vitesse et à basse pression. Ces appareils sont des soupapes. Il en existe de très nombreux types, parmi lesquels les systèmes principaux les plus usités sont connus sous les noms de : *soupape à lanterne*, dite aussi ***soupape de Cornwal***, ***soupape double***, ***soupape américaine***, etc., etc. La soupape de Cornwall est, de toutes, celle que l'on emploie le plus fréquemment. Cet appareil est muni d'ouvertures latérales à travers lesquelles s'opère l'introduction de la vapeur dans le cylindre ou sa sortie. Tout comme la distribution par robinets, celle qui s'effectue au moyen de soupapes exige de fréquentes réparations; il faut très souvent démonter, pour chacun de ces appareils, la boîte à vapeur correspondante, dans le but de maintenir en excellent état de fonctionnement le siège de la soupape. La forme conique donnée à ce siège perd rapidement sa symétrie absolue; il se produit une déformation qui laisse échapper la vapeur, par suite de l'ovalisation qui survient. Or, comme chaque soupape a sa boîte spéciale, lorsqu'on se trouve avoir affaire à un moteur muni d'un cylindre à double effet, la visite et les réparations sont quadruples. C'est pourquoi, comme nous venons de l'indiquer, le système de distribution par soupapes n'offre de sérieux avantages que lorsqu'il s'agit de moteurs ne comportant qu'une vitesse très modérée et aussi une pression intérieure dans le générateur très faible. Généralement, les soupapes de distribution n'ont de raison d'être, en dehors des conditions que nous venons d'énoncer, qu'avec les moteurs dans lesquels la tige du piston se prolonge d'une quantité suffisante pour constituer la tige même du piston d'une machine soufflante, d'une pompe ou d'une machine hydraulique. Dans le cas contraire, c.-à-d. quand on emploie des moteurs à grande vitesse et à haute pression, transmettant le mouvement par intermédiaires, les pressions qui se produisent simultanément sur chacune des faces de la soupape, à l'introduction ou à la sortie de la vapeur, font que l'organe éprouve des chocs violents qui rapidement le détériorent. Ces faits et ces considérations ont poussé les ingénieurs à avoir recours à un troisième mode de distribution, entièrement différent des premiers et auquel on a donné le nom de tiroir. Il existe divers systèmes de tiroirs, nous nous bornerons à examiner et étudier les principes sur lesquels ils sont fondés.

*Tiroir.* — Le dispositif du *tiroir* est tel qu'après avoir produit son effet utile, la vapeur peut, en repassant par cet organe de distribution, s'échapper à l'air libre ou être refoulée dans le condenseur. Les orifices par lesquels pénètre ou s'échappe la vapeur reçoivent le nom de *lumières;* deux d'entre elles servent pour l'admission; la troisième, occupant la partie centrale du tiroir, est la lumière de sortie. Une enveloppe étanche dans laquelle vient déboucher le tuyau qui conduit la vapeur du générateur au tiroir renferme celui-ci qui se compose d'une sorte de tiroir en fonte renversé l'ouverture en bas (Fig. 9 et 10, K). Une tige rigide le relie à l'excentrique ou à la coulisse recevant le mouvement de va-et-vient nécessaire au fonctionnement du tiroir de l'arbre moteur même.

Fig. 9. Fig. 10.

La partie ouverte du tiroir repose par ses bords sur une plaque métallique soigneusement polie, dans laquelle sont percées les lumières et que l'on appelle la *table du tiroir;* on lui donne également les noms de *platine* et de *glace*. Cette plaque constitue le fond de la boîte de distribution et est reliée et boulonnée avec l'enveloppe extérieure ou *couvercle du tiroir*. On donne au tiroir des dimensions telles, qu'alternativement une des lumières extrêmes communiquant avec les deux bouts du cylindre se trouve mise à découvert dans la boîte à vapeur, de telle sorte que le mouvement de va-et-vient du tiroir proprement dit, ou *coquille*, fait que l'autre lumière et celle d'échappement se trouvent en relation directe. Cette action se produit chaque fois que le piston arrive à bout de course dans un sens ou dans l'autre, et alors la vapeur qui a effectué son travail utile s'écoule dans l'atmosphère ou vient dans le condenseur. La Fig. 9 montre la position du tiroir quand la vapeur arrive en dessous du piston. Cette vapeur est amenée par un tuyau qui la conduit dans la boîte K du tiroir. Au contraire, la vapeur située au-dessus du piston s'écoule à l'extérieur en passant par l'orifice d'échappement *ggr*. La Fig. 10 montre la position du tiroir quand la vapeur est admise au-dessus du piston. Il est de toute inutilité de maintenir sur la table la coquille; la pression de la vapeur provenant du générateur suffit pour l'assujettir sur cette glace et empêcher toute fuite dans la boîte. Cette pression, lorsqu'on emploie des moteurs dits à haute pression, devient tellement considérable sur le dos du tiroir, qu'il se produit par cela même une perte notable de travail utile, par suite des frottements des bords de la coquille sur la table, et des dimensions très grandes des lumières d'une part et de la coquille d'autre part. Ce genre de tiroir qui tire son nom de la forme qu'on lui donne est sans recouvrement ou à recouvrement. Dans le premier cas, lorsque la coquille est entraînée dans son mouvement alternatif, elle découvre d'une manière complète tout l'orifice de la lumière; si au contraire la coquille est à recouvrement, c'est-à-dire si ses bords sont munis d'une sorte d'empatement, la lumière n'est qu'en partie mise à découvert et la dépense de vapeur est un peu moindre.

*Détente.* — Cette dépense de vapeur joue naturellement un rôle important à différents points de vue dans le fonctionnement des moteurs. Moins le volume de fluide consommé est grand, moins la consommation du combustible est considérable, d'où production d'une sensible économie. Ces considérations ont amené les ingénieurs à chercher à diminuer le plus possible la dépense de vapeur tout en obtenant d'elle le maximum de travail utile; c'est ainsi qu'ils ont été conduits à faire usage de la *détente*, c'est-à-dire du travail que développe par son expansion dans les cylindres la vapeur continuant à agir, lorsque toute communication avec le générateur se trouve interrompue momentanément. Pour obtenir ce précieux résultat on a créé divers appareils qui, eux-mêmes, ont pris le nom de détente, nom auquel on ajoute le nom de l'inventeur, telles sont : la *détente Farcot*, la *détente Clapeyron*, etc., etc. Cette application de la détente est restée pendant bien longtemps stationnaire, et cependant, dès la fin du siècle dernier, un constructeur anglais, Hornblower, avait imaginé un moteur à vapeur auquel il avait donné le nom de *moteur compound*, c'est-à-dire composé, et dans lequel la vapeur après avoir actionné le piston du cylindre passait dans un second cylindre de dimensions plus considérables où elle se détendait. Ce second cylindre constitue une véritable détente. Quelques années plus tard, Woolf transforma en le perfectionnant le moteur d'Hornblower tout en conservant les deux cylindres. C'est en s'appuyant sur le principe du moteur de Woolf qu'on est arrivé aujourd'hui à construire ces puissants engins employés sur les grands navires et que l'on appelle *moteurs à triple* ou à *quadruple expansion*, parce qu'au lieu de deux cylindres ils en possèdent trois ou quatre dans chacun desquels et successivement le fluide élastique se détend de plus en plus, travaille et augmente singulièrement la puissance du moteur.

Ces dispositifs exigent, on le conçoit aisément, des espaces considérables en largeur ou en hauteur. On a cherché et trouvé mieux encore en obtenant que la vapeur se détende dans un cylindre unique, à l'aide des appareils spéciaux dont nous allons décrire les principaux d'une manière succincte et par ordre chronologique.

La plus ancienne des détentes est due à Clapeyron et est dite *Détente par le tiroir*. Les études spéciales auxquelles se livra le savant ingénieur, sur la question si importante de la détente, lui démontrèrent qu'il y avait réel avantage à augmenter les dimensions du recouvrement du tiroir sur les lumières d'admission du cylindre. De cette façon, il arrive un moment où le recouvrement, avant que le piston n'ait accompli toute sa course, bouche la lumière par laquelle se produit l'introduction de vapeur. Le fluide élastique contenu à l'intérieur du cylindre se détend alors et continue à agir sur le piston jusqu'au moment où ce recouvrement, entraîné par le mouvement imprimé au tiroir, ait parcouru un espace au moins égal à la longueur qu'il possède. A cet instant précis, la vapeur, trouvant libre la communication avec l'air extérieur ou le condenseur, s'échappe hors du cylindre. La même phase se produit identiquement pour le mouvement inverse du piston. Ce mode de détente, de beaucoup le plus simple, constitue la *détente fixe par tiroir de Clapeyron*.

Mais il arrive fréquemment, avec les moteurs à vapeur employés dans l'industrie, que l'on soit dans la nécessité absolue d'obtenir de la vapeur, qu'elle ne se détende pas constamment de la même manière et de la même quantité, les efforts à vaincre n'étant pas toujours identiques. Les nouvelles conditions qui se présentent font qu'il devient indispensable d'employer des appareils spéciaux permettant d'avoir une *détente variable* en certains points de la course du piston. Ce résultat a primitivement été obtenu par l'adjonction au premier tiroir d'un second organe semblable qui lui était juxtaposé. Ce second tiroir recevait son mouvement de va-et-vient d'un excentrique indépendant de celui du premier tiroir et ayant sur lui une légère avance. On conçoit aisément qu'en faisant varier cette avance, on augmente ou on réduise le temps pendant lequel la lumière reste ouverte. La détente est d'autant plus grande que l'orifice d'admission se ferme plus vite. La pratique a démontré que ce dispositif présentait de nombreux inconvénients, c'est pourquoi on a substitué aux deux tiroirs juxtaposés deux organes similaires superposés l'un à l'autre. C'est en partant de ce principe que Farcot, d'une part, et Meyer, de l'autre, ont imaginé les remarquables détentes variables d'un si commun usage et dont le fonctionnement ne laisse pour ainsi dire rien à désirer.

Dans la détente Farcot, le tiroir ordinaire communique directement avec le cylindre, comme cela se produit avec les machines ordinaires sans détente; le second tiroir, dit tiroir de détente, est placé sur le dos du premier et est relié à celui-ci par des ressorts de compression qui l'obligent à suivre son mouvement, mais les glissières munies de taquets dont se compose le tiroir de détente ne tardent pas à venir butter contre de petits heurtoirs qui les obligent à découvrir les lumières d'admission de vapeur pendant un temps très court, lumières qui se trouvent closes tout aussi rapidement dans le mouvement de va-et-vient des tiroirs. La détente se prolonge d'autant plus que les glissières et leurs taquets masquent plus vivement les lumières d'admission. On peut adresser un reproche au mode de fonctionnement de la détente variable Farcot, c'est de procéder par chocs successifs et alternatifs, ce qui nécessite l'adjonction, à l'intérieur de la boîte à vapeur, d'organes délicats échappant par leur position même à tout examen durant la marche du m. à vapeur.

La détente Meyer diffère de celle de Farcot, bien que partant du même principe des deux tiroirs superposés, en ce sens qu'elle ne procède plus par chocs, mais bien par glissement. Une coulisse de Stephenson actionne le tiroir de distribution. La variabilité de la détente s'obtient à l'aide d'un déplacement longitudinal des glissières constituant le tiroir de détente, ces glissières étant conduites par un excentrique spécial. La détente Meyer est, au dire de tous les praticiens, l'une des meilleures qui existent lorsqu'on l'applique à une machine fixe fonctionnant toujours dans le même sens; il a, en effet, été reconnu que ce système de détente n'agit pas aussi efficacement si l'on se trouve dans l'obligation de changer le mouvement d'avant en celui d'arrière.

*La détente de Stephenson*, dite aussi *détente variable par coulisse*, offre sur les précédentes cet avantage très appréciable, qu'elle fonctionne aussi bien et avec autant de régularité quel que soit le sens de marche imprimé à la machine, en avant ou en arrière. C'est pourquoi les locomotives

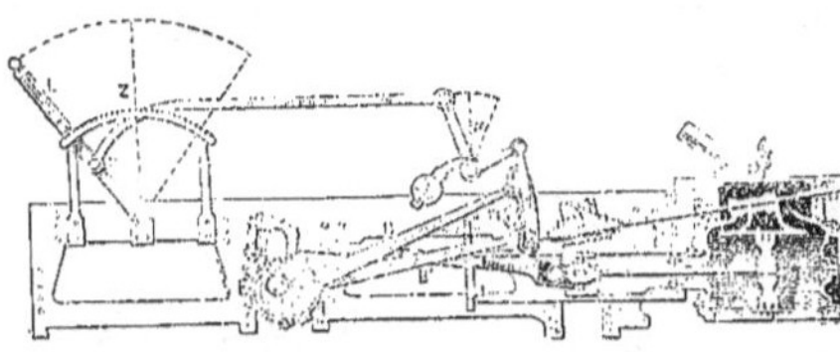

Fig. 11.

sont toutes munies de cet organe. Le mécanicien fait varier la détente par la seule manœuvre du levier de changement de marche (Fig. 11, L, Z, M). Dans ce mouvement, le coulisseau *m*, qui commande la manœuvre du tiroir, se déplace dans un sens ou dans l'autre, se trouvant entraîné par une bielle dite de relevage; il peut ainsi occuper toutes les positions à l'intérieur de la coulisse. La coulisse de Stephenson a donc pour double effet d'agir sur le tiroir de manière à en opérer la progression ou le recul, tout en variant sa course. Elle est actionnée par deux excentriques disposés de telle façon que le plus grand rayon de l'un correspond au plus petit de l'autre. Les bielles de ces excentriques sont articulées aux deux extrémités de la coulisse courbe dans laquelle se trouve engagé une sorte de tenon appelé *coulisseau*, articulé avec la tige du tiroir qui ne peut se mouvoir que d'une façon rectiligne. Plusieurs leviers articulés entre eux permettent, au moyen d'une manette, d'élever ou d'abaisser à volonté la coulisse et de rapprocher ou d'éloigner de la tige du tiroir les extrémités des bielles d'excentriques. Il est clair que la course du tiroir est d'autant plus grande que le coulisseau est plus rapproché d'une des extrémités de la coulisse.

La *détente Sulzer* a été imaginée par l'ingénieur suisse dont elle porte le nom. Il l'a créée afin d'éviter les inconvénients que présentent les détentes par tiroirs, inconvénients que nous avons signalés plus haut. Sulzer a remplacé ces organes par des soupapes spéciales d'admission et d'échappement que commandent des cames de détente. L'inventeur a ingénieusement supprimé les chocs qui ne manqueraient pas de se produire lors de la retombée de ces soupapes sur leurs sièges respectifs, en faisant usage d'un piston compresseur d'air. Les soupapes d'admission ont des tiges articulées et reliées à un levier coudé qui, à son autre extrémité, se rattache à l'arbre m, tout en étant commandé par un ensemble de leviers et de tringles rattachés au manchon du régulateur. Un levier coudé, analogue au précédent, s'articule avec les tiges des soupapes d'échappement, de la même manière; mais, au lieu de ne faire qu'un, comme le précédent, avec l'arbre m., il est actionné directement par un excentrique dont la barre s'articule à son tour à une manivelle pouvant tourner autour d'un axe et portant un galet sur un prolongement. Ce galet se trouve à certains moments soulevé par une came et la manivelle, dans son mouvement de rotation partielle, fait fonctionner les soupapes, découvrant ainsi les lumières d'échappement. Ce genre de détente est connu sous le nom de *détente variable avec admission et échappement indépendants*.

La *détente Corliss*, adoptée pour les machines fixes de très grande puissance, est due à l'ingénieur américain Corliss, qui l'a appliquée pour la première fois en 1860; elle est également connue sous le nom de *détente avec distributeurs indépendants et déclics*. Cette détente est constituée par quatre tiroirs cylindriques dont deux servent pour l'admission et les deux autres pour l'échappement; ils sont répartis par paires à chacune des extrémités du cylindre à vapeur; l'admission et l'échappement se trouvent de cette façon absolument indépendants l'une de l'autre. Ce dispositif particulier permet de donner à chacun des éléments, admission ou échappement, un réglage absolu, sans que l'un puisse en quelque sorte s'exécuter aux dépens de l'autre. Les lumières d'admission des deux tiroirs destinés à cette phase de la distribution sont, à un moment donné, obturées d'une manière presque instantanée à l'aide d'un système de déclics qu'il serait trop long de décrire et qui, par suite, détermine la détente de la vapeur dans le cylindre. Depuis l'époque où a paru la détente Corliss, les ingénieurs ont cherché et quelques-uns, parmi lesquels Farcot, ont réussi à perfectionner et à simplifier ce système.

E. *Systèmes divers de moteurs à vapeur.* — Depuis Watt, les moteurs à vapeur ont reçu des modifications très nombreuses, dont quelques-unes peuvent être considérées comme constituant des systèmes particuliers.

1° *Moteurs à deux cylindres.* — Dès 1781, on avait eu la pensée d'utiliser la vapeur détendue dans deux cylindres juxtaposés; c'était l'origine du système généralement employé actuellement, connu sous le nom de *Compound*, et qui consiste à faire détendre la vapeur qui a déjà agi dans le premier cylindre, dans un second et fréquemment un troisième cylindre superposés les uns aux autres et de diamètres plus grands. Dans ces conditions, la détente de la vapeur est en raison des différences de capacité des cylindres. L'immense avantage que présentent ces moteurs consiste en ce que le même volume de vapeur donne lieu à la production d'une quantité de travail utile beaucoup plus considérable. En 1804, un habile constructeur anglais, Arthur Wolf, appliqua cette

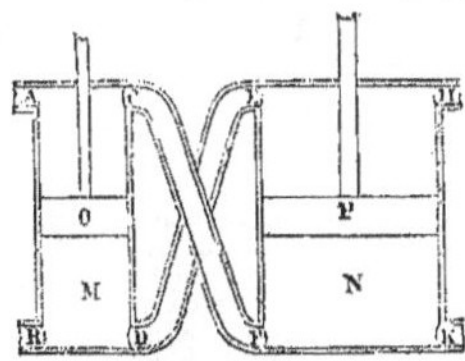

Fig. 12.

idée ingénieuse à la construction de machines à moyenne pression qui portèrent son nom. Dans ce système, deux cylindres, M et N, de même hauteur, mais de diamètres différents, sont placés l'un à côté de l'autre, et communiquent ensemble par deux tuyaux, ainsi que le représente la Fig. 12. Les tiges des deux pistons sont liées entre elles par leur extrémité supérieure, de manière que les pistons se meuvent nécessairement ensemble et sont toujours à la même hauteur dans les cylindres MN. La vapeur qui vient de la chaudière pénètre d'abord dans le cylindre M, soit au-dessus, soit au-dessous du piston O, par les orifices A et B; de là elle passe, au moyen des tubes de communication, dans le grand cylindre N où elle se détend; enfin, elle sort par les orifices H et K, qui la conduisent au condenseur. Quand le piston commence à descendre, la vapeur arrive à pleine pression par A et presse sur le piston O, pendant que la vapeur située en M se détend dans le gros cylindre et presse sur le piston P. Pendant cette phase, les orifices C, F, H et R sont fermés, et l'orifice K est ouvert pour l'échappement. Au contraire, dans la phase ascendante des pistons, les orifices C, F, H, R, sont ouverts et D, E, K, A fermés.

2° *Moteurs sans balancier.* — L'ancien balancier des moteurs primitifs présentait le grave inconvénient d'exiger un emplacement considérable et d'absorber une assez grande quantité de force vive par suite des frottements qui se produisaient durant son fonctionnement. C'est pourquoi on est arrivé dans la plupart des cas à le supprimer en articulant directement l'extrémité de la tige du piston avec la manivelle de l'arbre moteur. Dans ces moteurs, le cylindre dans lequel se meut le piston, oscille autour de deux tourillons, en tournant, tantôt à droite, tantôt à gauche : de là le nom d'*oscillantes* donné aux machines construites dans ce système. Comme les tourillons autour desquels il oscille sont les seules parties du cylindre qui restent immobiles pendant le mouvement de la machine, c'est par l'intérieur de l'un d'eux que s'introduit la vapeur arrivant de la chaudière, et par l'intérieur de l'autre que s'échappe la vapeur qui a cessé d'agir. Les tiroirs destinés à la distribution de la vapeur font corps avec le cylindre. Ces moteurs sont généralement abandonnés aujourd'hui, ils ne subsistent que dans de vieilles installations. Au lieu de faire osciller le cylindre on l'a depuis rendu fixe dans une position horizontale. Dans ce cas, l'extrémité de la tige du piston porte une pièce horizontale, appelée *glissière*, qui roule entre deux guides, et à laquelle est articulée une bielle qui va faire mouvoir la manivelle de l'arbre moteur. Ces moteurs ont en général une longueur assez considérable, ce qui exige un vaste emplacement, non plus en hauteur comme avec les moteurs à balanciers mais en longueur. Les Fig. 8 et 9 montrent ces dispositions dans des machines à cylindres verticaux; mais on construit souvent aussi des machines horizontales établies sur les mêmes principes.

3° *Machines rotatives.* — La transformation du mouvement rectiligne alternatif du piston en mouvement circulaire continu de l'arbre donnant lieu à une assez grande perte de travail, on a construit des machines à rotation directe, c.-à-d. disposées de telle sorte que la vapeur puisse imprimer directement un mouvement circulaire à l'arbre moteur. Les moteurs de ce genre sont généralement désignés sous le nom de *Moteurs rotatifs* ou encore *Turbines à vapeur*. Le plus ancien est dû à Watt; mais le premier qui ait pu être employé a été construit par Pecqueur. Toutefois l'usage de ces appareils est demeuré très restreint, les dépenses de vapeur se trouvant plus fortes qu'avec le moteur à mouvement alternatif. Cependant un m. rotatif récemment créé, la Turbine à vapeur de Laval, donne des résultats très satisfaisants qui paraissent dus à ce que l'appareil tourne avec une très grande rapidité.

4° *Moteur Serpollet.* — Le m. à haute pression Serpollet date de 1889. Son originalité consiste dans le mode de production de la vapeur. La chaudière est supprimée, ou plutôt elle est remplacée par des tubes à section intérieure très étroite. La machine Serpollet se composait à l'origine de tubes aplatis et enroulés en spirale; elle est actuellement constituée par des tubes droits raccordés en bout, étagés en tension et ayant une section toute particulière en forme de C couché.

C A B

Fig. 13.

Cette forme assure à ces tubes une indéformabilité complète sous l'action de la pression considérable que produit la vapeur dans leur intérieur. Chaque tube du m. Serpollet est en acier et possède une épaisseur très forte. On le passe au laminoir

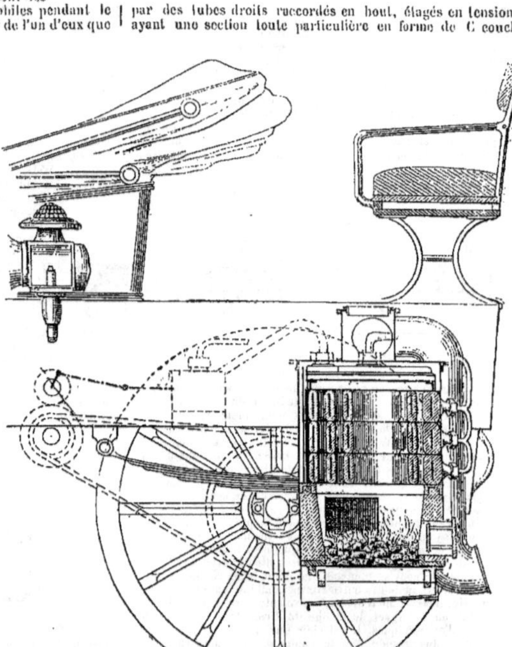

Fig. 14.

à chaud de manière à l'aplatir en ne laissant entre les deux parois intérieures qu'un espace d'une largeur inférieure à un dixième de millimètre. Il existe ainsi, dans un m. Serpollet, un certain nombre de ces tubes que les manchons réunissent entre eux. (Fig. 13, A, ancien tube vu de face et de profil; B, section du tube nouveau modèle; C, vue en place de l'assemblage des tubes).

Si par l'extrémité d'un de ces tubes, que l'on chauffe à 300 degrés, on fait parvenir un mince filet d'eau froide; cette eau se trouve entre deux parois portées au rouge et par conséquent dans d'excellentes conditions pour que le phénomène de la caléfaction se produise. (Voy. CALÉFACTION). L'eau se trouve instantanément vaporisée, et la vapeur s'échappe par l'autre extrémité du tube pour pénétrer dans le second, puis dans le troisième, en se surchauffant successivement. Cette vapeur alimente une machine pouvant faire 260 tours par minute; la consommation de charbon ne dépasse guère 1 kilog. 900 par cheval et par heure. Ce m. léger (Fig. 14), absolument inexplosible, peu encombrant, possède une très grande puissance; c'est pourquoi on l'utilise avec avantage pour la traction des voitures sur route, qu'il s'agisse de voitures particulières ou de tramways. La vitesse que peut développer ce m. n'est pas inférieure à 30 kilomètres à l'heure.

IV. *Moteurs à air chaud.* — En dépit des recherches tentées par de nombreux ingénieurs qui ont essayé de construire des moteurs dans lesquels l'air chaud remplacerait la vapeur d'eau, les résultats obtenus ont jusqu'à ce jour laissé beaucoup à désirer. Nous devons cependant mentionner deux des plus anciens moteurs de ce genre, ceux de Franchot et du Suédois Erricson. Nous n'entrerons pas dans les détails descriptifs de ce système de moteurs qui n'a donné jusqu'à présent que des résultats à peu près insignifiants.

V. *Moteurs à air comprimé.* — Si les moteurs à air chaud n'ont offert jusqu'à présent que des résultats à peu près négatifs, il n'en est pas de même en ce qui concerne les moteurs à air comprimé imaginés et mis en usage par Mekarski. L'utilisation de l'énergie emmagasinée dans l'air comprimé présentait cependant certaines difficultés graves dans son application au point de vue technique; l'inventeur de ce système de moteur les a toutes vaincues très heureusement. Le m. à air comprimé se compose essentiellement d'un ou deux réservoirs cylindriques dans lesquels on a fortement comprimé de l'air. Un appareil spécial, portant le nom de *Détendeur*, permet de ne faire arriver sur le piston que de l'air comprimé à 5 kilog. au lieu de le faire agir avec l'énorme pression qu'il a dans les cylindres et qui n'est pas inférieure à 45 kilog. par centimètre carré. En ouvrant plus ou moins le détendeur, on augmente ou on diminue à volonté la pression de l'air comprimé sur le piston. Le nombre et la capacité du ou des cylindres dépendent du poids de la charge à faire mouvoir et aussi de la longueur du trajet à parcourir. L'air comprimé s'échappe des réservoirs où il est contenu et actionne la machine motrice tout comme le ferait la vapeur. Mais, au moment de la détente de cet air sous pression, il se produit un abaissement considérable de température; le constructeur s'est vu dans l'obligation, afin d'éviter la congélation des huiles de graissage des divers organes et notamment celle des tiroirs et cylindres, de réchauffer l'air au moment même où il se détend. De là la nécessité d'avoir un petit foyer réchauffeur.

Malgré ce léger inconvénient, auquel du reste on remédie comme nous venons de l'indiquer, le m. à air comprimé est d'une manœuvre très facile, en même temps que son fonctionnement est d'une grande douceur, dans les arrêts comme dans les démarrages. Ses applications à la traction des voitures sur la voie publique sont fréquentes, et il est d'une grande utilité, n'occasionnant ni bruit ni fumée, pour le service des tramways et autres véhicules destinés au public. Il convient cependant de remarquer que ce genre de machines ne constitue en somme qu'un moyen de transformer le travail d'un autre moteur, et n'est pas un m. proprement dit. Il faut en effet que l'air ait été comprimé dans le réservoir avant la mise en marche de la machine. Dans les exploitations des lignes de tramways, il existe à l'une des stations extrêmes, une usine chargée de ce travail.

VI. *Moteur à gaz.* — On sait que notre compatriote Lenoir, en faisant usage de gaz d'éclairage mélangé avec l'air atmosphérique, et en enflammant ce mélange détonant, au moyen de l'étincelle électrique, a obtenu une chaleur suffisante pour dilater considérablement les produits gazeux qui résultent de la combustion. Il est ainsi arrivé à avoir une force d'expansion suffisante pour faire mouvoir des machines qui, depuis l'époque de la découverte de Lenoir, ont reçu de très nombreuses applications dans les industries ne nécessitant que des moteurs d'une puissance modérée. L'appareil de Lenoir, qui a été perfectionné successivement par les constructeurs, a l'aspect d'une machine à vapeur horizontale ordinaire. Le cylindre est muni de deux tiroirs ayant chacun une fonction spéciale. Le premier sert à introduire le gaz mélangé à l'air atmosphérique, l'autre sert à l'échappement des produits gazeux après leur combustion. L'inflammation du mélange gazeux est déter-

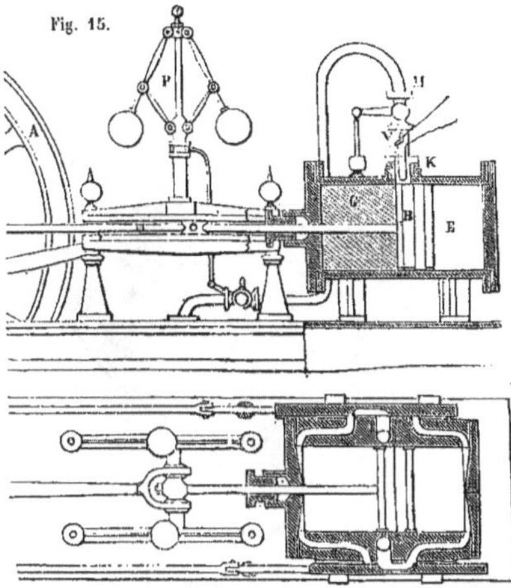

Fig. 15.

Fig. 16.

minée par une étincelle électrique qu'une bobine de Ruhmkorff fait jaillir entre deux conducteurs. [La Fig. 15 représente la coupe verticale du mécanisme m., et la Fig. 16 sa coupe horizontale.] Le cylindre est divisé en deux compartiments G et E, par le piston B. Pour produire le mouvement, on ouvre un robinet placé sur le tuyau M qui amène le gaz; puis on fait faire au volant A un demi-tour, pour amener le piston au milieu de sa course. L'espace G se remplit alors de gaz, et l'air, aspiré par le vide que le piston laisse derrière lui, s'introduit par une ouverture V. A ce moment le tiroir distributeur se ferme et interrompt toute communication avec l'extérieur; l'étincelle électrique éclate en K, enflamme le mélange, et aussitôt le piston est poussé en avant. Quand il a atteint le terme de sa course, le second tiroir ouvre l'échappement; le volant A fait passer le *point mort* à la manivelle, et le piston revient en arrière. Au même instant, le premier tiroir démasque l'orifice par lequel s'introduit le mélange gazeux qui pénètre dans le compartiment E, et le piston arrive à la moitié de son parcours. Une nouvelle étincelle part, et les mêmes phénomènes décrits se produisent successivement et indéfiniment. De là l'obtention d'un mouvement alternatif de va-et-vient. Les combustions successives dans le cylindre y déterminent une élévation considérable de température; on remédie à cet inconvénient, en entourant les fonds du cylindre et les tiroirs d'une double enveloppe à circulation d'eau froide.

VII. *Moteurs à pétrole.* — Le m. à pétrole inventé par l'Allemand Daimler fonctionne au gaz de houille ou au moyen de vapeurs hydrocarburées. Dans ce dernier cas, le plus fréquent, l'air entre dans l'appareil se trouvant aspiré par les pistons. Il traverse une couche de gazoline qu'il vaporise. Ce mélange d'air et de vapeur de pétrole, arrivant au contact d'un petit tube maintenu à l'état d'incandescence par un brûleur, est porté à une certaine température et le mélange explosif, en pénétrant dans le cylindre du moteur, s'y comporte comme le ferait le gaz de houille (Fig. 17). Ce moteur possède un, deux, ou quatre cylindres suivant sa puissance, laquelle peut varier de un demi à dix chevaux et au-delà. Il fonctionne à des vitesses qui varient de quatre cents à sept

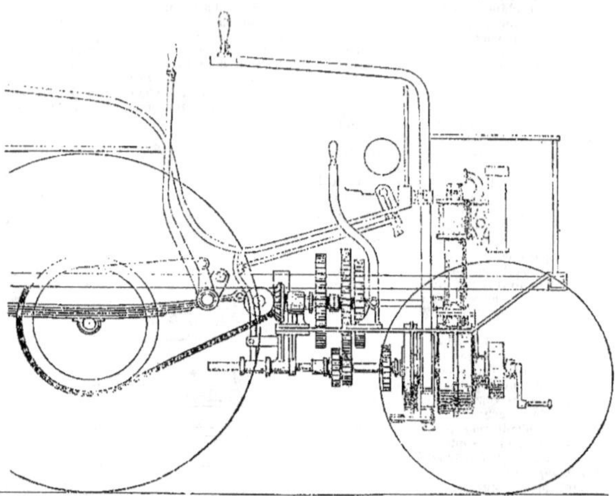

Fig. 17.

cents tours par minute; l'espace qu'il occupe est très restreint, aussi n'a-t-il pas tardé à réunir de nombreuses applications dans la locomotion sur route.

MOTEURS ÉLECTRIQUES. — L'idée d'appliquer l'énorme puissance attractive des électro-aimants à la production d'un travail mécanique a dû s'offrir de bonne heure à la pensée des physiciens. Néanmoins c'est Jacobi qui, en 1839, à Saint-Pétersbourg, a construit la première machine électro-magnétique capable de produire un travail mécanique utile. Après lui, Page en Amérique, Davidson en Angleterre, Froment, Marié, Lenoir, etc., en France, Pacinotti en Italie, ont imaginé d'ingénieux systèmes.

Fig. 18.

Les machines construites jusqu'à ce jour peuvent se ranger dans deux classes : elles sont ou à rotation directe, ou à mouvement alternatif. Comme exemple de moteurs de la première catégorie, nous citerons celui de Jacobi. Il est formé par deux systèmes, composés chacun de quatre électro-aimants recourbés en fer à cheval et fixés perpendiculairement à deux larges disques, l'un immobile, l'autre mobile autour d'un arbre qui passe par son centre. A un moment donné, les électro-aimants du premier disque attirent ceux du second, et les pôles de nom contraire se trouvent en présence. Aussitôt, des commutateurs adaptés à l'arbre tournant renversent le courant dans les électro-aimants mobiles, qui se trouvent alors repoussés pour être attirés de nouveau, et ainsi de suite.

La Fig. 18 montre la disposition de ce m. avec lequel Jacobi put remonter la Neva sur une chaloupe chargée de douze personnes en se servant comme source d'électricité d'une pile de 128 éléments Grove.

La Fig 19 représente un m. à mouvement alternatif construit par Bourbouze. A et B sont deux paires d'hélices magnétisantes (la figure ne représente que les hélices antérieures). Dans chaque hélice se trouve un barreau fixe de fer doux qui n'occupe que la moitié de sa hauteur. D'autres barreaux C, D, articulés à l'extrémité d'un balancier EFG, peuvent s'enfoncer plus ou moins dans les hélices. Lorsqu'on fait passer un courant voltaïque dans la paire d'hélices B, les barreaux de fer fixes et les barreaux mobiles s'attirent mutuellement. Alors le courant est interrompu en B et passe dans les hélices A, où les barreaux C s'enfoncent à leur tour. Le balancier prend ainsi un mouvement d'oscillation qui est transmis à un volant par l'intermédiaire de la bielle HK. Le distributeur représenté entre les bobines est conduit, à la manière du tiroir d'une machine à vapeur, par un excentrique L adapté à l'arbre du volant. La plaque d'ivoire *uu* porte en son milieu une lame métallique *h* sur laquelle s'appuie un ressort qui communique avec le pôle positif de la pile par le fil *edo*. Deux ressorts *f*, *e*, fixés, l'un au fil des hélices B, l'autre au fil des hélices A, s'appuient sur la plaque d'ivoire. Lorsque cette plaque est poussée vers la droite, comme dans la figure, le courant ne

Fig. 19.

passe qu'en A; lorsque ensuite elle est tirée vers la gauche, le courant circule en B.

Les moteurs à mouvement alternatif ont un rendement très faible et sont complètement abandonnés, sauf comme jouets.

Il n'en est pas de même des moteurs à rotation. En 1845, Gustave Froment imagina un m. dans lequel la partie mobile

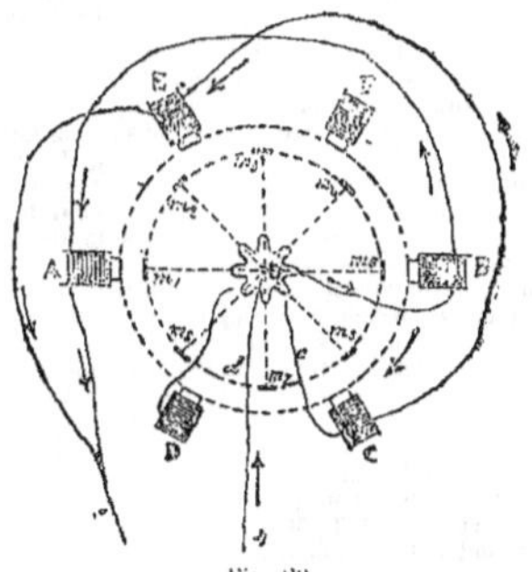

Fig. 20.

se composait de huit tiges de fer doux $m_1$ $m_2$ $m_3$ $m_4$, etc. (Fig. 20) également espacées sur une monture cylindrique. Six électro-aimants ABCDEF étaient disposés de manière à attirer ces tiges. Le courant de la pile est interrompu au moment convenable au moyen de la roue dentée O qui peut fermer ou interrompre le circuit.

Depuis la découverte de la reversibilité des machines magnéto et dynamo-électriques, la question des moteurs a complètement changé de face et fait un pas immense pour entrer dans le domaine de l'industrie. Il suffit, en effet, de lancer le courant d'une pile ou d'une dynamo dans une machine Gramme pour que son induit se mette à tourner. On dit alors que la machine agit comme *réceptrice*. C'est un excellent m. dont on aura facilement l'explication en faisant la réciproque de la théorie que nous avons exposée au mot INDUCTION, XII. Il suffit de supposer qu'on lance un courant dans la machine et d'appliquer les lois des actions électro-magnétiques. Une foule de moteurs dérivent de la machine Gramme. Lorsqu'une machine agit comme réceptrice, l'angle de calage, au lieu d'être un déplacement des balais dans le sens du mouvement, est en sens contraire.

On doit à M. Desprez un petit m. consistant en une bobine Siemens (Voy. INDUCTION, XII) tournant entre les pôles d'un puissant aimant permanent. M. Trouvé a remplacé l'aimant permanent par un électro.

La plupart des moteurs dont on se sert aujourd'hui sont actionnés par des courants continus. Il y en a cependant un certain nombre qui fonctionnent avec des courants alternatifs ou même avec des courants *polyphasés*.

L'emploi simultané des dynamos et des moteurs, avec ou sans adjonction de transformateurs, a permis de résoudre le problème du TRANSPORT *de l'Énergie* ainsi que celui de la TRACTION *électrique*. Voy. ces mots.

**MOTEUR, TRICE.** adj. (lat. *motor, trix*, m. s., de *motum*, supin de *movere*, mouvoir). Qui fait mouvoir, qui donne le mouvement. *Force, puissance motrice. Muscles moteurs. Nerfs moteurs.*

**MOTHE-SAINT-HÉRAYE (LA)**, ch.-l. de c. (Deux-Sèvres), arr. de Melle ; 2,300 hab.

**MOTIF.** s. m. (lat. *motivus*, qui meut, de *motum*, supin de *movere*, mouvoir). Ce qui meut et porte à faire quelque chose, à adopter une opinion. *Un bon, un mauvais m. Un m. puissant, louable, honnête. Quel est son m.? Quel m. le fait agir? Il n'a pas fait cela sans m. Un m. de conscience. Il n'a pas d'autre m. que l'intérêt.* ‖ T. Jurispr. *Les motifs d'un jugement, d'un arrêt*, Les considérations tirées de la loi qui ont déterminé la décision des juges. — Dans un sens anal., *L'exposé des motifs d'un projet de loi*. L'exposé des raisons qui ont décidé le gouvernement à proposer un projet de loi. ‖ T. Musiq. La phrase mélodique, l'idée principale d'un morceau de musique, et que développe celui-ci. *Le m. de cet air est ravissant.*

**MOTILITÉ.** s. f. (lat. *motum*, supin de *movere*, mouvoir). T. Physiol. La faculté qu'ont certains organes d'exécuter des mouvements.

**MOTION.** s. f. [Pr. *mo-sion*] (lat. *motio*, m. s.). Mouvement, action de mouvoir. ‖ Proposition faite dans une assemblée délibérante par un de ses membres. *Faire une m. Appuyer une m. On rejeta sa m. Les motions se succédaient les unes aux autres.* — *M. d'ordre*, M. qui a pour objet de régler l'ordre de la discussion entre plusieurs propositions. ‖ T. Théol. Impulsion de la grâce.

**MOTIONNAIRE.** s. m. [Pr. *mosio-nère*]. Celui qui fait des motions dans une assemblée.

**MOTIONNEUR,** s. m. [Pr. *mosio-neur*]. Syn. de *Motionnaire.*

**MOTIVAL, ALE,** adj. (R. *motif*). T. Jurisp. Qui concerne les motifs d'un arrêt.

**MOTIVER.** v. a. (R. *motif*). Alléguer, rapporter les motifs d'un arrêt, d'une déclaration quelconque. *M. son avis, son refus. M. un arrêt.* ‖ Servir de motif à. *Il trouve toujours quelque bonne raison pour m. ses inconséquences.* — *Dans toute pièce de théâtre, il faut que les entrées et les sorties des personnages soient motivées*, il faut qu'elles soient amenées par quelque cause raisonnable. = MOTIVÉ, ÉE part.

**MOTLEY** (JOHN LOTHROP). Homme politique et historien américain (1814-1873).

**MOTO,** s. m. T. mus. Mot italien signifiant *mouvement*. *Con moto*, d'une manière animée.

**MOTRICITÉ.** s. f. Faculté motrice, mode d'action des centres nerveux sur les organes de la locomotion, par l'intermédiaire des cordons nerveux.

**MOTTE.** s. f. [Pr. *mo-te*] (orig. celt. ou germ. : holl., *mot*, petite élévation ; gaël. *mota*, mont). Petit morceau de terre détaché avec la bêche, avec la charrue ou autrement. *Un* *champ plein de mottes. Briser les mottes d'un champ.* || Portion de terre qui adhère aux racines des plantes quand on les lève ou qu'on les arrache. *Lever un arbre avec sa m.* || *M. à brûler*, Petite masse ronde et plate qui est faite avec du tan épuisé ou avec de la tourbe, et qui sert à faire du feu. *Une m. de tourbe.* || *Une m. de beurre*, une certaine masse de beurre. || T. Féod. Butte de terre naturelle ou artificielle sur laquelle s'élevait, dans les premiers siècles de la féodalité, le donjon du château.

**MOTTER** (SE). v. pron. [Pr. *mo-ter*] (R. *motte*). T. Chasse. Se dit des perdrix quand elles se cachent derrière des mottes de terre. = MOTTER, v. a. Atteindre avec une motte de terre. *Le berger motte les brebis avec la houlette.*

**MOTTEREAU**, s. m. [Pr. *mote-ro*]. (R. *motte*). Hirondelle de rivage qui niche au bord de l'eau.

**MOTTE-SERVOLEX (LA)**, ch.-l. de c. (Savoie), arr. de Chambéry ; 3,100 hab.

**MOTTEUR**. s. m. [Pr. *mo-teur*]. Ouvrier qui fait des mottes à brûler.

**MOTTEUX**. s. m. [Pr. *mo-teu*] (R. *motte*, parce que ces oiseaux se posent sur les mottes de terre). T. Ornith. Genre de *Passereaux*, appelé aussi *cul-blanc*. Voy. TRAQUET.

**MOTTEVILLE** (Mme DE), dame d'honneur de la reine Anne d'Autriche (1621-1689), auteur de *Mémoires* sur la vie de cette princesse.

**MOTTONS**, s. m. pl. [Pr. *mo-ton*] (R. *motte*). Petites boules produites par la farine au moment où on l'incorpore dans du lait.

**MOTU PROPRIO**. Expression latine qui signifie *de propre mouvement*, et qui se trouve employée dans certaines bulles des papes, pour indiquer que le souverain pontife a pris la résolution dont il est question de son propre mouvement, et en dehors de toute influence étrangère. — On dit quelquefois substant., *Le m. p. de tel pape. Le pape a décidé par un m. p.*

**MOTUS**. [Pr. l'*s* final]. Expression familière par laquelle on avertit quelqu'un de ne rien dire. *M., ne parlez pas de cela.*

**MOU, MOLLE**. adj. [Pr. *mo-le*] (lat. *mollis*, m. s.) [On dit quelquefois *Mol*, au masc., mais seulement en poésie ou dans le style soutenu, et lorsque le mot qui suit commence par une voyelle.] Dans le lang. de la science, on appelle *Corps mous*, ceux qui changent de figure par la compression ou par le choc, et qui ne reprennent pas leur figure première, quand le choc ou la compression a cessé ; en ce sens, *M.* se dit par opposit. à *Dur* et à *Élastique*.. — Dans le lang. ordinaire, *M.* signifie qui cède facilement au toucher, qui reçoit facilement l'impression des autres corps. *Du fromage m. De la cire molle. Des poires molles. Des chairs molles. Un lit m.* || Figur., Qui manque de vigueur, d'énergie. *Ce cheval est m. Cet homme est m. au travail.* — Signifie encore indolent, énervé, qui manque de résolution, de fermeté, qui ne prend rien à cœur. *Un caractère m. Un esprit m. Une âme molle. Un homme m. et efféminé. Il est bien m. pour ses amis.* || Fig., se dit aussi des choses au sens moral, et s'applique à celles qui causent ou qui dénotent la mollesse de l'âme. *Une éducation molle. Une molle oisiveté. Une molle indulgence. Une résolution, une conduite molle. Un mol abandon.* || T. Littér. *Style m.*, Style sans vigueur. — Dans les Arts du dessin, *Touche molle, manière molle*, se dit de la faiblesse de l'expression, du manque de vigueur dans l'exécution. On dit de même, *Pinceau m. Ciseau m. Burin m.* || En parlant de l'état atmosphérique, on dit que *L'air est m.*, que *Le temps est m.*, que *Le vent est m.*, lorsque l'atmosphère est chargée d'humidité et que la température est tiède ou chaude. — Les marins disent encore d'un vent faible, *Le v. est m.* || T. Techn. *Cordage m.*, lâche. *Donner du m. à un cordage*, le détendre. — *Bronze m.*, Chauffé au rouge et trempé dans l'eau froide. || T. Pêche, *Molle salée*, morue qui n'a pas eu assez de sel.

**MOU**, s. m. (R. *mou*, adj.). Nom vulgaire donné au poumon de certains animaux. *Du m. de veau.*

**MOUÇA-BEN-NASSER**, général des Califes Ommiades, soumit l'Afrique septentrionale, puis l'Espagne, fut disgracié à cause de ses démêlés avec son lieutenant Tarik, et mourut en 718.

**MOUCHARABI**. s. m. Syn. de Mâchicoulis. || Grillage placé devant une fenêtre donnant sur la rue, derrière lequel on peut voir sans être vu.

**MOUCHARD, ARDE**. s. (R. *mouche*). Espion de police. *C'est un fin m.*

**MOUCHARDAGE** s. m. Action de moucharder.

**MOUCHARDER**. v. a. (R. *mouchard*). Espionner. Pop. || V. n. Faire le mouchard. = MOUCHARDÉ, ÉE. part.

**MOUCHE**. s. f. (lat. *musca*, m. s.). Nom générique d'un grand nombre d'insectes diptères à ailes transparentes, dont le type est la *M. domestique* ; mais, par anal., on applique vulgairement ce nom à beaucoup d'autres diptères, et même à des insectes appartenant à des ordres différents. *Une grosse m. Une m. venimeuse. Bourdonnement d'une m. Une piqûre de m.* Voy. MUSCIDES. — *Les mouches à miel*, les Abeilles. *M. d'Espagne*, la Cantharide ; on dit aussi, *M. cantharide. M. à feu* ou *M. luisante*, le Lampyre, le Fulgore, etc. — Fig. et prov., *Être tendre aux mouches*, Être sensible aux moindres incommodités, ou S'offenser de peu de chose. *Gober des mouches*, Voy. GOBER. *Prendre la m.*, Voy. PRENDRE. *Quelle m. te pique? Quelle m. l'a piqué?* se dit D'un homme qui s'emporte sans qu'on sache qu'il en ait aucun sujet. *Faire la m. du coche*, Faire l'empressé, le nécessaire, s'attribuer le succès des choses auxquelles on a le moins contribué. || Figur. et famil., on appelle *Pattes de m.*, Une écriture dont le caractère est menu, mal formé et point lié. *Je ne puis déchiffrer ses pattes de m.* || Figur. et fam., Celui ou celle que la police met à la suite de quelqu'un pour épier ses démarches. *Je soupçonne qu'il y avait là quelque m.* — Personne qui va quêter à dîner à droite et à gauche.

> Nomme-t-on pas aussi mouches les parasites?
>
> LA FONTAINE.

— Famil., on dit d'une personne très fine et très rusée, *C'est une fine m.* || Petit morceau de taffetas noir que les dames se mettaient autrefois sur le visage pour cacher quelque défaut ou pour faire paraître le teint plus blanc. *Les mouches lui siéent bien. Une boîte à mouches.* || Touffe de barbe en forme de pointe, qu'on laisse pousser sous la lèvre inférieure. On dit aussi *Impériale.* || T. Techn. Roue dentée, fixée sur une bielle articulée, à l'extrémité du balancier de certaines machines à vapeur pour transformer le mouvement circulaire alternatif en mouvement circulaire continu. — Pièce avec laquelle on bouche les trous des vers dans le parchemin ou le papier des anciens livres. — Point coloré semé sur le fond d'une étoffe. — Pyrite de fer qui interrompt la fente des ardoises. — Petit crampon d'un fer à cheval, pour relever le talon. — Morceau de peau au bout d'un fleuret. || T. Escr. *Chasser les mouches*, faire des mouvements irréguliers avec l'épée. || T. Archit. *Aile de m.*, Voy. AILE. || T. Jeu. Sorte de Jeu de cartes qu'on joue à plusieurs personnes, depuis trois jusqu'à six. || T. Mar. Bâtiment léger, soit brick, soit goëlette, soit cutter, employé à surveiller l'ennemi et à porter les ordres du commandant de la flotte, de l'escadre. || Bateau à vapeur servant au transport des voyageurs à Lyon sur la Saône, à Paris sur la Seine, etc. || T. Méd. *Mouches*, au plur., se dit quelquefois des premières douleurs de l'accouchement. — *Mouches volantes*, Voy. AMAUROSE. || T. Pharm. Se dit de certains topiques de petite dimension qu'on prépare le plus souvent avec les cantharides, l'opium, la belladone, etc. *On lui a appliqué une m. à la tempe pour calmer sa névralgie.* || T. Tir. Point noir qu'on vise dans un tir avec une arme à feu. *Faire m.*, Mettre la balle dans le point noir. || T. Mus. Corde de la vielle formant une sorte de pédale.

**MOUCHER**. v. a. (lat. *mucus*, morve). Presser les narines pour en faire sortir les produits de sécrétion que peuvent contenir les fosses nasales. *Mouchez cet enfant.* — Absol., *Le tabac fait m. Il ne mouche presque pas.* — *M. du sang*, Rendre, en se mouchant, du sang par le nez. || En parlant D'une bougie, d'une chandelle, etc., Ôter le bout carbonisé de la mèche, lorsqu'il empêche de bien éclairer. *M. une lampe. Vous avez mouché cette chandelle trop court.* || Fam. *M.*

*quelqu'un*, Le remettre à sa place. ‖ T. Techn. *M. un cordage*, Le rendre net en coupant l'extrémité effilochée. — *M. une pièce de bois*, La rendre régulière en coupant ce qui dépasse. = SE MOUCHER. v. pron. Se débarrasser le nez de l'humeur qui en découle. ‖ Figur. et prov., *Qui se sent morveux se mouche*, Que ceux qui reconnaissent avoir le défaut, le vice, dont on parle, se fassent, s'ils le veulent, l'application de ce que l'on en dit. — Pop., on dit d'un homme habile et ferme, *C'est un homme qui ne se mouche pas du pied.* = MOUCHÉ, ÉE. part.

**MOUCHER.** v. a. (R. *mouche*). Espionner. *La police a fait m. cet homme.* Fam. = MOUCHÉ, ÉE. part.

**MOUCHEROLLE.** s. m. [Pr. *mouchero-le*] (R. *mouche*). Ornith. Genre de *Passereaux*. Voy. GOBE-MOUCHES.

**MOUCHERON.** s. m. (Dimin. de *mouche*). T. Entom. Nom vulgaire des petites espèces de Diptères, particulièrement des espèces du genre Cousin. Voy. NÉMOCÈRES.

**MOUCHERON.** s. m. (R. *moucher*). Le bout de la mèche d'une chandelle, d'une bougie qui brûle.

**MOUCHET.** s. m. [Pr. *mou-chè*] (R. *mouche*, à cause des taches de la tête). T. Ornith. Nom vulgaire de la *Fauvette d'hiver*. Voy. FAUVETTE.

**MOUCHETER.** v. a. (R. *mouche*). Marquer une étoffe de petites taches placées symétriquement. *M. du taffetas, du satin.* ‖ *M. de l'hermine*, Y coudre de distance en distance des petits morceaux de fourrure noire. ‖ *M. la vigne*, pincer ou couper les sommités des nouveaux jets pour les arrêter. ‖ T. Techn. Attacher les écheveaux de soie avec des fils de couleurs diverses. = MOUCHETÉ, ÉE. part. *Satin moucheté. Hermine mouchetée.* ‖ Adjectiv., se dit souvent pour Tacheté. *Chat moucheté. Papillon moucheté.* — *Blé moucheté*, Blé malade qui a une poussière noire dans les poils qui sont à l'une des extrémités du grain. — T. Blas. Se dit des pièces chargées de mouchetures d'hermine. ‖ T. Escrime. *Fleuret moucheté, épée mouchetée*, Fleuret, épée dont on a garni la pointe de manière à pouvoir les employer sans danger pour s'exercer à l'escrime. = Conj. Voy. CAQUETER.

**MOUCHETTE.** s. f. [Pr. *mouchè-te*] (R. *moucher*). Résidu de plâtre dont on se sert pour faire des crépis mouchetés. ‖ T. Archit. Partie saillante du larmier, destinée à empêcher l'eau de couler en dessous. ‖ T. Techn. Rabot du menuisier pour faire et arrondir les baguettes. = MOUCHETTES. s. f. pl. Instrument à deux branches, qui sert à moucher les chandelles.

**MOUCHETURE.** s. f. (R. *moucheter*). Tache naturelle qui se trouve sur la peau de certains quadrupèdes, sur le plumage de plusieurs espèces d'oiseaux, sur les ailes d'une foule d'insectes, etc. ‖ Par anal., Ornement qu'on donne à une étoffe en la mouchetant. *La m. de cette étoffe est agréable.* — *M. d'hermine*, Petit morceau de fourrure noire qu'on met dans l'hermine. ‖ T. Chir. Scarification superficielle.

**MOUCHEUR, EUSE.** s. Celui, celle qui mouche. ‖ Celui qui, autrefois, était chargé de moucher les chandelles dans un théâtre.

**MOUCHEZ** (AMÉDÉE-ERNEST-BARTHÉLEMY), marin et astronome fr. (1821-1892).

**MOUCHOIR.** s. m. [Pr. *mouchou-ar*] (R. *moucher*). Morceau carré de toile, de fil ou de coton, quelquefois même de tissu de soie, dont on se sert pour se moucher. *M. de batiste. M. blanc. M. de couleur. M. de poche.* ‖ *M. de cou*, Morceau d'étoffe, de la forme d'un mouchoir, dont les femmes se couvrent le cou et la gorge.

Prends une main, un bras, lève un coin de mouchoir.
LA FONTAINE.

‖ Fig. et prov., *Jeter le m. à une femme*, Choisir à son gré, entre plusieurs femmes, celle qu'on préfère; se dit par allus. à la manière dont on use, à ce que croit le vulgaire, le maître d'un harem lorsqu'il veut désigner celle de ses femmes qui doit partager son lit. On dit, dans un sens anal., en parl. des femmes, *Briguer le m. Refuser le m.* ‖ T. Techn. Pièce de bois triangulaire dont on remplit un vide dans un bordage de navire. — *Réparer un mur en m.*, le réparer en conservant la partie intacte.

**MOUCHON.** s. m. Petite mouche.

**MOUCHURE.** s. f. (R. *moucher*). Ce qu'on ôte du nez en mouchant. ‖ Le bout de mèche carbonisé que l'on a ôté en mouchant une chandelle, une lampe, etc. — Extrémité qu'on a coupée d'un cordage effiloché.

**MOUDRE.** v. a. (lat. *molere*, m. s., de *mola*, meule). Broyer, réduire en poudre par le moyen d'un moulin. *M. du blé, du café, etc.* — Absol., *Le moulin manque d'eau, il ne peut m. Ce moulin ne moud pas assez fin.* ‖ Fam. *M. un air*, le jouer sur un orgue de Barbarie, en tournant une manivelle. ‖ Fig., *M. un homme de coups*, Le battre violemment. = MOULU, UE. p. ‖ *Or moulu*, Or réduit en très petites parcelles, et dont on se sert quelquefois pour dorer les métaux. ‖ Fig., *Avoir le corps tout moulu, être tout moulu*, Sentir des douleurs par tout le corps, pour avoir enduré une grande fatigue.

**Conj.** — *Je mouds, tu mouds, il moud: nous moulons, vous moulez, ils moulent. Je moulais: nous moulions. Je moulus; nous moulûmes. Je moudrai; nous moudrons.* — *Je moudrais; nous moudrions.* — *Mouds: moulons.* — *Que je moule: que nous moulions. Que je moulusse; que nous moulussions. Moulant, moulu.*

**MOUE.** s. f. (angl. *mouth*, bouche). Grimace que l'on fait en rapprochant et en allongeant les lèvres en signe de dérision ou de mécontentement. *Une grosse, une vilaine m. Faire la m. à quelqu'un.* ‖ Fig. et fam., *Faire la m.*, Témoigner de la mauvaise humeur par son silence ou par son air.

**MOUÉE.** s. f. (lat. *modiata*, de *modius*, boisseau). T. Vén. Mélange de sang de cerf, de lait et de pain coupé, qu'on donne aux chiens à la curée.

**MOUETTE.** s. f. [Pr. *mou-ète*] (Dimin. de l'anc. fr. *miaue*, *muoue*, m. s., d'origine germ.). T. Ornith. Genre de *Palmipèdes*. Voy. GOELAND.

**MOUFETTE.** s. f. [Pr. *moufè-te*]. T. Chim. Voy. MOFETTE. ‖ T. Mamm. Genre de *Carnivores*. Voy. MARTRE.

**MOUFLARD, ARDE.** s. (R. anc. fr. *moufle*, *mufle*). Celui, celle qui a le visage gros et rebondi. *Un gros m.* Pop.

**MOUFLE.** s. f. (bas-lat. *mulfola*, *manufolia*, qui semblent des corruptions de *manupola*, poignée). T. Méc. Assemblage de plusieurs poulies. Voy. POULIE. ‖ T. Comm. Sorte de mitaine, gros gant de cuir ou de laine où il n'y a pas de séparation pour les doigts, excepté pour le pouce. ‖ T. Techn. Barres de fer employées pour empêcher l'écartement des murs.

**MOUFLE.** s. m. (orig. germ.). T. Chim. et Technol. Vaisseau de terre dont on se sert pour exposer les corps à l'action du feu, sans que la flamme y touche immédiatement. — Petite coupelle de terre dans laquelle on fait fondre les métaux. — Four à cuire la porcelaine. Voy. CÉRAMIQUE. — Plusieurs font ce mot féminin.

**MOUFLER.** v. a. T. Techn. Mettre en moufle. = MOUFLÉ, ÉE. Part. *Poulie mouflée*, Poulie qui fait partie d'un système de poulies formant une moufle. — *Mur mouflé*, auquel on a fixé des barres de fer pour l'empêcher de s'écarter.

**MOUFLETTES.** s. f. pl. [Pr. *mouflè-te*]. Système d. moufles. — Demi-cylindres creux dont les plombiers se servent pour prendre le manche de fer à souder quand il est chaud.

**MOUFLON.** s. m. (all. *muffel*, chien à grosses lèvres pendantes). T. Mamm. Genre de *Ruminants*. Voy. MOUTON.

**MOUILLADE.** s. f. [Pr. *mou-llade*, *ll* mouillées]. Action d'humecter les feuilles sèches du tabac pour les rendre plus souples.

**MOUILLAGE.** s. m. [Pr. *mou-llaje*, *ll* mouillées]. Action de mouiller, de jeter l'ancre. — Lieu de la mer où un vaisseau peut commodément jeter l'ancre. *Un bon m. Ce m. n'est pas sûr. Le vaisseau est au m.* ‖ Action d'humecter.

*Le m. de l'orge dans les brasseries a pour but de le faire germer.* || Action d'ajouter de l'eau à quelque liquide spiritueux. *Le m. des vins, des eaux-de-vie.*

**MOUILLE-BOUCHE.** s. f. [Pr. *mou-lle...*, *ll* mouillées]. T. Hortic. Sorte de poire fondante qui mûrit en juillet et août. *Des m.-bouche.*

**MOUILLÉE.** s. f. [Pr. *mou-llé*, *ll* mouillées]. Masse de chiffons que le fabricant de papier fait pourrir à la fois.

**MOUILLEMENT.** s. m. [Pr. *mou-lle-man*, *ll* mouillées]. Action de mouiller. Léger arrosement.

**MOUILLER.** v. a. [Pr. *mou-ller*, *ll* mouillées] (lat. *molliare*, m. s., de *mollis*, mou). Tremper, humecter, rendre humide. *M. un linge dans l'eau. La pluie a bien mouillé les chemins. Je suis tout mouillé. Il s'est à peine mouillé les lèvres. Des larmes mouillaient son visage. Il faut m. cette orge.* — Absol., *Ce brouillard mouille comme la pluie.* || Dans le commerce des spiritueux, signifie y ajouter de l'eau, *M. le vin. M. l'eau-de-vie. M. l'alcool.* || T. Mar. *M. l'ancre*, ou simpl. *Mouiller*, Jeter l'ancre pour arrêter le bâtiment. *On mouilla l'ancre en tel endroit.* — Par méton., *Nous étions mouillés dans la rade.* = SE MOUILLER. v. pron. *Il craint de se m. Ses yeux se mouillèrent de larmes.* || T. Gramm. *M. les LL.* Voy. L. = MOUILLÉ, ÉE. partic. *Du linge mouillé. Des yeux mouillés de larmes.*

Levant au ciel ses yeux mouillés de larmes.

RACINE.

|| *Jouer au doigt mouillé.* Jouer au jeu qui consiste à mouiller un de ses doigts secrètement et à laisser deviner ensuite lequel est mouillé. *Tirer au doigt mouillé*, Décider d'une chose par le doigt mouillé, comme par une espèce de sort. || T. Sculpt. *Draperie mouillée*, adhérente au corps et transparente. || T. Gram. *Consonne mouillée*, fondue avec le son. *Ll mouillées, gn mouillé*, Voy. L et G.

**MOUILLETTE.** s. f. [Pr. *mou-llè-te*, *ll* mouillées]. Petit morceau de pain long et mince, qu'on trempe dans les œufs à la coque.

**MOUILLEUX, EUSE.** adj. [Pr. *mou-lleu, euze*, *ll* mouillées]. T. Agric. Humide et détrempé. *Terrain m.*

**MOUILLOIR.** s. m. [Pr. *mou-llou-ar*, *ll* mouillées). Petit vase dont les femmes se servent pour y mouiller le bout de leurs doigts en filant. || T. Techn. Cuve remplie de solution de gélatine pour coller le papier. — Sébile remplie d'eau où l'on trempe les tenailles avec lesquelles on sépare les dragées blanches.

**MOUILLURE.** s. f. [Pr. *mou-llur*, *ll* mouillées]. Action de mouiller; État de ce qui est mouillé. *La m. du papier avant l'impression. Les voituriers sont responsables de la mouillure.*

**MOUJIK.** s. m. T. Relat. Serf ou paysan russe.

**MOULAGE.** s. m. (R. *meule*). Mécanisme qui fait tourner la meule d'un moulin. || T. Féod. *Droit de m.*, droit payé au seigneur du moulin.

**MOULAGE.** s. m. Action de mouler, de prendre une empreinte pour faire un moule. || Action d'exécuter un ouvrage au moyen d'un moule. || Action de mesurer du bois.

**Techn.** — Le *Moulage* consiste à reproduire les formes diverses des corps au moyen de modèles appelés *Moules*. Le m. des métaux, du soufre, et autres substances fusibles, s'opère par la voie ignée; celui des ouvrages de cire, de plâtre, de ciment ou autres matières susceptibles de se délayer dans l'eau, s'exécute au moyen de cet intermédiaire. Quant aux procédés employés dans chacun de ces cas, ils varient suivant la matière dont le moule lui-même est formé, et suivant celle de l'ouvrage que l'on veut obtenir. Nous examinerons successivement les principaux modes employés pour le m. des métaux, et quelques autres matières, comme la brique; la faïence et porcelaine; la statue, ou m. statuaire; le *bois*.

1. *Moulage des Métaux.* — On obtient le m. des métaux en faisant usage pour le moule de sable de nature siliceuse, auquel on ajoute une petite quantité d'argile plastique afin de le rendre plus liant. Généralement, le *sable de fonderie* ou *sable de m.* s'obtient au moyen de broyages successifs des matières constitutives, de leur mélange intime et de leur passage au blutoir, dans le but d'obtenir une poudre bien homogène mais pas impalpable. On ajoute très fréquemment aux substances ci-dessus désignées des poussières de houille maigre et de coke, le tout soigneusement tamisé. Le sable de m. doit conserver une certaine humidité afin d'éviter les éboulement. qui pourraient se produire dans le moule lors de l'enlèvement du modèle. Cette humidité doit être telle qu'elle ne mouille pas la main lorsqu'on manie le sable. En prenant une poignée de sable de m. bien préparé et possédant les qualités requises, il faut qu'en le roulant entre les mains on puisse en faire une boule qui ne se fendille ni ne s'effrite.

Pour le m. des métaux, on fait usage de moules en bois, en fer ou en fonte, suivant la nature du métal à mouler et la dureté que l'on veut obtenir. Le moule en bois a la forme d'un châssis carré ou rectangulaire muni quelquefois d'un fond, mais rarement. La plupart du temps, le châssis est sans fond et enfoui dans le sol de la salle de fonderie, entièrement composé d'une épaisse couche de sable à mouler. La forme des châssis en fonte est la même à peu de chose près que celle des moules en bois, avec cette différence cependant que les premiers sont munis de traverses qui maintiennent le sable en place. Les moules peuvent être superposés les uns aux autres et maintenus en place au moyen d'oreilles extérieures venues de fonte dans lesquelles on enfonce des clavettes afin de s'opposer à tout mouvement des châssis ainsi mis en place.

Il existe différents modes de moulages pour les métaux : *le m. en sable vert ou à découvert; le m. en châssis; le m. en coquille; le m. en sable étuvé.*

Le *m. en sable vert* ou *à découvert* s'emploie uniquement pour le cas où la pièce à mouler ne doit offrir qu'une de ses faces absolument conforme au modèle. Pour obtenir ce genre de moulage, l'ouvrier se borne à tasser légèrement le sable et à l'égaliser de manière à avoir une surface absolument plane. Cela fait, il enfonce dans ce sable, en exerçant une pression uniforme sur toutes ses parties, le modèle qu'il s'agit de reproduire, de manière à avoir en creux l'image fidèle du modèle. Suivant l'épaisseur que doit avoir la pièce moulée, il fait plus ou moins pénétrer ce modèle dans le sable. Il suffit alors de conduire le jet du métal en fusion jusque dans cette cavité. En se solidifiant, le métal offrira, dans sa partie en communication directe avec l'atmosphère, une surface suffisamment plane et régulière. De tous les moulages, le m. à découvert est de beaucoup le plus économique, aussi ne manque-t-on jamais d'en faire usage dans les fonderies, chaque fois que cette opération est suffisante.

Le *m. en châssis*, qui est en général le plus employé, présente des difficultés que le mode de procéder précédent n'offrait pas. Il exige de la part de l'ouvrier mouleur beaucoup de discernement et une réelle intelligence, car, de la façon dont il aura confectionné son moule dépendra le plus ou moins de perfection de la pièce fondue. Souvent ce m. nécessite deux châssis, dans chacun desquels se trouve imprimée en creux la moitié du modèle. Ces deux châssis superposés l'un à l'autre par le mouleur, reproduiront d'une manière rigoureuse l'ensemble du modèle qu'ils contiennent en creux. Souvent aussi, par suite des détails complexes présentés par le modèle, l'ouvrier découpe le moule non plus seulement en deux, mais en plusieurs parties qui, rapprochées, superposées et juxtaposées, offrent un vide intérieur représentant rigoureusement l'emplacement complet du modèle. On conçoit que, dans ces conditions, le travail exécuté par le mouleur n'est plus seulement un labeur manuel, mais exige de sa part une grande adresse et une non moins grande ingéniosité en même temps que des soins constants. Il arrive fréquemment que des parties creuses doivent être ménagées dans la pièce fondue. L'ouvrier mouleur fait alors usage, pour réserver ces creux, de petits blocs ayant extérieurement la forme du trou à réserver, que l'on enchâsse à l'endroit même où, dans le moule, doit se produire le creux. Ces blocs se nomment *noyaux*.

Le *m. en coquille* offre plus de difficultés encore que le précédent. Il s'opère généralement dans des châssis rectangulaires en fonte. Ce mode de m. ne s'emploie guère que lorsque l'on veut obtenir un objet moulé en fonte dure. C'est une sorte de trempe du métal qu'il faut obtenir sur une certaine partie de son épaisseur. Suivant l'épaisseur du châssis ou coquille, il s'opère un refroidissement plus ou moins prompt, occasionnant une trempe plus ou moins dure ; il faut, il est vrai, ajouter que la nature même de la fonte, les mélanges qui la constituent jouent aussi un rôle important dans la rapidité avec laquelle se produit la trempe du métal.

Le *m. en sable étuvé* consiste, après la confection du moule en châssis par l'ouvrier, à amener le sable à un état de dessiccation absolue qui le durcit et le solidifie presque. Cette opération se produit dans des étuves spéciales, ou encore au-dessus d'un feu nu; la pratique démontre que l'usage des étuves à air chaud est préférable au second moyen. Après avoir été étuvé, le sable acquiert une grande dureté; il résiste beaucoup mieux à la pression que le métal en fusion pénétrant dans le moule y produit. Le m. en sable étuvé demande que certaines précautions soient préalablement prises avant d'amener dans le moule le jet de fusion. Il faut, ainsi qu'on le dit en terme de métier, *parer le moule*. On obtient ce résultat en aspergeant l'intérieur de ce moule d'un peu d'eau, de manière à n'humecter que la surface du sable, puis à recouvrir les parties aspergées d'une très mince couche de poussière de houille maigre, qui les saupoudre ainsi. La coulée peut dès lors être opérée dans d'excellentes conditions.

II. *Moulage de la brique.* — Le m. des briques se fait de deux manières, à la main ou mécaniquement. Le *m. à la main de la brique* s'exécute en introduisant dans un moule rectangulaire en bois ou en fer appelé *cadre*, sans couvercle ni fond, la quantité d'argile pétrie qui est suffisante. Le mouleur a dans la main une *plane*, espèce de couteau de fer ou de bois. Le moule étant préalablement saupoudré de sable sec à l'intérieur pour prévenir l'adhérence de l'argile aux parois, l'ouvrier briquetier le remplit, comprime avec la main la terre qu'il y a mise, afin qu'elle prenne exactement la forme du moule; il passe ensuite son couteau sur la partie supérieure pour enlever l'excédent d'argile et lisser sa surface en la dressant.

Le *m. mécanique de la brique* s'opère en faisant usage de machines assez diverses suivant que la brique moulée est pleine ou creuse. La plus simple de ces machines consiste en un moule en deux parties avec une doublure en cuivre. On remplit le moule d'argile et on recouvre le tout d'une sorte de couvercle appelé *chapeau*. Au moyen d'un levier appuyant sur le chapeau, on comprime l'argile dans le moule. On retire la brique moulée par un simple démontage des deux parties qui constituent le moule. Dans d'autres machines, celle de Clayton par ex., la pâte argileuse tombe du malaxeur et est reçue dans un coffre où se meut un piston qui, dans son mouvement de va-et-vient, pousse la terre dans deux filières opposées ayant exactement la largeur et l'épaisseur de la brique. On obtient ainsi un long parallélipipède que des ouvriers découpent à longueurs voulues. La machine Lacroix et Boulet n'est autre que la machine de Clayton, mais très perfectionnée. La terre jetée dans une trémie tombe entre les deux broyeurs d'un cylindre; de là elle va dans un coffre horizontal contenant deux hélices animées d'un mouvement de rotation qui refoulent l'argile dans une filière où elle est comprimée et moulée à la forme voulue. Certaines machines, celle de Mattheus, fabriquent la brique à sec sans l'avoir préalablement malaxée avec de l'eau. Dans cette machine, l'argile tombe d'une trémie dans des moules cubiques qui se trouvent encastrés sur la périphérie d'un cylindre tournant horizontalement. Ces moules à doubles enveloppes sont chauffés à la vapeur. La brique fortement comprimée déjà, et ayant reçu la forme qu'elle doit avoir, est poussée dans un second moule où elle subit une pression plus considérable encore; elle acquiert ainsi la dureté du grès. Ainsi façonnées, les briques sont directement portées au four pour la cuisson. On compte que la machine Clayton fournit en moyenne de 800 à 1,000 briques à l'heure; les autres en donnent de 1,000 à 2,000.

III. *Moulage de la porcelaine dure.* — Le m. de la porcelaine dure s'opère de diverses manières : par *coulage*; par *l'air comprimé*; par le *vide*. Ces deux derniers procédés s'emploient tout particulièrement pour les pièces de grandes dimensions. Dans le premier procédé, on verse de la *barbotine*, c.-à-d. une pâte très fluide par l'orifice du moule jusqu'à ce qu'on ait pu constater qu'une certaine quantité de cette barbotine adhère aux parois du moule. On vide le moule, on laisse cette première couche se raffermir un peu et l'on recommence l'opération jusqu'à ce que la pièce moulée ait atteint l'épaisseur que doivent avoir ses côtés. — Dans le mode de *m. par l'air comprimé*, on fait usage de moules en plâtre hermétiquement clos dans lesquels, par l'intermédiaire d'un tube en caoutchouc, on insuffle la quantité nécessaire de barbotine. Ce tube est muni d'un robinet que l'on ferme lorsque l'on juge cette quantité suffisante. Un second robinet, qui joue le rôle de purgeur, occupe la partie inférieure du moule. Dès que le robinet du tube en caoutchouc est fermé, on ouvre doucement et progressivement le robinet inférieur afin de donner issue à l'excédent de barbotine, puis ce robinet est fermé aussi. Un troisième robinet fait communiquer l'intérieur du moule avec une pompe de compression qui refoule de l'air comprimé à deux atmosphères environ. Sous cette pression d'air, la barbotine se trouve instantanément collée avec une force irrésistible sur les parois intérieures du moule. Des opérations identiques à celles que nous venons de décrire se reproduisent, tant que la muraille de la pièce à mouler n'a pas atteint son épaisseur voulue. — Dans le procédé de *m. par le vide*, la partie supérieure du moule est laissée ouverte. On recouvre ce moule d'une caisse de forte tôle qui l'enveloppe complètement. Après avoir introduit la barbotine et avoir attendu qu'une couche se soit déposée sur les parois, on laisse comme précédemment écouler l'excès de liquide. Par un dispositif spécial, et à l'aide d'une machine pneumatique, on fait le vide entre les parois extérieures du moule et l'enveloppe en tôle. La pression atmosphérique s'exerce tout naturellement à l'intérieur par l'orifice libre, et fixe fortement la pâte semi-fluide contre le moule. Deux ou trois opérations semblables suffisent en général pour donner à la pièce l'épaisseur définitive qu'elle doit posséder.

IV. *Moulage statuaire.* — Avant d'être reproduit en marbre, en pierre, etc., le modèle en terre glaise doit tout d'abord être moulé en plâtre, opération qui s'effectue de la manière suivante : on commence par badigeonner la surface du modèle d'une légère couche de gomme laque dissoute dans l'huile de naphte. On laisse sécher et en dernier lieu on recouvre le tout d'un mélange à demi liquide d'huile et de saindoux. Avec du plâtre gâché tout prêt, on prend l'empreinte d'une partie du modèle de manière que la plaque ainsi obtenue ait une épaisseur uniforme d'un centimètre et demi environ. Cette plaque est alors enlevée, puis parée, et l'on ménage sur les bords quelques trous dans lesquels viendront s'ajuster des saillies, sortes de tenons, dressées sur les bords des plaques voisines. De cette manière, lorsque toutes les parties du moule sont terminées, leur assemblage se fait très facilement. Au fur et à mesure que chaque plaque de plâtre a été bien parée et que les saillies et cavités correspondantes sont prêtes, on la replace sur le modèle et on prend une empreinte voisine en procédant comme précédemment et en continuant jusqu'à ce que le modèle soit entièrement recouvert. Après ressuage complet de ces diverses plaques, leurs parois intérieures, qui reproduisent exactement les creux et reliefs du modèle, sont enduites au pinceau d'une couche liquide de saindoux et d'huile; il en est de même de leurs bords afin d'éviter toute adhérence ultérieure.

On assemble alors les diverses parties qui vont servir de moule et, après leur assemblage, on les maintient solidement en place au moyen d'une corde qui les entoure. On a dès lors, en creux, la reproduction fidèle du modèle. On retourne le moule et, par l'orifice qui existe naturellement à la partie inférieure, on projette peu à peu du plâtre gâché clair de façon à recouvrir tout l'intérieur d'une légère couche uniforme. Avant que le plâtre n'ait fait complètement prise, on procède à un nouveau jet et ainsi de suite jusqu'au moment où l'on estime que l'épaisseur donnée au plâtre est suffisante; on hâte la répartition égale en faisant tourner lentement le moule sur lui-même. Quand le plâtre a fait prise, on enlève la corde qui maintenait les différentes parties du moule, on enlève successivement ces parties, chose facile, puisque la mixture graisseuse s'oppose à toute adhérence entre le plâtre coulé et l'intérieur du moule, aussi bien qu'entre les diverses parties qui le constituent. Le m. est dès lors terminé; il ne reste plus qu'à retoucher et parer le nouveau modèle qui servira au praticien à reproduire, sur le marbre ou la pierre, l'œuvre du maître.

V. *Moulage du bois.* — Dans ce procédé, on commence par obtenir du modèle à reproduire une copie creuse en plâtre dont on fait ensuite un moule également en plâtre. D'après ce moule, on fait exécuter en creux un moule définitif en fonte ou bronze. C'est sur cette matière qu'on obtient à chaud par une pression énergique et plusieurs fois répétée, mais toujours à haute température, une copie exacte du modèle primitif. L'avantage de ce mode de m. réside dans la compression du bois, compression qui, faite à une température assez élevée, donne au bois une grande force de résistance et aussi une grande durée. Le m. obtenu se compose, bien entendu, d'un certain nombre de pièces séparées que l'on assemble ensuite, lorsque l'opération est entièrement achevée; ces parties sont définitivement collées ensemble.

VI. — Il existe encore de nombreux procédés de m., pour les matières les plus diverses, le celluloïd, la cire, la corne, l'écaille, etc., etc.; tous se rapprochent plus ou moins des méthodes que nous venons de décrire; il est donc inutile d'insister davantage à leur sujet. — Pour le *m. galvanoplastique*, Voy. GALVANOPLASTIE.

**MOULANT.** s. m. (Part. prés. de *moudre*). Volume d'eau nécessaire pour faire tourner un moulin à blé.

**MOULARD.** s. m. [Pr. *mou-lar*]. Terre que produit le frottement du fer sur une meule à aiguiser.

**MOULE.** s. m. (lat. *modulus*, mesure). En termes d'Arts et Métiers, on appelle *Moule* tout instrument qui sert à donner ou à déterminer la forme de quelque ouvrage; mais on] nomme particul. ainsi un corps solide creusé ou façonné de manière à donner une forme déterminée à une matière, soit molle, soit à l'état de fusion qu'on y introduit. *M. d'une seule pièce, de plusieurs pièces. Jeter en m. le bronze d'une statue. Un m. à fondre des caractères d'imprimerie. Un m. à faire des balles*, ou simpl., *un m. à balles. M. à faire des mottes. M. de bouton*, Voy. BOUTON. || Cahier des feuilles de baudruche où l'on place les feuilles d'or, d'argent, après le dernier battage., pour qu'elles gardent leur forme. || Fig. et fam., *Cette personne est faite au m.*, Elle est parfaitement faite, très bien proportionnée. *Ces deux personnes ont été jetées dans le même m.*, Elles ont des ressemblances extraordinaires de figure, de taille, de caractère, d'humeur, etc. *Le m. en est perdu*, se dit en parl. de quelques personnes rares et uniques en leur genre. || Ancienne mesure pour le bois à brûler qui n'est plus en usage; néanmoins on appelle encore *Bois de m.* le bois à brûler de la première qualité.

**MOULE.** s. f. (lat. *musculus*, m. s.). T. Zool. Genre de *Mollusques lamellibranche*. Voy. MYTILACÉS.

**MOULÉE.** s. f. (R. *moule*). Poudre qui se rassemble sous la meule des taillandiers. || Beau bois de chauffage.

**MOULER.** v. a. Exécuter au moyen d'un moule. *M. une figure, des bas-reliefs, des médailles, des ornements, etc. M. des chandelles. M. des briques.* || Prendre l'empreinte d'un objet pour que cette empreinte puisse ensuite servir de moule. *M. une statue, un bas-relief, une médaille. Son buste a été fait d'après le masque qu'on avait moulé sur son visage.* — *M. à cire perdue*, mouler en appliquant une argile qui résiste au feu sur le modèle exécuté en cire, et en faisant fondre et écouler la cire, pour la remplacer par le métal en fusion. || *Une robe qui moule le buste*, qui en suit exactement les contours. || T. Techn. *M. la carte*, appliquer la feuille à fabriquer la carte à jouer sur la planche. || *M. une pierre*, Y tracer, d'après le modèle, le relief des pièces que doit exécuter le tailleur de pierres. || *M. du bois*, Mesurer une certaine quantité de bois, en le rangeant entre deux traverses qui doivent le contenir. On dit ordin., *Corder du bois*. = SE MOULER. v. pron. Prendre la forme d'un moule. *Ce mélange se moule très aisément.* || Fig. et fam., *Se mouler sur quelqu'un*, Le prendre pour modèle. = MOULÉ, ÉE. part. || Adjectiv., *Lettre moulée*, se dit fam. des caractères imprimés, et quelquefois même d'une écriture à la main qui imite la forme des lettres imprimées. *Elle ne sait lire que la lettre moulée. Ce copiste fait très bien la lettre moulée.* — *Matières moulées*, Excréments qui ont gardé la forme du rectum. || T. Techn. *Marches moulées*, qui ont une moulure au bord du giron. — Prov., *Croire tout ce qui est moulé*, Ajouter foi à tout ce qui est imprimé. || *Moulé*, se dit encore subst. et au masc. dans la première acception de la locut., *Lettre moulée. Il ne lit que le moulé.*

**MOULER.** v. a. Repasser sur la meule. = MOULÉ, ÉE. Part.

**MOULERIE.** s. f. Atelier où s'exécute le moulage des ouvrages de métal.

**MOULET.** s. m. [Pr. *mou-lè*] (R. *moule*). T. Techn. Calibre de bois pour régler l'épaisseur des languettes. || Petit moule.

**MOULEUR.** s. m. Ouvrier qui moule des ouvrages de sculpture. || Autrefois, on appelait *M. de bois*, un officier de police qui était chargé de veiller au mesurage du bois.

**MOULIER.** s. m. [Pr. *mou-lié*]. Celui qui fabrique des moules à boutons.

**MOULIÈRE.** s. f. Établissement pour la culture et l'engraissement des moules.

**MOULIN.** s. m. (lat. *molinus*, m. s. de *mola*, meule). Machine à moudre les céréales. *M. à bras, à vent, à eau, à vapeur. Un m. banal.* || Se dit aussi de diverses machines du même genre qui servent à différents usages. *M. à café. M. à huile, à poudre, à plâtre, à sucre, à poivre, à foulon. M. à filer la soie.* || Fig. et fam., on dit de quelqu'un dont on n'est pas content, *Laissez-le faire, il viendra moudre à notre m.*, pour, Il aura besoin de nous à son tour, et alors nous agirons de même à son égard. — *Faire venir l'eau au m.*, Voy. EAU. *Jeter son bonnet par-dessus les moulins*, Voy. BONNET. — *Se battre contre des moulins à vent*, Se forger des chimères, se créer des fantômes pour les combattre. — *C'est un m. à paroles*, se dit d'une personne fort babillarde. — *Une maison où l'on entre comme dans un m.*, où entre qui veut. — *Renvoyer quelqu'un à son m.*, l'engager à se mêler de ses affaires. — *On ne peut être à la fois au four et au m.*, on ne peut tout faire à la fois.

**Mécan.** — I. — L'emploi de machines plus ou moins propres à diminuer le travail de l'homme dans la pénible tâche de broyer le grain des céréales pour le réduire en farine remonte à la plus haute antiquité. Au temps de Moïse, le peuple hébreu faisait usage de moulins composés de deux petites meules cylindriques de pierre dure que des esclaves ou des femmes faisaient tourner l'une au-dessus de l'autre. Les moulins dont se servaient les Grecs et les Romains à une époque relativement plus moderne nous sont connus; ils offrent sans doute des perfectionnements notables sur les moulins primitifs de l'époque de Moïse et de celle d'Homère.

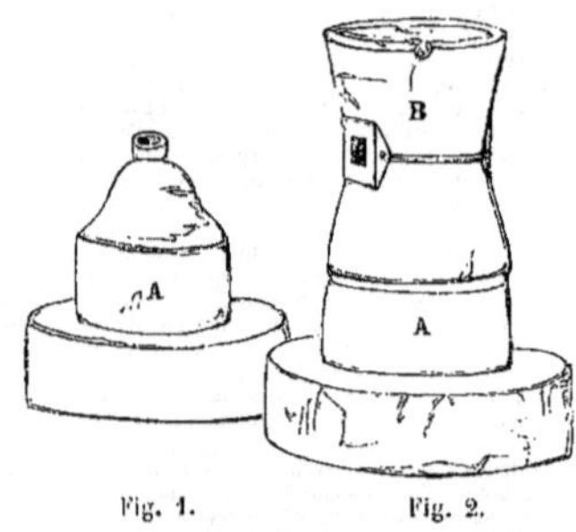


Fig. 1. Fig. 2.

Les Fig. 1 et 2 représentent un des nombreux moulins romains trouvés à Pompéi. La meule gisante, ou *meta*, A était conique : elle se terminait supérieurement par un pivot de fer. La meule volante, ou *catillus*, B, avait à peu près la forme d'un sablier composé de deux cônes creux joints ensemble par leur sommet. Au point de jonction des deux cônes, il existait une pièce de fer présentant au centre une cavité qui recevait le pivot de fer de la *meta*, afin de maintenir la meule supérieure dans une position verticale. Celle-ci était en outre munie d'un cercle de fer qui portait des trous carrés pour recevoir les barres employées pour mettre l'appareil en mouvement. Le grain était versé dans le cône supérieur de la meule mobile, et arrivait peu à peu par l'étranglement qui existait entre les deux cavités de cette meule par le sommet du cône de la meule gisante. Enfin le blé, en glissant entre les parois des deux cônes en contact, se trouvait écrasé et tombait sous forme de farine sur les côtés de la base du cône inférieur, dans un canal *ad hoc*. Les moulins de ce genre (*mola manuaria, versatilis*) étaient mis en mouvement par des esclaves; mais, quand leurs dimensions étaient plus considérables, on employait des ânes, des mulets ou des chevaux (*mola asinaria, machinaria*) : l'animal était alors attelé comme à un manège. Les moulins à eau (*mola aquaria*) paraissent avoir pris naissance dans l'Asie Mineure; le plus ancien m. de ce genre dont il soit fait mention dépendait du palais de Mithridate, roi de Pont (environ 90 ans av. J.-C.). Ces moulins furent introduits en Italie du temps de César; mais il ne commencèrent à devenir communs que vers le IV^e siècle. Les *moulins à vent* sont aussi d'origine orientale. On a cru pendant longtemps qu'ils avaient été importés en Europe par les croisés, mais il est aujourd'hui reconnu que cette importation est beaucoup plus ancienne, et qu'elle a eu lieu, non pas par la Méditerranée, mais par la Russie, la Pologne et la Hongrie. Les plus anciens dont les textes fassent mention existaient dans ce dernier pays au VIII^e siècle. Quant aux *moulins à vapeur*, les premiers qui aient marché régulièrement paraissent avoir été établis en Angleterre, vers 1789.

II. — Trois sortes de moulins sont actuellement en usage : le *M. ordinaire*, qui est encore répandu dans nos provinces; le *M. moderne*, qui est seul employé dans les grandes usines, et le *M. à vent*. Les moulins ordinaires sont mus par l'eau. On les appelle *Moulins pendants* ou *de pied ferme*, quand ils sont bâtis sur le bord d'un cours d'eau, et *Moulins à nef*, quand ils sont établis sur des pontons. Dans tous les cas, l'arbre moteur porte un *Rouet* à la circonférence duquel sont implantées des chevilles qui s'engrènent dans une lanterne traversée par un axe qu'on nomme *Gros fer*, ou simplement *Fer*. L'extrémité inférieure de ce dernier porte sur une pièce de bois appelée *Palier*, tandis que la supérieure, traversant la meule gisante, supporte la meule courante et l'entraîne dans son mouvement de rotation au moyen d'une pièce de fer en forme d'X, nommée *Anille* ou *Nille*, qui est solidement fixée dans le massif de la meule. Les deux meules sont enfermées dans un coffre de bois qui s'appelle *Boîte* ou *Archure*. Le grain est versé dans la *Trémie*, sorte de grande auge carrée, large par le haut et étroite par le bas, placée au-dessus des meules et munie d'une ouverture à sa partie inférieure. Au-dessous de la trémie se trouve une petite caisse rectangulaire, appelée *Auget*, qui est légèrement inclinée et également ouverte par le bas. L'auget est suspendu par des cordes enroulées sur de petits treuils, qui servent à le rapprocher ou à l'éloigner de la base de la trémie, suivant que l'on veut diminuer ou accélérer l'écoulement du blé. L'auget reçoit d'ailleurs, d'un petit mécanisme fixé sur un prolongement du gros fer, un mouvement régulier d'oscillation qui contribue à faire descendre le blé. C'est ce mécanisme qui produit le *tic tac* du m.; aussi l'appelle-t-on le *Babillard*. A sa sortie de l'auget, le grain tombe dans l'*Œillard*, c.-à-d. dans le trou percé au centre de la meule courante, et finit par arriver dans l'intervalle qui sépare les deux meules, où il est broyé. Enfin, la mouture est chassée par la force centrifuge du centre des meules à leur circonférence, d'où elle se rend dans le *Blutoir*. On nomme ainsi une huche fermée dans laquelle est disposé un grand cylindre de toile claire, appelé *Bluteau*. Arrivée dans le bluteau, la mouture se sépare en deux parties, la farine, qui se tamise à travers les mailles de l'étoffe, et le son, qui, se trouvant trop gros pour les traverser, parcourt toute l'étendue du bluteau et va se rendre dans un récipient approprié. Pour que le tamisage s'exécute convenablement, on donne une position inclinée au bluteau, et on le maintient dans une agitation continuelle au moyen d'un petite tige qui est mise en mouvement par la lanterne.

Ces moulins, au mécanisme grossier et primitif, offrent de graves inconvénients et exigent des soins continuels pour éviter que ce mécanisme ne se détériore; ils font un bruit assourdissant. Ils ont en outre le défaut de faire perdre une assez grande quantité de farine; de nécessiter, s'ils sont mus par l'eau, autant de roues hydrauliques qu'ils ont de *Tournants*, c.-à-d. de paires de meules; et enfin de détruire une grande partie de la force motrice, qui est absorbée par les frottements des différents organes dont l'ensemble les constitue. Ces inconvénients ont disparu dans les *Moulins modernes :* ici tout se fait sans bruit, presque sans surveillance, et avec une régularité mathématique. Un ou deux employés suffisent pour diriger toute la machine motrice; un cadran leur indique à chaque instant la marche du moteur, et un léger effort sur un levier leur permet de ramener aussitôt la force motrice à une intensité convenable. Un autre levier leur donne le moyen de faire varier l'écartement des meules. Enfin, le même arbre moteur transmet le mouvement à plusieurs paires de meules. Un mécanisme particulier prend les sacs sur les chariots qui les amènent, et les transporte au magasin, ou à la trémie qui en distribue le contenu aux meules.

III. — Les moulins modernes se divisent en *Moulins à eau* et en *Moulins à vapeur*, selon la nature du moteur employé. On les distingue aussi en *Moulins à la française* et en *Moulins à l'anglaise* ou à *l'américaine*, mais cette distinction n'est guère fondée que sur les dimensions des meules dont on fait usage (Voy. MEULE). La Fig. 3 représente les parties principales d'un m. à la française à 4 tournants, dont 2 seulement sont visibles, les 2 autres étant placés derrière et symétriquement. En outre, un des tournants est vu en coupe afin de montrer l'intérieur. Un bâti de bois de chêne AAAAA, appelé *Beffroi*, supporte le mécanisme situé aux rez-de-chaussée, ainsi que les meules qui sont logées au niveau du plancher du premier étage. L'arbre moteur B porte une roue d'engrenage qui engrène avec la roue K fixée sur l'arbre H. La roue L montée sur ce même axe transmet le mouvement aux axes MM des meules, par l'intermédiaire des roues NN. Les axes MM des meules sont à égale distance de l'axe H, et disposés de manière que les roues qu'ils portent soient indépendantes l'une de l'autre, afin qu'on puisse suspendre la marche de l'une sans être obligé d'arrêter l'autre. Pour obtenir ce résultat, il suffit d'élever celle des roues N, dont on veut suspendre l'action, au-dessus du plan horizontal de la roue L (sur la figure ci-jointe, la roue de gauche N est levée). Cette opération se fait au moyen de la vis à béquille O. Le mécanisme P sert à régler l'écartement des meules en soulevant la meule courante. RR montrent la disposition des meules. Le m. de gauche montre son archure *c*, sa trémie *d*, son auget *e*, son babillard *f*, et la corde *g*, qui sert à régler l'écoulement du grain et qui se trouve à la portée du meunier dans les deux étages. Le m. de droite présente la coupe des mêmes parties. On y trouve, en outre, l'*Anille* ES, et le *Boitillon* FT. Cette dernière pièce est un cercle de fonte fixé à la meule gisante et destiné à maintenir l'arbre M dans une position verticale. UU sont des tuyaux de toile qui amènent le blé des étages supérieurs dans la trémie. Enfin, en *jj* sont des coffres de bois dans lesquels d'autres tuyaux, XX, conduisent la farine à sa sortie des meules. La poulie Y, montée sur l'arbre moteur B, met en mouvement, par l'intermédiaire d'une courroie sans fin et d'autres poulies, divers mécanismes accessoires logés dans l'étage supérieur. Tels sont : les *Tire-sacs*, c.-à-d. les cordes à crochets qui vont saisir les sacs de blé sur les chariots pour les amener dans les greniers; la *machine à nettoyer* ou *nettoyeur* qui, comme son nom l'indique, débarrasse le grain de toutes ses impuretés avant qu'on le livre aux meules; et les *Blutoirs* ou *Bluteaux*, qui séparent le son de la farine, et trient celle-ci en différentes qualités, selon sa finesse.

On a ultérieurement perfectionné le mode de fonctionnement des *moulins à la française*. Au lieu de laisser entièrement aux meules le soin de transformer le grain en farine, on a reconnu qu'il y avait grande économie de force motrice à faire écraser préalablement le grain par des cylindres appelés *cylindres comprimeurs*. Ces cylindres ont pour fonctions en premier lieu de mesurer la quantité de grain qui doit être distribuée aux meules, et de soumettre cette quantité à une compression énergique entre deux cylindres en acier trempé et poli, dont les axes peuvent se rapprocher ou s'éloigner à volonté. Pour obtenir ce résultat, on a adapté, à la base de la trémie à blé, deux cylindres cannelés tournant en sens inverse et possédant une vitesse uniforme. Ils se présentent l'un à l'autre par la partie saillante de leurs cannelures dont les parties profondes se trouvent ensuite en regard. Il en résulte que ces parties creuses des cannelures se remplissent du blé tombant de la trémie; elles l'abandonnent ensuite quand elles s'écartent l'une de l'autre, par suite du mouvement de rotation qui leur est imprimé. Comme ce mouvement est uniforme, la quantité de blé ainsi abandonnée est constante. Deux plans inclinés dont l'intersection est sur l'arête de contact des cylindres comprimeurs, empêchent le grain de s'écarter; il passe forcément entre ces cylindres, s'aplatit et l'enveloppe se fend de sorte que les meules la détachent plus facilement. Au sortir de ces cylindres, le blé tombe dans une sorte d'entonnoir dont la partie inférieure aboutit à l'*œillard* d'où il passe entre les meules.

En même temps que s'opérait la substitution de la vapeur, comme force motrice, à la puissance hydraulique, il se produisait de très nombreux changements dans la construction des moulins, l'ordonnancement de leurs divers organes, et la nature même de ces organes. Les cylindres comprimeurs dont nous venons de parler ont donné l'idée aux constructeurs de remplacer d'une manière absolue les meules par des jeux de cylindres destinés à jouer exactement le même rôle que celles-ci. Dans la grande majorité des moulins de nouveau modèle, les cylindres ont à l'heure actuelle été substitués aux meules. Cette innovation n'a du reste pas manqué de soulever de très nombreuses controverses en ce qui concerne la qualité des produits obtenus par le système des cylindres. Certains praticiens, ennemis déclarés de la substitution accomplie, prétendent que le grain de blé, n'étant plus broyé comme cela se produisait avec les meules, grâce aux rayures qui sillonnaient leurs surfaces, mais simplement aplati et écrasé, perd beaucoup de ses qualités premières. Ils ajoutent que la séparation de la farine proprement dite, des gruaux et du son n'est pas aussi complète; qu'en outre, le germe, au lieu de se trouver séparé, comme cela se produisait après le passage aux meules, se trouve écrasé comme le reste, et occasionne, par sa présence dans la farine, une détérioration matérielle de cette dernière qui n'est plus exclusivement fournie par l'amande du grain; d'où production et obtention de farines aigrissant très vite et de pain de qualité douteuse. Quoi qu'il en soit, il n'en est pas moins vrai que les nouveaux moulins à cylindres ont leurs ardents partisans, le rendement se trouvant presque doublé et la main-d'œuvre singulièrement réduite; de plus, il y a notable économie dans les dépenses de force motrice. En outre, les progrès accomplis dans l'installation des bluteries, a perfection des appareils employés pour le blutage font qu'il y a toute probabilité pour que la substitution des cylindres aux meules, substitution adoptée par les plus grandes sociétés meunières, offre en réalité des avantages très sérieux à tous les points de vue.

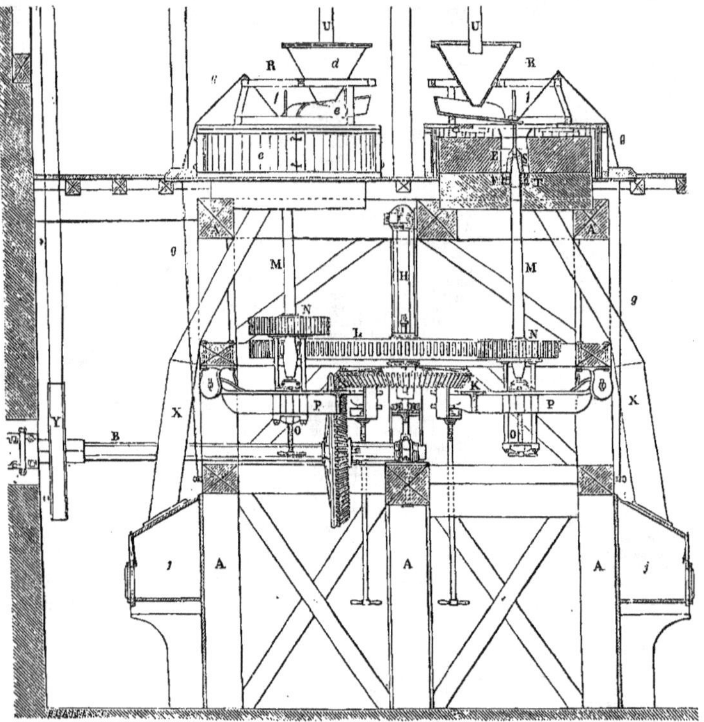


Fig. 3.

IV. — Dans les *Moulins à vent*, le mécanisme qui sert à moudre le grain est le même que dans les moulins ordinaires; il n'en diffère guère que par la nature du moteur et par la disposition de l'appareil de transmission de la force motrice. Ainsi que le montre la Fig. 4, l'arbre moteur, la roue dentée et la lanterne sont disposés à la partie supérieure de la construction, au lieu d'être établis à la partie inférieure comme dans le m. ordinaire. Le mouvement de rotation imprimé par le vent à l'arbre AB est transmis à la lanterne E par l'intermédiaire de la roue dentée D, fixée à l'arbre moteur. La meule courante est mise en mouvement par la lanterne elle-même, dont l'axe est formé par le gros fer. F est la *boite* ou l'*archure* qui renferme les meules. L'abre moteur AB fait un angle de 8° à 15° avec l'horizon, parce qu'on a observé que l'air en mouvement fait ordinairement un angle de cette valeur avec la surface de la terre. A son extrémité extérieure sont fixés deux longs volants, qui forment une espèce de croix et constituent les *bras* du m. Chaque bras sert d'axe à un châssis rectangulaire formé de lattes équidistantes et implantées, d'une part, au bras qui lui sert d'axe, et, de l'autre, à des pièces de bois parallèles à ce bras. Ces châssis, qu'on nomme les ***ailes*** du m., sont recouvertes d'une toile, appelée ***voile***, de manière à les transformer en une surface continue propre à recevoir l'action du vent. Il est à remarquer que la surface de ces appareils n'est pas dirigée dans le plan perpendiculaire de l'arbre tournant, mais qu'elle fait un certain angle avec lui. Cette obliquité n'est même pas uniforme dans toute la longueur de chaque aile, mais elle va en diminuant à partir des premières lattes intérieures jusqu'à celles de l'extrémité opposée. Par suite de cette disposition, les voiles présentent au vent une certaine concavité qui augmente notablement leur effet. Quand on veut faire marcher le m., il faut le ***mettre au vent***, c.-à-d. lui donner une position telle, que le plan des ailes soit à peu près perpendiculaire à la direction du vent. Pour faciliter cette manœuvre, l'édifice entier est construit en bois au sommet d'un cône de maçonnerie, qui porte une grosse colonne contrale GH, sur laquelle toute la construction pivote. C'est à l'aide du long levier K que l'on exécute cette manœuvre. En appliquant une force quelconque de traction à l'extrémité de ce levier, on fait tourner la construction autour de son pivot et on l'oriente comme il convient. Dans les moulins plus perfectionnés, la construction est fixe et de maçonnerie. On lui donne alors généralement la forme d'une tour ronde. Mais sa partie supérieure, qui porte la toiture et l'arbre-moteur, est rendue mobile au moyen de galets roulant sur des rails de fer qui permettent de la faire tourner à volonté. Lorsqu'un m. à vent ne doit pas marcher, on serre les voiles, ou les rapprochant de l'axe de chaque aile : de cette manière, les surfaces des ailes sont à jour, et ne donnant plus de prise au vent.

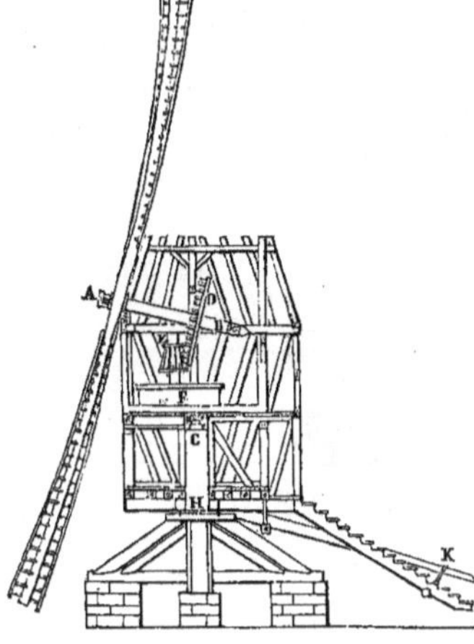


Fig. 4.

L'expérience a démontré que les moulins à vent donnent la plus grande quantité de travail, quand le nombre des tours qu'exécutent les ailes en une minute est double de celui des mètres que le vent parcourt en une seconde.

V. — Un m. n'a pas pour unique objet de procéder à la mouture des céréales; il en existe dont la construction et l'agencement diffèrent, suivant les services qu'ils doivent rendre. C'est ainsi que nous pourrons citer parmi ces moulins : le *m. à poudre*, le *m. à huile*, le *m. à cannes*, le *m. à papier*, etc. Nombre de petits instruments d'un usage domestique portent également le nom de moulins, tels sont : le *m. à poivre*, le *m. à sel* ou *égrugeoir*, le *m. à sucre*, le *m. à beurre* qui n'est autre chose que la baratte rotative, le *m. à café*, etc.

Nous nous bornerons à donner une courte description de quelques-uns d'entre eux qui offrent certaines particularités remarquables. Le *m. à poudre*, comme son nom l'indique, sert à opérer le broyage et le mélange des matières premières qui entrent dans la composition de la *poudre à canon*. Ces opérations successives se font en général dans des sortes de mortiers que l'on a creusés dans un bloc de bois de chêne et qui constituent la *pile*. Des pilons verticaux dont la partie inférieure est garnie d'une masse arrondie de bronze sont mis en mouvement par un arbre à cames qui lui-même est actionné au moyen d'une roue hydraulique. Une légère construction en bois recouvre mortiers et pilons et les met ainsi à l'abri des intempéries, en même temps que les ouvriers chargés de surveiller les opérations du broyage et ensuite du mélange du charbon, du soufre et du salpêtre. Le bâtiment avec ses batteries de mortiers et de pilons, comprenant en général dix mortiers et dix pilons correspondants, constitue le m. à poudre.

Le *m. à huile* se compose de deux meules verticales fixées sur le même axe horizontal et pouvant se mouvoir sur une troisième meule horizontale sur laquelle on place les graines oléagineuses dont on doit extraire l'huile. Les meules verticales pèsent de tout leur poids sur les graines; elles pèsent en général de 2 à 3.000 kilogrammes chacune. Une solide maçonnerie soutient la meule horizontale. A l'aide de petits râteaux, les ouvriers ramènent sous les meules la pâte qui ne tarde pas à se produire et qu'il suffit ensuite de soumettre à la presse.

Le *m. à cannes* est employé dans les sucreries coloniales à écraser les cannes à sucre. A l'origine, le m. était composé de deux cylindres verticaux en bois dur, entre lesquels on faisait passer la canne à sucre que la pression produite par les cylindres transformait en une bouillie plus ou moins épaisse, bouillie de laquelle s'extrait le sucre. Ces installations tout à fait primitives ont été peu après modifiées. De véritables laminoirs composés d'un certain nombre de cylindres horizontaux les remplacèrent. Les cannes, passant successivement entre chaque paire de cylindres, sont aplaties et non plus broyées et laissent écouler leur jus sucré.

**MOULINAGE**, s. m. T. Techn. Action de tordre et de filer la soie au moulin. Voy. SOIE.

**MOULINER**. v. a. (R. *moulin*). Faire subir à la soie les opérations du moulinage. || Se dit aussi des vers qui réduisent le bois en fine poussière. || Polir le marbre avec du grès mouillé. = MOULINÉ, ÉE. part. *Soie moulinée. Bois mouliné.*

**MOULINERIE**. s. f. Usine où l'on mouline la soie.

**MOULINET**. s. m. [Pr. *mouli-nè*] (dimin. de *moulin*). Espèce de treuil dont on se sert pour enlever ou pour tirer des fardeaux. || Appareil dont on se sert pour mesurer la vitesse d'un cours d'eau. || T. Impr. Pieu de bois en forme de croix dont les bras servent à imprimer le mouvement à la presse. || T. Techn. Appareil placé dans la hotte d'une cheminée pour empêcher la fumée de pénétrer dans l'appartement. — Sorte de dévidoir placé au-dessus de la cuve de teinture pour faire circuler les pièces dans le bain. || *Faire le m. avec une épée, avec un bâton à deux bouts, etc.*, Se servir d'une épée, d'un bâton à deux bouts, ou d'une autre arme de même genre, en les maniant en rond autour de soi avec tant de vitesse, qu'on puisse parer les coups qui seraient portés en même temps par plusieurs personnes. || T. Danse. Figure de quadrille où les danseuses réunies par la main droite tournent en donnant la main gauche à leurs cavaliers.

**MOULINEUR, EUSE** ou **MOULINIER, IÈRE**. s. Ouvrier, ouvrière, employé au moulinage de la soie. || Industriel qui a un atelier de moulinage. — On dit quelquefois *Moulineur*, || Ouvrier mineur qui fait au jour ce que les chargeurs font au fond.

**MOULINIÈRE**. s. f. Ouvrière qui fait le moulinage de la soie.

**MOULINS**, ch.-l. du dép. de l'Allier, sur l'Allier, à 313 kil. S.-E. de Paris; 22,700 hab. Évêché. La chapelle du lycée renferme un beau tombeau de Henri II de Montmorency.

**MOULINS-ENGILBERT**, ch.-l. de c. (Nièvre), arr. de Château-Chinon; 3,400 hab.

**MOULINS-LA-MARCHE**, ch.-l. de c. (Orne), arr. de Mortagne; 1,100 hab.

**MOULON**. s. m. (R. *moule*). Tas en forme de meule de foin.

**MOULT**. adv. (lat. *multum*, m. s.). Beaucoup. *Il était m. vaillant. Il avait m. d'argent.* Vieux, et ne s'emploie plus que dans le style marotique.

**MOULTAN**. v. des Indes (Pendjab); 68,700 hab.

**MOULURE**. s. f. (R. *moule*). T. Archit. Les *Moulures* sont des ornements creux ou saillants, qui décorent certaines parties des édifices, et dont la réunion forme les entablements, les impostes, les archivoltes, les corniches, les bases des colonnes et des pilastres, et autres membres d'architecture. Par analogie, on donne aussi le nom de moulures aux parties saillantes ou creuses qui, dans la menuiserie et l'ébénisterie, servent comme d'encadrement aux ouvrages. — Dans l'architecture classique, on distingue les moulures en : *Moulures* *lisses*, celles qui n'ont pas d'ornements sculptés; *Moulures ornées*, celles qui présentent des ornements gravés en creux ou sculptés en relief; *Moulures simples* ou *petites*, celles qui ne sont pas accompagnées de filets; *Moulures couronnées* ou *grandes*, celles qui sont toujours accompagnées de filets. Les moulures communes à tous les ordres sont au nombre de huit.

1° Le *Quart de rond*, appelé aussi *Ove*, *Échine* et *Astragale lesbien*, est une m. convexe représentée, dans l'archi-

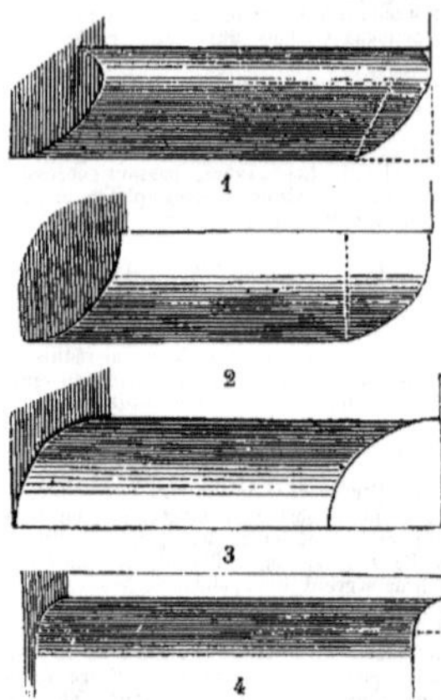


tecture grecque, par une section d'ellipse (Fig. 1. Temple grec à Corinthe), et dans l'architecture romaine par un quart de cercle (Fig. 2. Théâtre de Marcellus, à Rome). (Cette différence dans la section géométrique se reproduit plus ou moins dans toutes les moulures courbes de l'art grec et de l'art

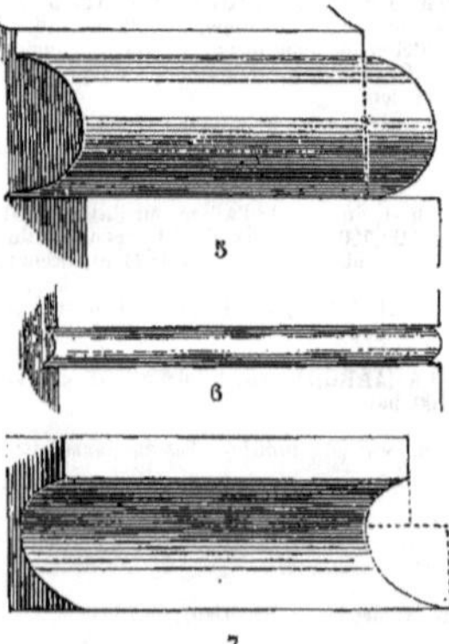


romain.) D'après sa forme, le quart de rond semble particulièrement propre à servir de support à un autre membre. On le voit ordinairement sous l'abaque des chapiteaux, et on le rencontre fréquemment, dans la corniche corinthienne, placé entre le larmier et les denticules. Cette m. doit toujours être placée dans une situation telle qu'elle soit au-dessus du niveau de l'œil. — 2° Le *Cavet*, appelé encore *Demi-creux*, est une échine renversée (Fig. 3. Théâtre de Marcellus). On ne l'emploie guère que comme couronnement, et il ne figure jamais, ni dans les bases, ni dans les chapiteaux. La m. appelée *Congé*, *Escape*, et *Apophyge* (Fig. 4. Thermes de Dioclétien, à Rome) est un petit cavet qui, dans certains ordres, joint le fût de la colonne à ses moulures supérieures vers le chapiteau. — 3° Le *Tore*, ou *Boudin* (Fig. 5. D'après Palladio), est une m. demi-ronde, qui s'emploie surtout dans la base attique et dans la corinthienne. Il semble destiné à lier et à renforcer les parties auxquelles il est appliqué. — 4° L'*Astragale*, ou *Baguette* (Fig. 6), n'est autre chose qu'un petit tore, et il a la même destination. — 5° La *Scotie* ou Le *Trochile*, qu'on nomme encore *Rond-creux* ou *Nacelle* (Fig. 7. Thermes de Dioclétien), a pour profil une section d'ellipse. Cette m. se place entre les filets qui accompagnent toujours les tores dans la base attique et dans celle des colonnes composites et corinthiennes. Elle a pour objet de séparer les tores, d'augmenter, par le contraste, l'effet des autres moulures, et enfin de donner plus de variété au profil de la base. Quand il y a deux scoties dans la même base, on les distingue en scotie supérieure et scotie inférieure. — 6° La *Doucine*, *Cymaise*, *Gueule droite* ou *Talon renversé*, se compose d'un cavet et d'un quart de rond : elle est donc concave par le haut et convexe par le bas. (Fig. 8. Théâtre de Marcellus). Cette m. est particulièrement propre à couvrir et à abriter d'autres membres : aussi l'emploie-t-on surtout dans les couronnements, quoique dans le dorique de Palladio et dans quelques autres exemples on la rencontre parfois

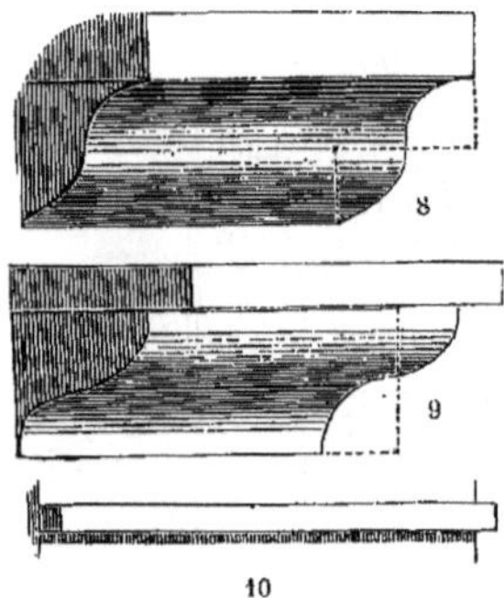


dans les moulures placées au-dessous du larmier. — 7° Le *Talon*, appelé aussi *Cymaise lesbienne* et *Gueule renversée* (Fig. 9. Temple d'Antonin et de Faustine, à Rome), se compose également d'un cavet et d'un quart de rond, mais celui-ci est placé au-dessus de celui-là, de sorte que cette m. présente la forme inverse de la précédente. Elle est donc convexe en haut et concave en bas. De même que le quart de rond, c'est une m. propre à supporter d'autres membres. — 8° Enfin, le *Filet*, appelé aussi *Réglet*, *Bandelette*, *Listel* ou *Listeau* (Fig. 10), ressemble à une règle et a le profil carré. Il sert le plus souvent à séparer deux autres moulures ou membres plus importants. Ainsi, par ex., il descend le long des colonnes ioniques, corinthiennes et composites, ou sur le dé de leur piédestal, sous le nom de *côte*, pour séparer les cannelures. Quand le filet a plus de largeur que de saillie, il s'appelle *Bandeau* ou *Plate-bande*.

Vignole a dit que les moulures jouent, dans l'architecture, le même rôle que les lettres dans l'écriture. De même que, par les diverses combinaisons dont les lettres sont susceptibles, on fait une infinité de mots, de même aussi, par le mélange des moulures, on obtient un fort grand nombre de profils différents. Toutefois les moulures ne sauraient s'employer arbitrairement, et la destination de chacune d'elles, telle que nous venons de l'assigner, peut se déduire de la forme qui la caractérise. En effet, quand on examine le Panthéon, les trois colonnes de l'ancien Forum, le temple de Jupiter Tonnant, la basilique Antonine, le Forum de Nerva, les arcs de Titus et de Septime Sévère, le théâtre de Marcellus, et les autres édifices romains, situés tant en Italie qu'en France, on remarque que, dans tous leurs profils, la cymaise et le cavet ont été invariablement employés pour servir de couronnement et jamais sur les points où la force est requise; que le quart de rond et le talon supportent toujours les membres essentiels de la composition, comme les

Paris. — Imp. Lahure, rue de Fleurus, 9.

modillons, les denticules, etc.; et que le tore et l'astragale servent surtout à fortifier le haut et le bas des fûts de colonne et quelquefois des piédestaux ; que la scotie s'emploie uniquement pour séparer les différentes parties des bases ; et enfin, que le filet remplit ce même objet, soit dans les bases, soit encore dans les diverses espèces de profils. L'effet harmonieux qui résulte de la réunion naturelle des moulures disparaît quand on les change de place. Aussi a-t-on blâmé avec raison Palladio d'avoir, dans trois de ses ordres, placé le cavet sous le larmier, et d'avoir souvent dans ses profils employé la cymaise comme support. Pour le même motif, on a aussi reproché à Vignole d'avoir terminé sa corniche toscane par un quart de rond, ce qui donne à tout le profil l'air d'avoir été mutilé. — Jadis l'exécution des moulures était une des parties les plus difficiles de l'art; aujourd'hui aucun travail n'est plus aisé, grâce aux instruments qu'on y emploie et qui représentent le contour exact des profils.

Les moulures reçoivent très fréquemment des ornements gravés en creux ou sculptés en relief; mais, dans l'ornementation du profil d'un ordre, il est indispensable d'en laisser quelques-unes de lisses : sans cela, l'œil ne saurait où se reposer, et, au lieu d'une agréable variété, on aurait pour résultat une confusion pénible. Sauf quelques cas particuliers, il est rare que l'on sculpte des ornements sur les membres carrés. Au reste, une règle générale qui ne doit jamais être perdue de vue, c'est que les ornements doivent s'employer avec discrétion; la profusion est peut-être plus fâcheuse que l'excès contraire. On ne doit pas non plus oublier qu'ils sont des accessoires, et, par conséquent, qu'il faut les subordonner à l'objet principal. Disons encore que les ornements doivent être pris sur le plein de la m. elle-même, et non en dehors, comme s'ils avaient été appliqués par-dessus. Enfin, le degré de relief et de fini qu'il convient de leur donner dépend de la distance à laquelle ils doivent être vus et du caractère de la composition. Les ornements usités dans l'architecture classique présentent une assez grande variété. Parmi les plus usités nous citerons les suivants. On appelle *Postes* (Fig. 11) des enroulements qui semblent se poursuivre et précèdent les uns des autres sur une ligne horizontale. On leur donne peu de relief, et on les place le plus ordinairement sur les plinthes et les bandeaux. Les *Méandres, Grecques, Guillochis* ou *Frettes*, sont des demi-baguettes qui se brisent et se coupent à angle droit, et dont on peut multiplier les combinaisons à l'infini (Voy. Grecque). Les *Entrelacs* (Fig. 12) sont formés par des lignes courbes qui se pénètrent mutuellement en imitant des tresses de cheveux; on les place souvent sur les tores, dans les bases des colonnes. Les *Oves* (Fig. 13) sont taillés en forme d'œuf, d'où leur nom. On sépare le plus ordinairement chaque ove de son voisin par une sorte de petit dard appelé *Langue de serpent*. Cet ornement ne s'applique jamais au quart de rond : c'est pour cela que cette dernière m. est fréquemment désignée elle-même sous le nom d'*Ove*. Les *Palmettes* (Fig. 14) présentent deux groupes de feuillage qui alternent entre eux; dans l'un, les feuilles sont arrondies et recourbées en dehors; dans l'autre, elles sont aiguës et recourbées en dedans. Cet ornement passe pour être une imitation des feuilles du palmier ou du lotus. Il sert surtout à décorer la cymaise et le talon. Les *Raies de cœur* (Fig. 15) se composent de fleurons et de feuilles d'eau placés alternativement; c'est un ornement qui s'applique souvent au talon. Enfin, le *Chapelet* (Fig. 16) est un ornement particulier à l'astragale : ainsi que son nom l'indique, il se compose de corps ronds ou ovales qui semblent enfilés ensemble.

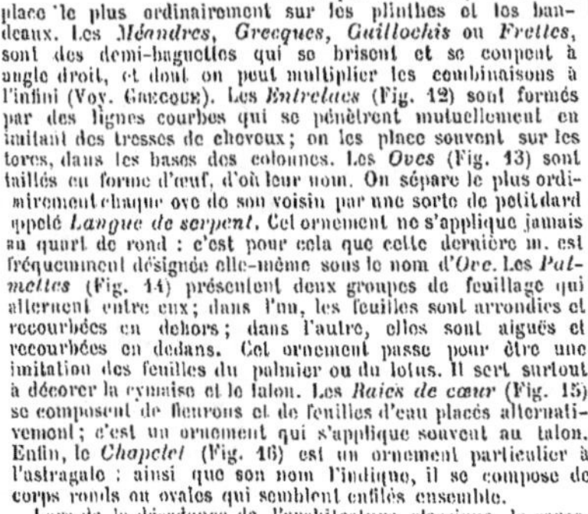


Lors de la décadence de l'architecture classique, le caractère des moulures s'altéra plus ou moins, suivant les lieux, ainsi qu'on le reconnaît aisément dans les monuments de l'architecture romane. Mais, au moyen âge, sous le règne de l'architecture ogivale, les moulures se multiplièrent et se diversifièrent à l'infini. Les artistes de cette période les introduisirent partout, autour des archivoltes, sous les voûtes, sur le fût des colonnes, etc.; enfin, ils en vinrent à ce point que les colonnes elles-mêmes ne furent plus que des faisceaux de moulures. Les formes que les moulures adoptèrent aux différentes époques du moyen âge sont tellement nombreuses et varient tellement dans leurs profils, qu'elles échappent à toute classification systématique. Quant aux ornements, ils ne présentent pas une moindre variété. On peut les classer d'après la nature des objets qu'ils représentent; mais il ne semble pas qu'aucune règle ait présidé à leur emploi.

**MOULURÉ, ÉE.** adj. Qui porte des moulures.

**MOULURIER.** s. m. [Pr. *moulu-rié*]. Artisan qui exécute des moulures.

**MOUNIER,** homme politique français, proposa en 1789 le serment qui fut prêté dans la salle du *Jeu de paume* (1758-1806).

**MOUQUETTE.** s. f. [Pr. *mou-kè-te*]. Cylindre en os d'une roue.

**MOUR.** s. m. (esp. *morro*, museau]. T. Techn. Museau de la tuyère.

**MOURAD-BEY,** chef des Mameluks, fut vaincu par Bonaparte à la bataille des Pyramides. Plus tard Kléber lui donna la Haute-Égypte (1750-1801).

**MOURANT, ANTE** adj. Qui se meurt. *Il est m. Elle est mourante. Il a les yeux mourants, la voix mourante.* — Subst., *Le champ de bataille était couvert de morts et de mourants.* || Fig., *Des yeux mourants*, des yeux languissants et pleins de passion. *Voix mourante*, Voix languissante et traînante.

Je vais traîner une mourante vie.
Corneille.

|| Qui va céder. *Un courroux m., une chasteté mourante.* || T. Peint. *Tons mourants*, dégradés insensiblement. = On dit fam. d'une chose qui traîne, qui fatigue par sa lenteur : *c'est mourant*. Dans cette acception, il semble que mourant vient du lat. *morari* tarder, avec aggravation du sens par confusion avec le verbe français *mourir*.

**MOURAVIEF.** Général russe (1794-1866).

**MOURAVIEF.** Littérateur et voyageur russe (1794-1874).

**MOURCHIDABAD.** v. de l'Hindoustan (Bengale) ; 40,000 hab.

**MOUREILLER.** s. m. [Pr. *mourè-llé, ll* mouillées]. T. Bot. Nom vulgaire du *Malpighia fucata*, plante de la famille des *Malpighiacées*. Voy. ce mot.

**MOURINE.** s. f. T. Ichth. Genre de *Sélaciens*. Voy. Raie.

**MOURIR.** v. n. (lat. *mori*, m. s.). Cesser de vivre; se dit de tous les êtres vivants. *M. de mort naturelle, de mort violente, de vieillesse, de maladie, de faim. M. empoisonné, assassiné. M. vieux, jeune, à la fleur de l'âge. Il est mort pauvre. Le chagrin l'a fait m. Il va m. Il s'en va mourant. Il est malade à en m. M. avec courage, avec résignation. M. en bon chrétien, en philosophe, en homme de cœur. M. comme un saint. M. dans la grâce de Dieu. M. de la mort des justes. Il faut bien vivre pour bien m. Son cheval vient de m. Son chien est mort enragé.* — *Ces arbres vont m. Tous mes orangers sont morts.* || *M. de sa belle mort*, M. de sa mort naturelle. — *M. au champ d'honneur*, Voy. Honneur. *M. comme un chien.* Voy. Chien. — *M. martyr*, En souffrant de grandes douleurs. — *M. tout en vie*, Être emporté par la violence du mal, lorsqu'on a encore toute la vigueur que l'on avait en santé. — Fam. et iron. *M. dans les formes*, M. en se faisant traiter suivant les règles de la médecine. || Par menace, *Il ne mourra que de ma main*, Je le tuerai. — Par forme de serment, *Je veux m., que je meure à l'instant, si*

Paris. — Imp. Larousse, rue de Fleurus, 9.

ce que je vous dis n'est pas vrai. On dit aussi, *J'en viendrai à bout ou je mourrai à la peine*, Rien ne me fera renoncer à mon projet, à ce que j'ai entrepris. || Prov., *Nous mourons tous les jours*, Chaque jour nous faisons un pas vers la mort. *On ne sait ni qui meurt ni qui vit*, La durée de la vie est bien incertaine. *Les envieux mourront, mais non pas l'envie*, Les hommes passent, les passions humaines sont indestructibles. Gassendi, savant profond et chrétien sincère, dit à son ami en mourant : « Je suis né sans savoir pourquoi, j'ai vécu sans savoir comment, et je meurs sans savoir ni comment ni pourquoi. » || Fig. et famil., *Cet homme mourra dans sa peau*, Il ne se corrigera jamais de ses mauvaises habitudes, de ses défauts, de ses vices. On dit aussi, *Il mourra dans la peau d'un impertinent, etc.* — *Un lièvre va toujours m. au gîte*, Après avoir beaucoup voyagé, on est toujours bien aise de finir ses jours dans son pays. || *Faire m. quelqu'un*, Le mettre à mort par suite d'une condamnation. *On le fit m. en place de Grève.* — Fig., *Faire m. quelqu'un à petit feu*, Voy. Feu. — Par exagér., *Vous me faites m.*, Vous m'affligez beaucoup, vous m'impatientez extrêmement. || On dit souvent, par exagér., *Je meurs de faim, de soif, de froid, de chaud, de regret, de honte, d'impatience. Cela le ferait m. de joie. Il pensa m. de rire. Il meurt d'amour pour cette personne. Il s'ennuie à m. Il meurt d'ennui.* — Fig., *M. de faim; Un meurt-de-faim*, Voy. Faim = *Mourir*, se dit aussi, par anal., en parlant de certaines choses. || Se dit des États, des institutions, des établissements. *Les États meurent comme les hommes. Cette manufacture meurt faute de capitaux.* || Se dit des choses morales, des passions, des productions de l'esprit et de l'art. *Vos bienfaits ne mourront jamais dans ma mémoire. Sa gloire, son nom ne mourra jamais. Ses passions ne durent guère, elles meurent bientôt. Les œuvres de l'art meurent, celles de l'esprit seules ne meurent pas.* || Se dit aussi des choses dont l'activité, dont le mouvement diminue peu à peu pour cesser tout à fait, ou qui finissent par une dégradation insensible, comme les sons, les couleurs, etc. *Laisser m. le feu. Cette lampe meurt faute d'huile. Le boulet de canon vint m. à cet endroit. La boule est allée m. au but. Les sons arrivaient, en mourant, jusqu'à mon oreille. Ces couleurs se perdent en mourant les unes dans les autres.* — *Les paroles lui meurent dans la bouche.* Il laisse tomber sa voix et traîne ses paroles. = se Mourir. v. pron. Être sur le point de m. Ne se dit en ce sens qu'au présent et à l'imparfait de l'indicatif. *Il se meurt. Il se mourait. Le feu, la chandelle, la lampe se meurt.*

> *Madame se meurt, madame est morte.*
>
> Bossuet.

= Par exag., *Il se meurt d'amour, d'impatience, de peur, d'envie de dormir, etc.* = Mort, morte. partic. *Il est mort. Il est tombé mort sous nos yeux. On l'a laissé pour mort. Il y avait ordre de le prendre mort ou vif.* || *Être mort civilement*, se dit d'un homme qui a perdu tous ses droits civils par suite d'une condamnation; ou d'un religieux, d'une religieuse qui, en cette qualité, a renoncé pour toujours à certains droits, à certains avantages de la société. || *Être mort au monde*, se dit de quelqu'un qui a renoncé au monde pour vivre dans la retraite et dans les exercices de piété. On dit, dans un sens analogue, *Être mort au péché, mort à ses passions, etc.* || *Être mort pour quelqu'un*, Ne conserver aucune relation avec lui. *Ce jeune homme s'est expatrié, il est mort pour sa famille.* — *Être mort pour quelque chose*, Ne pouvoir plus y être sensible, ou En être privé pour toujours. *Il est mort pour les plaisirs.* = Voy. Mort, morte, adj.

**Conj.** — *Je meurs, tu meurs, il meurt; nous mourons, vous mourez, ils meurent. Je mourais; nous mourions. Je mourus; nous mourûmes. Je mourrai; nous mourrons.* — *Je mourrais; nous mourrions.* — *Meurs; mourons, mourez.* — *Que je meure, que tu meures, qu'il meure; que nous mourions, que vous mouriez, qu'ils meurent. Que je mourusse; que nous mourussions.* — *Mourant, Mort, te.* Ce verbe prend l'auxiliaire *Être* dans les temps composés. Au conditionnel et au futur, on prononce les deux *r*.

**MOURLON**, Jurisconsulte fr. (1811-1866).

**MOURMELON-LE-GRAND**. bourg du dép. de la Marne, à 22 kil. de Châlons. 5,300 hab.

**MOURMELON-LE-PETIT**. Village près de Mourmelon-le-Grand; 1,100 hab. Près de ces deux communes se trouve le champ de manœuvres appelé *Camp de Châlons*.

**MOURON**. s. m. T. Bot. Genre de plantes Dicotylédones (*Anagallis*) de la famille des *Primulacées*. Voy. ce mot. — *M. des oiseaux*, nom vulgaire de l'*Alsine media*, plante de la famille des *Caryophyllées*. Voy. ce mot.

**MOURRE**. s. f. [Pr. *mou-re*] (ital. *morra*, m. s.). Sorte de jeu que deux personnes jouent ensemble en se montrant rapidement les doigts, les uns élevés et les autres fermés, afin de donner à deviner le nombre des premiers. *Les Italiens jouent beaucoup à la m.*

**MOURZOUK**, v. de la Tripolitaine, cap. du Fezzan (Afrique); 6,500 hab. Rendez-vous des caravanes du Sahara.

**MOUSKES** (Philippe), Belge, auteur d'une *Chronique* versifiée en langue romane sur l'histoire de France et de Belgique (1215-1283).

**MOUSQUET**. s. m. [Pr. *mous-kè*]. (ital. *moschetto*, m. s.) Arme à feu qui était en usage avant le fusil. Voy. Fusil, I. || *Porter le m.*, Être soldat dans l'infanterie. *Il a longtemps porté le m.* || Prov., *Crever comme un vieux m.* Mourir d'excès et de débauche.

**MOUSQUETADE**. s. f. [Pr. *mous-ke-tade*]. Coup de mousquet. *Il fut blessé d'une m.* || Collect., Plusieurs coups de mousquet tirés à la fois ou d'une manière continue. *Ils essuyèrent une vive m.* Vieux dans les deux sens.

**MOUSQUETAIRE**. s. m. [Pr. *mous-ke-tère*] (R. *mousquet*). T. Hist. militaire. — Quand l'usage du mousquet s'introduisit en France, on donna le nom de *Mousquetaires* aux soldats qui en furent armés; mais plus tard on désigna spécialement sous ce nom un corps de gentilshommes à cheval, chargé de veiller à la garde du roi et qui faisait partie de sa maison militaire. Créé en 1622 par Louis XIII, il se composa d'abord de 100 hommes. En 1665, Louis XIV créa une seconde compagnie, et fixa à 250 hommes le nombre de chacune d'elles. Ces deux compagnies se distinguaient par la couleur de leurs chevaux, qui étaient gris ou noirs; l'une portait le nom de *Mousquetaires gris*, l'autre celui de *Mousquetaires noirs*. Louis XIV ayant donné à ce corps un uniforme de couleur écarlate, on l'appela encore la *Maison rouge*. Réformés en 1775, les Mousquetaires furent rétablis en 1789, licenciés en 1791, rétablis de nouveau en 1814, et enfin définitivement supprimés l'année suivante.

**MOUSQUETER**. v. a. [Pr. *mous-ke-ter*]. Tirer des coups de mousquet.

**MOUSQUETERIE**. s. f. [Pr. *mous-kè-terie*]. Décharge de plusieurs fusils tirés à la fois ou d'une manière continue. *Il a essuyé toute la m. de l'ennemi, tout le feu de la m.* — On dit aussi, *Une décharge de mousqueterie.*

**MOUSQUETON**. s. m. [Pr. *mous-keton*]. T. Art. milit. Sorte de fusil à canon court. Voy. Fusil, I. || Nom donné au porte-mousqueton.

**MOUSSACHE**. s. f. [Pr. *mousa-che*]. T. Comm. Amidon tiré du manioc. Voy. Amidon.

**MOUSSAGE**. s. m. [Pr. *mou-sa-je*] (R. *mousse*). T. Agric. Opération pratiquée par les Anglais et les Hollandais dans leurs plantations de quinquinas, aux Indes et à Java, et qui consiste à recouvrir d'un épais cataplasme de mousse la partie du tronc des quinquinas qu'on a décortiquée dans le sens de la longueur; l'écorce qui se forme rapidement sous ce revêtement est beaucoup plus riche en quinine que celle qui prend naissance à découvert. L'opération peut être renouvelée plusieurs fois.

**MOUSSE**. adj. 2 g. [Pr. *mou-se*] (ital. *mozzo*, m. s. du lat. *mutilus*, mutilé). Se dit des instruments de fer dont la pointe ou le tranchant est usé. *Cette cognée est m. Cette pointe est m.* — *Chèvre m.*, qui n'a pas de cornes.

**MOUSSE**. s. m. [Pr. *mou-se*] (esp. *mozo*, jeune garçon). T. Mar. Jeune apprenti matelot. *On ne peut être embarqué comme m. sur les bâtiments de l'État avant l'âge de dix ans ni après celui de seize.*

**MOUSSE.** s. m. [Pr. *mou-se*] (lat. *muscus*, m. s.). Nom générique d'une classe nombreuse de végétaux cryptogames, qui sont généralement réunis en touffes volumineuses, de manière à former un gazon épais et serré. *Un lit de m. Coucher sur la m. — Pierre qui roule n'amasse pas m.*, Un homme qui change souvent d'état, de profession, ne s'enrichit pas. || Par anal., se dit de l'écume qui se forme au-dessus de l'eau ou de quelques liquides lorsqu'on les bat ou qu'on les verse de haut ou qu'il s'en échappe un gaz dissous. *M. de bière. La m. du savon. La m. pétillante du vin de Champagne.* || T. Pâtiss. Sorte de crème fouettée dans laquelle on mêle de la vanille, du chocolat, etc. *M. au chocolat, etc.* || *M. de Corse.* T. Pharm. Médicament vermifuge constitué par un mélange d'Algues du groupe des Floridées; les espèces les plus communes appartiennent aux genres *Ceramium, Gelidium, Jania, Bryopsis, Corallina*, etc. — *M. de Chine.* Nom que l'on donne parfois à l'Agar-Agar.

**Bot.** — Les *Mousses* constituent la deuxième classe de l'embranchement des Muscinées.

Elles vivent en tapis serré, quelquefois dans les eaux courantes, stagnantes ou marécageuses, quelquefois au contraire dans les lieux secs, sur les toits, les rochers, mais le plus souvent sur la terre humide ou les écorces des arbres dans les forêts et dans les montagnes, s'élevant jusqu'à la limite des neiges éternelles. Certaines Mousses prospèrent indifféremment sur tous les supports; d'autres préfèrent certains milieux nutritifs : le bois mort, la bouse de vache, les écorces, les rochers, les sols calcaires, argileux ou sablonneux, etc.

L'appareil végétatif est toujours une tige feuillée, fixée à la base à l'aide de poils absorbants et dressée verticalement. La tige est quelquefois simple et très courte, réduite à un petit bourgeon; souvent elle est très ramifiée et peut atteindre alors plusieurs décimètres de longueur. Elle est toujours très mince, son diamètre variant de 1 dixième de millimètre à 1 millimètre dans les plus grandes espèces. Elle est quelquefois annuelle, le plus souvent vivace et d'une durée indéfinie; dans ce cas, elle se détruit par la base en même temps qu'elle croît par le sommet. Grâce à cette destruction continuelle, les Mousses déposent sur leur substratum une couche d'humus de plus en plus épaisse; quand elles vivent dans les marais cet humus constitue la tourbe. La tige porte des feuilles toujours très petites et d'une structure relativement fort simple; elles peuvent être arrondies, lancéolées ou aciculaires, à bord entier ou denté, rarement incisé. Elles sont toujours sessiles et largement insérées, le plus souvent très rapprochées et étroitement imbriquées; au voisinage des organes sexués elles forment même le plus souvent des rosettes ou des bourgeons serrés, et prennent souvent une forme et une couleur particulières.

Les Mousses se multiplient abondamment et de diverses manières, à l'état adulte : par marcottage naturel; par formation

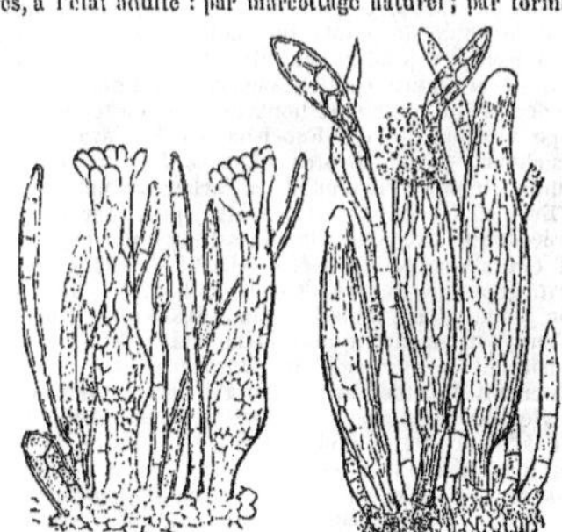

Fig. 1. Fig. 2.

sur les poils rhizoïdes de bourgeons qui peuvent rester ensuite à l'état latent : par développement direct d'un protonéma sur une région quelconque de la plante, enfin par production de propagules sur la tige, sur les feuilles ou sur le protonéma. Plusieurs Mousses n'ont même que ce moyen pour perpétuer l'espèce, car on n'a jamais rencontré chez elles d'organes sexués.

Les organes sexués, anthéridies et archégones, sont groupés dans un involucre hermaphrodite ou unisexué; cet involucre est situé au sommet de la tige dans les Mousses dites *Acrocarpes* et à l'extrémité des branches latérales dans celles qui sont dites *Pleurocarpes*. Quand il y a diœcie, les plantes mâles sont quelquefois plus petites et de plus courte durée que les femelles. Quand l'involucre est hermaphrodite ou femelle, il porte le nom de *Périchèze;* quand il est mâle, il prend alors le nom de *Périgone* et sa forme est variable : tantôt il a la forme d'un bourgeon, tantôt il est arrondi en sphère, ailleurs il est aplati en disque. L'involucre ne renferme pas seulement des anthéridies ou des archégones ; à côté de ces organes reproducteurs, on trouve toujours de larges poils stériles, souvent renflés en massue : ce sont des *Paraphyses.*

Les anthéridies sont ordinairement renflées en massue (Fig. 2), quelquefois sphériques. Dans les Sphaignes où elles sont longuement pédicellées, elles s'ouvrent au sommet en plusieurs valves; partout ailleurs, leur contenu s'échappe par une fente terminale. Les anthérozoïdes sont spiralés, renflés à une extrémité, terminés en pointe à l'autre extrémité, qui porte deux longs cils vibratiles. Les archégones sont portés sur un pédicelle massif et sont terminés par un col très allongé (Fig. 1) et fréquemment tordu [Fig. 1. Archégones et paraphyses du *Mnium cuspidatum*; 2. Anthéridies et paraphyses du *Polytrichum commune*].

Après la fécondation, l'œuf se développe sur la plante-mère en un sporogone, comme chez les Hépatiques; mais ici il est libre. En effet, il ne reste que peu de temps enfermé dans l'archégone; prenant un développement considérable, il déchire l'archégone de bonne heure et le soulève à son sommet en forme de *Coiffe.* C'est seulement alors qu'il se différencie en deux portions : un pédicelle, ou *Soie*, et un sporange, ou *Capsule.* Cependant, dans les Sphaignes, le pédicelle du sporogone demeure très court, de sorte que celui-ci reste tout entier inclus jusqu'à sa maturité dans l'archégone distendu; c'est seulement à la fin que la dernière dilatation du sporange déchire irrégulièrement la coiffe. En ce qui concerne le sporange, les spores sont généralement disposées en une assise, tantôt ouverte en haut et en bas, en forme de tonneau et traversée de part en part par la columelle (Bryacées, Phascacées), tantôt continue et recouvrant la columelle en forme de cloche (Sphagnacées, Andréacées). A la maturité, le sporange s'ouvre presque toujours à la partie supérieure par une fente circulaire détachant un *Opercule*, rarement par quatre fentes longitudinales. Une fois l'opercule tombé, la partie inférieure du sporange, appelée désormais l'*Urne*, n'est pas encore ouverte. Elle porte en effet sur son bord un ou deux cercles de dents dont l'ensemble constitue le *Péristome* qui est simple ou double. Par la dessiccation ces dents se rejettent au dehors et ouvrent ainsi le sac sporifère.

A la germination, la spore donne naissance à un tissu le plus souvent filamenteux, confervoïde, plus rarement membraneux ou massif, appelé *Protonéma*, sur lequel bourgeonnent ensuite les tiges feuillées. Ce protonéma est généralement éphémère et se détruit en affranchissant les tiges qu'il a produites; mais, dans quelques cas, il continue à végéter, même après que la tige feuillée a produit son œuf et mûri son sporogone.

La classe des Mousses se partage en deux ordres; les *Sphagninées*, avec un sporange très court et une assise sporifère en cloche; les *Bryinées*, avec un sporange à long pédicelle et une assise sporifère en tonneau.

**MOUSSEAU.** adj. m. [Pr. *mou-so*]. *Pain m.*, fait avec de la farine de gruau.

**MOUSSELINAGE.** s. m. [Pr. *mouse-linaje*] (R. *mousseliner*). T. Techn. Opération qui consiste à orner le verre et le cristal des dessins imitant la mousseline brodée.

**MOUSSELINE.** s. f. [Pr. *mou-se-line*], (ital. *mussolino*, dimin. de *mussolo*, m. s., nom propre de la ville de *Mossoul*, Turquie d'Asie). Toile de coton très claire, très délicate et très fine. *Belle m. M. unie, brodée, brochée, rayée. M. des Indes. La m. tire son nom de Mossoul, ville de la Turquie d'Asie, qui possédait autrefois des fabriques de ce genre de tissu. M. de laine*, étoffe de laine fabriquée comme la mousseline de coton. || T. Verr. Verres de table très fins. — Verres opaques employés au vitrage de châssis de portes, de passages, de cabinets, etc. — Verres très minces ornés de dessins imitant la broderie sur m. || T. Pâtiss. Brioche d'une pâte très légère.

**MOUSSELINER.** v. a. [Pr. *mouse-liner*] (R. *mousseline*). T. Techn. Pratiquer le *mousselinage*. Voy. ce mot.

**MOUSSELINETTE.** s. f. [Pr. *mou-seli-nète*]. Mousseline légère.

**MOUSSELINIER, NIÈRE.** s. [Pr. *mouse-linié*]. Ouvrier, ouvrière qui fabrique la mousseline. || Marchand de mousseline.

**MOUSSER.** v. n. [Pr. *mou-ser*]. Se dit des liquides sur lesquels il se fait de la mousse. *Le vin de Champagne mousse plus que les autres vins. Faire m. le chocolat.* || Fig. et fam., *Faire m. un succès, un petit avantage*, Le présenter de manière à le faire croire plus considérable qu'il n'est. = Moussé, ée. part *Chocolat moussé*, Chocolat qu'on a fait mousser.

**MOUSSERON.** s. m. [Pr. *mouse-ron*] (R. *mousse*). T. Bot. On donne ce nom à plusieurs espèces de Champignons comestibles du groupe des Agaricées et plus particulièrement au *Tricholoma Georgii*, appelé *M. vrai*, *M. blanc*, *M. de Provence*, etc., et au *Marasmius orcades* connu sous les noms de *Faux-M. M. d'Armas. M. d'automne, M. de Dieppe, M. pied-dur*, etc.

**MOUSSERONNIÈRE.** s. f [Pr. *mou-se-roni-ère*]. Couche à champignons, à mousserons.

**MOUSSEUX, EUSE.** adj [Pr. *mou-seu, euze*]. Qui mousse, qui fait beaucoup de mousse. *Vin m. Bière mousseuse.* || Abusiv. se dit quelquefois pour Moussu. *Rose mousseuse.* — *Agate mousseuse.* Voy. Agate.

**MOUSSIER.** s. m. [Pr. *mou-sié*]. Herbier à mousses.

**MOUSSILLON.** s. m. [Pr. *mou-si-llon, ll* mouillées]. Sorte de petite herbe. || Petit moucheron.

**MOUSSOIR.** s. m. [Pr. *mou-souar*]. Ustensile pour faire mousser le chocolat. — Appareil pour le savonnage du linge fin.

**MOUSSON.** s f. [Pr. *mou-son*] (esp. *monzon*, m. s., de l'arabe *mousim*, saison). T. Météor. Se dit de certains vents périodiques de la mer des Indes, et de la saison pendant laquelle ils règnent. *La m. du nord-est, du sud-ouest. Les moussons alternent entre elles. Attendre la m. d'été. Naviguer dans la m. contraire.* Voy. Vent.

**MOUSSU, UE.** adj. [Pr. *mou-su*]. Qui est couvert de mousse. *Un arbre m. Une pierre moussue. Cette carpe est si vieille, qu'elle a la tête moussue. Rose moussue.*

**MOUSSURE.** s. f. [Pr. *mou-sure*]. Barbe autour des trous des pots de terre.

**MOUSTAC.** s. m. (R. *moustache*). T. Mamm. Genre de *Singes* qui habite la Guinée. Voy. Cercopithèque.

**MOUSTACHE.** s. f. (ital. *mostaccio*, m. s., du gr. μύσταξ, m. s.). Partie de barbe qu'on laisse au-dessus de la lèvre supérieure. *De grandes moustaches. Il porte de longues moustaches. Redresser sa m.* — Famil., on appelle *Vieille m.*, Un soldat qui a vieilli dans le service, qui a longtemps fait la guerre. — Fig. et fam., *Enlever quelque chose à quelqu'un sur la m., presque sur la m.*, Lui enlever quelque chose en sa présence et malgré lui. || Par anal., se dit des longs poils que les chats, les lions, les écureuils, les rats, etc., ont autour de la gueule. || T. Mar. Cordage destiné à soutenir en partie le poids d'une vergue. || T. Ornith. Espèce de *Mésange*. Voy. ce mot. || T. Techn. Manivelle avec laquelle le tireur d'or tire et dévide le fil d'or et de soie.

**MOUSTACHU, UE.** adj. Qui a de grosses moustaches.

**MOUSTIER** (comte), diplomate et agent royaliste né à Paris (1751-1817).

**MOUSTIERS-SAINTE-MARIE,** ch.-l. de c. (Basses-Alpes), arr. de Digne; 1,100 hab. Anc. et célèbre fabrique de faïence.

**MOUSTILLE.** s. f. [Pr. *ll* mouillés] (lat. *mustum*, moût). Montant d'un vin légèrement gazeux et pétillant.

**MOUSTIQUAIRE.** s. f. [Pr. *mousti-kère*] (R. *moustique*). Rideau de gaze ou de mousseline très claire dont on entoure les lits dans les pays où l'on a besoin de se préserver de la piqûre des moustiques, des maringouins, etc. — Quelques-uns disent *Moustillier*.

**MOUSTIQUE.** s. m. [Pr. *mous-tik*] (espag. *mosquito*, moucheron, de *mosca*, mouche). T. Entom. Genre de *Diptères*. Voy. Némocères.

**MOÛT.** s. m. [Pr. *mou*] (lat. *mustum*, m. s.). Jus de raisin qui n'a point encore fermenté. || Jus extrait des pommes ou des poires pour préparer le cidre ou le poiré. || Infusion ou décoction de malt pour la préparation de la bière. || Liquide sucré préparé en vue de la fabrication de l'alcool.

**MOUTABEA.** s. m. T. Bot. Genre de plantes Dicotylédones de la famille des *Polygalées*. Voy. ce mot.

**MOUTARD.** s. m. [Pr. *mou-tar*]. Très jeune garçon. || Se dit aussi des enfants en général sans distinction de sexe. Fam.

**MOUTARDE.** s. f. (orig. celt. : kymry, *mwstardd*, qui a une forte odeur). Genre de plantes de la famille des Crucifères. *Un champ de m. La culture de la m.* || La graine de ces plantes. *Moudre de la m. Il prend de la m. blanche.* || Condiment préparé avec de la farine de moutarde noire. *Cette m. est fort piquante.* — Fig. et fam., *La m. lui monte au nez*, Il commence à s'impatienter de ce qu'on lui dit ou de ce qu'on lui fait. *C'est de la m. après dîner*, Cela vient quand on n'en a plus besoin. *S'amuser à la m.*, S'arrêter à des bagatelles, à des choses inutiles.

**Bot.** — Genre de plantes Dicotylédones (*Sinapis*) de la famille des *Crucifères*. Voy. ce mot. — Parmi les espèces les plus utiles qui se trouvent dans nos régions, et dont quelques-unes sont aujourd'hui placées dans le genre *Brassica*, nous citerons les suivantes : La *M. noire* (*Sin. nigra, Brassica nigra*) a une tige rameuse, légèrement velue, haute d'environ un mètre. Sa graine, très petite, unie, presque ronde et d'abord rouge, devient brun foncé ou noirâtre à la maturité. Tout le monde connaît ses usages comme condiment et comme agent thérapeutique. Entière, elle est inodore et très peu active; pulvérisée et soumise à l'action de l'humidité ou mouillée, elle développe des propriétés énergiques et devient âcre et piquante. La M. pulvérisée est de couleur verdâtre, mais elle est d'un beau jaune quand on l'a débarrassée de son épisperme en la passant à travers des cribles de plus en plus fins. Son principe actif réside dans une essence âcre et brûlante, qui se développe au contact de l'eau par dédoublement d'un glucoside salin, la *Sinigrine* ou *Myronate de potasse*. Celui-ci, sous l'action d'un ferment soluble, la *Myrosine*, se dédouble en glucose, essence de M. ou isosulfocyanate d'allyle, et sulfate acide de potassium. Cette essence, appliquée pure sur la peau, y produit aussitôt une irritation violente. La farine de M. noire contient encore une huile grasse dont la présence la fait rancir au bout de quelque temps: aussi pour l'usage médical la dégraisse-t-on en la lavant au sulfure de carbone. — La *M. des champs* (*S. arvensis*) est très commune dans les champs et les jachères d'une grande partie de l'Europe. Sa graine est noirâtre, plus foncée que celle de la précédente, avec laquelle elle est presque toujours mêlée et dont elle altère la qualité. — La *M. blanche* (*S. alba*) ne s'élève guère au-dessus de 50 centimètres. Sa graine, d'un blanc jaunâtre, est deux fois plus grosse que celle de la noire, et n'en a pas la saveur âcre et piquante. Elle renferme de la myrosine et un glucoside, la *Sinalbinie*, qui donne, par dédoublement du glucose, du sulfate de sinapine et du sulfocyanate d'orthoxybenzyle, qui est très peu rubéfiant. La graine de la M. blanche s'emploie comme apéritive et dépurative. Prise à la dose d'une ou deux cuillerées à bouche, avant le repas ou en se couchant, elle stimule doucement le canal intestinal, procure, sans colique, une ou deux évacuations naturelles, et active la digestion. Quelquefois on mange en salade ses jeunes feuilles et on la donne assez fréquemment comme fourrage aux bestiaux.

Le condiment si connu sous le nom de *M.* se fait le plus souvent avec la farine de la M. noire; mais on emploie celui de la M. blanche pour ses qualités douces et peu stimulantes. On le prépare de différentes manières; mais, en général, on délaie la farine de M. dans du vinaigre ou dans du moût de vin. Lorsqu'on emploie le moût de raisin rouge, on obtient la *M. violette*. A Paris, à Bordeaux et à Dijon, quelques fabricants y ajoutent divers ingrédients, tels que fines herbes, ail, estragon, etc. Dans le Nord, on y mêle du piment.

**MOUTARDELLE.** s. f. [Pr. *moutardè-le*] (R. *moutarde*). Espèce de raifort qu'on mange râpé, comme assaisonnement avec de la viande.

**MOUTARDIER.** s. m. Petit vase servant à mettre de la moutarde. || Celui qui fait et vend de la moutarde. Fig. et fam., on dit d'un homme médiocre qui a une grande opinion de lui-même, qui fait l'important, *Il se croit le premier m. du pape.*

**MOUTARDIN.** s. m. Moutarde blanche.

**MOUTIER.** s. m. (lat. *monasterium*, gr. μοναστήριον, m. s.). Vieux mot qui signifie Monastère, et par ext., Église.

**MOUTIERS,** ch.-l. d'arr. du dép. de la Savoie, sur l'Isère, à 49 kil. S.-E. de Chambéry ; 2,400 hab.

**MOUTIERS-LES-MAUXFAITS (LES),** ch.-l. de c. (Vendée), arr. des sables d'Olonne ; 1000 hab.

**MOUTON.** s m. (orig. celt. : gaël, *mult*, kimry *mall;* irl. *molt;* bas-bret. *maoud*, bélier). Genre de Mammifères ruminants, que l'homme élève en domesticité à cause de sa chair et de sa laine. *Un troupeau de moutons. Garder les moutons. Tondre les moutons.* — Figur. et fam., *C'est un m., il est doux comme un m.*, Il est d'une humeur fort douce, fort traitable. — *Revenons à nos moutons*, Reprenons le sujet que nous avons quitté, le discours qui a été interrompu. — Prov., *Le peuple fait comme les moutons*, Il fait ce qu'il voit faire au premier venu, de même que les

Fig. 2.

moutons passent tous où ils voient qu'un autre mouton a passé. — *Moutons de Panurge*, gens qui imitent niaisement les autres. || *M.* sign. plus particulièrement un bélier châtré. *Engraisser des moutons.* || Se dit encore de la viande de m. *Ce m. est fort tendre.* || Figur. et fam., dans les prisons, on appelle *M.* un homme aposté près d'un prisonnier pour gagner sa confiance, découvrir son secret et le révéler. || T. Ornith. *M. du Cap*, Voy. ALBATROS. || T. Techn. Masse de fer ou de fonte qu'on élève et qu'on laisse retomber pour enfoncer un pieu. Voy. SONNETTE. — Masse de l'estampeur Appareil pour soulever et laisser retomber cette masse. Voy. ESTAMPAGE. — Se dit aussi de la

Fig. 1.

grosse pièce de bois dans laquelle sont engagées les anses d'une cloche pour la tenir suspendue. — Pièce qui descend avec la vis de la presse à papier. || T. Pêche. Tas de morues mises à sécher. Voy. GADOÏDES. || T. Jeux. *Saut de m.* Voy. SAUT. || Par anal, dans le langage famil., on appelle *Moutons*, au plur., les vagues blanchissantes qui s'élèvent sur la mer et sur les grandes rivières quand elles commencent à être agitées.

**Mamm.** — I. — Le genre *M.* (*Ovis*) constitue l'un des plus importants de la famille des *Ovidés*. Les animaux qui le composent diffèrent si peu des Chèvres, avec lesquelles du reste ils produisent des métis féconds, qu'on n'a pu jusqu'à

Paris. — Imp. Lahure, rue de Fleurus, 9

présent trouver entre les deux genres un caractère différentiel précis et constant. Les Moutons, dit simplement Cuvier, ont les cornes dirigées en arrière, plus ou moins contournées en spirale, ridées et annelées en travers, le chanfrein généralement convexe, le menton dépourvu de barbe, les membres grêles. — A l'état sauvage, les diverses espèces de ce genre ont à peu près les mêmes habitudes que les Chèvres. Elles sont très agiles, vivent en familles dans les pays montagneux, où elles se nourrissent d'herbes et recherchent les pelouses qui ne sont pas très humides. Toutes aussi peuvent servir à la nourriture de l'homme, fournissent une peau que l'industrie utilise, et leur poil est mêlé d'un duvet qui, dans les races domestiques, est très abondant et constitue la laine.

II. — Les auteurs ne sont point d'accord sur le nombre d'espèces qui composent le genre M., attendu l'absence de caractères suffisamment déterminés. Nous admettrons provisoirement les 4 suivantes : — 1° Le *Mouflon de Corse* ou *commun* (*Ovis musimon*) [Fig. 1] vit dans les montagnes de la Corse, de la Sardaigne, de la Crète et de plusieurs parties de l'Espagne. Il est un peu plus grand que notre M. domestique, et sa toison, laineuse et grisâtre, est cachée sous des poils longs et soyeux, qui sont tantôt fauves et tantôt noirs. La femelle manque généralement de cornes, mais celles du mâle sont fortes, courbées en arrière, triangulaires à la base et aplaties vers la pointe. — 2° L'*Argali de Sibérie* (*O. Ammon*) habite les montagnes de toute l'Asie. Il est de la taille d'un Daim. Ses cornes ressemblent assez à celles de nos béliers ; mais elles sont plus grandes et plus élevées. En été, son poil est ras et gris fauve ; en hiver, au contraire, il est épais, dur, et d'un gris roussâtre, avec du blanc ou du blanchâtre au museau, à la gorge et sous le ventre. — 3° Le *Mouflon d'Amérique* (*O. montana*) ressemble beaucoup à l'Argali, toutefois il a les formes plus sveltes. On le trouve dans les contrées boréales du Nouveau Monde, où il a pu passer de la Sibérie sur la glace. — 4° Le *Mouflon d'Afrique* (*O. tragelaphus*), appelé aussi *M. barbu* et *M. à manchettes* (*O. ornata*) (Fig. 2), a le poil roussâtre et doux, et la queue fort courte. Il est surtout remarquable par la longueur des poils de la région inférieure des joues qui lui forment une sorte de barbe double, et par des espèces de manchettes formées de longs poils qu'il porte autour du poignet.

III. — On pense que nos différentes races de Moutons domestiques proviennent du Mouflon de Corse ou de l'Argali. S'il en est ainsi, il faut avouer que le type primitif s'est profondément modifié par la domesticité qui date, au moins, de l'âge de pierre. En effet, au lieu d'avoir les formes sveltes et gracieuses des précédents, le M. domestique est lourd, massif et d'une lenteur extrême. De plus, sa stupidité est si grande, qu'il ne sait ni se défendre contre ses ennemis, ni les éviter, ni même chercher un abri : c'est à peine s'il a l'intelligence nécessaire pour trouver lui-même sa nourriture. Le M. domestique (Fig. 3) est élevé aujourd'hui dans toutes les terres habitées, où il constitue une multitude de races qui se distinguent par des caractères peu fixes, lesquels se tirent principalement de la taille, de la disposition des cornes, de la forme générale du corps et des membres, et de la qualité de la laine. Le M. vit en général de 12 à 15 ans. Le mâle peut engendrer à 18 mois, mais on ne l'emploie à la reproduction que lorsqu'il a 3 ans : un seul suffit à 25 ou 30 femelles. Celles-ci peuvent porter depuis l'âge de 1 an jusqu'à 7 ans. En général, elles ne font qu'un petit chaque fois et chaque année : la gestation dure 5 mois. On donne habituellement le nom de *Bélier* au mâle entier, celui de *Brebis* à la femelle, et l'on réserve la dénomination de *M.* au mâle qui a subi la castration. Les petits se nomment *Agneaux* et *Agnelles* la première année, et *Antenois*, quand ils ont atteint l'âge d'un an. — Maintenant nous allons dire quelques mots des principales *races* de Moutons domestiques.

Fig. 3.

IV. — Parmi les *Races extra-européennes*, nous nous bornerons à mentionner le *M. à longues jambes* et le *M. à large queue*, qui tous deux ont été élevés au rang d'espèces par quelques naturalistes. Le premier (*O. longipes*) se distingue par la longueur de ses jambes, son poil long et grossier, sa tête fortement busquée, et ses cornes qui contournent les oreilles. Il est originaire de la côte de Guinée. Les Hollandais l'ayant importé en Europe, il a donné naissance à une race de grands Moutons sans cornes, à laine longue et fine, qu'on appelle *Moutons du Texel* et *race flandrine*. Le second (*O. laticaudata*) [Fig. 4] est remarquable par le développement extraordinaire de sa queue, qui est formée principalement d'une masse graisseuse et pèse quelquefois de 15 à 20 kilogrammes. Il vit dans les parties tempérées de l'Asie, au sud de la Russie, en Égypte, en Arabie, et dans l'Afrique du nord. Des voyageurs dignes de foi assurent que, dans certains

Fig. 4.

lieux, on rencontre parfois des Moutons de cette espèce attelés à une sorte de brouette, qui sert uniquement à supporter leur queue, tant son poids est énorme.

V. — Les *Races françaises* sont fort nombreuses. Les auteurs les classent, tantôt d'après les provinces où on les rencontre principalement, tantôt d'après la longueur de la laine, tantôt d'après la qualité, c.-à-d. d'après la finesse plus ou moins grande de celle-ci. Ce dernier point de vue nous semble préférable, parce qu'il facilite la comparaison des races sous le rapport industriel. — 1° Dans les *races à laine grossière*, la laine est grosse, longue, dure, roide et presque toujours disposée en mèches pointues et pendantes. On ne l'emploie que pour faire des lisières, des matelas communs et quelques étoffes grossières. Ces races habitent les plaines très fertiles et un peu humides, ainsi que les hautes montagnes. Elles comprennent les races dites, d'après les parties du territoire qu'elles habitent, flamande, picarde, angevine, bretonne, vendéenne, bourbonnaise, pyrénéenne, alpestre, etc. Presque toutes, en outre, renferment plusieurs variétés. — 2° Quoique grosse, la laine, fournie par les *races à laine commune*, est plus ou moins ondulée et contournée. Sa surface est comme hérissée et les mèches sont peu distinctes. Elle entre dans la confection d'excellents matelas et la fabrication des bons tissus du commerce. On la mêle aussi avec des laines étrangères fines, mais sans nerf, pour donner du corps aux étoffes. Les types de cette catégorie se trouvent surtout dans les départements méridionaux, depuis les Pyrénées-Orientales jusques et y compris les Alpes. La race roussillonnaise, l'une des principales, descend des Mérinos introduits en France par les Maures. La race provençale, dont la variété la plus importante habite les plaines de la Crau et la Camargue, doit la rare qualité de sa viande aux plantes salées dont elle se nourrit et à son émigration sur les montagnes pendant l'été; cette dernière particularité est d'ailleurs commune à toutes les races méridionales. Le M. du Rouergue est propre au département de l'Aveyron ; sa laine, tantôt pure, tantôt mêlée avec celle du Roussillon, alimente en grande partie les fabriques de draps de Lodève, Castres et Mazamet. Nous citerons hors du Midi les races du Poitou, du Berri et de la Sologne. Enfin, à la même classe, appartiennent les races dites métis anglo-français qui proviennent des croisements des races indigènes avec des béliers anglais (Dishley, New-Kent, Southdown, etc.), et sont répandues à peu près partout. — 3° Les *races à laine intermédiaire* proviennent du croisement des mérinos avec les races indigènes et les races anglaises. Leur laine est moins fine que celle des mérinos, mais plus longue; elle est aussi plus douce et plus fine que celle de nos anciennes races. Elle est bonne pour la draperie ; elle sert aussi pour fabriquer une multitude d'étoffes de fantaisie d'une grande consommation. Les animaux de cette catégorie sont appelés *Métis-mérinos*, ou simplement *Métis*, et on les distingue par les épithètes de beaucerons, champenois, soissonnais, etc., suivant la partie du territoire où on les élève. Les *Anglo-mérinos* résultent du croisement de brebis mérinos avec le bélier New-Kent, avec le Dishley, etc. — 4° Les *races à laine fine* comprennent la race *mérinos*, quelques-unes de ses sous-races ou variétés, et quelques métis résultant de son croisement avec des races indigènes ou anglaises. Leur laine, qui se distingue par sa finesse et sa souplesse, alimente les manufactures de draperie fine et de tissus de fantaisie supérieurs. Le *M. mérinos*, qui constitue le type de cette catégorie, est de taille très variable; mais il a toujours le corps trapu, les membres forts, la tête grosse. Les cornes sont fortes, anguleuses, et forment des spires très rapprochées; quelquefois cependant elles manquent, ce qui est une qualité. La peau, qui est très étendue, forme au cou, aux épaules et aux cuisses, de grands replis appelés *fanons* (Fig. 5. Bélier mérinos). Cet animal est d'origine extra-européenne. Il a été introduit en Espagne, d'abord par les Romains, puis par les Maures, mais il ne paraît avoir acquis que vers le XIe siècle tous les caractères qui le rendent si remarquable. Il a été connu de bonne heure dans le Béarn et le Roussillon,

Fig. 5

mais son importation dans nos provinces du nord ne date que du dernier siècle. Un premier troupeau fut introduit, en 1766, par Daubenton qui le plaça dans son domaine de Montbard, en Bourgogne. En 1786, un autre troupeau fut donné par le roi d'Espagne à Louis XVI, qui créa, pour le recevoir, la bergerie de Rambouillet. D'autres introductions semblables eurent lieu par la suite, surtout à partir de 1796, où le traité de Bâle imposa à l'Espagne l'obligation de livrer annuellement à la France, pendant cinq ans, un troupeau de 100 béliers et 1,000 brebis. Le Mérinos est aujourd'hui parfaitement acclimaté en France, où il s'est même amélioré. Au reste, cette race se trouve aujourd'hui à peu près partout, car tous les gouvernements en ont successivement doté leurs États. — 5° Les *races à laine extra-fine* sont de simples variétés de la race mérine. Il n'en existe réellement qu'une seule, celle de *Naz*, ainsi nommée du domaine où elle a été formée, en 1796, près de Gex (Ain), et où elle a été beaucoup perfectionnée par Girod de l'Ain et Perrault de Jotemps.

VI. — Les *Races étrangères* sont extrêmement multipliées, et leur nombre, de même que celui des races françaises, tend

Fig. 6.

chaque jour à s'accroître par suite des croisements continuels qu'on opère entre elles pour obtenir des types doués de qualités supérieures. Nous citerons seulement, parmi les races anglaises, la *race Dishley* et la *race Southdown*, qui ont été fort recommandées par plusieurs agronomes pour améliorer nos races indigènes. La première, qu'on appelle aussi

*New-Leicester*, a été créée, de 1755 à 1786, par le célèbre éleveur Bakewell (Fig 6. Bélier dishley). Elle est remarquable par l'absence de cornes, la minceur des os, l'aptitude à engraisser; mais sa laine est grossière et peu abondante : c'est une race de boucherie. La race Southdown, qui date de la fin du siècle dernier, est due aux efforts d'Ellmann, fermier des environs de Lewis, dans le comté de Sussex. C'est aussi une race de boucherie; mais elle est plus robuste que la précédente.

VII. — On élève le M. pour la production de la laine ou pour l'engraissement. La première spéculation est surtout pratiquée dans les contrées pauvres, et la seconde dans les terrains riches où la culture est active. Mais ces deux branches d'industrie tendent à se réunir dans les contrées peu fertiles, à mesure que l'agriculture fait des progrès. Dans tous les cas, on préfère généralement certaines races suivant le résultat particulier qu'on veut obtenir. Néanmoins, d'après les faits connus jusqu'à ce jour, il n'est point prouvé que les Moutons qui ont de belles toisons ne soient pas susceptibles de prendre aussi facilement la graisse que ceux qui ont la laine grossière, quand ils sont les uns et les autres placés dans les mêmes conditions. Ils démontrent seulement que la manière dont les bêtes à laine ont été élevées, et la nature du sol où elles ont été nourries, ont une grande influence sur l'engraissement. « La même race ovine, dit très bien le professeur Magne, peut être apte à donner de lourdes toisons en proportion de son poids, de belle laine intermédiaire, sinon fine, beaucoup de viande, et même à être aussi précoce que le comportera le mode d'entretien du troupeau. » — Les Moutons ne sont pas seulement utiles par la viande et la laine qu'ils nous fournissent. Leur graisse ou suif alimente plusieurs industries importantes; elle est surtout employée pour l'éclairage (fabrication des chandelles et des bougies). Leur peau, dépouillée de sa toison, sert à préparer les cuirs minces consommés par la ganterie et la cordonnerie : on en fait aussi du parchemin et du vélin. Enfin, la race ovine n'est pas moins importante au point de vue agricole. Dans les pays où les pâturages ne sont pas assez abondants pour entretenir un grand nombre de Bœufs ou de Chevaux, les troupeaux de Moutons trouvent encore une nourriture suffisante et améliorent le sol par le fumier qu'ils y déposent. Le passage de ces animaux dans un champ destiné à la culture du blé, se fait sentir pendant trois années consécutives.

VIII. — L'espèce ovine est délicate et sujette à un assez grand nombre de maladies. Les unes, comme le *Fourchet*, le *Piétin*, etc., sont sporadiques; quelques autres, comme la *Falère* et la *Cachexie aqueuse* ou *Pourriture*, ne s'observent guère que dans certaines contrées, et ne se reproduisent, en général, que dans certaines saisons; plusieurs, comme la *Gale* et le *Claveau* ou la *Clavelée*, sont épizootiques et se répandent sur un grand nombre d'animaux sans distinction de pays et dans tous les temps. Ces deux dernières, en outre, sont contagieuses, ce qui fait qu'elles causent parfois de grandes pertes aux cultivateurs. La *Gale* atteint surtout les animaux qui sont mal nourris. Elle se reconnaît aisément à la présence des Acarus, lesquels sont deux fois plus volumineux que ceux de l'homme et vivent d'ailleurs à la surface de la peau au lieu de s'y creuser des sillons, au prurit qu'ils occasionnent, aux élevures inflammatoires et aux sécrétions séro-purulentes que font naître leurs piqûres, aux croûtes qui recouvrent les parties affectées, à l'altération de la laine, etc. On guérit facilement la gale des Moutons, quand elle est locale, au moyen de frictions avec l'huile de cade ou avec une pommade sulfuro-alcaline, et, quand elle est générale, en plongeant l'animal, pendant quelques minutes, dans un bain ferro-arsenical. Mais il faut, avant tout, soumettre les bêtes malades à un régime réparateur. La *Clavelée*, dont le nom vient de *clavus*, clou, est une maladie éruptive. Voy. CLAVELÉE. Le M. est attaqué par un grand nombre de parasites qui appartiennent aux genres Trichocéphale, Strongle, Douve, Ténia, etc. Parmi ces derniers, nous citerons particulièrement le *Cœnure*, espèce d'helminthe vésiculeux, qui se développe dans la substance cérébrale, et détermine l'affection appelée *Tournis*, parce que son symptôme caractéristique consiste en ce que l'animal malade tourne sur lui-même, d'abord fréquemment, puis continuellement. Un autre ver, la *Douve du foie* (*Distoma hepaticum*), se trouve presque toujours dans les canaux biliaires qu'elle peut obstruer et déterminer des abcès.

**MOUTON-DUVERNET**, général fr., né au Puy en 1779, fusillé en 1816.

**MOUTONNAILLE**, s. f. [Pr. *mouto-na-lle*, *ll* mouillées] (R *mouton*). Ensemble de gens qui suivent niaisement les autres. Fam.

**MOUTONNEMENT**. s. m. [Pr. *mouto-ne-man*]. Action de moutonner.

**MOUTONNER**. v. a. [Pr. *mouto-ner*]. Rendre frisé et annelé comme la laine d'un mouton; ne se dit guère qu'au participe. *Tête, perruque moutonnée.* = MOUTONNER. v. n. Fam., se dit de la mer, d'un lac, d'une rivière dont les eaux commencent à s'agiter et à blanchir, de manière à offrir l'aspect d'un immense troupeau vu de loin. *La mer commence à m. Le fleuve moutonne.* = MOUTONNÉ, ÉE, part. On dit que *Le temps, le ciel est moutonné*, Lorsque le ciel est couvert de nuages blancs offrant l'aspect de flocons pressés.

**MOUTONNERIE**. s. f. [Pr. *mouto-nerie*]. Simplicité, bêtise. || Penchant à imiter autrui. || Fade poésie pastorale.

**MOUTONNEUX, EUSE**. adj. [Pr. *mouto-neu, euze*]. Qui moutonne.

**MOUTONNIER, IÈRE**. adj. [Pr. *mouto-nié*]. Qui a le caractère des moutons, qui fait ce qu'il voit faire. *Un peuple m. La multitude est moutonnière.* Fam.

**MOUTONNIÈREMENT**. adv. (Pr. *moutoni-èreman*]. D'une manière moutonnière.

**MOUT-TAMA**. Voy. MARTABAN.

**MOUTURE**. s. f. (lat. *molitura*, m. s. de *molitus*, part. de *molere*, moudre). Action de moudre le grain. *Ce meunier prend tant pour sa m.* || Le produit qui résulte de l'action du moulin. *Ce moulin fait d'excellente m.* — Fig. et proverb., *Tirer d'un sac deux moutures*, Tirer double profit d'une même affaire. || Le salaire du meunier. *Le meunier voulait double m.* || Mélange, par parties égales, de froment, de seigle et d'orge. *Un setier de m.* — Voy. MOULIN.

**MOUVAGE**. s. m. (R. *mouvoir*). T. Techn. Opération dont le but est de répartir la masse que contient une forme à sucre.

**MOUVANCE**. s. f. (R. *mouvoir*). T. Jurispr. féod. Le mot *Mouvance* s'employait ordinairement pour désigner la dépendance d'un domaine qui relevait d'un fief, ou d'un fief qui relevait d'un fief supérieur. Cette m. se distinguait en *médiate* et *immédiate*, ainsi qu'en *noble* et en *roturière*. Elle était dite *noble*, quand le possesseur du fief servant devait foi et hommage au possesseur du fief dominant, et *roturière*, quand le fief servant était tenu simplement à des redevances. Le terme de m. était encore quelquefois usité pour exprimer la relation de supériorité d'un fief à l'égard d'un domaine qui en relevait : dans ce cas, la m. était dite *active*, et l'on donnait alors, par opposition, l'épithète de *passive* au premier genre de m. dont il a été parlé.

**MOUVANT, ANTE**. adj. Qui a la puissance de mouvoir : ne se dit guère en ce sens que dans la loc., *Force mouvante*, Force qui produit un mouvement actuel. || Se dit aussi des sables, des terres, dont le fond n'est pas stable et solide, et où l'on enfonce aisément quand on y marche. *Terre mouvante. Sol m. Des sables mouvants.* — Figur., *La cour est un terrain m.*, Il est difficile de s'y tenir longtemps en faveur, en crédit. || *Tableau m.*, Tableau où il y a des figures qui se meuvent par un mécanisme caché; et Fig., Paysage animé par un passage fréquent d'hommes, de chevaux, etc. || T. Blas. Se dit des pièces attenantes au chef, aux angles, aux flancs ou à la pointe de l'écu, dont elles semblent sortir.

**MOUVEMENT**. s. m. [Pr. *mouve-man*] (lat. *movimentum*, m. s. de *movere*, mouvoir). Transport d'un corps d'un endroit dans un autre. *M. lent, rapide, égal, continu, progressif. M. périodique. M. uniforme, varié, rectiligne, circulaire. M. de translation, de rotation, d'ondulation, de vibration. Les lois du m. Le m. de la terre s'opère d'occident en orient. M. vrai, apparent. M. perpétuel. Donner, imprimer le m. à un corps. Accélérer, ralentir, arrêter un m. Faire un m. de la tête, des doigts. Cet homme est brusque dans tous ses mouvements. Ce cheval a les mouvements souples, gracieux. Pour se bien porter, il faut se donner du m. Ce bâtiment a les mouvements* *doux.* — Au prop. et au fig., *Se donner bien du m., bien des mouvements dans une affaire,* Agir avec beaucoup d'empressement et d'ardeur pour la faire réussir. *Il a mis tous ses amis en m. pour solliciter en sa faveur. Toute la police est en m. pour arrêter cet assassin.* Figur., on dit aussi, d'un homme actif et intrigant, *C'est un homme qui se donne bien du m.*, et d'une personne qui est d'une extrême activité, qui n'est jamais en repos, *C'est le m. perpétuel.* — Figur., on dit encore de quelqu'un qui cherche la solution de quelque problème insoluble, *Il cherche le m. perpétuel.* || *M. de terres,* Transport de terres végétales d'un lieu dans un autre. *Ce propriétaire a dépensé beaucoup d'argent en m. de terres.* || En parlant des fonctions des corps organisés, se dit de tout déplacement volontaire ou involontaire, continu ou rhythmique, régulier ou irrégulier, normal ou anormal, d'une partie quelconque. *M. musculaire. M. du cœur, des artères. M. péristaltique des intestins. Les mouvements d'élévation et d'abaissement du cerveau. Les mouvements respiratoires. Le m. du sang, de la lymphe. Le m. de la sève. Les humeurs sont en m. Avoir un m. de fièvre. Il demeura sans pouls et sans m.* || Se dit des marches, des évolutions, des manœuvres d'une troupe, d'une armée. *Un m. savant, bien exécuté. Surveiller les mouvements de l'ennemi. Ce m. audacieux décida le gain de la bataille.* — *M. en avant, en arrière,* Celui qu'on fait en avant ou en arrière de la première ligne de bataille. *M. en avant,* sign. aussi le mouvement qu'on fait pour s'approcher de l'ennemi; par opposition à *M. rétrograde,* Celui qu'on fait pour s'en éloigner. || Se dit encore des entrées et des sorties qui ont lieu dans certains établissements publics. *Le m. de cette prison, de cet hôpital est considérable.* On dit aussi, *Le m. d'un port,* en parl. des navires qui y entrent et qui en sortent. — On dit encore, *Le m. de la population d'une ville,* en parlant des variations qu'elle présente par suite des naissances, des décès, etc. || Se dit des changements qui arrivent dans un corps militaire ou civil, et qui donnent lieu à des promotions. *Il y a eu du m. dans ce régiment, dans cette administration.* || Se dit encore des variations de prix qui ont lieu dans le commerce. *Il y a eu cette semaine de grands mouvements dans le prix des denrées, dans le cours de la bourse.* = *M.*, au sens moral, se dit de l'agitation de l'âme causée par ses diverses affections. *Les mouvements de l'âme. M. naturel, involontaire, impétueux. M. de colère, d'orgueil, de vanité, d'équité, de pitié. On n'est pas maître d'un premier m. Il a fait cela par un bon m., de son propre m.* || Fermentation dans les esprits, accompagnée d'une agitation extérieure qui indique une disposition au trouble, à la révolte. *Il y a du m. dans telle province.* — Se dit aussi pour Émeute. *On annonce un m. pour demain. On craint un m. dans cette ville. Des mouvements populaires.* || Se dit quelquefois de l'activité physique et intellectuelle d'une population. *Il y a dans Paris un m. qui étonne les étrangers.* || T. Politiq. *Le parti du m.*, Le parti qui propose, qui réclame des innovations. || T. Littérat. *M.*, se dit de tout ce qui rend le style vif, rapide, et des figures qui rendent le discours propre à émouvoir. *Il y a beaucoup de m. dans son style. Ces vers ont du m. Il y a de beaux, de grands mouvements dans les oraisons funèbres de Bossuet. C'est un beau m. oratoire.* || T. Mus. Degré de vitesse ou de lenteur qu'on doit donner à la mesure, en raison du caractère de la composition musicale. *Un m. lent, animé. On dénature le caractère d'un morceau en ne lui donnant pas le m. convenable. Presser, ralentir le m. Chanter, jouer de m.*, Bien observer, bien marquer la mesure en chantant ou en jouant d'un instrument. *Air de m.*, Air dont la mesure est très marquée. — *M.*, se dit aussi de la marche des sons du grave à l'aigu, et de l'aigu au grave, entre les parties qui concertent ensemble., *M. direct, contraire, oblique.* || T. Peinture. Expression des mouvements des corps et des affections de l'âme. *Cette figure est sans m. Ce peintre prodigue le m. sans nécessité.* — En parlant de paysages, Variété, diversité agréable. *Ce peintre met du m. dans ses paysages.* — On dit aussi, *Le m., les mouvements du terrain,* en parlant de la succession, de la diversité des plans d'un terrain. *Les mouvements du terrain sont bien rendus dans ce paysage.* Dans le langage ordinaire, *Ce jardinier a tiré un grand parti des mouvements du terrain.* || T. Horlog. *M. d'horlogerie.* Ensemble des pièces mécaniques qui constituent une montre, une horloge, etc. Voy. Horlogerie. || T. Serrurerie. Levier coudé qui tourne sur un axe fiché dans le mur, et qui sert à changer la direction du fil moteur d'une sonnette.

**Méc.** — **I.** — On distingue d'ordinaire le *m. absolu* et le *m. relatif.* Un peu de réflexion suffit pour reconnaître que l'idée du m. absolu est vide et inconcevable. Le m. relatif, au contraire est facile à comprendre. Un point A est en m. relatif par rapport à un système de points (S), si la figure formée par le point A et (S) se déforme avec le temps, c.-à-d. si la figure que formeront ces points à une certaine époque n'est pas superposable avec celle qu'ils formaient à une autre époque. La notion même du m. est donc essentiellement relative. Dès que les points de repère disparaissent, toute idée de m. s'évanouit. Dans un espace entièrement vide où on laisserait subsister un seul corps solide, il serait impossible de reconnaître *a priori* si ce corps unique est en repos ou en m. Bien plus, il serait impossible de concevoir en quoi le repos différerait du m. Cependant, le terme de *m. absolu* est fréquemment employé en mécanique et en physique, mais il y a un sens particulier. En mécanique rationnelle, on entend par m. absolu le m. d'un point par rapport à trois axes de coordonnées qu'on suppose tracés dans l'espace et qui servent de points de repère. On dit que ces axes sont fixes, ce qui revient à dire qu'on ne s'occupe pas de savoir s'ils sont eux-mêmes en repos ou en m. En physique, on entend par m. absolu, le m. par rapport aux étoiles supposées fixes; mais, comme il est prouvé que les étoiles sont elles-mêmes en m., la définition devient insuffisante. En dernière analyse, le m. absolu tel qu'on le comprend en physique ne peut être que le m. par rapport à cette substance qui remplit tout l'espace, qu'on nomme l'éther, et à travers laquelle se transmettent les ondulations lumineuses, calorifiques, électriques. Au point de vue de la physique, la question du m. se rattache ainsi à celle du plein ou du vide de l'espace. Nous y reviendrons au mot Vide. Dans la suite de cet article, nous envisagerons le m. à la façon des auteurs de la mécanique rationnelle, c.-à-d. par rapport à des points de repère qu'on laisse indéterminés et sur le m. ou le repos desquels on ne fait aucune hypothèse. Le m. d'un point est dit *rectiligne* ou *curviligne*, suivant que ce point décrit une ligne droite ou une ligne courbe. Ces deux espèces de mouvements peuvent être *continus* ou *alternatifs*, selon que le mobile se meut constamment dans le même sens ou alternativement dans des sens opposés. Les mouvements curvilignes se distinguent en outre les uns des autres suivant la forme de la courbe qu'ils décrivent. Si cette courbe est une circonférence, le m. est dit *circulaire*; si c'est une parabole, le m. est dit *parabolique*, etc. — Le m. d'un point n'est parfaitement connu que lorsqu'on a déterminé la nature de sa *Trajectoire*, c.-à-d. de la ligne qu'il décrit, et l'espace qu'il parcourt dans un certain temps, à partir d'un point pris sur sa trajectoire elle-même. C'est d'après cette dernière considération qu'on a divisé les mouvements en *mouvements uniformes* et *mouvements variés.* Un *m. uniforme* est celui dans lequel des espaces égaux sont parcourus par le mobile dans des temps égaux. La *Vitesse*, dans cette espèce de m., est le rapport constant entre l'espace parcouru et le temps employé à le parcourir, ou, en d'autres termes, l'espace parcouru dans l'unité de temps : c'est ainsi, par ex., que l'on dit : la vitesse de cette locomotive est de 60 kilomètres à l'heure. En général, la formule du m. uniforme est $x = vt$, où $x$ désigne l'espace parcouru, $v$ la vitesse, et $t$ le temps. Dans le *m. varié*, les espaces parcourus par le mobile dans des temps égaux ne sont plus égaux entre eux. Alors le m. est dit *accéléré* ou *retardé*, selon que l'espace parcouru pendant le même temps va en augmentant ou en diminuant. Le m. est dit *périodique*, lorsqu'à des intervalles de temps égaux la vitesse redevient la même et repasse ainsi périodiquement par les mêmes valeurs, quelle que soit, du reste, la nature du m. pendant la période elle-même. Dans le m. varié, la vitesse change d'un moment à l'autre, et ne peut plus être définie comme celle du m. uniforme. Si l'on divise l'espace parcouru, à partir d'un instant donné, par le temps employé à le parcourir, on n'obtient plus un quotient constant, mais un quotient variable qui représente la *vitesse moyenne* du mobile pendant le temps considéré : c'est la vitesse avec laquelle il aurait dû se mouvoir, si son m. avait été uniforme, pour parcourir le même espace dans le même temps. Alors, pour définir la vitesse à un instant particulier, on considère la vitesse moyenne pendant un temps très court à partir de l'époque considérée. Lorsqu'on envisage ainsi des espaces de temps de plus en plus courts, la vitesse moyenne tend vers une certaine limite, et c'est cette limite qu'on appelle la vitesse à l'époque considérée. On voit que cette vitesse est la limite du quotient de l'accroissement de l'espace parcouru à l'accroissement du temps. C'est donc la *dérivée* de l'espace par rapport au temps. Si le m. est curviligne, la vitesse est dirigée suivant la tangente à la trajectoire et peut être représentée par un segment égal à la grandeur de cette vitesse, et dirigé suivant cette tangente. Voy. VITESSE. Lorsque la vitesse varie de quantités égales pendant des temps égaux, le m. est dit *uniformément varié*. On le dit aussi uniformément accéléré ou uniformément accéléré suivant que la vitesse augmente ou diminue avec le temps. La quantité constante, dont s'accroît la vitesse pendant l'unité de temps, s'appelle l'*accélération*. Si on désigne cette accélération par $\gamma$, la vitesse s'accroîtra de $\gamma t$ pendant le temps $t$, de sorte que, si $v_0$ est la vitesse initiale, on aura la formule de la vitesse :

$$v = v_0 + \gamma t.$$

Pour trouver la loi de l'espace, il suffit de trouver une fonction dont la dérivée soit égale à $v$. On trouve ainsi :

$$x = v_0 t + \frac{1}{2}\gamma t,$$

$x$ désignant l'espace parcouru pendant le temps $t$. Ces formules s'appliquent aussi au m. uniformément retardé, à condition que $\gamma$ soit négatif. Elles s'appliquent d'ailleurs à tous les cas, quel que soit le sens du m. et l'époque considérée antérieure ou postérieure à l'époque initiale, pourvu qu'on donne aux diverses quantités des signes convenables.

Quand le m. est rectiligne, mais n'est pas uniformément varié, l'accélération se définit comme la vitesse dans le m. varié : c'est la *dérivée* de la vitesse par rapport au temps. Mais si le m. est curviligne, l'accélération doit être définie d'une autre manière. Voy. ACCÉLÉRATION.

Parmi les mouvements dont peut être animé un corps solide, on distingue le *m. de translation* dans lequel toute ligne tracée dans le corps solide reste parallèle à elle-même pendant le m., et tous les points du corps décrivent des trajectoires égales qui peuvent être droites ou courbes, et le *m. de rotation* dans lequel le solide tourne autour d'un axe fixe, de sorte que tous les points du solide décrivent des cercles situés dans des plans parallèles et ayant leurs centres sur l'axe de rotation. Voy. CINÉMATIQUE.

II. *Composition des mouvements simultanés.* — On peut souvent considérer le m. d'un corps comme formé de plusieurs mouvements simultanés. Par ex., une bille roule sur le

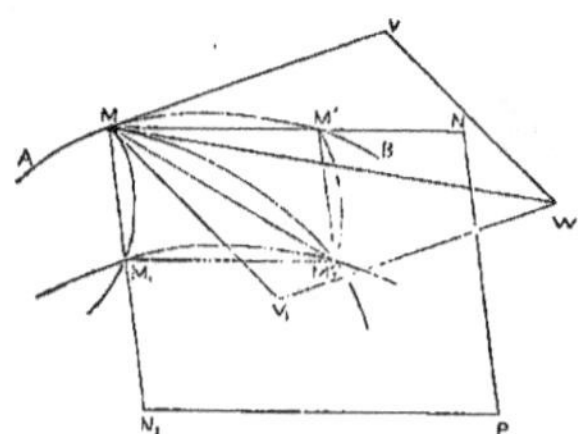


pont d'un bateau. Son m. complet dans l'espace peut être considéré comme composé des mouvements suivants : 1° m. de la bille sur le pont du bateau ; 2° m. du bateau par rapport à la terre ; 3° m. de rotation de la terre autour de son axe ; 4° m. de translation de la terre autour du soleil ; 5° m. qui entraîne tout le système solaire vers la constellation d'Hercule. Le problème général de la composition des mouvements consiste à déterminer la vitesse et l'accélération du m. résultant, connaissant celles de chacun des mouvements composants. Nous nous bornerons au cas où tous ces mouvements sont des translations. Considérons un point M. qui se meut sur une trajectoire AB (Fig. ci-dessus), pendant que cette trajectoire est entraînée d'un m. de translation. Au bout d'un temps très court que je désigne par $dt$, le point M est venu occuper la position M' sur AB, mais en même temps les points marqués M et M' sur la trajectoire ont décrit des trajectoires égales et sont venus en $M_1$ et $M'_1$. Finalement, le point mobile a passé de M en $M'_1$ par une trajectoire courbe dont la corde $MM'_1$ est la diagonale du parallélogramme M M' $M'_1$ $M_1$. Si l'on porte sur les 3 droites MM', $MM_1$, $MM'_1$ des longueurs égales à $\frac{MM'}{dt}$ $\frac{MM'}{dt}$ $\frac{MM'_1}{dt}$, on formera un parallélogramme $MNPN_1$ semblable au précédent, et lorsque $dt$ tend sur $o$, les trois cordes sont remplacées par les tangentes aux trois trajectoires, les trois quantités $\frac{MM'}{dt}$, $\frac{MM_1}{dt}$, $\frac{MM'_1}{dt}$ deviennent les vitesses, MV, $MV_1$ et MW, de sorte qu'en définitive la *vitesse du m. résultant est représentée par la diagonale du parallélogramme construit sur les vitesses des mouvements composants.*

On peut supposer que la trajectoire AB se déplace par rapport à un système (S) qui est lui-même animé d'un m. de translation. Alors, il faudra composer la vitesse du point M dans le système (S) avec la vitesse de ce système et ainsi de suite. On reconnaît alors, comme nous l'avons expliqué au mot force, que :

*La vitesse résultante de trois mouvements simultanés est la diagonale du parallélépipède construit sur les vitesses composantes ;*

*La vitesse résultante de plusieurs mouvements simultanés s'obtient en portant à la suite l'un de l'autre, parallèlement à eux-mêmes, tous les segments qui représentent les vitesses des mouvements composants.* (Règle du polygone.) Voy. FORCE.

On démontre également que l'accélération du m. résultant s'obtient en composant d'après la même règle les accélérations des mouvements composants.

De même qu'on peut composer plusieurs mouvements, de même on peut décomposer un m. en plusieurs autres. C'est ainsi qu'en mécanique rationnelle on décompose le m. d'un point mobile en trois mouvements rectilignes parallèles aux axes des coordonnées. Cette décomposition équivaut à projeter le m. sur les trois axes. Si on désigne par $x, y, z$, les coordonnées du mobile au temps $t$, $x, y, z$ sont trois fonctions de $t$ qui définissent complètement le m. Les composantes des vitesses relatives aux trois axes ont respectivement pour valeur :

$$\frac{dx}{dt}, \frac{dy}{dt}, \frac{dz}{dt},$$

et la vitesse résultante a pour valeur :

$$\sqrt{\left(\frac{dx}{dt}\right)^2 + \left(\frac{dy}{dt}\right)^2 + \left(\frac{dz}{dt}\right)^2}.$$

Les trois accélérations composantes sont les dérivées des vitesses :

$$\frac{d^2x}{dt^2}, \frac{d^2y}{dt^2}, \frac{d^2z}{dt^2},$$

et l'accélération résultante a pour valeur :

$$\sqrt{\left(\frac{d^2x}{dt^2}\right)^2 + \left(\frac{d^2y}{dt^2}\right)^2 + \left(\frac{d^2z}{dt^2}\right)^2}$$

III. *Du mouvement relatif.* — Les problèmes du m. relatif se traitent d'ordinaire par la méthode suivante : soit à étudier le m. d'un système A par rapport à un système B. On imprime à l'ensemble des deux systèmes un m. égal et contraire à celui de B. Alors B est ramené au repos et il n'y a plus qu'à étudier le m. absolu de A considéré comme la résultante des deux autres. Une application intéressante de ce procédé est fournie par la théorie de l'*aberration de la lumière*. Voy. ABERRATION. Mais, dans les cas plus compliqués où l'on doit considérer non plus seulement la vitesse, mais encore les accélérations, il faut savoir déterminer l'accélération du m. résultant des deux mouvements imprimés à A. La question est assez délicate, parce que ces mouvements comprennent non seulement des translations, mais aussi des rotations, de sorte que la règle du parallélogramme n'est plus applicable. Coriolis a résolu complètement le problème par un théorème célèbre. Pour en bien faire comprendre la signification, imaginons un point $m$ qui se déplace par rapport au système (S) lequel est lui-même en m. On appelle vitesse et accélération relative du point $m$ sa vitesse et son accélération déterminées comme si (S) était fixe; on appelle vitesse et accélération d'entraînement de $m$ la vitesse et l'accélération que le point de (S), avec lequel coïncide actuellement $m$, possède par suite du m. de (S). On sait que le m. le plus général du système (S) est un m. hélicoïdal autour d'un *axe instantané*, de rotation et de glissement. Il faut entendre par là que les vitesses de tous les points du solide sont à l'instant considéré, les mêmes que si le solide tournait avec une certaine vitesse autour de l'axe instantané en même temps qu'il s'avancerait d'un mouvement de translation dans la direction de ce axe. Seulement l'axe change de position à chaque instant, c'es pourquoi il est dit *instantané*. Par le raisonnement qui nous a servi dans la composition des mouvements, on reconnait d'abord facilement que la vitesse absolue de *m* est la résultante de la vitesse relative de la vitesse d'entraînement. Inversement, la vitesse relative est la résultante de la vitesse absolue et de la vitesse d'entraînement prise en sens contraire, ce qui permet de résoudre tous les problèmes où l'on connaît la vitesse absolue. Quant aux accélérations, Coriolis a démontré que l'accélération absolue est la résultante : 1° De l'accélération *relative*; 2° de l'accélération d'*entraînement*; 3° d'une accélération *complémentaire* qu'on obtient en projetant la vitesse relative sur le plan perpendiculaire à l'axe instantané de rotation, en multipliant cette projection par le double de la vitesse angulaire du système (S), et en faisant tourner sa direction d'un angle droit dans le sens du m. de rotation. L'accélération complémentaire *prise en sens contraire* a reçu le nom d'*accélération centrifuge composée*. Alors, inversement, l'accélération relative est la résultante : 1° de l'accélération absolue; 2° de l'accélération d'entraînement prise en sens contraire; 3° de l'accélération centrifuge composée. Si on multiplie ces trois accélérations par la masse du point *m*, on pourra dire que le m. relatif du point *m* peut être considéré comme déterminé par la résultante de trois forces qui sont : 1° la force effective à laquelle il est soumis; 2° la force dite d'*entraînement* prise en sens contraire; 3° la *force centrifuge composée*. La force d'entraînement est le produit de la masse de *m* par l'accélération d'entraînement, et la force centrifuge composée est le produit de la masse par l'accélération centrifuge composée. Ces deux forces sont appelées les forces *fictives* ou *apparentes* de Coriolis. Il suffit de les ajouter aux forces effectives pour ramener le problème de m. relatif à un problème de m. ordinaire. Par ex., si on veut étudier la loi du déplacement d'un pendule à la surface de la terre, en tenant compte de la rotation de la terre (Pendule de Foucault) il faudra supposer que la masse du pendule est soumise à trois forces qui sont : 1° l'attraction terrestre; 2° le produit de la masse par l'accélération que le point de la terre où on fait l'expérience possède en vertu du m. de rotation de la terre; 3° la force centrifuge composée. Mais la résultante des deux premières forces est le *poids* du pendule. Donc, il suffit d'ajouter à ce poids la force centrifuge composée. Or, l'effet de celle-ci est de faire tourner le plan d'oscillation du pendule autour de la verticale de l'est à l'ouest avec une vitesse qui varie avec la latitude. Cette vitesse serait d'un tour en vingt-quatre heures au pôle et deviendrait nulle à l'équateur. A Paris, le calcul l'indique d'un tour en trente-deux heures, ce qui est tout à fait conforme à l'expérience qui a été faite pour la première fois par Léon Foucault, sous le dôme du Panthéon à Paris, en 1851.

IV. *Mouvement perpétuel*. — Le problème du m. perpétuel qui a occupé inutilement tant d'inventeurs consiste à trouver une machine qui produise du travail utile sans aucune dépense. Seulement il faut bien s'entendre sur le mot *dépense*. On doit considérer comme dépense toute modification qui, survenant dans le milieu qui entoure la machine, est la cause même du m. de la machine, de sorte que celle-ci ne pourrait pas fonctionner sans cette modification. C'est qu'en effet cette modification ou bien est par elle-même une source de dépense financière, ou bien exige que la machine soit installée dans le lieu où la modification se produit, ce qui empêche la multiplication indéfinie des engins, ou enfin dépend de circonstances que le propriétaire de la machine n'est pas à même de modifier. Ainsi les machines qui fonctionnent par la transformation en travail de la chaleur de combustion d'un combustible quelconque ne constituent pas une solution du m. perpétuel parce que le combustible est détruit et entraîne une dépense pécuniaire. Les machines, qui utilisent le m. naturel des eaux d'un fleuve et celui de la mer ne sont pas non plus une solution parce que, quoique l'eau ne coûte rien, il faut, pour établir la machine, acquérir l'emplacement particulier où s'exerce le m. de l'eau. Les machines qui empruntent leur force motrice à l'action du vent ne sont pas non plus des solutions parce que, quoique le vent ne coûte rien, il n'est pas à la portée du mécanicien d'en modifier la direction ou l'intensité. Si l'on veut définir le problème d'une façon tout à fait précise, il faut dire : *Le problème du m. perpétuel consiste à trouver un système de corps qui, sous l'action des forces naturelles qui leur sont appliquées, et sans intervention d'aucune matière étrangère au système, puisse décrire un cycle fermé à la suite duquel il y ait production de travail*. Ainsi, il faut : 1° Que la machine fonctionne quel que soit l'état du milieu qui l'entoure; 2° que, au bout d'un certain temps, toutes les pièces de la machine aient repris leur état primitif; 3° qu'au bout de ce temps, il y ait du travail produit.

Le problème ainsi posé est simplement impossible. Pendant longtemps, pour démontrer cette impossibilité, on s'est borné à la remarque suivante : Une machine, dit-on, part du repos pour rentrer dans le repos. Donc la variation totale de force vive est nulle. Mais la variation de force vive est égale à la somme des travaux des forces qui agissent sur la machine Parmi ces travaux, celui des résistances passives et celui qui représente l'effet utile sont négatifs; il faut donc qu'une somme équivalente de travail positif soit fournie par les forces qui agissent sur la machine (Voy. MACHINE). Donc, il est chimérique de chercher à réaliser une machine qui produise du travail utile sans consommer du travail moteur.

Cela est parfaitement exact; mais cela ne répond pas aux chercheurs du m. perpétuel. Ceux-ci en effet ne cherchent pas une machine qui fonctionne sans travail moteur ou sans force. Au contraire, les modèles proposés font appel à la pesanteur, à l'attraction de l'aimant, aux forces électriques, etc. Ils cherchent seulement une machine qui produise indéfiniment et sans dépense du travail utile. Pour achever de les convaincre, il reste à leur montrer que le travail moteur ne peut pas être créé indéfiniment. Or, cela n'est nullement évident *a priori*. Considérons en effet un système tel que tout point M placé en A soit soumis à l'action d'une force qui dépend de la position du point A. C'est ce que les physiciens appellent un champ de forces. Lorsque le point M se transporte de A en B, la force appliquée en ce point accomplit un certain travail; mais il peut se faire que ce travail dépende du chemin parcouru par le point A. Supposons par ex. que le travail soit plus grand quand le mobile suit le chemin ACB que quand il suit le chemin ADB. Alors on fera passer le mobile de A en B par le chemin ACB, et l'on aura réalisé un travail T; puis on fera revenir le mobile de B en A par le chemin ADB; mais pour cela il faudra dépenser un travail T′, qui par hypothèse est inférieur à T. Finalement, on aura par ce *cycle fermé*, produit le travail T — T′, qu'on pourra utiliser industriellement, et, en recommençant indéfiniment l'opération on réalisera le m. perpétuel.

Ainsi, pour trouver le m. perpétuel, il suffirait de trouver une force telle que si un point A ou un système de points soumis à cette force décrit un cycle fermé convenable, le travail de la force soit positif. Cette condition n'a rien d'absurde *a priori*; mais le malheur est que de pareilles forces n'existent pas dans la nature. On trouve bien des forces, comme le frottement qui dans un cycle fermé donneront du *travail négatif*, parce que ce travail est converti en chaleur ou en quelque autre forme d'énergie, mais on n'en trouve pas qui, dans un cycle fermé, donneront du travail positif, et c'est cette absence de forces remplissant les conditions nécessaires qui est la vraie démonstration de l'impossibilité du m. perpétuel.

La notion de la conservation de l'énergie est venue jeter un jour nouveau sur la question. Énergie est synonyme de travail (Voy. ÉNERGIE). On admet aujourd'hui, comme vérité expérimentale, que la somme d'énergie répartie dans l'Univers est constante. On n'en peut ni créer, ni détruire; on ne peut que changer sa forme : énergie mécanique, calorifique, électrique, etc. Or, une machine qui produit un effet utile consomme de l'énergie (Voy. MACHINE). Il faut donc, de toute nécessité, qu'elle en reçoive l'équivalent. Si les pièces de la machine se retrouvent au bout d'un certain temps dans le même état qu'auparavant, l'énergie de la machine se retrouve la même. Donc l'énergie consommée n'a pu être prise qu'à l'extérieur de la machine. Ainsi une machine ne peut jamais créer d'énergie; elle n'a d'autre objet que de transformer certaines formes d'énergies naturelles en énergies utiles à nos besoins. Il est donc chimérique de chercher à réaliser une machine qui fonctionne par elle-même sans puiser au dehors une certaine quantité d'énergie, et c'est là la véritable cause de l'impossibilité du m. perpétuel, impossibilité qui, comme on le voit, se rattache, non à des considérations purement rationnelles, mais à un principe d'ordre expérimental : celui de la conservation de l'énergie.

Il est bon de remarquer que l'impossibilité du m. perpétuel avait été reconnue et admise bien avant qu'on ait formulé le principe de la conservation de l'énergie; seulement, les démonstrations qu'on en croyait donner étaient insuffisantes. En somme, on admettait cette impossibilité par une sorte d'intuition imprécise, et l'on peut dire que la croyance à l'impossibilité du m. perpétuel est la forme primitive sous laquelle s'est présenté à l'esprit des physiciens le principe si général et si fécond de la conservation de l'énergie.

V *Transmission et transformation des mouvements.* — Voy. ENGRENAGE, MÉCANISME, TRANSMISSION.

**Astr.** *Mouvement diurne.* — I. Si un spectateur pouvait observer le ciel d'un point isolé de l'espace, il embrasserait d'un coup d'œil l'universalité de l'espace, ainsi que tous les corps visibles qu'il renferme. En l'absence de tout moyen pour juger à quelles distances ces corps se trouvent de lui-même, il pourrait les supposer tous à la même distance, c.-à-d. répartis à la surface concave d'une sphère imaginaire, dont son œil serait le centre, et qui se trouverait à une distance immense et indéterminée. Sans doute rien ne pourrait lui garantir l'exactitude de cette hypothèse qui, du reste, est radicalement fausse. Ainsi, on conçoit aisément que la lune, qui nous paraît aussi grosse que le soleil, *peut* être en réalité beaucoup moins volumineuse, et *peut* devoir cette égalité apparente à sa plus grande proximité de la terre. Il est également aisé de concevoir que, si les étoiles nous paraissent bien moins grandes et moins brillantes que le soleil et que la lune, cela tient à la distance prodigieuse où elles se trouvent de notre globe. Mais tant qu'on ne possède aucun moyen pour déterminer les distances des astres, leur observation ne fait connaître que la *direction* des droites qui les joignent à l'œil de l'observateur. Dès lors l'étude des positions apparentes des astres dépend d'une sorte de géométrie dont les éléments sont des droites tirées d'un centre unique lequel est dans ce cas l'œil de l'observateur. Si donc on imagine une sphère de rayon indéterminé ayant son centre en l'œil de l'observateur, cette sphère coupera chacun des rayons visuels en un point qui en détermine complètement la direction, de telle sorte que l'étude des droites tirées de l'œil de l'observateur peut être remplacée par celle des points où ces droites coupent la sphère. Or, il est plus facile de se représenter des points sur une surface et de figurer les aspects qu'ils présentent que de se représenter des droites dans l'espace. De là vient que les astronomes ont rapporté les positions apparentes des astres à cette sphère idéale qui a reçu le nom de *sphère céleste.* On appelle *position d'un astre sur la sphère céleste*, ou *projection de cet astre sur cette sphère*, le point où la sphère est percée par le rayon visuel qui joint l'astre à l'œil de l'observateur, et c'est cette *projection* qu'on représente sur les cartes célestes, qui reproduisent aussi exactement que possible l'aspect de la voûte étoilée

Un spectateur placé à la surface de la terre ne peut, à cause de la grande masse sur laquelle il se trouve, voir la portion de l'espace qui est au-dessous de lui. La région de l'espace qu'il peut apercevoir est donc limitée par un plan passant par son œil et tangent à la surface de la terre, plan qu'on nomme *horizon*. Il est vrai que si son lieu d'observation se trouve à une grande hauteur, le plan de l'horizon étant remplacé par un cône circonscrit à la terre, l'abaissement de l'horizon qui en résulte permettra à sa vue d'embrasser un peu plus d'un hémisphère; mais la zone ainsi ajoutée à l'hémisphère n'a presque jamais, sauf dans certaines circonstances tout à fait extraordinaires, plus de 2 degrés de largeur. A moins donc que l'observateur, en changeant de situation géographique, ne transporte ailleurs son *horizon*; ou bien à moins que les corps célestes ne viennent d'eux-mêmes par leurs mouvements propres, au-dessus de son horizon; ou bien, enfin, à moins que, par quelque rotation de la terre elle-même sur son centre, l'endroit de la surface terrestre qu'il occupe ne soit présenté à une région différente de l'espace, il y aura toujours une moitié environ des objets extérieurs à notre atmosphère qu'il lui sera impossible d'apercevoir. Mais, si nous supposons l'un ou plusieurs de ces cas, l'observateur pourra contempler successivement une plus grande partie ou même la surface entière de la sphère céleste. — Un voyageur, par ex., qui part de Paris et se dirige vers le Sud, remarque beaucoup de corps célestes que l'on n'aperçoit jamais de Paris. Chaque nuit, l'une après l'autre, des étoiles nouvelles s'offrent successivement à ses regards, comme si elles s'élevaient du sud au-dessus de l'horizon, quoique ce soit en réalité l'horizon de l'observateur, qui, voyageant avec lui autour de la terre dans la direction du Sud, plonge successivement au-dessous de ces astres. Un coup d'œil jeté sur la figure ci-jointe, qui offre trois stations successives d'un voyageur, A, B, C, avec l'horizon correspondant à chacune d'elles, fera mieux comprendre le phénomène dont il s'agit que toutes les explications possibles. — Supposons maintenant que la terre ait elle-même un m. de rotation autour de son centre; il est évident que le spectateur en repos, placé sur un point quelconque du globe, sera, sans s'en apercevoir, emporté circulairement avec lui : sans s'en apercevoir, disons-nous, parce que son horizon contiendra toujours les mêmes objets terrestres qui ne cesseront pas d'en être les limites. Cependant, relativement aux objets extérieurs à la terre, c.-à-d. aux corps célestes qui ne participent pas à la rotation supposée de notre globe, l'horizon du spectateur en question aura continuellement changé à leur égard, précisément comme dans le cas du voyageur de tout à l'heure. En effet, en tant qu'il s'agit de la visibilité de ces corps célestes, les choses se passent de la même manière, soit que l'observateur ait été, par la rotation de la terre, successivement emporté dans les situations A, B, C (Fig. ci-dessous), soit que la terre, demeurant en repos, il se soit transporté lui-même à ces trois stations. Ainsi, par cette rotation de la terre, l'horizon du spectateur s'abaissera constamment au-dessous des objets situés dans cette région de l'espace vers laquelle la rotation l'emporte, et s'élèvera en même temps au-dessus de ceux du côté opposé, présentant successivement à ses regards les premiers, et lui cachant de même les derniers. Toutefois, comme l'horizon de ce spectateur lui semble immobile, il rapportera naturellement ces changements au m. des corps célestes eux-mêmes. Au lieu donc de juger que son horizon s'approche des

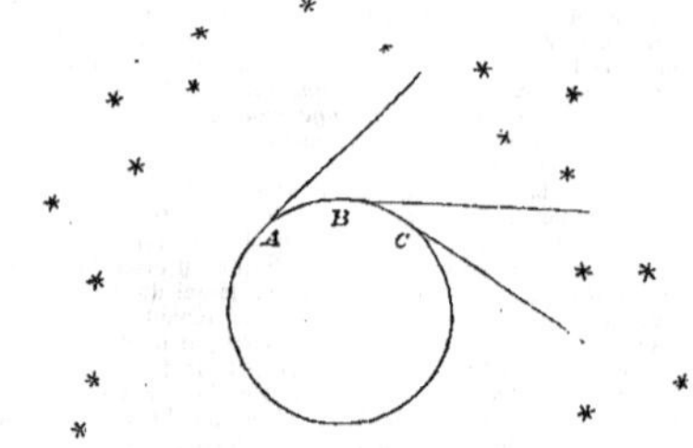


étoiles, il pensera que les étoiles s'approchent de son horizon, et, lorsque celui-ci en aura dépassé ou caché quelques-unes, il se figurera qu'elles se sont enfoncées au-dessous de son horizon, ou, comme on dit, qu'elles se sont *couchées;* tandis qu'il croira que les étoiles nouvelles qu'il vient d'apercevoir, et dont il s'éloigne, se lèvent sur son horizon. — Maintenant, si nous supposons, ce qui a lieu en effet, que la terre tourne autour d'un seul et même axe jusqu'à ce qu'elle ait accompli une révolution entière et soit revenue à la position d'où elle était partie, lorsque le spectateur a commencé ses observations, il est clair que chaque chose sera alors précisément dans la même position relative qu'au moment du départ : tous les corps célestes paraîtront occuper les mêmes places dans la concavité du ciel qu'à cet instant, excepté ceux qui, dans l'intervalle, peuvent avoir accompli des mouvements réels. Si donc la rotation de la terre continue, les mêmes phénomènes du lever et du coucher des corps célestes, ainsi que de leur retour aux mêmes lieux, se répéteront encore dans le même ordre, et, si la vitesse de rotation est uniforme, à des intervalles de temps égaux.

Le phénomène périodique que nous présente la voûte du firmament, lorsqu'elle semble se mouvoir au-dessus de nos têtes en nous présentant successivement les brillants groupes d'étoiles dont elle est parsemée, est désigné sous le nom de *M. diurne apparent* du ciel. Son importance exige que nous entrions dans quelques détails. — Nous nous supposerons donc placés, par une belle soirée, bientôt après le coucher du soleil, et au moment où les premières étoiles commencent à paraître, dans un lieu bien découvert, d'où nous pouvons embrasser une étendue considérable du ciel. Nous verrons au-dessus et autour de nous comme une immense voûte hémisphérique, parsemée d'étoiles fort diverses par leur éclat. Fixons plus particulièrement notre attention sur quelques étoiles particulières, choisies parmi les plus brillantes, et rapportons leurs situations apparentes à quelques objets environnants, tels que des édifices, des arbres, etc., mais pris à différents endroits de notre horizon. En comparant de nouveau, au bout d'un instant, ces étoiles avec leurs points de repère respectifs, nous remarquerons nécessairement qu'elles ont changé de place, et se sont avancées, comme par un m. général, dans une direction occidentale. Celles qui sont le plus rapprochées de l'Occident, ne tardent pas à se plonger au-dessous de l'horizon et à disparaître, tandis que, du côté de l'Orient, de nouvelles étoiles apparaissent les unes après les autres, comme si elles sortaient de la terre, et se joignant à la procession générale, prennent leur course avec les autres dans la direction du couchant. Par une étude un peu plus attentive du phénomène, nous observerons que chaque étoile paraît décrire une circonférence dans le ciel, mais que ces circonférences ne sont pas de la même grandeur pour toutes les étoiles, et que les cercles décrits par différentes étoiles diffèrent beaucoup relativement à celles de leurs parties qui sont au-dessus de l'horizon. Quelques-unes, qui sont situées du côté du sud, ne restent que peu de temps au-dessus de l'horizon, et disparaissent après avoir seulement décrit à notre vue le petit arc supérieur de leur cercle diurne; d'autres, qui se lèvent entre le sud et l'est, décrivent de plus grands segments de leurs cercles au-dessus de l'horizon, restent proportionnellement plus longtemps exposées à nos regards, et se couchent précisément aussi loin du sud du côté de l'Occident, qu'elles se sont levées loin de ce même sud du côté de l'Orient; tandis que celles qui se lèvent exactement à l'Orient restent visibles pendant douze heures, décrivent une demi-circonférence entière, et se couchent exactement au point cardinal de l'Occident. Celles qui se lèvent entre les deux points cardinaux est et nord, obéissent à la même loi, au moins en ce qui concerne la durée de leur séjour au-dessus de l'horizon et l'étendue du segment visible de leurs cercles diurnes. Le temps et l'arc visible vont en croissant; les étoiles restent au-dessus de l'horizon plus de douze heures, et leurs arcs diurnes visibles sont plus grands qu'une demi-circonférence. Mais les grandeurs des circonférences elles-mêmes diminuent à mesure que nous les observons de l'est au nord, les étoiles qui se lèvent exactement à l'est étant celles qui décrivent les cercles les plus grands. Enfin, si nous portons nos regards plus loin du côté du nord, nous remarquerons des étoiles qui, dans leur m. diurne, ne font que raser l'horizon au point nord, ou ne disparaissent qu'un instant au-dessous, tandis que d'autres restent constamment au-dessus, et décrivent, sous nos yeux, des circonférences entières autour d'un *point* appelé *Pôle*, qui semble être le centre commun de tous leurs mouvements, et qui seul, dans tout le ciel, peut être considéré comme immobile. Toutefois, ce point n'est marqué par aucune étoile; mais, non loin de là, c.-à-d., à une distance d'environ 1°20′ on aperçoit une étoile fort brillante, qui se reconnaît aisément par le très petit cercle qu'elle décrit, si petit, en effet, que sans une attention toute particulière et la précaution de rapporter sa place très délicatement à quelque marque fixe, on peut aisément la supposer en repos, et la prendre, par erreur, pour le centre commun autour duquel toutes les autres étoiles de cette région décrivent leurs circonférences. Cette étoile, à cause de sa proximité du pôle, a reçu le nom d'*Étoile polaire :* on l'appelle aussi simplement la *Polaire*.

Un fait des plus importants que l'on ne peut manquer de reconnaître, c'est que les situations apparentes relatives de toutes les étoiles entre elles ne sont point changées par le m. diurne. Dans quelque partie de leur circonférence, ou à quelque heure de la nuit qu'on les observe, les étoiles forment entre elles les mêmes groupes identiques et invariables. Il est vrai que, aux différents moments de leur course, ces groupes occupent des situations différentes par rapport à l'horizon. Ceux du côté du nord, par ex., lorsqu'ils passent alternativement au-dessus et au-dessous de ce centre commun de m. dont nous venons de parler, sont réellement renversés à l'égard de l'horizon, tandis que, d'autre part, ils tournent toujours les mêmes points du côté du pôle. Enfin, si nous avons la patience de consacrer une longue nuit d'hiver à l'étude du ciel, nous verrons que les groupes d'étoiles qui s'étaient couchés à l'occident dans les premiers moments de notre observation, se sont levés, c.-à-d. ont reparu de nouveau le matin à l'Orient, tandis que les étoiles que nous avions vues se lever à l'est ont achevé leur course et sont maintenant couchées à l'ouest. Ainsi donc, l'hémisphère qui, lorsque nous avons commencé à observer, était au-dessus de nos têtes, se trouve, le matin, au-dessous de nous, et celui qui était sous nos pieds se montre maintenant à nos regards. En un mot, nous remarquerons que toutes les étoiles visibles simultanément ou successivement dans le ciel, offrent l'apparence de milliers de luminaires qui diffèrent par leur éclat et la manière dont ils sont groupés ensemble, mais qui seraient invariablement attachés à la surface concave d'une sphère creuse, laquelle a la terre ou plutôt le spectateur pour centre, et tourne autour d'un axe incliné à l'horizon de manière à passer par le point fixe ou pôle dont il a été question tout à l'heure. Cet axe de rotation rencontre du reste la sphère en un second point ou second pôle situé au-dessous de notre horizon. Le pôle visible dans nos climats se nomme le pôle *boréal*, l'autre le pôle austral.

Il y a toutefois une portion ou zone de cette sphère dont nous ne pouvons obtenir la vue. De même qu'il y a une zone, du côté du nord, voisine du pôle qui est au-dessus de notre horizon, dans laquel les étoiles *ne se couchent jamais*, de même il y a, au sud, une zone correspondante où les étoiles les plus méridionales, tout en décrivant leurs petits cercles autour du pôle austral, *ne se lèvent jamais* pour nous. Les étoiles qui sont sur la limite extrême de la circonférence de cette zone, ne font qu'effleurer le point méridional de notre horizon, et ne se montrent qu'un instant au-dessus. — Pour obtenir la vue de cette zone, il faut que nous nous avancions du côté du midi. Alors, une nouvelle série de phénomènes se déploie à nos yeux. A mesure que nous marchons vers le sud, quelques-uns de ces groupes d'étoiles qui, à notre première station, effleuraient simplement notre horizon, du côté du nord, descendront au-dessous et se coucheront. Le temps pendant lequel ils seront cachés à notre vue deviendra peu à peu plus considérable. Cependant ces étoiles n'en continueront pas moins à tourner autour du même point, c.-à-d. autour du pôle, en conservant invariablement entre elles les mêmes positions relatives. Ainsi, l'axe autour duquel s'opère le m. diurne paraîtra de moins en moins incliné à notre horizon. Le pôle sud s'élèvera dans la même proportion que le pôle nord se sera abaissé, et les groupes d'étoiles qui l'entourent s'offriront à nos regards, d'abord pendant quelques instants seulement; puis, à mesure que nous avancerons vers le midi, la durée de leur visibilité augmentera proportionnellement. Enfin, en continuant notre marche dans la direction du sud, nous atteindrons une ligne appelée *Équateur*, qui coupe la surface de la terre en deux parties égales. Arrivés là, si nous recommençons nos observations, nous trouverons que les deux pôles du m. diurne sont à notre horizon, et y occupent les deux points opposés, le pôle boréal ayant été abaissé, et le pôle austral exhaussé. Alors la rotation diurne du ciel paraîtra s'opérer autour d'un axe horizontal; chaque étoile décrira un demi-cercle au-dessus et un demi-cercle au-dessous de l'horizon; par conséquent, elle restera alternativement visible pendant douze heures, et cachée pendant douze heures également. Dans cette situation, *nulle* partie du ciel ne sera dérobée à notre vue *successive*. Dans une nuit de douze heures (en supposant qu'il puisse y avoir une pareille durée d'obscurité à l'équateur), toute la sphère céleste se sera offerte à nos regards. Si nous dépassons l'équateur, nous verrons le pôle sud s'élever d'autant plus au-dessus de notre horizon que nous avancerons davantage, tandis que celui du nord s'abaissera et disparaîtra d'une hauteur égale. Par conséquent, lorsque nous serons arrivés à une station aussi éloignée de l'équateur du côté du sud que celle d'où nous sommes partis l'était de ce même cercle du côté du nord, nous trouverons tous les phénomènes du ciel renversés. Les étoiles qui, à notre station primitive, décrivaient leurs circonférences entières au-dessus de notre horizon et ne se couchaient jamais, les décrivent maintenant tout à fait au-dessous, et restent constamment invisibles pour nous; et *vice versa*, les étoiles, qui, à notre première station, n'étaient jamais visibles pour nous, restent toujours au-dessus de notre horizon. — Enfin, si, partant de notre station primitive, au lieu de nous porter vers le midi nous marchons vers le nord, nous verrons le pôle septentrional du ciel s'élever de plus en plus au-dessus de notre horizon, et le pôle méridional s'abaisser de plus en plus au-dessous. Le cercle décrit par chaque étoile approchera davantage à être parallèle à l'horizon, de telle sorte que, si nous pouvions nous avancer suffisamment vers le nord, nous atteindrions évidemment un point situé *verticalement au-dessous* du pôle boréal du ciel, où nous ne verrions plus ni lever ni coucher d'étoiles, attendu que chacun de ces astres décrirait sur notre horizon un cercle qui lui serait parallèle. On a fait bien des tentatives pour arriver à ce point qui est appelé le *Pôle boréal de la terre;* mais, une barrière d'une difficulté presque insurmontable, résultant de la rigueur du climat, a jusqu'ici déjoué tous les efforts. Ce que nous disons du pôle boréal s'applique également au pôle austral de la terre, qui même est plus inabordable encore. Voy. CONSTELLATION, LATITUDE, TERRE.

**MOUVEMENTÉ, ÉE.** adj. [Pr. *mouve-manté*]. Qui offre une variété, une diversité comparée à une sorte de mouvement. *Terrain m. Scène mouvementée.* — *Séance mouvementée*, séance où il se produit beaucoup de mouvements d'opinion.

**MOUVEMENTER**. v. a. [Pr. *mouve-manter*] (R. *mouvement*). T. Techn. Se dit du lapidaire qui finit de polir une pierre, en arrêtant doucement la roue. = SE MOUVEMENTER Se donner du mouvement, un mouvement, en terme d'art. = MOUVEMENTÉ, ÉE. part.

**MOUVER**. v. a. (R. *mouvoir*). T. Jardinage. Remuer la terre d'un pot, d'une caisse, à la surface, y donner une espèce de labour. || T. Techn. Agiter, remuer un liquide ou un corps en fusion. — Arracher avec un couteau le sucre qui tient aux parois de la forme. || T. Mar. *M. du fond*, se dit d'une rivière dans laquelle l'eau du fond coule plus vite qu'à l'ordinaire. = MOUVÉ, ÉE. part.

**MOUVERON**. s. m. (R. *mouver*). T. Techn. Spatule de bois avec laquelle on agite le sirop. — Spatule pour brasser le sang de bœuf. — Instrument de fer pour brasser la chaux éteinte.

**MOUVET**. s m. **MOUVETTE**. s. f. [Pr. *mou-vè*, *mou-vète*] (R. *mouver*). Outil de bois qui sert à remuer certains liquides ou corps en fusion.

**MOUVOIR**. v. a. [Pr. *mou-vou-ar*] (lat. *movere*, m. s.). Remuer, mettre en mouvement, faire changer de place. *Cent hommes ne sauraient m. cette pierre. Ce ressort meut toute la machine.* || En parlant des facultés de l'âme, des choses morales, Exciter, donner l'impulsion, faire agir. *C'est la passion qui le meut. C'est à la persuasion de m. les volontés.*

Ces violents transports,
Qui d'un esprit divin font mouvoir les ressorts.
BOILEAU.

|| *M.* ou *Émouvoir une querelle*, La susciter, la faire naître. Peu usité. || T. Chancell. *A ces causes et autres considérations à ce nous mouvant*, c.-à-d. Nous portant, nous excitant. Vieux || T. Prat. *Pour suivre tous procès mus et à m.*, Tous procès présents et futurs. = SE MOUVOIR. v. pron. *Ce malade ne peut se m. Les planètes se meuvent dans des orbites elliptiques.* || *Faire m.*, Faire qu'une chose se meuve, entre en action. *Cette seule roue fait m. toute la machine. La volonté fait m. toutes nos facultés.* = MU, MUE. part.

**Conj**. — *Je meus, tu meus, il meut; nous mouvons, vous mouvez, ils meuvent. Je mouvais, nous mouvions. Je mus, nous mûmes. Je mouvrai, nous mouvrons. — Je mouvrais, nous mouvrions. — Meus; mouvons, mouvez, qu'ils meuvent. — Que je meuve; que nous mouvions. Que je musse; que nous mussions. — Mouvant. Mû, ue.* — Plusieurs de ces temps ne sont en usage que dans le style didactique.

**MOUVOIR**. s. m. [Pr. *mou-vou-ar*]. T. Techn. Ustensile servant à agiter, à remuer certains liquides.

**MOUY**, ch.-l. de c. (Oise), arr. de Clermont; 3,300 hab.

**MOUZAÏA**, montagne de l'Algérie (dans le petit Atlas).

**MOUZON**, ch -l. de c. (Ardennes), arr de Sedan ; 1,700 hab.

**MOXA**. s. m. [Pr. *mok-sa*] (R. Mot chinois désignant une sorte d'armoise dont la feuille sert à faire des mèches). T. Chir. Ce mot sert à désigner un corps facilement combustible qu'on fait brûler à la surface de la peau pour y produire une cautérisation lente et plus ou moins profonde. On le fait avec différentes matières, mais le plus ordinairement avec du coton cardé et trempé dans une solution de chlorate de potasse, dont on forme un petit cylindre et qu'on entoure d'une bandelette de toile pour qu'il ait une certaine consistance. Quelquefois on emploie à cet effet un tronçon de moelle de Soleil (*Helianthus annuus*) que l'on entoure d'une couche de coton légèrement nitré, et qu'on maintient avec une petite bande de toile cousue. Les Chinois et les Japonais font leurs *moxas* avec une sorte de tissu cotonneux qu'ils préparent avec les feuilles desséchées de l'*Artemisia chinensis*. Le m. se pose sur la partie qu'on veut cautériser : on le maintient en place avec de petites pinces, et, après l'avoir allumé, on souffle pour entretenir l'ignition, soit avec la bouche, soit avec un chalumeau recourbé ou avec un soufflet. Un linge mouillé, appliqué sur les parties environnantes, les préserve des étincelles. Cette application, peu sensible au début, finit par devenir très douloureuse et arrache même des cris aux malades. On panse l'eschare persistante avec du diachylon, et on peut à volonté, entretenir la suppuration ou favoriser la cicatrisation. Cette méthode thérapeutique a surtout été employée contre les tumeurs blanches, les névralgies, certaines paralysies, la pleurésie chronique. On n'a plus jamais recours aujourd'hui à l'application de moxas, on se sert de meilleurs procédés de révulsion.

**MOY**, ch.-l. de c. (Aisne), arr. de Saint-Quentin ; 1,000 hab.

**MOYAU**. s. m. [Pr. *mo-iô*]. Poutre qu'on met sur le marc pour le soumettre à l'action du pressoir.

**MOYE**. s. f. [Pr. *moi*] (lat. *media*, moitié). T. Maçon. Couche tendre qui se trouve dans la pierre et qui la fait déliter; surface tendre d'une pierre dure. || T. Agric. Petite meule de blé. Voy. MOISSON.

**MOYEN, ENNE**. adj. [Pr. *mo-iin, iène*] (lat. *medianus*, de *medium*, milieu). Qui tient le milieu entre deux extrémités. *Un arbre de moyenne grosseur. Une table de grandeur moyenne. Cet homme est de moyenne taille.*— *La moyenne région de l'air*, La région de l'air qui est entre la haute et la basse. — *Être de m. âge*, N'être ni jeune ni vieux. || *Auteurs de la moyenne latinité*, Ceux qui ont écrit depuis le temps de Sévère jusqu'à la décadence de l'empire. || Fam., *Femme de moyenne vertu*, Femme d'une réputation équivoque. || *M. âge*, La période de temps qui s'étend de la mort de Théodose en 395 à la prise de Constantinople par les Turcs en 1453. Voy. CHRONOLOGIE. || *Moyenne justice*, Voy. JUSTICE. || T. Astron. et Phys. Se dit de toutes les grandeurs qui tiennent le milieu entre les plus grandes et les plus petites valeurs dont un même objet est susceptible. *Mouvement m. Lieu m. Distance moyenne. Temps m.*, Voy. TEMPS. || T. Fin. *Cours m.*, moyenne entre les cours différents par lesquels une valeur de Bourse a passé dans un marché. || T. Météor. *Température moyenne*. Moyenne de la température observée aux différentes heures du jour, aux différents jours du mois. || T. Logiq. *M. terme*, Voy. SYLLOGISME. || T. Mathém. *Termes moyens*, ou substant., *Moyens*, Les deux termes du milieu dans une proportion. — Figur. et famil., *M. terme*, Parti moyen qu'on prend pour terminer une affaire embarrassante, pour concilier des prétentions opposées. — Subst., *Moyenne arithmétique*, ou simpl. *Moyenne* entre plusieurs nombres : le quotient de la somme de ces nombres par leurs nombres. 10 est la moyenne entre 5, 8 et 17 parce que 10 est égal au tiers de 5 + 8 + 17. — *Moyenne proportionnelle entre deux nombres*, la racine carrée de leur produit. 6 *est la moyenne proportionnelle entre 4 et* 9. Voy. PROPORTION. || T. Gramm. *Verbe m.*, *Voix moyenne* ou *réfléchie*. Voy. VERBE, CONJUGAISON. || *Écrire en m.*, Employer une écriture qui n'est ni grosse ni fine.

**MOYEN**. s. m. [Pr. *mo-iin*] (lat. *medianus*, de *medius*, milieu). Voie, expédient pour parvenir à une fin. *Bon m. Mauvais m. M. juste, légitime, facile, difficile, infaillible. Chercher, imaginer, employer un m. Proposer, suggérer un m. à quelqu'un. Parvenir par de mauvais moyens. C'est le m. de faire fortune. C'est un excellent m. pour réussir. Il n'a pas le m., il n'a pas les moyens de subsister. Je lui en ai facilité les moyens. Qui veut la fin veut les moyens. Il ne suffit pas que la fin soit bonne, il faut aussi que les moyens soient justes.* || Entremise, aide, assistance, secours. *Il a obtenu cet emploi par le m. d'un tel. Il s'est avancé par le m. de l'intrigue et de la flatterie.* || Pouvoir, faculté de faire une chose. *Faites cela pour lui, si vous en avez le m. Je ne puis lui rien donner, je n'en ai pas le m. — Il n'y a pas m. de faire cela, il n'y a pas m.*, La chose dont il s'agit ne se peut faire. On dit aussi, par manière d'interrogation, *Vous voulez que je fasse cela, et le m.? Quel m.? Le m. d'y réussir? Le m. que j'y parvienne?* || Au pluriel, signifie quelquefois Richesses, facultés pécuniaires. *Je ne connais pas ses moyens. Cette petite place ajoute à ses moyens. Contribuer chacun selon ses moyens.* || Se dit aussi des facultés naturelles, morales ou physiques. *Cet enfant a peu de moyens, n'a pas de moyens. Cet orateur ne sait pas ménager ses moyens. Cet acteur a de l'âme, mais il n'a pas de moyens physiques.* || T. Prat. Les raisons qu'on apporte pour établir les conclusions que l'on a prises. *Présenter, produire, déduire, faire valoir ses moyens de défense. Moyens de nullité. Voilà un bon m. de cassation.* || T. Finance, *Voies et* *moyens*, Les revenus de tout genre que l'État applique à ses dépenses. *Discuter le budget des voies et moyens.* = AU MOYEN DE. loc. prép. En conséquence de, avec, par. *Au m. du paiement qui lui a été fait, il promet de s'acquitter envers vous. Au m. de cette lettre, vous serez introduit près de lui.*

**Syn.** — *Voie.* — *Voie*, de *via*, est le chemin, la route; *m.*, de *medium*, est ce qui est au milieu, ce qui sert d'intermédiaire. On suit la *voie*, on emploie les *moyens*. La *voie* est une carrière à parcourir par une suite d'actions. Le *m.* est la force, la puissance mise en œuvre pour faire une action. La *voie* est bonne, juste, sage; le *m.* est puissant, efficace, sûr. Il y a différentes *voies* pour parvenir; le *m.* le plus sûr, quelque *voie* que l'on prenne, est une volonté ferme et inébranlable.

**MOYEN-ÂGEUX, EUSE.** [Pr. *mo-iè-najeu*]. Adj. Relatif au moyen âge. Ne se dit qu'en mauvaise part.

**MOYEN-ÂGISTE.** s. m. [Pr. *mo-iè-najiste*]. Amateur du moyen âge; celui qui s'occupe d'études sur le moyen âge.

**MOYEN-DUC.** s. m. [Pr. *mo-i-in*]. T. Ornith. Un des noms du Hibou. Voy. CHOUETTE.

**MOYENNANT.** prépos. [Pr. *mo-iè-nan*]. Au moyen de... *Il a acheté cette maison m. telle somme. Je lui remettrai tant, m. quoi nous nous serons quittes.*

**MOYENNEMENT.** adv. [Pr. *mo-iè-ne-man*]. Médiocrement. *Est-il riche? M. Cela est m. bien dit.* Vieux. || Anc. avec modération.

**MOYENNER.** v. a. [Pr. *mo-iè-ner*] (R. *moyen*). Procurer quelque chose par son entremise. *M. un accommodement, une réconciliation.* Fam. et vieux. || *Il n'y a pas moyen de m.*, il n'y a aucun moyen à employer. Fam. = MOYENNÉ, ÉE, part.

**MOYENNEVILLE**, ch.-l. de c. (Somme), arr. d'Abbeville; 1,000 hab.

**MOYER.** v. a. [Pr. *mo-ier*] (lat. *mediare*, m. s.). Scier une pierre de taille en deux.

**MOYETTE.** s. f. [Pr. *mo-iè-te*] (Dimin. de *moye*). T. Agric. Petite meule. Voy. MOISSON.

**MOYEU.** s. m. [Pr. *moi-ieu*] (lat. *modiolus*, boisseau, et moyeu, par assimilation de forme). Pièce du milieu de la roue d'une voiture dans laquelle sont assemblés les rais. Voy. ROUE. = T. Tech. Pièce centrale d'une portée, un volant, etc. || Le jaune d'un œuf. Vx || Espèce de prune confite.

**MOYSE.** s. m. [Pr. *mo-ïse*] (R. *Moyse*, ou Moïse, n. du législateur des Hébreux, déposé sur le Nil dans une corbeille d'osier). Petit berceau facile à déplacer.

**MOZAMBIQUE**, établissement portugais sur la côte E. de l'Afrique, en face de Madagascar. cap. *Mozambique*; pop. : 350,000 hab. = *Canal de Mozambique*, canal entre l'Afrique et Madagascar.

**MOZARABE.** s. m. (arab. *arabi mustaraba*, les Arabes étrangers). Nom qu'on donne aux chrétiens d'Espagne issus des Maures. = MOZARABE et MOZARABIQUE. adj. 2 g. Ne se dit que des choses relatives au culte des Mozarabes. *Liturgie m. Rit m. Missel m.*

**MOZART**, illustre compositeur de musique, né à Salzbourg (1756-1791), auteur de sonates, de trios, de quatuors, de quintettes, de symphonies et d'opéras, dont les plus célèbres sont les *Noces de Figaro* (1786), *Don Juan* (1787) et la *Flûte enchantée* (1790). Il naquit, pour ainsi dire, musicien, était violoniste habile à cinq ans et compositeur à six ans. Son dernier ouvrage est un *Requiem*.

**MOZETTE.** s. f. Voy. MOSETTE.

**MQINVARI.** Voy. KASBEK.

**MU, UE.** part. passé du v. *Mouvoir*.

**MUABLE.** adj. 2 g. (lat. *mutabilis*, m. s.). Inconstant, sujet au changement. *Le vent est très m. aujourd'hui. La volonté est m. Tout est m. en ce monde.* Peu usité.

**MUABILITÉ.** s. f. Qualité de ce qui est muable.

**MUABLEMENT.** adv. [Pr. *muable-man*]. D'une manière muable.

**MUANCE.** s. f. Action de muer. || T. Mus. Changement d'une note en une autre. Voy. ci-après. || Altération que subit la voix à l'époque de la puberté. Voy. MUE.

**Mus.** — Lorsqu'on n'employait que les six syllabes *ut, ré, mi, fa, sol, la*, pour exprimer les sept tons de la gamme, on donnait le nom de *Muances* aux diverses manières d'appliquer ces syllabes aux notes, selon les diverses positions des deux demi-tons de la gamme. Les musiciens, dans ces changements, appelaient *mi fa*, en montant, les deux notes entre lesquelles il y a un demi-ton, et *fa la*, en descendant, les notes qui forment le même intervalle lorsque le mouvement descendant se prolonge. Mais lorsque, au XVII^e siècle, on adopta la syllabe *si* pour désigner le septième ton de l'échelle, les muances, devenues désormais sans utilité, disparurent de la musique.

**MUANT.** s. m. Bassin qui fait partie d'un marais salant.

**MUCATE.** s. m. T. Chim. Nom générique des sels et des éthers de l'acide mucique.

**MUCÉDINE.** s. f. (lat. *mucedo*, moisissure). T. Chim. Voy. GLUTEN.

**MUCÉDINÉES.** s. f. pl. (lat. *mucedo*, moisissure). T. Bot. Nom sous lequel on groupait autrefois tous les Champignons qui présentaient extérieurement l'aspect des Moisissures. Ils sont aujourd'hui répartis dans des groupes très divers.

**MUCHE-POT** (À). Voy. MUSSER.

**MUCILAGE.** s. m. (lat. *mucilago*, m. s., de *mucus*, morve). T. Chim. et Bot. On appelle ainsi le liquide épais et visqueux formé par la solution ou la division d'une gomme dans l'eau. Les *Mucilages* participent des propriétés émollientes et relâchantes des substances qui servent à les former. — On désigne encore sous le nom de *Mucilages* des substances végétales qui proviennent en général de la transformation des principes fondamentaux de la membrane cellulaire. Ce sont toujours des produits complexes sur lesquels les données de la chimie sont assez vagues et contradictoires. Traités par les acides étendus, ils se changent en gommes solubles et en glucose ou en galactose. En les oxydant par l'acide azotique, ils donnent une épaisse gelée que l'on peut acidifier faiblement, purifier de ses sels solubles par dialyse, et précipiter enfin à l'état de mucilages purs par l'alcool. On les rencontre dans une foule de produits végétaux : Salep, divers organes des Malvacées et des Borraginées, graines de Lin, de Coings, de Plantains, de Crucifères, de Fenu-grec, Caragaën, etc.

**MUCILAGINEUX, EUSE.** adj. [Pr. *musilaji-neu, euze*]. Qui contient du mucilage. *Racine mucilagineuse.* || Qui est de la nature du mucilage. *Suc m.*

**MUCINE.** s. f. (lat. *mucus*, morve, mucosité). T. Chim. Substance protéique qui se forme dans les glandes muqueuses et donne au mucus une consistance visqueuse. La m. est un des principaux constituants du tissu conjonctif. Elle est sécrétée en grande abondance par certains invertébrés tels que les limaces, les escargots, les holothuries. Elle s'accumule dans les kystes muqueux. On la rencontre aussi en assez grande quantité dans les glandes sous-maxillaires, dans la vésicule biliaire, dans l'humeur vitrée de l'œil. Pour l'extraire des liquides où elle est contenue, on la précipite par l'acide acétique; on la redissout dans de l'eau de chaux, et on la précipite de nouveau par l'acide acétique. On l'obtient ainsi sous la forme d'une masse translucide, incolore, très filante. Elle se gonfle dans l'eau sans s'y dissoudre, mais elle est soluble dans l'eau de chaux et dans les alcalis. Ses solutions sont précipitées par les acides et par un assez grand nombre de sels métalliques; elles ne se coagulent pas par l'ébullition, mais l'alcool y produit un coagulum qui est soluble dans l'eau. Mise en ébullition avec l'acide sulfurique concentré, la m. se décompose en donnant de la leucine et de la tyrosine.

Avec l'acide sulfurique étendu elle se dédouble en albumine et en une matière sucrée réductrice.

La *Pseudomucine*, qu'on appelle aussi *Mucoïde*, se rencontre dans les kystes de l'ovaire et ressemble beaucoup à la m.

**MUCIPARE.** adj. 2 g. (lat. *mucus*, morve, et *parere*, engendrer). T. Anat. *Glandes mucipares*, Qui sécrètent du mucus.

**MUCIQUE.** adj. 2 g. [Pr. *mu-sik*] (lat. *mucus*, morve, mucosité). T. Chim. *L'acide m.* est un acide bibasique qui se forme par l'oxydation de la lactose, de la galactose, de la dulcite, de la gomme arabique et de la gomme adragante. On le prépare en oxydant le sucre de lait à l'aide de l'acide azotique étendu. L'acide m. est cristallisable, peu soluble dans l'eau froide, assez soluble dans l'eau bouillante, insoluble dans l'alcool. Il fond vers 213°. Il possède quatre fonctions alcool et répond à la formule $CO^2H(CHOH)^4CO^2H$ ; il peut donc former deux sortes d'éthers suivant qu'il fonctionne comme acide ou comme alcool. Chauffé avec l'acide bromhydrique concentré, il donne de l'acide déhydromucique. Mis en ébullition avec l'eau, il se convertit en un isomère cristallisable, l'acide *paramucique*, plus soluble dans l'eau. On obtient un autre isomère, l'acide *allomucique*, lorsqu'on chauffe l'acide m. avec de l'eau et de la pyridine. La réduction de l'acide m. par le phosphore et l'acide iodhydrique en présence de l'eau donne de l'acide adipique.

**MUCIUS SCÆVOLA**, héros romain, surnommé *Scævola*, c.-à-d. le *gaucher*, parce qu'il se brûla lui-même la main droite pour se punir d'avoir tué le secrétaire du roi des Étrusques, Porsenna, en croyant tuer ce roi qui assiégeait Rome (508 av. J.-C.).

**MUCONIQUE.** adj. 2 g. (lat. *mucus*, morve, mucosité). T. Chim. *L'acide m.* $C^6H^6O^4$, à la fois anhydride et acide monobasique, se forme par l'action de l'oxyde d'argent sur une solution chaude d'acide adipique dibromé. Il cristallise en gros prismes monocliniques, très solubes dans l'eau, fusibles au-dessus de 100°.

On donne le même nom à un acide bibasique, qui est un isomère du précédent et qu'on obtient en traitant l'acide adipique dibromé par la potasse alcoolique. — Son dérivé dichloré, l'*acide chloromuconique* $C^6H^4Cl^2O^4$, se prépare en traitant l'acide mucique ou l'acide saccharique par le perchlorure de phosphore, puis par l'eau. Il cristallise en longues aiguilles solubles dans l'eau bouillante. L'amalgame de sodium le transforme à froid en *acide hydromuconique* $C^6H^8O^4$, cristallisable, fusible à 195° ; en opérant à chaud on obtient de l'acide adipique.

**MUCO-PUS.** [Pr. *muko-pu*]. Mélange de pus et de mucus. Voy. Mucus et Pus.

**MUCOR.** s. m. (lat. *mucus*, morve, mucosité]. Genre de Champignons de la famille des *Mucorinées*. Voy. ce mot.

**MUCORÉES.** s. f. pl. (R. *mucor*). T. Bot. Tribu de Champignons de la famille des *Mucorinées*. Voy. ce mot.

**MUCORINÉES.** s. f. pl. (R. *mucor*), T. Bot. Famille de Champignons de l'ordre des Oomycètes.

*Caract. bot.* : Les M. vivent le plus souvent dans les matières organiques en décomposition : fruits, excréments, pain, etc. ; ce sont, comme on dit, des *moisissures*, et plusieurs d'entre elles sont des plus communes (*Mucor mucedo*, *Rhizopus nigricans*, etc.) ; quelques-unes vivent en parasites sur d'autres M. ou sur des Champignons de grande taille, tels que les Agarics. Le thalle des M. est constitué par un filament non cloisonné, qui se ramifie un grand nombre de fois, soit suivant le mode penné, soit en dichotomie. Toutes les branches du thalle peuvent être semblables, mais souvent les branches principales portent çà et là, sur leurs flancs et de chaque côté, des rameaux courts, divisés en un pinceau de petits rameaux, qui sont des organes d'absorption et de fixation du thalle. Tantôt le thalle se développe dans l'air à la surface des substances dans lequel il enfonce seulement des rameaux absorbants ; tantôt il se développe tout entier à l'intérieur du milieu nutritif, ne poussant dans l'air que ses branches sporifères. Si l'on fait végéter ces champignons dans un milieu complètement dépourvu d'oxygène, les uns ne tardent pas à périr, tandis que les autres continuent à végéter, mais leur thalle subit une déformation remarquable. Les nouveaux rameaux se cloisonnent, les articles ainsi formés s'arrondissent et forment des sortes de chapelets qui se dissocient très facilement ; après leur séparation, ces articles végètent par bourgeonnement comme dans la Levure de bière En même temps si le milieu nutritif renferme de la glucose, de la lévulose ou du sucre interverti, le champignon les décompose comme le ferait la Levure de bière et devient ainsi un ferment alcoolique ; en présence du sucre de Canne, il ne se produit pas de fermentation, car le champignon ne produit pas d'invertine.

Quand le thalle a acquis une certaine vigueur et qu'il est suffisamment aéré, il produit des spores, destinées à multiplier la plante, et contenues dans un sporange. Pour produire celui-ci, une branche différenciée du thalle se dresse dans l'air perpendiculairement au support et se renfle à l'extrémité ; ce

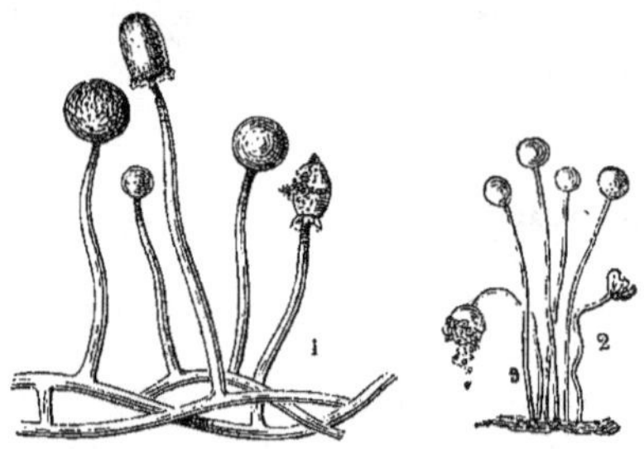

Fig. 1.

renflement se sépare ensuite par une cloison et le sporange est constitué à l'extrémité d'un pédicelle plus ou moins long (Fig. 1. — 1 et 2). Plus tard il se cloisonne en autant de petites cellules qu'il contient de noyaux, et chaque cellule devient une spore. [Fig. 1. — 1. Sporanges de *Mucor mucedo*; 2. Sporanges de *Mucor caninus*. — Fig. 2. Formation de l'œuf dans le *Mucor mucedo*.].

Le pédicelle du sporange peut être fort long (15 à 30 centimètres) ou au contraire rester très court. Il peut être simple (Fig. 1. — 1 et 2) ou ramifié : en grappe, en épi, en cyme sympodique, en ombelle pédicellée ou sessile, en capitule, en

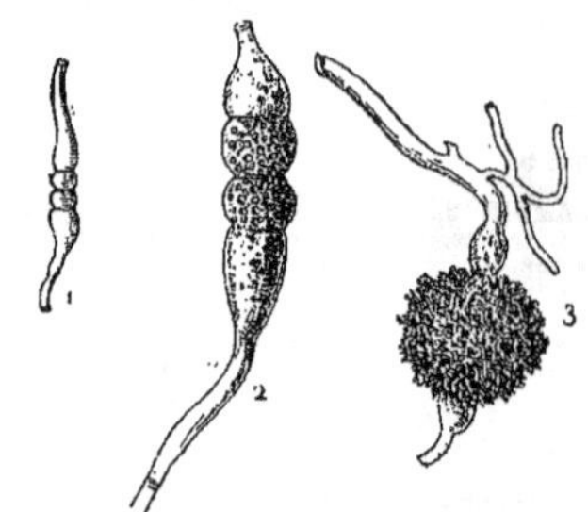

Fig. 2.

dichotomie répétée. Le sporange est souvent sphérique, parfois allongé en massue ou en étroit cylindre. Dans les deux premiers cas, il contient généralement un grand nombre de spores ; dans le troisième cas, il ne contient qu'une rangée de spores qui se suivent en chapelet. Quant à la cloison qui sépare le sporange du pédicelle, elle peut être plane ou relevée plus ou moins fortement vers le haut, en formant une columelle à l'intérieur du sporange. La déhiscence du sporange s'opère, suivant les espèces, d'une façon un peu différente. Le plus souvent la membrane cellulosique se transforme dans toute son étendue en une substance soluble ; une simple goutte d'eau est alors suffisante pour dissoudre complètement la membrane et mettre les spores à nu. Ailleurs, elle se cutinise et se colore dans toute la moitié supérieure du sporange ne devenant soluble que dans sa portion inférieure, où la déhiscence s'opère circulairement comme il vient d'être dit (*Pilobolus*, *Pilaira*). Enfin, dans quelques cas, le sporange est indéhiscent ; les spores sont mises en liberté par destruction lente du sporange tombé sur le sol.

Quand le champignon manque d'oxygène, qu'il se dessèche ou qu'il est soumis à une basse température, il forme des œufs. A cet effet, deux rameaux se mettent en contact par leurs extrémités. A l'extrémité de chacun d'eux, il se forme une cloison qui sépare ainsi une cellule (Fig. 2. — 1) ; puis les deux cellules ainsi constituées se fusionnent en une seule, qui n'est autre chose que l'œuf (Fig. 2. — 2).

Le plus souvent les deux cellules qui se fusionnent sont de même grandeur ; mais quelquefois l'une est plus petite que l'autre. Ordinairement elles sont discoïdes et l'œuf a la forme d'un tonneau ; quand elles sont bien plus longues que larges, si les rameaux conjugués sont courbés en tenaille, l'œuf est arqué en V ; s'ils sont juxtaposés, il prend la forme d'un U. L'œuf se développe aussitôt sur la plante mère en un embryon non cloisonné, nommé *Zygospore* (Fig. 2. — 3). Pendant ce développement, les deux rameaux qui portent l'œuf se bornent le plus souvent à suivre sa croissance en se renflant de plus en plus ; mais parfois, il s'y fait des ramuscules à membrane cutinisée et colorée qui enveloppent et protègent l'embryon. A la germination, la membrane externe de la zygospore se déchire et le protoplasma enveloppé par la fine membrane interne, s'allonge en tube au dehors. Si la zygospore se trouve dans l'air humide, le tube se dresse aussitôt et se termine par un sporange, dont les spores en se disséminant produisent autant de nouveaux thalles. Si elle est plongée dans un milieu nutritif, le tube se nourrit aussitôt, se ramifie et se développe directement en un thalle unique.

Les principaux genres de la famille des M. peuvent être groupés en quatre tribus :

Tribu I. — ***Pilobolées.*** — Une columelle, pas de conidies ; membrane du sporange cutinisée, excepté suivant un anneau à la base où elle est diffluente (***Pilobolus***, ***Pilaira***).

Tribu II. — ***Mucorées.*** — Une columelle, pas de conidies ; membrane du sporange totalement diffluente (***Mucor***, ***Phycomyces***, ***Sporodinia***, ***Rhizopus***, ***Absidia***, ***Circinella***, ***Thamnidium***, etc.).

Tribu III. — ***Mortiérellées.*** — Pas de columelle, des conidies ; sporanges sphériques, isolés (*Mortierella*, *Choanephora*).

Tribu IV. — ***Syncéphalées.*** — Pas de columelle, des conidies ; sporanges cylindriques, groupés en capitules (*Piptocephalis*, *Syncephalis*, etc.).

**MUCOSITÉ.** s. [Pr. *muko-zité*] (lat. *mucosus*, muqueux, de *mucus*, morve). Se dit des fluides qui offrent l'aspect et qui tiennent de la nature du mucus, ou qui en sont en grande partie formés. *M. des narines. Il a rendu beaucoup de mucosités.* || En par. des plantes, se dit impropr. pour Mucilage. *Cette plante abonde en m.*

**MUCRONÉ, ÉE.** adj. (lat. *mucro*, pointe aiguë). T. Bot. Se dit des feuilles et de toute autre partie terminée par une petite pointe aiguë, raide et droite.

**MUCRONULE.** s. f. (Dimin. du lat. *mucro*, pointe). T. Bot. Petite pointe.

**MUCUNA.** s. m. T. Bot. Genre de plantes Dicotylédones de la famille des *Légumineuses*, tribu des *Papilionacées*. Voy. Légumineuses.

**MUCUS.** s. m. [Pr. *mu-kuss*] (lat. *mucus*, morve, de *mungere*, moucher). T. Physiol. Mot latin naturalisé dans notre langue, qui est devenu le nom commun de toutes les sécrétions provenant de la surface des membranes muqueuses et des glandes ouvertes à cette surface, tant que le produit de ces dernières n'a pas de caractères spéciaux qui lui méritent un nom particulier. Voy. Muqueuse (*membrane*).

**MUDAR.** s. m. T. Pharm. Nom par lequel on désigne le *Calotropis procera*, arbre de la famille des *Asclépiadées*. Voy. ce mot.

**MUDER.** v. a. (R. *muer*). T. Mar. Faire passer la vergue ou l'antenne d'une voile d'un côté à l'autre du mat.

**MUE.** s. f. (R. *muer*). Changement de poil, de plumes, de peau, de cornes, etc., qui arrive aux animaux, ou tous les ans, ou à certaines époques de leur vie. — *M. de la voix*, changement dans le timbre de la voix. Voy. Voix. || Le temps où s'opère ce changement. *Voici la m. La m. est passée.* || La dépouille d'un animal qui a mué, *M. de cerf*, Le bois que le cerf a mis bas ; *M. de serpent*, La peau que le serpent a quittée. || Grande cage où l'on mettait les oiseaux de fauconnerie quand ils muaient. *Il faut tenir ce faucon dans la m.* — Par ext., Lieu étroit et obscur et par extens. panier à claire-voie en forme de cloche, où l'on tient la volaille pour l'engraisser. *Mettre des chapons en m.*

**Zool.** — La *Mue* est un phénomène physiologique qui se manifeste chez tous les animaux, car elle tient au renouvellement successif de l'organisme ; mais, chez les uns, elle se fait presque insensiblement, tandis que, chez les autres, elle se produit d'une manière fort apparente à certaines époques. Chez certains animaux, on observe deux sortes de mues, l'une qui s'effectue au passage d'un âge à un autre, et l'autre qui se produit au passage d'une saison à une autre. Chez l'homme, les surfaces interne et externe du corps se renouvellent d'une façon lente et continue et par cela même, la m. ne frappe pas directement nos sens. Les cellules les plus superficielles de l'épiderme meurent, se dissocient et sont enlevées par les frottements extérieurs que le corps subit ; ces cellules sont remplacées constamment par des cellules plus jeunes venues de la profondeur. Voy. Histogénie.

Il en est de même pour toutes les cellules épithéliales qui tapissent les surfaces internes de notre corps. Dans l'intestin, par exemple, les cellules qui ont servi à l'absorption des aliments digérés tombent, après chaque digestion, et sont rejetées avec les fèces.

Chez les *Mammifères* domestiques, les changements que détermine la m. sont souvent soustraits à l'influence des saisons ; la mue se fait alors à des époques irrégulières. Quant aux animaux sauvages, la m. a lieu chez eux périodiquement. En ce qui touche les Mammifères, les changements qui se lient aux changements de saisons sont surtout remarquables dans les pays froids. En général, le poil devient plus épais et plus long à l'approche de la saison froide ; mais cet excès de vêtement disparaît quand vient la belle saison. C'est ainsi, par ex., que le Cheval de Norvège a le poil ras et lisse en été, tandis qu'en hiver il porte au contraire un poil long et frisé. Les couleurs de la robe varient même chez quelques espèces : nous citerons comme exemples, l'Hermine et le Lièvre variable, qui blanchissent pendant la saison froide. Les changements qui s'effectuent au passage d'un âge à l'autre déterminent souvent de grandes différences entre les jeunes et les adultes dans la même espèce : on appelle *livrée* (Voy. ce mot) la robe transitoire des jeunes animaux qui n'ont pas encore acquis leur coloration définitive.

Tous les *Oiseaux* muent régulièrement en automne, les uns plus tôt, les autres plus tard. Chez un grand nombre, il y a une double m. Dans certaines espèces, où le mâle a un plumage plus brillant que sa femelle, il prend en hiver le plumage modeste de celle-ci. Quelques autres, dans la saison des amours, se revêtent d'ornements extraordinaires, qui tombent même avant la m. d'octobre. En outre, les jeunes diffèrent habituellement de leurs parents. Lorsque le mâle et la femelle ont un plumage semblable, les petits présentent, en général, une coloration différente ; lorsque le mâle diffère de la femelle, ils ressemblent, avant leur première m., à cette dernière. A certaines époques de l'année, les *Serpents* se dépouillent de leur ancienne peau et prennent une robe nouvelle. Dans certaines circonstances, les écailles des *Poissons* tombent et se renouvellent. Les *Crustacés* et les *Arachnides* changent de peau comme les Serpents. Chez les *Insectes*, la m. n'a lieu que dans le premier âge : c'est particulièrement à l'état de larve qu'on l'observe. Ainsi, par ex., la plupart des Chenilles renouvellent leur peau trois ou quatre fois ; mais il en est qui changent huit ou neuf fois avant leur transformation en chrysalide. La m. n'arrive presque jamais sans quelque trouble dans les fonctions, et l'animal qui la subit éprouve ordinairement un malaise plus ou moins grave. Les Oiseaux cessent de chanter et parfois perdent la vie. Plusieurs Crustacés périssent de même dans la durée de l'opération, par suite des violents efforts qu'ils ont faits pour se débarrasser de leur vieux tégument.

**MUELENAERE.** Homme d'État belge (1794-1862).

**MUER.** v. n. (lat. *mutare*, changer). En parl. des animaux, Changer de poil, de plumes, de peau, etc. *Ce chien commence à m. Cet oiseau mue. C'est ordinairement vers* *la fin de l'été et de l'automne que les oiseaux muent.* || Se dit aussi de la voix des jeunes gens lorsqu'elle change et devient plus grave. *Sa voix commence à m.* = Mué, ée, adj. Qui a mué. *Oiseau mué. Voix muée.* || Conjug. Voy. Puer.

**MUET, UETTE.** adj. [Pr. *mu-è, ète*] (lat. *mutus*, m. s.). Qui est privé de l'usage de la parole, naturellement ou par accident. *Les sourds de naissance sont muets. Il est sourd et m.* — Par extens., Qui est dépourvu de la faculté d'émettre aucune espèce de son. *Les poissons sont généralement muets* — Famil., on dit d'une personne qui parle hardiment ou qui parle beaucoup, *Elle n'est pas muette.* || Se dit des personnes qu'une vive émotion morale empêche momentanément de parler *Il reste muet d'étonnement. La frayeur le rendit m.* On dit de même, *Sa bouche resta muette* || En parl. des choses morales, Qui se tait. *Les grandes joies sont muettes aussi bien que les grandes douleurs. La loi est muette sur ce point.* || Se dit encore des choses inanimées qui ont un genre d'expression, de signification. *La peinture est un langage m. La loi est un juge m.*

J'entendrai des regards que vous croirez muets.
Racine.

|| Au théâtre, *Jeu m.*, La partie du jeu d'un acteur, par laquelle il exprime, sans parler, les sentiments dont il doit paraître affecté. *Scène muette*, Action d'un ou de plusieurs personnages qui ne parlent pas, mais qui expriment leurs sentiments par le geste, le maintien, l'air du visage, etc. || T. Gramm. *Lettres muettes*, Lettres qui ne se prononcent pas. *E m.*, *H muette*, Voy. E et H. || T. Vitic. *Vin m.* moût préparé de manière à ne pas fermenter. = A la muette, loc. adv., sans se faire entendre, sans bruit. = Muet, ette. s. m. Qui est atteint de mutisme. *Un m. Une muette. L'institution des sourds et muets, des sourds-muets. Il a fait le m.* || Dans l'empire ottoman, gens attachés au service des sultans, et qui, sans être privés de l'usage de la parole, ne s'expriment jamais que par signes. *Le sultan lui envoya des muets qui l'étranglèrent.* — Voy. Sourd-muet.

**MUETTE.** s. f. [Pr. *muè-te*] (R. *mue*). Petite maison bâtie, soit pour y garder les mues des cerfs, soit pour y mettre des oiseaux de fauconnerie au temps de la mue. || Se dit aussi de Pavillons et même d'édifices considérables servant de rendez-vous de chasse. *La m. du bois de Boulogne.*

**MUETTEMENT.** adv. [Pr. *muè-teman*]. D'une façon muette.

**MUEZIN** ou **MUEZZIN.** s. m. Sorte d'officier attaché aux mosquées, dont l'emploi principal est d'annoncer à haute voix, du balcon des minarets, l'heure de la prière.

**MUFFINS.** s. m. pl. [Pr. *mu-fin*] (Mot angl.) Petits pains moulés, faits avec une pâte de brioche légère.

**MUFLE.** s. m. (allem. *muffel*, m. s.). Partie nue et recouverte d'une membrane muqueuse qui termine le museau de certains mammifères, particulièrement des Ruminants et de certains Rongeurs et Carnassiers. *M. de taureau, de cerf, de buffle. M. de lion, de tigre.* — Popul. et en manière d'injure, on dit du visage de quelqu'un, *Voyez le beau m. Vilain m.!* || Ornement sculpté représentant un mufle d'animal. || Partie d'un soufflet sur laquelle est fixée la buse. || T. Bot. *M.-de-veau*, Syn. de *Muflier.*

**MUFLIER.** s. m. (R. *mufle*, par assimilation de forme). T. Bot. Genre de plantes Dicotylédones (*Antirrhinum*) de la famille des *Scrofulariacées*. Voy. ce mot.

**MUFLIÈRE.** s. f. (R. *mufle*). Garniture de toile destinée à empêcher les veaux et les vaches de téter les autres vaches.

**MUFTI.** (mot ar. sign. qui donne une réponse décisive). Chef de la religion mahométane qui juge sommairement les questions relatives au dogme et à la discipline. Voy. Mahométisme.

**MUGE.** s. m. (lat. *mugil*, gr. μύξος, poisson à peau visqueuse; du même radical que *mucus*). T. Ichth. Genre de *Poissons osseux*. Voy. Mugiloïdes. || *M. volant*, Nom vulgaire de l'Exocet. Voy. Ésoces.

**MUGILOÏDES** ou **MUGILIDÉS.** s. m. pl. (lat. *Mugil*, mulet, l'un des poissons de la famille; gr. εἶδος, aspect). T. Ichth. — La famille des *Mugiloïdes* est la onzième de l'ordre des Acanthoptérygiens. Les Poissons qui la composent présentent les caractères suivants : Corps allongé, presque cylindrique, couvert de grandes écailles; deux nageoires dorsales, courtes et séparées, dont la première a quatre épines fortes et pointues; lèvres charnues et crénelées; dents tellement fines, qu'elles sont à peine perceptibles, quelquefois même elles manquent tout à fait. Le genre le plus important de la famille est le genre *Muge* ou *Mulet* (*Mugil*) qui lui donne son nom : il renferme plus de 50 espèces. L'espèce la plus remarquable parmi celles qui habitent nos mers est le *M. céphale* (*M. cephalus*) [Fig. 1], vulg. appelé *Cabot* dans quelques-unes de nos provinces maritimes. C'est une des plus grandes espèces de Muges, car il atteint jusqu'à 70 centimètres et pèse jusqu'à 8 et 9 kilogrammes. Il se distingue, en outre, des autres espèces européennes par ses yeux à demi couverts de deux voiles adipeux. Il est gris plombé sur le dos, plus clair sur les flancs, qui sont marqués de 6 ou 7 lignes longitudi-

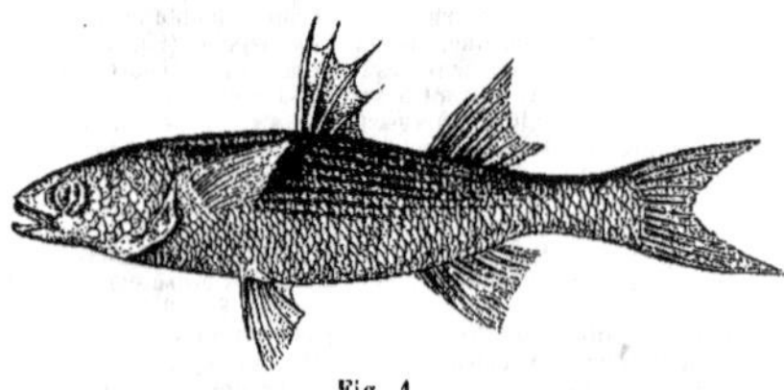

Fig. 1.

nales grises à reflets un peu dorés; le ventre et les parties inférieures sont d'un blanc argenté mat. Nous nommerons encore le *M. Capiton*, ou *Ramado* de Nice (*M. capito*), le *M. à grosses lèvres* (*M. chelo*), le *M. labéon* (*M. labeo*), le *M. doré* (*M. auratus*), qui sont communs sur nos côtes. Tous ces Poissons sont estimés pour la délicatesse de leur chair, et on leur fait une pêche fort active, surtout au commencement de l'été, où ils remontent à l'embouchure des fleuves. Ils sont parfois en si grand nombre, qu'ils couvrent toute la surface de l'eau, au-dessus de laquelle ils font de grands sauts. La chair des Muges, séchée ou salée, peut se conserver plusieurs mois. Enfin, leurs œufs comprimés, salés et séchés, donnent une espèce de caviar qui est fort recherchée

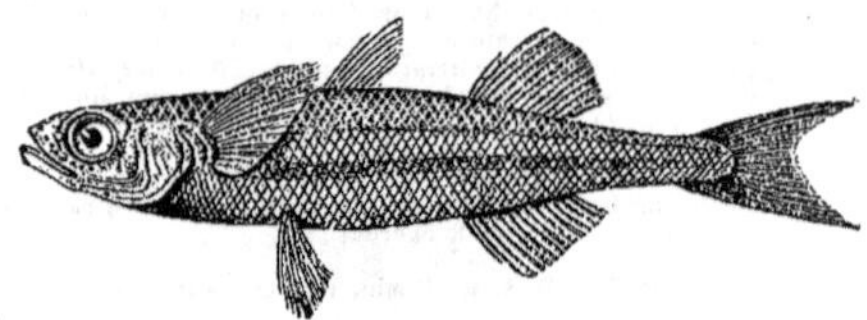

Fig. 2.

en Provence, en Corse et en Italie, sous le nom de *Boutargue*. Le genre *Tétragonure* (*Tatragonurus*) ne renferme qu'une seule espèce, qui habite la Méditerranée. Elle est noire, et sa chair passe pour vénéneuse. Les pêcheurs la nomment *Courpata* ou *Corbeau de mer.* — Cuvier place à la suite de ses Mugiloïdes le genre *Athérine* (*Atherina*), bien qu'il se rapproche beaucoup des Gobioïdes. Les Athérines sont de petits Poissons, au dos verdâtre et au ventre blanc, avec une bandelette argentée plus ou moins large le long des flancs. Les petits demeurent rassemblés en masses considérables pendant les premiers jours qui suivent leur naissance. On en prend de grandes quantités sur les côtes de la Méditerranée. On les vend frits ou cuits dans du lait, sous le nom de *Nonnats*. Les adultes se vendent sous le nom de *Faux Éperlans*. Parmi les espèces que possèdent nos mers, nous citerons : le *Sauclet* du Languedoc, ou *Cabassous* de Provence (*Atherina hepsetus*); le *Joël* du Languedoc ou *Cabassonda d'Iviça* (*Ath. Boyer*), et l'*Ath. prêtre* (*Ath. presbyter*) [Fig. 2], appelé également *Abusseau* ou *Roseré*, qu'on trouve sur les côtes de la Manche et de la Bretagne.

**MUGIR.** v. n. (lat. *mugire*, m. s.). Se dit proprement du cri des taureaux, des bœufs et des vaches. *On entendait m. des taureaux. Cette vache mugit après son veau.* || Figur., se dit de la voix humaine, quand on la force et qu'elle approche du mugissement. *Il mugissait de fureur, de rage, de douleur. Cet acteur ne déclame pas, il mugit.* || Figur., se dit encore du bruit que font les flots de la mer, les vents, les torrents, etc., quand ils sont violemment agités. *On entendait m. les flots. Le vent mugissait à travers la forêt. Le torrent mugissait au fond de l'abîme.*

**MUGISSANT, ANTE.** adj. [Pr. *muji-san*] Qui mugit. *Un taureau m. Les aquilons mugissants. Les ondes mugissantes. Cet homme a la voix mugissante.*

**MUGISSEMENT.** s. m. [Pr. *muji-seman*]. Cri que font les bœufs, les taureaux et les vaches. *Le m. des taureaux.* || Figur., se dit des sons et des bruits analogues à ce cri. *Le m. des flots, des vagues, des vents, d'un volcan. Quand cet homme est en colère, il pousse des mugissements.*

**MUGRON,** ch.-l. de c. (Landes), arr. de Saint-Sever; 2,000 hab.

**MUGUET.** s. m. [Pr. *mu-ghè*, *g* dur]. Celui qui affecte de se parer avec soin et d'être galant auprès des dames. *C'est un m. Un jeune m. Faire le m.* Fam.

**MUGUET.** s. m. [Pr. *mu-ghè*, *g* dur] (vx fr. *muge* qui s'est dit pour musc et muguet) T. Bot. Genre de plantes Monocotylédones (*Convallaria*) de la famille des *Liliacées*, tribu des *Asparagées*. Voy. LILIACÉES. — *M. des bois*, *Petit m.*, Nom vulg. de l'*Aperula odorata*. Voy. RUBIACÉES. || T. Méd. Voy. plus bas.

**Méd.** — Le m. est une maladie causée par un organisme inférieur, le *Saccharomyces albicans*, qui végète le plus habituellement sur la muqueuse bucale, mais peut occuper d'autres parties des voies digestives, pharynx, œsophage, estomac, ou même d'autres muqueuses exposées à l'air libre telles que la vulve, le prépuce; même on l'a rencontrée dans les voies respiratoires où il affectionne surtout les parties qui ne sont pas recouvertes d'un épithélium vibratile. Quand on examine au microscope une parcelle de m., on voit qu'elle est constituée par un réseau de filaments dont les mailles sont remplies par des éléments arrondis; les filaments sont formés d'une série de cellules allongées, à extrémités arrondies, ayant 4 μ de largeur sur 18 μ de longueur (μ désigne le micron ou millième de millimètre); chaque segment s'articule soit avec de nouvelles cellules, soit avec des éléments arrondis, ou bien se divise en ramifications secondaires. Les éléments arrondis sont sphériques ou légèrement ovoïdes, et leur protoplasma contient ordinairement une granulation brillante et mobile. Le filament et l'élément arrondi représentent deux formes de l'état adulte du parasite : la forme levure et la forme filament, et elles sont toutes les deux aptes à se reproduire par bourgeonnement ou scissiparité. On étudie facilement le champignon du m. dans des cultures sur milieu alcalin quand il n'est pas en concurrence vitale avec d'autres micro-organismes. Les spores ont pu être étudiées après ensemencement sur milieu sucré. Ce parasite est très avide d'oxygène et ses aliments par excellence sont la glucose et la peptone; il affecte plus particulièrement la forme levure quand il se trouve dans des conditions favorables à son développement; au contraire, lorsque sa végétation est entravée, il prend surtout la forme de filaments.

Le champignon du m. pénètre plus ou moins profondément dans les tissus; tantôt il ne dépasse pas l'épithélium, tantôt il s'implante dans le derme et les parties sous-jacentes. Ce parasite se développe par contagion ou inoculation sur les organismes en état de réceptivité : ainsi s'explique la fréquence du m. chez les enfants en bas-âge atteints de diarrhée infectieuse, et chez les adultes affaiblis par une maladie chronique. Le champignon du m. d'autre part, ne cultive pas dans la salive; aussi végète-t-il de préférence chez les nouveau-nés et les malades dont les glandes salivaires ne fonctionnent pas encore ou fonctionnent mal, et chez lesquels le régime lacté habituel entretient une fermentation lactique propice. La contamination se fait souvent par contagion (biberon, verre, cuillère); ou bien le parasite est simplement transporté par l'air dans lequel il se trouve en suspension.

L'apparition du m. est annoncée par une sensation pénible de chaleur et de sécheresse, l'injection de la muqueuse bucale et la réaction acide de la salive; puis apparaissent de petites touffes d'un blanc neigeux, qui restent isolées ou se confondent, de manière à former un enduit épais ressemblant à du lait coagulé (*stomatite crémeuse*, *millet* ou *blanchet*). L'extension à d'autres parties du tube digestif ne se traduit par aucun symptôme spécial.

Chez les nouveau-nés affaiblis, les vieillards et les malades, le m. est presque toujours l'indice d'une catastrophe prochaine; chez les nourrissons vigoureux, sa signification est moins grave, ce n'est généralement qu'un trouble local. Les soins de propreté sont à la fois préventifs et adjuvants du traitement curatif, qui a pour base les alcalins (eau de Vichy, borate de soude, etc.).

**MUGUETER.** v. a. [Pr. *mu-ghe-ter*, *g* dur] (R. *muguet*). Faire le galant auprès des dames. *Il muguette les femmes de son quartier.* || Neutral., *Il ne fait que m.* Fam. = MUGUETÉ, ÉE. part. || Conjug. Voy. CAQUETER.

**MUGUETTERIE.** s. f. [Pr. *mu-ghè-teri*, *g* dur]. Action de mugueter.

**MUHLBERG,** v. de la Saxe prussienne sur l'Elbe, 3,500 hab. Victoire de Charles-Quint sur les princes luthériens en 1547.

**MUHLENBECKIA.** s. m. [Pr. *mu-lin-bekia*] (R. *Muhlenbeck*, n. propre). T. Bot. Genre de plantes Dicotylédones de la famille des *Polygonacées*. Voy. ce mot.

**MUID.** s. m. [Pr. *mui*] (lat. *modius*, m. s.). T. Métrol. Anc. mesure de capacité dont la valeur variait suivant les pays et les époques. Voy. CAPACITÉ.

**MUIRE.** s. f. (lat. *muria*, saumure). T. Salines. Eau saturée de sel obtenu par l'évaporation.

**MULASSE.** s. f. [Pr. *mula-se*] (lat. *mulus*, mulet, avec le suff. péjor. *asse*). Jeune mulet ou jeune mule.

**MULASSERIE.** s. f. [Pr. *mula-serie*] (lat. *mulus*, mulet). Production et élevage de mulets.

**MULASSIER, IÈRE.** adj. [Pr. *mula-sié*] (lat. *mulus*, mulet). Qui a rapport au mulet. *Industrie mulassière. Jument mulassière.* — Relatif à la production des mulets.

**MULÂTRE.** adj. et s. 2 g. (esp. *mulato*, de *mulo*, mulet). On dit aussi au féminin, *Mulâtresse* — Le *Mulâtre* est l'individu né d'un nègre et d'une blanche, ou d'un blanc et d'une négresse. Aux colonies, on désigne tous les mulâtres sous le nom d'*Hommes de couleur*. Mais, outre cette désignation générale, les différentes nuances du mélange entre les deux races reçoivent différents noms. Ainsi, de l'union d'un mulâtre avec une négresse ou d'une mulâtresse avec un noir naît un *Capre*. Au contraire, le commerce d'un mulâtre avec une blanche ou d'un blanc avec une mulâtresse produit un *Mestif*. Le mélange du sang blanc avec le sang mêlé du mestif donne le *Quarteron*, et au troisième degré le *Mamelouk*. Quant aux degrés supérieurs, ils sont compris dans la vague appellation de *Sang-mêlé*.

**MULCTER.** v. a. (lat. *mulctare*, m. s.). T. Jurispr. Punir, condamner à quelque peine. *On l'a mulcté, il a été mulcté.* Peu usité. || Par extens., Maltraiter, vexer. *On l'a horriblement mulcté dans cet écrit Je suis las d'être mulcté par de pareilles gens.* Fam. = MULCTÉ, ÉE. part.

**MULDE,** riv. d'Allemagne, affluent de l'Elbe, 260 kilomètres.

**MULE.** s. f. (lat. *mulleus*, sorte de brodequin). Se disait autrefois des pantoufles des hommes, et d'une chaussure sans quartier que portaient les femmes. || Ne se dit plus que de la pantoufle blanche du pape, sur laquelle il y a une croix. *Baiser la m. du pape.* || Engelures qui viennent aux talons dans les grands froids. || T. Art vétér. *M. traversières* ou *traversines*, Fissures ou crevasses qui surviennent à la peau du paturon et du boulet du cheval, et qui précèdent ou accompagnent souvent les eaux-aux-jambes.

**MULE.** s. f. (lat. *mula*, m. s.). T. Mamm. Hybride femelle de l'Ane et de la Jument. Voy. MULET || Être entêté comme une mule. — *Ferrer la m.*, faire des profits illicites. — *A vieille m. frein doré*, on déguise sous les ornements les ravages du temps.

**MULE-JENNY**. s. f. (mots angl. sign. *Jenny bâtarde*). Métier à filer perfectionné pour la filature de coton, inventé en 1779 par Crampton.

**MULET** s. m. [Pr. *mu-lè*] (esp. *muleto*, du lat. *mulus*). On appelle *Mulet* le produit du croisement de l'âne et de la jument, ou du cheval et de l'ânesse. – Famil., *Être fantasque, têtu comme une mule* ou comme *un m.*, Être très capricieux, très entêté, très obstiné. *Être chargé comme un m.*, Être chargé d'un lourd fardeau. || Figur. et famil., *Garder le m.*, Attendre longtemps quelqu'un avec ennui et impatience || *Mulet*, se dit encore des animaux et des végétaux qui résultent du métissage ou de l'hybridation.

**Mamm.** — Le Cheval et l'Âne produisent facilement des métis qui participent des formes et des qualités distinctes de ces deux espèces, et qui, comme tous les hybrides, sont généralement stériles. Mais ces croisements ne se produisent jamais naturellement, car ces deux espèces semblent avoir l'une pour l'autre une aversion très prononcée; aussi doit-on prendre des précautions toutes particulières quand on veut obtenir l'accouplement. Ces métis ont reçu par excellence le nom de *Mulet*. On appelle même plus spécialement ainsi l'animal issu de l'Âne et de la Jument, tandis qu'on nomme *Bardeau* ou *Bardot* (*Hinnus*) le produit issu du Cheval et de l'Ânesse. Le *Mulet* proprement dit (*Mulus*) est de la taille du Cheval, et en général plus grand dans les contrées méridionales que dans les septentrionales. Il a la tête plus grosse, plus courte que le Cheval, les oreilles plus longues, la queue presque nue et les jambes sèches comme celles de l'Âne, les sabots plus petits et plus étroits que ceux du Cheval : la femelle est appelée *Mule*. Le *Bardeau* est de la taille de l'Âne et parfois moins grand, il a les oreilles plus courtes, la queue à peu près garnie comme celle du Cheval, avec lequel il a des rapports de forme, tandis qu'il se rapproche de l'Ânesse, sa mère, par la stature. Les Mulets et les Bardeaux ont d'ailleurs les mêmes qualités et les mêmes défauts. Ils sont fort obstinés; mais leur sobriété, leur vigueur, leur aptitude à supporter les fortes chaleurs, la faim et la fatigue, rendent ces animaux précieux, surtout dans les pays chauds et montagneux. Ils sont rarement malades, vivent plus longtemps que les Chevaux, tout en travaillant beaucoup, portent des poids plus considérables et ont le pied plus sûr. Le Mulet est la bête de somme par excellence. Comme les Mulets et les Mules sont stériles (quelques cas rares de fécondité observés chez ces dernières ne détruisent point la règle), on ne les recherche que pour le travail. On préfère même les femelles aux mâles, aussi les paye-t-on plus cher, quelquefois un quart, un tiers de plus, à taille égale. Autrefois, en France, la Mule était la monture habituelle des ecclésiastiques, des magistrats et des médecins. Aujourd'hui encore, en Espagne et en Italie, un attelage de Mules est un attelage de luxe. — La production des Mulets constitue, dans quelques-uns de nos départements, notamment dans la Vienne, la Charente, la Vendée et les Deux-Sèvres, une industrie importante que l'on nomme *Mulasserie* et *industrie mulassière*. Dans ces contrées, on choisit, pour les livrer aux Baudets, de grosses Juments trapues, aux pieds larges, aux membres gros, à la croupe fortement charnue, et au poitrail large. Ces sortes de Juments sont appelées *Juments mulassières*. Les Baudets sont aussi d'une haute taille et d'une très forte corpulence. En France, les Mulets les plus forts viennent du Poitou; les plus élancés des Pyrénées et de la Gascogne; ceux du centre varient beaucoup. Sans être de forte taille, les Mulets du Dauphiné sont fort estimés pour le trait, et préférés à ceux du Poitou pour le bât.

**MULET** ou **MUGE**. s. m. [Pr. *mu-lè*]. T. Icht. Genre de *Poissons osseux*. Voy. Mugiloïdes.

**MULETIER**. s. m. Conducteur de mulets; valet qui les panse, les charge et les conduit. = Muletier, ière. adj. Qui appartient aux mulets. Chemin m.

**MULETIÈRE**. s. f. Femme d'un muletier

**MULETON**. s. m. Jeune mulet.

**MULETTE**. s.f. [Pr. *mu-lè-te*] (R. *meule*). Petite meule de blé.

**MULETTE**. s. f. [Pr. *mu-lè-te*] (R. *mulet*). T Zool Genre de Mollusques. *Lamellibranches*. Voy. Mytilacés. || T. Techn. Caillette du veau.

**MULEY**. s. m. (arabe *maula-i*, mon seigneur). Titre précédant le nom des empereurs du Maroc.

**MULGÈDE**. s. m. (lat. *mulgere*, traire, à cause du suc laiteux de ces plantes). T. Bot. Genre de plantes Dicotylédones (*Mulgedium*) de la famille des *Composées*, tribu des *Liguliflores*. Voy. Composées.

**MULGRAVES (LES)**, archipel de la Polynésie (Océanie).

**MÜLHAUSEN**, v. de Saxe (Prusse centrale); 25,000 hab.

**MULHEIM-SUR-RUHR**, v. de la Prusse occidentale; 28,000 hab.

**MULHOUSE**, anc. ch.-l. d'arr. du dép. du Haut-Rhin, sur l'Ill, prise à la France par la conquête allemande en 1870; 68,140 hab. Fabriques de cotonnades, d'étoffes imprimées, etc.

**MULIER**. s. m. [Pr. *mu-lié*]. Filet qui sert à prendre les mulets.

**MULLE**. s. m. [Pr. *mule*] (lat. *mullus*, m. s.). T. Icht. Genre de *Poissons osseux*. Voy. Mullidés.

**MULLE**. adj. 2 g. (lat. *mulleus*, rougeâtre). Se dit de la garance de qualité inférieure.

**MÜLLER** (Jean) célèbre astronome allemand, plus connu sous le nom de Regiomontanus (nom latinisé de Kœnigsberg « montagne royale »), né à Unfind, près de Kœnigsberg, en 1436, mort à Rome en 1476.

**MÜLLER** (Jean Henri) astronome allemand (1671-1731); sa femme Marie-Claire, fille de l'astronome Eimmart, astronome elle-même (1676-1705).

**MÜLLER** (Jean de), historien suisse, dont le principal ouvrage est l'*Histoire des Suisses*, en allemand, ministre et secrétaire d'État du royaume de Westphalie en 1807 (1752-1809).

**MULLER** (Ottfried), savant philologue et archéologue allem. (1797-1840).

**MULLER** (J.), physiologiste allem. (1801-1858).

**MULLERINE** s. f. (R. *Muller*, n. pr.). T Minér. Variété plombifère de Sylvanite.

**MULLICITE**. s. f. T. Minér. Synonyme de *Vivianite*.

**MULLIDÉS**. s. m. pl. (R. *mulle*). T. Ichth. Cuvier place les *Mulles* à la fin de la famille des Percoïdes, tout en faisant observer que les poissons qui composent ce genre pourraient à eux seuls former une famille à part, tant ils offrent de particularités remarquables. On en fait aujourd'hui une famille spéciale, celle des *Mullidés*. Leurs deux dorsales sont très

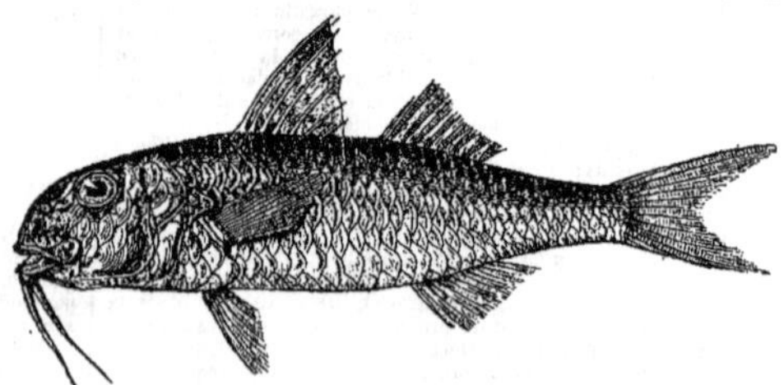

séparées; tout leur corps et leurs opercules sont couverts d'écailles larges qui se détachent facilement; leur préopercule est sans dentelures; enfin, ils se distinguent surtout par deux longs barbillons qui leur pendent sous la mâchoire inférieure Ils se divisent en deux genres, les *Upénéus*, dont toutes les espèces appartiennent aux mers des pays chauds, et les *Mulles* proprement dits, dont toutes les espèces sont européennes. Chez nous on les appelle vulgairement *Rougets* Le *Vrai Rouget* ou *Rouget barbet* (*Mullus barbatus*) [Fig. ci-dessus] habite principalement la Méditerranée. Il est remarquable par son profil presque vertical, et sa couleur qui est d'un beau rouge avec des reflets irisés; le dessous de son corps est argenté, et ses nageoires sont jaunes. Ce poisson était fort recherché par les Romains, moins peut-être à cause de l'excellence de sa chair que parce qu'ils prenaient le puéril plaisir de le voir mourir dans des vases de verre et d'observer les changements que ses brillantes couleurs éprouvent pendant son agonie. Pline parle d'un Mulle qui fut acheté 1,558 francs par Asinius Celer, et Suétone de trois autres qui furent payés 1,946 francs pièce. Le *Surmulet* (*Mullus surmuletus*) est plus commun dans l'Océan que dans la Méditerranée; à Bordeaux et à Bayonne, on l'appelle *Barbeau* et *Barberin*. Il diffère du précédent par son museau plus oblique, et par les raies longitudinales jaunes qu'il présente. Il est aussi un peu plus grand; sa taille ordinaire est de 30 à 35 centimètres. La chair de ce poisson est beaucoup moins estimée que celle du Rouget.

**MULON.** s. m. T. Pêche. Tas de morues de dix à douze soleils. Voy. GADOÏDES.

**MULOT.** s. m. [Pr. *mu-lo*] (lat. *mus, muris*, rat.). T. Mamm. Genre de *Rongeurs*. Voy. RAT. || *M. volant*. Nom vulgaire d'une espèce de *Molosse* de la Martinique. Voy. CHÉIROPTÈRES.

**MULOTER.** v. n. (R. *mulot*). T. Chas. Se dit du sanglier qui fouille les caveaux du mulot pour se repaître de grain. || Se dit aussi du chien de chasse qui s'amuse à déterrer les mulots.

**MULQUINERIE.** s. f. (anc. fr. *mulequin*, du lat. *melocineus*, couleur de mauve). T. Manuf. Fabrique de tissus de lin de la plus grande finesse, comme linons, baptistes et dentelles. || *Fil de m.*, Fil de lin d'une qualité et d'une finesse exceptionnelles. Vx.

**MULREADY**, peintre et sculpteur angl. (1786-1863).

**MULSION.** s. f. (lat. *mulgere*, traire). Action de traire les bêtes laitières.

**MULTANGULAIRE.** adj. 2 g. (lat. *multangulus*, m. s., de *multi*, beaucoup et *angulus*, angle). Qui a beaucoup d'angles.

**MULTI—.** Préfixe qui vient du lat. *multi*, nombreux, et qui sert à former des adjectifs dont la sign. est : qui possède beaucoup de choses désignées par le mot qui suit multi. Ex. : *Multicorne*, qui a beaucoup de cornes, etc. Nous ne donnons ci-après que les plus usités de ces adjectifs qu'on peut former pour ainsi dire à l'infini.

**MULTICOLORE.** adj. 2 g. (lat. *multicolor*, m. s.). Qui est d'un grand nombre de couleurs.

**MULTIFORME.** adj. 2 g. (lat. *multiformis*, m. s.). Qui a plusieurs formes.

**MULTIFORMITÉ.** s. f. État multiforme.

**MULTILOCULAIRE.** adj. 2 g. (lat. *multi*, beaucoup, et *loculus*, loge). T. Hist. Nat. Qui est divisé en plusieurs loges.

**MULTIOVULÉ, ÉE.** adj. (lat. *multi*, beaucoup, et *ovule*). T. Bot. Qui contient de nombreux ovules.

**MULTIPARE.** adj. 2 g. (lat. *multi*, nombreux; *parere*, enfanter). Se dit des femelles qui ont plusieurs petits à la fois. || Se dit d'une femme qui n'accouche pas pour la première fois. || T. Bot. Se dit d'un cyme qui se ramifie en produisant plus de deux pédicelles au même niveau. Voy. INFLORESCENCE.

**MULTIPLE.** adj. 2 g. (lat. *multiplex*, m. s.). T. Arithm. Se dit d'un nombre qui en contient un autre un certain nombre de fois exactement. *Huit est m. de deux;* et, substant., *Huit est un m.* ou *un des multiples de deux.* || Dans le lang. ordinaire, se dit pour Complexe, par opposit. à Simple, à unique. *La question est m. et se présente sous plusieurs faces.* || T. Bot. Se dit d'un organe composé, lorsqu'il résulte de la réunion de plusieurs organes libres. *Ovaire m. Fruit m.* || T. Techn. *Poulie m.* système composé de plusieurs poulies. || T. Gramm. *Sujet m.* Qui désigne plusieurs êtres. — *Attribut m.* qui exprime plusieurs manières d'être.

**Géom.** — *Point multiple.* — On appelle *point m.* d'une courbe un point où se croisent deux ou plusieurs branches de la courbe. Le point m. est dit *double, triple, quadruple*, etc., suivant le nombre des branches de la courbe qui viennent s'y croiser. Il peut arriver que deux branches de la courbe viennent s'arrêter au point m.; alors, si la courbe est algébrique, ces deux branches sont tangentes entre elles, et l'on a un *point de rebroussement*. Voy. REBROUSSEMENT. La figure du chiffre 8 donne l'exemple d'un point double ordinaire.

En un point m., il y a en général plusieurs tangentes. Aussi la règle analytique qui sert à trouver l'équation de la tangente devient-elle illusoire. Soit : $F(x,y)=0$, l'équation de la courbe. La tangente au point $x_1$ $y_1$ a pour équation:

$$(x-x_1)F'_{x_1}+(y-y_1)F'_{y_1}=0 \quad \text{(Voy. TANGENTE.)}$$

Tant que l'une au moins des deux dérivés partielles $F'_{x_1}$ ou $F'_{y_1}$ n'est pas nulle, la tangente est bien déterminée et le point considéré est un point ordinaire. Si, au contraire, les deux dérivées $F'_{x_1}$ et $F'_{y_1}$ sont nulles, l'équation de la tangente est indéterminée et le point est dit *point singulier*. Pour trouver les tangentes aux diverses branches de courbes qui se croisent en ce point, on commence par transporter les axes de coordonnées parallèlement à eux-mêmes en ce point, et on cherche la limite du rapport $\frac{y}{x}$ lorsque $y$ et $x$ tendent tous deux vers 0. On trouve ainsi le coefficient angulaire de la position limite d'une corde qui joint l'origine à un point voisin de la courbe, c.-à-d. le coefficient angulaire de la tangente. Il y a en général plusieurs solutions. Il est facile de montrer que dans le cas des courbes algébriques, on obtient l'équation de l'ensemble des tangentes à l'origine en égalant à zéro l'ensemble des termes de moindre degré; mais nous ne pouvons nous étendre sur ce sujet. Disons seulement, pour terminer, que, d'après ce qui précède, les points multiples sont ceux dont les coordonnées vérifient à la fois les trois équations ;

$$F=0 \quad F'_x=0 \quad F'_y=0$$

Comme trois équations à deux inconnues sont en général incompatibles, on voit que les points multiples constituent une exception et que la grande généralité des courbes n'en présente aucun.

Les courbes gauches peuvent aussi présenter des points multiples; mais c'est une singularité encore plus exceptionnelle que celle des points multiples des courbes planes.

**MULTIPLEMENT.** adv. D'une façon multiple.

**MULTIPLIABLE.** adj. 2 g. Qui peut être multiplié.

**MULTIPLIANT, ANTE.** adj. Qui multiplie. || *Verre m.*, verre à facettes qui fait voir les images réfléchies plusieurs fois.

**MULTIPLICANDE.** T. Arith. Le nombre qui est multiplié. Voy. MULTIPLICATION.

**MULTIPLICATEUR.** s. m. T. Arithm. Le nombre par lequel on multiplie. Voy. MULTIPLICATION. || T. Phys. *M. galvanique* ou *Galvanomètre m.* Galvanomètre ainsi nommé parce que le fil faisant plusieurs tours, l'action magnétique est multipliée par le nombre de tours. Voy. INTENSITÉ.

**MULTIPLICATIF, IVE.** adj. Qui concourt à multiplier.

**MULTIPLICATION.** s. f. [Pr. ...*sion*] (lat. *multiplicatio*, m. s.). Augmentation en nombre. *M. des êtres, des espèces. La m. des hommes. La m. apparente des objets par les verres à facettes.* || T. Math. Voy. plus bas.

**Arithm.** — Il est évidemment équivalent de définir le substantif m. ou le verbe *multiplier*. Or *Multiplier, un nombre appelé multiplicande, par un autre nombre appelé multiplicateur, c'est ajouter entre eux autant de nombres égaux au multiplicande qu'il y a d'unités dans le multiplicateur*. Le résultat s'appelle *produit*. Le multiplicande et le multiplicateur s'appellent les *facteurs*. La m. n'est donc qu'un cas particulier de l'addition, celui où tous les nombres qu'on ajoute sont égaux. Le multiplicande est la valeur commune des nombres qu'on ajoute, le multiplicateur, le nombre de ces nombres. Si, conformément à un usage universel, on représente la m. par le signe ×, on voit alors que :

$$5\times4=5+5+5+5$$

par définition.

I. — Les propriétés principales de la m. sont exprimées par les théorèmes suivants ;

Théorème 1. — *Pour multiplier une somme par un nombre, on peut multiplier chaque partie de cette somme par le multiplicateur et ajouter les produits partiels.*

Il faut démontrer par exemple que

$$(a+b+c)\times3=a\times3+b\times3+c\times3$$

Il suffit d'écrire trois fois le multiplicande sous forme de tableau rectangulaire et d'ajouter les nombres par colonnes verticales.

$$\begin{array}{c} a+b+c \\ a+b+c \\ a+b+c \\ \hline a\times3+b\times3+c\times3 \end{array}$$

Théorème 2. — *Un produit ne change pas si on intervertit l'ordre des facteurs.*

Par exemple : $5\times3=3\times5$.

En effet $5\times3=(1+1+1+1+1)\times3$

et, en appliquant le théorème précédent, on trouve :

$$1\times3+1\times3+1\times3+1\times3+1\times3=3+3+3+3+3=3\times4$$

Il résulte de ce théorème que les deux facteurs, pouvant être échangés, jouissent des mêmes propriétés. Par l'application de cette remarque le théorème 1 nous donnera le théorème suivant.

Théorème 3. — *Si le multiplicateur est une somme, on peut multiplier le multiplicande par chaque partie du multiplicateur et ajouter les produits partiels.*

Par exemple $3\times(a+b+c)=3\times a+3\times b+3\times c$.

On peut du reste démontrer directement ce théorème en écrivant le nombre 3 $a$ fois sur une ligne, $b$ fois sur une autre et $c$ fois sur une troisième, et en ajoutant séparément les nombres écrits sur chaque ligne.

On appelle *produit de plusieurs facteurs* le résultat de plusieurs multiplications successives. Ainsi :

$$a\times b\times c\times d$$

veut dire qu'il faut multiplier $a$ par $b$, le produit obtenu par $c$ et le nouveau produit par $d$.

Théorème 4. — *Dans un produit de trois facteurs, on peut changer l'ordre des deux derniers sans changer la valeur du produit.*

Par exemple $5\times3\times4=5\times4\times3$.

En effet
$$5\times3=5+5+5$$
$$5\times3\times4=(5+5+5)\times4.$$

Si alors on applique le théorème 1, on trouve :

$$5\times4+5\times4+5\times4=5\times4\times3, \quad \text{c. q. f. d.}$$

Théorème 5. — *Un produit de plusieurs facteurs conserve la même valeur quand on change l'ordre des facteurs d'une manière quelconque.*

La démonstration se fait très aisément en plusieurs parties :

1°) *On peut changer l'ordre des deux derniers facteurs :*

$$a\times b\times c\times d\times e=a\times b\times c\times e\times d$$

En effet, il faut commencer par calculer $a\times b\times c$ et alors il n'y a plus que 3 facteurs et l'on peut appliquer le théorème 4.

2°) *On peut changer l'ordre de deux facteurs consécutifs*

$$a\times b\times c\times d\times e=a\times b\times d\times c\times e$$

En effet, il faut d'abord calculer $a\times b\times c\times d$ et dans ce produit $c$ et $d$ sont les deux derniers facteurs; on ne changera donc pas le produit en les permutant.

3°) *On peut changer l'ordre des deux facteurs d'une manière quelconque.*

En effet, considérons le facteur que nous voulons mettre au premier rang; permutons-le avec le précédent, puis encore avec le précédent et ainsi de suite jusqu'à ce qu'il soit le premier. Par des permutations semblables nous amènerons au second rang celui que nous voudrons, puis au troisième rang celui que nous voudrons, etc., de sorte que par une série de permutations dont aucune n'altère la valeur du produit, nous pourrons ranger les facteurs dans l'ordre que nous voudrons.

Théorème 6. — *Dans un produit de plusieurs facteurs, on peut remplacer deux ou plusieurs d'entre eux par leur produit effectué.*

En effet, on peut amener au premier rang les facteurs qu'on veut grouper. Alors, il faut commencer l'opération par ceux-là, et une fois que leur produit est fait, ce produit constitue un facteur unique qu'on peut transporter où l'on veut. Par exemple, je vais faire voir que :

$$2\times3\times5\times7\times8=2\times(3\times5\times7)\times8=2\times105\times8$$

J'ai :

$$2\times3\times5\times7\times8=3\times5\times7\times2\times8=105\times2\times8=2\times105\times8.$$

En répétant plusieurs fois la transformation précédente, on peut grouper les facteurs comme on l'entend. Par ex., je puis écrire, en supprimant le signe × comme on le fait souvent :

$$abcdefgh=(ab)(cde)(fgh).$$

Théorème 7. — *Pour multiplier plusieurs produits, il suffit de faire un produit unique comprenant tous les facteurs des produits donnés.*

Par exemple :

$$(ab)(cde)(fgh)=abcdefgh.$$

C'est l'égalité du théorème précédent écrite en sens inverse. De même qu'on peut grouper les facteurs, de même on peut détruire les groupes existants.

II. *Théorie et pratique de l'opération.* — Grâce aux propriétés précédentes, la théorie de la m. peut être présentée très simplement. Le mieux est de partager cette théorie en cinq cas :

1er Cas. — *M. de deux nombres d'un seul chiffre.* — Soit par exemple à multiplier 5 par 7. Il n'y a pas d'autre moyen que d'ajouter ensemble 7 nombres égaux à 5 conformément à la définition :

$$5\times7=5+5+5+5+5+5+5=35.$$

Cependant, comme il est utile de connaître de mémoire tous les produits de deux nombres d'un seul chiffre, ou tout au moins de pouvoir les trouver facilement, on a construit une table qui les contient tous. Cette table, connue sous le nom de *Table de Pythagore*, du nom du philosophe grec qui passe pour l'avoir calculée le premier, se forme de la manière suivantes.

On écrit sur une première ligne les 9 premiers nombres. On forme la seconde ligne en ajoutant à eux-mêmes les nombres de la première ligne, et d'une manière générale, on forme chaque ligne au moyen de la précédente en ajoutant chaque nombre de celle-ci au nombre qui est juste au-dessus de lui dans la première ligne. Il est clair que dans le tableau ainsi formé, chaque colonne verticale contient le produit du nombre supérieur multiplié successivement par 1, 2, 3,.....9. Ainsi, pour trouver le produit de deux nombres, on cherche le multiplicande sur la première ligne, le multiplicateur dans la première colonne, on suit la colonne et la ligne correspondante, et au point d'intersection on trouve le produit cherché. Ainsi, la colonne qui commence par 5, et la ligne qui commence par 7 se croisent sur le nombre 35 qui est le produit de 5 par 7.

TABLE DE PYTHAGORE

| 1 | 2 | 3 | 4 | 5 | 6 | 7 | 8 | 9 |
|---|---|---|---|---|---|---|---|---|
| 2 | 4 | 6 | 8 | 10 | 12 | 14 | 16 | 18 |
| 3 | 6 | 9 | 12 | 15 | 18 | 21 | 24 | 27 |
| 4 | 8 | 12 | 16 | 20 | 24 | 28 | 32 | 36 |
| 5 | 10 | 15 | 20 | 25 | 30 | 35 | 40 | 45 |
| 6 | 12 | 18 | 24 | 30 | 36 | 42 | 48 | 54 |
| 7 | 14 | 21 | 28 | 35 | 42 | 49 | 56 | 63 |
| 8 | 16 | 24 | 32 | 40 | 48 | 56 | 64 | 72 |
| 9 | 18 | 27 | 36 | 45 | 54 | 63 | 72 | 81 |

2e Cas. — *Le multiplicande est quelconque, et le multiplicateur n'a qu'un chiffre.* — Soit à multiplier 578 par 4. On pourrait faire la simple adition :

578
578
578
578
2312

Mais on remarque que chaque colonne d'addition contenant 4 fois le même chiffre donne lieu à une m. du premier cas. Il suffit donc d'écrire une seule fois le multiplicande et d'appliquer la règle suivante :

Règle. — *Pour multiplier un nombre quelconque par un nombre d'un seul chiffre, on multiplie successivement, en commençant par la droite, chacun des chiffres du multiplicande par le multiplicateur; on écrit le chiffre des unités de chaque produit partiel et l'on retient le chiffre des dizaines pour l'ajouter au produit partiel suivant.*

Cette règle est évidemment identique à celle de l'addition dans le cas où tous les nombres qu'on ajoute sont égaux. L'opération se disposera donc :

578
4
2312

et l'on dira : $8\times4=32$, je retiens 3; $7\times4=28, 28+3=31$, je retiens 3; $5\times4=20, 20+3=23$.

3e Cas. — *Le multiplicateur est formé de l'unité suivie d'un ou de plusieurs zéros.*

Soit $28\times1000$
$28\times1000=1000\times28$ (Théor. 2)

Mais $1000\times28$ n'est autre chose que 28 mille qui, d'après les principes de la numération s'écrit 28000. Donc :

Règle. — *Pour multiplier un nombre quelconque par un nombre formé de l'unité suivie d'un ou de plusieurs zéros, il suffit d'écrire à la droite du multiplicande autant de zéros qu'il y en a dans le multiplicateur.*

4e Cas. — *Le multiplicateur est formé d'un seul chiffre significatif suivi d'un ou de plusieurs zéros.* — Si, par exemple, on veut multiplier un nombre par 8000, on remarquera que $8000=8\times1000$ (3e cas). Donc, d'après le théorème 7 il suffira de multiplier le multiplicande par 8 (2e cas) et ensuite le produit par 1000 (3e cas), opérations qu'on doit faire. En d'autres termes, *on multiplie le multiplicande par le chiffre significatif du multiplicateur, et on écrit ensuite à la droite du produit autant de zéros qu'il y en a dans le multiplicateur.*

5e Cas. — *M. de deux nombres quelconques.* — Soit à multiplier un nombre par 3852. Je remarque que :

$$3852=3000+800+50+2.$$

Donc, d'après le théorème 3, je puis multiplier le multiplicande par 3000, par 800, par 50, par 2, et ajouter les 4 produits partiels. Or les 3 premières multiplications dépendent du 4e cas, et la dernière du second. Donc, je sais faire l'opération.

On remarquera qu'il est inutile d'écrire les zéros qui terminent les produits partiels pourvu que les chiffres significatifs soient bien à la place qui leur convient dans les colonnes de l'addition. Si l'on remarque que chaque produit partiel représente des unités de même ordre que le chiffre du multiplicateur qui a servi à le calculer, on est conduit à la règle suivante :

Règle : *Pour multiplier deux nombres quelconques, on multiplie le multiplicande successivement par chacun des chiffres du multiplicateur, en ayant soin d'écrire le premier chiffre de chaque produit partiel sous le chiffre du multiplicateur qui l'a fourni; enfin on fait la somme des produits partiels.*

Cette règle s'applique sans changement quand il y a des zéros dans le multiplicateur. L'exemple suivant montre la disposition de l'opération

4827
3058
38616
24135
14481
14760966

Lorsque les facteurs se terminent par des zéros, on fait la m. sans en tenir compte, et on écrit ensuite à la droite du produit autant de zéros qu'il y en a dans les deux facteurs réunis. Par exemple :

$$72000\times5400=72\times54\times1000\times100.$$

On dispose l'opération ainsi qu'il suit :

72 000
54 00
288
360
3888 000 00

*Preuve.* — On peut faire la preuve d'une m. en la recommençant après avoir échangé les facteurs; mais on a des preuves plus courtes qui dépendent de la théorie de la divisibilité et qui sont connues sous le nom de *preuve par* 9 *ou par* 11. Voy. Divisibilité.

III. *M. des fractions ordinaires ou décimales*. Voy. Fraction.

Alg. — *M. des monômes*. Voy. Algèbre; *des polynômes*. Voy. Polynôme.

**MULTIPLICITÉ.** s. f. (lat. *multiplicitas*, m. s.). Quantité excessive. *La m. des lois est une des causes de la m. des procès. La m. des noms fait la plus grande difficulté de l'histoire naturelle. La m. des opinions sur ce point.*

**MULTIPLIER.** v. a (lat. *multiplicare*, m. s.). Augmenter une quantité, un nombre. *Ce miroir multiplie les objets. Il se plaît à m. les difficultés, les détails.* || T. Arithm. Faire une *multiplication*. Voy. ce mot. = Multiplier. v. n. Augmenter en nombre par voie de génération. *Dieu dit : Croissez et multipliez. Son troupeau a fort multiplié.* = Se Multiplier. v. pron. Croître en nombre. *Les plantes se multiplient par les semences, les marcottes et les boutures. Les obstacles se multipliaient devant lui.* = Par exag., *Il se multiplie, il a le don de se m.*, se dit d'un homme fort actif qui semble être en plusieurs lieux à la fois. = Multiplié, ée. part. = Conj. Voy. Prier.

**MULTIPLIEUR.** s. m. Celui qui multiplie.

**MULTIPOLAIRE.** adj. 2 g. (lat. *multi*, nombreux, et fr. *pôle*). Qui a plusieurs pôles. *Cellule m.*, cellule qui émet de nombreux prolongements. Voy. Histogénie.

**MULTISÉCULAIRE.** adj. 2 g. (lat. *multi*, nombreux; *seculum*, siècle). Agé de plusieurs siècles.

**MULTISÉRIÉ, ÉE.** adj. (lat. *multi*, nombreux; *seria*, série). Se dit des parties qui sont disposées sur plusieurs rangs.

**MULTISONORE.** adj. 2 g. (lat. *multi*, nombreux; *sonus*, son). Qui rend beaucoup de sons.

**MULTITUDE.** s. f. (lat. *multitudo*, m. s.). Grand nombre. *Une m. d'hommes, d'animaux, d'objets, de paroles. Une grande m. de peuple. Une m. de spectateurs.* — Absol., ne se dit que des hommes. *Tout Paris était au Champ de Mars; je n'ai jamais vu une pareille m. Les flots de la m.* || Le peuple, le vulgaire, par oppos. Aux hommes éclairés. *Les préjugés, les caprices de la m. Il flatta d'abord la m., puis il lui fallut ramper devant elle.*

Syn. — *Foule, Presse.* — Le mot *multitude* se rapporte à la quantité des individus; celui de *foule* exprime une idée de cohue, de confusion; et celui de *presse* indique une réunion de personnes serrées dans un espace insuffisant. La *multitude* est nombreuse, la *foule* confuse, la *presse* serrée. Une *multitude* occupe un grand espace; la *foule* empêche de circuler librement; la *presse* comprime, étreint et peut mettre la vie en danger.

**MULTIVALVE.** adj. 2 g. (lat. *multi*, nombreux, et fr. *valve*). T. Conchyl. Qui a plusieurs valves.

**MUMMIUS**, général romain, qui prit et ruina Corinthe, et réduisit la Grèce en province romaine. (146 av. J.-C.).

**MUNDA**, auj. *Ciudad-Rondad*, v. de la Bétique (Espagne), où César battit Cneius et Sextus Pompée (45 av. J.-C.).

**MUNDTIA.** s. m. [Pr. *mund-sia*] (R. *Mundt*, nom d'homme). Genre de plantes Dicotylédones de la famille des *Polygalées*. Voy. ce mot.

**MUNGO-PARK.** Voy. Park.

**MUNICH** (München), cap. de la Bavière, sur l'Isar, à 941 kilomètres S.-E. de Paris; 345,000 hab. Collections d'art. = Nom des hab. : Munichois, oise.

**MUNICH** (comte de), homme d'État et général russe, d'origine allem., né près d'Oldenbourg (1683-1767).

**MUNICIPAL, ALE.** adj. (lat. *municipalis*, de *municipium*, municipe). Qui appartient, qui a rapport à une communauté d'habitants formant une municipalité. *Lois municipales. Garde m.* ‖ Se dit aussi Des magistrats qui administrent une commune, une ville. *Le corps, le conseil m. Les officiers municipaux*, ou subst., *Les municipaux.*

**Admin.** — I. *Historique.* — Les Romains désignaient sous le nom de *Municipes* (*municipia*), certaines cités qui, sans être des *colonies*, c.-à-d. sans être habitées par une population d'origine romaine, jouissaient de droits et de privilèges particuliers, qui leur avaient été concédés par Rome elle-même. Au reste, le terme de Municipe a servi, dans l'histoire romaine, à désigner des états fort différents. Ainsi, ce titre fut d'abord appliqué à des villes dont les habitants avaient reçu tous les droits de citoyens romains, à l'exception du droit de vote et du droit d'être élus aux magistratures de Rome. Les municipes de ce genre, dont les historiens font mention, étaient Funda, Formies, Cume, Acerra Lanuvium et Tusculum, qui étaient des villes conquises; mais leurs habitants reçurent, avant la guerre sociale, les droits de citoyens romains sans aucune réserve. Les villes qui étaient complètement incorporées à Rome même, et qui, par cette incorporation, avaient perdu toute autonomie relativement à leur administration intérieure, constituaient une seconde catégorie de municipes : telles étaient les villes d'Anagni, de Cære et d'Aricium. Enfin, la troisième classe de municipes comprenait les villes dont les habitants possédaient tous les droits et privilèges des citoyens romains, et qui avaient en outre le pouvoir de s'administrer elles-mêmes : à cette classe appartenaient Tibur, Præneste, Pise, Urbin, Nole, Bologne, Plaisance, Nepi, Sutrium et Lucques. De ces villes, les cinq premières étaient des villes alliées (*sociorum*), et les cinq autres des colonies latines. Toutes furent érigées en municipes par la loi Julia (en 45 av. J.-C.). L'auteur de cette loi, César, fut aussi le premier qui érigea en municipe une ville de province, Gadès en Espagne. Un grand nombre d'autres le furent sous les empereurs; mais, bien que les villes qui avaient obtenu ce privilège, s'administrassent elles-mêmes, on fit en général exception pour ce qui concernait la justice : l'introduction de la loi romaine chez les peuples conquis était en effet le procédé le plus efficace pour y faire pénétrer les mœurs et la civilisation de Rome. Les habitants de toute cité qui avait le titre de *municipium* étaient eux-mêmes appelés *municipes*, de *munex*. office, et *capere*, prendre, parce qu'ils pouvaient aspirer aux magistratures. — L'administration intérieure des municipes était plus ou moins calquée sur celle de Rome même. En général, elles avaient un sénat, qui fut d'abord appelé *ordre des décurions* (*ordo decurionum*), et plus tard simplement, *ordre* ou *curie* (*ordo seu curia*); deux ou quatre magistrats principaux, nommés, selon le cas, *duumvirs* ou *quatuorvirs*, dont les fonctions, comme celles des consuls à Rome, ne duraient qu'une année; et un censeur, communément appelé *curator* ou *quinquennalis*, qui remplissait le même office que les censeurs à Rome. Vers la fin du IVe siècle fut établi, dans la plupart des municipes, un nouveau magistrat, le *défenseur de la cité* (*defensor civitatis*), dont l'autorité rappelait celle des tribuns romains. Il était choisi, hors de la curie, par l'universalité des habitants, et il avait pour mission de les défendre contre l'injustice des taxes et même contre les entreprises des magistrats locaux.

Les municipes romains conservèrent comme un dépôt la pratique de l'administration civile, et la transmirent, en la propageant, aux communes du moyen âge. Voy. Commune. Enfin, lorsque la féodalité eut disparu, lorsque le gouvernement royal eut étendu sa main sur toutes les parties du territoire, attirant tout à lui et absorbant tous les pouvoirs locaux, les municipalités perdirent la plupart des droits et privilèges qu'elles possédaient, sans qu'il fût rien créé d'uniforme et de stable quant au régime m., c.-à-d. quant à l'administration intérieure des villes et des communes. Il était réservé à la Constituante de mettre l'ordre dans ce chaos. D'après le principe posé par cette assemblée, la *Commune* est l'unité fondamentale de l'organisation politique et administrative du territoire. Elle constitue une sorte d'individualité politique pourvue d'une administration propre, et une personne morale, capable de posséder, de contracter et d'agir en justice. Néanmoins, comme la commune n'est point une unité destinée à vivre d'une vie isolée et indépendante, elle doit être soumise à l'autorité supérieure de l'État, parce qu'il est de l'intérêt général, d'une part, qu'elle se maintienne dans la limite des droits qui lui sont attribués; et de l'autre, qu'elle remplisse les devoirs qui sont mis à sa charge. Il résulte de là que les communes sont considérées comme des mineurs et placées sous la tutelle de l'administration centrale. Ce n'est point ici le lieu de rapporter les diverses lois qui ont eu pour objet de régler le régime m. en France, à partir du décret de la Constituante (20 déc. 1789) qui en jeta les fondements. Il nous suffira d'exposer rapidement l'état actuel des choses, qui est régi par la loi du 5 avril 1884.

II. *Administration communale.* — L'administration de chaque commune est confiée à un *Corps m.*, qui se compose d'un chef, appelé *Maire*, et d'une assemblée délibérante nommée *Conseil m.* Le maire a des suppléants qui portent le nom d'*Adjoints*.

A. Le *Maire* est élu par le Conseil m. parmi ses membres, au scrutin secret et à la majorité absolue. Ses fonctions sont gratuites; elles ont la même durée que le Conseil m., c.-à-d. quatre années. Les maires peuvent être suspendus par arrêté du préfet pour un temps qui n'excède pas un mois et qui peut être porté à trois mois par le ministre de l'Intérieur. Ils ne peuvent être révoqués que par décret du Président de la République. En cas de destitution, ils ne sont pas rééligibles pendant une année, à moins qu'il ne soit procédé auparavant au renouvellement général des conseils municipaux. Ne peuvent être maires ou adjoints, ni en exercer même temporairement les fonctions : les agents et employés des administrations financières et des forêts, les trésoriers-payeurs généraux, les receveurs particuliers et les percepteurs, les agents des postes et télégraphes, ainsi que les gardes des établissements publics et particuliers.

Les Maires ont un grand nombre d'attributions diverses. Ainsi, ils sont officiers de police judiciaire et remplissent les fonctions de ministère public auprès des tribunaux de simple police. Voy. Police et Judiciaire. D'autre part, ils sont chargés de dresser les actes de l'état civil. Voy. État civil. Mais leurs fonctions principales se rapportent à l'administration. Ces fonctions *administratives* forment elles-mêmes deux catégories, suivant que l'on considère le Maire comme représentant et *agent du gouvernement*, ou comme représentant et *agent de la commune*. Dans la première de ces qualités, le Maire est chargé, sous l'*autorité* de l'administration supérieure : 1° de la publication et de l'exécution des lois et règlements; 2° des fonctions spéciales qui lui sont attribuées par les lois; 3° de l'exécution des mesures de sûreté générale. Comme agent et représentant de la commune, il est chargé, sous la *surveillance* du Préfet, de la police m., de la police rurale, de la voirie m., de la conservation et de l'administration des biens de la commune; de la surveillance des établissements communaux, de la gestion des revenus de la commune, de la préparation du budget et de l'ordonnancement des dépenses, et de la direction des travaux communaux. Il représente la commune en justice, souscrit, dans les formes légales, les marchés, les actes de vente, partage, acceptation de dons ou legs, etc. Enfin, il nomme, suspend et révoque tous les agents et employés communaux (secrétaires de mairie, bibliothécaires, architectes, appariteurs, etc.), quand la loi ne prescrit pas un mode spécial de nomination. Le Maire formule ses décisions sous le titre d'*Arrêtés*; mais ces arrêtés peuvent toujours être annulés par le Préfet.

B. Le nombre des *Adjoints* varie suivant l'importance des communes. Il y en a un dans celles de 2,500 âmes et audessous, et deux dans celles de 2,501 à 10,000. Au-dessus de ce chiffre, il y a un adjoint de plus par chaque excédent de 20,000 habitants. Les Adjoints sont élus, suspendus ou révoqués de la même manière que les Maires. Leurs fonctions sont également gratuites. En cas d'absence ou d'empêchement du Maire, son autorité passe, de plein droit, aux mains des Adjoints, suivant l'ordre des nominations, et si tous sont à la fois absents ou empêchés, à celle d'un Conseiller m. désigné par le Conseil, et, à défaut de cette désignation, au conseiller inscrit le premier sur le tableau. De plus, le Maire peut, quoique présent, déléguer *une partie* de ses fonctions à un ou plusieurs de ses adjoints, et en l'absence ou en cas d'empêchement des adjoints, à des membres du Conseil m.

C. Le nombre des membres de chaque *Conseil m.* est en raison de la population de la commune. Il est fixé à 10 pour une population de 500 habitants et au-dessous; à 12, de 501 à 1,500; à 16, de 1,501 à 2,500; à 21, de 2,501 à 3,500; à 23, de 3,501 à 10,000; à 27, de 10,001 à 30,000; à 30, de 30.001 à 40.000; à 32, de 40,001 à 50,000; à 34, de 50,001 à 60,000; et à 36, de 60,001 et au-dessus. Les fonctions de Conseiller m. sont gratuites, électives et ont une durée de quatre ans. Pour être éligible, il faut avoir au moins 25 ans, jouir de ses droits civils et politiques, être électeur dans la commune, ou y être inscrit au rôle des contributions directes. Ne peuvent être conseillers municipaux les domestiques attachés à la personne, les individus dispensés de subvenir aux charges communales et ceux qui sont secourus par le bureau de bienfaisance, les individus privés du droit électoral et ceux qui sont pourvus d'un conseil judiciaire. Ne sont pas éligibles dans le ressort où ils exercent leurs fonctions : 1° les préfets, sous-préfets, secrétaires généraux, conseillers de préfecture; 2° les commissaires et agents de police; 3° les magistrats des cours et tribunaux; 4° les juges de paix; 5° les comptables des deniers communaux et les entrepreneurs de services municipaux; 6° les instituteurs publics; 7° les employés de préfecture et de sous-préfecture; 8° les ingénieurs et conducteurs des ponts et chaussées chargés du service de la voirie urbaine et vicinale et les agents-voyers; 9° les ministres du culte; 10° les agents salariés de la commune. De plus, il y a incompatibilité entre les fonctions de conseiller et celles de préfet, sous-préfet, secrétaire général de préfecture, commissaire et agent de police. Enfin, nul ne peut être membre de plusieurs conseils municipaux.

D. Le conseil municipal règle par ses délibérations les affaires de la Commune. Ne sont exécutoires qu'après avoir été approuvées par l'autorité supérieure les délibérations portant sur les objets suivants : 1° les conditions des baux à ferme ou à loyer dont la durée excède dix-huit ans; 2° les aliénations et échanges des propriétés communales; 3° les acquisitions d'immeubles ou constructions, lorsqu'elles excèdent les ressources dont dispose actuellement la Commune; 4° les transactions; 5° le changement d'affectation d'une propriété communale déjà affectée à un service public; 6° la vaine pâture; 7° le classement, déclassement, élargissement, etc. des rues et places publiques, la création ou suppression de jardins publics, champs de course, etc., les tarifs des droits divers à percevoir au profit de la Commune; 8° l'acceptation des dons et legs faits à la Commune, lorsqu'il y a des charges ou conditions ou qu'il existe des réclamations de la part des héritiers; 9° le budget communal; 10° les crédits supplémentaires; 11° les contributions extraordinaires et les emprunts, lorsque les contributions excèdent 5 centimes pour plus de 5 années et que l'amortissement des emprunts dépasse trente ans; 12° l'établissement de certaines taxes d'octroi; 13° l'établissement, la suppression ou les changements des foires et marchés autres que les simples marchés d'approvisionnement. — Les délibérations des Conseils municipaux sur les objets ci-dessus énoncés sont exécutoires après approbation du Préfet, sauf les cas où l'approbation par le Ministre compétent, par le Conseil général, par la Commission départementale, par un décret ou par une loi, est prescrite par les lois et règlements. — Les Conseils *donnent leur avis* sur les matières suivantes : 1° circonscriptions relatives au culte ou à la distribution des secours publics; 2° projets d'alignement de grande voirie dans l'intérieur des villes, bourgs et villages; 3° acceptation des dons et legs faits aux établissements de charité et de bienfaisance; 4° autorisations d'emprunter, d'acquérir, d'échanger, d'aliéner, de plaider ou de transiger, demandées par les mêmes établissements et par les fabriques des églises; 5° budgets et comptes des fabriques, ainsi que des établissements de charité et de bienfaisance; 6° tous objets que l'autorité supérieure juge à propos de soumettre à l'examen du Conseil. — Les Conseils ont encore le droit de *réclamer*, s'il y a lieu, contre le contingent assigné à la commune dans l'établissement des impôts de répartition. Enfin, ils peuvent exprimer leurs *vœux* pour tous les objets d'intérêt local. — Ainsi qu'on le voit, la compétence du Conseil m. est déterminée par la nature des intérêts qui lui sont soumis. Il règle seul, dans certains cas, les affaires relatives à l'administration et à la jouissance des biens communaux. Il est appelé dans d'autres cas, à délibérer sous le contrôle de l'administration supérieure, sur tout ce qui est de nature à engager plus ou moins ouvertement les finances de la commune. Enfin, il donne son avis sur certains actes qui ne touchent qu'indirectement à l'administration communale.

Les Conseils municipaux se réunissent 4 fois par an, au commencement de février, de mai, d'août et de novembre. Chacune de leurs sessions peut durer 15 jours, qui se comptent à partir du jour d'ouverture. Dans la première séance, les membres choisissent, au scrutin, l'un ou plusieurs d'entre eux pour remplir les fonctions de secrétaires. La présidence appartient de droit au Maire ou à l'Adjoint qui le remplace. Pour que les délibérations soient valables, la loi exige la présence de la majorité des membres en exercice. Cependant si, après deux convocations successives, à 3 jours d'intervalle, les Conseillers ne sont pas réunis au nombre voulu, la délibération prise après la troisième convocation est valable, quel que soit le nombre des membres présents. Les délibérations ont lieu à la majorité absolue des suffrages. En cas de partage, sauf le cas de scrutin secret, la voix du président est prépondérante. Enfin, on vote au scrutin secret toutes les fois que trois des membres présents le réclament. Les séances sont publiques; de plus, tout habitant de la commune, et même toute personne qui y est inscrite au rôle des contributions, a le droit de demander communication et de prendre copie des délibérations. — En cas de nécessité, l'autorité départementale peut autoriser un Conseil m. à se réunir dans l'intervalle des deux sessions ordinaires. Dans ses sessions ordinaires, le Conseil a le droit de s'occuper de toutes les matières comprises dans ses attributions; dans ses sessions extraordinaires, il est tenu de se borner à l'objet pour lequel la réunion a été autorisée. Toute délibération prise par un Conseil m. sur un objet étranger à ses attributions est nulle de plein droit, comme aussi celle qu'il prendrait en dehors de ses réunions légales. Dans ce dernier cas, les délibérations seraient nulles. Il est interdit à tout Conseil m. soit de publier des proclamations et adresses, soit d'émettre des vœux politiques, soit, hors les cas prévus par la loi, de se mettre en communication avec un ou plusieurs Conseils municipaux. — Un Conseil m. ne peut être dissous que par décret motivé du Président de la République, rendu en Conseil des ministres et publié au *Journal officiel*. S'il y a urgence, il peut être provisoirement suspendu pendant un mois au maximum par le ministre de l'Intérieur. En l'absence du Conseil m., une *délégation spéciale* en remplit les fonctions. Cette délégation est nommée par décret; elle se compose de trois membres au moins : ses pouvoirs sont limités aux actes de pure administration conservatoire et urgente. Lorsqu'une délégation spéciale a été instituée, il doit être procédé dans les deux mois à la réélection du Conseil m.

III. *Budget communal.* — Il est présenté par le maire au Conseil m., qui le discute et le vote par articles. Il est ensuite transmis au Sous-préfet qui le vise, et au Préfet qui l'approuve ou le modifie s'il y a lieu. Le budget se divise en deux parties ou titres, le titre des dépenses et celui des recettes, et chaque titre se partage à son tour en deux chapitres, celui des dépenses ou des recettes ordinaires, et celui des dépenses ou des recettes extraordinaires. Le Conseil m. peut, en outre, voter un crédit particulier pour dépenses imprévues, et l'autorité supérieure ne peut, ni rejeter ni réduire un crédit de cette sorte, s'il n'excède pas le montant des sommes disponibles sur les revenus ordinaires, après le paiement des dépenses obligatoires. Enfin, les crédits alloués étant limitatifs, le conseil est autorisé à voter des crédits supplémentaires ou additionnels, toutes les fois qu'après la formation du budget et l'ouverture de l'exercice, l'administration communale se trouve obligée de pourvoir à une dépense non prévue.

A. *Dépenses.* — La loi donne à une partie de ces dépenses un caractère obligatoire; les autres sont seulement facultatives.

1° Les principales *dépenses obligatoires* sont les suivantes : Frais d'administration; ils comprennent : l'entretien de l'hôtel de ville ou du local affecté à la mairie; les frais de bureau, c.-à-d. les traitements des employés de la mairie, l'éclairage, le chauffage et les fournitures de bureau; les frais d'impression, qui consistent dans la fourniture des listes des électeurs communaux, des procès-verbaux d'élections, des feuilles de recensement de la population, des tableaux statistiques de toute nature, etc.; l'abonnement au *Journal officiel*, édition des communes et pour les communes chefs-lieux de canton, l'abonnement au *Bulletin des Lois;* les frais de registres de l'état civil; le traitement du receveur municipal, s'il y a lieu. Traitement des gardes champêtres et des gardes des bois, ainsi que des préposés de l'octroi. Traitement et frais de bureau des commissaires de police. Loyer et réparation de la justice de paix; achat et entretien de son mobilier. Dépenses relatives à l'instruction publique, conformément aux lois, notamment, fourniture de locaux pour les écoles primaires et entretien de ces écoles; logement des instituteurs et institutrices. Logement des curés et desservants; entretien des édifices consacrés au culte. Contribution aux dépenses nécessitées par les enfants trouvés ou abandonnés, ainsi que par les aliénés. Clôture et entretien des cimetières. Entretien ou contribution à l'entretien des chemins vicinaux, suivant leur catégorie. Contribution à l'entretien des établissements militaires. Prélèvements et contributions établis par les lois sur les biens communaux qui produisent des revenus aux communes. Frais de tenue des diverses assemblées électorales. Acquittement des dettes exigibles provenant d'emprunts légalement contractés, d'acquisitions immobilières, de constructions, de condamnations pécuniaires, etc.

2° Les *dépenses facultatives* principales sont celles-ci : Suppléments de traitement aux instituteurs ou institutrices publics. Subventions aux établissements de bienfaisance. Entretien du pavé des rues non classées dans la grande voirie. Éclairage et arrosage de la voie publique. Entretien des fontaines, halles, marchés, promenades, etc. Fondation et entretien des bibliothèques, musées, jardins botaniques, écoles de dessin, cours de sciences appliquées, salles d'asile, dispensaires, etc. Subventions aux théâtres. Fêtes publiques.

B. Les *revenus* des communes se distinguent en recettes ordinaires et en recettes extraordinaires.

1° Les principales *recettes ordinaires* sont : Prix des baux à ferme et à loyer des immeubles dont les communes sont propriétaires. Arrérages des capitaux placés en rentes sur l'État ou autrement. Droits perçus à titre de location de places dans les halles, foires, marchés, ou de permis de stationnement sur la voie publique, sur les ports, fleuves ou rivières. Produits du service des abattoirs. Droits d'emmagasinage dans les entrepôts, de pesage, mesurage et jaugeage, s'il y a lieu. Droits de voirie et part revenant aux communes dans le prix des concessions dans les cimetières, et produit de l'adjudication de l'entreprise des pompes funèbres. Produit des concessions d'eau. Droits pour les expéditions des actes administratifs et de l'état civil. Produit des droits d'octroi. Part attribuée aux communes dans les amendes pour contraventions de simple police. Portion attribuée aux communes dans l'impôt des patentes. Produit des centimes ordinaires et spéciaux affectés aux communes par les lois de finances. A ces centimes s'ajoutent ceux que les communes sont tenues de s'imposer, en cas d'insuffisance de leurs ressources, pour subvenir, par exemple, aux dépenses de l'instruction primaire.

2° Les principales *recettes extraordinaires* sont : Contributions extraordinaires dûment autorisées Prix des biens aliénés. Dons et legs. Remboursement des capitaux exigibles et des rentes rachetées. Produit des coupes extraordinaires des bois, des emprunts, des taxes ou des surtaxes d'octroi spécialement affectées à des dépenses extraordinaires et à des remboursements d'emprunt. — La loi accorde aux communes la faculté de s'imposer extraordinairement en ajoutant aux diverses contributions directes les centimes nécessaires pour subvenir, soit à des dépenses spéciales, soit à des dépenses urgentes pour lesquelles les centimes additionnels ordinaires et les autres revenus communaux sont insuffisants. L'établissement de ces centimes suivant les cas doit être approuvé par décision préfectorale ou par décret. Il en est de même des emprunts. Lorsque la somme à emprunter dépasse un million, il doit être statué par une loi.

IV. *Régime exceptionnel.* — A Paris et dans les communes du département de la Seine, ainsi qu'à Lyon et dans les communes qui forment l'agglomération lyonnaise, l'organisation municipale diffère notablement de celle qui est établie par la loi commune. A Paris, notamment, les Maires ne sont guère que de simples officiers de l'état civil. Ils sont nommés par le chef de l'État. Il y a incompatibilité entre les fonctions de maire et celles de Conseiller m. C'est le Préfet de la Seine qui est en réalité le maire de Paris, bien que ce titre ne lui ait été donné nulle part, pour toutes les matières d'administration communales autres que celles qui ressortissent à la Préfecture de police. D'autre part, le Conseil m. de Paris comporte une organisation spéciale : il comprend 80 membres élus au scrutin individuel, à raison de un par quartier, soit quatre par arrondissement.

Il a quatre sessions annuelles ordinaires, mais il est constamment réuni en sessions extraordinaires.

Quant à la ville de Lyon, elle est divisée en six arrondissements. Elle est administrée par un Maire et 17 adjoints; chaque arrondissement a à sa tête deux adjoints. A l'exception des attributions de police conférées par la loi au Préfet du Rhône, le Maire exerce les mêmes attributions que dans les autres communes de France. Le Conseil m. de Lyon comporte 54 membres.

**MUNICIPALEMENT.** adv. Selon les formes municipales.

**MUNICIPALISME.** s. m. Esprit d'attachement au système des municipalités.

**MUNICIPALITÉ.** s. f. (R. *municipal*). Corps des officiers municipaux. *Il convoqua la m.* || La maison où les officiers municipaux tiennent leurs séances et ont leurs bureaux. *Se marier à la m.* || Se dit quelquefois de la circonscription municipale, de la commune. *Il est de telle municipalité.*

**MUNICIPE.** s. m. (lat. *municipium*, m. s.). T. Hist. rom. Cité jouissant de droits particuliers. Voy. MUNICIPAL. || Habitant d'un municipe.

**MUNIFICENCE.** s. f. [Pr. *munifi-sanse*]. (lat. *munificentia*, m. s., de *munus*, charge, fonction, et par ext. présent et aussi œuvre utile, et *facere*, faire). Grande libéralité. *L'empereur leur laissa des marques de sa m. Cet établissement est dû à la m. d'un simple particulier.*

**MUNIR.** v. a. (lat. *munire*, m. s.). Pourvoir des choses nécessaires pour un but quelconque; se dit le plus souvent de vivres et de moyens de défense. *M. une place. M. une ville de provisions de bouche, d'armes, etc. La nature a muni le tigre d'ongles tranchants. Cette roue est munie de dents sur toute sa circonférence.* || T. Théol. *M. un mourant des sacrements.* = SE MUNIR. v. pron. Se pourvoir des choses nécessaires. *Se m. d'un manteau contre le froid. Se m. d'argent pour un voyage. Se m. d'armes, de chevaux pour une expédition.* || Figur., *Se m. de patience, de résolution, de courage.* Se préparer à soutenir avec patience, avec courage, tout ce qui peut arriver. = MUNI, IE. part. *Il vient de partir muni de tous ses outils.*

**MUNITION.** s. f. [Pr. *muni-sion*]. (lat. *munitio*, m. s. de *munire* munir). Provision des choses nécessaires dans une armée ou dans une place de guerre; se dit surtout au plur. *Munitions de guerre, de bouche. Tout à coup nous manquâmes de munitions.* || *Pain de m.*, Le pain qu'on distribue aux soldats pour leur nourriture. — *Fusil de m.*, Fusil de gros calibre qui était l'arme ordinaire des soldats d'infanterie, et auquel s'adaptait une baïonnette.

**MUNITIONNAIRE.** s. m. [Pr. *muni-sio-nère*]. Celui qui est chargé de fournir les munitions nécessaires à la subsistance des troupes.

**MUNITIONNER.** v. a. [Pr. *munisio-ner*]. Pourvoir de munitions. = MUNITIONNÉ, ÉE. Part.

**MUNJISTINE.** s. f. [Pr. *mon-jistine*] (R. *munjut*, garance de l'Inde). T. Chim. Matière colorante qui se forme par l'action de l'eau bouillante sur la purpurine commerciale. Elle cristallise en aiguilles orangées, fusibles à 231°, très solubles dans l'eau. Elle est constituée par de l'acide xanthopurpurine-carbonique et répond à la formule $C^{15}H^{8}O^{6}$. Vers 233° elle se dédouble en gaz carbonique et en xanthopurpurine. La m. teint les tissus mordancés; mais les couleurs sont peu stables et disparaissent au savonnage.

**MUNK** (SALOMON). Orientaliste fr. d'origine allem. (1802-1867).

**MUNOZ** (SÉBASTIEN). Peintre esp. (1654-1690).

**MUNSTER.** Mot allemand signif. cathédrale, dôme.

**MUNSTER**, anc. ch.-l. de c. (Haut-Rhin), pris à la France par la conquête allemande en 1870; 5,100 hab..

**MUNSTER**, cap. de la province de Westphalie (Prusse), sur l'Aa; 44,000 hab. Évêché, Université.

**MUNSTER**, l'une des quatre grandes divisions de l'Irlande, au S.-O. 1,331,000 hab.

**MUNSTER** (FRÉD.) Théologien protestant danois (1761-1830).

**MUNYCHIE**, l'un des trois ports de l'anc. Athènes, entre ceux du Pirée et de Phalère.

**MUNTJAC.** s. m. T. Mamm. Nom d'une espèce de *Ruminants* qui vit dans les Indes. Voy. CERF.

**MUNZER** ou **MUNTZER** (THOMAS). Fondateur de la secte des anabaptistes, né en 1495, décapité en 1525.

**MUONGS.** Nom donné aux habitants du Laos. Voy. INDE, II.

**MUPHTI,** s. m. Voy. MUFTI.

**MUQUEUX, EUSE.** adj. [Pr. *mu-keu, euze*]. (lat. *mucosus*, m. s.). T. Anat., Méd., etc. Qui est de la nature du mucus. *Un liquide m.* || Qui sécrète du mucus. *Membrane muqueuse.* || Qui contient du mucus, du mucilage. *Plante muqueuse.* Peu usité. = Méd. *Fièvre muqueuse.* Voy. TYPHOÏDE. = MUQUEUSE. s. f. T. Méd. Membrane muqueuse. Voy. plus bas.

**Méd.** — *Membrane muqueuse.* — I. *Anatomie.* — On désigne sous ce nom le revêtement membraneux de tous les organes creux qui communiquent avec l'extérieur par les diverses ouvertures dont la peau est percée. Cette désignation est empruntée au fluide qui humecte habituellement les surfaces libres de ces membranes. Les m. constituent des membranes molles, blanchâtres, grisâtres, rosées ou d'un rouge plus ou moins foncé, selon le degré de réplétion de leur couche vasculaire. Elles présentent deux faces : l'une libre, lubrifiée par un fluide muqueux; l'autre adhérente aux organes qu'elles revêtent. Dans certaines régions, la m. adhère intimement au tissu sous-jacent; mais le plus souvent elle se déplace avec une facilité variable grâce à l'existence d'une couche de tissu conjonctif interposée (tunique sous-muqueuse), entre la m. et l'organe revêtu. Lorsque la face profonde est très mobile, des plis se forment à la surface libre, transitoires ou permanents, semés d'élevures papillaires, de prolongements villeux, de dépressions, lacunes, cryptes, etc.

Toute m. se compose de deux couches superposées : la couche épithéliale superficielle, et le chorion muqueux ou derme substratum de la m. L'épithélium, au point de vue physiologique, est évidemment la couche la plus importante, de même qu'au point de vue pathologique, car c'est elle qui résume la plupart des activités physiologiques et pathologiques des m. C'est elle qui préside aux phénomènes de sécrétion, d'absorption ou de protection qui constituent le rôle de ces m.; la plupart des nombreuses glandes qui tapissent la membrane m. et qui sont logées dans l'épaisseur du chorion, ou au-dessous de lui, dans la couche sous-m., doivent être considérées elles-mêmes comme de simples replis des dépressions de l'épithélium. Le tissu épithélial est exclusivement formé de cellules, et suivant le rôle qui leur est dévolu, on distingue deux variétés : les épithéliums de revêtement, et les épithéliums glandulaires. Les épithéliums de revêtement présentent trois types principaux au point de vue cellulaire, l'épithélium pavimenteux, l'épithélium cylindrique, l'épithélium vibratile. D'autre part, ces cellules peuvent être ordonnées en une ou plusieurs couches, en sorte que l'on distingue des épithéliums simples et des épithéliums pavimenteux stratifiés. Les épithéliums glandulaires sont caractérisés par la présence de masses épithéliales spécialisées dans le but d'extraire du sang un produit qu'elles versent sur les surfaces tégumentaires. On distingue deux catégories de glandes : les glandes conglobées, qui ne nous intéressent pas ici (foie, reins....), dans lesquelles l'élément vasculaire est en contact avec l'épithélium, et les glandes en cul-de-sac, où les vaisseaux restent séparés par une membrane propre de l'épithélium. Ces glandes en cul-de-sac elles-mêmes peuvent prendre des formes diverses, en tubes ou en grains, pouvant être d'autre part simples ou composées. — Le support connectif de l'épithélium est l'analogue du derme cutané : d'une manière générale, le chorion muqueux est essentiellement composé par un feutrage fibroélastique, un entrelacement de fibrilles conjonctives et élastiques, de cellules plates, de capillaires, de nerfs et de fentes lymphatiques. Comme sur la peau, le derme muqueux est hérissé de papilles dont l'axe est occupé par une anse vasculaire accompagnée ou non d'une fibre nerveuse. Sur de nombreuses m. la richesse vasculaire se révèle par la coloration rouge en rapport avec l'activité des fonctions; de même les filets nerveux, tant sensitifs que vaso-moteurs et sécréteurs, y abondent, au point de former souvent des plexus.

II. *Physiologie.* — La première fonction à étudier est la sécrétion du mucus. Le *mucus* est un liquide filant, gluant, visqueux, tantôt transparent, tantôt louche; il est alcalin, formé par de l'eau, des sels minéraux (phosphates, sulfates, carbonates, silicates et chlorures alcalins), des matières extractives, de la graisse, enfin et surtout par une substance albuminoïde caractéristique, la *mucine* ou *mucosine*. C'est la mucine qui communique au mucus sa viscosité et la propriété de se gonfler par addition d'eau sans s'y dissoudre. Le mucus tient en suspension une quantité variable de leucocytes, de cellules épithéliales plus ou moins altérées, et de bulles d'air. Il n'est pas uniquement sécrété par les glandes, mais provient aussi des modifications éprouvées par les cellules épithéliales de revêtement qui subissent une mue constante. Le rôle essentiel du mucus est à coup sûr celui d'un enduit protecteur, et l'abondance de sa sécrétion ne prouve pas en faveur de l'intégrité de la m. Aussi sa sécrétion n'est-elle pas le but unique de l'existence des m. : on peut leur assigner un triple rôle physiologique; organes de protection (vessie, rectum, etc.); organes d'absorption (tube digestif, appareil respiratoire); enfin organes de sécrétion et d'élaboration (tube digestif).

La sensibilité des m. est particulièrement intéressante parce que c'est sa sollicitation qui provoque les réflexes fonctionnels. A l'état pathologique, cette sensibilité devient pénible et peut aller jusqu'à la douleur la plus vive (coliques).

III. *Pathologie.* — La pathologie des m. peut se résumer presque tout entière dans l'histoire du catarrhe, c'est-à-dire l'hypersécrétion d'un mucus plus ou moins chargé de globules blancs. Le catarrhe n'est pas une simple exagération de la sécrétion, mais bien une véritable altération de cette sécrétion, et lorsque l'hyperhémie est trop intense, la membrane sécrète du *muco-pus*. Il est aussi des cas où les muqueuses malades laissent transsuder une quantité considérable de liquide séreux, riche en albumine et en sel, très pauvre en mucine (diarrhée). L'inflammation des m. peut se traduire encore par une exsudation contenant de la fibrine coagulable, ce qui constitue l'*exsudat fibrineux* ou *croupal* des Allemands, la *fausse membrane* se moulant exactement sur la m., dont elle reproduit l'empreinte.

**MUR.** s. m. (lat. *murus*, m. s.). Ouvrage de maçonnerie, qui sert à faire une maison, à enclore un espace, à le séparer d'un autre ou à le diviser. *Les murs de cette maison sont fort épais. Les murs d'une chambre, d'un cachot.* — *Mur de clôture*, Celui qui enferme extérieurement une cour, un jardin, un parc, etc. — *Les murs d'une ville*, Les murs qui entourent une ville. *Murs*, au plur., s'emploie quelquef. absol. dans ce sens. *Cette église est hors des murs.* On dit aussi : *Depuis quand êtes-vous dans nos murs?* c.-à-d. dans notre ville. || T. Blas. Meuble d'armoiries représentant un mur qui occupe toute la largeur de l'écu. || Figur., *Mur de séparation, mur d'airain*, se dit des causes qui divisent deux personnes et les empêchent de se réunir. *Il y a un mur de séparation, un mur d'airain entre ces deux hommes.* || Fig. et fam., *Mettre quelqu'un au pied du mur*. Le mettre hors d'état de reculer et le forcer à prendre un parti; ou, dans une discussion, le mettre dans l'impossibilité de répliquer. || Fig. et prov., *C'est vouloir donner de la tête contre un mur* Voy. TÊTE. — *Les murs ont des oreilles*, se dit lorsqu'on craint d'être écouté par quelqu'un de caché. — *On tirerait plutôt de l'huile d'un mur*, se dit d'un homme dur dont on ne peut rien obtenir. On dit, au contraire, d'un homme qui, par son adresse et son industrie, tirerait de l'argent, des secours, d'où les autres ne pourraient rien tirer : *Il tirerait de l'huile d'un mur.* — *Ne laisser que les quatre murs*, vider entièrement une maison — *Battre les murs*, aller d'un côté à l'autre de la rue en vacillant. || T. minér. Voy. FILON. || T. Esc. *Tirer au m.*, s'escrimer contre un m. pour s'exercer. — Fig. S'escrimer contre quelqu'un qui ne fait que parer. || T. Techn. Les *murs d'une mine*, les parois inférieures. — *Morts murs*, parois d'un four de fusion, construites en matière réfractaire.

**Syn.** — *Muraille.* — Le *mur* est un ouvrage de maçonnerie; la *muraille* est un ensemble, une suite de murs, une sorte d'édifice. On dit les *murs* d'un jardin, et les *murailles* d'une ville. Le *mur* se qualifie surtout par son mode de construction, par les matières employées, tandis que la *muraille* se qualifie par la force, par la grandeur plus ou moins imposante. Le *mur* arrête, sépare, partage, ferme; la *muraille* couvre, défend, fortifie et sert de rempart.

**Arch.** — Les murs se construisent en pierres de taille, en moellons, en briques cuites ou crues, en cailloux, en pisé, en bois et même simplement en terre. Ils prennent, en outre, différents noms suivant leur destination, leur disposition et leur mode de construction. Ainsi, on appelle *gros murs d'un bâtiment*, les murs principaux, ceux qui en forment l'enceinte et qui portent les combles, les voûtes, etc. Le *M. de face* est le gros mur qui forme l'une des principales faces d'un bâtiment, et les *M. latéraux* sont ceux qui forment ses côtés. Le *M. de pignon* s'élève jusqu'au dessous du toit, qu'il supporte et dont il a la forme. Le *M. en décharge* est celui dont le poids est soulagé par des arcades bandées d'espace en espace par de la maçonnerie. On appelle *M. de dossier* celui qui s'élève au-dessus d'un toit et auquel s'adossent les tuyaux de cheminée. Le *M. de refend* est celui qui, renfermé entre les gros murs, sert à séparer les pièces de l'intérieur. Le *M. de parpaing* est formé de pierres qui en traversent toute l'épaisseur. Le *M. d'appui* ou *à hauteur d'appui* est celui qui ne s'élève guère que d'un mètre environ. Le *M. de terrasse* sert à retenir les terres d'une plate-forme, d'une terrasse, d'un jardin, d'un boulevard, etc. Le *M. planté* est celui qui est construit sur un pilotage ou sur une grille de charpente.

**MÛR**, ch.-l. de c. (Côtes-du-Nord), arr. de Loudéac; 2,400 hab. Ardoisières.

**MÛR, ÛRE**. adj. (lat. *maturus*, m. s.). En parl. des fruits ou des graines, se dit de ceux qui sont parvenus au point de développement qui les rend propres soit à propager l'espèce, soit à être cueillis ou mangés. *Lorsqu'elles sont mûres, les graines se détachent de la plante qui les a portées. Blés, épis, raisins, fruits mûrs. Pommes, cerises mûres. Ce melon est m., à demi m.* — En parlant du vin, sign. Qui n'a plus de verdeur, qui est bon à boire. *Ce vin n'est pas encore m.* || Figur. et fam., *La poire est mûre, n'est pas mûre*, L'affaire dont il s'agit n'est pas arrivée au moment où il convient qu'on s'en occupe, qu'on songe à la terminer. On dit, à peu près de même, *Il faut attendre à cueillir la poire qu'elle soit mûre.* On dit encore de l'affaire : *L'affaire est mûre. Elle n'est pas encore mûre* || Prov. *Entre deux vertes une mûre*, On trouve deux mauvaises choses pour une bonne. || Figur., en style de dévotion, on dit d'une personne fort pieuse qui est morte jeune : *C'était un fruit m. pour le ciel. Elle était mûre pour l'éternité.* || Figur. et famil., on dit qu'*Une fille est mûre*, lorsqu'elle a depuis longtemps atteint l'âge de se marier. || Fig. et fam., *Cet habit est m., est bien m.*, Il est vieux, usé, facile à déchirer. || T. Physiol. *Age m.*, Voy. Age. — On dit d'un homme dont l'esprit est sage, posé, réfléchi : *C'est un esprit m., un homme m.* || Figur., *Une mûre délibération* est celle où tout a été examiné avec une grande attention. *On prit ce parti après mûre délibération.*

**MURAILLE** s. f. [Pr. les *ll* mouillées]. Mur épais et d'une certaine élévation. *Bonne, haute, épaisse m. M. de pierre, de brique. M. à pierre sèche. Élever, étayer, abattre une m. Un pan de m. Le long de la m.* — Se dit particulièr. des constructions de ce genre qui servent de clôture, de défense, de rempart. *Les murailles d'une forteresse, d'une ville. La grande m. de la Chine. Défendre, forcer, escalader, saper une m.* || Famil., *Il n'y a que les quatre murailles*, se dit d'une maison, d'un appartement où il n'y a point de meubles. *Enfermer quelqu'un entre quatre murailles*, Le mettre en prison. || Figur., *Être comme une m. devant l'ennemi*, se dit d'une troupe que l'ennemi ne peut ni entamer, ni faire reculer. || *Couleur de m.*, couleur qui se confond avec celle des maisons. *Un manteau couleur de m.* || Fig. Se *casser la tête contre la m.*, Se désespérer || T. Mar. L'épaisseur du bord d'un bâtiment. *Le boulet traversa la m.* || T. Prov. *La m. blanche est le papier des sots.* C'est la manie des sots d'écrire sur les murailles. || T. Vétér. Corne qui enveloppe le pied du cheval. || *Murailles*, au pl., se dit, dans le style soutenu, pour Ville. *Ce fleuve serpente autour de nos murailles.* = Syn. Voy. Mur.

**MURAILLEMENT**. s. m. [Pr. les *ll* mouillées] T. Techn. Construction d'une sorte de muraille dans la mine, pour soutenir le plafond des galeries

**MURAILLER**. v. a. [Pr. les *ll* mouillées]. Recouvrir d'une muraille. Soutenir par un mur. = Muraillé, ée. part.

**MURAL, ALE**. adj. (lat. *muralis*, m. s., de *murus*, mur). *Plantes murales*, Qui croissent sur les murs. *Carte murale*, Carte géographique suspendue à un mur. — *Insectes muraux*, Qui déposent leurs œufs dans les trous des murs. || T. Antiq. *Couronne m.* Voy. Couronne. || T. Astr. *Cercle m.* Voy. Méridien.

**MURANO**, v. de Vénétie, dans un îlot à 2 kilomètres de Venise, célèbre par ses fabriques de verreries et de glaces.

**MURAT**, ch.-l. d'arr. du dép. du Cantal, à 39 kilomètres N.-E. d'Aurillac; 2,200 hab.

**MURAT**, ch.-l. de c. (Tarn), arr. de Castres; 2,600 hab.

**MURAT** (Joachim), fils d'un aubergiste du Lot, conquit par sa brillante valeur les plus hautes dignités militaires sous le Consulat et l'Empire. Il épousa Caroline Bonaparte (1800), et fut placé sur le trône de Naples par Napoléon (1808). Chassé après les Cent-Jours, il fut pris et fusillé en tentant de rentrer dans ses États (1771-1815).

**MURATO**, ch.-l. de c. (Corse), arr. de Bastia; 1,100 hab.

**MURATORI**, historien et archéologue italien (1672-1750).

**MURCHISONITE**. s. f. [Pr. *mur-chi-sonite*] (R. *Murchison*, nom d'un sav. angl.). T. Minér. Variété d'orthose présentant trois clivages.

**MURCIE**, cap. de la prov. et autrefois du royaume de *Murcie* (Espagne); 94,300 hab. La prov. compte 469,400 hab.

**MURDANNIA**. s. f. T. Bot. Genre de plantes Monocotylédones de la famille des *Commélinacées*. Voy. ce mot.

**MUR-DE-BARREZ**, ch.-l. de c. (Aveyron), arr. d'Espalion; 1,500 hab.

**MÛRE**. s. f. (lat. *mora*, gr. μόρον, m. s., d'un rad. sanscrit, *mor* ou *mur* qui sign. brillant). T. Bot. Fruit du Mûrier. || Abusiv., on appelle *M. sauvage*, le fruit de la Ronce.

**MURE**. s. f. (lat. *muria*, saumure). Nom donné dans les salines à l'eau-mère qui reste après la cristallisation du sel ainsi qu'à l'eau saturée de sel après qu'on lui a fait subir l'évaporation.

**MURE (LA)**, ch.-l. de c. (Isère), arr. de Grenoble; 3,400 hab.

**MUREAU**. s. m. (R. *mur*.). T. Métall. Maçonnerie de la tuyère des fourneaux.

**MÛREMENT**. adv. (R. *mûr*). Avec beaucoup de réflexion, d'attention. *Après avoir m. réfléchi, m. délibéré.*

**MURÉNA**, consul romain, fut défendu par Cicéron d'une accusation de brigue (63 av. J.-C.).

**MURÈNE**. s. f. (lat. *muræna*, gr. μύραινα, m. s.). T. Icht. Genre de *Poissons osseux*. Voy. Anguille.

**MURER**. v. a. (R. *mur*) Entourer de murailles. *Cette ville a été murée depuis peu de temps.* — Figur., *La vie privée doit être murée.* || *M. une porte, une fenêtre*, La boucher avec de la maçonnerie. || *M. quelqu'un*, Enfermer quelqu'un entre des murs de façon qu'il ne puisse sortir. *Pausanias périt dans le temple où on l'avait muré* = Muré, ée. part. *Ville murée. Porte murée*

**MÛRERAIE**. s. f. [Pr. *mure-rè*] (R. *mûre*). Terrain planté de mûriers.

**MURET**, ch.-l. d'arr. du dép. de la Haute-Garonne, sur la Garonne, à 16 kilomètres S.-O. de Toulouse; 4,142 hab. — Victoire de Simon de Montfort sur les Albigeois (1213). = Nom des hab. : Muretin, ine.

**MURET**. s. m. [Pr. *mu-rè*]. (Dimin.). Petit mur, mur bas.

**MUREUX, EUSE**. adj. [Pr. *mu-reu, euze*]. T. Techn. Qui sert à la confection des murs. *Pierre mureuse.*

**MUREX**. s. m. [Pr. *mureks*] (lat. *murex*, sorte de coquillage). T. Zool. Genre de *Mollusques*. Voy. Muricidés.

**MUREXIDE.** s. f. [Pr. *mure-ksıde*] (lat. *murex*, coquillage d'où les anciens tiraient la pourpre). T. Chim. Belle matière colorante pourpre constituée par le sel ammoniacal de l'acide purpurique. Voy. PURPURIQUE.

**MURGER.** s. m. [Pr. *mur-jé*]. Voy. MERGER.

**MURGER** (HENRI), écrivain fr. plein de verve et d'esprit. Auteur des *Scènes de la vie de Bohême* (1822-1861).

**MURIACITE.** s. f. T. Minér. Syn. d'*Anhydrite*.

**MURIATE.** s. m. (lat. *muria*, saumure). T. Chim. Nom que l'on donnait autrefois aux chlorhydrates et aux chlorures. Voy. CHLORE.

**MURIATIQUE.** adj. 2 g. (lat. *muria*, saumure). T. Chim. *Acide m.* Ancien nom de l'acide chlorhydrique. Voy. CHLORE.

**MURICIDÉS.** s. m. pl. (lat. *murex*, *muricis*, nom d'une espèce de coquillage). T. Zool. Les M. sont des Gastéropodes-Prosobranches, appartenant au groupe des *Cténobranches* (Voy. GASTÉROPODES). Le corps de l'animal est caractérisé par un long siphon, un pied large et par les yeux reportés à la base des tentacules. La coquille est ovale ou oblongue, garnie d'épines ou de tubercules, et à canal saillant et droit. Cette famille renferme plusieurs genres dont les principaux sont les suivants.

Les *Murex* ou *Rochers* (*Murex*) ont une coquille canaliculée : en travers des tours se trouvent des varices, c.-à-d. des bourrelets épineux ou tuberculeux, formant toujours plus de deux rangées continues depuis le dernier tour jusqu'au sommet ; mais il faut dire que les coquilles des différentes espèces tant actuelles que fossiles, présentent des formes très variées assez bizarres résultant de leurs expansions foliacées ou épineuses. Le *Murex cornu* (*M. cornutus*) habite la mer des Indes ; le grand développement de sa coquille qui atteint 16 centimètres de long lui a fait donner le nom vulgaire de *Massue d'Hercule*. Le *M. droite-épine* (*M. brandaris*) est une espèce commune dans la Méditerranée dont la coquille atteint une longueur de 8 à 10 centimètres. On croit que la fameuse pourpre de Tyr si recherchée dans l'antiquité était fournie par cette espèce de

Fig. 1.

Fig. 2.

Murex. Nous figurons ici (Fig. 1) le *M. saxatilis*, remarquable par la brièveté de son canal. Les genres *Triton* et *Ranelle* ressemblent beaucoup aux Murex.

Le genre *Fuseau* (*Fusus*), l'un des plus nombreux en espèces parmi les Mollusques, se distingue du précédent par l'absence des varices. La coquille, étroite et longue, offre une ouverture ovalaire dont la columelle est lisse ; le canal est long et droit (Fig. 2. *Fuseau aigu*). Les espèces vivantes du genre Fuseau habitent toutes les mers et surtout celles des pays chauds ; les espèces fossiles sont très répandues dans les terrains tertiaires. Les *Fasciolaires* se distinguent des précédents par quelques plis obliques à la columelle vers la naissance du siphon. Les *Turbinelles* s'en distinguent, par leur columelle qui offre vers son milieu de gros plis transverses ; elles forment la transition entre les Volutes et les Murex.

Le genre *Strombe* (*Strombus*) renferme des coquilles à canal droit ou infléchi vers la droite. Le bord externe de l'ouverture se dilate avec l'âge, mais en conservant toujours un sinus vers le canal sous lequel passe la tête quand l'animal s'étend (Fig. 3. *Str. variable*). Les espèces vivantes sont assez nombreuses ; la plupart vivent dans les mers tropicales ; quelques-unes sont fort grandes. On les recherche surtout à cause de la belle coloration de leur ouverture. Les *Ptérocères* (*Pterocera*) ne diffèrent des Strombes que par les digitations longues et grêles du bord droit de leur coquille ; ce sont de grandes coquilles que l'on trouve dans les mers des pays chauds. Les *Rostellaires* (*Rostellaria*) ont le sinus du bord externe contigu au canal et généralement un second canal remontant le long de la spore, ils se trouvent dans les mers tropicales. La plus grande espèce vivante est la Rostellaire à bec arqué (*R. curvirostris*), longue de 20 centimètres, qui vient des îles Moluques.

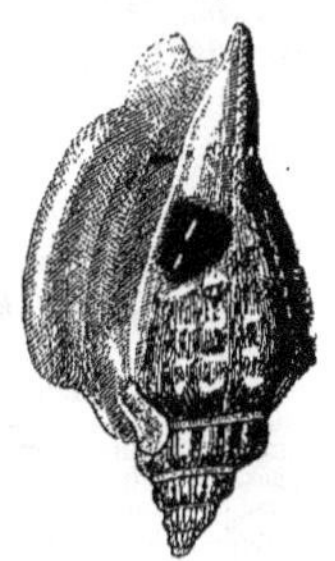
Fig. 3.

**MURICULÉ, ÉE.** adj. (lat. *murex*, pointe). Qui est garni de petites pointes mousses.

**MURIDÉS, MURIENS** ou **MURINS.** s. m. pl. (lat. *mus*, *muris*, rat). T. Mamm. Famille des Rongeurs qui a pour type le genre Rat. Voy. RAT.

**MURIE** ou **MUIRE.** s. f. Voy. MUIRE.

**MÛRIER.** s. m. (R. *mûre*). T. Bot. Genre de plantes Dicotylédones (*Morus*) de la famille des *Urticacées*. Voy. ce mot.

**Arboric.** — Les deux espèces suivantes sont seules employées pour la culture des vers à soie : 1° *M. noir* (*morus nigra*). Cet arbre, originaire de l'Asie Mineure, acquiert de 6 à 7 mètres d'élévation, et porte une tête arrondie. Ses feuilles sont rudes en dessus, pubescentes en dessous. Ses fruits, plus gros que ceux des autres espèces, sont oblongs, de couleur pourpre noirâtre, de saveur douce et agréable. Le m. noir fut d'abord le seul qu'on employa en France pour la nourriture des vers à soie ; mais on le délaissa dès qu'on connut le m. blanc. La lenteur de sa végétation, la nature plus grossière de la soie qu'on obtient des vers qui s'en nourrissent, sont les deux causes principales de cet abandon. — 2° *M. blanc* (*morus alba*). Abandonné à lui-même, cet arbre s'élève jusqu'à 20 mètres. Ses fruits sont blancs ; les feuilles sont glabres, luisantes en dessus, ovales, dentées, entières ou découpées en lobes. Originaire de la Chine et de la Perse, il ne fut introduit en Europe que longtemps après le ver à soie. Le m. blanc étant le plus souvent multiplié de graines, on en a obtenu un très grand nombre de variétés résultant souvent de son croisement avec le m. noir. En général, on préfère celles qui développent une abondance de feuilles très larges et fermes, parce qu'elles offrent plus de résistance au vent, conservent plus longtemps leur fraîcheur, et celles dont les rameaux longs et vigoureux résistent bien aux gelées tardives. — La culture du m. cesse d'être possible là où la température descend souvent à 25° au-dessous de zéro. Il faut en outre : 1° que la température moyenne reste, au moins pendant trois mois, à 12° au-dessus de zéro, après la récolte des feuilles, pour que les nouvelles pousses aient le temps de s'aoûter avant l'hiver ; 2° que ces pousses ne soient pas fréquemment exposées aux gelées blanches ; 3° que les feuilles reçoivent une lumière intense et un air vif afin de fixer dans leurs tissus les éléments d'une soie de bonne qualité. — Considéré au point de vue de sa végétation, le m. est un des arbres les moins exigeants ; il se développe bien dans tous les sols, pourvu qu'ils ne soient pas marécageux, et que l'élément calcaire ne domine pas en trop fortes proportions. — On multiplie le m. au moyen de semis, de greffes, de marcottes et de boutures.

**MÛRIFORME.** adj. 2 g. Qui est en forme de mûre. = MURIFORMES. s. m. pl. T. Mamm. Famille de *Rongeurs*. Voy. CAPROMYS.

**MURILLO** (ESTEBAN), célèbre peintre espagnol (1618-1682). Œuvres principales : *Une Conception* (Musée du Louvre) ; *la Madone et l'Enfant* (id.) ; *Jésus sur la Montagne* (id.) ; *l'Enfant Jésus devant saint Augustin* (à Séville) ; *Saint Augustin écrivant* (id.) ; *Saint Antoine de Padoue* (id.) ; *Moïse frappant le rocher* (id.) ; *l'Annonciation* (à Madrid) ; *Grand'mère épouillant un petit garçon* (Munich).

**MURIQUÉ, ÉE.** adj. [Pr. *muri-ké*] (lat. *murex*, coquille hérissée de pointes). T. Bot. Qui est couvert de pointes robustes et courtes.

**MÛRIR.** v. n. Devenir mûr. *Les fruits mûrissent. Les raisins n'ont pas mûri cette année.* || Figur., *C'est un esprit qui mûrira avec le temps. Il faut laisser m. l'enfance. Cet homme ne mûrira jamais. Laissez m. cette affaire. L'abcès commence à m.* = MURIR v. a. Rendre mûr. *Le soleil du midi mûrit les fruits.* || T. Agric. *M. la terre*, en exposer à l'air les couches inférieures par de profonds labours. || Figur., *L'âge et l'expérience lui ont mûri l'esprit. Je veux m. mon projet. Cet emplâtre mûrira l'abcès.* = MÛRI, IE. part.

**MURMURATEUR, TRICE.** s. m. (lat. *murmurator*, m. s.). Celui, celle qui murmure.

**MURMURATION.** s. f. [Pr. ...*sion*] (lat. *murmuratio*, m. s.). Action de murmurer.

**MURMURE.** s. m. (lat. *murmur*, m. s., onomatopée qui se trouve dans toutes les langues aryennes). Bruit sourd et confus de plusieurs personnes qui parlent en même temps, ou font entendre des sons inarticulés en signe d'approbation ou d'improbation. *On entendit un m. dans toute l'assemblée. Il s'éleva aussitôt un m. d'approbation, d'improbation.* || Le bruit et les plaintes que font des personnes mécontentes. *Ce nouvel impôt a excité de grands murmures. Ce n'est pas par la force qu'on peut étouffer les murmures des peuples.* — Se dit quelquefois en parlant d'une seule personne. *Sa disgrâce ne lui arracha pas le moindre m.* || Figur. et dans le style soutenu, *Le m. du cœur, le m. des passions*, Le mouvement secret des passions contraintes ou contrariées. *Il a étouffé les murmures de son cœur. La voix de la raison étouffa en lui les murmures de l'amour.* On dit de même, *Les murmures du sang, les murmures de la vanité.* || Bruit que font les eaux en coulant, ou les vents quand ils agitent doucement les feuilles des arbres. *Le m. des eaux, des ruisseaux. Le m. des zéphyrs.*

**MURMURER.** v. n. (lat. *murmurare*, m. s., de *murmur*, murmure) Faire du bruit en se plaignant sourdement, sans éclater. *Il murmura entre ses dents. Il murmure contre ses parents, contre les ordres qu'il a reçus. Tout le monde murmure de sa conduite. Les soldats murmuraient, mais obéissaient.* || Fam., se dit d'une nouvelle dont le bruit court secrètement. *Cette nouvelle n'est pas certaine, mais on en murmure. On commence à en m.; dans quelques jours on en parlera tout haut.* || Se dit aussi du bruit des eaux, des vents. *Le ruisseau murmurait sur les cailloux. Le vent murmure dans le feuillage.* = MURMURER. v. a. Se dit dans le premier sens. *Que murmurez-vous là? Je ne sais ce qu'il murmure entre ses dents.* = SE MURMURER. v. pron. *Cette nouvelle se murmure tout bas.* = MURMURÉ, ÉE. part

**MURO**, ch.-l. de c. (Corse), arr. de Calvi ; 1,400 hab.

**MÛRON.** s. m. Mûre, fruit de la ronce. || Framboisier sauvage.

**MURRAY** (Golfe de), formé par la mer du Nord, au N.-E. de l'Écosse.

**MURRAY** (JACQUES STUART, comte DE), frère de Marie Stuart, régent d'Écosse en 1567, m. assassiné (1533-1570).

**MURRAYA.** s. m. [Pr. *mur-ra-ia*] (R. *Murray*, nom d'homme). T. Bot. Genre de plantes Dycotylédones de la famille des *Rutacées*.

**MURRAYINE.** s. f. [Pr. *mur-ra-yine*]. T. Chim. Glucoside extrait des fleurs du *Murraya exotica*. C'est une poudre blanche, cristalline, amère, fusible à 170°, soluble dans l'eau chaude, dans l'alcool et dans les alcalis. Les acides étendus la dédoublent en glucose et en *Murrayétine* $C^{12}H^{12}O^{5}$, substance insipide, cristallisable, dont les solutions dans l'eau et dans l'alcool présentent une belle fluorescence verte.

**MURRHE.** s. m. [Pr. *mu-re*] (lat. *murrha*, gr. μόῤῥα, m. s.) T. Archéol. Matière irisée dont les anciens fabriquaient des vases précieux. Voy. MURRHIN.

**MURRHIN, INE.** adj. [Pr. *murr-rin*] (lat. *murrhinus*, m. s.). T. Antiq. Dans l'antiquité, on donnait le nom de *Vases murrhins* (*Vasa murrhina* ou *murrea*) à des espèces de vases dont on ne connaît pas la nature, mais qui étaient considérés comme des objets du plus grand luxe. Les premiers furent apportés à Rome par Pompée : ils faisaient partie des dépouilles de Mithridate, roi de Pont, et le vainqueur les consacra à Jupiter Capitolin. Les Romains recherchaient ces sortes de vase avec tant de passion, que Néron acheta une coupe à boire au prix énorme de 300 talents. Selon Pline, ils venaient d'Orient, surtout du pays des Parthes, et en particulier de la Caramanie, où on les fabriquait avec une matière fossile. On les estimait surtout pour la variété de leurs couleurs. La question de savoir quelle était la matière des vases murrhins a été longuement controversée par les archéologues. Plusieurs ont pensé qu'ils étaient faits avec une sorte de verre coloré ; la plupart ont supposé que c'était une variété d'onyx ; mais le vers suivant de Properce est péremptoire contre cette opinion :

Murreaque in Parthis pocula cocta focis.

D'autres admettent que les vases murrhins n'étaient autre chose que de la porcelaine de Chine. Cette manière de voir semble être la plus probable. Un fait cité par W. Gell vient encore à son appui : c'est que jusqu'à l'année 1555 de notre ère la porcelaine orientale a été désignée sous le nom de *Mirrha di Smyrna*.

**MURUCUJA.** s. m. T. Bot. Genre de plantes de la famille des *Passiflorées*. Voy. ce mot.

**MURVIEDRO**, anc. *Sagonte*, v. de la prov. de Valence (Espagne) ; 6,700 hab.

**MURVIEL**, ch.-l. de c. (Hérault), arr. de Béziers ; 2,000 hab.

**MUSA.** T. Bot. Nom scientifique du Bananier. Voy. ce mot et *Scitaminées*.

**MUSA**, médecin de l'empereur Auguste.

**MUSA-BEN-NASSER.** Voy. MOUÇA-BEN-NASSER.

**MUSÆUS**, littérateur et conteur allem. (1735-1788).

**MUSAGÈTE.** adj. m. (lat. *musagetes*, gr. μουσαγέτης, de μοῦσα, muse ; ἄγειν, conduire). T. Myth. Voy. MUSE.

**MUSANGE.** s. m. [Pr. *mu-zan-je*]. T. Bot. Genre de plantes Dicotylédones (*Musanga*) de la famille des *Urticacées*. Voy. ce mot.

**MUSARAIGNE.** s. f. [Pr. *muza-règne*, *gn* mouill.] (lat. *mus*, rat ; *aranea*, araignée). T. Mamm. Les *Musaraignes* (*Sorex*) forment dans l'ordre des *Insectivores* un genre assez nombreux, type de la famille des *Soricidés*, dans laquelle on comprend encore les genres *Desman* et *Macroscélide*.

I. — Les *Musaraignes* sont, en général, de très petits animaux qui, par leur aspect, ressemblent beaucoup aux Souris. Leur corps est couvert de poils fins, mais, sur chaque flanc, sous les poils ordinaires, on trouve une petite bande de soies roides et serrées, entre lesquelles suinte une humeur odorante, qui est sécrétée par une glande particulière. Leur tête est très allongée ; l'oreille gauche est arrondie, et remarquable par un opercule qui occupe presque toute la largeur de la conque; l'œil est presque imperceptible. Leurs deux incisives mitoyennes supérieures sont crochues et dentées à la base, les inférieures couchées et prolongées. Cinq petites dents de chaque côté suivent les premières, et deux seulement les secondes. Chaque mâchoire possède, en outre, trois molaires hérissées, et celle d'en haut une petite tuberculeuse. Ces animaux vivent dans les troncs d'arbres, dans des trous qu'ils creusent en terre, etc., dont ils ne sortent guère que le soir. Ils se nourrissent de vers, d'insectes, et autres petits

Fig. 1.

animaux. On en a trouvé dans toutes les parties du monde. Les deux espèces les plus répandues chez nous sont la *M. commune* ou *Musette* (*Sorex araneus*) et la *M. d'eau* (*S. fodiens* ou *Hydrosorex*). La première est grise dessus, cendrée dessous, et a la queue carrée. Sa longueur totale est de 9 centimètres dont 2 et demi pour la queue. La croyance populaire suivant laquelle la morsure de cet animal serait venimeuse et dangereuse pour le bétail est dénuée de fondement. La *M. d'eau* est noire dessus, blanche dessous, et plus grande que la précédente. Les cils raides qui bordent ses pieds lui donnent de la facilité pour nager : aussi fréquente-t-elle de préférence le bord des ruisseaux. Parmi les espèces étrangères, nous

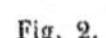

Fig. 2.

citerons la *M. musquée* (*S. myosurus*) de l'Inde, qui est de la grosseur de notre Surmulot, et se distingue par sa queue ronde, ainsi que par l'odeur qu'elle exhale, de façon à imprégner tout ce qu'elle touche; et la *M. paradoxale* (*Sor. paradoxus* ou *Solenodon*) [Fig. 1], qui habite la Guadeloupe. Cette dernière espèce est remarquable par la longueur de son museau et par sa taille, car elle atteint 20 centimètres de longueur. La couleur générale de son pelage est le brun nuancé de parties plus claires.

II. — Les *Desmans* (*Mygale*) diffèrent des Musaraignes par deux très petites dents placées entre les deux grandes incisives d'en bas et par leurs deux incisives supérieures en triangle et aplaties. Leur museau s'allonge en petite trompe très flexible qu'ils agitent sans cesse (Fig. 2, *Desman des Pyrénées*). Ils ont l'œil très petit et n'ont point d'oreille exté-

Fig. 3.

rieure. Enfin, leur queue longue, écailleuse, aplatie sur les côtés, et leurs pieds à cinq doigts réunis par des membranes en font des animaux aquatiques. Ces animaux se creusent des terriers qui commencent sous l'eau et qui s'élèvent de manière que le fond reste au-dessus du niveau des plus hautes eaux. L'espèce la plus connue est le *D. de Russie* (*M. moschatus*), vulgairement appelé *Rat musqué*. Elle est presque de la taille du Hérisson. L'odeur musquée qu'elle répand provient d'une pommade sécrétée dans de petits follicules qu'elle a sous la queue. Une petite espèce de ce genre a été trouvée dans les ruisseaux des Pyrénées.

III. — Les *Macroscélides* (*Macroscelides*) se rapprochent des Desmans par leur museau allongé en forme de petite trompe, mais plus arrondi. Leurs yeux sont médiocres, leurs

Fig. 4.

oreilles grandes, et leurs pieds plantigrades; enfin, leurs jambes postérieures sont de beaucoup plus longues que les antérieures. L'espèce la plus connue est le *M. type* (*M. typus*) [Fig. 3 et 4] du Cap de Bonne-Espérance. Cette espèce a le pelage foncé varié de brun, et sa longueur totale est d'environ 25 centimètres, dont 10 à 11 pour la queue, et 5 à 6 pour la tête et la trompe. La Barbarie possède aussi une espèce du même genre, le *M. de Rozet*. Dans l'Algérie, on le nomme vulgairement *Rat à trompe*.

**MUSARD, ARDE.** adj. et s. [Pr. *mu-zar*] (R. *muser*). Celui, celle qui perd son temps à s'occuper, à s'amuser à de petites choses. *C'est un m. Elle est trop musarde.* Fam.

**MUSARDER,** v. n. [Pr. *muzar-der*]. Faire le musard.

**MUSARDERIE** s. f. [Pr. *muzar-derie*]. Conduite ou caractère du musard.

**MUSARDISE.** s. f. [Pr. *muzar-dize*]. Voy. MUSARDERIE.

**MUSC.** s. m. (lat. *muscus*, gr. μόσχος, du persan *mosq.* m. s.). T. Mamm. Substance odorante produite par une espèce de *Ruminant* — Nom de cet animal appelé aussi *Porte-musc*. Voy. CHEVROTAIN. — *Le m. s'emploie en médecine comme antispasmodique.* || *Couleur de m.*, Espèce de couleur brune. || *Peau de m.*, Peau parfumée de musc. || Musc artificiel. Voy. BUTYLTOLUÈNE. || T. Bot. *Herbe au m.* Ambrette. || T. Hortic. *Gros m. d'hiver*, espèce de poire d'hiver très parfumée.

**MUSCADE** s. f. (lat. *muschatus*, de *muscus*, musc). La graine du Muscadier qu'on emploie comme épice.

> Aimez-vous la muscade? On en a mis partout.
>
> BOILEAU.

On dit aussi, adjectiv., *Noix m.* — *M. américaine*, fruit du Faux Muscadier (*Monodora myristica*), de la famille des *Anonacées*. Voy. ce mot. || *Rose m.*, Sorte de rose ainsi nommée à cause de son odeur particulière. || Petite boule de la grosseur d'une muscade dont les escamoteurs se servent dans leurs tours.

**MUSCADELLE.** s. f. [Pr. *muskadè-le*] (ital. *moscadella*, m. s., dimin. de *muscat*). Espèce de poire parfumée.

**MUSCADET.** s. m. (R. *muscat*). Sorte de vin qui a quelque goût de vin muscat.

**MUSCADIER.** s. m. (R. *muscade*). T. Bot. Genre de plantes Dicotylédones (*Myristica*) de la famille des *Myristicées*. Voy. ce mot

**Techn.** — *Essence de muscade.* — Le fruit charnu, de la grosseur d'un abricot, s'ouvre en deux valves, et laisse voir une graine noirâtre (muscade), entourée de son macis, ou arille orangé et frangé — On obtient l'essence de muscade en réduisant la noix en poudre grossière, l'épuisant avec l'éther ou le sulfure de carbone, et distillant le résidu butyreux avec la vapeur d'eau (Cloëtz). — Rectifiée par une ou deux distillations sur la potasse, elle bout à 165°. L'analyse et la densité de vapeur conduisent à la formule $C^{10}H^{16}$. Elle est incolore, très fluide, d'une odeur de muscade, d'une saveur âcre et brûlante. — Une autre essence, celle du macis, s'obtient par la distillation avec l'eau de cette enveloppe de la noix. Elle se compose d'une huile légère et d'une matière camphrée, plus dense que l'eau. Cette matière fond au-dessous de 100° et se sublime à 112°, sous forme de fines aiguilles. Elle est soluble dans l'eau bouillante, l'alcool, l'éther, la potasse caustique et l'acide azotique. Elle se colore en beau rouge avec l'acide sulfurique. Sa densité est d'environ 0,92. Elle renferme : carbone, 62,1 ; hydrogène, 10,6.

**MUSCADIN.** s. m. (R. *muscade*). Petite pastille à manger où il entre du musc. || Petit-maître, homme fort recherché dans sa toilette. Vieux et ne se dit que par plaisanterie.

**MUSCARDIN** s. m. (R. *musc*). T. Mamm. Espèce de Rongeur. Voy. LOIR. || *M. volant*, espèce de chauve-souris.

**MUSCARDINE.** s. f. Maladie des vers à soie causée par le développement d'une espèce de champignon. Voy. MAGNANERIE et CHAMPIGNON.

**MUSCARDINIQUE.** adj. 2 g. Qui appartient à la muscardine, ou qui est affecté de muscardine.

**MUSCARI.** s. m. T. Bot. Genre de plantes Monocotylédones de la famille des *Liliacées*. Voy. ce mot.

**MUSCARINE.** s. f T. Chim. Alcaloïde contenu dans la fausse oronge (*Amanita muscaria*) et dans d'autres champignons vénéneux, ainsi que dans la viande de poisson putréfiée. On peut l'obtenir en oxydant la choline par l'acide azotique concentré. La m. a pour formule $C^{5}H^{15}AzO^{3}$. Elle est cristallisable, très déliquescente, soluble dans l'alcool. Elle est fortement alcaline et forme des sels neutres en s'unissant aux acides. C'est un violent poison narcotique, antagoniste de l'atropine.

On donne aussi le nom de *muscarine* à une matière colorante de la famille des Oxazines. Voy. COLORANTES, IV, 9°.

**MUSCAT.** s. m. [Pr. *mus-ka*] (R. *musc*). Se dit de certains raisins parfumés, et des vins qu'on en tire. *Raisin m. Vin m.* — S'empl. subst. *Les muscats de ce pays sont fort gros. Une grappe de m. Boire du m. de Frontignan.* || Se dit aussi de plusieurs espèces de poires. *M. fleuri. M. royal.*

**MUSCHELKALK.** s. m. [Pr. *mu-chèl-kalk*]. T. Géol. Roche calcaire ou marneuse qui forme des couches superposées au grès bigarré.

**MUSCICAPIDÉS.** s. m. pl. [Pr. *mus-si...*] (lat. *musca*, mouche; *capere*, prendre). T. Ornith. Famille de Passereaux appelés par Cuvier GOBE-MOUCHES. Voy. ce mot.

**MUSCICOLE.** adj. 2 g. [Pr. *mus-sikole*] (lat. *muscus*, mousse; *colere*, habiter). Qui vit ou végète dans les mousses.

**MUSCIDES.** s. f. pl. [Pr. *mus-sides*] (lat. *musca*, mouche; gr. εἶδος, aspect). T. Entom. Les *Muscides* constituent la quatrième tribu des *Athéricères*. Les caractères principaux de ces Diptères sont : Antennes de 2 ou 3 articles, le plus souvent de 3, le dernier en forme de palette, inarticulé, avec une soie simple ou plumeuse sur le dos; trompe très distincte, membraneuse, rétractile, terminée par deux grandes lèvres, coudée, retirée entièrement, lorsqu'elle est au repos, dans la cavité buccale, et renfermant dans une gouttière supérieure un suçoir de deux soies. Ces insectes ont la tête hémisphérique; leurs yeux sont grands et à réseaux, et l'on voit entre eux et au-dessus du front trois petits yeux lisses très distincts; leur corselet est cylindrique et d'un seul segment apparent; l'abdomen est le plus souvent ovalaire, triangulaire ou oblong; quelquefois cependant il est cylindrique ou aplati; les jambes sont presque toujours épineuses; les pattes ont deux crochets et deux pelotes dans lesquelles il existe un organe propre à faire le vide, ce qui permet à ces Diptères de marcher sur les corps les plus polis et dans toutes les positions. Leur port général est celui des Mouches proprement dites. Quelques-uns de ces insectes sont nuisibles par le tort qu'ils font à l'agriculture; mais la plupart sont seulement incommodes par la persévérance avec laquelle ils s'attachent aux parties découvertes de notre corps et par la crainte que nous donnent leurs œufs pour les viandes qu'on veut conserver ou servir sur nos tables. Les femelles déposent leurs œufs, en général très petits et très nombreux, dans les matières animales et végétales en putréfaction. Les larves, qui se nourrissent des matières dans lesquelles les œufs ont été déposés, sont apodes, molles, flexibles; le devant de leur corps est pointu et conique, et leur partie postérieure grosse et arrondie. Elles ne quittent pas leur peau pour se métamorphoser : cette peau se durcit et forme le cocon dans lequel la nymphe passe un certain temps avant de se changer en insecte ailé. Cette transformation opérée, l'insecte brise sa coque et montre des ailes courtes et plissées qui bientôt s'étendent et deviennent unies. — La tribu des Muscides comprend plusieurs milliers d'espèces de là la nécessité de multiplier parmi ces insectes des coupes plus ou moins nombreuses. Macquart divise les Muscides en trois sections : les *Créophiles*, les *Anthomyzides* et les *Acalyptères*, qu'il subdivise ensuite en plusieurs groupes.

1.— Les *Créophiles* sont caractérisées : par leurs antennes à style de deux ou trois articles, par la grandeur de leurs cuillerons, et par leurs ailes dont la première cellule postérieure est fermée ou à peine entr'ouverte. Elles forment sept sous-tribus, appelées par Macquart, *Tachynaires*, *Ocyptérées*, *Gymnosomées*, *Phasiennes*, *Dexiaires*, *Muscies*, et *Sarcophagiens*. Parmi les espèces dont se composent les cinq premières, nous nous contenterons de citer l'*Echinomyie géante*, qui appartient à la sous-tribu des Tachynaires. C'est la plus grande des Muscides (Fig. 1, un peu grossie). Elle est noire, hérissée de poils raides, et se rencontre souvent dans les bois, bourdonnant au-dessus des fleurs, ou bien des bouses de vaches, dans lesquelles habite sa larve. — Les *Muscies*, ou *Mouches* proprement dites, ont les yeux contigus et l'abdomen triangulaire; les femelles ont l'extrémité de l'abdomen retirée et prolongée en forme de tuyau ou de tarière

Paris. — Imp. Larousse, rue de Fleurus, 2.

pour enfoncer leurs œufs dans la viande ou dans les charognes où leur progéniture achève ses métamorphoses. Le type de ce groupe, qui est fort nombreux, est la *Mouche domestique;* son thorax est gris cendré avec quatre raies noires, et son abdomen d'un brun noirâtre. A l'état de larve, elle vit dans le fumier. La *Mouche dorée*, de couleur vert doré avec les pieds noirs, dépose ses œufs dans les charognes : sa larve, bien connue sous le nom d'*Asticot*, sert aux pêcheurs pour amorcer leurs lignes. La *Mouche à viande* (*Musca vomitaria*) a le thorax noir, l'abdomen d'un bleu luisant avec des raies noires, et le front fauve. Cette espèce est fort redoutée par nos ménagères, attendu qu'elle dépose ses œufs dans la viande. Les *Sarcophages* diffèrent surtout des Mouches par leurs yeux notablement écartés. Le type de ce genre est la *Mouche carnassière*, qui a les yeux rouges, le corps cendré, des raies sur le thorax, et des taches carrées noires sur l'abdomen. Elle dépose ses larves sur la viande, sur les cadavres et quelquefois même sur les plaies de l'homme. La *Sarc. vivipare* (Fig. 2, grossie) présente cette particularité remarquable que ses œufs éclosent avant la ponte : cette espèce est donc ovovivipare.

Fig. 1.

Fig. 2.

II. — Les *Anthomyzides* se distinguent par leurs antennes à style ordinairement d'un seul article, par leurs cuillerons médiocres, et par leurs ailes à première cellule postérieure ouverte. Ce sont de petits Diptères dont les larves, en général, vivent dans les fientes. Nous citerons comme type de cette section, l'*Anthomyie des pluies* (Fig. 3, grossie), qui est gris de perle ponctué de noir, et très commune dans toute l'Europe.

Fig. 3.

III. — Les *Acalyptères* ont, comme les Muscides précédentes, des antennes à style ordinairement d'un seul article, et les ailes à première cellule postérieure ouverte; mais elles s'en distinguent par leurs cuillerons rudimentaires ou nuls, et par la largeur de leur front. Elles se subdivisent en dix-sept tribus : *Dolichocères*, *Loxocérides*, *Cordylurides*, *Scatomyzides*, *Psilomydes*, *Ortalidées*, *Téphridites*, *Sepsidées*, *Leptopodites*, *Thyréophorides*, *Ulidiens*, *Lanxanides*, *Hydromyzides*, *Piophilides*, *Sphærocérides*, *Hétéromyzides*, et *Hypocères*. — Parmi les Dolichocères, nous citerons le *Sépédon des marais*, d'un noir bleuâtre, et qu'on trouve communément dans les lieux aquatiques. Le type des Loxocérides est le *Loxocère ichneumon* (Fig. 4, grossie), noir et à corselet fauve, qui n'est pas rare chez nous. Le *Scatophage commun* ou *Scat. du fumier* (Fig. 5, grossie), type des Scatomyzides, est une Mouche très velue, d'un jaune grisâtre, qui vit sur les matières excrémentitielles. Les Ortalidées et les Téphridites renferment plusieurs espèces nuisibles aux végétaux. La larve de l'*Ortalis du cerisier* vit dans la pulpe des cerises, et le *Dacus de l'olivier* occasionne souvent des dégâts considérables aux oliviers dans le midi de la France. Le type des Sepsidées est le *Sepsis cynipsea*, d'un noir luisant à reflets métalliques, qui vit par myriades dans les excréments humains C'est à la même sous-tribu qu'appartiennent les *Diopsis*, appelés aussi *Mouches à lunettes*, à cause de leurs yeux pédonculés · mais tous sont exotiques Dans les *Leptopodites*, nommées également *Micropézydes*, et qui sont caractérisées par la longueur et la ténuité des pattes, surtout des postérieures, nous mentionnerons le *Calobate cibaria*, remarquable par sa marche élégante et mesurée. Parmi les Hydromyzides, l'*Hydrellie commune* est extrêmement répandue au milieu des petites plantes et des fleurs des marais. Le type des Piophilides est le *Piophile du fromage*, qui vit dans le fromage. Enfin, nous citerons dans la sous-tribu des *Hétéromyzides*, appelées autrement *Oscinides*, le *Chlorops de Cérès*, dont les larves sont fort nuisibles aux céréales. c'est d'ailleurs un joli Diptère jaunâtre, avec des bandes noires, et les yeux verts.

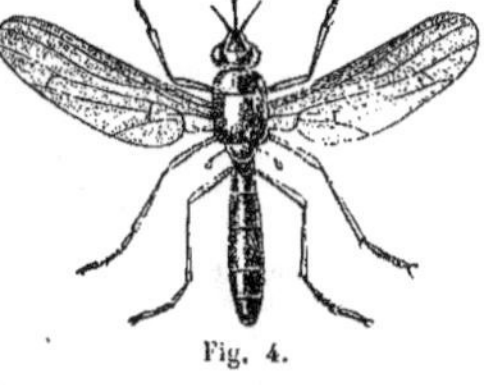

Fig. 4.

Fig. 5.

**MUSCINÉES** s. f. pl. (lat *muscus*, mousse). T. Bot. Les *Muscinées* constituent le deuxième embranchement du règne végétal dont les caractères généraux sont les suivants développement de la plante coupé en deux tronçons, un petit tronçon sur la plante mère, à partir de l'œuf jusqu'aux spores, et un grand tronçon dans le milieu extérieur, à partir des spores jusqu'à l'état adulte et aux œufs nouveaux; formation de l'œuf, à l'aide d'une anthéridie et d'un oogone plus compliqué que dans le premier embranchement, auquel on a donné le nom spécial d'archégone; développement de l'oogone en sporogone; germination des spores en un protonéma; formation des tiges feuillées sur ce protonéma; multiplication de la plante adulte à l'aide de propagules.

Cet embranchement se divise en deux classes : les Hépatiques et les Mousses dont on peut résumer les caractères de la façon suivante. Dans les Hépatiques, la spore produit un *protonéma rudimentaire*, d'où procède l'appareil végétatif; celui-ci est un thalle aplati et dichotome ou une tige *rampante* à 2 ou 3 rangs de feuilles. Le sporogone demeure, jusqu'à la maturité des spores, *inclus* dans l'archégone; à ce moment celui-ci est déchiré par l'allongement du pied du sporogone, dont le sporange s'ouvre de différentes manières pour disséminer les spores. Dans les Mousses, le *protonéma est très développé*; par bourgeonnement il forme le corps végétatif de la plante adulte. Celui-ci est toujours une tige feuillée, ordinairement *dressée*. Le sporogone ne reste que peu de temps inclus dans l'archégone, il est *libre*; à cet effet, il déchire l'archégone de bonne heure et le soulève à son sommet en forme de coiffe. Il se différencie alors en deux portions, le pied et le sporange; ce dernier s'ouvre ordi-

Paris. — Imp. Larousse, rue de Fleurus, 9.

nairement par une fente circulaire pour disséminer les spores.

**MUSCIPULE.** adj. 2 g. [Pr. *mus-sipule*] (lat. *muscipula*, de *mus*, rat, et *capere*, prendre). T. Bot. Se dit de plantes qui prennent les mouches.

**MUSCIVORE.** adj. 2 g. [Pr. *mus-sivore*] (lat. *musca*, mouche; *vorare*, dévorer). Qui dévore les mouches.

**MUSCLE.** s. m. (lat. *musculus*, m. s.; ce mot est un dimin. de *mus* et sign. prop. petit rat.). T. Anat. Voy. ci-après. || *Être tout nerfs et tout muscles.* Être très vigoureux.

**Anat.** — Les muscles sont des organes qui jouissent de la propriété de se contracter, c.-à-d. de diminuer de longueur sous l'influence d'un stimulus. On les divise depuis Bichat en deux groupes : les muscles de la vie animale ou muscles volontaires, se contractant sous l'influence de la volonté, et groupés autour des pièces du squelette; et les muscles de la vie organique ou végétative ou muscles viscéraux. — Tandis que les premiers se caractérisent par une contraction brusque, pour ainsi dire instantanée, les muscles végétatifs, qui échappent totalement à l'action de la volonté, ne se contractent que lentement, graduellement, et ne reviennent que lentement à leurs dimensions primitives.

I. *Anatomie.* — A. *Les muscles volontaires* se composent d'éléments cylindroïdes, les fibres musculaires, sur lesquelles on distingue des stries transversales; aussi les appelle-t-on *muscles striés*. Sappey en compte 501. Ils sont divisés, d'après leur situation, en *muscles peauciers* et *muscles sous-aponévrotiques;* d'après leur forme, en *muscles longs, larges, courts, digastriques, demi-orbiculaires* et *sphincters*. La plupart sont rectilignes, sauf quelques-uns dits *réfléchis*. Libres à leur partie moyenne, ils se fixent par leurs extrémités sur des surfaces qui sont appelées leurs points d'attache ou points d'insertion. Certains s'attachent à la face profonde de la peau ou des muqueuses ou sur des aponévroses; mais le plus grand nombre s'insèrent sur deux pièces du squelette, ayant dans la contraction un point d'insertion mobile, et un point fixe, points qui peuvent varier suivant le mouvement à exécuter. L'insertion se fait directement ou par l'intermédiaire de *tendons*. Ceux-ci sont très variables : longs ou courts, cylindriques, grêles ou larges et même plats; quelle que soit leur forme, ce sont des organes fibreux, de coloration blanchâtre, très résistants et à peu près inextensibles. — La nomenclature des muscles est impossible à faire étant donné leur nombre; ils tirent leur appellation tantôt de leur usage (*extenseur, fléchisseur, adducteur, abducteur, supinateur, pronateur*), tantôt de leur forme (*deltoïde, dentelé, rhomboïde, trapèze*), tantôt de leur position (*frontal, temporal, brachial, intercostal, dorsal, mâchelier*), tantôt de leurs insertions (*sterno-mastoïdien, génio-glosse*).

B. — *Les muscles de la vie organique*, ou viscéraux, sauf le cœur qui forme ici une exception remarquable, sont constitués par des cellules fusiformes et nullement striées, d'où leur nom de *muscles lisses*. On les rencontre sous la forme de membranes plus ou moins continues sur les appareils de la digestion, de la respiration, de la circulation, et de la génération.

II. *Structure.* — A. *Les muscles striés* se composent essentiellement de deux parties bien différentes : une rouge, molle, contractile, constituant le m. proprement dit; et une partie blanchâtre, ferme, non contractile, le tendon. — Traité par certains réactifs, tout m. est décomposable en faisceaux, circonscrits par des cloisons, *perimysium interne*, issues de la gaine totale, *perimysium externe*. Chaque faisceau est, à son tour, divisible en faisceaux plus petits ou *fibres musculaires*, unités constitutives. La fibre musculaire est cylindrique à extrémités conoïdes; elle a une longueur d'environ 4 centimètres. Entourée d'une membrane dite *sarcolemme*, elle se divise en fibrilles, sur le côté desquelles se trouve un noyau touchant à la membrane d'enveloppe, et inscrit dans une petite quantité de substance granuleuse, reste du protoplasme. Les stries transversales que nous avons déjà signalées divisent le faisceau primitif en une série de disques superposés, disques musculaires. L'indice de réfraction de ces différents disques n'étant pas le même, les uns paraissent clairs, les autres obscurs; ils sont disposés suivant un ordre de succession régulière : si l'on part d'un disque clair, on trouve successivement après lui un grand disque obscur, un disque clair, un petit disque obscur, un disque clair, un grand disque obscur, et de nouveau un disque clair. L'ensemble des éléments énumérés forme le segment musculaire. L'étude de ces disques a été approfondie; elle a montré le sarcolemme adhérent au niveau des disques obscurs minces; une strie claire divisant le disque obscur épais (*strie de Hensen*), et elle a permis d'attribuer à ce dernier disque épais le rôle effectif dans la contraction (Ranvier). — Ces muscles striés possèdent des vaisseaux, artériels, veineux et lymphatiques; abstraction faite des nerfs vasculaires, il y a des nerfs moteurs et des nerfs sensitifs : les nerfs moteurs se terminent par des *plaques motrices*, à substance granuleuse, parsemée de noyaux, *noyaux vaginaux, noyaux d'arborisation* et *noyaux fondamentaux*, suivant la portion du rameau nerveux à laquelle ils répondent; des nerfs sensitifs ont été décrits, qui semblent destinés à nous faire connaître l'exercice de la contraction musculaire et les particularités du sens musculaire. [Fig. 1. — 1. Faisceau primitif brisé en deux endroits. — 2. Autre faisceau fixé à son extrémité et laissant voir les fibrilles].

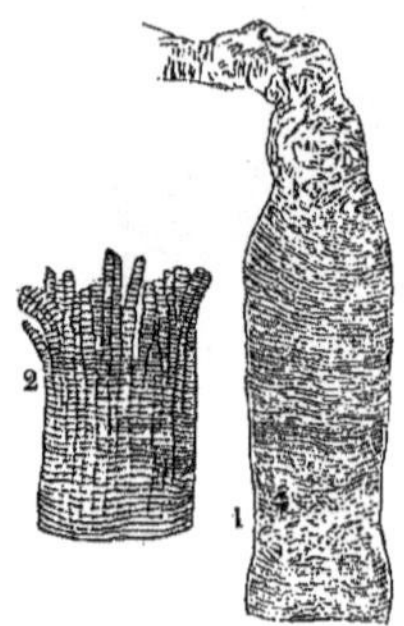

Fig. 1.

Les *tendons* sont constitués par deux variétés de tissu conjonctif, le tissu fibreux et le tissu cellulaire lâche : le tissu fibreux, disposé sous forme de faisceaux parallèles, constitue le faisceau tendineux proprement dit; le tissu cellulaire lâche réunit ces faisceaux de manière à constituer le tendon. Des vaisseaux sanguins et lymphatiques, et des fibres nerveuses se rencontrent dans les tendons. — Le faisceau musculaire primitif et le faisceau tendineux de même ordre paraissent unis par l'accolement du sarcolemme aux extrémités des fibrilles qui constituent le faisceau tendineux.

B. — *Les muscles lisses* ont pour élément caractéristique la cellule musculaire lisse. La forme de cette cellule est variable : il en est de fusiformes, de rubanées; certaines présentent des plans et des crêtes par suite de la pression qu'elles exercent les unes sur les autres (cellules prismatiques). Par un examen minutieux il est facile de s'assurer que la cellule musculaire est constituée par un faisceau de fibrilles très minces, et qu'elle n'a pas de membrane d'enveloppe. A peu près au milieu de sa longueur, la cellule présente un noyau, allongé suivant son axe. Aux deux extrémités de ce noyau se trouve du protoplasma granuleux. Ce noyau, ordinairement plus rapproché d'un bord de la cellule que de l'autre, présente deux nucléoles. — Au point de vue texture, sur une coupe perpendiculaire à l'axe, on voit que le protoplasma périnucléaire envoie, vers la périphérie de la cellule, des prolongements qui circonscrivent des pinceaux de fibrilles; ces faisceaux fibrillaires ont été considérés comme représentant les cylindres primitifs du tissu musculaire lisse. Les cellules musculaires, véritables faisceaux primitifs, s'engrènent entre elles et sont unies par un ciment. Les capillaires forment, autour des cellules musculaires lisses, des mailles rectangulaires. [Fig. 2. — Fragment de la tunique musculeuse de l'estomac traitée par l'acide acétique; *a*, fibre musculaire; *b*, noyau; *c*, lignes de séparation des fibres; *d*, fibres élastiques].

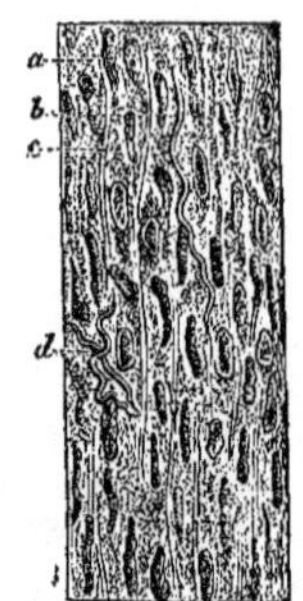

Fig. 2.

III. *Composition chimique des muscles.* — La composition chimique des muscles est très complexe, si l'on tient compte des différents éléments étrangers au tissu contractile propre qui entrent dans sa composition. La gélatine y entre pour 0,6 à 2 p. 100; l'eau dans une proportion de 77 à 78 p. 100; elle est contenue dans le plasma musculaire. Le plasma musculaire, alcalin chez le vivant, acide en rigidité cadavérique, renferme plusieurs substances albuminoïdes solubles ou insolubles dont la plus connue est la myosine, coagulable spontanément. Par macération dans l'eau, on obtient un liquide rougeâtre qui renferme la matière colorante du m. analogue à celle du sang, des produits de désassimilation (créatine, créatinine, hypoxanthine,...), du sucre musculaire ou inosite; des acides organiques s'y trouvent en assez grand nombre, et des sels minéraux (sels de potasse et phosphates). Chez l'embryon, on y rencontre de la matière glycogène qui disparaît à la naissance. Le m. vivant renferme de l'oxygène et de l'acide carbonique.

IV. *Annexes des muscles.* — Sous ce titre, on comprend : les *aponévroses*, qui recouvrent les muscles ou même les enveloppent entièrement et quelquefois leur servent de tendons (*aponévroses de contention* et *aponévroses d'insertion*); les *gaines fibreuses*, qui maintiennent leurs tendons contre les gouttières osseuses sur lesquelles ils glissent; enfin les *gaines synoviales* et les *bourses séreuses*, qui facilitent le glissement, soit des tendons, soit des corps musculaires eux-mêmes.

V. *Physiologie.* — A. — L'étude de la *physiologie du m. strié* doit être dominée par ce fait capital que le m. peut changer de forme, se présenter sous deux états différents, état de repos et état actif; nous allons étudier ces deux états, puis comment le m. passe de l'un à l'autre (phénomène de la contraction).

Une des propriétés les plus remarquables du m. est l'*élasticité*; cette élasticité est à la fois faible et parfaite, en ce sens que le m. se laisse facilement distendre et revient parfaitement ensuite à son état primitif: cette qualité n'est pas une qualité purement physique du m. : elle dépend de la vie, de la nutrition, en un mot de la composition chimique, car elle disparaît dans les membres mal nourris, et sur le cadavre (rigidité cadavérique). — A l'état de repos, cette élasticité est toujours sollicitée sur le vivant par les rapports que le m. présente avec ses points d'attache; il est toujours tendu au delà de sa longueur naturelle de repos complet; c'est ce qu'on a désigné sous le nom de *tonicité*. — Au point de vue chimique, à l'état inactif, le m. vit et se nourrit; il respire, absorbe de l'oxygène et dégage de l'acide carbonique; il est alcalin. — Enfin, dernière propriété, il donne naissance à des courants électriques que trahit le galvanomètre, le courant ayant toujours lieu de la surface au centre.

Sous la forme active, le m. ne diffère de l'état précédent que par un changement de forme, son volume restant à peu près le même. Le m. reste faiblement et parfaitement élastique, il est même plus mou et plus facilement extensible qu'au repos. — Chimiquement, le m. actif absorbe de l'oxygène et dégage de l'acide carbonique comme précédemment, mais la combustion est beaucoup plus active, donnant comme résultats des dérivés azotés et dans une proportion bien plus considérable des dérivés hydrocarbonés (acide lactique), enfin, comme produit ultime, l'acide carbonique; en sorte que, dans un m. qui se fatigue, le suc musculaire est de moins en moins alcalin et finit par devenir acide. La combustion intramusculaire se traduit par l'aspect du sang qui prend à la sortie de l'organe les caractères du sang veineux, du sang noir, d'autant plus que l'énergie fonctionnelle est considérable. La chaleur produite par le m. actif se dégage en partie à l'état de chaleur (chaleur animale), et se transforme en partie en travail mécanique. Les combustions se font essentiellement aux dépens des aliments hydrocarburés, substances grasses et amyloïdes, dites aliments respiratoires.

Profitant de ces connaissances, si nous voulons étudier le rôle du m. dans l'économie, nous verrons que deux propriétés sont surtout utiles : d'une part, l'*élasticité*; d'autre part, la propriété de passer de la forme de repos à la forme active, c.-à-d. la *contractilité*, forme essentielle de l'irritabilité musculaire. L'élasticité n'entre guère en jeu que dans l'estomac et le cœur. La contractilité est une propriété vitale et personnelle du m., différente, par conséquent, de l'élasticité, et ce fait est bien mis en évidence par les expériences qui rendent les nerfs moteurs complètement incapables d'action : en un mot, le m. est directement irritable. Les muscles du cadavre ont perdu leur contractilité par défaut des matériaux nécessaires à leur vitalité; ils sont en état de rigidité cadavérique, phénomène dû à la coagulation de la substance albumineuse du m. (myosine) par les acides qu'il a formés : cette rigidité se manifeste d'un quart d'heure à sept heures après la mort, en commençant par les muscles des mâchoires, et dure d'autant plus longtemps qu'elle commence plus tard. — Les agents qui portent spécialement leur action sur les muscles tantôt augmentent, tantôt diminuent leur irritabilité. Les agents excitants sont peu nombreux (vératrine, acide carbonique). Les agents paralysants sont plus nombreux (sels de potassium, et en général sels métalliques, sauf ceux de sodium, digitaline, etc.). Pour solliciter l'irritabilité du m. on peut employer, outre les nombreux excitants chimiques, une série d'excitants physiques, pincements, chocs, piqûres, froid, mais surtout l'électricité.

Des recherches fort intéressantes ont permis d'analyser la contraction musculaire. Elle se compose de trois temps : 1° celui pendant lequel le m. passe du repos à l'activité; 2° celui pendant lequel il reste actif; 3° celui pendant lequel il revient au repos; il y a en outre un premier stade très court qui précède la réaction à l'excitation, c'est l'excitation latente. Ces divers moments ont été enregistrés au moyen d'appareils graphiques imaginés par Helmholtz et Marey, et appelés myo-

Fig. 3.

graphes; on a pu même mesurer leur durée. On a reconnu qu'une excitation brusque et courte (choc) produit la secousse musculaire où les divers stades se succèdent rapidement, au moyen d'excitations très rapprochées (30 par seconde), on obtient la fusion de ces secousses, c.-à-d. le tétanos physiologique, ou contraction proprement dite. Le mécanisme intime de la contraction est encore très discuté; il paraît représenté par un gonflement de la fibre, gonflement qui progresse sur toute sa longueur comme une vague (onde musculaire de Aeby et Marey). [Fig. 3. — Disposition que prennent les faisceaux primitifs dans le muscle de la jambe d'une grenouille pendant la contraction].

B. — La physiologie du *m. lisse*, comparée à celle du m. strié, est dominée par ce fait que l'excitation latente est de longue durée. D'ailleurs, la contraction une fois établie est elle-même de longue durée; c'est, d'après l'analyse myographique, une simple secousse; il n'y a pas de tétanos physiologique pour les muscles lisses, la forme péristaltique est la forme la plus ordinaire des contractions. La plus importante particularité de leur contractilité est qu'elle échappe à la volonté. D'ailleurs, l'action des excitants ne présente rien de spécial, sinon celle de la température à laquelle les muscles lisses sont particulièrement sensibles (muscles thermosystaltiques); le seigle ergoté a une action bien connue sur leurs fibres. La rigidité cadavérique s'observe comme pour les muscles striés (chair de poule après la mort).

VI. *Pathologie médicale.* — Les affections musculaires sont presque impossibles à classer d'une façon vraiment ordonnée tant sont diverses, aussi bien leur étiologie que leur anatomie pathologique et leur symptomatologie; en un mot, un criterium absolu manque pour les décrire. Le mieux est, je crois, d'essayer, avant de décrire les formes les plus intéressantes, de donner au lecteur quelques idées générales sur les myopathies. — Le m. peut être altéré dans sa forme extérieure, et le processus anatomique tend alors, ou bien à l'*hypertrophie*, ou bien à l'*atrophie*, cette lésion étant de toutes la plus commune. Dès maintenant, d'ailleurs, nous devons dire que tous les types que notre étude schématique sépare se combinent les uns aux autres. Une autre variété anatomique des plus remarquables est la *dégénérescence*, altération qu'il est en somme arbitraire de séparer de l'atrophie, les deux lésions marchant habituellement de front, et l'atrophie n'étant à tout prendre qu'un mode initial et atténué de dégénérescence. Celle-ci peut sur le m. affecter quatre types principaux : *granuleuse, granulo-graisseuse, pigmentaire* et *cirrheuse* ou *vitreuse;* ces divers modes peuvent du reste se rencontrer sur le même m. et dans la même affection Nous ne pouvons nous empêcher de rapprocher de la dégénérescence l'*ossification des muscles* qui nous sert de trait d'union avec l'inflammation des muscles ou *myosite*, susceptible d'aboutir à la suppuration ou de se prolonger dans une évolution chronique. Comme conséquence de ces altérations anatomiques, on observe des ruptures spontanées des muscles, des hémorrhagies, de la rétraction, etc. — L'analyse générale de la séméiologie musculaire est extrêmement malaisée, étant donnée la subordination étroite du m. au système nerveux, le manque d'autonomie de l'élément contractile. Nous ne pouvons qu'énumérer les signes habituels : fatigue musculaire allant jusqu'à la douleur; douleurs spontanées, *myalgies* ou *myodynies*, et douleurs de contraction, convulsions, spasmes, impotence fonctionnelle ou professionnelle, contractures, état cataleptique, etc — Après avoir donné une idée générale vague de l'anatomie pathologique ou de la séméiologie musculaire, il serait utile de dire quelques mots de l'étiologie; celle-ci embrasse d'une part toute la pathologie nerveuse, d'autre part toute la pathologie des infections : c'est dire son étendue et sa complexité; c'est dire qu'il est de l'essence même des affections musculaires d'être secondaires, de manifester par retentissement la souffrance d'autres appareils, et c'est aux états protopathiques, causes premières et initiales du mal, que la thérapeutique, pour être rationnelle, doit s'adresser. Cette assertion est une critique des idées de Duchenne, de Boulogne, qui s'était certainement exagéré la valeur de l'électrisation localisée, mais elle ne leur enlève nullement leur importance.

Étant données les idées générales que nous avons exposées, il nous suffira de dire quelques mots de certains types que nous ne pouvons passer sous silence et dont le nom doit être connu de nos lecteurs. — Nous voulons parler des *atrophies musculaires progressives* décrites par Duchenne, de Boulogne, en 1849 et par Aran en 1850; cette dénomination comprend deux espèces nosographiques; l'*atrophie musculaire progressive spinale* (type Duchenne-Aran, de Charcot), et la *myopathie primitive progressive*. Dans la première, l'atrophie des muscles est consécutive et subordonnée à une lésion primitive, systématique et lentement progressive de la substance grise des cornes antérieures de la moelle, et des cellules ganglionnaires qu'elle contient; c'est une affection de l'âge adulte; elle n'est ni familiale ni héréditaire; elle débute par les petits muscles des mains (m. de l'éminence thénar et interosseux); elle s'accompagne de secousses fibrillaires, de réactions de dégénérescence totale ou partielle : l'évolution est ordinairement lente et peut se compliquer tôt ou tard d'une paralysie atrophique labio-glosso-laryngée. Dans la seconde, l'atrophie des muscles est indépendante de toute altération appréciable des centres nerveux et des nerfs périphériques, il s'agit d'une maladie protopathique du m., d'une myopathie primitive; elle peut revêtir des aspects cliniques variés, dont les principaux sont : la *paralysie pseudo-hypertrophique*, la *myopathie atrophique progressive l'enfance*, à début facial (type Landouzy-Déjerine), enfin la *forme juvénile d'Erb* ou *type scapulo-huméral*. Quelle que soit la forme clinique, la myopathie progressive primitive est fréquemment une maladie familiale, héréditaire; elle débute dans le jeune âge ou l'adolescence. Elle atteint en premier lieu les muscles des membres inférieurs, et souvent les muscles spinaux ou les muscles de la face, de l'épaule et du bras; elle ne s'accompagne pas en général de réaction de dégénérescence ni de secousses fibrillaires; à l'atrophie s'associe ordinairement la pseudo-hypertrophie de quelques muscles ou groupes de muscles; l'évolution est lente, plus lente même que dans l'atrophie musculaire spinale, mais elle n'aboutit jamais à la paralysie labio-glosso-laryngée.

VII. *Pathologie chirurgicale*. — Les lésions traumatiques atteignent fréquemment les muscles exposés par leur volume et leur position superficielle. On observe des plaies, des piqûres, des contusions, des sections plus ou moins complètes. Leur grande vascularité et l'abondance du tissu conjonctif qui les entoure expliquent la fréquence des *myosites*, des inflammations suppuratives dans ces organes. Les *ruptures musculaires* que l'on observe surviennent tantôt chez l'homme sain, tantôt, et le plus souvent, chez un malade dans le cours ou la convalescence de la fièvre typhoïde par ex., des infections graves en général, à l'occasion d'un effort hors de proportions avec l'accident. Signalons encore les *hernies musculaires*, ruptures de l'aponévrose d'enveloppe à travers laquelle s'engagent les fibres du m. pendant sa contraction, les *tumeurs* (hématomes, angiomes, lipomes, cancers, sarcomes, myomes, etc.).

**MUSCLÉ, ÉE.** adj. Qui a des muscles bien marqués; se dit principalement en Peinture et en Sculpture. *Cette figure, cette statue est bien musclée.*

**MUSCLER.** v. a. Développer les muscles.

**MUSCOLOGIE.** s. f. (lat. *muscus*, mousse; gr. λόγος, discours). Partie de la botanique qui traite des mousses.

**MUSCOVITE.** s. f. T. Minér. Mica proprement dit. Voy. MICA.

**MUSCULAIRE.** adj. 2 g. (lat *muscularis*, m. s., de *musculus*, muscle). T. Anat. Qui a rapport aux muscles, qui est propre aux muscles. *Fibre m Irritabilité, mouvement, force, action musculaire.*

**MUSCULATION.** s. f. [Pr. .... *sion*] (lat. *musculus*, muscle). L'ensemble des actions musculaires. — Ensemble des mouvements musculaires d'un organe.

**MUSCULATURE.** s. f. (lat. *musculus*, muscle), T. Peint. et Sculpt. L'ensemble des muscles d'une figure, d'une statue.

**MUSCULE.** s. m. (lat. *musculus*, m. s., prop. petit rat). T. Antiq. Petite machine en forme de toit pour protéger les assiégeants sous les murs d'une place.

**MUSCULEUX, EUSE.** adj. [Pr. *musku-leu, euze*] (lat. *musculosus*, m. s.). Qui est composé de fibres musculaires. *Tunique musculeuse.* || Qui a les muscles très apparents et très forts. *C'est un homme musculeux.*

**MUSCULINE.** s. f. T. Chim. Voy. MYOSINE.

**MUSCULOSITÉ.** s. f. [Pr. .... *zité*] (lat. *musculus*, muscle). Qualité de ce qui est musculeux.

**MUSE.** s. f. [Pr. *mu-ze*] (lat. *musa*, gr. μοῦσα, m. s.; μοῦσα est un part. présent de μάομαι, forme primitive de μαίνω, je pense, je m'exalte). Chacune des déesses qui, chez les anciens, présidait aux arts libéraux, et principalement à l'éloquence et à la poésie. — Figur., *Les nourrissons, les favoris, les amants des muses*, Les poètes. *La m. ne le visite pas souvent*, Il est rarement inspiré. *Cette femme est sa m.*, C'est cette femme qui l'inspire. *L'indignation fut sa m.*, C'est l'indignation qui l'a inspiré. = *Muses*, au plur., s'emploie souvent pour désigner les belles-lettres, la poésie. *Cultiver les muses. Les muses l'ont consolé de ses disgrâces.* — *Les muses grecques, latines, françaises, etc.*, La poésie grecque, etc. On dit aussi au singul., *La m. grecque, française, etc.* || Fig., se dit du génie d'un poète, du caractère de sa poésie. *La m. de Racine était tendre et passionnée. Une m. enjouée, badine, sévère.*

**Mythol.** — Dans la Mythologie gréco-romaine, les *Muses* étaient des divinités allégoriques qui présidaient aux sciences, aux lettres et aux arts, sous la direction d'Apollon, qui, pour ce motif, était surnommé *Musagète*, c.-à-d. conducteur des Muses. De même que celle de la plupart des autres divinités mythologiques, leur histoire est des plus confuses. Les Muses étaient nées, suivant les uns, d'Uranus et de la Terre, du roi Piérus et d'Antiope, suivant d'autres; mais la plupart des auteurs les font naître de Jupiter et de Mnémosyne (la mémoire). On leur donnait en outre pour nourrice Euphêmé ou la gloire. Dans le principe, elles furent au nombre de 3 seulement, savoir : *Mnêmé* (la mémoire), *Mélété* (la méditation) et *Aœdé* (le chant). Plus tard, leur nombre fut porté à 4, puis à 5, à 7, à 8, et enfin à 9. Ces neuf Muses étaient désignées, dès l'époque d'Hésiode, sous les noms de *Clio*, m. de l'histoire; *Euterpe*, m. de la musique; *Thalie*, m. de la comédie; *Melpomène*, m. de la tragédie; *Terpsichore*, m. de la danse et du chant des chœurs; *Érato*, m. de la poésie érotique; *Polymnie*, m. de la poésie lyrique; *Uranie*, m. de l'astronomie; et *Calliope*, m. de la poésie épique et de l'éloquence. Suivant Hésiode et les mythographes postérieurs, les *Neuf Sœurs* étaient nées en Piérie et habitaient l'Olympe où elles charmaient de leur voix divine les festins des dieux. C'étaient elles aussi qui inspiraient le chantre au moment où il saisissait sa lyre pour célébrer la gloire des héros, et de là vint l'usage de donner aux poètes le titre d'*enfants des Muses*. — Le culte des Muses naquit, à ce qu'on suppose, en Thrace, d'où il passa dans la Béotie pour de là se répandre ensuite dans toute la Grèce, et plus tard en Italie. Elles avaient sur l'Hélicon, en Béotie, un temple près duquel coulaient le Permesse et les fontaines d'Aganippe et d'Hippocrène. Elles en possédaient un autre sur le Parnasse, où l'eau de la fontaine Castalie passait pour inspirer les poètes. A Thespies, on célébrait en leur honneur des fêtes appelées *Musées*. A

Corinthe, la source de Pyrène leur était consacrée. Enfin, on leur offrait des libations d'eau, de miel et de lait, appelées *Néphalies*. Les surnoms par lesquels les poètes les désignaient sont fort nombreux : les plus fréquemment usités sont ceux de *Piérides*, *Héliconides*, *Parnassides*, *Aonides*, *Mæonides*, *Castalides*, *Libéthrides*, etc. — Sur les monuments, les Muses sont toujours représentées sous la figure de jeunes filles ; mais elles ne sont que trois sur les plus anciens et ont pour attributs la flûte, la lyre et le barbiton. Plus tard, quand on porta leur nombre à neuf, on imagina des emblèmes particuliers pour chacune d'elles. *Clio* fut alors représentée avec un rouleau et une cithare; *Euterpe*, avec une double flûte et des trompettes ; *Thalie*, avec une couronne de lierre et un masque comique ou une houlette (*pedum*); *Melpomène*, avec une massue et un masque tragique, ou avec un sceptre, une couronne et un poignard; *Terpsichore*, avec une couronne de feuillage, ou un diadème et une lyre ; *Erato*, avec un style, ou un chalumeau, ou un barbiton; *Polymnie*, avec un spectre, une branche de laurier, un rouleau de papyrus, etc.; *Uranie*, avec un globe et une couronne d'étoiles; et enfin *Calliope*, avec des tablettes et un style, ou avec un volume, ou encore avec des couronnes de laurier à la main et des poèmes à ses pieds. Sur d'anciens monuments on voit les neuf Muses dansant en chœur et se tenant, comme les Grâces, par la main.

**MUSE**. s. f. [Pr. *mu-ze*] (R. *muser*). T. Vén. Le commencement du rut des cerfs. *La m. dure cinq ou six jours.*

**MUSEAU**. s. m. [Pr. *mu-zo*] (anc. fr. *muse*, m. s., qui paraît venir du lat. *morsus*, morsure). Partie antérieure et saillante de la tête du chien et de quelques animaux, qui comprend la gueule et le nez. *Le m. d'un chien. La belette au long m.* || Pop. par mépris ou par plaisanterie, se dit en parl. des personnes. *Qu'avait-elle à faire d'aller montrer là son m. ! On lui a donné sur le m. — Voilà encore un beau m., un plaisant m.*, se dit d'un homme qui fait l'agréable. || T. Anat. *M. de tanche*, orifice vaginal de l'utérus. || T. Techn. Accoudoir d'une stalle en bois où l'on sculpte des figures d'animaux. — Partie d'un panneton de clef entaillée pour laisser passer les dents du rateau.

**MUSÉE**. s. m. **MUSÉUM**. s. m. [Pr. *mu-zé, muzé-ome*]. **Hist. et Admin.** — Les deux mots *Musée* et *Muséum*, qui viennent du grec μουσεῖον, lieu consacré aux Muses, sont absolument synonymes. Tous deux s'emploient pour désigner un lieu destiné soit à l'étude des lettres, des sciences et des beaux-arts, soit à rassembler les productions et les monuments qui y sont relatifs; néanmoins, chez nous, le second de ces termes n'est guère usité qu'en parlant du *Musée d'histoire naturelle* de Paris, ou de certains musées étrangers, comme le *Muséum de Florence*, le *Muséum britannique*, etc.

I. — Chez les Grecs, le mot *Muséum* désignait primitivement, ainsi que nous venons de le dire, les lieux et particulièrement les temples consacrés aux Muses. Plus tard, Ptolémée Philadelphe appliqua ce nom à l'institution célèbre qu'il fonda à Alexandrie, vers l'an 280 avant notre ère, pour entretenir et propager le culte des lettres et de la philosophie. Suivant Strabon, le Muséum faisait partie du palais du roi. Il renfermait une riche bibliothèque, des portiques pour la promenade, une salle destinée aux lectures publiques, et une vaste salle où les savants attachés à l'établissement dînaient ensemble. Il paraît, d'après Philostrate, qu'un jardin botanique et une ménagerie étaient annexés au Muséum. Tout l'établissement était entretenu aux frais du trésor public, et placé sous la direction d'un prêtre nommé par le roi, puis par l'empereur, lorsque l'Égypte fut devenue une province romaine. Jamais, dans l'antiquité, le mot de Musée n'eut la signification que nous lui donnons communément, celle de collection d'objets d'arts ou d'objets scientifiques. Les anciens, en effet, n'en avaient pas besoin : les statues et les peintures qui ornaient les édifices publics, les riches offrandes en tout genre qui s'accumulaient dans les temples, faisaient de tous ces monuments des dépôts de richesses incalculables. Plus tard, les rois successeurs d'Alexandre, et après eux les riches patriciens, à mesure que les armées romaines dépouillaient les pays conquis, formèrent dans leurs palais d'admirables collections de statues, de tableaux et d'objets rares de toutes sortes; mais ces collections n'avaient point la destination de nos musées modernes. Elles étaient rassemblées comme moyen de décoration, ou même simplement dans un but d'ostentation. La fondation du premier Musée, dans le sens actuel du mot, date seulement du XV^e^ siècle. Il fut établi à Florence par Cosme I^er^ de Médicis. Bientôt, à son exemple, on s'empressa de toutes parts de recueillir les précieux débris de l'antiquité, et de former des collections d'objets précieux relatifs d'abord aux arts et à l'histoire, puis aux sciences et même à l'industrie.

II. — En France, les musées appartiennent soit à l'État, soit aux Villes, indépendamment de plusieurs centaines d'autres qui sont des propriétés particulières; mais ceux de l'État sont naturellement les plus importants sous tous les rapports. Les musées de l'État, à l'exception du *M. de Versailles*, sont tous réunis à Paris. Le *M. du Louvre*, le premier de tous, occupe tout l'ancien Louvre et la grande galerie qui réunit ce palais à celui des Tuileries. On fait quelquefois remonter son origine à une collection d'objets d'art établie par François I^er^ au château de Fontainebleau, et augmentée par les successeurs de ce prince; mais cette collection qu'on appelait le *Cabinet du roi* n'était en réalité qu'une chose privée, car le public n'y était point admis. C'est la Convention qui, par son décret du 27 juillet 1793, a véritablement créé le M. du Louvre. Il fut ouvert, le 8 novembre suivant, sous le nom de *Muséum français*, remplacé plus tard par celui de *Musée central des arts*. Il ne se composa d'abord que d'environ 530 tableaux et d'un certain nombre de sculptures provenant surtout des anciens palais royaux; mais les victoires de la République et de l'Empire augmentèrent tellement ce premier noyau, qu'en 1814 on n'y comptait pas moins de 1,200 toiles, dues aux artistes les plus éminents de toutes les écoles : il renfermait en outre une quantité énorme de sculptures et d'objets d'art de toutes sortes, dépouilles des Musées étrangers. Un grand nombre de ces chefs-d'œuvre furent repris, en 1815, par leurs anciens possesseurs; mais de nouvelles acquisitions ont en partie réparé nos pertes. Aussi le M. du Louvre est-il aujourd'hui l'un des plus considérables et des plus riches établissements de ce genre qui existent en Europe. Voy. LOUVRE

Le *M. du Luxembourg*, situé dans le jardin du même nom, a été fondé par Louis XVIII, en 1818, pour recevoir les œuvres les plus remarquables des peintres et des sculpteurs vivants. Elles y restent dix ans après la mort de leurs auteurs. Passé ce terme, on envoie au M. du Louvre celles qui méritent cette haute distinction. — Le *M. de Cluny*, spécialement consacré aux arts du moyen âge et de la renaissance, occupe l'ancien hôtel de ce nom. Il a été créé par un riche amateur, Du Sommerard, à la mort duquel l'État en a fait l'acquisition. — Le *M. d'artillerie*, ainsi que l'indique son nom, est un précieux dépôt d'armes offensives et défensives de tous les temps et de tous les pays. Ce M. a été créé en 1794 : il est établi dans l'hôtel des Invalides. — Le *M. monétaire*, annexé à la Monnaie de Paris, possède la collection des coins et poinçons des monnaies, médailles, pièces de plaisir et jetons qui ont été frappés en France depuis Charles VIII. — Le *Cabinet des Médailles*, créé à Versailles en 1684, a été transporté en 1741 à la Bibliothèque nationale, où il est encore aujourd'hui. C'est peut-être la plus riche collection numismatique qui existe en Europe. — Le *M. historique de Versailles* a été créé par le roi Louis-Philippe et à ses frais. L'immense palais de Louis XIV ayant depuis longtemps cessé d'être habité par les souverains, Louis-Philippe conçut l'heureuse idée de le consacrer aux gloires de la France. En conséquence de sa destination, toutes les œuvres d'art qu'il renferme, peintures et sculptures, ont trait à quelque événement mémorable ou à quelque personnage célèbre dans les fastes de la France.

Le *M. d'Histoire naturelle* se compose de nombreuses galeries où sont rangées méthodiquement d'immenses collections appartenant aux trois règnes de la nature, c.-à-d. à la zoologie, à la botanique et à la minéralogie; d'un grand jardin, principalement destiné à l'étude de la botanique et de la culture; de serres chaudes et de serres tempérées; d'une ménagerie d'animaux vivants; d'une bibliothèque d'histoire naturelle, riche d'environ 150,000 volumes ; et d'amphithéâtres pour les cours. Actuellement, l'enseignement du Muséum comprend 18 chaires : Anthropologie, Géologie, Zoologie (entomologie), Zoologie (mammifères et oiseaux), Zoologie (malacologie), Zoologie (erpétologie), Paléontologie, Botanique (classifications et familles naturelles), Botanique (organographie et physiologie végétale), Minéralogie, Physique appliquée aux sciences naturelles, Physique végétale, Anatomie comparée, Physiologie comparée, Physiologie générale, Physiologie végétale, Pathologie comparée, Chimie appliquée aux corps organiques. A ces chaires il convient d'ajouter deux cours de dessin, l'un pour l'iconographie animale, et l'autre pour l'iconographie végétale. Il est institué, près le Muséum d'histoire naturelle sept bourses en vue de l'agrégation et du doctorat ès sciences naturelles. Ces bourses qui sont de 1,500 francs chacune sont données au choix, sur l'examen des titres des candidats. — La fondation de cet établissement sans rival en Europe remonte à l'année 1636. Ses commencements furent fort humbles. D'abord simplement destiné, sous le nom de *Jardin du roi*, à la culture et à l'étude des plantes médicinales, on ne tarda pas d'y joindre des cours de botanique, de chimie et d'histoire naturelle. Sous l'administration de Buffon, il reçut des accroissements considérables : c'est à cet illustre naturaliste que sont dues la formation du Cabinet d'Histoire naturelle, celle de la Ménagerie, et celle du Cabinet d'Anatomie comparée. Enfin, ce fut la Convention qui, par son décret du 18 août 1793, donna à l'établissement l'organisation qui le régit encore. En même temps, elle lui imposa le nom, mieux approprié à sa destination générale, de *Muséum d'histoire naturelle*. Depuis cette époque, le Muséum a vu augmenter ses richesses et étendre son enseignement ; mais ses bases sont restées les mêmes. — Nous ne ferons que rappeler ici le *Conservatoire des arts et métiers*, dont nous avons parlé ailleurs, et qui est aux arts industriels, par ses collections et ses chaires, ce que le Muséum est aux sciences naturelles. Voy. CONSERVATOIRE.

Parmi les musées des départements dont la plupart n'ont qu'un médiocre intérêt, il en est qui sont fort importants et par le nombre et par la beauté des objets qu'ils renferment Nous mentionnerons particulièrement sous ce rapport les musées de Lyon, de Rouen, de Dijon, de Grenoble, de Besançon, d'Orléans, de Toulouse, de Lille, de Marseille, de Bordeaux, de Nimes et d'Avignon.

III. — Parmi les musées étrangers les plus célèbres, nous citerons en première ligne ceux d'*Italie*. Le *M. du Vatican*, à Rome, renferme, indépendamment d'une admirable collection de statues, de peintures et de médailles, un grand nombre de livres et surtout de manuscrits précieux. Le *M. Pio-Clementino* et le *M. Chiaramonti* ne sont guère que des dépendances du premier. A *Naples*, le *M. des Studj* est incontestablement le plus riche qui existe en objets de l'époque romaine ; la plupart proviennent des fouilles d'Herculanum et de Pompéi. Le *M. de Florence* offre à notre admiration des tableaux célèbres de toutes les grandes écoles et de nombreux chefs-d'œuvre de la statuaire antique, tels que l'Hercule Farnèse et la Vénus de Médicis. Le *M. de Turin* est particulièrement remarquable par sa collection d'antiquités égyptiennes. Les musées de *Venise*, de *Vérone*, etc., renferment également un grand nombre d'œuvres précieuses et universellement admirées. — En *Allemagne*, les musées sont riches et nombreux Le plus imposant est le *M. de Berlin*, qui contient une belle collection de tableaux, de marbres, de médailles. A *Vienne*, le *Belvédère* renferme une galerie de tableaux très remarquable, un cabinet d'antiques, etc. L'*Augusteum* de *Dresde* est au premier rang des musées de l'Allemagne, par le nombre de ses œuvres capitales. A *Munich*, les objets d'art, en nombre fort considérable, se trouvent partagés entre la *Glyptothèque* et la *Pinakothèque*, qu'on doit au roi Louis de Bavière. Nous citerons encore les musées de *Cassel*, de *Weimar*, de *Stuttgard*, et enfin celui qui a été fondé en 1853, à *Nuremberg*, sous le nom de *M. allemand*, et qui est destiné à recevoir des originaux ou des copies de l'art et de la littérature ancienne de l'Allemagne. — Le *M. Ashmole*, à Oxford, est le plus ancien de l'*Angleterre* ; mais le plus important, sous tous les rapports, que possède ce pays, est le *British Museum* ou *M. Britannique*, fondé en 1753, à Londres, par un legs de Sir Hans Sloane. Au nombre des richesses inappréciables qu'il renferme, nous nommerons les marbres rapportés de la Grèce par Townley, lord Elgin, etc. — En *Danemark*, le *M. de Copenhague*, appelé *M. Thorwaldsen*, du nom du célèbre sculpteur danois, est fort remarquable. — En *Espagne*, le *M. de Madrid* et celui de l'*Escurial* possèdent les toiles les plus célèbres des écoles nationales, ainsi qu'un grand nombre d'œuvres des écoles italiennes. — Le *M. de Saint-Pétersbourg*, établi au palais de l'Ermitage, a été créé par Catherine II. Bien que récent, c'est un des plus riches de l'Europe, le gouvernement russe ne laissant passer aucune occasion d'accroître ses trésors. Enfin, en Suède, nous mentionnerons le *M. de Stockholm*, et le *M. de Linné* à Upsal

**MUSÉES.** s. f. pl. (R. *Musa*). T. Bot. Tribu de plantes de la famille des *Scitaminées*. Voy. ce mot.

**MUSELER.** v. a. (R. *museau*). Mettre une muselière à un animal. *M. un chien, un ours.* || Fig., Empêcher de parler. *Il faudrait pouvoir m. ce calomniateur.* = MUSELÉ, ÉE, part. = Conj. Voy. APPELER.

**MUSELIÈRE.** s. f. (R. *museler*). Ce qu'on met à la gueule, à la bouche de certains animaux pour les empêcher de mordre, de paître, etc. *Mettre une m. à un chien, à un ours, à un cheval.*

**MUSELLEMENT.** s. m. [Pr. *muzèle-man*]. Action de museler.

**MUSÉNITE** s. f. T. Minér. Synonyme de *Linnéite*.

**MUSÉOGRAPHE.** s. m. (R. *musée*, et gr. γράφω, je décris). Auteur de la description d'un musée.

**MUSER.** v. n. (all. *musse*, loisir, oisiveté). S'amuser et perdre son temps à des riens. *Cet homme ne fait que m.* Fam., || Prov., *Qui refuse, muse*, Celui qui refuse une offre perd souvent une occasion qu'il ne retrouvera plus. || T. Vénér. Se dit d'un cerf qui est près d'entrer en rut. *Les cerfs commencent à m.*

**MUSERIE.** s. f. Action de muser.

**MUSEROLLE.** s. f. (R. *museau*). T. Man. Partie de la bride d'un cheval qui se place au-dessus du nez. Voy. BRIDE.

**MUSETTE.** s. f. [Pr. *muzè-te*] (Vx fr. *muse*, m. s., du lat. *musare*, faire de la musique). Instrument de musique champêtre auquel on donne le vent avec un soufflet qui se hausse et qui se baisse par le mouvement du bras. *Jouer de la m. Danser au son de la m.* || Air fait pour la musette. *Jouer, chanter une m.* = T. Techn. Synonyme de demi-portée en terme de filature. — Boursouflure produite dans la fabrication du papier par une bulle d'air restée entre le feutre et la feuille. || Sac en toile qu'on suspend à la tête d'un cheval pour lui donner à manger. — Sac où le cavalier enferme ses effets de pansage. — Sorte de gibecière en toile dont sont munis les fantassins. — Portefeuille où les écoliers mettent leurs papiers.

**MUSETTE.** s. f. (Dimin. du lat. *mus*, rat). T. Mamm. Nom vulgaire de la MUSARAIGNE. Voy. ce mot.

**MUSÉUM.** s. m. [Pr. *muzé-ome*]. Voy. MUSÉE.

**MUSICAL, ALE.** adj. Qui a rapport, qui appartient à la musique. *Rythme m. Composition musicale. Phrase musicale. Soirée musicale.*

**MUSICALEMENT.** adv. Conformément aux règles de la musique.

**MUSICÂTRE.** s. m. (lat. *musicus*, musicien, avec le suff. péjor. *âtre*). Mauvais musicien.

**MUSICIEN, IENNE.** s. [Pr. *muzi-si-in, iène*] (lat. *musica*, musique). Celui, celle qui sait l'art de la musique. *Un excellent m. Une grande musicienne.* — Adj., *Il n'est pas m.* || Plus particul., Celui, celle qui fait profession de composer ou d'exécuter de la musique. *Palestrina, Gluck, Mozart, Rossini, Beethoven, Meyerbeer, Wagner, sont de grands musiciens. Les musiciens de la chapelle. Des musiciens ambulants.* || Poét. *Les musiciens des bois*, les oiseaux. || T. Entom. Nom donné à un genre d'Insectes *Diptères* appelé *Conops*. Voy. ATHÉRICÈRES.

**MUSICO.** s. m. Dans les Pays-Bas et surtout en Hollande, Taverne où le bas peuple et les matelots vont boire, fumer, entendre de la musique, etc. *Étant à Anvers, il voulut voir les musicos.*

**MUSICOGRAPHE.** s. m. (R. *musique* et gr. γράφω, j'écris). Auteur qui écrit sur la musique.

**MUSICOMANIE.** s. f. (R. *musique* et *manie*). Sorte d'aliénation mentale caractérisée par une passion effrénée de la musique. || T. Fig. goût effréné de la musique.

**MUSIF.** adj. m. Voy. MUSSIF.

**MUSIQUE.** s. f. (lat. *musica*, m. s., de *musa*, muse). L'art de combiner les sons d'une manière agréable à l'oreille, ou la science des sons considérée sous le rapport de la mélodie, du rythme et de l'harmonie. *La théorie de la m. Il a écrit sur la m. Hist. de la m.* || Œuvre musicale, production de l'art de la m. *Composer de la m. Mettre des vers en m. Messe en m. Nous avons entendu d'excellente m., de bien mauvaise m. Sa m. est savante, facile, etc. M. d'église. M. de théâtre. M. religieuse, dramatique, militaire. M. française, allemande, italienne. M. gravée, copiée. Copier de la m. Exécuter de la m. Il lit toute espèce de m.* — *Notes de m.*, Caractères dont on se sert pour indiquer les divers tons de la m. *Livre, cahier, papier de m.*, Livre, etc., où il y a des airs de m. écrits avec ces sortes de notes. *Instrument de m.*, Avec lequel on exécute de la m. || Exécution de la m., soit avec la voix, soit avec les instruments. *Nous avons entendu beaucoup de m. Nous ferons de la m.* — Fig. et fam., *M. enragée, m. de chiens et de chats*, Musique discordante et qui blesse l'oreille. Par anal., se dit du bruit confus de plusieurs personnes qui se querellent. || *Apprendre la m.*, Apprendre soit à composer, soit à exécuter de la m. On dit de même : *Savoir la m. Classe de m. Avoir des dispositions pour la m.* || Compagnie de musiciens de profession qui ont coutume d'exécuter de la m. ensemble. *La m. de la chapelle. La m. du régiment. Il est attaché à la m. de l'Opéra.* — Fig., Suite de sons qui, sans être musicaux, sont agréables à l'oreille. *La voix de cette femme est une m. délicieuse.* Ironiq. et famil., *Cet enfant ne cesse de crier; il nous fait là une belle m.* || T. Techn. Débris de plâtre broyés que l'on introduit dans l'auge pendant le gâchage du plâtre.

**Mus.** — I. *De la Musique considérée comme art.* — La m. est l'art d'exprimer sa pensée par la combinaison des sons. Elle est parmi les modes artistiques d'expression de l'idée celui qui a le plus d'affinités avec la poésie. Mais, tandis que celle-ci n'emprunte qu'à la parole humaine son expression matérielle, la m. cherche, dans l'infinie variété des sons savamment combinés, la formule expressive des idées. Elle agit sur le sens auditif de l'homme pour pénétrer son intelligence et s'efforce d'établir une sorte d'harmonie sympathique entre les vibrations sonores produites par les modulations de la voix humaine aussi bien que par celles des instruments inertes d'une part, et d'autre part les vibrations nerveuses de l'être humain qui déterminent ou accompagnent, selon les divers systèmes philosophiques, spiritualiste ou matérialiste, les phénomènes intellectuels.

Le critérium de l'art musical consiste dans la perfection d'évocation de l'idée que l'artiste veut définir. Là ou l'harmonie des sons correspondra absolument à l'harmonie des sensations génératrices ou concomitantes de l'idée à évoquer, l'art sera atteint. Le plus souvent (et c'est en cela que consiste au point de vue représentatif l'infériorité de la m.) le problème sera tellement complexe et difficile à résoudre que l'artiste, chez lui-même aussi bien que chez son auditeur, n'obtiendra qu'une sensation parallèle ou approximative. L'intelligence ou les centres nerveux de l'entendement ne vibreront pas à l'absolu unisson de l'idée qui alors demeurera comme nimbée d'une sorte d'imprécision, puissamment sensationnelle parfois, souvent impressionnante, voluptueuse même, comme le voile qui serre une nudité dont il ne dessine que les contours, ou comme une grisaille où les personnages ont une expression d'autant plus forte qu'elle tient davantage d'un quasi-mystère. Et l'art musical sera d'autant plus puissant qu'il parviendra le mieux à exprimer l'abstraction.

On a nié longtemps, dans le camp spiritualiste, surtout là où cette négation semble le plus inexplicable, la possibilité d'exprimer par la m. les idées abstraites. On voulait restreindre à l'expression des harmonies naturelles le domaine de la m. L'école allemande dont le maître est Wagner, et l'école française représentée par Berlioz, par Saint-Saëns, par MM. Charpentier, Reyer, etc., ont prétendu démontrer que la m. pouvait arriver à la représentation des idées abstraites les plus délicates du domaine intellectuel, à l'exclusion bien entendu des idées abstraites n'ayant aucune correspondance sensationnelle dans l'être humain, des vérités mathématiques, scientifiques, par exemple.

Cependant, la m. doit provoquer la sensation non telle qu'elle s'impose à la matérialité de notre être, mais adoucir et tempérer cette expression par des sons mesurés et cadencés, combinés selon les lois de l'harmonie et du rythme.

Pour exprimer une idée la m. combine les successions et les associations de sons les plus propres à peindre les divers sentiments de l'âme humaine, ou, pour mieux dire, à susciter dans l'âme des auditeurs les sentiments qu'elle se propose de représenter. L'unité est indispensable à l'œuvre du musicien, comme elle l'est à toutes les productions de l'art. Néanmoins, comme l'œuvre musicale est successive, au lieu de présenter un ensemble de parties que l'on puisse saisir simultanément, l'unité réside surtout dans l'enchaînement et le développement régulier de la pensée musicale. Mais rien n'empêche qu'après avoir éveillé en nous une série particulière de sentiments, une douce mélancolie par ex., le musicien n'ait le droit de faire succéder à ces émotions une série de sentiments contraires, comme la joie et l'allégresse. Bien plus, dans toute composition musicale qui offre une certaine étendue, l'artiste doit faire passer notre âme par des états successifs et opposés, attendu que ces contrastes rendent l'impression plus vive et plus profonde.

Il n'y a pas de m. sans *mélodie*, c.-à-d. sans une succession de sons variés qui se lient et s'enchaînent de façon à représenter une pensée musicale, ou, en d'autres termes, à exprimer un sentiment en une sensation. Mais la série successive des sons qui composent une mélodie est soumise aux lois du temps, de la mesure et du rythme. Cette nécessité résulte de la nature même du son. En effet, ainsi que le dit Hegel, le son ne se produisant que sous la forme du mouvement oscillatoire, est nécessairement successif, et dès lors il tombe sous la loi du temps. Or, cette succession des points de la durée a besoin d'être fixée et régularisée : de là la *mesure*. Mais la durée même n'acquiert de signification réelle que par ce qui marque sa division, et spécialement par la périodicité, qui seule ramène à l'unité la multiplicité et la diversité des sons musicaux : de là la nécessité de ce qu'on appelle en m. le *temps* et le *rythme*. Les éléments que nous venons de mentionner constituent les moyens essentiels et nécessaires d'expression sans lesquels il n'y a pas de m. Mais, pour obtenir tous les effets que ces moyens sont susceptibles de produire, il faut y joindre deux autres éléments, le *timbre* et l'*accent*, le premier qui dépend de la nature de l'instrument producteur du son, et le second de l'exécution même. Enfin, l'*harmonie*, qui réside essentiellement dans la simultanéité de sons combinés suivant certaines lois, élargit indéfiniment le cercle de la m., et lui permet de produire des effets aussi puissants que variés.

II. *Divisions de la Musique.* — On divise généralement la m., suivant les moyens d'exécution employés, en *M. vocale* et en *M. instrumentale*. La *M.* soit *vocale*, soit *instrumentale*, se subdivise, selon la destination et la forme des morceaux, en trois genres principaux : la *M. sacrée*, la *M. dramatique*, et la *M. de concert*. — La *M. sacrée* comprend les messes, les hymnes, les motets, les oratorios, etc. Dans les églises catholiques, on ne connaît que deux manières de chanter les prières : le *plain-chant* (Voy. ce mot), qui n'est guère accompagné que par l'orgue, et la *M. solennelle*, qui emploie toutes les ressources de la science musicale. Quant aux oratorios, ils tiennent, d'une part, de la m. de concert, car ils ne se lient point intimement aux cérémonies du culte, dont ils constituent comme les hors-d'œuvre et, d'autre part, de la m. dramatique, par le caractère général de la composition. La *M. dramatique* varie selon la nature de la pièce, qui peut être sérieuse, bouffonne ou de demi-caractère. Elle comprend l'opéra, le drame lyrique, l'opéra comique, l'opérette, l'opéra bouffe, la pantomime, le ballet, etc., qui se composent d'airs, de récitatifs, de duos, de trios, de quatuors, etc., de chœurs, de finales, d'airs de danse, de mimique, etc. Tandis que, dans la m. sacrée et dans la m. dramatique, la pratique générale est de combiner constamment les voix et les instruments, dans la *M. de concert* ou de *chambre*, ces deux modes d'exécution s'isolent habituellement. Pour la m. vocale, les instruments ne servent guère que d'accompagnement; et pour la m. instrumentale ils se développent dans une indépendance complète. Autrefois la m. vocale, dite de chambre, se composait du *madrigal* pour voix seules ou bien avec accompagnement, et de la *cantate*, qui pouvait être à une ou à plusieurs voix ; mais l'usage de ce genre de m. est tombé en désuétude, et on lui a substitué presque partout des airs d'opéra. Néanmoins les *canzonnette* en Italie, les *lieder* en Allemagne, et, en France, les *romances* pour une ou deux voix, les *chansons* et les *chansonnettes* jouent encore un certain rôle dans la m. de chambre et de concert. La *M. instrumentale* comprend : la *M. soliste*, qui trop souvent est dénuée de valeur, et n'a pour but que de faire briller le talent de l'exécutant; la *M. concertante*, qui doit être exécutée par deux ou par plusieurs instruments, et que l'on nomme, selon le nombre de ceux-ci, duos, trios, quatuors, quintetti, etc.; et la *M. orchestrale*, qui comprend surtout les ouvertures et les symphonies. La *M. militaire*, bien qu'excluant l'emploi des instruments à cordes, appartient à cette dernière catégorie. La symphonie est l'expression la plus haute de l'art musical, tant en raison des développements qu'elle présente et des ressources dont elle dispose, que de l'indépendance absolue avec laquelle elle se déploie, le musicien ne relevant ici que de lui-même.

Au point de vue de l'étude, la m. nous présente encore d'autres divisions. « Celui qui veut devenir musicien, a dit Ad. de la Fage, doit, avant tout, connaître parfaitement les signes graphiques ou la *sémiologie* musicale, et tout ce qui se rapporte à la lecture pure et simple de la m. Quand cette connaissance lui est acquise, il doit, s'il veut être *exécutant* (soit *chanteur*, soit *instrumentiste*), faire son choix et étudier dans tous ses détails celui des *organes* musicaux auquel il s'arrêtera. S'il se propose d'être *compositeur*, il doit s'appliquer à l'étude de la *mélodie*, qui marche de front avec celle de l'*harmonie* et de l'*accompagnement*; ensuite il passe au *contrepoint* simple et composé; à l'*imitation*, à la *fugue* et au *canon*. Arrivé à ce point, il doit s'occuper de l'*instrumentation*, c.-à-d. faire une étude spéciale des *organes* de la m., non à la manière de l'exécutant, mais simplement pour en connaître l'étendue, les facultés et les effets. S'il a l'intention de s'adonner à la composition vocale, il devra chercher comment les sons s'unissent à la parole dans les différents idiomes, d'après les règles de la prosodie et de l'accentuation qui fournissent, à cet égard, les données matérielles. Enfin, il n'aura plus qu'à se pénétrer des principes convenables aux différents genres, et à se conformer aux règles de style particulières à chacun, selon que la composition est *vocale* ou *instrumentale*, et destinée à l'*église*, à la *chambre* ou au *théâtre*. »

La m. peut encore être envisagée comme une branche de l'*acoustique*. A ce point de vue, elle constitue une science physico-mathématique, en raison des calculs auxquels donnent lieu les vibrations sonores et même divers procédés en usage dans la composition. Néanmoins ce n'est pas, en général, sous cet aspect qu'elle est étudiée par les artistes de profession, et les savants qui s'en occupent ne sont point rangés parmi les musiciens.

III. *Histoire*. — La m. est de tous les lieux et de tous les temps; mais, à l'origine, elle ne se produit point comme art : elle n'est qu'une manifestation instinctive des sentiments les plus directement humains, joie, douleur, etc. Aussi est-elle vieille comme le monde. Les personnages mythologiques auxquels Hébreux, Égyptiens, Grecs, Indiens et Chinois ont attribué l'invention de la m. pourraient tout au plus être envisagés comme des artistes de grand talent, ou des inventeurs d'instruments plus perfectionnés. A Pan reviendrait ainsi, à la rigueur, l'honneur d'avoir combiné la flûte de roseau, à Jubal la trompette, à Apollon la lyre, à Hermès la syrinx, à Fo-chi les tympana d'airain, etc.

Au point de vue de l'antiquité des œuvres musicales on peut citer, comme un des plus anciens chants avec accompagnement instrumental, le cantique de Miriam, sœur de Moïse, qui fut chanté après le passage de la mer Rouge. Au nombre des instruments qui chez les Hébreux servaient à accompagner leurs chants et leurs hymnes, nous voyons figurer la harpe, la cithare, les cymbales, la trompette et le tambour. Il est probable que la m. des Hébreux différait peu de celle des Égyptiens, car les instruments que nous venons de nommer sont représentés sur un grand nombre de monuments de l'antique Égypte. Suivant la plupart des érudits, c'est de ce dernier pays que la m. instrumentale passa en Grèce, où elle devait prendre un merveilleux et rapide développement. Dès le VIe siècle avant notre ère, il semble que les Grecs aient porté dans l'étude de cet art un esprit scientifique, car nous voyons Pythagore inventer le monocorde, afin de déterminer mathématiquement les rapports des sons. Lasus, le maître de Pindare, fut, dit-on, le premier qui écrivit sur la théorie de la m. (vers 540). Platon et Aristote la considéraient comme un puissant moyen d'éducation. Les Grecs, d'ailleurs, donnaient à ce mot une signification fort étendue. Ils distinguaient la m. en *théorique* ou *contemplative*, et en *active* ou *pratique*. A la première, en rapportait l'*astronomie* ou harmonie du monde, l'*arithmétique* ou harmonie des nombres, qui formaient la *M. théorique naturelle*. L'*harmonique*, qui traitait des sons, des intervalles, des genres, etc.; la *rythmique*, qui traitait des mouvements, et la *métrique*, qui se rapportait à la mesure des vers, constituaient la *M. théorique artificielle*. Enfin, la *M. pratique* se composait de la *mélopée*, art de créer des mélodies, de la *rythmopée*, art de la mesure, et de la *poésie* ou art de composer les chants destinés à accompagner les paroles rythmiquement combinées. Les Grecs avaient trois genres particuliers de musique : 1° le genre *diatonique* qui procédait par tons et qui est celui des mélodies modernes; 2° le genre *chromatique* qui procédait par demi-tons et qui est aujourd'hui inusité, quoique on l'entremêle quelquefois au genre diatonique pour donner plus de richesse et de variétés aux modulations: 3° le genre *enharmonique*, qui comprenait plusieurs sortes de combinaisons comprenant des quarts de tons. — Les Romains empruntèrent d'abord la m. et les instruments des Étrusques, qui peut-être les tenaient eux-mêmes de l'Égypte; mais la m. ne devint jamais chez eux un art national et populaire. Après la conquête de la Grèce, la m. s'enrichit, chez les Romains, de tous les progrès qu'elle avait faits entre les mains des Grecs; cependant elle ne fut pas pour cela cultivée à Rome avec plus de zèle. Seulement le luxe excessif de l'époque qui suivit l'établissement de l'empire amena du moins un grand mouvement matériel dans l'art et une sorte d'habitude des pompes musicales. Les musiciens, à Rome, continuèrent d'être des étrangers ou des esclaves. Ajoutons, s'il faut en croire un poète alexandrin, qu'ils préféraient l'intensité du son à sa finesse. Les anciens paraissent avoir connu les diverses parties constitutives de la m., telles que la mélodie, le rythme, l'expression, les modulations, l'instrumentation, etc., mais la connaissance de l'harmonie leur est généralement contestée. Toutefois certaines raisons permettent de croire qu'elle ne leur a pas été entièrement inconnue.

Dès les premiers temps le christianisme emprunta au paganisme l'usage du chant dans ses manifestations liturgiques, il lui emprunta même ses motifs. Au IVe siècle, saint Ambroise détermina la nature des chants qui devaient être employés au culte dans l'église de Milan, et la doctrine fut adoptée dans la plupart des églises chrétiennes. Au VIe siècle, le pape saint Grégoire le Grand élargit le cercle du *chant ambrosien*, appliqua au rituel les meilleures mélodies religieuses en usage avant lui, et simplifia le système de notation musicale. Telle fut l'origine du *chant grégorien*, en général, si plein de pathétique et de sévérité, et qui constitue encore aujourd'hui, sous le nom de *plain-chant*, le chant ecclésiastique proprement dit. Vers le commencement du XIe siècle, l'invention de la gamme, longtemps attribuée à Guy d'Arezzo, celle du contrepoint, l'introduction de l'orgue dans le culte, et le perfectionnement de la partie graphique de l'art musical, contribuèrent puissamment au développement tant intérieur qu'extérieur de la m. A la fin du XVe siècle, d'immenses progrès avaient été faits. A cette époque, la Belgique et la France, alors placées à la tête du mouvement, produisirent une foule de chanteurs et de compositeurs illustres, dont un grand nombre portèrent leur art en Italie et dans les autres pays de l'Europe : tels furent Guillaume Dufay (1432), Ockenheim (1465), Joaquin Desprez (1500), enfin Costanzo Festa (1545) et Claude Goudimel (1550), qui fut le maître de Palestrina. Mais les compositeurs de cette époque se préoccupaient tellement des combinaisons harmoniques, qu'en général ils perdaient complètement de vue le sens des paroles et la destination de leur m. Puis, s'introduisit dans les œuvres de leurs disciples cette trivialité populaire qui caractérise presque en même temps l'éloquence religieuse. Les motifs promenés autour du Pont-Neuf par les escarpes se retrouvent, à l'office, à côté des harangues gros-salées des prédicateurs de la ligue. Cet abus fut poussé au point que la papauté songea à bannir la m. du sanctuaire. L'orage fut conjuré par le célèbre Palestrina (1560), qui restitua à la m. religieuse sa sublime majesté. Pendant que l'illustre compositeur romain portait la m. d'église à une hauteur qu'on n'a pas dépassée, la m. de chambre, soit vocale, soit instrumentale, prenait un développement qui ne devait pas tarder à produire une révolution, nous voulons dire à donner naissance à la m. dramatique. Cette dernière fut en effet le résultat de la réunion des deux sortes de m. de chambre à laquelle on joignit un élément nouveau, le *récitatif*, composé à l'imitation de ce que l'on supposait avoir été l'antique mélopée des Grecs. A Florence, une société de littérateurs et de musiciens, parmi lesquels on distinguait Jean Bardi, Vincent Galilée, Mei, Jules Caccini et Laura Guiccioni, inspirée peut-être par la réminiscence des mystères du moyen âge, où le chœur chantait fréquemment les épisodes de l'Ancien Testament travestis par l'art naïf des trouvères, imagina de faire revivre le système dramatique des Grecs, tels qu'ils le concevaient, en chantant la partie lyrique du drame et en appliquant à l'autre une déclamation notée. Le premier essai du nouveau système fut la mise en m. par Vincent Galilée de l'épisode du comte Ugolin. L'accueil que reçut cette tentative détermina le poète Rinuccini à composer un drame de *Dafne* qui fut mis en musique par Peri et Caccini (vers 1590). Cet ouvrage fut suivi d'*Euridice*, et tous deux obtinrent le plus grand succès. Telle est l'origine de l'opéra. Parmi les drames lyriques du commencement du XVII^e siècle, nous citerons l'opéra d'*Orfeo*, du Vénitien Claude Monteverde, qui doit être considéré comme le fondateur du système de la tonalité moderne. C'est lui qui employa le premier la quinte diminuée, comme consonance. Il pratiqua la septième dominante, la septième sensible et la neuvième sans préparation. Il introduisit les dissonances doubles et triples, les accords diminués et altérés. De là des sources toutes nouvelles d'expression qui permirent à la m. dramatique de prendre un essor prodigieux. La passion pour le drame lyrique fit négliger pendant longtemps les autres genres de m.; mais plus tard ceux-ci firent leur profit des progrès accomplis par celui-là. Scarlatti, chef de l'école napolitaine, apprit à développer les mélodies et à leur donner une expression énergique et pathétique plus dégagée des formes de l'école. Après lui, apparaissent une foule de compositeurs du plus haut mérite, dont le nombre, à partir du XVII^e siècle, devient de plus en plus considérable; mais il est à remarquer que dès ce moment les compositeurs français et flamands disparaissent, et que pendant longtemps l'Italie presque seule jette un éclat incomparable. Nous ne saurions ici que citer les noms des compositeurs les plus célèbres. Après Scarlatti, nous voyons se succéder, jusqu'à la fin du XVIII^e siècle, une pléiade de compositeurs dramatiques, tels que Leo, Vinci, Porpora, Durante, Hasse, Pergolèse, Jomelli, Anfossi, Guglielmi, Cimarosa, Paesiello, Piccini, Sacchini, Salieri, etc. Lully, au XVII^e siècle, fit naître en France le goût de la m. de théâtre. Rameau ajouta beaucoup au précédent sous le rapport du chant et de l'orchestre. Gluck et Piccini remplissent la fin du XVIII^e siècle de leur rivalité, pendant que Philidor, Monsigny et Grétry tracent à l'opéra comique la voie qu'il doit suivre. — En Allemagne, la m. dramatique ne fut d'abord qu'une imitation de la m. italienne; mais le développement spécial de la m. instrumentale et de la partie harmonique qui se produisit dans ce pays imprima bientôt à la m. allemande un caractère particulier. L'école allemande reconnait pour chefs J. S. Bach et Hændel. Leurs chefs-d'œuvre préparèrent ceux de Haydn et de Mozart, qui jetèrent un si vif éclat au siècle dernier. Depuis le commencement du XIX^e siècle, les trois écoles italienne, française et allemande, présentent un caractère de fusion qui devient de plus en plus remarquable. Gluck avait posé les bases de son système sur la manière de sentir des Français et sur leur attachement aux convenances dramatiques. Mais le grand pas de conciliation fut réellement fait par Mozart, qui écrivit le chant comme un Italien et l'orchestre d'après les principes de son pays. Toutefois il était réservé à Rossini d'accomplir la révolution à laquelle ses prédécesseurs avaient puissamment contribué, et de donner dans son *Guillaume Tell* le type idéal de la musique moderne. Au premier rang des compositeurs qui ont brillé dans la première partie de ce siècle, nous nommerons, en Italie, Spontini, Generali, Morlacchi, Paer, Mercadante, Pacini, Rossini, Bellini, Donizetti; en France, Méhul, Cherubini, Lesueur, Boïeldieu, Hérold, Auber, Halévy et Berlioz; enfin, en Allemagne, Weigl, Winter, Spohr, Weber, Meyerbeer, Mendelssohn-Bartholdy, et le grand Beethoven, qui, dans la symphonie, a montré toute la puissance et la variété de la m. indépendante. Dans la seconde moitié du XIX^e siècle la m. est entrée dans une voie nouvelle : elle est devenue plus savante, plus complexe peut-être, mais grâce à l'initiative de Berlioz et de Wagner elle a résolument pénétré dans le domaine, jusqu'alors à peine entrevu, des hautes conceptions intellectuelles : dans le symbole elle a trouvé un puissant concours pour susciter des idées dont elle n'avait jamais osé entreprendre la représentation. Elle est devenue aussi plus personnelle : la recherche de l'originalité dans l'expression a permis aux musiciens modernes de donner même dans le genre gai une plus grande précision à la conception musicale de leurs productions. Parmi ceux qui à la fin du XIX^e siècle ont honoré l'art musical de belles œuvres citons : en France, Ambroise Thomas (*le Songe d'une nuit d'été*, *Mignon*, *Hamlet*), Félicien David (*la Perle du Brésil*, *Lalla-Roukh*), Gounod (*Faust*, *Roméo et Juliette*, *Polyeucte*), Bizet (*Carmen*, *les Pêcheurs de perles*), Massenet (*Manon*, *le Cid*, *le Roi de Lahore*), Reyer (*Sigurd*), Saint-Saëns (*Henri VIII*), Léo Délibes (*Lakmé*), Lalo (*le Roi d'Ys*), Bazin, Joncières, Guiraud, Ch. Widor, Charpentier, puis dans l'opérette, V. Massé, Offenbach, Ch. Lecocq, Planquette, Audran, Varney, etc.; en Allemagne, Flotow (*Martha*, *l'Ombre*), Richard Wagner, le maître peut-être du XIX^e siècle (*Tannhauser*, *les Maîtres-Chanteurs*, *Lohengrin*, *Tristan et Yseult*, *Parsifal*, *Sigfried*, *la Walkyrie*, etc.); — en Italie, Verdi (*Hernani*, *le Trouvère*, *Rigoletto*, *Falstaff*, *Aïda*).

IV. — Nous terminerons cet article en donnant la liste des termes italiens les plus employés dans la m., avec la signification qui s'y rattache. — *Adagio*, ou *Ad*, Voy. ce mot. — *Ad libitum*, ou *Ad lib.*, Voy. LIBITUM. — *Affetuoso*, ou par abrév., *Aff.*, avertit le chanteur ou l'instrumentiste qu'ils doivent jouer avec une expression douce et mélancolique. — *Agitato*, ou *Agit.*, placé en tête d'un morceau, est le signe d'un caractère d'expression passionnée joint à la vitesse. — *Alla breve*, indique, dans les morceaux de m. d'église, un mouvement rapide d'une mesure à deux temps composée d'une ou deux rondes. — *Alla militare*, au commencement d'un morceau, indique qu'il faut donner à son exécution le caractère des marches militaires. — *Alla polacca*, sign., dans le mouvement de la polonaise, c.-à-d. en mesure ternaire modérée. — *Allegro*, ou *All.*, et *Allegretto*, ou *All^{to}*, Voy. ALLEGRO. — *Amabile;* le caractère de l'exécution doit être doux et gracieux. — *Amoroso*, Voy. ce mot. — *Andante*, ou *And.* et *Andantino*, ou *And^{no}*, Voy. ce mot. — *Anima* (*con*), sign. que la m. doit être exécutée avec âme et expression. — *Animato*, ce mot qui indique l'accélération d'un mouvement donné, se joint ordinairement à un autre qui détermine le caractère du morceau comme *allegro animato*. — *Animo*, ou *Con animo*, demande de l'énergie dans l'exécution. — *Appassionato*, indique la nécessité d'une expression passionnée. — *Appogiatura*, ou *App.* Voy. APPOGIATURE. — *Arco*, sur une partie de violon, d'alto ou de violoncelle, indique qu'il ne faut pas pincer les cordes, mais jouer avec l'archet. — *Arioso*, veut dire que l'exécution doit être d'un caractère large et passionné. — *Attaca subito*. Ces mots, à la fin d'un morceau, indiquent qu'il faut commencer immédiatement le morceau suivant. — *Brioso* ou *Con brio*, sign. avec un caractère brillant, avec éclat; il se joint quelquefois au mot *allegro* pour marquer une augmentation de vitesse de ce mouvement. — *Cadenza*, ou *Cad.*, synon. de *Point d'orgue*. Voy. ce mot. — *Calando*, ou *Cal.*, indique qu'il faut adoucir peu à peu les sons et ralentir en même temps le mouvement. — *Commodo*, ou *Com.*, marque un mouvement intermédiaire entre la lenteur et la vitesse. — *Crescendo*, ou *Cresc.*, Voy. ce mot. — *Da Capo*, ou *D. C.*, se met à la fin d'un morceau de m. quand on veut indiquer qu'il faut le reprendre du commencement jusqu'à un endroit où est la fin véritable. — *Decrescendo*, ou *Decresc.*, ou *Decr.*, marque une diminution progressive d'intensité des sons dans l'exécution. — *Diminuendo*, ou *Dim.*, demande une diminution graduelle du son. — *Dolce*, ou *Dol.*, indique un mode d'exécution doux et suave. — *Espressivo*, ou *Con espression*, ou *Espres.*, sert à indiquer qu'il faut jouer ou chanter avec expression. — *Flebile*, se joint parfois à l'indication d'un mouvement, comme *andante flebile*, andante plaintif. — *Forte*, ou *F.*, indique qu'il faut augmenter l'intensité dans l'exécution de la m. *Fortissimo*, ou *FF*, exprime le superlatif de Forte. — *Grave*, exprime un mouvement qui doit être très lent. — *Grazioso*, indique un caractère d'exécution doux et agréable. — *Larghetto*, ou *Largh^{to}*, marque une mesure de lenteur plus prononcée que l'andante et moindre que l'adagio. — *Largo*, exprime le plus lent de tous les mouvements de la m. — *Legato*, ou *Leg.*, sign. *lié*, et veut dire que tous les sons doivent être liés avec soin. — *Lento*, indique un mouvement très lent dans la m. — *Loco*, après un passage marqué pour être joué à une octave supérieure ou inférieure, exprime le retour à la position naturelle des notes. — *Maestoso*, ou *Maest.*, désigne un mouvement lent et majestueux de la m. — *Mezzo*, *Mezza*, ou *M.*, signifie *demi*, comme dans *Mezzo-forte*, ou *M. F.*, demi-fort; *Mezzo-piano*, ou *M. P.* demi-doux, veut dire ménagez les sons; *Mezza voce*, ou *M. V.*, à demi-voix. — *Moderato*, ou *Mod^{to}*, se dit d'un mouvement musical ni trop vif ni trop lent. — *Morendo*, sign. *en mourant*, et marque qu'on doit ralentir un peu le mouvement et diminuer la force du son jusqu'au degré le plus faible. — *Mosso*, ou *Più mosso*, demande que l'on accélère le mouvement. — *Moto* (*con*), sign. *avec mouvement*, et marque que le morceau doit être exécuté avec un mouvement décidé. — *Non troppo*, sign. *pas trop*, et se joint aux indications de mouvement, de force, etc., pour marquer qu'il faut rester en deçà plutôt qu'aller au delà : ainsi l'on dit *Allegro non troppo*, *Adagio non troppo*, etc. — *Pédale*, ou *Péd.*, Voy. ce mot. — *Perdendosi*, ou *Perd.*, indique que, dans l'exécution, le son doit diminuer graduellement d'intensité jusqu'à ce qu'il devienne presque imperceptible. — *Piano*, ou *P.*, indique qu'il faut adoucir les sons. *Pianissimo*, ou *PP*. est le superlatif de *piano*. — *Pizzicato*, ou *Pizz.*, veut dire *pincé*, et se place sous les parties de violon, d'alto, de violoncelle, etc., pour avertir que les cordes, au lieu d'être touchées avec l'archet, doivent être pincées avec les doigts. — *Presto*, indique un mouvement vif dans l'exécution. — *Rallentando*, ou *Rall.*, s'emploie dans les passages où l'expression exige que le mouvement soit ralenti. — *Rinforzando*, ou *Rinf.*, ou *Rf.*, indique une nuance de force croissante des sons dans l'exécution. — *Risoluto*, ou *Ris.*, indique un mouvement décidé dans la m. — *Ritardando*, ou *Ritard.*, même signification que *rallentado*. — *Scherzando*, ou *Scherz.*, marque un mode d'exécution légère et badine. — *Segno* (*al* ou *dal*), par abrév. *Al S.* ou *Dal S.*, placé près d'un signe quelconque à la fin d'un morceau, indique qu'il faut recommencer à l'endroit où ce signe est placé. — *Segue*, qui sign. *suivez*, placé entre deux morceaux, veut dire que le second doit suivre immédiatement le premier. — *Semplice*, marque un mode d'exécution simple et sans recherche d'aucun effet. — *Sforzando*, ou *Sforz.*, ou *Sf.*, indique qu'il faut augmenter graduellement l'intensité des sons. — *Sostenuto*, ou *Sost*, marque un mouvement et un caractère larges. — *Sotte voce*, indique un mode d'exécution à demi-voix ou à demi-jeu, c.-à-d. avec peu d'intensité de son. — *Spiritoso*, ou *Spirit.*, placé en tête d'un morceau, indique qu'il doit être exécuté avec feu. — *Staccato*, sign. qu'il faut détacher toutes les notes. — *Strette*, Voy. Fugue. — *Tacet*, indique le silence d'une partie pendant un morceau. — *Tempo* (*al*), ou *Tempo primo*, placé au-dessus de la portée, indique qu'il faut reprendre le mouvement primitif. — *Tempo giusto*, indique un mouvement qui n'est ni trop vif, ni trop lent. — *Tremolando*, ou *Tremolo*, ou *Trem.*, indique un mouvement rapide et continu sur une même note. — *Tutti*, mot qui veut dire *tous*, et indique que le passage devant lequel il est placé doit être exécuté par tous les chanteurs ou par tous les instrumentistes. — *Unisono*, ou *Unis.*, écrit à la partie vide du second violon, du second hautbois, etc., indique que ces parties doivent jouer à l'unisson avec la première partie de l'instrument de leur espèce. — *Volti subito*, ou *V. S.*, se place quelquefois au bas d'une page de m., pour dire *tournez vite*.

**MUSIQUER.** v. n. Faire de la musique. = Musiqué. v. a. Mettre en musique.

**MUSIQUETTE.** s. f. Petite et chétive musique.

**MUSOIR.** s. m. [Pr. *mu-zouar*] (R. *museau*). Pointe d'une digue. Tête d'une écluse.

**MUSOPHAGE.** s. m. [Pr. *muzo-faje*] (lat. *musa*, banane; gr. φάγω, je mange). T. Ornith. Les musophages sont des *Grimpeurs* ainsi nommés parce qu'ils vivent surtout du fruit du bananier; ils ressemblent beaucoup au *Touracos* dont ils diffèrent par l'absence de huppe et par leur bec dont la base forme un disque qui recouvre une partie du front. On trouve des musophages dans la Guinée et au Sénégal.

**MUSOPHAGIDÉS.** s. m. pl. [Pr. *muzo-fajidés*] (R. *Musophage*). T. Ornith. Famille de *Grimpeurs* comprenant les genres *Coliou*, *Musophage* et *Touraco*. Voy. ces mots.

**MUSQUER.** v. a. [Pr. *mus-ker*] Parfumer avec du musc. *M. des gants.* = se Musquer. v. pron. *Elle se musque à vous faire fuir.* = Musqué, ée. part. *Gants musqués. Cet homme est toujours musqué.* || Qui a naturellement une odeur qui se rapproche de celle du musc. *Poire musquée.* || Fig. et fam., *Écrivain, orateur, poète musqué*, Écrivain, etc., qui a trop de recherche, qui affecte les ornements futiles. On dit de même : *Style musqué. Phrases musquées. Comédie musquée.* — *Paroles musquées*, Paroles obligeantes et flatteuses. — *Fantaisies musquées*, Fantaisies singulières, bizarres. Peu usité. — *Messe musquée.* La dernière messe à laquelle assistent ordinairement les gens du grand monde.

**MUSSCHENBROCK** (Pierre van). Célèbre physicien hollandais (1692-1761).

**MUSSER** (se). v. pron. (lat. *mussare*, parler bas). Se cacher. Vieux et inus. — Famil., *A musse-pot*, et, par corrupt., *A muche-pot*, En cachette. = Mussé, ée. part.

**MUSSET** (Alfred de), poète et auteur dramatique français, auteur des *Nuits*, œuvre poétique remarquable, et de charmantes comédies appelées *Proverbes* (1810-1857). = Son frère Paul, littérateur fr. (1804-1880).

**MUSSIDAN**, ch.-l. de c. (Dordogne), arr. de Ribérac; 2,200 hab.

**MUSSIF** ou **MUSIF.** adj. [Pr. *mu-sif*] Ne s'emploie que dans l'expression *Or m.*, le bisulfure d'étain. Voy. Étain.

**MUSSITATION.** s. f. [Pr. *mus-sita-sion*] (lat. *mussitatio*, de *mussitare*, murmurer). T. Médec. Mouvement des lèvres que fait un malade, comme s'il parlait à voix basse. *La m. s'observe surtout dans les affections cérébrales; c'est un signe fâcheux.*

**MUSSITE.** s. f. [Pr. *mus-site*] (R. *Mussa*, n. de lieu, en Piémont). T. Minér. Variété de Pyroxène.

**MUSSY-SUR-SEINE**, ch.-l. de c. (Aube), arr. de Bar-sur-Seine; 1,500 hab.

**MUSTANG.** s. m. Nom des Chevaux sauvages de la pampa de l'Amérique du Sud.

**MUSTAPHA.** Ville située près d'Alger; 24,300 hab. Port sur la Méditerranée.

**MUSTAPHA**, nom de 4 sultans ottomans, de 1607 à 1808. Le premier et le dernier périrent étranglés.

**MUSTÉLIENS** ou **MUSTÉLIDÉS** s. m. pl. [Pr. *mustéliins*] (lat. *mustela*, belette). T. Mamm. Nom d'une famille de Carnassiers dont le genre type est le genre Marthe. Voy. ce mot.

**MUSULMAN, ANE.** adj. et s. [Pr. *mu-zulman*] (ar. *Salama*, donné à Dieu). Syn. de Mahométan. Voy. Mahométisme.

**MUSULMANISME.** s. m. [Pr. *muzul-manisme*]. La religion musulmane. On dit mieux *Mahométisme* et *Islamisme*. Voy. Mahométisme.

**MUSURGIE.** s. f. [Pr. *mu-zur-jie*] (gr. μουσουργια, m. s. de μοῦσα, chant; ἔργον, œuvre). T. Musiq. Art. d'employer à propos les consonances et les dissonances. Inusité.

**MUTABILITÉ.** s. f. (lat. *mutabilitas*. m. s.) Qualité de ce qui est sujet à changer.

**MUTACISME.** s. m. (R. la lettre grecque μ). Vice de prononciation qui consiste à répéter souvent les lettres B. M. P. qu'on substitue à d'autres, ou à les mal prononcer.

**MUTAGE.** s. m. (vx fr. *muter*, rendre muet, inerte). T. Techn. Opération qui consiste à mêler de l'acide sulfureux ou un sulfite avec une liqueur sucrée, pour empêcher ou pour arrêter la fermentation. || L'addition de l'alcool en quantité suffisante dans le jus du raisin l'empêche de fermenter et produit un vin doux que l'on appelle vin muté.

**MUTATION.** s. f. [Pr.... *sion*] (lat. *mutatio*, m. s.). Changement, remplacement d'une personne par une autre. *Il y a eu de nombreuses mutations dans ce régiment, dans cette administration. A chaque m. de propriétaire foncier, il est dû un droit d'enregistrement.* — Absol., se dit d'un bien qui change de propriétaire. *Payer les droits de m.* Voy. Enregistrement. || Au plur., se dit quelquefois pour Révolution. *Les grandes mutations qui se sont opérées en Europe. Les fréquentes mutations de l'atmosphère causent de nombreuses maladies.* || T. Musiq. Voy. Fugue. *Jeux de m.*, Jeux d'orgue qui ne sont pas au ton d'octave des autres jeux, mais qui en donnent la quinte ou la tierce. Voy. Orgue.

**MUTÉ, ÉE.** adj. (lat. *mutare*, changer). T. Adm. Qui a subi un changement de propriétaire. || Se dit du vin auquel on a fait subir l'opération du mutage par une addition d'alcool.

**MUTELLINE.** s. f. [Pr. *mutel-line*]. T. Bot. Nom vulgaire du *Meum mutellina*, plante de la famille des *Ombellifères*. Voy. ce mot.

**MUTER.** v. a. (lat. *mutus*, muet, inerte). Pratiquer le mutage.

**MUTILATEUR, TRICE.** s. Celui, celle qui mutile.

**MUTILATION.** s. f. [Pr... *sion*] (lat. *mutilatio*, m. s.) Retranchement de quelque partie du corps; se dit surtout d'une partie extérieure. *Un coup de sabre lui a abattu le nez, cette m. le défigure horriblement. La m. d'un animal.* || Fig. *La m. d'un tableau, d'une statue. Les mutilations qu'a subies cet édifice. La censure a fait subir à ces ouvrages de grandes mutilations.*

**MUTILER.** v. a. (lat. *mutilare*, m. s., de *mutilus*, coupé, tronqué). En parlant d'une partie extérieure du corps, Retrancher, couper. *M. quelqu'un d'un pied. Qui l'a ainsi mutilé? M. un chien.* — Pris absolument, il signifie quelquefois châtrer. *La jalousie des Orientaux les porte à m. les esclaves auxquels ils confient la garde de leurs femmes.* || Figurém., *M. une statue, M. un tableau. On a mutilé le chapiteau de cette colonne. La censure a fort mutilé son livre.* = SE MUTILER. v. pron. *Le conscrit qui se mutile pour échapper au service militaire est condamné à la prison, et, après l'expiration de sa peine, il va faire son temps dans une compagnie de pionniers. Origène se mutila dans un accès de pieuse frénésie.* = MUTILÉ, ÉE. part.

**MUTILLE.** s. f. [Pr. *muti-le*]. T. Entom. Genre d'Insectes *Hyménoptères*. Voy. HÉTÉROGYNES.

**MUTIN, INE.** adj. (v. fr. *mutin* qui sign. *mutinerie* de *meute*, *muete*, trouble, émeute). Obstiné, têtu, querelleur. *Il est m. Elle est fort mutine. Enfant m. Caractère, esprit m. Humeur mutine.* || Signifie quelquefois séditieux. *Ces peuples sont légers et mutins.* || *Mutin* se dit aussi substantiv. dans les deux acceptions qui précèdent. *C'est un petit m. Il fait le m. On pendit le chef des mutins.* || Adjectiv., se dit encore dans le sens de Vif, éveillé, piquant. *Un visage m. Un petit air m. Des yeux mutins.*

**MUTINEMENT.** s. m. [Pr. *mutine-man*]. Action de se mutiner.

**MUTINER (SE).** v. pron. (R. *mutin*). Se porter à la sédition, à la révolte. *Les troupes se mutinèrent. Le peuple se mutina.* — Avec ellipse du pron., *Cet ordre rigoureux fit m. les soldats.* || Se dit aussi d'un enfant qui refuse d'obéir. *Il se mutine à chaque instant.* = MUTINÉ, ÉE. part. *Troupes mutinées. Peuple mutiné.* || Fig. et poét., *Les flots, les vents mutinés*, Les flots agités, les vents impétueux.

**MUTINERIE.** s. f. (R. *mutin*). Révolte, sédition. *La m. des troupes. Apaiser la m.* || Refus d'obéir par esprit d'opiniâtreté et d'entêtement. *Les mutineries de cet enfant sont insupportables.*

**MUTIQUE.** adj. 2 g. (lat. *muticus*, qui n'a pas de barbe). T. Hist. nat. Se dit de tout organe qui n'a ni pointe, ni piquant, ni arête.

**MUTISIE.** s. f. (R. *Mutis*, n. d'un bot. améric.) T. Bot. Genre de plantes (*Mutisia*), de la famille des *Composées*, tribu des *Labiatiflores*. Voy. COMPOSÉES.

**MUTISME.** s. m. (lat. *mutus*, muet). État de celui qui ne parle pas. *Le m. provient souvent de la surdité. Le prisonnier interrogé s'est renfermé dans un m. complet.* Voy. MUET.

**MUTITÉ.** s. f. (lat. *mutitas*, m. s., de *mutus*, muet). T. Physiol. Impossibilité de parler. *La m. congénitale est presque toujours incurable. La m. des poissons.*

**MUTUALISTE,** s. Celui, celle qui fait partie d'une société de secours mutuels.

**MUTUALITÉ.** s. f. (R. *mutuel*). Réciprocité, échange mutuel. *La m. des services est le fondement de la société.* || T. Fin. Garantie réciproque. *Cette compagnie d'assurances est basée sur le principe de la mutualité.*

**MUTUEL, ELLE.** adj. (latin. *mutuus*, m. s.). Réciproque entre deux ou plusieurs personnes, entre deux ou plusieurs choses.

Allons donc assurer cette foi mutuelle. (RACINE.)

*Amour m. Affection, tendresse, haine mutuelle. Devoirs mutuels. Se faire un don m., une donation mutuelle. Société de secours mutuels. Enseignement m. Assurance mutuelle.*

**Syn.** — *Réciproque.* — Ces mots se disent de deux personnes ou de deux choses, de plusieurs personnes ou de plusieurs choses, pour marquer une certaine corrélation entre l'une ou l'autre, ou entre les unes et les autres. « *Mutuel*, dit Lafaye, semble mieux convenir quand il est question d'état, et *réciproque* quand il s'agit d'action. Les hommes ont un besoin *m.* les uns des autres. Les parties d'un corps ont entre elles une *mutuelle* correspondance. Mais on dit : des plaintes *réciproques*, des mouvements *réciproques* une influence *réciproque*. » Cependant *m.* se dit aussi des actions, mais alors, observe le même auteur, « *m.* représente une action simultanée, et *réciproque* une alternative, une sorte de va-et-vient distinct. Il y a entre le mari et la femme jouissance et possession *mutuelles*. Les deux amis s'apprirent *réciproquement* quelques nouvelles littéraires. On dit aussi : estime *réciproque*, amitié *réciproque*, convention *réciproque*, etc. » De plus, *m.* indique quelque chose de plus spontané, et *réciproque* ce qui est fait en retour, en revanche, pour rendre la pareille. L'amour *m.* naît de lui-même de part et d'autre; l'amour *réciproque* est en chacun en considération de ce qu'il est dans l'autre « Trois choses forment une alliance, dit Bourdaloue : choix *m.*, engagement *réciproque*, société commune. » Néanmoins, en matière de contrats, de société, on dit ordinairement *m.*, comme don *m.*, obligation *mutuelle*, assurance *mutuelle*. Enfin, quand on parle de devoirs, *m.* se dit de devoirs de nature différente, et *réciproque* de ceux qui sont de même nature : tels sont les devoirs *mutuels* d'un souverain et de ses sujets, ou d'un père et d'un fils, et les devoirs *réciproques* de l'amitié.

**MUTUELLEMENT.** adv. [Pr. *mutuè-leman*]. Réciproquement. *Il faut s'aider m. Ils se sont assuré leur bien m.*

**MUTUELLISME,** s. m. [Pr. *mutuè-lisme*] (R. *mutuel*). Nom donné par Proudhon à son système d'organisation sociale.

**MUTUELLISTE.** adj. 2 g. s. m. [Pr. *mutuè-liste*] (R. *mutuel*). Partisan de l'enseignement mutuel. || Qui a rapport au mutuellisme de Proudhon; partisan de ce système. || Nom des membres d'une société mutuelle fondée à Lyon en 1828 et dissoute après l'insurrection du 12 avril 1834.

**MUTULE.** s. f. (lat. *mutulus*, m. s. pour *mytilus*, du gr. μύτιλος, moule, coquille). T. Architect. Ornement propre à la corniche de l'ordre dorique. Voy. ORDRE *dorique*.

**MUYSCAS.** Voy. CHIBCHAS.

**MUZILLAC,** ch.-l. de c. (Morbihan), arr. de Vannes; 2,500 hab.

**MYALGIE.** s. f. (gr. μῦς, muscle; ἄλγος, douleur). Douleur dans les muscles.

**MYCALE,** promontoire sur la côte d'Asie Mineure, en face de Samos. Léotychide, roi de Sparte, et Xanthippe, général athénien, y détruisirent la flotte des Perses (479 av. J.-C.).

**MYCÉLIAL, ALE.** adj. Qui appartient à un mycélium.

**MYCÉLIUM.** s. m. [Pr. *mi-sé-liome*] (gr. μύκης, champignon). Nom par lequel on désigne le thalle filamenteux de certains Champignons.

**MYCÈNES,** v. de Grèce (Argolide), anc. cap. d'Atrée, patrie d'Agamemnon; 2,200 hab. Fouilles importantes en 1876, par M. Schliemann.

**MYCÉRINUS.** Autre forme du nom de *Menker*, roi d'Égypte. Voy. MENKÉRÈS.

**MYCÉTOPHAGE.** s. m. (gr. μύκης, μύκητος, champignon; φαγεῖν, manger). T. Entom. Genre de *Diptères*. Voy. XYLOPHAGE.

**MYCÉTOGRAPHIE, MYCÉTOLOGIE.** Voy. MYCOGRAPHIE

**MYCOGRAPHIE.** s. f. (gr. μύκης, champignon; γράφειν, décrire). Description des champignons.

**MYCOLOGIE.** s. f. (gr. μύκης, champignon; λόγος, discours). La partie de la botanique qui s'occupe de l'étude des Champignons.

**MYCONE**, l'une des Cyclades (Grèce).

**MYCOSE.** s. f. [Pr. *miko-ze*] (gr. μύκης, champignon). T. Chim. Synonyme de *Tréhalose*.

**MYCOSIS** s. m. [Pr. *miko-ziss*] (gr. μύκος, mucosité). T. Méd. *M. fongoïde*. Sorte de maladie de peau caractérisée par des tumeurs saillantes de couleur rouge. Voy. LYMPHADÉNIE.

**MYCTÉRISME.** s. m. (gr. μυκτὴρ, nez et raillerie). T. Littér. Sorte d'ironie insultante et prolongée.

**MYDASE.** s. f. T. Erpét. Genre de *Reptiles*. Voy. CHÉLONIENS.

**MYDAUS.** s. m. [Pr. *mi-dôs*] (gr. μύδος, puanteur). Espèce de Mammifères *Carnivores*. Voy. MARTRE.

**MYDINE.** s. f. (gr. μύδος, puanteur). T. Chim. Alcaloïde, de la formule $C^8H^{11}AzO$ contenu dans la chair putréfiée.

**MYDORGE** (CLAUDE). Mathématicien fr. (1585-1647).

**MYDRIADIQUE.** Syn. de *Mydriatique*.

**MYDRIASE.** s. f. [Pr. *midri-aze*] (gr. μυδρίασις, m. s.). T. Méd. Dilatation anormale de la pupille, accompagnée de l'abolition plus ou moins complète des mouvements de l'iris. Voy. IRIS.

**MYDRIATIQUE.** adj. 2 g. (R. *Mydriase*). T. Méd. Se dit des médicaments et des substances qui ont la propriété de dilater la pupille comme la belladone, l'atropine, la jusquiame, le datura, la vigne, le tabac, la nicotine, etc.

**MY-DUC.** Voy. HATIEN.

**MYE.** s. f. (gr. μύαξ, moule). T. Zool. Genre de *Mollusques Lamellibranches*. Voy. ENFERMÉS.

**MYÉLENCÉPHALE.** s. m. [Pr. *mié-lan-séfale*] (gr. μυελὸς moelle; fr. *encéphale*). T. Anat. Nom donné aux parties centrales du système nerveux, comprenant le cerveau, le cervelet et la moelle épinière. Voy. NERF, ENCÉPHALE, etc.

**MYÉLÉNIQUE.** adj. 2 g. T. Anat. Qui a rapport à la myéline.

**MYÉLINE.** s. f. (gr. μυελὸς, moelle). T. Anat. Substance grasse contenue dans les cylindres nerveux. Voy. HISTOGÉNIE, II. || T. Minér. Variété d'*Halloysite*. Voy. ce mot.

**MYÉLITE.** s. f (gr. μυελὸς, moelle). T. Méd. Le terme de m. comprend dans sa généralité toutes les inflammations de la moelle. On en connaît un grand nombre de variétés, et les classifications sont multiples, étant basées sur des criteriums tantôt anatomiques, tantôt étiologiques, etc. Toujours est-il qu'on peut distinguer deux formes cliniques, aiguë et chronique.

1° *Myélites aiguës.* — Au point de vue étiologique, on les distingue en primitives ou secondaires : primitives, elles relèvent du froid, du rhumatisme, du traumatisme, d'efforts musculaires violents; secondaires, elles se produisent par la propagation d'inflammations de voisinage, carie vertébrale, ostéite tuberculeuse et cancéreuse, tumeurs, irritations des nerfs périphériques (névrite ascendante), ou bien sont consécutives à certaines cachexies (mal de Bright, maladie de Basedow), à des intoxications diverses (saturnisme, alcoolisme), enfin à la plupart des maladies infectieuses (tétanos, variole, fièvre typhoïde, rougeole, diphtérie, grippe, blennorrhagie, syphilis, rage). Les lésions sont extrêmement variables comme étendue et comme intensité, tantôt tout à fait partielles, tantôt totales, tantôt simplement microscopiques, tantôt réduisant la substance nerveuse en bouillie. La moelle est généralement ramollie et rougeâtre ou sanguinolente, et tous les éléments sont atteints d'une dégénération rapide. On décrit trois périodes ou processus : la première, congestive; la seconde, de prolifération (accroissement de la névroglie); la troisième, de ramollissement, auxquelles succède parfois une période de sclérose, répondant à la chronicité. Nous ne pouvons entrer dans le détail des altérations microscopiques des éléments nerveux, mais il importe de dire que les lésions anatomiques portent à attribuer à la plupart des processus inflammatoires une origine microbienne.

Le début symptomatique des myélites aiguës est exceptionnellement brusque, le plus souvent insidieux, se traduisant par une rachialgie en rapport avec le siège de la lésion; puis apparaissent des troubles variés : troubles de motilité (paralysie ou mouvements involontaires), troubles de sensibilité, sous forme de douleurs, mais rarement d'anesthésie, entraînant l'exagération des réflexes cutanés et l'abolition ou l'exagération des réflexes tendineux, suivant que l'altération est lombaire ou cervicale, troubles de trophicité (eschares, atrophie musculaire, éruptions diverses), troubles vaso-moteurs est secrétoires, etc. Cet ensemble symptomatique peut d'ailleurs varier avec les formes de m. : il y a des myélites circonscrites (dorso-lombaires, cervicales, annulaires, hémilatérales, centrales ou péri-épendymaires) et des myélites aiguës diffuses (paralysie ascendante aiguë ou maladie de Landry).

Les myélites aiguës ne peuvent guère être confondues qu'avec les polynévrites; toutefois, dans ces affections, les douleurs ne se montrent que dans les membres et non dans la région vertébrale, suivent le trajet des nerfs, et la paralysie y est souvent inégalement distribuée, intéressant plutôt les muscles de l'extension. — La thérapeutique consiste dans le repos, et l'application d'antiphlogistiques sur la région vertébrale correspondant au segment atteint. Puis, les révulsifs, et en particulier les pointes de feu, peuvent rendre de grands services.

2° *Myélites chroniques.* — Elles sont consécutives à la forme aiguë, ou relèvent d'un ordre de causes analogue : l'hérédité, les lésions du canal osseux et des méninges, les tumeurs de voisinage, certaines intoxications (arsenic, plomb, etc.), enfin quelques maladies infectieuses (syphilis, fièvre typhoïde) résument l'étiologie habituelle. Les lésions peuvent être diffuses (paralysie générale spinale diffuse subaiguë, maladie de Duchenne) ou circonscrites; elles sont alors tantôt régionales (dorso-lombaires et cervicales), tantôt partielles (annulaires, hémi-latérales, cavitaires). Il s'agit dans tous les cas de sclérose névroglique d'origine vasculaire avec péri-artérite presque constante. Le début des myélites chroniques, lorsqu'elles ne succèdent pas à la forme aiguë, est insidieux, se fait par des douleurs ou de l'affaiblissement d'un membre; insensiblement, l'impuissance motrice s'exagère, gagne les deux membres, et au bout de quelques mois, parfois un an, la paralysie devient complète. Les myélites chroniques prêtent à confusion avec les affections systématiques de la moelle (tabes, sclérose en plaques, sclérose latérale amyo-trophique, etc.); les diverses formes se distinguent entre elles par une symptomatologie que nous ne pouvons détailler. La thérapeutique nécessite de la patience et de la prudence de la part du malade et du médecin : des badigeonnages iodés le long de la colonne vertébrale, de petites pointes de feu, l'électrothérapie et à l'intérieur peu ou pas de médicaments.

**MYÉLOCITE.** s. m. (gr. μυελὸς, moelle; κύτος, cellule). T. Anat. Élément des cellules nerveuses composé d'un gros noyau entouré d'une petite masse de protoplasma. Voy. HISTOGÉNIE, II.

**MYÉLOPATHIQUE.** adj. 2 g. (gr. μυελὸς, moelle; πάθος, maladie). Qui a trait à la pathologie de la moelle.

**MYÉLOPLAXE.** s. m. [Pr. *miéloplak-se*] (gr. μυελὸς, moelle; πλάξ, plaque), T. Anat. Cellules à noyaux multiples appelées aussi géantes, décrites par Robin dans la moelle fœtale, et que l'on rencontre dans certaines variétés de sarcomes.

**MYGALE.** s. f. (gr. μυγαλῆ, musaraigne, de μῦς, rat et γαλῆ, belette). T. Zool. Genre d'*Arachnides*. Voy. ARANÉIDES.

**MYGINDIE.** s. f T. Bot. Genre de plantes Dicotylédones (*Mygindia*) de la famille des *Ilicacées*. Voy. ce mot.

**MYLABRE.** s. m. T. Entom. Genre d'Insectes *Coléoptères*. Voy CANTHARIDE.

**MYLIOBATE.** s. m (gr. μύλη, meule; βάτος, raie). T Icht. Genre de Poissons cartilagineux. Voy. RAIE.

**MYLITTA**, divinité assyrienne, mère du monde.

**MYLODON.** s. m. (gr. μύλος, meule; ὀδούς, ὀδόντος, dent). T. Paléont. Zool. Genre de Mammifères fossiles. Voy. GRAVIGRADES

**MYOBLASTE.** s. m. (gr. μῦς, μυός, muscle; βλαστ,

bourgeon). T. Anat. Cellule des muscles. Voy. Histogénie, III.

**MYOCARDE.** s. m. (gr. μῦς, μυὸς, muscle; καρδία, cœur). T. Anat. Muscle qui constitue les parois du cœur.

**MYOCARDITE.** s. f. (R. *Myocarde*). T. Méd. Inflammation du myocarde.

**MYOCLASIE.** s. f. [Pr. *miokla-zie*] (gr. μῦς, μυὸς, muscle; κλάσις, action de briser). T. Pathol. Ruptures des fibres musculaires.

**MYOCTONINE.** s. f. (R. *Myoctonon*, anc. nom de l'Aconit, du gr. μῦς, rat; κτονὸς, meurtre). T. Chim. Alcaloïde fusible à 144°, contenu dans l'Aconit tue-loup (*Aconitum lycoctonum*). C'est un violent poison qui agit en paralysant les extrémités des nerfs moteurs.

**MYODOPSIE.** s. f. (gr. μυιώδης, semblable aux mouches; ὄψις, vue). T. Méd. Affection de la vue dans laquelle le malade croit voir voltiger devant lui des mouches ou des papillons noirs. Voy. Amaurose.

**MYODYNIE.** s. f. (gr. μῦς, μυὸς, muscle; ὀδύνη, douleur). T. Méd. Douleur dans les muscles.

**MYOÉPITHÉLIALE,** adj. 2 g. (gr. μῦς, μυὸς, muscle, et fr. *épithélium*). T. Anat. *Cellules myoépithéliales.* Cellules du tissu musculaire.

**MYOGRAPHE.** s. m. (gr. μῦς, μυὸς, muscle; γράφω, je décris). Instrument propre à représenter graphiquement la contraction musculaire.

**MYOGRAPHIE.** s. f. (gr. μῦς, μυὸς, muscle; γράφω, je décris). Description des muscles; ne se dit que d'un ouvrage iconographique.

**MYOGRAPHIQUE.** adj. 2 g. Qui a rapport à la myographie ou au myographe.

**MYOLOGIE.** s. f. (gr. μῦς, μυὸς, muscle; λόγος, discours) La partie de l'anatomie qui traite des muscles.

**MYOMANCIE.** s. f. (gr. μῦς, μυὸς, rat; μαντεία, divination). Espèce de divination qui se fondait sur le cri des souris ou leur manière de manger.

**MYOME.** s. m. (gr. μῦς, μυὸς, muscle). Les myomes sont des tumeurs composées de tissu musculaire, tantôt à fibres striées, tantôt à fibres lisses; la plupart du temps ces tumeurs sont multiples; elles sont assez fréquentes dans l'utérus, se rencontrent vers l'âge de trente ans, et sont bénignes, ne présentant aucune tendance à l'infection locale ou générale.

**MYOMÈRES.** s. m. pl. (gr. μῦς, μυὸς, muscle; μέρος, partie). T. Anat. Segments mésodermiques d'où dérivent, pendant la période embryonnaire, tous les muscles du corps et les tissus conjonctifs. On appelle encore ces segments *protovertèbres*, *prévertèbres*, *myotomes*, etc. Voy. Embryologie et Histogénie.

**MYOPATHIE.** s. f. [Pr. *miopa-ti*] (gr. μῦς, μυὸς, muscle; πάθος, maladie). Maladie des muscles.

**MYOPATHIQUE.** adj. 2 g. (gr. μῦς, μυὸς, muscle; πάθος, maladie). Qui a trait à la pathologie musculaire.

**MYOPE.** s. f. (gr. μυῖα, mouche; ὤψ, aspect). T. Entom. Genre de *Diptères*. Voy. Athéricères.

**MYOPE.** adj. et s. 2 g. (lat. *myops*, *opis*; gr. μύωψ, μύωπος, m. s. de μύειν, cligner; ὤψ, œil). Celui, celle qui est atteinte de myopie. *C'est un m. Elle est m. La vue m. est l'opposé de la vue presbyte.* || Fig. *Esprit m.* || Voy. Myopie.

**MYOPIE.** s. f. (R. *myope*, m. s.). T. Physiol. État de ceux qui ne voient les objets que de près. — Fig. *La m. de l'esprit*, se dit de ceux qui n'envisagent les choses que par leurs petits côtés et qui sont incapables de s'élever à une vue d'ensemble.

**Physiol.** — La m. est un vice de réfraction; l'œil myope est celui qui possède un axe antéro-postérieur plus long que l'emmétrope. Ce type est particulier à l'homme. — L'hérédité joue un rôle incontestable dans sa production, et il s'y joint en général de la dolichocéphalie et un développement accusé du squelette de la face qui augmente la distance des globes. Les yeux au repos semblent converger, mais le raccourcissement du punctum proximum, la forme ellipsoïde du globe, enfin la discordance entre le peu d'accommodation mise en jeu et l'excès de convergence, surmènent les muscles adducteurs et provoquent de l'asthénopie dite musculaire, souvent même du strabisme divergent. Beaucoup d'yeux myopes, outre leur excès de longueur, offrent une asymétrie de leurs méridiens cardinaux, c.-à-d. qu'ils sont à la fois myopes et astigmates. L'accommodation et son agent principal, le muscle ciliaire, prenant une part moins grande dans la vision, ce dernier est peu développé. Grâce au rapprochement du punctum proximum, la rétine perçoit les objets sous un angle visuel plus grand, d'où la faculté que possède le myope de distinguer des détails qui échappent à l'emmétrope et à l'hypermétrope. Pour parer aux imperfections de la vision à distance, le myope s'habitue à cligner continuellement des paupières, les transformant ainsi en une sorte de fente sthénopéique qui atténue les cercles de diffusion sur la rétine; à force de se répéter, cette demi-occlusion des voiles palpébraux devient permanente.

Entre la m. faible, parfois inaperçue, et celle où le sujet est incapable de se conduire sans le secours de verres, on rencontre tous les intermédiaires. Toute m. inférieure à trois dioptries est à la rigueur compatible avec l'intégrité du fond de l'œil; malheureusement c'est l'exception, et presque toujours on observe, du côté de la papille et de la partie adjacente de la choroïde, des altérations propres à la scléro-choroïdite avec staphylome postérieur : la lésion apparaît fréquemment sous la forme d'un croissant blanc qui encadre la moitié temporale du disque optique; les caractères qu'elle présente plaident en faveur d'une distension éprouvée par le pôle postérieur, d'où le nom de staphylome postérieur, employé couramment.

La pathogénie de la m. est surtout intéressante dans les cas où le vice de réfraction ne s'accompagne que d'un faible croissant atrophique stationnaire, les autres relevant de la pathologie de la choroïde. La cause première de la m. ainsi délimitée paraît être une distension mécanique du globe, ayant pour effet d'allonger l'axe antéro-postérieur. On a supposé que des tiraillements répétés de la part du nerf optique pouvaient influencer la coque oculaire, et qu'un défaut de résistance de la sclérotique pourrait être en jeu. Étant donné ce fait primitif qui relève peut-être d'un arrêt de développement, la production du trouble visuel est déterminée par les muscles ciliaires et les muscles extrinsèques.

En dehors de l'hérédité, qui ne devient apparente que vers neuf à douze ans, les professions qui obligent à travailler de près (lecture, écriture) ont une influence prépondérante exagérée par l'insuffisance de l'éclairage, les mauvaises attitudes, les imperfections visuelles (taies de la cornée, cataracte congénitale). En fait de cause déterminante, on ne saurait invoquer que la scléro-choroïdite postérieure.

L'idée que la m. s'atténue et cesse avec l'âge est fausse : l'accentuation progressive de la lésion a au contraire amené à intervenir chirurgicalement : des sections tendineuses des muscles extrinsèques de l'œil ont été pratiquées sous l'impulsion de certaines théories pathogéniques; l'extraction ou la discision du cristallin ont été également proposées. — Pour tout œil myope, le port de verres correcteurs constitue le moyen palliatif par excellence, à la condition que le choix en soit fait par le médecin; c'est qu'en effet les myopes livrés à eux-mêmes adoptent presque toujours des lunettes trop fortes, à cause de l'intervention fréquente de l'accommodation, allant parfois jusqu'à la crampe du muscle ciliaire. De plus, la correction de l'astigmatisme leur échappe, ainsi que l'excès de convergence ce qui les expose à l'asthénopie musculaire. Une fois le verre correcteur choisi, on doit s'en rapporter dans une certaine mesure aux impressions du malade; surtout pour les myopes forts qui, à cause du mauvais état de leur acuité visuelle, préfèrent souvent sacrifier la netteté des images à leur grandeur.

**MYOPORE.** s. m. (gr. μυῖα, mouche; πόρος, trou). T. Bot. Genre de plantes Dicotylédones (*Myoporum*) de la famille des *Sélaginacées*. Voy. ce mot.

**MYOPORÉES,** s. f. pl. (R. *Myopore*). T. Bot. Tribu de végétaux de la famille des *Sélaginacées*. Voy. ce mot.

Paris. — Imp. Lahure, rue de Fleurus, 9.

**MYOPOTAME.** s. m. (gr. μῦς, μυὸς, rat; ποταμὸς, rivière). T. Mamm. Genre de *rongeur* qui habite l'Amérique méridionale; nous représentons ici le *M. coypou*. Voy. Castor.

**MYOSCHILOS.** s. m. [Pr. *mios-ki-loss*] (gr. μῦς, μυὸς, rat; χεῖλος, lèvre). T. Bot. Voy. Santalacées.

**MYOSINE.** s. f. (gr. μῦς, μυὸς, muscle). T. Chim. Substance albuminoïde que renferme le plasma musculaire et qui se coagule après la mort. C'est cette coagulation qui amène la rigidité cadavérique. Certains auteurs n'appliquent le nom de m. qu'à la substance coagulée, et appellent *Musculine* ou *Myosinogène* le liquide qui est contenu dans le muscle vivant et qui, après la mort, donne naissance à ce caillot. Pour isoler la m. on traite la viande hachée par une solution à 8 p. 100 de sel marin; la m. s'y dissout; on la précipite ensuite en ajoutant un excès de sel. On l'obtient ainsi en flocons mucilagineux, insolubles dans l'eau pure, solubles dans l'eau salée au dixième. L'acide chlorhydrique très faible et les alcalis dilués la dissolvent aussi, mais l'altèrent à la longue. Une solution faible de carbonate de potasse la gonfle sans la dissoudre. Les solutions de m. sont coagulées par la chaleur, par l'alcool et par les acides; le coagulum ainsi formé n'est plus soluble dans l'eau salée.

**MYOSIS.** s. f. [Pr. *mio-ziss*] (gr. μύω, je cligne des yeux). T. Pathol. Diminution anormale de la pupille, accompagnée d'une perte plus ou moins complète des mouvements de l'iris. Voy. Iris.

**MYOSITE.** s. f. [Pr. *mio-zite*] (gr. μῦς, μυὸς muscle). T. Méd. Inflammation des muscles. Voy. Muscle.

**MYOSOTIS.** s. m. [Pr. *mio-zo-tiss*] (lat *myosotis*, gr. μυοσωτίς, m. s. de μῦς, μυὸς, souris, et οὖς, ὠτὸς, oreille). T. Bot. Genre de plantes Dicotylédones de la famille des *Borraginées*. Voy. ce mot. La plupart des espèces de ce genre portent de jolies fleurs bleues ou blanches, et sont communes dans les lieux incultes et dans les prés humides. *Les myosotis sont aussi appelés* Oreille-de-souris, à cause de la forme des feuilles, *et* Ne-m'oubliez-pas.

**MYOSPECTROSCOPE.** s. m. (gr. μῦς, μυὸς, muscle; fr. *spectroscope*). Spectroscope disposé pour étudier la structure du tissu musculaire.

**MYOTOME.** s. m. (gr. μῦς, μυὸς, muscle; τομή, section). T. Chir. Couteau servant à inciser un muscle. || T. Anat. Syn. de *Myomère*. Voy. ce mot et Histogénie.

**MYOTOMIE.** s. f. (gr. μῦς, μυὸς, muscle; τομή, section). T. Anat. Ce mot désigne une opération, la section musculaire, qui ne se pratique qu'exceptionnellement dans les cas de contracture ou de rétraction des muscles, lorsque le muscle ne possède pas de tendon, ou que celui-ci est tellement court qu'il est difficile de l'atteindre. On a eu recours à la m. pour diviser le sterno-cléido-mastoïdien, le pectiné, le couturier, et surtout les muscles sacro-lombaire et long-dorsal.

**MYOTOMIQUE.** adj. 2 g. Qui appartient à la myotomie.

**MYRCÈNE.** s. m. T. Chim. Hydrocarbure terpénique de la formule $C^{10}H^{16}$, qu'on extrait de l'essence des feuilles du *Myrcia acris* (Myrtacées). C'est un liquide de densité 0,80; il bout à 67° sous la pression de 20 millimètres. Il est susceptible de fixer 6 atomes de chlore ou 3 molécules d'acide chlorhydrique. Traité par l'acide acétique et l'acide sulfurique il fournit un éther qui, par saponification, donne du linalol.

**MYRESTER** (Jacques), théol. danois (1775-1854).

**MYRIA —.** Préf. Pluriel neutre de l'adj. numéral μύριοι, qui veut dire *Dix mille*, mais se prend aussi dans un sens indéterminé, et signifie alors *Innombrable*. C'est avec le premier sens qu'il entre dans la nomenclature du système métrique (*myriagramme* et *myriamètre*), et avec le second qu'il entre dans la composition de différents termes d'Histoire naturelle.

**MYRIACANTHE.** adj. 2 g. (gr. μύριοι, dix mille; ἄκανθα, épine). Qui a un grand nombre d'épines.

**MYRIADE.** s. f. (lat. *myrias, adis*; gr. μυριὰς, dizaine de mille). Se dit d'une quantité indéfinie et innombrable. *Des myriades d'étoiles. Des myriades de sauterelles, d'insectes.*

**MYRIAGRAMME.** s. m. (R. *myria*, préf., et *gramme*). T. Métrol. Poids de dix mille grammes. Inus. Voy. Métrique.

**MYRIAMÈTRE.** s. m. (R. *myria*, préf. et *mètre*). T. Métrol. Longeur de dix mille mètres. Voy. Métrique.

**MYRIAPODES** ou **MYRIOPODES.** s. m. pl. (gr. μύριοι, dix-mille; πούς, ποδὸς, pied.) T. Zool.

**Zool.** — I. — Les *Myriapodes* (*Myriapoda*), vulgairement appelés *Mille-pieds*, constituent une classe d'*Articulés*. Ces animaux diffèrent essentiellement des Insectes, parmi lesquels on les rangeait naguère, par la forme générale de leur corps. Ils sont toujours dépourvus d'ailes; leur corps très allongé, au lieu de se distinguer en thorax et en abdomen, présente une série longitudinale d'anneaux semblables, dont chacun, à l'exception des premiers, porte une ou deux paires de pattes. Ces pattes sont toujours au moins au nombre de 24, et ordinairement elles sont plus nombreuses. Elles sont en outre toujours terminées par un seul crochet. Les M. ressemblent assez bien à de petits Serpents ou à des Annélides qui seraient munis de pieds sur toute la longueur du corps. Mais leur organisation interne les rapproche des Insectes proprement dits. Leur tête est munie de deux petites antennes courtes et sétacées; leurs yeux sont ordinairement formés d'une réunion d'ocelles; leur bouche, faite pour la mastication, présente des mandibules biarticulées, immédiatement suivies d'une espèce de lèvre à quatre divisions, et de deux paires d'appendices, qui représentent de petits pieds buccaux. Les stigmates, souvent très petits, sont en communication avec des trachées conformées de la même manière que chez les Insectes ordinaires; mais ils sont ordinairement plus nombreux, relativement au nombre des anneaux, que chez ces derniers. Le nombre des anneaux et celui des pieds augmentent avec l'âge, caractère qui distingue encore les M. des Insectes; ceux-ci naissant toujours avec le nombre de pattes qui leur est propre. Enfin ces animaux n'éprouvent pas, comme la plupart des Insectes, de véritables métamorphoses, mais un simple développement progressif, en vertu duquel, à chaque mue, les anneaux augmentent de nombre, celui des pattes croissant dans une proportion correspondante. Les M. forment deux ordres, les *Chilognathes* et les *Chilopodes*, qu'il est facile de distinguer au premier coup d'œil par leurs antennes. En effet, chez les premiers, elles se composent seulement de 7 articles, et sont plus grosses vers le bout ou d'égale grosseur, tandis que, chez les seconds, ces organes sont plus grêles vers leur extrémité et se composent d'au moins 14 articles.

II. — Les *Chilognathes* (*Chilognatha*) ou *Diplopodes* ont le corps généralement crustacé, souvent cylindrique. Les segments qui le composent paraissent formés de deux anneaux confondus en un seul, de sorte que chaque segment porte deux paires de pattes. Toutefois les premiers anneaux qui suivent la tête ne présentent pas cette disposition, et les deux ou trois derniers segments sont apodes. Outre les stigmates, on observe de chaque côté du corps de petits pores destinés à la sortie d'une liqueur acide et d'une odeur pénétrante que répandent ces animaux. Leur bouche présente des mandibules épaisses, divisées en deux portions par une articulation médiane, munies de dents imbriquées, et recouvertes par une espèce de lèvre inférieure. Les Chilognathes se nourrissent de substances, soit animales, soit végétales, mais mortes et décomposées. Leur marche est très lente, et ils semblent glisser plutôt que marcher; ils pondent dans la terre un grand nombre d'œufs. Latreille partage cet ordre en 4 genres, qui depuis ont été érigés en familles. — Les *Gloméris* ressemblent à des Cloportes. Leur corps est ovalaire, convexe en dessus, concave en dessous, et composé de 13 segments, la tête comprise. Les mâles ont 32 pattes et les femelles 34. Ces animaux sont terrestres, vivent sous les pierres, et se roulent en boule

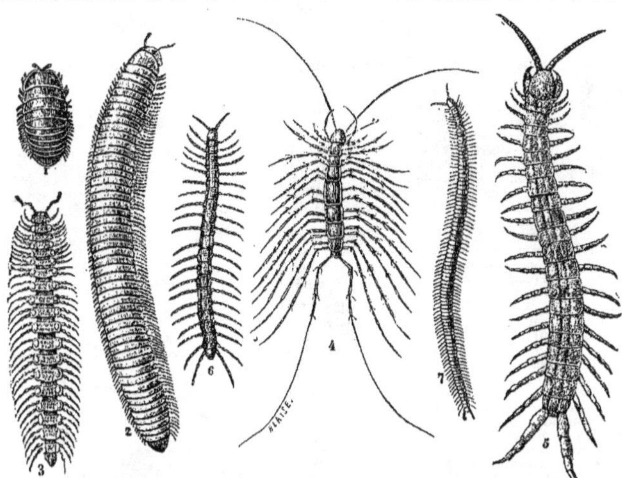


quand on les prend. L'espèce type est le *Glom. bordé* (*Gl. marginata*) (Fig. 1), qu'on trouve dans les environs de Paris. — Les *Jules* ou *Iules* (*Iulus*) ont le corps cylindrique, crustacé, et fort allongé. On les rencontre dans les lieux sablonneux, dans les bois, sous les écorces d'arbres, dans la mousse; ils se roulent en spirale et répandent une odeur désagréable. Nous citerons comme exemple l'*Iule des sables* (Fig. 2), d'un gris brun avec 2 lignes roussâtres, qui est fort commun dans notre pays. — Les *Polydesmes* (*Polydesmus*) sont semblables aux Iules par la forme linéaire de leur corps et l'habitude de se rouler en spirale; mais leurs anneaux sont comprimés sur les côtés inférieurs, avec une saillie en forme d'arête au-dessus. On les trouve sous les pierres et dans les lieux humides. Le *Polyd. aplati* (Fig. 3, grossie) est répandu dans toute l'Europe. — Les *Pollyxènes* (*Pollyxenus*) se distinguent par les bouquets de poils rayonnants que portent de chaque côté les segments du corps, et par le pinceau de même nature qui termine postérieurement le segment anal. Nous n'en avons chez nous qu'une espèce, le *Poll. lagure*, qui ne dépasse guère 2 millimètres de longueur.

III. — Les *Chilopodes* (*Chilopoda*) ont le corps linéaire, déprimé et membraneux. Chacun de leurs anneaux est recouvert d'une plaque coriace ou cartilagineuse, et ne porte le plus souvent qu'une paire de pieds, dont la dernière est ordinairement rejetée en arrière et s'allonge en forme de queue. Leur bouche est composée de deux mandibules munies d'un petit appendice en forme de palpe et terminé en manière de cuilleron dentelé sur les bords, d'une lèvre inférieure quadrifide, de deux palpes ou petits pieds réunis à leur base et onguiculés au bout, et d'une seconde lèvre formée par une seconde paire de pieds dilatés et joints à leur naissance, et terminés par un fort crochet mobile, qui est percé, à son extrémité, d'un trou pour la sortie d'une liqueur venimeuse. Ces animaux sont carnassiers et courent très vite. Ils fuient la lumière, et se cachent sous les pierres, les écorces d'arbres, dans la terre, etc. Ils sont répandus dans toutes les parties du monde. Plusieurs espèces exotiques atteignent une grande taille et sont redoutées à cause de leur morsure. Quelques-unes paraissent aussi devenir phosphorescentes dans certaines circonstances. Cet ordre comprend trois genres ou familles. — Les *Scutigères* (*Scutigera*) ont la face inférieure du corps divisée en 15 segments portant 15 paires de pattes, tandis que la supérieure est recouverte seulement de 8 plaques en écusson. Leurs antennes et leurs pattes sont très longues. Quand on saisit ces animaux, ils perdent souvent une partie de ces appendices. Nous en possédons une espèce, la *Sc. aranéide* (Fig. 4 grossie), qui se cache entre les poutres des charpentes de nos maisons. Elle est roussâtre et d'une extrême agilité. — Les *Lithobies* (*Lithobius*) n'ont aussi que 15 paires de pattes, mais les divisions du corps sont en même nombre à la face supérieure et à l'inférieure. En outre, les plaques supérieures sont alternativement plus longues et plus courtes. L'espèce type est la *Lith. fourchue* ou *à tenailles* (Voy. ARTICULÉS, la Fig. d'une jeune Lithobie), qui est répandue dans presque toute l'Europe. — Les *Scolopendres* ont au moins 21 paires de pattes et les segments du corps sont, tant en dessus qu'en dessous, en même nombre et de grandeur égale. On les divise en plusieurs genres. Les *Scol. propres* (*Scolopendra*) n'ont que 21 paires de pattes, mais elles ont 4 paires d'yeux, et leurs pieds de derrière sont armés d'une épine qui leur sert à retenir leur proie. Le type de ce genre est la *Scol. mordante* (Fig. 5), fort commune dans les pays chauds. Les *Crypteps* ont le même nombre de pattes que les Scolopendres; mais ils manquent d'yeux, ou bien ces organes sont très peu apparents. Le *Cr. des jardins* (Fig. 6) se rencontre fréquemment chez nous. Les *Géophiles* (*Geophilus*) ont le corps très long relativement à sa largeur, et plus de 21 paires de pattes; on en a compté jusqu'à 336. Le *Géoph. de Walckenaer* (Fig. 7), de couleur brun jaune, n'est pas rare en France.

Pour la paléontologie. Voy. ARCHIPOLYPODES.

**MYRIAPORE.** s. m. (gr. μύρια, dix mille; πόρος, trou). T. Zool. Genre de *Bryozoaires*. Voy. ce mot.

**MYRICA.** s. m. (gr. μυρίκη, tamaris, de μύρον, parfum) T. Bot. Genre de plantes Dicotylédones de la famille des *Myricées*. Voy. ce mot.

**MYRICAIRE.** s. m. T. Bot. (gr. μυρίκη, tamaris). Genre de plantes Dicotylédones (*Myricaria*) de la famille des *Tamaricacées*. Voy. ce mot.

**MYRICÉES.** s. f. pl. (R. *Myrica*). T. Bot. Famille de plantes Dicotylédones de l'ordre des Apétales superovariées.

*Caract. bot.* : Arbrisseaux ou petits arbres couverts de glandes ou de poils résineux. Feuilles alternes, simples, avec ou sans stipules. Fleurs unisexuées, nues et réunies en chatons. Fleurs mâles : étamines 2 à 8, généralement situées à l'aisselle de 2 bractées en forme d'écaille; anthères à 2 ou 4 loges, s'ouvrant longitudinalement. Fleurs femelles : 2 carpelles ouverts, concrescents en un ovaire uniloculaire, entouré de plusieurs bractées; ovule solitaire, dressé, orthotrope. Stigmates 2, subulés, ou dilatés et pétaloïdes. Fruit drupacé, souvent couvert d'une sécrétion cireuse. Graine solitaire, dressée ; embryon dépourvu d'albumen ; cotylédons 2, plans convexes ; radicule courte et supère. [Fig. 1. *Myrica asplenifolia*. — 2. Fleur femelle de *Myrica cerifera*, munie de son écaille ; 3. La même sans son écaille; 4. La même coupée verticalement; 5. Fleur mâle de la même plante. — 6. Fruit du *Myrica gale;* 7. Coupe verticale de la graine; 8. Coupe du fruit.]

Cette famille se compose du seul genre *Myrica* avec environ 35 espèces, qui habitent les parties tempérées de l'Amérique du Nord, les régions tropicales de l'Amérique méridionale, le cap de Bonne-Espérance et l'Inde. Une espèce seulement, le *Myrica gale*, se rencontre dans les contrées marécageuses de l'Europe. — Le *Comptonia asplenifolia* possède des propriétés astringentes et toniques : aussi, aux États-Unis, il constitue un remède populaire dans les cas de diarrhée. Son écorce est aromatique et contient, outre une matière résineuse, de l'acide benzoïque et de l'acide tannique. Le *Myrica gale*, appelé vulgairement *Galé odorant*, *Piment royal* et *Piment aquatique*, a une odeur forte et pénétrante. Dans divers pays, on en met des branches dans le linge pour le parfumer et en éloigner les insectes. En Suède, on s'en sert pour la teinture en jaune et pour le tannage. Ses feuilles, en raison de leur amertume, sont parfois employées au lieu de Houblon, dans la fabrication de la bière. Le *Myr. sapida* produit un fruit gros comme une cerise, qui est agréablement acidule et se mange dans le Népaul. La racine du *Myr. cerifera* paraît être astringente. On dit toutefois qu'à haute dose elle est émétique et drastique. Mais cette dernière espèce est surtout intéressante par la cire qu'elle produit en abondance et qui lui a valu son nom spécifique, ainsi que les dénominations vulgaires d'*Arbre à cire* et de *Cirier de la Louisiane* : à Cayenne, on l'appelle *Guinguamadou*. Cette cire forme autour du fruit globuleux du Myrica une couche blanche et onctueuse. Pour la recueillir, on jette les fruits dans l'eau bouillante, et bientôt la couche de cire s'en sépare et vient surnager. Elle est alors verdâtre, mais il est facile de l'épurer et de la blanchir. Ainsi obtenue, cette cire est très cassante, au point de pouvoir être réduite en poudre : il suffit de la presser fortement pour la rendre flexible et ductile comme celle des Abeilles. Transformée en bougies, elle se consume lentement en répandant une odeur aromatique. Quelques autres espèces, et particulièrement le *Myr. cordifolia*, donnent aussi de la cire, mais en moindre abondance.

**MYRICINE.** s. f. (gr. μυρίκη, bruyère). T. Chim. La m. constitue la portion de la cire d'abeille qui est insoluble dans l'alcool; on l'obtient en masse cristalline, fusible à 70°. C'est un éther formé par la combinaison de l'acide palmitique et de l'alcool myricique.

**MYRICIQUE.** adj. 2 g. (gr. μυρίκη, bruyère). T. Chim. L'*Alcool m.* ou *mélissique*, obtenu en saponifiant la myricine de la cire d'abeilles, est un corps solide, cristallisable en petites aiguilles blanches, fusible à 85°,5. Très soluble à chaud dans l'alcool, l'éther et le benzène, il y est presque insoluble à froid. Chauffé à 200° avec de la chaux sodée, il se convertit en acide mélissique. Traité par le perchlorure de phosphore, il donne du *Chlorure de myricyle*, corps cireux, fusible à 64°; avec le phosphore et l'iode il fournit de l'*Iodure de myricyle* fusible à 90°.

On donne aussi le nom d'alcool m. ou mélissique à un alcool qui est contenu à l'état libre dans la cire de Carnauba. Mais la formule de ce dernier serait $C^{30}H^{62}O$, d'après les travaux les plus récents, tandis que l'alcool m. de la cire d'abeilles serait représenté par $C^{31}H^{64}O$.

**MYRICYLE.** s. m. (gr. μυρίκη. bruyère, et le suff. *yle*, de ὕλη, matière). T. Chim. Radical univalent $C^{30}H^{61}$ ou $C^{31}H^{63}$ contenu dans l'alcool myricique et ses éthers.

**MYRINGE.** s. f. T. Anat. Membrane du tympan. Voy. OREILLE.

**MYRINGITE.** s. f. T. Méd. Inflammation de la membrane du tympan. Voy. OREILLE.

**MYRIODESMÉES.** s. f. pl. (gr. μύριοι, innombrable; δεσμὸς, lien, filament). T. Bot. Tribu d'Algues de la famille des *Fucacées*. Voy. ce mot.

**MYRIOGONE.** s. m. (gr. μύριοι, dix mille; γῶνος, angle). Polygone de dix mille côtés.

**MYRIOPHTHALME.** adj. 2 g. (gr. μύριοι, dix mille; ὀφθαλμὸς, œil). T. Zool. Qui a une multitude d'yeux.

**MYRIOPODES.** s. m. pl. T. Zool. Synonyme de MYRIAPODES. Voy. ce mot.

**MYRISTATE.** s. m. T. Chim. Nom générique des sels et des éthers de l'acide myristique.

**MYRISTICATION.** s. f. [Pr. ...sion] (lat. *myristica*, muscadier). Aspect de noix muscade que prend la coupe du foie quand les conduits hépatiques sont remplis de bile jaune avec congestion rouge des capillaires.

**MYRISTICÉES.** s. f. pl. (lat. *Myristica*, muscadier, du gr. μύρον, parfum). T. Bot. Famille de plantes Dicotylédones de l'ordre des Dialypétales supérovariées polystémones.

*Caract. bot.* : Arbres ou arbrisseaux généralement aromatiques. Feuilles alternes, entières, pétiolées, coriaces, non ponctuées, et sans stipules. Inflorescence axillaire ou termi-

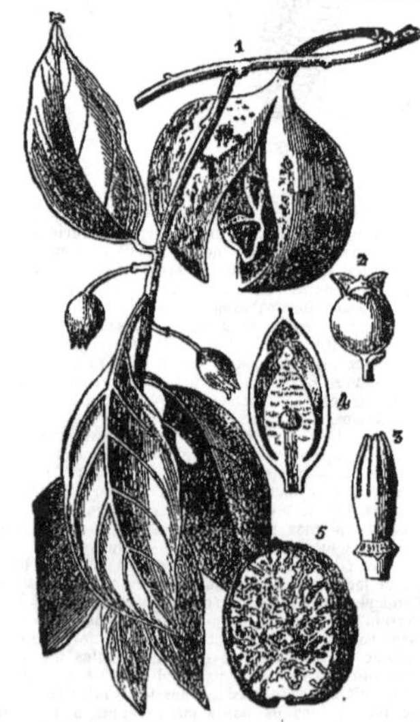

nale, en grappes ou en ombelles. Fleurs petites, régulières, dioïques, apétales; calice à 3 sépales concrescents. Fleurs mâles : Filets tantôt séparés, tantôt unis de manière à représenter une espèce de colonne; anthères, 3 à 12, ou même 18, extrorses, biloculaires, et à déhiscence longitudinale, tantôt connées, tantôt séparées. Fleurs femelles : Pistil formé d'un seul carpelle, avec un seul ovule dressé et anatrope; style très court; stigmate légèrement lobé. Fruit bacciforme s'ouvrant en 2 valves à la façon d'une gousse. Graine, pourvue d'un arille charnu, rouge et orangé, irrégulièrement déchiré, à tégument dur. Albumen ruminé, embryon petit, orthotrope; cotylédons divergents; radicule infère. [Fig. 1. *Myristica fragrans*; 2. Fleur; 3. Colonne d'étamines; 4. Coupe d'une fleur femelle pour montrer l'ovaire et l'ovule; 5. Coupe d'une Muscade avec l'embryon à la base de l'albumen.]

La famille des M. comprend le seul genre *Myristica* avec environ 80 espèces qui habitent exclusivement les régions tropicales de l'Asie et de l'Amérique. — L'écorce des M. contient en abondance un suc âcre, visqueux et rougeâtre; celle du fruit est caustique. L'arille et l'amande du *Muscadier aromatique* (*Myristica fragrans*), connus, le premier sous le nom vulgaire de *Macis*, et le second sous celui de *Muscade* ou de *Noix muscade*, sont des aromates d'une certaine importance. La Muscade est plus employée comme condiment que comme médicament. Prise en petite quantité, elle stimule les fonctions digestives; mais, à haute dose, elle détermine de l'assoupissement, des vertiges, et même du délire. On retire du Macis et de la Muscade deux huiles, l'une volatile, communément appelée *Huile de Macis*, et l'autre fixe, de consistance butyreuse, qu'on nomme *Beurre de muscade*, et qu'on emploie en frictions contre les douleurs rhumatismales. Cette dernière est un des principaux ingrédients du *Baume nerval*, assez fréquemment usité dans les cas de rhumatismes chroniques. La Muscade et le Macis faisaient encore autrefois partie d'une foule de préparations pharmaceutiques aujourd'hui inusitées. D'autres espèces du genre *Myristica* produisent également un fruit aromatique dont on se sert pour remplacer la Muscade ordinaire. Nous nommerons : le *Musc. otoba* (*Myr. otoba*), qui donne la Muscade grossière, mais à odeur très forte, de Santa-Fé, et dont le Macis sert, en Colombie, à préparer un onguent excellent contre la gale; le *M. cotonneux* (*M. tomentosa*), et le *M. bicuiba* (*M. officinalis*), dont les fruits sont réputés au Brésil comme des toniques énergiques; le *M. acuminé* (*M. acuminata*), et le *M. de Madagascar* (*M. madagascariensis*), tous deux indigènes de l'île de ce nom; le *M. bâtard* (*M. spuria*) de l'archipel Indien. Les semences du *Myristica sebifera* donnent un suif jaunâtre dont on se sert à la Guyane pour faire des chandelles; il suffit, pour l'obtenir, d'écraser les graines et de les jeter dans l'eau bouillante. Le suc obtenu par incision de l'écorce de cet arbre s'emploie comme caustique, pour cautériser les aphthes ou les dents cariées. L'arille rouge du *Myristica tingens* teint fortement les doigts, quand on le broie avec la main; en y ajoutant de la chaux, il donne une matière colorante rouge dont les indigènes font usage.

**MYRISTICINE**. s. f. (lat. *myristica*, muscadier). T. Chim. Stéaroptène de l'essence de muscade et de l'essence de macis.

**MYRISTICOL**. s. m. (lat. *myristica*, muscadier). T. Chim. Le m., qui a pour formule $C^{10}H^{16}O$, constitue la portion de l'essence de muscade qui bout entre 212° et 218°.

**MYRISTINE**. s. f. (lat. *myristica*, muscadier). T. Chim. Substance grasse contenue dans le beurre de muscade, le pain de Dika, la graisse d'Otoba. On la rencontre aussi, mais en petite quantité, dans l'huile de croton, le beurre de cacao, le beurre ordinaire, et quelques autres graisses végétales. La m. est constituée par le glycéride de l'acide myristique et répond à la formule $(C^{14}H^{27}O^2)^3C^3H^5$. Pour l'obtenir pure on épuise les noix de muscade par l'éther. Elle cristallise en paillettes brillantes, fusibles à 55°, très solubles à chaud dans l'alcool, l'éther et le benzène.

**MYRISTIQUE**. adj. 2 g. (lat. *myristica*, muscadier). T. Chim. L'*acide m.* se rencontre, à l'état de myristine (Voy. ce mot), dans un grand nombre de graisses végétales. Il existe aussi, en combinaison avec l'éthal, dans le blanc de baleine. On l'obtient à l'état de pureté en saponifiant la myristine extraite des noix de muscade. C'est un acide monobasique de la série grasse; sa formule est $C^{13}H^{27}CO^2H$. Il cristallise en feuillets brillants, fusibles à 54°, insolubles dans l'eau, très solubles dans l'alcool bouillant. Traité par le carbonate de potassium, il se transforme en myristate de potassium, qui peut servir à préparer les autres myristates.

L'*aldéhyde myristique* $C^{13}H^{27}CHO$ est cristallisable et fond à 53°. On l'obtient en distillant dans le vide un mélange de formiate et de myristate de calcium.

La réduction de cette aldéhyde fournit l'*alcool m.* $C^{14}H^{30}O$, fusible à 38°. Cet alcool, qui porte aussi le nom de *méthal*, se rencontre dans le blanc de baleine.

**MYRISTONE**. s. f. (gr. μυρίστικος, parfumé). T. Chim. Cétone de la formule $(C^{13}H^{27})^2CO$, cristallisable en paillettes nacrées, fusibles à 76°. Elle se forme dans la distillation sèche du myristate de calcium.

**MYRMÉCIE**. s. f. (gr. μυρμηκία; m. s. de μύρμηξ, fourmi). Espèce de verrue qui se développe principalement à la paume des mains et à la plante des pieds.

**MYRMÉCOBIE**. s. m. (gr. μύρμηξ, fourmi; βίος, vie). T. Mamm. Genre de Mammifères habitant l'Australie. Voy. MARSUPIAUX.

**MYRMÉCOPHAGE**. s. m. (gr. μύρμηξ, fourmi, φαγεῖν, manger). Qui vit de fourmis. || T. Mamm. Genre de Mammifères édentés. Voy. VERMILINGUES.

**MYRMÉLÉON**. s. m. (gr. μύρμηξ, fourmi; λέων, lion) T. Entom. Genre d'Insectes *Névroptères*. Voy. PLANIPENNES.

**MYRMICE**. s. f. **MYRMICIDES**. s. m. pl. T. Entom. Genre et groupe d'Insectes *Hyménoptères*. Voy. FOURMI.

**MYRMIDON**. s. m. (lat. *myrmidon*, gr. μυρμιδὼν, m. s.). Nom d'un ancien peuple de la Thessalie, sur lequel régna Achille. || Fig. Jeune homme de petite taille; individu de peu de force, de crédit. Voy. MIRMIDON.

**MYROBOLAN**. s. m. (lat. *myrobalanum*, gr. μυροβάλανον, m. s. de μύρον, parfum; βάλανος, gland). T. Bot. Nom donné aux fruits de certaines espèces du genre *Terminalia*, arbres de la famille des *Combrétacées*. Voy. ce mot.

**MYRON**, sculpteur grec du Ve siècle av. J.-C., excellait à reproduire les animaux.

**MYRONATE**. s. m. T. Chim. Voy. MYRONIQUE.

**MYRONIQUE**. adj. 2 g. (gr. μύρον, parfum). T. Chim. L'*acide m.* existe, à l'état de myronate de potassium, dans les graines de moutarde noire, dans le raifort et dans les semences de plusieurs autres crucifères. — Le *Myronate de potassium*, qui a pour formule $C^{10}H^{18}AzS^2O^{10}K$, est très soluble dans l'eau, peu soluble dans l'alcool, insoluble dans l'éther et dans le benzène. Sous l'action d'une diastase spéciale, la *myrosine*, il se dédouble en glucose, en sulfate acide de potassium et en iso-sulfocyanate d'allyle (essence de moutarde). L'émulsine et les autres diastases, ainsi que la levure, sont incapables de provoquer ce dédoublement. — En traitant le myronate de potassium par l'acide tartrique on obtient un liquide sirupeux contenant de l'acide m. libre, très instable.

**MYROSINE**. s. f. (gr. μύρον, parfum). T. Chim. Diastase contenue dans les graines de moutarde blanche, de moutarde noire et d'un grand nombre d'autres crucifères. Elle est soluble dans l'eau froide, coagulable par la chaleur et par l'alcool. Elle provoque le dédoublement du myronate de potassium Voy. MYRONIQUE. Les graines de moutarde noire renferment à la fois de la m. et du myronate de potassium; mais ces substances sont contenues dans des cellules différentes.

**MYROSPERME**. s. m. (gr. μύρον, parfum; σπέρμα graine). T. Bot. Genre de plantes Dicotylédones (*Myrospermum*) de la famille des *Légumineuses*

**MYROTÉ**. s. m. (gr. μύρον, parfum). Médicament qui une huile volatile pour excipient.

**MYRRHE**. s. f. [Pr. *mir-re*] (lat. *myrrha*, gr. μύῤῥα, m. s.). T. Pharm. Nom donné à la gomme-résine produite par le *Balsamodendron Ehrenbergianum*, arbre de la famille des *Anacardiacées* Voy. ce mot. || T. Bot. Genre de plantes Dicotylédones (*Myrrhis*) de la famille des *Ombellifères*. Voy. ce mot.

**Techn.** — La m. est en larmes rougeâtres, irrégulières, lisses ou rugueuses, dont la cassure est tout à la fois vitreuse et comme huileuse; sa saveur est âcre, son odeur forte et peu agréable. On obtient l'essence en distillant avec de l'eau son extrait alcoolique. — Outre de la gomme et des sels minéraux, la m. est composée de deux résines de solubilités différentes dans l'alcool; la résine la plus soluble dans ce dissolvant, fond entre 90° et 95°; on l'a appelée *myrrhine*.

**MYRRHÉ, ÉE.** adj. [Pr. *mir-ré*]. Parfumé avec de la myrrhe.

**MYRRHINIUM.** s. m. [Pr. *mir-rini-om*] T. Bot. Genre de plantes Dicotylédones de la famille des *Mélastomacées*. Voy. ce mot.

**MYRSINE.** s. m. (gr. μυρσίνη, myrte). T. Bot. Genre de plantes Dicotylédones de la famille des *Myrsinées*. Voy. ce mot.

**MYRSINÉES.** s. f. pl. (R. *Myrsine*). T. Bot. Famille de végétaux Dicotylédones de l'ordre des Gamopétales superovariées. *Caractères bot.* : Arbres ou arbrisseaux. Feuilles alternes, dentées ou entières, coriaces, glabres, et sans stipules, souvent parsemées de nodules sécréteurs. Parfois sous-arbrisseaux à feuilles opposées ou ternées. Inflorescence axillaire, rarement terminale, en épis ou en grappes. Fleurs hermaphrodites, accidentellement unisexuées dioïques. Calice quadrifide,

quinquéfide ou hexafide, persistant. Corolle gamopétale, hypogyne, à 4, 5 ou 6 divisions égales. Étamines 4, 5 ou 6 opposées aux segments de la corolle, à la base desquels elles s'insèrent; filets distincts, rarement connés, parfois nuls; d'autres fois, avec 5 autres filets pétaloïdes stériles; anthères unies par leur base, biloculaires et à déhiscence longitudinale. Pistil formé de 3 ou 5 carpelles soudés en un ovaire uniloculaire avec une colonne centrale libre, portant un nombre défini ou indéfini d'ovules campylotropes; style unique, souvent très court; stigmate lobé ou indivis. Fruit : baie ou drupe. Graines anguleuses ou arrondies, avec un hile concave et un tégument simple; albumen abondant, corné, de même forme que la graine; embryon cylindrique, ordinairement un peu recourbé; cotylédons courts. [Fig. 1. *Ardisia coriacea*; 2. Fleur; 3. Fruit; 4. Le même, dont on a enlevé une partie de la chair; 5. Graine; 6. Coupe de la même].

Cette famille se compose de 23 genres (*Myrsine*, *Ardisia*, *Cybianthus*, *Clavija*, *Theophrasta*, *Jacquinia*, *Ægiceras*, etc.) et 500 espèces, qui pour la plupart habitent la zone intertropicale. On en connaît 50 espèces tertiaires, appartenant pour la plupart aux genres vivants *Myrsine* et *Ardisia*. — Les propriétés des M. sont peu connues. Plusieurs sont de beaux arbrisseaux aux feuilles élégantes et toujours vertes. On prépare, dit-on, une sorte de pain avec les graines pulvérisées du *Theophrasta Jussiæi*, appelé à Saint-Domingue *Coquemollier* et *Petit coco*. Les fruits de l'*Embelia ribes* et de quelques autres espèces du même genre ont un certain degré d'âcreté, et l'on attribue des propriétés purgatives à celles de l'*Emb. robusta* et du *Myrsine bifaria*. L'écorce du *Cybianthus detergens* est à la fois mucilagineuse et astringente. Au Brésil, on s'en sert pour préparer des bains et des lotions, qu'on emploie contre certaines affections cutanées. Les graines du *Wallenia laurifolia* ont une saveur poivrée. Le fruit du *Reptonia* (*Edgeworthia*) *buxifolia*, ou *Gourgoura*, est mangé par les Afghans : il se vend communément sur les marchés de Caboul; il est arrondi, charnu, et de la grosseur d'une cerise; mais on le dit échauffant. Les feuilles et les branches de quelques *Jacquinia* empoisonnent, dit-on, les poissons, de même que leur fruit empoisonne l'homme; mais ce fait mérite confirmation. Le fruit du *Clavija* est d'un goût agréable; sa racine est émétique. La baie des *Ardisia* est comestible.

**MYRTACÉES.** s. f. pl. (R. *Myrte*). T. Bot. Famille de végétaux Dicotylédones de l'ordre des Dialypétales inférovariées. *Caract. botan.* : Arbres, parfois de grande taille, ou arbrisseaux. Feuilles opposées ou alternes, entières, ordinairement parsemées de nodules sécréteurs produisant de l'huile essentielle. Inflorescence variable, habituellement axillaire. Fleurs rouges, blanches, parfois jaunes. Calice adhérent, à préfloraison valvaire, 4- ou 5-fide; sa partie supérieure se détache quelquefois comme un opercule, par suite de sa soudure au sommet. Pétales égaux en nombre aux divisions du calice, et à préfloraison quinconciale. Ils manquent parfois, mais rarement. Étamines tantôt en nombre double de celui des pétales, tantôt en nombre indéfini, rarement en nombre égal à ceux-ci; filets complètement distincts, ou bien réunis en plusieurs faisceaux, introrses avant la floraison. Anthères ovales, biloculaires, petites, à déhiscence longitudinale, rarement poricide. Pistil formé de carpelles, tantôt en nombre égal à celui des pétales, tantôt 3, 2 ou 1, rarement 10; ces carpelles sont le plus souvent soudés en un ovaire pluriloculaire, rarement en un ovaire uniloculaire. Dans le Grenadier, le pistil est formé de 2 verticilles de carpelles, l'externe formé de carpelles en même nombre que les pétales, l'interne formé de 3 carpelles seulement. Style simple; stigmate entier. Ovules ordinairement pendants ou dressés et anatropes, et toujours insérés sur un placenta axile. Le fruit est une baie, une drupe, une capsule, une pixyde ou un akène. Graines dont le tégument est parfois charnu (Grenadier), ordinairement en nombre indéfini, de forme variable; embryon sans albumen, droit ou recourbé, dont les cotylédons et la radicule sont tantôt distincts et tantôt confondus en une masse solide.

Les plantes de cette famille comprennent 77 genres, avec environ 1,800 espèces, presque toutes tropicales; le genre *Myrcia* en compte à lui seul plus de 300 et le genre *Eugenia* plus de 500. Il faut ajouter 50 espèces fossiles dont deux rencontrées dans le crétacé (*Myrtophyllum*) et 48 tertiaires appartenant aux genres vivants (*Eucalyptus*, *Metrosideros*, *Myrtus*, *Eugenia*, *Punica*, etc.).

On divise cette famille en cinq tribus :

Tribu I. — *Myrtées*. — Nodules sécréteurs; ovaire pluriloculaire; baie ou drupe (*Myrtus*, *Myrcia*, *Eugenia*, *Psidium*, etc.). [Fig. 1. — 1. *Eugenia tuberculata*; 2. Fleur; 3. Coupe verticale de la même; 4. Fruit mûr.]

Les ponctuations translucides qu'on observe dans les feuilles et d'autres parties des Myrtacées indiquent la présence d'une huile volatile, odorante, aromatique ou âcre. C'est à cette huile que ces végétaux doivent leurs propriétés principales. C'est à elle que sont dus le parfum agréable de la *Goyave*, l'arome puissant des boutons du *Giroflier* (*Eugenia caryophyllata*) et l'odeur balsamique de ces fruits de l'Orient, vulgairement appelés *Jambolins* et *Pommesroses*. A cette huile se trouve souvent mêlé un principe astringent qui parfois domine de façon à annuler toute autre propriété. On désigne sous le nom de *Goyave* le fruit charnu et parfumé des diverses espèces du genre *Goyavier* ou *Psidium*, mais surtout du *Ps. pyriferum* ou *G. blanc*, et du *Ps. pomiferum* ou *G. rouge* : le fruit de ce dernier est beaucoup plus acide que celui du précédent. Ces fruits se mangent crus ou cuits au four. On en fait aussi des confitures et d'excellentes gelées, qui sont à la fois rafraîchissantes et légèrement astringentes. La jeune écorce et les feuilles des *Goyaviers blanc* et *rouge* sont usitées comme astringentes, et l'on emploie encore leurs feuilles pour préparer des bains médicinaux qui sont en grand usage au Brésil. Les rameaux et les feuilles du *G. aromatique* (*Ps. aromaticum*), vulgairement appelé *G. de montagne* et *Citronnelle de la Guyane*, s'emploient aux mêmes usages. D'autres espèces du même genre, telles que le *Ps. Cattleyanum* et le *Ps. albidum*, produisent aussi des fruits excellents. L'*Eugenia cauliflora*, du Brésil, donne également des fruits fort agréables, que la culture améliorerait sans doute encore : on en fait une sorte de vin très agréable, du sirop, etc. Ceux de l'*Eug. dysenterica*, de l'*Eug. Michelii*, et de l'*Eug. brasiliensis*, sont tous d'excellents fruits de dessert. Les baies du *Myrte commun*, particulièrement de la variété à fruit blanc, sont estimées dans l'Archipel grec.

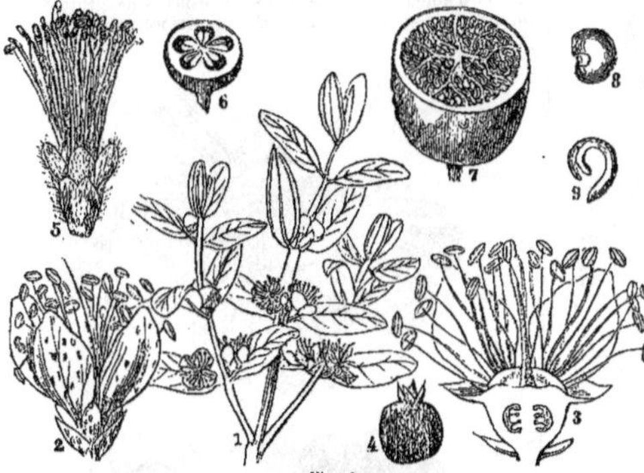
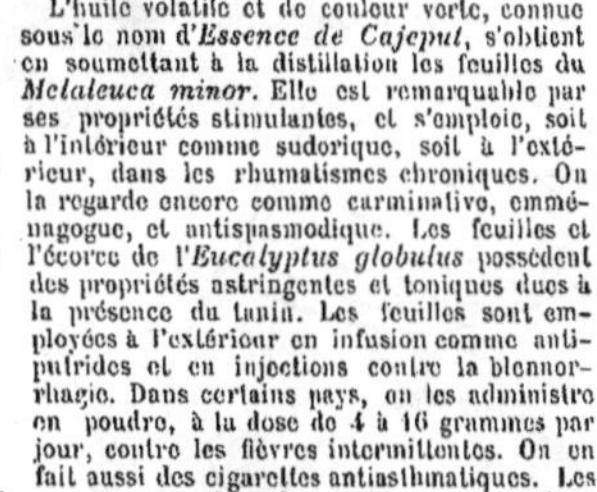

Fig. 1.

Les *Pommes-roses* de l'Orient sont surtout produites par l'*Eugenia malaccensis*, l'*Eug. jambosa*, vulgairement appelé *Jamroses* et *Jambosiers* : ce sont des fruits fort estimés dans les pays qu'habitent ces espèces. Au Malabar, on mange aussi les fruits au suc tempérant et rafraîchissant du *Sonneratia acida*, vulg. nommé *Pagapate*. Le fruit du *Myrte ugni* (*Myrtus ugni*) s'emploie au Chili pour fabriquer une liqueur alcoolique fort recherchée, que l'on dit comparable aux meilleurs vins muscats. — Tout le monde connaît l'espèce d'épice appelée *Clou de girofle*, qui n'est autre chose que la fleur non épanouie du *Giroflier* (*Eugenia caryophyllata*). Ces boutons sont parfois employés en médecine comme toniques, excitants et stomachiques. L'huile essentielle qu'on en retire, et qu'on appelle *Essence de girofle*, s'administre par gouttes dans les potions cordiales. Dans la carie des dents, on l'emploie fréquemment pour cautériser le nerf dentaire, en introduisant dans la cavité de la dent un peu de coton imbibé de cette huile. Mêlée avec un corps gras, on s'en sert quelquefois pour faire des frictions sur la peau, dans les cas de paralysie. Le Clou de girofle est encore fort usité par les parfumeurs pour les poudres de senteur, les sachets odorants, et son essence pour la fabrication des eaux spiritueuses. Lorsqu'on laisse les boutons parcourir leur période de développement, on obtient pour fruit une sorte de drupe, nommée *Antofle*, *Mère de girofle*, etc. On confit ces fruits au sucre, et on les mange comme digestifs, surtout dans les voyages maritimes. Les fragments des pédoncules sont employés, sous le nom de *Griffes de girofle*, par les parfumeurs, les liquoristes, etc. Les boutons du *Calyptranthes aromatica* peuvent se substituer avantageusement aux clous de girofle. Le fruit desséché du *Pimenta officinalis*, appelé communément *Piment de la Jamaïque* et *Toute-épice*, est surtout employé dans l'art culinaire. La plante tout entière, et particulièrement le fruit, avant sa maturité, renferme une grande quantité d'huile essentielle, qui est un stimulant très énergique et s'emploie souvent dans la carie dentaire. Ses baies écrasées sont carminatives, et stimulent vivement les fonctions digestives. Au Mexique, on emploie aux mêmes usages le fruit du *Myrtus tabasco*. Les anciens employaient comme condiment les boutons et les baies du *Myrte commun* (*Myrtus communis*) : aujourd'hui même, en Toscane, on s'en sert en guise de poivre. Les Toscans fabriquent également avec ces baies une sorte de vin, appelé *Myrtidanum*. L'eau distillée de ses fleurs exhale un parfum très agréable ; elle était autrefois fort en usage comme cosmétique sous le nom d'*Eau d'ange*. Dans ces dernières années, les médecins anglais de l'Inde ont recommandé spécialement contre le diabète les graines du *Sizygium jambolanum* ou *Jambul*, de l'Amérique tropicale. Plusieurs espèces ont des feuilles astringentes ; telles sont celles du *Myrte commun*, de l'*Eugenia depauperata* et de l'*Eug. variabilis*. Les feuilles du *Sizygium terebinthaceum* s'emploient à Madagascar pour préparer des bains aromatiques. Suivant Cooper, les deux faces de ces feuilles sont couvertes de petits poils glanduleux qui ont à leur sommet un renflement formé d'une matière brunâtre.

Tribu II. — *Leptospermées*. — Nodules sécréteurs ; ovaire pluriloculaire ; capsule loculicide (*Leptospermum*, *Bæckea*, *Callistemon*, *Melaleuca*, *Calothamnus*, *Eucalyptus*, *Metrosideros*, etc.). [Fig. 1. — 5. Fleur du *Metrosideros glauca*. — 6. Coupe de l'ovaire du *Psidium pomiferum* ; 7. Coupe de son fruit : 8. Sa graine ; 9. Embryon.]

L'huile volatile et de couleur verte, connue sous le nom d'*Essence de Cajeput*, s'obtient en soumettant à la distillation les feuilles du *Melaleuca minor*. Elle est remarquable par ses propriétés stimulantes, et s'emploie, soit à l'intérieur comme sudorique, soit à l'extérieur, dans les rhumatismes chroniques. On la regarde encore comme carminative, emménagogue, et antispasmodique. Les feuilles et l'écorce de l'*Eucalyptus globulus* possèdent des propriétés astringentes et toniques dues à la présence du tanin. Les feuilles sont employées à l'extérieur en infusion comme antiputrides et en injections contre la blennorrhagie. Dans certains pays, on les administre en poudre, à la dose de 4 à 16 grammes par jour, contre les fièvres intermittentes. On en fait aussi des cigarettes antiasthmatiques. Les *Euc. resinifera*, *rostrata*, *citriodora*, *gigantea*, etc., donnent des sucs astringents connus sous le nom de *Kino d'Australie*. Beaucoup d'autres espèces du même genre se recom-

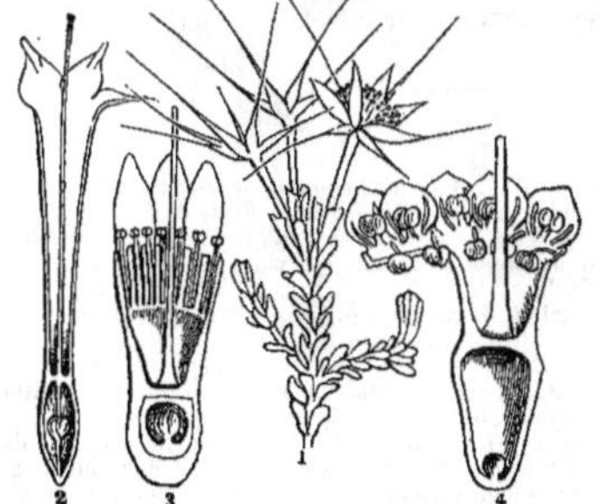

Fig. 2.

mandent par la qualité de leur bois : telles sont les *E. colossea*, *E. coriacea*, *E. odorata*, *E. leucoxylon*, etc. L'*E. mannifera* laisse exsuder une sorte de manne connue sous le nom de *Manne d'Australie* et l'*E. robusta* donne une sorte de gomme. Les feuilles du *Glaphyria nitida*, appelé par les Malais *Arbre de longue vie*, peut-être parce qu'il se maintient à des hauteurs où les autres arbres cessent d'exister, ou bien, à cause des propriétés bienfaisantes qu'on lui attribue, s'emploient en guise de thé : aussi les indigènes lui donnent-ils le nom de *Plante à thé*. Diverses espèces de *Leptospermum* et de *Melaleuca* portent le même nom dans les colonies australiennes, où leurs feuilles s'emploient, en effet, en infusion théiforme. On cultive encore comme plantes d'ornement diverses espèces appartenant surtout aux genres *Callistemon*, *Melaleuca*, *Metrosideros*, *Calothamnus*, *Bæckea*, etc.

TRIBU III. — *Chamælauciées.* — Nodules sécréteurs; ovaire uniloculaire; akène (*Chamælaucium*, *Darwinia*, *Verticordia*, *Calythrix*, etc.). [Fig. 2. — 1. *Calythrix*; 2. Coupe de la fleur; 3. Coupe d'une fleur de *Genetyllis*; 4. Coupe d'une fleur de *Darwinia*.]

TRIBU IV. — *Lécythidées.* — Pas de nodules sécréteurs; feuilles alternes (*Lecythis*, *Barringtonia*, *Napoleona*, *Gustavia*, etc.). [Fig. 3. — 1. *Lecythis ovata*; 2. Fleur coupée verticalement; 3. Étamine. — Fig. 4. Fruit du *Lecythis grandiflora*. — Fig. 5. — 1. Fleur du *Napoleona imperialis* de grandeur naturelle. 2. Bouton qui vient de s'ouvrir. 3. Coupe perpendiculaire de la fleur. 4. Coupe charnue et stigmate en forme de table. 5. Étamine. 6. Coupe transversale de l'ovaire. 7. Coupe verticale du même. 8. Ovule. 9. Graine mûre. — Fig. 6. — *Barringtonia speciosa*. — Fig. 7. — 2. *Carcya arborea*. 3. Un des faisceaux d'étamines. 4. Coupe longitudinale de l'ovaire. 5. Coupe de la graine.]

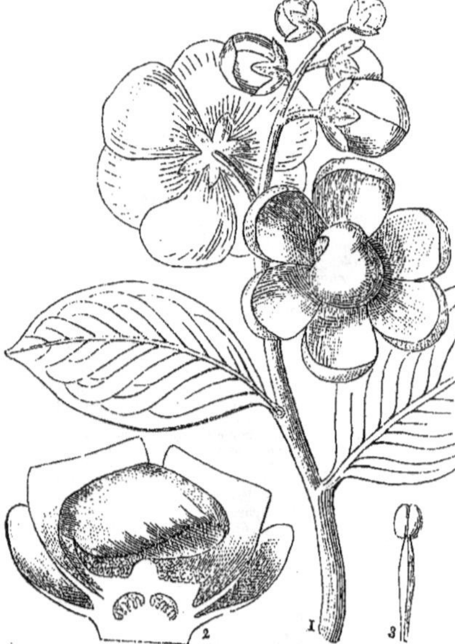

Fig. 3.

Le *Couroupita guianensis*, vulgairement nommé dans le pays *Bois de calebasse*, porte un fruit sphérique, gros comme un Melon, ligneux, indéhiscent, fermé par un opercule, et contenant des semences arrondies, nichées dans une pulpe de saveur acide assez agréable, quand le fruit est frais, mais d'une odeur insupportable quand il commence à se décomposer. Ce fruit est appelé vulgairement *Boulet de canon* et *Abricot de Cayenne*. Le fruit du *Couratari* (*Couratari guianensis*) est une capsule ligneuse, évasée, presque campaniforme, recouverte par un opercule : les indigènes et les nègres s'en servent, ainsi que le fruit du Couroupita, en manière de vases, de verres à boire, etc. Le bois du Couratari est fort estimé pour la charpente, et son écorce fournit une couleur cannelle très solide. L'arbre le plus gigantesque des forêts du Brésil est le *Lecythis ollaria*, appelé vulgairement

Fig. 4.

*Sapucaya*, dont les graines sont volumineuses et comestibles, comme d'ailleurs celles de toutes les espèces du genre *Lecythis*, mais laissent dans la bouche un arrière-goût amer assez

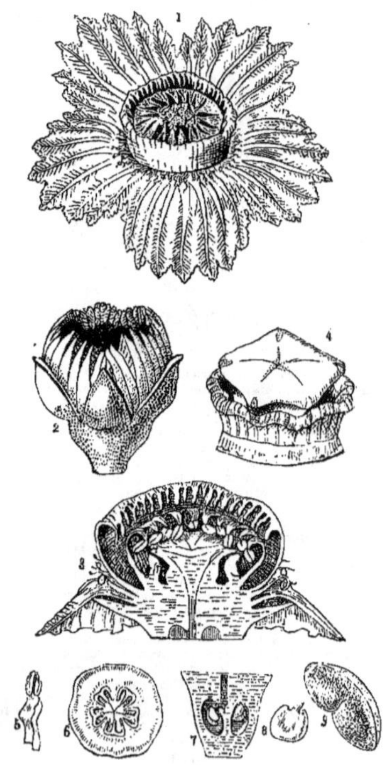

Fig. 5.

désagréable. Si l'on bat l'écorce de cet arbre avec un maillet, elle se sépare en un très grand nombre de couches libériennes ayant l'aspect d'un papier fin satiné. Les Indiens s'en servent pour envelopper leurs cigares. Au Brésil, on prépare avec les graines du *Lecythis grandiflora* une émulsion laiteuse qui s'emploie dans les catarrhes. — Les péricarpes ligneux de toutes les espèces de Lecythis servent à faire des vases et divers ustensiles de ménage à l'usage des nègres et

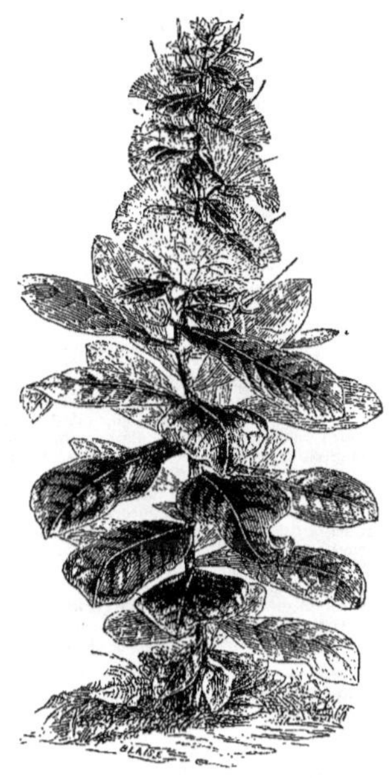

Fig. 6.

des indigènes. Les graines du *Bertholletia excelsa* sont comestibles; elles se vendent quelquefois en Europe sous le nom de *Noix du Brésil*, *Noix d'Amérique*. Le fruit du *Napoleana imperialis*

Fig. 7.

*poleana imperialis* est une baie molle et sphérique, surmontée par le calice, aussi grosse qu'une grenade, et ressemblant beaucoup à celle-ci. En effet, il renferme une pulpe mucilagineuse qui se mange, et une écorce si riche en tanin que les indigènes s'en servent pour faire de l'encre.

La racine du *Stravadium racemosum* a un goût légèrement amer, mais nullement désagréable. Les praticiens indous l'estiment pour ses propriétés apéritives, désobstruantes et rafraîchissantes; on suppose que son écorce possède des vertus semblables à celles du quinquina. Le bois de la *Gustavie urcéolée* (*Gustavia urceolata*) est connu sous le nom de *Bois-puant*, parce que, lorsqu'on l'expose à l'air, il ne tarde pas à répandre une odeur très fétide. Le fruit de la *Gust. Brésilienne* (*Gust. Brasiliensis*) est émétique et empoisonne le poisson. Sa racine est âcre, aromatique et amère; ses feuilles ont une odeur forte et désagréable. On emploie celles-ci dans les cas d'induration du foie, ainsi que pour guérir les ulcères. Endlicher dit que, quoique l'on mange les fruits du *Careya arborea*, on doit tenir ses graines pour suspectes.

Tribu V. — *Punicées*. — Pas de nodules sécréteurs' feuilles opposées (*Punica*).

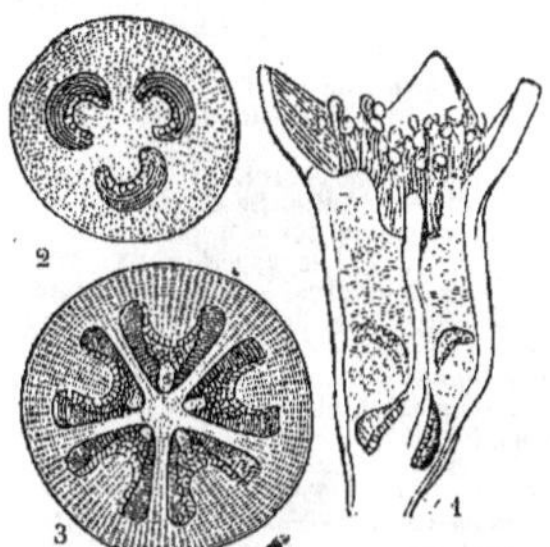

Fig. 8.

[Fig. 8. — 1. Coupe longitudinale de l'ovaire du *Punica granatum*; 2. Coupe transversale du même à la base; 3. Coupe transversale vers le sommet].

Le *Grenadier* appelé aussi *Balaustier* (*Punica granatum*), communément cultivé dans les parties chaudes de l'Europe, et qui, en Perse, forme des bois tout entiers, jouit de propriétés médicales précieuses. La décoction de l'écorce de sa racine constitue un anthelminthique très énergique; elle est surtout utile contre le Ténia. Ses fleurs sont également toniques et astringentes. Il en est de même de l'écorce de son fruit : on en fait usage dans la leucorrhée, dans la dysenterie chronique, etc. Enfin, le suc acidule de ses graines sert à préparer des boissons rafraîchissantes.

**MYRTE.** s. m. (lat *myrtus*, gr. μύρτος: m. s. de μύρον, parfum). T. Bot. Genre de plantes Dicotylédones (*Myrtus*) de la famille des *Myrtacées*. Voy. ce mot. || *M. bâtard* et *M. des marais*, Noms vulgaires du Myrica galé, Myricées. — *M. épineux* et *M. sauvage*, Noms vulgaires du *Ruscus aculeatus*, Liliacées.

**MYRTÉES.** s. f. pl. (R. *Myrte*). T. Bot. Tribu de végétaux de la famille des *Myrtacées*. Voy. ce mot.

**MYRTIFOLIÉ, ÉE.** adj. (lat. *myrtus*, myrte; *folium*, feuille). Qui est à feuilles de myrte.

**MYRTIFORME.** adj. 2. g. (lat. *myrtus*, myrte; *forma*, forme). T. Anat. Qui a la forme d'une feuille de myrte. *Caroncules myrtiformes*.

**MYRTILLE.** s. f. [Pr. les *ll* mouillées] (R. *Myrte*). T. Bot. Nom vulgaire du *Vaccinium Myrtillus*, arbuste de la famille des *Éricacées*, tribu des *Vacciniées*. Voy. Éricacées.

**MYRTOPHYLLE.** s. m. [Pr. *mirtofi-le*] (gr. μύρτος, myrte; φύλλον, feuille). T. Bot. Genre de Myrtacées fossiles (*Myrtophyllum*) rencontrées dans le crétacé.

**MYSCOLUS** s. m. [Pr. *misko-luss*]. T. Bot. Genre de plantes Dicotylédones de la famille des *Composées*, tribu des *Liguliflores*. Voy. Composées.

**MYSIE.** anc. contrée de l'Asie Mineure V. pr. *Troie*, *Lampsaque*, etc

**MYSIS.** s. m. [Pr. *mi-ziss*]. T. Zool. Genre de *Crustacés*. Voy. MACROURES. || L'une des phases de la larve des Crustacés. Voy. CRUSTACÉS.

**MYSORE**, v. de l'Inde anglaise, cap. de l'État de *Mysore*, 60,000 hab. Fabr. de tapis. — L'état de Mysore compte 4,200,000 hab. V. pr. *Bangalore*.

**MYSORINE.** s. f. (R. *Mysore*, contrée de l'Hindoustan). T. Minér. Carbonate de cuivre anhydre. Voy. CUIVRE, VII, F.

**MYSTAGOGIE.** s. f. (gr. μυσταγωγία, m. s.). Initiation aux mystères.

**MYSTAGOGUE.** s. m. (lat. *mystagogus*, gr. μυσταγωγός, m. s., de μύστη, initié; ἄγω, je conduis). T. Antiq. Prêtre qui initiait aux mystères. Voy. MYSTÈRE, CÉRÈS.

**MYSTE.** s. m. (gr. μύστης, initié). T. Antiq. Celui qui était initié à quelque mystère. Voy. MYSTÈRE, CÉRÈS.

**MYSTÈRE.** s. m. (lat. *mysterium*, gr. μυστήριον, chose cachée, de μύστης, initié). T. Antiq. Se dit des doctrines religieuses qui n'étaient communiquées qu'à quelques-uns, et des Cérémonies secrètes du culte qui se rapportaient à ces doctrines. *Il se fit initier aux mystères d'Eleusis. Les profanes étaient écartés des mystères.* || Particul., Dogme religieux dont l'intelligence est au-dessus de la raison humaine. *Toutes les religions ont leurs mystères.* — Se dit le plus souvent des dogmes de la religion chrétienne, qui doivent être reçus comme articles de foi, et que, d'après les théologiens, nous pouvons concevoir, mais ne pouvons comprendre. *Les mystères de la foi. Le m. de la Trinité, de l'Incarnation. Il faut adorer les mystères sans vouloir les approfondir.* — *Célébrer les saints mystères*, Célébrer le sacrifice de la messe. *Participer aux saints mystères*, Communier. || Par analog., se dit des opérations secrètes de la nature qui sont au-dessus de la pénétration humaine. *Étudier, approfondir, pénétrer les mystères de la nature. Les mystères du cœur humain.* || Fig., *Mystère*, se dit de ce qu'il y a de caché, de secret dans les affaires humaines. *Les mystères de la politique. C'est un m. qu'on ne peut pénétrer. Enfin, il nous révéla le m. de sa naissance. Le plus profond m. enveloppe son existence. Il y a quelque m. caché là-dessous.* — On dit aussi : *Les mystères de la poésie, de l'éloquence. Ce peintre connaît tous les mystères de son art.*

Le bocage était sans mystère.

MILLEVOYE.

|| En parlant des précautions que l'on prend pour ne pas être entendu, pour ne pas être observé, on dit encore figurément : *Ils se sont entretenus avec beaucoup de m. Ils sont sortis en grand m.* || Fig., se dit encore des difficultés que l'on fait touchant quelque chose. *Pourquoi faire tant de m. pour nous dire ce que tout le monde sait? Faut-il faire tant de m. pour si peu de chose? Je n'entends pas tous ces mystères.* — On dit dans le même sens : *Il n'y a pas grand m. à cela*, Cela n'est pas difficile à faire. *C'est donc là que gît le m. Voilà un beau m.* || *Faire m., faire un m. d'une chose*, La tenir secrète, la cacher avec soin. *Il fait m. de sa naissance. Il n'en fait pas m. Il fait m. de tout. Il fait m. des moindres choses.* — On dit, dans le même sens, *Mettre du m. à quelque chose*, et, prov., *Il est tout cousu de petits mystères; Il est tout m. de la tête aux pieds.* || T. Littér. Voy. DRAMATIQUE, IV.

**Hist.** — Les anciens donnaient le nom de *Mystères* (μυστήρια, *initia*) à des institutions sacrées qui avaient pour objet de célébrer certains rites et d'initier à la connaissance de certains principes religieux. Elles étaient ainsi nommées du secret absolu qu'était obligé de garder à leur sujet quiconque était admis à la célébration de ces rites et à la connaissance de ces doctrines. Cette obligation explique également la rareté et l'insuffisance des renseignements qui nous sont parvenus sur les mystères du paganisme. Bien que les mystères fussent liés au culte de quelque divinité particulière, comme les Dionysiaques au culte de Dionysos ou Bacchus, les Eleusinies au culte de Cérès, les mystères phrygiens à celui de Cybèle et d'Atys, etc., ils paraissent avoir offert les plus grandes analogies, à ce point que plus tard on vit se confondre ensemble les mystères de Bacchus et ceux de Cérès, les mystères d'Atys et ceux d'Adonis. Cette analogie semble indiquer que chacun de ces mystères n'était que l'adaptation à une contrée particulière d'une vaste tradition répandue dans tout le monde civilisé, et constituait l'enseignement secret d'une doctrine religieuse et philosophique qu'on jugeait trop élevée pour la divulguer dans la masse du peuple qui ne l'aurait pas comprise et pour qui elle était jugée dangereuse. Voy. ÉSOTÉRIQUE. On n'était admis aux mystères qu'après une initiation préalable, et, quand l'époque de leur célébration devait avoir lieu, les initiés ou *Mystes* étaient tenus de se soumettre, afin de se purifier, à des lustrations et à des jeûnes préparatoires. Les cérémonies extérieures consistaient, comme dans les autres cultes, en danses, en chants, en processions et en sacrifices; néanmoins, plusieurs de ces cérémonies avaient une signification symbolique particulière, de telle sorte que leur intelligence échappait aux étrangers. Il y avait aussi des rites secrets, où il y a lieu de croire que les prêtres disposaient toutes choses pour agir à la fois sur le moral et sur le physique des initiés. Quant aux doctrines particulières qui étaient enseignées dans les mystères, il serait absurde de supposer qu'elles renfermassent rien d'immoral. L'accusation banale d'immoralité n'a jamais manqué à aucun culte secret, même au culte chrétien, lorsque ce dernier se célébrait dans l'ombre des catacombes. Loin de là, il semble que les doctrines révélées aux initiés dans les mystères antiques portaient sur ces trois points fondamentaux : l'unité de Dieu, l'immortalité de l'âme, et l'expiation comme moyen de purification de l'homme. Les passages suivants, auxquels nous en pourrions joindre plusieurs autres, indiquent suffisamment la nature et la tendance des doctrines qui formaient l'enseignement des mystères. « Par l'expiation, dit Ovide, tout crime, toute trace du mal sont effacés. Cette opinion vient de la Grèce, où le criminel, après les cérémonies lustrales, semble dépouiller son forfait. » Suivant Cicéron : « Les initiations n'apprennent pas seulement à être heureux dans cette vie, mais encore à mourir avec une meilleure espérance ». Et le grand lyrique de la Grèce, Pindare s'écrie : « Heureux celui qui descend sous la terre ainsi initié; car il connaît la fin de la vie, il connaît le royaume donné par Jupiter. » — Les mystères les plus célèbres de la Grèce étant ceux d'Eleusis; nous sommes entrés, au mot *Cérès*, dans quelques détails à leur sujet. On peut consulter en outre les ouvrages de Sainte-Croix, de Lobeck, de Limburg-Brouwer, et de Creuzer sur cette matière.

**MYSTÉRIEUSEMENT.** adv. [Pr. *mistérieu-ze-man*]. D'une façon mystérieuse, d'une manière cachée. *Les prophètes ont parlé m. Cet homme se conduit m. en tout.*

**MYSTÉRIEUX, EUSE.** adj. [Pr. *mistéri-eu, euze*]. Qui contient quelque sens caché, quelque secret. *Ce culte était plein de cérémonies mystérieuses. Les sens m. de la Bible.* || En parl. des choses de la vie, se prend ordinairement en mauvaise part. *Il y a quelque chose de m. dans cette affaire. Ils ont eu un entretien m. Il a une conduite mystérieuse.* || En parlant des personnes, sign. Qui fait mystère de choses qui n'en valent pas la peine. *C'est un homme fort m. Il est m. en toutes choses.* Fam.

**MYSTICÈTIDES.** s. m. pl. (gr. μύστης, mystérieux; κῆτος, baleine). T. Mamm. On range sous ce nom les genres actuels de Cétacés : *Balæna, Balænoptera, Rorqualus*, ainsi qu'un grand nombre de genres fossiles qui diffèrent peu des précédents et dont on trouve les restes dans le miocène et le pliocène d'Europe. Voy. BALEINE.

**MYSTICISME.** s. m. (lat. *mysticus*, mystique). T. Philos. et Relig. En Philosophie, on appelle *Mysticisme* la doctrine de ceux qui prétendent substituer le sentiment à la raison comme moyen de connaître. De ce que la raison peut s'égarer, les philosophes mystiques en concluent qu'elle s'égare toujours, et ils en condamnent l'usage. Suivant eux, c'est par le cœur seul que l'homme peut atteindre l'infini et se mettre en rapport avec Dieu. Mais les mystiques, dans cette condamnation de la raison, n'oublient qu'une chose, c'est de se rendre compte de la manière dont nous parvenons à connaître la vérité. Lorsque notre cœur s'attache à une vérité, c'est qu'auparavant elle a été acquise par notre intelligence. Il est très vrai que l'amour, quand il s'attache à une idée vraie, exerce sur nous une puissance supérieure à celle de la raison, parce qu'il retentit dans les parties les plus intimes de notre âme et s'empare de nous tout entier; mais il ne possède pas par lui-même la faculté de connaître. Cette intuition spontanée que les mystiques attribuent au sentiment est une pure hypothèse, ou plutôt une confusion. C'est bien en effet par une sorte d'intuition que nous atteignons les vérités qui dépassent la sphère de l'expérience et de l'observation, soit externe, soit interne, mais cette intuition appartient exclusivement à la raison elle-même. Si la philosophie mystique ne péchait que par le vice d'analyse que nous venons de signaler, que par cette confusion qui lui fait attribuer au sentiment ce qui vient de la raison, il n'y aurait même pas à s'en inquiéter autrement. Mais par suite de cette confusion, elle tend à bannir l'usage de la raison et de l'intelligence. S'imaginant que le sentiment peut atteindre d'un bond les vérités premières, elle ne doute pas qu'il n'en soit de même pour les vérités de tout autre ordre. Dès lors, à quoi bon l'intelligence humaine? A quoi bon la réflexion? Et aussitôt la porte est ouverte à toutes les fantaisies, à toutes les divagations d'une imagination sans frein. Bien plus, la réflexion mise à l'écart comme entachée d'impiété, comment distinguer le sentiment de la sensibilité purement physique? Et voilà tous les désordres des sens en délire qui s'introduisent sous le couvert du m. Le m. en philosophie est donc une erreur qui ne saurait se maintenir dans le cercle de la pure métaphysique; tôt ou tard, l'erreur se glisse dans la sphère de la vie intellectuelle et morale. Pour avoir voulu s'élever au-dessus de sa nature, l'homme tombe au dessous; pour avoir méconnu l'une de ses facultés, il perd l'usage de toutes les autres.

Le m. revêt généralement une forme religieuse. Poussé à l'extrême il aboutit à une sorte de contemplation ou d'extase où l'âme croit s'abîmer dans l'amour de Dieu et abandonne tout effort intellectuel et moral. Le mystique méprise le monde extérieur indigne d'occuper son attention. Toute occupation du corps ou de l'esprit est pour lui vaine et impie. C'est l'apologie de la paresse. Bien plus, on a vu des sectes mystiques professer l'indifférence complète des actes extérieurs, et par suite l'abolition de toute loi morale. L'Église catholique a donc eu raison de condamner le m. de Fénelon et de $M^{me}$ Guyon, qui sans accepter les conséquences dernières du système, contenait cependant le germe de cette dangereuse abdication de la raison et de l'intelligence humaine. L'homme est fait pour travailler et pour lutter. Toute doctrine qui aboutit au dégoût de l'effort et à l'anéantissement de l'énergie morale est nécessairement désastreuse.

**MYSTICITÉ**. s. f. (lat. *mysticus*, mystique). T. Religion. Tendance au mysticisme; Caractère de ce qui est mystique. *Il donne dans la m. Ce livre respire une douce mysticité.*

**MYSTIFICATEUR, TRICE**. s. Celui, celle qui aime à mystifier, qui a l'habitude de mystifier. = MYSTIFICATEUR, TRICE, adj. Qui mystifie. *Un air m. Une fantaisie mystificatrice.*

**MYSTIFICATION**. s. f. [Pr. ...*sion*]. Action de mystifier.

**MYSTIFIER**. v. a. (lat. *mysterium*, chose secrète; *ficare*, faire). Abuser de la crédulité de quelqu'un pour s'amuser à ses dépens. *Il a été mystifié de la manière la plus plaisante.* = MYSTIFIÉ, ÉE. p. = Conj. V. PRIER.

**MYSTIQUE**. adj. 2 g. (lat. *mysticus*, gr. μυστικὸς, caché). Figuré, allégorique; Ne se dit que des choses de la religion. *Le sens m. de ce passage de l'Écriture. L'Église est le corps m. de Jésus-Christ.* || Qui raffine sur les matières de dévotion, sur la spiritualité. *Écrivain m. Livre m.* Se dit aussi subst. *Les vrais, les faux mystiques.* || T. Jurispr. *Testament m.*, Voy. TESTAMENT.

**MYSTIQUEMENT**. adv. [Pr. *misti-ke-man*]. Selon le sens mystique.

**MYSTIQUERIE**. s. f. [Pr. *misti-kerie*]. Mauvais mysticisme.

**MYSTRE** ou **MYSTRUM**. s. m. [Pr. *mis-trom*] (gr. μύστρον, cuiller). T. Métrol. anc. Mesure de capacité ancienne usitée chez les Athéniens pour les liquides. Il y en avait deux : *le grand m.* qui valait la 2582e partie du métrète, soit 0l,0153, et le *petit m.* qui valait la 3456e partie du métrète, soit 0l,0115.

**MYTHE**. s. m (lat. *mythus*, gr. μῦθος, fable). Fable ayant un caractère religieux. Voy. MYTHOLOGIE.

**MYTHIQUE**. adj. 2 g. (lat. *mythicus*, gr. μυθικός, m. s.) Qui a rapport aux mythes, qui est fondé sur un mythe. *Les poèmes mythiques de l'Inde. Une légende m. Explication mythique.*

**MYTHISME**. s. m. Abus des explications mythiques.

**MYTHOGRAPHE**. s. m. (gr. μῦθος, fable; γράφω, écrire). Écrivain qui a recueilli, compilé des mythes. *Les mythographes grecs.*

**MYTHOGRAPHIE**, s. f. (R. *mythographe*). Traité sur les mythes. || Étude de contes.

**MYTHOLOGIE**. s. f. (lat. *mythologia*, gr. μυθολογία, m. s. de μῦθος, fable; λόγος, discours).

I. — **La m.** est l'ensemble des *mythes*, c.-à-d. des récits fabuleux qui forment généralement le fond de la religion de tous les peuples, à l'origine de leur histoire. Dans un sens plus large, elle est aussi la science qui interprète et explique ces mythes. — On se représente vulgairement les *mythes*, soit comme des fictions arbitrairement créées par l'imagination des poètes, soit comme des mensonges forgés par les prêtres pour tromper la multitude et la dominer ensuite au moyen du culte et de la crainte des dieux dont le sacerdoce était l'interprète. Mais telle n'est point l'origine des mythes : ils ne sont l'œuvre ni des poètes, ni des prêtres. Les mythes sont une production spontanée de l'esprit humain à certaines époques primitives de son histoire; ils sont l'expression la plus concrète des idées, des sentiments et de la civilisation des nations; ils sont l'œuvre de tous, et se développent suivant le génie propre à chaque race. La mythologie est née du besoin de représenter d'une manière concrète toutes choses, les attributs de Dieu, les forces de la nature, les phénomènes physiques, les vérités morales, les traditions relatives aux premiers âges de l'histoire. Dans son enfance historique, l'homme est incapable d'analyser les phénomènes et de concevoir la vérité d'une manière abstraite. Mais, par la puissance de son imagination, qui est alors sa faculté prédominante et la plus active, il crée toutes choses à son image; en d'autres termes, il personnifie tout ce qu'il aperçoit, tout ce qu'il conçoit, tout ce qu'il croit : c'est lui-même qu'il voit partout et toujours. Il résulte de là, comme l'observe Creuzer, que, « dans le mythe, le fond et la forme sont inséparables, l'idée fait corps avec le fait, que ce fait soit une réalité qui donne à l'idée sa forme, ou qu'il ne soit autre chose que cette forme même sous laquelle se produit l'idée. » Le *symbole* se distingue du mythe en ce qu'il est une image muette, un emblème visible, qui offre à l'esprit, en quelques traits capables de le frapper vivement, la pensée tout entière; c'est un assemblage de formes plus ou moins significatives qui rendent l'idée d'une manière imparfaite, mais simultanée. Le *mythe*, au contraire, est un récit dans lequel toutes les personnifications créées par l'esprit de l'homme agissent comme l'homme lui-même, et qui exprime, sous cette forme individualisée, un fait ou une idée. Quant à l'*allégorie*, elle ne saurait être confondue avec le mythe. Tandis que celui-ci est une création spontanée et inconsciente, l'allégorie est le produit de la réflexion. Ainsi que l'indique son nom, elle dit une chose et en pense une autre. Il suit de là qu'il est facile de pénétrer le sens de l'allégorie, d'en dégager la pensée, de la présenter d'une manière abstraite et générale. Il en est tout autrement du mythe et du symbole, où l'image et la pensée sont étroitement unies, parce qu'elles ont été élaborées ensemble et sont sorties du même travail intellectuel.

II. — La formation des mythes ne peut guère se ramener à des principes fixes et à des règles générales, et il n'est pas non plus possible de les classer, c'est-à-d. de les diviser en catégories absolument distinctes. Cette impossibilité tient à la manière même dont les mythes se sont formés, à l'indistinction primordiale des phénomènes et des conceptions qui en ont été l'origine, et à la combinaison qui ne tarda pas à s'opérer entre des mythes de source diverse. L'une des sources les plus abondantes des créations mythiques est l'ensemble des phénomènes naturels. Dans tous ces phénomènes, l'esprit de l'homme primitif entrevoit un pouvoir mystérieux qu'il compare à la force propre qui l'anime lui-même. En conséquence, chacun d'eux lui apparaît comme une puissance individuelle, comme un être personnel, mais supérieur à l'homme lui-même. De là cette multitude de divinités particulières, qui ont des sexes différents, qui ont chacune leur domaine spécial, et dont la puissance est propice ou malfaisante Dans tous les cas, on adore la divinité, ici pour la conjurer, là pour la remercier ou pour gagner sa bienveillance. La langue a été aussi une mère féconde des dieux, ainsi que l'a surtout démontré Max Müller. Comme elle était extrêmement figurée et toute remplie d'images, les mots exprimant les choses furent souvent considérés, surtout en passant d'une peuplade à l'autre, pour des noms de personnages réels, lesquels devinrent le point de départ de mythes particuliers. Les mythes de ce genre forment les *mythes physiques* proprement dits, parmi lesquels on doit remarquer les *mythes astronomiques*, tant à cause de leur importance qu'à cause de leur généralité, car on les retrouve presque identiques, bien que sous des noms divers, chez des peuples fort éloignés les uns des autres Les *mythes légendaires* ou *héroïques* forment aussi une classe fort nombreuse. Ils comprennent les faits de l'histoire primitive, les récits des migrations des tribus, les événements nationaux, les traditions relatives à certains personnages réels, aux dynasties des chefs des peuples, etc. On qualifie communément ces mythes du titre d'*historiques*, quoiqu'il soit impossible, faute de critérium, de déterminer ce qu'il peut y avoir de réel, d'historique, au fond de ces mythes, ou même de reconnaître si la légende représente un être réel, une personne véritable, symbolisée et idéalisée, ou si elle n'est que l'expression d'une idée individualisée et anthropomorphisée. En un mot, il est extrêmement difficile de distinguer les mythes physiques et les mythes historiques. Par le même motif qu'il personnifiait les forces extérieures de la nature, l'homme, dans ces temps primitifs, personnifia aussi ses forces intérieures, les pouvoirs de son esprit, ses facultés morales, ses qualités physiques, ses vertus et même ses faiblesses. Les vérités les plus hautes comme les plus vulgaires de la morale. ont aussi reçu de l'imagination des peuples une forme concrète, palpable et vivante : elles sont devenues des personnes. Enfin, plus tard, l'homme anthropomorphisa jusqu'aux attributs propres de la divinité, tels que la raison les lui révélait dans le monde extérieur ou dans sa conscience, et cela longtemps encore après l'époque où il les identifiait avec les forces de la nature ou avec les facultés humaines. Ces mythes sont qualifiés, selon leur signification, de *mythes moraux* et de *mythes théologiques*.

III — Dans le cours des siècles, les mythes primitifs reçurent des modifications plus ou moins profondes. Ces modifications, dont il n'est possible que d'indiquer le sens général, se sont surtout produites sous l'influence de la poésie et de la philosophie. L'action de la poésie et celle de la philosophie furent d'abord simultanées : elles se révèlent dans les théogonies et dans les épopées primitives qui nous présentent de véritables travaux de coordination dans ces généalogies divines où le poète fait naître les dieux les uns des autres, non point arbitrairement, mais dans un ordre qui correspond en général à la génération des phénomènes de la nature, des facultés intellectuelles de l'homme et de ses conceptions métaphysiques. Plus tard, les poètes, en s'emparant des mythes qui faisaient le fond de la religion des peuples, les embellissent de leurs propres fictions, et souvent, sans s'en rendre compte, altèrent complètement leur signification. Puis, la foi aux choses divines commençant à devenir moins absolue, ils se permettent de les modifier sciemment, dans un but moral et religieux, afin de présenter les dieux sous des couleurs plus dignes de la majesté divine, et les héros sous des couleurs moins barbares et plus humaines. Quant aux arts plastiques, ils ne cessèrent de se conformer à la conception poétique dominante à leur époque. Les peintres et les sculpteurs représentèrent les personnages mythiques tels qu'ils étaient décrits par les poètes contemporains.

IV. — Lorsque la philosophie, à la suite de Socrate, de Platon et des sophistes, se fut élevée à des notions de la Divinité plus vraies que celles qui étaient enveloppées dans les mythes populaires, et à des idées plus exactes relativement aux forces et aux phénomènes de la nature que celles qui régnaient avant eux, elle dut naturellement chercher à s'expliquer comment s'était produite la religion populaire, comment s'étaient formés ces récits mythiques, où les dieux et les héros jouaient dans une multitude de cas un rôle si indigne de la majesté divine, si opposé aux notions de la morale la plus vulgaire. L'explication la plus simple qui se présenta à l'esprit des philosophes, fut de considérer les mythes comme des allégories qu'auraient imaginées les anciens sages pour mettre à la portée du vulgaire des vérités qu'il n'aurait pas été capable de comprendre si elles n'eussent été enveloppées du voile de la fiction Cette manière de traiter la m. devait avoir pour conséquence inévitable de la livrer à l'arbitraire des interprétations. En effet, chaque école philosophique voulut retrouver dans les mythes ses propres idées et ses propres conceptions, de sorte que le chaos se fit de plus en plus dans la m. grecque à mesure qu'on voulut la rendre plus raisonnable. En même temps que les uns attribuaient généralement aux mythes une signification allégorique, les autres leur attribuaient une signification exclusivement historique. Évhémère, par ex., ne voulait voir dans les mythes que l'apothéose des grands personnages de l'histoire, législateurs, rois, conquérants, etc. Quelque étroit, pour ne pas dire faux, que fût ce mode d'interprétation, il obtint un grand succès, et le nom de son auteur y resta attaché. Lorsque le christianisme vint achever la ruine du polythéisme déjà en pleine décadence, les défenseurs de la m. essayèrent en vain, pour l'étayer, de combiner ensemble les deux systèmes de l'allégorie et de l'*évhémérisme*. Les premiers chrétiens, dans leur lutte contre le paganisme, ne virent dans la m. que la personnification et l'apothéose des passions humaines, et s'attachèrent surtout à signaler le côté frivole et licencieux des fables du polythéisme. Le paganisme une fois vaincu, bien des siècles se passèrent avant que l'on songeât à étudier d'une manière philosophique les mythes des peuples anciens. Enfin, l'époque de la Renaissance, en remettant en honneur l'étude des choses de l'antiquité, rappela l'attention des érudits sur cette partie si intéressante de l'histoire de l'esprit humain. Noël Conti, plus connu sous le nom de Natalis Comes (1551) et le chancelier Fr. Bacon (1609), recherchèrent particulièrement dans les mythes leur signification morale, et regardèrent la m. comme le dépôt de la sagesse antique. L'abbé Banier (1611), Samuel Bochart (1652), James Bryant (1760), et d'autres essayèrent de donner de tous les mythes des explications purement historiques : ce sont les *Evhéméristes* modernes. Les partisans de cette école se sont surtout efforcés de faire dériver toute la m. de la tradition biblique qui aurait été défigurée et altérée graduellement. Gérard-Jean Vossius (1642) considéra les mythes comme renfermant la théologie du polythéisme, et la dériva, par une série de dégradations différentes selon les différents cultes païens comparés entre eux, des doctrines enseignées par Moïse. Cette théorie a joui, au XVII<sup>e</sup> siècle, d'une faveur très grande, mais elle a été ruinée par la critique moderne étayée d'une foule de recherches nouvelles dans le champ de l'antiquité grecque et de l'antiquité orientale. Au dernier siècle, le savant abbé Pluche (1739) essaya de montrer que les symboles et les rites des cultes anciens, que les légendes religieuses et les récits mythologiques des divers peuples se rapportaient à l'histoire de la nature, et particulièrement à celle du ciel. Cette *m. astronomique* a été développée par Dupuis (1780) avec un grand luxe d'érudition, mais aussi dans un esprit fort exclusif. D'autres idées bizarres se sont encore produites au sujet de l'origine de la m. Ainsi, le Hollandais Jacob Tollius (1670) a rapporté à la chimie naissante l'histoire fabuleuse tout entière, et Schweiger a gratifié la m. ancienne des découvertes les plus belles de la physique moderne. Enfin, les dernières années du XVIII<sup>e</sup> siècle ont vu appliquer à la m. une méthode nouvelle. La philologie unie à la philosophie est parvenue à jeter un grand jour sur la formation et sur la filiation des mythes, non seulement dans le cercle limité de la m. gréco-romaine, mais dans le vaste cycle de la m. universelle. Inaugurée par Heyne, Voss, Ph. Buttmann, cette méthode a été plus largement appliquée par Fr. Creuzer, Guigniaut, Welcker, Otf. Müller, elle fut continuée par Pott, Windischman, Max Müller, Clermont-Ganneau, A. Lang, P. Regnaud, etc., qui enrichirent la science de découvertes aussi curieuses qu'intéressantes. Voy. FÉE, NYMPHE, etc., et les noms des divinités païennes : JUPITER, JUNON, CÉRÈS, etc.

Comme l'a si bien montré Max Müller, l'étude de la m. est inséparable de celle de la philologie. De plus, la m. comparée, comme la philologie comparée, est d'une importance capitale pour l'ethnographie. Ce sont les guides les plus sûrs que l'on puisse suivre pour la détermination de la filiation et du mélange des races et des peuples.

**Bibliogr.** — MAX MULLER, *Essais sur la mythologie comparée*. Paris, 1873. — BRÉAL, *Mélanges de mythologie et de linguistique*. Paris, 1878. — A. DE GUBERNATIS, *Mitologia comparata*. Milan, 1880. — ANDREW LANG, *La Mythologie*. Paris, 1886. — DU MÊME, *Mythes, cultes et religion* Paris, 1896. — GIRARD DE RIALLE, *La mythologie comparée*. Paris, 1878.

**MYTHOLOGIQUE.** adj. 2 g. (gr. μυθολογικός, m. s.). Qui appartient à la mythologie. *Livre m. Les récits mythologiques.*

**MYTHOLOGIQUEMENT,** adv. D'une manière mythologique.

**MYTHOLOGISER**, v. a. Prendre dans le sens mythologique.

**MYTHOLOGISTE.** s. m. Syn. de *mythologue.*

**MYTHOLOGUE.** s. m. (gr. μυθολόγος, m. s., de μῦθος, mythe, et λόγος, discours). Celui qui traite de la science appelée mythologie. — On dit aussi *Mythologiste.*

**MYTICULTURE.** s. f. (lat. *mytilus,* moule; fr. *culture*). Procédés d'élevage et d'engraissement des moules.

**MYTILACÉS** ou **MYTILIDÉS.** s. m. pl. (lat. *mytilus,* moule). T. Zool. Les *Mytilacés* sont des *Mollusques Lamellibranches,* dont le manteau est ouvert par devant, comme chez les Ostracés, mais avec une ouverture particulière pour les excréments. Ils ont aussi un pied distinct, qui leur sert, soit à ramper, soit à diriger et à placer leur byssus.

Les *Moules* proprement dites, ou *Moules de mer* (*Mytilus*), ont une coquille close, à valves de forme triangulaire, égales et bombées. La charnière, située sur l'un des côtés de l'angle aigu des valves, est munie d'un ligament étroit et allongé. La tête de l'animal est dans l'angle aigu; le côté opposé de la coquille laisse passer le byssus; le bord du manteau est frangé vers l'angle arrondi de la coquille, parce que c'est par là qu'entre l'eau nécessaire à la respiration; le pied, qui ressemble à une langue, est muni postérieurement d'un byssus soyeux. La *M. commune* (*M. edulis*) a le sommet tout près de l'angle aigu. [Fig. 1. *Moule commune,* d'après Cuvier. L'animal est vu en entier dans sa valve droite : le bord du manteau *a* est plissé par la contraction; *b* est l'ouverture postérieure du manteau où aboutit l'anus; *c* est le muscle adducteur des valves; *d* le pied, et *e* le byssus]. Cette espèce abonde le long de toutes nos côtes, où elle se suspend souvent en longues grappes aux rochers, aux pieux, aux vaisseaux, etc. Il s'en fait une consommation considérable; mais il arrive quelquefois que les Moules déterminent, peu de temps après leur ingestion dans l'estomac, tous les symptômes d'une sorte d'empoisonnement, tels que douleurs à l'épigastre, tranchées, spasmes des organes respiratoires, etc.; pouls d'abord fréquent, puis petit et serré; gonflement et rougeur de la face; éruption de taches pétéchiales; quelquefois des sueurs froides et souvent des mouvements convulsifs et du délire. On a attribué ces accidents à la présence d'un petit Crustacé, appelé *Pinnothère,* que l'on trouve souvent dans ces Mollusques et au frai des Étoiles de mer quand ils s'en nourrissent, etc. Toutes ces explications sont sans fondement. La véritable cause de ces accidents est une ptomaïne très dangereuse qui se rencontre parfois dans le foie des moules et que les chimistes ont nommé *mytilotoxine.* Il paraît qu'à faible dose ou chez les personnes prédisposées cette même ptomaïne peut engendrer l'urticaire. Cependant, il semble certain que la prédisposition individuelle joue un grand rôle dans la genèse des accidents dont nous parlons, car il arrive que certaines personnes éprouvent des accidents graves pendant que d'autres, qui ont mangé d'un même plat de Moules, n'éprouvent aucun malaise. Quoi qu'il en soit, il est bon, en général, de s'abstenir de Moules, du mois de mai au mois de septembre, temps pendant lequel ces accidents s'observent le plus fréquemment. Enfin il faut, dès que ceux-ci se manifestent, administrer un vomitif. Quelquefois aussi l'intensité des symptômes inflammatoires ou spasmodiques exige qu'on ait recours, soit à la saignée, soit à l'emploi des antispasmodiques.

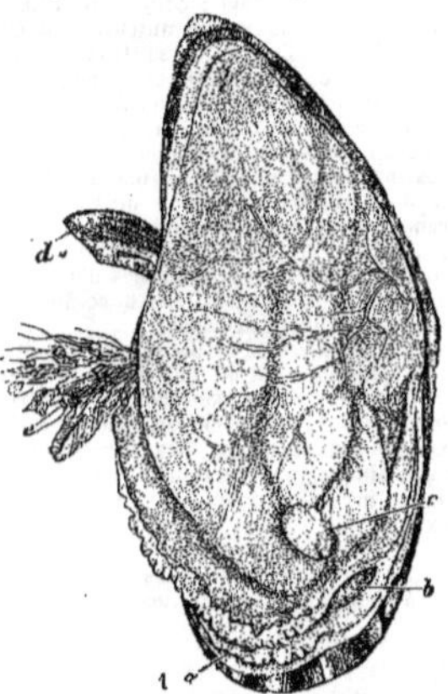


Les *Modioles* (*Modiolus*) diffèrent des Moules par la position de leur sommet, qui est situé plus bas et vers le tiers de la charnière. Les *Lithodomes* (*Lithodomus*) ont la coquille oblongue presque également arrondie aux deux bouts, et les sommets tout près du bord antérieur [Fig. 2. Valve droite vue en dessus]. Ces Mollusques se suspendent d'abord aux pierres, comme les Moules ordinaires; mais ensuite ils y creusent des trous où ils se logent pour n'en plus sortir. Il y en a dans la Méditerranée une espèce fort commune, qui est un aliment assez agréable à cause de son goût poivré. — Les *Anodontes* vivent dans les eaux douces, et particulièrement dans les étangs, d'où leur nom vulgaire de *Moules d'étang.* Leur coquille, mince et peu bombée, n'a point de dents à la charnière, dont toute la longueur est occupée par un simple ligament. L'animal n'a pas de byssus; il rampe à l'aide de son pied, qui est très développé. Parmi les espèces que nous pos-

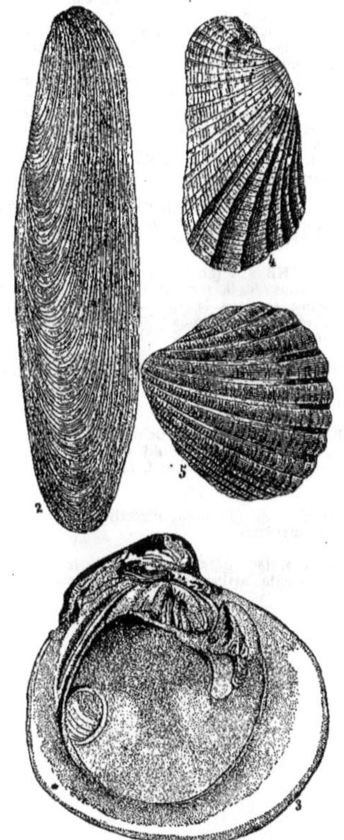

sédons chez nous, nous nommerons l'*An. des cygnes* (*Anodontes cycneus*) dont les valves grandes, minces et légères, servent à écrémer le lait. Sa chair est tellement fade, qu'on ne peut la manger. — Les *Mulettes* (*Unio*), vulg. nommées *Moules des peintres*, ressemblent beaucoup aux Anodontes ; néanmoins elles s'en distinguent aisément par la complication de leur charnière. [Fig. 3. Valve gauche de la *Mul. obtuse* (*Unio obtusa*), vue en dedans]. Comme les précédentes, elles habitent les eaux douces, mais préfèrent les eaux courantes. On trouve dans le Rhin, dans la Loire, etc., une grande espèce appelée communément *Moule du Rhin*, dont la nacre est fort belle et qui produit quelquefois des perles susceptibles d'être employées dans la bijouterie : de là le nom d'*Unio margaritifera* que lui ont donné les auteurs.

On range encore dans la famille des Myt. quelques Mollusques marins qui ont un animal semblable aux Mulettes et à peu près la même charnière, mais dont la coquille a les sommets plus bombés et des côtes saillantes allant du sommet aux bords. Tels sont les genres *Cardite*, *Cypricarde*, *Vénéricarde*, *Crassatella*, etc. Nous citerons comme exemples de ce groupe la *Cardite pétoncle* (*Cardita petunculus*) [Fig. 4. Coquille vue en dessus], et la *Vénéricarde sillonnée* (*Venericardia sulcata*) [Fig. 5. Valve droite de la coquille vue en dessus]. Cette dernière habite la Méditerranée, sur les côtes de France et d'Italie.

**MYTILÈNE.** Anc. *Lesbos*, île de l'Archipel, aujourd'hui à la Turquie. 70,000 hab. V. pr. *Mytilène*, 20,000 hab. = Nom des hab : MYTILÉNIEN, ENNE.

**MYTILOTOXINE.** s. f (gr. μύτιλος, moule, et fr. *toxine*). T. Chim. Alcaloïde de la formule $C^6H^{15}AzO^2$, trouvé dans certaines moules et dans la viande putréfiée. La m. est extrêmement vénéneuse et produit les accidents connus de l'empoisonnement par les moules.

**MYTOCISME.** s. m. (R. μ). Vice de prononciation consistant dans la répétition de la lettre *m* dans plusieurs mots de la même phrase.

**MYURE.** adj. 2 g. (gr. μύουρος, de μῦς, rat et οὐρα, queue, en queue de rat). T. Méd. Se dit d'un pouls dont les pulsations sont successivement plus faibles jusqu'à ce qu'elles manquent.

**MYXAMIBE.** s. m. (gr. μύξα, mucosité, et fr. amibe). T. Bot. Voy. MYXOMYCÈTES.

**MYXINE.** s. f. (gr. μύξα, mucosité). T. Icht. Genre de *Poissons* à squelette cartilagineux. Voy. CYCLOSTOMES.

**MYXOME.** s. m. (gr. μύξα, mucosité). Les myxomes sont des tumeurs molles, d'apparence gélatineuse, composées de tissu muqueux. On les rencontre partout où il existe du tissu cellulo-adipeux, particulièrement dans le tissu sous-cutané et les espaces intermusculaires. Ils sont rangés parmi les tumeurs bénignes, cependant certains cas de récidives et de généralisation aggravent le pronostic.

**MYXOMYCÈTES.** s. f. pl. [Pr. *mikso-mi-sètes*] (gr. μύξα, mucosité ; μυκη, champignon). T. Bot. Nom donné à un ordre de la classe des Champignons, caractérisé par un thalle dépourvu de cellulose et par conséquent mobile.

Le thalle des M. vit le plus souvent sur les débris végétaux en voie de décomposition, dans les interstices desquels il s'insinue en rampant ; quelquefois il se développe dans l'eau. On ne connaît pas d'œuf chez ces plantes. En germant, la spore déchire sa membrane et épanche au dehors son contenu protoplasmique. Celui-ci, d'abord arrondi, prend bientôt des mouvements amiboïdes et devient un *Myxamibe*, qui rampe en s'accroissant dans le milieu nutritif. Quand il a pris un certain développement, il s'arrête et se divise en 2 moitiés ; ces 2 moitiés se meuvent chacune de son côté, grandissent et se divisent ensuite à leur tour ; cette bipartition répétée se poursuit jusqu'à ce que le milieu nutritif soit épuisé. A ce moment, le thalle du champignon se trouve donc constitué par un grand nombre de myxamibes isolés, errant en tous sens dans les interstices du substratum. Alors, pour former les spores, les myxamibes épars se rapprochent et s'unissent progressivement les uns aux autres en amas de plus en plus considérables, nommés *Plasmodes*. Finalement ces plasmodes parviennent à la surface du milieu nutritif, s'élèvent dans l'air en prenant une forme déterminée, se différencient de diverses manières et finissent par constituer autant d'appareils reproducteurs avec spores entourées d'une membrane de cellulose. Les spores ne tardent pas à se disséminer et l'on se trouve ramené au point de départ.

L'ordre des *Myxomycètes* se divise en 3 familles : les *Endomyxées*, à plasmode formé par la fusion complète des corps protoplasmiques des myxamibes, et à spores internes ; les *Cératiées*, dont le plasmode est encore fusionné, mais dont les spores sont externes ; les *Acrasiées*, à plasmode formé par une simple juxtaposition des myxamibes, sans mélange des corps protoplasmiques. Voy. ACRASIÉES, CÉRATIÉES et ENDOMYXÉES.

**MZAB,** Confédération des villes berbères du Soudan. 30,000 hab. A la France. = Nom des hab. : MZABITE.

# N



**N**. s. f. et m. La quatorzième lettre et la onzième consonne de notre alphabet.

**Obs. gram**. — Cette lettre se nomme *enne*, suivant l'épellation ancienne et générale et *ne* suivant un système qu'on a cherché sans succès à faire prévaloir. Dans le premier cas, son nom est féminin, tandis qu'il est masculin dans le second. — En français, la consonne N conserve le son qui lui est propre, toutes les fois qu'elle commence une syllabe, soit au commencement, soit dans le corps d'un mot, comme dans *nager*, *nitre*, *canal*, *Ninive*. Il n'y a d'exception que pour *enivrer* et ses dérivés, et le verbe *enorgueillir*, qui se prononcent *an-nivrer*, *an-norgueillir*. — Lorsque N, au contraire, termine la syllabe, elle est simplement le signe orthographique de la nasalité de la voyelle précédente, comme dans *an*, *ban*, *tyran*, *ancre*, *en*, *lien*, *jardin*, *indice*, *ingrat*, *on*, *mon*, *baron*, *onde*, *un*, *aucun*, *enfoncer*, *contondant*, etc. On excepte de la règle certains mots dérivés. — Lorsque N est suivie d'une autre N, la seconde seule se prononce : ainsi *Anneau*, *année*, *innocent*, etc., se prononcent *A-neau*, *a-née*, *i-nocent*, etc. Il y a toutefois des exceptions pour une dizaine de mots où l'on fait sentir les deux *n* : *Annales*, *annexe*, *annuler*, *cannibales*, *inné*, *innovation*, *connivence*, ainsi que pour les mots scientifiques et certains noms propres. Les mots *ennoblir*, *ennui*, et ses dérivés, sont les seuls où la première N rende nasale la voyelle qui précède. [Pr. *an-noblir*, *an-nui*.] — Enfin, il faut observer que dans plusieurs mots terminés par la lettre N comme signe de nasalité, il arrive souvent que l'on fait entendre l'articulation *ne*, si le mot suivant commence par une voyelle ou par une H muette, et dans ce cas la voyelle ne doit pas prendre le son nasal. Premièrement, si un adjectif terminé par une N nasale se trouve immédiatement suivi du nom auquel il a rapport, et que ce nom commence par une voyelle ou par une H muette, on prononce entre deux l'articulation *ne* : *Bon ouvrage*, *ancien ami*, *certain auteur*, *vilain homme*, *vain appareil*, *un an*, *mon âme*, *ton honneur*, *son histoire*, etc. [Pr. *bo-nouvraje*, *an-siè-nami*, *sertè-noteur*, *vilè-nome*, *vè-napareil*, *u-nan*, *mo-name*, *to-noneur*, *so-nistoire*.] On prononce encore de même les adjectifs *un*, *mon*, *ton*, *son*, s'ils ne sont séparés du nom que par d'autres adjectifs qui y ont rapport : *Un excellent ouvrage. Mon intime et fidèle ami. Ton unique espérance. Son entière et totale défaite*, etc. [Pr. *u-nèxèlen...*, *mo-nintime...*, *to-nunike...*, *so-nantière...*.] Hors de ces occurrences, on ne fait point entendre l'articulation *ne*, quoique le mot suivant commence par une voyelle ou par une H muette. *Ce projet est vain et blâmable. Un usage ancien et respectable. Un point de vue certain avec des moyens sûrs*, etc. — Le nom *Bien*, en toute occasion, se prononce avec le son nasal, sans faire entendre l'articulation *ne*. On prononce *Ce bien est précieux*, comme *Ce bien m'est précieux; Un bien honnête*, comme *Un bien considérable*. Mais il y a des cas où l'on fait entendre l'articulation *ne* après *bien* adverbe; c'est lorsqu'il est suivi immédiatement de l'adjectif, ou de l'adverbe, ou du verbe qu'il modifie, et que cet adjectif, cet adverbe, ou ce verbe commence par une voyelle ou par une H muette : *Bien aise*, *bien honorable*, *bien utilement*, *bien écrire*, *bien entendre*, etc. [Pr. *bien-nèze*, *bien-nonorable*, etc...]. Si l'adverbe *bien* est suivi d'un autre mot que de l'adjectif, de l'adverbe, ou du verbe qu'il modifie, la lettre N n'y est plus qu'un signe de nasalité, et on ne fait pas la liaison : *Il parlait bien et à propos*. — Le mot ***En***, soit préposition, soit particule relative, fait aussi entendre l'articulation *ne* dans certains cas, et ne le fait pas entendre dans d'autres. Si la préposition *en* est suivie d'un complément qui commence par une voyelle ou par une H muette, on prononce l'articulation : *En homme*, *en Italie*, *en un moment*, *en arrivant*, etc. [Pr. *an-nome*, *an-nitali*, etc.). On fait de même lorsque la particule relative *en* est avant le verbe, et que ce verbe commence par une voyelle ou par une H muette : *Vous en êtes assurés. En a-t-on parlé? Nous en avons des nouvelles*, etc. [Pr. *vou-zan-nèt-za-suré*, *an-na-ton...*, etc.] Mais si *en* est après le verbe, il demeure purement nasal, malgré la voyelle suivante : *Parlez-en au ministre. Allez-vous-en au jardin*, etc. — *On* avant le verbe, dans les propositions positives, fait entendre l'articulation : *On aime*, *on honorera*, *on a dit*, *on eût pensé*, *on y travaille*, *on en revient*, *on y a réfléchi*, etc. [Pr. *on-nème*, *on-nonorera*, etc....] Dans les phrases interrogatives, *on* étant après le verbe, ou du moins après l'auxiliaire, est purement nasal, malgré les voyelles suivantes : *A-t-on eu soin? Est-on ici pour longtemps? En aurait-on été assuré?* etc. — N fait encore fonction de simple signe orthographique auxiliaire dans la représentation de l'articulation mouillée que nous figurons par GN, comme dans *Digne*, *règne*, *trogne*, etc. Enfin, N est tout à fait muette dans les terminaisons des pluriels de verbes où elle suit un E muet : *Ils aiment*, *ils finissent*, *ils reçoivent*, *ils combattent*.

**Ling**. — Notre N correspond au ν (nu) des Grecs, qui dérive lui-même du *nun* ou *noun* des Phéniciens. Cette lettre figure rarement dans l'épigraphie latine; elle y représente ordinairement les mots *Ne*, *nuncupare*, *nomen*, *noster*. Deux *NN* signifient *nostri*. Chez les Romains, sur un acte authentique, les initiales *N. P.* étaient l'abréviation de *notarius publicus*. Enfin, N, comme signe numéral, valait 900, et, quand il était surmonté d'un trait horizontal, 900,000. En français, N, initiale du mot *nom*, indique un nom propre qu'on ignore. Il s'emploie aussi, comme abréviation, pour signifier les noms propres : *Napoléon*, *Nicolas*, *Narcisse*, *Neptune*, etc. N ou N. B., pour *nota*, *nota bene* (remarquez, remarquez bien), s'écrit en tête d'un compte ou d'un passage sur lequel on veut particulièrement appeler l'attention. N° veut dire *numéro* et se met devant un numéro d'ordre. Enfin, dans les traités de géographie et les ouvrages de voyages, on écrit N. pour *Nord*, N.-E. pour *Nord-Est*, N.-O. pour *Nord-Ouest*.

**NAAB** ou **NAB**, riv. de Bavière, affl. de gauche du Danube, 165 kil

**NAAS**. Homme politique angl. né à Dublin (1822-1885).

**NABAB**. s. m. (ind. *nawab*, dérivé de l'arabe *nubab* pluriel de *nabib*, lieutenant). Titre qu'on donnait dans l'Inde, sous la domination mongole, aux gouverneurs de province et au commandant d'une armée. *A l'époque de la décadence de l'empire mongol, un grand nombre de nababs se rendirent indépendants.* || Se dit, par plaisanterie, des Européens qui ont acquis de grandes richesses dans l'Inde ou dans d'autres pays lointains, et qui vivent avec un luxe plus qu'ordinaire. *C'est un n. Il vit en n.*

**NABABIE**. s. f. Dignité de nabab. || Territoire soumis à la puissance d'un nabab. *La n. d'Arcate.* Inus.

**NABALUS**. s. m. [Pr. l's finale.] T. Bot. Genre de plantes Dicotylédones de la famille des *Composées*, tribu des *Liguliflores*. Voy. Composées.

**NABATHÉENS**, anc. peuple de l'Arabie Pétrée.

**NABIS**, tyran de Sparte (205-192 av. J.-C.). fut vaincu par les Achéens et assassiné par les Étoliens, ses alliés.

**NABLE**. s. m. (holl. *nagel*, cheville). T. Mar. Bouchon qui ferme le trou percé dans un canot pour le vider. || Ce trou lui-même.

**NABONAHID**, roi de Babylone, renversé par Cyrus.

**NABONASSAR**, roi de Babylone, célèbre par l'ère qui porte son nom (747 av. J.-C.).

**NABOPOLASSAR**, satrape du roi d'Assyrie Sarak, s'allia contre son souverain avec Cyaxare, roi des Mèdes, s'empara de Ninive, et fonda le 2e empire de Babylone (625-605 avant J.-C.).

**NABOT, OTE**. s. [Pr. *na-bo*] (lat. *napus*, navet, ou scand. *nabbi*, grosse bosse, qui est le même que l'all. *nabe*, moyeu). T. Mépris, qui se dit d'une personne de très petite taille. *C'est un n., une petite nabote.* = Nabot, s. m. T. Techn. Pièce de jonction de deux bouts de chaîne.

**NABOTH**, Juif de Jesraël, refusa de vendre sa vigne à Achab, fut condamné sous une fausse accusation, et lapidé.

**NABUCHODONOSOR Ier** ou mieux **NABUKUDURUSSUR**, ou **SAOSDUCHEUS**, roi de Ninive (667-647 av. J.-C.), vainquit et tua le roi mède Phraorte, et envoya Holopherne contre la Phénicie et la Syrie. || Nabuchodonosor II *le Grand*, roi de Babylone, fils et successeur de Nabopolassar (605-562 av. J.-C.), prit Jérusalem et emmena les Juifs en captivité.

**NACARAT**. adj. invariable [Pr. *na-ka-ra*.] (esp. *nacarado*, nacré, de *nacara*, nacre). Qui est d'un rouge pâle avec une teinte orange. *Satin n Robe n.* = Nacarat. s. m. La couleur n. *Le n. tire sur le rouge de la nacre de perle. Cette étoffe est d'un beau n.* || *N. du Portugal*, Crépon ou linon très fin, teint en n., dont les femmes se servent pour se farder, après l'avoir humecté avec de l'eau.

**NACELLE**. s. f. [Pr. *na-sèle*.] (lat. *navicella*, pour *navicula*, m. s., dimin. de *navis*, navire). Se dit de tout petit bateau, mais particulièrement de ceux qui n'ont ni mât ni voile. *N. de pêcheur. Il traversa la rivière avec sa n.* — Fig., *La n. de saint Pierre*, L'Église catholique romaine. || Panier suspendu au-dessous d'un ballon et dans lequel se placent les aéronautes. || T. Archit. Moulure en demi-ovale. || T. Bot. Partie de la corolle qu'on appelle aussi carène. || T. Zool. Sorte de coquillage (*Patelle*). || T. Anat. Cavité entre les deux circuits de l'oreille externe.

**NACHE**. s. f. (lat. *natica*, de *nates*, fesse). T. Bouch. Milieu du gîte à la noix.

**NACHTIGAL**, explorateur allem., auteur de découvertes en Afrique (1834-1885).

**NACRE**. s. f. (ital. *nacchera*, esp. *nacar*, du persan *nakar*, m. s.). T. Hist. nat — La *N.* est une substance calcaire, mêlée d'un peu de matière animale, dure, brillante, à reflets irisés et chatoyants, qui fait partie du test d'un grand nombre de Mollusques. Les couleurs irisées de la n. sont un simple effet d'interférence qui résulte de la structure de sa surface. Celle-ci est en effet couverte de stries parallèles qui produisent sur les rayons de lumière un effet analogue à celui des *réseaux* (Voy. Diffraction). On a même imité avec succès les effets d'irisation de la nacre sur des boutons d'acier, et des manches de corne en produisant à leur surface des stries artificielles très serrées et ondulées.

Les Haliotides, les Mulettes, les Avicules, etc., sont les coquillages qui fournissent la plus belle n.; mais la plus grande partie de celle qui se trouve dans le commerce provient de l'*Avicule* ou *Aronde perlière* (*Avicula margaritifera*), appelée aussi *Mère aux perles*, parce que c'est également ce Mollusque qui produit les plus belles perles. On distingue, d'après les reflets qu'elles présentent, plusieurs sortes de n., quel'on désigne sous les noms de *N. franche*, *N. bâtarde blanche*, *N. bâtarde noire*, etc. La n. est très employée dans la tabletterie, la marqueterie et la bijouterie. On en fait des manches de couteau, de canif, de cachet, des coupe-papier, des jetons, des boutons, des étuis, des éventails, etc. On l'emploie aussi beaucoup en placage et en incrustations sur des meubles de luxe et de fantaisie. — Voy. Conchyliologie.

**NACRÉ, ÉE**. adj. Qui a l'éclat, l'aspect de la nacre. *Couleur nacrée, éclat n.* || T. Zool. Qui renferme de la nacre. *Coquille nacrée.* = Nacré. s. m. T. Entom. Nom vulgaire d'une espèce de *Papillon*. Voy. Diurnes.

**NACRIER, IÈRE**. s. [Pr. *nakri-é*]. Celui, celle qui fait des objets en nacre.

**NACRITE**. s. f. (R. *nacre*). T. Minér. Variété de *Mica*. Voy. ce mot.

**NACTAGE**. s. m. T. Techn. Opération qui consiste à débarrasser le duvet des laines fines des impuretés que le peignage n'a pas enlevées.

**NADAB**, roi d'Israël, 943-941 av. J.-C.

**NADAUD** (Gustave). Musicien et chansonnier fr. (1820-1893).

**NADIR**. s. m. (ar. *nadhir*, opposé). T. Astr. Le point où la verticale perce la sphère céleste au-dessous de l'horizon. C'est le point diamétralement opposé au zénith. Voy. Horizon.

**Astr** — Il paraît paradoxal qu'on puisse observer le *nadir*. Cependant, non seulement cette observation est possible, mais encore elle constitue le moyen le plus précis de déterminer la direction de la verticale. Pour faire cette observation, on dispose sous la lunette un *bain de mercure* qui fournit un miroir parfaitement horizontal et on place la lunette verticalement, l'objectif en bas, de manière que les fils du réticule coïncident avec leur image réfléchie dans ce miroir. Voy. Latitude

**NADIR-CHAH**, roi de Perse (1687-1747). Conquérant de l'Asie centrale et de l'Hindoustan.

**NÆVIUS**, poète latin, composa un poème sur la 1re guerre punique (272-202 av. J.-C.).

**NÆVUS**. s m. Nævi, au pl. [Pr. *né-vus*, *né-vi*] (mot lat sign. *tache*). T. Méd Taches de la peau, colorées en brun ou en rouge et le plus souvent couvertes de poils. Voy. Envie.

**NAFÉ**. s. m. (arab. *nafaha*, salutaire) Nom arbitrairement donné par certains industriels au fruit de la Ketmie comestible. *Sirop de n. d'Arabie*

**NAFFE**. s. f. [Pr. *na-fe*] (ar. *nafha*, odeur). *Eau de n.*, Sorte d'eau de senteur dont la fleur d'orange est la base vx

**NAGAPOURA** Voy. Nagpour

**NAGASAKI** ou **NANGASAKI**. v. et port du Japon, dans l'île de Kiousiou; 41,000 hab.

**NAGE.** s. f. Action de nager. Ne se dit que dans les locut. suivantes : *Passer une rivière à la n.*, En nageant. *Se jeter à la n.*, Se jeter à l'eau pour nager. || Fig. et fam., *Être en n.. tout en n.*, Être tout mouillé de sueur. Cette locut. est une corruption du vieux français, *Être en n.*, c.-à-d. Être en *eau*. || T. Mar. Action de ramer. *Bancs de n.*, Les bancs sur lesquels sont assis les rameurs. *Donner la n.* Régler le mouvement des rameurs. — *Chef de n.* Celui qui dirige les rameurs. — Pièce du buchot qui supporte les tourets où pose l'aviron quand on rame. — Partie d'un train de bois de flottage.

**NAGEANT, ANTE,** adj. [Pr. *na-jan*]. Qui nage. || T. Bot. *Plante nageante*, plante qui flotte à la surface de l'eau. || T. Blas. *Poisson n.*, poisson couché horizontalement en travers de l'écu. || T. Techn. *Carde nageante*, dont les dents laissent glisser la laine.

**NAGÉE.** s. f. (R. *nager*). Espace qu'on parcourt, en nageant, à chaque impulsion qu'on donne à son corps par le mouvement simultané des bras et des jambes. *Il a traversé ce bras de rivière en vingt nagées*. Peu usité.

**NAGEMENT.** s. m. [Pr. *naje-man*]. Action de nager. vx.

**NAGEOIRE.** s. f. [Pr. *na-jou-are*] (R. *nager*). Organe locomoteur des poissons, et de quelques animaux marins. Voy. POISSON. || Par analog., Ce qu'on se met sous les bras pour se soutenir sur l'eau, quand on apprend à nager. || Morceau de bois rond et plat que les porteurs d'eau mettent sur les seaux pleins pour empêcher l'eau de jaillir. || T. Techn. Caisse placée à côté de la cuve du papier fabriqué à la main.

**NAGER.** v. n. (lat. *natare*, m. s.). Se soutenir et s'avancer sur l'eau à l'aide de nageoires, de membres, d'appendices quelconques, etc. *Le requin nage avec une vélocité effrayante. Apprendre à n. Il nage comme un poisson. Un cheval qui nage. Le cygne nage avec une extrême facilité. Les serpents nagent au moyen des sinuosités que décrit leur corps.* — Par ext. et poét., se dit des embarcations.

Les barques au col blanc nageant comme des cygnes.
AUG. BARBIER.

— Fig., *N. entre deux eaux*, Se conduire, entre deux partis, de façon à les ménager l'un et l'autre. *N. en grande eau*, Être dans l'abondance, jouir d'une grande fortune, se trouver dans de grandes occasions d'avancer ses affaires. *N. contre le courant*, lutter contre le cours des choses. *N. comme un chien de plomb*, aller au fond. On dit métaphoriquement, *N. dans l'opulence*, Jouir de grandes richesses; *N. dans les plaisirs*, Vivre au milieu des plaisirs; *N. dans la joie*, Être rempli de joie. || Ramer pour voguer sur l'eau. *Ceux qui mènent les gondoles nagent debout.* — Dans le même sens, on dit activ., *N. la chaloupe à bord*, La faire avancer vers le bord. || Flotter sur l'eau, ne point aller à fond. *Le liège nage sur l'eau. L'huile nage sur l'eau.* || Être plongé dans un liquide quelconque. *Ces pois nagent dans la sauce. Les cornichons, pour se conserver, doivent n. dans le vinaigre.* — Par exagér., *N. dans son sang*, Être tout couvert de son sang. = Conj. Voy. MANGER.

**NAGERET.** s. m. [Pr. *naje-rè*]. Petit bateau léger servant à la chasse au marais.

**NAGEUR, EUSE.** s. [Pr. *na-jeur, euze*]. Celui, celle qui nage, qui sait nager. *Grand n. Bonne nageuse.* = Rameur. *Nous avions quatre nageurs.* Peu us. = NAGEUR, s. m. T. Techn. Vase en tôle étamée rempli de glace qu'on laisse surnager dans la cuve en fermentation, dans la fabrication de la bière. || T. Zool. On a désigné sous le nom de *Nageurs* diverses familles d'animaux doués particulièrement de la faculté de nager; mais aujourd'hui on ne l'applique plus qu'à un ordre d'oiseaux qui correspond aux *Palmipèdes* de Cuvier. *Les oiseaux nageurs. Les nageurs.*

**NAGOYA.** v. du Japon, dans la région centrale de Nippon; 130,000 hab.

**NAGPOUR** ou **NAGAPOURA**, v. de l'Hindoustan (Asie), au centre du pays; 120,000 hab.

**NAGUÈRE** ou **NAGUÈRES.** adv. (contr. de *Il n'y a guère de temps*), Il y a peu de temps, il n'y a pas longtemps. *Cette ville, n. si florissante. N. vous me disiez.* Ce mot est surtout usité en poésie et dans le style soutenu.

**NAGYAGITE.** s. f. (R. *Nagyag*, n. de lieu). T. Minér. Syn. d'*Élasmose*.

**NAGY-VARAD.** v. de la Hongrie orientale; 31,400 hab. Sur le Sebes Koros, affl. de la Theiss.

**NAHE (LA)**, riv. de la prov. Rhénane, se jette dans le Rhin, près de Bingen; 120 kilomètres.

**NAHUM**, le 7e des douze petits prophètes juifs (VIIIe siècle av. J.-C.).

**NAÏADACÉES.** s. f. pl. (R. *Naïade*). T. Bot. Famille de plantes Monocotylédones de l'ordre des Graminées.

*Caract. bot.* : Plantes aquatiques submergées, à feuilles supérieures quelquefois nageantes, annuelles ou vivaces avec un rhizome, habitant, les unes les eaux douces, les autres la mer. Feuilles distiques, à limbe entier ou denté, ordinairement rubané; parfois très long, engainantes, souvent munies de 2 stipules. Fleurs petites à organisation très variable suivant les genres. — Dans les *Najas*, fleurs unisexuées, monoïques

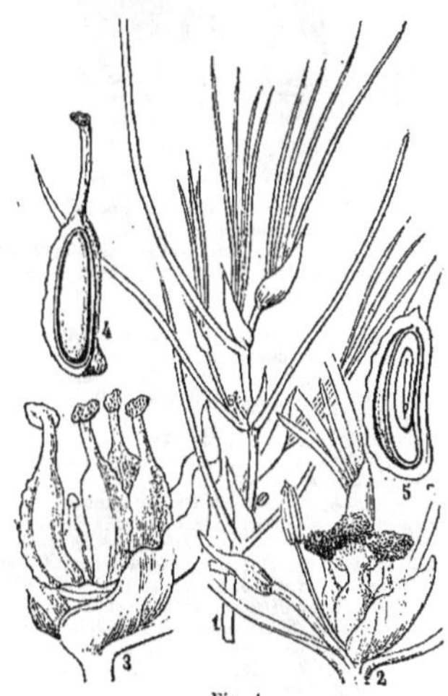

Fig. 1.

ou dioïques, solitaires. Fleur mâle, réduite à 1 étamine, enveloppée par la bractée qui se replie et se soude en tube au-dessus d'elle; pollen globuleux. Fleur femelle réduite à 1 carpelle, à style très court portant 2 stigmates; 1 ovule anatrope. — Dans les *Zostera*, fleurs mâles et fleurs femelles sans bractées, réunies en un épi terminal enveloppé d'une spathe. Fleur mâle : 1 étamine; fleur femelle : 1 carpelle; style court; 2 stigmates; 1 ovule orthotrope, pendant. — Dans les *Cymodocea*, il y a diœcie. Fleur mâle : 2 étamines dont les anthères renferment un pollen tubuleux; fleur femelle : 2 carpelles libres, portant 2 stigmates et renfermant chacun 1 ovule orthotrope, pendant. — Dans les *Zannichellia*, fleurs monoïques. Fleur mâle : 1 étamine, renfermant 1 pollen globuleux. Fleur femelle : 4 carpelles libres enfermés dans une sorte de calice campanulé; chacun d'eux se termine par un style portant un stigmate pelté et renferme 1 ovule orthotrope, pendant. — Dans les *Ruppia*, fleurs hermaphrodites, nues. Étamines 2, à 4 loges renfermant un pollen tubuleux. Pistil comprenant 4 carpelles libres, terminés par 1 stigmate discoïde et contenant chacun 1 ovule campylotrope, pendant. — Dans les *Potamogeton*, fleurs aussi hermaphrodites. Étamines 4, à anthères sessiles, extrorses. Pistil formé de 4 carpelles libres, terminés par 1 stigmate sessile et renfermant chacun 1 ovule campylotrope, pendant ou ventral. — Dans les *Aponogeton*, fleurs hermaphrodites nues Étamines 6, 10 ou 20, à 4 loges contenant un pollen globuleux. Pistil com-

Fig. 2.

posé de 3-5 carpelles libres, à stigmate sessile, contenant chacun au moins 3 ovules anatropes, dressés. — Le fruit est un akène, un follicule ou une baie. Graine, dépourvue d'albumen; embryon courbé dans son plan médian, quelquefois droit; tigelle très développée et plus volumineuse que le cotylédon.

La famille des N. comprend 13 genres et 103 espèces, répandues dans les eaux douces et salées de toutes les contrées. Plusieurs ont été rencontrées à l'état fossile : dans le tertiaire, 2 *Najas*; dans le lias, 7 *Najadopsis*, 7 *Zosterites*, 1 *Ruppia*, etc.

On divise cette famille en quatre tribus :

Tribu I. — *Naïadées*. — Fleurs unisexuées; un ovule anatrope dressé (*Najas*).

Tribu II — *Zostérées*. — Fleurs unisexuées; un ovule orthotrope, pendant (*Zostera*, *Cymodocea*, *Zannichellia*, *Althenia*, etc. [Fig. 1. — 1. *Zannichellia palustris*: 2. Fleur mâle et fleur femelle; 3. Carpelles mûrs; 4. Carpelle ouvert pour montrer l'ovule; 5. Coupe verticale d'une graine. — Fig. 2 — 1. *Zostera Noltii*; 2. Anthère; 3. Spathe ouverte pour montrer l'épi de fleurs mâles et de fleurs femelles; 4 Coupe de l'ovaire; 5. Graine; 6. La même coupée pour montrer la gemmule; 7. Anthère émettant son pollen cylindrique.] Une seule espèce de cette tribu est de quelque utilité pour l'homme : c'est la *Zostère marine* (*Zostera marina*). Ses feuilles séchées s'emploient fréquemment, soit pour faire des matelas ou des coussins, qui sont moins durs que ceux de paille, soit pour emballer les objets fragiles, usage pour lequel elles conviennent mieux que la paille et le foin. On s'en sert encore en guise d'engrais; enfin, on les brûle pour extraire la soude qu'elles contiennent.

Tribu III. — *Potamées* — Fleurs hermaphrodites; un ovule campylotrope, pendant ou ventral (*Potamogeton*, *Ruppia*, *Posidonia*, etc.).

Tribu IV. — *Aponogétées*. — Fleurs hermaphrodites; plusieurs ovules anatropes dressés (*Aponogeton*, *Ouvirandra*).

**NAÏADE.** s. f. (lat. *naias*, *adis*; gr. ναιάς, de νάω, je coule). T. Myth. Nom commun donné aux divinités qui présidaient aux fontaines et aux rivières. Voy. Nymphe. || T. Bot. Genre de plantes Monocotylédones (*Najas*) de la famille des *Naïadacées*. Voy. ce mot.

**NAÏADÉES.** s. f. pl. T. Bot. Tribu de plantes Monocotylédones de la famille des *Naïadacées*. Voy. ce mot.

**NAÏF, ÏVE.** adj. (lat. *nativus*, m.s.). Naturel, ingénu, sans apprêt, sans artifice. *Une beauté naïve. Les grâces naïves de l'enfance. Un ton n. et doux. Il y a quelque chose de n. dans l'esprit. Une pensée naïve.* || T. Techn. *Pointe naïve*, Diamant qui affecte naturellement la forme pyramidale. || Qui retrace simplement la vérité, qui reproduit la nature sans y mettre rien d'affecté. *Faire une description, une relation, une peinture naïve de quelque chose. Une expression naïve. L'attitude de cette statue est naïve. Il y a quelque chose de n. dans tout ce qu'il fait.* || En parlant des personnes, qui dit sa pensée sans détour, ingénument. *C'est l'homme du monde le plus n. Une personne franche et naïve.* — En mauvaise part, se dit d'une personne qui pèche par un excès de simplicité. *C'est un homme n. dont vous tirerez tout ce que vous voudrez. Il n'est pas si n. qu'il en a l'air.* — On dit aussi, dans un sens anal., *La réponse est un peu trop naïve. Cela est bien n. Un amour-propre n.* = *Naïf*, se dit substantiv., au masc., pour désigner le genre n. dans les arts et en littérature. *Le n. n'est pas le bas et le trivial.*

**Syn.** — *Naturel.* — Ce qui est *naturel* exclut l'affectation et la recherche; ce qui est *n.* exclut non seulement ces défauts, mais encore toute espèce d'art et même la réflexion. Aussi le *n.* est-il le propre de l'enfance et de cette ignorance qui ressemble à celle de l'enfant. La *naïveté* est l'expression fidèle et non réfléchie de ce que l'on sent ou de ce que l'on pense. Toute pensée *naïve* est *naturelle*, mais toute pensée *naturelle* n'est pas *naïve*.

**NAIGEON**, littérateur fr. (1738-1810).

**NAILLOUX**, ch.-l. de c. (Haute-Garonne), arr. de Villefranche; 1,200 hab.

**NAÏM**, v. de la tribu d'Issachar, dans la Galilée (Palestine), où Jésus ressuscita le fils de la veuve.

**NAIN, AINE.** s. et adj. [Pr *nin, nè-ne*] (lat. *nanus*, gr. νάνος, m. s.). Celui, celle qui est d'une petitesse extraordinaire. — *Plantes naines*, de plus petite taille que les plantes de même espèce. — *Œuf n.* Œuf qui ne contient pas de jaune. || *N. jaune*, Sorte de jeu de cartes.

**Hist. nat.** — La dénomination de *Nain* s'applique à tout être animal ou végétal qui, à l'âge ordinaire, n'a pas atteint l'accroissement naturel à son espèce. Longtemps on a cru qu'il existait sur la terre des races d'hommes d'une taille de beaucoup inférieure à celle des générations actuelles; mais les traditions des anciens au sujet des Pygmées, des Troglodytes, etc., doivent être mises au rang des fables Quant à la stature de la plupart des nations polaires, comme les Lapons, les Esquimaux, les Samoyèdes, les Kamtchadales, si elle ne dépasse guère 1 mètre et demi, il faut en rechercher la cause dans l'excès du froid, excès qui agit dans le même sens sur les végétaux et sur certains animaux. Ces êtres, en effet, acquièrent une stature plus élevée quand ils peuvent croître dans des latitudes plus douces. On peut donc affirmer que le *Nanisme*, de même que le *Gigantisme*, est un phénomène exceptionnel et quelquefois même un fait tératologique. Presque tous les nains sont mal proportionnés. Leur cerveau est en général très développé sans profit pour leur intelligence; leurs membres sont tordus et rachitiques; leur tronc irrégulier. La circulation est chez eux fort active; aussi sont-ils en général irritables et exposés à l'apoplexie. Très précoces dans leur puberté, ils sont usés de bonne heure. En outre, ils ne se reproduisent pas entre eux. Il paraît que les anciens étaient parvenus à produire des nains au moyen de procédés artificiels, et les dames romaines faisaient grand cas de ces grotesques serviteurs. Ils furent également fort en vogue durant le moyen âge et même jusqu'au XVII<sup>e</sup> siècle, à la cour des princes, où ils partageaient avec les fous l'intimité et la faveur du maître. Parmi les nains les plus célèbres, nous citerons Jeffrey Hudson, qui, à 18 ans, n'avait que 45 centimètres, et Nicolas Ferry, surnommé Bébé, favori du roi Stanislas de Pologne, qui, à 15 ans, était haut de 78 centimètres. Birch parle, dans sa Collection anatomique, d'un n. qui n'avait que 43 centimètres à 37 ans. Enfin, dans le courant du XIX<sup>e</sup> siècle, on a exhibé, à Paris, comme objets de curiosité, deux nains portant les sobriquets de Tom-Pouce et d'Amiral-Tromp. Le premier avait 71 centimètres de hauteur, et le second 73.

**NAÏR** ou **NAÏRE.** s. m. T. Relat. Sur la côte de Malabar, on désigne sous le nom de *Naïrs* les individus qui appartiennent à la caste militaire, laquelle, comme on sait, vient immédiatement après celle des Brahmanes. Les Naïrs doivent une certaine célébrité à une particularité de mœurs très rare aujourd'hui dans le monde entier : c'est la *polyandrie* qui règne dans cette caste. Toute femme naïre doit avoir au moins quatre maris. Chaque mari apporte une dot souvent considérable, et la femme a la charge des enfants. Il résulte de cette coutume que les Naïrs ne reconnaissent d'autres parents que leur mère, et les frères de celle-ci. Quant au père, il n'en saurait être question.

**NAIRN**, comté du N.-E. de l'Écosse; 10,450 hab. Ch.-l. *Nairn*, 4,200 hab. Port.

**NAÏS.** s. f. (nom mythol.). T. Zool. Genre de *Vers*. Voy. Oligochètes.

**NAISSAIN.** s. m. [Pr. *nè-sin*] (R. *naître*). T. Ostréic. Nom collectif désignant les jeunes huîtres d'une huîtrière.

**NAISSANCE.** s. f. [Pr. *nè-san-se*] (lat. *nascentia*, m. s. de *nascens*, naissant). Sortie de l'enfant du sein de sa mère. *Heureuse n. Voilà une n. qui a été bien désirée. A sa n. Au jour de sa n. Le moment, l'heure, le jour, l'anniversaire, le lieu de sa n. Il est sourd et muet de n. — Acte de n., Déclaration de n.* Voy. État civil. — Se dit aussi des animaux. *Deux jours avant la n. de son poulain, la mère ne voulait ni boire, ni manger.* || T. Théol. *N. spirituelle, n. seconde*, regénération par le baptême. || Race, extraction. *Une haute, une grande n. Une illustre n. Être de n. obscure. N. illégitime. Rougir, s'enorgueillir de sa n. Sa vertu rehausse l'état de sa n.* — Pris absol., il a souvent la signific. de Noblesse. *C'est un honnête homme, mais il n'a point de n. Il avait sur son rival l'avantage de la n.*

Cette haute alliance
Dont vous aurait exclu le défaut de naissance.
Corneille.

|| Origine, commencement. *La n. du monde. La n. d'un État, d'une ville. La n. d'une hérésie. C'est la politesse qui a donné n. à cet usage. C'est de là que les troubles prirent n. Étouffer une sédition dès sa n., dans sa n. La n. du printemps. La n. du jour. — La n. de la verdure, la n. des fleurs*, Le moment où la verdure, où les fleurs commencent à paraître. || Le point, l'endroit où commence, d'où part une chose qui se prolonge ensuite dans une certaine direction. *Ce fleuve, à sa n., reçoit plusieurs ruisseaux qui le grossissent. La n. d'une tige. Couper une branche à sa n.* — T. Archit. *La n. d'une colonne*, Le commencement du fût. *La n. d'une voûte*. Le commencement de sa courbure. — Bande ou raccord de plâtre fait après une reprise ou une tranchée dans l'enduit recouvrant un mur

**NAISSANT, ANTE.** adj. [Pr. *nè-san*]. Qui naît, qui commence à paraître. *Jour n. Fleurs naissantes. Amour n. Passion naissante. Ville naissante. Il faut encourager les talents naissants.* || *Cheveux naissants*, Cheveux qui flottent en liberté comme ceux des enfants, ou qui sont frisés en long, comme l'étaient autrefois ceux des magistrats. *Perruque naissante*, Perruque qui imite les cheveux naissants. *Tête naissante*, Tête nouvellement rasée dont les cheveux commencent à repousser. *Barbe naissante*, qui commence à se développer. || T. Blas. Se dit des animaux qui ne montrent que la tête, sortant de l'extrémité du chef ou du dessus de la fasce. || T. Chim. *État n.*, État d'un corps qui sort d'une combinaison et qui, alors, est plus apte à entrer dans une combinaison nouvelle. Voy. Chimie.

**NAÏSSUS**, auj. *Nissa* en Bulgarie, v. de Mésie, célèbre par une victoire de l'empereur Claude II sur les Goths (269).

**NAÎTRE.** v. n. (lat. *nasci*, m. s). Se dit de tout être organisé qui arrive à la vie indépendante; Venir au monde. *Un enfant qui vient de n. Ils naquirent le même jour. N aveugle, boiteux, contrefait. Il est né Français, Il est né à Paris. N. dans la grandeur, dans la misère. Il est né sous une heureuse étoile. L'homme naît sensible. N. avec un esprit inquiet, actif, remuant. Tout ce qui naît est sujet à mourir.* || Procéder de, recevoir la naissance. *Il est né de parents pauvres, riches, obscurs, illustres. Les enfants qui naîtront de ce mariage. Tout animal naît d'un œuf. Les anciens croyaient que certains insectes naissaient de la corruption. Ce chêne est né d'un gland que je semai il y a trente ans. Cette plante est née d'un bourgeon.* || T. Théol. En parlant du Fils de Dieu, on dit : *Le Verbe naît éternellement du Père d'une matière ineffable. Le Verbe est né avant tous les temps.* || Commencer à paraître. *Le jour commence à n. L'herbe commence à n. Les fleurs qui naissent au printemps.* || Fig., au sens physique et moral, Prendre son origine, être produit, commencer.

D'où naissent les pleurs que je te vois répandre ?
Racine.

*Ce fleuve naît au pied de telle montagne. Ce tremblement de terre fit n. des îles en des lieux où il n'y en avait jamais eu. Beaucoup de nos maladies naissent d'intempérance. Cette querelle fit n. une haine irréconciliable entre les deux familles. Les inventions utiles naissent du besoin.*

C'est souvent du hasard que naît l'opinion.
La Fontaine.

*Les empires naissent, se développent, et périssent. Il faut s'opposer aux passions quand elles naissent. J'ai vu n. cet amour. J'ai vu n. la fortune de cet homme.* On dit quelquefois absol., en parl. de quelqu'un qu'on a vu faire sa fortune, *Je l'ai vu n.* = Né, ée. part. *Un enfant nouvellement né. Il est aveugle-né.* || *Être né poète, musicien, peintre, etc.*, Avoir des dispositions naturelles pour la poésie, etc. On dit, dans un sens analogue, *Être né pour la guerre, pour les armes, pour le plaisir, pour l'amour* = Né, Née. adj. Se dit de certains droits attachés à quelques dignités. *Autrefois l'archevêque de Paris et l'abbé de Cluny étaient conseillers d'honneur nés du parlement de Paris*, Pour dire qu'ils avaient, en vertu de leur dignité, droit de séance au parlement. On dit de même, *L'archevêque de Reims était légat-né du saint-siège. L'archevêque de Narbonne était président-né des États de Languedoc.* || Fig., *Il est le protecteur-né des sciences et des arts*, Il protège en toute occasion les hommes qui cultivent les sciences, les arts; ou bien, sa place, ses fonctions lui font un devoir de les encourager. Dans un sens opposé, on dit, *Il est l'ennemi-né des talents, l'ennemi-né des malfaiteurs, etc.* = Bien né, ée. adj. Né d'une famille honorable. *C'est un homme bien né.* || Signifie aussi, qui a de bonnes inclinations. *On ne peut être mieux né que ce jeune homme.*

Aux âmes bien nées
La valeur n'attend pas le nombre des années.
Corneille.

— Dans le sens contraire, on dit, *Mal né, née. Un enfant mal né. Une jeune fille mal née.* = Mort-né, ée. adject. Mort avant que de naître. *Un enfant mort-né. Une brebis mort-née.* || Fig., se dit des ouvrages qui n'ont aucun succès. *Un poème mort-né.* = Nouveau-né, ée. adj. (*Nouveau* est pris ici adverbial., et, par conséquent, est invariable.) Qui est né depuis peu de temps. *Un enfant nouveau-né. Une fille nouveau-née.* || S'emploie aussi subst. au masc. *Je viens de voir les deux nouveau-nés.* = Premier-né, adj. m. T. Écrit. sainte. Le premier enfant mâle. *Sous la loi de Moïse, on offrait à Dieu les enfants premiers-nés.* || Subst., *L'ange extermina les premiers-nés des Égyptiens. Les premiers-nés des animaux étaient offerts à Dieu.* = Dernier-né, née, adj. et subst. Le dernier des enfants d'une famille.

**Conj.** — *Je nais, tu nais, il naît; nous naissons, vous naissez, ils naissent. Je naissais; nous naissions. Je naquis; nous naquîmes. Je naîtrai; nous naîtrons. — Je naîtrais: nous naîtrions. — Nais; naissons. — Que je naisse; que nous naissions. Que je naquisse; que nous naquissions. — Naître. Naissant. Né, née.*

**NAÏVEMENT.** adv. Avec naïveté. *Parler n. Avouer n. une faute. Exprimer, représenter n. quelque chose.*

**NAÏVETÉ.** s. f. (R. *naïf*). Ingénuité, simplicité d'une personne qui manifeste naturellement ses opinions et ses sentiments. *La n. d'une jeune fille.* || Simplicité naturelle et gracieuse avec laquelle une chose est représentée, selon la vérité ou la vraisemblance.

Le rondeau, né gaulois, a la naïveté.
Boileau.

*Il y a beaucoup de grâce et de n. dans ses expressions, dans son langage. Cela est dépeint avec une n. et une vérité admirables. Il y a une grande n. dans l'expression, dans l'attitude de cette figure. N. de style. N. de pinceau.* || Simplicité niaise. *Admirez la n. de ce garçon.* || Se dit encore des propos, des expressions qui échappent par ignorance. *Voilà une grande n. Les jeunes personnes sont sujettes à dire des naïvetés.*

**Syn.** — *Candeur, Ingénuité.* — La *naïveté* est la simplicité d'une personne qui manifeste ses sentiments et ses pensées, naturellement, simplement, et sans que la réflexion y joue aucun rôle. La *candeur* est le sentiment intérieur de la pureté de l'âme qui empêche de supposer qu'on ait rien à dissimuler. L'*ingénuité* fait avouer tout ce qu'on sait et tout ce qu'on sent : elle est l'effet, tantôt de l'inexpérience, et tantôt de la sottise. La *naïveté* n'est souvent que l'ignorance des choses de convention. La *candeur* est la plus belle marque de l'innocence des pensées et de la pureté de l'âme.

**NAJA.** s. m. T. Erpét. Les Ophidiens ainsi nommés appartiennent à la famille des Élapidés. Ils sont essentiellement

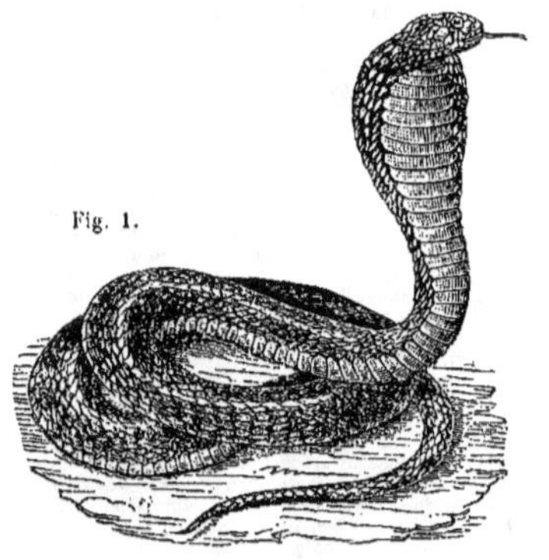

Fig. 1.

caractérisés par leur tête élargie en arrière et couverte de grandes plaques hexagonales, par leur queue munie d'un double rang de plaques et à extrémité arrondie, ainsi que par la faculté qu'ils possèdent de dilater singulièrement la partie de leur corps qui avoisine la tête, au moyen du redressement des côtes qui soutiennent cette partie. Ce genre comprend deux espèces. — Le *Naja haje*, ou simpl. *Haje*, est l'*Aspic* des anciens : il est commun dans l'Afrique et particulièrement en Égypte. Ce serpent, long d'environ 65 centimètres, est verdâtre et marqué de tâches brunâtres (Fig. 1). Quand il est provoqué, il gonfle fortement son cou, redresse sa tête et s'élance d'un seul bond (Fig. 2). Sa morsure cause presque instantanément la mort. Selon Galien, lorsqu'on voulait abréger le supplice d'un individu condamné à la peine capitale, on le faisait mordre par un aspic. Les jongleurs égyptiens, en pressant la nuque de ce reptile, le plongent dans une espèce de catalepsie qui le retient debout. L'habitude, qu'a l'Haje de se redresser quand on approche de lui, avait fait croire aux anciens Égyptiens qu'il gardait les champs qu'il habitait, et

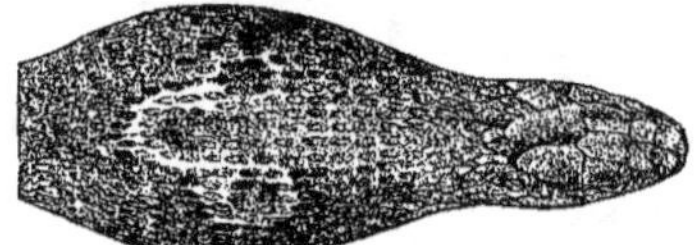

Fig. 3.

en conséquence ils le considéraient comme l'emblème de la divinité protectrice du monde. — Le *Naja* vulgaire, appelé communément *Serpent à lunettes* et *Cobra capello* par les Portugais, habite l'Inde et la Perse. Cette espèce doit son nom français à un trait noir qu'il a au-dessus du cou, et qui représente plus ou moins exactement une paire de lunettes (Fig. 3). Ce serpent est jaune ou brun clair en dessus, avec des reflets d'un bleuâtre cendré : il atteint $1^m,33$ de longueur. Sa morsure n'est pas moins dangereuse que celle de son congénère. Les jongleurs indiens le dressent à exécuter au son de la flûte certains mouvements en cadence. Pour vendre des remèdes qu'ils assurent être très efficaces contre le venin de ces reptiles, ils se laissent mordre par eux, mais après avoir eu la précaution de les débarrasser de leurs crochets à venin.

**NAJAC**, ch.-l. de c. (Aveyron), arr. de Villefranche; 1,900 hab.

**NAJERA**. Voy. Navarette.

Fig. 2.

**NAMAQUAS**, peuplade de l'Afrique australe, appartenant à la famille des Hottentots.

**NAMNÈTES**, peuple de la Gaule celtique, vers l'embouchure de la Loire, dont la cap. est devenue Nantes.

**NAMUR**, v. forte de Belgique 27,500 hab.; ch.-l. de la prov. de *Namur* (333,800 hab.); au confluent de la Meuse et de la Sambre. Évêché. — Les Français ont pris Namur quatre fois, en 1692, 1746, 1792 et 1794. = Nom des hab. : NAMUROIS, OISE.

**NANAN**. s. m. (mot qu'on retrouve dans plusieurs langues aryennes : gr. νάνος, petit gâteau ; pers. *nán*, pain et gâteau, etc.). Mot dont les enfants se servent et dont on se sert en leur parlant, pour désigner des friandises, des sucreries. *Vous aurez du nanan.*

**NANA-SAHIB**, prince hindou, chef de l'insurrection de 1857.

**NANCY**, ch.-l. du dép. de Meurthe-et-Moselle, sur la Meurthe, à 353 kilomètres de Paris; 87,100 hab. Évêché. Fabriques de broderies. Anc. cap. du duché de Lorraine. = Nom des hab. : NANCÉEN, ENNE, ou NANCÉIEN, ENNE.

**NANDHIROBÉES**. s. f. pl. Bot. Ancienne tribu de plantes de la famille des *Cucurbitacées*.

**NANDINE**. s. f. (mot japon.). T. Bot. Genre de plantes bicotylédones (*Nandina*) de la famille des *Berbéridées*.

**NANDOU**. s. m. T. Ornith. Nom donné aux *Autruches* d'Amérique.

**NANÉKISME**. s. m. (R. *Nanek*, nom du fondateur). Religion professée dans l'Inde, que l'on regarde comme un mélange de brahmanisme et d'islamisme.

**NANGASAKI**. Voy. NAGASAKI.

**NANGIS**, ch.-l. de c. (Seine-et-Marne), arr. de Provins; 2,900 hab.

**NANKIN**, c.-à-d. *capitale du sud*, v. de la Chine orientale, cap. de la prov. de Kiang-Sou, sur le Yang-Tse-Kiang, à 900 kilomètres de Pékin; 130,000 hab. Tour de porcelaine de neuf étages (65 mètres), détruite par les Taïpings.

**NANKIN**. s. m. Tissu de couleur jaune chamois, qui se fabrique à Nankin, en Chine, avec une sorte de coton qui a naturellement cette couleur, et qu'on imite aux Indes et en Europe, au moyen de la teinture. *Une pièce de n. Pantalon de n.*

**NANKINETTE**. s. f. [Pr. *nanki-nète*]. Toile plus fine que le nankin.

**NANSOUK**. s. m. T. Comm. Tissu léger de coton un peu plus fin que le jaconas.

**NANSOUTY** (ÉTIENNE-MARIE-ANTOINE **CHAMPION**, comte DE). Un des meilleurs généraux de Napoléon Ier (1768-1815).

**NANSOUTY** (CHARLES-MARIE-ÉTIENNE **CHAMPION-DUBOIS** DE). Général fr. (1815-1891), fondateur, avec l'ingénieur Vaussenat, de l'observatoire du Pic du Midi.

**NANT**, ch.-l. de c. (Aveyron), arr. de Millau; 2,700 hab.

**NANTERRE**. commune du dép. de la Seine, arr. de Saint-Denis; 14,950 hab.

**NANTES**, ch.-l. du dép. de la Loire-Inférieure, à 390 kilomètres S.-O. de Paris, sur la Loire et l'Erdre; 122,750 hab. Évêché. Grand commerce avec les colonies. = Nom des hab. : NANTAIS, AISE. = *Édit de Nantes*. Voy. ÉDIT. = CANAL DE NANTES A BREST, canal qui met en communication les ports de Brest et de Nantes (367 kilomètres).

**NANTEUIL**, graveur fr. (1623-1678).

**NANTEUIL-LE-HAUDOIN**, ch.-l. de c. (Oise), arr. de Senlis; 1,500 hab.

**NANTIAT**, ch.-l. de c. (Haute-Vienne), arr. de Bellac; 1,800 hab.

**NANTIR**. v. a. (anc. fr. *nant*, gage; même rad. que l'allem. *nehmen*, prendre). Donner des gages pour l'assurance d'une dette. *Il ne veut rien prêter si on ne le nantit auparavant, sans être d'abord nanti.*

De l'objet qu'on poursuit je suis encore nanti.
MOLIÈRE.

= SE NANTIR. v. pron. Se faire donner des gages pour répondre d'une dette. *Il ne perdra rien dans cette affaire, il s'était nanti de bons effets, il s'était nanti.* ‖ T. Jurisp. *Se n. des effets d'une succession*, S'en saisir comme y ayant droit, s'en emparer par précaution, sauf à rapporter. ‖ Fam., Se pourvoir, se munir de quelque chose par précaution. *Je me suis nanti d'un bon manteau contre la pluie, d'un bon déjeuner avant de partir.* — Se dit aussi absolum., mais en mauvaise part. *C'est un homme qui s'est bien nanti avant de sortir de sa place.* On dit de même, *Il a perdu sa place, mais il est bien nanti.* = NANTI, IE, part.

**NANTISSEMENT**. s. m. [Pr. *nanti-se-man*] (R. *nantir*). T. Jurisp. Le *N.* est un contrat par lequel un débiteur remet une chose à son créancier pour sûreté de la dette qu'il contracte. Il reçoit, en outre, selon la nature de la chose remise entre les mains du créancier, les noms de *Gage* ou d'*Antichrèse*, le premier lorsque la chose est mobilière, le second quand elle est immobilière. On se sert aussi quelquefois du mot n. pour désigner l'objet dont on nantit le créancier. Voy. GAGE et ANTICHRÈSE.

**NANTOKITE**. s. f. T. Minér. Chlorure cuivreux $Cu^2Cl^2$, trouvé en masses blanches à Nantoko (Chili).

**NANTUA**, ch.-l. d'arr. du dép. de l'Ain, sur le lac de Nantua, à 45 kilomètres S.-E. de Bourg; 3,000 hab. = Nom des hab. : BUGISTE ou NANTUASIEN, ENNE.

**NANTUATES**, peuple de la Gaule, au S. du lac Léman.

**NAPÉE**. s. f. (lat. *napæa*, gr. ναπαῖα, m. s. de νάπη, colline, bois). T. Mythol. Nom générique sous lequel on désignait les nymphes qui présidaient aux forêts et aux montagnes.

**NAPEL**. s. m. (lat. *napellus*, dimin. de *napus*, navet). T. Bot. Nom vulgaire de l'*Aconitum Napellus*, plante de la famille des *Renonculacées*. Voy. ce mot.

**NAPHTADILE**. s. m. (R. *naphte*). T. Minér. Variété d'Ozocérite des bords de la mer Caspienne.

**NAPHTALÈNE** s. m. (R. *naphte*). T. Chim. Hydrocarbure cyclique, qui a pour formule $C^{10}H^8$, et que l'on rencontre dans le goudron de houille et dans certains pétroles. Il se produit par l'action de la chaleur rouge sur un grand nombre de substances organiques : alcool, éther, acide acétique, hydrocarbures, essences, etc. Sa synthèse a été réalisée par Berthelot en faisant passer un mélange d'hydrogène sulfuré et de sulfure de carbone sur de la tournure de cuivre chauffée au rouge. Dans l'industrie, on retire le n. des huiles lourdes du goudron de houille : on recueille la portion qui passe à la distillation entre 180° et 220° et on l'abandonne au refroidissement; il se dépose des cristaux de n. brut qu'on exprime et qu'on traite successivement par une lessive de soude et par l'acide sulfurique étendu, afin d'éliminer les phénols et les bases. Le résidu est ensuite purifié par sublimation ou distillation. Le n. ne doit pas se colorer à l'air et à la lumière. Il cristallise en lamelles blanches, monocliniques, insolubles dans l'eau froide, très solubles dans l'alcool, l'éther, les huiles grasses et volatiles. Il a une odeur pénétrante, rappelant celle du gaz d'éclairage, et une saveur brûlante. Il fond à 79° et bout à 217°. Il brûle avec une flamme fuligineuse. Dans la plupart de ses réactions chimiques, le n. se comporte comme un composé saturé; avec le chlore, le brome, l'acide sulfurique, l'acide azotique, il fournit des produits de substitution nombreux et importants, que nous examinerons plus loin. Mais il peut aussi donner des produits d'addition en fixant de l'hydrogène ou du chlore. C'est ainsi qu'en traitant le n. par l'acide iodhydrique seul ou en présence du phosphore on obtient différents hydrures de n., depuis le *dihydrure* $C^{10}H^{10}$ jusqu'au *dodécahydrure* $C^{10}H^{20}$; ces composés sont liquides et leurs points d'ébullition sont d'autant moins élevés que la proportion d'hydrogène est plus forte. De même le chlore, en agissant à basse température sur le n., fournit un *dichlorure* liquide $C^{10}H^8Cl^2$ et un *tétrachlorure* de n. $C^{10}H^8Cl^4$ cristallisable, fusible à 182°, qui sert à préparer

Paris. — Imp. Larousse, rue de Fleurus, 9.

l'acide ortho-phtalique. Tous ces produits d'addition sont décomposables par la chaleur : les hydrures se dédoublent en n. et hydrogène; les chlorures, en acide chlorhydrique et en dérivés chlorés du n.

*Usages du naphtalène.* — Le n. est souvent employé pour protéger les étoffes et les fourrures contre l'attaque des insectes. On peut aussi s'en servir pour carburer le gaz d'éclairage et pour donner plus d'éclat à la flamme du pétrole. En médecine, on utilise les propriétés antiseptiques du n. et de ses dérivés, notamment dans certaines maladies parasitaires de la peau. Les applications les plus importantes du n. consistent dans la préparation de ses dérivés : les naphtols, les naphtylamines, les acides phtaliques et naphtoïques, etc., qui servent à fabriquer une foule de matières colorantes.

*Constitution du naphtalène.* — Dès 1868, Erlenmeyer a considéré la molécule du n. comme résultant de la soudure de deux noyaux de benzène et l'a représentée par la formule de constitution encore admise aujourd'hui :

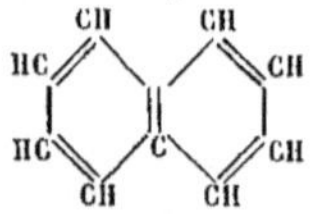

Si l'on substitue un même élément ou radical aux atomes d'hydrogène on voit que :

| | | | |
|---|---|---|---|
| Pour une substitution | il y a | 2 | isomères possibles. |
| Pour deux | — | 10 | — |
| Pour trois | — | 14 | — |
| Pour quatre | — | 22 | — |
| Pour cinq | — | 14 | — |
| Pour six | — | 10 | — |
| Pour sept | — | 2 | — |
| Pour huit | — | 1 | — |

Pour distinguer ces nombreux isomères, on indique, soit par des lettres grecques, soit par des chiffres, les positions que les éléments ou les radicaux substitués occupent sur le noyau :

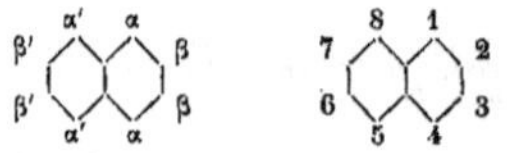

*Dérivés halogénés.* — Les deux *chloro-naphtalènes* $C^{10}H^7Cl$ sont connus. Le dérivé α est un liquide incolore, bouillant vers 260°, qui se produit par l'action du chlore sur le n. à l'ébullition. Le dérivé β, qu'on prépare en traitant le β-naphtol par le perchlorure de phosphore, cristallise en lamelles nacrées; il fond à 56° et bout à 257°. Parmi les *dichloro-naphtalènes* $C^{10}H^6Cl^2$ le plus important est le dérivé 1.4, qu'on obtient en décomposant le tétrachlorure de n. par la chaleur, ou en faisant agir le chlore sur l'α-chloro-naphtalène en solution chloroformique, il cristallise en aiguilles soyeuses; il fond à 67° et bout à 286°. Les dérivés 1.5 et 1.8 s'obtiennent par l'action du perchlorure de phosphore sur les dérivés du n. L'oxydation des dichloro-naphtalènes donne naissance aux acides chloro et dichloro-phtaliques. L'action du chlore sur le n. ou sur ses dérivés de substitution donne des naphtalènes de plus en plus chlorés, jusqu'au *perchloro-n.* $C^{10}Cl^8$ cristallisé en longues aiguilles fusibles à 203°. — L'action du brome, seul ou en présence d'une petite quantité d'iode, fournit les dérivés bromés, depuis les *bromo-naphtalènes* α et β fusibles à 4° et à 68° jusqu'à l'*hexabromo-n.* $C^{10}H^2Br^6$ en fines aiguilles fusibles à 245°.

*Dérivés sulfoniques.* — Les deux acides *n.-sulfoniques* $C^{10}H^7SO^3H$ se préparent industriellement sur une grande échelle en traitant le n. par l'acide sulfurique concentré. Si l'on opère à la température de 50°, on obtient le dérivé α; à 200°, c'est le dérivé β qui prédomine. Pour séparer les deux acides, on utilise la différence de solubilité de leurs sels de sodium. Les acides n.-sulfoniques sont solides, cristallisables, très solubles dans l'eau, décomposables par la chaleur. Fondus avec la potasse caustique, ils servent à préparer les naphtols. L'acide β et ses sels sont plus stables et moins solubles que les composés α. — Les acides *n.-disulfoniques* $C^{10}H^6(SO^3H)^2$ se forment par l'action de l'acide sulfurique fumant sur le n. L'acide 2. 7 est le seul que l'on prépare industriellement : on chauffe rapidement à 180° une partie de n. avec 3 parties d'acide sulfurique concentré; on le purifie en le transformant en sel de calcium que l'on fait cristalliser. En fondant les acides n.-disulfoniques ou leurs sels de sodium avec de la soude caustique on obtient les dioxynaphtalènes.

*Dérivés nitrés.* — L'*α-nitro-n.* $C^{10}H^7(AzO^2)$ sert de matière première pour la fabrication de la naphtylamine α et des couleurs qui en dérivent. On le prépare en traitant le n. par un mélange d'acide azotique et d'acide sulfurique à une température qui ne doit pas dépasser 50°. Il cristallise en longues aiguilles jaunes, solubles dans l'alcool et dans l'acide acétique. Il fond vers 58° et bout à 304°. Les réducteurs le transforment en α-naphtylamine. La potasse le convertit en nitro-naphtol, le perchlorure de phosphore, en chloro-n.; l'acide chromique, en acide nitro-phtalique. — Le *β-nitro-n.* ne se forme pas par nitration directe; on l'obtient en partant de la β-naphtylamine. Il cristallise en aiguilles jaunes, fusibles à 79°.

En faisant bouillir le n. avec l'acide azotique fumant, on obtient deux *dinitro-naphtalènes* $C^{10}H^6(AzO^2)^2$, l'un fusible à 211°, l'autre à 172°, que l'on peut séparer grâce à leur inégale solubilité dans l'acétone. On en prépare un troisième fusible à 144°, en faisant réagir l'acide azoteux sur l'α-naphtylamine dinitrée. Sous l'action des réducteurs, les dinitro-naphtalènes se transforment en naphtylène-diamines. Traités par un excès d'acides azotique et sulfurique fumants ils se convertissent en dérivés trinitrés et tétranitrés. La réduction d'un mélange de nitro et de dinitro-naphtalènes fournit un dérivé amido-azoïque, l'*amido-azo-n* $C^{10}H^7Az^2C^{10}H^6(AzH^2)$ qui cristallise en aiguilles rouges, fusibles à 136°, et qui sert à préparer le *rouge de Magdala*.

*Dérivés oxhydrylés.* Voy. Naphtol et Dioxynaphtalène.

*Dérivés amidés.* Voy. Naphtylamine et Naphtylène-diamine.

*Homologues du naphtalène.* Voy. Méthylnaphtalène et Diméthylnaphtalène.

**NAPHTALÈNE-CARBONIQUE.** adj. 2 g. T. Chim. Il existe deux acides *n.-carboniques*; on les désigne habituellement sous le nom d'acides *naphtoïques*. Voy. ce mot.

Les acides *n.-dicarboniques* répondent à la formule $C^{10}H^6(CO^2H)^2$. Ils se forment par l'oxydation de diméthylnaphtalènes. Le plus important est connu sous le nom d'acide *naphtalique*; on l'obtient en oxydant l'acénaphtène par le mélange chromique. Il cristallise en aiguilles incolores, insolubles dans l'eau. La chaleur le transforme en un anhydride fusible à 266°.

**NAPHTALÈNE-SULFONIQUE.** adj. 2 g. T. Chim. Voy. Naphtalène.

**NAPHTALÉNIQUE.** adj. T. Chim. Syn. de *naphtoïque*.

**NAPHTALINE** s. f. T. Chim. Syn. de *naphtalène*.

**NAPHTALIQUE.** adj. 2 g. (R. *naphte*). T. Chim. On a donné le nom d'*acide n.* à deux composés très différents. L'un est décrit au mot *naphtalène-carbonique*. Le second est une oxy-naphtoquinone qu'on obtient en traitant le diimido-naphtol par les acides et qui cristallise en aiguilles jaunes, fusibles à 191°.

**NAPHTAMÉINE.** s. f. T. Chim. Voy. Naphtylamine.

**NAPHTANISOL.** s. m. (R. *naphte*, et *anisol*). T. Chim. Nom donné aux deux éthers qui résultent de la combinaison des naphtols α et β avec l'alcool méthylique. Ils ont pour formule $C^{10}H^7OCH^3$. Le n. β, obtenu en saturant d'acide chlorhydrique une solution de β-naphtol dans l'alcool méthylique, cristallise en feuillets fusibles à 70°, bouillant à 274°. Doué d'une odeur de fleurs d'oranger, il est employé en parfumerie sous le nom de *yara-yara*, de même que l'éther éthylique correspondant qui porte le nom de *néroline*.

Le n. α est liquide et bout à 265°; on l'obtient par l'action de l'iodure de méthyle sur l'α-naphtol sodé.

**NAPHTASE** ou **NAPHTALASE.** s. f. T. Chim. Voy. Naphtazine.

**NAPHTAZARINE.** s. f. T. Chim. La n. est un diphénol dérivant de la naphtoquinone α et répond à la formule $C^{10}H^4O^2(OH)^2$. On l'obtient en traitant le dinitro-naphtalène fusible à 211° par l'acide sulfurique, puis par la poudre de zinc. La n. cristallise en aiguilles rouge brun, volatiles vers 240°, solubles en pourpre dans les alcalis, en rouge vif dans l'acide sulfurique. Elle teint les tissus mordancés, mais la couleur offre peu de résistance au savon.

**NAPHTAZINE.** s. f. [Pr. *naf-ta...*] (R. *naphte* et *azine*). T. Chim. Nom donné aux azines de la formule $(C^{10}H^7)^2Az^2$. Les naphtazines sont constituées par 2 noyaux de naphtalène reliés ensemble par un groupe bivalent de deux atomes d'azote. L'une d'elles, connue depuis longtemps sous le nom de *naphtase* ou *naphtalase*, a été préparée par Laurent en distillant le nitro-naphtalène sur de la chaux éteinte. On en obtient deux autres en faisant réagir la β-naphtylamine sur son dérivé nitrosé. Ces naphtazines cristallisent en aiguilles jaunes; elles fondent respectivement à 280°, 242° et 295°. Ce sont les substances mères d'un certain nombre de matières colorantes appartenant aux groupes des indulines et des eurhodines : tels sont le *rouge de Magdala*, le *bleu*, le *violet* et le *rouge de naphtyle*.

**NAPHTE.** s. m. [Pr. *naf-te*] (gr. νάθα, m. s., qui vient du Chaldéen *nephel* ou *nephla*, désignant une espèce de bitume). T. Minér. Espèce de bitume liquide qu'on appelle aussi *huile de n.* Voy. Pétrole. ‖ Nom donné dans l'ancienne chimie à plusieurs liquides inflammables.

**NAPHTÉINE.** s. f. [Pr. *naf-...*] (R. *naphte*). T. Minér. Variété de Hatchettine.

**NAPHTÈNE.** s. m. [Pr. *naf-tène*] (R. *naphte*, et le suff. *ène*, des carbures saturés). T. Chim. Les *naphtènes* ou *paraffènes* sont des hydrocarbures cycliques saturés d'hydrogène et répondant à la formule générale $C^nH^{2n}$. La plupart existent à l'état naturel dans les pétroles du Caucase : ce sont l'*hexaméthylène* ou *hydrobenzène* et l'*heptanaphtène* (Voy. ces mots), l'*octonaphtène* $C^8H^{16}$ et ses homologues supérieurs jusqu'au *pentadécanaphtène* $C^{15}H^{30}$. Plusieurs de ces hydrocarbures se rencontrent aussi dans les huiles de résine provenant de la distillation de la colophane. Le terme le plus simple de la série est le *triméthylène* $C^3H^6$.

Les naphtènes sont isomériques avec les hydrocarbures éthyléniques et en diffèrent peu au point de vue des propriétés physiques; mais ils s'en distinguent facilement par leur résistance à l'action des hydracides et parce qu'ils ne forment avec le chlore et le brome que des produits de substitution.

**NAPHTÉNIQUE.** adj. 2 g. [Pr. *naf-ténike*]. T. Chim. *Acide n.* Voy. Hydrotoluène.

**NAPHTIONIQUE.** adj. 2 g. [Pr. *naf-tionike*] (R. *naphte*). T. Chim. L'*acide n.* est l'un des acides naphtylamine-sulfoniques. Voy. Naphtylamine.

**NAPHTOATE.** s. m. [Pr. *naf-toate*]. T. Chim. Nom que l'on donne aux sels et aux éthers des acides naphtoïques.

**NAPHTOHYDROQUINONE.** s. f. [Pr. *naf-to...*] T. Chim. Voy. Dioxynaphtalène.

**NAPHTOÏQUE.** adj. 2 g. [Pr. *naf-toïk*] (R. *naphte*). T. Chim. Les *acides n.* ou *naphtalène-carboniques* sont au nombre de deux et répondent à la formule $C^{10}H^7CO^2H$. Ils se forment par l'oxydation des naphtylamines, mais on les obtient plus aisément en saponifiant les nitriles naphtoïques par la potasse alcoolique. — L'*acide α-n.* cristallise en aiguilles incolores, fusibles à 160°, très peu solubles dans l'eau, solubles dans l'alcool. Traité par le perchlorure de phosphore il donne naissance à l'*anhydride α-n.* $(C^{10}H^7CO)^2O$ cristallisé en prismes fusibles à 145°, et au *chlorure d'α-naphtoyle* $C^{10}H^7COCl$, liquide bouillant à 207°. Sous l'action de l'ammoniaque, ces composés se transforment en *amide n.* $C^{10}H^7COAzH^2$ cristallisée en tables qui fondent à 202°. — L'*acide β-n.* ou *isonaphtoïque* se présente en aiguilles brillantes, fusibles à 182°, assez solubles dans l'eau bouillante. Le perchlorure de phosphore le transforme en *anhydride β-n.* fusible à 133°, et en *chlorure de β-naphtoyle* qui fond à 43° et qui bout à 304°.

Les *nitriles n.*, appelés *naphtonitriles* ou *cyanonaphtalènes* ont pour formule $C^{10}H^7CAz$. On les prépare en faisant agir le cyanure de potassium sur les naphtalène-sulfonates de potassium. Le nitrile α est en aiguilles fusibles à 37°,5, bouillant à 296°, solubles dans l'alcool, l'éther et le pétrole. Le nitrile β, moins soluble dans l'alcool, cristallise en lames; il fond à 66°,5 et bout à 304°.

En distillant les naphtoates de calcium avec du formiate de calcium on obtient les *aldéhydes α* et *β-naphtoïques*; le premier est un liquide épais qui bout à 291°; le second est solide, cristallisable, fusible à 59°. A ces aldéhydes correspondent les *alcools naphtyliques* $C^{10}H^7CH^2OH$.

Les *acides oxy-naphtoïques* ou *naphtol-carboniques* sont des acides-phénols répondant à la formule $C^{10}H^6(OH)CO^2H$. L'action de l'anhydride carbonique sur les naphtols sodés α et β en fournit deux : le premier fusible à 185°, le second à 216°. On en obtient d'autres en fondant avec la potasse ou la soude les dérivés sulfonés des acides naphtoïques, ou en diazotant leurs dérivés amidés.

Pour les diphénols dérivant des acides n. Voy. Dioxynaphtoïque.

**NAPHTOL.** s. m. [Pr. *naf-tol*] (R. *naphte*, et la termin. *ol* de *phénol*). T. Chim. Les *naphtols* sont les phénols correspondant au naphtalène. Ils sont au nombre de deux isomères, répondant à la formule $C^{10}H^7OH$ et différant par la position de l'oxhydryle OH sur le noyau naphtalénique. On les distingue par les lettres α et β.

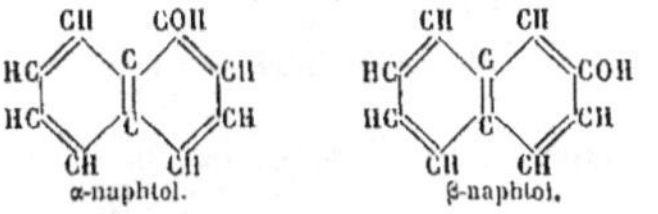

CH COH / HC C CH / HC C CH / CH CH

α-naphtol.

CH CH / HC C COH / HC C CH / CH CH

β-naphtol.

L'industrie les prépare sur une grande échelle en faisant réagir, vers 300°, la soude caustique sur les acides α et β-naphtalène-sulfoniques ou sur leurs sels de sodium. Les naphtols trouvent leurs principales applications dans la fabrication des matières colorantes. On utilise aussi les naphtols et plusieurs de leurs dérivés comme antiseptiques.

I. — L'*α-n.* se présente en aiguilles brillantes à odeur de phénol, peu solubles dans l'eau, très solubles dans l'alcool et dans l'éther; il fond à 96° et bout à 278°. Ses solutions aqueuses prennent une belle coloration violette sous l'action du chlorure de chaux. Le n. se comporte comme un acide vis-à-vis des alcalis : il s'y dissout en formant des *naphtolates* tels que le naphtolate de sodium ou *n. sodé* $C^{10}H^7ONa$. Les iodures alcooliques transforment ces naphtolates en éthers-oxydes mixtes, comme le *naphtanisol* (Voy. ce mot) qui est un oxyde de méthyle et de naphtyle. En réagissant sur les anhydrides ou sur les chlorures d'acides, le n. fournit des éthers-sels. L'acide azoteux le convertit en *nitroso-α-n.* $C^{10}H^7O^2Az$ qui, par oxydation, fournit le *nitro-α-n.* $C^{10}H^6(AzO^2)OH$ cristallisé en aiguilles jaunes, fusibles à 164° En traitant le n. par l'acide azotique et l'acide sulfurique concentrés, on obtient un *dinitro-α-n.* $C^{10}H^5(AzO^2)^2OH$ et son dérivé sulfonique, qui servent à préparer le *jaune de Martius* et les *jaunes de n.* La réduction de ce dérivé dinitré donne naissance au *diimido-n.* $C^{10}H^5(OH)Az^2H^2$, base incolore dont les sels sont rouges. Les acides *α-n.-sulfoniques* $C^{10}H^6(OH)(SO^3H)$ se préparent en diazotant les acides α-naphtylamine-sulfoniques et en décomposant par l'eau bouillante le produit de la réaction ; ils servent à obtenir des couleurs ponceau très pures.

II. — Le *β-n.* cristallise en lamelles incolores, peu solubles dans l'eau, très solubles dans les autres dissolvants. Il fond à 122° et bout à 285°. En solution aqueuse il prend une teinte jaunâtre sous l'action du chlorure de chaux. Il forme des naphtolates et des éthers dans les mêmes conditions que son isomère α. Parmi les éthers-sels, on remarque le *bétol* ou *salicylate de β-naphtyle*, analogue au salol, et le *sulfate acide de β-naphtyle*, $SO^4H(C^{10}H^7)$ dont le sel de calcium, est employé sous le nom d'*asaprol* en thérapeutique et sous le nom d'*abrastol* pour la conservation des vins. — Le sulfate de nitrosyle convertit le β-n. sodé en *nitroso-β-n.* qui forme des cristaux prismatiques orangés, fusibles à 109°; ce dernier composé, oxydé par l'acide azotique, fournit le *nitro-β-n.* en aiguilles jaunes, fusibles à 103°. En réagissant directement sur le n., l'acide azotique donne un dérivé dinitré jaune.

Les dérivés sulfoniques du β-n. sont d'une grande importance pour l'industrie des matières colorantes oxyazoïques. Ces dérivés étant assez nombreux, on les distingue souvent par des lettres ou par des noms particuliers; il est préférable d'employer la notation chiffrée indiquée au mot Naphtalène. L'acide *β-n.-sulfonique* 2.8, connu sous le nom d'*acide crocéique*, se prépare en chauffant, à une température inférieure à 60°, le β-n. avec de l'acide sulfurique concentré; il sert à fabriquer les crocéines. La même réaction, effectuée à une température élevée, fournit l'acide 2.6 ou *acide de*

*Schaeffer* qui sert surtout à préparer le dérivé correspondant de la naphtylamine. L'acide 2,7 ou *acide R* se forme, à l'état de sel de sodium, quand on chauffe l'acide naphtalène-disulfonique correspondant avec de la soude caustique. Par l'action ultérieure d'un excès d'acide sulfurique sur ces composés mono-sulfoniques, on obtient les acides *β-n.-disulfoniques* $C^{10}H^5(OH)(SO^3H)^2$ dont les principaux sont l'acide J ou 2.6.8, l'acide R ou 2.3.6 et l'acide 2.3.7. Tous ces dérivés mono- ou di-sulfoniques sont employés dans l'industrie pour obtenir des matières colorantes, généralement rouges ou orangées. Voy. AZOÏQUE, IV et COLORANTES, IV, 6°.

**NAPHTOLATE**. s. m. [Pr. *naf-tolate*]. T. Chim. Voy. NAPHTOL.

**NAPHTOL-CARBONIQUE**. adj. 2 g. [Pr. *naf...*]. T. Chim. *Acides n.* ou *oxynaphtoïque*. Voy. NAPHTOÏQUE.

**NAPHTOL-SULFONIQUE**. adj. 2 g. (R. *naphtol* et *sulfonique*). T. Chim. Voy. NAPHTOL.

**NAPHTONITRILE**. s. m. [Pr. *naf-to...*] T. Chim. Voy. NAPHTOÏQUE.

**NAPHTOPYRIDINE**. s. f. [Pr. *naf-to...*]. T. Chim. Syn. de *Naphtoquinoléine*.

**NAPHTOQUINOLÉINE**. s. f. [Pr. *naf-to...*] (R. *naphte*, et *quinoléine*). T. Chim. Composé de la formule $C^{13}H^9Az$, constitué par un noyau de naphtalène et un noyau de pyridine qui ont deux atomes de carbone communs. En chauffant les naphtylamines avec la glycérine en présence d'acide sulfurique et de nitro-benzène, on obtient deux naphtoquinoléines isomères, dont les points de fusion sont à 52° et 93°.

**NAPHTOQUINONE**. s. f. [Pr. *naf-to...*] (R. *naphte*, et *quinone*) T. Chim. Composé de la formule $C^{10}H^6O^2$, constitué par du naphtalène dans lequel deux atomes d'hydrogène sont remplacés par deux atomes d'oxygène. On connaît deux naphtoquinones isomères, qu'on distingue par les lettres α et β. — L'α-n. se produit quand on oxyde le naphtalène par l'acide chromique. Elle cristallise en aiguilles jaunes, fusibles à 125°, peu solubles dans l'eau, assez solubles dans l'éther, le benzène et le sulfure de carbone; elle est volatile avec la vapeur d'eau. — La n. β cristallise en lamelles orangées qui fondent en se décomposant à 115°; elle se dissout dans les alcalis avec une coloration jaune qui verdit à l'air. — Les agents d'hydrogénation transforment les naphtoquinones en *hydro-naphtoquinones*, diphénols répondant à la formule $C^{10}H^6(OH)^2$.

Les *oxy-naphtoquinones* sont des quinones à fonction phénolique qui dérivent des naphtoquinones et répondent à la formule $C^{10}H^5O^2(OH)$; la plus importante est la juglone. — La naphtazarine est une *dioxy-n.* $C^{10}H^4O^2(OH)^2$ qui se forme, en même temps qu'une *trioxy-n.* $C^{10}H^3O^2(OH)^3$, par la réduction du dinitro-naphtalène. Voy. JUGLONE et NAPHTAZARINE.

**NAPHTORÉSORCINE**. s. f. [Pr. *nafto-rézor-sine*]. T. Chim. Voy. DIOXYNAPHTALÈNE.

**NAPHTOTANIN**. s. m. [Pr. *nafto...*] T. Chim. Voy. DIOXYNAPHTALÈNE.

**NAPHTOYLE**. s. m. [Pr. *nafto-ile*]. (R. *naphtoïque*). T. Chim. Radical monovalent $C^{10}H^7CO$ contenu dans les acides naphtoïques et leurs dérivés.

**NAPHTYL**. [Pr. *naf-til*] T. Chim. Préfixe indiquant la présence du radical naphtyle dans la molécule d'un composé.

**NAPHTYLAMINE**. s. f. [Pr. *naf-til...*]. (R. *naphte* et *amine*). T. Chim. Amine de la formule $C^{10}H^7AzH^2$, constituée par le dérivé amidé du naphtalène. Comme tous les dérivés monosubstitués de cet hydrocarbure, elle se présente sous deux modifications isomériques :

α-naphtylamine

β-naphtylamine

L'α-n. est la plus importante des deux. On la prépare industriellement en réduisant l'α-nitro-naphtalène par la tournure de fer et l'acide chlorhydrique. La n. brute ainsi obtenue forme une masse grise, d'une odeur très désagréable; on la purifie par distillation. Pure elle cristallise en aiguilles blanches, insolubles dans l'eau, solubles dans l'alcool et dans l'éther; elle fond à 50° et bout vers 300°. A l'air et à la lumière elle s'altère rapidement et se colore en brun rouge. Traitée par certains oxydants, tels que le chlorure ferrique, le permanganate ou le bichromate de potassium, elle donne un précipité bleu passant au pourpre, qu'on a appelé *naphtaméine*. Elle se dissout dans les acides en donnant des sels cristallisables. Avec l'acide ou l'anhydride acétique elle donne l'*acétonaphtalide* en cristaux fusibles à 159°. L'acide azoteux transforme les sels de n. en dérivés azoïques. La diazotation de la n. donne le *diazo-amido-naphtalène* $C^{10}H^7Az^2AzH(C^{10}H^7)$. En faisant réagir l'azotite de potassium et la potasse sur le chlorhydrate de n. on obtient l'*amido-azo-naphtalène* $C^{10}H^7Az^2C^{10}H^6(AzH^2)$; ce composé cristallise en aiguilles rouges, fusibles à 136°, et forme avec les acides des sels violets; avec un excès de n. il fournit le *rouge de n.* ou *rouge de Magdala*. — Les *acides α-n.-sulfoniques* ont pour formule $C^{10}H^6(AzH^2)(SO^3H)$. Le plus important est l'acide 1.4, connu sous le nom d'*acide naphtionique*; on le fabrique en chauffant à 100° la n. avec de l'acide sulfurique concentré. On obtient plusieurs de ses isomères en réduisant le dérivé nitré de l'acide naphtalène-α-sulfonique; on les sépare ensuite par la cristallisation fractionnée de leurs sels de sodium; le sel de l'acide 1.8 se dépose le premier. En modifiant les circonstances de cette préparation on obtient les acides *α-n.-disulfoniques* $C^{10}H^5(AzH^2)SO^3H$.

L'a β-n. se fabrique en faisant agir soit le gaz ammoniac, soit un mélange de soude caustique et de chlorhydrate d'ammoniaque sur le β-naphtol chauffé en autoclave à 150°. Elle cristallise en lamelles incolores, fusibles à 112°, bouillant à 294°. Insoluble dans l'eau, elle donne avec l'alcool ou l'éther des solutions à fluorescence bleue. Elle ne donne pas de précipité bleu avec les oxydants. Vis-à-vis des acides minéraux et de l'anhydride acétique, elle se comporte comme son isomère α. En général ses dérivés se préparent comme ceux de l'α-n. et en diffèrent peu par leurs propriétés. — Les *acides β-n.-sulfoniques* se préparent ordinairement par l'action de l'ammoniaque sur les dérivés sulfoniques du β-naphtol. Le plus important est l'acide 2.6, qu'on prépare à l'aide de l'acide de Schæffer.

Les naphtylamines et surtout leurs dérivés sulfonés, tels que l'acide naphtionique, servent à fabriquer une foule de matières colorantes azoïques : Crocéines, Ponceaux, Écarlates, Bordeaux, etc. On les emploie aussi pour la fabrication de couleurs tétrazoïques telles que les Congos, les Purpurines, les Noirs de naphtol.

Les naphtylamines sont des bases primaires, puisqu'elles contiennent le groupe $AzH^2$. Si l'on remplace l'hydrogène de ce groupe par un ou deux radicaux hydrocarbonés, on obtient des amines secondaires et tertiaires. Ainsi, par ex., l'action du chlorure ou de l'iodure de méthyle sur les naphtylamines donne naissance à la *méthyl-n.* $C^{10}H^7AzH(CH^3)$ et à la *diméthyl-n.* $C^{10}H^7Az(CH^3)^2$. En chauffant sous pression l'aniline avec le chlorhydrate de n., ou bien en chauffant le chlorhydrate d'aniline avec le naphtol, on obtient les *phényl-naphtylamines* $C^{10}H^7AzH(C^6H^5)$. Les autres amines aromatiques se comportent comme l'aniline. La n. elle-même, en réagissant sur son chlorhydrate, donne naissance aux *dinaphtylamines* $AzH(C^{10}H^7)^2$. Tous ces composés possèdent des propriétés analogues à celles des naphtylamines et quelques-uns ont pu être utilisés dans l'industrie des matières colorantes.

**NAPHTYLE**. s. m. [Pr. *naf-tile*] (R. *naphte*, et le suff. *yle*, du gr. ὕλη, matière). T. Chim. Radical monovalent $C^{10}H^7$ contenu dans le naphtalène et dans ses dérivés monosubstitués. Il peut se présenter sous deux formes isomériques suivant que la valence libre est en position α ou β. L'union de deux radicaux naphtyles donne naissance aux *binaphtyles*. Voy. Ce mot.

**NAPHTYLÈNE**. s. m. [Pr. *naf-tilène*] (R. *naphte*). T. Chim. Radical bivalent $C^{10}H^6$ contenu dans les dérivés bisubstitués du naphtalène.

**NAPHTYLÈNE-DIAMINE**. s. f. [Pr. *naf-ti...*]. T. Chim. Dérivé deux fois amidé du naphtalène. Les naphtylène-diamines ont pour formule $C^{10}H^6(AzH^2)^2$. Ce sont des corps solides, cristallisables, qu'on obtient en réduisant les dinitro-naphtalènes ou les nitro-naphtylamines. L'une de ces diamines sert à préparer le *rouge de n.* colorant tétrazoïque pour coton.

**NAPHTYLIQUE**. adj. 2 g. [Pr. *naf-tilik*]. T. Chim. *Composé n.*, qui contient le radical naphtyle. — *Alcool n.* Voy. NAPHTOÏQUE.

**NAPIER** (JEAN). Voy. NÉPER.

**NAPIER** (sir CHARLES), vice-amiral anglais (1786-1860), commanda la flotte anglo-française dans la Baltique, lors de la guerre contre la Russie en 1854.

**NAPIFORME**. adj. 2 g. (lat. *napus*, navet; *forma*, forme). T. Bot. Qui a la forme d'un navet. *Racine napiforme.*

**NAPLES**, (en ital. *Napoli*, autrefois *Parthénope* puis *Néapolis*, nouvelle ville), anc. cap. du royaume des Deux-Siciles; auj. ch.-l. de la prov. de Naples, sur le golfe de Naples, près du Vésuve, à 205 kilomètres S. de Rome; 494,300 hab. — La province a 1,002,000 hab.

L'origine de Naples est très ancienne. Après la chute de l'empire romain, elle eut à subir les invasions des Sarrasins et des Normands. Ce fut Charles d'Anjou qui fit de Naples la capitale du royaume des Deux-Siciles. Plus tard, ce royaume passa sous la domination de l'Espagne; Naples fut prise par Garibaldi en 1860 et, depuis cette époque, elle fait partie du royaume d'Italie.

*Liste chronologique des rois de Naples et des Deux-Siciles.* — Roger I$^{er}$, 1130. — Guillaume I$^{er}$, le Bon, 1154. — Guillaume II, le Mauvais, 1166. — Henri VI, empereur d'Allemagne, comme mari de Constance, fille de Roger I$^{er}$, 1189. — Frédéric I$^{er}$, 1197. — Conrad, 1250. — Conradin, 1254. — Manfred, 1258. — Charles I$^{er}$, frère de saint Louis, roi de France, chef de la 1$^{re}$ maison d'Anjou, 1266; il perd la Sicile qui passe aux Aragonais, en 1282. — Charles II, 1285. — Robert, 1309. — Jeanne I$^{re}$, 1343. — Charles III, 1382. — Ladislas, 1386. — Jeanne II, 1414. — (En même temps, régnaient en Sicile : Pierre I$^{er}$, 1282. — Jacques, 1285. — Frédéric I$^{er}$, 1296. — Pierre II, 1337. — Louis, 1342. — Frédéric II, 1355. — Marie, 1377. — Martin I$^{er}$, comme époux de Marie, 1391; comme roi, 1402. — Martin II, 1409. — Ferdinand I$^{er}$, 1410). — Alphonse I$^{er}$, roi de Sicile et d'Aragon, depuis 1416; roi de Naples, 1435. Ses quatre successeurs immédiats : Ferdinand I$^{er}$, 1458, Alphonse II, 1494, Ferdinand II, 1495, et Frédéric II, 1496, ne sont que rois de Naples. (La Sicile est gouvernée en même temps par : Jean d'Aragon, 1458, et Ferdinand le Catholique, roi d'Espagne, 1479.) Ce dernier réunit de nouveau les deux pays, en 1504, et règne sous le nom de Ferdinand III. — Depuis cette époque, le royaume des Deux-Siciles fait partie de la monarchie espagnole, et ne redevient État indépendant qu'au XVIII$^{e}$ siècle. En 1713, les traités d'Utrecht et de Rastadt donnent Naples à l'Autriche, et la Sicile à la Savoie : celle-ci cède la Sicile à Naples, en 1720, en échange de la Sardaigne. Le royaume des Deux-Siciles a pour rois : Charles IV (de la branche puînée de la maison de Bourbon), 1736. — Ferdinand III, 1756. — Ferdinand IV, en Sicile, 1806; — Joseph-Napoléon, 1807; Joachim Murat, 1808, à Naples. — Ferdinand IV, seul, 1815. (Ce prince prend le titre de Ferdinand I$^{er}$, roi des Deux-Siciles, le 26 déc. 1816.) — François I$^{er}$, 1825. — Ferdinand II, 1830. — François II, 1859-1860. — Réunion au royaume d'Italie, 1860.

**NAPLOUSE**, anc. Sichem, v. de la Syrie, sur le flanc du mont Garizim; 7,000 hab.

**NAPOLÉON**. s. m. (R. *Napoléon I$^{er}$*, empereur). T. Métrol. Nom donné sous le premier empire à la pièce d'or de vingt francs.

**NAPOLÉON I$^{er}$** (BONAPARTE), empereur des Français, né à Ajaccio le 15 août 1769. Officier d'artillerie, il se distingua dans plusieurs circonstances, surtout au siège de Toulon (1794). Après sa belle campagne d'Italie (1796), il fut envoyé en Égypte par le Directoire (1798). Il abandonna son armée à Kléber, revint en France, et par le coup d'État du 18 Brumaire renversa le Directoire (novembre 1799). Il se fit alors nommer Premier Consul de la République française pour 10 ans, puis Consul à vie. Le Consulat fut marqué par la 2$^{e}$ campagne d'Italie, par la paix de Lunéville et par la paix d'Amiens, par le Concordat et la pacification de la France. En 1804, Bonaparte fut proclamé empereur et prit le nom de Napoléon. Son règne est célèbre par les victoires qu'il remporta sur les Autrichiens, les Russes, les Prussiens, les Espagnols. En 1812, il entreprit la campagne de Russie, et prit Moscou. Mais il fallut battre en retraite, et ce fut une série de désastres. L'Europe entière se coalisa, les alliés entrèrent à la suite de Napoléon sur le territoire français, et, malgré des prodiges d'habileté, Napoléon dut abdiquer à Fontainebleau (11 avril 1814). On lui donna l'île d'Elbe en toute souveraineté, mais dès le 1$^{er}$ mars suivant il reparut en France. Vaincu à Waterloo par les Anglo-Prussiens (18 juin 1815), il se livra aux Anglais qui le reléguèrent à l'île Sainte-Hélène, où il mourut le 5 mai 1821.

**NAPOLÉON II**, fils de Napoléon I$^{er}$ et de Marie-Louise (1811-1832), connu sous le nom de roi de Rome, dut prendre en 1815 le titre de duc de Reichstadt

**NAPOLÉON III** (CHARLES-LOUIS-NAPOLÉON **BONAPARTE**), fils de Louis-Napoléon, roi de Hollande, frère de Napoléon I$^{er}$, et de la reine Hortense, né le 20 avril 1808 Après une vie aventureuse, il fut élu représentant du peuple en 1848, puis, le 10 décembre suivant, nommé président de la République française. Il fit, le 2 décembre 1851, un coup d'État, et l'année suivante fut proclamé empereur. Allié des Anglais et des Turcs, il déclara la guerre à la Russie en 1854; la prise de Sébastopol amena la signature du traité de Paris. En 1859, nouvelle guerre pour chasser les Autrichiens de l'Italie. D'autres expéditions eurent également lieu en Chine, en Cochinchine, au Mexique; celle-ci fut désastreuse malgré les victoires de nos soldats. En juillet 1870, il engagea la guerre, avec 250,000 hommes, contre la Prusse qui en avait 3 fois autant Après une suite de désastres inouïs, Napoléon III fut vaincu et pris à Sedan, le 2 septembre 1870. Détrôné le 4 septembre par les Parisiens, il se retira en Angleterre, à Chislehurst, et y mourut le 9 janvier 1873.

**NAPOLÉON** (EUGÈNE-LOUIS-JEAN-JOSEPH), prince impérial, fils unique de Napoléon III, né à Paris en 1856, m. en Afrique australe, dans une expédition contre les Zoulous, 1879.

**NAPOLEONA**. s. f. (R. *Napoléon*, n. pr.). T. Bot. Genre de plantes Dicotylédones de la famille des *Myrtacées*. Voy. ce mot.

**NAPOLÉON-VENDÉE**, nom de *La Roche-sur-Yon* sous le premier empire.

**NAPOLÉONVILLE**, nom de *Pontivy* sous le premire empire.

**NAPOLI-DE-ROMANIE**. Voy. NAUPLIE.

**NAPOLITAIN**. s. m. T. Cuis. Rondelles de pâte d'amandes masquées avec de la marmelade d'abricot et posées les unes sur les autres en forme de cylindre, puis glacées.

**NAPOLITAINE**. s. f. [Pr. *napoli-tène*]. T. Techn. Sorte de tissu de laine cardée, lisse, ras et teint en pièce. *Les napolitaines se fabriquent à Reims.*

**NAPPE**. s. f. [Pr. *na-pe*] (lat. *mappa*, m. s.). Linge dont on recouvre la table pour prendre ses repas. — Fig. et fam., *La n. est toujours mise dans cette maison*, On y trouve à boire et à manger à quelque heure qu'on y vienne. — *Servir la n. à quelqu'un*, lui préparer le succès. || *N. d'autel*, Le linge dont on couvre l'autel. *N. de communion*, Le linge placé devant les communiants. = *N. d'eau*, Espèce de cascade dont l'eau tombe en forme de n. Se dit aussi d'une grande étendue d'eau tranquille, comme celle d'un lac, d'un étang || T. Chasse. La peau du cerf qu'on étend par terre, quand on veut donner la curée aux chiens. — Sorte de filet qui sert à prendre des cailles, des alouettes, etc. || T. Techn. Longue surface de plomb destinée à couvrir et à garantir de la pluie des terrasses, grands chéneaux, etc. — Coton qui sort de la carde. || T. Boucher. Linge sur lequel les bouchers suspendent les quartiers de viande. = *Une n. de feu*, matière enflammée qui s'étend en surface. — *Une n. de coton*, coton cardé qui se déroule en sortant de la machine en bande d'égale épaisseur. || T. Géom. Les deux parties de la surface d'un cône séparées par le sommet. Chacune des parties d'une surface composée de plusieurs parties séparées.

**NAPPERON**. s. m. [Pr. *na-peron*]. Petite nappe ou serviette qu'on étend sur la nappe pour la garantir des taches.

**NARBONNAISE**, nom donné par les Romains à la partie

de la Gaule méridionale qui renfermait Narbonne, Toulouse, Nîmes, Marseille, Arles, Aix, Orange, Valence, Vienne, et qu'ils conquirent vers 125 av. J.-C.

**NARBONNE**, ch.-l. d'arr. du dép. de l'Aude, à 53 kilomètres E. de Carcassonne; 29,600 hab. Vins; miel. Anc. cap. de la Narbonnaise sous les Romains. = Nom des hab. : NARBONNAIS, AISE.

**NARBONNE** (comte), général et homme d'État (1755-1814), fut ministre de la guerre sous Louis XVI (1791), aide de camp et ambassadeur de Napoléon Ier (1813).

**NARCÉINE**. s. f. (gr. νάρκη, assoupissement). T. Chim. Alcaloïde contenu dans l'opium. On peut l'extraire des eaux mères provenant de la préparation de la morphine. La n. cristallise en aiguilles blanches, soyeuses, amères. Elle se distingue des autres alcaloïdes de l'opium par une plus grande solubilité dans l'eau bouillante. Les sels qu'elle forme avec les acides étendus sont généralement amorphes. Par ses propriétés calmantes et soporifiques, elle est comparable à la morphine; elle produit un sommeil plus léger, mais elle suspend notablement l'émission des urines. A dose un peu élevée, elle agit comme un poison énergique. Voy. OPIUM.

**NARCISSE**, personnage mythologique, fils du fleuve Céphise, se noya en contemplant dans l'eau son visage dont il était épris et fut changé en la fleur qui porte son nom.

**NARCISSE**. s. m. [Pr. *nar-si-se*]. Nom propre devenu appellatif pour signifier Un homme amoureux de sa figure.

**NARCISSE**. s. m. [Pr. *nar-si-se*] (lat. *narcissus*, gr. νάρκισσος, m. s., de νάρκη, assoupissement, parce que l'odeur de la fleur passait pour narcotique). T. Bot. Genre de plantes Monocotylédones (*Narcissus*) de la famille des *Amaryllidacées*. Voy. ce mot.

**NARCOTINE**. s. f. (gr. νάρκη, assoupissement). T. Chimie. Alcaloïde de la formule $C^{22}H^{23}Az\ O^7$, contenu dans l'opium. La n. cristallise en petits prismes orthorhombiques, incolores, fusibles à 176°. Insoluble dans l'eau froide, elle forme avec l'alcool et avec l'éther des solutions amères, sans réaction alcaline, lévogyres; ses solutions dans les acides sont, au contraire, dextrogyres. La n. est une base faible, dont les sels sont peu stables. Oxydée par l'acide azotique, elle se dédouble en acide opianique et en cotarnine. Par ébullition avec de l'eau, elle se scinde en cotarnine et méconine. La n. est moins toxique que la morphine; elle exerce une action excitante ou convulsivante, nullement soporifique. Voy. OPIUM.

**NARCOTIQUE**. s. m. T. Méd. Les narcotiques sont des substances dont l'absorption amène l'engourdissement des facultés intellectuelles, l'affaiblissement de l'innervation musculaire ou l'émoussement de la sensibilité, en produisant une dépression fonctionnelle du système nerveux. Les termes *stupéfiants, somnifères, sédatifs*, sont parfois employés dans le même sens, mais ils ne sont pas exactement synonymes. Tous les narcotiques ne provoquent pas en effet les mêmes phénomènes dans le même ordre et avec la même intensité. — Les *somnifères* influencent primitivement les lobes cérébraux, et amènent avant tout le sommeil; l'opium, le chloral, tiennent la première place dans ce groupe; l'opium dont l'effet envahit lentement le malade et se dissipe de même, le chloral dont l'effet est au contraire brusque, sans transition et cesse rapidement; enfin, à côté d'eux, les *anesthésiques*, les *mydriatiques*, ainsi appelés à cause de leur propriété remarquable de dilater la pupille, ont une action somnifère beaucoup plus effacée. Leur influence principale est de relâcher tous les sphincters; le sommeil ne survient que postérieurement à une manifestation très opposée, le délire avec hallucination. Ce groupe de narcotiques comprend la belladone, la jusquiame, le datura, la digitale, la ciguë, le tabac, etc.; ces diverses solanées doivent leur propriété à des alcaloïdes définis, qui, pour la plupart, ont une extrême énergie (atropine, nicotine, etc.). Les *médicaments sédatifs* forment une troisième classe : sans énergie stupéfiante, ils sont susceptibles de calmer les excitations nerveuses, d'apaiser l'agitation cérébrale, de modérer les mouvements spasmodiques et les douleurs : les principaux sont : la laitue vireuse, le laurier-cerise, les cyanures alcalins, les valérianates, l'éther, le bromure de potassium.

Les narcotiques sont employés en thérapeutique pour calmer la douleur, que celle-ci forme ou non l'essence de la maladie, pour apaiser les irritations viscérales qui surexcitent et précipitent les fonctions des organes malades, pour remédier aux spasmes musculaires, aux contractures, aux affections générales ou locales, etc. — Les médications narcotiques s'administrent par les voies digestives, par la peau et par les surfaces respiratoires; généralement, il faut donner la préférence à la première, car la digestion n'altère pas la substance n. Les doses doivent toujours être modérées au début, en raison des idiosyncrasies si fréquentes. Au point de vue de la forme médicamenteuse, les narcotiques peuvent s'ordonner sous des modes variés; les progrès dans le dosage chimique ont permis d'utiliser les alcaloïdes et de mieux mesurer l'action qu'on veut produire (morphine, codéine, atropine, digitaline).

**NARCOTISME**. s. m. T. Méd. On entend par n. les effets ultra-physiologiques produits sur l'organisme par l'absorption des narcotiques. Le n. peut être aigu ou chronique; dans le n. aigu, qui est en somme un empoisonnement, la forme clinique est variable suivant la substance. En général, les individus narcotisés sont pâles et froids, prostrés, somnolents; les pupilles, démesurément dilatées dans le n. solané, et même sous l'influence de la digitale, sont fortement resserrées par l'opium. Le pouls est généralement calme, lent (belladone, digitale, etc.), et irrégulier (tabac). Les urines sont claires et abondantes (n. solané), rares et rouges (n. opiacé). Les vomissements sont fréquents, les selles aussi, avec les solanées, tandis que l'opium détermine une constipation opiniâtre; souvent il y a des éruptions cutanées. En général, quoique toxiques et parfois mortels à hautes doses, les narcotiques, sauf les cyaniques, n'offrent pas une nature maligne : ordinairement les symptômes les plus graves en apparence sont suivis de guérison. D'ailleurs l'accoutumance conduit à des tolérances étonnantes. — Il faut dire toutefois que l'abus continu des narcotiques conduit à la détérioration physique et psychique, comme on le constate sur les fumeurs d'opium et les tabagiques. Ces faits constituent le n. chronique caractérisé par un ensemble de symptômes communs : engourdissement cérébro-spinal, diminution de la mémoire, paresse intellectuelle, tristesse, somnolence, regard terne, pâleur, perte, diminution de la virilité, inappétence, sécheresse de la bouche, constipation ou au contraire relâchement des sphincters ou incontinence des selles et des urines (belladone) ou phénomènes cardiaques avec palpitations, douleurs et oppression simulant l'angine de poitrine (tabac), et toujours un désir presque invincible de recourir à la substance narcotique.

Pour remédier aux accidents aigus, le café, le thé, la respiration artificielle, les douches froides, suffisent d'ordinaire. Les autres indications anti-toxiques relèvent de la thérapeutique spéciale à chaque substance. — Pour le n. chronique, il est difficile de lutter contre les instincts organiques d'habitude qui dominent le malade au point qu'il ne veut plus être guéri; il faut faire appel à la diversion morale et physique, à l'exercice intellectuel et musculaire (promenades, chasse, escrime, bains froids); occuper l'esprit à des choses positives, tromper la passion du malade en diminuant graduellement à son insu la force et la quantité du narcotique; enfin ne jamais le laisser seul ou inoccupé. Une fois l'habitude vaincue, les ablutions froides, l'air des montagnes, les excitants généraux, le café, le thé, serviront à tonifier le système nerveux.

**NARD**. s. m. [Pr. *nar*] (lat. *nardus*, du gr. νάρδος, m. s.). T. Bot. Genre de plantes Monocotylédones (*Nardus*) de la famille des *Graminées*. Voy. ce mot. || Se dit aussi d'un parfum fort estimé que les anciens tiraient de certaines racines odoriférantes, et particulièrement d'une espèce de Valériane. Voy. VALÉRIANÉES.

**NARDINI**, archéologue ital. (1600-1661).

**NARDOSTACHIDE**. s. m. (gr. νάρδος, *nard*; στάχυς, épi). T. Bot. Genre de plantes Monocotylédones (*Nardostachys*) de la famille des *Valérianées*. Voy. ce mot.

**NARENTA**, riv. de l'Herzégovine, prend sa source près de Morfor et se jette dans l'Adriatique. 275 kil.

**NARGHILÉ** ou **NARGUILÉ** [Pr. le *g* dur] (R. pers. *narguileh*, m. s. de *nârghil*, noix de coco). Sorte de pipe composée d'un fourneau, d'un ou plusieurs tuyaux et d'un vase plein d'eau aromatisée que la fumée traverse avant d'arriver à la bouche des fumeurs.

**NARGUE.** s. f. (R. *narguer*). Ne se dit que dans ces locutions famil., *Dire n. d'une chose*, Exprimer le peu de cas qu'on en fait. *Faire n. à quelqu'un*, Le braver avec mépris. *Nos vins font n. aux vôtres*, Nos vins sont très supérieurs aux vôtres. || S'emploie aussi famil., en forme d'interjection, comme terme de mépris. *N. de cet homme! N. de l'amour! N. du chagrin!*

**NARGUER.** v. a. (bas lat. *naricare*, froncer le nez, se moquer; ou bien orig. germ, : anc. haut all., *narrian*, se moquer de quelqu'un, le duper). Faire nargue, braver avec mépris, *N. ses ennemis*. Fam. = NARGUÉ, ÉE, part.

**NARGUILÉ.** s. m. Voy. NARGHILÉ.

**NARINE.** s. f. (lat. *naris*, m. s.). Chacune des deux cavités du nez par lesquelles l'homme et un grand nombre d'animaux flairent et respirent. *La cloison des narines. La fureur lui enfle les narines. Se boucher les narines*, afin de ne pas sentir une odeur. *Enfler ses narines*, en signe de contentement de soi-même. || T. Zool. *Fausse n.*, cul-de-sac conique formé par la peau à l'entrée de la n., chez les solipèdes.

**NARINGINE.** s. f. T. Chim. La *n.*, qu'on appelle aussi *Aurantiine*, est un glucoside contenu dans les fleurs du *Citrus decumana* (Rutacées). Elle forme des cristaux jaunes, contenant quatre molécules d'eau qu'ils perdent à 100°. Anhydre, elle fond à 170°. Les acides étendus et bouillants la dédoublent en rhamnose et en naringénine.

La *naringénine*, qui a pour formule $C^{15}H^{12}O^5$, fond à 230°. C'est un éther qui, saponifié par les alcalis, se dédouble, en phloroglucine et en acide para-coumarique.

**NARISHKINE,** noble famille russe, à laquelle appartenait la mère de Pierre le Grand, alliée à la maison régnante.

**NARQUOIS, OISE.** s. [Pr. *nar-koua, aze*]. Celui, celle qui a l'esprit fin, rusé, subtil, qui se plaît à tromper les autres ou à s'en moquer. *C'est un fin n. C'est une narquoise qui plaisante à vos dépens.* || Adject., on dit aussi, *C'est un esprit n. Des chansons narquoises.*

Maint vieux chat, fin, subtil et narquois.
LA FONTAINE.

|| Familièr., *Parler n.*, Parler un jargon qui n'est entendu que de ceux qui sont d'intelligence ensemble pour tromper quelqu'un.

**NARRATEUR, TRICE.** s. [Pr. *nar-rateur, trise*] (lat. *narrator, trix*, m. s.). Celui, celle qui narre, qui raconte quelque chose. *C'est un n. exact, un n. amusant, ennuyeux.*

**NARRATIF, IVE.** adj. [Pr. *nar-ratif*] (lat. *narrativus*, m. s.). Qui appartient à la narration. *Style n.* || Avec la prép. *de*, signif., Qui fait connaître, qui expose en détail. *Voici le mémoire n. du fait.*

**NARRATION.** s. f. [Pr. *nar-ra-sion*] (lat. *narratio*, m. s.). Récit ou relation d'un fait ou d'un événement. *N. simple, sèche, diffuse, pompeuse, éloquente, etc. N. historique, poétique, oratoire. Cicéron et Tite-Live excellent dans la n.* || Simple récit fait dans la conversation. *Abrégez votre n.*
**Rhétor.** — L'historien et l'orateur se servent également de la *Narration*. Mais le premier, uniquement préoccupé de la vérité, tient avant tout à exposer les faits tels qu'ils sont. L'orateur, au contraire, tout en respectant la vérité qu'il ne pourrait altérer sans perdre toute confiance et se nuire à lui-même, s'applique à présenter les faits sous un jour particulier; il insiste sur les circonstances favorables et adoucit celles qui lui sont contraires. Le récit de la mort de Clodius, dans le discours de Cicéron *pro Milone*, est un modèle de n. oratoire. La n. ainsi disposée est la plus puissante des démonstrations, car elle présente les faits de manière que l'auditeur soit amené à tirer lui-même les conséquences. Dans les plaidoyers, la n. vient ordinairement après la proposition et la division; mais comme, dans les causes très compliquées, il est souvent impossible de réunir tous les faits dans un même récit, la n. se partage alors et n'a plus de place déterminée. Dans quelques cas, l'orateur entre en matière par le récit immédiat des faits; alors la n. tient lieu d'exorde.
Dans les études classiques, on désigne encore, sous le nom de *N.*, une sorte d'exercice qui consiste à raconter un fait de quelque intérêt. Cet exercice a surtout pour objet d'habituer les élèves à disposer leurs idées avec ordre et à les développer. Il les prépare convenablement aux études qui font l'objet de la rhétorique.

**NARRÉ.** s. m. [Pr. *nar-ré*] (R. *narrer*). Discours par lequel on raconte quelque chose. *N. long, ennuyeux. Faire le n. d'une chose.*

**NARRER.** v. a. [Pr. *nar-rer*] (lat. *narrare*, m. s.). Raconter. *Il narre exactement les faits. Il a mal narré cette histoire.* — Absolum., *Il narre agréablement.* = NARRÉ, ÉE, part. = Syn. Voy. CONTER.

**NARSÈS,** général de Justinien, remplaça Bélisaire dans la guerre contre les Ostrogoths, et fut nommé exarque d'Italie. Mais, à la mort de Justinien, il fut accusé auprès de Justin II, et disgracié outrageusement par l'impératrice Sophie (472-568).

**NARTHECIUM.** s. m. [Pr. *nar-té-siome*] (gr. νάρθηξ, férule). T. Bot. Genre de plantes Monocotylédones de la famille des *Joncacées*. Voy. ce mot.

**NARTHEX.** s. m. [Pr. *nartek-s*] (gr. νάρθηξ, boîte). T. Antiq. chr. Partie inférieure d'une basilique où se tenaient les catéchumènes.

**NARVA,** v. forte de la Russie d'Europe (gouv. de Saint-Pétersbourg); 8,700 hab. Célèbre par la victoire de Charles XII sur les Moscovites, en 1700.

**NARVAEZ,** général espagnol, fut plusieurs fois ministre de la reine Isabelle II de Bourbon (1800-1868).

**NARVAL.** s. m. (all. *narwal*, m. s., de *nar*, pour *nase*, nez, et *wall*, baleine). Genre de *Cétacés*. Voy. DAUPHIN.

**NASAL, ALE.** adj. (Pr. *na-zal*) (lat. *nasalis*, m. s., de *nasus*, nez). Qui appartient au nez. *Os nasaux. Fosses nasales. Artère nasale. Hémorrhagie nasale*, Voy. ÉPISTAXIS. || T. Gramm. Se dit d'un son modifié par le nez, comme celui des premières syllabes d'*Embrasser, Tinter, Tomber*, et celui des dernières, dans les mots *Océan, Raison, Parfum. Son n. Prononciation nasale.* — *Lettres nasales*, et substant., *Les nasales*. Les lettres qui représentent les sons nasaux. Voy. CONSONNE et VOYELLE.

**NASAL.** s. m. [Pr. *na-zal*] (lat. *nasus*, nez). Partie du casque qui protégeait le nez. Voy. CASQUE.

**NASALEMENT.** adv. [Pr. *nazale-man*]. T. Gramm. Avec un son nasal.

**NASALISATION.** s. f. [Pr. *nazali-za-sion*]. Action de nasaliser; état d'un son nasalisé.

**NASALISER.** v. a. [Pr. *naza-li-zer*] (R. *nasal*). Transformer en son nasal. = NASALISÉ, ÉE. Part.

**NASALITÉ.** s. f. [Pr. *na-za-lité*]. T. Gramm. Qualité d'une voyelle ou d'une consonne nasale.

**NASARD.** s. m. [Pr. *na-zar*]. T. Mus. Jeu d'orgue de mutation. Voy. ORGUE.

**NASARDE.** s. f. [Pr. *na-zarde*]. Chiquenaude sur le nez. || Fig. et fam., *Donner une n., des nasardes à quelqu'un*, Se moquer de lui avec quelque mépris. *Homme à nasardes*, Homme fait pour être méprisé et moqué impunément.

Ils traitent les savants de faquins à nasardes.
MOLIÈRE.

**NASARDER.** v. a. [Pr. *nazar-der*]. Donner des nasardes. || Figur. et famil., Se moquer de quelqu'un avec des marques de mépris. = NASARDÉ, ÉE. part.

**NASBINALS,** ch.-l. de c. (Lozère), arr. de Marvejols; 1,300 hab.

**NASEAU.** s. m. [Pr. *na-zo*] (lat. *nasus*, nez). Se dit des narines de quelques animaux, et surtout du cheval. || *Fendeur de naseaux*, Bravache.

**NASELLE.** s. f. [Pr. *na-zèle*]. Syn. de NASAL.

**NASHVILLE.** Cap. de l'État de Tennessee (États-Unis d'Amérique), sur le Cumberland, 43,350 hab.

**NASI.** s. m. Le président du sanhédrin.

**NASILLARD, ARDE.** adj. [Pr. *na-zi-llar*, *ll* mouillées]. Se dit du son de voix de celui qui nasille, qui parle du nez. *Parler d'un ton n., d'une voix nasillarde.* || Se dit aussi pour nasilleur.

**NASILLARDEMENT.** s. m. [Pr. *nazi-llar-deman*, *ll* mouillées]. D'une manière nasillarde.

**NASILLARDISE.** s. f. [Pr. *nazi-llar-dize*, *ll* mouillées]. Défaut de celui qui nasille.

**NASILLEMENT.** s. m. [Pr. *nazi-lle-man*, *ll* mouillées]. Action de nasiller.

**NASILLER.** v. n. [Pr. *na-zi-ller*, *ll* mouillées]. Parler du nez. *On ne l'entend pas parler, il ne fait que nasiller.*

**NASILLEUR, EUSE.** s. [Pr. *na-zi-lleur*, *euze*, *ll* mouillées]. Celui, celle qui parle du nez. *C'est un n., une nasilleuse.*

**NASILLONNEMENT.** s. m. [Pr. *nazi-llo-neman*, *ll* mouillées]. Habitude de nasiller.

**NASILLONNER.** v. n. [Pr. *nazi-llo-ner*, *ll* mouillées]. Diminutif de nasiller.

**NASILLONNEUR, EUZE.** s. [Pr. *nazi-llo-neur*, *euze*, *ll* mouillées]. Celui, celle qui nasillonne.

**NASIQUE.** s. m. [Pr. *na-zike*] (lat. *nasus*, nez). T. Mamm. Genre de *Singes* de Bornéo. Voy. SEMNOPITHÈQUE.

**NASIRÉEN.** s. m. [Pr. *nazi-ré-in*] (hébr. *nazar*, séparer). Membre d'une secte ascétique qui était en grande vénération chez les anciens Juifs. Les Nasiréens avaient été ainsi appelés parce qu'ils menaient un genre de vie différent de celui de leurs compatriotes. Ils s'engageaient par des vœux, soit perpétuels, soit pour un temps limité, à certaines austérités et observances. Les plus communes étaient l'abstention absolue de vin et de toute liqueur fermentée, et l'obligation de ne jamais couper leur chevelure. Samson, Samuel et saint Jean-Baptiste faisaient profession de *Nasiréisme*. Les Nasiréens sont aussi appelés *Nazaréens* par quelques auteurs; mais il ne faut pas les confondre avec les premiers chrétiens qui furent d'abord connus sous ce dernier nom, parce que les parents de Jésus-Christ habitaient Nazareth.

**NASIRÉISME.** s. m. [Pr. *nazi-réisme*]. Genre de vie des *Nasiréens*.

**NASITORT.** s. m. [Pr. *na-zi-tor*] (lat. *nasus*, nez, *tortus*, tordu). Cresson alénois.

**NASON.** s. m. [Pr. *na-zon*] (lat. *nasus*, nez). T. Icht. Genre de *Poissons osseux*. Voy. TEUTHYES.

**NASSA.** s. f. T. Zool. Voy. NASSE.

**NASSAU** (DUCHÉ DE), anc. État de la Confédération germanique, fut réuni à la Prusse en 1866, et fait aujourd'hui partie de la prov. de Hesse-Nassau; cap. *Wiesbaden*.

**NASSAU** (GUILLAUME I^er DE), *le Taciturne*, chef de la révolte de la Hollande contre la domination espagnole, fonda la République des Provinces-Unies, et en fut le premier stathouder. Il périt assassiné par Balthazar Gérard (1533-1584). || MAURICE DE NASSAU, son fils (1567-1625), nommé stathouder (1587), obtint par ses succès une trêve de l'Espagne, mais souilla sa gloire par ses cruautés et par la mort de Barneveldt. || HENRI DE NASSAU, stathouder de Hollande, lutta avec gloire contre les Espagnols pendant la guerre de Trente ans (1584-1637). || GUILLAUME II DE NASSAU, prince d'*Orange*, fils et successeur du précédent, fit reconnaître l'indépendance des Provinces-Unies par le traité de Westphalie (1626-1650). || GUILLAUME III DE NASSAU, *prince d'Orange*. Voy. GUILLAUME III, roi d'Angleterre.

**NASSAUVIE.** s. f. pl. (R. *Nassau*, nom d'un prince All.). T. Bot. Genre de plantes Dicotylédones (*Nassauvia*) de la famille des *Composées*, tribu des *Labiatiflores*. Voy. COMPOSÉES.

**NASSE.** s. f. [Pr. *nase*] (lat. *nassa*, m. s.). Instrument d'osier servant à prendre du poisson. *Pêcher à la n.* — Filet à oiseaux qui va en diminuant. || Figur. et fam., *Être dans la n.*, Être engagé dans une affaire fâcheuse dont on ne peut se tirer.

Le poisson de lui-même entre dans notre nasse.

REGNARD.

|| T. Techn. Berceau pratiqué au fond d'un fourneau de fonderie. || T. Zool. Polypier en forme de nasse. — Coquille en forme de nasse qu'habite un mollusque.

**Zool.** — Les Nasses (*Nassa*) sont des *Mollusques* appartenant à la famille des *Buccinidés*. On les trouve actuellement dans toutes les mers; les espèces fossiles sont nombreuses dans les terrains tertiaires. Leur coquille, voisine de celle du Buccin, s'en distingue par une columelle calleuse formant un court canal; la longueur de cette coquille varie de 12 à 30 millimètres. Une espèce, *N. reticulata*, est commune dans la Méditerranée.

**NATAL** (Terre de), contrée de l'Afrique orientale, à l'extrémité S., possédée par l'Angleterre, peuplée de Boers hollandais, de colons anglais et allemands et de Cafres Zoulous. 425,000 hab. v. pr. *Pietermaritzburg*.

**NATAL, ALE.** adj. dont le masc. n'a pas de pluriel (lat. *natalis*, m. s., de *natus*, né). Se dit du temps ou du lieu de naissance. *Pays n. Lieu n. Ville natale. Maison natale. L'air n.* || T. Liturg. *Eau natale*, l'eau du baptême, parce qu'elle vous fait naître à la vie chrétienne.

**Hist.** — Les Romains désignaient sous le nom de *Jour n.* (*dies natalis*) le jour anniversaire de la naissance d'une personne. Chaque citoyen célébrait religieusement l'anniversaire de sa propre naissance, ainsi que celui de la naissance de ses proches. Tous célébraient en outre celui de la naissance des dieux, et, sous l'empire, celui de la naissance du prince.

**NATALITÉ.** s. f. (R. *natal*). T. Stat. Rapport du nombre annuel des naissances à la population totale. *On calcule la n. en divisant le nombre annuel des naissances par le nombre moyen de la population.*

**NATALOÏNE.** s. f. (R. *Natal*, n. de lieu). T. Chim. Substance cristallisable, amère, purgative, extraite de l'aloès du Natal. Elle est analogue à l'aloïne, mais plus soluble dans l'eau et dans l'alcool. Oxydée par l'acide azotique, la n. donne de l'acide picrique, tandis que l'aloïne fournirait de l'acide chrysamique.

**NATATION.** s. f. [Pr. *nata-sion*] (lat. *natatio*, m. s., de *natare*, nager). On appelle *Natation* l'art de nager, ainsi que l'action de nager. L'homme n'apporte point en naissant, comme la plupart des animaux, même parmi ceux qui sont exclusivement destinés à la vie terrestre, la faculté de se maintenir et de se mouvoir à la surface de l'eau. Il a besoin, pour se livrer à ce genre de locomotion, d'une éducation spéciale. Il faut qu'il se familiarise avec l'eau, qu'il perde la crainte qu'elle lui inspire, et qu'il apprenne à se maintenir sur sa surface, à l'aide des mouvements combinés de ses membres. C'est ce que lui enseigne l'art de nager. La n. consiste essentiellement en ce que, à l'aide des membres antérieurs tendus en avant et des postérieurs repliés près du tronc, le nageur prend un point d'appui incessamment variable sur l'eau contre laquelle il presse en ramenant les quatre membres en arrière. D'autres fois le nageur étend, au-dessus de l'eau, les bras l'un après l'autre: c'est ce qu'on appelle *nager à la brasse*. L'eau cède à cette pression, et le nageur est porté en avant. Comme art, la natation fournit à l'homme, en certains cas, un moyen d'échapper à la mort et de sauver ses semblables. Comme exercice, elle doit être mise au rang des plus salutaires, car elle fortifie l'organisme tout entier, développe la puissance musculaire et favorise l'extension de la poitrine. Enfin, elle agit sur le système nerveux comme un sédatif énergique, par la stimulation qu'elle exerce sur les systèmes musculaire et cutané.

**NATATOIRE.** adj. 2 g. [Pr. *nata-touare*] (lat. *natatorius*,

m. s.). Qui concerne la natation. — Qui aide à la natation. *Ceinture n.* || T. Icht. *Vessie n.* Vessie remplie d'air qu'on trouve dans le corps de la plupart des poissons. Voy. Poisson.

**NATCHEZ**, v. des États-Unis sur le Mississipi; 9,000 hab. = C'est aussi le nom d'une tribu du Mississipi, presque anéantie par les Français en 1730.

**NATHAN**, prophète juif du temps de David.

**NATICE**. s. f. T. Zool. Genre de *Mollusques Gastéropodes*. Voy. Naticides et Trochoïdes.

**NATICIDES**. s. f. pl. (R. *natice*). T. Zool. Famille de *Gastéropodes-Clénobranches*, caractérisée par une coquille globuleuse à spire courte et dont l'ouverture peut être fermée par un opercule corné ou calcaire. Les N. sont tous des animaux marins; ils se nourrissent de la chair d'autres Mollusques. Le genre *Natice* (*Natica*), possède une coquille ombiliquée; l'animal possède un grand pied et des tentacules simples à la base desquels se trouvent les yeux. Le genre *Sigaret* (*Sigaretus*) est caractérisé par une coquille auriforme et par son opercule petit.

**NATIF, IVE**. adj. (lat. *nativus*, m. s., de *natus*, né). Se dit des personnes relativement au lieu où elles ont pris naissance. *Il est n. de Paris. Elle est native de Lyon.* — Substant., *Les natifs d'un pays*, les naturels, les habitants originaires d'un pays. || Figur. et au sens moral, Naturel. *Il a encore toute sa candeur native. Qualités natives*, apportées en naissant. || T. Min. *Métal n.*, Celui qui se trouve dans la terre sous la forme métallique, sans être combiné avec d'autres substances. *Or, argent, cuivre n.*

**NATION**. s. f. collect. [Pr. *na-sion*] (lat. *natio*, m. s., de *natus*, né). Dans le langage ordinaire, on emploie indifféremment les mots *Nation* et *Peuple* l'un pour l'autre, et l'on désigne également par ces deux termes une agglomération d'hommes qui sont nés dans le même pays, et qui vivent sous les mêmes lois. Cependant il existe entre ces deux mots une distinction réelle. La *n.*, comme l'indique son étymologie (*nasci*, naître), marque un rapport de naissance, d'origine; elle exprime une communauté de race; elle constitue en quelque sorte une même famille, qui en outre est généralement caractérisée par la communauté de langage, de traditions, de religion, de mœurs, et souvent même par une sorte de génie particulier. Il n'en est pas ainsi du mot *Peuple*, qui, dérivé d'un radical sanscrit *pla* qu'on retrouve dans le grec πολύς, beaucoup, exprime un rapport de nombre, d'ensemble, et désigne simplement une multitude d'hommes vivant sur le même territoire et obéissant au même gouvernement. Par ex., les Autrichiens et les Bavarois forment deux peuples différents, bien qu'ils appartiennent à la même n., la n. allemande. La Pologne existe encore comme n., bien qu'elle n'existe plus comme peuple, depuis son démembrement. Les Juifs présentent un exemple encore plus frappant de la différence qui existe entre les mots *peuple* et *nation*, car ils forment une n. bien distincte, quoique dispersés sur toute la terre. Sous un autre point de vue, le mot *n.* exprime une société plus étendue que le mot *peuple*. Ce dernier s'emploie souvent pour désigner une partie d'une n., comme le *peuple* des villes, le *peuple* des campagnes; ou bien encore, dans certains États, il s'applique particulièrement à la classe inférieure de la société, à la multitude, par opposition aux classes privilégiées ou supérieures. — On donne aussi quelquefois le nom de *N.* aux personnes d'une même n., qui se trouvent dans un pays étranger; c'est en ce sens, par ex., que l'on dit : Toute la n. se rendit chez l'ambassadeur. — On appelait encore *N.*, dans l'ancienne université de Paris, l'ensemble des étudiants et des maîtres d'une circonscription territoriale. On comptait quatre *nations*; celle de France ou de Paris, celle de Picardie, celle de Normandie, et celle d'Allemagne. Plus tard on appela *Collège des quatre nations* un collège fondé à Paris par Mazarin, afin d'y recevoir les élèves de l'université qui appartenaient aux provinces italiennes, espagnoles, allemandes et flamandes récemment réunies à la France.

**NATIONAL, ALE**. adj. [Pr. *na-sional*]. Qui concerne une nation, qui appartient à une nation. *Esprit, caractère, préjugé n. Prévention, haine nationale. Fête, récompense nationale. propriété nationale. Biens nationaux. Pavillon n.* || *Troupes nationales*, Troupes levées parmi les citoyens du pays, par opposition à *Troupes étrangères*, Celles qu'un État tire d'un pays étranger, et qu'il tient à sa solde. *Garde n.* et *Garde nationale*. Voy. Garde. — *Représentation nationale*, l'ensemble des députés représentants de la nation. — *Bibliothèque nationale*, *Conservatoire n. Académie nationale de musique*, noms donnés aux grands établissements de l'État, sous le gouvernement républicain. — *Biens nationaux*, Biens des émigrés et de l'église confisqués pendant la Révolution de 1789 au profit de la nation. Voy. Bien. — *Concile n.*, Voy. Concile. *Cardinal n.*, se dit, à Rome, d'un cardinal attaché à quelqu'une des couronnes, par sa naissance, ou par un engagement personnel et connu. *Dans le dernier conclave, il y avait tant de cardinaux nationaux.* = *Nationaux*, au plur. mascul., se dit de tous ceux qui composent une nation, par opposition à *Étrangers*.

**NATIONALEMENT**. adv. [Pr. *nasio-naleman*]. D'une manière nationale.

**NATIONALISER**, v. a. [Pr. *nasio-nali-zer*]. Rendre national. *N. les grandes industries*, en faire la propriété de l'État.

**NATIONALITÉ**. s. f. [Pr. *nasio-nalité*]. Caractère national chez un individu. *La femme française qui épouse un étranger perd sa n.* || L'ensemble des caractères qui constituent une nation et la distinguent des autres. *La n. d'un peuple peut survivre longtemps à son indépendance.* — *Le principe de nationalités*, le principe en vertu duquel les races qui ont une origine, des traditions et une langue commune devraient former un seul état politique.

**NATIVITÉ**. s. f. (lat. *nativitas*, m. s., de *natus*, né). Jour de naissance; ne s'emploie qu'en parlant de Jésus-Christ, de la Vierge et de quelques saints. *L'Église fête, le 24 juin, la n. de saint Jean-Baptiste; le 8 septembre, la n. de la sainte Vierge, et, le 25 décembre, la n. de Notre-Seigneur.* — *N.*, employé absol. désigne la n. de Jésus-Christ ou la fête de Noël. || T. Astrol. *Thème de n.*, La disposition des astres au moment de la naissance de quelqu'un.

**NATOIRE**, peintre fr., 1700-1777.

**NATRIX**. s. f. [Pr. *natriks*] (lat. *natrix*, serpent d'eau). T. Erpét. Genre de *Serpents* non venimeux. Voy. Couleuvre.

**NATROBOROCALCITE**. s. f. (R. *natron*, *bore* et *calcium*). T. Minér. Borate hydraté de soude et de chaux.

**NATROLITE**. s. f. (R. *natron*, et gr. λίθος, pierre). T. Minér. Variété de Mésotype.

**NATROMÈTRE**. s. m. (R. *natron*, et gr. μέτρον, mesure). Instrument servant à mesurer la quantité de soude ou de potasse pure contenue dans les produits du commerce. C'est un aréomètre d'une graduation spéciale qu'on plonge dans une solution de la matière à essayer faite en proportions définies.

**NATRON** ou **NATRUM**. s. m. (esp. *natron*, arabe *natroun*, m. s.). T. Minér. Carbonate de soude cristallisé naturel. Voy. Soude.

**NATRONITRE**. s. m. (R. *natron*, et *nitre*). T. Minér. Nitrate de soude, en gisements considérables au Pérou.

**NATTE**. s. f. [Pr. *na-te*] (lat. *matta*, m. s.). Sorte de tissu grossier fait de matières végétales, qu'on entrelace de diverses manières, *N. de paille, de sparte, de jonc, d'écorce de tilleul, etc. Le plancher était couvert de nattes.* || Par analog., se dit de différentes sortes de tresses faites de trois brins ou cordons. *Une n. de soie. Une n. d'or et d'argent. Une n. de cheveux.* || T. Bot. *Bois de n.*, Arbre exotique voisin du sapotier. || Fig. Ce qui imite une tresse. — Petit pain qui figure des brins tressés. — T. Zool. Nom de plusieurs coquillages.

**NATTER**. v. a. [Pr. *na-ter*]. Couvrir de nattes. *N. le plancher d'une salle à manger.* || *N. de la paille, du jonc, des cheveux, les crins d'un cheval, etc.*, Les tresser en natte. Par ext., on dit, *N. un cheval.* = Natté, ée. part. *Une chambre nattée. Des cheveux nattés. Un cheval natté.*

**NATTIER, IÈRE.** s. m. [Pr. *na-tié*]. Celui, celle qui fait et vend des nattes.

**NATURALIBUS** (IX). Locution latine qui signifie Dans l'état de nudité. *Il m'a surpris in n.* On dit aussi, *Paris in n.* Fam.

**NATURALISATION.** s. f. [Pr. *naturali-za-sion*] (R. *naturaliser*). Action de naturaliser. || Fig. Acclimatation complète d'une espèce animale ou végétale. || T. Techn. Opération par laquelle on donne à un animal mort l'apparence de la nature vivante.
**Législ.** — La N. est l'acte en vertu duquel un étranger obtient dans un pays les droits et les privilèges dont jouissent ceux qui y sont nés. Sous l'ancienne monarchie, il appartenait au roi seul d'accorder des *Lettres de naturalité*. La loi du 30 avril-2 mai 1790 inaugura un principe bien différent : sous son empire, la n. résultait de plein droit d'un temps déterminé de séjour en France. La Constitution de l'an III et le décret du 17 mars 1809 modifièrent profondément la législation sur ce point. L'étranger, pour obtenir le bénéfice de son séjour sur le territoire, fut obligé de faire une déclaration formelle et explicite de son intention de s'y fixer définitivement. Bien plus, le séjour ne donna que l'aptitude à obtenir la n., et le droit de l'accorder demeura réservé de la façon la plus absolue au chef de l'État. Aujourd'hui cette matière est régie par le Code civil et par la loi du 26 juin 1889. Aux termes de cette dernière loi, peuvent être naturalisés : 1° les étrangers qui ont obtenu l'autorisation de fixer leur domicile en France, après trois ans de domicile en France, à dater de l'enregistrement de leur demande au ministère de la justice; — 2° les étrangers qui peuvent justifier d'une résidence non interrompue pendant dix années; — 3° les étrangers admis à fixer leur domicile en France, après un an, s'ils ont rendu des services importants à la France, s'ils y ont apporté des talents distingués ou s'ils y ont introduit soit une industrie, soit des inventions utiles, ou s'ils ont créé soit des établissements industriels ou autres, soit des exploitations agricoles, ou s'ils ont été attachés, à un titre quelconque, au service militaire dans les colonies et les protectorats français; — 4° l'étranger qui a épousé une Française, aussi après une année de domicile autorisé. — Il est statué par décret sur la demande de n., après une enquête sur la moralité de l'étranger. — Le Français naturalisé à l'étranger ou celui qui acquiert sur sa demande la nationalité étrangère par l'effet de la loi perd la qualité de Français. Toutefois pour ceux qui sont encore soumis aux obligations du service actif dans l'armée, la n. à l'étranger ne fait perdre la qualité de Français que si elle a été autorisée par le gouvernement français.

**NATURALISER.** v. a. [Pr. *naturali-zer*] (lat. *naturalis*, naturel). Accorder à un étranger les droits et les privilèges dont jouissent les naturels du pays. *Il s'est fait n. Français.* || Par ext., en parl. des animaux et des plantes, les introduire dans un pays et les y acclimater. *On est parvenu à n. cet animal, cette plante en France.* || Figur., se dit des arts et des inventions que l'on apporte dans un pays et qui y prospèrent, ainsi que des mots et des phrases que l'on transporte d'une langue dans une autre. *Leur industrie fut bientôt naturalisée en France.* Déficit *est un mot latin que nous avons naturalisé.* || T. Techn. Empailler un animal de manière à lui donner l'apparence de la nature vivante. = SE NATURALISER. v. pron. *Cet animal ne saurait se n. dans nos climats. L'institution du jury n'a pu se n. chez ce peuple. Cette expression ne s'est pas encore naturalisée dans notre langue.* = NATURALISÉ, ÉE, part.

**NATURALISME.** s. m. (lat. *naturalis*, naturel). Qualité de ce qui est produit par une cause naturelle. *Le n. d'un prétendu prodige.* || Le système de ceux qui attribuent tout à la nature comme premier principe. *Le n. de Lucrèce. Le n. d'Helvétius.* || Théorie suivant laquelle l'art ne doit être que la reproduction de la nature.

**NATURALISTE.** s. (lat. *naturalis*, naturel). Celui, celle qui s'applique particulièrement à l'histoire naturelle. || Celui, celle qui prépare les animaux pour les conserver dans leurs formes naturelles. || Partisan de la doctrine qui n'admet d'autre premier principe que la nature. — Partisan de la théorie suivant laquelle l'art ne doit être que la reproduction de la nature.

**NATURALITÉ.** s. f. (lat. *naturalitas*, m. s.). État de celui qui est naturel d'un pays ou qui s'y est fait naturaliser. Voy. NATURALISATION.

**NATURANT, ANTE.** adj. (lat. *naturans*, m. s.). T. Philos. *La nature naturante*, le premier principe considéré en tant que force qui produit l'univers.

**NATURE.** s. f. (lat. *natura*, m. s., de *natum*, sup. de *nasci*, naître). L'ensemble de tous les êtres qui composent l'univers. *Les merveilles, les mystères de la n. Le spectacle, l'étude de la n. L'ordre, les lois de la n. Tout périt et se renouvelle dans la n.* — N. *humaine*, se dit quelquefois pour l'universalité du genre humain. *Il en veut à toute la n. humaine.* || L'ensemble des forces qui président aux divers phénomènes dont les êtres créés sont le théâtre, dans l'espace et dans le temps. *La n. ne détruit que pour reproduire. L'inépuisable fécondité de la n. Prodigue dans certains climats, la n. semble avare dans quelques autres.* — Dans le langage ordinaire, la N, prise dans ce dernier sens, est fréquemment personnifiée et douée métaphysiquement d'intelligence, de volonté, de qualités morales, etc. *La n. ne fait rien en vain. La n. agit par les voies les plus simples. La n. sait toujours proportionner ses moyens à ses fins. Les jeux, les caprices de la n. C'est une loi que la n. a gravée dans nos cœurs. Il faut se soumettre aux ordres de la n.* — Fam., *Payer tribut à la n.*, Mourir. = En parlant des êtres individuels, N. se dit pour désigner l'ensemble des propriétés innées de chaque être, c.-à-d. des propriétés qu'il possède dès le premier instant et pendant toute la durée de son existence, et qui le constituent essentiellement. N. se dit aussi en parlant des genres et des espèces, ainsi que des esprits. On le dit encore, dans un sens analogue, en parlant de l'essence de l'être éternel et nécessaire, ainsi que des essences des êtres abstraits. *La n. de l'âme est de penser. La n. de la matière, suivant Descartes, consiste dans l'étendue. Que savons-nous de la n. des choses? La n. du droit, de la justice. Il est de la n. de la vertu que....* || En parlant des êtres vivants, N. s'emploie souvent pour désigner l'organisation qui est propre à chacun d'eux, et, en outre, s'il s'agit d'êtres animés, le mouvement qui les porte vers les choses nécessaires à leur conservation. *La n. de ces plantes ne leur permet pas de vivre dans les climats froids. Chaque animal a sa n. particulière. La n. des poissons les destine à vivre dans l'eau. Satisfaire aux besoins de la n. Obéir à l'instinct de sa n. Cela est dans sa n. Corriger la n.* — Prov., *Nourriture passe n*, L'éducation a plus de pouvoir sur nous que l'organisation même. On dit aussi, pour marquer le pouvoir de l'habitude, *L'habitude est une seconde n.* — *Forcer sa n.*, Vouloir faire plus qu'on ne peut. — *Être ennemi de la n.*, S'opposer à ce que la n. demande pour les autres, ou pour soi-même. Familier et vieux. || *L'état de n.*, *de pure n.*, L'état de l'homme tel que le supposent certains philosophes, antérieurement à toute civilisation; se dit ordinairement par opposition à État social. — Famil., *Être dans l'état de pure n.*, Être tout nu. || En parlant des corps vivants, se dit des forces qui les animent, du principe de vie qui réside en eux. *La n. commence à s'affaiblir en lui. Il y a des maladies où il faut abandonner la n. à elle-même. Dans ce cas, il faut se contenter d'aider la n., les efforts de la n. Les forces de la n. ont un terme.* || Se dit encore de la complexion, du tempérament de l'homme et des animaux. *Il est de n. sèche, bilieuse, sanguine, nerveuse. Un enfant de n. maladive. Il est flegmatique, bilieux, mélancolique de n. Il est triste, gai de sa n. Cet animal est morose de sa n.* || Au sens moral, se dit de la lumière qui jaillit spontanément de la conscience, ainsi que des sentiments instinctifs de l'homme. *Il faut se secourir les uns les autres, c'est une loi de n. Ce crime fait frémir la n. La n. se révolte à ce spectacle. Ce sentiment, cette action est conforme à la n., est contre n. Péché contre n.*, Sodomie. *La voix, les sentiments de la n. Étouffer le cri de la n.* — Se dit aussi de certaines dispositions de l'âme et des aptitudes intellectuelles. *Une n. heureuse, perverse, dépravée. Il est enclin de sa n. à tel vice. C'est une n. heureusement douée.* || Par anal., se dit quelquefois en parlant des animaux. *L'animal lui-même obéit à la voix de la n. Le singe est malin de sa n. De sa n. le chien est ami de l'homme.* || T. Théolog. *L'état de n.*, se dit de l'état naturel de l'homme, par oppos. à l'État de grâce. *La n. déchue et rétablie par Jésus-Christ. De l'état de n. le baptême nous fait passer à l'état de grâce.* — On dit aussi, *La loi de n.*, par opposition à l'ancienne loi, et à la loi de grâce. = N. se dit souvent par opposition à art, pour désigner les choses naturelles en général, ou une chose naturelle en particulier, considérées relativement aux modèles qu'elles offrent à l'artiste. *Il faut, dans les arts, prendre la n. pour modèle. L'art doit idéaliser la n. Consulter la n. Ce peintre, ce comédien s'éloigne, s'écarte de la n. Cet auteur n'a pas assez étudié la n. Dessiner, peindre d'après n. Paysage d'après n. Tableau de n. morte.* — *Figure plus grande, plus petite que n.*, Qui a des proportions plus grandes, plus petites que les proportions naturelles. *Figure de demi-n.*, Qui n'a que la moitié des proportions naturelles. — *N. morte*, reproduction des objets inanimés. *Un peintre de n. morte.* || Se dit aussi des productions de la nature, par opposition à celles de l'art. *L'art surpasse la n. L'art ajoute à la n.* = *N.* se dit souvent des objets tels qu'ils sont matériellement, par opposition à l'argent qu'ils peuvent valoir. *On lui a laissé le choix de recevoir sa nourriture en argent ou en n. Un dépôt doit être restitué en n.* — *Payer en n.*, Payer avec les productions naturelles du sol. *Une partie de l'impôt se paye en n.* = *N.* s'emploie encore fréquemment dans la signification de sorte, espèce. *Je n'ai jamais vu d'arbres de cette n. Qui a jamais vu des affaires de cette n.? J'aimerais mieux une autre n. de biens. Cette pierre est d'une n. particulière.* = Enfin, *N.* se dit quelquefois des parties qui servent à la génération, surtout chez les femelles des animaux.

**NATURÉ, ÉE.** adj. (lat. *naturatus*, m. s.). T. Philos. La *nature naturée*, se dit, par opposition à nature naturante, de la nature considérée à l'état passif.

**NATUREL, ELLE.** adj. (lat. *naturalis*, m. s.). Qui appartient à la nature, qui est conforme à l'ordre, au cours ordinaire de la nature. *Les lois, les causes, les forces, les facultés, les lumières naturelles. Les effets, les besoins, les sentiments naturels. Le cours, l'ordre, l'état n. des choses. La défense est de droit n.* — *Histoire naturelle*, Voy. HISTOIRE. *Philosophie naturelle*, Voy. PHILOSOPHIE. — *Parties naturelles*, Les parties destinées à la génération. || Qui est conforme à la nature particulière des êtres et des choses. *La raison est un attribut n. de l'homme. La générosité naturelle à cette nation. On a une affection naturelle pour son pays, pour ses enfants. Suivre son penchant n. La férocité naturelle du tigre.* || Qui est conforme aux lois de la nature, par opposition à surnaturel. *Ceci est un phénomène n.* — On dit aussi d'une chose où l'on soupçonne quelque artifice, quelque tromperie, parce qu'elle n'est point dans l'ordre ordinaire des choses, *Ce n'est pas n. Ce n'est pas une chose naturelle que de gagner toujours au jeu. Tout cela n'est pas n., il faut qu'il y ait là quelque supercherie.* || Qui est conforme à la raison, à la manière ordinaire de sentir, ou à l'usage commun. *Il est n. de se confier à ses amis. Ce n'est pas une chose naturelle qu'il ait guéri d'une si grande blessure en si peu de temps.* || Se dit aussi de ce qui est produit par la nature seule, par opposition à ce qui est artificiel, factice, cultivé. *Les eaux minérales artificielles ne remplacent qu'imparfaitement les eaux naturelles. Il a dans son parc une chute d'eau naturelle. Est-ce une perruque, ou sont-ce vos cheveux naturels? Sa gaieté n'était pas naturelle; elle m'a paru un peu forcée. Il n'a pas d'instruction, mais il a de l'esprit n.* — *Vin n.*, Où l'on n'a rien mêlé d'étranger. || T. Mus. *Une note naturelle*, note qui n'est point altérée ou affectée d'un dièse ou d'un bémol. || *Prairie naturelle*, où les herbes poussent par ensemencement naturel. || Qui se produit sans effort, sans affectation, sans contrainte. *Des grâces naturelles. Tous ses gestes, tous ses mouvements sont naturels. Il a un air n. qui inspire la confiance. Cet acteur a le maintien, le jeu, le débit n. Il a l'esprit n. Son langage, son style n'est pas n. Ces vers sont naturels. Cette pensée, cette expression n'est pas naturelle.* || Qui s'offre naturellement à l'esprit. *Prendre une chose dans son sens n. Vous donnez à ce passage un sens qui n'est pas n. Voilà l'explication la plus naturelle qu'on puisse donner de sa conduite.* || T. Jurispr. *Enfant n.*, enfant né en dehors du mariage. Voy. FILIATION. *Juges naturels*, Voy. JUGE. = Syn. Voy. NAÏF.

**NATUREL.** s. m. (R. *nature*). Habitant originaire d'un pays. *Les naturels de la Polynésie. Un n. de Pontoise.* = Propriété inhérente à un être animé ou inanimé. *Le n. de l'homme est d'être sociable.* Peu us. = Se dit du caractère, de l'humeur, des inclinations que l'on tient de la nature. *Un bon, un mauvais n. N. vertueux, doux, humain, compatissant, méchant, pervers, féroce. Il est d'un n. jaloux. Il est colère de son n. Le tigre est un animal d'un n. féroce. Il y a des naturels que rien ne peut dompter.* Prov., *Chassez le n. il revient au galop.* || Se dit aussi des sentiments que la nature inspire aux parents pour leurs enfants, et aux enfants pour leurs parents, ainsi que des sentiments d'humanité qu'on doit avoir pour tous les hommes. *Cet enfant a beaucoup de n. C'est une méchante mère, elle n'a point de n. Il faut être sans n. pour ne pas soulager un pauvre quand on le peut.* Cette acception vieillit. = Par opposition à art, affectation, *N.* s'emploie souvent pour désigner la facilité, l'aisance, la simplicité avec laquelle une chose paraît faite. *Il y a beaucoup d'art dans ce qu'il écrit, mais point de n. Il a du n. dans l'esprit, dans le langage, dans le geste. Le débit de cet acteur manque de n. Cette jeune femme gâte toutes ses qualités par le défaut de n.* || T. Peint. et Sculpt. Le modèle que l'artiste a sous les yeux pour l'imiter. *Dessiner, peindre d'après le n. Statue plus grande que le n.*, Qui excède les proportions naturelles. En T. de B.-Arts, le mot *Nature* est beaucoup plus usité que *N.* = AU NATUREL, loc. adv. D'après nature, selon la nature. *Cette peinture le représente au n.* — Au sens moral, *Je lui ai représenté au n. l'injustice de son action.* Vieux. || *Au n.*, se dit encore de la manière la plus simple d'apprêter certaines viandes. *Bœuf au n. Tête de veau au n.*

**NATURELLEMENT.** adv. [Pr. *naturè-leman*]. D'une manière naturelle. Par les seules forces de la nature. *Il arriva n. que.... Cela ne peut se faire n.* — On dit aussi des choses qui ne sont pas dans l'ordre ordinaire, où l'on soupçonne quelque artifice, quelque supercherie, *Cela ne se fait pas n. Il a constamment gagné au jeu, cela ne peut se faire n., cela ne peut pas être arrivé n.* || En vertu de quelque principe qui réside dans l'être, par une impulsion naturelle. *Tous les animaux désirent n. la conservation de leur être. Le lièvre est n. timide. C'est un homme n. bon, n. porté à la douceur, à la tristesse.* || D'une manière naturelle, simple, sans affectation, sans effort. *Son éloge a été amené fort n. dans cet endroit du discours. Tout s'explique n. Voilà le sens qui s'offre n. à l'esprit. Penser, parler, écrire n. Jouer n.* || D'une manière naïve, propre à imiter exactement la nature. *Il a dépeint cela très n. Il contrefait tout le monde fort n.* || Sans déguisement, avec franchise. *Parlez-moi n. Il n'y va pas n. avec moi, il dissimule.* || *N. parlant*, En parlant sans figure: se dit par opposition à surnaturellement. *N. parlant, un mort ne peut ressusciter.*

**NAUCELLE,** ch.-l. de c. (Aveyron), arr. de Rodez; 1,500 hab.

**NAUCLÉA.** s. m. T. Bot. Genre de plantes Dicotylédones de la famille des *Rubiacées*. Voy. ce mot.

**NAUCLER.** s. m. (gr. ναύκληρος, marin). T. Ornith. Espèce de Rapace. Voy. MILAN.

**NAUCORE.** s. f. (gr. ναῦς, navire; κόρις, punaise). T. Entom. Genre d'*Hémiptères*. Voy. HYDROCORISES.

**NAUDÉ** (GABRIEL), littérateur et bibliophile fr. (1600-1653).

**NAUDET** (JOSEPH), historien fr. (1786-1878).

**NAUFRAGE.** s. m. (latin. *naufragium*, m. s., de *navis*, navire, et *frangere*, briser). Bris et perte d'un navire par quelque accident de mer. *Notre navire fit n. sur tel banc, à telle côte. Les débris d'un n. Une mer fameuse par de nombreux naufrages.*

Cette mer où tu cours est célèbre en naufrages.

BOILEAU.

= Par ext., se dit d'accidents moins graves, tels qu'un simple échouage, ainsi que de ceux qui arrivent sur les lacs, les fleuves, etc. || Fig., *Faire n. au port*, Voir tous ses projets renversés au moment où l'on était près de réussir. = Fig., se dit de toute espèce de perte, de ruine, de malheur. *Le n. de sa réputation, de sa fortune. On le dit ruiné, mais il lui reste encore des débris de son n. Son honneur a fait n.*

**Législ.** — Dans la marine marchande, le capitaine qui a fait naufrage, et qui s'est sauvé seul ou avec partie de son équipage, est tenu de se présenter devant le juge du lieu, ou, à défaut de juge, devant toute autorité civile, d'y faire son rapport, de le faire confirmer par ceux de son équipage qui se trouveraient avec lui, et d'en lever l'expédition. Pour vérifier le rapport du capitaine, le juge reçoit l'interrogatoire des gens de l'équipage, et, s'il est possible, des passagers, sans préjudice des autres preuves. Les rapports non vérifiés ne sont point admis à la décharge du capitaine et ne font pas foi en justice, excepté dans le cas où celui-ci est le seul qui soit parvenu à se sauver (C. Comm., 246, 247). — Dans la marine de l'État, le capitaine dont le navire a fait naufrage passe devant un conseil de guerre, afin d'y rendre compte de sa conduite. Dans le cas où il est nécessaire d'abandonner le bâtiment, il doit le quitter le dernier, sinon il est passible de la peine de mort (Code de justice militaire pour l'armée de mer, art. 270).

**NAUFRAGÉ, ÉE.** adj. Qui a péri, qui a été submergé par l'effet d'un naufrage. *Vaisseau n. Marchandises naufragées. Personnes naufragées.* || Se dit substant. des personnes qui ont éprouvé un n. *Un malheureux n. Les naufragés de la Méduse. Les naufragés furent massacrés par ces barbares insulaires.*

**NAULAGE.** s. m. (lat. *naulum*, gr. ναῦλον, m. s.). T. Droit comm. Syn. de *Nolissement*. Voy. Affrètement.

**NAUMACHIE.** s. f. lat. *naumachia*, gr. ναυμαχία, m. s., de ναῦς, vaisseau, et μάχη, combat). T. Antiq. rom. Les Romains donnaient le nom de *Naumachie* à la représentation d'un combat naval, ainsi qu'au lieu où se donnait ce genre de spectacle. Dans le principe, les naumachies avaient lieu dans le cirque ou dans l'amphithéâtre, dont on transformait l'intérieur en lac en y amenant l'eau du Tibre ou des aqueducs. Jules César fut le premier qui fit creuser un bassin spécial pour cette sorte de combat. Il établit sa n. dans une partie du Champ de Mars; mais ce bassin fut comblé par ordre d'Auguste, à cause des émanations délétères qui s'exhalaient de ses eaux stagnantes. Ce prince fit creuser un nouveau bassin le long du Tibre et l'entoura de plantations. De nouvelles naumachies furent établies par ses successeurs; mais la plus célèbre de toutes fut celle qu'érigea Domitien. Elle était entourée d'une construction en maçonnerie disposée en gradins pour servir de sièges aux spectateurs. Le lac Fucin servit aussi plusieurs fois, notamment sous l'empereur Claude, à ce genre de spectacle. Les combattants qui figuraient dans les naumachies (*naumachiarii*) étaient ordinairement des prisonniers de guerre ou des criminels condamnés à mort. Les navires formaient deux escadres, et l'on désignait chacune d'elles par le nom de quelque nation maritime, comme les Tyriens et les Égyptiens, les Rhodiens et les Siciliens, les Perses et les Athéniens, les Corcyréens et les Corinthiens, etc. De même que dans les combats de gladiateurs, la vie des vaincus dépendait du caprice du peuple ou de l'empereur. Au reste, les Romains déployaient dans les naumachies la même pompe et le même luxe que dans les jeux du cirque et de l'amphithéâtre. On y voyait nager, soit des monstres marins, soit des femmes, qui figuraient les Néréides. Quant au nombre des navires et des combattants qui prenaient part à ces combats, il était parfois presque l'équivalent d'une armée navale. Dans une n. donnée par Claude sur le lac Fucin, on ne compta pas moins de 100 navires et de 19,000 combattants.

**NAUMANNITE.** s. f. (R. *Naumann*, n. d'un minér. all.). T. Minér. Séléniure d'argent et de plomb, en petits cristaux cubiques, à éclat métallique.

**NAUMBOURG,** v. des États prussiens dans la Saxe; 17,900 hab.

**NAUNDORFF** (Charles-Guillaume), un de ceux qui ont prétendu être Louis XVII, mort à Delft (Hollande), le 10 août 1845. Son identité reste douteuse. Voy. Louis XVII.

**NAUPACTE,** anc. v. des Locriens, à l'entrée du golfe de Corinthe; auj. *Lépante*.

**NAUPATHIE.** s. f. (gr. ναῦς, navire; πάθος, souffrance). Mal de mer. Voy. Mal.

**NAU**[illegible] du Péloponèse (Argolide); 9,000 hab.

**NAUPLIUS.** s. m. [Pr. *nó-pli-uss*] (mot lat. désignant une sorte de polype). T. Zool. Nom donné à la forme la plus simple sous laquelle se présentent un grand nombre de Crustacés au sortir de l'œuf. Cette forme représenterait le type originel d'où seraient sortis tous les Crustacés. Voy. ce mot.

**NAUSÉABOND, ONDE.** adj. [Pr. *no-zé-abon*]. (lat. *nauseabundus*, m. s., de *nausea*, nausée. Qui cause des nausées. *Aliment n. Remède n. Odeur, saveur nauséabonde.* || Fig., se dit des œuvres littéraires qui rebutent, excitent le dégoût. *Discours, ouvrage nauséabond.*

**NAUSÉE.** s. f. [Pr. *no-zée*] (lat. *nausea*, du gr. ναυσία, mal de mer, de ναῦς, vaisseau). Se dit des premières atteintes du besoin de vomir, des efforts qui précèdent le vomissement. *Avoir des nausées. Exciter des nausées.* || Fig. et famil., Dégoût qu'inspirent les discours et les œuvres littéraires qui sont insipides, rebutantes. *Quand on l'entend parler, on en a des nausées. Cet écrit est tellement insipide, que j'en ai eu des nausées.*

**NAUSÉEUX, EUSE.** adj. [Pr. *no-zé-eu, euze*]. T. Méd. Qui provoque des nausées. *Odeur nauséeuse. Cette substance s'administre à dose nauséeuse.* || *Efforts nauséeux*, Les efforts, comme pour vomir, qui ne sont pas suivis d'effet.

**NAUSICAA,** fille d'Alcinoüs, roi des Phéaciens, qui accueillit Ulysse naufragé.

**NAUTILE.** s. m. (lat. *nautilus*, grec, ναυτίλος, m. s., de ναῦς, navire). T. Zool. Genre de *Mollusques*. Voy. Céphalopodes. || T. Techn. Sorte de ceinture gonflée d'air qui aide à se soutenir sur l'eau. Voy. Plongeur.

**NAUTIQUE.** adj. 2 g. (lat. *nauticus*, m. s., gr. ναυτικός, m. s., de ναύτης, matelot). Qui appartient, qui a rapport à la navigation. *Art n. Astronomie n. Cartes, observations nautiques. Joutes nautiques.*

**NAUTONIER, IÈRE.** adj. (lat. *nauta*, gr. ναύτης, m. s.). Celui, celle qui conduit un vaisseau, une barque; n'est usité qu'en poésie. *Un hardi n. — Le n. des sombres bords*, Caron.

**NAVAILLES** (Philippe, duc de). Maréchal de France (1619-1684).

**NAVAL, ALE.** adj. (lat. *navalis*, m. s., de *navis*, vaisseau). Qui regarde, qui concerne les vaisseaux de guerre. *Combat n. Armée navale. Victoire navale. Forces navales. École navale.* Voy. École et Marine.

**Obs. gram.** — Naval est peu usité au plur. masc. Quand on emploie le plur. on le forme en *als : des combats navals* comme *des évènements fatals*.

**NAVARETTE** ou **NAJERA**, bourg de la prov. de Burgos (Espagne), près duquel Du Guesclin fut fait prisonnier par Pierre le Cruel et le Prince Noir (1367).

**NAVARIN,** port de la Messénie (Grèce), dans lequel la flotte turque fut détruite par les flottes combinées de France, d'Angleterre et de Russie (1827).

**NAVARRE,** anc. royaume, dont une partie fut réunie à l'Espagne par Ferdinand le Catholique, et dont l'autre, au N. des Pyrénées, fut réunie à la France par Henri IV, par son avènement au trône en 1589. = Nom des hab. Navarrais, aise. || Auj. prov. d'Espagne, bornée au N. par les Pyrénées; cap. *Pampelune*; 318,900 hab.

**NAVARREN** ou **NAVARREINS**, ch.-l. de c. (Basses-Pyrénées), arr. d'Orthez; 1,400 hab.

**NAVAS-DE-TOLOSA (LAS)**, bourg de la prov. de Jaen (Espagne), célèbre par la victoire des rois d'Aragon, de Castille et de Navarre sur les Almohades (1212).

**NAVÉE.** s. f. (lat. *navis*, vaisseau). La charge d'un bateau. Vx.

**NAVERY** (Raoul de), femme de lettres française, de son vrai nom *Marie David* (1831-1885).

**NAVET.** s. m. [Pr. *na-vè*] (lat. *napus*, m. s., par l'intermédiaire d'un dimin. *napetus*). T. Bot. Nom vulgaire du *Brassica Napus*. Voy. Chou.

**Agric.** — Plante bisannuelle, indigène. Soumis de temps immémorial à la culture, et facilement modifiable dans sa saveur et ses caractères extérieurs par le sol et le climat, le n. présente un grand nombre de variétés, souvent peu déterminées. On les rapporte toutes à deux divisions principales; les navets secs, à chair fine, serrée, ne se délayant pas à la cuisson; les navets tendres dont le nom indique la qualité de la chair. Les principaux navets secs sont : *N. de Freneuse*, roussâtre, petit et demi-long, plus estimé qu'aucun autre, à Paris, pour les ragoûts; *N. de Meaux*, très allongé, en forme de carotte effilé, et blanc; *N. jaune, long*, d'Amérique. Ces variétés ne réussissent, en général, que dans les terrains sablonneux et doux. Dans les terres fortes, elles deviennent fibreuses et véreuses. Il vaut mieux alors employer les navets tendres, malgré leur infériorité. Les principaux sont : le *N. blanc-plat hâtif*; le *N. des Sablons*, demi-rond; le *N. gros, long d'Alsace*; le *N. des Vertus*, oblong, très blanc, hâtif et de bonne qualité. — On sème les navets depuis la mi-juin jusqu'à la mi-août. Quelques jardiniers, pour avoir des navets d'été, risquent des semis dès mars et avril, mais il est rare qu'ils ne montent pas, même en employant de la graine vieille, ce qui est essentiel. Les navets tendres seuls, notamment celui des Vertus, et les plats hâtifs conviennent pour ces premiers semis. — Lorsqu'au printemps les navets montent en graine, leurs pousses vertes, bouillies et mangées avec la viande, ou assaisonnées au beurre, sont un bon légume; on en fait un grand usage en Angleterre sous le nom de *turnip tops*. Blanchies à la cave ou dans une serre à légumes, elles sont encore plus tendres et plus douces. — Dans la grande culture, les ressources que fournissent les navets pour la nourriture des bestiaux pendant l'hiver, sont très appréciées dans une partie de la France. Toutes les grosses espèces sont propres à cette culture.

**NAVETTE.** s. f. [Pr. *na-vète*] (dimin. de *navet*). T. Bot. Nom vulgaire du *Brassica campestris*. Voy. Chou.

**Agric.** — La n. ou rabette sert de fourrage si on la sème sur les chaumes après la moisson, à raison de 6 kilogrammes par hectare. Mais son principal emploi est comme graine oléagineuse. On la sème, dans ce cas, de la fin de juillet au commencement de septembre, ordinairement à la volée, sur une terre préparée par plusieurs labours; on bine ou sarcle et on éclaircit le plant. L'été suivant la graine est récoltée lorsque la plus grande partie des cosses a pris la teinte jaune, c.-à-d. avant la maturité complète, qui occasionnerait un égrénage considérable. L'espèce ainsi cultivée est la *N. ordinaire* ou d'hiver. Il en existe une autre appelée *N. quarantaine*, qu'on ne sème qu'au printemps, et qui grène la même année; moins productive que celle d'hiver, elle présente l'avantage de remplacer les autres cultures oléagineuses, lorsque la rigueur de l'hiver ou quelque accident les a fait manquer. On peut l'utiliser aussi comme fourrage vert de premier printemps.

**NAVETTE**, s. f. [Pr. *na-vète*] (bas lat. *naveta*, dimin. du lat. *navis*, navire). T. Liturg. Petit vase de cuivre, d'argent, etc., fait en forme de navire, et où l'on met l'encens qu'on brûle à l'église dans les encensoirs. || T. Techn. Instrument de bois dont se servent les tisserands pour faire courir le fil, la soie, la laine entre les fils de la chaîne. — Pièce du mécanisme des machines à coudre. — Instrument sur lequel est enroulé le fil, la ficelle pour faire du filet. — Poulie allongée dont le corps n'est pas entièrement étropé. — Pirogue indienne. — Saumon de plomb. || Fig. et fam., *Faire la n.*, *faire faire la n.*, Faire beaucoup d'allées et de venues, en faire faire à d'autres. — On dit, dans un sens anal., *Cette somme envoyée de Paris à Lyon a été renvoyée de Lyon à Paris; elle a fait la n.* || T. Jeux. *Une n.* Coup où deux partenaires coupant une couleur différente, chacun d'eux joue alternativement la couleur que coupe l'autre. || T. Zool. Nom donné vulgairement aux espèces de *Gastéropodes* du genre *Volva*.

**NAVICULAIRE**. adj. 2 g. (lat. *navicularis*, m. s., de *navicula*, nacelle, dimin. de *navis*, navire). T. Anat. et Bot. Qui a la forme d'une nacelle. *Fosse n. Os n. Valve n. Bractée n.* || T. Vétér. *Maladie n.* Inflammation de l'os sésamoïde du pied du cheval.

**NAVICULE**. s. f. (lat. *navicula*, nacelle, dimin. de *navis*, navire). T. Bot. Genre d'Algues de la famille des *Diatomacées*. Voy. ce mot.

**NAVICULÉES**. s. f. pl. (R. *Navicule*). T. Bot. Tribu d'Algues de la famille des *Diatomacées*. Voy. ce mot.

**NAVIER**, ing. fr. (1785-1836), l'un des fondateurs de théorie mathématique des corps élastiques.

**NAVIGABILITÉ**. s. f. État de ce qui est navigable.

**NAVIGABLE**. adj. 2 g. (lat. *navigabilis*, m. s.). Où l'on peut naviguer. *Cette mer n'est pas n. à partir de tel endroit. Canaux navigables. Rivière n. et flottable.* Voy. Cours d'Eau.

**NAVIGATEUR**. s. m. (lat. *navigator*, m. s.). Celui qui a fait sur mer des voyages de long cours; ne se dit guère qu'en parlant des hommes éclairés et entreprenants qui ont contribué aux progrès de la géographie par leurs découvertes. *Ce hardi n. Les découvertes des navigateurs.* || Se dit quelquefois d'un marin qui entend bien la conduite d'un vaisseau. *C'est un excellent n.* || Adjectiv., *Peuple n.*, Peuple adonné particulièrement à la navigation.

**NAVIGATION**. s. f. [Pr. *naviga-sion*] (lat. *navigatio*, m. s.). Action de naviguer, c.-à-d. de voyager sur mer ou sur les grandes rivières. *Une longue n. Une n. périlleuse. Une heureuse n. La n. est facile dans cette mer. Ce pont gêne la n. de la rivière. N. à la rame, à la voile, à la vapeur. N. intérieure*, Celle qui a lieu sur les lacs ou les fleuves de l'intérieur d'un pays. Dans ce dernier sens, on dit aussi, *N. fluviale. N. maritime*, Celle qui a lieu sur l'Océan. *N. côtière* ou *Cabotage*, et *N. hauturière* ou *N. au long cours*. Voy. Cabotage. — *Canaux de n.* Voy. Canal. || L'art de naviguer, c.-à-d. de diriger un navire. *Ce pilote entend bien la n. Traité de n.* || Par analog., *N. aérienne*. Voyage en ballon. — Art de diriger les ballons. Voy. Aérostat.

**Mar.** — I. — L'origine de la *Navigation* remonte à la plus haute antiquité. La vue de quelque arbre flottant sur l'eau en suggéra probablement la première idée, et, depuis lors, l'histoire de ses progrès se trouve intimement unie avec celle de la civilisation. On peut la diviser en trois périodes distinctes. Dans la première, qui embrasse toute l'antiquité jusqu'au XIV<sup>e</sup> siècle, la n. se fait surtout à l'aide des rames, auxquelles on ajoute bientôt l'usage des voiles. Les progrès sont nécessairement limités par les connaissances de l'époque et par celle des lieux qu'on fréquente. La science du pilote consistait alors presque entièrement dans la pratique des localités et dans l'expérience acquise des circonstances particulières du vent et des courants. Presque constamment abrité par les hautes terres ou voyageant au milieu des îles, on ne tirait de la voilure qu'une utilité secondaire. La galère, dont on multipliait les rames selon les besoins, caractérise surtout ce premier âge de la n. Durant cette longue phase, la n. fut principalement en honneur chez les peuples qui se livraient particulièrement à l'industrie et au commerce : dans la Méditerranée, chez les Phéniciens et chez les Grecs, qui se trouvaient portés par leur goût et par leur position vers le commerce; dans la mer Rouge, par les Arabes qui poussaient leurs courses jusque sur les côtes de l'Inde. La plus longue et la première grande expédition dont l'histoire fasse mention (vers 610 avant notre ère), est celle que les Phéniciens exécutèrent autour de l'Afrique par l'ordre de Néchao, roi d'Égypte, et qui dura 3 ans. Il n'est pas certain que ces navigateurs aient réellement fait le tour de l'Afrique; mais au moins ils exécutèrent un long voyage. Après ce voyage, nous citerons celui du Carthaginois Hannon (vers 510), qui navigua au Midi jusqu'aux côtes de la Sénégambie; celui d'Himilcon, autre Carthaginois, qui poussa au Nord jusqu'en Angleterre; et celui du Marseillais Pythéas (vers 301), qui découvrit la Norvège, qu'il désigna sous le nom de Thulé. Dans leurs voyages au delà des colonnes d'Hercule, les Carthaginois avaient découvert les îles Fortunées (les Canaries), on ne sait à quelle époque; mais elles sont déjà mentionnées par Scylax, auteur grec qui paraît avoir vécu au temps de la guerre du Péloponèse (vers 420). La n. ne dut aux Romains aucun progrès. Après la chute de l'empire et l'invasion des barbares, elle déclina rapidement. Cependant il est certain que l'Islande fut peuplée, au IX<sup>e</sup> siècle, par des navigateurs normands, et que des marins de cette nation découvrirent peu après le Groenland, le Labrador et Terre-Neuve. Au XI<sup>e</sup> siècle, les marins génois, vénitiens, marseillais et catalans font revivre les relations de l'antiquité entre l'Orient et l'Occident; mais l'art de naviguer demeure aussi borné que par le passé. Au XIV<sup>e</sup> siècle, la découverte de la boussole, et surtout son perfectionnement par Jean Gioja d'Amalfi (vers 1300), ouvrent la seconde période de la n. Dès que la marine possède ce guide précieux, elle se trouve comme à l'étroit dans les mers de l'Europe; elle marche à la reconnaissance des terres inconnues du globe, et prélude par la découverte des Canaries, de Madère, des Açores, des îles du cap Vert, à celle de l'Amérique et des Indes. Christophe Colomb découvre l'Amérique en 1492; Vasco de Gama double le cap de Bonne-Espérance en 1497. Quelques années après, Magellan trouve, vers l'extrémité de l'Amérique méridionale, un canal qui le conduit dans l'océan Pacifique, dont il traverse l'immense étendue en se dirigeant vers les Indes. C'est ainsi que de 1492 à 1521, le monde entier se trouve ouvert. Ces découvertes et la prise de possession de continents aussi vastes que riches excitent une convoitise générale et impriment à la n. une activité sans exemple dans les annales de l'histoire. La fréquentation de la haute mer, en privant les navires de la ressource des relâches, oblige de modifier les constructions navales et rend l'emploi des rames de moins en moins efficace. En conséquence, on les abandonne. L'usage des voiles carrées s'introduit alors dans la voilure, qui, en diminuant ses dimensions pour multiplier ses organes, fournit à la manœuvre des combinaisons plus variées et plus sûres. En même temps, la science nautique marche d'un pas de plus en plus assuré dans la voie du progrès. Au XVI<sup>e</sup> siècle, l'invention du loch, celle des cartes plates par Mercator (vers 1550), et leur perfectionnement par l'Anglais Wright (1599), donnent au marin le moyen de calculer plus exactement et plus rapidement sa route; l'hydrographie, s'enrichissant des conquêtes de la n., agrandit son domaine; les perfectionnements réalisés dans les instruments destinés à l'astronomie nautique et dans les chronomètres ajoutent successivement à la sécurité des grands voyages de circumnavigation. A la fin du XVIII<sup>e</sup> siècle, grâce au sextant, aux montres marines, et à de bonnes cartes routières, les bâtiments peuvent toujours déterminer leur position avec une admirable précision qui n'est pas moins avantageuse pour la sécurité des marins que pour diminuer les frais des transports maritimes. Enfin, avec le XIX<sup>e</sup> siècle, la n. entre dans sa troisième phase. L'application de la vapeur à la propulsion des navires inaugure une révolution que nous voyons s'achever sous nos yeux. Dc principal agent qu'elle était, la voilure devient tout à fait secondaire, et la manœuvre, ayant désormais à sa disposition un instrument puissant dont la volonté de l'homme peut régler à son gré les mouvements, n'a plus besoin des combinaisons étudiées à l'aide desquelles elle parvenait, soit indirectement, soit directement, à maîtriser le caprice des éléments. En même temps, se sont accomplis d'autres progrès dont les plus remarquables sont l'emploi des coques de fer qui, plus légères et plus solides que celles de bois, se prêtent mieux aux formes les plus fines sans préjudice pour la solidité; l'adoption des chaudières tubulaires; la substitution de l'hélice aux roues à aubes; l'emploi des câbles de fer, etc.

II. — Aussitôt qu'un navire a complété son armement, il sort du port sous la conduite d'un pilote de la localité, qui le dirige d'après les marques ou les *Amers* qu'une longue pratique lui a rendus familiers. Quand il est parvenu en haute mer, le pilote l'abandonne, et sa conduite appartient dès lors au capitaine, qui seul est chargé de donner la route et sur qui désormais pèse la responsabilité des événements de la campagne. Tant que les côtes sont en vue, le capitaine se dirige d'après les cartes qu'il possède, en faisant sonder, quand il le croit nécessaire, et en fixant continuellement sur la carte la position du bâtiment, soit à l'aide des points marquants de la côte pendant le jour, soit à l'aide des phares qu'on y allume pendant la nuit. Enfin, au moment où il va perdre la côte de vue, il détermine, d'après cette méthode, une dernière position, qu'on appelle le *Point de partance*, car elle est en effet le premier point de départ pour les problèmes des routes. Ces problèmes sont très nombreux; ils peuvent se résoudre par des méthodes qui se prêtent un mutuel contrôle. La plus précise repose sur l'emploi des observations astronomiques et est nommée par cette raison *n. astronomique*. L'autre consiste à déduire la position actuelle du navire de la connaissance qu'on a à chaque instant de sa vitesse et de sa direction depuis le point de partance. C'est la *n. par estime*.

La n. astronomique repose sur la détermination de la latitude et de la longitude du point qu'occupe le navire par le moyen d'observations astronomiques. Voy. LATITUDE, LONGITUDE. Mais comme des observations exactes offrent toujours quelques difficultés, même quand l'état du ciel est favorable, et exigent en outre des calculs assez compliqués qu'on ne peut répéter à chaque instant, il faut recourir à la n. par estime pour diriger la marche du navire d'une manière continue et pour lui faire éviter les écueils qu'il pourrait rencontrer. La *boussole* est l'instrument employé à cet effet; de là le nom de *compas de route* que lui donnent communément les marins. On connaît la direction du navire en observant l'angle que fait son axe appelé *ligne de foi* avec l'aiguille aimantée, ou, en d'autres termes, avec le méridien magnétique; mais il faut tenir compte de la déclinaison magnétique pour rapporter la route du bâtiment au méridien terrestre. Pour mesurer la vitesse d'un navire, c.-à-d. le chemin qu'il parcourt dans un espace de temps donné, on se sert généralement du *loch* (Voy. ce mot), et l'on prend pour unité de mesure la lieue marine $=5555^m,55$, ou le mille marin $=1851^m,85$, suivant qu'il s'agit d'une grande distance ou d'une petite. On doit jeter le loch à la mer, toutes les fois que la vitesse du navire paraît changer. Au reste, le loch, de même que la boussole, ne fournit pas des indications rigoureuses. Quand on a ainsi déterminé la direction et la vitesse du mouvement du navire, il est facile de calculer la route qu'il a parcourue depuis la dernière estime. On reporte cette route sur la carte à partir du dernier point relevé, et l'on a sur la carte la position actuelle.

Jusqu'ici nous avons supposé que le navire suivait la direction indiquée par sa quille. Or, ce cas se présente rarement et n'a lieu que pour l'allure *vent-arrière* lorsque le vent souffle dans la direction même de la marche, ou du moins s'en écarte peu, parce qu'alors l'orientation des voiles est perpendiculaire au plan longitudinal du navire et que la force motrice agit suivant ce plan. Le plus souvent, les voiles sont orientées plus ou moins obliquement et reçoivent le vent sous une inclinaison plus ou moins grande; la force motrice qui est la résultante des efforts partiels exercés par le vent sur chaque point des voiles, suivant une normale à leur surface, forme alors un certain angle avec le plan de la quille, et peut se décomposer en deux autres : l'une dirigée dans ce plan et qui pousse le navire de l'avant, l'autre perpendiculaire à cette direction et qui entraîne le navire parallèlement à son grand axe. L'effet de cette dernière action, qui est détruite en très grande partie par la résistance de l'eau contre les flancs allongés du bâtiment, et qui varie avec la force du vent, la quantité de voiles et l'état de la mer, est de faire suivre au navire une route différente de celle qu'indique la boussole, et formant avec elle un angle plus ou moins grand que l'on appelle *Dérive*. Quand on veut déterminer la valeur de cet angle, dont l'effet est sensible même à bord des navires à vapeur par le seul effort du vent sur leurs parties extérieures, on relève à la boussole la trace que le vaisseau laisse derrière lui et que l'on nomme *Houache*, et l'on prend l'angle formé par ce relèvement avec la route diamétralement opposée à celle qu'indique le compas. Quelquefois on fixe à l'arrière du navire un demi-cercle horizontal, dont le rayon moyen, marqué zéro, est dans la direction de la quille, et qui est muni d'une alidade mobile autour du centre; on dirige les pinnules sur la houache, et l'arc compté à partir du zéro, où commencent les divisions de l'alidade, donne immédiatement la dérive. Cette dérive est dite *tribord* ou *bâbord*, selon qu'elle entraîne le navire à droite ou à gauche, l'observateur étant supposé sur l'arrière et tourné vers l'avant, c.-à-d. suivant que le vent vient de la droite ou de la gauche. Les courants constituent une nouvelle source d'erreurs. L'erreur qui résulte de cette cause se corrige aisément lorsque le sens et la vitesse du courant sont connus. A cet effet, on cherche de combien il a entraîné le navire suivant cette autre direction, et l'on trace ce chemin comme une nouvelle route que le bâtiment aurait parcourue, outre celle qu'il a faite d'après son propre mouvement. Supposons, par ex., qu'on ait navigué pendant 17 h. 30 m., dans un courant filant 3 nœuds, 6 au S.-S.-E. Le navire aura été entraîné suivant cette direction de 3 nœuds, $6\times17,5=63$ milles. Il est donc dans le même cas que s'il avait couru de lui-même 63 milles au S.-S.-E. Mais les courants sont encore très imparfaitement déterminés, et le plus souvent on ne peut en tenir compte que d'une manière plus ou moins approximative. Ils sont la source des principales erreurs que l'on commet dans la *n. par l'estime*.

Il résulte des considérations précédentes que les indications obtenues par l'estime n'ont pas une précision suffisante; comme les erreurs de route s'accumulent de plus en plus et peuvent produire des altérations dangereuses relativement aux points du globe où l'on suppose être parvenu, il est nécessaire de rectifier ces positions par des observations célestes, et cela d'autant plus fréquemment qu'on se trouve dans des parages présumés dangereux. La n. astronomique est ainsi indispensable dès que le voyage atteint une certaine longueur.

Lorsque, ce qui arrive chaque jour, on veut faire suivre au navire un certain *rumb de vent*, on doit corriger cette direction des erreurs que produisent la déclinaison de l'aiguille aimantée, la dérive, et, s'il est possible, les courants en sens inverse; on a ainsi la route au compas suivant laquelle il faut gouverner, c.-à-d. l'angle qu'il faut maintenir entre la ligne de foi et l'aiguille du compas. Cette direction de la route est déterminée par le but même du voyage, et le capitaine doit veiller continuellement aux circonstances diverses de la n. pour tâcher d'arriver par la voie la plus courte à sa destination. En conséquence, c'est lui qui donne la route au timonier, et celui-ci a soin de maintenir, au moyen du gouvernail, le cap du bâtiment dans la direction désignée. D'après cela, tant que le cap n'est pas changé, la ligne tracée par le navire sur la surface des mers vient rencontrer les méridiens successifs du globe sous un angle constant, qu'on appelle l'*angle de route* ou *du rumb de vent*; cette ligne est une courbe à double courbure qui a reçu le nom de *Loxodromie*. Il est rare qu'un navire suive la route directe entre le point de départ et celui de destination, parce que les circonstances de la n. ne le permettent que très difficilement. Dans la n. à la voile, comme les vents sont rarement favorables, et qu'à cet obstacle vient souvent se joindre celui des courants, on comprend que le bâtiment est toujours entraîné hors de la route véritable. Il faut alors lui faire *courir des bords* continuels, tout en ayant soin de le diriger autant qu'on le peut vers la longitude et la latitude du lieu de sa destination. En conséquence, lorsqu'on en a la faculté, il arrive fréquemment qu'on préfère aller chercher, par une route détournée, des vents ou des courants fixes et favorables dans des parages parfaitement connus. Ces traversées sont généralement moins longues que si l'on s'exposait à tous les accidents de la n. directe. Au contraire, les navires à vapeur ont avantage à suivre la route directe. Pour eux l'avantage de suivre le plus court chemin se double d'un avantage économique considérable qui résulte de l'énorme consommation de charbon que font les machines à vapeur. Le plus court chemin d'un point à un autre sur la sphère n'est pas la loxodromie, mais l'arc de grand cercle. Aussi les navires à vapeur préfèrent-ils suivre des arcs de grand cercle. Cette condition complique les problèmes de route, puisque le grand cercle ne coupe pas tous les méridiens sous le même angle et que le capitaine est alors obligé de changer fréquemment l'angle de route conformément aux calculs qu'il a dû faire.

De quelque manière que le navire marche, on jette le loch à la mer, toutes les fois que le vent, la voilure et la direction changent. De plus, on note fréquemment, chaque demi-heure par ex., sur un instrument appelé *Renard*, la route du navire et sa vitesse, et, à la fin de chaque *Quart*, c.-à-d. toutes les quatre ou six heures, espace de temps pendant lequel une même partie de l'équipage reste sur le pont, on fait le relevé des routes et on le porte sur le journal du bord. Enfin, tous les jours, à midi, et même chaque fois que l'on a besoin de savoir en quel lieu on se trouve, on *fait le point*, c.-à-d. on opère la réduction des diverses routes ensemble, en prenant pour point de départ la dernière position du navire où le même calcul a été effectué. On détermine ainsi la position du navire et on la marque sur la carte. En outre du point ainsi obtenu par l'estime, on fait le point par les méthodes astronomiques, en observant la hauteur du soleil à midi pour en déduire la latitude, et en déterminant l'heure exacte afin de la comparer aux chronomètres qui donnent l'heure de Paris, comparaison dont on déduit la longitude. Voy. LATITUDE et LONGITUDE. En comparant cette position avec celle du lieu où l'on veut se rendre, le capitaine voit quelle route ultérieure il doit suivre, pour s'écarter le moins possible, d'après le vent qui le pousse et les dangers des mers qu'il parcourt.

*Navigation sous-marine.* — On a construit des navires capables de naviguer sous l'eau, c.-à-d. entièrement immergés. Il faut, bien entendu, que ces navires soient entièrement clos. La principale difficulté était d'assurer à l'équipage une provision suffisante d'air respirable et d'évacuer l'air vicié. Le premier problème a pu être résolu de diverses manières. On peut emporter une provision d'oxygène comprimé ou même liquéfié. On peut aussi fabriquer de l'oxygène par des réactions chimiques; jusqu'ici la solution la plus pratique a consisté dans l'emploi d'une provision d'air comprimé. Aujourd'hui qu'on sait liquéfier l'air à peu de frais, on a encore une nouvelle ressource. Le second problème est plus difficile; cependant on pourrait absorber l'acide carbonique au fur et à mesure de sa production. Le plus pratique est cependant d'expulser l'air vicié à l'aide de pompes qui le compriment assez pour vaincre la pression de l'eau ambiante. Le moteur ne peut être une machine à feu qui consommerait trop d'oxygène. Il faut un moteur électrique. On emploie surtout les accumulateurs qui ont en outre l'avantage de fonctionner sans rien perdre de leur poids, ce qui est essentiel au point de vue de la stabilité. Malheureusement, les accumulateurs ne constituent qu'une provision minime d'énergie et doivent être rechargés après leur épuisement, ce qui limite considérablement la durée du voyage, et le rayon d'action du navire. Le propulseur se compose d'une hélice ou de deux hélices placées à côté l'une de l'autre, ce qui permet de gouverner en faisant agir l'une plus vite que l'autre. Le mouvement d'ascension ou de descente s'effectue en introduisant de l'eau dans une cavité spéciale ou en la chassant à l'aide d'une pompe, ce qui change le poids du navire sans changer son volume. On a aussi disposé sur les flancs du navire des espèces de gouvernails horizontaux qui, par leur inclinaison, dirigent le navire en haut ou en bas, et qu'on peut manœuvrer de l'intérieur. Pour ne parler que de la France, on y a construit trois navires sous-marins: le *Goubet*, le *Gymnote* et le *Gustave-Zédé*. Ce dernier, ainsi nommé du nom de l'inventeur, peut contenir 12 hommes d'équipage. Ces navires sont destinés, dans l'intention des constructeurs, à aller déposer des torpilles sous les navires ennemis. Malheureusement un obstacle capital s'oppose pour ainsi dire d'une façon radicale à ce genre de n. C'est que, sous l'eau, il est impossible de se diriger, on n'y voit pas clair, et on ne peut éclairer sa marche, quelque puissants que soient les foyers lumineux qu'on emploie. Sans doute, on éclaire facilement l'intérieur du navire et l'eau qui l'entoure immédiatement; mais celle-ci se comporte comme un brouillard très épais, les rayons de lumière sont immédiatement diffusés, et l'on ne peut rien distinguer à quelques mètres devant soi. Aussi, a-t-on renoncé à la n. sous-marine proprement dite et les navires qualifiés de sous-marins sont proprement des *navires-plongeurs*. En temps ordinaire, ils naviguent à la surface en ne laissant dépasser au-dessus de l'eau qu'une très petite plate-forme sur laquelle se tient le timonier, et une cheminée large et courte qui sert à l'aération de l'intérieur du navire. Arrivé à environ 1 kilomètre de l'endroit où il veut déposer la torpille, le capitaine reconnaît sa route avec soin, fait fermer les issues de la cheminée et commande la manœuvre qui fait plonger le navire. Après avoir déposé la torpille, le navire s'éloigne et reparaît peu de temps après au-dessus de l'eau. Grâce à la petitesse des parties qui émergent, le navire, quand il navigue à la surface, est complètement invisible à la distance d'environ 1 kilomètre. La longueur de la n. sous-marine peut donc être réduite à 2 kilomètres, un pour l'aller et un pour le retour. Il est bon d'avoir deux moteurs: un moteur à vapeur pour la n. à la surface et un moteur à accumulateurs pour la n. sous-marine. On évite ainsi de recharger trop souvent les accumulateurs; seulement, il faut prendre des précautions pour expulser les gaz du foyer pendant la n. sous-marine et pour dérober à l'ennemi le panache de fumée pendant la n. à la surface. Il paraît que dans de récentes expériences faites à Toulon en 1899, le *Gustave-Zédé* s'est comporté d'une manière satisfaisante.

**NAVIGUER.** v. n. (lat. *navigare*, m. s., de *navis*, navire, et *agere*, conduire). Aller sur mer ou sur les grandes rivières. *N. le long des côtes. N. en pleine mer. N. sur un fleuve.* || Gouverner, manœuvrer un vaisseau pour le conduire d'un lieu à un autre. *L'art de n. Ce pilote navigue bien. C'est une mer où il est malaisé de n.* || Se dit aussi de la manière dont un vaisseau se comporte à la mer. *Ce vaisseau navigue bien.*

**NAVILLE.** s. f. [Pr. *na-vill*, *ll* mouillées] (ital. *naviglio*, m. s.). Petit canal qui sert à conduire les eaux pour arroser les terres. Ne se dit guère qu'en parlant des canaux de la Lombardie.

**NAVIRE.** s. m. (lat. *navis*, m. s.). Bâtiment destiné à aller sur mer. *Un n. de cinq cents tonneaux de port*, ou *du port de cinq cents tonneaux*, ou simpl. *de cinq cents tonneaux. Ce n. est un excellent voilier. N. marchand. Construire, mâter, équiper, fréter, charger, décharger un n. Armer un n. en guerre. Capitaine de n.* — En parl. des bâtiments de guerre, on dit plus ordinairement *Vaisseau* que *Navire;* en outre, *Navire* ne se dit guère que des bâtiments pontés et munis de mâts. || T. Astron. [illegible] *n. Argo*, Constellation australe dans laquelle se trouve la fameuse étoile variable $\eta$. Voy. CONSTELLATION et ÉTOILE.

**NAVRANT, ANTE.** adj. Qui cause une vive et profonde affliction. *Un spectacle n. Une histoire navrante.*

**NAVRER.** v. a. (orig. germ. : scand. *nafar*, instrument pour percer). Blesser, faire une grande plaie. *N. quelqu'un mortellement.* Vx et inus || Fig., Causer une grande peine, une extrême affliction. *Cette nouvelle m'a navré. Vous m'avez navré de douleur. J'en suis navré. J'en ai le cœur navré.* = NAVRÉ, ÉE. part.

**NAXOS,** ou **NAXIA**, île grecque de l'Archipel, la plus grande des Cyclades; 12,000 hab. V. pr. *Naxos*, 2,100 hab. = Nom des hab. NAXIEN, ENNE.

**NAY,** ch.-l. de c. (Basses-Pyrénées), arr. de Pau; 3,500 hab. Fabriques de drap.

**NAZARETH,** v. de Syrie (Turquie d'Asie), dans la prov. de Galilée (anc. Palestine), fut le séjour de la Sainte Famille, jusqu'au baptême de Jésus. Nom des hab. : NAZARÉENS.

**NAZIANZE,** anc. v. de la Cappadoce (Asie-Mineure).

**NE.** adv. de négation (lat. *ne*, m. s.). *Je ne vous en parlerai plus. Il ne pense pas ce qu'il dit. Il ne souffre point. Il y a six mois que je ne l'ai vu. Il ne m'en a rien dit. Il n'héritera pas de son oncle.* || Fam., on dit quelquefois *N'était*, pour *Si ce n'était. Cet ouvrage serait fort bon, n'était la négligence du style.* — Voy. NÉGATION.

**NEAGH** (lac), situé en Irlande, prov. d'Ulster.

**NEANDER.** Théologien allem. (1789-1850).

**NÉANMOINS.** adv. [Pr. *néan-mouin*] (R. *néant* et *moins*). Toutefois, cependant, pourtant. *Il est encore très jeune, et n. il est fort sage. Il lui avait promis de l'aller voir, n. il ne l'a pas fait.* = Syn. Voy. CEPENDANT.

**NÉANT.** s. m. [Pr. *né-an*] (lat. *ne ens*, non être). Ce qui n'est rien, ce qui ne se conçoit que par une négation. *Dieu a tiré toutes choses du n., et lui seul peut les réduire au n., les faire rentrer dans le n.* || Fig., se dit pour marquer le peu de valeur d'une chose, le manque de naissance ou de mérite dans une personne. *Le n. des grandeurs humaines. C'est un homme de n. On l'a fait rentrer dans son n.*

Il voit comme un néant tout l'Univers ensemble,

RACINE.

|| T. Jurispr. *Mettre une appellation au n.*, Déclarer que la partie qui a appelé d'une sentence est déboutée de son appel. *Mettre l'appellation et ce dont est appel au n.*, Annuler et l'appel et la sentence dont il a été appelé. || Famil., se dit quelquefois pour Non. *Je vous accorde votre première demande; mais quant à la seconde, n.* — On dit encore, *Mettre n. sur une requête, sur un article de compte.* Mettre le mot *Néant* au bas d'une requête, à côté d'un article de compte, pour marquer qu'on rejette cette demande, cet article. Vx.

**NÉARQUE,** navigateur grec, lieutenant d'Alexandre le Grand, fit l'exploration des côtes d'Asie, de l'Indus à l'Euphrate.

**NÉARTHROSE.** s. f. [Pr. *néar-tro-ze*] (gr. νέος, nouveau; ἄρθρωσις, articulation). T. Chir. Articulation nouvelle qui se produit après une luxation non réduite. Voy. LUXATION.

**NEBO,** montagne de la Palestine, dans la chaîne des Albarim, où mourut Moïse.

**NÉBRASKA,** l'un des États Unis d'Amérique (États du Centre); pop. 1,100,000 hab.; cap. *Omaha-City.*

**NÉBRIE.** s. f. (gr. νεβρίς, peau de faon). T. Entom. Genre de Coléoptères. Voy. CARABIQUES.

**NÉBULEUSE.** s. f. [Pr. *nébuleu-ze*] (lat. *nebulosus*, nébuleux). T. Astron.

1. — « ... e, dit J. Herschel, par une belle nuit, nous jetons les yeux sur la voûte céleste, nous remarquons çà et là des groupes d'étoiles qui paraissent plus rapprochées les unes des autres que dans les parties voisines du ciel, de manière à former des agglomérations stellaires qui éveillent dans notre esprit cette idée que quelque cause particulière, et non le hasard, a présidé à leur distribution. Tel est le groupe appelé les *Pléiades*, dans lequel on aperçoit 6 ou 7 étoiles lorsqu'on le regarde en plein, et un plus grand nombre lorsque l'œil est tourné négligemment de côté, tandis que l'attention se porte entièrement sur ce groupe. Mais, avec un télescope, on y découvre 50 à 60 grandes étoiles entassées dans un assez petit espace qu'on peut regarder comme isolé du reste du ciel. La constellation appelée la *Chevelure de Bérénice* est un autre groupe de ce genre, plus étendu, et qui se compose d'étoiles beaucoup plus brillantes. Dans la constellation du Cancer, il y a une tache lumineuse qui lui ressemble un peu, mais qui est moins nettement marquée : on l'appelle la *Crèche*; une lunette de nuit ordinaire la résout entièrement en étoiles. Dans la Poignée de l'épée de *Persée*, on remarque aussi une tache semblable, composée d'une foule d'étoiles, mais qui, pour être isolées, exigent un instrument plus puissant. Quelle que soit la nature de ces amas, il est certain qu'il existe, dans les régions qu'ils occupent, des lois d'agrégation autres que celles qui ont déterminé la dissémination des étoiles sur la surface générale du ciel. Pour nous con-

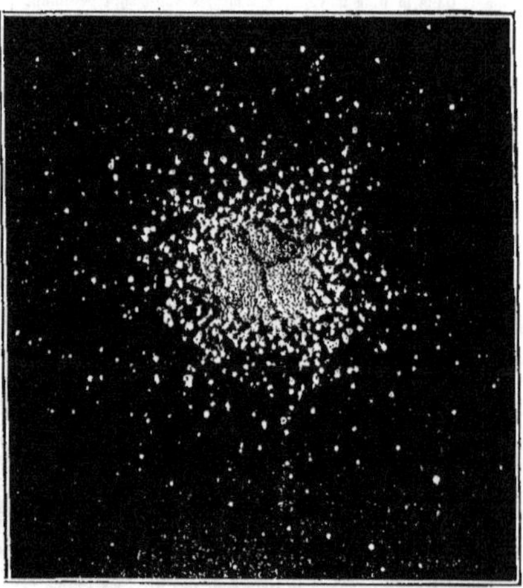

Fig. 1.

vaincre encore davantage de cette vérité, il suffit de diriger un puissant télescope sur ces amas et sur d'autres objets analogues. Il existe dans le ciel un grand nombre de corps que l'on a souvent, par erreur, pris pour des comètes, et qui, en effet, ressemblent beaucoup à des comètes sans queue : ce sont de petites taches, rondes ou ovales, qui ont l'aspect d'un petit nuage, d'où le nom de *Nébuleuses* sous lequel on les désigne. Elles conservent cette apparence, même quand on les examine avec un télescope d'un assez grand pouvoir. Messier a donné, en 1781, une liste des positions de 103 corps de cette espèce, que toute personne qui s'occupe des comètes devrait se rendre familiers pour éviter d'être induite en erreur par la ressemblance qu'ils ont avec elles. Mais on reconnaît suffisamment à leur fixité que ce ne sont point des comètes, et lorsqu'on vient à les examiner avec des instruments d'une grande portée, comme un réflecteur de 45 à 60 centimètres, toute idée de similitude s'évanouit. On voit que la plupart de ces corps sont des amas d'étoiles agglomérées en nombre immense, de manière à occuper un espace dont le contour est en général nettement marqué, et à présenter à leur centre, où la condensation est ordinairement la plus grande, une masse de lumière. » La Fig. 1 représente une n. de ce genre; c'est l'amas d'étoiles situé dans la constellation d'Hercule, le plus important de notre hémisphère, si brillant qu'il est visible à l'œil nu, par les nuits sans lune pour les vues très perçantes. Il a été observé pour la première fois, par Halley, en **1714**. Quand on songe que chacune de ces étoiles est un soleil et qu'entre chacun de ces points il y a des millions, des centaines de millions de kilomètres, comment l'imagination ne serait-elle pas abîmée et confondue? Plusieurs amas du même genre ont une figure exactement ronde, et suggèrent l'idée d'un espace sphérique rempli d'étoiles et isolé dans le ciel, où il constitue un système à part régi par des lois qui lui sont propres. On chercherait vainement à dénombrer les étoiles dans un de ces *amas globulaires*. Ce n'est point par centaines qu'on les compterait; d'après un calcul informe basé sur les intervalles apparents qui les séparent vers les bords et le diamètre angulaire du groupe entier, on trouve que plusieurs de ces amas globulaires doivent contenir au moins 10 à 20 mille étoiles, pressées dans un espace circulaire dont le diamètre angulaire n'excède pas **10** minutes, c.-à-d. qui n'est que la dixième partie de celui que le disque de la lune recouvre sur le firmament.

Nous sommes autorisés à considérer les astres qui forment ces groupes comme autant de soleils semblables au nôtre, et leurs distances mutuelles comme égales à celles qui séparent notre soleil des étoiles fixes les plus voisines. Cependant, lorsque l'on remarque que l'éclat produit par l'ensemble des milliers d'étoiles qui composent un groupe de ce genre affecte l'œil moins vivement que celui d'une étoile de 5ᵉ grandeur, car les plus grands de ces amas sont à peine visibles à l'œil nu, l'idée qu'on se forme alors de leur distance permet à notre imagination de se familiariser même avec ces dimensions prodigieuses. Dans tous les cas, il nous est presque impossible de ne pas considérer un amas d'étoiles isolé de la sorte comme constituant un système particulier, très nettement caractérisé. Leur forme circulaire indique évidemment l'existence de quelque lien général analogue à la force attractive, et même, dans plusieurs d'entre eux, on reconnaît que la condensation augmente progressivement de la circonférence au centre, phénomène incompatible avec une distribution uniforme d'étoiles équidistantes dans un espace sphérique. Il est à la vérité difficile de se former une idée de l'état dynamique d'un pareil système.

II. — C'est à W. Herschel que l'astronomie doit les premières données précises qu'elle a possédées sur les objets célestes que l'on comprend sous la dénomination commune de *Nébuleuses*. On en avait découvert quelques-unes depuis l'invention du télescope: une ou deux même sont visibles à l'œil nu. Cependant, en 1716, Halley ne connaissait en tout que 6 nébuleuses; ce nombre avait été porté à 96 par les travaux de Lacaille et de Messier; mais Herschel, au moyen de ses puissants instruments, en découvrit à lui seul plus de 2,500. Le grand astronome de Slough a distribué les nébuleuses en trois classes: 1° *Amas stellaires*, où les étoiles peuvent être nettement discernées, et qui se distinguent en amas globulaires et en amas irréguliers; 2° *Nébuleuses résolubles*, que l'on soupçonne fortement d'être formées par une agglomération d'étoiles, et qui se résoudraient probablement en étoiles distinctes, si l'on disposait d'instruments plus puissants; 3° *Nébuleuses*, proprement dites, où il n'y a pas d'apparence que la nébulosité puisse se résoudre en étoiles. Ces dernières sont subdivisées, d'après leur éclat et leurs dimensions, en trois ordres, savoir: 4° *Nébuleuses planétaires*; 5° *Nébuleuses stellaires*; 6° *Étoiles nébuleuses*. Les nébuleuses, ainsi que l'a observé Herschel, ne sont point distribuées d'une manière uniforme sur la voûte céleste. Loin de là, elles semblent avoir une préférence marquée pour une large zone qui croise la voie lactée presque à angles droits, et dont la direction générale n'est pas très éloignée du cercle horaire de 0 h. et 12 h.

A. Les *Amas stellaires* sont globulaires, comme ceux dont il a été déjà question, ou d'une figure irrégulière. Ces derniers sont en général moins riches en étoiles et surtout moins condensés vers leur centre. Leurs contours sont en outre marqués moins nettement, de sorte qu'il est souvent difficile de dire à quel point ils se terminent, ou bien si l'on doit simplement les considérer comme des portions du firmament plus riches en étoiles que celles qui les entourent. Dans quelques-uns les étoiles sont à peu près toutes de la même grandeur, tandis que, dans d'autres, elles appartiennent à des grandeurs fort différentes; il n'est même pas rare d'y rencontrer une étoile très rouge beaucoup plus brillante, qui est placée à l'égard des autres dans quelque situation remarquable. Will. Herschel regarde ces groupes comme des amas globulaires dans un état de condensation moins avancé, et il considère tous les groupes de ce genre comme se rapprochant, en vertu de l'attraction mutuelle des étoiles qui les composent, de la forme sphérique. Parmi les plus beaux groupes stellaires de cette classe, nous citerons celui qui entoure κ de la Croix. Il occupe une surface évaluée à la 48ᵉ partie d'un degré carré, et se compose d'environ 110 étoiles de 7ᵉ grandeur et au-dessous, et dont 8 des plus apparentes sont colorées de diverses teintes de rouge, de vert et de bleu, de manière à donner au groupe entier l'aspect d'une riche pièce de joaillerie.

B. Les *Nébuleuses résolubles* ne sont autre chose que des amas stellaires situés à de trop grandes distances, ou composés d'étoiles d'un éclat intrinsèquement trop faible pour nous affecter par leur lumière individuelle, si ce n'est lorsque deux ou trois d'entre elles se trouvent assez rapprochées pour que leurs lumières réunies nous donnent l'image d'un point plus brillant que le reste. Les nébuleuses de cette catégorie sont généralement rondes ou ovales, comme si les appendices et les irrégularités de formes disparaissaient en raison de la distance, de manière à ne laisser apercevoir que l'ensemble de la figure des parties les plus condensées. Ces nébuleuses, examinées avec les puissants instruments d'Herschel, présentaient le même aspect que les amas stellaires vus avec des télescopes d'un pouvoir médiocre. Aussi le célèbre astronome en concluait-il qu'elles se résoudraient en étoiles tout comme les amas proprement dits, si l'on parvenait à amplifier encore le pouvoir des télescopes; de là le nom de *résolubles* qu'il avait donné à cet ordre de nébuleuses. Au reste cette probabilité est devenue depuis lors une réalité, grâce à la grande puissance du télescope à réflexion de Lord Rosse, de 2 mètres d'ouverture, qui a résolu ou rendu résolubles un nombre prodigieux de nébuleuses indécomposables par tout autre instrument. Les grands instruments qu'on a construits depuis cette époque, tels que la grande lunette de l'observation Lick, ont permis de confirmer ces découvertes.

Outre les nébuleuses rondes ou ovales dont il vient d'être parlé, il y en a aussi qui représentent une ellipse plus ou moins allongée. Une des nébuleuses les plus remarquables de cette espèce est celle que l'on aperçoit dans la ceinture d'Andromède, près de l'étoile ν de cette constellation (Fig. 2). Elle est visible à l'œil nu, et ceux qui ne sont pas familiarisés avec l'aspect du ciel la prennent toujours pour une comète. Simon Marius, qui l'a signalée en 1612, la comparait avec assez de justesse à une chandelle qui luit à travers une lame de corne. Sa forme est celle d'un ovale allongé, dont l'éclat va en croissant depuis les bords d'une façon presque insensible, puis avec beaucoup plus de rapidité, jusqu'à un point central qui est beaucoup plus brillant que le reste. On aperçoit dans le champ de cette n. plusieurs petites étoiles qui ne paraissent point lui appartenir, et, même vue dans les plus puissants instruments, elle n'offre rien dans son aspect d'où l'on puisse induire qu'elle consiste en étoiles. Cependant le professeur G.-P. Bond, en l'étudiant avec la puissante lunette de l'observatoire de Cambridge, aux États-Unis, a constaté qu'elle est parsemée de très petites étoiles tellement serrées et nombreuses, qu'il a pu en compter, dans les portions les plus riches de la n., jusqu'à 200 dans un champ de 20 minutes seulement de diamètre: ce qui donne lieu de croire qu'un pouvoir amplifiant encore plus considérable la résoudrait complètement. Son spectre n'indique rien de certain. Au reste, il est à remarquer que les nébuleuses elliptiques sont beaucoup plus difficiles à résoudre que celles de forme globulaire, phénomène qui se lie sans doute d'une façon intime à leurs conditions dynamiques d'existence. En outre, leur résolution est plus aisée dans les parties centrales. Certaines nébuleuses elliptiques sont tellement allongées, qu'elles nous paraissent presque linéaires: ce sont sans doute des ellipsoïdes très aplatis que nous ne voyons que par leur tranche. Dans quelques-unes, la condensation des bords au centre se fait graduellement; dans d'autres, au contraire, elle s'opère si brusquement, que la n. offre l'apparence d'une étoile pâle ou légèrement voilée, située au milieu d'une faible nébulosité elliptique et uniforme. Il existe des nébuleuses annulaires; mais on doit les compter parmi les objets les plus rares que nous offre le firmament. L'une des plus curieuses est celle de la Lyre. Elle est petite et bien limitée. Les axes de l'ellipse sont à peu près dans le rapport de 4 à 3, et l'ouverture égale à peu près la moitié du diamètre. Celle-ci au reste n'est pas entièrement obscure; elle montre une faible lumière uniformément répartie, comme si une gaze légère était tendue sur l'anneau. Le télescope de lord Rosse a résolu cette n. en étoiles d'une petitesse extrême. La 51ᵉ n. de Messier, qui se trouve dans l'oreille gauche d'Astérion, l'un des Chiens de chasse, présente, quand on l'examine avec un bon instrument, la forme d'une large et brillante n. globulaire, entourée par un amas situé à une distance considérable du globe et doué d'un éclat fort différent dans ses diverses parties. De plus, cet anneau se subdivise, sur les deux cinquièmes environ de sa circonférence, en deux lames dont l'une semble inclinée sur le plan du reste de l'anneau. Près de lui, c.-à-d. à la distance d'un rayon de l'anneau environ, se trouve une petite n. ronde et brillante. Mais cet objet, vu avec le réflecteur de 2 mètres de lord Rosse, change singulièrement d'aspect. On voit alors une spirale brillante aux replis inégaux (Fig. 3), dont les deux extrémités, c.-à-d. le centre et la partie antérieure, sont terminées par des nœuds épais, granulaires et arrondis. La n. 99 du catalogue de Messier, n. qui est située sur l'aile boréale de la Vierge, offre aussi, dans le télescope de Lord Rosse, l'image d'une spirale, mais cette dernière n'a qu'un seul nœud au centre.

C. W. Herschel appelait *Nébuleuses* proprement dites, les taches laiteuses du ciel qui non seulement n'avaient pu être résolues en étoiles par ses puissants instruments, mais encore qui, en raison de leur aspect, ne lui paraissaient plus susceptibles de résolution, et qu'en conséquence, il supposait formées par une matière lumineuse et phosphorescente condensée dans certaines régions des espaces célestes. Les figures de ces nébuleuses sont parfois régulières; mais la plupart, et particulièrement les plus grandes, sont d'une irrégularité telle qu'on ne saurait les définir. Celles-ci se composent d'un plus ou moins grand nombre de taches agglomérées ensemble sans aucune apparence de symétrie. Certaines de ces taches se terminent nettement, brusquement, tandis que, sur le côté opposé, elles se fondent dans la lumière du ciel par une gradation insensible. Toutes les figures fantastiques qu'affectent des nuages emportés et tourmentés par des vents violents et souvent contraires, se trouvent parmi ces nébuleuses. La grande n. qui entoure les étoiles notées $\theta^1$, dans la Poignée de l'épée d'Orion, représente grossièrement la tête et les mâchoires entr'ouvertes d'un animal monstrueux, avec une sorte de trompe partant du museau. Cette belle n. a été découverte par Huyghens en 1656. Les instruments de Lord Rosse et de l'observatoire de Cambridge ont fait reconnaître qu'elle est formée d'une multitude d'étoiles. Nous représentons ici (Fig. 4) l'un des derniers dessins qui en ont été faits (le 17 février 1896, à l'observatoire de Juvisy). La n. de $\eta$ du Navire occupe un espace de près d'un degré en carré; mais la figure ne représente que sa partie la plus intérieure. Quand on l'examine avec un réflecteur de 45 centimètres, dit John Herschel, on n'y découvre rien qui fasse soupçonner qu'elle

Fig. 2.

puisse se résoudre en étoiles. On voit, il est vrai, au-devant d'elle un très grand nombre d'étoiles qui semblent semées à sa surface (elles sont omises dans notre figure); mais ces étoiles, ajoute Herschel, n'ont évidemment aucune connexion avec la n.; elles sont simplement une continuation du lit d'étoiles qui constitue la voie lactée, et ne couvrent la n. que par un effet de projection. Cette n. est en outre remarquable par un espace vide de forme presque ovale, qui permet à notre vue de pénétrer dans la profondeur des cieux au delà de la n. Herschel en a conclu que la n. elle-même appartient à un système situé au delà de la voie lactée et indépendant de celle-ci. — Parmi les nébuleuses proprement dites qui affectent une forme régulière, il en est un certain nombre que mètre serait 100 fois plus grand que le diamètre de l'orbite de la planète Neptune. (En d'autres termes, il serait de 800 milliards de kilomètres). La lumière de ce disque prodigieux est fort brillante, et parfaitement égale dans toute son étendue, excepté sur les bords, où l'on remarque un très léger affaiblissement. Cette apparence diffère évidemment de celle que nous présenterait un espace sphérique composé d'étoiles ou d'une matière lumineuse; car, dans les deux cas, l'éclat irait nécessairement en augmentant depuis les bords jusqu'au centre, en raison de l'épaisseur traversée par le rayon visuel. En conséquence, nous sommes naturellement amenés à supposer que ce corps prodigieux est ou une sphère creuse, ou bien un disque aplati qui se présen-

Fig. 3.

W. Herschel, comme nous l'avons vu, distingue, d'après l'aspect tout particulier qu'elles présentent, en *Nébuleuses planétaires*, *Nébuleuses stellaires* et *Étoiles nébuleuses*.

D. — Les *Nébuleuses planétaires* offrent, sous divers rapports une ressemblance étonnante avec les planètes. Elles nous apparaissent en effet comme des disques arrondis ou légèrement ovales, dont les uns ont des contours nettement définis, tandis que les autres semblent entourés d'une légère nébulosité. Dans quelques-unes, la lumière est parfaitement égale sur toute la surface du disque; dans plusieurs, elle est comme pommelée ou caillebottée. On ne compte guère que 24 ou 25 de ces nébuleuses, et les trois quarts d'entre elles sont situées dans l'hémisphère austral. La plus remarquable de toutes est celle qui est située un peu au sud du parallèle de β de la grande Ourse. Elle a été découverte par Méchain, et son diamètre apparent, suivant J. Herschel, est de 2′40″. « Or, dit le célèbre astronome, en supposant que cette n. soit seulement éloignée de la Terre autant que la 61ᵉ du Cygne, son diamètre terait (circonstance extrêmement improbable) dans un plan exactement perpendiculaire au rayon visuel partant de la Terre. Quelle que soit l'idée que l'on se forme de la nature réelle d'un pareil corps ou des nébuleuses planétaires en général, qui toutes sont caractérisées par l'absence de condensation centrale, il est évident que l'état intrinsèque de leurs surfaces (en supposant ces surfaces *continues*) doit être infiniment moindre que celui du Soleil. En effet, une portion circulaire du disque solaire qui sous-tendrait un angle d'une minute, donnerait une lumière égale à celle de 780 pleines lunes, tandis que, parmi toutes les nébuleuses planétaires, il n'y en a pas une seule que l'on puisse apercevoir à l'œil nu. »

E. — Les *Nébuleuses stellaires* d'Herschel sont des nébuleuses non résolubles, de forme arrondie ou légèrement ovale, où l'on observe une grande et brusque condensation de la lumière au centre; tandis que les objets qu'il nomme *étoiles nébuleuses* présentent l'aspect d'une étoile vive et brillante qu'entoure une atmosphère douée d'une lumière plus faible et affectant une forme régulière. Dans certains cas, l'éclat de cette atmosphère s'éteint insensiblement vers ses bords; dans d'autres, au contraire, elle se termine presque subitement. Quand on examine une n. stellaire, il semble que l'on ait sous les yeux une matière lumineuse qui est en train de se condenser pour former une étoile n.; et quand on considère une étoile n., on ne peut pas s'empêcher de supposer que l'on voit une étoile de nouvelle formation qui n'a pas encore absorbé toute matière cosmique destinée à se réunir à elle pour augmenter encore son éclat. Les atmosphères stellaires dont nous parlons atteignent des dimensions prodigieuses. Ainsi, par ex., l'étoile n. découverte par W. Herschel le 6 janvier 1785, est entourée jusqu'à la distance de deux minutes à deux minutes et demie par une nébulosité qui s'affaiblit graduellement en s'éloignant au centre. Maintenant admettons que cette étoile elle-même n'ait pas une seconde de parallaxe annuelle, c.-à-d. supposons qu'à la distance qui nous sépare de cette étoile, le rayon de l'orbite terrestre ne sous-tende pas une seconde. Comme le rayon de la nébulosité se présente à nous sous un angle de 2 minutes et demie ou de 150 secondes, il s'ensuivra que les dernières limites de l'atmosphère stellaire sont éloignées de l'étoile centrale de plus de 150 fois la distance du Soleil à la Terre, ou de plus de 5 milliards de lieues. Quelques astronomes ont supposé que l'apparence des étoiles nébuleuses est le résultat d'une circonstance fortuite. Ainsi, d'après Lacaille, elles seraient tout simplement des étoiles ordinaires qui se trouvent par hasard, relativement à nous, dans la ligne droite suivant laquelle nous regardons les taches nébuleuses; elles seraient donc un effet de perspective. Mais, comme le fait très bien observer Arago, il suffit d'appliquer à ces cas le calcul des probabilités pour reconnaître combien il serait improbable que l'étoile vînt se projeter par hasard au centre juste de la n. On arrive ainsi à la conviction que cet aspect ne saurait être un accident fortuit, et qu'il existe entre l'étoile et la nébulosité une relation directe et intime. On trouve aussi dans le ciel des nébuleuses stellaires doubles et des étoiles nébuleuses doubles. Néanmoins il est des cas où il est difficile de se rendre compte de la connexion qui existe entre la nébulosité et l'étoile double. Tels sont ceux de la n. elliptique du Sagittaire, et de celle qui se trouve près de δ de la petite Ourse. Dans la première, on voit entre chacun des foyers et des sommets de l'ellipse une étoile double composée de deux étoiles de 10e grandeur; et dans la seconde, on remarque que les étoiles doubles sont situées précisément au sommet de l'ellipse. En outre, dans cette dernière, les deux composantes de l'étoile double, d'après Struve, sont inégales.

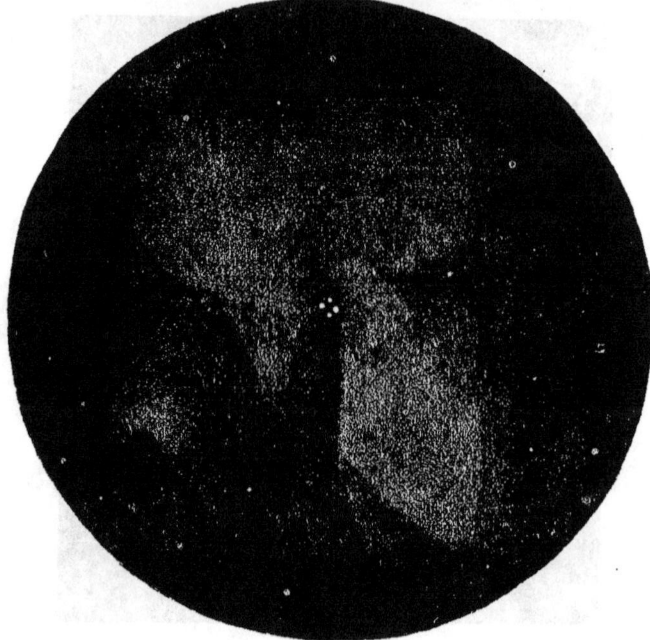

Fig. 4.

III. — Halley et les premiers astronomes qui étudièrent les nébuleuses furent singulièrement frappés de l'aspect particulier qu'elles leur offraient, aspect bien différent de celui que présente la lumière vive et étincelante des étoiles. En conséquence, ils comparèrent la lumière des nébuleuses à celle d'une phosphorescence et la considérèrent comme émanée d'une matière chaotique diffuse répandue dans l'espace, ou, en d'autres termes, de la matière sidérale élémentaire. W. Herschel s'empara de cette conception et l'éleva à la hauteur d'une théorie scientifique. Admettant l'existence d'une matière chaotique lumineuse par elle-même, tantôt dispersée irrégulièrement dans les régions infinies de l'espace, tantôt rassemblée et agglomérée dans des parties plus limitées, il y introduisit l'idée de la gravitation en vertu de laquelle les portions de matière qui se trouvaient plus denses attiraient et condensaient progressivement autour d'elles les portions voisines plus ténues, de manière à produire des formes sphériques ou sphéroïdales augmentant de densité de leurs bords jusqu'à leur centre. Il concevait ensuite que le résultat de cette condensation croissante devait être de produire des noyaux solides qui, agissant à leur tour sur la sphère n.

ambiante, et l'absorbant incessamment, se transformaient en étoiles, lesquelles se trouvaient d'abord entourées comme d'une atmosphère lumineuse, mais apparaissaient plus tard sous l'aspect d'étoiles ordinaires, après avoir achevé d'absorber cette atmosphère elle-même. De cette manière, la n. entière finissait par se transformer en amas stellaires plus ou moins considérables, dont la figure générale dépendait du nombre et de la position respective des différents centres d'attraction qui s'y étaient formés. L'aspect du ciel semblait en effet lui montrer des nébuleuses dans tous les états successifs de développement que l'imagination, s'appuyant sur les lois bien connues de la gravitation, peut concevoir : il lui semblait avoir sous les yeux, si l'on peut parler ainsi, des mondes de tous les âges.

IV. — Depuis W. Herschel, deux nouveaux procédés d'investigation ont amené des découvertes qui ont confirmé, sur certains points, les vues de W. Herschel, mais qui, d'autre part, ont quelque peu modifié les idées qu'on se faisait d'après lui des nébuleuses. Ce sont l'analyse spectrale et la photographie.

L'analyse spectrale a permis de distinguer très nettement les amas d'étoiles très rapprochées des nébuleuses gazeuses, confirmant en cela une distinction déjà établie par W. Herschel d'après le simple aspect des images télescopiques. Le spectre des étoiles est un spectre continu parsemé de lignes ou de bandes noires. Cela tient à ce que les étoiles contiennent dans leur photosphère des particules solides ou liquides en suspension. Au contraire, le spectre d'un gaz incandescent est composé d'un petit nombre de lignes brillantes. Dès lors toute n. dont le spectre est continu n'est autre chose qu'un amas d'étoiles plus ou moins serrées, plus ou moins nombreuses : c'est ce qu'Herschel appelait une *n. résoluble*. Alors même que les étoiles qui la composent sont tellement rapprochées qu'aucun instrument n'en peut opérer la résolution, la seule observation d'un spectre continu révèle la nature de la n. Au contraire, toute n. dont le spectre est formé d'un petit nombre de lignes ou bandes brillantes est une masse gazeuse; ce qu'Herschel appelait une *n. non résoluble*, et ce que les astronomes nomment à présent une *n. proprement dite*. D'après M. Scheiner, de l'observatoire de Postdam, le spectre de ces nébuleuses proprement dites se réduit d'ordinaire à trois ou quatre lignes brillantes qui indiquent la présence de l'hydrogène et peut-être de l'azote. On y trouve souvent aussi, mais plus faible, la raie caractéristique de l'hélium; enfin dans la seule n. d'Orion on trouve une raie violette qui se rencontre également dans certaines étoiles de la même région.

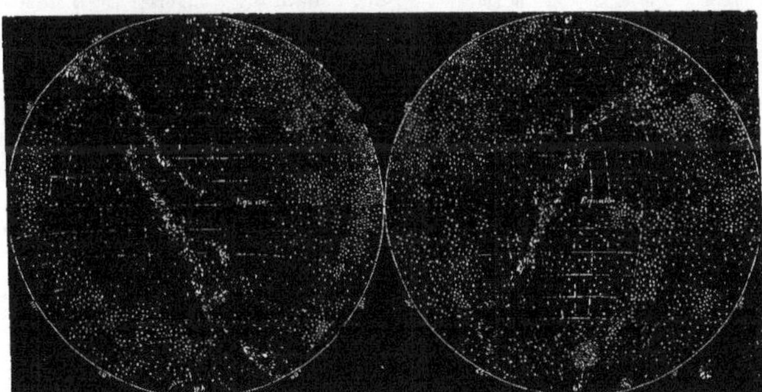

Fig. 5

Cette dernière observation semble révéler l'existence d'une connexité entre la n. et les étoiles voisines. Sous ce rapport, la photographie est venue nous apporter des révélations bien autrement précises. On a d'abord observé que la photographie des nébuleuses s'étend en général beaucoup au delà de l'image visuelle, ce qui prouve que la lumière des nébuleuses est riche en rayons ultra-violets à tel point que les régions extérieures n'émettant plus que cette sorte de radiations sont invisibles à l'œil, même dans les plus puissants télescopes, alors qu'elles se photographient facilement dans les instruments de moyenne puissance, pourvu qu'on pose assez longtemps. Pour la même raison, l'image photographique d'une n. proprement dite diffère complètement de l'image visuelle, au point que les astronomes les plus habitués à l'observation des nébuleuses ne sauraient les reconnaître sur les épreuves photographiques. Mais ce qu'il y a de plus extraordinaire c'est qu'on a vu sur certains clichés les étoiles d'une région qui avoisine une n. reliées entre elles par des traînées rectilignes de matières nébulaires. Ces traînées sont bien visibles dans les clichés de la région voisine de la N. d'Orion; on en a aussi trouvé dans les Pléiades. Si l'on réfléchit que les étoiles ainsi reliées sont éloignées l'une de l'autre de plusieurs milliers de fois la distance de la terre au soleil, on restera confondu d'étonnement à l'aspect de ces lignes gazeuses qui s'étendent ainsi sur des longueurs de plusieurs milliards de kilomètres. C'est peut-être actuellement le fait le plus difficilement explicable de toute l'astronomie stellaire. Quelle qu'en soit l'interprétation, ce fait démontre au moins l'étroite connexité qui relie les nébuleuses proprement dites aux amas d'étoiles, et n'est pas de nature à confirmer la théorie d'Herschel relativement à la distribution des nébuleuses dans l'espace. W. Herschel, comme nous l'avons expliqué plus haut, croyait volontiers que les nébuleuses résolubles étaient des groupes d'étoiles très éloignés les uns des autres. Il admettait que le soleil et la plupart des étoiles du ciel faisaient partie d'un groupe analogue qui constituait la Voie Lactée. Les nébuleuses résolubles étaient, dans sa pensée, des groupes semblables et aussi importants, mais tellement éloignés qu'ils ne nous apparaissaient que sous de très petites dimensions. C'est cette conception, à coup sûr vraisemblable et grandiose qu'ont reproduite tous les traités d'astronomie.

Cependant, avant qu'on ait pu photographier les nébuleuses, un astronome anglais, Proctor, ayant remarqué que les nébuleuses sont plus nombreuses dans les régions du ciel les plus riches en étoiles, voyait dans cette coïncidence une preuve ou tout au moins une probabilité en faveur d'une opinion qui, contrairement à celle d'Herschel, placerait les nébuleuses et les étoiles dans un même système. Au lieu de supposer, dit Proctor, qu'une n. résoluble est formée d'étoiles à peu près aussi grosses que les étoiles des trois premières grandeurs, mais considérablement plus éloignées, on peut supposer qu'elles sont formées d'étoiles situées à peu près à la même distance, mais beaucoup plus petites. Dès lors, étoiles et nébuleuses feraient partie d'un même ensemble. Il faut reconnaître que les observations photographiques en établissant d'une part la connexité des nébuleuses proprement dites avec les étoiles voisines, et d'autre part la connexité des nébuleuses résolubles avec les nébuleuses proprement dites sont plus favorables à l'opinion de Proctor qu'à celle d'Herschel.

En ce qui concerne une autre idée d'Herschel, à savoir l'hypothèse d'une transformation progressive des nébuleuses en étoiles par la condensation de la matière qui la compose, il faut bien reconnaître que les observations n'y sont pas non plus très favorables. Cette idée paraît vraisemblable, elle est très séduisante, et elle a donné naissance à la célèbre hypothèse de Laplace d'après laquelle le système solaire tout entier proviendrait de la condensation d'une n. primitive (Voy. PLANÈTE). Cependant, on n'a jamais pu observer de condensation progressive d'une n. Il est vrai qu'on ne dispose pas d'une durée assez longue dans les périodes d'observation pour mettre en évidence des transformations aussi lentes; mais, ce qui est bien singulier, on a plusieurs fois observé la transformation inverse; c.-à-d. qu'on a vu plusieurs fois une étoile se transformer en n. Chaque fois qu'est apparue, dans le ciel, une étoile temporaire, on a reconnu qu'il s'agissait d'une très petite étoile qui avait pris soudain un éclat considérable, et qui, après quelques mois de cet éclat inaccoutumé, s'était progressivement affaiblie et s'était finalement transformée en n. gazeuse. Le fait est singulier et n'est pas encore expliqué d'une manière satisfaisante.

En résumé, les phénomènes qui se rattachent aux nébuleuses, à leur origine et à leur destinée, sont à coup sûr plus complexes que le croyait W. Herschel: ils ne sont nullement élucidés et offrent aux astronomes un vaste champ d'études où il y a beaucoup à découvrir. Ajoutons encore un mot sur la distribution des nébuleuses dans l'espace. Tandis que l'univers sidéral, dont notre soleil n'est qu'une étoile, semble former un immense système stellaire, avec accroissement graduel du nombre des étoiles vers la zone de plus grande condensation marquée par la voie lactée, la distribution des nébuleuses paraît tout à fait différente et même opposée : la plus grande densité se montre vers les pôles de la voie lactée. La Fig. 5, construite par Proctor, montre bien cette remarquable distribution des nébuleuses relativement à la voie lactée. Chacun de ces points marque la place d'une étoile irrésoluble (il y en a 4,053). Elles semblent fuir la voie lactée. C'est comme si l'univers des nébuleuses était complémentaire de l'univers sidéral.

**Bibliogr.** — J. HERSCHEL, *Outlines of astronomy*, 1830; — C. FLAMMARION, *Astronomie populaire*, 1879; *Les Étoiles et les Curiosités du Ciel*, 1881; — R. PROCTOR, *Nouvel Atlas du ciel, suivi de quelques études d'astronomie stellaire*, traduit de l'anglais par PHILIPPE GÉRIGNY, 1886; — L'*Astronomie*, revue mensuelle (1882-1894) et le *Bulletin de la Société astronomique de France*, années 1895 et suivantes.

**NÉBULEUX, EUSE.** adj [Pr. *nébu-leu, euze*] (lat. *nebulosus*, m. s. de *nebula*, nuage). Obscurci par les nuages. *Le ciel, le temps, l'horizon est n.* || Fig., *Un visage, un front n.*, Un visage, un front sur lequel se peint le souci, l'inquiétude. On dit dans le même sens, *Avoir l'air n.* || *Cristal n.* Cristal qui n'est pas parfaitement transparent. — *Un écrivain n.*, dont le style est vague et obscur.

**NÉBULOSITÉ.** s. f. [Pr. *nébulo-zité*] (lat. *nebulositas*, m. s.). Caractère de ce qui est nébuleux. || T. Météor. Nuage très léger. || T. Astron. Se dit quelquefois pour Nébuleuse quand elle est peu apparente. || Fig. Apparence soucieuse.

**NÉCESSAIRE.** adj. 2 g. [Pr. *nésé-sère*] (lat. *necessarius*, m. s.). Dont on ne peut se passer, dont on a absolument besoin pour quelque fin. *La respiration est n. à la vie. Les choses nécessaires à la vie. Se servir des moyens nécessaires pour réussir.* || *Il est n.*, Il faut. *Il est n. d'agir avec prudence si vous voulez réussir. Il n'est pas n. d'entrer dans ce détail, que j'entre dans ces détails.* || *Cet homme s'est rendu n.*, Il s'est rendu si utile ou si agréable, qu'il est malaisé qu'on puisse se passer de lui. On dit de même, *Cette personne m'est devenue n. m'est n.*

Prince, plus que jamais vous m'êtes nécessaire.
RACINE.

— Subst., *Faire le n.*, Faire l'empressé, se mêler de tout. Famil.

Ils font partout les nécessaires,
Et partout importuns devraient être chassés.
LA FONTAINE.

= En T. Philos., *Nécessaire* se dit des idées et des faits. En parlant des idées, il se dit des idées absolues, par opposition aux idées relatives qui sont dites contingentes; et, en parlant des faits, il signifie qu'ils ne peuvent pas ne pas avoir lieu, ou ne peuvent pas se produire d'une manière différente. *L'idée de l'infini est une idée n., car elle ne saurait venir de l'expérience Une cause n.*, est celle qui n'agit pas librement et qui produit infailliblement son effet. *Un effet n.*, est celui qui résulte infailliblement de la cause destinée à le produire. *Une conséqence n.* est celle qui est certainement contenue dans un principe On dit dans un sens analogue, *Une induction n., etc.* — En définitive ce qui est *n.* ne peut pas ne pas être et ne peut pas être conçu autrement; ce qui est *contingent* est ce qu'il est en vertu d'une cause quelconque et pourrait ne pas être ou être autrement. = NÉCESSAIRE. s. m. Ce qui est essentiel pour les besoins de la vie, par oppos. à Superflu. Ne se dit pas au plur. *Il a le n. Que de gens manquent du n.! Il se prive du n. pour soutenir sa famille. Se réduire, se borner au n., au strict n.* || Ce qui est essentiel, indispensable. *Il faut s'occuper du n. avant de songer à l'agréable.* || Boîte, étui qui renferme différentes choses nécessaires ou commodes. *Un n. d'acajou. Un n. d'homme, de femme. N. de toilette, de voyage. Les pièces de ce n sont d'argent.* — Se dit aussi des pièces que contient cette boîte. *Un n. d'argent, de vermeil.*

**NÉCESSAIREMENT.** adv. [Pr. *nésè-sèreman*]. Par un besoin absolu, *Il faut n. manger pour vivre. Il faut n. que je m'en aille.* || Inévitablement, infailliblement. *Les causes étant ainsi disposées, il faut n. que tel effet ait lieu. La religion est n. liée à la prospérité des sociétés.*

**NÉCESSITANTE.** adj. f. [Pr. *né-sé-si-tante*]. Qui nécessite. T. Théol. *Grâce n.*, Grâce qui contraint et qui ôte la liberté. *S'il y avait une grâce n., la créature n'aurait plus de mérite.* || Fam., on dit quelquefois, *De nécessité n.*, De nécessité absolue et indispensable.

**NÉCESSITÉ.** s. f. [Pr. *né-sé-sité*] (lat. *necessitas*, m. s.) Dans son sens rigoureux, ce mot désigne, en parlant des faits, l'impossibilité de ne pas arriver ou d'arriver d'une manière différente; et, en parlant des idées, le caractère de celles qui sont absolues et en opposition avec les idées contingentes et relatives. *La n. exclut la liberté. Les événements qui avaient eu lieu devaient faire prévoir la n. de cette catastrophe. Les idées marquées du caractère de la n. ne se démontrent pas, elles s'imposent à notre esprit. J'admets les prémisses de votre argument, mais je ne vois pas la n. de la conséquence que vous en tirez.* || T. Philos. *N. métaphysique*, ce qui fait qu'une chose ne peut pas absolument ne pas être. *N. morale*, obligation. || Dans le langage ordinaire, signifie ce à quoi il est impossible de résister, de se soustraire. *N. dure, indispensable, fâcheuse, absolue. Les dures lois de la n. Il faut se soumettre à la n. C'est une n. de mourir.* — Prov., *N. n'a point de loi.* Il est des circonstances qui peuvent rendre excusables certaines fautes. *Faire de n. vertu.* Faire de bonne grâce ce qu'on ne peut se dispenser de faire. || Sign. aussi ce qui est indispensable. *La n. d'aimer Dieu. La respiration et la nutrition sont d'une égale n. pour l'entretien de la vie.* — *Une chose de première n.* Une chose dont il est impossible ou très difficile de se passer. *Les arts de première n.* || Ce qui contraint dans une circonstance déterminée. *On lui tenait le poignard sur la gorge, il fut dans la n., ce lui fut une n. de signer cet acte. Ne me réduisez pas à la n. de vous dire des choses désagréables.* || Besoin pressant. *Une urgente n. Quelle n. si pressante de lui en parler? C'est une n. que je mette ordre à sa conduite.* || Indigence, dénûment. *Une grande, une extrême n. Être dans la n. Il était réduit à la dernière n.* || *Nécessités*, au plur. se dit des besoins de la vie, et des choses nécessaires à la vie. *Les nécessités de la vie. Il n'a pas toutes ses nécessités.* — Se dit aussi généralement des besoins d'un pays, d'un gouvernement, etc., et des choses qui sont indispensables pour y satisfaire. *Il fallait d'abord pourvoir aux urgentes nécessités de l'État. Cette somme pourvut aux premières nécessités de l'armée.* || *Les nécessités de l'armée.* || *Les nécessités de la nature.* Les besoins auxquels l'organisme de l'homme est assujetti, comme boire, manger, dormir, etc. *Satisfaire aux nécessités de la nature.* — *Aller à ses nécessités.* Aller aux commodités. = DE NÉCESSITÉ. loc. adv. Nécessairement. *Il faut de n. que cela soit. Il s'ensuit de n., de toute n., d'une n. absolue.... Il est de toute n. que je parte aujourd'hui.* = PAR NÉCESSITÉ. locul. adv. A cause d'un besoin pressant. *Il vend ses livres par n. Il s'est fait soldat par nécessité.*

**NÉCESSITER.** v. a. [Pr. *né-sé-siter*] (lat. scol. *necessitare*, m. s. de *necessitas*, nécessité). Contraindre, réduire à la nécessité de faire quelque chose. *Dès que vous l'attaquez, vous le nécessitez à se défendre. Vous l'avez néces-*

*sité à faire cette chose.* ‖ Rendre une chose indispensable. *Cela nécessite une démarche de votre part.* = NÉCESSITÉ, ÉE, part.

**NÉCESSITEUX, EUSE.** adj. [Pr. *nésé-siteu, euze*] (R. *nécessité*). Indigent qui manque des choses nécessaires à la vie. *Ce sont des gens fort n. La classe nécessiteuse.* = Syn. Voy. INDIGENT.

**NÉCHAO** ou **NIKO**, fils de Psammétique, roi d'Égypte (611-595 av. J.-C.), réunit par un canal le Nil à la mer Rouge, fit reconnaître les côtes d'Afrique par des navigateurs phéniciens, battit les Juifs à Mageddo, fut vaincu par Nabuchodonosor II à Carchémis.

**NECKAR** ou **NECKER**, riv. d'Allemagne, prend sa source dans la Forêt-Noire, passe à Heidelberg, et se jette dans le Rhin, sur la rive droite, à Manheim, 397 k.

**NECKER** (JACQUES), homme d'État, né à Genève (1732-1804), fut deux fois ministre des finances sous Louis XVI, joua un rôle important à l'époque de la convocation des États généraux de 1789 et sous la Constituante. Il est le père de Mme de Staël.

**NEC PLUS ULTRA.** [Pr. *nek-pluz-ultra*]. Locut. latine qui signifie *Pas au delà*, et qu'on emploie, dans le langage fam., pour désigner un terme qu'on ne saurait passer. *Sa conduite est le nec-plus-ultra de la fourberie. Ce fut là son nec-plus-ultra.* — On dit aussi *Non plus ultra.*

**NÉCRENTOME.** s. m. [Pr. *nekrantome*] (gr. νεκρὸς, mort; ἔντομον, insecte). T. Techn. Appareil destiné à chauffer au bain-marie les peaux, plumes, pièces d'histoire naturelle, etc., pour tuer les larves d'insectes qui pourraient les ronger. Voy. DERMESTIDES.

**NÉCROBIE.** s. f. (gr. νεκρὸς, mort; βίος, vie). T. Entom. Genre d'insectes *Coléoptères*. Voy. MALACODERMES.

**NÉCROBIOSE.** subst. m. [Pr. *nékro-bioze*] (gr. νεκρὸς, mort; βίωσις, action de vivre). T. Biol. « Ce mot, disent Littré et Robin (*Dictionnaire de médecine*), signifie aussi bien l'action de vivre par la mort que la mort survenant par le fait même de la vie. » C'est dans ce dernier sens qu'il est pris le plus souvent par les pathologistes. Lorsque, par suite d'embolie, par exemple, il y a suppression de l'irrigation sanguine dans un territoire de l'organisme, les cellules de ce territoire continuent à vivre, c.-à-d. à dépenser les substances nutritives qu'elles avaient assimilées et les substances de réserve qu'elles pouvaient contenir. Mais ces substances ne se trouvant pas renouvelées et les phénomènes chimiques qui accompagnent nécessairement la vie se continuant, les cellules sont amenées à se détruire elles-mêmes, d'où il en résulte la mort de ce territoire, autrement dit une *nécrobiose pathologique*. Quand ces phénomènes n'intéressent qu'une petite partie de l'organisme, les substances chimiques qui résultent de la décomposition chimique des cellules, sont reprises et digérées par d'autres éléments de l'organisme, les *phagocytes*. Le professeur Giard a employé le terme de nécrobiose dans le premier sens donné par Littré pour désigner certains phénomènes qui se produisent d'une façon normale, chez quelques animaux et qui sont déterminés par les conditions particulières de la vie de ces êtres. (Voy. MÉTAMORPHOSES). Chez les Insectes, par exemple, on voit très souvent des larves à appareil digestif complet donner naissance à des insectes adultes privés de tube digestif; dans ce cas il s'est produit pendant l'état de nymphe, une nécrobiose qui a amené la destruction et la résorption de l'appareil devenu inutile. D'une façon générale, on peut dire que cette sorte de nécrobiose appelée *phylogénique* ou *physiologique* a pour but de détruire certains organes inutiles ou nuisibles et avec les détritus de ces organes, de faire des réserves nutritives qui pourront même être utilisées à fabriquer des organes nouveaux.

**NÉCRODE.** s. f. (gr. νεκρὸς, mort). T. Entom. Genre d'Insectes *Coléoptères*. Voy. SILPHIDES.

**NÉCROLOGE.** s. m. (lat. *necrologium*, m. s., du gr. νεκρὸς, mort, et λόγος, discours). Autrefois on nommait ainsi un livre-registre que l'on conservait dans chaque église, et où l'on inscrivait le nom, les dates de la naissance et du décès, et un court éloge des évêques et des prêtres qui avaient desservi cette église. Un usage semblable s'introduisit dans les couvents. On y tenait un registre spécial destiné à conserver le nom des abbés, des moines, des bienfaiteurs de la communauté, etc. Le *Nécrologe* s'appelait aussi *Calendaire* (*calendarium*) et *Obituaire*, ou livre des *Obits*, c.-à-d. des décès. Aujourd'hui on applique le nom de n. à des publications généralement annuelles où l'on fait la biographie des personnages plus ou moins célèbres qui sont décédés dans l'année. C'est ainsi que l'on a publié chez nous le *N. des hommes célèbres de France*, l'*Annuaire nécrologique*, etc.

**NÉCROLOGIE.** s. f. (R. *nécrologe*). Notice historique sur un personnage décédé récemment.

**NÉCROLOGIQUE.** adj. 2 g. Qui appartient à la nécrologie. *Article n. Notice nécrologique.*

**NÉCROMANCE.** s. f. S'est dit pour NÉCROMANCIE.

**NÉCROMANCIE.** s. f. (lat. *necromantia*, gr. νεκρομαντεία, m. s., de νεκρὸς, mort, et μαντεία, divination). La *Nécromancie* est l'art prétendu d'évoquer les morts pour en apprendre l'avenir ou des choses cachées. Les nécromanciens se vantaient de pouvoir, par des formules d'évocation, pa: des paroles magiques, forcer les morts à revenir sur la terre, à s'y montrer, à répondre aux questions qu'ils leur faisaient. — La n. paraît avoir été pratiquée chez les Hébreux, car Moïse la défend expressément. Néanmoins la Bible rapporte que Saül voulut consulter l'âme de Samuel et s'adressa pour cette évocation à la pythonisse d'Endor. Chez les Grecs, la n. est également fort ancienne. Dans l'Odyssée, Homère représente Ulysse invoquant l'ombre de Tirésias. La n. était exercée dans les temples par les prêtres ou d'autres personnages religieux. Elle l'était en Thessalie par des évocqueurs d'esprit (ψυχαγωγοί), qui employaient des pratiques magiques. On appelait νεκρομαντεῖα les lieux particulièrement destinés à ces évocations. A Rome, cette superstition ne pouvait manquer de devenir populaire. La cérémonie de l'évocation des mânes, telle qu'elle est décrite dans la Pharsale de Lucain, est un mélange d'impiété, de démence et d'atrocité qui fait horreur. Plus tard, les mystiques néo-platoniciens admirent la n. comme un moyen de connaître l'avenir. Enfin, au moyen âge, les nécromanciens jouèrent un grand rôle. Frappées des foudres de l'Église, comme toute espèce de divination, leurs pratiques conservèrent cependant crédit dans les masses. Aujourd'hui encore, la croyance en la possibilité d'évoquer les âmes des morts et de converser avec elles se retrouve chez les spirites. Voy. SPIRITISME.

**NÉCROMANCIEN, IENNE.** s. [Pr. *nékromansi-in, iène*]. Celui, celle qui se mêle de nécromancie.

**NÉCROMANT** ou **NÉGROMANT.** s. m. (ital. *negromante*, m. s.). Celui qui exerce la nécromancie. Vx.

**NÉCROPHORE.** s. m. (gr. νεκρὸς, cadavre; φέρω, je porte). T. Entom. Genre de *Coléoptères*. Voy. SYLPHIDES.

**NÉCROPOLE.** s. f. (gr. νεκρόπολις, m. s., de νεκρὸς, mort; πόλις, ville.) T. Archéol. On nomme ainsi les excavations souterraines où certains peuples de l'antiquité déposaient leurs morts. *Les nécropoles étaient souvent d'anciennes carrières que l'on convertissait en lieux de sépulture. La n. d'Alexandrie, de Thèbes. Les nécropoles étrusques.* ‖ T. Néol. Partie d'une ville destinée aux sépultures.

**NÉCROPSIE** et **NÉCROSCOPIE.** s. f. (gr. νεκρὸς, mort; ὄψις, vue; σκοπεῖν, examiner). T. Méd. Synon. d'*Autopsie*. — On dit aussi, adjectiv., *Examen, recherche nécroscopique.*

**NÉCROSE.** s. f. [Pr. *nékro-ze*] (gr. νέκρωσις, mortification). T. Méd. Voy. GANGRÈNE.

**NÉCROSER**, v. a. [Pr. *nékro-zer*]. Atteindre de nécrose. = NÉCROSÉ, ÉE. Part.

**NECTAIRE.** s. m. (R. *nectar*). T. Bot. On appelle *Nectaire* tout tissu qui, non seulement dans la fleur, mais encore sur les stipules, les feuilles, les pétioles, etc., est susceptible de sécréter un liquide chargé de saccharose, appelé *Nectar*, liquide dont les insectes et particulièrement les abeilles et les bourdons sont très avides. On peut donc diviser les Nectaires en deux groupes : les *Nectaires floraux* et les *Nectaires extra-floraux* suivant qu'ils appartiennent ou non à la fleur. Les Nectaires floraux à leur tour peuvent dépendre des feuilles florales ou bien du réceptacle. Ceux qui dépendent des feuilles florales, peuvent se rencontrer sur les pièces de l'une ou de l'autre des quatre formations florales: sur les sépales, sur les pétales (Hellébore, Aconit, Ancolie, etc.), à la fois sur les sépales et sur les pétales, sur les étamines, sur les carpelles. Les Nectaires du réceptacle ne sont pas de nature foliaire; ce sont seulement des protubérances, des émergences du réceptacle, qui n'apparaissent que peu de temps avant l'épanouissement; pour les distinguer des Nectaires de la première catégorie, on en désigne l'ensemble sous le nom de *Disque*. Qu'ils dépendent du calice, de la corolle, de l'androcée, du pistil ou du réceptacle, les Nectaires floraux ont une structure analogue, mais sujette à de nombreuses variations secondaires. C'est toujours un parenchyme à parois minces dont les cellules contiennent un suc cellulaire riche en un mélange de saccharose et de sucre interverti.

Au point de vue physiologique, on peut considérer les Nectaires comme des réserves sucrées destinées à alimenter la croissance des organes voisins et surtout le développement de l'ovaire en fruit.

**NECTANDRA.** s. m. T. Bot. Genre de plantes Dicotylédones de la famille des *Lauracées*. Voy. ce mot.

**NECTANÉBO** ou **NECTANABIS**, nom de deux rois d'Égypte, dont le 2ᵉ fut vaincu et détrôné en 345 par l'invasion persane.

**NECTAR.** s. m. (lat. *nectar*, gr. νέκταρ, m. s.) T. Mythol. Breuvage des dieux Voy. AMBROISIE. || T. Bot. Nom donné au liquide sucré qui s'échappe des *Nectaires*. Voy. NECTAIRE. || Fig. Breuvage délicieux.

**NECTARIFÈRE.** adj. 2 g. (lat. *nectar*, nectar; *fero*, je porte). T. Bot. Qui produit du nectar.

**NECTRIE.** s. f. T. Bot. Genre de Champignons (*Nectria*), de la famille des *Pyrénomycètes*. Voy. ce mot.

**NECTRIÉES.** s. f. pl. T. Bot. Tribu de Champignons de la famille des *Pyrénomycètes*. Voy. ce mot.

**NÉCYDALE.** s. f. (gr. νεκύδαλος, chrysalide du ver à soie). T. Entom. Genre de *Coléoptères*. Voy. LONGICORNES.

**NEDJED**, vaste contrée intérieure de l'Arabie.

**NEEFS**, dit le Vieux, Peintre d'Anvers (1570-1639).

**NEER** (ARTHUR VAN DER), peintre hollandais, né à Amsterdam (1613-1683). Son fils, *Eglon* VAN DER NEER, peintre hollandais né à Amsterdam (1643-1703).

**NÉERLANDE**, c.-à-d. *pays bas*, nom donné en 1815 au royaume des Pays-Bas, et depuis 1830 au royaume de Hollande.

**NEERWINDEN**, vge de la province de Liège (Belgique). || Victoire du maréchal de Luxembourg sur Guillaume III (1693), et des Autrichiens sur Dumouriez (1793).

**NEF.** s. f. [Pr. *nèf*] (lat. *navis*, m. s.) Navire ; ne se dit plus qu'en poésie. *Sa nef vagabonde.* — *Moulin à nef.* Moulin à eau construit sur un bateau. || T. Archit. Partie centrale d'une église. Voy. AILE. || T. Archéol. Vase allongé contenant le couvert d'un roi, d'un prince.

**NÉFASTE.** adj. 2 g. (lat. *nefastus*, m. s.) T. Antiq. rom. *Jours néfastes.* Jours où l'on ne pouvait s'occuper des affaires publiques. Voy. FASTE. || Fig. *Un jour n.*, un jour de malheur. *Une personne n.*, une personne considérée comme funeste.

**NEFERCHERES** ou **NOFIRKERI**, roi égyptien de la 2ᵉ dynastie.

**NEFFTZER** (AUGUSTE), publiciste fr., né à Colmar (1820-1876).

**NÈFLE.** s. f. (lat. *mespilum*, gr. μέσπιλον, m. s.) T. Bot. Fruit du Néflier.

**NÉFLIER.** s. m. (R. *nèfle*). T. Bot. Nom vulgaire du *Mespilus germanica*, arbre de la famille des *Rosacées*. Voy. ce mot. || *Néflier du Japon.* Nom vulgaire de l'*Eryobothria japonica*. Voy. ROSACÉES.

**Arbor.** — Le néflier qui peut atteindre la hauteur de cinq à six mètres, croît spontanément dans tous les bois du nord et des parties tempérées de l'Europe. Son fruit, très âpre, lorsqu'on le récolte, perd cette saveur en blettissant, et acquiert une saveur légèrement éthérée et agréable. Le n. sauvage a produit quelques variétés dont les plus recommandables sont : le n. à gros fruit ; c'est la meilleure ; le n. à fruit monstrueux ; le n. sans noyau ou *apyrène*. — Cet arbre redoute les chaleurs du Midi. Tous les terrains lui conviennent, pourvu qu'ils ne soient ni trop secs, ni marécageux. On le greffe en fente ou en écusson sur aubépine, azerolier, coignassier et poirier. Il n'est pas soumis d'habitude à la taille ; si on le cultive dans le jardin fruitier, on peut lui imposer la forme conique et tailler ses rameaux à fruit exactement de la même manière que ceux du coignassier. — Les nèfles ou mèles se récoltent vers la fin d'octobre ; on les place immédiatement sur la paille, où elles blettissent assez rapidement.

On donne le nom de n. de Naples (*Cratœgus Azarolus*, L.) à un arbre atteignant sept à huit mètres de hauteur, dont le bois dur sert au placage. Il est originaire de la zone méditerranéenne. Le fruit possède, à sa maturité, une saveur aigrelette, légèrement vineuse et styptique. En Provence, où cet arbre a reçu le nom d'*azerolier*, et son fruit celui d'*azerole*, le principe sucré se développe en outre toujours abondamment ; l'acidité qui persiste devient alors presque une qualité. On mange ce fruit, et l'on en fait des confitures et des gelées. Il y a des variétés d'azeroles rouges, blanches et jaunes. L'azerolier vient en pleine terre sous tous les climats de la France : mais dans le Nord, cet arbre est peu fertile ; ses fruits sont âpres, petits, sans arome et ne peuvent être utilisés pour les confitures.

**NEFORÎT** ou **NÉPHERITÈS**, roi égyptien de la 29ᵉ dynastie.

**NÉGATIF, IVE.** adj. (lat. *negativus*, m. s. de *negare*, nier). Qui exprime une négation. *Terme n. Proposition particule négative. Argument n., preuves négatives*, par opposition à *Argument positif, preuves positives*. || Famil., *Cet homme est n., a l'air n.* Il refuse toujours, ou il a l'air d'être toujours prêt à refuser ce qu'on lui demande. = NÉGATIVE. s. f. Proposition qui nie. *L'un soutenait la n. l'autre l'affirmative. Je persiste dans la n.* — Fam., on dit de quelqu'un qui est dans l'habitude de refuser tout ce qu'on lui demande, *Il est fort sur la n.* || T. Gram. Mot qui sert à nier. On dit plus ordin. *Négation.* || T. Photog. *Epreuve négative*, ou subst. *un négatif*, épreuve où les noirs du modèle donnent des blancs, et les blancs des noirs.

**Phys.** — Dans les sciences physiques, les termes de *Positif* et de *Négatif* ne signifient autre chose qu'opposition, dualisme polaire, action en sens contraire. C'est ainsi qu'on dit électricité *positive* et électricité *négative*, fluide *positif*, fluide *négatif*, pôle *positif*, pôle *négatif*, etc. Ici négatif ne veut pas dire qui est à soustraire du positif, ou qui est moindre que le positif. La signification de ces deux termes n'a aucun rapport avec l'énergie de l'action. En conséquence, leur emploi ne doit rien faire préjuger à cet égard.

**Math.** — Les nombres négatifs se présentent d'eux-mêmes dès le début de l'algèbre, et deviennent indispensables si l'on veut donner aux théorèmes et aux identités une complète généralité. Par ex., si l'on a à effectuer une suite d'additions et de soustractions, l'arithmétique apprend que l'ordre des opérations est indifférent *pourvu toutefois que toutes les soustractions soient possibles*. Ainsi l'identité :

$$(1) \qquad a+b-c=a-c+b$$

est assurée tant qu'on donnera à $c$ une valeur inférieure à $a$ ; mais elle n'a plus aucun sens si $c$ prend une valeur supérieure à $a$. Il serait absurde d'écrire en arithmétique :

$$(2) \qquad 5+3-7=5-7+3$$

parce que l'opération $5-7$ est simplement impossible. L'identité (1) ne peut donc pas être considérée comme *générale*. Or l'algèbre a précisément pour objet de donner des règles de transformation qui s'appliquent à tous les cas *sans exception*. Il fallait donc faire disparaître l'impossibilité qui nous arrête, et on y est arrivé très simplement en généralisant à la fois l'idée de nombre et la définition des opérations. On a considéré deux espèces de nombres : les nombres positifs et les nombres négatifs que l'on distingue par les signes + et — placés devant le nombre arithmétique correspondant lequel est leur valeur absolue, et l'on a convenu que l'addition se ferait d'après la règle suivante :

*La somme de deux nombres de même signe s'obtient en ajoutant leurs valeurs absolues et en conservant leur signe commun; la somme de deux nombres de signes contraires s'obtient en retranchant leurs valeurs absolues, et en donnant au résultat le signe de celui des deux nombres qui a la plus grande valeur absolue.* Par ex. :

$$(+3)+(+5)=(+8)$$
$$(-3)+(-5)=(-8)$$
$$(+3)+(-5)=(-2)$$
$$(-3)+(+5)=(+2)$$

L'addition ainsi généralisée possède toutes les propriétés de l'addition arithmétique, ce qui permet d'appliquer tous les théorèmes sur l'ordre ou le groupement des termes.

La soustraction est définie comme opération inverse de l'addition : il faut trouver un nombre qui ajouté au second des nombres donnés reproduise le premier. Il est visible que la soustraction peut se faire par la simple règle suivante : il suffit d'*ajouter au premier nombre le second changé de signe*. Ainsi, au lieu de retrancher $+5$ on ajoutera $-5$; au lieu de retrancher $-5$ on ajoutera $+5$.

On justifie cette règle par la définition même de la soustraction. On a évidemment :

$$A+(-5)+(+5)=A$$
$$A+(+5)+(-5)=A$$

Donc $A+(-5)$ et $A+(+5)$ sont bien les résultats respectifs des soustractions;

$$A-(+5) \quad \text{et} \quad A-(+5).$$

Grâce à ces conventions toutes les soustractions deviennent possibles, et l'identité (1) est vraie dans tous les cas.

Pour la multiplication et la division voy. Algèbre.

Les nombres positifs et négatifs jouent, dans les applications, un rôle très important : ils servent à représenter et à mesurer les grandeurs qui peuvent être comptées dans deux sens différents. Par ex., dans un compte de finance, on considérera les recettes comme positives, les dépenses comme négatives, et l'ensemble de toutes les opérations recettes et dépenses sera une simple somme algébrique. En Mécanique, on considèrera comme positives les durées comptées dans l'avenir, et comme négatives les durées comptées dans le passé. En Géométrie, on considérera comme positives les longueurs comptées sur une ligne droite à partir d'une certaine origine dans un certain sens, et comme négatives celles qui sont comptées à partir de la même origine dans l'autre sens (Voy. Segment). On considérera de même des angles positifs ou négatifs suivant le sens de la solution, etc.

L'introduction des nombres positifs et négatifs pour la mesure des grandeurs à deux sens permet ainsi de traiter d'un seul coup tous les problèmes qui ne diffèrent que par le sens et la grandeur des données, tandis que l'emploi des seuls nombres positifs aurait nécessité l'étude d'autant de problèmes différents qu'il y a de combinaisons possibles dans le sens des données. C'est donc un progrès considérable, et même on peut dire que cette introduction des nombres négatifs était nécessaire. Sans elle, l'application de l'algèbre à la géométrie serait restée tout à fait rudimentaire et la géométrie analytique n'aurait pu être établie.

Dans les problèmes qui se traitent par l'algèbre, il arrive souvent qu'on trouve pour l'inconnue, ou pour une des inconnues une valeur négative Si la grandeur correspondante n'est pas susceptible d'être comptée dans des sens différents, cette solution négative indique simplement l'impossibilité du problème; mais si la grandeur peut être portée dans un des sens différents, la solution négative indique, le plus souvent, que la grandeur correspondante doit être comptée dans le sens contraire à celui qu'on avait supposé. Par ex., si l'on cherchait un bénéfice, la solution négative indique une perte; si l'on cherche une époque future, la solution négative indique une époque passée, etc. C'est à Descartes que revient l'honneur d'avoir montré cette interprétation des nombres négatifs par le sens des grandeurs. Avant lui, les solutions négatives des équations étaient appelées des *solutions fausses*.

L'invention des nombres positifs et négatifs constitue l'un des cas les plus simples de la *généralisation de l'idée de quantité* qui peut être considérée comme le fondement du développement de l'analyse mathématique à partir du simple calcul des nombres entiers. Nous y reviendrons au mot Quantité.

**NÉGATION** s. f. [Pr. *néga-sion*] (lat. *negatio*, m. s.) Action de nier, par opposition à affirmation. *Toute proposition contient affirmation ou négation.* || Action de refuser, de dire non. *Il lui répondit par une n.*

**Obs. gram.** — En terme de grammaire, on désigne sous le nom de *Négation* tout mot qui sert à nier, comme *Non, Ne, Pas, Point* et *Ni*. Cependant les deux premiers sont les seuls qui aient véritablement une signification négative par eux-mêmes. En effet, *Pas* et *Point* ne s'emploient jamais qu'avec la particule négative *Ne* exprimée ou sous-entendue, et *Ni* veut toujours être précédé par cette même particule. — La particule *Ne* a pour effet de rendre négative la proposition où elle se trouve. Elle précède invariablement le verbe : *Je ne dirai plus un mot.* Elle précède également le pronom en régime, quand il y en a un de joint au verbe : *Vous ne le pouvez supposer.* Dans le plus grand nombre de phrases négatives, *Ne* est accompagné de *Pas* ou de *Point*. Mais quelle est la place que *Pas* ou *Point* doit occuper dans le discours? Quand l'un est-il préférable à l'autre? Quand peut-on les supprimer l'un et l'autre? Quand le doit-on? C'est à ces questions que nous allons essayer de répondre.

1° Où *Pas* et *Point* doivent-ils être placés? — Lorsque le verbe est à l'infinitif, on peut les mettre, soit devant, soit après le verbe : *Pour ne point souffrir; pour ne souffrir point;* néanmoins la première façon de parler est la plus usitée. Dans les temps simples du verbe, *Pas* et *Point* doivent toujours suivre celui-ci : *Il ne parle pas; il ne chante point; Ne faites pas cela.* Dans les temps composés, au contraire, ils se mettent entre l'auxiliaire et le participe : *Il n'a point souffert; Il n'a pas chanté.*

2° *Pas* et *point* ne s'emploient pas indifféremment l'un pour l'autre. — *Point* nie plus fortement que *Pas*. Le premier nie la chose absolument, totalement et sans réserve; le second ne la nie souvent qu'en partie ou avec modification. *Point*, suivi de la particule *de* présente donc une négation absolue, tandis que *Pas* laisse la liberté de restreindre ou de réserver. Par cette raison, *Pas* doit être préféré devant *Plus, Moins, Si, Autant*, et autres termes comparatifs : *Cicéron n'est pas moins véhément que Démosthène; Démosthène n'est pas si diffus que Cicéron.* Par la même raison, *Pas* est préférable devant les adverbes et les noms de nombre. *Il n'y a pas beaucoup d'eau dans cette rivière; Il n'y a pas dix ans que cela existait encore.* Par la même raison, *Pas* convient mieux à quelque chose de passager et d'accidentel, *Point* à quelque chose de permanent et d'habituel : *Il ne lit pas*, il ne lit pas en ce moment; *Il ne lit point*, il ne lit en aucun temps.

3° Quand peut-on supprimer à la fois *Pas* et *Point?* — On le peut après les verbes *Cesser, Oser* et *Pouvoir*. *Il ne cesse de s'enivrer. Je n'ose dire ce que je pense. Je ne puis le voir sans tristesse.* On dit également, *Ne bougez*, mais dans la conversation seulement. Enfin, on peut aussi les supprimer avec élégance dans ces sortes d'interrogations : *Y a-t-il un homme dont elle ne médise? Avez-vous un ami qui ne soit des miens?*

4° Quand doit-on supprimer *Pas* et *Point?* — On doit les supprimer après *Prendre garde*, lorsqu'il signifie *éviter* ou *prendre ses mesures*, et, en outre, le verbe qui suit se met au subjonctif : *Prenez garde qu'il ne vous fasse mal.* Mais lorsque *Prendre garde* signifie faire réflexion, il faut employer *Pas* ou *Point*, et mettre le verbe à l'indicatif : *Prenez garde que l'auteur ne dit pas ce que vous pensez.* — Après *Savoir*, pris dans le sens de *pouvoir*, on doit toujours les supprimer : *Je ne saurais en venir à bout.* Après ce verbe, précédé de la négation et signifiant *être incertain*, le mieux est de les supprimer : *Je ne saurai que devenir; Il ne sait ce qu'il dit.* Mais on emploie *Pas* et *Point*, quand *savoir* est pris dans son sens naturel : *Je ne sais pas jouer du piano; Je ne savais point cette histoire.* — On supprime *Pas* et *Point*, quand l'étendue qu'on veut donner à la négation est suffisamment exprimée par d'autres termes qui la restreignent : *Je ne soupe guère; Je ne sortirai de trois jours;* ou par d'autres termes qui excluent toute restriction : *Je ne soupe jamais; Je ne vis personne hier; Je ne dois rien; Je n'ai nul souci;* ou enfin par des termes qui désignent les moindres parties d'un tout et qui se mettent sans article : *Il n'y voit goutte; Je ne dis mot.* Après toutes ces phrases, si la conjonction *que*, ou les relatifs *qui* et *dont* amènent une autre phrase qui soit négative, on y supprime *Pas* et *Point*. *Je ne soupe guère que je ne m'en trouve mal; Il n'est personne dont on ne puisse calomnier les meilleures actions; Vous ne dites mot qui ne soit applaudi.* Mais si un nom de nombre se trouve joint à *mot* il faut employer *Pas : Il ne dit pas un mot qui ne soit à propos. Il n'y a pas trois mots à reprendre dans cette longue pièce.* — On supprime *Pas* et *Point* après *Que* mis à la suite d'un terme comparatif ou de tout autre équivalent : *Il parle encore mieux qu'il n'écrit; Il est moins riche qu'on ne pense; Peu s'en faut qu'on ne m'ait trompé; C'est autre chose que je ne croyais.* On les supprime souvent après *Ne* suivi de *autre* et de *que : Je n'ai d'autre but, d'autre désir, que celui de vous être utile.* Mais on peut dire aussi : *Je n'ai pas d'autre but que, etc.* Toutefois *Pas* et *Point* se suppriment toujours, quand *autre* est sous-entendu : *Je n'ai de volonté que la tienne; Il ne fait que rire*, c.-à-d., autre chose que rire; *Il ne demande que le nécessaire; Je ne veux que le voir; Trop de lecture ne sert qu'à embrouiller l'esprit.* — On supprime *Pas* et *Point* quand, au commencement d'une phrase : *Que* signifie *pourquoi*, *Que n'êtes-vous arrivé plus tôt?* ou quand il sert à exprimer un désir, à former une imprécation : *Que ne m'est-il permis de le voir? Que n'est-il à cent lieues d'ici?* — On les supprime encore lorsque le verbe est au prétérit après *Depuis que*, ou *Il y a* suivi d'un mot qui indique un certain laps de temps : *Depuis que je ne lui ai parlé; Il y a six mois que je ne l'ai rencontré;* mais on met l'un ou l'autre lorsque le verbe est au présent, car alors le sens est tout différent : *Depuis que nous ne nous voyons pas; Il y a six mois que nous ne nous parlons point.* — On les supprime aussi après la locution conjonctive *A moins que*, ou après la conjonction *Si*, prise dans le même sens : *Je ne sors pas, à moins qu'il ne fasse beau; Je ne sortirai pas si vous ne me venez prendre.* — *Pas* et *Point* se suppriment également lorsque deux négations sont jointes par la conjonction *Ni*, comme : *Je ne l'estime ni ne l'aime ;* et quand cette conjonction *Ni* est redoublée, soit dans le sujet, soit dans l'attribut : *Ni les biens ni les honneurs ne valent la santé; Il est avantageux de n'être ni trop pauvre ni trop riche.* — Après *Nier*, *Disconvenir*, on peut indifféremment supprimer le *Ne* ou l'employer : *Je ne nie pas, je ne disconviens pas que cela soit*, ou *que cela ne soit.* — Pour l'emploi de la négation dans les phrases subordonnées aux verbes *Douter, Craindre*, etc. Voy. ces mots.

**NÉGATIVEMENT.** adv. [Pr. *Négative-man*]. D'une manière négative. *Il répondit négativement.*

**NÉGATOIRE.** s. f. [Pr. *néga-tou-are*] (lat. *negatorius*, m. s.). T. Jurisp. Action par laquelle on fait déclarer qu'il n'y a pas de droit de servitude ou d'usufruit sur la chose dont on est propriétaire.

**NÉGLIGÉ.** s. m. État où est une femme quand elle n'est point parée. *Un n. piquant, galant. Elle était en n., dans son n., dans un grand n.* || T. Peint. Exécution peu arrêtée. *Un beau n. plaît souvent plus qu'une froide correction.*

**NÉGLIGEABLE.** adj. 2 g. [Pr. *négli-jable*]. T. Mathém. Qu'on peut omettre ou laisser de côté, sans qu'il en résulte une erreur appréciable dans le résultat définitif. *Une quantité n. Cette grandeur n'est pas négligeable.*

**NÉGLIGEMENT.** s. m. [Pr. *négli-jeman*]. Action de négliger avec dessein; ne se dit que dans les Arts. *N. de pinceau.*

**NÉGLIGEMMENT.** adv. [Pr. *négli-ja-man*]. Avec négligence. *Agir n. S'habiller n.*

**NÉGLIGENCE.** s. f. [Pr. *négli-janse*] (lat. *negligentia*, m. s.). Défaut de soin, d'application. *Une extrême n. Une n. coupable. Quelle n.! Ce livre est imprimé avec beaucoup de n. Il y a de la n.* || *N. de style*, ou simpl., *Négligence*, Faute légère que fait un auteur quand il ne met pas assez de soin à corriger son style. *Il y a dans cet ouvrage de grandes négligences de style. Ce critique ne pardonne pas la moindre n.* || Se dit quelquefois en bonne part, en parlant de style et de toilette. *Une heureuse n. Il y a quelquefois des négligences qui ont de la grâce.*

**NÉGLIGENT, ENTE.** adj. [Pr. *négli-jan, ante*] (lat. *negligens, entis*, m. s.). Qui n'a pas les soins qu'il devrait avoir. *Vit-on jamais homme plus n. Il est n. en affaires. Elle est négligente en tout.* || Subst., *C'est un insupportable n. Quelle négligente!* = Syn. Voy. FAINÉANT.

**NÉGLIGER.** v. a. (lat. *negligere*, m. s., de *nec*, préf. négatif, et *legere*, prendre, cueillir). N'avoir pas soin, ne pas s'occuper d'une chose comme on le devrait. *N. son salut, sa santé, sa fortune, ses intérêts, ses affaires, le soin de ses affaires, ses études, son devoir. Il néglige trop l'éducation de ses enfants. N. son style. N. sa toilette. N. une maladie. Il ne faut rien n. Ce n'est pas une affaire à n. Il néglige de voir ses amis, de faire valoir son bien.* || *N. quelqu'un*, N'avoir pas soin de le voir assidûment, de lui rendre comme il convient les devoirs ordinaires de la vie civile. *Vous négligez fort vos amis. Vous me négligez bien depuis quelque temps.* — On dit aussi d'un mari *qu'il néglige sa femme*, lorsqu'il n'a pas pour elle les attentions qu'il devrait avoir, ou ne lui donne pas les marques d'affection qu'elle a droit d'attendre de lui. || Partic., Ne pas mettre en usage ou à profit. *Il ne néglige aucun des moyens qui pouvaient lui concilier les esprits. Il n'a rien négligé de ce qui pouvait assurer la réussite de cette affaire. Vous avez négligé une occasion qui ne reviendra pas.* || T. Mathémat. Laisser de côté, omettre. *Dans les calculs d'approximation, on néglige les quantités extrêmement petites. On peut n. cette fraction.* = SE NÉGLIGER. v. pron. Avoir moins de soin qu'à l'ordinaire de son devoir, de sa profession, etc. *Cet écolier se néglige depuis quelque temps. Cet auteur travaillait autrefois avec grand soin, maintenant il se néglige.* || Particul., N'avoir point de sa personne un soin suffisant, pour la propreté ou pour l'ajustement. *Je l'ai vu briller parmi nos élégants, mais aujourd'hui il se néglige.* = NÉGLIGÉ, ÉE. part. = Conj. Voy. MANGER.

**NÉGOCE.** s. m. (lat. *negotium*, affaire, de *nec*, préf. négatif, et *otium*, repos, loisir). Trafic, commerce. *Un bon n. Entendre le n. Se mettre dans le n. Faire le n. Il se mêle de plusieurs négoces à la fois. Il fait n. de tout.* — En parl. d'un État, d'une nation, on dit *Commerce*, et non pas *Négoce.* || Figur., se dit de certains métiers auxquels il est honteux ou dangereux de se livrer. *Faire un vilain n. La contrebande est un périlleux n. On ne sait pas quel n. font ces gens-là.* = Syn. Voy. COMMERCE.

**NÉGOCIABLE.** adj. 2 g. Qui peut se négocier; ne se dit que des effets publics, des effets de commerce, etc. *Cette action, ce billet à ordre est n. Ce papier, ce titre n'est pas négociable.*

**NÉGOCIANT, ANTE.** Celui, celle qui fait le négoce. *Un riche n. Un n. fort habile.* = Syn. Voy. COMMERCE.

**NÉGOCIATEUR, TRICE** (lat. *negociator, trix*, m. s.). Celui, celle qui est chargé de traiter quelque affaire avec quelqu'un; se dit surtout des agents diplomatiques publics ou secrets. *Un habile n. Un mauvais n. Ce n. a toujours été malheureux.* — En parl. d'affaires qui concernent de simples particuliers, on dit aussi, au fém., *Négociatrice. Elle a été la négociatrice de ce mariage.*

**NÉGOCIATION.** s. f. [Pr. *négo-sia-sion*] (lat. *negociatio*, m. s.). L'art, l'action de négocier les grandes affaires, les affaires publiques. *Il est habile dans les négociations. Être employé dans une n. Entamer, renouer une n. Réussir, échouer dans une n. Une n. heureuse, bien conduite. Il fut l'âme de cette n. Il a écrit l'histoire de ses négociations.* || L'affaire même qu'on traite et qu'on négocie. *Il est chargé d'une difficile, d'une importante n. Une n. politique.* || Se dit aussi des affaires particulières. *Il est en n. pour acheter une charge d'agent de change. Il s'est chargé de la n. de ce mariage.* || T. Comm. *La n. des effets publics, d'un billet, d'une lettre de change, etc.*, Le commerce qui se fait de ces sortes d'effets. Voy. CHANGE, CRÉDIT, etc.

**NÉGOCIER.** v. n. (lat. *negotiari*, m. s., de *negotium*, affaire). Faire le négoce, faire quelque trafic. *N. en draperie, en soie, en pierreries, etc., dans le Levant. N. en Amérique.* Peu usit. || Traiter une affaire avec quelqu'un. *Cet homme négocie avec beaucoup d'adresse. Il négocie pour tel prince.* Peu usit. = NÉGOCIER. v. a. En parl. des effets publics, des lettres de change, les transporter, les céder à un autre qui en donne la valeur. *Ce banquier vous négociera votre lettre de change.* || Traiter une affaire avec quelqu'un. *Il a négocié la paix entre ces deux États. N.*

*un traité. Il a négocié cette affaire fort secrètement. N. un mariage.* = SE NÉGOCIER. v. pron. *Le papier sur Paris se négocie au pair. On dit qu'il se négocie quelque chose d'important.* = NÉGOCIÉ, ÉE. part. = Conj. Voy. PRIER.

**NÈGRE**. s. m. (esp. *negro*, noir, du lat. *niger*, noir). Celui qui appartient à la race noire. Voy. HOMME. — *N. blanc*, Voy. ALBINOS. || Se dit particul. des esclaves noirs qui étaient employés aux travaux dans les colonies. *Il avait cent nègres dans son habitation.* — Adv. *A blanchir un n. on perd son savon.* — Famil., *Traiter quelqu'un, faire travailler quelqu'un comme un n.*, Le traiter avec beaucoup de dureté et de mépris, exiger de lui un travail pénible, le faire travailler sans relâche. = Adj. 2 g. *La race nègre.*

**NÉGREPELISSE**, ch.-l. de c. (Tarn-et-Garonne), arr. de Montauban ; 2,600 hab.

**NÉGREPONT**, grande île de l'Archipel, anc. *Eubée* (à la Grèce). Voy. EUBÉE.

**NÉGRERIE**. s. f. Lieu où les marchands d'esclaves renfermaient les nègres dont ils faisaient commerce.

**NÉGRESSE**. s. f. [Pr. *négrè-se*] (R. *nègre*). Femme qui appartient à la race noire. *Une jeune n. Une n. marronne.*

**NÉGRIER**. adj. m. (R. *nègre*). Se dit dans les locut. suivantes : *Vaisseau n.*, Bâtiment qui sert à la traite des nègres ; *Capitaine n.*, Capitaine d'un bâtiment qui fait la traite. || On dit aussi subst., *Nous avons saisi deux négriers. C'est un ancien négrier.*

**NÉGRIER**, général fr., né au Mans en 1788, tué à Paris dans les journées de juin 1848.

**NÉGRIL**. s. m. T. Entom. Nom vulgaire donné à une espèce de Coléoptère, le *Colaspidème noir*. Voy. EUMOLPIDES.

**NÉGRILLON, ONNE**. s. [Pr. les *ll* mouillées]. Petit nègre, petite négresse.

**NÉGRILLOS**. s. m. pl. [Pr. *négri-llo*, *ll* mouillées] (R. *nègre*). T. Anthrop. Nègres du centre de l'Afrique. Voy. HOMME.

**NÉGRITOS**. s. m. pl. (R. *nègre*). T. Anthrop. Nègres pygmées des îles Philippines. Voy. HOMME.

**NÉGRO** (RIO) ou **PARANA**, riv. de l'Amérique méridionale, prend sa source dans la Nouvelle-Grenade (Colombie), et se jette dans le fleuve des Amazones ; 1,800 kilomètres.

**NÉGRO** (RIO), fleuve de l'Amérique du Sud, arrose le N. de la Patagonie et se jette dans l'Atlantique, environ 1,300 kilomètres. = Fleuve de la République de l'Uruguay, se jette dans l'Uruguay ; environ 700 kilomètres.

**NÉGRO** (CAP). Promontoire de la côte S.-O. de l'Afrique, au S. de Mossamédès.

**NÉGROMANCIEN, NÉGROMANT**. s. m. Voy. NÉCROMANCIEN, etc

**NÉGUS**, titre du roi d'Abyssinie.

**NÉHÉMIE**, Juif qui obtint du roi de Perse Artaxerxès Longue-Main la permission de rebâtir Jérusalem ; mourut en 432 av. J.-C.

**NEIGE**. s. f. [Pr. *nè-je*] (lat. *nix*, *nivis*, m. s.). Eau congelée qui tombe en flocons blancs et légers. — Figur. et famil., *C'est une pelote de n. qui grossit; cela fait la pelote, la boule de n.*, se dit des séditions qui croissent progressivement, des sommes qui grossissent par l'accumulation des intérêts, etc. — Prov. *Où sont les neiges d'antan*, se dit, par allusion à une ballade de Villon, de ce qui n'est déjà plus. — *Sortir d'une affaire blanc comme n.*, avec une réputation intacte. || *Œufs à la n.*, Blancs d'œufs battus de manière qu'ils forment une mousse semblable à la neige. || T. Bot. *Boule de n.* Nom vulgaire du *Viburnum Opulus*, arbuste de la famille des *Caprifoliacées*. Voy. ce mot. || Fig. Tout ce qui est blanc et floconneux comme la n. *Barbe de n.*

**Météor.** — Quand la température de l'air est voisine de zéro ou plus basse, les vapeurs qui produisent la pluie se congèlent dans l'atmosphère et produisent la N. Cependant, comme l'air contient d'autant moins de vapeur d'eau que la température s'abaisse davantage, la quantité de n. diminue en raison de l'abaissement de celle-ci. Il en tombe en effet fort peu quand le froid atteint 20° au-dessous de 0, et alors les flocons sont très petits. La température, l'humidité, l'agitation de l'air et d'autres circonstances ont une grande

influence sur la forme des cristaux dont se composent les flocons. Les différentes formes de la n., qui présentent probablement plusieurs centaines de variétés, peuvent, suivant Kaemtz, se ramener à cinq types principaux : 1° des lamelles minces; 2° un noyau sphérique ou plan hérissé d'aiguilles ramifiées; 3° des aiguilles fines ou des prismes à six pans; 4° des pyramides à six faces; 5° des aiguilles terminées à une de leurs extrémités ou à deux par une petite lamelle. Dans tous les cas, les cristaux isolés se réunissent sous des angles de 30, 60 et 120 degrés. Les figures ci-dessus représentent quelques-unes des formes que les flocons affectent le plus ordinairement. Les flocons qui tombent en même temps ont en général la même forme; mais s'il y a un intervalle entre deux averses de n. consécutives, on observe dans la seconde des figures différentes de celles de la première, quoique toujours semblables entre elles. C'est par un temps calme et sans brouillard qu'on peut les admirer dans toute leur beauté. Avec la brume, les cristaux sont ordinairement inégaux et opaques. Avec le vent, ils sont brisés et irréguliers, on trouve alors des grains arrondis, composés de rayons inégaux. La n. est de beaucoup plus légère que l'eau. Fraîchement tombée, elle a 12 fois plus de volume que l'eau qu'elle fournit en fondant. Cette légèreté tient à la grande division de ses parties, et c'est à cette même cause qu'elle doit sa blancheur. Tous les petits glaçons qui la composent sont transparents; mais ils sont séparés par des intervalles remplis d'air dont la réfrangibilité est bien différente. La lumière éprouve un grand nombre de réfractions en passant par ces milieux divers, ce qui donne à la n. l'opacité et la blancheur qui la caractérisent. Si, par une forte compression, on rapproche ses particules, l'air qui y était interposé se trouvant chassé, la n. perd sa blancheur et son opacité. Quelquefois elle affecte une couleur rouge; mais cette coloration accidentelle tient tout simplement à la présence d'une multitude de petits champignons du genre *Uredo*. L'influence de la n. sur la végétation et sur la conservation des plantes est un fait bien connu. Elle agit en empêchant la gelée de pénétrer profondément dans le sol qu'elle recouvre. Ce résultat est dû à son faible pouvoir conducteur, et à son faible pouvoir émissif d'où il résulte qu'elle empêche la déperdition de la chaleur de la terre.

Les masses de n. qui tombent sur les montagnes en été fondent très vite sous l'influence du soleil et de la pluie; mais sur les sommets très élevés elles ne disparaissent plus. La *hauteur des neiges perpétuelles*, c.-à-d. la hauteur à laquelle on trouve des champs de n. sur des surfaces planes ou peu inclinées pendant toute la durée de l'année, varie non-seulement suivant l'élévation et la latitude des lieux, mais encore suivant l'exposition, le voisinage des mers, et beaucoup d'autres circonstances climatologiques. D'après les observations les plus autorisées, la limite inférieure des neiges perpétuelles est : 4,800 mètres à 0° ou sous l'équateur; 4,600, à 20°; 2,550, à 45°, et 1,500, à 65°. Voici maintenant, pour quelques lieux connus, quelle est cette limite, déterminée d'après des mesures directes. — *Hémisphère boréal :* Norvège, île Mageroe (71°15'), 720 mètres, Norvège intérieure (67°), 1,266ᵐ, Islande (65°), 936ᵐ; Sibérie, chaîne d'Aldan (60°55'), 1,364ᵐ. Oural (59°40'), 1,460ᵐ; Kamtschatka, volcan de Chevelutch (56°,40), 1,600ᵐ; Ounalaschka (53°44'), 1,070ᵐ; Altaï (50°), 2,144ᵐ; Alpes (45°45' à 46°), 2,708ᵐ; Caucase, Elbrouz (43°21'), 3,372ᵐ; Pyrénées (43°), 2,728ᵐ; Monts Bolor (37°30'), 5,185ᵐ; Etna (37°30'), 2,905ᵐ; Himalaya (30°15'), versant septentr., 5,067ᵐ; Id., versant mérid., 3,956ᵐ; Mexique (19°), 4,500ᵐ; Abyssinie (13°10'), 4,287ᵐ; Amérique mérid., Sierra Nevada de Merida (8°5'), 4,500ᵐ; volcan de Tolima (4°46'), 4,670ᵐ; volcan du Puracé (2°18'), 4,688ᵐ. — *Équateur :* Quito, 4,818ᵐ. — *Hémisphère austral*, Andes de Quito (1°15'), 4,812ᵐ; Cordillère orientale (16°), 4,853ᵐ; Cordillère occidentale (16°), 5,646ᵐ; Chili, Portillo et volcan de Peuquenes (33°), 4,483ᵐ; Andes du littoral (41° à 44°), 1,832ᵐ; Détroit de Magellan (53° à 54°), 1,130ᵐ.

**NEIGER.** v. imp. [Pr. *nè-jer*] (lat. *ningere*, m. s.). Se dit de la neige qui tombe. *Il neige bien fort. Il neigeait, il a neigé hier.* || Fig. et famil., *Il a neigé sur sa tête*, Il a les cheveux blancs. = Ce verbe se conjugue comme *Manger*, mais il n'est usité qu'à l'infinitif et aux troisièmes personnes du singulier.

**NEIGEUX, EUSE.** adj. [Pr. *nè-jeu, euze*]. Chargé, couvert de neige. *Temps n. Saison neigeuse. Les sommets n. des Alpes.*

**NEILLE.** s. f. [Pr. les *ll* mouillées]. T. Techn. Sorte d'étoupe que les tonneliers préparent avec de la ficelle décordée, et dont ils se servent pour boucher les fentes d'un tonneau.

**NEIPPERG** (Albert Adam, comte de), grand maître du palais de Marie-Louise qu'il épousa morganatiquement (1774-1829).

**NEISSE**, v. du S.-E. de la Prusse, prov. de Silésie. Sur la Neisse de Glatz; 21,800 hab. — Les Français prirent cette ville en 1807.

**NEISSE**, nom de deux riv. d'Allemagne qui se jettent dans l'Oder sur la rive gauche : La *Neisse de Glatz*, 195 kil., et la *Neisse de Gorlitz*, 225 kil.

**NÉKAO**, roi d'Égypte qui vainquit Josias en 609 av. J.-C.

**NÉLANIDES.** s. f. pl. Famille de Mollusques *Gastéropodes-Cténobranches*. Voy. Cténobranches.

**NÉLATON** (Auguste), célèbre chirurgien fr., né à Paris (1807-1873).

**NÉLOMBÉES.** s. f. pl. (R. *nélombo*) T. Bot. Famille de végétaux Dicotylédones de l'ordre des Dialypétales supéro-variées polystémones.

*Caract. bot. :* Plantes herbacées, qui habitent les eaux douces, tranquilles. Feuilles peltées, charnues, portées sur de longs pétioles qui naissent d'un rhizome épais et rampant. Sépales 4. Pétales nombreux, oblongs, disposés sur plusieurs rangs, naissant de la base extérieure du réceptacle. Étamines nombreuses, formant plusieurs rangées; filets pétaloïdes; anthères adnées, s'ouvrant par une double fente longitudinale. Réceptacle charnu, élevé, extrêmement développé, renfermant dans des cavités creusées dans sa substance les carpelles qui sont nombreux, monospermes, avec un style très court et un stigmate simple. Ovule unique, suspendu à un cordon qui naît de la base de la cavité, anatrope. Fruit formé de nombreux akènes à moitié enfoncés dans les alvéoles du réceptacle. Graines solitaires, rarement 2; albumen nul; embryon volumineux, avec deux cotylédons charnus et

une gemmule fort développée. [Fig. 1. *Nelumbium luteum; a*, réceptacle alvéolé dont chaque alvéole contient un akène; 2. Akène isolé; 3. Le même s'ouvrant au moment de la germination; 4. Le même, coupé verticalement pour montrer la structure de la graine].

Cette famille ne comprend qu'un seul genre et 2 espèces, l'une d'Asie, l'autre d'Amérique, où elles habitent les eaux douces stagnantes ou peu courantes. Les Nélombées sont surtout remarquables par la beauté de leurs fleurs. Celles du *Nelombo brillant* (*Nelumbium speciosum*), qui abonde dans les Indes, dans la Chine et dans la Cochinchine, sont blanches ou roses, exhalent une odeur d'anis et atteignent jusqu'à 30 centimètres de diamètre. Elles sont portées par de longs pédoncules qui les élèvent au-dessus de la surface de l'eau. Cette espèce était autrefois cultivée en Égypte; mais aujourd'hui elle a complètement disparu de ce pays. Sa fleur est le *Lotus* sacré si souvent représenté sur les monuments de l'Égypte et de l'Inde. Son fruit, qui est de la grosseur d'une noisette, est d'un goût agréable, et se mange cru, rôti ou bouilli; on pense que c'était la *Fève de Pythagore*. Son rhizome est également alimentaire en raison de la fécule qu'il contient. Les tubercules du *Nél. jaune* (*Nel. luteum*) ressemblent à ceux de la Patate douce. Ils sont tout aussi farineux et aussi agréables, quand on les a fait bouillir, et les Indiens de l'Amérique en font une assez grande consommation. Le suc doux et visqueux des pétioles, des feuilles et des pédoncules floraux s'emploie contre la diarrhée. Ses pétales, qui ont l'odeur d'anis, sont légèrement astringents, et sont usités comme chez nous ceux de la rose. Les vaisseaux spiralés qui abondent dans les pétioles et les pédoncules des Nélombos servent, dans l'Inde, à préparer les mèches de lampe, que l'on fait brûler, dans les grandes fêtes, devant les statues des dieux.

**NELSON**, amiral anglais, détruisit une flotte française à Aboukir (1798), une autre au cap Trafalgar (21 octobre 1805), et fut tué dans ce dernier combat (1758-1805).

**NÉLOMBO**. s. m. T. Bot. Genre de plantes Dicotylédones (*Nelumbo*) de la famille des *Nélombées*. Voy. ce mot.

**NÉMALE**. s. m. (R. *Némal*, n. d'un natur. amér.). T. Bot. Genre d'Algues (*Nemalion*) de la famille des *Némaliacées*. Voy. ce mot.

**NÉMALIACÉES**. s. f. pl. (R. *nemalion*). T. Bot. Famille d'Algues de l'ordre des Floridées.

*Caract. bot.* : Plusieurs N. vivent dans les eaux douces à cours rapide (Batrachospermées); toutes les autres sont marines. Les Chantransies sont parasites sur d'autres Algues; la Balbianie envahit les Batrachospermes. Thalle toujours filamenteux et très ramifié. Filaments du thalle tantôt libres et nus; tantôt encore libres, mais cortiqués; très souvent associés en un faisceau, lui-même cortiqué de différentes façons. Spores tantôt solitaires (Chantransie, Batrachosperme), tantôt disposées par quatre; elles manquent dans certains genres (Lémanée, Némale, etc.).

Anthéridies naissant par petits bouquets à l'extrémité des filaments libres ou au sommet des branches rayonnantes qui forment la couche corticale (Fig. A, à gauche). Oogones occupant le sommet de filaments libres, ou l'extrémité de courts rameaux enfoncés dans la couche corticale et attachés latéralement sur les filaments rayonnants; trichogyne renflé en massue (Batrachosperme, Lémanée), ou le plus souvent étiré en un long poil (Fig. B, à droite). Involucré dans le Batrachosperme, l'oogone est nu dans les autres genres.

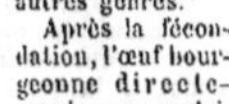

Après la fécondation, l'œuf bourgeonne directement, sans se cloisonner (Batrachosperme), ou après s'être divisé en 2 cellules superposées, dont la supérieure seule bourgeonne, ou en se partageant d'abord par des cloisons transversales en une file de cellules superposées dont chacune pousse ensuite un rameau latéral (Chantransie). Les rameaux de premier ordre se ramifient ensuite plusieurs fois et forment un buisson qui n'est autre chose que le sporogone (Fig. C). Celui-ci fait généralement saillie vers l'extérieur; dans les Lémanées, il se développe au contraire vers l'intérieur entre la couche corticale et le filament axile. Il peut être nu, involucré ou enveloppé d'un tégument.

Ailleurs, l'œuf ne pousse qu'un filament, qui s'enfonce dans le thalle en se ramifiant abondamment, se dirige vers le centre et entoure de ses branches soit le filament axile, soit la couche de cellules dont il est recouvert. Toutes ces branches rampantes constituent un sporogone intérieur et parasite, qui plus tard pousse vers l'extérieur des rameaux libres et sporifères. Ce sporogone s'accuse au dehors par un renflement local du thalle qui va en augmentant jusqu'à la maturité des protospores. Celles-ci naissent quelquefois dans toutes les cellules du sporogone, à l'exception de l'œuf, le plus souvent dans les cellules terminales seulement, toutes les autres restant stériles.

Cette famille se divise en trois tribus :

Tribu I. — *Batrachospermées.* — Thalle formé d'un simple filament, nu ou cortiqué; sporogone externe au tissu du thalle (*Chantransia, Balbiania, Batrachospermum, Lemanea*, etc.).

Tribu II. — *Helminthocladiées.* — Thalle formé d'un faisceau de filaments, cortiqué; sporogone extérieur (*Nemalion, Liagora, Helminthocladia*, etc.).

Tribu III. — *Gélidiées.* — Thalle formé d'un simple filament, cortiqué; sporogone intérieur au tissu du thalle et parasite (*Gelidium, Caulacanthus, Naccaria*, etc.). Le *Gelidium corneum* se rencontre en assez grande abondance dans le médicament vermifuge connu sous le nom de *Mousse de Corse*.

**NÉMALION**. s. m. Voy. Némale.

**NÉMALITE**. s. f. (R. *Némal*, n. d'un natur. amér.). T. Chim. Variété fibreuse de Brucite.

**NÉMATE**. s. m. (gr. νῆμα, fil). T. Entom. Genre d'Insectes *Hyménoptères*. Voy. Porte-scie.

**NÉMATHELMINTHES**. s. m. pl. (gr. νῆμα, fil; ἕλμις, ver). T. Zool. Les N. sont des *Vers* qui doivent leur nom à la forme de leur corps qui est cylindrique; leur peau est revêtue à l'extérieur d'une couche de chitine très résistante et doublée en dedans de faisceaux musculaires plus ou moins développés. Les viscères flottent librement dans une cavité générale qui s'étend dans toute la longueur du corps. Le système nerveux est réduit à un collier œsophagien d'où partent quelques nerfs. Les Némathelminthes proprement dits sont tous endo-parasites et par conséquent dépourvus d'organes locomoteurs; ils comprennent deux ordres : les *Nématodes* (Ascaride, Gordius, etc.), pourvus d'un tube digestif, et les *Acanthocéphales*, sans tube digestif. Mais on classe encore parmi les Némathelminthes, d'autres vers ronds qui mènent une vie libre et diffèrent immédiatement des précédents par la présence d'organes locomoteurs : ce sont les *Chætognathes* qui possèdent des nageoires, les *Chætosomes* qui possèdent des crochets ventraux, mobiles, et les *Desmoscolécidés* qui se meuvent au moyen de soies. Les Nématodes faisant le sujet d'un article spécial, nous ne parlerons ici que des autres ordres.

Les *Acanthocéphales* (gr. ἄκανθα, épine; κεφαλή, tête), doivent leur nom à la présence d'une trompe rétractile armée de crochets qui termine leur corps en avant; c'est un organe au moyen duquel l'animal se fixe sur les parois du tube digestif des animaux où il vit. Il n'y a aucune trace de bouche, ni d'intestin; la nutrition se fait par endosmose à travers les parois du corps. Les sexes sont séparés. Les Acanthocéphales ne renferment que le seul genre *Échinorrhynque* (*Echinorrhynchus*), dont les espèces vivent à l'état parfait dans l'intestin d'un grand nombre d'animaux vertébrés, principalement des Oiseaux et des Poissons. Les œufs une fois fécondés tombent dans la cavité générale de la femelle où ils se développent en un embryon de forme elliptique, armé de crochets en avant; rejeté au dehors avec les excréments de l'hôte, cet embryon peut être avalé par un Insecte ou par un Crustacé; il continue alors son développement en traversant les parois de l'intestin de l'Insecte et en allant se loger dans les muscles ou à un endroit quelconque de la cavité générale; là il se transforme en larve et attend sous cette forme qu'une circonstance favorable l'ait ramené dans le tube digestif d'un animal vertébré semblable à celui d'où il était parti. On compte plus de 150 espèces d'Echinorrhynques qui affectionnent des hôtes distincts; nous citerons seulement l'*E. géant* (*E. gigas*) dont la femelle atteint une longueur de 40 centimètres; ce ver vit à l'état adulte dans l'intestin du porc, et à l'état larvaire dans le corps d'un insecte coléoptère, le Cétoine. Nous figurons ici l'*E. protée* (*E. proteus*) (Fig. 1) que l'on trouve dans la Perche et d'autres poissons d'eau douce. On n'a signalé qu'une seule fois la présence des Echinorrhynques dans l'intestin de l'homme.

Fig. 1.

Les *Chætognathes* (χαίτη, soie; γνάθος, mâchoire), sont de petits vers transparents que l'on trouve à la surface de la mer nageant avec une grande rapidité. Ils possèdent un tube digestif complet avec une armature buccale composée de dents en formes de longues soies recourbées et mobiles. Leur corps terminé par une nageoire caudale est encore pourvu de deux ou de quatre nageoires latérales soutenues par des tigelles cartilagineuses. Les Chætognathes ne renferment que les genres *Sagitta* (quatre nageoires) et *Spadella* (deux nageoires) dont quelques espèces vivent sur les côtes de France. Nous représentons ici (Fig. 2) la *Flèche biponctuée* (*Sagitta bipunctata*).

Fig. 2.

Les *Chætosomes* (gr. χαίτη, soie; σῶμα, corps) doivent leur nom à la présence de soies très fines qui couvrent la surface de leur corps, mais ils présentent, de plus, sur la face ventrale, une double rangée d'organes locomoteurs dont l'ensemble forme deux sortes de nageoires (Claparède). Les Chætosomes, que l'on classe dans deux genres : *Chætosoma* et *Rhabdogaster*, sont de petits vers que l'on trouve sur les Algues dans les eaux douces ou marines.

Les *Desmoscolécidés* (gr. δέσμος, lien; σκώληξ, ver) présentent des renflements annulaires qui simulent une segmentation de leur corps; ces bourrelets portent en général chacun une paire de soies locomotrices. On peut considérer ces animaux comme formant passage entre les Némathelminthes et les Annélides.

**NÉMATOCYSTE.** s. m. pl. (gr. νῆμα, fil; κύστις, vessie). T. Zool. Les organes de relation sont représentés uniquement chez les *Cœlentérés* par des cellules particulières contenues dans la peau ou ectoderme. Parmi ces éléments sont des cellules appelées *urticantes*, parce qu'elles sécrètent un liquide caustique qui peut causer de vives douleurs chez les grandes Méduses et chez quelques Siphonophores. Ce liquide est versé à l'extérieur par un appareil particulier, le N. C'est une vésicule contenue dans le protoplasma cellulaire et qui renferme elle-même un filament creux; c'est dans cette vésicule que s'accumule le liquide urticant formé par le protoplasma. Quand on vient à toucher les Cœlentérés, le fil du n. se déroule brusquement et s'enfonce dans la peau en versant le liquide contenu dans la vésicule.

**NÉMATODES.** s. m. pl. (gr. νῆμα, fil; εἶδος, forme). T. Zool. Les Nématodes forment l'ordre le plus important des *Vers Némathelminthes*, par le nombre des espèces qu'il renferme et parce qu'un grand nombre de ces espèces peuvent vivre en parasites dans le corps de l'homme. Voy. HELMINTHIASE. Les Nématodes ont le corps cylindrique, plus ou moins effilé à ses deux extrémités; les parois du corps sont formées par une couche de cellules ectodermiques qui se fusionnent généralement en une masse protoplasmique continue contenant des noyaux; cette couche se renfle en quatre cordons longitudinaux : deux médians, dorsal et ventral, et deux latéraux, appelés *champs latéraux*. En dehors de cette couche ectodermique se trouve une cuticule chitineuse très résistante; en dedans se trouve une épaisse couche musculaire interrompue au niveau des quatre cordons longitudinaux. Le corps est creusé, dans toute son étendue par une vaste cavité générale où flottent l'intestin et les organes génitaux; cette cavité est remplie par un liquide nourricier de nature albuminoïde. Le tube digestif est en général complet, c.-à-d. qu'il s'ouvre aux deux extrémités du corps; la bouche qui est presque toujours entourée de lèvres et munie généralement de dents chitineuses, conduit dans un œsophage musculeux; à la suite vient un intestin rectiligne qui s'ouvre à l'extrémité du corps par un anus ventral. L'appareil excréteur est formé par deux canaux longitudinaux contenus dans les champs latéraux et qui se réunissent, en avant, en un seul conduit qui s'ouvre sur la face ventrale du corps, un peu en arrière de la tête. Le système nerveux est réduit à un collier œsophagien qui envoie des nerfs dans les champs latéraux. Les sexes sont séparés et le mâle diffère généralement de la femelle par une taille plus petite. Il n'existe qu'un seul testicule qui se présente sous la forme d'un très long filament pelotonné au-dessus de l'intestin; en arrière, ce testicule se renfle en une vésicule séminale plus large et s'ouvre finalement dans la dernière portion du tube digestif, tout près de l'anus. A ce niveau se trouve une sorte de poche copulatrice qui contient deux forts spicules chitineux pouvant faire saillie à l'extérieur. L'appareil sexuel femelle se compose de deux ovaires également filiformes et pelotonnés de chaque côté de l'intestin; ces deux ovaires se réunissent en avant en un seul vagin qui s'ouvre sur la face ventrale et antérieure du corps. Les œufs des Nématodes sont entourés par une coque de chitine très résistante; le développement est en général direct; on peut observer cependant des migrations dans quelques espèces parasites. Les principaux genres qui composent l'ordre des Nématodes sont les genres : *Trichine, Trichocéphale, Strongle, Filaire, Anguillule, Ascaride, Oxyure* et *Gordius*. Tous ces genres sont le type de familles distinctes, sauf les genres *Ascaride* et *Oxyure*, réunis dans la famille des *Ascaridés*; nous ne parlerons ici que des Ascarides, des Oxyures et des Gordius, les autres genres faisant le sujet d'articles spéciaux.

Les *Ascaridés* sont des Vers parasites dont la bouche est entourée de trois lèvres : une dorsale et médiane, deux latérales et ventrales; les mâles, qui sont beaucoup plus petits que les femelles, se reconnaissent encore à leur queue qui est crochue et aux spicules copulateurs qui sortent quelquefois du cloaque. Cette famille renferme deux genres importants à connaître pour l'homme. Le genre *Ascaride* (*Ascaris*) renferme des vers dont l'œsophage est à peu près cylindrique. L'*A. lombricoïde* (*A. lombricoïdes*), appelé encore *Lombric intestinal* se rencontre très fréquemment chez les enfants et même chez l'adulte dans l'intestin grêle. La femelle (Fig. 1) atteint une longueur qui dépasse quelquefois 40 centimètres. Il multiplie souvent d'une façon prodigieuse et peut occasionner la mort chez les enfants; mais cette terminaison funeste est rare et il est facile de se débarrasser de ces parasites par le semen-contra, la santonine ou le calomel; l'infestation se faisant par l'usage des eaux contaminées, il est donc nécessaire, à la campagne surtout, de ne faire usage que d'eaux filtrées.

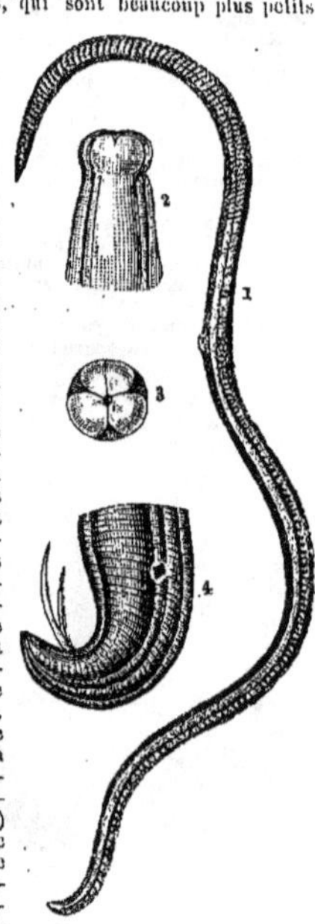


[Fig. 2. Extrémité antérieure de l'Ascaride femelle; 3, la même vue de face; 4, extrémité postérieure du mâle].—Le genre *Oxyure* (*Oxyurus*) diffère du précédent par une taille beaucoup plus petite et par la présence d'un renflement à la partie postérieure de l'œsophage. L'*O. vermiculaire* (*O. vermicularis*) est parasite de l'homme dans le petit et le gros intestin; c'est un petit ver long de 3 à 9 millimètres dont la présence peut occasionner de vives démangeaisons au pourtour de l'anus; on s'en débarrasse au moyen de lavements d'eau salée ou sucrée, ou encore en prenant du calomel.

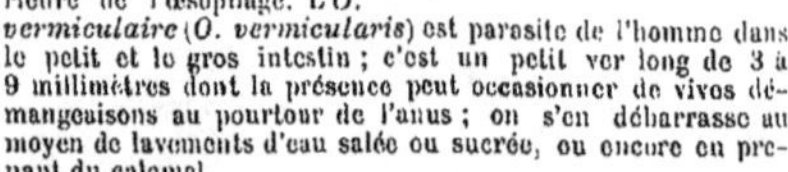

Le genre *Gordius*, type de la famille des *Gordiidés*, comprend des vers filiformes très longs dont le tube digestif, complet à l'état larvaire, se ferme en avant, à l'état adulte. Quelques auteurs séparent ces vers des Nématodes pour en faire un ordre particulier. Ils ne présentent que le seul genre Gordius dont une espèce paraît se rencontrer accidentellement dans le tube digestif de l'homme; c'est le *Gordien aquatique* (*G. aquaticus*) que l'on trouve, à l'état adulte, dans les puits, les flaques d'eau, les fontaines, etc.; ce ver se présente sous la forme d'un filament brunâtre long de 80 centimètres à 1 mètre et épais de 1 millimètre ou plus; à certains moments, ce filament s'entortille sur lui-même de façon à former de véritables nœuds gordiens d'où le nom que Linné a donné au genre. Les œufs, pondus dans l'eau, donnent naissance à un embryon qui va s'enkyster dans les tissus d'une larve d'insecte aquatique. Cette larve reste dans cet état jusqu'au moment où son hôte se trouve mangé par un poisson ou un insecte aquatique ; alors elle sort de son kyste et vit en parasite pendant quelque temps dans le tube digestif de son hôte.

**NÉMÉE**, v. de l'Argolide (Péloponnèse), où se célébraient tous les trois ans les jeux Néméens, en l'honneur d'Hercule. Voy. JEU.

**NÉMÉOBIUS**. s. m. (gr. νέμος, bois ; βίος, vie). T. Entom. Genre d'Insectes *Lépidoptères*. Voy. DIURNES.

**NÉMERTES**. s. f. pl. ou **NÉMERTIENS**. s. m. pl. (gr. νημερτής, nom d'une Néréide). T. Zool.

Classe de *Vers Platyhelminthes*, caractérisée par la présence d'un tube digestif complet et d'un appareil circulatoire. Leur corps cylindrique ou aplati est couvert de cils ; il présente en avant deux ouvertures : l'une qui conduit dans une sorte de trompe que l'animal peut dévaginer, l'autre, dans

un tube digestif qui se termine en arrière par un anus. L'appareil circulatoire est représenté par plusieurs canaux longitudinaux et contractiles contenant un sang incolore. Les Némertes sont en général des vers marins qui présentent des métamorphoses dans le cours de leur développement ; leur larve appelée *Pilidium* a été décrite au mot LARVE. On les divise en deux groupes : les *Némertes armées*, à trompe armée de stylets et les *Némertes inermes* à trompe sans stylets. Parmi les premières nous citerons la *Polie crucigère* (*Polia crucigera*) (Van Beneden), qui est longue de 40 centimètres et dont le corps est vert et rayé de stries blanches (Fig. ci-dessus) et la *Borlasie d'Angleterre* (*Borlasia Angliæ*, Oken) qui est brune avec trois lignes longitudinales plus foncées. Ces deux espèces se trouvent sous les pierres, la première aux environs de Naples et la seconde sur les côtes de la mer de la Manche. Dans les Némertes inermes, nous trouvons la *Némerte commune* (*Nemertis communis*, Van Beneden), qui est longue de 30 centimètres, large de 2 millimètres et dont la couleur varie du jaune pâle au noir luisant ; on la trouve communément dans la mer du Nord. Les *Malacobdelles* sont des Némertes inermes qui vivent en parasites sur les Myes, fixées dans la cavité palléale au moyen d'une ventouse située au-dessous de l'anus, comme chez les sangsues.

**NÉMÉSIS**. s. f. (gr. νεμεσάω, je m'indigne). T. Myth. Dans la Mythologie gréco-romaine, *Némésis* était la déesse spécialement chargée de réfréner les passions, de récompenser les bonnes actions et de punir les mauvaises ; mais bientôt, le mythe s'altérant, on en fit simplement la déesse de la vengeance et du châtiment. On lui donnait pour père l'Érèbe, l'Océan ou Jupiter, et pour mère la Nuit, la Justice ou la Nécessité. On la surnommait quelquefois *Adrastée*, d'Adraste, roi d'Argos, qui le premier avait fait bâtir un temple

à cette déesse, et *Rhamnusie*, du bourg de Rhamnus, dans l'Attique, où elle avait une magnifique statue de marbre de Paros, œuvre de Phidias. Son culte était très répandu dans la Grèce. Elle avait pour attributs principaux une coquille, un frein, une branche de frêne (Figure de Némésis, d'après une gemme antique), un griffon, ou la roue de la fortune.

**NEMI**, lac à 26 kil. S.-E. de Rome.

**NÉMOCÈRES**. s. m. pl. (gr. νῆμα, fil ; κέρας, corne). T. Entom. Les *Némocères* (*Nemocera*) forment un sous-ordre de *Diptères*. Ces insectes sont ainsi caractérisés : Antennes plus longues que la tête et le thorax réunis, composées d'un grand nombre d'articles filiformes, variant de 6 à 12 chez les uns, et de 14 à 16 chez les autres, souvent velues, surtout chez les mâles ; corps grêle, élancé ; tête petite, arrondie, avec une trompe saillante, soit courte et terminée par deux grandes lèvres, soit prolongée en forme de siphon ou de bec ; ailes longues ; abdomen terminé en pointe chez les femelles, et portant à son extrémité des pinces ou des crochets chez les mâles. Les Némocères habitent généralement les lieux humides. On voit souvent les jeunes se rassembler en essaims nombreux, se balancer sur leurs pieds longs et déliés, et former dans les airs des sortes de danses. Ces insectes pondent leurs œufs, soit dans la terre, soit dans l'eau. Les larves, toujours allongées et semblables à des vers, ont une tête écailleuse. Elles changent de peau pour se transformer en nymphes. Celles-ci, tantôt nues, tantôt renfermées dans des coques que les larves ont construites, se rapprochent par leur figure de l'insecte parfait. Ce sous-ordre se compose de deux familles, les *Culicides* et les *Tipulides*.

I. — Les *Culicides* se distinguent par leurs palpes filiformes et composés de 4 ou 5 articles, et surtout par leur trompe grêle, saillante, et renfermant un suçoir piquant et composé de six soies disposées par paires sur trois rangs. Les *Cousins* (*Culex*) constituent le principal genre de cette famille ; ils ont pour type le *Cousin piquant* (*Cul. pipiens*) (Fig. 1), qui est fort commun chez nous dans certaines localités. Cet insecte est de couleur cendrée ; il a l'abdomen annelé de brun et les ailes sans taches. Tout le monde sait combien cette espèce est avide de notre sang. L'animal perce notre peau avec son suçoir délié, en laissant échapper un liquide vénéneux qui fait gonfler la partie atteinte et détermine de vives douleurs. On a observé que nous ne sommes tourmentés que par les femelles. Dans les contrées méridionales de l'Europe, on n'évite leurs atteintes pendant la nuit qu'en entourant les lits d'une enveloppe de gaze appelée *Cousinière* ou *Moustiquaire*. Les espèces qui habitent les parties tropicales du globe, surtout de l'Amérique, où on les désigne sous les noms de *Moustiques* et de *Maringouins*, sont plus redoutables encore. Ces insectes se plaisent particulièrement sur les bords des eaux stagnantes et dans les lieux marécageux où, le soir, ils voltigent en troupes nombreuses qui s'annoncent par un bourdonnement aigu. Ils déposent leurs œufs dans l'eau, après les avoir réunis de manière à former une espèce de petit radeau. Les larves fourmillent dans les eaux stagnantes, surtout au printemps. Elles ont une tête distincte, pourvue de deux espèces d'antennes et d'organes ciliés qui leur servent, par le mouvement qu'elles leur impriment, à attirer les matières alimentaires. Leur abdomen est divisé en 10 anneaux dont l'avant-dernier donne naissance à un tube assez long à l'aide duquel l'animal puise dans l'atmosphère l'air dont il a besoin. En conséquence, il se pend à la surface de l'eau, la tête en bas, pour respirer. Ces larves sont très vives, nagent avec rapidité, s'enfoncent de temps à autre, mais pour revenir bientôt à la surface de l'eau. Après quelques mues, elles se transforment en nymphes. Celles-ci se tiennent aussi à la surface de l'eau, mais dans une situation différente, attendu que leurs organes respiratoires, qui consistent en deux espèces de cornes tubulaires, sont placés sur le thorax. Enfin, les nymphes, devenues insectes parfaits, se servent de leur dépouille comme d'un

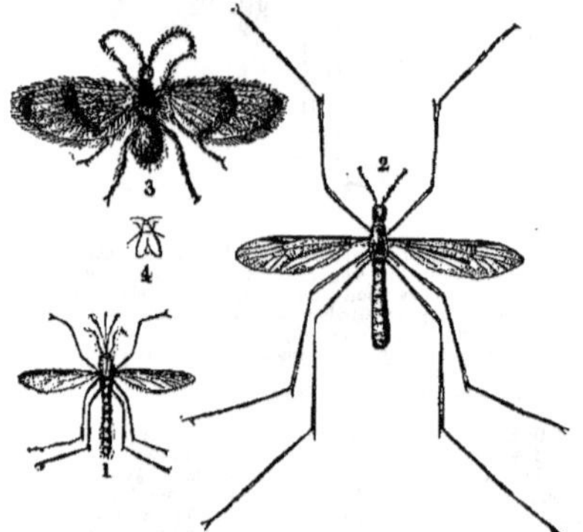


bateau jusqu'à ce que leurs ailes aient acquis assez de consistance pour leur permettre de prendre leur essor. Toutes ces métamorphoses se font dans l'espace de 3 à 4 semaines : aussi ces insectes produisent-ils plusieurs générations dans la même année, et l'on évalue les œufs que pond chaque femelle à environ 300.

II. — Chez les *Tipulides*, la trompe est courte, épaisse et terminée par deux grandes lèvres, ou bien en forme de siphon ou de bec, mais perpendiculaire ou courbée sur le thorax. Les palpes sont courbés en dessous, ou relevés, mais alors d'un ou deux articles au plus. Les insectes qui composent cette famille n'attaquent jamais ni l'homme ni les animaux, et se nourrissent exclusivement de sucs végétaux. Ils se tiennent sur les plantes, dans les prairies, dans les jardins, et quelquefois dans les bois. A l'état de larves et de nymphes, plusieurs vivent dans l'eau comme les Cousins; d'autres dans les galles végétales, les végétaux pourris, les bouses, etc. Ces insectes se trouvent répandus dans toutes les régions du globe, et sont répartis en un grand nombre de genres. Nous en nommerons seulement quelques-uns, parmi ceux qui appartiennent à nos climats. Le genre *Chironome* (*Chironomus*) a pour type le *Chiron plumeux*, dont les larves, d'un rouge sanguin, habitent en famille des demeures qu'elles construisent sans beaucoup d'art au fond des eaux ou sur les rives. Les *Cécidomyies* (*Cecidomyia*) sont de très petite taille et vivent, à l'état de larves, dans des excroissances de dimensions et de formes variables, qui se forment à la suite de la piqûre opérée par les femelles sur certaines plantes pour y déposer leurs œufs. Voy. GALLE. La *Céc. du pin* vit sur le Pin, à l'état de larve, dans une coque de soie blanche enveloppée de résine et collée aux feuilles. Les *Cténophores* (*Ctenophorus*) se distinguent par leurs antennes pectinées, et ont souvent des couleurs très variées. Les *Tipules* (*Tipula*) sont remarquables par leur corps très mince et par leurs pattes d'une longueur et d'une ténuité extrêmes. La *Tip. des prés* (Fig. 2) a le corps d'un brun grisâtre sans taches. Les *Bolitophiles* (*Bolitophilus*) vivent, à l'état de larve, dans les champignons. Les larves des *Bibions* (*Bibio*) vivent dans la terre où elles se creusent des galeries. Les *Psychodes* (*Psychoda*), dont le type est la *Ps. velue* (Fig. 3, grossie; 4, de grandeur naturelle), sont de très petites espèces, garnies de poils fins, et ressemblent à de petites Phalènes. Enfin, la seule espèce connue du genre *Chionée* (*Chionea*), appelée *Ch. aranéoïde*, est très commune en Suède pendant l'hiver, où on la trouve sur la neige et sur la glace. Elle est caractérisée par l'absence d'ailes.

**NÉMOPTÈRE** (gr. νέμος, bois; πτερὸν, aile). Genre d'Insectes *Névroptères*. Voy. PLANIPENNES.

**NÉMORAL, ALE**. adj. (lat. *nemus*, *nemoris*, bois). T. Bot. Se dit des plantes qui habitent les bois.

**NÉMOSOME**. s. m. (gr. νῆμα, fil; σῶμα, corps). T. Entom. Genre d'Insectes *Coléoptères*. Voy. XYLOPHAGES.

**NÉMOURE**. s. m. (gr. νῆμα, fil; οὐρὰ, queue). T. Ent. Genre d'Insectes *Névroptères*. Voy. PLANIPENNES.

**NEMOURS**, ch.-l. de c. (Seine-et-Marne), arr. de Fontainebleau, sur le Loing; 4,500 hab.

**NEMOURS** (JACQUES D'ARMAGNAC, duc DE), l'un des membres de la ligue du *Bien public* contre Louis XI, fut pris, enfermé dans une cage de fer, puis décapité (1437-1477).

**NEMROD**, personnage légendaire que la Bible appelle un *puissant chasseur devant l'Éternel*. Il serait fils de Chus, petit-fils de Cham, et aurait fondé Babylone en 2330 av. J.-C.

**NÉNIES**. s. f. pl. (lat. *neniæ*, m. s.). T. Antiq. Chants funèbres en usage aux funérailles, chez les Romains.

**NENNI**. adv. [Pr. *na-ni* ou *nan-ni*] (lat. *ne nil*, pas même rien). Mot fam. dont on se sert négativement pour répondre à une interrogation. *Voulez-vous aller à la chasse? N.* || Fam., on dit aussi, *Il n'y a point de n.*, C'est une chose forcée, nécessaire. || Subst., *Un doux n.*, Un refus qui semble dire oui. *Un doux n. avec un doux sourire.*

**NÉNUPHAR**. s. m. (arab. *ninoufar*, m. s.). T. Bot. Genre de plantes Dicotylédones (*Nuphar*) de la famille des *Nymphéacées*. Voy. ce mot.

**NÉO**. — Préfixe dérivé du gr. νέος, *nouveau*, qui entre dans la composition d'un grand nombre de termes avec la signification qui lui est propre.

**NÉO-CÉSARÉE**, anc. v. du Pont (Asie-Mineure), auj. *Niksar*, v. d'Anatolie, prov. de Trébizonde; 5,000 hab.

**NÉOCOMIEN, ENNE**. adj. [Pr. *néokomi-in, iène*] (gr. νέος, nouveau; κώμη, village, pour dire Neuchâtel, ville près de laquelle on a remarqué cette sorte de terrain). T. Géol. Sorte de terrain appelé aussi *grès vert* inférieur

**NÉOCORE**. s. m. (gr. ναὸς, temple; κορεῖν, nettoyer). T. Antiq. Officier public qui était préposé à la garde et à l'entretien des temples, et de ce qu'ils renfermaient de précieux. || Se disait aussi des villes et des provinces qui avaient fait bâtir des temples en l'honneur de Rome et des empereurs. *Smyrne, Éphèse, étaient des néocores d'Auguste.*

**NÉOCTÈSE**. s. m. (gr. νέος, nouveau; κτῆσις, acquisition). T. Minér. Arséniate de fer. Voy. FER, VII, E.

**NÉODYME**. s. m. (mot forgé avec le préf. *néo* et le subst. *didyme*). T. Chim. Voy. DIDYME.

**NÉOFORMÉ, ÉE**. adj. (R. *néo*, préf. et fr. *formé*). T. Anat. Nouvellement formé.

**NÉOGRAPHE**. adj. et s. m. (gr. νέος, nouveau; γραφεῖν, écrire). Qui veut introduire ou qui admet une orthographe nouvelle et contraire à l'usage. *Écrivain n. Les néographes*

*ne manquent jamais de bonnes raisons; mais on ne les écoute guère.*

**NÉOGRAPHIE.** s. f. et **NÉOGRAPHISME.** s. m. (R. *néographe*). Manière d'orthographier nouvelle et contraire à l'usage.

**NÉO-LATIN, INE.** adj. (gr. νέος, nouveau et *latin*). Se dit des langues dérivées du latin, savoir : *l'italien*, *l'espagnol*, le *provençal*, le *français*, le *roumain*. Voy. LANGUE.

**NÉOLITHE.** s. f. (gr. νέος, nouveau; λίθος, pierre). T. Minér. Silicate hydraté de magnésie, d'alumine et de fer, en masses fibreuses vertes.

**NÉOLITHIQUE.** adj. 2 g. (gr. νέος, nouveau; λίθος, pierre). T. Archéol. préhist. Se dit de la période la plus récente de l'âge de pierre, appelée aussi *âge de la pierre polie*. Voy. AGE, PIERRE, PRÉHISTOIRE.

**NÉOLOGIE.** s. f. (gr. νέος, nouveau; λόγος, discours). Invention, emploi de termes nouveaux; et, par ext., Emploi des mots anciens dans un sens nouveau ou différent de leur signification ordinaire.

**NÉOLOGIQUE.** adj. 2 g. Qui appartient à la néologie ou au néologisme. *Style, langage, expression n.* Ne se dit guère qu'en mauvaise part.

**NÉOLOGISME.** s. m. (gr. νέος, nouveau; λόγος, discours). Abus, usage affecté des mots nouveaux ou des mots détournés de leur sens naturel ou de leur emploi ordinaire. *La manie du n.* || Se dit aussi d'un mot, d'une expression néologique. *Faites disparaître ce n. inutile.*

**Ling.** — Par suite du développement de la civilisation, des révolutions politiques, des inventions de l'esprit humain, il s'introduit nécessairement dans les langues des expressions nouvelles qui répondent à des faits ou à des besoins nouveaux. Pour fixer une langue, il faudrait pouvoir fixer les idées. Mais si la *néologie* répond à une nécessité permanente de l'évolution humaine, trop souvent les caprices de la mode, le mauvais goût, le désir de rendre, par une expression neuve, des nuances secondaires ou des raffinements de la pensée, engendrent le *n.* et viennent jeter dans le langage le désordre et la corruption. Au lieu d'enrichir une langue, une trop grande multitude de mots ne fait que l'énerver et l'appauvrir. Ce qu'elle semble gagner en étendue, elle le perd en précision, en netteté et en profondeur. Un de nos plus grands écrivains a tracé, avec une extrême justesse, la ligne de démarcation qui sépare le n. nécessaire du n. qu'on doit repousser. « Pourquoi, dit Voltaire, éviter une expression qui est d'usage pour en introduire une autre qui dit précisément la même chose? Un mot nouveau n'est pardonnable que quand il est absolument nécessaire, intelligible et sonore. On est obligé d'en créer en physique. Une nouvelle découverte, une nouvelle machine exigent un nouveau mot; mais fait-on de nouvelles découvertes dans le cœur humain? »

**NÉOLOGUE.** s. m. [Pr. *néo-logh, g* dur] (gr. νέος, nouveau; λόγος, discours). Celui qui, soit en parlant, soit en écrivant, fait un usage fréquent de termes nouveaux ou détournés de leur véritable sens. *Les néologues sont nombreux aujourd'hui.*

**NÉOMÉNIE.** s. f. (gr. νέος, nouveau; μήνη, lune). T. Astron. Syn. de *Nouvelle Lune*, époque où la lune, en conjonction avec le Soleil, est par cela même invisible. Voy. LUNE. || T. Antiq. Fête qui se célébrait chez les anciens à chaque renouvellement de la lune.

**NÉOMÉNIENS.** s. m. pl. (R. *néoménie*). Famille de Mollusques. Voy. ce mot.

**NÉON.** s. m. (gr. νέον, nouveau). T. Chim. Au mot HÉLIUM nous avons déjà parlé de l'*Argon*, ce nouveau gaz découvert dans l'air atmosphérique. Tout récemment (juin 1898) Ramsay et Travers ont soumis l'argon liquéfié à la distillation fractionnée et en ont retiré deux corps nouveaux qu'ils ont appelés N. et Métargon. Un peu auparavant, les mêmes savants avaient découvert un autre gaz, le Krypton, dans les portions les moins volatiles de l'air liquéfié. — Le *N.* est un gaz dont la densité ne dépasse guère la moitié de celle de l'argon; à l'état liquide il est plus volatil que ce dernier; il présente au spectroscope des raies caractéristiques dans le rouge et dans le jaune; à l'inverse de l'argon, de l'hélium et du krypton, il est rapidement absorbé par les électrodes d'aluminium rougies d'un tube à vide. — Le *Métargon* est un corps simple gazeux dont la molécule est formée d'un seul atome. Sa densité et son poids atomique sont sensiblement égaux à ceux de l'argon; mais il diffère de ce corps par une moins grande volatilité à l'état liquide et par son spectre qui est très complexe. — Le *Krypton* est également un corps simple à molécule monoatomique; il est plus dense que l'argon, moins volatil que l'oxygène, l'azote et l'argon, mais plus volatil que le métargon; il n'est pas absorbable par le magnésium au rouge; il se distingue enfin par son spectre, qui offre des raies caractéristiques dans le jaune et dans le vert.

**NÉOPHYTE.** s. 2 g. (lat. *neophytus*, gr. νεοφύτος, m. s., de νέος, nouveau, et φυτόν, rejeton). Une personne qui est nouvellement convertie à une religion, à une doctrine. *Une jeune n. Un zèle, une ardeur, une ferveur de néophyte.*

**NÉOPLASE.** s. f. [Pr. *néo-plaze*] (gr. νέος, nouveau; πλάσις, formation). T. Minér. Syn. de *Botryogène*.

**NÉOPLASIE.** s. f. [Pr. *néo-plazie*] (gr. νέος, nouveau; πλάσις, formation). T. Chim. Restauration de tissus, formation de nouveaux tissus. — Production de tissus nouveaux dans un état morbide.

**NÉOPLASIQUE.** adj. 2 g. [Pr. *néopla-zike*]. Qui a rapport à la néoplasie, qui en dépend.

**NÉOPLASME.** s. m. (gr. νέος, nouveau; πλάσμα, chose façonnée). T. Méd. Ce terme désigne aujourd'hui tout tissu de nouvelle formation, quelles que soient sa nature et sa provenance. Il désigne toujours une production pathologique, et sa signification est plus étendue que celle du mot tumeur, celle-ci étant en effet un n. qui a de la tendance à persister et à s'accroître. Cette distinction, due à Cornil et Ranvier, est conforme à l'étymologie.

**NÉOPLASTIQUE.** adj. 2 g. (gr. νέος, nouveau; πλαστικός, relatif aux choses façonnées). T. Méd. Qui a rapport à la formation de tissus nouveaux, le plus souvent d'un caractère morbide.

**NÉO-PLATONICIEN, ENNE.** adj. [Pr. *néoplatonisi-in, iène*]. Qui appartient au néo-platonisme. = NÉO-PLATONICIEN. s. m. Philosophe de l'école néo-platonicienne. Voy. NÉO-PLATONISME.

**NÉO-PLATONISME** s. m. (R. *néo*, préf., et *platonisme*). T. Philos. École philosophique du IIIe au VIe siècle après J.-C. qui essaya de concilier les idées plus ou moins mystiques de l'Orient avec la philosophie de Platon. Ses représentants les plus célèbres sont : ***Saccos Plotin, Porphyre, Jamblique*** et *Proclus*. Voy. PHILOSOPHIE.

**NÉOPTOLÈME,** autre nom de Pyrrhus, roi d'Épire, fils d'Achille et de Déidamie.

**NÉOTOKITE.** s. f. T. Minér. Variété altérée de Rhodonite.

**NÉOTTIE.** s. f. [Pr. *né-ot-ti*] (gr. νεοττεία, nid d'oiseau). T. Bot. Genre de plantes Monocotylédones (*Neottia*) de la famille des *Orchidées*. Voy. ce mot.

**NÉOTTIÉES.** s. f. pl. [Pr. *né-ot-tié*] (R. *Néottie*). T. Bot. Tribu de végétaux de la famille des *Orchidées*. Voy. ce mot.

**NÉPAUL.** s. m. (R. *Népaul*, n. de lieu) T. Ornith. Espèce de *Gallinacés* du genre *Tragopan*. Voy. FAISAN.

**NÉPAUL** ou **NÉPÂL,** État indépendant entre l'Hindoustan et le Thibet, dans l'Himalaya; 5,600,000 hab., cap. *Katmandou*.

**NÈPE.** s. f. (lat. *nepa*, m. s.). T. Entom. Genre d'Insectes *Hémiptères*. Voy. HYDROCORISES.

**NÉPENTHÉES.** [Pr. *né-pin-tées*] (R. *népenthès*). Famille de végétaux de l'ordre des Dialypétales supérovariées méristémonées à carpelles ouverts.

*Caract. bot.* : Plantes herbacées ou sous-frutescentes.

feuilles alternes, légèrement engainantes à la base, avec un pétiole foliacé et dilaté à la base, puis aminci et enroulé en vrille et portant à son extrémité une sorte d'urne, appelée *ascidie*, dont la paroi interne est tapissée de poils sécrétant un liquide digestif; le limbe se réduit à un petit couvercle qui peut se rabattre sur l'orifice de l'urne. Fleurs dioïques, en grappes ou en panicules. Calice formé de 4 folioles imbriquées en sens opposé dans la préfloraison, corolle nulle. Fleurs mâles : Étamines soudées en une colonne solide, portant 16 anthères groupées en une petite tête presque sphérique, biloculaires, et s'ouvrant longitudinalement et extérieurement. Fleurs femelles : Pistil formé de 4 carpelles concrescents en un ovaire quadriloculaire, avec un nombre

indéfini d'ovules anatropes ascendants et attachés aux côtés des cloisons; stigmate sessile, simple. Fruit capsulaire, 4-loculaire et 4-valvé, avec les graines attachées aux côtés des cloisons, lesquelles naissent du milieu des valves. Graines indéfinies, ascendantes, très petites et scobiformes. Embryon situé au milieu d'un albumen charnu, avec deux cotylédons placés face à face, et la radicule tournée vers le hile. (Fig. 1. *Nepenthes distillatoria*; 2. Fleur mâle; 3. Fleur femelle; 4. Fruit; 5. Le même, coupé horizontalement; 6. Coupe d'une graine grossie; 7. Coupe de l'amande et de l'embryon.) Cette fam. ne se compose que du seul genre *Nepenthes*, et d'environ 30 espèces, qui habitent pour la plupart les îles de la Malaisie. Ces plantes sont célèbres par la structure singulière de leurs feuilles.

**NÉPENTHÈS.** s. m. [Pr. *né-pin-tesse*] (gr. νηπενθές, de νη, sans, et πένθος, douleur, sorte de breuvage qui, suivant Homère, avait la propriété de dissiper le chagrin). T. Bot. Genre de plantes Dicotylédones de la famille des *Népenthées*. Voy. ce mot.

**NEPER** ou **NAPIER.** Baron écoss. à qui l'on doit l'invention des logarithmes (1550-1617).

**NÉPÈTE.** s. f. T. Bot. Genre de plantes Dicotylédones (*Nepeta*) de la famille des *Labiées*. Voy. ce mot.

**NÉPHÈLE.** s. m. (gr. νεφέλη, nuage). T. Bot. Genre de plantes Dicotylédones (*Nephelium*) de la famille des *Sapindacées*. Voy. ce mot.

**NÉPHÉLINE.** s. f. (gr. νεφέλη, nuage). T. Minér. Silicate d'alumine et de soude, avec potasse et chaux; en petits prismes hexagonaux, vitreux, incolores ou grisâtres, dans les roches volcaniques. La *Davyne* est une n. hydratée, contenant un peu d'acide carbonique. L'*Élacolithe* est une variété amorphe, d'aspect gras. La *Cancrinite*, en masses lamellaires roses, jaunes ou vertes, la *Liebenérite* et la *Gieseckite*, en prismes verdâtres, sont des produits d'altération de la n.

**NÉPHÉLION.** s. m. (gr. νεφέλη, nuage). Variété de tache de la cornée, appelée par les anciens *achlyde* ou *nubécule*. Voy. Œil.

**NÉPHRALGIE.** s. f. (gr. νεφρὸς, rein; ἄλγος, douleur). T. Méd. Syn. de douleur néphrétique. Peu us.

**NÉPHRÉTIQUE.** adj. 2 g. (lat. *nephreticus*, gr. νεφριτικὸς; m. s., de νεφρὸς, rein). Qui appartient aux reins. *Colique n.*, ou simpl., *La n.*, Voy. Rein. || Se dit des remèdes propres à calmer les douleurs néphrétiques. *La graine de lin et la pariétaire sont des remèdes néphrétiques*, ou substant., *sont des néphrétiques*. = Néphrétique. s. m. Celui qui est affligé de la colique néphrétique. *Les néphrétiques sont à plaindre.*

**NÉPHRIDIEN, ENNE.** adj. [Pr. *néfridi-in, iène*]. T. Zool. Qui a rapport aux néphridies, qui en remplit la fonction. *Sac n.*

**NÉPHRIDIES.** s. f. pl. (gr. νεφρὸς, rein). T. Biol. Nom que l'on donne aux organes d'excrétion de certains animaux, comme les Vers, organes faisant communiquer la cavité générale du corps de l'animal avec l'extérieur. En général, on trouve une paire de néphridies dans chaque segment du corps, d'où le nom d'*organes segmentaires* qu'on leur donne encore quelquefois.

**NÉPHRITE.** s. f. (lat. *nephritis*, gr. νεφρῖτις, m. s., de νεφρὸς, rein). T. Méd. Inflammation du rein. Voy. Rein. || T. Minér. Syn. de *Jade*. Voy. ce mot.

**NÉPHRODE.** s. m. (gr. νεφρὸς, rein; εἶδος, forme). T. Bot. Genre de Fougères (*Nephrodium*) de la famille des *Polypodiacées*. Voy. ce mot.

**NÉPHROPS.** s. m. (gr. νεφρὸς, rein; ὄψ, œil). T. Zool. Genre de *Crustacés*. Voy. Macroures.

**NÉPHRORRHAGIE.** s. f. [Pr. *né-fror-ragie*] (gr. νεφρὸς, rein; ῥαγή, écoulement). T. Méd. Écoulement de sang provenant du rein. Voy. Rein.

**NÉPHROTOMIE.** s. f. (gr. νεφρὸς, rein; τομή, section). T. Chir. Opération qui consiste soit à extirper totalement le rein, soit à l'inciser pour donner issue au pus ou pour en extraire un calcul. C'est une opération très grave dont le succès est très rare.

**NEPHTALI,** un des douze fils de Jacob, a donné son nom à l'une des douze tribus des Hébreux; v. pr. *Hébron*, *Capharnaüm*, *Asor*.

**NEPHTÉE.** s. f. T. Zool. Genre de *Polypes*. Voy. Alcyonaires.

**NÉPIDES.** s. m. pl. (R. *Nèpe*). T. Entom. Tribu d'Insectes *Hémiptères* de la famille des *Hydrocorises*. Voy. ce mot.

**NÉPOMUCÈNE** (Saint Jean). Aumônier de l'empereur Wenceslas : fut noyé par ordre de ce prince (1330-1383); fête le 16 mai.

**NEPOS** (Julius), avant-dernier empereur d'Occident (474-475).

**NEPOS** (Cornelius). Écrivain latin du Ier siècle av. J.-C., auteur de biographies.

**NÉPOTISME.** s. m., (ital. *nepotismo*, m. s., du lat. *nepos, otis*, neveu). Autorité que les neveux d'un pape ont eue quelquefois dans l'administration des affaires, durant le pontificat de leur oncle. *Les abus du n. ont été funestes au pouvoir pontifical.* || Par extens., Abus que les hauts fonctionnaires font de leur influence pour procurer à leurs parents des emplois et des honneurs.

**NEPTUNE.** s. m. T. Mythol. Le dieu de la mer. — Poétiq., se dit de la mer elle-même. || T. Astron. Planète qui, de toutes celles qu'on connaît, est la plus éloignée du soleil. Voy. PLANÈTE.

**Myth.** — *Neptune*, en grec *Poséidôn*, était un des grands dieux de la mythologie des Grecs. Il était fils de Saturne et de Rhéa et frère de Jupiter et de Pluton. Suivant Apollodore, il fut dévoré par son père le jour de sa naissance et rendu peu après à la vie par la vertu d'un breuvage que Métis fit prendre à Saturne. Pausanias, au contraire, rapporte que, pour soustraire l'enfant à la voracité de son mari, Rhéa le cacha au milieu d'un troupeau d'agneaux et fit croire à Saturne qu'elle était accouchée d'un poulain qu'elle lui donna à dévorer. Diodore adopte le même mythe; seulement il assure que l'enfant fut confié par sa mère à la garde de Caphira, fille de l'Océan, qui, aidée par les génies appelés Telchines, l'éleva à Rhodes. Quoi qu'il en soit, après la révolte de Jupiter contre Saturne, Neptune reçut, dans le partage du monde, l'empire de la mer intérieure (*pontus*). Égal de Jupiter en dignité, mais son inférieur en pouvoir, il gémissait de la supériorité de son frère, et s'emportait quand le maître de l'Olympe lui parlait en roi; il alla même jusqu'à conspirer contre lui. Chassé du ciel à la suite d'une de ces conspirations, il se retira avec Apollon en Troade où il aida Laomédon à reconstruire les murs de Troie. Toutefois, Homère le montre, dans plusieurs circonstances, serviable envers Jupiter. Neptune épousa Amphitrite, dont le nom est souvent employé par les poëtes pour désigner la mer elle-même. C'est dans les profondeurs de la mer Égée que ce dieu avait sa demeure. Il apaisait ou soulevait la mer à son gré; souvent même il ébranlait la terre, ses montagnes et ses forêts. En sa qualité de souverain des eaux, d'où sortent les continents, Neptune était fréquemment en lutte avec les divinités locales. C'est ainsi qu'il disputa Corinthe à Apollon, Naxos à Bacchus, l'Argolide à Junon, etc. Dans une discussion semblable qu'il eut avec Minerve au sujet de l'Attique, Jupiter décida que ce pays appartiendrait à celui des deux contendants qui ferait le présent le plus utile aux hommes; le dieu des mers fit alors apparaître le cheval, mais la déesse l'emporta en leur donnant l'olivier. On ignore si cette tradition se rapporte à l'introduction du cheval dans le Péloponèse par des navigateurs phéniciens qui y auraient en même temps importé le culte de Poséidon, ou si elle se rattache à quelque idée symbolique dont le sens nous échappe. Mais ce qui semblerait confirmer la première opinion, c'est qu'Hérodote raconte que le culte de Neptune tire son origine de la Libye. Quoi qu'il en soit, le cheval joue un grand rôle dans les mythes relatifs à Neptune. Ce dieu était encore regardé comme l'inventeur de l'attelage et de la course en char. Enfin, on lui attribuait tous les enlèvements faits par les pirates, et il suffisait de se faire remarquer par quelque exploit sur mer pour être qualifié de *fils de Neptune*. Le culte de ce dieu était répandu dans toute la Grèce, mais il était surtout florissant dans le Péloponèse et sur les côtes de l'Ionie. On lui immolait des taureaux, des sangliers, des béliers et quelquefois des chevaux. Le pin, le cheval, le hibou et plusieurs animaux marins lui étaient consacrés. Parmi les fêtes instituées en son honneur, celles qui se célébraient auprès de Corinthe, sous le nom de *Jeux Isthmiques*, étaient les plus renommées. — Quant aux Romains, ils adorèrent primitivement comme dieu des chevaux une divinité d'origine italique, que l'on appelait *Consus* ou *Neptunus*. Plus tard, lorsqu'ils possédèrent une marine militaire et qu'ils connurent les idées grecques relatives à Poséidon, ils transportèrent ces idées à leur dieu Consus ou Neptunus, et peu à peu Consus, Neptunus et Poséidon ne firent plus qu'un seul et même dieu, en l'honneur duquel furent instituées les fêtes appelées *Consuales* et *Neptunales*. — Sur les monuments, Neptune est généralement représenté au milieu des divinités marines soumises à sa puissance, et on lui donne une physionomie analogue aux divers aspects de l'élément qu'il représente. En conséquence, son attitude exprime, tantôt l'agitation, tantôt le repos. Ses attributs principaux sont le cheval, le dauphin et le *Trident* (Fig. ci-contre, d'après une gemme antique), dont il se servait pour briser les rochers, agiter et calmer les flots, et faire jaillir des sources.

**NEPTUNIEN, IENNE.** adj. [Pr. *nepluni-in, iène*]. Se dit des terrains qui se sont formés au sein des eaux. — Se dit aussi des idées des géologues qui ont prétendu que toutes les roches avaient été formées par l'eau. Voy. GÉOLOGIE.

**NEPTUNISTE.** adj. 2 g. T. Géol. Syn. de Neptunien dans la seconde acception.

**NÉRAC.** ch.-l. d'arr. du dép. de Lot-et-Garonne, à 24 kil. S.-O. d'Agen, 6,900 hab. Vins, eaux-de-vie d'Armagnac. Terrines de foie gras. = Nom des hab. : NÉRAÇAIS, AISE.

**NÉRÉE,** dieu marin, fils de l'Océan et de Téthys, père des Néréides.

**NÉRÉIDE.** s. f. (lat. *nereis, idis*, gr. νηρεΐδες, m. s. de νηρός, humide). T. Myth. Nom générique des nymphes qui habitaient la mer et qui étaient filles de Nérée (Mythol.). Voy. NYMPHE.

**NÉRÉIDES.** s. f. pl. (R. *Néréide*, mythol). T. Zool. Famille de *Vers* marins. Voy. DORSIBRANCHES.

**NERF.** s. m. [On pron. l'f au singul., mais non au pl.] (lat. *nervus*, gr. νεῦρον, m. s.). Se dit des cordons ou filaments blanchâtres qui sont distribués dans les diverses parties du corps pour servir de conducteurs à la sensibilité et au mouvement. Voy. plus bas et NERVEUX. || Abusivem., dans le langage vulgaire, se dit aussi des tendons des muscles. *Il a eu le n. du jarret foulé.* || Fig., Force, vigueur. *Cet homme a du n., il ne fléchit pas aisément. Il n'a pas de n., la moindre résistance le fait céder. Son style manque de n. Cet ouvrage est plein de n.* — Prov., *L'argent est le n. de la guerre*, On ne soutient la guerre qu'avec beaucoup d'argent. || *N. de bœuf*, Le membre génital du bœuf arraché et desséché. (Dans cette acception, on ne prononce pas l'F.) *Nerf* se dit aussi du membre du cerf. || T. Relieur. Se dit des cordelettes qui sont attachées au dos du livre, et sur lesquelles les cahiers sont cousus. || T. Métal. Filaments allongés qui déterminent la ténacité et la malléabilité d'un métal. || T. Mus. Corde de certains instruments de musique. || T. Pêche. Corde qui sert à serrer l'épervier quand le poisson est pris. || T. Arch. Nervure. *Des nerfs d'ogive.*

**Hist. Nat.** — On appelle nerfs des cordons plus ou moins volumineux dont l'ensemble constitue le système nerveux périphérique et auxquels incombe une double fonction : transporter aux centres les impressions diverses recueillies à la périphérie, et transporter à la périphérie les incitations motrices et sécrétoires élaborées dans les centres. — Les nerfs se divisent donc en deux grandes catégories : 1° les *nerfs centripètes*, encore appelés *sensitifs* ou *æsthésodiques* (de αἴσθησις, sensation et ὁδός, voie); 2° les *nerfs centrifuges*, encore appelés *moteurs* ou *kinésodiques* (de κίνησις, mouvement, et ὁδός, voie). Cette division, importante en physiologie, est anatomiquement secondaire, car nerfs moteurs et sensitifs ont le même aspect extérieur, et la plupart des cordons nerveux que dénude le scalpel sont mixtes, possédant à la fois des fibres sensitives et motrices. — La grande division autrefois admise en *nerfs de la vie animale* et *nerfs de la vie organique ou végétative* n'est plus admise aujourd'hui, l'observation anatomique et l'expérimentation ayant démontré les connexions intimes du grand sympathique avec les ramifications des nerfs crânio-rachidiens et le névraxe. — Aux cordons nerveux se trouvent annexés, sur des points variables, des renflements plus ou moins volumineux que l'on désigne sous le nom de *ganglions*.

I. ANATOMIE. — 1° *Nerfs.* — Les nerfs se présentent à l'œil sous l'aspect de cordons cylindriques blanchâtres. Ils tirent leur origine soit du myélencéphale, soit du grand sympathique : les uns et les autres sont pairs et symétriques.

Leur trajet, généralement rectiligne, est interrompu par la naissance de ramifications qui se détachent dans la majorité des cas à angle aigu ; au cours de leur distribution périphérique, les cordons nerveux s'anastomosent fréquemment les uns avec les autres, phénomène qui se réduit en somme à un échange de fibres entre deux nerfs.

Au point de vue de la structure, les nerfs se composent, essentiellement, de fibres nerveuses disposées parallèlement les unes aux autres, et reliées entre elles par du tissu conjonctif. Ces fibres se présentent sous deux aspects bien différents : les unes sont entourées d'une substance graisseuse appelée myéline : ce sont les *fibres à myéline* ou *myéliniques*; les autres, entièrement dépourvues de myéline, sont dites *amyéliniques* ou *fibres de Rémak*. Les fibres à myéline présentent quatre éléments constitutifs : une partie centrale ou axiale, le *cylindre-axe*; autour du cylindre-axe, une première gaine, un manchon de *myéline*, entourée elle-même d'une mince membrane appelée *gaine de Schwann* sur la face interne de laquelle se trouvent un certain nombre de *noyaux*. Ces fibres ne sont pas parfaitement cylindriques ; de distance en distance, on rencontre des parties rétrécies nommées étranglements annulaires, au niveau desquelles la myéline n'existe pas et le cylindre-axe s'effile. Or, il est à remarquer que chaque segment interannulaire présente un noyau et n'en présente qu'un. De ces considérations, on a déduit que le cylindre-axe seul reste la partie essentielle de la fibre, et que les autres parties représentent seulement une cellule adipeuse protectrice. — Les fibres de Rémak sont des fibres nerveuses entièrement dépourvues de myéline et de gaine de Schwann. Elles se présentent sous la forme d'une tige cylindrique striée dans le sens de la longueur, à la surface de laquelle se voient, à des intervalles irréguliers, des noyaux ovalaires. Les coupes transversales de ces fibres démontrent leur constitution en fibrilles anastomosées en cours de trajet. Les fibres de Rémak sont des fibres nerveuses restées à l'état embryonnaire, mais qui ne diffèrent pas sensiblement des fibres à myéline. — Le tissu conjonctif qui unit les fibres nerveuses se présente sous trois formes : une *gaine lamelleuse* ou *périnèvre* formée de fibres conjonctives et élastiques, qui entoure chaque petit faisceau nerveux; le *tissu conjonctif intrafasciculaire* qui occupe l'intérieur du faisceau et le cloisonne, uniquement composé de fibres conjonctives; enfin le *tissu conjonctif périfasciculaire*, *épinèvre* ou *névrilème* qui unit entre eux les différents faisceaux nerveux qui entrent dans la constitution d'un n., et d'autre part forme à celui-ci une sorte de gaine qui l'enveloppe de toutes parts. Histologiquement, on y trouve des fibres conjonctives et élastiques, des cellules conjonctives et adipeuses. — Chaque n. est pourvu d'artères, de veines et de lymphatiques et même, pour les gros cordons, de *nervi nervorum* qui accompagnent les vaisseaux.

2° *Ganglions*. — Les ganglions sont des renflements que l'on rencontre sur le trajet des nerfs soit cérébro-spinaux, soit sympathiques, différant des nerfs en ce qu'ils possèdent à la fois des fibres et des cellules nerveuses. Leur volume est variable ; les uns, microscopiques, d'autres dépassant 2 et 3 centimètres. Leur couleur est grisâtre ou rosée. Envisagés au point de vue de leurs rapports et connexions, ils forment plusieurs groupes : il y a d'abord les *ganglions cérébro-spinaux*, les uns spinaux, situés à la partie externe des racines sensitives des nerfs rachidiens, les autres, crâniens, se développant sur le trajet des nerfs sensitifs (ganglions plexiformes et jugulaires pour le pneumo-gastrique, ganglions d'Andersh pour le glosso-pharyngien, ganglions de Corti et de Scarpa, pour l'auditif, ganglions géniculés pour l'intermédiaire de Wrisberg, ganglions de Gasser pour le trijumeau). Il y a ensuite les ganglions sympathiques, se subdivisant en deux séries, les uns échelonnés le long du tronc sympathique, les autres, comme les ganglions semi-lunaires, se rattachant aux branches collatérales. Enfin il y a un groupe de ganglions mixtes, qui sont en relation à la fois avec le système sympathique et le système cérébro-spinal, ce sont les ganglions ophtalmiques, sphéno-palatins, otiques, et sous-maxillaires.

Tous les ganglions se composent de cellules et de fibres nerveuses, mais la nature et la disposition de ces éléments sont différentes suivant le système. — Chaque ganglion cérébro-spinal présente un stroma conjonctif; des cellules nerveuses y sont contenues, cellules unipolaires, n'émettant qu'un prolongement formant cylindre-axe lequel s'entoure de myéline, puis de sa gaine de Schwann, et qui, ainsi transformé en fibre nerveuse complète, se divise en deux branches divergentes dont la plus grêle se porte dans le névraxe et la plus volumineuse se dirige vers la périphérie, l'une et l'autre se terminant par des extrémités libres ; outre ces fibres nerveuses, le ganglion renferme des fibres d'origine spinale qui le traversent sans entrer en relation avec les cellules, et des fibres sympathiques à destination diverse; la constitution du ganglion est complétée par une riche circulation sanguine. — Les ganglions sympathiques présentent également un stroma conjonctif, mais les cellules nerveuses sont multipolaires, les prolongements protoplasmiques, au nombre de 2 à 20, se terminant tous dans le ganglion lui-même, le prolongement en forme de cylindre-axe unique devenant une fibre de Rémak dont la terminaison se fait suivant les modalités les plus différentes; des fibres nerveuses s'entre-croisent en un réseau inextricable dans le stroma ganglionnaire, fibres de passage, fibres afférentes ou ganglipètes, fibres efférentes ou ganglifuges; ici encore se rencontre un réseau sanguin particulièrement riche.

3° *Nomenclature générale des nerfs*. — On a coutume d'étudier séparément les nerfs crâniens et rachidiens; pour le grand sympathique, nous renverrons au mot *sympathique*.

A. *Les nerfs crâniens* sont les nerfs qui, naissant de l'encéphale ou du bulbe, traversent les trous de la base du crâne pour se rendre aux territoires organiques auxquels ils sont destinés. Ils ont pour caractères communs : d'obéir à la loi de symétrie et par conséquent de naître par paires à droite et à gauche du névraxe; d'occuper la cavité crânienne immédiatement ou peu après leur origine; enfin, de traverser successivement, pour sortir de cette cavité, les trois méninges et la paroi osseuse du crâne. Chacun des nerfs crâniens possède une double origine : une origine apparente, c.-à-d. le point de la surface extérieure du névraxe où il est implanté et où il semble prendre naissance; et une origine réelle, c.-à-d. le noyau, simple ou multiple, de substance grise centrale, où aboutissent réellement ses fibres après un parcours plus ou moins étendu dans la substance même du névraxe. — Au point de vue anatomique, on a coutume de les classer en douze paires, suivant l'ordonnance de Vicq d'Azir : la *première paire* ou *n. olfactif* qui sort par les trous de la lame criblée; la *deuxième paire* ou *n. optique* qui sort par le trou optique; la *troisième paire* ou *n. moteur oculaire commun* qui passe par la fente sphénoïdale; la *quatrième paire* ou *n. pathétique* qui passe par la fente sphénoïdale; la *cinquième paire* ou *n. trijumeau* qui, après avoir formé le ganglion de Gasser, se divise en trois branches : le *n. ophtalmique de Willis* qui sort par la fente sphénoïdale, le *n. maxillaire supérieur* qui sort par le trou grand rond, et le *n. maxillaire inférieur* qui sort par le trou ovale ; la *sixième paire* ou *n. moteur oculaire externe*, qui passe par la fente sphénoïdale ; la *septième paire* ou *n. facial* qui passe par le conduit auditif interne; la *huitième paire* ou *n. auditif*, qui s'échappe par le même conduit; la *neuvième paire* ou *glosso-pharyngien*, qui passe par le trou déchiré postérieur, avec la *dixième paire* ou *n. pneumo-gastrique* et la *onzième paire* ou *n. spinal*; enfin la *douzième paire* ou *n. grand hypoglosse*, qui passe par le trou condylien antérieur. — Au point de vue physiologique, les nerfs crâniens se divisent en trois groupes : les *nerfs sensitifs* ou *sensoriels* (n. olfactif, optique et auditif); les *nerfs moteurs* (moteur oculaire commun, pathétique, moteur oculaire externe, facial, spinal, et grand hypoglosse); et les *nerfs mixtes* (trijumeau, glosso-pharyngien et pneumo-gastrique).

B. *Les nerfs rachidiens ou spinaux* sont les nerfs qui naissent de la moelle épinière et qui traversent les trous de conjugaison pour se rendre aux territoires organiques auxquels ils sont destinés. Physiologiquement, ils appartiennent tous à la classe des nerfs mixtes, possédant entremêlées des fibres motrices et sensitives. On en compte chez l'homme, à l'état normal, 62 paires, soit 31 nerfs de chaque côté. Il y a 8 *nerfs cervicaux*, 12 *dorsaux*, 5 *lombaires*, 5 *sacrés* et 1 *n. coccygien*. — Les nerfs rachidiens se détachent de la moelle par deux ordres de racines, les unes, antérieures ou ventrales, motrices, les autres, postérieures ou dorsales, sensitives; les racines ont une origine apparente et une origine réelle qui, suivant leur nature, répond à leur naissance ou à leur terminaison. L'union des deux racines se fait à la partie externe du trou de conjugaison, et leur fusion est tellement intime qu'il est impossible de démêler la part de chacune. La direction des nerfs est variable suivant le niveau d'où ils émanent et la région où ils se rendent : tandis que les supérieurs sont légèrement ascendants, les inférieurs sont obliquement descendants, jusqu'à se rapprocher de la verticale, formant alors un volumineux paquet qui porte le nom de *queue de cheval*. Les racines postérieures se distinguent des antérieures par leur mode d'émergence plus considérable et la présence d'un ganglion appelé *ganglion spinal*. Les ganglions spinaux se trouvent en général dans les trous de conjugaison, et sont traversés sans modification de volume par la racine postérieure.

A peine formés, les nerfs rachidiens abandonnent un petit rameau, *n. sinu-vertébral*, qui se distribue par un trajet récurrent aux parties molles situées dans le canal rachidien; puis chacun d'eux se divise en deux branches terminales, une antérieure, et une autre postérieure. Les branches postérieures ou dorsales, relativement petites, se portent en arrière, destinées aux muscles et aux ligaments de la région dorsale du corps. Les branches antérieures ou ventrales, beaucoup plus volumineuses, se portent en avant et en dehors et se distribuent à la région ventrale du corps, c.-à-d. aux muscles et aux téguments des parties latérales et antérieures du cou, du thorax et de l'abdomen, ainsi qu'aux membres supérieurs et inférieurs — Les branches postérieures et antérieures, envisagées dans leur mode de distribution générale, se comportent de façon bien différente : tandis que les postérieures restent indépendantes et marchent solitaires vers les territoires organiques qui leur sont dévolus, les antérieures, infiniment plus complexes, s'unissent et s'entrelacent en réseaux appelés *plexus* qui ont pour rôle de faire innerver une même région par plusieurs nerfs spinaux. On compte cinq plexus : le *plexus cervical*, formé par les branches antérieures des quatre premiers nerfs cervicaux; le *plexus brachial*, formé par les branches antérieures des quatre derniers nerfs cervicaux et au premier dorsal; le *plexus lombaire*, constitué par les branches antérieures des quatre premiers nerfs lombaires; le *plexus sacré*, formé par les branches antérieures du cinquième n. lombaire et des quatre premiers nerfs sacrés; enfin le *plexus coccygien* formé par les deux derniers nerfs sacrés et par le n. coccygien. Par exception, les branches antérieures des nerfs dorsaux ne forment pas de plexus : sous le nom de *nerfs intercostaux*, elles cheminent isolément sur les parois du thorax. [Fig. Système nerveux cérébro-spinal de l'homme réduit au névraxe et aux origines des principaux troncs nerveux. — **1 à 10**, les **10** premières paires de nerfs crâniens, — *c*, *c* cervelet, — *pb*, plexus brachiaux, — *pl*, plexus lombaires, — *ps*, plexus sacrés, — *pc*, plexus coccygiens.] Voy. HISTOGÉNIE, HISTOLOGIE.

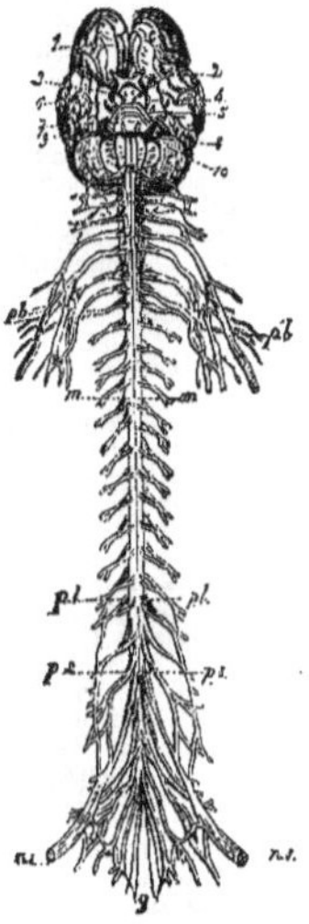

II. PHYSIOLOGIE. — Les éléments nerveux que nous venons d'étudier se nourrissent surtout par la consommation de matériaux albuminoïdes et plus le travail nerveux est intense, plus les déchets de ces combustions, surtout l'urée, sont abondants dans les excrétions. Ces actes de nutrition produisent dans les nerfs des dégagements d'énergie qui se manifestent par des courants électriques : il y a constamment, à l'état de repos, des courants qui parcourent les nerfs, allant de la surface à l'intérieur, et se comportant comme si les fibres nerveuses étaient composées de deux éléments emboîtés, la gaine étant positive, et le centre négatif. Ce phénomène, appelé *force électro-motrice*, disparaît dès que la fibre soumise à une irritation sert de conducteur, c.-à-d. fonctionne. Cette suppression du pouvoir électro-moteur est appelée *oscillation négative*. L'expérience a montré d'autre part que le n. qui fonctionne consomme davantage, et dégage de la chaleur. Les tubes nerveux servent comme conducteurs de l'agent nerveux que l'on ne saurait, comme on l'a fait, identifier à l'électricité, mais qui est constitué par une vibration moléculaire se propageant avec une vitesse de **28** à **30** mètres par seconde seulement; ce mouvement nerveux présente le caractère particulier de s'accroître au fur et à mesure qu'il progresse : il fait boule de neige. La conduction dans les nerfs est d'ailleurs indifférente, comme le prouve l'expérience de Paul Bert de la queue de rat greffée par son extrémité périphérique; mais, vu les connexions normales des nerfs, cette conduction se manifeste pour certains exclusivement de la périphérie au centre (nerfs sensitifs ou centripètes), et pour d'autres exclusivement du centre à la périphérie (nerfs moteurs ou centrifuges). Dans ces conditions, les tubes nerveux associés aux cellules forment la chaîne dans laquelle se produisent les actes réflexes qui sont la forme élémentaire de tout fonctionnement du système nerveux. De tous les excitants des nerfs, chimiques ou mécaniques, l'électricité est le plus énergique; elle les excite par les changements brusques qu'elle produit dans leur état moléculaire : aussi, un courant appliqué sur un n. n'amène-t-il de réaction que quand il commence ou quand il cesse de passer par celui-ci comme conducteur; pendant toute sa durée, il ne produit aucune action. Il faut donc, pour exciter les nerfs, leur appliquer de brusques décharges électriques, et c'est pourquoi on se sert le plus souvent dans ce but d'un courant induit fréquemment interrompu : à chaque interruption a lieu une excitation du n. — Les organes centraux jouent le rôle d'excitants physiologiques dans l'action réflexe, où ils ne font que transmettre l'excitation qu'ils ont reçue, et dans les phénomènes volontaires qui ne sont après tout qu'une forme plus compliquée d'actes réflexes, grâce au pouvoir qu'ont les globules nerveux de conserver certaines excitations (mémoire) pour ne les laisser se manifester qu'à un moment donné. On peut supposer d'ailleurs que les globules centraux, par le simple effet de leur nutrition, et sans excitation venue de l'extérieur, sont capables de dégager des forces qui agissent sur les fibres (automatisme des centres nerveux). Il est en tous cas démontré que l'afflux plus ou moins abondant du sang dans les centres nerveux, que la nature des gaz ou autres principes que contient ce liquide, peuvent devenir des causes d'excitation directe. — Ces faits peuvent faire prévoir combien l'excitabilité du n. est susceptible de modifications, suivant les circonstances (chaleur, froid) ou suivant l'influence de certains poisons : les uns agissent uniquement sur les nerfs moteurs ou plutôt sur leurs organes terminaux périphériques, arrêtant la transmission (curare), tandis que les autres agissent plus spécialement sur les nerfs sensitifs ou les centres nerveux correspondants (strychnine, bromure de potassium).

Pour compléter cette étude générale de la physiologie des nerfs, il convient de dire quelques mots de la physiologie spéciale des nerfs. — Les *nerfs olfactif*, *optique*, *acoustique*, sont des nerfs de sensibilité spéciale, c.-à-d. que, quel que soit le mode d'excitation, ils ne donnent que des sensations d'olfaction, de vue, d'ouïe. — Les *nerfs moteur oculaire commun*, *pathétique*, *moteur oculaire externe*, sont des nerfs exclusivement moteurs pour les muscles de l'œil. — Le *trijumeau* est un moteur sensitif : 1° *moteur* par sa petite racine (n. masticateur) pour tous les muscles de la mâchoire, sauf le buccinateur; 2° *sensitif*, donnant la sensibilité générale à toute la face, et, en outre, par le n. lingual la sensibilité spéciale gustative. — Le *facial* est essentiellement moteur (tous les muscles de la face y compris le buccinateur), c'est le n. de l'expression; il donne encore des rameaux aux muscles de l'oreille moyenne et des filets sécrétoires (*corde du tympan*) aux glandes salivaires. — Le *glosso-pharyngien* est un n. mixte : 1° moteur pour le pharynx; 2° sensitif, donnant à l'isthme du gosier sa sensibilité générale, et, à la base de la langue, la sensibilité spéciale gustative. — Le *pneumo-gastrique* est un n. mixte pour : 1° l'appareil respiratoire (sensibilité et mouvement du larynx, trachée et ses sécrétions, poumons); 2° le cœur (rôle modérateur emprunté au spinal); 3° l'appareil digestif. — Le n. *spinal* est uniquement moteur : son rameau interne est destiné au cœur (modérateur) et au larynx par le n. récurrent du pneumo-gastrique; son rameau externe innerve le sterno-mastoïdien et le trapèze. — Le n. *grand hypoglosse* est essentiellement le n. moteur de la langue. — Les nerfs *rachidiens* sont mixtes dans tout leur trajet, excepté au niveau de leurs racines : les racines postérieures sont sensitives, les racines antérieures, motrices; mais celles-ci présentent le phénomène très intéressant d'une sensibilité récurrente due à la récurrence de fibres venues des racines postérieures. Le ganglion qui se trouve sur le trajet de celles-ci joue pour elles le rôle de centre trophique.

III. PATHOLOGIE. — 1° *Névrites*. — Le terme névrite désigne l'inflammation des nerfs. A l'heure actuelle, une distinction capitale s'impose dans l'étude des névrites, suivant leur origine, centrale ou périphérique. D'*origine centrale*, elle procède par voie de dégénération descendante d'une altération des cellules nerveuses corticales et ganglionnaires du myélencéphale : toutes dérivent de la dégénérescence wallérienne; elles peuvent s'observer dans toutes les affections qui frappent l'axe cérébro-spinal (hémorrhagies, ramollissement, tumeurs, méningo-encéphalite...), et surtout les altérations qui frappent les cornes antérieures de la moelle (paralysie infantile). — D'origine périphérique les névrites se scindent en deux classes : *secondaires*, consécutives à un traumatisme ou à une compression localisée, procédant de la dégénérescence wallérienne, présentant surtout un intérêt chirurgical; et *primitives*, spontanées, indépendantes de toute altération appréciable des centres.

L'étiologie des névrites périphériques secondaires se résume en un mot, traumatisme des cordons nerveux, quel qu'il soit : section nerveuse, plaie contuse, ligature, lésion de voisinage, brûlure, gelure, compression brusque ou lente. — L'étiologie des névrites périphériques primitives est variée, mais peut se ramener à trois chefs principaux : les intoxications (plomb, alcool, mercure); les infections, aiguës ou chroniques (diphtérie, fièvre typhoïde, variole, infection puerpérale, tuberculose, syphilis, lèpre, impaludisme, etc.); les dyscrasies (chlorose, anémie pernicieuse, cachexies, diabète, etc.). A côté de ces formes justiciables d'une rubrique connue, il faut placer un groupe d'attente, comprenant les polynévrites du rhumatisme articulaire aigu, du rhumatisme déformant, du tabès, et les névrites cutanées (zona, vitiligo, ichthyose, sclérodermie, etc.).

Les lésions qui correspondent à ce tableau disparate sont, par contraste, assez uniformes. Il nous est impossible d'exposer les névrites wallériennes en détail; ce qu'il importe de dire, c'est que dans la production des désordres cliniques, la part principale appartient à la névrite du cylindre-axe, wallérienne vraie, les autres modes n'étant que des névrites myéléniques. Les lésions peuvent être diffuses, généralisées, ou très limitées; elles atteignent également les nerfs sensitifs, moteurs ou mixtes, mais présentent leur maximum dans les ramuscules nerveux terminaux.

Le tableau clinique est essentiellement variable. La névrite traumatique est aiguë ou chronique : aiguë, elle se traduit par la douleur avec tuméfaction et induration du n. et parfois rougeur sur son trajet; chronique, elle aboutit plus ou moins vite à des troubles sensitifs divers, hyperesthésie cutanée, puis anesthésie, et à des troubles moteurs, spasmes, contractures, puis paralysie totale avec abolition des réflexes et disparition de la contractilité électrique; enfin survient la période des troubles trophiques qui peuvent affecter la peau et ses annexes, le tissu cellulaire, les os, les articulations, les muscles. — La névrite périphérique primitive peut être localisée ou multiple; localisée, elle provoque les symptômes des paralysies périphériques (atrophies musculaires, troubles trophiques, altérations de la contractilité électrique et réactions de dégénérescence); en même temps, douleurs, paresthésie, anesthésie. La polynévrite est très complexe et très variable, suivant la topographie des lésions, la fonction des nerfs qu'elle affecte, l'extension et le degré des altérations. Dans telle forme, les troubles moteurs dominent (saturnisme), dans telle autre, les troubles sensitifs (alcoolisme), mais les formes sont généralement mixtes; au point de vue de la marche, il y a des formes à allures infectieuses aiguës et même suraiguës, et des formes lentes apyrétiques, avec tous les intermédiaires. — D'une façon générale, quatre éléments principaux entrent en jeu dans la constitution de toute névrite : la douleur, la paralysie, l'atrophie musculaire, les troubles trophiques, et c'est à l'aide de ces points de repère que se fait le diagnostic. Pour le pronostic, à part les névrites secondaires, où il est subordonné à la nature même et à la durée de la cause, il est généralement favorable, et l'affection est le plus souvent curable : l'étude des réactions électriques a, dans l'espèce, une grande valeur. Au point de vue thérapeutique, les polynévrites sont donc seules intéressantes; nos moyens d'action doivent porter, en dehors du traitement général, sur les extrémités nerveuses terminales : affusions froides, frictions, massage, et surtout électrothérapie. Certaines eaux minérales peuvent aussi rendre service, lorsque la polynévrite est stationnaire (Lamalou, Chaudesaigues).

2° *Paralysies périphériques.* — Sous le nom de paralysies périphériques, il faut entendre les paralysies qui sont dues à une altération des nerfs depuis les trous de conjugaison ou leur origine apparente jusqu'à leur terminaison au niveau des muscles. Elles sont déterminées par un trouble passager ou permanent dans le fonctionnement des organes destinés à conduire les impressions motrices, un point quelconque du trajet étant intéressé. Aussi l'aspect clinique est-il très variable suivant le siège de la lésion : tandis que la forme habituelle de la paralysie cérébrale est l'hémiplégie, et celle de la paralysie spinale, la paraplégie, les paralysies par lésions des nerfs périphériques sont soit des monoplégies, soit plutôt des paralysies limitées à un seul muscle ou à un groupe de muscles. Cette localisation particulière, la présence habituelle de troubles sensitifs, vaso-moteurs et trophiques, de modifications de la contractilité électrique, la disparition des réflexes, donnent à ces paralysies une apparence caractéristique.

Le traumatisme sous toutes ses formes, l'action du froid, les inflammations des nerfs d'origine infectieuse ou toxique sont les trois ordres de causes. La marche est des plus variables, suivant la nature de l'élément étiologique, susceptible de disparaître ou d'être réparé. Le diagnostic est quelquefois difficile entre la paralysie d'un muscle et la contracture ou le spasme de son antagoniste; c'est l'examen minutieux du trouble fonctionnel qui permettra de reconnaître l'origine du mal, de même qu'il mettra à l'abri de confusions avec les paralysies d'origine musculaire. — La première indication thérapeutique est de faire disparaître la cause lorsqu'elle est traumatique et éliminable; dans les formes *a frigore*, les révulsifs, le massage, les douches locales rendront de grands services; mais l'électricité constitue toujours la base du traitement : on peut s'adresser soit aux courants faradiques, soit aux courants galvaniques; il faut seulement ne jamais employer de courants trop intenses ou à intermittences trop rapides.

Un mot seulement des paralysies les plus fréquentes pour donner une idée des types cliniques que l'on rencontre. — Les *paralysies des nerfs moteurs de l'œil* peuvent se rencontrer isolément ou simultanément; un des plus importants de leurs symptômes est le strabisme qui donne lieu à de la diplopie. La paralysie totale du moteur oculaire commun provoque également du ptosis et de la mydriase. — La *paralysie du n. facial* entraîne, outre l'hémiplégie des muscles de la face, des altérations de l'odorat, de l'ouïe et du goût, dont l'importance est considérable, car elles permettent de déterminer avec une précision suffisante le siège de la lésion nerveuse. — La *paralysie du n. spinal* porte presque toujours sur sa branche externe et on observe alors un torticolis entraînant la tête du côté sain. — La *paralysie du n. grand-hypoglosse*, rare, entraîne la déviation de la langue tirée hors de la bouche et une gêne manifeste dans l'articulation des sons et dans la déglutition. — La *paralysie du n. phrénique* amène des modifications typiques du rythme respiratoire : pendant l'inspiration, tandis que le thorax s'élargit, les hypochondres s'affaissent. — La *paralysie du n. cubital* produit une déformation de la main bien étudiée et connue sous le nom de *griffe cubitale*. — De même la *griffe médiane* caractérise la *paralysie du n. médian*. — La *paralysie du n. radial* détermine la demi-flexion de l'avant-bras, la pronation de la main demi fléchie, et l'excavation de la face palmaire; les traits caractéristiques sont : l'impossibilité de relever le poignet et d'étendre les doigts. — Nous ne prolongerons pas davantage cette rapide revue, ayant énuméré les principaux types cliniques.

3° *Névralgies.* — La névralgie n'est pas une maladie, mais un syndrôme clinique caractérisé par des douleurs plus ou moins vives et soudaines dans leur apparition, paroxystiques, se faisant sentir sur le trajet d'un tronc ou d'un rameau nerveux sensitif, avec un maximum au niveau de certains points où la pression exaspère la souffrance. — La névralgie se manifeste d'ordinaire brusquement par l'explosion d'une vive douleur qui ne se traduit ensuite que sous forme d'accès, séparés par des rémissions incomplètes. Pendant les accès, la douleur domine, à caractères variables, parfois atroce, exaspérée par les mouvements de la partie malade, par le froid, la chaleur, etc.; le siège n'est pas toujours restreint à la sphère de distribution du n. atteint, et les irradiations sont fréquentes. Des troubles vaso-moteurs et sécrétoires s'ajoutent aux phénomènes douloureux; dans l'intervalle des accès il y a une rémission d'un degré d'autant moins prononcé que la maladie est plus ancienne. — Le plus souvent, la guérison survient en quelques jours ou quelques semaines, mais quelquefois la maladie passe à l'état chronique et dure des mois ou des années, souvent même reste incurable. — Le diagnostic, non seulement symptomatique mais encore étiologique, importe au premier chef, surtout au point de vue thérapeutique. Des causes, les unes sont locales, les autres générales, quelques-unes agissent à distance, mais toutes demandent à être précisées, si l'on veut intervenir efficacement dans l'intérêt du malade.

La première indication médicatrice est de remédier à l'élément douleur, soit que la cause ne puisse être modifiée que lentement, soit que la douleur même fasse obstacle à la cure. Trois moyens peuvent être utilisés à cet effet, les calmants ou narcotiques (morphine, cocaïne, belladone, antipyrine, etc.), la révulsion (sinapismes, vésicatoires, sangsues, pulvérisations au chlorure de méthyle, stypage), enfin l'électrisation, surtout sous forme de courants galvaniques d'intensité faible et qu'on ne doit essayer que lorsque les autres moyens ont échoué. — D'autre part, l'indication causale doit être recherchée avec soin, étant seule susceptible de prévenir la récidive. Les névralgies symptomatiques d'états généraux demandent l'application du traitement qui convient à l'affection correspondante. Lorsque la névralgie résiste à tous les moyens médicaux, il reste encore une ressource, l'intervention chirurgicale, comprenant deux procédés, la section ou résection du tronc nerveux et l'élongation.

Il nous reste à dire un mot des principaux types cliniques de névralgies. La *névralgie du trijumeau* ou trifaciale, encore appelée *prosopalgie* et, dans certaines formes, tic douloureux de la face, est caractérisée par la localisation de ces points douloureux sur le trajet des branches du trijumeau ; les trois principaux sont situés à peu près sur une même ligne verticale, à savoir au niveau du trou mentonnier, du trou sous-orbitaire, et de l'échancrure sus-orbitaire. — La *névralgie intercostale* siège dans le domaine de l'un ou de plusieurs des branches antérieures des douze paires dorsales ; elle est généralement unilatérale et gauche, au niveau des 5e, 6e, 7e et 8e nerfs ; il existe trois points douloureux principaux : un postérieur, vertébral, correspondant à l'émergence des nerfs ; un latéral, médian, à l'origine du rameau perforant moyen ; un antérieur ou sternal à la naissance du rameau perforant antérieur. — La *névralgie du n. sciatique* est caractérisée par un grand nombre de points douloureux dont les principaux sont : le point lombaire, le point sacro-iliaque, le point iliaque, le point fessier, le rétro-trochantérien, les trois points fémoraux, le poplité, le péronier, enfin le malléolaire.

4° *Névromes*. — Les névromes sont des tumeurs composées de tissu nerveux ; il faut les distinguer avec soin des autres tumeurs, développées sur le trajet des nerfs. On a distingué des névromes ganglionnaires ou à cellules nerveuses, et des névromes fasciculaires ou à tubes nerveux. Ils donnent lieu principalement à des phénomènes douloureux et se rapprochent à ce point de vue des autres néoplasmes que l'on rencontre sur les cordons nerveux (fibromes, sarcomes, myxomes, cancers par propagation).

5° *Plaies des nerfs*. — Les plaies des nerfs ont un grand intérêt à l'heure actuelle, de par les recherches expérimentales qui ont donné de merveilleux résultats thérapeutiques. Trois éléments principaux en règlent l'évolution : l'étendue de la solution de continuité, l'état des deux bouts en présence et les lésions à distance, la septicité de la plaie. Deux cas peuvent d'autre part se présenter : ou bien les extrémités nerveuses restent en contact, ou elles se trouvent plus ou moins éloignées l'une de l'autre. Dans l'un comme dans l'autre cas, le bout périphérique dégénère. Il y a donc deux phases dans l'évolution d'une plaie nerveuse : une phase de dégénérescence et une phase de régénération. Les recherches faites à ce sujet ont permis de reconnaître l'utilité d'un tuteur pour diriger le bourgeonnement du bout central qui se porte à la rencontre du bout périphérique. Ces restaurations anatomiques, observées et suivies de près, exigent, pour s'achever, de trois à cinq mois chez l'adulte. — Les symptômes des plaies des nerfs sont de plusieurs ordres, troubles sensitifs, trophiques, et moteurs. Ils amènent à se préoccuper de la question de thérapeutique. Lorsqu'il est possible de le faire, la suture primitive doit être pratiquée avec l'antisepsie la plus minutieuse ; dans ce cas, comme dans les cas de suture secondaire, il est nécessaire, si les extrémités nerveuses sont contuses ou désorganisées, de les aviver. On se sert pour la suture de fils de catgut fins. Bien des modes et des procédés ont été conseillés, et nous ne pouvons entrer dans ces détails de technique ; rappelons seulement que dans les cas où l'affrontement est malaisé on a pu élonger le bout central, faire une suture à distance, une suture par dédoublement, ou même une greffe nerveuse.

**NERF-FÉRU**. s. m. **NERF-FÉRURE**. s. f. (R. *nerf* et lat. *ferire*, frapper). T. Art vétérin. Maladie du cheval qui résulte d'une contusion sur le tendon fléchisseur du pied de devant, et qui consiste dans l'engorgement inflammatoire de ce tendon.

**NÉRI** (saint PHILIPPE DE), fondateur de la congrégation de l'Oratoire à Rome (1515-1595), fête le 26 mai.

**NÉRIGLISSOR**, roi de Babylone (560-556), fut tué dans un combat contre Cyrus.

**NÉRIS**, comm. à 7 kilomètres de Montluçon (Allier); 2,400 hab. Eaux thermales.

**NÉRITE**. s. f. (gr. νηρίτης, sorte de coquillage, de Νηρεῦς, Dieu marin). T. Zool. Genre de *Mollusques Gastéropodes*, Voy. TROCHOÏDES.

**NÉRIUM**. s. m. [Pr. *né-riome*] (gr. νήριον, de νηρὸς, humide). T. Bot. Genre de plantes Dicotylédones de la famille des *Apocynées*. Voy. ce mot.

**NÉROLI**. s. m. (R. Nom d'une princesse italienne qui a inventé ce parfum). Essence retirée de la fleur d'oranger.

**NÉROLINE**. s. f. Voy. NAPHTANISOL.

**NÉROLOL**. s. m. Syn. de *Géraniol*.

**NÉRON** (CLAUDIUS), général romain, vainquit et tua Asdrubal, frère d'Annibal, près du Métaure (207 av. J.-C.).

**NÉRON** (LUCIUS DOMITIUS), empereur romain, fils de Ch. Domitius Ahenobarbus et d'Agrippine, fut adopté par Claude après le mariage de ce prince avec sa mère Agrippine. Il signala son règne (54-68 ap. J.-C.) par ses folies et ses cruautés. Menacé par une révolte des prétoriens, il se fit donner la mort par un affranchi.

**NÉRONDE**, ch.-l. de c. (Loire), arr. de Roanne ; 1,400 hab.

**NÉRONDES**, ch.-l. de c. (Cher), arr. de Saint-Amand; 2,500 hab.

**NERPRUN**. s. m. (R. *ner* pour *noir*, et *prunus*, prunier). T. Bot. Genre de plantes Dicotylédones (*Rhamnus*) de la famille des *Rhamnées*. Voy. ce mot.

**NERTSCHINSKITE**. s. f. T. Minér. Variété d'Halloysite de Nertschinsk (Sibérie).

**NERVA**, empereur romain, acclamé par le peuple après la mort de Domitien, régna avec douceur, et laissa le trône à Trajan qu'il avait adopté (96-98 av. J.-C.).

**NERVAL**. adj. m. (lat. *nervus*, nerf). T. Pharm. *Baume n.*, sorte de pommade dans la composition de laquelle il entre du beurre de muscade, du camphre, et des essences de girofle et de romarin. *Le baume n. s'emploie en frictions contre les rhumatismes.*

**NERVAL** (GÉRARD **LABRUNIE**, dit DE), littérateur et poète fr., né à Paris (1808-1855).

**NERVATION**. s. f. [Pr. ...*sion*]. T. Bot. Nom donné à la façon dont les nervures sont disposées dans le limbe de la famille. Voy. FEUILLE.

**Entom.** — On donne le nom de n. à la disposition particulière que présente l'ensemble des nervures des ailes d'un *Insecte*. Les nervures sont des cordons chitineux qui parcourent les deux faces des ailes minces et membraneuses et servent de soutien à ces organes; les plus grosses de ces nervures sont creusées d'un canal dans lequel on trouve un filet nerveux, une trachée ou du sang. D'une façon tout à fait générale la n. comprend des nervures principales qui partent du point d'attache de l'aile au thorax et vont en divergeant comme les branches d'un éventail. Ces nervures principales présentent des ramifications plus ou moins nombreuses qui sont réunies entre elles par d'autres nervures plus petites et disposées transversalement ; cet ensemble détermine à la surface de l'aile des espaces plus ou moins considérables auxquels on donne le nom de *cellules* ou mieux d'*aréoles*.

La n. est toujours la même chez des Insectes d'espèce semblable; aussi s'en sert-on souvent dans les classifications. Le nombre des nervures principales est toujours peu considérable; on n'en trouve très souvent que trois que l'on distingue alors par des noms particuliers. La nervure qui côtoie le bord antérieur de l'aile est la *nervure costale* ou *costa* ;

elle se termine quelquefois par un épaississement corné appelé *stigmate*; la nervure située au-dessous est la *nervure radiale* ou *radius*; enfin la nervure postérieure est dite *cubitale* ou *cubitus*. Les cellules limitées par ces nervures et leurs ramifications se distinguent en cellules costales,

sous-costales, radiales, etc. Ce type de n. est très souvent compliqué par la présence de nervures principales accessoires, plus ou moins parallèles aux premières; tel est le cas de la Cigale commune que nous représentons ci-dessus pour donner un exemple de n. simple.

**NERVER.** v. a. (R. *nerf*). Garnir et couvrir un objet avec des parties fibro-tendineuses, qu'on colle dessus après les avoir battues et comme réduites en filasse. *N. un battoir. N. les arçons d'une selle.* || T. Relieur. *N. un livre*, Dresser les nerfs ou les cordelettes sur le dos d'un livre et les fortifier avec de la colle-forte, de la toile ou du parchemin. = NERVÉ, ÉE. part. || En T. Botan., se dit adjectiv. et sign., Qui est muni de nervures. On dit aussi *Nervié, ée.* || T. Blas. A nervures apparentes et d'un émail différent.

**NERVEUSEMENT.** adv. [Pr. *nerveu-ze-man*]. Avec nerf, avec vigueur. Vx. || Par l'action du système nerveux.

**NERVEUX, EUSE.** adj. [Pr. *ner-veu, euze*] (lat. *nervosus*, m. s.). Qui appartient, qui a rapport aux nerfs. *Filament n. Tube n. Les centres n. Le système n.* — *Maladies nerveuses*, Celles qui ont leur siège dans le système nerveux. *Fièvre nerveuse*, Voy. FIÈVRE. || Abusivem., Qui est rempli de tendons ou de tissus fibreux. *Ce morceau de viande est trop n.* || En parlant des personnes, *Être n.*, signifie avoir les nerfs irritables. *Cette femme est très nerveuse.* — Se dit aussi d'un homme, d'un animal, qui est vigoureux, qui a le système musculaire bien développé, et même des membres où l'on observe ce développement. *C'est un homme n. Ce cheval est très n. Un corps n. Des bras n.* || Fig., *Ce style, ce discours est n.*, Il est plein de fermeté et de vigueur. || T. Hist. nat. Se dit des ailes des insectes qui sont marquées de nervures d'une autre couleur que le fond, et des feuilles qui ont des nervures très saillantes. || T. Métallurg., *Fer n.* Fer forgé qui est remarquable par sa ténacité. || T. Techn. *Fil. n., soie nerveuse*, qui offre de la résistance.

**Hist. Nat.** — I. *Anatomie du système nerveux.* — Chez l'homme le système n. est un appareil qui non seulement a pour fonction la sensibilité et la motricité, mais qui, de plus, règle les phénomènes de nutrition et de sécrétion, et enfin préside aux actes psychiques, intellectuels et affectifs.

Il se présente sous forme d'une tige de substance nerveuse contenue dans un canal osseux dorsal, d'où émanent des cordons ou nerfs, qui se ramifient dans les différents appareils de l'économie, simples conducteurs de l'influx n. On y distingue deux parties : une, centrale, impaire et symétrique, terminée par un renflement supérieur, axe cérébro-spinal ou encéphalo-médullaire (centre n., myélencéphale, névraxe); et une partie, ramifiée et symétrique, les nerfs (système n. périphérique). Une scission avait été essayée par Bichat en système n. de la vie animale, et système n. de la vie organique, mais on a reconnu l'origine commune, axiale de l'un et l'autre systèmes, et cette distinction est aujourd'hui abolie.

Nous n'avons pas à étudier ici la structure des diverses parties du système n.; nous devons nous contenter de renvoyer aux mots encéphale, moelle, nerf. Mais il importe de faire comprendre ici quelle est la texture du système n. central en général, afin qu'un coup d'œil d'ensemble permette au lecteur de comprendre les relations des diverses parties entre elles et leur fonctionnement.

Le simple examen microscopique permet de distinguer dans le névraxe deux substances : une grise, centrale dans la moelle épinière, périphérique dans l'encéphale, pour la plus grande partie; une blanche, périphérique dans la moelle épinière, centrale dans l'encéphale.

L'investigation microscopique crée quatre objets d'étude : les éléments nerveux qui sont de deux ordres, les fibres et les cellules; les éléments de soutien qui comprennent deux variétés de cellules, épendymaires et névrogliques; les vaisseaux sanguins, et les voies lymphatiques.

A. Les fibres nerveuses, élément essentiel de la substance blanche, se trouvent en petit nombre dans la substance grise; de forme cylindrique, elles présentent, dans le type le plus complet, trois parties : une essentielle centrale, le *cylindre-axe*, une périphérique en forme de manchon, la *myéline*, enfin de distance en distance une lame protoplasmique avec un noyau; l'existence inconstante de la myéline fait distinguer deux variétés de fibres, les *fibres myéliniques* et les *fibres amyéliniques*, suivant que le cylindre-axe est recouvert de myéline ou est nu; les fibres myéliniques appartiennent à la substance blanche, les fibres amyéliniques, à la substance grise : les unes et les autres émettent des fibres collatérales, dichotomiques ou irrégulières. — Les cellules nerveuses siègent dans la substance grise; elles sont de dimensions très variables, les unes très petites, 5 à 6 μ, les autres, volumineuses, 140 μ (μ = micron = $0^{mm},001$); leur forme est également multiple, globulaire, ovoïde, pyramidale, fusiforme, étoilée, etc., et cette disposition est en rapport avec le nombre de leurs prolongements (cellules unipolaires, bipolaires, multipolaires); c'est qu'en effet chaque cellule se compose de trois parties : un corps cellulaire, masse granuleuse striée sans enveloppe, un noyau, petite masse arrondie plus ou moins bien limitée, enfin des prolongements constitués par la convergence des fibrilles du corps cellulaire et qui sont de deux ordres, prolongements *cylindraxiles* (prolongements de Deiters) et prolongements protoplasmiques (dendrites). — Ces fibres et ces cellules sont en liaison intime : la cellule avec ses prolongements cylindraxiles et protoplasmiques forme une unité qu'on a appelée le *neurone*; le système nerveux central est un composé de neurones. Les recherches modernes des anatomistes et de Ramon y Cajal en particulier, ont permis une interprétation scientifique et rationnelle de la constitution des éléments nerveux : les neurones, quelle que soit l'intrication apparente de leurs prolongements, sont des unités anatomiques totalement indépendantes; de plus les neurones ne peuvent agir les uns sur les autres que par de simples contacts de leurs divers prolongements et non par anastomoses. Ces données ouvrent un horizon tout particulier sur la signification fonctionnelle des diverses parties du neurone. Le corps cellulaire, partie essentielle qui existe seule pendant une longue durée de la vie embryonnaire, a un double rôle, physiologique et trophique; physiologique, suivant la situation, il préside aux incitations motrices et sécrétoires, aux réceptions sensitives, à l'analyse et l'élaboration des impressions; trophique, il préside à la nutrition des prolongements. Les prolongements jouent le rôle de conducteurs de l'influx n.; les dendrites, comme *cellulipètes*, c.-à-d. pour l'influx se dirigeant vers la cellule, les cylindres axes comme *cellulifuges*, c.-à-d. pour l'influx qui s'éloigne de la cellule. En un mot le corps du neurone est un centre d'activité : il peut entrer en jeu (par suite de modifications intimes encore inconnues), sous l'influence de conditions diverses, anémie, hyperémie..., le plus souvent comme conséquence d'une excitation qui lui vient soit de ses propres prolongements protoplasmiques, soit de fibrilles terminales au prolongement cylindraxile d'un neurone voisin. *Son ébranlement se transmet toujours par le cylindre-axe, jamais par les dendrites.* Les prolongements protoplasmiques sont des conducteurs cellulipètes recevant l'ébranlement; ou d'une excitation externe (neurones sensitifs et sensoriels périphériques), ou de fibres terminales du prolongement cylindraxile, ou de ses collatérales d'un neurone voisin (neurones centraux). *Ils transmettent toujours l'ébranlement au corps cellulaire.* Le prolongement cylindraxile est un conducteur cellulifuge *recevant l'ébranlement du corps cellulaire exclusivement* le transportant soit par son tronc, soit par ses collatérales, jusqu'à une arborisation terminale qui le transmet : ou à un organe étranger au système n. (fibre musculaire, glande), ou aux prolongements protoplasmiques d'un neurone avec lequel il est articalé, ou directement au corps cellulaire d'un autre neurone, *toujours par contact*.

Ces considérations donnent lieu à des déductions physiologiques et pathologiques intéressantes : le sommeil, hypnomédicamenteux ou naturel, s'expliquerait par un retrait des prolongements des neurones de l'écorce cérébrale, perdant tout contact avec les prolongements cylindraxiles des neurones voisins. De même les paralysies hystériques de divers ordres recevraient une explication plausible de cette conception.

B. *Les éléments de soutien* se composent de deux sortes de cellules : 1° les *cellules épendymaires* entourent le canal central de l'axe n. sur toute sa longueur; elles sont disposées en une seule rangée, et composées d'une masse protoplasmique pourvue d'un noyau et d'un prolongement atrophié chez l'adulte; 2° les *cellules de la névroglie* se rencontrent dans toute l'étendue des centres n., et principalement dans la substance blanche; formées d'une masse protoplasmique et d'un noyau, elles revêtent une configuration irrégulière de par l'existence de nombreux prolongements rayonnés (sphères épineuses, cellules araignées) ; ces cellules forment un feutrage complexe, inextricable, résultant du contact, de l'accolement, de l'entre-croisement des fibres névrogliques disposées tantôt en cloisons épaisses, tantôt en cloisons minces (septa et septula), s'insinuant entre les éléments nerveux, les divisant en segments plus ou moins importants, les maintenant en situation et servant de soutien aux vaisseaux nourriciers.

C. *Les vaisseaux sanguins* sont en nombre considérable dans les centres nerveux comme dans tous les organes à fonctionnement important. Les troncs d'arrivée (artère cérébrale antérieure, artère cérébrale moyenne, tronc basilaire) ont une disposition superficielle toute spéciale : leur ramification se fait dans la pie-mère, les vaisseaux n'abordant la masse nerveuse que réduits à un calibre minime, pour ne pas impressionner les fonctions si délicates des neurones; profondément ils cheminent dans les cloisons névrogliques en direction radiée avec divisions et subdivisions sans anastomoses. Finalement ils se résolvent en capillaires qui, dans la substance blanche forment des mailles arciformes allongées dans le sens des fibres, et dans la substance grise des mailles de dimensions égales en tous sens, et très serrées par suite de l'activité des échanges nutritifs. Les veinules, puis les veines qui naissent des capillaires sont tantôt parallèles aux artères et tantôt indépendantes.

D. *Les voies lymphatiques des centres nerveux* sont caractérisées par l'absence totale de réseaux canaliculés; la lymphe circule dans les espaces interorganiques et des gaines périvasculaires dont on distingue deux variétés, intra ou sous-adventitielles et sus ou péri-adventitielles. Du côté périphérique, les espaces lymphatiques s'étendent jusqu'à la surface extérieure du névraxe, et là s'ouvrent dans les espaces sous-arachnoïdiens, en sorte que les gaines sont des prolongements intra-cérébraux et intra-spinaux des espaces sous-arachnoïdiens. Voy. NERF, HISTOGÉNIE, HISTOLOGIE.

II. *Anatomie comparée.* — Chez les *Mammifères*, le système nerveux ne diffère guère de celui de l'homme que

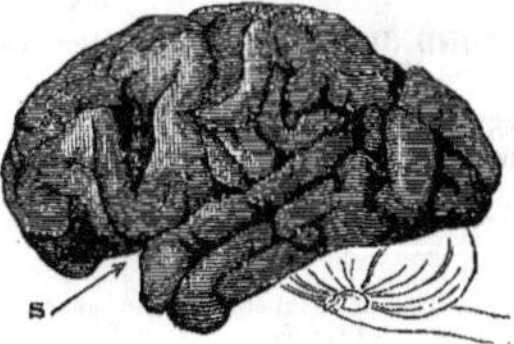


Fig. 1.

par la complication moins grande des circonvolutions cérébrales. Les Mammifères les plus élevés, les singes *Anthropoïdes*, ont des circonvolutions nombreuses et disposées à peu près comme celles des hommes inférieurs (Fig. 1. Cerveau de Chimpanzé; Fig. 2. Cerveau d'une Hottentote. S, scissure de Sylvius). Chez les autres Mammifères, nous trouvons des différences dans le cerveau qui paraissent toujours en rapport avec le degré d'intelligence; c'est ainsi que les singes ordinaires, les carnassiers, l'éléphant, etc., ont des circonvolutions plus ou moins nombreuses, mais toujours bien marquées (Fig. 3. Cerveau de Macaque); au contraire les Mammifères peu intelligents, comme l'ornithorynque par ex., ont une surface cérébrale à peu près lisse, d'où la division des Mammifères en *gyrencéphales* (*gyri*, circonvolutions) et en *lissencéphales*. Cette classification n'a aucun caractère

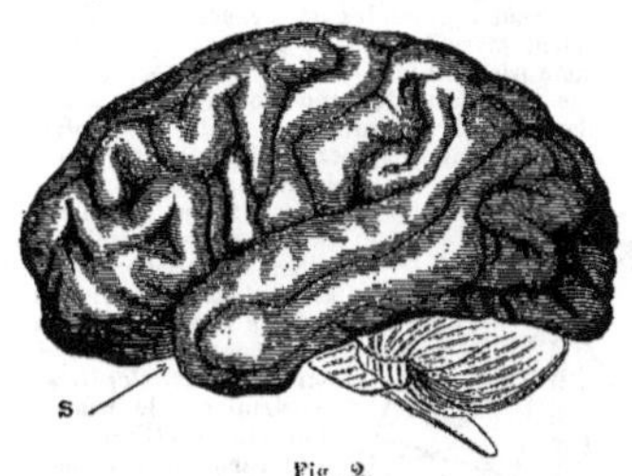


Fig. 2.

zoologique, car on trouve, dans un même ordre, les représentants de ces deux types; l'ornithorynque par ex. est un lissencéphale, l'échidné, un gyrencéphale. Les types à cerveau lisse se trouvent chez la souris, le rat, la chauve-souris, la taupe, l'ouistiti, etc.; chez tous ces animaux on ne trouve, sur chaque cerveau, qu'un ou deux sillons correspondant à la

Fig. 3.

scissure de Sylvius et au sillon limite du lobe olfactif. La plupart des Rongeurs (castor, lapin, agouti, etc.), quelques Marsupiaux et Insectivores présentent 2 ou 3 circonvolutions bien marquées; les Carnivores en présentent 4; les éléphants montrent nettement pour la première fois la scissure de

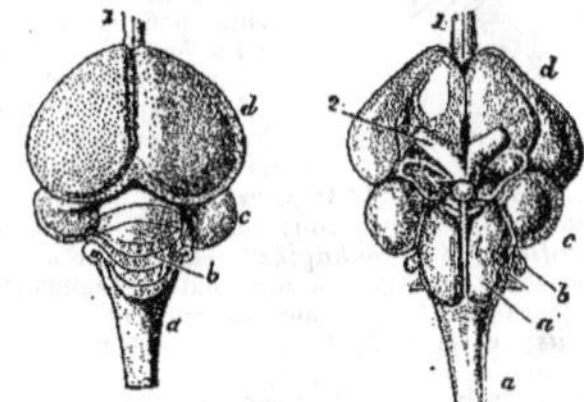


Fig. 4.

Rolando; enfin les singes nous conduisent directement à l'homme.

Les autres différences que l'on trouve dans l'encéphale des Mammifères sont moins importantes : le corps calleux est à peine marqué chez les Marsupiaux et les Monotrèmes; les tubercules mamillaires sont au nombre de 2 seulement chez les singes et chez l'homme; chez les autres Mammifères, il n'y en a qu'un seul; les tubercules quadrijumeaux, toujours au nombre de 4, sont d'autant plus développés qu'on s'adresse à des Mammifères plus inférieurs; il en est de même pour le lobe médian du cervelet et pour le pont de Varole ou protubérance annulaire.

Le système nerveux des Oiseaux se rapproche plus de celui des Reptiles que de celui des Mammifères (Fig. 4. Encéphale de Poule vu en dessus et en dessous, *a*, moelle épinière; *a'* moelle allongée; *b*, cervelet; *c*, lobes optiques; *d*, hémisphères cérébraux; 1, lobes olfactifs; 2, nerfs optiques). Le cerveau est lisse ou présente deux sillons peu profonds à sa face supérieure; la scissure de Sylvius reste rudimentaire sous forme de deux encoches qui se voient à la face inférieure des hémisphères cérébraux. Les tubercules quadrijumeaux des Mammifères sont représentés ici par des tubercules bijumeaux qui portent alors le nom de *lobes optiques*. Le pont de Varole n'existe pas chez les Oiseaux; il est représenté par quelques fibres commissurales que l'on voit en avant du cervelet. Ce dernier est creusé d'une cavité, le *ventricule cérébelleux* qui n'existait pas chez les Mammifères. La moelle épinière présente, au niveau du renflement lombaire, une cavité correspondant au quatrième ventricule situé en avant et qu'on appelle le *ventricule lombaire* ou *sinus rhomboïdal*. Le système nerveux des *Reptiles* est construit sur le même type que celui des Oiseaux; aussi n'en parlerons-nous pas.

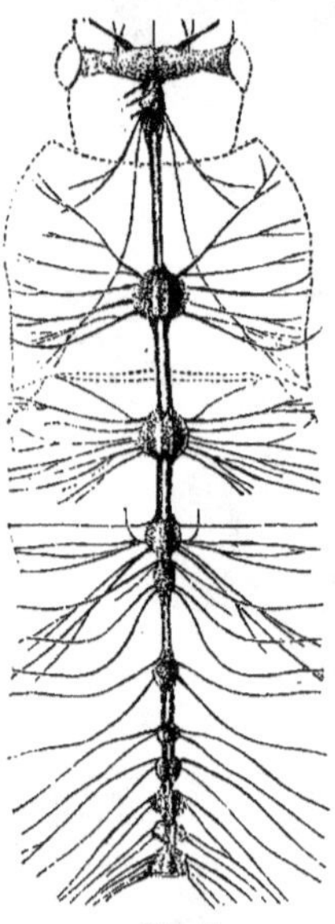

Les Batraciens et les Poissons nous montrent un type d'organisation à peu près semblable et d'un degré beaucoup inférieur à celui des animaux précédents. Les hémisphères cérébraux sont très rudimentaires alors que les lobes olfactifs ont pris, au contraire, un développement exagéré; la glande pinéale est très développée et visible à l'extérieur; les lobes optiques sont aussi gros que les hémisphères; par contre le cervelet est réduit le plus souvent à une même bandelette transversale. Les poissons les plus inférieurs, les Amphioxus, n'ont pas de cerveau distinct.

Fig. 5.

Les Invertébrés nous présentent plusieurs types d'organisation dans la structure des centres nerveux. C'est d'abord le type de la chaîne ganglionnaire ventrale présenté par les Arthropodes et les Vers (Fig. 5. Système nerveux d'un insecte, le *Carabe doré*). On trouve, dans la tête, deux masses nerveuses fusionnées au-dessus de l'œsophage; ce sont les *ganglions cérébroïdes* qui envoient, à droite et à gauche, deux filets nerveux ou commissures qui vont se jeter dans des *ganglions sous-œsophagiens* formant ainsi un *collier périœsophagien*. Ces derniers ganglions donnent naissance en arrière à une chaîne ganglionnaire qui court tout le long de la ligne médiane ventrale.

Les *Mollusques* présentent également des *ganglions* d'où partent des *nerfs*, mais ces ganglions ne forment plus une chaîne continue; ils sont disséminés, et réunis toujours par des commissures qui constituent le même collier périœsophagien. Enfin les animaux à symétrie rayonnée comme les Échinodermes et les Cœlentérés ont le système nerveux le plus rudimentaire. C'est un anneau continu entourant la bouche et envoyant radiairement plusieurs filets nerveux.

Les Protozoaires étant des animaux unicellulaires ne peuvent avoir de système nerveux; la sensibilité générale s'exerce chez eux par toutes les parties de leur corps.

**NERVIÉ, ÉE.** adj. T. Bot. Qui est muni de nervures.

**NERVIENS**, peuple belge du Nord de la Gaule.

**NERVIN.** adj. et s. m. (lat. *nervinus*, relatif aux nerfs). T. Méd. Se dit des remèdes qu'on supposait propres à fortifier les nerfs. *Tous les nervins ont échoué.*

**NERVOIR.** s. m. [Pr. *nervou-ar*]. T. Techn. Outil de relieur, pour détacher les nerfs de l'encollage sur le dos d'un livre. || Outil servant à imiter les nervures des feuilles.

**NERVOSISME.** s. m. (lat. *nervosus*, nerveux). T. Méd. Le n. doit être considéré comme le fonds commun, le terrain sur lequel peuvent germer et croître les différentes branches de la famille névropathique. Cette définition permet de faire cesser la confusion depuis longtemps existante entre les termes n. et névropathie. Pour devenir névropathe, il faut être tout d'abord nervosique; le n. serait en somme le premier degré non différencié de la névropathie, susceptible de se développer sous l'influence de circonstances propices. Le n. se résume dans un état particulier d'excitabilité et de dépression facile; ce chapitre nosologique est en somme limitrophe de la neurasthénie; on a voulu faire des neurasthéniques de tous les nerveux, il faut se garder de cet excès et ne voir dans un grand nombre de déséquilibrés que des nervosiques et non des névropathes, c.-à-d. non des malades, mais des individus chez lesquels l'état physiologique laisse néanmoins transparaître un vice de fonctionnement dû à une prépondérance fonctionnelle du système nerveux. Voy. Neurasthénie.

**NERVOSITÉ.** s. f. [Pr. *nervo-zité*] (lat. *nervosus*, nerveux). T. Néol. Disposition au nervosisme.

**NERVURE.** s. f. (lat. *nervus*, nerf). T. Bot. Saillie formée par les faisceaux libéro-ligneux qui parcourent le limbe foliaire. Voy. Feuille. || T. Entom. Se dit des parties plus solides qui soutiennent les ailes transparentes des insectes, des abeilles, par ex. || T. Archit. Se dit des moulures saillantes placées sur les arêtes d'une voûte, sur les côtés des cannelures, sur les angles des pierres, etc. *Les nervures d'une voûte gothique.* || T. Relieur. Se dit des parties saillantes que forment sur le dos d'un livre les cordelettes qui servent à unir les cahiers. || T. Constr. Dans un mur léger, feuillure pratiquée le long d'un poteau de remplissage, pour amorcer les briques, les pierres, etc.

**NESCIO VOS.** [Pr. *nes-sio vos*]. Expression latine qui signifie, *Je ne vous connais pas*, et qu'on emploie familièr. en manière de réponse négative. *Je vous ai accordé votre première demande; mais pour celle-ci*, nescio vos.

**NÉSÉE.** s. m. [Pr. *né-zée*] (R. *Nesæa*, n. mythol.). T. Bot. Genre de plantes Dicotylédones (*Nesæa*) de la famille des *Lythracées*. Voy. ce mot.

**NESKHI.** s. m. Sorte d'écriture arabe, la plus usuelle. Voy. Écriture.

**NESLE**, ch.-l. de c. (Somme), arr. de Péronne; 2,400 hab.

**NESLE** (Raoul de), connétable de France, tué à Courtrai en 1302.

**NESMOND** (Henri de), prélat et littérateur fr., né à Bordeaux (1645-1727).

**NESSELRODE** (comte de), diplomate russe, joua un rôle important dans la politique extérieure (1780-1862).

**NESSUS**, centaure, fut tué par Hercule au moment où il enlevait Déjanire. Voy. Hercule (Mythol.).

**NESTE**, riv. de France, affl. de gauche de la Garonne, vient des Hautes-Pyrénées.

**NESTOR**, roi de Pylos, guerrier de l'Iliade d'Homère qui avait vu trois âges d'homme, célèbre par sa prudence. || *S. m.* Le vieillard le plus âgé et le plus respectable.

**NESTOR**, moine de Kiew, le premier historien russe (1056-1114), auteur d'une *Chronique* en langue vulgaire, du IXe au XIe siècle.

**NESTORIANISME.** s. m. Hérésie de Nestorius. Voy. Hérésie.

**NESTORIEN, IENNE.** adj. et subst. [Pr. *nestori-in, iène*]. Partisan de Nestorius. Voy. Hérésie.

**NESTORIUS**, patriarche de Constantinople, mort en 439, chef de l'hérésie des Nestoriens.

**NET, ETTE.** adj. [Pr. *net, nè-te*] (lat. *nitidus*, m. s.). Propre, qui est sans souillure. *Une chambre nette. Les rues sont nettes. Cette vaisselle n'est pas nette. Cette eau n'est pas nette. Des souliers nets. Il a les mains nettes. Il faut tenir les enfants nets.* — *Enfant n.*, Enfant qui ne laisse plus rien aller sous lui. *Cet enfant a été n. à deux ans.* — *Garantir un cheval sain et n.*, Garantir qu'il n'a aucune des maladies, aucun des défauts qu'il est d'usage de garantir. — Fig. et fam., *Avoir les mains nettes*, se dit de quelqu'un qui s'est acquitté d'une gestion avec probité, ou qui n'a pris aucune part à quelque affaire. *Il a quitté le ministère des finances les mains nettes. Tout cela s'est fait sans moi, j'en ai les mains nettes.* — *Faire les plats nets*, manger tout ce qu'ils contiennent. || Pur, sans mélange. *Ce froment est n.*, Il n'y a ni orge, ni seigle, ni ivraie. *Ce vin est n.*, Il n'est point mêlé avec d'autres matières. *Ce riz, ce poivre, ce café est n.*, On en a ôté tous les corps étrangers qui pouvaient s'y trouver. || Clair, transparent, *Ce vin est bien n. depuis qu'on l'a soutiré.* || Uni, poli, sans tache. *La glace de ce miroir est bien nette. Ce diamant n'est pas n. Une perle d'eau bien nette. Cette femme a le teint n.* — *Voix nette*, Voix dont le son est clair et égal. On dit de même, *Cette corde rend un son fort n. Avoir la vue nette*, Distinguer clairement tous les objets. Popul., on dit de même, *Avoir la visière nette.* || *Une écriture nette*, Une écriture qui est facilement lisible, parce que les lettres sont régulièrement formées. On dit à peu près de même, *Une impression nette.* — *Un trait n., des contours nets*, Qui ont été tracés, avec fermeté, sans hésitation. — On dit encore, *Ce dessin n'est pas n.*, Les traits n'en sont pas arrêtés, ils sont brouillés. || Vide. *Les huissiers allèrent pour saisir chez lui, mais ils trouvèrent la maison nette. Faire place nette.* — Figur. et famil., *Faire maison nette*, Renvoyer tous ses domestiques. — Au jeu, *Faire tapis n.*, Gagner tout l'argent qui est sur le tapis. || Fig., *Net*, en parlant de biens, de revenus, etc., sign. Clair, liquide, quitte de dettes, aisé à recevoir. *Son bien, son revenu est clair et n. Il a dix mille livres de rentes bien nettes. Ses dettes payées, il lui reste de quitte et de n. cent mille francs.* — *Produit n.*, par oppos. à *Produit brut*, se dit de la valeur d'un produit qui excède toutes les avances faites pour l'obtenir. On dit aussi *Prix n., bénéfice n.*; et en parl. d'un reliquat de compte, *Il reste tant de n.* — *Poids n.*, Le poids d'une chose sans ce qui la contient ou l'enveloppe. || Fig., en parl. des productions de l'esprit, Clair, précis, aisé. *Une pensée nette. Ses idées ne sont pas nettes. Une expression nette. Un style n. et facile.* — *Avoir l'esprit n., la conception nette*, Avoir de la clarté, de la méthode dans l'esprit. || Figur., Qui est sans difficulté, sans embarras, sans ambiguïté. *Cette affaire n'est pas nette. Faire une réponse nette. Rendre un compte clair et n. Ces explications ne sont pas nettes.* || Fig., au sens moral, en parl. des personnes et de leurs actions, Franc, loyal, qui ne donne lieu à aucun doute, à aucun soupçon. *J'ai fait tout ce que j'ai pu faire, je suis n. Il est sorti n. de cette affaire. Ce procédé n'est pas n.* Fam., *Son cas n'est pas n.* — *Avoir l'âme nette, la conscience nette*, Avoir la conscience sans reproche. — Prov., *Je veux en avoir le cœur n.*, Voy. Cœur. || T. Administr. sanitaire. *Patente nette*, Voy. Lazaret. = Net. s. m. *Mettre au n. un écrit, un dessin, etc.*, En faire une copie correcte sur l'original qui a des ratures, qui est brouillé, etc. = Net. adv. Clairement, directement. *Entendre n. J'y vois encore fort n.* || Uniment et tout d'un coup. *Cela s'est cassé n., s'est cassé n. comme un verre.* — Fig., *Trancher n. une difficulté.* || Fig., signifie aussi Franchement, librement. *Parler n. Il a refusé tout n.*

**Syn.** — *Propre.* — *Net* signifie poli, luisant, pur; une chose *nette* est celle qui n'est couverte ou mêlée d'aucune matière qui la salisse. *Propre* ajoute à cette idée celle d'arrangement, d'usage; ce qui est *propre* est approprié, disposé pour tel but. Une chambre est *nette* quand elle a été balayée; elle est *propre* quand tout y a été rangé, mis en ordre. On dit d'un gros mangeur qui ne laisse rien dans les plats, qu'il fait les plats *nets*; mais ces plats-là ne sont pourtant pas *propres*: il faut les laver pour qu'on y puisse placer d'autres mets.

**NETHE**, nom de deux rivières de Belgique.



**NETHOU**, pic des Pyrénées, sur le versant espagnol. 3,404 mètres d'altitude.

**NETSCHER** (Gaspard), peintre allem., né à Heidelberg (1639-1684).

**NETTEMENT.** adv. [Pr. *nè-teman*]. Avec netteté, avec propreté. *Il aime à être toujours n. Tenir n. un enfant.* || Fig., d'une manière claire, distincte. *Je ne vois pas, je ne distingue pas n. les objets. Je ne conçois pas bien n. ce que vous voulez dire. Expliquer n. une chose.* || Franchement, sans rien déguiser. *Dites-lui n. la vérité.*

**NETTEMENT** (Alfred), historien et littérateur fr. (1805-1869).

**NETTETÉ.** s. f. [Pr. *nè-teté*]. Qualité de ce qui est net; se dit dans la plupart des acceptions de l'adjectif Net. *Il est propre, il aime la n. Sa chambre est d'une grande n. La n. d'un miroir, d'un diamant. Cette lunette fait voir les objets avec beaucoup de n. Cette écriture, cette impression manque de n. Un travail fait avec n. Il a de la n. dans la voix, dans les idées, dans l'esprit, dans le style. Il s'exprime avec netteté.*

**NETTOIEMENT** [Pr. *nétoua-man*] ou **NETTOYAGE.** s. m. [Pr. *né-to-iaje*]. Action de nettoyer. *Le n. des rues. Le n. d'un port.*

**NETTOYER.** v. a. [Pr. *né-to-ier*]. Rendre net. *N. un habit. N. des bottes. N. un vase. N. une maison. N. les rues. N. un port. N. un fusil. N. du blé. Se n. les dents.* || Fig. et fam., *N. une maison, une chambre*, Prendre et emporter tout ce qui s'y trouve. *Les huissiers ont nettoyé cette maison. Les voleurs ont nettoyé sa chambre.* Au jeu, *N. le tapis*, Gagner tout l'argent qui est sur le jeu. — *N. la mer de corsaires, les chemins de voleurs*, Chasser les corsaires, les voleurs qui les infestaient. *N. la tranchée*, En chasser les assiégeants. — *N. les affaires, le bien d'une personne*, En acquitter les dettes et en terminer les procès. || T. Peint. *N. des contours*, Les rendre plus purs et plus corrects. = se Nettoyer. v. pron. Se rendre net. *Vous êtes couvert de poussière, nettoyez-vous.* || Fig. et fam., *Ses affaires commencent à se n.* = Nettoyé, ée. part. = Conj. Voy. Employer.

**NEUBOURG**, v. de Bavière, sur le Danube; 8,000 hab.

**NEUBOURG (LE)**, ch.-l. de c. (Eure), arr. de Louviers; 2,400 hab. Marchés importants. École pratique d'Agriculture.

**NEUCHÂTEL**, jolie ville de Suisse; 16,700 hab. = Nom des hab. : Neuchâtelois, oise.

**NEUCHÂTEL** (Lac de), en Suisse; communique avec l'Aar; longueur, 39 kilomètres sur 3 à 8 de large.

**NEUF.** adj. numéral invar. (lat. *novem*, m. s.). Nombre impair qui suit immédiatement le nombre de huit. *Les n. chœurs des anges. Les n. Muses. Il est près de n. heures. Dix-n. Vingt-n. N. cents lieues. N. mille hommes. L'an mil huit cent cinquante-n. Le nombre, le numéro, le chiffre n.* || Se dit aussi pour Neuvième. *Page, chapitre, verset n. L'an n. Le roi Louis n.* ou *Louis IX.* — Popul., on dit par ellipse, *Cette femme entre dans son n., est dans son n.*, Elle entre, elle est dans le neuvième mois de sa grossesse. = Neuf. s. m. Le nombre ou le chiffre neuf. *Le produit de n. multiplié par trois est vingt-sept. Vous n'avez écrit qu'un n., il en faut deux. Un n. de chiffre.* || Au jeu de cartes, *Un n. de trèfle, de cœur, etc.*, Une carte qui est marquée de neuf points de trèfle, etc. *Il vient de me rentrer un n. de carreau. J'avais tous les n. dans mon jeu.*

**Ling.** — Il est remarquable que dans toutes les langues aryennes le nombre *neuf* a la même forme que l'adjectif *neuf, nouveau.* On a cherché à expliquer cette circonstance par une manière de compter sur les doigts d'une seule main en commençant par le pouce et en revenant après l'annulaire en sens inverse sur les doigts précédents, ce qui amène neuf sur le pouce. Le nombre en question aurait ainsi pris le nom de *un nouveau.* Malheureusement cette explication est en contradiction avec l'adoption universelle du nombre 10 pour base de la numération qui indique bien une manière de compter sur les doigts des deux mains. Si l'explication est vraie, il faudrait admettre que la manière de compter sur une seule main est de beaucoup postérieure à l'adoption du système de numération à base 10. D'après Pott, le mot sanscrit *navan*, nombre n., serait bien identique à *nava* qui est l'origine du mot *novus*, nouveau, etc., mais la signification primitive de ce mot serait postérieure, dernier relativement, c.-à-d. la dernière chose avant ce qui est actuel, ce qui s'accorde en effet avec le sens de nouveau. Alors le sens numérique s'interprète comme signifiant le dernier nombre avant *dix* qui marque un échelon important dans la numération.

**Obs. gram.** — L'F finale de *Neuf* ne se prononce point, quand ce mot est suivi immédiatement d'un autre mot qui commence par une consonne. En conséquence, on prononce *Neuf cavaliers, neuf mille*, comme s'il y avait *neu cavaliers, neu mille*. Lorsque au contraire *Neuf* est suivi d'un substantif ou d'un adjectif commençant par une voyelle, on fait sentir l'F, mais en lui donnant la valeur de V Ainsi, *N. ans n. écus, n. hommes*, se prononcent *neuv-ans, neuv-écus, neuv-hommes*. Enfin, l'F de ce mot ne se prononce avec le son qui lui est propre que lorsqu'il n'est suivi d'aucun mot, ou lorsqu'il n'est suivi ni d'un substantif ni d'un adjectif : *Sur cent, il n'en resta que neuf. Ils étaient neuf en tout. Les neuf arrivèrent à la fois.*

**NEUF, EUVE.** adj. (lat. *novus*, m. s.). Qui est fait depuis peu. *Un habit n. Une maison neuve. Des meubles neufs.* || Qui n'a point encore servi. *J'ai depuis deux ans un habit n. que je n'ai pas encore eu occasion de mettre.* || Qui a peu servi, qui n'est point usé. *Pourquoi acheter un autre manteau? le vôtre est encore tout n.* — Fig. et popul., *Faire balai n., Faire corps n., Faire maison neuve*, Voy. BALAI, CORPS, etc. — *Faire peau neuve.* Se dit du serpent qui mue et au Fig. signifie se transformer, dépouiller le vieil homme. || Qui vient d'être acheté. *Je n'ai pas vu vos chevaux neufs.* || Se dit de certaines choses à l'égard d'autres de même espèce qui sont plus anciennes. *La vieille ville et la ville neuve. La vieille tour et la tour neuve. Le pont n. à Paris.* || En parlant des personnes, *Neuf* signif. Qui n'a point encore d'expérience ou d'habitude de quelque chose. *Il est n. aux affaires. Il est tout n. dans ce métier. Ce domestique n'a jamais servi, il est tout n. Ce jeune homme est tout n. dans le monde. Une fille neuve*, innocente. — Au sens moral, on dit, *Un cœur tout n., une âme toute neuve.* || En parl. des productions de l'esprit et des arts, *Neuf* signifie, Qui n'a pas encore été dit, traité, produit, employé. *Ce qui paraît n. n'est souvent qu'une redite. Idée, pensée, image, expression, tournure neuve. Sujet, ouvrage n. Il a traité ce sujet d'une manière neuve.* — Fam. et ironiq., on dit d'une action qui paraît étrange, extraordinaire, *Voilà qui est n. Voilà qui est tout n. pour moi. Le procédé est n., etc.* || T. Agric. *Terre neuve*, Terre qui n'a jamais été défrichée, ou qui est inculte depuis longtemps, ou qui n'est mise en valeur que depuis peu. Se dit aussi de la terre rapportée qui n'a point encore servi à la végétation. || T. Comm. *Bois n.*, Celui qui est venu par voiture ou par bateau, par opposition à *bois flotté*. == NEUF s'emploie quelquefois subst. au masc. *Donnez-nous du n. Coudre le n. avec le vieux. Ce gros volume ne contient rien de n. Il y a du n. dans cet ouvrage.* == A NEUF loc. adv. Se dit des choses qu'on raccommode, qu'on renouvelle, de manière qu'elles semblent neuves. *Un tailleur qui travaille dans le n. Un cordonnier qui fait le n. Refaire un bâtiment à n. Remettre un tableau à n. Blanchir des dentelles à n. Il a refait sa tragédie à n.* == DE NEUF. loc. adv. Ne se dit que dans la locut , *Habiller de n.*, Avec des habits neufs. *Il a fait habiller ses gens tout de n.*

**Syn.** — *Nouveau, Récent.* — Ce qui n'a pas servi est *neuf*; ce qui n'a pas encore paru est *nouveau*; ce qui vient d'arriver est *récent*. On dit d'un habit qu'il est *neuf*, d'une mode qu'elle est *nouvelle*, et d'un fait qu'il est *récent*. Une pensée est *neuve* par le tour qu'on lui donne, *nouvelle* par le sens qu'elle exprime, *récente* par le temps de sa production.

**Ling.** — Voy. NEUF, adj. numéral.

**NEUFALINE.** s. f. (mot forgé avec *neuf*). T. Comm. Mélange de benzine et d'essence de pétrole qui sert à dégraisser les étoffes.

**NEUF-BRISACH**, anc. ch.-l. de c. (Haut-Rhin), arr. de Colmar, pris par l'Allemagne en 1870; 2,200 hab.

**NEUFCHÂTEAU**, ch.-l. d'arr. du dép. des Vosges, sur la Meuse, à 60 kil. N.-O. d'Épinal; 4,000 hab.

**NEUFCHÂTEL-EN-BRAY**, ch.-l. d'arr. du dép. de la Seine-Inférieure, à 42 kil. N.-O. de Rouen; 4,000 hab. Fromages renommés.

**NEUHOF** (baron DE), aventurier, né à Metz. En 1736 il se fit proclamer roi de Corse sous le nom de Théodore.

**NEUILLÉ-PONT-PIERRE**, ch.-l. de c. (Indre-et-Loire), arr. de Tours; 1,500 hab.

**NEUILLY**, ch.-l. de c. (Seine), arr. de Saint-Denis, sur la Seine; 29,400 hab.

**NEUILLY-EN-THELLE**, ch.-l. de c. (Oise), arr. de Senlis; 1,600 hab.

**NEUILLY-LE-RÉAL**, ch.-l. de c. (Allier), arr. de Moulins; 2,151 hab.

**NEUILLY-L'ÉVÊQUE**, ch.-l. de c. (Haute-Marne), arr. de Langres; 1,100 hab.

**NEUILLY-SAINT-FRONT**, ch.-l. de c. (Aisne), arr. de Château-Thierry; 1,500 hab.

**NEUILLY-SUR-MARNE**, comm. du c. de Gonesse (Seine-et-Oise); 4,800 hab.

**NEUKIRCHITE.** s. f. T. Minér. Variété ferreuse de Manganite, de Neukirchen (Alsace).

**NEUME.** s. m. (lat. *neuma*, m. s., du gr. πνεῦμα, souffle). T. Mus. Dans le plain-chant, suite de notes sans paroles qui se chantent sur la dernière syllabe d'un mot. == NEUMES, s. m. pl. Signes qui, au commencement du moyen âge, servaient à noter le plain-chant.

**NEUNG-SUR-BEUVRON**, ch.-l. de c. (Loir-et-Cher), arr. de Romorantin; 1,300 hab.

**NEURADE.** s. m. (gr. νεῦρον, nervure; ἀδὴν, glande). T. Bot. Genre de plantes Dicotylédones (*Neurada*) de la famille des *Rosacées*. Voy. ce mot.

**NEURADÉES.** s. f. pl. (R. *Neurade*). T. Bot. Tribu des végétaux de la famille des *Rosacées*. Voy. ce mot.

**NEURASTHÉNIE.** s. f. (gr. νεῦρον, nerfs; ἀ priv.; σθένος, force). T. Méd. Faiblesse nerveuse.

**Pathol.** — La n. est un état de faiblesse, de faiblesse irritable est-il bon d'ajouter, du système nerveux, indépendant d'une lésion, d'un trouble de la nutrition, d'une auto-intoxication, et dont on ne peut dès maintenant indiquer la nature. Son autonomie est bien réelle, et les railleries des ignorants ne peuvent rien pour dissoudre son complexus symptomatique très net. Elle est particulièrement intéressante par ses relations avec les autres formes de névropathie, et elle occupe une des extrémités de l'échelle de dégénérescence nerveuse héréditaire. — A vrai dire, ce n'est pas une maladie moderne, et certains ont trouvé dans les écrits d'Hippocrate et de Galien la preuve que la n. a existé dans les temps les plus reculés. Mais on la connaissait mal; elle était confondue avec les autres types de névropathie, et sa caractérisation date bien réellement des travaux de l'Américain Beard (1868 à 1880) qui, pour s'imposer, eurent d'ailleurs besoin de l'autorité des Weir, Mitchell, Huchard, Charcot.

Les deux grands facteurs étiologiques de la n. sont : le surmenage du système nerveux, et la prédisposition créée par l'hérédité. — Cette maladie se rencontre en général chez les adultes, durant la période laborieuse et tourmentée de la vie; elle est plus fréquente chez l'homme que chez la femme, et les professions qui obligent à un travail intellectuel doublé de préoccupations morales vives (commerçants, industriels, banquiers) prédominent dans les statistiques. Le médecin la rencontre fréquemment sur ses pas, et si notre époque est particulièrement féconde en neurasthéniques, la cause n'en est pas, comme on a voulu le dire, dans une dégénérescence globale qui envahirait nos générations, mais dans les modifications économiques et politiques qui, supprimant les barrières sociales, ont excité la concurrence vitale. Le terrain neurasthénique est généralement préparé par l'hérédité, que celle-ci soit similaire, le neurasthénique étant issu de neurasthéniques; dissemblable, la tare nerveuse ayant changé de forme ; ou que ce soit une hérédité de transformation, les tares arthritiques et même infectieuses ou toxiques, semblant avoir une relation avec la n. Quoique l'hérédité puisse suffire à engendrer la maladie, d'autres s'y ajoutent en général, et en première ligne, l'éducation défectueuse laissant se développer chez les enfants les mauvaises tendances de leurs caractères. A l'éducation se joignent le milieu, entretenant et aggravant les premières manifestations du mal, les excès génésiques chez les dégénérés, etc. Vienne alors sur le terrain ainsi préparé, l'influence d'une des causes provocatrices que nous allons signaler et la maladie se développe. Le surmenage cérébral mérite la première place, et chose importante, ce n'est pas tant l'excès de travail intellectuel que le surmenage dans la sphère affective qui suscite la n. En sorte que les mondains n'y échappent pas plus que les savants. D'autres causes encore jouent le rôle d'agents provocateurs (intoxication, infection, dyspepsie, maladies génitales, frayeur, etc.), et tel est leur nombre que la place manque pour les énumérer, chaque malade pour ainsi dire portant avec lui son stigmate personnel. Néanmoins nous ne pouvons passer sous silence l'influence des traumatismes, mis en évidence depuis peu, et qui agissent sans doute surtout par la frayeur qu'occasionnent les circonstances dramatiques de l'accident (accidents de chemins de fer, tremblements de terre, etc.).

Le tableau clinique de la n. est difficile à tracer, car on peut dire qu'il y a autant de modalités symptomatiques que de malades. De plus, les troubles neurasthéniques étant presque tous fonctionnels, subjectifs, il est difficile d'en vérifier la réalité, et l'examen du malade demande, de la part du médecin, une patience et un tact tout particuliers pour démêler dans les doléances du malade la part de vérité qui peut conduire au diagnostic. Le neurasthénique en effet, ne se présente pas toujours avec le même extérieur ; les uns sont déprimés, parlent peu, répondent mal aux questions qu'on leur pose ; les autres, sains en apparence, sont excités, font un interminable récit de leurs malaises, et entre ces types extrêmes se trouvent une foule d'intermédiaires tel « l'homme aux petits papiers » de Charcot, qui se présente avec une liste, préparée à l'avance, de toutes les misères dont il se plaint. Le rôle du médecin serait donc fort malaisé si le génie nosographique de Charcot n'avait démêlé, dans le fouillis symptomatique, une série de stigmates, signes permanents et fondamentaux, qui servent de points de repère ; ce sont : la *céphalée*, cette céphalée, en casque, qui étreint le malade comme une coiffure trop lourde ; — la *rachialgie* (plaque sacrée et cervicale) ; — l'*asthénie neuro-musculaire*, ou affaiblissement de l'énergie motrice ; — l'*insomnie* ; — les *troubles dyspeptiques* ; — enfin, la *dépression cérébrale*, cet état particulier caractérisé par de l'aboulie, de l'inattention, de l'amnésie, qui traduit l'infériorité psychique du malade : tous stigmates bien caractérisés dans leur forme. A côté de ces symptômes cardinaux s'observent des troubles fonctionnels secondaires, susceptibles d'ailleurs, par un développement insolite, d'imprimer au malade une physionomie particulière ; tels sont : les vertiges, les troubles de la motilité (tremblements, etc.), les troubles de la sensibilité générale (hyperesthésie, paresthésie), les troubles circulatoires (palpitations, tachycardie, angine de poitrine, troubles vaso-moteurs), les troubles des organes des sens (vue et ouïe surtout), les troubles des organes génito-urinaires (impuissance, pollutions nocturnes, etc., etc.). On comprend du reste que cette complexité de signes ait entraîné les auteurs à multiplier les formes de la n., suivant la prédominance des troubles fonctionnels de tel ou tel appareil. Cette complication est inutile, et il faut se mettre en garde contre cette tendance. Quatre variétés méritent seules en somme d'être décrites à part ; ce sont : la *n. cérébro-spinale*, forme habituelle ; la *n. féminine*, si bien décrite par Weir Mitchell, la *n. génitale*, et la *n. traumatique*.

La description que nous venons de tracer peut expliquer la multiplicité des théories émises par les auteurs sur la pathogénie de la n. Les uns ont voulu rapporter les troubles nerveux à un trouble organique primitif siégeant soit dans l'estomac, soit dans les organes génitaux, soit dans l'appareil circulatoire, d'autres veulent conserver la valeur dominante à une lésion nerveuse inconnue qui serait l'élément primitif. Il nous semble qu'en présence de la diversité des types cliniques dont nous avons essayé de donner une idée, il est plausible de supposer qu'une même pathogénie ne préside pas à tous les états neurasthéniques, et que plusieurs individus arrivent par un processus, quelquefois très différent, à une perturbation fonctionnelle analogue.

Si les lignes qui précèdent ont pu intéresser le lecteur curieux des choses médicales, celles qui suivent s'adressent à tous, et il serait à souhaiter qu'elles fussent lues de ceux qui ont charge d'âme, comme l'on dit, c.-à-d. des parents, des éducateurs, et peut-être surtout, des mères. C'est, en effet, que l'hygiène est très puissante contre le développement de la n., soit qu'elle écarte les causes génératrices de la maladie, ou qu'elle mette les sujets exposés à leur action nocive, en état de résister. Il importe avant tout de dire que l'éducation peut intervenir efficacement contre l'hérédité, et que la doctrine qui professe la stérilité des efforts contre la destinée morale du fœtus est une doctrine outrancière et fausse. L'hérédité n'est pas inéluctable, et les instincts artificiels, l'habitude individuelle acquise, peuvent se substituer aux instincts héréditaires, à l'habitude ancestrale. — L'éducation des enfants héréditairement prédisposés doit poursuivre un triple but : développer harmonieusement toutes les capacités de l'individu, et plus particulièrement celles qui lui sont spéciales, mais dans la mesure où elles ne peuvent nuire à l'équilibre général de l'organisme ; enrayer les tendances héréditaires susceptibles de troubler l'équilibre physique et moral ; enfin, fortifier l'énergie, la résistance physiologique du système nerveux. La santé physique étant la condition essentielle de la santé intellectuelle, doit être l'objet des premières préoccupations ; immédiatement après se place le développement moral, l'éducation morale possédant une puissance d'action bien supérieure à celle de l'instruction, en tant que moyen de réformer les tendances héréditaires morbides. Sans entrer dans le détail, il importe de dire quelques mots de l'éducation physique, car « bien peu de gens paraissent comprendre qu'il existe une chose dans le monde qu'on pourrait appeler la moralité physique » (Spencer). Le milieu, les exercices physiques, l'alimentation, l'hygiène de la peau, sont quatre points importants. Comme milieu, l'idéal pour l'enfant est la campagne, et le pire, l'internat. Comme exercices physiques, les plus faciles et les plus attrayants sont les plus recommandables, ce qui exclut l'escrime et la gymnastique d'agrès, et impose les marches, les promenades, les jeux de barres, de balle, et aussi les sports faciles comme le canotage et le cyclisme ; l'alimentation est surtout importante à surveiller pour les arthritiques héréditaires, et doit toujours être sobre en boissons alcooliques ; enfin l'hygiène de la peau est des plus nécessaires, et dès l'âge le plus tendre les enfants doivent être accoutumés aux pratiques de l'hydrothérapie. L'éducation morale est encore plus négligée : pour bien des parents l'enfant raisonnable est l'idéal, et celui-ci consiste en une petite marionnette qui ne bouge que si on en tire les fils ; or, dans ces conditions, les mauvais instincts d'héritage se donnent libre carrière, dès que l'enfant est livré à lui-même. Pour réussir, il faut mettre à profit les qualités spéciales à l'enfance, et particulièrement l'impressionnabilité, la sensibilité aux impulsions suggestives qui sont si notables dans le jeune âge ; le but à poursuivre est de convaincre l'enfant qu'il est capable du bien et incapable du mal, afin de lui donner la puissance de faire le bien, l'impuissance de faire le mal, de lui faire croire qu'il a une volonté forte, qu'il est maître de soi, afin de lui communiquer la force et l'habitude de vouloir et de se commander à lui-même. L'estime témoignée en public est une ressource utile, et par contre il faut éviter de donner à l'enfant « la formule de ses mauvais instincts ». — Après l'hygiène de l'enfant, l'hygiène de l'adulte devrait avoir sa place, mais elle relève plus de la sociologie que de la médecine ; peut-être, comme le dit Spencer, abuse-t-on « de l'évangile du travail » et serait-il temps de passer à « l'évangile du délassement ».

Pour nous faire pardonner l'extension donnée à l'hygiène prophylactique, nous serons bref sur l'hygiène thérapeutique qui intéresse surtout le médecin : nous dirons simplement que la médication pharmaceutique ne joue ici qu'un rôle secondaire, et qu'il convient de recourir à peu près exclusivement à la mise en œuvre, méthodiquement combinée, des divers agents dont l'hygiène dispose. La psychothérapie est un moyen puissant : l'isolement, l'éloignement du milieu où s'est développé l'état névropathique, l'hydrothérapie, l'électricité, influencent non-seulement l'état somatique, mais encore l'état psychique ; de plus, le médecin intelligent peut avoir une influence capitale par la direction morale, l'ascendant qu'il prend sur le sujet, et la suggestion à l'état de veille, bien préférable à la véritable suggestion hypnotique. Le régime alimentaire a évidemment une influence considérable, surtout dans les formes dyspeptiques, mais il varie trop pour que nous puissions en donner une idée générale.

Tels sont en somme les moyens dont nous disposons contre

la n., et il importe de dire en terminant combien l'hygiène intelligente peut contre la tendance à la généralisation de cette névrose qui, appelée la maladie du siècle, ne sera pas, espérons-le, celle du siècle prochain.

**NEURASTHÉNIQUE.** adj. 2 g. Qui a rapport à la neurasthénie. — Subst. Celui, celle qui est affecté de neurasthénie.

**NEURIDINE.** s. f. T. Chim. Ptomaïne de la formule $C^5H^{14}Az^2$, qui se produit dans la putréfaction des cadavres, du fromage et de la gélatine. Elle se dédouble, sous l'action de la soude, en di et tri-méthylamine. Elle n'est pas toxique.

**NEURINE.** s. f. T. Chim. Syn. de NÉVRINE.

**NEUROBATE.** s. m (gr. νευροβάτης, m. s., de νεῦρον, nerf, corde, et βαίνω, je marche). T. Antiq. Danseur de corde. Voy. FUNAMBULE.

**NEUROKÉRATINE.** s. f. (gr. νεῦρον, nerf et *kératine*). T. Chim. Voy. KÉRATINE.

**NEURONE.** s. m. (gr. νεῦρον, nerf). Élément nerveux formé par la réunion du corps cellulaire et de ses prolongements. Voy. NERVEUX.

**NEUROPTÉRIDE.** s. m. (gr. νεῦρον, nervure; πτερίς, fougère). T. Bot. Genre de Fougères fossiles de la famille des *Neuroptéridées*. Voy. ce mot.

**NEUROPTÉRIDÉES.** s. f. pl. (R. *Neuroptéride*). T. Bot. Famille de Fougères fossiles caractérisée par des feuilles à nombreuses nervures dichotomes, en éventail, partant de la base des segments (*Neuropteris, Odontopteris, Adiantites*, etc.).

**NEUROSPERME.** s. m. pl. (gr. νεῦρον, nervure; σπέρμα, graine). T. Bot. Genre de plantes Dicotylédones (*Neurosperma*) de la famille des *Cucurbitacées*. Voy. ce mot.

**NEUSATZ** ou **UJVIDEK**, v. de Hongrie, sur le Danube; 21,400 hab.

**NEUSIEDEL**, lac de Hongrie.

**NEUSS**, v. de la Prusse rhénane; 20,100 hab.

**NEUSTADT**, v. de Bavière, Palatinat rhénan; 11,500 hab.

**NEUSTADT**, v. de Prusse (Silésie); 14,500 hab.

**NEUSTADT-MAGDEBOURG**, v. de Prusse, prov. de Saxe; 29,200 hab.

**NEU-STRELITZ**, v. d'Allemagne; cap. du grand-duché de Mecklembourg; 9,400 hab.

**NEUSTRIE** (mot sign. *royaume de l'Ouest*), une des divisions de l'empire franc sous les Mérovingiens; elle comprenait le pays situé entre la Loire et la Meuse. En 915, ce qu'on appelait la Neustrie fut cédé à Rollon et devint la Normandie. || Voy. AUSTRASIE, AQUITAINE. = Nom des hab. : NEUSTRIEN, IENNE.

**NEUTRALEMENT.** adv. [Pr. *neutrale-man*] (lat. *neutraliter*, m. s. de *neutralis*, neutre). T. Gramm. D'une manière neutre. *Le verbe actif s'emploie quelquefois n.*

**NEUTRALISATION.** s. f. [Pr. *neutrali-za-sion*]. T. Chim. Action de neutraliser. || T. Droit internat. Action de rendre neutre un territoire, une ville, un vaisseau. *La n. d'un pays, d'une ville. Il sollicite la n. de son navire.*

**NEUTRALISER.** v. a. [Pr. *neutrali-zer*] (lat. *neutralis*, neutre, de *neuter*, ni l'un ni l'autre). T. Chimie. Éteindre les propriétés particulières d'un acide ou d'une base au moyen de leur action réciproque. *N. un acide par un alcali, un alcali par un acide.* || Empêcher ou amoindrir considérablement l'effet d'une chose; se dit au sens physique et au sens moral. *Il est parvenu à n. les efforts, les mauvais desseins de ses ennemis. Il faudrait n. l'influence de ces doctrines. N. l'action d'un principe.* || T. Droit internat. Constituer à l'état de neutralité. *Les grandes puissances sont convenues de n. tel territoire.* = SE NEUTRALISER. v. pron. *Ces deux mouvements, ces deux effets, ces deux causes se neutralisent réciproquement.* = NEUTRALISÉ, ÉE. part.

**NEUTRALITÉ.** s. f. (lat. *neutralis*, neutre). État de celui qui, dans une discussion, une querelle, une guerre, ne prend parti pour aucun des contendants. *Observer la n. Les grandes puissances ne se font pas scrupule de violer la n. des États faibles. La Suisse fut incapable de faire respecter sa n. Je laisse les deux familles se chamailler, je garde la n.* || *N. armée.* État d'une puissance qui ne prend pas parti entre les belligérants mais qui s'arme pour faire respecter sa neutralité. || T. Chim. et Phys. État d'un corps neutre.

**Dr. intern.** — I. *Définition et divisions.* — Quand une guerre éclate entre deux nations, les puissances souveraines qui ne sont pas obligées par des engagements antérieurs à y prendre part, ont le droit, en vertu de leur indépendance naturelle, de se tenir en dehors de la lutte et de continuer à vivre en bonne intelligence avec les parties belligérantes. L'état dans lequel ces puissances se placent constitue la *Neutralité*, et elles reçoivent elles-mêmes la qualification de *Neutres*. — Les publicistes distinguent plusieurs espèces de neutralités. La *N. naturelle* est celle que tout État indépendant est libre d'observer, quand aucun traité contraire ne s'y oppose; cette n. dépend absolument de la volonté de l'État qui ne veut point prendre part au débat, et n'a besoin ni d'être proclamée ni d'être signifiée aux belligérants. Néanmoins il est d'usage que celui qui veut rester neutre en fasse la déclaration expresse par des proclamations publiques. Cet usage présente l'avantage de fixer les belligérants sur les intentions de leurs voisins. Tantôt l'État qui veut rester neutre se borne à déclarer ses intentions, et à ne rien faire en faveur ou au préjudice de l'un ou de l'autre des belligérants; on dit alors qu'il observe la *N. simple*. Tantôt, au contraire, il accompagne cette déclaration de préparatifs militaires afin de maintenir sa n., même par la force, contre les prétentions contraires aux droits qui en résultent; c'est ce qu'on appelle la *N. armée*. Lorsque la n. est imposée par des traités ou des conventions expresses intervenues entre la puissance qui l'embrasse et l'un des deux belligérants ou tous les deux, elle est dite *conventionnelle*. Les nations qui souscrivent de semblables obligations aliènent, en réalité, une partie de leur indépendance puisqu'elles s'interdisent la faculté de prendre au besoin un rôle actif dans la lutte. Mais ces conventions sont en général avantageuses à celui des belligérants qui les a obtenues, parce que, avant de commencer la guerre, il s'assure de l'inaction d'États dont l'intervention dans les hostilités aurait pu rendre douteuse ou même impossible l'exécution de ses plans. Quelques pays, faibles et entourés d'États puissants, ont été déclarés neutres par des traités spéciaux, afin de les mettre à l'abri des attaques de ces derniers; mais cette n. ne constitue pas une n. conventionnelle proprement dite. En effet, la nation en faveur de laquelle elle a été établie n'est point tenue de ne pas se mêler au débat; ce sont, au contraire, les autres puissances qui se sont engagées à respecter son indépendance, tant qu'elle-même resterait neutre.

II. *Droits et devoirs des neutres.* — L'État neutre n'est ni juge ni partie dans le débat; en conséquence il conserve, vis-à-vis des belligérants, son entière indépendance, et peut continuer, avec chacun d'eux, ses anciennes relations commerciales ou autres. Néanmoins l'ouverture des hostilités apporte quelques limites à sa liberté et lui impose certaines obligations qui n'existaient pas avant la guerre. Ces obligations sont au nombre de deux : abstention de tout acte hostile, soit direct, soit indirect; impartialité complète entre les deux belligérants dans ce qui se rattache aux rapports militaires. D'après cela, le gouvernement neutre ne doit absolument faire aucun acte militaire qui puisse favoriser un des partis ennemis au détriment de l'autre, et il est en outre tenu d'accorder les mêmes faveurs aux deux belligérants et de la même manière. Ainsi, par exemple, il ne peut sans violer la n., accueillir dans ses ports les navires de l'un et repousser ceux de l'autre, ou bien donner aux uns l'asile complet et ne donner aux autres que le simple refuge. « L'impartialité des neutres, dit Royer-Collard, sera également exacte, soit lorsqu'ils refuseront toute espèce d'avantages aux belligérants, soit lorsqu'ils leur concéderont des avantages parfaitement égaux. De là deux systèmes dans la n. celui d'*impartial refus*, et celui d'*impartiale concession*. On ne peut s'empêcher de reconnaître qu'il serait à désirer que les puissances neutres adoptassent constamment le système d'impartial refus. Ce système, s'il était poussé à l'extrême, serait infiniment plus impartial que tout autre. En outre, si tous les neutres refusaient aux puissances belligérantes les moyens de continuer la guerre, s'ils leur fermaient leurs ports et l'accès de leur territoire, s'ils interrompaient tout commerce avec eux, la guerre deviendrait presque toujours impossible. Mais, d'un autre côté, l'adoption d'un pareil système serait très préjudiciable aux neutres eux-mêmes, car ceux-ci ont aussi besoin de leur commerce et de leurs relations avec les belligérants. Le système d'impartial refus n'est donc généralement possible qu'à de grandes nations, lorsque la guerre vient à éclater entre deux puissances de force inférieure à la leur, ou tout au moins égale. En conséquence, le système d'impartiale concession est celui qui est le plus communément adopté ; il concilie mieux les intérêts actuels des neutres avec l'impartialité qu'il leur permet de conserver vis-à-vis de tous les belligérants. Au surplus, il est important de distinguer entre les relations politiques et les relations commerciales, entre les droits et les devoirs des gouvernements neutres et ceux des particuliers membres des nations neutres. Le plus souvent, les rapports des gouvernements neutres avec les belligérants sont fondés sur le système d'impartial refus, tandis que les rapports des sujets neutres le sont généralement sur celui d'impartiale concession. » En effet, il ne suffit pas qu'un gouvernement neutre observe lui-même la n., il faut encore qu'il la fasse rigoureusement observer par tous ceux sur lesquels il étend son autorité. En conséquence, les sujets d'un État neutre doivent s'abstenir de toute participation aux hostilités, soit en prenant eux-mêmes les armes pour un belligérant, soit en levant des troupes pour son compte, soit en lui fournissant des munitions ou d'autres moyens propres à prolonger la guerre. En se soumettant à ces obligations, les sujets de l'État neutre qui résident sur le territoire d'une des parties belligérantes doivent être respectés dans leurs personnes et leurs biens meubles. Quant à leurs propriétés immobilières, elles subissent la loi commune en ce qui concerne les contributions de guerre et les autres charges dont peuvent être frappées celles des nationaux, toute distinction à l'égard de cette nature de biens étant chose impossible.

III. *Neutralité maritime.* — Les droits et les devoirs des neutres dans les guerres maritimes sont plus difficiles à déterminer. En droit absolu, les neutres devraient pouvoir continuer librement leurs relations commerciales avec chacun des belligérants ; néanmoins la coutume des nations a fait admettre des restrictions à cette liberté, de crainte qu'on n'en abuse pour fournir des secours à l'un au détriment de l'autre. Malheureusement il n'existe aucun principe uniforme et généralement admis à l'égard de ces restrictions, et jusqu'à présent chaque État a soumis ces deux points du droit des gens aux lois particulières qu'il a jugées le plus conformes à sa situation et à ses intérêts. Cependant il existe quelques faits spéciaux qui sont considérés par toutes les nations comme des actes d'immixtion dans les hostilités, et, par conséquent, comme des violations des devoirs de la neutralité. Ces faits sont relatifs au transport de la contrebande de guerre et à la violation d'un blocus. Pour la contrebande de guerre, il est universellement admis qu'un navire neutre qui porte à l'un des belligérants, soit des armes, soit des munitions, soit d'autres objets fabriqués pour faire la guerre, perd par cela même sa n., et, s'il est rencontré à la mer par un bâtiment de l'autre belligérant, il peut être saisi par celui-ci et conduit dans un des ports de l'État à qui le croiseur appartient. D'après les traités, tout ce qui est contrebande encourt de droit la confiscation, après quoi le navire est libre de continuer sa route avec le reste de sa cargaison. Mais presque tous les peuples, quand ils sont en guerre, ont des lois intérieures beaucoup plus sévères. En France, par ex., le règlement de 1778, qui est encore en vigueur, déclare que le navire coupable et sa cargaison tout entière sont de bonne prise, lorsque la partie qualifiée de contrebande forme les trois quarts de la valeur totale du chargement. En ce qui concerne le blocus, il est de droit naturel que toute puissance qui s'empare de la totalité ou d'une portion de mer appartenant à son ennemi, en devient le propriétaire, et a nécessairement le droit d'en permettre ou d'en défendre la fréquentation aux nations qui ne sont pas en guerre avec lui. Ces dernières sont donc tenues d'obéir à ses ordres de la même manière qu'elles obéiraient au souverain d'un port qui interdirait aux navires d'y entrer. En conséquence, tous les peuples admettent que le navire qui viole ces ordres est passible d'une peine, laquelle est la confiscation du navire et de sa cargaison entière. Cependant les faits qui constituent la violation du blocus n'ont point été, dans les grandes guerres de la fin du siècle dernier et du commencement de ce siècle, entendus de la même manière. L'Angleterre prétendait que le fait seul de mettre à la voile pour un port déclaré bloqué devait entraîner l'application de la peine, tandis que l'Europe tout entière a constamment protesté avec indignation contre cet odieux abus de la force. L'Angleterre prétendait encore qu'il lui suffisait de déclarer le blocus d'un port pour interdire à tout navire neutre le droit d'y entrer. Cette prétention, non moins odieuse que la précédente, a été également repoussée avec persévérance par tous les États civilisés. Enfin, la doctrine soutenue par la France et par les autres puissances maritimes a eu la gloire de triompher. Le congrès de 1856 a posé en principe que pour qu'un blocus soit respecté, il n'est pas suffisant qu'il soit *sur le papier;* il faut encore qu'il soit *réel*, c.-à-d. que l'État qui l'a déclaré possède sur les points bloqués une force navale suffisante pour faire respecter sa déclaration. — Outre les devoirs qui résultent, pour les neutres, de ce qui précède, il en existe un autre dont l'importance n'est pas moins considérable, et qui résulte du droit qu'a chaque belligérant de s'assurer de la nationalité des navires étrangers. En effet, les croiseurs belligérants ayant mission de s'emparer des navires ennemis, il est de toute nécessité qu'ils puissent reconnaître à quelle nation appartiennent les bâtiments qu'ils rencontrent, car la vue seule du pavillon ne saurait suffire, puisque, s'il en était autrement, les ennemis échapperaient aux croiseurs en se couvrant de couleurs mensongères. Pour atteindre ce but, on a imaginé ce qu'on appelle le *Droit de visite*. Ce droit a de plus un autre objet : il est encore destiné à constater la nature de la cargaison que portent les navires neutres, afin de s'assurer qu'elle ne renferme pas de la contrebande de guerre. En vertu de ce droit, aussitôt qu'un croiseur aperçoit un navire étranger quelconque, il le prévient par un coup de canon à poudre, appelé *Semonce*, qu'il a l'intention de le visiter. A ce signal, le bâtiment doit s'arrêter, ou du moins retarder sa marche pour permettre au croiseur d'approcher. Alors celui-ci lui envoie un officier qui s'assure de sa nationalité et de la nature de son chargement par l'examen de ses papiers. Le navire neutre qui n'obéit pas à la semonce y est contraint par la force, et les avaries qu'il éprouve sont à sa charge. Enfin, s'il résiste à main armée et qu'il succombe, il est déclaré de bonne prise. Le droit de visite ne s'étend pas aux navires qui voyagent sous l'escorte de bâtiments de guerre neutres : dans ce cas, la déclaration verbale du commandant du convoi suffit pour affirmer leur nationalité et leur parfaite neutralité. Avant 1856, l'Angleterre avait prétendu avoir le droit de s'emparer des propriétés ennemies embarquées sur des navires neutres, et même de confisquer ces derniers pour les punir d'avoir prêté leur concours au commerce de l'autre belligérant ; mais, au congrès de Paris, elle a déclaré renoncer à cette prétention inique. Ainsi donc, le principe que *le pavillon couvre la marchandise*, c.-à-d. que tout navire neutre a le droit de transporter la marchandise ennemie, sauf la contrebande de guerre, est un principe définitivement acquis au droit international, et, nous pouvons le dire, à la civilisation. De plus, il a été encore admis que la marchandise neutre reste neutre sous le pavillon ennemi. — Voyez les *Traités du droit des gens* de Martens, Garden, Kluber, et les ouvrages intitulés : *Droits et devoirs des nations neutres*, par Hautefeuille et le *Droit international théorique et pratique* par Calvo.

**NEUTRE**. adj. 2 g. (lat. *neuter*, ni l'un ni l'autre). Qui ne prend fait et cause ni pour l'une ni pour l'autre des parties, soit dans une guerre, soit dans une discussion, soit dans une rivalité ou dans une contention quelconque. *État, pays, ville n. Ce prince voulut rester n. pour se rendre ensuite l'arbitre des parties belligérantes. Une loi de Solon défendait qu'aucun citoyen restât n. dans les dissensions civiles. Tous deux se sont brouillés avec moi, parce que je prétendais rester n. dans leur querelle.* — *Pavillon n.*, Le pavillon d'une puissance qui est neutre. || En T. Droit internat. *Neutre*, s'empl. souvent subst., surtout au plur. *Les principes qui protègent la navigation des neutres. Le droit des neutres*, Voy. NEUTRALITÉ. = T. Gram. Se dit des noms d'une langue qui ne sont ni du genre masculin, ni du genre féminin. *Substantif n. Adjectif n.* — Se dit aussi du genre de ces noms. *Il n'y a pas de genre n. dans la langue française.* — Subst., on dit : *Cet adjectif est au n.* || *Verbe n.*, Verbe qui n'admet pas de régime direct. Voy. VERBE. || T. Chim. *Composé n., sel n.*, Composé qui n'est ni acide ni alcalin, Voy. SEL. || T. Phys. *Fluide n.*, fluide électrique dont les effets s'annulent réciproquement et qu'on suppose formé par la combinaison de l'électricité positive et de l'électricité négative d'un corps. || T. Bot. *Fleur n.*, Fleur stérile. Voy. Fleur. || T. Entom. On appelle *Individus neutres*, ou simpl., *Neutres*, les individus chez lesquels les organes de la reproduction ne se sont pas développés, et qui semblent n'appartenir à aucun sexe. Voy. Abeille, Fourmi, etc.

**NEUTREMENT.** adv. [Pr. *neutre-man*]. D'une manière neutre.

**NEUTROPHILE.** (R. *neutre* et gr. φίλος, ami). Qualificatif attribué aux cellules vivantes qui affectionnent les milieux à réaction chimique neutre.

**NEUVAINE.** s. f. [Pr. *neu-vène*] (R. *neuf*). T. Relig. On donne ce nom à certains actes de dévotion, tels que prières, messes, etc., qu'on répète pendant neuf jours consécutifs, en l'honneur de la Vierge ou d'un saint.

**NEUVIC**, ch.-l. de c. (Corrèze), arr. d'Ussel ; 3,400 hab.

**NEUVIC**, ch.-l. de c. (Dordogne), arr. de Ribérac; 2,300 hab.

**NEUVIÈME.** adj. ordinal 2 g. (R. *neuf*). Qui suit immédiatement le huitième. *Le n. jour du mois. Ma femme est dans le n. mois de sa grossesse*, ou ellipliq., *dans son n.* || Subst., *Nous sommes dans le n. de la lune. Il est le n. de sa classe.* = Neuvième. s. m. La neuvième partie d'un tout. *Il est intéressé pour un n., il a un n. dans cette affaire.* = Neuvième. s. f. T. Musiq. Voy. Intervalle.

**NEUVIÈMEMENT.** adv. [Pr. *neuviè-meman*]. En neuvième lieu; ne se dit que dans une énumération d'articles, de paragraphes, etc.

**NEUVILLE**, ch.-l. de c. (Vienne), arr. de Poitiers; 3,500 hab.

**NEUVILLE** (Alphonse de), peintre militaire fr. (1836-1885.)

**NEUVILLE-AUX-BOIS**, ch.-l. de c. (Loiret), arr. d'Orléans; 2,500 hab.

**NEUVILLE-SUR-SAÔNE**, ch.-l. de c. (Rhône), arr. de Lyon; 3,200 hab.

**NEUVY-LE-ROI**, ch.-l. de c. (Indre-et-Loire), arr. de Tours; 1,500 hab.

**NEUVY-SAINT-SÉPULCHRE**, ch.-l. de c. (Indre), arr. de La Châtre; 2,500 hab.

**NÉVA**, fl. de la Russie d'Europe, sort du lac Ladoga, baigne Saint-Pétersbourg, et se jette dans le golfe de Finlande, 66 kilomètres.

**NEVADA**, l'un des États Unis d'Amérique (États de l'Océan Pacifique); pop. 63,000 hab., cap. *Carson-City*.

**NEVADA** (sierra), *chaîne neigeuse*, chaîne de montagnes du midi de l'Espagne, dont le point culminant est le *Mulhacen* (3,555 mètres). La longueur de la chaîne est de 150 kil.

**NÉVÉ.** s. m. (lat. *nix, nivis*, neige). Couche de neige durcie près d'un glacier.

**NEVERS**, ch.-l. du dép. de la Nièvre, anc. cap. du *Nivernais*, à 254 kil. S.-E. de Paris, sur la Loire, au confluent de la Nièvre; 26,400 hab. Évêché.

**NEVERS** (maison de), branche de la maison italienne de Gonzague, dont l'un des membres, Louis *de Gonzague duc* de Nevers, fut un célèbre capitaine du temps de la Ligue qui se rallia ensuite à Henri IV (1539-1595). — Un autre membre de la même famille, Charles de Nevers, devint duc de Mantoue par la protection de la France (1627).

**NEVEU.** s. m. (lat. *nepos*, petit-fils). Fils du frère ou de la sœur. *L'oncle et le n. Il a beaucoup de neveux.* — *Petit-n.*, Le fils du neveu ou de la nièce. — *N. à la mode de Bretagne*, Voy. Mode. || *Cardinal n.*, Cardinal qui est le neveu du pape vivant. || Dans le style soutenu et en poésie, *Nos neveux, nos derniers neveux, nos arrière-neveux*, La postérité, ceux qui viendront après nous.

Mes arrière-neveux me devront cet ombrage.

La Fontaine.

**NÉVRALGIE.** s. f. (gr. νεῦρον, nerf; ἄλγος, douleur). T. Méd. Exagération de l'excitabilité des nerfs sensibles se traduisant par de vives douleurs le long de leur trajet. Voy. Nerf.

**NÉVRALGIQUE.** adj. 2 g. Qui appartient à la névralgie, qui est de la nature de la névralgie.

**NEVRAXE.** s. m. [Pr. *névra-kse*] (R. *nerf* et *axe*). Axe encéphalo-médullaire. Voy. Nerf et Nerveux.

**NÉVRILÈME.** s. m. (gr. νεῦρον, nerf ; εἴλημα, enveloppe). T. Anat. Tissu conjonctif périfasciculaire ou interfasciculaire, unissant les différents faisceaux nerveux qui entrent dans la constitution d'un nerf, et leur servant de gaine totale. Voy. Nerf.

**NÉVRINE.** s. f. (gr. νεῦρον, nerf). T. Chim. Longtemps on a donné indifféremment les noms de *n.* et de *choline* à deux bases, l'une extraite de la bile par Strecker, l'autre obtenue par Liebreich. Aujourd'hui, on réserve le nom de n. à la seconde et celui de choline à la base de Strecker.

La *choline* est l'hydrate d'un ammonium quaternaire pourvu d'une fonction alcoolique, le *triméthyl-hydroxéthylène-ammonium*. Elle a pour formule

$$CH^2OH.CH^2.Az(CH^3)^3(OH).$$

On la rencontre non seulement dans la bile, mais dans le cerveau et les nerfs, dans le suc de betteraves, dans les semences de la moutarde blanche et de plusieurs autres plantes; elles est identique à l'*amanitine* qui accompagne la muscarine dans certains champignons vénéneux. On la prépare en épuisant par l'alcool et par l'éther, soit le jaune d'œuf durci, soit la bile desséchée, et en chauffant l'extrait avec de l'eau de baryte. On peut aussi l'obtenir par la synthèse de Wurtz, en faisant réagir à 100° la tri-méthylamine sur la chlorhydrine du glycol. La choline se présente sous la forme d'un liquide sirupeux, fortement alcalin, soluble en toutes proportions dans l'eau. Ses solutions concentrées se dédoublent à l'ébullition en glycol et tri-méthylamine. Oxydée par l'acide azotique elle se transforme en bétaïne et en muscarine. La choline est une base énergique; son chlorhydrate est déliquescent; son chloroplatinate forme de beaux cristaux rouge orangé, solubles dans l'eau. A dose modérée, la choline et ses sels ne sont pas toxiques.

La *N.* est l'hydrate de triméthyl-vinyl-ammonium et répond à la formule $CH^2{=}CH-Az(CH^3)^3(OH)$. Elle accompagne la choline dans le cerveau et dans les nerfs. On la rencontre aussi dans la chair putréfiée. Liebreich l'a obtenue, en même temps que la choline, en traitant la lécithine du cerveau par l'eau de baryte. On peut la préparer pure en traitant la choline par l'acide iodhydrique, puis par l'oxyde d'argent. La n. est une base très alcaline; son chloro-platinate est peu soluble, ce qui permet de la distinguer facilement de la choline. La n. est extrêmement toxique; elle amène la mort par arrêt du cœur.

**NÉVRITE.** s. f. T. Méd. Inflammation des Nerfs. Voy. Nerf et Nerveux.

**NÉVRITIQUE.** adj. 2 g. Syn. de *Nervin*. Inus.

**NÉVROGLIE.** s. f. (gr. νεῦρον, nerf; γλοίος, matière visqueuse). T. Anat. Nom donné par les anatomistes au tissu qui sert pour ainsi dire de charpente à la substance nerveuse. Voy. Histogénie, Histologie, Nerf, Nerveux.

**NÉVROGRAPHIE.** s. f. (gr. νεῦρον, nerf ; γράφω, je décris). Description des nerfs. Peu usité.

**NÉVROLOGIE.** s. f. (gr. νεῦρον, nerf; λόγος, discours). Partie de l'anatomie qui traite des nerfs.

**NÉVROME.** s. m. (gr. νεῦρον, nerf). T. Méd. Tumeurs des nerfs. Voy. Nerf, III, 4°.

**NÉVROPATHE.** s. m. (gr. νεῦρον, nerf; πάθος, souffrance). Nom donné à un individu atteint de Névropathie. Voy. ce mot.

**NÉVROPATHIE.** s. f. (gr. νεῦρον, nerf; πάθος, maladie). La n. est un chapitre des maladies du système nerveux dont la cohésion est de date récente; des recherches modernes, et en particulier celles de Féré, ont permis de reconnaître un lien entre toute une série d'affections ou de maladies aux manifestations quelquefois très opposées, et de cette chaîne pathologique ainsi établie est née la famille névropathique. L'action réciproque de la dégénérescence et de l'hérédité paraît devoir être inscrite en tête des causes responsables de cette évolution morbide : d'une part, les dégénérescences dues à des conditions sociales diverses, et d'autre part celles qui sont dues aux intoxications et en particulier à l'alcoolisme; la tare mentale va du reste en s'aggravant de génération en génération, la stérilité étant souvent le dernier terme, l'aboutissant ultime de la dégénérescence. Ce qu'il y a de certain c'est que la dégénérescence tend à s'aggraver lorsque les facteurs, les générateurs sont convergents; en cas de divergence au contraire il peut y avoir un arrêt, ou même un retour en arrière. On a essayé, considérant certaines des tares nerveuses comme équivalentes, de subdiviser la famille névropathique en trois branches ou genres comprenant des espèces différentes :

| | | |
|---|---|---|
| Famille névropathique. | branche mentale (cérébraux) | aliénés. criminels. suicides. imbéciles. |
| | Branche névropathique | neurasthénie. hystérie. épilepsie. migraine. chorée. tabes. paralysie générale. |
| | Branche arthritique | rhumatisme vague. rhumatisme déformant. goutte. diabète. |

Le tableau ci-dessus indique la division dont nous venons de parler.

Les trois branches que nous avons distinguées peuvent avoir des représentants dans une même famille et à la même génération : un nerveux quelque peu déséquilibré peut avoir pour frère un idiot. De même la transmission héréditaire de l'état névropathique ne se fait que rarement sous la même forme clinique; le croisement avec des individus sains est la meilleure condition d'arrêt et même de retour en arrière dans la voie de la dégénérescence, tandis que l'accumulation des tares peut s'observer dans certaines familles et même dans certaines races; ajoutons enfin que les divers états morbides que nous avons énumérés peuvent coïncider et coïncident souvent chez le même individu. — Il ne suffit pas d'indiquer le mal et sa cause, il convient de dire quels sont les moyens qui peuvent y remédier, c.-à-d. d'exposer l'hygiène préventive de la n. Nous avons essayé de développer les principes que nous croyons efficaces au mot *Neurasthénie*, mais nous ne pouvons nous empêcher d'affirmer ici combien l'éducation physique et morale, l'une étant inséparable de l'autre, est puissante pour modifier le terrain. N'est-ce pas après tout une sorte de rééducation que la cure des névropathies ? Voy. Nervosisme, Neurasthénie.

**NÉVROPATHIQUE.** adj. 2 g. T. Méd. Qui a rapport à la névropathie.

**NÉVROPTÈRES.** s. m. pl. (gr. νεῦρον, nervure; πτέρον, aile). T. Entom. Ordre d'Insectes. Les insectes qui composent cet ordre ont pour caractères : 4 ailes membraneuses, transparentes, réticulées, et en général de la même grandeur; bouche offrant des mandibules, des mâchoires et deux lèvres propres à la mastication; articles des tarses ordinairement entiers et variant par le nombre; corps ordinairement allongé et mou, sans aiguillon à l'extrémité de l'abdomen, et rarement avec une tarière. Métamorphoses complètes. Les Libellules constituent les représentants les mieux connus de cet ordre. Les Névroptères se distinguent des Orthoptères et des Hémiptères, par leurs ailes membraneuses et semblables, et des Hyménoptères, par leurs mâchoires qui servent à broyer les aliments. Quant aux Lépidoptères et aux Coléoptères, on ne saurait les confondre avec les Névroptères : les Coléoptères, à cause de leurs élytres, et les Lépidoptères, à cause des écailles qui couvrent leurs ailes. Les Névroptères sont en général remarquables par l'élégance de leur port; ils volent avec facilité et sont souvent ornés de couleurs très variées et très agréables. — On divise cet ordre en deux sous-ordres : Les *Planipennes* qui ont les antennes notablement plus longues que la tête, et composées d'un grand nombre d'articles, sans avoir la forme d'une alène ou d'un stylet; leurs ailes sont planes; et les *Plicipennes* qui sont caractérisés par l'absence de mandibules, et par leurs ailes inférieures qui sont ordinairement plus larges que les supérieures, et plissées dans leur longueur. Voy. Planipennes, Plicipennes et Pseudo-névroptères.

**NÉVROSE.** s. f. [Pr. *névro-ze*] (gr. νεῦρον, nerf). T. Méd. On donne le nom de n. aux affections nerveuses dans lesquelles on ne constate pas de lésion appréciable du système nerveux. Ce groupe de maladies est très vaste et très mal limité : certaines se localisent à un seul appareil ou à un seul organe; d'autres intéressent plus particulièrement le système nerveux sensitif, moteur, vaso-moteur ou trophique; d'autres encore sont beaucoup plus générales et frappent à peu près tout l'ensemble du système nerveux. — Une classification méthodique est impossible actuellement, vu l'incertitude des causes des névroses, vu aussi la diversité extrême de leurs manifestations symptomatiques. — En un mot, les névroses constituent, dans le cadre nosologique, un groupe provisoire destiné à se restreindre dans l'avenir, à mesure qu'on en détachera un membre dont sera déterminée la cause, toxique, infectieuse, etc., comme cela est arrivé pour le tétanos. Certaines névroses sont rattachées jusqu'à nouvel ordre à des chapitres de pathologie spéciale : tels le *spasme de la glotte* et l'*asthme* aux maladies de l'appareil respiratoire, la *tachycardie paroxystique essentielle*, le *pouls lent permanent* et l'*angine de poitrine* aux maladies de l'appareil circulatoire; d'autre part, un certain nombre de névroses occupent une place à part simplement parce que leur description ne peut trouver place dans les classifications des traités; ce sont l'*épilepsie*, l'*hystérie*, l'*hypnotisme*, le *somnambulisme*, la *neurasthénie*, le *goitre exophtalmique*, la *paralysie agitante*, la *chorée*, l'*athétose*, le *paramyoclonus multiplex*, les *tics convulsifs*, les *migraines*, etc.

**NÉVROTOMIE.** s. f. (gr. νεῦρον, nerf; τομή, section). T. Anat. Section des nerfs. ‖ T. Chir. Opération qui consiste à couper un nerf. ‖ T. Art vétér. *n. plantaire*, excision des nerfs du pied du cheval.

**NEWARK,** v. des États-Unis d'Amérique (New-Jersey); 136,510 hab.

**NEW-BEDFORD,** v. des États-Unis d'Amérique (Massachusetts); 26,900 hab.

**NEWCASTLE,** ch.-l. du comté de Northumberland (Angleterre), sur la Tyne; 192,200 hab. Grand commerce de houille.

**NEWCOMMEN,** mécanicien angl. de la fin du XVII^e siècle. Inventeur de la première machine à vapeur qui ait fonctionné dans l'industrie. Voy. Moteur.

**NEW-HAMPSHIRE,** l'un des États Unis d'Amérique (Nouvelle-Angleterre); pop. 376,500 hab.; cap. *Concord*.

**NEW-HAVEN.** Port d'Angleterre sur la Manche (Sussex); 4,200 hab.

**NEW-HAVEN,** l'une des deux cap. de l'État de Connecticut (États-Unis); 62,000 hab.

**NEWJANSKITE.** s. f. T. Minér. Variété d'iridosmine, en cristaux hexagonaux.

**NEW-JERSEY,** l'un des Etats Unis d'Amérique (États du Milieu), sur la côte orientale; pop. 1,500,000 hab.; cap. *Trenton*.

**NEWMARKET,** v. d'Angleterre (Cambridge); 5,100 hab. Courses de chevaux.

**NEWPORT,** l'une des deux cap. du Rhode-Island (États-Unis); 23,000 hab.

**NEWTON** (Isaac), grand mathématicien, physicien et astronome anglais, trouva les lois de la gravitation et la décomposition de la lumière, un des inventeurs du calcul infinitésimal. Newton est un des plus grands génies de l'humanité (1642-1727).

**NEWTONIANISME.** s. m. [Pr. *neu-tonianisme.*] La doctrine de Newton sur le système général de l'univers ou la gravitation, loi en vertu de laquelle les corps s'attirent en raison directe des masses et en raison inverse du carré des distances. = Newtonien, ienne. adj. Qui a rapport à la doctrine de Newton. *La physique newtonienne. Les principes newtoniens.* || Se dit aussi adj. et substant. De ceux qui ont adopté cette doctrine. *Il n'y a plus aujourd'hui un astronome qui ne soit newtonien. La lutte des newtoniens et des cartésiens.*

**NEW YORK**, l'un des États Unis d'Amérique (États du Milieu); pop. 5,960,000 hab., ch.-l. *Albany*, v. princ. *New York.*

**NEW-YORK**, v. la plus importante des États-Unis d'Amérique, dans l'État de New-York, sur la baie de ce nom, à l'embouchure de l'Hudson, le plus grand centre commercial de l'Amérique; 1,750,000 hab. Avec la ville de *Brooklyn*, à laquelle elle est reliée par un pont de 1800 mètres sur l'Hudson, New York forme une agglomération totale de 2,680,000 hab.

**NEXON**, ch.-l. de c. (Haute-Vienne), arr. de Saint-Yrieix; 3,150 hab.

**NEY**, duc d'Elchingen, prince de la Moskova, maréchal de France, s'illustra dans les guerres de la République et de l'Empire et surtout dans la retraite de Russie. Créé pair de France par Louis XVIII, il fut envoyé contre Napoléon à son retour de l'île d'Elbe; mais lui et son armée se déclarèrent pour Napoléon, et, à la 2e Restauration, il fut condamné à mort par la Chambre des Pairs et fusillé (1769-1815).

**NEZ.** s. m. [Pr. *né*] (lat. *nasus*, m. s.). Partie saillante située au milieu de la face de l'homme, et qui forme la partie extérieure de l'organe de l'odorat. *Un grand n. Un n. aquilin, retroussé, épaté, camus. N. enluminé, bourgeonné. Tomber sur le n. Se casser le n. Saigner du n.* — Prov. *Jamais grand n. n'a gâté joli visage.* — *N. fleuri*, n. bourgeonné, échauffé par l'abus du vin. — Se dit aussi de quelques animaux. *Le n. d'un chien. Ce cheval porte le n. au vent.* || On dit de quelqu'un qui parle ou chante d'une manière désagréable, comme lorsqu'on se bouche le n., qu'*il parle*, ou qu'*il chante du n*, parce qu'on suppose vulgairement que la voix passe alors par le n. || *Saignement de n.*, Voy. Épistaxis. || Fig et fam., *Avoir un pied de n.*, Avoir la mortification d'avoir échoué en quelque chose où l'on s'était flatté de réussir. || Popul., *Faire un pied de n. à quelqu'un*, Se moquer de lui. — *Cela parait comme le n. au milieu du visage*, se dit d'une chose qu'on s'efforcerait vainement de cacher. — *Cela lui pend au n.*, cela le menace. — *Cela n'est pas pour son n.*, ce n'est pas pour lui. — *Ne pas voir plus loin que son n.*, Avoir peu de lumières, peu de prévoyance.

Celui-ci ne voyait pas plus loin que son nez.
La Fontaine.

— *Mettre le n. dans une affaire*, Commencer à l'examiner. *Mettre le n. dans les livres*, Commencer à étudier. *Il n'a jamais mis le n. dans un livre*, Il n'a jamais rien lu. *Mettre son n., mettre le n., fourrer le n. où l'on n'a que faire*, Se mêler indiscrètement de quelque chose. On dit aussi, *Mettre son n. partout.* — *Avoir toujours le n. sur son ouvrage, sur ses livres, dans ses livres*, Y être toujours appliqué. On dit de même, *Ne pas lever le n. de dessus son ouvrage*, etc. — *Avoir le n. fin*, avoir l'odorat subtil, ou être perspicace. *Avoir toujours quelqu'un sur le n., à cheval sur le n.*, En être perpétuellement occupé d'une manière désagréable. — *Mener quelqu'un par le n., le mener par le bout du n.*, Abuser de l'ascendant qu'on a sur lui pour lui faire faire ce qu'on veut. — *Donner du n. en terre*, Échouer dans une entreprise. On dit de même, *Se casser le n.* — *Donner sur le n. à quelqu'un*, Lui faire éprouver quelque mortification. — *Jeter une chose au n. à quelqu'un*, La lui reprocher. *Elle me jette toujours mon âge au n.* — *Cela n'est pas pour son n.*, Cette chose ne lui est pas destinée. — *Saigner du n.*, Voy. Saigner. *Tirer les vers du n. à quelqu'un*, Voy. Ver. || Famil., *N.* se dit quelquefois pour désigner tout le visage. *Mettre le n. à la fenêtre. Il ne met plus le n. dehors. Pourquoi veniez-vous montrer là votre n.? Regarder quelqu'un sous le n. On lui a fermé la porte au n. Ils se sont rencontrés n. à n.* — *Porter le n. au vent*, marcher la tête relevée. — *Au n. de quelqu'un*, En sa présence, et en le bravant. *Il lui a soutenu cela à son n. Il lui a dit des injures à son n, et à sa barbe. Rire au n. de quelqu'un*, Se moquer de lui en face.

A votre nez, mon frère, elle se rit de vous.
Molière.

|| Le sens de l'odorat. *Il a bon n., il sent de loin. Il a le n. fin. Une odeur forte qui prend au n., qui monte au n. Les lévriers n'ont pas de n.* — Fig. et fam., *Avoir bon n., avoir du n.*, Avoir de la sagacité, de la prévoyance. *Cette affaire a mal tourné, il a eu le bon n. de ne pas s'en mêler.* || T. Mar. L'avant, la proue d'un vaisseau; ne se dit que dans cette loc., *Ce vaisseau est trop sur le n.*, Il penche trop en avant. || T. Agric. *Une charrue qui est sur son n.* dont le soc enfonce trop dans la terre. || T. Icht. Espèce de poisson. Voy Able. || T. Techn. *N. de busc*, Partie d'un fusil faisant un ressaut près de la poignée. — Extrémité du conduit par lequel on introduit la fonte liquide devant servir à la fabrication des caractères d'imprimerie. — Petite éminence aménagée sur les tuiles plates pour les accrocher aux lattes. — Scories qui s'attachent au museau de la tuyère. — Rabot de menuisier servant à arrondir le devant des marches. — Partie d'un soufflet d'orgue qui se termine en pointe. — Le *n. du burin*, angle en biseau, opposé à celui qui grave. || T. Fond. Pieu de bois saillant qui, dans la fonte des cloches, trace sur le collet du moule la figure des anses de la cloche.

**Anat.** — Destiné à nous faire percevoir les odeurs, l'appareil olfactif se compose de deux régions distinctes, le *nez* et les *fosses nasales*.

A. *Région du nez.* — Le n. a la forme d'une pyramide triangulaire dont la base est en arrière; il est séparé en haut du front et des sourcils par une dépression plus ou moins marquée, absente chez certains individus (n. grec); lorsque le dos du n. proémine il est aquilin; s'il est aplati, le n. est épaté. La crête médiane du n. porte le nom de dos du n.; elle se termine en haut par la racine, et en bas par le lobule, qui se continue lui-même avec une bande cutanée reliant la lèvre supérieure et qu'on appelle sous-cloison; les faces latérales qui s'écartent en bas de la ligne médiane prennent le nom d'ailes du n. — Le n. présente, à considérer à la dissection, de dehors en dedans, cinq couches superposées: 1° la peau, fine et mobile à la partie supérieure (ce qui permet les autoplastics et explique le début des érisypèles de la face dans cette région), épaisse et adhérente vers les ailes; très vasculaire, ce qui facilite la cicatrisation des plaies et explique la rougeur du n. chez les alcooliques et les eczémateux; enfin pourvue d'une grande quantité de glandes sébacées; — 2° une couche sous-cutanée, mince et lâche à la racine, plus épaisse vers le lobule; — 3° une couche fibro-musculaire peu importante comprenant: à la racine du n. les muscles pyramidaux; sur la portion cartilagineuse les muscles transverses; plus en arrière et en bas, les muscles élévateurs de l'aile du n. et de la lèvre supérieure; enfin le muscle myrtiforme situé au-dessous de la muqueuse buccale; — 4° une couche ostéo-cartilagineuse qui constitue la charpente du n. et se compose: en haut des os propres du n. et des apophyses montantes du maxillaire supérieur, en bas des cartilages, le tout formant une voûte soutenue par un pilier médian ostéo-cartilagineux qui forme la cloison des fosses nasales; la partie cartilagineuse se compose de deux cartilages latéraux qui font immédiatement suite aux os propres du n., et plus en avant de deux cartilages dits cartilages de l'aile du n. qui dessinent nettement le contour des narines. Ces divers cartilages sont recouverts par une membrane fibreuse, le périchondre, qui les rattache l'un à l'autre d'une part, et d'autre part les fixe aux os propres du n. en se continuant avec le périoste; — 5° une couche muqueuse continue à la muqueuse des fosses nasales et que nous étudierons en même temps. Ces diverses couches sont irriguées par des artères issues principalement de la faciale, et accessoirement de la coronaire supérieure et de l'ophtalmique; les veines suivent un trajet analogue à celui des artères, mais celles qui naissent de la racine du n. se rendent dans la veine ophtalmique et de là dans le sinus caverneux, établissant une communication entre les circulations extra et intra-crâniennes, d'où la possibilité d'une phlébite, d'une thrombose des sinus dans certaines inflammations de la région; le réseau lymphatique est extrêmement riche et aboutit aux ganglions parotidiens, et surtout sous-maxillaires. Les nerfs moteurs viennent du facial, les nerfs sensitifs sont fournis par la cinquième paire ou nerf trijumeau.

La pathologie de la région peut se résumer en quelques mots : au niveau de la peau, on rencontre principalement des cornes épidermiques, des épithéliomas à point de départ glandulaire, enfin le lupus qui débute ordinairement par la peau et ne s'arrête qu'après avoir détruit successivement toutes les couches de la région. — La charpente osseuse présente des lésions intéressantes, car les fractures des os propres entraînent des dépressions de l'arête du n. si contraires à l'esthétique que l'important en pareil cas est de relever la voûte à tout prix; ces fractures sont en outre intéressantes par l'épistaxis, l'emphysème sous-cutané qui les compliquent fréquemment. L'effondrement de la voûte nasale peut être encore la conséquence de lésions syphilitiques ou scrofuleuses, ou enfin d'accidents divers tels que brûlures, plaies de guerre, etc. Aussi, depuis longtemps, les chirurgiens se sont-ils efforcés de remédier à ces difformités par une opération dite rhinoplastie. Bien des méthodes ont été employées, depuis la méthode indienne qui emprunte un lambeau à la peau du front et la méthode italienne qui prend le lambeau sur l'avant-bras qu'on laisse fixé à la tête pendant le temps nécessaire, jusqu'aux méthodes de rhinoplastie périostiques et autres, que les circonstances d'ailleurs peuvent indiquer d'une façon spéciale.

B. *Région des fosses nasales.* — Les fosses nasales sont deux vastes cavités anfractueuses destinées à recueillir les effluves odorants, et à laisser passer l'air atmosphérique qui se rend au poumon. Elles communiquent d'une part avec l'extérieur, d'autre part avec le pharynx, et sont précédées par deux cavités qui leur servent de vestibule, ce sont les narines. — Les narines diffèrent des fosses nasales en ce qu'elles sont tapissées à l'intérieur par un revêtement cutané, blanc, très sensible au chatouillement; elles sont circonscrites par les deux branches du cartilage de l'aile du n., et présentent à leur surface des poils longs et raides appelés *vibrisses*, qui protègent l'entrée des fosses nasales contre les corps étrangers. Les fosses nasales elles-mêmes sont situées au-dessous du crâne, au-dessus et en dedans des cavités orbitaires, au-dessous de la voûte palatine, et entre les deux sinus maxillaires. Elles ont la forme d'une pyramide triangulaire, à sommet tronqué dirigé en haut. Elles présentent à considérer quatre parois et deux orifices : la *paroi supérieure* ou voûte des fosses nasales, remarquable par son étroitesse surtout au niveau de l'ethmoïde, est très mince et percée de trous à travers lesquels passent les branches du nerf olfactif; elle comprend trois portions, une antérieure nasale, une moyenne horizontale ethmoïdale, enfin une postérieure sphénoïdale; l'exploration de cette région se fait très difficilement; — la *paroi inférieure*, large de 12 à 15 millimètres, forme la face supérieure de la voûte palatine, concave transversalement; — la *paroi interne* est représentée par les faces latérales de la cloison, constituée comme squelette par le vomer en bas et la lame perpendiculaire de l'ethmoïde en haut, comprenant en avant dans l'angle obtus que dessine leur union un cartilage, dit cartilage triangulaire ou cartilage de la cloison; ce squelette est faible comme résistance et est renforcé surtout par l'adjonction sur les deux faces de la muqueuse pituitaire; — la *paroi externe* est très compliquée par suite des saillies, des dépressions et des orifices qu'on y rencontre; il s'en détache trois saillies osseuses qui se portent vers la cavité, ce sont les cornets, supérieur, moyen et inférieur, qui circonscrivent des cavités appelées méats; les deux cornets supérieurs sont une émanation de l'ethmoïde, tandis que l'inférieur est constitué par un os spécial; au-dessus du méat supérieur, s'ouvre le sinus sphénoïdal et dans le méat lui-même les cellules ethmoïdales postérieures, tandis que les antérieures s'ouvrent dans le méat moyen; au-dessous de l'extrémité antérieure du cornet moyen existe une gouttière appelée infundibulum qui fait communiquer le sinus frontal avec le méat moyen, et dans cette gouttière un orifice qui la fait communiquer avec le sinus maxillaire; au centre du méat moyen se trouve un second orifice de communication des fosses nasales avec le sinus maxillaire. Le méat inférieur est remarquable surtout par la présence de l'orifice inférieur du canal nasal qui siège immédiatement au-dessous du cornet; — les orifices antérieurs des fosses nasales présentent dans leur ensemble la forme d'un cœur de carte à jouer, séparé en deux par une cloison médiane; situés sur un plan oblique, ils obligent à porter la tête en arrière et relever de force le lobule du nez pour explorer la région; — les orifices postérieurs ont la forme de deux rectangles séparés par le bord postérieur tranchant du vomer, et limités en dehors par l'aile interne de l'apophyse ptérygoïde; leur forme est importante à connaître pour pratiquer le tamponnement postérieur des fosses nasales, afin de donner au bouchon la forme qu'il convient (cylindre de 3 centimètres sur 1 centimètre). Les fosses nasales sont tapissées par une membrane fibro-muqueuse qui recouvre non seulement les cornets et les méats, mais pénètre encore dans toutes les cavités qui s'y ouvrent; cette disposition explique la propagation au canal lacrymal des inflammations nasales. Mais le point intéressant à mettre en évidence est la différence de caractère de la muqueuse à la partie inférieure des fosses nasales et à leur voûte; c'est que cette région présente, au point de vue physiologique, deux portions, l'une supérieure olfactive, l'autre respiratoire qui comprend tout le reste de la cavité. La membrane pituitaire est constituée par une couche profonde fibreuse se confondant avec le périoste, et une couche superficielle muqueuse recouverte d'un épithélium à cils vibratiles qui renferme des vaisseaux nombreux et des glandes en grappe, surtout dans la portion inférieure ou respiratoire. Les artères proviennent de la maxillaire interne (sphéno-palatine et ptérygo-palatine) et de l'ophtalmique (ethmoïdales); les veines vont s'ouvrir dans le sinus longitudinal supérieur, en passant par le trou borgne, ou forment l'origine de la veine ophtalmique, ce qui établit une communication entre les circulations veineuses intra et extra-crâniennes; les vaisseaux lymphatiques aboutissent aux ganglions sous-maxillaires. Les nerfs viennent de deux sources, le nerf olfactif, nerf de sensibilité spéciale, et la cinquième paire, nerf de sensibilité générale.

Indépendamment des tumeurs banales, il en est de spéciales à la région qui se développent aux dépens de la pituitaire et sont une des productions pathologiques les plus intéressantes des fosses nasales. La partie fibreuse donne naissance à des fibromes, la partie muqueuse à des myxomes, ou polypes muqueux, la partie glandulaire à des tumeurs hypertrophiques et pullulant avec la plus grande facilité. D'autre part, des ulcérations diverses, syphilitiques, scrofuleuses, lupeuses, etc., peuvent amener un état appelé ozène, caractérisé par un écoulement de pus fétide, et pouvant conduire à la nécrose.

C. *Sinus de la face.* — Aux fosses nasales, se rattachent les sinus de la face qui communiquent avec elles : ils sont au nombre de trois de chaque côté, sinus frontaux, maxillaires et sphénoïdaux. Les sinus frontaux sont deux cavités situées à la partie antérieure et inférieure de l'os frontal, au-dessus et en dehors des cavités nasales, au-dessus et en dedans des orbites. Ces sinus peuvent être considérés comme une cellule osseuse du diploé démesurément agrandie; ils sont en réalité constitués par un dédoublement du frontal, et sont séparés l'un de l'autre par une simple cloison osseuse. La cavité est tapissée par une membrane muqueuse, continue à la pituitaire. — Le sinus maxillaire ou antre d'Highmore est une vaste cavité située dans l'épaisseur de l'os maxillaire supérieur, qui répond, en haut à la paroi inférieure de l'orbite, en avant à la fosse canine, en dehors à la fosse zygomatique, tout à fait en arrière à la fente ptérygo-maxillaire, et en bas à l'arcade alvéolaire supérieure. — Les sinus sphénoïdaux, creusés dans le corps du sphénoïde, correspondent en haut au chiasma des nerfs optiques et à la fosse pituitaire; sur les côtés ils offrent avec le sinus caverneux un rapport immédiat; en bas, ils font saillie à la paroi supérieure des fosses nasales dans lesquelles ils s'ouvrent au-dessus et en arrière du cornet supérieur. Ces derniers ne paraissent jouer aucun rôle physiologique au point de vue de l'olfaction ni de la respiration; ils ont un rôle purement mécanique comme le canal médullaire des os longs.

**NGAMI.** Lac de l'Afrique australe, à l'est du pays des Damaras.

**NI.** Particule conjonct. et négative (lat. *nec*). *Elle n'est ni aimable ni jolie. Il ne boit ni ne mange. Il n'a ni ami ni ennemi, ni vice ni vertu. Il ne se conduit ni mieux ni pis. Ni les honneurs ni les richesses ne rendent heureux. Vous ne devez ni le dire, ni l'écrire. Je ne pense pas qu'il parte, ni même qu'il songe à partir.*

**Obs. gram.** — *Ni* se met à la tête des mots qu'il unit, et se répète autant de fois qu'il y a de choses auxquelles on veut rendre l'énumération commune. — Lorsque les mots liés par *Ni* répété sont sujets d'un verbe, celui-ci doit-il être mis au singulier ou au pluriel? Nos meilleurs écrivains semblent avoir employé indifféremment le singulier et le pluriel, et l'Académie consacre les deux manières d'écrire. Toutefois nous croyons, avec Marmontel, Wailly et Laveaux, qu'il y a lieu d'établir une distinction. Lorsque l'action exprimée par le verbe ne peut avoir été faite que par un seul sujet, il faut le singulier *Ni l'un ni l'autre n'est mon père*; *Ce ne sera ni M. le duc, ni M. le comte qui sera nommé ambassadeur d'Espagne*. Dans les autres cas, on peut employer à son gré le singulier ou le pluriel : *Ni l'un ni l'autre n'a fait son devoir* ou *n'ont fait leur devoir*. *Ni la force, ni la douceur ne peuvent rien sur lui* ou *ne peut rien sur lui*. Lorsque le verbe a pour sujets plusieurs pronoms de différentes personnes joints par *Ni*, il doit se mettre au pluriel : *Ni vous ni moi ne le pouvons*; *Ni vous ni lui n'êtes coupables*. — Jamais avec *Ni* répété on ne doit employer *pas* ou *point*. En conséquence, on ne dira pas : *Il ne faut pas être ni avare, ni prodigue*, mais bien, *Il ne faut être ni avare ni prodigue*. Toutefois on peut employer *pas* et *point*, lorsque *Ni* n'est pas répété, comme dans cette phrase : *Mon père ni mon frère ne sont point accoutumés à ces procédés*.

**NIABLE.** adj. 2 g. Qui peut être nié.

**NIAGARA**, riv. de l'Amérique septentr. qui unit les lacs Ontario et Érié, et dont les eaux se divisent en deux magnifiques cataractes de 50$^{m}$ de hauteur.

**NIAIS, AISE.** adj [Pr. *niè*, *niè-ze*] (lat. *nidax*, m. s. de *nidus*, nid). Au propre, se disait des oiseaux de fauconnerie que l'on prenait dans le nid, et qui n'en étaient pas encore sortis. *Un oiseau n.* || Fig., Qui est simple, qui montre par son air, par ses manières, qu'il n'a aucun usage du monde. *Ce grand garçon est bien n. Elle est encore toute niaise. Il n'est pas trop n.* — Subst., *C'est un n., une grande niaise. Il est bien n. en affaires. Faire, contrefaire le n.*, se dit d'une personne adroite et fine qui joue la simplicité. *Elle fait la niaise.* Prov., on dit d'une chose qui ne peut tromper que les gens simples, *C'est de la graine de n.* — *Les n. de Sologne*, ceux qui contrefont la niaiserie pour duper les autres. || *N* se dit aussi de l'air, des manières, du ton, etc., qui caractérisent le n. *Il a l'air n., le ton n., la contenance niaise. Elle a quelque chose de n. dans la physionomie.* || Au sens moral, se dit encore de choses qui indiquent la sottise ou l'inexpérience. *Une démarche niaise. Un écrit, un conte n. Des raisons niaises.*

**Syn.** — *Badaud, Nigaud.* — Le *n.* ressemble à l'enfant; il a l'air simple, les propos naïfs, les gestes abandonnés; il est sans expérience du monde et sans défense contre les ruses de ceux qui veulent le duper. Le *nigaud* est un n. que ni l'âge ni l'expérience n'ont pu déniaiser. C'est un grand innocent, qui ne sait que baguenauder, s'amuser à des bagatelles. Le *badaud* est celui qui s'arrête de surprise ou par une curiosité puérile devant tout ce qu'il voit, comme s'il n'avait jamais rien vu. La *badauderie* n'exclut pas l'esprit; c'est un faible qu'on rencontre parfois chez des hommes fort intelligents.

**NIAISEMENT.** adv. [Pr. *niè-zeman*]. D'une façon niaise.

**NIAISER.** v. n. [Pr. *niè-zer*]. S'amuser à des choses de rien. *Il ne fait que n. Il n'est pas question de n., il s'agit d'une affaire sérieuse.* Fam.

**NIAISERIE.** s. f. [Pr. *niè-zeri*]. Occupation, propos, chose frivole. *Il passe son temps à des niaiseries. Il ne dit que des niaiseries.* || Caractère de celui qui est niais. *Il est d'une n. sans égale.*

**NIAM-NIAM**, peuple du Soudan oriental, entre les bassins du Nil, du Congo et du lac Tchad.

**NIAOULI.** s. m. *Essence de n.* Voy. CAJEPUT.

**NIBELUNGEN**, épopée allemande, écrite vers le XII$^{e}$ siècle ayant pour sujet l'anéantissement par Attila d'une tribu Burgonde.

**NICANDRE.** s. m. (Nom d'un médecin grec). T. Bot. Genre de plantes Dicotylédones (*Nicandra*) de la famille des *Solanacées*. Voy. ce mot.

**NICANOR**, général syrien d'Antiochus Épiphane, fut vaincu et tué par Judas Macchabée (161 av. J.-C.).

**NICARAGUA.** L'une des cinq républiques de l'Amérique centrale, bornée au nord par le Honduras, à l'ouest par l'océan Pacifique, au sud par la Costa-Rica, à l'est par la mer des Antilles, sauf une longue enclave formée par la côte des Mosquitos.

La plus grande largeur de l'est à l'ouest est de 400 kilomètres, la moindre de 200. Les mêmes dimensions extrêmes se reproduisent du nord au sud.

Le Nicaragua est traversé du nord-ouest au sud-est par le prolongement des monts Rocheux qui aboutit à la pointe Monkey et dont le pic principal est le Momotombo (1,830$^{m}$), le célèbre volcan chanté par Victor Hugo dans la *Légende des siècles*; une ramification dirigée de l'est à l'ouest sert de frontière avec le Honduras, jusqu'au cap Gracias à Dios sur la mer des Antilles. C'est la plus grande largeur de l'Amérique

centrale. Sur le Pacifique s'ouvre le grand golfe de Fonséca auquel aboutissent les trois États du Nicaragua, du Honduras et du San Salvador.

Vers le sud du pays, le massif montagneux s'affaisse tout à coup devant une grande plaine qui va de l'une à l'autre mer et où s'étend le vaste lac du Nicaragua et celui, moindre, de Managua. Les côtes sont peu accidentées.

Les principaux cours d'eau sont le Rio Segovia qui longe la frontière septentrionale, le Rio Grande, le Blewfields, le Rio San Juan, qui tous se jettent dans la mer des Antilles, ce dernier sortant du lac de Nicaragua. D'après un projet qui a des chances d'aboutir depuis l'échec du canal du Panama, la canalisation de ce cours d'eau et l'ouverture d'un canal du lac au Pacifique, réuniraient les deux Océans.

Le Nicaragua, conquis par les Espagnols peu après le Mexique, se souleva avec le reste de l'Amérique en 1821, et fit partie de l'État de Guatemala jusqu'au jour où il se divisa en cinq républiques.

Sa capitale est Managua. La population totale du pays est d'environ 250,000 habitants; on leur donne le nom de *Nicaraguains*.

**NICE**. adj. 2 g. (lat. *nescius*, ignorant). Simple, niais. Vx et ne s'emploie encore que dans le style marotique. *Tant n. était qu'elle se laissa prendre.* — On dit aussi au fém., *Nicette.* || Anc. dr. *Promesse n.*, promesse sans garantie. — *Action n.*, sans stipulation.

**NICE**, ch.-l. du dép. des Alpes-Maritimes, sur la Méditerranée, à 1,088 kilomètres S.-E. de Paris; 104,000 hab. Évêché. Observatoire. Anc. cap. du Comté de Nice, fut réunie définitivement à la France en 1860.

**NICÉE**, anc. v. de Bithynie (Asie Mineure), fut le siège de deux conciles, l'un en 325 qui condamna l'arianisme, l'autre en 787 contre les iconoclastes. || Empire de Nicée, empire fondé par Théodore Lascaris en 1206, conquis par les Ottomans en 1333.

**NICÉPHORE** (SAINT), patriarche de Constantinople de 806 à 815 (758-828).

**NICÉPHORE I**er, le *Logothète*, empereur d'Orient de 802 à 811. — Nicéphore II, de 963 à 969. — Nicéphore III, *Botoniate*, de 1078 à 1081.

**NICÉRON** (*Père*). Savant religieux barnabite (1685-1738).

**NICÉTAS**. Voy. HICÉTAS.

**NICH** ou **NISSA**, v. de Serbie; 16,200 hab.

**NICHAN**, décoration turque, du persan Nichân, marque, signe, distinction.

**NICHE**. s. f. (ital. *nicchia*, coquille). Enfoncement pratiqué dans l'épaisseur d'un mur pour y placer une statue, un buste, etc. || Petit réduit ou enfoncement pratiqué dans une pièce pour y mettre un lit. || Petite loge, portative ou non, destinée à l'habitation d'un chien ou d'un chat. *Ce chien est rentré dans sa n.*

**NICHE**. s. f (R. *nique*). Malice, espièglerie que l'on fait à quelqu'un. *Faire une n. à quelqu'un. Ces niches-là ne me plaisent point.* Fam.

**NICHÉE**. s. f. collect. (R. *nicher*). Tous les petits oiseaux d'une même couvée, qui sont encore dans le nid. *Il a pris la mère et toute la n. La n. était de quatre ou cinq petits.* — Par ext., *Une n. de souris. Une n. d'enfants.* || Fig. Ces nichées d'Amours qui se cachent aux deux coins de ta bouche. (J.-J. ROUSSEAU). || Fig. et fam., se dit, par mépris, de plusieurs personnes de mauvaise vie, rassemblées en un même lieu. *La police a mis les mains sur toute la nichée.*

**NICHER**. v. n. (lat. *nidificare*, faire son nid, de *nidus*, nid, et *ficare*, faire). Établir son nid. *Les hirondelles nichent dans les cheminées, aux fenêtres, etc. Les fauvettes nichent dans les buissons.* — Par ext., *J'ai découvert où nichait la souris.* Fig. Se loger.

En mille endroits nichait l'Amour.

LA FONTAINE.

= NICHER. v. a. Placer en quelque endroit. *Qui vous a niché en cet endroit?* Famil. = SE NICHER. v. pron. *Ce chat était niché dans l'armoire. Pourquoi êtes-vous allé vous n. si haut?* || Fig., *Cet homme s'est niché dans une bonne maison, dans un bon emploi. Où l'orgueil va-t-il se n.?* Comment peut-on trouver l'orgueil dans telle personne, dans telle condition? = NICHÉ, ÉE. part.

**NICHET** [Pr. *ni-chè*] (R. *nicher*). Œuf qu'on laisse dans le nid préparé pour les poules, afin qu'elles viennent toujours pondre au même endroit.

**NICHEUR, EUSE**. adj. Qui construit des nids. *Oiseau n.*

**NICHOIR**. s. m. [Pr. *ni-chouar*]. Cage propre à mettre couver des serins.

**NICHOLSON**, physicien et chimiste anglais (1753-1815), inventeur d'un aréomètre qui porte son nom.

**NICIAS**, général athénien, vaincu par les Siciliens en 413 av. J.-C.

**NICKEL**. s. m. (R. Nom d'un génie souterrain dans la mythologie scandinave). T. Minér. et Chim. Le *Nickel* est un métal blanc brillant, à cassure fibreuse. C'est, après le manganèse et le chrome, le plus dur des métaux; il est ductile, malléable, plus tenace que le fer. Comme ce dernier, il jouit de propriétés magnétiques, mais il les perd quand on le soumet à une température de 350° à 400°. Sa densité est 8,28 ou 8,67 selon qu'il a été fondu ou forgé. Il fond vers 1,500°; à l'état liquide il absorbe beaucoup de gaz, qu'il abandonne en se solidifiant; aussi le N. fondu présente-t-il de nombreuses soufflures. Le n. est un métal bivalent; son symbole est Ni, et son poids atomique est compris entre 58 et 59.

L'air n'altère pas le n. à la température ordinaire et ne l'oxyde que difficilement à une température élevée. Si, après avoir chauffé le métal, on l'introduit aussitôt dans un flacon d'oxygène, il brûle avec éclat comme le fer. Chauffé dans un creuset en présence du charbon, il se combine avec une certaine quantité de ce métalloïde, et l'on obtient une espèce de fonte plus fusible que le métal pur. Cette *fonte de n.* est tenace, malléable, ductile, exempte de soufflures et susceptible d'un beau poli. — Le N. décompose l'eau au rouge. Il est attaqué lentement par les acides sulfurique et chlorhydrique étendus. L'acide azotique ordinaire le dissout facilement, mais l'acide fumant le rend passif comme le fer. A une température plus ou moins élevée, le N. s'unit directement au chlore, au phosphore, au soufre et à l'arsenic. Il s'allie avec la plupart des métaux. Uni au fer dans la proportion d'un centième, il lui communique la propriété de ne pas se rouiller. Mais ses alliages les plus importants sont ceux qu'il forme avec le cuivre.

Les principales combinaisons que le n. forme avec l'oxygène sont le *protoxyde* $NiO$, et le *sesquioxyde*, $Ni^2O^3$. Le premier peut être hydraté ou anhydre. L'oxyde hydraté, c.-à-d. l'*hydrate nickeleux* $Ni(OH)^2$, est vert pomme, insoluble dans la potasse et dans la soude, mais soluble dans l'ammoniaque, avec laquelle il donne une liqueur d'un beau bleu. On l'obtient en précipitant un sel de N. par un excès de potasse ou de soude. L'oxyde anhydre est gris cendré; il se prépare en calcinant l'azotate ou l'oxalate de N. Le *sesquioxyde* anhydre est une poudre noire qui se forme par la calcination ménagée de l'azotate. L'*hydrate nickelique* $Ni(OH)^3$ qui correspond au sesquioxyde est un précipité noir qu'on obtient en faisant agir un hypochlorite sur l'hydrate nickeleux. Le sesquioxyde n'est pas salifiable; en se dissolvant dans les acides il perd de l'oxygène et donne des sels de protoxyde. — Avec le chlore, le N. ne forme qu'un *chlorure* qui correspond au protoxyde et qui a pour formule $NiCl^2$. Ce composé est vert quand il est hydraté, et jaune quand il est sec. Aussi s'en sert-on quelquefois pour préparer une espèce d'encre sympathique. Le bromure et le fluorure de N. forment aussi des solutions vertes.

Les *sels de N.* correspondent tous au protoxyde. Ceux qui sont solubles dans l'eau communiquent à celle-ci une belle couleur verte. Les sels anhydres ont une teinte jaune. La réaction de ces sels est toujours acide; ils sont tous décomposables par la chaleur. La potasse et la soude y déterminent un précipité *vert pomme* inaltérable à l'air et insoluble dans un excès de réactif. L'ammoniaque les précipite de la même manière, mais un excès d'ammoniaque dissout le précipité, et la liqueur se colore en bleu. Les sulfures alcalins donnent un précipité noir de sulfure de n. — Le *sulfate* $SO^4Ni$ s'obtient à l'état hydraté en dissolvant le n., son oxyde ou son carbonate dans l'acide sulfurique étendu. Il s'unit aux sulfates alcalins pour former des sels doubles, dont le plus important est le *sulfate de n. et d'ammoniaque* $(SO^4)^2Ni(AzH^4)^2 + 6H^2O$ employé pour le nickelage.

Dans la nature, le N. est souvent accompagné de cobalt, de fer, de cuivre, d'arsenic et de soufre. Le minerai qui fournit le métal le plus pur est la *Garniérite*, silicate hydraté de n. et de magnésie, qui forme d'abondants gisements en Nouvelle-Calédonie. La *nickeline*, appelée aussi *n. arsenical* et *kupfernikel* est un arséniure de couleur rouge, qui a pour formule $NiAs$ et qui accompagne les minerais d'argent, de cuivre et de cobalt. Les fabriques de smalt livrent encore au commerce, sous le nom de *speiss*, un arsénio-sulfure qui constitue le résidu de leur fabrication et qui est très riche en N.

Pour extraire le N. de la garniérite, on chauffe ce minerai au haut fourneau avec du charbon et du spath-fluor; le produit de cette opération est ensuite refondu dans un creuset brasqué. On obtient ainsi la *fonte de n.*, qu'on peut décarburer par les procédés en usage dans la métallurgie du fer. Si l'on veut obtenir du n. exempt de fer, il faut soumettre la garniérite à un traitement préalable par voie humide : le minerai concassé est débarrassé par lévigation des parties les plus ferrugineuses, puis traité par l'acide chlorhydrique qui dissout le silicate et l'oxyde de fer; le résidu insoluble est alors chauffé dans des creusets avec du charbon et un fondant, et fournit une fonte de N. pure. — Quand on part de la nickeline ou du speiss on fait subir à ces matières un grillage complet; l'arsenic se dégage à l'état d'anhydride arsénieux et il reste de l'oxyde de N. impur qu'on réduit par le charbon dans un four à manche. — Les minerais riches en cuivre sont souvent soumis à un traitement spécial, destiné à fournir directement un alliage de n. et de cuivre : on grille complètement la matte cuivreuse, puis on la fait digérer avec de l'acide sulfurique concentré et l'on traite la solution par la craie qui précipite d'abord tout le fer; on ajoute alors un lait de chaux qui précipite le cuivre et le N. à l'état d'oxydes qu'on réduit par le charbon.

Grâce à sa dureté, à sa ténacité et à son inaltérabilité, le N. se prêterait à une foule d'applications, si son prix était moins élevé. On l'emploie surtout pour fabriquer des alliages ou pour revêtir les métaux plus communs d'un dépôt galvanique, brillant et résistant. A l'article CUIVRE, nous avons déjà parlé des principaux alliages du N. Quant au *nickelage* galvanique, on l'effectue à l'aide du sulfate double de N. et d'ammonium, la solution doit être toujours neutre et à une température constante; l'électrode positive est une plaque de N. pur. Le dépôt adhère fortement sur le cuivre, beaucoup moins sur le fer; aussi le nickelage du fer doit-il être précédé d'un cuivrage. Le nickelage s'applique aux objets de serrurerie et de carrosserie, aux instruments de chirurgie, aux ustensiles de cuisine, etc.

*Nickel antimonial*. Voy. BREITHAUPTITE. — *N. antimonié sulfuré*. Voy ULLMANNITE. — *N. oxydé* ou *Bunsénite*, protoxyde de N., en petits octaèdres réguliers, verts. — *N. silicaté*. Voy. GENTHITE. — *N. Sulfaté*. Voy. MORÉNOSITE. — *N. Sulfuré*. Voy. MILLERITE.

**NICKELAGE**. s. m. Action de nickeler. Voy. NICKEL et GALVANOPLASTIE.

**NICKELER**. v. a. Revêtir d'une couche de nickel. Voy. NICKEL et GALVANOPLASTIE. = NICKELÉ, ÉE. Part.

**NICKELGLANZ**. s. m. T. Minér. Synon. de *Gersdorffite*.

**NICKELINE**. s f. T. Minér. Voy. NICKEL. — *N. blanche*. Voy. CHLOANTHITE.

**NICKELOCRE**. s. m. (R. *nickel* et *ocre*). T. Minér. Arséniate hydraté de nickel, appelé aussi *Annabergite*; en masses cristallines fibreuses d'un beau vert.

**NICOBAR** (Iles). Archipel anglais de 19 îles dans le golfe du Bengale; 6,000 hab.

**NICODÈME** (SAINT). Juif, disciple de J.-C. Fête le 3 août.

**NICODÈME**. s. m. Nom propre devenu nom appellatif pour signifier un homme simple et borné. *C'est un n., un vrai n.* Pop.

**NICOLAÏEF**. Voy. NIKOLAÏEF.

**NICOLAS** (SAINT), évêque de Myre, m. en 342. Patron des jeunes garçons. Fête le 6 décembre.

**NICOLAS**, nom de 5 papes, dont le plus célèbre est Nicolas I<sup>er</sup> (SAINT), 858-867. Fête le 13 novembre.

**NICOLAS I<sup>er</sup>**, empereur de Russie (1825-1854), mort pendant la guerre de Crimée.

**NICOLE** (PIERRE), écrivain religieux et moraliste fr., ami de Pascal et d'Arnauld (1625-1695).

**NICOLET**, directeur d'un théâtre forain à Paris (1710-1796).

**NICOLINI** (J.-B.), célèbre historien et poète dramatique ital. (1785-1861).

**NICOLO**. Compositeur de musique fr., né à Malte (1775-1818).

**NICOMÈDE**, nom de 3 rois de Bithynie; le 1<sup>er</sup> régna de 278 à 250 av. J.-C. et fonda la ville de Nicomédie; le second, allié des Romains, roi de 142 à 91; le troisième, ennemi de Mithridate, régna de 91 à 74 av. J.-C., et institua les Romains ses héritiers en 75 av. J.-C.

**NICOMÉDIE**, anc. ville de Bithynie (Asie Mineure).

**NICOPOLIS**, auj. Nicopoli, v. de la Bulgarie, sur le Danube; 5,000 hab. || Victoires de Trajan sur les Daces et du sultan Bajazet 1<sup>er</sup> sur les barons fr. et les Hongrois en 1396.

**NICOPYRITE**. s. f. (R. *nickel* et *pyrite*). T. Minér. Sulfure de fer et de nickel $Fe^2 Ni S^3$, en masses d'un jaune de bronze.

**NICOSIE**, cap. de l'île de Chypre; 20,000 hab.

**NICOT**, ambassadeur du roi de France François II auprès de Sébastien de Portugal (1560), introduisit en France la plante du tabac qui s'appela de son nom nicotiane (1530-1600).

**NICOTIANE**. s. m. [Pr. *niko-siane*] (R. *Nicot*, nom propre). T. Bot. Genre de plantes Dicotylédones (*Nicotiana*) appelé aussi *Tabac*, de la famille des *Solanacées*. Voy. ce mot et TABAC.

**NICOTIANIQUE**. adj. 2 g. [Pr. *niko-sianike*] (R. *nicotiane*). T. Chim. *L'acide n.* ou *pyridine-β-carbonique* a pour formule $C^6H^4Az(CO^2H)$. On le prépare en oxydant la nicotine par le permanganate de potassium, ou en chauffant l'acide quinoléique avec l'acide chlorhydrique. Il cristallise en aiguilles fusibles à 230°, très solubles à chaud dans l'eau et dans l'alcool, peu solubles à froid. Distillé avec un excès de chaux, il se dédouble en anhydride carbonique et en pyridine. Non seulement il s'unit aux bases en donnant des *nicotianates*, mais encore, grâce à sa fonction pyridique, il se comporte comme une base vis-à-vis des acides.

*L'acide isonicotianique* ou *pyridine-γ-carbonique*, très analogue au précédent, s'obtient en oxydant la γ-picoline ou en décomposant l'acide lutidique. Il cristallise en aiguilles fusibles à 304°, peu solubles dans l'eau et dans l'alcool.

**NICOTIDINE**. s. f. T. Chim. Alcaloïde vénéneux, obtenu par l'hydrogénation d'un *bipyridile*. Voy. ce mot.

**NICOTINE**. s. f. (R. *Nicot*, ambassadeur de France à Lisbonne qui, en 1560, envoya la nicotiane à Catherine de Médicis). T. Chim. Alcaloïde du tabac. Le tabac de la Havane, à l'état sec, en renferme 2 pour 100; celui du Lot, près de 8 pour 100. Les jus de tabac qu'on obtient dans les manufactures par la macération des feuilles dans l'eau contiennent jusqu'à 20 grammes de n. par litre et peuvent servir à la préparer : il suffit de distiller ces jus sur de la chaux éteinte; la n. brute ainsi obtenue est ensuite dissoute dans l'acide sulfurique, purifiée par agitation avec de l'éther, et rectifiée sur de la potasse. La n. est liquide, incolore, très soluble dans l'eau, l'alcool, l'éther et les huiles grasses. Elle bout à 247°. C'est une base biacide énergique, qui précipite les solutions d'un grand nombre de sels métalliques. Elle répond à la formule $C^{10}H^{14}Az^2$; elle contient un noyau pyridique et un noyau de pyrrol. Sous l'action des oxydants énergiques elle se convertit en acide nicotianique.

La n. est un poison des plus violents; une seule goutte suffit pour tuer un chien. Son ingestion produit des vertiges, des douleurs abdominales aiguës, des vomissements, et amène rapidement la mort.

*L'isonicotine* est une base isomérique avec la précédente. Voy. BIPYRIDILE.

**NICOTINIQUE** ou **NICOTIQUE**. adj. 2 g. T. Chim. Synon. de *Nicotianique*.

**NICTATION** et **NICTITATION**. s. f. [Pr. ... *sion*] (lat. *nictare*, clignoter). T. Méd. Se disent quelquefois pour clignotement. || T. Zool. On dit aussi *Membrane nictitante* pour membrane clignotante.

**NID**. s. m. [Pr. *ni*] (lat. *nidus*, m. s.). Espèce de berceau que les oiseaux construisent pour y déposer leurs œufs et y élever leurs petits.

> Les alouettes font leur nid
> Dans les blés quand ils sont en herbe.
> LA FONTAINE.

|| *N. à souris, n. à rats*, trou où se logent les souris, les rats. — Fig. *Loger dans un n. à rats*, dans un logement exigu, mesquin, sale. || *N. de guêpes, de fourmis*, habitation que se construisent ces insectes. *N. de chenilles.* || *N. d'hirondelle*, n. d'une espèce d'hirondelle, enduit d'une matière gélatineuse qu'on mange en Orient, surtout en Chine. Voy. plus loin, et SALANGANE. || Figur. et fam., *Un bon n.*, Un bon établissement où l'on est à son aise. *Il est dans un bon n., qu'il s'y tienne.* || Fig. et prov., *Il croit avoir trouvé la pie au n.*, se dit, par plaisant., d'un homme qui s'imagine avoir fait quelque découverte importante. — *Il n'a plus trouvé que le n.*, se dit quand on est allé chercher un homme chez lui pour l'arrêter, et qu'on ne l'y a pas trouvé, des besoins ou des dangers à venir. Les nids présentent la forme la plus variée, depuis le n. de l'Autruche, qui n'est guère qu'un trou creusé dans le sable, et l'*Aire* grossière des grands oiseaux de proie, qui consiste en un simple amas de morceaux de bois posés sur un rocher (Fig. 1. La Cigogne et son n.), jusqu'aux singuliers nids du Fournier, de la Mésange remiz, du Loxia républicain, du Tisserin loriot (Fig. 2) et de l'Orthocome à longue queue (Fig. 3). Il en est véritablement d'admirables, qui montrent bien qu'à l'instinct général de chaque espèce vient assez souvent s'ajouter une intelligence attentive dans le choix de la place la plus favorable au point de vue météorologique au point de vue local. On n'observe pas une moindre diversité dans les matériaux dont les Oiseaux se

Fig. 1.

ou bien qu'on a trouvé vide la place où l'on croyait rencontrer quelque chose.

Notre avare, un beau jour, ne trouva que le nid.
LA FONTAINE.

|| *Petit à petit l'oiseau fait son n.*, A force de travail on se crée une position, une fortune. || T. Géol. Petit amas de matières friables ou de substances métalliques qu'on trouve isolé hors des filons. || T. Art milit. *N. de pie*, Logement que l'assiégeant construit dans un ouvrage dont il s'est emparé et d'où il peut tirer sans se découvrir. || T. Anat. *N. de pigeon*, enfoncement hémisphérique situé de chaque côté de la face inférieure du cervelet.

**Zool.** — L'acte de la nidification est un fait général chez les Oiseaux. On ne sait ce qu'on doit le plus admirer de l'adresse qu'ils déploient dans la construction du n. où ils déposent leurs œufs et y élèvent, pendant un temps, leurs petits, ou des précautions ingénieuses qu'ils prennent en vue servent pour la construction de leur n. La plupart du temps, ils n'y emploient que des matières flexibles ou filamenteuses tirées du règne végétal ou animal; les produits de l'industrie s'y sont ajoutés en ces derniers temps, fils, ficelles, fils de fer, acier, cuivre, etc., quelques-uns, comme l'Hirondelle, y emploient de la terre détrempée, et la Salangane fait le sien avec une substance gélatineuse dont l'origine est encore contestée. Les nids de cette dernière espèce, comme tout le monde le sait, constituent sous le nom de *Nids d'oiseaux* ou d'*hirondelles*, un mets des plus recherchés à la Chine, en Cochinchine, etc. Mais nous n'insisterons pas plus longtemps sur la nidification des Oiseaux, attendu qu'en parlant de chaque espèce, nous signalons, toutes les fois qu'il y a lieu, les particularités remarquables relativement à cet acte.

Ce ne sont pas seulement les Oiseaux qui construisent des nids. Certains Mammifères, tels que les Campagnols, les Lapins, surtout les Muscardins et les Rats nains, offrent des exemples curieux de nidification. L'Ecureuil même fait son n.

sur les arbres, et sa forme rappelle le n. de la Pie. Enfin, si l'industrie de ces Mammifères a lieu de surprendre, à plus fection de ceux des Oiseaux. Parmi les espèces ichtyologiques chez lesquelles on a observé ce singulier phénomène,

Fig. 2. Fig 3.

forte raison doit-on être étonné quand on voit des animaux d'un ordre inférieur construire des nids qui atteignent la per- il suffira de mentionner la Gobie noire, le Gourami et l'Épinoche (Fig. 4. L'Épinoche et son n.).

Fig. 4

**NIDIFICATION.** s. f. [Pr... *sion*] (lat. *nidificatio*, m. s., de *nidus*, nid, et *ficare*, faire). Construction d'un nid par un oiseau. Voy. Nid.

**NIDOREUX, EUSE.** adj. [Pr. *nido-reu, euze*] (lat. *nidorosus*, m. s., de *nidor*, mauvaise odeur). T. Méd. Qui a une odeur et un goût de pourri, de brûlé, d'œufs couvés. *Rapports n.* — *Dyspepsie nidoreuse*, Qui s'accompagne de rapports nidoreux.

**NIDULAIRE.** s. f. (lat. *nidulus*, petit nid). T. Bot. Genre de Champignons (*Nidularia*) de la famille des *Gastéromycètes*. Voy. ce mot.

**NIDULARIÉES.** s. f. pl. (R. *Nidulaire*). T. Bot. Tribu de Champignons de la famille des *Gastéromycètes*. Voy. ce mot.

**NIEBUHR,** historien allemand (1776-1831), auteur d'une *Histoire romaine*.

**NIÈCE.** s. f. (lat. *neptis*, petite-fille). Fille du frère ou de la sœur. *L'oncle et la n.* — *La tante et la n.* — *Petite n.*, La fille du neveu ou de la nièce. || *N. à la mode de Bretagne.* Voy. Mode.

**NIEDERBRONN,** anc. ch.-l. de c. (Bas-Rhin), arr. de Wissembourg; 3,200 hab. (à l'Allemagne depuis 1871).

**NIEDERMEYER.** Compositeur de musique, né à Noyon (Suisse) (1802-1861).

**NIEL** (Adolphe). Maréchal de France (1802-1869).

**NIELLE.** s. m. (Pr. *niè-le*) (ital. *niello*, m. s. du lat. *nigellus*, de *niger*, noir). T. Techn. On donne le nom de *Nielles* à des incrustations noires sur fond blanc qui servent à orner certaines pièces d'orfèvrerie ou de bijouterie, et particulièrement des tabatières d'argent. La *Niellure* comprend trois opérations. Le *Nielleur* commence par creuser au burin dans la plaque métallique les dessins qu'il veut faire ressortir en noir. Ce travail fait, il remplit les creux avec une sorte d'émail composé de 384 parties de soufre, 72 de cuivre, 50 de plomb, 38 d'argent et 36 de borax. Pour cela, il chauffe la plaque au rouge brun, et fait pénétrer le n. dans les tailles. Enfin, il enlève à la lime douce les parties qui dépassent ces dernières, et termine en polissant par les procédés ordinaires. On croit généralement que l'art de nieller a été inventé en Égypte, probablement avant l'ère chrétienne. Quoi qu'il en soit, il est certain que les artistes orientaux l'ont pratiqué avec une grande habileté. Il fut particulièrement cultivé avec succès par les Byzantins, qui l'introduisirent en Italie vers le VIIe siècle. Ainsi que nous l'avons dit ailleurs, ce fut la niellure qui donna naissance à la gravure en taille-douce. Le développement du nouvel art fit presque complètement abandonner celui du nielleur. Cependant, le n. a été remis en honneur en 1830 par un artiste parisien, Charles Wagner, et aujourd'hui les bijoutiers et les orfèvres l'emploient concurremment avec d'autres procédés de décoration.

**NIELLE.** s. f. [Pr. *niè-le*] (lat. *nigella*, dimin. de *niger*, noir). T. Bot. Nom vulgaire donné à l'*Agrostemma githago*, de la famille des *Caryophyllées*. Voy. ce mot.

**NIELLE.** s. f (lat. *nebula*, brouillard). Sorte de maladie du blé, qu'on attribuait à l'influence des brouillards, produite par une Anguillule. Voy. Céréales. || Pourriture des arbres. || Pourriture de la toile à voiles.

**NIELLER.** v. a. [Pr. *niè-ler*]. Orner de nielles. *N. une tabatière.* || Gâter par la nielle. *Les blés sont niellés.* = Niellé, ée. part.

**NIELLEUR.** s. m. [Pr. *niè-leur*]. Celui qui fait des nielles. Voy. Nielle.

**NIELLURE.** s. f. [Pr. *niè-lure*]. Art de fabriquer le nielle. Voy. ce mot.

**NIEMCEWICZ.** Célèbre patriote et écrivain polonais (1757-1841).

**NIÉMEN** ou **MEMEL**, fl. de la Russie d'Europe, prend sa source dans le gouv. de Minsk, passe à Grodno, Kowno, Tilsit, et se jette dans la Baltique; 704 kilomètres.

**NIEPCE** (Joseph-Nicéphore), né à Chalon-sur-Saône (1765-1833), trouva le moyen de fixer les images de la chambre noire, et s'associa avec Daguerre, en 1829, pour l'exploitation de sa découverte. || Son neveu, Niepce de Saint-Victor (1804-1870), tenta l'un des premiers la photographie sur verre, et inventa l'héliographie.

**NIER.** v. a. (lat. *negare*, m. s., de *nec*, mot qui exprime la négation). Dire qu'une chose n'est pas vraie, soutenir qu'une chose n'est pas. *N. un fait. C'est une vérité qu'on ne peut n. Il nie d'avoir fait cela. N. cela, c'est n. qu'il fait jour en plein midi. Il nie que cela soit. Je ne nie pas que vous soyez fondé ou que vous ne soyez fondé en droit.* || *N. un dépôt, une dette*, N. qu'on ait reçu un dépôt, qu'on ait une dette à payer. || *N. une proposition, n. un principe, une conséquence*, N'en pas demeurer d'accord. — Absol., *Toutes les fois que j'affirme, vous niez.* = Nié, ée. part. = Conjug. Voy. Prier.

**NIEUL,** ch.-l. de c. de la Haute-Vienne, arr. de Limoges; 1,022 hab.

**NIEUPORT,** v. de la Flandre occid. (Belgique), à l'embouchure de l'Yser; 3,200 hab.

**NIÈVRE** (la), riv. de France; se jette dans la Loire (rive droite) à Nevers; 48 kilomètres.

**NIÈVRE** (Dép. de la), formée du Nivernais et d'une partie de l'Orléanais, ch.-l. *Nevers*; 3 autres arr. : *Clamecy, Cosne* et *Château-Chinon*.

**NIGAUD, AUDE,** adj. et s. [Pr. *ni-gô, ni-gôde*]. Fam. et se dit d'une personne sotte et niaise. *Voyez ce grand n. Qu'elle est donc nigaude!* || T. Zool. Espèce de petit cormoran. = Syn. Voy. Niais.

**NIGAUDER.** v. n. [Pr. *ni-gôder*]. Faire des actions de nigaud, s'amuser à des riens. *Il passe son temps à n.*

**NIGAUDERIE.** s. f. [Pr. *ni-gôderi*]. Action de nigaud. *Il ne fait que des nigauderies.* || Le caractère du nigaud. *Il est d'une n. qu'on n'excuserait pas dans un enfant.*

**NIGELLE.** s. f. [Pr. *ni-jèle*] (lat. *nigellus*, dimin. de *niger*, noir). T. Bot. Genre de plantes Dicotylédones (*Nigella*) de la famille des *Renonculacées*. Voy. ce mot.

**NIGER.** L'un des plus grands fleuves de l'Afrique et du monde, arrose la partie occidentale du Soudan. Il prend sa source dans le massif du Kouranko, non loin du *Mont Daro* (1,340 mètres), au nord de la limite septentrionale de la colonie anglaise de Sierra-Leone et de l'État de Liberia, par 9° de latitude N. et 12° de longitude O. de Paris (Voy. Guinée).

Serré sur sa rive gauche par les collines qui séparent son bassin de celui du Sénégal, alors que dans les vastes plaines de la rive droite court parallèlement à lui son gigantesque affluent le *Bani*, il se dirige sensiblement vers le N.-E., jusqu'à environ 16° 1/2 N. et 5° de longitude O. où, devant les dunes du Sahara, il s'infléchit vers l'E., puis vers le S.-E. et après avoir reçu son principal affluent de gauche, la *Benoué*, vers le 8° degré Nord, il se jette par un grand nombre de bouches dans le golfe de Guinée au milieu d'un delta très proéminent vers le 5° degré N. et le 4° Est de Paris. Son cours est ainsi de 4,000 kilomètres, mais en raison de la courbe très prononcée qu'il décrit et qu'on appelle sa *boucle*, son embouchure n'est distante de sa source que de 1,800 kilomètres.

D'abord faible ruisseau du nom de *Timbi*, mais rapidement grossi par les pluies torrentielles qui tombent dans ces vallées boisées, de février à juillet, il a déjà 25 mètres de large à 13 kilomètres de là, 100 mètres à 100 kilomètres de la source, près de Faranna, et 150 à Kouroussa. Il porte dès lors le nom de *Dialiba*, arrose les villes de Siguiri, Bammakou, où commence un rapide de 40 kilomètres, puis Nyamina, Segou, Sansanding, sujet au moment des pluies à des débordements d'un kilomètre de largeur. A Diafarabé commence un dédale de marigots dont l'un le réunit près de Dienné au Bani, formé lui-même du Baoulé et du Bagoé et qui le rejoint définitivement à Mopti, dans la province du Massina. Au centre de cette province, il traverse le grand lac Debo. Les débordements combinés des deux grands fleuves, dont les hautes eaux atteignent ces régions en septembre, couvrent à ce moment une largeur de pays de 140 kilomètres et forment sur la rive gauche une douzaine de grands lacs, dont le plus important est le Faquibine, et sur la rive droite une autre série de lacs moindres au nombre de 23.

Au 1er coude septentrional, à 8 kilomètres duquel se trouve Tombouctou, la vallée se resserre, les inondations se réduisent et ne parviennent qu'en janvier. Au 2e coude, près de Tosaye le fleuve est encore resserré et obstrué par des roches. Sa crue parvient à Saï en juillet et, après un nouveau barrage à Boussa, arrive à l'embouchure en septembre, de sorte qu'elle a mis un an et demi à se rendre des sources à l'Atlantique.

Ce large fleuve, ces grands affluents, ces vastes inondations, semblables à celles du Nil, ne pouvaient traverser le Soudan sans y tracer une zone de fraîcheur au milieu des climats

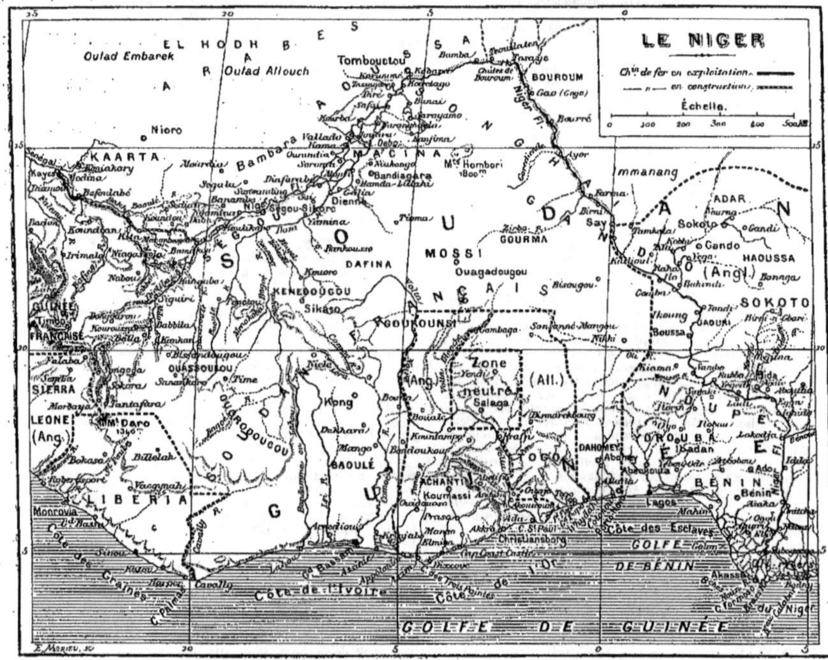


torrides environnants et sans en faire, à l'instar de l'Égypte, une contrée extrêmement fertile. Les vallées des sources où affluent les cascades sont extrêmement boisées. Le reste du parcours est bordé d'immenses pâturages où paissent des troupeaux innombrables, bœufs à bosse, moutons, chevaux, où se dressent de magnifiques dômes de verdure, baobabs, karités (arbres à beurre), nettés (arbres à farine), etc. Dans les régions inondées, les indigènes plantent le riz, le récoltent à la décrue, puis dans les alluvions cultivent le mil, le tabac et même le blé, le coton, l'indigo, les arachides, l'igname, le manioc et divers légumes, de sorte que l'on a deux récoltes par an. (F. Dubois, *Tombouctou, la mystérieuse*.)

On trouve au naturel le caoutchouc, la gutta-percha, la soie végétale, le tamarin, le sésame, etc., enfin, parmi les minéraux, l'or et le fer.

Les populations immédiatement riveraines se livrent à la navigation soit pour le commerce par « la route qui marche », soit pour la pêche, qui y est très fructueuse. Ce sont des peuples doux, de race noire, fétichistes vers le sud, convertis au mahométisme vers le cours moyen. Dans cette partie se trouvent les traces d'une civilisation évidemment venue d'Egypte, ainsi qu'il ressort de ses mœurs et de son architecture pharaonienne autant que de ses traditions. Un peuple du nom de Songhoï y étendit sa puissance pendant tout notre moyen âge, avec pour capitale Gao et pour villes principales Dienné d'abord et plus tard Tombouctou. Détruit par le Maroc vers la fin du XVIe siècle, cet empire devint la proie d'abord de l'anarchie, puis des divers nomades des déserts, Touaregs au nord, Foulbès au nord-ouest, Toucouleurs au sud-ouest.

Cependant jusqu'au siècle dernier le Niger était demeuré lettre morte pour les Européens. L'embouchure seule était connue, les navigateurs hollandais y ayant installé des comptoirs, quand, de 1793 à 1795, l'Anglais Mungo-Park, parti de la Sénégambie, découvrit son cours, le descendit, renouvela son voyage en 1805 et trouva la mort dans le rapide de Boussa.

En 1822, le major anglais Laing redescendit le Niger jusqu'à Tombouctou. Le Français René Caillé recommença l'entreprise en 1825, visita Tombouctou et rentra par le Maroc; Clapperton aborda deux fois au Soudan par le Sahara, y mourut, et son domestique Richard Lander découvrit en 1830 l'embouchure du Niger. En 1833, le lieutenant Allen explora le Bénoué. Les Anglais fondèrent dès lors une mission du Niger qui installa des comptoirs dans le delta du fleuve. En 1880, pour le compte de négociants français, M. de Semallé fonda 24 comptoirs semblables. En 1884 les établissements français et anglais étaient à nombre égal, quand le 31 décembre la Société française céda les siens à la Compagnie anglaise et de la fusion des deux sociétés se forma la « Royal Niger Company », qui se plaça le 5 avril 1885 sous le protectorat anglais. Mais la convention de Berlin dans la même année établissait la liberté absolue de navigation sur les fleuves africains.

D'un autre côté, les Français avoisinaient le haut Niger par leur colonie du Sénégal. Le 30 janvier 1883 un poste fut établi à Bammakou. En 1887, une de nos canonnières commandée par le lieutenant Caron abordait en face de Tombouctou.

Cependant trois importants empires indigènes s'étaient formés, terrorisant les populations pacifiques du Niger, celui de Ahmadou, à Segou, et, dans la boucle, ceux de Tieba à Sikaso et de Samory à Bissandougou. Les deux premiers reconnurent notre protectorat, et le lieutenant Binger, puis le capitaine Monteil purent traverser la boucle, le premier vers Kong et la côte d'Ivoire, le second vers Say.

En 1890, les Anglais, ayant partagé avec les Allemands le sultanat de Zanzibar sur la côte orientale d'Afrique, en dépit d'une convention de 1862 passée avec la France, et laissant croire qu'ils possédaient effectivement le bas Niger jusqu'à Tombouctou, parurent nous faire une concession en ramenant leur frontière du Niger à une ligne fictive de Say au lac Tchad (Voy. Afrique). Samory, notre ennemi irréconciliable, fut battu, chassé de ses États en 1891 et 1892. Tombouctou fut occupé en 1893.

De leur côté les Anglais de la Côte de l'Or et du Benin et les Allemands du Togo (côte de Guinée) pénétraient également dans la boucle du Niger, atteignaient successivement le 9e, le 10e, le 11e parallèle. Nos troupes, pour ne pas laisser couper nos possessions du Niger de celles du Dahomey, luttèrent de vitesse avec leurs rivaux, et de nouvelles conventions en 1897 et 1898 arrêtèrent définitivement les possessions anglaises et allemandes de la Côte de l'Or et du Togo au 11e parallèle et, sur le Niger, nous reconnurent, en aval de Say, la partie de rive droite qui s'étend jusqu'à Ilo, y compris Nikki, et le droit d'établir deux stations sur le bas fleuve dans la zone même de la « Royal Company ». Sur la rive gauche, par contre, l'Angleterre sans monter au delà de Say obtenait d'arrondir autour du Sokoto la ligne de Say au Tchad.

Mais ce moyen de pénétration du fleuve par son embouchure, bon pour le cours inférieur, et du reste le plus éloigné de l'Europe, serait, vû les rapides de Boussa, impraticable pour les cours moyen et supérieur. Trois colonies européennes, voisines des sources, luttent pour la conquête économique de la riche vallée par la création de chemins de fer, ce sont nos provinces du Sénégal et de la Guinée et celle des Anglais à Sierra-Leone. Celui du Sénégal, le plus long, est commencé depuis quinze ans mais n'avance guère. Celui de la Guinée, est étudié, mais l'exécution n'en est pas encore commencée. Celui de Sierra-Leone plus court, est en construction, mais la colonie anglaise n'atteignant pas le Niger, sa pénétration est forcément très bornée. A ces moyens de communication, le colonel Frey, ancien commandant supérieur du Soudan, une des autorités les plus écoutées en ces matières, oppose, avec toutes les apparences de raison, l'idée d'un canal entre le Sénégal et le Niger, la ligne de partage des eaux ne dépassant guère 100 mètres d'altitude. Les navires à vapeur remontent en effet le premier de ces fleuves jusqu'à Kayes, et par l'ouverture d'un canal, pourraient, sans transbordement, descendre le Niger, jusqu'au delà de Tombouctou, dans des conditions bien plus avantageuses de bon marché.

Un autre projet de pénétration est celui de la construction du chemin de fer transsaharien, s'amorçant à notre réseau algérien et gagnant Tombouctou, le point culminant de la boucle et le plus septentrional de la vallée du Niger. Cette voie-là serait incontestablement la plus courte, celle qui drainerait tout le commerce du bas comme du moyen Niger et de tout le Soudan occidental. Mais on commence à peine à en parler; et il paraît certain que si on ne fait diligence, le transafricain, ce digne pendant du transsibérien des Russes, sera effectué par les Anglais, du Caire au Cap, avant que nous n'ayons commencé le transsaharien pourtant quatre fois moindre. (Voy. Sahara et Soudan).

**NIGER** (Fescennius), empereur romain, succéda à Pertinax, fut vaincu et tué par Septime Sévère (194 ap. J.-C.).

**NIGRINE**. s. f. (lat. *niger*, noir). T. Minér. Variété noire et ferrifère de rutile. Voy. Fer, VII, E.

**NIGRISINE**. s. f. [P. *nigri-zine*] (lat. *niger*, noir). T. Chim. Matière colorante obtenue par l'ébullition prolongée d'une solution de nitrosodiméthylaniline. Elle teint le coton en nuances grises très solides.

**NIGRITIE** ou *Pays des Noirs*, partie de l'Afrique, appelée aussi *Soudan*, comprise entre le Sahara, le Nil, l'Afrique australe et l'Atlantique.

**NIGROSINE**. s. f. [Pr. *nigro-zine*] (lat. *niger*, noir). T. Chim. Matière colorante de la classe des indulines. Voy. Colorants, IV, 8.

**NIGROTINIQUE**. adj. 2 g. (lat *niger*, noir). T. Chim. Voy. Dioxynaphtoïque.

**NIHILISME**. s. m. (latin *nihil*, rien). T. Philos. Se dit quelquefois d'un scepticisme absolu ou de la doctrine qui fait de l'anéantissement le but suprême. || T. Polit. Doctrine d'une secte de révolutionnaires qui s'est répandue surtout en Russie, et qui poursuit par tous les moyens l'anéantissement des institutions existantes.

**NIHILISTE**. s. (lat. *nihil*, rien). Adepte du nihilisme. = Adj. *La secte nihiliste.*

**NIIGATA**, v. et port du Japon ; 41,700 hab.

**NIJNI-NOVGOROD**. Voy. Novgorod.

**NIKA**. s. m. T. Zool. Espèce de *Crustacé*. Voy. Macroures.

**NIKOLAÏEF** ou **NICOLAÏEF**, v. du gouv. de Kherson (Russie), sur la mer Noire; 101,000 hab.

**NIL**, le plus grand fleuve de l'Afrique, formé de deux

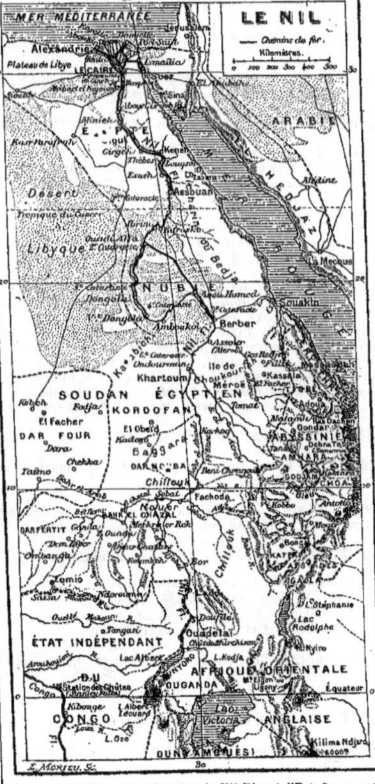


fleuves, le Nil Blanc à l'Ouest et le Nil Bleu à l'Est. Le premier sort du lac Victoria Nyanza, quelques minutes au Nord de l'Équateur, traverse la province de l'Ouganda, coupe la pointe septentrionale du lac Albert Nyanza, se dirige vers le Nord, et se divise vers 7° 1/2, en deux bras, le Bahr-el-Gebel et le Bahr-el-Seraf, qui se rejoignent vers 9° 1/2, après que le premier a reçu par sa gauche au lac No, le Bahr-el-Gazal formé lui-même du Nam Rohl, du Nam Djaou, du Djour, du Souch, du Barh-el-Homeur et du Barh-el-Arab. Le Nil Blanc reçoit encore à la même latitude, mais par sa rive droite, le Sobat formé du Doura, du Djoubba, etc., puis il continue sa course vers le Nord au milieu des marais du Kordofan, se rejoint à Khartoum avec le Nil Bleu, descendu des montagnes d'Abyssinie, reçoit à Berber le Kohr-el-Gach, grossi du Settit, décrit, coupé par six cataractes, une grande S à travers le désert de Nubie, puis à partir d'Assouan entre en Égypte, la belle vallée qu'il fertilise de ses débordements, et enfin se jette dans la Méditerranée par deux bouches principales aboutissant à Damiette et à Rosette au nord du 31e parallèle. Il a ainsi 4,500 kilomètres de longueur.

Nous avons vu aux articles *Égypte* et *Méditerranée* l'histoire de la Basse Vallée du Nil. Mais les cours moyen et supérieur ainsi que ses sources demeurèrent inconnus jusqu'à ce siècle. C'est de 1839 à 1845 qu'un Français, M. Rochet d'Héricourt, après avoir visité l'Abyssinie, explora le premier le Nil Bleu. En 1858, le capitaine anglais Speke, parti de Zanzibar, découvrit un lac, auquel il donna le nom de Victoria et qui est connu sous le nom de *Victoria-Nyanza*. (*Nyanza* sign. lac). En 1862, il explorait le Nil Blanc. Des Hollandais, MM. Heuglin et Steudner et Mmes Tinné, remontèrent le Bahr-el-Ghazal en 1863. Un Russe, M. Schweinfurth, de 1868 à 1871, puis le colonel anglais Gordon, en 1877, visitèrent les mêmes pays.

**NILGAU**. s. m. [Pr. *nil-go*] (Persan *nilgao*, m. s.). T. Mamm. Nom vulg. d'une espèce d'ANTILOPE. Voy. ce mot.

**NILGHIRI** (mont). Montagne de l'Inde; 2,650 mètres.

**NILLE**. s. f. [Pr. les *ll* mouillées] (R. *anille*). T. Techn. Gaine de bois entourant le manche d'une manivelle. — Pièce de fer en forme d'X qui soutient la meule supérieure d'un moulin. — Bobine enfilée dans la poignée d'une manivelle et mobile autour d'elle. — Roue de bois allongée servant aux boyaudiers à retordre les boyaux. — Pilon de fer rivé aux croisillons et aux traverses des panneaux des vitraux d'église pour les retenir. || T. Vitic. Vrille de la vigne.

**NILOMÈTRE**. s. m. (gr. Νεῖλος, Nil; μέτρον, mesure). T. Antiq. — On appelle *Nilomètre* une colonne marquée d'une échelle graduée, qui sert en Égypte à mesurer la crue ou la diminution des eaux du Nil. Les nilomètres sont élevés au milieu du fleuve. Il existe encore aujourd'hui, dans l'île de Raouda, entre le Caire et Gizèh, un nil. qui doit sa construction aux anciens Égyptiens. Il est divisé en coudées et en demi-coudées. Les mesures qu'il a fournies ont joué un grand rôle dans les discussions sur le système métrologique de l'Égypte ancienne.

**NILSON**. Naturaliste suédois (1787-1883).

**NIMA**. s. m. T. Bot. Genre de plantes Dicotylédones de la famille des *Simarubacées*. Voy. ce mot.

**NIMBE**. s. m. [Pr. *nin-be*] (lat. *nimbus*, nuage). Cercle lumineux qu'on représente autour de la tête des saints.

**NIMBÉ, ÉE**. adj. [Pr. *nin-bé*]. Qui a un nimbe.

**NIMÈGUE**, v. de la Gueldre (Pays-Bas), sur le Wahal; 29,710 hab. — *Paix de Nimègue*, traité qui termina la guerre de Hollande et donna à la France la Franche-Comté et les places du Nord et de la Meuse (1678-79).

**NÎMES**, ch.-l. du dép. du Gard, à 725 kil. S.-E. de Paris; 71,600 hab. Évêché. Antiquités romaines dont les plus célèbres sont la *Maison carrée* et les *Arènes*.

**NIMSE**. s. m. Autre nom du *furet*. Voy. ce mot et MARTRE.

**NING-PO**, v. et port de la Chine sur la mer de Corée; 240,000 hab.

**NINIVE**, cap. des empires d'Assyrie, sur le Tigre, détruite par Cyaxare Ier et Nabopolassar (625 av. J.-C.). L'emplacement de Ninive était sur la rive gauche du Tigre en face de la ville actuelle de Mossoul. Voy. ASSYRIE.

**NINON DE LENCLOS**. Voy. LENCLOS.

**NINUS**, roi légendaire de l'Assyrie, à qui la tradition attribue la fondation de Ninive (2,000 av. J.-C.). Il aurait été mis à mort par ordre de sa femme Sémiramis.

**NINYAS**, roi légendaire d'Assyrie, fils de Ninus, aurait succédé à Sémiramis, sa mère.

**NIOBATE**. s. m. T. Chim. Sel de l'acide niobique. Voy. NIOBIUM.

**NIOBÉ**, fille de Tantale, et femme d'Amphion, roi de Thèbes, vit ses enfants périr sous les flèches d'Apollon et de Latone (Mythol.).

**NIOBIQUE**. adj. 2 g. T. Chim. Voy. NIOBIUM.

**NIOBITE**. s. f. Synon. de *Colombite*.

**NIOBIUM**. s. m. [Pr. *nio-biome*] (R. *Niobé*, nom mythol.). T. Chim. Métal rare, pentavalent, dont le symbole est Nb et le poids atomique 94. Il est contenu, à l'état de niobate, dans la plupart des minéraux connus sous le nom de terres rares : Colombite ou Niobite, Tantalite, Pyrochlore, Fergusonite, Samarskite, Euxénite. En fondant ces minéraux avec du bisulfate de potassium et lavant à l'eau acidulée la masse fondue, on obtient l'*Anhydride niobique* $Nb^2O^5$, poudre blanche, amorphe, infusible. L'*Acide niobique* correspondant a pour formule $NbO^3H$. La fusion de l'anhydride niobique soit avec les alcalis, soit avec les chlorures ou les fluorures métalliques, donne naissance aux *Niobates*. Ces procédés ne fournissent que des produits impurs, renfermant du tantale. Mais si l'on traite l'anhydride niobique par l'acide fluorhydrique, puis par le fluorure acide de potassium, le tantale se sépare à l'état de fluotantalate insoluble, et il reste en dissolution un *Fluoxy-niobate de potassium* $NbOFl^3.2KFl$ qui peut servir à préparer les composés niobiques à l'état de pureté. — Pour obtenir le n. lui-même on prépare d'abord son *Pentachlorure* $NbCl^5$ par l'action du chlore sur un mélange d'anhydride niobique et de charbon; ce pentachlorure cristallise en aiguilles jaunes, fusibles à 194°, décomposables par l'eau; réduit par l'hydrogène il fournit le niobium métallique en croûtes d'un gris d'acier, dures et fragiles, insolubles dans l'acide chlorhydrique, solubles à chaud dans l'acide sulfurique concentré.

**NIORT**, ch.-l. du dép. des Deux-Sèvres, à 410 kil S.-O. de Paris, sur la Sèvre-Niortaise; 23,200 hab. Patrie de Mme de Maintenon.

**NIPA**. s. m. (mot malais). T. Bot. Genre de plantes Monocotylédones de la famille des *Pandanées*. Voy. ce mot.

**NIPHATES** (MONTS), chaîne de l'anc. Arménie, d'où sort le Tigre.

**NIP-HON** ou **NIPPON** ou **HONDO**, la plus grande île de l'archipel Japonais; cap. *Tokio* ou *Yédo*; anc. cap. *Miako* ou *Kioto*; port princ. *Osaka*; pop. 27,900,000 hab.

**NIPPE**. s. f. [Pr. *ni-pe*] (orig. germ.). Se dit des habits, de tout ce qui sert à l'ajustement, à la parure, et même des meubles. *Il a de belles, de bonnes nippes. Il n'a laissé que de vieilles nippes.* = Syn. Voy. HARDES.

**NIPPER**. v. a. [Pr. *ni-per*]. Fournir de nippes. *Son père l'a bien nippé en le mariant.* = SE NIPPER. v. pron. *Il s'est fort bien nippé depuis quelque temps.* = NIPPÉ, ÉE. part. *Une femme bien nippée.*

**NIQUE**. s. f. [Pr. *ni-ke*] (all. *nicken*, hocher la tête). Signe de mépris ou de moquerie. Ne se dit que dans cette locut. famil., *Faire la n.*, Se moquer de quelqu'un, de quelque chose, comme ne s'en souciant point. *Faire la n. à quelqu'un. Un vrai philosophe fait la n. à la fortune et aux richesses.*

Son nez haut relevé semblait faire la nique
A l'Ovide Nason.

RÉGNIER.

**NIQUETER** v. a. [Pr. *nike-ter*] (R. *nique*). Faire la nique. Vx. || T. Art vétér. *N. un cheval*, Couper les muscles abaissours de sa queue, sans amputer le tronçon, afin qu'elle soit constamment relevée. = NIQUETÉ, ÉE. = Conj. Voy CAQUETER.

**NIRVVÂNA.** Terme de la religion bouddhique, absorption définitive de chaque individu dans le grand tout.

**NISARD** (DÉSIRÉ), critique et littérateur fr., auteur d'une *Histoire de la littérature française* (1806-1888).

**NISSA.** Voy. NICE.

**NISUS,** jeune Troyen qui suivit Énée en Italie et dont l'amitié pour Euryale a été immortalisée par Virgile.

**NITÂQRIT.** Voy. NITOCRIS.

**NITÉE.** s. f. Voy. NICHÉE.

**NITHARD,** petit-fils de Charlemagne par sa mère, auteur d'une *Histoire des divisions des fils de Louis le Débonnaire.*

**NITIDULE.** s. f. (lat. *nitidus*, brillant). T. Entom. Genre de Coléoptères. Voy. NITIDULIDES.

**NITIDULIDES** s. f. pl. (R. *Nitidule*). T Entom. Famille de *Coléoptères pentamères* dont le corps en forme de bouclier rappelle celui des *Sylphides*, mais les *Nitidulides* se distinguent de ces derniers insectes par les mandibules échancrées à leur extrémité et par ce qu'on ne distingue que quatre articles quand on regarde les tarses en dessus. Les Nitidulides ont des mœurs très variées; les unes habitent sur les fleurs, les autres sur les champignons, sous l'écorce des arbres malades, ou même dans les matières animales corrompues.
Le genre *Nitidule* (*Nitidula*) est très nombreux en espèces qui, pour la plupart, vivent, en été, sur les fleurs. L'espèce type est la *N. bronzée*, longue de 2 millimètres, de forme ovoïde-oblongue, d'un vert bronzé brillant et à antennes noirâtres terminées par une grande massue obtuse. Elle est si commune en France qu'on peut quelquefois la récolter par milliers en passant un filet de toile sur les plantes. Le genre *Colobique* (*Colobicus*) renferme très peu d'espèces, une seule espèce; le *C. marginé*, se trouve en France, aux environs de Paris, sur les écorces. Les *Thymales* sont répandus dans les deux mondes; ils sont nocturnes et lignivores; quelques espèces, comme le *Th. bordé*, sont presque hémisphériques. Les *Cerques* (*Cercus*) sont encore plus petits que les Nitidules, auxquels ils ressemblent beaucoup; comme eux ils ne fréquentent que les fleurs L'espèce type est le *C Pou* (*C. pedicularis*) qui se trouve aux environs de Paris. Les *Bytures* vivent aussi sur les fleurs et appartiennent aux mêmes contrées. L'espèce la plus remarquable est le *B. laineux* ou *Dermeste velours jaune* (*B tomentosus*), commune auprès de Paris. La larve cause parfois en Angleterre de grands dégâts dans les cultures de framboisiers. Quelques auteurs rangent les Byturos dans la famille des *Dermestides.*

**NITOCRIS** ou **NITÂQRIT,** reine d'Égypte de la 6e dynastie.

**NITOUCHE.** s. f. (altérat. de *n'y touche*). Ne se dit que dans cette locut. famil., *Sainte n.*, par laquelle on désigne une personne qui contrefait la sagesse ou la dévotion, qui affecte des airs d'innocence ou de simplicité. *C'est une sainte n. Il fait la sainte n.*

**NITRAMINE.** s. f. (R. *nitre* et *amine*). T. Chim. Nom que l'on donne aux dérivés nitrés des amines aromatiques quand le radical $AzO^2$ est attaché à l'azote. Ces composés contiennent le groupe $-Az\left\langle{AzO^2 \atop H}\right.$. Telle est la *phénylnitramine* ou *acide diazobenzénique* $C^6H^7Az H(AzO^2)$ qu'on obtient en cristaux incolores, fusibles à 46°, lorsqu'on traite l'aniline par l'anhydride azotique ou par le chlorure d'azotyle.

**NITRATE.** s. m. T. Chim. Syn. d'*Azotate*. Voy. AZOTE et ENGRAIS.

**NITRATINE.** s. f. T. Minér. Azotate de soude naturel.

**NITRATION.** s. f. [Pr. *nitra-sion*]. T. Chim. Action de nitrer un composé.

**NITRE.** s. m. (lat. *nitrum*, m. s.). Azotate de potassium ou salpêtre, Voy. POTASSIUM. || *N. cubique*, Azotate de sodium, Voy. SODIUM. || *Esprit de n.*, Acide azotique, Voy. AZOTE.

**NITRER.** v. a. (R. *nitre*) T. Chim. Introduire par voie de substitution le groupe nitryle ou azotyle $AzO^2$ dans la molécule d'un composé. Ce sont les corps de la série aromatique qui se prêtent le mieux à la nitration; il suffit en général de les traiter par l'acide azotique concentré soit seul, soit mélangé à de l'acide sulfurique. Les *dérivés nitrés* ainsi obtenus sont désignés à l'aide du préfixe *nitro.* En général, ils ont une tendance acide plus ou moins prononcée. Traités par les agents de réduction ils se transforment en dérivés amidés, le groupe $AzO^2$ étant remplacé par $AzH^2$. Si la réduction est incomplète, on obtient des composés azoïques. Parmi les dérivés nitrés de la série aromatique, le plus simple est la nitrobenzène, auquel nous avons consacré un article à part; les autres sont décrits avec les composés dont ils dérivent. Dans la série grasse, les dérivés nitrés, tels que le nitréthane et le nitrométhane, sont moins importants et se forment moins aisément; on les obtient par voie détournée, par ex. en traitant les iodures alcooliques par l'azotite d'argent. — La nomenclature des dérivés nitrés a été appliquée improprement à plusieurs composés, tels que les nitrocelluloses et la nitroglycérine, qui sont de véritables éthers nitriques.

**NITRÉTHANE.** s. m. (R. *nitre* et *éthane*). T. Chim. Dérivé nitré de l'éthane. C'est un liquide incolore, à odeur éthérée, insoluble dans l'eau. Il bout à 112°. Il a pour formule $C^2H^5.AzO^2$. L'hydrogène naissant le convertit en éthylamine. Les acides concentrés le dédoublent en acide acétique et en hydroxylamine. Le n. jouit de propriétés analogues à celles du nitrométhane. Comme lui, il forme des dérivés métalliques, entre autres le *sodium-n.* $C^6H^4Na.AzO^2$, composé cristallisable, soluble dans l'eau, insoluble dans l'alcool, explosif au-dessus de 100°.

**NITREUX, EUSE.** adj. [Pr. *nitreu, euze*]. Qui contient du nitre. *Terres, eaux nitreuses. — Acide n., vapeurs nitreuses*, Voy. AZOTE.

**NITRIÈRE.** s. f. Lieu d'où l'on tire le nitre.

**NITRIFICATION.** s. f. [Pr ...*sion*] (R. *nitrifier*). T. Chim. Formation des azotates dans la nature. La n. résulte surtout de la transformation des substances organiques azotées contenues dans les déjections et les cadavres des animaux et dans les détritus végétaux. Elle est due à l'action de divers microbes ou ferments organisés, qui sont partout disséminés dans le sol. Les uns, tels que le Bacillus mycoïdes, provoquent la décomposition des substances organiques azotées en donnant naissance à des composés ammoniacaux; le Micrococcus ureæ agit spécialement sur l'urée qu'il convertit en carbonate d'ammoniaque. D'autres microbes, les Nitromonas, sont des ferments nitreux qui font subir à ces composés ammoniacaux une première oxydation aux dépens de l'air et les transforment en azotites. Enfin viennent les ferments nitriques dont le rôle est d'achever l'oxydation et de changer les azotites en azotates. La n. purifie le sol en le débarrassant des détritus d'origine animale ou végétale, et elle fournit aux plantes l'azote sous la forme la plus assimilable. Quand la n est très active et que les azotates formés ne sont pas absorbés par des végétaux, le salpêtre peut apparaître en efflorescences à la surface du sol; c'est ce qui arrive aussi sur les murs des étables, dans les caves, et dans tous les lieux humides où se produisent des émanations ammoniacales.

**NITRIFIER.** v. a. (lat. *nitrum*, nitre; *ficare*, faire). T. Chim. Convertir en nitre. Provoquer la formation du nitre. = SE NITRIFIER v. pron. Se couvrir de nitre. = NITRIFIÉ, ÉE, part. Voy. NITRIFICATION.

**NITRILE.** s. m. (R. *nitre*). T. Chim. Les *nitriles* sont les produits de déshydratation des amides; ils dérivent donc, par soustraction de deux molécules d'eau, des sels ammoniacaux à acides organiques Comme groupe fonctionnel ils possèdent le radical cyanogène $-C\equiv Az$, qui remplace le groupe $CO Az H^2$ des amides et le groupe $CO^2H$ des acides. Ex. :
$CH^3.CO^2H$. Acide acétique
$CH^3.COAzH^2$. Amide acétique ou Acétamide
$CH^3.CAz$. Nitrile acétique ou Acétonitrile.

On les désigne tantôt sous le nom de *cyanure* en les appelant comme des éthers de l'acide cyanhydrique, tantôt sous le nom de *n.* avec une dénomination rappelant l'acide correspondant; enfin, dans la nouvelle nomenclature chimique, on emploie comme préfixe le nom de l'hydrocarbure dont ils dérivent. Ainsi, par ex., les noms suivants sont synonymes : cyanure de méthyle, n. acétique, acéto-n., éthane-n. L'acide cyanhydrique, qui est le terme le plus simple de la série des nitriles, pourra s'appeler n. formique, formo-n. et méthane-n.

Dans la nature, on ne rencontre que quelques nitriles de la série aromatique et l'acide cyanhydrique à l'état de combinaison dans certaines plantes. Les principales méthodes de préparation des nitriles sont les suivantes : 1° déshydratation des amides ou des sels ammoniacaux; 2° action du cyanure de potassium sur les iodures alcooliques ou sur les sels alcalins des éthers sulfuriques acides (par ex., sur l'éthylsulfate de potassium); 3° action du brome sur les amines en présence des alcalis; 4° action du sulfocyanate de potassium sur les acides organiques, ou du cyanate d'argent sur leurs chlorures. Pour obtenir les nitriles de la série aromatique on peut encore traiter les hydrocarbures par le chlorure de cyanogène en présence du chlorure d'aluminium, ou traiter les sels alcalins des acides sulfoniques par le cyanure de potassium, ou enfin chauffer les sels de diazoïques avec le cyanure de potassium en présence du sulfate de cuivre. Parmi tous ces procédés, ceux qui consistent à fixer le radical cyanogène sur la molécule d'un corps sont d'une importance considérable pour la synthèse des substances organiques; car le n. obtenu peut servir à préparer des composés plus riches en carbone que le corps d'où l'on est parti, et, en répétant la série des transformations, on obtient des substances de plus en plus complexes.

Les nitriles sont généralement liquides, neutres, volatils sans décomposition, plus légers que l'eau, solubles dans l'alcool et dans l'éther. L'hydrogène naissant les transforme en amines. Chauffés avec de l'eau ils repassent à l'état d'amides; avec la potasse ou la soude, l'hydratation est poussée plus loin et donne naissance à l'acide correspondant qui se combine avec l'alcali. Les nitriles s'unissent directement à l'hydroxylamine en donnant des composés appelés *amidoximes;* le radical CAz est alors remplacé par le groupe $C\begin{cases}AzH^2A\\AzOH\end{cases}$. Les acides organiques et leurs anhydrides réagissent à température élevée sur les nitriles pour donner des amides secondaires et tertiaires qui répondent aux formules $\begin{matrix}RCO\\R'CO\end{matrix}\Big\rangle AzH$ et $\begin{matrix}RCO\\(R'CO)^2\end{matrix}\Big\rangle Az$.

Les *dinitriles* contiennent deux fois le groupe $-C{\equiv}Az$ et correspondent aux acides bibasiques. On les obtient par la déshydratation des diamides (composés qui possèdent deux fonctions amides) ou par l'action du cyanure de potassium sur les dérivés dibromés des hydrocarbures saturés. En s'hydratant sous l'action des acides ou des alcalis, les dinitriles fournissent les acides bibasiques correspondants. Par hydrogénation ils donnent naissance aux diamines. Le dinitrile le plus simple correspond à l'acide oxalique et n'est autre que le cyanogène.

La fonction n. peut être associée à d'autres fonctions dans un même composé. Par ex., en faisant réagir le cyanure de potassium sur les dérivés chlorés des acides organiques, on obtient des *nitriles-acides* qu'on désigne à l'aide du préfixe *cyano;* le type de ces composés est l'acide *cyanacétique.* Voy. ce mot. — En traitant les aldéhydes ou les cétones par l'acide cyanhydrique à froid on obtient des *nitriles-alcools;* c'est ainsi qu'avec l'aldéhyde ordinaire on prépare le n. lactique. Par hydratation ces nitriles-alcools fournissent les acides correspondants. Ceux qui possèdent plusieurs fonctions alcooliques peuvent servir d'intermédiaires pour la synthèse des matières sucrées.

Le nom d'*isonitrile* sert quelquefois à désigner les *carbylamines.* Voy. ce mot.

**NITRIQUE.** adj. 2 g. T. Chim. Syn. d'*Azotique.* Voy. Azote.

**NITRITE.** s. m. T. Chim. Syn. d'*Azotite.* Voy. Azote.

**NITRO —.** T. Chim. Préfixe servant à désigner les dérivés nitrés des composés organiques. Voy., pour les dérivés, le mot qui suit le préfixe nitro.

**NITROBACTÉRIE.** s. f. (R. *nitre,* et *bactérie*). T. Biol. et Chim. Nom donné aux microbes qui concourent à la *Nitrification.* Voy. ce mot.

**NITROBARYTE.** s. f. (R. *nitre,* et *baryte*). T. Minér. Azotate de baryte.

**NITROBENZÈNE.** s. m. [Pr. *nitro-bin-zène*] (R. *nitro,* préf., et *benzène*). T. Chim. Dérivé nitré du benzène. Le n. a été découvert en 1834 par Mitscherlich; sa préparation industrielle a été réalisée pour la première fois par Collas. Son importance vient de ce qu'il sert de matière première pour la fabrication de l'aniline. On prépare le n. en ajoutant peu à peu au benzène, soit de l'acide azotique fumant, soit un mélange d'acide azotique et d'acide sulfurique concentrés. L'opération s'effectue dans des récipients en fonte que l'on refroidit, afin de modérer la réaction qui dégage beaucoup de chaleur; le n. se dépose; on le lave à l'eau pure, puis à la soude aqueuse. Le n. est un liquide jaunâtre huileux, dont l'odeur ressemble à celle des amandes amères. Il bout à 205° et se solidifie à 3°. Presque insoluble dans l'eau, il se dissout facilement dans l'alcool, l'éther et le benzène. Il est toxique; ses vapeurs même sont dangereuses et produisent de violents maux de tête. Le n. a pour formule $C^6H^5.AzO^2$. Réduit par le fer et l'acide acétique, ou par le zinc et l'acide chlorhydrique, il se convertit en aniline. Par l'action prolongée de l'acide azotique fumant ou du mélange d'acides azotique et sulfurique, il se convertit d'abord en *dinitrobenzènes* $C^6H^4(AzO^2)^2$ composés cristallisés dont la réduction donne naissance aux dérivés nitrés de l'aniline et aux phénylène-diamines, puis en *trinitrobenzènes* $C^6H^3(AzO^2)^3$.

Les nitrobenzènes du commerce renferment ordinairement du nitrotoluène et servent à la fabrication des couleurs d'aniline. Sous le nom d'*essence de mirbane,* le n. est employé en parfumerie pour remplacer l'essence d'amandes amères. En chimie on l'emploie quelquefois comme oxydant, par ex. dans la préparation des bases quinoléiques.

**NITROBENZINE.** s. f. [Pr. *nitro-bin-zine*]. **NITROBENZOL.** s. m. [Pr. *nitro-bin-zol*]. T. Chim. Syn. de *nitrobenzène.*

**NITROCALCITE.** s. f. (R. *nitre,* et *calcium*). T. Minér. Azotate hydraté de calcium.

**NITROCARBONE.** s m. (R. *nitre,* et *carbone*). T. Chim. Voy. Nitrométhane.

**NITROCELLULOSE.** s. f. T. Chim. Cellulose nitrique. Voy. Cellulose.

**NITROCHLOROFORME.** s. m. (R. *nitre,* et *chloroforme*). T. Chim. Voy. Chloropicrine et Nitrométhane.

**NITROCOCCIQUE.** adj. 2 g. (R. *nitre,* et lat. *coccus,* cochenille). T. Chim. L'*acide n.* se produit quand on fait bouillir le carmin de cochenille avec l'acide azotique. C'est le dérivé trinitré d'un acide oxy-toluique. Il cristallise en lamelles incolores, fusibles à 170°. Ses sels sont jaunes. — On dit aussi *nitrococussique,* et *nitrocussique.*

**NITRO-ÉTHANE.** s. m. T. Chim. Voy. Nitréthane.

**NITROFERROCYANURE.** s. m. T. Chim. Voy. Ferrocyanure.

**NITROFORME.** s. m. (R. *nitre,* et *formique*). T. Chim. Voy. Nitrométhane.

**NITROGÈNE.** s. m. (lat. *nitrum*; gr. γεννάω, je produis). Syn. d'*Azote.* Voy. Azote.

**NITROGLYCÉRINE.** s. f. (R. *nitre,* et *glycérine*). T. Chim. La n. est l'éther trinitrique de la glycérine et a pour formule $C^3H^5(AzO^3)^3$. Pour la préparer on fait un mélange de 3 parties d'acide azotique fumant et de 5 parties d'acide sulfurique concentré; on y fait couler 1 partie de glycérine pure en agitant sans cesse et en refroidissant, car il y aurait danger d'explosion si la température dépassait 30°. Quand la réaction est terminée, on laisse reposer le mélange; la n. surnage; on la décante et on la purifie soigneusement par des lavages à l'eau et par filtration. La n. est un liquide jaunâtre, huileux, dont la densité est 1,6. Elle se congèle vers 8° et fond à 12°. Elle est toxique, même à petite dose; ses vapeurs occasionnent des maux de tête. On ne peut la conserver que si elle est parfaitement pure: lorsqu'elle contient des traces d'acide libre ou d'humidité elle se décompose plus ou moins rapidement et peut arriver à détoner spontanément. Sous l'action des alcalis elle se dédouble en glycérine et en acide azotique; c'est donc un véritable éther et non un dérivé nitré comme son nom semble l'indiquer. Chauffée avec précaution, la n. bout vers 185° en se décomposant; on peut même l'enflammer et la faire brûler à l'air sans explosion; mais un choc brusque, comme celui que produit une amorce fulminante, la fait détoner avec une violence épouvantable. L'explosion d'un kilogramme de n. en vase clos développe 1,600 calories, ce qui équivaut à un travail de 650,000 kilogrammètres. Comme explosif, la n. serait d'un maniement trop dangereux pour pouvoir être employée seule; mais on l'associe à des substances solides pour composer les *Dynamites*. Voy. ce mot.

**NITROL.** s. m. (R. *nitre*, et la term. *ol* des alcools). T. Chim. Voy. NITROLIQUE.

**NITROLIQUE.** adj. 2 g. (R. *nitrol*). T. Chim. Les *acides nitroliques* sont des composés à la fois nitrés et nitrosés qui correspondent aux alcools primaires; le groupe fonctionnel $CH^2OH$ de ces alcools est remplacé par $CH(AzO)(AzO^2)$. Pour transformer un alcool primaire en acide n. on le convertit d'abord en éther iodhydrique à l'aide de l'iodure de phosphore; cet éther, chauffé avec l'azotite d'argent, fournit un dérivé nitré que l'on transforme en acide n. par l'acide azoteux naissant. Les acides n. donnent avec les alcalis des sels que l'eau dissout en rouge. — Si l'on traite de même les alcools secondaires, ceux-ci se transforment en *nitrols*, composés neutres, contenant le groupe $C(AzO)(AzO^2)$, incolores à l'état solide, mais donnant avec le chloroforme une dissolution bleue. Enfin les alcools tertiaires ne donnent rien. Ces réactions colorées servent à distinguer les alcools primaires, secondaires et tertiaires.

**NITROMÉTHANE.** s. m. (R. *nitre*, et *méthane*). T. Chim. Dérivé nitré du méthane. On le prépare en traitant l'iodure de méthyle par l'azotite d'argent. C'est un liquide incolore, insoluble dans l'eau, soluble dans l'éther; il bout à 99°. Sa formule est $CH^3.AzO^2$. Réduit par l'hydrogène naissant il se transforme en méthylamine. Les acides concentrés le dédoublent en hydroxylamine et en acide formique. En réagissant sur les aldéhydes, il donne naissance à des alcools nitrés. L'acide azoteux le transforme en acide *méthyl-nitrolique*, dérivé nitré et nitrosé, qui a pour formule $CH^2(AzO)(AzO^2)$. Le n. se dissout dans les alcalis et se comporte comme un acide faible; avec la soude alcoolique il donne des cristaux de *sodium-n.* $CH^2Na.AzO^2$, composé insoluble dans l'alcool, mais soluble dans l'eau, et qui permet de préparer, par double décomposition, les autres dérivés métalliques du n. Le dérivé trichloré et le dérivé tribromé du n. ont reçu les noms de *Chloropicrine* et de *Bromopicrine*. Voy. ces mots.

Le *trinitro-méthane* $CH(AzO^2)^3$, dérivé trinitré du méthane, est habituellement désigné sous le nom de *Nitroforme*. Il se présente en cristaux cubiques qui fondent à 15°. Quand on le chauffe brusquement il fait explosion. Vis-à-vis des bases il fonctionne comme un acide.

Le dérivé tétranitré du méthane est le *Nitrocarbone* $C(AzO^2)^4$ qui se produit par l'action prolongée de l'acide azotique fumant et de l'acide sulfurique concentré sur le nitroforme. On l'obtient en masse cristalline, insoluble dans l'eau, soluble dans l'alcool et dans l'éther. Il fond à 13°, bout à 126° et peut détoner quand on le chauffe brusquement. Il ne possède pas de propriétés acides.

**NITROMONAS.** s. m. pl. (gr. νίτρον, nitre; μονάς, unité). T. Biol. et Chim. Microbes nitreux qui oxydent les composés ammoniacaux. Voy. NITRIFICATION.

**NITROPICRIQUE.** adj. m. (gr. νίτρον, nitre; πικρός, amer). T. Chim. *Acide n.*, ancien nom de l'acide *picrique*. Voy. ce mot.

**NITROPRUSSIATE.** s. m. T. Chim. Voy. FERROCYANURE.

**NITROSAMINE.** s. f. [Pr. *nitro-zamine*] (R. *nitrosé*, et *amine*). T. Chim. Voy. NITROSÉ.

**NITROSATE.** s. m. [Pr. *nitro-zate*] (R. *nitre*). T. Chim. Nom donné aux composés de la formule $C^{10}H^{16}(OAz)OAzO^2$ formés par l'action du peroxyde d'azote sur les hydrocarbures terpéniques.

**NITROSÉ, ÉE.** adj. [Pr. *nitro-zé*] (R. *nitre*). T. Chim. On donne le nom de *composés nitrosés* à des corps qui contiennent le radical *nitrosyle* —Az=O attaché soit à un atome de carbone, soit à un atome d'azote; les premiers sont les composés nitrosés proprement dits et se désignent par le préfixe *nitroso;* les seconds sont appelés *nitrosamines*. On ne considère pas comme composés nitrosés les azotites, dans lesquels le nitrosyle est attaché à de l'oxygène. — Les dérivés nitrosés se préparent généralement à l'aide de l'acide azoteux, soit libre, soit à l'état naissant. Toutefois les nitrosamines qui correspondent aux amines primaires sont très instables et ne se forment pas directement par l'action de l'acide azoteux; mais on obtient leurs dérivés potassés en chauffant les sels de potassium des composés diazoïques; c'est ainsi que le diazobenzène potassé $C^6H^5$—Az=Az—OK donne la phénylnitrosamine potassée $C^6H^5.AzK(AzO)$. Les amines secondaires traitées, en solution chlorhydrique, par l'azotite de sodium fournissent des nitrosamines stables et neutres; telle est la diphénylnitrosamine $(C^6H^5)^2Az(AzO)$ obtenue à l'aide de la diphénylamine et cristallisant en tables jaunes, fusibles à 66°. Enfin les amines tertiaires aromatiques donnent avec l'acide azoteux des dérivés nitrosés dans lesquels le nitrosyle est fixé sur un atome de carbone; le plus important de ces composés est la *nitroso-diméthylaniline*. Voy. ce mot.

Le nom de *composés isonitrosés* et le préfixe *isonitroso* s'appliquent quelquefois aux oximes, parce que ces corps peuvent souvent s'obtenir par l'action de l'acide azoteux et qu'ils contiennent le groupe $CAzOH$ isomérique avec $CH(AzO)$. Voy. OXIME.

Les *nitrosophénols*, qu'on prépare en traitant les phénols par l'acide azoteux, doivent être considérés comme les oximes des quinones.

**NITROSITE.** s. m. [Pr. *nitro-zite*]. T. Chim. Nom donné aux composés de la formule $C^{10}H^{16}(AzO).O.AzO$ produits par l'action de l'anhydride azoteux sur les hydrocarbures terpéniques.

**NITROSO —.** [Pr. *nitro-zo*]. T. Chim. Préfixe servant à désigner les dérivés nitrosés.

**NITROSOCHLORURE.** s. m. [Pr. *nitro-zo-klorure*] (R. *nitrosyle*, et *chlore*). T. Chim. Nom donné aux composés de la formule $C^{10}H^{16}AzOCl$ formés par la fixation du chlorure de nitrosyle sur les terpènes.

**NITROSODIMÉTHYLANILINE.** s. f. [Pr. *nitro-zo...*]. T. Chim. Composé nitrosé répondant à la formule :

$$AzO.C^6H^4.Az(CH^3)^2.$$

Pour le préparer on dissout la diméthylaniline dans l'acide chlorhydrique et l'on ajoute de l'azotite de sodium en ayant soin de refroidir le mélange. La n. cristallise en lames vertes, fusibles à 85°. Elle sert dans l'industrie à préparer la plupart des matières colorantes appartenant aux classes des azines, des oxazines et des indophénols. Voy. COLORANTES, IV, 8 à 10.

**NITROSULFATE.** s. m. [Pr. *nitro-sulfate*] (R *nitre*, et *sulfate*). T. Chim. Sulfate dans lequel un atome d'oxygène est remplacé par deux groupes nitrosyle. Le n. de potassium se produit quand on fait passer un mélange de bioxyde d'azote et d'anhydride sulfureux dans une solution concentrée et refroidie de potasse. Les nitrosulfates sont très instables et se décomposent facilement en sulfates et en protoxyde d'azote.

**NITROSYLE.** s. m. [Pr. *nitro-zile*] (R. *nitrosé*, et le suff. *yle*, du gr. ὕλη, matière). T. Chim. Nom donné au radical univalent —Az=O contenu dans l'acide azoteux et dans ses dérivés, ainsi que dans les composés nitrosés. — Le *chlorure de n.* AzOCl est le chlorure de l'acide azoteux; il se forme par l'union de deux volumes de bioxyde d'azote avec un volume de chlore. C'est un gaz jaune orangé qui se liquéfie à — 8°. L'eau le convertit en acide azoteux. La potasse le dédouble en azotite et chlorure de potassium. — Le *sulfate acide de n.* $SO^4H(AzO)$ sert dans l'industrie à préparer des composés azoïques. On peut l'obtenir en faisant passer de l'anhydride sulfureux dans l'acide azotique concentré, ou en dirigeant des vapeurs nitreuses dans l'acide sulfurique refroidi. Il se dissout dans l'acide sulfurique d'autant plus que celui-ci est plus concentré. L'eau le décompose en dégageant du bioxyde d'azote. Chauffé avec du sel marin il donne du chlorure de n.

**NITRYLE.** s. m. (R. *nitre*, et le suff. *yle*, du gr. ὕλη, matière). T. Chim. Le *n.* ou *azotyle* est le radical univalent $AzO^2$ contenu dans l'acide azotique et ses dérivés, ainsi que dans les composés nitrés. A l'état libre il constitue le peroxyde d'azote. — Le *chlorure de n.* $AzO^2Cl$ est le chlorure correspondant à l'acide azotique. On peut l'obtenir par l'action de l'oxychlorure de phosphore sur l'azotate de plomb ou d'argent. Il se forme quand on fait passer à travers un tube chauffé des vapeurs de peroxyde d'azote mélangées de chlore. C'est un liquide presque incolore, qui bout à 5°. L'eau le transforme en acide azotique et acide chlorhydrique.

**NIVE**, riv. des Basses-Pyrénées, se jette dans l'Adour, sur la rive gauche, à Bayonne; 75 kil.

**NIVEAU.** s. m. [Pr. *ni-vo*] (lat. *libellum*, fléau d'une balance). Instrument dont on se sert pour reconnaître si un plan est horizontal. || L'état d'un plan horizontal ou de plusieurs points qui sont dans le même plan horizontal. *Prendre le n. d'un terrain.* — *N. de pente*, Surface d'un terrain qui a une pente régulière et constante. || Fig. Élévation comparative du caractère, de l'intelligence, de la condition entre deux ou plusieurs personnes. = DE NIVEAU, AU NIVEAU. locut. adv. et prép. Selon un même plan horizontal. *Mettre de n. Cette terrasse est de n. avec le rez-de-chaussée. La cour n'est pas au n. du jardin.* || Fig., De pair, à la même hauteur. *Il est au n. des grands écrivains ou de n. avec les grands écrivains. Cet ouvrage n'est pas au n. des connaissances actuelles.* — *A son n., à leur n., à votre n., etc.*, De pair avec lui, avec eux, etc. *Je ne saurais m'élever à son n. Il ne put se soutenir à leur n.*

**Techn.** — Pour vérifier l'horizontalité d'une surface, on se sert généralement dans l'industrie d'un appareil très simple, qu'on appelle *N. de maçon* (Fig. 1). Il se compose ordinairement de deux règles d'égale longueur assemblées à angle droit, et réunies par une troisième règle transversale. Au sommet de l'angle droit est suspendu un fil à plomb qui bat sur un trait gravé au milieu de la base, et formant la *ligne de foi*. Les bases des règles principales sont taillées de manière que leurs faces soient perpendiculaires à cette ligne de foi. En conséquence, lorsqu'on veut s'assurer de l'horizontalité d'une surface, on n'a qu'à poser le n. sur ses pieds : si le fil coïncide avec la ligne de foi, il est évident que la surface est horizontale. On emploie souvent au même usage un autre instrument, appelé *N. à perpendicule*.

1

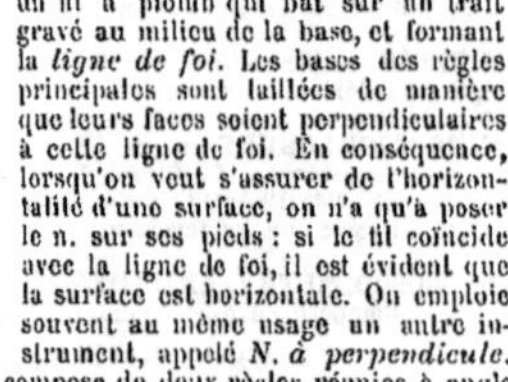

2

Ce dernier (Fig. 2) se compose de deux règles réunies à angle droit, mais qui peuvent se rabattre l'une sur l'autre au moyen d'une charnière. L'une d'elles est destinée à demeurer horizontale; l'autre, qui doit pouvoir prendre la position verticale, est munie d'un fil à plomb et d'une ligne de foi perpendiculaire à la règle horizontale. Lorsqu'on a besoin d'une plus grande exactitude que celle qu'on peut obtenir avec ces appareils, on a recours au *N. à bulle d'air*, que nous décrirons à l'article NIVELLEMENT. — Dans les machines à vapeur, on donne encore le nom de **N.**, ou mieux celui d'*indicateur*, au tube de verre qui sert au mécanicien à reconnaître la hauteur de l'eau dans la chaudière.

**NIVELER.** v. a. Mesurer avec le niveau. *N. une allée, une avenue, un jardin. N. un terrain. N. les eaux.* || Rendre horizontal. *Il faudrait n. le sol de cette place.* || Figur., Rendre égal. *Cette révolution tendait à n. les fortunes, les conditions.* = NIVELÉ, ÉE. part. = Conj. Voy. APPELER.

**NIVELETTE.** s. f. [Pr. *nivelè-te*] (Dimin. de niveau). Instrument qui sert à déterminer la situation des rails dans la pose d'une voie de chemin de fer.

**NIVELEUR, EUSE.** s. [Pr. *nive-leur, euze*]. Celui, celle qui fait des nivellements. || Fig., se dit des sectaires qui prétendent égaliser toutes les conditions et toutes les fortunes. — Dans l'histoire d'Angleterre, on désigne particulièrement sous le nom de *Niveleurs*, les membres les plus exaltés de la secte des Indépendants.

**NIVELLE** (JEAN DE). Fils aîné de Jean II de Montmorency, XV<sup></sup>e siècle.

**NIVELLEMENT.** s. m. [Pr. *nivè-leman*]. Action de mesurer avec le niveau. *Ce n. a été fait avec exactitude. On a fait de grands nivellements pour la construction de ce canal.* || Action de rendre une surface horizontale. *On travail au n. de ce terrain, qui est fort inégal.* = Figur., *Le n. des fortunes, s'il était possible, serait un coup fatal porté à la civilisation.*

**Topogr.** — Le *Nivellement* est une opération de géométrie pratique qui a pour objet de mesurer la hauteur d'un ou de plusieurs points au-dessus d'un point ou d'une surface horizontale donnée, et de représenter sur le papier le relief des terrains.

I. — Les instruments dont on fait le plus souvent usage dans les opérations de n., sont le *Niveau d'eau* et la *Mire.* — Le *Niveau d'eau* se compose d'un tube cylindrique de cuivre, dont la longueur est d'environ 1m,30 et le diamètre de 35 millimètres. Ce tube se relève à angle droit à ses deux extrémités, où il se termine par 2 tuyaux de verre gradués fixés avec du mastic, et il est rempli à peu de chose près

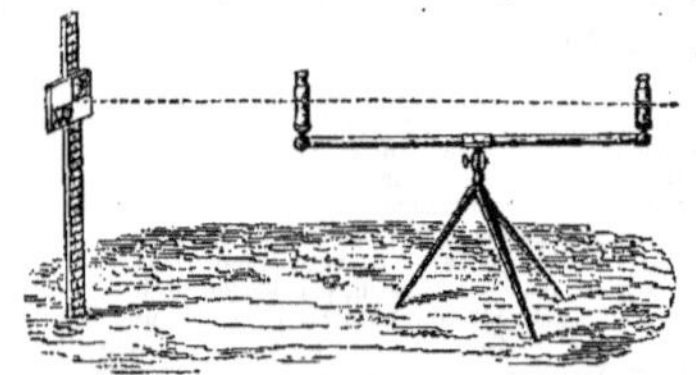

Fig. 1.

d'une eau légèrement colorée. L'instrument est monté au moyen d'une douille sur un pied à 3 branches (Fig. 1). En vertu de la loi de l'équilibre des liquides dans les vases communicants, les surfaces des deux colonnes d'eau dans les tubes de verre verticaux sont dans un même plan horizontal, que l'on nomme le *niveau du liquide*. Tout rayon visuel qui rase ces deux surfaces est donc lui-même une ligne horizontale : on l'appelle *Ligne de visée*. Il est bon de faire observer que, l'eau mouillant le verre, les surfaces dont nous parlons ne sont pas tout à fait planes, mais représentent dans chaque tube de verre un ménisque concave; cependant les cercles supérieurs qui limitent les deux ménisques n'en sont pas moins dans un même plan horizontal, et lorsqu'on s'éloigne à 50 ou 60 centimètres de l'instrument, on voit ces cercles se dessiner en noir. — On dit que deux points *sont de niveau*, quand ils se trouvent dans le *Plan de niveau*, c.-à-d. dans le plan horizontal de la ligne de visée. = La *Mire* est tout simplement une règle de bois d'environ 2 mètres de longueur, divisée en centimètres, et le long de laquelle peut glisser une plaque mobile nommée *Voyant*, qui est partagée en 4 rectangles égaux par deux lignes, l'une verticale et l'autre horizontale : celle-ci est appelée *Ligne de foi*. Des quatre rectangles qui résultent de l'intersection de ces lignes, deux sont peints en blanc, et deux en rouge ou en noir. Inférieurement, la mire se termine par un sabot de fer pointu, qui permet de la planter bien verticalement. Quand on veut mesurer des différences de niveau supérieures à 2 mètres, on forme souvent la mire de deux règles dont l'une glisse le long de l'autre : cette *mire à coulisse* peut donc prendre un développement d'environ 4 mètres. On fait aussi un fréquent usage d'une mire que l'on nomme *mire parlante*. Celle-ci est haute de 2 à 4 mètres, et n'a pas de voyant. En revanche, une de ses faces est divisée en centimètres. Ces divisions,

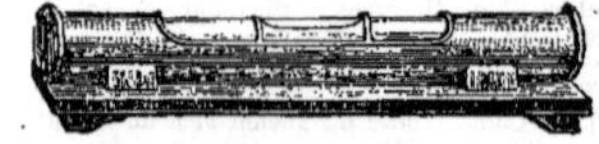

Fig. 2.

alternativement rouges et blanches, n'occupent que la moitié de la largeur de la règle; sur l'autre moitié sont inscrits les chiffres indiquant la graduation en décimètres. — Pour certaines opérations de n., on remplace le niveau d'eau par le *Niveau à bulle d'air* (Fig. 2). Cet instrument, qui donne des indications plus rigoureuses encore que le précédent, consiste essentiellement en un tube de verre bien droit et partout d'égale épaisseur. On y verse de l'esprit-de-vin coloré, mais en ayant soin de ne pas le remplir entièrement et d'y laisser emprisonnée une petite quantité d'air; puis on le ferme hermétiquement à la lampe d'émailleur. Cela fait, on enferme ce tube dans une garniture de cuivre échancrée par-dessus, de manière à ne laisser découverte que la partie moyenne du tube. Le niveau est fixé sur un support également de cuivre, lequel est dressé avec soin, de manière que lorsqu'il repose sur un plan exactement parallèle à l'horizon, la bulle d'air s'arrête précisément au milieu du tube, entre les points de repère marqués sur l'étui.

Le niveau à bulle d'air est l'instrument de précision employé dans toutes les opérations qui ont pour objet d'assurer l'horizontalité d'un plan ou la verticalité d'un axe. Pour l'appliquer aux opérations de n., on le combine avec une lunette à réticule. Il en résulte un appareil qui a reçu le nom de *niveau à lunette* dont la forme varie suivant les constructeurs, mais dont le principe est toujours le même. Le plus employé, est le niveau d'Égault qui se compose essentiellement d'une lunette à réticule installée entre deux colliers de cuivre fixés au-dessus d'une plate-forme sur laquelle repose le niveau placé parallèlement à la lunette. Le tout peut tourner autour d'un axe vertical et est supporté par un trépied muni de trois vis calantes.

Les opérations nécessaires pour le réglage de l'appareil sont au nombre de 4. Il faut :

1° Faire coïncider l'axe optique de la lunette avec l'axe géométrique des colliers, ce qui se fait en déplaçant le réticule jusqu'à ce que le point visé reste le même quand on fait tourner la lunette sur elle-même dans les colliers;

2° Rendre l'axe vertical de l'appareil perpendiculaire au plan tangent au sommet du niveau : il faut pour cela qu'en faisant faire un demi-tour à l'appareil, à partir d'une position quelconque, la bulle d'air revienne à une position symétrique du tube;

3° Assurer la verticalité de l'axe, ce qui se fait en agissant sur les vis calantes du pied : il faut que, si l'on fait tourner l'appareil autour de son axe, la bulle du niveau reste toujours entre ses repères;

4° Rendre l'axe optique de la lunette parallèle au plan tangent au sommet du niveau, et par conséquent horizontal : on vise un point A; on retourne la lunette bout pour bout de manière que l'oculaire prenne la place de l'objectif et réciproquement; puis on fait tourner l'appareil d'un demi-tour autour de l'axe vertical; il faut qu'alors on retrouve le même point A derrière le fil.

Les opérations 1, 2 et 4 peuvent être effectuées une fois pour toutes; il suffit seulement de les renouveler de temps en temps pour s'assurer que l'instrument ne s'est pas dérangé. Au contraire l'opération 2 doit être faite chaque fois qu'on place le niveau.

Tous les nivellements qui demandent un peu de précision se font au moyen d'un niveau à lunette et d'une mire parlante. Il faut aussi prendre quelques précautions pour assurer la verticalité de la mire.

II. — Lorsqu'on veut obtenir la *différence de niveau* entre deux points A et B situés à des hauteurs différentes (Fig. 3), l'opérateur établit son niveau à une station M intermédiaire à ces deux points, et choisie de manière que le plan de niveau soit supérieur à ces deux points. Un aide porte la mire en A et la tient verticalement, le voyant tourné vers l'opérateur. Celui-ci dirige le tube vers le voyant, vise horizontalement suivant une tangente intérieure aux deux cercles formés par l'eau, et de la main fait signe à l'aide d'élever ou d'abaisser le voyant, jusqu'à ce que son rayon visuel rencontre la ligne de foi. Alors on lit sur la règle la hauteur AA', c.-à-d. la distance du point A au plan horizontal déterminé par le niveau. La même manœuvre effectuée en B donne la hauteur de mire de ce point, c.-à-d. BB'. La différence de niveau des points A et B est évidemment la différence de leurs hauteurs de mire, et le plus élevé des deux est celui pour lequel la hauteur de mire est la plus petite. Il n'est nullement nécessaire que le niveau d'eau soit situé dans le plan vertical déterminé par les deux règles : il peut sans inconvénient être placé au dehors; il suffit que les deux mires soient visibles de la station choisie. Dans ce cas, on vise d'abord l'une des deux règles; puis, quand le voyant est fixé, on fait tourner le tube horizontal autour de l'axe vertical qui le supporte, et l'on vise la seconde règle. Si le niveau de l'eau dans les deux tubes n'a pas varié, les deux rayons visuels sont dans le même plan horizontal. — L'opération que nous venons de décrire est le *N. simple*; elle ne peut être appliquée qu'à des points dont la distance ne surpasse pas 50 mètres, et dont la différence de niveau est moindre que 4 mètres. Dans le cas contraire, on a recours à ce qu'on appelle le *N. composé*. Ce procédé consiste à choisir entre les deux points à niveler un certain nombre de points intermédiaires disposés de telle sorte qu'au moyen d'un n. simple répété, on puisse déterminer la différence de niveau du premier point et du second, puis du second et du troisième, et ainsi de suite. Soient, par ex. (Fig. 3), AE les points dont on veut déterminer la différence de niveau, et soient B,C,D, les points intermédiaires choisis que, pour plus de simplicité, nous supposons tous situés dans un même plan vertical. La différence de niveau des deux points A et B étant déterminée comme nous venons de le faire, on transporte le niveau d'eau à la seconde station entre

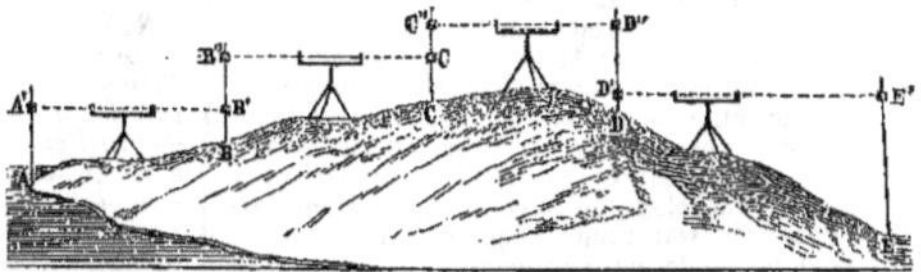

Fig. 3.

les points B et C, et l'on procède absolument de la même manière pour déterminer leur différence de niveau, et ainsi de suite. L'opérateur donne deux *coups de niveau* sur chacun des points intermédiaires, et obtient pour chacun de ces points deux hauteurs de mire différentes. Pour simplifier l'énoncé de ces opérations, on donne le nom de *Coup d'avant* à tout coup de niveau donné par l'opérateur dans la direction vers laquelle il s'avance, c.-à-d. du côté du point E dans le cas actuel, et celui de *Coup d'arrière* à tout coup de niveau donné en regardant dans le sens opposé. Les coups d'avant des points B, C, D, E ont respectivement les valeurs BB', CC', DD', EE'; les coups d'arrière sont représentés par les hauteurs AA', BB", CC", DD". Lorsque le niveau d'eau est entre A et B, les hauteurs de mire de ces deux points sont respectivement AA' et BB'; lorsqu'il est entre B et C, les hauteurs de mire de ces points sont respectivement BB" et C", etc. La différence de niveau entre A et B est la différence entre les hauteurs AA' et BB' : si AA' est plus grand que BB', il faut monter pour aller de A en B, et la différence de niveau est dite alors *différence montante*; elle serait dite *descendante* dans le cas contraire. La différence de niveau entre les points B et C est de même BB" — CC", et ainsi de suite. Si donc on convient de regarder comme positives les différences montantes, et comme négatives les différences descendantes, il est évident que la différence de niveau des points extrêmes sera la somme algébrique des différences montantes ou descendantes des points A et B, B et C, etc. De là cette règle pratique du n. composé. La différence de niveau de deux points s'obtient en calculant l'excès de la somme des coups d'arrière sur la somme des coups d'avant; la différence est montante si cet excès est positif, descendante s'il est négatif. Supposons que, dans le cas que nous avons choisi, nous ayons trouvé les résultats numériques ci-après, nous les disposerons comme il suit :

| POINTS NIVELÉS | COUPS DE NIVEAU | |
|---|---|---|
| | Avant | Arrière |
| A.................... | . . . | 1m,310 |
| B.................... | 1m,923 | 2m,215 |
| C.................... | 1m,764 | 2m,056 |
| D.................... | 1m,843 | 0m,452 |
| E.................... | 3m,685 | . . . . |
| | 9m,215 | 6m,213 |
| | Différence . . . | — 3m,202 |

D'où l'on voit que la différence 3m,202 est descendante, ce qui veut dire que le point E est moins élevé que le point A.

On vérifie toute l'opération du n. en continuant le n. de manière à revenir au point de départ par un autre chemin. Il est clair qu'on devra trouver une différence nulle entre les niveaux du point d'arrivée et du point de départ; mais l'accumulation des petites erreurs empêche qu'il en soit ainsi, et on constate toujours une petite différence qui s'appelle l'*erreur de fermeture.* Un n. ordinaire est considéré comme bon si l'erreur de fermeture ne dépasse pas un centimètre par kilomètre parcouru ; mais les *nivellements géodésiques* effectués avec des niveaux à lunette et des mires parlantes et en suivant avec soin les méthodes qui ont été indiquées par MM. Bourdaloue, Lallemand et les géodésiens contemporains, comportent une précision bien plus grande. On arrive à une précision de un millimètre par kilomètre.

Les géodésiens ont entrepris vers la fin du XIXe siècle l'opération du n. général de la France. On a déterminé les niveaux d'un très grand nombre de points, avec tout le soin et toute la précision que comportent les méthodes les plus perfectionnées, et l'on a installé, en un certain nombre de ces points, des plaques de métal gravé qui portent l'inscription du niveau. Ces plaques ont une double utilité. En premier lieu, elles fournissent des points de repère pour les nivellements qu'on voudrait entreprendre dans la région qui les avoisine, et par suite, des vérifications faciles aux opérations futures de topographie. Ensuite, elles constituent des documents authentiques, de sorte que si plus tard on découvrait que le niveau d'un point diffère notablement de celui qui est inscrit sur la plaque, il faudrait en conclure qu'en cette région le sol s'affaisse ou se soulève. On voit l'intérêt qu'une telle constatation présente pour les études des géologues.

**NIVELLES**, v. de Belgique (Brabant) ; 10,700 hab.

**NIVÉOLE**. s. f. (lat. *niveus*, qui est d'un blanc de neige). T. Bot. Genre de plantes Monocotylédones (*Leucoium*) de la famille des *Amaryllidacées*. Voy. ce mot.

**NIVERNAIS**, anc. prov. de France, cap. *Nevers*, a formé le dép. de la Nièvre.

**NIVERNAIS** (Duc de). Homme d'État et littérateur fr. (1716-1798).

**NIVERNAISE**. s. f. [Pr. *nivernè-ze*]. T. Cuis. Ragoût de carottes qu'on emploie pour garnitures.

**NIVET**. s. m. [Pr. *ni-vè*]. Bénéfice illicite et caché qu'un agent obtient sur un marché qu'il fait pour autrui. Pop.

**NIVIFORME**. adj. 2 g. (lat. *nix*, *nivis*, neige; *forma*, forme). T. Minér. Qui ressemble à de la neige.

**NIVÔSE**. s. m. [Pr. *nivo-ze*] (lat. *nives*, neiges). Nom d'un des mois du calendrier républicain. Voy. Calendrier.

**NIXE**. s. f. [Pr. *nikse*] (all. *nixe*, ondine). Dans la myth. allemande, nymphe ou génie des eaux.

**NIZAM**, titre du roi du Décan, dans l'Indoustan, de l'arabe Nizâm, ordre, arrangement, gouvernement.

**NIZAM** ou **NIZAMAT**, royaume de l'Hindoustan central, feudataire de l'Angleterre ; 2,700,000 hab. Cap. *Haïderabad*.

**NIZERÉ**. s. m. (arabe *nisrim*, rose musquée). Essence de roses blanches de Tunis.

**NO**, lac d'Afrique, où le Nil reçoit le Bahr-el-Gazal. Voy. Nil.

**NOACHIDE**. s. m. (hébr. *Noach*, Noé). Descendant de Noé.

**NOAILLES**, ch.-l. de c. (Oise), arr. de Beauvais ; 1,500 hab.

**NOAILLES** (Antoine de). Se distingua à la bataille de Cerisoles (1504-1562). || Son frère François, habile diplomate (1519-1585).

**NOAILLES** (Anne-Jules de). Maréchal de France, gouverneur du Languedoc, célèbre par ses cruautés contre les Calvinistes (1650-1708). || Son fils Maurice, maréchal de France (1678-1766). || Louis, fils du précédent, maréchal de France (1713-1793).

**NOAILLES** (Louis-Antoine de). Cardinal-archevêque de Paris (1681-1729).

**NOAILLES** (Louis, vicomte de), né à Paris, député de la noblesse aux États généraux (1756-1804). || Son fils Alexis, homme politique et philanthrope (1783-1835).

**NOAILLES** (Paul, duc de). Historien fr. (1802-1885).

**NOBILIAIRE**. s. m. (lat. *nobilis*, noble). Catalogue détaillé des familles nobles d'un pays. *On trouve la généalogie de cette maison dans le n. de la province.* = Nobiliaire. adj. 2 g. Qui appartient à la noblesse. *Titre n. L'ordre n.* — Par dénigr., *la caste n. La morgue n.*

**NOBILISSIME**. adj. 2 g. (lat. *nobilissimus*, très noble). Titre honorifique qu'on donnait, dans le Bas Empire, aux Césars et à leurs femmes. = Nobilissime. s. m. Nom d'une dignité créée par Constantin, laquelle donnait le droit de porter la pourpre. *Le n. était inférieur au César; il avait le pas sur le patrice.*

**NOBLE**. adj. 2 g. (lat. *nobilis*, m. s.). Qui, par sa naissance ou par concession du souverain, fait partie d'une classe distinguée dans l'État. *Il est n. de naissance. C'est une famille n.* — Subst., au masc., *Les nobles étaient exempts de tailles. Les nobles vénitiens.* || Fig., Qui a ou qui annonce de la grandeur, de l'élévation, de la supériorité. *Une âme n. et généreuse. Un cœur n. Un n. orgueil. Une n. audace. Des sentiments nobles. Il a l'air, la taille, la démarche, le geste n. Il n'y a rien de n. dans ses discours, dans ses sentiments, dans ses manières, dans ses procédés.* — *Les parties nobles*, Voy. Partie. || *Noble*, se dit quelquefois subst., au masc., de ce qui a un caractère de grandeur et d'élévation. *Son goût était pour le grand et pour le noble.*

**NOBLEMENT**. adv. [Pr. *noble-man*]. D'une manière noble, avec noblesse. *Il fait les choses n. Il pense, il s'exprime, il se conduit n.* — *Vivre n.*, En gentilhomme, c.-à-d. Vivre sur sa terre, ou à la ville, sans exercer aucune profession ou sans en avoir d'autre que celle des armes. || T. Jurispr. féod. *Tenir n. une terre*, La tenir en fief.

**NOBLESSE**. s. f. [Pr. *noblè-se*] (lat. *nobilitas*, m. s.). État légal attribué à certaines personnes ou aux membres de certaines familles pour les distinguer des autres citoyens. *N. d'épée, de robe. N. héréditaire. Prouver sa n. Faire ses preuves de n. Lettres de n.* — Prov., *N. oblige*, Quiconque prétend être noble, doit se conduire noblement. *N. vient de vertu*, Un homme n'est proprement au-dessus d'un autre que par la vertu, par le mérite. || Collectivement, Tout le corps des hommes qualifiés nobles, ou une partie de ce corps. *Les trois états du royaume étaient le clergé, la n. et le tiers état. Le corps de la n. Il se tint une assemblée de la n. Toute la n. monta à cheval. La fleur de la n. périt dans cette bataille. La n. française. La n. bretonne. La n. de province. La n. de cour.* || Figur., Grandeur, élévation. *N. de cœur, d'âme, de sentiments. La n. de sa conduite, de son action, de son procédé. N. de pensées, d'expression, de style. La n. de sa physionomie, de sa démarche, de ses manières.* — Se dit aussi en T. de Beaux-Arts. *Cette figure a de la n., manque de n., est sans n. Il y a de la n. dans toutes ses compositions.*

**Hist.** — I. *De la noblesse en général.* — Si l'on attribue au mot *Noblesse* la signification qu'il avait chez nous avant la Révolution, celle de classe privilégiée jouissant d'immunités ou de prérogatives particulières qui la distinguent du reste de la nation et la constituent comme un ordre à part, on peut dire que la n. est une institution qui remonte à la plus haute antiquité et qui se retrouve chez la plupart des peuples. L'origine la plus commune de ces classes privilégiées paraît être la conquête, le peuple vainqueur se superposant au peuple vaincu et, au lieu de se fondre avec lui, s'en maintenant distingué avec soin par des privilèges héréditaires, par l'habitude de la domination, et par l'interdiction aux familles aristocratiques de s'allier aux familles d'un rang inférieur. Les deux castes supérieures, celles des prêtres et des guerriers, dans l'Inde et dans l'Égypte, les Spartiates, dans le Péloponèse, l'ordre des patriciens, à Rome, étaient des aristocraties nobiliaires qu'on peut légitimement comparer à la n. féodale du moyen âge. Toutefois deux formes de gouvernement paraissent être essentiellement incompatibles avec l'institution d'une caste nobiliaire, nous voulons dire le despotisme absolu d'un seul, et la démocratie pure. Tels étaient, dans l'antiquité, les gouvernements de la Perse et d'Athènes. Dans le premier, il ne pouvait y avoir de véritable n., puisque le simple caprice du maître pouvait dépouiller tout individu de sa fortune, de ses titres et de son rang. Dans un pareil État, il n'y a de supérieurs au reste du peuple que les hommes qui jouissent pour l'instant de la faveur du souverain, que les fonctionnaires qui le représentent momentanément. Dans une démocratie pure, il ne saurait non plus exister de priviléges héréditaires; tout au plus peut-elle par exception admettre quelques priviléges personnels, concédés à titre de récompense nationale pour services rendus au pays. Toutefois, la démocratie pure n'est point incompatible avec l'existence de familles jouissant héréditairement d'une considération particulière, en raison de leur origine antique ou de la réputation acquise par leurs auteurs ou quelques-uns de leurs membres. Dans ce cas, en effet, la distinction qui s'attache à ces familles est purement morale, et ne suffit pas pour les ériger en ordre séparé, encore moins en ordre possédant aucune prérogative en dehors du droit commun. Or, c'est à cette dernière situation que les progrès de la civilisation tendent à réduire les familles autrefois privilégiées. L'opinion publique les honorera, lorsque leur nom rappellera le souvenir de services rendus au pays et qu'elles auront eu le soin de ne pas ternir leur nom; mais elles ne sauraient désormais prétendre à posséder aucun droit particulier, à rejeter aucune des charges que la société impose à ses membres.

II. *Origine de la noblesse en France.* — La n. en France ne dérive point de la conquête Franke, au moins immédiatement, car, dans le principe, ni les soldats, ni même les leudes ou compagnons des rois francs, ne possédèrent d'offices ni de priviléges héréditaires. Elle est née en même temps que la féodalité, c.-à-d. à l'époque où les officiers royaux, ayant arraché aux rois l'hérédité de leurs offices, se trouvèrent investis d'une autorité indépendante. Dans cette première période, la n. fut exclusivement composée des possesseurs de fiefs. Elle fut en même temps une institution armée, parce que la force pouvait seule alors faire respecter les positions acquises. Mais les choses ne tardèrent pas à changer. D'une part, à mesure que l'autorité royale étendit sa puissance et parvint à réunir à la couronne les grands fiefs de la monarchie, la n. perdit toute importance militaire, et il ne lui resta plus à la fin que la jouissance de droits utiles ou honorifiques, qui favorisaient ses intérêts ou flattaient sa vanité, mais dont elle ne pouvait faire aucun usage contre l'État. D'autre part, les pertes que la n. éprouva pendant les guerres presque continuelles qui remplirent le moyen âge, n'auraient pas tardé à faire disparaître les familles nobiliaires, si l'on n'avait pris la précaution d'en perpétuer et même d'en augmenter le nombre au moyen d'adjonctions faites en dehors des maisons féodales. Ces adjonctions devinrent même si fréquentes, à partir du XIVe siècle, qu'en moins de deux cents ans, la n. se trouva renouvelée presque en entier. Supprimée par un décret de l'Assemblée nationale, du 19 juin 1790, la n. fut remplacée, dès l'avénement de Napoléon Ier, par une institution de même nom, mais très différente, quant à sa constitution. Enfin, en 1814, Louis XVIII rétablit la n. de l'ancienne monarchie tout en maintenant celle de l'empire; et l'art. 71 de la Charte constitutionnelle consacra l'existence parallèle des deux espèces de n. Du reste, depuis son rétablissement sous l'empire, la n. n'a été, en France, qu'une simple distinction honorifique, qui a consisté à pouvoir ajouter à son nom le titre nobiliaire reconnu ou concédé; elle n'a jamais conféré de privilége d'aucune espèce; enfin elle n'a attribué l'exemption d'aucune des charges de la société.

III. *Des différentes sortes de noblesse.* — Au XVIIe et au XVIIIe siècle, les familles réputées nobles formaient deux grandes catégories, suivant qu'elles appartenaient à la n. de race ou à la n. d'anoblissement. — La *N. de race* ou d'*ancienne extraction* était celle dont le commencement était inconnu. On l'appelait aussi *N. immémoriale*, parce qu'elle reposait plutôt sur une possession immémoriale que sur des titres; *N. féodale* et *N. de nom et d'armes*, parce qu'elle datait de l'époque où les fiefs étaient devenus héréditaires, et où l'on avait commencé à faire usage des noms de famille et des armoiries; et *N. d'épée*, parce que ceux qui l'avaient fondée exerçaient la profession des armes. Ceux qui en faisaient partie se qualifiaient de *Gentilshommes de nom et d'armes*, ou simplement de *Gentilshommes*, suivant le plus ou moins d'ancienneté de leurs maisons. La n. de race était la n. par excellence, et, quand elle se rencontrait, dans une famille, unie à une grande fortune, elle constituait la haute aristocratie ou la *Haute n.* du pays, c.-à-d. la pépinière où se recrutaient les principaux dignitaires de l'État. — La *N. d'anoblissement*, qu'on appelait aussi *N. civile* ou *politique*, était beaucoup moins ancienne que la précédente, et provenait uniquement de la faveur royale. Elle se subdivisait en outre en plusieurs classes suivant la manière dont elle avait été acquise. Au XIIIe siècle, pour combler les vides que les croisades ou les autres guerres avaient faits dans les familles nobles, la possession des fiefs suffit pour conférer la n. aux roturiers. La n. ainsi obtenue fut appelée *N. inféodée* et *N. de franc-fief*, du nom de la taxe que les roturiers payaient au roi pour avoir le droit de se rendre acquéreurs d'un bien féodal. Toutefois, cette manière d'acquérir la n. ayant donné lieu à de nombreux abus, Henri III l'abolit en mai 1579. En conséquence, les roturiers ne purent devenir nobles qu'en demandant au roi la *N. par lettres*, c.-à-d. en se faisant accorder des *lettres de n.*, ou en se faisant investir d'une des nombreuses charges qui avaient le privilége d'anoblir leurs titulaires. — On cite comme le plus ancien anoblissement par lettres celui de Raoul, trésorier de Philippe le Hardi (1270). En 1339, Philippe de Valois subordonna la validité des actes de ce genre au visa de la Cour des comptes, innovation qui non seulement fut maintenue par les successeurs de ce prince, mais encore fut compliquée de l'enregistrement au Parlement et à la Cour des aides. Mais bien que les lettres de n. fussent accordées gratuitement, on n'obtenait que moyennant finance le visa et l'enregistrement nécessaires à leur validité. Cette innovation avait donc un but purement fiscal. Or, comme les ressources que procuraient les concessions des lettres de n. n'étaient nullement à dédaigner pour un Trésor toujours aux abois, on les multiplia outre mesure, et les concessions de ce genre devinrent une véritable marchandise. On alla même jusqu'à contraindre les gens riches à acheter des lettres de n. Enfin, au XVIe siècle, on imagina un nouveau procédé d'extorsion pécuniaire. De temps à autre, il paraissait un édit qui révoquait les concessions de lettres de n. faites antérieurement, afin d'obliger ceux qui voulaient être maintenus dans leur état, à demander des *Lettres de confirmation*, qui ne se délivraient qu'en payant des droits assez élevés. La dernière révocation de ce genre est de l'an 1771, où Louis XV confirma les anoblissements accordés depuis le 1er janvier 1715, sous la condition que chaque anobli paierait un droit de 6000 livres avec le décime en sus. — La n. qui résultait de l'exercice des fonctions publiques formait plusieurs catégories. On l'appelait *N. municipale*, *N. de ville* ou *N. d'échevinage*, quand elle provenait de quelque magistrature municipale, comme le capitoulat, à Toulouse, la mairie et l'échevinage, à Paris, Lyon, Tours, etc. Cette n. était encore appelée *N. de cloche*, parce que les officiers municipaux se réunissaient ordinairement au son de la cloche de l'hôtel de ville. La *N. par charges*, ou *N. d'office*, tirait son origine des charges ou offices (au nombre de plus de 4,000), qui, à la cour ou dans la magistrature, anoblissaient leurs titulaires; la *N. de robe* résultait de l'exercice des fonctions judiciaires; la *N. palatine* était conférée par les offices du palais, c.-à-d. de la maison du roi ou de la reine; la *N. commensale* dérivait du service domestique des résidences royales, etc. Mais qu'elle fût municipale ou d'office, la n. ainsi obtenue n'était pas toujours *parfaite* et *entière*, c.-à-d. *transmissible;* fort souvent elle était simplement *personnelle*. D'autres fois, elle n'était définitivement acquise qu'à la seconde génération : il fallait que le père et le fils eussent successivement rempli un office noble, pendant chacun vingt ans, ou qu'ils fussent morts dans l'exercice de leurs fonctions, pour que la n. pût être transmise aux petits-enfants du premier qui avait été anobli. Au XVIIIe siècle, un édit de Louis XV créa une n. nouvelle. A partir du mois de novembre 1750, la n. parfaite fut acquise aux officiers généraux non nobles et à tous les officiers d'un grade inférieur, pourvu que ces derniers fussent chevaliers de Saint-Louis et justifiassent de certaines conditions déterminées. — En principe, la vraie n. venait du côté du père; aussi l'appelait-on *N. du sang*, *N. paternelle*, ou *N. de parage*. Néanmoins, dans quelques provinces, telles que la Champagne, la Brie et le Barrois, les femmes pouvaient aussi transmettre la n. à leurs enfants; mais cette *N. féminine*, *utérine* ou *coutumière* était considérée comme inférieure à la première. La n. utérine fut quelquefois accordée par les rois. La plus célèbre concession de ce genre est celle que fit Charles VII à la famille de Jeanne Darc.

Les *titres nobiliaires* ne sont point, comme on le croit généralement, inhérents à la n. Les souverains les ont toujours considérés comme une simple distinction honorifique qu'ils accordaient aux familles nobles dont ils voulaient s'attacher le dévouement ou récompenser les services. Les titres en usage en France se classaient hiérarchiquement ainsi qu'il suit : *Duc*, *Marquis*, *Comte*, *Vicomte*, *Baron*, *Chevalier*, *Écuyer*. Quant à celui de *Prince*, sous l'ancienne monarchie, il était exclusivement réservé aux membres de la famille royale. On voit, il est vrai, figurer dans l'ancienne cour plusieurs personnages que l'on qualifiait de Princes; mais tous ces titres étaient d'origine étrangère. Les familles qui étaient revêtues des titres les plus élevés, depuis celui de duc jusqu'à celui de baron inclusivement, formaient ce qu'on appelait la *N. titrée*. Quant à la préposition *de*, que l'on appelle communément *particule nobiliaire*, ce n'est qu'abusivement et à une époque très moderne qu'on l'a considérée comme une marque de n. Dans le principe, elle précédait toujours un nom de lieu ou de terre, et signifiait simplement que celui dans le nom duquel elle figurait avait été ou était propriétaire de la terre ou du fief ainsi nommé. Mais, comme à l'origine, les fiefs étaient exclusivement possédés par les familles nobles, l'adjonction de la particule *de* suivie d'un nom de terre à un nom d'homme fit naturellement présumer que l'individu ainsi qualifié appartenait à l'ordre nobiliaire Au reste, elle ne se trouvait que dans les noms de nobles qui avaient abandonné leurs noms patronymiques pour adopter ceux de leurs domaines. Les anoblis suivirent l'exemple des nobles de race, et ceux qui n'avaient pas de terres imaginèrent de la placer devant leur nom propre : de Bernard, de Siméon, etc., bien qu'alors l'emploi de la particule constituât un véritable non-sens.

IV. *Privilèges de la noblesse.* — Ils étaient très nombreux. En premier lieu, les nobles, soit de race, soit d'anoblissement, étaient exemptés des tailles, subsides, impositions et subventions, excepté toutefois dans le Dauphiné, la Provence et le Languedoc, où ces charges étaient réelles, et par conséquent attachées à la qualité des terres. En second lieu, ils étaient dispensés du logement des gens de guerre et de toutes servitudes personnelles, telles que les corvées, la banalité de four, celle de moulin, etc Ils pouvaient seuls être admis à certains bénéfices ecclésiastiques, chapitres, etc., ainsi qu'à l'école militaire et à un très grand nombre de fonctions publiques. Un édit de Louis XVI, en date du 22 mai 1781, avait même décidé que nul ne pourrait devenir sous-lieutenant s'il ne prouvait quatre générations de n. Ils avaient également seuls le droit de porter l'épée. En matière civile, ils n'étaient justiciables que de certains tribunaux. et, en matière criminelle, ils avaient le droit, dans la plupart des cas, de faire renvoyer leur cause devant les parlements. En cas de délit, ils ne pouvaient être punis du fouet, et, en cas de condamnation capitale, ils étaient décapités et non pendus, à moins cependant qu'ils ne fussent coupables de trahison, parjure, etc. Enfin, ils jouissaient de certaines prérogatives honorifiques dans les fêtes et cérémonies publiques. Aux droits et privilèges inhérents à la n., les nobles joignaient ceux qui étaient attachés à la possession des fiefs; mais ces derniers ne leur appartenaient pas en propre. Ils pouvaient aussi devenir la propriété des roturiers, quand ceux-ci se rendaient acquéreurs de terres seigneuriales.

V. *Perte de la noblesse.* — La n. pouvait se perdre de quatre manières, par *déchéance, dégradation, dérogeance* et *omission des qualifications nobles*. La déchéance n'atteignait que les anoblis. Elle avait ordinairement lieu quand ils ne payaient pas les taxes auxquelles ils avaient été imposés par leurs lettres d'anoblissement, de confirmation, de maintenue, etc. La dégradation était la conséquence de toute condamnation à une peine afflictive ou infamante, ou à la mort civile ou à la mort naturelle. Cependant le supplice de la décapitation n'entraînait pas la dégradation. Hors le cas de lèse-majesté, les enfants du condamné conservaient leur n. La dérogeance résultait de l'exercice d'une fonction ou de l'accomplissement d'un acte réputé indigne de la n. Ainsi, un noble dérogeait quand il faisait le commerce de détail, exerçait un art manuel, exploitait, comme fermier, les terres d'autrui, ou remplissait les fonctions d'huissier, notaire, procureur, greffier ou sergent; mais il ne dérogeait pas quand il faisait le commerce de gros ou le commerce maritime, cultivait personnellement ses propres terres ou celles des princes ou princesses du sang, exerçait la profession de médecin, de verrier, d'avocat au parlement ou de procureur à la Cour des comptes. Ces dernières dispositions avaient été imaginées, soit pour venir en aide à la n. pauvre, soit pour favoriser certaines industries. Il existait d'ailleurs à ce sujet, dans quelques provinces, des usages particuliers. En Bretagne, par ex., les nobles pouvaient, sans déroger, se livrer à toute espèce de commerce; seulement, tant qu'ils s'occupaient de trafic, leur *n. dormait*, c.-à-d. qu'ils étaient privés de la jouissance de leurs droits et privilèges, et ils ne la recouvraient que lorsqu'ils recommençaient à vivre noblement, c.-à-d. à vivre dans l'oisiveté. L'omission des qualifications réputées caractéristiques de n. était considérée comme une dérogeance tacite: mais il fallait, pour qu'elle produisît tous les effets de cette manière, qu'elle eût été continuée pendant plusieurs générations.

VI *Usurpations et Recherches.* — Sous l'ancienne monarchie, les droits et privilèges attachés à la n. avaient donné lieu à une foule d'usurpations, et les choses en étaient venues à ce point, dès le XVII^e siècle, que, sur cent familles se prétendant nobles, dix à peine eussent pu en fournir la preuve Les abus que produisaient ces usurpations, puisque, en augmentant le nombre des privilégiés, elles accroissaient outre mesure les charges du reste de la population, excitèrent très souvent l'attention du gouvernement. A diverses époques, de grandes enquêtes, appelées *Recherches*, furent instituées à l'effet de vérifier les titres de tout individu se disant noble et de poursuivre les usurpateurs : mais elles ne produisirent jamais les résultats qu'on en espérait; bien plus, la plupart d'entre elles ne purent être terminées. C'est pour cela qu'il a toujours été impossible de connaître le nombre exact des familles nobles qu'il y avait en France avant la Révolution. Les usurpations ne sont pas moins nombreuses aujourd'hui qu'autrefois; seulement, à notre époque, on recherche par vanité ce qu'on ambitionnait jadis pour les avantages honorifiques ou réels qu'on en retirait. Cette manie, qui s'est emparée de certaines classes, tendant à jeter la confusion dans l'état civil des citoyens, a fait l'objet des dispositions insérées par la loi du 28 mai 1858 dans le Code pénal (art. 259) et qui frappent d'une amende de 500 à 10,000 francs quiconque, sans droit et en vue de s'attribuer une distinction honorifique, aura publiquement pris un titre, changé ou altéré le nom que lui assignent les actes de l'état civil. Par arrêt du 5 janvier 1861, la Cour de cassation a décidé que le fait d'ajouter un nom de terre aux noms assignés par l'état civil constituait le délit prévu par l'art. 259.

**NOBLIAU.** s. m. Noble ou gentilhomme qui n'a que sa noblesse, ne se dit que par dénigrement.

**NOCE.** s. f. (autrefois *nopces*, du lat. *nuptiæ*, m. s.). Mariage. En ce sens, il ne se dit qu'au plur. *Epouser une femme en premières noces. Convoler en secondes noces. Le jour de ses noces.* — *Noces d'argent*, célébration de la 25^e année du mariage. — *Noces d'or*, célébration de la 50^e année du mariage — *Noces de diamant*, célébration de la 60^e année du mariage. ‖ Fête qu'on fait en se mariant. En ce sens, il se dit au singul. et au plur. *Les noces d'un prince. Une n. de village. Aller à une n. Êtes-vous de noces? Repas de n. Habit de noces. Ce traiteur fait noces et festins.* — *Un des garçons de la n. Qui est-ce qui fera la n.?* Qui fera la dépense du festin? Dans ces deux derniers exemples, *Noce* ne se dit qu'au sing. ‖ Toute la compagnie qui s'est trouvée à la noce. *Après le dîner, toute la n. est allée à l'Opéra.* ‖ Prov. et famil., *Il y va comme à la n.*, se dit d'un homme de guerre qui va gaiement au combat. — Figur. et famil., *N'être pas à la n.*, Se trouver dans une situation pénible ou douloureuse. *Il n'a jamais été à pareilles noces*, Il n'a jamais reçu un pareil traitement (se dit soit en bonne, soit en mauvaise part); ou il n'a jamais couru pareil danger.

**NOCÉ**, ch.-l. de c. (Orne), arr. de Mortagne ; 1,450 hab.

**NOCER.** v. n. T. Pop. Faire la noce, se divertir.

**NOCEUR, EUSE.** s. T. Pop. Celui, celle qui aime à faire la noce, à se divertir.

**NOCHER.** s. m. (lat. *nauclerus*; gr. ναύκληρος, m. s). Celui qui conduit un vaisseau, une barque; ne se dit qu'en poésie. *Un habile n.* — *Le n. du Styx, des enfers, des morts*, Caron.

**NOCHÈRE.** s. f. (bas lat. *nocqueria*, petit canal). Conduite formée de deux ou trois planches.

**NOCIF, IVE.** adj. (lat. *nocivus*, m. s. de *nocere*, nuire). Qui cause du mal. *Action nocive. Influences nocives.*

**NOCIVITÉ.** s. f. (R. *nocif*). Qualité d'une substance nocive.

**NOCTAMBULE.** adj. 2 g. (lat. *nox, noctis*, nuit; *ambulare*, se promener). Syn. de *Somnambule.* ‖ Se dit des gens qui se promènent la nuit pour se divertir.

**NOCTAMBULER.** v. n. (R. *noctambule*). Aller se promener la nuit.

**NOCTAMBULISME.** s. m. État du noctambule.

**NOCTIFLORE.** adj. 2 g. (lat. *nox, noctis*, nuit; *flos, floris*, fleur). T. Bot. Qui épanouit ses fleurs le soir et les ferme le matin.

**NOCTILIONIDÉS.** s. m. pl. (lat. *noctilis*, nocturne). T. Zool. Famille de CHÉIROPTÈRES. Voy. ce mot.

**NOCTILUQUE.** adj. 2 g. (lat. *noctilucus*, m. s., de *nox*, nuit et *lucere*, luire). T. Bot. Se dit des fleurs qui ne s'ouvrent que la nuit. ‖ T. Zool. Ce nom s'applique comme épithète spécifique à diverses espèces d'animaux qui ont la propriété de répandre dans l'obscurité une lueur phosphorescente : tels sont le *Lampyre n.*, la *Néréide n.*, etc. Mais employé substantivement, ce terme désigne un petit animal marin, gélatineux, transparent et phosphorescent, qui arrive quelquefois en quantité tellement prodigieuse sur nos côtes de Normandie, que la mer en devient phosphorescente. Voy. FLAGELLATES.

**NOCTIVAGUE.** adj. 2 g. (lat. *noctivagus*, m. s. de *nox, noctis*, nuit, et *vagari*, errer). T. Zool. Qui ne se promène que la nuit.

**NOCTUÉLIDES.** s. f. plur. (R. *noctuelle*). T. Entom. Grande division de *Papillons* dont les Noctuelles sont le type. Voy. NOCTURNES.

**NOCTUELLE.** s. f. (Dimin. du lat. *noctua*, chouette, de *nox, noctis*, nuit). T. Ornith. Nom donné à une espèce de chouette appelée aussi *Chevêche*. Voy. CHOUETTE ‖ T. Entom. Genre de Papillons nocturnes. Voy. NOCTURNES.

**NOCTUINES** ou **NOCTUÉLINES.** s. f. pl. (Dimin. de *noctua*, chouette, de *nox*, nuit). T. Entom. Famille de Papillons nocturnes. Voy. NOCTURNES.

**NOCTULE.** s. f. (lat. *noctulus*, nocturne). T. Mamm. Genre de *Chauve-souris*. Voy. CHÉIROPTÈRES.

**NOCTURNAL.** s. m. (lat. *nocturnalis*, m. s. de *nocturnus*, nocturne). T. Liturg. Office de nuit, matines.

**NOCTURNE.** s. m. (lat. *nocturnus*, m. s.) T. Lit. Voy. BRÉVIAIRE. ‖ T. Mus. Morceau écrit pour deux ou plusieurs voix, pour un ou plusieurs instruments, qui est d'un caractère tendre et plaintif, et qui est propre à être exécuté le soir, en guise de sérénade.

**NOCTURNE.** adj. 2 g. (lat. *nocturnus*, m. s.). Qui a lieu, qui arrive durant la nuit. *Vision n. Assemblée n. Attaque n.*

**NOCTURNEMENT.** adv. [Pr... *ne-man*]. De nuit, pendant la nuit.

**NOCTURNES.** s. m. pl. (lat. *nocturnus*, nocturne). T. Zool.

**Zool.** — I. — En Histoire naturelle, on qualifie de *Nocturnes* les animaux qui pendant le jour restent cachés dans

Fig. 1.

leurs retraites d'où ils ne sortent que la nuit pour chercher leur nourriture, et les végétaux dont les fleurs ne s'ouvrent que dans l'obscurité. Néanmoins on désigne plus particulièrement sous ce nom une famille d'Oiseaux de proie et un sous-ordre d'*Insectes Lépidoptères*. Il a été question de la première au mot CHOUETTE; nous allons parler ici du second.

II. — Les *Lépidoptères* qui composent la division des *Nocturnes* ou *Noctuélides*, présentent généralement chez les mâles, de même que les Crépusculaires, des ailes bridées, dans le repos, au moyen d'un crin corné ou d'un faisceau de soies qui part du bord extérieur des ailes inférieures et passe dans un anneau ou une coulisse du dessous des supérieures. En même temps leurs ailes sont horizontales ou penchées, et quelquefois roulées autour du corps. Ce qui les distingue essentiellement, c'est la forme de leurs antennes, qui vont en diminuant de grosseur de la base à la pointe, ou bien sont sétacées. Les Nocturnes ne volent ordinairement que la nuit,

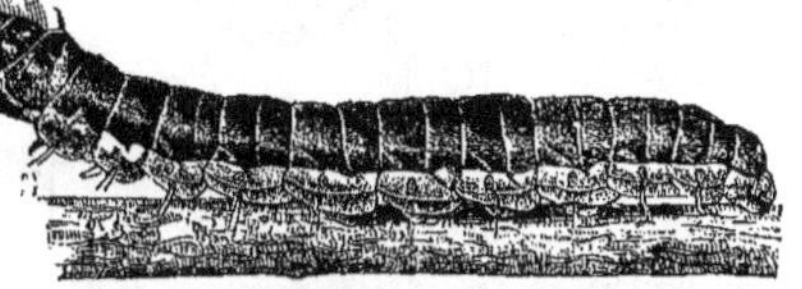

Fig. 2.

ou le soir après le coucher du soleil. Quelques femelles sont privées d'ailes ou n'en ont que de très petites. Les chenilles se filent le plus souvent une coque; le nombre de leurs pieds varie de dix à seize. Les chrysalides sont toujours arrondies ou sans proéminences angulaires ni pointes. Nous diviserons ce sous-ordre en 6 familles, savoir : les *Hépialides*, les

Fig. 3.

*Bombycites*, les *Pseudo-Bombycites*, les *Aposures*, les *Noctuines* ou *Noctuélines*, les *Arpenteuses* ou *Phalénides* et les *Deltoïdes*.

1° Les *Hépialides* ont les antennes courtes, la trompe peu sensible, les ailes en toit et ordinairement allongées. En outre, chez les femelles, les derniers anneaux de l'abdomen forment une sorte de queue. Les chenilles ont toujours 16 pattes, et se tiennent cachées dans l'intérieur des végétaux dont elles se nourrissent. La coque qu'elles se fabriquent pour passer à l'état de chrysalide, est composée en grande partie de parcelles de ces végétaux. Les bords des anneaux de l'abdomen de la chrysalide sont dentelés ou épineux. — Dans le genre *Hépiale* (*Hepialus*) nous citerons l'*Hép. du houblon*, dont la chenille dévore la racine de cette plante et cause de grands dommages dans les houblonnières. — Les chenilles des *Cossus* vivent dans l'intérieur des arbres qu'elles rongent. Le type de ce genre est le *Cossus ronge-bois* ou *gâte-bois* (*Cossus ligniperda*) [Fig. 1. Femelle]. Cet insecte est d'un gris cendré, avec de petites lignes noires, très nombreuses sur les ailes supérieures où elles forment de petites veines entremêlées de blanc. L'extrémité postérieure du thorax est jaunâtre, avec une ligne noire. Sa chenille [Fig. 2], que l'on trouve au printemps, ressemble à un gros ver; elle est rougeâtre avec des bandes transverses d'un rouge de sang. Elle vit dans l'intérieur du saule, du chêne, et surtout de l'orme, où les longues galeries qu'elle creuse entraînent souvent la perte de ces arbres. Elle dégorge une liqueur âcre et fétide qui paraît lui servir à ramollir le bois. — La *Zeuzère du marronnier d'Inde* (*Zeuzera æsculi*), vulgairement appelée la *Coquette* [Fig. 3. Femelle], a le corps d'un beau blanc,

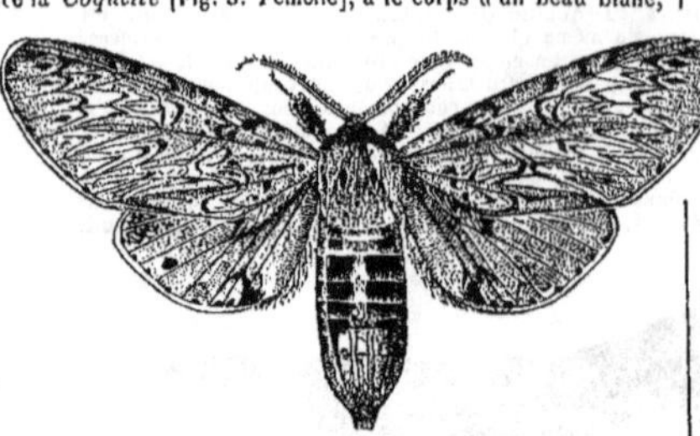

Fig. 4.

avec des anneaux bleus sur l'abdomen et de nombreux points également bleus sur les ailes supérieures. Sa chenille ne vit pas seulement dans l'intérieur du marronnier d'Inde, mais encore dans celui du pommier, du poirier et jusque dans leur moëlle même.

2° et 3°. Nous avons, à cause de son importance, consacré un article particulier à la famille des *Bombycites*, et nous avons fait suivre son histoire de celle des *Faux-Bombyx* ou *Pseudo-Bombycites*, en raison des affinités qui lient ces deux familles : en conséquence, nous n'en parlerons pas ici.

4° Les *Aposures* se distinguent des trois familles précédentes par l'absence de pattes anales dans leurs chenilles. L'extrémité postérieure du corps de celles-ci se termine en pointe, qui, chez quelques-unes, est fourchue et présente parfois deux appendices articulés, mobiles et formant une sorte de double queue. La *Dicranoure hermine* (*Dicranura erminea*) [Fig. 4. Femelle] est blanc grisâtre, avec les antennes noires et les pattes annelées de noir. Elle vit sur les

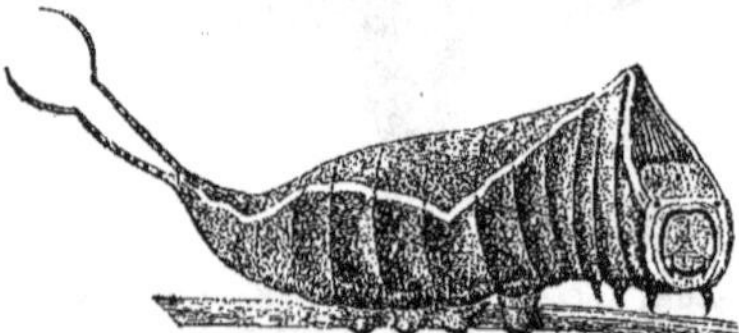

Fig. 5.

saules, ainsi que la *Dicr. vinula*. La chenille de celle-ci [Fig. 5] est d'un beau vert avec deux taches dorsales brunes, bordées de jaune et de lilas. Le corps se termine par deux tuyaux qui, lorsqu'on les touche, laissent sortir deux appendices d'une belle couleur rouge ou violette. La chenille se sert de ces appendices pour écarter les Ichneumons qui cherchent à la piquer sur le dos pour déposer leurs œufs dans la blessure.

5° Les *Noctuines* ou *Noctuélines* sont caractérisées par leur trompe cornée, roulée en spirale, et ordinairement longue, par leurs antennes en général simples, et par leurs palpes inférieurs qui sont terminés brusquement par un article très petit ou plus menu que le précédent. Ces Lépidoptères ont le corps plus couvert d'écailles que de duvet laineux; leur abdomen a la forme d'un cône allongé; leur vol est rapide : quelques espèces volent pendant le jour. Les chenilles ont communément seize pattes. Plusieurs n'en ont que quatorze ou douze; mais les deux anales ne manquent jamais. La plupart se renferment dans une coque où elles achèvent leurs métamorphoses. — Les espèces qui forment le g. *Érèbe* (*Erebus*) sont les plus grands Lépidoptères de la famille, mais toutes sont exotiques. L'*Érèbe strix* [Fig. 6 réduite d'un tiers], qui en est le type, habite la Guyane. Ses ailes grises, traversées de lignes noires, ont de 24 à 25 centimètres d'envergure. — Dans le genre *Lichénée*, nous citerons la *Lich. bleue* (*Lichenea* ou *Catocala fraxini*) [Fig. 7], dont la che-

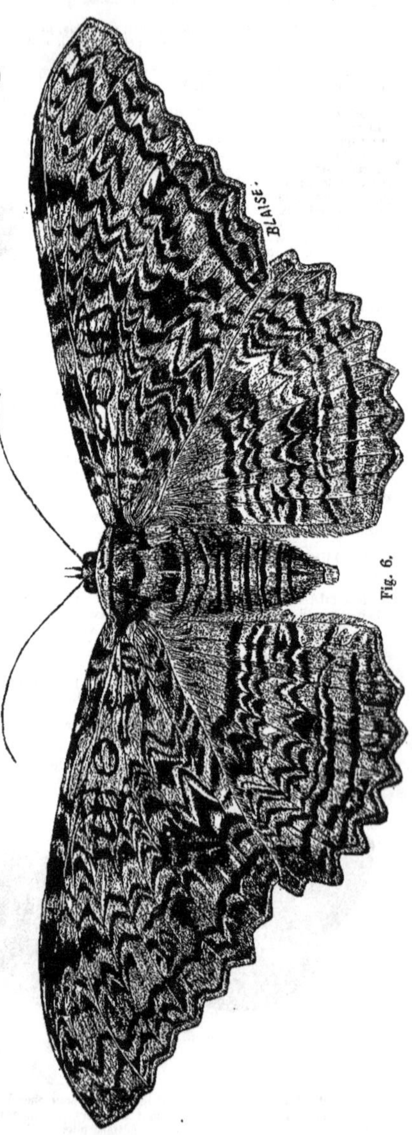


Fig. 6.

nille vit sur le frêne. Ce lépidoptère est gris, à ailes supérieures grises, ondulées de brunâtre, et à ailes inférieures noires avec une large bande bleue. — Le genre *Noctuelle*

(*Noctua*) est très nombreux en espèces. Plusieurs ont des taches dorées ou argentées sur les ailes supérieures. Tels sont

Fig. 7.

la *N. gamma* et la *N. dorée*, fort communes chez nous.

6° La famille des *Arpenteuses* ou *Phalénides* ou *Géométrales* (*Phalènes géomètres* de Linné) comprend des Lépidoptères dont le corps est en général grêle, dont la trompe est fort courte et presque membraneuse, et dont les ailes sont simples et étendues, ou en toit aplati. Les chenilles n'ont ordinairement que dix pattes; plusieurs en ont douze; mais les anales existent toujours. Cette famille doit son nom à la manière particulière dont s'effectue la progression chez les chenilles. Lorsqu'elles veulent avancer, elles se fixent d'abord par leurs pattes antérieures; elles élèvent ensuite leur corps en forme de boucle et rapprochent les pattes postérieures. Alors elles détachent les antérieures pour les porter en avant, les fixent de nouveau, et répètent le même manège [Fig. 8. Chenille de l'*Ennomos dentaria*]. En outre, leur attitude dans le repos est très extraordinaire. Elles se fixent aux branches par les seules pattes de derrière, et tiennent leur corps suspendu en l'air, dirigé en ligne droite et parfaitement immobile. Elles restent ainsi des heures entières, et, comme leur corps, par ses couleurs et ses inégalités, ressemble souvent à s'y méprendre à un morceau de bois, on les confond souvent avec le rameau lui-même. — Le type du genre *Phalène* (*Phalæna*) est la *Ph. du sureau* (*Urapteryx sambuci* de Leach) [Fig. 9]. Elle est jaune de soufre: ses ailes supérieures sont marquées de deux raies brunes, et les inférieures se prolongent à l'angle extérieur en forme de queue. La *Ph. Atlas*, qui vit à Surinam est l'un des plus beaux papillons que l'on connaisse. — Le *Géomètre papillon* (*Geometra papilionaria*) [Fig. 10] a les ailes vertes, à stries grises, ondulées, avec trois bandes blanchâtres. La chenille est verte et porte sur le dos dix aiguillons recourbés de couleur rougeâtre. Le genre *Fidonie* (*Fidonia*) est remarquable par l'élégance de ses antennes, du moins chez les mâles. Nous citerons comme exemple la *Fid. plumeuse* [Fig. 11] qui est jaune pâle, tacheté de noir; ses antennes, très pectinées, sont noires avec la tige blanche.

Fig. 8.

Fig. 9.

Fig. 10

Fig. 11. Fig. 12.

7° Les *Deltoïdes* doivent leur nom à la forme de leurs ailes, qui, dans le repos, s'étendent horizontalement de manière à représenter une sorte de delta. Ces Lépidoptères ressemblent d'ailleurs beaucoup aux Phalènes, mais leurs chenilles ont quatorze pattes, au lieu de dix ou douze seulement. Cette famille ne comprend que le genre *Herminie* (*Herminia*), dont l'*Herm. feuille-morte* [Fig. 12] peut être regardée comme le type.

Pour le genre *Carpocapse*, voy. Tinéides.

**NOCUITÉ**, s. f. (lat. *nocuus*, nuisible). Qualité de ce qui est nuisible.

**NODAL, ALE**. adj. (lat. *nodus*, nœud). T. Phys. Qui a rapport à un nœud, qui en dépend. *Lignes nodales*. Voy. Acoustique.

**Optique**. — Ainsi que nous l'avons fait remarquer au mot *lentille*, l'existence du centre optique d'une lentille n'est démontrée qu'à la condition de faire abstraction de l'épaisseur de la lentille. La théorie que nous avons développée et qui est suffisante dans la plupart des applications est donc celle des *lentilles infiniment minces*. Si l'on veut tenir compte de l'épaisseur de la lentille, on aura la théorie des *lentilles épaisses* qui a été donnée par Gauss. Si l'on se reporte à la Fig. 9 du mot lentille on verra que les rayons incidents K et le rayon émergent K' sont bien parallèles, mais qu'ils ne sont pas exactement dans le prolongement l'un de l'autre. Seulement si on appelle N et N' les points où les rayons K et K' viennent couper l'axe CC', on verra facilement, par la similitude des deux triangles ACN, A'C'N', que les points N et N' sont fixes, c.-à-d. indépendants de la direction du rayon incident. Ainsi, au lieu d'un centre optique, on a des points N et N' tels que tout rayon incident passant par N donne un rayon émergent passant par N'. Ce sont ces deux points N et N' qui ont reçu le nom de *points nodaux*. Les points nodaux sont à l'intérieur d'une lentille bi-convexe; mais pour les autres formes, par exemple pour le ménisque convergent, ils sont à l'extérieur.

**NODDI.** s. m. T. Ornith. Espèce de *Palmipède*. Voy. Sterne.

**NODICOLE.** adj. 2 g. (lat. *nodus*, nœud; *colere*, habiter). Qui habite les nœuds des végétaux.

**NODICORNE.** adj. 2 g. (lat. *nodus*, nœud, et fr. *corne*). T. Zool. Qui a les antennes noueuses.

**NODIER** (Charles), littérateur fr. (1780-1844).

**NODIFLORE.** adj. 2 g. (lat. *nodus*, nœud; *flos*, *floris*, fleur). T. Bot. Dont les fleurs naissent aux nœuds ou articulations.

**NODOSITÉ.** s. f. [Pr. *nodo-zité*] (lat. *nodositas*, m. s., de *nodus*, nœud). T. Chirurg. et Bot. Nœud; se dit principal. des nœuds accidentels. *La goutte lui a fait venir des nodosités à tous les doigts de la main. Le tronc de cet arbre est couvert de nodosités.*

**NODULE.** s. m. (dimin. du lat. *nodus*, nœud). Petit nœud, nouet. || T. Minér. Noyau formé de quelque substance minérale. || T. Géol. Petite masse pierreuse. || T. Arboric. Noyau de substance ligneuse développé dans l'épaisseur de l'écorce.

**NODULEUX, EUSE.** adj. [Pr. *nodu-leu, euze*]. Qui contient des nodules. — Qui est en forme de nodule.

**NODUS.** s. m. [Pr. *noduss*]. Mot latin qui signifie *Nœud*, et se dit, en Chir., de certaines tumeurs dures qui résultent soit de l'hypertrophie d'une partie tendineuse ou fibreuse, soit de la formation de concrétions tophacées dans un tissu.

**NOÉ,** patriarche, fils de Lamech, construisit sur l'ordre de Jéhovah une arche où il s'enferma avec sa famille pendant le déluge (Bible).

**NOËL.** s. m. (lat. *natalis*, natal). Fête de la nativité de Jésus-Christ. *A la fête de N.*, ou ellipt., *A la N.*, *à N. La messe de N. est une des quatre grandes fêtes de l'année.* || *Bûche de n.*, Grosse bûche qu'on met au feu la veille de Noël au soir, afin qu'elle entretienne le feu pendant toute la nuit. || *Arbre de N.*, branche de sapin ou de houx garnie de rubans, de jouets, de gâteaux et de bougies qu'on allume le soir de Noël pour divertir les enfants. || *Chanter, crier N.*, en signe de réjouissance de la naissance de J.-C. || *N.* cri que poussait le peuple à la naissance d'un prince, ou à la venue d'un souverain.

**Liturg.** — Toutes les églises chrétiennes célèbrent sous le nom de *Noël* le jour anniversaire de la naissance de Jésus-Christ. Certains auteurs disent que cette fête a été instituée, en 138, par le pape Télesphore. L'Église latine a constamment fixé cette fête au 25 décembre; mais c'est seulement depuis le IVe siècle que les Églises grecques s'accordent aussi à la célébrer ce jour-là. L'usage de célébrer à la N. trois messes, l'une à minuit, l'autre au point du jour, et la troisième le matin, est antérieur au VIe siècle. Au moyen âge, la coutume s'introduisit en Occident de représenter le mystère du jour par des personnages; mais les abus qui se glissèrent dans ces représentations ne tardèrent pas à les faire supprimer. Toutefois, pendant longtemps, le peuple conserva l'habitude de chanter des cantiques en langue vulgaire, auxquels on donna le nom de *Noëls*, ainsi qu'aux airs sur lesquels ils étaient composés. Ces vieux airs naïfs, originaires pour la plupart de la Provence et de la Bourgogne, se transmettaient de génération en génération. Les organistes en jouent souvent encore à N., en disposant les registres de leur instrument de manière à imiter la musette. Les *Noëls bourguignons*, composés par La Monnoye à l'imitation des poésies patoises de ce nom, ont une certaine réputation; mais leur factice naïveté n'est pas sans quelque malignité. — Par extension, on donnait autrefois le nom de *Noëls* à des couplets satiriques composés sur des airs de noëls. Ces chansons contenaient une revue quelquefois spirituelle, mais souvent cynique, des abus du temps et des personnes qui prêtaient à la satire.

**NOEL.** Lexicographe fr., (1755-1841).

**NOEME.** s. m. (gr. νόημα, pensée). T. Philos. Une idée en général, un produit de l'intelligence.

**NOÉMI,** belle-mère de Ruth (Bible).

**NOERGIE.** s. f. (gr. νόος, intelligence; ἔργον, œuvre). T. Philos. Activité de l'intelligence.

**NŒUD.** s. m. [Pr. *neu*] (lat. *nodus*, m. s.). Enlacement de quelque chose de flexible, comme ruban, soie, fil, corde, etc., dont on passe les bouts l'un dans l'autre en les serrant. *N. simple, double. N. lâche, serré. N. coulant. Corde à nœuds. Alexandre coupa le n. gordien.* || Enlacement de rubans en forme de nœud servant d'ornement.

Quelle importune main en formant tous ces nœuds,
A pris soin sur mon front d'assembler mes cheveux.
Racine.

|| Ornement disposé en nœud de ruban, et qui sert à la parure des femmes. *Des nœuds de perles. Des nœuds de diamant. Un gros n. de rubis.* — *N. d'épée*, Rosette de ruban dont on orne la poignée d'une épée. || Enroulement du serpent autour d'un corps qu'il étreint. || Figur., La difficulté, le point essentiel d'une affaire, d'une question *Voilà le n. de l'affaire. Trancher le n. de la question, de la difficulté.* — Dans les pièces de théâtre, l'obstacle qui donne lieu à l'intrigue d'une action dramatique. *Le n. de cette pièce est mal formé.* || Fig., au sens moral, attachement, liaison entre deux personnes. *N. de parenté, d'alliance. Former un n., de nouveaux nœuds.*

L'amour serra les nœuds par le sang commencés.
Racine.

*Serrer, resserrer, rompre les nœuds de l'amitié.* || T. Anat. *N. de l'encéphale*, Voy. Encéphale. || T. Bot. Protubérance plus ou moins saillante qui se forme à la surface extérieure d'un arbre ou d'un arbrisseau. *Le bois de cornouiller est plein de nœuds.* — Partie fort serrée et fort dure qui se trouve parfois dans l'intérieur de l'arbre. *Ce bois ne peut se fendre, il a trop de nœuds.* — Partie renflée et comme articulée que présente de distance en distance la tige des graminées et de quelques autres plantes. *La paille d'avoine a moins de nœuds que celle de froment. Il faut tailler la vigne au second, au troisième n.* || Par anal., La jointure des doigts de la main. *Le n. du doigt du milieu.* Vulg., on dit encore *Le n. de la gorge*, La saillie que forme le larynx. — Se dit aussi des os qui forment la queue du cheval, du chien, du chat, etc. *On a coupé à ce cheval deux nœuds de la queue.* || T. Techn. Partie saillante qui reçoit la broche dans une charnière. — *N. à soudure*, Renflement que produit la soudure de deux tubes métalliques. || T. Chir. Voy. Nodus. || T. Mar. Voy. Loch. || T. Géogr., *N. de montagnes*. Point où se croisent deux chaînes de montagnes et qui présente souvent des élévations plus considérables que partout ailleurs. || T. Phys. Point où des vibrations de phase contraire se détruisent. Voy. Acoustique. || T. Astr. *N. d'une orbite*. Le point d'intersection de cette orbite avec l'écliptique. *N. ascendant*, Celui où la planète traverse l'écliptique en passant de l'hémisphère austral dans l'hémisphère boréal. *N. descendant*, l'autre n. où la planète passe de l'hémisphère boréal dans l'hémisphère austral.

**Techn.** — Les *Nœuds*, dont on fait continuellement usage,

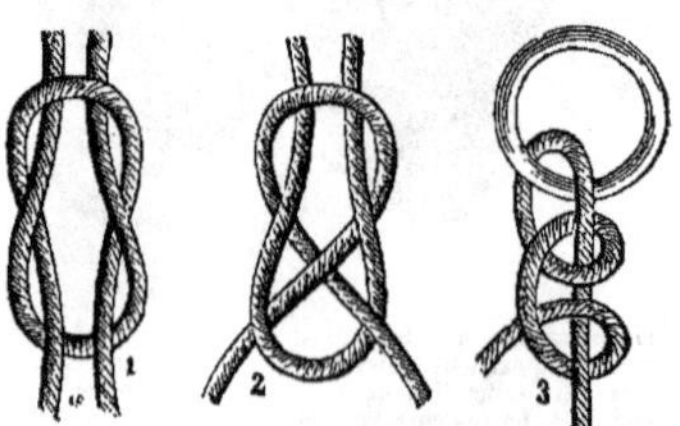


soit pour réunir des cordages entre eux, soit pour relier divers objets et consolider leur assemblage, sont plus ou moins compliqués, et leur composition varie à l'infini, selon le but qu'on se propose. Nous nous bornerons à donner ici le spécimen de quelques-uns de ceux dont l'usage est le plus général. Les nœuds les plus employés pour réunir deux cordes entre elles ou les deux extrémités d'une même corde, sont le *N droit* (Fig. 1), appelé aussi *N. plat* ou *N. marin*, et le *N. de tisserand* (Fig 2). Le *N. de marine* (Fig. 3) sert généralement à fixer des cordes à des organeaux ou à de gros anneaux.

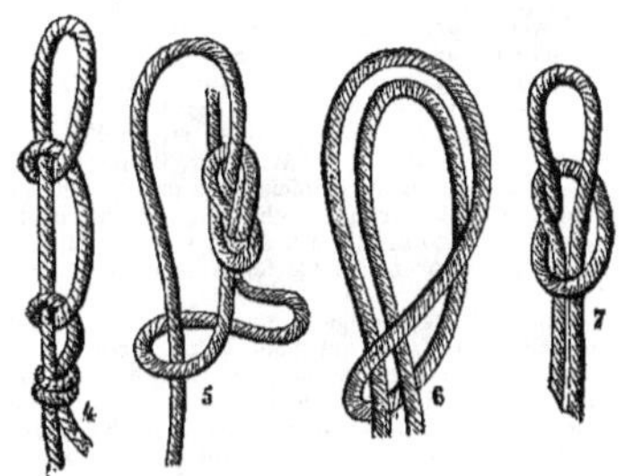


Quand on veut raccourcir une corde sans la couper, on se sert de divers nœuds, dont l'un (Fig. 4) porte le nom de *Chaîne du bas*. Les *Nœuds coulants* (Fig. 5, 6, 7) jouissent de la propriété de se serrer de plus en plus à mesure que l'on augmente l'effort sur le bout libre de la corde. On les emploie généralement pour amarrer ou lier les fardeaux, prendre les oiseaux, etc. On les distingue en nœuds coulants, *fixes*, *doubles*, *à chaînette*, etc.

**NOGARET** (Guillaume de), ministre de Philippe le Bel, (1260-1313).

**NOGARO**, ch.-l. de c. (Gers), arr. de Condom ; 2,300 hab.

**NOGENT-LE-ROI**, ch.-l. de c. (Eure-et-Loir), arr. de Dreux ; 1,600 hab.

**NOGENT-LE-ROI**, ch.-l. de c. (Haute-Marne), arr. de Chaumont ; 3,400 hab.

**NOGENT-LE-ROTROU**, ch.-l. d'arr. du dép. d'Eure-et-Loir, sur l'Huisne, à 53 kil. S.-O. de Chartres ; 8,700 hab.

**NOGENT-SUR-MARNE**, v. du dép. de la Seine, arr. de Sceaux ; 8,400 hab.

**NOGENT-SUR-SEINE**, ch.-l. d'arr. du dép. de l'Aube, à 48 kil. N.-O. de Troyes ; 3,700 hab.

**NOINTEL** (marquis de). Diplomate fr., m. en 1685.

**NOIR, OIRE**. adj. [Pr. *nou-ar*] (lat. *niger*, m. s.). Qui n'a aucune couleur ; qui est complètement obscur. *Des cheveux noirs*, *Drap n. Robe noire. Du raisin n. N. comme jais, comme du charbon, comme la cheminée. Les hommes de la race noire.* || Poét., *L'onde noire*, Le Styx. *Il a passé l'onde noire*, Il est mort. || Se dit de certaines choses qui approchent de la couleur noire. *Du pain n. Des dents noires. Cette femme a la peau noire.* — Par exag., on dit de quelqu'un qui a été meurtri de coups, à cause des taches noirâtres que présente alors la peau. *Il a la peau toute noire, il est tout n. de coups.* — *Bêtes noires*, Voy. Bête. *Viandes noires*, Voy. Viande. *Blé n.*, Voy. Sarrasin. || Obscur. *La nuit est bien noire. Cachot n. Il y fait n. comme dans un four. Le temps est n. Cette nuée est bien noire.* — *Froid n.*, Froid qu'il fait quand le temps est fort couvert. || Sale, crasseux ; se dit du linge et de la peau. *Son linge est toujours n. Lavez vos mains, elles sont noires.* || Figur., Triste, morne, mélancolique. *Un esprit n. et rêveur. Une humeur noire. De noirs soucis. Des idées noires. Un n. pressentiment.* — *Il voit n.*, *il voit tout n.*, Il est disposé à prendre les choses du côté fâcheux, il ne prévoit que des événements tristes et funestes. Adverb., on dit de même, *Il voit en n.*, *il voit tout en n.* || Fig., se dit des crimes, des mauvaises actions, et des personnes qui les commettent. *Une action, une malice, une ingratitude noire. Une noire trahison. Un n. attentat. Il a l'âme noire. On m'a fait cet homme bien n. On me l'a dépeint bien n.* — *Le diable n'est pas si n qu'on le dit*, cette personne vaut mieux que sa réputation. — *Rendre n.*, Diffamer, faire passer quelqu'un pour méchant, pour criminel. *On l'a rendu bien n. dans cette affaire.* || *Cabinet n.*, cabinet sans fenêtre pour l'éclairer. || T. Phys. *Chambre noire*, Voy. Chambre. || T. Graveur. *Manière noire*. Voy. Gravure. || T. Dr. *Code n.*, code concernant le régime des nègres dans les colonies. = Noir. s. m La couleur noire, ce qui est de couleur noire. *Le n. est l'absence de toutes les couleurs. Ce drap est d'un beau n., d'un vilain n. Ce satin est d'un n. de jais. Il y a autant de différence de l'un à l'autre que du blanc au n.* — Fig et famil., *Passer du blanc au n. Si vous lui dites blanc, il répondra n.*, Voy. Blanc. || Étoffe, vêtement qui est de couleur noire. *L'église était tendue de n. Il s'habille de n. Il est en n.* || Toute matière colorante propre à produire en nous la sensation du noir. *N. animal. N. de fumée. N. d'ivoire N. d'os. N. d'impression.* Voy. Carbone, Couleur, Encre et Teinture. — Famil., *Mettre du n. sur du blanc*, Voy. Blanc. — Figur. et fam., *Faire du n.*, *broyer du n.*, Se livrer à des réflexions tristes, à des pensées sombres et mélancoliques. On dit de même, *S'enfoncer dans le n.* || T. Peint. *Tirer, pousser, au n.*, se dit d'un tableau dont le temps a fait noircir les ombres et les demi-teintes. *Les tableaux de ce maître poussent au n.* — *Les noirs d'un tableau, d'une estampe*, les parties les plus foncées, les plus fortement ombrées. || Le *n. d'une cible*, le point noir qui est au centre. *Mettre dans le n.* || *Avoir des noirs*, des traces noirâtres, des meurtrissures. || T. Serrur. *Les noirs*, les parties qui n'ont pas été polies et blanchies à la lime. || T. Nosol. vég. *Le n.*, maladie des feuilles, des rameaux, produites par des petits champignons.

**NOIR**. s. m. [Pr *nou-ar*]. Homme de couleur noire, nègre, par opposition à blanc. *Il y a aux Antilles beaucoup plus de noirs que de blancs.*

**NOIR** (le prince), surnom du fils aîné d'Édouard III d'Angleterre (1330-1376). Voy. Édouard.

**NOIRÂTRE**. adj. 2 g. [Pr. *noua-râtre*]. Qui tire sur le noir, qui approche du noir. *Un teint n. Couleur n Brun noirâtre.*

**NOIRAUD, AUDE**. adj. et s. [Pr. *noua-ro, ôde*]. Qui a les cheveux noirs et le teint brun. *Il est tout n. Une grosse noiraude.* Fam.

**NOIRCEUR**. s. f. [Pr. *nouar-seur*]. Qualité qui fait qu'un corps est noir, paraît noir. *La n. de l'ébène, de l'encre. La n. des cheveux.* || Tache noire. *Il a les bras couverts de noirceurs.* || Fig., Humeur sombre, mélancolie. *J'ai quelquefois des rêveries d'une telle n., que la vie me devient à charge.* || Fig., Atrocité d'une action, d'un caractère. *La n. de son crime, de son ingratitude, de sa trahison, de son attentat. Il y a de la n. dans cette action. Vous ne connaissez pas toute la n. de son âme, toute sa n.* || Fig., Action, parole qui a pour but de nuire. *C'est une n. Il m'a fait cent noirceurs. Il a dit des noirceurs contre moi.*

**NOIRCIR**. v. a. [Pr. *nouar-sir*]. Rendre noir. *N. une muraille. Le soleil lui a noirci le teint. Il se noircit la barbe. Le cachou noircit les dents.* — Figur. et fam., *N. du papier*, Écrire. || Fig., au sens moral, diffamer, faire passer pour méchant, pour infâme. *N. la réputation de quelqu'un. Cette accusation l'a tellement noirci qu'il n'en sera jamais bien lavé.* — *N. l'esprit*, Y faire naître des pensées tristes et sombres. *Cette lecture m'a noirci l'esprit.* = Noircir. v. n. Devenir noir. *Ses cheveux ont noirci. Le teint noircit au soleil. Les raisins commencent à n. Ce bois noircit au lieu de brûler. Cette peinture noircit.* = se Noircir. v. pron. Devenir noir. *Cet objet s'est noirci à la fumée.* || *Le temps se noircit, le ciel se noircit*, Il devient sombre et obscur par l'effet des nuages. || Fig., Se rendre odieux, infâme. *Il s'est noirci par ses méchancetés. Voudrait-il se n. d'un tel crime?* = Noirci, ie. part. = Syn. Voy. Dénigrer.

**NOIRCISSEUR**. s. m. [Pr. *nouar-si-seur*]. Ouvrier teinturier qui achève les noirs. || Fig. *N. de papier.* Mauvais écrivain.

**NOIRCISSURE**. s. f. [Pr. *nouar-si-sure*]. Taches de noir. *D'où vous vient cette noircissure?* || Altération du vin qui prend une teinte noire.

**NOIRE.** s. f. [Pr *noua-re*]. Couleur noire au jeu de la roulette. *Mettre sur la n.* || T. Enseign. Boule noire qui indique la note mal dans les examens universitaires. *Avoir une noire.* || T. Mus. Note représentée par un point noir qui vaut un temps. Voy. NOTATION.

**NOIRE** (mer). Ancien Pont-Euxin. Mer intérieure formée par la Méditerranée; elle baigne la Russie, la Turquie d'Europe et d'Asie, la Roumanie. Voy. MÉDITERRANÉE.

**NOIRE** (Montagne), chaîne qui fait partie des Cévennes. Son point culminant, le *pic de Nore*, a 1,210 mètres.

**NOIREMENT.** adv. [Pr. *noua-reman*]. D'une façon noire, méchante.

**NOIRÉTABLE,** ch.-l. de c. (Loire), arr. de Montbrison; 2,100 hab.

**NOIRMOUTIER** ou **NOIRMOUTIERS,** île française de l'océan Atlantique, (presqu'île à marée basse), arr. des Sables-d'Olonne (Vendée), 8,000 hab. V. pr. *Noirmoutier*; 6,200 hab.

**NOIR-MUSEAU.** s. m. [Pr. *nouar-muzo*]. T. Méd. Vét. Sorte de dartre qui ronge le museau des moutons; elle apparaît sous forme d'éruption vésiculaire qui laisse des croûtes noirâtres adhérant fortement à la peau. Cette affection qu'on désigne aussi sous les noms de *bique, bouquet, faux-nez, givrogne*, etc., est aussi facile à guérir qu'à prévenir. Elle est sans doute de nature parasitaire, mais se développe avec la malpropreté. On l'évite en tenant les étables très propres et en variant la nourriture des bêtes. Le traitement consiste à enduire les croûtes d'une composition soufrée faite avec 1 partie de soufre et 2 parties de graisse. L'huile de cade réussit aussi très bien.

**NOIR-PLOYANT.** s. m. [Pr. *nouar-plo-ian*]. Tache qui indique la ductilité dans un métal.

**NOISE.** s. f. [Pr. *noua-ze*] (lat. *noxia*, m. s.). Querelle, dispute.

> Coqs incivils, peu galants,
> Toujours en noise et turbulents.
>
> LA FONTAINE.

*Chercher n. à quelqu'un. Exciter, commencer, apaiser la n. Ils ont eu n. ensemble pour une bagatelle. C'est lui qui est cause de la n.* Fam.

**NOISERAIE.** s. f. [Pr. *noua-ze-rè*]. Lieu planté de noyers.

**NOISETIER.** s. m. [Pr. *noua-zetié*] (R. *noisette*). T. Bot. Nom vulgaire du *Corylus Avellana*. Voy. CUPULIFÈRES.

**Arboric.** — Le N. est un grand arbrisseau dont le bois tendre et souple est employé dans la vannerie et comme combustible. Son charbon peut servir à la fabrication de la poudre à canon. Cette espèce préfère à tous autres les terrains légers et froids. Son fruit est mangé sec et frais. On en extrait une grande quantité d'huile excellente pour la table, la parfumerie et la peinture. Les tourteaux ou résidus de cette extraction sont de beaucoup préférables à ceux des amandes ordinaires pour confectionner la pâte d'amandes. On distingue un grand nombre de variétés de n., dont les plus recommandables se reconnaissent par leurs fruits. Il y a la noisette franche, à fruit rouge et à fruit blanc, noisette allongée et déprimée au sommet; la noisette-aveline, de forme ovoïde, anguleuse, plus grosse que la précédente; l'aveline de Provence, fruit rond, gros, coque tendre, pellicule rouge; la noisette d'Espagne, fruit oblong, gros, à pellicule rouge; la noisette Dowton, fruit gros, rouge, à coque tendre, à pellicule blanche. — Le N. s'accommode de tous les climats; toutefois certaines variétés, telles que l'avelinier, ne donnent le plus souvent, dans le Nord, que des noix privées d'amandes. — Le N. cultivé pour ses fruits se multiplie au moyen de drageons, de marcottes et de greffes. Ce dernier procédé est le plus convenable pour obtenir des individus vigoureux et de longue durée. On emploie pour cela des sujets de n. commun obtenus de semis, et on les greffe en écusson à œil dormant, dès que la tige arrive à la grosseur du petit doigt. On plante à demeure deux années après.

**NOISETTE.** s. f. [Pr. *noua-zè-te*] (R. *noix*). T. Bot. Fruit du noisetier. — *N. purgative.* Voy. EUPHORBIACÉES, tribu des *Crotonées*. — Fig. et fam., *Donner des noisettes à ceux qui n'ont pas de dents*, Donner à quelqu'un des choses dont il n'est plus en état de se servir. || *Couleur de n.*, ou *Couleur n.*, Gris roussâtre qui approche de la couleur de la n. *Un drap n.*

**NOIX.** s. f. [Pr. *nou-a*] (lat. *nux, nucis*, m. s.). T. Bot. Le fruit du Noyer commun. || T. Boucher. Rotule, os qu'on trouve sur l'articulation de la cuisse avec la jambe. — *N. de veau*, Petite glande qui se trouve dans une épaule de veau proche la jointure des deux os. *N. de gigot, de jambon*, Partie glanduleuse qui se trouve dans le milieu d'un gigot de mouton ou d'un jambon. || T. Arq. Voy. FUSIL et ARBALÈTE || T. Mécan. Se dit quelquefois de la partie renflée de certains axes, comme la partie cannelée de l'axe d'un moulin à café ou à poivre, etc., qui sert à broyer les grains, la partie du cabestan où se trouvent les mortaises pour recevoir les barres, etc.

**Bot.** — Dans le langage vulgaire, on donne le nom de *N.* à un grand nombre de fruits qui n'ont qu'une ressemblance souvent fort éloignée avec la n. proprement dite. Nous nous contenterons d'en mentionner quelques-uns. *N. d'Acajou*, Voy. ANACARDIACÉES, tribu des *Anacardiées*. — *N. d'Arec*, Voy. PALMIERS. — *N. du Bancoulier*, Voy. EUPHORBIACÉES, tribu des *Crotonées*. — *N. de ben*, Voy. MORINGÉES. — *N. de Bengale*, le Myrobalan citrin, Voy. COMBRÉTACÉES. — *N. de coco*, Voy. PALMIERS. — *N. d'eau*, Voy. ONOTHÉRACÉES. — *N. de galle*, Voy. GALLE. — *N. de girofle* ou *de Madagascar*, le fruit du Ravenala, Voy. SCITAMINÉES. — *N. isagur*, appelée aussi *Fève de saint Ignace*, le fruit du Strychnos Ignatii, Voy. LOGANIÉES. — *N. de marais*, Voy. ANACARDIACÉES, tribu des *Anacardiées*. — *N. médicinale*, le fruit du Randia dumetorum, Voy. RUBIACÉES. — *N. des Moluques*, syn. de N. vomique. — *N. muscade*, Voy. MYRISTICÉES. — *N. de pistache*. Voy. ANACARDIACÉES, tribu des *Anacardiées*. — *N.*, ou *Noisette purgative*, Voy. EUPHORBIACÉES, tribu des *Crotonées*. — *N. de terre*, le fruit de l'Arachis hypogæa, Voy. LÉGUMINEUSES, tribu des *Papilionacées*. — *N. de Singhara*, Voy. ONOTHÉRACÉES. — *N. vomique*, Voy. LOGANIÉES.

**NOLA,** v. de la Terre de Labour (Italie), près du Vésuve; 12,000 hab. — Victoire de Marcellus sur Annibal en 314 av. J.-C.

**NOLANE.** s. m. (lat. *nola*, clochette). T. Bot. Genre de plantes Dicotylédones (*Nolana*) de la famille des *Solanacées*. Voy. ce mot.

**NOLANÉES.** s. f. pl. (R. *nolane*). T. Bot. Tribu de végétaux de la famille des *Solanacées*. Voy. ce mot.

**NOLASQUE** (SAINT PIERRE), né en Languedoc, fondateur de l'Ordre de la Merci (1189-1256).

**NOLAY,** ch.-l. de c. (Côte-d'Or), arr. de Beaune; 2,400 hab.

**NOLI ME TANGERE.** s. m. [Pr. ...*mé-tanjéré*]. Expression latine qui signifie, *Ne me touchez pas.* Nom vulg. donné à certaines plantes dont le fruit, quand il est mûr, lance au loin ses graines, lorsqu'on vient à le toucher, comme la Balsamine; et à certains ulcères que les applications topiques, au lieu de guérir, ne font qu'irriter.

**NOLIS.** s. m. [Pr. *no-li*] (R. *noliser*). Syn. de *Fret.*

**NOLISATEUR.** s. m. [Pr. *noli-zateur*] (R. *noliser*). Affréteur.

**NOLISER.** v. a. [Pr. *noli-zer*] (bas lat. *naulisare*, m. s., de *naulum*, fret; gr. ναῦλον, de ναῦς, navire). T. Mar. Affréter. Ne se dit que dans la Méditerranée. = NOLISÉ, ÉE. part.

**NOLISSEMENT.** s. m. [Pr. *noli-se-man*] (R. *noliser*). Syn. d'affrètement dans la Méditerranée. Voy. AFFRÈTEMENT.

**NOLITION.** s. f. [Pr. *noli-sion*] (lat. *nolle*, ne pas vouloir). Acte contraire à la volition.

**NOLLET** (l'abbé). Physicien fr. (Oise) (1700-1770).

**NOLONTÉ.** s. f. (lat. *nolle*, ne pas vouloir). Volonté contraire.

**NOM.** s. m. [Pr. *non*] (lat. *nomen*, m. s.). Le mot dont on se sert pour désigner une personne ou une chose, une agrégation de personnes ou de choses. *N. propre. N. de baptême. N. de famille. N. patronymique. N. de terre, de seigneurie. N. connu, inconnu, obscur, illustre. Avoir un beau n. Imposer un n. Donner son n. Signaler, illustrer, dégrader son n. Immortaliser son n. Quitter, déguiser son n. Changer de n. Usurper, emprunter un n. Je ne le connais que de n. Il a fait cet achat sous son n., sous un nom supposé, sous un faux n. Son n. figure souvent dans l'histoire.* — Fig., *Son n. sera béni dans tous les siècles. Son n. est resté gravé dans nos cœurs.* — Prov., *Je ne lui ai jamais dis pis que son n.*, Je ne lui ai jamais rien dit d'injurieux ni d'offensant. *On ne saurait lui dire pis que son n.*, Son nom est si décrié que c'est la plus grande injure qu'on puisse lui faire. *C'est un homme à qui il ne faut pas dire plus haut que son n.*, C'est un homme qui s'offense aisément. *Nommer les choses par leur n.*, Donner, sans aucun ménagement, aux choses et aux personnes, les noms qu'elles méritent; ou employer dans la conversation des termes que la bienséance en a bannis. || *N. de guerre.*, Nom que chaque soldat prenait autrefois en entrant au service. Par allus. à cet usage, *N. de guerre* se dit aujourd'hui d'un nom supposé que l'on prend quand on ne veut pas être connu sous son nom véritable, ou d'un sobriquet sous lequel une personne est connue. *Beaucoup d'acteurs prennent des noms de guerre. C'est son n. de guerre.* — *N. de religion*, Nom que les religieux et les religieuses prennent en entrant au couvent. *Elle avait pris pour n. de religion Marie du Calvaire.* — *N. social*, Voy. SOCIÉTÉ. || Réputation. *Se faire, s'acquérir un grand n. dans les lettres, dans les sciences, dans l'art de la guerre. Il a rempli toute la terre de son n. Le n. de ce législateur efface tous les autres noms. Ne laisser aucun n. Laisser un n. exécré.* — *La gloire de son n.*, Sa gloire, sa renommée. *Il a porté en tous lieux la gloire de son n.* — *C'est un homme sans n.*, Sans réputation, sans considération, sans crédit. || Naissance, noblesse. *Il n'est pas riche, il n'a pour lui que son n. C'est un homme d'un beau, d'un grand n.* — On dit encore d'une famille dont le nom va disparaître faute d'héritiers mâles, *C'est un n. qui s'éteint.* || Épithète, qualification morale. *Ce roi a mérité le n. de grand. Il est indigne du n. d'ami.* — *Le n. chrétien, le n. romain, etc.*, se dit de tout ce qui porte la qualification de chrétien, etc. *Ce calife fut un ennemi acharné du n. chrétien. Le n. romain était exécré dans la Judée.* — *Le n. de père, d'époux, etc.*, Le titre, la qualité de père, d'époux. *Il avilit le n. d'époux en se prêtant aux déréglements de sa femme.* || T. Gramm. Voy. ci-après. || T. Prat. Qualité en vertu de laquelle on agit ou l'on prétend à quelque chose. *Il agit au n. et comme tuteur de ses enfants. Céder ses droits, noms, raisons et actions*, Transporter à quelqu'un les droits et titres en vertu desquels on prétend quelque chose. — *Répondre d'une chose en son propre et privé n.*, En être personnellement responsable. *Être attaqué, poursuivi en son propre et privé n.*, Être attaqué directement et personnellement. = AU NOM DE. loc. prép. De la part de. *Il est allé emprunter de l'argent au n. de son maître.* On dit de même, *En mon n., en son n., etc.* || En considération de. *Je vous demande cela au n. de Dieu, au n. de notre ancienne amitié, au n. de tout ce que vous avez de plus cher.* = DE NOM. loc. adv. Se dit par opposition à réellement, de fait. *Il n'était roi que de n.*

**Syn.** — *Renom, Renommée.* — *Nom* signifie ce qui fait connaître. Le *renom* est le *n.* répété, répandu; il emporte donc un plus grand *n.*, une plus grande réputation. La *renommée* est un *n.* partout connu; c'est le *renom* avec plus d'éclat et de durée. Le *n.* vous tire de l'obscurité; le *renom* vous donne de l'éclat; la *renommée* vous couronne de toute sa gloire.

**Hist.** — I. — Dans les premiers âges du monde, l'usage des noms de famille était inconnu. Chaque individu portait un seul n., presque toujours significatif, et on le distinguait de ses homonymes en ajoutant à son n. l'expression *fils d'un tel.* C'est ainsi que se nommaient les Patriarches, les Juges et même les Rois, chez les Hébreux. Le premier n. de famille que l'on trouve chez ce peuple est celui des *Macchabées* (IIe siècle av. J.-C.). L'histoire des divers peuples orientaux, tels que les Perses, les Assyriens, les Babyloniens, les Phéniciens, les Égyptiens, etc., n'offre la trace d'aucun n. de famille. On y rencontre quelquefois, il est vrai, des noms de races et de dynasties, dérivés de l'auteur vrai ou supposé de la race, comme *Achéménides, Atyades, Mermnades, Séleucides, Lagides*, etc.; mais ces mots ne s'employaient que comme surnoms, et lorsqu'il était nécessaire d'y recourir pour empêcher quelque confusion de personne.

II. — Les *Grecs* n'avaient aussi qu'un seul n. C'était le père qui choisissait les noms de ses enfants, et il avait la faculté de les changer à son gré. Néanmoins il était d'usage de donner au fils aîné le n. de son grand-père paternel, et au second celui de son grand-père maternel. Quelquefois le fils recevait tout simplement le n. de son père, comme on le voit par l'exemple des orateurs Démosthène et Démade, ou bien un n. dérivé de celui du père. C'est ainsi que *Nausinicus* appela son fils *Nausiphilus*, et que *Callicrate* nomma le sien *Callistrate*. Enfin, dans quelques circonstances, le n. du fils était un véritable n. patronymique, c.-à-d. formé de celui du père : tel était celui de *Phocion*, fils de *Phocus*.

L'usage où étaient les Grecs de ne porter chacun qu'un seul n. obligeait de varier les noms à l'infini. Malgré cela, il était impossible qu'il n'y eût jamais de double emploi. En conséquence, pour atténuer cet inconvénient, on ajoutait au n. propre quelque désignation accessoire. Le plus souvent c'était le n. du père (Ἀλκιβιάδης ὁ Κλεινίου, Alcibiade, fils de Clinias); d'autres fois c'était une épithète rappelant le lieu de la naissance (Ἡρόδοτος Ἁλικαρνασσεύς, Hérodote d'Halicarnasse). Dans quelques cas, cette épithète indiquait la profession, les occupations habituelles de la personne, ou encore l'école philosophique à laquelle elle appartenait. Dans les relations ordinaires de la vie, les Grecs avaient également recours à un autre moyen d'éviter la confusion : c'était l'emploi de sobriquets qui se rapportaient en général à quelque particularité, à quelque défaut physique et intellectuel. Démosthène, par ex., ayant été, dans son enfance, surnommé βάταλος, le bègue, ce sobriquet lui demeura toute la vie.

On trouve fréquemment, chez les Grecs, des noms de races et de familles, tels que *Héraclides, Pisistratides, Alcméonides, Scopades, Branchides, Eumolpides*, etc.; mais ils ne servaient pas à dénommer les individus qui appartenaient à ces familles; ils ne s'employaient que lorsqu'il s'agissait de rappeler leur filiation et surtout leur origine.

III. — Parmi les écrivains anciens qui se sont occupés de cette question, les uns, tels que Varron et Appien, affirment qu'à l'origine les *Romains* ne portaient qu'un seul n., tandis que les autres soutiennent l'opinion contraire. Pour résoudre ce problème historique, il est indispensable de considérer séparément les trois éléments, Sabin, Latin et Etrusque, qui ont formé le peuple romain. On voit alors que Varron et ses adversaires ont tort ou raison, suivant que leurs assertions s'appliquent à l'un ou à l'autre de ces éléments. — Ainsi que le rapporte Valère Maxime, les Sabins eurent toujours deux noms : l'un (*prænomen*) désignant l'individu, comme *Albus, Appius, Caius, Pompeius, Titus*, etc.; l'autre (*nomen*) indiquant la race, la maison (*gens*) à laquelle l'individu appartenait : celui-ci se terminait ordinairement en *ius* ou *cius*, comme *Claudius, Pompilius, Tatius*, etc. Un trait particulier à ce peuple, c'est que, quelquefois, au lieu d'un prénom et d'un n. de race, de maison (*nomen gentilitium*), on trouve deux noms de cette dernière sorte joints ensemble, et désignant, l'un la famille de la mère, et l'autre celle du père. Tel était le cas de ce *Minius Cerrinius*, mentionné par Tite-Live, dont la mère s'appelait *Paculla Minia*, et le père *Cerrinius*. Les noms sabins *Attius Navius, Minatius Magius, Marius Egnatius, Herius Asinius, Statius Gellius, Ofilius Calavius*, etc., appartiennent évidemment à la même catégorie. Les femmes sabines portaient également deux noms, comme *Paculla Minia, Vestia Oppia, Faucula Cluvia*; mais il est impossible de dire si les noms terminés en *ia* sont toujours des *nomina gentilitia*, et si, lorsque tous les deux ont cette terminaison, l'un indique la *gens* du père de la femme et l'autre celle du mari. Outre les deux noms (*prænomen* et *nomen gentilitium*) dont il vient d'être parlé, les Sabins en avaient quelquefois un troisième, *cognomen*, qui paraît avoir servi à distinguer les diverses familles d'une même *gens*; mais lorsqu'il y a un surnom (*cognomen*), le prénom est généralement supprimé. Exemples : *Herennius Bassus, Calavius Perolla, Vettius Cato, Popædius Silo, Papius Mutilus*, etc. — Les Latins ne paraissent avoir eu, dans les premiers temps, qu'un seul n., comme le prouvent les exemples cités par Varron, *Romulus, Remus, Faustulus*, auxquels on peut ajouter les noms des rois *Ascanius, Latinus, Amulius, Procas, Numitor*, etc. Cependant, même à une époque très reculée, on trouve des Latins désignés par deux noms, tels que *Geminus Metius, Vitruvius Vaccus, Metius Suffetius, Turnus Herdonius*, etc. Mais ces noms semblent avoir été deux *nomina gentilitia*, ou un *nomen gentilitium* suivi d'un *cognomen*, et rien ne prouve que les Latins aient eu des prénoms comme les Sabins et plus tard les Romains. — Chez les historiens romains, les Étrusques ne portent jamais qu'un seul nom, comme *Porsenna*, *Perpenna*, *Spurinna*, ce qui confirme en apparence l'opinion de Varron; mais, sur beaucoup d'urnes trouvées dans les tombeaux de ce peuple, les noms ainsi terminés en *na* sont précédés d'un prénom. Otf. Müller suppose que les noms étrusques en *na* sont des surnoms; mais Niebuhr pense, et cette opinion paraît plus vraisemblable, que ces noms en *na* correspondent aux noms en *ius* des Sabins et des Romains, et par conséquent sont de véritables *nomina gentilitia*. — De la comparaison entre les trois éléments qui ont formé la société romaine, il résulte évidemment que lorsque ces éléments se furent fondus ensemble, les Romains suivirent surtout l'usage des Sabins, et peut-être aussi celui des Latins.

A Rome, dans le principe, tout citoyen appartenait à une race (*gens*) et en tirait son nom (*nomen* ou *nomen gentilitium*). Ce nom se terminait généralement en *ius* ou *eius*, désignation qui plus tard se changea souvent en *æus*, comme *Annius*, *Anneius* et *Annæus*, *Appuleius* et *Appulæus*. Chez les Romains, le *nomen gentilitium* était toujours précédé d'un autre nom, appelé pour cela *prénom* (*prænomen*), et qui appartenait en propre à l'individu; tel que *Caius*, *Lucius*, *Marcus*, *Sextus*, etc. Suivant Varron, il y avait environ trente prénoms, tandis que les *nomina gentilitia* étaient innombrables. Sur ces trente prénoms, dix-huit étaient d'un usage beaucoup plus général, et, dans les monuments les plus anciens, comme inscriptions et monnaies, on les trouve constamment écrits en abréviations invariables : *Aulus* (A.), *Decimus* (D.), *Gaius* ou *Caius* (C.), *Gnæus* ou *Cnæus* (CN.), *Kæso* (K.), *Lucius* (L.), *Manius* (M'.), *Marcus* (M.), *Publius* (P.), *Quintus* (Q.), *Servius* (SER.), *Sextus* (SX., plus tard SEX.), *Spurius* (S., plus tard SP.), *Tiberius* (TI.), *Titus* (T.), *Appius* (AP.). *Mamercus* (MAM.) et *Numerius* (N.). Ces trois derniers appartenaient plus particulièrement à quelques familles patriciennes. Tout citoyen, comme nous l'avons vu, avait un nom et un prénom, lesquels suffisaient, en général, pour le distinguer; mais c'est le prénom qui lui donnait, pour ainsi dire, son état civil (*caput*). Quant aux femmes, comme elles étaient légalement placées dans une situation tout à fait subordonnée, on se contentait de les appeler de leur *nomen gentilitium* mais sous une forme féminine, comme *Cornelia*, *Livia*, *Tullia*, *Sempronia*, etc. Lorsqu'il y avait deux sœurs, on surnommait l'aînée *major* et la seconde *minor*. Cependant, dans les derniers temps, les femmes mariées eurent quelquefois un prénom, qu'elles prenaient en se mariant, et qui était la forme féminine de celui de leur mari, comme *Caia*, *Lucia*, *Publia*, etc. Les vestales, quand elles quittaient la maison paternelle pour le temple de la déesse, recevaient un prénom comme les femmes qui se mariaient. Ex. : *Caia Tarratia*, *Caia Suffetia*, etc.

Tout citoyen romain, outre qu'il était membre d'une race (*gens*), faisait encore partie d'une famille (*familia*), dérivée elle-même de la *gens*. A ce dernier titre, il pouvait avoir un troisième nom appelé *cognomen*, c.-à-d. surnom. Les Romains tiraient ordinairement leurs surnoms de quelque particularité physique ou intellectuelle, ou de quelque événement remarquable arrivé au personnage qui était considéré comme la souche de la famille. Tels sont les surnoms suivants : *Aper*, *Imperiosus*, *Magnus*, *Maximus*, *Publicola*, *Brutus*, *Cato*, *Cicero*, *Scipio*, *Torquatus*, etc. Le plus souvent ces surnoms se transmettaient à tous les membres de la famille; d'autres fois, au contraire, ils périssaient avec ceux auxquels ils avaient été appliqués. Beaucoup de Romains avaient encore un second surnom (*secundum cognomen* ou *agnomen*), qui leur était donné comme distinction honorifique et en commémoration d'un grand fait accompli. A cette catégorie appartiennent les noms de *Macedonicus*, *Africanus*, *Asiaticus*, *Numantianus*, *Creticus*, etc. Tantôt cette espèce de surnom était conféré à un général par un autre général; tantôt c'était par l'armée elle-même ou par le peuple assemblé en comices. Quelquefois même on se le donnait de sa propre autorité, comme fit, par ex., L. Cornelius Scipio, qui s'intitula lui-même *Asiaticus*. Il arrivait encore qu'un individu ajoutait à ses différents noms une appellation tirée du nom de sa mère. *M. Porcius Cato Salonianus* ou *Saloninus* en est un exemple. Enfin, quelques-uns faisaient suivre leurs noms du n. de la tribu à laquelle ils appartenaient, mais en le mettant à l'ablatif : *Q. Verres Romilia*, *C. Claudius Pelatina*, *Ser. Sulpicius Lemonia*. On trouve aussi, mais rarement, des exemples de femmes qui avaient un surnom, lequel était tiré tantôt de quelque qualité personnelle, comme *Rufa* et *Pusilla*, tantôt du *nomen gentilitium* du mari, comme *Junia Claudilla*, *Ennia Nævia*, etc., ou de son surnom, comme *Cæcilia Metella*.

Les quatre noms qui précédent se plaçaient dans un ordre régulier et invariable : d'abord le *prænomen*, puis successivement le *nomen*, le *cognomen* et l'*agnomen*. — De ces divers noms, l'*agnomen* était relativement assez peu employé; mais les trois premiers étaient d'un usage général. Cependant beaucoup de plébéiens ne possédaient que le nom et le prénom, comme *C. Marius*, *Q. Sertorius*, *Cn. Pompeius*, etc. Plus tard, il est vrai, quand l'aristocratie plébéienne fut pleinement établie, le *cognomen* fut regardé comme indispensable à celui qui prétendait appartenir à une ancienne famille. Mais celui qui usurpait un *nomen gentilitium* ou un *cognomen* auquel il n'avait pas droit, était réputé coupable de faux. — Dans la vie ordinaire, surtout dans les relations entre parents et entre amis, on employait seulement le prénom ou le surnom, comme on le voit par les lettres familières de Cicéron : chacun, en effet, pouvait aisément suppléer le *nomen gentilitium* sous-entendu. Ainsi, par ex., Caius Julius Cæsar était communément appelé, tantôt *Caius*, tantôt *Caius Cæsar*, ou même *Caius Julius*, mais jamais *Julius Cæsar*. Ce dernier usage, où l'on voit le *nomen* suivi du *cognomen*, ne s'introduisit que dans les temps qui précédèrent immédiatement l'empire et dura pendant tout ce dernier. Une autre mode commença vers la même époque : ce fut de se servir uniquement du surnom, toutes les fois que le personnage était assez connu pour qu'il ne pût pas y avoir équivoque. Ainsi, on dit simplement *Cæsar*, *Carbo*, *Cæpio*, *Verres*, *Cato*, *Cicero*, *Sulla*, etc. Enfin, sous Auguste et Tibère, il devint très commun, au moins dans la vie ordinaire, d'intervertir l'ordre respectif adopté anciennement pour le nom et le surnom; comme *Drusus Claudius*, *Silvanus Plautius*, etc., au lieu de Claudius Drusus et de Plautius Silvanus.

Lorsqu'on passait par adoption d'une famille dans une autre, on prenait le prénom, le nom et le surnom de son père adoptif, et l'on y ajoutait le nom de sa première famille, en donnant à celui-ci la terminaison *anus*. Ainsi, C. Octavius, ayant été adopté par son oncle C. Julius Cæsar, s'appela *C. Julius Cæsar Octavianus*, et L. Æmilius Paullus, après adoption par P. Cornelius Scipio, reçut le nom de *P. Cornelius Scipio Æmilianus*. Deux familles seulement, la famille Antoine et la famille Flaminia, ne suivaient pas la règle ordinaire en ce qui concerne la terminaison *anus*; elles la changeaient en *inus* : *Antoninus*, *Flamininus*. Quelquefois aussi l'adopté gardait le surnom de sa première famille, mais cela n'avait lieu que lorsque ces surnoms était entouré d'une grande illustration; alors il l'ajoutait aux noms conférés par l'adoption, soit sans altération, comme *Q. Servilius Cæpio Brutus*, soit avec une nouvelle désinence, comme on le voit par l'exemple de Claudius Marcellus, qui, adopté par Cornelius Lentulus, fut appelé *Cornelius Lentulus Marcellinus*. Sous l'empire, le citoyen qui passait par adoption dans une autre *gens*, ajoutait quelquefois son *nomen gentilitium* à celui de son père adoptif. Nous citerons comme exemples, *C. Plinius Cæcilius Secundus*, et *L. Ælius Aurelius Commodus*. Enfin, lorsque le gouvernement romain en vint à accorder le droit de cité aux habitants d'une ville ou d'une province tout entière, ceux qui obtenaient cette faveur prenaient le prénom et le nom du personnage qui la leur avait fait obtenir, ou ceux de l'empereur lui-même. Cependant après l'époque de Caracalla, tous les hommes libres étant devenus citoyens romains, et le souvenir des liens de race étant graduellement tombé en oubli, chacun put s'appeler comme il l'entendait, et changer son nom s'il en était mécontent. Il résulta de là que les anciens noms romains disparurent avec une rapidité incroyable.

IV. — Dans les temps anciens, les peuples de la Gaule et de la Germanie se servaient, pour distinguer les hommes et les agrégations d'hommes, de mots caractéristiques qui exprimaient le rang, le caractère, les vices et les défauts de ceux auxquels ils étaient appliqués. C'est le système qui paraît avoir été employé chez tous les peuples primitifs, et que l'on a trouvé en pleine vigueur chez les tribus sauvages du Nouveau Monde. Ainsi, un chef gaulois se nommait l'Ouragan, un autre l'Épervier, etc. Du reste, l'histoire et la numismatique ne nous ont transmis qu'un très petit nombre de noms gaulois, et l'on a commis, sous ce rapport, de singulières méprises. C'est ainsi que les mots *Brenn* et *Vergobret*, en latin *Brennus* et *Vergobretus*, ont été pris longtemps pour des noms propres, alors que ce sont de simples appellations génériques, désignant, la première un *chef de guerre*, la seconde un *homme pour le jugement*. Les choses se passaient de la même manière de l'autre côté du Rhin. Le mot *Frank*, d'où l'on a fait successivement *Franci* et *Français*, voulait dire les intrépides; *Buhr-gunds*, d'où *Burgundi* et *Bourguignons*, signifiait les hommes de guerre confédérés, ou, suivant quelques antiquaires, hommes habitant les cent bourgs, etc. Quant aux noms de personnes, *Hlodio* voulait dire célèbre; *Hlodowig* ou *Klodowig*, célèbre guerrier; *Merowig*, éminent guerrier; *Hilderik*, fort ou brave au combat; *Theoderik*, brave ou puissant parmi le peuple; *Hlother*, célèbre et éminent; *Dagobert*, brillant comme le jour; *Rodbert*, brillant par la parole; *Fulbert*, plein de gloire; *Karl*, robuste; *Ode*, riche ou heureux; *Hug*, intelligent, etc. Après leur établissement dans la Gaule, les Francs conservèrent d'abord avec soin les noms qu'ils avaient apportés de la Germanie; mais à la suite de leur conversion au christianisme, la coutume s'introduisit peu à peu de prendre le nom du patron sous lequel on avait été placé au baptême. Cet usage était déjà général à la fin de la seconde race; mais il s'ensuivit bientôt un chaos inextricable, car il arriva nécessairement qu'un grand nombre de personnes se trouvèrent porter le même nom. Alors, pour diminuer la confusion, on imagina de faire suivre le nom de chaque individu de celui de son père et de sa mère : *Jean, fils de Pierre et de Marguerite*, etc. Cependant ce procédé ne faisait que diminuer un peu la confusion, et, d'autre part, il avait le défaut d'allonger beaucoup les noms. En conséquence on ne tarda pas à l'abandonner, et, pour le remplacer, on créa les noms de famille héréditaires. L'emploi de ces noms commença, pour les rois, du temps de Pepin le Bref; mais, pour les particuliers, l'usage ne s'en répandit que dans les dernières années du X$^{e}$ siècle, et il ne devint général que deux cents ans plus tard, sous le règne de saint Louis. Les noms propres français se sont formés de différentes manières, suivant la condition sociale des premiers qui les ont portés. Quelques nobles se contentèrent de prendre leur prénom pour nom de famille; mais, en général, les personnes de cette classe ajoutèrent à leur prénom le nom de leur fief ou de leur principal manoir, et l'on eut ainsi des noms composés comme ceux-ci : *Simon de Montfort, Jacques de Bourbon, Raymond de Saint-Gilles, Godefroy de Bouillon, Jean d'Armagnac*, etc. Cette faculté qu'eurent les nobles de prendre les noms de leurs terres est une source de confusion, car les familles nobles purent changer de nom à chaque acquisition nouvelle, et les divers membres d'une même famille prirent des noms différents. Aussi le seul guide qui puisse servir à établir la généalogie des familles nobles et qui soit en même temps une garantie de leur noblesse, c'est le blason, l'*écu* qui était le signe de la famille. Au reste, bien des familles d'une noblesse très ancienne, portaient des noms tout à fait semblables à ceux des roturiers. Les Montmorency s'appelaient *Bouchard*. Quant aux surnoms, tels que *Sans-Terre, Sans-Avoir Taillefer*, etc., que l'on rencontre dans l'histoire d'un petit nombre de familles nobles, ils étaient presque toujours personnels, et disparaissaient avec ceux qui les portaient. Les non-nobles n'ayant ni fiefs ni domaines dont ils pussent se nommer, s'y prirent d'une autre manière pour former leurs noms; ils joignirent à leurs prénoms des mots caractéristiques qui devinrent peu à peu des appellations de famille. Ces nouveaux noms furent tirés de la profession : *Fabre, Lefèvre, Charpentier, Charron, Carrier, Cordier, Foulon, Meunier, Molinier, Tisserand, Tisseur, Texier*, etc.; de quelque caractère physique ou moral, *Leroux, Blanc, Blanchard, Legris, Leborgne, Petit, Gros, Camus, Lenain, Lebeau, Ledoux, Rétif*, etc.; de l'âge, *Lejeune, Vieillard, Vieillot*, etc.; du pays d'origine : *Lorrain, Picard, Breton, Lallemand, Dumaine, Lenormand*, etc.; d'une habitude, *Legoulu, Boivin, Boileau, Lehurleur*, etc.; d'une partie du costume, *Bonnety, Soulier, Manteau, Chapeau, Bonnet, Pélisson, Cotelle*, etc.; d'une charge ou d'un emploi, *Labbé, Leclerc, Clairaut, Chapelain, Prieur, Sergent, Archer, Capitaine, Prévôt, Bailly, Clavier*, etc.; du lieu d'habitation ou de quelque circonstance de localité, *Chastel, Grandmaison, Cazes, Dumanoir, Dumas, Montagne, Dumont, Dupuy, Delpech, Coste, Lahitte, Dubosquet, Dubois, Boissonnade, Lafontaine, Beauvallon, Dumoulin, Dupont*, etc. On emprunta encore des noms d'animaux et de végétaux : *Lelièvre, Bichat, Mouton, Lebœuf, Agasse, Lacaille, Corneille, Poisson, Goujon, Papillon; Persil, Olivier, Prunelle, Pommier, Périer, Rameau, Froment*, etc. D'autres noms furent tirés de prénoms plus ou moins altérés; à cette catégorie appartiennent : *Huart, Huot, Hugon*, qui viennent de Hugues; *Perrin, Perron, Perrotin*, qui dérivent de Pierre; *Jacquot, Jacquemont, Jacquemin*, qui sont des modifications de Jacques. A tous ces noms s'en joignirent une multitude d'autres que les circonstances firent naître, et dont il serait très difficile de trouver l'origine.

V. — La perpétuité et l'invariabilité des noms de famille intéressent l'ordre public, car ils sont le moyen le plus sûr pour déterminer la filiation et l'état civil des individus. En France, avant la révolution, nul ne pouvait changer de nom sans l'agrément du roi, qui délivrait à cet effet des lettres patentes appelées *Lettres de commutation de nom*. Aujourd'hui la matière est régie par la loi du 11 germinal an XI (1$^{er}$ avril 1803) et le décret du 8 janvier 1859, qui s'appliquent aux prénoms aussi bien qu'aux noms patronymiques. Les noms en usage dans les calendriers, et ceux des personnages connus de l'histoire ancienne peuvent seuls être reçus comme prénoms, et l'on ne peut changer ou modifier les prénoms donnés par l'acte de naissance qu'en vertu d'un jugement du tribunal civil. Quant à tout changement qui porte sur le nom patronymique (la simple addition d'un nom nouveau à l'ancien est considérée comme un changement), il faut qu'il soit autorisé par un décret du chef de l'État rendu sous la forme des règlements d'administration publique. Celui qui veut changer de nom est tenu de l'annoncer une fois dans le *Journal officiel* et dans les journaux désignés pour l'insertion des annonces judiciaires de l'arrondissement où il réside et de celui où il est né. Cette insertion effectuée, il adresse au Ministre de la justice une demande motivée qu'il accompagne de son acte de naissance, de celui de la personne dont il veut prendre le nom, du consentement ou, si elle est morte, de l'acte de décès de cette dernière, et d'un exemplaire de chacun des journaux où l'annonce a été faite. Après une instruction préalable, la demande est soumise à l'examen du Conseil d'État, et, de plus, si la modification sollicitée a le caractère d'une qualification nobiliaire, au Conseil du sceau des titres, et enfin renvoyés au Ministre de la justice, qui prononce définitivement. Si elle est accueillie, elle devient l'objet d'un décret qui est inséré au *Bulletin des lois*; mais ce n'est qu'après une année révolue, à compter du jour de cette insertion, que l'impétrant peut demander au tribunal civil les modifications autorisées par le décret. L'objet de ce délai est de donner à toute personne qui croit y avoir droit, la faculté de se pourvoir devant le Conseil d'État pour demander la révocation du décret. Tout changement ou modification de nom faite sans autorisation est passible des peines portées par la loi du 28 mai 1858, c.-à-d. d'une amende de 500 à 10,000 francs.

**Gram.** — Le *Nom* ou le *Substantif* est un mot qui, sans avoir besoin d'aucun autre mot, subsiste par lui-même dans le discours, et signifie quelque être, ou réel, comme le *soleil*, la *terre*, ou abstrait, comme la *blancheur*, l'*abondance*. On divise les substantifs en *noms propres* et en *noms communs*. Le *N. propre* est celui qui ne convient qu'à un individu ou à quelques individus de la même espèce. Les mots *Louis, Jules, Cicéron, Voltaire, Paris, Seine, France*, etc., appartiennent à cette catégorie. Il y a, comme on voit, des noms propres de personnes, de villes, de pays, de fleuves, etc. Le *N. commun* ou *appellatif* est celui qui convient à tous les individus de la même espèce : tels sont les mots *homme, animal, mouton, plante, pommier*, qui peuvent s'appliquer à tous les hommes, à tous les animaux, à tous les moutons, etc. Parmi les noms communs on doit distinguer les *noms collectifs*, qui, bien qu'au singulier, désignent une réunion de choses de même nature, comme *troupe, armée, flotte, dizaine, millier*; et les *noms partitifs*, qui expriment une partie d'un tout, comme la *plupart*, la *moitié*, etc. La plus grande partie de ces noms sont *simples*, c.-à-d. formés d'un seul mot; mais il en est plusieurs qui sont *composés*, c.-à-d. formés de plusieurs mots, comme *blanc-seing, Hôtel-Dieu, chef-d'œuvre, passe-partout*. Les noms communs sont presque tous susceptibles de *genres* et de *nombres*. Quant aux noms propres, ils sont tous susceptibles de genres, et, dans quelques cas, de nombres. Voy. COLLECTIF, PARTITIF, GENRE et NOMBRE.

**NOMA.** s. m. (gr. νομή, action de paître). T. Méd. On désigne sous le nom de n. la gangrène de la bouche, affection spéciale aux enfants, surtout de trois à cinq ans. Fréquente autrefois dans les hôpitaux, cette maladie a disparu presque complètement avec les progrès de l'antisepsie. C'est une infection secondaire, apparaissant toujours au cours d'une pyrexie infectieuse (rougeole, variole, fièvre scarlatine, fièvre typhoïde, etc.). L'évolution de la lésion locale s'accompagne de symptômes généraux : la plaque violacée, puis l'ulcération siègent le plus souvent à la face interne des joues, sur la gencive ou sur le repli gingivo-buccal. Lorsque le foyer de mortification prend de l'extension, on observe de la prostration, une diarrhée fétide, le refroidissement des extrémités, le ballonnement du ventre, et la mort peut être la conséquence de cette évolution. D'autres fois, l'ulcération, débarrassée de l'eschare, se répare, ou bien il se produit une perforation et un trajet fistuleux. Le mal demande à être entravé rapidement dans sa marche, et le pronostic dépend du degré de résistance du sujet; le meilleur traitement consiste à détruire le foyer au thermocautère, et à pratiquer des lavages antiseptiques de la bouche, en même temps qu'on fortifie l'état général.

**NOMADE.** adj. 2 g. (lat. *nomas*; gr. νομάς, νομάδος, m. s.). Qui n'a point d'habitation fixe. *La population n. d'une ville*; se dit surtout des nations, des tribus, des peuplades. *Peuple, tribu n. Les Tartares sont des peuples nomades.* || Subst., *C'est un peuple de nomades. Les nomades de la haute Asie. — Un n., une n.*, celui, celle qui change souvent de domicile.

**NOMADISER.** v. n. [Pr. *nomadi-zer*]. Vivre en nomades.

**NOMADISME.** s. m. Caractère, genre de vie des populations nomades.

**NOMARCHIE.** s. f. T. Antiq. Gouvernement d'un nome; fonction d'un nomarque.

**NOMARQUE.** s. m. (gr. νόμος, nome; ἀρχή, commandement). Gouverneur d'un nome dans l'ancienne Égypte.

**NOMBLES.** s. m. pl. [Pr. *non-ble*] (bas lat. *numbulus*, pour *lumbulus*, dimin. de *lumbi*, les lombes). T. Chasse. Muscles de l'intérieur des cuisses du cerf. || Entrailles des bêtes à corne.

**NOMBRABLE.** adj. 2 g. [Pr. *non-brable*]. Qui peut être nombré, compté.

**NOMBRANT.** adj. m. [Pr. *non-bran*]. Qui nombre; ne se dit que dans cette locut., *Nombre n.*, Qui a le même sens que Nombre abstrait. Peu usité.

**NOMBRE.** s. m. [Pr. *non-bre*] (lat. *numerus*, m. s.). Se dit de l'unité et d'une collection soit d'unités, soit de parties de l'unité. Voy. plus bas. *Multiplier, diviser un n. par un autre. Additionnez ces trois nombres. Le n. de dix, de cent, de mille. Les propriétés des nombres. — N. cardinal*, Celui qui sert à marquer la quantité, comme un, deux, trois, etc. *N. ordinal* ou *N. d'ordre*, Celui qui sert à marquer l'ordre, comme premier, second, troisième, etc. *N. collectif.* Celui qui exprime l'assemblage de plusieurs nombres, comme une dizaine, une centaine, un millier, etc. || L'idée abstraite de nombre peut s'appliquer à des objets quelconques; ainsi l'on dit : *Un petit n., un grand n. d'individus. Les votants n'étaient pas en n., en n. suffisant. Le plus grand n. voulait partir. Nous étions en pareil n., en n. égal des deux côtés. Cela fait n. Compléter, remplir le n. Augmenter, diminuer, surpasser le n. — N'être là que pour faire n.*, se dit d'une personne qui n'est de nulle considération dans la compagnie dont elle est membre. || Quantité, multitude. *Un n. prodigieux d'étoiles. Un n. infini de personnes. Il a bon n. d'amis. La valeur dut céder au n. Cela est arrivé n. de fois.* || L'harmonie qui résulte d'un certain arrangement des mots, soit dans la prose, soit dans les vers. *Cette période a du n. Ce style manque de n.* || T. Astr. et Chronol. *N. d'or*, Voy. Comput. || T. Écrit. sainte, *Le livre des Nombres* ou *Les Nombres*, Voy. Bible. || T. Comptab. Produit du capital par le nombre des jours, servant de base au calcul des intérêts par la méthode des diviseurs. Voy. Intérêt. *N. rouge*, écrit à l'encre rouge pour distinguer les sommes dont l'échéance se trouve antérieure à l'ouverture du compte-courant. = Dans le nombre. loc. adv. Parmi plusieurs, entre plusieurs; se dit des personnes ou des choses dont on vient de parler. *J'ai vu sa galerie de tableaux; dans le n. il y en a beaucoup de médiocres.* = Au nombre, Du nombre. locut. prép. Parmi, au rang. *On l'a mis au n. des saints. L'ancienne Rome mettait ses empereurs au n. des dieux après leur mort. Je suis du n. de ceux qui l'estiment.* — Avec ellipse du régime, *J'ai vu la liste des invités, vous n'êtes pas du n.* = Sans nombre. loc. adv. Se dit d'une grande multitude, d'une quantité innombrable. *Cet événement a eu des témoins sans n. Les réclamations étaient sans n.* || En T. Blas., en parlant des pièces dont l'écu est rempli, sans que le nombre en soit fixé, on dit que *ces pièces sont sans n.*

**Math.** — I. — L'idée de *n.* ne paraît pas susceptible de définition. On trouve fréquemment dans les traités d'arithmétique : *Le n. est une collection d'unités.* Mais alors il faudrait définir l'*unité*, et de plus la *collection* diffère du n. précisément parce que la collection reste indéterminée au point de vue numérique. La collection n'est pas un n. et la différence entre les deux mots ne peut pas être comprise de qui n'a pas l'idée de nombre. Au lieu de faire apprendre aux jeunes gens des définitions incorrectes et inintelligibles, il serait bien préférable de renoncer à cette manie de vouloir tout définir, et de reconnaître franchement que les idées simples ne sont pas susceptibles de définition.

Ce n'est pas à dire que l'idée de n. ne puisse être soumise à la critique, et qu'on ne puisse essayer de la ramener à des idées plus simples encore; mais cette critique est proprement de la métaphysique, et ne serait pas à sa place dans les livres d'enseignement élémentaire. Certains philosophes qui se sont occupés de la question ont prétendu que l'idée de n. pouvait reconnaître deux origines distinctes, ce qui les a conduits à distinguer deux espèces de n. L'idée de n., dit-on, naît dans notre esprit à l'aspect d'une collection d'objets semblables : nous comprenons que deux collections de cette nature diffèrent en quantité et la qualité qui les fait différer de cette manière est le *n.* Le n. ainsi conçu a reçu le nom de *n. cardinal.* L'idée de n. naît aussi dans l'esprit lorsque nous voyons se produire une suite de phénomènes que nous considérons comme identiques ou simplement semblables; elle désigne ainsi la *répétition* de quelque chose. Chaque fois que le fait se reproduit nous *comptons un de plus*, et chaque n. se forme ainsi du précédent par l'addition d'une unité. La suite des nombres ainsi conçus constitue pour ainsi dire une suite de *numéros d'ordre*, c'est pourquoi on a donné au n. compris de cette manière le nom de *n. ordinal.*

Cette analyse paraît imparfaite. Il semble qu'en la poussant plus loin, on serait arrivé à renoncer à l'idée de *n. cardinal.* Une collection, avons-nous déjà dit, n'est pas un n., et elle ne devient un n. que quand on a *compté* les objets qui la composent. Si nous savons qu'à toute collection correspond un n. c'est parce que nous savons que nous trouverons un n. en comptant les objets. En définitive, ce qu'on a appelé le *n. cardinal* n'est que la possibilité de compter les objets qui composent la collection; mais *compter*, c'est prendre les objets un à un en appelant les noms des nombres successifs. Le résultat de l'opération se produit donc dans l'esprit à la façon du n. ordinal : c'est la répétition de l'acte que l'on accomplit en prenant chaque objet qui donne naissance au n. final. Ainsi la distinction du n. ordinal et du n. cardinal n'a plus aucune valeur : le n. cardinal disparaît et le n. ordinal reste le seul et véritable n.

Il résulte de cette critique que l'idée de n. dépend de deux idées simples, irréductibles l'une à l'autre, et impossibles à définir : 1° l'idée d'*unité*; 2° l'idée de l'addition d'*une unité*. On peut dire alors que chaque n. se forme du précédent par l'addition d'une unité, d'où il résulte immédiatement : 1° que la suite des nombres est illimitée, c.-à d. qu'après tout n. il y en a un autre, et 2° qu'il n'y a pas de n. infini.

Beaucoup d'auteurs distinguent le *n. abstrait* et le *n. concret.* Le *n. concret*, disent-ils, est le n. suivi du nom de l'espèce d'unités qu'on considère : *trois hommes, vingt-cinq chevaux, trente-trois mètres*; le *n. abstrait* est celui où l'on ne précise pas l'espèce d'unité : *trois, vingt-cinq, trente-trois*, Cette distinction est encore contraire à la saine philosophie. L'idée de n. est de nature abstraite, et il n'y a pas d'autre n. que le n. abstrait. Le n. concret n'est pas un n. : c'est une *collection comptée*, comme trois hommes, vingt-cinq chevaux, ou *une grandeur mesurée*, comme trente-trois mètres, qui est une longueur, quarante-cinq minutes, qui est une durée, etc. Ni les collections, ni les grandeurs ne sont des nombres.

Les nombres que nous venons de considérer ne suffisent pas à la mesure des grandeurs. Il a donc fallu généraliser l'idée de n.; et c'est ainsi qu'on a été amené à considérer les nombres *fractionnaires* et les nombres *incommensurables*. Par opposition, les nombres ordinaires ont été appelés *nombres entiers.* Enfin les nécessités de l'algèbre ont fait imaginer les *nombres négatifs et imaginaires.* Cette généralisation successive de l'idée du n. est pour ainsi dire la base de toutes les mathématiques. Elle donne lieu à beaucoup d'observations intéressantes que nous développerons au mot Quantité. Quant aux diverses espèces de nombres dont nous venons de parler, la théorie en a été faite pour chacun d'eux. Voy. Fraction, Incommensurable, Négatif, Imaginaire, Mesure, Rapports.

II. — Les mathématiciens qui ont cultivé la théorie des nombres entiers ont été amenés à désigner par divers qualificatifs les nombres qui jouissent de certaines propriétés. Voici les principales de ces dénominations : On appelle *N. pair* un n. qui est divisible par 2; tous les autres sont dit *impairs*. Les nombres, qui ne sont divisibles que par eux-mêmes et l'unité, comme 1, 2, 3, 5, 7, 11, sont appelés *N. simples* ou *N. premiers*. Les *nombres composés* sont produits par la multiplication de deux autres : ainsi tous les nombres pairs au-dessus de 2 sont composés. On dit que deux nombres sont *premiers entre eux* quand ils n'ont pas d'autre diviseur commun que 1 : tels sont 8 et 33.

Les anciens mathématiciens appelaient *N. parfait* tout n. composé qui est égal à la somme de ses diviseurs, sauf lui-même bien entendu : tel est 6 qui est égal à la somme de ses diviseurs 1, 2, 3; tel est encore $28 = 1 + 2 + 4 + 7 + 14$. Tous les nombres parfaits sont terminés par 6 ou 28. Le *N. imparfait*, est celui qui n'est pas parfait. Un n. imparfait est appelé *abondant*, quand la somme de ses diviseurs est plus grande que lui : ex., 12 dont les diviseurs 6, 4, 3, 2, 1, ont une somme égale à 16. Un n. est dit *défectif* ou *déficient*, quand la somme de ses diviseurs est moindre que lui; ex. : 16 dont les diviseurs 8, 4, 2, 1, ont pour somme 15. On dit que deux nombres sont *amiables* quand la somme des diviseurs de chacun d'eux est égale à l'autre. Ex. : 220 et 284. Les diviseurs de 220 sont 1, 2, 4, 5, 10, 11, 20, 22, 44, 55, et 110 dont la somme est 284; les diviseurs de 284 sont 1, 2, 4. 71 et 142 dont la somme est 220.

III. *Théorie des nombres*. — On désigne ainsi la partie de l'arithmétique qui concerne les propriétés des nombres entiers. Cette théorie présente des difficultés spéciales; nous en avons dit quelques mots à l'article *arithmétique*. Nous nous bornerons ici à indiquer les propositions classiques qui servent de bac à cette théorie. Le point de départ est le théorème suivant qu'on attribue à Euclide. Rappelons d'abord qu'on appelle n. premiers entre eux deux nombres qui n'ont pas d'autre diviseur que l'unité.

Théorème fondamental. — *Si un nombre divise un produit de deux facteurs, et s'il est premier avec l'un d'eux, il divise l'autre facteur.*

Soit $n$ qui divise le produit $ab$ et qui est premier avec $a$; je dis qu'il divise $b$. En effet, $n$ et $a$ par hypothèse ont pour plus grand commun diviseur 1. Donc $nb$ et $ab$ ont pour plus grand commun diviseur $b$ (Voy. Diviseur, théor. IV). Mais $n$ divise $nb$ dont il est facteur, et divise aussi $ab$ par hypothèse. Donc il divise leur plus grand commun diviseur $b$. (Voy. Diviseur, théor. III). C.Q.F.D.

Ex. : 9 divise 180 qui est le produit de 18 par 10. Mais 9 est premier avec 10. Donc 9 divise l'autre facteur 18.

Théorème II. — *Tout nombre premier qui divise un produit de plusieurs facteurs divise au moins l'un d'eux.*

Soit d'abord un produit de deux facteurs $ab$ que divise exactement le n. premier $p$. Si $p$ divise $a$, le théorème est démontré. Si $p$ ne divise pas $a, p$ n'admettant d'autre diviseur que 1 et $p$ par hypothèse, le plus grand commun diviseur de $p$ et $a$ ne peut être que 1. Alors $p$ est premier avec $a$, et divise $b$ d'après le théorème fondamental.

Soit maintenant un produit de plusieurs facteurs $abcd$ ..., qu'on peut écrire $a \times bcd$.... Si le nombre premier $p$ divise ce produit il divisera soit le facteur $a$, soit le facteur $bcd$ qu'on peut écrire $b \times cd$. Dans ce cas $p$ divisera soit $b$, soit $cd$, et ainsi de suite. De toute manière, $p$ divisera l'un des facteurs du produit $abcd$ .... C.Q.F.D.

Théorème III. — *Tout nombre est un produit de facteurs premiers.*

Si le nombre $a$ est premier, il est le produit de $a$ par 1, et le théorème est démontré. — Si $a$ n'est pas premier, il admettra un ou plusieurs diviseurs plus petits que lui et supérieurs à 1. Remarquons que le plus petit de ces diviseurs $d$ est nécessairement premier, car, si $d$ n'était pas premier, il admettrait un diviseur $d'$ plus petit que lui et plus grand que 1 lequel diviserait aussi $a$. Alors $d$ ne serait pas le plus petit diviseur.

Cela posé, soit $p$ un diviseur premier de $a$. On aura :

$$a = pq.$$

Si $q$ est premier, $a$ sera le produit de deux nombres premiers $p$ et $q$. Si $q$ n'est pas premier, il admettra un diviseur premier $p'$, et l'on aura :

$$p = p'q' \quad \text{donc} \quad a = pp'q'.$$

Si $q'$ est premier, $a$ est le produit de trois facteurs premiers, sinon $q'$ admettra un diviseur premier $p''$ et ainsi de suite. Il faut cependant montrer qu'en continuant de la sorte, on finira par tomber sur un quotient premier. Or les quotients $q, q', q''$, etc., vont en décroissant, et la suite des nombres décroissants n'est pas illimitée. Cette suite se terminera donc, et elle ne peut se terminer que par un quotient premier.

Théorème IV. — *Un nombre ne peut être décomposé en facteurs premiers que d'une seule manière.*

Cet énoncé veut dire que deux produits de facteurs premiers ne peuvent être égaux s'ils ne sont composés exactement des mêmes facteurs. Supposons qu'on ait :

$$abcd \ldots = a'b'c'd' \ldots,$$

toutes les lettres désignant des nombres premiers. $a$ divisant le premier membre divisera aussi le second. Alors, d'après le théorème II, il divisera l'un des facteurs, soit $a'$. Mais $a'$ est premier et ne peut être divisé par le n. premier $a$ que si $a = a'$. Alors, divisons les deux membres de l'égalité par $a$, nous aurons :

$$bcd \ldots = b'c'd' \ldots.$$

et l'on prouvera de même que $b$ est égal à l'un des facteurs du second membre, soit $b = b'$, et ainsi de suite. Les deux produits sont composés exactement des mêmes facteurs.

La décomposition des nombres en facteurs premiers est la base de la théorie des nombres. Au point de vue pratique, la démonstration du théorème III indique la marche à suivre pour décomposer un nombre en facteurs premiers. Le tableau suivant montre la disposition du calcul : les diviseurs sont inscrits à droite, et les quotients à gauche :

| | |
|---|---|
| 3960 | 2 |
| 1980 | 2 |
| 990 | 2 |
| 495 | 3 |
| 165 | 3 |
| 55 | 5 |
| 11 | |

$$3960 = 2^3.3^2.5.11$$

Au moyen de la décomposition des nombres en facteurs premiers, on peut établir très aisément les théorèmes suivants que nous nous contenterons d'énoncer.

Théorème V. — *Pour qu'un nombre en divise un autre, il faut et il suffit qu'il ne contienne pas d'autres facteurs premiers que ceux de cet autre, et que chaque facteur du premier nombre n'y figure pas plus de fois que dans l'autre nombre.*

Le quotient est formé des facteurs qu'il faut adjoindre à ceux du diviseur pour trouver le dividende.

Par ex. :

$$2 \times 3 \times 5 = 30$$

3960 est divisible par 30 et le quotient est :

$$2^2 \times 3 \times 11 = 132$$

Corollaire. — *Pour qu'un nombre soit multiple d'un autre, il faut et il suffit qu'il contienne tous les facteurs premiers de cet autre au moins autant de fois chacun.*

Ainsi 3960 est multiple de 132 parce que 3960 contient tous les facteurs premiers de 132.

Théorème VI. — *Si un nombre est divisible par plusieurs autres premiers entre eux deux à deux, il est divisible par leur produit.*

Soit N divisible par $a, b, c, d$ premiers entre eux deux à deux. Puisque deux quelconques des 4 nombres $a, b, c, d$, sont premiers entre eux, il n'y a aucun facteur commun à deux des 4 nombres. Alors N, contenant tous les facteurs premiers des 4 nombres $a, b, c, d$, contient tous les facteurs premiers du produit $abcd$.

Par ex. les nombres

$$6 = 2 \times 3$$
$$55 = 11 \times 5$$
$$17 \text{ et } 19$$

sont premiers entre eux deux à deux. Dont tout n. divisible par 6, 55, 17 et 19, le sera par leur produit 106 590.

Théorème VII. — *On forme le plus grand commun diviseur de plusieurs nombres en multipliant tous les facteurs premiers communs à ces nombres, chacun d'eux étant pris autant de fois que dans le nombre où il figure le moins souvent.*

Ainsi le plus grand commun diviseur des trois nombres.

$$90 = 3^2.5.2$$
$$72 = 3^2.2^3$$
$$378 = 3^3.7.2$$

est $3^2.2 = 18$.

Théorème VIII. — *On forme le plus petit commun multiple de plusieurs nombres en multipliant tous les facteurs premiers communs ou non communs de ces nombres, chacun d'eux étant pris autant de fois que dans le nombre où il figure le plus souvent.*

Par ex., le plus petit commun multiple des trois nombres précédents est :

$$3^3 \times 5 \times 7 \times 2^3 = 7560.$$

*Des nombres premiers.* — A ces propositions, nous joindrons quelques remarques relatives aux nombres premiers.

En premier lieu *la suite des nombres premiers est illimitée*. Si grand que nous supposions un n. premier $n$, il y en a de plus grands que lui. Pour le montrer formons le produit de tous les nombres premiers jusqu'à $n$, et ajoutons à ce produit une unité :

$$A = (1.2.3.5.\ldots.n) + 1.$$

Nous avons vu (théorème III) que tout n. admet au moins un diviseur premier autre que 1, mais A ne peut être divisible par aucun des nombres premiers 2,3,5 ... $n$, car si un de ces nombres divisait A, comme il divise aussi le produit 1,2,3 ... $n$, il diviserait la différence qui est 1. Donc il faut que A soit divisible par un n. premier autre que ceux qui sont écrits, et comme on les a tous écrits jusqu'à $n$, il faut qu'il y ait au moins un n. premier plus grand que $n$.

Pour former la liste des nombres premiers jusqu'à une limite donnée, on peut employer la méthode suivante qui a été donnée par Eratosthènes, astronome d'Alexandrie du II<sup></sup>e siècle av. J.-C., et qui est connue sous le nom de *crible d'Eratosthènes*, parce qu'on la compare à un crible au travers duquel on fait passer les nombres non premiers. Ceux qui restent sont premiers. Soit par ex. à former la suite des nombres premiers jusqu'à 150. On écrit 1, 2, et la suite des *nombres impairs* jusqu'à 150. On a ainsi déjà supprimé les multiples de 2 autres que 2. On supprime les multiples de 3, en effaçant les nombres de 3 en 3 à partir de 9, les multiples de 5 en effaçant les nombres de 5 en 5 à partir de 25, les multiples de 7 en effaçant les nombres de 7 en 7 à partir de 49, et les multiples de 11 à partir de 121. Alors les nombres qui restent sont premiers, parce que le premier n. qu'il faudrait effacer est le carré de 13, 169 qui est en dehors de la liste.

1. 2. 3. 5. 7. ~~9~~. 11. 13. ~~15~~. 17. 19. ~~21~~. 23. ~~25~~. ~~27~~. 29.
31. ~~33~~. ~~35~~. 37. ~~39~~. 41. 43. ~~45~~. 47. ~~49~~. ~~51~~. 53. ~~55~~. ~~57~~. 59.
61. ~~63~~. ~~65~~. 67. ~~69~~. 71. 73. ~~75~~. ~~77~~. 79. ~~81~~. 83. ~~85~~. ~~87~~. 89.
~~91~~. ~~93~~. ~~95~~. 97. ~~99~~. 101. 103. ~~105~~. 107. 109. ~~111~~. 113. ~~115~~.
~~117~~. ~~119~~. ~~121~~. ~~123~~. ~~125~~. 127. ~~129~~. 131. ~~133~~. ~~135~~. 137. 139.
~~141~~. ~~143~~. ~~145~~. ~~147~~. 149. 151.

Ainsi la liste des nombres premiers jusqu'à 151 est :

1. 2. 3. 5. 7. 11. 13. 17. 19. 23. 29. 31. 37. 41. 43. 47. 53. 59. 61. 67. 71. 73. 79. 83. 89. 97. 101. 103. 109. 113. 127. 131. 137. 139. 149. 151.

D'une manière générale, il est clair qu'il est inutile d'effacer les multiples d'un n. effacé car ils le sont déjà comme multiples d'un n. plus petit. Ainsi, les multiples de 9 sont déjà effacés comme multiples de 3. D'autre part, il suffit de commencer à effacer au carré du n. que l'on considère. Par ex., si l'on veut effacer les multiples de 11, il faut commencer à 121 parce que tout multiple de 11 inférieur à 121 est le produit de 11 par un n. plus petit et est effacé comme multiple de ce n.-là. Ces remarques justifient pleinement la règle.

Pour reconnaître si un n. est premier, on le divise par les nombres premiers successifs dans l'ordre croissant. Si l'une des divisions se fait sans reste, le n. n'est pas premier. On s'arrête dès qu'on trouve un quotient inférieur ou égal au diviseur. Si à ce moment, aucune division ne s'est faite sans reste, le n. est premier.

Pour justifier cette règle on remarque d'abord qu'il est inutile d'essayer les diviseurs non premiers. Si par ex. un n. était divisible par 9, il le serait par 3 qui a déjà été essayé. Ensuite on observe que les quotients vont en diminuant, ou du moins ne vont pas en croissant, car il peut se faire que deux ou trois quotients consécutifs soient égaux. Quoi qu'il en soit, dès qu'on arrive à un quotient égal ou inférieur au diviseur $d$, le n. est premier, car, si une division suivante devait réussir, elle aurait un quotient inférieur ou égal à celui que donne $d$ et par suite inférieur ou égal à $d$. Alors, le n. divisible par ce quotient serait divisible par un n. inférieur ou égal à $d$, ce qui n'est pas puisque tous ces nombres ont été essayés.

Nous arrêterons ici cette suite de théorèmes; nous nous sommes bornés aux plus élémentaires, non que les autres manquent d'intérêt; mais il serait impossible de les développer sans entrer dans des détails qui dépasseraient de beaucoup le cadre de ce dictionnaire. Il nous suffira de renvoyer aux traités d'arithmétique et aux ouvrages spéciaux.

IV. *Nombres figurés*. Voy. TRIANGLE et COMBINATOIRE.

**Bibliogr.** — Les bons traités d'arithmétique; — GAUSS, *Disquisitiones arithmeticæ*; — SERRET, *Algèbre supérieure*; — LUCAS, *Théorie des nombres*, etc.

**Gramm.** — I. *Du nombre en général.* — Dans presque toutes les langues, certaines espèces de mots éprouvent, soit dans leur forme, soit dans leur terminaison, des variations qui indiquent s'ils s'appliquent à un seul objet ou à plusieurs : ces variations sont ce qu'on appelle *Nombres*. En français, comme en latin, on ne reconnaît que deux nombres, savoir : le *Singulier*, quand il s'agit d'un seul individu ou d'une seule collection d'individus, comme *un homme*, *une armée*, *une douzaine;* et le *Pluriel*, quand il s'agit de plus d'un individu ou de plus d'une collection d'individus, comme *les hommes, deux armées, quatre douzaines.* A ces deux nombres, quelques langues, telles que le grec et le sanscrit, en joignent un troisième, le *Duel*, qui signifie deux personnes ou deux choses. Les langues de la Polynésie ont même des flexions particulières pour exprimer le n trois. Il est encore des langues, comme le chinois et le japonais, qui n'ont que le singulier, et où, pour exprimer la pluralité, on se sert de particules détachées correspondant aux locutions françaises *tous, quelques-uns*, etc. Enfin, dans la langue malaise, pour indiquer le pluriel, quand il n'est pas exprimé par quelque numératif, on se contente quelquefois de répéter deux fois le nom. Ainsi, pour dire des *chevaux*, on dirait *cheval cheval.*

II. *De la formation du pluriel.* — Dans les langues qui se déclinent, les noms ont ordinairement une terminaison particulière pour chaque cas et pour chaque nombre. Dans les autres, on indique le pluriel en modifiant légèrement le singulier. Notre langue, par ex., distingue le pluriel par une *s* ajoutée au singulier. Ainsi, *hommes, moutons, vertus, amis*, sont les pluriels de *homme, vertu, ami*. Cette règle générale souffre néanmoins quelques exceptions. Ainsi : 1° Tous les substantifs qui, au singulier, se terminent par l'une des lettres *s, x* ou *z*, ne subissent aucun changement au pluriel. 2° Tous ceux qui se terminent en *au* et *eau*, prennent au pluriel une *x* au lieu d'une *s*. Il en est de même pour les noms en *eu*, à l'exception du mot *bleu*. 3° Parmi les substantifs terminés en *ou*, quelques-uns prennent aussi une *x* au lieu d'une *s*. 4° La plupart de ceux dont la terminaison est *al* ou *ail* au singulier, ont leur pluriel en *aux;* quelques-uns cependant se conforment à la règle générale. 5° Les noms *ciel, œil*, etc., forment encore leur pluriel d'une façon irrégulière; mais il est superflu d'énumérer ici les mots qui font exception à la règle, attendu que toutes ces irrégularités se trouvent indiquées en leur lieu et place.

III. *Noms défectifs.* — Parmi les substantifs, il en est un certain n. qui ne s'emploient, les uns qu'au singulier, et les autres qu'au pluriel. Les grammairiens les appellent *défectifs*, et les distinguent en *défectifs du pluriel* et *défectifs du singulier*, suivant le n. qu'ils ne sont pas susceptibles de recevoir.

A. Les premiers, c.-à-d. les noms qui manquent de pluriel, sont beaucoup moins nombreux qu'on ne le dit généralement. 1° On regarde comme tels certains noms particuliers de matière, comme *or, argent, fer, cuivre, encens, absinthe, caoutchouc*, etc. Cependant il serait plus exact de dire que les pluriels de ces noms sont plutôt inusités qu'impossibles, car on peut fort bien employer ces substantifs au pluriel, quand le besoin s'en est fait sentir. Ainsi, par ex., le mot *sucre*, pris comme nom de substance, a été longtemps considéré comme n'ayant pas de pluriel. Néanmoins, on n'a pas hésité à dire les *sucres*, lorsque, le produit ainsi nommé étant devenu l'objet d'un grand commerce, il a fallu désigner les différentes sortes qu'on y distingue. Pareille chose est arrivée aux mots *fer, cuivre, alcool*, etc. On a dit des *fers aigus*, des *fers doux*, des *cuivres* de différentes couleurs. 2° On range aussi dans la catégorie des substantifs dépourvus de pluriel, les noms de vertus et de vices, et quelques noms relatifs à l'homme physique et à l'homme moral, comme *adolescence, captivité, chasteté, décence, impudence, impudeur, impuissance, innocence, mollesse, morbidesse, noblesse, obéissance, odorat, paresse, amertume, bassesse, bonheur, colère, pudeur, toucher*, etc. Mais la plupart de ces noms peuvent très correctement s'employer au pluriel dans certaines acceptions et dans certaines manières de parler. 3° Les adjectifs pris substantivement ne sont pas susceptibles de recevoir le pluriel : le *beau*, le *vrai*, l'*utile*, le *superflu*.

B. Les substantifs qui n'ont point de singulier sont presque tous des mots qui désignent plusieurs choses distinctes sous une même dénomination. Tels sont les mots *ancêtres, brous-*

*saillies*, *décombres*, *fiançailles*, *matériaux*, *mœurs*, *vivres*, etc. Nous indiquons aux articles qui sont consacrés à ces noms les particularités que leur emploi peut présenter.

IV. *Pluriel des noms propres.* — Les noms propres appartiennent logiquement à la catégorie des noms défectifs du pluriel : ils sont donc invariables. Cette règle ne souffre que deux exceptions, savoir : 1° Lorsqu'un nom propre est employé par antonomase comme nom appellatif, à l'effet de désigner des individus semblables à celui dont on emploie le nom propre ; 2° lorsque le nom propre représente, non pas une personne individuellement, mais toutes les personnes portant le même nom et appartenant à la même famille, à la même dynastie, à la même race. Ainsi, lorsqu'on dit les *Catons*, les *Aristarques*, les *Corneilles*, avec la marque du pluriel, c'est qu'alors on ne considère pas ces mots comme des noms propres, mais comme de simples noms communs servant à désigner tout homme auquel on attribue l'austère vertu de Caton, ou la judicieuse critique d'Aristarque, ou le génie poétique de P. Corneille. Enfin, lorsqu'on dit les *Bourbons*, les *Stuarts*, les *Gracques*, les *Horaces*, les *Condés*, les *Guises*, les *Césars*, l'emploi du pluriel est justifié par cette considération que ces noms propres représentent, si l'on peut s'exprimer ainsi, une classe, un genre d'individus. Nous disons alors les *Césars*, les *Bourbons*, etc., par la même raison qui nous fait dire les *Français*, les *Allemands*. Cependant, lorsqu'on parle d'un petit nombre de personnes portant le même nom, ce nom reste au singulier. Ainsi on écrit *les deux Corneille*, *les frères Richard*, etc. — Quand on dit : *Les Turenne, les Bossuet, les Racine firent la gloire du règne de Louis XIV*, ces noms propres, malgré la présence de l'article pluriel, ne doivent pas prendre l'*s* indicative de ce n. Ils sont du reste au singulier, car il n'y eut qu'un Turenne, qu'un Bossuet, etc. Cette manière de parler s'explique par une simple ellipse ; c'est comme si l'on disait, les hommes illustres connus sous le nom de Turenne, etc. De même, on ne doit pas donner aux noms propres la marque caractéristique du pluriel, lorsque, pour désigner plusieurs exemplaires d'un même ouvrage on dit : *Il a quatre Virgile et deux Homère dans sa bibliothèque*. En effet, cette phrase équivaut à celle-ci : *Il a quatre exemplaires de Virgile*, etc. La pluralité tombe sur les mots sous-entendus et point sur le nom propre exprimé.

V. *Pluriel des noms composés.* — On appelle *noms composés* ceux dans la composition desquels il entre plusieurs mots, dont la réunion forme un sens qui équivaut à un substantif. Les grammairiens et les lexicographes sont parfois d'opinions fort diverses relativement, soit aux cas où ces noms doivent être mis au pluriel, soit à la manière dont on doit leur appliquer la caractéristique du pluriel. Les seules règles générales que l'on puisse poser à ce sujet sont les suivantes : 1° Tout substantif composé qui n'est point encore passé, par la suppression du trait d'union, à l'état de mot simple, doit s'écrire au singulier ou au pluriel, suivant que la nature et le sens des mots partiels exigent l'un ou l'autre nombre ; c'est la décomposition de l'expression qui fait donner aux parties composantes le n. que le sens indique. 2° Lorsque, dans un substantif composé, il entre un *verbe*, une *préposition* ou un *adverbe*, ce verbe, cette préposition ou cet adverbe demeure invariable. Du reste, nous indiquons dans ce dictionnaire, à chaque mot composé, la forme du pluriel.

VI. *Des noms empruntés à une langue étrangère.* — Les noms empruntés aux langues étrangères sont d'abord introduits avec leur forme originelle, et ils la conservent presque toujours aussi longtemps qu'ils ne sont point naturalisés, c.-à-dire qu'ils n'ont point passé dans le langage ordinaire. Mais quand ils sont devenus d'un usage commun, on les soumet ordinairement à la règle générale, et on leur donne la marque du pluriel : c'est ainsi qu'on écrit aujourd'hui des *pianos*, des *opéras*, des *concertos*, des *duos*, des *récépissés*, qu'on écrivait autrefois sans *s*. Cependant il existe à cette loi de nombreuses exceptions ; mais, comme nous les signalons en leur lieu et place, nous ne nous arrêterons pas davantage à cette question.

VII. *Du nombre auquel on doit mettre le substantif qui suit la préposition* de. — Dans une foule d'expressions où un substantif en régit un autre par l'intermédiaire de la préposition *de*, on est assez souvent incertain sur le n. auquel il convient de mettre le second substantif. Il faut alors, pour se déterminer en connaissance de cause, rechercher dans quelle acception est employé le nom qui suit *de*. — 1° Si le second nom ne sert qu'à spécifier la nature du premier, ou, ce qui revient au même, s'il n'est employé que dans un sens vaguement déterminé, il ne prend pas le signe du pluriel. Il se met au pluriel, au contraire, quand il est employé dans un sens particulier, déterminé. Ainsi l'on écrira : des *caprices de femme*, et une *pension de femmes* ; des *tas d'herbe*, et un *tas d'herbes médicinales* ; des *vaisseaux chargés de toile*, et un *vaisseau chargé de morues* ; des *pots de basilic*, et un *pot de fleurs* ; des *marchands de musique*, et un *marchand de gravures* ; des *marchands de drap*, *de linge*, *de toile*, *de vin*, *de beurre*, *de poisson*, etc., et un *marchand de draps d'Elbeuf*, *de toiles blanches*, *de vins fins*, etc. — 2° Quand il s'agit d'extraction ou de composition, on doit examiner s'il est question de choses tirées d'une certaine espèce, d'une certaine classe d'êtres, comme des *têtes de coq*, des *queues de mouton*, etc. ; ou, s'il est question de choses faites, composées d'individus d'une certaine espèce, de certaines choses, comme *gelée de groseilles*, *marmelade d'abricots*, etc. Dans le premier cas, le second mot ayant un sens indéterminé, et indiquant une espèce, une sorte, il doit se mettre au singulier. Dans le second, il prend la marque du pluriel, parce qu'il a un sens déterminé, et qu'il indique la réunion d'individus d'une espèce. On doit donc écrire, dans le premier cas, des *queues de cheval*, des *crins de cheval*, de l'*huile d'olive*, du *sucre de pomme*, des *gigots de mouton*, de l'*eau de poulet*, de la *gelée de viande*, de la *fécule de pomme de terre*, des *morceaux de brique* ; et dans le second, une *troupe de chevaux*, un *baril d'olives*, une *marmelade de pommes*, une *fricassée de poulets*, un *ragoût de pommes de terre*, une *muraille de briques*, etc. — Quand la préposition *de* n'est pas précédée d'un nom substantif, il suffit d'un peu d'attention pour reconnaître s'il faut employer le singulier ou le pluriel. Ainsi, l'on écrira : un *enfant plein de bonne volonté*, parce qu'on ne dit pas *des bonnes volontés*, et un *homme plein de défauts*, parce qu'il ne serait pas plein de défauts, s'il n'en avait qu'un ; un *peintre rempli de talent*, parce qu'il n'est question que du talent de la peinture, et une *jeune personne remplie de talents*, parce qu'on entend par là les divers talents que donne une bonne éducation. On voit par là que le choix du singulier ou du pluriel se trouve toujours indiqué par le sens. — Il en est de même, lorsque le nom est précédé des prépositions *à*, *en* ou *sans*. Ainsi l'on écrit : *aller à pied*, parce que *pied* est employé d'une manière indéfinie, et, *sauter à pieds joints*, parce que *joints* éveille l'idée de deux pieds ; *avoir l'éventail en main*, parce qu'il ne faut qu'une main pour le tenir, *avoir le van en mains*, parce qu'on vanne avec les deux mains. Enfin on écrit : *je suis sans argent*, *sans pain*, et *je suis sans souliers*, parce que le nom est indéterminé dans le premier cas, tandis que, dans le second, il implique l'idée du pluriel.

VIII. *De la concordance relativement au nombre.* — Les mots variables qui se joignent à un nom au pluriel se mettent aussi au pluriel, afin que l'on puisse plus facilement saisir le rapport qui subsiste entre eux. En ce qui concerne les adjectifs, nous savons qu'en français ils forment leur pluriel, tant au masculin qu'au féminin, suivant les mêmes règles que les noms. Cependant il y a des langues, telles que l'anglais, le persan et le turc, où cette sorte de mot est toujours invariable. Les articles et les pronoms ont aussi des formes différentes pour chaque n. Bien plus, dans la plupart des langues, les pronoms singuliers sont des mots absolument différents de ceux qui expriment le pluriel. En français, par ex., *je* et *tu*, pronoms personnels singuliers de la première personne et de la seconde, n'ont aucune ressemblance avec *nous* et *vous*, pronoms pluriels des mêmes personnes. Quant aux verbes, les terminaisons caractéristiques du pluriel sont différentes pour chaque personne. Il n'est pas besoin d'insister sur la clarté qui résulte pour le discours de ce double mode de concordance.

**NOMBRER.** v. a. [Pr. *non-brer*] (lat. *numerare*, m. s.). Supputer combien il y a d'unités dans une quantité ; ne se dit guère qu'en parlant de choses qui ne sont pas de nature à être comptées. *On ne saurait n. les étoiles du ciel non plus que les grains de sable de la mer. Qui pourrait n. les malheurs que causent les guerres civiles ?* ‖ T. Pratiq. *Cet argent lui a été compté et nombré en présence des notaires.* = NOMBRÉ, ÉE. part. *Nombre nombré*, se dit quelquefois pour nombre concret.

**NOMBREUX, EUSE.** adj. [Pr. *non-breu, euze*]. (R. *nombre*). Qui est en grand nombre. *Un peuple n. Une nombreuse armée. L'assemblée était fort nombreuse.*

Quel nombreux essaim d'innocentes beautés !

RACINE.

|| En parlant du style harmonieux, qui flatte l'oreille par un heureux choix et une habile disposition des mots. *Une période nombreuse. Un style n. Ses vers sont nombreux.*

**NOMBREUSEMENT.** adv. [Pr. *nonbreu-ze-man*]. En nombre, d'une manière nombreuse.

**NOMBRIL** s. m. [Pr. *non-bri*] (lat. *umbilicum*, m. s., avec la prothèse de l'*n* qui est soit euphonique, soit déterminée par la confusion avec le mot german., *nabel*, *nombril*). T. Anat. Partie du ventre de l'homme et des Mammifères où se trouve la cicatrice du cordon ombilical. Voy. OMBILIC. || Zool. Enfoncement au milieu de la base d'une coquille. || T. Blas. *N. de l'écu*, le milieu du dessous de la fasce. || T. Bot. Cavité à la partie des fruits opposée à la queue. — *N. de Vénus.* Nom vulgaire du *Cotyledon umbilicus*. Voy. CRASSULACÉES.

**NOME.** s. m. (gr. νόμος, loi, ordre). T. Antiq. Chez les Grecs, le nom de *Nome* désignait une sorte de poème qu'on chantait en l'honneur d'Apollon, de même que le Dithyrambe se chantait en l'honneur de Bacchus. Les nomes empruntaient leur dénomination : des peuples où ils étaient particulièrement en usage, *N. éolien, N. béotien;* de leur sujet, *N. pythique;* de leurs inventeurs, *N. hiéracien, N. polymnestan;* de la nature du rhythme, *N. orthien, N. trochaïque;* ou enfin de leur mode, *N. aigu, N. grave.* || *Nome* se disait encore de certaines divisions territoriales, surtout en Égypte. Ce pays, suivant Strabon, était divisé en 36 nomes. Pline porte ce nombre à 45; mais il parle sans doute d'une époque postérieure.

**NOMENCLATEUR.** s. m. [Pr. *no-man-klateur*] (lat. *nomenclator*, m. s., de *nomen*, nom, et *calare*, appeler). T. Antiq. rom. Voy. plus bas. || T. Didact. Celui qui s'applique à la nomenclature d'une science ou d'un art. || Sorte d'appareil de classement.

**Hist.** — Quand, à Rome, un citoyen se portait candidat pour une magistrature, il se faisait accompagner, chaque fois qu'il sortait, par un esclave appelé *Nomenclateur*. Le n. était spécialement chargé de lui dire le nom des citoyens qu'il rencontrait. Par ce moyen, le candidat pouvait saluer l'électeur ou lui parler en l'appelant par son nom, sorte de compliment indirect auquel ce dernier était généralement fort sensible. Cicéron, Caton, Pompée, étaient parvenus à pouvoir se passer de n.; ils connaissaient de vue et de nom tout citoyen ayant droit au suffrage.

**NOMENCLATURE.** s. f. [Pr. *no-man-klature*] (lat. *nomenclatura*, m. s.). L'ensemble des mots qui composent un dictionnaire. *La n. de ce dictionnaire n'est pas exacte.* || Collection de mots employés pour désigner les différents objets d'une science ou d'un art. *La n. de la botanique. La n. chimique a été changée.*

**Chim.** — Les règles de la n. usitée en chimie minérale ont été données au mot CHIMIE. Celles que l'on suit actuellement pour les composés organiques sont exposées dans les articles consacrés aux différentes classes de ces composés (*Alcool, Azoïque, Ether, Hydrocarbure*, etc.). Il nous reste à parler ici de la nouvelle nomenclature dont la création a été décidée en 1889 par le Congrès international de Chimie. Il s'agissait d'établir pour chaque composé organique un nom officiel permettant de le retrouver sous une rubrique unique dans les tables et les dictionnaires de chimie. La Commission internationale nommée à cet effet s'est réunie à Genève en 1892; elle a fixé la n. des composés à chaîne ouverte et a pris un certain nombre de décisions au sujet des corps à chaîne fermée. Le principe général de cette n. est celui des substitutions; on part des hydrocarbures et l'on y remplace les atomes d'hydrogène, soit par des radicaux comme l'éthyle ou le méthyle, soit par des groupes tels que l'oxhydryle OH, le carbonyle CO, etc.

Les hydrocarbures saturés prendront tous la terminaison *ane*. Les hydrocarbures saturés normaux, c.-à-d. ceux dont la chaîne est linéaire, seront désignés par des noms grecs indiquant le nombre de leurs atomes de carbone : pentane, hexane, heptane, etc. Exception est faite pour les quatre premiers, qui conserveront leurs noms actuels : méthane, éthane, propane et butane — Les hydrocarbures saturés à chaîne ramifiée sont regardés comme dérivant des hydrocarbures normaux par substitution de radicaux hydrocarbonés. On rapporte leur nom à la chaîne normale la plus longue qu'on puisse établir dans leur formule et l'on met en préfixe les noms des radicaux substitués. Lorsqu'il sera nécessaire d'indiquer la position de ces radicaux, on numérotera les atomes de carbone de la chaîne principale; le numérotage partira de l'extrémité la plus voisine d'une chaîne latérale. Ainsi le composé :

$$CH_{(1)} - CH_{(2)} - CH^2_{(3)} - CH^2_{(4)} - CH^2_{(5)} - CH^3_{(6)}$$
$$\quad\quad\quad\quad | \quad\quad\quad |$$
$$\quad\quad\quad CH^3 \quad\quad CH^2$$
$$\quad\quad\quad\quad\quad\quad\quad |$$
$$\quad\quad\quad\quad\quad\quad CH^3$$

s'appellera méthyl 3-éthyl 4-hexane. Ce numérotage sera conservé dans tous les dérivés de substitution des hydrocarbures.

Pour les hydrocarbures éthyléniques possédant une double liaison C = C, on remplacera la terminaison *ane* de l'hydrocarbure saturé correspondant par la terminaison *ène*; s'il y a deux doubles liaisons, on terminera le nom en *diène*; s'il y en a trois, en *triène*, etc. La place d'une double liaison sera indiquée par le numéro du premier atome de carbone sur lequel elle s'appuie. Par ex. le biallyle :

$$CH^2 = CH - CH^2 - CH^2 - CH = CH^2$$

devient l'hexadiène 1.5. — De même les hydrocarbures acétyléniques, possédant une ou plusieurs fois la triple liaison C ≡ C, se termineront en *ine*, *diine*, *triine*, etc. Ainsi l'acétylène s'appellera éthine. Enfin, s'il y a simultanément des doubles et des triples liaisons, on emploiera les désinences *énine*, *diénine*, *ène-diine*, etc.

Les hydrocarbures saturés à chaîne fermée prendront les noms des hydrocarbures saturés correspondants de la série grasse, précédés du préfixe *cyclo*. Par ex. au lieu de triméthylène et d'hexaméthylène on dira cyclopropane et cyclohexane.

Les alcools et les phénols recevront le nom de l'hydrocarbure dont ils dérivent, suivis du suffixe *ol*. Pour les composés qui possèdent plusieurs fonctions alcool ou phénol, on emploiera les terminaisons *diol*, *triol*, *tétrol*, etc. Ainsi l'alcool ordinaire, le glycol, la glycérine, la mannite s'appelleront respectivement éthanol, éthane-diol, propane-triol, hexane-hexol. L'alcool allylique $CH^2 = CH.CH^2OH$ devient le propénol. — La fonction de mercaptan (alcool sulfuré) sera exprimée par le suffixe *thiol*. — Les éthers-oxydes seront désignés provisoirement par les noms des hydrocarbures qui les composent, reliés par la particule *oxy*. L'éther ordinaire s'appellera par conséquent éthane-oxy-éthane.

Pour les aldéhydes on emploiera le suffixe *al*; pour les aldéhydes sulfurées, le suffixe *thial*. Ainsi l'aldéhyde méthylique ou formique se nommera méthanal; l'aldéhyde ordinaire, éthanal. — De même les cétones, dicétones, tricétones seront désignées par les suffixes *one*, *dione*, *trione*. Par ex. l'acétone ordinaire devient la propanone. — Le nom des hydrazones se formera en remplaçant la terminaison *al* ou *one* des aldéhydes ou des cétones par le suffixe *hydrazone*; le terme *osazone* sera remplacé par *dihydrazone*.

Le nom des acides monobasiques de la série grasse sera tiré de celui de l'hydrocarbure correspondant suivi du suffixe *oïque*; pour les acides polybasiques, on prendra les suffixes *dioïque*, *trioïque*, etc. Le carbone du carboxyle $CO^2H$ sera considéré comme faisant partie de l'hydrocarbure générateur. Ainsi les acides acétique et oxalique s'appelleront éthanoïque et éthane-dioïque. — On conservera les conventions actuelles pour les sels, les éthers-sels et les anhydrides d'acides. Ex. : éthanoate de sodium, éthanoate de méthyle, anhydride éthanoïque. — Les lactones seront désignées par le suffixe *olide*.

Pas de changements pour les amines. Lorsque le groupe $AzH^2$ sera considéré comme substituant, il sera exprimé par le préfixe *amino*, au lieu du préfixe *amido* actuellement en usage.

Les noms *amide*, *imide* seront conservés; ils seront seulement tirés du nom de l'hydrocarbure et non plus de celui de l'acide. On dira donc éthanamide au lieu d'acétamide, butanimide au lieu de succinimide. — Les nitriles contenant le groupe CAz dans la chaîne principale seront désignés par le nom de l'hydrocarbure, suivi du suffixe *nitrile*. Dans la série benzénique, on emploiera le préfixe *cyano*.

On se servira du suffixe *urée* pour les dérivés alcooliques de l'urée et du suffixe *uréide* pour les dérivés par substitution acide. Les corps dérivant de deux molécules d'urée seront appelés *diurées*, *diuréides*, acides *uréiques*.

Le nom de *cyanate* est réservé aux éthers véritables qui par saponification fournissent l'acide cyanique ou ses produits d'hydratation. Le nom de *sulfocyanate* sera remplacé par celui de *thiocyanate*. — Pour les éthers isocyaniques, on se servira du suffixe *carbonimide*.

Pour les composés *azoïques*, les *diazoïques* et les *hydrazines*. Voy. ces mots.

Les noms des radicaux monovalents, dérivant des hydrocarbures par soustraction d'un atome d'hydrogène, seront terminés en *yle*. Cette désinence remplacera la terminaison *ane* pour les hydrocarbures saturés; elle est ajoutée au nom complet de l'hydrocarbure lorsque celui-ci n'est pas saturé. Ex. : éthyle $CH^3 - CH^2 -$; éthényle $CH^2 = CH -$; éthinyle $CH \equiv C -$. Les radicaux à fonction alcoolique, c.-à-d. ceux qui dérivent des alcools par soustraction d'un atome d'hydrogène directement uni au carbone, seront désignés par le suffixe *ylol*; les radicaux dérivés des aldéhydes, par le suffixe *ylal*. Ex. : éthylol $- CH^2 - CH^2OH$; éthénylol $- CH = CHOH$; éthylal $- CH^2 - CHO$. De même, pour les radicaux dérivés des acides, on changera la terminaison *yle* en *yloïque* lorsque ces radicaux ont conservé la fonction acide $CO^2H$; mais pour ceux qui dérivent de l'acide par élimination de l'hydroxyle contenu dans le groupe $CO^2H$ on ajoutera la terminaison *oyle* au nom de l'hydrocarbure correspondant. Ex. : acide éthyloïque $- CH^2 - CO^2H$; éthanoyle $CH^3 - CO -$. Lorsque deux radicaux sont unis au même atome, le plus compliqué est énoncé le premier.

Pour la n. des composés de la série aromatique on rapportera tout au noyau de benzène, de naphtalène, d'anthracène, etc. En général, dans les corps renfermant une chaîne fermée, toutes les chaînes latérales sont considérées comme des groupes substituants. Les atomes de carbone du noyau benzénique sont numérotés de 1 à 6. Dans les dérivés polysubstitués du benzène, on attribuera la place 1 au groupe substituant dans lequel l'atome directement uni au carbone benzénique a le poids atomique le moins élevé; puis on énoncera successivement les indices des autres groupes en suivant l'ordre des poids atomiques croissants des atomes directement liés au noyau. Dans le cas où il existe plusieurs chaînes latérales, on placera en première ligne celles qui ne renferment qu'un atome de carbone; pour classer ces chaînes entre elles, on considérera si elles dérivent du groupe $CH^3$ par remplacement de 1, 2 ou 3 atomes d'hydrogène, et, dans chacune de ces catégories, la modification qui entraîne le moindre accroissement de poids moléculaire passera la première; les chaînes à plusieurs atomes de carbone seront classées entre elles d'une manière analogue.

Pour les composés à chaîne fermée renfermant d'autres éléments que le carbone, on n'a encore rien décidé. La n. des composés à fonction complexe n'est pas non plus fixée, même pour les corps de la série grasse. Enfin on ne s'est nullement occupé des corps à constitution inconnue ou incomplètement connue. Le Congrès a institué une Commission permanente chargée de poursuivre l'étude de ces questions.

Pour plus de détails, Voy. Wurtz, *Dictionnaire de Chimie*, 2e supplément, aux mots Chimique et Chaînes fermées.

**NOMENY**, ch.-l. de c. (Meurthe-et-Moselle), arr. de Nancy; 1,300 hab.

**NOMINAL, ALE**. adj. (lat. *nominalis*, m. s., de *nomen*, nom). Qui dénomme, qui est dénommé. *Prières nominales*, se disait du droit honorifique qu'avaient les patrons et hauts justiciers d'être nommés aux prières du prône. — *Appel n.*, Voy. Appel. — *Erreur nominale*, erreur de nom. — *Définition nominale*, définition de nom. || Qui n'existe que de nom; se dit par opposition à réel, effectif. *Ce prince n'avait qu'une autorité nominale. Valeur nominale*. Voy. Valeur.

**NOMINALEMENT**. adv. [Pr.... *le-man*]. De nom seulement; se dit par opposition à réellement, effectivement.

**NOMINALISME**. s. m. (R. *nominal*). T. Philos. Doctrine qui niait la réalité objective des idées générales, ne reconnaissait comme réels que les individus et considérait les termes qui désignent les genres et les choses générales comme de simples mots sans signification réelle. Voy. Universaux.

**NOMINALISTE**. adj. 2 g. Qui a rapport au nominalisme. || Se dit subst. au masc., de celui qui est partisan du nominalisme.

**NOMINATAIRE**. s. m. (lat. *nominatus*, part. pass. de *nominare*, nommer). T. Droit Canon. Celui qui était nommé par le roi à un bénéfice.



**NOMINATEUR**. s. m. (lat. *nominator*, m. s., de *nominare*, nommer). Celui qui nomme, qui a droit de nommer. *Le roi était le n. des bénéfices consistoriaux.*

**NOMINATIF**. s. m. (lat. *nominativus*, m. s., de *nominare*, nommer). T. Gramm. Cas du subst. sujet. Voy. Cas. — Par analogie dans les langues qui n'ont pas de cas, le sujet de la proposition est quelquefois appelé nominatif. *Dans cette phrase*, Le père aime le fils, *c'est* le père *qui est le nominatif*. = Nominatif, ive. adj. Qui dénomme, qui contient des noms. *La liste nominative des électeurs. L'état n. des employés d'un ministère.*

**NOMINATION**. s. f. [Pr. ... *sion*] (lat. *nominatio*, m. s., de *nominare*, nommer). Action de nommer à quelque emploi, à quelque dignité, etc. *On a fait la n. aux places vacantes dans ce tribunal. On s'occupe des nouvelles nominations.* || Droit de nommer à un emploi, etc. *Cette place est à la n. de l'empereur. Les préfets ont la n. à ces emplois. La n. à cette place appartient au ministre.* || Se dit, dans le sens du passif, en parlant de celui qui a été nommé à un emploi, etc. *Je ne l'ai pas vu depuis sa n. au ministère*, depuis qu'il a été nommé ministre.

**NOMINATIVEMENT**. adv. [Pr.... *ve-man*]. Par son nom. *Interpellé n. de répondre, il déclara que....*

**NOMINAUX**. s. m. pl. Syn. de *Nominalistes*.

**NOMINOÉ**, roi de Bretagne de 826 à 851.

**NOMMÉMENT**. adv. [Pr. *nomé-man*]. Avec désignation par le nom; se dit quand, après avoir parlé de plusieurs personnes ou de plusieurs choses en général, on vient à en désigner quelques-unes par leur nom. *On accuse plusieurs personnes, et n. tels et tels.*

**NOMMER**. v. a. [Pr. *no-mer*] (lat. *nominare*, m. s., de *nomen*, nom). Donner, imposer un nom. *Comment allez-vous n. votre fils? Son parrain veut le n. Jacques. Il fut le premier qui rapporta cette plante, et il la nomma de son nom. Cette île a été nommée l'Ascension du jour où elle a été découverte.* || Se dit de certaines épithètes, de certaines qualifications qu'on joint parfois aux noms propres. *Louis XII a été nommé le Père du peuple. Gênes a été nommée la Superbe, à cause de la beauté de ses édifices.* — *N. quelqu'un son bienfaiteur, son protecteur, etc.*, l'appeler son bienfaiteur, etc. || Dire le nom d'une personne, d'une chose; dire comment une personne, une chose s'appelle. *Je vous nommerai mes témoins. Il y a des choses qu'on ne saurait n. par leur nom. Comment nomme-t-on cette plante? Comment nommez-vous cet homme? — N. ses complices*, Les déclarer, les faire connaître. || Instituer quelqu'un pour remplir un emploi, un office; l'investir d'une fonction, d'une dignité, d'un titre, etc. *Le roi l'a nommé ministre de l'intérieur. Il a été nommé préfet, sous-préfet, maire. Les magistrats de cette république étaient nommés tous les ans par le peuple. Le tribunal va d'abord n. des experts. Il le nomma son successeur à l'empire, etc. Il a nommé un tel son héritier.* On dit aussi *N. à*, en désignant l'emploi, la charge, la dignité que l'on confère. *L'empereur l'a nommé à l'ambassade de Rome. Il vient d'être nommé à telle préfecture.* — *N. d'office*. Voy. Office. = Se nommer. v. pron. Déclarer son nom. *Vous êtes obligé de vous n.* || *Comment se nomme-t-il?* Comment est-il nommé? quel est son nom? *Comment vous nommez-vous? Je me nomme Paul. Comment se nomme ce village, cette rue, cette plante?* = Nommé, ée, part. *Un nommé Dubois. Le nommé Bruneau. Les nommés tels et tels. A qui est cette maison? c'est à une nommée Durand.* Cette façon de parler elliptique emporte l'idée d'infériorité dans la personne qu'on désigne ainsi.

Le reste ne vaut pas l'honneur d'être nommé.

Corneille.

|| Fam., *Etre bien nommé, mal nommé*, se dit de quelqu'un dont le nom propre est un nom significatif qui lui convient ou qui ne lui convient pas. || *Evêque nommé*, Évêque nommé par le chef du pouvoir exécutif, mais qui n'a pas encore reçu ses bulles du pape. = A jour nommé. loc. adv. Au jour dont on était convenu. *Il se trouva au rendez-vous à jour nommé.* = A point nommé. loc. adv. Précisément, fort à propos. *Il arriva à point nommé, comme le combat*

*allait commencer.* Vous venez à point nommé pour juger notre différend. == Syn. Voy. APPELER.

**NOMOCANON.** s. m. (gr. νόμος, loi; κανών, règle). T. Dr. Canon. On désigne sous ce nom un recueil de constitutions ecclésiastiques comparées aux lois civiles. L'Église grecque possède plusieurs recueils de ce genre, tels que ceux de Fulgence Ferrand, de Martin de Braxa, et du patriarche Photius. En Russie, le plus ancien *nomocanon* est attribué à saint Vladimir (996) : il forme la base du droit canon dans cet empire.

**NOMOGRAPHIE.** s. f. [Pr. *no-mo-gra-fi*] (gr. νόμος, loi; γράφω, je dessine). Traité sur les lois; science des lois et de leur interprétation. || T. Math. Théorie de la représentation graphique cotée des lois mathématiques à un nombre quelconque de variables, en vue de la construction des abaques destinés à faciliter les calculs pratiques.

**Math.** — Dans toutes les applications de la science comme dans toutes les transactions humaines où intervient le calcul numérique il y a grand intérêt à remplacer les opérations plus ou moins longues, pénibles et sujettes à erreur que comporte celui-ci par une simple lecture faite sur un tableau graphique, ou abaque approprié.

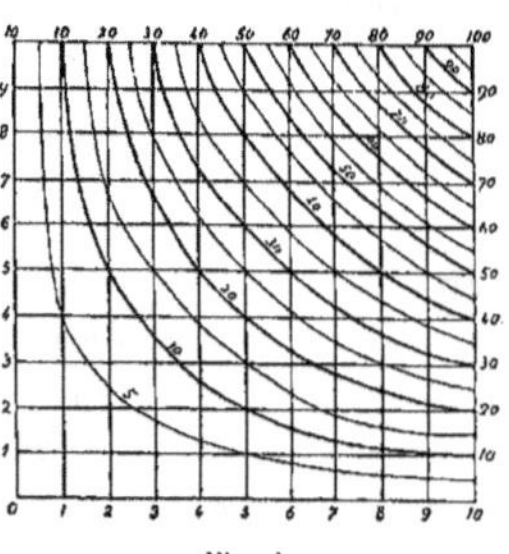

Fig. 1.

Le premier essai en ce genre semble dû à Pouchet qui, dans son *Arithmétique linéaire* (1795), a eu l'idée de représenter certaines équations à trois variables, comme celle qui traduit la multiplication, savoir $\alpha_1\alpha_2=\alpha_3$, par un système de courbes cotées au moyen des valeurs d'une des variables $\alpha_3$, dessinées sur un quadrillage régulier dont les lignes verticales et horizontales sont graduées respectivement au moyen des valeurs des deux autres variables $\alpha_1$ et $\alpha_2$ (Fig. 1).

Pour avoir la valeur de $\alpha_3$ correspondant à des valeurs données de $\alpha_1$ et $\alpha_2$, il suffit de lire la cote de la courbe passant par le point de rencontre de la verticale et de l'horizontale correspondantes.

Divers auteurs, et notamment d'Obenheim (1814), Piobert (1825), Bellencontre (1830), Allix (1840), ont, en vue d'applications particulières, appliqué l'idée de principe de Pouchet, dont Terquem (1830) a fait remarquer toute la généralité en assimilant ce mode de représentation à celui des surfaces topographiques par la projection de leurs courbes de niveau.

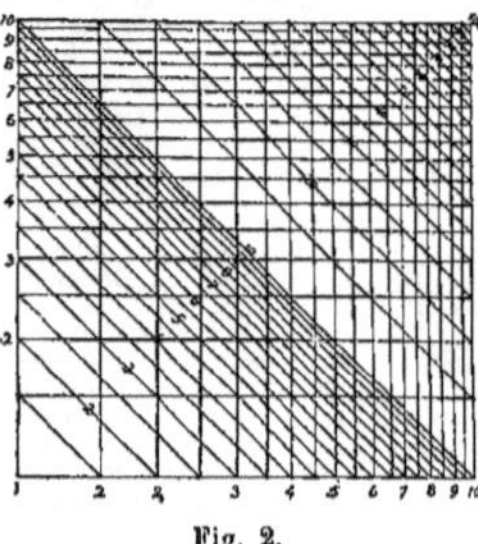

Fig. 2.

En 1843, Lalanne, ingénieur des Ponts et Chaussées, imaginait un mode de transformation des abaques qui, sous le nom d'*anamorphose géométrique*, permettait dans une foule de cas de la pratique, de substituer à des tableaux sur lesquels on aurait eu des courbes à tracer, d'autres tableaux sur lesquels il n'y avait que des droites. C'est ainsi qu'en écrivant l'équation de la multiplication, donnée plus haut sous la forme $\log\alpha_1+\log\alpha_2=\log\alpha_3$, il obtenait l'abaque représenté par la Fig. 2, dont le mode d'emploi ne diffère d'ailleurs pas de celui du précédent :

L'anamorphose de Lalanne est applicable à toute équation susceptible de revêtir la forme

$$f_1(\alpha_1)f_3(\alpha_3)+\varphi_2(\alpha_2)\varphi_3(\alpha_3)+\psi_3(\alpha_3)=0;$$

qui se traduit en abaque au moyen des droites cotées définies par :

$$x=f_1(\alpha_1)$$
$$y=\varphi_2(\alpha_2),$$
$$x f_3(\alpha_3)+y\varphi_3(\alpha_3)+\psi_3(\alpha_3)=0.$$

D'après cette méthode, Lalanne a construit, pour le calcul des profils de remblai et déblai, des abaques qui ont rendu de grands services au moment de la construction de notre premier réseau de chemin de fer.

Un ingénieur belge, M. Massau, a, dans un *Mémoire sur l'intégration graphique* (Liv. III; 1884) donné au principe de l'anamorphose sa pleine généralité. Les équations correspondantes sont celles de la forme

$$\begin{vmatrix} f_1(\alpha_1) & \varphi_1(\alpha_1) & \psi_1(\alpha_1) \\ f_2(\alpha_2) & \varphi_2(\alpha_2) & \psi_2(\alpha_2) \\ f_3(\alpha_3) & \varphi_3(\alpha_3) & \psi_3(\alpha_3) \end{vmatrix}=0.$$

On les représente au moyen des trois systèmes de droites

$$x f_1+y\varphi_1+\psi_1=0,$$
$$x f_2+y\varphi_2+\psi_2=0,$$
$$x f_3+y\varphi_3+\psi_3=0,$$

ce qui fournit un abaque du type représenté par la Fig. 3.

En vue d'une plus grande facilité de la lecture, M. Lallemand, ingénieur des mines, a eu l'idée de remplacer pour les abaques représentables par trois systèmes de droites parallèles, comme

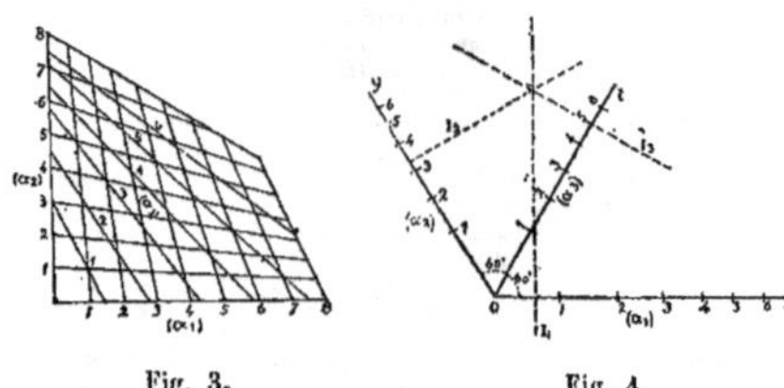

Fig. 3. Fig. 4.

celui de la Fig. 2, l'ensemble de ces trois systèmes par un transparent portant trois index parallèles respectivement aux directions de ces trois systèmes, et dont on maintient l'orientation constante (Fig. 4). Les équations correspondantes sont celles de la forme

$$f_1(\alpha_1)+f_2(\alpha_2)=f_3(\alpha_3).$$

M. Lallemand a, en outre, remarqué que les valeurs des trois fonctions étaient représentées à la même échelle sur les trois axes portant les graduations correspondantes lorsqu'on prend les axes coordonnés non pas rectangulaires, mais inclinés à 120°. Dans ce cas, les index du transparent sont, comme les axes gradués, dirigés suivant les diagonales d'un hexagone régulier, d'où le nom d'*abaques hexagonaux* sous lequel M. Lallemand a fait connaître ses graphiques (1886).

Afin de réduire au minimum la construction des abaques et de rendre leur lecture aussi précise que possible, M. d'Ocagne, ingénieur des Ponts et Chaussées, a eu recours à une modification beaucoup plus profonde qui a consisté à faire subir à tous les abaques à lignes droites une transformation dualistique substituant à l'entrecroisement de trois droites cotées l'alignement de trois points cotés. Pour donner à cette idée de principe la forme la plus pratique, M. d'Ocagne a eu recours à l'emploi d'un système spécial de coordonnées tangentielles, les *coordonnées parallèles*, dont il était lui-même l'auteur. La Fig. 5, sur laquelle on a marqué en pointillé la droite variable (fil tendu ou index marqué sur un transparent) servant à faire la lecture, donne la disposition d'un abaque de ce genre applicable à toutes les équations susceptibles de revêtir la forme de déterminant donnée ci-dessus à propos de l'anamorphose la plus générale.

Fig. 5.

La grande majorité des équations qui se rencontrent dans

la pratique rentrent dans ce type-là. Aussi les applications de la méthode de M. d'Ocagne, depuis qu'il en a fait connaître le principe (1884), ont-elles pris une vaste extension.

Toutes les équations susceptibles d'être représentées par des abaques hexagonaux rentrent dans le cas très particulier de la dernière méthode, pour lequel les trois systèmes de points cotés sont distribués sur trois droites parallèles.

D'ailleurs l'une et l'autre méthode présentent l'avantage suivant : les seuls éléments cotés qui y interviennent étant

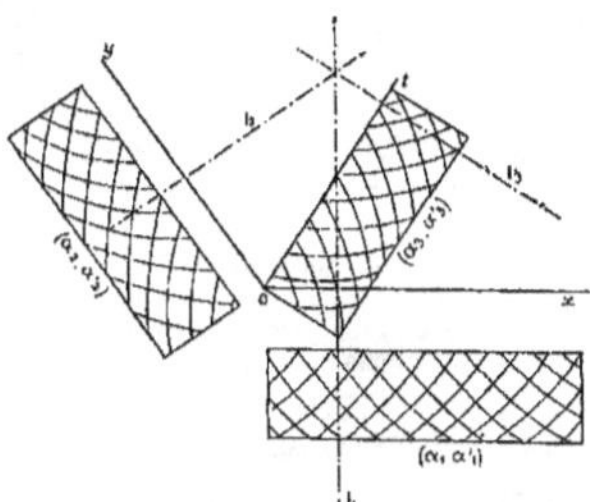

Fig. 6.

des points, on peut, en prenant pour ceux-ci les sommets de réseaux que l'on substitue aux simples échelles graduées, doubler le nombre des variables. Les Figures 6 et 7 montrent un type d'abaque hexagonal et un type d'abaque à points alignés pour six variables.

C'est M. d'Ocagne qui, le premier, est parvenu à synthétiser en un seul corps de doctrine, logiquement construit, les

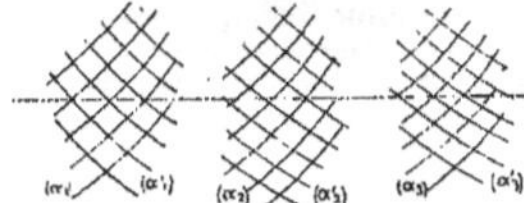

Fig. 7.

méthodes, assez diverses en apparence, que plusieurs auteurs et lui-même avaient proposées jusque-là en vue de la représentation graphique des équations, et c'est à cette occasion qu'il a, pour la première fois, employé le mot de *Nomographie* inscrit en tête de la brochure dans laquelle il a exposé les principes de sa théorie (1891), et que l'Académie des Sciences a couronnée d'un prix Leconte (1892).

Depuis lors, M. d'Ocagne n'a cessé de perfectionner cette théorie, multipliant les méthodes particulières pour représentation des équations à un nombre quelconque de variables, montrant tout le parti que l'on peut tirer, en vue de la meilleure disposition pratique à donner à un abaque du principe de l'homographie qui n'avait jusqu'alors semblé présenter qu'un intérêt purement spéculatif, poursuivant l'étude des critériums analytiques permettant de reconnaître si une équation donnée est susceptible de tel ou tel mode de représentation, parvenant enfin à résoudre le problème qui consiste à déterminer *tous les modes possibles de représentation des équations à un nombre quelconque de variables.* (*Bull. de la Soc. Math. de France*, 1898). Cette longue suite d'études a enfin permis à leur auteur de rédiger sur la matière un traité où la théorie est portée à son plus haut degré de généralité pour conduire d'une façon systématique à toutes les méthodes, déjà connues ou non, susceptibles d'être utilisées dans la pratique.

**NOMOLOGIE.** s. f. (gr. νόμος, loi; λόγος, traité). Terme didactique. L'étude des lois qui président aux phénomènes naturels.

**NOMOTHÈTE.** s. m. (gr. νόμος, loi; τίθημι, j'établis). T. Hist. *Nomothète*, signifie simplement loi, législateur; en conséquence, les Grecs appliquaient cette dénomination à Solon, à Lycurgue, à Charondas; en un mot, à tous ceux qui avaient donné des lois à un peuple. Néanmoins, à Athènes, ce terme s'employait encore dans un sens particulier. Solon, en admettant en principe qu'on pourrait reviser les lois qu'il avait faites, accorda à tout citoyen le droit de signaler leurs défauts et de proposer des améliorations. Seulement, pour que l'on ne procédât pas à la légère, il entoura cette revision de précautions particulières. Lorsque l'assemblée populaire jugeait à propos de prendre en considération une proposition de réforme quelconque, la proposition était renvoyée à un comité spécial composé de citoyens d'un âge mûr pris dans le corps des héliastes, et désignés par la voix du sort : les membres de ce comité étaient appelés *Nomothètes*. Si la proposition de réforme était approuvée, les nomothètes la rédigeaient en forme de loi, et la soumettaient à l'assemblée du peuple, qui la sanctionnait.

**NON.** (lat. *non*, m. s.). Particule négative, qui est directement opposée à la particule affirmative Oui. *Cette affaire est aisée à conclure, il n'y a qu'à dire oui ou non. Il ne dit jamais non. Il ne dit ni oui ni non. Je gage que non. Avez-vous lu les journaux? Non. Répondez par oui ou par non.* — Subst., *Il m'a répondu un non bien sec. Voilà un non bien articulé. Ils se sont brouillés pour un oui ou pour un non.* ‖ *Non* s'emploie souvent comme simple négation, sans opposition directe à Oui. *Il en est fâché, non sans cause. Non toutefois que je prétende.... Non qu'il ne me soit pénible de....* ‖ *Non* se joint fréquemment avec la particule *Pas*. *Prendrai-je cela? Non pas, s'il vous plaît. Je lui payerai ce que je lui dois, mais non pas tout à la fois. Il vous a rendu service, non pas tant pour vous être agréable que par vanité.* ‖ *Non* s'emploie aussi au commencement d'une phrase négative, pour donner plus d'énergie à l'expression de la pensée. *Non, je n'en ferai rien. Non, jamais la bassesse n'étala plus effrontément sa honte.* — Quelquefois *Non* se redouble dans le même but. *Non, non, je n'y consentirai jamais.* — *Non* se joint encore à certains adverbes, comme *Certes*, *Certainement*, *Vraiment*, *etc.*, qui donnent plus de force à la négation. *Non certes, je n'écrirai pas cela. Non vraiment, je ne le ferai pas.* ‖ *Non* se joint encore parfois à des substantifs, à des adjectifs, à des verbes et à des adverbes, auprès desquels il remplit alors sa fonction ordinaire de négation. *Ce capitaine a été mis en non-activité. Il a été déclaré non recevable dans sa demande. On lui a opposé une fin de non-recevoir. La rivière coule non loin du château.* = Non plus, loc. adv. Pas plus, pas davantage.

Si l'amour de sa femme
Ne peut non plus sur lui que le mien sur ton âme

Corneille.

*Il n'en fut non plus ému que s'il eût été innocent. Je n'en sais rien, non plus que vous. Vous ne le voulez pas, ni moi non plus.* = Non seulement. loc. adv. suivie ordinairement de la conj. Mais. *Non seulement il n'est pas savant, mais encore il est très ignorant. Un chrétien doit aimer non seulement ses amis, mais même ses ennemis.*

**NON-ACTIVITÉ.** s. f. Position d'un officier, d'un employé qui momentanément n'exerce aucune fonction. Voy. Militaire.

**NONADÉCANE.** s. m. (lat. *nonces*, neuvième; *decem*, dix, et la term. *ane* des carbures saturés). T. Chim. Nom donné aux hydro-carbures saturés de la formule $C^{19}H^{40}$. Le *n. normal* fond à 32° et bout à 330°. On le rencontre dans les paraffines provenant des schistes bitumineux.

**NONAGÉNAIRE.** adj. et s. 2 g. [Pr. *nona-jé-nère*] (lat. *nonagenarius*, m. s.). Qui a quatre-vingt-dix ans. *Une femme n. C'est un n.*

**NONAGÉSIMAL.** adj. m. [Pr. *no-na-jé-zi-mal*]. Synonyme de nonagésime.

**NONAGÉSIME.** adj. m. [Pr. *nonajé-zime*] (lat. *nonagesimus*, quatre-vingt-dixième). T. Astr. Ne se dit que dans cette locution, *Le n. degré*, ou simpl., *Le n.*, Le point de l'écliptique qui est éloigné de 90 degrés des points où ce cercle coupe l'horizon.

**NONANCOURT,** ch.-l. de c. (Eure), arr. d'Évreux; 2,100 hab.

**NONANE.** s. m. (lat. *nonus*, neuvième, et la term. *ane* des carbures saturés). T. Chim. Nom donné aux hydrocarbures saturés de la formule $C^9H^{20}$. Le *n. normal* $CH^3(CH^2)^7CH^3$ a été préparé en réduisant l'acide pélargonique par l'acide iodhydrique et le phosphore; il est liquide et bout à 150°. Traité par le chlore il donne naissance au *chlorure de nonyle* $C^9H^{19}Cl$, liquide mobile, bouillant à 196°. A l'aide de ce chlorure on peut préparer les autres dérivés du n., entre autres l'*alcool nonylique* $C^9H^{19}OH$, liquide huileux, bouillant vers 200°, et la *nonylamine* $C^9H^{19}AzH^2$ qui bout à 190°. L'acide pélargonique et l'acide azélaïque sont les acides mono et bibasique qui correspondent au n. normal.

En traitant l'iodure d'isopropyle par le sodium, on obtient un n. qui bout à 130°. D'autres isomères, dont les points d'ébullition sont compris entre 130° et 140°, se rencontrent dans les pétroles et dans les produits de décomposition de la paraffine sous l'action de la chaleur.

Les hydrocarbures éthyléniques correspondant aux nonanes sont appelés *nonylènes* et répondent à la formule $C^9H^{18}$. Ils fixent deux atomes de chlore ou de brome en donnant les *chlorures* et les *bromures de nonylène*.

**NONANE.** adj. 2 g. (lat. *nonanus*, m. s., de *nonus*, neuvième). T. Méd. Fièvre nonane, fièvre intermittente qui revient tous les neuf jours.

**NONANTE.** adj. f. (lat. *nonaginta*, m. s.). Nom de nombre cardinal composé de neuf dizaines. L'usage a prévalu de dire quatre-vingt-dix, ce qui est regrettable.

**NONANTER,** v. n. (R. *nonante*). T. Jeux. Passer de 29 à 90 points quand l'adversaire n'a rien compté, au jeu de piquet.

**NONANTIÈME.** adj. 2 g. Nombre ordinal qui répond au nombre cardinal Nonante. *La n. année de son âge.* On dit mieux quatre-vingt-dixième.

**NONATÉLIA.** s. m. T. Bot. Genre de plantes Dicotylédones de la famille des *Rubiacées*. Voy. ce mot.

**NON BIS IN IDEM,** axiome de droit (pas deux fois pour le même) en vertu duquel un accusé jugé ne peut pas être accusé une seconde fois pour le même fait.

**NONCE.** s. m. (ital. *nunzio*, du lat. *nuntius*, messager). Agent diplomatique du Pape. — Député des anciennes diètes de Hongrie et de Pologne. Voy. Diplomatie et Diète.

**NONCHAIN,** s. m. [Pr. *non-chin*). Espèce de poire d'automne.

**NONCHALAMMENT.** adv. [Pr. *non-chala-man*]. Avec nonchalance. *Il agit n.* || Mollement, avec abandon. *Il était n. couché sur une ottomane. Elle s'appuyait n. sur mon bras.*

**NONCHALANCE.** s. f. (R. *nonchalant*). Manque d'activité qui fait négliger les choses dont on devrait prendre soin. *Grande, excessive n. Il laisse ses affaires en désordre par n. Il fait tout avec n.* || Mollesse, abandon. *Elle marche avec n., avec une n. qui n'est pas sans grâce.*

**NONCHALANT, ANTE.** adj. (R. *non* et *chalant*, part. de *chaloir*). Qui, par manque d'activité ou de zèle, par insouciance, ne donne pas aux choses qui le concernent ou dont il est chargé les soins qu'il devrait. *Vous êtes bien n.* — On dit de même : *Une humeur nonchalante. Sa démarche est nonchalante.* || Substant., *C'est un n., une nonchalante.* = Syn. Voy. Fainéant.

**NONCHALOIR.** s. m. [Pr. *non-cha-louar*]. S'est dit pour nonchalance.

**NONCIATURE.** s. f. (ital. *nunziatura*, m. s.). L'emploi, la charge de nonce. *Le pape a désigné tel prélat pour la n. de France.* || Le temps pendant lequel on exerce cet emploi. *Cet événement eut lieu pendant sa nonciature.*

**NON-COACTION.** s. f. [Pr. *non-ko-a-ksion*]. T. Didact. État de la volonté qui n'est pas contrainte. = Ce mot n'a pas de pluriel.

**NON-COMBATTANT.** s. m. [Pr. *non-kon-ba-tan*]. T. Admin. milit. Se dit d'une personne suivant l'armée à titre d'administrateur, d'aumônier, etc. = Pl. *Des non-combattants.*

**NON-CONCILIATION.** s. f. [Pr. *non-kon-si-li-a-sion*]. T. Jurisp. Défaut de conciliation. Procès-verbal de non-conciliation. = Ce mot n'a pas de pluriel.

**NON-CONFORMISTE.** s. et adj. 2 g. En Angleterre, se dit de tous ceux qui se sont séparés de l'Église anglicane, et des doctrines particulières qu'ils professent. = Pl. *Des non-conformistes.*

**NON-CONFORMITÉ.** s. f. [Pr. *non-kon-for-mité*]. Défaut de conformité. = Inus. au pluriel.

**NON-CONTAGIEUX.** adj. [Pr. *non-kon-ta-jieu*]. T. Méd. Celui qui est affecté d'une maladie ne se communiquant pas par contagion.

**NON-DISPONIBILITÉ.** s. f. T. Adm. État de ce qui n'est pas disponible. || Situation d'un soldat indisponible. = Inus. au pluriel.

**NONE.** s. f. (lat. *nonus*, neuvième). T. Liturg. Prière de la neuvième heure. Voy. Bréviaire. = Nones. s. f. pl. T. Chron. Le neuvième jour avant les Ides dans l'ancien calendrier romain. Voy. Calendes.

**NON-ÊTRE.** s. m. [Pr. *nonè-tre*]. Se dit par opposition à Être. = Ce mot n'a pas de pluriel.

**NON-EXISTENCE.** s. f. [Pr. *noné-gzi-stan-se*]. T. Philos. Manque d'existence, néant. = Ce mot n'a pas de pluriel.

**NONIDI.** s. m. (lat. *nonus*, neuvième; *dies*, jour). Le neuvième jour de la décade, dans le calendrier républicain. Voy. Calendrier.

**NONILLION.** s. m. [Pr. *no-ni-li-on*]. T. Arith. L'unité de la onzième classe. Décillion multiplié par mille, ou $1000^{11}$. Voy. Numération.

**NON-INTERVENTION.** s. f. [Pr. *nonin-tervan-sion*]. T. Droit polit. Abstention dans les conflits qui s'élèvent dans un pays entre le souverain et le peuple. *Le principe de la non-intervention changera la face de l'Europe.* = Inus. au plur.

**NONIUS.** s. m. [Pr. *noni-uss*] (R. Nom de l'inventeur). T. Math. Échelle qui donne des divisions très petites au moyen des droites obliques et parallèles. Voy. Vernier.

**NONIUS MARCELLUS,** grammairien latin (IV-V° s. ap. J.-C.).

**NON-JOUISSANCE.** s. f. [Pr. *non-joui-san-se*]. T. Jurispr. Privation de jouissance. *Il lui est dû une indemnité pour la non-j. de sa location.* = Inus. au pluriel.

**NON-LIEU.** s. m. T. Jurispr. Ne se dit que dans cette loc., *Déclaration* ou *Ordonnance de non-lieu*, Déclaration par laquelle la chambre du conseil d'un tribunal prononce qu'il n'y a pas de motif pour poursuivre. — On dit aussi en abrégé un *non-lieu*, pour une ordonnance de *non-lieu*. = Inus. au plur.

**NON-MOI.** s. m. Philos. Tout ce qui n'est pas l'être pensant. Le *moi* et le *non-moi*. Voy. Ame. = Ce mot n'a pas de pluriel.

**NONNAIN** ou **NONNE.** s. f. [Pr. *no-nin*, *no-ne*]. (R. lat. *nonna*, mère). Religieuse; ne se dit que par plaisanterie. *Un couvent de nonnes, de nonnains.* || *Pet de nonne.* Beignet soufflé.

**NONNAT.** s. m. [Pr. *no-na*] (lat. *non*, non; *natus*, né). T. Ichth. Espèce de *Poisson osseux*. Voy. Mugiloïdes. || T. de pêche. Très petits poissons ou menuise.

**NONNE.** s. f. Voy. Nonnain.

**NONNERIE.** s. f. [Pr. *no-ne-rie*]. Se dit par plaisanterie, d'un couvent de nonnes.

**NONNETTE.** s. f. [Pr. *no-nè-te*]. Jeune nonnain. || Sorte de petits pains d'épice de forme ronde et d'un goût délicat que des religieuses ont fabriqués les premières. *Des nonnettes de Reims.* || Espèce de *Mésange*. Voy. ce mot.

**NON-NOBLE.** s. m. [Pr. *non-no-ble*]. Celui qui n'est pas noble. = Pl. *Des non-nobles.*

**NONNOS.** Poète grec, égyptien de naissance, auteur des *Dionysiaques*, IV^e^ siècle.

**NONNOTTE** (l'abbé). Jésuite fr., célèbre par sa polémique avec Voltaire (1711-1793).

**NONOBSTANCE.** s. f. [Pr. *no-nob-stan-se*] (lat. *non*, non; *obstare*, faire obstacle). T. Droit canonique. La troisième partie des provisions de la cour de Rome, où nonobstant toutes sortes d'obstacles, on est mis en droit de jouir au bénéfice obtenu.

**NONOBSTANT.** prép. [Pr. *no-nob-stant*] (lat. *non*, non; *obstans*, faisant obstacle). Malgré, sans avoir égard à. *Il a été obligé de payer n. l'appel. Il s'est opiniâtré, n. les remontrances qu'on lui a faites. N.* ce ou Ce *n.* — T. Palais. *N. opposition ou appellation quelconque.* = Syn. Voy. MALGRÉ.

**NON-OUVRÉ, ÉE.** adj. [Pr. *no-nou-vré*]. T. Comm. Se dit des matières premières de l'industrie. *Fer non-ouvré. Peaux nonouvrées.* = Pl. *non-ouvrés, ées.*

**NON-PAIEMENT.** Voy. NON-PAYEMENT.

**NON-PAIR, NON-PAIRE.** adj. Syn. d'*Impair*. Inus.

**NONPAREIL, EILLE.** adj. [Pr. *ll* mouil.] Qui excelle par-dessus tous les autres, qui est sans pareil. *Un mérite n. Une grâce, une vertu nonpareille.* Peu us. = NONPAREILLE s. f. Se dit, dans plusieurs Arts, pour désigner ce qu'il y a de plus petit dans son genre. || T. Mercier. Sorte de ruban fort étroit. || T. Confis. Sorte de dragée fort menue. *La n. de Verdun.* T. Typogr. Voy. CARACTÈRE.

**NON-PAYEMENT.** s. m. [Pr. *non-pè-man*]. Défaut de payement. *En cas de non-payement.* = Inus. au pluriel.

**NON-PENSANT.** s. m. [Pr. *non-pan-san*]. Celui qui ne pense pas, qui ne réfléchit pas. = Pl. *Des non-pensants.*

**NON-PERMANENCE.** s. f. [Pr. *non-pèr-ma-nan-se*]. Qualité de ce qui n'est pas permanent. = Inus. au pluriel.

**NON-PLUS-ULTRA.** Voy. NEC-PLUS-ULTRA.

**NON-PRIX.** s. m. [Pr. *non-pri*]. T. Comm. Voy. PRIX.

**NON-RÉSIDENCE.** s. f. [Pr. *nonré-zi-dan-se*]. Absence du lieu où l'on devrait résider. = Inus. au pluriel.

**NON-RÉUSSITE.** s. f. [Pr. *non-ré-u-si-te*]. Manque de réussite. Etat de ce qui n'a pas réussi. = Pl. *Des non-réussites.*

**NON-SENS.** s. m. [Pr. *non-sanse*]. Défaut de sens, de signification. *Cette phrase est un non-sens. Ce discours est plein de non-sens.*

**NON SEULEMENT**, s'écrit aujourd'hui sans trait d'union. Voy. NON.

**NON-SUCCÈS.** s. m. [Pr. *non-su-ksè*]. Manque de succès.

**NONTRON**, ch.-l. d'arr. du dép. de la Dordogne, à 38 kil N.-O. de Périgueux; 3,000 hab. = Nom des hab. : NONTRONNAIS, AISE.

**NONTRONITE.** s. f. (R. *Nontron*, n. de ville). T. Minér. Silicate hydraté de fer, avec alumine et oxyde de cuivre; en rognons jaunes, onctueux au toucher.

**NON-TROPPO.** [Pr. *nonn-trop-po*]. T. Mus. Mots qui joints à celui qui indique le mouvement, signifient que l'on doit en diminuer la lenteur ou la vitesse.

**NON-TOLÉRANT.** s. m. [Pr. *non-to-lé-ran*]. Qui n'est pas tolérant. Voy. TOLÉRANT = Pl. *Des non-tolérants.*

**NONUPLE.** adj. 2 g. (lat. *nonus*, neuvième). Qui contient neuf fois. Inus.

**NONUPLER**, v. a. Répéter neuf fois. = NONUPLÉ, ÉE part. Inus.

**NON-USAGE.** s. m. [Pr. *nonu-za-je*]. Cessation d'usage. *Les servitudes se prescrivent par le non-usage pendant trente ans.* = Inus. au pluriel.

**NON-VALEUR.** s. f. Manque de produit dans une terre, dans une ferme, dans une maison. *Cette terre en non-valeur. Cette maison était estimée cent mille francs; mais elle a fort diminué à cause des non-valeurs.* || T. Fin. et Comm. Se dit de certaines parties de contribution qu'on n'a pu lever, de certaines créances qu'on n'a pu recouvrer. *Les contributions foncières de ce département présentent tant de mille francs de non-valeurs. Il faut compter tant pour non-valeurs.* = Pl. *Des non valeurs.*

**NON-VENTE.** s. f. [Pr. *non-van-te*]. État, position d'un marchand qui ne vend pas. = Inus. au pluriel.

**NON-VIABILITÉ.** s. f. [Pr. *non-vi-a-bi-li-té*]. T. Méd. légale et de Jurispr. État de l'enfant né dans un degré de développement incomplet ou anormal qui ne lui permet pas de vivre. = Ce mot n'a pas de pluriel.

**NON-VUE.** s. f. T. Marin. Effet de la brume quand elle est si épaisse, qu'on ne peut avoir connaissance du parage où l'on se trouve. Vx. = Inus. au pluriel.

**NONYLAMINE.** s. f. (R. *nonyle* et *amine*). T. Chim. Voy. NONANE.

**NONYLE.** s. m. (lat. *nonus*, neuvième et le suff. *yle*, du gr. ὕλη, matière). T. Chim. Radical monovalent $C^9H^{19}$ contenu dans les dérivés monosubstitués du nonane.

**NONYLÈNE.** s. m. (R. *nonyle*). T. Chim. Voy. NONANE.

**NONYLIQUE.** adj. 2 g. (R. *nonyle*). T. Chim. Qui contient le radical nonyle. — *Alcool n.* Voy. NONANE.

**NOOCRATIE.** s. f. [Pr. *no-o-kra-sie*] (gr. νοῦς, νόος, pensée; κράτος, puissance). T. Phil. Domination de la raison pure en tant que faculté directrice de toutes les autres.

**NOOLOGIE.** s. f. [Pr. *no-o-lo-jie*]. (gr. νοῦς, νόος, pensée; λόγος, traité). T. Philos. Syn. peu usité de psychologie.

**NOOLOGIQUE.** adj. [Pr. *no-o-lo-ji-ke*] (R. *noologie*). T. Philos. Qui est relatif à la pensée, à l'esprit humain.

**NOPAGE.** s. m. T. Techn. Action de noper.

**NOPAL.** s. m. (d'un rad. germ. *nop*, *nopps*, sign. nœud). T. Bot. Nom vul. de l'*Opuntia cochenillifera.*

**NOPALERIE** ou **NOPALARIE.** s. f. (R. *nopal*). Terrain complanté de Nopals sur lesquels on élève des Cochenilles. Voy. COCHENILLE.

**NOPALIÈRE.** s. f. Voy. NOPALERIE.

**NOPE.** s. f. (Rad. germ. *nop*, nœud). Nœud qu'on enlève au drap lorsqu'il vient d'être fabriqué.

**NOPER**, v. a. (R. *nope*). Éplucher. En parlant des draps, séparer les fils doubles, et enlever les nœuds ou *nopes*. Syn. de énouer. = NOPÉ, ÉE. part.

**NOPEUSE.** s. f. [Pr. *nopeu-ze*]. Ouvrière qui fait le nopage des draps.

**NOQUET.** s. m. [Pr. *no-ké*]. Nom des petites bandes de plomb qu'on met dans les angles enfoncés des couvertures d'ardoise.

**NORAGHE.** Voy. NURHAG.

**NORBERT** (Saint), fondateur de l'ordre des Prémontrés, XII^e^ siècle. — Fête le 6 juin.

**NORBERTE**, s. f. Espèce de petite prune noire.

**NORD**. s. m. [Pr. *nor*] (all. *nord*, m. s.). La partie de l'horizon qui est opposée au midi. *Ce département est borné au n. par telle rivière. Ce pays a tant de lieues du sud au n. La façade de sa maison regarde le n. Le vent vient du n. Le vent est au n.* Adject., *Le vent est n.* — T. Mar. *Faire le n.*, Faire route vers le nord. || Se dit aussi des pays septentrionaux. *Les peuples du n. de l'Europe. Cet homme est du n. de la France. Il a voyagé dans le N. Les régions glacées du N.* — *L'étoile du n.*, L'étoile polaire. || Sign. aussi le vent du nord. *Le n. est le plus froid de tous les vents.* || Adjectiv., *Le pôle n.*, Le pôle boréal ou arctique. *Degrés de latitude n.*, Ceux qui vont de l'équateur au pôle.

**NORD** (Cap), promontoire au nord de la Norvège.

**NORD** (Mer du), partie de l'océan Atlantique comprise entre l'Angleterre, la Norvège, le Danemark, la Hollande et la Belgique. Voy. la carte de l'EUROPE.

**NORD** (Dép. du), formé de la Flandre française, du Hainaut et du Cambrésis; 1,736,300 hab. Ch.-l. *Lille*, 6 autres arr. : *Avesnes*, *Cambrai*, *Douai*, *Dunkerque*, *Hazebrouck* et *Valenciennes*.

**NORD-EST, NORD-OUEST**. s. m. La partie de l'horizon qui est entre le nord et l'est, entre le nord et l'ouest. || Se dit aussi du vent qui souffle de l'un de ces points de l'horizon. *Le n.-est est extrêmement froid dans ce pays. Le n.-ouest est le vent dominant en France.* — Adj., *Le vent est n.-est, n.-ouest.*

**NORDHAUSEN**, v. de la prov. de Saxe (Prusse centrale); 27,030 hab.

**NORDIR**, v. n. [Pr. *nor-dir*]. T. Marine. Tourner au nord.

**NORDLAND**, région du N. de la Norvège; 114,000 hab. Ch.-l. *Bodoe*, 1,700 hab.

**NORDLINGEN**, v. d'Allemagne (Bavière); 7,850 hab. Victoire de Condé et de Turenne sur les Impériaux en 1645. Victoire de Moreau sur les Autrichiens en 1800.

**NORD-NORD-EST, NORD-NORD-OUEST**. s. m. Point de l'horizon situé entre le nord et le nord-est; entre le nord et le nord-ouest.

**NORFOLK**, comté d'Angleterre; 444,700 hab., ch.-l. *Norwich*.

**NORIA**. s. f. (ar. *naora*, m. s.) T. Hydraul. Les machines qui servent à élever l'eau peuvent se diviser en deux classes. Dans les unes, telles que les *pompes*, le *bélier hydraulique*, les *machines à colonnes d'eau*, etc., la machine détermine simplement l'eau à prendre un mouvement ascensionnel; dans les autres, comme la *noria*, le *chapelet*, le *tympan*, l'eau est transportée par la machine elle-même à la hauteur voulue. Les appareils de la première classe sont décrits dans des articles spéciaux; ceux de la seconde, au contraire, en raison de l'analogie qu'ils présentent entre eux, sont réunis ici sous le titre commun de *noria*, qui désigne l'espèce la plus simple de ce genre de machines.

I. — La *Noria* primitive, telle qu'on la rencontre encore en Égypte, en Espagne, dans quelques parties de l'Italie, etc., consiste en une roue d'un diamètre en général considérable, qui est munie sur toute sa circonférence de vases de terre fixés au moyen de cordes (Fig. 1. Noria établie sur une rivière du Tyrol). Lorsque l'appareil est en mouvement, les vases se remplissent en plongeant dans l'eau avec la partie inférieure de la roue; puis, continuant leur course, ils vont verser leur contenu dans un réservoir placé vers sa partie supérieure. Les norias de cette espèce servent exclusivement à puiser dans les rivières l'eau nécessaire aux irrigations. Elles sont parfois disposées de manière à marcher par la seule force du courant, comme celle que nous venons de représenter. D'autres fois, elles sont mises en mouvement par des hommes, et surtout, chez les anciens, par des condamnés. Dans quelques-unes, ainsi que nous l'apprend Vitruve, on remplaçait les vases de terre par de petits augets de bois (*modioli quadrati*). Il est inutile de décrire les vices de cette machine primitive; car, à la simple inspection, on comprend combien le travail utile doit être inférieur au travail moteur. Elle n'est en réalité tolérable que dans le cas où elle est mue par le cou-

Fig. 1.

rant lui-même. Aujourd'hui, la machine que l'on désigne sous le nom de noria, se compose d'une chaîne sans fin qui est munie de godets sur toute sa longueur, et qui s'enroule sur deux tambours dont l'un plonge dans l'eau, tandis que l'arbre est placé à peu près au niveau du réservoir qui doit recevoir le liquide (Fig. 2). En faisant tourner le tambour supérieur, son mouvement entraîne la chaîne, qui le communique à la roue inférieure. De cette manière, les godets montent et descendent successivement, comme les vases de terre de la machine ci-dessus, et produisent le même effet. Une noria de ce genre, bien construite, donne un effet utile qui est à peu près égal à 80 p. 100 du travail dépensé. Quelquefois, pour simplifier la construction, on supprime le tambour inférieur. Le poids des godets suffit alors à assurer l'immersion des godets inférieurs; mais le mouvement est moins régulier, et le rendement diminue. Non seulement la noria est employée soit pour les irrigations, soit pour faire des épuisements; mais elle sert encore, dans certains établissements industriels, à monter aux étages supérieurs, soit différents liquides, soit même des corps solides réduits en poussière.

Fig. 2.

II. — La *Roue à augets* est fort analogue à la noria antique. Elle porte à sa circonférence un grand nombre de compartiments ou augets qui puisent dans le réservoir inférieur l'eau qu'il s'agit d'élever. Le liquide entre dans chaque auget par la circonférence extérieure de la roue; puis, quand il a été élevé à la hauteur voulue, il est déversé dans des canaux de bois par des ouvertures pratiquées à sa circonférence intérieure. La roue elle-même est mise en mouvement, au moyen d'un engrenage, par un moteur quelconque, mais le plus ordinairement par un moteur hydraulique.

III. — Le *Chapelet* consiste en une chaîne sans fin formée de chaînons de fer articulés les uns avec les autres, et munie

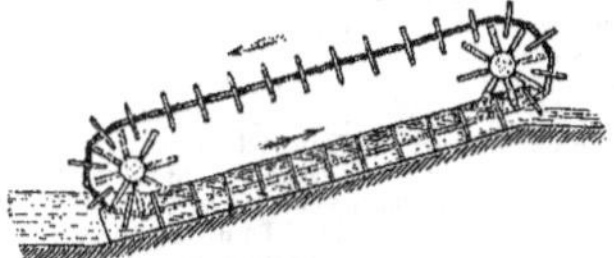

Fig. 3.

de disques rectangulaires qui sont fixés perpendiculairement au milieu de chaque chaînon. Comme dans la noria, la chaîne sans fin est enroulée sur deux roues; mais c'est aussi la supérieure qui la met en mouvement. On distingue le chapelet *incliné* et le chapelet *vertical*. — Le *chapelet incliné* (Fig. 3) se meut de bas en haut dans une auge de bois plus ou moins inclinée. Cette auge plonge dans l'eau qu'il s'agit d'épuiser, et s'élève jusqu'à la hauteur à laquelle il convient de monter le liquide. Lorsque la roue supérieure est mise en mouvement, la partie ascendante de la chaîne fait remonter l'eau dans l'auge, car le jeu laissé entre les parois de celle-ci et les bords latéraux des palettes ne dépasse pas 5 à 6 millimètres. L'effet utile du chapelet incliné n'est guère que les 10/100^es du travail dépensé : aussi cette machine est-elle à peu près abandonnée. — Le *chapelet vertical* (Fig. 4) ne diffère du précédent qu'en ce que l'auge inclinée est remplacée par un tuyau vertical, appelé *Buse*, à section carrée ou cylindrique : dans ce dernier cas, les palettes sont également cylindriques. Le mécanisme est le même que dans le chapelet incliné; mais le jeu laissé entre les palettes et les parois de la buse est moindre. Le travail utile du chapelet vertical est moyennement égal aux 65/100^es de la force dépensée, et la quantité d'eau élevée est les 5/6^es de l'eau d'abord puisée. Cette machine convient surtout pour les épuisements où il faut élever l'eau à plus de 4 mètres de hauteur. La longueur de la buse est en général comprise entre 4 et 6 mètres.

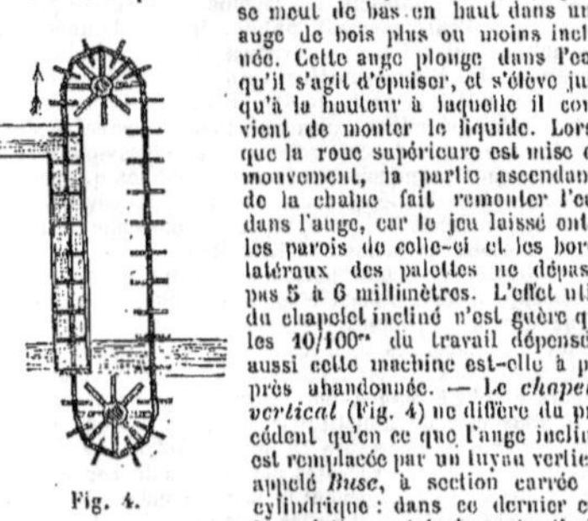

Fig. 4.

IV. — On appelle *Roue élévatoire*, une roue à palettes planes qui se meut dans un coursier de dimensions telles qu'une fois engagée dans l'espace compris entre deux palettes consécutives, l'eau s'y trouve emprisonnée, et par conséquent est obligée de les suivre dans leur mouvement ascensionnel. On voit que les palettes de cette roue agissent comme les disques du chapelet. La roue élévatoire établie dans la gare de Saint-Ouen pour élever les eaux de la Seine, est mise en mouvement par une machine à vapeur. Elle élève 2,500 mètres cubes d'eau à 4 mètres de hauteur par heure, et l'on évalue son effet utile à 82 p. 100.

V. — La *Vis d'Archimède*, qui est fréquemment substituée au chapelet, doit son nom à sa forme et à son inventeur. Elle se compose (Fig. 5) de trois parties principales : un cylindre extérieur, ou *Canon*, qui est formé de douves retenues entre elles par des cercles de fer et assez rapprochées pour ne pas donner passage à l'eau; un cylindre intérieur, ou *Noyau*, qui est plein et dans le même axe que le précédent; une cloison contournée autour de ce noyau en forme d'hélice, et dont l'inclinaison est communément de 45°, quelles que soient les dimensions du pas de la vis. Ordinairement, on fait porter deux, trois et même quatre cloisons sur le même noyau, en ayant soin de les tenir parallèles entre elles. La partie supérieure de l'appareil repose sur un cadre rectangulaire, au centre duquel se trouve une manivelle fixée à l'extrémité du noyau. En faisant tourner la vis dans un sens convenable, l'eau pénètre successivement dans chacun des pas de la vis, et finit par arriver dans le dernier, d'où elle s'échappe au dehors. La machine d'Archimède produit son plus grand effet réel, quand on lui donne une inclinaison de 36°; il est alors à peu près égal à l'effet théorique. Quant à l'effet utile, il est pratiquement reconnu qu'un ouvrier de force ordinaire peut élever 15 mètres cubes d'eau par heure et à 1 mètre de

Fig. 5.

hauteur, et qu'il peut travailler ainsi six heures par jour. La *Vis hollandaise* n'est autre chose qu'une vis d'Archimède dont le canon est remplacé par un coursier demi-circulaire fixe. Elle est ainsi appelée parce qu'elle est fort usitée en Hollande, où on l'emploie pour rejeter par-dessus les digues les eaux pluviales ou d'infiltration. Les vis destinées à cet usage sont mues par des moulins à vent. La vis d'Archimède s'emploie quelquefois dans les usines, pour transporter des substances pulvérulentes à de petites distances.

VI. — Les anciens donnaient le nom de *Tympan* à une machine hydraulique qui consistait en un grand tambour de

Fig. 6.

bois divisé en 8, 12 ou 16 compartiments, par des cloisons dirigées suivant le rayon. Chaque compartiment était muni, au pourtour du tambour, d'une ouverture qui permettait à l'eau d'entrer dans le compartiment quand cette ouverture était située sur la partie de la paroi convexe du tambour qui sortait la première de l'eau, une certaine quantité de liquide se trouvait emprisonnée, et le tympan, en tournant, l'élevait jusqu'à la hauteur de son axe. Des rainures, pratiquées suivant la longueur de ce dernier, et se prolongeant dans un des fonds du tambour, formaient des canaux qui permettaient à l'eau de sortir. Au commencement du XVIII^e siècle, Lafaye imagina de courber les cloisons suivant les développantes du cercle extérieur de l'axe, ce qui lui permit de supprimer l'enveloppe convexe du tympan. En effet, lorsque la machine est en mouvement (Fig. 6), les cloisons hélicoïdales plongent dans l'eau, en emprisonnent une certaine partie, et, l'entraînant avec elles, la forcent à s'échapper par deux ouvertures placées au centre et de chaque côté de l'axe du tambour. Cet appareil a l'inconvénient de n'élever l'eau qu'à la hauteur de l'axe du tympan, ce qui oblige à donner à celui-ci des dimensions très grandes; mais le travail utile qu'il produit, relativement à la dépense, est beaucoup plus considérable que celui qu'on obtient à l'aide du chapelet.

**NORIAC** (JULES **CAIRON** dit), romancier fr. (1827-1882).

**NORIQUE** (Le), anc. prov. romaine, sur le Danube supérieur. || Alpes Noriques, partie des Alpes entre l'Italie et l'Autriche. Voy. ALPES.

**NORMAL, ALE.** adj. (lat. *normalis*, m. s. de *norma*, règle). Dans le langage de la science, qui est conforme à la règle commune. *Ceci n'est point un phénomène n. A l'état n., cet organe offre telle apparence.* || Qui règle, sert de règle. *Établissement n.*, Établissement qui sert de modèle pour en former d'autres du même genre. || T. Géom. Se dit d'un plan ou d'une droite perpendiculaire à la tangente à une courbe ou au plan tangent à une surface passant par le point de contact. Voy. NORMALE.

**Enseign.** — On appelle *Écoles normales*, des établissements d'instruction destinés à former des maîtres pour l'enseignement de certaines branches des connaissances humaines. Plusieurs des écoles ainsi nommées ressortissent au Ministère de la guerre : les autres dépendent du département de l'Instruction publique. Il a été déjà question des premières (Voy. MILITAIRE); nous n'avons donc à parler ici que des secondes.

I. — La Constituante ayant, par la loi des 3-14 septembre 1791, résolu d'organiser l'instruction publique de telle sorte que tous puissent jouir de ses bienfaits, décréta qu'il serait créé à Paris une *École normale* destinée « à répandre d'une manière uniforme, dans toute la république, l'instruction nécessaire à des citoyens français ». Cependant cette école ne fut organisée que par la Convention. Aux termes du décret du 9 brumaire an III (30 octobre 1794), il devait y être appelé, de toutes les parties du territoire, « des citoyens déjà instruits dans les sciences utiles, pour apprendre, sous les professeurs les plus habiles dans tous les genres, l'art d'enseigner ». Les cours commencèrent le 29 nivôse an IV (19 janvier 1795) et durèrent jusqu'au 30 floréal suivant (18 mai 1795), où ils furent fermés. L'école n'eut donc que quatre mois d'existence. En 1808, quand le gouvernement impérial organisa l'Université, il établit à Paris un pensionnat où 300 jeunes gens devaient être formés « à l'art d'enseigner les arts et les sciences », pour être ensuite envoyés, comme professeurs, dans les lycées. C'est de cet établissement, qui fut ouvert en 1810, sous le nom d'*École normale*, que date l'institution actuelle. Supprimé le 6 septembre 1822, il fut remplacé en 1826 par une *École préparatoire*, annexée au collège de Louis-le-Grand, et enfin rétabli, le 6 août 1830, sous son ancienne dénomination. Depuis cette époque, l'École normale n'a jamais cessé d'exister, mais non sans recevoir de nombreuses modifications, tant sous le rapport de son organisation intérieure que sous celui de son objet lui-même. L'enseignement de l'École normale est divisé en deux sections, celle des lettres et celle des sciences. Les conditions d'admission sont : d'avoir dix-huit ans au moins et vingt-quatre ans au plus ; de signer un engagement de se vouer pour dix ans à l'instruction publique, de produire le diplôme de bachelier de l'enseignement secondaire classique ou, pour les sciences, de l'enseignement secondaire moderne et de subir deux séries d'épreuves écrites ou orales. Chaque année, le nombre des places à donner est déterminé par le Ministre, suivant les besoins du service. L'entretien de l'École est entièrement à la charge de l'État. Les cours durent trois ans, après lesquels les élèves qui ont subi avec succès le concours d'agrégation sont nommés dans les lycées. Depuis 1854, on forme, avec les meilleurs élèves ayant terminé le cours triennal, une division supérieure dont les membres se préparent, pendant une ou deux années, soit dans l'intérieur de l'École, soit près des grands établissements du gouvernement, soit même à l'étranger, au grade du doctorat ès lettres ou du doctorat ès sciences, et à l'enseignement dans les Facultés.

II. — Une *École normale supérieure d'enseignement secondaire pour les jeunes filles* a été instituée en 1881, à Sèvres. Cette école a pour but de former des professeurs femmes pour les lycées et collèges de jeunes filles ; elle forme également des directrices pour ces établissements. La durée des études est de trois années. Un concours d'admission a lieu chaque année, vers le mois de juillet. Pour y prendre part, les aspirantes doivent être âgées de dix-huit ans au moins et de vingt-quatre ans au plus et être pourvues du diplôme de fin d'études secondaires des jeunes filles ou du brevet supérieur ou d'un diplôme de bachelier. L'examen comprend des épreuves écrites et des épreuves orales. L'enseignement de l'école est donné en vue de la préparation au certificat d'aptitude et à l'agrégation de l'enseignement secondaire des jeunes filles. Le titre d'agrégée donne seul le droit d'être nommée professeur titulaire dans un lycée de jeunes filles. La carrière de l'enseignement secondaire est la plus belle qui soit ouverte aux femmes ; malheureusement, les cadres commencent à être remplis et on a dû restreindre pendant quelques années, au moins pour les sciences, le nombre des admissions à l'École de Sèvres.

III. — Les *Écoles normales primaires* sont spécialement destinées au recrutement des instituteurs communaux. Ces établissements, qui datent de 1833, sont à la charge des départements, mais un seul peut servir pour plusieurs de ces derniers. Les écoles normales primaires relèvent du recteur, sous l'autorité du ministre de l'instruction publique. Chaque école est administrée par un *Directeur*, qui est en même temps chargé de certains enseignements et par un *économe* ou un maître en faisant fonctions. Le directeur est nommé par le Ministre, ainsi que les professeurs de l'établissement. Les écoles normales primaires sont placées sous la surveillance administrative d'un Conseil composé de l'inspecteur d'Académie, président, de quatre membres désignés par le recteur et de deux conseillers généraux élus par leurs collègues. Il faut, pour être admis dans une école normale primaire, subir un examen préalable, avoir seize ans au moins et dix-huit au plus, être pourvu du brevet élémentaire, avoir contracté l'engagement de servir pendant dix ans dans l'enseignement public. Indépendamment des leçons qu'ils reçoivent sur les diverses branches de l'instruction primaire, les *Élèves-maîtres*, ainsi nomme-t-on les élèves, sont exercés à la pratique des méthodes d'enseignement dans des écoles primaires annexées à l'établissement. A l'expiration des cours qui durent trois ans, les élèves-maîtres ont droit aux premiers emplois d'instituteurs publics qui se trouvent vacants dans le département. — Il existe actuellement en France, y compris l'Algérie, 88 écoles normales d'instituteurs et 85 écoles normales d'institutrices.

IV. — Outre les écoles normales instituées dans chaque département, il existe deux *Écoles normales supérieures de l'enseignement primaire* destinées à former des professeurs d'écoles normales et d'écoles primaires supérieures de garçons et de filles, savoir : l'école normale supérieure d'instituteurs établie à Saint-Cloud en vertu du décret du 30 décembre 1882 et celle d'institutrices établie à Fontenay-aux-Roses, en vertu du décret du 15 octobre 1880. Les élèves de ces établissements sont recrutés par la voie du concours : ils doivent contracter l'engagement de servir pendant dix ans dans l'enseignement public. Ces écoles sont gratuites ; la durée des études y est de deux ans ; les élèves y sont répartis en deux sections, celle des sciences et celle des lettres. Auprès de chacune des deux écoles fonctionne une commission administrative nommée par le ministre et chargée de gérer les intérêts matériels de l'établissement, ainsi qu'un conseil, composé du directeur ou de la directrice et des professeurs, et ayant pour mission de surveiller les études et le travail des élèves.

**NORMALE.** s. f. (R. *normal*). T. Géom. La *normale à une courbe plane* en un point M de cette courbe est la perpendiculaire à la tangente en M. Si la courbe, rapportée à des axes rectangulaires, a pour équation :

$$F(x, y) = 0,$$

l'équation de la n. au point $x$, $y$ a pour équation :

$$\frac{X - x}{F'_x} = \frac{Y - y}{F'_y}$$

Une *normale à une courbe gauche* en un point M de cette courbe est une perpendiculaire à la tangente en M. Au même point M d'une courbe gauche, il y a une infinité de normales dont le lieu est un plan perpendiculaire à la tangente, lequel a reçu le nom de *plan normal*. Si la courbe est définie par les coordonnées d'un point quelconque exprimées en fonction d'un paramètre $t$ :

$$x = f(t) \qquad y = g(t) \qquad z = h(t)$$

l'équation du plan normal est :

$$(X - x)f'_t + (Y - y)g'_t + (Z - z)h'_t = 0$$

et l'on formera les équations d'une n. quelconque en adjoignant à l'équation précédente celle d'un plan quelconque passant par $x$, $y$, $z$ :

$$A(X - x) + B(Y - y) + C(Z - z) = 0.$$

Parmi toutes les normales du point M, celle qui se trouve

dans le plan osculateur a reçu le nom de *n. principale*. Ses équations sont les deux précédentes à condition que la seconde soit celle du plan osculateur. Voy. OSCULATEUR.

La *normale à une surface* en un point M de cette surface est la perpendiculaire au plan tangent en M. Si l'équation de la surface rapportée à des axes rectangulaires est :

$$F(x, y, z) = 0,$$

les équations de la n. au point $x$, $y$, $z$ sont :

$$\frac{X-x}{F'_x} = \frac{Y-y}{F'_y} = \frac{Z-z}{F'_z}.$$

Tout plan passant par la n. est perpendiculaire au plan tangent et s'appelle un *plan normal*.

**NORMALEMENT.** adv. [Pr. *...le-man*]. D'une manière régulière.

**NORMALIEN.** s. m. [Pr. *nor-ma-li-in*]. Se dit d'un élève ou d'un ancien élève de l'école normale supérieure.

**NORMALITÉ.** s. f. [Pr. *nor-ma-li-té*]. T. Didact. Qualité de ce qui est normal.

**NORMANBY** (Marquis DE). Diplomate angl. (1737-1863).

**NORMAND, ANDE.** s. et adj. [Pr. *nor-man*]. Qui habite la Normandie, ou qui est propre aux habitants de ce pays. Par allusion à la réputation de ruse et même de fourberie que l'on a faite à ces habitants, on dit fam. d'un homme adroit et à qui il ne faut pas se fier, *C'est un fin Normand;* et de quelqu'un qui ne répond ni oui ni non, qu'*Il répond en Normand*. — On dit de même : *Réponse normande*, Réponse ambiguë; et *Réconciliation normande*, Réconciliation simulée.

**NORMANDER.** v. a. T. Rur. Nettoyer le grain battu.

**NORMANDES** (Iles), *Guernesey*, *Jersey*, *Aurigny*, etc., îles que les Anglais possèdent non loin des côtes de France, à l'ouest du Cotentin; 87,000 hab.

**NORMANDIE,** anc. prov. de France, cap. *Rouen*. Cette province, ancienne Gaule armoricaine, pays franc sous les Mérovingiens et les Carlovingiens, fut donné en 915 par Charles le Simple à Rollon, chef des Normands, a fait partie du royaume d'Angleterre après la conquête de celle-ci par Guillaume le Conquérant (1066). Elle fut reprise par Philippe-Auguste en 1204. Elle a formé les dép. de la Seine-Inférieure, de l'Eure, du Calvados, de l'Orne, de la Manche.

**NORMANDISME.** s. m. ou **NORMANISME.** T. Gramm. Façon de parler particulière aux habitants de la Normandie.

**NORMANDS** ou **NORTHMEN** (*hommes du Nord*), pirates venus du Nord au IVe et au Ve siècle; ils conquirent alors une partie de l'Angleterre et la Normandie.

**NORMANNIQUE,** adj. 2 g. Qui a rapport aux anciens Normands. Se dit particulièrement de leur langage. *Idiomes, dialectes normanniques.*

**NORMATIF, IVE.** adj. (lat. *norma*, règle). T. Didact. Qui a force de règle.

**NORME.** s. f. (lat. *norma*, m. s.). Se dit quelquefois pour règle, loi, d'après laquelle on doit se diriger.

**NORNE.** s. f. T. Mythol. germanique. Nom des trois vierges (Urdhri, le passé, Verdhandi, le présent, Skul, l'avenir) qui donnent la loi au monde, créent la vie et décident du sort des mortels.

**NOROPIANIQUE.** adj. 2 g. T. Chim. Voy. OPIANIQUE.

**NORRENT-FONTES,** ch.-l. de c. (Pas-de-Calais), arr. de Béthune; 1,300 hab.

**NORSE.** s. m. Idiome des habitants des îles Feroë, Orcades et Shetland; c'est un dialecte normannique.

**NORT,** ch.-l. de c. (Loire-Inférieure), arr. de Châteaubriant; 5,300 hab. Ardoisières.

**NORTE** (RIO-GRANDE-DEL-), fl. de l'Amérique du N., Voy. GRANDE.

**NORTHAMPTON,** comté d'Angleterre; 272,500 hab., ch.-l. *Northampton*; 21,900 hab.

**NORTHCOTE** (sir Stafford), *lord Iddesleigh*, homme d'État angl., né à Londres (1818-1887).

**NORTHMEN.** Voy. NORMANDS.

**NORTHUMBERLAND,** comté d'Angleterre; 434,100 hab., ch.-l. *Newcastle*.

**NORTHUMBRIE,** un des 7 royaumes de l'anc. heptarchie anglo-saxonne, V. pr. Édimbourg et York.

**NORVÈGE** (en langue locale *Norge*) partie de la presqu'île scandinave située à l'Ouest des monts Kiœlen. Elle est bornée au nord par l'océan Glacial, à l'ouest par l'océan Atlantique et la mer du Nord, au sud par le Skager Rack, à l'Est par la Suède et la Russie. Elle s'étend du 58° parallèle au 71°. C'est une région très montagneuse que traversent les monts Dofrine et resserrée par la mer qui pénètre jusqu'au cœur de ses vallées en une série de golfes étroits et profonds nommés fiords. La côte est semée d'archipels considérables qui achèvent d'en faire un véritable dédale.

On remarque, du nord au sud, l'île Mageroe terminée à sa pointe septentrionale par le Cap Nord, puis les golfes de Waranger et de Parsanger, les îles Saroé, l'archipel Loffoden qui enferme le golfe Occidental, le Folden Fiord, l'archipel et le golfe de Drontheim, l'archipel Norvégien, les golfes ou fiords de Sogne, de Bergen, de Hardanger, de Stavanger. Cette partie de la grande presqu'île se termine au sud par le cap Lindesness, extrémité des monts Dofrine. Les fleuves sont sans importance, sauf le Glommen qui se jette dans le Skager Rack.

La Norvège est divisée en trois provinces : au nord, les Norlandens (terres du Nord) au centre les Nordenfields (champs du Nord) et au Sud les Sœdenfields (champs du Sud). Les villes principales sont : Christiania capitale, sur le Glommen; puis les ports de Bergen, Drontheim, Christiansund, Frederickstad, Fredrickshald, Frederickswœrn, ce dernier militaire. Voy. la carte au mot SUÈDE.

La Norvège, autrefois peuplée par des Lapons (race finnoise), aujourd'hui rejetés dans le Nord, fut occupée vers les commencements de l'ère chrétienne par des peuples Goths ou Scandinaves, frères des Germains ou Teutons, que l'on désigna par la suite du nom de Normands (hommes du Nord). Devenus surtout maritimes à travers leurs fiords, leurs archipels, leurs détroits, ils explorèrent et infestèrent pendant tout le moyen âge, le Danemark, les îles Britanniques, la Gaule, l'Italie, jusqu'aux terres alors inconnues de l'Amérique du Nord. Suède, Norvège et Danemark ne formaient alors qu'un seul monde. Cependant vers le IXe siècle, un royaume de Norvège s'était formé, qui au XIVe, s'unit au Danemark, union qui dura jusqu'en 1815, époque à laquelle Bernadotte, ancien général français, devenu roi de Suède, fit annexer par l'Europe la Norvège à ses États, pour prix de sa collaboration à l'écrasement de la France. Voy. SUÈDE.

La Norvège n'a jamais bien accepté cette annexion; le mouvement séparatiste, loin de s'éteindre, ne fait que s'accentuer et ses chances d'aboutir paraissent augmenter.

La Norvège exporte surtout des bois, recueillis dans les forêts de ses montagnes, riches en sapins. Le cuivre et le fer s'y trouvent également en quantité.

**NORVINS** (baron de). Historien fr., (1769-1854).

**NORWICH,** v. d'Angleterre, ch.-l. du comté de Norfolk; 101,300 hab.

**NOS.** plur. de l'adj. poss. *Notre*. Voy. ce mot.

**NOSÉANE.** s. m. (R. *Nose*, n. d'un sav. all.) T. Minér. Variété d'Haüyne dépourvue de chaux; en petits cristaux ou en grains noirâtres dans les roches volcaniques. On lui donne aussi les noms de *Nosine*, *Nosite* ou *Noséite*.

**NOSENCÉPHALE.** s. m. [Pr. *no-zan-sé-fa-le*] (gr. νόσος, maladie et *encéphale*). T. Térat. Monstres chez lesquels l'encéphale est remplacé par une tumeur vasculaire.

**NOSOCOMIAL, ALE.** adj. [Pr. *nozo-komial*] (gr. νόσος,

maladie; κομεῖν, soigner). Qui est relatif aux hôpitaux. *Établissement n.* — *Fièvre nosocomiale*, synon. de Typhus des hôpitaux. Vx.

**NOSOCRATIQUE.** adj. [Pr. *no-zo-kra-ti-ke*] (gr. νόσος, maladie; κράτος, puissance). T. Méd. Qui triomphe de la maladie. Médicaments nosocratiques, ceux qui sont vulgairement connus sous le nom de spécifiques.

**NOSODENDRE.** s. m. [Pr. *nozo-dan-dre*] (gr. νόσος, maladie; δένδρον, arbre). T. Entom. Genre de *Coléoptères* appartenant à la famille des *Byrrhides*. Les Nosodendres (*Nosodendron*) sont représentés en Europe par le *N. à bouquets* (*N. fasciculare*) (Fig. ci-contre, très grossie), qui se tient dans les plaies des vieux ormes et des marronniers d'Inde, vers le milieu du printemps.

**NOSOGÉNIE** s. f. [Pr. *no-zo-jé-nie*] (gr. νόσος, maladie; γεννάω, j'engendre). Développement des maladies; théorie de ce développement.

**NOSOGRAPHIE.** s. f. [Pr. *no-zo-grafi*] (gr. νόσος, maladie; γράφω, je décris). T. Méd. Description des maladies.

**NOSOGRAPHIQUE.** adj. [Pr. *no-zo-gra-fi-ke*]. Qui a rapport à la nosographie.

**NOSOLOGIE.** s. f. [Pr. *no-zolo-ji*] (gr. νόσος, maladie; λόγος, traité). T. Méd. Traité des maladies.

**NOSOLOGIQUE.** adj. [Pr. *no-zo-lo-ji-ke*]. Qui a rapport à la nosologie.

**NOSOLOGISTE.** s. m. [Pr. *no-zo-lo-ji-ste*]. Celui qui s'occupe de la nosologie.

**NOSOMANE.** s. 2 g. [Pr. *no-zomane*] (gr. νόσος, maladie; μανία, folie). T. Méd. Malade imaginaire. Voy. HYPOCHONDRIE.

**NOSSI-BÉ**, île de l'océan Indien, au N.-O. de Madagascar; 10,000 hab. Cap. *Hellville* (à la France).

**NOSTALGIE.** s. f. (gr. νόστος, retour; ἄλγος, douleur), T. Méd. Mal du pays, mal de l'absence, nostomanie, sont des termes par lesquels on entend l'état de dépérissement provoqué par la tristesse que cause l'éloignement des lieux, des personnes ou des choses aimées, et l'incessant désir de les revoir. La n. ne peut guère être considérée comme une entité morbide; il s'agit plutôt là d'un symptôme que l'on rencontre au cours des névroses à déterminations cérébrales, caractérisées par l'impuissance de la volonté. On rencontre cette variété d'aliénation surtout chez les jeunes gens, chez les hommes, principalement à l'époque du service militaire, et chez les campagnards, chez les villageois qui ne sont jamais sortis de leur pays. Il faut tenir compte d'ailleurs du climat, du site dans lequel a lieu la transplantation : tel souffrira dans une région qui, transplanté dans une autre, n'éprouverait aucun regret. Il semble d'ailleurs que certaines races contractent plus facilement cette affection, et on peut dire que la fréquence de la n. est en raison inverse de la multiplicité et de l'extension des relations sociales : certainement les Français, et parmi eux les Bretons, les Suisses, les Arabes algériens, deviennent plus aisément nostalgiques que les Anglais et les Américains. En dehors de ces prédispositions, on peut admettre que la neurasthénie fournit un contingent important de nostalgiques; d'ailleurs, il faut encore se méfier, surtout en certains milieux, des faux nostalgiques, des simulateurs. Il n'en est pas moins vrai que la n. existe, et si elle n'est pas grave par elle-même, elle peut devenir, dans certaines conditions, un élément adjuvant dans la pathogénie de maladies graves, telles principalement que la fièvre typhoïde. Inutile de dire que, pour traiter la n. avec succès, il faut au médecin de l'humanité, un sens droit, beaucoup d'expérience, et peu de médicaments.

**NOSTALGIQUE.** adj. et s. 2 g. Qui a rapport à la nostalgie. Qui est atteint de nostalgie.

**NOSTOC.** s. m. T. Bot. Genre d'Algues de la famille des *Nostocacées*. Voy. ce mot.

**NOSTOCACÉES.** s. f. pl. T. Bot. Famille d'Algues de l'ordre des Cyanophycées.

*Caract. bot.* — Le thalle des Nostocacées peut se cloisonner suivant une, deux ou trois directions de façon à former des filaments, des lames ou des massifs; dans tous les cas, il offre dans ses cellules une structure caractéristique. Le protoplasma y est homogène, dépourvu de noyau et est uniformément imprégné par la chlorophylle et la phycocyanine; la membrane se compose d'une couche cellulosique très mince entourée d'une couche gélatineuse. Tantôt cette couche gélatineuse ne se développe que sur les faces libres des cellules, de façon à entourer le thalle d'une gaine continue, à l'intérieur de laquelle les cellules demeurent intimement unies. Tantôt la couche gélatineuse se forme non seulement sur les faces libres, mais encore dans la ligne moyenne de chaque cloison, de façon à envelopper complètement chaque cellule du thalle et à en dissocier les cellules dans une masse gélatineuse.

Dans le premier cas, où le thalle est associé, le filament se désarticule en fragments mobiles, formés d'un petit nombre de cellules qui s'échappent de la gaine et vont plus loin s'accroître en un thalle nouveau : ce sont de véritables boutures auxquelles on a donné le nom d'*Hormogonies*. Dans le second cas, les cellules isolées qui constituent le thalle sont simplement de temps en temps mises en liberté par la déchirure ou la destruction de la masse gélatineuse qui les unissait.

Les Nostocacées sans hormogonies se cloisonnent dans les trois directions; les Nostocacées avec hormogonies se cloisonnent le plus souvent dans une seule direction, formant ainsi de longs filaments droits, spiralés ou reployés en tous sens dans l'épaisse gaine gélatineuse. En outre, chez certaines de ces Nostocacées à hormogonies, on trouve de place en place des cellules particulières, plus grandes que les autres, dépourvues de protoplasma qui est remplacé par un liquide hyalin, à membrane épaissie et colorée en jaune; on les nomme *Hétérocystes* et leur rôle est encore inconnu.

La rapidité de croissance des Nostocacées est quelquefois surprenante, à tel point que certaines espèces, qui ont reçu le nom de *Fleurs d'eau*, peuvent recouvrir en peu de temps de grandes étendues d'eau. Ces Algues sont encore remarquables par leur résistance aux températures élevées; on en trouve dans les serres chaudes jusqu'à 55° et on en connaît qui végètent dans la solfatare de Pouzzoles. Enfin le thalle des Oscillaires et des Spirules est doué de motilité.

Les N. vivent dans l'air humide, sur la terre, les rochers, l'écorce des arbres; un certain nombre entrent en association avec des Champignons pour constituer des Lichens. D'autres s'introduisent et vivent à l'intérieur du thalle de diverses Hépatiques et aussi à l'intérieur des divers organes de certaines Phanérogames, comme les *Anabæna* dans les feuilles des *Azolla*, dans les racines des *Cycas*, dans la tige des *Gunnera*, etc. Enfin les *Hyella* et les *Mastigocoleus* vivent dans les coquilles de divers Mollusques qu'elles perforent; les *Cyanoderma* s'établissent sur les poils des Paresseux.

On a divisé cette famille en sept tribus : *Chroococcées*, *Chamésiphonées*, *Oscillariées*, *Nostocées*, *Scytonémées*, *Sirosiphonées*, *Rivulariées*, dont il est inutile de donner les caractères. — Le *Nostoc commun* (*Nostoc commune*) qu'on rencontre souvent en abondance dans les terrains humides et qui devient surtout visible, avec sa couleur olivâtre, quand les pluies ont gonflé la gelée gélatineuse où sont plongés les filaments, a été fort employé comme médicament. Le vulgaire désignait et désigne encore cette espèce sous les noms de *Beurre de terre*, *Beurre magique*, *Crachat de lune*, *Salive de Coucou*, *Fille du ciel*, *Fleur du ciel*, *Purgatoire des étoiles*, etc. Les alchimistes lui ont prêté les vertus les plus surprenantes. En Sibérie, on l'emploie topiquement contre les ophtalmies et l'enflure des pieds. Dans certains pays on en fabrique une boisson qu'on prétend tonique, en la faisant infuser dans de l'eau-de-vie.

**NOSTOMANIE.** s. f. [Pr. *no-sto-ma-nie*] (gr. νόστος, retour; μανία, folie). T. Méd. Syn. de nostalgie.

**NOSTRADAMUS.** Astrologue célèbre, auteur d'un recueil de prophéties appelé *Centuries*, rédigé dans un style d'une obscurité telle qu'on y peut trouver à peu près tout ce qu'on veut (1503-1566).

**NOTA.** loc. lat. qui signifie, *Remarquez*, et qui s'emploie famil. dans la conversation. *Il voulait me raconter son procès; nota qu'il était tard et que je n'avais pas dîné.* — On dit aussi, *Nota benè*, qui signifie, *Remarquez bien*.

= Nota. s. m. Remarque, note qu'on met à la marge d'un écrit, d'un livre, etc. *Mettez là un n. Tel article de compte est alloué, mais avec un n. Je vois là plusieurs nota.*

**NOTABILITÉ.** s. f. (lat. *notabilis*, notable). Personne notable. *Toutes les notabilités de la ville s'y trouvaient. J'y ai vu plusieurs des notabilités de la presse, de la littérature.*

**NOTABLE.** adj. 2 g. (lat. *notabilis*, m. s., de *notare*, noter). Remarquable, considérable. *Ce sont des faits notables. Lesdits notables des anciens. Gain, perte, dommage, préjudice, lésion n. La somme est n. Il y a entre les deux textes une différence n. Notre armée a remporté un avantage n. sur les ennemis. Il reçoit chez lui tous les gens notables, toutes les personnes notables de la ville. La liste des notables commerçants. — Arrêts notables*, se disait autrefois des arrêts qui fixaient un point de jurisprudence. = Notable. s. m. Se dit des citoyens les plus considérables d'une ville, d'un État. *Une assemblée de notables.*

**Hist.** — Sous l'ancienne monarchie, on appelait *Assemblées de notables*, des réunions politiques qui avaient les mêmes attributions que les états généraux, mais qui en différaient en ce que leurs membres étaient nommés par le roi et choisis principalement dans la haute noblesse, dans le clergé supérieur et dans la magistrature, tandis que les membres des états généraux étaient élus par les trois ordres. En outre, les notables n'avaient en général que voix consultative. Les rois convoquaient ordinairement ces assemblées quand ils voulaient faire approuver des mesures qui auraient pu rencontrer de l'opposition de la part des états généraux. C'est ainsi que François Ier assembla les notables à Cognac, en 1526, pour leur faire ratifier le traité de Madrid, par lequel il avait cédé la Bourgogne à l'Espagne; néanmoins les membres de l'assemblée furent unanimes pour rejeter cette clause. L'assemblée des notables convoquée par Henri IV, à Rouen, en 1596, aida loyalement ce prince à réformer divers abus. La dernière assemblée de ce genre est celle qui fut réunie à Versailles, en 1787, par Louis XVI, afin de remédier au désordre des finances. Elle était composée de 144 membres, savoir : princes du sang, 7; archevêques et évêques, 14; ducs et pairs, maréchaux de France et gentilshommes, 36; conseillers d'État, 12; premiers présidents et autres magistrats supérieurs, 38; députés des pays d'états, dont 4 appartenant au clergé, 6 à la noblesse, et 2 au tiers état, 12; officiers municipaux, 25. La première session de cette assemblée n'ayant donné aucun résultat, elle en tint une seconde en 1788. Enfin, la résistance qu'elle opposa à tout projet de réforme détermina la convocation des états généraux.

**Législ.** — *Notables commerçants.* — On désigne ainsi les commerçants électeurs des chambres de commerce. La liste des notables commerçants est arrêtée, pour chaque ville, par le préfet du département. Autrefois les notables commerçants étaient les seuls électeurs des tribunaux de commerce; mais depuis la loi de 1883, ces tribunaux sont élus par tous les commerçants patentés. Voy. Commerce, Tribunal.

**NOTABLEMENT.** adv. [Pr.... ble-man]. Grandement, considérablement. *Il est n. lésé dans cette affaire.*

**NOTACANTHES.** s. m. pl. (gr. νῶτος, dos; ἄκανθα, épine). T. Entom. Famille d'Insectes *Diptères-Brachycères* caractérisée par un corps ramassé, un suçoir de quatre pièces et par la brièveté de leur trompe, qui est presque entièrement retirée dans la cavité buccale. En outre, et c'est de cette circonstance qu'ils tirent leur nom, leur écusson est souvent armé de dents ou d'épines. — Latreille partageait cette famille en trois tribus que nous conservesons ici : les *Mydasiens*, les *Xylophages* et les *Stratiomydes*. — Les Mydasiens n'ont jamais d'épines à l'écusson; leur corps est oblong, avec l'abdomen conique. Leurs antennes sont toujours composées de cinq articles, dont les trois derniers forment, chez les uns, une massue, et, chez les autres, une tige cylindrique un peu subulée. Les *Mydas*, qui donnent leur nom à la tribu, sont les plus grands Diptères connus : ils sont propres à l'Amérique. Au reste, nous n'avons chez nous aucune espèce de cette section. Nous citerons toutefois comme exemple le *Céphalocère longirostre* (*Cephalocera longirostris*) (Fig. 1, grossie), qui habite l'Afrique australe. — Les *Xylophages* ont les antennes composées de trois articles, dont le dernier, plus long que les autres, est divisé en huit anneaux. Leurs ailes sont généralement couchées sur le corps. Parmi les genres indigènes, nous mentionnerons le genre *Xylophage* (*Xylophagus*) proprement dit (Fig. 2, *Xylophage noir*, grossi) et le genre *Cœnomyie* (*Cœnomyia*). Le premier a été ainsi nommé parce que ses larves vivent dans les parties cariées ou humides des arbres. La *Cœnomyie ferrugineuse* répand une forte odeur de mélilot qui dure même longtemps après sa mort. — Les *Stratiomydes* ont, comme les Xylophages, des antennes de trois articles seulement; mais le dernier ne se compose que de cinq ou six anneaux; de plus, il porte presque toujours une soie ou un stylet. Leurs ailes sont toujours couchées l'une sur l'autre. Les larves des *Stratiomes* (*Stratiomys*) vivent dans l'eau, à la manière de celles des *Cousins*. Elles sont longues, aplaties, avec leurs derniers segments atténués en forme de queue terminée par des poils raides. Lorsqu'elles se métamorphosent, la peau de la larve se durcit, et sert de coque à la nymphe. Le *Stratiomes caméléon* (Fig. 3) est assez commun en France. Cet insecte est noir, avec l'extrémité de l'écusson jaune et trois taches citron de chaque côté du dessus de l'abdomen. Les espèces du genre *Sargue* (*Sargus*) sont remarquables par leurs couleurs métalliques. A l'état de larves, elles vivent dans la terre ou dans les bois pourris. Celle du *Sargue cuivreux*, fort répandu chez nous, vit dans les bouses de vache.

Fig. 1.

Fig. 2.

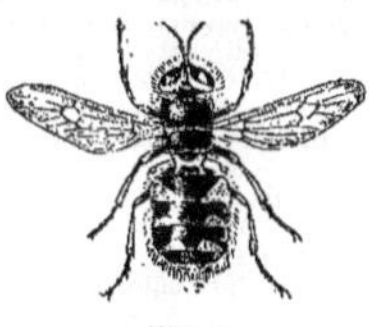

Fig. 3.

**NOTAGE.** s. m Opération qui consiste à noter des airs sur le mécanisme des pianos et orgues mécaniques.

**NOTAIRE.** s. m. (lat. *notarius*, de *nota*, note). — A Rome, on appelait *Scribes* (*Scribæ*), des greffiers payés par le Trésor public qui étaient surtout chargés de tenir les comptes de l'État, de transcrire les lois, de consigner dans des registres spéciaux les actes des différents magistrats, et de rédiger, de manière à assurer leur validité, les actes des citoyens qui avaient recours à eux. On désignait leurs fonctions par l'expression *scriptum facere*. Comme ils étaient très nombreux, ils étaient divisés en compagnies (*decuriæ*), et se distinguaient en *scribæ quæstorii, scr. ædilitii, scr. prætorii*, etc., suivant les magistrats auxquels ils étaient attachés. Tantôt l'emploi de scribe était à la nomination du magistrat dont il dépendait; tantôt il constituait un véritable office vénal. Ainsi, par ex., Tite-Live parle, dans un passage, d'un scribe nommé par un préteur, et, dans un autre, il se sert des termes *decuriam emere*, acheter une décurie, pour dire acheter un office de scribe. Les emplois de scribes étant accessibles à tout le monde, moyennant finance, du temps de Cicéron, la plupart étaient occupés par des affranchis et des fils d'affranchis : de là le peu d'estime dans lequel on tenait ces fonctions. Cependant Cicéron dit que les scribes formaient un corps très respectable. Or, il devait avoir de bonnes raisons pour parler ainsi, car il savait qu'il contrariait un préjugé populaire. Les scribes subsistèrent jusqu'à la fin de la république. Sous l'empire, on les remplaça par les *Tabellions* (*tabularii* et *tabelliones*), qui avaient pour attributions principales d'appliquer aux actes des particuliers les dispositions légales qui pouvaient en assurer la validité. Ces officiers formaient une corporation spéciale, et, pour être plus facilement accessibles à leurs clients, ils plaçaient ordinairement leurs bureaux aux abords des places publiques.

En France, rien n'est plus obscur que l'histoire du notariat jusqu'au règne de saint Louis. Cependant il est assez naturel de présumer qu'avant lui la fonction de constater et de rédiger les conventions intervenant entre les particuliers appartendit aux seigneurs, comme celle de rendre la justice, et qu'elle était de même remplie par leurs baillis. Saint Louis attacha au Châtelet de Paris 60 clercs qui furent, sous le titre de *Notaires royaux*, chargés de recevoir tous les actes de la juridiction volontaire. Cette institution eut de si bons résultats que Philippe le Bel l'étendit à toutes les terres de la couronne, et, par une ordonnance de 1302, défendit à tous les juges d'employer leurs greffiers aux fonctions du notariat, se réservant, ainsi que pour ses successeurs, le droit exclusif de nommer des notaires partout où besoin serait. Au mois de novembre 1542, un édit de François I^er^ créa, sous le nom de *Tabellions*, de nouveaux officiers publics, qui eurent pour fonctions de mettre en grosse et de sceller les actes des notaires. En 1575, Henri III créa encore, sous le titre de *Gardes-notes*, de nouveaux officiers publics auxquels, à la mort d'un n., toutes les minutes de ce dernier devaient être remises, et qui avaient pour mission de les conserver. Enfin en 1597, Henri IV remania toute la législation antérieure, et, supprimant les trois classes d'officiers institués par ses prédécesseurs, les remplaça par une classe unique dont les titulaires réunissaient les dénominations et les attributions des notaires, des tabellions et des gardes-notes. Les choses restèrent en cet état jusqu'à la Révolution. Le 6 octobre 1791, un décret de l'Assemblée constituante transforma les *notaires royaux* en *notaires publics*. Enfin, douze ans plus tard, la loi du 25 ventôse an XI (16 mars 1803) donna au notariat une organisation nouvelle, organisation qui subsiste encore aujourd'hui.

Suivant cette loi, « les notaires sont des fonctionnaires publics établis pour recevoir tous les actes et contrats auxquels les parties veulent donner le caractère d'authenticité attaché aux actes de l'autorité publique ; ils en assurent la date, en conservent le dépôt, et en délivrent des grosses et expéditions ». Ils sont tenus de prêter leur concours toutes les fois qu'ils en sont requis ; mais ils doivent le refuser pour les actes contraires aux mœurs et aux lois, pour ceux des mineurs ou interdits non assistés de leurs tuteurs, etc. La loi veut, sous peine de nullité, que les actes soient rédigés par deux notaires, ou par un n. assisté de deux témoins. A l'exception des actes de peu d'importance et d'un intérêt passager, elle veut aussi que le n. conserve la minute de tous les contrats qu'il a rédigés. Il est responsable de cette pièce et il la transmet avec la même responsabilité à tous ses successeurs. Il ne peut s'en dessaisir que dans des cas excessivement rares et seulement en vertu d'un jugement. Indépendamment des fonctions qui leur sont propres, les notaires peuvent être désignés par les tribunaux pour représenter les présumés absents, être commis aux partages ou concourir aux ventes judiciaires. Ils peuvent encore signifier certains actes extra-judiciaires, tels que les protêts et les actes respectueux, procéder aux ventes publiques de meubles, etc. Ils délivrent en outre les certificats attestant la propriété d'inscription au grand-livre, et les certificats de vie nécessaires aux pensionnés de l'État. Complétant l'ordonnance du 4 janvier 1843, le décret du 30 janvier 1890 astreint les notaires à une réglementation stricte, en ce qui concerne les dépôts d'argent faits entre leurs mains.

Dans chaque département, le nombre des notaires et leur résidence sont déterminés par le gouvernement, de manière que, dans les villes de 100,000 habitants et au-dessus, il n'y ait pas plus d'un n. par 6,000 habitants, et que, dans les autres villes, bourgs et villages, il n'y ait jamais moins de deux notaires par chaque ressort de justice de paix, ni plus de cinq. Ces officiers ministériels sont divisés en trois classes. La première comprend ceux qui résident dans les villes où siège une Cour d'appel ; ils ont le droit d'instrumenter dans tout le ressort de la Cour. La seconde comprend les notaires des villes qui possèdent un tribunal de première instance, et ils exercent dans l'étendue de son ressort. Tous les autres notaires composent la troisième catégorie. Chacun d'eux peut instrumenter dans toute l'étendue du canton où il réside. Tout n. sans exception est tenu de résider dans le lieu fixé par l'acte de sa nomination. Ce que nous venons de dire du ressort des notaires ne s'applique point aux parties. En effet, celles-ci sont libres de recourir au ministère de quelque n. que ce soit, et l'acte est valable, pourvu que le n. l'ait dressé dans l'étendue de sa circonscription.

Pour être admissible aux fonctions de n., il faut jouir de ses droits civils, être âgé de vingt-cinq ans accomplis, et justifier, sauf quelques exceptions spécifiées par la loi, d'un stage qui, en règle générale, doit être de six années entières et non interrompues, dont une des deux dernières au moins en qualité de maître clerc, chez un n. de la classe où l'on veut entrer. Il faut, en outre, produire un certificat de moralité et de capacité délivré par la chambre des notaires du ressort. Enfin, comme tous les officiers publics sont admis à présenter leurs successeurs, le candidat doit joindre à sa demande la démission du n. qu'il veut remplacer, le traité qui fixe les conditions auxquelles cette démission est donnée, et un état du produit de l'office pendant les cinq dernières années. En cas de décès, la présentation est faite par les héritiers. Dans le cas de destitution, c'est le gouvernement qui nomme d'office et qui fixe lui-même l'indemnité à payer aux ayants droit par le nouveau titulaire. Les notaires sont institués par un décret rendu sur le rapport du Ministre de la justice, qui est toujours libre de refuser le candidat présenté, s'il ne lui paraît pas offrir les garanties désirables. Enfin, avant d'entrer en fonctions, le nouveau n. est tenu de prêter serment et de verser le cautionnement fixé par la loi.

Les fonctions de n. sont incompatibles avec celles de juge, membre du parquet, greffier, avoué, huissier, avocat, commissaire-priseur, et toute autre fonction publique salariée. D'un autre côté, les attributions qui leur sont conférées par la loi leur appartiennent exclusivement, et aucune autre personne ne peut recevoir les actes dont la rédaction leur est attribuée. Quant aux honoraires auxquels les notaires ont droit, la loi du 20 juin 1896 porte qu'il doit en être dressé un tarif, au moyen de règlements d'administration publique, par ressort de cour d'appel. Un tarif spécial doit être dressé pour les notaires du département de la Seine. Pour les actes non compris dans le tarif, les frais doivent être, à défaut de règlement amiable entre les notaires et les parties, taxés par le tribunal de la résidence du notaire.

Sous le rapport disciplinaire, les notaires sont organisés par arrondissement. Les notaires de chaque arrondissement se réunissent, à certaines époques, en *Assemblées générales*. Ces assemblées peuvent faire des règlements sur les affaires qui intéressent la profession ; mais leur principale attribution est la nomination des membres qui doivent composer la *Chambre* ou *Conseil de discipline*. Ainsi que l'indique son nom, cette chambre est chargée de maintenir la discipline et de prononcer ou de provoquer à cet effet l'application des peines prévues par les lois et règlements. Elle a aussi pour mission de prévenir ou concilier tous différends, soit entre notaires, soit entre les tiers et les notaires, de délivrer ou de refuser les cerficats de capacité et de moralité aux aspirants, et de représenter la corporation sous le rapport de ses droits et de ses intérêts. Les chambres des notaires peuvent prononcer, suivant la gravité des cas, le rappel à l'ordre, la censure simple, la censure avec réprimande, la privation de voix délibérative dans les assemblées générales, l'interdiction de l'entrée de la chambre pendant trois ans au plus, ou six ans en cas de récidive. Quant à la suspension, à la destitution, et autres peines proprement dites, c'est aux tribunaux seuls qu'il appartient de les prononcer.

*Notaires apostoliques*. — Les premiers notaires ainsi nommés furent institués par le pape saint Clément, vers la fin du premier siècle, pour dresser et conserver les actes des martyrs. Plus tard, on désigna sous le même nom des officiers publics établis par les papes pour dresser les actes qui étaient relatifs aux matières ecclésiastiques. Enfin, lorsque la puissance pontificale fut devenue la puissance prépondérante de l'Europe, les notaires apostoliques acquirent le droit d'instrumenter dans tous les pays catholiques. C'est ainsi qu'ils furent admis en France, en Espagne et en Angleterre. A l'exemple du pape, les évêques instituèrent aussi, sous le nom de *Notaires épiscopaux*, *Notaires jurés de l'officialité*, etc., des officiers qui, à l'origine, furent d'abord uniquement chargés de rédiger les actes concernant les matières ecclésiastiques. Les uns et les autres ne tardèrent pas à sortir de leurs attributions, et à rédiger et recevoir toutes sortes d'actes. Les notaires royaux s'en étant plaints, un arrêt du parlement, en 1421, limita les attributions des notaires apostoliques aux choses purement spirituelles. Enfin, par un édit de décembre 1691, Louis XIV régla la matière concernant les notaires apostoliques. Aujourd'hui, il n'y a plus de notaires apostoliques qu'à Rome même, où ils sont chargés de faire toutes les expéditions en fait de matières ecclésiastiques. Il existe en outre au-dessus d'eux, sous le nom de *Collège des Protonotaires*, un corps de douze notaires dont les fonctions consistent à rédiger les procès-verbaux d'intronisation des papes, à transcrire toutes les délibérations et décisions des consistoires publics, et à en faire des expéditions. Ils ont rang de prélat et portent le violet. Le collège des protonotaires est le premier des collèges des prélats qui ne sont pas évêques.

**NOTALGIE.** s. f. (gr. νῶτος, dos; ἄλγος, douleur). T. Méd. Douleur à la région dorsale, sans phénomènes inflammatoires.

**NOTAMMENT.** adv. [Pr. *nota-man*]. Spécialement. *Il a accusé plusieurs personnes, et n. un tel. Il a cité plusieurs lois, et n. celle-là.*

**NOTARIAL, ALE.** adj. (lat. *notarius*, notaire). T. Prat. Qui appartient au notariat, qui concerne les notaires.

**NOTARIAT.** s. m. [Pr. *nota-ria*] (bas lat. *notariatus*, m. s.) Charge, fonction de notaire.

**NOTARIÉ, ÉE.** adj. (lat. *notarius*, notaire). Passé devant notaire.

**NOTASIE,** partie de l'Océanie, au S.-E. de l'Asie : on l'appelle aussi *Malaisie*. Voy. ces mots.

**NOTATION.** s. f. [Pr. ...*sion*] (lat. *notatio*, m. s.). Action, manière d'indiquer, de représenter par des signes convenus. *N. musicale. N. prosodique. — N. algébrique.* Voy. ALGÈBRE. — *N. chimique*, expression des éléments d'un composé par les initiales des éléments composants et les nombres d'atomes. Voy. CHIMIE et NOMENCLATURE.

**Mus.** — La *Notation musicale* est cette partie de la science qui s'occupe de la représentation des sons au moyen de signes spéciaux. Ces signes se rapportent à l'*intonation*, à la *durée* et à l'*expression*. Les deux premières catégories de signes sont absolument indispensables; car il ne suffit pas de connaître le son que représente tel ou tel signe, il faut en connaître la durée et pouvoir la mesurer.

I. — Les *signes d'intonation* sont de trois espèces, les *notes*, les *clefs* et les *accidents*.

Les *Notes* sont les signes particuliers de chaque son. On leur donne des formes un peu diverses; mais la diversité qu'elles présentent, quant à leur figure, ne se rapporte pas à l'intonation : c'est la position assignée aux notes relativement les unes aux autres qui détermine leur signification, quant au son. A cet effet, on dispose sur le papier cinq lignes parallèles dont la réunion constitue ce qu'on appelle une *Portée*, et les notes se placent tantôt sur les lignes, tantôt dans les interlignes :

La note placée sur la ligne inférieure de la portée représente un son comparativement plus grave que celles qui occupent d'autres positions sur la même portée. Ainsi, la note qui est entre la première et la deuxième ligne exprime un son plus élevé que celle qui est sur la première; la note placée sur la seconde ligne représente une intonation plus élevée encore, et ainsi de suite. Si donc nous appelons *ré* la note placée immédiatement au-dessous de la première ligne de la portée (on nomme ces lignes en commençant par en bas), nous donnerons le nom de *mi* à la note écrite sur la première ligne, celui de *fa* à la note placée dans le premier intervalle, et ainsi de suite, en suivant l'ordre de la gamme. Dans l'exemple ci-dessus, la série des notes sera donc *ré, mi, fa, sol, la, si, ut, ré, mi, fa, sol*. Il en sera de même si, au lieu d'un *ré*, c'est un *fa*, un *mi* ou toute autre note qui se trouve placée au-dessous de la première ligne. La portée offre donc à l'œil une figure qui représente une échelle ascendante et descendante. Lorsque les cinq lignes de la portée deviennent insuffisantes pour la représentation des sons que l'on veut exprimer, et c'est ce qui a lieu pour tous les instruments, ainsi que pour un grand nombre de voix, on ajoute des fragments de ligne à la portée, soit au-dessus, soit au-dessous, au fur et à mesure du besoin, et on les supprime lorsqu'ils cessent d'être utiles. Ces *lignes supplémentaires* forment de nouveaux interlignes sur lesquelles on pose aussi des notes, comme on le voit par l'exemple ci-après :

Nous venons de dire qu'une note placée sur une ligne ou dans un interligne de la portée pouvait recevoir différents noms et représenter des sons différents.

Les *Clefs* ont pour objet de nous faire connaître quel son particulier représente chaque note dans la gamme donnée. En effet, toute note placée sur la même ligne que la clef prend le nom de cette clef, et sert de point de comparaison pour nommer toutes les autres notes. On emploie trois sortes de clefs, qu'on nomme *clef de fa, clef d'ut* et *clef de sol*, et dont la figure n'est qu'une simple altération des lettres gothiques *f, c* et *g*. Chacune de ces clefs peut occuper plusieurs positions sur la portée, savoir : la clef de *fa*, deux, la clef d'*ut*, quatre, et la clef de *sol*, deux. Cependant, aujourd'hui on n'emploie guère que la clef de *fa* sur la 4e ligne, la clef de *sol* sur la 2e ligne, et la clef d'*ut* sur la 1re ligne, sur la 3e et sur la 4e, comme le montre l'ex. ci-dessous. La note qui accompagne chaque clef est un *ut*; c'est

l'*ut* grave de la voix de femme, ou l'*ut* qui est à la sixte inférieure du *la* du diapason. Ces cinq positions représentent donc un son identique ou du même nombre de vibrations. On comprend, d'après cela, que la clef de *sol* doit servir pour les voix et les instruments qui donnent les sons les plus aigus, la clef de *fa* pour les voix et les instruments les plus graves, et les clefs d'*ut* pour les voix et les instruments intermédiaires.

Les *Accidents* sont des signes qui, dans la gamme diatonique, indiquent le déplacement momentané du lieu ordinaire où se rencontrent les demi-tons. Ce déplacement s'opère, soit en élevant la note inférieure d'un demi-ton, soit en abaissant la note supérieure d'une semblable quantité. Dans le premier cas, on place le signe ♯, appelé *Dièse*, devant la note altérée; dans le second, on fait usage d'un autre signe ♭, nommé *Bémol*. Leur effet cesse par l'apposition d'un nouveau signe ♮, appelé *Bécarre*, qui remet la note diésée ou bémolisée dans son état primitif. Lorsqu'on veut que l'effet des dièses ou des bémols s'étende à tout un morceau de musique, on dispose ces signes, dans un ordre convenu, à la suite de la clef : c'est ce qui s'appelle *armer la clef*. Si les notes modifiées par l'armure doivent être ramenées à leur position primitive dans le cours du morceau, on emploie le bécarre. Si, au contraire, elles doivent être de nouveau élevées ou abaissées d'un demi-ton dans le sens où elle l'ont déjà été, on se sert du *double dièse* ✕ et du *double bémol* ♭♭.

II. — Toute mélodie se compose de deux choses : d'une succession de sons faisant des intervalles divers, et d'une suite de *durées* variables appliquées aux sons que l'on chante. On exprime la durée relative des notes par certaines modifications qu'on fait subir à la forme, soit de leur *tête*, soit de leur *queue*. La note qui a la durée la plus longue étant représentée par ○, que l'on appelle une *Ronde*, on a d'abord, en la partageant en deux moitiés égales, les deux notes, qu'on nomme *Blanches* : en conséquence, on dit que deux blanches valent une ronde, ou qu'une ronde vaut deux blanches. Si, au contraire, on divise la ronde en quatre notes égales, chacune de celles-ci reçoit le nom de *Noire*. En continuant, on a successivement la *Croche*, la *Double croche*, la *Triple croche*, la *Quadruple croche*, etc., toute valeur de note étant toujours divisible par deux. Les durées exprimées par la blanche, la noire, la croche, jusqu'à la quadruple croche, sont donc des fractions de ronde exprimées par les fractions 1/2, 1/4, 1/8, 1/16, 1/32, 1/64. Dans la copie et dans la gravure, lorsque plusieurs notes de moindre durée que la noire se suivent sans interruption, on les attache ensemble par un trait simple, double, triple, etc., selon qu'il s'agit de croches simple, doubles, etc.

Mais les sons qui constituent un morceau de musique, soit vocale, soit instrumentale, ne se succèdent pas toujours immédiatement et sans interruption. La clarté de la phrase musicale, le besoin de varier les effets, et la nécessité de donner aux exécutants le temps de reprendre haleine, a fait introduire dans la musique des repos de durées différentes qu'on désigne sous le nom commun de *Silences*. De plus, ces silences devant être soumis à des règles de proportions semblables à celles des notes, on a imaginé de les diviser comme les figures de celles-ci et de les représenter par des signes de valeur correspondante. Or, de même qu'on avait pris la ronde pour unité de durée des notes, on adopta la *Pause* pour unité de durée des silences. La moitié de la pause reçut le nom de *Demi-pause*; la moitié de la demi-pause fut appelée *Soupir*. Enfin, du soupir on dériva le *Demi-soupir*, le *Quart de soupir*, le *Demi-quart* ou *Huitième de soupir*, le *Seizième de soupir*, etc. Les deux portées qui suivent indiquent la correspondance des silences et des notes quant à leur durée.

On se servait autrefois de notes de forme carrée qu'on appelait des *carrées*. La carrée valait deux rondes; on l'appelait aussi *brève*, et la ronde était appelée *semi-brève*. Cette notation est encore employée pour le plain-chant qui s'écrit avec des conventions un peu différentes des précédentes. Voy. PLAIN-CHANT.

La musique ne consiste pas en une simple succession de

sons ou de silences : ce qui la caractérise essentiellement, c'est le phénomène de la périodicité. Pour que l'oreille se reconnaisse dans cette succession, il est indispensable qu'elle perçoive à des intervalles égaux un son plus fort qui lui sert, pour ainsi dire, de jalon ou de point de repère. Or l'intervalle qui sépare un son fort d'un autre son fort est ce qu'on appelle une *Mesure*, et selon que la note prise pour unité de durée se reproduit deux ou trois fois dans cet intervalle, on dit que la mesure est *binaire* ou *ternaire*. L'unité de durée elle-même reçoit le nom de *Temps*; de là la distinction de la *mesure à deux temps* et de la *mesure à trois temps*. Quant à la mesure dite *à quatre temps*, elle n'est en réalité qu'une double mesure à deux temps. Dans la mesure à deux temps, on observe une succession régulière d'un *temps fort* et d'un *temps faible*; dans celle à trois temps, le *temps fort* est suivi de deux *temps faibles*. Dans la n. musicale, chaque mesure est indiquée par une *barre verticale* : aussi les musiciens, confondant le signe avec la chose signifiée, définissent-ils communément la mesure, l'espace qui se trouve compris entre deux barres de séparation. Le signe indicatif de la mesure d'un morceau se place en tête du morceau, à la droite de la clef. La mesure à deux temps s'exprime par le signe C ou par le chiffre $\frac{2}{4}$; celle à quatre temps par le même signe traversé d'une barre ₵. Si la mesure est à trois temps, le signe est 3 ou $\frac{3}{4}$. Cependant on fait encore usage de plusieurs autres signes, tels que $\frac{1}{4}, \frac{3}{4}, \frac{6}{4}, \frac{9}{4}, \frac{12}{4}, \frac{2}{8}, \frac{3}{8}, \frac{6}{8}, \frac{9}{3}, \frac{12}{3}$. Ces symboles fractionnaires ont pour objet de faire connaître quels sont les éléments de la mesure; ils indiquent que l'espace compris entre deux barres renferme deux quarts, trois quarts, six quarts, douze quarts de ronde (la ronde, comme nous l'avons vu, est considérée comme l'unité de durée), ou deux huitièmes, trois huitièmes, six huitièmes, douze huitièmes de la même unité. Parmi ces quantités, celles qui sont susceptibles d'être divisées par deux, comme $\frac{2}{4}, \frac{6}{4}, \frac{2}{8}, \frac{6}{8}$, appartiennent à la mesure à deux temps, qui se marque en levant et en baissant alternativement la main. Ce sont les mesures du système *binaire*. Celles qui ne peuvent être divisées que par trois, comme $\frac{3}{4}, \frac{9}{4}, \frac{3}{8}$ et $\frac{9}{8}$, sont de l'espèce des mesures à trois temps où la main fait trois mouvements, l'un en baissant, le second à droite et le troisième en levant. Ce sont les mesures du système *ternaire*. Enfin les quantités $\frac{12}{9}$, et $\frac{12}{8}$, qui peuvent se diviser par quatre, appartiennent à la mesure à quatre temps, qui se bat par quatre mouvements de la main, en baissant, à gauche, à droite et en levant. Ces mesures se ramènent au système *binaire*.

On donne le nom de *Point augmentatif*, ou simplement de *Point*, à un signe d'abréviation qui, placé à la suite d'une note quelconque, indique que cette note doit être prolongée de la moitié de sa durée ordinaire. Ainsi, par exemple, une blanche suivie d'un point 𝅗𝅥. équivaut en durée à une blanche plus une noire. Après une noire, il représente une croche, et ainsi de suite. Quand une note est suivie de deux points, le second point augmente la valeur du premier de la même manière que celui-ci avait augmenté la durée de la note. Ainsi, une blanche suivie de deux points 𝅗𝅥.. équivaut à une blanche, une noire et une croche. Le point a le même effet à la suite des silences. Il arrive encore assez fréquemment que trois notes quelconques ne doivent avoir que la durée de deux notes du même nom : dans ce cas, on donne à ce petit groupe de notes le nom de *Triolet*, et on le signale au moyen du chiffre 3. Deux triolets réunis ensemble portent le chiffre 6 et s'appellent *Sixains* ou *Sixtolets*.

III. — Les signes d'expression sont les *Accents*, le *Lié*, le *Détaché*, etc. Les *accents* (Voy. ce mot) servent à indiquer les variations d'intensité que l'on doit donner à une ou à plusieurs notes. Le *Lié* indique qu'une série de sons plus ou moins étendus doit être *coulée*, c.-à.-d. rendue, dans le chant par un seul coup de gosier; dans les instruments, par un seul coup de langue, d'archet, etc. Ce signe a la forme d'une ligne courbe et s'appelle *Liaison* ou *Ligature*. (Cette ligature s'emploie aussi pour réunir en une seule articulation deux notes de même valeur tonale, qui en raison de la coupe de la mesure, ne sauraient être exprimées par une note unique ou par une note suivie d'un point : dans ce cas, la ligature fait la fonction de signe de durée.) Lorsque, au contraire, une série de notes doit être *détachée*, c.-à-d. lorsque chacune d'elles doit être articulée bien distinctement, on les surmonte d'un *Point*. Enfin, si l'on veut que cette articulation ait une grande vigueur, on allonge les points en forme de clous.

Les autres signes d'expression concernent plus spécialement l'agrément du chant, et consistent le plus souvent en *petites notes* qui s'intercalent dans l'exécution. Voy. APPOGIATURE, GRUPPETTO, TRILLE, etc.

IV. — On fait encore usage, dans la musique, de différents signes de convention qui remplissent des indications diverses, et qui sont proprement des symboles abréviatifs. Nous nous contenterons de citer les *barres obliques*, les *doubles barres* et le *renvoi*. Les *Barres obliques* sont simples, doubles, triples ou quadruples, et se placent après des traits en croches simples, doubles, triples ou quadruples, pour indiquer qu'il faut répéter ces traits autant de fois qu'il y a de groupes de barres. La *Double barre* verticale traverse la portée, et se place à la fin et quelquefois dans le courant d'un morceau de musique. Elle indique que la pièce est terminée, soit dans son entier, soit dans une de ses parties. Lorsque la double barre est accompagnée de points tant à droite qu'à gauche, ces points avertissent l'exécutant qu'arrivé là, il doit reprendre depuis le commencement ou depuis la dernière double barre avec points qu'il aura rencontrée. Il doit ensuite poursuivre jusqu'à une double barre, également accompagnée

de points et reprendre à la précédente. Si les points ne sont placés que d'un seul côté de la barre soit à droite, soit à gauche, on répète seulement la partie du morceau vers laquelle ils se trouvent. Le *Renvoi* 𝄋 annonce la répétition d'un nombre quelconque de mesures. Son apparition dans un morceau de musique renvoie à un signe semblable, marqué précédemment, où doit se reprendre la continuation du morceau jusqu'à la rencontre du signe final.

V. — Nous n'essaierons pas de débrouiller l'histoire fort obscure de l'invention du système de n. musicale que nous venons d'exposer. Ce système en effet s'est formé progressivement et par additions successives, sans qu'une conception générale ait présidé à sa formation. De là son extrême complication et l'absence de corrélation entre ses diverses parties. Pour n'en citer qu'un exemple, n'y a-t-il pas lieu de s'étonner quand on voit, dans une simple série de deux gammes, les notes qui se trouvent à l'octave l'une de l'autre occuper des positions différentes sur la portée, tandis que, comme l'a fait observer Fourier, il eût suffi de donner six lignes à la portée, en les divisant en deux groupes, pour éviter cet inconvénient et pour, en même temps, simplifier beaucoup la solmisation.

ut ré mi fa sol la si ut ré mi fa sol la si

Enfin on a essayé de substituer à la notation ordinaire un système dont l'invention est due à Sonhaitry et qui est essentiellement fondé sur l'emploi des sept premiers chiffres pour représenter les sept sons de la gamme diatonique. Préconisée au XVIII$^e$ siècle par J.-J. Rousseau, perfectionnée par Galin (1818) et par Aimé-Paris (1829), puis vulgarisée par Chevé, cette méthode est devenue la base d'un enseignement dont le succès est loin d'être définitif.

Les notes *ut ré mi fa sol la si* sont représentées par les chiffres **1 2 3 4 5 6 7**. Cette n. s'emploie pour la gamme du médium de la voix du chanteur ; quant le chant passe à l'octave supérieure ou à l'octave inférieure le chiffre est marqué d'un point au-dessous et au-dessus, $\underset{.}{1}\,\underset{.}{2}\,\underset{.}{3}\,\underset{.}{4}\,\underset{.}{5}\,\underset{.}{6}\,\underset{.}{7}$ et $\dot{1}\,\dot{2}\,\dot{3}\,\dot{4}\,\dot{5}\,\dot{6}\,\dot{7}$. Les notes de la première des gammes qui précèdent sont diésées, celles de la dernière sont bémolisées. Le double dièse et le double bémol sont représentés par une double barre. Le bécarre devient inutile. Enfin on écrit en tête du morceau la tonique, c.-à-d. la note à laquelle on donnera le *nom d'ut*. Pour les silences, tous sont également indiqués par le 0, lequel se répète autant de fois qu'il est nécessaire. Comme dans la n. ordinaire, les mesures sont séparées par une barre verticale. La manière d'exprimer ses durées est assez simple. Tout signe isolé représente une unité de temps. Or, l'unité de temps peut être : un son articulé, une prolongation, un silence. Le son articulé s'exprime par un chiffre. La prolongation d'un son par un point, le silence par un zéro. Les diverses parties de l'unité de durée sont toujours réunies en un seul groupe, sous une barre horizontale, et un groupe quelconque contient toujours les deux ou les trois parties de l'unité, jamais plus, jamais moins. Ainsi, les moitiés s'écrivent $\overline{12}$ ; les tiers $\overline{123}$. En outre, comme l'oreille n'apprécie que les divisions binaires ou ternaires, les dérivés des moitiés et des tiers s'écrivent de la manière qui suit : dans la souche binaire, pour les quarts $\overline{\overline{12}\,\overline{34}}$, pour les sixièmes $\overline{\overline{123}\,\overline{432}}$ ; dans la souche ternaire, pour les sixièmes $\overline{\overline{12}\,\overline{34}\,\overline{32}}$ ; pour les neuvièmes $\overline{\overline{123}\,\overline{432}\,\overline{345}}$. En continuant l'application de ce procédé, on arrive à exprimer les huitièmes, $\overline{\overline{\overline{12}\,\overline{34}}\,\overline{\overline{54}\,\overline{32}}}$ ; les dix-huitièmes, $\overline{\overline{\overline{123}\,\overline{454}}\,\overline{\overline{323}\,\overline{454}}\,\overline{\overline{323}\,\overline{432}}}$ ; les vingt-septièmes, $\overline{\overline{\overline{123}\,\overline{454}\,\overline{323}}\,\overline{\overline{432}\,\overline{123}\,\overline{454}}\,\overline{\overline{323}\,\overline{432}\,\overline{345}}}$, et ainsi de suite. Il en est de même pour les points et les zéros.

On voit que ce système s'il est aussi ingénieux, n'est guère moins compliqué que le système ordinaire. Il ne simplifie pas assez pour rendre la lecture musicale véritablement facile. De plus, il est inférieur sur un point fort important : le monotone alignement de chiffres de la méthode chiffrée qui traduit la pensée musicale donne bien moins l'idée de l'allure générale d'un morceau que les échelles ascendantes et descendantes de points dans la notation classique.

**NOTE.** s. f. (lat. *nota*, m. s.). Marque que l'on fait en quelque endroit d'un livre, d'un écrit, *Mettre une n. à la marge d'un livre. J'ai mis une n. sur mon exemplaire pour retrouver ce passage.* || Remarque, commentaire sur un passage d'un écrit, d'un livre. *On a fait imprimer ce poëme avec des notes. Les notes sont renvoyées à la fin du volume.* — Observation qu'on fait sur un mot, sur une phrase. *Il faut mettre ce mot dans le dictionnaire, avec la n.* vieux, bas, etc. = Extrait sommaire, indication succincte. *Remettez-moi une n. de votre affaire afin que je ne l'oublie pas. Prenez n. de cette commission. Les agents de change doivent tenir n. de toutes les négociations qu'ils effectuent. Envoyez-moi la n. de ce que je vous dois.* — Se dit aussi absol., dans ce dernier sens, *Je viens de recevoir la n. de mon tailleur.* || Indication, communication officielle sur un point déterminé. *Il a paru une n. à l'agence Havas, au Journal officiel.* || Indication donnée par un maître sur la conduite, le travail d'un élève ou par un chef sur le travail, la capacité de ses subordonnés. || *N. d'infamie*, ou simpl., *Note*, Flétrissure morale imprimée à quelqu'un par un jugement qui emporte une certaine peine. *Autrefois, le blâme en justice était une n. infamante.* — Par extens., se dit de toute atteinte portée à l'honneur et à la réputation de quelqu'un, et qui résulte soit d'une action blâmable, soit de l'exercice d'une profession honteuse. *Son inexplicable conduite dans cette affaire est une n. dans sa vie. Il a été espion de police ; c'est une n. qu'il n'effacera jamais.* || T. Mus. *Note* se dit des caractères dont on se sert dans l'écriture musicale, pour représenter les sons, et des sons représentés par ces caractères. *Cet enfant connaît déjà toutes ses notes. Il n'observe pas la valeur des notes.* — *Chanter la n.*, Solfier, On dit aussi, *Ce musicien chante la n.*, Il chante juste, mais sans expression. — Fig. et fam., *Chanter toujours sur la même n.*, Dire toujours la même chose, proposer toujours le même expédient. *Changer de n.*, ou *Chanter sur une autre n.*, Changer de façons d'agir ou de parler. *Cela change la n.*, Cela change l'état des choses.

**Diplom.** — En Diplomatie, on donne le nom de *Note* à toute communication écrite entre agents diplomatiques : c'est en général par un échange de notes qu'on arrive à la conclusion d'une négociation. Les notes actuellement en usage sont ordinairement écrites à la troisième personne, mode qui laisse toute latitude pour le fond même de la rédaction, soit qu'il s'agisse de simples communications, soit qu'il y ait lieu de suivre une négociation proprement dite. Les réponses que l'on fait aux notes s'expédient habituellement dans la même forme. Quand un agent diplomatique reçoit de son gouvernement l'ordre exprès de faire une communication par écrit, il remet une *N. signée*, qu'on appelle *N. officielle*, ou simplement *Office*. Dans le cas où la nature de la communication exige une précision plus grande que celle dont est susceptible une simple communication verbale, laquelle d'ailleurs peut s'effacer plus ou moins de la mémoire, l'agent peut remettre, sous forme d'un simple exposé, une n. non signée, qui prend le nom de *N. verbale* ou de *N. confidentielle*.

**NOTENCÉPHALE.** adj. et s. [Pr. *no-tan-sé-fa-le*] (gr. νῶτος, dos, et fr. *encéphale*). T. Térat. Se dit des monstres dont le cerveau fait hernie et s'appuie sur les vertèbres dorsales ouvertes postérieurement.

**NOTER.** v. a. (lat. *notare*, m. s., propr. faire connaître, de *notus*, connu). Faire une note sur quelque chose. *J'ai noté deux passages dans ce poëme. J'ai noté cette pensée sur mes tablettes.* || Fig., Remarquer. *Notez bien cela. Notez que c'est son ennemi. Ce fait est bon à n.* || Fig., Marquer d'une manière défavorable. *Cette action le note bien mal dans mon esprit. — Ce jugement l'a noté d'infamie.* || T. Musiq. Écrire de la musique avec les caractères destinés à cet usage. *N. un chant, un air.* = Noté, ée. part. || *Homme noté*, Qui a une mauvaise réputation, méritée par quelques fautes qui ont fait de l'éclat.

**NOTÈRE.** s. m. (gr. νοτερός, humide). T. Entom. Genre

d'Insectes *Coléoptères* aquatiques appartenant à la famille des *Dytiscides*.

**NOTEUR.** s. m. (R. *noter*). Copiste de musique. Inus.

**NOTHOCHLÈNE.** s. m. [Pr. *noto-klène*] (gr. νόθος, faux; χλαῖνα, tunique). T. Bot. Genre de Fougères (*Notochlæna*) de la famille des *Polypodiacées*. Voy. ce mot.

**NOTHOMB** (baron). Homme d'État et diplomate belge (1805-1881).

**NOTICE.** s. f. (lat. *notitia*, m. s., de *notum*, sup. de *noscere*, connaître). Livre, traité où l'on donne une connaissance particulière des dignités, des charges, des lieux, des chemins d'un royaume, d'une province, d'un pays. *La n. de l'Empire. La n. des Gaules.* || Indication, extrait raisonné qui se met à la tête d'un manuscrit, pour faire connaître l'auteur, le temps où il a vécu, et pour donner une idée générale de l'ouvrage. *On travaille à faire les notices des manuscrits de la Bibliothèque.* || Par ext., Compte rendu succinct que l'on fait d'un ouvrage quelconque. *Ce journal contient de bons extraits et des notices exactes.* — *N. historique, biographique*, Écrit de peu d'étendue contenant les principales circonstances de la vie d'un écrivain, d'un savant, d'un artiste, etc. *N. nécrologique*, Celle qui a pour sujet un personnage mort depuis peu de temps. || T. Libr. Liste imprimée des livres d'un cabinet, quand elle n'est pas assez étendue pour s'appeler Catalogue. *On vient de distribuer la n. des livres de monsieur un tel.*

**NOTIER.** s. m. [Pr. *no-tié*]. T. Pêche. Mousse qui détache les noues ou les nauts de la grosse arête dans la préparation des morues.

**NOTIFICATIF, IVE.** adj. Qui sert à notifier.

**NOTIFICATION.** s. f. [Pr. .... *sion*]. Action de notifier, acte par lequel on notifie.

**NOTIFIER.** v. a. (lat. *notificare*, m. s., de *notus*, connu, et *ficare*, faire). Donner connaissance de quelque chose dans les formes légales ou juridiques. *Le ministère public doit faire n. à l'accusé la liste du jury vingt-quatre heures avant les débats. Cet acte doit être notifié. On lui notifia qu'il eût à quitter la ville dans les vingt-quatre heures. L'ambassadeur a notifié les ordres dont il était chargé.* = NOTIFIÉ, ÉE. part. = Conj. Voy. PRIER.

**Syn.** — *Signifier.* — *Notifier* veut dire simplement faire savoir; *signifier* ajoute à cette idée celle d'injonction à se soumettre à la volonté, à l'ordre, à la loi que l'on fait connaître. Un prince *notifie* aux autres princes son avènement au trône; il *signifie* ses volontés à ses ministres. On *notifie* un jugement à un tiers qui y a intérêt; on le *signifie* à celui contre lequel il a été rendu.

**NOTIODE.** adj. f. [Pr. *no-tio-de*] (gr. νοτιώδης, humide). T. Méd. *Fièvre n.*, nom ancien d'une fièvre grave avec déjections alvines et sueur.

**NOTION** s. f. [Pr. *no-sion*] (lat. *notio*, m. s., de *notum*, sup. de *noscere*, connaître). Connaissance, idée qu'on a d'une chose. *N. claire, distincte, précise, faible, vague, confuse, imparfaite. Il vous donnera des notions sur cette matière. Je n'en ai aucune n. Je n'en ai pas la première n., la moindre n.* = Syn. Voy. IDÉE.

**NOTIOPHILE.** s. m. (gr. νοτία, humidité; φίλος, ami). T. Entom. Genre d'Insectes *Coléoptères*. Voy. CARABIQUES.

**NOTOCORDE.** s. m. (gr. νῶτος, dos, et fr. *corde*). T. Zool. La N. ou *corde dorsale* est un cordon cellulaire qui se forme au-dessous du système nerveux chez les animaux vertébrés. C'est autour d'elle qu'apparaissent les vertèbres; aussi disparaît-elle peu à peu au fur et à mesure que ces os se développent. Chez les vertébrés les plus inférieurs, tel que l'Amphioxus, la n. persiste pendant toute la vie, mais elle s'entoure d'une gaine fibreuse qui représente tout le squelette de l'animal. Chez les *Poissons cartilagineux*, la gaine de la n. devient cartilagineuse à l'état adulte et se segmente en parties distinctes appelées vertèbres. Chez tous les autres vertébrés, ces segments deviennent osseux, mais, en même temps, la n. s'atrophie de plus en plus au fur et à mesure qu'on s'élève dans l'échelle animale. Chez l'homme adulte, on en retrouve encore des traces dans le centre du corps de chaque vertèbre.

**NOTODONTE.** s. m. (gr. νῶτος, dos; ὀδούς, ὀδόντος, dent). T. Entom. Genre d'Insectes *Lépidoptères*. Voy. BOMBYCITES.

**NOTOIRE.** adj. 2 g. [Pr. *no-touare*] (lat. *notorius*, m. s., de *notus*, connu). Public, manifeste, connu d'une manière générale. *Le fait est n. C'est une vérité n., Preuve n. Rendre n.* || *Art n.*, Art prétendu de communiquer par des cérémonies magiques la connaissance complète et soudaine de toutes choses. = Syn. Voy. MANIFESTE.

**NOTOIREMENT.** adv. [Pr. *no-toua-reman*]. Évidemment, manifestement. *Cela est n. vrai, n. faux. Il est n. coupable de ce crime.*

**NOTOMÈLE.** adj. 2 g. et s. m. (gr. νῶτος, dos; μέλος, membre). T. Térat. Monstres qui présentent un ou deux membres accessoires sur le dos.

**NOTONECTE.** s. m. **NOTONECTIDES.** s. f. pl. (gr. νῶτος, dos; νηκτής, nageur). T. Entom. Genre et tribu d'Insectes *Hémiptères*. Voy. HYDROCORISES.

**NOTOPHORE.** adj. 2 g. et s. m. (gr. νῶτος, dos; φόρος, qui porte). T. Térat. Monstres avec poche dorsale provenant d'un spinabifida très prononcé.

**NOTOPTÈRE.** s. m. (gr. νῶτος, dos; πτέρον, aile). T. Icht. Genre de *Poissons osseux*. Voy. CLUPES.

**NOTORIÉTÉ.** s. f. (lat. *notorius*, notoire). Connaissance publique d'une chose de fait. *Il est de n. que... Cela est de n. publique, de toute n.* — *Acte de n.*, Voy. ACTE. || *Avoir de la n.*, être avantageusement connu.

**NOTORRHIZÉES.** s. f. pl. [Pr. *notor-rizé*] (gr. νῶτος, dos; ῥίζα, racine). T. Bot. Nom donné autrefois à une subdivision de la famille des Crucifères comprenant les espèces dont les cotylédons sont appliqués à la partie dorsale ou convexe de la radicule.

**NOTRE.** adj. possess. 2 g. qui fait *Nos* au plur. (lat. *noster*). Qui est à nous, qui nous appartient, qui est relatif à nous. *N. père. N. patrie. Nos aïeux. Nos amis. Nos biens. Un de nos plus grands poètes.* || S'emploie quelquefois au lieu de *Mon*, soit dans le langage popul., *N. ménagère, N. maître;* soit dans certaines formules officielles en usage dans le style de la chancellerie et des affaires ecclésiastiques, *N. conseil d'État entendu, N. officialité consultée.*

**NÔTRE.** pron. possess. 2 g. qui fait *Nôtres* au plur. (lat. *noster*, nôtre). Qui est à nous. Se dit par rapport à une personne ou à une chose dont on a déjà parlé, et reçoit ordinairement l'article. *C'est votre avis, ce n'est pas le n. Leur famille est alliée de la n. Vous avez vos raisons et nous les nôtres. Vos intérêts sont les nôtres.* — Familièr., *Nous pouvons compter sur lui, il est n.*, Il est de notre parti, il nous est dévoué. *Ces effets sont nôtres*, ils nous appartiennent. || *Nôtre* s'emploie quelquefois comme subst. masculin, et signifie, Ce qui est à nous, ce qui nous appartient. *Nous défendons le n. Il n'y a rien du n. Le vôtre et le n., chacun le sien.* — *Dans le récit que nous vous avons fait, nous n'avons rien mis du n.*, Nous n'avons rien ajouté de notre invention. || *Nôtres*, au plur., se dit aussi subst., pour désigner ceux qui sont de notre famille, de notre pays, de notre parti, de notre compagnie, etc. *Nous devons aimer et secourir les nôtres. Les nôtres remportèrent la victoire. L'avantage fut d'abord du côté des nôtres. Il n'est pas des nôtres, il s'entend avec nos ennemis. Ne serez-vous pas des nôtres?* — Famil., *Nous avons bien fait des nôtres*, Nous avons fait beaucoup de folies, nous nous sommes bien divertis.

**NOTRE-DAME.** s. f. Fête de la sainte Vierge. *La Notre-Dame d'août, de septembre.* || Église consacrée à la sainte Vierge. *N.-D. de Paris.* || Se dit encore de certaines images de la Vierge qui sont l'objet d'une vénération particulière. *La N.-D. de Lorette.*

**NOTRE-DAME-DE-LIESSE**, village et commune du dép. de l'Aisne, 1,400 hab. Statue miraculeuse de la Vierge; nombreux ex-voto, en particulier un tableau donné par Louis XIII à Anne d'Autriche.

**NOTTINGHAM**, v. d'Angleterre, 212,700 hab. ch.-l. du comté de *Nottingham*, 391,500 hab.

**NOTULE**. s. f. (lat. *notula*, m. s. Dimin. de *nota*, note). Petite note.

**NOUAGE**. s. m. T Techn. Opération de tissage qui consiste à nouer un à un tous les fils nouveaux à l'extrémité de ceux qui ont été conservés dans le peigne et le remisse.

**NOUE**. s. f. T. Techn. (bas lat. *noccus*, m. s.; orig. germ.) L'angle rentrant formé par la rencontre des surfaces inclinées de deux combles. — Lame de plomb placée en pente dans la n. — Tuile creuse qui sert à laisser écouler les eaux. || T. Agric. Sol humide et gras, cultivé en prairie pour la pâture des bestiaux.

**NOUÉES**. s. f. pl. (R. *nouer*). T. Véner. Fientes que les cerfs jettent depuis la mi-mai jusqu'à la fin d'août.

**NOUEMENT**. s. m. [Pr. *nou-man*]. Action de nouer; ne se dit que dans la loc. *N. de l'aiguillette*.

**NOUER**. v. a. (lat. *nodare*, m. s., de *nodus*, nœud). Lier en faisant un nœud, faire un nœud à quelque chose, *N. un ruban. N. ses cheveux.* — Figur. et pop.,. *N. l'aiguillette*, Voy. AIGUILLETTE. || *Nouer* signifie encore envelopper une chose dans un linge et l'y retenir au moyen d'un nœud. *N. de l'argent dans le coin d'un mouchoir. Nouez cette poudre dans un linge et faites-la bouillir dans l'eau.* || Fig., *N. une partie*, Lier une partie. *N. amitié*, Lier amitié; vieux. *N. une intrigue*, Former une intrigue. *N. l'action, l'intrigue d'une pièce, d'un roman*, Former le nœud, l'obstacle qui donne lieu à l'intrigue. On dit encore, *Il a bien noué, mal noué sa comédie, sa tragédie*. = SE NOUER. v. pron. En parl. des arbres fruitiers, se dit, lorsque la fleur a été fécondée, du premier développement du fruit. *Les pommes, les pêches commencent à se n. C'est le temps où les fruits se nouent.* — On dit aussi, neutral, *N. Les abricots ne nouent pas encore.* = En parlant d'un enfant scrofuleux, on dit qu'*Il se noue*, lorsque les extrémités articulaires commencent à se gonfler. || En parl. d'une personne qui est atteinte de la goutte, on dit que *La goutte se noue*, que *La goutte est nouée*, lorsque des concrétions tophacées se forment ou se sont formées au pourtour des articulations. = NOUÉ, ÉE. part. *Les fruits sont noués. Cet enfant est noué. Cet homme est noué de goutte.* || T. Blas. se dit de la queue du lion terminée par un nœud ou houppe. — Pièces entourées d'un nœud d'un autre émail. || T. Chasse. *Chienne nouée*, devenue pleine. = Conj. Voy. JOUER.

**NOUET**. s. m. [Pr. *nou-è*]. Linge dans lequel on enferme, au moyen de quelques tours de fil, une substance qu'on veut faire bouillir ou infuser, et ensuite retirer à volonté.

**NOUETTE**. s. f. [Pr. *nouè-te*] (R. *noue*). T. Const. Tuile munie d'une arête sur un bord.

**NOUEUR, EUSE**. s. [Pr. *nou-eur, euze*]. Celui celle qui noue. || Fig. *N. d'aiguillette*, Celui qui passe pour nouer l'aiguillette. Voy. *Aiguillettes*.

**NOUEUX, EUSE**. adj. [Pr. *nou-eu, euze*]. Se dit d'un bois qui a beaucoup de nœuds. *Le hêtre n'est pas si n. que le chêne. Un bâton n.* — *Rhumatisme n.*, qui produit des nodosités.

**NOUGAT**. s. m. (lat. *nucatus*, fait de noix, de *nux, nucis*, noix). Espèce de gâteau qu'on fait le plus souvent avec des amandes et du caramel unis ensemble. *Du n. blanc de Provence. N. à l'italienne.* || Tourteau fait avec le marc de l'huile de noix, pour la nourriture des bestiaux.

**NOUILLES**. s. f. pl. [Pr. *nou-lle, ll* mouillées] (all. *nudel*, m. s.). Espèce de pâte faite avec de la farine et des œufs, et qui se coupe en forme de vermicelle. *Les n. sont un mets fort usité en Allemagne.* Dans les livres de cuisine on écrit quelquefois *Noules*.

**NOUKA-HIVA**, la plus grande des îles Marquises (Océanie); 1,200 hab. — Lieu de déportation après le Deux Décembre.

**NOULET** s. m. (R. *noue*). T. Techn. Canal pour l'écoulement des eaux fait avec des noues, c.-à-d avec des tuiles creuses, des lames de plomb courbées, etc. || Se dit aussi des petits chevrons qui forment le fond de la noue entre deux combles.

**NOUMÉA**, ch.-l. de la Nouvelle-Calédonie (Océanie), lieu de déportation (à la France); 4,000 hab. Cette ville a été fondée le 25 juin 1854, par le capitaine de vaisseau Tardy de Montravel.

**NOUMÉITE**. s. f. T. Minér. Silicate hydraté de magnésie et de nickel, sorte d'argile onctueuse, d'un vert foncé, que l'on trouve à Nouméa (Nouvelle-Calédonie).

**NOUMÈNE**. s. m. (gr. νοούμενον, chose pensée). T. Philos. Dans la philosophie de Kant le Noumène est la chose en soi, telle qu'elle existe indépendamment de tout être sensible capable de la connaître ou de la sentir. Le n. s'oppose au *phénomène* qui est l'ensemble des actions que la chose exerce sur notre sensibilité. L'expérience ne nous fait connaître que le phénomène, et le noumène échappe à toute connaissance expérimentale. La distinction du noumène et du phénomène est capitale dans la philosophie de Kant, et le problème fondamental de la philosophie est précisément de savoir si l'esprit humain peut, par la raison, atteindre le noumène inaccessible à la sensibilité. Kant résout le problème en déclarant que le Noumène est aussi inaccessible à la *raison pure*; mais que l'esprit peut néanmoins l'atteindre s'il admet les *postulats de la raison pratique*. Voy. CERTITUDE, PHILOSOPHIE.

**NOUR-EDDIN**, sultan d'Égypte au temps des Croisades (1118-1173).

**NOURET**. s m. [Pr. *nou-rè*]. Pâte épilatoire employée par les Arabes.

**NOURRAIN**. s. m. [Pr. *nou-rin*] (lat. *nutrimen*, action de nourrir). Synon. d'*Alevin*.

**NOURRICE**. s. f. [Pr. *nou-rise*] (lat. *nutricia*, m. s., de *nutrire*, nourrir). Femme qui allaite un enfant. *C'est une bonne n. Elle a été la n. de tous ses enfants.* || Se dit le plus souvent d'une femme qui allaite l'enfant d'un autre. *Mettre un enfant en n.*, Le donner à une n. hors de chez soi. *Retirer un enfant de n.*, Le retirer de chez la n. — *N. sur lieu*, qui allaite un enfant dans la maison de la mère. — *Enfant changé en n.*, auquel on a substitué un autre enfant pendant qu'il était chez la nourrice et Fig. Enfant qui n'a pas les mêmes goûts que son père. — *Payer les mois de n.* Les services de la nourrice, qui se paient d'ordinaire par mois et Fig. en parlant d'une personne qui veut se rajeunir : *Elle a trente ans sans compter les mois de n.* || Fig., se dit d'un territoire qui fournit à une ville, à un pays de quoi subsister. *La Sicile était la n. de Rome.*

**Méd.** — Le rôle de la n., dans l'éducation et la formation de l'enfant, est tellement important, que, malgré les prescriptions déjà données à l'article *Allaitement*, nous n'hésitons pas à développer ici un certain nombre d'entre elles. Les nourrices à gages, qui seules nous intéressent, se divisent en deux catégories : *les nourrices au sein et les nourrices sèches*. Les nourrices au sein allaitent l'enfant dans sa famille (n. sur lieux) ou l'emportent chez elles loin du foyer paternel. Pour le choix d'une n., il est inutile de poser des questions; le mieux est de voir et toucher autant qu'on le peut, et avec méthode, pour n'omettre l'examen d'aucun appareil important. La première chose à faire est d'observer le bébé de la n., de s'assurer d'abord qu'il est en bonne santé et ne présente aucune manifestation spécifique (muqueuse buccale et anale, plante des pieds et des mains); pour plus de garantie, il ne faut prendre qu'une n. accouchée depuis au moins 4 ou 5 mois, et repousser celle dont l'enfant présente un aspect chétif. Ceci posé, en dehors de la question de propreté, jugée sur l'habitus extérieur, l'examen médical doit porter sur différents points : les seins doivent être appréciés non pas tant par leur volume total que par celui de la glande mammaire, qu'on reconnaît à ses nodosités, aux veines nombreuses qui sillonnent la surface du sein, et par l'état des mamelons, qui doivent être longs et souples. L'examen général doit être fait ensuite : on doit rechercher les manifestations anciennes ou récentes de scrofule, le bon état de la dentition, l'état des amygdales, des poumons, du cœur, de l'appareil digestif; il devrait être usuel de pratiquer l'examen des organes génitaux, pour s'assurer qu'il n'y a point de lésion.

suspecte, pas de déchirure étendue du périnée, pas d'abaissement de l'utérus ou de lésions inflammatoires des annexes, susceptibles d'amener des métrorrhagies ou d'empêcher la n. de porter l'enfant. Cet examen fait, il faut instituer à la n. un régime approprié tant à sa santé qu'à ses habitudes antérieures, les modifications du régime alimentaire pouvant nuire à l'état général, et par suite à la sécrétion lactée. — La n. sèche ne donne pas le sein, et se charge simplement d'élever l'enfant à la campagne ou à la ville au biberon ou de toute autre manière artificielle. On n'a donc à rechercher chez elle aucune des qualités corporelles sur lesquelles nous avons insisté; ce qu'il faut lui demander, c'est une propreté très grande, une intelligence suffisante, et une docilité raisonnée, lui permettant d'obéir aux prescriptions données par le médecin au sujet de la nutrition de l'enfant, et qui souvent diffèrent des habitudes arriérées de nos campagnes.

A cette question des nourrices se rattache un chapitre important qui touche plus à l'hygiène qu'à la médecine proprement dite, mais n'en a pas moins son intérêt. Il s'agit de l'influence de l'industrie nourricière sur les populations. Le raccolement des nourrices, sorte de traite nouvelle des blanches, a des effets sociaux dont le public ignore malheureusement la portée. D'une part, les enfants de n. sont livrés à des nourrices mercenaires mal payées qui compromettent par des soins insuffisants la vie et la santé de ces pauvres petits êtres; d'autre part, l'absence prolongée et répétée de la femme relâche les liens de la famille, et permet aux maris de contracter des habitudes vicieuses, sans compter les goûts de luxe relatif que rapporte chez elle la femme, quand elle ne déserte pas, pour les satisfaire, le foyer conjugal. Enfin, il est certain que les avantages offerts aux filles-mères qui se placent à la ville encouragent trop souvent les paysannes à s'exposer à devenir enceintes pour se placer ensuite.

**Admin.** — Il a existé pendant longtemps à Paris, sous le nom de *Bureau des nourrices*, une institution de bienfaisance qui avait pour objet de procurer à la population de cette ville de bonnes nourrices à des prix modérés, de s'assurer de la manière dont elles remplissaient leurs devoirs, de fournir aux parents des informations exactes et fréquentes sur l'état de leurs enfants, et enfin de garantir aux nourrices le paiement de leurs salaires. Cette institution, qui datait des premières années du XVIII<sup>e</sup> siècle et dépendait, en dernier lieu, de l'administration de l'Assistance publique, a été supprimée dans le courant de l'année 1876. C'est comme annexe du service des secours pour prévenir les abandons d'enfants qu'a été organisé depuis cette époque le recrutement des nourrices pour les enfants pauvres. Quant aux bureaux particuliers, ils sont soumis à une étroite règlementation, depuis la loi du 23 décembre 1874, en ce qui concerne les conditions d'ouverture, le fonctionnement, la tenue de registres spéciaux, etc.

**NOURRICERIE.** s. f. [Pr. *nouri-serie*]. Mot plaisant forgé par Molière. Qualité de nourrice. || Établissement où l'on engraisse les bestiaux. || Lieu ou l'on élève des vers à soie.

**NOURRICIER.** s. m. [Pr. *nouri-sié*] (bas lat. *nutriciarius*, m. s.). Le mari de la nourrice. *Le n. d'un enfant.* On dit plus souvent adjectiv., *Le père n.* || Fig. et fam., *C'est son père n.*, se dit d'un homme qui en fait subsister un autre. *Cet homme était le père n. des pauvres.* = NOURRICIER, IÈRE. adj. Qui opère la nutrition, qui sert à la nutrition. *Le suc n. La sève nourricière.* || T. Anat. *Artères nourricières, conduits nourriciers des os*, Noy. Os. = Syn. Voy. NUTRITIF.

**NOURRIR.** v. a. [Pr. *nou-rir*] (lat. *nutrire*, m. s.). Au sens physiologique, Fournir aux diverses parties d'un corps organisé quelconque des matières susceptibles de s'assimiler à elles, pour réparer leurs pertes. *C'est le sang qui, après avoir reçu les produits de la digestion, va n. tous les organes du corps humain.* || Dans sa signification la plus ordinaire, *Nourrir* veut dire servir d'aliment, *Dieu a créé les fruits de la terre pour n. l'homme et les animaux. Les légumes ne nourrissent pas autant que la viande. Le pain nourrit beaucoup. Le vin nourrit.* || Dans un sens partic., signifie Allaiter. *Une mère qui nourrit son enfant est doublement sa mère. Elle lui a nourri trois enfants. Ma mère ne put me n. qu'à moitié, sa santé l'obligea de me confier à une nourrice* || Entretenir d'aliments. *Les enfants sont obligés de n. leur père et leur mère dans le besoin. Il nourrit et loge ses ouvriers pendant le temps de la vendange. Il ne nourrit pas ses domestiques, il leur donne leurs vivres en argent. Il nourrit bien, il nourrit mal ses domestiques. Si l'on veut que les chevaux travaillent bien, il faut les bien n. N. des bestiaux, des poulets.* — Par exagérat., on dit, *N'être pas nourri*, pour n'être pas suffisamment nourri, être mal nourri. *Les enfants ne sont pas nourris dans cette pension.* || Se dit d'un pays qui en fournit un autre de vivres; d'une terre, d'une profession qui fournit de quoi subsister à celui qui la possède, qui l'exerce. *La Sicile nourrissait Rome. Cette terre le nourrit lui et sa famille. Je veux un métier qui me nourrisse moi et mes enfants.* Prov., *Il n'y a si petit métier qui ne nourrisse son maître.* || Se dit aussi d'un pays, etc., par rapport aux êtres organisés qui l'habitent. *L'Afrique nourrit beaucoup d'animaux féroces. Cette terre nourrit une race d'hommes forts et courageux. Cette mer nourrit des poissons voraces et dangereux.* || Se dit encore de certaines choses où les plantes puisent diverses substances nécessaires à leur nutrition. *La bonne terre nourrit les plantes. Mettre du fumier au pied d'un arbre pour le n.* || Entretenir, maintenir dans son état. *Le bois nourrit le feu. La pommade nourrit les cheveux. On a amené plusieurs ruisseaux pour n. ce canal.* || Instruire, élever. *Il faut n. les enfants dans les sentiments de vertu et d'honneur. Il a été nourri dans la mollesse, dans les fatigues de la guerre.* — Fig. et prov., *Il nourrit un serpent dans son sein*, Il élève, il protège, il assiste un ingrat, un méchant qui le perdra, qui le ruinera quelque jour. || Fig., *L'étude, la lecture, la conversation des hommes éclairés nourrit l'esprit. N. son imagination de chimères. Les services mutuels nourrissent l'amitié. L'espérance nourrit l'amour. N. l'espoir, le mécontentement de quelqu'un. N. dans son âme une passion malheureuse. N. la haine dans son cœur. N. la discorde, les troubles.*

Je nourrissais encore un malheureux amour.

RACINE.

|| T. Peint. *N. un tableau de couleurs*, Mettre les couleurs avec une certaine abondance qui donne le moyen de les empâter. *N. le trait*, Éviter la maigreur et la sécheresse. || T. Techn. *N. un bain*, mettre dans un bain de teinture les ingrédients qui manquent. — *N. une teinte*, la charger de teinture. || T. Musiq. *N. les sons*, Faire qu'ils soient pleins et sonores, et les soutenir bien également pendant leur durée. || T. Fin. *N. une action*, Fournir un supplément de finance au capital d'une action. Vx. = SE NOURRIR. v. pron. Se dit dans plusieurs des acceptions précédentes tant au propre qu'au figuré *L'homme se nourrit de pain, de viande, de légumes, etc. Cet homme se nourrit bien. Il se nourrit de la lecture des bons livres. Se n. de saines doctrines. Se n. d'idées tristes* || *Cet enfant, cet animal se nourrit bien, se nourrit mal*, Les aliments lui profitent bien, ne lui profitent pas. || *Cet arbre n'a pas de quoi se n.*, Il est dans une mauvaise terre où il ne trouve pas de matériaux suffisants pour son développement. = NOURRI, IE. part. *Cet homme est bien nourri*, Il a beaucoup d'embonpoint; ne se dit que par plaisant. || *Ce blé, ce grain est bien nourri*, Il est bien plein, bien rempli. || Fig., *Un style nourri*, Un style riche, plein, abondant. *Un ouvrage nourri de pensées, de réflexions*, Un ouvrage où abondent les pensées justes, les réflexions profondes. *Un écrivain nourri des bons auteurs*, Qui montre une grande connaissance des bons auteurs. || Fig. et par extens. Élevé. *Nourri dans les camps, dans les alarmes, etc.*

Nourri dans le sérail, j'en connais les détours.

RACINE.

|| T. Calligr. *Cette lettre est bien nourrie*, Les traits qui la forment ont beaucoup de corps. *Elle n'est pas bien nourrie*, Elle est trop déliée. || T. Typ. *Un caractère nourri*, qui a du corps. || T. Arm. *Une fusillade nourrie*, composée de décharges nombreuses et fréquentes. || T. Peint. *Une couleur nourrie*, Une couleur bien empâtée, *Un trait nourri*, Un trait qui n'est pas trop fin. || T. Blas. *Pied nourri*, Pied d'arbre coupé. — *Fleur nourrie*, Fleur sans queue.

**Syn.** — *Alimenter.* — N. c'est proprement donner les aliments à l'enfant qui vient de naître. *Alimenter* est plus général au propre, mais *alimenter* est un mot technique; dans tous les sens fig. et d'extension *nourrir* s'emploie seul.

**NOURRISSABLE.** adj. 2 g. [Pr. *nouri-sable*]. Qui peut être nourri.

**NOURRISSAGE.** s. m. [Pr. *nouri-saje*]. T. Écon. rurale.

Ne se dit que dans cette locut., *Le n. des bestiaux*, Le soin et la manière de nourrir et d'élever les bestiaux.

**NOURRISSANT, ANTE.** adj. [Pr. *nouri-san*]. Qui nourrit beaucoup. *La viande est nourrissante. Ce consommé est fort n. Cela n'est pas assez n.* = Syn. Voy. NUTRITIF.

**NOURRISSEMENT.** s. m. [Pr. *nouri-seman*]. Action de nourrir.

**NOURRISSEUR.** s. m. [Pr. *nouri-seur*]. A Paris et dans les autres grandes villes, celui qui nourrit des vaches dans l'étable, pour faire commerce de leur lait.

**NOURRISSON,** s. m. [Pr. *nouri-son*] (anc. fr. *nourreçon*, nourriture, éducation). Enfant qui est en nourrice. *Cette femme soigne bien ses nourrissons.*

Mères et nourrissons faisaient leur tripotage.
LA FONTAINE.

*Elle a rendu son n.* || Fig., dans le style soutenu, se dit quelquefois pour élève. *Télémaque fut le n. de Mentor. Les nourrissons des Muses*, Les poètes.

**NOURRIT** (LOUIS), chanteur fr. né à Montpellier 1780-1831. || Son fils ADOLPHE, chanteur célèbre, né à Montpellier, se tua dans un accès de délire à Naples (1802-1839).

**NOURRITURE.** s. f. [Pr. *nouri-ture*] (lat. *nutritura*, m. s., de *nutrire*, nourrir). Alimentation. *Une bonne, une mauvaise n. Une n. succulente. Cette racine ne fournit qu'une maigre n. La moindre n. lui suffit. Il refuse toute n. Son travail lui procure sa n. Il ne peut prendre de n. Il meurt faute de n. Il dépense tout pour sa n. La n. de ses chiens lui revient fort cher.* = *Stipuler par contrat de mariage tant d'années de n.*, Stipuler que les conjoints seront nourris pendant tant d'années par les parents de l'un d'eux. || Figur., au sens moral, *L'esprit a besoin de n. aussi bien que le corps. La science est la n. de l'âme.* — Prov., *N. passe nature*, Voy. NATURE. || Se dit aussi des sucs qui servent au développement des corps animés et des végétaux. *Son bras était amaigri, mais il recommence à prendre n. Cet arbre ne prend point de n.* || Allaitement, action de nourrir un enfant de son lait. *La première n. de cette femme n'a pas réussi, elle avait trop peu de lait. Cette femme en est à sa troisième n. Elle a fait deux nourritures.* || Figur., Celui qu'on a élevé, le disciple qu'on a formé. *Sa chère n.* Ironiq., *Vous avez fait là une belle n.* Vieux. || *Faire des nourritures*, Nourrir, élever du bétail, de la volaille dans une terre, dans une maison de campagne. *C'est une terre propre à y faire des nourritures.* = Syn. Voy. ALIMENT.

**NOUS.** pron. pl. 2 g. de la première personne (lat. *nos*, m. s.). Il fait au singul. *Je* ou *Moi*. *Nous* peut être, dans la même phrase, sujet et régime direct, ou sujet et régime indirect. *Nous n. voyons souvent, N. n. parlons rarement.* — Joint à un subst., *N.* se répète avec ou sans la préposition *à*. *Il n. doit cette somme, à n. et à nos associés. Il n. a bien accueillis, n. et nos amis.* || Famil., *N. autres*, N. qui sommes du même côté, du même avis, du même rang, *Vous allez jouer, n. autres n. allons à la promenade. Vous aimez les fêtes du monde, n. autres n. n'aimons que la vie de famille.* = Dans certaines formules usitées dans le préambule des lois, ordonnances et jugements, on dit *Nous*, au lieu du sing. *Je* ou *Moi*. *N. avons ordonné et ordonnons ce qui suit. N., président du tribunal... N., maire de telle commune, certifions.* — S'emploie encore de même par un orateur ou par un auteur. || Fam., se dit quelquefois au lieu du pronom de la 3ᵉ pers. *Il* ou *Elle*. *J'ai déjà fait cette observation à votre fils; mais n. sommes négligent et n. avons laissé passer le moment opportun.*

**Obs. gram.** — Quand il est sujet, *Nous* se place avant le verbe, excepté dans les phrases interrogatives où il se place après : *Quand partons-nous?* et dans celles où, pour donner plus d'énergie à l'affirmation, on répète le sujet après le verbe : *Nous voulons, nous, que cela se fasse ainsi.* — Quand il est régime direct ou indirect, il se place également avant le verbe : *Il nous examine. Il nous fait signe. Ne nous regardez pas. Ne nous parlez pas. Nous regarde-t-il? Nous parle-t-il?* Il faut en excepter les phrases impératives sans négation, dans lesquelles il se place après le verbe : *Regardez-nous. Parlez-nous.* Enfin, quand *Nous* régime est précédé d'une proposition, il se met toujours après le verbe, l'adjectif ou l'adverbe dont il est le complément : *Il parle de nous. Il s'en rapporte à nous. Il est injuste envers nous. Que vous a-t-il dit relativement à nous. Je vous l'avouerai entre nous.* On dit pourtant dans le langage familier : *Entre nous soit dit.*

**NOU-TCHOUANG**, v. de Chine, prov. de Liao-Toung; 60,000 hab.

**NOUURE.** s. f. Action de nouer. État de ce qui est noué. || Arrêt de la croissance chez un enfant. || Formation du fruit.

**NOUVEAU** ou **NOUVEL, NOUVELLE.** adj. (lat. *novellum*, dimin. de *novus*, neuf). [*Nouveau* s'emploie devant un nom masc. qui commence par une consonne ou une H aspirée, et *Nouvel* devant un nom masc. qui commence par une voyelle ou une H muette.] Qui commence d'être ou de paraître, ou qui n'est connu que depuis peu. *Un n. livre. Un ouvrage n. Un nouvel ouvrage. Un nouvel instrument. Du fruit n. Une nouvelle invention. Une mode nouvelle. Nouvelle édition. Les auteurs anciens et les nouveaux. Que savez-vous de n.? Qu'y a-t-il de n.? Quoi de n.? Il a formé de nouveaux nœuds. Il mène une vie nouvelle. Il recommence sur nouveaux frais.* Prov., *Tout ce qui est n. paraît beau.* || *Mots nouveaux*, Mots qui commencent à se répandre, et que l'usage n'a pas encore autorisés. || N. prend quelquefois un sens différent suivant qu'il est mis avant ou après le substantif auquel il se rapporte. *Un habit n.*, Un habit d'une nouvelle mode. *Un nouvel habit*, Un habit différent de celui qu'on avait auparavant. *Voici du vin n.*, Du vin nouvellement fait. *Goûtez-moi ce n. vin*, Ce vin dont je ne vous ai pas encore offert. *Pommes de terre nouvelles*, que l'on commence seulement à récolter. *Envoyez-moi de nouveaux livres*, Des livres que je n'aie pas encore lus. *Il reçoit tous les livres nouveaux*, Tous les livres qui paraissent. *Le nouvel an*, et *L'an n.*, Le commencement de l'année. *La saison nouvelle, La nouvelle lune, Le n. monde, Le n. style, Le Nouveau Testament*, Voy. SAISON, LUNE, etc. || T. Pratiq. *Passer titre nouvel* (c'est le seul exemple où *Nouvel* s'emploie après le subst.). On dit aussi, dans le même style, *Articuler faits nouveaux*. || *Un homme n.*, Celui qui a fait fortune, qui s'est élevé par lui-même; le premier de sa race qui se fasse remarquer. *Cicéron était un homme n.* || T. Dévot. *Nouvel homme*, et *Homme n.*, Le chrétien régénéré par la grâce. || *Un n. visage*, Une personne qu'on n'a pas encore vue. *Il aime cette société parce qu'on y voit toujours de nouveaux visages.* || Qui ressemble, qui a de la conformité avec une personne, avec une chose. *C'est un n. César, un nouvel Alexandre. La terre semblait menacée d'un déluge n.* || Figur., au sens moral, Novice, inexpérimenté. *Cet homme paraît bien n. dans son métier. Il est bien n. dans le monde. Il est tout n. dans les affaires.* || *Nouveau*, joint à certains adjectifs pris substant., signifie que la qualité indiquée par l'adjectif est nouvelle, récente. *Un n.-né. Un n. marié. Une nouvelle mariée. De nouveaux mariés. De nouveaux convertis. Les nouvelles converties. Nous avons fêté la nouvelle venue.* = Dans le même sens, s'emploie quelquefois adverb., *Du beurre n. battu. Du vin n. per...* Cependant il ne se dit pas avec un subst. fém., excepté dans la locut., *Une fille nouveau-née.* = NOUVEAU. s. m. *Voici du n. Il nous faut du n. Les hommes en général sont plus frappés du n. que de l'excellent.* = DE NOUVEAU. loc. adv. Encore une fois. *On l'a arrêté de n.*

De nouveau l'on combat et nous sommes surpris.
CORNEILLE.

= À NOUVEAU. loc. adverb. T. Comm. Sur un nouveau compte. *Créditer, débiter, porter à n.*

**NOUVEAU-MEXIQUE.** Voy. MEXIQUE (Nouveau).

**NOUVEAU-NÉ.** s. m. Un enfant qui vient de naître. Se dit des deux sexes. = Plur., *Des nouveau-nés.*

**Obs. gram.** — Pourquoi écrit-on *nouveau-né* avec un trait d'union, et *nouveau marié* sans trait d'union?

**NOUVEAUTÉ.** s. f. (lat. *novellitas*, m. s., de *novellus*, nouveau). Qualité de ce qui est nouveau. *La n. nous plaît. La n. d'une opinion, d'une doctrine, d'un sentiment. La n. du fait me surprend. Cette mode est encore dans toute sa n. J'ai vu cet opéra dans sa n.* || Chose nouvelle. *Je n'avais jamais entendu parler de cela, c'est une n. pour moi.* — Fam., *C'est une n. que de vous voir*, se dit à une personne qu'on avait coutume de voir souvent, et qu'il y a longtemps qu'on n'a vue. || Innovation en matière de religion, de philosophie, de politique, etc. *Toute n. trouve des partisans. Le peuple court après les nouveautés. On ne doit introduire qu'avec prudence les nouveautés dans l'État. C'est une n. dangereuse.* || Se dit des productions de l'industrie, et particulièrement des étoffes les plus nouvelles et les plus à la mode. *Ce marchand est toujours fourni de nouveautés. Magasin de nouveautés. Marchand de nouveautés. Cette femme se ruine en nouveautés, à acheter des nouveautés.* || Se dit aussi des livres qui viennent de paraître. *Il n'a guère paru de nouveautés ce mois-ci. Il lit toutes les nouveautés.* On dit aussi, en ce sens, *Marchand de nouveautés. Cette brochure se vend chez tous les marchands de nouveautés.* || Se dit aussi d'un spectacle, d'une pièce nouvelle qui a une certaine vogue. *Cette n. fait courir tout Paris. Je n'ai pas encore vu la n.*

A faire aux nouveautés dont je suis idolâtre
Figure de savant sur les bancs du théâtre.

MOLIÈRE.

|| Se dit encore des légumes, des fruits dans leur primeur. *Des pois au commencement d'avril, c'est de la n., c'est une n.*

**NOUVEL**, adj. Voy. NOUVEAU.

**NOUVELLE**. s. f. [Pr. *nouvè-le*] (lat. *novella*, choses nouvelles, plur. neutre de *novellus*, nouveau). Le premier avis qu'on reçoit d'une chose récemment arrivée. *Une bonne, une mauvaise n. Une n. fâcheuse. Une n. importante. Voici une agréable n. Cette n. est vraie, fausse, douteuse, apocryphe. C'est une n. toute fraîche. C'est là une vieille n. Cette n. n'a aucun fondement. Cette n. a besoin de confirmation. Quelle n.? Savez-vous quelques nouvelles? Semer, répandre, faire courir une n. Inventer, fabriquer, forger, débiter des nouvelles. Il est curieux de nouvelles. Il m'a donné des nouvelles de son voyage, de sa santé. Savez-vous la grande n.? On a eu la n. que l'ennemi a été battu.* — Fam., *Être à la source des nouvelles*, Être au lieu où se passent les choses les plus importantes, et où l'on est le plus tôt instruit des événements. *Vous pouvez en dire des nouvelles*, Vous devez être mieux instruit de cela que personne. *Je puis en dire des nouvelles*, Je le sais pertinemment. — *Recevoir des nouvelles de quelqu'un*, Recevoir de ses lettres. *Envoyer savoir des nouvelles de quelqu'un*, Envoyer demander quel est l'état de sa santé. *Mandez-moi de vos nouvelles*, Écrivez-moi, faites-moi savoir l'état où vous vous trouvez, ce que vous ferez. *Ne faites rien que vous n'ayez de mes nouvelles, que je ne vous aie donné, que vous n'ayez reçu de mes nouvelles*, Que je ne vous aie fait savoir quelque chose de nouveau sur l'affaire dont il s'agit. Par plaisanterie, *Je sais de vos nouvelles*, Je sais de vos aventures secrètes, je sais des particularités que vous m'aviez cachées. Par menace, *Vous aurez, vous entendrez de mes nouvelles*, Je me vengerai de vous. — *On ne sait pas de nouvelles, on est sans nouvelles de ce pays, de cette armée*, On n'en a point reçu de lettres, on ignore ce qui s'y passe. *N'avoir ni vent, ni nouvelles d'une personne*, N'en point entendre parler, et ne savoir ce qu'elle est devenue. *Il y a bien des nouvelles, voici bien des nouvelles, on dit de grandes nouvelles.* Il est arrivé quelque chose de fort surprenant, de fort extraordinaire, de fort important. — *Point de nouvelles, bonnes nouvelles*, Quand on ne reçoit point de nouvelles d'une personne ou d'une chose, on doit présumer qu'il n'est rien arrivé de fâcheux. On dit aussi absol., *Point de nouvelles*, Quand on ne peut obtenir un résultat qu'on attend, la décision d'une affaire, l'exécution d'une promesse, etc. *Il m'a promis cent fois de me payer, mais, pour de l'argent, point de nouvelles.* — *Vous m'en direz des nouvelles*, vous m'en ferez compliment. || T. Guerre. *Envoyer aux nouvelles*, Envoyer quelqu'un pour s'instruire de la force, de la position de l'ennemi. || Fig. et fam., *Nouvelles d'antichambre, de basse-cour, nouvelles de l'arbre de Cracovie*, Nouvelles fausses, ridicules. || T. Littér. Sorte de composition littéraire, qui tient le milieu entre le conte et le roman, et qui souvent ne se distingue de ce dernier que par sa moindre étendue. *N. historique. N. espagnole, italienne. Les Nouvelles de Boccace. Les Nouvelles de la reine Marguerite. Les Nouvelles de Ch. Nodier. Les cent Nouvelles nouvelles.* — *Nouvelles à la main*, se disait autrefois de petites anecdotes scandaleuses ou malignes qu'on faisait circuler clandestinement après en avoir écrit à la main un certain nombre d'exemplaires. — Auj. Petites anecdotes scandaleuses ou plus souvent drôlatiques.

**NOUVELLE (LA)**, v. du dép. de l'Aude, arr. de Narbonne; 2,450 hab.

**NOUVELLE-ARKHANGEL**, v. pr. de l'île *Sitka* (territoire d'Alaska, Amérique du Nord).

**NOUVELLE-GUINÉE**. Voy. PAPOUASIE.

**NOUVELLE-ORLÉANS (LA)**, v. du S. des États-Unis, dans la Louisiane, sur le Mississipi; 260,000 hab.

**NOUVELLEMENT**. adv. [Pr. *nouvè-leman*]. Depuis peu. *Maison n. bâtie. Des arbres n. plantés. Pays n. découvert. Livre n. imprimé. Cela est arrivé tout n.*

**NOUVELLETÉ**. s. f [Pr. *nouvè-leté*]. T. Jurisprud. Entreprise faite sur le possesseur d'un héritage, trouble dans la possession. *Le possesseur peut former complainte en cas de saisine et n.*

**NOUVELLISTE**. s. m. [Pr. *nouvè-liste*]. Celui qui est curieux de savoir des nouvelles; et celui qui aime à en débiter. *C'est un n. Les nouvellistes sont crédules.* || *N. à la main*, Rédacteur de nouvelles à la main.

**NOUVION-EN-THIÉRACHE (LE)**, ch.-l. de c. (Aisne), arr. de Vervins; 3,100 hab.

**NOUZON**, bourg du dép. des Ardennes, arr. de Mézières; 7,000 hab. Forges, hauts fourneaux.

**NOVACULAIRE**. adj. 2 g. (lat. *novacula*, rasoir, qui vient de *novus*, neuf, et sign. propr. lame fraîchement affilée). T. Didact. Qui sert à faire des pierres à rasoir ou des rasoirs.

**NOVACULITE**. s. f. (lat. *novacula*, rasoir). T. Minér. Schiste dont on fait des pierres à rasoir.

**NOVALE**. adj. et s. f. (lat. *novalis terra*, m. s., de *novus*, neuf). Terre nouvellement défrichée, nouvellement mise en valeur. *Terre n. Il a défriché cette terre et l'a mise en n.* || *Dîmes novales*, ou simpl. *Novales*, Voy. DÎME.

**NOVARE**, v. forte et ch.-l. de la prov. de *Novare* (Italie), à 80 kilomètres N.-E. de Turin; 33,000 hab. — Défaite du roi de Sardaigne Charles-Albert par les Autrichiens (1849).

**NOVATEUR, TRICE**. s. (lat. *novator, trix*, m. s.). Celui qui fait ou qui tente de faire des innovations. *Un hardi n. Un n. imprudent. Il y a des novateurs en religion, en politique et en philosophie, comme en grammaire et en orthographe.* || Adj., *Un esprit, un génie n.* =NOVATRICE. adj. et s. f. *Les femmes sont naturellement peu novatrices. Ces tendances novatrices alarmèrent le pays.*

**NOVATIEN**. s. m. [Pr. *no-va-si-in*]. Membre d'une secte fort rigide fondée au III^e s. par Novatien, prêtre de Rome, et Noval, prêtre de Carthage. Elle condamnait les secondes noces, et ne voulait pas admettre à la pénitence ceux qui péchaient après le baptême.

**NOVATION**. s f. [Pr. ...*sion*] (lat. *novatio*, m. s., de *novare*, renouveler). T. Jurispr. En Droit civil, on appelle *Novation*, le changement d'une obligation en une autre, ou, en d'autres termes, l'extinction d'une dette par la création d'une dette nouvelle. Elle s'opère de trois manières : 1° lorsque le débiteur contracte envers son créancier une nouvelle dette qui est substituée à l'ancienne, laquelle est éteinte; 2° lorsqu'un nouveau débiteur est substitué à l'ancien qui est déchargé par le créancier; 3° lorsque, par l'effet d'un nouvel engagement, un nouveau créancier est substitué à l'ancien envers lequel le débiteur se trouve déchargé. La n. ne peut s'opérer qu'entre personnes capables de contracter. En outre, elle ne se présume pas, il faut qu'elle résulte clairement des actes. La simple indication faite par le débiteur d'une personne qui doit payer à sa place ne constitue pas une n. Il en est de même de la délégation, lorsque, par ex., un nouveau débiteur qui s'oblige envers le créancier lui est donné par le premier. La délégation n'opère de n. qu'autant qu'il y a décharge du premier débiteur. Enfin, la n. éteint tous les accessoires de l'ancienne dette, tant à l'égard du débiteur et de ses coobligés qu'à l'égard du créancier. (C. civ., art 1271 à 1281.)

**NOVELETTE.** s. f. [Pr. *novelè-te*] (Dimin. de *nouvelle*). T. Rur. Jeune brebis qui n'a point encore porté. Vx.

**NOVELLES.** s. f. pl. (lat. *novellæ*, m. s., de *novus*, nouveau). On donne le nom de *Novelles* à une collection de lois qui forment la dernière partie du *Corpus juris*. La plupart ont été publiées en grec, quelques-unes en latin, et d'autres dans les deux langues. La première *Novelle* de Justinien appartient à l'année 535, et la dernière, à l'année 565. Ces constitutions furent publiées après l'achèvement de la seconde édition du Code, dans le but de combler les lacunes qui s'y trouvaient. Le texte grec que nous possédons aujourd'hui comprend 168 novelles, dont 159 appartiennent à Justinien et les autres à Justin II et à Tibère : elles sont généralement divisées par chapitres. Il existe un *Epitome* latin de ces novelles, rédigé par Julien, professeur de droit à Constantinople : il contient 125 novelles, et paraît avoir été fait du temps même de Justinien. Il existe encore une autre collection de 134 novelles, dans une version latine faite sur le texte grec. Cette compilation, dont on ne connaît ni l'auteur ni l'époque, est généralement connue sous le nom de *Livre des Authentiques*, ou simplement d'*Authentiques*. Elle est divisée en neuf *collations*, et ces collations se subdivisent en *chapitres*. Plusieurs fragments de cette collection ont été insérés, au moyen âge, dans le Code, et intercalés aux endroits mêmes où les n. abrogeaient ou modifiaient les dispositions primitives de celui-ci. Depuis lors, on les a toujours reproduits dans le Code lui-même, en les distinguant par le titre d'*Authentiques*.

**NOVEMBRE.** s. m. [Pr. *no-van-bre*] (lat. *november*, m. s., de *novem*, neuf, parce que ce mois était le neuvième du calendrier primitif des Romains). Le onzième mois de l'année selon notre manière actuelle de compter. *Il est né en n. Les froides pluies de n. Le nom de n. vient de ce que ce mois était le neuvième de l'année de Romulus.*

**NOVEMPOPULANIE** (lat. *novem*, neuf; *populus*, peuple), anc. prov. romaine qui comprenait une grande partie de la Guyenne et de la Gascogne.

**NOVEMVIR** s. m. [Pr. *no-vèmvir*] (lat. *novem*, neuf: *vir*, homme). T. Antiq. rom. Nom de certains magistrats chargés de veiller à la santé publique.

**NOVÉNAIRE.** adj. 2 g. (lat. *novenarius*, m. s. de *novem*, neuf). T. Didact. Qui procède par le nombre neuf. Série novénaire.

**NOVER.** v. a. (lat. *novare*, renouveler). T. Dr. Renouveler une obligation ; substituer une obligation nouvelle à une précédente. Voy. Novation.

**NOVERRE.** Célèbre danseur fr. (1727-1810).

**NOVGOROD**, nom de deux villes de la Russie d'Europe. Novgorod la Grande (*Veliki-Novgorod*); 22,000 hab., ch.-l. du gouvernement de Novgorod qui compte 1,194,000 hab. || Novgorod la Petite (*Nijni-Novgorod*), sur le Volga; 73,000 hab. Voy. Nijni-Novgorod.

**NOVI**, v. forte d'Italie, près de Gênes : 13,800 hab. Défaite des Français par les Austro-Russes en 1799 ; le général Joubert y périt.

**NOVICE.** s. 2 g. (lat. *novicius*, m. s., de *novus*, nouveau). Celui, celle qui passe dans un couvent un temps d'épreuve avant de prononcer ses vœux. *Un jeune n. Une jeune n. Le directeur, la maîtresse des novices. Ferveur de n.* — Fig. et fam., *Ferveur de n.*, se dit encore du zèle, de l'ardeur qu'on met à remplir les obligations d'un nouvel état. || T. Marine. Apprenti matelot. = Novice. adj. 2 g. Qui est nouveau, peu exercé, peu habile en quelque métier, en quelque profession. *Un avocat n. Une chanteuse n. Cet homme est bien n. dans sa profession. Elle est bien n. à ce métier.* — *N'être pas n.*, Avoir une habileté, une expérience portées trop loin. *Il est loin d'être n. en affaires. La femme qu'il a épousée n'est pas n.* — Par exten., se dit des choses prises pour la personne. *Une main n. Une plume n.* || Dans un sens partic., signifie qui n'a point la connaissance, l'expérience du monde. *Un jeune homme tout n. Une jeune personne encore n.*

> Guillaume, enfant de cœur, prête sa main novice.
>
> Boileau.

**NOVICIAT.** s. m. [Pr. *novi-sia*]. État des novices avant qu'ils fassent profession; Le temps pendant lequel ils sont dans cet état. *Un long, un rude n. Faire, achever son n. Sortir de n.* || Maison religieuse, ou la partie de la maison qui est affectée aux novices, et où ils font leurs exercices pendant l'année de probation. *Il demeure au n.* || Fig., Apprentissage qu'on fait de quelque art, de quelque profession. *Il a fait son n. à la guerre sous un excellent général.*

**NOVISSIME.** adv. [Pr. *novis-simé*]. Emprunté du latin, et qui signif. Tout récemment. *Ce fait est arrivé n., tout n.* Fam.

**NOXAL, ALE.** adj. [Pr. *noksal*] (lat. *noxalis*, m. s. de *noxa*, dommage, de *nocere*, nuire). En dr. rom., *abandon n.*, abandon d'une personne ou d'une chose qui a causé un dommage.

**NOYADE.** s. f. [Pr. *no-iade*] Action de noyer plusieurs personnes à la fois. *Les noyades de Carrier.* Meurtres politiques commis par le représentant Carrier à Nantes en 1794.

**NOYALE.** s. f. [Pr. *no-iale*] (R. *Noyal-sur-Vilaine*, ville). Toile de chanvre écrue très forte et très serrée, dont on fait des voiles. *Noyales à quatre, à six fils. Noyales courtes, simples, rondelettes. Les noyales tirent leur nom du bourg de Noyal, près de Rennes, où il s'en fabrique beaucoup.*

**NOYALIÈRE.** s. f [Pr. *no-ia-liè-re*] (R. *noyal*, anc. forme de *noyau*). T. Rur. Terre où l'on sème des noyaux pour obtenir des arbres à fruits.

**NOYANT**, ch.-l. de c. (Maine-et-Loire), arr. de Baugé ; 1,550 hab.

**NOYAU.** s. m. [Pr. *no-io* ou *nouè-io*] (bas lat. *nucale*, de *nux*, *nucis*, noix). La partie dure et ligneuse du péricarpe qu'on observe dans certains fruits charnus, et qui contient une amande. *Un n. de prune, de pêche, d'abricot. Casser un n. pour en avoir l'amande. Ce pêcher est venu de n.* Voy. Fruit. — Fig. et pop., *Il a amassé des noyaux*, Il a gagné bien des écus. || T. Distillateur. *Eau de n.*, Voy. Eau. || T. Archit. Toute partie plus ou moins brute et massive qui est enveloppée d'un revêtement. *Le n. de ce piédestal est de maçonnerie; le revêtement seul est de marbre. Le n. de cette colonne est de fonte. N. d'escalier*, Voy. Escalier. || T. Fonderie. Petit bloc de métal ou d'argile qu'on introduit dans un moule et qui représente un creux ménagé dans la pièce fondue. Voy. Cloche, et Moulage. || T. Minér. Substance qui s'est moulée et durcie dans l'intérieur d'une autre. — Se dit encore de la partie la plus dure qui se trouve au centre de certains minéraux, et de la partie centrale d'un cristal, dont la forme diffère souvent beaucoup de celle du cristal lui-même. || T. Anat. N. d'une cellule. Voy. Cellule et Histologie. || T. Astr. *Le n. d'une comète*, Voy. Comète. || Figur., L'origine, le fond, le commencement d'un établissement, d'une société, d'une compagnie, etc. *Quelques hommes s'étaient réunis; ce n. grossit insensiblement et devint un rassemblent considérable. Le n. d'une colonie.* || T. Chim. Composé qui est constitué par une chaîne fermée et qui peut donner, par substitution, des dérivés capables de reproduire le composé primitif. Ex. : benzène, pyridine. — Souvent on ne comprend dans le noyau que les atomes formant la chaîne fermée, avec leur mode de liaison ; pour cette acception, on a proposé de remplacer le mot noyau par *squelette*. Le squelette du benzène, par ex., se compose uniquement de six atomes de carbone unis deux à deux, alternativement par une et par deux valences.

**NOYÉ.** Voy. Noyer.

**NOYER.** s. m. [Pr. *no-ié* ou *nouè-ié*] (bas lat. *nucarium*, de *nux, nucis*, noix). T. Bot. Genre d'arbres Dicotylédones (*Juglans*), de la famille des *Juglandées*. Voy. ce mot.

**Arboric.** — Le n. est un grand arbre originaire de la Perse. Il a été introduit en Europe par les Romains. Le n. commun (*Juglans regia, L.*) a produit un certain nombre de variétés parmi lesquelles on distingue le n. à gros fruit, ou noix de jauge, noix à bijoux (*J. maxima*), deux ou trois fois plus grosse que celle du n. commun; amande plus petite que la cavité de la noix; recherchée seulement par les bijoutiers qui en font de petits nécessaires. N. à gros fruit long; coque peu dure, bien pleine, très fertile. N. à coque tendre, bien pleine, produisant beaucoup d'huile. N. à coque dure; peu recommandable par son fruit; mais bois de meilleure qualité et mieux veiné que celui des espèces précédentes. N. tardif, de la Saint-Jean. Les feuilles et les fleurs de cette variété ne commencent à se développer qu'à la Saint-Jean, échappant ainsi aux gelées tardives; noix arrondie, coque peu dure, bien pleine; arbre vigoureux, pas très productif; beau bois. N. à grappes (*J. serotina*) noix aussi grosses que celles du n. commun et réunies en grappes au nombre de 12 à 28: variété très fertile. N.-noisette, fruit très petit, globuleux, coque bien pleine; amande très bonne; arbre très fertile.

Toutes ces variétés se reproduisent de semis. — Le n. craint les hivers rigoureux et les gelées tardives du printemps qui détruisent les fleurs et les jeunes bourgeons. Aussi sa culture s'est principalement répandue sous le climat du centre et du midi de la France. Il paraît préférer les expositions du nord-ouest et de l'ouest. — Il est peu difficile sur la nature du sol, se développe dans les terrains secs et légers, dans les roches fendillées où ses racines pénètrent; mais il préfère une terre profonde, de consistance moyenne, un peu calcaire et inclinée. Dans le premier cas, son développement est plus lent, mais les fruits sont plus riches en huile et le bois est de meilleure qualité; il a une antipathie prononcée pour les sols argileux, humides et les terrains siliceux. Aucune plante ne vient sous son ombrage; toutes sont influencées par son voisinage; c'est donc surtout en bordure, du côté du nord, ou en avenue, et non au milieu des champs qu'il convient de le planter, à moins qu'il ne s'agisse d'un terrain impropre à d'autres récoltes; mais dans ce cas même, il convient de l'espacer beaucoup, car il n'aime pas la culture en massif. — On multiplie le n. au moyen du semis et de la greffe. Lorsqu'on destine ces arbres à la production du fruit, et c'est le cas le plus ordinaire, on les greffe sur des sujets venus de semis. On obtient ainsi des arbres plus fertiles et qui se mettent plus promptement à fruit. Si l'on n'avait en vue que la production du bois, il serait préférable de les élever francs de pied; ils prennent alors de plus grandes dimensions et poussent plus vigoureusement. Si les noyers doivent être greffés, on leur applique quelquefois la greffe en écusson à œil dormant ou à œil poussant, mais le plus souvent la greffe en flûte de faune. — Ce n'est qu'à l'âge de vingt ans que le n. commence à donner un produit passable, et à soixante ans qu'il atteint le maximum de ses produits, qui peuvent s'élever à 80 litres environ par arbre. Le n. est un bel arbre dont la fig ci-contre montre le port général.

**NOYER.** v. a. [Pr. *no-ier* ou *noué-ier*] (lat. *necare*, tuer). Faire mourir par asphyxie dans l'eau ou dans quelque autre liquide. *N. un homme, un chien.* || Figur., *N. son chagrin dans le vin*, Perdre le souvenir de son chagrin en buvant. *N. sa raison dans le vin*, Perdre la raison à force de boire. *N. sa pensée dans un déluge de mots, de paroles*, L'exprimer avec diffusion, l'affaiblir en prodiguant inutilement les mots. On dit, dans un sens anal., *Il y a dans cet ouvrage des idées neuves, des traits ingénieux; mais tout cela est noyé dans un déluge de phrases.* || Inonder. *Les pluies ont noyé la campagne. On lâcha les écluses et l'on noya plusieurs lieues de pays.* — Fig., *N. son vin d'eau*, Mettre trop d'eau dans son vin. || T. Jeu de boule. *N. une boule*, La pousser ou la chasser de manière qu'elle passe une certaine ligne qui est au delà du but. *Il a noyé la boule de celui qui a joué avant lui.* || T. Peinture. *N. les couleurs*, En mêler les extrémités avec celles des couleurs voisines, de manière qu'elles se fondent insensiblement les unes dans les autres. = SE NOYER. v. pron. Mourir asphyxié dans l'eau ou dans un autre liquide. *Il s'est noyé dans la Marne. Il tomba dans une cuve de vin et s'y noya. Les mouches se noient dans le lait.* — Proverb., *Il se prend à tout comme un homme qui se noie*, se dit d'un homme qui a recours à tous les expédients possibles pour éviter sa ruine. || Fig. *C'est un homme qui se noie*, C'est un homme qui se ruine, qui se perd. || Fig., *Se n. dans les larmes*, Pleurer excessivement. *Se n. dans le sang*, Commettre d'horribles cruautés. *Se n. dans la débauche, dans les plaisirs, dans le vin*, Faire de grands excès de débauche, etc.

Tristes plaisirs où leur amour se noie.

LA FONTAINE.

|| Fig., *C'est un écrivain qui se noie dans les détails*, Il entre dans tant de détails que le plan et l'unité de son livre cessent d'être reconnaissables. || T. Jeu de boule. Pousser sa boule plus loin que la ligne qui est marquée au delà du but. *Il a trop poussé sa boule et s'est noyé.* = NOYÉ, ÉE. part. *Des yeux noyés de larmes*, Pleins de larmes. — *Des yeux noyés*, dont le regard est vague, langoureux. || Fig. et fam., *C'est un homme noyé*, C'est un homme dont les affaires sont désespérées, qui n'a plus de ressources. On dit aussi d'un homme qui doit plus qu'il n'a de bien, *C'est un homme noyé de dettes.* = NOYÉ, ÉE. Se dit quelquefois subst. en parl. des personnes. *Secours pour les noyés et pour les asphyxiés. C'est une noyée qu'on vient de retirer de l'eau.* = Conj. Voy. EMPLOYER.

**Thérap.** — Lorsqu'un individu reste un certain temps immergé dans l'eau, il périt inévitablement par asphyxie; néanmoins, quand la submersion n'a duré que quelques minutes, il est en général facile de ramener le noyé à la vie, au moyen de secours administrés judicieusement. A Paris et dans toutes les grandes villes, il existe divers établissements créés par les soins de l'autorité municipale, où l'on trouve réunis tous les objets nécessaires en pareille circonstance. En outre, le Conseil de salubrité a publié une instruction détaillée sur les procédés à suivre dans ce cas. Ce qui suit est le résumé des règles principales qu'elle contient: ces prescriptions d'ailleurs peuvent s'appliquer en tous lieux et en tout état de cause. — Dès qu'un noyé vient d'être retiré de l'eau, on le couche sur le côté droit, en faisant légèrement pencher sa tête pendant quelques secondes et en écartant les mâchoires. En même temps, on comprime doucement et alternativement le bas-ventre de bas en haut, ainsi que chaque côté de la poitrine. Si le lieu destiné aux secours, ou si la maison où l'on doit transporter le noyé pour le traiter méthodiquement est éloignée de l'endroit où le corps a été retiré de l'eau, on le dépouille de ses vêtements, on l'essuie avec soin, puis on l'enveloppe dans plusieurs couvertures et on le transporte au lieu voulu, en maintenant la tête et la poitrine dans une position plus élevée que le reste du corps. Arrivé à sa destination, on pose le corps sur un matelas entre deux couvertures, et on le revêt en outre d'un peignoir et d'un bonnet de laine. On recommence les opérations dont nous avons parlé plus haut, en cherchant, par des pressions douces, à imiter les mouvements que font la poitrine et le ventre quand on respire; on réitère ces pressions quinze à vingt fois de suite, et on les suspend pendant dix minutes. On réchauffe alors le corps à l'aide d'une bassinoire pleine d'eau chaude ou d'un fer à repasser chauffé comme pour repasser du linge, qu'on promène par-dessus la chemise, sur la poitrine, le long de l'épine dorsale, etc. On a également recours aux frictions avec un frottoir de laine chauffé, principalement sur l'épine du dos, sur la région du cœur, et sur les extrémités inférieures; en outre, on brosse doucement, mais longtemps, la plante des pieds et le creux des mains. Si le noyé fait des efforts pour respirer, on discontinue; s'il veut vomir, on favorise le vomissement en chatouillant le fond de la gorge avec les barbes d'une plume. On ne doit pas lui donner de boisson avant qu'il puisse facilement avaler; mais, pour le ranimer, on peut lui introduire dans la bouche quelques gouttes d'eau-de-vie ordinaire ou camphrée. Quand la chaleur est rétablie, si le ventre est tendu, on peut administrer au noyé un lavement d'eau tiède avec une forte cuillerée de sel. Dans le cas où, au bout d'une demi-heure, le noyé n'a donné aucun signe de vie, on a recours à l'insufflation d'une fumée aromatique par le fondement. Enfin, quand le noyé a recouvré la vie, on le met dans un lit bien chaud et on le laisse dormir une heure ou deux. Si l'état de somnolence est accompagné de fortes couleurs au visage, ce qui peut faire redouter une congestion cérébrale, on applique des sinapismes entre les épaules, sur les cuisses ou sur les mollets; parfois même on a recours à une application de 6 à 8 sangsues derrière chaque oreille. Dans le cas où le corps du noyé a été soumis à une température très basse, comme lorsqu'il a été retiré de dessous la glace, le meilleur moyen de le réchauffer graduellement consiste à le plonger dans un bain d'eau froide, qu'on chauffe peu à peu jusqu'à 20 degrés. Il est expressément recommandé de persévérer avec patience dans les soins qu'on donne aux noyés, lors même que d'abord ils paraissent infructueux, car on a vu des individus qui, pendant 6 heures, n'avaient donné aucun signe de vie, être rappelés à l'existence. Certaines personnes croient encore qu'il faut *suspendre les noyés par les pieds*, afin de leur faire rendre l'eau qu'ils ont avalée. C'est là une pratique meurtrière qui tue infailliblement l'homme qu'on prétend sauver.

La première indication à remplir pour rappeler un noyé à la vie consiste à rétablir la respiration. Si les pressions sur la poitrine sont insuffisantes, il faut recourir à l'insufflation de l'air dans les poumons, soit au moyen d'un soufflet et d'un tube de caoutchouc, soit, à défaut de cet appareil si simple, en soufflant simplement dans la bouche du noyé. Mais le moyen le plus efficace, d'après les observations les plus récentes, consiste dans les *tractions ryhtmées de la langue*. On saisit la langue du patient soit avec les doigts, soit avec une pince, et on la tire hors de la bouche en la laissant rentrer à intervalles réguliers. Quelquefois la respiration se rétablit en quelques instants; mais, dans tous les cas, il faut prolonger la manœuvre longtemps sans se décourager, car, comme nous l'avons déjà dit, ce n'est parfois qu'au bout de plusieurs heures que la fonction respiratoire se rétablit.

C'est vers le milieu du siècle dernier qu'on songea pour la première fois à prendre des mesures administratives pour secourir les noyés et asphyxiés. En 1740, Réaumur rédigea, par ordre du gouvernement, une instruction détaillée sur ce sujet, qui fut répandue avec profusion. Enfin, en 1772, Pia, échevin de la ville de Paris, organisa le service des secours publics et établit les *boîtes-entrepôts*, et *boîtes-fumigatoires*, sortes de dépôts contenant tous les appareils et instruments nécessaires pour pratiquer les manœuvres et fumigations capables de rappeler les noyés à la vie. Ce service est régi aujourd'hui, à Paris, par l'ord. de police, du 17 juillet 1850, et par les instructions du Conseil de salubrité des 19 avril et 6 septembre de la même année.

**NOYERS**, ch.-l. de c. (Yonne), arr. de Tonnerre; 1,400 hab.

**NOYON**, ch.-l. de c. (Oise), arr. de Compiègne; 6,100 hab. — Patrie de Calvin.

**NOYON**. s. m. [Pr. *noi-ion*, ou *né-ion*]. T. Jeu de boule. Ligne qui borne le jeu et au delà de laquelle la boule est noyée.

**NOYURE**. s. f. [Pr. *no-iure*]. T. Techn. Creux ménagé pour y loger la tête d'une vis. Creux ménagé au-devant d'un pignon pour le détacher d'une roue au centre de laquelle il est rivé.

**NOZAY**, ch.-l. de c. (Loire-Inférieure), arr. de Châteaubriant; 4,200 hab.

**NU, NUE**. adj. (lat. *nudus*, m. s.). Qui n'est couvert d'aucun vêtement; ne se dit proprement que de l'espèce humaine. *Un homme n. Une femme nue. Être tout n., n. comme la main, n. comme un ver. Ces sauvages vont tout nus.*

Hassan était donc nu, — mais nu comme la main,
Nu comme un plat d'argent, nu comme un mur d'église,
Nu comme le discours d'un académicien.

A. de Musset.

*Avoir la tête nue, les bras nus. Aller pieds nus, les jambes nues. N.* est invariable quand il précède le subst. *Il était n.-tête, n.-pieds, n.-jambes. — Un va-nu-pieds*, un gueux. — Figur., *C'est la vérité toute nue. Il lui a montré son âme toute nue. — Être n. en chemise*, N'avoir que sa chemise. || Par exagér., *Être tout n.*, Avoir de méchants habits tout déchirés, ou n'être pas vêtu comme l'exigerait la saison ou la bienséance. — Fig., *Il est arrivé tout n., je l'ai pris tout n.*, se dit d'un homme qui était dans le dénûment, et à qui l'on a prodigué des bienfaits. || Se dit d'un cheval qu'on vend ou qu'on achète sans selle ni bride. *Ce cheval tout n. me coûte mille francs.* || Par ext., qui est dépourvu d'enveloppe, qui n'a pas sa couverture, son ornement ordinaire. *Fleur nue*, Celle qui est dépourvue d'enveloppes florales, et réduite aux organes de reproduction. Voy. Fleur. *Graine nue*, Celle qui n'est point enfermée dans un péricarpe. *Branchies nues*, Celles qui ne sont point logées dans une cavité. — *Une épée nue*, Une épée hors de son fourreau. — *Une muraille nue*, Une muraille sans boiserie ni tenture. *Une maison nue*, Une maison dégarnie de meubles. — *Les arbres sont nus en hiver*, Ils sont dépouillés de leur feuillage. *Pays n.*, Pays qui est sans arbres, sans verdure. || T. Chim. *Feu n.*, Celui dont l'action est dirigée immédiatement vers le corps sur lequel on travaille. || T. Phys. *Observer quelque chose à l'œil n.*, Sans l'assistance d'aucun instrument d'optique. || Qui manque des ornements convenables. *Il n'y a ni rubans ni ganses sur cette robe, c'est bien n. Cette reliure est trop nue. La façade de cet édifice est trop nue.* || Fig., au sens moral. *Une morale nue cause de l'ennui. La vérité toute nue risque de déplaire. Ce style est trop n.*, Il a trop peu d'ornements. || T. Jurispr. *Nue propriété*, Voy. Propriété. = Nu. s. m. T. Peint. et Sculpt. Se dit des figures ou parties de figures qui ne sont pas drapées, ainsi que des formes que les draperies laissent reconnaître. *Le n. de cette figure n'est pas correct. De beaux nus. Cette draperie suit bien le n., elle fait bien sentir le n.* || T. Archit. Absence d'ornements. *Il y a trop de n. dans cette façade. — Le n. du mur*, La partie du mur qui est plane, où il n'y a point d'ornements. *Ces pilastres ne font pas assez de saillie sur le n. du mur.* || En T. Dévot. Se dit quelquefois, au plur., *C'est une œuvre de miséricorde que de vêtir les nus*, que de vêtir les pauvres. — A nu. loc. adv. A découvert. *Toucher un bras à n. — Monter un cheval à n., à dos n.*, Le monter sans selle. || Fig., *Découvrir, faire voir son cœur à n.*, Ne rien cacher de ce qu'on a dans le cœur.

**NUAGE**. s. m. (lat. *nubes*, m. s.). Amas de vapeurs d'eau suspendues dans l'atmosphère. *Un ciel couvert de nuages. Le soleil dissipa les nuages. La lune sort d'un n.* — Figur., *Se perdre dans les nuages*, se dit d'un écrivain, d'un orateur qui, s'aventurant à parler de choses qu'il ne connaît pas ou qu'il connaît mal, n'exprime que des idées vagues, obscures et inintelligibles. || Fig., Ce qui offusque la vue et empêche de voir distinctement les objets.

Je ne vois plus qu'à travers un nuage.

Racine.

*Il a un n. devant les yeux. Mes yeux étaient couverts d'un n. Un n. d'encens. Un n. de fumée. La poussière formait un n. qui empêchait de voir les combattants.* || Figur., au sens moral, ce qui empêche d'apercevoir distinctement le vrai. *La vérité dissipe peu à peu les nuages de l'erreur. Les passions et les préjugés élèvent sans cesse des nuages dans notre esprit.* — Se dit aussi des soupçons que l'on conçoit au sujet de quelqu'un, de la mésintelligence qui survient entre deux personnes. *Il a dissipé par des explications franches les nuages qui s'étaient élevés sur sa conduite. Leur querelle n'était qu'un n. passager. Ils se réconcilieront facilement, il ne reste plus entre eux que de légers nuages.* — Se dit encore pour chagrin, tristesse, mauvaise humeur. *Aucun n. ne trouble la sérénité de son âme. Un n. de tristesse s'est répandu sur son front.* || T. Phys. Se dit des flocons légers qui se forment et se tiennent en suspension dans certains liquides. || *Un n. de lait*, petite quantité de lait qui, versée dans du café ou du thé, flotte d'abord en flocons, comme des nuages.

**Syn.** — *Nue, Nuée.* — Ces trois mots désignent également des amas de vapeur condensées et suspendues dans l'atmosphère; cependant, il semble qu'on emploie plus particulièrement le mot *nue*, quand on considère l'élévation de ces vapeurs; *nuée*, quand on envisage leur quantité et leur contenu; *nuage*, quand on envisage leur épaisseur et l'obscurité qu'elles engendrent. Ces différences sont surtout apparentes lorsque ces mots s'emploient au figuré. Ainsi, quand on dit : élever quelqu'un aux *nues*, tomber des *nues*, se perdre dans les *nues*, ce qui domine, c'est l'idée d'élévation. C'est l'idée de la quantité ou de quelque chose de sinistre qui se présente à l'esprit, quand on dit : une *nuée* se forme et ne tardera pas à éclater; une *nuée* d'hommes, d'oiseaux. Enfin, on dit : un *nuage* de poussière; avoir un *nuage* devant les yeux; avoir des *nuages* dans l'esprit, et alors l'idée principale qu'on envisage est celle d'obscurité.

**Météor.** — I. *Constitution des nuages.* — Suivant leur élévation et leur température, les nuages sont formés d'eau liquide ou solide, de gouttelettes d'eau ou de petits cristaux de glace.

Les nuages inférieurs ne sont autre chose qu'un assemblage de très petites gouttes d'eau produites par la condensation de la vapeur d'eau répandue dans l'atmosphère. La formation et la constitution d'un pareil nuage ressemblent beaucoup à ce qu'on observe au-dessus d'une marmite d'eau chaude. Cette eau se vaporise et la vapeur plus légère que l'eau s'élève dans l'atmosphère. Cette vapeur, entièrement gazeuse, est *invisible*; mais bientôt elle se refroidit, et ne pouvant alors rester à l'état gazeux, elle se condense en fines gouttelettes qui deviennent *visibles* et dont l'ensemble constitue un véritable n. Le n. ne diffère du brouillard que parce que celui-ci se forme à la surface du sol et y reste à peu près immobile, tandis que le nuage se forme dans les régions élevées et est le plus souvent en mouvement continuel. Pour l'observateur, la différence consiste en ce qu'il est plongé dans le brouillard tandis qu'il observe le nuage de l'extérieur. Ces différences disparaissent avec la position de l'observateur. D'une part, si par un matin d'automne on se trouve sur une colline, au-dessus du brouillard, on verra celui-ci répandu sur la vallée comme une masse blanchâtre ayant à peu près l'aspect des nuages, sauf qu'elle est vue en dessus tandis que nous voyons les nuages par leur face inférieure. Cet aspect du brouillard est identique à celui que présentent les nuages lorsqu'on les observe d'*en haut*, soit du haut d'une montagne, soit de la nacelle d'un ballon. D'autre part, il est arrivé souvent que des observateurs se sont trouvés dans l'intérieur d'un nuage, soit en faisant l'ascension d'une montagne, soit dans le cours d'une ascension aérostatique. On reconnaît alors qu'on est dans un véritable brouillard.

Les nuages les plus élevés sont, comme les régions de l'atmosphère où ils se trouvent, à une température très basse à laquelle l'eau ne peut rester liquide. Les gouttes d'eau sont alors remplacées par de petits cristaux de glace qui s'agglomèrent suivant des formes différentes. Tantôt ils s'assemblent en figures planes dérivées de l'hexagone régulier, et forment les nuages de *neige*; tantôt ils se disposent en aiguilles très fines, et constituent les cirrus.

Certains savants, parmi lesquels l'astronome Halley et le physicien de Saussure ont cru que les petites gouttes dont sont composés les nuages étaient creuses et formaient des vésicules sphériques semblables à des bulles de savon. Saussure, observant l'évaporation de l'eau tiède au soleil, a vu des gouttelettes retomber dans le vase, et d'autres s'élever rapidement; il en a conclu que les premières étaient pleines, les autres creuses. Kratzenstein a vu, sur des gouttelettes d'eau produites de la même manière, des anneaux colorés analogues à ceux des bulles de savon. Ces observations sont peu concluantes. D'autre part, si l'on arrête une goutte d'eau d'un brouillard par quelque corps léger et qu'on l'observe sous le microscope, on voit qu'elle remplit l'office de lentille, ce qui prouve qu'elle est tout à fait pleine. Enfin, si les nuages se composaient de gouttelettes creuses, ils n'altéreraient pas sensiblement la direction des rayons lumineux, et l'on verrait, quoique confusément, les montagnes placées derrière les nuages, quand ceux-ci n'auraient pas une trop grande épaisseur. Du reste une vésicule creuse d'aussi petites dimensions que celles qui constitueraient les nuages ne pourrait subsister bien longtemps. En effet, à cause de la tension superficielle de la membrane liquide, la pression serait plus grande à l'intérieur qu'à l'extérieur de la vésicule, et la différence serait d'autant plus accentuée que la vésicule serait plus petite. Il en résulte que l'air dissous dans la membrane ne pourrait rester en équilibre : il s'échapperait par l'extérieur tandis qu'une nouvelle quantité d'air se dissoudrait par la face intérieure, processus qui aurait évidemment pour effet de vider la vésicule et de la transformer en goutte pleine. Enfin, si l'on conçoit bien qu'une bulle gazeuse s'échappant d'un liquide puisse entraîner une vésicule de liquide, il est impossible de comprendre comment de pareilles vésicules pourraient prendre naissance dans la condensation d'une masse de vapeur gazeuse. Cette formation semble même contraire aux principes de la thermodynamique. Pour toutes ces raisons, l'ancienne opinion d'Halley et de Saussure est aujourd'hui à peu près abandonnée, et les physiciens s'accordent à penser que les gouttelettes des nuages sont pleines. Les gouttelettes des nuages ont été mesurées par Kaemtz. Leur diamètre varie de 0mm,025 à 0mm,035. Elles sont plus grosses en hiver qu'en été.

II. *Suspension des nuages.* — L'eau étant plus lourde que l'air, le n. devrait tomber. Comment reste-t-il en équilibre?

On a fait de nombreuses hypothèses pour expliquer cette suspension. On a donné comme cause l'état d'agitation où sont les nuages. Lorsqu'ils sont emportés par le vent, le spectateur placé sur une montagne et enveloppé par eux, voit les gouttelettes animées de vitesses horizontales suivre le courant d'air, comme le ferait une poussière légère, et, dans ce cas, on comprend aisément leur suspension momentanée. Mais il n'en est pas de même lorsque nul souffle n'agite l'air, et que le n. semble absolument immobile. Cependant, si alors on examine avec attention le contour d'un n., ou le voit se modifier assez vite; certaines parties disparaissent sur un point, tandis que sur un autre il s'en produit de nouvelles; le n. s'agrandit ou diminue; il change de forme et parfois même disparaît tout à fait. Ainsi, malgré l'immobilité du n. dans son ensemble, il y a un mouvement perpétuel dans les éléments dont ils se compose. La vérité est que les gouttelettes dont se compose le n. tombent en réalité, mais avec une extrême lenteur, car leur chute est ralentie par la résistance de l'air qui agit d'autant plus que ces gouttelettes sont plus petites. Seulement, en tombant, elles pénètrent dans des régions plus chaudes et non saturées, où elles s'évaporent. La vapeur ainsi formée, étant plus légère que l'air, s'élève de nouveau et va se recondenser à la surface du n. De plus, la partie supérieure du n., en tombant, laisse une région froide et saturée de vapeur d'eau où se condensera toute vapeur amenée par un courant quelconque. Ainsi le n. tombe réellement, mais il se dissout à la partie inférieure et se reforme à la partie supérieure, de sorte qu'il semble occuper toujours à peu près la même place. Une autre cause qui contribue à ralentir la chute des gouttelettes des nuages, au moins pendant le jour, ce sont les courants ascendants chauds qui se produisent incessamment de la surface du sol vers les hauteurs. Ces courants ascendants sont surtout bien manifestes le long des flancs des hautes montagnes. La suspension des nuages de glace s'explique de la même manière, et il est inutile de recourir à l'hypothèse de Fresnel d'après laquelle la chaleur solaire pouvait accumuler de l'air chaud dans les nuages et en former des espèces de montgolfières qui s'élèveraient alors à de grandes hauteurs, jusqu'à ce qu'elles rencontrassent des couches d'air assez rares pour faire équilibre à leur poids.

III. *Formation des nuages.* — Quoique les nuages soient toujours formés par de la vapeur condensée, ils peuvent se produire de différentes manières. Lorsque, pendant une soirée d'été, on se trouve isolé sur une montagne, on voit bientôt, à mesure que l'atmosphère se refroidit, des nuages translucides se former sur les prairies et dans tous les lieux humides; peu à peu, ils augmentent de densité, et cachent la terre aux yeux de l'observateur. Si alors un vent s'élève, il arrive que ces nuages bas sont emportés dans les hautes régions de l'atmosphère. Souvent ils se forment de cette manière, au-dessus des forêts, sur les plateaux élevés, sur la cime des pics isolés, et ils se déplacent ensuite pour flotter dans l'air. Ces nuages sont le résultat du refroidissement de l'air; ils augmentent en général pendant la nuit, au point même de couvrir le ciel, et le matin, quand le soleil commence à réchauffer l'atmosphère, ils s'y dissolvent et lui rendent sa transparence. D'autres causes peuvent aussi donner naissance aux nuages. Ils peuvent se former directement au milieu des airs par la condensation des vapeurs qui s'élèvent à une grande hauteur dans des couches d'air plus froides, ou par la rencontre de deux vents humides inégalement chauds. C'est presque toujours de cette dernière manière que se produisent les nuages qui apparaissent tout à coup au milieu d'un ciel pur. On observe encore fréquemment plusieurs couches de nuages superposées, et qui même marchent quelquefois dans des directions opposées. En général, ces couches sont d'autant plus élevées qu'elles sont plus blanches. Elles peuvent être produites indépendamment l'une de l'autre; mais fort souvent, c'est la couche inférieure qui donne naissance à la supérieure. La couche inférieure constitue alors, pour ainsi dire, un nouveau sol ou une nouvelle mer qui intercepte les rayons calorifiques, tant ceux qui viennent du soleil que ceux qui viennent de la terre. L'évaporation y acquiert une nouvelle activité, et produit, à une certaine hauteur, une seconde couche de nuages qui peut elle-même en produire une troisième, et ainsi de suite.

Les courants ascendants dont nous avons parlé jouent un grand rôle dans la production des nuages puisqu'ils amènent les vapeurs formées à la surface du sol, dans les régions élevées et froides où elles se condensent.

IV. *Classification des nuages.* — A considérer les formes, les apparences et les dispositions si variées des nuages, il semble que toute classification soit impossible. Cependant appelle le *Cumulo-stratus*, qui devient à son tour le *Nimbus* ou nuage pluvieux. Celui-ci est caractérisé par sa teinte d'un gris uniforme et ses bords frangés; il se compose de nuages tellement confondus, qu'on ne peut les distinguer. Les figures représentent les aspects les plus remarquables qu'offrent les nuages. Il convient d'observer que le stratus de Howard n'est pas un n.; c'est le brouillard qui se forme en nappe au coucher du soleil, et qui, vu de loin, se présente sous la forme de longues lignes horizontales.

La classification actuellement suivie par les météorologistes dérive de la précédente, avec quelques modifications introduites surtout par MM. Abercomby et Hildebrandson; c'est celle qui a été adoptée par les conférences météorologiques internationales. Les nuages y sont désignés suivant leur forme par des mots composés avec les quatre noms suivants, qui caractérisent les groupes principaux : *cirrus*, nuages en filaments ou fibreux; *cumulus*, nuages arrondis ou en boules; *stratus*, nuages étalés en couche uniforme; *nimbus*, nuages noirs, confus, d'où tombe la pluie. En employant ces noms seuls ou combinés deux à deux, on arrive à désigner toutes

Fig. 1.

plusieurs météorologistes se sont efforcés de les ramener à quelques types principaux. Ainsi, Howard a distingué, d'après leurs formes, 3 sortes de nuages, les *Cirrus*, les *Cumulus*, et les *Stratus*, auxquels on rattache 4 formes de transition, les *Cirro-cumulus*, les *Cirro-stratus*, les *Cumulo-stratus* et les *Nimbus*. Le *Cirrus*, ou *Queue de chat* des marins, se compose de filaments déliés dont l'ensemble ressemble, tantôt à un pinceau, tantôt à des cheveux crépus, tantôt à un réseau délié. Le *Cumulus*, ou *Balle de coton* des marins, se montre souvent sous la forme d'une moitié de sphère reposant sur une base horizontale. Ces demi-sphères s'amoncellent parfois les unes sur les autres, et forment alors ces gros nuages accumulés à l'horizon, qui ressemblent de loin à des montagnes couvertes de neige. Le *Stratus* a l'aspect d'une bande horizontale qui se forme au coucher du soleil et disparaît à son lever. La dénomination de *Cirro-cumulus* s'applique à ces petits nuages arrondis qu'on nomme souvent *nuages moutonnés*. Quand le ciel en est couvert, on dit qu'il est *pommelé*. Le *Cirro-stratus* se compose de petites bandes formées de filaments plus serrés que ceux du cirrus. Ces nuages forment des couches horizontales, qui, au zénith, semblent composées d'un grand nombre de nuages déliés, tandis qu'à l'horizon où nous apercevons leur projection verticale, on voit une bande longue et fort étroite. Lorsque les *cumulus* s'entassent et deviennent plus denses, ils forment ce qu'on les formes de nuages, qui se rangent dans une des dix familles suivantes :

1° *Cirrus.* — Nuages d'un blanc uniforme et sans ombres, en forme de filaments.

2° *Cirro-stratus.* — Voile blanchâtre, donnant au ciel un aspect laiteux.

3° *Cirro-cumulus.* — Petites balles ou petits flocons entièrement blancs et sans ombres, qui sont disposés en groupes et souvent en files.

4° *Alto-cumulus.* — Balles ou flocons plus gros que les cirro-cumulus, blancs ou grisâtres et présentant des ombres, ce qui les distingue bien des cirro-cumulus. Ces nuages sont réunis en groupes et souvent si serrés que leurs bords semblent se rejoindre surtout à l'horizon, par un effet de perspective; ils produisent alors l'apparence bien connue sous le nom de *ciel pommelé*.

5° *Alto-stratus.* — Voile épais de couleur grise ou bleuâtre, qui montre, dans la direction du soleil et de la lune, une partie plus brillante, sans toutefois donner d'anneaux colorés, halos ou couronnes. Les alto-stratus présentent toutes les formes de transition avec les cirro-stratus, et il est souvent assez difficile de les distinguer les uns des autres; toutefois les alto-stratus ne possèdent jamais la structure fibreuse que l'on remarque dans beaucoup de cirro-stratus.

6° *Strato-cumulus.* — Grosses balles ou rouleaux de

nuages sombres qui couvrent fréquemment tout le ciel, surtout en hiver, et lui donnent une apparence ondulée ; ils sont quelquefois assez peu épais pour qu'on aperçoive le bleu du ciel dans leurs intervalles.

7° *Nimbus* — Couche épaisse de nuages sombres sans formes nettes, à bords déchirés ; ce sont les nuages qui amènent les pluies ou les neiges persistantes. Souvent la couche de *nimbus* se déchire en petits lambeaux qui courent très bas avec une grande vitesse : ces lambeaux peuvent être désignés séparément sous le nom de *fracto-nimbus*.

8° *Cumulus*. — Nuages épais, arrondis, dont le sommet forme un dôme garni de protubérances et dont la base est horizontale. Ces nuages peuvent présenter les apparences et les dimensions les plus variées ; ils sont toujours très nettement limités et donnent naissance à de beaux effets de lumière.

9° *Cumulo-nimbus*. — Masses puissantes de nuages qui s'élèvent en forme de montagnes ou de tours et qui peuvent exister seuls ou être accompagnés d'un voile de cirro-stratus. Souvent les protubérances élevées des cumulo-nimbus s'entourent d'un voile ou d'un écran de texture fibreuse que l'on appelle quelquefois *faux cirrus*, bien que rien ne paraisse les distinguer des cirrus véritables ; la base des cumulo-nimbus est souvent constituée par des nuages gris analogues aux nimbus. Ce sont, comme les nimbus, des nuages de pluie, mais ils sont caractéristiques des orages, des giboulées, des ondées et en général des pluies de courte durée, tandis que les nimbus amènent les pluies persistantes.

10° *Stratus* ou *brouillards élevés*. — Nuages gris à formes confuses, qui ne donnent pas de pluie (ce seraient alors des nimbus) et qui ne reposent pas non plus directement sur le sol (ce seraient alors simplement des brouillards). Ce sont des lambeaux de stratus que l'on voit souvent flotter sur le flanc des montagnes. Ces nuages offrent toutes les transitions avec le brouillard proprement dit et souvent on voit un brouillard qui, après avoir séjourné quelques heures sur le sol, s'élève peu à peu et devient un stratus : le stratus est donc simplement un brouillard élevé, qui ne descend pas jusqu'au sol.

On a reconnu que, pour chaque espèce de nuages, les hauteurs oscillent autour d'une certaine valeur moyenne qui est propre à chaque espèce et qui diffère notamment de la hauteur de la moyenne des autres espèces. Les mesures les plus nombreuses qui ont été faites jusqu'à ce jour, en Suède et aux États-Unis, ont fourni les résultats suivants pour la hauteur moyenne ...s diffé...tes espèces de nuages en été.

| | | Suède. | États-Unis. |
|---|---|---|---|
| | | — | — |
| Cirrus | | 8.500m | 9.920m |
| Cirro-stratus | supérieurs | 9.250 | 8.750 |
| | inférieurs | 5.290 | 6.480 |
| Cirro-cumulus | | 6.400 | 7.610 |
| Alto-cumulus | supérieurs | 5.700 | 6.410 |
| | inférieurs | 2.750 | 3.170 |
| Strato-cumulus | | 2.060 | 2.000 |
| Cumulo-nimbus | sommet | 2.670 | » |
| | base | 1.400 | 1.200 |
| Cumulus | sommet | 2.020 | 2.180 |
| | base | 1.390 | 1.470 |
| Nimbus | | 1.600 | 710 |
| Stratus | | 810 | 580 |

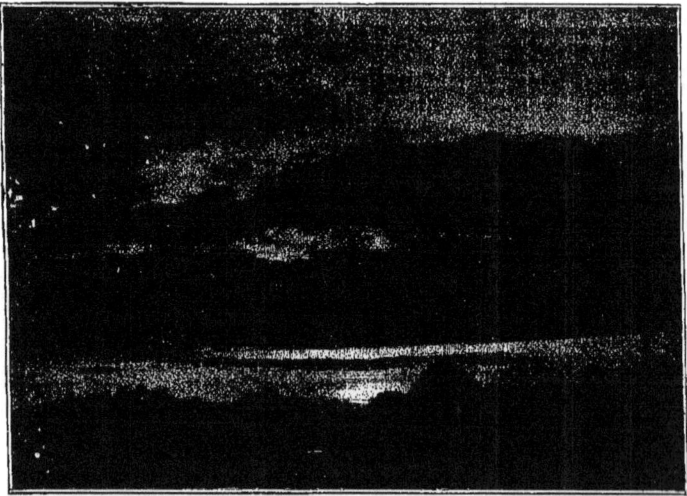

Fig. 2.

Ces nombres ne doivent être considérés que comme des valeurs moyennes dont la hauteur réelle d'un nuage peut s'écarter beaucoup à un moment donné. Par exemple, la hauteur moyenne donnée pour les cirrus, aux États-Unis, en été, est 9.900 mètres ; mais on a observé en réalité une série de valeurs comprises entre les limites extrêmes de 5.390 mètres et 14,390 mètres ; pour la base des cumulus, la plus petite et la plus grande altitude ont été respectivement 600 mètres et 3,580 mètres, avec une valeur moyenne de 1,470 mètres et ainsi de suite.

La hauteur des nuages éprouve, dans le cours de l'année, une variation très nette ; une même couche de nuages est, en moyenne, à une altitude plus grande en été qu'en hiver. Cela se comprend aisément, car l'air, en même temps qu'il est plus chaud, est généralement plus sec en été qu'en hiver ; il faut donc s'élever davantage pour rencontrer une couche d'air assez froide où commence la condensation. Les mesures faites à Blue-Hill (États-Unis) montrent nettement cette variation annuelle ; la base des cumulus y est en moyenne à 1,380 mètres en hiver, à 1,470 mètres en été, les cirro-cumulus sont à 6,990 mètres en hiver, à 7,610 mètres en été ; pour les cirrus, les hauteurs moyennes correspondantes sont respectivement 8,050 mètres et 9,920 mètres, et ainsi de suite.

La température et l'humidité qui sont la cause de la variation annuelle de la hauteur des nuages produisent de même une variation diurne bien nette : la hauteur des nuages augmente depuis le matin jusqu'au soir et diminue ensuite pendant la nuit. D'après M. Angot, on a obtenu les hauteurs suivantes pour différentes espèces de nuages à 8 heures du matin, 1 heure et 7 heures du soir.

| Heures. | Cirrus. | Cirro-cumulus. | Alto-cumulus. | Nimbus. |
|---|---|---|---|---|
| 8 matin. . . | 8.700m | 6.020m | 3.780m | 1.480m |
| 1 soir. . . . | 8.760 | 6.570 | 4.260 | 1.550 |
| 7 soir. . . . | 9.500 | 6.230 | 4.000 | 2.160 |

Les cumulus se forment, comme nous l'avons dit, par des courants ascendants qui amènent la condensation de la vapeur d'eau; ils sont donc les plus fréquents au milieu de la journée, alors que, le sol étant fortement échauffé, les courants ascendants se développent plus aisément. En été, par exemple, tandis que le ciel est parfaitement pur le matin, on voit fréquemment les cumulus se former vers 9 heures ou 10 heures; leur nombre et leur grandeur augmentent ensuite pendant toute la journée en même temps que leur altitude et leur épaisseur, ce qui ressort nettement des mesures suivantes de l'altitude de la base et du sommet des cumulus à diverses heures.

| Heures. | Altitude de la base. | Altitude du sommet. | Épaisseur. |
|---|---|---|---|
| 8 matin. . . . | 1.090m | 1.300m | 210m |
| Midi . . . . . . | 1.270 | 1.840 | 570 |
| 2 soir. . . . . | 1.550 | 2.090 | 540 |
| 5 soir. . . . . | 1.700 | 1.760 | 60 |

Enfin les différentes espèces de nuages ne sont pas également fréquentes à tous les moments de la journée. Les espèces basses dominent le matin et les espèces élevées dans la journée; ainsi la proportion des cirro-cumulus aux cirrus est plus grande le matin et diminue dans la journée, tandis qu'inversement la proportion relative des cirro-stratus, par rapport aux cirrus, augmente du matin au soir.

Dans ses voyages scientifiques en ballon, M. Flammarion a fait un grand nombre d'observations sur la nature des nuages, leur hauteur, leur température, ainsi que sur la variation de l'humidité dans l'air suivant l'altitude. En voici le résumé : Dans douze séries d'observations spéciales, représentant environ six cents positions différentes, la distribution de la vapeur d'eau dans les couches atmosphériques a suivi une règle constante que l'on peut énoncer en ces termes :

1° L'humidité de l'air s'accroît à partir de la surface du sol jusqu'à une certaine hauteur; 2° elle atteint une zone où elle reste à son maximum; 3° elle décroît à partir de cette zone et diminue constamment ensuite à mesure que l'on s'élève dans les régions supérieures.

La zone à laquelle il a donné le nom de *zone d'humidité maximum* varie de hauteur suivant les heures, suivant les époques et suivant l'état du ciel. Elle n'est qu'en de rares circonstances (principalement à l'aurore) voisine de la surface du sol.

Cette marche générale de l'humidité est constante que le ciel soit pur ou couvert, et elle se manifeste dans les observations faites pendant la nuit aussi bien que dans les observations diurnes.

Les tableaux hygrométriques construits après chaque voyage montrent avec évidence la permanence de cette loi.

Lorsqu'on a dépassé les régions inférieures de l'atmosphère, et en général l'altitude de 2,000 mètres, on ne peut s'empêcher de constater l'accroissement très sensible de la chaleur du soleil relativement à la température de l'air ambiant. Ce fait ne m'a jamais plus impressionné, écrit M. Flammarion, que dans la matinée du 10 juin 1867, lorsque, nous trouvant, à 7 heures du matin, à une hauteur de 3,300 mètres, nous avons eu pendant une demi-heure 15 degrés de différence entre la température de nos pieds et celle de nos têtes, ou, pour mieux dire, entre la température de l'intérieur de la nacelle (ombre) et celle de l'extérieur (soleil). Le thermomètre à l'ombre marquait 8 degrés; le thermomètre au soleil, 23 degrés. Tandis que nos pieds souffraient de ce froid relatif, un ardent soleil nous brûlait le cou, les joues, et en général les parties du corps directement exposées à la radiation solaire.

L'effet de cette chaleur est encore augmenté par l'absence du plus léger courant d'air.

Cet écart du rapport de la température de l'air à celle d'un corps exposé au soleil s'accuse et se manifeste en raison de la décroissance de l'humidité. La radiation solaire, la dif-

Fig. 3.

férence entre la chaleur directement reçue de l'astre radieux et la température de l'air, *augmente* à mesure que *diminue* la quantité de vapeur d'eau répandue dans l'atmosphère. Cette constatation permanente de la transparence de l'air privé d'eau pour la chaleur, établit que c'est la vapeur d'eau qui joue le plus grand rôle dans l'action de *conserver la chaleur solaire à la surface du sol.*

Ces résultats doivent être mieux dégagés de toute influence étrangère que ceux qui proviennent d'observations faites sur les montagnes, car, dans ce dernier cas, la présence des neiges et du rayonnement doit avoir un effet constant, tandis que les observations aéronautiques s'accomplissent dans des régions absolument libres.

La décroissance de la température de l'air, qui joue un si grand rôle dans la formation des nuages et dans les éléments de la météorologie, est loin de suivre une loi régulière et constante. Elle varie selon les heures, les saisons, la transparence du ciel, l'origine des vents, l'état de la vapeur d'eau, etc.

Dans le ciel nuageux, l'abaissement de la température a été trouvé de 3 degrés pour les 500 premiers mètres; de 6 degrés pour 1,000 mètres; de 9 degrés pour 1,500 mètres; de 11°,5 pour 2,000 mètres. Au-dessus de cette hauteur, on sort de la couche des nuages inférieurs. Moyenne : 1 degré pour 174 mètres.

Dans le ciel pur, l'abaissement moyen de la température a été trouvé de 4 degrés pour les 500 premiers mètres à partir de la surface du sol; de 7 degrés pour 1,000 mètres; de 10°,5 pour 1,500 mètres; de 13 degrés pour 2,000 mètres; de 15 degrés pour 2,500 mètres; de 17 degrés pour 3,000 mètres; de 19 degrés pour 3,500 mètres. Si nous prenons la moyenne des 2,000 premiers mètres, pour la comparer à la précédente, nous la trouvons de 1 degré pour 154 mètres : le décroissement est plus rapide.

Pendant le jour, la température des nuages est supérieure à celle de l'air situé au-dessous et au-dessus.

Le décroissement est plus rapide dans les régions voisines de la surface du sol et se ralentit à mesure qu'on s'élève.

Le décroissement est plus rapide le soir que le matin, et pendant les journées chaudes que pendant les journées froides.

On rencontre parfois dans l'atmosphère des régions plus chaudes ou plus froides que la moyenne de l'altitude, et qui traversent l'atmosphère comme des *fleuves aériens*. Ces inversions de température se manifestent surtout par les journées froides ou en hiver.

La différence entre les indications du thermomètre de l'ombre et celles du thermomètre du soleil augmente à mesure qu'on s'élève dans les hauteurs de l'atmosphère.

La surface supérieure des cumulus est boursouflée, mamelonnée, formée de montagnes blanches ayant l'aspect de la laine fraîchement cardée. On croit avoir sous les yeux des masses solides.

Ces nuages ne sont ni plus humides, ni plus lourds que l'air; ils sont constitués par un état *visible* de la vapeur d'eau, laquelle, au-dessous d'eux, est en aussi grande quantité qu'au dedans d'eux, mais invisible. Cette vapeur devient visible lorsque l'air saturé d'humidité devient plus froid. La différence de température est toutefois à peine sensible à la base du n., et la chaleur augmente assez vite à mesure qu'on s'élève dans le n. même.

Lorsqu'on vogue au-dessus de cette région des nuages inférieurs (cumulo-stratus), et que des cirrus planent dans le ciel, ces derniers nuages paraissent aussi élevés au-dessus de l'observateur que s'il n'avait pas quitté la terre. On se trouve de la sorte entre deux cieux bien différents. En arrivant à 4,000 mètres, le ciel des cirrus perd sa concavité, et celui des cumulo-stratus se creuse. Lorsque l'atmosphère est pure, le même effet se produit pour la terre, et l'on est surpris de voir sous ses pieds une surface concave au lieu d'une surface convexe. L'horizon apparent monte avec nous et se maintient toujours à la hauteur de l'œil.

Que les nuages soient dus à la condensation de l'*humidité relative* de l'air, c'est ce qui paraît résulter de toutes les observations faites sur ce point : des courants ascendants s'exhalent d'une région humide et traversent une certaine zone qui rend visible leur vapeur invisible. Un jour que nous passions en ballon au-dessus de la forêt de Villers-Cotterets, nous avons été fort surpris de voir pendant plus de 20 minutes un petit nuage, qui pouvait avoir 200 mètres de long sur 150 de large, et qui était suspendu *immobile* à 80 mètres environ au-dessus des arbres. En approchant, nous en vîmes bientôt cinq ou six plus petits, disséminés et également immobiles. Cependant l'air marchait en raison de 8 mètres par seconde : quelle ancre invisible retenait ces petits nuages? En arrivant au-dessus, nous reconnûmes que le principal était suspendu au-dessus d'une pièce d'eau, et que les autres marquaient le cours d'un ruisseau.

Relativement à la formation des brouillards, lorsqu'on arrive en ballon, au lever de l'aurore, sur des paysages inconnus, on reconnaît facilement les vallées d'avec les plateaux, selon leurs teintes : tandis que les plateaux restent noirs, les vallées grisonnent et blanchissent. La vapeur d'eau y est visiblement condensée, et l'air y est plus froid que sur les plateaux. C'est ce que j'ai spécialement vérifié, entre autres, le 19 juin 1867, à 3 heures du matin, en descendant dans la vallée de la Touque (Orne). Le thermomètre s'abaissa de 11 degrés à 6 de 400 mètres au niveau du sol; et le 24 juin, à 4 heures du matin, en descendant dans la vallée de la Charente, le thermomètre s'abaissa de 16 degrés à 14 de 300 mètres au niveau du sol. Dans ces deux circonstances, il y avait un maximum d'humidité à la surface, sans préjudice du maximum général signalé précédemment.

Le maximum d'humidité se trouve dans le plan de la surface inférieure des nuages. La température à l'ombre est plus élevée dans les cumulus qu'au-dessous d'eux. Ces nuages ne sont pas autre chose qu'un état visible de la vapeur d'eau répandue dans l'air sous forme ordinairement invisible. Ils marchent avec l'air et peuvent redevenir invisibles en traversant certaines régions. Leur hauteur varie selon les heures; c'est vers le milieu du jour qu'elle est la plus élevée.

M. Bavet-Rivet écrit d'autre part dans son ouvrage l'*Aéronautique* :

« On doit à Flammarion la première vérification en ballon de la loi de Saigey et de Mendeléef, que la décroissance de la température de l'air est proportionnelle à la diminution de la pression, et c'est d'après ses chiffres que la formule a été calculée. Elle est regardée comme suffisante jusqu'à 4,000 mètres. »

A l'Observatoire de Juvisy, M. Flammarion a entrepris, avec le concours de MM. G. Mathieu et E. Antoniadi, la photographie des diverses espèces de nuages, dans le but d'établir une classification naturelle fondée sur des formes beaucoup plus précises que ne peuvent le donner des dessins. Nous reproduisons ici trois de ces photographies. La première représente de beaux *cumulus* en formation, par une chaude journée d'été (4 juin 1898, à 10 heures du matin); la seconde une bande de *stratus* du courant équatorial prévoyant la pluie (17 septembre 1897); la troisième un *nimbus* avec pluie à l'horizon occidental (12 mai 1898, à 3h.40m). Ce sont là les trois formes les plus fréquentes. Quant aux cirrus, ils sont en général si légers et se perdent tant dans le bleu du ciel trop photogénique, que les photographies sont encore trop indécises pour pouvoir donner à l'impression typographique un résultat satisfaisant.

**Bibliog.** — FLAMMARION, *L'atmosphère*; *Id.*, *Mes Voyages aériens*; KÆMTZ, *Cours de Météorologie*; DUCLAUX, *Cours de Physique et de Météorologie*; ANGOT, *Traité élémentaire de Météorologie*; Société astronomique de France, *Bulletins mensuels*.

**NUAGÉ, ÉE.** adj. T. Didact. Qui a l'aspect, la couleur d'un nuage. || T. Blas. Se dit de pièces représentées avec des ondes, des sinuosités ou lignes courbes.

**NUAGEUX, EUSE.** adj. [Pr. *nua-jeu, euze*]. Couvert de nuages. *Un ciel n.* || T. Joaill. *Pierre nuageuse*, Pierre précieuse qui manque de transparence en quelques endroits. || Fig., Dont les idées sont obscures. *Un esprit n.*

**NUAISON.** s. f. [Pr. *nuè-zon*] (R. *muaison*, du lat. *mutatio*, changement). T. Mar. Durée du vent pendant un certain temps sur une direction déterminée.

**NUANCE.** s. f. (R. *nuer*). Chacun des degrés par lesquels peut passer une couleur sans perdre le nom qui la distingue. *La dégradation d'une seule couleur produit un nombre infini de nuances. Les nuances par lesquelles se dégradent l'ombre et la lumière sont insensibles.* || Se dit quelquefois pour couleur, en parlant d'un mélange, d'un assortiment de plusieurs couleurs qui vont bien ou mal ensemble. *Les nuances de cette marqueterie ne sont pas bien assorties.* — Fig., *Il n'y a pas de nuances dans son style*, Il écrit tout dans le même ton. On dit de même, *Il n'y a pas de nuances dans le chant de cet artiste.* || Fig., Différence délicate et presque insensible que présentent deux choses du même genre. *Il y a* *entre ces deux synonymes une n. presque imperceptible. Ces deux idées diffèrent par une n. qu'il n'est pas aisé de saisir. La n. qui sépare ces deux opinions est bien légère.*

**NUANCER.** v. a. *N. des couleurs*, Les assortir, les disposer de manière qu'il se fasse une diminution insensible d'une couleur à l'autre, ou d'une même couleur, en allant soit du clair à l'obscur, soit de l'obscur au clair. || Fig.) *Cet auteur sait bien n. les caractères de ses personnages. — Cette cantatrice ne sait pas n. son chant.* = NUANCÉ, ÉE. part. *Voici une guirlande de fleurs bien nuancée.* = Conj. Voy. AVANCER.

**NUANÇOIR.** s. m. [Pr. *nuan-souar*] (R. *nuancer*). Outil dont se sert l'ouvrier en paille.

**NUBÉCULE.** s. f. (lat. *nubecula*, petit nuage). T. Méd. Syn. de *Néphélion*.

**NUBIE,** vaste contrée de l'Afrique, au S. de l'Égypte, entre ce pays et l'Abyssinie; 1,000,000 hab. V. pr. *Khartoum, Dongolah*, et *Sennaar*. Voy. la carte d'AFRIQUE. = Nom des hab. : NUBIEN, IENNE.

**NUBILE.** adj. 2 g. (lat. *nubilis*, m. s. de *nubere*, se marier). Qui est en âge de se marier; se dit surtout des filles. *D'après le Code civil, les filles sont réputées nubiles à quinze ans révolus, et les garçons à dix-huit.* || *Age n.*, Age auquel on est en état de se marier.

**NUBILITÉ.** s. f. (lat. *nubilitas*, m. s.). État d'une personne nubile; Age nubile. *On ne doit pas confondre la puberté et la n.; celle-ci est de trois à cinq ans plus tardive que celle-là.*

**NUCAL, ALE.** adj. T. Anat. Qui tient à la nuque, qui appartient ou qui a rapport à la nuque.

**NUCELLE.** s. m. [Pr. *nusè-le*] (lat. *nucella*, dimin. de *nux, nucis*, noix). T. Bot. Nom donné au tissu parenchymateux qui constitue la masse centrale de l'ovule. Voy. OVULE.

**NUCIFORME.** adj. 2 g. (lat. *nux*, noix; *forma*, forme). T. Bot. Qui ressemble à une noix.

**NUCIFRAGE.** adj. 2 g. (lat. *nux*, noix; *frangere*, briser). Qui brise les noix. || s. m. Le *Nucifrage*, le gros-bec, oiseau.

**NUCINE.** s. f. (lat. *nux, nucis*, noix). T. Chim. Syn. de *Juglone*.

**NUCITANNIQUE.** adj. 2 g. [Pr. *nu-si-ta-nike*] (lat. *nux, nucis*, noix, et fr. *tanin*). T. Chim. *L'acide n.* est un tanin contenu dans l'épisperme des noix. Les acides étendus le dédoublent en glucose et en une substance rouge, possédant des propriétés acides.

**NUCIVORE.** adj. 2 g. (lat. *nux*, noix; *vorare*, dévorer). T. Zool. Qui se nourrit de noix.

**NUCLÉAL.** adj. m. (lat. *nucleus*, noyau). T. Bot. Qui a rapport au noyau. || T. Astr. Qui a rapport au noyau d'une comète.

**NUCLÉINE.** s. f. (lat. *nucleus*, noyau). T. Chim. Substance analogue aux matières albuminoïdes, riche en azote et en phosphore, possédant une réaction acide, se dissolvant dans les alcalis, insoluble dans les acides étendus et dans le suc gastrique. On la rencontre dans le noyau de toutes les cellules animales ou végétales et aussi dans des corps dépourvus de noyau cellulaire, comme les bactéries et les levures. Elle paraît y exister le plus souvent à l'état de combinaison avec l'adénine. On extrait ordinairement la n. du jaune d'œuf, du lait, du pus, du cerveau, de la laitance de poisson, de la levure, etc. Il existe plusieurs variétés de n. qui diffèrent par leur plus ou moins grande solubilité dans les alcalis et par leur richesse en phosphore; quelques-unes renferment du soufre; celle du jaune d'œuf contient du fer. La n. se présente sous la forme d'une masse amorphe, blanche, légèrement soluble dans l'eau, insoluble dans l'alcool et dans les acides faibles; elle se dissout non seulement dans les alcalis, mais aussi dans le carbonate, le phosphate et l'acétate de soude; elle fait gelée avec une solution de sel marin. Elle traverse le tube digestif sans être digérée.

**NUCLÉO-ALBUMINE.** s. f. T. Chim. Nom donné à des substances protéiques que la digestion gastrique dédouble en nucléine et en matières albuminoïdes. On les rencontre dans tous les protoplasmas, dans le lait, le sperme, le mucus, le pus, la levure, etc.

**NUCLÉOBRANCHES.** s. m. pl. (lat. *nucleus*, noyau; *branchiæ*, branchies). T. Zool. Les Nucléobranches, appelés encore *Hétéropodes*, forment un groupe important de Mollusques dont nous avons donné les principaux caractères à propos de la classification des GASTÉROPODES. Ils doivent leur nom de N. à leurs branchies qui sont formées de lobes pennatiformes et ramassées sur l'arrière avec les viscères en une masse arrondie. Leur pied, au lieu de former un disque horizontal, est comprimé en une lame verticale musculeuse qui sert de nageoire, et au bord de laquelle on remarque, dans plusieurs espèces, une dilatation en forme de cône creux, qui représente le disque des autres ordres. Leur corps, allongé, terminé le plus souvent par une queue comprimée, est constitué par une substance gélatineuse et transparente comme du verre. Leur bouche a une masse

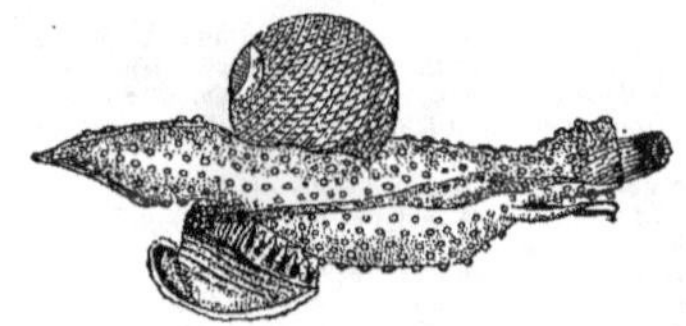

musculaire et une langue garnie de petits crochets. Ces Mollusques nagent ordinairement le dos en bas et le pied en haut : ils peuvent gonfler leur corps en le remplissant d'eau. Parmi les genres dont se compose cet ordre, nous citerons seulement ceux qui ont des représentants dans nos mers. — Les *Carinaires* (*Carinaria*) ont le noyau, qui comprend le cœur, le foie et les organes de la génération, recouvert par une coquille menue, symétrique, conique, à pointe recourbée en arrière, souvent relevée d'une crête, sous laquelle flottent les plumes des branchies. Leur tête a deux tentacules. Une espèce de ce genre, la *Car. gondole* (*C. cymbium*) [Fig. ci-dessus], se trouve dans la Méditerranée. — Les *Firoles* (*Firola*) diffèrent surtout des précédentes par l'absence de coquille et par les tentacules qui sont nuls ou rudimentaires. La *F. couronnée* abonde dans la Méditerranée. — Les *Atlantes* ont une coquille étroite et roulée en spirale. Le type de ce genre est l'*Atl. de Keraudren*, qui habite la même mer. — Enfin, on y rencontre encore une espèce du genre *Phylliroé*, le *Ph. bucéphale*. Ces Mollusques sont presque lamelliformes, et ont leurs branchies en forme de cordons granuleux et intérieurs. Leur transparence est telle qu'ils échapperaient à notre observation, si l'on n'apercevait quelques organes colorés à l'intérieur.

**NUCLÉOLE.** s. m. (Dimin. du lat. *nucleus*, noyau). T. Hist. Nat. Petite masse plus réfringente que le reste qu'on observe dans le noyau d'une cellule. Voy. CELLULE. || T. Zool. Syn. de *Micronucleus*. Voy. ce mot.

**NUCODE.** s. m. (lat. *nux, nucis*, noix). T. Bot. Fruit composé de plusieurs noix dont les attaches partent du même point.

**NUCULE.** s. f. (lat. *nux, nucis*, noix). T. Bot. Nom donné autrefois à certains akènes. || T. Zool. Genre de *Mollusque Lamellibranche* dont la coquille est triangulaire, nacrée et bombée; l'animal n'a pas de siphons. Ce genre est très répandu depuis le Silurien jusqu'à l'époque actuelle.

**NUDIBRANCHES.** s. m. pl. (lat. *nudus*, nu; *branchiæ*, branchies). T. Zool. Les Mollusques ainsi nommés constituent un groupe de *Gastéropodes Opistobranches*. Ils sont essentiellement caractérisés par l'absence de coquille et de cavité pulmonaire, leurs branchies étant toujours à nu sur le dos, sur la tête ou sur les côtés. Les *Nudibranches* sont tous hermaphrodites et marins; souvent ils nagent renversés en s'aidant des bords de leur manteau et de leurs tentacules, comme de rames. Les genres qui composent cet ordre étant assez nombreux, nous citerons seulement les principaux. — Chez les *Doris*, les branchies forment une rosace autour de l'anus, lequel est situé sur la partie postérieure du dos. Leur bouche, en forme de petite trompe, est située sous le bord antérieur du manteau et garnie de deux petits tentacules coniques. — Les *Tritonies* (*Tritonia*) ont leurs branchies en forme de petits arbres, rangées tout le long des deux côtés du dos, et leur bouche est armée de deux mâchoires latérales cornées et tranchantes. Nous en avons dans la Manche une grande espèce couleur de cuivre: c'est la *Tritonie de Homberg* (*Trit. Hombergii*). — Les *Téthys* ont les branchies latérales et en forme de panaches, et la tête recouverte d'un grand voile frangé; leur bouche consiste en une trompe dépourvue de mâchoires. La Méditerranée

en nourrit une belle espèce grise, tachetée de blanc, appelée *T. fimbria*. — Les *Scyllés* (*Scyllæa*) ont le pied canaliculé pour se fixer sur les tiges des fucus, et, sur le dos, quatre crêtes membraneuses que portent à leur face interne les houppes branchiales. — Les *Éolides* (*Eolidia*) ressemblent à de petites Limaces avec quatre tentacules au-dessus et deux aux côtés de la bouche. Leurs branchies sont des lames disposées comme des écailles des deux côtés de leur dos (Fig. ci-dessus). Il y en a dans toutes les mers. — Enfin les *Cavolines* (*Cavolina*) ont, avec les tentacules des Éolides, les branchies en forme de filets, disposées en rangées transversales sur le dos. Ces animaux rampent sur les corps solides et nagent à la surface de l'eau dans une position renversée.

**NUDICAUDE**. adj. 2 g. (lat. *nudus*, nu; *cauda*, queue). T. Zool. Qui a la queue nue sans poils.

**NUDICAULE**. adj. 2 g. (lat. *nudus*, nu; *caulis*, tige). T. Bot. Qui a la tige nue et sans feuilles.

**NUDICOLLE**. adj. 2 g. (lat. *nudus*, nu; *collum*, col). T. Zool. Qui a le cou nu.

**NUDIFLORE**. adj. 2 g. (lat. *nudus*, nu; *flos*, *floris*, fleur). T. Bot. Se dit des plantes qui portent des fleurs ayant une corolle sans aucun appendice.

**NUDIPARE**. adj. 2 g. (lat. *nudus*, nu; *parere*, engendrer). T. Zool. Animaux chez lesquels les enveloppes de l'œuf sont percées par l'embryon pendant qu'il est enfermé dans le sein maternel où il reste encore quelque temps avant de naître.

**NUDISEXE**. adj. 2 g. [Pr. *nudi-sekse*] (lat. *nudus*, nu, et fr. *sexe*). T. Bot. Se dit des fleurs privées d'enveloppes florales, et conséquemment réduites à leurs organes sexuels.

**NUDITARSE**. adj. 2 g. (lat. *nudus*, nu; fr. *tarse*). T. Zool. Dont les tarses sont nus, sans poils, ni plumes.

**NUDITÉ**. s. f. (lat. *nuditas*, m. s.). État d'une personne qui est nue. *La charité ordonne de couvrir la n. du pauvre. Ils le laissèrent dans sa plus complète n.*

Triste et honteux de voir sa nudité.
BOILEAU.

|| Se dit des parties que la pudeur oblige de cacher. *Couvrir, cacher sa n.* || T. Peint. Figure nue. *Ce peintre se plaît à faire des nudités.*

Elle fait des tableaux couvrir les nudités.
MOLIÈRE.

*Ce ne sont point les nudités qui font l'indécence d'un tableau, c'est le caractère de la peinture.* || Fig., *Le vice s'étale dans toute sa n.* || État de ce qui n'est pas garni. *La n. d'une montagne*, une montagne où il n'y a ni arbre, ni verdure. || Dénuement. || T. Théol. Le dépouillement de soi-même.

**NUE**. s. f. (lat. *nubes*, m. s.). Nuage fort élevé au-dessus de la terre. *N. lumineuse. L'éclair sort de la n. Le tonnerre gronde dans la n. Le soleil perça tout à coup la n. Cet oiseau se perd dans les nues.*

Dans une nue
Jusque sur le bûcher Diane est descendue.
RACINE.

|| Fig., *Porter, élever une personne, une action aux nues, jusqu'aux nues*, La louer à l'excès. *Cette pièce a été aux nues*, Elle a obtenu un très grand succès. — *Monter aux nues*, se mettre en colère, et encore avoir un grand succès. *Ce drame est monté aux nues.* — *Se perdre dans les nues*, S'élever dans ses discours, dans ses raisonnements, de manière à faire perdre aux autres et à perdre soi-même de vue le sujet qu'on traite, ou la chose qu'on a entrepris de prouver. — *Faire sauter quelqu'un aux nues*, Le faire mettre en colère, faire qu'il s'emporte. *Quand on lui parle de son procès, on le fait sauter aux nues.* — *Tomber des nues*. Voy. TOMBER. = Syn. Voy. NUAGE.

**NUÉE**. s. f. (lat. *nubes*, m. s.). Nuage étendu et épais qui semble porter l'orage. *Le ciel se couvre d'épaisses nuées. Il pleuvra furieusement à l'endroit où cette n. crèvera. Le vent chasse la n. La n. passe. Chaque fois que le vent souffle, il emporte plus de rêves de l'homme que de nuées du ciel* (V. HUGO). || Par anal., Multitude de personnes, d'oiseaux, d'animaux venus par troupes. *Il vint une n. de barbares qui désolèrent tout le pays. Une n. de pigeons, de corbeaux. Des nuées de sauterelles, etc.* — Par exag., *Il est tombé chez lui une n. de parents qui le gruyent. Il s'est fait une n. d'ennemis.* || Fig., se dit d'une entreprise, d'un complot, d'une vengeance, etc., qui se prépare et qui est près d'éclater. *La n. se forme, on ne sait où elle crèvera. L'ennemi menaçait plusieurs provinces; la n. a crevé sur le point où l'on était le moins préparé.* || T. Astr. *Nuées de Magellan*. Nébuleuses immenses du ciel austral, visibles à l'œil nu. = Syn. Voy. NUAGE.

**NUELLE**. s. f. [Pr. *nuè-le*] (Dimin. de *nue*). T. Météor. Couches blanches et grises dont se compose un nuage isolé entre lesquelles se forme le grésil.

**NUEMENT**. adv. [Pr. *nu-man*]. Voy. NÛMENT.

**NUER**. v. a. (R. *nue*, à cause des reflets que présentent les nues). Assortir et distribuer sur un fond ou dans un tissu les couleurs ou leurs teintes, selon les rapports qu'elles ont entre elles et avec le fond, ou avec les objets qu'elles imitent. *Cela est parfaitement nué. Cet ouvrier sait bien n.* = NUÉ, ÉE. = Conj. Voy. PUER.

**NUEVO-LÉON**, l'un des États du Mexique, Cap. *Nuevo-Léon*.

**NUIRE**. v. n. [Pr. *nui* en une seule syllabe] (lat. *nocere*, m. s.). Faire tort, porter dommage, incommoder. *Il cherche à me n. Il a l'intention, les moyens, le pouvoir de vous n. Les hommes ne manquent jamais de prétextes pour se n., quand ils n'en ont plus de cause. Cette affaire a nui à sa réputation, à sa fortune. Cet aliment nuit à la santé. Cela m'a bien nui. Il s'est beaucoup nui dans mon esprit par son indiscrétion. Je veux faire abattre cette muraille, elle me nuit. Cela ne nuit en rien, ne nuit à rien.* Prov., *Trop parler nuit.* || Par litote. *Ne pas n.*, sign. quelquefois Aider, servir, être utile. *Je ne lui ai pas nui dans cette affaire. Ma recommandation ne lui a pas nui.* Prov., *Abondance de biens ne nuit pas.* — Impersonn., *Il ne nuit pas d'avoir étudié, d'avoir voyagé.*

**Conjug.** — *Je nuis, tu nuis, il nuit; nous nuisons, vous nuisez, ils nuisent. Je nuisais; nous nuisions. Je nuisis; nous nuisîmes. Je nuirai; nous nuirons. — Je nuirais; nous nuirions. — Nuis; nuisons. — Que je nuise; que nous nuisions. — Que je nuisisse; que nous nuisissions. — Nuisant. Nui.* — Les temps composés se forment avec l'auxiliaire *avoir*.

**NUISANCE.** s. f. [Pr. *nui-zan-se*, *nui* en une seule syllabe]. Qualité de ce qui nuit.

**NUISIBLE.** adj. 2 g. [Pr. *nui-zible*, *nui* en une seule syllabe]. Dommageable, qui nuit. *Cela est nuisible à vos intérêts. Tout cela est nuisible à la santé. Il faut détruire les animaux nuisibles.*

**NUISIBLEMENT.** adv. [Pr. *nui-zi-bleman*, *nui* en une seule syllabe]. D'une manière nuisible.

**NUIT.** s. f. [Pr. *nui* en une seule syllabe] (lat. *nox, noctis*, m. s.). Espace de temps pendant lequel le soleil reste sous l'horizon d'un lieu. *N. obscure, claire, profonde. A la n. tombante. A n. close. Les ténèbres, l'obscurité, les ombres, la solitude, le calme, le repos, le silence de la n. La n. nous surprit à deux lieues de la ville. Il est n. Il fait n. Il se fait n. Au milieu de la n.*

C'était pendant l'horreur d'une profonde nuit.
RACINE.

*Pendant, durant la n. Bien avant dans la n. A la faveur de la n. Une belle n. d'été. Une longue n. d'hiver. La n. de Noël. Sous les pôles, la n. dure six mois. Il veille toutes les nuits. Le hibou est un oiseau de n.* || Poétiq., *Les feux de la n.*, Les étoiles. *L'astre des nuits*, La lune. *Les voiles de la n.*, L'obscurité de la n. *La n. venait de déployer ses voiles.* — *Bonnet de n.*, Bonnet dont on se couvre la tête pour dormir. — *Chemise de n.*, Chemise que l'on met le soir en se couchant, et que l'on quitte le jour, pour en prendre une autre. — *Table de n.*, Table que l'on place la nuit à côté de son lit pour divers besoins. — *Sac de n.*, Sac dans lequel on emporte tout ce qui est nécessaire dans un voyage, surtout pour la n. || Prov., *La n. tous les chats sont gris*, la n. on ne distingue guère une personne laide d'une belle. || Famil., on dit, en prenant congé le soir des personnes : *Bonne n.; Je vous souhaite une bonne n.* || *Passer une bonne n.*, Bien dormir dans son lit; *Passer une mauvaise n.*, Mal dormir, être agité, souffrant dans son lit. On dit de même : *Bien passer, mal passer la n.* On dit aussi d'un malade : *Comment a-t-il passé la n.? Il a eu une bonne n., une mauvaise n.* On dit encore : *Passer une n. blanche*, Passer la n. sans dormir. — *Passer la n. à étudier, à jouer, etc.*, Étudier, jouer toute la n. || Absol., *Passer la n.*, Veiller hors de son lit. *Il a passé la n. auprès de ce malade.* — *Ce malade ne passera pas la n.*, Il mourra dans la n. — *Faire de la n. le jour, et du jour la n.*, veiller la n. et dormir le jour. || *Oiseaux de n.*, oiseaux de proie qui se cachent le jour et chassent la n. || En parlant de deux choses très différentes, on dit : *C'est comme le jour et la n.* || Fam., Se *mettre à la n.*, Se mettre au hasard d'être surpris par la nuit, avant qu'on soit arrivé au lieu où l'on veut aller. *Il est tard, partez, ne vous mettez pas à la n.* || Fig. et poét., *La n. du tombeau, l'éternelle n.*, la mort. *La n. des temps*, Les temps les plus reculés et dont on n'a aucune connaissance certaine. — *La n. de l'ignorance*, se dit des époques et des pays où régnait la barbarie. *Le flambeau des lettres a dissipé la n. de l'ignorance.*

Quand sera le voile arraché
Qui sur tout l'univers jette une nuit si sombre?
RACINE.

|| Condition obscure où l'on vit. || T. Peint. *Effet de n.*, Tableau représentant une scène de n. == DE NUIT. loc. adv. Pendant la n. *Aller, marcher, partir de n.* == NUIT ET JOUR, ou JOUR ET NUIT. loc. adv. Sans cesse. *Il travaille n. et jour. Cette lampe brûle jour et n.* == NI JOUR, NI NUIT. loc. adv. En aucun moment. *Il n'a de repos ni jour ni n.*

**Syn.** — *Obscurité*, — *Ténèbres*. — La *n.* est la cessation du jour, c.-à-d. le temps où le soleil n'éclaire plus. L'*obscurité* est une pure cessation de lumière. Les *ténèbres* sont une obscurité épaisse et profonde. On dit de la *n.* qu'elle est sombre, de l'*obscurité* qu'elle est profonde, des *ténèbres* qu'elles sont épaisses.

**Mythol.** — Les anciens avaient fait de la *Nuit* une divinité. Suivant Hésiode et les poètes postérieurs, elle était fille du Chaos, la sœur de l'Érèbe, et la mère du Sommeil, des Songes, de la Mort, des Parques, de Némésis, etc. Cette déesse avait des temples dans la Grèce, et on lui sacrifiait des brebis noires et des coqs. Euripide la représente couverte d'un grand voile noir parsemé d'étoiles, et parcourant sur son char la vaste étendue des cieux.

**NUITAMMENT.** adv. [Pr. *nuita-man*, *nui* en une seule syllabe]. De nuit; ne se dit guère qu'en parlant de quelque mauvaise action faite de nuit. *Un vol commis n. Après l'avoir tué, ils l'enterrèrent n.*

**NUITÉE.** s. f. [Pr. *nui* en une seule syllabe]. L'espace d'une nuit; ne se dit guère que relativement à ce qu'on paie pour passer la nuit dans une auberge, ou au salaire qu'on paie à des ouvriers pour le travail fait pendant une nuit. *Nous avons payé tant pour notre n. Les maçons ont reçu tant par n.*

**NUITS,** ch.-l. de c. (Côte-d'Or), arr. de Beaune; 3,700 hab. Vins renommés.

**NUL, NULLE.** adj. (lat. *nullus*, m. s.). Aucun. *N. homme. Nulle femme. Il n'a nulle exactitude. Je n'en ai nulle connaissance. Cela n'est de n. usage, de n. secours. Cela est de nulle conséquence. En nulle manière. En nulle façon. Nulles troupes ne pourraient enlever cette place.* — S'emploie absol., au masc., et signifie alors personne. *N. n'est exempt de mourir. De tous ceux qui ont fait ce voyage, n. n'en est revenu.*

Nul que Dieu seul et moi n'en connaît les chemins.
LA FONTAINE.

|| Qui est sans valeur, sans effet, qui se réduit à rien. *Votre observation est nulle. Le résultat de ces négociations a été n. Ce testament est n. dans le fond comme dans la forme. Leur mariage a été déclaré n. Toutes ces procédures sont nulles.* — *Son crédit est n., son talent est n.*, Il n'a point de crédit, point de talent. || Fig., *C'est un homme n.*, C'est un homme sans mérite, qui n'est propre à rien. *C'est un homme n. dans sa compagnie*, Il n'y a ni considération, ni influence. || T. Hist. nat. S'emploie fréquemment dans une énumération de parties pour indiquer que telle ou telle partie fait défaut, n'existe pas. *Canines nulles. Bractées nulles. Périanthe n.* == NULLE, s. f. T. Diplom. Syllabe ou phrase dépourvue de sens séparant les mots significatifs d'une écriture secrète, pour la rendre inintelligible à ceux qui n'ont pas la clef. == Syn. Voy. AUCUN.

**NULLEMENT.** adv. [Pr. *nule-man*]. En aucune manière. *Y consentez-vous? N. Je ne suis n. instruit de cette affaire. Il n'est n. question de cela. Je ne lui en veux nullement.*

**NULLIPENNES.** s. m. pl. [Pr. *nul-li pè-ne*] (lat. *nullus*, aucun; *penna*, aile). T. Ornith. Syn. de BRÉVIPENNES. Voy. ce mot.

**NULLITÉ.** s. f. [Pr. *nul-lité*] (bas lat. *nullitas*, m. s.). T. Jurispr. Vice, défaut qui rend un acte de nul effet, de nulle valeur. *N. de forme. N. de droit. N. au fond. N. essentielle. Moyen de n. A peine de n. Je vous prouverai la n. de cet acte. Il y a plusieurs nullités dans ce testament.* || Fig., *Cet homme est d'une complète n.*, Il est sans aucun talent, sans aucun mérite.

**NUMANCE,** anc. v. d'Espagne, célèbre par sa belle résistance aux Romains (133 av. J.-C.). == Nom des hab. NUMANTIN, INE.

**NUMA POMPILIUS,** 2e roi de Rome (714-671 av. J.-C.), donna aux Romains un code civil et religieux.

**NUMÉNIIDÉS.** s. m. pl. (R. *Numenius*, nom d'homme et nom scientifique du genre *Courlis*). T. Ornith. Famille d'*Échassiers Longirostres*. Le genre *Courlis*, type de la famille des N., ne diffère du genre *Ibis* que par des caractères très secondaires, et surtout par le bec, qui est plus grêle et rond sur toute sa longueur. Les Courlis vivent sur le bord de la mer et des marais, où ils se nourrissent de vers et de mollusques. Ils se réunissent en troupes nombreuses, excepté à l'époque de la reproduction, où ils s'isolent. Le cri du Courlis est assez exactement représenté par son nom. Le type du genre est le *Courlis d'Europe* (*Numenius arcuatus*). [Fig. ci-après]. Il est grand comme un chapon, et a le plumage brun, avec le bord de toutes les plumes blanchâtre, le croupion blanc, et la queue rayée de blanc et de brun. Nous en

avons encore en Europe une autre espèce appelée *Petit Courlis* ou *Corlieu* (*Numenius phæopus*), qui est de moitié moindre, mais qui a presque le même plumage.

**NÛMENT**. adv. [Pr. *nu-man*] (R. *nu*). Sans vêtement || Sans déguisement. *Je vous conterai n. le fait.* || Simplement. || T. Féod. Sans condition.

**NUMÉRAIRE**. s. m. (lat. *numerarius*, m. s., de *numerare*, compter). Se dit des espèces métalliques monnayées. Voy. Monnaie. = Adj. 2 g. Dont on se sert pour compter. *Pierres numéraires*, pierres qui servaient autrefois à compter les distances sur les routes. || *Espèces numéraires*, or, argent monnayé.

**NUMÉRAL, ALE**. adj. (lat. *numeralis*, m. s., de *numerus*, nombre). Qui désigne un nombre. *Nom n. Adjectif n. I, V, X, L, C, D, M, sont des lettres numérales dans le chiffre romain.* || *Vers numéraux* ou *chronologiques*, Vers dont toutes les lettres numérales servent à marquer le millésime de quelque événement. Voy. Chronogramme.

**Obs. gram**. — Les *adjectifs numéraux* servent à exprimer la quantité ou l'ordre des personnes et des choses. Ceux qui expriment simplement la quantité sont appelés *cardinaux*, parce qu'ils sont le principe des autres, et qu'ils servent à les former : tels sont *un*, *deux*, *trois*, *dix*, *vingt*, *quarante*, *cent*, *mille*, etc. Pris dans le sens abstrait, ces noms de nombre sont de véritables substantifs. Les seconds sont nommés *ordinaux*, parce qu'ils marquent l'ordre et le rang que les personnes et les choses occupent entre elles : tels sont *premier*, *second*, *deuxième*, *troisième*, *quatrième*, *vingtième*, *centième*, *millième*, etc. A l'exception de *premier* et de *second*, qui viennent du latin *primus* et *secundus*, tous les adjectifs de nombre *ordinaux* sont dérivés des nombres *cardinaux* correspondants. L'adjectif ordinal *unième* n'est usité qu'après un autre nombre : le *vingt et unième*; le *trente et unième*. — Les adjectifs cardinaux se substituent fréquemment aux adjectifs ordinaux : 1° En parlant des heures et des années courantes : *Il est huit heures; Nous sommes en mil huit cent quatre-vingt-dix-neuf.* 2° En parlant du jour du mois : *Le deux mars; Le quatre mai;* néanmoins on dit toujours avec l'adjectif ordinal, *Le premier janvier, Le premier mai*, et non le *un janvier*, le *un mai.* 3° En parlant des souverains et des princes, comme *Charles six*, *Henri quatre*, *Louis quatorze;* cependant, au lieu de *Henri un*, *François un*, on dit : *Henri premier*, *François premier*. Quelquefois encore on les emploie subst., comme : *Le huit de cœur; Le douze du mois; Un cent d'œufs*, etc. — De tous les noms de nombre cardinaux, il n'y a que *vingt* et *cent* qui, précédés d'un autre nom de nombre par lequel ils sont multipliés, prennent un *s* au pluriel : *Quatre-vingts chevaux; Cinq cents francs.* Il en est de même quand ces mots sont pris dans le sens abstrait. C'est ainsi qu'on écrit *quatre-vingts, deux cents.* Cependant *vingt* et *cent* s'écrivent toujours sans *s* lorsqu'ils sont suivis d'un autre nom de nombre : *Quatre-vingt-deux; Deux cent vingt.* Quand il s'agit de dater les années, on supprime également la marque du pluriel : *L'an mil sept cent, L'an mil sept cent quatre-vingt*, bien que *cent* et *vingt* soient précédés d'un autre nom de nombre, parce qu'alors ces nombres sont employés comme ordinaux. Enfin, l'adjectif cardinal *un* est le seul dont la terminaison varie selon le genre : *Un cheval, Une bouteille.*

Lorsque le substantif auquel se rapporte l'adjectif numéral cardinal est représenté par *en* placé avant le verbe précédent, ou lorsque le substantif est sous-entendu, l'adjectif ou le participe qui suit le nombre cardinal doit être précédé de la préposition *de : Sur mille habitants. il n'y en a pas un de pauvre; Sur cent combattants, il y en eut trente de tués.* Mais on n'emploie pas la préposition quand le nom de nombre cardinal est suivi d'un pronom relatif : *Sur mille combattants, il y en a cent qui furent tués.*

**NUMÉRATEUR**. s. m. (lat. *numerator*, qui compte, de *numerare*, compter). T. Arithm. Voy. Fraction.

**NUMÉRATIF, IVE**. adj. (lat. *numerare*, compter). Qui sert à compter. = S. m. et f. Se dit des adjectifs ou noms de nombre cardinaux. *Le n. quatre, neuf, trente, cent.*

**NUMÉRATION**. s. f. [Pr. *numéra-sion*] (lat. *numeratio*, m. s.). T. Arithm. Voy. ci-après. || T. Prat. Action de compter. *La n. des deniers a eu lieu en présence des notaires.*

**Arithm**. — La N. est cette partie de l'arithmétique qui a pour objet l'art d'*énoncer* et d'*écrire* les nombres. En conséquence, on distingue deux sortes de n., la *n. parlée* et la *n. écrite.*

I. — *Numération parlée.* — La suite des nombres étant illimitée, il était absolument impossible de désigner chaque nombre par un nom particulier. Il est vrai que dans la pratique, on n'emploie pas les très grands nombres. Cependant, on se bornant aux nombres usuels, leur nombre est déjà trop grand pour qu'on puisse, sans crainte de confusion, les désigner par des mots distincts. Si l'on réfléchit que les langues les plus riches n'ont pas plus de trente à quarante mille mots dont la dixième partie seulement est employée dans la conversation ordinaire, on comprendra quel encombrement c'eût été que de désigner par des mots distincts seulement les mille ou dix mille premiers nombres. Le problème à résoudre consistait donc à énoncer tous les nombres usuels au moyen du plus petit nombre de mots possible. On y est parvenu au moyen d'un artifice d'une extrême simplicité. Le point de départ de la n. parlée est l'*unité*. On lui donne un nom particulier. On désigne aussi par des noms spéciaux les nombres *un*, *deux*, *trois*, *quatre*, *cinq*, *six*, *sept*, *huit*, *neuf*, *dix*. La collection de *dix* unités est alors prise pour une sorte d'unité nouvelle ou *du second ordre* qui devient le point de départ d'une nouvelle série, obtenue en comptant par *dizaines* comme on avait compté par unités simples. On a ainsi les nombres *dix*, *vingt*, *trente*, *quarante*, *cinquante*, *soixante*, *septante* (soixante et dix), *octante* (quatre-vingts) et *nonante* (quatre-vingt-dix). Les nombres intermédiaires s'expriment au moyen du nombre de dizaines qu'ils renferment et du nombre d'unités complémentaires : *dix-un* (onze), *dix-deux* (douze), *dix-trois* (treize), *dix-quatre* (quatorze), *dix-cinq* (quinze), *dix-six* (seize), *dix-sept*, *dix-huit*, *dix-neuf; vingt-un*, *vingt-deux*, etc., jusqu'à *nonante-neuf* ou *quatre-vingt-dix-neuf*. La collection de dix dizaines est appelée *cent* ou *centaine :* c'est l'*unité du 3e ordre*. On compte les centaines avec les noms affectés aux neuf premiers nombres, et l'on dit : *deux cents*, *trois cents*, *neuf cents*. Les nombres intermédiaires s'énoncent au moyen des nombres de centaines, de dizaines et d'unités simples qu'ils renferment : *cent cinq*, *cent dix-huit*, *cent vingt-deux*, *cent soixante-six*, *cent nonante-sept* (cent quatre-vingt-dix-sept), etc. Le groupe de dix centaines a reçu le nom de *mille* et constitue une nouvelle sorte d'unité appelée *unité du 4e ordre*. On compte ensuite les mille, soit avec les noms affectés aux neuf premiers nombres, soit par dizaines et centaines ; ainsi l'on dit : *mille*, *deux mille*, *trois mille*, *neuf mille ; dix mille*, *vingt mille*, *trente mille*, etc.; *cent mille*, *deux cent mille*, etc. On peut ainsi compter jusqu'à *neuf cent quatre-vingt-dix-neuf mille neuf cent quatre-vingt-dix-neuf*. La collection de dix centaines de mille, ou de mille fois mille, porte le nom de *million*, on compte les millions comme les mille jusqu'à mille fois mille. Le groupe de mille millions se nomme *billion* (on dit *milliard* dans les calculs de finance). Le groupe de mille billions est appelée *trillion*, et ainsi de suite. Comme on le voit, à l'aide de ce simple procédé qui consiste à ne donner un nom particulier qu'aux neuf premiers nombres, puis aux unités d'ordre supérieur, on pourrait énoncer tous les nombres jusqu'aux trillions inclusivement avec 23 mots seulement. Nous en employons 26; mais cela dépend de quelques irrégularités introduites par l'usage dans la nomenclature normale.

On voit que ce système comporte deux manières de grouper les unités : un groupement dix par dix qui donne les *ordres* d'unités : *unités*, *dizaines*, *centaines*, *mille*, *dizaines de mille*, etc., et un groupement mille par mille que donne les *classes* d'unités : *unité*, *mille*, *million*, *billion*, etc. Les noms de classes à partir de billion se forment au moyen de noms de nombre latins suivis du suffixe *illion* : *trillion*, *quatrillion*, *quintillion*, *sextillion*, *septillion*, *octillion*, *nonillion*, etc.

II. — *Numération écrite.* — Neuf caractères ou chiffres, qui représentent les neuf premiers nombres, 1, 2, 3, 4, 5, 6, 7, 8 et 9, suffisent à représenter tous les nombres possibles, grâce à cette simple convention, « que tout chiffre placé à la gauche d'un autre représente des unités dix fois plus grandes, c.-à-d. représente des unités de l'ordre immédiatement supérieur à l'ordre représenté par le chiffre de droite ». En conséquence, chaque chiffre a deux valeurs, une *valeur absolue* comme représentant un certain nombre d'unités d'un ordre quelconque, valeur qui dépend de sa forme, et une *valeur relative* ou *valeur de position*, comme exprimant des unités du 2ᵉ ordre, du 3ᵉ ordre, etc., selon qu'il est plus ou moins reculé vers la gauche. Ainsi, quand un nombre est composé de dizaines et d'unités, on écrit successivement de gauche à droite les dizaines et les unités, par le caractère qui représente le nombre de chacune d'elles. Le nombre *trente-huit*, par ex., s'écrit 38 : le premier chiffre à droite, 8, exprime le nombre d'unités simples, et le second, à gauche, 3, marque les dizaines qui sont au nombre de trois. Ce dernier chiffre a donc une valeur dix fois plus grande que celle qu'il aurait s'il était seul. Dans le nombre six cent soixante-six, qui s'écrit 666, le chiffre 6 répété trois fois a chaque fois une valeur différente. Le premier, à droite, représente 6 unités simples, et les autres, en allant à gauche, représentent successivement 6 dizaines et 6 centaines. Si l'on veut représenter *cinquante* ou cinq dizaines, comme il n'y a point d'unités simples dans ce nombre, on a imaginé un caractère particulier pour indiquer l'absence de cet ordre d'unités, et marquer en même temps que le chiffre 5 doit occuper la première place à gauche : ce caractère, 0, est appelé *zéro*. Ainsi qu'on le voit, il n'a aucune valeur par lui-même, et ne sert qu'à remplir la place de l'ordre d'unités qui manque dans l'énonciation du nombre proposé. Le nombre *cinquante* s'écrira donc 50; le nombre *cinq cents*, 500; *cinq mille*, 5000. De même *cent un*, où il n'y a pas de dizaines, s'écrira 101; soixante mille trois cent sept, où il n'y a ni dizaines, ni mille, s'écrira 60,307, etc. Lorsqu'un nombre est écrit en chiffres, pour l'énoncer ou le traduire dans la langue ordinaire, il faut substituer à chacun des chiffres le mot qu'il représente, et d'après la place qu'occupe ce chiffre, désigner l'ordre auquel appartiennent ses unités. L'exemple suivant éclaircira ceci :

| 2 | 4, | 8 | 9 | 7, | 3 | 2 | 1, | 5 | 8 | 0, | 3 | 4 | 6 |
|---|---|---|---|---|---|---|---|---|---|---|---|---|---|
| Dizaines de trillions. | TRILLIONS. | Centaines de billions. | Dizaines de billions. | BILLIONS. | Centaines de millions. | Dizaines de millions. | MILLIONS. | Centaines de mille. | Dizaines de mille. | MILLE. | Centaines. | Dizaines. | UNITÉS. |

Les chiffres de ce nombre sont partagés, par des virgules, en groupes ou *tranches* de trois en trois, en commençant par la droite; mais la dernière tranche à gauche qui, dans l'exemple actuel, n'a que deux chiffres, pourra quelquefois n'en avoir qu'un seul. Chacune de ces tranches répond aux collections désignées par les mots *unité*, *mille*, *million*, *billion*, *trillion*, et ces chiffres en expriment successivement les unités, les dizaines et les centaines. On forme, par conséquent, l'expression en toutes lettres du nombre proposé, *en énonçant chaque tranche comme si elle était seule*, et en ajoutant après ces unités le nom qu'elles portent. Dans l'ex. ci-dessus, on lit : vingt-quatre *trillions*, huit cent quatre-vingt-dix-sept *billions*, trois cent vingt et un *millions*, cinq cent quatre-vingt *mille*, trois cent quarante-six *unités*

III. — Le système de n. que nous venons d'exposer est celui de la *n. décimale*, qui est en usage chez tous les peuples civilisés. Il est ainsi appelé parce qu'il a pour base le nombre *dix*, c.-à-d. parce que le nombre dix est pris pour unité du 2ᵉ ordre, et que les unités d'ordre supérieur sont constituées par les puissances successives de dix. On aurait pu prendre tout autre nombre pour base du système de n.; mais, vraisemblablement, celui de dix a été adopté, à cause des dix doigts de la main.

En général, on appelle *base* d'un système de numération le nombre d'unités qu'il faut grouper d'un certain ordre pour obtenir l'ordre suivant. Le système ordinaire est à base 10. Dans un système quelconque, le nombre des caractères nécessaires, y compris le zéro, est égal à la base. Le système le plus simple est le système à base 2 ou *système binaire* qui n'exige que deux chiffres 1 et 0.

IV. *Historique.* — Les anciens Hébreux, pour exprimer les quantités numériques, faisaient usage des lettres de leur alphabet. Ce dernier se compose de 22 lettres, dont 5 peuvent recevoir une forme finale; les unités s'exprimaient par les 9 premières lettres, les dizaines par les 9 suivantes, et les centaines par les 4 dernières et par les finales. Le tableau suivant indique le nom et la valeur phonétique de chacun de ces signes :

| UNITÉS. | | | | DIZAINES. | | | | CENTAINES. | | | |
|---|---|---|---|---|---|---|---|---|---|---|---|
| Aleph, | א | A | 1 | Iod, | י | I | 10 | Koph, | ק | Q | 100 |
| Beth, | ב | B | 2 | Caph, | כ | C | 20 | Resch, | ר | R | 200 |
| Ghimel, | ג | G | 3 | Lamed, | ל | L | 30 | Schin, | ש | SCH | 300 |
| Daleth, | ד | D | 4 | Mem, | מ | M | 40 | Thau, | ת | TH | 400 |
| Hé, | ה | H | 5 | Noun, | נ | N | 50 | Caph-final, | ך | C | 500 |
| Waou, | ו | V | 6 | Samech, | ס | S | 60 | Mem id., | ם | M | 600 |
| Zaïn, | ז | Z | 7 | Aïn, | ע | Ô | 70 | Noun id., | ן | N | 700 |
| Hheth, | ח | HH | 8 | Phé, | פ | PH | 80 | Phé id., | ף | PH | 800 |
| Teth, | ט | TH | 9 | Tsadé, | צ | TS | 90 | Tsadé id., | ץ | TS | 900 |

Pour représenter les mille, les dizaines de mille et les centaines de mille, les Israélites se servaient des mêmes lettres, écrites dans le même ordre, mais surmontées de deux points. Enfin, dans les nombres composés de plusieurs lettres, le côté droit appartenait toujours à celle qui avait la valeur la plus élevée.

Les Grecs, de même que les Hébreux, employaient leurs caractères alphabétiques en guise de signes numériques. Dans quelques cas rares, comme pour le dénombrement des chants de l'Iliade, ils attribuaient à chaque lettre une valeur tirée de son ordre de classement dans l'alphabet. Parfois, et ces exemples se rencontrent dans certaines inscriptions, ils se servaient des six majuscules I, Π, Δ, H, X et M, initiales des mots Ια (pour μία, un); Πέντε, cinq; Δέκα, dix; Ηκάτον, cent; Χίλιοι, mille; et Μύριοι, dix mille, auxquelles ils donnaient la valeur indiquée par ces mêmes mots. Chacune de ces lettres pouvait se redoubler jusqu'à quatre fois, à l'exception du Π. De plus, si l'on mettait une des quatre dernières, Δ, H, X, M, dans un Π, on quintuplait sa valeur. D'après cela, Δ = 10; ΔΔ = 20; ΔΔΙ = 21; ΙΔΙ = 50; le nombre 99 se représentait par ΙΔΙΔΔΔΔΠΙΙΙΙ, et 1819 par XΙΗΙΗΗΗΔΠΙΙΙΙ. Enfin, M dans Δ voulait dire 100,000; et dans Π, 1,000,000.

Ce second procédé était fort compliqué et peu commode. Celui, au contraire, dont les Grecs faisaient habituellement usage pour les affaires ordinaires de la vie, était conçu sur un plan régulier et scientifique. Dans ce système, ils se servaient de leurs 24 lettres, auxquelles ils ajoutaient 3 signes particuliers, le *Fau épisemon* ou simplement *Épisemon* (ϛ), le *Koppa* (ϙ ou ϟ), et le *Sampi* (ϡ). — Les unités, de 1 à 9, étaient représentées par les lettres α, β, γ, δ, ε, ϛ, ζ, η, θ; les dizaines de 10 à 90, par ι, κ, λ, μ, ν, ξ, ο, π, ϟ, les centaines, de 100 à 900, par ρ, σ, τ, υ, φ, χ, ψ, ω, ϡ. Afin qu'on ne confondît pas ces lettres numérales avec les signes alphabétiques ordinaires, on les surmontait souvent d'un petit accent placé à droite, ε′, δ′, etc. Toutefois, comme il suffisait, dans les nombres composés de plusieurs chiffres, qu'il figurât une seule fois, on ne le donnait qu'à la première lettre de droite : κε′, 25; ξδ′, 64; τπ′, 380; ωδ′, 804, etc. Quant aux mille, on les représentait avec les mêmes caractères que les unités simples, mais on y ajoutant un iota souscrit : ᾳ, βͅ, γͅ, δͅ, etc. Avec ces signes on pouvait exprimer tous les nombres au-dessous de 10,000. Ainsi, par ex., ͵θϡϟθ signifiait 9999 ; ͵ηλγ exprimait 8,033 ; ͵δα valait 4,001, etc. Pour exprimer les myriades, les Grecs faisaient usage de la lettre initiale du mot Μύριοι, dix mille, en écrivant au-dessus le nombre de myriades. Ainsi $\overset{\alpha}{M}$, $\overset{\beta}{M}$, $\overset{\gamma}{M}$, etc., correspondaient respectivement à 10,000, 20,000, 30,000, etc. $\overset{\lambda\eta}{M}$ exprimait 38 myriades ou 380,000; $\overset{\delta\tau o\beta}{͵M}$ était égal à 43,720,000. Par conséquent, en plaçant la lettre M sous un nombre quelconque, on obtenait le même résultat que nous obtenons dans notre système actuel, en écrivant 4 zéros à la droite d'un nombre. Diophante et Pappus employaient un procédé plus simple pour marquer les myriades : ils mettaient simplement un point à la droite du nombre. Ainsi, par ex., ͵δτοβ.͵γκε signifiait 43,723,025. Ils procédaient de cette manière jusqu'à 9999,9999, et pouvaient, par conséquent, exprimer tout nombre au-dessous de 100,000,000, qui formait la limite supérieure de la notation grecque avant l'époque d'Archimède. Mais ce dernier fit voir qu'on pouvait l'étendre indéfiniment. En considérant 100,000,000 ou le carré de la myriade comme une nouvelle unité, et en prenant cette unité un nombre quelconque de fois susceptible d'être exprimé par l'ancienne notation, il pouvait représenter tout nombre quelconque qui s'exprime, dans notre système de numération actuelle, par une série de 16 chiffres. Arrivé là, il prenait de nouveau pour unité le nombre que nous exprimons par 1 suivi de 16 zéros, et pouvait encore exprimer tout nombre composé de 24 chiffres Ce procédé, comme on le voit, peut s'employer indéfiniment. Plus tard, Apollonius introduisit un perfectionnement notable dans la notation numérique des Grecs, en proposant de prendre la simple myriade, au lieu de son carré, pour la base du système. De cette façon, tout nombre très considérable se partageait en séries ou tranches de 4 caractères. La première, à droite, représentait les unités; la seconde, vers la gauche, désignait le nombre de myriades ; la troisième exprimait le carré des myriades, et ainsi de suite à l'infini. Les différentes tranches de chiffres étaient marquées par un blanc ou par un trait. Dans sa notation, Apollonius attribuait donc à ses symboles une valeur de *position*. Il n'y avait plus qu'un pas à faire pour arriver au système actuellement en usage; car il s'agissait tout simplement de faire, pour les simples dizaines, ce qu'Appollonius avait fait pour les myriades ou dizaines de mille ; de plus, il fallait inventer le zéro.

Nous avons déjà dit que le système de notation numérique des Romains rappelait l'enfance de la civilisation. Un trait ou une barre perpendiculaire I signifiait *un*, deux traits II exprimaient le nombre *deux*, trois traits III marquaient le nombre *trois*, et ainsi de suite jusqu'au nombre *dix*, qui complétait la première série de l'échelle numérique. Pour indiquer cette fin de la série, on croisait la barre par une autre barre X, et ces deux traits croisés exprimaient le nombre *dix*. Il suffisait de répéter ce signe pour exprimer les nombres *vingt*, *trente*, XX, XXX et ainsi de suite, jusqu'à ce qu'on fût arrivé à *dix* fois dix. Ce dernier nombre terminant la seconde série numérique, on l'exprima en ajoutant deux traits à la barre perpendiculaire E. La répétition de ce symbole servait à indiquer les centaines suivantes, jusqu'à la dixième, c.-à-d. jusqu'au nombre *mille*, que l'on exprima au moyen de quatre traits ainsi disposés ΛΛ. Tels furent à l'origine les symboles employés dans la notation romaine; mais, plus tard, on reconnut qu'on pouvait aisément éviter la répétition perpétuelle des mêmes caractères en créant de nouveaux signes pour les chiffres intermédiaires. Pour cela, on se contenta de couper ou de diviser les symboles déjà en usage. Ainsi, X fut partagé en deux moitiés, l'une supérieure V, l'autre inférieure Λ, qui furent employées concurremment pour exprimer le nombre *cinq*. Le symbole E, qui lui-même se changea bientôt en C, fut également partagé en Γ et L, qui représentèrent *cinquante*. Puis les quatre traits combinés qui exprimaient le nombre *mille*, ayant pris la forme arrondie ∞, ou CIↃ, on partagea cette dernière en deux, et l'on eut ainsi les figures CI et IↃ qui signifièrent *cinq cents*. Ce dernier symbole devint bientôt D, de même que le symbole de ΛΛ devint M. — Par suite de cette conversion des symboles en caractères alphabétiques similaires sous le rapport de la forme, les chiffres romains se trouvèrent alors représentés par les sept lettres I, V, X, L, C, D, M, dont les valeurs respectives furent : 1, 5, 10, 50, 100, 500 et 1000. Les chiffres les plus forts se plaçaient à la gauche des plus faibles. Ainsi pour exprimer le nombre 3889, on écrivait MMMDCCCLXXXVIIII, c.-à-d. 1000 + 1000 + 1000 + 500 + 100 + 100 + 100 + 50 + 10 + 10 + 10 + 5 + 1 + 1 + 1 + 1 — Ce système étant fort incommode, les Romains essayèrent de le simplifier un peu en l'abrégeant. A cet effet, ils écrivirent IV (5 — 1) au lieu de IIII (4), IX (10 — 1) au lieu de VIII (5 + 4), XL (50 — 10) au lieu de XXXX (10 + 10 + 10 + 10), XC (100 — 10) au lieu de LXXXX (50 + 10 + 10 + 10 + 10), CD (500 — 100) au lieu de CCCC (100 + 100 + 100 + 100), CM (1000 — 100) au lieu de DCCCC (500 + 100 + 100 + 100 + 100). Ils convinrent, comme on le voit, lorsqu'un chiffre plus faible était situé à la gauche d'un chiffre plus fort, de retrancher le premier du second. En conséquence, tandis que VI valait 6, IV ne valait que 4; tandis que MCLXVI signifiait 1166, CMXLIV signifiait seulement 944.

Outre les signes dont nous venons de parler, les Romains en avaient encore quelques autres destinés spécialement à exprimer les nombres élevés. Au symbole M (1000) ils substituaient un signe semblable à un 8 renversé (∞). Au symbole D ou mieux IↃ, qui signifie 500, on pouvait donner une valeur dix fois, cent fois, mille fois plus grande, en ajoutant à sa droite un, deux et trois Ↄ. Ainsi, IↃↃ valait 5000; IↃↃↃ, 50,000; IↃↃↃↃ, 500.000. Pour doubler chacune de ces valeurs, on plaçait à gauche de la lettre I le même nombre de C qu'elle avait à sa droite. D'après cela, IↃ, IↃↃ, IↃↃↃ, valant 500, 5000 et 50,000, CIↃ, CCIↃↃ et CCCIↃↃↃ valaient 1000, 10,000 et 100,000.

Quelquefois on intercalait les lettres qui représentaient un nombre dans un texte commémoratif. Les lettres formant le nombre étaient alors écrites en plus gros caractères. On leur donnait le nom de *lettres numérales*. Voy. CHRONOGRAMME.

La notation romaine a été employée par tous les peuples de l'Europe occidentale jusqu'à l'introduction des chiffres dits *arabes*. L'époque de cette introduction est généralement fixée à la fin du X$^e$ siècle; mais il paraît qu'on ne se servit d'abord que des chiffres significatifs, c.-à-d. des chiffres 1 à 9, et que l'emploi du zéro, clef du système décimal, ne s'introduisit qu'un peu plus tard, peut-être dans la dernière moitié du XII$^e$ siècle. Quant à l'origine des chiffres actuellement usités, elle est encore un objet de controverse parmi les érudits. Les uns, considérant la figure des chiffres comme une chose secondaire, persistent à attribuer leur invention aux Indiens; d'autres, au contraire, la rapportent aux Grecs ou du moins à l'école de Pythagore. Les savants mémoires de Chasles, de J.-H. Vincent, de Libri, laissent encore la question indécise. Quant à l'opinion vulgaire qui attribue notre système de numération et de notation numérique aux Arabes, elle est, de l'aveu de tous, dénuée de fondement. Malgré l'immense supériorité de la notation actuelle, elle ne fit pas pour cela disparaître immédiatement l'ancien système. L'usage des chiffres arabes ne devint commun en France que vers l'an 1500; encore entremêlait-on souvent les deux systèmes et écrivait-on $X^1$, $X^2$, $X^3$, au lieu de 11, 12, 13. La forme des chiffres subit elle-même de nombreuses variations, et ne fut arrêtée, telle qu'elle est aujourd'hui, qu'au milieu du XVI$^e$ siècle. A la même époque, les notaires s'en servirent habituellement pour la rédaction des actes, et les ateliers monétaires pour la représentation du millésime. A l'étranger, les monuments les plus anciens sur lesquels figurent les chiffres arabes appartiennent au X$^e$ siècle pour l'Italie et au XIII$^e$ pour l'Angleterre et l'Allemagne. En Espagne, Alphonse X, roi de Castille et de Léon (1259), passe pour avoir, par ses tables astronomiques, beaucoup contribué à répandre ce système de notation parmi les populations chrétiennes.

**NUMÉRIEN**, empereur romain (284), assassiné au bout de 9 mois par Asper.

**NUMÉRIQUE**. adj. 2 g. [Pr. *numé-rike*] (lat. *numerus*, nombre). Qui appartient aux nombres. *Opération n. Rapport n. Unité n. — Calcul n.*, Celui qui se fait avec des nombres et qu'on appelle Arithmétique, par opposition à *Calcul littéral*, qui se fait avec des lettres, et qu'on appelle Algèbre. ‖ Qui est considéré sous le rapport du nombre. *La force n. des ennemis. La supériorité n. de l'ennemi ne nous empêcha pas de l'attaquer.*

**NUMÉRIQUEMENT**. adv. [Pr. *numérike-man*]. En nombre exact.

**NUMÉRO**. s. m. (ital. *numero*, m. s., du lat. *numerus*, nombre). Le chiffre, le nombre, la cote qu'on met sur quelque chose et qui sert à la reconnaître. *Le n. d'une page. Le n. d'une maison. Le n. d'une voiture de place. Il a pris tant de numéros à la loterie. Il sait tous les numéros* *de ses ballots.* || T. Comm. Marque particulière qu'un marchand met sur ses étoffes ou autres marchandises, marque qui n'est connue que de lui et qui sert à le faire souvenir du prix. — Fig. et pop., *Cet homme entend le n.*, Il est habile dans le commerce dont il se mêle, et son habileté lui est profitable. || T. Comm. Se dit aussi de la grosseur, de la longueur, de la largeur et de la qualité de certaines marchandises, que les fabricants indiquent par des numéros. *Les épingles des numéros trois, quatre et cinq sont les plus petites de toutes. Donnez-moi du fil de coton de tel n. Prenez ces lunettes, c'est le n. qui vous convient.* — Fig. et fam., *Cette marchandise est du bon n.*, Elle est de bonne qualité. || Chacune des parties d'un ouvrage publié par cahiers, par feuilles. *Un n. de la Revue. Il manque un n. à mon journal.* || *Tirer un bon n.*, à la conscription tirer au sort un numéro qui exempte du service militaire ou en abrège la durée. || Numéro 100, cabinet d'aisances, par suite d'un assez mauvais calembourg entre les mots *cent* et *sent*.

**NUMERO DEUS IMPARE GAUDET.** Mots latins, tirés d'une églogue de Virgile, signifiant que Dieu préfère les nombres impairs, 1, 3, 5, 7, etc., superstition de l'ancienne Rome.

**NUMÉROTAGE.** s. m. Action de numéroter; Le résultat de cette action. *On procède au n. des maisons de la rue. Le n. des pages de ce livre n'est pas exact.* || Techn. Opération qui a pour objet d'indiquer par un numéro la grosseur d'un fil ou sa longueur par unité de poids. N. du coton, de la laine, de la soie.

**NUMÉROTER.** v. a. Mettre un numéro, une cote, distinguer par des numéros. *On n'a pas numéroté ces échantillons. On a numéroté les maisons de cette rue.* = NUMÉROTÉ, ÉE. part. *Un char numéroté*, une voiture de place.

**NUMIDIDÉS.** s. pl. (R. *Numidie*). T. Ornith. Famille de Gallinacés comprenant des oiseaux à corps ramassé, à cou et à queue courts, à tête en partie nue et pourvue de deux caroncules, en bas. Genre type : PINTADE. Voy. ce mot.

**NUMIDIE**, anc. nom de l'Afrique septentrionale, entre le Maroc et Tunis. = Nom des hab. : NUMIDE.

**NUMISMAL, ALE.** adj. (lat. *numisma*, monnaie). T. d'Hist. nat. Qui ressemble à une pièce de monnaie. = NUMISMALE, s. f. anc. syn. de Nummulite (Mollusques) d'où vient qu'on trouve aussi numismale (minér.) parce qu'on prenait les nummulites pour des pierres.

**NUMISMATE** et **NUMISMATISTE.** s. m. Celui qui est versé dans la numismatique.

**NUMISMATIQUE.** s. f. (gr. νόμισμα, pièce de monnaie). La science des médailles. || On dit aussi adject., *L'art n. La science n.*

**Numism.** — La *Numismatique* est la science qui a pour objet l'étude, la description, l'explication et le classement des monnaies et des médailles. Cette science est un auxiliaire indispensable de l'histoire, dont elle contrôle le témoignage, et dont elle comble souvent les lacunes. Elle fournit les renseignements les plus précieux sur les religions de l'antiquité, sur la géographie ancienne, sur l'état politique des peuples anciens. Elle est en outre d'un haut intérêt sous le rapport de l'art, et souvent, rien qu'à l'inspection des médailles d'un peuple, on peut juger du degré de civilisation auquel il s'est élevé. La n. étant essentiellement une science d'application et de critique, tout ce que nous pouvons faire ici, c'est d'indiquer la signification des termes les plus usités dans cette science, et d'exposer la méthode la plus généralement suivie dans le classement des monnaies et des médailles.

I. *Définitions.* — Dans toute monnaie ou médaille, on distingue : le *Flan*, qui est le fragment même de métal qui constitue la pièce; la *Tranche*, ou le bord extérieur; l'*Avers*, ou le côté destiné à recevoir l'effigie du souverain ou de la divinité, ou les figures principales : l'avers est encore appelé *Face, Droit* et *Tête;* et le *Revers*, appelé aussi *Obvers* par quelques numismatistes, qui est le côté opposé à l'avers. On entend par *Type* tout sujet représenté sur la pièce; il est quelquefois entouré d'une série de points concentriques qui porte le nom de *Grènetis*. On appelle *Champ* la partie de la pièce qui est occupée par le type, et *Exergue* la partie inférieure du champ, quand elle en est séparée par une barre ou tout autre signe. (Fig. 1. Monnaie d'argent de Syracuse en Sicile. Avers : tête de face de la nymphe Aréthuse; lég. ΑΡΕΘΟΣΑ. Revers : la victoire couronnant un personnage placé dans un quadrige; exerg. ΣΥΡΑΚΟΣΙΩΝ.) Les monnaies les plus antiques n'ont point de type gravé au revers, parce que les procédés de fabrication alors usités ne permettaient pas de marquer d'une empreinte les deux côtés du flan. Dans les monuments postérieurs, on trouve souvent le type du

1

revers ou de l'avers, ou de tous les deux à la fois, remplacé par des mots disposés sur une ou plusieurs lignes horizontales : ces mots forment l'*Inscription*, qu'il ne faut pas confondre avec la *Légende*. Celle-ci en effet est exclusivement formée par les mots placés circulairement autour du type. (Fig. 2. Monnaie d'argent d'Athènes, Avers : tête de Minerve

2

casquée, avec un Pégase sur le casque. Revers : une chouette sur un diota, accompagnée d'un cerf, le tout dans une couronne de laurier; inscription, ΑΘΕ, initiales du nom de la ville, et deux noms de magistrats ΝΕΣΤΩΡ et ΜΝΑΣΕΑΣ.) Les inscriptions et les légendes étant considérées comme l'âme des médailles, on qualifie de *muettes*, d'*inanimées* ou

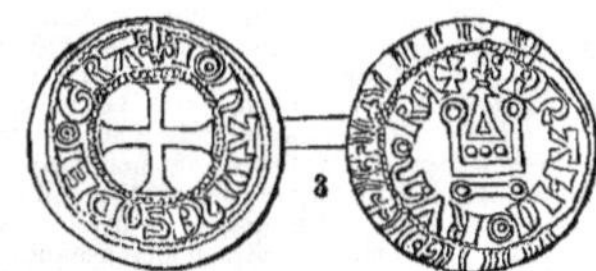
3

d'*anépigraphes*, les pièces qui en sont entièrement dépourvues. Les *Marques, Symboles* ou *Différents*, sont des signes de nature très diverse, souvent de simples lettres, d'autres fois de petites représentations de plantes, d'astres, d'animaux, etc., qui servent à faire connaître différentes particularités, telles que le titre du métal, le lieu ou la date de la fabrication, le graveur des coins, etc. (dans la Fig. 2, le cerf est un signe de cette espèce). En France, pendant le moyen âge, les hôtels des monnaies ou les différentes émissions des monnaies au même type étaient quelquefois indiquées au moyen d'un ou de plusieurs points, dont la signification n'était connue que des agents de l'État et qu'on nommait pour cela *Points secrets*. (Fig. 3. Gros du roi Jean. Avers : croix pattée; légende IOANNES. DEI. GRA. Revers : châtel tournois ; légende FRANCORUM REX; cercle de fleurs de lis. Des points secrets dans les O des deux côtés). Enfin, on nomme *Contremarques* de petites figures frappées après coup sur certaines monnaies anciennes, soit pour en changer la valeur, soit pour leur donner cours dans un autre pays que celui pour lequel elles avaient été primitivement frappées. (Fig. 4. Avers d'une monnaie de Sidé de Pamphylie : tête casquée de

4.

femme à droite; sur la figure une contre-marque représentant un arc et un carquois avec le mot ΗΕΓΓΑ). — On appelle *millésime*, la date de la fabrication inscrite sur la monnaie. Le millésime n'existe que sur les monnaies modernes.

Un grand nombre de monnaies ou médailles portent des dénominations particulières qu'elles tirent, soit des princes qui, les premiers, les ont fait fabriquer, comme les *Dariques*, de Darius, roi de Perse (Voy. Monnaie, fig. 3), et les *Philippes*, de Philippe, roi de Macédoine (Voy. Monnaie, fig. 4); soit du lieu de leur fabrication, comme les *Éginètes* (*Ægineti*), d'Égine; les *Besants*, de Byzance; les sols *Melgoriens*, du château de Melgueil, etc.; soit de la figure qui s'y trouve représentée, comme les *Tortues*, du Péloponnèse (Voy. Monnaie, fig. 2), les *Chouettes*, d'Athènes (Fig. 2); les *Cistophores*, de l'Asie Mineure; les *Bigati*, les *Quadrigati* (Voy. Monnaie, fig. 6) et les *Victoriati*, de Rome; les *Écus*, les *Moutons* ou *Agnels*, et les *Couronnes*, de France, etc. On range dans cette catégorie les médailles romaines appelées *Panthées* ou *Panthéons*, parce qu'elles portent des têtes humaines chargées des attributs de plusieurs divinités. Nous ferons remarquer en passant que lorsqu'une médaille offre deux têtes humaines, on dit que celles-ci sont *affrontées*, si elles se regardent; *opposées*, si elles se tournent le dos; et *conjuguées*, si, étant placées l'une sur l'autre, elles font face du même côté. — Les monnaies ou médailles reçoivent encore diverses qualifications tirées de certaines particularités de fabrication. On appelle *refrappées*, celles dont le type est double par suite du mouvement du flan sur le marteau; *surfrappées*, celles qui ont reçu un second type légal, ce qui arrivait, par ex., quand une nation voulait s'approprier la monnaie d'une autre; *éclatées* ou *fendues*, celles dont le choc du marteau a fendu les bords. On nomme *incuses* les pièces qui ont le type en relief d'un côté et en creux de l'autre; néanmoins ces médailles ne doivent pas être confondues avec les pièces appelées par les Romains *scyphati nummi*, c.-à-d. en forme de coupe, parce qu'une de leurs faces est concave et l'autre convexe. Les pièces *fourrées*, appelées aussi *Bractéates*, sont des pièces de cuivre ou de plomb recouvertes d'une mince pellicule d'or ou d'argent; elles constituent la fausse monnaie des anciens. Il y en a qui ont été fabriquées avec tant d'habileté, qu'on ne peut les reconnaître qu'en les coupant. Les pièces *saucées* sont de cuivre étamé. On donne le nom de *sciées*, *dentées*, *dentelées* ou *crénelées*, aux monnaies dont les bords ont été découpés en forme de scie, soit par pur caprice, soit pour dérouter les faux monnayeurs; on en trouve un grand nombre dans la n. romaine du temps de la république. Les médailles *en biseau* ont le flan plus large d'un côté que de l'autre; elles appartiennent presque toutes à l'Égypte et à la Syrie. Les médailles à *point creux* et à *carré creux* doivent leur nom à l'usage où l'on était, dans les premiers temps du monnayage, de ménager au milieu du coin inférieur une petite saillie en pointe ou en carré pour empêcher le flan de se déplacer sous l'action du marteau; elles datent toutes d'une époque très ancienne. Les médailles *enchâssées* sont formées de deux variétés de bronze, l'une pour le centre, l'autre pour les bords; elles appartiennent toutes à l'empire romain. Les pièces qui contiennent quelque erreur d'orthographe ou de fabrication sont dites *fautives*. Quant aux pièces *fausses*, les unes ont été fabriquées, dans les temps antiques, pour les mettre en circulation, les autres ont été faites, dans les temps modernes, pour spéculer sur la crédulité et la passion des collectionneurs. Les pièces fausses d'origine moderne forment plusieurs catégories. Les unes sont des pièces antiques qui ont été retouchées au burin afin de les faire paraître mieux conservées ou de les transformer, à l'aide de quelques changements, en pièces d'espèce différente et plus rare. Les autres sont des pièces également antiques, dont le revers a été enlevé et remplacé par un autre de composition moderne : les médailles ainsi modifiées sont dites *martelées*. On appelle *encastées*, des pièces fausses fabriquées en soudant l'avers d'une pièce antique avec le revers d'une autre pièce antique. Enfin, on rencontre une foule de médailles qui ont été faites de toutes pièces par les faussaires, et qui sont, tantôt des imitations plus ou moins parfaites de médailles antiques, tantôt des créations purement imaginaires. — Les médailles qui ne laissent rien à désirer sous le rapport de la conservation, sont dites *à fleur de coin*; on appelle *Frustes*, au contraire, celles qui sont tellement endommagées, qu'il est impossible de déchiffrer leurs légendes et leurs types. On dit d'une pièce fruste qu'elle est *réparée*, quand par quelque procédé on est parvenu à la rendre lisible.

II. *Classification*. — On divise la n. en trois branches principales : la *N. ancienne*, qui comprend toutes les monnaies frappées jusqu'à la chute de l'empire d'Occident; la *N. du moyen âge*, qui finit avec l'empire d'Orient, c.-à-d. au milieu du XVe siècle; et la *N. moderne*, qui étudie les pièces fabriquées depuis l'époque de la Renaissance. — La *N. ancienne*, la première et la seule qu'on ait d'abord cultivée, forme deux grandes sections, la *N. des peuples, villes et rois*, et la *N. romaine*.

A. Les *Monnaies et médailles des peuples, villes et rois*, sont fort souvent désignées sous le nom de *Médailles grecques*, parce que la plupart ont été frappées dans les pays où dominait la civilisation grecque. On les distingue en *Autonomes* et en *Impériales*, suivant qu'elles datent des temps antérieurs ou postérieurs à la conquête romaine. On les classe habituellement d'après l'ordre géographique. D'abord les villes de chaque pays sont rangées alphabétiquement. En outre, pour chaque ville, les pièces forment trois séries, suivant la nature des métaux, or, argent et bronze. Enfin, chaque série est classée dans un ordre méthodique. En tête on range les types primitifs; puis viennent les types des divinités, en commençant par les dieux du ciel et en continuant par ceux de la terre, des eaux, et des enfers. On place à la suite les types allégoriques, les types historiques, les types empruntés à la nature, les types inanimés et les types muets. Les médailles des colonies sont placées après celles de leurs métropoles. On fait de même pour les impériales.

B. Les *Médailles latines*, ou *de coin romain*, forment trois grandes sections : les *As*, les *Consulaires* et les *Impériales*. — Les *As* sont les premiers monuments de la n. romaine. Comme nous l'avons dit ailleurs (Voy. Monnaie, fig. 5), ils sont tous de bronze. Pendant longtemps, les plus anciens as connus remontaient à l'an 350 av. J.-C.; mais, le P. Marchi en a découvert aux environs de Rome, qui datent d'une époque beaucoup plus reculée. — Les *Médailles consulaires* ont été frappées sous la république. On les appelle aussi *médailles des familles*, parce qu'elles rappellent toujours quelqu'un des grands noms des familles romaines. Elles sont le plus souvent d'argent, quelquefois de bronze, assez rarement d'or. La plupart n'ont été fabriquées, ni par ordre, ni du vivant des personnages dont elles offrent les noms. Ces deniers y ont été introduits par les triumvirs monétaires, et par le préteur urbain, qui, chargés exclusivement de la partie iconographique du monnayage, faisaient graver sur les coins les noms de leurs ancêtres, ou ceux des ancêtres des familles qu'ils voulaient flatter. Or, comme ces magistrats se renouvelaient chaque année, deux ou trois siècles suffirent pour que tous les personnages plus ou moins célèbres de Rome se trouvassent nommés sur les monnaies. Ce que nous disons des noms s'applique aussi aux effigies que l'on remarque sur certaines consulaires. Ces effigies ont été placées sur les pièces par quelqu'un des descendants de ceux dont ils rappellent les traits. Jules César est le premier qui se soit fait représenter de son vivant sur les monnaies, et son exemple fut suivi par les divers compétiteurs qui se disputèrent le pouvoir jusqu'à l'avènement d'Auguste. Les consulaires ne portant aucune date, on ne peut les classer chronologiquement. En général, on les range suivant l'ordre alphabétique du nom des familles, et l'on rejette à la fin de la dernière série celles qui n'offrent aucune indication de ce genre : ces dernières sont désignées par quelques numismatistes sous le nom de *Monnaies ordinaires de la république*. — La suite des *Impériales* commence avec Auguste, et se termine à la prise de Constantinople par les Turcs. On les dit du *Haut-Empire* ou du *Bas-Empire*, suivant que leur fabrication est antérieure ou postérieure au commencement du règne d'Aurélien. Elles sont d'or, d'argent ou de bronze; mais celles de ce dernier métal se divisent en trois sections, suivant la grandeur de leur diamètre : *grand bronze* (30 à 35 millimètres), *moyen bronze* (20 à 25 millimètres), *petit bronze* (18 millimètres et au-dessous). Les impériales constituent une des sources les plus importantes de l'histoire de l'empire; on en possède de grandes quantités et leurs variétés sont innombrables. On appelle *Médailles de consécration*, les pièces dont les types et les légendes sont relatifs à l'apothéose des empereurs ou des membres de leur famille. Le droit de ces monnaies représente l'effigie du souverain accompagnée de divers accessoires, suivant les époques, mais le plus souvent voilée

ou ayant une couronne radiée. Les épithètes *divus*, *pater*, *deus*, se montrent dans la légende. Le revers porte, tantôt un aigle s'envolant seul ou emportant l'âme du défunt, tantôt un bûcher, un autel, un phénix, tantôt un quadrige, un temple ou le lectisternium de Junon. Quant à la légende, on y voit toujours le mot *Consecratio*. (Fig. 5. Monnaie d'argent de Caracalla. Avers : tête nue et barbue du prince; légende DIVO ANTONINO MAGNO. Revers : aigle éployé sur un globe; légende CONSECRATIO.) Nous avons parlé ailleurs des médailles désignées sous le nom d'*Allocutions*. Les *Monnaies votives* sont relatives à un usage qui s'établit dès le commencement de l'empire, et qui consistait à faire des vœux pour le salut du prince régnant. Ces vœux se renouvelaient tous les dix ans, puis tous les cinq ans, et en même temps on célébrait des jeux appelés de leur périodicité, *décennaux* et *quinquennaux*. Jusqu'à Commode, le type de ces monnaies votives et commémoratives représente l'empereur sacrifiant. Sous ce prince, on se contenta d'inscrire la légende votive d'abord dans une couronne, puis sur un bouclier tenu par une ou deux victoires. Les monnaies dites *restituées*, et que l'on reconnait à la présence du mot *restituit*, sont des pièces dont le sujet se rapporte à une époque plus ou moins éloignée du prince qui les a fait frapper. Les plus anciennes ne sont pas antérieures à Titus, et les plus modernes ne dépassent pas le règne de Marc Aurèle et de Lucius Vérus. Ce qui les caractérise, c'est qu'elles sont semblables aux types primitifs, sauf la légende destinée à constater la restitution. L'origine de ces pièces est fort incertaine et fort controversée. — Presque tous les monuments de la n. ancienne ont été frappés pour servir de monnaie. Il en est cependant quelques-uns qui paraissent avoir eu une destination différente, comme nos médailles modernes. Ces pièces, qu'on appelle communément *Médaillons*, se reconnaissent à leur module, qui est plus grand que celui des monnaies usuelles. Il y en a de tous les métaux, et l'on en trouve dans la n. de presque tous les peuples anciens. Néanmoins c'est dans la n. de l'empire romain qu'ils sont le plus nombreux. Ces pièces paraissent avoir été employées, soit comme pièces de largesse, soit comme récompenses ou souvenirs, que l'on distribuait dans certaines circonstances. Nous avons parlé ailleurs des médailles connues sous le nom de *Contorniates*. Nous mentionnerons encore les *Spinthriennes*. Ce sont des pièces de bronze qui tiennent le milieu entre les petits et les moyens bronzes, et dont le type représente quelque image obscène. On suppose qu'elles ont été fabriquées par ordre de Tibère, quand ce prince habitait l'île de Caprée.

C. *Numismatique française*. — Après avoir parlé de la n. classique, c.-à-d. de la n. grecque et de la romaine, nous terminerons par quelques mots sur la n. de notre pays. — Les anciennes monnaies de la Gaule antérieures à la conquête romaine appartiennent proprement à la n. grecque, car les unes ont été frappées par les colonies grecques des bords de la Méditerranée, et les autres sont, pour la plupart, des imitations des monnaies grecques, et particulièrement des statères de Philippe. De même, les monnaies fabriquées dans notre pays après la conquête de César, rentrent, à quelques exceptions près, dans la classe de la n. romaine. La n. propre de la Gaule ne commence qu'après l'invasion franke. Les pièces qui lui appartiennent forment plusieurs grandes catégories. — Les *Monnaies royales* sont celles qui portent un nom de roi. On les distingue en *mérovingiennes*, *carlovingiennes* et *capétiennes*. Nous avons indiqué ailleurs les principales (Voy. MONNAIE); nous nous contenterons de faire remarquer ici que, comme c'est seulement à partir de Henri II que le millésime a été régulièrement indiqué, et le nom royal régulièrement accompagné d'un numéro d'ordre destiné à faire connaître la succession des règnes, il est impossible, pour la première race, généralement très difficile pour la seconde, et quelquefois très embarrassant pour la troisième, de savoir à quel prince il faut réellement attribuer les monnaies qui portent un nom commun à plusieurs rois. — Les *Monnaies seigneuriales* sont le produit du monnayage féodal. Il arrive assez souvent qu'elles portent le nom du seigneur qui les a fait fabriquer. On les dit *ducales*, *vicomtales*, *baronniales*, *épiscopales*, *abbatiales*, etc., suivant le titre ou la qualité du pouvoir auquel elles ont dû leur origine. On range communément dans cette section les monnaies des *monétaires*, c.-à-d. celles qui portent le nom des officiers royaux ainsi appelés. — On désigne sous le nom de *Monnaies historiques* les monnaies frappées en France par des princes étrangers, comme celles des rois d'Angleterre au XV^e^ siècle; les pièces frappées, pendant les révoltes, par les révoltés, comme celles de la Jacquerie et de la Ligue; les monnaies frappées hors de France par des princes ou des seigneurs français, comme celles des croisés en Morée et en Palestine; de Louis XII, de Charles VIII et de François I^er^, en Italie; de Louis XIII et de Louis XIV, en Catalogne, etc. A cette classe appartiennent aussi les *Monnaies obsidionales* et les *Monnaies de confiance*, parmi lesquelles on range les *Assignats* et les *Monnerons* de la révolution. — Les *Médailles* proprement dites forment une classe particulière dont l'étendue, on le comprend sans peine, est illimitée. Relativement aux monuments de cette espèce, nous dirons seulement que la première médaille d'origine française a été frappée en 1451, en mémoire et en réjouissance de l'expulsion des Anglais. C'est une magnifique pièce d'or de 82 millimètres de diamètre, qui appartient au Cabinet des médailles de la Bibliothèque impériale. — Enfin, on comprend dans une dernière catégorie diverses sortes de pièces qui, en raison de leur nature, ne peuvent trouver place dans les précédentes. Les *Piéforts* sont des monnaies d'honneur que l'on distribuait, sous l'ancienne monarchie, à certains grands personnages, toutes les fois qu'il y avait une émission de nouvelles espèces. On les frappait avec les coins des monnaies usuelles; mais leur poids était quatre fois plus considérable, et l'on mettait en relief sur la tranche quelque légende particulière, comme *Exemplar probati numismatis*, *Soli Deo honor*, etc. Les pièces qu'on appelle *Essais monétaires* sont les premières monnaies fabriquées avec les coins nouveaux. Il en est un très grand nombre qui n'ont jamais été mises en circulation. On nomme *Visites de monnaie*, les pièces frappées avec les coins ordinaires à l'occasion de la visite d'un prince dans les hôtels monétaires. Les *Jetons* sont de petites pièces, ordinairement de bronze ou de cuivre, soit argenté, soit doré, qui, après avoir primitivement servi pour faciliter certains calculs, ont reçu plus tard des applications assez diverses, celle entre autres de servir de moyen d'émulation. A cet effet, on les distribuait aux membres de diverses compagnies littéraires ou savantes qui assistaient aux réunions ou prenaient part à certains travaux, et on les remboursait ensuite en monnaie courante. Les *Mereaux* remplissaient, dans les chapitres, le même rôle que les jetons dans les académies; on les appelait, au XIII^e^ siècle, *Nummi matutinales*, parce qu'on les distribuait aux chanoines qui assistaient à l'office de matines. Les *Pièces de mariage*, comme leur nom l'indique, sont des pièces fabriquées à l'occasion d'un mariage. Enfin, sous l'ancienne monarchie, on donnait le nom de *Besants* à des pièces d'or (qu'il ne faut pas confondre avec les monnaies de même nom si usitées au moyen âge), que les rois de France présentaient à l'offrande le jour de leur sacre.

III. — *Collections et ouvrages relatifs à la numismatique*. — Divers passages des auteurs anciens prouvent que, chez les Romains, quelques personnages recueillaient des séries de monnaies comme objets de curiosité; mais l'étude proprement dite de la n. ne date véritablement que de l'époque de la Renaissance. L'illustre Pétrarque paraît être un des premiers qui se soient occupés de cette science. Il forma une nombreuse collection de monnaies antiques, et son exemple fut suivi par les Médicis de Florence, par Mathias Corvin, roi de Hongrie, par Alphonse, roi d'Aragon, etc. Des collections plus riches encore furent formées au XVII^e^ siècle et au XVIII^e^, les unes par les gouvernements, les autres par des particuliers opulents. Parmi les premières, nous citerons surtout les cabinets de Paris, de Londres, de Vienne, de Munich, de Berlin, de Milan, de Florence et de Rome, que l'on regarde avec raison comme les plus importants. Le Cabinet de Paris est placé dans les bâtiments de la Bibliothèque nationale, dont il forme une dépendance sous le nom de *Cabinet des médailles et antiques*. Son origine remonte à François I^er^; cependant il n'a commencé à prendre un grand développement que dans la seconde moitié du XVIII^e^ siècle. Parmi les collections particulières les plus célèbres, nous citerons particulièrement celles de Groslier, au XVI^e^ siècle; de Patin, de J. de Wilde, de E. de Camps, au XVII^e^; de Hunter, de Pellerin, au XVIII^e^; de Hauteroche, de Rollin, de Durand, au XIX^e^. — Les ouvrages relatifs à la n. sont très nombreux. Les principaux sont ceux d'Eckel, *Doctrina nummorum veterum;* de J. Ch. Rasche, *Lexicon universæ rei nummariæ veterum;* de Mionnet, *Description des médailles antiques, grecques et romaines;* de H. Cohen, *Description historique des monnaies romaines;* de Leblanc, *Traité historique des monnaies de France;* de Tobiesen-Duby, *Traité des monnaies des prélats et des barons;* de Poey d'Avant, *Traité des monnaies féodales;* de Ch. Lenormant, *Trésor de n. et de glyptique*. Nous signalerons encore les *Manuels de n.* d'Hennin et de Barthélemy, les ouvrages de Lelewel et de Lecoq-Kerneven sur la n. du moyen âge; de Saulcy, sur la n. judaïque; de

Frœhn, de Longpérier et de Langlois, sur la n. orientale, et enfin de Beulé, sur les monnaies d'Athènes.

**NUMISMATISTE.** s. m. Voy. NUMISMATE.

**NUMISMATOGRAPHE.** s. m. (gr. νόμισμα, monnaie; γράφω, je décris). Auteur d'une description de médailles.

**NUMITOR,** roi légendaire d'Albe, aïeul de Romulus et de Rémus (Myth.).

**NUMMIFORME.** adj. 2 g. [Pr. *num-miforme*] (lat. *nummus*, pièce de monnaie, et *forme*). T. Hist. nat. Qui a la forme d'une pièce de monnaie.

**NUMMULITES, NUMMULITIDES.** s. m. pl. [Pr. *num-mu...*] (lat. *nummulus*, petite pièce de monnaie). T. Zool. Genre et famille de *Protozoaires*. Voy. FORAMINIFÈRES.

**NUNCUPATIF, IVE.** adj. [Pr. *nonku-patif*] (lat. *nuncupativus*, m. s., de *nuncupare*, déclarer). T. Jurispr. Se dit des testaments dictés par le testateur avec les formalités légales. Voy. TESTAMENT.

**NUNCUPATION.** s. f. [Pr. *nonkupa-sion*] (lat. *nuncupatio*, m. s.). T. Dr. rom. Institution d'héritiers par simple déclaration faite, de vive voix, devant témoins.

**NUNCUPATIVEMENT.** adv. (Pr. *non-ku-pa-ti-ve-man*). D'une manière nuncupative.

**NUNDINAL, ALE.** adj. **NUNDINES.** s. f. pl. [Pr. *non-dinal, non-dines*] (lat. *nundinalis*, m. s.). Antiq. Le terme de *Nundines*, qui désignait à Rome les jours de marché, signifie littéralement le neuvième jour (*nonus dies*). Cependant les jours de marché revenaient chaque huitième jour, et si les Romains disaient le neuvième, c'est qu'ils comptaient pour un le *jour n.* précédent. Il y avait entre deux jours de marché 7 jours sans marché. Au reste, des façons analogues de parler subsistent encore chez nous, car nous employons souvent le terme de huitaine pour signifier une semaine, et celui de quinzaine pour désigner un espace de deux semaines ou de 14 jours seulement.

**NUNNATION.** s. f. [Pr. *nunn-na-sion*]. T. Gramm. Son nasal. Les quatres voyelles nasales *an, in, on, un*, nunnation que les Latins représentaient à la fin des mots par un *m*, les Grecs par un *n*, et que les Portugais représentent encore aujourd'hui par ~, ancien *m* sténographique.

**NUPHAR.** s. m. T. Bot. Voy. NÉNUPHAR.

**NUPHARÉES.** s. f. pl. T. Bot. Tribu de plantes de la famille des *Nymphéacées*. Voy. ce mot.

**NUPTIAL, ALE.** adj. [Pr. *nup-sial*] (*nuptialis*, m. s. de *nuptiæ*, noces). Qui est relatif au mariage. *Bénédiction nuptiale. Anneau n. Habits nuptiaux. Chambre nuptiale. Couche nuptiale. Junon, Vénus étaient des divinités nuptiales.* Si l'on excepte l'expression *Bénédiction nuptiale*, le mot *Nuptial* ne se dit guère que dans le style soutenu. || T. Jurispr. *Gains nuptiaux* ou *de survie*, Voy. GAIN.

**NUQUE.** s. f. [Pr. *nu-ke*] (bas lat. *nuca*, de l'arabe *nooukha*, moelle épinière). La partie postérieure du cou, située immédiatement au-dessous de l'occiput. *Donner un coup sur la n. Appliquer un vésicatoire sur la n.* — Se dit aussi de certains animaux. La *n. d'un chien, d'un cheval.*

**NURAGHE.** s. m. Voy. NURHAG.

**NUREMBERG,** v. d'Allemagne (Bavière); 142,400 hab. Jouets d'enfants. Instruments de musique. = Nom des hab. : NUREMBERGEOIS, OISE.

**NURHAG.** s. m. T. Archéol. On nomme ainsi des constructions antiques qui se trouvent en très grand nombre dans l'île de Sardaigne. Les *Nurhags* présentent tous une forme unique; ils sont bâtis de pierres brutes ou taillées, posées à sec et par assises horizontales. Leur hauteur est d'environ 16 mètres, et la plupart sont élevés sur un terre-plein entouré d'un mur construit de la même manière : cette sorte de rempart a quelquefois 120 mètres de circuit. On pénètre dans ces édifices par une petite porte orientée au sud-est, et si basse qu'on ne peut y entrer qu'à plat ventre; mais au delà de la première pierre formant l'encadrement de la porte, le passage s'élève. Ce corridor conduit à des chambres renfermant presque toujours deux ou trois cellules ou niches dans l'épaisseur du mur. Le plafond de ces pièces est en ogive ou en plate-bande. Enfin le n. est quelquefois percé, le long de son corridor, de petites ouvertures carrées, desti-

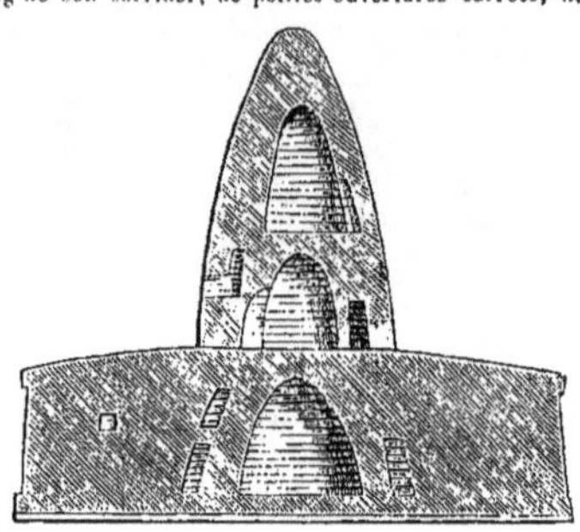

nées à donner un peu d'air et de lumière à ce passage. La figure ci-dessus, que nous empruntons à Batissier, *Histoire de l'art monumental*, représente la coupe d'un de ces monuments. Malgré les recherches des archéologues, l'origine et la destination des nurhags sont encore inconnues. Petit-Radel les attribue aux Pélasges (XIVe siècle avant notre ère) et les regarde comme des monuments funéraires. Arri pense qu'ils ont été élevés par les Phéniciens et qu'ils servaient au culte du feu et des astres. Le général A. de la Marmora croit que la plupart étaient des lieux de sépulture destinés aux prêtres et aux chefs de famille.

On dit aussi *Nuraghe* et *Noraghe*.

**NURICIDES.** s. m. pl. T. Zool. Famille de Mollusques *Gastéropodes*. Voy. CTÉNOBRANCHES.

**NUSSIÉRITE.** s. f. T. Minér. Variété arsénifère de Pyromorphite, trouvée à Nussières (Rhône).

**NUTANT, ANTE.** adj. (lat. *nutans*, part. prés. de *nutare*, pencher). T. Bot. Penché sous le poids de l'extrémité supérieure.

**NUTATION.** s. f. [Pr. *nuta-sion*] (lat. *nutatio*, balancement, de *nutare*, pencher). T. Astr. Oscillation de l'axe de la Terre dont la période de 18 ans et 2/3 est égale à celle du mouvement de rétrogradation des nœuds de la Lune. Voy. PRÉCESSION. Se dit par extension de certaines oscillations des axes des corps célestes ou de leurs orbites. Voy. PLANÈTE. || T. Bot. *N. des plantes*, L'habitude qu'ont certaines plantes de pencher ou de redresser leurs fleurs et leurs feuilles dans certains moments du jour. || T. Médec. L'oscillation habituelle de la tête, vulgairement appelée branlement de tête.

**NUTRICIER, IÈRE.** adj. (lat. *nutritum*, supin de *nutrire*, nourrir). T. Didact. Syn. de nourricier.

**NUTRIMENT.** s. m. [Pr. *nutri-man*] (lat. *nutrimentum*, m. s., de *nutrire*, nourrir). Nourriture, aliment. Vx. || T. Physiol. Nom donné aux aliments immédiatement assimilables, c.-à-d. qui pourraient opérer la nutrition sans avoir été soumis à la digestion.

**NUTRITIF, IVE.** adj. (lat. *nutritivus*, m. s., de *nutrire*, nourrir). Qui nourrit, qui sert d'aliment. *Substance nutritive. Il y a dans cet aliment beaucoup de parties nutritives.*

**Syn.** — *Nourricier, Nourrissant.* — Ces trois mots sont relatifs à la nutrition. *Nutritif* signifie qui a la faculté de nourrir, de se convertir en la substance d'un être organisé. On dit : Cette substance est *nutritive;* cette racine contient peu de parties *nutritives. Nourrissant* veut dire qui nourrit beaucoup, qui renferme beaucoup de parties *nutritives.* La viande est un aliment très *nourrissant. Nourricier* signifie qui concourt à la nutrition. Les plantes puisent dans le sol certains sucs *nourriciers;* les vaisseaux *nourriciers* d'un organe sont ceux qui lui portent le sang où il puisera les éléments *nutritifs* qui lui sont nécessaires.

**NUTRITION.** s. m. [Pr. ...*sion*] (lat. *nutritio*, m. s., de *nutrire*, nourrir). T. Hist. Nat. Fonction élémentaire des êtres organisés qui consiste en ce qu'ils absorbent des substances extérieures pour en former la substance même de leur corps.

**Hist. nat.** — I. *Nutrition chez les animaux.* — A. *Généralités.* — Chez les animaux les plus inférieurs, chez les Protozoaires, l'eau, avec toutes les substances qu'elle tient en dissolution, est le milieu naturel où le corps de ces êtres va chercher directement les aliments dont il a besoin pour vivre. Chez les êtres pluricellulaires, les cellules du corps sont plongées dans un liquide particulier, un véritable milieu intérieur dans lequel elles puisent pour elles-mêmes les substances qui sont propres à conserver leur vie particulière. Chez les animaux supérieurs, par ex., nous trouvons un tissu tout particulier, le sang, qui est chargé de recueillir les produits de la digestion au niveau de l'intestin grêle et l'oxygène au niveau du poumon. Dans les vaisseaux capillaires (Voy. Circulation), la partie liquide de ce tissu traverse les parois de ces vaisseaux et s'infiltre alors dans tous les intervalles des cellules. C'est ce liquide qu'on appelle *lymphe interstitielle* qui est le véritable milieu intérieur dans lequel les cellules puiseront les substances particulières qui leur sont nécessaires. C'est ainsi que les cellules osseuses s'empareront surtout des sels de chaux, les cellules nerveuses des substances azotées, les cellules musculaires des hydrates de carbone, les cellules séminales du phosphore, etc. Tel est le premier acte de la n. par lequel chaque cellule choisit les substances propres à entretenir sa vie particulière et les *absorbe*, les incorpore à sa propre substance. Mais cette incorporation ne se fait pas directement; la cellule a besoin de transformer ces substances de façon à en faire une matière semblable à elle-même; c'est ce qui explique pourquoi le corps d'une espèce donnée garde toujours sa même composition physico-chimique tout en absorbant continuellement des substances d'origine entièrement différente; nous mangeons tous les jours de la chair de bœuf, de mouton, etc. et cependant nos muscles n'acquièrent jamais aucune des propriétés particulières des muscles de ces animaux. Le deuxième acte de la n. est donc un acte de transformation, auquel les savants donnent le nom d'*assimilation*. En quoi consistent ces transformations, on ne le sait pas encore; tout ce qu'on peut dire c'est que ce sont probablement surtout des phénomènes de réduction et de déshydratation.

Chacune des cellules qui composent le corps des animaux doit produire un travail particulier, la cellule osseuse forme de l'os, la cellule musculaire produit du mouvement, etc. C'est la coordination de tous les travaux cellulaires qui se traduit à l'extérieur par tous les phénomènes que présentent les êtres vivants. Mais, pour produire ce travail, les cellules ont besoin d'une force, d'une énergie suffisante. Or, c'est en détruisant les substances qu'elle vient d'assimiler que chaque cellule trouve cette énergie; ce n'est encore là que des transformations qui se font surtout cette fois par oxydation et hydratation. Tel est le troisième acte de la n. qu'on appelle *désassimilation*. Enfin les cellules rejettent au dehors d'elles-mêmes ces substances qui ne peuvent plus leur servir pour en absorber de nouvelles, qu'elles vont assimiler de la même façon. Tel est le dernier acte de la n. qu'on appelle l'*excrétion*. Les substances excrétées tombent également dans le milieu intérieur, la lymphe interstitielle, et sont reprises par le torrent circulatoire qui les portera aux organes glandulaires, comme le rein, les glandes sudoripares, etc., qui les rejetteront finalement au dehors de l'organisme.

Cette notion de la n. des animaux permet de comprendre facilement certains phénomènes vitaux.

La *faim* et la *soif*, par exemple, sont des sensations que l'on rapporte au pharynx ou à l'estomac, mais qui, en réalité, ont leur source dans chacune des cellules de notre organisme. Ce sont des avertisseurs qui nous indiquent que nos cellules ont besoin de nouvelles substances pour continuer leur travail; ces cellules sont en effet comparables à de petites machines qui ont épuisé leur charbon et qui vont se détériorer si on ne leur en donne pas une nouvelle quantité. On comprend également pourquoi on a plus faim quand on a beaucoup travaillé, pourquoi l'artisan qui travaille du matin jusqu'au soir a besoin d'une nourriture plus abondante que la jeune dame qui passe sa vie étendue sur une chaise longue.

La croissance de l'enfant s'explique par ce fait que, chez lui, l'assimilation l'emporte sur la désassimilation. La décrépitude, chez le vieillard, s'explique de la même façon, mais en renversant les termes de la proposition. Chez l'homme adulte, au contraire, il y a un équilibre parfait, chaque cellule dépense autant qu'elle reçoit. Il y a cependant certaines cellules qui sont chargées de mettre de côté des substances qui ne seront utilisées que plus tard, pendant les intervalles des digestions, par exemple, ou bien pendant les maladies. Ces cellules sont appelées des éléments de réserve; elles sont disséminées un peu partout dans l'organisme, comme les cellules graisseuses, par ex., ou bien se trouvent réunies en organes particuliers, comme le foie, les mamelles, etc.

En résumé, on appelle n., par opposition à relation et à reproduction, l'ensemble des actes physico-chimiques qui concourent exclusivement à entretenir la vie dans un organisme donné. Ces actes consistent essentiellement en des échanges continuels entre les cellules et les milieux où vivent ces cellules. Chez les êtres unicellulaires, les Protozoaires, la n. se fait pour ainsi dire directement. Mais chez les êtres pluricellulaires, les Métazoaires, ces échanges se font par l'intermédiaire de fonctions particulières, appelées *fonctions de n.*, et qui sont la Digestion, la Respiration, la Circulation, l'Excrétion, et la Sécrétion. Voy. ces mots.

B. *Nutrition chez les animaux supérieurs et chez l'homme en particulier.* — Deux parties doivent être distinguées dans cette étude : dans la première il faut étudier la nature et le sens des phénomènes essentiels de la n., dits phénomènes métaboliques; dans la seconde, nous établirons le bilan de la n., c.-à-d. la grandeur normale et les variations diverses des phénomènes métaboliques.

Les phénomènes essentiels de la n. comprennent l'assimilation ou synthèse organique, et la désassimilation ou destruction organique. Les phénomènes d'assimilation comprennent trois synthèses : celle du sucre ou *glycogénie*, celle des graisses ou *adipogénie*, et celle des albuminoïdes ou *albuminogénie*. La glycogénie se fait en plusieurs organes. La glycogénie hépatique peut se résumer en quelques mots : la fabrication du sucre par le foie n'est pas directe; elle résulte de la transformation d'une substance saccharifiable, le glycogène, fabriqué par le foie, et la transformation du glycogène en sucre a lieu sous l'influence d'un ferment; cette glycogénie est influencée par le système nerveux, et l'existence du centre diabétique est un fait acquis par la physiologie. En dehors de la glycogénie hépatique, il y a une glycogénie musculaire, une glycogénie mammaire transitoire, et chez l'embryon une glycogénie généralisée qui ne disparaîtrait que partiellement chez l'adulte. Le sang contient donc une proportion de sucre difficile d'ailleurs à évaluer d'une façon exacte, et ce sucre disparaît à mesure qu'il est versé; la rupture de l'équilibre donnant lieu à une glycosurie physiologique ou pathologique suivant les cas : le processus régulateur n'est pas encore absolument défini. Quoi qu'il en soit, ce sucre est brûlé dans les muscles pendant leurs contractions, et transformé en acide lactique; il est donc producteur de travail mécanique et de chaleur; enfin, il participe à la formation de la graisse. — L'adipogénie ou synthèse des graisses a une grande importance, car tous les tissus et toutes les humeurs de l'organisme en contiennent, sauf l'urine. La graisse se trouve, chez l'homme, à l'état libre de gouttelettes en suspension, et à l'état de tissu emprisonné dans les cellules adipeuses. Elle est ordinairement fluide. Elle provient en partie de la graisse des aliments, absorbée par les chylifères, et est fixée dans les cellules adipeuses et du foie où elle constitue une réserve. D'autre part, elle est formée de toutes pièces aux dépens du sucre et des féculents et aux dépens des albuminoïdes; en résumé la graisse est le produit d'une synthèse dont le carbone est emprunté soit aux hydrates de carbone, soit à l'excédent de carbone de l'albumine usée non engagée dans l'urée, soit enfin aux graisses des aliments dont la molécule est disloquée. Aussi, bien que les féculents favorisent le développement de la graisse, cela n'a lieu qu'à condition que les féculents soient associés à une certaine quantité de graisse ou d'albuminoïdes; s'ils sont donnés seuls, ils ne provoquent aucune formation de graisse et font bientôt maigrir. La graisse représente pour l'organisme une réserve de combustible : sa combustion est une source de chaleur et par suite de forces vives; sa présence dans le protoplasma montre encore qu'elle joue un rôle important dans l'histogénèse des tissus. — L'albuminogénie, ou synthèse des albuminoïdes, est des plus compliquées, car le groupe des albuminoïdes de l'organisme animal est nombreux et varié, et cependant toutes ces substances peuvent dériver d'une seule matière azotée ou de deux, comme c'est le cas chez l'enfant. Les principes albuminoïdes sont puisés par les tissus dans le sang, et celui-ci les tire des aliments azotés transformés dans le tube digestif en peptones absorbables. Aussitôt arrivées dans le sang, ces peptones sont transformées en principes albuminoïdes du sang; enfin, par des opérations nouvelles, ces derniers donnent naissance aux albuminoïdes des tissus et des humeurs, albumine des sécrétions, ferments azotés, caséine et albumine du lait. — La désassimilation ou destruction organique présente à étudier la destruction des hydrates de carbone, des graisses et des albuminoïdes. Les hydrates de carbone disparaissent en partie infime par les urines, pour la plus grande partie par oxydation dans le sang (source de chaleur et de force), donnant comme résidu de l'acide carbonique et de l'eau, enfin par transformation en acide lactique et graisse.

La graisse éliminée en faible quantité par les poils, l'épiderme, la sueur, etc., disparaît par voie d'oxydation, donnant de l'acide carbonique et de l'eau qui sont excrétés par les poumons et la peau sous forme gazeuse; l'oxydation doit se faire tantôt d'emblée, tantôt avec production comme corps intermédiaire d'acides gras volatils; d'autres fois, il se fait sans doute une saponification sous l'action de l'oxygène. La destruction des albuminoïdes donne naissance à une série nombreuse de produits dont les derniers termes aboutissent à l'urée, à l'acide carbonique et à l'eau. Les processus de ces transformations complexes sont multiples : oxydations, dédoublements, fermentations; mais, fait principal, l'urée n'est pas produite d'emblée, et il y a de nombreux produits intermédiaires, les uns azotés, les autres sans azote.

L'assimilation des matériaux apportés par la digestion, l'expulsion par les diverses excrétions des produits de la désassimilation, forment un double mouvement d'entrée et de sortie, de recette et de dépense. Pendant la jeunesse, c'est le gain qui prédomine; pendant la vieillesse, les maladies, l'abstinence, c'est la perte, et, chez l'adulte physiologique, il y a équilibre entre les deux. La comptabilité de l'économie vivante s'établit en pesant et analysant ce qui entre : aliments, boissons, oxygène; en pesant et analysant ce qui sort : excrétions solides et liquides et produits gazeux, et en faisant la balance. Les régimes exclusifs, azotés, gras, amylacés ou sucrés, ne conviennent pas à notre organisme, et son budget se trouve mieux de la combinaison des régimes. Des recherches nombreuses ont été faites sur des individus de diverses classes de la société pour établir les quantités de matériaux qui doivent être fournies à un organisme sain, et nous ne pouvons que renvoyer pour leur étude aux traités spéciaux.

II. *Nutrition des végétaux.* — Le phénomène de la n. est un des plus complexes de la physiologie végétale; il comprend en effet un certain nombre de fonctions secondaires qui toutes concourent à l'accomplissement de la fonction générale, la *n.*

A. *Composition et nature des matières nutritives.* — Il importe de déterminer tout d'abord quels sont les divers éléments qui constituent ce qu'on peut appeler l'aliment complet d'un végétal. On peut pour cela employer deux méthodes.

La première méthode consiste à prendre une plante toute faite et à en faire l'analyse élémentaire; en opérant ensuite sur un grand nombre de plantes, on trouve des éléments communs à toutes les plantes et invariables, et un certain nombre d'éléments variables et accessoires.

La deuxième méthode est une méthode de synthèse. On prend la plante à l'état de germe très petit, de spore par ex., et on cherche à lui donner l'aliment complet. Pour cela, on essaie de réaliser un milieu artificiel, où la spore puisse se développer au plus haut degré, et l'on voit alors quels sont les éléments qu'il a fallu donner à la plante pour obtenir son développement maximum.

En employant l'une ou l'autre de ces deux méthodes, on a vu que les principes immédiats des plantes, tels que matières albuminoïdes, composés ternaires, carbures d'hydrogène et sels, étaient constitués par un petit nombre de corps simples. Ce sont tout d'abord le carbone, l'hydrogène, l'oxygène, l'azote, le soufre et le phosphore, indispensables à la constitution de la matière vivante. Mais il faut en outre du potassium, du fer, du manganèse, du silicium, du magnésium et du calcium; cela fait en tout douze corps simples qui sont indispensables à la végétation. On trouve bien encore dans les végétaux, du baryum, du strontium, du sodium, du brome, de l'iode, etc., mais la présence de ces corps n'est pas indispensable et on ne sait pas quel est leur rôle dans l'alimentation de la plante.

Tous ces aliments doivent être fournis à la plante sous une forme assimilable qui sera considérée plus loin. Il faut en outre que l'être vivant les trouve à sa portée, soit dans le milieu extérieur, soit dans le milieu intérieur. Or, la répartition de l'aliment peut être extérieure, intérieure ou mixte.

Il n'est guère possible que la répartition soit entièrement externe, parce que toute plante provient d'un germe qui apporte avec lui une partie de l'aliment; mais on peut prendre un germe assez petit, une spore de Bactérie, par ex., pour que la quantité d'aliment apportée par lui puisse à la rigueur être négligée; dans ce cas, tout l'aliment ou presque tout l'aliment devra lui venir du dehors.

Au contraire, la répartition de l'aliment peut être tout entière interne, car on peut prendre une plante à un état tel qu'elle possède en elle l'aliment complet. Elle peut alors vivre sur elle-même en épuisant ses réserves; en cet état, il semble qu'elle n'ait besoin de rien pour se développer.

Enfin, il y a un mode intermédiaire : c'est la répartition mixte qui constitue le cas le plus général; l'aliment se trouve à la fois dans le milieu intérieur et dans le milieu extérieur, et la plante ne demande à l'extérieur que les aliments dont elle n'a pas fait provision. On est alors porté à croire que la plante n'exige que les aliments venant de l'extérieur, parce qu'on ne tient pas compte des aliments qu'elle a en elle-même et qu'elle consomme peu à peu. Or, les parties de l'aliment complet qui proviennent du milieu extérieur sont surtout l'oxygène et l'eau. Aussi a-t-on coutume de dire que pour qu'une plante vive ou pour que la vie se manifeste, il lui faut avant tout de l'air et de l'eau; mais en réalité, en donnant à la plante ces deux éléments, on ne fait que compléter l'aliment qui se trouvait déjà en elle. Il y a là une cause d'erreur qu'il faut éviter. Cependant, on peut, si l'on veut, continuer à dire que les conditions externes nécessaires à la vie se réduisent à trois : la *chaleur*, l'*air* et l'*eau*, mais en employant ces deux derniers termes dans le sens précis que nous venons d'indiquer.

Il ne suffit pas que ces éléments existent dans le milieu ambiant, il faut encore qu'ils s'y trouvent à un état chimique tel, que la plante puisse les absorber et s'en nourrir, qu'elle puisse, comme on dit, les assimiler. En un mot, chacun des éléments doit être donné à la plante sous une forme assimilable.

Pour le carbone, s'il s'agit des plantes dépourvues de chlorophylle, il doit leur être présenté sous forme de composés ternaires : sucres, acide citrique, acide malique, etc.; l'acide carbonique et l'oxyde de carbone ne peuvent leur fournir du carbone. Au contraire, les plantes vertes peuvent, grâce à leur chlorophylle, décomposer l'acide carbonique de l'air, et absorber le carbone. C'est surtout sous cette forme que le carbone leur est fourni. Seulement pour que la fonction chlorophyllienne puisse s'accomplir, l'action de la lumière est indispensable. C'est pourquoi les plantes cultivées à l'obscurité n'absorbent plus de carbone; la chlorophylle ne se forme plus et les plantes deviennent blanches. On dit qu'elles sont étiolées. Voy. CHLOROPHYLLE.

Pour les autres corps simples, il est indifférent que la plante soit verte ou non. L'hydrogène pénètre sous forme d'eau ou d'ammoniaque. L'oxygène est aussi fourni par l'eau; mais en outre, à part quelques rares exceptions, il est assimilé à l'état libre. Il en serait de même de l'azote qui d'autre part est en grande partie fourni par les composés ammoniacaux et les nitrates. Le phosphore, le silicium et le soufre doivent être fournis à la plante à l'état de phosphates, de silicates et de sulfates; le potassium, le fer, le manganèse, la magnésie sous forme d'oxydes combinés avec un acide.

B. *Transport des matières nutritives.* — Presque tous les aliments dont nous venons de parler sont puisés dans le sol; seuls, l'oxygène, l'azote, l'acide carbonique et certains composés ammoniacaux sont puisés dans l'air. Voyons maintenant par quel mécanisme ils sont transportés dans les différentes parties de la plante aux lieux de consommation.

Les matières minérales qui se trouvent dans le sol sont introduites par les racines chez les plantes vasculaires, ou par des poils rhizoïdes, jouant le rôle de racines, chez les Muscinées et les Thallophytes.

Pour que cette absorption soit possible, il faut que ces substances soient dissoutes dans l'eau qui se trouve à l'intérieur du sol; lorsqu'elles sont insolubles, comme le carbonate ou le phosphate de chaux, la racine sécrète un liquide acide qui opère une digestion préalable. Le premier phénomène de la n. consiste donc dans l'absorption par les racines des matières minérales qui se trouvent en dissolution dans l'eau du milieu ambiant.

En second lieu, il faut que les substances absorbées circulent à l'intérieur de la plante pour pouvoir être utilisées par elle. On a pu se rendre compte, à l'aide d'expériences d'ailleurs très simples, que cette circulation s'effectuait exclusivement par les vaisseaux du bois. Ce sont eux qui transportent aux feuilles le liquide puisé dans le sol par les racines; ce courant ainsi établi des racines aux feuilles constitue ce que l'on appelle la *Sève ascendante*. C'est la sève ascendante qui s'échappe en abondance lorsqu'on taille les arbres fruitiers ou la Vigne (pleurs de la vigne). Si on regarde alors la section à la loupe, on voit que c'est bien par les vaisseaux du bois que s'échappe le liquide.

Mais quelles sont les causes qui sollicitent ce liquide à monter et sont capables de l'élever à une hauteur souvent considérable? Deux causes surtout interviennent dans la production de ce phénomène : la poussée des racines et la transpiration des feuilles, qui produit nécessairement une aspiration de liquide.

La poussée des racines a été démontrée par l'expérience décrite au mot ABSORPTION.

En second lieu, l'évaporation de l'eau par les feuilles détermine un appel de liquide dans la tige. Pour le démontrer, on place un rameau feuillé à l'extrémité d'un tube plongeant par la partie inférieure dans un récipient d'eau. A la suite de la transpiration des feuilles, la pression diminue à l'intérieur du tube, et le liquide monte peu à peu dans le tube.

Quant aux matières gazeuzes, elles pénètrent à l'intérieur de la plante par les stomates et par diffusion à travers les surfaces épidermiques; elles se répandent dans les espaces intercellulaires, où elles constituent ce qu'on peut appeler l'atmosphère interne de la plante ; elles sont utilisées au moment du besoin.

C. *Rôle des matières assimilées*. — Avec les matières minérales introduites pour la plupart par l'absorption, la plante verte fait la synthèse des substances organiques. Elle produit d'abord des matières ternaires, puis des matières quaternaires; cet ensemble de synthèses s'appelle *l'assimilation*. De toutes les substances assimilées, la plante fait trois parts. Une première part est consacrée immédiatement à la croissance. Une deuxième part n'est pas utilisée immédiatement et les substances qui la constituent subissent une première transformation qui leur fait perdre la qualité de substances assimilables; ces substances sont des *substances de réserve* qui constituent l'aliment interne de la plante. Ces réserves peuvent se déposer dans tous les tissus de la plante, mais c'est surtout dans les cellules à parois minces, dans les parenchymes, que le dépôt se produit. En outre il y a généralement des accumulations de réserves, comme on en observe dans les racines des Dahlias, dans les tiges souterraines de la Pomme de terre, etc. Ces organes ou portions d'organes se renflent alors en tubercules qui deviennent les lieux d'élection des matières de réserve.

Ces substances mises en réserve et non assimilables, doivent redevenir assimilables pour pouvoir servir à la n. de la plante au moment de la reprise de la végétation. Pour cela il se produit dans les cellules où sont accumulées des réserves, des diastases qui ont la propriété d'attaquer les substances de réserve insolubles, de les hydrater et de les dédoubler en deux substances plus simples qui sont directement assimilables; la transformation ainsi produite est une véritable digestion.

Une fois digérées, les réserves nutritives se diffusent dans toutes les parties de la plante, soit dans les cellules du parenchyme, soit surtout par l'intermédiaire des vaisseaux grillagés du liber. Elles contribuent alors à former de nouveaux tissus ou à constituer de nouvelles réserves nutritives. On désignait autrefois la circulation des produits de la digestion des réserves, sous le nom de *Sève descendante*; mais en réalité, il n'existe pas ici de circulation régulière, car les substances se dirigent de l'endroit où elles sont digérées vers le lieu où elles sont consommées. Le courant qui va des feuilles aux racines ne représente donc qu'une partie de la circulation des matières nutritives.

Une troisième part des substances assimilées n'est ni utilisée pour la n. du végétal, ni mise en réserve; elle est destinée à être éliminée tantôt au dehors, tantôt à l'intérieur de la plante. Ce phénomène d'élimination est une *sécrétion*.

**NUTRITIVITÉ**. s. f. (R. *nutritif*). T. Didact. Qualité nutritive des aliments.

**NUTTALITE**. s. f. (R. *Nuttal*, n. d'un botan. amér.). T. Minér. Variété de Wernérite.

**NYANZA**, mot qui sign. lac dans la langue d'une région de l'Afrique et qu'on emploie pour désigner différents lacs, principalement le *Victoria-Nyanza*. Voy. ce mot et NIL.

**NYASSA** ou **MARAVI**. Grand lac de l'Afrique australe à l'ouest du canal de Mozambique.

**NYBORG**. v. de l'île de Fionie (Danemark); 5,500 hab.

**NYCTAGE**. s. m. (gr. νύξ, nuit). T. Bot. Genre de plantes Dicotylédones (*Mirabilis*) de la famille des *Nyctaginées*. Voy. ce mot.

**NYCTAGINÉES**. s. f. pl. (R. *Nyctage*). T. Bot. Fam. de végétaux Dicotylédones de l'ordre des Apétales supérovariées.

*Caract. bot.* : Plantes herbacées ou ligneuses, annuelles ou vivaces, souvent à racine tubéreuse, à tige ayant une structure anormale. Feuilles opposées et presque toujours inégales, quelquefois alternes. Fleurs hermaphrodites, axillaires ou terminales, tantôt agrégées, tantôt solitaires, munies d'un involucre uniflore ou pluriflore, monophylle ou polyphylle, dont les pièces, généralement très grandes, sont quelquefois

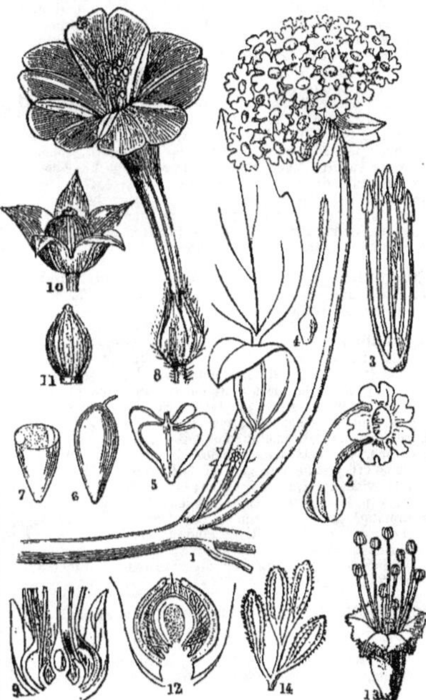


agréablement colorées. Calice gamosépale tubuleux, formé de 5 sépales, souvent pétaloïdes. Étamines 5 ou un plus grand nombre hypogynes, quelquefois sur un seul côté; anthères biloculaires. Pistil formé d'un seul carpelle avec un ovule unique dressé; style 1, terminal ou un peu latéral; stigmate 1. Le fruit est un akène, renfermé dans la base accrescente et persistante du calice. Graine renfermant un embryon à cotylédons foliacés, qui enveloppent l'albumen farineux; radicule infère, et gemmule peu apparente. [Fig. 1, *Abronia mellifera*; 2. Fleur séparée; 3. Étamines et pistil; 4. Pistil séparé; 5. Fruit; 6. Graine grossie; 7. Sa coupe transversale. — 8. Fleur de *Mirabilis hortensis*; 9. Base de la fleur coupée longitudinalement; 10. Fruit accompagné par l'involucre et la base du calice; 11. Le même sans involucre; 12. Sa coupe perpendiculaire. — 13. Fleur de *Pisonia grandis*; 14. Groupe de fruits.]

Cette famille se compose de 23 genres (*Mirabilis*, *Oxyba-*

*phus*, *Boerhavia*, *Bougainvillea*, *Abronia*, *Pisonia*, etc.) et environ 215 espèces, qui sont originaires des contrées les plus chaudes des deux hémisphères, et dépassent à peine les tropiques. Il n'y a d'exception que pour les *Abronia*, qu'on trouve dans le nord-ouest de l'Amérique, et pour quelques *Boerhavia*, qui s'étendent dans l'hémisphère méridional. On a trouvé 4 *Pisonia* dans le tertiaire. — Les racines des Nyctaginées possèdent en général des propriétés purgatives. Longtemps même on a cru que le vrai *Jalap* provenait du *Nyctage Faux-Jalap* (*Mirabilis Jalapa*). Les racines des diverses espèces du genre *Boerhavia* sont douées de propriétés émétiques et purgatives. La *Boerhavie hérissée* (*Boerh. hirsuta*) s'emploie dans l'ictère. La *B. tubéreuse* (*B. tuberosa*), espèce douteuse de la famille, qu'on appelle au Pérou *Yerba de la purgacion*, passe pour antisyphilitique; néanmoins on en fait usage comme d'une plante potagère. Le *B. procumbens*, espèce des Indes orientales, jouit de propriétés fébrifuges. La racine du *Boerh. decumbens* est émétique : on lui donne à la Guyane le nom d'*Ipécacuanha*, et à la Jamaïque, celui de *Pain-de-pourceau* (*Hogmeat*). Cette espèce serait astringente, et s'emploie, sous forme de décoction, dans la dysenterie. Le *Nyctage dichotome* (*Mirabilis dichotoma*), ou *Merveille du Pérou*, que l'on désigne souvent sous le nom de *Fleur de quatre heures*, et le *Nyct. à longues fleurs* ((*Mir. longiflora*), sont des drastiques énergiques. Le *Nyct. odorant* (*Mir. suaveolens*), qui se distingue par son odeur d'anis, est usité au Mexique contre la diarrhée et les douleurs rhumatismales. Les racines des diverses espèces du genre *Pisonia* jouissent de propriétés émético-cathartiques analogues à celles des *Boerhavia*. Beaucoup de N. se cultivent comme plantes d'ornement. Les fleurs de plusieurs espèces de *Mirabilis*, vulg. appelées *Belles-de-nuit*, sont en effet remarquables par leur beauté. Il en est de même de quelques espèces du genre *Abronia*. Enfin, les involucres colorés des *Bougainvillea* les font également rechercher comme plantes ornementales.

**NYCTALOPE.** adj. et s. 2 g. (lat. *nyctalops*, *opis*; gr. νυκτάλωψ, ωπος, m. s., de νύξ, nuit; ὤψ, œil). T. Méd. Qui est affecté de nyctalopie.

**NYCTALOPIE.** s. f. (lat. *nyctalopia*, gr. νυκταλωπία, m. s.). T. Méd. La n. est le résultat d'un état pathologique par lequel le patient distingue nettement les objets avec le déclin de l'éclairage, alors qu'il en est empêché pendant le grand jour. Cette faculté d'adaptation exagérée rappelle ce qui se passe chez les oiseaux nocturnes. On doit se garder de confondre la n. avec la photophobie qui accompagne les taies de la cornée, les cataractes axiales, la mydriase, etc. Le diagnostic n'est justifié que si l'œil est exempt de lésions et l'acuité visuelle intacte pendant le crépuscule. Deux influences y prédisposent, l'éblouissement de la rétine et le séjour prolongé dans des espaces sombres. — Le traitement est simple : collyres à la cocaïne et douches de vapeur en cas de congestion de la conjonctive; hydrothérapie, bromure, valériane, chez les nerveux; verres fumés protecteurs chez tous. Voy. AMAUROSE.

**NYCTALOPIQUE.** adj. 2 g. T. Méd. Qui a rapport à la nyctalopie.

**NYCTANTHE.** s. m. (gr. νύξ, nuit; ἄνθος, fleur). T. Bot. Genre de plantes Dicotylédones (*Nyctanthes*) de la famille des *Oléacées*. Voy. ce mot.

**NYCTÉRIBIE** s. f. (gr. νυκτερίς, chauve-souris; βιός, vie). T. Entom. Genre d'Insectes *Diptères*. Voy. PUPIPARES.

**NYCTÉRIENS.** s. m. pl. [Pr. *niktéri-ins*] (gr. νυκτερίς, chauve-souris; de νύξ, νυκτὸς, nuit). T. Mamm. Espèce de *Chauve-Souris*. Voy. CHÉIROPTÈRES.

**NYCTHÉMÈRE** et **NYCHTHÉMÈRE.** s. m. (gr. νύξ, νυκτὸς, nuit; ἡμέρα, jour). T. Astron. Durée de vingt-quatre heures comprenant le jour et la nuit. Voy. JOUR.

**NYCTICÈBE.** s. m. (gr. νὺξ, nuit; κῆβος, singe). T. Mamm. Genre de *Mammifères*. Voy. LÉMURIENS.

**NYCTIPITHÈQUE.** s. m. (gr. νὺξ, nuit; πίθηκος, singe). T. Mamm. Genre de *Singes*. Voy. GÉOPITHÈQUE.

**NYCTOGRAPHE.** s. m. (gr. νύξ, νυκτὸς, nuit; γράφειν, écrire). Appareil qui permet d'écrire sans voir les traits qu'on forme.

**NYCTOTYPHLOSE.** s. f. [Pr. *ni-kto-ti-flô-ze*] (gr. νὺξ, nuit; τύφλωσις, cécité). T. Méd. Cécité nocturne.

**NYIREGYHAZA.** v. de la Hongrie centrale; 24,100 hab.

**NYLGAU.** Voy. NILGAU

**NYMPHALE.** s. m. **NYMPHALIDES.** s. m. pl. [Pr. *ninfale, alide*] (R. *Nymphe*). T. Entom. Genre et famille d'Insectes *Lépidoptères*. Voy. DIURNES.

**NYMPHE.** s. f. [Pr. *nin-fe*] (gr. νύμφη, lat. *nympha*, m. s.). T. Myth. Voy. ci-après. *Avoir une taille de n.*, être bien faite. || T. Entom. Deuxième état larvaire des Insectes. Voy. INSECTE et LÉPIDOPTÈRES. || T. Anat. *Nymphes*, au plur. Les petites lèvres de la vulve.

**Myth.** — Dans la mythologie gréco-romaine, les *Nymphes* étaient des déesses d'un rang inférieur qui personnifiaient certaines forces de la nature, surtout le principe humide. Aussi leur donnait-on généralement l'Océan pour père, et faisait-on la plupart d'entre elles mères des fleuves et des rivières. Quelques-unes habitaient le ciel, mais le plus grand nombre résidaient sur la terre ou au sein des mers : de là trois classes de nymphes. Les *Nymphes célestes* ou *Uranides* étaient l'âme des astres. A cette classe appartenaient les *Hyades*, les *Pléiades* et les *Hespérides*. Celles-ci demeuraient aux limites occidentales de la terre, au delà de l'Océan, et gardaient les fameuses pommes d'or qui devinrent la proie d'Hercule. Les *Nymphes des eaux* comprenaient : les *Océanides*, filles de l'Océan et de Téthys, qui habitaient les mers extérieures; les *Néréides*, filles de Nérée et de Doris, qui habitaient les mers intérieures; les *Potamides*, nymphes des fleuves et des rivières; les *Naïades*

et les *Crénées* ou *Pégées*, nymphes des ruisseaux et des fontaines; et enfin les *Limnades*, qui présidaient aux lacs et aux étangs. Ces nymphes étaient généralement considérées comme des divinités fatidiques : elles rendaient des oracles et pouvaient communiquer à ceux qu'elles favorisaient le don de prévoir l'avenir. De plus, l'eau étant le principe de la fécondation et produisant un effet salutaire dans les maladies, on les invoquait, d'un côté, comme génies tutélaires des prairies, des fleurs et des troupeaux; de l'autre, comme déesses de la guérison. Les *Nymphes terrestres* se distinguaient en *Oréades* ou *Oresliades*, nymphes des montagnes; *Napées*, *Auloniades*, *Hyléores* ou *Alséides*, nymphes des vallons et des bosquets; *Mélies*, nymphes des prairies; *Dryades* et *Hamadryades*, nymphes des bois et des forêts. Beaucoup de nymphes tiraient aussi leurs noms des lieux particuliers auxquels elles présidaient, comme les *Achéloïdes*, les *Castalides*, les *Dodonides*, les *Cythéroniades*, etc. Les poètes et les mythographes attribuent encore à un grand nombre de nymphes de véritables noms propres : telles sont les nymphes Amalthée, Callisto, Calypso, Écho, Égérie, etc. Les nymphes formaient, on peut le dire, une multitude innombrable; suivant Hésiode, il n'y avait pas moins de 3,000 Océanides. — Le culte des nymphes était répandu dans toutes les parties de la Grèce, ainsi qu'à Rome. On leur offrait de l'huile, du miel et du lait; quelquefois même on leur immolait des chèvres et des moutons. On leur élevait des temples et des autels, soit dans l'intérieur des villes, soit dans les forêts et sur le bord des sources. Les Romains appelaient *Nymphée* (*Nymphæum*) tout édifice consacré aux nymphes;

mais en outre ils appliquaient ce nom à des grottes et à des bosquets ornés de statues, de vases, de bassins, de fontaines, d'eaux jaillissantes, où ils aimaient à se retirer pour prendre le frais durant la grande chaleur du jour. Il n'y avait guère de villa sans nymphée. — Les anciens représentaient toujours les nymphes sous la forme de jeunes filles nues ou demi-nues. La Figure ci-jointe est la reproduction d'une Néréide peinte sur la muraille d'une maison de Pompéi. On terminait souvent en queue de poisson la partie inférieure des Océanides. Enfin, dans les derniers temps, les poètes donnaient quelquefois à ces divinités une chevelure glauque, c'est-à-dire couleur vert de mer.

**NYMPHÉA.** s. m. [Pr. *nin-fé-a*] (gr. νυμφαία, m. s. de νύμφη, nymphe. C'était le nom grec du nénuphar, probablement parce que l'on comparait la plante à une nymphe des eaux). T. Bot. Genre de plantes Dicotylédones (*Nymphæa*) de la famille des *Nymphéacées*. Voy. ce mot.

**NYMPHÉACÉES.** s. f. pl. [Pr. *nin-féa-sée*] (R. *Nymphéa*). T. Bot. Famille de plantes Dicotylédones de l'ordre des Dialypétales supérovariées polystémones.

*Caract. bot.* : Plantes herbacées, à feuilles charnues, peltées et nageantes, naissant d'un rhizome noueux et charnu, et croissant dans les eaux douces tranquilles. Fleurs larges, belles, souvent odorantes. Sépales 3, 4 ou 5, libres; pétales nombreux, imbriqués, présentant souvent l'exemple d'une transformation graduelle en étamines; les premiers persistants; les seconds caducs; rarement 3 pétales (*Cabomba, Brasenia*). Étamines nombreuses, insérées en spirale; rarement 3-6 (*Cabomba*); filets pétaloïdes; anthères adnées, s'ouvrant en dedans par une double fente longitudinale. Disque

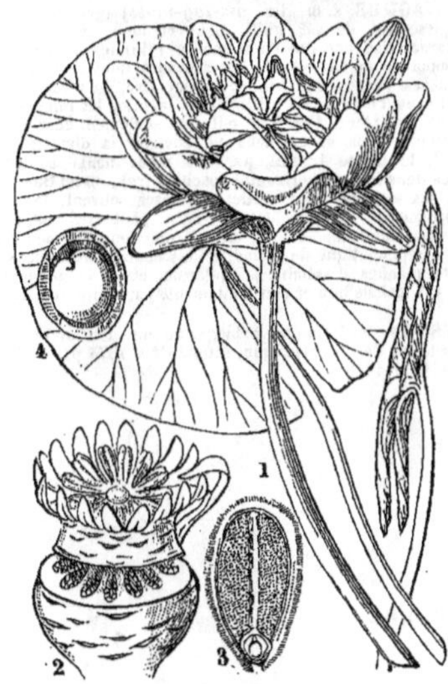

Fig. 1.

large, charnu, entourant plus ou moins l'ovaire. Pistil composé d'un grand nombre de carpelles, rarement de 3 seulement (*Cabomba*), libres ou concrescents entre eux en un ovaire polysperme, pluriloculaire, à stigmates rayonnants, alternant avec les cloisons; ovules nombreux, anatropes, attachés aux côtés des cloisons. Fruit formé parfois d'autant de drupes que le pistil avait de carpelles (*Cabomba, Brasenia*); le plus souvent c'est une baie. Graines très nombreuses attachées à des cloisons spongieuses; embryon droit muni à la fois d'un petit albumen charnu et d'un abondant périsperme amylacé; cotylédons charnus, concaves.

Cette famille se compose de 7 genres et de 30 espèces, qui toutes habitent l'hémisphère boréal. Bien qu'on en rencontre quelques-unes à l'extrémité australe de l'Afrique, elles sont, en général, rares dans l'hémisphère méridional. Dans l'Amérique du Sud, les Nymphéacées sont représentées par le genre *Victoria*. On connaît environ 15 espèces fossiles tertiaires. — On divise cette famille en trois tribus :

TRIBU 1. — *Nymphéées*. — Carpelles concrescents; 4 sépales (*Nymphæa, Victoria, Euryale*) [Fig. 1. — 1. *Nymphæa alba*; 2. Pistil; 3. Coupe verticale d'une graine; 4. Coupe médiane de l'embryon]. La *Victoria regia*, la plus belle et la plus gigantesque des plantes aquatiques, est appelée *Maïs d'eau* dans l'Amérique du Sud, à cause des propriétés nutritives de la fécule que ses graines contiennent en abondance. Les graines de l'*Euryale ferox* sont également fort recherchées par les Indiens et par les Chinois. Les rhizomes de différentes espèces du genre *Nymphæa* sont estimés par les nègres du Sénégal, qui les font cuire et les mangent comme des Patates. Dans l'Inde, on mange leurs graines farineuses, soit crues, soit après les avoir fait rôtir dans le sable chaud. Le rhizome du *Nymphéa blanc* (*Nymphæa alba*), vulg. appelé *Nénuphar* et *Lis d'étang*, a été employé avec avantage dans le tannage du cuir; enfin on en prépare une espèce de bière qui est supportable.

La *Victoria regia*, dont nous avons déjà parlé, peut être rangée parmi les merveilles du règne végétal. Cette plante gigantesque croît dans les grands fleuves de la Guyane et du

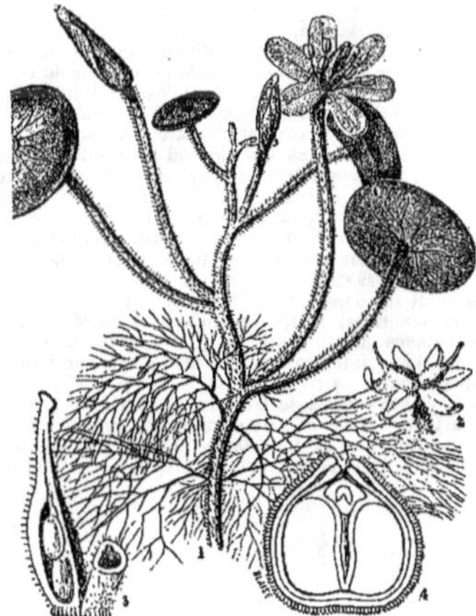

Fig. 2.

Brésil septentrional. Ses feuilles peltées, de 1 à 2 mètres de diamètre, flottent sur l'eau, en forme de larges disques orbiculaires, lisses et verts en dessus, avec un bord relevé de 6 centimètres tout autour, comme celui d'un large plateau. Elles sont en dessous rougeâtres, gaufrées ou divisées en une foule de compartiments par des nervures très saillantes qui laissent entre elles des espaces triangulaires ou quadrangulaires, dans lesquels il peut rester de l'air qui contribue à maintenir les feuilles sur l'eau. Le pétiole, qui part du fond des eaux, est tout hérissé d'épines, longues d'environ 20 millimètres, ainsi que les plus fortes nervures du dessous des feuilles, le pédoncule et le calice de la fleur. Les fleurs, larges parfois de plus de 33 centimètres, ont le calice formé de quatre feuilles longues de 16 à 18 centimètres et larges de 8, d'un rouge brunâtre en dehors et blanches en dedans. En dedans de ces feuilles s'étale, circulairement et avec symétrie, un nombre considérable de pétales blancs d'abord, puis devenant de plus en plus rouges à mesure que la fleur est plus avancée. Cette fleur exhale un parfum délicieux. Le fruit qui lui succède est sphérique et, dans sa maturité, gros comme la moitié de la tête : il est rempli, comme nous l'avons dit, de graines arrondies et farineuses propres à servir d'aliment.

Tribu II. — *Nupharées.* — Carpelles concrescents; 5 sépales (*Nuphar*, *Barclaya*). Les Turcs font une boisson rafraîchissante avec les fleurs du *Nénuphar jaune* (*Nuphar luteum*). Les feuilles de cette plante passent pour astringentes. Le rhizome a un léger degré d'amertume et d'astringence; aussi l'a-t-on employé dans la dysenterie. Il contient une quantité considérable de fécule, et, après plusieurs lavages successifs, on peut s'en nourrir sans inconvénient.

Tribu III. — *Cabombées.* — Carpelles libres (*Cabomba*, *Brasenia*). [Fig. 2. — 1. *Cabomba aquatica*; 2. Pistil et périanthe; 3. Coupe d'un carpelle; 4. Coupe de la graine]. Les feuilles du *Cabomba purpurea* sont légèrement astringentes.

**NYMPHÉE.** s. f. [Pr. *nin-fée*] (lat. *nymphæum*, gr. νυμφαῖον, m. s.). T. Antiq. Grotte naturelle ou artificielle où coule une source, consacrée aux nymphes. Voy. Nymphe.

**NYMPHÉÉES.** s. f. pl. [Pr. *nin-féé*]. T. Bot. Tribu de végétaux de la famille des *Nymphéacées*. Voy. ce mot.

**NYMPHÉEN, ENNE.** adj. [Pr. *ninfé-in, ène*] (R. *nymphe*). T. Min. Se dit des terrains et des roches dont la formation est due aux eaux douces.

**NYMPHOMANE.** s. et adj. f. [Pr. *ninfo-mane*]. T. Méd. Celle qui est atteinte de nymphomanie.

**NYMPHOMANIE.** s. f. [Pr. *ninfo-mani*] (lat. *nymphomania*, m. s., du gr. νύμφη, nymphe, et μανία, passion). T. Méd. La n. est une variété de délire érotique propre à la femme et consistant en une exaltation excessive et morbide de l'appétit vénérien. On a essayé de distinguer l'exagération de l'amour platonique ou érotomanie de l'éréthisme purement charnel, mais le plus souvent le cerveau et l'appareil sexuel exercent l'un sur l'autre une influence qui confond les manifestations symptomatiques. La n. constitue ordinairement une sorte de folie instinctive, et apparaît en général à titre de symptôme secondaire ou transitoire dans différentes formes d'aliénation mentale, paralysie générale, hystérie, épilepsie, etc. Les différents modes d'excitation cérébrale érotique, lectures, conversations, bals, etc., peuvent la déterminer, mais plus souvent il y a un point de départ dans l'appareil génital : tantôt il s'agit d'excès vénériens, tantôt de continence forcée, tantôt d'affection cutanée déterminant du prurit dans la région, tantôt encore d'une intoxication et notamment d'une intoxication cantharidienne. La n. ou fureur utérine peut s'observer à tout âge, chez des enfants de trois ans et de vieilles septuagénaires, surtout sous les climats chauds. Les symptômes de la n. varient suivant les causes : lorsqu'elle n'est qu'un symptôme accidentel d'une aliénation mentale, elle en subit les paroxysmes, les rémissions, la périodicité; quand elle dépend d'une cause locale, elle en suit les variations. En un mot, cette affection est rarement permanente, et le plus souvent finit par guérir. Le traitement, on le comprend du reste, varie avec la cause originelle; il n'est guère d'anaphrodisiaque dont l'action ait été réellement constatée et le bromure de potassium seul peut avoir quelque influence. Quant aux opérations chirurgicales (clitoridectomie, nymphotomie) qui paraissent avoir été pratiquées en Orient dans un but peu précis, elles n'ont trouvé aucune vogue dans nos pays, et le chirurgien anglais qui avait essayé cette méthode est resté puni de l'universelle improbation.

**NYMPHOTOMIE.** s. f. [Pr. *nin-fotomi*] (R. *nymphe*, et gr. τομή, section). T. Chir. Résection des nymphes.

**NYONS,** ch.-l. d'arr. du dép. de la Drôme; 3,300 hab. = Nom des hab. : Nyonsais, aise.

**NYPELS,** jurisconsulte belge (1803-1886).

**NYSA,** ancienne v. de la Grèce située sur le Parnasse et consacrée à Bacchus Nyss. = Nom des hab. : Nyséen, enne.

**NYSSA.** s. m. (gr. νύσσω, je pique). T. Bot. Genre de plantes Dicotylédones de la famille des *Combrétacées*. Voy. ce mot.

**NYSSE,** anc. v. de la Cappadoce (Asie Mineure).

**NYSSON.** s. m. (gr. νύσσω, je pique). T. Entom. Genre d'*Hyménoptères*. Voy. Fouisseurs.

**NYSTAGMUS.** s. m. [Pr. *nis-tag-muss*] (gr. νυσταγμὸς, assoupissement, de νύξ, nuit). Sous ce nom, on entend un état caractérisé par des mouvements rythmiques des yeux indépendants de la volonté. Les saccades dont il s'agit sont influencées par la distance de l'objet fixé, la direction du regard dans l'espace, les attitudes de la tête, les impressions morales, etc. L'occlusion d'un œil, non seulement accélère les oscillations, mais encore peut en changer la direction. En général, le n. se traduit par des mouvements conjugués rapides dans le sens horizontal (oscillatoire); exceptionnellement, les saccades sont verticales; assez souvent, le n. est rotatoire, combiné à l'oscillatoire. Le n. peut être congénital (cataracte, colobome de l'iris, etc.), professionnel (mineurs) ou enfin symptomatique de maladies des centres nerveux (sclérose en plaques disséminées, épilepsie, etc.). La pathogénie du n. est mal définie et son traitement, par suite, mal établi.

**NYSTEN,** médecin, né à Liège; auteur d'un dictionnaire de médecine devenu classique, refondu en 1873 par Littré et Robin (1771-1818.).

FIN DU TOME SIXIÈME

102 me Série. Prix : 50 cent.

CAMILLE FLAMMARION

# DICTIONNAIRE ENCYCLOPÉDIQUE UNIVERSEL

ILLUSTRÉ DE 20000 FIGURES



SCIENCES
ARTS
LETTRES
INDUSTRIE
HISTOIRE
GRAMMAIRE
GÉOGRAPHIE
DÉCOUVERTES

Bourdin

PARIS
E. FLAMMARION
LIBRAIRE-ÉDITEUR
26, RUE RACINE, PRÈS L'ODÉON

103me Série. Prix : 50 cent.

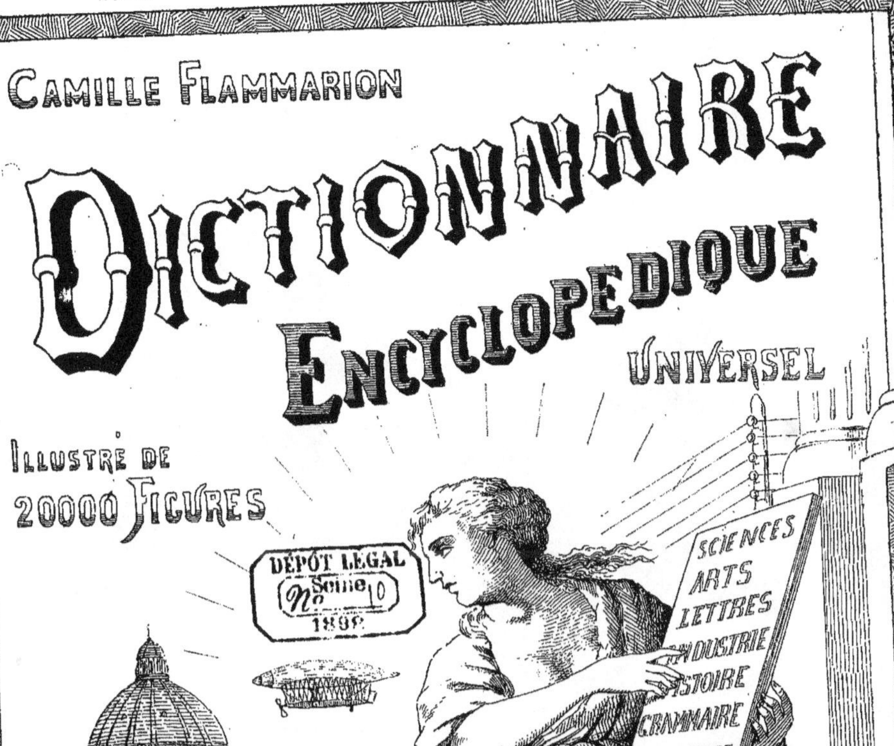


PARIS

E. FLAMMARION

LIBRAIRE-ÉDITEUR

26, RUE RACINE, PRÈS L'ODÉON

Série. Prix : 50 cent.

CAMILLE FLAMMARION

# DICTIONNAIRE ENCYCLOPÉDIQUE UNIVERSEL

ILLUSTRÉ DE 20000 FIGURES





PARIS
E. FLAMMARION
LIBRAIRE-ÉDITEUR
26, RUE RACINE, PRÈS L'ODÉON

[illegible]me Série. Prix : **50** cent.

# DICTIONNAIRE ENCYCLOPÉDIQUE UNIVERSEL

ILLUSTRÉ DE 20000 FIGURES

SCIENCES
ARTS
LETTRES
INDUSTRIE
HISTOIRE
GRAMMAIRE
GÉOGRAPHIE
DÉCOUVERTES

Boudin

PARIS
E. FLAMMARION
LIBRAIRE-ÉDITEUR
26, RUE RACINE, PRÈS L'ODÉON

PARIS. — IMP. E. FLAMMARION, RUE RACINE, 26.

## BIBLIOTHÈQUE CAMILLE FLAMMARION

Volumes grand in-8° jésus.

PRIX : Broché, **12** fr. — Relié toile, tranches dorées, plaque, **15** fr. — Demi-chagrin, **18** fr.
Amateur, **19** fr.

CAMILLE FLAMMARION
Ouvrage couronné par l'Académie française

### ASTRONOMIE POPULAIRE

NOUVELLE ÉDITION COMPLÈTEMENT REFONDUE, CENTIÈME MILLE
Un beau vol. gr. in-8° jésus de 840 pages, illustr. de 360 gr., 7 chrom., cartes célestes, etc.

### LES ÉTOILES ET LES CURIOSITÉS DU CIEL

DESCRIPTION COMPLÈTE DU CIEL, ÉTOILE PAR ÉTOILE, CONSTELLATIONS, INSTRUMENTS, ETC.
Quarantième Mille
Un volume in-8° jésus, illustré de 400 gravures, cartes et chromolithographies.

### LES TERRES DU CIEL

VOYAGE SUR LES PLANÈTES DE NOTRE SYSTÈME ET DESCRIPTIONS DES CONDITIONS ACTUELLES DE LA VIE A LEUR SURFACE.
Un volume gr. in-8° jésus, illustré de photographies célestes, vues télescopiques, cartes et 400 fig.

### LE MONDE

AVANT LA CRÉATION DE L'HOMME
ORIGINES DU MONDE
ORIGINES DE LA VIE — ORIGINES DE L'HUMANITÉ.
Un volume in-8° jésus, illustré de 400 figures, 5 aquarelles, 8 cartes en couleur.

### LA CRÉATION DE L'HOMME

ET LES PREMIERS AGES DE L'HUMANITÉ
PAR H. DU CLEUZIOU
Un vol. in-8° jésus, illustré de 400 figures, 5 gr. planches tirées à part, 2 cartes en couleur.

GUSTAVE LE BON

### LES PREMIÈRES CIVILISATIONS

Un vol in-8° jésus, illustré de 431 grav. et restitutions, 9 gr. pl. tirées à part, 2 cartes.
Sur papier du Japon. Prix : br., **40** fr.

ÉMILE DESBEAUX

### PHYSIQUE POPULAIRE

Un vol. in-8° jésus, ill. de 508 fig. et de 4 aquarelles.

CH. BRONGNIART

### HISTOIRE NATURELLE POPULAIRE

Un volume in-8° jésus, illust. de 870 dessins inédits et de 8 aquarelles.

*Souscription permanente de tous ces ouvrages en livraisons à 10 cent. et en séries à 50 cent.*
Portrait de CAMILLE FLAMMARION, sur demi-jésus, papier du Japon, **3** francs.

### LA FIN DU MONDE

Illustrations de BAYARD, J.-P. LAURENS, ROCHEGROSSE, ROBIDA, GRASSET, RUDAUX, etc.
1 volume in-8°. Prix : Broché. . . . . **10** fr.
— Reliure d'amateur spéciale . . . **15** fr.
— Sur papier de Chine. . . . . . . **30** fr.

### URANIE

Illustrations de BAYARD, BIELER, FALÉRO, MYRBACH, etc.
1 volume in-8°. Prix : Broché . . . . . . **10** fr.
— Reliure d'amateur spéciale . . . **15** fr.

### ANNUAIRE ASTRONOMIQUE

ET MÉTÉOROLOGIQUE
Pour 1896
EXPOSANT L'ENSEMBLE DE TOUS LES PHÉNOMÈNES CÉLESTES OBSERVABLES PENDANT L'ANNÉE.
1 joli volume in-18, illustré de 53 figures, cartes et diagrammes. — Prix . . . . . . **1** fr. **25**

### ATLAS ASTRONOMIQUE DE POCHE

Dressé
SOUS LA DIRECTION DE CAMILLE FLAMMARION.
Contenant 18 cartes et explications.
Prix . . . . . . . . . . . . . . . . . . **1** fr. **50**
*(Éditions in-18 des ouvrages de Camille Flammarion, page 15.)*

En cours de publication :

ARMAND DAYOT
INSPECTEUR DES BEAUX-ARTS

# LA RÉVOLUTION FRANÇAISE

CONSTITUANTE — LÉGISLATIVE — CONVENTION — DIRECTOIRE
Environ 2.000 planches d'après les peintures, gravures, sculptures et estampes du temps.
Cette magnifique publication paraîtra en 30 fascicules dans le format grand in-8° oblong.
**Prix du fascicule sous couverture, 60 centimes.**
Il a été tiré 100 exemplaires sur papier de Chine, numérotés, au prix de **60** fr. l'ouvrage complet.

PARIS. — IMP. E. FLAMMARION, RUE RACINE, 26.

## BIBLIOTHÈQUE CAMILLE FLAMMARION

Volumes grand in-8° jésus.

Prix : Broché, **12** fr. — Relié toile, tranches dorées, plaque, **15** fr. — Demi-chagrin, **18** fr. Amateur, **19** fr.

CAMILLE FLAMMARION
Ouvrage couronné par l'Académie française

**ASTRONOMIE POPULAIRE**

NOUVELLE ÉDITION COMPLÈTEMENT REFONDUE, CENTIÈME MILLE

Un beau vol. gr. in-8° jésus de 840 pages, illustr. de 360 gr., 7 chrom, cartes célestes, etc.

**LES ÉTOILES ET LES CURIOSITÉS DU CIEL**

DESCRIPTION COMPLÈTE DU CIEL, ÉTOILE PAR ÉTOILE, CONSTELLATIONS, INSTRUMENTS, ETC.

Quarantième Mille

Un volume in-8° jésus, illustré de 400 gravures, cartes et chromolithographies.

**LES TERRES DU CIEL**

VOYAGE SUR LES PLANÈTES DE NOTRE SYSTÈME ET DESCRIPTIONS DES CONDITIONS ACTUELLES DE LA VIE A LEUR SURFACE.

Un volume gr. in-8° jésus, illustré de photographies célestes, vues télescopiques, cartes et 400 fig.

**LE MONDE**

AVANT LA CRÉATION DE L'HOMME

ORIGINES DU MONDE
ORIGINES DE LA VIE — ORIGINES DE L'HUMANITÉ.

Un volume in-8° jésus, illustré de 400 figures, 5 aquarelles, 8 cartes en couleur.

**LA CRÉATION DE L'HOMME**

ET LES PREMIERS AGES DE L'HUMANITÉ

PAR H. DU CLEUZIOU

Un vol. in-8° jésus, illustré de 400 figures, 5 gr. planches tirées à part, 2 cartes en couleur.

GUSTAVE LE BON

**LES PREMIÈRES CIVILISATIONS**

Un vol. in-8° jésus, illustré de 434 grav. et restitutions, 9 gr. pl. tirées à part, 2 cartes. Sur papier du Japon. Prix : br., **40** fr.

ÉMILE DESBEAUX

**PHYSIQUE POPULAIRE**

Un vol. in-8° jésus, ill. de 508 fig. et de 4 aquarelles.

CH. BRONGNIART

**HISTOIRE NATURELLE POPULAIRE**

Un volume in-8° jésus, illust. de 870 dessins inédits et de 8 aquarelles.

*Souscription permanente de tous ces ouvrages en livraisons à 10 cent. et en séries à 50 cent.*
Portrait de CAMILLE FLAMMARION, sur demi-jésus, papier du Japon, **3** francs.

**LA FIN DU MONDE**

Illustrations de BAYARD, J.-P. LAURENS, ROCHEGROSSE, ROBIDA, GRASSET, RUDAUX, etc.

1 volume in-8°. Prix : Broché. . . . . **10** fr.
— Reliure d'amateur spéciale . . . **15** fr.
— Sur papier de Chine. . . . . . . **30** fr.

**URANIE**

Illustrations de BAYARD, BIELER, FALÉRO, MYRBACH, etc.

1 volume in-8°. Prix : Broché . . . . . . **10** fr.
— Reliure d'amateur spéciale . . . **15** fr.

**ANNUAIRE ASTRONOMIQUE**

ET MÉTÉOROLOGIQUE
Pour 1896

EXPOSANT L'ENSEMBLE DE TOUS LES PHÉNOMÈNES CÉLESTES OBSERVABLES PENDANT L'ANNÉE.

1 joli volume in-18, illustré de 53 figures, cartes et diagrammes. — Prix . . . . . . **1** fr. **25**

**ATLAS ASTRONOMIQUE DE POCHE**

Dressé
Sous la direction de Camille Flammarion.
Contenant 18 cartes et explications.
Prix . . . . . . . . . . . . . . . . . . **1** fr. **50**

(*Éditions in-18 des ouvrages de Camille Flammarion, page 15.*)

En cours de publication :

ARMAND DAYOT
INSPECTEUR DES BEAUX-ARTS

# LA RÉVOLUTION FRANÇAISE

CONSTITUANTE — LÉGISLATIVE — CONVENTION — DIRECTOIRE

Environ 2.000 planches d'après les peintures, gravures, sculptures et estampes du temps.
Cette magnifique publication paraîtra en 30 fascicules dans le format grand in-8° oblong.

**Prix du fascicule sous couverture, 60 centimes.**

Il a été tiré 100 exemplaires sur papier de Chine, numérotés, au prix de **60** fr. l'ouvrage complet.

PARIS. — IMP. E. FLAMMARION, RUE RACINE, 26.

# BIBLIOTHÈQUE CAMILLE FLAMMARION

## Volumes grand in-8° jésus.

Prix : Broché, **12** fr. — Relié toile, tranches dorées, plaque, **15** fr. — Demi-chagrin, **18** fr. Amateur, **19** fr.

---

CAMILLE FLAMMARION
Ouvrage couronné par l'Académie française

### ASTRONOMIE POPULAIRE

NOUVELLE ÉDITION COMPLÈTEMENT REFONDUE, CENTIÈME MILLE
Un beau vol. gr. in-8° jésus de 840 pages, illustr. de 360 gr., 7 chrom., cartes célestes, etc.

### LES ÉTOILES ET LES CURIOSITÉS DU CIEL

DESCRIPTION COMPLÈTE DU CIEL, ÉTOILE PAR ÉTOILE, CONSTELLATIONS, INSTRUMENTS, ETC.
**Quarantième Mille**
Un volume in-8° jésus, illustré de 400 gravures, cartes et chromolithographies.

### LES TERRES DU CIEL

VOYAGE SUR LES PLANÈTES DE NOTRE SYSTÈME ET DESCRIPTIONS DES CONDITIONS ACTUELLES DE LA VIE A LEUR SURFACE.
Un volume gr. in-8° jésus, illustré de photographies célestes, vues télescopiques, cartes et 400 fig.

### LE MONDE

AVANT LA CRÉATION DE L'HOMME
ORIGINES DU MONDE
ORIGINES DE LA VIE — ORIGINES DE L'HUMANITÉ.
Un volume in-8° jésus, illustré de 400 figures, 5 aquarelles, 8 cartes en couleur.

### LA CRÉATION DE L'HOMME

ET LES PREMIERS AGES DE L'HUMANITÉ
PAR H. DU CLEUZIOU
Un vol. in-8° jésus, illustré de 400 figures, 5 gr. planches tirées à part, 2 cartes en couleur.

GUSTAVE LE BON

### LES PREMIÈRES CIVILISATIONS

Un vol. in-8° jésus, illustré de 434 grav. et restitutions, 9 gr. pl. tirées à part, 2 cartes. Sur papier du Japon. Prix : br., **40** fr.

ÉMILE DESBEAUX

### PHYSIQUE POPULAIRE

Un vol. in-8° jésus, ill. de 508 fig. et de 4 aquarelles.

CH. BRONGNIART

### HISTOIRE NATURELLE POPULAIRE

Un volume in-8° jésus, illust. de 870 dessins inédits et de 8 aquarelles.

---

*Souscription permanente de tous ces ouvrages en livraisons à 10 cent. et en séries à 50 cent.*
Portrait de CAMILLE FLAMMARION, sur demi-jésus, papier du Japon, **3** francs.

---

### LA FIN DU MONDE

Illustrations de BAYARD, J.-P. LAURENS, ROCHEGROSSE, ROBIDA, GRASSET, RUDAUX, etc.
1 volume in-8°. Prix : Broché. . . . . **10** fr.
— Reliure d'amateur spéciale . . . **15** fr.
— Sur papier de Chine. . . . . . . **30** fr.

### URANIE

Illustrations de BAYARD, BIELER, FALÉRO, MYRBACH, etc.
1 volume in-8°. Prix : Broché . . . . . . **10** fr.
— Reliure d'amateur spéciale . . . **15** fr.

### ANNUAIRE ASTRONOMIQUE

ET MÉTÉOROLOGIQUE
Pour 1896
EXPOSANT L'ENSEMBLE DE TOUS LES PHÉNOMÈNES CÉLESTES OBSERVABLES PENDANT L'ANNÉE.
1 joli volume in-18, illustré de 53 figures, cartes et diagrammes. — Prix . . . . . . **1** fr. **25**

### ATLAS ASTRONOMIQUE DE POCHE

**Dressé**
SOUS LA DIRECTION DE CAMILLE FLAMMARION.
Contenant 18 cartes et explications.
Prix . . . . . . . . . . . . . . . . . . **1** fr. **50**
(*Éditions in-18 des ouvrages de Camille Flammarion, page* 15.)

---

En cours de publication :

**ARMAND DAYOT**
INSPECTEUR DES BEAUX-ARTS

# LA RÉVOLUTION FRANÇAISE

CONSTITUANTE — LÉGISLATIVE — CONVENTION — DIRECTOIRE
Environ 2.000 planches d'après les peintures, gravures, sculptures et estampes du temps.
Cette magnifique publication paraîtra en 30 fascicules dans le format grand in-8° oblong.
**Prix du fascicule sous couverture, 60 centimes.**
Il a été tiré 100 exemplaires sur papier de Chine, numérotés, au prix de **60** fr. l'ouvrage complet.

PARIS. — IMP. E. FLAMMARION, RUE RACINE, 26.

116me Série. Prix : 50 cent.

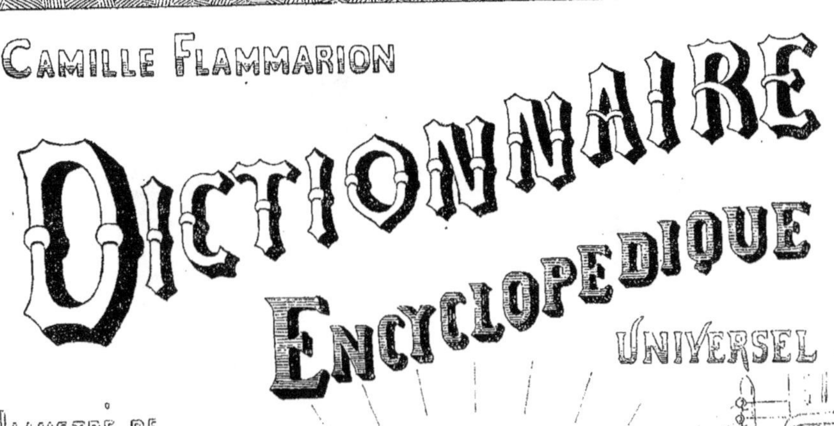


ILLUSTRÉ DE
20000 FIGURES

PARIS
E. FLAMMARION
LIBRAIRE-ÉDITEUR
26, RUE RACINE, PRÈS L'ODÉON

Série. Prix : 50 cent.

ILLUSTRÉ DE
20000 FIGURES

SCIENCES
ARTS
LETTRES
INDUSTRIE
HISTOIRE
GRAMMAIRE
GÉOGRAPHIE
DÉCOUVERTES

PARIS
E. FLAMMARION
LIBRAIRE-ÉDITEUR
26, RUE RACINE, PRÈS L'ODÉON

168 me Série. Prix : **50** cent.

Camille Flammarion

# Dictionnaire Encyclopédique Universel

Illustré de 20000 figures

SCIENCES
ARTS
LETTRES
INDUSTRIE
HISTOIRE
GRAMMAIRE
GÉOGRAPHIE
DÉCOUVERTES

PARIS
E. FLAMMARION
LIBRAIRE-ÉDITEUR
26, RUE RACINE, PRÈS L'ODÉON

109 me Série. Prix : 50 cent.

CAMILLE FLAMMARION

# DICTIONNAIRE ENCYCLOPÉDIQUE UNIVERSEL

ILLUSTRÉ DE 20000 FIGURES

SCIENCES
ARTS
LETTRES
INDUSTRIE
HISTOIRE
GRAMMAIRE
GÉOGRAPHIE
DÉCOUVERTES

PARIS
E. FLAMMARION
LIBRAIRE-ÉDITEUR
26, RUE RACINE, PRÈS L'ODÉON

Bourdin

PARIS. — IMP. E. FLAMMARION, RUE RACINE, 26.

IMPRIMERIE E. FLAMMARION, 26, RUE RACINE, PARIS.

PARIS. — IMP. E. FLAMMARION, RUE RACINE, 26.

IMPRIMERIE E. FLAMMARION, 26, RUE RACINE, PARIS.

[illegible]me Série. Prix : 50 cent.

CAMILLE FLAMMARION

# DICTIONNAIRE ENCYCLOPÉDIQUE UNIVERSEL

ILLUSTRÉ DE 20000 FIGURES

SCIENCES
ARTS
LETTRES
INDUSTRIE
HISTOIRE
GRAMMAIRE
GÉOGRAPHIE
DÉCOUVERTES

PARIS
E. FLAMMARION
LIBRAIRE-ÉDITEUR
26, RUE RACINE, PRÈS L'ODÉON

Boudier

ᵐᵉ Série. Prix : **50** cent.

CAMILLE FLAMMARION

# DICTIONNAIRE ENCYCLOPÉDIQUE UNIVERSEL

ILLUSTRÉ DE 20000 FIGURES

SCIENCES
ARTS
LETTRES
INDUSTRIE
HISTOIRE
GRAMMAIRE
GÉOGRAPHIE
DÉCOUVERTES

PARIS
E. FLAMMARION
LIBRAIRE-ÉDITEUR
26, RUE RACINE, PRÈS L'ODÉON

Boudier

112 me Série. Prix : 50 cent.

CAMILLE FLAMMARION

# DICTIONNAIRE ENCYCLOPÉDIQUE UNIVERSEL

ILLUSTRÉ DE 20000 FIGURES

SCIENCES
ARTS
LETTRES
INDUSTRIE
HISTOIRE
GRAMMAIRE
GÉOGRAPHIE
DÉCOUVERTES

Bourdin

PARIS
E. FLAMMARION
LIBRAIRE-ÉDITEUR
26, RUE RACINE, PRÈS L'ODÉON

113me Série. Prix : 50 cent.

CAMILLE FLAMMARION

UNIVERSEL

ILLUSTRÉ DE 20000 FIGURES

SCIENCES
ARTS
LETTRES
INDUSTRIE
HISTOIRE
GRAMMAIRE
GÉOGRAPHIE
DÉCOUVERTES

PARIS
E. FLAMMARION
LIBRAIRE-ÉDITEUR
26, RUE RACINE, PRÈS L'ODÉON

## BIBLIOTHÈQUE CAMILLE FLAMMARION

Volumes grand in-8° jésus.

Prix : Broché, **12** fr. — Relié toile, tranches dorées, plaque, **15** fr. — Demi-chagrin, **18** fr. Amateur, **19** fr.

CAMILLE FLAMMARION
Ouvrage couronné par l'Académie française

### ASTRONOMIE POPULAIRE

NOUVELLE ÉDITION COMPLÈTEMENT REFONDUE, CENTIÈME MILLE

Un beau vol. gr. in-8° jésus de 840 pages, illustr. de 360 gr., 7 chrom., cartes célestes, etc.

### LES ÉTOILES ET LES CURIOSITÉS DU CIEL

DESCRIPTION COMPLÈTE DU CIEL, ÉTOILE PAR ÉTOILE, CONSTELLATIONS, INSTRUMENTS, ETC.

Quarantième Mille

Un volume in-8° jésus, illustré de 400 gravures, cartes et chromolithographies.

### LES TERRES DU CIEL

VOYAGE SUR LES PLANÈTES DE NOTRE SYSTÈME ET DESCRIPTIONS DES CONDITIONS ACTUELLES DE LA VIE A LEUR SURFACE.

Un volume gr. in-8° jésus, illustré de photographies célestes, vues télescopiques, cartes et 400 fig.

### LE MONDE

AVANT LA CRÉATION DE L'HOMME

ORIGINES DU MONDE
ORIGINES DE LA VIE — ORIGINES DE L'HUMANITÉ.

Un volume in-8° jésus, illustré de 400 figures, 5 aquarelles, 8 cartes en couleur.

### LA CRÉATION DE L'HOMME

ET LES PREMIERS AGES DE L'HUMANITÉ

PAR H. DU CLEUZIOU

Un vol. in-8° jésus, illustré de 400 figures, 5 gr. planches tirées à part, 2 cartes en couleur.

GUSTAVE LE BON

### LES PREMIÈRES CIVILISATIONS

Un vol. in-8° jésus, illustré de 434 grav. et restitutions, 9 gr. pl. tirées à part, 2 cartes. Sur papier du Japon. Prix : br., **40** fr.

ÉMILE DESBEAUX

### PHYSIQUE POPULAIRE

Un vol. in-8° jésus, ill. de 508 fig. et de 4 aquarelles.

CH. BRONGNIART

### HISTOIRE NATURELLE POPULAIRE

Un volume in-8° jésus, illust. de 870 dessins inédits et de 8 aquarelles.

*Souscription permanente de tous ces ouvrages en livraisons à 10 cent. et en séries à 50 cent.*
Portrait de CAMILLE FLAMMARION, sur demi-jésus, papier du Japon, **3** francs.

### LA FIN DU MONDE

Illustrations de BAYARD, J.-P. LAURENS, ROCHEGROSSE, ROBIDA, GRASSET, RUDAUX, etc.

1 volume in-8°. Prix : Broché. . . . . **10** fr.
— Reliure d'amateur spéciale . . . **15** fr.
— Sur papier de Chine. . . . . . . **30** fr.

### URANIE

Illustrations de BAYARD, BIELER, FALÉRO, MYRBACH, etc.

1 volume in-8°. Prix : Broché . . . . . **10** fr.
— Reliure d'amateur spéciale . . . **15** fr.

### ANNUAIRE ASTRONOMIQUE

ET MÉTÉOROLOGIQUE
Pour 1896

EXPOSANT L'ENSEMBLE DE TOUS LES PHÉNOMÈNES CÉLESTES OBSERVABLES PENDANT L'ANNÉE.

1 joli volume in-18, illustré de 53 figures, cartes et diagrammes. — Prix . . . . . . **1** fr. **25**

### ATLAS ASTRONOMIQUE DE POCHE

Dressé
SOUS LA DIRECTION DE CAMILLE FLAMMARION.
Contenant 18 cartes et explications.
Prix . . . . . . . . . . . . . . . . . **1** fr. **50**

(*Éditions in-18 des ouvrages de Camille Flammarion, page 15.*)

En cours de publication :

ARMAND DAYOT
INSPECTEUR DES BEAUX-ARTS

# LA RÉVOLUTION FRANÇAISE

CONSTITUANTE — LÉGISLATIVE — CONVENTION — DIRECTOIRE

Environ 2.000 planches d'après les peintures, gravures, sculptures et estampes du temps.
Cette magnifique publication paraîtra en 30 fascicules dans le format grand in-8° oblong.

**Prix du fascicule sous couverture, 60 centimes.**

Il a été tiré 100 exemplaires sur papier de Chine, numérotés, au prix de **60** fr. l'ouvrage complet.

IMPRIMERIE E. FLAMMARION, 26, RUE RACINE. PARIS.

PARIS. — IMP. E. FLAMMARION, RUE RACINE, 26.

IMPRIMERIE E. FLAMMARION, 26, RUE RACINE, PARIS.

PARIS. — IMP. E. FLAMMARION, RUE RACINE, 26.

me Série. Prix : **50** cent.

CAMILLE FLAMMARION

# DICTIONNAIRE ENCYCLOPÉDIQUE UNIVERSEL

ILLUSTRÉ DE 20000 FIGURES

SCIENCES
ARTS
LETTRES
INDUSTRIE
HISTOIRE
GRAMMAIRE
GÉOGRAPHIE
DÉCOUVERTES

PARIS
E. FLAMMARION
LIBRAIRE-ÉDITEUR
26, RUE RACINE, PRÈS L'ODÉON

15me Série. Prix : **50** cent.

CAMILLE FLAMMARION

# DICTIONNAIRE ENCYCLOPÉDIQUE UNIVERSEL

ILLUSTRÉ DE 20000 FIGURES

SCIENCES
ARTS
LETTRES
INDUSTRIE
HISTOIRE
GRAMMAIRE
GÉOGRAPHIE
DÉCOUVERTES

PARIS
E. FLAMMARION
LIBRAIRE-ÉDITEUR
26, RUE RACINE, PRÈS L'ODÉON

Bouid...

me Série. Prix : **50** cent.

CAMILLE FLAMMARION

# DICTIONNAIRE ENCYCLOPÉDIQUE UNIVERSEL

ILLUSTRÉ DE 20000 FIGURES

PARIS
E. FLAMMARION
LIBRAIRE-ÉDITEUR
26, RUE RACINE, PRÈS L'ODÉON

117 me Série. Prix : 50 cent.

CAMILLE FLAMMARION

# DICTIONNAIRE ENCYCLOPÉDIQUE UNIVERSEL

ILLUSTRÉ DE 20000 FIGURES

SCIENCES
ARTS
LETTRES
INDUSTRIE
HISTOIRE
GRAMMAIRE
GÉOGRAPHIE
DÉCOUVERTES

PARIS
E. FLAMMARION
LIBRAIRE-ÉDITEUR
26, RUE RACINE, PRÈS L'ODÉON

Bourdin

118 me Série. Prix : **50** cent.

CAMILLE FLAMMARION

# DICTIONNAIRE ENCYCLOPÉDIQUE UNIVERSEL

ILLUSTRÉ DE 20000 FIGURES

SCIENCES
ARTS
LETTRES
INDUSTRIE
HISTOIRE
GRAMMAIRE
GÉOGRAPHIE
DÉCOUVERTES

PARIS
E. FLAMMARION
LIBRAIRE-ÉDITEUR
26, RUE RACINE, PRÈS L'ODÉON

Bourdin. Gillot s.c.

PARIS. — IMP. E. FLAMMARION, RUE RACINE, 26.

IMPRIMERIE E. FLAMMARION. 26, RUE RACINE. PARIS.

IMPRIMERIE E. FLAMMARION. 26, RUE RACINE, PARIS.

IMPRIMERIE E. FLAMMARION, 26, RUE RACINE, PARIS.

19

ᵐᵉ Série. Prix : **50** cent.

CAMILLE FLAMMARION

# DICTIONNAIRE ENCYCLOPÉDIQUE UNIVERSEL

ILLUSTRÉ DE 20000 FIGURES

SCIENCES
ARTS
LETTRES
INDUSTRIE
HISTOIRE
GRAMMAIRE
GÉOGRAPHIE
DÉCOUVERTES

PARIS
E. FLAMMARION
LIBRAIRE-ÉDITEUR
26, RUE RACINE, PRÈS L'ODÉON

Bourdin Gillot sc

120 me Série. Prix : 50 cent.

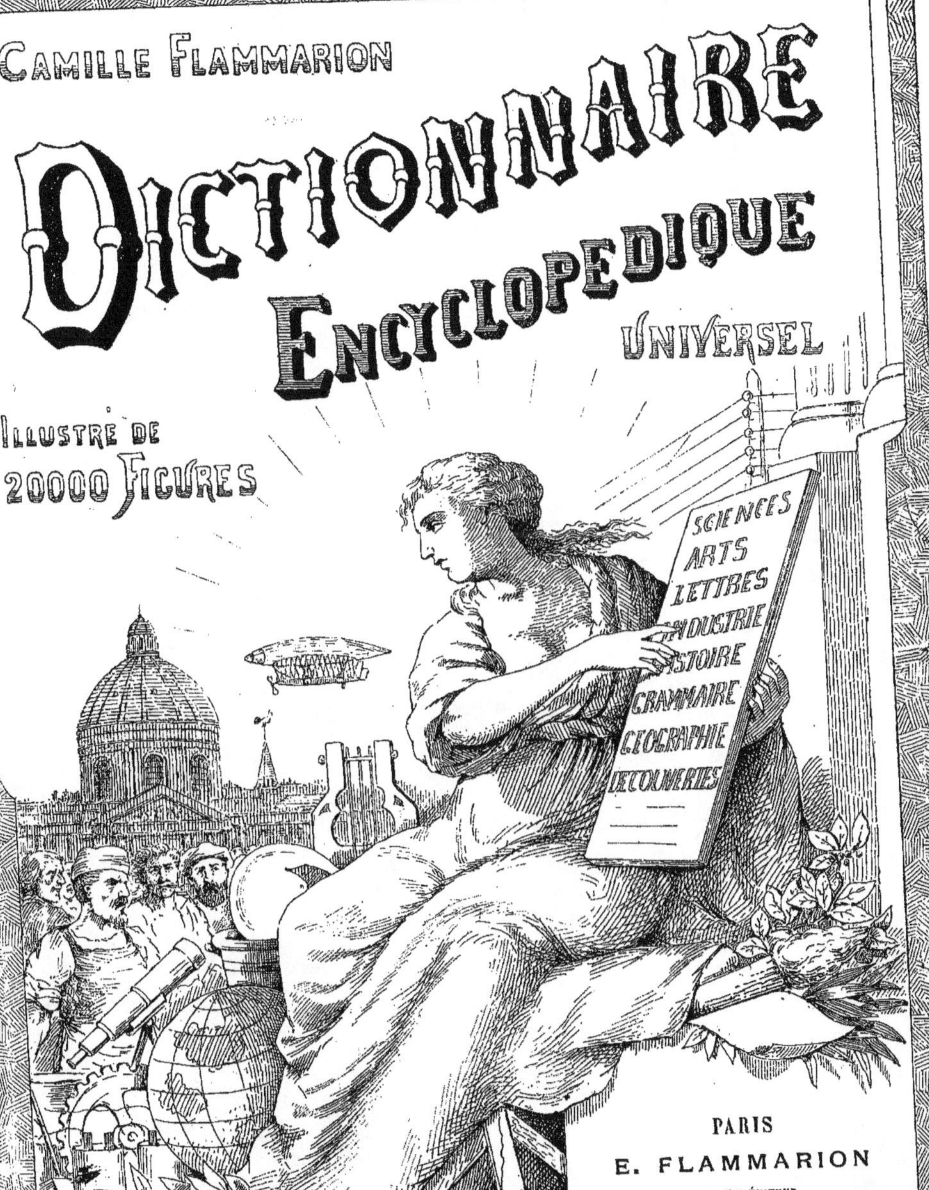


PARIS
E. FLAMMARION
LIBRAIRE-ÉDITEUR
26, RUE RACINE, PRÈS L'ODÉON

CAMILLE FLAMMARION

# DICTIONNAIRE ENCYCLOPÉDIQUE UNIVERSEL

ILLUSTRÉ DE 20000 FIGURES

SCIENCES
ARTS
LETTRES
INDUSTRIE
HISTOIRE
GRAMMAIRE
GÉOGRAPHIE
DÉCOUVERTES

PARIS
E. FLAMMARION
LIBRAIRE-ÉDITEUR
26, RUE RACINE, PRÈS L'ODÉON

122me Série. Prix : 50 cent.

CAMILLE FLAMMARION

# DICTIONNAIRE ENCYCLOPÉDIQUE UNIVERSEL

ILLUSTRÉ DE 20000 FIGURES

SCIENCES
ARTS
LETTRES
INDUSTRIE
HISTOIRE
GRAMMAIRE
GÉOGRAPHIE
DÉCOUVERTES

PARIS
E. FLAMMARION
LIBRAIRE-ÉDITEUR
26, RUE RACINE, PRÈS L'ODÉON

## BIBLIOTHÈQUE CAMILLE FLAMMARION

Volumes grand in-8° jésus.

PRIX : Broché, **12** fr. — Relié toile, tranches dorées, plaque, **15** fr. — Demi-chagrin, **18** fr. Amateur, **19** fr.

CAMILLE FLAMMARION
Ouvrage couronné par l'Académie française

### ASTRONOMIE POPULAIRE

NOUVELLE ÉDITION COMPLÈTEMENT REFONDUE, CENTIÈME MILLE
Un beau vol. gr. in-8° jésus de 840 pages, illustr. de 360 gr., 7 chrom., cartes célestes, etc.

### LES ÉTOILES ET LES CURIOSITÉS DU CIEL

DESCRIPTION COMPLÈTE DU CIEL, ÉTOILE PAR ÉTOILE, CONSTELLATIONS, INSTRUMENTS, ETC.
**Quarantième Mille**
Un volume in-8° jésus, illustré de 400 gravures, cartes et chromolithographies.

### LES TERRES DU CIEL

VOYAGE SUR LES PLANÈTES DE NOTRE SYSTÈME ET DESCRIPTIONS DES CONDITIONS ACTUELLES DE LA VIE A LEUR SURFACE.
Un volume gr. in-8° jésus, illustré de photographies célestes, vues télescopiques, cartes et 400 fig.

### LE MONDE

AVANT LA CRÉATION DE L'HOMME
ORIGINES DU MONDE
ORIGINES DE LA VIE — ORIGINES DE L'HUMANITÉ.
Un volume in-8° jésus, illustré de 400 figures, 5 aquarelles, 8 cartes en couleur.

### LA CRÉATION DE L'HOMME

ET LES PREMIERS AGES DE L'HUMANITÉ
PAR H. DU CLEUZIOU
Un vol. in-8° jésus, illustré de 400 figures, 5 gr. planches tirées à part, 2 cartes en couleur.

GUSTAVE LE BON

### LES PREMIÈRES CIVILISATIONS

Un vol. in-8° jésus, illustré de 434 grav. et restitutions, 9 gr. pl. tirées à part, 2 cartes. Sur papier du Japon. Prix : br., **40** fr.

ÉMILE DESBEAUX

### PHYSIQUE POPULAIRE

Un vol. in-8° jésus, ill. de 508 fig. et de 4 aquarelles.

CH. BRONGNIART

### HISTOIRE NATURELLE POPULAIRE

Un volume in-8° jésus, illust. de 870 dessins inédits et de 8 aquarelles.

*Souscription permanente de tous ces ouvrages en livraisons à 10 cent. et en séries à 50 cent.*
Portrait de CAMILLE FLAMMARION, sur demi-jésus, papier du Japon, **3** francs.

### LA FIN DU MONDE

Illustrations de BAYARD, J.-P. LAURENS, ROCHEGROSSE, ROBIDA, GRASSET, RUDAUX, etc.
1 volume in-8°. Prix : Broché. . . . . **10** fr.
— Reliure d'amateur spéciale . . . **15** fr.
— Sur papier de Chine. . . . . . . **30** fr.

### URANIE

Illustrations de BAYARD, BIELER, FALÉRO, MYRBACH, etc.
1 volume in-8°. Prix : Broché . . . . . . **10** fr.
— Reliure d'amateur spéciale . . . **15** fr.

### ANNUAIRE ASTRONOMIQUE

ET MÉTÉOROLOGIQUE
Pour 1896
EXPOSANT L'ENSEMBLE DE TOUS LES PHÉNOMÈNES CÉLESTES OBSERVABLES PENDANT L'ANNÉE.
1 joli volume in-18, illustré de 53 figures, cartes et diagrammes. — Prix . . . . . . **1** fr. **25**

### ATLAS ASTRONOMIQUE DE POCHE

Dressé
SOUS LA DIRECTION DE CAMILLE FLAMMARION.
Contenant 18 cartes et explications.
Prix . . . . . . . . . . . . . . . . . **1** fr. **50**
(*Éditions in-18 des ouvrages de Camille Flammarion, page 15.*)

En cours de publication :

ARMAND DAYOT
INSPECTEUR DES BEAUX-ARTS

# LA RÉVOLUTION FRANÇAISE

CONSTITUANTE — LÉGISLATIVE — CONVENTION — DIRECTOIRE
Environ 2.000 planches d'après les peintures, gravures, sculptures et estampes du temps.
Cette magnifique publication paraîtra en 30 fascicules dans le format grand in-8° oblong.

**Prix du fascicule sous couverture, 60 centimes.**

Il a été tiré 100 exemplaires sur papier de Chine, numérotés, au prix de **60** fr. l'ouvrage complet.

PARIS. — IMP. E. FLAMMARION, RUE RACINE, 26.

IMPRIMERIE E. FLAMMARION, 26, RUE RACINE, PARIS.

IMPRIMERIE E. FLAMMARION, 26, RUE RACINE, PARIS.

PARIS. — IMP. E. FLAMMARION, RUE RACINE, 26.

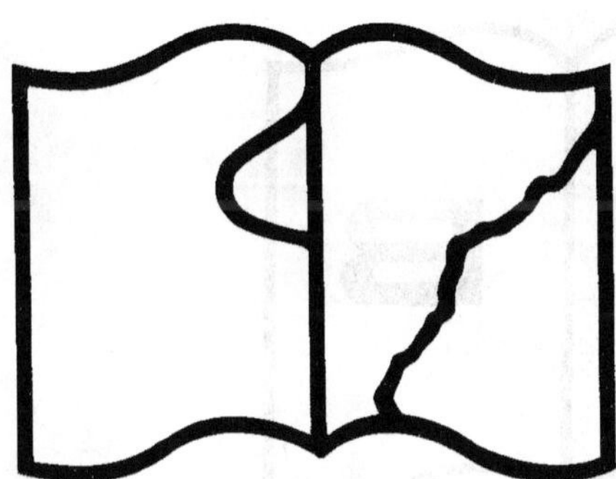

Texte détérioré — reliure défectueuse

**NF Z 43**-120-11

A
B

www.ingramcontent.com/pod-product-compliance
Lightning Source LLC
Chambersburg PA
CBHW071350290326
41932CB00045B/1270

* 9 7 8 2 0 1 9 5 7 1 0 1 6 *